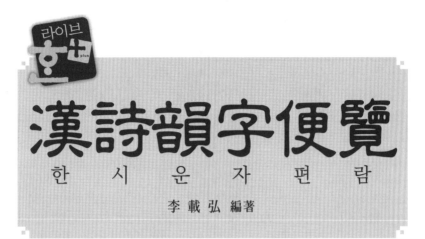

라이브 한 plus

漢詩韻字便覽

한 시 운 자 편 람

李 載 弘 編著

BM (주)도서출판 성안당

106 韻目 早見表
(傳統方式 東冬江순)

No	운목	속성	배열C
		[平聲 (上) 15目]	
001	東	(동) : 上平 : 동녘 동	1060
002	冬	(동) : 上平 : 겨울 동	1173
003	江	(강) : 上平 : 강 강	433
004	支	(지) : 上平 : 지탱할 지	5666
005	微	(미) : 上平 : 작을 미	1821
006	魚	(어) : 上平 : 고기 어	3412
007	虞	(우) : 上平 : 생각할 우	4103
008	齊	(제) : 上平 : 가지런할 제	5275
009	佳	(가) : 上平 : 아름다울 가	1
010	灰	(회) : 上平 : 재 회	7648
011	眞	(진) : 上平 : 참 진	6307
012	文	(문) : 上平 : 글월 문	1676
013	元	(원) : 上平 : 으뜸 원	4778
014	寒	(한) : 上平 : 찰 한	7131
015	删	(산) : 上平 : 깎을 산	1936
		[平聲 (下) 15目]	
016	先	(선) : 下平 : 먼저 선	2192
017	蕭	(소) : 下平 : 쑥 소	2587
018	肴	(효) : 下平 : 안주 효	7791
019	豪	(호) : 下平 : 호걸 호	7464
020	歌	(가) : 下平 : 노래 가	50
021	麻	(마) : 下平 : 삼 마	1288
022	陽	(양) : 下平 : 볕 양	3027
023	庚	(경) : 下平 : 별 경	508
024	靑	(청) : 下平 : 푸를 청	6743
025	蒸	(증) : 下平 : 찔 증	5605
026	尤	(우) : 下平 : 더욱 우	4331
027	侵	(침) : 下平 : 침노할 침	7002
028	覃	(담) : 下平 : 미칠 담	906
029	鹽	(염) : 下平 : 소금 염	3604
030	咸	(함) : 下平 : 다 함	7360

		[上聲 29目]	
031	董	(동) : 上聲 : 바를 동	1255
032	腫	(종) : 上聲 : 부스럼 종	5567
033	講	(강) : 上聲 : 욀 강	463
034	紙	(지) : 上聲 : 종이 지	6007
035	尾	(미) : 上聲 : 꼬리 미	1871
036	語	(어) : 上聲 : 말씀 어	3486
037	麌	(우) : 上聲 : 수사슴 우	4532
038	薺	(제) : 上聲 : 냉이 제	5370
039	蟹	(해) : 上聲 : 게 해	7451
040	賄	(회) : 上聲 : 뇌물 회	7753
041	軫	(진) : 上聲 : 수레뒤턱 진	6445
042	吻	(문) : 上聲 : 입술 문	1746
043	阮	(완) : 上聲 : 나라이름 완	4044
044	旱	(한) : 上聲 : 가물 한	7241
045	潸	(산) : 上聲 : 눈물흘릴산	1975
046	銑	(선) : 上聲 : 끌 선	2367
047	篠	(소) : 上聲 : 가는대 소	2708
048	巧	(교) : 上聲 : 공교할 교	881
049	皓	(호) : 上聲 : 흴 호	7535
050	哿	(가) : 上聲 : 아름다울가	144
051	馬	(마) : 上聲 : 말 마	1391
052	養	(양) : 上聲 : 기를 양	3268
053	梗	(경) : 上聲 : 가시나무 경	684
054	迥	(형) : 上聲 : 멀 형	705
055	有	(유) : 上聲 : 있을 유	5016
056	寢	(침) : 上聲 : 잘 침	7054
057	感	(감) : 上聲 : 느낄 감	378
058	琰	(염) : 上聲 : 옥갈 염	3673
059	豏	(함) : 上聲 : 덜삶은콩함 함	1275
		[去聲 30目]	
060	送	(송) : 去聲 : 보낼 송	2822
061	宋	(송) : 去聲 : 성 송	2848
062	絳	(강) : 去聲 : 진홍색 강	469
063	寘	(치) : 去聲 : 받아들일 치	6821

064	未	(미) : 去聲 : 아닐 미	1900	086	沁	(심) : 去聲 : 스며들 심	2860
065	御	(어) : 去聲 : 거느릴 어	3555	087	勘	(감) : 去聲 : 살필 감	412
066	遇	(우) : 去聲 : 만날 우	4650	088	豔	(염) : 去聲 : 고울 염	3720
067	霽	(제) : 去聲 : 갤 제	5408	089	陷	(함) : 去聲 : 빠질 함	7397
068	泰	(태) : 去聲 : 클 태	7079		[入聲 17目]		
069	卦	(괘) : 去聲 : 점괘 괘	816	090	屋	(옥) : 入聲 : 집 옥	3815
070	隊	(대) : 去聲 : 무리 대	964	091	沃	(옥) : 入聲 : 기름질 옥	3979
071	震	(진) : 去聲 : 우레 진	6499	092	覺	(각) : 入聲 : 깨달을 각	184
072	問	(문) : 去聲 : 물을 문	1761	093	質	(질) : 入聲 : 바탕 질	6575
073	願	(원) : 去聲 : 원할 원	4904	094	物	(물) : 入聲 : 물건 물	1787
074	翰	(한) : 去聲 : 편지 한	7293	095	月	(월) : 入聲 : 달 월	4943
075	諫	(간) : 去聲 : 간할 간	253	096	曷	(갈) : 入聲 : 어찌 갈	295
076	霰	(산) : 去聲 : 싸라기눈 산	1997	097	黠	(힐) : 入聲 : 약을 힐	7913
077	嘯	(소) : 去聲 : 휘파람 소	2759	098	屑	(설) : 入聲 : 가루 설	2450
078	效	(효) : 去聲 : 본받을 효	7839	099	藥	(약) : 入聲 : 약 약	2882
079	號	(호) : 去聲 : 이름 호	7601	100	陌	(맥) : 入聲 : 두렁 맥	1484
080	箇	(개) : 去聲 : 낱 개	478	101	錫	(석) : 入聲 : 주석 석	2116
081	禡	(마) : 去聲 : 말제사 마	1428	102	職	(직) : 入聲 : 직분 직	6196
082	漾	(양) : 去聲 : 출렁거릴 양	3349	103	緝	(집) : 入聲 : 낳을 집	6693
083	敬	(경) : 去聲 : 공경 경	767	104	合	(합) : 入聲 : 합할 합	7409
084	徑	(경) : 去聲 : 지름길 경	5101	105	葉	(엽) : 入聲 : 잎 엽	3742
085	宥	(유) : 去聲 : 용서할 유	5108	106	洽	(흡) : 入聲 : 두루미칠 흡	7868

106 韻目 早見表(가나다순)

No	운목	속성	배열C	No	운목	속성	배열C
009	佳	(가) : 上平 : 아름다울 가	1	015	删	(산) : 上平 : 깎을 산	1936
020	歌	(가) : 下平 : 노래 가	50	076	霰	(산) : 去聲 : 싸라기눈 산	1997
050	哿	(가) : 上聲 : 아름다울가	144	045	潸	(산) : 上聲 : 눈물흘릴산	1975
092	覺	(각) : 入聲 : 깨달을 각	184	101	錫	(석) : 入聲 : 주석 석	2116
075	諫	(간) : 去聲 : 간할 간	253	016	先	(선) : 下平 : 먼저 선	2192
096	曷	(갈) : 入聲 : 어찌 갈	295	046	銑	(선) : 上聲 : 끌 선	2367
087	勘	(감) : 去聲 : 살필 감	412	098	屑	(설) : 入聲 : 가루 설	2450
057	感	(감) : 上聲 : 느낄 감	378	077	嘯	(소) : 去聲 : 휘파람 소	2759
003	江	(강) : 上平 : 강 강	433	047	篠	(소) : 上聲 : 가는대 소	2708
062	絳	(강) : 去聲 : 진홍색 강	469	017	蕭	(소) : 下平 : 쑥 소	2587
033	講	(강) : 上聲 : 욀 강	463	061	宋	(송) : 去聲 : 성 송	2848
080	箇	(개) : 去聲 : 낱 개	478	060	送	(송) : 去聲 : 보낼 송	2822
023	庚	(경) : 下平 : 별 경	508	086	沁	(심) : 去聲 : 스며들 심	2860
084	徑	(경) : 去聲 : 지름길 경	5101	099	藥	(약) : 入聲 : 약 약	2882
083	敬	(경) : 去聲 : 공경 경	767	022	陽	(양) : 下平 : 볕 양	3027
053	梗	(경) : 上聲 : 가시나무 경	684	052	養	(양) : 上聲 : 기를 양	3268
069	卦	(괘) : 去聲 : 점괘 괘	816	082	漾	(양) : 去聲 : 출렁거릴 양	3349
048	巧	(교) : 上聲 : 공교할 교	881	065	御	(어) : 去聲 : 거느릴 어	3555
028	覃	(담) : 下平 : 미칠 담	906	036	語	(어) : 上聲 : 말씀 어	3486
070	隊	(대) : 去聲 : 무리 대	964	006	魚	(어) : 上平 : 고기 어	3412
002	冬	(동) : 上平 : 겨울 동	1173	058	琰	(염) : 上聲 : 옥갈 염	3673
001	東	(동) : 上平 : 동녘 동	1060	029	鹽	(염) : 下平 : 소금 염	3604
031	董	(동) : 上聲 : 바를 동	1255	088	豔	(염) : 去聲 : 고울 염	3720
051	馬	(마) : 上聲 : 말 마	1391	105	葉	(엽) : 入聲 : 잎 엽	3742
021	麻	(마) : 下平 : 삼 마	1288	090	屋	(옥) : 入聲 : 집 옥	3815
081	禡	(마) : 去聲 : 말제사 마	1428	091	沃	(옥) : 入聲 : 기름질 옥	3979
100	陌	(맥) : 入聲 : 두렁 맥	1484	043	阮	(완) : 上聲 : 나라이름 완	4044
042	吻	(문) : 上聲 : 입술 문	1746	026	尤	(우) : 下平 : 더욱 우	4331
072	問	(문) : 去聲 : 물을 문	1761	007	虞	(우) : 上平 : 생각할 우	4103
012	文	(문) : 上平 : 글월 문	1676	066	遇	(우) : 去聲 : 만날 우	4650
094	物	(물) : 入聲 : 물건 물	1787	037	麌	(우) : 上聲 : 수사슴 우	4532
035	尾	(미) : 上聲 : 꼬리 미	1871	013	元	(원) : 上平 : 으뜸 원	4778
005	微	(미) : 上平 : 작을 미	1821	073	願	(원) : 去聲 : 원할 원	4904
064	未	(미) : 去聲 : 아닐 미	1900	095	月	(월) : 入聲 : 달 월	4943

No	운목	속성	배열C	No	운목	속성	배열C
085	宥	(유) : 去聲 : 용서할 유	5108	068	泰	(태) : 去聲 : 클 태	7079
055	有	(유) : 上聲 : 있을 유	5016	014	寒	(한) : 上平 : 찰 한	7131
038	薺	(제) : 上聲 : 냉이 제	5370	044	旱	(한) : 上聲 : 가물 한	7241
067	霽	(제) : 去聲 : 갤 제	5408	074	翰	(한) : 去聲 : 편지 한	7293
008	齊	(제) : 上平 : 가지런할 제	5275	030	咸	(함) : 下平 : 다 함	7360
032	腫	(종) : 上聲 : 부스럼 종	5567	089	陷	(함) : 去聲 : 빠질 함	7397
025	蒸	(증) : 下平 : 찔 증	5605	059	豏	(함) : 上聲 : 덜삶은콩 함	1275
004	支	(지) : 上平 : 지탱할 지	5666	104	合	(합) : 入聲 : 합할 합	7409
034	紙	(지) : 上聲 : 종이 지	6007	039	蟹	(해) : 上聲 : 게 해	7451
102	職	(직) : 入聲 : 직분 직	6196	054	迥	(형) : 上聲 : 멀 형	705
011	眞	(진) : 上平 : 참 진	6307	049	皓	(호) : 上聲 : 흴 호	7535
041	軫	(진) : 上聲 : 수레뒤턱 진	6445	079	號	(호) : 去聲 : 이름 호	7601
071	震	(진) : 去聲 : 우레 진	6499	019	豪	(호) : 下平 : 호걸 호	7464
093	質	(질) : 入聲 : 바탕 질	6575	010	灰	(회) : 上平 : 재 회	7648
103	緝	(집) : 入聲 : 낳을 집	6693	040	賄	(회) : 上聲 : 뇌물 회	7753
024	靑	(청) : 下平 : 푸를 청	6743	078	效	(효) : 去聲 : 본받을 효	7839
063	寘	(치) : 去聲 : 받아들일 치	6821	018	肴	(효) : 下平 : 안주 효	7791
027	侵	(침) : 下平 : 침노할 침	7002	106	洽	(흡) : 入聲 : 두루미칠 흡	7868
056	寑	(침) : 上聲 : 잘 침	7054	097	黠	(힐) : 入聲 : 약을 힐	7913

라이브 한 plus

漢詩韻字便覽

한 시 운 자 편 람

李 載 弘 編著

알려드립니다.

▌목 차▐

▌편저자 서문 ▌

좀 늦은 나이에 은퇴하고 뜻있게 노년을 보내려는 마음을 늘 갖고 살아왔습니다. 그래서일까? 일흔이 되는 2007년 3월 은퇴한 달에 지방향교 유생으로 입교하여 훌륭하신 교육자이자 한학자인 강정원 전교典校님을 뵙게 된 후 어언 13년이 되었습니다. 석·박사 과정을 두 번 밟아도 남을 기간이었지만 아직도 시의에 맞춰 경전 한 구절을 뽑아 쓸 줄도 모르는 아둔함을 한탄하면서도 그간 좋은 교우들을 사귀며 틈틈이 교수님께서 낭송해 주시는 한시에 매료되었습니다.

자연스레 몇 권의 한시 작법을 접하게 되면서 일반 시중의 한자 자전으로는 엄격한 한시의 격식에 맞는 운자를 찾기가 번거롭고 불완전하다는 것과 운문韻文 도서가 시중에 희귀한 것도 알게 되었습니다. 여기에 미치자 만용이 일었습니다. '운자자전을 내가 직접 만들어 쓰자.' 그때가 2014년이었습니다. 다행히 데이터베이스를 다루는 작은 기능만을 믿고 시작은 했지만, 일이 진행되어 나아갈수록 어려움은 커져갔습니다. 1796년 조선 후기에 정조의 명으로 이덕무李德懋의 주관으로 간행한 것으로 추정되는 〈어정규장전운御定奎章全韻〉과 〈전운옥편全韻玉篇〉 이래 한글세대를 대상으로 하는 이렇다 할만한 운서韻書가 없었던 것이 바로 운서는 편집상의 애로가 있었겠다고 생각하기에 이르렀습니다. 그 당시의 편집기술과 인쇄술로 그만한 훌륭한 책을 발간한 것만 해도 조상들의 피나는 인고의 결과였음을 쉽게 알아차릴 수 있었습니다.

이미 시작한 일을 걷어치우기에는 진척된 것이 너무 아깝기도 했습니다. 우여곡절 끝에 초고본이 2019년 4월에 나왔습니다. 적지 않은 5년의 세월을 보냈지요. 주변의 선배님들께 회람하여 많은 충고와 지적과 함께 응원과 용기를 북돋아 주신 덕분에 무덥고 추운 날씨와 싸우며 겨울 방학을 맞게 되었습니다. 새로운 원고가 마무리될 즈음에 코로나19 사태가 불거졌지만, 저에게는 집에 콕 박혀 교정에 교정을 거듭할 기회이기도 하였습니다. 세계적인 찬사를 받으며 코로나19와의 싸움에서 조심스럽게 승전보가 나오기 시작한 5월 초에 저의 작업도 일단 마무리되었습니다.

시작한지 6년만에 햇빛을 보게 되었습니다. "조선조에 이런 자전이 나왔으면 전국의 과거 응시생에게 꿈의 베스트셀러가 되어 장안의 지가를 올릴 책"이었을 것이라고 용기를 주신 k선배님, 단기적 수익성을 떠나 늘 "사전은 나라의 보배"라는 출판인의 사명으로 평생을 살아오신 이종춘 회장님과 최옥현 상무님 그리고 이다혜 팀장님을 비롯한 편집팀 여러분, 그간 격려해주신 많은 분께 감사를 드립니다.

　　그리고 표지 그림에 대하여 한마디 첨언하고 싶습니다. 이 그림은 정선의 인왕제색도仁王霽色圖를 이 책의 표제자 7,945자를 사용하여 그렸습니다. ETRI(한국전자통신연구원)에서 AI를 연구하고 있는 큰아들은 '코드로 그린 그림(Code Painting)'이라는 예술 활동도 하고 있는데, 이번에 표지 그림을 만들어 주었습니다. 정선鄭敾은 시인 친구 이병연李秉淵의 죽음을 애도하여 인왕제색도를 그렸고, 아들은 아비의 '한시의 숲으로 들어가는 편람便覽'을 위하여 그린 그림이니 감회가 깊습니다. AI가 작시作詩하고 감상품평鑑賞品評하며 교정校訂까지 해주는 연구를 부자가 협업協業하고 있습니다. 그 날을 독자와 함께 기대합니다.

2020. 10. 초가을

편저자 올림

▌추천사▌

詩韻便覽의 出刊을 祝賀하며

먼저 소강素岡 載弘님의 "한시운자편람漢詩韻字便覽" 출간을 축하합니다.

본서의 출간은 그간 한시에 대하여 일반적으로 어렵게만 여겨왔던 운율구성韻律構成의 법칙을 쉽게 이해하고 이용할 수 있는 길을 열어 한시의 대중화에 한 걸음 다가갈 수 있게 되었으니 한시 문단의 경사라 하겠습니다.

공자는 아들 백어伯魚를 향하여 '시를 배우지 않으면 말 할 바가 없느니라.'고 했습니다. 예부터 시는 이처럼 우리의 삶에 있어 자기의 의사를 바르게 전하고 사물의 이치를 옳게 판단하는 지혜의 산물이었습니다. 이 같은 관점에서 볼 때 素岡님의 '한시운자편람' 출간은 다음과 같은 의미를 갖는다고 하겠습니다.

첫째, 한시에 뜻을 둔 많은 사람의 삶을 풍요롭게 해주는 공간을 이루었다고 하겠습니다. 신학자 R. W. 에머슨은 그의 시 '성공이란'에서 그것이 아주 작은 것이든 큰 것이든 자신이 이룩한 것이 조금이라도 나은 세상을 만들었거나, 단 한사람이라도 삶이 풍요로워지는 것이 성공이라고 노래했습니다, 이렇게 볼 때 본 편람은 시를 가슴에 담고 살고 싶어 하는 모든 이의 삶을 풍요롭게 하는 작은 길을 열었다고 하겠습니다.

둘째, 학문적 문화를 발전시키는데 기여할 족적을 남겼다고 하겠습니다. 한문과 한자는 우리의 언어와 학문의 생활문화이고 이 한자는 글자마다 뜻과 음이 있고 언어의 구별을 이루는 운이 있는 표의문자이며, 이 문자로 형성되는 한시는 운율조화韻律調和의 법칙으로 이루어지는데 지금까지 이와 같은 내용을 아우르는 체계화된 운서가 없는 현실에서 운율의 사전적辭典的 기능을 겸비한 본 편람은 한시분야 발전에 큰 족적을 남길만하다 하겠습니다.

끝으로 시는 우리의 생활 속에 있는 것입니다. 그때그때 일어나는 가슴속의 감흥을 시의 운율에 맞춰 격조에 맞게 부르면 그 삶이 얼마나 더 풍요롭겠습니까? 이러한 삶의 문화를 실천 가능케 해줄 것이 바로 본 편람이라고 볼 때 이는 우리의 삶을 풍요롭게 하고 학문과 문화를 발전시키는 또 하나의 나라의 보배라 하겠습니다.

편자의 말대로 이 편람이 아직은 부족한 점이 있다 하더라도 이를 계기로 한시 입문의 이정표 역할과 더불어 운서 연구의 기폭제가 되기를 바랍니다.

2020년 盛夏

前 仁川鄕校 典校 姜汀遠

1. 편집 구성상의 특징

가. 어느 민족의 언어든지 오랜 시대를 지나오면서 문자는 확장되고 언어는 변화를 맞는 것은 너무나 당연한 일입니다. 특히 한자, 중국어의 경우에는 지역의 광활함과 구성 민족의 다양함, 왕조의 생멸과 잦은 패권국의 변혁으로 인한 수도의 천도(遷都)는 이 세상의 어느 언어보다도 변화의 규모가 빈번하고 거대하였습니다.

우리가 삼국시대에 받아드린 사성(四聲)은 거의 불변하여 지금까지 그대로 유지되고 있지만, 중국 현대어에서 사성은 5성으로 세분되면서 입성은 소멸하고, 나머지 3성은 경계를 서로 뛰어넘고 분화를 거쳐 5성으로 자리 잡혀 있어 소위 우리가 받아드린 사성과 중국어의 5성조(聲調)는 별개의 음운체계로 간주하고 있는 현실입니다. (여기에서 우리가 받아들였던 사성체계와 중국어의 오성 체계와의 관련을 파악하고 연구해야 할 분야가 열려있다고 감히 제언합니다.) 이 책은 새로운 운자의 배열기준을 제공하여 상호 연결고리를 만들어 주도록 그 기준을 시도한 점이 이 편람이 운자(韻字)정보를 찾는 주목적 외의 부차적 목적이기도 합니다.

나. 본서는 한문 또는 중국어의 학습서 혹은 일상생활에서 한자의 뜻을 찾아보는 한자자전(漢字字典)이 아니고 한문 또는 현대 중국어를 배우면서 한시에 관심을 둔 한시 및 운서(韻書)의 학습자, 한시 창작자 또는 감상자의 편의를 위하여 편집하였습니다. 그러므로 이 책에서 수록한 자의(字義)는 편의상 제공한 것으로 간결하고 대표적인 자의만을 적출한 약의(略義)임을 참고하시고 시작(詩作)이나 감상에 임해서는 중형자전 이상을 이용하실 것을 미리 말씀드립니다.

2. 편람의 이용 목적(目的)

본서의 목표하는 바는
가. 이용자의 의도에 맞는 속성을 가진 글자를 찾을 수 있는가
나. 자기가 선택한 글자가 시의 형식에 맞게 쓰일 수 있는 속성을 가졌는가
다. 자기가 생각했던 속성을 지니고도 더욱 더 좋은 글자는 없겠는가

라. 호정(呼定)된 운목(韻目) 중에서 더 나은 운족(韻族)은 없겠는가
마. 작시의 금기사항을 피하며 규정된 격식에 맞을 자는 어느 것인가
바. 운모 기준의 배열 편(속편 예정)에서 음운(音韻) 연구

시구의 낱자 한자씩을 그대로 넘길 수 없는 고민에 고민을 거듭하는 시작(詩作) 과정에서 그 해답의 접근로(接近路)를 다양하게 제공하려는 것입니다.

3. 한자의 속성(屬性)

모든 표제자(標題字)는 여러 종의 속성이 있습니다.

(1) 한자로 표기된 표제자인 또는 운자(韻字) 또는 운족(韻族)
(2) 한글의 독음(讀音)
(3) 자의(字義) : 뜻풀이. 같은 운목(韻目)에 속해 있으면서 뜻이 다른 것이 있고 다른 운목에 속하면서 뜻은 같은 것이 있습니다. 이런 것은 별도의 표제자로 세우지 않았습니다.
(4) 이음(異音) : 같은 표제자를 쓰면서 운목과 독음도 다른 것
(5) 부수(部首) : 한자의 확장 수단으로 발생한 것으로 모든 한자는 214개의 부수에 나누어져 있습니다. 총획 자음과 함께 검색수단의 일종으로 이용됩니다.
(6) 육서(六書) : 생성원리 및 발전과정을 기초한 분류, 상형(象形) · 지사(指事) · 회의(會意) · 형성(形聲) · 전주(轉注) · 가차(假借)의. 6종
(7) 운목(韻目) : 모든 한자가 106개의 음운(音韻)상의 특성으로 분류된 것
(8) 운목부호(韻目符號) : 운목에 주어진 참고용 일련번호
(9) 운족(韻族) : 하나의 운목에 소속된 운자(韻字), 표제자의 기능적 명칭
(10) 사성(四聲) : 평성, 상성, 거성, 입성의 네 성조로 구별
(11) 평측(平仄) : 사성을 시의 형식에 적용하여 운율을 만듦. 평성(平聲)과 측성(仄聲)으로 구분 지음. 만일 사성을 평측으로 구분하지 않고 사성만으로 정형시의 격식(格式)을 짜 놓았다 하면 작시는 거의 불가능하였을 것입니다. 이 책에서는 김대현의 〈한시작법개설, 이화문화 2006〉에서의 "평성을 제외한 나머지 세 가지 성을 측성으로 보는 견해"를 택하여 특수한 예외 몇 개 때문에 편집의 복잡성과 독자의 입장에서 난삽함을

덜기로 했습니다.

(12) 병음(拼音) : 한자의 중국인 발음인 독음(讀音)을 로마자로 표기

(13) 성음(聲音, initial)과 운모(韻母, rhyme) : 성음은 우리글의 자음이고
운모는 모음(母音)입니다. 운모는 운두(韻頭, medial), 운모(韻母, vowel),
운미(韻尾, final)로 분해됩니다.

4. 이음(異音)과 두음법칙

표제자 선정과정에서 우리말 맞춤법의 두음법칙 문제를 짚고 넘어가지 않을
수 없습니다. 예를 들어 신라의 "라"와 나당연합군의 "나"는 한자로는 모두
"羅"이지만 신라의 라(羅)의 한자 컴퓨터 유니코드 값은 54526이고 나당연합
군의 "나"는 53724로 컴퓨터는 별개의 글자로 인식합니다. 즉, 두음법칙에 해
당하여 한자음 "라"가 단어의 앞에 올 때 즉, 두음(頭音)일 때는 "라"는 "나"로
적는다는 두음법칙(한글맞춤법 제3장 제5절 제12항 참조)에 해당하기 때문입
니다. 이로 인해서 표제자 수가 약 20%기 늘어나고, 표제자 선정과정의 자료
도 두음법칙을 적용한 것과 그렇지 않은 것이 혼재되어 그것을 추리는데 막대
한 시간이 소용되었습니다. 이 편람은 한시(漢詩)용으로 편집하는 것이므로 굳
이 편람의 쪽수를 늘려가며 두음법칙 적용 한자를 모두 수용할 필요가 없다는
점에 착안하여 본래의 독음만을 선정하였습니다. 즉, 한글 맞춤법에 의한 두음
법칙이 적용되는 한자는 적용 전의 원음만 표제 자로 선정하였습니다. 한글맞
춤법의 두음법칙 관련 규정을 부록에 수록하였으니 참고하시기 바랍니다. 혹
시 찾고자 하는 한자가 없을 때는 두음법칙에 해당하는 경우일 수가 있으니 한
자의 본 독음으로 찾으셔야 합니다.

그러나 두음법칙에 해당하지 않는 천여 개에 달하는 이음(異音)은 수록하
였습니다.

예를 들면 更(경)의 이음(異音) "갱"은 "更*경(갱)"으로 표시하여, 표제자
"更(경)"의 다음에 아래 표와 같이 표기되었습니다. (한자 옆의 *표는 이음이
있음을 표시한 것입니다. 즉, "更*경(갱)"은 更자는 이음을 갖고 있으며 대표
음은 "경"이고 이음은 "갱"이라는 표현입니다.)

배열형식 A (韻族基準)		배열 A	배열 B	배열 C	배열 D
韻族	(異音) [平仄 : 四聲 韻目No ,韻目] : 略義	운족의 가나順	韻目의 번호順	韻目의 가나順	四聲順
更	경( ) [平聲/下平 023 庚 경] : 고칠/지날 경	412	2517	520	1749
更*	경(갱) [仄聲/去聲 084 敬 경] : 다시 갱	413	6141	771	6013

5. 배열기준 해설

전항에서 설명한 13종의 한자 속성을 배열 순서를 달리하여 7종의 배열기준을 만들려는 것이 이 책의 특징이며 내용입니다.

그러나 7가지 중 2가지는 병음의 성모, 운모 기준으로 현대중국어의 성조로 접근하는 것이므로 전통 한시의 작시에는 이용될 수 없고 근체시와 운문 연구자의 참고용이 될 것이므로 이 책에 수록한 4가지가 실제에서 사용될 것으로 기대합니다. 음운과 관련된 성모 기준, 운모 기준 및 부수기준(部首基準)은 이 책의 속편에 수록할 예정입니다.

가. 배열형식 A : 韻族의 가나다순 基準

구분	결과			
정렬의 우선순위	韻族(異音) [平仄/四聲 : 韻目No : 韻目]			
결과 예시	伽 가( ) [平聲/下平 : 020 : 歌 가] : 절 가			
배열별 / 해당 일련번호	韻族順	韻目번호順	韻目가나順	四聲順
	1	2066	50	1651

㈜ 가나順은 가나다順을 뜻함.

1) 한글 대표독음을 기본으로 한 〈가나다순〉이다.
2) 한글 독음이 같은 경우에는 한자의 유니코드(컴퓨터에서 글자를 인식하는 유니코드 부호) 순으로 한다.
3) 한문 이음(異音)이 있는 경우에는 한자 옆에 "*" 별표를 붙였고, 대표독음은 ( ) 안에 한글 이음을 넣었다.
   [보기] 假*가(하) [平聲/下平 : 021 : 麻 마] : 아득할 하
   　　　⇨ 거짓 假자가 아득하다는 뜻으로 쓰일 때는 假(하)로 읽는 경우이다.
4) [배열별 / 해당 일련번호]는 A, B, C, D 4종의 배열에 따른 위치를 나타낸다.
   [보기] 운족순 1번인 절 伽(가)에 대해 운목순에서 자료를 참조하려면 배열형식 B의 운목번호순 2066번으로 찾아간다.
5) 이하 배열형식 B, C, D도 위에 설명한 바와 같은 요령으로 한다.

나. 배열형식 B : 韻目의 번호 基準

구분	결과			
정렬의 우선순위	(韻目番號 韻目) [平仄 / 四聲 : 韻族] : 略義			
결과 예시	(001 東동) [平聲 / 上平 : 公(공)] : 공평할 공			
배열별 / 해당 일련번호	韻族順	韻目번호順	韻目가나順	四聲順
	599	1	1060	73

1) 운자는 106종의 모음(운모, 韻母)으로 분류된 운목(韻目)으로 분류된다. 즉 제1목인 동(東)은 모음 "옥"을 위시하여 앙, 용, 앵, 웅 등을 모음으로 하는 한자로 구성된다.
2) 각 운목에 속하는 운자를 운족(韻族)이라 한다.
3) 운목에 부여된 운목부호순으로 1차 정렬(조건에 따른 분류)한 후 2차로 운족의 사성순, 그 다음에 운족을 한글 독음순으로 분류하였다.

다. 배열형식 C : 韻目의 가나다순 基準

구분	결과			
정렬의 우선순위	(韻目, 韻目No) [平仄 / 四聲 : 韻族] : 略義			
결과 예시	(佳 가, 009) [平聲 / 上平 : 街(가)] : 거리 가			
배열별 / 해당 일련번호	韻族順	韻目번호順	韻目가나順	四聲順
	2	1013	1	1

1) 전항 배열형식 B : 韻目 번호 基準과 달리 운목의 한글 독음을 1차 정렬하고, 1차로 사성(상평성, 하평성, 상성, 거성, 입성)순으로 정렬하였다.
2) 그 다음에 사성(상·하평, 상성, 거성, 입성)순으로 정렬하였다.

라. 배열형식 D : 四聲基準

구분	결과			
정렬의 우선순위	[平仄/四聲 : (韻目번호:韻目)] : 운족(韻族) : 略義			
결과 예시	[平聲/上平 : (009:佳가)] : 佳(가) : 아름다울 가			
배열별 / 해당 일련번호	韻族順	韻目번호順	韻目가나順	四聲順
	2	1013	1	1

1) 1차로 사성(상평성, 하평성, 상성, 거성, 입성)순으로 정렬하였다.
2) 2차로 운족을 가나다순으로 정렬하였다.

이상의 배열기준 해설의 결과물은 다음 표를 참고 바랍니다.

6. 배열 미리보기

배열형식 A (韻族基準)

배열형식 A (韻族基準)			배열 A	배열 B	배열 C	배열 D
韻族	(異音) [平仄 : 四聲 韻目No, 韻目] : 略義		운족 가나순	운목 번호순	운목 가나순	사성순
伽	가( ) [平聲/下平 020 歌 가] : 절 가		1	2066	50	1651
佳	가( ) [平聲/上平 009 佳 가] : 아름다울 가		2	1013	1	1
假	가( ) [仄聲/上聲 051 馬 마] : 거짓/빌릴 가		3	4262	1391	3236
假*	가(격) [仄聲/入聲 100 陌 맥] : 이르를 격		4	2161	1288	3096

배열형식 B (韻目번호 基準)

배열형식 B (韻目번호 基準)			배열 A	배열 B	배열 C	배열 D
韻目 番號	韻目(독음) [平仄 / 四聲 : 韻族(異音)] : 略義		운족 가나순	운목 번호순	운목 가나순	사성순
001	東	(동)[平聲 / 上平 : 公(공)] : 공평할 공	599	1	1060	73
001	東	(동)[平聲 / 上平 : 功(공)] : 공 공	601	2	1061	75
001	東	(동)[平聲 / 上平 : 工(공)] : 장인 공	603	3	1062	76
001	東	(동)[平聲 / 上平 : 攻(공)] : 칠 공	609	4	1063	78

배열형식 C (가나다韻目 基準)

배열형식 C (가나다韻目 基準)			배열 A	배열 B	배열 C	배열 D
韻目	韻目No. [平仄 / 四聲 : 韻族] : 略義		운족 가나순	운목 번호순	운목 가나순	사성순
佳	가	009 [平聲 / 上平 : 佳(가)] : 아름다울 가	2	1013	1	1
佳	가	009 [平聲 / 上平 : 街(가)] : 거리 가	25	1014	2	2
佳	가	009 [平聲 / 上平 : 皆(개)] : 다 개	202	1015	3	23
佳	가	009 [平聲 / 上平 : 揩(개)] : 문지를 개	212	1016	4	25

배열형식 D (四聲基準)

배열형식 D (四聲基準)			배열 A	배열 B	배열 C	배열 D
平仄 / 四聲 : (韻目No. : 韻目) 韻族(독음) : 字義			운족 가나순	운목 번호순	운목 가나순	사성순
平聲 / 上平 : (009	佳	가) : 佳(가) : 아름다울 가	2	1013	1	1
平聲 / 上平 : (009	佳	가) : 街(가) : 거리 가	25	1014	2	2
平聲 / 上平 : (014	寒	한) : 刊(간) : 새길 간	66	1502	7131	3
平聲 / 上平 : (014	寒	한) : 奸(간) : 범할 간	68	1503	7132	4

韻族基準
운족의 가나다순 배열

A

漢詩韻字便覽

배열형식 A (韻族基準)		배열 A	배열 B	배열 C	배열 D
韻族	(*異音) [平仄 : 四聲 韻目No ,韻目 독음] :略義	운족 가나순	운목 번호순	운목 가나순	사성순
伽	가( ) [平聲/下平 020 歌 가] : 절 가	1	2066	50	1651
佳	가( ) [平聲/上平 009 佳 가] : 아름다울 가	2	1013	1	1
假	가( ) [仄聲/上聲 051 馬 마] : 거짓/빌릴 가	3	4262	1391	3236
假*	가(격) [仄聲/入聲 100 陌 맥] : 이르를 격	4	2161	1288	3096
假*	가(하) [平聲/下平 021 麻 마] : 아득할 하	5	7357	1484	6033
價	가( ) [仄聲/去聲 081 禡 마] : 값 가	6	6018	1428	5940
加	가( ) [平聲/下平 021 麻 마] : 더할 가	7	2162	1289	1652
可	가( ) [仄聲/上聲 050 哿 가] : 옳을 가	8	4222	145	3237
可*	가(극) [仄聲/上聲 050 哿 가] : 오랑캐/아내 극	9	4223	144	3438
呵	가( ) [平聲/下平 020 歌 가] : 꾸짖을 가	10	2067	51	1653
哥	가( ) [平聲/下平 020 歌 가] : 노래 가/형 가	11	2068	52	1654
嘉	가( ) [平聲/下平 021 麻 마] : 아름다울 가	12	2163	1290	1655
嫁	가( ) [仄聲/去聲 081 禡 마] : 시집갈 가	13	6019	1429	5941
家	가( ) [平聲/下平 021 麻 마] : 집 가	14	2164	1291	1656
暇	가( ) [仄聲/去聲 081 禡 마] : 틈/겨를 가	15	6020	1430	5942
架	가( ) [仄聲/去聲 081 禡 마] : 시렁 가	16	6021	1431	5943
枷	가( ) [平聲/下平 020 歌 가] : 도리깨 가	17	2069	53	1657
柯	가( ) [平聲/下平 020 歌 가] : 가지 가	18	2070	54	1658
歌	가( ) [平聲/下平 020 歌 가] : 노래 가	19	2071	55	1659
珂	가( ) [平聲/下平 020 歌 가] : 옥이름 가	20	2072	56	1660
痂	가( ) [平聲/下平 021 麻 마] : 헌데딱지 가	21	2165	1292	1661
稼	가( ) [仄聲/去聲 081 禡 마] : 심을 가	22	6022	1432	5944
苛	가( ) [平聲/下平 020 歌 가] : 독할 가	23	2073	57	1662
茄	가( ) [平聲/下平 020 歌 가] : 연줄기 가	24	2074	58	1663
街	가( ) [平聲/上平 009 佳 가] : 거리 가	25	1014	2	2
袈	가( ) [平聲/下平 021 麻 마] : 가사 가	26	2166	1293	1664
訶	가( ) [平聲/下平 020 歌 가] : 가사 가	27	2075	59	1665
跏	가( ) [平聲/下平 021 麻 마] : 되사려앉을 가	28	2167	1294	1666
軻	가( ) [平聲/下平 020 歌 가] : 수레 가	29	2076	60	1667
迦	가( ) [平聲/下平 021 麻 마] : 부처이름 가	30	2168	1295	1668
駕	가( ) [仄聲/去聲 081 禡 마] : 탈것/탈 가	31	6023	1434	5946
傢	가( ) [平聲/下平 021 麻 마] : 가구 가	32	2169	1296	1669
咖	가( ) [仄聲/去聲 081 禡 마] : 커피 가	33	6024	1435	5947

배열형식 A (韻族基準)		배열 A	배열 B	배열 C	배열 D
韻族	(*異音) [平仄 : 四聲 韻目No ,韻目 독음] : 略義	운족 가나순	운목 번호순	운목 가나순	사성순
哿	가( ) [仄聲/上聲 050 哿 가] : 옳을 가	34	4224	146	3238
坷	가( ) [仄聲/上聲 050 哿 가] : 평탄하지 않을 가	35	4225	147	3239
檟	가( ) [仄聲/上聲 051 馬 마] : 개오동나무 가	36	4263	1392	3240
笳	가( ) [仄聲/上聲 044 旱 한] : 갈잎 피리 가	37	3923	7241	3241
葭	가( ) [平聲/下平 021 麻 마] : 갈대 가	38	2170	1297	1670
笴	가( ) [仄聲/上聲 050 哿 가] : 화살대 가	39	4226	148	3242
蚵	가( ) [平聲/下平 020 歌 가] : 도마뱀 가	40	2077	61	1671
麚	가( ) [平聲/下平 021 麻 마] : 숫사슴 가	41	2171	1298	1672
刻	각( ) [仄聲/入聲 102 職 직] : 새길 각	42	7625	6196	5949
却	각( ) [仄聲/入聲 099 藥 약] : 물리칠 각	43	7213	2883	5950
各	각( ) [仄聲/入聲 099 藥 약] : 각각 각	44	7214	2884	5951
恪	각( ) [仄聲/入聲 099 藥 약] : 삼갈 각	45	7215	2885	5952
愨	각( ) [仄聲/入聲 099 藥 약] : 성실할 각	46	7216	2886	5953
殼	각( ) [仄聲/入聲 092 覺 각] : 껍질 각	47	6666	184	5954
珏	각( ) [仄聲/入聲 092 覺 각] : 쌍옥 각	48	6667	185	5955
珏*	각(곡) [仄聲/入聲 090 屋 옥] : 쌍옥 곡	49	6437	3815	6088
脚	각( ) [仄聲/入聲 099 藥 약] : 다리 각	50	7217	2887	5956
覺	각( ) [仄聲/入聲 092 覺 각] : 깨달을 각	51	6668	187	5957
覺*	각(교) [仄聲/入聲 092 覺 각] : 꿈깰 교	52	6669	186	6136
角	각( ) [仄聲/入聲 092 覺 각] : 뿔/술잔 각	53	6670	188	5958
角*	각(곡) [仄聲/入聲 090 屋 옥] : 꿩우는소리 곡	54	6438	3817	6089
角*	각(록) [仄聲/入聲 090 屋 옥] : 신선/사람이름 록	55	6439	3816	6400
閣	각( ) [仄聲/入聲 099 藥 약] : 집 각	56	7218	2888	5959
卻	각( ) [仄聲/入聲 100 陌 맥] : 물리칠 각	57	7358	1485	5960
咯	각( ) [仄聲/入聲 099 藥 약] : 꿩소리/토할 각	58	7219	2889	5961
咯*	각(락) [仄聲/入聲 099 藥 약] : 송사말 락	59	7220	2890	6333
擱	각( ) [仄聲/入聲 099 藥 약] : 놓을 각	60	7221	2891	5962
桷	각( ) [仄聲/入聲 092 覺 각] : 서까래 각	61	6671	189	5963
腳	각( ) [仄聲/入聲 099 藥 약] : 다리 각	62	7222	2892	5964
瑴	각( ) [仄聲/入聲 090 屋 옥] : 쌍옥 각	63	6440	3824	5968
瑴*	각(곡) [仄聲/入聲 092 覺 각] : 쌍옥 곡	64	6672	191	6102
侃	간( ) [仄聲/上聲 044 旱 한] : 굳셀 간	65	3924	7242	3243
刊	간( ) [平聲/上平 014 寒 한] : 새길 간	66	1502	7131	3
墾	간( ) [仄聲/上聲 043 阮 완] : 개간할 간	67	3864	4044	3244
奸	간( ) [平聲/上平 014 寒 한] : 범할 간	68	1503	7132	4
姦	간( ) [平聲/上平 015 刪 산] : 간음할 간	69	1612	1936	5

배열형식 A (韻族基準)		배열 A	배열 B	배열 C	배열 D
韻族	(*異音) [平仄 : 四聲 韻目No ,韻目 독음] : 略義	운족 가나순	운목 번호순	운목 가나순	사성순
干	간( ) [平聲/上平 014 寒 한] : 방패 간	70	1504	7133	6
幹	간( ) [平聲/上平 014 寒 한] : 줄기 간	71	1505	7134	7
懇	간( ) [仄聲/上聲 043 阮 완] : 간절할 간	72	3865	4045	3245
揀	간( ) [仄聲/上聲 045 潸 산] : 가릴 간	73	3975	1975	3246
揀*	간(련) [仄聲/去聲 076 霰 산] : 뺄 련	74	5730	1997	4957
杆	간( ) [仄聲/去聲 074 翰 한] : 몽둥이 간	75	5621	7293	4666
柬	간( ) [仄聲/上聲 045 潸 산] : 가릴 간	76	3976	1976	3247
桿	간( ) [仄聲/上聲 044 旱 한] : 박달 간	77	3925	7243	3248
澗	간( ) [仄聲/去聲 075 諫 간] : 산골물 간	78	5688	253	4667
癎	간( ) [平聲/上平 015 刪 산] : 경풍 간	79	1613	1937	8
看	간( ) [平聲/上平 014 寒 한] : 볼 간	80	1506	7135	9
磵	간( ) [仄聲/去聲 075 諫 간] : 석간수 간	81	5689	254	4668
稈	간( ) [仄聲/上聲 044 旱 한] : 짚 간	82	3926	7244	3249
竿	간( ) [平聲/上平 014 寒 한] : 장대 간	83	1507	7136	10
簡	간( ) [仄聲/上聲 045 潸 산] : 간략할/대쪽 간	84	3977	1977	3250
肝	간( ) [平聲/上平 014 寒 한] : 간 간	85	1508	7137	11
艮	간( ) [仄聲/去聲 073 願 원] : 괘이름 간	86	5582	4904	4669
艱	간( ) [平聲/上平 015 刪 산] : 어려울 간	87	1614	1938	12
諫	간( ) [仄聲/去聲 075 諫 간] : 간할 간	88	5690	255	4670
間	간( ) [仄聲/去聲 075 諫 간] : 사이 간	89	5691	256	4671
榦	간( ) [仄聲/去聲 074 翰 한] : 줄기 간	90	5622	7294	4672
榦*	간(한) [仄聲/去聲 074 翰 한] : 줄기 한	91	5623	7295	5834
玕	간( ) [平聲/上平 014 寒 한] : 옥돌 간	92	1509	7138	13
衎	간( ) [仄聲/去聲 074 翰 한] : 즐길 간	93	5624	7296	4673
齦	간( ) [平聲/上平 012 文 문] : 깨물 간	94	1306	1676	14
旰	간( ) [仄聲/去聲 074 翰 한] : 해질 간	95	5625	7297	4674
瞷	간( ) [仄聲/去聲 075 諫 간] : 엿볼 간	96	5692	257	4675
瞷*	간(한) [平聲/上平 015 刪 산] : 곁눈질할 한	97	1615	1939	1470
鳱	간( ) [平聲/上平 014 寒 한] : 까치 간	98	1510	7139	15
鳱*	간(안) [仄聲/去聲 075 諫 간] : 기러기 안	99	5693	258	5301
菅	간( ) [平聲/上平 014 寒 한] : 왕골 간	100	1511	7146	17
菅*	간(관) [平聲/上平 015 刪 산] : 띠/성 관	101	1616	1940	92
喝	갈( ) [仄聲/入聲 096 曷 갈] : 꾸짖을 갈	102	6960	295	5971
喝*	갈(애) [仄聲/去聲 069 卦 괘] : 목쉴 애	103	5319	816	5312
曷	갈( ) [仄聲/入聲 096 曷 갈] : 어찌 갈	104	6961	296	5972
渴	갈( ) [仄聲/入聲 096 曷 갈] : 목마를 갈	105	6962	297	5973

배열형식 A (韻族基準)		배열 A	배열 B	배열 C	배열 D
韻族	(*異音) [平仄 : 四聲 韻目No ,韻目 독음] : 略義	운족 가나순	운목 번호순	운목 가나순	사성순
渴*	갈(걸) [仄聲/入聲 098 屑 설] : 목마를 걸	106	7076	2450	6017
碣	갈( ) [仄聲/入聲 098 屑 설] : 비갈 갈	107	7077	2451	5974
碣*	갈(계) [仄聲/去聲 067 霽 제] : 비갈 계	108	5108	5408	4726
竭	갈( ) [仄聲/入聲 098 屑 설] : 다할 갈	109	7078	2453	5975
竭*	갈(걸) [仄聲/入聲 098 屑 설] : 다할 걸	110	7079	2452	6018
葛	갈( ) [仄聲/入聲 096 曷 갈] : 칡 갈	111	6963	298	5976
褐	갈( ) [仄聲/入聲 096 曷 갈] : 털옷 갈	112	6964	299	5977
蝎	갈( ) [仄聲/入聲 096 曷 갈] : 전갈 갈	113	6965	301	5978
蝎*	갈(할) [仄聲/入聲 096 曷 갈] : 뽕나무좀 할	114	6966	300	7783
鞨	갈( ) [仄聲/入聲 096 曷 갈] : 오랑캐이름 갈	115	6967	302	5979
秸	갈( ) [仄聲/入聲 097 黠 힐] : 볏짚 갈	116	7043	7913	5980
羯	갈( ) [仄聲/入聲 095 月 월] : 오랑캐 갈	117	6887	4943	5981
蠍	갈( ) [仄聲/入聲 095 月 월] : 전갈 갈	118	6888	4944	5982
丐	갈( ) [仄聲/入聲 096 曷 갈] : 거지/구걸할 갈	119	6968	303	5983
丐*	갈(개) [仄聲/去聲 068 泰 태] : 빌아먹을 개	120	5267	7084	4694
勘	감( ) [仄聲/去聲 087 勘 감] : 살필 감	121	6382	412	5988
坎	감( ) [仄聲/上聲 057 感 감] : 구덩이 감	122	4573	378	3251
堪	감( ) [平聲/下平 028 覃 담] : 견딜 감	123	3073	906	1673
嵌	감( ) [仄聲/上聲 057 感 감] : 산깊을 감	124	4574	379	3252
感	감( ) [仄聲/上聲 057 感 감] : 느낄 감	125	4575	380	3253
憾	감( ) [仄聲/去聲 087 勘 감] : 섭섭할 감	126	6383	413	5989
戡	감( ) [平聲/下平 028 覃 담] : 칠 감	127	3074	907	1674
敢	감( ) [仄聲/上聲 057 感 감] : 감히/구태여 감	128	4576	381	3254
柑	감( ) [平聲/下平 028 覃 담] : 감귤나무 감	129	3075	908	1675
柑*	감(겸) [平聲/下平 029 鹽 염] : 나무재갈 겸	130	3131	3604	1731
橄	감( ) [仄聲/上聲 057 感 감] : 감람나무 감	131	4577	382	3255
減	감( ) [仄聲/上聲 059 豏 함] : 덜을 감	132	4654	1275	3256
甘	감( ) [平聲/下平 028 覃 담] : 달 감	133	3076	909	1676
疳	감( ) [平聲/下平 028 覃 담] : 감질 감	134	3077	910	1677
監	감( ) [平聲/下平 030 咸 함] : 볼 감	135	3200	7360	1678
瞰	감( ) [仄聲/去聲 087 勘 감] : 볼 감	136	6384	414	5990
紺	감( ) [仄聲/去聲 087 勘 감] : 감색 감	137	6385	415	5991
鑑	감( ) [仄聲/去聲 089 陷 함] : 거울 감	138	6425	7397	5992
鑑*	감(감) [平聲/下平 030 咸 함] : 밝을 감	139	3201	7361	1679
龕	감( ) [平聲/下平 028 覃 담] : 감실 감	140	3078	912	1680
坩	감( ) [平聲/下平 028 覃 담] : 도가니 감	141	3079	913	1681

배열형식 A (韻族基準)		배열 A	배열 B	배열 C	배열 D
韻族	(*異音) [平仄 : 四聲 韻目No ,韻目 독음] : 略義	운족 가나순	운목 번호순	운목 가나순	사성순
弇	감( ) [平聲/下平 028 覃 담] : 뚜껑/사람이름 감	142	3080	914	1682
弇*	감(엄) [仄聲/上聲 058 琰 염] : 덮을 엄	143	4607	3673	4022
撼	감( ) [仄聲/上聲 057 感 감] : 흔들 감	144	4578	383	3257
酣	감( ) [平聲/下平 028 覃 담] : 즐길 감	145	3081	915	1683
玪	감( ) [平聲/下平 030 咸 함] : 옥돌 감	146	3202	7362	1684
玪*	감(음) [平聲/下平 027 侵 침] : 옥돌 음	147	3021	7002	2619
瑊	감( ) [平聲/下平 030 咸 함] : 옥돌(감각점) 감	148	3203	7363	1685
砍	감( ) [仄聲/上聲 057 感 감] : 벨 감	149	4579	384	3258
⿱咸齒	감( ) [平聲/下平 030 咸 함] : 씹을 감	150	3204	7395	1686
⿱咸齒*	감(겹) [仄聲/入聲 107 洽 흡] : 씹은모양 겹	151	7901	7868	6065
匣	갑( ) [仄聲/入聲 106 洽 흡] : 갑 갑	152	7902	7869	5995
岬	갑( ) [仄聲/入聲 106 洽 흡] : 곶 갑	153	7903	7870	5996
甲	갑( ) [仄聲/入聲 106 洽 흡] : 갑옷 갑	154	7904	7871	5997
胛	갑( ) [仄聲/入聲 106 洽 흡] : 어깨 갑	155	7905	7872	5998
鉀	갑( ) [仄聲/入聲 106 洽 흡] : 갑옷 갑	156	7906	7873	5999
閘	갑( ) [仄聲/入聲 106 洽 흡] : 물문 갑	157	7907	7874	6000
鞈	갑( ) [仄聲/入聲 104 合 합] : 가죽바지 갑	158	7786	7409	6001
鞈*	갑(겹) [仄聲/入聲 106 洽 흡] : 슬갑 겹	159	7908	7875	6063
敆	갑( ) [仄聲/入聲 104 合 합] : 만날 갑	160	7787	7410	6002
瞌	갑( ) [仄聲/入聲 104 合 합] : 졸릴 갑	161	7788	7411	6003
剛	강( ) [平聲/下平 022 陽 양] : 굳셀 강	162	2264	3027	1687
堈	강( ) [平聲/下平 022 陽 양] : 언덕 강	163	2265	3028	1688
姜	강( ) [平聲/下平 022 陽 양] : 성 강	164	2266	3029	1689
岡	강( ) [平聲/下平 022 陽 양] : 산등성이 강	165	2267	3030	1690
崗	강( ) [平聲/下平 022 陽 양] : 언덕 강	166	2268	3031	1691
康	강( ) [平聲/下平 022 陽 양] : 편안할 강	167	2269	3032	1692
强	강( ) [平聲/下平 022 陽 양] : 강할 강	168	2270	3033	1693
彊	강( ) [仄聲/上聲 052 養 양] : 굳셀 강	169	4299	3268	3260
慷	강( ) [仄聲/上聲 052 養 양] : 강개할 강	170	4300	3269	3261
江	강( ) [平聲/上平 003 江 강] : 강 강	171	196	433	18
畺	강( ) [平聲/下平 022 陽 양] : 지경 강	172	2271	3034	1694
疆	강( ) [平聲/下平 022 陽 양] : 지경 강	173	2272	3035	1695
糠	강( ) [平聲/下平 022 陽 양] : 겨 강	174	2273	3036	1696
絳	강( ) [仄聲/去聲 062 絳 강] : 진홍색 강	175	4705	469	4677
綱	강( ) [平聲/下平 022 陽 양] : 벼리 강	176	2274	3037	1697
羌	강( ) [平聲/下平 022 陽 양] : 오랑캐 강	177	2275	3038	1698

배열형식 A (韻族基準)		배열 A	배열 B	배열 C	배열 D
韻族	(*異音) [平仄 : 四聲 韻目No ,韻目 독음] : 略義	운족 가나순	운목 번호순	운목 가나순	사성순
腔	강( ) [平聲/上平 003 江 강] : 빈속 강	178	197	434	19
舡	강( ) [平聲/下平 016 先 선] : 오나라배 강	179	1651	2192	1699
薑	강( ) [平聲/下平 022 陽 양] : 생강 강	180	2276	3039	1700
襁	강( ) [仄聲/上聲 052 養 양] : 포대기 강	181	4301	3270	3262
講	강( ) [仄聲/上聲 033 講 강] : 욀 강	182	3295	463	3263
鋼	강( ) [平聲/下平 022 陽 양] : 강철 강	183	2277	3040	1701
僵	강( ) [平聲/下平 022 陽 양] : 쓰러질 강	184	2278	3041	1702
扛	강( ) [平聲/上平 003 江 강] : 들 강	185	198	436	20
杠	강( ) [平聲/上平 003 江 강] : 깃대 강	186	199	437	21
橿	강( ) [平聲/下平 022 陽 양] : 깃대 강	187	2279	3042	1703
韁	강( ) [平聲/下平 022 陽 양] : 고삐 강	188	2280	3043	1704
強	강( ) [平聲/下平 022 陽 양] : 힘쓸 강	189	2281	3044	1705
摪	강( ) [平聲/下平 022 陽 양] : 들/끌 강	190	2282	3045	1706
介	개( ) [仄聲/去聲 069 卦 괘] : 낄 개	191	5320	817	4680
价	개( ) [仄聲/去聲 069 卦 괘] : 클 개	192	5321	818	4681
個	개( ) [仄聲/去聲 080 箇 개] : 낱 개	193	5988	478	6008
凱	개( ) [仄聲/上聲 040 賄 회] : 즐길 개	194	3757	7753	3265
塏	개( ) [仄聲/上聲 040 賄 회] : 높은땅 개	195	3758	7754	3266
愷	개( ) [仄聲/上聲 040 賄 회] : 즐거울 개	196	3759	7755	3267
慨	개( ) [仄聲/去聲 070 隊 대] : 슬퍼할 개	197	5384	965	4683
改	개( ) [仄聲/上聲 040 賄 회] : 고칠 개	198	3760	7756	3268
槪	개( ) [仄聲/去聲 070 隊 대] : 대개 개	199	5385	966	4684
漑	개( ) [仄聲/去聲 070 隊 대] : 물댈 개	200	5386	967	4685
疥	개( ) [仄聲/去聲 069 卦 괘] : 옴 개	201	5322	819	4686
皆	개( ) [平聲/上平 009 佳 가] : 다 개	202	1015	3	23
盖	개( ) [仄聲/去聲 068 泰 태] : 덮을 개	203	5268	7079	4687
箇	개( ) [仄聲/去聲 080 箇 개] : 낱 개	204	5989	479	6009
芥	개( ) [仄聲/去聲 069 卦 괘] : 겨자 개	205	5323	820	4688
蓋	개( ) [仄聲/去聲 068 泰 태] : 덮을 개	206	5269	7080	4689
蓋*	개(합) [仄聲/入聲 104 合 합] : 덮을 합	207	7789	7412	7792
鎧	개( ) [仄聲/去聲 070 隊 대] : 갑옷 개	208	5387	968	4690
開	개( ) [平聲/上平 010 灰 회] : 열 개	209	1063	7648	24
匃	개( ) [仄聲/去聲 068 泰 태] : 줄 개	210	5270	7081	4691
匃*	개(갈) [仄聲/去聲 068 泰 태] : 줄 갈	211	5271	7082	4676
揩	개( ) [平聲/上平 009 佳 가] : 문지를 개	212	1016	4	25
玠	개( ) [仄聲/去聲 069 卦 괘] : 큰옥 개	213	5324	821	4692

배열형식 A (韻族基準)		배열 A	배열 B	배열 C	배열 D
韻族	(*異音) [平仄 : 四聲 韻目No ,韻目 독음] : 略義	운족 가나순	운목 번호순	운목 가나순	사성순
磕	개( ) [仄聲/去聲 068 泰 태] : 돌부딪는소리 개	214	5272	7083	4693
磕*	개(갑) [仄聲/入聲 104 合 합] : 돌소리 갑	215	7790	7413	6004
个	개( ) [仄聲/去聲 080 箇 개] : 낱 개	216	5990	480	6010
个*	개(가) [仄聲/去聲 080 箇 개] : 명당곁방 가	217	5991	481	5948
喈	개( ) [平聲/上平 009 佳 가] : 새소리 개	218	1017	5	26
尬	개( ) [仄聲/去聲 069 卦 괘] : 절뚝거릴 개	219	5325	822	4695
槪	개( ) [仄聲/去聲 070 隊 대] : 대개 개	220	5388	970	4697
湝	개( ) [平聲/上平 009 佳 가] : 물성할 개	221	1018	6	27
喀	객( ) [仄聲/入聲 100 陌 맥] : 토할 객	222	7359	1488	6011
客	객( ) [仄聲/入聲 100 陌 맥] : 손 객	223	7360	1489	6012
坑	갱( ) [平聲/下平 023 庚 경] : 구덩이 갱	224	2505	508	1708
粳	갱( ) [平聲/下平 023 庚 경] : 메벼 갱	225	2506	509	1709
羹	갱( ) [平聲/下平 023 庚 경] : 국 갱	226	2507	510	1710
賡	갱( ) [平聲/下平 023 庚 경] : 이을 갱	227	2508	511	1711
鏗	갱( ) [平聲/下平 023 庚 경] : 금속부딛치는소리 갱	228	2509	512	1712
阬	갱( ) [平聲/下平 023 庚 경] : 구덩이 갱	229	2510	513	1713
噱	갹( ) [仄聲/入聲 099 藥 약] : 껄껄웃는소리 갹	230	7223	2894	6015
醵	거( ) [仄聲/去聲 065 御 어] : 술추렴 거	231	4931	3555	4700
醵*	거(갹) [仄聲/入聲 099 藥 약] : 술추렴 갹	232	7224	2893	6014
倨	거( ) [仄聲/去聲 065 御 어] : 거만할 거	233	4932	3556	4701
去	거( ) [仄聲/去聲 065 御 어] : 갈 거	234	4933	3557	4702
居	거( ) [平聲/上平 006 魚 어] : 살 거	235	617	3412	28
居*	거(기) [平聲/上平 004 支 지] : 어조사 기	236	226	5666	162
巨	거( ) [仄聲/上聲 036 語 어] : 클 거	237	3519	3486	3270
拒	거( ) [仄聲/上聲 036 語 어] : 막을 거	238	3520	3487	3271
拒*	거(구) [平聲/上平 007 虞 우] : 이름 구	239	691	4104	100
据	거( ) [平聲/上平 006 魚 어] : 일할 거	240	618	3413	29
據	거( ) [仄聲/去聲 065 御 어] : 의지할/근거 거	241	4934	3558	4703
擧	거( ) [仄聲/上聲 036 語 어] : 들 거	242	3521	3488	3272
渠	거( ) [平聲/上平 006 魚 어] : 도랑 거	243	619	3414	30
炬	거( ) [仄聲/上聲 036 語 어] : 횃불 거	244	3522	3489	3273
祛	거( ) [平聲/上平 006 魚 어] : 떨어없앨 거	245	620	3415	31
距	거( ) [仄聲/上聲 036 語 어] : 상거할 거	246	3523	3490	3274
踞	거( ) [仄聲/去聲 065 御 어] : 웅크릴 거	247	4935	3559	4704
遽	거( ) [仄聲/去聲 065 御 어] : 갑자기 거	248	4936	3560	4705
鉅	거( ) [仄聲/上聲 036 語 어] : 클 거	249	3524	3491	3275

배열형식 A (韻族基準)		배열 A	배열 B	배열 C	배열 D
韻族	(*異音) [平仄 : 四聲 韻目No ,韻目 독음] : 略義	운족 가나순	운목 번호순	운목 가나순	사성순
鋸	거( ) [仄聲/去聲 065 御 어] : 톱 거	250	4937	3561	4706
秬	거( ) [仄聲/上聲 036 語 어] : 검은기장 거	251	3525	3492	3276
筥	거( ) [仄聲/上聲 036 語 어] : 광주리 거	252	3526	3493	3277
籧	거( ) [平聲/上平 006 魚 어] : 대자리 거	253	621	3416	32
腒	거( ) [平聲/上平 006 魚 어] : 오랠 거	254	622	3417	33
苣	거( ) [仄聲/上聲 036 語 어] : 상추 거	255	3527	3494	3278
莒	거( ) [仄聲/上聲 036 語 어] : 감자 거	256	3528	3495	3279
蘧	거( ) [平聲/上平 006 魚 어] : 술패랭이꽃 거	257	623	3418	34
袪	거( ) [平聲/上平 006 魚 어] : 소매 거	258	624	3419	35
裾	거( ) [平聲/上平 006 魚 어] : 옷자락 거	259	625	3420	36
岠	거( ) [仄聲/上聲 036 語 어] : 큰산 거	260	3529	3496	3280
椐	거( ) [仄聲/去聲 065 御 어] : 느티나무 거	261	4938	3562	4707
擧	거( ) [仄聲/上聲 036 語 어] : 들/움직일 거	262	3530	3497	3281
虡	거( ) [仄聲/上聲 036 語 어] : 책상 거	263	3531	3498	3282
詎	거( ) [仄聲/上聲 036 語 어] : 어찌/모를 거	264	3532	3499	3283
鶋	거( ) [平聲/上平 006 魚 어] : 갈까마귀 거	265	626	3421	37
竜	거( ) [仄聲/上聲 036 語 어] : 두꺼비 거	266	3533	3500	3284
車	거( ) [平聲/上平 006 魚 어] : 수레/그물/잇몸 거	267	627	3479	38
車*	거(차) [平聲/下平 021 麻 마] : 수레/차 차	268	2172	1367	2867
乾	건( ) [平聲/下平 016 先 선] : 하늘 건	269	1652	2193	1714
乾*	건(간) [平聲/上平 014 寒 한] : 말릴 간	270	1512	7141	16
件	건( ) [仄聲/上聲 046 銑 선] : 물건 건	271	3997	2367	3285
健	건( ) [仄聲/去聲 073 願 원] : 굳셀 건	272	5583	4905	4708
巾	건( ) [平聲/上平 011 眞 진] : 수건 건	273	1168	6307	39
建	건( ) [仄聲/去聲 073 願 원] : 세울 건	274	5584	4906	4709
愆	건( ) [平聲/下平 016 先 선] : 허물 건	275	1653	2194	1715
楗	건( ) [仄聲/去聲 073 願 원] : 문지방 건	276	5585	4907	4710
腱	건( ) [仄聲/去聲 073 願 원] : 힘줄 건	277	5586	4908	4711
虔	건( ) [平聲/下平 016 先 선] : 삼갈 건	278	1654	2195	1716
蹇	건( ) [仄聲/上聲 046 銑 선] : 절 건	279	3998	2368	3286
鍵	건( ) [平聲/下平 016 先 선] : 열쇠/자물쇠 건	280	1655	2196	1717
騫	건( ) [平聲/下平 016 先 선] : 이지러질 건	281	1656	2197	1718
褰	건( ) [平聲/下平 016 先 선] : 옷걷을 건	282	1657	2198	1719
謇	건( ) [仄聲/上聲 046 銑 선] : 말 더듬거릴 건	283	3999	2369	3287
搴	건( ) [平聲/下平 016 先 선] : 뽑을 건	284	1658	2199	1720
鞬	건( ) [平聲/下平 016 先 선] : 말이름 건	285	1659	2200	1721

배열형식 A (韻族基準)		배열 A	배열 B	배열 C	배열 D
韻族	(*異音) [平仄 : 四聲 韻目No ,韻目 독음] : 略義	운족 가나순	운목 번호순	운목 가나순	사성순
乞	걸( ) [仄聲/入聲 094 物 물] : 구걸/요구할 걸	286	6853	1787	6019
乞*	걸(기) [仄聲/去聲 064 未 미] : 빌려줄/줄 기	287	4895	1902	4848
傑	걸( ) [仄聲/入聲 098 屑 설] : 뛰어날 걸	288	7080	2454	6020
杰	걸( ) [仄聲/入聲 098 屑 설] : 뛰어날(傑과동자) 걸	289	7081	2455	6021
桀	걸( ) [仄聲/入聲 098 屑 설] : 하왕(夏王)이름 걸	290	7082	2456	6022
偈	걸( ) [仄聲/入聲 098 屑 설] : 헌칠할/힘찰 걸	291	7083	2457	6023
偈*	걸(게) [仄聲/去聲 067 霽 제] : 쉴 게	292	5109	5409	4712
鹼	검( ) [平聲/下平 029 鹽 염] : 소금기 검	293	3132	3605	1722
鹼*	검(감) [仄聲/上聲 059 豏 함] : 소금기 감	294	4655	1276	3259
儉	검( ) [仄聲/上聲 058 琰 염] : 검소할 검	295	4608	3674	3288
劍	검( ) [仄聲/去聲 088 豔 염] : 칼 검	296	6403	3720	6026
劒	검( ) [仄聲/去聲 088 豔 염] : 칼 검	297	6404	3721	6027
檢	검( ) [仄聲/上聲 058 琰 염] : 검사할 검	298	4609	3675	3289
瞼	검( ) [仄聲/上聲 058 琰 염] : 눈꺼풀 검	299	4610	3676	3290
鈐	검( ) [平聲/下平 029 鹽 염] : 비녀장 검	300	3133	3606	1723
黔	검( ) [平聲/下平 029 鹽 염] : 검을 검	301	3134	3607	1724
黔*	검(금) [平聲/下平 027 侵 침] : 귀신이름 금	302	3022	7003	1869
撿	검( ) [仄聲/上聲 058 琰 염] : 단속할 검	303	4611	3677	3291
芡	검( ) [仄聲/上聲 058 琰 염] : 가시연 검	304	4612	3678	3292
臉	검( ) [仄聲/上聲 058 琰 염] : 뺨 검	305	4613	3679	3293
刦	겁( ) [仄聲/入聲 106 洽 흡] : 겁탈할 겁	306	7909	7876	6028
怯	겁( ) [仄聲/入聲 106 洽 흡] : 겁낼 겁	307	7910	7877	6029
衱	겁( ) [仄聲/入聲 105 葉 엽] : 옷자락 겁	308	7828	3742	6030
跲	겁( ) [仄聲/入聲 106 洽 흡] : 넘어질 겁	309	7911	7879	6031
憩	게( ) [仄聲/去聲 067 霽 제] : 쉴 게	310	5110	5410	4713
揭	게( ) [仄聲/去聲 067 霽 제] : 높들일/걸 게	311	5111	5411	4714
揭*	게(갈) [仄聲/入聲 095 月 월] : 높들일/걸 갈	312	6889	4945	5984
揭*	게(걸) [仄聲/入聲 098 屑 설] : 들/세울 걸	313	7084	2458	6024
愒	게( ) [仄聲/去聲 067 霽 제] : 쉴 게	314	5112	5412	4715
愒*	게(개) [仄聲/去聲 068 泰 태] : 탐할 개	315	5273	7085	4698
愒*	게(할) [仄聲/入聲 096 曷 갈] : 으를/공갈 할	316	6969	304	7784
茖	격( ) [仄聲/入聲 100 陌 맥] : 달래/산파 격	317	7361	1486	6034
茖*	격(각) [仄聲/入聲 100 陌 맥] : 풀 각	318	7362	1487	5965
擊	격( ) [仄聲/入聲 101 錫 석] : 칠 격	319	7549	2116	6035
格	격( ) [仄聲/入聲 100 陌 맥] : 이를/올/발를 격	320	7363	1490	6036
格*	격(각) [仄聲/入聲 099 藥 약] : 그칠/막을 각	321	7225	2895	5966

배열형식 A (韻族基準)		배열 A	배열 B	배열 C	배열 D
韻族	(*異音) [平仄 : 四聲 韻目No ,韻目 독음] : 略義	운족 가나순	운목 번호순	운목 가나순	사성순
格*	격(락) [仄聲/入聲 099 藥 약] : 막힐 락	322	7226	2896	6334
檄	격( ) [仄聲/入聲 101 錫 석] : 격서 격	323	7550	2117	6037
激	격( ) [仄聲/入聲 101 錫 석] : 격할 격	324	7551	2118	6038
膈	격( ) [仄聲/入聲 100 陌 맥] : 간막이 격	325	7364	1491	6039
覡	격( ) [仄聲/入聲 101 錫 석] : 박수 격	326	7552	2119	6040
隔	격( ) [仄聲/入聲 100 陌 맥] : 사이뜰 격	327	7365	1492	6041
毄	격( ) [仄聲/入聲 101 錫 석] : 부딪칠 격	328	7553	2120	6042
闃	격( ) [仄聲/入聲 101 錫 석] : 고요할 격	329	7554	2121	6043
骼	격( ) [仄聲/入聲 100 陌 맥] : 뼈 격	330	7366	1493	6044
鬲	격( ) [仄聲/入聲 100 陌 맥] : 손잡이 격	331	7367	1494	6045
湨	격( ) [仄聲/入聲 101 錫 석] : 강이름 격	332	7555	2122	6046
狊	격( ) [仄聲/入聲 101 錫 석] : 날개펼 격	333	7556	2123	6047
獥	격( ) [仄聲/入聲 101 錫 석] : 이리새끼 격	334	7557	2124	6048
綌	격( ) [仄聲/入聲 100 陌 맥] : 칡베 격	335	7368	1495	6049
薂	격( ) [仄聲/入聲 101 錫 석] : 연밥 격	336	7558	2125	6050
堅	견( ) [平聲/下平 016 先 선] : 굳을 견	337	1660	2201	1725
牽	견( ) [仄聲/去聲 076 霰 산] : 이끌/끌 견	338	5731	1998	4716
犬	견( ) [仄聲/上聲 046 銑 선] : 개 견	339	4000	2370	3294
甄	견( ) [仄聲/去聲 076 霰 산] : 질그릇 견	340	5732	1999	4717
甄*	견(진) [平聲/上平 011 眞 진] : 질그릇 진	341	1169	6308	1295
絹	견( ) [仄聲/去聲 076 霰 산] : 비단 견	342	5733	2000	4718
繭	견( ) [仄聲/上聲 046 銑 선] : 고치 견	343	4001	2371	3295
肩	견( ) [平聲/下平 016 先 선] : 어깨 견	344	1661	2202	1726
見	견( ) [仄聲/去聲 076 霰 산] : 볼 견	345	5734	2002	4719
見*	견(현) [仄聲/去聲 076 霰 산] : 드러날 현	346	5735	2001	5855
譴	견( ) [仄聲/去聲 076 霰 산] : 꾸짖을 견	347	5736	2003	4720
遣	견( ) [仄聲/去聲 076 霰 산] : 보낼 견	348	5737	2004	4721
鵑	견( ) [平聲/下平 016 先 선] : 두견이 견	349	1662	2203	1727
狷	견( ) [仄聲/去聲 076 霰 산] : 성급할 견	350	5738	2005	4722
畎	견( ) [仄聲/上聲 046 銑 선] : 밭도랑 견	351	4002	2372	3296
縳	견( ) [仄聲/上聲 046 銑 선] : 올 견	352	4003	2373	3297
縳*	견(전) [仄聲/去聲 076 霰 산] : 곱고선명할 전	353	5739	2006	5517
蠲	견( ) [平聲/下平 016 先 선] : 밝을/맑을 견	354	1663	2204	1728
岍	견( ) [平聲/下平 016 先 선] : 산신(山神) 견	355	1664	2205	1729
汧	견( ) [平聲/下平 016 先 선] : 홍수 견	356	1665	2206	1730
豣	견( ) [仄聲/上聲 046 銑 선] : 큰돼지 견	357	4004	2374	3298

A : (10 / 221)

배열형식 A (韻族基準)		배열 A	배열 B	배열 C	배열 D
韻族	(*異音) [平仄 : 四聲 韻目No ,韻目 독음] : 略義	운족 가나순	운목 번호순	운목 가나순	사성순
豣*	견(연) [平聲/上平 007 虞 우] : 노류 연	358	692	4105	870
趼	견( ) [仄聲/去聲 076 霰 산] : 못(군살) 견	359	5740	2007	4723
鄄	견( ) [仄聲/去聲 076 霰 산] : 땅이름 견	360	5741	2008	4724
肫	견( ) [仄聲/上聲 046 銑 선] : 지성스러울 견	361	4005	2378	3299
肫*	견(돈) [平聲/上平 013 元 원] : 먼동틀 돈	362	1376	4793	279
抉	결( ) [仄聲/入聲 098 屑 설] : 도려낼 결	363	7085	2459	6051
決	결( ) [仄聲/入聲 098 屑 설] : 결단할 결	364	7086	2460	6052
潔	결( ) [仄聲/入聲 098 屑 설] : 깨끗할 결	365	7087	2461	6053
結	결( ) [仄聲/入聲 098 屑 설] : 맺을 결	366	7088	2462	6054
缺	결( ) [仄聲/入聲 098 屑 설] : 이지러질 결	367	7089	2463	6055
訣	결( ) [仄聲/入聲 098 屑 설] : 에어질 결	368	7090	2464	6056
玦	결( ) [仄聲/入聲 098 屑 설] : 패옥 결	369	7091	2465	6057
闋	결( ) [仄聲/入聲 098 屑 설] : 문닫을 결	370	7092	2466	6058
芵	결( ) [仄聲/入聲 098 屑 설] : 초결명자 결	371	7093	2467	6059
鴂	결( ) [仄聲/入聲 098 屑 설] : 뱁새 결	372	7094	2468	6060
鴂*	결(계) [仄聲/去聲 067 霽 제] : 접동새 계	373	5113	5413	4727
拮	결( ) [仄聲/入聲 093 質 질] : 열심히일할 결	374	6735	6578	6062
拮*	결(길) [仄聲/入聲 098 屑 설] : 일할 길	375	7095	2473	6224
兼	겸( ) [平聲/下平 029 鹽 염] : 겸할 겸	376	3135	3608	1732
慊	겸( ) [仄聲/上聲 058 琰 염] : 앙심먹을 겸	377	4614	3680	3302
慊*	겸(협) [仄聲/入聲 105 葉 엽] : 족할 협	378	7829	3743	7832
箝	겸( ) [平聲/下平 029 鹽 염] : 재갈먹일 겸	379	3136	3609	1733
謙	겸( ) [平聲/下平 029 鹽 염] : 겸손할 겸	380	3137	3610	1734
鉗	겸( ) [平聲/下平 029 鹽 염] : 칼 겸	381	3138	3611	1735
鎌	겸( ) [平聲/下平 029 鹽 염] : 낫 겸	382	3139	3612	1736
嗛	겸( ) [平聲/下平 029 鹽 염] : 겸손 겸	383	3140	3613	1737
嗛*	겸(함) [平聲/下平 030 咸 함] : 머금을 함	384	3205	7364	3108
嗛*	겸(협) [仄聲/入聲 105 葉 엽] : 넉넉할 협	385	7830	3744	7833
歉	겸( ) [仄聲/上聲 058 琰 염] : 흉년들/부족할 겸	386	4615	3681	3303
歉*	겸(감) [仄聲/去聲 089 陷 함] : 팀할/부리 감	387	6426	7398	5993
縑	겸( ) [平聲/下平 029 鹽 염] : 합사 비단 겸	388	3141	3614	1738
蒹	겸( ) [平聲/下平 029 鹽 염] : 갈대 겸	389	3142	3615	1739
鼸	겸( ) [仄聲/上聲 058 琰 염] : 두더지 겸	390	4616	3682	3304
鶼	겸( ) [平聲/下平 029 鹽 염] : 모이쫄 겸	391	3143	3616	1740
袷	겹( ) [仄聲/入聲 106 洽 흡] : 겹옷 겹	392	7912	7878	6064
京	경( ) [平聲/下平 023 庚 경] : 서울 경	393	2511	514	1742

배열형식 A (韻族基準)		배열 A	배열 B	배열 C	배열 D
韻族	(*異音) [平仄 : 四聲 韻目No ,韻目 독음] : 略義	운족 가나순	운목 번호순	운목 가나순	사성순
俓	경( ) [仄聲/去聲 085 徑 경] : 지름길 경	394	6186	5101	6067
倞	경( ) [仄聲/去聲 082 漾 양] : 굳셀 경	395	6074	3349	6068
傾	경( ) [平聲/下平 023 庚 경] : 기울 경	396	2512	515	1743
儆	경( ) [仄聲/去聲 084 敬 경] : 경계할 경	397	6137	767	6069
勁	경( ) [仄聲/去聲 084 敬 경] : 셀 경	398	6138	768	6070
勍	경( ) [平聲/下平 023 庚 경] : 셀 경	399	2513	516	1744
卿	경( ) [平聲/下平 023 庚 경] : 벼슬 경	400	2514	517	1745
坰	경( ) [平聲/下平 024 青 청] : 들 경	401	2681	6743	1746
境	경( ) [仄聲/上聲 054 梗 경] : 지경 경	402	4380	684	3305
庚	경( ) [平聲/下平 023 庚 경] : 일곱째천간 경	403	2515	518	1747
徑	경( ) [仄聲/去聲 085 徑 경] : 지름길/길 경	404	6187	5102	6071
慶	경( ) [仄聲/去聲 084 敬 경] : 경사 경	405	6139	769	6072
慶*	경(강) [平聲/下平 022 陽 양] : 경사 강	406	2283	3046	1707
憬	경( ) [仄聲/上聲 054 梗 경] : 멀 경	407	4381	685	3306
擎	경( ) [平聲/下平 023 庚 경] : 들 경	408	2516	519	1748
敬	경( ) [仄聲/去聲 084 敬 경] : 공경 경	409	6140	770	6073
景	경( ) [仄聲/上聲 054 梗 경] : 볕 경	410	4382	686	3307
暻	경( ) [仄聲/上聲 054 梗 경] : 밝을 경	411	4383	687	3308
更	경( ) [平聲/下平 023 庚 경] : 고칠/지날 경	412	2517	520	1749
更*	경(갱) [仄聲/去聲 084 敬 경] : 다시 갱	413	6141	771	6013
梗	경( ) [仄聲/上聲 054 梗 경] : 가시나무 경	414	4384	688	3309
涇	경( ) [平聲/下平 024 青 청] : 통할 경	415	2682	6744	1750
炅	경( ) [仄聲/上聲 054 梗 경] : 빛날 경	416	4385	689	3310
烱	경( ) [仄聲/上聲 054 梗 경] : 뜨거운김 경	417	4386	690	3311
璟	경( ) [仄聲/上聲 054 梗 경] : 옥빛 경	418	4387	691	3312
瓊	경( ) [平聲/下平 023 庚 경] : 구슬 경	419	2518	521	1751
痙	경( ) [仄聲/上聲 054 梗 경] : 힘줄땅길 경	420	4388	692	3313
硬	경( ) [仄聲/去聲 084 敬 경] : 굳을 경	421	6142	772	6074
磬	경( ) [仄聲/去聲 085 徑 경] : 경쇠 경	422	6188	5103	6075
竟	경( ) [仄聲/去聲 084 敬 경] : 마침내/만억 경	423	6143	773	6076
競	경( ) [仄聲/去聲 084 敬 경] : 다툴 경	424	6144	774	6077
絅	경( ) [平聲/下平 024 青 청] : 홑옷 경	425	2683	6745	1752
經	경( ) [仄聲/去聲 085 徑 경] : 지날/글 경	426	6189	5104	6078
耕	경( ) [平聲/下平 023 庚 경] : 밭갈 경	427	2519	522	1753
耿	경( ) [仄聲/上聲 054 梗 경] : 빛날 경	428	4389	693	3314
脛	경( ) [仄聲/去聲 085 徑 경] : 정강이 경	429	6190	5105	6079

배열형식 A (韻族基準)		배열 A	배열 B	배열 C	배열 D
韻族	(*異音) [平仄 : 四聲 韻目No ,韻目 독음] : 略義	운족 가나순	운목 번호순	운목 가나순	사성순
莖	경( ) [平聲/下平 023 庚 경] : 줄기 경	430	2520	523	1754
警	경( ) [仄聲/上聲 054 梗 경] : 깨우칠 경	431	4390	694	3315
輕	경( ) [平聲/下平 023 庚 경] : 가벼울 경	432	2521	524	1755
逕	경( ) [仄聲/去聲 085 徑 경] : 소로 경	433	6191	5106	6080
鏡	경( ) [仄聲/去聲 084 敬 경] : 거울 경	434	6145	775	6081
頃	경( ) [仄聲/上聲 054 梗 경] : 백이랑/잠깐 경	435	4391	695	3316
頃*	경(규) [仄聲/上聲 034 紙 지] : 반걸음 규	436	3301	6007	3429
頸	경( ) [仄聲/上聲 054 梗 경] : 목 경	437	4392	696	3317
驚	경( ) [平聲/下平 023 庚 경] : 놀랄 경	438	2522	525	1756
鯨	경( ) [平聲/下平 023 庚 경] : 고래 경	439	2523	526	1757
惸	경( ) [平聲/下平 023 庚 경] : 근심할 경	440	2524	527	1758
扃	경( ) [平聲/下平 024 靑 청] : 빗장 경	441	2684	6746	1759
檠	경( ) [平聲/下平 023 庚 경] : 도지개 경	442	2525	528	1760
熲	경( ) [仄聲/上聲 049 皓 호] : 빛날/불빛 경	443	4156	7535	3318
綆	경( ) [仄聲/上聲 054 梗 경] : 두레박 줄 경	444	4393	697	3319
罄	경( ) [仄聲/去聲 085 徑 경] : 다할 경	445	6192	5107	6082
黥	경( ) [平聲/下平 023 庚 경] : 묵형(墨刑)할 경	446	2526	529	1761
埂	경( ) [仄聲/上聲 054 梗 경] : 구덩이 경	447	4394	698	3320
係	계( ) [仄聲/去聲 067 霽 제] : 맬 계	448	5114	5414	4728
啓	계( ) [仄聲/上聲 038 薺 제] : 열 계	449	3706	5370	3321
契	계( ) [仄聲/去聲 067 霽 제] : 맺을 계	450	5115	5415	4729
契*	계(결) [仄聲/入聲 098 屑 설] : 견고할 결	451	6854	1788	6201
契*	계(글) [仄聲/入聲 094 物 물] : 나라이름 글	452	7096	2470	6061
契*	계(설) [仄聲/入聲 098 屑 설] : 사람이름 설	453	7097	2469	6783
季	계( ) [仄聲/去聲 063 寘 치] : 계절 계	454	4714	6821	4730
屆	계( ) [仄聲/去聲 069 卦 괘] : 이를/극진할 계	455	5326	823	4731
悸	계( ) [仄聲/去聲 063 寘 치] : 두근거릴 계	456	4715	6822	4732
戒	계( ) [仄聲/去聲 069 卦 괘] : 경계할 계	457	5327	824	4733
桂	계( ) [仄聲/去聲 067 霽 제] : 계수나무 계	458	5116	5416	4734
械	계( ) [仄聲/去聲 069 卦 괘] : 기계 계	459	5328	825	4735
棨	계( ) [仄聲/上聲 038 薺 제] : 창(儀仗用) 계	460	3707	5371	3322
溪	계( ) [平聲/上平 008 齊 제] : 시내 계	461	919	5275	40
界	계( ) [仄聲/去聲 069 卦 괘] : 지경 계	462	5329	826	4736
癸	계( ) [仄聲/上聲 034 紙 지] : 북방/천간 계	463	3302	6008	3323
磎	계( ) [平聲/上平 008 齊 제] : 시내 계	464	920	5276	41
稽	계( ) [平聲/上平 008 齊 제] : 상고할 계	465	921	5277	42

배열형식 A (韻族基準)		배열 A	배열 B	배열 C	배열 D
韻族	(*異音) [平仄 : 四聲 韻目No ,韻目 독음] : 略義	운족 가나순	운목 번호순	운목 가나순	사성순
系	계( ) [仄聲/去聲 067 霽 제] : 이어맬 계	466	5117	5417	4737
繫	계( ) [仄聲/去聲 067 霽 제] : 맬 계	467	5118	5418	4738
繼	계( ) [仄聲/去聲 067 霽 제] : 이을 계	468	5119	5419	4739
計	계( ) [仄聲/去聲 067 霽 제] : 셀 계	469	5120	5420	4740
誡	계( ) [仄聲/去聲 069 卦 괘] : 경계할 계	470	5330	827	4741
谿	계( ) [平聲/上平 008 齊 제] : 시내 계	471	922	5278	43
階	계( ) [平聲/上平 009 佳 가] : 섬돌 계	472	1019	7	44
鷄	계( ) [平聲/上平 008 齊 제] : 닭 계	473	923	5279	45
烓	계( ) [平聲/上平 008 齊 제] : 닭 계	474	924	5280	46
薊	계( ) [仄聲/去聲 067 霽 제] : 엉겅퀴 계	475	5121	5421	4742
雞	계( ) [平聲/上平 008 齊 제] : 닭 계	476	925	5281	47
髻	계( ) [仄聲/去聲 067 霽 제] : 상투/부엌귀신 계	477	5122	5422	4743
屆	계( ) [仄聲/去聲 069 卦 괘] : 이를 계	478	5331	828	4744
毄	계( ) [仄聲/去聲 067 霽 제] : 두레박틀 계	479	5123	5423	4745
檵	계( ) [仄聲/去聲 067 霽 제] : 구기자나무 계	480	5124	5424	4746
甈	계( ) [仄聲/去聲 067 霽 제] : 항아리 계	481	5125	5425	4747
笄	계( ) [平聲/上平 008 齊 제] : 머리핀/어린아이 계	482	926	5282	48
紒	계( ) [仄聲/去聲 067 霽 제] : 상투틀 계	483	5126	5426	4748
繫	계( ) [仄聲/去聲 067 霽 제] : 마전나무 계	484	5127	5427	4749
鍥	계( ) [仄聲/去聲 067 霽 제] : 새길 계	485	5128	5428	4750
鍥*	계(설) [仄聲/入聲 098 屑 설] : 낫 설	486	7098	2471	6784
挈	계( ) [仄聲/去聲 067 霽 제] : 이지러질 계	487	5129	5464	4751
挈*	계(설) [仄聲/去聲 067 霽 제] : 끌 설	488	5130	5465	5207
賈	고( ) [平聲/上平 007 虞 우] : 장사 고	489	693	4103	49
賈*	고(가) [仄聲/去聲 081 禡 마] : 값 가	490	6025	1433	5945
古	고( ) [仄聲/上聲 037 麌 우] : 예 고	491	3588	4532	3324
叩	고( ) [仄聲/去聲 085 宥 유] : 두드릴 고	492	6241	5108	6083
告	고( ) [仄聲/去聲 079 號 호] : 알릴/여쭐 고	493	5941	7601	6084
告*	고(곡) [仄聲/入聲 091 沃 옥] : 청할/보일/찾을 곡	494	6601	3979	6090
呱	고( ) [平聲/上平 007 虞 우] : 울 고	495	694	4106	50
固	고( ) [仄聲/去聲 066 遇 우] : 굳을 고	496	4980	4650	4753
姑	고( ) [平聲/上平 007 虞 우] : 시어미 고	497	695	4107	51
孤	고( ) [平聲/上平 007 虞 우] : 외로울 고	498	696	4108	52
尻	고( ) [平聲/下平 019 豪 호] : 꽁무니 고	499	1995	7464	1762
庫	고( ) [仄聲/去聲 066 遇 우] : 곳집 고	500	4981	4651	4754
拷	고( ) [仄聲/上聲 049 皓 호] : 칠 고	501	4157	7536	3325

배열형식 A (韻族基準)		배열 A	배열 B	배열 C	배열 D
韻族	(*異音) [平仄 : 四聲 韻目No ,韻目 독음] : 略義	운족 가나순	운목 번호순	운목 가나순	사성순
攷	고( ) [仄聲/上聲 049 皓 호] : 상고할 고	502	4158	7537	3326
故	고( ) [仄聲/去聲 066 遇 우] : 연고 고	503	4982	4652	4755
敲	고( ) [仄聲/去聲 078 效 효] : 두두릴 고	504	5912	7839	4756
暠	고( ) [仄聲/上聲 049 皓 호] : 깨끗할 고	505	4159	7539	3327
暠*	고(호) [仄聲/上聲 049 皓 호] : 흴 호	506	4160	7538	4597
枯	고( ) [平聲/上平 007 虞 우] : 마를 고	507	697	4109	53
槁	고( ) [仄聲/上聲 049 皓 호] : 마를 고	508	4161	7540	3328
沽	고( ) [平聲/上平 007 虞 우] : 팔 고	509	698	4110	54
痼	고( ) [仄聲/去聲 066 遇 우] : 고질 고	510	4983	4653	4757
皐	고( ) [平聲/下平 019 豪 호] : 언덕 고	511	1996	7466	1763
皐*	고(호) [平聲/下平 019 豪 호] : 부를 호	512	1997	7465	3164
睪	고( ) [平聲/下平 019 豪 호] : 불알/못 고	513	1998	7467	1764
稿	고( ) [仄聲/上聲 049 皓 호] : 원고/볏집 고	514	4162	7541	3329
羔	고( ) [平聲/下平 019 豪 호] : 새끼양 고	515	1999	7468	1765
考	고( ) [仄聲/上聲 049 皓 호] : 생각할 고	516	4163	7542	3330
股	고( ) [仄聲/上聲 037 麌 우] : 넓적다리 고	517	3589	4533	3331
膏	고( ) [仄聲/去聲 079 號 호] : 기름 고	518	5942	7603	6085
苦	고( ) [仄聲/去聲 066 遇 우] : 쓸 고	519	4984	4654	4758
苽	고( ) [平聲/上平 007 虞 우] : 줄 고	520	699	4111	55
菰	고( ) [平聲/上平 007 虞 우] : 향초 고	521	700	4112	56
藁	고( ) [仄聲/上聲 049 皓 호] : 마른나무 고	522	4164	7543	3332
蠱	고( ) [仄聲/上聲 037 麌 우] : 독 고	523	3590	4534	3333
袴	고( ) [仄聲/去聲 066 遇 우] : 바지 고	524	4985	4655	4759
袴*	고(과) [仄聲/去聲 081 禡 마] : 사타구니 과	525	6026	1436	6109
誥	고( ) [仄聲/去聲 079 號 호] : 고할/경계 고	526	5943	7604	6086
辜	고( ) [平聲/上平 007 虞 우] : 허물 고	527	701	4113	57
錮	고( ) [仄聲/去聲 066 遇 우] : 막을 고	528	4986	4656	4760
雇	고( ) [仄聲/去聲 066 遇 우] : 품팔/머슴 고	529	4987	4657	4761
雇*	고(호) [仄聲/上聲 037 麌 우] : 뻐꾹새 호	530	3591	4535	4598
顧	고( ) [仄聲/去聲 066 遇 우] : 돌아볼 고	531	4988	4658	4762
高	고( ) [平聲/下平 019 豪 호] : 높을/위/멀 고	532	2000	7469	1766
鼓	고( ) [仄聲/上聲 037 麌 우] : 북 고	533	3592	4536	3334
估	고( ) [仄聲/上聲 037 麌 우] : 값 고	534	3593	4537	3335
刳	고( ) [平聲/上平 007 虞 우] : 가를 고	535	702	4114	58
杲	고( ) [仄聲/上聲 049 皓 호] : 밝을 고	536	4165	7544	3336
杲*	고(호) [仄聲/上聲 049 皓 호] : 높을 호	537	4166	7545	4599

배열형식 A (韻族基準)		배열 A	배열 B	배열 C	배열 D
韻族	(*異音) [平仄 : 四聲 韻目No ,韻目 독음] : 略義	운족 가나순	운목 번호순	운목 가나순	사성순
栲	고( ) [仄聲/上聲 049 皓 호] : 북나무 고	538	4167	7546	3337
櫜	고( ) [平聲/下平 019 豪 호] : 활집 고	539	2001	7470	1767
牯	고( ) [仄聲/上聲 037 麌 우] : 암소 고	540	3594	4538	3338
簪	고( ) [仄聲/上聲 037 麌 우] : 북나무 고	541	3595	4539	3339
篙	고( ) [平聲/下平 019 豪 호] : 상앗대 고	542	2002	7471	1768
糕	고( ) [平聲/下平 019 豪 호] : 떡 고	543	2003	7472	1769
罟	고( ) [仄聲/上聲 037 麌 우] : 그물 고	544	3596	4540	3340
羖	고( ) [仄聲/上聲 037 麌 우] : 검은암양 고	545	3597	4541	3341
觚	고( ) [平聲/上平 007 虞 우] : 술잔 고	546	703	4115	59
詁	고( ) [仄聲/上聲 037 麌 우] : 주(註)낼 고	547	3598	4542	3342
郜	고( ) [仄聲/上聲 049 皓 호] : 나라이름 고	548	4168	7547	3343
鈷	고( ) [仄聲/上聲 037 麌 우] : 다리미 고	549	3599	4543	3344
靠	고( ) [仄聲/去聲 079 號 호] : 기댈 고	550	5944	7605	6087
呫	고( ) [仄聲/上聲 037 麌 우] : 말더듬거릴 고	551	3600	4544	3345
楛	고( ) [仄聲/上聲 037 麌 우] : 거칠/추잡할 고	552	3601	4546	3346
楛*	고(호) [仄聲/上聲 037 麌 우] : 싸리나무 호	553	3602	4545	4600
橭	고( ) [平聲/上平 007 虞 우] : 만연할 고	554	704	4116	60
罛	고( ) [平聲/上平 007 虞 우] : 므물 고	555	705	4117	61
翱	고( ) [平聲/下平 019 豪 호] : 날 고	556	2004	7473	1770
藁	고( ) [仄聲/上聲 049 皓 호] : 마름 고	557	4169	7548	3347
骷	고( ) [仄聲/上聲 037 麌 우] : 해골 고	558	3603	4547	3348
哭	곡( ) [仄聲/入聲 090 屋 옥] : 울 곡	559	6441	3818	6091
斛	곡( ) [仄聲/入聲 090 屋 옥] : 열(十)말 곡	560	6442	3819	6092
曲	곡( ) [仄聲/入聲 091 沃 옥] : 굽을 곡	561	6602	3980	6093
梏	곡( ) [仄聲/入聲 091 沃 옥] : 수갑 곡	562	6603	3981	6094
穀	곡( ) [仄聲/入聲 090 屋 옥] : 곡식 곡	563	6443	3820	6095
穀*	곡(구) [仄聲/去聲 085 宥 유] : 녹[祿] 구	564	6242	5109	6138
谷	곡( ) [仄聲/入聲 090 屋 옥] : 골 곡	565	6444	3821	6096
鵠	곡( ) [仄聲/入聲 091 沃 옥] : 고니 곡	566	6604	3982	6097
嚳	곡( ) [仄聲/入聲 091 沃 옥] : 고할 곡	567	6605	3983	6098
觳	곡( ) [仄聲/入聲 090 屋 옥] : 다할/엷을 곡	568	6445	3822	6099
觳*	곡(각) [仄聲/入聲 092 覺 각] : 팔리할/비교할 각	569	6673	190	5967
轂	곡( ) [仄聲/入聲 090 屋 옥] : 고할 곡	570	6446	3823	6100
牿	곡( ) [仄聲/入聲 091 沃 옥] : 외양깐 곡	571	6606	3984	6101
困	곤( ) [仄聲/去聲 073 願 원] : 곤할 곤	572	5587	4909	4763
坤	곤( ) [平聲/上平 013 元 원] : 땅 곤	573	1377	4778	62

배열형식 A (韻族基準)		배열 A	배열 B	배열 C	배열 D
韻族	(*異音) [平仄 : 四聲 韻目No ,韻目 독음] : 略義	운족 가나순	운목 번호순	운목 가나순	사성순
崑	곤( ) [平聲/上平 013 元 원] : 산이름 곤	574	1378	4779	63
昆	곤( ) [平聲/上平 013 元 원] : 맏형/같을 곤	575	1379	4780	64
昆*	곤(혼) [仄聲/上聲 043 阮 완] : 동어리/오랑캐 혼	576	3866	4046	4624
梱	곤( ) [仄聲/上聲 043 阮 완] : 맏 곤	577	3867	4047	3349
棍	곤( ) [仄聲/去聲 073 願 원] : 곤장/몽둥이 곤	578	5588	4910	4764
棍*	곤(혼) [仄聲/上聲 043 阮 완] : 나무묶을 혼	579	3868	4048	4625
滾	곤( ) [仄聲/上聲 043 阮 완] : 흐를 곤	580	3869	4049	3350
琨	곤( ) [平聲/上平 013 元 원] : 옥돌 곤	581	1380	4781	65
袞	곤( ) [仄聲/上聲 043 阮 완] : 곤룡포 곤	582	3870	4050	3351
鯤	곤( ) [平聲/上平 013 元 원] : 곤이 곤	583	1381	4782	66
褌	곤( ) [平聲/上平 013 元 원] : 잠방이 곤	584	1382	4783	67
錕	곤( ) [平聲/上平 013 元 원] : 적금 곤	585	1383	4784	68
閫	곤( ) [仄聲/上聲 043 阮 완] : 문지방 곤	586	3871	4051	3352
髡	곤( ) [平聲/上平 013 元 원] : 삭발할 곤	587	1384	4785	69
鶤	곤( ) [平聲/上平 013 元 원] : 봉황새 곤	588	1385	4786	70
壸	곤( ) [仄聲/上聲 043 阮 완] : 대궐안길 곤	589	3872	4052	3353
鯀	곤( ) [仄聲/上聲 043 阮 완] : 큰물고기 곤	590	3873	4053	3354
汩	골( ) [仄聲/入聲 095 月 월] : 다스릴 골	591	6890	4946	6104
汩*	골(멱) [仄聲/入聲 101 錫 석] : 물이름 멱	592	7559	2126	6480
滑	골( ) [仄聲/入聲 095 月 월] : 어지러울 골	593	6891	4947	6105
骨	골( ) [仄聲/入聲 095 月 월] : 뼈 골	594	6892	4948	6106
鶻	골( ) [仄聲/入聲 095 月 월] : 송골매 골	595	6893	4949	6107
滑	골( ) [仄聲/入聲 095 月 월] : 어지러울 골	596	6894	5011	6108
滑*	골(활) [仄聲/入聲 097 黠 힐] : 미끄러울 활	597	7044	7940	7893
供	공( ) [平聲/上平 002 冬 동] : 이바지할 공	598	114	1173	72
公	공( ) [平聲/上平 001 東 동] : 공평할 공	599	1	1060	73
共	공( ) [平聲/上平 002 冬 동] : 한가지 공	600	115	1174	74
功	공( ) [平聲/上平 001 東 동] : 공 공	601	2	1061	75
孔	공( ) [仄聲/上聲 031 董 동] : 구멍 공	602	3237	1255	3355
工	공( ) [平聲/上平 001 東 동] : 장인 공	603	3	1062	76
恐	공( ) [仄聲/去聲 061 宋 송] : 두려울 공	604	4693	2848	4765
恭	공( ) [平聲/上平 002 冬 동] : 공손할 공	605	116	1175	77
拱	공( ) [仄聲/上聲 032 腫 종] : 두손마주잡을 공	606	3257	5567	3356
控	공( ) [仄聲/去聲 060 送 송] : 당길 공	607	4667	2822	4766
控*	공(강) [仄聲/上聲 033 講 강] : 칠 강	608	3296	464	3264
攻	공( ) [平聲/上平 001 東 동] : 칠 공	609	4	1063	78

배열형식 A (韻族基準)	배열 A	배열 B	배열 C	배열 D
韻族 (*異音) [平仄 : 四聲 韻目No ,韻目 독음] : 略義	운족 가나순	운목 번호순	운목 가나순	사성순
珙 공( ) [仄聲/上聲 032 腫 종] : 큰옥 공	610	3258	5568	3357
空 공( ) [平聲/上平 001 東 동] : 빌 공	611	5	1064	79
蚣 공( ) [平聲/上平 001 東 동] : 지네 공	612	6	1065	80
蚣* 공(송) [平聲/上平 002 冬 동] : 메뚜기 송	613	117	1176	753
貢 공( ) [仄聲/去聲 060 送 송] : 바칠 공	614	4668	2823	4767
鞏 공( ) [仄聲/上聲 032 腫 종] : 묶을 공	615	3259	5569	3358
悾 공( ) [平聲/上平 001 東 동] : 정성스러울 공	616	7	1066	81
悾* 공(강) [平聲/上平 003 江 강] : 믿을 강	617	200	438	22
栱 공( ) [仄聲/上聲 032 腫 종] : 큰말뚝/두공 공	618	3260	5570	3359
槓 공( ) [平聲/上平 003 江 강] : 지렛대 공	619	201	439	82
箜 공( ) [平聲/上平 001 東 동] : 공후(악기명) 공	620	8	1067	83
蛩 공( ) [平聲/上平 002 冬 동] : 귀뜨라미 공	621	118	1177	84
蛬 공( ) [平聲/上平 002 冬 동] : 귀뚜라미 공	622	119	1178	85
龔 공( ) [平聲/上平 002 冬 동] : 공손할 공	623	120	1179	86
拲 공( ) [仄聲/上聲 032 腫 종] : 수갑 공	624	3261	5571	3360
輁 공( ) [仄聲/上聲 032 腫 종] : 관굉차 공	625	3262	5572	3361
邛 공( ) [平聲/上平 002 冬 동] : 고달플 공	626	121	1180	87
銎 공( ) [仄聲/去聲 061 宋 송] : 말굴레 공	627	4694	2849	4768
寡 과( ) [仄聲/上聲 051 馬 마] : 적을/과부 과	628	4264	1393	3362
戈 과( ) [平聲/下平 020 歌 가] : 창 과	629	2078	62	1772
果 과( ) [仄聲/上聲 050 哿 가] : 실과 과	630	4227	149	3363
瓜 과( ) [平聲/下平 021 麻 마] : 외 과	631	2173	1299	1773
科 과( ) [平聲/下平 020 歌 가] : 과목 과	632	2079	63	1774
菓 과( ) [仄聲/上聲 050 哿 가] : 과자/실과 과	633	4228	150	3364
誇 과( ) [平聲/下平 021 麻 마] : 자랑할 과	634	2174	1300	1775
課 과( ) [仄聲/去聲 080 箇 개] : 공부할/과정 과	635	5992	482	6110
跨 과( ) [仄聲/去聲 081 禡 마] : 타넘을 과	636	6027	1437	6111
過 과( ) [平聲/下平 020 歌 가] : 지날 과	637	2080	64	1776
鍋 과( ) [平聲/下平 020 歌 가] : 노구솥 과	638	2081	65	1777
顆 과( ) [仄聲/上聲 050 哿 가] : 낱알 과	639	4229	151	3365
侉 과( ) [平聲/下平 021 麻 마] : 자랑할 과	640	2175	1301	1778
夥 과( ) [仄聲/上聲 050 哿 가] : 많을 과	641	4230	152	3366
夥* 과(해) [仄聲/上聲 039 蟹 해] : 동무 해	642	3744	7451	4566
夸 과( ) [平聲/下平 021 麻 마] : 자랑할 과	643	2176	1302	1779
窠 과( ) [平聲/下平 020 歌 가] : 보금자리 과	644	2082	66	1780
蝌 과( ) [平聲/下平 020 歌 가] : 올챙이 과	645	2083	67	1781

배열형식 A (韻族基準)		배열 A	배열 B	배열 C	배열 D
韻族	(*異音) [平仄 : 四聲 韻目No ,韻目 독음] : 略義	운족 가나순	운목 번호순	운목 가나순	사성순
裹	과( ) [仄聲/上聲 050 哿 가] : 쌀 과	646	4231	153	3367
踝	과( ) [仄聲/上聲 051 馬 마] : 복사뼈 과	647	4265	1394	3368
濄	과( ) [平聲/下平 020 歌 가] : 물돌아칠 과	648	2084	68	1782
濄*	과(와) [平聲/下平 020 歌 가] : 물돌아칠 와	649	2085	69	2546
过	과( ) [仄聲/去聲 080 箇 개] : (過의약자)지날 과	650	5993	483	6112
过*	과(변) [平聲/下平 016 先 선] : 갓(邊의약자) 변	651	1666	2207	2192
媧	과( ) [平聲/下平 021 麻 마] : 여자이름 과	652	2177	1357	1783
媧*	과(왜) [平聲/上平 009 佳 가] : 여신 왜	653	1020	31	924
廓	곽( ) [仄聲/入聲 099 藥 약] : 둘레 곽	654	7227	2897	6113
槨	곽( ) [仄聲/入聲 099 藥 약] : 덧널 곽	655	7228	2898	6114
藿	곽( ) [仄聲/入聲 099 藥 약] : 콩잎 곽	656	7229	2899	6115
郭	곽( ) [仄聲/入聲 099 藥 약] : 둘레/외성 곽	657	7230	2900	6116
霍	곽( ) [仄聲/入聲 099 藥 약] : 빠를/갑자기 곽	658	7231	2901	6117
漷	곽( ) [仄聲/入聲 099 藥 약] : 물이름 곽	659	7232	2902	6118
漷*	곽(획) [仄聲/入聲 100 陌 맥] : 물이부딛혀흐를 획	660	7369	1496	7904
蠼	곽( ) [仄聲/上聲 041 軫 진] : 큰원숭이 곽	661	3795	6445	3369
蠼*	곽(구) [仄聲/入聲 099 藥 약] : 큰원숭이 구	662	7233	2904	6156
廓*	곽(확) [仄聲/入聲 099 藥 약] : 클 확	663	7234	3019	7880
串	관( ) [仄聲/去聲 075 諫 간] : 익숙해질 관	664	5694	259	4771
串*	관(곶) [仄聲/去聲 075 諫 간] : 땅이름/꼬챙이 곶	665	5695	260	4770
串*	관(천) [仄聲/去聲 076 霰 산] : 꿰미 천	666	5742	2009	5664
爟	관( ) [仄聲/去聲 074 翰 한] : 봉화/불켜들 관	667	5626	7298	4772
冠	관( ) [平聲/上平 014 寒 한] : 갓 관	668	1513	7142	88
官	관( ) [平聲/上平 014 寒 한] : 벼슬 관	669	1514	7143	89
寬	관( ) [平聲/上平 014 寒 한] : 너그러울 관	670	1515	7144	90
慣	관( ) [仄聲/去聲 075 諫 간] : 익숙할 관	671	5696	261	4773
棺	관( ) [平聲/上平 014 寒 한] : 널 관	672	1516	7145	91
款	관( ) [仄聲/上聲 044 旱 한] : 항목 관	673	3927	7246	3370
灌	관( ) [仄聲/去聲 074 翰 한] : 물댈 관	674	5627	7299	4774
琯	관( ) [仄聲/上聲 044 旱 한] : 피리 관	675	3928	7247	3371
瓘	관( ) [仄聲/去聲 074 翰 한] : 옥이름 관	676	5628	7300	4775
管	관( ) [仄聲/上聲 044 旱 한] : 대롱/주관할 관	677	3929	7248	3372
罐	관( ) [仄聲/去聲 074 翰 한] : 물동이 관	678	5629	7301	4776
觀	관( ) [平聲/上平 014 寒 한] : 볼 관	679	1517	7147	93
貫	관( ) [仄聲/去聲 074 翰 한] : 꿸 관	680	5630	7302	4777
關	관( ) [平聲/上平 015 刪 산] : 통할/관계할 관	681	1617	1942	94

배열형식 A (韻族基準)		배열 A	배열 B	배열 C	배열 D
韻族	(*異音) [平仄 : 四聲 韻目No ,韻目 독음] : 略義	운족 가나순	운목 번호순	운목 가나순	사성순
關*	관(완) [平聲/上平 015 刪 산] : 문지방/빗장 완	682	1618	1941	912
館	관( ) [仄聲/上聲 044 旱 한] : 객사 관	683	3930	7249	3373
爟	관( ) [仄聲/去聲 074 翰 한] : 횃불 관	684	5631	7303	4778
盥	관( ) [仄聲/上聲 044 旱 한] : 씻을/대야 관	685	3931	7250	3374
祼	관( ) [仄聲/去聲 074 翰 한] : 강신제 관	686	5632	7304	4779
綰	관( ) [仄聲/去聲 075 諫 간] : 얽을 관	687	5697	262	4780
錧	관( ) [仄聲/上聲 044 旱 한] : 쟁기/비녀장 관	688	3932	7251	3375
雚	관( ) [仄聲/去聲 074 翰 한] : 황새 관	689	5633	7305	4781
顴	관( ) [平聲/下平 016 先 선] : 광대뼈 관	690	1667	2208	1784
鸛	관( ) [平聲/下平 026 尤 우] : 황새 관	691	2820	4331	1785
丱	관( ) [仄聲/去聲 075 諫 간] : 쌍상투 관	692	5698	263	4782
丱*	관(굉) [仄聲/上聲 054 梗 경] : 쇠뭉치 굉	693	4395	699	3384
丱*	관(횡) [仄聲/上聲 054 梗 경] : 금옥덩어리 횡	694	4396	700	4649
痯	관( ) [仄聲/上聲 044 旱 한] : 병에지친 관	695	3933	7252	3376
莞	관( ) [平聲/上平 014 寒 한] : 골/왕골 관	696	1518	7211	95
莞*	관(완) [仄聲/上聲 045 潸 산] : 빙그레할 완	697	3978	1985	4081
刮	괄( ) [仄聲/入聲 097 黠 힐] : 깎을 괄	698	7045	7914	6119
恝	괄( ) [仄聲/去聲 069 卦 괘] : 걱정없을 괄	699	5332	829	4783
括	괄( ) [仄聲/入聲 096 曷 갈] : 묶을 괄	700	6970	305	6120
适	괄( ) [仄聲/入聲 096 曷 갈] : 빠를 괄	701	6971	306	6121
栝	괄( ) [仄聲/入聲 096 曷 갈] : 노송나무 괄	702	6972	307	6122
聒	괄( ) [仄聲/入聲 096 曷 갈] : 떠들썩할 괄	703	6973	308	6123
鴰	괄( ) [仄聲/入聲 097 黠 힐] : 재두루미 괄	704	7046	7915	6124
劀	괄( ) [仄聲/入聲 097 黠 힐] : 고름짤 괄	705	7047	7916	6125
颳	괄( ) [仄聲/入聲 097 黠 힐] : 모진바람 괄	706	7048	7917	6126
侊	광( ) [平聲/下平 022 陽 양] : 성한모양 광	707	2284	3047	1786
光	광( ) [平聲/下平 022 陽 양] : 빛 광	708	2285	3048	1787
匡	광( ) [平聲/下平 022 陽 양] : 바를 광	709	2286	3049	1788
壙	광( ) [仄聲/去聲 082 漾 양] : 뫼구덩이 광	710	6075	3350	6128
廣	광( ) [仄聲/上聲 052 養 양] : 넓을 광	711	4302	3271	3377
曠	광( ) [仄聲/去聲 082 漾 양] : 빌 광	712	6076	3351	6129
洸	광( ) [平聲/下平 022 陽 양] : 물용솟음할 광	713	2287	3050	1789
狂	광( ) [平聲/下平 022 陽 양] : 미칠 광	714	2288	3051	1790
珖	광( ) [平聲/下平 022 陽 양] : 옥피리 광	715	2289	3052	1791
筐	광( ) [平聲/下平 022 陽 양] : 광주리 광	716	2290	3053	1792
胱	광( ) [平聲/下平 022 陽 양] : 오줌통 광	717	2291	3054	1793

배열형식 A (韻族基準)		배열 A	배열 B	배열 C	배열 D
韻族	(*異音) [平仄 : 四聲 韻目No ,韻目 독음] : 略義	운족 가나순	운목 번호순	운목 가나순	사성순
鑛	광( ) [仄聲/上聲 054 梗 경] : 쇳돌 광	718	4397	701	3378
桄	광( ) [平聲/下平 022 陽 양] : 광나무 광	719	2292	3055	1794
獷	광( ) [仄聲/上聲 054 梗 경] : 사나울 광	720	4398	702	3379
磺	광( ) [仄聲/上聲 054 梗 경] : 쇳돌 광	721	4399	703	3380
磺*	광(황) [平聲/下平 022 陽 양] : 쇳돌 황	722	2293	3056	3183
纊	광( ) [仄聲/去聲 082 漾 양] : 솜 광	723	6077	3352	6130
誑	광( ) [仄聲/去聲 082 漾 양] : 속일 광	724	6078	3353	6131
眶	광( ) [平聲/下平 022 陽 양] : 눈자위 광	725	2294	3057	1795
擴	광( ) [仄聲/去聲 082 漾 양] : 채울 광	726	6079	3408	6132
擴*	광(확) [仄聲/去聲 082 漾 양] : 늘일/넓힐 확	727	6080	3409	7881
卦	괘( ) [仄聲/去聲 069 卦 괘] : 점괘 괘	728	5333	830	4784
掛	괘( ) [仄聲/去聲 069 卦 괘] : 걸 괘	729	5334	831	4785
罫	괘( ) [仄聲/去聲 069 卦 괘] : 줄 괘	730	5335	832	4786
挂	괘( ) [仄聲/去聲 069 卦 괘] : 걸 괘	731	5336	833	4787
枴	괘( ) [仄聲/上聲 039 蟹 해] : 지팡이 괘	732	3745	7452	3381
乖	괴( ) [平聲/上平 009 佳 가] : 어그러질 괴	733	1021	8	96
傀	괴( ) [仄聲/上聲 034 紙 지] : 허수아비 괴	734	3303	6009	3382
塊	괴( ) [仄聲/去聲 070 隊 대] : 흙덩이 괴	735	5389	971	4788
壞	괴( ) [仄聲/去聲 069 卦 괘] : 무너뜨릴 괴	736	5337	834	4789
壞*	괴(회) [仄聲/上聲 040 賄 회] : 무너질 회	737	3761	7757	4646
怪	괴( ) [仄聲/去聲 069 卦 괘] : 괴이할 괴	738	5338	835	4790
愧	괴( ) [仄聲/去聲 063 寘 치] : 부끄러울 괴	739	4716	6823	4791
拐	괴( ) [仄聲/上聲 039 蟹 해] : 속일 괴	740	3746	7453	3383
槐	괴( ) [平聲/上平 009 佳 가] : 회화나무/느티나무 괴	741	1022	9	97
魁	괴( ) [平聲/上平 010 灰 회] : 우두머리 괴	742	1064	7649	98
瑰	괴( ) [平聲/上平 010 灰 회] : 구슬 괴	743	1065	7650	99
蒯	괴( ) [仄聲/去聲 069 卦 괘] : 황모 괴	744	5339	836	4792
蕢	괴( ) [仄聲/去聲 063 寘 치] : 삼태기 괴	745	4717	6824	4793
蕢*	괴(궤) [仄聲/去聲 069 卦 괘] : 당비름 궤	746	5340	837	4823
馘	괵( ) [仄聲/入聲 100 陌 맥] : 벨 괵	747	7370	1497	6133
幗	괵( ) [仄聲/入聲 100 陌 맥] : 머리장식 괵	748	7371	1498	6134
蟈	괵( ) [仄聲/入聲 100 陌 맥] : 청개구리 괵	749	7372	1500	6135
宏	굉( ) [平聲/下平 023 庚 경] : 클 굉	750	2527	530	1796
紘	굉( ) [平聲/下平 023 庚 경] : 갓끈 굉	751	2528	531	1797
肱	굉( ) [平聲/下平 025 蒸 증] : 팔뚝 굉	752	2759	5605	1798
轟	굉( ) [平聲/下平 023 庚 경] : 울릴 굉	753	2529	532	1799

배열형식 A (韻族基準)		배열 A	배열 B	배열 C	배열 D
韻族	(*異音) [平仄 : 四聲 韻目No ,韻目 독음] : 略義	운족 가나순	운목 번호순	운목 가나순	사성순
觥	굉( ) [平聲/下平 023 庚 경] : 뿔잔 굉	754	2530	533	1800
訇	굉( ) [平聲/下平 023 庚 경] : 큰소리 굉	755	2531	534	1801
閎	굉( ) [平聲/下平 023 庚 경] : 마을문 굉	756	2532	535	1802
鍠	굉( ) [平聲/下平 023 庚 경] : 종소리/북소리 굉	757	2533	536	1803
交	교( ) [平聲/下平 018 肴 효] : 사귈 교	758	1947	7791	1804
僑	교( ) [平聲/下平 017 蕭 소] : 더부살이 교	759	1826	2587	1805
咬	교( ) [平聲/下平 018 肴 효] : 음란한소리 교	760	1948	7792	1806
喬	교( ) [平聲/下平 017 蕭 소] : 높을 교	761	1827	2588	1807
嬌	교( ) [平聲/下平 017 蕭 소] : 아리따울 교	762	1828	2589	1808
嶠	교( ) [仄聲/去聲 077 嘯 소] : 산길 교	763	5849	2759	4795
巧	교( ) [仄聲/上聲 048 巧 교] : 공교할 교	764	4131	881	3385
攪	교( ) [仄聲/上聲 048 巧 교] : 어지러울 교	765	4132	882	3386
敎	교( ) [平聲/下平 026 尤 우] : 가르칠 교	766	2821	4332	1809
校	교( ) [仄聲/去聲 078 效 효] : 학교/교정할 교	767	5913	7840	4796
校*	교(효) [仄聲/去聲 078 效 효] : 학궁 효	768	5914	7841	5914
橋	교( ) [平聲/下平 017 蕭 소] : 다리 교	769	1829	2590	1810
狡	교( ) [仄聲/上聲 048 巧 교] : 간교할 교	770	4133	883	3387
皎	교( ) [仄聲/上聲 047 篠 소] : 흴 교	771	4080	2708	3388
矯	교( ) [仄聲/上聲 047 篠 소] : 바로잡을 교	772	4081	2709	3389
絞	교( ) [仄聲/上聲 048 巧 교] : 목맬 교	773	4134	884	3390
翹	교( ) [平聲/下平 017 蕭 소] : 꼬리깃털 교	774	1830	2591	1811
膠	교( ) [仄聲/去聲 078 效 효] : 아교 교	775	5915	7842	4797
蕎	교( ) [平聲/下平 017 蕭 소] : 메밀 교	776	1831	2592	1812
蛟	교( ) [平聲/下平 018 肴 효] : 교룡 교	777	1949	7793	1813
較	교( ) [仄聲/去聲 078 效 효] : 비교할/견줄 교	778	5916	7843	4798
較*	교(각) [仄聲/入聲 092 覺 각] : 밝을 각	779	6674	192	5969
轎	교( ) [仄聲/去聲 077 嘯 소] : 가마 교	780	5850	2760	4799
郊	교( ) [平聲/下平 018 肴 효] : 들 교	781	1950	7794	1814
餃	교( ) [仄聲/去聲 078 效 효] : 경단 교	782	5917	7844	4800
驕	교( ) [平聲/下平 017 蕭 소] : 교만할 교	783	1832	2593	1815
驕*	교(효) [平聲/下平 017 蕭 소] : 사냥개 효	784	1833	2594	3206
鮫	교( ) [平聲/下平 018 肴 효] : 상어 교	785	1951	7795	1816
佼	교( ) [仄聲/上聲 048 巧 교] : 예쁠 교	786	4135	885	3391
噭	교( ) [仄聲/去聲 077 嘯 소] : 주둥이 교	787	5851	2761	4801
姣	교( ) [仄聲/上聲 048 巧 교] : 예쁠 교	788	4136	887	3392
榷	교( ) [仄聲/入聲 092 覺 각] : 외나무다리 교	789	6675	193	6137

배열형식 A (韻族基準)		배열 A	배열 B	배열 C	배열 D
韻族	(*異音) [平仄 : 四聲 韻目No ,韻目 독음] : 略義	운족 가나순	운목 번호순	운목 가나순	사성순
榷*	교(각) [仄聲/入聲 092 覺 각] : 세 각	790	6676	194	5970
窖	교( ) [仄聲/去聲 078 效 효] : 움집 교	791	5918	7845	4802
蹻	교( ) [平聲/下平 017 蕭 소] : 바랄 교	792	1834	2595	1817
蹻*	교(갹) [仄聲/入聲 099 藥 약] : 교만할 갹	793	7235	2903	6016
鉸	교( ) [仄聲/上聲 048 巧 교] : 가위 교	794	4137	888	3393
骹	교( ) [平聲/下平 018 肴 효] : 정강이 교	795	1952	7796	1818
鵁	교( ) [平聲/下平 018 肴 효] : 해오라기 교	796	1953	7797	1819
嘂	교( ) [仄聲/去聲 077 嘯 소] : 크게부르짖을 교	797	5852	2762	4803
恔	교( ) [仄聲/去聲 078 效 효] : 유쾌할 교	798	5919	7846	4804
教	교( ) [平聲/下平 018 肴 효] : 본받을/하여금 교	799	1954	7798	1820
教*	교(교) [仄聲/去聲 078 效 효] : 가르칠/교서 교	800	5920	7847	4805
珓	교( ) [仄聲/去聲 078 效 효] : 산통 교	801	5921	7848	4806
窌	교( ) [仄聲/去聲 078 效 효] : 움막 교	802	5922	7849	4807
窌*	교(료) [平聲/下平 018 肴 효] : 으슥할 료	803	1955	7799	2063
茭	교( ) [平聲/下平 017 蕭 소] : 아욱 교	804	1835	2596	1821
蟜	교( ) [平聲/下平 026 尤 우] : 독충 교	805	2822	4333	1822
蹺	교( ) [平聲/下平 017 蕭 소] : 발돋음할 교	806	1836	2597	1823
鷮	교( ) [平聲/下平 017 蕭 소] : 꿩 교	807	1837	2598	1824
糾	교( ) [仄聲/上聲 047 篠 소] : 맺힐/얽힐 교	808	4082	2710	3394
糾*	교(규) [仄聲/上聲 055 有 유] : 모둘/살필/탄핵할 규	809	4463	5034	3432
劭	교( ) [仄聲/上聲 038 薺 제] : 권면할 교	810	3708	5404	3395
劭*	교(소) [仄聲/去聲 077 嘯 소] : 아름다울/높을 소	811	5853	2812	5237
悎	교( ) [仄聲/去聲 078 效 효] : 놀랄 교	812	5923	7864	4808
悎*	교(곡) [仄聲/入聲 091 沃 옥] : 두려워할 곡	813	6607	4043	6103
丘	구( ) [平聲/下平 026 尤 우] : 언덕 구	814	2823	4334	1828
久	구( ) [仄聲/上聲 055 有 유] : 오랠 구	815	4464	5016	3397
九	구( ) [平聲/下平 026 尤 우] : 아홉 구	816	2824	4335	1829
九*	구(규) [仄聲/上聲 055 有 유] : 모을 규	817	4465	5017	3430
仇	구( ) [平聲/下平 026 尤 우] : 짝/원수 구	818	2825	4336	1830
俱	구( ) [平聲/上平 007 虞 우] : 함께 구	819	706	4118	101
具	구( ) [仄聲/去聲 066 遇 우] : 갖출 구	820	4989	4659	4809
匄	구( ) [仄聲/去聲 068 泰 태] : 청구할/줄 구	821	5274	7086	4810
匄*	구(갈) [仄聲/入聲 096 曷 갈] : 굽을 갈	822	6974	309	5985
區	구( ) [平聲/上平 007 虞 우] : 구분할/감출 구	823	707	4119	102
區*	구(우) [平聲/下平 026 尤 우] : 저울눈/숨길 우	824	2826	4337	2581
口	구( ) [仄聲/上聲 055 有 유] : 입 구	825	4466	5018	3398

배열형식 A (韻族基準)		배열 A	배열 B	배열 C	배열 D
韻族	(*異音) [平仄 : 四聲 韻目No ,韻目 독음] : 略義	운족 가나순	운목 번호순	운목 가나순	사성순
句	구( ) [仄聲/去聲 066 遇 우] : 글귀 구	826	4990	4660	4811
句*	구(귀) [平聲/下平 026 尤 우] : 글귀 귀	827	2827	4338	1865
咎	구( ) [仄聲/上聲 055 有 유] : 허물 구	828	4467	5019	3399
嘔	구( ) [平聲/下平 026 尤 우] : 토할/노래할 구	829	2828	4339	1831
嘔*	구(후) [平聲/上平 007 虞 우] : 기꺼이말할 후	830	708	4120	1580
坵	구( ) [平聲/下平 026 尤 우] : 언덕 구	831	2829	4340	1832
垢	구( ) [仄聲/上聲 055 有 유] : 때 구	832	4468	5020	3400
寇	구( ) [仄聲/去聲 085 宥 유] : 도둑 구	833	6243	5110	6139
嶇	구( ) [平聲/上平 007 虞 우] : 언틀먼틀할/가파를 구	834	709	4121	103
懼	구( ) [仄聲/去聲 066 遇 우] : 두려워할 구	835	4991	4661	4812
拘	구( ) [平聲/上平 007 虞 우] : 잡을 구	836	710	4122	104
救	구( ) [仄聲/去聲 085 宥 유] : 구원할 구	837	6244	5111	6140
枸	구( ) [平聲/上平 007 虞 우] : 구기자 구	838	711	4123	105
柩	구( ) [仄聲/去聲 085 宥 유] : 널 구	839	6245	5112	6141
構	구( ) [仄聲/去聲 085 宥 유] : 얽을 구	840	6246	5113	6142
歐	구( ) [平聲/下平 026 尤 우] : 구라파/칠 구	841	2830	4341	1833
毆	구( ) [仄聲/上聲 055 有 유] : 칠 구	842	4469	5021	3401
毬	구( ) [平聲/下平 026 尤 우] : 공/둥근물체 구	843	2831	4342	1834
求	구( ) [平聲/下平 026 尤 우] : 구원할 구	844	2832	4343	1835
溝	구( ) [平聲/下平 026 尤 우] : 도랑 구	845	2833	4344	1836
灸	구( ) [仄聲/去聲 085 宥 유] : 뜸 구	846	6247	5114	6143
狗	구( ) [仄聲/上聲 055 有 유] : 개 구	847	4470	5022	3402
玖	구( ) [仄聲/上聲 055 有 유] : 옥돌 구	848	4471	5023	3403
球	구( ) [平聲/下平 026 尤 우] : 공/옥경 구	849	2834	4345	1837
瞿	구( ) [平聲/上平 007 虞 우] : 볼 구	850	712	4124	106
矩	구( ) [仄聲/上聲 037 麌 우] : 곱자 구	851	3604	4548	3404
究	구( ) [仄聲/去聲 085 宥 유] : 다할/궁구할 구	852	6248	5115	6144
絿	구( ) [平聲/下平 026 尤 우] : 급박할 구	853	2835	4346	1838
耇	구( ) [仄聲/上聲 055 有 유] : 늙은이 구	854	4472	5024	3405
臼	구( ) [仄聲/上聲 055 有 유] : 절구 구	855	4473	5025	3406
舅	구( ) [仄聲/上聲 055 有 유] : 외숙/시아비 구	856	4474	5026	3407
舊	구( ) [仄聲/去聲 085 宥 유] : 예 구	857	6249	5116	6145
苟	구( ) [仄聲/上聲 055 有 유] : 구차할/진실로 구	858	4475	5027	3408
衢	구( ) [平聲/上平 007 虞 우] : 거리 구	859	713	4125	107
謳	구( ) [平聲/下平 026 尤 우] : 노래할 구	860	2836	4347	1839
購	구( ) [仄聲/去聲 085 宥 유] : 살 구	861	6250	5117	6146

A : (24 / 221)

배열형식 A (韻族基準)		배열 A	배열 B	배열 C	배열 D
韻族	(*異音) [平仄 : 四聲 韻目No ,韻目 독음] : 略義	운족 가나순	운목 번호순	운목 가나순	사성순
軀	구( ) [平聲/上平 007 虞 우] : 몸 구	862	714	4126	108
逑	구( ) [平聲/下平 026 尤 우] : 짝 구	863	2837	4348	1840
邱	구( ) [平聲/下平 026 尤 우] : 언덕 구	864	2838	4349	1841
鉤	구( ) [平聲/下平 026 尤 우] : 띠쇠/갈고리 구	865	2839	4350	1842
銶	구( ) [平聲/下平 026 尤 우] : 끌 구	866	2840	4351	1843
駒	구( ) [平聲/上平 007 虞 우] : 망아지 구	867	715	4127	109
驅	구( ) [平聲/上平 007 虞 우] : 몰 구	868	716	4128	110
鳩	구( ) [平聲/下平 026 尤 우] : 비둘기 구	869	2841	4352	1844
鷗	구( ) [平聲/下平 026 尤 우] : 갈매기 구	870	2842	4353	1845
俅	구( ) [平聲/下平 026 尤 우] : 공손할 구	871	2843	4355	1847
傴	구( ) [平聲/上平 007 虞 우] : 구부릴/꼽추 구	872	717	4129	111
劬	구( ) [平聲/上平 007 虞 우] : 수고로울 구	873	718	4130	112
媾	구( ) [仄聲/去聲 085 宥 유] : 화친할 구	874	6251	5119	6147
嫗	구( ) [仄聲/去聲 066 遇 우] : 수고로울 구	875	4992	4662	4813
屨	구( ) [仄聲/去聲 066 遇 우] : 신/신을 구	876	4993	4663	4814
扣	구( ) [仄聲/去聲 085 宥 유] : 두드릴/뺄 구	877	6252	5120	6148
搆	구( ) [仄聲/去聲 085 宥 유] : 이해못할/이끌 구	878	6253	5121	6149
摳	구( ) [平聲/下平 026 尤 우] : 추어올릴 구	879	2844	4356	1848
漚	구( ) [平聲/下平 026 尤 우] : 담글 구	880	2845	4357	1849
璆	구( ) [平聲/下平 026 尤 우] : 아름다운옥 구	881	2846	4358	1850
甌	구( ) [平聲/下平 026 尤 우] : 사발 구	882	2847	4359	1851
疚	구( ) [仄聲/去聲 085 宥 유] : 오랜병 구	883	6254	5122	6150
窶	구( ) [平聲/下平 026 尤 우] : 가난할 구	884	2848	4360	1852
篝	구( ) [平聲/下平 026 尤 우] : 대그릇 구	885	2849	4361	1853
糗	구( ) [仄聲/上聲 055 有 유] : 볶은쌀 구	886	4476	5028	3409
朐	구( ) [平聲/上平 007 虞 우] : 굽을 구	887	719	4131	113
蚯	구( ) [平聲/下平 026 尤 우] : 지렁이 구	888	2850	4362	1854
裘	구( ) [平聲/下平 026 尤 우] : 갖옷 구	889	2851	4363	1855
詬	구( ) [仄聲/去聲 085 宥 유] : 꾸짖을 구	890	6255	5123	6151
詬*	구(후) [仄聲/上聲 055 有 유] : 꾸짖을 후	891	4477	5029	4652
遘	구( ) [仄聲/去聲 085 宥 유] : 만날 구	892	6256	5124	6152
釦	구( ) [仄聲/上聲 055 有 유] : 금테두를 구	893	4478	5030	3410
韭	구( ) [仄聲/上聲 055 有 유] : 부추 구	894	4479	5031	3411
颶	구( ) [仄聲/去聲 066 遇 우] : 맹렬한폭풍 구	895	4994	4664	4815
彀	구( ) [仄聲/去聲 085 宥 유] : 새새끼/기를 구	896	6257	5125	6153
呴	구( ) [仄聲/去聲 066 遇 우] : 숨내쉴 구	897	4995	4665	4816

배열형식 A (韻族基準)		배열 A	배열 B	배열 C	배열 D
韻族	(*異音) [平仄 : 四聲 韻目No ,韻目 독음] : 略義	운족 가나순	운목 번호순	운목 가나순	사성순
夠	구( ) [仄聲/去聲 085 宥 유] : 모을 구	898	6258	5126	6154
廏	구( ) [仄聲/去聲 085 宥 유] : 마구간 구	899	6259	5127	6155
彄	구( ) [平聲/下平 026 尤 우] : 활꽂이 구	900	2852	4364	1856
朐	구( ) [平聲/上平 007 虞 우] : 포 구	901	720	4132	114
笱	구( ) [仄聲/上聲 055 有 유] : 통발 구	902	4480	5032	3412
絇	구( ) [平聲/上平 007 虞 우] : 신코장식 구	903	721	4133	115
緱	구( ) [平聲/下平 026 尤 우] : 칼자루감는노끈 구	904	2853	4365	1857
苟	구( ) [仄聲/上聲 055 有 유] : 초결명자 구	905	4481	5033	3413
雊	구( ) [仄聲/去聲 085 宥 유] : 장끼울음 구	906	6260	5128	6157
鼩	구( ) [平聲/上平 007 虞 우] : 새앙쥐 구	907	722	4134	116
晷	구( ) [仄聲/上聲 034 紙 지] : 그림자 구	908	3304	6019	3414
寠	구( ) [仄聲/去聲 085 宥 유] : 침실 구	909	6261	5133	6158
國	국( ) [仄聲/入聲 102 職 직] : 나라 국	910	7626	6197	6159
局	국( ) [仄聲/入聲 091 沃 옥] : 판 국	911	6608	3985	6160
菊	국( ) [仄聲/入聲 090 屋 옥] : 국화 국	912	6447	3825	6161
鞠	국( ) [仄聲/入聲 090 屋 옥] : 성 국	913	6448	3826	6162
鞫	국( ) [仄聲/入聲 090 屋 옥] : 국문할 국	914	6449	3827	6163
麴	국( ) [仄聲/入聲 090 屋 옥] : 누룩 국	915	6450	3828	6164
掬	국( ) [仄聲/入聲 090 屋 옥] : 움킬 국	916	6451	3829	6165
椈	국( ) [仄聲/入聲 090 屋 옥] : 측백나무 국	917	6452	3830	6166
輂	국( ) [仄聲/入聲 091 沃 옥] : 수레 국	918	6609	3986	6167
鵴	국( ) [仄聲/入聲 090 屋 옥] : 뻐꾸기 국	919	6453	3831	6168
君	군( ) [平聲/上平 012 文 문] : 임금 군	920	1307	1677	117
窘	군( ) [仄聲/上聲 041 軫 진] : 떼지어살 군	921	3796	6446	3415
群	군( ) [平聲/上平 012 文 문] : 무리 군	922	1308	1678	118
裙	군( ) [平聲/上平 012 文 문] : 치마 군	923	1309	1679	119
軍	군( ) [平聲/上平 012 文 문] : 군사 군	924	1310	1680	120
郡	군( ) [仄聲/去聲 072 問 문] : 고을 군	925	5556	1761	4817
堀	굴( ) [仄聲/入聲 095 月 월] : 팔 굴	926	6895	4950	6170
屈	굴( ) [仄聲/入聲 094 物 물] : 굽힐 굴	927	6855	1789	6171
掘	굴( ) [仄聲/入聲 094 物 물] : 팔 굴	928	6856	1790	6172
掘*	굴(궐) [仄聲/入聲 095 月 월] : 뚫을 궐	929	6896	4951	6179
窟	굴( ) [仄聲/入聲 095 月 월] : 굴 굴	930	6897	4952	6173
倔	굴( ) [仄聲/入聲 094 物 물] : 고집셀 굴	931	6857	1791	6174
崛	굴( ) [仄聲/入聲 094 物 물] : 우뚝 솟을 굴	932	6858	1792	6175
淈	굴( ) [仄聲/入聲 095 月 월] : 흐릴 굴	933	6898	4953	6176

A : (26 / 221)

배열형식 A (韻族基準)		배열 A	배열 B	배열 C	배열 D
韻族	(*異音) [平仄 : 四聲 韻目No ,韻目 독음] : 略義	운족 가나순	운목 번호순	운목 가나순	사성순
淈*	굴(홀) [仄聲/入聲 095 月 월] : 다스릴 홀	934	6899	4954	7867
宮	궁( ) [平聲/上平 001 東 동] : 집 궁	935	9	1068	121
弓	궁( ) [平聲/上平 001 東 동] : 활 궁	936	10	1069	122
穹	궁( ) [平聲/上平 001 東 동] : 하늘 궁	937	11	1070	123
窮	궁( ) [平聲/上平 001 東 동] : 다할/궁할 궁	938	12	1071	124
芎	궁( ) [平聲/上平 001 東 동] : 궁궁이/천궁 궁	939	13	1072	125
躬	궁( ) [平聲/上平 001 東 동] : 몸 궁	940	14	1073	126
倦	권( ) [仄聲/去聲 076 霰 산] : 게으를 권	941	5743	2010	4818
券	권( ) [仄聲/去聲 073 願 원] : 문서 권	942	5589	4911	4819
勸	권( ) [仄聲/去聲 073 願 원] : 권할 권	943	5590	4912	4820
卷	권( ) [平聲/下平 016 先 선] : 책 권	944	1668	2209	1859
圈	권( ) [仄聲/上聲 043 阮 완] : 우리 권	945	3874	4054	3416
拳	권( ) [平聲/下平 016 先 선] : 주먹 권	946	1669	2210	1860
捲	권( ) [平聲/下平 016 先 선] : 말 권	947	1670	2211	1861
權	권( ) [平聲/下平 016 先 선] : 권세 권	948	1671	2212	1862
眷	권( ) [仄聲/去聲 076 霰 산] : 돌아볼 권	949	5744	2011	4821
蠸	권( ) [平聲/下平 016 先 선] : 노린재 권	950	1672	2213	1863
鬈	권( ) [平聲/下平 016 先 선] : 뿔 권	951	1673	2214	1864
厥	궐( ) [仄聲/入聲 095 月 월] : 그/그것/짧을 궐	952	6900	4956	6180
厥*	궐(굴) [仄聲/入聲 094 物 물] : 나라이름 굴	953	6859	1793	6177
獗	궐( ) [仄聲/入聲 095 月 월] : 날뛸 궐	954	6901	4957	6181
蕨	궐( ) [仄聲/入聲 095 月 월] : 고사리 궐	955	6902	4958	6182
蹶	궐( ) [仄聲/入聲 095 月 월] : 넘어질 궐	956	6903	4959	6183
蹶*	궐(궤) [仄聲/去聲 067 霽 제] : 급히걸을 궤	957	5131	5429	4824
闕	궐( ) [仄聲/入聲 095 月 월] : 대궐 궐	958	6904	4960	6184
橛	궐( ) [仄聲/入聲 095 月 월] : 말뚝 궐	959	6905	4961	6185
鱖	궐( ) [仄聲/去聲 067 霽 제] : 쏘가리 궐	960	5132	5430	4822
鱖*	궐(궤) [仄聲/入聲 095 月 월] : 쏘가리 궤	961	6906	4962	6187
鷢	궐( ) [仄聲/入聲 095 月 월] : 물수리 궐	962	6907	4963	6186
机	궤( ) [仄聲/上聲 034 紙 지] : 책상 궤	963	3305	6010	3417
櫃	궤( ) [仄聲/去聲 063 寘 치] : 함 궤	964	4718	6825	4825
潰	궤( ) [仄聲/去聲 070 隊 대] : 무너질 궤	965	5390	972	4826
詭	궤( ) [仄聲/上聲 034 紙 지] : 속일 궤	966	3306	6011	3418
軌	궤( ) [仄聲/上聲 034 紙 지] : 바퀴자국 궤	967	3307	6012	3419
饋	궤( ) [仄聲/去聲 070 隊 대] : 먹일 궤	968	5391	973	4827
几	궤( ) [仄聲/上聲 034 紙 지] : 안석/책상 궤	969	3308	6013	3420

배열형식 A (韻族基準)		배열 A	배열 B	배열 C	배열 D
韻族	(*異音) [平仄 : 四聲 韻目No ,韻目 독음] : 略義	운족 가나순	운목 번호순	운목 가나순	사성순
樻	궤( ) [仄聲/去聲 063 寘 치] : 영수목(靈壽木) 궤	970	4719	6826	4828
氿	궤( ) [仄聲/上聲 034 紙 지] : 샘 궤	971	3309	6014	3421
簋	궤( ) [仄聲/上聲 034 紙 지] : 제기이름 궤	972	3310	6015	3422
繢	궤( ) [仄聲/去聲 070 隊 대] : 톱끝/수놓을 궤	973	5392	974	4829
繢*	궤(귀) [仄聲/去聲 063 寘 치] : 톱끝/수놓을 귀	974	4720	6827	4833
跪	궤( ) [仄聲/上聲 034 紙 지] : 꿇어앉을 궤	975	3311	6016	3423
餽	궤( ) [仄聲/去聲 063 寘 치] : 보낼 궤	976	4721	6828	4830
匭	궤( ) [仄聲/上聲 034 紙 지] : 상자 궤	977	3312	6017	3424
垝	궤( ) [仄聲/上聲 034 紙 지] : 허물어질 궤	978	3313	6018	3425
簣	궤( ) [仄聲/去聲 069 卦 괘] : 삼태기 궤	979	5341	838	4831
龜	귀( ) [平聲/上平 004 支 지] : 거북/본뜰 귀	980	227	5667	128
龜*	귀(구) [平聲/下平 026 尤 우] : 나라이름 구	981	2854	4354	1846
龜*	귀(균) [平聲/上平 011 眞 진] : 갈라질 균	982	1170	6309	144
歸	귀( ) [仄聲/去聲 063 寘 치] : 돌아올/돌아갈 귀	983	4722	6829	4834
歸*	귀(궤) [平聲/上平 005 微 미] : 먹일 궤	984	567	1821	127
貴	귀( ) [仄聲/去聲 064 未 미] : 귀할 귀	985	4896	1903	4835
鬼	귀( ) [仄聲/上聲 035 尾 미] : 귀신 귀	986	3490	1872	3426
宄	귀( ) [仄聲/上聲 034 紙 지] : 도둑 귀	987	3314	6020	3427
皈	귀( ) [仄聲/去聲 063 寘 치] : 돌아갈 귀	988	4723	6830	4836
蘬	귀( ) [仄聲/上聲 035 尾 미] : 냉이씨 귀	989	3491	1873	3428
叫	규( ) [仄聲/去聲 085 有 유] : 부르짖을 규	990	6262	5129	6188
圭	규( ) [平聲/上平 008 齊 제] : 쌍토 규	991	927	5283	129
奎	규( ) [平聲/上平 008 齊 제] : 별 규	992	928	5284	130
揆	규( ) [仄聲/上聲 034 紙 지] : 헤아릴 규	993	3315	6021	3431
槻	규( ) [平聲/上平 004 支 지] : 물푸레나무 규	994	228	5668	131
珪	규( ) [平聲/上平 008 齊 제] : 홀 규	995	929	5285	132
硅	규( ) [平聲/上平 004 支 지] : 규소 규	996	229	5669	133
窺	규( ) [平聲/上平 004 支 지] : 엿볼 규	997	230	5670	134
竅	규( ) [仄聲/去聲 077 嘯 소] : 구멍 규	998	5854	2763	4837
葵	규( ) [平聲/上平 004 支 지] : 아욱/해바라기 규	999	231	5671	135
規	규( ) [平聲/上平 004 支 지] : 법 규	1000	232	5672	136
赳	규( ) [仄聲/上聲 055 有 유] : 헌결찰/용맹 규	1001	4482	5035	3433
逵	규( ) [平聲/上平 004 支 지] : 큰길/길거리 규	1002	233	5673	137
閨	규( ) [平聲/上平 008 齊 제] : 안방 규	1003	930	5286	138
刲	규( ) [平聲/上平 008 齊 제] : 찌를/벨 규	1004	931	5287	139
巋	규( ) [仄聲/上聲 034 紙 지] : 험준할 규	1005	3316	6022	3434

배열형식 A (韻族基準)		배열 A	배열 B	배열 C	배열 D
韻族	(*異音) [平仄 : 四聲 韻目No ,韻目 독음] : 略義	운족 가나순	운목 번호순	운목 가나순	사성순
暌	규( ) [平聲/上平 008 齊 제] : 사팔눈 규	1006	932	5288	140
虯	규( ) [平聲/下平 026 尤 우] : 뿔없는용 규	1007	2855	4366	1866
馗	규( ) [平聲/上平 004 支 지] : 아홉거리 규	1008	234	5674	141
馗*	규(구) [平聲/下平 026 尤 우] : 버섯 구	1009	2856	4367	1858
戣	규( ) [平聲/上平 004 支 지] : 창 규	1010	235	5675	142
勻	균( ) [平聲/上平 011 眞 진] : 적을 균	1011	1171	6311	145
勻*	균(윤) [平聲/上平 011 眞 진] : 가지런/적을 윤	1012	1172	6310	1057
均	균( ) [平聲/上平 011 眞 진] : 고를 균	1013	1173	6312	146
畇	균( ) [平聲/上平 011 眞 진] : 밭일굴 균	1014	1174	6314	147
畇*	균(윤) [平聲/上平 011 眞 진] : 밭 윤	1015	1175	6313	1058
筠	균( ) [平聲/上平 011 眞 진] : 대나무 균	1016	1176	6315	148
菌	균( ) [仄聲/上聲 041 軫 진] : 버섯 균	1017	3797	6447	3435
鈞	균( ) [平聲/上平 011 眞 진] : 서른근 균	1018	1177	6316	149
囷	균( ) [平聲/上平 011 眞 진] : 곳집 균	1019	1178	6317	150
囷*	균(균) [仄聲/上聲 041 軫 진] : 서릴 균	1020	3798	6448	3436
麇	균( ) [平聲/上平 011 眞 진] : 노루 균	1021	1179	6318	151
麕	균( ) [仄聲/上聲 041 軫 진] : 노루 균	1022	3799	6449	3437
橘	귤( ) [仄聲/入聲 093 質 질] : 귤나무 귤	1023	6736	6575	6189
克	극( ) [仄聲/入聲 102 職 직] : 이길 극	1024	7627	6198	6190
剋	극( ) [仄聲/入聲 102 職 직] : 이길 극	1025	7628	6199	6191
劇	극( ) [仄聲/入聲 100 陌 맥] : 심할 극	1026	7373	1501	6192
戟	극( ) [仄聲/入聲 100 陌 맥] : 찌를 극	1027	7374	1502	6193
棘	극( ) [仄聲/入聲 102 職 직] : 가시나무 극	1028	7629	6200	6194
極	극( ) [仄聲/入聲 102 職 직] : 극진할/다할 극	1029	7630	6201	6195
隙	극( ) [仄聲/入聲 100 陌 맥] : 틈 극	1030	7375	1503	6196
亟	극( ) [仄聲/入聲 102 職 직] : 빠를 극	1031	7631	6202	6197
屐	극( ) [仄聲/入聲 100 陌 맥] : 나막신 극	1032	7376	1504	6198
殛	극( ) [仄聲/入聲 102 職 직] : 죽일 극	1033	7632	6204	6199
僅	근( ) [仄聲/去聲 071 震 진] : 겨우 근	1034	5480	6499	4838
劤	근( ) [仄聲/去聲 072 問 문] : 힘셀 근	1035	5557	1762	4839
勤	근( ) [平聲/上平 012 文 문] : 부지런할 근	1036	1311	1681	152
懃	근( ) [平聲/上平 012 文 문] : 은근할 근	1037	1312	1682	153
斤	근( ) [仄聲/去聲 072 問 문] : 근/도끼 근	1038	5558	1763	4840
根	근( ) [平聲/上平 013 元 원] : 뿌리 근	1039	1386	4787	154
槿	근( ) [仄聲/上聲 042 吻 문] : 무궁화 근	1040	3849	1746	3439
瑾	근( ) [仄聲/去聲 071 震 진] : 아름다운옥 근	1041	5481	6500	4841

배열형식 A (韻族基準)		배열 A	배열 B	배열 C	배열 D
韻族	(*異音) [平仄 : 四聲 韻目No ,韻目 독음] : 略義	운족 가나순	운목 번호순	운목 가나순	사성순
筋	근( ) [平聲/上平 012 文 문] : 힘줄 근	1042	1313	1683	155
芹	근( ) [平聲/上平 012 文 문] : 미나리 근	1043	1314	1684	156
堇	근( ) [仄聲/去聲 071 震 진] : 제비꽃 근	1044	5482	6501	4842
覲	근( ) [仄聲/去聲 071 震 진] : 뵐 근	1045	5483	6502	4843
謹	근( ) [仄聲/上聲 042 吻 문] : 삼갈 근	1046	3850	1747	3440
近	근( ) [仄聲/上聲 042 吻 문] : 가까울 근	1047	3851	1748	3441
饉	근( ) [仄聲/去聲 071 震 진] : 흉년들 근	1048	5484	6503	4844
墐	근( ) [仄聲/去聲 071 震 진] : 흉년들 근	1049	5485	6504	4845
劤	근( ) [平聲/上平 012 文 문] : 힘줄/근 근	1050	1315	1685	157
跟	근( ) [平聲/上平 013 元 원] : 발꿈치 근	1051	1387	4788	158
堇	근( ) [仄聲/去聲 071 震 진] : 진흙 근	1052	5486	6505	4846
瘽	근( ) [平聲/上平 012 文 문] : 앓을 근	1053	1316	1686	159
矜	근( ) [平聲/上平 011 眞 진] : 긍창자루 근	1054	1180	6319	160
矜*	근(긍) [平聲/下平 025 蒸 증] : 자랑/공경할 긍	1055	2760	5607	1881
矜*	근(환) [平聲/上平 015 刪 산] : 홀아비 환	1056	1619	1943	1549
今	금( ) [平聲/下平 027 侵 침] : 이제 금	1057	3023	7004	1870
妗	금( ) [仄聲/去聲 086 沁 심] : 외숙모 금	1058	6360	2860	6203
擒	금( ) [平聲/下平 027 侵 침] : 사로잡을 금	1059	3024	7005	1871
檎	금( ) [平聲/下平 027 侵 침] : 능금나무 금	1060	3025	7006	1872
琴	금( ) [平聲/下平 027 侵 침] : 거문고 금	1061	3026	7007	1873
禁	금( ) [仄聲/去聲 086 沁 심] : 금할 금	1062	6361	2861	6204
禽	금( ) [平聲/下平 027 侵 침] : 새 금	1063	3027	7008	1874
芩	금( ) [平聲/下平 027 侵 침] : 풀이름 금	1064	3028	7009	1875
衾	금( ) [平聲/下平 027 侵 침] : 이불 금	1065	3029	7010	1876
衿	금( ) [平聲/下平 027 侵 침] : 옷깃 금	1066	3030	7011	1877
襟	금( ) [平聲/下平 027 侵 침] : 깃 금	1067	3031	7012	1878
金	금( ) [平聲/下平 027 侵 침] : 쇠/귀할 금	1068	3032	7014	1879
金*	금(김) [平聲/下平 027 侵 침] : 성/땅이름 김	1069	3033	7013	1884
錦	금( ) [仄聲/上聲 056 寢 침] : 비단 금	1070	4548	7054	3442
噤	금( ) [仄聲/去聲 086 沁 심] : 입다물 금	1071	6362	2862	6205
紟	금( ) [仄聲/去聲 086 沁 심] : 옷고름 금	1072	6363	2863	6206
靲	금( ) [仄聲/上聲 056 寢 침] : 갖신 금	1073	4549	7056	3443
靲*	금(결) [仄聲/上聲 056 寢 침] : 쪼갠대 결	1074	4550	7055	3301
伋	급( ) [仄聲/入聲 103 緝 집] : 속일 급	1075	7736	6693	6207
及	급( ) [仄聲/入聲 103 緝 집] : 미칠 급	1076	7737	6694	6208
急	급( ) [仄聲/入聲 103 緝 집] : 급할 급	1077	7738	6695	6209

배열형식 A (韻族基準)		배열 A	배열 B	배열 C	배열 D
韻族	(*異音) [平仄 : 四聲 韻目No ,韻目 독음] : 略義	운족 가나순	운목 번호순	운목 가나순	사성순
扱	급( ) [仄聲/入聲 106 洽 흡] : 취할 급	1078	7913	7880	6210
汲	급( ) [仄聲/入聲 103 緝 집] : 길을 급	1079	7739	6696	6211
級	급( ) [仄聲/入聲 103 緝 집] : 등급 급	1080	7740	6697	6212
給	급( ) [仄聲/入聲 103 緝 집] : 줄 급	1081	7741	6698	6213
圾	급( ) [仄聲/入聲 103 緝 집] : 위태할 급	1082	7742	6699	6214
岌	급( ) [仄聲/入聲 103 緝 집] : 높을 급	1083	7743	6700	6215
兢	긍( ) [平聲/下平 025 蒸 증] : 떨릴 긍	1084	2761	5606	1880
肯	긍( ) [仄聲/上聲 054 迥 형] : 즐길 긍	1085	4438	705	3444
亙	긍( ) [仄聲/去聲 085 徑 경] : 걸칠 긍	1086	6193	5131	6217
亟*	기(기) [仄聲/入聲 102 職 직] : 자주 기	1087	7633	6203	6219
企	기( ) [仄聲/上聲 034 紙 지] : 꾀할 기	1088	3317	6023	3445
伎	기( ) [仄聲/上聲 034 紙 지] : 재주 기	1089	3318	6024	3446
其	기( ) [平聲/上平 004 支 지] : 그 기	1090	236	5676	163
冀	기( ) [仄聲/去聲 063 寘 치] : 바랄 기	1091	4724	6831	4849
嗜	기( ) [仄聲/去聲 063 寘 치] : 즐길 기	1092	4725	6832	4850
器	기( ) [仄聲/去聲 063 寘 치] : 그릇 기	1093	4726	6833	4851
圻	기( ) [平聲/上平 005 微 미] : 경기 기	1094	568	1822	164
基	기( ) [平聲/上平 004 支 지] : 터 기	1095	237	5677	165
埼	기( ) [平聲/上平 004 支 지] : 산부리 기	1096	238	5678	166
夔	기( ) [平聲/上平 004 支 지] : 조심할 기	1097	239	5679	167
奇	기( ) [平聲/上平 004 支 지] : 기특할 기	1098	240	5680	168
妓	기( ) [仄聲/上聲 034 紙 지] : 기생 기	1099	3319	6025	3447
寄	기( ) [仄聲/去聲 063 寘 치] : 부칠 기	1100	4727	6834	4852
岐	기( ) [平聲/上平 004 支 지] : 갈림길 기	1101	241	5681	169
崎	기( ) [平聲/上平 004 支 지] : 험할 기	1102	242	5682	170
己	기( ) [仄聲/上聲 034 紙 지] : 몸 기	1103	3320	6026	3448
幾	기( ) [仄聲/上聲 035 尾 미] : 몇 기	1104	3492	1874	3449
忌	기( ) [仄聲/去聲 063 寘 치] : 꺼릴 기	1105	4728	6835	4853
技	기( ) [仄聲/上聲 034 紙 지] : 재주 기	1106	3321	6027	3450
旗	기( ) [平聲/上平 004 支 지] : 기 기	1107	243	5683	171
旣	기( ) [仄聲/去聲 064 未 미] : 이미 기	1108	4897	1904	4854
朞	기( ) [平聲/上平 004 支 지] : 돌 기	1109	244	5684	172
期	기( ) [平聲/上平 004 支 지] : 기약할 기	1110	245	5685	173
杞	기( ) [仄聲/上聲 034 紙 지] : 구기자 기	1111	3322	6028	3451
棋	기( ) [平聲/上平 004 支 지] : 바둑 기	1112	246	5686	174
棄	기( ) [仄聲/去聲 063 寘 치] : 버릴 기	1113	4729	6836	4855

A : (31 / 221)

배열형식 A (韻族基準)		배열 A	배열 B	배열 C	배열 D
韻族	(*異音) [平仄 : 四聲 韻目No ,韻目 독음] : 略義	운족 가나순	운목 번호순	운목 가나순	사성순
機	기( ) [平聲/上平 005 微 미] : 틀 기	1114	569	1823	175
欺	기( ) [平聲/上平 004 支 지] : 속일 기	1115	247	5687	176
氣	기( ) [仄聲/去聲 064 未 미] : 기운 기	1116	4898	1905	4856
汽	기( ) [仄聲/去聲 064 未 미] : 물끓는김 기	1117	4899	1906	4857
汽*	기(흘) [仄聲/入聲 094 物 물] : 거의 흘	1118	6860	1794	7929
沂	기( ) [平聲/上平 005 微 미] : 강이름 기	1119	570	1824	177
淇	기( ) [平聲/上平 004 支 지] : 강이름 기	1120	248	5688	178
玘	기( ) [仄聲/上聲 034 紙 지] : 패옥 기	1121	3323	6029	3452
琦	기( ) [平聲/上平 004 支 지] : 옥이름 기	1122	249	5689	179
琪	기( ) [平聲/上平 004 支 지] : 옥 기	1123	250	5690	180
璂	기( ) [平聲/上平 004 支 지] : 피변꾸미개 기	1124	251	5691	181
璣	기( ) [平聲/上平 005 微 미] : 별이름 기	1125	571	1825	182
畸	기( ) [平聲/上平 004 支 지] : 뙈기밭 기	1126	252	5692	183
畿	기( ) [平聲/上平 005 微 미] : 경기 기	1127	572	1826	184
碁	기( ) [平聲/上平 004 支 지] : 바둑 기	1128	253	5693	185
磯	기( ) [平聲/上平 005 微 미] : 물가돌 기	1129	573	1827	186
祁	기( ) [平聲/上平 004 支 지] : 성할 기	1130	254	5694	187
祇	기( ) [平聲/上平 004 支 지] : 토지의신 기	1131	255	5696	188
祇*	기(지) [平聲/上平 004 支 지] : 공경할 지	1132	256	5695	1272
祈	기( ) [平聲/上平 005 微 미] : 빌 기	1133	574	1828	189
祺	기( ) [平聲/上平 004 支 지] : 복 기	1134	257	5697	190
箕	기( ) [平聲/上平 004 支 지] : 키 기	1135	258	5698	191
紀	기( ) [仄聲/上聲 034 紙 지] : 벼리 기	1136	3324	6030	3453
綺	기( ) [仄聲/上聲 034 紙 지] : 비단 기	1137	3325	6031	3454
羈	기( ) [平聲/上平 004 支 지] : 굴레 기	1138	259	5699	192
耆	기( ) [平聲/上平 004 支 지] : 늙은이/스승 기	1139	260	5700	193
耆*	기(지) [仄聲/上聲 034 紙 지] : 이를 지	1140	3326	6032	4353
肌	기( ) [平聲/上平 004 支 지] : 살가죽 기	1141	261	5701	194
記	기( ) [仄聲/去聲 063 寘 치] : 기록할 기	1142	4730	6837	4858
譏	기( ) [平聲/上平 005 微 미] : 나무랄 기	1143	575	1829	195
豈	기( ) [仄聲/上聲 035 尾 미] : 어찌/일찍 기	1144	3493	1875	3455
豈*	기(개) [仄聲/上聲 040 賄 회] : 승전가 개	1145	3762	7758	3269
起	기( ) [仄聲/上聲 034 紙 지] : 일어날 기	1146	3327	6033	3456
錡	기( ) [平聲/上平 004 支 지] : 세발가마솥 기	1147	262	5702	196
錡*	기(의) [仄聲/上聲 034 紙 지] : 끌 의	1148	3328	6034	4168
錤	기( ) [平聲/上平 004 支 지] : 호미 기	1149	263	5703	197

A : (32 / 221)

배열형식 A (韻族基準)		배열 A	배열 B	배열 C	배열 D
韻族	(*異音) [平仄 : 四聲 韻目No ,韻目 독음] : 略義	운족 가나순	운목 번호순	운목 가나순	사성순
飢	기( ) [平聲/上平 004 支 지] : 주릴 기	1150	264	5704	198
饑	기( ) [平聲/上平 005 微 미] : 주릴 기	1151	576	1830	199
騎	기( ) [平聲/上平 004 支 지] : 말탈 기	1152	265	5705	200
騏	기( ) [平聲/上平 004 支 지] : 준마 기	1153	266	5706	201
驥	기( ) [仄聲/去聲 063 寘 치] : 천리마 기	1154	4731	6838	4859
麒	기( ) [平聲/上平 004 支 지] : 기린 기	1155	267	5707	202
掎	기( ) [仄聲/上聲 034 紙 지] : 끌 기	1156	3329	6035	3457
旂	기( ) [平聲/上平 005 微 미] : 깃발 기	1157	577	1831	203
碁	기( ) [平聲/上平 004 支 지] : 바둑 기	1158	268	5708	204
歧	기( ) [平聲/上平 004 支 지] : 갈림길 기	1159	269	5709	205
綦	기( ) [平聲/上平 004 支 지] : 초록빛 기	1160	270	5710	206
羈	기( ) [平聲/上平 004 支 지] : 굴레 기	1161	271	5711	207
肵	기( ) [平聲/上平 005 微 미] : 시동이먹는도마 기	1162	578	1832	208
肵*	기(근) [仄聲/去聲 072 問 문] : 공경할 근	1163	5559	1764	4847
蘄	기( ) [平聲/上平 004 支 지] : 미나리 기	1164	272	5712	209
蘄*	기(근) [平聲/上平 012 文 문] : 승검초 근	1165	1317	1687	161
蟣	기( ) [仄聲/上聲 035 尾 미] : 서캐 기	1166	3494	1876	3458
覬	기( ) [仄聲/去聲 063 寘 치] : 바랄 기	1167	4732	6839	4860
跂	기( ) [仄聲/上聲 034 紙 지] : 육발/기어갈 기	1168	3330	6036	3459
鬐	기( ) [平聲/上平 004 支 지] : 갈기 기	1169	273	5713	210
鰭	기( ) [平聲/上平 004 支 지] : 등지느러미 기	1170	274	5714	211
嘰	기( ) [平聲/上平 005 微 미] : 탄식할 기	1171	579	1833	212
既	기( ) [仄聲/去聲 064 未 미] : 이미 기	1172	4900	1907	4861
萁	기( ) [平聲/上平 004 支 지] : 콩대 기	1173	275	5715	213
踦	기( ) [平聲/上平 004 支 지] : 절름발이 기	1174	276	5716	214
鞿	기( ) [平聲/上平 005 微 미] : 말재갈 기	1175	580	1834	215
鵋	기( ) [仄聲/入聲 098 屑 설] : 작은기러기 기	1176	7099	2472	6220
喫	긱( ) [仄聲/入聲 101 錫 석] : 먹을/마실 긱	1177	7560	2127	6221
喫*	긱(끽) [仄聲/入聲 101 錫 석] : 먹을/미실 끽	1178	7561	2128	6227
緊	긴( ) [仄聲/上聲 041 軫 진] : 긴할 긴	1179	3800	6450	3461
菣	긴( ) [仄聲/去聲 071 震 진] : 제비쑥 긴	1180	5487	6506	4862
佶	길( ) [仄聲/入聲 093 質 질] : 건장할 길	1181	6737	6576	6222
吉	길( ) [仄聲/入聲 093 質 질] : 길할 길	1182	6738	6577	6223
桔	길( ) [平聲/下平 022 陽 양] : 도라지 길	1183	2295	3058	1883
姞	길( ) [仄聲/入聲 093 質 질] : 성 길	1184	6739	6579	6225
蛣	길( ) [仄聲/入聲 098 屑 설] : 장구벌레 길	1185	7100	2474	6226

A : (33 / 221)

배열형식 A (韻族基準)		배열 A	배열 B	배열 C	배열 D
韻族	(*異音) [平仄 : 四聲 韻目No ,韻目 독음] : 略義	운족 가나순	운목 번호순	운목 가나순	사성순
儺	나( ) [平聲/下平 020 歌 가] : 구순할 나	1186	2086	70	1885
娜	나( ) [仄聲/上聲 050 哿 가] : 아리따울 나	1187	4232	154	3462
拏	나( ) [平聲/下平 021 麻 마] : 맞당길 나	1188	2178	1303	1886
拿	나( ) [平聲/下平 021 麻 마] : 붙잡을 나	1189	2179	1304	1887
那	나( ) [平聲/下平 020 歌 가] : 어찌 나	1190	2087	71	1888
挐	나( ) [平聲/下平 021 麻 마] : 번거로울 나	1191	2180	1305	1889
挐*	나(녀) [平聲/上平 006 魚 어] : 붙잡을 녀	1192	628	3422	218
挪	나( ) [平聲/下平 020 歌 가] : 옮길 나	1193	2088	72	1890
糯	나( ) [仄聲/去聲 080 箇 개] : 찰벼 나	1194	5994	485	6229
拏	나( ) [平聲/下平 021 麻 마] : 맞당길/잡을 나	1195	2181	1313	1891
諾	낙( ) [仄聲/入聲 099 藥 약] : 허락할/대답할 낙	1196	7236	2905	6231
暖	난( ) [仄聲/上聲 044 旱 한] : 더울 난	1197	3934	7254	3463
暖*	난(훤) [平聲/上平 013 元 원] : 부드러울 훤	1198	1388	4789	1593
煖	난( ) [仄聲/上聲 044 旱 한] : 따뜻할 난	1199	3935	7255	3464
赧	난( ) [仄聲/上聲 045 潸 산] : 얼굴붉힐 난	1200	3979	1978	3465
戁	난( ) [仄聲/上聲 045 潸 산] : 두려울 난	1201	3980	1979	3466
捏	날( ) [仄聲/入聲 098 屑 설] : 이길 날	1202	7101	2475	6232
捺	날( ) [仄聲/入聲 096 曷 갈] : 누를 날	1203	6975	312	6233
涅	날( ) [仄聲/入聲 098 屑 설] : 개흙 날	1204	7102	2529	6234
涅*	날(녈) [平聲/下平 029 鹽 염] : 죽을/극락갈 녈	1205	3144	3639	1904
南	남( ) [平聲/下平 028 覃 담] : 남녘 남	1206	3082	916	1892
枏	남( ) [平聲/下平 028 覃 담] : 매화나무 남	1207	3083	917	1893
枏*	남(염) [平聲/下平 029 鹽 염] : 매화나무 염	1208	3145	3617	2502
楠	남( ) [平聲/下平 028 覃 담] : 녹나무 남	1209	3084	918	1894
湳	남( ) [仄聲/上聲 057 感 감] : 강이름 남	1210	4580	385	3467
男	남( ) [平聲/下平 028 覃 담] : 사내 남	1211	3085	919	1895
喃	남( ) [平聲/下平 030 咸 함] : 재잘거릴 남	1212	3206	7365	1896
柟	남( ) [平聲/下平 029 鹽 염] : 녹나무 남	1213	3146	3618	1897
娚	남( ) [平聲/下平 028 覃 담] : 말소리/오라비 남	1214	3086	922	1898
納	납( ) [仄聲/入聲 104 合 합] : 들일/받을/바칠 납	1215	7791	7415	6235
衲	납( ) [仄聲/入聲 104 合 합] : 기울 납	1216	7792	7416	6236
鈉	납( ) [仄聲/入聲 104 合 합] : 쇠달굴 납	1217	7793	7417	6237
囊	낭( ) [平聲/下平 022 陽 양] : 주머니 낭	1218	2296	3059	1899
娘	낭( ) [平聲/下平 022 陽 양] : 계집 낭	1219	2297	3060	1900
曩	낭( ) [仄聲/上聲 052 養 양] : 접때/앞서 낭	1220	4303	3272	3468
奈	내( ) [仄聲/去聲 068 泰 태] : 어찌 내	1221	5275	7087	4867

A : (34 / 221)

배열형식 A (韻族基準)		배열 A	배열 B	배열 C	배열 D
韻族	(*異音) [平仄 : 四聲 韻目No ,韻目 독음] : 略義	운족 가나순	운목 번호순	운목 가나순	사성순
奈*	내(나) [仄聲/去聲 068 泰 태] : 어찌 나	1222	5276	7088	4863
乃	내( ) [仄聲/上聲 040 賄 회] : 이에 내	1223	3763	7759	3469
內	내( ) [仄聲/去聲 070 隊 대] : 안/속/방/마음 내	1224	5393	975	4868
內*	내(나) [仄聲/去聲 070 隊 대] : 여관리 나	1225	5394	976	4864
內*	내(납) [仄聲/去聲 070 隊 대] : 받을/들일 납	1226	5395	977	4866
奈	내( ) [仄聲/去聲 068 泰 태] : 어찌 내	1227	5277	7089	4869
奈*	내(나) [仄聲/去聲 080 箇 개] : 어찌 나	1228	5995	486	6230
柰	내( ) [仄聲/去聲 068 泰 태] : 능금나무 내	1229	5278	7090	4870
耐	내( ) [仄聲/去聲 070 隊 대] : 견딜 내	1230	5396	978	4871
奶	내( ) [仄聲/上聲 039 蟹 해] : 젖 내	1231	3747	7454	3470
迺	내( ) [仄聲/上聲 040 賄 회] : 이에/너 내	1232	3764	7760	3471
鼐	내( ) [仄聲/去聲 070 隊 대] : 가마솥 내	1233	5397	979	4872
孃	냥( ) [平聲/下平 022 陽 양] : /아씨 냥	1234	2298	3156	1901
女	녀( ) [仄聲/上聲 036 語 어] : 계집 녀	1235	3534	3501	3472
女*	녀(녀) [仄聲/去聲 065 御 어] : 시집보낼 녀	1236	4939	3563	4875
惄	녁( ) [仄聲/入聲 101 錫 석] : 근심할 녁	1237	7562	2129	6238
年	년( ) [平聲/下平 016 先 선] : 해/나이/나아갈 년	1238	1674	2216	1902
撚	년( ) [仄聲/上聲 046 銑 선] : 꼴 년	1239	4006	2376	3473
秊	년( ) [平聲/下平 016 先 선] : 해 년	1240	1675	2217	1903
碾	년( ) [仄聲/上聲 046 銑 선] : 맷돌 년	1241	4007	2377	3474
撚	년( ) [仄聲/上聲 046 銑 선] : 꼴/잡을/밟을 년	1242	4008	2404	3475
篞	녈( ) [仄聲/入聲 098 屑 설] : 파리 녈	1243	7103	2476	6239
念	념( ) [仄聲/去聲 088 豔 염] : 생각할/읽을 념	1244	6405	3722	6240
恬	념( ) [平聲/下平 029 鹽 염] : 편안할 념	1245	3147	3619	1905
拈	념( ) [平聲/下平 029 鹽 염] : 집을/딸 념	1246	3148	3620	1906
拈*	념(점) [仄聲/上聲 058 琰 염] : 집을/딸 점	1247	4617	3683	4267
捻	념( ) [仄聲/入聲 105 葉 엽] : 찍을/염출할 념	1248	7831	3745	6241
念	념( ) [仄聲/去聲 088 豔 염] : 생각할/생각할 념	1249	6406	3726	6242
捻	념( ) [仄聲/入聲 105 葉 엽] : 손가락으로찍을 념	1250	7832	3768	6243
寧	녕( ) [平聲/下平 024 青 청] : 편안할/차라리 녕	1251	2685	6747	1907
寧*	녕(령) [仄聲/去聲 085 徑 경] : 이름/땅이름 령	1252	6194	5132	6395
佞	녕( ) [仄聲/去聲 085 徑 경] : 아첨할 녕	1253	6195	5134	6245
濘	녕( ) [仄聲/去聲 085 徑 경] : 진흙 녕	1254	6196	5135	6246
擰	녕( ) [平聲/下平 023 庚 경] : 어지러울 녕	1255	2534	537	1908
檸	녕( ) [仄聲/上聲 054 梗 경] : 레몬(과일) 녕	1256	4400	706	3477
甯	녕( ) [仄聲/去聲 085 徑 경] : 차라리 녕	1257	6197	5136	6247

A : (35 / 221)

배열형식 A (韻族基準)		배열 A	배열 B	배열 C	배열 D
韻族	(*異音) [平仄 : 四聲 韻目No ,韻目 독음] : 略義	운족 가나순	운목 번호순	운목 가나순	사성순
寧	녕( ) [平聲/下平 024 靑 청] : 편안할/차라리 녕	1258	2686	6781	1909
寧*	녕(령) [仄聲/去聲 085 徑 경] : 땅이름 령	1259	6198	5200	6398
獰	녕( ) [平聲/下平 023 庚 경] : 모질 녕	1260	2535	595	1910
努	노( ) [仄聲/上聲 037 麌 우] : 힘쓸 노	1261	3605	4549	3478
奴	노( ) [平聲/上平 007 虞 우] : 종 노	1262	723	4136	219
弩	노( ) [仄聲/上聲 037 麌 우] : 쇠뇌 노	1263	3606	4550	3479
怒	노( ) [仄聲/去聲 066 遇 우] : 성낼 노	1264	4996	4666	4877
怒*	노(노) [仄聲/上聲 037 麌 우] : 뽑낼 노	1265	3607	4551	3480
瑙	노( ) [仄聲/上聲 049 皓 호] : 마노 노	1266	4170	7549	3481
駑	노( ) [平聲/上平 007 虞 우] : 둔할 노	1267	724	4141	220
孥	노( ) [平聲/上平 007 虞 우] : 자식/종 노	1268	725	4142	221
猱	노( ) [平聲/下平 019 豪 호] : 원숭이 노	1269	2005	7475	1911
臑	노( ) [平聲/上平 007 虞 우] : 팔꿈치 노	1270	726	4143	222
砮	노( ) [平聲/上平 007 虞 우] : 돌살촉 노	1271	727	4144	223
怒	노( ) [仄聲/去聲 066 遇 우] : 성낼/뽑낼 노	1272	4997	4674	4878
帑	노( ) [平聲/上平 007 虞 우] : 처자식/새꼬리/감출 노	1273	728	4300	224
帑*	노(탕) [仄聲/上聲 052 養 양] : 나라곳집 탕	1274	4304	3328	4499
濃	농( ) [平聲/上平 002 冬 동] : 짙을 농	1275	122	1181	225
膿	농( ) [平聲/上平 002 冬 동] : 고름 농	1276	123	1182	226
農	농( ) [平聲/上平 002 冬 동] : 농사 농	1277	124	1183	227
儂	농( ) [平聲/上平 002 冬 동] : 나 농	1278	125	1184	228
惱	뇌( ) [仄聲/上聲 049 皓 호] : 번뇌할 뇌	1279	4171	7550	3482
腦	뇌( ) [仄聲/上聲 049 皓 호] : 골/뇌수 뇌	1280	4172	7551	3483
餒	뇌( ) [仄聲/上聲 040 賄 회] : 굶주림 뇌	1281	3765	7761	3484
尿	뇨( ) [仄聲/去聲 077 嘯 소] : 오줌 뇨	1282	5855	2764	4879
嫋	뇨( ) [仄聲/上聲 047 篠 소] : 예쁠/간들거릴 뇨	1283	4083	2711	3486
嫋*	뇨(약) [仄聲/入聲 099 藥 약] : 가냘플 약	1284	7237	2906	7001
淖	뇨( ) [仄聲/去聲 078 效 효] : 진흙 뇨	1285	5924	7850	4880
裊	뇨( ) [仄聲/上聲 047 篠 소] : 간드러질 뇨	1286	4084	2712	3487
鐃	뇨( ) [平聲/下平 018 肴 효] : 징 뇨	1287	1956	7800	1913
褭	뇨( ) [仄聲/上聲 047 篠 소] : 낭창거릴 뇨	1288	4085	2713	3488
溺	뇨( ) [仄聲/去聲 077 嘯 소] : 오줌 뇨	1289	5856	2765	4881
溺*	뇨(닉) [仄聲/入聲 101 錫 석] : 빠질/약할 닉	1290	7563	2130	6253
鬧	뇨( ) [仄聲/去聲 078 效 효] : 시끄러울 뇨	1291	5925	7852	4882
尿	뇨( ) [仄聲/去聲 077 嘯 소] : 오줌 뇨	1292	5857	2785	4883
撓	뇨( ) [仄聲/上聲 048 巧 교] : 긁을 뇨	1293	4138	894	3489

배열형식 A (韻族基準)		배열 A	배열 B	배열 C	배열 D
韻族	(*異音) [平仄 : 四聲 韻目No ,韻目 독음] : 略義	운족 가나순	운목 번호순	운목 가나순	사성순
嫩	눈( ) [仄聲/去聲 073 願 원] : 어릴/예쁠 눈	1294	5591	4913	4884
訥	눌( ) [仄聲/入聲 095 月 월] : 말더듬을 눌	1295	6908	4964	6249
吶	눌( ) [仄聲/入聲 095 月 월] : 말더듬거릴 눌	1296	6909	4965	6250
吶*	눌(열) [仄聲/入聲 098 屑 설] : 말느리게할 열	1297	7104	2477	7060
紐	뉴( ) [仄聲/上聲 055 有 유] : 끈 뉴	1298	4483	5038	3492
忸	뉴( ) [仄聲/上聲 055 有 유] : 길들 뉴	1299	4484	5040	3493
忸*	뉴(뉵) [仄聲/上聲 055 有 유] : 길들 뉵	1300	4485	5039	3499
妞	뉴( ) [仄聲/上聲 055 有 유] : 아가씨 뉴	1301	4486	5041	3494
狃	뉴( ) [仄聲/去聲 085 宥 유] : 탐낼 뉴	1302	6263	5137	6251
莥	뉴( ) [仄聲/上聲 055 有 유] : 길들 뉴	1303	4487	5042	3495
鈕	뉴( ) [仄聲/上聲 055 有 유] : 인꼭지 뉴	1304	4488	5043	3496
杻	뉴( ) [仄聲/上聲 055 有 유] : 싸리 뉴	1305	4489	5078	3497
紐	뉴( ) [仄聲/上聲 055 有 유] : 단추/맺을/맬 뉴	1306	4490	5079	3498
能	능( ) [平聲/下平 025 蒸 증] : 착할/능할/곰 능	1307	2762	5608	1914
能*	능(내) [仄聲/去聲 068 泰 태] : 세발자라 내	1308	1066	7651	1417
能*	능(태) [平聲/上平 010 灰 회] : 별이름 태	1309	5279	7091	4874
尼	니( ) [平聲/上平 004 支 지] : 여승 니	1310	277	5718	229
泥	니( ) [平聲/上平 008 齊 제] : 진흙/수렁 니	1311	933	5289	230
泥*	니(니) [仄聲/去聲 067 霽 제] : 막힐 니	1312	5133	5431	4885
呢	니( ) [平聲/上平 004 支 지] : 소곤거릴 니	1313	278	5719	231
怩	니( ) [平聲/上平 004 支 지] : 겸연쩍을 니	1314	279	5720	232
怩*	니(닐) [仄聲/入聲 093 質 질] : 부끄러워할 닐	1315	6740	6580	6255
禰	니( ) [仄聲/上聲 038 薺 제] : 사당에모신아버지 니	1316	3709	5372	3500
膩	니( ) [仄聲/去聲 063 寘 치] : 기름 니	1317	4733	6840	4886
你	니( ) [仄聲/上聲 034 紙 지] : 너 니	1318	3331	6037	3501
妮	니( ) [平聲/上平 004 支 지] : 여자 종 니	1319	280	5721	233
旎	니( ) [仄聲/上聲 034 紙 지] : 성할 니	1320	3332	6038	3502
鬞	니( ) [平聲/上平 008 齊 제] : 장조림 니	1321	934	5290	234
泥	니( ) [平聲/上平 008 齊 제] : 수렁/진흙 니	1322	935	5322	236
匿	닉( ) [仄聲/入聲 102 職 직] : 숨을 닉	1323	7634	6206	6252
溺	닉( ) [仄聲/入聲 102 職 직] : 빠질 닉	1324	7635	6258	6254
溺*	닉(뇨) [仄聲/入聲 102 職 직] : 오줌/오줌눌 뇨	1325	7636	6259	6248
暱	닐( ) [仄聲/入聲 093 質 질] : 친할 닐	1326	6741	6581	6256
多	다( ) [平聲/下平 020 歌 가] : 많을 다	1327	2089	73	1915
茶	다( ) [平聲/下平 021 麻 마] : 차풀 다	1328	2182	1307	1916
茶*	다(차) [平聲/下平 021 麻 마] : 차 차	1329	2183	1306	2858

배열형식 A (韻族基準)		배열 A	배열 B	배열 C	배열 D
韻族	(*異音) [平仄 : 四聲 韻目No ,韻目 독음] : 略義	운족 가나순	운목 번호순	운목 가나순	사성순
爹	다( ) [平聲/下平 021 麻 마] : 아비 다	1330	2184	1308	1917
茶	다( ) [平聲/下平 021 麻 마] : 차풀 다	1331	2185	1365	1918
茶*	다(차) [平聲/下平 021 麻 마] : 다/차 차	1332	2186	1366	2865
丹	단( ) [平聲/上平 014 寒 한] : 붉을 단	1333	1519	7151	237
丹*	단(란) [平聲/上平 014 寒 한] : 꽃이름 란	1334	1520	7150	312
亶	단( ) [仄聲/上聲 044 旱 한] : 믿음 단	1335	3936	7256	3504
但	단( ) [仄聲/上聲 044 旱 한] : 다만 단	1336	3937	7257	3505
單	단( ) [平聲/上平 014 寒 한] : 홑 단	1337	1521	7152	238
單*	단(선) [平聲/下平 016 先 선] : 이름/고을 선	1338	1676	2218	2296
團	단( ) [平聲/上平 014 寒 한] : 둥글 단	1339	1522	7153	239
壇	단( ) [平聲/上平 014 寒 한] : 단 단	1340	1523	7154	240
彖	단( ) [仄聲/去聲 074 翰 한] : 단 단	1341	5634	7306	4887
斷	단( ) [仄聲/上聲 044 旱 한] : 끊을 단	1342	3938	7258	3506
旦	단( ) [仄聲/去聲 074 翰 한] : 아침 단	1343	5635	7307	4888
檀	단( ) [平聲/上平 014 寒 한] : 박달나무 단	1344	1524	7155	241
段	단( ) [仄聲/去聲 074 翰 한] : 층계 단	1345	5636	7308	4889
湍	단( ) [平聲/上平 014 寒 한] : 여울 단	1346	1525	7156	242
短	단( ) [仄聲/上聲 044 旱 한] : 짧을 단	1347	3939	7259	3507
端	단( ) [平聲/上平 014 寒 한] : 끝 단	1348	1526	7157	243
簞	단( ) [仄聲/上聲 058 琰 염] : 밥그릇/상자 단	1349	4618	3684	3508
緞	단( ) [平聲/下平 021 麻 마] : 비단 단	1350	2187	1309	1919
蛋	단( ) [平聲/下平 026 尤 우] : 오랑캐이름/새알 단	1351	2857	4368	1920
袒	단( ) [仄聲/上聲 044 旱 한] : 옷통벗을 단	1352	3940	7260	3509
袒*	단(탄) [仄聲/去聲 075 諫 간] : 옷터질 탄	1353	5699	264	5754
鄲	단( ) [平聲/上平 014 寒 한] : 조나라서울 단	1354	1527	7158	244
鍛	단( ) [仄聲/去聲 074 翰 한] : 쇠불릴 단	1355	5637	7309	4890
慱	단( ) [平聲/上平 014 寒 한] : 근심할 단	1356	1528	7159	245
担	단( ) [仄聲/上聲 044 旱 한] : 떨칠 단	1357	3941	7261	3510
担*	단(걸) [仄聲/入聲 095 月 월] : 번쩍들 걸	1358	3087	923	1921
担*	단(담) [平聲/下平 028 覃 담] : 멜(擔의속자) 담	1359	6910	4966	6025
椴	단( ) [仄聲/去聲 074 翰 한] : 자작나무 단	1360	5638	7310	4891
癉	단( ) [仄聲/上聲 050 哿 가] : 앓을 단	1361	4233	155	3511
耑	단( ) [平聲/上平 014 寒 한] : 끝 단	1362	1529	7160	246
耑*	단(천) [平聲/下平 016 先 선] : 구멍/오로지 천	1363	1677	2219	2906
胆	단( ) [平聲/上平 014 寒 한] : 어깨벗어멜 단	1364	1530	7161	247
胆*	단(달) [仄聲/入聲 096 曷 갈] : 살찔 달	1365	6976	313	6259

A : (38 / 221)

배열형식 A (韻族基準)		배열 A	배열 B	배열 C	배열 D
韻族	(*異音) [平仄 : 四聲 韻目No ,韻目 독음] : 略義	운족 가나순	운목 번호순	운목 가나순	사성순
匰	단( ) [平聲/上平 014 寒 한] : 주독 단	1366	1531	7162	248
摶	단( ) [平聲/上平 014 寒 한] : 뭉칠 단	1367	1532	7163	249
潬	단( ) [仄聲/上聲 044 旱 한] : 모래섬 단	1368	3942	7262	3512
褖	단( ) [仄聲/去聲 074 翰 한] : 단옷 단	1369	5639	7311	4892
貒	단( ) [平聲/上平 014 寒 한] : 오소리 단	1370	1533	7165	251
踹	단( ) [仄聲/去聲 074 翰 한] : 발굼치 단	1371	5640	7312	4893
鴠	단( ) [仄聲/去聲 074 翰 한] : 새이름 단	1372	5641	7313	4894
鷒	단( ) [平聲/上平 014 寒 한] : 새이름 단	1373	1534	7166	252
鷤	단( ) [平聲/上平 014 寒 한] : 꿩새끼 단	1374	1535	7167	253
鷤*	단(제) [平聲/上平 008 齊 제] : 접동새 제	1375	936	5291	1202
丹	단( ) [平聲/上平 014 寒 학] : 붉을/마음/성실할 단	1376	1536	7170	255
丹*	단(란) [平聲/上平 014 寒 학] : 꽃이름 란	1377	1537	7169	313
撻	달( ) [仄聲/入聲 096 曷 갈] : 매질할 달	1378	6977	314	6260
澾	달( ) [仄聲/入聲 096 曷 갈] : 미끄러울 달	1379	6978	315	6261
獺	달( ) [仄聲/入聲 097 黠 힐] : 수달 달	1380	7049	7918	6262
獺*	달(찰) [仄聲/入聲 096 曷 갈] : 수달 찰	1381	6979	316	7474
疸	달( ) [仄聲/去聲 074 翰 한] : 황달병 달	1382	5642	7314	4896
達	달( ) [仄聲/入聲 096 曷 갈] : 통달할 달	1383	6980	317	6263
怛	달( ) [仄聲/入聲 096 曷 갈] : 슬플 달	1384	6981	318	6264
闥	달( ) [仄聲/入聲 096 曷 갈] : 문 달	1385	6982	319	6265
靼	달( ) [仄聲/上聲 044 旱 한] : 다룬가죽 달	1386	3943	7263	3513
韃	달( ) [仄聲/入聲 096 曷 갈] : 매질할 달	1387	6983	320	6266
笪	달( ) [仄聲/上聲 044 旱 한] : 뜸 달	1388	3944	7264	3514
笪*	달(단) [仄聲/入聲 096 曷 갈] : 고리짝 단	1389	6984	321	6258
躂	달( ) [仄聲/入聲 096 曷 갈] : 미끄러질 달	1390	6985	322	6267
啖	담( ) [仄聲/去聲 087 勘 감] : 먹을 담	1391	6386	416	6268
憺	담( ) [仄聲/去聲 087 勘 감] : 편안할 담	1392	6387	417	6269
擔	담( ) [仄聲/去聲 087 勘 감] : 멜 담	1393	6388	418	6270
曇	담( ) [平聲/下平 028 覃 담] : 구름낄 담	1394	3088	924	1922
淡	담( ) [仄聲/去聲 087 勘 감] : 맑을 담	1395	6389	419	6271
湛	담( ) [平聲/下平 028 覃 담] : 즐거울 담	1396	3089	925	1923
湛*	담(잠) [平聲/下平 028 覃 담] : 편안할/맑을 잠	1397	3090	926	2639
湛*	담(침) [仄聲/去聲 086 沁 심] : 잠길 침	1398	6364	2864	7641
潭	담( ) [平聲/下平 028 覃 담] : 못/깊을 담	1399	3091	927	1924
澹	담( ) [仄聲/去聲 087 勘 감] : 깊을 담	1400	6390	420	6272
痰	담( ) [平聲/下平 028 覃 담] : 가래 담	1401	3092	928	1925

배열형식 A (韻族基準)		배열 A	배열 B	배열 C	배열 D
韻族	(*異音) [平仄 : 四聲 韻目No ,韻目 독음] : 略義	운족 가나순	운목 번호순	운목 가나순	사성순
聃	담( ) [平聲/下平 028 覃 담] : 노자이름 담	1402	3093	929	1926
膽	담( ) [仄聲/上聲 057 感 감] : 쓸개 담	1403	4581	386	3515
蕁	담( ) [平聲/下平 028 覃 담] : 지모 담	1404	3094	931	1927
覃	담( ) [平聲/下平 028 覃 담] : 미칠 담	1405	3095	932	1928
談	담( ) [平聲/下平 028 覃 담] : 말씀 담	1406	3096	933	1929
譚	담( ) [平聲/下平 028 覃 담] : 이야기 담	1407	3097	934	1930
錟	담( ) [平聲/下平 028 覃 담] : 긴창 담	1408	3098	935	1931
錟*	담(염) [仄聲/上聲 058 琰 염] : 서슬 염	1409	4619	3685	4039
毯	담( ) [仄聲/上聲 057 感 감] : 담요 담	1410	4582	387	3516
禫	담( ) [仄聲/上聲 057 感 감] : 담제 담	1411	4583	388	3517
郯	담( ) [平聲/下平 028 覃 담] : 나라이름/성 담	1412	3099	936	1932
紞	담( ) [仄聲/上聲 057 感 감] : 귀막이끈 담	1413	4584	389	3518
菼	담( ) [仄聲/上聲 057 感 감] : 물억새 담	1414	4585	390	3519
萏	담( ) [仄聲/上聲 057 感 감] : 연꽃봉오리 담	1415	4586	391	3520
藫	담( ) [平聲/下平 028 覃 담] : 수면 담	1416	3100	937	1933
蟫	담( ) [平聲/下平 028 覃 담] : 좀 담	1417	3101	938	1934
蟫*	담(심) [平聲/下平 027 侵 침] : 움직일 심	1418	3034	7015	2387
蟫*	담(음) [平聲/下平 027 侵 침] : 좀 음	1419	3035	7016	2620
餤	담( ) [平聲/下平 028 覃 담] : 나아갈 담	1420	3102	939	1935
沓	답( ) [仄聲/入聲 104 合 합] : 유창할 답	1421	7794	7418	6273
畓	답( ) [仄聲/入聲 104 合 합] : 논 답	1422	7795	7419	6274
答	답( ) [仄聲/入聲 104 合 합] : 대답 답	1423	7796	7420	6275
踏	답( ) [仄聲/入聲 104 合 합] : 밟을 답	1424	7797	7421	6276
遝	답( ) [仄聲/入聲 104 合 합] : 몰릴 답	1425	7798	7422	6277
蹋	답( ) [仄聲/入聲 104 合 합] : 밟을 답	1426	7799	7423	6278
唐	당( ) [平聲/下平 022 陽 양] : 당나라/당황할 당	1427	2299	3062	1936
堂	당( ) [平聲/下平 022 陽 양] : 집 당	1428	2300	3063	1937
塘	당( ) [平聲/下平 022 陽 양] : 못 당	1429	2301	3064	1938
幢	당( ) [平聲/上平 003 江 강] : 기 당	1430	202	440	258
戇	당( ) [仄聲/去聲 062 絳 강] : 어리석을 당	1431	4706	471	4897
撞	당( ) [平聲/上平 003 江 강] : 부딪칠 당	1432	203	441	259
棠	당( ) [平聲/下平 022 陽 양] : 아가위 당	1433	2302	3065	1939
當	당( ) [平聲/下平 022 陽 양] : 마땅 당	1434	2303	3066	1940
糖	당( ) [平聲/下平 022 陽 양] : 엿 당	1435	2304	3067	1941
螳	당( ) [平聲/下平 022 陽 양] : 사마귀 당	1436	2305	3068	1942
黨	당( ) [仄聲/上聲 052 養 양] : 무리 당	1437	4305	3273	3521

배열형식 A (韻族基準)		배열 A	배열 B	배열 C	배열 D
韻族	(*異音) [平仄 : 四聲 韻目No ,韻目 독음] : 略義	운족 가나순	운목 번호순	운목 가나순	사성순
倘	당( ) [仄聲/上聲 052 養 양] : 아마/갑자기 당	1438	4306	3274	3522
倘*	당(상) [平聲/下平 022 陽 양] : 어이가없을/반할 상	1439	2306	3069	2265
儻	당( ) [仄聲/上聲 052 養 양] : 빼어날/갑자기 당	1440	4307	3275	3523
党	당( ) [仄聲/上聲 052 養 양] : 성 당	1441	4308	3276	3524
搪	당( ) [平聲/下平 022 陽 양] : 뻗을 당	1442	2307	3070	1943
檔	당( ) [平聲/下平 022 陽 양] : 의자 당	1443	2308	3071	1944
瑭	당( ) [平聲/下平 022 陽 양] : 옥이름 당	1444	2309	3072	1945
瞠	당( ) [平聲/下平 023 庚 경] : 똑바로볼 당	1445	2536	539	1946
瞠*	당(쟁) [平聲/下平 023 庚 경] : 똑바로볼 쟁	1446	2537	538	2679
讜	당( ) [仄聲/上聲 052 養 양] : 곧은말할 당	1447	4309	3277	3525
鏜	당( ) [平聲/下平 022 陽 양] : 북소리 당	1448	2310	3073	1947
鐺	당( ) [平聲/下平 022 陽 양] : 북소리 당	1449	2311	3074	1948
鐺*	당(쟁) [平聲/下平 023 庚 경] : 북소리 쟁	1450	2538	540	2680
擋	당( ) [仄聲/去聲 082 漾 양] : 제거할 당	1451	6081	3354	6280
螗	당( ) [平聲/下平 022 陽 양] : 매미 당	1452	2312	3075	1949
橦*	당(당) [平聲/上平 003 江 강] : 깃대 당	1453	204	442	260
糖	당( ) [平聲/下平 022 陽 양] : 엿/사탕 당	1454	2313	3232	1950
代	대( ) [仄聲/去聲 070 隊 대] : 대신 대	1455	5398	981	4898
垈	대( ) [仄聲/去聲 070 隊 대] : 집터 대	1456	5399	982	4899
大	대( ) [仄聲/去聲 068 泰 태] : 큰/길/지날 대	1457	5280	7092	4900
大*	대(다) [仄聲/去聲 080 箇 개] : 심할 다	1458	5281	7093	5758
大*	대(태) [仄聲/去聲 068 泰 태] : 클/굵을/처음 태	1459	5996	487	6257
對	대( ) [仄聲/去聲 070 隊 대] : 대할 대	1460	5400	983	4901
岱	대( ) [仄聲/去聲 070 隊 대] : 대산 대	1461	5401	984	4902
帶	대( ) [仄聲/去聲 068 泰 태] : 띠 대	1462	5282	7094	4903
待	대( ) [仄聲/上聲 040 賄 회] : 기다릴 대	1463	3766	7762	3526
戴	대( ) [仄聲/去聲 070 隊 대] : 일 대	1464	5402	985	4904
擡	대( ) [平聲/上平 010 灰 회] : 들 대	1465	1067	7652	261
玳	대( ) [仄聲/去聲 070 隊 대] : 대모 대	1466	5403	986	4905
臺	대( ) [平聲/上平 010 灰 회] : 대/돈대 대	1467	1068	7653	262
袋	대( ) [仄聲/去聲 070 隊 대] : 자루 대	1468	5404	987	4906
貸	대( ) [仄聲/去聲 070 隊 대] : 빌려줄 대	1469	5405	988	4907
貸*	대(특) [仄聲/入聲 102 職 직] : 빌릴 특	1470	7637	6207	7706
隊	대( ) [仄聲/去聲 070 隊 대] : 무리 대	1471	5406	989	4908
黛	대( ) [仄聲/去聲 070 隊 대] : 눈썹먹 대	1472	5407	990	4909
懟	대( ) [仄聲/去聲 063 寘 치] : 원망할 대	1473	4734	6841	4910

배열형식 A (韻族基準)				배열 A	배열 B	배열 C	배열 D
韻族	(*異音) [平仄 : 四聲 韻目No ,韻目 독음] : 略義			운족 가나순	운목 번호순	운목 가나순	사성순
鐓	대( ) [仄聲/去聲 070 隊 대] : 철퇴 대			1474	5408	991	4911
憝	대( ) [仄聲/去聲 070 隊 대] : 원망할 대			1475	5409	992	4912
德	덕( ) [仄聲/入聲 102 職 직] : 큰/품행/은혜 덕			1476	7638	6208	6283
悳	덕( ) [仄聲/入聲 102 職 직] : 큰/품행/은혜 덕			1477	7639	6209	6284
倒	도( ) [仄聲/上聲 049 皓 호] : 넘어질 도			1478	4173	7552	3528
刀	도( ) [平聲/下平 019 豪 호] : 칼 도			1479	2006	7476	1951
到	도( ) [仄聲/去聲 079 號 호] : 이를 도			1480	5945	7606	6285
圖	도( ) [平聲/上平 007 虞 우] : 그림 도			1481	729	4145	263
堵	도( ) [仄聲/上聲 037 麌 우] : 담 도			1482	3608	4555	3529
塗	도( ) [平聲/下平 021 麻 마] : 칠할 도			1483	2188	1310	1952
導	도( ) [仄聲/去聲 079 號 호] : 인도할 도			1484	5946	7607	6286
屠	도( ) [平聲/上平 007 虞 우] : 죽일/잡을 도			1485	730	4146	264
屠*	도(저) [平聲/上平 006 魚 어] : 노왕이름 저			1486	629	3423	1180
島	도( ) [仄聲/上聲 049 皓 호] : 섬 도			1487	4174	7553	3530
嶋	도( ) [仄聲/上聲 049 皓 호] : 섬 도			1488	4175	7554	3531
度	도( ) [仄聲/去聲 066 遇 우] : 법도/국량 도			1489	4998	4668	4915
度*	도(탁) [仄聲/入聲 099 藥 약] : 꾀할/헤아릴 탁			1490	7238	2907	7653
徒	도( ) [平聲/上平 007 虞 우] : 무리 도			1491	731	4147	265
悼	도( ) [仄聲/去聲 079 號 호] : 슬퍼할 도			1492	5947	7608	6287
挑	도( ) [仄聲/上聲 047 篠 소] : 돋울 도			1493	4086	2714	3532
挑*	도(조) [仄聲/上聲 047 篠 소] : 돋울 조			1494	4087	2715	4296
掉	도( ) [仄聲/去聲 077 嘯 소] : 흔들 도			1495	5858	2766	4916
搗	도( ) [仄聲/上聲 049 皓 호] : 찧을 도			1496	4176	7555	3533
桃	도( ) [平聲/下平 019 豪 호] : 복숭아 도			1497	2007	7477	1953
棹	도( ) [仄聲/去聲 078 效 효] : 노도			1498	5926	7851	4917
櫂	도( ) [仄聲/入聲 092 覺 각] : 노도			1499	6677	195	6288
淘	도( ) [平聲/下平 019 豪 호] : 일 도			1500	2008	7478	1954
渡	도( ) [仄聲/去聲 066 遇 우] : 건널 도			1501	4999	4669	4918
滔	도( ) [平聲/下平 019 豪 호] : 창일할 도			1502	2009	7479	1955
濤	도( ) [平聲/下平 019 豪 호] : 물결 도			1503	2010	7480	1956
燾	도( ) [仄聲/去聲 079 號 호] : 비칠 도			1504	5948	7609	6289
盜	도( ) [仄聲/去聲 079 號 호] : 도둑 도			1505	5949	7610	6290
睹	도( ) [仄聲/上聲 037 麌 우] : 볼 도			1506	3609	4556	3534
禱	도( ) [仄聲/上聲 049 皓 호] : 빌 도			1507	4177	7556	3535
稻	도( ) [仄聲/上聲 049 皓 호] : 벼 도			1508	4178	7557	3536
萄	도( ) [平聲/下平 019 豪 호] : 포도나무 도			1509	2011	7481	1957

A : (42 / 221)

배열형식 A (韻族基準)		배열 A	배열 B	배열 C	배열 D
韻族	(*異音) [平仄 : 四聲 韻目No ,韻目 독음] : 略義	운족 가나순	운목 번호순	운목 가나순	사성순
覩	도( ) [仄聲/去聲 077 嘯 소] : 볼(=睹) 도	1510	5859	2767	4919
賭	도( ) [仄聲/上聲 037 麌 우] : 도박 도	1511	3610	4557	3537
跳	도( ) [平聲/下平 017 蕭 소] : 뛸 도	1512	1838	2599	1958
跳*	도(조) [平聲/下平 019 豪 호] : 뛸/끌어낼 조	1513	2012	7482	2790
蹈	도( ) [仄聲/去聲 079 號 호] : 밟을 도	1514	5950	7611	6291
逃	도( ) [平聲/下平 019 豪 호] : 도망할 도	1515	2013	7483	1959
途	도( ) [平聲/上平 007 虞 우] : 길 도	1516	732	4148	266
道	도( ) [仄聲/上聲 049 皓 호] : 길 도	1517	4179	7558	3538
都	도( ) [平聲/上平 007 虞 우] : 도읍 도	1518	733	4149	267
鍍	도( ) [仄聲/去聲 066 遇 우] : 올릴 도	1519	5000	4670	4920
陶	도( ) [平聲/下平 019 豪 호] : 질그릇/통할 도	1520	2014	7484	1960
陶*	도(요) [平聲/下平 017 蕭 소] : 화락할 요	1521	1839	2600	2559
韜	도( ) [平聲/下平 019 豪 호] : 감출 도	1522	2015	7485	1961
叨	도( ) [平聲/下平 019 豪 호] : 탐낼/함부로 도	1523	2016	7486	1962
忉	도( ) [平聲/下平 019 豪 호] : 근심할 도	1524	2017	7487	1963
慆	도( ) [平聲/下平 019 豪 호] : 기뻐할 도	1525	2018	7488	1964
掏	도( ) [平聲/下平 019 豪 호] : 가릴 도	1526	2019	7489	1965
洮	도( ) [平聲/下平 019 豪 호] : 씻을 도	1527	2020	7490	1966
涂	도( ) [平聲/上平 007 虞 우] : 길 도	1528	734	4150	268
涂*	도(차) [平聲/下平 021 麻 마] : 물에젖을/맥질할 차	1529	2189	1311	2859
菟	도( ) [平聲/上平 007 虞 우] : 범 도	1530	735	4151	269
菟*	도(토) [仄聲/去聲 066 遇 우] : 토끼 토	1531	5001	4671	5766
闍	도( ) [平聲/上平 007 虞 우] : 성문층대/망루 도	1532	736	4152	270
闍*	도(사) [平聲/下平 021 麻 마] : 화장할 사	1533	2190	1312	2229
嘟	도( ) [平聲/上平 007 虞 우] : 칭찬하는말 도	1534	737	4153	271
筡	도( ) [平聲/上平 007 虞 우] : 속빌/씀바귀 도	1535	738	4154	272
筡*	도(서) [平聲/上平 006 魚 어] : 광주리 서	1536	630	3424	724
綯	도( ) [平聲/下平 019 豪 호] : 꼴 도	1537	2021	7491	1967
荼	도( ) [平聲/上平 007 虞 우] : 씀바귀 도	1538	739	4155	273
駼	도( ) [平聲/上平 007 虞 우] : 말이름 도	1539	740	4156	274
騊	도( ) [平聲/下平 019 豪 호] : 말이름 도	1540	2022	7492	1968
鵌	도( ) [平聲/上平 007 虞 우] : 비들기 도	1541	741	4157	275
兜	도( ) [平聲/下平 026 尤 우] : 투구 도	1542	2858	4369	1969
兜*	도(두) [平聲/下平 026 尤 우] : 반할 두	1543	2859	4370	1971
斁	도( ) [仄聲/去聲 066 遇 우] : 패할 도	1544	5002	4672	4921
斁*	도(역) [仄聲/入聲 100 陌 맥] : 풀/싫을/마칠 역	1545	7377	1507	7040

배열형식 A (韻族基準)		배열 A	배열 B	배열 C	배열 D
韻族	(*異音) [平仄 : 四聲 韻目No ,韻目 독음] : 略義	운족 가나순	운목 번호순	운목 가나순	사성순
綢	도( ) [仄聲/去聲 077 嘯 소] : 얽을 도	1546	5860	2805	4922
綢*	도(주) [平聲/下平 026 尤 우] : 얽을 주	1547	2860	4485	2828
度	도( ) [仄聲/去聲 066 遇 우] : 법도/젤/국량 도	1548	5003	4755	4923
度*	도(탁) [仄聲/入聲 099 藥 약] : 꾀할/헤아릴 탁	1549	7239	3003	7661
毒	독( ) [仄聲/入聲 091 沃 옥] : 독 독	1550	6610	3989	6293
瀆	독( ) [仄聲/入聲 090 屋 옥] : 도랑 독	1551	6454	3832	6294
牘	독( ) [仄聲/入聲 090 屋 옥] : 편지 독	1552	6455	3833	6295
犢	독( ) [仄聲/入聲 090 屋 옥] : 송아지 독	1553	6456	3834	6296
獨	독( ) [仄聲/入聲 090 屋 옥] : 홀로 독	1554	6457	3835	6297
督	독( ) [仄聲/入聲 091 沃 옥] : 감독할 독	1555	6611	3990	6298
禿	독( ) [仄聲/入聲 090 屋 옥] : 대머리 독	1556	6458	3836	6299
篤	독( ) [仄聲/入聲 091 沃 옥] : 도타울 독	1557	6612	3991	6300
讀	독( ) [仄聲/入聲 090 屋 옥] : 읽을/풍류 독	1558	6459	3837	6301
讀*	독(두) [仄聲/去聲 085 宥 유] : 구절/토 두	1559	6264	5138	6314
櫝	독( ) [仄聲/入聲 090 屋 옥] : 함/관 독	1560	6460	3838	6302
黷	독( ) [仄聲/入聲 090 屋 옥] : 더럽힐 독	1561	6461	3839	6303
蝳	독( ) [仄聲/入聲 091 沃 옥] : 거미 독	1562	6613	3992	6304
蝳*	독(대) [仄聲/去聲 070 隊 대] : 거북이 대	1563	5410	993	4913
韇	독( ) [仄聲/入聲 090 屋 옥] : 전동 독	1564	6462	3840	6305
韣	독( ) [仄聲/入聲 090 屋 옥] : 활집 독	1565	6463	3841	6306
韣*	독(촉) [仄聲/入聲 091 沃 옥] : 칼집 촉	1566	6614	3993	7573
竺	독( ) [仄聲/入聲 090 屋 옥] : 두터울 독	1567	6464	3957	6307
竺*	독(축) [仄聲/入聲 091 沃 옥] : 나라이름(天竺) 축	1568	6615	4039	7601
墩	돈( ) [平聲/上平 013 元 원] : 돈대 돈	1569	1389	4790	276
惇	돈( ) [平聲/上平 013 元 원] : 도타울 돈	1570	1390	4791	277
敦	돈( ) [平聲/上平 013 元 원] : 성낼/도타울 돈	1571	1391	4792	278
敦*	돈(단) [平聲/上平 014 寒 한] : 모을 단	1572	1840	2601	2791
敦*	돈(대) [仄聲/去聲 070 隊 대] : 옥쟁반 대	1573	1069	7654	1434
敦*	돈(조) [平聲/下平 017 蕭 소] : 아로새길 조	1574	1538	7168	254
敦*	돈(퇴) [平聲/上平 010 灰 회] : 쪼을/모을 퇴	1575	5411	994	4914
暾	돈( ) [平聲/上平 013 元 원] : 아침해 돈	1576	1392	4794	280
沌	돈( ) [仄聲/上聲 043 阮 완] : 기운덩어리 돈	1577	3875	4055	3539
焞	돈( ) [平聲/上平 013 元 원] : 어슴프레할 돈	1578	1393	4795	281
焞*	돈(순) [平聲/上平 011 眞 진] : 밝을 순	1579	1070	7655	1435
焞*	돈(퇴) [平聲/上平 010 灰 회] : 성할 퇴	1580	1181	6320	776
燉	돈( ) [平聲/上平 013 元 원] : 불빛 돈	1581	1394	4796	282

배열형식 A (韻族基準)		배열 A	배열 B	배열 C	배열 D
韻族	(*異音) [平仄 : 四聲 韻目No ,韻目 독음] : 略義	운족 가나순	운목 번호순	운목 가나순	사성순
豚	돈( ) [平聲/上平 013 元 원] : 돼지 돈	1582	1395	4797	283
頓	돈( ) [仄聲/去聲 073 願 원] : 졸/조아릴 돈	1583	5592	4914	4924
頓*	돈(둔) [仄聲/去聲 073 願 원] : 둔무딜 둔	1584	5593	4915	4931
蕫	돈( ) [仄聲/上聲 043 阮 완] : 거룻배 돈	1585	3876	4056	3540
庉	돈( ) [仄聲/上聲 043 阮 완] : 담장 돈	1586	3877	4057	3541
遁	돈( ) [仄聲/上聲 043 阮 완] : 달아날 돈	1587	3878	4058	3542
遁*	돈(둔) [平聲/下平 026 尤 우] : 피할/끊을 둔	1588	2861	4372	1973
遯	돈( ) [仄聲/去聲 073 願 원] : 숨을 돈	1589	5594	4916	4925
遯*	돈(둔) [仄聲/上聲 043 阮 완] : 달아날 둔	1590	3879	4059	3560
噸	돈( ) [仄聲/去聲 073 願 원] : 톤(英國의量目) 돈	1591	5595	4937	4926
突	돌( ) [仄聲/入聲 095 月 월] : 갑자기 돌	1592	6911	4967	6308
咄	돌( ) [仄聲/入聲 096 曷 갈] : 꾸짖을 돌	1593	6986	323	6309
咄*	돌(탈) [仄聲/入聲 096 曷 갈] : 꾸짖을 탈	1594	6987	324	7680
堗	돌( ) [仄聲/入聲 095 月 월] : 굴뚝 돌	1595	6912	4968	6310
腯	돌( ) [仄聲/入聲 095 月 월] : 쌀찐 돌	1596	6913	4969	6311
葖	돌( ) [仄聲/入聲 095 月 월] : 무우 돌	1597	6914	4970	6312
冬	동( ) [平聲/上平 002 冬 동] : 겨울 동	1598	126	1185	285
凍	동( ) [仄聲/去聲 060 送 송] : 얼 동	1599	4669	2825	4927
動	동( ) [仄聲/上聲 031 董 동] : 움직일 동	1600	3238	1256	3544
同	동( ) [平聲/上平 001 東 동] : 한가지 동	1601	15	1074	286
憧	동( ) [仄聲/去聲 062 絳 강] : 그리워할 동	1602	4707	472	4928
東	동( ) [平聲/上平 001 東 동] : 동녘 동	1603	16	1075	287
桐	동( ) [平聲/上平 001 東 동] : 오동 동	1604	17	1076	288
棟	동( ) [仄聲/去聲 060 送 송] : 마룻대 동	1605	4670	2826	4929
洞	동( ) [仄聲/上聲 031 董 동] : 골 동	1606	3239	1258	3545
洞*	동(통) [仄聲/上聲 031 董 동] : 공손할/덩어리질 통	1607	3240	1257	4511
潼	동( ) [平聲/上平 001 東 동] : 강이름 동	1608	18	1077	289
疼	동( ) [平聲/上平 002 冬 동] : 아플 동	1609	127	1186	290
瞳	동( ) [平聲/上平 001 東 동] : 눈동자 동	1610	19	1078	291
童	동( ) [平聲/上平 001 東 동] : 아이 동	1611	20	1079	292
胴	동( ) [仄聲/上聲 031 董 동] : 큰창자 동	1612	3241	1259	3546
董	동( ) [仄聲/上聲 031 董 동] : 바를 동	1613	3242	1260	3547
銅	동( ) [平聲/上平 001 東 동] : 구리 동	1614	21	1080	293
侗	동( ) [平聲/上平 001 東 동] : 정성 동	1615	22	1082	294
侗*	동(통) [平聲/上平 001 東 동] : 우둔한 통	1616	23	1081	1429
僮	동( ) [平聲/上平 001 東 동] : 아이/하인 동	1617	24	1083	295

A : (45 / 221)

배열형식 A (韻族基準)		배열 A	배열 B	배열 C	배열 D
韻族	(*異音) [平仄 : 四聲 韻目No ,韻目 독음] : 略義	운족 가나순	운목 번호순	운목 가나순	사성순
垌	동( ) [平聲/上平 001 東 동] : 항아리 동	1618	25	1084	296
彤	동( ) [平聲/上平 002 冬 동] : 붉을 동	1619	128	1187	297
橦	동( ) [平聲/上平 001 東 동] : 진뚫는 수레 동	1620	26	1085	298
涷	동( ) [平聲/上平 001 東 동] : 소나기 동	1621	27	1086	299
蝀	동( ) [平聲/上平 001 東 동] : 무지개 동	1622	28	1087	300
働	동( ) [仄聲/上聲 031 董 동] : 힘쓸 동	1623	3243	1261	3548
懂	동( ) [仄聲/上聲 031 董 동] : 심란할 동	1624	3244	1262	3549
曈	동( ) [平聲/上平 001 東 동] : 먼동틀 동	1625	29	1088	301
犝	동( ) [平聲/上平 001 東 동] : 송아지 동	1626	30	1089	302
罿	동( ) [平聲/上平 001 東 동] : 새그물 동	1627	31	1090	303
罿*	동(충) [平聲/上平 002 冬 동] : 새그물 충	1628	129	1188	1372
鮦	동( ) [平聲/上平 001 東 동] : 가물치 동	1629	32	1091	304
洞	동( ) [仄聲/上聲 031 董 동] : 골/깊을 동	1630	3245	1273	3550
洞*	동(통) [仄聲/上聲 031 董 동] : 공손할/조심할 통	1631	3246	1274	4513
斗	두( ) [仄聲/上聲 055 有 유] : 말 두	1632	4491	5044	3551
杜	두( ) [仄聲/上聲 037 麌 우] : 막을 두	1633	3611	4558	3552
枓	두( ) [平聲/上平 007 虞 우] : 두공 두	1634	742	4158	305
枓*	두(주) [仄聲/上聲 055 有 유] : 두공 주	1635	4492	5045	4335
痘	두( ) [仄聲/去聲 085 宥 유] : 마마 두	1636	6265	5139	6315
竇	두( ) [仄聲/去聲 085 宥 유] : 구멍 두	1637	6266	5140	6316
荳	두( ) [仄聲/去聲 085 宥 유] : 콩 두	1638	6267	5141	6317
豆	두( ) [仄聲/去聲 085 宥 유] : 콩 두	1639	6268	5142	6318
逗	두( ) [仄聲/去聲 085 宥 유] : 머무를 두	1640	6269	5143	6319
頭	두( ) [平聲/下平 026 尤 우] : 머리 두	1641	2862	4371	1972
抖	두( ) [仄聲/上聲 055 有 유] : 흔들 두	1642	4493	5046	3553
肚	두( ) [仄聲/上聲 037 麌 우] : 배 두	1643	3612	4559	3554
脰	두( ) [仄聲/去聲 085 宥 유] : 목 두	1644	6270	5144	6320
蚪	두( ) [仄聲/上聲 055 有 유] : 올챙이 두	1645	4494	5047	3555
蠹	두( ) [仄聲/去聲 066 遇 우] : 좀 두	1646	5004	4673	4930
陡	두( ) [仄聲/上聲 055 有 유] : 험할 두	1647	4495	5048	3556
紏	두( ) [仄聲/上聲 055 有 유] : 노랑실 두	1648	4496	5049	3557
鬥	두( ) [仄聲/去聲 085 宥 유] : 싸울 두	1649	6271	5145	6321
妵	두( ) [仄聲/上聲 055 有 유] : 이름/예쁠 두	1650	4497	5092	3558
屯	둔( ) [平聲/上平 013 元 원] : 모일/진칠 둔	1651	1396	4798	307
屯*	둔(준) [平聲/上平 011 眞 진] : 어려울/두터울/아낄 준	1652	1182	6321	1262
臀	둔( ) [平聲/上平 013 元 원] : 볼기 둔	1653	1397	4799	308

배열형식 A (韻族基準)		배열 A	배열 B	배열 C	배열 D
韻族	(*異音) [平仄 : 四聲 韻目No ,韻目 독음] : 略義	운족 가나순	운목 번호순	운목 가나순	사성순
芚	둔( ) [平聲/上平 013 元 원] : 채소이름 둔	1654	1398	4800	309
鈍	둔( ) [仄聲/去聲 073 願 원] : 둔할 둔	1655	5596	4917	4932
得	득( ) [仄聲/入聲 102 職 직] : 얻을 득	1656	7640	6210	6322
嶝	등( ) [仄聲/去聲 085 徑 경] : 고개 등	1657	6199	5146	6323
燈	등( ) [平聲/下平 025 蒸 증] : 등 등	1658	2763	5609	1975
登	등( ) [平聲/下平 025 蒸 증] : 오를 등	1659	2764	5610	1976
等	등( ) [仄聲/上聲 054 迥 형] : 무리 등	1660	4439	707	3561
藤	등( ) [平聲/下平 025 蒸 증] : 등나무 등	1661	2765	5611	1977
謄	등( ) [平聲/下平 025 蒸 증] : 베낄 등	1662	2766	5612	1978
鄧	등( ) [仄聲/去聲 085 徑 경] : 나라이름 등	1663	6200	5147	6324
騰	등( ) [平聲/下平 025 蒸 증] : 오를 등	1664	2767	5613	1979
凳	등( ) [仄聲/去聲 085 徑 경] : 걸상 등	1665	6201	5148	6325
磴	등( ) [仄聲/去聲 085 徑 경] : 돌 비탈길 등	1666	6202	5149	6326
縢	등( ) [平聲/下平 025 蒸 증] : 봉할 등	1667	2768	5614	1980
螣	등( ) [平聲/下平 025 蒸 증] : 등뱀 등	1668	2769	5616	1981
螣*	등(특) [平聲/下平 025 蒸 증] : 황충/벼메뚜기 특	1669	2770	5615	3024
鐙	등( ) [仄聲/去聲 085 徑 경] : 등잔 등	1670	6203	5150	6327
懶	라( ) [仄聲/上聲 044 旱 한] : 게으를 라	1671	3945	7253	3562
聃	라( ) [平聲/下平 028 覃 담] : 귀바퀴없을 라	1672	3103	930	1982
喇	라( ) [仄聲/入聲 096 曷 갈] : 나팔 라	1673	6988	325	6329
喇*	라(랄) [仄聲/入聲 096 曷 갈] : 말급히할 랄	1674	6989	326	6348
懶	라( ) [仄聲/去聲 068 泰 태] : 게으를/미워할 라	1675	5283	7095	4933
懶*	라(란) [仄聲/上聲 044 旱 한] : 게으를/미워할 란	1676	3946	7265	3566
懶*	라(뢰) [仄聲/去聲 068 泰 태] : 게으를/미워할 뢰	1677	5284	7096	4977
癩	라( ) [仄聲/去聲 068 泰 태] : 문둥병 라	1678	5285	7097	4934
羅	라( ) [平聲/下平 020 歌 가] : 벌릴/벌 라	1679	2090	74	1983
蘿	라( ) [平聲/下平 020 歌 가] : 담쟁이덩굴/무 라	1680	2091	75	1984
螺	라( ) [平聲/下平 020 歌 가] : 소라 라	1681	2092	76	1985
裸	라( ) [仄聲/上聲 050 哿 가] : 벗을 라	1682	4234	156	3563
邏	라( ) [仄聲/去聲 080 箇 개] : 돌 라	1683	5997	488	6330
囉	라( ) [平聲/下平 020 歌 가] : 소리 얽힐 라	1684	2093	77	1986
鑼	라( ) [平聲/下平 020 歌 가] : 징 라	1685	2094	78	1987
騾	라( ) [平聲/下平 020 歌 가] : 순행할 라	1686	2095	79	1988
籮	라( ) [平聲/下平 020 歌 가] : 키 라	1687	2096	80	1989
蓏	라( ) [仄聲/上聲 050 哿 가] : 풀 라	1688	4235	157	3564
蠃	라( ) [仄聲/上聲 050 哿 가] : 달팽이 라	1689	4236	158	3565

배열형식 A (韻族基準)		배열 A	배열 B	배열 C	배열 D
韻族	(*異音) [平仄 : 四聲 韻目No ,韻目 독음] : 略義	운족 가나순	운목 번호순	운목 가나순	사성순
賴*	라(뢰) [仄聲/去聲 068 泰 태] : 의뢰할 뢰	1690	5286	7099	4981
洛	락( ) [仄聲/入聲 099 藥 약] : 강이름 락	1691	7240	2908	6335
烙	락( ) [仄聲/入聲 099 藥 약] : 지질 락	1692	7241	2909	6336
珞	락( ) [仄聲/入聲 099 藥 약] : 구슬목걸이 락	1693	7242	2910	6337
絡	락( ) [仄聲/入聲 099 藥 약] : 얽힐/이을 락	1694	7243	2911	6338
落	락( ) [仄聲/入聲 099 藥 약] : 떨어질 락	1695	7244	2912	6339
酪	락( ) [仄聲/入聲 099 藥 약] : 유즙 락	1696	7245	2913	6340
駱	락( ) [仄聲/入聲 099 藥 약] : 약대 락	1697	7246	2914	6341
犖	락( ) [仄聲/入聲 092 覺 각] : 뛰어날/얼룩소 락	1698	6678	196	6342
濼	락( ) [仄聲/入聲 099 藥 약] : 강이름 락	1699	7247	2915	6343
濼*	락(록) [仄聲/入聲 091 沃 옥] : 강이름 록	1700	6616	3994	6403
濼*	락(박) [仄聲/入聲 099 藥 약] : 늪/방죽 박	1701	7248	2916	6532
鉻	락( ) [仄聲/入聲 099 藥 약] : 털깎을 락	1702	7249	2917	6344
鮥	락( ) [仄聲/入聲 099 藥 약] : 다랑어 락	1703	7250	2918	6345
難	란( ) [平聲/上平 014 寒 한] : 어려울 란	1704	1539	7149	311
亂	란( ) [仄聲/去聲 074 翰 한] : 어지러울 란	1705	5643	7315	4935
卵	란( ) [仄聲/上聲 050 哿 가] : 알 란	1706	4237	159	3567
欄	란( ) [平聲/上平 014 寒 한] : 난간 란	1707	1540	7171	314
欒	란( ) [平聲/上平 014 寒 한] : 나무이름 란	1708	1541	7172	315
瀾	란( ) [平聲/上平 014 寒 한] : 물결 란	1709	1542	7173	316
爛	란( ) [仄聲/去聲 074 翰 한] : 빛날 란	1710	5644	7316	4936
蘭	란( ) [平聲/上平 014 寒 한] : 난초 란	1711	1543	7174	317
鸞	란( ) [平聲/上平 015 刪 산] : 난새 란	1712	1620	1944	318
攔	란( ) [平聲/上平 014 寒 한] : 막을 란	1713	1544	7175	319
鑾	란( ) [平聲/上平 014 寒 한] : 방울 란	1714	1545	7176	320
闌	란( ) [平聲/上平 014 寒 한] : 가로막을 란	1715	1546	7177	321
羉	란( ) [平聲/上平 014 寒 한] : 묏돼지잡이그물 란	1716	1547	7178	322
喇	랄( ) [仄聲/入聲 096 曷 갈] : 말급히 할 랄	1717	6990	311	6347
喇*	랄(라) [仄聲/入聲 096 曷 갈] : 나팔 라	1718	6991	310	6328
剌	랄( ) [仄聲/入聲 096 曷 갈] : 어그러질 랄	1719	6992	327	6349
剌*	랄(라) [仄聲/入聲 096 曷 갈] : 수라 라	1720	6993	328	6331
辣	랄( ) [仄聲/入聲 096 曷 갈] : 매울 랄	1721	6994	329	6350
埒	랄( ) [仄聲/入聲 098 屑 설] : 담 랄	1722	7105	2478	6351
捋	랄( ) [仄聲/入聲 096 曷 갈] : 쓰다듬을 랄	1723	6995	330	6352
嵐	람( ) [仄聲/去聲 076 霰 산] : 아지랑이/폭풍 람	1724	5745	2012	4937
藍	람( ) [平聲/下平 028 覃 담] : 쪽/옷해질/절 람	1725	3104	920	1991

배열형식 A (韻族基準)		배열 A	배열 B	배열 C	배열 D
韻族	(*異音) [平仄 : 四聲 韻目No ,韻目 독음] : 略義	운족 가나순	운목 번호순	운목 가나순	사성순
襤	람( ) [平聲/下平 028 覃 담] : 옷해질 람	1726	3105	921	1992
擥	람( ) [仄聲/上聲 057 感 감] : 모을(=擥) 람	1727	4587	392	3568
攬	람( ) [仄聲/上聲 057 感 감] : 잡을 람	1728	4588	393	3569
欖	람( ) [仄聲/上聲 057 感 감] : 감람나무 람	1729	4589	394	3570
濫	람( ) [仄聲/去聲 087 勘 감] : 넘칠 람	1730	6391	421	6353
濫*	람(함) [仄聲/上聲 059 豏 함] : 목욕통/용솟을 함	1731	4656	1277	4555
籃	람( ) [平聲/下平 028 覃 담] : 대바구니 람	1732	3106	940	1993
纜	람( ) [仄聲/去聲 087 勘 감] : 닻줄 람	1733	6392	422	6354
藍	람( ) [平聲/下平 028 覃 담] : 쪽 람	1734	3107	941	1994
襤	람( ) [平聲/下平 028 覃 담] : 누더기 람	1735	3108	942	1995
覽	람( ) [仄聲/上聲 057 感 감] : 볼 람	1736	4590	395	3571
婪	람( ) [平聲/下平 028 覃 담] : 캄할 람	1737	3109	943	1996
壈	람( ) [仄聲/上聲 057 感 감] : 실의한모습 람	1738	4591	396	3572
蘫	람( ) [平聲/下平 028 覃 담] : 외김치 람	1739	3110	944	1997
覧	람( ) [仄聲/上聲 057 感 감] : 두루볼 람	1740	4592	397	3573
拉	랍( ) [仄聲/入聲 104 合 합] : 잡아갈 랍	1741	7800	7414	6355
臘	랍( ) [仄聲/入聲 104 合 합] : 납향 랍	1742	7801	7424	6356
蠟	랍( ) [仄聲/入聲 104 合 합] : 밀 랍	1743	7802	7425	6357
摺	랍( ) [仄聲/入聲 105 葉 엽] : 꺾을 랍	1744	7833	3778	6358
摺*	랍(접) [仄聲/入聲 105 葉 엽] : 접을 접	1745	7834	3779	7330
郞	랑( ) [平聲/下平 022 陽 양] : 사내/남편 랑	1746	2314	3061	1998
廊	랑( ) [平聲/下平 022 陽 양] : 사랑채/행랑 랑	1747	2315	3076	1999
朗	랑( ) [仄聲/上聲 052 養 양] : 밝을 랑	1748	4310	3278	3574
浪	랑( ) [平聲/下平 022 陽 양] : 물결 랑	1749	2316	3077	2000
狼	랑( ) [平聲/下平 022 陽 양] : 이리/어지러울 랑	1750	2317	3078	2001
琅	랑( ) [平聲/下平 022 陽 양] : 옥이름 랑	1751	2318	3079	2002
瑯	랑( ) [平聲/下平 022 陽 양] : 문고리/법랑 랑	1752	2319	3080	2003
螂	랑( ) [平聲/下平 022 陽 양] : 버마재비 랑	1753	2320	3081	2004
郎	랑( ) [平聲/下平 022 陽 양] : 밝을 랑	1754	2321	3082	2005
榔	랑( ) [平聲/下平 022 陽 양] : 나무이름 랑	1755	2322	3083	2006
稂	랑( ) [平聲/下平 022 陽 양] : 강아지풀 랑	1756	2323	3084	2007
蜋	랑( ) [平聲/下平 022 陽 양] : 사마귀벌레 랑	1757	2324	3085	2008
筤	랑( ) [平聲/下平 022 陽 양] : 어린대 랑	1758	2325	3086	2009
瀧	랑( ) [平聲/上平 001 東 동] : 물이름 랑	1759	33	1093	323
瀧*	랑(롱) [平聲/上平 003 江 강] : 비올 롱	1760	205	443	360
瀧*	랑(상) [平聲/上平 003 江 강] : 여울 상	1761	206	444	722

배열형식 A (韻族基準)		배열 A	배열 B	배열 C	배열 D
韻族	(*異音) [平仄 : 四聲 韻目No ,韻目 독음] : 略義	운족 가나순	운목 번호순	운목 가나순	사성순
來	래( ) [平聲/上平 010 灰 회] : 올/오대손/부터 래	1762	1071	7656	324
崍	래( ) [平聲/上平 010 灰 회] : 산이름 래	1763	1072	7657	325
徠	래( ) [仄聲/去聲 070 隊 대] : 올/위로할 래	1764	5412	995	4938
萊	래( ) [平聲/上平 010 灰 회] : 명아주 래	1765	1073	7658	326
騋	래( ) [平聲/上平 010 灰 회] : 큰말 래	1766	1074	7659	327
棶	래( ) [仄聲/去聲 070 隊 대] : 밀 래	1767	5413	996	4939
勑	래( ) [仄聲/入聲 091 沃 옥] : 위로할 래	1768	6617	3995	6359
勑*	래(칙) [仄聲/入聲 102 職 직] : 바를/다스릴 칙	1769	7641	6211	7633
睞	래( ) [仄聲/去聲 070 隊 대] : 한눈팔 래	1770	5414	997	4940
鯠	래( ) [平聲/上平 010 灰 회] : 뱀장어 래	1771	1075	7660	328
鶆	래( ) [平聲/上平 010 灰 회] : 매 래	1772	1076	7661	329
冷	랭( ) [仄聲/上聲 054 梗 경] : 찰/맑을 랭	1773	4401	708	3575
掠	략( ) [仄聲/入聲 099 藥 약] : 노략질할 략	1774	7251	2919	6360
掠*	략(량) [仄聲/去聲 082 漾 양] : 빼앗을 량	1775	6082	3355	6362
略	략( ) [仄聲/入聲 099 藥 약] : 간략할/약할 략	1776	7252	2920	6361
亮	량( ) [仄聲/去聲 082 漾 양] : 밝을 량	1777	6083	3356	6363
倆	량( ) [仄聲/上聲 052 養 양] : 재주 량	1778	4311	3279	3576
凉	량( ) [平聲/下平 022 陽 양] : 서늘할 량	1779	2326	3087	2010
梁	량( ) [平聲/下平 022 陽 양] : 들보/돌다리 량	1780	2327	3088	2011
樑	량( ) [平聲/下平 022 陽 양] : 들보 량	1781	2328	3089	2012
粮	량( ) [平聲/下平 022 陽 양] : 양식 량	1782	2329	3090	2013
粱	량( ) [平聲/下平 022 陽 양] : 기장 량	1783	2330	3091	2014
糧	량( ) [平聲/下平 022 陽 양] : 양식 량	1784	2331	3092	2015
良	량( ) [平聲/下平 022 陽 양] : 어질 량	1785	2332	3093	2016
諒	량( ) [仄聲/去聲 082 漾 양] : 살펴알/믿을 량	1786	6084	3357	6364
輛	량( ) [仄聲/上聲 052 養 양] : 수레 량	1787	4312	3281	3577
量	량( ) [平聲/下平 022 陽 양] : 헤아릴 량	1788	2333	3094	2017
喨	량( ) [仄聲/去聲 082 漾 양] : 소리맑을 량	1789	6085	3358	6365
悢	량( ) [仄聲/去聲 082 漾 양] : 슬플/섭섭할 량	1790	6086	3359	6366
椋	량( ) [平聲/下平 022 陽 양] : 푸조나무 량	1791	2334	3095	2018
両	량( ) [仄聲/上聲 052 養 양] : 둘/짝/수레 량	1792	4313	3280	3578
儷	려( ) [仄聲/去聲 067 霽 제] : 짝/아우를 려	1793	3535	5432	4941
侶	려( ) [仄聲/上聲 036 語 어] : 짝 려	1794	5134	3502	3579
勵	려( ) [仄聲/去聲 067 霽 제] : 힘쓸 려	1795	5135	5433	4942
呂	려( ) [仄聲/上聲 036 語 어] : 법칙 려	1796	3536	3503	3580
廬	려( ) [平聲/上平 006 魚 어] : 농막집 려	1797	631	3425	330

A : (50 / 221)

배열형식 A (韻族基準)		배열 A	배열 B	배열 C	배열 D
韻族	(*異音) [平仄 : 四聲 韻目No ,韻目 독음] : 略義	운족 가나순	운목 번호순	운목 가나순	사성순
慮	려( ) [仄聲/去聲 065 御 어] : 생각할 려	1798	4940	3564	4943
戾	려( ) [仄聲/去聲 067 霽 제] : 어그러질 려	1799	5136	5434	4944
旅	려( ) [仄聲/上聲 036 語 어] : 나그네 려	1800	3537	3504	3581
櫚	려( ) [平聲/上平 006 魚 어] : 종려나무 려	1801	632	3426	331
濾	려( ) [仄聲/去聲 065 御 어] : 거를 려	1802	4941	3565	4945
礪	려( ) [仄聲/去聲 067 霽 제] : 숫돌 려	1803	5137	5435	4946
藜	려( ) [平聲/上平 008 齊 제] : 나라이름 려	1804	937	5292	332
蠣	려( ) [仄聲/去聲 067 霽 제] : 굴 려	1805	5138	5436	4947
閭	려( ) [平聲/上平 006 魚 어] : 이문/마을 려	1806	633	3427	333
驢	려( ) [平聲/上平 006 魚 어] : 나귀 려	1807	634	3428	334
驪	려( ) [平聲/上平 008 齊 제] : 나귀 려	1808	938	5293	335
麗	려( ) [仄聲/去聲 067 霽 제] : 고울 려	1809	5139	5437	4948
黎	려( ) [平聲/上平 008 齊 제] : 동틀/검을 려	1810	939	5294	336
黎*	려(리) [平聲/上平 008 齊 제] : 동틀/검을 리	1811	940	5295	390
厲	려( ) [仄聲/去聲 067 霽 제] : 갈 려	1812	5140	5438	4949
唳	려( ) [仄聲/去聲 067 霽 제] : 울 려	1813	5141	5439	4950
癘	려( ) [仄聲/去聲 067 霽 제] : 염병 려	1814	5142	5440	4951
糲	려( ) [仄聲/去聲 067 霽 제] : 현미 려	1815	5143	5441	4952
膂	려( ) [仄聲/上聲 036 語 어] : 등골뼈 려	1816	3538	3505	3582
臚	려( ) [平聲/上平 006 魚 어] : 살갗 려	1817	635	3429	337
蠡	려( ) [仄聲/上聲 038 薺 제] : 표주박/좀먹을 려	1818	3710	5373	3583
蠡*	려(라) [平聲/下平 020 歌 가] : 소라/옴 라	1819	2097	81	1990
蠡*	려(리) [平聲/上平 004 支 지] : 달팽이 리	1820	281	5722	391
勵	려( ) [仄聲/去聲 067 霽 제] : 힘쓸/권할 려	1821	5144	5442	4953
荔	려( ) [仄聲/去聲 067 霽 제] : 타래붓꽃 려	1822	5145	5443	4954
藘	려( ) [平聲/上平 006 魚 어] : 독초이름 려	1823	636	3430	338
鋁	려( ) [仄聲/去聲 065 御 어] : 줄 려	1824	4942	3566	4955
鵹	려( ) [平聲/上平 008 齊 제] : 꾀꼬리 려	1825	941	5296	339
鵹*	려(리) [平聲/上平 008 齊 제] : 꾀꼬리 리	1826	942	5297	392
黧	려( ) [平聲/上平 008 齊 제] : 검을 려	1827	943	5298	340
黧*	려(리) [平聲/上平 004 支 지] : 검을 리	1828	282	5723	393
蘆	려( ) [平聲/上平 006 魚 어] : 꼭두서니 려	1829	637	3431	341
蘆*	려(로) [平聲/上平 007 虞 우] : 갈대 로	1830	743	4162	351
錄	려( ) [仄聲/去聲 065 御 어] : 사실할 려	1831	4943	3567	4956
錄*	려(록) [仄聲/入聲 091 沃 옥] : 문서/기록할 록	1832	6618	3998	6408
歷	력( ) [仄聲/入聲 101 錫 석] : 겪을/지낼 력	1833	7564	2131	6368

배열형식 A (韻族基準)		배열 A	배열 B	배열 C	배열 D
韻族	(*異音) [平仄 : 四聲 韻目No ,韻目 독음] : 略義	운족 가나순	운목 번호순	운목 가나순	사성순
曆	력( ) [仄聲/入聲 101 錫 석] : 책력/셀 력	1834	7565	2132	6367
瀝	력( ) [仄聲/入聲 101 錫 석] : 물방울 력	1835	7566	2133	6369
礫	력( ) [仄聲/入聲 101 錫 석] : 자갈 력	1836	7567	2134	6370
轢	력( ) [仄聲/入聲 101 錫 석] : 삐걱거릴 력	1837	7568	2135	6371
轢	력( ) [仄聲/入聲 101 錫 석] : 치일/부닥칠 력	1838	7569	2136	6372
靂	력( ) [仄聲/入聲 101 錫 석] : 벼락 력	1839	7570	2137	6373
櫟	력( ) [仄聲/入聲 101 錫 석] : 상수리나무 력	1840	7571	2138	6374
櫪	력( ) [仄聲/入聲 101 錫 석] : 가죽나무 력	1841	7572	2139	6375
鬲	력( ) [仄聲/入聲 101 錫 석] : 산마늘 력	1842	7573	2140	6376
鬲*	력(핵) [仄聲/入聲 100 陌 맥] : 부들꽃 핵	1843	7378	1508	7807
力	력( ) [仄聲/入聲 102 職 직] : 힘/부지런할 력	1844	7642	6251	6377
憐	련( ) [平聲/下平 016 先 선] : 불쌍히여길 련	1845	1678	2221	2019
戀	련( ) [仄聲/去聲 076 霰 산] : 사모할 련	1846	5746	2013	4958
攣	련( ) [平聲/下平 016 先 선] : 걸릴 련	1847	1679	2222	2020
漣	련( ) [平聲/下平 016 先 선] : 잔물결 련	1848	1680	2223	2021
煉	련( ) [仄聲/去聲 076 霰 산] : 달굴 련	1849	5747	2014	4959
璉	련( ) [仄聲/上聲 046 銑 선] : 호련 련	1850	4009	2379	3584
練	련( ) [仄聲/去聲 076 霰 산] : 익힐 련	1851	5748	2015	4960
聯	련( ) [平聲/下平 016 先 선] : 연이을/관계 련	1852	1681	2224	2022
蓮	련( ) [平聲/下平 016 先 선] : 연밥/연꽃 련	1853	1682	2225	2023
輦	련( ) [仄聲/上聲 046 銑 선] : 손수레 련	1854	4010	2380	3585
連	련( ) [平聲/下平 016 先 선] : 이을 련	1855	1683	2226	2024
鍊	련( ) [仄聲/去聲 076 霰 산] : 쇠불릴/단련할 련	1856	5749	2016	4961
鏈	련( ) [平聲/下平 016 先 선] : 쇠사슬 련	1857	1684	2227	2025
鰱	련( ) [平聲/下平 016 先 선] : 연어 련	1858	1685	2228	2026
健	련( ) [仄聲/去聲 076 霰 산] : 쌍둥이 련	1859	5750	2017	4962
冽	렬( ) [仄聲/入聲 098 屑 설] : 찰 렬	1860	7106	2479	6379
列	렬( ) [仄聲/入聲 098 屑 설] : 벌/벌릴 렬	1861	7107	2480	6380
劣	렬( ) [仄聲/入聲 098 屑 설] : 못할 렬	1862	7108	2481	6381
洌	렬( ) [仄聲/入聲 098 屑 설] : 맑을 렬	1863	7109	2482	6382
烈	렬( ) [仄聲/入聲 098 屑 설] : 매울 렬	1864	7110	2483	6383
裂	렬( ) [仄聲/入聲 098 屑 설] : 찢어질 렬	1865	7111	2484	6384
捩	렬( ) [仄聲/入聲 098 屑 설] : 활대 렬	1866	7112	2485	6385
茢	렬( ) [仄聲/入聲 098 屑 설] : 갈대꽃 렬	1867	7113	2487	6387
鮤	렬( ) [仄聲/入聲 098 屑 설] : 웅어 렬	1868	7114	2488	6388
鴷	렬( ) [仄聲/入聲 098 屑 설] : 딱따구리 렬	1869	7115	2489	6389

배열형식 A (韻族基準)		배열 A	배열 B	배열 C	배열 D
韻族	(*異音) [平仄 : 四聲 韻目No ,韻目 독음] : 略義	운족 가나순	운목 번호순	운목 가나순	사성순
廉	렴( ) [平聲/下平 029 鹽 염] : 청렴할 렴	1870	3149	3621	2030
斂	렴( ) [仄聲/上聲 058 琰 염] : 거둘 렴	1871	4620	3686	3586
殮	렴( ) [仄聲/去聲 088 豔 염] : 염할 렴	1872	6407	3723	6390
濂	렴( ) [平聲/下平 029 鹽 염] : 강이름 렴	1873	3150	3622	2031
簾	렴( ) [平聲/下平 029 鹽 염] : 발 렴	1874	3151	3623	2032
帘	렴( ) [平聲/下平 029 鹽 염] : 술집기 렴	1875	3152	3624	2033
薕	렴( ) [平聲/下平 029 鹽 염] : 갈(蒹) 렴	1876	3153	3625	2034
獵	렵( ) [仄聲/入聲 105 葉 엽] : 사냥 렵	1877	7835	3746	6392
躐	렵( ) [仄聲/入聲 105 葉 엽] : 밟을 렵	1878	7836	3747	6393
鬣	렵( ) [仄聲/入聲 105 葉 엽] : 말갈기 렵	1879	7837	3748	6394
令	령( ) [平聲/下平 023 庚 경] : 하여금 령	1880	2539	543	2035
伶	령( ) [平聲/下平 024 靑 청] : 영리할 령	1881	2687	6748	2036
囹	령( ) [平聲/下平 024 靑 청] : 옥 령	1882	2688	6749	2037
岺	령( ) [平聲/下平 024 靑 청] : 산이으슥할 령	1883	2689	6750	2038
嶺	령( ) [仄聲/上聲 054 梗 경] : 고개/산봉우리 령	1884	4402	709	3587
玲	령( ) [平聲/下平 024 靑 청] : 옥소리 령	1885	2690	6751	2039
笭	령( ) [平聲/下平 024 靑 청] : 도꼬마리 령	1886	2691	6752	2040
羚	령( ) [平聲/下平 024 靑 청] : 영양 령	1887	2692	6753	2041
翎	령( ) [平聲/下平 024 靑 청] : 깃 령	1888	2693	6754	2042
聆	령( ) [平聲/下平 024 靑 청] : 들을 령	1889	2694	6755	2043
逞	령( ) [仄聲/上聲 054 梗 경] : 왕성할 령	1890	4403	710	3588
鈴	령( ) [平聲/下平 024 靑 청] : 방울 령	1891	2695	6756	2044
零	령( ) [仄聲/去聲 085 徑 경] : 부서질/떨어질 령	1892	6204	5151	6396
零*	령(련) [平聲/下平 024 靑 청] : 오랑캐이름 련	1893	2696	6757	2027
靈	령( ) [平聲/下平 024 靑 청] : 신령 령	1894	2697	6758	2045
領	령( ) [仄聲/上聲 054 梗 경] : 거느릴 령	1895	4404	711	3589
齡	령( ) [平聲/下平 024 靑 청] : 나이 령	1896	2698	6759	2046
另	령( ) [仄聲/去聲 085 徑 경] : 헤어질 령	1897	6205	5152	6397
姈	령( ) [平聲/下平 024 靑 청] : 나이 령	1898	2699	6760	2047
苓	령( ) [平聲/下平 024 靑 청] : 햇빛 령	1899	2700	6761	2048
軨	령( ) [平聲/下平 024 靑 청] : 사냥 수레 령	1900	2701	6762	2049
鴒	령( ) [平聲/下平 024 靑 청] : 할미새 령	1901	2702	6763	2050
瓴	령( ) [平聲/下平 024 靑 청] : 동이 령	1902	2703	6764	2051
舲	령( ) [平聲/下平 024 靑 청] : 창있는 작은 배 령	1903	2704	6765	2052
蘦	령( ) [平聲/下平 024 靑 청] : 감초 령	1904	2705	6766	2053
怜	령( ) [平聲/下平 024 靑 청] : 영리할 령	1905	2706	6782	2054

배열형식 A (韻族基準)		배열 A	배열 B	배열 C	배열 D
韻族	(*異音) [平仄 : 四聲 韻目No ,韻目 독음] : 略義	운족 가나순	운목 번호순	운목 가나순	사성순
怜*	령(련) [平聲/下平 016 先 선] : 불쌍할 련	1906	1686	2285	2029
栵	례( ) [仄聲/去聲 067 霽 제] : 나무가줄로 날 례	1907	5146	5444	4963
栵*	례(렬) [仄聲/入聲 098 屑 설] : 작은도토리/돌밤 렬	1908	7116	2486	6386
澧	례( ) [仄聲/上聲 038 薺 제] : 강이름 례	1909	3711	5374	3590
禮	례( ) [仄聲/上聲 038 薺 제] : 예도 례	1910	3712	5375	3591
醴	례( ) [仄聲/上聲 038 薺 제] : 단술 례	1911	3713	5376	3592
隷	례( ) [仄聲/去聲 067 霽 제] : 종/죄인 례	1912	5147	5445	4964
隸	례( ) [仄聲/去聲 067 霽 제] : 붙을 례	1913	5148	5446	4965
例	례( ) [仄聲/去聲 067 霽 제] : 법식/견줄 례	1914	5149	5479	4966
醴	례( ) [仄聲/上聲 038 薺 자] : 단술 례	1915	3714	5383	3593
隷	례( ) [仄聲/去聲 067 霽 제] : 종 례	1916	5150	5490	4967
劳	로( ) [平聲/下平 019 豪 호] : 일할/수고로울 로	1917	2023	7474	2056
擄	로( ) [仄聲/上聲 037 麌 우] : 노략질할/사로잡을 로	1918	3613	4552	3594
櫓	로( ) [仄聲/上聲 037 麌 우] : 큰방패/망루 로	1919	3614	4553	3595
爐	로( ) [平聲/上平 007 虞 우] : 화로/뙤약볕 로	1920	744	4137	344
盧	로( ) [平聲/上平 007 虞 우] : 술집/검은빛/창 로	1921	745	4138	345
蘆	로( ) [平聲/上平 007 虞 우] : 갈대 로	1922	746	4139	346
虜	로( ) [仄聲/上聲 037 麌 우] : 사로잡을/종 로	1923	3615	4554	3596
路	로( ) [平聲/上平 007 虞 우] : 길/중요할/클 로	1924	747	4140	347
露	로( ) [仄聲/去聲 066 遇 우] : 이슬/드러날 로	1925	5005	4667	4968
撈	로( ) [平聲/下平 019 豪 호] : 잡을 로	1926	2024	7493	2057
擄	로( ) [仄聲/上聲 037 麌 우] : 노략질할 로	1927	3616	4560	3597
櫓	로( ) [仄聲/上聲 037 麌 우] : 방패 로	1928	3617	4561	3598
潞	로( ) [仄聲/去聲 066 遇 우] : 강이름 로	1929	5006	4675	4969
瀘	로( ) [平聲/上平 007 虞 우] : 강이름 로	1930	748	4159	348
爐	로( ) [平聲/上平 007 虞 우] : 화로 로	1931	749	4160	349
盧	로( ) [平聲/上平 007 虞 우] : 성 로	1932	750	4161	350
老	로( ) [仄聲/上聲 049 皓 호] : 늙을 로	1933	4180	7560	3600
老	로( ) [仄聲/上聲 049 皓 호] : 늙을/어른/익숙할 로	1934	4181	7559	3599
虜	로( ) [仄聲/上聲 037 麌 우] : 사로잡을/포로 로	1935	3618	4562	3601
路	로( ) [仄聲/去聲 066 遇 우] : 길 로	1936	5007	4676	4970
輅	로( ) [仄聲/去聲 066 遇 우] : 수레 로	1937	5008	4677	4971
露	로( ) [仄聲/去聲 066 遇 우] : 이슬 로	1938	5009	4678	4972
魯	로( ) [仄聲/上聲 037 麌 우] : 노둔할/노나라 로	1939	3619	4563	3602
鷺	로( ) [仄聲/去聲 066 遇 우] : 백로/해오라기 로	1940	5010	4679	4973
鹵	로( ) [仄聲/上聲 037 麌 우] : 소금/염전 로	1941	3620	4564	3603

배열형식 A (韻族基準)		배열 A	배열 B	배열 C	배열 D
韻族	(*異音) [平仄 : 四聲 韻目No ,韻目 독음] : 略義	운족 가나순	운목 번호순	운목 가나순	사성순
壚	로( ) [平聲/上平 007 虞 우] : 화로 로	1942	751	4163	352
滷	로( ) [仄聲/上聲 037 麌 우] : 소금밭 로	1943	3621	4565	3604
癆	로( ) [仄聲/去聲 079 號 호] : 중독 로	1944	5951	7612	6399
窂	로( ) [平聲/下平 019 豪 호] : 짐승우리/굳을 로	1945	2025	7495	2058
窂*	로(뢰) [平聲/下平 019 豪 호] : 쓸쓸할 뢰	1946	2026	7494	2061
鑪	로( ) [平聲/上平 007 虞 우] : 화로 로	1947	752	4164	353
顱	로( ) [平聲/上平 007 虞 우] : 머리뼈 로	1948	753	4165	354
鱸	로( ) [平聲/上平 007 虞 우] : 농어 로	1949	754	4166	355
鸕	로( ) [平聲/上平 007 虞 우] : 가마우지 로	1950	755	4167	356
嘮	로( ) [平聲/下平 018 肴 효] : 떠들석할 로	1951	1957	7801	2059
蟧	로( ) [平聲/下平 019 豪 호] : 참매미 로	1952	2027	7496	2060
綠	록( ) [仄聲/入聲 091 沃 옥] : 청록빛/옥이름 록	1953	6619	3987	6401
菉	록( ) [仄聲/入聲 091 沃 옥] : 녹두 록	1954	6620	3988	6402
碌	록( ) [仄聲/入聲 090 屋 옥] : 푸른빛 록	1955	6465	3842	6404
祿	록( ) [仄聲/入聲 090 屋 옥] : 녹 록	1956	6466	3843	6405
綠	록( ) [仄聲/入聲 091 沃 옥] : 푸를 록	1957	6621	3996	6406
菉	록( ) [仄聲/入聲 091 沃 옥] : 녹두 록	1958	6622	3997	6407
錄	록( ) [仄聲/入聲 091 沃 옥] : 청록빛/옥이름 록	1959	6623	3999	6409
鹿	록( ) [仄聲/入聲 090 屋 옥] : 사슴 록	1960	6467	3844	6410
麓	록( ) [仄聲/入聲 090 屋 옥] : 산기슭 록	1961	6468	3845	6411
淥	록( ) [仄聲/入聲 090 屋 옥] : 샐/물맑을 록	1962	6469	3846	6412
漉	록( ) [仄聲/入聲 090 屋 옥] : 거를 록	1963	6470	3847	6413
盝	록( ) [仄聲/入聲 090 屋 옥] : 다할 록	1964	6471	3848	6414
籙	록( ) [仄聲/入聲 091 沃 옥] : 책상자 록	1965	6624	4000	6415
論	론( ) [平聲/上平 013 元 원] : 의논할/변론할 론	1966	1399	4801	357
論*	론(론) [仄聲/去聲 073 願 원] : 말할/생각/글뜻풀 론	1967	1400	4802	379
論*	론(륜) [平聲/上平 011 眞 진] : 차례 륜	1968	5597	4918	4974
論*	론(륜) [平聲/上平 013 元 원] : 차례 륜	1969	1183	6322	380
掄	론( ) [平聲/上平 011 眞 진] : 가릴/고를 론	1970	1184	6326	358
掄*	론(륜) [平聲/上平 013 元 원] : 가릴/고를 륜	1971	1401	4805	387
弄	롱( ) [仄聲/去聲 060 送 송] : 구경할/희롱할 롱	1972	4671	2824	4975
壟	롱( ) [仄聲/上聲 032 腫 종] : 밭두둑/무덤 롱	1973	3263	5573	3606
弄	롱( ) [仄聲/去聲 060 送 송] : 희롱할 롱	1974	4672	2827	4976
朧	롱( ) [平聲/上平 001 東 동] : 젖을/부슬부슬비올 롱	1975	34	1092	359
瓏	롱( ) [平聲/上平 001 東 동] : 옥소리 롱	1976	35	1094	361
籠	롱( ) [平聲/上平 001 東 동] : 대바구니 롱	1977	36	1095	362

배열형식 A (韻族基準)		배열 A	배열 B	배열 C	배열 D
韻族	(*異音) [平仄 : 四聲 韻目No ,韻目 독음] : 略義	운족 가나순	운목 번호순	운목 가나순	사성순
聾	롱( ) [平聲/上平 001 東 동] : 귀머거리 롱	1978	37	1096	363
攏	롱( ) [仄聲/上聲 031 董 동] : 누를 롱	1979	3247	1263	3607
曨*	롱(롱) [平聲/上平 001 東 동] : 해돋을 롱	1980	38	1097	364
礱	롱( ) [平聲/上平 001 東 동] : 갈 롱	1981	39	1098	365
蘢	롱( ) [平聲/上平 001 東 동] : 여뀌 롱	1982	40	1099	366
蘢*	롱(룡) [平聲/上平 002 冬 동] : 말여뀌 룡	1983	130	1189	376
隴	롱( ) [仄聲/上聲 032 腫 종] : 고개이름 롱	1984	3264	5574	3608
嚨	롱( ) [平聲/上平 001 東 동] : 대피리 롱	1985	41	1100	367
龐	롱( ) [平聲/上平 001 東 동] : 충실할 롱	1986	42	1116	368
龐*	롱(룡) [平聲/上平 002 冬 동] : 충실할 룡	1987	131	1191	377
龐*	롱(방) [平聲/上平 003 江 강] : 어수선할/높은집 방	1988	207	447	547
儡	뢰( ) [平聲/上平 010 灰 회] : 꼭두각시 뢰	1989	1077	7662	369
瀨	뢰( ) [仄聲/去聲 068 泰 태] : 여울 뢰	1990	5287	7098	4978
牢	뢰( ) [平聲/下平 019 豪 호] : 우리 뢰	1991	2028	7497	2062
磊	뢰( ) [仄聲/上聲 040 賄 회] : 돌쌓일 뢰	1992	3767	7763	3609
賂	뢰( ) [仄聲/去聲 066 遇 우] : 줄/뇌물 뢰	1993	5011	4680	4979
賚	뢰( ) [仄聲/去聲 070 隊 대] : 줄/하사품 뢰	1994	5415	998	4980
雷	뢰( ) [平聲/上平 010 灰 회] : 우레 뢰	1995	1078	7663	370
籟	뢰( ) [仄聲/去聲 068 泰 태] : 세 구멍 퉁소 뢰	1996	5288	7100	4982
罍	뢰( ) [平聲/上平 010 灰 회] : 술독/대야 뢰	1997	1079	7664	371
耒	뢰( ) [仄聲/去聲 070 隊 대] : 쟁기 뢰	1998	5416	999	4983
蕾	뢰( ) [仄聲/上聲 040 賄 회] : 꽃봉오리 뢰	1999	3768	7764	3610
誄	뢰( ) [仄聲/上聲 034 紙 지] : 뇌사/조문 뢰	2000	3333	6039	3611
擂	뢰( ) [平聲/上平 010 灰 회] : 갈 뢰	2001	1080	7665	372
藾	뢰( ) [仄聲/去聲 068 泰 태] : 덮을 뢰	2002	5289	7101	4984
蠝	뢰( ) [平聲/上平 010 灰 회] : 박쥐 뢰	2003	1081	7666	373
轠	뢰( ) [平聲/上平 010 灰 회] : 수레잇닿을 뢰	2004	1082	7667	374
鐳	뢰( ) [平聲/上平 010 灰 회] : 병 뢰	2005	1083	7668	375
賴	뢰( ) [仄聲/去聲 068 泰 태] : 믿을/힘입을 뢰	2006	5290	7102	4985
了	료( ) [仄聲/上聲 047 篠 소] : 마칠 료	2007	4088	2716	3613
僚	료( ) [仄聲/上聲 047 篠 소] : 동료 료	2008	4089	2717	3614
寮	료( ) [平聲/下平 017 蕭 소] : 벼슬아치/동관 료	2009	1841	2602	2064
廖	료( ) [仄聲/去聲 085 宥 유] : 사람이름 료	2010	6272	5153	6416
料	료( ) [仄聲/去聲 077 嘯 소] : 헤아릴 료	2011	5861	2768	4986
燎	료( ) [仄聲/去聲 077 嘯 소] : 화톳불 료	2012	5862	2769	4987
療	료( ) [仄聲/去聲 077 嘯 소] : 병고칠 료	2013	5863	2770	4988

배열형식 A (韻族基準)		배열 A	배열 B	배열 C	배열 D
韻族	(*異音) [平仄 : 四聲 韻目No ,韻目 독음] : 略義	운족 가나순	운목 번호순	운목 가나순	사성순
瞭	료( ) [仄聲/上聲 047 篠 소] : 밝을 료	2014	4090	2718	3615
聊	료( ) [平聲/下平 017 蕭 소] : 귀울 료	2015	1842	2603	2065
蓼	료( ) [仄聲/上聲 047 篠 소] : 여뀌 료	2016	4091	2719	3616
蓼*	료(륙) [仄聲/上聲 047 篠 소] : 풀앞긴모양 륙	2017	4092	2720	3629
遼	료( ) [平聲/下平 017 蕭 소] : 멀 료	2018	1843	2604	2066
撩	료( ) [平聲/下平 017 蕭 소] : 다스릴 료	2019	1844	2605	2067
潦	료( ) [仄聲/上聲 049 皓 호] : 큰비 료	2020	4182	7561	3617
獠	료( ) [平聲/下平 017 蕭 소] : 밤사냥 료	2021	1845	2606	2068
獠*	료(조) [仄聲/上聲 048 巧 교] : 서남오랑캐 조	2022	4139	889	4297
繚	료( ) [仄聲/上聲 047 篠 소] : 감길 료	2023	4093	2721	3618
鐐	료( ) [平聲/下平 017 蕭 소] : 족쇄 료	2024	1846	2607	2069
蟉*	료(규) [平聲/下平 026 尤 우] : 용굼틀거릴 규	2025	2863	4373	1867
蟉*	료(료) [仄聲/去聲 077 嘯 소] : 용머리꿈틀거릴 료	2026	4498	5050	3626
蟉*	료(류) [仄聲/上聲 055 有 유] : 용굼틀거릴 류	2027	5864	2771	4989
鷯	료( ) [仄聲/去聲 077 嘯 소] : 굴뚝새 료	2028	5865	2772	4990
瘳	료( ) [平聲/下平 017 蕭 소] : 병나을 (추)료	2029	1847	2686	2070
瘳*	료(추) [平聲/下平 026 尤 우] : 병나을/덜 추	2030	2864	4511	2976
龍	룡( ) [仄聲/上聲 032 腫 종] : 용/임금 룡	2031	3265	5575	3619
龍*	룡(방) [平聲/上平 002 冬 동] : 잿빛 방	2032	132	1190	544
壘	루( ) [仄聲/上聲 034 紙 지] : 진/포갤 루	2033	3334	6040	3620
壘*	루(뢰) [仄聲/上聲 034 紙 지] : 끌밋할(壯貌) 뢰	2034	3335	6041	3612
婁	루( ) [平聲/下平 026 尤 우] : 별이름 루	2035	2865	4374	2071
屢	루( ) [仄聲/去聲 066 遇 우] : 여러 루	2036	5012	4681	4991
樓	루( ) [平聲/下平 026 尤 우] : 다락 루	2037	2866	4375	2072
淚	루( ) [仄聲/去聲 063 寘 치] : 눈물 루	2038	4735	6842	4992
漏	루( ) [仄聲/去聲 085 宥 유] : 샐 루	2039	6273	5154	6417
瘻	루( ) [仄聲/去聲 085 宥 유] : 부스럼 루	2040	6274	5155	6418
累	루( ) [仄聲/去聲 063 寘 치] : 여러/자주 루	2041	4736	6843	4993
縷	루( ) [仄聲/上聲 037 麌 우] : 실/곡진할/남루할 루	2042	3622	4566	3621
縷	루( ) [仄聲/上聲 037 麌 우] : 실 루	2043	3623	4567	3622
蔞	루( ) [平聲/下平 026 尤 우] : 쑥 루	2044	2867	4376	2073
褸	루( ) [仄聲/上聲 037 麌 우] : 남루할 루	2045	3624	4568	3623
鏤	루( ) [平聲/上平 007 虞 우] : 샛길 루	2046	756	4168	378
陋	루( ) [仄聲/去聲 085 宥 유] : 좁을 루	2047	6275	5156	6419
僂	루( ) [平聲/下平 026 尤 우] : 부릴 루	2048	2868	4377	2074
嘍	루( ) [平聲/下平 026 尤 우] : 시끄러울 루	2049	2869	4378	2075

배열형식 A (韻族基準)		배열 A	배열 B	배열 C	배열 D
韻族	(*異音) [平仄 : 四聲 韻目No ,韻目 독음] : 略義	운족 가나순	운목 번호순	운목 가나순	사성순
螻	루( ) [平聲/下平 026 尤 우] : 땅강아지 루	2050	2870	4379	2076
髏	루( ) [平聲/下平 026 尤 우] : 해골 루	2051	2871	4380	2077
鰱	루( ) [平聲/下平 026 尤 우] : 잉어 루	2052	2872	4381	2078
塿	루( ) [仄聲/上聲 055 有 유] : 언덕 루	2053	4499	5051	3624
摟	루( ) [平聲/下平 026 尤 우] : 끌어모을 루	2054	2873	4382	2079
櫐	루( ) [仄聲/上聲 034 紙 지] : 등나무 루	2055	3336	6042	3625
淚	루( ) [仄聲/去聲 063 寘 치] : 눈물 루	2056	4737	6844	4994
簍	루( ) [平聲/下平 026 尤 우] : 대바구니 루	2057	2874	4383	2080
耬	루( ) [平聲/下平 026 尤 우] : 벼슬이름 루	2058	2875	4384	2081
鷜	루( ) [平聲/下平 026 尤 우] : 기러기 루	2059	2876	4385	2082
劉	류( ) [平聲/下平 026 尤 우] : 죽일/묘금도/성 류	2060	2877	4386	2083
旒	류( ) [平聲/下平 026 尤 우] : 깃발 류	2061	2878	4387	2084
柳	류( ) [仄聲/上聲 055 有 유] : 버들 류	2062	4500	5052	3627
榴	류( ) [平聲/下平 026 尤 우] : 석류나무 류	2063	2879	4388	2085
流	류( ) [平聲/下平 026 尤 우] : 흐를 류	2064	2880	4389	2086
溜	류( ) [仄聲/去聲 085 宥 유] : 떨어질 류	2065	6276	5157	6420
瀏	류( ) [平聲/下平 026 尤 우] : 맑을 류	2066	2881	4390	2087
琉	류( ) [平聲/下平 026 尤 우] : 유리 류	2067	2882	4391	2088
瑠	류( ) [平聲/下平 026 尤 우] : 유리 류	2068	2883	4392	2089
留	류( ) [平聲/下平 026 尤 우] : 머무를 류	2069	2884	4393	2090
瘤	류( ) [平聲/下平 026 尤 우] : 혹 류	2070	2885	4394	2091
硫	류( ) [平聲/下平 026 尤 우] : 유황 류	2071	2886	4395	2092
謬	류( ) [仄聲/去聲 085 宥 유] : 그르칠 류	2072	6277	5158	6421
類	류( ) [仄聲/去聲 063 寘 치] : 무리 류	2073	4738	6845	4995
鶹	류( ) [平聲/下平 026 尤 우] : 올빼미 류	2074	2887	4396	2093
嚠	류( ) [平聲/下平 026 尤 우] : 맑을 류	2075	2888	4397	2094
廇	류( ) [仄聲/去聲 085 宥 유] : 가운데뚫을 류	2076	6278	5159	6422
罶	류( ) [仄聲/上聲 055 有 유] : 통발 류	2077	4501	5053	3628
鏐	류( ) [平聲/下平 026 尤 우] : 황금 류	2078	2889	4398	2095
霤	류( ) [仄聲/去聲 085 宥 유] : 낙수물 류	2079	6279	5160	6423
飀	류( ) [平聲/下平 026 尤 우] : 높은바람 류	2080	2890	4399	2096
餾	류( ) [仄聲/去聲 085 宥 유] : 뜸둘 류	2081	6280	5161	6424
騮	류( ) [平聲/下平 026 尤 우] : 말이름 류	2082	2891	4400	2097
鷚	류( ) [仄聲/去聲 085 宥 유] : 종다리 류	2083	6281	5162	6425
六	륙( ) [仄聲/入聲 090 屋 옥] : 여섯 륙	2084	6472	3849	6426
戮	륙( ) [仄聲/入聲 090 屋 옥] : 죽일 륙	2085	6473	3850	6427

배열형식 A (韻族基準)		배열 A	배열 B	배열 C	배열 D
韻族	(*異音) [平仄 : 四聲 韻目No ,韻目 독음] : 略義	운족 가나순	운목 번호순	운목 가나순	사성순
陸	륙( ) [仄聲/入聲 090 屋 옥] : 뭍/두터울 륙	2086	6474	3851	6428
稑	륙( ) [仄聲/入聲 090 屋 옥] : 올벼 륙	2087	6475	3852	6429
侖	륜( ) [平聲/上平 013 元 원] : 둥글 륜	2088	1402	4803	381
倫	륜( ) [平聲/上平 011 眞 진] : 인륜/떳떳할 륜	2089	1185	6323	382
崙	륜( ) [平聲/上平 013 元 원] : 산이름 륜	2090	1403	4804	383
淪	륜( ) [平聲/上平 011 眞 진] : 빠질 륜	2091	1186	6324	384
淪*	륜(론) [仄聲/上聲 043 阮 완] : 기운덩어리질 론	2092	3880	4060	3605
綸	륜( ) [平聲/上平 015 刪 산] : 낚싯줄 륜	2093	1621	1945	385
輪	륜( ) [平聲/上平 011 眞 진] : 바퀴 륜	2094	1187	6325	386
律	률( ) [仄聲/入聲 093 質 질] : 법/풍류/지을 률	2095	6742	6582	6430
慄	률( ) [仄聲/入聲 093 質 질] : 두려워할 률	2096	6743	6583	6431
栗	률( ) [仄聲/入聲 093 質 질] : 밤 률	2097	6744	6584	6432
率	률( ) [仄聲/入聲 093 質 질] : 헤아릴/비례 률	2098	6745	6585	6433
率*	률(수) [仄聲/去聲 063 寘 치] : 새그물/장수 수	2099	6746	6846	5251
率*	률(솔) [仄聲/入聲 093 質 질] : 거느릴/행할 솔	2100	4739	6586	6836
篥	률( ) [仄聲/入聲 093 質 질] : 풍류이름 률	2101	6747	6587	6434
鷅	률( ) [仄聲/入聲 093 質 질] : 올빼미 률	2102	6748	6588	6435
麜	률( ) [仄聲/入聲 093 質 질] : 암노루 률	2103	6749	6589	6436
隆	륭( ) [平聲/上平 001 東 동] : 성할/높을 륭	2104	43	1101	388
窿	륭( ) [平聲/上平 001 東 동] : 활꼴 륭	2105	44	1102	389
肋	륵( ) [仄聲/入聲 102 職 직] : 갈비 륵	2106	7643	6205	6438
勒	륵( ) [仄聲/入聲 102 職 직] : 굴레/억지 륵	2107	7644	6212	6439
肋	륵( ) [仄聲/入聲 102 職 직] : 갈빗대 륵	2108	7645	6213	6440
仂	륵( ) [仄聲/入聲 102 職 직] : 나머지수 륵	2109	7646	6214	6441
阞	륵( ) [仄聲/入聲 102 職 직] : 지맥 륵	2110	7647	6215	6442
凜	름( ) [仄聲/上聲 056 寢 침] : 찰 름	2111	4551	7057	3630
懍	름( ) [仄聲/上聲 056 寢 침] : 삼가할 름	2112	4552	7058	3631
凌	릉( ) [平聲/下平 025 蒸 증] : 떨(戰慄)/업신여길 릉	2113	2771	5617	2100
楞	릉( ) [平聲/下平 025 蒸 증] : 네모질 릉	2114	2772	5618	2101
稜	릉( ) [平聲/下平 025 蒸 증] : 서슬/모 릉	2115	2773	5619	2102
綾	릉( ) [平聲/下平 025 蒸 증] : 무늬놓은비단 릉	2116	2774	5620	2103
菱	릉( ) [平聲/下平 025 蒸 증] : 마름 릉	2117	2775	5621	2104
陵	릉( ) [平聲/下平 025 蒸 증] : 마름 릉	2118	2776	5622	2105
蔆	릉( ) [平聲/下平 025 蒸 증] : 마름 릉	2119	2777	5623	2106
淩	릉( ) [平聲/下平 025 蒸 증] : 능가할 릉	2120	2778	5624	2107
俚	리( ) [仄聲/上聲 034 紙 지] : 속될 리	2121	3337	6043	3632

배열형식 A (韻族基準)		배열 A	배열 B	배열 C	배열 D
韻族	(*異音) [平仄 : 四聲 韻目No ,韻目 독음] : 略義	운족 가나순	운목 번호순	운목 가나순	사성순
利	리( ) [仄聲/去聲 063 寘 치] : 이할 리	2122	4740	6847	4996
厘	리( ) [仄聲/去聲 063 寘 치] : 티끌 리	2123	4741	6848	4997
吏	리( ) [仄聲/去聲 063 寘·치] : 관리/벼슬아치 리	2124	4742	6849	4998
履	리( ) [仄聲/上聲 034 紙 지] : 밟을 리	2125	3338	6044	3633
李	리( ) [仄聲/上聲 034 紙 지] : 오얏/성/역말/행장 리	2126	3339	6045	3634
梨	리( ) [平聲/上平 004 支 지] : 배/벌레이름 리	2127	283	5724	394
浬	리( ) [平聲/上平 004 支 지] : 해리 리	2128	284	5725	395
犁	리( ) [平聲/上平 008 齊 제] : 쟁기/얼룩소 리	2129	944	5299	396
狸	리( ) [平聲/上平 004 支 지] : 너구리 리	2130	285	5726	397
理	리( ) [仄聲/上聲 034 紙 지] : 다스릴 리	2131	3340	6046	3635
璃	리( ) [平聲/上平 004 支 지] : 유리 리	2132	286	5727	398
痢	리( ) [仄聲/去聲 063 寘 치] : 설사 리	2133	4743	6850	4999
籬	리( ) [平聲/上平 004 支 지] : 울타리 리	2134	287	5728	399
罹	리( ) [平聲/上平 004 支 지] : 근심할 리	2135	288	5729	400
羸	리( ) [平聲/上平 004 支 지] : 여윌 리	2136	289	5730	401
莉	리( ) [仄聲/去聲 063 寘 치] : 여윌 리	2137	4744	6851	5000
裏	리( ) [仄聲/去聲 063 寘 치] : 속 리	2138	4745	6852	5001
裡	리( ) [仄聲/上聲 034 紙 지] : 안/속 리	2139	3341	6047	3636
里	리( ) [仄聲/上聲 034 紙 지] : 마을 리	2140	3342	6048	3637
釐	리( ) [平聲/上平 004 支 지] : 다스릴 리	2141	290	5731	402
離	리( ) [仄聲/去聲 067 霽 제] : 떠날 리	2142	5151	5447	5002
鯉	리( ) [仄聲/上聲 034 紙 지] : 잉어 리	2143	3343	6049	3638
俐	리( ) [仄聲/去聲 063 寘 치] : 똑똑할 리	2144	4746	6853	5003
剺	리( ) [平聲/上平 004 支 지] : 벗길(剝也)/찢을 리	2145	291	5732	403
哩	리( ) [仄聲/去聲 063 寘 치] : 마일[mile] 리	2146	4747	6854	5004
嫠	리( ) [平聲/上平 004 支 지] : 과부 리	2147	292	5733	404
涖	리( ) [仄聲/去聲 063 寘 치] : 다다를/물소리 리	2148	4748	6855	5005
漓	리( ) [平聲/上平 004 支 지] : 스며들 리	2149	293	5734	405
离	리( ) [平聲/上平 004 支 지] : 스며들 리	2150	294	5735	406
莅	리( ) [仄聲/去聲 063 寘 치] : 다다를 리	2151	4749	6856	5006
螭	리( ) [平聲/上平 004 支 지] : 교룡 리	2152	295	5736	407
貍	리( ) [平聲/上平 004 支 지] : 삵 리	2153	296	5737	408
邐	리( ) [仄聲/上聲 034 紙 지] : 이어질 리	2154	3344	6050	3639
魑	리( ) [平聲/上平 004 支 지] : 도깨비 리	2155	297	5738	409
欐	리( ) [平聲/上平 004 支 지] : 울타리/베풀 리	2156	298	5739	410
悝	리( ) [仄聲/上聲 034 紙 지] : 근심할/미워할 리	2157	3345	6051	3640

A : (60 / 221)

배열형식 A (韻族基準)		배열 A	배열 B	배열 C	배열 D
韻族	(*異音) [平仄 : 四聲 韻目No ,韻目 독음] : 略義	운족 가나순	운목 번호순	운목 가나순	사성순
悝*	리(회) [平聲/上平 010 灰 회] : 지껄일/클 회	2158	1084	7669	1566
樆	리( ) [平聲/上平 004 支 지] : 돌배나무 리	2159	299	5740	411
氂	리( ) [平聲/上平 004 支 지] : 꼬리 리	2160	300	5741	412
犂*	리(려) [平聲/上平 008 齊 제] : 보습/새벽/검을 려	2161	301	5742	413
犂*	리(류) [平聲/下平 026 尤 우] : 무서워떨 류	2162	945	5300	342
犂*	리(리) [平聲/上平 004 支 지] : 얼룩소/늙은이살결 리	2163	2892	4401	2098
犛	리( ) [平聲/上平 004 支 지] : 도깨비 리	2164	302	5743	414
纚	리( ) [平聲/上平 004 支 지] : 끈대새끼 리	2165	303	5744	415
纚*	리(라) [平聲/上平 004 支 지] : 비비꼬일 라	2166	304	5745	310
纚*	리(사) [仄聲/上聲 034 紙 지] : 치포건/연이을 사	2167	3346	6052	3849
蒞	리( ) [仄聲/去聲 063 寘 치] : 다달을 리	2168	4750	6857	5007
藜	리( ) [平聲/上平 004 支 지] : 질리풀 리	2169	305	5746	416
藜*	리(려) [平聲/上平 008 齊 제] : 질리풀 려	2170	946	5301	343
蘺	리( ) [平聲/上平 004 支 지] : 천궁 리	2171	306	5747	417
詈	리( ) [仄聲/去聲 063 寘 치] : 꾸짖을 리	2172	4751	6858	5008
醨	리( ) [平聲/上平 004 支 지] : 삼삼한술 리	2173	307	5748	418
鯬	리( ) [平聲/上平 004 支 지] : 뱀장어 리	2174	308	5749	419
鸝	리( ) [平聲/上平 004 支 지] : 꾀꼬리 리	2175	309	5750	420
梨	리( ) [平聲/上平 004 支 지] : 배 리	2176	310	5862	421
吝	린( ) [仄聲/去聲 071 震 진] : 아낄/인색할 린	2177	5488	6507	5009
潾	린( ) [平聲/上平 011 眞 진] : 물맑을 린	2178	1188	6327	423
燐	린( ) [平聲/上平 011 眞 진] : 도깨비불/반디불 린	2179	1189	6328	424
璘	린( ) [平聲/上平 011 眞 진] : 옥무늬/옥빛 린	2180	1190	6329	425
藺	린( ) [仄聲/去聲 071 震 진] : 골풀/성 린	2181	5489	6508	5010
躪	린( ) [仄聲/去聲 071 震 진] : 짓밟을 린	2182	5490	6509	5011
隣	린( ) [平聲/上平 011 眞 진] : 이웃 린	2183	1191	6330	426
鱗	린( ) [平聲/上平 011 眞 진] : 비늘 린	2184	1192	6331	427
麟	린( ) [平聲/上平 011 眞 진] : 기린 린	2185	1193	6332	428
磷	린( ) [仄聲/去聲 071 震 진] : 돌틈물흐르는모양 린	2186	5491	6510	5012
粼	린( ) [平聲/上平 011 眞 진] : 물 맑을 린	2187	1194	6333	429
轔	린( ) [仄聲/去聲 071 震 진] : 문지방 린	2188	5492	6511	5013
鄰	린( ) [平聲/上平 011 眞 진] : 이웃 린	2189	1195	6334	430
遴	린( ) [仄聲/去聲 071 震 진] : 어려워할 린	2190	5493	6512	5014
林	림( ) [平聲/下平 027 侵 침] : 수풀 림	2191	3036	7017	2108
淋	림( ) [平聲/下平 027 侵 침] : 물축일/뿌릴 림	2192	3037	7018	2109
琳	림( ) [平聲/下平 027 侵 침] : 아름다운옥 림	2193	3038	7019	2110

배열형식 A (韻族基準)		배열 A	배열 B	배열 C	배열 D
韻族	(*異音) [平仄 : 四聲 韻目No ,韻目 독음] : 略義	운족 가나순	운목 번호순	운목 가나순	사성순
臨	림( ) [平聲/下平 027 侵 침] : 임할/클/군림할 림	2194	3039	7020	2111
霖	림( ) [平聲/下平 027 侵 침] : 장마 림	2195	3040	7021	2112
立	립( ) [仄聲/入聲 103 緝 집] : 설/세울/이룰/굳을 립	2196	7744	6701	6443
笠	립( ) [仄聲/入聲 103 緝 집] : 삿갓 립	2197	7745	6702	6444
粒	립( ) [仄聲/入聲 103 緝 집] : 쌀알/알갱이 립	2198	7746	6703	6445
摩	마( ) [平聲/下平 020 歌 가] : 문지를 마	2199	2098	82	2113
瑪	마( ) [仄聲/上聲 051 馬 마] : 마노(碼) 마	2200	4266	1395	3641
痲	마( ) [平聲/下平 021 麻 마] : 저릴 마	2201	2191	1314	2114
碼	마( ) [仄聲/上聲 051 馬 마] : 저릴/홍역 마	2202	4267	1396	3642
磨	마( ) [平聲/下平 020 歌 가] : 갈 마	2203	2099	83	2115
馬	마( ) [仄聲/上聲 051 馬 마] : 말 마	2204	4268	1397	3643
魔	마( ) [平聲/下平 020 歌 가] : 마귀 마	2205	2100	84	2116
麻	마( ) [平聲/下平 021 麻 마] : 삼 마	2206	2192	1315	2117
媽	마( ) [仄聲/上聲 037 麌 우] : 암말 마	2207	3625	4569	3644
螞	마( ) [仄聲/上聲 051 馬 마] : 말거머리 마	2208	4269	1398	3645
蟇	마( ) [平聲/下平 020 歌 가] : 두꺼비 마	2209	2101	85	2118
麼	마( ) [仄聲/上聲 050 哿 가] : 잘/어찌 마	2210	4238	160	3646
嗎	마( ) [仄聲/去聲 081 禡 마] : 아편 마	2211	6028	1438	6446
嬤	마( ) [仄聲/上聲 050 哿 가] : 엄마 마	2212	4239	161	3647
禡	마( ) [仄聲/去聲 081 禡 마] : 마제(馬祭) 마	2213	6029	1439	6447
麽	마( ) [平聲/下平 020 歌 가] : 잘[의문조사] 마	2214	2102	86	2119
寞	막( ) [仄聲/入聲 099 藥 약] : 쓸쓸할 막	2215	7253	2921	6448
幕	막( ) [仄聲/入聲 101 錫 석] : 장막 막	2216	7574	2141	6449
漠	막( ) [仄聲/入聲 099 藥 약] : 넓을 막	2217	7254	2922	6450
膜	막( ) [仄聲/入聲 099 藥 약] : 막/꺼풀 막	2218	7255	2923	6451
莫	막( ) [仄聲/入聲 099 藥 약] : 없을/무성할/클 막	2219	7256	2924	6452
莫*	막(맥) [仄聲/入聲 100 陌 맥] : 고요할 맥	2220	7257	2925	6490
莫*	막(모) [仄聲/入聲 099 藥 약] : 푸성귀/저물 모	2221	7379	1509	6469
邈	막( ) [仄聲/入聲 092 覺 각] : 멀 막	2222	6679	197	6453
瘼	막( ) [仄聲/入聲 099 藥 약] : 병들 막	2223	7258	2926	6454
卍	만( ) [仄聲/去聲 073 願 원] : 만 만	2224	5598	4919	5015
娩	만( ) [仄聲/上聲 043 阮 완] : 해산할 만	2225	3881	4061	3648
娩*	만(면) [仄聲/上聲 046 銑 선] : 유순할 면	2226	4011	2381	3665
巒	만( ) [平聲/上平 014 寒 한] : 뫼 만	2227	1548	7179	431
彎	만( ) [平聲/上平 015 刪 산] : 굽을 만	2228	1622	1946	432
慢	만( ) [仄聲/去聲 075 諫 간] : 게으를 만	2229	5700	265	5016

A : (62 / 221)

배열형식 A (韻族基準)		배열 A	배열 B	배열 C	배열 D
韻族	(*異音) [平仄 : 四聲 韻目No ,韻目 독음] : 略義	운족 가나순	운목 번호순	운목 가나순	사성순
挽	만( ) [仄聲/上聲 043 阮 완] : 당길 만	2230	3882	4062	3649
晩	만( ) [仄聲/上聲 043 阮 완] : 늦을 만	2231	3883	4063	3650
曼	만( ) [仄聲/去聲 073 願 원] : 끌 만	2232	5599	4920	5017
滿	만( ) [仄聲/上聲 044 旱 한] : 찰 만	2233	3947	7266	3651
漫	만( ) [平聲/上平 014 寒 한] : 퍼질 만	2234	1549	7180	433
灣	만( ) [平聲/上平 015 刪 산] : 물굽이 만	2235	1623	1947	434
瞞	만( ) [平聲/上平 014 寒 한] : 흐릴/속일 만	2236	1550	7181	435
萬	만( ) [仄聲/去聲 073 願 원] : 일만 만	2237	5600	4921	5018
蔓	만( ) [仄聲/去聲 073 願 원] : 덩굴 만	2238	5601	4922	5019
蠻	만( ) [平聲/上平 015 刪 산] : 오랑캐 만	2239	1624	1948	436
輓	만( ) [仄聲/去聲 073 願 원] : 끌 만	2240	5602	4923	5020
饅	만( ) [平聲/上平 014 寒 한] : 만두 만	2241	1551	7182	437
鰻	만( ) [平聲/上平 014 寒 한] : 뱀장어 만	2242	1552	7183	438
幔	만( ) [仄聲/去聲 074 翰 한] : 막 만	2243	5645	7317	5021
縵	만( ) [仄聲/去聲 075 諫 간] : 무늬없는 비단 만	2244	5701	266	5022
謾	만( ) [仄聲/去聲 075 諫 간] : 속일 만	2245	5702	267	5023
蹣	만( ) [平聲/上平 014 寒 한] : 넘을 만	2246	1553	7184	439
蹣*	만(반) [平聲/上平 014 寒 한] : 절뚝거릴 반	2247	1554	7185	521
鏋	만( ) [仄聲/上聲 044 旱 한] : 금 만	2248	3948	7267	3652
鏝	만( ) [平聲/上平 014 寒 한] : 황금 만	2249	1555	7186	440
晩	만( ) [仄聲/上聲 043 阮 완] : 저물/늦을 만	2250	3884	4064	3653
獌	만( ) [平聲/上平 015 刪 산] : 이리 만	2251	1625	1949	441
抹	말( ) [仄聲/入聲 096 曷 갈] : 바를 말	2252	6996	331	6458
末	말( ) [仄聲/入聲 096 曷 갈] : 끝 말	2253	6997	332	6459
沫	말( ) [仄聲/入聲 096 曷 갈] : 거품 말	2254	6998	333	6460
茉	말( ) [仄聲/入聲 096 曷 갈] : 말리 말	2255	6999	334	6461
襪	말( ) [仄聲/入聲 095 月 월] : 버선 말	2256	6915	4971	6462
靺	말( ) [仄聲/入聲 096 曷 갈] : 말갈 말	2257	7000	335	6463
帕	말( ) [仄聲/入聲 097 黠 힐] : 머리띠 말	2258	7050	7919	6464
秣	말( ) [仄聲/入聲 096 曷 갈] : 말먹이 말	2259	7001	336	6465
亡	망( ) [平聲/下平 022 陽 양] : 줄을/망할 망	2260	2335	3096	2120
亡*	망(무) [平聲/下平 022 陽 양] : 업을 무	2261	2336	3097	2169
妄	망( ) [仄聲/去聲 082 漾 양] : 망령될 망	2262	6087	3360	6466
忘	망( ) [平聲/下平 022 陽 양] : 잊을 망	2263	2337	3098	2121
忙	망( ) [平聲/下平 022 陽 양] : 바쁠 망	2264	2338	3099	2122
望	망( ) [平聲/下平 022 陽 양] : 바랄 망	2265	2339	3100	2123

A : (63 / 221)

배열형식 A (韻族基準)		배열 A	배열 B	배열 C	배열 D
韻族	(*異音) [平仄 : 四聲 韻目No ,韻目 독음] : 略義	운족 가나순	운목 번호순	운목 가나순	사성순
網	망( ) [仄聲/上聲 052 養 양] : 그물 망	2266	4314	3282	3655
罔	망( ) [仄聲/上聲 052 養 양] : 없을 망	2267	4315	3283	3656
芒	망( ) [平聲/下平 022 陽 양] : 까끄라기 망	2268	2340	3101	2124
茫	망( ) [平聲/下平 022 陽 양] : 아득할 망	2269	2341	3102	2125
莽	망( ) [仄聲/上聲 052 養 양] : 우거질 망	2270	4316	3284	3657
輞	망( ) [仄聲/上聲 052 養 양] : 바퀴테 망	2271	4317	3285	3658
邙	망( ) [平聲/下平 022 陽 양] : 산이름 망	2272	2342	3103	2126
惘	망( ) [仄聲/上聲 052 養 양] : 멍할 망	2273	4318	3286	3659
莽	망( ) [平聲/下平 022 陽 양] : 풀우거질 망	2274	2343	3104	2127
莽*	망(모) [平聲/下平 022 陽 양] : 묵은풀 모	2275	2344	3105	2150
莽*	망(무) [仄聲/上聲 037 麌 우] : 추솔할 무	2276	3626	4570	3692
蟒	망( ) [仄聲/上聲 052 養 양] : 이무기 망	2277	4319	3287	3660
宋	망( ) [平聲/下平 022 陽 양] : 들보 망	2278	2345	3106	2128
宋*	망(맹) [平聲/下平 023 庚 경] : 고동보/동자기둥 맹	2279	2540	544	2130
蘉	망( ) [平聲/下平 022 陽 양] : 힘쓸 망	2280	2346	3107	2129
埋	매( ) [平聲/上平 009 佳 가] : 묻을 매	2281	1023	10	444
妹	매( ) [仄聲/去聲 070 隊 대] : 누이 매	2282	5417	1000	5024
媒	매( ) [平聲/上平 010 灰 회] : 중매 매	2283	1085	7670	445
寐	매( ) [仄聲/去聲 063 寘 치] : 잘 매	2284	4752	6859	5025
昧	매( ) [仄聲/去聲 070 隊 대] : 어두울/어둑새벽 매	2285	5418	1001	5026
枚	매( ) [平聲/上平 010 灰 회] : 낱 매	2286	1086	7671	446
梅	매( ) [平聲/上平 010 灰 회] : 매화 매	2287	1087	7672	447
每	매( ) [仄聲/上聲 040 賄 회] : 매양 매	2288	3769	7765	3661
煤	매( ) [平聲/上平 010 灰 회] : 그을음 매	2289	1088	7673	448
罵	매( ) [仄聲/去聲 081 禡 마] : 욕할 매	2290	6030	1441	6468
買	매( ) [仄聲/上聲 039 蟹 해] : 살 매	2291	3748	7455	3662
賣	매( ) [仄聲/去聲 069 卦 괘] : 팔 매	2292	5342	839	5027
邁	매( ) [仄聲/去聲 069 卦 괘] : 갈/돌 매	2293	5343	840	5028
魅	매( ) [仄聲/去聲 063 寘 치] : 매혹할 매	2294	4753	6860	5029
玫	매( ) [平聲/上平 010 灰 회] : 옥이름 매	2295	1089	7674	449
眛	매( ) [仄聲/去聲 070 隊 대] : 어두울 매	2296	5419	1002	5030
莓	매( ) [平聲/上平 010 灰 회] : 나무딸기 매	2297	1090	7675	450
霉	매( ) [平聲/上平 010 灰 회] : 곰팡이 매	2298	1091	7676	451
勱	매( ) [仄聲/去聲 069 卦 괘] : 힘쓸 매	2299	5344	841	5031
痗	매( ) [仄聲/去聲 070 隊 대] : 병 매	2300	5420	1003	5032
禖	매( ) [平聲/上平 010 灰 회] : 매제 매	2301	1092	7677	452

배열형식 A (韻族基準)		배열 A	배열 B	배열 C	배열 D
韻族	(*異音) [平仄 : 四聲 韻目No ,韻目 독음] : 略義	운족 가나순	운목 번호순	운목 가나순	사성순
霾	매( ) [平聲/上平 009 佳 가] : 흙비(황사) 매	2302	1024	11	453
脈	맥( ) [仄聲/入聲 100 陌 맥] : 줄기 맥	2303	7380	1510	6470
貊	맥( ) [仄聲/入聲 100 陌 맥] : 맥국 맥	2304	7381	1511	6471
陌	맥( ) [仄聲/入聲 100 陌 맥] : 두렁 맥	2305	7382	1512	6472
驀	맥( ) [仄聲/入聲 100 陌 맥] : 말탈 맥	2306	7383	1513	6473
麥	맥( ) [仄聲/入聲 100 陌 맥] : 보리 맥	2307	7384	1514	6474
貘	맥( ) [仄聲/入聲 100 陌 맥] : 표범 맥	2308	7385	1515	6475
覛	맥( ) [仄聲/入聲 100 陌 맥] : 흘깃볼 맥	2309	7386	1516	6476
霢	맥( ) [仄聲/入聲 100 陌 맥] : 가랑비 맥	2310	7387	1517	6477
孟	맹( ) [仄聲/去聲 084 敬 경] : 맏/힘쓸 맹	2311	6146	776	6479
孟*	맹(망) [仄聲/去聲 082 漾 양] : 맹랑할 망	2312	6088	3361	6467
氓	맹( ) [平聲/下平 023 庚 경] : 백성 맹	2313	2541	545	2131
猛	맹( ) [仄聲/上聲 054 梗 경] : 사나울 맹	2314	4405	712	3663
盲	맹( ) [平聲/下平 023 庚 경] : 소경/눈멀 맹	2315	2542	546	2132
盟	맹( ) [平聲/下平 023 庚 경] : 맹세 맹	2316	2543	547	2133
萌	맹( ) [平聲/下平 023 庚 경] : 싹틀/싹 맹	2317	2544	548	2134
儚	맹( ) [平聲/上平 001 東 동] : 바보스러울 맹	2318	45	1103	455
甿	맹( ) [平聲/下平 023 庚 경] : 백성/농부 맹	2319	2545	549	2135
甿*	맹(망) [平聲/上平 006 魚 어] : 벌판 망	2320	638	3432	443
虻	맹( ) [平聲/下平 023 庚 경] : 곤충 맹	2321	2546	550	2136
莔	맹( ) [仄聲/去聲 063 寘 치] : 패모 맹	2322	4754	6861	5035
冪	멱( ) [仄聲/入聲 101 錫 석] : 덮을/수(自乘) 멱	2323	7575	2142	6481
覓	멱( ) [仄聲/入聲 101 錫 석] : 구할/찾을 멱	2324	7576	2143	6482
糸	멱( ) [仄聲/入聲 101 錫 석] : 가는실 멱	2325	7577	2144	6483
糸*	멱(사) [平聲/上平 004 支 지] : 극히적은수 사	2326	311	5751	700
免	면( ) [仄聲/上聲 046 銑 선] : 벗을/면할피할 면	2327	4012	2382	3666
免*	면(문) [仄聲/上聲 046 銑 선] : 해산할/상건쓸 문	2328	4013	2383	3703
冕	면( ) [仄聲/上聲 046 銑 선] : 면류관 면	2329	4014	2384	3667
勉	면( ) [仄聲/上聲 046 銑 선] : 면할 면	2330	4015	2385	3668
棉	면( ) [平聲/下平 016 先 선] : 목화 면	2331	1687	2229	2137
沔	면( ) [仄聲/上聲 046 銑 선] : 빠질 면	2332	4016	2386	3669
眄	면( ) [仄聲/去聲 076 霰 산] : 곁눈질할 면	2333	5751	2018	5037
眠	면( ) [平聲/下平 016 先 선] : 잘 면	2334	1688	2230	2138
綿	면( ) [平聲/下平 016 先 선] : 솜 면	2335	1689	2231	2139
緬	면( ) [仄聲/上聲 046 銑 선] : 가는실 면	2336	4017	2387	3670
面	면( ) [仄聲/去聲 076 霰 산] : 낯 면	2337	5752	2019	5038

배열형식 A (韻族基準)		배열 A	배열 B	배열 C	배열 D
韻族	(*異音) [平仄 : 四聲 韻目No ,韻目 독음] : 略義	운족 가나순	운목 번호순	운목 가나순	사성순
麵	면( ) [仄聲/去聲 076 霰 산] : 밀가루 면	2338	5753	2020	5039
俛	면( ) [仄聲/上聲 046 銑 선] : 구부릴 면	2339	4018	2388	3671
湎	면( ) [仄聲/上聲 046 銑 선] : 빠질 면	2340	4019	2389	3672
瞑	면( ) [仄聲/去聲 076 霰 산] : 아찔할/심할 면	2341	5754	2021	5040
瞑*	면(명) [平聲/下平 024 靑 청] : 눈흐릴/눈감을 명	2342	2707	6769	2144
滅	멸( ) [仄聲/入聲 098 屑 설] : 멸할/꺼질 멸	2343	7117	2490	6485
蔑	멸( ) [仄聲/入聲 098 屑 설] : 업신여길 멸	2344	7118	2491	6486
蠛	멸( ) [仄聲/入聲 098 屑 설] : 눈에놀이 멸	2345	7119	2492	6487
冥	명( ) [平聲/下平 024 靑 청] : 어두울 명	2346	2708	6767	2140
名	명( ) [平聲/下平 023 庚 경] : 이름 명	2347	2547	551	2141
命	명( ) [仄聲/去聲 084 敬 경] : 목숨 명	2348	6147	777	6488
明	명( ) [平聲/下平 023 庚 경] : 밝을 명	2349	2548	552	2142
暝	명( ) [仄聲/去聲 085 徑 경] : 어두울 명	2350	6206	5163	6489
溟	명( ) [平聲/下平 024 靑 청] : 어두울/바다 명	2351	2709	6768	2143
皿	명( ) [仄聲/上聲 054 梗 경] : 그릇 명	2352	4406	713	3673
茗	명( ) [仄聲/上聲 054 迥 형] : 차싹 명	2353	4440	714	3674
蓂	명( ) [平聲/下平 024 靑 청] : 명협 명	2354	2710	6770	2145
蓂*	명(멱) [仄聲/入聲 101 錫 석] : 두루미냉이 멱	2355	7578	2145	6484
螟	명( ) [平聲/下平 024 靑 청] : 마디충 명	2356	2711	6771	2146
酩	명( ) [仄聲/上聲 054 迥 형] : 술취할 명	2357	4441	715	3675
銘	명( ) [平聲/下平 024 靑 청] : 새길 명	2358	2712	6772	2147
鳴	명( ) [平聲/下平 023 庚 경] : 새울음/울 명	2359	2549	553	2149
鳴*	명(명) [平聲/下平 023 庚 경] : 새울음 명	2360	2550	554	2148
袂	메( ) [仄聲/去聲 067 霽 제] : 소매 메	2361	5152	5448	5041
膜*	모(모) [平聲/上平 007 虞 우] : 절/경배 모	2362	757	4169	456
侮	모( ) [仄聲/上聲 037 麌 우] : 업신여길 모	2363	3627	4571	3676
冒	모( ) [仄聲/入聲 102 職 직] : 가릴 모	2364	7648	6216	6491
募	모( ) [仄聲/去聲 066 遇 우] : 모을/뽑을 모	2365	5013	4682	5042
姆	모( ) [仄聲/去聲 085 宥 유] : 여스승 모	2366	6282	5164	6492
帽	모( ) [仄聲/去聲 079 號 호] : 모자 모	2367	5952	7613	6493
慕	모( ) [仄聲/去聲 066 遇 우] : 그릴 모	2368	5014	4683	5043
摸	모( ) [平聲/上平 007 虞 우] : 규모/본뜰 모	2369	758	4170	457
摸*	모(막) [仄聲/入聲 099 藥 약] : 더듬을 막	2370	7259	2927	6455
摹	모( ) [平聲/上平 007 虞 우] : 베낄 모	2371	759	4171	458
暮	모( ) [仄聲/去聲 066 遇 우] : 저물 모	2372	5015	4684	5044
某	모( ) [仄聲/上聲 055 有 유] : 아무 모	2373	4502	5054	3677

배열형식 A (韻族基準)		배열 A	배열 B	배열 C	배열 D
韻族	(*異音) [平仄 : 四聲 韻目No ,韻目 독음] : 略義	운족 가나순	운목 번호순	운목 가나순	사성순
某*	모(매) [平聲/上平 010 灰 회] : 매화나무 매	2374	1093	7678	454
模	모( ) [平聲/上平 007 虞 우] : 본뜰/법 모	2375	760	4172	459
母	모( ) [仄聲/上聲 055 有 유] : 어미 모	2376	4503	5055	3678
毛	모( ) [平聲/下平 019 豪 호] : 터럭 모	2377	2029	7498	2151
牟	모( ) [平聲/下平 026 尤 우] : 보리 모	2378	2893	4402	2152
牡	모( ) [仄聲/上聲 055 有 유] : 수컷 모	2379	4504	5056	3679
瑁	모( ) [仄聲/去聲 070 隊 대] : 서옥 모	2380	5421	1004	5045
眸	모( ) [平聲/下平 026 尤 우] : 눈동자 모	2381	2894	4403	2153
矛	모( ) [平聲/下平 026 尤 우] : 창 모	2382	2895	4404	2154
耗	모( ) [仄聲/去聲 079 號 호] : 빌(虛也)/어지러울 모	2383	5953	7614	6494
耗*	모(호) [仄聲/去聲 079 號 호] : 빌(虛也)/어지러울 호	2384	5954	7615	7858
芼	모( ) [仄聲/去聲 079 號 호] : 풀우거질 모	2385	5955	7616	6495
茅	모( ) [平聲/下平 018 肴 효] : 띠 모	2386	1958	7802	2155
謀	모( ) [平聲/下平 026 尤 우] : 꾀 모	2387	2896	4405	2156
謨	모( ) [平聲/上平 007 虞 우] : 꾀 모	2388	761	4173	460
貌	모( ) [仄聲/去聲 078 效 효] : 모양 모	2389	5927	7853	5046
貌*	모(막) [仄聲/入聲 092 覺 각] : 모뜰/멀 막	2390	6680	198	6456
侔	모( ) [平聲/下平 026 尤 우] : 가지런할 모	2391	2897	4406	2157
姥	모( ) [仄聲/上聲 037 麌 우] : 할미 모	2392	3628	4572	3680
旄	모( ) [仄聲/去聲 079 號 호] : 기 모	2393	5956	7617	6496
耄	모( ) [仄聲/去聲 079 號 호] : 늙은이 모	2394	5957	7618	6497
蝥	모( ) [平聲/下平 018 肴 효] : 해충 모	2395	1959	7803	2158
蟊	모( ) [平聲/下平 026 尤 우] : 해충 모	2396	2898	4407	2159
髦	모( ) [平聲/下平 019 豪 호] : 긴털 모	2397	2030	7499	2160
慔	모( ) [仄聲/去聲 066 遇 우] : 힘쓸 모	2398	5016	4685	5047
秏	모( ) [仄聲/去聲 079 號 호] : 벼 모	2399	5958	7619	6498
罞	모( ) [平聲/上平 001 東 동] : 고라니그물 모	2400	46	1104	461
罞*	모(몽) [平聲/下平 018 肴 효] : 고라니그물 몽	2401	1960	7804	2163
蛑	모( ) [平聲/下平 026 尤 우] : 꽃게 모	2402	2899	4408	2161
麰	모( ) [平聲/下平 026 尤 우] : 보리 모	2403	2900	4409	2162
木	목( ) [仄聲/入聲 090 屋 옥] : 나무 목	2404	6476	3853	6500
木*	목(모) [仄聲/入聲 090 屋 옥] : 모과 모	2405	6477	3854	6499
沐	목( ) [仄聲/入聲 090 屋 옥] : 머리감을 목	2406	6478	3855	6501
牧	목( ) [仄聲/入聲 090 屋 옥] : 칠 목	2407	6479	3856	6502
目	목( ) [仄聲/入聲 090 屋 옥] : 눈 목	2408	6480	3857	6503
睦	목( ) [仄聲/入聲 090 屋 옥] : 화목할 목	2409	6481	3858	6504

배열형식 A (韻族基準)		배열 A	배열 B	배열 C	배열 D
韻族	(*異音) [平仄 : 四聲 韻目No ,韻目 독음] : 略義	운족 가나순	운목 번호순	운목 가나순	사성순
穆	목( ) [仄聲/入聲 090 屋 옥] : 화목할 목	2410	6482	3859	6505
鶩	목( ) [仄聲/入聲 090 屋 옥] : 집오리 목	2411	6483	3860	6506
苜	목( ) [仄聲/入聲 090 屋 옥] : 거여목 목	2412	6484	3861	6507
霂	목( ) [仄聲/入聲 090 屋 옥] : 가랑비 목	2413	6485	3862	6508
歿	몰( ) [仄聲/入聲 095 月 월] : 죽을 몰	2414	6916	4972	6511
沒	몰( ) [仄聲/入聲 095 月 월] : 빠질 몰	2415	6917	4973	6512
夢	몽( ) [平聲/上平 001 東 동] : 꿈 몽	2416	47	1105	462
朦	몽( ) [平聲/上平 001 東 동] : 풍부할 몽	2417	48	1106	463
蒙	몽( ) [平聲/上平 001 東 동] : 어두울 몽	2418	49	1107	464
曚	몽( ) [平聲/上平 001 東 동] : 어릴 몽	2419	50	1108	465
濛	몽( ) [平聲/上平 001 東 동] : 이슬비 몽	2420	51	1109	466
瞢	몽( ) [平聲/上平 001 東 동] : 눈어두울 몽	2421	52	1110	467
瞢*	몽(맹) [仄聲/去聲 060 送 송] : 답답할/캄캄할 맹	2422	4673	2828	5036
矇	몽( ) [平聲/上平 001 東 동] : 소경 몽	2423	53	1111	468
雺	몽( ) [平聲/上平 001 東 동] : 안개 몽	2424	54	1112	469
懵	몽( ) [平聲/上平 001 東 동] : 어두울 몽	2425	55	1113	470
蠓	몽( ) [仄聲/上聲 031 董 동] : 누에놀이 몽	2426	3248	1264	3681
卯	묘( ) [仄聲/上聲 048 巧 교] : 토끼 묘	2427	4140	890	3682
墓	묘( ) [仄聲/去聲 066 遇 우] : 무덤 묘	2428	5017	4686	5048
妙	묘( ) [仄聲/去聲 077 嘯 소] : 묘할 묘	2429	5866	2773	5049
廟	묘( ) [仄聲/去聲 077 嘯 소] : 사당 묘	2430	5867	2774	5050
描	묘( ) [平聲/下平 017 蕭 소] : 그릴 묘	2431	1848	2608	2164
昴	묘( ) [仄聲/上聲 048 巧 교] : 별이름 묘	2432	4141	891	3683
杳	묘( ) [仄聲/上聲 047 篠 소] : 어두울 묘	2433	4094	2722	3684
渺	묘( ) [仄聲/上聲 047 篠 소] : 아득할 묘	2434	4095	2723	3685
猫	묘( ) [平聲/下平 017 蕭 소] : 고양이 묘	2435	1849	2609	2165
苗	묘( ) [平聲/下平 017 蕭 소] : 모 묘	2436	1850	2610	2166
錨	묘( ) [平聲/下平 017 蕭 소] : 닻 묘	2437	1851	2611	2167
眇	묘( ) [仄聲/上聲 047 篠 소] : 애꾸눈 묘	2438	4096	2724	3686
藐	묘( ) [仄聲/上聲 047 篠 소] : 멀/작을/약할 묘	2439	4097	2725	3687
藐*	묘(막) [仄聲/入聲 092 覺 각] : 아름다울/약간 막	2440	6681	199	6457
貓	묘( ) [平聲/下平 017 蕭 소] : 고양이 묘	2441	1852	2612	2168
篎	묘( ) [仄聲/去聲 077 嘯 소] : 작은피리 묘	2442	5868	2775	5051
緲	묘( ) [仄聲/上聲 047 篠 소] : 아득할 묘	2443	4098	2726	3688
茆	묘( ) [仄聲/上聲 048 巧 교] : 순채 묘	2444	4142	892	3689
秒	묘( ) [仄聲/上聲 047 篠 소] : 벼까락/세미할 묘	2445	4099	2748	3690

배열형식 A (韻族基準)		배열 A	배열 B	배열 C	배열 D
韻族	(*異音) [平仄 : 四聲 韻目No ,韻目 독음] : 略義	운족 가나순	운목 번호순	운목 가나순	사성순
秒*	묘(초) [仄聲/上聲 047 篠 소] : 초침 초	2446	4100	2749	4437
吵	묘( ) [仄聲/上聲 047 篠 소] : 지저귈/울 묘	2447	4101	2752	3691
吵*	묘(초) [仄聲/上聲 048 巧 교] : 떠들/지저귈 초	2448	4143	900	4443
務	무( ) [仄聲/去聲 066 遇 우] : 힘쓸 무	2449	5018	4687	5052
巫	무( ) [平聲/上平 007 虞 우] : 무당 무	2450	762	4174	471
憮	무( ) [平聲/上平 007 虞 우] : 어루만질 무	2451	763	4175	472
懋	무( ) [仄聲/去聲 085 宥 유] : 힘쓸 무	2452	6283	5165	6514
戊	무( ) [仄聲/去聲 085 宥 유] : 천간 무	2453	6284	5166	6515
拇	무( ) [仄聲/上聲 055 有 유] : 엄지손가락 무	2454	4505	5057	3693
撫	무( ) [仄聲/上聲 037 麌 우] : 어루만질 무	2455	3629	4573	3694
无	무( ) [平聲/上平 007 虞 우] : 없을 무	2456	764	4176	473
楙	무( ) [仄聲/去聲 085 宥 유] : 무성할/모과나무 무	2457	6285	5167	6516
武	무( ) [仄聲/上聲 037 麌 우] : 호반 무	2458	3630	4574	3695
毋	무( ) [平聲/上平 007 虞 우] : 말 무	2459	765	4177	474
無	무( ) [平聲/上平 007 虞 우] : 없을 무	2460	766	4178	475
珷	무( ) [仄聲/上聲 037 麌 우] : 옥돌 무	2461	3631	4575	3696
畝	무( ) [仄聲/上聲 055 有 유] : 밭이랑 무	2462	4506	5058	3697
繆	무( ) [仄聲/去聲 085 宥 유] : 실천오리/얽을 무	2463	6286	5168	6517
繆*	무(규) [平聲/下平 026 尤 우] : 요질[繆絰] 규	2464	2901	4411	1868
繆*	무(류) [平聲/下平 026 尤 우] : 어그러질 류	2465	2902	4410	2099
繆*	무(목) [仄聲/入聲 090 屋 옥] : 몹쓸시호 목	2466	6486	3863	6509
舞	무( ) [仄聲/上聲 037 麌 우] : 춤출 무	2467	3632	4576	3698
茂	무( ) [仄聲/去聲 085 宥 유] : 무성할 무	2468	6287	5169	6518
蕪	무( ) [平聲/上平 007 虞 우] : 거칠 무	2469	767	4179	476
誣	무( ) [平聲/上平 007 虞 우] : 꾸밀/속일 무	2470	768	4180	477
貿	무( ) [仄聲/去聲 085 宥 유] : 무역할 무	2471	6288	5170	6519
霧	무( ) [仄聲/去聲 066 遇 우] : 안개 무	2472	5019	4688	5053
鵡	무( ) [仄聲/上聲 037 麌 우] : 앵무새 무	2473	3633	4577	3699
廡	무( ) [仄聲/上聲 037 麌 우] : 집/처마 무	2474	3634	4578	3700
膴	무( ) [平聲/上平 007 虞 우] : 고기포 무	2475	769	4181	478
鶩	무( ) [仄聲/入聲 090 屋 옥] : 달릴 무	2476	6487	3864	6520
婺	무( ) [仄聲/去聲 066 遇 우] : 별이름 무	2477	5020	4689	5054
嫵	무( ) [仄聲/上聲 037 麌 우] : 아리따울 무	2478	3635	4579	3701
幠	무( ) [平聲/上平 007 虞 우] : 덮을 무	2479	770	4182	479
甒	무( ) [仄聲/上聲 037 麌 우] : 술단지 무	2480	3636	4580	3702
髳	무( ) [平聲/上平 001 東 동] : 다팔머리 무	2481	56	1114	480

배열형식 A (韻族基準)		배열 A	배열 B	배열 C	배열 D
韻族	(*異音) [平仄 : 四聲 韻目No ,韻目 독음] : 略義	운족 가나순	운목 번호순	운목 가나순	사성순
墨	묵( ) [仄聲/入聲 102 職 직] : 먹 묵	2482	7649	6217	6521
默	묵( ) [仄聲/入聲 102 職 직] : 잠잠할 묵	2483	7650	6218	6522
嘿	묵( ) [仄聲/入聲 102 職 직] : 잠잠할 묵	2484	7651	6219	6523
嘿*	묵(매) [仄聲/去聲 070 隊 대] : 거짓말할 매	2485	5422	1005	5033
們	문( ) [平聲/上平 013 元 원] : 들 문	2486	1404	4806	481
刎	문( ) [仄聲/上聲 042 吻 문] : 목벨 문	2487	3852	1749	3704
吻	문( ) [仄聲/上聲 042 吻 문] : 입술 문	2488	3853	1750	3705
問	문( ) [仄聲/去聲 072 問 문] : 물을 문	2489	5560	1765	5055
文	문( ) [平聲/上平 012 文 문] : 글월 문	2490	1318	1688	482
汶	문( ) [仄聲/去聲 072 問 문] : 강이름 문	2491	5561	1766	5056
紊	문( ) [仄聲/去聲 072 問 문] : 문란할/어지러울 문	2492	5562	1767	5057
紋	문( ) [平聲/上平 012 文 문] : 무늬 문	2493	1319	1689	483
聞	문( ) [仄聲/去聲 072 問 문] : 들을 문	2494	5563	1768	5058
蚊	문( ) [平聲/上平 012 文 문] : 모기 문	2495	1320	1690	484
門	문( ) [平聲/上平 013 元 원] : 문 문	2496	1405	4807	485
雯	문( ) [平聲/上平 012 文 문] : 구름무늬 문	2497	1321	1691	486
悗	문( ) [仄聲/上聲 043 阮 완] : 잊어버릴 문	2498	3885	4065	3706
悗*	문(만) [平聲/上平 014 寒 한] : 의혹할 만	2499	1556	7187	442
懣	문( ) [仄聲/上聲 043 阮 완] : 번민할 문	2500	3886	4066	3707
懣*	문(만) [仄聲/上聲 044 旱 한] : 속답답할 만	2501	3949	7268	3654
捫	문( ) [平聲/上平 013 元 원] : 어루만질 문	2502	1406	4808	487
脗	문( ) [仄聲/上聲 042 吻 문] : 합할 문	2503	3854	1751	3708
脗*	문(민) [仄聲/上聲 041 軫 진] : 합할 민	2504	3801	6451	3727
虋	문( ) [平聲/上平 013 元 원] : 차조 문	2505	1407	4809	488
閺	문( ) [平聲/上平 011 眞 진] : 따뜻할 문	2506	1196	6344	490
勿	물( ) [仄聲/入聲 094 物 물] : 없을/말 물	2507	6861	1795	6524
勿*	물(몰) [仄聲/入聲 094 物 물] : 먼지채 몰	2508	6862	1796	6513
沕	물( ) [仄聲/去聲 070 隊 대] : 잠길/오묘할 물	2509	5423	1006	5059
沕*	물(매) [仄聲/去聲 070 隊 대] : 잠길/오묘할 매	2510	5424	1007	5034
物	물( ) [仄聲/入聲 094 物 물] : 물건 물	2511	6863	1797	6525
芴	물( ) [仄聲/入聲 094 物 물] : 순무 물	2512	6864	1815	6526
芴*	물(홀) [仄聲/入聲 095 月 월] : 황홀할 홀	2513	6918	5010	7872
味	미( ) [仄聲/去聲 064 未 미] : 맛 미	2514	4901	1908	5060
媚	미( ) [仄聲/去聲 063 寘 치] : 아첨할 미	2515	4755	6862	5061
尾	미( ) [仄聲/上聲 035 尾 미] : 꼬리 미	2516	3495	1877	3710
嵋	미( ) [平聲/上平 004 支 지] : 산이름 미	2517	312	5752	491

배열형식 A (韻族基準)		배열 A	배열 B	배열 C	배열 D
韻族	(*異音) [平仄 : 四聲 韻目No ,韻目 독음] : 略義	운족 가나순	운목 번호순	운목 가나순	사성순
彌	미( ) [仄聲/上聲 038 薺 제] : 미륵/오랠 미	2518	3715	5377	3711
微	미( ) [平聲/上平 005 微 미] : 작을 미	2519	581	1835	492
未	미( ) [仄聲/去聲 064 未 미] : 아닐 미	2520	4902	1909	5062
梶	미( ) [仄聲/上聲 035 尾 미] : 나무끝 미	2521	3496	1878	3712
楣	미( ) [平聲/上平 004 支 지] : 문미 미	2522	313	5753	493
渼	미( ) [仄聲/上聲 034 紙 지] : 물놀이 미	2523	3347	6053	3713
湄	미( ) [平聲/上平 004 支 지] : 물가 미	2524	314	5754	494
眉	미( ) [平聲/上平 004 支 지] : 눈썹 미	2525	315	5755	495
米	미( ) [仄聲/上聲 038 薺 제] : 쌀 미	2526	3716	5378	3714
美	미( ) [仄聲/上聲 034 紙 지] : 아름다울 미	2527	3348	6054	3715
薇	미( ) [平聲/上平 005 微 미] : 고비 미	2528	582	1836	496
謎	미( ) [仄聲/去聲 067 霽 제] : 수수께끼 미	2529	5153	5449	5063
迷	미( ) [平聲/上平 008 齊 제] : 미혹할 미	2530	947	5302	497
靡	미( ) [仄聲/上聲 034 紙 지] : 쓰러질 미	2531	3349	6055	3716
黴	미( ) [平聲/上平 004 支 지] : 곰팡이 미	2532	316	5756	498
亹	미( ) [仄聲/上聲 035 尾 미] : 부지런할/아름다울 미	2533	3497	1879	3717
亹*	미(문) [平聲/上平 013 元 원] : 산어귀 문	2534	1408	4810	489
娓	미( ) [仄聲/上聲 035 尾 미] : 장황할 미	2535	3498	1880	3718
媺	미( ) [仄聲/上聲 034 紙 지] : 착하고아름다울 미	2536	3350	6056	3719
弥	미( ) [平聲/上平 004 支 지] : 두루두루 미	2537	317	5757	499
弭	미( ) [仄聲/上聲 034 紙 지] : 활고자 미	2538	3351	6057	3720
敉	미( ) [仄聲/上聲 034 紙 지] : 어루만질 미	2539	3352	6058	3721
瀰*	미(미) [平聲/上平 004 支 지] : 물질펀할 미	2540	318	5758	235
獼	미( ) [仄聲/上聲 034 紙 지] : 원숭이 미	2541	3353	6059	3722
糜	미( ) [平聲/上平 004 支 지] : 죽 미	2542	319	5760	501
縻	미( ) [平聲/上平 004 支 지] : 고삐 미	2543	320	5761	502
蘼	미( ) [平聲/上平 004 支 지] : 장미 미	2544	321	5762	503
麋	미( ) [平聲/上平 004 支 지] : 큰사슴 미	2545	322	5763	504
咪	미( ) [仄聲/上聲 034 紙 지] : 양이울 미	2546	3354	6060	3723
瀰	미( ) [仄聲/上聲 034 紙 지] : 송장씻을 미	2547	3355	6061	3724
溦	미( ) [平聲/上平 005 微 미] : 이슬비 미	2548	583	1837	505
瞇	미( ) [仄聲/上聲 034 紙 지] : 애꾸눈 미	2549	3356	6062	3725
菋	미( ) [仄聲/去聲 064 未 미] : 모미자 미	2550	4903	1910	5064
葞	미( ) [仄聲/上聲 034 紙 지] : 붓순나무 미	2551	3357	6063	3726
蘪	미( ) [平聲/上平 004 支 지] : 천궁 미	2552	323	5764	506
麛	미( ) [平聲/上平 008 齊 제] : 사슴새끼 미	2553	948	5303	507

배열형식 A (韻族基準)		배열 A	배열 B	배열 C	배열 D
韻族	(*異音) [平仄 : 四聲 韻目No ,韻目 독음] : 略義	운족 가나순	운목 번호순	운목 가나순	사성순
岷	민( ) [平聲/上平 011 眞 진] : 산이름 민	2554	1197	6335	509
悶	민( ) [仄聲/去聲 073 願 원] : 번민할 민	2555	5603	4924	5065
愍	민( ) [仄聲/上聲 041 軫 진] : 근심할 민	2556	3802	6452	3728
憫	민( ) [仄聲/上聲 041 軫 진] : 민망할 민	2557	3803	6453	3729
敏	민( ) [仄聲/上聲 041 軫 진] : 민첩할 민	2558	3804	6454	3730
旻	민( ) [平聲/上平 011 眞 진] : 하늘 민	2559	1198	6336	510
旼	민( ) [平聲/上平 011 眞 진] : 화할 민	2560	1199	6337	511
民	민( ) [平聲/上平 011 眞 진] : 백성 민	2561	1200	6338	512
泯	민( ) [仄聲/上聲 041 軫 진] : 망할 민	2562	3805	6455	3731
玟	민( ) [平聲/上平 010 灰 회] : 아름다운돌 민	2563	1094	7679	513
珉	민( ) [平聲/上平 011 眞 진] : 옥돌 민	2564	1201	6339	514
緡	민( ) [平聲/上平 011 眞 진] : 낚싯줄 민	2565	1202	6340	515
閔	민( ) [仄聲/上聲 041 軫 진] : 성 민	2566	3806	6456	3732
忞	민( ) [平聲/上平 011 眞 진] : 강인할 민	2567	1203	6341	516
忞*	민(문) [仄聲/上聲 042 吻 문] : 어수선할 문	2568	3855	1752	3709
暋	민( ) [平聲/上平 011 眞 진] : 굳셀 민	2569	1204	6342	517
湣	민( ) [平聲/上平 011 眞 진] : 시호이름 민	2570	1205	6343	518
湣*	민(혼) [平聲/上平 013 元 원] : 산란할/민망할 혼	2571	1409	4811	1531
黽	민( ) [仄聲/上聲 041 軫 진] : 힘쓸 민	2572	3807	6457	3733
黽*	민(맹) [仄聲/上聲 054 梗 경] : 맹꽁이 맹	2573	4407	716	3664
抿	민( ) [平聲/上平 011 眞 진] : 씻을(拭)/어루만질 민	2574	1206	6345	519
敃	민( ) [仄聲/上聲 041 軫 진] : 힘쓸 민	2575	3808	6458	3734
瑉	민( ) [平聲/上平 011 眞 진] : 옥돌 민	2576	1207	6346	520
篔	민( ) [仄聲/上聲 041 軫 진] : 대속빌 민	2577	3809	6459	3735
密	밀( ) [仄聲/入聲 093 質 질] : 빽빽할 밀	2578	6750	6590	6527
蜜	밀( ) [仄聲/入聲 093 質 질] : 꿀 밀	2579	6751	6591	6528
謐	밀( ) [仄聲/入聲 093 質 질] : 조용할 밀	2580	6752	6592	6529
蔤	밀( ) [仄聲/ 入聲 093 質 질] : 연뿌리 밀	2581	324	5759	500
蔤	밀( ) [仄聲/入聲 093 質 질] : 연뿌리 밀	2582	6753	6593	6530
剝	박( ) [仄聲/入聲 092 覺 각] : 벗길 박	2583	6682	200	6533
博	박( ) [仄聲/入聲 099 藥 약] : 넓을 박	2584	7260	2928	6534
拍	박( ) [仄聲/入聲 100 陌 맥] : 칠 박	2585	7388	1518	6535
搏	박( ) [仄聲/入聲 099 藥 약] : 칠/잡을 박	2586	7261	2929	6536
撲	박( ) [仄聲/入聲 092 覺 각] : 맞부딪칠/칠 박	2587	6683	201	6537
撲*	박(복) [仄聲/入聲 090 屋 옥] : 두드릴/씨름할 복	2588	6488	3865	6643
朴	박( ) [仄聲/入聲 092 覺 각] : 성 박	2589	6684	202	6538

배열형식 A (韻族基準)		배열 A	배열 B	배열 C	배열 D
韻族	(*異音) [平仄 : 四聲 韻目No ,韻目 독음] : 略義	운족 가나순	운목 번호순	운목 가나순	사성순
樸	박( ) [仄聲/入聲 092 覺 각] : 바탕/순박할 박	2590	6685	203	6539
樸*	박(복) [仄聲/入聲 090 屋 옥] : 떡갈나무 복	2591	6489	3866	6644
泊	박( ) [仄聲/入聲 099 藥 약] : 머무를/배댈 박	2592	7262	2930	6540
珀	박( ) [仄聲/入聲 100 陌 맥] : 호박 박	2593	7389	1519	6541
璞	박( ) [仄聲/入聲 092 覺 각] : 옥돌 박	2594	6686	204	6542
箔	박( ) [仄聲/入聲 099 藥 약] : 발 박	2595	7263	2931	6543
粕	박( ) [仄聲/入聲 099 藥 약] : 지게미 박	2596	7264	2932	6544
縛	박( ) [仄聲/入聲 099 藥 약] : 묶을 박	2597	7265	2933	6545
膊	박( ) [仄聲/入聲 099 藥 약] : 포 박	2598	7266	2934	6546
舶	박( ) [仄聲/入聲 100 陌 맥] : 선박 박	2599	7390	1520	6547
薄	박( ) [仄聲/入聲 099 藥 약] : 엷을 박	2600	7267	2935	6548
迫	박( ) [仄聲/入聲 100 陌 맥] : 핍박할 박	2601	7391	1521	6549
雹	박( ) [仄聲/入聲 092 覺 각] : 우박 박	2602	6687	205	6550
駁	박( ) [仄聲/入聲 092 覺 각] : 얼룩얼룩할 박	2603	6688	206	6551
鎛	박( ) [仄聲/入聲 099 藥 약] : 종 박	2604	7268	2936	6552
駮	박( ) [仄聲/入聲 092 覺 각] : 짐승이름 박	2605	6689	207	6553
犳	박( ) [仄聲/入聲 099 藥 약] : 별똥 박	2606	7269	2937	6554
懪	박( ) [仄聲/入聲 092 覺 각] : 번민할 박	2607	6690	208	6555
襮	박( ) [仄聲/入聲 099 藥 약] : 수놓은깃 박	2608	7270	2938	6556
鑮	박( ) [仄聲/入聲 099 藥 약] : 호미 박	2609	7271	2939	6557
伴	반( ) [仄聲/上聲 044 旱 한] : 짝 반	2610	3950	7269	3737
半	반( ) [仄聲/去聲 074 翰 한] : 반 반	2611	5646	7318	5066
反	반( ) [仄聲/上聲 043 阮 완] : 엎을/돌이킬 반	2612	3887	4067	3738
反*	반(번) [仄聲/去聲 073 願 원] : 뒤칠 번	2613	5604	4925	5085
叛	반( ) [仄聲/去聲 074 翰 한] : 배반할 반	2614	5647	7319	5067
拌	반( ) [平聲/上平 014 寒 한] : 버릴 반	2615	1557	7188	522
搬	반( ) [平聲/上平 014 寒 한] : 운반할 반	2616	1558	7189	523
攀	반( ) [平聲/上平 015 刪 산] : 당길 반	2617	1626	1950	524
斑	반( ) [平聲/上平 015 刪 산] : 얼룩 반	2618	1627	1951	525
槃	반( ) [平聲/上平 014 寒 한] : 쟁반 반	2619	1559	7190	526
泮	반( ) [仄聲/去聲 074 翰 한] : 학교 반	2620	5648	7320	5068
班	반( ) [平聲/上平 015 刪 산] : 나눌 반	2621	1628	1952	527
畔	반( ) [仄聲/去聲 074 翰 한] : 두둑 반	2622	5649	7321	5069
瘢	반( ) [平聲/上平 014 寒 한] : 흉터 반	2623	1560	7191	528
盤	반( ) [平聲/上平 014 寒 한] : 소반 반	2624	1561	7192	529
盼	반( ) [仄聲/去聲 075 諫 간] : 눈예쁠 반	2625	5703	268	5070

배열형식 A (韻族基準)		배열 A	배열 B	배열 C	배열 D
韻族	(*異音) [平仄 : 四聲 韻目No ,韻目 독음] : 略義	운족 가나순	운목 번호순	운목 가나순	사성순
磐	반( ) [平聲/上平 014 寒 한] : 너럭바위 반	2626	1562	7193	530
磻	반( ) [平聲/上平 014 寒 한] : 반계 반	2627	1563	7194	531
磻*	반(파) [平聲/下平 020 歌 가] : 돌살촉 파	2628	2103	87	3025
礬	반( ) [平聲/上平 013 元 원] : 광물이름 반	2629	1410	4813	532
絆	반( ) [仄聲/去聲 074 翰 한] : 줄 반	2630	5650	7322	5071
般	반( ) [平聲/上平 015 刪 산] : 가지/일반 반	2631	1629	1953	533
蟠	반( ) [平聲/上平 014 寒 한] : 서릴 반	2632	1564	7195	534
返	반( ) [仄聲/上聲 043 阮 완] : 돌이킬 반	2633	3888	4068	3739
頒	반( ) [平聲/上平 015 刪 산] : 반포할/관자노리 반	2634	1630	1954	535
頒*	반(분) [平聲/上平 012 文 문] : 물고기머리클 분	2635	1322	1692	621
飯	반( ) [仄聲/上聲 043 阮 완] : 밥 반	2636	3889	4069	3740
扳	반( ) [平聲/上平 015 刪 산] : 끌어당길 반	2637	1631	1955	536
胖	반( ) [平聲/上平 014 寒 한] : 희생반쪽/갈비살 반	2638	1565	7196	537
鞶	반( ) [平聲/上平 014 寒 한] : 큰띠 반	2639	1566	7197	538
弁	반( ) [平聲/上平 014 寒 한] : 즐거울 반	2640	1567	7200	542
弁*	반(변) [仄聲/去聲 076 霰 산] : 고깔/떨/손바닥칠 변	2641	5755	2024	5088
洀	반( ) [平聲/下平 026 尤 우] : 서릴 반	2642	2903	4495	2170
洀*	반(주) [平聲/上平 014 寒 한] : 물노리칠 주	2643	1568	7217	1260
勃	발( ) [仄聲/入聲 095 月 월] : 우쩍일어날 발	2644	6919	4974	6561
拔	발( ) [仄聲/入聲 096 曷 갈] : 뺄/뽑을/빠를 발	2645	7002	337	6562
拔*	발(패) [仄聲/入聲 096 曷 갈] : 밋밋할/휘어꺾을 패	2646	7003	338	7722
撥	발( ) [仄聲/入聲 096 曷 갈] : 다스릴 발	2647	7004	339	6563
渤	발( ) [仄聲/入聲 095 月 월] : 바다이름 발	2648	6920	4975	6564
潑	발( ) [仄聲/入聲 096 曷 갈] : 뿌릴 발	2649	7005	340	6565
發	발( ) [仄聲/入聲 095 月 월] : 필 발	2650	6921	4976	6566
跋	발( ) [仄聲/入聲 096 曷 갈] : 밟을 발	2651	7006	341	6567
醱	발( ) [仄聲/入聲 096 曷 갈] : 빚을 발	2652	7007	342	6568
鉢	발( ) [仄聲/入聲 096 曷 갈] : 바리때 발	2653	7008	343	6569
髮	발( ) [仄聲/入聲 095 月 월] : 터럭 발	2654	6922	4977	6570
魃	발( ) [仄聲/入聲 096 曷 갈] : 가물귀신 발	2655	7009	344	6571
浡	발( ) [仄聲/入聲 095 月 월] : 일어날 발	2656	6923	4978	6572
脖	발( ) [仄聲/入聲 095 月 월] : 배꼽 발	2657	6924	4979	6573
犮	발( ) [仄聲/入聲 096 曷 갈] : 벗/사귈 발	2658	7010	345	6574
茇	발( ) [仄聲/入聲 096 曷 갈] : 풀 발	2659	7011	346	6575
軷	발( ) [仄聲/入聲 096 曷 갈] : 발제 발	2660	7012	347	6576
倣	방( ) [仄聲/上聲 052 養 양] : 본뜰 방	2661	4320	3288	3742

A : (74 / 221)

배열형식 A (韻族基準)		배열 A	배열 B	배열 C	배열 D
韻族	(*異音) [平仄：四聲 韻目No ,韻目 독음]：略義	운족 가나순	운목 번호순	운목 가나순	사성순
傍	방( ) [仄聲/去聲 082 漾 양]：의지할/가까이할 방	2662	6089	3362	6579
傍*	방(팽) [平聲/下平 023 庚 경]：마지못할 팽	2663	2551	555	3040
坊	방( ) [平聲/下平 022 陽 양]：동네 방	2664	2347	3108	2171
妨	방( ) [平聲/下平 022 陽 양]：방해할 방	2665	2348	3109	2172
尨	방( ) [平聲/上平 003 江 강]：삽살개/얼룩질 방	2666	208	445	545
尨*	방(봉) [平聲/上平 001 東 동]：헝클어진모양 봉	2667	57	1115	587
幇	방( ) [平聲/下平 023 庚 경]：도울 방	2668	2552	556	2173
彷	방( ) [平聲/下平 022 陽 양]：배회할 방	2669	2349	3110	2174
房	방( ) [平聲/下平 022 陽 양]：방 방	2670	2350	3111	2175
放	방( ) [仄聲/上聲 052 養 양]：놓을 방	2671	4321	3289	3743
方	방( ) [平聲/下平 022 陽 양]：모 방	2672	2351	3112	2176
旁	방( ) [平聲/下平 022 陽 양]：넓을/클 방	2673	2352	3113	2177
旁*	방(팽) [平聲/下平 023 庚 경]：휘몰아갈 팽	2674	2553	557	3041
昉	방( ) [仄聲/上聲 052 養 양]：밝을/마침 방	2675	4322	3290	3744
枋	방( ) [平聲/下平 022 陽 양]：박달 방	2676	2353	3114	2178
枋*	방(병) [仄聲/去聲 084 敬 경]：자루 병	2677	6148	778	6630
榜	방( ) [仄聲/去聲 082 漾 양]：게시판/방써붙일 방	2678	6090	3363	6580
榜*	방(병) [平聲/下平 023 庚 경]：게시판/방써붙일 병	2679	2554	558	2196
滂	방( ) [平聲/下平 022 陽 양]：비퍼부울 방	2680	2354	3115	2179
磅	방( ) [平聲/下平 022 陽 양]：돌떨어지는소리 방	2681	2355	3116	2180
磅*	방(팽) [平聲/下平 023 庚 경]： 땅우툴두툴할 팽	2682	2555	559	3042
紡	방( ) [仄聲/上聲 052 養 양]：길쌈 방	2683	4323	3291	3745
肪	방( ) [平聲/下平 022 陽 양]：살찔/비계 방	2684	2356	3117	2181
膀	방( ) [平聲/下平 022 陽 양]：방붙일 방	2685	2357	3118	2182
舫	방( ) [仄聲/去聲 082 漾 양]：배 방	2686	6091	3364	6581
芳	방( ) [平聲/下平 022 陽 양]：꽃다울 방	2687	2358	3119	2183
蒡	방( ) [仄聲/上聲 052 養 양]：인동덩굴 방	2688	4324	3292	3746
蚌	방( ) [仄聲/上聲 033 講 강]：방합 방	2689	3297	465	3747
訪	방( ) [仄聲/去聲 082 漾 양]：찾을 방	2690	6092	3365	6582
謗	방( ) [仄聲/去聲 082 漾 양]：헐뜯을 방	2691	6093	3366	6583
邦	방( ) [平聲/上平 003 江 강]：나라 방	2692	209	446	546
防	방( ) [平聲/下平 022 陽 양]：방비/방죽 방	2693	2359	3120	2184
仿	방( ) [仄聲/上聲 052 養 양]：헤맬 방	2694	4325	3293	3748
厖	방( ) [平聲/上平 003 江 강]：클 방	2695	210	448	548
幫	방( ) [平聲/下平 022 陽 양]：도울 방	2696	2360	3121	2185
徬	방( ) [仄聲/去聲 082 漾 양]：시중들 방	2697	6094	3367	6584

배열형식 A (韻族基準)		배열 A	배열 B	배열 C	배열 D
韻族	(*異音) [平仄 : 四聲 韻目No ,韻目 독음] : 略義	운족 가나순	운목 번호순	운목 가나순	사성순
梆	방( ) [平聲/上平 003 江 강] : 목어 방	2698	211	449	549
螃	방( ) [平聲/下平 022 陽 양] : 방개 방	2699	2361	3122	2186
鎊	방( ) [平聲/下平 022 陽 양] : 깎을 방	2700	2362	3123	2187
魴	방( ) [平聲/下平 022 陽 양] : 방어 방	2701	2363	3124	2188
蛖	방( ) [平聲/上平 003 江 강] : 땅강아지 방	2702	212	450	550
駹	방( ) [平聲/上平 003 江 강] : 말이름 방	2703	213	451	551
倍	배( ) [仄聲/去聲 070 隊 대] : 곱 배	2704	5425	1008	5073
倍*	배(패) [平聲/上平 010 灰 회] : 어길/떨어질 패	2705	1095	7680	1445
俳	배( ) [平聲/上平 009 佳 가] : 배우 배	2706	1025	12	552
北	배( ) [仄聲/去聲 066 遇 우] : 달아날 배	2707	5021	4690	5074
培	배( ) [仄聲/上聲 055 有 유] : 북돋을 배	2708	4507	5059	3749
徘	배( ) [平聲/上平 010 灰 회] : 노닐 배	2709	1096	7681	553
拜	배( ) [仄聲/去聲 069 卦 괘] : 절 배	2710	5345	842	5075
排	배( ) [平聲/上平 009 佳 가] : 밀칠 배	2711	1026	13	554
杯	배( ) [平聲/上平 010 灰 회] : 잔 배	2712	1097	7682	555
湃	배( ) [仄聲/去聲 069 卦 괘] : 물결소리 배	2713	5346	843	5076
焙	배( ) [仄聲/去聲 070 隊 대] : 불에쬘 배	2714	5426	1009	5077
盃	배( ) [平聲/上平 010 灰 회] : 잔 배	2715	1098	7683	556
背	배( ) [仄聲/去聲 070 隊 대] : 등 배	2716	5427	1011	5078
背*	배(패) [仄聲/去聲 070 隊 대] : 버릴/배반할 패	2717	5428	1010	5782
胚	배( ) [平聲/上平 010 灰 회] : 아이밸 배	2718	1099	7684	557
裴	배( ) [平聲/上平 010 灰 회] : 옷치렁치렁할 배	2719	1100	7685	558
裵	배( ) [平聲/上平 010 灰 회] : 옷치렁할 배	2720	1101	7686	559
褙	배( ) [仄聲/去聲 070 隊 대] : 속적삼 배	2721	5429	1012	5079
賠	배( ) [平聲/上平 010 灰 회] : 물어줄 배	2722	1102	7687	560
輩	배( ) [仄聲/去聲 070 隊 대] : 무리 배	2723	5430	1013	5080
配	배( ) [仄聲/去聲 070 隊 대] : 나눌/짝 배	2724	5431	1014	5081
陪	배( ) [平聲/上平 010 灰 회] : 모실/도울 배	2725	1103	7688	561
坏	배( ) [平聲/上平 010 灰 회] : 언덕 배	2726	1104	7689	562
坯	배( ) [平聲/上平 010 灰 회] : 언덕 배	2727	1105	7690	563
扒	배( ) [仄聲/去聲 069 卦 괘] : 뺄 배	2728	5347	844	5082
蓓	배( ) [仄聲/上聲 040 賄 회] : 꽃봉오리 배	2729	3770	7766	3750
啡	배( ) [平聲/上平 010 灰 회] : 침뱉는소리 배	2730	1106	7691	564
啡*	배(비) [平聲/上平 010 灰 회] : 커피 비	2731	1107	7692	650
衃	배( ) [平聲/上平 010 灰 회] : 어혈 배	2732	1108	7693	565
醅	배( ) [平聲/上平 010 灰 회] : 술괼 배	2733	1109	7694	566

배열형식 A (韻族基準)		배열 A	배열 B	배열 C	배열 D
韻族	(*異音) [平仄 : 四聲 韻目No ,韻目 독음] : 略義	운족 가나순	운목 번호순	운목 가나순	사성순
痱	배( ) [仄聲/去聲 064 未 미] : 풍병 배	2734	4904	1918	5084
痱*	배(비) [仄聲/上聲 040 賄 회] : 풍병 비	2735	3771	7767	3845
伯	백( ) [仄聲/入聲 100 陌 맥] : 맏 백	2736	7392	1522	6587
伯*	백(패) [仄聲/入聲 100 陌 맥] : 우두머리/맹주 패	2737	7393	1523	7723
佰	백( ) [仄聲/入聲 100 陌 맥] : 일백 백	2738	7394	1524	6588
帛	백( ) [仄聲/入聲 100 陌 맥] : 비단 백	2739	7395	1525	6589
柏	백( ) [仄聲/入聲 100 陌 맥] : 측백나무 백	2740	7396	1526	6590
栢	백( ) [仄聲/入聲 100 陌 맥] : 측백나무 백	2741	7397	1527	6591
白	백( ) [仄聲/入聲 100 陌 맥] : 흰 백	2742	7398	1528	6592
白*	백(배) [仄聲/去聲 081 禡 마] : 땅이름 배	2743	6031	1442	6586
百	백( ) [仄聲/入聲 100 陌 맥] : 일백 백	2744	7399	1529	6593
百*	백(맥) [仄聲/入聲 100 陌 맥] : 힘쓸/길잡이 맥	2745	7400	1530	6478
魄	백( ) [仄聲/入聲 100 陌 맥] : 넋 백	2746	7401	1531	6594
魄*	백(박) [仄聲/入聲 099 藥 약] : 넋잃을 박	2747	7272	2940	6558
魄*	백(탁) [仄聲/入聲 100 陌 맥] : 넋잃을 탁	2748	7402	1532	7654
潘	번( ) [平聲/上平 013 元 원] : 쌀뜨물 번	2749	1411	4812	568
幡	번( ) [平聲/上平 013 元 원] : 기 번	2750	1412	4814	569
樊	번( ) [平聲/上平 013 元 원] : 울 번	2751	1413	4815	570
煩	번( ) [平聲/上平 013 元 원] : 번거로울 번	2752	1414	4816	571
燔	번( ) [平聲/上平 013 元 원] : 구울 번	2753	1415	4817	572
番	번( ) [平聲/上平 013 元 원] : 차례/번들 번	2754	1416	4818	573
番*	번(반) [平聲/上平 014 寒 한] : 차례/갈릴 반	2755	2104	88	3026
番*	번(파) [平聲/下平 020 歌 가] : 날랠/늙을 파	2756	1569	7198	540
繁	번( ) [平聲/上平 013 元 원] : 많을/성할 번	2757	1417	4819	574
繁*	번(반) [平聲/上平 014 寒 한] : 말배때끈 반	2758	1570	7199	541
蕃	번( ) [平聲/上平 013 元 원] : 불을/우거질 번	2759	1418	4820	575
藩	번( ) [平聲/上平 013 元 원] : 울/지경 번	2760	1419	4821	576
飜	번( ) [平聲/上平 013 元 원] : 번역할 번	2761	1420	4822	577
翻	번( ) [平聲/上平 013 元 원] : 날 번	2762	1421	4823	578
蘩	번( ) [平聲/上平 013 元 원] : 산흰쑥 번	2763	1422	4824	579
袢	번( ) [平聲/上平 013 元 원] : 속옷 번	2764	1423	4825	580
笲	번( ) [平聲/上平 013 元 원] : 폐백상자 번	2765	1424	4826	581
蹯	번( ) [平聲/上平 013 元 원] : 짐승발자욱 번	2766	1425	4827	582
拚	번( ) [平聲/上平 013 元 원] : 날을 번	2767	1426	4828	583
拚*	번(분) [仄聲/去聲 072 問 문] : 버릴 분	2768	5564	1769	5112
伐	벌( ) [仄聲/入聲 095 月 월] : 칠 벌	2769	6925	4980	6597

배열형식 A (韻族基準)		배열 A	배열 B	배열 C	배열 D
韻族	(*異音) [平仄 : 四聲 韻目No ,韻目 독음] : 略義	운족 가나순	운목 번호순	운목 가나순	사성순
筏	벌( ) [仄聲/入聲 095 月 월] : 뗏목 벌	2770	6926	4981	6598
罰	벌( ) [仄聲/入聲 095 月 월] : 벌할 벌	2771	6927	4982	6599
閥	벌( ) [仄聲/入聲 095 月 월] : 문벌 벌	2772	6928	4983	6600
凡	범( ) [平聲/下平 030 咸 함] : 무릇 범	2773	3207	7366	2190
帆	범( ) [平聲/下平 030 咸 함] : 돛 범	2774	3208	7367	2191
梵	범( ) [仄聲/去聲 089 陷 함] : 깨끗할/바라문 범	2775	6427	7399	6601
氾	범( ) [仄聲/去聲 089 陷 함] : 넘칠 범	2776	6428	7400	6602
汎	범( ) [平聲/上平 001 東 동] : 넓을 범	2777	58	1117	584
泛	범( ) [仄聲/去聲 089 陷 함] : 뜰/넓을 범	2778	6429	7401	6603
泛*	범(봉) [仄聲/上聲 032 腫 종] : 엎칠/덮을 봉	2779	3266	5576	3791
泛*	범(핍) [仄聲/入聲 106 洽 흡] : 물소리 핍	2780	7914	7881	7763
犯	범( ) [仄聲/上聲 059 豏 함] : 범할 범	2781	4657	1278	3751
範	범( ) [仄聲/上聲 059 豏 함] : 법 범	2782	4658	1279	3752
范	범( ) [仄聲/上聲 059 豏 함] : 성 범	2783	4659	1280	3753
笵	범( ) [仄聲/上聲 059 豏 함] : 법/틀 범	2784	4660	1281	3754
軓	범( ) [仄聲/上聲 059 豏 함] : 수레둘레나무 범	2785	4661	1282	3755
法	법( ) [仄聲/入聲 106 洽 흡] : 법 법	2786	7915	7882	6604
琺	법( ) [仄聲/入聲 106 洽 흡] : 법랑 법	2787	7916	7883	6605
僻	벽( ) [仄聲/入聲 100 陌 맥] : 궁벽할 벽	2788	7403	1533	6606
劈	벽( ) [仄聲/入聲 101 錫 석] : 빠갤 벽	2789	7579	2146	6607
壁	벽( ) [仄聲/入聲 101 錫 석] : 벽 벽	2790	7580	2147	6608
擘	벽( ) [仄聲/入聲 100 陌 맥] : 쪼갤/당길 벽	2791	7404	1534	6609
檗	벽( ) [仄聲/入聲 100 陌 맥] : 황벽나무 벽	2792	7405	1535	6610
璧	벽( ) [仄聲/入聲 100 陌 맥] : 옥 벽	2793	7406	1536	6611
癖	벽( ) [仄聲/入聲 100 陌 맥] : 적취 벽	2794	7407	1537	6612
碧	벽( ) [仄聲/入聲 100 陌 맥] : 푸를 벽	2795	7408	1538	6613
蘗	벽( ) [仄聲/入聲 100 陌 맥] : 황경나무 벽	2796	7409	1539	6614
闢	벽( ) [仄聲/入聲 100 陌 맥] : 열 벽	2797	7410	1540	6615
霹	벽( ) [仄聲/入聲 100 陌 맥] : 벼락 벽	2798	7411	1541	6616
擗	벽( ) [仄聲/入聲 100 陌 맥] : 가슴칠 벽	2799	7412	1542	6617
甓	벽( ) [仄聲/入聲 101 錫 석] : 벽돌 벽	2800	7581	2148	6618
糪	벽( ) [仄聲/入聲 100 陌 맥] : 선밥 벽	2801	7413	1543	6619
糪*	벽(팔) [仄聲/入聲 097 黠 힐] : 선떡 팔	2802	7051	7920	7718
便	변( ) [仄聲/去聲 076 霰 산] : 편할 변	2803	5756	2022	5086
卞	변( ) [仄聲/去聲 076 霰 산] : 성 변	2804	5757	2023	5087
變	변( ) [仄聲/去聲 076 霰 산] : 변할 변	2805	5758	2025	5089

배열형식 A (韻族基準)		배열 A	배열 B	배열 C	배열 D
韻族	(*異音) [平仄 : 四聲 韻目No ,韻目 독음] : 略義	운족 가나순	운목 번호순	운목 가나순	사성순
辨	변( ) [仄聲/上聲 046 銑 선] : 분별할 변	2806	4020	2390	3756
辯	변( ) [仄聲/上聲 046 銑 선] : 말씀 변	2807	4021	2391	3757
邊	변( ) [平聲/下平 016 先 선] : 가 변	2808	1690	2232	2193
忭	변( ) [仄聲/去聲 076 霰 산] : 기뻐할 변	2809	5759	2026	5090
籩	변( ) [平聲/下平 016 先 선] : 제기이름 변	2810	1691	2233	2194
辮	변( ) [仄聲/上聲 046 銑 선] : 땋을 변	2811	4022	2392	3758
閞	변( ) [仄聲/去聲 076 霰 산] : 문기둥접시받침 변	2812	5760	2027	5091
褊	변( ) [仄聲/上聲 046 銑 선] : 옷너풀거릴 변	2813	4023	2442	3761
褊*	변(편) [平聲/下平 016 先 선] : 좁을/급할 편	2814	1692	2355	3055
諞	변( ) [仄聲/上聲 046 銑 선] : 말교묘히할 변	2815	4024	2444	3762
諞*	변(편) [仄聲/上聲 046 銑 선] : 말교묘히할 편	2816	4025	2443	4527
別	별( ) [仄聲/入聲 098 屑 설] : 다를/나눌 별	2817	7120	2494	6623
瞥	별( ) [仄聲/入聲 098 屑 설] : 언뜻볼 별	2818	7121	2495	6624
鱉	별( ) [仄聲/入聲 098 屑 설] : 금계 별	2819	7122	2496	6625
鼈	별( ) [仄聲/上聲 036 語 어] : 자라 별	2820	3539	3506	3763
彆	별( ) [仄聲/入聲 098 屑 설] : 활 뒤틀릴 별	2821	7123	2497	6626
鷩	별( ) [仄聲/入聲 098 屑 설] : 금계 별	2822	7124	2498	6627
丙	병( ) [仄聲/上聲 054 梗 경] : 남녘 병	2823	4408	717	3764
倂	병( ) [仄聲/上聲 054 迥 형] : 아우를 병	2824	4442	718	3765
兵	병( ) [平聲/下平 023 庚 경] : 병사 병	2825	2556	560	2197
屛	병( ) [仄聲/上聲 054 梗 경] : 병풍 병	2826	4409	719	3766
幷	병( ) [平聲/下平 023 庚 경] : 아우를[=倂] 병	2827	2557	561	2198
昞	병( ) [仄聲/上聲 054 梗 경] : 밝을 병	2828	4410	720	3767
昺	병( ) [仄聲/上聲 054 梗 경] : 밝을 병	2829	4411	721	3768
柄	병( ) [仄聲/去聲 084 敬 경] : 자루 병	2830	6149	779	6631
棅	병( ) [仄聲/去聲 084 敬 경] : 자루 병	2831	6150	780	6632
炳	병( ) [仄聲/上聲 054 梗 경] : 불꽃 병	2832	4412	722	3769
甁	병( ) [平聲/下平 024 靑 청] : 병 병	2833	2713	6773	2199
病	병( ) [仄聲/去聲 084 敬 경] : 병 병	2834	6151	781	6633
秉	병( ) [仄聲/上聲 054 梗 경] : 잡을 병	2835	4413	723	3770
竝	병( ) [仄聲/上聲 054 迥 형] : 견줄/나란히 병	2836	4443	724	3771
竝*	병(반) [仄聲/上聲 044 旱 한] : 짝할 반	2837	3951	7270	3741
竝*	병(방) [仄聲/去聲 082 漾 양] : 연할 방	2838	6095	3368	6585
軿	병( ) [平聲/下平 016 先 선] : 거마소리 병	2839	1693	2234	2200
餠	병( ) [仄聲/上聲 054 梗 경] : 떡 병	2840	4414	725	3772
駢	병( ) [平聲/下平 016 先 선] : 한멍에에두필걸 병	2841	1694	2235	2201

A : (79 / 221)

배열형식 A (韻族基準)		배열 A	배열 B	배열 C	배열 D
韻族	(*異音) [平仄 : 四聲 韻目No ,韻目 독음] : 略義	운족 가나순	운목 번호순	운목 가나순	사성순
並	병( ) [仄聲/上聲 054 迥 형] : 아우를 병	2842	4444	726	3773
迸	병( ) [仄聲/去聲 084 敬 경] : 흩어저달아날 병	2843	6152	782	6634
倂	병( ) [仄聲/去聲 084 敬 경] : 아우를 병	2844	6153	783	6635
寎	병( ) [仄聲/上聲 054 梗 경] : 놀랄 병	2845	4415	727	3774
屛	병( ) [平聲/下平 024 靑 청] : 울타리 병	2846	2714	6774	2202
屛*	병(병) [仄聲/去聲 084 敬 경] : 물리칠 병	2847	6154	784	6636
怲	병( ) [仄聲/去聲 084 敬 경] : 근심 병	2848	6155	785	6637
摒	병( ) [仄聲/去聲 084 敬 경] : 제할/치울 병	2849	6156	786	6638
甁	병( ) [平聲/下平 024 靑 청] : 물장군 병	2850	2715	6775	2203
甹	병( ) [平聲/下平 024 靑 청] : 끌(曳也) 병	2851	2716	6776	2204
邴	병( ) [仄聲/去聲 084 敬 경] : 땅이름 병	2852	6157	788	6640
邴*	병(병) [仄聲/去聲 084 敬 경] : 땅이름 병	2853	6158	787	6639
餠	병( ) [仄聲/上聲 054 梗 경] : 떡 병	2854	4416	728	3775
鞞	병( ) [仄聲/上聲 034 紙 지] : 칼집 병	2855	3358	6079	3776
鞞*	병(비) [平聲/上平 004 支 지] : 말에맨북 비	2856	325	5783	683
浜	병( ) [平聲/下平 023 庚 경] : 갯고랑 병	2857	2558	566	2205
保	보( ) [仄聲/上聲 049 皓 호] : 지킬 보	2858	4183	7562	3777
堡	보( ) [仄聲/上聲 049 皓 호] : 작은성 보	2859	4184	7563	3778
報	보( ) [仄聲/去聲 079 號 호] : 대답할/고할 보	2860	5959	7620	6641
報*	보(부) [仄聲/去聲 066 遇 우] : 빠를 부	2861	5022	4691	5097
寶	보( ) [仄聲/上聲 049 皓 호] : 보배 보	2862	4185	7564	3779
普	보( ) [仄聲/上聲 037 麌 우] : 넓을 보	2863	3637	4581	3780
步	보( ) [仄聲/去聲 066 遇 우] : 걸음 보	2864	5023	4692	5092
潽	보( ) [仄聲/上聲 037 麌 우] : 물/강이름 보	2865	3638	4582	3781
琊	보( ) [仄聲/上聲 049 皓 호] : 보배 보	2866	4186	7565	3782
甫	보( ) [仄聲/上聲 037 麌 우] : 클 보	2867	3639	4583	3783
菩	보( ) [仄聲/去聲 066 遇 우] : 보리 보	2868	5024	4693	5093
補	보( ) [仄聲/上聲 037 麌 우] : 기울 보	2869	3640	4584	3784
褓	보( ) [仄聲/上聲 049 皓 호] : 포대기 보	2870	4187	7566	3785
譜	보( ) [仄聲/上聲 037 麌 우] : 족보 보	2871	3641	4585	3786
輔	보( ) [平聲/上平 007 虞 우] : 도울 보	2872	771	4183	586
簠	보( ) [仄聲/上聲 037 麌 우] : 제기이름 보	2873	3642	4586	3787
黼	보( ) [仄聲/上聲 037 麌 우] : 무늬/수놓은옷 보	2874	3643	4587	3788
洑	복( ) [仄聲/入聲 090 屋 옥] : 돌아흐를/보 복	2875	6490	3867	6645
洑*	복(보) [仄聲/入聲 090 屋 옥] : 돌아흐를/보 보	2876	6491	3868	6642
伏	복( ) [仄聲/入聲 090 屋 옥] : 엎드릴 복	2877	6492	3869	6646

배열형식 A (韻族基準)		배열 A	배열 B	배열 C	배열 D
韻族	(*異音) [平仄 : 四聲 韻目No ,韻目 독음] : 略義	운족 가나순	운목 번호순	운목 가나순	사성순
僕	복( ) [仄聲/入聲 090 屋 옥] : 종 복	2878	6493	3870	6647
匐	복( ) [仄聲/入聲 090 屋 옥] : 엎드릴 복	2879	6494	3872	6648
匐*	복(북) [仄聲/入聲 090 屋 옥] : 엎드릴 북	2880	6495	3871	6681
卜	복( ) [仄聲/入聲 090 屋 옥] : 점 복	2881	6496	3873	6649
宓	복( ) [仄聲/入聲 090 屋 옥] : 편안할/업드릴 복	2882	6497	3874	6650
宓*	복(밀) [仄聲/入聲 093 質 질] : 잠잠할 밀	2883	6754	6594	6531
復	복( ) [仄聲/入聲 090 屋 옥] : 돌아올 복	2884	6498	3876	6651
復*	복(부) [仄聲/入聲 090 屋 옥] : 다시/또 부	2885	6499	3875	6676
服	복( ) [仄聲/入聲 090 屋 옥] : 옷 복	2886	6500	3877	6652
福	복( ) [仄聲/入聲 090 屋 옥] : 복 복	2887	6501	3878	6653
腹	복( ) [仄聲/入聲 090 屋 옥] : 배 복	2888	6502	3879	6654
茯	복( ) [仄聲/入聲 090 屋 옥] : 복령 복	2889	6503	3880	6655
蔔	복( ) [仄聲/入聲 102 職 직] : 무 복	2890	7652	6220	6656
複	복( ) [仄聲/入聲 090 屋 옥] : 겹옷/복도 복	2891	6504	3881	6657
複*	복(부) [仄聲/去聲 085 宥 유] : 거듭 부	2892	6289	5171	6677
覆	복( ) [仄聲/入聲 090 屋 옥] : 덮을/엎어질 복	2893	6505	3882	6658
輹	복( ) [仄聲/入聲 090 屋 옥] : 복토 복	2894	6506	3883	6659
輻	복( ) [仄聲/入聲 090 屋 옥] : 바퀴살 복	2895	6507	3884	6660
輻*	복(폭) [仄聲/入聲 102 職 직] : 바퀴살통 폭	2896	7653	6221	7735
馥	복( ) [仄聲/入聲 090 屋 옥] : 향기 복	2897	6508	3885	6661
鰒	복( ) [仄聲/入聲 090 屋 옥] : 전복 복	2898	6509	3886	6662
幞	복( ) [仄聲/入聲 091 沃 옥] : 두건 복	2899	6625	4001	6663
扑	복( ) [仄聲/入聲 090 屋 옥] : 칠 복	2900	6510	3887	6664
濮	복( ) [仄聲/入聲 090 屋 옥] : 강이름 복	2901	6511	3888	6665
箙	복( ) [仄聲/入聲 090 屋 옥] : 화살통 복	2902	6512	3889	6666
蝠	복( ) [仄聲/入聲 090 屋 옥] : 박쥐 복	2903	6513	3890	6667
蝮	복( ) [仄聲/入聲 090 屋 옥] : 살무사 복	2904	6514	3891	6668
楅	복( ) [仄聲/入聲 090 屋 옥] : 쇠뿔가로대 복	2905	6515	3892	6669
楅*	복(벽) [仄聲/入聲 090 屋 옥] : 쇠뿔가로대 벽	2906	6516	3893	6620
葍	복( ) [仄聲/入聲 090 屋 옥] : 금불초 복	2907	6517	3894	6670
鍑	복( ) [仄聲/去聲 085 宥 유] : 아가리큰솥 복	2908	6290	5172	6671
踣	복( ) [仄聲/去聲 085 宥 유] : 엎드러질/쓰러질 복	2909	6291	5175	6673
踣*	복(부) [仄聲/入聲 102 職 직] : 엎드러질/쓰러질 부	2910	7654	6224	6680
輻	복( ) [仄聲/入聲 091 沃 옥] : 바퀴살 복	2911	6626	4041	6675
輻*	복(폭) [仄聲/入聲 102 職 직] : 바퀴살통 폭	2912	7655	6296	7741
本	본( ) [仄聲/上聲 043 阮 완] : 근본 본	2913	3890	4070	3790

A : (81 / 221)

배열형식 A (韻族基準)		배열 A	배열 B	배열 C	배열 D
韻族	(*異音) [平仄 : 四聲 韻目No ,韻目 독음] : 略義	운족 가나순	운목 번호순	운목 가나순	사성순
俸	봉( ) [仄聲/去聲 061 宋 송] : 녹 봉	2914	4695	2850	5094
奉	봉( ) [仄聲/上聲 032 腫 종] : 받들 봉	2915	3267	5577	3792
封	봉( ) [平聲/上平 002 冬 동] : 봉할 봉	2916	133	1192	588
峯	봉( ) [平聲/上平 002 冬 동] : 산봉우리 봉	2917	134	1193	589
峰	봉( ) [平聲/上平 002 冬 동] : 봉우리 봉	2918	135	1194	590
捧	봉( ) [仄聲/上聲 032 腫 종] : 받들 봉	2919	3268	5578	3793
棒	봉( ) [仄聲/上聲 033 講 강] : 몽둥이 봉	2920	3298	466	3794
烽	봉( ) [平聲/上平 002 冬 동] : 봉화 봉	2921	136	1195	591
熢	봉( ) [仄聲/上聲 031 董 동] : 연기자욱할 봉	2922	3249	1265	3795
琫	봉( ) [仄聲/上聲 031 董 동] : 칼집장식 봉	2923	3250	1266	3796
縫	봉( ) [平聲/上平 002 冬 동] : 꿰맬 봉	2924	137	1196	592
蓬	봉( ) [平聲/上平 001 東 동] : 쑥 봉	2925	59	1118	593
蜂	봉( ) [平聲/上平 002 冬 동] : 벌 봉	2926	138	1197	594
逢	봉( ) [平聲/上平 003 江 강] : 만날 봉	2927	214	452	595
鋒	봉( ) [平聲/上平 002 冬 동] : 봉망/끝 봉	2928	139	1198	596
鳳	봉( ) [仄聲/去聲 060 送 송] : 새 봉	2929	4674	2829	5095
丰	봉( ) [平聲/上平 002 冬 동] : 예쁠 봉	2930	140	1199	597
篷	봉( ) [平聲/上平 001 東 동] : 뜸 봉	2931	60	1119	598
賵	봉( ) [仄聲/去聲 060 送 송] : 보낼 봉	2932	4675	2830	5096
付	부( ) [仄聲/去聲 066 遇 우] : 부칠 부	2933	5025	4694	5098
俯	부( ) [仄聲/上聲 037 麌 우] : 숙일/구부릴 부	2934	3644	4588	3797
傅	부( ) [仄聲/去聲 066 遇 우] : 스승 부	2935	5026	4695	5099
剖	부( ) [仄聲/上聲 037 麌 우] : 가를 부	2936	3645	4589	3798
副	부( ) [仄聲/去聲 085 宥 유] : 버금 부	2937	6292	5173	6678
副*	부(벽) [仄聲/入聲 102 職 직] : 순산될 벽	2938	6518	3895	6672
副*	부(복) [仄聲/入聲 090 屋 옥] : 쪼갤 복	2939	7656	6222	6621
否	부( ) [仄聲/上聲 055 有 유] : 아닐 부	2940	4508	5060	3799
否*	부(비) [仄聲/上聲 034 紙 지] : 막힐/더러울/악할 비	2941	3359	6064	3824
咐	부( ) [平聲/上平 007 虞 우] : 분부할 부	2942	772	4184	599
埠	부( ) [仄聲/去聲 066 遇 우] : 부두 부	2943	5027	4696	5100
夫	부( ) [平聲/上平 007 虞 우] : 지아비 부	2944	773	4185	600
婦	부( ) [仄聲/上聲 055 有 유] : 며느리 부	2945	4509	5061	3800
孚	부( ) [平聲/上平 007 虞 우] : 미쁠 부	2946	774	4186	601
孵	부( ) [平聲/上平 007 虞 우] : 알깔 부	2947	775	4187	602
富	부( ) [仄聲/去聲 085 宥 유] : 부자 부	2948	6293	5174	6679
府	부( ) [仄聲/上聲 037 麌 우] : 관청 부	2949	3646	4590	3801

배열형식 A (韻族基準)		배열 A	배열 B	배열 C	배열 D
韻族	(*異音) [平仄 : 四聲 韻目No ,韻目 독음] : 略義	운족 가나순	운목 번호순	운목 가나순	사성순
扶	부( ) [平聲/上平 007 虞 우] : 도울 부	2950	776	4188	603
敷	부( ) [平聲/上平 007 虞 우] : 펼 부	2951	777	4189	604
斧	부( ) [仄聲/上聲 037 麌 우] : 도끼 부	2952	3647	4591	3802
浮	부( ) [平聲/下平 026 尤 우] : 뜰 부	2953	2904	4412	2206
溥	부( ) [仄聲/上聲 037 麌 우] : 펼/클/두루 부	2954	3648	4592	3803
溥*	부(박) [仄聲/上聲 037 麌 우] : 물이름 박	2955	3649	4593	3736
父	부( ) [仄聲/上聲 037 麌 우] : 아비 부	2956	3650	4594	3804
父*	부(보) [仄聲/上聲 037 麌 우] : 남자의미칭 보	2957	3651	4595	3789
符	부( ) [平聲/上平 007 虞 우] : 부호 부	2958	778	4190	605
簿	부( ) [仄聲/上聲 037 麌 우] : 문서/치부 부	2959	3652	4596	3805
簿*	부(박) [仄聲/入聲 099 藥 약] : 누에발 박	2960	7273	2941	6559
缶	부( ) [仄聲/上聲 055 有 유] : 장군 부	2961	4510	5062	3806
腐	부( ) [仄聲/上聲 037 麌 우] : 썩을 부	2962	3653	4597	3807
腑	부( ) [仄聲/上聲 037 麌 우] : 장부 부	2963	3654	4598	3808
膚	부( ) [平聲/上平 007 虞 우] : 살갗 부	2964	779	4191	606
艀	부( ) [平聲/下平 026 尤 우] : 작은배 부	2965	2905	4413	2207
芙	부( ) [平聲/上平 007 虞 우] : 부용 부	2966	780	4192	607
莩	부( ) [平聲/上平 007 虞 우] : 풀이름 부	2967	781	4193	608
訃	부( ) [仄聲/去聲 066 遇 우] : 통부할/부고 부	2968	5028	4697	5101
負	부( ) [仄聲/上聲 055 有 유] : 질 부	2969	4511	5063	3809
賦	부( ) [仄聲/去聲 066 遇 우] : 부세 부	2970	5029	4698	5102
賻	부( ) [仄聲/去聲 066 遇 우] : 부의 부	2971	5030	4699	5103
赴	부( ) [仄聲/去聲 066 遇 우] : 갈 부	2972	5031	4700	5104
趺	부( ) [平聲/上平 007 虞 우] : 책상다리할 부	2973	782	4194	609
部	부( ) [仄聲/上聲 037 麌 우] : 떼 부	2974	3655	4599	3810
釜	부( ) [仄聲/上聲 037 麌 우] : 가마 부	2975	3656	4600	3811
阜	부( ) [仄聲/上聲 055 有 유] : 언덕 부	2976	4512	5064	3812
附	부( ) [仄聲/去聲 066 遇 우] : 붙을 부	2977	5032	4701	5105
駙	부( ) [仄聲/去聲 066 遇 우] : 곁마 부	2978	5033	4702	5106
鳧	부( ) [平聲/上平 007 虞 우] : 오리 부	2979	783	4195	610
仆	부( ) [仄聲/去聲 066 遇 우] : 엎드릴 부	2980	5034	4703	5107
俘	부( ) [平聲/上平 007 虞 우] : 사로잡을/포로 부	2981	784	4196	611
拊	부( ) [仄聲/上聲 037 麌 우] : 어루만질 부	2982	3657	4601	3813
桴	부( ) [平聲/下平 026 尤 우] : 마룻대 부	2983	2906	4414	2208
祔	부( ) [仄聲/去聲 066 遇 우] : 합사(合祀)할 부	2984	5035	4704	5108
罘	부( ) [平聲/下平 026 尤 우] : 그물 부	2985	2907	4415	2209

배열형식 A (韻族基準)		배열 A	배열 B	배열 C	배열 D
韻族	(*異音) [平仄 : 四聲 韻目No ,韻目 독음] : 略義	운족 가나순	운목 번호순	운목 가나순	사성순
罦	부( ) [平聲/下平 026 尤 우] : 그물 부	2986	2908	4416	2210
苿	부( ) [平聲/下平 026 尤 우] : 질경이 부	2987	2909	4417	2211
苻	부( ) [平聲/上平 007 虞 우] : 귀목풀 부	2988	785	4197	612
蜉	부( ) [平聲/下平 026 尤 우] : 하루살이 부	2989	2910	4418	2212
裒	부( ) [平聲/下平 026 尤 우] : 모일 부	2990	2911	4419	2213
跗	부( ) [仄聲/去聲 066 遇 우] : 발등 부	2991	5036	4705	5109
鈇	부( ) [平聲/上平 007 虞 우] : 도끼 부	2992	786	4198	613
鮒	부( ) [仄聲/去聲 066 遇 우] : 붕어 부	2993	5037	4706	5110
麩	부( ) [平聲/上平 007 虞 우] : 밀 부	2994	787	4199	614
弣	부( ) [仄聲/上聲 037 麌 우] : 줌통 부	2995	3658	4602	3814
柎	부( ) [平聲/上平 007 虞 우] : 뗏목 부	2996	788	4200	615
泭	부( ) [平聲/上平 007 虞 우] : 물거품 부	2997	789	4201	616
烰	부( ) [平聲/下平 026 尤 우] : 김오를 부	2998	2912	4420	2214
痡	부( ) [平聲/上平 007 虞 우] : 앓을 부	2999	790	4202	617
蚹	부( ) [仄聲/去聲 066 遇 우] : 비늘 부	3000	5038	4707	5111
郛	부( ) [平聲/上平 007 虞 우] : 말채 부	3001	791	4203	618
鄜	부( ) [平聲/上平 007 虞 우] : 땅이름 부	3002	792	4204	619
鬴	부( ) [平聲/下平 029 鹽 염] : 가마솥 부	3003	3154	3626	2215
鴀	부( ) [仄聲/上聲 055 有 유] : 오디새 부	3004	4513	5065	3815
不	부( ) [仄聲/入聲 095 月 월] : 아니 부	3005	6929	4984	6684
不*	부(불) [仄聲/入聲 095 月 월] : 않을 불	3006	2913	4421	2216
枹	부( ) [平聲/上平 007 虞 우] : 북채 부	3007	793	4311	620
枹*	부(포) [平聲/下平 018 肴 효] : 굴싸리 포	3008	1961	7826	3078
北	북( ) [仄聲/入聲 102 職 직] : 북녘 북	3009	7657	6223	6682
北*	북(배) [仄聲/去聲 070 隊 대] : 패할/배반할/나눌 배	3010	5432	1015	5083
鳻	분( ) [平聲/上平 012 文 문] : 파랑새 분	3011	1323	1693	622
鳻*	분(반) [平聲/上平 015 刪 산] : 뻐꾸기 반	3012	1632	1956	539
分	분( ) [仄聲/去聲 072 問 문] : 나눌 분	3013	5565	1770	5113
吩	분( ) [平聲/上平 012 文 문] : 분부할 분	3014	1324	1694	623
噴	분( ) [平聲/上平 013 元 원] : 꾸짖을/뿜을 분	3015	1427	4829	624
墳	분( ) [仄聲/上聲 042 吻 문] : 무덤 분	3016	3856	1753	3816
奔	분( ) [平聲/上平 013 元 원] : 달릴 분	3017	1428	4830	625
奮	분( ) [仄聲/去聲 072 問 문] : 떨칠 분	3018	5566	1771	5114
忿	분( ) [仄聲/上聲 042 吻 문] : 성낼 분	3019	3857	1754	3817
憤	분( ) [仄聲/上聲 042 吻 문] : 분할 분	3020	3858	1755	3818
扮	분( ) [平聲/上平 012 文 문] : 움큼/잡을 분	3021	1325	1695	626

A : (84 / 221)

배열형식 A (韻族基準)		배열 A	배열 B	배열 C	배열 D
韻族	(*異音) [平仄 : 四聲 韻目No ,韻目 독음] : 略義	운족 가나순	운목 번호순	운목 가나순	사성순
扮*	분(반) [仄聲/去聲 075 諫 간] : 꾸밀 반	3022	5704	269	5072
汾	분( ) [平聲/上平 012 文 문] : 클 분	3023	1326	1696	627
焚	분( ) [平聲/上平 012 文 문] : 불사를 분	3024	1327	1697	628
盆	분( ) [平聲/上平 013 元 원] : 동이 분	3025	1429	4831	629
粉	분( ) [仄聲/上聲 042 吻 문] : 가루 분	3026	3859	1756	3819
糞	분( ) [仄聲/去聲 072 問 문] : 똥 분	3027	5567	1772	5115
紛	분( ) [平聲/上平 012 文 문] : 어지러울 분	3028	1328	1698	630
芬	분( ) [平聲/上平 012 文 문] : 향기 분	3029	1329	1699	631
賁	분( ) [平聲/上平 012 文 문] : 열매많이열릴 분	3030	1330	1700	632
雰	분( ) [平聲/上平 012 文 문] : 안개 분	3031	1331	1702	634
体	분( ) [仄聲/上聲 043 阮 완] : 용렬할 분	3032	3891	4071	3820
枌	분( ) [平聲/上平 012 文 문] : 나무이름 분	3033	1332	1703	635
棼	분( ) [平聲/上平 012 文 문] : 마룻대 분	3034	1333	1704	636
氛	분( ) [平聲/上平 012 文 문] : 기운 분	3035	1334	1705	637
湓	분( ) [平聲/上平 013 元 원] : 용솟음할 분	3036	1430	4832	638
濆	분( ) [平聲/上平 012 文 문] : 뿜을 분	3037	1335	1706	639
畚	분( ) [仄聲/上聲 043 阮 완] : 삼태기 분	3038	3892	4072	3821
笨	분( ) [仄聲/上聲 043 阮 완] : 거칠/투박할 분	3039	3893	4073	3822
肦	분( ) [平聲/上平 012 文 문] : 머리클 분	3040	1336	1707	640
肦*	분(반) [平聲/上平 015 刪 산] : 부세/구실 반	3041	1633	1957	543
蕡	분( ) [平聲/上平 012 文 문] : 꾸밀 분	3042	1337	1708	641
鼢	분( ) [平聲/上平 012 文 문] : 두더지 분	3043	1338	1709	642
僨	분( ) [仄聲/去聲 072 問 문] : 넘어질 분	3044	5568	1773	5116
羒	분( ) [平聲/上平 012 文 문] : 숫흰양 분	3045	1339	1710	643
豶	분( ) [平聲/上平 012 文 문] : 불깐돼지 분	3046	1340	1711	644
饙	분( ) [平聲/上平 012 文 문] : 밥잦힐 분	3047	1341	1712	645
黂	분( ) [平聲/上平 012 文 문] : 쌈지 분	3048	1342	1713	646
蕡	분( ) [平聲/上平 012 文 문] : 북 분	3049	1343	1714	647
佛	불( ) [仄聲/入聲 094 物 물] : 부처/도울/깨달을 불	3050	6865	1798	6685
佛*	불(필) [仄聲/入聲 093 質 질] : 홍할/도울 필	3051	6755	6595	7742
弗	불( ) [仄聲/入聲 094 物 물] : 아닐/말 불	3052	6866	1799	6686
彿	불( ) [仄聲/入聲 094 物 물] : 비슷할 불	3053	6867	1800	6687
拂	불( ) [仄聲/入聲 094 物 물] : 떨칠 불	3054	6868	1801	6688
拂*	불(필) [仄聲/入聲 093 質 질] : 도울 필	3055	6756	6596	7743
祓	불( ) [仄聲/入聲 094 物 물] : 푸닥거리할 불	3056	6869	1802	6689
茀	불( ) [仄聲/入聲 094 物 물] : 우거질 불	3057	6870	1803	6690

배열형식 A (韻族基準)		배열 A	배열 B	배열 C	배열 D
韻族	(*異音) [平仄 : 四聲 韻目No ,韻目 독음] : 略義	운족 가나순	운목 번호순	운목 가나순	사성순
髴	불( ) [仄聲/入聲 094 物 물] : 비슷할 불	3058	6871	1804	6691
黻	불( ) [仄聲/入聲 094 物 물] : 수 불	3059	6872	1805	6692
咈	불( ) [仄聲/入聲 094 物 물] : 어길 불	3060	6873	1806	6693
帗	불( ) [仄聲/去聲 070 隊 대] : 춤수건 불	3061	5433	1016	5117
笰	불( ) [仄聲/入聲 094 物 물] : 수레뒷창문 불	3062	6874	1807	6694
紼	불( ) [仄聲/入聲 094 物 물] : 얽힌삼가락 불	3063	6875	1808	6695
芾	불( ) [仄聲/去聲 064 未 미] : 작은모양 불	3064	4905	1916	5118
芾*	불(비) [仄聲/去聲 064 未 미] : 나무더부룩할 비	3065	4906	1917	5138
芾*	불(패) [仄聲/去聲 068 泰 태] : 나무더부룩할 패	3066	5291	7103	5783
崩	붕( ) [平聲/下平 025 蒸 증] : 무너질 붕	3067	2779	5625	2217
朋	붕( ) [平聲/下平 025 蒸 증] : 벗 붕	3068	2780	5626	2218
棚	붕( ) [平聲/下平 023 庚 경] : 시렁 붕	3069	2559	562	2219
繃	붕( ) [平聲/下平 023 庚 경] : 묶을 붕	3070	2560	565	2221
鵬	붕( ) [平聲/下平 025 蒸 증] : 봉새 붕	3071	2781	5627	2222
朏	비( ) [仄聲/上聲 035 尾 미] : 초사흘달빛 비	3072	3499	1871	3823
朏*	비(불) [仄聲/入聲 095 月 월] : 먼동틀 불	3073	6930	4955	6683
賁	비( ) [仄聲/去聲 063 寘 치] : 꾸밀/괘이름 비	3074	4756	6863	5119
賁*	비(분) [平聲/上平 012 文 문] : 클/날랠 분	3075	1344	1701	633
丕	비( ) [平聲/上平 004 支 지] : 클 비	3076	326	5765	651
備	비( ) [仄聲/去聲 063 寘 치] : 갖출 비	3077	4757	6864	5120
匕	비( ) [仄聲/上聲 034 紙 지] : 숟가락 비	3078	3360	6065	3825
匪	비( ) [仄聲/上聲 035 尾 미] : 비적/도적 비	3079	3500	1881	3826
匪*	비(분) [平聲/上平 012 文 문] : 나눌 분	3080	1345	1715	648
卑	비( ) [平聲/上平 004 支 지] : 낮을 비	3081	327	5766	652
妃	비( ) [平聲/上平 005 微 미] : 왕비 비	3082	584	1838	653
婢	비( ) [仄聲/上聲 034 紙 지] : 계집종 비	3083	3361	6066	3827
庇	비( ) [仄聲/去聲 063 寘 치] : 덮을 비	3084	4758	6865	5121
悲	비( ) [平聲/上平 004 支 지] : 슬플 비	3085	328	5767	654
憊	비( ) [仄聲/去聲 069 卦 괘] : 고달플 비	3086	5348	845	5122
扉	비( ) [平聲/上平 005 微 미] : 문짝 비	3087	585	1839	655
批	비( ) [仄聲/上聲 034 紙 지] : 밀칠/깎을/비평할 비	3088	3362	6067	3828
批*	비(별) [仄聲/入聲 098 屑 설] : 찔러밀칠 별	3089	7125	2499	6628
斐	비( ) [仄聲/上聲 035 尾 미] : 오락가락할 비	3090	3501	1882	3829
枇	비( ) [平聲/上平 004 支 지] : 비파나무 비	3091	329	5768	656
榧	비( ) [仄聲/上聲 035 尾 미] : 비자나무 비	3092	3502	1883	3830
比	비( ) [平聲/上平 004 支 지] : 비교할/견줄 비	3093	330	5769	657

배열형식 A (韻族基準)		배열 A	배열 B	배열 C	배열 D
韻族	(*異音) [平仄 : 四聲 韻目No ,韻目 독음] : 略義	운족 가나순	운목 번호순	운목 가나순	사성순
比*	비(필) [仄聲/入聲 093 質 질] : 차례 필	3094	6757	6597	7744
毖	비( ) [仄聲/去聲 063 寘 치] : 삼갈 비	3095	4759	6866	5123
毗	비( ) [平聲/上平 004 支 지] : 도울 비	3096	331	5770	658
毘	비( ) [平聲/上平 004 支 지] : 도울 비	3097	332	5771	659
沸	비( ) [仄聲/去聲 064 未 미] : 끓을 비	3098	4907	1911	5124
泌	비( ) [仄聲/去聲 063 寘 치] : 샘물졸졸흐를 비	3099	4760	6867	5125
琵	비( ) [平聲/下平 021 麻 마] : 비파 비	3100	2193	1316	2223
痺	비( ) [平聲/上平 004 支 지] : 암메추라기 비	3101	333	5772	660
砒	비( ) [平聲/上平 008 齊 제] : 비상 비	3102	949	5304	661
碑	비( ) [平聲/上平 004 支 지] : 비석 비	3103	334	5773	662
秕	비( ) [仄聲/上聲 034 紙 지] : 쭉정이 비	3104	3363	6068	3831
秘	비( ) [仄聲/去聲 063 寘 치] : 쭉정이 비	3105	4761	6868	5126
粃	비( ) [仄聲/上聲 034 紙 지] : 쭉정이 비	3106	3364	6069	3832
緋	비( ) [平聲/上平 005 微 미] : 비단 비	3107	586	1840	663
翡	비( ) [仄聲/去聲 064 未 미] : 물총새 비	3108	4908	1912	5127
肥	비( ) [平聲/上平 005 微 미] : 살찔 비	3109	587	1841	664
脾	비( ) [平聲/上平 004 支 지] : 지라 비	3110	335	5774	665
臂	비( ) [仄聲/去聲 063 寘 치] : 팔 비	3111	4762	6869	5128
菲	비( ) [仄聲/上聲 035 尾 미] : 엷을/무성할 비	3112	3503	1884	3833
蜚	비( ) [仄聲/上聲 035 尾 미] : 바퀴 비	3113	3504	1885	3834
裨	비( ) [平聲/上平 004 支 지] : 도울 비	3114	336	5775	666
誹	비( ) [仄聲/上聲 035 尾 미] : 헐뜯을 비	3115	3505	1886	3835
譬	비( ) [仄聲/去聲 063 寘 치] : 비유할 비	3116	4763	6870	5129
費	비( ) [仄聲/去聲 064 未 미] : 쓸 비	3117	4909	1913	5130
鄙	비( ) [仄聲/上聲 034 紙 지] : 마을 비	3118	3365	6070	3836
非	비( ) [平聲/上平 005 微 미] : 아닐/없을 비	3119	588	1842	667
飛	비( ) [平聲/上平 005 微 미] : 날 비	3120	589	1843	668
鼻	비( ) [仄聲/去聲 063 寘 치] : 코 비	3121	4764	6871	5131
仳	비( ) [仄聲/上聲 034 紙 지] : 떠날 비	3122	3366	6071	3837
俾	비( ) [仄聲/上聲 034 紙 지] : 더할 비	3123	3367	6072	3838
剕	비( ) [仄聲/去聲 064 未 미] : 발벨 비	3124	4910	1914	5132
圮	비( ) [仄聲/上聲 034 紙 지] : 무너질 비	3125	3368	6073	3839
埤	비( ) [平聲/上平 004 支 지] : 더할 비	3126	337	5776	669
妣	비( ) [仄聲/上聲 034 紙 지] : 죽은어미 비	3127	3369	6074	3840
屁	비( ) [仄聲/去聲 063 寘 치] : 방귀 비	3128	4765	6872	5133
棐	비( ) [仄聲/上聲 035 尾 미] : 비자나무 비	3129	3506	1887	3841

배열형식 A (韻族基準)		배열 A	배열 B	배열 C	배열 D
韻族	(*異音) [平仄 : 四聲 韻目No ,韻目 독음] : 略義	운족 가나순	운목 번호순	운목 가나순	사성순
椑	비( ) [平聲/上平 008 齊 제] : 술통 비	3130	950	5305	670
狒	비( ) [仄聲/去聲 064 未 미] : 비비 비	3131	4911	1915	5134
痞	비( ) [仄聲/上聲 034 紙 지] : 뱃속결릴 비	3132	3370	6075	3842
痹	비( ) [仄聲/去聲 063 寘 치] : 저릴 비	3133	4766	6873	5135
睥	비( ) [仄聲/去聲 067 霽 제] : 흘겨볼 비	3134	5154	5451	5136
祕	비( ) [仄聲/去聲 063 寘 치] : 숨길 비	3135	4767	6874	5137
紕	비( ) [平聲/上平 004 支 지] : 합사 비	3136	338	5777	671
紕*	비(치) [仄聲/上聲 034 紙 지] : 길쌈모시 치	3137	3371	6076	4467
羆	비( ) [平聲/上平 004 支 지] : 말곰 비	3138	339	5778	672
腓	비( ) [平聲/上平 005 微 미] : 장딴지 비	3139	590	1844	673
蓖	비( ) [平聲/上平 008 齊 제] : 아주까리 비	3140	951	5306	674
蚍	비( ) [平聲/上平 004 支 지] : 왕개미 비	3141	340	5779	675
貔	비( ) [平聲/上平 004 支 지] : 맹수이름 비	3142	341	5780	676
轡	비( ) [仄聲/去聲 063 寘 치] : 고삐 비	3143	4768	6875	5139
閟	비( ) [仄聲/去聲 063 寘 치] : 닫을 비	3144	4769	6876	5140
霏	비( ) [平聲/上平 005 微 미] : 눈펄펄내릴 비	3145	591	1845	677
髀	비( ) [仄聲/上聲 034 紙 지] : 넓적다리 비	3146	3372	6077	3843
髀*	비(폐) [仄聲/上聲 038 薺 제] : 볼기짝 폐	3147	3717	5379	4529
鼙	비( ) [平聲/上平 008 齊 제] : 마상고(馬上鼓) 비	3148	952	5307	678
伾	비( ) [平聲/上平 004 支 지] : 힘센 비	3149	342	5781	679
嚭	비( ) [仄聲/上聲 034 紙 지] : 클 비	3150	3373	6078	3844
媲	비( ) [仄聲/去聲 067 霽 제] : 짝 비	3151	5155	5452	5141
柲	비( ) [仄聲/去聲 063 寘 치] : 창자루 비	3152	4770	6877	5142
柲*	비(필) [仄聲/入聲 093 質 질] : 창자루 필	3153	6758	6598	7745
畀	비( ) [仄聲/去聲 063 寘 치] : 줄 비	3154	4771	6878	5143
篚	비( ) [仄聲/上聲 035 尾 미] : 대광주리 비	3155	3507	1888	3846
萉	비( ) [平聲/上平 005 微 미] : 피할/삼씨 비	3156	592	1846	680
萉*	비(복) [仄聲/入聲 102 職 직] : 무 복	3157	7658	6225	6674
蟦	비( ) [平聲/上平 005 微 미] : 해파리 비	3158	593	1847	681
蟦*	비(분) [平聲/上平 013 元 원] : 굴 분	3159	1431	4833	649
蠯	비( ) [平聲/上平 008 齊 제] : 긴맛조개 비	3160	953	5308	682
蠯*	비(패) [平聲/上平 004 支 지] : 조개 패	3161	343	5782	1446
魾	비( ) [平聲/上平 010 灰 회] : 방어 비	3162	1110	7695	684
泌	비( ) [仄聲/去聲 063 寘 치] : 스며흐를 비	3163	4772	6995	5144
泌*	비(필) [仄聲/入聲 093 質 질] : 개천물 필	3164	6759	6673	7749
嚬	빈( ) [平聲/上平 011 眞 진] : 찡그릴 빈	3165	1208	6347	685

A : (88 / 221)

배열형식 A (韻族基準)		배열 A	배열 B	배열 C	배열 D
韻族	(*異音) [平仄 : 四聲 韻目No ,韻目 독음] : 略義	운족 가나순	운목 번호순	운목 가나순	사성순
嬪	빈( ) [平聲/上平 011 眞 진] : 아내 빈	3166	1209	6348	686
彬	빈( ) [平聲/上平 011 眞 진] : 빛날 빈	3167	1210	6349	687
斌	빈( ) [平聲/上平 011 眞 진] : 빛날 빈	3168	1211	6350	688
檳	빈( ) [平聲/上平 011 眞 진] : 빈랑나무 빈	3169	1212	6351	689
殯	빈( ) [仄聲/去聲 071 震 진] : 염할 빈	3170	5494	6513	5145
濱	빈( ) [平聲/上平 011 眞 진] : 물가 빈	3171	1213	6352	690
瀕	빈( ) [平聲/上平 011 眞 진] : 물가/임박할 빈	3172	1214	6353	691
牝	빈( ) [仄聲/上聲 041 軫 진] : 암컷 빈	3173	3810	6460	3847
玭	빈( ) [平聲/上平 011 眞 진] : 소리나는진주 빈	3174	1215	6354	692
玭*	빈(변) [平聲/上平 004 支 지] : 구슬이름 변	3175	344	5784	585
貧	빈( ) [平聲/上平 011 眞 진] : 가난할 빈	3176	1216	6355	693
賓	빈( ) [平聲/上平 011 眞 진] : 손 빈	3177	1217	6356	694
頻	빈( ) [平聲/上平 011 眞 진] : 자주 빈	3178	1218	6357	695
儐	빈( ) [仄聲/去聲 071 震 진] : 인도할 빈	3179	5495	6514	5146
擯	빈( ) [仄聲/去聲 071 震 진] : 물리칠 빈	3180	5496	6515	5147
繽	빈( ) [平聲/上平 011 眞 진] : 어지러울 빈	3181	1219	6358	696
蘋	빈( ) [平聲/上平 011 眞 진] : 개구리밥 빈	3182	1220	6359	697
豳	빈( ) [平聲/上平 011 眞 진] : 얼룩 빈	3183	1221	6360	698
顰	빈( ) [平聲/上平 011 眞 진] : 찡그릴 빈	3184	1222	6361	699
鬢	빈( ) [仄聲/去聲 071 震 진] : 살쩍/귀밑털 빈	3185	5497	6516	5148
蠙	빈( ) [平聲/下平 016 先 선] : 씹조개 빈	3186	1695	2236	2224
憑	빙( ) [仄聲/去聲 085 徑 경] : 기댈 빙	3187	6207	5176	6696
氷	빙( ) [平聲/下平 025 蒸 증] : 얼음 빙	3188	2782	5628	2225
聘	빙( ) [仄聲/去聲 084 敬 경] : 부를 빙	3189	6159	789	6697
騁	빙( ) [仄聲/上聲 054 梗 경] : 달릴 빙	3190	4417	729	3848
冰	빙( ) [平聲/下平 025 蒸 증] : 얼음 빙	3191	2783	5629	2226
娉	빙( ) [仄聲/去聲 084 敬 경] : 장가들 빙	3192	6160	790	6698
俜	빙( ) [平聲/下平 024 靑 청] : 비틀거릴 빙	3193	2717	6777	2227
馮	빙( ) [平聲/下平 025 蒸 증] : 탈[乘也] 빙	3194	2784	5660	2228
馮*	빙(풍) [平聲/上平 001 東 동] : 물귀신이름 풍	3195	61	1163	1460
乍	사( ) [仄聲/去聲 081 禡 마] : 잠깐 사	3196	6032	1443	6699
事	사( ) [仄聲/去聲 063 寘 치] : 일 사	3197	4773	6879	5149
些	사( ) [仄聲/去聲 080 箇 개] : 적을 사	3198	5998	489	6700
仕	사( ) [仄聲/上聲 034 紙 지] : 섬길 사	3199	3374	6080	3850
伺	사( ) [仄聲/去聲 063 寘 치] : 엿볼 사	3200	4774	6880	5150
似	사( ) [仄聲/上聲 034 紙 지] : 닮을 사	3201	3375	6081	3851

A : (89 / 221)

배열형식 A (韻族基準)		배열 A	배열 B	배열 C	배열 D
韻族	(*異音) [平仄 : 四聲 韻目No ,韻目 독음] : 略義	운족 가나순	운목 번호순	운목 가나순	사성순
使	사( ) [仄聲/上聲 034 紙 지] : 하여금/부릴 사	3202	3376	6082	3852
俟	사( ) [仄聲/上聲 034 紙 지] : 기다릴 사	3203	3377	6083	3853
傞	사( ) [仄聲/去聲 063 寘 치] : 잘게부술 사	3204	4775	6881	5151
史	사( ) [仄聲/上聲 034 紙 지] : 사기 사	3205	3378	6084	3854
司	사( ) [平聲/上平 004 支 지] : 맡을 사	3206	345	5785	701
唆	사( ) [平聲/下平 020 歌 가] : 부추킬 사	3207	2105	89	2230
嗣	사( ) [仄聲/去聲 063 寘 치] : 이을 사	3208	4776	6882	5152
四	사( ) [仄聲/去聲 063 寘 치] : 넉 사	3209	4777	6883	5153
士	사( ) [仄聲/上聲 034 紙 지] : 선비 사	3210	3379	6085	3855
奢	사( ) [平聲/下平 021 麻 마] : 사치할 사	3211	2194	1317	2231
娑	사( ) [平聲/下平 020 歌 가] : 춤출 사	3212	2106	90	2232
寫	사( ) [仄聲/上聲 051 馬 마] : 베낄 사	3213	4270	1399	3856
寺	사( ) [仄聲/去聲 063 寘 치] : 절 사	3214	4778	6884	5154
寺*	사(시) [仄聲/去聲 063 寘 치] : 내관 시	3215	4779	6885	5282
射	사( ) [仄聲/去聲 081 禡 마] : 쏠/화살같이빠를 사	3216	6033	1444	6701
射*	사(석) [仄聲/入聲 100 陌 맥] : 목표를잡을 석	3217	7414	1544	6757
巳	사( ) [仄聲/上聲 034 紙 지] : 뱀 사	3218	3380	6086	3857
師	사( ) [平聲/上平 004 支 지] : 스승 사	3219	346	5786	702
徙	사( ) [仄聲/上聲 034 紙 지] : 옮길 사	3220	3381	6087	3858
思	사( ) [平聲/上平 004 支 지] : 생각 사	3221	347	5787	703
捨	사( ) [仄聲/上聲 051 馬 마] : 버릴 사	3222	4271	1400	3859
斜	사( ) [平聲/下平 021 麻 마] : 비낄 사	3223	2195	1319	2233
斜*	사(야) [平聲/下平 021 麻 마] : 고을이름 야	3224	2196	1318	2438
斯	사( ) [平聲/上平 004 支 지] : 이 사	3225	348	5788	704
柶	사( ) [仄聲/去聲 063 寘 치] : 수저 사	3226	4780	6886	5155
査	사( ) [平聲/下平 021 麻 마] : 조사할 사	3227	2197	1320	2234
梭	사( ) [平聲/下平 020 歌 가] : 북 사	3228	2107	91	2235
死	사( ) [仄聲/上聲 034 紙 지] : 죽을 사	3229	3382	6088	3860
沙	사( ) [平聲/下平 021 麻 마] : 모래 사	3230	2198	1321	2236
泗	사( ) [仄聲/去聲 063 寘 치] : 강이름 사	3231	4781	6887	5156
渣	사( ) [平聲/下平 021 麻 마] : 찌끼 사	3232	2199	1322	2237
瀉	사( ) [仄聲/上聲 051 馬 마] : 쏟을 사	3233	4272	1401	3861
獅	사( ) [平聲/上平 004 支 지] : 사자 사	3234	349	5789	705
砂	사( ) [平聲/下平 021 麻 마] : 모래 사	3235	2200	1323	2238
社	사( ) [仄聲/上聲 051 馬 마] : 모일 사	3236	4273	1402	3862
祀	사( ) [仄聲/上聲 034 紙 지] : 제사 사	3237	3383	6089	3863

배열형식 A (韻族基準)		배열 A	배열 B	배열 C	배열 D
韻族	(*異音) [平仄 : 四聲 韻目No ,韻目 독음] : 略義	운족 가나순	운목 번호순	운목 가나순	사성순
祠	사( ) [平聲/上平 004 支 지] : 제사지낼 사	3238	350	5790	706
私	사( ) [平聲/上平 004 支 지] : 사사 사	3239	351	5791	707
篩	사( ) [平聲/上平 004 支 지] : 체 사	3240	352	5792	708
紗	사( ) [平聲/下平 021 麻 마] : 깁 사	3241	2201	1324	2239
絲	사( ) [平聲/上平 004 支 지] : 실 사	3242	353	5793	709
肆	사( ) [仄聲/去聲 063 寘 치] : 방자할 사	3243	4782	6888	5157
舍	사( ) [仄聲/上聲 051 馬 마] : 놓을 사	3244	4274	1403	3864
舍*	사(사) [仄聲/去聲 081 禡 마] : 집 사	3245	6034	1445	6702
莎	사( ) [平聲/下平 020 歌 가] : 향부자 사	3246	2108	92	2240
蓑	사( ) [平聲/下平 020 歌 가] : 도롱이 사	3247	2109	93	2241
蛇	사( ) [平聲/下平 021 麻 마] : 뱀 사	3248	2202	1325	2242
蛇*	사(이) [平聲/上平 004 支 지] : 든든할 이	3249	2110	94	2996
蛇*	사(타) [平聲/下平 020 歌 가] : 이무기 타	3250	354	5794	1090
裟	사( ) [平聲/下平 021 麻 마] : 가사 사	3251	2203	1326	2243
詐	사( ) [仄聲/去聲 081 禡 마] : 속일 사	3252	6035	1446	6703
詞	사( ) [平聲/上平 004 支 지] : 말/글 사	3253	355	5795	710
謝	사( ) [仄聲/去聲 081 禡 마] : 사례할 사	3254	6036	1447	6704
賜	사( ) [仄聲/去聲 063 寘 치] : 줄 사	3255	4783	6889	5158
赦	사( ) [仄聲/去聲 081 禡 마] : 용서할 사	3256	6037	1448	6705
辭	사( ) [平聲/上平 004 支 지] : 말씀 사	3257	356	5796	711
邪	사( ) [平聲/下平 021 麻 마] : 간사할 사	3258	2204	1327	2244
邪*	사(야) [平聲/下平 021 麻 마] : 그런가/땅이름 야	3259	2205	1328	2439
飼	사( ) [仄聲/去聲 063 寘 치] : 기를 사	3260	4784	6890	5159
駟	사( ) [仄聲/去聲 063 寘 치] : 사마 사	3261	4785	6891	5160
麝	사( ) [仄聲/去聲 081 禡 마] : 사향노루 사	3262	6038	1449	6706
卸	사( ) [仄聲/去聲 081 禡 마] : 풀 사	3263	6039	1450	6707
咋	사( ) [仄聲/去聲 081 禡 마] : 잠깐 사	3264	6040	1451	6708
咋*	사(책) [仄聲/入聲 100 陌 맥] : 소리꽥지를 책	3265	7415	1545	7500
姒	사( ) [仄聲/上聲 034 紙 지] : 동서 사	3266	3384	6090	3865
楂	사( ) [平聲/下平 021 麻 마] : 떼 사	3267	2206	1329	2245
榭	사( ) [仄聲/去聲 081 禡 마] : 정자 사	3268	6041	1452	6709
汜	사( ) [仄聲/上聲 034 紙 지] : 웅덩이 사	3269	3385	6091	3866
笥	사( ) [仄聲/去聲 063 寘 치] : 상자 사	3270	4786	6892	5161
蜡	사( ) [仄聲/去聲 081 禡 마] : 납향제사 사	3271	6042	1453	6710
蜡*	사(처) [仄聲/去聲 065 御 어] : 쉬 처	3272	4944	3568	5659
駛	사( ) [仄聲/上聲 034 紙 지] : 달릴 사	3273	3386	6092	3867

배열형식 A (韻族基準)		배열 A	배열 B	배열 C	배열 D
韻族	(*異音) [平仄 : 四聲 韻目No ,韻目 독음] : 略義	운족 가나순	운목 번호순	운목 가나순	사성순
鯊	사( ) [平聲/下平 021 麻 마] : 모래무지 사	3274	2207	1330	2246
喳	사( ) [平聲/下平 021 麻 마] : 대답소리(예) 사	3275	2208	1331	2247
戺	사( ) [仄聲/上聲 034 紙 지] : 문지도리 사	3276	3387	6093	3868
挲	사( ) [平聲/下平 020 歌 가] : 만질 사	3277	2111	95	2248
查	사( ) [平聲/下平 021 麻 마] : 조사할 사	3278	2209	1332	2249
樝	사( ) [平聲/下平 021 麻 마] : 풀명자나무 사	3279	2210	1333	2250
涘	사( ) [仄聲/上聲 034 紙 지] : 깊을 사	3280	3388	6094	3869
耜	사( ) [仄聲/上聲 034 紙 지] : 보습 사	3281	3389	6095	3870
賖	사( ) [平聲/下平 021 麻 마] : 외상으로살 사	3282	2211	1334	2251
賒	사( ) [平聲/下平 021 麻 마] : 세낼/멀 사	3283	2212	1335	2252
鷥	사( ) [平聲/上平 004 支 지] : 해오라기 사	3284	357	5797	712
瑳	사( ) [平聲/下平 020 歌 가] : 떼(나무벨차) 사	3285	2112	117	2254
削	삭( ) [仄聲/入聲 099 藥 약] : 깎을 삭	3286	7274	2942	6713
朔	삭( ) [仄聲/入聲 092 覺 각] : 초하루 삭	3287	6691	210	6715
索	삭( ) [仄聲/去聲 071 震 진] : 동앗줄 삭	3288	5498	6517	5162
槊	삭( ) [仄聲/入聲 092 覺 각] : 창/쌍륙 삭	3289	6692	212	6716
槊*	삭(소) [仄聲/入聲 092 覺 각] : 요소 소	3290	6693	211	6822
爍	삭( ) [仄聲/入聲 099 藥 약] : 빛날 삭	3291	7275	2943	6717
鑠	삭( ) [仄聲/入聲 099 藥 약] : 녹일/빛날 삭	3292	7276	2944	6718
傘	산( ) [仄聲/上聲 044 旱 한] : 우산 산	3293	3952	7271	3873
刪	산( ) [平聲/上平 015 刪 산] : 깎을 산	3294	1634	1958	714
山	산( ) [平聲/上平 015 刪 산] : 메[뫼] 산	3295	1635	1959	715
散	산( ) [仄聲/上聲 044 旱 한] : 흩을 산	3296	3953	7272	3874
汕	산( ) [仄聲/去聲 075 諫 간] : 오구 산	3297	5705	270	5163
珊	산( ) [平聲/上平 014 寒 한] : 산호 산	3298	1571	7201	716
産	산( ) [仄聲/上聲 045 潸 산] : 낳을 산	3299	3981	1980	3875
疝	산( ) [仄聲/去聲 075 諫 간] : 산증 산	3300	5706	271	5164
算	산( ) [仄聲/上聲 044 旱 한] : 셈 산	3301	3954	7273	3876
蒜	산( ) [仄聲/去聲 074 翰 한] : 달래 산	3302	5651	7323	5165
酸	산( ) [平聲/上平 014 寒 한] : 실 산	3303	1572	7202	717
霰	산( ) [仄聲/去聲 076 霰 산] : 싸라기눈 산	3304	5761	2028	5166
剷	산( ) [仄聲/上聲 045 潸 산] : 깎을 산	3305	3982	1981	3877
姍	산( ) [平聲/上平 014 寒 한] : 예쁠/고울/비방할 산	3306	1573	7203	718
姍*	산(선) [平聲/下平 016 先 선] : 옷이찰찰끌릴 선	3307	1696	2237	2297
孿	산( ) [仄聲/去聲 075 諫 간] : 쌍둥이 산	3308	5707	272	5167
孿*	산(련) [平聲/下平 016 先 선] : 쌍둥이 련	3309	1697	2238	2028

A : (92 / 221)

배열형식 A (韻族基準)		배열 A	배열 B	배열 C	배열 D
韻族	(*異音) [平仄 : 四聲 韻目No ,韻目 독음] : 略義	운족 가나순	운목 번호순	운목 가나순	사성순
潸	산( ) [仄聲/上聲 045 潸 산] : 눈물흘릴 산	3310	3983	1982	3878
狻	산( ) [平聲/上平 014 寒 한] : 사자 산	3311	1574	7204	719
繖	산( ) [仄聲/上聲 044 旱 한] : 일산 산	3312	3955	7274	3879
訕	산( ) [仄聲/去聲 075 諫 간] : 헐뜯을 산	3313	5708	273	5168
鏟	산( ) [仄聲/去聲 075 諫 간] : 대패 산	3314	5709	274	5169
産	산( ) [仄聲/上聲 045 潸 산] : 대패 산	3315	3984	1983	3880
筭	산( ) [仄聲/去聲 074 翰 한] : 셈놓을/셈대 산	3316	5652	7324	5170
跚	산( ) [平聲/上平 014 寒 한] : 비틀거릴 산	3317	1575	7205	720
撒	살( ) [仄聲/入聲 096 曷 갈] : 뿌릴 살	3318	7013	348	6722
殺	살( ) [仄聲/去聲 069 卦 괘] : 죽일 살	3319	5349	846	5172
殺*	살(쇄) [仄聲/去聲 069 卦 괘] : 내릴/감할 쇄	3320	5350	848	5246
殺*	살(시) [仄聲/去聲 069 卦 괘] : 죽일 시	3321	5351	847	5283
薩	살( ) [仄聲/入聲 096 曷 갈] : 보살 살	3322	7014	349	6724
榝	살( ) [仄聲/入聲 097 黠 힐] : 산복숭아 살	3323	7052	7922	6725
蔱	살( ) [仄聲/入聲 097 黠 힐] : 산수유 살	3324	7053	7923	6726
三	삼( ) [仄聲/去聲 087 勘 감] : 석 삼	3325	6393	423	6729
參	삼( ) [平聲/下平 028 覃 담] : 석 삼	3326	3111	945	2256
參*	삼(참) [平聲/下平 028 覃 담] : 참여할/보일 참	3327	3112	946	2875
杉	삼( ) [平聲/下平 030 咸 함] : 삼나무 삼	3328	3209	7368	2257
森	삼( ) [平聲/下平 027 侵 침] : 수풀 삼	3329	3041	7022	2258
芟	삼( ) [平聲/下平 030 咸 함] : 벨 삼	3330	3210	7369	2259
蔘	삼( ) [平聲/下平 027 侵 침] : 삼 삼	3331	3042	7023	2260
衫	삼( ) [平聲/下平 030 咸 함] : 적삼 삼	3332	3211	7370	2261
槮	삼( ) [平聲/下平 027 侵 침] : 밋밋할 삼	3333	3043	7024	2262
滲	삼( ) [仄聲/去聲 086 沁 심] : 스밀 삼	3334	6365	2865	6730
縿	삼( ) [平聲/下平 030 咸 함] : 깃발 삼	3335	3212	7371	2263
澁*	삼(삽) [仄聲/入聲 103 緝 집] : 껄끄러울/막힐 삽	3336	7747	6704	6732
參	삼( ) [仄聲/去聲 087 勘 감] : 셋/삭 삼	3337	6394	427	6731
參*	삼(심) [仄聲/去聲 087 勘 감] : 별이름 심	3338	6395	429	6930
參*	삼(참) [仄聲/去聲 087 勘 감] : 참여할 참	3339	6396	428	7485
鈒	삽( ) [仄聲/入聲 104 合 합] : 창 삽	3340	7803	7426	6733
颯	삽( ) [仄聲/入聲 104 合 합] : 바람소리 삽	3341	7804	7427	6734
卅	삽( ) [仄聲/入聲 104 合 합] : 서른 삽	3342	7805	7428	6735
翣	삽( ) [仄聲/入聲 106 洽 흡] : 부채 삽	3343	7917	7885	6736
鍤	삽( ) [仄聲/入聲 106 洽 흡] : 가래 삽	3344	7918	7886	6737
霅	삽( ) [仄聲/入聲 104 合 합] : 빗소리 삽	3345	7806	7429	6738

배열형식 A (韻族基準)		배열 A	배열 B	배열 C	배열 D
韻族	(*異音) [平仄 : 四聲 韻目No ,韻目 독음] : 略義	운족 가나순	운목 번호순	운목 가나순	사성순
霅*	삽(잡) [仄聲/入聲 106 洽 흡] : 천둥번개칠/떠들 잡	3346	7919	7887	7250
霎	삽( ) [仄聲/入聲 105 葉 엽] : 가랑비 삽	3347	7838	3749	6739
插	삽( ) [仄聲/入聲 106 洽 흡] : 꽂을 삽	3348	7920	7884	6740
啿	삽( ) [仄聲/入聲 103 緝 집] : 입다시는소리 삽	3349	7748	6712	6741
黏	삽( ) [平聲/下平 030 咸 함] : 빛이성할 삽	3350	3213	7381	2264
黏*	삽(점) [平聲/下平 029 鹽 염] : 태울 점	3351	3155	3655	2742
黏*	삽(첨) [仄聲/去聲 088 豔 염] : 불빛 첨	3352	6408	3735	7552
上	상( ) [仄聲/上聲 052 養 양] : 위 상	3353	4326	3294	3882
傷	상( ) [平聲/下平 022 陽 양] : 다칠 상	3354	2364	3125	2266
像	상( ) [仄聲/上聲 052 養 양] : 모양 상	3355	4327	3295	3883
償	상( ) [平聲/下平 022 陽 양] : 갚을 상	3356	2365	3126	2267
商	상( ) [平聲/下平 022 陽 양] : 장사 상	3357	2366	3127	2268
喪	상( ) [平聲/下平 022 陽 양] : 잃을 상	3358	2367	3128	2269
嘗	상( ) [平聲/下平 022 陽 양] : 맛볼 상	3359	2368	3129	2270
孀	상( ) [平聲/下平 022 陽 양] : 홀어미 상	3360	2369	3130	2271
尙	상( ) [仄聲/去聲 082 漾 양] : 오히려 상	3361	6096	3369	6742
峠	상( ) [平聲/下平 020 歌 가] : 고개/재 상	3362	2113	96	2272
常	상( ) [平聲/下平 022 陽 양] : 떳떳할 상	3363	2370	3131	2273
床	상( ) [平聲/下平 022 陽 양] : 상 상	3364	2371	3132	2274
庠	상( ) [平聲/下平 022 陽 양] : 학교 상	3365	2372	3133	2275
廂	상( ) [平聲/下平 022 陽 양] : 행랑 상	3366	2373	3134	2276
想	상( ) [仄聲/上聲 052 養 양] : 생각 상	3367	4328	3296	3884
桑	상( ) [平聲/下平 022 陽 양] : 뽕나무 상	3368	2374	3135	2277
橡	상( ) [仄聲/上聲 052 養 양] : 상수리나무 상	3369	4329	3297	3885
湘	상( ) [平聲/下平 022 陽 양] : 강이름 상	3370	2375	3136	2278
爽	상( ) [仄聲/上聲 052 養 양] : 시원할 상	3371	4330	3298	3886
牀	상( ) [平聲/下平 022 陽 양] : 평상 상	3372	2376	3137	2279
相	상( ) [平聲/下平 022 陽 양] : 서로 상	3373	2377	3138	2280
祥	상( ) [平聲/下平 022 陽 양] : 상서 상	3374	2378	3139	2281
箱	상( ) [平聲/下平 022 陽 양] : 상자 상	3375	2379	3140	2282
翔	상( ) [平聲/下平 022 陽 양] : 날 상	3376	2380	3141	2283
裳	상( ) [平聲/下平 022 陽 양] : 치마 상	3377	2381	3142	2284
觴	상( ) [平聲/下平 022 陽 양] : 잔 상	3378	2382	3143	2285
詳	상( ) [平聲/下平 022 陽 양] : 자세할 상	3379	2383	3145	2286
詳*	상(양) [平聲/下平 022 陽 양] : 거짓 양	3380	2384	3144	2444
象	상( ) [仄聲/上聲 052 養 양] : 코끼리 상	3381	4331	3299	3887

배열형식 A (韻族基準)		배열 A	배열 B	배열 C	배열 D
韻族	(*異音) [平仄 : 四聲 韻目No ,韻目 독음] : 略義	운족 가나순	운목 번호순	운목 가나순	사성순
賞	상( ) [仄聲/上聲 052 養 양] : 상줄 상	3382	4332	3300	3888
霜	상( ) [平聲/下平 022 陽 양] : 서리 상	3383	2385	3146	2287
塽	상( ) [仄聲/上聲 052 養 양] : 땅높고밝은곳 상	3384	4333	3301	3889
晌	상( ) [仄聲/上聲 052 養 양] : 정오/대낮 상	3385	4334	3302	3890
殤	상( ) [平聲/下平 022 陽 양] : 일찍죽을 상	3386	2386	3147	2288
顙	상( ) [仄聲/上聲 052 養 양] : 이마 상	3387	4335	3303	3891
蠰	상( ) [仄聲/去聲 082 漾 양] : 사마귀알 상	3388	6097	3372	6744
嫦	상( ) [平聲/下平 022 陽 양] : 달에사는미인 상	3389	2387	3236	2290
塞	새( ) [仄聲/去聲 070 隊 대] : 변방 새	3390	5434	1017	5173
塞*	새(색) [仄聲/入聲 102 職 직] : 막을/채울 색	3391	7659	6226	6746
璽	새( ) [仄聲/上聲 034 紙 지] : 옥새 새	3392	3390	6096	3893
賽	새( ) [仄聲/去聲 070 隊 대] : 굿할 새	3393	5435	1018	5174
鰓	새( ) [平聲/上平 010 灰 회] : 아가미 새	3394	1111	7696	723
嗇	색( ) [仄聲/入聲 102 職 직] : 아낄/인색할 색	3395	7660	6227	6747
穡	색( ) [仄聲/入聲 102 職 직] : 거둘 색	3396	7661	6228	6748
索	색( ) [仄聲/入聲 100 陌 맥] : 찾을 색	3397	7416	1546	6749
色	색( ) [仄聲/入聲 102 職 직] : 빛 색	3398	7662	6229	6750
槭	색( ) [仄聲/入聲 100 陌 맥] : 앙상할 색	3399	7417	1547	6751
槭*	색(축) [仄聲/入聲 090 屋 옥] : 단풍나무 축	3400	6519	3896	7596
摵	색( ) [仄聲/入聲 100 陌 맥] : 추릴/떨어질 색	3401	7418	1548	6752
栜	색( ) [仄聲/入聲 090 屋 옥] : 가시목 색	3402	6520	3897	6753
牲	생( ) [平聲/下平 023 庚 경] : 희생 생	3403	2561	567	2291
生	생( ) [平聲/下平 023 庚 경] : 날 생	3404	2562	568	2292
甥	생( ) [平聲/下平 023 庚 경] : 생질 생	3405	2563	569	2293
笙	생( ) [平聲/下平 023 庚 경] : 생황 생	3406	2564	570	2294
眚	생( ) [仄聲/上聲 054 梗 경] : 눈에 백태 낄 생	3407	4418	731	3896
墅	서( ) [仄聲/上聲 036 語 어] : 농막 서	3408	3540	3508	3898
壻	서( ) [仄聲/去聲 067 霽 제] : 사위/남자 서	3409	5156	5453	5175
嶼	서( ) [仄聲/上聲 036 語 어] : 섬 서	3410	3541	3509	3899
序	서( ) [仄聲/上聲 036 語 어] : 차례 서	3411	3542	3510	3900
庶	서( ) [仄聲/去聲 065 御 어] : 여러 서	3412	4945	3569	5176
徐	서( ) [平聲/上平 006 魚 어] : 천천할 서	3413	639	3433	725
恕	서( ) [仄聲/去聲 065 御 어] : 용서할 서	3414	4946	3570	5177
抒	서( ) [仄聲/上聲 036 語 어] : 당길/쏟을/덜 서	3415	3543	3512	3901
抒*	서(저) [仄聲/上聲 036 語 어] : 당길/북 저	3416	3544	3511	4225
捿	서( ) [平聲/上平 008 齊 제] : 깃들일/살 서	3417	954	5309	726

배열형식 A (韻族基準)		배열 A	배열 B	배열 C	배열 D
韻族	(*異音) [平仄 : 四聲 韻目No ,韻目 독음] : 略義	운족 가나순	운목 번호순	운목 가나순	사성순
敍	서( ) [仄聲/上聲 036 語 어] : 베풀/지을/쓸/차례 서	3418	3545	3513	3902
暑	서( ) [仄聲/上聲 036 語 어] : 더울 서	3419	3546	3514	3903
曙	서( ) [仄聲/去聲 065 御 어] : 새벽 서	3420	4947	3571	5178
書	서( ) [平聲/上平 006 魚 어] : 글 서	3421	640	3434	727
栖	서( ) [平聲/上平 008 齊 제] : 깃들일 서	3422	955	5310	728
棲	서( ) [仄聲/上聲 038 薺 제] : 깃들일 서	3423	3718	5380	3904
犀	서( ) [平聲/上平 008 齊 제] : 무소 서	3424	956	5311	729
瑞	서( ) [仄聲/去聲 063 寘 치] : 상서 서	3425	4787	6893	5179
筮	서( ) [仄聲/去聲 067 霽 제] : 점대 서	3426	5157	5454	5180
絮	서( ) [仄聲/去聲 065 御 어] : 솜 서	3427	4948	3572	5181
絮*	서(여) [平聲/上平 006 魚 어] : 성 여	3428	641	3435	859
絮*	서(처) [仄聲/去聲 065 御 어] : 간맞출 처	3429	4949	3573	5660
緖	서( ) [仄聲/上聲 036 語 어] : 실마리 서	3430	3547	3515	3905
署	서( ) [仄聲/去聲 065 御 어] : 관청 서	3431	4950	3574	5182
胥	서( ) [平聲/上平 006 魚 어] : 서로 서	3432	642	3436	730
舒	서( ) [平聲/上平 006 魚 어] : 펼 서	3433	643	3437	731
薯	서( ) [仄聲/去聲 065 御 어] : 마 서	3434	4951	3575	5183
西	서( ) [平聲/上平 008 齊 제] : 서녘 서	3435	957	5312	732
誓	서( ) [仄聲/去聲 067 霽 제] : 맹세할 서	3436	5158	5455	5184
逝	서( ) [仄聲/去聲 067 霽 제] : 갈 서	3437	5159	5456	5185
鋤	서( ) [平聲/上平 006 魚 어] : 호미(= 서	3438	644	3438	733
黍	서( ) [仄聲/上聲 036 語 어] : 기장 서	3439	3548	3516	3906
鼠	서( ) [仄聲/上聲 036 語 어] : 쥐 서	3440	3549	3517	3907
噬	서( ) [仄聲/去聲 067 霽 제] : 씹을 서	3441	5160	5457	5186
婿	서( ) [仄聲/去聲 067 霽 제] : 사위/남자 서	3442	5161	5458	5187
撕	서( ) [平聲/上平 008 齊 제] : 훈계할 서	3443	958	5313	734
湑	서( ) [仄聲/上聲 036 語 어] : 술거를 서	3444	3550	3518	3908
澨	서( ) [仄聲/去聲 067 霽 제] : 물가 서	3445	5162	5459	5188
耡	서( ) [平聲/上平 006 魚 어] : 호미 서	3446	645	3439	735
耡*	서(저) [仄聲/上聲 036 語 어] : 함께갈 저	3447	3551	3519	4226
耡*	서(조) [仄聲/上聲 036 語 어] : 도울 조	3448	3552	3520	4298
芧	서( ) [平聲/上平 006 魚 어] : 도토리나무 서	3449	646	3440	736
芧*	서(저) [仄聲/上聲 036 語 어] : 도토리나무 저	3450	3553	3521	4227
鉏	서( ) [平聲/上平 006 魚 어] : 호미 서	3451	647	3441	737
叙	서( ) [仄聲/上聲 036 語 어] : 베풀/지을/차례 서	3452	3554	3522	3909
敘	서( ) [仄聲/上聲 036 語 어] : 베풀/지을/차례 서	3453	3555	3523	3910

배열형식 A (韻族基準)		배열 A	배열 B	배열 C	배열 D
韻族	(*異音) [平仄 : 四聲 韻目No ,韻目 독음] : 略義	운족 가나순	운목 번호순	운목 가나순	사성순
癙	서( ) [仄聲/上聲 036 語 어] : 병들 서	3454	3556	3524	3911
緖	서( ) [仄聲/上聲 036 語 어] : 실마리 서	3455	3557	3525	3912
蝑	서( ) [平聲/上平 006 魚 어] : 베짱이 서	3456	648	3442	738
翿	서( ) [仄聲/去聲 067 霽 제] : 꽂꽂할 서	3457	5163	5460	5189
遾	서( ) [仄聲/去聲 067 霽 제] : 미칠/이를 서	3458	5164	5461	5190
夕	석( ) [仄聲/入聲 100 陌 맥] : 저녁/저물 석	3459	7419	1549	6758
夕*	석(사) [仄聲/入聲 100 陌 맥] : 한웅큼 사	3460	7420	1550	6711
奭	석( ) [仄聲/入聲 100 陌 맥] : 클/성할 석	3461	7421	1551	6759
奭*	석(학) [仄聲/入聲 099 藥 약] : 붉은모양 학	3462	7277	2945	7773
席	석( ) [仄聲/入聲 100 陌 맥] : 자리 석	3463	7422	1552	6760
惜	석( ) [仄聲/入聲 100 陌 맥] : 아낄 석	3464	7423	1553	6761
昔	석( ) [仄聲/入聲 100 陌 맥] : 옛/어제 석	3465	7424	1554	6762
昔*	석(착) [仄聲/入聲 099 藥 약] : 쇠뿔비틀릴 착	3466	7278	2946	7459
晳	석( ) [仄聲/入聲 100 陌 맥] : 분석할 석	3467	7425	1555	6763
析	석( ) [仄聲/入聲 101 錫 석] : 쪼갤 석	3468	7582	2149	6764
汐	석( ) [仄聲/入聲 100 陌 맥] : 조수 석	3469	7426	1556	6765
淅	석( ) [仄聲/入聲 101 錫 석] : 쌀일 석	3470	7583	2150	6766
潟	석( ) [仄聲/入聲 100 陌 맥] : 개펄 석	3471	7427	1557	6767
石	석( ) [仄聲/入聲 100 陌 맥] : 돌 석	3472	7428	1558	6768
碩	석( ) [仄聲/入聲 100 陌 맥] : 클 석	3473	7429	1559	6769
蓆	석( ) [仄聲/入聲 100 陌 맥] : 자리 석	3474	7430	1560	6770
釋	석( ) [仄聲/入聲 100 陌 맥] : 풀 석	3475	7431	1561	6771
錫	석( ) [仄聲/入聲 101 錫 석] : 주석 석	3476	7584	2151	6772
矽	석( ) [仄聲/入聲 100 陌 맥] : 규소 석	3477	7432	1562	6773
腊	석( ) [仄聲/入聲 100 陌 맥] : 포/건어 석	3478	7433	1563	6774
舄	석( ) [仄聲/入聲 100 陌 맥] : 빛날 석	3479	7434	1564	6775
蜥	석( ) [仄聲/入聲 101 錫 석] : 도마뱀 석	3480	7585	2152	6776
鼫	석( ) [仄聲/入聲 100 陌 맥] : 날다람쥐 석	3481	7435	1565	6777
霢	석( ) [仄聲/入聲 101 錫 석] : 가랑비/싸락눈 석	3482	7586	2153	6778
霢*	석(색) [仄聲/入聲 100 陌 맥] : 가랑비/싸락눈 색	3483	7436	1566	6754
菥	석( ) [仄聲/入聲 101 錫 석] : 큰냉이 석	3484	7587	2154	6779
螫	석( ) [仄聲/入聲 100 陌 맥] : 벌레쏘일 석	3485	7437	1567	6780
裼	석( ) [仄聲/入聲 101 錫 석] : 벗어멜 석	3486	7588	2155	6781
裼*	석(체) [仄聲/入聲 101 錫 석] : 포대기 체	3487	7589	2156	7570
澤	석( ) [仄聲/入聲 100 陌 맥] : 풀(解也) 석	3488	7438	1655	6782
澤*	석(택) [仄聲/入聲 100 陌 맥] : 못 택	3489	7439	1654	7702

배열형식 A (韻族基準)		배열 A	배열 B	배열 C	배열 D
韻族	(*異音) [平仄：四聲 韻目No ,韻目 독음] : 略義	운족 가나순	운목 번호순	운목 가나순	사성순
亘	선( ) [平聲/下平 016 先 선] : 베풀 선	3490	1698	2215	2295
亘*	선(긍) [仄聲/去聲 085 徑 경] : 통할/뻗칠 긍	3491	1576	7148	1548
亘*	선(환) [平聲/上平 014 寒 한] : 굳셀 환	3492	6208	5130	6216
仙	선( ) [平聲/下平 016 先 선] : 신선 선	3493	1699	2239	2298
僊	선( ) [平聲/下平 016 先 선] : 훨훨춤출/선인 선	3494	1700	2240	2299
先	선( ) [仄聲/去聲 076 霰 산] : 먼저 선	3495	5762	2029	5191
善	선( ) [仄聲/去聲 076 霰 산] : 착할 선	3496	5763	2030	5192
嬋	선( ) [平聲/下平 016 先 선] : 고울 선	3497	1701	2241	2300
宣	선( ) [平聲/下平 016 先 선] : 베풀 선	3498	1702	2242	2301
扇	선( ) [仄聲/去聲 076 霰 산] : 부채 선	3499	5764	2031	5193
敾	선( ) [仄聲/去聲 076 霰 산] : 다스릴 선	3500	5765	2032	5194
旋	선( ) [仄聲/去聲 076 霰 산] : 돌 선	3501	5766	2033	5195
渲	선( ) [仄聲/去聲 076 霰 산] : 바림 선	3502	5767	2034	5196
煽	선( ) [仄聲/去聲 076 霰 산] : 일 선	3503	5768	2035	5197
琁	선( ) [平聲/下平 016 先 선] : 옥 선	3504	1703	2243	2302
瑄	선( ) [平聲/下平 016 先 선] : 도리옥 선	3505	1704	2244	2303
璇	선( ) [平聲/下平 016 先 선] : 옥 선	3506	1705	2245	2304
璿	선( ) [平聲/下平 016 先 선] : 구슬 선	3507	1706	2246	2305
癬	선( ) [仄聲/上聲 046 銑 선] : 옴 선	3508	4026	2393	3913
禪	선( ) [仄聲/去聲 076 霰 산] : 선 선	3509	5769	2036	5198
線	선( ) [仄聲/去聲 076 霰 산] : 줄 선	3510	5770	2037	5199
繕	선( ) [仄聲/去聲 076 霰 산] : 기울 선	3511	5771	2038	5200
羨	선( ) [仄聲/去聲 076 霰 산] : 부러워할 선	3512	5772	2039	5201
羨*	선(연) [平聲/下平 016 先 선] : 광중길 연	3513	1707	2247	2475
腺	선( ) [仄聲/去聲 076 霰 산] : 샘 선	3514	5773	2040	5202
膳	선( ) [仄聲/去聲 076 霰 산] : 찬 선	3515	5774	2041	5203
船	선( ) [平聲/下平 016 先 선] : 배 선	3516	1708	2248	2306
蘚	선( ) [仄聲/上聲 046 銑 선] : 이끼 선	3517	4027	2394	3914
蟬	선( ) [平聲/下平 016 先 선] : 매미 선	3518	1709	2249	2307
詵	선( ) [平聲/上平 011 眞 진] : 많을 선	3519	1223	6362	739
跣	선( ) [仄聲/上聲 046 銑 선] : 맨발 선	3520	4028	2395	3915
選	선( ) [仄聲/去聲 076 霰 산] : 가릴 선	3521	5775	2042	5204
銑	선( ) [仄聲/上聲 046 銑 선] : 끌 선	3522	4029	2396	3916
饍	선( ) [仄聲/去聲 076 霰 산] : 반찬 선	3523	5776	2043	5205
鮮	선( ) [平聲/下平 016 先 선] : 고울 선	3524	1710	2250	2308
鮮*	선(선) [仄聲/上聲 046 銑 선] : 적을/드물 선	3525	4030	2397	3917

배열형식 A (韻族基準)		배열 A	배열 B	배열 C	배열 D
韻族	(*異音) [平仄 : 四聲 韻目No ,韻目 독음] : 略義	운족 가나순	운목 번호순	운목 가나순	사성순
墡	선( ) [仄聲/上聲 046 銑 선] : 백토 선	3526	4031	2398	3918
愃	선( ) [平聲/下平 016 先 선] : 쾌할 선	3527	1711	2251	2309
愃*	선(훤) [仄聲/上聲 043 阮 완] : 너그럽고아담할 훤	3528	3894	4074	4656
鱓	선( ) [仄聲/上聲 046 銑 선] : 두렁허리 선	3529	4032	2399	3919
鱓*	선(타) [平聲/下平 020 歌 가] : 자라 타	3530	2114	97	2997
墠	선( ) [仄聲/上聲 046 銑 선] : 제사터 선	3531	4033	2400	3920
廯	선( ) [平聲/下平 016 先 선] : 초막 선	3532	1712	2252	2310
漩	선( ) [平聲/下平 016 先 선] : 소용돌이 선	3533	1713	2253	2311
獮	선( ) [仄聲/上聲 046 銑 선] : 가을사냥 선	3534	4034	2401	3921
薛	설( ) [仄聲/入聲 098 屑 설] : 설풀/설나라/성 설	3535	7126	2493	6785
薛*	설(폐) [仄聲/去聲 067 霽 제] : 승검초/돌삼 폐	3536	5165	5450	5801
卨	설( ) [仄聲/入聲 098 屑 설] : 은나라시조이름 설	3537	7127	2500	6786
屑	설( ) [仄聲/入聲 098 屑 설] : 가루 설	3538	7128	2501	6787
楔	설( ) [仄聲/入聲 098 屑 설] : 쐐기 설	3539	7129	2502	6788
泄	설( ) [仄聲/入聲 098 屑 설] : 샐 설	3540	7130	2503	6789
洩	설( ) [仄聲/去聲 067 霽 제] : 샐/발설할 설	3541	5166	5462	5206
洩*	설(예) [仄聲/去聲 067 霽 제] : 퍼질/날개칠 예	3542	5167	5463	5359
渫	설( ) [仄聲/入聲 098 屑 설] : 칠 설	3543	7131	2504	6790
渫*	설(접) [仄聲/入聲 105 葉 엽] : 물결출렁출렁할 접	3544	7839	3750	7327
舌	설( ) [仄聲/入聲 098 屑 설] : 혀 설	3545	7132	2505	6791
蒒	설( ) [仄聲/入聲 098 屑 설] : 맑은대쑥 설	3546	7133	2506	6792
褻	설( ) [仄聲/入聲 098 屑 설] : 더러울 설	3547	7134	2507	6793
設	설( ) [仄聲/入聲 098 屑 설] : 베풀 설	3548	7135	2508	6794
說	설( ) [仄聲/入聲 098 屑 설] : 말씀 설	3549	7136	2511	6795
說*	설(세) [仄聲/入聲 098 屑 설] : 달랠/설득할 세	3550	7137	2509	6820
說*	설(열) [仄聲/入聲 098 屑 설] : 기꺼울 열	3551	7138	2510	7061
雪	설( ) [仄聲/入聲 098 屑 설] : 눈 설	3552	7139	2512	6796
齧	설( ) [仄聲/入聲 098 屑 설] : 물 설	3553	7140	2513	6797
偰	설( ) [仄聲/入聲 098 屑 설] : 맑을 설	3554	7141	2514	6798
媟	설( ) [仄聲/入聲 098 屑 설] : 깔볼/친압할 설	3555	7142	2515	6799
碟	설( ) [仄聲/入聲 098 屑 설] : 가죽다룰 설	3556	7143	2516	6800
紲	설( ) [仄聲/入聲 098 屑 설] : 고삐 설	3557	7144	2517	6801
偨	설( ) [仄聲/入聲 098 屑 설] : 소곤거릴 설	3558	7145	2518	6802
挈	설( ) [仄聲/入聲 098 屑 설] : 손에들 설	3559	7146	2519	6803
暹	섬( ) [平聲/下平 029 鹽 염] : 햇살치밀 섬	3560	3156	3627	2313
殲	섬( ) [平聲/下平 029 鹽 염] : 멸할 섬	3561	3157	3628	2314

배열형식 A (韻族基準)		배열 A	배열 B	배열 C	배열 D
韻族	(*異音) [平仄 : 四聲 韻目No ,韻目 독음] : 略義	운족 가나순	운목 번호순	운목 가나순	사성순
纖	섬( ) [平聲/下平 029 鹽 염] : 가늘 섬	3562	3158	3629	2315
蟾	섬( ) [平聲/下平 029 鹽 염] : 두꺼비 섬	3563	3159	3630	2316
贍	섬( ) [仄聲/去聲 088 豔 염] : 넉넉할 섬	3564	6409	3724	6805
閃	섬( ) [仄聲/上聲 058 琰 염] : 엿볼 섬	3565	4621	3689	3925
陝	섬( ) [仄聲/上聲 058 琰 염] : 고을이름 섬	3566	4622	3690	3926
憸	섬( ) [平聲/下平 029 鹽 염] : 아첨할 섬	3567	3160	3631	2317
憸*	섬(험) [仄聲/上聲 058 琰 염] : 간사할 험	3568	4623	3691	4584
摻	섬( ) [平聲/下平 029 鹽 염] : 손길고울 섬	3569	3161	3632	2318
摻*	섬(삼) [仄聲/上聲 059 豏 함] : 잡을 삼	3570	4662	1283	3881
摻*	섬(참) [仄聲/去聲 087 勘 감] : 북장단 참	3571	6397	424	7483
棪	섬( ) [平聲/下平 029 鹽 염] : 데칠 섬	3572	3162	3633	2319
攝	섭( ) [仄聲/入聲 105 葉 엽] : 끌/이을/겸할 섭	3573	7840	3752	6806
攝*	섭(녑) [仄聲/入聲 105 葉 엽] : 가질/고요할 녑	3574	7841	3751	6244
涉	섭( ) [仄聲/入聲 105 葉 엽] : 건널 섭	3575	7842	3753	6807
燮	섭( ) [仄聲/入聲 105 葉 엽] : 불꽃 섭	3576	7843	3754	6808
懾	섭( ) [仄聲/入聲 105 葉 엽] : 두려워할 섭	3577	7844	3757	6810
聶	섭( ) [仄聲/入聲 105 葉 엽] : 소근거릴 섭	3578	7845	3758	6811
聶*	섭(접) [仄聲/入聲 105 葉 엽] : 회칠 접	3579	7846	3759	7328
躡	섭( ) [仄聲/入聲 105 葉 엽] : 밟을/이를 섭	3580	7847	3760	6812
省	성( ) [仄聲/上聲 054 梗 경] : 살필 성	3581	4419	730	3927
城	성( ) [平聲/下平 023 庚 경] : 성/서울/보루 성	3582	2565	571	2320
姓	성( ) [仄聲/去聲 084 敬 경] : 성 성	3583	6161	791	6815
宬	성( ) [平聲/下平 023 庚 경] : 서고/창고 성	3584	2566	572	2321
性	성( ) [仄聲/去聲 084 敬 경] : 성품 성	3585	6162	792	6816
惺	성( ) [平聲/下平 024 靑 청] : 영리할/깰 성	3586	2718	6778	2322
成	성( ) [平聲/下平 023 庚 경] : 이룰 성	3587	2567	573	2323
星	성( ) [平聲/下平 024 靑 청] : 별 성	3588	2719	6779	2324
晟	성( ) [仄聲/去聲 084 敬 경] : 밝을 성	3589	6163	793	6817
猩	성( ) [平聲/下平 023 庚 경] : 성성이 성	3590	2568	574	2325
盛	성( ) [平聲/下平 023 庚 경] : 성할 성	3591	2569	575	2326
省	성( ) [仄聲/上聲 054 梗 경] : 볼/살필 성	3592	4420	732	3928
省*	성(생) [仄聲/上聲 054 梗 경] : 덜/생략할 생	3593	4421	733	3897
筬	성( ) [平聲/下平 023 庚 경] : 바디 성	3594	2570	576	2327
聖	성( ) [仄聲/去聲 084 敬 경] : 성인 성	3595	6164	794	6818
聲	성( ) [平聲/下平 023 庚 경] : 소리 성	3596	2571	577	2328
腥	성( ) [平聲/下平 024 靑 청] : 비릴 성	3597	2720	6780	2329

배열형식 A (韻族基準)		배열 A	배열 B	배열 C	배열 D
韻族	(*異音) [平仄 : 四聲 韻目No ,韻目 독음] : 略義	운족 가나순	운목 번호순	운목 가나순	사성순
誠	성( ) [平聲/下平 023 庚 경] : 정성 성	3598	2572	578	2330
醒	성( ) [仄聲/去聲 085 徑 경] : 깰 성	3599	6209	5177	6819
騂	성( ) [平聲/下平 023 庚 경] : 붉은말 성	3600	2573	579	2331
渻	성( ) [仄聲/上聲 054 梗 경] : 덜/물이줄어들 성	3601	4422	734	3929
郕	성( ) [平聲/下平 023 庚 경] : 땅이름 성	3602	2574	580	2332
世	세( ) [仄聲/去聲 067 霽 제] : 인간 세	3603	5168	5466	5208
勢	세( ) [仄聲/去聲 067 霽 제] : 형세 세	3604	5169	5467	5209
歲	세( ) [仄聲/去聲 067 霽 제] : 해 세	3605	5170	5468	5210
洗	세( ) [仄聲/上聲 038 薺 제] : 씻을 세	3606	3719	5381	3930
洗*	세(선) [仄聲/上聲 046 銑 선] : 조촐할/율이름 선	3607	4035	2402	3922
稅	세( ) [仄聲/去聲 067 霽 제] : 세금/거둘/쉴 세	3608	5171	5469	5211
稅*	세(탈) [仄聲/入聲 096 曷 갈] : 풀 탈	3609	5292	7104	5759
稅*	세(태) [仄聲/去聲 068 泰 태] : 추복입을 태	3610	7015	350	7681
笹	세( ) [仄聲/去聲 063 寘 치] : 가는대 세	3611	4788	6894	5212
細	세( ) [仄聲/去聲 067 霽 제] : 가늘 세	3612	5172	5470	5213
貰	세( ) [仄聲/去聲 067 霽 제] : 빌릴/세낼 세	3613	5173	5471	5214
貰*	세(사) [仄聲/去聲 081 禡 마] : 죄사할 사	3614	6043	1454	6712
帨	세( ) [仄聲/入聲 098 屑 설] : 수건 세	3615	7147	2520	6821
洒	세( ) [仄聲/上聲 038 薺 제] : 씻을 세	3616	3720	5382	3931
洒*	세(사) [仄聲/上聲 051 馬 마] : 물뿌릴 사	3617	3772	7768	4454
洒*	세(새) [仄聲/上聲 039 蟹 해] : 뿌릴 새	3618	4275	1405	3871
洒*	세(선) [仄聲/上聲 046 銑 선] : 엄숙할 선	3619	3895	4075	3944
洒*	세(쇄) [仄聲/上聲 043 阮 완] : 닦을 쇄	3620	4036	2403	3923
洒*	세(최) [仄聲/上聲 040 賄 회] : 우뚝할 최	3621	3749	7456	3894
繐	세( ) [仄聲/去聲 067 霽 제] : 성긴베 세	3622	5174	5472	5215
蛻	세( ) [仄聲/去聲 067 霽 제] : 매미허물/허물벗을 세	3623	5175	5473	5216
蛻*	세(태) [仄聲/去聲 068 泰 태] : 허물벗을 태	3624	5293	7105	5760
涗	세( ) [仄聲/去聲 067 霽 제] : 잿물 세	3625	5176	5474	5217
篲	세( ) [仄聲/去聲 063 寘 치] : 대싸리 세	3626	4789	6895	5218
召	소( ) [仄聲/去聲 077 嘯 소] : 부를 소	3627	5869	2776	5220
召*	소(조) [仄聲/去聲 077 嘯 소] : 대추 조	3628	5870	2777	5561
嘯	소( ) [仄聲/去聲 077 嘯 소] : 휘파람 소	3629	5871	2778	5221
塑	소( ) [仄聲/去聲 066 遇 우] : 토우 소	3630	5039	4709	5222
宵	소( ) [平聲/下平 017 蕭 소] : 밤 소	3631	1853	2613	2333
小	소( ) [仄聲/上聲 047 篠 소] : 작을 소	3632	4102	2727	3932
少	소( ) [仄聲/去聲 077 嘯 소] : 적을 소	3633	5872	2779	5223

배열형식 A (韻族基準)		배열 A	배열 B	배열 C	배열 D
韻族	(*異音) [平仄 : 四聲 韻目No ,韻目 독음] : 略義	운족 가나순	운목 번호순	운목 가나순	사성순
巢	소( ) [平聲/下平 018 肴 효] : 새집 소	3634	1962	7805	2334
所	소( ) [仄聲/上聲 036 語 어] : 바 소	3635	3558	3526	3933
掃	소( ) [仄聲/上聲 049 皓 호] : 쓸 소	3636	4188	7567	3934
搔	소( ) [平聲/下平 019 豪 호] : 긁을 소	3637	2031	7500	2335
昭	소( ) [平聲/下平 017 蕭 소] : 밝을 소	3638	1854	2614	2336
昭*	소(조) [仄聲/上聲 047 篠 소] : 나타날/빛날/밝을 조	3639	4103	2728	4299
梳	소( ) [平聲/上平 006 魚 어] : 빗 소	3640	649	3443	740
沼	소( ) [仄聲/上聲 047 篠 소] : 못/늪 소	3641	4104	2729	3935
消	소( ) [平聲/下平 017 蕭 소] : 사라질 소	3642	1855	2615	2337
溯	소( ) [仄聲/去聲 066 遇 우] : 거슬러오를 소	3643	5040	4710	5224
溯*	소(삭) [仄聲/入聲 092 覺 각] : 빨래한물 삭	3644	6694	213	6719
瀟	소( ) [平聲/下平 017 蕭 소] : 강이름 소	3645	1856	2616	2338
炤	소( ) [仄聲/去聲 077 嘯 소] : 밝을 소	3646	5873	2781	5225
炤*	소(작) [仄聲/入聲 099 藥 약] : 밝을 작	3647	5874	2780	5562
炤*	소(조) [仄聲/去聲 077 嘯 소] : 비칠/반딧불 조	3648	7279	2947	7224
燒	소( ) [仄聲/去聲 077 嘯 소] : 사를 소	3649	5875	2782	5226
甦	소( ) [平聲/上平 007 虞 우] : 소생할 소	3650	794	4205	741
疏	소( ) [仄聲/去聲 065 御 어] : 트일 소	3651	4952	3576	5227
疎	소( ) [平聲/上平 006 魚 어] : 성길/드물 소	3652	650	3444	742
瘙	소( ) [仄聲/去聲 079 號 호] : 가려울 소	3653	5960	7621	6823
笑	소( ) [仄聲/去聲 077 嘯 소] : 웃음 소	3654	5876	2783	5228
篠	소( ) [仄聲/上聲 047 篠 소] : 가는대 소	3655	4105	2730	3936
簫	소( ) [平聲/下平 017 蕭 소] : 퉁소 소	3656	1857	2617	2339
素	소( ) [仄聲/去聲 066 遇 우] : 본디/흴 소	3657	5041	4711	5229
紹	소( ) [仄聲/上聲 047 篠 소] : 이을 소	3658	4106	2731	3937
蔬	소( ) [平聲/上平 006 魚 어] : 나물 소	3659	651	3445	743
蕭	소( ) [平聲/下平 017 蕭 소] : 쑥/시끄러울 소	3660	1858	2618	2340
蘇	소( ) [平聲/上平 007 虞 우] : 되살아날 소	3661	795	4206	744
訴	소( ) [仄聲/去聲 066 遇 우] : 호소할 소	3662	5042	4712	5230
逍	소( ) [平聲/下平 017 蕭 소] : 거닐 소	3663	1859	2619	2341
遡	소( ) [仄聲/去聲 066 遇 우] : 거슬러올라갈 소	3664	5043	4713	5231
邵	소( ) [仄聲/去聲 077 嘯 소] : 땅이름/성 소	3665	5877	2784	5232
銷	소( ) [平聲/下平 017 蕭 소] : 녹일 소	3666	1860	2620	2342
韶	소( ) [平聲/下平 017 蕭 소] : 풍류이름 소	3667	1861	2621	2343
騷	소( ) [平聲/下平 019 豪 호] : 떠들 소	3668	2032	7501	2344
嗉	소( ) [仄聲/去聲 066 遇 우] : 모이주머니 소	3669	5044	4714	5233

A : (102 / 221)

배열형식 A (韻族基準)		배열 A	배열 B	배열 C	배열 D
韻族	(*異音) [平仄 : 四聲 韻目No ,韻目 독음] : 略義	운족 가나순	운목 번호순	운목 가나순	사성순
埽	소( ) [仄聲/上聲 049 皓 호] : 쓸 소	3670	4189	7568	3938
愬	소( ) [仄聲/去聲 066 遇 우] : 고할/참소할 소	3671	5045	4715	5234
愬*	소(색) [仄聲/入聲 100 陌 맥] : 두려워할 색	3672	7440	1568	6755
捎	소( ) [平聲/下平 018 肴 효] : 없앨 소	3673	1963	7806	2345
泝	소( ) [仄聲/去聲 066 遇 우] : 높을 소	3674	5046	4716	5235
繅	소( ) [平聲/下平 019 豪 호] : 고치실뽑을 소	3675	2033	7502	2346
繅*	소(조) [仄聲/上聲 049 皓 호] : 옥받침 조	3676	4190	7569	4300
艘	소( ) [平聲/下平 019 豪 호] : 배 소	3677	2034	7503	2347
蛸	소( ) [平聲/下平 017 蕭 소] : 갈거미 소	3678	1862	2622	2348
酥	소( ) [平聲/上平 007 虞 우] : 연유(煉乳) 소	3679	796	4207	745
霄	소( ) [平聲/下平 017 蕭 소] : 하늘 소	3680	1863	2623	2349
魈	소( ) [平聲/下平 017 蕭 소] : 산의 요괴 소	3681	1864	2624	2350
慅	소( ) [平聲/下平 019 豪 호] : 흔들릴 소	3682	2035	7504	2351
慅*	소(초) [仄聲/上聲 049 皓 호] : 수고로울 초	3683	4191	7570	4432
柖	소( ) [平聲/下平 017 蕭 소] : 과녁/나무흔들릴 소	3684	1865	2625	2352
柖*	소(초) [仄聲/上聲 047 篠 소] : 목욕상 초	3685	4107	2732	4433
溞	소( ) [平聲/下平 019 豪 호] : 쌀일 소	3686	2036	7505	2353
痟	소( ) [平聲/下平 017 蕭 소] : 종기 소	3687	1866	2626	2354
穌	소( ) [平聲/上平 007 虞 우] : 쉴/깨어날 소	3688	797	4208	746
蟏	소( ) [平聲/下平 017 蕭 소] : 갈머리 소	3689	1867	2627	2355
釗	소( ) [平聲/下平 017 蕭 소] : 힘쓸 소	3690	1868	2629	2356
釗*	소(교) [平聲/下平 017 蕭 소] : 사람이름 교	3691	1869	2628	1825
肖	소( ) [仄聲/去聲 077 嘯 소] : 쇠약할/흩어질 소	3692	5878	2808	5236
肖*	소(초) [仄聲/去聲 077 嘯 소] : 닮을/작을 초	3693	5879	2809	5700
疋	소( ) [平聲/上平 006 魚 어] : 발[足也] 소	3694	652	3482	747
疋*	소(필) [仄聲/入聲 093 質 질] : 짝 필	3695	6760	6676	7752
俗	속( ) [仄聲/入聲 091 沃 옥] : 풍속/세상/평범할 속	3696	6627	4003	6824
屬	속( ) [仄聲/入聲 091 沃 옥] : 붙일 속	3697	6628	4004	6825
束	속( ) [仄聲/入聲 091 沃 옥] : 묶을 속	3698	6629	4005	6826
粟	속( ) [仄聲/入聲 091 沃 옥] : 조 속	3699	6630	4006	6828
續	속( ) [仄聲/入聲 091 沃 옥] : 이을 속	3700	6631	4007	6829
謖	속( ) [仄聲/入聲 090 屋 옥] : 일어날 속	3701	6521	3899	6830
贖	속( ) [仄聲/入聲 091 沃 옥] : 바꿀 속	3702	6632	4008	6831
速	속( ) [仄聲/入聲 090 屋 옥] : 빠를 속	3703	6522	3900	6832
樕	속( ) [仄聲/上聲 055 有 유] : 떨갈나무 속	3704	4514	5066	3939
藗	속( ) [仄聲/入聲 090 屋 옥] : 흰띠 속	3705	6523	3902	6834

배열형식 A (韻族基準)		배열 A	배열 B	배열 C	배열 D
韻族	(*異音) [平仄 : 四聲 韻目No ,韻目 독음] : 略義	운족 가나순	운목 번호순	운목 가나순	사성순
藚	속( ) [仄聲/入聲 091 沃 옥] : 쇠기나물 속	3706	6633	4009	6835
孫	손( ) [平聲/上平 013 元 원] : 손자/겸손할 손	3707	1432	4834	748
巽	손( ) [仄聲/去聲 073 願 원] : 괘이름 손	3708	5605	4926	5238
損	손( ) [仄聲/上聲 043 阮 완] : 덜 손	3709	3896	4076	3940
蓀	손( ) [平聲/上平 013 元 원] : 향풀이름 손	3710	1433	4835	749
遜	손( ) [仄聲/去聲 073 願 원] : 겸손할 손	3711	5606	4927	5239
飡	손( ) [平聲/上平 013 元 원] : 밥 손	3712	1434	4836	750
飡*	손(찬) [平聲/上平 014 寒 한] : 먹을 찬	3713	1577	7206	1316
飧	손( ) [平聲/上平 013 元 원] : 저녁밥 손	3714	1435	4837	751
噀	손( ) [仄聲/去聲 073 願 원] : 물뿜을 손	3715	5607	4928	5240
蕵	손( ) [平聲/上平 013 元 원] : 풀이름 손	3716	1436	4838	752
率	솔( ) [仄聲/入聲 093 質 질] : 거느릴/좇을 솔	3717	6761	6600	6837
率*	솔(률) [仄聲/入聲 093 質 질] : 비률/과녁/헤아릴 률	3718	4790	6896	5253
率*	솔(수) [仄聲/去聲 063 寘 치] : 새그물 수	3719	6762	6599	6437
蟀	솔( ) [仄聲/入聲 093 質 질] : 귀뚜라미 솔	3720	6763	6601	6838
帥	솔( ) [仄聲/入聲 093 質 질] : 거느릴/좇을 솔	3721	6764	6602	6839
帥*	솔(수) [仄聲/入聲 093 質 질] : 장수 수	3722	6765	6603	6847
宋	송( ) [仄聲/去聲 061 宋 송] : 성/나라 송	3723	4696	2851	5241
悚	송( ) [仄聲/上聲 032 腫 종] : 두려워할 송	3724	3269	5579	3941
松	송( ) [平聲/上平 002 冬 동] : 소나무 송	3725	141	1200	754
淞	송( ) [平聲/上平 002 冬 동] : 강이름 송	3726	142	1201	755
訟	송( ) [仄聲/去聲 061 宋 송] : 송사할 송	3727	4697	2852	5242
誦	송( ) [仄聲/去聲 061 宋 송] : 욀 송	3728	4698	2853	5243
送	송( ) [仄聲/去聲 060 送 송] : 보낼 송	3729	4676	2831	5244
頌	송( ) [仄聲/去聲 061 宋 송] : 칭송할/기릴 송	3730	4699	2854	5245
頌*	송(용) [平聲/上平 002 冬 동] : 얼굴/모양 용	3731	143	1202	933
竦	송( ) [仄聲/上聲 032 腫 종] : 삼갈 송	3732	3270	5580	3942
鬆	송( ) [平聲/上平 002 冬 동] : 더벅머리 송	3733	144	1203	756
耍	솨( ) [仄聲/上聲 051 馬 마] : 희롱할 솨	3734	4276	1404	3943
煞	쇄( ) [仄聲/去聲 069 卦 괘] : 감할 쇄	3735	5352	849	5247
煞*	쇄(살) [仄聲/入聲 097 黠 힐] : 죽일 살	3736	7054	7921	6723
閷	쇄( ) [仄聲/去聲 069 卦 괘] : 활뱃바닥 쇄	3737	5353	850	5248
閷*	쇄(살) [仄聲/入聲 097 黠 힐] : 죽일 살	3738	7055	7924	6727
刷	쇄( ) [仄聲/入聲 098 屑 설] : 인쇄할 쇄	3739	7148	2521	6841
灑	쇄( ) [仄聲/去聲 069 卦 괘] : 뿌릴/깜짝놀랄 쇄	3740	5354	851	5249
灑*	쇄(사) [仄聲/上聲 051 馬 마] : 깨끗할 사	3741	3750	7457	3895

배열형식 A (韻族基準)		배열 A	배열 B	배열 C	배열 D
韻族	(*異音) [平仄 : 四聲 韻目No ,韻目 독음] : 略義	운족 가나순	운목 번호순	운목 가나순	사성순
灑*	쇄(새) [仄聲/上聲 039 蟹 해] : 뿌릴/깜짝놀랄 새	3742	4277	1406	3872
碎	쇄( ) [仄聲/去聲 070 隊 대] : 부술 쇄	3743	5436	1019	5250
鎖	쇄( ) [仄聲/上聲 050 哿 가] : 쇠사슬 쇄	3744	4240	162	3945
瑣	쇄( ) [仄聲/上聲 050 哿 가] : 자질구레할 쇄	3745	4241	163	3946
鏁	쇄( ) [仄聲/上聲 050 哿 가] : 쇠사슬 쇄	3746	4242	164	3947
衰	쇠( ) [平聲/上平 004 支 지] : 쇠할 쇠	3747	358	5799	757
衰*	쇠(최) [平聲/上平 004 支 지] : 같을/상복 최	3748	359	5798	1348
數	수( ) [仄聲/上聲 037 麌 우] : 헤아릴/셈 수	3749	3659	4603	3948
數*	수(삭) [仄聲/入聲 092 覺 각] : 자주/여러번 삭	3750	6634	4002	7574
數*	수(수) [仄聲/去聲 066 遇 우] : 이치/팔자 수	3751	6695	209	6714
數*	수(촉) [仄聲/入聲 091 沃 옥] : 빽빽할 촉	3752	5047	4708	5252
涑	수( ) [平聲/下平 026 尤 우] : 빨래할/양치질할 수	3753	2914	4422	2359
涑*	수(속) [仄聲/入聲 090 屋 옥] : 물이름/빨 속	3754	6524	3898	6827
蔌	수( ) [仄聲/上聲 055 有 유] : 나물 수	3755	4515	5067	3949
蔌*	수(속) [仄聲/入聲 090 屋 옥] : 더러울 속	3756	6525	3901	6833
修	수( ) [平聲/下平 026 尤 우] : 닦을 수	3757	2915	4423	2360
受	수( ) [仄聲/去聲 085 宥 유] : 받을 수	3758	6294	5178	6842
嗽	수( ) [仄聲/去聲 085 宥 유] : 기침할 수	3759	6295	5179	6843
嗽*	수(삭) [仄聲/入聲 092 覺 각] : 마실/빨 삭	3760	6696	214	6720
囚	수( ) [平聲/下平 026 尤 우] : 가둘 수	3761	2916	4424	2361
垂	수( ) [平聲/上平 004 支 지] : 드리울 수	3762	360	5800	758
壽	수( ) [仄聲/去聲 085 宥 유] : 목숨 수	3763	6296	5180	6844
嫂	수( ) [仄聲/上聲 049 皓 호] : 형수 수	3764	4192	7571	3950
守	수( ) [仄聲/去聲 085 宥 유] : 지킬 수	3765	6297	5181	6845
岫	수( ) [仄聲/去聲 085 宥 유] : 산굴(=峀) 수	3766	6298	5182	6846
愁	수( ) [平聲/下平 026 尤 우] : 근심 수	3767	2917	4425	2362
戍	수( ) [仄聲/去聲 066 遇 우] : 지킬/수자리 수	3768	5048	4717	5254
手	수( ) [仄聲/上聲 055 有 유] : 손 수	3769	4516	5068	3951
授	수( ) [仄聲/去聲 085 宥 유] : 줄 수	3770	6299	5183	6848
搜	수( ) [平聲/下平 026 尤 우] : 찾을 수	3771	2918	4426	2363
收	수( ) [平聲/下平 026 尤 우] : 거둘 수	3772	2919	4427	2364
數	수( ) [仄聲/上聲 037 麌 우] : 셈/헤아릴 수	3773	3660	4604	3952
數*	수(삭) [仄聲/入聲 092 覺 각] : 자/빠를 삭	3774	6697	215	6721
數*	수(촉) [仄聲/入聲 092 覺 각] : 빽빽할 촉	3775	6698	216	7575
樹	수( ) [仄聲/去聲 066 遇 우] : 나무 수	3776	5049	4718	5255
殊	수( ) [平聲/上平 007 虞 우] : 다를 수	3777	798	4209	759

배열형식 A (韻族基準)		배열 A	배열 B	배열 C	배열 D
韻族	(*異音) [平仄 : 四聲 韻目No ,韻目 독음] : 略義	운족 가나순	운목 번호순	운목 가나순	사성순
水	수( ) [仄聲/上聲 034 紙 지] : 물 수	3778	3391	6097	3953
洙	수( ) [平聲/上平 007 虞 우] : 물가 수	3779	799	4210	760
潄	수( ) [仄聲/去聲 085 宥 유] : 양치질할 수	3780	6300	5184	6849
燧	수( ) [仄聲/去聲 063 寘 치] : 부싯돌/햇불 수	3781	4791	6897	5256
狩	수( ) [仄聲/去聲 085 宥 유] : 사냥 수	3782	6301	5185	6850
獸	수( ) [仄聲/去聲 085 宥 유] : 짐승 수	3783	6302	5186	6851
琇	수( ) [仄聲/去聲 085 宥 유] : 옥돌 수	3784	6303	5187	6852
璲	수( ) [仄聲/去聲 063 寘 치] : 패옥 수	3785	4792	6898	5257
瘦	수( ) [仄聲/去聲 085 宥 유] : 파리할 수	3786	6304	5188	6853
睡	수( ) [仄聲/去聲 063 寘 치] : 졸음 수	3787	4793	6899	5258
秀	수( ) [仄聲/去聲 085 宥 유] : 빼어날 수	3788	6305	5189	6854
穗	수( ) [仄聲/去聲 063 寘 치] : 이삭 수	3789	4794	6900	5259
竪	수( ) [仄聲/上聲 037 麌 우] : 설/세울 수	3790	3661	4605	3954
粹	수( ) [仄聲/去聲 063 寘 치] : 순수할 수	3791	4795	6901	5260
綏	수( ) [平聲/上平 004 支 지] : 편안할 수	3792	361	5801	761
綬	수( ) [仄聲/去聲 085 宥 유] : 인끈 수	3793	6306	5190	6855
繡	수( ) [仄聲/去聲 085 宥 유] : 수 수	3794	6307	5191	6856
羞	수( ) [平聲/下平 026 尤 우] : 나갈/바칠 수	3795	2920	4428	2365
脩	수( ) [平聲/下平 026 尤 우] : 포 수	3796	2921	4429	2366
茱	수( ) [平聲/上平 007 虞 우] : 수유 수	3797	800	4211	762
蒐	수( ) [平聲/下平 026 尤 우] : 모을 수	3798	2922	4430	2367
藪	수( ) [仄聲/上聲 055 有 유] : 늪 수	3799	4517	5069	3955
袖	수( ) [仄聲/去聲 085 宥 유] : 소매 수	3800	6308	5192	6857
誰	수( ) [平聲/上平 004 支 지] : 누구 수	3801	362	5802	763
讐	수( ) [平聲/下平 026 尤 우] : 짝/원수 수	3802	2923	4431	2368
輸	수( ) [平聲/上平 007 虞 우] : 보낼 수	3803	801	4212	764
遂	수( ) [仄聲/去聲 063 寘 치] : 드디어 수	3804	4796	6902	5261
邃	수( ) [仄聲/去聲 063 寘 치] : 깊을 수	3805	4797	6903	5262
酬	수( ) [平聲/下平 026 尤 우] : 잔돌릴 수	3806	2924	4432	2369
銖	수( ) [平聲/上平 007 虞 우] : 저울눈 수	3807	802	4213	765
銹	수( ) [仄聲/去聲 085 宥 유] : 녹쓸 수	3808	6309	5193	6858
隋	수( ) [平聲/上平 004 支 지] : 수나라 수	3809	363	5803	766
隧	수( ) [仄聲/去聲 063 寘 치] : 따를/길 수	3810	4798	6904	5263
隨	수( ) [平聲/上平 004 支 지] : 따를 수	3811	364	5804	767
雖	수( ) [平聲/上平 004 支 지] : 비록 수	3812	365	5805	768
需	수( ) [平聲/上平 007 虞 우] : 쓰일[쓸]/구할 수	3813	803	4214	769

배열형식 A (韻族基準)		배열 A	배열 B	배열 C	배열 D
韻族	(*異音) [平仄 : 四聲 韻目No ,韻目 독음] : 略義	운족 가나순	운목 번호순	운목 가나순	사성순
須	수( ) [平聲/上平 007 虞 우] : 모름지기 수	3814	804	4215	770
首	수( ) [仄聲/去聲 085 宥 유] : 머리 수	3815	6310	5194	6859
髓	수( ) [仄聲/上聲 034 紙 지] : 골 수	3816	3392	6098	3956
鬚	수( ) [平聲/上平 007 虞 우] : 수염 수	3817	805	4216	771
叟	수( ) [平聲/下平 026 尤 우] : 늙은이 수	3818	2925	4433	2370
售	수( ) [平聲/下平 026 尤 우] : 팔 수	3819	2926	4434	2371
廋	수( ) [平聲/下平 026 尤 우] : 숨길 수	3820	2927	4435	2372
晬	수( ) [仄聲/去聲 070 隊 대] : 돐 수	3821	5437	1020	5264
殳	수( ) [平聲/上平 007 虞 우] : 창 수	3822	806	4217	772
泅	수( ) [平聲/下平 026 尤 우] : 헤엄칠 수	3823	2928	4436	2373
溲	수( ) [平聲/下平 026 尤 우] : 오줌/반죽할 수	3824	2929	4437	2374
睟	수( ) [仄聲/去聲 063 寘 치] : 바로볼 수	3825	4799	6905	5265
睢	수( ) [平聲/上平 004 支 지] : 물이름 수	3826	366	5806	773
睢*	수(휴) [仄聲/去聲 063 寘 치] : 눈부릅뜨며볼 휴	3827	4800	6906	5927
瞍	수( ) [仄聲/上聲 055 有 유] : 소경 수	3828	4518	5070	3957
祟	수( ) [仄聲/去聲 063 寘 치] : 빌미 수	3829	4801	6907	5266
籔	수( ) [仄聲/上聲 037 麌 우] : 조리 수	3830	3662	4606	3958
讎	수( ) [平聲/下平 026 尤 우] : 원수 수	3831	2930	4438	2375
竪	수( ) [仄聲/上聲 037 麌 우] : 세울 수	3832	3663	4607	3959
陲	수( ) [平聲/上平 004 支 지] : 위태할 수	3833	367	5807	774
颼	수( ) [平聲/下平 026 尤 우] : 바람소리 수	3834	2931	4439	2376
厜	수( ) [平聲/上平 004 支 지] : 산꼭대기 수	3835	368	5808	775
擻	수( ) [仄聲/上聲 055 有 유] : 털어버릴 수	3836	4519	5071	3960
檖	수( ) [仄聲/去聲 063 寘 치] : 돌배나무 수	3837	4802	6908	5267
襚	수( ) [仄聲/去聲 063 寘 치] : 수의 수	3838	4803	6909	5268
彗	수( ) [仄聲/去聲 067 霽 제] : 대비 수	3839	5177	5475	5269
彗*	수(세) [仄聲/去聲 063 寘 치] : 혜성 세	3840	4804	6910	5219
繸	수( ) [仄聲/去聲 063 寘 치] : 패물차는끈 수	3841	4805	6911	5270
脩	수( ) [平聲/下平 017 蕭 소] : 기쁠 수	3842	1870	2630	2377
脩*	수(조) [平聲/下平 026 尤 우] : 싹 조	3843	2932	4440	2792
鱐	수( ) [平聲/下平 026 尤 우] : 어포 수	3844	2933	4441	2378
褎	수( ) [仄聲/去聲 085 宥 유] : 소매 수	3845	6311	5212	6861
褎*	수(유) [仄聲/去聲 085 宥 유] : 나아갈 유	3846	6312	5213	7155
嗾	수( ) [仄聲/上聲 055 有 유] : 부추길 수	3847	4520	5088	3961
嗾*	수(주) [仄聲/去聲 085 宥 유] : 부추길 주	3848	6313	5234	7378
敊	수( ) [仄聲/入聲 090 屋 옥] : 얻을 수	3849	6526	3966	6862

배열형식 A (韻族基準)		배열 A	배열 B	배열 C	배열 D
韻族	(*異音) [平仄 : 四聲 韻目No ,韻目 독음] : 略義	운족 가나순	운목 번호순	운목 가나순	사성순
菽*	수(축) [仄聲/去聲 085 宥 유] : 몹시앓을 축	3850	6314	5254	7610
叔	숙( ) [仄聲/入聲 090 屋 옥] : 아재비 숙	3851	6527	3903	6863
塾	숙( ) [仄聲/入聲 090 屋 옥] : 문옆방/글방 숙	3852	6528	3904	6864
夙	숙( ) [仄聲/入聲 090 屋 옥] : 일찍 숙	3853	6529	3905	6865
孰	숙( ) [仄聲/入聲 090 屋 옥] : 누구 숙	3854	6530	3906	6866
宿	숙( ) [仄聲/去聲 085 宥 유] : 잘 숙	3855	6315	5195	6867
宿*	숙(수) [仄聲/入聲 090 屋 옥] : 성좌 수	3856	6531	3907	6860
淑	숙( ) [仄聲/入聲 090 屋 옥] : 맑을 숙	3857	6532	3908	6868
潚	숙( ) [仄聲/入聲 090 屋 옥] : 성 숙	3858	6533	3909	6869
潚*	숙(축) [仄聲/入聲 090 屋 옥] : 깊고맑을 축	3859	6534	3910	7597
熟	숙( ) [仄聲/入聲 090 屋 옥] : 익을 숙	3860	6535	3911	6870
琡	숙( ) [仄聲/入聲 090 屋 옥] : 옥이름 숙	3861	6536	3912	6871
璹	숙( ) [仄聲/入聲 090 屋 옥] : 옥그릇 숙	3862	6537	3913	6872
璹*	숙(도) [平聲/下平 019 豪 호] : 옥그릇 도	3863	2037	7506	1970
肅	숙( ) [仄聲/入聲 090 屋 옥] : 엄숙할 숙	3864	6538	3914	6873
菽	숙( ) [仄聲/入聲 090 屋 옥] : 콩 숙	3865	6539	3915	6874
俶	숙( ) [仄聲/入聲 090 屋 옥] : 비롯할 숙	3866	6540	3916	6875
倏	숙( ) [仄聲/入聲 090 屋 옥] : 갑자기/빛날 숙	3867	6541	3917	6876
儵	숙( ) [仄聲/入聲 090 屋 옥] : 빠를 숙	3868	6542	3918	6877
莤	숙( ) [仄聲/入聲 090 屋 옥] : 술거를 숙	3869	6543	3919	6878
莤*	숙(유) [仄聲/上聲 055 有 유] : 물풀 유	3870	4521	5072	4140
驌	숙( ) [仄聲/入聲 090 屋 옥] : 검은범 숙	3871	6544	3920	6879
鮛	숙( ) [仄聲/入聲 090 屋 옥] : 작은다랑어 숙	3872	6545	3921	6880
巡	순( ) [平聲/上平 011 眞 진] : 돌/순행할 순	3873	1224	6363	777
徇	순( ) [仄聲/去聲 071 震 진] : 주창할 순	3874	5499	6518	5271
循	순( ) [平聲/上平 011 眞 진] : 돌/좇을 순	3875	1225	6364	778
恂	순( ) [平聲/上平 011 眞 진] : 정성 순	3876	1226	6365	779
恂*	순(준) [仄聲/去聲 071 震 진] : 무서울 준	3877	5500	6519	5596
旬	순( ) [平聲/上平 011 眞 진] : 열흘 순	3878	1227	6366	780
栒	순( ) [仄聲/上聲 041 軫 진] : 가름대나무 순	3879	3811	6461	3963
楯	순( ) [仄聲/上聲 041 軫 진] : 난간 순	3880	3812	6462	3964
橓	순( ) [仄聲/去聲 071 震 진] : 무궁화(=蕣) 순	3881	5501	6520	5272
殉	순( ) [仄聲/去聲 071 震 진] : 따라죽을 순	3882	5502	6521	5273
洵	순( ) [仄聲/去聲 076 霰 산] : 웅덩이물/믿을 순	3883	5777	2044	5274
洵*	순(현) [平聲/上平 011 眞 진] : 멀 현	3884	1228	6367	1500
淳	순( ) [平聲/上平 011 眞 진] : 순박할 순	3885	1229	6368	781

배열형식 A (韻族基準)		배열 A	배열 B	배열 C	배열 D
韻族	(*異音) [平仄 : 四聲 韻目No ,韻目 독음] : 略義	운족 가나순	운목 번호순	운목 가나순	사성순
珣	순( ) [平聲/上平 011 眞 진] : 옥이름 순	3886	1230	6369	782
盾	순( ) [仄聲/上聲 041 軫 진] : 방패 순	3887	3813	6463	3965
盾*	순(돈) [仄聲/上聲 043 阮 완] : 사람이름 돈	3888	3897	4077	3543
瞬	순( ) [仄聲/去聲 071 震 진] : 눈깜작할 순	3889	5503	6522	5275
筍	순( ) [仄聲/上聲 041 軫 진] : 댓순 순	3890	3814	6464	3966
純	순( ) [平聲/上平 011 眞 진] : 순수할 순	3891	1231	6370	783
純*	순(돈) [平聲/上平 013 元 원] : 꾸밀/묶을 돈	3892	1437	4839	284
純*	순(준) [仄聲/上聲 041 軫 진] : 선두를 준	3893	3815	6465	4343
脣	순( ) [平聲/上平 011 眞 진] : 입술 순	3894	1232	6371	784
舜	순( ) [仄聲/去聲 071 震 진] : 순임금 순	3895	5504	6523	5276
荀	순( ) [平聲/上平 011 眞 진] : 풀이름 순	3896	1233	6372	785
蓴	순( ) [平聲/上平 011 眞 진] : 순채 순	3897	1234	6373	786
蕣	순( ) [仄聲/去聲 071 震 진] : 무궁화 순	3898	5505	6524	5277
詢	순( ) [平聲/上平 011 眞 진] : 물을 순	3899	1235	6374	787
諄	순( ) [仄聲/去聲 071 震 진] : 타이를 순	3900	5506	6525	5278
醇	순( ) [平聲/上平 011 眞 진] : 진할 순	3901	1236	6375	788
錞	순( ) [平聲/上平 011 眞 진] : 악기이름 순	3902	1237	6376	789
順	순( ) [仄聲/去聲 071 震 진] : 순할 순	3903	5507	6526	5279
馴	순( ) [平聲/上平 011 眞 진] : 길들 순	3904	1238	6377	790
肫	순( ) [平聲/上平 011 眞 진] : 졸/눈감을 순	3905	1239	6378	791
鶉	순( ) [平聲/上平 011 眞 진] : 메추라기 순	3906	1240	6379	792
鶉*	순(단) [平聲/上平 014 寒 한] : 수리 단	3907	1578	7207	256
漘	순( ) [平聲/上平 011 眞 진] : 물가 순	3908	1241	6380	793
簨	순( ) [仄聲/上聲 041 軫 진] : 대그릇 순	3909	3816	6466	3967
戌	술( ) [仄聲/入聲 093 質 질] : 개 술	3910	6766	6604	6881
術	술( ) [仄聲/入聲 093 質 질] : 재주 술	3911	6767	6605	6882
述	술( ) [仄聲/入聲 093 質 질] : 펼 술	3912	6768	6606	6883
鉥	술( ) [仄聲/入聲 093 質 질] : 돗바늘/인도할 술	3913	6769	6607	6884
卹	술( ) [仄聲/入聲 093 質 질] : 걱정할 술	3914	6770	6690	6887
卹*	술(솔) [仄聲/入聲 093 質 질] : 먼지떨이 솔	3915	6771	6691	6840
崇	숭( ) [平聲/上平 001 東 동] : 높을 숭	3916	62	1120	794
崧	숭( ) [平聲/上平 001 東 동] : 우뚝솟을 숭	3917	63	1121	795
嵩	숭( ) [平聲/上平 001 東 동] : 높을 숭	3918	64	1122	796
倅	쉬( ) [仄聲/去聲 070 隊 대] : 버금 쉬	3919	5438	1021	5281
倅*	쉬(졸) [仄聲/入聲 095 月 월] : 백사람 졸	3920	6931	4985	7367
瑟	슬( ) [仄聲/入聲 093 質 질] : 큰거문고 슬	3921	6772	6608	6888

배열형식 A (韻族基準)		배열 A	배열 B	배열 C	배열 D
韻族	(*異音) [平仄 : 四聲 韻目No ,韻目 독음] : 略義	운족 가나순	운목 번호순	운목 가나순	사성순
膝	슬( ) [仄聲/入聲 093 質 질] : 무릎 슬	3922	6773	6609	6889
蝨	슬( ) [仄聲/入聲 093 質 질] : 이 슬	3923	6774	6610	6890
虱	슬( ) [仄聲/入聲 093 質 질] : 이 슬	3924	6775	6611	6891
瑟	슬( ) [仄聲/入聲 093 質 질] : 푸른진주 슬	3925	6776	6612	6892
濕	습( ) [仄聲/入聲 103 緝 집] : 젖을 습	3926	7749	6705	6893
拾	습( ) [仄聲/入聲 103 緝 집] : 주울 습	3927	7750	6707	6894
拾*	습(십) [仄聲/入聲 103 緝 집] : 열 십	3928	7751	6706	6931
習	습( ) [仄聲/入聲 103 緝 집] : 익힐 습	3929	7752	6708	6895
褶	습( ) [仄聲/入聲 103 緝 집] : 슬갑 습	3930	7753	6709	6896
褶*	습(첩) [仄聲/入聲 105 葉 엽] : 겹옷 첩	3931	7848	3761	7553
襲	습( ) [仄聲/入聲 103 緝 집] : 엄습할 습	3932	7754	6710	6897
慴	습( ) [仄聲/入聲 105 葉 엽] : 두려워할 습	3933	7849	3762	6898
隰	습( ) [仄聲/入聲 103 緝 집] : 진펄 습	3934	7755	6711	6899
溼	습( ) [仄聲/入聲 103 緝 집] : 젖을 습	3935	7756	6713	6900
丞	승( ) [平聲/下平 025 蒸 증] : 이을/도울/향상할 승	3936	2785	5630	2379
乘	승( ) [仄聲/去聲 085 徑 경] : 탈 승	3937	6210	5196	6901
僧	승( ) [平聲/下平 025 蒸 증] : 중 승	3938	2786	5631	2380
勝	승( ) [仄聲/去聲 085 徑 경] : 이길 승	3939	6211	5197	6902
升	승( ) [平聲/下平 025 蒸 증] : 되 승	3940	2787	5632	2381
承	승( ) [平聲/下平 025 蒸 증] : 이을 승	3941	2788	5633	2382
昇	승( ) [平聲/下平 025 蒸 증] : 오를 승	3942	2789	5634	2383
繩	승( ) [平聲/下平 025 蒸 증] : 노끈 승	3943	2790	5635	2384
蠅	승( ) [平聲/下平 025 蒸 증] : 파리 승	3944	2791	5636	2385
陞	승( ) [仄聲/去聲 085 徑 경] : 오를 승	3945	6212	5198	6903
脅	승( ) [仄聲/去聲 085 徑 경] : 어리석을 승	3946	6213	5199	6904
脅*	승(증) [平聲/下平 025 蒸 증] : 희생잡을 증	3947	2792	5637	2841
鱦	승( ) [平聲/下平 025 蒸 증] : 물고기새끼 승	3948	2793	5638	2386
侍	시( ) [仄聲/去聲 063 寘 치] : 모실 시	3949	4806	6912	5284
匙	시( ) [平聲/上平 004 支 지] : 숟가락 시	3950	369	5809	797
嘶	시( ) [平聲/上平 008 齊 제] : 울 시	3951	959	5314	798
始	시( ) [仄聲/上聲 034 紙 지] : 비로소 시	3952	3393	6099	3968
媤	시( ) [仄聲/去聲 067 霽 제] : 시집 시	3953	5178	5476	5285
尸	시( ) [平聲/上平 004 支 지] : 시동 시	3954	370	5810	799
屎	시( ) [仄聲/上聲 034 紙 지] : 똥 시	3955	3394	6100	3969
屎*	시(히) [平聲/上平 004 支 지] : 아파서끙끙거릴 히	3956	371	5811	1650
屍	시( ) [平聲/上平 004 支 지] : 주검 시	3957	372	5812	800

A : (110 / 221)

배열형식 A (韻族基準)		배열 A	배열 B	배열 C	배열 D
韻族	(*異音) [平仄 : 四聲 韻目No ,韻目 독음] : 略義	운족 가나순	운목 번호순	운목 가나순	사성순
市	시( ) [仄聲/上聲 034 紙 지] : 저자 시	3958	3395	6101	3970
弑	시( ) [仄聲/去聲 063 寘 치] : 죽일 시	3959	4807	6913	5286
恃	시( ) [仄聲/上聲 034 紙 지] : 믿을 시	3960	3396	6102	3971
施	시( ) [平聲/上平 004 支 지] : 베풀 시	3961	373	5813	801
施*	시(이) [平聲/上平 004 支 지] : 비뚤어질/옮길 이	3962	374	5814	1091
是	시( ) [仄聲/上聲 034 紙 지] : 이 시	3963	3397	6103	3972
時	시( ) [平聲/上平 004 支 지] : 때 시	3964	375	5815	802
柹	시( ) [仄聲/上聲 034 紙 지] : 감(柹과 동자) 시	3965	3398	6104	3973
柴	시( ) [平聲/上平 009 佳 가] : 섶 시	3966	1027	15	803
柴*	시(채) [平聲/上平 009 佳 가] : 막을/지킬 채	3967	1028	14	1324
猜	시( ) [平聲/上平 010 灰 회] : 시새울 시	3968	1112	7697	804
矢	시( ) [仄聲/上聲 034 紙 지] : 화살 시	3969	3399	6105	3974
示	시( ) [仄聲/去聲 063 寘 치] : 보일/가르칠 시	3970	4808	6914	5287
示*	시(기) [平聲/上平 004 支 지] : 땅귀신 기	3971	376	5816	216
翅	시( ) [仄聲/去聲 063 寘 치] : 날개 시	3972	4809	6915	5288
蒔	시( ) [仄聲/去聲 063 寘 치] : 모종낼 시	3973	4810	6916	5289
蓍	시( ) [平聲/上平 004 支 지] : 시초 시	3974	377	5817	805
視	시( ) [仄聲/上聲 034 紙 지] : 볼 시	3975	3400	6106	3975
試	시( ) [仄聲/去聲 063 寘 치] : 시험 시	3976	4811	6917	5290
詩	시( ) [平聲/上平 004 支 지] : 시 시	3977	378	5818	806
諡	시( ) [仄聲/去聲 063 寘 치] : 시호 시	3978	4812	6918	5291
豕	시( ) [仄聲/上聲 034 紙 지] : 돼지 시	3979	3401	6107	3976
豺	시( ) [平聲/上平 009 佳 가] : 승냥이 시	3980	1029	16	807
偲	시( ) [平聲/上平 004 支 지] : 굳셀/똑똑할 시	3981	379	5819	808
兕	시( ) [仄聲/上聲 034 紙 지] : 외뿔들소 시	3982	3402	6108	3977
厮	시( ) [平聲/上平 004 支 지] : 부릴/마부 시	3983	380	5820	809
啻	시( ) [仄聲/去聲 063 寘 치] : 다만 시	3984	4813	6919	5292
塒	시( ) [平聲/上平 004 支 지] : 홰 시	3985	381	5821	810
枲	시( ) [仄聲/上聲 034 紙 지] : 모시풀/삼 시	3986	3403	6109	3978
柹	시( ) [仄聲/上聲 034 紙 지] : 감나무 시	3987	3404	6110	3979
緦	시( ) [平聲/上平 004 支 지] : 시마복 시	3988	382	5822	811
諟	시( ) [仄聲/上聲 034 紙 지] : 이 시	3989	3405	6111	3980
鍉	시( ) [平聲/上平 004 支 지] : 숟갈/열쇠 시	3990	383	5823	812
鍉*	시(저) [平聲/上平 008 齊 제] : 날 저	3991	960	5315	1181
柿	시( ) [仄聲/上聲 034 紙 지] : 감 시	3992	3406	6112	3981
鳲	시( ) [平聲/上平 004 支 지] : 뻐꾸기 시	3993	384	5824	813

배열형식 A (韻族基準)		배열 A	배열 B	배열 C	배열 D
韻族	(*異音) [平仄 : 四聲 韻目No ,韻目 독음] : 略義	운족 가나순	운목 번호순	운목 가나순	사성순
鷪	시( ) [平聲/上平 004 支 지] : 짐새 시	3994	385	5826	814
鸍*	시(미) [平聲/上平 004 支 지] : 짐새 미	3995	386	5825	508
埴	식( ) [仄聲/入聲 102 職 직] : 찰흙 식	3996	7663	6230	6907
寔	식( ) [仄聲/入聲 102 職 직] : 이 식	3997	7664	6231	6908
式	식( ) [仄聲/入聲 102 職 직] : 법 식	3998	7665	6232	6909
息	식( ) [仄聲/入聲 102 職 직] : 쉴 식	3999	7666	6233	6910
拭	식( ) [仄聲/入聲 102 職 직] : 닦을 식	4000	7667	6234	6911
植	식( ) [仄聲/入聲 102 職 직] : 심을/세울/둘 식	4001	7668	6235	6912
植*	식(치) [仄聲/去聲 063 寘 치] : 방망이/기댈/두목 치	4002	4814	6920	5734
殖	식( ) [仄聲/入聲 102 職 직] : 불릴 식	4003	7669	6236	6913
湜	식( ) [仄聲/入聲 102 職 직] : 물맑을 식	4004	7670	6237	6914
熄	식( ) [仄聲/入聲 102 職 직] : 꺼질 식	4005	7671	6238	6915
蝕	식( ) [仄聲/入聲 102 職 직] : 좀먹을 식	4006	7672	6239	6916
識	식( ) [仄聲/入聲 102 職 직] : 알 식	4007	7673	6240	6917
識*	식(지) [仄聲/去聲 063 寘 치] : 기록할 지	4008	4815	6921	5615
軾	식( ) [仄聲/入聲 102 職 직] : 수레가로나무 식	4009	7674	6241	6918
食	식( ) [仄聲/入聲 102 職 직] : 밥/먹을 식	4010	7675	6242	6919
飾	식( ) [仄聲/入聲 102 職 직] : 꾸밀 식	4011	7676	6243	6920
媳	식( ) [仄聲/入聲 100 陌 맥] : 며느리 식	4012	7441	1569	6921
栻	식( ) [仄聲/入聲 102 職 직] : 점판 식	4013	7677	6244	6922
伸	신( ) [平聲/上平 011 眞 진] : 펼 신	4014	1242	6381	817
侁	신( ) [平聲/上平 011 眞 진] : 걷는모양 신	4015	1243	6382	818
信	신( ) [仄聲/去聲 071 震 진] : 믿을 신	4016	5508	6527	5294
呻	신( ) [平聲/上平 011 眞 진] : 끙끙거릴 신	4017	1244	6383	819
娠	신( ) [平聲/上平 011 眞 진] : 애밸 신	4018	1245	6384	820
宸	신( ) [平聲/上平 011 眞 진] : 집 신	4019	1246	6385	821
愼	신( ) [仄聲/去聲 071 震 진] : 삼갈/고요할 신	4020	5509	6528	5295
新	신( ) [平聲/上平 011 眞 진] : 새 신	4021	1247	6386	822
晨	신( ) [平聲/上平 011 眞 진] : 새벽 신	4022	1248	6387	823
燼	신( ) [仄聲/去聲 071 震 진] : 탄나머지 신	4023	5510	6529	5296
申	신( ) [平聲/上平 011 眞 진] : 납 신	4024	1249	6388	824
神	신( ) [平聲/上平 011 眞 진] : 귀신 신	4025	1250	6389	825
紳	신( ) [平聲/上平 011 眞 진] : 띠 신	4026	1251	6390	826
腎	신( ) [仄聲/上聲 041 軫 진] : 콩팥 신	4027	3817	6467	3982
臣	신( ) [平聲/上平 011 眞 진] : 신하 신	4028	1252	6391	827
莘	신( ) [平聲/上平 011 眞 진] : 긴모양 신	4029	1253	6392	828

배열형식 A (韻族基準)		배열 A	배열 B	배열 C	배열 D
韻族	(*異音) [平仄 : 四聲 韻目No ,韻目 독음] : 略義	운족 가나순	운목 번호순	운목 가나순	사성순
薪	신( ) [平聲/上平 011 眞 진] : 땔나무 신	4030	1254	6393	829
藎	신( ) [仄聲/去聲 071 震 진] : 조개풀 신	4031	5511	6530	5297
蜃	신( ) [仄聲/上聲 041 軫 진] : 대합조개 신	4032	3818	6468	3983
訊	신( ) [仄聲/去聲 071 震 진] : 물을 신	4033	5512	6531	5298
身	신( ) [平聲/上平 011 眞 진] : 몸 신	4034	1255	6394	830
辛	신( ) [平聲/上平 011 眞 진] : 매울 신	4035	1256	6395	831
辰	신( ) [平聲/上平 011 眞 진] : 날 신	4036	1257	6396	832
辰*	신(진) [平聲/上平 011 眞 진] : 때/별/북두성 진	4037	1258	6397	1296
迅	신( ) [仄聲/去聲 071 震 진] : 빠를 신	4038	5513	6532	5299
贐	신( ) [仄聲/去聲 071 震 진] : 전별할 신	4039	5514	6533	5300
頣	신( ) [仄聲/上聲 041 軫 진] : 눈크게뜨고볼 신	4040	3819	6469	3984
麎	신( ) [平聲/上平 011 眞 진] : 암순록 신	4041	1259	6398	833
失	실( ) [仄聲/入聲 093 質 질] : 잃을 실	4042	6777	6613	6923
室	실( ) [仄聲/入聲 093 質 질] : 집 실	4043	6778	6614	6924
實	실( ) [仄聲/入聲 093 質 질] : 열매 실	4044	6779	6615	6925
悉	실( ) [仄聲/入聲 093 質 질] : 갖출/다알 실	4045	6780	6616	6926
蟋	실( ) [仄聲/入聲 093 質 질] : 귀뚜라미 실	4046	6781	6617	6927
審	심( ) [仄聲/上聲 056 寢 침] : 살필 심	4047	4553	7059	3985
尋	심( ) [平聲/下平 027 侵 침] : 찾을 심	4048	3044	7025	2388
心	심( ) [平聲/下平 027 侵 침] : 마음 심	4049	3045	7026	2389
沁	심( ) [仄聲/去聲 086 沁 심] : 스며들 심	4050	6366	2866	6928
深	심( ) [仄聲/上聲 056 寢 침] : 깊을 심	4051	4554	7060	3986
瀋	심( ) [仄聲/上聲 056 寢 침] : 즙낼/물이름 심	4052	4555	7061	3987
甚	심( ) [仄聲/去聲 086 沁 심] : 심할 심	4053	6367	2867	6929
諶	심( ) [平聲/下平 027 侵 침] : 참 심	4054	3046	7027	2390
潯	심( ) [平聲/下平 027 侵 침] : 물가 심	4055	3047	7028	2391
葚	심( ) [仄聲/上聲 056 寢 침] : 오디 심	4056	4556	7062	3988
嬸	심( ) [仄聲/上聲 056 寢 침] : 숙모 심	4057	4557	7063	3989
蕈	심( ) [平聲/下平 027 侵 침] : 버섯 심	4058	3048	7029	2392
諗	심( ) [仄聲/上聲 056 寢 침] : 고할 심	4059	4558	7064	3990
鬵	심( ) [平聲/下平 029 鹽 염] : 가마솥 심	4060	3163	3634	2393
椹	심( ) [仄聲/上聲 056 寢 침] : 오디 심	4061	4559	7076	3991
椹*	심(침) [平聲/下平 027 侵 침] : 다디미돌 침	4062	3049	7049	2993
什	십( ) [仄聲/入聲 103 緝 집] : 열사람/열 십	4063	7757	6716	6932
什*	십(집) [仄聲/入聲 103 緝 집] : 세간 집	4064	7758	6715	7446
什*	십(집) [仄聲/入聲 103 緝 집] : 세간 집	4065	7759	6714	7445

배열형식 A (韻族基準)		배열 A	배열 B	배열 C	배열 D
韻族	(*異音) [平仄 : 四聲 韻目No ,韻目 독음] : 略義	운족 가나순	운목 번호순	운목 가나순	사성순
十	십( ) [仄聲/入聲 103 緝 집] : 열 십	4066	7760	6717	6933
拾*	십(겁) [仄聲/入聲 105 葉 엽] : 다시 겁	4067	7850	3764	6032
拾*	십(섭) [仄聲/入聲 105 葉 엽] : 건늘 섭	4068	7851	3763	6813
雙	쌍( ) [平聲/上平 003 江 강] : 두/쌍 쌍	4069	215	453	835
氏	씨( ) [平聲/上平 004 支 지] : 성씨/각시 씨	4070	387	5827	836
亞	아( ) [仄聲/去聲 081 禡 마] : 버금 아	4071	6044	1455	6934
亞*	아(악) [仄聲/入聲 099 藥 약] : 칠장식 악	4072	7280	2949	6940
亞*	아(압) [仄聲/入聲 099 藥 약] : 누를 압	4073	7281	2948	6978
俄	아( ) [平聲/下平 020 歌 가] : 잠시/갑자기 아	4074	2115	98	2395
兒	아( ) [平聲/上平 008 齊 제] : 아이 아	4075	961	5316	837
兒*	아(예) [平聲/上平 008 齊 제] : 어릴/성 예	4076	962	5317	872
啞	아( ) [仄聲/上聲 051 馬 마] : 벙어리 아	4077	4278	1407	3992
啞*	아(액) [仄聲/入聲 100 陌 맥] : 깔깔웃을 액	4078	7442	1570	6986
娥	아( ) [平聲/下平 020 歌 가] : 예쁠 아	4079	2116	99	2396
峨	아( ) [平聲/下平 020 歌 가] : 높을 아	4080	2117	100	2397
我	아( ) [仄聲/上聲 050 哿 가] : 나 아	4081	4243	165	3993
牙	아( ) [平聲/下平 021 麻 마] : 어금니 아	4082	2213	1336	2398
芽	아( ) [平聲/下平 021 麻 마] : 싹 아	4083	2214	1337	2399
莪	아( ) [平聲/下平 020 歌 가] : 지칭개 아	4084	2118	101	2400
蛾	아( ) [平聲/下平 020 歌 가] : 나방 아	4085	2119	102	2401
衙	아( ) [平聲/下平 021 麻 마] : 마을 아	4086	2215	1338	2402
訝	아( ) [仄聲/去聲 081 禡 마] : 맞을 아	4087	6045	1456	6935
阿	아( ) [平聲/下平 020 歌 가] : 언덕/아첨할 아	4088	2120	103	2403
阿*	아(옥) [仄聲/入聲 090 屋 옥] : 누구 옥	4089	6546	3922	7097
雅	아( ) [仄聲/上聲 051 馬 마] : 맑을 아	4090	4279	1408	3994
餓	아( ) [仄聲/去聲 080 箇 개] : 주릴 아	4091	5999	490	6936
鴉	아( ) [平聲/下平 021 麻 마] : 갈가마귀 아	4092	2216	1339	2404
鵝	아( ) [平聲/下平 020 歌 가] : 거위 아	4093	2121	104	2405
丫	아( ) [平聲/下平 021 麻 마] : 가장귀 아	4094	2217	1340	2406
哦	아( ) [平聲/下平 020 歌 가] : 읊을 아	4095	2122	105	2407
婀	아( ) [平聲/下平 020 歌 가] : 아리따울 아	4096	2123	106	2408
疴	아( ) [平聲/下平 020 歌 가] : 병 아	4097	2124	107	2409
迓	아( ) [仄聲/去聲 081 禡 마] : 마중할 아	4098	6046	1457	6937
啊	아( ) [仄聲/去聲 080 箇 개] : 사랑할 아	4099	6000	491	6938
枒	아( ) [平聲/下平 021 麻 마] : 종려나무 아	4100	2218	1347	2411
堊	악( ) [仄聲/入聲 099 藥 약] : 백토 악	4101	7282	2950	6941

배열형식 A (韻族基準)		배열 A	배열 B	배열 C	배열 D
韻族	(*異音) [平仄 : 四聲 韻目No ,韻目 독음] : 略義	운족 가나순	운목 번호순	운목 가나순	사성순
岳	악( ) [仄聲/入聲 092 覺 각] : 큰산 악	4102	6699	217	6942
嶽	악( ) [仄聲/入聲 092 覺 각] : 큰산 악	4103	6700	218	6943
幄	악( ) [仄聲/入聲 092 覺 각] : 휘장 악	4104	6701	219	6944
惡	악( ) [仄聲/入聲 099 藥 약] : 악할/나쁠 악	4105	7283	2951	6945
惡*	악(오) [平聲/上平 007 虞 우] : 어찌/허사 오	4106	807	4218	877
惡*	악(오) [仄聲/去聲 066 遇 우] : 미워할 오	4107	5050	4719	5389
愕	악( ) [仄聲/入聲 099 藥 약] : 놀랄 악	4108	7284	2952	6946
握	악( ) [仄聲/入聲 092 覺 각] : 쥘 악	4109	6702	220	6947
樂	악( ) [仄聲/入聲 092 覺 각] : 노래 악	4110	6703	221	6948
樂*	악(락) [仄聲/入聲 099 藥 약] : 즐거울 락	4111	5928	7854	5416
樂*	악(요) [仄聲/去聲 078 效 효] : 즐길 요	4112	7285	2953	6346
渥	악( ) [仄聲/入聲 092 覺 각] : 두터울 악	4113	6704	222	6949
鄂	악( ) [仄聲/入聲 099 藥 약] : 땅이름 악	4114	7286	2954	6950
鍔	악( ) [仄聲/入聲 099 藥 약] : 칼날 악	4115	7287	2955	6951
顎	악( ) [仄聲/入聲 099 藥 약] : 턱 악	4116	7288	2956	6952
鰐	악( ) [仄聲/入聲 099 藥 약] : 악어 악	4117	7289	2957	6953
齷	악( ) [仄聲/入聲 099 藥 약] : 악착스럴/속좁을 악	4118	7290	2958	6954
咢	악( ) [仄聲/入聲 099 藥 약] : 놀랄 악	4119	7291	2959	6955
喔	악( ) [仄聲/入聲 092 覺 각] : 닭소리 악	4120	6705	223	6956
噩	악( ) [仄聲/入聲 099 藥 약] : 놀랄 악	4121	7292	2960	6957
萼	악( ) [仄聲/入聲 099 藥 약] : 꽃받침 악	4122	7293	2961	6958
諤	악( ) [仄聲/入聲 099 藥 약] : 곧은말할 악	4123	7294	2962	6959
鱷	악( ) [仄聲/入聲 099 藥 약] : 악어 악	4124	7295	2963	6960
安	안( ) [平聲/上平 014 寒 한] : 편안 안	4125	1579	7208	839
岸	안( ) [仄聲/去聲 074 翰 한] : 언덕 안	4126	5653	7325	5302
按	안( ) [仄聲/去聲 074 翰 한] : 누를/어루만질 안	4127	5654	7326	5303
按*	안(알) [仄聲/入聲 096 曷 갈] : 막을 알	4128	7016	351	6962
晏	안( ) [仄聲/去聲 075 諫 간] : 맑을/저물 안	4129	5710	275	5304
案	안( ) [仄聲/去聲 074 翰 한] : 책상 안	4130	5655	7327	5305
眼	안( ) [仄聲/上聲 045 潸 산] : 눈 안	4131	3985	1984	3995
雁	안( ) [仄聲/去聲 075 諫 간] : 기러기 안	4132	5711	276	5306
鞍	안( ) [平聲/上平 014 寒 한] : 안장 안	4133	1580	7209	840
顔	안( ) [平聲/上平 015 刪 산] : 얼굴/산우뚝할/성 안	4134	1636	1960	841
鮟	안( ) [仄聲/去聲 074 翰 한] : 아귀 안	4135	5656	7328	5307
鴈	안( ) [仄聲/去聲 075 諫 간] : 기러기 안	4136	5712	277	5308
洝	안( ) [仄聲/去聲 074 翰 한] : 끓인물 안	4137	5657	7329	5309

배열형식 A (韻族基準)		배열 A	배열 B	배열 C	배열 D
韻族	(*異音) [平仄 : 四聲 韻目No ,韻目 독음] : 略義	운족 가나순	운목 번호순	운목 가나순	사성순
洝*	안(알) [仄聲/入聲 096 曷 갈] : 구슬플 알	4138	7017	352	6963
贋	안( ) [仄聲/去聲 075 諫 간] : 거짓/위조할 안	4139	5713	278	5310
顏	안( ) [平聲/上平 015 刪 산] : 얼굴 안	4140	1637	1961	842
鴳	안( ) [仄聲/入聲 096 曷 갈] : 메추리 안	4141	7018	353	6961
諺	안( ) [仄聲/去聲 074 翰 한] : 용맹스러울 안	4142	5658	7330	5311
諺*	안(언) [仄聲/去聲 076 霰 산] : 좀말/상말 언	4143	5778	2047	5342
斡	알( ) [仄聲/入聲 096 曷 갈] : 주장할 간/돌 알	4144	7019	354	6964
謁	알( ) [仄聲/入聲 095 月 월] : 뵐 알	4145	6932	4986	6965
軋	알( ) [仄聲/入聲 097 黠 힐] : 삐걱거릴 알	4146	7056	7925	6966
閼	알( ) [仄聲/入聲 096 曷 갈] : 막을/일찍죽을/그칠 알	4147	7020	355	6967
閼*	알(연) [平聲/下平 016 先 선] : 성 연	4148	1714	2254	2476
嘎	알( ) [仄聲/入聲 097 黠 힐] : 새소리 알	4149	7057	7926	6968
訐	알( ) [仄聲/入聲 098 屑 설] : 들추어 낼 알	4150	7149	2522	6969
遏	알( ) [仄聲/入聲 096 曷 갈] : 막을 알	4151	7021	356	6970
戛	알( ) [仄聲/入聲 097 黠 힐] : 창 알	4152	7058	7927	6971
歹	알( ) [仄聲/入聲 096 曷 갈] : 뼈 앙상할 알	4153	7022	357	6972
歹*	알(대) [仄聲/上聲 040 賄 회] : 몹쓸/거스릴 대	4154	3773	7769	3527
钀	알( ) [仄聲/入聲 095 月 월] : 말재갈 알	4155	6933	4987	6973
唵	암( ) [仄聲/上聲 057 感 감] : 움켜먹을 암	4156	4593	398	3996
唵*	암(옴) [仄聲/上聲 057 感 감] : 진언 옴	4157	4594	399	4069
岩	암( ) [平聲/下平 030 咸 함] : 바위/산우뚝할 암	4158	3214	7372	2412
巖	암( ) [平聲/下平 030 咸 함] : 바위 암	4159	3215	7374	2413
巖*	암(엄) [平聲/下平 030 咸 함] : 높을 엄	4160	3216	7373	2468
庵	암( ) [平聲/下平 028 覃 담] : 암자/초막 암	4161	3113	947	2414
暗	암( ) [仄聲/去聲 087 勘 감] : 어두울 암	4162	6398	425	6977
癌	암( ) [平聲/下平 030 咸 함] : 암 암	4163	3217	7375	2415
菴	암( ) [平聲/下平 028 覃 담] : 풀이름 암	4164	3114	948	2416
闇	암( ) [仄聲/上聲 057 感 감] : 어두울/어둡게할 암	4165	4595	400	3997
媕	암( ) [平聲/下平 028 覃 담] : 머뭇거릴 암	4166	3115	949	2417
諳	암( ) [平聲/下平 028 覃 담] : 욀 암	4167	3116	950	2418
頷	암( ) [仄聲/上聲 057 感 감] : 끄덕일 암	4168	4596	402	3998
頷*	암(함) [仄聲/上聲 057 感 감] : 턱 함	4169	4597	401	4556
黯	암( ) [平聲/下平 030 咸 함] : 어두울/검을 암	4170	3218	7376	2419
嵒	암( ) [平聲/下平 030 咸 함] : 바위/가파를 암	4171	3219	7378	2421
嵒*	암(암) [平聲/下平 030 咸 함] : 바위/산우뚝할 암	4172	3220	7377	2420
碞	암( ) [平聲/下平 030 咸 함] : 바위 암	4173	3221	7379	2422

A : (116 / 221)

배열형식 A (韻族基準)		배열 A	배열 B	배열 C	배열 D
韻族	(*異音) [平仄 : 四聲 韻目No ,韻目 독음] : 略義	운족 가나순	운목 번호순	운목 가나순	사성순
韽	암( ) [平聲/下平 028 覃 담] : 낮은소리 암	4174	3117	951	2423
醃	암( ) [平聲/下平 030 咸 함] : 큰염소 암	4175	3222	7380	2424
揜	암( ) [仄聲/上聲 057 感 감] : 손으로가릴 암	4176	4598	403	3999
揜*	암(엄) [仄聲/上聲 058 琰 염] : 찾아가질 엄	4177	4624	3696	4027
壓	압( ) [仄聲/入聲 106 洽 흡] : 누를/억누를 압	4178	7921	7888	6979
押	압( ) [仄聲/入聲 106 洽 흡] : 수결/서명/누를 압	4179	7922	7889	6980
押*	압(갑) [仄聲/入聲 106 洽 흡] : 도울/잡아들일 갑	4180	7923	7890	6005
狎	압( ) [仄聲/入聲 106 洽 흡] : 친압할/소홀할/다시 압	4181	7924	7891	6981
鴨	압( ) [仄聲/入聲 106 洽 흡] : 오리 압	4182	7925	7892	6982
哈	압( ) [仄聲/入聲 104 合 합] : 물고기많은모양 압	4183	7807	7442	6985
哈*	압(합) [仄聲/入聲 106 洽 흡] : 한모금 합	4184	7926	7900	7794
仰	앙( ) [仄聲/上聲 052 養 양] : 우러를 앙	4185	4336	3304	4001
央	앙( ) [平聲/下平 022 陽 양] : 가운데 앙	4186	2388	3148	2425
怏	앙( ) [仄聲/上聲 052 養 양] : 원망할 앙	4187	4337	3305	4002
昻	앙( ) [平聲/下平 022 陽 양] : 밝을/들 앙	4188	2389	3149	2426
殃	앙( ) [平聲/下平 022 陽 양] : 재앙 앙	4189	2390	3150	2427
秧	앙( ) [平聲/下平 022 陽 양] : 모 앙	4190	2391	3151	2428
鴦	앙( ) [平聲/下平 022 陽 양] : 원앙 앙	4191	2392	3152	2429
泱	앙( ) [平聲/下平 022 陽 양] : 끝없을 앙	4192	2393	3153	2430
盎	앙( ) [仄聲/上聲 052 養 양] : 동이 앙	4193	4338	3306	4003
鞅	앙( ) [仄聲/上聲 052 養 양] : 가슴걸이 앙	4194	4339	3307	4004
昂	앙( ) [平聲/下平 022 陽 양] : 밝을 앙	4195	2394	3154	2431
厓	애( ) [平聲/上平 009 佳 가] : 언덕 애	4196	1030	17	844
哀	애( ) [平聲/上平 010 灰 회] : 슬플 애	4197	1113	7698	845
埃	애( ) [平聲/上平 010 灰 회] : 티끌 애	4198	1114	7699	846
崖	애( ) [平聲/上平 009 佳 가] : 낭떠러지 애	4199	1031	18	847
愛	애( ) [仄聲/去聲 070 隊 대] : 사랑 애	4200	5439	1022	5313
曖	애( ) [仄聲/去聲 070 隊 대] : 희미할 애	4201	5440	1023	5314
涯	애( ) [平聲/上平 009 佳 가] : 물가 애	4202	1032	19	848
涯*	애(아) [平聲/下平 021 麻 마] : 다할 아	4203	2219	1341	2410
涯*	애(의) [平聲/上平 004 支 지] : 물가 의	4204	388	5828	1076
碍	애( ) [平聲/下平 021 麻 마] : 막을 애	4205	2220	1342	2432
艾	애( ) [仄聲/去聲 068 泰 태] : 쑥/그칠/늙은이 애	4206	5294	7106	5316
艾*	애(애) [仄聲/去聲 068 泰 태] : 쑥 애	4207	5179	5477	5360
艾*	애(예) [仄聲/去聲 067 霽 제] : 다스릴/낫 예	4208	5295	7107	5315
隘	애( ) [仄聲/去聲 069 卦 괘] : 좁을/더러울 애	4209	5355	852	5317

A : (117 / 221)

배열형식 A (韻族基準)		배열 A	배열 B	배열 C	배열 D
韻族	(*異音) [平仄 : 四聲 韻目No ,韻目 독음] : 略義	운족 가나순	운목 번호순	운목 가나순	사성순
隘*	애(액) [仄聲/入聲 100 陌 맥] : 막힐 액	4210	7443	1571	6987
靄	애( ) [仄聲/去聲 068 泰 태] : 놀/아지랑이 애	4211	5296	7108	5318
靄*	애(알) [仄聲/入聲 096 曷 갈] : 놀/아지랑이 알	4212	7023	358	6974
唉	애( ) [平聲/上平 010 灰 회] : 그래 애	4213	1115	7700	849
挨	애( ) [平聲/上平 009 佳 가] : 칠 애	4214	1033	20	850
捱	애( ) [平聲/上平 009 佳 가] : 막을 애	4215	1034	21	851
欸	애( ) [平聲/上平 010 灰 회] : 한숨쉴 애	4216	1116	7701	852
皚	애( ) [平聲/上平 010 灰 회] : 흴 애	4217	1117	7702	853
磑	애( ) [仄聲/去聲 070 隊 대] : 맷돌/단단할 애	4218	5441	1024	5319
磑*	애(외) [平聲/上平 010 灰 회] : 쌓을 외	4219	1118	7703	926
礙	애( ) [仄聲/去聲 070 隊 대] : 그칠 애	4220	5442	1025	5320
薆	애( ) [仄聲/去聲 070 隊 대] : 숨길 애	4221	5443	1026	5321
藹	애( ) [仄聲/去聲 068 泰 태] : 열매 많이달림 애	4222	5297	7109	5322
哎	애( ) [仄聲/去聲 070 隊 대] : 놀랄 애	4223	5444	1027	5323
閡	애( ) [仄聲/去聲 070 隊 대] : 닫힐 애	4224	5445	1028	5324
餲	애( ) [仄聲/去聲 069 卦 괘] : 밥쉴 애	4225	5356	853	5325
餲*	애(알) [仄聲/入聲 096 曷 갈] : 밥쉴 알	4226	7024	359	6975
厄	액( ) [仄聲/入聲 100 陌 맥] : 액 액	4227	7444	1572	6988
扼	액( ) [仄聲/去聲 089 陷 함] : 움킬/잡을 액	4228	6430	7402	6989
掖	액( ) [仄聲/入聲 100 陌 맥] : 부축할 액	4229	7445	1573	6990
液	액( ) [仄聲/入聲 100 陌 맥] : 진 액	4230	7446	1574	6991
縊	액( ) [仄聲/去聲 063 寘 치] : 목맬 액	4231	4816	6922	5330
縊*	액(의) [仄聲/去聲 063 寘 치] : 목맬 의	4232	4817	6923	5472
腋	액( ) [仄聲/入聲 100 陌 맥] : 겨드랑이 액	4233	7447	1575	6992
額	액( ) [仄聲/入聲 100 陌 맥] : 이마 액	4234	7448	1576	6993
阨	액( ) [仄聲/入聲 100 陌 맥] : 막힐/거리낄 액	4235	7449	1577	6994
阨*	액(애) [仄聲/去聲 069 卦 괘] : 좁은목 애	4236	5357	854	5326
軛	액( ) [仄聲/入聲 100 陌 맥] : 멍에 액	4237	7450	1578	6995
頟	액( ) [仄聲/入聲 100 陌 맥] : 이마 액	4238	7451	1579	6996
櫻	앵( ) [平聲/下平 023 庚 경] : 앵두나무 앵	4239	2575	581	2433
罌	앵( ) [仄聲/入聲 100 陌 맥] : 양귀비/주전자 앵	4240	7452	1580	6998
鶯	앵( ) [平聲/下平 023 庚 경] : 꾀꼬리 앵	4241	2576	582	2434
鸚	앵( ) [平聲/下平 023 庚 경] : 앵무새 앵	4242	2577	583	2435
嚶	앵( ) [平聲/下平 023 庚 경] : 새소리 앵	4243	2578	584	2436
罃	앵( ) [平聲/下平 023 庚 경] : 물독 앵	4244	2579	585	2437
也	야( ) [仄聲/上聲 051 馬 마] : 이끼/어조사 야	4245	4280	1409	4005

배열형식 A (韻族基準)		배열 A	배열 B	배열 C	배열 D
韻族	(*異音) [平仄 : 四聲 韻目No ,韻目 독음] : 略義	운족 가나순	운목 번호순	운목 가나순	사성순
冶	야( ) [仄聲/上聲 051 馬 마] : 대장간 야	4246	4281	1410	4006
夜	야( ) [仄聲/去聲 081 禡 마] : 밤/해질/어두울 야	4247	6047	1458	6999
夜*	야(액) [仄聲/入聲 100 陌 맥] : 고을이름 액	4248	7453	1581	6997
惹	야( ) [仄聲/上聲 051 馬 마] : 이끌 야	4249	4282	1411	4007
揶	야( ) [平聲/下平 021 麻 마] : 빈정거릴 야	4250	2221	1343	2440
椰	야( ) [平聲/下平 021 麻 마] : 야자나무 야	4251	2222	1344	2441
爺	야( ) [平聲/下平 021 麻 마] : 아비 야	4252	2223	1345	2442
耶	야( ) [平聲/下平 021 麻 마] : 어조사 야	4253	2224	1346	2443
野	야( ) [仄聲/上聲 051 馬 마] : 들[坪] 야	4254	4283	1412	4008
若	야( ) [仄聲/上聲 051 馬 마] : 반야/절 야	4255	4284	1413	4009
弱	약( ) [仄聲/入聲 099 藥 약] : 약할 약	4256	7296	2964	7002
約	약( ) [仄聲/去聲 078 效 효] : 검소할/맺을 약	4257	5929	7855	5331
約*	약(요) [仄聲/入聲 099 藥 약] : 약속/믿을 요	4258	7297	2965	7110
若	약( ) [仄聲/上聲 051 馬 마] : 같을/만약 약	4259	4285	1414	4010
若*	약(야) [仄聲/入聲 099 藥 약] : 반야 야	4260	7298	2966	7000
葯	약( ) [仄聲/入聲 092 覺 각] : 구리때잎 약	4261	6706	224	7003
蒻	약( ) [仄聲/入聲 099 藥 약] : 부들 약	4262	7299	2967	7004
藥	약( ) [仄聲/入聲 099 藥 약] : 약 약	4263	7300	2968	7005
躍	약( ) [仄聲/入聲 099 藥 약] : 뛸 약	4264	7301	2969	7006
躍*	약(적) [仄聲/入聲 101 錫 석] : 뛸 적	4265	7590	2157	7267
籥	약( ) [仄聲/入聲 099 藥 약] : 피리 약	4266	7302	2970	7007
鑰	약( ) [仄聲/入聲 099 藥 약] : 자물쇠 약	4267	7303	2971	7008
龠	약( ) [仄聲/入聲 099 藥 약] : 피리 약	4268	2160	2882	7009
礿	약( ) [仄聲/入聲 099 藥 약] : 봄제사 약	4269	7304	2973	7011
鄀	약( ) [仄聲/入聲 099 藥 약] : 나라이름 약	4270	7305	2974	7012
鶅	약(–) [仄聲/入聲 099 藥 약]: 종다리 약	4271	7306	2972	7010
鶅	약( ) [仄聲/入聲 099 藥 약] : 종다리 약	4272	7307	2975	7013
佯	양( ) [平聲/下平 022 陽 양] : 거짓 양	4273	2395	3155	2445
壤	양( ) [仄聲/上聲 052 養 양] : 흙덩이 양	4274	4340	3308	4011
恙	양( ) [仄聲/去聲 082 漾 양] : 병 양	4275	6098	3373	7014
揚	양( ) [平聲/下平 022 陽 양] : 날릴 양	4276	2396	3157	2446
攘	양( ) [平聲/下平 022 陽 양] : 물리칠 양	4277	2397	3158	2447
敭	양( ) [平聲/下平 022 陽 양] : 오를 양	4278	2398	3159	2448
暘	양( ) [平聲/下平 022 陽 양] : 해돋이 양	4279	2399	3160	2449
楊	양( ) [平聲/下平 022 陽 양] : 양 양	4280	2400	3161	2450
樣	양( ) [仄聲/去聲 082 漾 양] : 모양 양	4281	6099	3374	7015

배열형식 A (韻族基準)		배열 A	배열 B	배열 C	배열 D
韻族	(*異音) [平仄 : 四聲 韻目No ,韻目 독음] : 略義	운족 가나순	운목 번호순	운목 가나순	사성순
樣*	양(상) [仄聲/上聲 052 養 양] : 도토리 상	4282	4341	3309	3892
洋	양( ) [平聲/下平 022 陽 양] : 큰바다 양	4283	2401	3162	2451
瀁	양( ) [仄聲/上聲 052 養 양] : 강이름 양	4284	4342	3310	4012
煬	양( ) [平聲/下平 022 陽 양] : 쬘 양	4285	2402	3163	2452
痒	양( ) [仄聲/上聲 052 養 양] : 앓을 양	4286	4343	3311	4013
瘍	양( ) [平聲/下平 022 陽 양] : 두창/부스럼 양	4287	2403	3164	2453
禳	양( ) [平聲/下平 022 陽 양] : 제사이름 양	4288	2404	3165	2454
穰	양( ) [平聲/下平 022 陽 양] : 볏대 양	4289	2405	3166	2455
羊	양( ) [平聲/下平 022 陽 양] : 양/노닐 양	4290	2406	3167	2456
襄	양( ) [平聲/下平 022 陽 양] : 도울 양	4291	2407	3168	2457
讓	양( ) [仄聲/去聲 082 漾 양] : 사양할 양	4292	6100	3375	7016
釀	양( ) [仄聲/去聲 082 漾 양] : 빚을 양	4293	6101	3376	7017
陽	양( ) [平聲/下平 022 陽 양] : 볕 양	4294	2408	3169	2458
養	양( ) [仄聲/上聲 052 養 양] : 기를 양	4295	4344	3312	4014
漾	양( ) [仄聲/去聲 082 漾 양] : 출렁거릴 양	4296	6102	3377	7018
烊	양( ) [平聲/下平 022 陽 양] : 구울 양	4297	2409	3170	2459
癢	양( ) [平聲/下平 021 麻 마] : 가려울 양	4298	2225	1348	2460
鑲	양( ) [平聲/下平 022 陽 양] : 거푸집 양	4299	2410	3171	2461
颺	양( ) [平聲/下平 022 陽 양] : 흩날릴 양	4300	2411	3172	2462
驤	양( ) [平聲/下平 022 陽 양] : 머리들/달릴 양	4301	2412	3173	2463
嚷	양( ) [平聲/下平 022 陽 양] : 외칠 양	4302	2413	3174	2464
羕	양( ) [仄聲/去聲 082 漾 양] : 긴내 양	4303	6103	3378	7019
圄	어( ) [仄聲/上聲 036 語 어] : 옥/가둘 어	4304	3559	3527	4015
御	어( ) [仄聲/去聲 065 御 어] : 거느릴 어	4305	4953	3577	5333
御*	어(아) [仄聲/去聲 081 禡 마] : 맞을 아	4306	6048	1459	6939
於	어( ) [平聲/上平 006 魚 어] : 어조사 어	4307	653	3446	854
於*	어(오) [平聲/上平 007 虞 우] : 탄식할/땅 이름 오	4308	808	4219	878
漁	어( ) [平聲/上平 006 魚 어] : 고기잡을 어	4309	654	3447	855
瘀	어( ) [仄聲/去聲 065 御 어] : 병 어	4310	4954	3578	5334
禦	어( ) [仄聲/上聲 036 語 어] : 막을 어	4311	3560	3528	4016
語	어( ) [仄聲/去聲 065 御 어] : 말씀 어	4312	4955	3579	5335
馭	어( ) [仄聲/去聲 065 御 어] : 부릴 어	4313	4956	3580	5336
魚	어( ) [平聲/上平 006 魚 어] : 고기 어	4314	655	3448	856
齬	어( ) [仄聲/上聲 036 語 어] : 어긋날 어	4315	3561	3529	4017
圉	어( ) [仄聲/上聲 036 語 어] : 마부 어	4316	3562	3530	4018
敔	어( ) [仄聲/上聲 036 語 어] : 막을 어	4317	3563	3531	4019

배열형식 A (韻族基準)		배열 A	배열 B	배열 C	배열 D
韻族	(*異音) [平仄 : 四聲 韻目No ,韻目 독음] : 略義	운족 가나순	운목 번호순	운목 가나순	사성순
淤	어( ) [仄聲/去聲 065 御 어] : 진흙 어	4318	4957	3581	5337
飫	어( ) [仄聲/去聲 065 御 어] : 포식할/물릴 어	4319	4958	3582	5338
棜	어( ) [仄聲/去聲 065 御 어] : 겨자 어	4320	4959	3583	5339
菸	어( ) [平聲/上平 006 魚 어] : 시들 어	4321	656	3449	857
菸*	어(연) [平聲/下平 016 先 선] : 향초 연	4322	1715	2255	2477
億	억( ) [仄聲/入聲 102 職 직] : 억 억	4323	7678	6245	7020
憶	억( ) [仄聲/入聲 102 職 직] : 생각할 억	4324	7679	6246	7021
抑	억( ) [仄聲/入聲 102 職 직] : 누를 억	4325	7680	6247	7022
檍	억( ) [仄聲/入聲 102 職 직] : 감탕나무 억	4326	7681	6248	7023
臆	억( ) [仄聲/入聲 102 職 직] : 가슴 억	4327	7682	6249	7024
繶	억( ) [仄聲/入聲 102 職 직] : 묶을 억	4328	7683	6250	7025
肊	억( ) [仄聲/入聲 102 職 직] : 가슴뼈/길비뼈 억	4329	7684	6305	7027
肊*	억(흘) [仄聲/入聲 094 物 물] : 몸흔들릴 흘	4330	6876	1820	7936
偃	언( ) [仄聲/上聲 043 阮 완] : 쓰러질 언	4331	3898	4078	4020
堰	언( ) [仄聲/去聲 076 霰 산] : 보/방죽 언	4332	5779	2045	5340
彦	언( ) [仄聲/去聲 076 霰 산] : 선비 언	4333	5780	2046	5341
焉	언( ) [平聲/下平 016 先 선] : 어찌 언	4334	1716	2256	2465
言	언( ) [平聲/上平 013 元 원] : 말씀 언	4335	1438	4840	858
言*	언(은) [仄聲/去聲 073 願 원] : 심사화평할 은	4336	5608	4929	5468
嫣	언( ) [平聲/下平 016 先 선] : 생긋생긋웃을 언	4337	1717	2257	2466
嫣*	언(현) [平聲/下平 016 先 선] : 예쁠 현	4338	1718	2258	3133
鄢	언( ) [平聲/下平 016 先 선] : 고을이름 언	4339	1719	2259	2467
彥	언( ) [仄聲/去聲 076 霰 산] : 선비 언	4340	5781	2048	5343
鰋	언( ) [仄聲/上聲 043 阮 완] : 메기 언	4341	3899	4079	4021
孼	얼( ) [仄聲/入聲 098 屑 설] : 서자 얼	4342	7150	2523	7029
櫱	얼( ) [仄聲/入聲 100 陌 맥] : 싹/싹날 얼	4343	7454	1582	7030
臬	얼( ) [仄聲/入聲 098 屑 설] : 말뚝 얼	4344	7151	2524	7031
孽	얼( ) [仄聲/入聲 098 屑 설] : 서자 얼	4345	7152	2525	7032
闑	얼( ) [仄聲/入聲 098 屑 설] : 문에세운말뚝 얼	4346	7153	2526	7033
俺	엄( ) [仄聲/去聲 088 豔 염] : 나/클 엄	4347	6410	3725	7035
俺*	엄(업) [仄聲/入聲 105 葉 엽] : 나/클 업	4348	7852	3765	7036
儼	엄( ) [仄聲/上聲 058 琰 염] : 공경할 엄	4349	4625	3692	4023
嚴	엄( ) [平聲/下平 029 鹽 염] : 엄할 엄	4350	3164	3635	2469
奄	엄( ) [仄聲/上聲 058 琰 염] : 가릴 엄	4351	4626	3693	4024
掩	엄( ) [仄聲/上聲 058 琰 염] : 가릴 엄	4352	4627	3694	4025
淹	엄( ) [平聲/下平 029 鹽 염] : 담글 엄	4353	3165	3636	2470

배열형식 A (韻族基準)		배열 A	배열 B	배열 C	배열 D
韻族	(*異音) [平仄 : 四聲 韻目No ,韻目 독음] : 略義	운족 가나순	운목 번호순	운목 가나순	사성순
崦	엄( ) [平聲/下平 029 鹽 염] : 해지는산 엄	4354	3166	3637	2471
广	엄( ) [仄聲/上聲 058 琰 염] : 집 엄	4355	4628	3695	4026
醃	엄( ) [平聲/下平 029 鹽 염] : 절인 남새 엄	4356	3167	3638	2472
渰	엄( ) [平聲/下平 028 覃 담] : 비구름일 엄	4357	3118	952	2473
隒	엄( ) [仄聲/上聲 058 琰 염] : 낭떠러지 엄	4358	4629	3697	4028
嶪	업( ) [仄聲/入聲 106 洽 흡] : 높고험할 업	4359	7927	7893	7037
業	업( ) [仄聲/入聲 106 洽 흡] : 업 업	4360	7928	7894	7038
鄴	업( ) [仄聲/入聲 105 葉 엽] : 땅/사람이름 업	4361	7853	3766	7039
殪	에( ) [仄聲/去聲 067 霽 제] : 쓰러질 에	4362	5180	5478	5345
予	여( ) [仄聲/上聲 036 語 어] : 나 여	4363	3564	3532	4029
余	여( ) [平聲/上平 006 魚 어] : 나 여	4364	657	3450	860
如	여( ) [仄聲/去聲 065 御 어] : 같을 여	4365	4960	3584	5346
歟	여( ) [仄聲/去聲 065 御 어] : 어조사 여	4366	4961	3585	5347
汝	여( ) [仄聲/上聲 036 語 어] : 너 여	4367	3565	3533	4030
璵	여( ) [平聲/上平 006 魚 어] : 옥 여	4368	658	3451	861
與	여( ) [仄聲/去聲 065 御 어] : 더불/줄 여	4369	4962	3586	5348
艅	여( ) [平聲/上平 006 魚 어] : 나룻배 여	4370	659	3452	862
茹	여( ) [平聲/上平 006 魚 어] : 띠뿌리 여	4371	660	3453	863
茹*	여(녀) [仄聲/去聲 065 御 어] : 먹을/기를 녀	4372	4963	3587	4876
輿	여( ) [平聲/上平 006 魚 어] : 수레 여	4373	661	3454	864
轝	여( ) [平聲/上平 006 魚 어] : 수레바탕 여	4374	662	3455	865
餘	여( ) [平聲/上平 006 魚 어] : 남을 여	4375	663	3456	866
好	여( ) [平聲/上平 006 魚 어] : 아름다울/벼슬이름 여	4376	664	3457	867
旟	여( ) [平聲/上平 006 魚 어] : 기 여	4377	665	3458	868
畬	여( ) [平聲/上平 006 魚 어] : 삼년된밭 여	4378	666	3459	869
畬*	여(사) [平聲/下平 021 麻 마] : 화전 사	4379	2226	1349	2253
鸒	여( ) [仄聲/去聲 065 御 어] : 떼까마귀 여	4380	4964	3588	5349
亦	역( ) [仄聲/入聲 100 陌 맥] : 또 역	4381	7455	1583	7041
域	역( ) [仄聲/入聲 102 職 직] : 지경 역	4382	7685	6252	7042
役	역( ) [仄聲/入聲 100 陌 맥] : 부릴 역	4383	7456	1584	7043
疫	역( ) [仄聲/入聲 100 陌 맥] : 전염병 역	4384	7457	1587	7045
繹	역( ) [仄聲/入聲 100 陌 맥] : 당길/찾을 역	4385	7458	1588	7046
譯	역( ) [仄聲/入聲 100 陌 맥] : 번역할 역	4386	7459	1589	7047
逆	역( ) [仄聲/入聲 100 陌 맥] : 거스릴 역	4387	7460	1590	7048
驛	역( ) [仄聲/入聲 100 陌 맥] : 역 역	4388	7461	1591	7049
嶧	역( ) [仄聲/入聲 100 陌 맥] : 산이름 역	4389	7462	1592	7050

배열형식 A (韻族基準)		배열 A	배열 B	배열 C	배열 D
韻族	(*異音) [平仄 : 四聲 韻目No ,韻目 독음] : 略義	운족 가나순	운목 번호순	운목 가나순	사성순
懌	역( ) [仄聲/入聲 100 陌 맥] : 기뻐할 역	4390	7463	1593	7051
閾	역( ) [仄聲/入聲 102 職 직] : 문지방 역	4391	7686	6253	7052
帟	역( ) [仄聲/入聲 100 陌 맥] : 장막 역	4392	7464	1594	7053
棫	역( ) [仄聲/入聲 102 職 직] : 두릅나무 역	4393	7687	6254	7054
緎	역( ) [仄聲/入聲 102 職 직] : 솔기 역	4394	7688	6255	7055
罭	역( ) [仄聲/入聲 102 職 직] : 어망 역	4395	7689	6256	7056
嚥	연( ) [仄聲/去聲 076 霰 산] : 삼킬 연	4396	5782	2049	5350
堧	연( ) [平聲/下平 016 先 선] : 빈터 연	4397	1720	2260	2478
姸	연( ) [平聲/下平 016 先 선] : 고울 연	4398	1721	2261	2479
娟	연( ) [平聲/下平 016 先 선] : 예쁠 연	4399	1722	2262	2480
宴	연( ) [仄聲/去聲 076 霰 산] : 잔치 연	4400	5783	2050	5351
延	연( ) [平聲/下平 016 先 선] : 늘일 연	4401	1723	2263	2481
捐	연( ) [平聲/下平 016 先 선] : 버릴/덜 연	4402	1724	2264	2482
挻	연( ) [平聲/下平 016 先 선] : 늘일 연	4403	1725	2265	2483
椽	연( ) [平聲/下平 016 先 선] : 서까래 연	4404	1726	2266	2484
沇	연( ) [仄聲/上聲 046 銑 선] : 졸졸흐르는 연	4405	4037	2405	4032
沿	연( ) [平聲/下平 016 先 선] : 물따라갈/따를 연	4406	1727	2267	2485
涎	연( ) [平聲/下平 016 先 선] : 침/물흐를 연	4407	1728	2268	2486
涓	연( ) [平聲/下平 016 先 선] : 시내 연	4408	1729	2269	2487
淵	연( ) [平聲/下平 016 先 선] : 못 연	4409	1730	2270	2488
演	연( ) [仄聲/上聲 046 銑 선] : 펼 연	4410	4038	2406	4033
烟	연( ) [平聲/下平 016 先 선] : 연기/타는냄새 연	4411	1731	2271	2489
然	연( ) [平聲/下平 016 先 선] : 그럴 연	4412	1732	2272	2490
煙	연( ) [平聲/下平 016 先 선] : 연기/타는냄새 연	4413	1733	2273	2491
煙*	연(인) [平聲/上平 011 眞 진] : 김/기운/안개 인	4414	1260	6399	1122
燃	연( ) [平聲/下平 016 先 선] : 탈 연	4415	1734	2274	2492
燕	연( ) [仄聲/去聲 076 霰 산] : 제비 연	4416	5784	2051	5352
硏	연( ) [平聲/下平 016 先 선] : 연마할/궁구할 연	4417	1735	2275	2474
研	연( ) [平聲/下平 016 先 선] : 갈 연	4418	1736	2276	2493
硯	연( ) [仄聲/去聲 076 霰 산] : 벼루 연	4419	5785	2052	5353
筵	연( ) [平聲/下平 016 先 선] : 자리 연	4420	1737	2277	2494
緣	연( ) [仄聲/去聲 076 霰 산] : 인연 연	4421	5786	2053	5354
緣*	연(단) [仄聲/去聲 076 霰 산] : 단옷[后服] 단	4422	5787	2054	4895
縯	연( ) [仄聲/上聲 046 銑 선] : 길(長也) 연	4423	4039	2407	4034
縯*	연(인) [仄聲/上聲 041 軫 진] : 당길 인	4424	3820	6470	4190
衍	연( ) [仄聲/去聲 076 霰 산] : 넓을 연	4425	5788	2055	5355

배열형식 A (韻族基準)		배열 A	배열 B	배열 C	배열 D
韻族	(*異音) [平仄 : 四聲 韻目No ,韻目 독음] : 略義	운족 가나순	운목 번호순	운목 가나순	사성순
輭	연( ) [仄聲/上聲 046 銑 선] : 연할/부드러울 연	4426	4040	2408	4035
鉛	연( ) [平聲/下平 016 先 선] : 납 연	4427	1738	2278	2495
鳶	연( ) [平聲/下平 016 先 선] : 소리개 연	4428	1739	2279	2496
兗	연( ) [仄聲/上聲 046 銑 선] : 바를 연	4429	4041	2409	4036
悁	연( ) [平聲/下平 016 先 선] : 분할/근심할 연	4430	1740	2280	2497
悁*	연(견) [仄聲/去聲 076 霰 산] : 조급할 견	4431	5789	2056	4725
掾	연( ) [仄聲/去聲 076 霰 산] : 아전/인할 연	4432	5790	2057	5356
臙	연( ) [仄聲/去聲 076 霰 산] : 연지 연	4433	5791	2058	5357
姸	연( ) [平聲/下平 016 先 선] : 아름다울 연	4434	1741	2281	2498
硏	연( ) [平聲/下平 016 先 선] : 연지/목구멍 연	4435	1742	2282	2499
耎	연( ) [仄聲/上聲 046 銑 선] : 가냘플 연	4436	4042	2410	4037
蜎	연( ) [平聲/下平 016 先 선] : 벌레굼틀거릴 연	4437	1743	2283	2500
蜎*	연(견) [仄聲/上聲 046 銑 선] : 장구벌레 견	4438	4043	2411	3300
蝝	연( ) [平聲/下平 016 先 선] : 메뚜기새끼 연	4439	1744	2284	2501
咽	열( ) [仄聲/入聲 098 屑 설] : 목멜 열	4440	7154	2527	7062
悅	열( ) [仄聲/入聲 098 屑 설] : 기쁠 열	4441	7155	2528	7063
熱	열( ) [仄聲/入聲 098 屑 설] : 더울 열	4442	7156	2530	7064
閱	열( ) [仄聲/入聲 098 屑 설] : 볼 열	4443	7157	2531	7065
噎	열( ) [仄聲/入聲 098 屑 설] : 목멜 열	4444	7158	2532	7066
噎*	열(일) [仄聲/入聲 093 質 질] : 목멜 일	4445	6782	6618	7193
剡	염( ) [仄聲/上聲 058 琰 염] : 날카로울 염	4446	4630	3688	4040
剡*	염(섬) [仄聲/上聲 058 琰 염] : 고을이름 섬	4447	4631	3687	3924
厭	염( ) [平聲/下平 029 鹽 염] : 편할/싫을 염	4448	3168	3640	2503
厭*	염(암) [仄聲/上聲 057 感 감] : 빠질/막힐 암	4449	4599	404	4000
厭*	염(엽) [仄聲/入聲 105 葉 엽] : 괴로울/끊을 엽	4450	7854	3767	7074
染	염( ) [仄聲/上聲 058 琰 염] : 물들 염	4451	4632	3698	4041
炎	염( ) [平聲/下平 029 鹽 염] : 불꽃 염	4452	3169	3641	2504
焰	염( ) [仄聲/上聲 058 琰 염] : 불꽃 염	4453	4633	3699	4042
琰	염( ) [仄聲/上聲 058 琰 염] : 옥갈 염	4454	4634	3700	4043
艶	염( ) [仄聲/去聲 088 豔 염] : 고울 염	4455	6411	3727	7069
苒	염( ) [仄聲/上聲 058 琰 염] : 풀우거질 염	4456	4635	3701	4044
閻	염( ) [平聲/下平 029 鹽 염] : 마을 염	4457	3170	3642	2505
髥	염( ) [平聲/下平 029 鹽 염] : 구레나룻 염	4458	3171	3643	2506
鹽	염( ) [平聲/下平 029 鹽 염] : 소금 염	4459	3172	3644	2507
冉	염( ) [仄聲/上聲 058 琰 염] : 나아갈 염	4460	4636	3702	4045
懕	염( ) [平聲/下平 029 鹽 염] : 편안할 염	4461	3173	3645	2508

배열형식 A (韻族基準)		배열 A	배열 B	배열 C	배열 D
韻族	(*異音) [平仄 : 四聲 韻目No ,韻目 독음] : 略義	운족 가나순	운목 번호순	운목 가나순	사성순
檿	염( ) [仄聲/上聲 058 琰 염] : 산뽕나무 염	4462	4637	3703	4046
灩	염( ) [平聲/下平 029 鹽 염] : 물그득할 염	4463	3174	3646	2509
饜	염( ) [仄聲/去聲 088 豔 염] : 물릴 염	4464	6412	3728	7070
魘	염( ) [仄聲/上聲 058 琰 염] : 가위눌릴 염	4465	4638	3705	4048
魘*	염(염) [仄聲/上聲 058 琰 염] : 가위눌릴 염	4466	4639	3704	4047
黶	염( ) [仄聲/上聲 058 琰 염] : 검은사마귀 염	4467	4640	3706	4049
棪	염( ) [仄聲/上聲 058 琰 염] : 재염나무 염	4468	4641	3707	4050
𧮰	염( ) [仄聲/上聲 058 琰 염] : 불당길 염	4469	4642	3708	4051
豔	염( ) [仄聲/去聲 088 豔 염] : 고울/탐스러울 염	4470	6413	3729	7071
靨*	염(염) [仄聲/入聲 105 葉 엽] : 보조개 염	4471	7855	3773	7072
葉	엽( ) [仄聲/入聲 105 葉 엽] : 잎/세대 엽	4472	7856	3756	7073
葉*	엽(섭) [仄聲/入聲 105 葉 엽] : 성/고을이름 섭	4473	7857	3755	6809
曄	엽( ) [仄聲/入聲 105 葉 엽] : 빛날 엽	4474	7858	3769	7075
燁	엽( ) [仄聲/入聲 105 葉 엽] : 빛날 엽	4475	7859	3770	7076
葉	엽( ) [仄聲/入聲 105 葉 엽] : 잎 엽	4476	7860	3772	7077
葉*	엽(섭) [仄聲/入聲 105 葉 엽] : 성/고을이름 섭	4477	7861	3771	6814
靨	엽( ) [仄聲/入聲 105 葉 엽] : 보조개 엽	4478	7862	3774	7078
饁	엽( ) [仄聲/入聲 105 葉 엽] : 들밥 엽	4479	7863	3775	7079
塋	영( ) [平聲/下平 023 庚 경] : 무덤 영	4480	2580	586	2510
嶸	영( ) [平聲/下平 023 庚 경] : 가파를 영	4481	2581	587	2511
影	영( ) [仄聲/上聲 054 梗 경] : 그림자 영	4482	4423	736	4053
映	영( ) [仄聲/去聲 084 敬 경] : 비칠/빛날 영	4483	6165	795	7080
暎	영( ) [仄聲/去聲 084 敬 경] : 비칠/빛날 영	4484	6166	796	7081
楹	영( ) [平聲/下平 023 庚 경] : 기둥 영	4485	2582	588	2512
榮	영( ) [平聲/下平 023 庚 경] : 영화 영	4486	2583	589	2513
永	영( ) [仄聲/上聲 054 梗 경] : 길 영	4487	4424	737	4054
泳	영( ) [仄聲/去聲 084 敬 경] : 헤엄칠 영	4488	6167	797	7082
潁	영( ) [仄聲/上聲 054 梗 경] : 강이름 영	4489	4425	738	4055
濚	영( ) [平聲/下平 023 庚 경] : 물돌아나갈 영	4490	2584	590	2514
瀛	영( ) [平聲/下平 023 庚 경] : 바다 영	4491	2585	591	2515
瀯	영( ) [平聲/下平 023 庚 경] : 물흐를 영	4492	2586	592	2516
煐	영( ) [平聲/下平 023 庚 경] : 빛날 영	4493	2587	593	2517
營	영( ) [平聲/下平 023 庚 경] : 경영할 영	4494	2588	594	2518
營*	영(형) [平聲/下平 024 青 청] : 별이름 형	4495	2721	6783	3144
瑛	영( ) [平聲/下平 023 庚 경] : 옥빛 영	4496	2589	596	2519
瓔	영( ) [平聲/下平 023 庚 경] : 구슬목걸이 영	4497	2590	597	2520

배열형식 A (韻族基準)		배열 A	배열 B	배열 C	배열 D
韻族	(*異音) [平仄 : 四聲 韻目No ,韻目 독음] : 略義	운족 가나순	운목 번호순	운목 가나순	사성순
盈	영( ) [平聲/下平 023 庚 경] : 찰 영	4498	2591	598	2521
穎	영( ) [仄聲/上聲 054 梗 경] : 이삭 영	4499	4426	739	4056
纓	영( ) [平聲/下平 023 庚 경] : 갓끈 영	4500	2592	599	2522
英	영( ) [平聲/下平 023 庚 경] : 꽃부리 영	4501	2593	600	2523
詠	영( ) [仄聲/去聲 084 敬 경] : 읊을 영	4502	6168	798	7083
迎	영( ) [平聲/下平 023 庚 경] : 맞을 영	4503	2594	601	2524
鍈	영( ) [平聲/下平 023 庚 경] : 방울소리 영	4504	2595	602	2525
霙	영( ) [平聲/下平 023 庚 경] : 진눈깨비 영	4505	2596	603	2526
嬴	영( ) [平聲/下平 023 庚 경] : 찰흙 영	4506	2597	604	2527
嬰	영( ) [平聲/下平 023 庚 경] : 아기 영	4507	2598	605	2528
縈	영( ) [平聲/下平 023 庚 경] : 얽힐 영	4508	2599	606	2529
蠑	영( ) [平聲/下平 023 庚 경] : 영원 영	4509	2600	607	2530
贏	영( ) [平聲/下平 023 庚 경] : 남을 영	4510	2601	608	2531
郢	영( ) [仄聲/去聲 084 敬 경] : 땅/나라이름 영	4511	6169	799	7084
禜	영( ) [仄聲/去聲 084 敬 경] : 영제사 영	4512	6170	800	7085
籯	영( ) [平聲/下平 023 庚 경] : 광주리 영	4513	2602	609	2532
瑩	영( ) [平聲/下平 023 庚 경] : 밝을 영	4514	2603	673	2533
瑩	영( ) [平聲/下平 023 庚 경] : 풍류이름 영	4515	2604	674	2534
瑩*	영(형) [仄聲/去聲 085 徑 경] : 맑을 형	4516	6214	5265	7855
猇	예( ) [仄聲/入聲 100 陌 맥] : 범발톱자국 예	4517	7465	1499	7086
乂	예( ) [仄聲/去聲 070 隊 대] : 풀벨 예	4518	5446	1029	5361
倪	예( ) [平聲/上平 008 齊 제] : 어린이 예	4519	963	5318	873
刈	예( ) [仄聲/去聲 070 隊 대] : 벨 예	4520	5447	1030	5362
叡	예( ) [仄聲/去聲 067 霽 제] : 밝을(睿) 예	4521	5181	5480	5363
曳	예( ) [仄聲/去聲 067 霽 제] : 끌 예	4522	5182	5481	5364
汭	예( ) [仄聲/去聲 067 霽 제] : 물구비 예	4523	5183	5482	5365
濊	예( ) [仄聲/入聲 096 曷 갈] : 종족이름 예	4524	7025	360	7087
猊	예( ) [平聲/上平 008 齊 제] : 사자 예	4525	964	5319	874
睿	예( ) [仄聲/去聲 067 霽 제] : 슬기 예	4526	5184	5483	5366
穢	예( ) [仄聲/去聲 070 隊 대] : 거칠 예	4527	5448	1031	5367
芮	예( ) [仄聲/去聲 067 霽 제] : 성 예	4528	5185	5484	5368
藝	예( ) [仄聲/去聲 067 霽 제] : 재주 예	4529	5186	5485	5369
蘂	예( ) [仄聲/上聲 034 紙 지] : 꽃술 예	4530	3407	6113	4057
裔	예( ) [仄聲/去聲 067 霽 제] : 옷자락/후손 예	4531	5187	5486	5370
詣	예( ) [仄聲/去聲 067 霽 제] : 이를 예	4532	5188	5487	5371
譽	예( ) [仄聲/去聲 065 御 어] : 기릴/명예 예	4533	4965	3589	5372

배열형식 A (韻族基準)		배열 A	배열 B	배열 C	배열 D
韻族	(*異音) [平仄 : 四聲 韻目No ,韻目 독음] : 略義	운족 가나순	운목 번호순	운목 가나순	사성순
豫	예( ) [仄聲/去聲 065 御 어] : 미리 예	4534	4966	3590	5373
銳	예( ) [仄聲/去聲 067 霽 제] : 날카로울 예	4535	5189	5489	5374
銳*	예(태) [仄聲/去聲 067 霽 제] : 창 태	4536	5190	5488	5761
霓	예( ) [仄聲/去聲 067 霽 제] : 암무지개 예	4537	5191	5491	5375
霓*	예(역) [仄聲/入聲 101 錫 석] : 암무지개 역	4538	7591	2158	7057
預	예( ) [仄聲/去聲 065 御 어] : 맡길/미리 예	4539	4967	3591	5376
囈	예( ) [仄聲/去聲 067 霽 제] : 잠꼬대 예	4540	5192	5492	5377
拽	예( ) [仄聲/去聲 067 霽 제] : 당길 예	4541	5193	5493	5378
拽*	예(열) [仄聲/入聲 098 屑 설] : 끌 열	4542	7159	2533	7067
睨	예( ) [仄聲/去聲 067 霽 제] : 흘겨볼 예	4543	5194	5494	5379
翳	예( ) [仄聲/去聲 067 霽 제] : 일산/가릴 예	4544	5195	5495	5380
蕊	예( ) [仄聲/上聲 034 紙 지] : 꽃술 예	4545	3408	6114	4058
蜺	예( ) [平聲/上平 008 齊 제] : 말매미 예	4546	965	5320	875
蜺*	예(얼) [仄聲/入聲 098 屑 설] : 암무지개 얼	4547	7160	2534	7034
鯢	예( ) [平聲/上平 008 齊 제] : 도롱뇽 예	4548	966	5321	876
勩	예( ) [仄聲/去聲 063 寘 치] : 수고로울 예	4549	4818	6925	5381
槸	예( ) [仄聲/去聲 067 霽 제] : 스칠 예	4550	5196	5496	5382
瘞	예( ) [仄聲/去聲 067 霽 제] : 묻을/산소 예	4551	5197	5497	5383
羿	예( ) [仄聲/去聲 067 霽 제] : 후예 예	4552	5198	5498	5384
蓺	예( ) [仄聲/去聲 067 霽 제] : 심을 예	4553	5199	5499	5385
鞮	예( ) [仄聲/去聲 067 霽 제] : 말안장 예	4554	5200	5500	5386
五	오( ) [仄聲/上聲 037 麌 우] : 다섯 오	4555	3664	4608	4059
伍	오( ) [仄聲/上聲 037 麌 우] : 다섯사람/항오 오	4556	3665	4609	4060
俉	오( ) [仄聲/去聲 066 遇 우] : 맞이할 오	4557	5051	4720	5390
傲	오( ) [仄聲/去聲 079 號 호] : 거만할 오	4558	5961	7622	7088
午	오( ) [仄聲/上聲 037 麌 우] : 낮 오	4559	3666	4610	4061
吾	오( ) [平聲/下平 021 麻 마] : 나 오	4560	2227	1350	2535
吳	오( ) [平聲/上平 007 虞 우] : 큰소리할/성/오나라 오	4561	809	4223	879
吳*	오(우) [平聲/上平 007 虞 우] : 지껄일 우	4562	810	4222	950
嗚	오( ) [平聲/上平 007 虞 우] : 슬플/탄식할 오	4563	811	4224	880
塢	오( ) [仄聲/上聲 037 麌 우] : 둑/언덕 오	4564	3667	4611	4062
墺	오( ) [仄聲/去聲 079 號 호] : 방구들/물가 오	4565	5962	7623	7089
墺*	오(옥) [仄聲/去聲 079 號 호] : 방구들/물가 옥	4566	5963	7624	7098
奧	오( ) [仄聲/去聲 079 號 호] : 속/아랫목 오	4567	5964	7625	7090
奧*	오(욱) [仄聲/入聲 090 屋 옥] : 따스할/모퉁이 욱	4568	6547	3923	7122
娛	오( ) [平聲/上平 007 虞 우] : 즐길 오	4569	812	4225	881

배열형식 A (韻族基準)		배열 A	배열 B	배열 C	배열 D
韻族	(*異音) [平仄 : 四聲 韻目No ,韻目 독음] : 略義	운족 가나순	운목 번호순	운목 가나순	사성순
寤	오( ) [仄聲/去聲 066 遇 우] : 깰 오	4570	5052	4721	5391
悟	오( ) [仄聲/去聲 066 遇 우] : 깨달을 오	4571	5053	4722	5392
懊	오( ) [仄聲/去聲 079 號 호] : 한할 오	4572	5965	7626	7091
敖	오( ) [平聲/下平 019 豪 호] : 놀 오	4573	2038	7507	2536
旿	오( ) [仄聲/上聲 037 麌 우] : 밝을 오	4574	3668	4612	4063
晤	오( ) [仄聲/去聲 066 遇 우] : 밝을 오	4575	5054	4723	5393
梧	오( ) [平聲/上平 007 虞 우] : 오동 오	4576	813	4226	882
汚	오( ) [平聲/上平 007 虞 우] : 더러울 오	4577	814	4227	883
汚*	오(오) [仄聲/去聲 066 遇 우] : 술구덩이/더럽힐 오	4578	2228	1351	2547
汚*	오(와) [平聲/下平 021 麻 마] : 더러필 와	4579	5055	4724	5394
澳	오( ) [仄聲/去聲 079 號 호] : 깊을 오	4580	5966	7627	7092
澳*	오(욱) [仄聲/入聲 090 屋 옥] : 벼랑 욱	4581	6548	3924	7123
烏	오( ) [平聲/上平 007 虞 우] : 까마귀 오	4582	815	4228	884
熬	오( ) [平聲/下平 019 豪 호] : 볶을 오	4583	2039	7508	2537
獒	오( ) [平聲/下平 019 豪 호] : 개 오	4584	2040	7509	2538
蜈	오( ) [平聲/上平 007 虞 우] : 지네 오	4585	816	4229	885
誤	오( ) [仄聲/去聲 066 遇 우] : 그르칠 오	4586	5056	4725	5395
鰲	오( ) [平聲/下平 019 豪 호] : 자라 오	4587	2041	7510	2539
鼇	오( ) [平聲/下平 019 豪 호] : 자라(=鰲) 오	4588	2042	7511	2540
唔	오( ) [平聲/上平 007 虞 우] : 글읽는소리 오	4589	817	4230	886
忤	오( ) [仄聲/去聲 066 遇 우] : 거스를 오	4590	5057	4726	5396
捂	오( ) [仄聲/去聲 066 遇 우] : 닿을 오	4591	5058	4727	5397
聱	오( ) [平聲/下平 018 肴 효] : 듣지 아니할 오	4592	1964	7807	2541
襖	오( ) [仄聲/上聲 049 皓 호] : 도포/웃옷 오	4593	4193	7572	4064
遨	오( ) [平聲/下平 019 豪 호] : 놀 오	4594	2043	7512	2542
鏖	오( ) [平聲/下平 019 豪 호] : 무찌를 오	4595	2044	7513	2543
隩	오( ) [仄聲/去聲 079 號 호] : 굽이 오	4596	5967	7628	7093
驁	오( ) [仄聲/去聲 079 號 호] : 준마 오	4597	5968	7629	7094
鼯	오( ) [平聲/上平 007 虞 우] : 다람쥐 오	4598	818	4231	887
杇	오( ) [平聲/上平 007 虞 우] : 흙손 오	4599	819	4232	888
洿	오( ) [平聲/上平 007 虞 우] : 웅덩이 오	4600	820	4233	889
洿*	오(호) [仄聲/上聲 037 麌 우] : 더러울/물들일 호	4601	3669	4613	4601
磝	오( ) [平聲/下平 018 肴 효] : 돌많을 오	4602	1965	7808	2544
螯	오( ) [平聲/下平 019 豪 호] : 집게발 오	4603	2045	7514	2545
逜	오( ) [仄聲/去聲 066 遇 우] : 깨우칠 오	4604	5059	4728	5398
遻	오( ) [仄聲/入聲 099 藥 약] : 만날 오	4605	7308	2976	7095

배열형식 A (韻族基準)		배열 A	배열 B	배열 C	배열 D
韻族	(*異音) [平仄 : 四聲 韻目No ,韻目 독음] : 略義	운족 가나순	운목 번호순	운목 가나순	사성순
郚	오( ) [平聲/上平 007 虞 우] : 고을이름 오	4606	821	4234	890
鎢	오( ) [平聲/上平 007 虞 우] : 작은마마솥 오	4607	822	4235	891
鴮	오( ) [平聲/上平 007 虞 우] : 사다새 오	4608	823	4236	892
燠	오( ) [仄聲/入聲 090 屋 옥] : 따뜻할 오	4609	6549	3932	7096
燠*	오(욱) [仄聲/入聲 090 屋 옥] : 따뜻할 욱	4610	6550	3933	7132
屋	옥( ) [仄聲/入聲 090 屋 옥] : 집 옥	4611	6551	3925	7099
沃	옥( ) [仄聲/入聲 091 沃 옥] : 기름질 옥	4612	6635	4010	7100
獄	옥( ) [仄聲/入聲 091 沃 옥] : 감옥 옥	4613	6636	4011	7101
玉	옥( ) [仄聲/入聲 091 沃 옥] : 구슬 옥	4614	6637	4012	7102
鈺	옥( ) [仄聲/入聲 091 沃 옥] : 보배 옥	4615	6638	4013	7103
溫	온( ) [平聲/上平 013 元 원] : 따뜻할 온	4616	1439	4842	893
瘟	온( ) [平聲/上平 013 元 원] : 염병 온	4617	1440	4843	894
穩	온( ) [仄聲/上聲 043 阮 완] : 편안할 온	4618	3900	4080	4066
縕	온( ) [仄聲/去聲 072 問 문] : 헌솜 온	4619	5569	1774	5399
藴	온( ) [仄聲/上聲 042 吻 문] : 마름 온	4620	3860	1757	4067
藴*	온(운) [平聲/上平 013 元 원] : 쌓일/익힐 운	4621	1441	4844	969
媼	온( ) [仄聲/上聲 049 皓 호] : 할미 온	4622	4194	7573	4068
慍	온( ) [仄聲/去聲 072 問 문] : 성낼 온	4623	5570	1775	5400
氳	온( ) [平聲/上平 012 文 문] : 기운성할 온	4624	1346	1716	895
醞	온( ) [仄聲/去聲 072 問 문] : 빚을 온	4625	5571	1776	5401
兀	올( ) [仄聲/入聲 095 月 월] : 우뚝할 올	4626	6934	4988	7104
杌	올( ) [仄聲/入聲 095 月 월] : 위태로울 올	4627	6935	4989	7105
壅	옹( ) [平聲/上平 002 冬 동] : 막을/막힐 옹	4628	145	1204	896
擁	옹( ) [仄聲/上聲 032 腫 종] : 낄 옹	4629	3271	5581	4070
瓮	옹( ) [仄聲/去聲 060 送 송] : 독 옹	4630	4677	2832	5402
甕	옹( ) [仄聲/去聲 060 送 송] : 독 옹	4631	4678	2833	5403
癰	옹( ) [平聲/上平 002 冬 동] : 악창 옹	4632	146	1205	897
翁	옹( ) [平聲/上平 001 東 동] : 늙은이 옹	4633	65	1123	898
邕	옹( ) [平聲/上平 002 冬 동] : 막힐 옹	4634	147	1206	899
雍	옹( ) [平聲/上平 002 冬 동] : 화할 옹	4635	148	1207	900
饔	옹( ) [平聲/上平 002 冬 동] : 아침밥 옹	4636	149	1208	901
廱	옹( ) [平聲/上平 002 冬 동] : 화락할 옹	4637	150	1209	902
禺	옹( ) [平聲/上平 002 冬 동] : 땅이름 옹	4638	151	1210	903
罋	옹( ) [平聲/上平 002 冬 동] : 독 옹	4639	152	1211	934
罋	옹( ) [仄聲/去聲 060 送 송] : 두레박 옹	4640	4679	2834	5404
雝	옹( ) [平聲/上平 002 冬 동] : 할미새 옹	4641	153	1212	904

배열형식 A (韻族基準)		배열 A	배열 B	배열 C	배열 D
韻族	(*異音) [平仄 : 四聲 韻目No ,韻目 독음] : 略義	운족 가나순	운목 번호순	운목 가나순	사성순
顒	옹( ) [平聲/上平 002 冬 동] : 공경할 옹	4642	154	1213	905
噰	옹( ) [平聲/上平 002 冬 동] : 화목해질 옹	4643	155	1214	906
灉	옹( ) [平聲/上平 002 冬 동] : 강이름 옹	4644	156	1215	907
臃	옹( ) [平聲/上平 002 冬 동] : 부스럼 옹	4645	157	1216	908
渦	와( ) [平聲/下平 020 歌 가] : 소용돌이 와	4646	2125	108	2548
瓦	와( ) [仄聲/上聲 051 馬 마] : 기와 와	4647	4286	1415	4071
窩	와( ) [平聲/下平 020 歌 가] : 보금자리/숨길 와	4648	2126	109	2549
窪	와( ) [平聲/下平 021 麻 마] : 웅덩이 와	4649	2229	1352	2550
臥	와( ) [仄聲/去聲 080 箇 개] : 누울 와	4650	6001	492	7106
蛙	와( ) [平聲/下平 021 麻 마] : 개구리 와	4651	2230	1353	2551
蛙*	와(왜) [平聲/上平 009 佳 가] : 개구리 왜	4652	1035	22	919
蝸	와( ) [平聲/上平 009 佳 가] : 달팽이 와	4653	1036	23	909
蝸*	와(왜) [平聲/上平 009 佳 가] : 달팽이 왜	4654	1037	24	920
訛	와( ) [平聲/下平 020 歌 가] : 잘못될 와	4655	2127	110	2552
哇	와( ) [平聲/上平 009 佳 가] : 토할 와	4656	1038	25	910
哇*	와(왜) [平聲/下平 021 麻 마] : 토할 왜	4657	2231	1354	2557
萵	와( ) [平聲/上平 009 佳 가] : 상추 와	4658	1039	26	911
鼃	와( ) [平聲/下平 021 麻 마] : 개구리 와	4659	2232	1355	2553
鼃*	와(왜) [平聲/上平 009 佳 가] : 개구리 왜	4660	1040	27	921
婉	완( ) [仄聲/上聲 043 阮 완] : 순할/아름다울/젊을 완	4661	3901	4081	4072
完	완( ) [平聲/上平 014 寒 한] : 완전할 완	4662	1581	7210	913
宛	완( ) [仄聲/上聲 043 阮 완] : 어슴푸레할 완	4663	3902	4082	4073
宛*	완(울) [仄聲/入聲 094 物 물] : 쌓일 울	4664	1442	4845	984
宛*	완(원) [平聲/上平 013 元 원] : 나라이름 원	4665	6877	1809	7134
梡	완( ) [仄聲/上聲 044 旱 한] : 도마 완	4666	3956	7275	4074
椀	완( ) [仄聲/上聲 044 旱 한] : 도마/주발 완	4667	3957	7276	4075
浣	완( ) [仄聲/去聲 074 翰 한] : 빨 완	4668	5659	7331	5405
玩	완( ) [仄聲/去聲 074 翰 한] : 희롱할 완	4669	5660	7332	5406
琓	완( ) [仄聲/去聲 074 翰 한] : 희롱할 완	4670	5661	7333	5407
琬	완( ) [仄聲/上聲 043 阮 완] : 홀 완	4671	3903	4083	4076
碗	완( ) [仄聲/上聲 044 旱 한] : 그릇 완	4672	3958	7277	4077
緩	완( ) [仄聲/上聲 044 旱 한] : 느릴 완	4673	3959	7278	4078
翫	완( ) [仄聲/去聲 074 翰 한] : 가지고놀 완	4674	5662	7334	5408
脘	완( ) [仄聲/上聲 044 旱 한] : 밥통 완	4675	3960	7279	4079
腕	완( ) [仄聲/上聲 043 阮 완] : 팔목/팔뚝 완	4676	3904	4084	4080
豌	완( ) [平聲/上平 014 寒 한] : 완두 완	4677	1582	7212	914

배열형식 A (韻族基準)		배열 A	배열 B	배열 C	배열 D
韻族	(*異音) [平仄 : 四聲 韻目No ,韻目 독음] : 略義	운족 가나순	운목 번호순	운목 가나순	사성순
阮	완( ) [仄聲/上聲 043 阮 완] : 나라이름/성 완	4678	3905	4085	4082
阮*	완(원) [平聲/上平 013 元 원] : 나라이름/성 원	4679	1443	4846	985
頑	완( ) [平聲/上平 015 刪 산] : 완고할 완	4680	1638	1962	915
惋	완( ) [仄聲/去聲 074 翰 한] : 한탄할 완	4681	5663	7335	5409
剜	완( ) [平聲/上平 014 寒 한] : 깍을 완	4682	1583	7213	916
睕	완( ) [仄聲/去聲 074 翰 한] : 눈물흘릴 완	4683	5664	7336	5410
豲	완( ) [平聲/上平 013 元 원] : 들양 완	4684	1444	4847	917
薍	완( ) [仄聲/去聲 075 諫 간] : 달래뿌리 완	4685	5714	279	5411
曰	왈( ) [仄聲/入聲 095 月 월] : 가로대/말하대 왈	4686	6936	4990	7107
刖	왈( ) [仄聲/入聲 095 月 월] : 벨 왈	4687	6937	4994	7108
往	왕( ) [仄聲/上聲 052 養 양] : 갈/옛 왕	4688	4345	3313	4084
旺	왕( ) [仄聲/去聲 082 漾 양] : 왕성할 왕	4689	6104	3380	7109
枉	왕( ) [仄聲/上聲 052 養 양] : 굽을/굽힐 왕	4690	4346	3314	4085
汪	왕( ) [平聲/下平 022 陽 양] : 넓을 왕	4691	2414	3175	2555
王	왕( ) [平聲/下平 022 陽 양] : 임금 왕	4692	2415	3176	2556
瞉	왕( ) [仄聲/上聲 052 養 양] : 성할 왕	4693	4347	3315	4086
倭	왜( ) [平聲/下平 020 歌 가] : 왜나라 왜	4694	2128	111	2558
倭*	왜(위) [平聲/上平 004 支 지] : 순한모양 위	4695	389	5829	1007
娃	왜( ) [平聲/上平 009 佳 가] : 아름다울 왜	4696	1041	28	922
娃*	왜(와) [平聲/下平 021 麻 마] : 아름다울 와	4697	2233	1356	2554
矮	왜( ) [仄聲/上聲 039 蟹 해] : 작을 왜	4698	3751	7458	4087
騧	왜( ) [平聲/上平 009 佳 가] : 말이름 왜	4699	1042	32	925
外	외( ) [仄聲/去聲 068 泰 태] : 바깥 외	4700	5298	7110	5413
嵬	외( ) [平聲/上平 010 灰 회] : 높을 외	4701	1119	7704	927
巍	외( ) [平聲/上平 005 微 미] : 높을 외	4702	594	1848	928
猥	외( ) [仄聲/上聲 040 賄 회] : 뒤섞일 외	4703	3774	7770	4088
畏	외( ) [仄聲/去聲 064 未 미] : 두려워할 외	4704	4912	1919	5414
偎	외( ) [平聲/上平 010 灰 회] : 어렴풋할 외	4705	1120	7705	929
聵	외( ) [仄聲/去聲 069 卦 괘] : 배냇귀머거리 외	4706	5358	855	5415
隗	외( ) [平聲/上平 010 灰 회] : 험할 외	4707	1121	7706	930
椳	외( ) [平聲/上平 010 灰 회] : 문지도리 외	4708	1122	7707	931
瘣	외( ) [仄聲/上聲 040 賄 회] : 앓을 외	4709	3775	7771	4089
隈	외( ) [平聲/上平 010 灰 회] : 구비 외	4710	1123	7708	932
嚙	요( ) [仄聲/上聲 048 巧 교] : 씹을 요	4711	4144	886	4091
僥	요( ) [平聲/下平 017 蕭 소] : 요행 요	4712	1871	2631	2560
凹	요( ) [平聲/下平 018 肴 효] : 오목할 요	4713	1966	7809	2561

A : (131 / 221)

배열형식 A (韻族基準)		배열 A	배열 B	배열 C	배열 D
韻族	(*異音) [平仄 : 四聲 韻目No ,韻目 독음] : 略義	운족 가나순	운목 번호순	운목 가나순	사성순
堯	요( ) [平聲/下平 017 蕭 소] : 요임금 요	4714	1872	2632	2562
夭	요( ) [仄聲/上聲 047 篠 소] : 일찍죽을 요	4715	4108	2733	4092
妖	요( ) [平聲/下平 017 蕭 소] : 요사할 요	4716	1873	2633	2563
姚	요( ) [平聲/下平 017 蕭 소] : 예쁠 요	4717	1874	2634	2564
窔	요( ) [平聲/下平 017 蕭 소] : 예쁠 요	4718	1875	2635	2565
嶢	요( ) [平聲/下平 017 蕭 소] : 높을 요	4719	1876	2636	2566
拗	요( ) [仄聲/上聲 048 巧 교] : 꺾을 요	4720	4145	893	4093
搖	요( ) [仄聲/去聲 077 嘯 소] : 흔들 요	4721	5880	2786	5417
擾	요( ) [仄聲/上聲 047 篠 소] : 길들일 요	4722	4109	2734	4094
曜	요( ) [仄聲/去聲 077 嘯 소] : 빛날 요	4723	5881	2787	5418
橈	요( ) [平聲/下平 017 蕭 소] : 굽을 요	4724	1877	2637	2567
橈*	요(뇨) [仄聲/上聲 048 巧 교] : 흔들릴 뇨	4725	4146	895	3490
燿	요( ) [仄聲/去聲 077 嘯 소] : 빛날 요	4726	5882	2788	5419
瑤	요( ) [平聲/下平 017 蕭 소] : 아름다운옥 요	4727	1878	2638	2568
窈	요( ) [仄聲/上聲 047 篠 소] : 그윽할 요	4728	4110	2735	4095
窯	요( ) [平聲/下平 017 蕭 소] : 가마 요	4729	1879	2639	2569
繇	요( ) [平聲/下平 017 蕭 소] : 따를 요	4730	1880	2640	2570
繇*	요(유) [平聲/下平 026 尤 우] : 부드러울 유	4731	2934	4442	2596
繞	요( ) [仄聲/去聲 077 嘯 소] : 두를 요	4732	5883	2789	5420
耀	요( ) [仄聲/去聲 077 嘯 소] : 빛날 요	4733	5884	2790	5421
腰	요( ) [平聲/下平 017 蕭 소] : 허리 요	4734	1881	2641	2571
蟯	요( ) [平聲/下平 017 蕭 소] : 요충 요	4735	1882	2642	2572
要	요( ) [仄聲/去聲 077 嘯 소] : 요긴할 요	4736	5885	2791	5422
謠	요( ) [平聲/下平 017 蕭 소] : 노래 요	4737	1883	2643	2573
遙	요( ) [平聲/下平 017 蕭 소] : 멀 요	4738	1884	2644	2574
邀	요( ) [平聲/下平 017 蕭 소] : 맞이할 요	4739	1885	2645	2575
饒	요( ) [平聲/下平 017 蕭 소] : 넉넉할 요	4740	1886	2646	2576
澆	요( ) [平聲/下平 017 蕭 소] : 물 댈 요	4741	1887	2647	2577
窅	요( ) [仄聲/上聲 047 篠 소] : 움평눈 요	4742	4111	2736	4096
遶	요( ) [仄聲/上聲 047 篠 소] : 둘를/포위할 요	4743	4112	2737	4097
鷂	요( ) [仄聲/去聲 077 嘯 소] : 익더귀 요	4744	5886	2792	5423
幺	요( ) [平聲/下平 017 蕭 소] : 접미사 요	4745	1888	2648	2578
吆	요( ) [平聲/下平 017 蕭 소] : 뱉을 요	4746	1889	2649	2579
愮	요( ) [平聲/下平 017 蕭 소] : 두려워할 요	4747	1890	2650	2580
舀	요( ) [仄聲/上聲 047 篠 소] : 절구확긁어낼 요	4748	4113	2738	4098
舀*	요(유) [平聲/下平 026 尤 우] : 절구확긁어낼 유	4749	2935	4443	2597

A : (132 / 221)

배열형식 A (韻族基準)		배열 A	배열 B	배열 C	배열 D
韻族	(*異音) [平仄 : 四聲 韻目No ,韻目 독음] : 略義	운족 가나순	운목 번호순	운목 가나순	사성순
葽	요( ) [仄聲/去聲 077 嘯 소] : 강아지풀 요	4750	5887	2793	5424
慾	욕( ) [仄聲/入聲 091 沃 옥] : 욕심 욕	4751	6639	4014	7111
欲	욕( ) [仄聲/入聲 091 沃 옥] : 하고자할 욕	4752	6640	4015	7112
浴	욕( ) [仄聲/入聲 091 沃 옥] : 목욕할 욕	4753	6641	4016	7113
縟	욕( ) [仄聲/入聲 091 沃 옥] : 화문놓을 욕	4754	6642	4017	7114
褥	욕( ) [仄聲/入聲 091 沃 옥] : 요 욕	4755	6643	4018	7115
辱	욕( ) [仄聲/入聲 091 沃 옥] : 욕될 욕	4756	6644	4019	7116
溽	욕( ) [仄聲/入聲 091 沃 옥] : 무더울 욕	4757	6645	4020	7117
蓐	욕( ) [仄聲/入聲 091 沃 옥] : 요 욕	4758	6646	4021	7118
俑	용( ) [仄聲/上聲 032 腫 종] : 허수아비 용	4759	3272	5582	4099
傭	용( ) [平聲/上平 002 冬 동] : 품팔 용	4760	158	1218	935
傭*	용(충) [平聲/上平 002 冬 동] : 고를/가지런할 충	4761	159	1217	1373
冗	용( ) [仄聲/上聲 032 腫 종] : 번잡할 용	4762	3273	5583	4100
勇	용( ) [仄聲/上聲 032 腫 종] : 날랠 용	4763	3274	5584	4101
埇	용( ) [仄聲/上聲 032 腫 종] : 길돋울 용	4764	3275	5585	4102
墉	용( ) [平聲/上平 002 冬 동] : 담 용	4765	160	1219	936
容	용( ) [平聲/上平 002 冬 동] : 얼굴 용	4766	161	1220	937
庸	용( ) [平聲/上平 002 冬 동] : 떳떳할 용	4767	162	1221	938
慂	용( ) [仄聲/上聲 032 腫 종] : 권할 용	4768	3276	5586	4103
榕	용( ) [平聲/上平 002 冬 동] : 뱅골보리수 용	4769	163	1222	939
涌	용( ) [仄聲/上聲 032 腫 종] : 솟아날 용	4770	3277	5587	4104
湧	용( ) [仄聲/上聲 032 腫 종] : 샘솟을 용	4771	3278	5588	4105
溶	용( ) [平聲/上平 002 冬 동] : 녹일 용	4772	164	1223	940
熔	용( ) [平聲/上平 002 冬 동] : 녹을 용	4773	165	1224	941
瑢	용( ) [平聲/上平 002 冬 동] : 패옥소리 용	4774	166	1225	942
用	용( ) [仄聲/去聲 061 宋 송] : 쓸 용	4775	4700	2855	5425
甬	용( ) [仄聲/上聲 032 腫 종] : 휘 용	4776	3279	5589	4106
聳	용( ) [仄聲/上聲 032 腫 종] : 솟을 용	4777	3280	5590	4107
茸	용( ) [平聲/上平 002 冬 동] : 우거질 용	4778	167	1226	943
蓉	용( ) [平聲/上平 002 冬 동] : 부용 용	4779	168	1227	944
踊	용( ) [仄聲/上聲 032 腫 종] : 뛸 용	4780	3281	5591	4108
鎔	용( ) [平聲/上平 002 冬 동] : 쇠녹을 용	4781	169	1228	945
鏞	용( ) [平聲/上平 002 冬 동] : 쇠북 용	4782	170	1229	946
慵	용( ) [平聲/上平 002 冬 동] : 게으를 용	4783	171	1230	947
舂	용( ) [平聲/上平 002 冬 동] : 찧을 용	4784	172	1231	948
蛹	용( ) [仄聲/上聲 032 腫 종] : 번데기 용	4785	3282	5592	4109

배열형식 A (韻族基準)		배열 A	배열 B	배열 C	배열 D
韻族	(*異音) [平仄 : 四聲 韻目No ,韻目 독음] : 略義	운족 가나순	운목 번호순	운목 가나순	사성순
踴	용( ) [仄聲/上聲 032 腫 종] : 뛸 용	4786	3283	5593	4110
慂	용( ) [仄聲/上聲 032 腫 종] : 날쌜 용	4787	3284	5594	4111
氄	용( ) [仄聲/上聲 032 腫 종] : 솜털 용	4788	3285	5595	4112
臾	용( ) [仄聲/上聲 032 腫 종] : 꾀일 용	4789	3286	5596	4113
臾*	용(궤) [仄聲/去聲 063 寘 치] : 삼태기 궤	4790	824	4262	1035
臾*	용(유) [平聲/上平 007 虞 우] : 잠깐 유	4791	4819	6931	4832
桶	용( ) [仄聲/上聲 032 腫 종] : 휘(斛也) 용	4792	3287	5603	4114
桶*	용(통) [仄聲/上聲 031 董 동] : 통 통	4793	3251	1272	4512
于	우( ) [平聲/上平 007 虞 우] : 갈/어조사 우	4794	825	4237	951
佑	우( ) [仄聲/去聲 085 宥 유] : 도울 우	4795	6316	5201	7119
偶	우( ) [仄聲/上聲 055 有 유] : 짝 우	4796	4522	5073	4115
優	우( ) [平聲/下平 026 尤 우] : 넉넉할 우	4797	2936	4444	2582
又	우( ) [仄聲/去聲 070 隊 대] : 또 우	4798	5449	1032	5426
友	우( ) [仄聲/上聲 055 有 유] : 벗 우	4799	4523	5074	4116
右	우( ) [仄聲/去聲 085 宥 유] : 오른(쪽) 우	4800	6317	5202	7120
宇	우( ) [仄聲/上聲 037 麌 우] : 집 우	4801	3670	4614	4117
寓	우( ) [仄聲/去聲 066 遇 우] : 붙이어살/굽힐 우	4802	5060	4729	5427
尤	우( ) [平聲/下平 026 尤 우] : 더욱 우	4803	2937	4445	2583
愚	우( ) [平聲/上平 007 虞 우] : 어리석을 우	4804	826	4238	952
憂	우( ) [平聲/下平 026 尤 우] : 근심 우	4805	2938	4446	2584
盱	우( ) [平聲/上平 007 虞 우] : 클 우	4806	827	4239	953
牛	우( ) [平聲/下平 026 尤 우] : 소 우	4807	2939	4447	2585
玗	우( ) [平聲/上平 007 虞 우] : 옥돌 우	4808	828	4240	954
瑀	우( ) [仄聲/上聲 037 麌 우] : 패옥 우	4809	3671	4615	4118
盂	우( ) [平聲/上平 007 虞 우] : 바리 우	4810	829	4241	955
祐	우( ) [仄聲/去聲 085 宥 유] : 복 우	4811	6318	5203	7121
禹	우( ) [仄聲/上聲 037 麌 우] : 성 우	4812	3672	4616	4119
紆	우( ) [平聲/上平 007 虞 우] : 굽을 우	4813	830	4242	956
羽	우( ) [仄聲/上聲 037 麌 우] : 깃 우	4814	3673	4617	4120
芋	우( ) [平聲/上平 007 虞 우] : 토란 우	4815	831	4243	957
芋*	우(후) [平聲/上平 007 虞 우] : 토란/클 후	4816	832	4244	1581
藕	우( ) [仄聲/上聲 055 有 유] : 연뿌리 우	4817	4524	5075	4121
虞	우( ) [平聲/上平 007 虞 우] : 생각할 우	4818	833	4245	958
迂	우( ) [平聲/上平 007 虞 우] : 굽을/굽힐 우	4819	834	4246	959
遇	우( ) [仄聲/去聲 066 遇 우] : 만날 우	4820	5061	4730	5428
郵	우( ) [平聲/下平 026 尤 우] : 우편 우	4821	2940	4448	2586

배열형식 A (韻族基準)		배열 A	배열 B	배열 C	배열 D
韻族	(*異音) [平仄 : 四聲 韻目No ,韻目 독음] : 略義	운족 가나순	운목 번호순	운목 가나순	사성순
釪	우( ) [平聲/上平 007 虞 우] : 악기이름 우	4822	835	4247	960
隅	우( ) [平聲/上平 007 虞 우] : 구석/모퉁이 우	4823	836	4248	961
雨	우( ) [仄聲/去聲 066 遇 우] : 비 우	4824	5062	4731	5429
雩	우( ) [平聲/上平 007 虞 우] : 기우제 우	4825	837	4249	962
吁	우( ) [平聲/上平 007 虞 우] : 탄식할 우	4826	838	4250	963
嵎	우( ) [平聲/上平 007 虞 우] : 산모퉁이 우	4827	839	4251	964
疣	우( ) [平聲/下平 026 尤 우] : 사마귀 우	4828	2941	4449	2587
盱	우( ) [平聲/上平 007 虞 우] : 쳐다볼 우	4829	840	4252	965
竽	우( ) [平聲/上平 007 虞 우] : 피리 우	4830	841	4253	966
耦	우( ) [仄聲/上聲 055 有 유] : 쟁기 우	4831	4525	5076	4122
麀	우( ) [平聲/下平 026 尤 우] : 암사슴 우	4832	2942	4450	2588
麌	우( ) [仄聲/上聲 037 麌 우] : 수사슴 우	4833	3674	4618	4123
麌*	우(오) [仄聲/上聲 037 麌 우] : 사슴떼 오	4834	3675	4619	4065
齲	우( ) [平聲/上平 007 虞 우] : 충치 우	4835	842	4254	967
獿*	우(노) [平聲/下平 019 豪 호] : 원숭이춤출 노	4836	2046	7515	1912
訏	우( ) [平聲/上平 007 虞 우] : 클 우	4837	843	4255	968
鄅	우( ) [仄聲/上聲 037 麌 우] : 나라이름 우	4838	3676	4620	4124
勖	욱( ) [仄聲/入聲 091 沃 옥] : 힘쓸 욱	4839	6647	4022	7124
彧	욱( ) [仄聲/入聲 090 屋 옥] : 문채 욱	4840	6552	3926	7125
旭	욱( ) [仄聲/入聲 091 沃 옥] : 아침채 욱	4841	6648	4023	7126
昱	욱( ) [仄聲/入聲 090 屋 옥] : 빛날 욱	4842	6553	3927	7127
栯	욱( ) [仄聲/入聲 090 屋 옥] : 산앵두 욱	4843	6554	3928	7128
煜	욱( ) [仄聲/入聲 090 屋 옥] : 빛날 욱	4844	6555	3930	7129
煜*	욱(읍) [仄聲/入聲 090 屋 옥] : 불빛환할 읍	4845	6556	3929	7174
郁	욱( ) [仄聲/入聲 090 屋 옥] : 성할 욱	4846	6557	3931	7130
頊	욱( ) [仄聲/入聲 091 沃 옥] : 삼갈 욱	4847	6649	4024	7131
勗	욱( ) [仄聲/入聲 091 沃 옥] : 힘쓸 욱	4848	6650	4025	7133
云	운( ) [平聲/上平 012 文 문] : 이를 운	4849	1347	1717	970
橒	운( ) [平聲/上平 012 文 문] : 나무무늬 운	4850	1348	1718	971
殞	운( ) [仄聲/上聲 041 軫 진] : 죽을 운	4851	3821	6471	4125
澐	운( ) [平聲/上平 012 文 문] : 큰물결 운	4852	1349	1719	972
熉	운( ) [平聲/上平 012 文 문] : 노란모양 운	4853	1350	1720	973
耘	운( ) [平聲/上平 012 文 문] : 김맬 운	4854	1351	1721	974
芸	운( ) [平聲/上平 012 文 문] : 향풀 운	4855	1352	1722	975
蕓	운( ) [平聲/上平 012 文 문] : 평지 운	4856	1353	1723	976
運	운( ) [仄聲/去聲 072 問 문] : 옮길 운	4857	5572	1777	5430

배열형식 A (韻族基準)		배열 A	배열 B	배열 C	배열 D
韻族	(*異音) [平仄 : 四聲 韻目No ,韻目 독음] : 略義	운족 가나순	운목 번호순	운목 가나순	사성순
隕	운( ) [仄聲/去聲 072 問 문] : 떨어질 운	4858	5573	1778	5431
雲	운( ) [平聲/上平 012 文 문] : 구름 운	4859	1354	1724	977
韻	운( ) [仄聲/去聲 072 問 문] : 운 운	4860	5574	1779	5432
沄	운( ) [平聲/上平 012 文 문] : 운/운치 운	4861	1355	1725	978
紜	운( ) [平聲/上平 012 文 문] : 어지러울 운	4862	1356	1726	979
霣	운( ) [仄聲/上聲 041 軫 진] : 떨어질 운	4863	3822	6472	4126
鄆	운( ) [仄聲/去聲 072 問 문] : 땅이름 운	4864	5575	1780	5433
韗	운( ) [仄聲/去聲 072 問 문] : 가죽다루는장인 운	4865	5576	1781	5434
韗*	운(훤) [仄聲/去聲 073 願 원] : 가죽다루는장인 훤	4866	5609	4930	5922
暈	운( ) [仄聲/去聲 072 問 문] : 달무리/어지러울 운	4867	5577	1785	5435
鬱	울( ) [仄聲/入聲 094 物 물] : 막힐/답답할 울	4868	6878	1811	7136
菀	울( ) [仄聲/上聲 043 阮 완] : 우거질 울	4869	3906	4086	4127
熊	웅( ) [平聲/上平 001 東 동] : 곰 웅	4870	66	1124	981
雄	웅( ) [平聲/上平 001 東 동] : 수컷 웅	4871	67	1125	982
円	원( ) [平聲/上平 013 元 원] : 둥글 원	4872	1445	4841	983
隕*	원(원) [平聲/下平 016 先 선] : 고를 운 원	4873	1745	2286	2590
元	원( ) [平聲/上平 013 元 원] : 으뜸 원	4874	1446	4848	986
原	원( ) [平聲/上平 013 元 원] : 언덕 원	4875	1447	4849	987
員	원( ) [平聲/下平 016 先 선] : 관원/둥글 원	4876	1746	2287	2591
員*	원(운) [平聲/上平 012 文 문] : 더할 운	4877	1357	1727	980
圓	원( ) [平聲/下平 016 先 선] : 둥글 원	4878	1747	2288	2592
園	원( ) [平聲/上平 013 元 원] : 동산 원	4879	1448	4850	988
垣	원( ) [平聲/上平 013 元 원] : 담 원	4880	1449	4851	989
媛	원( ) [仄聲/去聲 076 霰 산] : 계집 원	4881	5792	2059	5436
嫄	원( ) [平聲/上平 013 元 원] : 사람이름 원	4882	1450	4852	990
寃	원( ) [平聲/上平 013 元 원] : 원통할 원	4883	1451	4853	991
怨	원( ) [平聲/上平 013 元 원] : 원망할 원	4884	1452	4854	992
愿	원( ) [仄聲/去聲 073 願 원] : 삼갈 원	4885	5610	4931	5437
援	원( ) [仄聲/去聲 076 霰 산] : 도울 원	4886	5793	2060	5438
沅	원( ) [平聲/上平 013 元 원] : 강이름 원	4887	1453	4855	993
洹	원( ) [平聲/上平 013 元 원] : 강이름 원	4888	1454	4856	994
湲	원( ) [平聲/下平 016 先 선] : 물흐를 원	4889	1748	2289	2593
湲*	원(환) [平聲/上平 015 刪 산] : 물졸졸흐를 환	4890	1639	1963	1550
源	원( ) [平聲/上平 013 元 원] : 근원 원	4891	1455	4857	995
爰	원( ) [平聲/上平 013 元 원] : 이에 원	4892	1456	4858	996
猿	원( ) [平聲/上平 013 元 원] : 원숭이 원	4893	1457	4859	997

배열형식 A (韻族基準)		배열 A	배열 B	배열 C	배열 D
韻族	(*異音) [平仄 : 四聲 韻目No ,韻目 독음] : 略義	운족 가나순	운목 번호순	운목 가나순	사성순
瑗	원( ) [仄聲/去聲 076 霰 산] : 구슬 원	4894	5794	2061	5439
苑	원( ) [仄聲/上聲 043 阮 완] : 나라동산 원	4895	3907	4087	4128
袁	원( ) [平聲/上平 013 元 원] : 성 원	4896	1458	4860	998
轅	원( ) [平聲/上平 013 元 원] : 끌채 원	4897	1459	4861	999
遠	원( ) [仄聲/上聲 043 阮 완] : 멀 원	4898	3908	4088	4129
阮	원( ) [仄聲/上聲 043 阮 완] : 원나라 원	4899	3909	4089	4130
院	원( ) [仄聲/去聲 076 霰 산] : 집 원	4900	5795	2062	5440
願	원( ) [仄聲/去聲 073 願 원] : 원할 원	4901	5611	4932	5441
鴛	원( ) [平聲/上平 013 元 원] : 원앙 원	4902	1460	4862	1000
冤	원( ) [平聲/上平 013 元 원] : 원통할 원	4903	1461	4863	1001
圜	원( ) [平聲/下平 016 先 선] : 둥글/옥담 원	4904	1749	2290	2594
杬	원( ) [平聲/上平 013 元 원] : 안마/나무이름 원	4905	1462	4864	1002
杬*	원(완) [仄聲/去聲 074 翰 한] : 안마/남무이름 완	4906	5665	7337	5412
蜿	원( ) [平聲/上平 013 元 원] : 굼틀거릴 원	4907	1463	4865	1003
蜿*	원(완) [仄聲/上聲 043 阮 완] : 굼틀거릴 완	4908	3910	4090	4083
騵	원( ) [平聲/上平 013 元 원] : 배 흰 월다말 원	4909	1464	4866	1004
黿	원( ) [平聲/上平 013 元 원] : 자라 원	4910	1465	4867	1005
蚖	원( ) [平聲/上平 013 元 원] : 도롱뇽 원	4911	1466	4868	1006
蚖*	원(완) [平聲/上平 014 寒 한] : 까치독사 완	4912	1584	7214	918
月	월( ) [仄聲/入聲 095 月 월] : 달 월	4913	6938	4991	7139
越	월( ) [仄聲/入聲 095 月 월] : 넘을 월	4914	6939	4992	7140
越*	월(활) [仄聲/入聲 096 曷 갈] : 부들자리 활	4915	7026	361	7891
鉞	월( ) [仄聲/入聲 095 月 월] : 도끼 월	4916	6940	4993	7141
刖*	월(월) [仄聲/入聲 095 月 월] : 벨 월	4917	6941	4995	7142
粵	월( ) [仄聲/入聲 095 月 월] : 어조사 월	4918	6942	4996	7143
蔚	위( ) [仄聲/去聲 064 未 미] : 초목우거진모양 위	4919	4913	1920	5442
蔚*	위(울) [仄聲/入聲 094 物 물] : 고을이름 울	4920	6879	1810	7135
薳	위( ) [仄聲/上聲 034 紙 지] : 애기풀 위	4921	3409	6115	4132
薳*	위(원) [仄聲/上聲 043 阮 완] : 원지[약초] 원	4922	3911	4091	4131
位	위( ) [仄聲/去聲 063 寘 치] : 자리 위	4923	4820	6926	5443
偉	위( ) [仄聲/上聲 035 尾 미] : 클 위	4924	3508	1889	4133
僞	위( ) [仄聲/去聲 063 寘 치] : 거짓 위	4925	4821	6927	5444
危	위( ) [平聲/上平 004 支 지] : 위태할 위	4926	390	5830	1008
圍	위( ) [平聲/上平 005 微 미] : 에워쌀 위	4927	595	1849	1009
委	위( ) [平聲/上平 004 支 지] : 맡길 위	4928	391	5831	1010
威	위( ) [平聲/上平 005 微 미] : 위엄 위	4929	596	1850	1011

배열형식 A (韻族基準)		배열 A	배열 B	배열 C	배열 D
韻族	(*異音) [平仄 : 四聲 韻目No ,韻目 독음] : 略義	운족 가나순	운목 번호순	운목 가나순	사성순
尉	위( ) [仄聲/去聲 064 未 미] : 벼슬 위	4930	4914	1921	5445
尉*	위(울) [仄聲/入聲 094 物 물] : 성 울	4931	6880	1812	7137
慰	위( ) [仄聲/去聲 064 未 미] : 위로할 위	4932	4915	1922	5446
暐	위( ) [仄聲/上聲 035 尾 미] : 햇빛 위	4933	3509	1890	4134
渭	위( ) [仄聲/去聲 064 未 미] : 강이름 위	4934	4916	1923	5447
爲	위( ) [平聲/上平 004 支 지] : 할/다스릴하여금 위	4935	392	5832	1012
瑋	위( ) [仄聲/上聲 035 尾 미] : 옥이름 위	4936	3510	1891	4135
緯	위( ) [仄聲/去聲 064 未 미] : 씨 위	4937	4917	1924	5448
胃	위( ) [仄聲/去聲 064 未 미] : 밥통 위	4938	4918	1925	5449
萎	위( ) [平聲/上平 004 支 지] : 시들/앓을 위	4939	393	5833	1013
葦	위( ) [仄聲/上聲 035 尾 미] : 갈대 위	4940	3511	1892	4136
蔿	위( ) [仄聲/上聲 034 紙 지] : 새/풀/아기풀 위	4941	3410	6116	4137
蔿*	위(화) [仄聲/上聲 034 紙 지] : 떠들 화	4942	3411	6117	4630
蜎	위( ) [平聲/下平 016 先 선] : 고슴도치 위	4943	1750	2291	2595
衛	위( ) [仄聲/去聲 067 霽 제] : 지킬 위	4944	5201	5501	5450
褘	위( ) [平聲/上平 005 微 미] : 향낭/아름다울 위	4945	597	1852	1014
褘*	위(휘) [平聲/上平 005 微 미] : 주머니 휘	4946	598	1851	1601
謂	위( ) [仄聲/去聲 064 未 미] : 이를 위	4947	4919	1926	5451
違	위( ) [平聲/上平 005 微 미] : 어긋날 위	4948	599	1853	1015
韋	위( ) [平聲/上平 005 微 미] : 가죽 위	4949	600	1854	1016
魏	위( ) [仄聲/去聲 064 未 미] : 성 위	4950	4920	1927	5452
喟	위( ) [仄聲/去聲 069 卦 괘] : 한숨 위	4951	5359	856	5453
幃	위( ) [平聲/上平 005 微 미] : 향주머니/홑휘장 위	4952	601	1855	1017
煒	위( ) [仄聲/上聲 035 尾 미] : 성/나라 위	4953	3512	1893	4138
熨	위( ) [仄聲/去聲 064 未 미] : 다리미/고약붙일 위	4954	4921	1928	5454
熨*	위(울) [仄聲/入聲 094 物 물] : 다리미질할 울	4955	6881	1813	7138
痿	위( ) [平聲/上平 004 支 지] : 저릴 위	4956	394	5834	1018
葳	위( ) [平聲/上平 005 微 미] : 초목무성한모양 위	4957	602	1856	1019
衞	위( ) [仄聲/去聲 067 霽 제] : 지킬 위	4958	5202	5502	5455
諉	위( ) [仄聲/去聲 063 寘 치] : 번거롭게할 위	4959	4822	6928	5456
逶	위( ) [平聲/上平 004 支 지] : 비틀거릴 위	4960	395	5835	1020
闈	위( ) [平聲/上平 005 微 미] : 대궐작은문 위	4961	603	1857	1021
餧	위( ) [仄聲/去聲 063 寘 치] : 먹일 위	4962	4823	6929	5457
餧*	위(뇌) [仄聲/上聲 040 賄 회] : 주릴 뇌	4963	3776	7772	3485
偽	위( ) [仄聲/去聲 063 寘 치] : 거짓 위	4964	4824	6930	5458
為	위( ) [平聲/上平 004 支 지] : 할 위	4965	396	5836	1022

A : (138 / 221)

배열형식 A (韻族基準)		배열 A	배열 B	배열 C	배열 D
韻族	(*異音) [平仄 : 四聲 韻目No ,韻目 독음] : 略義	운족 가나순	운목 번호순	운목 가나순	사성순
韡	위( ) [平聲/上平 005 微 미] : 쇠곱 위	4966	604	1858	1023
罻	위( ) [仄聲/去聲 064 未 미] : 새그물 위	4967	4922	1929	5459
頠	위( ) [仄聲/上聲 034 紙 지] : 가위질 위	4968	3412	6118	4139
頠*	위(외) [仄聲/上聲 040 賄 회] : 고요할 외	4969	3777	7773	4090
懦	유( ) [平聲/上平 007 虞 우] : 나약할/만만할 유	4970	844	4135	1025
懦*	유(나) [仄聲/去聲 080 箇 개] : 부드러울 나	4971	4044	2375	4031
懦*	유(연) [仄聲/上聲 046 銑 선] : 잔약할 연	4972	6002	484	6228
蠕	유( ) [平聲/上平 007 虞 우] : 꿈틀거릴 유	4973	845	4220	1026
蠕*	유(연) [平聲/上平 007 虞 우] : 벌레길 연	4974	846	4221	871
乳	유( ) [仄聲/上聲 037 麌 우] : 젖 유	4975	3677	4621	4141
侑	유( ) [仄聲/去聲 085 宥 유] : 권할 유	4976	6319	5204	7144
儒	유( ) [平聲/上平 007 虞 우] : 선비 유	4977	847	4256	1027
兪	유( ) [仄聲/上聲 037 麌 우] : 점점 유	4978	3678	4622	4142
唯	유( ) [仄聲/上聲 034 紙 지] : 오직 유	4979	3413	6119	4143
喩	유( ) [仄聲/去聲 066 遇 우] : 깨우쳐줄/비유할 유	4980	5063	4732	5460
孺	유( ) [仄聲/去聲 066 遇 우] : 젖먹이 유	4981	5064	4733	5461
宥	유( ) [仄聲/去聲 085 宥 유] : 용서할 유	4982	6320	5205	7145
幼	유( ) [仄聲/去聲 085 宥 유] : 어릴 유	4983	6321	5206	7146
幽	유( ) [平聲/下平 026 尤 우] : 그윽할 유	4984	2943	4451	2598
庾	유( ) [仄聲/上聲 037 麌 우] : 곳집노적가리 유	4985	3679	4623	4144
悠	유( ) [平聲/下平 026 尤 우] : 멀 유	4986	2944	4452	2599
惟	유( ) [平聲/上平 004 支 지] : 생각할 유	4987	397	5837	1028
愈	유( ) [仄聲/上聲 037 麌 우] : 대답할/더욱 유	4988	3680	4624	4145
愉	유( ) [平聲/上平 007 虞 우] : 기뻐할 유	4989	848	4257	1029
愉*	유(투) [平聲/下平 026 尤 우] : 구차할 투	4990	2945	4453	3019
揄	유( ) [平聲/上平 007 虞 우] : 끌 유	4991	849	4258	1030
攸	유( ) [平聲/下平 026 尤 우] : 바 유	4992	2946	4454	2600
有	유( ) [仄聲/上聲 055 有 유] : 있을 유	4993	4526	5077	4146
柔	유( ) [平聲/下平 026 尤 우] : 부드러울 유	4994	2947	4455	2601
柚	유( ) [仄聲/入聲 090 屋 옥] : 유자나무 유	4995	6558	3934	7147
柚*	유(축) [仄聲/入聲 090 屋 옥] : 북 축	4996	6559	3935	7598
楡	유( ) [平聲/上平 007 虞 우] : 느릅나무 유	4997	850	4259	1031
楢	유( ) [平聲/下平 026 尤 우] : 졸참나무 유	4998	2948	4456	2602
油	유( ) [平聲/下平 026 尤 우] : 기름 유	4999	2949	4457	2603
洧	유( ) [仄聲/上聲 034 紙 지] : 강이름 유	5000	3414	6120	4147
游	유( ) [平聲/下平 026 尤 우] : 헤엄칠 유	5001	2950	4458	2604

배열형식 A (韻族基準)		배열 A	배열 B	배열 C	배열 D
韻族	(*異音) [平仄 : 四聲 韻目No ,韻目 독음] : 略義	운족 가나순	운목 번호순	운목 가나순	사성순
濡	유( ) [平聲/上平 007 虞 우] : 젖을 유	5002	851	4260	1032
猶	유( ) [平聲/下平 026 尤 우] : 오히려 유	5003	2951	4459	2605
猷	유( ) [平聲/下平 026 尤 우] : 꾀할 유	5004	2952	4460	2606
瑜	유( ) [平聲/上平 007 虞 우] : 아름다운옥 유	5005	852	4261	1033
由	유( ) [平聲/下平 026 尤 우] : 말미암을 유	5006	2953	4461	2607
瘉	유( ) [仄聲/上聲 037 麌 우] : 병나을 유	5007	3681	4625	4148
維	유( ) [平聲/上平 004 支 지] : 벼리 유	5008	398	5838	1034
萸	유( ) [平聲/上平 007 虞 우] : 수유 유	5009	853	4263	1036
裕	유( ) [仄聲/去聲 066 遇 우] : 넉넉할 유	5010	5065	4734	5462
誘	유( ) [仄聲/上聲 055 有 유] : 꾈 유	5011	4527	5080	4149
諛	유( ) [平聲/上平 007 虞 우] : 아첨할 유	5012	854	4264	1037
諭	유( ) [仄聲/去聲 066 遇 우] : 깨우칠 유	5013	5066	4735	5463
踰	유( ) [平聲/上平 007 虞 우] : 넘을 유	5014	855	4265	1038
蹂	유( ) [平聲/下平 026 尤 우] : 밟을 유	5015	2954	4462	2608
遊	유( ) [平聲/下平 026 尤 우] : 놀 유	5016	2955	4463	2609
逾	유( ) [平聲/上平 007 虞 우] : 넘을 유	5017	856	4266	1039
遺	유( ) [平聲/上平 004 支 지] : 남길 유	5018	399	5839	1040
酉	유( ) [仄聲/上聲 055 有 유] : 닭 유	5019	4528	5081	4150
釉	유( ) [仄聲/去聲 085 宥 유] : 윤 유	5020	6322	5207	7148
鍮	유( ) [平聲/下平 026 尤 우] : 자연동/놋쇠 유	5021	2956	4464	2610
呦	유( ) [平聲/下平 026 尤 우] : 울 유	5022	2957	4465	2611
囿	유( ) [仄聲/入聲 090 屋 옥] : 동산 유	5023	6560	3937	7150
囿*	유(유) [仄聲/入聲 090 屋 옥] : 동산 유	5024	6561	3936	7149
壝	유( ) [平聲/上平 004 支 지] : 제단 유	5025	400	5841	1042
壝*	유(유) [平聲/上平 004 支 지] : 제단 유	5026	401	5840	1041
帷	유( ) [平聲/上平 004 支 지] : 장막 유	5027	402	5842	1043
揉	유( ) [平聲/下平 026 尤 우] : 주무를 유	5028	2958	4466	2612
斿	유( ) [平聲/下平 026 尤 우] : 깃발 유	5029	2959	4467	2613
牖	유( ) [仄聲/上聲 055 有 유] : 남쪽으로난창 유	5030	4529	5082	4151
瘉	유( ) [平聲/上平 007 虞 우] : 병나을 유	5031	857	4267	1044
瘐	유( ) [仄聲/上聲 037 麌 우] : 근심하여앓을 유	5032	3682	4626	4152
籲	유( ) [仄聲/去聲 066 遇 우] : 부르짖을/화할 유	5033	5067	4736	5464
籲*	유(약) [仄聲/去聲 066 遇 우] : 부르짖을/화할 약	5034	5068	4737	5332
緌	유( ) [平聲/上平 004 支 지] : 갓끈/관끈늘어질 유	5035	403	5843	1045
莠	유( ) [仄聲/上聲 055 有 유] : 강아지풀 유	5036	4530	5083	4153
蚰	유( ) [平聲/下平 026 尤 우] : 땅지네/노래기 유	5037	2960	4468	2614

A : (140 / 221)

배열형식 A (韻族基準)		배열 A	배열 B	배열 C	배열 D
韻族	(*異音) [平仄 : 四聲 韻目No ,韻目 독음] : 略義	운족 가나순	운목 번호순	운목 가나순	사성순
蝤	유( ) [平聲/下平 026 尤 우] : 큰게 유	5038	2961	4469	2615
蝤*	유(추) [平聲/下平 026 尤 우] : 나무좀 추	5039	2962	4470	2963
鮪	유( ) [仄聲/上聲 034 紙 지] : 다랑어 유	5040	3415	6121	4154
黝	유( ) [仄聲/上聲 055 有 유] : 검푸를 유	5041	4531	5084	4155
鼬	유( ) [仄聲/去聲 085 宥 유] : 족제비 유	5042	6323	5208	7151
俞	유( ) [平聲/上平 007 虞 우] : 점점 유	5043	858	4268	1046
卣	유( ) [仄聲/上聲 055 有 유] : 술통 유	5044	4532	5085	4156
喩	유( ) [平聲/上平 007 虞 우] : 깨우칠 유	5045	859	4269	1047
嚅	유( ) [平聲/上平 007 虞 우] : 아첨유 유	5046	860	4270	1048
媮	유( ) [平聲/上平 007 虞 우] : 엷을/즐거울 유	5047	861	4271	1049
媮*	유(투) [平聲/下平 026 尤 우] : 간교할 투	5048	2963	4471	3020
擩	유( ) [仄聲/去聲 085 宥 유] : 담글 유	5049	6324	5209	7152
楰	유( ) [平聲/上平 007 虞 우] : 광나무 유	5050	862	4272	1050
櫾	유( ) [平聲/下平 026 尤 우] : 태울 유	5051	2964	4472	2616
濰	유( ) [平聲/上平 004 支 지] : 고을이름 유	5052	404	5844	1051
禸	유( ) [仄聲/上聲 055 有 유] : 짐승발자국 유	5053	4533	5086	4157
羑	유( ) [仄聲/上聲 055 有 유] : 권할 유	5054	4534	5087	4158
羭	유( ) [平聲/上平 007 虞 우] : 숫양 유	5055	863	4273	1052
蜼	유( ) [仄聲/去聲 085 宥 유] : 거미원숭이 유	5056	6325	5211	7154
蜼*	유(유) [仄聲/去聲 085 宥 유] : 거미원숭이 유	5057	6326	5210	7153
蝓	유( ) [平聲/上平 007 虞 우] : 괄대충 유	5058	864	4274	1053
蝚	유( ) [平聲/下平 026 尤 우] : 땅강아지 유	5059	2965	4473	2617
襦	유( ) [平聲/上平 007 虞 우] : 저고리 유	5060	865	4275	1054
覦	유( ) [平聲/上平 007 虞 우] : 넘겨다볼 유	5061	866	4276	1055
貐	유( ) [仄聲/上聲 037 麌 우] : 짐승이름 유	5062	3683	4627	4159
輶	유( ) [平聲/下平 026 尤 우] : 미끄러질 유	5063	2966	4474	2618
隃	유( ) [平聲/上平 007 虞 우] : 넘을 유	5064	867	4277	1056
堉	육( ) [仄聲/入聲 090 屋 옥] : 기름진땅 육	5065	6562	3938	7156
毓	육( ) [仄聲/入聲 090 屋 옥] : 기를 육	5066	6563	3939	7157
肉	육( ) [仄聲/入聲 090 屋 옥] : 고기 육	5067	6564	3940	7158
育	육( ) [仄聲/入聲 090 屋 옥] : 기를 육	5068	6565	3941	7159
唷	육( ) [仄聲/入聲 090 屋 옥] : 소리지를 육	5069	6566	3942	7160
允	윤( ) [仄聲/上聲 041 軫 진] : 만 윤	5070	3823	6473	4160
奫	윤( ) [平聲/上平 011 眞 진] : 물깊고넓을 윤	5071	1261	6400	1059
尹	윤( ) [仄聲/上聲 041 軫 진] : 성 윤	5072	3824	6474	4161
淪	윤( ) [平聲/上平 011 眞 진] : 빠질질 윤	5073	1262	6401	1060

배열형식 A (韻族基準)		배열 A	배열 B	배열 C	배열 D
韻族	(*異音) [平仄 : 四聲 韻目No ,韻目 독음] : 略義	운족 가나순	운목 번호순	운목 가나순	사성순
潤	윤( ) [仄聲/去聲 071 震 진] : 불을 윤	5074	5515	6534	5465
玧	윤( ) [仄聲/上聲 041 軫 진] : 귀막이옥 윤	5075	3825	6475	4162
胤	윤( ) [仄聲/去聲 071 震 진] : 자손 윤	5076	5516	6535	5466
贇	윤( ) [平聲/上平 011 眞 진] : 예쁠 윤	5077	1263	6402	1061
鈗	윤( ) [仄聲/上聲 041 軫 진] : 창(槍) 윤	5078	3826	6476	4163
鈗*	윤(예) [仄聲/去聲 067 霽 제] : 창 예	5079	5203	5503	5387
閏	윤( ) [仄聲/去聲 071 震 진] : 윤달 윤	5080	5517	6536	5467
狁	윤( ) [仄聲/上聲 041 軫 진] : 오랑캐 윤	5081	3827	6477	4164
聿	율( ) [仄聲/入聲 093 質 질] : 붓 율	5082	6783	6619	7163
潏	율( ) [仄聲/入聲 093 質 질] : 물흐르는 모양 율	5083	6784	6620	7164
潏*	율(술) [仄聲/入聲 093 質 질] : 모래톱 술	5084	6785	6621	6885
潏*	율(휼) [仄聲/入聲 098 屑 설] : 샘솟을 휼	5085	7161	2535	7922
噊	율( ) [仄聲/入聲 093 質 질] : 위태할 율	5086	6786	6622	7165
噊*	율(술) [仄聲/入聲 093 質 질] : 위태할 술	5087	6787	6623	6886
繘	율( ) [仄聲/入聲 093 質 질] : 두레박줄 율	5088	6788	6624	7166
驈	율( ) [仄聲/入聲 093 質 질] : 말이름 율	5089	6789	6625	7167
戎	융( ) [平聲/上平 001 東 동] : 병장기 융	5090	68	1126	1062
瀜	융( ) [平聲/上平 001 東 동] : 물이깊고넓은모양 융	5091	69	1127	1063
絨	융( ) [平聲/上平 001 東 동] : 융 융	5092	70	1128	1064
融	융( ) [平聲/上平 001 東 동] : 녹을 융	5093	71	1129	1065
肜	융( ) [平聲/上平 001 東 동] : 제사이름 융	5094	72	1130	1066
駥	융( ) [平聲/上平 001 東 동] : 키큰말 융	5095	73	1131	1067
垠	은( ) [平聲/上平 012 文 문] : 지경 은	5096	1358	1728	1068
恩	은( ) [平聲/上平 013 元 원] : 은혜 은	5097	1467	4869	1069
慇	은( ) [平聲/上平 012 文 문] : 괴로워할 은	5098	1359	1729	1070
殷	은( ) [平聲/上平 012 文 문] : 은나라 은	5099	1360	1730	1071
殷*	은(안) [平聲/上平 015 刪 산] : 검붉을 안	5100	1640	1964	843
誾	은( ) [平聲/上平 012 文 문] : 향기 은	5101	1361	1731	1072
銀	은( ) [平聲/上平 011 眞 진] : 은 은	5102	1264	6403	1073
隱	은( ) [仄聲/去聲 072 問 문] : 숨을 은	5103	5578	1782	5469
听	은( ) [仄聲/上聲 042 吻 문] : 웃을 은	5104	3861	1758	4165
嚚	은( ) [平聲/上平 011 眞 진] : 어리석을 은	5105	1265	6404	1074
垽	은( ) [仄聲/去聲 071 震 진] : 해감/찌끼 은	5106	5518	6537	5470
狺	은( ) [平聲/上平 012 文 문] : 으르렁거릴 은	5107	1362	1732	1075
癮	은( ) [仄聲/上聲 042 吻 문] : 두드러기 은	5108	3862	1759	4166
訔	은( ) [仄聲/去聲 072 問 문] : 논쟁할 은	5109	5579	1783	5471

배열형식 A (韻族基準)		배열 A	배열 B	배열 C	배열 D
韻族	(*異音) [平仄 : 四聲 韻目No ,韻目 독음] : 略義	운족 가나순	운목 번호순	운목 가나순	사성순
乙	을( ) [仄聲/入聲 093 質 질] : 새 을	5110	6790	6626	7168
鳦	을( ) [仄聲/入聲 093 質 질] : 제비 을	5111	6791	6627	7169
鳦*	을(알) [仄聲/入聲 097 黠 힐] : 제비 알	5112	7059	7928	6976
吟	음( ) [仄聲/去聲 086 沁 심] : 읊을 음	5113	6368	2868	7171
淫	음( ) [平聲/下平 027 侵 침] : 음란할 음	5114	3050	7030	2621
蔭	음( ) [仄聲/去聲 086 沁 심] : 그늘해그림자 음	5115	6369	2869	7172
陰	음( ) [平聲/下平 027 侵 침] : 그늘 음	5116	3051	7031	2622
音	음( ) [平聲/下平 027 侵 침] : 소리 음	5117	3052	7032	2623
飮	음( ) [仄聲/上聲 056 寢 침] : 마실 음	5118	4560	7065	4167
瘖	음( ) [平聲/下平 027 侵 침] : 벙어리 음	5119	3053	7033	2624
飮*	음(음) [仄聲/去聲 086 沁 심] : 마실개할 음	5120	6370	2870	7173
揖	읍( ) [仄聲/入聲 103 緝 집] : 읍할 읍	5121	7761	6719	7175
揖*	읍(즙) [仄聲/入聲 103 緝 집] : 모을 즙	5122	7762	6718	7405
泣	읍( ) [仄聲/入聲 103 緝 집] : 울(哭) 읍	5123	7763	6720	7176
邑	읍( ) [仄聲/入聲 103 緝 집] : 고을 읍	5124	7764	6721	7177
挹	읍( ) [仄聲/入聲 103 緝 집] : 뜰 읍	5125	7765	6722	7178
浥	읍( ) [仄聲/入聲 105 葉 엽] : 젖을 읍	5126	7864	3776	7179
浥*	읍(압) [仄聲/入聲 106 洽 흡] : 물흐를 압	5127	7929	7895	6983
唈	읍( ) [仄聲/入聲 103 緝 집] : 숨쉴 읍	5128	7766	6724	7180
唈*	읍(압) [仄聲/入聲 103 緝 집] : 숨쉴 압	5129	7767	6723	6984
凝	응( ) [平聲/下平 025 蒸 증] : 엉길 응	5130	2794	5639	2626
應	응( ) [仄聲/去聲 085 徑 경] : 응할 응	5131	6215	5214	7181
膺	응( ) [平聲/下平 025 蒸 증] : 가슴 응	5132	2795	5640	2627
鷹	응( ) [平聲/下平 025 蒸 증] : 매 응	5133	2796	5641	2628
縊*	의(의) [仄聲/去聲 063 寘 치] : 목맬 의	5134	4825	6924	5473
歪	의( ) [平聲/上平 009 佳 가] : 기울/비뚤 의	5135	1043	30	1077
歪*	의(왜) [平聲/上平 009 佳 가] : 기울 왜	5136	1044	29	923
依	의( ) [平聲/上平 005 微 미] : 의지할 의	5137	605	1859	1078
倚	의( ) [仄聲/上聲 034 紙 지] : 기댈/의지할 의	5138	3416	6122	4169
倚*	의(기) [平聲/上平 004 支 지] : 설 기	5139	405	5845	217
儀	의( ) [平聲/上平 004 支 지] : 거동 의	5140	406	5846	1079
宜	의( ) [平聲/上平 004 支 지] : 마땅 의	5141	407	5847	1080
意	의( ) [仄聲/去聲 063 寘 치] : 뜻 의	5142	4826	6932	5474
懿	의( ) [仄聲/去聲 063 寘 치] : 아름다울 의	5143	4827	6933	5475
擬	의( ) [仄聲/上聲 034 紙 지] : 헤아릴 의	5144	3417	6123	4170
椅	의( ) [平聲/上平 004 支 지] : 걸상 의	5145	408	5848	1081

배열형식 A (韻族基準)		배열 A	배열 B	배열 C	배열 D
韻族	(*異音) [平仄 : 四聲 韻目No ,韻目 독음] : 略義	운족 가나순	운목 번호순	운목 가나순	사성순
毅	의( ) [仄聲/去聲 064 未 미] : 굳셀 의	5146	4923	1930	5476
疑	의( ) [平聲/上平 004 支 지] : 의심할 의	5147	409	5850	1082
疑*	의(을) [仄聲/入聲 094 物 물] : 바로설 을	5148	410	5849	1120
疑*	의(응) [平聲/下平 025 蒸 증] : 정할 응	5149	6882	1814	7170
疑*	의(익) [平聲/上平 004 支 지] : 바로설 익	5150	2797	5642	2629
矣	의( ) [仄聲/上聲 034 紙 지] : 어조사 의	5151	3418	6124	4171
義	의( ) [仄聲/去聲 063 寘 치] : 옳을 의	5152	4828	6934	5477
艤	의( ) [仄聲/上聲 034 紙 지] : 배댈 의	5153	3419	6125	4172
薏	의( ) [平聲/下平 022 陽 양] : 연밥 의	5154	2416	3177	2630
薏*	의(억) [仄聲/入聲 102 職 직] : 연밥알 억	5155	7690	6257	7026
蟻	의( ) [仄聲/上聲 034 紙 지] : 개미 의	5156	3420	6126	4173
衣	의( ) [平聲/上平 005 微 미] : 옷 의	5157	606	1860	1083
誼	의( ) [仄聲/去聲 063 寘 치] : 옳을 의	5158	4829	6935	5478
議	의( ) [仄聲/去聲 063 寘 치] : 의논할 의	5159	4830	6936	5479
醫	의( ) [平聲/上平 004 支 지] : 의원 의	5160	411	5851	1084
儗	의( ) [仄聲/去聲 070 隊 대] : 의심할 의	5161	5450	1033	5480
劓	의( ) [仄聲/去聲 063 寘 치] : 코 벨 의	5162	4831	6937	5481
漪	의( ) [平聲/上平 004 支 지] : 물놀이 의	5163	412	5852	1085
猗	의( ) [平聲/上平 004 支 지] : 아름다울 의	5164	413	5854	1086
猗*	의(아) [平聲/上平 004 支 지] : 부드러울 아	5165	414	5853	838
螘	의( ) [仄聲/上聲 035 尾 미] : 개미 의	5166	3513	1894	4174
饐	의( ) [仄聲/去聲 067 霽 제] : 쉴/밥썩을 의	5167	5204	5504	5482
饐*	의(애) [仄聲/去聲 063 寘 치] : 쉴/밥썩을 애	5168	4832	6938	5327
偯	의( ) [仄聲/上聲 035 尾 미] : 훌적거릴 의	5169	3514	1895	4175
扆	의( ) [仄聲/上聲 035 尾 미] : 천자용병풍 의	5170	3515	1896	4176
旖	의( ) [平聲/上平 004 支 지] : 깃발펄럭날 의	5171	415	5855	1087
轙	의( ) [平聲/上平 004 支 지] : 수레고삐 의	5172	416	5856	1088
顗	의( ) [仄聲/上聲 035 尾 미] : 근엄할 의	5173	3516	1897	4177
耏	이( ) [平聲/上平 004 支 지] : 구레나룻 이	5174	417	5717	1089
耏*	이(내) [仄聲/去聲 070 隊 대] : 수염깎을 내	5175	5451	980	4873
易	이( ) [仄聲/入聲 100 陌 맥] : 쉬울 이	5176	7466	1586	7182
易*	이(역) [仄聲/入聲 100 陌 맥] : 변할/바꿀 역	5177	7467	1585	7044
二	이( ) [仄聲/去聲 063 寘 치] : 두 이	5178	4833	6939	5483
以	이( ) [仄聲/上聲 034 紙 지] : 써 이	5179	3421	6127	4178
伊	이( ) [平聲/上平 004 支 지] : 저 이	5180	418	5857	1092
夷	이( ) [平聲/上平 004 支 지] : 평평할/동쪽오랑캐 이	5181	419	5858	1093

배열형식 A (韻族基準)		배열 A	배열 B	배열 C	배열 D
韻族	(*異音) [平仄 : 四聲 韻目No ,韻目 독음] : 略義	운족 가나순	운목 번호순	운목 가나순	사성순
姨	이( ) [平聲/上平 004 支 지] : 이모 이	5182	420	5859	1094
已	이( ) [仄聲/上聲 034 紙 지] : 이미 이	5183	3422	6128	4179
弛	이( ) [仄聲/上聲 034 紙 지] : 활부릴 이	5184	3423	6129	4180
彝	이( ) [平聲/上平 004 支 지] : 떳떳할 이	5185	421	5860	1095
怡	이( ) [平聲/上平 004 支 지] : 기쁠 이	5186	422	5861	1096
爾	이( ) [仄聲/上聲 034 紙 지] : 너 이	5187	3424	6130	4181
珥	이( ) [仄聲/上聲 034 紙 지] : 귀고리 이	5188	3425	6131	4182
異	이( ) [仄聲/去聲 063 寘 치] : 다를/괴이할/나눌 이	5189	4834	6940	5484
痍	이( ) [平聲/上平 004 支 지] : 상처 이	5190	423	5863	1097
移	이( ) [平聲/上平 004 支 지] : 옮길 이	5191	424	5864	1098
而	이( ) [平聲/上平 004 支 지] : 말이을 이	5192	425	5865	1099
耳	이( ) [仄聲/上聲 034 紙 지] : 귀 이	5193	3426	6132	4183
肄	이( ) [仄聲/去聲 063 寘 치] : 익힐 이	5194	4835	6941	5485
苡	이( ) [仄聲/上聲 034 紙 지] : 질경이 이	5195	3427	6133	4184
荑	이( ) [平聲/上平 004 支 지] : 흰비름 이	5196	426	5866	1100
荑*	이(제) [平聲/上平 008 齊 제] : 띠싹 제	5197	967	5323	1203
貽	이( ) [平聲/上平 004 支 지] : 끼칠 이	5198	427	5867	1101
貳	이( ) [仄聲/去聲 063 寘 치] : 두/갖은두 이	5199	4836	6942	5486
邇	이( ) [仄聲/上聲 034 紙 지] : 가까울 이	5200	3428	6134	4185
飴	이( ) [平聲/上平 004 支 지] : 엿 이	5201	428	5868	1102
飴*	이(시) [仄聲/去聲 063 寘 치] : 기를 시	5202	4837	6943	5293
餌	이( ) [仄聲/去聲 063 寘 치] : 먹이 이	5203	4838	6944	5487
彝	이( ) [平聲/上平 004 支 지] : 떳떳할 이	5204	429	5869	1103
栮	이( ) [仄聲/上聲 034 紙 지] : 버섯 이	5205	3429	6135	4186
洟	이( ) [平聲/上平 004 支 지] : 콧물 이	5206	430	5870	1104
迤*	이( ) [仄聲/上聲 034 紙 지] : 가만가만걸을 이	5207	3430	6136	4187
刵	이( ) [仄聲/去聲 063 寘 치] : 귀벨 이	5208	4839	6945	5488
咡	이( ) [仄聲/去聲 063 寘 치] : 입 이	5209	4840	6946	5489
咦	이( ) [平聲/上平 004 支 지] : 크게부를/웃을 이	5210	431	5871	1105
圯	이( ) [平聲/上平 004 支 지] : 흙다리 이	5211	432	5872	1106
宧	이( ) [平聲/上平 004 支 지] : 구석 이	5212	433	5873	1107
异	이( ) [仄聲/去聲 063 寘 치] : 그칠 이	5213	4841	6947	5490
杝	이( ) [平聲/上平 004 支 지] : 피나무 이	5214	434	5875	1108
杝*	이(치) [平聲/上平 004 支 지] : 쪼갤/떨어질 치	5215	435	5874	1386
栭	이( ) [平聲/上平 004 支 지] : 산밤나무 이	5216	436	5876	1109
桋	이( ) [平聲/上平 008 齊 제] : 나무이름 이	5217	968	5324	1110

배열형식 A (韻族基準)		배열 A	배열 B	배열 C	배열 D
韻族	(*異音) [平仄 : 四聲 韻目No ,韻目 독음] : 略義	운족 가나순	운목 번호순	운목 가나순	사성순
椸	이( ) [平聲/上平 004 支 지] : 횃대 이	5218	437	5877	1111
樲	이( ) [仄聲/去聲 063 寘 치] : 멧대추나무 이	5219	4842	6948	5491
瓵	이( ) [平聲/上平 004 支 지] : 단지 이	5220	438	5878	1112
簃	이( ) [平聲/上平 004 支 지] : 누각곁채 이	5221	439	5879	1113
詒	이( ) [仄聲/上聲 040 賄 회] : 줄 이	5222	3778	7774	4188
詒*	이(태) [仄聲/上聲 040 賄 회] : 속일 태	5223	3779	7775	4504
迆	이( ) [仄聲/上聲 034 紙 지] : 가만이걸을/잇닿을 이	5224	3431	6137	4189
酏	이( ) [平聲/上平 004 支 지] : 맑은술 이	5225	440	5880	1114
陑	이( ) [平聲/上平 004 支 지] : 땅이름 이	5226	441	5881	1115
頉	이( ) [平聲/上平 004 支 지] : 기를 이	5227	442	5882	1116
頤	이( ) [平聲/上平 004 支 지] : 턱/끄떡거릴 이	5228	443	5883	1117
台	이( ) [平聲/上平 004 支 지] : 나/기쁠 이	5229	444	5974	1119
台*	이(태) [平聲/上平 010 灰 회] : 별(三台星)/늙을 태	5230	1124	7725	1418
瀷	익( ) [仄聲/入聲 102 職 직] : 스며흐를 익	5231	7691	6260	7183
益	익( ) [仄聲/入聲 100 陌 맥] : 더할 익	5232	7468	1595	7184
翊	익( ) [仄聲/入聲 102 職 직] : 도울 익	5233	7692	6261	7185
翌	익( ) [仄聲/入聲 102 職 직] : 이튿날 익	5234	7693	6262	7186
翼	익( ) [仄聲/入聲 102 職 직] : 날개 익	5235	7694	6263	7187
謚	익( ) [仄聲/入聲 100 陌 맥] : 빙그레웃을 익	5236	7469	1596	7188
弋	익( ) [仄聲/入聲 102 職 직] : 주살 익	5237	7695	6264	7189
鷁	익( ) [仄聲/入聲 101 錫 석] : 물새 익	5238	7592	2159	7190
杙	익( ) [仄聲/入聲 102 職 직] : 말뚝 익	5239	7696	6265	7191
膉	익( ) [仄聲/入聲 100 陌 맥] : 목살 익	5240	7470	1597	7192
齸	익( ) [平聲/上平 011 眞 진] : 새김질할 익	5241	1266	6405	1121
人	인( ) [平聲/上平 011 眞 진] : 사람 인	5242	1267	6406	1123
仁	인( ) [平聲/上平 011 眞 진] : 어질 인	5243	1268	6407	1124
刃	인( ) [仄聲/去聲 071 震 진] : 칼날 인	5244	5519	6538	5492
印	인( ) [仄聲/去聲 071 震 진] : 도장 인	5245	5520	6539	5493
咽	인( ) [平聲/下平 016 先 선] : 목구멍 인	5246	1751	2292	2631
咽*	인(연) [仄聲/去聲 076 霰 산] : 삼킬 연	5247	5796	2063	5358
咽*	인(열) [仄聲/入聲 098 屑 설] : 목멜/막힐 열	5248	7162	2536	7068
因	인( ) [平聲/上平 011 眞 진] : 인할 인	5249	1269	6408	1125
姻	인( ) [平聲/上平 011 眞 진] : 혼인 인	5250	1270	6409	1126
寅	인( ) [平聲/上平 011 眞 진] : 공경할 인	5251	1271	6410	1127
寅*	인(이) [平聲/上平 004 支 지] : 공경할 이	5252	445	5884	1118
引	인( ) [仄聲/上聲 041 軫 진] : 끌 인	5253	3828	6478	4191

배열형식 A (韻族基準)		배열 A	배열 B	배열 C	배열 D
韻族	(*異音) [平仄 : 四聲 韻目No ,韻目 독음] : 略義	운족 가나순	운목 번호순	운목 가나순	사성순
忍	인( ) [仄聲/上聲 041 軫 진] : 참을 인	5254	3829	6479	4192
湮	인( ) [平聲/上平 011 眞 진] : 빠질 인	5255	1272	6411	1128
絪	인( ) [平聲/上平 011 眞 진] : 수삼/기운 인	5256	1273	6412	1129
茵	인( ) [平聲/上平 011 眞 진] : 자리 인	5257	1274	6413	1130
蚓	인( ) [仄聲/上聲 041 軫 진] : 지렁이 인	5258	3830	6480	4193
認	인( ) [仄聲/去聲 071 震 진] : 알 인	5259	5521	6540	5494
靭	인( ) [仄聲/去聲 071 震 진] : 질길 인	5260	5522	6541	5495
靷	인( ) [仄聲/上聲 041 軫 진] : 가슴걸이 인	5261	3831	6481	4194
仞	인( ) [仄聲/去聲 071 震 진] : 길(물깊이) 인	5262	5523	6542	5496
氤	인( ) [平聲/上平 011 眞 진] : 기운성할 인	5263	1275	6414	1131
禋	인( ) [平聲/上平 011 眞 진] : 제사 지낼 인	5264	1276	6415	1132
紉	인( ) [平聲/上平 011 眞 진] : 새끼 인	5265	1277	6416	1133
諲	인( ) [平聲/上平 011 眞 진] : 공경할 인	5266	1278	6417	1134
軔	인( ) [仄聲/去聲 071 震 진] : 쐐기 인	5267	5524	6543	5497
闉	인( ) [平聲/上平 011 眞 진] : 성곽문 인	5268	1279	6418	1135
韌	인( ) [仄聲/去聲 071 震 진] : 질길 인	5269	5525	6544	5498
一	일( ) [仄聲/入聲 093 質 질] : 한 일	5270	6792	6628	7194
佚	일( ) [仄聲/入聲 093 質 질] : 편할 일	5271	6793	6629	7195
佚*	일(질) [仄聲/入聲 098 屑 설] : 방탕할 질	5272	7163	2537	7420
佾	일( ) [仄聲/入聲 093 質 질] : 줄춤 일	5273	6794	6630	7196
壹	일( ) [仄聲/入聲 093 質 질] : 한/갖은한 일	5274	6795	6631	7197
日	일( ) [仄聲/入聲 093 質 질] : 날 일	5275	6796	6632	7198
溢	일( ) [仄聲/入聲 093 質 질] : 찰/넘칠 일	5276	6797	6633	7199
逸	일( ) [仄聲/入聲 093 質 질] : 편안할 일	5277	6798	6634	7200
鎰	일( ) [仄聲/入聲 093 質 질] : 무게이름 일	5278	6799	6635	7201
馹	일( ) [仄聲/入聲 093 質 질] : 역말 일	5279	6800	6636	7202
馹*	일(역) [仄聲/入聲 100 陌 맥] : 잇댈/역말 역	5280	7471	1598	7058
泆	일( ) [仄聲/入聲 093 質 질] : 끓을 일	5281	6801	6637	7203
駔	일( ) [仄聲/入聲 093 質 질] : 역말 일	5282	6802	6639	7204
駔*	일(역) [仄聲/入聲 100 陌 맥] : 역말/정거장 역	5283	7472	1605	7059
任	임( ) [仄聲/去聲 086 沁 심] : 맡길 임	5284	6371	2871	7205
壬	임( ) [平聲/下平 027 侵 침] : 맡길 임	5285	3054	7034	2632
妊	임( ) [平聲/下平 027 侵 침] : 아이밸 임	5286	3055	7035	2633
姙	임( ) [平聲/下平 027 侵 침] : 아이밸 임	5287	3056	7036	2634
恁	임( ) [仄聲/上聲 056 寢 침] : 생각할 임	5288	4561	7066	4195
恁*	임(님) [仄聲/上聲 056 寢 침] : 이러할[如此] 님	5289	4562	7067	3503

배열형식 A (韻族基準)		배열 A	배열 B	배열 C	배열 D
韻族	(*異音) [平仄 : 四聲 韻目No ,韻目 독음] : 略義	운족 가나순	운목 번호순	운목 가나순	사성순
稔	임( ) [仄聲/上聲 056 寑 침] : 풍년들/해 임	5290	4563	7068	4196
稔*	임(염) [仄聲/上聲 056 寑 침] : 풍년들/해 염	5291	4564	7069	4052
荏	임( ) [仄聲/上聲 056 寑 침] : 들깨 임	5292	4565	7070	4197
賃	임( ) [仄聲/去聲 086 沁 심] : 품삯 임	5293	6372	2872	7206
衽	임( ) [仄聲/去聲 086 沁 심] : 옷깃 임	5294	6373	2873	7207
飪	임( ) [仄聲/上聲 056 寑 침] : 익힐 임	5295	4566	7071	4198
鵀	임( ) [仄聲/去聲 086 沁 심] : 오디새 임	5296	6374	2874	7208
入	입( ) [仄聲/入聲 103 緝 집] : 들 입	5297	7768	6725	7209
卄	입( ) [仄聲/入聲 103 緝 집] : 스물(廿의속자) 입	5298	7769	6726	7210
廿	입( ) [仄聲/入聲 103 緝 집] : 스물 입	5299	7770	6727	7211
仍	잉( ) [平聲/下平 025 蒸 증] : 인할 잉	5300	2798	5643	2635
剩	잉( ) [仄聲/去聲 085 徑 경] : 남을 잉	5301	6216	5215	7212
孕	잉( ) [仄聲/去聲 085 徑 경] : 애밸 잉	5302	6217	5216	7213
艿	잉( ) [平聲/下平 025 蒸 증] : 새풀싹 잉	5303	2799	5644	2636
媵	잉( ) [仄聲/去聲 085 徑 경] : 계집 잉	5304	6218	5217	7214
扔	잉( ) [平聲/下平 025 蒸 증] : 당길 잉	5305	2800	5645	2637
賸	잉( ) [仄聲/去聲 085 徑 경] : 보낼/버금/더할 잉	5306	6219	5218	7215
賸*	잉(승) [仄聲/去聲 085 徑 경] : 더할/남을 승	5307	6220	5219	6905
仔	자( ) [平聲/上平 004 支 지] : 자세할 자	5308	446	5885	1136
刺	자( ) [仄聲/入聲 100 陌 맥] : 찌를/벨 자	5309	7473	1600	7216
刺*	자(라) [仄聲/入聲 100 陌 맥] : 수라 라	5310	7474	1599	6332
刺*	자(척) [仄聲/入聲 100 陌 맥] : 찌를/정탐할 척	5311	7475	1601	7514
咨	자( ) [平聲/上平 004 支 지] : 물을 자	5312	447	5886	1137
姉	자( ) [仄聲/上聲 034 紙 지] : 손위누이 자	5313	3432	6138	4199
姿	자( ) [平聲/上平 004 支 지] : 모양 자	5314	448	5887	1138
子	자( ) [仄聲/上聲 034 紙 지] : 아들 자	5315	3433	6139	4200
字	자( ) [仄聲/去聲 063 寘 치] : 글자 자	5316	4843	6949	5499
孜	자( ) [平聲/上平 004 支 지] : 힘쓸 자	5317	449	5888	1139
恣	자( ) [仄聲/去聲 063 寘 치] : 방자할 자	5318	4844	6950	5500
慈	자( ) [平聲/上平 004 支 지] : 사랑 자	5319	450	5889	1140
滋	자( ) [平聲/上平 004 支 지] : 불을 자	5320	451	5890	1141
炙	자( ) [仄聲/去聲 081 禡 마] : 고기구이/친근할 자	5321	6049	1460	7217
炙*	자(적) [仄聲/入聲 100 陌 맥] : 고기구이/친근할 적	5322	7476	1602	7268
煮	자( ) [仄聲/上聲 036 語 어] : 삶을 자	5323	3566	3534	4201
玆	자( ) [平聲/上平 004 支 지] : 이/이것 자	5324	452	5891	1142
玆*	자(현) [平聲/下平 016 先 선] : 검을 현	5325	1752	2293	3134

배열형식 A (韻族基準)		배열 A	배열 B	배열 C	배열 D
韻族	(*異音) [平仄 : 四聲 韻目No ,韻目 독음] : 略義	운족 가나순	운목 번호순	운목 가나순	사성순
瓷	자( ) [平聲/上平 004 支 지] : 오지그릇 자	5326	453	5892	1143
疵	자( ) [平聲/上平 004 支 지] : 흉볼 자	5327	454	5893	1144
磁	자( ) [平聲/上平 004 支 지] : 자석 자	5328	455	5894	1145
紫	자( ) [仄聲/上聲 034 紙 지] : 자주빛 자	5329	3434	6140	4202
者	자( ) [仄聲/上聲 051 馬 마] : 놈 자	5330	4287	1416	4203
自	자( ) [仄聲/去聲 063 寘 치] : 스스로 자	5331	4845	6951	5501
茨	자( ) [平聲/上平 004 支 지] : 가시나무 자	5332	456	5895	1146
蔗	자( ) [仄聲/去聲 081 禡 마] : 사탕수수 자	5333	6050	1461	7218
藉	자( ) [仄聲/去聲 081 禡 마] : 깔/도울/위로할 자	5334	6051	1462	7219
藉*	자(적) [仄聲/入聲 100 陌 맥] : 성할/드릴 적	5335	7477	1603	7269
諮	자( ) [平聲/上平 004 支 지] : 꾀/물을 자	5336	457	5896	1147
資	자( ) [平聲/上平 004 支 지] : 재물 자	5337	458	5897	1148
雌	자( ) [平聲/上平 004 支 지] : 암컷 자	5338	459	5898	1149
呰	자( ) [仄聲/上聲 034 紙 지] : 꾸짖을 자	5339	3435	6141	4204
孶	자( ) [仄聲/去聲 063 寘 치] : 우거질 자	5340	4846	6952	5502
柘	자( ) [仄聲/去聲 081 禡 마] : 산뽕나무 자	5341	6052	1463	7220
泚	자( ) [仄聲/上聲 034 紙 지] : 물/땀축축히날 자	5342	3436	6142	4205
泚*	자(체) [仄聲/上聲 038 薺 제] : 물/땀축축히날 체	5343	3721	5384	4427
眥	자( ) [仄聲/去聲 067 霽 제] : 흘겨볼 자	5344	5205	5505	5503
眥*	자(제) [仄聲/去聲 063 寘 치] : 눈초리 제	5345	4847	6953	5539
粢	자( ) [平聲/上平 004 支 지] : 기장 자	5346	460	5899	1150
胾	자( ) [仄聲/去聲 063 寘 치] : 고깃점 자	5347	4848	6954	5504
茈	자( ) [平聲/上平 004 支 지] : 패랭이꽃 자	5348	461	5900	1151
茲	자( ) [平聲/上平 004 支 지] : 무성할 자	5349	462	5901	1152
觜	자( ) [平聲/上平 004 支 지] : 별자리이름 자	5350	463	5902	1153
觜*	자(취) [平聲/上平 004 支 지] : 부리 취	5351	464	5903	1383
訾	자( ) [平聲/上平 004 支 지] : 헐뜯을 자	5352	465	5904	1154
貲	자( ) [平聲/上平 004 支 지] : 재물 자	5353	466	5905	1155
赭	자( ) [仄聲/上聲 051 馬 마] : 붉은흙 자	5354	4288	1417	4206
髭	자( ) [平聲/上平 004 支 지] : 코밑수염 자	5355	467	5906	1156
鷀	자( ) [平聲/上平 004 支 지] : 가마우지 자	5356	468	5907	1157
姊	자( ) [仄聲/上聲 034 紙 지] : 손위누이 자	5357	3437	6143	4207
玼	자( ) [仄聲/上聲 050 哿 가] : 옥티 자	5358	4244	166	4208
玼*	자(차) [仄聲/上聲 034 紙 지] : 옥빛 차	5359	3438	6144	4389
玼*	자(체) [仄聲/上聲 038 薺 제] : 옥빛고울 체	5360	3722	5385	4428
秭	자( ) [仄聲/上聲 034 紙 지] : 단위(벼200뭇) 자	5361	3439	6145	4209

배열형식 A (韻族基準)		배열 A	배열 B	배열 C	배열 D
韻族	(*異音) [平仄 : 四聲 韻目No ,韻目 독음] : 略義	운족 가나순	운목 번호순	운목 가나순	사성순
笫	자( ) [仄聲/上聲 034 紙 지] : 평상 자	5362	3440	6146	4210
趑	자( ) [平聲/上平 004 支 지] : 머뭇거릴 자	5363	469	5908	1158
鄑	자( ) [平聲/上平 004 支 지] : 땅이름 자	5364	470	5909	1159
骴	자( ) [平聲/上平 004 支 지] : 썩은살 자	5365	471	5910	1160
薺	자( ) [平聲/上平 004 支 지] : 납가새 자	5366	472	5915	1162
薺*	자(제) [仄聲/上聲 038 薺 제] : 냉이 제	5367	3723	5396	4293
檹	자( ) [平聲/上平 008 齊 제] : 흰대추나무 자	5368	969	5338	1164
檹*	자(제) [仄聲/去聲 067 霽 제] : 나무토막 제	5369	5206	5524	5558
作	작( ) [仄聲/入聲 099 藥 약] : 지을/일할/일어날 작	5370	7309	2977	7225
作*	작(자) [仄聲/去聲 080 箇 개] : 할/지을 자	5371	4968	3592	5587
作*	작(주) [仄聲/去聲 065 御 어] : 만들 주	5372	6003	493	7221
勺	작( ) [仄聲/入聲 099 藥 약] : 1/100승 작	5373	7310	2978	7226
嚼	작( ) [仄聲/入聲 099 藥 약] : 씹을 작	5374	7311	2979	7227
斫	작( ) [仄聲/入聲 099 藥 약] : 벨/쪼갤 작	5375	7312	2980	7228
昨	작( ) [仄聲/入聲 099 藥 약] : 어제 작	5376	7313	2981	7229
灼	작( ) [仄聲/入聲 099 藥 약] : 사를 작	5377	7314	2982	7230
炸	작( ) [仄聲/去聲 081 禡 마] : 터질 작	5378	6053	1464	7231
爵	작( ) [仄聲/入聲 099 藥 약] : 벼슬 작	5379	7315	2983	7232
綽	작( ) [仄聲/入聲 099 藥 약] : 너그러울 작	5380	7316	2984	7233
芍	작( ) [仄聲/入聲 099 藥 약] : 함박꽃 작	5381	7317	2985	7234
芍*	작(적) [仄聲/入聲 101 錫 석] : 연밥 적	5382	7593	2160	7270
酌	작( ) [仄聲/入聲 099 藥 약] : 술부을/잔질할 작	5383	7318	2986	7235
雀	작( ) [仄聲/入聲 099 藥 약] : 참새 작	5384	7319	2987	7236
鵲	작( ) [仄聲/入聲 099 藥 약] : 까치 작	5385	7320	2988	7237
怍	작( ) [仄聲/入聲 099 藥 약] : 부끄러워할 작	5386	7321	2989	7238
柞	작( ) [仄聲/入聲 099 藥 약] : 떡갈나무 작	5387	7322	2990	7239
柞*	작(책) [仄聲/入聲 100 陌 맥] : 벌목할 책	5388	7478	1604	7501
汋	작( ) [仄聲/入聲 092 覺 각] : 삶을 작	5389	6707	225	7240
皵	작( ) [仄聲/入聲 099 藥 약] : 주름 작	5390	7323	2991	7241
笮	작( ) [仄聲/入聲 099 藥 약] : 좁을 작	5391	7324	2998	7244
笮*	작(착) [仄聲/入聲 099 藥 약] : 좁을 착	5392	7325	2999	7471
醋	작( ) [仄聲/入聲 099 藥 약] : 술권할 작	5393	7326	3002	7246
醋*	작(초) [仄聲/去聲 066 遇 우] : 초 초	5394	5069	4752	5702
孱	잔( ) [平聲/下平 016 先 선] : 약할/높이솟은모양 잔	5395	1753	2294	2638
棧	잔( ) [仄聲/去聲 075 諫 간] : 잔교 잔	5396	5715	280	5505
殘	잔( ) [平聲/上平 014 寒 한] : 남을 잔	5397	1585	7215	1165

배열형식 A (韻族基準)		배열 A	배열 B	배열 C	배열 D
韻族	(*異音) [平仄 : 四聲 韻目No ,韻目 독음] : 略義	운족 가나순	운목 번호순	운목 가나순	사성순
潺	잔( ) [平聲/上平 015 刪 산] : 물흐르는소리 잔	5398	1641	1965	1166
盞	잔( ) [仄聲/上聲 045 潸 산] : 잔 잔	5399	3986	1986	4211
僝	잔( ) [仄聲/上聲 045 潸 산] : 보일 잔	5400	3987	1987	4212
虥	잔( ) [仄聲/去聲 075 諫 간] : 범 잔	5401	5716	281	5506
輚	잔( ) [仄聲/去聲 075 諫 간] : 수레 잔	5402	5717	282	5507
岑	잠( ) [平聲/下平 027 侵 침] : 봉우리 잠	5403	3057	7037	2640
岑*	잠(음) [平聲/下平 027 侵 침] : 기슭/언덕/낭떠러지 음	5404	3058	7038	2625
暫	잠( ) [仄聲/去聲 087 勘 감] : 잠깐 잠	5405	6399	426	7248
潛	잠( ) [平聲/下平 029 鹽 염] : 잠길 잠	5406	3175	3647	2641
箴	잠( ) [平聲/下平 027 侵 침] : 바늘/침 잠	5407	3059	7039	2642
簪	잠( ) [平聲/下平 027 侵 침] : 비녀 잠	5408	3060	7040	2643
蠶	잠( ) [平聲/下平 028 覃 담] : 누에/누에칠 잠	5409	3119	953	2644
涔	잠( ) [平聲/下平 027 侵 침] : 괸물 잠	5410	3061	7041	2645
賺	잠( ) [仄聲/去聲 089 陷 함] : 거듭팔릴 잠	5411	6431	7403	7249
雜	잡( ) [仄聲/入聲 104 合 합] : 섞일 잡	5412	7808	7430	7251
卡	잡( ) [仄聲/入聲 104 合 합] : 지킬 잡	5413	7809	7431	7252
眨	잡( ) [仄聲/入聲 106 洽 흡] : 눈 깜작일 잡	5414	7930	7896	7253
喋	잡( ) [仄聲/入聲 106 洽 흡] : 먹는소리 잡	5415	7931	7898	7254
喋*	잡(첩) [仄聲/入聲 105 葉 엽] : 말잘할 첩	5416	7865	3798	7564
狀	장( ) [仄聲/去聲 082 漾 양] : 모양/형상 장	5417	6105	3371	7255
狀*	장(상) [仄聲/去聲 082 漾 양] : 형상(속음(俗音)) 상	5418	6106	3370	6743
丈	장( ) [仄聲/上聲 052 養 양] : 어른 장	5419	4348	3316	4213
仗	장( ) [仄聲/上聲 052 養 양] : 병장기 장	5420	4349	3317	4214
匠	장( ) [仄聲/去聲 082 漾 양] : 장인 장	5421	6107	3381	7256
場	장( ) [平聲/下平 022 陽 양] : 마당 장	5422	2417	3178	2646
墻	장( ) [平聲/下平 022 陽 양] : 담(牆)/사모할 장	5423	2418	3179	2647
壯	장( ) [仄聲/去聲 082 漾 양] : 굳셀/젊을 장	5424	6108	3382	7257
將	장( ) [平聲/下平 022 陽 양] : 장수 장	5425	2419	3180	2648
帳	장( ) [仄聲/去聲 082 漾 양] : 장막 장	5426	6109	3383	7258
庄	장( ) [平聲/下平 022 陽 양] : 전장 장	5427	2420	3181	2649
張	장( ) [平聲/下平 022 陽 양] : 베풀 장	5428	2421	3182	2650
掌	장( ) [仄聲/上聲 052 養 양] : 손바닥 장	5429	4350	3318	4215
暲	장( ) [平聲/下平 022 陽 양] : 밝을 장	5430	2422	3183	2651
杖	장( ) [仄聲/上聲 052 養 양] : 지팡이 장	5431	4351	3319	4216
樟	장( ) [平聲/下平 022 陽 양] : 녹나무 장	5432	2423	3184	2652
檣	장( ) [平聲/下平 022 陽 양] : 돛대 장	5433	2424	3185	2653

배열형식 A (韻族基準)		배열 A	배열 B	배열 C	배열 D
韻族	(*異音) [平仄 : 四聲 韻目No ,韻目 독음] : 略義	운족 가나순	운목 번호순	운목 가나순	사성순
檣	장( ) [平聲/下平 022 陽 양] : 장롱 장	5434	2425	3186	2654
漿	장( ) [平聲/下平 022 陽 양] : 미음 장	5435	2426	3187	2655
牆	장( ) [平聲/下平 022 陽 양] : 담/사모할 장	5436	2427	3188	2656
獐	장( ) [平聲/下平 022 陽 양] : 노루 장	5437	2428	3189	2657
璋	장( ) [平聲/下平 022 陽 양] : 홀 장	5438	2429	3190	2658
章	장( ) [平聲/下平 022 陽 양] : 글 장	5439	2430	3191	2659
粧	장( ) [平聲/下平 022 陽 양] : 단장할 장	5440	2431	3192	2660
腸	장( ) [平聲/下平 022 陽 양] : 창자 장	5441	2432	3193	2661
臟	장( ) [仄聲/去聲 082 漾 양] : 오장 장	5442	6110	3384	7259
臧	장( ) [平聲/下平 022 陽 양] : 착할 장	5443	2433	3194	2662
莊	장( ) [平聲/下平 022 陽 양] : 씩씩할 장	5444	2434	3195	2663
葬	장( ) [仄聲/去聲 082 漾 양] : 장사지낼 장	5445	6111	3385	7260
蔣	장( ) [平聲/下平 022 陽 양] : 성 장	5446	2435	3196	2664
薔	장( ) [平聲/下平 022 陽 양] : 장미 장	5447	2436	3197	2665
藏	장( ) [平聲/下平 022 陽 양] : 감출 장	5448	2437	3198	2666
裝	장( ) [平聲/下平 022 陽 양] : 꾸밀 장	5449	2438	3199	2667
贓	장( ) [平聲/下平 022 陽 양] : 장물 장	5450	2439	3200	2668
醬	장( ) [仄聲/去聲 082 漾 양] : 장 장	5451	6112	3386	7261
長	장( ) [平聲/下平 022 陽 양] : 긴/어른 장	5452	2440	3201	2669
障	장( ) [平聲/下平 022 陽 양] : 막을 장	5453	2441	3202	2670
奘	장( ) [仄聲/上聲 052 養 양] : 클 장	5454	4352	3320	4217
妝	장( ) [平聲/下平 022 陽 양] : 꾸밀 장	5455	2442	3203	2671
戕	장( ) [平聲/下平 022 陽 양] : 죽일 장	5456	2443	3204	2672
漳	장( ) [平聲/下平 022 陽 양] : 강이름 장	5457	2444	3205	2673
牂	장( ) [平聲/下平 022 陽 양] : 배를 매는 말뚝 장	5458	2445	3206	2674
瘴	장( ) [仄聲/去聲 082 漾 양] : 장기 장	5459	6113	3387	7262
萇	장( ) [平聲/下平 022 陽 양] : 나무이름 장	5460	2446	3207	2675
賬	장( ) [仄聲/去聲 082 漾 양] : 치부책/장부 장	5461	6114	3388	7263
鄣	장( ) [平聲/下平 022 陽 양] : 막을 장	5462	2447	3208	2676
鏘	장( ) [平聲/下平 022 陽 양] : 금옥 소리 장	5463	2448	3209	2677
斨	장( ) [平聲/下平 022 陽 양] : 도끼 장	5464	2449	3210	2678
槳	장( ) [仄聲/上聲 052 養 양] : 상앗대 장	5465	4353	3321	4218
椿	장( ) [平聲/上平 003 江 강] : 말뚝 장	5466	216	454	1167
椿*	장(용) [平聲/上平 002 冬 동] : 두드릴 용	5467	173	1232	949
奬	장( ) [仄聲/上聲 052 養 양] : 권면할 장	5468	4354	3322	4219
髒	장( ) [仄聲/上聲 052 養 양] : 살찔 장	5469	4355	3323	4220

배열형식 A (韻族基準)		배열 A	배열 B	배열 C	배열 D
韻族	(*異音) [平仄 : 四聲 韻目No ,韻目 독음] : 略義	운족 가나순	운목 번호순	운목 가나순	사성순
再	재( ) [仄聲/去聲 070 隊 대] : 거듭/다시 재	5470	5452	1034	5508
哉	재( ) [平聲/上平 010 灰 회] : 어조사 재	5471	1125	7709	1169
在	재( ) [仄聲/去聲 070 隊 대] : 있을 재	5472	5453	1035	5509
宰	재( ) [仄聲/上聲 040 賄 회] : 주관할/재상 재	5473	3780	7776	4221
才	재( ) [平聲/上平 010 灰 회] : 재주 재	5474	1126	7710	1170
材	재( ) [平聲/上平 010 灰 회] : 재목 재	5475	1127	7711	1171
栽	재( ) [仄聲/去聲 070 隊 대] : 심을 재	5476	5454	1036	5510
梓	재( ) [仄聲/上聲 034 紙 지] : 가래나무 재	5477	3441	6147	4222
渽	재( ) [平聲/上平 010 灰 회] : 맑을 재	5478	1128	7712	1172
滓	재( ) [仄聲/上聲 034 紙 지] : 찌끼 재	5479	3442	6148	4223
災	재( ) [平聲/上平 010 灰 회] : 재앙 재	5480	1129	7713	1173
縡	재( ) [仄聲/去聲 070 隊 대] : 일 재	5481	5455	1037	5511
裁	재( ) [仄聲/去聲 070 隊 대] : 옷마를 재	5482	5456	1038	5512
財	재( ) [平聲/上平 010 灰 회] : 재물 재	5483	1130	7714	1174
載	재( ) [仄聲/去聲 070 隊 대] : 실을 재	5484	5457	1039	5513
齋	재( ) [平聲/上平 009 佳 가] : 재계할/집 재	5485	1045	33	1175
齎	재( ) [平聲/上平 004 支 지] : 탄식할/가질 재	5486	473	5911	1176
齎*	재(제) [平聲/上平 008 齊 제] : 탄식할/가질 제	5487	970	5325	1204
纔	재( ) [平聲/上平 010 灰 회] : 겨우/잠깐/비롯할 재	5488	1131	7715	1177
纔*	재(삼) [平聲/上平 010 灰 회] : 회색비단 삼	5489	1132	7716	721
爭	쟁( ) [平聲/下平 023 庚 경] : 다툴 쟁	5490	2605	610	2681
箏	쟁( ) [平聲/下平 023 庚 경] : 쟁 쟁	5491	2606	611	2682
諍	쟁( ) [仄聲/去聲 084 敬 경] : 간할 쟁	5492	6171	801	7264
錚	쟁( ) [平聲/下平 023 庚 경] : 쇳소리 쟁	5493	2607	612	2683
崢	쟁( ) [平聲/下平 023 庚 경] : 가파를 쟁	5494	2608	613	2684
狰	쟁( ) [平聲/下平 023 庚 경] : 개털 쟁	5495	2609	614	2685
琤	쟁( ) [平聲/下平 023 庚 경] : 옥소리 쟁	5496	2610	615	2686
鎗	쟁( ) [平聲/下平 023 庚 경] : 쇳소리 쟁	5497	2611	616	2687
掙	쟁( ) [仄聲/去聲 084 敬 경] : 찌를 쟁	5498	6172	802	7265
玎	쟁( ) [平聲/下平 024 靑 청] : 옥소리 쟁	5499	2722	6789	2689
玎*	쟁(정) [平聲/下平 024 靑 청] : 옥소리 정	5500	2723	6790	2759
齟	저( ) [仄聲/上聲 036 語 어] : 이어긋날 저	5501	3567	3507	4224
佇	저( ) [仄聲/上聲 036 語 어] : 우두커니 저	5502	3568	3535	4228
低	저( ) [平聲/上平 008 齊 제] : 낮을 저	5503	971	5326	1182
儲	저( ) [平聲/上平 006 魚 어] : 쌓을 저	5504	667	3460	1183
咀	저( ) [仄聲/上聲 036 語 어] : 씹을 저	5505	3569	3536	4229

배열형식 A (韻族基準)		배열 A	배열 B	배열 C	배열 D
韻族	(*異音) [平仄 : 四聲 韻目No ,韻目 독음] : 略義	운족 가나순	운목 번호순	운목 가나순	사성순
姐	저( ) [仄聲/上聲 051 馬 마] : 맏누이 저	5506	4289	1418	4230
底	저( ) [仄聲/上聲 034 紙 지] : 밑/그칠/무슨/어쩐 저	5507	3443	6149	4231
底*	저(지) [仄聲/上聲 038 薺 제] : 이룰/정할/이를 지	5508	3724	5386	4354
抵	저( ) [仄聲/上聲 038 薺 제] : 밀칠/막을 저	5509	3725	5387	4232
抵*	저(지) [仄聲/上聲 034 紙 지] : 칠 지	5510	3444	6150	4355
杵	저( ) [仄聲/上聲 036 語 어] : 방망이 저	5511	3570	3537	4233
楮	저( ) [仄聲/上聲 036 語 어] : 닥나무 저	5512	3571	3538	4234
樗	저( ) [平聲/上平 006 魚 어] : 가죽나무 저	5513	668	3461	1184
樗*	저(화) [仄聲/去聲 081 禡 마] : 벚나무 화	5514	6054	1465	7873
沮	저( ) [仄聲/去聲 065 御 어] : 막을 저	5515	4969	3593	5514
渚	저( ) [仄聲/上聲 036 語 어] : 물가 저	5516	3572	3539	4235
狙	저( ) [平聲/上平 006 魚 어] : 원숭이/엿볼/살필 저	5517	669	3462	1185
狙*	저(처) [仄聲/去聲 065 御 어] : 간사할/견줄 처	5518	4970	3594	5661
猪	저( ) [平聲/上平 006 魚 어] : 돼지 저	5519	670	3463	1186
疽	저( ) [平聲/上平 006 魚 어] : 등창 저	5520	671	3464	1187
箸	저( ) [仄聲/去聲 065 御 어] : 젓가락 저	5521	4971	3595	5515
紵	저( ) [仄聲/上聲 036 語 어] : 젓가락 저	5522	3573	3540	4236
苧	저( ) [仄聲/上聲 036 語 어] : 모시[=紵] 저	5523	3574	3541	4237
菹	저( ) [平聲/上平 006 魚 어] : 채소절임 저	5524	672	3465	1188
著	저( ) [平聲/上平 006 魚 어] : 나타낼 저	5525	673	3466	1189
著*	저(착) [仄聲/入聲 099 藥 약] : 둘/입을 착	5526	7327	2992	7460
藷	저( ) [平聲/上平 006 魚 어] : 사탕수수[藷] 저	5527	674	3467	1190
詛	저( ) [仄聲/上聲 036 語 어] : 저주할/맹세할 저	5528	3575	3542	4238
貯	저( ) [仄聲/上聲 036 語 어] : 쌓을 저	5529	3576	3543	4239
躇	저( ) [仄聲/入聲 099 藥 약] : 머뭇거릴 저	5530	7328	2993	7266
這	저( ) [仄聲/上聲 051 馬 마] : 이것/여기 저	5531	4290	1419	4240
這*	저(언) [仄聲/去聲 073 願 원] : 맞이할 언	5532	5612	4933	5344
邸	저( ) [仄聲/上聲 038 薺 제] : 큰집 저	5533	3726	5388	4241
雎	저( ) [平聲/上平 006 魚 어] : 물수리 저	5534	675	3468	1191
齟	저( ) [仄聲/上聲 036 語 어] : 어긋날 저	5535	3577	3544	4242
宁	저( ) [仄聲/上聲 036 語 어] : 쌓을 저	5536	3578	3545	4243
杼	저( ) [仄聲/上聲 036 語 어] : 북/베틀북 저	5537	3579	3546	4244
柢	저( ) [仄聲/上聲 038 薺 제] : 뿌리 저	5538	3727	5389	4245
氐	저( ) [平聲/上平 008 齊 제] : 근본 저	5539	972	5327	1192
牴	저( ) [仄聲/上聲 038 薺 제] : 닿을 저	5540	3728	5390	4246
罝	저( ) [平聲/下平 021 麻 마] : 짐승 저	5541	2234	1358	2692

배열형식 A (韻族基準)		배열 A	배열 B	배열 C	배열 D
韻族	(*異音) [平仄 : 四聲 韻目No ,韻目 독음] : 略義	운족 가나순	운목 번호순	운목 가나순	사성순
苴	저( ) [平聲/上平 006 魚 어] : 대지팡이 저	5542	676	3469	1193
苴*	저(차) [平聲/下平 021 麻 마] : 마름풀 차	5543	2235	1359	2860
蛆	저( ) [平聲/上平 006 魚 어] : 구더기 저	5544	677	3470	1194
褚	저( ) [仄聲/上聲 036 語 어] : 솜옷 저	5545	3580	3547	4247
觝	저( ) [仄聲/上聲 038 薺 제] : 찌를 저	5546	3729	5391	4248
詆	저( ) [仄聲/上聲 038 薺 제] : 꾸짖을 저	5547	3730	5392	4249
豬	저( ) [平聲/上平 006 魚 어] : 돼지 저	5548	678	3471	1195
她	저( ) [仄聲/上聲 051 馬 마] : 맏딸/아가씨 저	5549	4291	1420	4250
砠	저( ) [平聲/上平 006 魚 어] : 돌산 저	5550	679	3472	1196
篨	저( ) [平聲/上平 006 魚 어] : 대자리 저	5551	680	3473	1197
羜	저( ) [仄聲/上聲 036 語 어] : 새끼양 저	5552	3581	3548	4251
翥	저( ) [仄聲/去聲 065 御 어] : 날아오를 저	5553	4972	3596	5516
趄	저( ) [平聲/上平 006 魚 어] : 머뭇거릴 저	5554	681	3474	1198
鴡	저( ) [平聲/上平 006 魚 어] : 물수리 저	5555	682	3475	1199
勣	적( ) [仄聲/入聲 101 錫 석] : 공적/사업 적	5556	7594	2161	7271
嫡	적( ) [仄聲/入聲 101 錫 석] : 아내/맏아들 적	5557	7595	2162	7272
寂	적( ) [仄聲/入聲 101 錫 석] : 고요할 적	5558	7596	2163	7273
摘	적( ) [仄聲/入聲 100 陌 맥] : 딸 적	5559	7479	1606	7274
敵	적( ) [仄聲/入聲 101 錫 석] : 대적할 적	5560	7597	2164	7275
滴	적( ) [仄聲/入聲 101 錫 석] : 물방울 적	5561	7598	2165	7276
狄	적( ) [仄聲/入聲 101 錫 석] : 오랑캐 적	5562	7599	2166	7277
的	적( ) [仄聲/入聲 101 錫 석] : 과녁 적	5563	7600	2167	7278
積	적( ) [仄聲/入聲 100 陌 맥] : 포갤/모을 적	5564	7480	1608	7279
積*	적(자) [仄聲/入聲 100 陌 맥] : 쌓을/저축할 자	5565	7481	1607	7222
笛	적( ) [仄聲/入聲 101 錫 석] : 피리 적	5566	7601	2168	7280
籍	적( ) [仄聲/入聲 100 陌 맥] : 문서 적	5567	7482	1609	7281
績	적( ) [仄聲/入聲 101 錫 석] : 길쌈 적	5568	7602	2169	7282
翟	적( ) [仄聲/入聲 101 錫 석] : 꿩깃 적	5569	7603	2170	7283
翟*	적(책) [仄聲/入聲 100 陌 맥] : 고을이름/성 책	5570	7483	1610	7502
荻	적( ) [仄聲/入聲 101 錫 석] : 물억새 적	5571	7604	2171	7284
謫	적( ) [仄聲/入聲 100 陌 맥] : 꾸짖을 적	5572	7484	1611	7285
賊	적( ) [仄聲/入聲 102 職 직] : 도둑 적	5573	7697	6266	7286
赤	적( ) [仄聲/入聲 100 陌 맥] : 붉을 적	5574	7485	1612	7287
跡	적( ) [仄聲/入聲 100 陌 맥] : 자취 적	5575	7486	1613	7288
蹟	적( ) [仄聲/入聲 100 陌 맥] : 자취 적	5576	7487	1614	7289
迪	적( ) [仄聲/入聲 101 錫 석] : 나아갈 적	5577	7605	2172	7290

배열형식 A (韻族基準)		배열 A	배열 B	배열 C	배열 D
韻族	(*異音) [平仄 : 四聲 韻目No ,韻目 독음] : 略義	운족 가나순	운목 번호순	운목 가나순	사성순
迹	적( ) [仄聲/入聲 100 陌 맥] : 자취 적	5578	7488	1615	7291
適	적( ) [仄聲/入聲 100 陌 맥] : 맞을 적	5579	7489	1616	7292
鏑	적( ) [仄聲/入聲 101 錫 석] : 살촉 적	5580	7606	2173	7293
糴	적( ) [仄聲/入聲 101 錫 석] : 쌀사들일 적	5581	7607	2174	7294
覿	적( ) [仄聲/入聲 101 錫 석] : 볼 적	5582	7608	2175	7295
逖	적( ) [仄聲/入聲 101 錫 석] : 멀 적	5583	7609	2176	7296
啇	적( ) [仄聲/入聲 101 錫 석] : 나무뿌리 적	5584	7610	2177	7297
篴	적( ) [仄聲/入聲 101 錫 석] : 피리 적	5585	7611	2178	7298
踖	적( ) [仄聲/入聲 100 陌 맥] : 밟을 적	5586	7490	1617	7299
頔	적( ) [仄聲/入聲 101 錫 석] : 아름다울 적	5587	7612	2179	7300
鰿	적( ) [仄聲/入聲 100 陌 맥] : 붕어 적	5588	7491	1618	7301
鸐	적( ) [仄聲/入聲 092 覺 각] : 꿩 적	5589	6708	226	7302
纏	전( ) [平聲/下平 016 先 선] : 홑옷 전	5590	1754	2220	2693
纏*	전(단) [平聲/上平 014 寒 한] : 자주색/묶을 단	5591	1586	7164	250
佃	전( ) [仄聲/去聲 076 霰 산] : 밭갈 전	5592	5797	2064	5518
佺	전( ) [平聲/下平 016 先 선] : 신선이름 전	5593	1755	2295	2694
傳	전( ) [仄聲/去聲 076 霰 산] : 전할 전	5594	5798	2065	5519
全	전( ) [平聲/下平 016 先 선] : 온전 전	5595	1756	2296	2695
典	전( ) [仄聲/上聲 046 銑 선] : 법 전	5596	4045	2412	4253
前	전( ) [平聲/下平 016 先 선] : 앞 전	5597	1757	2297	2696
剪	전( ) [平聲/下平 016 先 선] : 가위 전	5598	1758	2298	2697
塼	전( ) [平聲/下平 016 先 선] : 벽돌 전	5599	1759	2299	2698
奠	전( ) [仄聲/去聲 076 霰 산] : 정할/제수 전	5600	5799	2066	5520
專	전( ) [平聲/下平 016 先 선] : 오로지 전	5601	1760	2300	2699
展	전( ) [仄聲/上聲 046 銑 선] : 펼 전	5602	4046	2413	4254
廛	전( ) [平聲/下平 016 先 선] : 터 전	5603	1761	2301	2700
悛	전( ) [平聲/下平 016 先 선] : 고칠 전	5604	1762	2302	2701
戰	전( ) [仄聲/去聲 076 霰 산] : 싸울 전	5605	5800	2067	5521
栓	전( ) [平聲/下平 016 先 선] : 나무못 전	5606	1763	2303	2702
殿	전( ) [仄聲/去聲 076 霰 산] : 전각 전	5607	5801	2068	5522
氈	전( ) [平聲/下平 016 先 선] : 모전 전	5608	1764	2304	2703
澱	전( ) [仄聲/去聲 076 霰 산] : 찌끼 전	5609	5802	2069	5523
煎	전( ) [仄聲/去聲 076 霰 산] : 달일 전	5610	5803	2070	5524
田	전( ) [平聲/下平 016 先 선] : 밭 전	5611	1765	2305	2704
甸	전( ) [仄聲/去聲 076 霰 산] : 경기(畿內區域) 전	5612	5804	2071	5525
甸*	전(승) [仄聲/去聲 085 徑 경] : 다스릴/수레 승	5613	6221	5220	6906

배열형식 A (韻族基準)		배열 A	배열 B	배열 C	배열 D
韻族	(*異音) [平仄 : 四聲 韻目No ,韻目 독음] : 略義	운족 가나순	운목 번호순	운목 가나순	사성순
癲	전( ) [平聲/下平 016 先 선] : 미칠 전	5614	1766	2306	2705
筌	전( ) [平聲/下平 016 先 선] : 통발 전	5615	1767	2307	2706
箋	전( ) [平聲/下平 016 先 선] : 찌 전	5616	1768	2308	2707
箭	전( ) [仄聲/去聲 076 霰 산] : 살 전	5617	5805	2072	5526
篆	전( ) [仄聲/上聲 046 銑 선] : 전자 전	5618	4047	2414	4255
纏	전( ) [仄聲/去聲 076 霰 산] : 얽을 전	5619	5806	2073	5527
詮	전( ) [平聲/下平 016 先 선] : 설명할 전	5620	1769	2309	2708
輾	전( ) [仄聲/上聲 046 銑 선] : 돌 전	5621	4048	2416	4256
輾*	전(년) [仄聲/上聲 046 銑 선] : 연자방아 년	5622	4049	2415	3476
轉	전( ) [仄聲/去聲 076 霰 산] : 구를 전	5623	5807	2074	5528
鈿	전( ) [仄聲/去聲 076 霰 산] : 비녀 전	5624	5808	2075	5529
銓	전( ) [平聲/下平 016 先 선] : 저울 전	5625	1770	2310	2709
錢	전( ) [平聲/下平 016 先 선] : 돈 전	5626	1771	2311	2710
鐫	전( ) [平聲/下平 016 先 선] : 새길/송곳 전	5627	1772	2312	2711
電	전( ) [仄聲/去聲 076 霰 산] : 번개 전	5628	5809	2076	5530
顚	전( ) [仄聲/上聲 046 銑 선] : 이마/엎드러질 전	5629	4050	2417	4257
顫	전( ) [仄聲/去聲 076 霰 산] : 떨릴 전	5630	5810	2077	5531
餞	전( ) [仄聲/去聲 076 霰 산] : 전송할 전	5631	5811	2078	5532
吮	전( ) [仄聲/上聲 046 銑 선] : 빨 전	5632	4051	2419	4258
吮*	전(연) [仄聲/上聲 046 銑 선] : 기침할/핥을 연	5633	4052	2418	4038
囀	전( ) [仄聲/去聲 076 霰 산] : 지저귈 전	5634	5812	2079	5533
巓	전( ) [平聲/下平 016 先 선] : 산꼭대기 전	5635	1773	2313	2712
旃	전( ) [平聲/下平 016 先 선] : 기/깃발 전	5636	1774	2314	2713
湔	전( ) [平聲/下平 016 先 선] : 씻을 전	5637	1775	2315	2714
瑱	전( ) [仄聲/去聲 076 霰 산] : 옥이름 전	5638	5813	2080	5534
瑱*	전(진) [仄聲/去聲 071 震 진] : 옥이름 진	5639	5526	6545	5628
畋	전( ) [平聲/下平 016 先 선] : 밭갈/사냥할 전	5640	1776	2316	2715
痊	전( ) [平聲/下平 016 先 선] : 병나을 전	5641	1777	2317	2716
磚	전( ) [平聲/下平 016 先 선] : 벽돌 전	5642	1778	2318	2717
羶	전( ) [平聲/下平 016 先 선] : 누린내 전	5643	1779	2319	2718
翦	전( ) [仄聲/上聲 046 銑 선] : 자를 전	5644	4053	2420	4259
腆	전( ) [仄聲/上聲 046 銑 선] : 두터울 전	5645	4054	2421	4260
荃	전( ) [平聲/下平 016 先 선] : 두터울 전	5646	1780	2320	2719
躔	전( ) [平聲/下平 016 先 선] : 궤도 전	5647	1781	2321	2720
靛	전( ) [仄聲/去聲 076 霰 산] : 푸른색대 전	5648	5814	2081	5535
靦	전( ) [仄聲/上聲 046 銑 선] : 부끄러워할 전	5649	4055	2422	4261

A : (157 / 221)

배열형식 A (韻族基準)		배열 A	배열 B	배열 C	배열 D
韻族	(*異音) [平仄 : 四聲 韻目No ,韻目 독음] : 略義	운족 가나순	운목 번호순	운목 가나순	사성순
顚	전( ) [平聲/下平 016 先 선] : 어리석을/오로지 전	5650	1782	2322	2721
鬋	전( ) [仄聲/去聲 076 霰 산] : 귀밑털드리울 전	5651	5815	2082	5536
鱣	전( ) [平聲/下平 016 先 선] : 철갑상어 전	5652	1783	2323	2722
鸇	전( ) [平聲/下平 016 先 선] : 새매 전	5653	1784	2324	2723
巓	전( ) [平聲/下平 016 先 선] : 산꼭대기 전	5654	1785	2325	2724
拴	전( ) [平聲/下平 016 先 선] : 묶을 전	5655	1786	2326	2725
旜	전( ) [平聲/下平 016 先 선] : 기 전	5656	1787	2327	2726
瀍	전( ) [平聲/下平 016 先 선] : 강이름 전	5657	1788	2328	2727
牷	전( ) [平聲/下平 016 先 선] : 희생할 전	5658	1789	2329	2728
瑑	전( ) [仄聲/上聲 046 銑 선] : 새길 전	5659	4056	2423	4262
縓	전( ) [平聲/下平 016 先 선] : 붉은빛/비단 전	5660	1790	2330	2729
荃	전( ) [平聲/下平 016 先 선] : 질경이 전	5661	1791	2331	2730
闐	전( ) [平聲/下平 016 先 선] : 찰/성할 전	5662	1792	2333	2731
闐*	전(기) [平聲/下平 016 先 선] : 나라이름 기	5663	1793	2332	1882
顛	전( ) [平聲/下平 016 先 선] : 머리 전	5664	1794	2334	2732
饘	전( ) [平聲/下平 016 先 선] : 죽 전	5665	1795	2335	2733
鱄	전( ) [平聲/下平 016 先 선] : 정어/숭어 전	5666	1796	2336	2734
鱄*	전(단) [平聲/上平 014 寒 한] : 고기이름 단	5667	1587	7216	257
雋	전( ) [仄聲/上聲 046 銑 선] : 새살찔 전	5668	4057	2425	4265
雋*	전(준) [仄聲/上聲 046 銑 선] : 영특할/준걸 준	5669	4058	2426	4347
切	절( ) [仄聲/入聲 098 屑 설] : 끊을 절	5670	7164	2539	7308
切*	절(체) [仄聲/去聲 067 霽 제] : 온통/대강 체	5671	5207	5506	5680
截	절( ) [仄聲/入聲 098 屑 설] : 끊을 절	5672	7165	2540	7309
折	절( ) [仄聲/入聲 098 屑 설] : 꺾을 절	5673	7166	2542	7310
折*	절(설) [仄聲/入聲 098 屑 설] : 부러질 설	5674	973	5328	1205
折*	절(제) [平聲/上平 008 齊 제] : 천천히할 제	5675	7167	2541	6804
浙	절( ) [仄聲/入聲 098 屑 설] : 강이름 절	5676	7168	2543	7311
癤	절( ) [仄聲/入聲 098 屑 설] : 부스럼 절	5677	7169	2544	7312
竊	절( ) [仄聲/入聲 098 屑 설] : 훔칠 절	5678	7170	2545	7313
節	절( ) [仄聲/入聲 098 屑 설] : 마디 절	5679	7171	2546	7314
絶	절( ) [仄聲/入聲 098 屑 설] : 끊을 절	5680	7172	2547	7315
楶	절( ) [仄聲/入聲 098 屑 설] : 동자기둥 절	5681	7173	2549	7317
絕	절( ) [仄聲/入聲 098 屑 설] : 끊을 절	5682	7174	2550	7318
占	점( ) [平聲/下平 029 鹽 염] : 점령할/점칠 점	5683	3176	3648	2736
店	점( ) [仄聲/去聲 088 豔 염] : 가게 점	5684	6414	3730	7322
漸	점( ) [仄聲/上聲 058 琰 염] : 점점 점	5685	4643	3709	4268

배열형식 A (韻族基準)		배열 A	배열 B	배열 C	배열 D
韻族	(*異音) [平仄 : 四聲 韻目No ,韻目 독음] : 略義	운족 가나순	운목 번호순	운목 가나순	사성순
点	점( ) [仄聲/上聲 058 琰 염] : 점 점	5686	4644	3710	4269
粘	점( ) [平聲/下平 029 鹽 염] : 끈끈할 점	5687	3177	3649	2737
霑	점( ) [平聲/下平 029 鹽 염] : 젖을 점	5688	3178	3650	2738
鮎	점( ) [平聲/下平 029 鹽 염] : 메기 점	5689	3179	3651	2739
點	점( ) [仄聲/上聲 058 琰 염] : 점/더러울 점	5690	4645	3711	4270
佔	점( ) [平聲/下平 029 鹽 염] : 볼 점	5691	3180	3652	2740
墊	점( ) [仄聲/去聲 088 豔 염] : 빠질 점	5692	6415	3731	7323
玷	점( ) [仄聲/上聲 058 琰 염] : 이지러질 점	5693	4646	3712	4271
簟	점( ) [仄聲/上聲 058 琰 염] : 삿자리 점	5694	4647	3713	4272
苫	점( ) [仄聲/去聲 088 豔 염] : 이엉 점	5695	6416	3732	7324
黏	점( ) [平聲/下平 029 鹽 염] : 붙일/풀/차질 점	5696	3181	3654	2741
唸	점( ) [仄聲/去聲 088 豔 염] : 음할 점	5697	6417	3733	7325
唸*	점(전) [仄聲/去聲 076 霰 산] : 음할 전	5698	5816	2083	5537
坫	점( ) [仄聲/去聲 088 豔 염] : 경계 점	5699	6418	3734	7326
接	접( ) [仄聲/入聲 105 葉 엽] : 이을 접	5700	7866	3777	7329
蝶	접( ) [仄聲/入聲 105 葉 엽] : 나비 접	5701	7867	3780	7331
椄	접( ) [仄聲/入聲 105 葉 엽] : 접붙일 접	5702	7868	3781	7332
楪	접( ) [仄聲/入聲 105 葉 엽] : 평상 접	5703	7869	3782	7333
鰈	접( ) [仄聲/入聲 105 葉 엽] : 가재미 접	5704	7870	3783	7334
鰈*	접(탑) [仄聲/入聲 104 合 합] : 가재미 탑	5705	7810	7432	7687
鋌	정( ) [仄聲/上聲 054 迥 형] : 쇳덩이 정	5706	4445	735	4273
丁	정( ) [平聲/下平 024 靑 청] : 사나이 정	5707	2724	6784	2743
丁*	정(쟁) [平聲/下平 023 庚 경] : 나무베는소리 쟁	5708	2612	617	2688
井	정( ) [仄聲/上聲 054 梗 경] : 우물 정	5709	4427	740	4274
亭	정( ) [平聲/下平 024 靑 청] : 정자 정	5710	2725	6785	2744
停	정( ) [平聲/下平 024 靑 청] : 머무를 정	5711	2726	6786	2745
偵	정( ) [平聲/下平 023 庚 경] : 염탐할 정	5712	2613	618	2746
呈	정( ) [平聲/下平 023 庚 경] : 드릴 정	5713	2614	619	2747
定	정( ) [仄聲/去聲 085 徑 경] : 정할 정	5714	6222	5221	7336
幀	정( ) [仄聲/去聲 084 敬 경] : 그림족자 정	5715	6173	803	7337
庭	정( ) [仄聲/去聲 085 徑 경] : 뜰 정	5716	6223	5222	7338
廷	정( ) [仄聲/去聲 085 徑 경] : 조정 정	5717	6224	5223	7339
征	정( ) [平聲/下平 023 庚 경] : 칠/갈 정	5718	2615	620	2748
情	정( ) [平聲/下平 023 庚 경] : 뜻 정	5719	2616	621	2749
挺	정( ) [仄聲/上聲 054 迥 형] : 뺄 정	5720	4446	741	4275
政	정( ) [仄聲/去聲 084 敬 경] : 정사 정	5721	6174	804	7340

배열형식 A (韻族基準)		배열 A	배열 B	배열 C	배열 D
韻族	(*異音) [平仄 : 四聲 韻目No ,韻目 독음] : 略義	운족 가나순	운목 번호순	운목 가나순	사성순
整	정( ) [仄聲/上聲 054 梗 경] : 가지런할 정	5722	4428	742	4276
旌	정( ) [平聲/下平 023 庚 경] : 기 정	5723	2617	622	2750
晶	정( ) [平聲/下平 023 庚 경] : 맑을 정	5724	2618	623	2751
柾	정( ) [仄聲/去聲 085 宥 유] : 바른나무 정	5725	6327	5224	7341
楨	정( ) [平聲/下平 023 庚 경] : 광나무 정	5726	2619	624	2752
檉	정( ) [平聲/下平 023 庚 경] : 위성류 정	5727	2620	625	2753
正	정( ) [平聲/下平 023 庚 경] : 바를 정	5728	2621	626	2754
汀	정( ) [平聲/下平 024 靑 청] : 물가 정	5729	2727	6787	2755
淀	정( ) [仄聲/去聲 076 霰 산] : 얕은물 정	5730	5817	2084	5538
淨	정( ) [仄聲/去聲 084 敬 경] : 깨끗할 정	5731	6175	805	7342
渟	정( ) [平聲/下平 024 靑 청] : 물괼 정	5732	2728	6788	2756
湞	정( ) [平聲/下平 023 庚 경] : 강이름 정	5733	2622	627	2757
瀞	정( ) [仄聲/去聲 084 敬 경] : 맑을 정	5734	6176	806	7343
炡	정( ) [平聲/下平 023 庚 경] : 빛날 정	5735	2623	628	2758
珽	정( ) [平聲/下平 023 庚 경] : 옥이름 정	5736	2624	629	2760
町	정( ) [平聲/下平 024 靑 청] : 밭두둑 정	5737	2729	6791	2761
睛	정( ) [平聲/下平 023 庚 경] : 눈알 정	5738	2625	630	2762
碇	정( ) [仄聲/去聲 085 徑 경] : 닻돌/배멈출 정	5739	6225	5225	7344
禎	정( ) [平聲/下平 023 庚 경] : 상서로울 정	5740	2626	631	2763
程	정( ) [平聲/下平 023 庚 경] : 길 정	5741	2627	632	2764
穽	정( ) [仄聲/去聲 084 敬 경] : 함정 정	5742	6177	807	7345
精	정( ) [平聲/下平 023 庚 경] : 정할/자세할 정	5743	2628	633	2765
綎	정( ) [平聲/下平 024 靑 청] : 띠술 정	5744	2730	6792	2766
艇	정( ) [仄聲/上聲 054 迥 형] : 큰배 정	5745	4447	743	4277
訂	정( ) [仄聲/去聲 085 徑 경] : 바로잡을 정	5746	6226	5226	7346
貞	정( ) [平聲/下平 023 庚 경] : 곧을 정	5747	2629	634	2767
鄭	정( ) [仄聲/去聲 084 敬 경] : 나라 정	5748	6178	808	7347
酊	정( ) [仄聲/上聲 054 迥 형] : 술취할 정	5749	4448	744	4278
釘	정( ) [仄聲/去聲 085 徑 경] : 못 정	5750	6227	5227	7348
鉦	정( ) [平聲/下平 023 庚 경] : 징 정	5751	2630	635	2768
鋌	정( ) [仄聲/上聲 054 迥 형] : 쇳덩이 정	5752	4449	745	4279
錠	정( ) [仄聲/去聲 085 徑 경] : 제기이름 정	5753	6228	5228	7349
霆	정( ) [平聲/下平 024 靑 청] : 천둥소리 정	5754	2731	6793	2769
靖	정( ) [仄聲/上聲 054 梗 경] : 편안할 정	5755	4429	746	4280
靜	정( ) [仄聲/上聲 054 梗 경] : 고요할 정	5756	4430	747	4281
頂	정( ) [仄聲/上聲 054 迥 형] : 정수리 정	5757	4450	748	4282

배열형식 A (韻族基準)		배열 A	배열 B	배열 C	배열 D
韻族	(*異音) [平仄 : 四聲 韻目No ,韻目 독음] : 略義	운족 가나순	운목 번호순	운목 가나순	사성순
鼎	정( ) [仄聲/上聲 054 迥 형] : 솥 정	5758	4451	749	4283
叮	정( ) [平聲/下平 024 靑 청] : 정성스러울 정	5759	2732	6794	2770
婷	정( ) [平聲/下平 024 靑 청] : 예쁠 정	5760	2733	6795	2771
怔	정( ) [平聲/下平 023 庚 경] : 두려워할 정	5761	2631	636	2772
桯	정( ) [平聲/下平 024 靑 청] : 솥 정	5762	2734	6796	2773
棖	정( ) [平聲/下平 023 庚 경] : 문설주 정	5763	2632	637	2774
珵	정( ) [平聲/下平 023 庚 경] : 솥 정	5764	2633	638	2775
筳	정( ) [平聲/下平 024 靑 청] : 줄기 정	5765	2735	6797	2776
証	정( ) [仄聲/去聲 084 敬 경] : 간할 정	5766	6179	809	7350
靚	정( ) [仄聲/去聲 084 敬 경] : 솥 정	5767	6180	810	7351
仃	정( ) [平聲/下平 024 靑 청] : 외로울 정	5768	2736	6798	2777
娗	정( ) [仄聲/上聲 054 迥 형] : 매욱할 정	5769	4452	752	4285
娗*	정(전) [仄聲/上聲 054 迥 형] : 속일 전	5770	4453	750	4263
娗*	정(정) [仄聲/上聲 054 迥 형] : 모양낼 정	5771	4454	751	4284
盯	정( ) [平聲/下平 023 庚 경] : 바로볼 정	5772	2634	639	2778
睜	정( ) [平聲/下平 023 庚 경] : 싫어하는눈빛 정	5773	2635	640	2779
箐	정( ) [平聲/下平 023 庚 경] : 바구니 정	5774	2636	641	2780
箐*	정(천) [仄聲/去聲 076 霰 산] : 대활 천	5775	5818	2085	5665
脡	정( ) [仄聲/上聲 054 迥 형] : 곧을 정	5776	4455	753	4286
艼	정( ) [仄聲/上聲 054 迥 형] : 곤드레만드레할 정	5777	4456	754	4287
虰	정( ) [平聲/下平 024 靑 청] : 잠자리 정	5778	2737	6799	2781
虰*	정(증) [平聲/下平 023 庚 경] : 개미 증	5779	2637	642	2842
蜓	정( ) [平聲/下平 024 靑 청] : 잠자리 정	5780	2738	6800	2782
蜓*	정(전) [仄聲/上聲 046 銑 선] : 도마뱀 전	5781	4059	2424	4264
裎	정( ) [平聲/下平 023 庚 경] : 벌거숭이 정	5782	2638	643	2783
赬	정( ) [平聲/下平 023 庚 경] : 붉을 정	5783	2639	644	2784
阱	정( ) [仄聲/上聲 054 梗 경] : 함정 정	5784	4431	755	4288
鞓	정( ) [平聲/下平 024 靑 청] : 가죽띠 정	5785	2739	6801	2785
頲	정( ) [仄聲/上聲 054 迥 형] : 곧을 정	5786	4457	756	4289
頙	정( ) [仄聲/去聲 085 徑 경] : 이마 정	5787	6229	5229	7352
鼮	정( ) [平聲/下平 024 靑 청] : 쥐 정	5788	2740	6802	2786
菁	정( ) [平聲/下平 023 庚 경] : 부추꽃 정	5789	2640	651	2787
菁*	정(청) [平聲/下平 024 靑 청] : 무성한모양 청	5790	2741	6804	2933
鯖	정( ) [平聲/下平 023 庚 경] : 열구자 정	5791	2641	652	2788
鯖*	정(청) [平聲/下平 023 庚 경] : 청어 청	5792	2642	653	2935
凊	정( ) [平聲/下平 024 靑 청] : 서늘할 정	5793	2742	6806	2789

배열형식 A (韻族基準)		배열 A	배열 B	배열 C	배열 D
韻族	(*異音) [平仄 : 四聲 韻目No ,韻目 독음] : 略義	운족 가나순	운목 번호순	운목 가나순	사성순
淸*	정(청) [平聲/下平 024 靑 청] : 서늘할 청	5794	2743	6807	2936
晢	제( ) [仄聲/去聲 067 霽 제] : 별반짝반짝할 제	5795	5208	5507	5540
晢*	제(절) [仄聲/入聲 098 屑 설] : 밝을/비칠 절	5796	7175	2548	7316
制	제( ) [仄聲/去聲 067 霽 제] : 절제할 제	5797	5209	5508	5541
劑	제( ) [仄聲/去聲 067 霽 제] : 나눌/약재료 제	5798	5210	5509	5542
劑*	제(자) [平聲/上平 004 支 지] : 어음쪽지 자	5799	474	5912	1161
啼	제( ) [平聲/上平 008 齊 제] : 울 제	5800	974	5329	1206
堤	제( ) [平聲/上平 008 齊 제] : 둑 제	5801	975	5330	1207
帝	제( ) [仄聲/去聲 067 霽 제] : 임금 제	5802	5211	5510	5543
弟	제( ) [仄聲/上聲 038 薺 제] : 아우 제	5803	3731	5393	4290
悌	제( ) [仄聲/上聲 038 薺 제] : 공손할 제	5804	3732	5394	4291
提	제( ) [仄聲/去聲 067 霽 제] : 들/끌/당길 제	5805	5212	5511	5544
提*	제(리) [平聲/上平 004 支 지] : 보리수 리	5806	475	5914	422
提*	제(시) [平聲/上平 004 支 지] : 떼지어날 시	5807	476	5913	815
梯	제( ) [平聲/上平 008 齊 제] : 사닥다리 제	5808	976	5331	1208
濟	제( ) [仄聲/上聲 038 薺 제] : 건널 제	5809	3733	5395	4292
祭	제( ) [仄聲/去聲 069 卦 괘] : 제사 제	5810	5360	857	5545
第	제( ) [仄聲/去聲 067 霽 제] : 차례 제	5811	5213	5512	5546
臍	제( ) [平聲/上平 008 齊 제] : 배꼽 제	5812	977	5332	1209
製	제( ) [仄聲/去聲 067 霽 제] : 지을 제	5813	5214	5513	5547
諸	제( ) [平聲/上平 006 魚 어] : 모두 제	5814	683	3476	1210
蹄	제( ) [平聲/上平 008 齊 제] : 굽 제	5815	978	5333	1211
醍	제( ) [仄聲/上聲 038 薺 제] : 맑은술 제	5816	3734	5397	4294
除	제( ) [仄聲/去聲 065 御 어] : 덜 제	5817	4973	3597	5548
際	제( ) [仄聲/去聲 067 霽 제] : 즈음/가 제	5818	5215	5514	5549
霽	제( ) [仄聲/去聲 067 霽 제] : 갤 제	5819	5216	5515	5550
題	제( ) [仄聲/去聲 067 霽 제] : 제목 제	5820	5217	5516	5551
齊	제( ) [仄聲/去聲 067 霽 제] : 가지런할 제	5821	5218	5517	5552
齊*	제(자) [平聲/上平 004 支 지] : 상옷아랫단할 자	5822	477	5916	1163
齊*	제(재) [平聲/上平 009 佳 가] : 재계할 재	5823	1046	34	1178
娣	제( ) [仄聲/去聲 067 霽 제] : 여동생 제	5824	5219	5518	5553
擠	제( ) [仄聲/去聲 067 霽 제] : 밀 제	5825	5220	5519	5554
緹	제( ) [仄聲/上聲 038 薺 제] : 붉은 비단 제	5826	3735	5398	4295
躋	제( ) [平聲/上平 008 齊 제] : 오를 제	5827	979	5336	1213
隄	제( ) [平聲/上平 008 齊 제] : 둑 제	5828	980	5337	1214
鯷	제( ) [仄聲/去聲 067 霽 제] : 붕어 제	5829	5221	5521	5555

배열형식 A (韻族基準)		배열 A	배열 B	배열 C	배열 D
韻族	(*異音) [平仄 : 四聲 韻目No ,韻目 독음] : 略義	운족 가나순	운목 번호순	운목 가나순	사성순
嚌	제( ) [仄聲/去聲 067 霽 제] : 맛볼 제	5830	5222	5522	5556
懠	제( ) [仄聲/去聲 067 霽 제] : 성낼 제	5831	5223	5523	5557
磾	제( ) [平聲/上平 008 齊 제] : 비단에물들이는돌 제	5832	981	5339	1215
穧	제( ) [仄聲/去聲 067 霽 제] : 볏단 제	5833	5224	5525	5559
篨	제( ) [平聲/上平 006 魚 어] : 까마종이 제	5834	684	3477	1216
稊	제( ) [平聲/上平 008 齊 제] : 돌피 제	5835	982	5340	1217
蠐	제( ) [平聲/上平 008 齊 제] : 굼뱅이 제	5836	983	5341	1218
隮	제( ) [平聲/上平 008 齊 제] : 오를 제	5837	984	5342	1219
鞮	제( ) [平聲/上平 008 齊 제] : 가죽신 제	5838	985	5343	1220
鵜	제( ) [平聲/上平 008 齊 제] : 두견새 제	5839	986	5344	1221
吊	조( ) [仄聲/去聲 077 嘯 소] : 조상할(弔) 조	5840	5888	2794	5563
俎	조( ) [仄聲/上聲 036 語 어] : 도마 조	5841	3582	3549	4301
兆	조( ) [仄聲/上聲 047 篠 소] : 억조 조	5842	4114	2739	4302
凋	조( ) [平聲/下平 017 蕭 소] : 시들 조	5843	1891	2652	2793
助	조( ) [仄聲/去聲 065 御 어] : 도울 조	5844	4974	3598	5564
嘲	조( ) [平聲/下平 018 肴 효] : 비웃을 조	5845	1967	7810	2794
弔	조( ) [仄聲/去聲 077 嘯 소] : 조상할 조	5846	5889	2795	5565
弔*	조(적) [仄聲/入聲 101 錫 석] : 이를 적	5847	7613	2180	7303
彫	조( ) [平聲/下平 017 蕭 소] : 새길 조	5848	1892	2653	2795
措	조( ) [仄聲/去聲 066 遇 우] : 둘 조	5849	5070	4738	5566
措*	조(책) [仄聲/入聲 100 陌 맥] : 좇아잡을 책	5850	7492	1619	7503
操	조( ) [仄聲/去聲 079 號 호] : 잡을 조	5851	5969	7630	7353
早	조( ) [仄聲/上聲 049 皓 호] : 이를 조	5852	4195	7574	4303
晁	조( ) [平聲/下平 017 蕭 소] : 아침 조	5853	1893	2654	2796
曹	조( ) [平聲/下平 019 豪 호] : 성 조	5854	2047	7516	2797
朝	조( ) [平聲/下平 017 蕭 소] : 아침 조	5855	1894	2655	2798
條	조( ) [平聲/下平 017 蕭 소] : 가지 조	5856	1895	2656	2799
棗	조( ) [仄聲/上聲 049 皓 호] : 대추나무 조	5857	4196	7575	4304
槽	조( ) [平聲/下平 019 豪 호] : 구유 조	5858	2048	7517	2800
漕	조( ) [仄聲/去聲 079 號 호] : 배저을 조	5859	5970	7631	7354
潮	조( ) [平聲/下平 017 蕭 소] : 조수 조	5860	1896	2657	2801
照	조( ) [仄聲/去聲 077 嘯 소] : 비칠 조	5861	5890	2796	5567
燥	조( ) [仄聲/上聲 049 皓 호] : 마를 조	5862	4197	7576	4305
爪	조( ) [仄聲/上聲 048 巧 교] : 손톱 조	5863	4147	896	4306
璪	조( ) [仄聲/上聲 049 皓 호] : 면류관드림옥 조	5864	4198	7577	4307
眺	조( ) [仄聲/去聲 077 嘯 소] : 바라볼 조	5865	5891	2797	5568

배열형식 A (韻族基準)		배열 A	배열 B	배열 C	배열 D
韻族	(*異音) [平仄 : 四聲 韻目No ,韻目 독음] : 略義	운족 가나순	운목 번호순	운목 가나순	사성순
祖	조( ) [平聲/下平 021 麻 마] : 할아비 조	5866	2236	1360	2802
祚	조( ) [仄聲/去聲 066 遇 우] : 복 조	5867	5071	4739	5569
租	조( ) [平聲/上平 007 虞 우] : 조세 조	5868	868	4278	1222
稠	조( ) [平聲/下平 026 尤 우] : 빽빽할 조	5869	2967	4475	2803
窕	조( ) [仄聲/上聲 047 篠 소] : 정숙할 조	5870	4115	2740	4308
粗	조( ) [仄聲/上聲 037 麌 우] : 간략할 조	5871	3684	4628	4309
粗*	조(추) [仄聲/上聲 037 麌 우] : 클/거칠을 추	5872	3685	4629	4456
糟	조( ) [平聲/下平 019 豪 호] : 지게미 조	5873	2049	7518	2804
組	조( ) [仄聲/上聲 037 麌 우] : 짤 조	5874	3686	4630	4310
繰	조( ) [仄聲/上聲 049 皓 호] : 아청통견 조	5875	4199	7578	4311
繰*	조(소) [平聲/下平 019 豪 호] : 고치켤 소	5876	2050	7519	2357
肇	조( ) [仄聲/上聲 047 篠 소] : 비롯할 조	5877	4116	2741	4312
藻	조( ) [仄聲/上聲 049 皓 호] : 조류 조	5878	4200	7579	4313
蚤	조( ) [仄聲/上聲 049 皓 호] : 벼룩 조	5879	4201	7580	4314
詔	조( ) [仄聲/去聲 077 嘯 소] : 조서/가르칠 조	5880	5892	2798	5570
調	조( ) [仄聲/去聲 077 嘯 소] : 고를 조	5881	5893	2799	5571
趙	조( ) [仄聲/上聲 047 篠 소] : 나라 조	5882	4117	2742	4315
躁	조( ) [仄聲/去聲 079 號 호] : 떠들 조	5883	5971	7632	7355
造	조( ) [仄聲/上聲 049 皓 호] : 지을 조	5884	4202	7581	4316
遭	조( ) [平聲/下平 019 豪 호] : 만날 조	5885	2051	7520	2805
釣	조( ) [仄聲/去聲 077 嘯 소] : 낚을/낚시 조	5886	5894	2800	5572
阻	조( ) [仄聲/上聲 036 語 어] : 험할 조	5887	3583	3550	4317
雕	조( ) [平聲/下平 017 蕭 소] : 독수리 조	5888	1897	2658	2806
鳥	조( ) [仄聲/上聲 047 篠 소] : 새 조	5889	4118	2743	4318
佻	조( ) [仄聲/上聲 047 篠 소] : 방정맞을 조	5890	4119	2744	4319
刁	조( ) [平聲/下平 017 蕭 소] : 바라 조	5891	1898	2659	2807
厝	조( ) [仄聲/去聲 066 遇 우] : 둘(置也) 조	5892	5072	4740	5573
厝*	조(착) [仄聲/入聲 100 陌 맥] : 숫돌 착	5893	7493	1620	7461
嘈	조( ) [仄聲/去聲 079 號 호] : 시끄러울 조	5894	5972	7633	7356
噪	조( ) [仄聲/去聲 079 號 호] : 뭇새지저귈 조	5895	5973	7634	7357
徂	조( ) [平聲/上平 007 虞 우] : 갈/비롯할 조	5896	869	4279	1223
找	조( ) [仄聲/上聲 048 巧 교] : 채울/보충할 조	5897	4148	897	4320
找*	조(화) [平聲/下平 021 麻 마] : 상앗대 화	5898	2237	1361	3174
澡	조( ) [仄聲/上聲 049 皓 호] : 씻을 조	5899	4203	7582	4321
皁	조( ) [仄聲/上聲 049 皓 호] : 하인/마굿간 조	5900	4204	7583	4322
祧	조( ) [平聲/下平 017 蕭 소] : 조묘 조	5901	1899	2660	2808

배열형식 A (韻族基準)		배열 A	배열 B	배열 C	배열 D
韻族	(*異音) [平仄 : 四聲 韻目No ,韻目 독음] : 略義	운족 가나순	운목 번호순	운목 가나순	사성순
竈	조( ) [仄聲/去聲 079 號 호] : 부엌 조	5902	5974	7635	7358
笊	조( ) [仄聲/去聲 078 效 효] : 조리 조	5903	5930	7856	5574
糙	조( ) [仄聲/去聲 079 號 호] : 매조미쌀 조	5904	5975	7636	7359
糶	조( ) [仄聲/去聲 077 嘯 소] : 쌀내어팔 조	5905	5895	2801	5575
絛	조( ) [平聲/下平 019 豪 호] : 끈 조	5906	2052	7521	2809
胙	조( ) [仄聲/去聲 066 遇 우] : 제지낸고기/복 조	5907	5073	4741	5576
臊	조( ) [平聲/下平 019 豪 호] : 누린내 조	5908	2053	7522	2810
蜩	조( ) [平聲/下平 017 蕭 소] : 매미 조	5909	1900	2661	2811
銚	조( ) [平聲/下平 017 蕭 소] : 가래/쟁기 조	5910	1901	2662	2812
啁	조( ) [平聲/下平 018 肴 효] : 지꺼릴 조	5911	1968	7811	2813
罩	조( ) [平聲/下平 018 肴 효] : 산대그물 조	5912	1969	7812	2814
葅	조( ) [平聲/上平 007 虞 우] : 거적 조	5913	870	4280	1224
藋	조( ) [仄聲/去聲 077 嘯 소] : 명아주 조	5914	5896	2802	5577
覜	조( ) [仄聲/去聲 077 嘯 소] : 뵐 조	5915	5897	2803	5578
趮	조( ) [仄聲/去聲 079 號 호] : 조급할 조	5916	5976	7637	7360
醮	조( ) [仄聲/去聲 077 嘯 소] : 마실 조	5917	5898	2804	5579
阼	조( ) [仄聲/去聲 066 遇 우] : 섬돌 조	5918	5074	4742	5580
駣	조( ) [仄聲/上聲 047 篠 소] : 네살말 조	5919	4120	2745	4323
鮡	조( ) [仄聲/上聲 047 篠 소] : 물고기이름 조	5920	4121	2746	4324
鯈	조( ) [平聲/下平 026 尤 우] : 피리/피라미 조	5921	2968	4477	2815
鯈*	조(주) [平聲/下平 026 尤 우] : 송사리 주	5922	2969	4478	2821
麆	조( ) [仄聲/去聲 065 御 어] : 노루새끼/어린아이 조	5923	4975	3599	5581
慒	조( ) [平聲/上平 002 冬 동] : 심란할 조	5924	174	1244	1225
慒*	조(종) [平聲/下平 019 豪 호] : 꾀할/생각할 종	5925	2054	7523	2816
潲	조( ) [仄聲/去聲 077 嘯 소] : 수레채에옻칠할 조	5926	5899	2806	5582
潲*	조(색) [仄聲/入聲 100 陌 맥] : 물떨어지는소리 색	5927	6709	232	7243
潲*	조(작) [仄聲/入聲 092 覺 각] : 물결치는소리 작	5928	7494	1626	6756
犓	조( ) [仄聲/上聲 037 麌 우] : 간략할/대략 조	5929	3687	4634	4326
犓*	조(추) [平聲/上平 007 虞 우] : 추할 추	5930	871	4298	1368
族	족( ) [仄聲/入聲 090 屋 옥] : 무리/일가/겨레 족	5931	6567	3943	7363
族*	족(주) [仄聲/去聲 085 宥 유] : 풍류가락 주	5932	6328	5230	7374
簇	족( ) [仄聲/入聲 090 屋 옥] : 가는대 족	5933	6568	3944	7364
簇*	족(추) [仄聲/去聲 085 宥 유] : 모일/떼 추	5934	6329	5231	7592
足	족( ) [仄聲/入聲 091 沃 옥] : 발 족	5935	6651	4026	7365
存	존( ) [平聲/上平 013 元 원] : 있을 존	5936	1468	4870	1226
尊	존( ) [平聲/上平 013 元 원] : 높을 존	5937	1469	4871	1227

A : (165 / 221)

배열형식 A (韻族基準)		배열 A	배열 B	배열 C	배열 D
韻族	(*異音) [平仄 : 四聲 韻目No ,韻目 독음] : 略義	운족 가나순	운목 번호순	운목 가나순	사성순
尊*	존(준) [平聲/上平 013 元 원] : 술통 준	5938	1470	4872	1263
卒	졸( ) [仄聲/入聲 095 月 월] : 마칠 졸	5939	6943	4997	7368
卒*	졸(줄) [仄聲/入聲 095 月 월] : 죽을/마침내/이미 줄	5940	6944	4998	7393
拙	졸( ) [仄聲/入聲 098 屑 설] : 못날/무딜/나 졸	5941	7176	2551	7369
猝	졸( ) [仄聲/入聲 095 月 월] : 갑자기 졸	5942	6945	4999	7370
倧	종( ) [平聲/上平 002 冬 동] : 한배/신인 종	5943	175	1233	1228
宗	종( ) [平聲/上平 002 冬 동] : 마루 종	5944	176	1234	1229
從	종( ) [平聲/上平 002 冬 동] : 좇을 종	5945	177	1235	1230
悰	종( ) [平聲/上平 002 冬 동] : 즐길 종	5946	178	1236	1231
慫	종( ) [仄聲/上聲 032 腫 종] : 놀랄/권할 종	5947	3288	5597	4327
棕	종( ) [平聲/上平 002 冬 동] : 종려나무 종	5948	179	1237	1232
淙	종( ) [平聲/上平 002 冬 동] : 물소리 종	5949	180	1238	1233
淙*	종(장) [平聲/上平 003 江 강] : 물소리 장	5950	217	455	1168
琮	종( ) [平聲/上平 002 冬 동] : 옥홀 종	5951	181	1239	1234
種	종( ) [仄聲/去聲 061 宋 송] : 씨 종	5952	4701	2856	5583
終	종( ) [平聲/上平 001 東 동] : 마칠 종	5953	74	1132	1235
綜	종( ) [仄聲/去聲 061 宋 송] : 모을 종	5954	4702	2857	5584
縱	종( ) [平聲/上平 002 冬 동] : 세로 종	5955	182	1240	1236
縱*	종(총) [仄聲/上聲 031 董 동] : 바쁠 총	5956	3252	1267	4448
腫	종( ) [仄聲/上聲 032 腫 종] : 부스럼 종	5957	3289	5598	4328
踪	종( ) [平聲/上平 002 冬 동] : 자취 종	5958	183	1241	1237
踵	종( ) [仄聲/上聲 032 腫 종] : 발꿈치 종	5959	3290	5599	4329
鍾	종( ) [平聲/上平 002 冬 동] : 술병/거문고 종	5960	184	1242	1238
鐘	종( ) [平聲/上平 002 冬 동] : 쇠북 종	5961	185	1243	1239
樅	종( ) [平聲/上平 002 冬 동] : 전나무 종	5962	186	1245	1240
瑽	종( ) [平聲/上平 003 江 강] : 패옥소리 종	5963	218	456	1241
粽	종( ) [仄聲/去聲 060 送 송] : 주악 종	5964	4680	2835	5585
螽	종( ) [平聲/上平 001 東 동] : 메뚜기 종	5965	75	1133	1242
蹤	종( ) [平聲/上平 002 冬 동] : 자취/뒤좇을 종	5966	187	1246	1243
尰	종( ) [仄聲/上聲 032 腫 종] : 수종다리 종	5967	3291	5600	4330
猣	종( ) [平聲/上平 001 東 동] : 솟발이강아지 종	5968	76	1134	1244
稯	종( ) [平聲/上平 001 東 동] : 볏단 종	5969	77	1135	1245
豵	종( ) [平聲/上平 001 東 동] : 돼지새끼 종	5970	78	1136	1246
鬃	종( ) [平聲/上平 002 冬 동] : 상투 종	5971	188	1247	1247
鬷	종( ) [平聲/上平 001 東 동] : 가마솥 종	5972	79	1137	1248
鼨	종( ) [平聲/上平 001 東 동] : 얼룩쥐 종	5973	80	1138	1249

배열형식 A (韻族基準)		배열 A	배열 B	배열 C	배열 D
韻族	(*異音) [平仄 : 四聲 韻目No ,韻目 독음] : 略義	운족 가나순	운목 번호순	운목 가나순	사성순
篌	종( ) [平聲/下平 026 尤 우] : 공후(악기명) 종	5974	2970	4526	2817
佐	좌( ) [仄聲/去聲 080 箇 개] : 도울 좌	5975	6004	494	7371
坐	좌( ) [仄聲/上聲 050 哿 가] : 앉을 좌	5976	4245	167	4332
左	좌( ) [仄聲/上聲 050 哿 가] : 왼 좌	5977	4246	168	4333
座	좌( ) [仄聲/去聲 080 箇 개] : 자리 좌	5978	6005	495	7372
挫	좌( ) [仄聲/去聲 080 箇 개] : 꺾을 좌	5979	6006	496	7373
髽	좌( ) [平聲/下平 021 麻 마] : 북상투 좌	5980	2238	1362	2818
銼	좌( ) [平聲/下平 020 歌 가] : 술고리 좌	5981	2129	112	2819
銼*	좌(촤) [仄聲/去聲 080 箇 개] : 가마솥 촤	5982	6007	497	7590
罪	죄( ) [仄聲/上聲 040 賄 회] : 허물 죄	5983	3781	7777	4334
啁*	주(주) [平聲/下平 026 尤 우] : 새소리 주	5984	2971	4476	2820
主	주( ) [仄聲/上聲 037 麌 우] : 임금/주인 주	5985	3688	4631	4336
住	주( ) [仄聲/去聲 066 遇 우] : 살 주	5986	5075	4743	5588
侏	주( ) [平聲/上平 007 虞 우] : 난쟁이 주	5987	872	4281	1250
做	주( ) [仄聲/去聲 080 箇 개] : 지을 주	5988	6008	498	7375
做*	주(자) [仄聲/去聲 080 箇 개] : 지을 자	5989	6009	499	7223
姝	주( ) [平聲/上平 007 虞 우] : 예쁠 주	5990	873	4282	1251
胄	주( ) [仄聲/去聲 085 宥 유] : 자손/맏아들/혈통 주	5991	6330	5232	7376
呪	주( ) [仄聲/去聲 085 宥 유] : 빌 주	5992	6331	5233	7377
周	주( ) [平聲/下平 026 尤 우] : 두루 주	5993	2972	4479	2822
奏	주( ) [仄聲/去聲 085 宥 유] : 아뢸 주	5994	6332	5235	7379
宙	주( ) [仄聲/去聲 085 宥 유] : 집 주	5995	6333	5236	7380
州	주( ) [平聲/下平 026 尤 우] : 고을 주	5996	2973	4480	2823
廚	주( ) [平聲/上平 007 虞 우] : 부엌 주	5997	874	4283	1252
晝	주( ) [仄聲/去聲 085 宥 유] : 낮 주	5998	6334	5237	7381
朱	주( ) [平聲/上平 007 虞 우] : 붉을 주	5999	875	4284	1253
柱	주( ) [仄聲/上聲 037 麌 우] : 기둥 주	6000	3689	4632	4337
株	주( ) [平聲/上平 007 虞 우] : 그루 주	6001	876	4285	1254
注	주( ) [仄聲/去聲 066 遇 우] : 부을 주	6002	5076	4744	5589
洲	주( ) [平聲/下平 026 尤 우] : 물가 주	6003	2974	4481	2824
湊	주( ) [仄聲/去聲 085 宥 유] : 모일 주	6004	6335	5238	7382
澍	주( ) [仄聲/去聲 066 遇 우] : 단비 주	6005	5077	4745	5590
炷	주( ) [仄聲/去聲 066 遇 우] : 심지 주	6006	5078	4746	5591
珠	주( ) [平聲/上平 007 虞 우] : 구슬 주	6007	877	4286	1255
疇	주( ) [平聲/下平 026 尤 우] : 이랑 주	6008	2975	4482	2825
籌	주( ) [平聲/下平 026 尤 우] : 투호살 주	6009	2976	4483	2826

배열형식 A (韻族基準)		배열 A	배열 B	배열 C	배열 D
韻族	(*異音) [平仄 : 四聲 韻目No ,韻目 독음] : 略義	운족 가나순	운목 번호순	운목 가나순	사성순
紂	주( ) [仄聲/上聲 055 有 유] : 껑거리끈/주임금 주	6010	4535	5089	4338
紬	주( ) [平聲/下平 026 尤 우] : 명주 주	6011	2977	4484	2827
舟	주( ) [平聲/下平 026 尤 우] : 배 주	6012	2978	4486	2829
蛛	주( ) [平聲/上平 007 虞 우] : 거미 주	6013	878	4287	1256
註	주( ) [仄聲/去聲 066 遇 우] : 주낼 주	6014	5079	4747	5592
誅	주( ) [平聲/上平 007 虞 우] : 벨 주	6015	879	4288	1257
走	주( ) [仄聲/去聲 085 宥 유] : 달릴 주	6016	6336	5239	7383
躊	주( ) [平聲/下平 026 尤 우] : 머뭇거릴 주	6017	2979	4487	2830
輳	주( ) [仄聲/去聲 085 宥 유] : 모일 주	6018	6337	5240	7384
週	주( ) [平聲/下平 026 尤 우] : 주일 주	6019	2980	4488	2831
酎	주( ) [仄聲/去聲 085 宥 유] : 진한술 주	6020	6338	5241	7385
酒	주( ) [仄聲/上聲 055 有 유] : 술 주	6021	4536	5090	4339
鑄	주( ) [仄聲/去聲 066 遇 우] : 쇠불릴 주	6022	5080	4748	5593
駐	주( ) [仄聲/去聲 066 遇 우] : 머무를 주	6023	5081	4749	5594
丟	주( ) [平聲/下平 026 尤 우] : 가버릴/잃어버릴 주	6024	2981	4489	2832
侜	주( ) [平聲/下平 026 尤 우] : 속일 주	6025	2982	4490	2833
幬	주( ) [平聲/下平 026 尤 우] : 수레휘장 주	6026	2983	4491	2834
幬*	주(도) [仄聲/去聲 079 號 호] : 덮을 도	6027	5977	7638	6292
拄	주( ) [仄聲/上聲 037 麌 우] : 떠받칠 주	6028	3690	4633	4340
硃	주( ) [平聲/上平 007 虞 우] : 주사 주	6029	880	4289	1258
肘	주( ) [仄聲/上聲 055 有 유] : 팔꿈치 주	6030	4537	5091	4341
蔟	주( ) [仄聲/去聲 085 宥 유] : 정월음률/정월 주	6031	6339	5242	7386
蔟*	주(족) [仄聲/入聲 090 屋 옥] : 모을/누에발 족	6032	6569	3946	7366
蛀	주( ) [仄聲/去聲 066 遇 우] : 나무좀 주	6033	5082	4750	5595
賙	주( ) [平聲/下平 026 尤 우] : 진휼할 주	6034	2984	4492	2835
輈	주( ) [平聲/下平 026 尤 우] : 끌채 주	6035	2985	4493	2836
遒	주( ) [平聲/下平 026 尤 우] : 머무를 주	6036	2986	4494	2837
胄	주( ) [仄聲/去聲 085 宥 유] : 투구 주	6037	6340	5243	7387
咮	주( ) [平聲/上平 007 虞 우] : 부리 주	6038	881	4290	1259
噣	주( ) [仄聲/去聲 085 宥 유] : 부리 주	6039	6341	5244	7388
噣*	주(탁) [仄聲/入聲 092 覺 각] : 쪼을 탁	6040	6710	227	7655
譸	주( ) [平聲/下平 026 尤 우] : 속일/저주할 주	6041	2987	4496	2838
邾	주( ) [平聲/上平 007 虞 우] : 나라이름 주	6042	882	4291	1261
鵃	주( ) [平聲/下平 026 尤 우] : 산비둘기 주	6043	2988	4497	2839
黈	주( ) [仄聲/上聲 055 有 유] : 수른빛 주	6044	4538	5093	4342
祝	주( ) [仄聲/去聲 085 宥 유] : 축문 주	6045	6342	5253	7389

배열형식 A (韻族基準)		배열 A	배열 B	배열 C	배열 D
韻族	(*異音) [平仄 : 四聲 韻目No ,韻目 독음] : 略義	운족 가나순	운목 번호순	운목 가나순	사성순
祝*	주(축) [仄聲/入聲 090 屋 옥] : 빌/짤/비로소 축	6046	6570	3956	7600
竹	죽( ) [仄聲/入聲 090 屋 옥] : 대 죽	6047	6571	3947	7390
粥	죽( ) [仄聲/入聲 090 屋 옥] : 죽/어리석은체할 죽	6048	6572	3948	7391
粥*	죽(육) [仄聲/入聲 090 屋 옥] : 팔육(賣也)/오랑캐 육	6049	6573	3949	7161
鬻	죽( ) [仄聲/入聲 090 屋 옥] : 미음/죽 죽	6050	6574	3952	7392
鬻*	죽(국) [仄聲/入聲 090 屋 옥] : 기를/어릴 국	6051	6575	3951	6169
鬻*	죽(육) [仄聲/入聲 090 屋 옥] : 팔(賣也) 육	6052	6576	3950	7162
俊	준( ) [仄聲/去聲 071 震 진] : 준걸 준	6053	5527	6546	5597
儁	준( ) [仄聲/去聲 071 震 진] : 영특할/훌륭할 준	6054	5528	6547	5598
准	준( ) [仄聲/上聲 041 軫 진] : 비준 준	6055	3832	6482	4344
埈	준( ) [仄聲/去聲 071 震 진] : 높을 준	6056	5529	6548	5599
寯	준( ) [仄聲/去聲 071 震 진] : 모일 준	6057	5530	6549	5600
峻	준( ) [仄聲/去聲 071 震 진] : 높을/준엄할 준	6058	5531	6550	5601
晙	준( ) [仄聲/去聲 071 震 진] : 밝을 준	6059	5532	6551	5602
樽	준( ) [平聲/上平 013 元 원] : 술그릇 준	6060	1471	4873	1264
浚	준( ) [仄聲/去聲 071 震 진] : 깊게할 준	6061	5533	6552	5603
準	준( ) [仄聲/上聲 041 軫 진] : 평평할고를법도 준	6062	3833	6483	4345
準*	준(절) [仄聲/入聲 098 屑 설] : 코마루 절	6063	7177	2552	7319
濬	준( ) [仄聲/去聲 071 震 진] : 깊을 준	6064	5534	6553	5604
焌	준( ) [仄聲/去聲 073 願 원] : 태울 준	6065	5613	4934	5605
畯	준( ) [仄聲/去聲 071 震 진] : 농부 준	6066	5535	6554	5606
竣	준( ) [平聲/上平 011 眞 진] : 마칠/물러설 준	6067	1280	6421	1265
竣*	준(전) [平聲/下平 016 先 선] : 마칠/물러설 전	6068	1797	2337	2735
蠢	준( ) [仄聲/上聲 041 軫 진] : 꿈틀거릴/어리석을 준	6069	3834	6484	4346
逡	준( ) [平聲/上平 011 眞 진] : 뒷걸음질칠 준	6070	1281	6422	1266
遵	준( ) [平聲/上平 011 眞 진] : 좇을 준	6071	1282	6423	1267
駿	준( ) [仄聲/去聲 071 震 진] : 준마/클/빠를 준	6072	5536	6555	5607
駿*	준(순) [仄聲/去聲 071 震 진] : 준마/클/빠를 순	6073	5537	6556	5280
惷	준( ) [仄聲/去聲 062 絳 강] : 어수선할 준	6074	4708	473	5608
撙	준( ) [仄聲/上聲 043 阮 완] : 누를 준	6075	3912	4092	4348
皴	준( ) [平聲/上平 011 眞 진] : 주름/살틀 준	6076	1283	6424	1268
蹲	준( ) [平聲/上平 013 元 원] : 웅크릴 준	6077	1472	4874	1269
鐏	준( ) [仄聲/去聲 073 願 원] : 창고달 준	6078	5614	4935	5609
隼	준( ) [仄聲/上聲 041 軫 진] : 웅크릴 준	6079	3835	6485	4349
餕	준( ) [仄聲/去聲 071 震 진] : 먹다남은밥 준	6080	5538	6557	5610
餕*	준(산) [仄聲/去聲 076 霰 산] : 떡소 산	6081	5819	2086	5171

배열형식 A (韻族基準)		배열 A	배열 B	배열 C	배열 D
韻族	(*異音) [平仄 : 四聲 韻目No ,韻目 독음] : 略義	운족 가나순	운목 번호순	운목 가나순	사성순
鱒	준( ) [仄聲/上聲 043 阮 완] : 송어 준	6082	3913	4093	4350
訰	준( ) [仄聲/去聲 071 震 진] : 어지러울 준	6083	5539	6558	5611
茁	줄( ) [仄聲/入聲 098 屑 설] : 싹틀 줄	6084	7178	2553	7394
崒	줄( ) [仄聲/入聲 095 月 월] : 험할 줄	6085	6946	5000	7395
啐	줄( ) [仄聲/入聲 093 質 질] : 지껄일/쪽쪽빨 줄	6086	6803	6660	7396
啐*	줄(쵀) [仄聲/去聲 070 隊 대] : 부를/놀랄 쵀	6087	5458	1043	5711
中	중( ) [平聲/上平 001 東 동] : 가운데 중	6088	81	1139	1270
仲	중( ) [仄聲/去聲 060 送 송] : 버금 중	6089	4681	2836	5612
衆	중( ) [仄聲/去聲 060 送 송] : 무리 중	6090	4682	2837	5613
重	중( ) [平聲/上平 002 冬 동] : 무거울 중	6091	189	1248	1271
眾	중( ) [仄聲/去聲 060 送 송] : 무리 중	6092	4683	2838	5614
卽	즉( ) [仄聲/入聲 102 職 직] : 이제/곧/다만/만일 즉	6093	7698	6267	7397
即	즉( ) [仄聲/入聲 102 職 직] : 곧 즉	6094	7699	6268	7398
蝍	즉( ) [仄聲/入聲 102 職 직] : 지네 즉	6095	7700	6271	7399
蝍*	즉(즐) [仄聲/入聲 102 職 직] : 잠자리 즐	6096	7701	6270	7401
鯽	즉( ) [仄聲/入聲 100 陌 맥] : 붕어 즉	6097	7495	1621	7400
櫛	즐( ) [仄聲/入聲 093 質 질] : 빗 즐	6098	6804	6640	7402
騭	즐( ) [仄聲/入聲 093 質 질] : 숫말 즐	6099	6805	6641	7403
瀄	즐( ) [仄聲/入聲 093 質 질] : 물흐를 즐	6100	6806	6642	7404
怎	즘( ) [仄聲/上聲 056 寢 침] : 어찌 즘	6101	4567	7072	4351
楫	즙( ) [仄聲/入聲 105 葉 엽] : 돛대/노 즙	6102	7871	3785	7406
楫*	즙(집) [仄聲/入聲 105 葉 엽] : 노 집	6103	7872	3784	7447
汁	즙( ) [仄聲/入聲 103 緝 집] : 진액 즙	6104	7771	6729	7407
汁*	즙(협) [仄聲/入聲 103 緝 집] : 맞을/화합할 협	6105	7772	6728	7834
葺	즙( ) [仄聲/入聲 103 緝 집] : 기울/지붕이을 즙	6106	7773	6730	7408
橙	증( ) [平聲/下平 023 庚 경] : 귤 증	6107	2643	542	2840
橙*	증(등) [平聲/下平 023 庚 경] : 등상(几屬) 등	6108	2644	541	1974
增	증( ) [平聲/下平 025 蒸 증] : 더할 증	6109	2801	5646	2843
憎	증( ) [平聲/下平 025 蒸 증] : 미울 증	6110	2802	5647	2844
曾	증( ) [平聲/下平 025 蒸 증] : 일찍이 증	6111	2803	5648	2845
拯	증( ) [仄聲/上聲 054 迥 형] : 건질 증	6112	4458	757	4352
烝	증( ) [仄聲/去聲 085 徑 경] : 김오를 증	6113	6230	5245	7409
甑	증( ) [仄聲/去聲 085 徑 경] : 시루 증	6114	6231	5246	7410
症	증( ) [仄聲/去聲 084 敬 경] : 증세 증	6115	6181	811	7411
繒	증( ) [平聲/下平 025 蒸 증] : 비단 증	6116	2804	5649	2846
蒸	증( ) [平聲/下平 025 蒸 증] : 찔 증	6117	2805	5650	2847

배열형식 A (韻族基準)		배열 A	배열 B	배열 C	배열 D
韻族	(*異音) [平仄 : 四聲 韻目No ,韻目 독음] : 略義	운족 가나순	운목 번호순	운목 가나순	사성순
證	증( ) [仄聲/去聲 085 徑 경] : 증거 증	6118	6232	5247	7412
贈	증( ) [仄聲/去聲 085 徑 경] : 줄 증	6119	6233	5248	7413
矰	증( ) [平聲/下平 025 蒸 증] : 주살 증	6120	2806	5651	2848
鄫	증( ) [平聲/下平 025 蒸 증] : 나라이름 증	6121	2807	5652	2849
驓	증( ) [平聲/下平 025 蒸 증] : 말이름 증	6122	2808	5653	2850
禔	지( ) [平聲/上平 004 支 지] : 복/편안할 지	6123	478	5917	1273
禔*	지(시) [平聲/上平 008 齊 제] : 복/편안할 시	6124	987	5334	816
禔*	지(제) [平聲/上平 008 齊 제] : 복/편안할 제	6125	988	5335	1212
之	지( ) [平聲/上平 004 支 지] : 갈 지	6126	479	5918	1274
只	지( ) [仄聲/上聲 034 紙 지] : 다만 지	6127	3445	6151	4356
咫	지( ) [仄聲/上聲 034 紙 지] : 여덟치 지	6128	3446	6152	4357
地	지( ) [仄聲/去聲 063 寘 치] : 땅 지	6129	4849	6955	5616
址	지( ) [仄聲/上聲 034 紙 지] : 터 지	6130	3447	6153	4358
志	지( ) [仄聲/去聲 063 寘 치] : 뜻 지	6131	4850	6956	5617
持	지( ) [平聲/上平 004 支 지] : 가질 지	6132	480	5919	1275
指	지( ) [仄聲/上聲 034 紙 지] : 가리킬 지	6133	3448	6154	4359
摯	지( ) [仄聲/去聲 063 寘 치] : 잡을 지	6134	4851	6957	5618
支	지( ) [平聲/上平 004 支 지] : 지탱할 지	6135	481	5920	1276
旨	지( ) [仄聲/上聲 034 紙 지] : 맛 지	6136	3449	6155	4360
智	지( ) [仄聲/去聲 063 寘 치] : 지혜/슬기 지	6137	4852	6958	5619
枝	지( ) [平聲/上平 004 支 지] : 가지 지	6138	482	5921	1277
枳	지( ) [仄聲/上聲 034 紙 지] : 탱자나무 지	6139	3450	6156	4361
枳*	지(기) [仄聲/上聲 034 紙 지] : 해할/사타구니 기	6140	3451	6157	3460
止	지( ) [仄聲/上聲 034 紙 지] : 그칠 지	6141	3452	6158	4362
池	지( ) [平聲/上平 004 支 지] : 못 지	6142	483	5922	1278
池*	지(타) [平聲/下平 020 歌 가] : 물이름 타	6143	2130	113	2998
沚	지( ) [仄聲/上聲 034 紙 지] : 물가 지	6144	3453	6159	4363
漬	지( ) [仄聲/去聲 063 寘 치] : 담글 지	6145	4853	6959	5620
知	지( ) [平聲/上平 004 支 지] : 알 지	6146	484	5923	1279
砥	지( ) [仄聲/上聲 034 紙 지] : 숫돌 지	6147	3454	6160	4364
祉	지( ) [仄聲/上聲 034 紙 지] : 복 지	6148	3455	6161	4365
祗	지( ) [平聲/上平 004 支 지] : 공경할 지	6149	485	5924	1280
紙	지( ) [仄聲/上聲 034 紙 지] : 종이 지	6150	3456	6162	4366
肢	지( ) [平聲/上平 004 支 지] : 팔다리 지	6151	486	5925	1281
脂	지( ) [平聲/上平 004 支 지] : 기름 지	6152	487	5926	1282
至	지( ) [仄聲/去聲 063 寘 치] : 이를 지	6153	4854	6960	5621

배열형식 A (韻族基準)		배열 A	배열 B	배열 C	배열 D
韻族	(*異音) [平仄 : 四聲 韻目No ,韻目 독음] : 略義	운족 가나순	운목 번호순	운목 가나순	사성순
芝	지( ) [平聲/上平 004 支 지] : 지초 지	6154	488	5927	1283
芷	지( ) [仄聲/上聲 034 紙 지] : 구리때 지	6155	3457	6163	4367
蜘	지( ) [平聲/上平 004 支 지] : 거미 지	6156	489	5928	1284
誌	지( ) [仄聲/去聲 063 寘 치] : 기록할 지	6157	4855	6961	5622
贄	지( ) [仄聲/去聲 063 寘 치] : 폐백 지	6158	4856	6962	5623
趾	지( ) [仄聲/上聲 034 紙 지] : 발가락 지	6159	3458	6164	4368
遲	지( ) [平聲/上平 004 支 지] : 더딜/늦을 지	6160	490	5929	1285
坻	지( ) [仄聲/上聲 038 薺 제] : 모래섬 지	6161	3736	5399	4369
坻*	지(저) [仄聲/上聲 038 薺 제] : 언덕 저	6162	3737	5400	4252
墀	지( ) [平聲/上平 004 支 지] : 궁중지대뜰 지	6163	491	5930	1286
榰	지( ) [平聲/上平 004 支 지] : 주춧돌 지	6164	492	5931	1287
篪	지( ) [平聲/上平 004 支 지] : 대이름 지	6165	493	5932	1288
舐	지( ) [仄聲/上聲 034 紙 지] : 핥을 지	6166	3459	6165	4370
軹	지( ) [仄聲/上聲 034 紙 지] : 굴대머리 지	6167	3460	6166	4371
阯	지( ) [仄聲/上聲 034 紙 지] : 터 지	6168	3461	6167	4372
鮨	지( ) [平聲/上平 004 支 지] : 젓갈 지	6169	494	5933	1289
鷙	지( ) [仄聲/去聲 063 寘 치] : 맹금 지	6170	4857	6963	5624
厎	지( ) [仄聲/上聲 034 紙 지] : 이룰/숫돌 지	6171	3462	6168	4373
吱	지( ) [平聲/上平 004 支 지] : 가는소리 지	6172	495	5934	1290
怟	지( ) [平聲/上平 004 支 지] : 기댈 지	6173	496	5935	1291
箎	지( ) [平聲/上平 004 支 지] : 저(피리)이름 지	6174	497	5936	1292
胝	지( ) [平聲/上平 004 支 지] : 못박할 지	6175	498	5937	1293
蚳	지( ) [平聲/上平 004 支 지] : 청개구리 지	6176	499	5938	1294
輊	지( ) [仄聲/去聲 063 寘 치] : 수레앞이무거워숙인 지	6177	4858	6964	5625
鋕	지( ) [仄聲/去聲 063 寘 치] : 새길 지	6178	4859	6965	5626
恀	지( ) [仄聲/上聲 034 紙 지] : 믿을 지	6179	3463	6184	4374
恀*	지(치) [仄聲/上聲 034 紙 지] : 믿을 치	6180	3464	6185	4478
直	직( ) [仄聲/入聲 102 職 직] : 바를/곧을 직	6181	7702	6272	7415
直*	직(치) [仄聲/去聲 063 寘 치] : 값 치	6182	4860	6966	5735
稙	직( ) [仄聲/入聲 102 職 직] : 올벼 직	6183	7703	6273	7416
稷	직( ) [仄聲/入聲 102 職 직] : 사직(社稷)/흙귀신 직	6184	7704	6274	7417
織	직( ) [仄聲/入聲 102 職 직] : 짤/만들 직	6185	7705	6276	7418
織*	직(치) [仄聲/入聲 102 職 직] : 기[旗也] 치	6186	7706	6275	7632
職	직( ) [仄聲/去聲 063 寘 치] : 맡을/벼슬 직	6187	4861	6967	5627
犆	직( ) [仄聲/入聲 102 職 직] : 소/선두를 직	6188	7707	6277	7419
犆*	직(특) [仄聲/入聲 102 職 직] : 하나 특	6189	7708	6278	7707

A : (172 / 221)

배열형식 A (韻族基準)		배열 A	배열 B	배열 C	배열 D
韻族	(*異音) [平仄 : 四聲 韻目No ,韻目 독음] : 略義	운족 가나순	운목 번호순	운목 가나순	사성순
塡	진( ) [平聲/上平 011 眞 진] : 오랠/편안할 진	6190	1284	6420	1297
塡*	진(전) [平聲/上平 011 眞 진] : 메울 전	6191	1285	6419	1201
唇	진( ) [平聲/上平 011 眞 진] : 놀랄 진	6192	1286	6425	1298
嗔	진( ) [平聲/上平 011 眞 진] : 성낼 진	6193	1287	6426	1299
塵	진( ) [平聲/上平 011 眞 진] : 티끌 진	6194	1288	6427	1300
振	진( ) [仄聲/去聲 071 震 진] : 떨칠 진	6195	5540	6559	5629
搢	진( ) [仄聲/去聲 071 震 진] : 꽂을 진	6196	5541	6560	5630
晉	진( ) [仄聲/去聲 071 震 진] : 나아갈 진	6197	5542	6561	5631
晋	진( ) [仄聲/去聲 071 震 진] : 나아갈 진	6198	5543	6562	5632
桭	진( ) [平聲/上平 011 眞 진] : 평고대 진	6199	1289	6428	1301
榛	진( ) [平聲/上平 011 眞 진] : 개암나무 진	6200	1290	6429	1302
殄	진( ) [仄聲/上聲 046 銑 선] : 다할/죽을 진	6201	4060	2427	4375
津	진( ) [平聲/上平 011 眞 진] : 나루 진	6202	1291	6430	1303
溱	진( ) [平聲/上平 011 眞 진] : 많을 진	6203	1292	6431	1304
珍	진( ) [平聲/上平 011 眞 진] : 보배 진	6204	1293	6432	1305
璡	진( ) [仄聲/去聲 071 震 진] : 옥돌 진	6205	5544	6563	5633
畛	진( ) [仄聲/上聲 041 軫 진] : 두렁길 진	6206	3836	6486	4376
疹	진( ) [仄聲/上聲 041 軫 진] : 홍역 진	6207	3837	6487	4377
盡	진( ) [仄聲/上聲 041 軫 진] : 다할 진	6208	3838	6488	4378
瞋	진( ) [平聲/上平 011 眞 진] : 부릅뜰 진	6209	1294	6434	1306
秦	진( ) [平聲/上平 011 眞 진] : 성 진	6210	1295	6435	1307
縉	진( ) [仄聲/去聲 071 震 진] : 붉은비단/꽂을 진	6211	5545	6564	5634
縝	진( ) [仄聲/上聲 041 軫 진] : 삼실 진	6212	3839	6489	4379
臻	진( ) [平聲/上平 011 眞 진] : 이를 진	6213	1296	6436	1308
袗	진( ) [仄聲/上聲 042 吻 문] : 홑옷 진	6214	3863	1760	4380
診	진( ) [仄聲/上聲 041 軫 진] : 진찰할 진	6215	3840	6490	4381
賑	진( ) [仄聲/上聲 041 軫 진] : 구휼할 진	6216	3841	6491	4382
軫	진( ) [仄聲/上聲 041 軫 진] : 수레뒤턱나무 진	6217	3842	6492	4383
辰	진( ) [平聲/上平 011 眞 진] : 때/별/북두성 진	6218	1297	6438	1309
辰*	진(신) [平聲/上平 011 眞 진] : 날(生辰日) 신	6219	1298	6437	834
進	진( ) [仄聲/去聲 071 震 진] : 나아갈 진	6220	5546	6565	5635
鎭	진( ) [平聲/上平 011 眞 진] : 진압할 진	6221	1299	6439	1310
陣	진( ) [仄聲/去聲 071 震 진] : 진칠 진	6222	5547	6566	5636
陳	진( ) [平聲/上平 011 眞 진] : 베풀/묵을 진	6223	1300	6440	1311
震	진( ) [仄聲/去聲 071 震 진] : 우레 진	6224	5548	6567	5637
儘	진( ) [仄聲/上聲 041 軫 진] : 다할 진	6225	3843	6493	4384

배열형식 A (韻族基準)		배열 A	배열 B	배열 C	배열 D
韻族	(*異音) [平仄 : 四聲 韻目No ,韻目 독음] : 略義	운족 가나순	운목 번호순	운목 가나순	사성순
稹	진( ) [仄聲/上聲 041 軫 진] : 떨기로날 진	6226	3844	6494	4385
蓁	진( ) [平聲/上平 011 眞 진] : 우거질 진	6227	1301	6441	1312
趁	진( ) [仄聲/上聲 041 軫 진] : 좇을 진	6228	3845	6495	4386
趁*	진(전) [仄聲/上聲 046 銑 선] : 밟을 전	6229	4061	2428	4266
疢	진( ) [仄聲/去聲 071 震 진] : 열병 진	6230	5549	6568	5638
眞	진( ) [平聲/上平 011 眞 진] : 참 진	6231	1302	6433	1313
禛	진( ) [平聲/下平 023 庚 경] : 복받을 진	6232	2645	645	2851
紾	진( ) [仄聲/上聲 041 軫 진] : 비틀 진	6233	3846	6496	4387
蒖	진( ) [平聲/上平 011 眞 진] : 담배풀 진	6234	1303	6442	1314
鎭	진( ) [仄聲/去聲 071 震 진] : 진압할진 진	6235	5550	6569	5639
軼	질( ) [仄聲/入聲 093 質 질] : 지나칠/빠질 질	6236	6807	6638	7421
軼*	질(절) [仄聲/入聲 098 屑 설] : 마주칠/서로/바퀴 절	6237	7179	2538	7307
喞	질( ) [仄聲/入聲 102 職 직] : 두런거릴 질	6238	7709	6269	7422
侄	질( ) [仄聲/入聲 093 質 질] : 굳을/어리석을 질	6239	6808	6643	7423
叱	질( ) [仄聲/入聲 093 質 질] : 꾸짖을 질	6240	6809	6644	7424
姪	질( ) [仄聲/入聲 093 質 질] : 조카 질	6241	6810	6645	7425
姪*	질(절) [仄聲/入聲 098 屑 설] : 조카 절	6242	7180	2554	7320
嫉	질( ) [仄聲/入聲 093 質 질] : 시새움할 질	6243	6811	6646	7426
帙	질( ) [仄聲/入聲 093 質 질] : 책갑 질	6244	6812	6647	7427
桎	질( ) [仄聲/入聲 093 質 질] : 차꼬 질	6245	6813	6648	7428
疾	질( ) [仄聲/入聲 093 質 질] : 병 질	6246	6814	6649	7429
秩	질( ) [仄聲/入聲 093 質 질] : 차례 질	6247	6815	6650	7430
窒	질( ) [仄聲/入聲 093 質 질] : 막을/가득할 질	6248	6816	6651	7431
窒*	질(절) [仄聲/入聲 098 屑 설] : 막을/가득할 절	6249	7181	2555	7321
膣	질( ) [仄聲/入聲 093 質 질] : 새살날/보지 질	6250	6817	6652	7432
蛭	질( ) [仄聲/入聲 098 屑 설] : 거머리 질	6251	7182	2556	7433
質	질( ) [仄聲/入聲 093 質 질] : 문서/바를/바탕 질	6252	6818	6654	7434
質*	질(지) [仄聲/入聲 093 質 질] : 폐백/전당잡는집 지	6253	6819	6653	7414
跌	질( ) [仄聲/入聲 098 屑 설] : 넘어질 질	6254	7183	2557	7435
迭	질( ) [仄聲/入聲 098 屑 설] : 갈마들 질	6255	7184	2558	7436
絰	질( ) [仄聲/入聲 098 屑 설] : 질 질	6256	7185	2559	7437
挃	질( ) [仄聲/入聲 093 質 질] : 찌를 질	6257	6820	6655	7438
柣	질( ) [仄聲/入聲 093 質 질] : 문지방 질	6258	6821	6656	7439
礩	질( ) [仄聲/入聲 093 質 질] : 주춧돌/맷돌 질	6259	6822	6657	7440
紩	질( ) [仄聲/入聲 093 質 질] : 꿰맬 질	6260	6823	6658	7441
苵	질( ) [仄聲/入聲 098 屑 설] : 돌피 질	6261	7186	2560	7442

배열형식 A (韻族基準)		배열 A	배열 B	배열 C	배열 D
韻族	(*異音) [平仄 : 四聲 韻目No ,韻目 독음] : 略義	운족 가나순	운목 번호순	운목 가나순	사성순
銍	질( ) [仄聲/入聲 093 質 질] : 낫 질	6262	6824	6659	7443
斟	짐( ) [平聲/下平 027 侵 침] : 짐작할 짐	6263	3062	7042	2852
朕	짐( ) [仄聲/上聲 056 寢 침] : 나/조짐 짐	6264	4568	7073	4388
鴆	짐( ) [仄聲/去聲 086 沁 심] : 짐새 짐	6265	6375	2875	7444
執	집( ) [仄聲/入聲 103 緝 집] : 잡을 집	6266	7774	6731	7448
潗	집( ) [仄聲/入聲 103 緝 집] : 샘솟을 집	6267	7775	6732	7449
緝	집( ) [仄聲/入聲 103 緝 집] : 낳을 집	6268	7776	6733	7450
輯	집( ) [仄聲/入聲 103 緝 집] : 모을 집	6269	7777	6734	7451
鏶	집( ) [仄聲/入聲 103 緝 집] : 판금/쇳조각 집	6270	7778	6735	7452
集	집( ) [仄聲/入聲 103 緝 집] : 모을 집	6271	7779	6736	7453
戢	집( ) [仄聲/入聲 103 緝 집] : 그칠 집	6272	7780	6737	7454
縶	집( ) [仄聲/入聲 103 緝 집] : 맬 집	6273	7781	6738	7455
徵	징( ) [平聲/下平 025 蒸 증] : 부를 징	6274	2809	5654	2853
懲	징( ) [平聲/下平 025 蒸 증] : 징계할 징	6275	2810	5655	2854
澄	징( ) [平聲/下平 025 蒸 증] : 맑을 징	6276	2811	5656	2855
癥	징( ) [平聲/下平 025 蒸 증] : 적취 징	6277	2812	5657	2856
瞪	징( ) [平聲/下平 023 庚 경] : 바로볼 징	6278	2646	646	2857
且	차( ) [仄聲/上聲 051 馬 마] : 또/바야흐로/거의 차	6279	4292	1421	4390
且*	차(저) [平聲/上平 006 魚 어] : 공손할/어조사 저	6280	685	3478	1200
侘	차( ) [仄聲/去聲 081 禡 마] : 실의할 차	6281	6055	1466	7456
借	차( ) [仄聲/去聲 081 禡 마] : 빌릴/빚 차	6282	6056	1467	7457
借*	차(적) [仄聲/入聲 100 陌 맥] : 빌릴/빚 적	6283	7496	1622	7304
叉	차( ) [平聲/下平 021 麻 마] : 깍지낄 차	6284	2239	1363	2861
嗟	차( ) [平聲/下平 021 麻 마] : 탄식할 차	6285	2240	1364	2862
嵯	차( ) [平聲/下平 020 歌 가] : 산높을 차	6286	2131	114	2863
嵯*	차(치) [平聲/上平 004 支 지] : 산우뚝할 치	6287	500	5939	1387
差	차( ) [平聲/上平 009 佳 가] : 어기어질/다를 차	6288	1047	36	1315
差*	차(채) [平聲/上平 009 佳 가] : 버금/가릴 채	6289	501	5940	1388
差*	차(치) [平聲/上平 004 支 지] : 어긋날 치	6290	1048	35	1325
次	차( ) [仄聲/去聲 063 寘 치] : 버금 차	6291	4862	6968	5640
此	차( ) [仄聲/上聲 034 紙 지] : 이 차	6292	3465	6169	4391
磋	차( ) [平聲/下平 020 歌 가] : 갈 차	6293	2132	115	2864
箚	차( ) [仄聲/入聲 106 洽 흡] : 전갈할/기록할 차	6294	7932	7897	7458
蹉	차( ) [平聲/下平 020 歌 가] : 넘어질 차	6295	2133	116	2866
遮	차( ) [平聲/下平 021 麻 마] : 가릴 차	6296	2241	1368	2868
仳	차( ) [仄聲/上聲 034 紙 지] : 작은모양 차	6297	3466	6170	4392

A : (175 / 221)

배열형식 A (韻族基準)		배열 A	배열 B	배열 C	배열 D
韻族	(*異音) [平仄 : 四聲 韻目No ,韻目 독음] : 略義	운족 가나순	운목 번호순	운목 가나순	사성순
搽	차( ) [平聲/下平 021 麻 마] : 칠할 차	6298	2242	1369	2869
蒫	차( ) [平聲/下平 021 麻 마] : 냉이씨 차	6299	2243	1370	2870
鹺	차( ) [平聲/下平 020 歌 가] : 짤 차	6300	2134	118	2871
秅	차( ) [平聲/下平 021 麻 마] : 나라이름 차	6301	2244	1372	2874
秅*	차(타) [平聲/下平 021 麻 마] : 볏단사백뭇 타	6302	2245	1373	3010
捉	착( ) [仄聲/入聲 092 覺 각] : 잡을/낄 착	6303	6711	228	7462
搾	착( ) [仄聲/入聲 100 陌 맥] : 짤/압박할 착	6304	7497	1623	7463
着	착( ) [仄聲/入聲 100 陌 맥] : 붙을 착	6305	7498	1624	7464
窄	착( ) [仄聲/入聲 100 陌 맥] : 좁을 착	6306	7499	1625	7465
錯	착( ) [仄聲/入聲 099 藥 약] : 섞일/그르칠 착	6307	7329	2995	7466
錯*	착(조) [仄聲/入聲 099 藥 약] : 그만둘/둘 조	6308	7330	2994	7361
鑿	착( ) [仄聲/入聲 099 藥 약] : 뚫을/끌 착	6309	7331	2996	7467
鑿*	착(조) [仄聲/去聲 079 號 호] : 구멍 조	6310	5978	7639	7362
齪	착( ) [仄聲/入聲 092 覺 각] : 악착할 착	6311	6712	229	7468
斲	착( ) [仄聲/入聲 092 覺 각] : 깎을 착	6312	6713	230	7469
斮	착( ) [仄聲/入聲 092 覺 각] : 자를/벨 착	6313	6714	231	7470
斮*	착(작) [仄聲/入聲 099 藥 약] : 쪼갈 작	6314	7332	2997	7242
齺	착( ) [仄聲/入聲 092 覺 각] : 이촘촘할 착	6315	6715	233	7473
齺*	착(추) [平聲/下平 026 尤 우] : 이부러질 추	6316	2989	4518	2983
撰	찬( ) [仄聲/上聲 045 潸 산] : 지을 찬	6317	3988	1988	4393
撰*	찬(천) [仄聲/上聲 046 銑 선] : 일(事也) 천	6318	4062	2429	4414
澯	찬( ) [仄聲/去聲 074 翰 한] : 물맑을 찬	6319	5666	7338	5641
燦	찬( ) [仄聲/去聲 074 翰 한] : 빛날 찬	6320	5667	7339	5642
璨	찬( ) [仄聲/去聲 074 翰 한] : 옥잔 찬	6321	5668	7340	5643
瓚	찬( ) [仄聲/上聲 044 旱 한] : 옥잔 찬	6322	3961	7280	4394
竄	찬( ) [仄聲/去聲 074 翰 한] : 숨을 찬	6323	5669	7341	5644
簒	찬( ) [仄聲/去聲 075 諫 간] : 빼앗을 찬	6324	5718	283	5645
纂	찬( ) [仄聲/上聲 044 旱 한] : 모을 찬	6325	3962	7281	4395
粲	찬( ) [仄聲/去聲 074 翰 한] : 정미 찬	6326	5670	7342	5646
纘	찬( ) [仄聲/上聲 044 旱 한] : 이을 찬	6327	3963	7282	4396
讚	찬( ) [仄聲/去聲 074 翰 한] : 기릴 찬	6328	5671	7343	5647
贊	찬( ) [仄聲/去聲 074 翰 한] : 도울 찬	6329	5672	7344	5648
鑽	찬( ) [平聲/上平 014 寒 한] : 뚫을 찬	6330	1588	7218	1317
餐	찬( ) [平聲/上平 014 寒 한] : 밥 찬	6331	1589	7219	1318
饌	찬( ) [仄聲/上聲 045 潸 산] : 반찬 찬	6332	3989	1989	4397
攢	찬( ) [仄聲/上聲 044 旱 한] : 옹기종기모일 찬	6333	3964	7283	4398

배열형식 A (韻族基準)		배열 A	배열 B	배열 C	배열 D
韻族	(*異音) [平仄 : 四聲 韻目No ,韻目 독음] : 略義	운족 가나순	운목 번호순	운목 가나순	사성순
欑	찬( ) [平聲/上平 014 寒 한] : 모질 찬	6334	1590	7220	1319
爨	찬( ) [仄聲/去聲 074 翰 한] : 불땔 찬	6335	5673	7345	5649
篡	찬( ) [仄聲/去聲 075 諫 간] : 빼앗을 찬	6336	5719	284	5650
酇	찬( ) [仄聲/上聲 044 旱 한] : 마을이름 찬	6337	3965	7284	4399
酇*	찬(차) [平聲/下平 020 歌 가] : 나라이름 차	6338	2135	119	2872
菆	찬( ) [平聲/上平 014 寒 한] : 더부룩이날 찬	6339	1591	7221	1320
菆*	찬(추) [平聲/下平 026 尤 우] : 좋은화살 추	6340	2990	4516	2981
刹	찰( ) [仄聲/入聲 097 黠 힐] : 절/탑 찰	6341	7060	7929	7475
察	찰( ) [仄聲/入聲 097 黠 힐] : 살필 찰	6342	7061	7930	7476
擦	찰( ) [仄聲/入聲 097 黠 힐] : 비빌 찰	6343	7062	7931	7477
札	찰( ) [仄聲/入聲 097 黠 힐] : 편지 찰	6344	7063	7932	7478
紮	찰( ) [仄聲/入聲 097 黠 힐] : 감을 찰	6345	7064	7933	7479
剎	찰( ) [仄聲/入聲 097 黠 힐] : 절 찰	6346	7065	7934	7480
咱	찰( ) [仄聲/入聲 096 曷 갈] : 나 찰	6347	7027	362	7481
咱*	찰(차) [平聲/下平 021 痲 마] : 나 차	6348	2246	1371	2873
蚻	찰( ) [仄聲/入聲 097 黠 힐] : 씽씽매미 찰	6349	7066	7935	7482
僭	참( ) [仄聲/去聲 088 豔 염] : 참람할 참	6350	6419	3736	7484
塹	참( ) [仄聲/去聲 088 豔 염] : 구덩이/해자/땅팔 참	6351	6420	3737	7486
慘	참( ) [仄聲/上聲 057 感 감] : 슬플/근심할 참	6352	4600	405	4400
慘*	참(조) [仄聲/上聲 049 皓 호] : 근심할 조	6353	4205	7584	4325
慙	참( ) [平聲/下平 028 覃 담] : 부끄러울 참	6354	3120	954	2876
懺	참( ) [仄聲/去聲 089 陷 함] : 뉘우칠 참	6355	6432	7404	7487
斬	참( ) [仄聲/上聲 059 豏 함] : 벨 참	6356	4663	1284	4401
站	참( ) [仄聲/去聲 089 陷 함] : 우두커니설 참	6357	6433	7405	7488
讒	참( ) [平聲/下平 030 咸 함] : 헐뜯을 참	6358	3223	7382	2877
讖	참( ) [仄聲/去聲 086 沁 심] : 조짐/참서 참	6359	6376	2876	7489
儳	참( ) [平聲/下平 030 咸 함] : 어긋날 참	6360	3224	7383	2878
嶄	참( ) [平聲/下平 030 咸 함] : 높을 참	6361	3225	7384	2879
巉	참( ) [平聲/下平 030 咸 함] : 깍아지른듯높은산 참	6362	3226	7385	2880
慚	참( ) [平聲/下平 028 覃 담] : 부끄러워할 참	6363	3121	955	2881
憯	참( ) [仄聲/上聲 057 感 감] : 슬퍼할 참	6364	4601	406	4402
攙	참( ) [平聲/下平 030 咸 함] : 찌를 참	6365	3227	7386	2882
欃	참( ) [平聲/下平 030 咸 함] : 박달나무 참	6366	3228	7387	2883
譖	참( ) [仄聲/去聲 086 沁 심] : 하소연할 참	6367	6377	2877	7490
饞	참( ) [平聲/下平 030 咸 함] : 탐할 참	6368	3229	7388	2884
驂	참( ) [平聲/下平 028 覃 담] : 곁마/말네필 참	6369	3122	956	2885

A : (177 / 221)

배열형식 A (韻族基準)		배열 A	배열 B	배열 C	배열 D
韻族	(*異音) [平仄 : 四聲 韻目No ,韻目 독음] : 略義	운족 가나순	운목 번호순	운목 가나순	사성순
黲	참( ) [仄聲/上聲 057 感 감] : 퇴색할 참	6370	4602	407	4403
倉	창( ) [平聲/下平 022 陽 양] : 곳집/갑자기 창	6371	2450	3211	2886
倡	창( ) [平聲/下平 022 陽 양] : 여광대 창	6372	2451	3212	2887
創	창( ) [平聲/下平 022 陽 양] : 비롯할 창	6373	2452	3213	2888
唱	창( ) [仄聲/去聲 082 漾 양] : 부를 창	6374	6115	3389	7491
娼	창( ) [平聲/下平 022 陽 양] : 창녀/노는계집 창	6375	2453	3214	2889
廠	창( ) [仄聲/上聲 052 養 양] : 헛간 창	6376	4356	3324	4404
彰	창( ) [平聲/下平 022 陽 양] : 드러날 창	6377	2454	3215	2890
愴	창( ) [仄聲/去聲 082 漾 양] : 슬퍼할 창	6378	6116	3390	7492
敞	창( ) [仄聲/上聲 052 養 양] : 시원할 창	6379	4357	3325	4405
昌	창( ) [平聲/下平 022 陽 양] : 창성할 창	6380	2455	3216	2891
昶	창( ) [仄聲/上聲 052 養 양] : 해길 창	6381	4358	3326	4406
暢	창( ) [仄聲/去聲 082 漾 양] : 화창할 창	6382	6117	3391	7493
槍	창( ) [平聲/下平 022 陽 양] : 나무창/막을 창	6383	2456	3217	2892
槍*	창(쟁) [平聲/下平 023 庚 경] : 혜성 쟁	6384	2647	647	2690
滄	창( ) [平聲/下平 022 陽 양] : 큰바다 창	6385	2457	3218	2893
漲	창( ) [仄聲/去聲 082 漾 양] : 불을 창	6386	6118	3392	7494
猖	창( ) [平聲/下平 022 陽 양] : 미칠 창	6387	2458	3219	2894
瘡	창( ) [平聲/下平 022 陽 양] : 부스럼 창	6388	2459	3220	2895
窓	창( ) [平聲/上平 003 江 강] : 창 창	6389	219	457	1321
脹	창( ) [仄聲/去聲 082 漾 양] : 부를 창	6390	6119	3393	7495
艙	창( ) [平聲/下平 022 陽 양] : 선창 창	6391	2460	3221	2896
菖	창( ) [平聲/下平 022 陽 양] : 창포 창	6392	2461	3222	2897
蒼	창( ) [平聲/下平 022 陽 양] : 푸를 창	6393	2462	3223	2898
刱	창( ) [仄聲/去聲 082 漾 양] : 비롯할 창	6394	6120	3394	7496
悵	창( ) [仄聲/去聲 082 漾 양] : 한스러워할 창	6395	6121	3395	7497
搶	창( ) [平聲/下平 022 陽 양] : 닿을/이를 창	6396	2463	3224	2899
氅	창( ) [仄聲/上聲 052 養 양] : 새털 창	6397	4359	3327	4407
窗	창( ) [平聲/上平 003 江 강] : 창 창	6398	220	458	1322
蹌	창( ) [平聲/下平 022 陽 양] : 추창할 창	6399	2464	3225	2900
閶	창( ) [平聲/下平 022 陽 양] : 하늘문 창	6400	2465	3226	2901
鬯	창( ) [仄聲/去聲 082 漾 양] : 울창주/방향주 창	6401	6122	3396	7498
鶬	창( ) [平聲/下平 022 陽 양] : 왜가리 창	6402	2466	3227	2902
嗆	창( ) [平聲/下平 022 陽 양] : 쪼을 창	6403	2467	3228	2903
摐	창( ) [平聲/上平 003 江 강] : 두둘일 창	6404	221	459	1323
淌	창( ) [仄聲/去聲 082 漾 양] : 큰물결 창	6405	6123	3397	7499

배열형식 A (韻族基準)		배열 A	배열 B	배열 C	배열 D
韻族	(*異音) [平仄 : 四聲 韻目No ,韻目 독음] : 略義	운족 가나순	운목 번호순	운목 가나순	사성순
鯧	창( ) [平聲/下平 022 陽 양] : 병어 창	6406	2468	3229	2904
債	채( ) [仄聲/去聲 069 卦 괘] : 빚 채	6407	5361	858	5651
埰	채( ) [仄聲/去聲 070 隊 대] : 나라에서준당 채	6408	5459	1040	5652
寀	채( ) [仄聲/上聲 040 賄 회] : 녹봉 채	6409	3782	7778	4408
寨	채( ) [仄聲/去聲 069 卦 괘] : 나무우리 채	6410	5362	859	5653
彩	채( ) [仄聲/上聲 040 賄 회] : 채색 채	6411	3783	7779	4409
採	채( ) [仄聲/上聲 040 賄 회] : 캘 채	6412	3784	7780	4410
砦	채( ) [仄聲/去聲 069 卦 괘] : 울타리 채	6413	5363	860	5654
綵	채( ) [仄聲/上聲 040 賄 회] : 비단 채	6414	3785	7781	4411
菜	채( ) [仄聲/去聲 070 隊 대] : 나물 채	6415	5460	1041	5655
蔡	채( ) [仄聲/去聲 068 泰 태] : 본받을/거북 채	6416	5299	7111	5656
蔡*	채(살) [仄聲/入聲 096 曷 갈] : 내칠/귀양보낼 살	6417	7028	363	6728
采	채( ) [仄聲/去聲 070 隊 대] : 풍채 채	6418	5461	1042	5657
釵	채( ) [平聲/上平 009 佳 가] : 비녀 (채)채	6419	1049	37	1326
瘥	채( ) [平聲/下平 020 歌 가] : 앓을 채	6420	2136	120	2905
責	채( ) [平聲/上平 009 佳 가] : 빚 채	6421	1050	38	1327
責*	채(책) [仄聲/入聲 100 陌 맥] : 꾸짖을/맡을 책	6422	7500	1629	7506
冊	책( ) [仄聲/入聲 100 陌 맥] : 책 책	6423	7501	1627	7504
柵	책( ) [仄聲/去聲 075 諫 간] : 우리/목책/사닥다리 책	6424	5720	285	5658
策	책( ) [仄聲/入聲 100 陌 맥] : 꾀 책	6425	7502	1628	7505
嘖	책( ) [仄聲/入聲 100 陌 맥] : 외칠 책	6426	7503	1630	7507
幘	책( ) [仄聲/入聲 100 陌 맥] : 머리수건 책	6427	7504	1631	7508
磔	책( ) [仄聲/入聲 100 陌 맥] : 찢을 책	6428	7505	1632	7509
簀	책( ) [仄聲/入聲 100 陌 맥] : 대자리 책	6429	7506	1633	7510
茦	책( ) [仄聲/入聲 100 陌 맥] : 풀가시 책	6430	7507	1634	7511
筴	책( ) [仄聲/入聲 100 陌 맥] : 계교 책	6431	7508	1669	7513
筴*	책(협) [仄聲/入聲 106 洽 흡] : 젓가락 협	6432	7933	7909	7853
凄	처( ) [平聲/上平 008 齊 제] : 쓸쓸할 처	6433	989	5345	1328
妻	처( ) [仄聲/去聲 067 霽 제] : 아내 처	6434	5225	5526	5662
悽	처( ) [平聲/上平 008 齊 제] : 슬퍼할 처	6435	990	5346	1329
處	처( ) [仄聲/上聲 036 語 어] : 살/처자 처	6436	3584	3551	4413
處*	처(처) [仄聲/去聲 065 御 어] : 곳 처	6437	4976	3600	5663
淒	처( ) [平聲/上平 008 齊 제] : 쓸쓸할 처	6438	991	5347	1330
淒*	처(천) [仄聲/去聲 076 霰 산] : 빠를 천	6439	5820	2087	5666
萋	처( ) [平聲/上平 008 齊 제] : 풀무성할 처	6440	992	5348	1331
倜	척( ) [仄聲/入聲 101 錫 석] : 고상할/번쩍들 척	6441	7614	2181	7515

배열형식 A (韻族基準)		배열 A	배열 B	배열 C	배열 D
韻族	(*異音) [平仄 : 四聲 韻目No ,韻目 독음] : 略義	운족 가나순	운목 번호순	운목 가나순	사성순
剔	척( ) [仄聲/入聲 101 錫 석] : 뼈바를 척	6442	7615	2182	7516
尺	척( ) [仄聲/入聲 100 陌 맥] : 자 척	6443	7509	1635	7517
戚	척( ) [仄聲/入聲 101 錫 석] : 친척 척	6444	7616	2183	7518
拓	척( ) [仄聲/入聲 100 陌 맥] : 주울 척	6445	7510	1636	7519
拓*	척(탁) [仄聲/入聲 099 藥 약] : 물리칠/밀칠 탁	6446	7333	3000	7656
擲	척( ) [仄聲/入聲 100 陌 맥] : 던질 척	6447	7511	1637	7520
斥	척( ) [仄聲/入聲 100 陌 맥] : 물리칠 척	6448	7512	1638	7521
滌	척( ) [仄聲/入聲 101 錫 석] : 닦을 척	6449	7617	2184	7522
瘠	척( ) [仄聲/入聲 100 陌 맥] : 파리할 척	6450	7513	1639	7523
脊	척( ) [仄聲/入聲 100 陌 맥] : 등골뼈 척	6451	7514	1640	7524
蹠	척( ) [仄聲/入聲 100 陌 맥] : 밟을 척	6452	7515	1641	7525
陟	척( ) [仄聲/入聲 102 職 직] : 오를 척	6453	7710	6279	7526
隻	척( ) [仄聲/入聲 100 陌 맥] : 외짝 척	6454	7516	1642	7527
呎	척( ) [仄聲/入聲 100 陌 맥] : 피이트 척	6455	7517	1643	7528
惕	척( ) [仄聲/入聲 101 錫 석] : 두려워할 척	6456	7618	2185	7529
摭	척( ) [仄聲/入聲 100 陌 맥] : 주울 척	6457	7518	1644	7530
蜴	척( ) [仄聲/入聲 100 陌 맥] : 도마뱀 척	6458	7519	1645	7531
慼	척( ) [仄聲/入聲 101 錫 석] : 근심 척	6459	7619	2186	7532
擿	척( ) [仄聲/入聲 101 錫 석] : 던질/팔매질 척	6460	7620	2187	7533
擿*	척(철) [仄聲/入聲 098 屑 설] : 던질/팔매질 철	6461	7187	2561	7537
躑	척( ) [仄聲/入聲 100 陌 맥] : 깡충깡충뛸 척	6462	7520	1646	7534
蹢*	척(적) [仄聲/入聲 101 錫 석] : 굽 적	6463	7621	2188	7305
齣	척( ) [仄聲/入聲 100 陌 맥] : 한단락 척	6464	7521	1647	7535
拓	척( ) [仄聲/入聲 099 藥 약] : 주울 척	6465	7334	3006	7536
拓*	척(탁) [仄聲/入聲 099 藥 약] : 물리칠/밀칠 탁	6466	7335	3005	7663
仟	천( ) [平聲/下平 016 先 선] : 천사람어른/일천 천	6467	1798	2338	2907
千	천( ) [平聲/下平 016 先 선] : 일천 천	6468	1799	2339	2908
喘	천( ) [仄聲/上聲 046 銑 선] : 헐떡일 천	6469	4063	2430	4415
天	천( ) [平聲/下平 016 先 선] : 하늘 천	6470	1800	2340	2909
川	천( ) [平聲/下平 016 先 선] : 내 천	6471	1801	2341	2910
擅	천( ) [仄聲/去聲 076 霰 산] : 천단 천	6472	5821	2088	5667
泉	천( ) [平聲/下平 016 先 선] : 샘 천	6473	1802	2342	2911
淺	천( ) [仄聲/上聲 046 銑 선] : 얕을 천	6474	4064	2431	4416
玔	천( ) [仄聲/去聲 076 霰 산] : 옥고리 천	6475	5822	2089	5668
穿	천( ) [仄聲/去聲 076 霰 산] : 뚫을 천	6476	5823	2090	5669
舛	천( ) [仄聲/上聲 046 銑 선] : 어그러질 천	6477	4065	2432	4417

배열형식 A (韻族基準)		배열 A	배열 B	배열 C	배열 D
韻族	(*異音) [平仄 : 四聲 韻目No ,韻目 독음] : 略義	운족 가나순	운목 번호순	운목 가나순	사성순
蕆	천( ) [仄聲/去聲 076 霰 산] : 천거할 천	6478	5824	2091	5670
賤	천( ) [仄聲/去聲 076 霰 산] : 천할 천	6479	5825	2092	5671
踐	천( ) [仄聲/上聲 046 銑 선] : 밟을 천	6480	4066	2433	4418
遷	천( ) [平聲/下平 016 先 선] : 옮길 천	6481	1803	2343	2912
釧	천( ) [仄聲/去聲 076 霰 산] : 팔찌 천	6482	5826	2093	5672
闡	천( ) [仄聲/上聲 046 銑 선] : 열 천	6483	4067	2434	4419
阡	천( ) [平聲/下平 016 先 선] : 두렁 천	6484	1804	2344	2913
韆	천( ) [平聲/下平 016 先 선] : 그네 천	6485	1805	2345	2914
俴	천( ) [仄聲/上聲 046 銑 선] : 엷을 천	6486	4068	2435	4420
倩	천( ) [仄聲/去聲 076 霰 산] : 엄전할 천	6487	5827	2094	5673
倩*	천(청) [仄聲/去聲 084 敬 경] : 사위/고용할/빌릴 청	6488	6182	812	7567
濺	천( ) [仄聲/去聲 076 霰 산] : 흩뿌릴 천	6489	5828	2095	5674
荐	천( ) [仄聲/去聲 076 霰 산] : 거듭할 천	6490	5829	2096	5675
蕆	천( ) [仄聲/上聲 046 銑 선] : 경계할 천	6491	4069	2436	4421
蚕	천( ) [仄聲/上聲 046 銑 선] : 지렁이 천	6492	4070	2437	4422
刋	천( ) [仄聲/去聲 076 霰 산] : 끊을 천	6493	5830	2097	5676
灛	천( ) [仄聲/上聲 046 銑 선] : 강이름 천	6494	4071	2438	4423
綪	천( ) [仄聲/去聲 076 霰 산] : 붉은비단 천	6495	5831	2098	5677
綪*	천(쟁) [平聲/下平 023 庚 경] : 고낼 쟁	6496	2648	648	2691
遄	천( ) [平聲/下平 016 先 선] : 빠를 천	6497	1806	2346	2915
凸	철( ) [仄聲/入聲 098 屑 설] : 뾰족할/내밀 철	6498	7188	2562	7538
凸*	철(돌) [仄聲/入聲 095 月 월] : 뾰족할/내밀 돌	6499	6947	5001	6313
哲	철( ) [仄聲/入聲 098 屑 설] : 밝을 철	6500	7189	2563	7539
喆	철( ) [仄聲/入聲 098 屑 설] : 밝을/쌍길 철	6501	7190	2564	7540
徹	철( ) [仄聲/入聲 098 屑 설] : 바퀴자국 철	6502	7191	2565	7541
撤	철( ) [仄聲/入聲 098 屑 설] : 거둘 철	6503	7192	2566	7542
澈	철( ) [仄聲/入聲 098 屑 설] : 맑을 철	6504	7193	2567	7543
綴	철( ) [仄聲/去聲 067 霽 제] : 잇댈/맺을 철	6505	5226	5527	5679
綴*	철(체) [仄聲/入聲 098 屑 설] : 연결할 체	6506	7194	2568	7571
輟	철( ) [仄聲/入聲 098 屑 설] : 그칠 철	6507	7195	2569	7544
轍	철( ) [仄聲/入聲 098 屑 설] : 비귀자욱 철	6508	7196	2570	7545
鐵	철( ) [仄聲/入聲 098 屑 설] : 쇠 철	6509	7197	2571	7546
啜	철( ) [仄聲/入聲 098 屑 설] : 마실 철	6510	7198	2572	7547
惙	철( ) [仄聲/入聲 098 屑 설] : 근심할 철	6511	7199	2573	7548
歠	철( ) [仄聲/入聲 098 屑 설] : 마실/먹을 철	6512	7200	2574	7549
覘	첨( ) [平聲/下平 029 鹽 염] : 엿볼 첨	6513	3182	3653	2916

배열형식 A (韻族基準)		배열 A	배열 B	배열 C	배열 D
韻族	(*異音) [平仄 : 四聲 韻目No ,韻目 독음] : 略義	운족 가나순	운목 번호순	운목 가나순	사성순
僉	첨( ) [平聲/下平 029 鹽 염] : 모두/여러 첨	6514	3183	3656	2917
尖	첨( ) [平聲/下平 029 鹽 염] : 뾰족할 첨	6515	3184	3657	2918
沾	첨( ) [平聲/下平 029 鹽 염] : 젖을/절일 첨	6516	3185	3658	2919
沾*	첨(접) [仄聲/入聲 105 葉 엽] : 경박할 접	6517	7873	3786	7335
添	첨( ) [平聲/下平 029 鹽 염] : 더할 첨	6518	3186	3659	2920
甛	첨( ) [平聲/下平 029 鹽 염] : 달 첨	6519	3187	3660	2921
瞻	첨( ) [平聲/下平 029 鹽 염] : 볼 첨	6520	3188	3661	2922
簽	첨( ) [平聲/下平 029 鹽 염] : 제목/편지 첨	6521	3189	3662	2923
籤	첨( ) [平聲/下平 029 鹽 염] : 제비 첨	6522	3190	3663	2924
詹	첨( ) [平聲/下平 029 鹽 염] : 소곤거릴 첨	6523	3191	3664	2925
諂	첨( ) [仄聲/上聲 058 琰 염] : 아첨할 첨	6524	4648	3714	4424
幨	첨( ) [平聲/下平 029 鹽 염] : 휘장 첨	6525	3192	3665	2926
忝	첨( ) [仄聲/上聲 058 琰 염] : 더럽힐/욕될 첨	6526	4649	3715	4425
檐	첨( ) [平聲/下平 029 鹽 염] : 추녀 첨	6527	3193	3666	2927
瀸	첨( ) [平聲/下平 029 鹽 염] : 적실 첨	6528	3194	3667	2928
簷	첨( ) [平聲/下平 029 鹽 염] : 처마 첨	6529	3195	3668	2929
舔	첨( ) [仄聲/上聲 058 琰 염] : 핥을 첨	6530	4650	3716	4426
堞	첩( ) [仄聲/入聲 105 葉 엽] : 성위담 첩	6531	7874	3787	7554
妾	첩( ) [仄聲/入聲 105 葉 엽] : 첩 첩	6532	7875	3788	7555
帖	첩( ) [仄聲/入聲 105 葉 엽] : 문서/휘장 첩	6533	7876	3789	7556
帖*	첩(체) [仄聲/入聲 105 葉 엽] : 첩지 체	6534	7877	3790	7572
捷	첩( ) [仄聲/入聲 105 葉 엽] : 이길 첩	6535	7878	3791	7557
牒	첩( ) [仄聲/入聲 105 葉 엽] : 서찰 첩	6536	7879	3792	7558
疊	첩( ) [仄聲/入聲 105 葉 엽] : 겹쳐질 첩	6537	7880	3793	7559
睫	첩( ) [仄聲/入聲 105 葉 엽] : 속눈썹 첩	6538	7881	3794	7560
諜	첩( ) [仄聲/入聲 105 葉 엽] : 염탐할 첩	6539	7882	3795	7561
貼	첩( ) [仄聲/入聲 105 葉 엽] : 붙을 첩	6540	7883	3796	7562
輒	첩( ) [仄聲/入聲 105 葉 엽] : 문득 첩	6541	7884	3797	7563
婕	첩( ) [仄聲/入聲 105 葉 엽] : 예쁠 첩	6542	7885	3799	7565
鮿	첩( ) [仄聲/入聲 105 葉 엽] : 건어 첩	6543	7886	3800	7566
廳	청( ) [平聲/下平 024 靑 청] : 관청 청	6544	2744	6803	2930
晴	청( ) [平聲/下平 023 庚 경] : 갤 청	6545	2649	649	2931
淸	청( ) [平聲/下平 023 庚 경] : 맑을 청	6546	2650	650	2932
聽	청( ) [仄聲/去聲 085 徑 경] : 들을 청	6547	6234	5249	7568
請	청( ) [仄聲/去聲 084 敬 경] : 청할 청	6548	6183	813	7569
靑	청( ) [平聲/下平 024 靑 청] : 푸를 청	6549	2745	6805	2934

A : (182 / 221)

배열형식 A (韻族基準)		배열 A	배열 B	배열 C	배열 D
韻族	(*異音) [平仄 : 四聲 韻目No ,韻目 독음] : 略義	운족 가나순	운목 번호순	운목 가나순	사성순
蜻	청( ) [平聲/下平 024 靑 청] : 귀뜨라미 청	6550	2746	6808	2937
鶄	청( ) [平聲/下平 023 庚 경] : 해오라기 청	6551	2651	654	2938
睇	체( ) [仄聲/去聲 067 霽 제] : 볼/흘깃볼 체	6552	5227	5520	5681
剃	체( ) [仄聲/去聲 067 霽 제] : 머리깎을 체	6553	5228	5528	5682
替	체( ) [仄聲/去聲 067 霽 제] : 바꿀 체	6554	5229	5529	5683
涕	체( ) [仄聲/上聲 038 薺 제] : 눈물 체	6555	3738	5401	4429
滯	체( ) [仄聲/去聲 067 霽 제] : 막힐 체	6556	5230	5530	5684
締	체( ) [仄聲/去聲 067 霽 제] : 맺을 체	6557	5231	5531	5685
諦	체( ) [仄聲/去聲 067 霽 제] : 살필 체	6558	5232	5532	5686
逮	체( ) [仄聲/去聲 067 霽 제] : 잡아가둘/단아할 체	6559	5233	5533	5687
逮*	체(태) [仄聲/上聲 040 賄 회] : 미칠/쫓을 태	6560	3786	7782	4505
遞	체( ) [仄聲/上聲 038 薺 제] : 갈릴 체	6561	3739	5402	4430
體	체( ) [仄聲/上聲 038 薺 제] : 몸 체	6562	3740	5403	4431
嚏	체( ) [仄聲/去聲 067 霽 제] : 재채기 체	6563	5234	5534	5688
彘	체( ) [仄聲/去聲 067 霽 제] : 돼지 체	6564	5235	5535	5689
蔕	체( ) [仄聲/去聲 067 霽 제] : 가시 체	6565	5236	5536	5690
屜	체( ) [仄聲/去聲 067 霽 제] : 신발안창 체	6566	5237	5537	5560
掣	체( ) [仄聲/去聲 067 霽 제] : 끌/거리낄 체	6567	5238	5538	5691
掣*	체(철) [仄聲/入聲 098 屑 설] : 당길들 철	6568	7201	2575	7550
移	체( ) [平聲/上平 004 支 지] : 나무이름 체	6569	502	5941	1332
禘	체( ) [仄聲/去聲 067 霽 제] : 종묘제사이름 체	6570	5239	5540	5693
螮	체( ) [仄聲/去聲 067 霽 제] : 무지개 체	6571	5240	5541	5694
髢	체( ) [仄聲/去聲 067 霽 제] : 다리 체	6572	5241	5542	5695
鬀	체( ) [仄聲/去聲 067 霽 제] : 머리깎을/땋은머리 체	6573	5242	5543	5696
鷈	체( ) [平聲/上平 008 齊 제] : 논병아리 체	6574	993	5349	1333
初	초( ) [平聲/上平 006 魚 어] : 처음 초	6575	686	3480	1334
剿	초( ) [仄聲/上聲 047 篠 소] : 끊을/죽일 초	6576	4122	2747	4434
哨	초( ) [仄聲/去聲 077 嘯 소] : 방수꾼/피리 초	6577	5900	2807	5698
哨*	초(소) [平聲/下平 017 蕭 소] : 잔말할 소	6578	1902	2663	2358
憔	초( ) [平聲/下平 017 蕭 소] : 파리할 초	6579	1903	2664	2939
抄	초( ) [平聲/下平 017 蕭 소] : 가릴/베낄/번역할 초	6580	1904	2665	2940
招	초( ) [平聲/下平 017 蕭 소] : 손짓할/부를 초	6581	1905	2667	2941
招*	초(교) [平聲/下平 017 蕭 소] : 들/높이들 교	6582	1906	2666	1826
梢	초( ) [平聲/下平 018 肴 효] : 나무끝 초	6583	1970	7813	2942
椒	초( ) [平聲/下平 017 蕭 소] : 산초나무 초	6584	1907	2668	2943
楚	초( ) [仄聲/去聲 065 御 어] : 초나라 초	6585	4977	3601	5699

배열형식 A (韻族基準)		배열 A	배열 B	배열 C	배열 D
韻族	(*異音) [平仄 : 四聲 韻目No ,韻目 독음] : 略義	운족 가나순	운목 번호순	운목 가나순	사성순
樵	초( ) [平聲/下平 017 蕭 소] : 땔나무 초	6586	1908	2669	2944
炒	초( ) [仄聲/上聲 048 巧 교] : 볶을 초	6587	4149	898	4435
焦	초( ) [平聲/下平 017 蕭 소] : 탈 초	6588	1909	2670	2945
硝	초( ) [平聲/下平 017 蕭 소] : 초석 초	6589	1910	2671	2946
礁	초( ) [平聲/下平 017 蕭 소] : 물속돌/암초 초	6590	1911	2672	2947
礎	초( ) [仄聲/上聲 036 語 어] : 주춧돌 초	6591	3585	3552	4436
稍	초( ) [仄聲/上聲 048 巧 교] : 점점/작을 초	6592	4150	899	4438
艸	초( ) [仄聲/上聲 049 皓 호] : 풀 초	6593	4206	7585	4439
艸*	초(철) [仄聲/入聲 098 屑 설] : 풀파릇파릇날 철	6594	7202	2576	7551
苕	초( ) [平聲/下平 017 蕭 소] : 능소화 초	6595	1912	2673	2948
草	초( ) [仄聲/上聲 049 皓 호] : 풀 초	6596	4207	7586	4440
蕉	초( ) [平聲/下平 017 蕭 소] : 파초 초	6597	1913	2674	2949
貂	초( ) [平聲/下平 017 蕭 소] : 담비 초	6598	1914	2675	2950
超	초( ) [平聲/下平 017 蕭 소] : 뛰어넘을 초	6599	1915	2676	2951
酢	초( ) [仄聲/去聲 066 遇 우] : 초/단것 초	6600	5083	4751	5701
酢*	초(작) [仄聲/入聲 099 藥 약] : 술권할 작	6601	7336	3001	7245
醮	초( ) [仄聲/去聲 077 嘯 소] : 초례 초	6602	5901	2810	5703
僬	초( ) [仄聲/去聲 077 嘯 소] : 명찰할 초	6603	5902	2811	5704
勦	초( ) [平聲/下平 018 肴 효] : 노곤할 초	6604	1971	7814	2952
岧	초( ) [平聲/下平 017 蕭 소] : 우뚝한산 초	6605	1916	2677	2953
峭	초( ) [仄聲/去聲 077 嘯 소] : 높고험악할/급할 초	6606	5903	2813	5705
悄	초( ) [仄聲/上聲 047 篠 소] : 근심할 초	6607	4123	2750	4441
愀	초( ) [仄聲/上聲 047 篠 소] : 해쓱할/풀죽을 초	6608	4124	2751	4442
杪	초( ) [仄聲/去聲 078 效 효] : 회초리/끝 초	6609	5931	7857	5706
燋	초( ) [平聲/下平 017 蕭 소] : 홰 초	6610	1917	2678	2954
綃	초( ) [平聲/下平 017 蕭 소] : 생사(生絲) 초	6611	1918	2679	2955
誚	초( ) [仄聲/去聲 077 嘯 소] : 꾸짖을 초	6612	5904	2814	5707
軺	초( ) [平聲/下平 017 蕭 소] : 수레/영구차 초	6613	1919	2680	2956
迢	초( ) [平聲/下平 017 蕭 소] : 멀 초	6614	1920	2681	2957
鈔	초( ) [仄聲/去聲 078 效 효] : 노략질할/베낄 초	6615	5932	7858	5708
鞘	초( ) [平聲/下平 018 肴 효] : 칼집 초	6616	1972	7815	2958
顦	초( ) [平聲/下平 017 蕭 소] : 파리할 초	6617	1921	2682	2959
髫	초( ) [平聲/下平 017 蕭 소] : 다박머리 초	6618	1922	2683	2960
鷦	초( ) [平聲/下平 017 蕭 소] : 뱁새 초	6619	1923	2684	2961
濋	초( ) [仄聲/上聲 036 語 어] : 강이름 초	6620	3586	3553	4444
瞧	초( ) [平聲/下平 017 蕭 소] : 곁눈질/엳볼 초	6621	1924	2685	2962

배열형식 A (韻族基準)		배열 A	배열 B	배열 C	배열 D
韻族	(*異音) [平仄 : 四聲 韻目No ,韻目 독음] : 略義	운족 가나순	운목 번호순	운목 가나순	사성순
鏃	촉( ) [仄聲/入聲 090 屋 옥] : 살촉 촉	6622	6577	3945	7576
促	촉( ) [仄聲/入聲 091 沃 옥] : 재촉할 촉	6623	6652	4027	7577
囑	촉( ) [仄聲/入聲 091 沃 옥] : 부탁할 촉	6624	6653	4028	7578
燭	촉( ) [仄聲/入聲 091 沃 옥] : 촛불 촉	6625	6654	4029	7579
矗	촉( ) [仄聲/入聲 090 屋 옥] : 우거질 촉	6626	6578	3953	7580
蜀	촉( ) [仄聲/入聲 091 沃 옥] : 나라이름 촉	6627	6655	4030	7581
觸	촉( ) [仄聲/入聲 091 沃 옥] : 닿을 촉	6628	6656	4031	7582
矚	촉( ) [仄聲/入聲 091 沃 옥] : 볼 촉	6629	6657	4032	7583
躅	촉( ) [仄聲/入聲 091 沃 옥] : 자취/철축꽃 촉	6630	6658	4033	7584
斸	촉( ) [仄聲/入聲 091 沃 옥] : 쪼갤/찍을 촉	6631	6659	4034	7585
斸*	촉(착) [仄聲/入聲 091 沃 옥] : 쪼갤/찍을 착	6632	6660	4035	7472
欘	촉( ) [仄聲/入聲 091 沃 옥] : 도끼 촉	6633	6661	4036	7586
蠋	촉( ) [仄聲/入聲 091 沃 옥] : 나비애벌레 촉	6634	6662	4037	7587
鸀	촉( ) [仄聲/入聲 091 沃 옥] : 뻐꾸기 촉	6635	6663	4038	7588
寸	촌( ) [仄聲/去聲 073 願 원] : 마디 촌	6636	5615	4936	5709
忖	촌( ) [仄聲/上聲 043 阮 완] : 헤아릴/짐작할 촌	6637	3914	4094	4446
村	촌( ) [平聲/上平 013 元 원] : 마을 촌	6638	1473	4875	1335
邨	촌( ) [平聲/上平 013 元 원] : 마을/시골 촌	6639	1474	4876	1336
吋	촌( ) [平聲/上平 013 元 원] : 인치 촌	6640	1475	4877	1337
吋*	촌(두) [仄聲/上聲 055 有 유] : 꾸짖을 두	6641	4539	5094	3559
刌	촌( ) [仄聲/上聲 043 阮 완] : 저밀 촌	6642	3915	4095	4447
叢	총( ) [平聲/上平 001 東 동] : 모일 총	6643	82	1140	1338
塚	총( ) [仄聲/上聲 032 腫 종] : 클/무덤 총	6644	3292	5601	4449
寵	총( ) [仄聲/上聲 032 腫 종] : 사랑할 총	6645	3293	5602	4450
悤	총( ) [平聲/上平 001 東 동] : 바쁠/덤빌 총	6646	83	1141	1339
憁	총( ) [仄聲/上聲 031 董 동] : 실심할/뜻같지않을 총	6647	3253	1268	4451
摠	총( ) [仄聲/上聲 031 董 동] : 거느릴/모을/모두 총	6648	3254	1269	4452
總	총( ) [仄聲/上聲 031 董 동] : 다 총	6649	3255	1270	4453
聰	총( ) [平聲/上平 001 東 동] : 귀밝을 총	6650	84	1142	1340
蔥	총( ) [平聲/上平 001 東 동] : 파/부들 총	6651	85	1143	1341
銃	총( ) [仄聲/去聲 060 送 송] : 총 총	6652	4684	2839	5710
葱	총( ) [平聲/上平 001 東 동] : 파 총	6653	86	1144	1342
蓯	총( ) [平聲/上平 002 冬 동] : 풀더북할 총	6654	190	1249	1343
蓯*	총(종) [仄聲/上聲 031 董 동] : 약이름 종	6655	3256	1271	4331
驄	총( ) [平聲/上平 001 東 동] : 총이말 총	6656	87	1145	1344
冢	총( ) [平聲/上平 001 東 동] : 무덤/사직단 총	6657	88	1146	1345

배열형식 A (韻族基準)		배열 A	배열 B	배열 C	배열 D
韻族	(*異音) [平仄 : 四聲 韻目No ,韻目 독음] : 略義	운족 가나순	운목 번호순	운목 가나순	사성순
匆	총( ) [平聲/上平 001 東 동] : 바쁠 총	6658	89	1147	1346
緫	총( ) [平聲/上平 001 東 동] : 검푸른비단 총	6659	90	1148	1347
緫*	총(종) [仄聲/去聲 060 送 송] : 혼솔 종	6660	4685	2840	5586
撮	촬( ) [仄聲/入聲 096 曷 갈] : 집을 촬	6661	7029	364	7591
催	최( ) [平聲/上平 010 灰 회] : 재촉할 최	6662	1133	7717	1349
崔	최( ) [平聲/上平 010 灰 회] : 높을 최	6663	1134	7718	1350
最	최( ) [仄聲/去聲 068 泰 태] : 가장 최	6664	5300	7112	5712
嘬	최( ) [仄聲/去聲 069 卦 괘] : 물 최	6665	5364	861	5713
摧	최( ) [平聲/上平 010 灰 회] : 꺾을 최	6666	1135	7719	1351
榱	최( ) [平聲/上平 004 支 지] : 서까래 최	6667	503	5942	1352
杻	추( ) [仄聲/上聲 055 有 유] : 수갑 추	6668	4540	5037	4455
杻*	추(뉴) [仄聲/上聲 055 有 유] : 싸리 뉴	6669	4541	5036	3491
墜	추( ) [仄聲/去聲 063 寘 치] : 떨어질 추	6670	4863	6970	5714
抽	추( ) [平聲/下平 026 尤 우] : 뽑을 추	6671	2991	4498	2964
推	추( ) [平聲/上平 004 支 지] : 옮길/궁구할 추	6672	504	5943	1353
推*	추(퇴) [平聲/上平 010 灰 회] : 밀 퇴	6673	1136	7720	1436
椎	추( ) [平聲/上平 004 支 지] : 몽치 추	6674	505	5944	1354
楸	추( ) [平聲/下平 026 尤 우] : 가래나무 추	6675	2992	4499	2965
樞	추( ) [平聲/上平 007 虞 우] : 밑둥/지도리 추	6676	883	4292	1355
樞*	추(우) [平聲/下平 026 尤 우] : 느릅나무 우	6677	2993	4500	2589
湫	추( ) [平聲/下平 026 尤 우] : 늪/폭포 추	6678	2994	4501	2966
湫*	추(초) [仄聲/上聲 047 篠 소] : 웅덩이 초	6679	4125	2753	4445
皺	추( ) [仄聲/去聲 085 宥 유] : 주름살 추	6680	6343	5250	7593
秋	추( ) [平聲/下平 026 尤 우] : 가을 추	6681	2995	4502	2967
芻	추( ) [平聲/上平 007 虞 우] : 꼴 추	6682	884	4293	1356
萩	추( ) [平聲/下平 026 尤 우] : 가래나무 추	6683	2996	4503	2968
諏	추( ) [平聲/下平 026 尤 우] : 꾀할 추	6684	2997	4504	2969
趨	추( ) [平聲/上平 007 虞 우] : 달아날 추	6685	885	4294	1357
追	추( ) [平聲/上平 004 支 지] : 좇을/따를 추	6686	506	5945	1358
追*	추(퇴) [平聲/上平 010 灰 회] : 옥다듬을 퇴	6687	1137	7721	1437
鄒	추( ) [平聲/下平 026 尤 우] : 추나라 추	6688	2998	4505	2970
酋	추( ) [平聲/下平 026 尤 우] : 괴수/술익을 추	6689	2999	4506	2971
醜	추( ) [仄聲/上聲 055 有 유] : 추할 추	6690	4542	5095	4457
錐	추( ) [平聲/上平 004 支 지] : 송곳 추	6691	507	5946	1359
錘	추( ) [仄聲/去聲 063 寘 치] : 중량저울 추	6692	4864	6971	5715
鎚	추( ) [平聲/上平 004 支 지] : 쇠망치/저울 추	6693	508	5947	1360

배열형식 A (韻族基準)		배열 A	배열 B	배열 C	배열 D
韻族	(*異音) [平仄 : 四聲 韻目No ,韻目 독음] : 略義	운족 가나순	운목 번호순	운목 가나순	사성순
鎚*	추(퇴) [平聲/上平 010 灰 회] : 옥다듬을 퇴	6694	1138	7722	1438
雛	추( ) [平聲/上平 007 虞 우] : 병아리 추	6695	886	4295	1361
騶	추( ) [平聲/下平 026 尤 우] : 말먹이는사람 추	6696	3000	4507	2972
鰍	추( ) [平聲/下平 026 尤 우] : 미꾸라지 추	6697	3001	4508	2973
僦	추( ) [仄聲/去聲 085 宥 유] : 빌릴 추	6698	6344	5251	7594
啾	추( ) [平聲/下平 026 尤 우] : 소리 추	6699	3002	4509	2974
娵	추( ) [平聲/上平 007 虞 우] : 별이름/미녀 추	6700	887	4296	1362
帚	추( ) [仄聲/上聲 055 有 유] : 비자루/털 추	6701	4543	5096	4458
惆	추( ) [平聲/下平 026 尤 우] : 실심할/슬퍼할 추	6702	3003	4510	2975
捶	추( ) [仄聲/上聲 034 紙 지] : 종아리칠 추	6703	3467	6171	4459
捶*	추(타) [仄聲/上聲 050 哿 가] : 헤아릴 타	6704	4247	169	4482
陬	추( ) [平聲/下平 026 尤 우] : 모퉁이 추	6705	3004	4512	2977
隹	추( ) [平聲/上平 004 支 지] : 새 추	6706	509	5948	1363
鞦	추( ) [平聲/下平 026 尤 우] : 그네 추	6707	3005	4513	2978
騅	추( ) [平聲/上平 004 支 지] : 말이름 추	6708	510	5949	1364
魋	추( ) [平聲/上平 004 支 지] : 북상투 추	6709	511	5950	1365
魋*	추(퇴) [平聲/上平 010 灰 회] : 곰[神獸赤熊] 퇴	6710	1139	7723	1439
鰌	추( ) [平聲/下平 026 尤 우] : 미꾸라지 추	6711	3006	4514	2979
麤	추( ) [平聲/上平 007 虞 우] : 거칠 추	6712	888	4297	1366
緅	추( ) [平聲/下平 026 尤 우] : 보라빛 추	6713	3007	4515	2980
萑	추( ) [平聲/上平 004 支 지] : 익모초 추	6714	512	5951	1367
萑*	추(환) [平聲/上平 014 寒 한] : 달(亂也) 환	6715	1592	7222	1551
貙	추( ) [平聲/上平 007 虞 우] : 맹수이름 추	6716	889	4299	1369
鄹	추( ) [平聲/下平 026 尤 우] : 추나라(鄒) 추	6717	3008	4517	2982
槌	추( ) [仄聲/去聲 063 寘 치] : 칠 추	6718	4865	6992	5716
飆	축( ) [平聲/下平 017 蕭 소] : 찡그릴 축	6719	1925	2651	2984
丑	축( ) [仄聲/上聲 055 有 유] : 소 축	6720	4544	5097	4461
畜	축( ) [仄聲/入聲 090 屋 옥] : 가축/쌓을 축	6721	6579	3954	7599
畜*	축(추) [仄聲/入聲 090 屋 옥] : 집짐승 추	6722	6345	5252	7921
畜*	축(휵) [仄聲/去聲 085 宥 유] : 기를 휵	6723	6580	3955	7595
筑	축( ) [仄聲/入聲 090 屋 옥] : 악기이름 축	6724	6581	3958	7602
築	축( ) [仄聲/入聲 090 屋 옥] : 쌓을 축	6725	6582	3959	7603
縮	축( ) [仄聲/入聲 090 屋 옥] : 줄일 축	6726	6583	3960	7604
蓄	축( ) [仄聲/入聲 090 屋 옥] : 모을 축	6727	6584	3961	7605
蹙	축( ) [仄聲/入聲 090 屋 옥] : 대지를 축	6728	6585	3962	7606
蹴	축( ) [仄聲/入聲 090 屋 옥] : 찰 축	6729	6586	3963	7607

배열형식 A (韻族基準)		배열 A	배열 B	배열 C	배열 D
韻族	(*異音) [平仄 : 四聲 韻目No ,韻目 독음] : 略義	운족 가나순	운목 번호순	운목 가나순	사성순
軸	축( ) [仄聲/入聲 090 屋 옥] : 굴대 축	6730	6587	3964	7608
逐	축( ) [仄聲/入聲 090 屋 옥] : 쫓을 축	6731	6588	3965	7609
逐*	축(적) [仄聲/入聲 101 錫 석] : 날리는모양 적	6732	7622	2189	7306
妯	축( ) [平聲/下平 026 尤 우] : 동서 축	6733	3009	4519	2985
柷	축( ) [仄聲/入聲 090 屋 옥] : 악기이름 축	6734	6589	3967	7611
蓫	축( ) [仄聲/入聲 090 屋 옥] : 참소리쟁이 축	6735	6590	3968	7612
顣	축( ) [仄聲/入聲 090 屋 옥] : 찡그릴 축	6736	6591	3969	7613
鱁	축( ) [仄聲/入聲 090 屋 옥] : 부레/창란젓/아감젓 축	6737	6592	3970	7614
春	춘( ) [平聲/上平 011 眞 진] : 봄 춘	6738	1304	6443	1370
椿	춘( ) [平聲/上平 011 眞 진] : 참죽나무 춘	6739	1305	6444	1371
賰	춘( ) [仄聲/上聲 041 軫 진] : 넉넉할/부유할 춘	6740	3847	6497	4462
出	출( ) [仄聲/入聲 093 質 질] : 날 출	6741	6825	6661	7615
朮	출( ) [仄聲/入聲 093 質 질] : 차조 출	6742	6826	6662	7616
黜	출( ) [仄聲/入聲 093 質 질] : 떨어뜨릴 출	6743	6827	6663	7617
秫	출( ) [仄聲/入聲 093 質 질] : 차조 출	6744	6828	6664	7618
怵	출( ) [仄聲/入聲 093 質 질] : 두려워할 출	6745	6829	6665	7619
絀	출( ) [仄聲/入聲 093 質 질] : 꿰맬 출	6746	6830	6667	7620
絀*	출(굴) [仄聲/入聲 093 質 질] : 굽힐 굴	6747	6831	6666	6178
充	충( ) [平聲/上平 001 東 동] : 채울 충	6748	91	1149	1374
忠	충( ) [平聲/上平 001 東 동] : 충성 충	6749	92	1150	1375
沖	충( ) [平聲/上平 001 東 동] : 화할 충	6750	93	1151	1376
蟲	충( ) [平聲/上平 001 東 동] : 벌레 충	6751	94	1152	1377
衝	충( ) [平聲/上平 002 冬 동] : 찌를 충	6752	191	1250	1378
衷	충( ) [平聲/上平 001 東 동] : 속마음 충	6753	95	1153	1379
忡	충( ) [平聲/上平 001 東 동] : 근심할 충	6754	96	1154	1380
珫	충( ) [平聲/上平 001 東 동] : 귀고리 충	6755	97	1155	1381
悴	췌( ) [仄聲/去聲 063 寘 치] : 근심할/파리할 췌	6756	4866	6972	5717
膵	췌( ) [仄聲/去聲 063 寘 치] : 췌장 췌	6757	4867	6973	5718
萃	췌( ) [仄聲/去聲 063 寘 치] : 모을 췌	6758	4868	6974	5719
贅	췌( ) [仄聲/去聲 067 霽 제] : 군더더기 췌	6759	5243	5544	5720
惴	췌( ) [仄聲/去聲 063 寘 치] : 두려워할 췌	6760	4869	6975	5721
瘁	췌( ) [仄聲/去聲 063 寘 치] : 병들 췌	6761	4870	6976	5722
顇	췌( ) [仄聲/去聲 063 寘 치] : 파리할 췌	6762	4871	6977	5723
揣	취( ) [仄聲/上聲 034 紙 지] : 잴/시험할 취	6763	3468	6172	4463
揣*	취(타) [仄聲/上聲 050 哿 가] : 헤아릴 타	6764	4248	170	4483
取	취( ) [仄聲/上聲 037 麌 우] : 가질 취	6765	3691	4635	4464

배열형식 A (韻族基準)		배열 A	배열 B	배열 C	배열 D
韻族	(*異音) [平仄 : 四聲 韻目No ,韻目 독음] : 略義	운족 가나순	운목 번호순	운목 가나순	사성순
吹	취( ) [平聲/上平 004 支 지] : 불 취	6766	513	5952	1384
嘴	취( ) [仄聲/上聲 034 紙 지] : 부리 취	6767	3469	6173	4465
娶	취( ) [仄聲/去聲 066 遇 우] : 장가들 취	6768	5084	4753	5724
就	취( ) [仄聲/去聲 085 宥 유] : 나아갈 취	6769	6346	5255	7621
炊	취( ) [平聲/上平 004 支 지] : 불땔 취	6770	514	5953	1385
翠	취( ) [仄聲/去聲 063 寘 치] : 물총새 취	6771	4872	6978	5725
聚	취( ) [仄聲/上聲 037 麌 우] : 모을 취	6772	3692	4636	4466
脆	취( ) [仄聲/去聲 067 霽 제] : 무를 취	6773	5244	5545	5726
臭	취( ) [仄聲/去聲 085 宥 유] : 냄새 취	6774	6347	5256	7622
趣	취( ) [仄聲/去聲 066 遇 우] : 추창할/뜻 취	6775	5085	4754	5727
趣*	취(촉) [仄聲/入聲 091 沃 옥] : 재촉할 촉	6776	4545	5098	4460
趣*	취(추) [仄聲/上聲 055 有 유] : 벼슬이름 추	6777	6664	4040	7589
醉	취( ) [仄聲/去聲 063 寘 치] : 취할 취	6778	4873	6979	5728
驟	취( ) [仄聲/去聲 085 宥 유] : 달릴 취	6779	6348	5257	7623
鷲	취( ) [仄聲/去聲 085 宥 유] : 수리 취	6780	6349	5258	7624
毳	취( ) [仄聲/去聲 067 霽 제] : 솜털 취	6781	5245	5546	5729
竁	취( ) [仄聲/去聲 067 霽 제] : 광중팔/쥐구멍팔 취	6782	5246	5547	5730
竁*	취(천) [仄聲/去聲 076 霰 산] : 광중팔/쥐구멍팔 천	6783	5832	2099	5678
膵	취( ) [仄聲/去聲 063 寘 치] : 살찔 취	6784	4874	6980	5731
側	측( ) [仄聲/入聲 102 職 직] : 곁 측	6785	7711	6280	7625
仄	측( ) [仄聲/入聲 102 職 직] : 기울 측	6786	7712	6281	7626
厠	측( ) [仄聲/去聲 063 寘 치] : 뒷간 측	6787	4875	6981	5732
惻	측( ) [仄聲/入聲 102 職 직] : 슬퍼할 측	6788	7713	6282	7627
測	측( ) [仄聲/入聲 102 職 직] : 헤아릴 측	6789	7714	6283	7628
厠*	측(치) [仄聲/去聲 063 寘 치] : 뒷간/버금 치	6790	4876	6982	5737
厠*	측(직) [仄聲/入聲 102 職 직] : 기울 직	6791	7715	6284	7634
昃	측( ) [仄聲/入聲 102 職 직] : 기울 측	6792	7716	6285	7629
畟	측( ) [仄聲/入聲 102 職 직] : 밭갈 측	6793	7717	6286	7630
儭	츤( ) [仄聲/去聲 071 震 진] : 속옷 츤	6794	5551	6570	5733
闖	츰( ) [仄聲/去聲 086 沁 심] : 엿볼 츰	6795	6378	2880	7631
層	층( ) [平聲/下平 025 蒸 증] : 층 층	6796	2813	5658	2986
疐	치( ) [仄聲/去聲 063 寘 치] : 미끄러질 치	6797	4877	6969	5736
疐*	치(체) [仄聲/去聲 067 霽 제] : 꼭지딸 체	6798	5247	5539	5692
侈	치( ) [仄聲/上聲 034 紙 지] : 사치할 치	6799	3470	6174	4468
値	치( ) [仄聲/去聲 063 寘 치] : 값 치	6800	4878	6983	5738
嗤	치( ) [平聲/上平 004 支 지] : 웃을 치	6801	515	5954	1389

A : (189 / 221)

배열형식 A (韻族基準)		배열 A	배열 B	배열 C	배열 D
韻族	(*異音) [平仄 : 四聲 韻目No ,韻目 독음] : 略義	운족 가나순	운목 번호순	운목 가나순	사성순
峙	치( ) [仄聲/上聲 034 紙 지] : 언덕 치	6802	3471	6175	4469
幟	치( ) [仄聲/去聲 063 寘 치] : 깃대/표기/기 치	6803	4879	6984	5739
耻	치( ) [仄聲/上聲 034 紙 지] : 부끄러울 치	6804	3472	6176	4470
梔	치( ) [平聲/上平 004 支 지] : 치자나무 치	6805	516	5955	1390
治	치( ) [平聲/上平 004 支 지] : 다스릴 치	6806	517	5956	1391
淄	치( ) [平聲/上平 004 支 지] : 검은빛 치	6807	518	5957	1392
熾	치( ) [仄聲/去聲 063 寘 치] : 성할 치	6808	4880	6985	5740
痔	치( ) [仄聲/上聲 034 紙 지] : 치질 치	6809	3473	6177	4471
痴	치( ) [平聲/上平 004 支 지] : 어리석을 치	6810	519	5958	1393
癡	치( ) [平聲/上平 004 支 지] : 어리석을 치	6811	520	5959	1394
稚	치( ) [仄聲/去聲 063 寘 치] : 어릴 치	6812	4881	6986	5741
穉	치( ) [仄聲/去聲 063 寘 치] : 어린벼/어린 치	6813	4882	6987	5742
緇	치( ) [平聲/上平 004 支 지] : 검은비단 치	6814	521	5960	1395
緻	치( ) [仄聲/去聲 063 寘 치] : 고울 치	6815	4883	6988	5743
置	치( ) [仄聲/去聲 063 寘 치] : 둘 치	6816	4884	6989	5744
致	치( ) [仄聲/去聲 063 寘 치] : 이를 치	6817	4885	6990	5745
蚩	치( ) [平聲/上平 004 支 지] : 벌레이름 치	6818	522	5961	1396
輜	치( ) [平聲/上平 004 支 지] : 짐수레 치	6819	523	5962	1397
雉	치( ) [仄聲/上聲 034 紙 지] : 꿩 치	6820	3474	6178	4472
馳	치( ) [平聲/上平 004 支 지] : 달릴 치	6821	524	5963	1398
齒	치( ) [仄聲/上聲 034 紙 지] : 이 치	6822	3475	6179	4473
哆	치( ) [仄聲/上聲 050 哿 가] : 클 치	6823	4249	171	4474
寘	치( ) [仄聲/去聲 063 寘 치] : 둘/받아들일 치	6824	4886	6991	5746
畤	치( ) [仄聲/上聲 034 紙 지] : 제[祭]터 치	6825	3476	6180	4475
絺	치( ) [平聲/上平 004 支 지] : 칡베 치	6826	525	5964	1399
菑	치( ) [平聲/上平 004 支 지] : 한해된밭 치	6827	526	5965	1400
菑*	치(재) [平聲/上平 010 灰 회] : 재앙 재	6828	1140	7724	1179
薙	치( ) [仄聲/上聲 034 紙 지] : 풀깎을 치	6829	3477	6181	4476
薙*	치(체) [仄聲/去聲 067 霽 제] : 풀깎을 체	6830	5248	5548	5697
豸	치( ) [仄聲/上聲 034 紙 지] : 발없는벌레 치	6831	3478	6183	4477
豸*	치(채) [仄聲/上聲 034 紙 지] : 발없는벌레 채	6832	3479	6182	4412
錙	치( ) [平聲/上平 004 支 지] : 저울눈 치	6833	527	5966	1401
鴟	치( ) [平聲/上平 004 支 지] : 소리개/올빼미 치	6834	528	5967	1402
椔	치( ) [平聲/上平 004 支 지] : 죽은나무 치	6835	529	5968	1403
觶	치( ) [平聲/上平 004 支 지] : 잔 치	6836	530	5969	1404
鉹	치( ) [平聲/上平 004 支 지] : 시루 치	6837	531	5970	1405

배열형식 A (韻族基準)		배열 A	배열 B	배열 C	배열 D
韻族	(*異音) [平仄 : 四聲 韻目No ,韻目 독음] : 略義	운족 가나순	운목 번호순	운목 가나순	사성순
鷀	치( ) [平聲/上平 004 支 지] : 꿩 치	6838	532	5971	1406
黹	치( ) [仄聲/上聲 034 紙 지] : 바느질할 치	6839	3480	6186	4479
齝	치( ) [平聲/上平 004 支 지] : 새김질할 치	6840	533	5972	1407
則	칙( ) [仄聲/入聲 102 職 직] : 법칙 칙	6841	7718	6287	7635
勅	칙( ) [仄聲/入聲 102 職 직] : 조서 칙	6842	7719	6288	7636
飭	칙( ) [仄聲/入聲 102 職 직] : 신칙할 칙	6843	7720	6289	7637
敕	칙( ) [仄聲/入聲 102 職 직] : 조서 칙	6844	7721	6290	7638
親	친( ) [平聲/上平 012 文 문] : 친할 친	6845	1363	1733	1408
櫬	친( ) [仄聲/去聲 071 震 진] : 무 친	6846	5552	6571	5747
襯	친( ) [仄聲/去聲 071 震 진] : 속옷 친	6847	5553	6572	5748
齔	친( ) [仄聲/去聲 071 震 진] : 이갈 친	6848	5554	6573	5749
七	칠( ) [仄聲/入聲 093 質 질] : 일곱 칠	6849	6832	6668	7639
漆	칠( ) [仄聲/入聲 093 質 질] : 옻 칠	6850	6833	6669	7640
侵	침( ) [平聲/下平 027 侵 침] : 침노할 침	6851	3063	7043	2987
寢	침( ) [仄聲/上聲 056 寢 침] : 잘 침	6852	4569	7074	4480
枕	침( ) [仄聲/去聲 087 勘 감] : 베개 침	6853	6400	430	7642
沈	침( ) [仄聲/上聲 056 寢 침] : 잠길/고요할/빠질 침	6854	4570	7075	4481
沈*	침(심) [平聲/下平 027 侵 침] : 즙낼/성 심	6855	3064	7044	2394
浸	침( ) [仄聲/去聲 086 沁 심] : 잠길 침	6856	6379	2878	7643
琛	침( ) [平聲/下平 027 侵 침] : 보배 침	6857	3065	7045	2988
砧	침( ) [平聲/下平 027 侵 침] : 다듬잇돌 침	6858	3066	7046	2989
針	침( ) [平聲/下平 027 侵 침] : 바늘 침	6859	3067	7047	2990
鍼	침( ) [平聲/下平 029 鹽 염] : 바늘 침	6860	3196	3669	2991
鍼*	침(겸) [平聲/下平 029 鹽 염] : 사람이름 겸	6861	3197	3670	1741
忱	침( ) [平聲/下平 027 侵 침] : 정성 침	6862	3068	7048	2992
祲	침( ) [仄聲/去聲 086 沁 심] : 햇무리 침	6863	6380	2879	7644
綝	침( ) [平聲/下平 027 侵 침] : 사람이름 침	6864	3069	7050	2994
蟄	칩( ) [仄聲/入聲 103 緝 집] : 숨을 칩	6865	7782	6739	7645
秤	칭( ) [仄聲/去聲 085 徑 경] : 저울 칭	6866	6235	5259	7646
稱	칭( ) [仄聲/去聲 085 徑 경] : 일컬을 칭	6867	6236	5260	7647
偁	칭( ) [平聲/下平 025 蒸 증] : 이를 칭	6868	2814	5659	2995
快	쾌( ) [仄聲/去聲 069 卦 괘] : 쾌할 쾌	6869	5365	862	5750
夬	쾌( ) [仄聲/去聲 069 卦 괘] : 나눌 쾌	6870	5366	863	5751
他	타( ) [平聲/下平 020 歌 가] : 다를/남/저 타	6871	2137	121	2999
他*	타(타) [仄聲/去聲 080 箇 개] : 간사할 타	6872	6010	500	7648
咤	타( ) [仄聲/去聲 081 禡 마] : 꾸짖을 타	6873	6057	1468	7649

배열형식 A (韻族基準)		배열 A	배열 B	배열 C	배열 D
韻族	(*異音) [平仄 : 四聲 韻目No ,韻目 독음] : 略義	운족 가나순	운목 번호순	운목 가나순	사성순
唾	타( ) [仄聲/去聲 080 箇 개] : 침 타	6874	6011	501	7650
墮	타( ) [仄聲/上聲 050 哿 가] : 떨어질 타	6875	4250	172	4484
墮*	타(휴) [平聲/上平 004 支 지] : 너뜨릴/게으를 휴	6876	534	5973	1612
妥	타( ) [仄聲/上聲 050 哿 가] : 온당할 타	6877	4251	173	4485
惰	타( ) [仄聲/上聲 050 哿 가] : 게으를 타	6878	4252	174	4486
打	타( ) [仄聲/上聲 054 梗 경] : 칠[打] 타	6879	4432	758	4487
拖	타( ) [平聲/下平 020 歌 가] : 끌 타	6880	2138	122	3000
朶	타( ) [仄聲/上聲 050 哿 가] : 늘어질 타	6881	4253	175	4488
楕	타( ) [仄聲/上聲 050 哿 가] : 타원형(橢의동자) 타	6882	4254	176	4489
舵	타( ) [仄聲/上聲 050 哿 가] : 키 타	6883	4255	177	4490
陀	타( ) [平聲/下平 020 歌 가] : 비탈질 타	6884	2139	123	3001
馱	타( ) [仄聲/去聲 080 箇 개] : 탈 타	6885	6012	502	7651
駝	타( ) [平聲/下平 020 歌 가] : 곱사등이 타	6886	2140	124	3002
佗	타( ) [平聲/下平 020 歌 가] : 저[三人稱] 타	6887	2141	125	3003
橢	타( ) [仄聲/上聲 050 哿 가] : 타원형 타	6888	4256	178	4491
沱	타( ) [平聲/下平 020 歌 가] : 물길가라질 타	6889	2142	126	3004
詫	타( ) [仄聲/去聲 081 禡 마] : 자랑할 타	6890	6058	1469	7652
跎	타( ) [平聲/下平 020 歌 가] : 미끄러질 타	6891	2143	127	3005
鮀	타( ) [平聲/下平 020 歌 가] : 모래무지 타	6892	2144	128	3006
鴕	타( ) [平聲/下平 020 歌 가] : 타조 타	6893	2145	129	3007
它	타( ) [平聲/下平 020 歌 가] : 뱀 타	6894	2146	130	3008
朵	타( ) [仄聲/上聲 050 哿 가] : 떨기(叢) 타	6895	4257	179	4492
牠	타( ) [平聲/下平 020 歌 가] : 뿔없는소 타	6896	2147	131	3009
倬	탁( ) [仄聲/入聲 092 覺 각] : 클 탁	6897	6716	234	7657
卓	탁( ) [仄聲/入聲 092 覺 각] : 높을/책상 탁	6898	6717	235	7658
啄	탁( ) [仄聲/入聲 090 屋 옥] : 쫄(부리) 탁	6899	6593	3971	7659
坼	탁( ) [仄聲/入聲 100 陌 맥] : 터질 탁	6900	7522	1648	7660
托	탁( ) [仄聲/入聲 099 藥 약] : 맡길/밀칠 탁	6901	7337	3004	7662
擢	탁( ) [仄聲/入聲 092 覺 각] : 뽑을 탁	6902	6718	236	7664
晫	탁( ) [仄聲/入聲 092 覺 각] : 밝을 탁	6903	6719	237	7665
柝	탁( ) [仄聲/入聲 099 藥 약] : 열 탁	6904	7338	3007	7666
濁	탁( ) [仄聲/入聲 092 覺 각] : 흐릴 탁	6905	6720	238	7667
濯	탁( ) [仄聲/入聲 092 覺 각] : 씻을 탁	6906	6721	239	7668
琢	탁( ) [仄聲/入聲 092 覺 각] : 다듬을 탁	6907	6722	240	7669
琸	탁( ) [仄聲/入聲 092 覺 각] : 사람이름 탁	6908	6723	241	7670
託	탁( ) [仄聲/入聲 099 藥 약] : 부탁할 탁	6909	7339	3008	7671

A : (192 / 221)

배열형식 A (韻族基準)		배열 A	배열 B	배열 C	배열 D
韻族	(*異音) [平仄 : 四聲 韻目No ,韻目 독음] : 略義	운족 가나순	운목 번호순	운목 가나순	사성순
鐸	탁( ) [仄聲/入聲 099 藥 약] : 방울 탁	6910	7340	3009	7672
拆	탁( ) [仄聲/入聲 100 陌 맥] : 터질 탁	6911	7523	1649	7673
橐	탁( ) [平聲/下平 019 豪 호] : 전대 탁	6912	2055	7524	3011
涿	탁( ) [仄聲/入聲 092 覺 각] : 들을 탁	6913	6724	242	7674
椓	탁( ) [仄聲/入聲 092 覺 각] : 칠 탁	6914	6725	243	7675
踱	탁( ) [仄聲/入聲 099 藥 약] : 맨발 탁	6915	7341	3010	7676
鐲	탁( ) [仄聲/入聲 092 覺 각] : 징 탁	6916	6726	244	7677
馲	탁( ) [仄聲/入聲 099 藥 약] : 약대 탁	6917	7342	3011	7678
馲*	탁(책) [仄聲/入聲 100 陌 맥] : 트기 책	6918	7524	1650	7512
鵫	탁( ) [仄聲/入聲 092 覺 각] : 흰꿩 탁	6919	6727	245	7679
呑	탄( ) [平聲/上平 013 元 원] : 삼킬 탄	6920	1476	4878	1409
嘆	탄( ) [仄聲/去聲 074 翰 한] : 탄식할 탄	6921	5674	7346	5755
坦	탄( ) [仄聲/上聲 044 旱 한] : 평평할 탄	6922	3966	7285	4493
彈	탄( ) [平聲/上平 014 寒 한] : 탄알 탄	6923	1593	7223	1410
憚	탄( ) [仄聲/上聲 044 旱 한] : 꺼릴 탄	6924	3967	7286	4494
歎	탄( ) [平聲/上平 014 寒 한] : 탄식할 탄	6925	1594	7224	1411
灘	탄( ) [平聲/上平 014 寒 한] : 여울 탄	6926	1595	7225	1412
炭	탄( ) [仄聲/去聲 074 翰 한] : 숯 탄	6927	5675	7347	5756
綻	탄( ) [仄聲/去聲 075 諫 간] : 솔기터질 탄	6928	5721	286	5757
誕	탄( ) [仄聲/上聲 044 旱 한] : 낳을/거짓 탄	6929	3968	7287	4495
攤	탄( ) [平聲/上平 014 寒 한] : 열/펼 탄	6930	1596	7226	1413
攤*	탄(난) [仄聲/去聲 074 翰 한] : 누를 난	6931	5676	7348	4865
殫	탄( ) [平聲/上平 014 寒 한] : 다할/두루 탄	6932	1597	7227	1414
癱	탄( ) [平聲/上平 014 寒 한] : 사지 틀릴 탄	6933	1598	7228	1415
僤	탄( ) [仄聲/上聲 046 銑 선] : 재빠를 탄	6934	4072	2439	4496
呑	탄( ) [平聲/上平 013 元 원] : 삼킬 탄	6935	1477	4879	1416
奪	탈( ) [仄聲/入聲 096 曷 갈] : 빼앗을 탈	6936	7030	365	7682
脫	탈( ) [仄聲/入聲 096 曷 갈] : 벗을 탈	6937	7031	367	7683
脫*	탈(태) [仄聲/入聲 096 曷 갈] : 더딜 태	6938	7032	366	7697
棁	탈( ) [仄聲/入聲 098 屑 설] : 지팡이 탈	6939	7203	2577	7684
鵽	탈( ) [仄聲/入聲 096 曷 갈] : 사막꿩 탈	6940	7033	368	7685
探	탐( ) [平聲/下平 028 覃 담] : 찾을 탐	6941	3123	957	3012
眈	탐( ) [平聲/下平 028 覃 담] : 노려볼 탐	6942	3124	958	3013
耽	탐( ) [仄聲/上聲 057 感 감] : 즐길 탐	6943	4603	408	4497
貪	탐( ) [平聲/下平 028 覃 담] : 탐낼 탐	6944	3125	959	3014
撢	탐( ) [仄聲/去聲 087 勘 감] : 더듬을 탐	6945	6401	431	7686

배열형식 A (韻族基準)		배열 A	배열 B	배열 C	배열 D
韻族	(*異音) [平仄 : 四聲 韻目No ,韻目 독음] : 略義	운족 가나순	운목 번호순	운목 가나순	사성순
醓	탐( ) [仄聲/上聲 057 感 감] : 장 탐	6946	4604	409	4498
塔	탑( ) [仄聲/入聲 104 合 합] : 탑 탑	6947	7811	7433	7688
搭	탑( ) [仄聲/入聲 104 合 합] : 모뜰(模也)/박을 탑	6948	7812	7434	7689
搭*	탑(답) [仄聲/入聲 104 合 합] : 붙을/얹을/태울 답	6949	7813	7435	6279
榻	탑( ) [仄聲/入聲 104 合 합] : 걸상 탑	6950	7814	7436	7690
搨	탑( ) [仄聲/入聲 104 合 합] : 베낄 탑	6951	7815	7437	7691
嚃	탑( ) [仄聲/入聲 104 合 합] : 들이마실 탑	6952	7816	7438	7692
漯	탑( ) [仄聲/入聲 104 合 합] : 강이름 탑	6953	7817	7439	7693
宕	탕( ) [仄聲/去聲 082 漾 양] : 방탕할 탕	6954	6124	3398	7694
湯	탕( ) [平聲/下平 022 陽 양] : 끓을 탕	6955	2469	3230	3015
湯*	탕(상) [平聲/下平 022 陽 양] : 출렁거릴 상	6956	2470	3231	2289
蕩	탕( ) [仄聲/上聲 052 養 양] : 클/방탕할 탕	6957	4360	3329	4500
燙	탕( ) [仄聲/去聲 082 漾 양] : 데울/씻을 탕	6958	6125	3399	7695
盪	탕( ) [仄聲/上聲 052 養 양] : 씻을 탕	6959	4361	3330	4501
璗	탕( ) [仄聲/上聲 052 養 양] : 황금 탕	6960	4362	3331	4502
簜	탕( ) [仄聲/上聲 052 養 양] : 피리 탕	6961	4363	3332	4503
蝪	탕( ) [平聲/下平 022 陽 양] : 땅거미 탕	6962	2471	3233	3016
踼	탕( ) [仄聲/去聲 082 漾 양] : 미끄러질 탕	6963	6126	3400	7696
兌	태( ) [仄聲/去聲 068 泰 태] : 기쁠/곧을 태	6964	5301	7113	5762
兌*	태(예) [仄聲/去聲 067 霽 제] : 날카로울 예	6965	5249	5549	5388
太	태( ) [仄聲/去聲 068 泰 태] : 클 태	6966	5302	7114	5763
怠	태( ) [仄聲/上聲 040 賄 회] : 게으를 태	6967	3787	7783	4506
態	태( ) [仄聲/去聲 070 隊 대] : 모습 태	6968	5462	1044	5764
殆	태( ) [仄聲/上聲 040 賄 회] : 위태할 태	6969	3788	7784	4507
汰	태( ) [仄聲/入聲 096 曷 갈] : 지날 태	6970	7034	369	7698
泰	태( ) [仄聲/去聲 068 泰 태] : 클 태	6971	5303	7115	5765
笞	태( ) [平聲/上平 004 支 지] : 매질할 태	6972	535	5975	1419
胎	태( ) [平聲/上平 010 灰 회] : 아이밸 태	6973	1141	7726	1420
苔	태( ) [平聲/上平 010 灰 회] : 이끼 태	6974	1142	7727	1421
跆	태( ) [平聲/上平 010 灰 회] : 밟을 태	6975	1143	7728	1422
邰	태( ) [平聲/上平 010 灰 회] : 나라이름 태	6976	1144	7729	1423
颱	태( ) [平聲/上平 010 灰 회] : 태풍 태	6977	1145	7730	1424
迨	태( ) [仄聲/上聲 040 賄 회] : 미칠(及) 태	6978	3789	7785	4508
駘	태( ) [平聲/上平 010 灰 회] : 둔마 태	6979	1146	7731	1425
鮐	태( ) [平聲/上平 010 灰 회] : 복 태	6980	1147	7732	1426
宅	택( ) [仄聲/入聲 100 陌 맥] : 집/살/자리/정할 택	6981	7525	1505	7699

배열형식 A (韻族基準)		배열 A	배열 B	배열 C	배열 D
韻族	(*異音) [平仄 : 四聲 韻目No ,韻目 독음] : 略義	운족 가나순	운목 번호순	운목 가나순	사성순
宅*	택(댁) [仄聲/入聲 100 陌 맥] : 집안 댁	6982	7526	1506	6281
宅	택( ) [仄聲/入聲 100 陌 맥] : 집 택	6983	7527	1652	7700
宅*	택(댁) [仄聲/入聲 100 陌 맥] : (존칭)남의아내 댁	6984	7528	1651	6282
擇	택( ) [仄聲/入聲 100 陌 맥] : 가릴 택	6985	7529	1653	7701
撐	탱( ) [平聲/下平 023 庚 경] : 버틸(撑의俗字) 탱	6986	2652	655	3017
撑	탱( ) [平聲/下平 023 庚 경] : 버틸/취할/헤칠 탱	6987	2653	656	3018
攄	터( ) [平聲/上平 006 魚 어] : 펼 터	6988	687	3481	1427
兎	토( ) [仄聲/去聲 066 遇 우] : 토끼 토	6989	5086	4756	5767
兔	토( ) [仄聲/去聲 066 遇 우] : 토끼 토	6990	5087	4758	5768
吐	토( ) [仄聲/去聲 066 遇 우] : 토할 토	6991	5088	4757	5769
土	토( ) [仄聲/上聲 037 麌 우] : 흙 토	6992	3693	4637	4509
土*	토(두) [平聲/上平 007 虞 우] : 뿅뿌리 두	6993	890	4301	306
討	토( ) [仄聲/上聲 049 皓 호] : 칠 토	6994	4208	7587	4510
套	토( ) [仄聲/去聲 079 號 호] : 씌울/겹질 토	6995	5979	7640	7703
套*	토(투) [仄聲/上聲 049 皓 호] : 전례(前例也) 투	6996	4209	7588	4515
哼	톤( ) [平聲/上平 013 元 원] : 입김 톤	6997	1478	4880	1428
慟	통( ) [仄聲/去聲 060 送 송] : 서러워할 통	6998	4686	2841	5770
痛	통( ) [仄聲/去聲 060 送 송] : 아플 통	6999	4687	2842	5771
筒	통( ) [平聲/上平 001 東 동] : 대롱 통	7000	98	1156	1430
統	통( ) [仄聲/去聲 061 宋 송] : 거느릴 통	7001	4703	2858	5772
通	통( ) [平聲/上平 001 東 동] : 통할 통	7002	99	1157	1431
恫	통( ) [平聲/上平 001 東 동] : 상심할 통	7003	100	1158	1432
篛	통( ) [平聲/上平 001 東 동] : 상심할 통	7004	101	1159	1433
堆	퇴( ) [平聲/上平 010 灰 회] : 흙무더기 퇴	7005	1148	7733	1440
腿	퇴( ) [仄聲/上聲 040 賄 회] : 다리살 퇴	7006	3790	7786	4514
褪	퇴( ) [仄聲/去聲 073 願 원] : 벗을 퇴	7007	5616	4938	5773
退	퇴( ) [仄聲/去聲 070 隊 대] : 물러날 퇴	7008	5463	1045	5774
頹	퇴( ) [平聲/上平 010 灰 회] : 질풍 퇴	7009	1149	7734	1441
蓷	퇴( ) [平聲/上平 004 支 지] : 익모초 퇴	7010	536	5976	1442
蘈	퇴( ) [平聲/上平 010 灰 회] : 참소리쟁이 퇴	7011	1150	7735	1443
偸	투( ) [平聲/下平 026 尤 우] : 훔칠 투	7012	3010	4520	3021
妬	투( ) [仄聲/去聲 066 遇 우] : 시새울/겹칠 투	7013	5089	4759	5775
投	투( ) [平聲/下平 026 尤 우] : 던질 투	7014	3011	4521	3022
透	투( ) [仄聲/去聲 085 宥 유] : 사무칠 투	7015	6350	5261	7704
鬪	투( ) [仄聲/去聲 085 宥 유] : 싸움 투	7016	6351	5262	7705
妒	투( ) [仄聲/去聲 066 遇 우] : 투기할 투	7017	5090	4760	5776

배열형식 A (韻族基準)		배열 A	배열 B	배열 C	배열 D
韻族	(*異音) [平仄 : 四聲 韻目No ,韻目 독음] : 略義	운족 가나순	운목 번호순	운목 가나순	사성순
渝	투( ) [平聲/上平 007 虞 우] : 달라질 투	7018	891	4302	1444
骰	투( ) [平聲/下平 026 尤 우] : 주사위 투	7019	3012	4522	3023
慝	특( ) [仄聲/入聲 102 職 직] : 악할 특	7020	7722	6291	7708
特	특( ) [仄聲/入聲 102 職 직] : 특별할 특	7021	7723	6292	7709
忒	특( ) [仄聲/入聲 102 職 직] : 변할 특	7022	7724	6293	7710
帕	파( ) [仄聲/去聲 081 禡 마] : 머리동이수건 파	7023	6059	1440	7711
坡	파( ) [平聲/下平 020 歌 가] : 언덕 파	7024	2148	132	3027
婆	파( ) [平聲/下平 020 歌 가] : 할미 파	7025	2149	133	3028
巴	파( ) [平聲/下平 021 麻 마] : 땅이름 파	7026	2247	1374	3029
把	파( ) [仄聲/上聲 051 馬 마] : 잡을 파	7027	4293	1422	4516
播	파( ) [仄聲/去聲 080 箇 개] : 뿌릴 파	7028	6013	503	7712
擺	파( ) [仄聲/上聲 039 蟹 해] : 열릴 파	7029	3752	7459	4517
杷	파( ) [平聲/下平 021 麻 마] : 비파나무 파	7030	2248	1375	3030
波	파( ) [平聲/下平 020 歌 가] : 물결 파	7031	2150	134	3031
派	파( ) [仄聲/去聲 069 卦 괘] : 갈래 파	7032	5367	864	5777
爬	파( ) [平聲/下平 021 麻 마] : 긁을 파	7033	2249	1376	3032
琶	파( ) [平聲/下平 021 麻 마] : 비파 파	7034	2250	1377	3033
破	파( ) [仄聲/去聲 080 箇 개] : 깨뜨릴 파	7035	6014	504	7713
芭	파( ) [平聲/下平 021 麻 마] : 풀이름 파	7036	2251	1378	3034
跛	파( ) [仄聲/上聲 050 哿 가] : 절뚝발이 파	7037	4258	180	4518
跛*	파(피) [仄聲/去聲 063 寘 치] : 기울어지게설 피	7038	4887	6993	5831
頗	파( ) [平聲/下平 020 歌 가] : 자못 파	7039	2151	135	3035
叵	파( ) [仄聲/上聲 050 哿 가] : 어려울 파	7040	4259	181	4519
怕	파( ) [仄聲/去聲 081 禡 마] : 두려울/아마 파	7041	6060	1471	7715
灞	파( ) [仄聲/去聲 081 禡 마] : 물이름(패는俗音) 파	7042	6061	1472	7716
爸	파( ) [仄聲/上聲 051 馬 마] : 아비/아버지 파	7043	4294	1423	4520
皤	파( ) [平聲/下平 020 歌 가] : 머리센모양 파	7044	2152	136	3036
葩	파( ) [平聲/下平 021 麻 마] : 꽃 파	7045	2252	1379	3037
壩	파( ) [仄聲/去聲 081 禡 마] : 방죽 파	7046	6062	1473	7717
嶓	파( ) [平聲/下平 020 歌 가] : 산이름 파	7047	2153	137	3038
疤	파( ) [平聲/下平 021 麻 마] : 흉터 파	7048	2253	1380	3039
判	판( ) [仄聲/去聲 074 翰 한] : 판단할 판	7049	5677	7349	5778
坂	판( ) [仄聲/上聲 043 阮 완] : 언덕/산비탈 판	7050	3916	4096	4521
板	판( ) [仄聲/上聲 045 潸 산] : 널 판	7051	3990	1990	4522
版	판( ) [仄聲/上聲 045 潸 산] : 조각 판	7052	3991	1991	4523
瓣	판( ) [仄聲/去聲 075 諫 간] : 외씨 판	7053	5722	287	5779

배열형식 A (韻族基準)		배열 A	배열 B	배열 C	배열 D
韻族	(*異音) [平仄 : 四聲 韻目No ,韻目 독음] : 略義	운족 가나순	운목 번호순	운목 가나순	사성순
販	판( ) [仄聲/去聲 073 願 원] : 팔 판	7054	5617	4939	5780
辦	판( ) [仄聲/去聲 075 諫 간] : 힘쓸 판	7055	5723	288	5781
鈑	판( ) [仄聲/上聲 045 潸 산] : 금박 판	7056	3992	1992	4524
阪	판( ) [仄聲/上聲 043 阮 완] : 언덕 판	7057	3917	4097	4525
八	팔( ) [仄聲/入聲 097 黠 힐] : 여덟 팔	7058	7067	7936	7719
叭	팔( ) [仄聲/入聲 096 曷 갈] : 입벌릴/나팔 팔	7059	7035	370	7720
捌	팔( ) [仄聲/入聲 097 黠 힐] : 깨뜨릴 팔	7060	7068	7937	7721
佩	패( ) [仄聲/去聲 070 隊 대] : 노리개/찰 패	7061	5464	1046	5784
唄	패( ) [仄聲/去聲 069 卦 괘] : 인도노래 패	7062	5368	865	5785
悖	패( ) [仄聲/去聲 070 隊 대] : 어그러질 패	7063	5465	1047	5786
悖*	패(발) [仄聲/入聲 095 月 월] : 거스를 발	7064	6948	5002	6577
敗	패( ) [仄聲/去聲 069 卦 괘] : 패할 패	7065	5369	866	5787
沛	패( ) [仄聲/去聲 068 泰 태] : 늪 패	7066	5304	7116	5788
浿	패( ) [仄聲/去聲 068 泰 태] : 강이름 패	7067	5305	7117	5789
牌	패( ) [平聲/上平 009 佳 가] : 방붙일/호패 패	7068	1051	40	1447
牌*	패(배) [平聲/上平 009 佳 가] : 방붙일/호패 배	7069	1052	39	567
狽	패( ) [仄聲/去聲 068 泰 태] : 이리 패	7070	5306	7118	5790
稗	패( ) [仄聲/去聲 069 卦 괘] : 피 패	7071	5370	867	5791
覇	패( ) [仄聲/去聲 081 禡 마] : 으뜸/패왕 패	7072	6063	1474	7724
覇*	패(백) [仄聲/入聲 100 陌 맥] : 달력 백	7073	7530	1656	6595
貝	패( ) [仄聲/去聲 068 泰 태] : 조개 패	7074	5307	7119	5792
孛	패( ) [仄聲/去聲 064 未 미] : 혜성 패	7075	4924	1931	5793
孛*	패(발) [仄聲/入聲 095 月 월] : 살별/요기[妖氣] 발	7076	6949	5003	6578
旆	패( ) [仄聲/去聲 068 泰 태] : 기/깃발날릴 패	7077	5308	7120	5794
珮	패( ) [仄聲/去聲 070 隊 대] : 찰 패	7078	5466	1048	5795
霸	패( ) [仄聲/去聲 081 禡 마] : 으뜸/패왕 패	7079	6064	1475	7725
霸*	패(백) [仄聲/入聲 100 陌 맥] : 달력 백	7080	7531	1657	6596
彭	팽( ) [平聲/下平 023 庚 경] : 성/땅이름/방패 팽	7081	2654	657	3043
彭*	팽(방) [平聲/下平 022 陽 양] : 가까울/장할 방	7082	2472	3234	2189
澎	팽( ) [平聲/下平 023 庚 경] : 물부딪치는소리 팽	7083	2655	658	3044
烹	팽( ) [平聲/下平 023 庚 경] : 삶을 팽	7084	2656	659	3045
膨	팽( ) [仄聲/去聲 084 敬 경] : 배불룩할 팽	7085	6184	814	7726
伻	팽( ) [平聲/下平 023 庚 경] : 심부름꾼 팽	7086	2657	660	3046
愎	퍅( ) [仄聲/入聲 102 職 직] : 괴팍할 퍅	7087	7725	6294	7727
便	편( ) [仄聲/去聲 076 霰 산] : 편할 편	7088	5833	2100	5797
便*	편(변) [平聲/下平 016 先 선] : 똥오줌 변	7089	1807	2347	2195

배열형식 A (韻族基準)		배열 A	배열 B	배열 C	배열 D
韻族	(*異音) [平仄 : 四聲 韻目No ,韻目 독음] : 略義	운족 가나순	운목 번호순	운목 가나순	사성순
偏	편( ) [平聲/下平 016 先 선] : 치우칠 편	7090	1808	2348	3048
扁	편( ) [平聲/下平 016 先 선] : 특별할/작을/거룻배 편	7091	1809	2349	3049
扁*	편(변) [仄聲/上聲 046 銑 선] : 현판/낮을 변	7092	4073	2440	3759
片	편( ) [仄聲/去聲 076 霰 산] : 조각 편	7093	5834	2101	5798
篇	편( ) [平聲/下平 016 先 선] : 책 편	7094	1810	2350	3050
編	편( ) [平聲/下平 016 先 선] : 책편/엮을/기록할 편	7095	1811	2351	3051
編*	편(변) [仄聲/上聲 046 銑 선] : 땋을 변	7096	4074	2441	3760
翩	편( ) [平聲/下平 016 先 선] : 빨리날 편	7097	1812	2352	3052
遍	편( ) [仄聲/去聲 076 霰 산] : 두루 편	7098	5835	2102	5799
鞭	편( ) [平聲/下平 016 先 선] : 채찍 편	7099	1813	2353	3053
騙	편( ) [仄聲/去聲 076 霰 산] : 뛰어오를/속일 편	7100	5836	2103	5800
蝙	편( ) [平聲/下平 016 先 선] : 박쥐 편	7101	1814	2354	3054
貶	폄( ) [仄聲/上聲 058 琰 염] : 깎아내릴/낮출 폄	7102	4651	3717	4528
砭	폄( ) [平聲/下平 029 鹽 염] : 돌침 폄	7103	3198	3671	3057
窆	폄( ) [仄聲/去聲 088 豔 염] : 하관할 폄	7104	6421	3738	7728
硼	평( ) [平聲/下平 023 庚 경] : 평돌 평	7105	2658	564	3058
硼*	평(붕) [平聲/下平 023 庚 경] : 붕사 붕	7106	2659	563	2220
坪	평( ) [平聲/下平 023 庚 경] : 들 평	7107	2660	661	3059
平	평( ) [平聲/下平 023 庚 경] : 평탄할 평	7108	2661	662	3060
平*	평(편) [平聲/下平 016 先 선] : 편편할 편	7109	1815	2356	3056
枰	평( ) [平聲/下平 023 庚 경] : 바둑판 평	7110	2662	663	3061
萍	평( ) [平聲/下平 024 靑 청] : 개구리밥 평	7111	2747	6809	3062
評	평( ) [平聲/下平 023 庚 경] : 평할 평	7112	2663	664	3063
抨	평( ) [平聲/下平 023 庚 경] : 탄핵할 평	7113	2664	665	3064
泙	평( ) [平聲/下平 023 庚 경] : 물소리 평	7114	2665	666	3065
吠	폐( ) [仄聲/去聲 070 隊 대] : 짖을 폐	7115	5467	1049	5802
嬖	폐( ) [仄聲/去聲 067 霽 제] : 사랑할 폐	7116	5250	5550	5803
幣	폐( ) [仄聲/去聲 067 霽 제] : 화폐 폐	7117	5251	5551	5804
廢	폐( ) [仄聲/去聲 070 隊 대] : 폐할/버릴 폐	7118	5468	1050	5805
弊	폐( ) [仄聲/去聲 067 霽 제] : 폐단/해칠 폐	7119	5252	5552	5806
斃	폐( ) [仄聲/去聲 067 霽 제] : 넘어질 폐	7120	5253	5553	5807
肺	폐( ) [仄聲/去聲 070 隊 대] : 허파/마음속 폐	7121	5469	1051	5808
肺*	폐(패) [仄聲/去聲 070 隊 대] : 성할 패	7122	5470	1052	5796
蔽	폐( ) [仄聲/去聲 067 霽 제] : 덮을 폐	7123	5254	5554	5809
閉	폐( ) [仄聲/去聲 067 霽 제] : 닫을/마칠//가릴 폐	7124	5255	5555	5810
閉*	폐(별) [仄聲/入聲 098 屑 설] : 막을/감출 별	7125	7204	2578	6629

A : (198 / 221)

배열형식 A (韻族基準)		배열 A	배열 B	배열 C	배열 D
韻族	(*異音) [平仄 : 四聲 韻目No ,韻目 독음] : 略義	운족 가나순	운목 번호순	운목 가나순	사성순
陛	폐( ) [仄聲/上聲 038 薺 제] : 섬돌 폐	7126	3741	5405	4530
敝	폐( ) [仄聲/去聲 067 霽 제] : 해질 폐	7127	5256	5556	5811
佈	포( ) [仄聲/去聲 066 遇 우] : 펼 포	7128	5091	4761	5812
包	포( ) [平聲/下平 018 肴 효] : 쌀 포	7129	1973	7816	3066
匍	포( ) [平聲/上平 007 虞 우] : 기어갈 포	7130	892	4303	1448
匏	포( ) [平聲/下平 018 肴 효] : 박 포	7131	1974	7817	3067
咆	포( ) [平聲/下平 018 肴 효] : 으르렁거릴 포	7132	1975	7818	3068
哺	포( ) [仄聲/去聲 066 遇 우] : 맘먹을/먹일 포	7133	5092	4762	5813
圃	포( ) [仄聲/去聲 066 遇 우] : 남새밭 포	7134	5093	4763	5814
布	포( ) [仄聲/去聲 066 遇 우] : 베 포	7135	5094	4764	5815
怖	포( ) [仄聲/去聲 066 遇 우] : 두려워할 포	7136	5095	4765	5816
抛	포( ) [平聲/下平 018 肴 효] : 버릴 포	7137	1976	7819	3069
抱	포( ) [仄聲/上聲 049 皓 호] : 안을 포	7138	4210	7589	4531
捕	포( ) [仄聲/去聲 066 遇 우] : 잡을 포	7139	5096	4766	5817
暴	포( ) [仄聲/去聲 079 號 호] : 사나울 포	7140	5980	7641	7729
暴*	포(폭) [仄聲/入聲 090 屋 옥] : 햇빛쪼일 폭	7141	6594	3972	7736
泡	포( ) [平聲/下平 018 肴 효] : 거품 포	7142	1977	7820	3070
浦	포( ) [仄聲/上聲 037 麌 우] : 개 포	7143	3694	4638	4532
疱	포( ) [仄聲/去聲 078 效 효] : 마마 포	7144	5933	7859	5818
砲	포( ) [仄聲/去聲 078 效 효] : 대포 포	7145	5934	7860	5819
胞	포( ) [平聲/下平 018 肴 효] : 세포 포	7146	1978	7821	3071
脯	포( ) [仄聲/上聲 037 麌 우] : 재물서로보낼 포	7147	3695	4639	4533
苞	포( ) [平聲/下平 018 肴 효] : 나무밑동 포	7148	1979	7822	3072
葡	포( ) [平聲/上平 007 虞 우] : 포도 포	7149	893	4304	1449
蒲	포( ) [平聲/上平 007 虞 우] : 부들 포	7150	894	4305	1450
袍	포( ) [平聲/下平 019 豪 호] : 솜옷 포	7151	2056	7525	3073
褒	포( ) [平聲/下平 019 豪 호] : 기릴 포	7152	2057	7526	3074
逋	포( ) [平聲/上平 007 虞 우] : 달아날 포	7153	895	4306	1451
鋪	포( ) [平聲/上平 007 虞 우] : 가게 포	7154	896	4307	1452
飽	포( ) [仄聲/上聲 048 巧 교] : 배부를 포	7155	4151	901	4534
鮑	포( ) [仄聲/上聲 048 巧 교] : 절인물고기 포	7156	4152	902	4535
庖	포( ) [平聲/下平 018 肴 효] : 부엌 포	7157	1980	7823	3075
晡	포( ) [平聲/上平 007 虞 우] : 신시(申時) 포	7158	897	4308	1453
炮	포( ) [平聲/下平 018 肴 효] : 통째로구울 포	7159	1981	7824	3076
舖	포( ) [平聲/上平 007 虞 우] : 펼 포	7160	898	4309	1454
餔	포( ) [平聲/上平 007 虞 우] : 먹을/먹일 포	7161	899	4310	1455

A : (199 / 221)

배열형식 A (韻族基準)		배열 A	배열 B	배열 C	배열 D
韻族	(*異音) [平仄 : 四聲 韻目No ,韻目 독음] : 略義	운족 가나순	운목 번호순	운목 가나순	사성순
抛	포( ) [平聲/下平 018 肴 효] : 던질 포	7162	1982	7825	3077
皰	포( ) [仄聲/入聲 092 覺 각] : 오리 포	7163	6728	246	7730
皰	포( ) [仄聲/去聲 078 效 효] : 여드름/부풀 포	7164	5935	7861	5820
虣	포( ) [仄聲/去聲 079 號 호] : 사나울 포	7165	5981	7642	7731
酺	포( ) [平聲/上平 007 虞 우] : 잔치술 포	7166	900	4312	1456
曝	포( ) [仄聲/去聲 079 號 호] : 볕/볕쏘일 포	7167	5982	7644	7733
曝*	포(폭) [仄聲/入聲 090 屋 옥] : 햇볕에말릴 폭	7168	6595	3975	7739
瀑	포( ) [仄聲/去聲 079 號 호] : 소나기/물거품 포	7169	5983	7645	7734
瀑*	포(폭) [仄聲/入聲 090 屋 옥] : 폭포수 폭	7170	6596	3976	7740
幅	폭( ) [仄聲/入聲 090 屋 옥] : 폭/가득찰 폭	7171	6597	3973	7737
幅*	폭(핍) [仄聲/入聲 102 職 직] : 행전 핍	7172	7726	6295	7764
暴	폭( ) [仄聲/入聲 090 屋 옥] : 사나울 폭	7173	6598	3974	7738
暴*	폭(포) [仄聲/去聲 079 號 호] : 볕/볕쏘일 포	7174	5984	7643	7732
爆	폭( ) [仄聲/去聲 078 效 효] : 폭발할 폭	7175	5936	7862	5821
爆*	폭(박) [仄聲/入聲 092 覺 각] : 지질/태울 박	7176	6729	247	6560
麃	표( ) [平聲/下平 017 蕭 소] : 위험스러울 표	7177	1926	2687	3080
麃*	표(포) [平聲/下平 018 肴 효] : 노루 포	7178	1983	7827	3079
俵	표( ) [仄聲/去聲 077 嘯 소] : 나누어줄 표	7179	5905	2815	5822
剽	표( ) [平聲/下平 017 蕭 소] : 표독할 표	7180	1927	2688	3081
彪	표( ) [平聲/下平 026 尤 우] : 빠를 표	7181	3013	4523	3082
慓	표( ) [仄聲/去聲 077 嘯 소] : 날랠 표	7182	5906	2816	5823
杓	표( ) [平聲/下平 017 蕭 소] : 북두자루 표	7183	1928	2689	3083
杓*	표(작) [仄聲/入聲 099 藥 약] : 당길/묶일 작	7184	7343	3012	7247
標	표( ) [平聲/下平 017 蕭 소] : 표할 표	7185	1929	2690	3084
漂	표( ) [仄聲/去聲 077 嘯 소] : 떠다닐 표	7186	5907	2817	5824
瓢	표( ) [平聲/下平 017 蕭 소] : 박 표	7187	1930	2691	3085
票	표( ) [平聲/下平 017 蕭 소] : 문서/표/쪽지 표	7188	1931	2692	3086
表	표( ) [仄聲/上聲 047 篠 소] : 겉 표	7189	4126	2754	4536
豹	표( ) [仄聲/去聲 078 效 효] : 표범 표	7190	5937	7863	5825
颷	표( ) [平聲/下平 017 蕭 소] : 회호리바람 표	7191	1932	2693	3087
飄	표( ) [平聲/下平 017 蕭 소] : 회오리바람 표	7192	1933	2694	3088
驃	표( ) [仄聲/去聲 077 嘯 소] : 날랠 표	7193	5908	2818	5826
嫖	표( ) [仄聲/去聲 077 嘯 소] : 날랠 표	7194	5909	2819	5827
摽	표( ) [仄聲/去聲 077 嘯 소] : 칠 표	7195	5910	2820	5828
縹	표( ) [仄聲/上聲 047 篠 소] : 옥색빛 표	7196	4127	2755	4537
鏢	표( ) [平聲/下平 017 蕭 소] : 칼끝 표	7197	1934	2695	3089

배열형식 A (韻族基準)		배열 A	배열 B	배열 C	배열 D
韻族	(*異音) [平仄 : 四聲 韻目No ,韻目 독음] : 略義	운족 가나순	운목 번호순	운목 가나순	사성순
鑣	표( ) [平聲/下平 017 蕭 소] : 재갈 표	7198	1935	2696	3090
婊	표( ) [仄聲/上聲 047 篠 소] : 창녀 표	7199	4128	2756	4538
猋	표( ) [平聲/下平 017 蕭 소] : 회오리바람 표	7200	1936	2697	3091
穮	표( ) [平聲/下平 017 蕭 소] : 김맬 표	7201	1937	2698	3092
蔈	표( ) [仄聲/上聲 047 篠 소] : 떨어질 표	7202	4129	2757	4539
藨	표( ) [平聲/下平 017 蕭 소] : 쥐눈이콩 표	7203	1938	2699	3093
鰾	표( ) [平聲/下平 017 蕭 소] : 뭍에사는조개 표	7204	1939	2700	3094
飆	표( ) [平聲/下平 017 蕭 소] : 회호리바람 표	7205	1940	2701	3095
品	품( ) [仄聲/上聲 057 感 감] : 물건 품	7206	4605	410	4540
稟	품( ) [仄聲/上聲 056 寢 침] : 받을 품	7207	4571	7077	4541
楓	풍( ) [平聲/上平 001 東 동] : 단풍 풍	7208	102	1160	1457
諷	풍( ) [仄聲/去聲 060 送 송] : 욀 풍	7209	4688	2843	5829
豊	풍( ) [平聲/上平 001 東 동] : 풍년 풍	7210	103	1161	1458
風	풍( ) [平聲/上平 001 東 동] : 바람 풍	7211	104	1162	1459
瘋	풍( ) [平聲/上平 001 東 동] : 두풍 풍	7212	105	1164	1461
葑	풍( ) [仄聲/去聲 062 絳 강] : 무 풍	7213	4709	474	5830
灃	풍( ) [平聲/上平 001 東 동] : 강이름 풍	7214	106	1165	1462
豐	풍( ) [平聲/上平 001 東 동] : 풍년 풍	7215	107	1166	1463
罷	피( ) [平聲/上平 004 支 지] : 느른할/고달플 피	7216	537	5977	1464
罷*	피(파) [仄聲/去聲 081 禡 마] : 파할/내칠 파	7217	3753	7460	4526
罷*	피(패) [仄聲/上聲 039 蟹 해] : 그칠/귀양보낼 패	7218	6065	1470	7714
彼	피( ) [仄聲/上聲 034 紙 지] : 저/저것 피	7219	3481	6187	4542
披	피( ) [平聲/上平 004 支 지] : 헤칠 피	7220	538	5978	1465
疲	피( ) [平聲/上平 004 支 지] : 피곤할 피	7221	539	5979	1466
皮	피( ) [平聲/上平 004 支 지] : 가죽 피	7222	540	5980	1467
被	피( ) [仄聲/上聲 034 紙 지] : 입을 피	7223	3482	6188	4543
避	피( ) [仄聲/去聲 063 寘 치] : 피할 피	7224	4888	6994	5832
陂	피( ) [平聲/上平 004 支 지] : 비탈 피	7225	541	5981	1468
辟	피( ) [仄聲/上聲 034 紙 지] : 피할 피	7226	3483	6189	4544
辟*	피(벽) [仄聲/入聲 101 錫 석] : 법/부를/편벽될 벽	7227	7623	2190	6622
蘢	피( ) [平聲/上平 004 支 지] : 풀이름 피	7228	542	5982	1469
匹	필( ) [仄聲/入聲 093 質 질] : 짝 필	7229	6834	6670	7746
匹*	필(목) [仄聲/入聲 090 屋 옥] : 집오리 목	7230	6599	3977	6510
弼	필( ) [仄聲/入聲 093 質 질] : 도울 필	7231	6835	6671	7747
必	필( ) [仄聲/入聲 093 質 질] : 반드시 필	7232	6836	6672	7748
珌	필( ) [仄聲/入聲 093 質 질] : 칼장식옥 필	7233	6837	6674	7750

배열형식 A (韻族基準)		배열 A	배열 B	배열 C	배열 D
韻族	(*異音) [平仄 : 四聲 韻目No ,韻目 독음] : 略義	운족 가나순	운목 번호순	운목 가나순	사성순
畢	필( ) [仄聲/入聲 093 質 질] : 마칠 필	7234	6838	6675	7751
筆	필( ) [仄聲/入聲 093 質 질] : 붓 필	7235	6839	6677	7753
苾	필( ) [仄聲/入聲 093 質 질] : 향기날 필	7236	6840	6678	7754
馝	필( ) [仄聲/入聲 093 質 질] : 향기로울 필	7237	6841	6679	7755
佖	필( ) [仄聲/入聲 093 質 질] : 점잖을 필	7238	6842	6680	7756
篳	필( ) [仄聲/入聲 093 質 질] : 대사립문 필	7239	6843	6681	7757
蹕	필( ) [仄聲/入聲 093 質 질] : 길치울 필	7240	6844	6682	7758
韠	필( ) [仄聲/入聲 093 質 질] : 무릎보호대(蔽膝) 필	7241	6845	6683	7759
鵯	필( ) [仄聲/入聲 093 質 질] : 갈가마귀 필	7242	6846	6684	7760
縪	필( ) [仄聲/入聲 093 質 질] : 그칠/관솔기 필	7243	6847	6685	7761
邲	필( ) [仄聲/去聲 063 寘 치] : 땅이름 필	7244	4889	6996	5833
鉍	필( ) [仄聲/入聲 093 質 질] : 창자루 필	7245	6848	6686	7762
乏	핍( ) [仄聲/入聲 106 洽 흡] : 떨어질 핍	7246	7934	7899	7765
逼	핍( ) [仄聲/入聲 102 職 직] : 닥칠 핍	7247	7727	6297	7766
鴔	핍( ) [仄聲/入聲 103 緝 집] : 오디새 핍	7248	7783	6740	7767
下	하( ) [仄聲/上聲 051 馬 마] : 아래 하	7249	4295	1424	4545
何	하( ) [平聲/下平 020 歌 가] : 어찌 하	7250	2154	138	3097
厦	하( ) [仄聲/上聲 051 馬 마] : 큰집 하	7251	4296	1425	4546
夏	하( ) [仄聲/去聲 081 禡 마] : 여름 하	7252	6066	1476	7768
廈	하( ) [仄聲/上聲 051 馬 마] : 큰집 하	7253	4297	1426	4547
河	하( ) [平聲/下平 020 歌 가] : 물 하	7254	2155	139	3098
瑕	하( ) [平聲/下平 021 麻 마] : 티/허물 하	7255	2254	1381	3099
荷	하( ) [平聲/下平 020 歌 가] : 멜 하	7256	2156	140	3100
蝦	하( ) [平聲/下平 021 麻 마] : 새우/두꺼비 하	7257	2255	1382	3101
賀	하( ) [仄聲/去聲 080 箇 개] : 하례할 하	7258	6015	505	7769
遐	하( ) [平聲/下平 021 麻 마] : 멀 하	7259	2256	1383	3102
霞	하( ) [平聲/下平 021 麻 마] : 노을 하	7260	2257	1384	3103
鰕	하( ) [平聲/下平 021 麻 마] : 새우 하	7261	2258	1385	3104
呀	하( ) [平聲/下平 021 麻 마] : 입 벌릴 하	7262	2259	1386	3105
嚇	하( ) [仄聲/入聲 100 陌 맥] : 웃을 하	7263	7532	1658	7770
罅	하( ) [仄聲/去聲 081 禡 마] : 틈 하	7264	6067	1477	7771
苄	하( ) [仄聲/去聲 081 禡 마] : 지황[地黃] 하	7265	6068	1478	7772
葭	하( ) [平聲/下平 021 麻 마] : 연잎 하	7266	2260	1387	3106
壑	학( ) [仄聲/入聲 099 藥 약] : 골/구렁 학	7267	7344	3013	7774
學	학( ) [仄聲/入聲 092 覺 각] : 배울 학	7268	6730	248	7775
虐	학( ) [仄聲/入聲 099 藥 약] : 모질 학	7269	7345	3014	7776

배열형식 A (韻族基準)		배열 A	배열 B	배열 C	배열 D
韻族	(*異音) [平仄 : 四聲 韻目No ,韻目 독음] : 略義	운족 가나순	운목 번호순	운목 가나순	사성순
謔	학( ) [仄聲/入聲 099 藥 약] : 농할 학	7270	7346	3015	7777
鶴	학( ) [仄聲/入聲 099 藥 약] : 학 학	7271	7347	3016	7778
瘧	학( ) [仄聲/入聲 099 藥 약] : 학질 학	7272	7348	3017	7779
鷽	학( ) [仄聲/入聲 092 覺 각] : 메까치 학	7273	6731	249	7780
邯	한( ) [平聲/上平 014 寒 한] : 조나라서울 한	7274	1599	7140	1471
邯*	한(함) [平聲/下平 028 覃 담] : 조나라서울 함	7275	3126	911	3107
寒	한( ) [平聲/上平 014 寒 한] : 찰 한	7276	1600	7229	1472
恨	한( ) [仄聲/去聲 073 願 원] : 한 한	7277	5618	4940	5835
悍	한( ) [仄聲/上聲 045 潸 산] : 사나울 한	7278	3993	1993	4548
旱	한( ) [仄聲/上聲 044 旱 한] : 가물 한	7279	3969	7288	4549
汗	한( ) [平聲/上平 014 寒 한] : 땀 한	7280	1601	7230	1473
漢	한( ) [仄聲/去聲 074 翰 한] : 한수/한나라 한	7281	5678	7350	5836
澣	한( ) [仄聲/上聲 044 旱 한] : 빨/씻을 한	7282	3970	7289	4550
瀚	한( ) [仄聲/去聲 074 翰 한] : 빨래 한	7283	5679	7351	5837
罕	한( ) [仄聲/上聲 044 旱 한] : 드물 한	7284	3971	7290	4551
翰	한( ) [平聲/上平 014 寒 한] : 편지 한	7285	1602	7231	1474
閑	한( ) [平聲/上平 015 刪 산] : 한가할 한	7286	1642	1966	1475
閒	한( ) [平聲/上平 015 刪 산] : 한가할 한	7287	1643	1967	1476
限	한( ) [仄聲/上聲 045 潸 산] : 한할 한	7288	3994	1994	4552
韓	한( ) [平聲/上平 014 寒 한] : 한국/나라 한	7289	1603	7232	1477
僩	한( ) [仄聲/上聲 045 潸 산] : 노할 한	7290	3995	1995	4553
鼾	한( ) [仄聲/去聲 074 翰 한] : 코골 한	7291	5680	7352	5838
扞	한( ) [仄聲/去聲 074 翰 한] : 막을 한	7292	5681	7353	5839
狠	한( ) [仄聲/上聲 043 阮 완] : 개싸우는소리 한	7293	3918	4098	4554
骭	한( ) [仄聲/去聲 075 諫 간] : 정강이뼈 한	7294	5724	289	5840
割	할( ) [仄聲/入聲 096 曷 갈] : 벨 할	7295	7036	371	7785
轄	할( ) [仄聲/入聲 097 黠 힐] : 비녀장 할	7296	7069	7938	7786
劼	할( ) [仄聲/入聲 097 黠 힐] : 삼가할 할	7297	7070	7939	7787
函	함( ) [平聲/下平 029 鹽 염] : 휩쌀/넣을 함	7298	3199	3672	3109
含	함( ) [平聲/下平 028 覃 담] : 머금을 함	7299	3127	960	3110
咸	함( ) [平聲/下平 030 咸 함] : 다 함	7300	3230	7389	3111
啣	함( ) [平聲/下平 030 咸 함] : 재갈(銜과같음) 함	7301	3231	7390	3112
喊	함( ) [仄聲/上聲 057 感 감] : 소리칠 함	7302	4606	411	4557
檻	함( ) [仄聲/去聲 060 送 송] : 우리 함	7303	4689	2844	5842
涵	함( ) [平聲/下平 028 覃 담] : 담글/적실 함	7304	3128	961	3113
緘	함( ) [平聲/下平 030 咸 함] : 봉할 함	7305	3232	7391	3114

A : (203 / 221)

배열형식 A (韻族基準)		배열 A	배열 B	배열 C	배열 D
韻族	(*異音) [平仄 : 四聲 韻目No ,韻目 독음] : 略義	운족 가나순	운목 번호순	운목 가나순	사성순
艦	함( ) [仄聲/上聲 059 豏] : 큰배 함	7306	4664	1285	4558
銜	함( ) [平聲/下平 030 咸 함] : 재갈/직함 함	7307	3233	7392	3115
陷	함( ) [仄聲/去聲 089 陷 함] : 빠질 함	7308	6434	7406	7789
鹹	함( ) [平聲/下平 030 咸 함] : 소금기/짤 함	7309	3234	7393	3116
菡	함( ) [仄聲/上聲 058 琰 염] : 연봉오리 함	7310	4652	3718	4559
諴	함( ) [平聲/下平 030 咸 함] : 화할 함	7311	3235	7394	3117
闞	함( ) [仄聲/去聲 089 陷 함] : 범의포효소리 함	7312	6435	7407	7790
闞*	함(감) [仄聲/去聲 087 勘 감] : 바랄 감	7313	6402	432	5994
蜬	함( ) [平聲/下平 028 覃 담] : 소라 함	7314	3129	962	3118
豏	함( ) [仄聲/上聲 059 豏 함] : 덜삶은콩 함	7315	4665	1286	4560
餡	함( ) [仄聲/去聲 089 陷 함] : 떡속 함	7316	6436	7408	7791
合	합( ) [仄聲/入聲 104 合 합] : 합할 합	7317	7818	7441	7793
合*	합(갑) [仄聲/入聲 104 合 합] : 부를/화할 갑	7318	7819	7440	6006
盒	합( ) [仄聲/入聲 104 合 합] : 소반뚜껑/합 합	7319	7820	7443	7795
蛤	합( ) [仄聲/入聲 104 合 합] : 대합조개 합	7320	7821	7444	7796
閤	합( ) [仄聲/入聲 104 合 합] : 쪽문 합	7321	7822	7445	7797
闔	합( ) [仄聲/入聲 104 合 합] : 문짝 합	7322	7823	7446	7798
嗑	합( ) [仄聲/入聲 104 合 합] : 말많을 합	7323	7824	7447	7800
榼	합( ) [仄聲/入聲 105 葉 엽] : 통 합	7324	7887	3801	7801
盍	합( ) [仄聲/入聲 104 合 합] : 어찌아니할 합	7325	7825	7448	7802
呷	합( ) [仄聲/入聲 106 洽 흡] : 마실 합	7326	7935	7903	7803
鴿	합( ) [仄聲/入聲 104 合 합] : 집비둘기 합	7327	7826	7449	7804
降	항( ) [平聲/上平 003 江 강] : 항복할 항	7328	222	435	1478
降*	항(강) [仄聲/去聲 062 絳 강] : 내릴 강	7329	4710	470	4678
亢	항( ) [平聲/下平 022 陽 양] : 높을 항	7330	2473	3235	3119
伉	항( ) [仄聲/去聲 082 漾 양] : 짝/굳셀 항	7331	6127	3401	7805
姮	항( ) [平聲/下平 025 蒸 증] : 달에사는미인 항	7332	2815	5661	3120
巷	항( ) [仄聲/去聲 062 絳 강] : 거리 항	7333	4711	475	5843
恒	항( ) [平聲/下平 025 蒸 증] : 항상 항	7334	2816	5662	3121
恒*	항(긍) [仄聲/去聲 085 徑 경] : 시위/두루 긍	7335	6237	5263	6218
抗	항( ) [仄聲/去聲 082 漾 양] : 겨룰 항	7336	6128	3402	7806
杭	항( ) [平聲/下平 022 陽 양] : 건널 항	7337	2474	3237	3122
桁	항( ) [平聲/下平 022 陽 양] : 수갑/배다리 항	7338	2475	3238	3123
桁*	항(형) [平聲/下平 023 庚 경] : 도리 형	7339	2666	667	3145
沆	항( ) [仄聲/上聲 052 養 양] : 넓을 항	7340	4364	3333	4561
港	항( ) [仄聲/上聲 033 講 강] : 항구 항	7341	3299	467	4562

배열형식 A (韻族基準)		배열 A	배열 B	배열 C	배열 D
韻族	(*異音) [平仄 : 四聲 韻目No ,韻目 독음] : 略義	운족 가나순	운목 번호순	운목 가나순	사성순
缸	항( ) [平聲/上平 004 支 지] : 항아리 항	7342	543	5983	1479
肛	항( ) [平聲/上平 003 江 강] : 항문 항	7343	223	460	1480
航	항( ) [平聲/下平 022 陽 양] : 배 항	7344	2476	3239	3124
項	항( ) [仄聲/上聲 034 紙 지] : 항목 항	7345	3484	6190	4563
吭	항( ) [平聲/下平 022 陽 양] : 목구멍 항	7346	2477	3240	3125
苀	항( ) [平聲/下平 022 陽 양] : 풀이름 항	7347	2478	3241	3126
蚢	항( ) [仄聲/上聲 052 養 양] : 쑥누에 항	7348	4365	3334	4564
骯	항( ) [仄聲/上聲 052 養 양] : 살찔 항	7349	4366	3335	4565
亥	해( ) [仄聲/上聲 040 賄 회] : 돼지 해	7350	3791	7787	4567
偕	해( ) [平聲/上平 009 佳 가] : 함께할/굳셀 해	7351	1053	41	1482
偕*	해(혜) [平聲/下平 022 陽 양] : 화할/같을 혜	7352	2479	3242	3163
咳	해( ) [平聲/上平 010 灰 회] : 방긋웃을/기침 해	7353	1151	7736	1483
垓	해( ) [平聲/上平 010 灰 회] : 지경 해	7354	1152	7737	1484
奚	해( ) [平聲/上平 008 齊 제] : 어찌 해	7355	994	5350	1485
孩	해( ) [平聲/上平 010 灰 회] : 어린아이 해	7356	1153	7738	1486
害	해( ) [仄聲/去聲 068 泰 태] : 해할/해칠 해	7357	5309	7121	5845
害*	해(할) [仄聲/入聲 096 曷 갈] : 어찌(何也) 할	7358	7037	372	7788
懈	해( ) [仄聲/去聲 069 卦 괘] : 게으를 해	7359	5371	868	5846
楷	해( ) [平聲/上平 009 佳 가] : 본/해서 해	7360	1054	42	1487
海	해( ) [仄聲/上聲 040 賄 회] : 바다 해	7361	3792	7788	4568
瀣	해( ) [仄聲/去聲 069 卦 괘] : 이슬기운 해	7362	5372	869	5847
蟹	해( ) [仄聲/上聲 039 蟹 해] : 게 해	7363	3754	7461	4569
解	해( ) [仄聲/上聲 039 蟹 해] : 쪼갤/풀/깨우쳐줄 해	7364	3755	7462	4570
解*	해(개) [仄聲/去聲 069 卦 괘] : 벗을/헤칠 개	7365	5373	870	4699
該	해( ) [平聲/上平 010 灰 회] : 해당할 해	7366	1154	7739	1488
諧	해( ) [平聲/上平 009 佳 가] : 고를/어울릴 해	7367	1055	43	1489
邂	해( ) [仄聲/去聲 069 卦 괘] : 우연히만날 해	7368	5374	871	5848
駭	해( ) [仄聲/上聲 039 蟹 해] : 놀랄 해	7369	3756	7463	4571
骸	해( ) [平聲/上平 009 佳 가] : 뼈 해	7370	1056	44	1490
廨	해( ) [仄聲/去聲 069 卦 괘] : 관아 해	7371	5375	872	5849
欬	해( ) [仄聲/去聲 070 隊 대] : 기침 해	7372	5471	1053	5850
欬*	해(애) [仄聲/去聲 069 卦 괘] : 배불러숨찰 애	7373	5376	873	5328
醢	해( ) [仄聲/上聲 040 賄 회] : 젓갈 해	7374	3793	7789	4572
侅	해( ) [平聲/上平 010 灰 회] : 이상할 해	7375	1155	7740	1491
峐	해( ) [平聲/上平 010 灰 회] : 민둥산 해	7376	1156	7741	1492
荄	해( ) [平聲/上平 009 佳 가] : 뿌리 해	7377	1057	45	1493

배열형식 A (韻族基準)		배열 A	배열 B	배열 C	배열 D
韻族	(*異音) [平仄 : 四聲 韻目No ,韻目 독음] : 略義	운족 가나순	운목 번호순	운목 가나순	사성순
胲	해( ) [平聲/上平 010 灰 회] : 갖추어진 해	7378	1157	7742	1494
劾	핵( ) [仄聲/去聲 070 隊 대] : 캐물을 핵	7379	5472	1054	5851
核	핵( ) [仄聲/入聲 100 陌 맥] : 실과/자세할 핵	7380	7533	1659	7808
核*	핵(홀) [仄聲/入聲 095 月 월] : 씨 홀	7381	6950	5004	7868
翮	핵( ) [仄聲/入聲 100 陌 맥] : 깃촉/쭉지 핵	7382	7534	1660	7809
翮*	핵(력) [仄聲/入聲 101 錫 석] : 다리굽은솥 력	7383	7624	2191	6378
覈	핵( ) [仄聲/入聲 100 陌 맥] : 핵실할/엄할 핵	7384	7535	1661	7810
倖	행( ) [仄聲/上聲 054 梗 경] : 아첨할/친할/요행 행	7385	4433	759	4573
幸	행( ) [仄聲/上聲 054 梗 경] : 다행 행	7386	4434	760	4574
杏	행( ) [仄聲/上聲 054 迥 형] : 살구 행	7387	4459	761	4575
荇	행( ) [仄聲/上聲 054 梗 경] : 마름 행	7388	4435	762	4576
行	행( ) [平聲/下平 023 庚 경] : 다닐 행	7389	2667	668	3128
行*	행(항) [平聲/下平 022 陽 양] : 항오/항렬/굳셀 항	7390	2480	3243	3127
享	향( ) [仄聲/上聲 052 養 양] : 누릴 향	7391	4367	3336	4577
向	향( ) [仄聲/去聲 082 漾 양] : 향할/나아갈/앞설 향	7392	6129	3403	7811
向*	향(상) [仄聲/去聲 082 漾 양] : 성 상	7393	6130	3404	6745
嚮	향( ) [仄聲/上聲 052 養 양] : 바라볼 향	7394	4368	3337	4578
鄉	향( ) [平聲/下平 022 陽 양] : 시골/고향 향	7395	2481	3244	3129
響	향( ) [仄聲/上聲 052 養 양] : 울릴 향	7396	4369	3338	4579
餉	향( ) [仄聲/去聲 082 漾 양] : 건량 향	7397	6131	3405	7812
饗	향( ) [仄聲/上聲 052 養 양] : 잔치할/흠향할 향	7398	4370	3339	4580
香	향( ) [平聲/下平 022 陽 양] : 향기 향	7399	2482	3245	3130
薌	향( ) [平聲/下平 022 陽 양] : 곡식 향	7400	2483	3246	3131
曏	향( ) [仄聲/去聲 082 漾 양] : 앞서 향	7401	6132	3406	7813
蠁	향( ) [仄聲/上聲 052 養 양] : 번데기 향	7402	4371	3340	4581
鄕	향( ) [平聲/下平 022 陽 양] : 시골 향	7403	2484	3247	3132
噓	허( ) [仄聲/去聲 065 御 어] : 내불 허	7404	4978	3602	5852
噓*	허(허) [平聲/上平 006 魚 어] : 아아(탄식) 허	7405	688	3483	1495
墟	허( ) [平聲/上平 007 虞 우] : 터 허	7406	901	4313	1496
虛	허( ) [平聲/上平 006 魚 어] : 빌 허	7407	689	3484	1497
許	허( ) [仄聲/上聲 036 語 어] : 허락할 허	7408	3587	3554	4583
許*	허(호) [仄聲/上聲 037 麌 우] : 여럿이힘쓰는소리 호	7409	3696	4640	4602
栩	허( ) [平聲/上平 007 虞 우] : 상수리나무 허	7410	902	4314	1498
憲	헌( ) [仄聲/去聲 074 翰 한] : 법 헌	7411	5682	7354	5853
獻	헌( ) [仄聲/去聲 073 願 원] : 바칠/드릴 헌	7412	5619	4941	5854
獻*	헌(사) [平聲/下平 020 歌 가] : 술단지 사	7413	2157	141	2255

배열형식 A (韻族基準)		배열 A	배열 B	배열 C	배열 D
韻族	(*異音) [平仄 : 四聲 韻目No ,韻目 독음] : 略義	운족 가나순	운목 번호순	운목 가나순	사성순
軒	헌( ) [平聲/上平 013 元 원] : 집 헌	7414	1479	4881	1499
歇	헐( ) [仄聲/入聲 095 月 월] : 쉴 헐	7415	6951	5005	7814
猲	헐( ) [仄聲/入聲 095 月 월] : 사냥개 헐	7416	6952	5006	7815
猲*	헐(갈) [仄聲/入聲 096 曷 갈] : 사냥개 갈	7417	7038	373	5986
猲*	헐(갑) [仄聲/入聲 106 洽 흡] : 으를/핍박할 갑	7418	7936	7910	6007
險	험( ) [仄聲/上聲 059 豏 함] : 험할 험	7419	4666	1287	4585
驗	험( ) [仄聲/去聲 088 豔 염] : 시험할 험	7420	6422	3739	7816
獫	험( ) [仄聲/上聲 058 琰 염] : 오랑캐이름 험	7421	4653	3719	4586
獫*	험(렴) [仄聲/去聲 088 豔 염] : 부리긴개 렴	7422	6423	3740	6391
奕	혁( ) [仄聲/入聲 100 陌 맥] : 클 혁	7423	7536	1662	7817
爀	혁( ) [仄聲/入聲 100 陌 맥] : 불빛 혁	7424	7537	1663	7818
赫	혁( ) [仄聲/入聲 100 陌 맥] : 빛날 혁	7425	7538	1664	7819
革	혁( ) [仄聲/入聲 100 陌 맥] : 가죽/고칠 혁	7426	7539	1665	7820
革*	혁(극) [仄聲/入聲 102 職 직] : 급할 극	7427	7728	6298	6200
弈	혁( ) [仄聲/入聲 100 陌 맥] : 클 혁	7428	7540	1666	7821
洫	혁( ) [仄聲/入聲 102 職 직] : 봇도랑 혁	7429	7729	6299	7822
鬩	혁( ) [仄聲/入聲 102 職 직] : 다툴 혁	7430	7730	6300	7823
焃	혁( ) [仄聲/入聲 100 陌 맥] : 붉을/밝을 혁	7431	7541	1667	7824
衋	혁( ) [仄聲/入聲 102 職 직] : 애통할 혁	7432	7731	6301	7825
俔	현( ) [仄聲/去聲 076 霰 산] : 염탐할 현	7433	5837	2104	5856
峴	현( ) [仄聲/上聲 046 銑 선] : 고개 현	7434	4075	2445	4587
弦	현( ) [平聲/下平 016 先 선] : 시위 현	7435	1816	2357	3135
懸	현( ) [仄聲/入聲 100 陌 맥] : 매달/멀 현	7436	7542	1668	7826
晛	현( ) [仄聲/去聲 076 霰 산] : 햇살 현	7437	5838	2105	5857
泫	현( ) [仄聲/上聲 046 銑 선] : 빛날 현	7438	4076	2446	4588
炫	현( ) [仄聲/去聲 076 霰 산] : 밝을 현	7439	5839	2106	5858
玄	현( ) [平聲/下平 016 先 선] : 검을 현	7440	1817	2358	3136
玹	현( ) [平聲/下平 016 先 선] : 옥돌/옥빛 현	7441	1818	2359	3137
現	현( ) [仄聲/去聲 076 霰 산] : 나타날 현	7442	5840	2107	5859
眩	현( ) [仄聲/去聲 076 霰 산] : 아찔할/어지럼 현	7443	5841	2108	5860
眩*	현(환) [仄聲/去聲 076 霰 산] : 요술/미혹할 환	7444	5842	2109	5890
睍	현( ) [仄聲/上聲 046 銑 선] : 불거질눈 현	7445	4077	2447	4589
絃	현( ) [平聲/下平 016 先 선] : 줄 현	7446	1819	2360	3138
絢	현( ) [仄聲/去聲 076 霰 산] : 무늬 현	7447	5843	2110	5861
縣	현( ) [仄聲/去聲 076 霰 산] : 고을 현	7448	5844	2111	5862
舷	현( ) [平聲/下平 016 先 선] : 뱃전 현	7449	1820	2361	3139

배열형식 A (韻族基準)		배열 A	배열 B	배열 C	배열 D
韻族	(*異音) [平仄 : 四聲 韻目No ,韻目 독음] : 略義	운족 가나순	운목 번호순	운목 가나순	사성순
衒	현( ) [仄聲/去聲 077 嘯 소] : 자랑할 현	7450	5911	2821	5863
賢	현( ) [平聲/下平 016 先 선] : 어질 현	7451	1821	2362	3140
鉉	현( ) [仄聲/上聲 047 篠 소] : 솥귀 현	7452	4130	2758	4590
顯	현( ) [仄聲/上聲 046 銑 선] : 나타날/알려질 현	7453	4078	2448	4591
蜆	현( ) [仄聲/去聲 076 霰 산] : 가막조개 현	7454	5845	2112	5864
駽	현( ) [平聲/下平 016 先 선] : 철총이 현	7455	1822	2363	3141
莧	현( ) [仄聲/去聲 076 霰 산] : 비름 현	7456	5846	2113	5865
莧*	현(한) [仄聲/去聲 075 諫 간] : 패모(菡也) 한	7457	5725	290	5841
蠉	현( ) [平聲/下平 016 先 선] : 장구벌레 현	7458	1823	2364	3142
贙	현( ) [仄聲/去聲 076 霰 산] : 나눌 현	7459	5847	2114	5866
孑	혈( ) [仄聲/入聲 098 屑 설] : 외로울 혈	7460	7205	2579	7827
穴	혈( ) [仄聲/入聲 098 屑 설] : 굴 혈	7461	7206	2580	7828
血	혈( ) [仄聲/入聲 098 屑 설] : 피 혈	7462	7207	2581	7829
頁	혈( ) [仄聲/入聲 098 屑 설] : 머리 혈	7463	7208	2582	7830
絜	혈( ) [仄聲/入聲 098 屑 설] : 헤아릴 혈	7464	7209	2583	7831
嫌	혐( ) [平聲/下平 030 咸 함] : 싫어할 혐	7465	3236	7396	3143
陜	협( ) [仄聲/入聲 106 洽 흡] : 좁을 협	7466	7937	7902	7835
陜*	협(합) [仄聲/入聲 106 洽 흡] : 고을이름 합	7467	7938	7901	7799
俠	협( ) [仄聲/入聲 105 葉 엽] : 의기/사이에낄 협	7468	7888	3802	7836
俠*	협(겹) [仄聲/入聲 106 洽 흡] : 아우를 겹	7469	7939	7904	6066
協	협( ) [仄聲/入聲 105 葉 엽] : 화할 협	7470	7889	3803	7837
夾	협( ) [仄聲/入聲 106 洽 흡] : 낄/부축할 협	7471	7940	7905	7838
峽	협( ) [仄聲/入聲 106 洽 흡] : 골짜기 협	7472	7941	7906	7839
挾	협( ) [仄聲/入聲 105 葉 엽] : 낄 협	7473	7890	3804	7840
浹	협( ) [仄聲/入聲 105 葉 엽] : 두루미칠 협	7474	7891	3805	7841
狹	협( ) [仄聲/入聲 106 洽 흡] : 좁을 협	7475	7942	7907	7842
脅	협( ) [仄聲/入聲 105 葉 엽] : 갈비/위협할 협	7476	7892	3806	7843
脇	협( ) [仄聲/入聲 105 葉 엽] : 갈비/위협할 협	7477	7893	3807	7844
莢	협( ) [仄聲/入聲 105 葉 엽] : 풀열매 협	7478	7894	3808	7845
鋏	협( ) [仄聲/入聲 105 葉 엽] : 집게 협	7479	7895	3809	7846
頰	협( ) [仄聲/入聲 105 葉 엽] : 뺨 협	7480	7896	3810	7847
愜	협( ) [仄聲/入聲 105 葉 엽] : 쾌할 협	7481	7897	3811	7848
篋	협( ) [仄聲/入聲 105 葉 엽] : 상자 협	7482	7898	3812	7849
勰	협( ) [仄聲/入聲 105 葉 엽] : 뜻이맞을 협	7483	7899	3813	7850
梜	협( ) [仄聲/入聲 105 葉 엽] : 젓가락 협	7484	7900	3814	7851
祫	협( ) [仄聲/入聲 106 洽 흡] : 합사 협	7485	7943	7908	7852

韻族 (*異音) [平仄:四聲 韻目No ,韻目 독음]:略義		배열 A 운족 가나순	배열 B 운목 번호순	배열 C 운목 가나순	배열 D 사성순
亨	형( ) [平聲/下平 023 庚 경] : 형통할 형	7486	2668	669	3146
亨*	형(팽) [平聲/下平 023 庚 경] : 삶을 팽	7487	2669	670	3047
亨*	형(향) [仄聲/上聲 052 養 양] : 드릴 향	7488	4372	3341	4582
兄	형( ) [平聲/下平 023 庚 경] : 맏/어른 형	7489	2670	671	3147
兄*	형(황) [仄聲/去聲 082 漾 양] : 클/하물며 황	7490	6133	3407	7899
刑	형( ) [平聲/下平 024 靑 청] : 형벌 형	7491	2748	6810	3148
型	형( ) [平聲/下平 024 靑 청] : 모형 형	7492	2749	6811	3149
形	형( ) [平聲/下平 024 靑 청] : 모양 형	7493	2750	6812	3150
泂	형( ) [仄聲/上聲 055 有 유] : 멀 형	7494	4546	5099	4592
滎	형( ) [平聲/下平 025 蒸 증] : 실개천/물이름 형	7495	2817	5663	3151
瀅	형( ) [仄聲/去聲 085 徑 경] : 물맑을 형	7496	6238	5264	7854
炯	형( ) [仄聲/上聲 054 迥 형] : 빛날 형	7497	4460	763	4593
熒	형( ) [平聲/下平 024 靑 청] : 등불 형	7498	2751	6813	3152
珩	형( ) [平聲/下平 023 庚 경] : 노리개 형	7499	2671	672	3153
荊	형( ) [平聲/下平 023 庚 경] : 가시/가시나무 형	7500	2672	675	3154
螢	형( ) [平聲/下平 024 靑 청] : 반딧불 형	7501	2752	6814	3155
衡	형( ) [平聲/下平 023 庚 경] : 저울대 형	7502	2673	676	3156
衡*	형(횡) [平聲/下平 023 庚 경] : 가로 횡	7503	2674	677	3203
逈	형( ) [仄聲/上聲 054 迥 형] : 멀/빛날 형	7504	4461	764	4594
邢	형( ) [平聲/下平 024 靑 청] : 성 형	7505	2753	6815	3157
鎣	형( ) [仄聲/去聲 085 徑 경] : 줄 형	7506	6239	5266	7856
馨	형( ) [平聲/下平 024 靑 청] : 꽃다울 형	7507	2754	6816	3158
迥	형( ) [仄聲/上聲 054 迥 형] : 멀 형	7508	4462	765	4595
陘	형( ) [平聲/下平 024 靑 청] : 지레목 형	7509	2755	6817	3159
侀	형( ) [平聲/下平 024 靑 청] : 형벌 형	7510	2756	6818	3160
哼	형( ) [平聲/下平 023 庚 경] : 겁낼 형	7511	2675	678	3161
鉶	형( ) [平聲/下平 024 靑 청] : 국그릇 형	7512	2757	6819	3162
兮	혜( ) [平聲/上平 008 齊 제] : 어조사 혜	7513	995	5351	1501
彗	혜( ) [仄聲/去聲 067 霽 제] : 비/살별 혜	7514	5257	5557	5867
惠	혜( ) [仄聲/去聲 068 泰 태] : 은혜 혜	7515	5310	7122	5868
慧	혜( ) [仄聲/去聲 067 霽 제] : 슬기로울 혜	7516	5258	5558	5869
暳	혜( ) [仄聲/去聲 067 霽 제] : 별반짝일 혜	7517	5259	5559	5870
蕙	혜( ) [仄聲/去聲 067 霽 제] : 난초 혜	7518	5260	5560	5871
蹊	혜( ) [平聲/上平 008 齊 제] : 지름길 혜	7519	996	5352	1502
醯	혜( ) [平聲/上平 008 齊 제] : 식혜 혜	7520	997	5353	1503
鞋	혜( ) [平聲/上平 009 佳 가] : 신 혜	7521	1058	46	1504

배열형식 A (韻族基準)		배열 A	배열 B	배열 C	배열 D
韻族	(*異音) [平仄 : 四聲 韻目No ,韻目 독음] : 略義	운족 가나순	운목 번호순	운목 가나순	사성순
傒	혜( ) [平聲/上平 008 齊 제] : 묶을 혜	7522	998	5354	1505
嘒	혜( ) [仄聲/去聲 067 霽 제] : 가냘플 혜	7523	5261	5561	5872
憓	혜( ) [仄聲/上聲 038 薺 제] : 밝힐 혜	7524	3742	5406	4596
徯	혜( ) [平聲/上平 008 齊 제] : 샛길 혜	7525	999	5355	1506
譓	혜( ) [仄聲/去聲 067 霽 제] : 살필 혜	7526	5262	5562	5873
嵇	혜( ) [平聲/上平 008 齊 제] : 산이름 혜	7527	1000	5356	1507
憓	혜( ) [仄聲/去聲 067 霽 제] : 사랑할 혜	7528	5263	5563	5874
榽	혜( ) [平聲/上平 008 齊 제] : 나무이름 혜	7529	1001	5357	1508
榽*	혜(계) [仄聲/去聲 067 霽 제] : 묶을 계	7530	5264	5564	4752
橀	혜( ) [平聲/上平 008 齊 제] : 나무이름 혜	7531	1002	5358	1509
螇	혜( ) [平聲/上平 008 齊 제] : 씽씽매미 혜	7532	1003	5359	1510
騱	혜( ) [平聲/上平 008 齊 제] : 야생마이름 혜	7533	1004	5360	1511
鼷	혜( ) [平聲/上平 008 齊 제] : 새앙쥐 혜	7534	1005	5361	1512
嗥*	호(호) [仄聲/去聲 079 號 호] : 부를 호	7535	5985	7602	7857
乎	호( ) [平聲/上平 007 虞 우] : 어조사 호	7536	903	4315	1513
互	호( ) [仄聲/去聲 066 遇 우] : 서로 호	7537	5097	4767	5875
呼	호( ) [平聲/上平 007 虞 우] : 부를 호	7538	904	4316	1514
壕	호( ) [平聲/下平 019 豪 호] : 해자 호	7539	2058	7527	3165
壺	호( ) [平聲/上平 007 虞 우] : 항아리 호	7540	905	4317	1515
好	호( ) [仄聲/上聲 049 皓 호] : 좋을 호	7541	4211	7590	4603
岵	호( ) [仄聲/上聲 037 麌 우] : 산 호	7542	3697	4641	4604
弧	호( ) [平聲/上平 008 齊 제] : 활 호	7543	1006	5362	1516
戶	호( ) [仄聲/去聲 066 遇 우] : 집 호	7544	5098	4768	5876
扈	호( ) [仄聲/上聲 037 麌 우] : 따를 호	7545	3698	4642	4605
昊	호( ) [仄聲/上聲 049 皓 호] : 하늘 호	7546	4212	7591	4606
晧	호( ) [仄聲/上聲 049 皓 호] : 밝을 호	7547	4213	7592	4607
毫	호( ) [平聲/下平 019 豪 호] : 털/터럭 호	7548	2059	7528	3166
浩	호( ) [仄聲/上聲 049 皓 호] : 넓을 호	7549	4214	7593	4608
湖	호( ) [平聲/上平 007 虞 우] : 호수 호	7550	906	4318	1517
滸	호( ) [仄聲/上聲 037 麌 우] : 물가 호	7551	3699	4643	4609
澔	호( ) [仄聲/上聲 049 皓 호] : 믈질편할 호	7552	4215	7594	4610
濠	호( ) [平聲/下平 019 豪 호] : 호수/해자 호	7553	2060	7529	3167
濩	호( ) [仄聲/去聲 066 遇 우] : 퍼질 호	7554	5099	4769	5877
濩*	호(확) [仄聲/去聲 066 遇 우] : 끓을/더러울 확	7555	5100	4770	5889
灝	호( ) [仄聲/上聲 049 皓 호] : 넓을 호	7556	4216	7595	4611
狐	호( ) [平聲/上平 007 虞 우] : 여우 호	7557	907	4319	1518

배열형식 A (韻族基準)		배열 A	배열 B	배열 C	배열 D
韻族	(*異音) [平仄 : 四聲 韻目No ,韻目 독음] : 略義	운족 가나순	운목 번호순	운목 가나순	사성순
琥	호( ) [仄聲/上聲 037 麌 우] : 호박 호	7558	3700	4644	4612
瑚	호( ) [平聲/上平 007 虞 우] : 산호 호	7559	908	4320	1519
瓠	호( ) [平聲/上平 007 虞 우] : 표주박 호	7560	909	4321	1520
皓	호( ) [仄聲/上聲 050 哿 가] : 휠 호	7561	4260	182	4613
祜	호( ) [仄聲/上聲 037 麌 우] : 복 호	7562	3701	4645	4614
糊	호( ) [平聲/上平 007 虞 우] : 풀 호	7563	910	4322	1521
縞	호( ) [仄聲/上聲 049 皓 호] : 명주 호	7564	4217	7596	4615
胡	호( ) [平聲/上平 007 虞 우] : 되 호	7565	911	4323	1522
芦	호( ) [仄聲/上聲 037 麌 우] : 지황 호	7566	3702	4646	4616
葫	호( ) [平聲/上平 007 虞 우] : 마늘 호	7567	912	4324	1523
蒿	호( ) [平聲/下平 019 豪 호] : 쑥 호	7568	2061	7530	3168
虎	호( ) [仄聲/上聲 037 麌 우] : 범 호	7569	3703	4647	4617
號	호( ) [仄聲/去聲 079 號 호] : 이름 호	7570	5986	7646	7859
蝴	호( ) [平聲/上平 007 虞 우] : 들나비 호	7571	913	4325	1524
護	호( ) [仄聲/去聲 066 遇 우] : 도울 호	7572	5101	4771	5878
豪	호( ) [平聲/下平 019 豪 호] : 호걸 호	7573	2062	7531	3169
鎬	호( ) [仄聲/上聲 049 皓 호] : 호경 호	7574	4218	7597	4618
頀	호( ) [仄聲/去聲 066 遇 우] : 구할 호	7575	5102	4772	5879
顥	호( ) [仄聲/上聲 049 皓 호] : 클 호	7576	4219	7598	4619
怙	호( ) [仄聲/上聲 037 麌 우] : 믿을 호	7577	3704	4648	4620
滬	호( ) [仄聲/上聲 037 麌 우] : 강이름 호	7578	3705	4649	4621
犒	호( ) [仄聲/去聲 080 箇 개] : 호궤할 호	7579	6016	506	7860
箎	호( ) [平聲/上平 004 支 지] : 긴대 호	7580	544	5984	1525
餬	호( ) [平聲/上平 007 虞 우] : 기식할 호	7581	914	4326	1526
鬍	호( ) [平聲/上平 007 虞 우] : 수염 호	7582	915	4327	1527
唬	호( ) [仄聲/上聲 049 皓 호] : 어귀 호	7583	4220	7599	4622
嗥	호( ) [平聲/下平 019 豪 호] : 울부짖을 호	7584	2063	7532	3170
楛	호( ) [仄聲/去聲 066 遇 우] : 가로막을 호	7585	5103	4773	5880
謼	호( ) [平聲/上平 007 虞 우] : 부를 호	7586	916	4328	1528
謼*	호(효) [平聲/下平 018 肴 효] : 부르짖을 효	7587	1984	7828	3207
鄗	호( ) [仄聲/上聲 049 皓 호] : 고을이름 호	7588	4221	7600	4623
鄗*	호(교) [平聲/下平 018 肴 효] : 강이름 교	7589	1985	7829	1827
鄗*	호(학) [仄聲/入聲 099 藥 약] : 땅이름 학	7590	7349	3018	7782
鶘	호( ) [平聲/上平 007 虞 우] : 사다새 호	7591	917	4329	1529
翯	혹( ) [仄聲/入聲 091 沃 옥] : 깃윤택할 혹	7592	6665	4042	7861
翯*	혹(학) [仄聲/入聲 092 覺 각] : 깃윤택할 학	7593	6732	250	7781

A : (211 / 221)

배열형식 A (韻族基準)		배열 A	배열 B	배열 C	배열 D
韻族	(*異音) [平仄 : 四聲 韻目No ,韻目 독음] : 略義	운족 가나순	운목 번호순	운목 가나순	사성순
惑	혹( ) [仄聲/入聲 102 職 직] : 미혹할 혹	7594	7732	6302	7862
或	혹( ) [仄聲/入聲 102 職 직] : 혹 혹	7595	7733	6303	7863
酷	혹( ) [仄聲/入聲 092 覺 각] : 심할 혹	7596	6733	251	7864
觳	혹( ) [仄聲/入聲 092 覺 각] : 짐승이름 혹	7597	6734	252	7865
婚	혼( ) [平聲/上平 013 元 원] : 혼인할 혼	7598	1480	4882	1532
昏	혼( ) [平聲/上平 013 元 원] : 어두울 혼	7599	1481	4883	1533
混	혼( ) [仄聲/上聲 043 阮 완] : 섞을 혼	7600	3919	4099	4626
混*	혼(곤) [平聲/上平 013 元 원] : 오랑캐 곤	7601	1482	4884	71
渾	혼( ) [平聲/上平 013 元 원] : 흐릴 혼	7602	1483	4885	1534
琿	혼( ) [平聲/上平 013 元 원] : 아름다운옥 혼	7603	1484	4886	1535
魂	혼( ) [平聲/上平 013 元 원] : 넋 혼	7604	1485	4887	1536
惛	혼( ) [平聲/上平 013 元 원] : 어리석을 혼	7605	1486	4888	1537
閽	혼( ) [平聲/上平 013 元 원] : 문지기 혼	7606	1487	4889	1538
緷	혼( ) [平聲/上平 013 元 원] : 깃다발 혼	7607	1488	4890	1539
鯇	혼( ) [仄聲/上聲 043 阮 완] : 잉어 혼	7608	3920	4100	4627
鯇*	혼(환) [仄聲/上聲 044 旱 한] : 산천어 환	7609	3972	7291	4636
忽	홀( ) [仄聲/入聲 095 月 월] : 갑자기 홀	7610	6953	5007	7869
惚	홀( ) [仄聲/入聲 095 月 월] : 황홀할 홀	7611	6954	5008	7870
笏	홀( ) [仄聲/入聲 095 月 월] : 홀 홀	7612	6955	5009	7871
哄	홍( ) [仄聲/去聲 060 送 송] : 떠들썩할 홍	7613	4690	2845	5883
弘	홍( ) [平聲/下平 025 蒸 증] : 클 홍	7614	2818	5664	3171
汞	홍( ) [仄聲/上聲 032 腫 종] : 수은 홍	7615	3294	5604	4629
泓	홍( ) [平聲/下平 023 庚 경] : 물깊을 홍	7616	2676	679	3172
洪	홍( ) [平聲/上平 001 東 동] : 넓을/큰물 홍	7617	108	1167	1541
烘	홍( ) [平聲/上平 002 冬 동] : 횃불 홍	7618	192	1251	1542
紅	홍( ) [平聲/上平 001 東 동] : 붉을 홍	7619	109	1168	1543
虹	홍( ) [平聲/上平 001 東 동] : 무지개 홍	7620	110	1169	1544
虹*	홍(강) [仄聲/去聲 062 絳 강] : 골이름 강	7621	224	461	1481
虹*	홍(공) [仄聲/去聲 060 送 송] : 무지개/골이름 공	7622	4691	2846	4769
虹*	홍(항) [平聲/上平 003 江 강] : 어지러울 항	7623	4712	476	4679
訌	홍( ) [平聲/上平 001 東 동] : 어지러울 홍	7624	111	1170	1545
鴻	홍( ) [平聲/上平 001 東 동] : 기러기 홍	7625	112	1171	1546
澒	홍( ) [仄聲/去聲 060 送 송] : 수은 홍	7626	4692	2847	5884
鬨	홍( ) [仄聲/去聲 061 宋 송] : 싸움소리 홍	7627	4704	2859	5885
鬨*	홍(항) [仄聲/去聲 062 絳 강] : 싸움소리 항	7628	4713	477	5844
化	화( ) [仄聲/去聲 081 禡 마] : 될 화	7629	6069	1479	7874

배열형식 A (韻族基準)		배열 A	배열 B	배열 C	배열 D
韻族	(*異音) [平仄 : 四聲 韻目No ,韻目 독음] : 略義	운족 가나순	운목 번호순	운목 가나순	사성순
和	화( ) [仄聲/去聲 080 箇 개] : 화할 화	7630	6017	507	7875
樺	화( ) [平聲/下平 021 麻 마] : 자작나무/벚나무 화	7631	2261	1388	3175
火	화( ) [仄聲/上聲 050 哿 가] : 불 화	7632	4261	183	4631
畫*	화(획) [仄聲/入聲 100 陌 맥] : 그을/나눌/꾀할 획	7633	7543	1670	7905
禍	화( ) [仄聲/上聲 051 馬 마] : 재앙 화	7634	4298	1427	4632
禾	화( ) [平聲/下平 020 歌 가] : 벼 화	7635	2158	142	3176
花	화( ) [平聲/下平 021 麻 마] : 꽃 화	7636	2262	1389	3177
華	화( ) [平聲/上平 009 佳 가] : 빛날 화	7637	1059	47	1547
話	화( ) [仄聲/去聲 069 卦 괘] : 말씀 화	7638	5377	875	5886
譁	화( ) [平聲/下平 022 陽 양] : 시끄러울 화	7639	2485	3248	3178
貨	화( ) [仄聲/去聲 081 禡 마] : 재물 화	7640	6070	1480	7876
靴	화( ) [平聲/下平 020 歌 가] : 신 화	7641	2159	143	3179
嘩	화( ) [平聲/下平 022 陽 양] : 시끄러울 화	7642	2486	3249	3180
擭	화( ) [仄聲/去聲 081 禡 마] : 덫 화	7643	6071	1482	7877
擭*	화(확) [仄聲/去聲 081 禡 마] : 함정 확	7644	6072	1481	7879
擭*	화(획) [仄聲/入聲 100 陌 맥] : 잡을 획	7645	7544	1671	7906
畵	화( ) [仄聲/去聲 069 卦 괘] : 그림(畫의 속자) 화	7646	5378	874	5887
畫	화( ) [仄聲/去聲 069 卦 괘] : 그림 화	7647	5379	876	5888
畫*	화(획) [仄聲/入聲 100 陌 맥] : 그을/나눌/꾀할 획	7648	7545	1672	7907
驊	화( ) [平聲/下平 021 麻 마] : 준마이름 화	7649	2263	1390	3181
鱯	화( ) [仄聲/去聲 081 禡 마] : 큰메기 화	7650	6073	1483	7878
攫	확( ) [仄聲/入聲 099 藥 약] : 붙잡을 확	7651	7350	3020	7882
確	확( ) [仄聲/入聲 093 質 질] : 굳을 확	7652	6849	6687	7883
穫	확( ) [仄聲/入聲 099 藥 약] : 거둘 확	7653	7351	3021	7884
穫*	확(호) [仄聲/去聲 066 遇 우] : 땅이름 호	7654	5104	4774	5881
鑊	확( ) [仄聲/入聲 099 藥 약] : 가마솥 확	7655	7352	3022	7885
檴	확( ) [仄聲/入聲 099 藥 약] : 나무이름 확	7656	7353	3023	7886
玃	확( ) [仄聲/入聲 100 陌 맥] : 큰원숭이 확	7657	7546	1673	7887
臒	확( ) [仄聲/入聲 099 藥 약] : 곱게붉을/붉은칠할 확	7658	7354	3024	7888
臒*	확(호) [仄聲/去聲 066 遇 우] : 곱게붉을/붉은칠할 호	7659	5105	4775	5882
梡	환( ) [仄聲/上聲 044 旱 한] : 남무토막 환	7660	3973	7245	4633
丸	환( ) [平聲/上平 014 寒 한] : 둥글 환	7661	1604	7233	1552
喚	환( ) [仄聲/去聲 074 翰 한] : 부를 환	7662	5683	7355	5891
奐	환( ) [仄聲/去聲 074 翰 한] : 빛날 환	7663	5684	7356	5892
宦	환( ) [仄聲/去聲 075 諫 간] : 벼슬 환	7664	5726	291	5893
幻	환( ) [仄聲/去聲 076 霰 산] : 헛보일 환	7665	5848	2115	5894

배열형식 A (韻族基準)		배열 A	배열 B	배열 C	배열 D
韻族	(*異音) [平仄 : 四聲 韻目No ,韻目 독음] : 略義	운족 가나순	운목 번호순	운목 가나순	사성순
患	환( ) [仄聲/去聲 075 諫 간] : 근심 환	7666	5727	292	5895
換	환( ) [仄聲/去聲 074 翰 한] : 바꿀 환	7667	5685	7357	5896
歡	환( ) [平聲/上平 014 寒 한] : 기쁠 환	7668	1605	7234	1553
晥	환( ) [仄聲/上聲 045 潸 산] : 환할/깨끗할 환	7669	3996	1996	4634
桓	환( ) [平聲/上平 014 寒 한] : 굳셀 환	7670	1606	7235	1554
渙	환( ) [仄聲/去聲 075 諫 간] : 흩어질 환	7671	5728	293	5897
煥	환( ) [仄聲/去聲 074 翰 한] : 빛날 환	7672	5686	7358	5898
環	환( ) [平聲/上平 015 刪 산] : 고리 환	7673	1644	1968	1555
紈	환( ) [平聲/上平 015 刪 산] : 흰비단 환	7674	1645	1969	1556
還	환( ) [平聲/上平 015 刪 산] : 돌아올 환	7675	1646	1970	1557
還*	환(선) [平聲/下平 016 先 선] : 돌/빠를 선	7676	1824	2365	2312
驩	환( ) [平聲/上平 014 寒 한] : 기뻐할 환	7677	1607	7236	1558
鰥	환( ) [平聲/上平 015 刪 산] : 홀아비 환	7678	1647	1971	1559
寰	환( ) [平聲/上平 015 刪 산] : 기내(畿內) 환	7679	1648	1972	1560
睆	환( ) [仄聲/上聲 046 銑 선] : 가득차 있는모양 환	7680	4079	2449	4635
豢	환( ) [仄聲/去聲 075 諫 간] : 기를 환	7681	5729	294	5899
鍰	환( ) [平聲/上平 015 刪 산] : 무게 단위 환	7682	1649	1973	1561
鐶	환( ) [平聲/下平 016 先 선] : 쇠고리 환	7683	1825	2366	3182
鬟	환( ) [平聲/上平 015 刪 산] : 땋은머리/쪽질 환	7684	1650	1974	1562
芄	환( ) [平聲/上平 014 寒 한] : 왕골 환	7685	1608	7237	1563
讙	환( ) [平聲/上平 014 寒 한] : 시끄러운 환	7686	1609	7238	1564
逭	환( ) [仄聲/去聲 074 翰 한] : 피할 환	7687	5687	7359	5900
貆	환( ) [平聲/上平 013 元 원] : 담비새끼 환	7688	1489	4899	1565
貆*	환(훤) [平聲/上平 014 寒 한] : 담비새끼 훤	7689	1610	7239	1600
活	활( ) [仄聲/入聲 096 曷 갈] : 살 활	7690	7039	374	7892
活*	활(괄) [仄聲/入聲 096 曷 갈] : 콸콸흐를 괄	7691	7040	375	6127
猾	활( ) [仄聲/入聲 097 黠 힐] : 교활할 활	7692	7071	7941	7894
豁	활( ) [仄聲/入聲 096 曷 갈] : 소통할 활	7693	7041	376	7895
闊	활( ) [仄聲/入聲 097 黠 힐] : 트일 활	7694	7072	7942	7896
蛞	활( ) [仄聲/入聲 097 黠 힐] : 올챙이 활	7695	7073	7943	7897
礦	황( ) [仄聲/上聲 054 梗 경] : 쇳돌 황	7696	4436	704	4637
凰	황( ) [平聲/下平 022 陽 양] : 봉새 황	7697	2487	3250	3184
幌	황( ) [仄聲/上聲 054 梗 경] : 휘장 황	7698	4437	766	4638
徨	황( ) [平聲/下平 022 陽 양] : 배회할 황	7699	2488	3251	3185
恍	황( ) [仄聲/上聲 052 養 양] : 황홀할 황	7700	4373	3342	4639
惶	황( ) [平聲/下平 022 陽 양] : 두려워할 황	7701	2489	3252	3186

A : (214 / 221)

배열형식 A (韻族基準)		배열 A	배열 B	배열 C	배열 D
韻族	(*異音) [平仄 : 四聲 韻目No ,韻目 독음] : 略義	운족 가나순	운목 번호순	운목 가나순	사성순
愰	황( ) [仄聲/上聲 052 養 양] : 밝을 황	7702	4374	3343	4640
慌	황( ) [平聲/下平 023 庚 경] : 황홀할 황	7703	2677	680	3187
晃	황( ) [仄聲/上聲 052 養 양] : 밝을 황	7704	4375	3344	4641
榥	황( ) [仄聲/上聲 052 養 양] : 책상 황	7705	4376	3345	4642
況	황( ) [仄聲/去聲 082 漾 양] : 상황 황	7706	6134	3410	7900
湟	황( ) [平聲/下平 022 陽 양] : 해자 황	7707	2490	3253	3188
滉	황( ) [仄聲/上聲 052 養 양] : 깊을 황	7708	4377	3346	4643
潢	황( ) [平聲/下平 022 陽 양] : 웅덩이 황	7709	2491	3254	3189
煌	황( ) [平聲/下平 022 陽 양] : 빛날 황	7710	2492	3255	3190
璜	황( ) [平聲/下平 022 陽 양] : 패옥 황	7711	2493	3256	3191
皇	황( ) [平聲/下平 022 陽 양] : 임금 황	7712	2494	3257	3192
篁	황( ) [平聲/下平 022 陽 양] : 대숲 황	7713	2495	3258	3193
簧	황( ) [平聲/下平 022 陽 양] : 생황 황	7714	2496	3259	3194
荒	황( ) [平聲/下平 022 陽 양] : 거칠 황	7715	2497	3260	3195
蝗	황( ) [平聲/下平 022 陽 양] : 누리 황	7716	2498	3261	3196
遑	황( ) [平聲/下平 022 陽 양] : 허둥가랄 황	7717	2499	3262	3197
隍	황( ) [平聲/下平 022 陽 양] : 해자 황	7718	2500	3263	3198
黃	황( ) [平聲/下平 022 陽 양] : 누를 황	7719	2501	3264	3199
怳	황( ) [仄聲/上聲 052 養 양] : 멍할 황	7720	4378	3347	4644
肓	황( ) [平聲/下平 022 陽 양] : 명치끝 황	7721	2502	3265	3200
貺	황( ) [仄聲/去聲 084 敬 경] : 줄/하사할 황	7722	6185	815	7901
况	황( ) [仄聲/去聲 082 漾 양] : 모양(況의속자) 황	7723	6135	3411	7902
謊	황( ) [平聲/下平 022 陽 양] : 잠꼬대할 황	7724	2503	3266	3201
謊*	황(황) [仄聲/上聲 052 養 양] : 속일 황	7725	4379	3348	4645
饟	회( ) [仄聲/去聲 082 漾 양] : 밥팔/식당 회	7726	6136	3379	7903
匯	회( ) [仄聲/上聲 040 賄 회] : 물돌 회	7727	3794	7790	4647
回	회( ) [仄聲/去聲 070 隊 대] : 돌아올 회	7728	5473	1055	5901
廻	회( ) [平聲/下平 022 陽 양] : 돌/파할 회	7729	2504	3267	3202
徊	회( ) [平聲/上平 010 灰 회] : 노닐 회	7730	1158	7743	1567
恢	회( ) [平聲/上平 010 灰 회] : 넓을 회	7731	1159	7744	1568
悔	회( ) [仄聲/去聲 070 隊 대] : 뉘우칠 회	7732	5474	1056	5902
懷	회( ) [平聲/上平 008 齊 제] : 품을 회	7733	1007	5363	1569
晦	회( ) [仄聲/去聲 070 隊 대] : 그믐 회	7734	5475	1057	5903
會	회( ) [仄聲/去聲 068 泰 태] : 모일 회	7735	5311	7123	5904
會*	회(괴) [仄聲/去聲 068 泰 태] : 그릴[畫也] 괴	7736	5312	7124	4794
檜	회( ) [仄聲/去聲 068 泰 태] : 전나무 회	7737	5313	7125	5905

배열형식 A (韻族基準)		배열 A	배열 B	배열 C	배열 D
韻族	(*異音) [平仄 : 四聲 韻目No ,韻目 독음] : 略義	운족 가나순	운목 번호순	운목 가나순	사성순
淮	회( ) [平聲/上平 009 佳 가] : 강이름 회	7738	1060	48	1570
澮	회( ) [仄聲/去聲 068 泰 태] : 밭고랑 회	7739	5314	7126	5906
澮*	회(쾌) [仄聲/去聲 069 卦 괘] : 물졸졸흐를 쾌	7740	5380	877	5752
澮*	회(활) [仄聲/入聲 097 黠 힐] : 물합쳐흐를 활	7741	7074	7944	7898
灰	회( ) [平聲/上平 010 灰 회] : 재 회	7742	1160	7745	1571
獪	회( ) [仄聲/去聲 068 泰 태] : 간교할/교활할 회	7743	5315	7127	5907
獪*	회(쾌) [仄聲/去聲 069 卦 괘] : 간교할/교활할 쾌	7744	5381	878	5753
繪	회( ) [仄聲/去聲 068 泰 태] : 그림 회	7745	5316	7128	5908
膾	회( ) [仄聲/去聲 069 卦 괘] : 회 회	7746	5382	879	5909
茴	회( ) [平聲/上平 010 灰 회] : 약이름 회	7747	1161	7746	1572
蛔	회( ) [平聲/上平 010 灰 회] : 회충 회	7748	1162	7747	1573
誨	회( ) [仄聲/去聲 070 隊 대] : 가르칠 회	7749	5476	1058	5910
賄	회( ) [仄聲/上聲 041 軫 진] : 재물/뇌물 회	7750	3848	6498	4648
佪	회( ) [平聲/上平 010 灰 회] : 어정거릴 회	7751	1163	7748	1574
洄	회( ) [平聲/上平 010 灰 회] : 거슬러 올라갈 회	7752	1164	7749	1575
詼	회( ) [平聲/上平 010 灰 회] : 조롱할 회	7753	1165	7750	1576
迴	회( ) [平聲/上平 010 灰 회] : 돌 회	7754	1166	7751	1577
頮	회( ) [仄聲/去聲 070 隊 대] : 세수할 회	7755	5477	1059	5911
櫰	회( ) [平聲/上平 009 佳 가] : 홰나무 회	7756	1061	49	1578
薈	회( ) [仄聲/去聲 068 泰 태] : 우거진모양 회	7757	5317	7129	5912
鄶	회( ) [仄聲/去聲 068 泰 태] : 나라이름 회	7758	5318	7130	5913
劃	획( ) [仄聲/入聲 100 陌 맥] : 그을 획	7759	7547	1674	7908
獲	획( ) [仄聲/入聲 100 陌 맥] : 얻을 획	7760	7548	1675	7909
獲*	획(확) [仄聲/入聲 099 藥 약] : 더럽힐 확	7761	7355	3025	7889
宖	횡( ) [平聲/下平 023 庚 경] : 클 홍/집울림 횡	7762	2678	681	3173
橫	횡( ) [仄聲/去聲 085 徑 경] : 가로 횡	7763	6240	5267	7910
鐄	횡( ) [平聲/下平 023 庚 경] : 큰쇠북/낫 횡	7764	2679	682	3204
哮	효( ) [平聲/下平 019 豪 호] : 성낼/③울부짖을 효	7765	2064	7533	3208
嚆	효( ) [平聲/下平 019 豪 호] : 부르짖을 효	7766	2065	7534	3209
孝	효( ) [仄聲/去聲 079 號 호] : 효도 효	7767	5987	7647	7911
效	효( ) [仄聲/去聲 078 效 효] : 본받을 효	7768	5938	7865	5915
斅	효( ) [仄聲/去聲 078 效 효] : 가르칠 효	7769	5939	7866	5916
曉	효( ) [仄聲/上聲 048 巧 교] : 새벽 효	7770	4153	903	4650
梟	효( ) [平聲/下平 017 蕭 소] : 올빼미 효	7771	1941	2702	3210
涍	효( ) [平聲/下平 018 肴 효] : 강이름 효	7772	1986	7830	3211
淆	효( ) [平聲/下平 018 肴 효] : 뒤섞일 효	7773	1987	7831	3212

A : (216 / 221)

배열형식 A (韻族基準)		배열 A	배열 B	배열 C	배열 D
韻族	(*異音) [平仄 : 四聲 韻目No ,韻目 독음] : 略義	운족 가나순	운목 번호순	운목 가나순	사성순
爻	효( ) [平聲/下平 018 肴 효] : 사귈 효	7774	1988	7832	3213
肴	효( ) [平聲/下平 018 肴 효] : 안주 효	7775	1989	7833	3214
酵	효( ) [仄聲/去聲 078 效 효] : 술밑 효	7776	5940	7867	5917
驍	효( ) [平聲/下平 017 蕭 소] : 날랠 효	7777	1942	2703	3215
囂	효( ) [平聲/下平 017 蕭 소] : 시끄러울 효	7778	1943	2704	3216
崤	효( ) [平聲/下平 018 肴 효] : 산이름 효	7779	1990	7834	3217
熇	효( ) [平聲/下平 017 蕭 소] : 불김[炎氣] 효	7780	1944	2705	3218
熇*	효(고) [平聲/下平 018 肴 효] : 마를 고	7781	1991	7835	1771
熇*	효(혹) [仄聲/入聲 090 屋 옥] : 불꽃이글이글할 혹	7782	6600	3978	7866
熇*	효(확) [仄聲/入聲 099 藥 약] : 불꽃성할 확	7783	7356	3026	7890
效	효( ) [仄聲/上聲 048 巧 교] : 효험 효	7784	4154	904	4651
枵	효( ) [平聲/下平 017 蕭 소] : 비울 효	7785	1945	2706	3219
虈	효( ) [平聲/下平 018 肴 효] : 큰경쇠 효	7786	1992	7836	3220
筊	효( ) [平聲/下平 018 肴 효] : 단소 효	7787	1993	7837	3221
筊*	효(교) [仄聲/上聲 048 巧 교] : 단소 교	7788	4155	905	3396
鴞	효( ) [平聲/下平 017 蕭 소] : 부엉이 효	7789	1946	2707	3222
烋	효( ) [平聲/下平 018 肴 효] : 기운건장할/뽐낼 효	7790	1994	7838	3223
烋*	효(휴) [平聲/下平 026 尤 우] : 아름다울 휴	7791	3014	4528	3229
佝	후( ) [仄聲/去聲 085 宥 유] : 꼽추/거리낄 후	7792	6352	5118	7912
侯	후( ) [平聲/下平 026 尤 우] : 제후 후	7793	3015	4524	3224
候	후( ) [仄聲/去聲 085 宥 유] : 기후 후	7794	6353	5268	7913
厚	후( ) [仄聲/去聲 085 宥 유] : 두터울 후	7795	6354	5269	7914
后	후( ) [仄聲/去聲 085 宥 유] : 임금/왕후 후	7796	6355	5270	7915
吼	후( ) [仄聲/去聲 085 宥 유] : 울 후	7797	6356	5271	7916
喉	후( ) [平聲/下平 026 尤 우] : 목구멍 후	7798	3016	4525	3225
嗅	후( ) [仄聲/去聲 085 宥 유] : 맡을 후	7799	6357	5272	7917
後	후( ) [仄聲/去聲 085 宥 유] : 뒤 후	7800	6358	5273	7918
朽	후( ) [仄聲/上聲 056 寑 침] : 썩을 후	7801	4572	7078	4653
煦	후( ) [仄聲/去聲 066 遇 우] : 따뜻하게할 후	7802	5106	4776	5918
逅	후( ) [仄聲/去聲 085 宥 유] : 만날 후	7803	6359	5274	7919
涸	후( ) [仄聲/去聲 066 遇 우] : 마를/막을 후	7804	5107	4777	5919
詡	후( ) [仄聲/上聲 038 薺 제] : 자랑할 후	7805	3743	5407	4654
酗	후( ) [仄聲/去聲 067 霽 제] : 주정할 후	7806	5265	5565	5920
餱	후( ) [平聲/下平 026 尤 우] : 건량 후	7807	3017	4527	3226
郈	후( ) [仄聲/上聲 055 有 유] : 고을이름 후	7808	4547	5100	4655
鍭	후( ) [仄聲/去聲 086 沁 심] : 화살 후	7809	6381	2881	7920

A : (217 / 221)

배열형식 A (韻族基準)		배열 A	배열 B	배열 C	배열 D
韻族	(*異音) [平仄 : 四聲 韻目No ,韻目 독음] : 略義	운족 가나순	운목 번호순	운목 가나순	사성순
勳	훈( ) [平聲/上平 012 文 문] : 공 훈	7810	1364	1734	1582
塤	훈( ) [平聲/上平 013 元 원] : 질나팔 훈	7811	1490	4891	1583
壎	훈( ) [平聲/上平 013 元 원] : 질나팔 훈	7812	1491	4892	1584
焄	훈( ) [平聲/上平 012 文 문] : 연기에그을릴 훈	7813	1365	1735	1585
熏	훈( ) [平聲/上平 012 文 문] : 불길 훈	7814	1366	1736	1586
燻	훈( ) [平聲/上平 012 文 문] : 연기낄[=熏] 훈	7815	1367	1737	1587
薰	훈( ) [平聲/上平 012 文 문] : 향풀 훈	7816	1368	1738	1588
訓	훈( ) [仄聲/去聲 072 問 문] : 가르칠 훈	7817	5580	1784	5921
纁	훈( ) [平聲/上平 012 文 문] : 분홍빛 훈	7818	1369	1739	1589
葷	훈( ) [平聲/上平 012 文 문] : 매운 채소 훈	7819	1370	1740	1590
醺	훈( ) [平聲/上平 012 文 문] : 취할 훈	7820	1371	1741	1591
薨	훙( ) [平聲/下平 025 蒸 증] : 죽을 훙	7821	2819	5665	3227
薨*	훙(횡) [平聲/下平 023 庚 경] : 많이모일/빠를 횡	7822	2680	683	3205
喧	훤( ) [平聲/上平 013 元 원] : 떠들썩할 훤	7823	1492	4893	1594
暄	훤( ) [平聲/上平 013 元 원] : 따뜻할 훤	7824	1493	4894	1595
煊	훤( ) [平聲/上平 013 元 원] : 빛날 훤	7825	1494	4895	1596
萱	훤( ) [平聲/上平 013 元 원] : 원추리 훤	7826	1495	4896	1597
烜	훤( ) [平聲/上平 013 元 원] : 따뜻할 훤	7827	1496	4897	1598
諼	훤( ) [平聲/上平 013 元 원] : 속일 훤	7828	1497	4898	1599
咺	훤( ) [仄聲/上聲 043 阮 완] : 의젓할 훤	7829	3921	4101	4657
卉	훼( ) [仄聲/去聲 064 未 미] : 풀 훼	7830	4925	1932	5923
喙	훼( ) [仄聲/去聲 071 震 진] : 부리 훼	7831	5555	6574	5924
毁	훼( ) [仄聲/上聲 034 紙 지] : 험담할/헐 훼	7832	3485	6191	4658
燬	훼( ) [仄聲/上聲 034 紙 지] : 불 훼	7833	3486	6192	4659
虫	훼( ) [仄聲/上聲 035 尾 미] : 벌레 훼	7834	3517	1898	4660
虫*	훼(충) [平聲/上平 001 東 동] : 벌레 충	7835	113	1172	1382
虺	훼( ) [仄聲/上聲 035 尾 미] : 이무기 훼	7836	3518	1899	4661
虺*	훼(회) [平聲/上平 010 灰 회] : 비루먹을 회	7837	1167	7752	1579
檓	훼( ) [仄聲/上聲 034 紙 지] : 산초나무 훼	7838	3487	6193	4662
毀	훼( ) [仄聲/上聲 034 紙 지] : 헐 훼	7839	3488	6194	4663
彙	휘( ) [仄聲/去聲 064 未 미] : 모을/고슴도치 휘	7840	4926	1933	5925
徽	휘( ) [平聲/上平 005 微 미] : 아름다울 휘	7841	607	1861	1602
揮	휘( ) [平聲/上平 005 微 미] : 휘두를 휘	7842	608	1862	1603
暉	휘( ) [平聲/上平 005 微 미] : 빛 휘	7843	609	1863	1604
煇	휘( ) [平聲/上平 005 微 미] : 빛날 휘	7844	610	1864	1605
煇*	휘(혼) [仄聲/上聲 043 阮 완] : 벌겋/불빛 혼	7845	1372	1742	1592

A : (218 / 221)

배열형식 A (韻族基準)		배열 A	배열 B	배열 C	배열 D
韻族	(*異音) [平仄 : 四聲 韻目No ,韻目 독음] : 略義	운족 가나순	운목 번호순	운목 가나순	사성순
煇*	휘(훈) [平聲/上平 012 文 문] : 지질(灼也) 훈	7846	3922	4102	4628
諱	휘( ) [仄聲/去聲 064 未 미] : 꺼릴 휘	7847	4927	1934	5926
輝	휘( ) [平聲/上平 005 微 미] : 빛날 휘	7848	611	1865	1606
麾	휘( ) [平聲/上平 004 支 지] : 대장기 휘	7849	545	5985	1607
撝	휘( ) [平聲/上平 004 支 지] : 찢을 휘	7850	546	5987	1608
撝*	휘(위) [平聲/上平 004 支 지] : 도울 위	7851	547	5986	1024
翬	휘( ) [平聲/上平 005 微 미] : 훨훨날 휘	7852	612	1866	1609
楎	휘( ) [平聲/上平 005 微 미] : 옷걸이/문지방 휘	7853	613	1867	1610
楎*	휘(혼) [平聲/上平 013 元 원] : 쟁기술 혼	7854	1498	4900	1540
休	휴( ) [平聲/下平 027 侵 침] : 쉴 휴	7855	3070	7051	3228
携	휴( ) [平聲/上平 008 齊 제] : 끌/가질 휴	7856	1008	5364	1613
畦	휴( ) [平聲/上平 008 齊 제] : 밭두둑 휴	7857	1009	5365	1614
虧	휴( ) [平聲/上平 004 支 지] : 이그러질 휴	7858	548	5988	1615
隳	휴( ) [平聲/上平 004 支 지] : 무너질 휴	7859	549	5989	1616
庥	휴( ) [平聲/下平 026 尤 우] : 나무그늘 휴	7860	3018	4529	3230
攜	휴( ) [平聲/上平 009 齊 제] : 이끌 휴	7861	1062	5366	1617
觿	휴( ) [平聲/上平 008 齊 제] : 뿔송곳 휴	7862	1010	5367	1618
貅	휴( ) [平聲/下平 026 尤 우] : 맹수이름 휴	7863	3019	4530	3231
酅	휴( ) [平聲/上平 008 齊 제] : 고을이름 휴	7864	1011	5368	1619
鑴	휴( ) [平聲/上平 008 齊 제] : 검은해무리 휴	7865	1012	5369	1620
巂	휴( ) [仄聲/去聲 067 霽 제] : 접동새 휴	7866	5266	5566	5928
巂*	휴(규) [平聲/上平 004 支 지] : 접동새 규	7867	550	5990	143
巂*	휴(수) [仄聲/上聲 034 紙 지] : 나라이름 수	7868	3489	6195	3962
恤	휼( ) [仄聲/入聲 093 質 질] : 불쌍히여길 휼	7869	6850	6688	7923
譎	휼( ) [仄聲/入聲 098 屑 설] : 속일 휼	7870	7210	2584	7924
鷸	휼( ) [仄聲/入聲 093 質 질] : 도요새 휼	7871	6851	6689	7925
遹	휼( ) [仄聲/入聲 095 月 월] : 좇을 휼	7872	6956	5012	7926
兇	흉( ) [平聲/上平 002 冬 동] : 흉악할 흉	7873	193	1252	1621
凶	흉( ) [平聲/上平 003 江 강] : 흉할 흉	7874	225	462	1622
匈	흉( ) [仄聲/入聲 095 月 월] : 가슴/오랑캐 흉	7875	6957	5013	7927
洶	흉( ) [仄聲/上聲 033 講 강] : 용솟음할 흉	7876	3300	468	4664
胸	흉( ) [平聲/上平 002 冬 동] : 가슴 흉	7877	194	1253	1623
訩	흉( ) [平聲/上平 002 冬 동] : 어지러울/송사할 흉	7878	195	1254	1624
黑	흑( ) [仄聲/入聲 102 職 직] : 검을 흑	7879	7734	6304	7928
昕	흔( ) [平聲/上平 012 文 문] : 해돋을/초하루 흔	7880	1373	1743	1625
欣	흔( ) [平聲/上平 012 文 문] : 기뻐할 흔	7881	1374	1744	1626

배열형식 A (韻族基準)		배열 A	배열 B	배열 C	배열 D
韻族	(*異音) [平仄 : 四聲 韻目No ,韻目 독음] : 略義	운족 가나순	운목 번호순	운목 가나순	사성순
炘	흔( ) [平聲/上平 013 元 원] : 화끈거릴 흔	7882	1499	4901	1627
痕	흔( ) [平聲/上平 013 元 원] : 흉/자취 흔	7883	1500	4902	1628
很	흔( ) [仄聲/上聲 044 旱 한] : 어길 흔	7884	3974	7292	4665
忻	흔( ) [平聲/上平 012 文 문] : 기뻐할 흔	7885	1375	1745	1629
掀	흔( ) [平聲/上平 014 寒 한] : 치켜들 흔	7886	1611	7240	1630
舋	흔( ) [仄聲/去聲 072 問 문] : 기뻐할 흔	7887	5581	1786	5929
俒	흔( ) [仄聲/去聲 073 願 원] : 완전할 흔	7888	5620	4942	5930
鞎	흔( ) [平聲/上平 013 元 원] : 장식가죽 흔	7889	1501	4903	1631
吃	흘( ) [仄聲/入聲 094 物 물] : 말더듬을 흘	7890	6883	1816	7930
屹	흘( ) [仄聲/入聲 095 月 월] : 산우뚝솟을 흘	7891	6958	5014	7931
紇	흘( ) [仄聲/入聲 095 月 월] : 질낮은명주실 흘	7892	6959	5015	7932
訖	흘( ) [仄聲/入聲 094 物 물] : 이를(至也) 흘	7893	6884	1817	7933
訖*	흘(글) [仄聲/入聲 094 物 물] : 마칠/끝낼 글	7894	6885	1818	6202
迄	흘( ) [仄聲/入聲 094 物 물] : 이를 흘	7895	6886	1819	7934
齕	흘( ) [仄聲/入聲 096 曷 갈] : 깨물 흘	7896	7042	377	7935
欠	흠( ) [仄聲/去聲 088 豔 염] : 하품 흠	7897	6424	3741	7937
欽	흠( ) [平聲/下平 027 侵 침] : 공경할 흠	7898	3071	7052	3232
歆	흠( ) [平聲/下平 028 覃 담] : 흠향할 흠	7899	3130	963	3233
廞	흠( ) [平聲/下平 027 侵 침] : 포진할/일 흠	7900	3072	7053	3234
吸	흡( ) [仄聲/入聲 103 緝 집] : 마실 흡	7901	7784	6741	7938
恰	흡( ) [仄聲/入聲 106 洽 흡] : 흡사할 흡	7902	7944	7911	7939
洽	흡( ) [仄聲/入聲 106 洽 흡] : 두루미칠/화목할 흡	7903	7945	7912	7940
翕	흡( ) [仄聲/入聲 104 合 합] : 합할 흡	7904	7827	7450	7941
歙	흡( ) [仄聲/入聲 103 緝 집] : 줄일 흡	7905	7785	6742	7942
興	흥( ) [平聲/下平 026 尤 우] : 일 흥	7906	3020	4531	3235
愾	희( ) [仄聲/去聲 064 未 미] : 한숨쉴 희	7907	4928	1900	5931
愾*	희(개) [仄聲/去聲 070 隊 대] : 성낼 개	7908	5478	964	4682
摡	희( ) [仄聲/去聲 064 未 미] : 갖을/닦을 희	7909	4929	1901	5932
摡*	희(개) [仄聲/去聲 070 隊 대] : 씻을 개	7910	5479	969	4696
僖	희( ) [平聲/上平 004 支 지] : 기쁠(=嬉) 희	7911	551	5991	1632
凞	희( ) [平聲/上平 004 支 지] : 화할 희	7912	552	5992	1633
喜	희( ) [平聲/上平 004 支 지] : 기쁠 희	7913	553	5993	1634
噫	희( ) [平聲/上平 004 支 지] : 느낌/한숨쉴 희	7914	554	5994	1635
噫*	희(애) [仄聲/去聲 069 卦 괘] : 씨근거릴 애	7915	5383	880	5329
噫*	희(억) [仄聲/入聲 102 職 직] : 누를 억	7916	7735	6306	7028
姬	희( ) [平聲/上平 004 支 지] : 아씨 희	7917	555	5995	1636

배열형식 A (韻族基準)		배열 A	배열 B	배열 C	배열 D
韻族	(*異音) [平仄 : 四聲 韻目No ,韻目 독음] : 略義	운족 가나순	운목 번호순	운목 가나순	사성순
嬉	희( ) [平聲/上平 004 支 지] : 아름다울 희	7918	556	5996	1637
希	희( ) [平聲/上平 006 魚 어] : 바랄 희	7919	690	3485	1638
憙	희( ) [仄聲/去聲 064 未 미] : 기뻐할 희	7920	4930	1935	5933
戲	희( ) [仄聲/去聲 063 寘 치] : 놀이 희	7921	4890	6997	5934
晞	희( ) [平聲/上平 005 微 미] : 한숨쉴 희	7922	614	1868	1639
曦	희( ) [平聲/上平 004 支 지] : 햇빛 희	7923	557	5997	1640
熙	희( ) [平聲/上平 004 支 지] : 빛날 희	7924	558	5998	1641
熹	희( ) [平聲/上平 004 支 지] : 빛날 희	7925	559	5999	1642
犧	희( ) [平聲/上平 004 支 지] : 희생 희	7926	560	6001	1643
犧*	희(사) [平聲/上平 004 支 지] : 술통 사	7927	561	6000	713
禧	희( ) [平聲/上平 004 支 지] : 복 희	7928	562	6002	1644
稀	희( ) [平聲/上平 005 微 미] : 드물 희	7929	615	1869	1645
羲	희( ) [平聲/上平 004 支 지] : 복희 희	7930	563	6003	1646
嘻	희( ) [平聲/上平 004 支 지] : 웃을 희	7931	564	6004	1647
悕	희( ) [平聲/上平 005 微 미] : 슬퍼할 희	7932	616	1870	1648
戱	희( ) [仄聲/去聲 063 寘 치] : 희롱할 희	7933	4891	6998	5935
戱*	희(호) [平聲/上平 007 虞 우] : 서러울 호	7934	565	6005	1611
戱*	희(휘) [平聲/上平 004 支 지] : 깃발 휘	7935	918	4330	1530
餼	희( ) [仄聲/去聲 065 御 어] : 보낼 희	7936	4979	3603	5936
譆	희( ) [平聲/上平 004 支 지] : 감탄할 희	7937	566	6006	1649
饎	희( ) [仄聲/去聲 063 寘 치] : 주식 희	7938	4892	7000	5937
齂	희( ) [仄聲/去聲 063 寘 치] : 코고는소리 희	7939	4893	7001	5938
呬	히( ) [仄聲/去聲 063 寘 치] : 숨쉴 히	7940	4894	6999	5939
呬*	히(령) [平聲/下平 024 靑 청] : 왁자지껄할 령	7941	2758	6820	2055
詰	힐( ) [仄聲/入聲 093 質 질] : 꾸짖을/밝는아침 힐	7942	6852	6692	7943
頡	힐( ) [仄聲/入聲 098 屑 설] : 오르내리락할/목 힐	7943	7211	2585	7944
頡*	힐(갈) [仄聲/入聲 097 黠 힐] : 긁을/밟을 갈	7944	7075	7945	5987
黠	힐( ) [仄聲/入聲 098 屑 설] : 약을 힐	7945	7212	2586	7945

韻目符號基準
운목의 번호순 배열

B

漢詩韻字便覽

배열형식 B (韻目번호 基準)			배열 A	배열 B	배열 C	배열 D
韻目番號	韻目(독음)	平仄 / 四聲 : 韻族(異音) : 略義	운족 가나순	운목 번호순	운목 가나순	사성순
001	東	(동) 平聲/上平: 公공( ) : 공평할 공	599	1	1060	73
001	東	(동) 平聲/上平: 功공( ) : 공 공	601	2	1061	75
001	東	(동) 平聲/上平: 工공( ) : 장인 공	603	3	1062	76
001	東	(동) 平聲/上平: 攻공( ) : 칠 공	609	4	1063	78
001	東	(동) 平聲/上平: 空공( ) : 빌 공	611	5	1064	79
001	東	(동) 平聲/上平: 蚣공( ) : 지네 공	612	6	1065	80
001	東	(동) 平聲/上平: 悾공( ) : 정성스러울 공	616	7	1066	81
001	東	(동) 平聲/上平: 箜공( ) : 공후(악기명) 공	620	8	1067	83
001	東	(동) 平聲/上平: 宮궁( ) : 집 궁	935	9	1068	121
001	東	(동) 平聲/上平: 弓궁( ) : 활 궁	936	10	1069	122
001	東	(동) 平聲/上平: 穹궁( ) : 하늘 궁	937	11	1070	123
001	東	(동) 平聲/上平: 窮궁( ) : 다할/궁할 궁	938	12	1071	124
001	東	(동) 平聲/上平: 芎궁( ) : 궁궁이/천궁 궁	939	13	1072	125
001	東	(동) 平聲/上平: 躬궁( ) : 몸 궁	940	14	1073	126
001	東	(동) 平聲/上平: 同동( ) : 한가지 동	1601	15	1074	286
001	東	(동) 平聲/上平: 東동( ) : 동녘 동	1603	16	1075	287
001	東	(동) 平聲/上平: 桐동( ) : 오동 동	1604	17	1076	288
001	東	(동) 平聲/上平: 潼동( ) : 강이름 동	1608	18	1077	289
001	東	(동) 平聲/上平: 瞳동( ) : 눈동자 동	1610	19	1078	291
001	東	(동) 平聲/上平: 童동( ) : 아이 동	1611	20	1079	292
001	東	(동) 平聲/上平: 銅동( ) : 구리 동	1614	21	1080	293
001	東	(동) 平聲/上平: 侗동( ) : 정성 동	1615	22	1082	294
001	東	(동) 平聲/上平: 侗동(통) : 우둔한 통	1616	23	1081	1429
001	東	(동) 平聲/上平: 僮동( ) : 아이/하인 동	1617	24	1083	295
001	東	(동) 平聲/上平: 垌동( ) : 항아리 동	1618	25	1084	296
001	東	(동) 平聲/上平: 橦동( ) : 진뚫는 수레 동	1620	26	1085	298
001	東	(동) 平聲/上平: 涷동( ) : 소나기 동	1621	27	1086	299
001	東	(동) 平聲/上平: 蝀동( ) : 무지개 동	1622	28	1087	300
001	東	(동) 平聲/上平: 曈동( ) : 먼동틀 동	1625	29	1088	301
001	東	(동) 平聲/上平: 犝동( ) : 송아지 동	1626	30	1089	302
001	東	(동) 平聲/上平: 罿동( ) : 새그물 동	1627	31	1090	303
001	東	(동) 平聲/上平: 鮦동( ) : 가물치 동	1629	32	1091	304
001	東	(동) 平聲/上平: 瀧랑( ) : 물이름 랑	1759	33	1093	323

배열형식 B (韻目번호 基準)			배열 A	배열 B	배열 C	배열 D
韻目番號	韻目(독음) 平仄 / 四聲 : 韻族(異音) : 略義		운족 가나순	운목 번호순	운목 가나순	사성순
001	東	(동) 平聲/上平: 朧롱( ) : 젖을/부슬부슬비올 롱	1975	34	1092	359
001	東	(동) 平聲/上平: 瓏롱( ) : 옥소리 롱	1976	35	1094	361
001	東	(동) 平聲/上平: 籠롱( ) : 대바구니 롱	1977	36	1095	362
001	東	(동) 平聲/上平: 聾롱( ) : 귀머거리 롱	1978	37	1096	363
001	東	(동) 平聲/上平: 曨롱(롱) : 해돋을 롱	1980	38	1097	364
001	東	(동) 平聲/上平: 礱롱( ) : 갈 롱	1981	39	1098	365
001	東	(동) 平聲/上平: 蘢롱( ) : 여뀌 롱	1982	40	1099	366
001	東	(동) 平聲/上平: 嚨롱( ) : 대피리 롱	1985	41	1100	367
001	東	(동) 平聲/上平: 龐롱( ) : 충실할 롱	1986	42	1116	368
001	東	(동) 平聲/上平: 隆륭( ) : 성할/높을 륭	2104	43	1101	388
001	東	(동) 平聲/上平: 窿륭( ) : 활꼴 륭	2105	44	1102	389
001	東	(동) 平聲/上平: 儚맹( ) : 바보스러울 맹	2318	45	1103	455
001	東	(동) 平聲/上平: 罞모( ) : 고라니그물 모	2400	46	1104	461
001	東	(동) 平聲/上平: 夢몽( ) : 꿈 몽	2416	47	1105	462
001	東	(동) 平聲/上平: 朦몽( ) : 풍부할 몽	2417	48	1106	463
001	東	(동) 平聲/上平: 蒙몽( ) : 어두울 몽	2418	49	1107	464
001	東	(동) 平聲/上平: 曚몽( ) : 어릴 몽	2419	50	1108	465
001	東	(동) 平聲/上平: 濛몽( ) : 이슬비 몽	2420	51	1109	466
001	東	(동) 平聲/上平: 瞢몽( ) : 눈어두울 몽	2421	52	1110	467
001	東	(동) 平聲/上平: 矇몽( ) : 소경 몽	2423	53	1111	468
001	東	(동) 平聲/上平: 雺몽( ) : 안개 몽	2424	54	1112	469
001	東	(동) 平聲/上平: 懵몽( ) : 어두울 몽	2425	55	1113	470
001	東	(동) 平聲/上平: 鬏무( ) : 다팔머리 무	2481	56	1114	480
001	東	(동) 平聲/上平: 尨방(봉) : 헝클어진모양 봉	2667	57	1115	587
001	東	(동) 平聲/上平: 汎범( ) : 넓을 범	2777	58	1117	584
001	東	(동) 平聲/上平: 蓬봉( ) : 쑥 봉	2925	59	1118	593
001	東	(동) 平聲/上平: 篷봉( ) : 뜸 봉	2931	60	1119	598
001	東	(동) 平聲/上平: 馮빙(풍) : 물귀신이름 풍	3195	61	1163	1460
001	東	(동) 平聲/上平: 崇숭( ) : 높을 숭	3916	62	1120	794
001	東	(동) 平聲/上平: 崧숭( ) : 우뚝솟을 숭	3917	63	1121	795
001	東	(동) 平聲/上平: 嵩숭( ) : 높을 숭	3918	64	1122	796
001	東	(동) 平聲/上平: 翁옹( ) : 늙은이 옹	4633	65	1123	898
001	東	(동) 平聲/上平: 熊웅( ) : 곰 웅	4870	66	1124	981
001	東	(동) 平聲/上平: 雄웅( ) : 수컷 웅	4871	67	1125	982
001	東	(동) 平聲/上平: 戎융( ) : 병장기 융	5090	68	1126	1062
001	東	(동) 平聲/上平: 瀜융( ) : 물이깊고넓은모양 융	5091	69	1127	1063

배열형식 B (韻目번호 基準)			배열 A	배열 B	배열 C	배열 D
韻目番號	韻目(독음) 平仄 / 四聲 : 韻族(異音) : 略義		운족 가나순	운목 번호순	운목 가나순	사성순
001	東	(동) 平聲/上平: 絨융( ) : 융 융	5092	70	1128	1064
001	東	(동) 平聲/上平: 融융( ) : 녹을 융	5093	71	1129	1065
001	東	(동) 平聲/上平: 肜융( ) : 제사이름 융	5094	72	1130	1066
001	東	(동) 平聲/上平: 駥융( ) : 키큰말 융	5095	73	1131	1067
001	東	(동) 平聲/上平: 終종( ) : 마칠 종	5953	74	1132	1235
001	東	(동) 平聲/上平: 螽종( ) : 메뚜기 종	5965	75	1133	1242
001	東	(동) 平聲/上平: 猣종( ) : 솟발이강아지 종	5968	76	1134	1244
001	東	(동) 平聲/上平: 稯종( ) : 볏단 종	5969	77	1135	1245
001	東	(동) 平聲/上平: 豵종( ) : 돼지새끼 종	5970	78	1136	1246
001	東	(동) 平聲/上平: 鬷종( ) : 가마솥 종	5972	79	1137	1248
001	東	(동) 平聲/上平: 鼨종( ) : 얼룩쥐 종	5973	80	1138	1249
001	東	(동) 平聲/上平: 中중( ) : 가운데 중	6088	81	1139	1270
001	東	(동) 平聲/上平: 叢총( ) : 모일 총	6643	82	1140	1338
001	東	(동) 平聲/上平: 悤총( ) : 바쁠/덤빌 총	6646	83	1141	1339
001	東	(동) 平聲/上平: 聰총( ) : 귀밝을 총	6650	84	1142	1340
001	東	(동) 平聲/上平: 蔥총( ) : 파/부들 총	6651	85	1143	1341
001	東	(동) 平聲/上平: 葱총( ) : 파 총	6653	86	1144	1342
001	東	(동) 平聲/上平: 驄총( ) : 총이말 총	6656	87	1145	1344
001	東	(동) 平聲/上平: 冢총( ) : 무덤/사직단 총	6657	88	1146	1345
001	東	(동) 平聲/上平: 匆총( ) : 바쁠 총	6658	89	1147	1346
001	東	(동) 平聲/上平: 緫총( ) : 검푸른비단 총	6659	90	1148	1347
001	東	(동) 平聲/上平: 充충( ) : 채울 충	6748	91	1149	1374
001	東	(동) 平聲/上平: 忠충( ) : 충성 충	6749	92	1150	1375
001	東	(동) 平聲/上平: 沖충( ) : 화할 충	6750	93	1151	1376
001	東	(동) 平聲/上平: 蟲충( ) : 벌레 충	6751	94	1152	1377
001	東	(동) 平聲/上平: 衷충( ) : 속마음 충	6753	95	1153	1379
001	東	(동) 平聲/上平: 忡충( ) : 근심할 충	6754	96	1154	1380
001	東	(동) 平聲/上平: 珫충( ) : 귀고리 충	6755	97	1155	1381
001	東	(동) 平聲/上平: 筒통( ) : 대롱 통	7000	98	1156	1430
001	東	(동) 平聲/上平: 通통( ) : 통할 통	7002	99	1157	1431
001	東	(동) 平聲/上平: 恫통( ) : 상심할 통	7003	100	1158	1432
001	東	(동) 平聲/上平: 筩통( ) : 상심할 통	7004	101	1159	1433
001	東	(동) 平聲/上平: 楓풍( ) : 단풍 풍	7208	102	1160	1457
001	東	(동) 平聲/上平: 豊풍( ) : 풍년 풍	7210	103	1161	1458
001	東	(동) 平聲/上平: 風풍( ) : 바람 풍	7211	104	1162	1459
001	東	(동) 平聲/上平: 瘋풍( ) : 두풍 풍	7212	105	1164	1461

배열형식 B (韻目번호 基準)			배열 A	배열 B	배열 C	배열 D
韻目 番號	韻目(독음) 平仄 / 四聲 : 韻族(異音) : 略義		운족 가나순	운목 번호순	운목 가나순	사성순
001	東	(동) 平聲/上平: 澧풍( ) : 강이름 풍	7214	106	1165	1462
001	東	(동) 平聲/上平: 豐풍( ) : 풍년 풍	7215	107	1166	1463
001	東	(동) 平聲/上平: 洪홍( ) : 넓을/큰물 홍	7617	108	1167	1541
001	東	(동) 平聲/上平: 紅홍( ) : 붉을 홍	7619	109	1168	1543
001	東	(동) 平聲/上平: 虹홍( ) : 무지개 홍	7620	110	1169	1544
001	東	(동) 平聲/上平: 訌홍( ) : 어지러울 홍	7624	111	1170	1545
001	東	(동) 平聲/上平: 鴻홍( ) : 기러기 홍	7625	112	1171	1546
001	東	(동) 平聲/上平: 虫훼(충) : 벌레 충	7835	113	1172	1382
002	冬	(동) 平聲/上平: 供공( ) : 이바지할 공	598	114	1173	72
002	冬	(동) 平聲/上平: 共공( ) : 한가지 공	600	115	1174	74
002	冬	(동) 平聲/上平: 恭공( ) : 공손할 공	605	116	1175	77
002	冬	(동) 平聲/上平: 蚣공(송) : 메뚜기 송	613	117	1176	753
002	冬	(동) 平聲/上平: 蛩공( ) : 귀뜨라미 공	621	118	1177	84
002	冬	(동) 平聲/上平: 蛬공( ) : 귀뚜라미 공	622	119	1178	85
002	冬	(동) 平聲/上平: 龔공( ) : 공손할 공	623	120	1179	86
002	冬	(동) 平聲/上平: 邛공( ) : 고달플 공	626	121	1180	87
002	冬	(동) 平聲/上平: 濃농( ) : 짙을 농	1275	122	1181	225
002	冬	(동) 平聲/上平: 膿농( ) : 고름 농	1276	123	1182	226
002	冬	(동) 平聲/上平: 農농( ) : 농사 농	1277	124	1183	227
002	冬	(동) 平聲/上平: 儂농( ) : 나 농	1278	125	1184	228
002	冬	(동) 平聲/上平: 冬동( ) : 겨울 동	1598	126	1185	285
002	冬	(동) 平聲/上平: 疼동( ) : 아플 동	1609	127	1186	290
002	冬	(동) 平聲/上平: 彤동( ) : 붉을 동	1619	128	1187	297
002	冬	(동) 平聲/上平: 罿동(충) : 새그물 충	1628	129	1188	1372
002	冬	(동) 平聲/上平: 蘢롱(룡) : 말여뀌 룡	1983	130	1189	376
002	冬	(동) 平聲/上平: 龐롱(룡) : 충실할 룡	1987	131	1191	377
002	冬	(동) 平聲/上平: 龍룡(방) : 잿빛 방	2032	132	1190	544
002	冬	(동) 平聲/上平: 封봉( ) : 봉할 봉	2916	133	1192	588
002	冬	(동) 平聲/上平: 峯봉( ) : 산봉우리 봉	2917	134	1193	589
002	冬	(동) 平聲/上平: 峰봉( ) : 봉우리 봉	2918	135	1194	590
002	冬	(동) 平聲/上平: 烽봉( ) : 봉화 봉	2921	136	1195	591
002	冬	(동) 平聲/上平: 縫봉( ) : 꿰맬 봉	2924	137	1196	592
002	冬	(동) 平聲/上平: 蜂봉( ) : 벌 봉	2926	138	1197	594
002	冬	(동) 平聲/上平: 鋒봉( ) : 봉망/끝 봉	2928	139	1198	596
002	冬	(동) 平聲/上平: 丰봉( ) : 예쁠 봉	2930	140	1199	597
002	冬	(동) 平聲/上平: 松송( ) : 소나무 송	3725	141	1200	754

배열형식 B (韻目번호 基準)			배열 A	배열 B	배열 C	배열 D
韻目番號	韻目(독음) 平仄 / 四聲 : 韻族(異音) : 略義		운족 가나순	운목 번호순	운목 가나순	사성순
002	冬	(동) 平聲/上平: 淞송( ) : 강이름 송	3726	142	1201	755
002	冬	(동) 平聲/上平: 頌송(용) : 얼굴/모양 용	3731	143	1202	933
002	冬	(동) 平聲/上平: 鬆송( ) : 더벅머리 송	3733	144	1203	756
002	冬	(동) 平聲/上平: 壅옹( ) : 막을/막힐 옹	4628	145	1204	896
002	冬	(동) 平聲/上平: 癰옹( ) : 악창 옹	4632	146	1205	897
002	冬	(동) 平聲/上平: 邕옹( ) : 막힐 옹	4634	147	1206	899
002	冬	(동) 平聲/上平: 雍옹( ) : 화할 옹	4635	148	1207	900
002	冬	(동) 平聲/上平: 饔옹( ) : 아침밥 옹	4636	149	1208	901
002	冬	(동) 平聲/上平: 廱옹( ) : 화락할 옹	4637	150	1209	902
002	冬	(동) 平聲/上平: 禺옹( ) : 땅이름 옹	4638	151	1210	903
002	冬	(동) 平聲/上平: 罋옹( ) : 두레박 옹	4639	152	1211	934
002	冬	(동) 平聲/上平: 雝옹( ) : 할미새 옹	4641	153	1212	904
002	冬	(동) 平聲/上平: 顒옹( ) : 공경할 옹	4642	154	1213	905
002	冬	(동) 平聲/上平: 噰옹( ) : 화목해질 옹	4643	155	1214	906
002	冬	(동) 平聲/上平: 灉옹( ) : 강이름 옹	4644	156	1215	907
002	冬	(동) 平聲/上平: 臃옹( ) : 부스럼 옹	4645	157	1216	908
002	冬	(동) 平聲/上平: 傭용( ) : 품팔 용	4760	158	1218	935
002	冬	(동) 平聲/上平: 傭용(충) : 고를/가지런할 충	4761	159	1217	1373
002	冬	(동) 平聲/上平: 墉용( ) : 담 용	4765	160	1219	936
002	冬	(동) 平聲/上平: 容용( ) : 얼굴 용	4766	161	1220	937
002	冬	(동) 平聲/上平: 庸용( ) : 떳떳할 용	4767	162	1221	938
002	冬	(동) 平聲/上平: 榕용( ) : 뱅골보리수 용	4769	163	1222	939
002	冬	(동) 平聲/上平: 溶용( ) : 녹일 용	4772	164	1223	940
002	冬	(동) 平聲/上平: 熔용( ) : 녹을 용	4773	165	1224	941
002	冬	(동) 平聲/上平: 瑢용( ) : 패옥소리 용	4774	166	1225	942
002	冬	(동) 平聲/上平: 茸용( ) : 우거질 용	4778	167	1226	943
002	冬	(동) 平聲/上平: 蓉용( ) : 부용 용	4779	168	1227	944
002	冬	(동) 平聲/上平: 鎔용( ) : 쇠녹을 용	4781	169	1228	945
002	冬	(동) 平聲/上平: 鏞용( ) : 쇠북 용	4782	170	1229	946
002	冬	(동) 平聲/上平: 慵용( ) : 게으를 용	4783	171	1230	947
002	冬	(동) 平聲/上平: 舂용( ) : 찧을 용	4784	172	1231	948
002	冬	(동) 平聲/上平: 椿장(용) : 두드릴 용	5467	173	1232	949
002	冬	(동) 平聲/上平: 慒조( ) : 심란할 조	5924	174	1244	1225
002	冬	(동) 平聲/上平: 倧종( ) : 한배/신인 종	5943	175	1233	1228
002	冬	(동) 平聲/上平: 宗종( ) : 마루 종	5944	176	1234	1229
002	冬	(동) 平聲/上平: 從종( ) : 좇을 종	5945	177	1235	1230

배열형식 B (韻目번호 基準)			배열 A	배열 B	배열 C	배열 D
韻目番號	韻目(독음) 平仄 / 四聲 : 韻族(異音) : 略義		운족 가나순	운목 번호순	운목 가나순	사성순
002	冬	(동) 平聲/上平: 悰종( ) : 즐길 종	5946	178	1236	1231
002	冬	(동) 平聲/上平: 棕종( ) : 종려나무 종	5948	179	1237	1232
002	冬	(동) 平聲/上平: 淙종( ) : 물소리 종	5949	180	1238	1233
002	冬	(동) 平聲/上平: 琮종( ) : 옥홀 종	5951	181	1239	1234
002	冬	(동) 平聲/上平: 縱종( ) : 세로 종	5955	182	1240	1236
002	冬	(동) 平聲/上平: 踪종( ) : 자취 종	5958	183	1241	1237
002	冬	(동) 平聲/上平: 鍾종( ) : 술병/거문고 종	5960	184	1242	1238
002	冬	(동) 平聲/上平: 鐘종( ) : 쇠북 종	5961	185	1243	1239
002	冬	(동) 平聲/上平: 樅종( ) : 전나무 종	5962	186	1245	1240
002	冬	(동) 平聲/上平: 蹤종( ) : 자취/뒤좇을 종	5966	187	1246	1243
002	冬	(동) 平聲/上平: 鬃종( ) : 상투 종	5971	188	1247	1247
002	冬	(동) 平聲/上平: 重중( ) : 무거울 중	6091	189	1248	1271
002	冬	(동) 平聲/上平: 蓯총( ) : 풀더북할 총	6654	190	1249	1343
002	冬	(동) 平聲/上平: 衝충( ) : 찌를 충	6752	191	1250	1378
002	冬	(동) 平聲/上平: 烘홍( ) : 횃불 홍	7618	192	1251	1542
002	冬	(동) 平聲/上平: 兇흉( ) : 흉악할 흉	7873	193	1252	1621
002	冬	(동) 平聲/上平: 胸흉( ) : 가슴 흉	7877	194	1253	1623
002	冬	(동) 平聲/上平: 訩흉( ) : 어지러울/송사할 흉	7878	195	1254	1624
003	江	(강) 平聲/上平: 江강( ) : 강 강	171	196	433	18
003	江	(강) 平聲/上平: 腔강( ) : 빈속 강	178	197	434	19
003	江	(강) 平聲/上平: 扛강( ) : 들 강	185	198	436	20
003	江	(강) 平聲/上平: 杠강( ) : 깃대 강	186	199	437	21
003	江	(강) 平聲/上平: 悾공(강) : 믿을 강	617	200	438	22
003	江	(강) 平聲/上平: 槓공( ) : 지렛대 공	619	201	439	82
003	江	(강) 平聲/上平: 幢당( ) : 기 당	1430	202	440	258
003	江	(강) 平聲/上平: 撞당( ) : 부딪칠 당	1432	203	441	259
003	江	(강) 平聲/上平: 橦당(당) : 깃대 당	1453	204	442	260
003	江	(강) 平聲/上平: 瀧랑(롱) : 비올 롱	1760	205	443	360
003	江	(강) 平聲/上平: 瀧랑(상) : 여울 상	1761	206	444	722
003	江	(강) 平聲/上平: 龐롱(방) : 어수선할/높은집 방	1988	207	447	547
003	江	(강) 平聲/上平: 尨방( ) : 삽살개/얼룩질 방	2666	208	445	545
003	江	(강) 平聲/上平: 邦방( ) : 나라 방	2692	209	446	546
003	江	(강) 平聲/上平: 厖방( ) : 클 방	2695	210	448	548
003	江	(강) 平聲/上平: 梆방( ) : 목어 방	2698	211	449	549
003	江	(강) 平聲/上平: 蛖방( ) : 땅강아지 방	2702	212	450	550
003	江	(강) 平聲/上平: 駹방( ) : 말이름 방	2703	213	451	551

배열형식 B (韻目번호 基準)			배열 A	배열 B	배열 C	배열 D
韻目番號	韻目(독음) 平仄 / 四聲 : 韻族(異音) : 略義		운족 가나순	운목 번호순	운목 가나순	사성순
003	江	(강) 平聲/上平: 逢봉( ) : 만날 봉	2927	214	452	595
003	江	(강) 平聲/上平: 雙쌍( ) : 두/쌍 쌍	4069	215	453	835
003	江	(강) 平聲/上平: 椿장( ) : 말뚝 장	5466	216	454	1167
003	江	(강) 平聲/上平: 淙종(장) : 물소리 장	5950	217	455	1168
003	江	(강) 平聲/上平: 瑽종( ) : 패옥소리 종	5963	218	456	1241
003	江	(강) 平聲/上平: 窓창( ) : 창 창	6389	219	457	1321
003	江	(강) 平聲/上平: 窗창( ) : 창 창	6398	220	458	1322
003	江	(강) 平聲/上平: 摐창( ) : 두둘일 창	6404	221	459	1323
003	江	(강) 平聲/上平: 降항( ) : 항복할 항	7328	222	435	1478
003	江	(강) 平聲/上平: 肛항( ) : 함문 항	7343	223	460	1480
003	江	(강) 平聲/上平: 虹홍(강) : 어지러울 항	7621	224	461	1481
003	江	(강) 平聲/上平: 凶흉( ) : 흉할 흉	7874	225	462	1622
004	支	(지) 平聲/上平: 居거(기) : 어조사 기	236	226	5666	162
004	支	(지) 平聲/上平: 龜귀( ) : 거북/본뜰 귀	980	227	5667	128
004	支	(지) 平聲/上平: 槻규( ) : 물푸레나무 규	994	228	5668	131
004	支	(지) 平聲/上平: 硅규( ) : 규소 규	996	229	5669	133
004	支	(지) 平聲/上平: 窺규( ) : 엿볼 규	997	230	5670	134
004	支	(지) 平聲/上平: 葵규( ) : 아욱/해바라기 규	999	231	5671	135
004	支	(지) 平聲/上平: 規규( ) : 법 규	1000	232	5672	136
004	支	(지) 平聲/上平: 逵규( ) : 큰길/길거리 규	1002	233	5673	137
004	支	(지) 平聲/上平: 馗규( ) : 아홉거리 규	1008	234	5674	141
004	支	(지) 平聲/上平: 戣규( ) : 창 규	1010	235	5675	142
004	支	(지) 平聲/上平: 其기( ) : 그 기	1090	236	5676	163
004	支	(지) 平聲/上平: 基기( ) : 터 기	1095	237	5677	165
004	支	(지) 平聲/上平: 埼기( ) : 산부리 기	1096	238	5678	166
004	支	(지) 平聲/上平: 夔기( ) : 조심할 기	1097	239	5679	167
004	支	(지) 平聲/上平: 奇기( ) : 기특할 기	1098	240	5680	168
004	支	(지) 平聲/上平: 岐기( ) : 갈림길 기	1101	241	5681	169
004	支	(지) 平聲/上平: 崎기( ) : 험할 기	1102	242	5682	170
004	支	(지) 平聲/上平: 旗기( ) : 기 기	1107	243	5683	171
004	支	(지) 平聲/上平: 朞기( ) : 돌 기	1109	244	5684	172
004	支	(지) 平聲/上平: 期기( ) : 기약할 기	1110	245	5685	173
004	支	(지) 平聲/上平: 棋기( ) : 바둑 기	1112	246	5686	174
004	支	(지) 平聲/上平: 欺기( ) : 속일 기	1115	247	5687	176
004	支	(지) 平聲/上平: 淇기( ) : 강이름 기	1120	248	5688	178
004	支	(지) 平聲/上平: 琦기( ) : 옥이름 기	1122	249	5689	179

배열형식 B (韻目번호 基準)			배열 A	배열 B	배열 C	배열 D
韻目番號	韻目(독음) 平仄 / 四聲 : 韻族(異音) : 略義		운족 가나순	운목 번호순	운목 가나순	사성순
004	支	(지) 平聲/上平: 琪기( ) : 옥 기	1123	250	5690	180
004	支	(지) 平聲/上平: 璂기( ) : 피변꾸미개 기	1124	251	5691	181
004	支	(지) 平聲/上平: 畸기( ) : 뙈기밭 기	1126	252	5692	183
004	支	(지) 平聲/上平: 碁기( ) : 바둑 기	1128	253	5693	185
004	支	(지) 平聲/上平: 祁기( ) : 성할 기	1130	254	5694	187
004	支	(지) 平聲/上平: 祇기( ) : 토지의신 기	1131	255	5696	188
004	支	(지) 平聲/上平: 祇기(지) : 공경할 지	1132	256	5695	1272
004	支	(지) 平聲/上平: 祺기( ) : 복 기	1134	257	5697	190
004	支	(지) 平聲/上平: 箕기( ) : 키 기	1135	258	5698	191
004	支	(지) 平聲/上平: 羈기( ) : 굴레 기	1138	259	5699	192
004	支	(지) 平聲/上平: 耆기( ) : 늙은이/스승 기	1139	260	5700	193
004	支	(지) 平聲/上平: 肌기( ) : 살가죽 기	1141	261	5701	194
004	支	(지) 平聲/上平: 錡기( ) : 세발가마솥 기	1147	262	5702	196
004	支	(지) 平聲/上平: 錤기( ) : 호미 기	1149	263	5703	197
004	支	(지) 平聲/上平: 飢기( ) : 주릴 기	1150	264	5704	198
004	支	(지) 平聲/上平: 騎기( ) : 말탈 기	1152	265	5705	200
004	支	(지) 平聲/上平: 騏기( ) : 준마 기	1153	266	5706	201
004	支	(지) 平聲/上平: 麒기( ) : 기린 기	1155	267	5707	202
004	支	(지) 平聲/上平: 棊기( ) : 바둑 기	1158	268	5708	204
004	支	(지) 平聲/上平: 歧기( ) : 갈림길 기	1159	269	5709	205
004	支	(지) 平聲/上平: 綦기( ) : 초록빛 기	1160	270	5710	206
004	支	(지) 平聲/上平: 羇기( ) : 굴레 기	1161	271	5711	207
004	支	(지) 平聲/上平: 蘄기( ) : 미나리 기	1164	272	5712	209
004	支	(지) 平聲/上平: 鬐기( ) : 갈기 기	1169	273	5713	210
004	支	(지) 平聲/上平: 鰭기( ) : 등지느러미 기	1170	274	5714	211
004	支	(지) 平聲/上平: 萁기( ) : 콩대 기	1173	275	5715	213
004	支	(지) 平聲/上平: 踦기( ) : 절름발이 기	1174	276	5716	214
004	支	(지) 平聲/上平: 尼니( ) : 여승 니	1310	277	5718	229
004	支	(지) 平聲/上平: 呢니( ) : 소곤거릴 니	1313	278	5719	231
004	支	(지) 平聲/上平: 怩니( ) : 겸연쩍을 니	1314	279	5720	232
004	支	(지) 平聲/上平: 妮니( ) : 여자 종 니	1319	280	5721	233
004	支	(지) 平聲/上平: 蠡려(리) : 달팽이 리	1820	281	5722	391
004	支	(지) 平聲/上平: 黧려(리) : 검을 리	1828	282	5723	393
004	支	(지) 平聲/上平: 梨리( ) : 배/벌레이름 리	2127	283	5724	394
004	支	(지) 平聲/上平: 浬리( ) : 해리 리	2128	284	5725	395
004	支	(지) 平聲/上平: 狸리( ) : 너구리 리	2130	285	5726	397

배열형식 B (韻目번호 基準)			배열 A	배열 B	배열 C	배열 D
韻目番號	韻目(독음) 平仄 / 四聲 : 韻族(異音) : 略義		운족 가나순	운목 번호순	운목 가나순	사성순
004	支	(지) 平聲/上平: 璃리( ) : 유리 리	2132	286	5727	398
004	支	(지) 平聲/上平: 籬리( ) : 울타리 리	2134	287	5728	399
004	支	(지) 平聲/上平: 罹리( ) : 근심할 리	2135	288	5729	400
004	支	(지) 平聲/上平: 羸리( ) : 여윌 리	2136	289	5730	401
004	支	(지) 平聲/上平: 釐리( ) : 다스릴 리	2141	290	5731	402
004	支	(지) 平聲/上平: 剺리( ) : 벗길(剝也)/찢을 리	2145	291	5732	403
004	支	(지) 平聲/上平: 嫠리( ) : 과부 리	2147	292	5733	404
004	支	(지) 平聲/上平: 漓리( ) : 스며들 리	2149	293	5734	405
004	支	(지) 平聲/上平: 离리( ) : 스며들 리	2150	294	5735	406
004	支	(지) 平聲/上平: 螭리( ) : 교룡 리	2152	295	5736	407
004	支	(지) 平聲/上平: 貍리( ) : 삵 리	2153	296	5737	408
004	支	(지) 平聲/上平: 魑리( ) : 도깨비 리	2155	297	5738	409
004	支	(지) 平聲/上平: 欐리( ) : 울타리/베풀 리	2156	298	5739	410
004	支	(지) 平聲/上平: 樆리( ) : 돌배나무 리	2159	299	5740	411
004	支	(지) 平聲/上平: 氂리( ) : 꼬리 리	2160	300	5741	412
004	支	(지) 平聲/上平: 犂리(려) : 얼룩소/늙은이살결 리	2161	301	5742	413
004	支	(지) 平聲/上平: 彲리( ) : 도깨비 리	2164	302	5743	414
004	支	(지) 平聲/上平: 纚리( ) : 끈대새끼 리	2165	303	5744	415
004	支	(지) 平聲/上平: 纚리(라) : 비비꼬일 라	2166	304	5745	310
004	支	(지) 平聲/上平: 蔾리( ) : 질리풀 리	2169	305	5746	416
004	支	(지) 平聲/上平: 蘺리( ) : 천궁 리	2171	306	5747	417
004	支	(지) 平聲/上平: 醨리( ) : 삼삼한술 리	2173	307	5748	418
004	支	(지) 平聲/上平: 鯬리( ) : 뱀장어 리	2174	308	5749	419
004	支	(지) 平聲/上平: 鸝리( ) : 꾀꼬리 리	2175	309	5750	420
004	支	(지) 平聲/上平: 梨리( ) : 배 리	2176	310	5862	421
004	支	(지) 平聲/上平: 糸멱(사) : 극히적은수 사	2326	311	5751	700
004	支	(지) 平聲/上平: 嵋미( ) : 산이름 미	2517	312	5752	491
004	支	(지) 平聲/上平: 楣미( ) : 문미 미	2522	313	5753	493
004	支	(지) 平聲/上平: 湄미( ) : 물가 미	2524	314	5754	494
004	支	(지) 平聲/上平: 眉미( ) : 눈썹 미	2525	315	5755	495
004	支	(지) 平聲/上平: 黴미( ) : 곰팡이 미	2532	316	5756	498
004	支	(지) 平聲/上平: 弥미( ) : 두루두루 미	2537	317	5757	499
004	支	(지) 平聲/上平: 瀰미(미) : 물이흐를 니	2540	318	5758	235
004	支	(지) 平聲/上平: 糜미( ) : 죽 미	2542	319	5760	501
004	支	(지) 平聲/上平: 縻미( ) : 고삐 미	2543	320	5761	502
004	支	(지) 平聲/上平: 蘼미( ) : 장미 미	2544	321	5762	503

韻目番號	배열형식 B (韻目番號 基準)		배열 A 운족 가나순	배열 B 운목 번호순	배열 C 운목 가나순	배열 D 사성순
	韻目(독음) 平仄 / 四聲 : 韻族(異音) : 略義					
004	支 (지) 平聲/上平: 麋미( ) : 큰사슴 미		2545	322	5763	504
004	支 (지) 平聲/上平: 蘪미( ) : 천궁 미		2552	323	5764	506
004	支 (지) 平聲/上平: 瀰밀( ) : 물질펀할 미		2581	324	5759	500
004	支 (지) 平聲/上平: 鞲병(비) : 말에맨북 비		2856	325	5783	683
004	支 (지) 平聲/上平: 丕비( ) : 클 비		3076	326	5765	651
004	支 (지) 平聲/上平: 卑비( ) : 낮을 비		3081	327	5766	652
004	支 (지) 平聲/上平: 悲비( ) : 슬플 비		3085	328	5767	654
004	支 (지) 平聲/上平: 枇비( ) : 비파나무 비		3091	329	5768	656
004	支 (지) 平聲/上平: 比비( ) : 비교할/견줄 비		3093	330	5769	657
004	支 (지) 平聲/上平: 毗비( ) : 도울 비		3096	331	5770	658
004	支 (지) 平聲/上平: 毘비( ) : 도울 비		3097	332	5771	659
004	支 (지) 平聲/上平: 痺비( ) : 암메추라기 비		3101	333	5772	660
004	支 (지) 平聲/上平: 碑비( ) : 비석 비		3103	334	5773	662
004	支 (지) 平聲/上平: 脾비( ) : 지라 비		3110	335	5774	665
004	支 (지) 平聲/上平: 裨비( ) : 도울 비		3114	336	5775	666
004	支 (지) 平聲/上平: 埤비( ) : 더할 비		3126	337	5776	669
004	支 (지) 平聲/上平: 紕비( ) : 합사 비		3136	338	5777	671
004	支 (지) 平聲/上平: 羆비( ) : 말곰 비		3138	339	5778	672
004	支 (지) 平聲/上平: 蚍비( ) : 왕개미 비		3141	340	5779	675
004	支 (지) 平聲/上平: 貔비( ) : 맹수이름 비		3142	341	5780	676
004	支 (지) 平聲/上平: 伾비( ) : 힘센 비		3149	342	5781	679
004	支 (지) 平聲/上平: 蠃비(패) : 조개 패		3161	343	5782	1446
004	支 (지) 平聲/上平: 玭빈(변) : 구슬이름 변		3175	344	5784	585
004	支 (지) 平聲/上平: 司사( ) : 맡을 사		3206	345	5785	701
004	支 (지) 平聲/上平: 師사( ) : 스승 사		3219	346	5786	702
004	支 (지) 平聲/上平: 思사( ) : 생각 사		3221	347	5787	703
004	支 (지) 平聲/上平: 斯사( ) : 이 사		3225	348	5788	704
004	支 (지) 平聲/上平: 獅사( ) : 사자 사		3234	349	5789	705
004	支 (지) 平聲/上平: 祠사( ) : 제사지낼 사		3238	350	5790	706
004	支 (지) 平聲/上平: 私사( ) : 사사 사		3239	351	5791	707
004	支 (지) 平聲/上平: 篩사( ) : 체 사		3240	352	5792	708
004	支 (지) 平聲/上平: 絲사( ) : 실 사		3242	353	5793	709
004	支 (지) 平聲/上平: 蛇사(타) : 든든할 이		3250	354	5794	1090
004	支 (지) 平聲/上平: 詞사( ) : 말/글 사		3253	355	5795	710
004	支 (지) 平聲/上平: 辭사( ) : 말씀 사		3257	356	5796	711
004	支 (지) 平聲/上平: 鷥사( ) : 해오라기 사		3284	357	5797	712

배열형식 B (韻目번호 基準)			배열 A	배열 B	배열 C	배열 D
韻目番號	韻目(독음) 平仄 / 四聲 : 韻族(異音) : 略義		운족 가나순	운목 번호순	운목 가나순	사성순
004	支	(지) 平聲/上平: 衰쇠( ) : 쇠할 쇠	3747	358	5799	757
004	支	(지) 平聲/上平: 衰쇠(최) : 같을/상복 최	3748	359	5798	1348
004	支	(지) 平聲/上平: 垂수( ) : 드리울 수	3762	360	5800	758
004	支	(지) 平聲/上平: 綏수( ) : 편안할 수	3792	361	5801	761
004	支	(지) 平聲/上平: 誰수( ) : 누구 수	3801	362	5802	763
004	支	(지) 平聲/上平: 隋수( ) : 수나라 수	3809	363	5803	766
004	支	(지) 平聲/上平: 隨수( ) : 따를 수	3811	364	5804	767
004	支	(지) 平聲/上平: 雖수( ) : 비록 수	3812	365	5805	768
004	支	(지) 平聲/上平: 睢수( ) : 물이름 수	3826	366	5806	773
004	支	(지) 平聲/上平: 陲수( ) : 위태할 수	3833	367	5807	774
004	支	(지) 平聲/上平: 厜수( ) : 산꼭대기 수	3835	368	5808	775
004	支	(지) 平聲/上平: 匙시( ) : 숟가락 시	3950	369	5809	797
004	支	(지) 平聲/上平: 尸시( ) : 시동 시	3954	370	5810	799
004	支	(지) 平聲/上平: 屎시(히) : 아파서끙끙거릴 히	3956	371	5811	1650
004	支	(지) 平聲/上平: 屍시( ) : 주검 시	3957	372	5812	800
004	支	(지) 平聲/上平: 施시( ) : 베풀 시	3961	373	5813	801
004	支	(지) 平聲/上平: 施시(이) : 비뚤어질/옮길 이	3962	374	5814	1091
004	支	(지) 平聲/上平: 時시( ) : 때 시	3964	375	5815	802
004	支	(지) 平聲/上平: 示시(기) : 땅귀신 기	3971	376	5816	216
004	支	(지) 平聲/上平: 蓍시( ) : 시초 시	3974	377	5817	805
004	支	(지) 平聲/上平: 詩시( ) : 시 시	3977	378	5818	806
004	支	(지) 平聲/上平: 偲시( ) : 굳셀/똑똑할 시	3981	379	5819	808
004	支	(지) 平聲/上平: 厮시( ) : 부릴/마부 시	3983	380	5820	809
004	支	(지) 平聲/上平: 塒시( ) : 홰 시	3985	381	5821	810
004	支	(지) 平聲/上平: 緦시( ) : 시마복 시	3988	382	5822	811
004	支	(지) 平聲/上平: 鍉시( ) : 숟갈/열쇠 시	3990	383	5823	812
004	支	(지) 平聲/上平: 鳲시( ) : 뻐꾸기 시	3993	384	5824	813
004	支	(지) 平聲/上平: 鸍시( ) : 짐새 시	3994	385	5826	814
004	支	(지) 平聲/上平: 鸍시(미) : 짐새 미	3995	386	5825	508
004	支	(지) 平聲/上平: 氏씨( ) : 성씨/각시 씨	4070	387	5827	836
004	支	(지) 平聲/上平: 涯애(의) : 물가 의	4204	388	5828	1076
004	支	(지) 平聲/上平: 倭왜(위) : 순한모양 위	4695	389	5829	1007
004	支	(지) 平聲/上平: 危위( ) : 위태할 위	4926	390	5830	1008
004	支	(지) 平聲/上平: 委위( ) : 맡길 위	4928	391	5831	1010
004	支	(지) 平聲/上平: 爲위( ) : 할/다스릴하여금 위	4935	392	5832	1012
004	支	(지) 平聲/上平: 萎위( ) : 시들/앓을 위	4939	393	5833	1013

배열형식 B (韻目번호 基準)			배열 A	배열 B	배열 C	배열 D
韻目番號	韻目(독음)	平仄 / 四聲 : 韻族(異音) : 略義	운족 가나순	운목 번호순	운목 가나순	사성순
004	支	(지) 平聲/上平: 痿위( ) : 저릴 위	4956	394	5834	1018
004	支	(지) 平聲/上平: 逶위( ) : 비틀거릴 위	4960	395	5835	1020
004	支	(지) 平聲/上平: 為위( ) : 할 위	4965	396	5836	1022
004	支	(지) 平聲/上平: 惟유( ) : 생각할 유	4987	397	5837	1028
004	支	(지) 平聲/上平: 維유( ) : 벼리 유	5008	398	5838	1034
004	支	(지) 平聲/上平: 遺유( ) : 남길 유	5018	399	5839	1040
004	支	(지) 平聲/上平: 壝유( ) : 제단 유	5025	400	5841	1042
004	支	(지) 平聲/上平: 壝유(유) : 제단 유	5026	401	5840	1041
004	支	(지) 平聲/上平: 帷유( ) : 장막 유	5027	402	5842	1043
004	支	(지) 平聲/上平: 緌유( ) : 갓끈/관끈늘어질 유	5035	403	5843	1045
004	支	(지) 平聲/上平: 濰유( ) : 고을이름 유	5052	404	5844	1051
004	支	(지) 平聲/上平: 倚의(기) : 설 기	5139	405	5845	217
004	支	(지) 平聲/上平: 儀의( ) : 거동 의	5140	406	5846	1079
004	支	(지) 平聲/上平: 宜의( ) : 마땅 의	5141	407	5847	1080
004	支	(지) 平聲/上平: 椅의( ) : 걸상 의	5145	408	5848	1081
004	支	(지) 平聲/上平: 疑의( ) : 의심할 의	5147	409	5850	1082
004	支	(지) 平聲/上平: 疑의(을) : 바로설 익	5148	410	5849	1120
004	支	(지) 平聲/上平: 醫의( ) : 의원 의	5160	411	5851	1084
004	支	(지) 平聲/上平: 漪의( ) : 물놀이 의	5163	412	5852	1085
004	支	(지) 平聲/上平: 猗의( ) : 아름다울 의	5164	413	5854	1086
004	支	(지) 平聲/上平: 猗의(아) : 부드러울 아	5165	414	5853	838
004	支	(지) 平聲/上平: 旖의( ) : 깃발펄럭날 의	5171	415	5855	1087
004	支	(지) 平聲/上平: 轙의( ) : 수레고삐 의	5172	416	5856	1088
004	支	(지) 平聲/上平: 酏이( ) : 구레나룻 이	5174	417	5717	1089
004	支	(지) 平聲/上平: 伊이( ) : 저 이	5180	418	5857	1092
004	支	(지) 平聲/上平: 夷이( ) : 평평할/동쪽오랑캐 이	5181	419	5858	1093
004	支	(지) 平聲/上平: 姨이( ) : 이모 이	5182	420	5859	1094
004	支	(지) 平聲/上平: 彛이( ) : 떳떳할 이	5185	421	5860	1095
004	支	(지) 平聲/上平: 怡이( ) : 기쁠 이	5186	422	5861	1096
004	支	(지) 平聲/上平: 痍이( ) : 상처 이	5190	423	5863	1097
004	支	(지) 平聲/上平: 移이( ) : 옮길 이	5191	424	5864	1098
004	支	(지) 平聲/上平: 而이( ) : 말이을 이	5192	425	5865	1099
004	支	(지) 平聲/上平: 荑이( ) : 흰비름 이	5196	426	5866	1100
004	支	(지) 平聲/上平: 貽이( ) : 끼칠 이	5198	427	5867	1101
004	支	(지) 平聲/上平: 飴이( ) : 엿 이	5201	428	5868	1102
004	支	(지) 平聲/上平: 彝이( ) : 떳떳할 이	5204	429	5869	1103

배열형식 B (韻目번호 基準)			배열 A	배열 B	배열 C	배열 D
韻目番號	韻目(독음)	平仄 / 四聲 : 韻族(異音) : 略義	운족 가나순	운목 번호순	운목 가나순	사성순
004	支	(지) 平聲/上平: 洟이( ) : 콧물 이	5206	430	5870	1104
004	支	(지) 平聲/上平: 咦이( ) : 크게부를/웃을 이	5210	431	5871	1105
004	支	(지) 平聲/上平: 圯이( ) : 흙다리 이	5211	432	5872	1106
004	支	(지) 平聲/上平: 宧이( ) : 구석 이	5212	433	5873	1107
004	支	(지) 平聲/上平: 杝이( ) : 피나무 이	5214	434	5875	1108
004	支	(지) 平聲/上平: 杝이(치) : 쪼갤/떨어질 치	5215	435	5874	1386
004	支	(지) 平聲/上平: 栭이( ) : 산밤나무 이	5216	436	5876	1109
004	支	(지) 平聲/上平: 椸이( ) : 횃대 이	5218	437	5877	1111
004	支	(지) 平聲/上平: 瓵이( ) : 단지 이	5220	438	5878	1112
004	支	(지) 平聲/上平: 簃이( ) : 누각곁채 이	5221	439	5879	1113
004	支	(지) 平聲/上平: 酏이( ) : 맑은술 이	5225	440	5880	1114
004	支	(지) 平聲/上平: 陑이( ) : 땅이름 이	5226	441	5881	1115
004	支	(지) 平聲/上平: 頥이( ) : 기를 이	5227	442	5882	1116
004	支	(지) 平聲/上平: 頤이( ) : 턱/끄떡거릴 이	5228	443	5883	1117
004	支	(지) 平聲/上平: 台이( ) : 나/기쁠 이	5229	444	5974	1119
004	支	(지) 平聲/上平: 寅인(이) : 공경할 이	5252	445	5884	1118
004	支	(지) 平聲/上平: 仔자( ) : 자세할 자	5308	446	5885	1136
004	支	(지) 平聲/上平: 咨자( ) : 물을 자	5312	447	5886	1137
004	支	(지) 平聲/上平: 姿자( ) : 모양 자	5314	448	5887	1138
004	支	(지) 平聲/上平: 孜자( ) : 힘쓸 자	5317	449	5888	1139
004	支	(지) 平聲/上平: 慈자( ) : 사랑 자	5319	450	5889	1140
004	支	(지) 平聲/上平: 滋자( ) : 불을 자	5320	451	5890	1141
004	支	(지) 平聲/上平: 玆자( ) : 이/이것 자	5324	452	5891	1142
004	支	(지) 平聲/上平: 瓷자( ) : 오지그릇 자	5326	453	5892	1143
004	支	(지) 平聲/上平: 疵자( ) : 흉볼 자	5327	454	5893	1144
004	支	(지) 平聲/上平: 磁자( ) : 자석 자	5328	455	5894	1145
004	支	(지) 平聲/上平: 茨자( ) : 가시나무 자	5332	456	5895	1146
004	支	(지) 平聲/上平: 諮자( ) : 꾀/물을 자	5336	457	5896	1147
004	支	(지) 平聲/上平: 資자( ) : 재물 자	5337	458	5897	1148
004	支	(지) 平聲/上平: 雌자( ) : 암컷 자	5338	459	5898	1149
004	支	(지) 平聲/上平: 粢자( ) : 기장 자	5346	460	5899	1150
004	支	(지) 平聲/上平: 茈자( ) : 패랭이꽃 자	5348	461	5900	1151
004	支	(지) 平聲/上平: 茲자( ) : 무성할 자	5349	462	5901	1152
004	支	(지) 平聲/上平: 觜자( ) : 별자리이름 자	5350	463	5902	1153
004	支	(지) 平聲/上平: 觜자(취) : 부리 취	5351	464	5903	1383
004	支	(지) 平聲/上平: 訾자( ) : 헐뜯을 자	5352	465	5904	1154

배열형식 B (韻目번호 基準)			배열 A	배열 B	배열 C	배열 D
韻目番號	韻目(독음) 平仄 / 四聲 : 韻族(異音) : 略義		운족 가나순	운목 번호순	운목 가나순	사성순
004	支	(지) 平聲/上平: 貲자( ) : 재물 자	5353	466	5905	1155
004	支	(지) 平聲/上平: 髭자( ) : 코밑수염 자	5355	467	5906	1156
004	支	(지) 平聲/上平: 鶿자( ) : 가마우지 자	5356	468	5907	1157
004	支	(지) 平聲/上平: 趑자( ) : 머뭇거릴 자	5363	469	5908	1158
004	支	(지) 平聲/上平: 鄑자( ) : 땅이름 자	5364	470	5909	1159
004	支	(지) 平聲/上平: 胔자( ) : 썩은살 자	5365	471	5910	1160
004	支	(지) 平聲/上平: 薺자( ) : 납가새 자	5366	472	5915	1162
004	支	(지) 平聲/上平: 齎재( ) : 탄식할/가질 재	5486	473	5911	1176
004	支	(지) 平聲/上平: 劑제(자) : 어음쪽지 자	5799	474	5912	1161
004	支	(지) 平聲/上平: 提제(리) : 보리수 리	5806	475	5914	422
004	支	(지) 平聲/上平: 提제(시) : 떼지어날 시	5807	476	5913	815
004	支	(지) 平聲/上平: 齊제(자) : 상옷아랫단할 자	5822	477	5916	1163
004	支	(지) 平聲/上平: 禔지( ) : 복/편안할 지	6123	478	5917	1273
004	支	(지) 平聲/上平: 之지( ) : 갈 지	6126	479	5918	1274
004	支	(지) 平聲/上平: 持지( ) : 가질 지	6132	480	5919	1275
004	支	(지) 平聲/上平: 支지( ) : 지탱할 지	6135	481	5920	1276
004	支	(지) 平聲/上平: 枝지( ) : 가지 지	6138	482	5921	1277
004	支	(지) 平聲/上平: 池지( ) : 못 지	6142	483	5922	1278
004	支	(지) 平聲/上平: 知지( ) : 알 지	6146	484	5923	1279
004	支	(지) 平聲/上平: 祇지( ) : 공경할 지	6149	485	5924	1280
004	支	(지) 平聲/上平: 肢지( ) : 팔다리 지	6151	486	5925	1281
004	支	(지) 平聲/上平: 脂지( ) : 기름 지	6152	487	5926	1282
004	支	(지) 平聲/上平: 芝지( ) : 지초 지	6154	488	5927	1283
004	支	(지) 平聲/上平: 蜘지( ) : 거미 지	6156	489	5928	1284
004	支	(지) 平聲/上平: 遲지( ) : 더딜/늦을 지	6160	490	5929	1285
004	支	(지) 平聲/上平: 墀지( ) : 궁중지대뜰 지	6163	491	5930	1286
004	支	(지) 平聲/上平: 榰지( ) : 주춧돌 지	6164	492	5931	1287
004	支	(지) 平聲/上平: 篪지( ) : 대이름 지	6165	493	5932	1288
004	支	(지) 平聲/上平: 鮨지( ) : 젓갈 지	6169	494	5933	1289
004	支	(지) 平聲/上平: 吱지( ) : 가는소리 지	6172	495	5934	1290
004	支	(지) 平聲/上平: 忯지( ) : 기댈 지	6173	496	5935	1291
004	支	(지) 平聲/上平: 箎지( ) : 저(피리)이름 지	6174	497	5936	1292
004	支	(지) 平聲/上平: 胝지( ) : 못박할 지	6175	498	5937	1293
004	支	(지) 平聲/上平: 蚳지( ) : 청개구리 지	6176	499	5938	1294
004	支	(지) 平聲/上平: 嵯차(치) : 산우뚝할 치	6287	500	5939	1387
004	支	(지) 平聲/上平: 差차(채) : 어긋날 치	6289	501	5940	1388

배열형식 B (韻目번호 基準)			배열 A	배열 B	배열 C	배열 D
韻目番號	韻目(독음)	平仄 / 四聲 : 韻族(異音) : 略義	운족 가나순	운목 번호순	운목 가나순	사성순
004	支	(지) 平聲/上平: 栘체( ) : 나무이름 체	6569	502	5941	1332
004	支	(지) 平聲/上平: 榱최( ) : 서까래 최	6667	503	5942	1352
004	支	(지) 平聲/上平: 推추( ) : 옮길/궁구할 추	6672	504	5943	1353
004	支	(지) 平聲/上平: 椎추( ) : 몽치 추	6674	505	5944	1354
004	支	(지) 平聲/上平: 追추( ) : 좇을/따를 추	6686	506	5945	1358
004	支	(지) 平聲/上平: 錐추( ) : 송곳 추	6691	507	5946	1359
004	支	(지) 平聲/上平: 鎚추( ) : 쇠망치/저울 추	6693	508	5947	1360
004	支	(지) 平聲/上平: 隹추( ) : 새 추	6706	509	5948	1363
004	支	(지) 平聲/上平: 騅추( ) : 말이름 추	6708	510	5949	1364
004	支	(지) 平聲/上平: 魋추( ) : 북상투 추	6709	511	5950	1365
004	支	(지) 平聲/上平: 萑추( ) : 익모초 추	6714	512	5951	1367
004	支	(지) 平聲/上平: 吹취( ) : 불 취	6766	513	5952	1384
004	支	(지) 平聲/上平: 炊취( ) : 불땔 취	6770	514	5953	1385
004	支	(지) 平聲/上平: 嗤치( ) : 웃을 치	6801	515	5954	1389
004	支	(지) 平聲/上平: 梔치( ) : 치자나무 치	6805	516	5955	1390
004	支	(지) 平聲/上平: 治치( ) : 다스릴 치	6806	517	5956	1391
004	支	(지) 平聲/上平: 淄치( ) : 검은빛 치	6807	518	5957	1392
004	支	(지) 平聲/上平: 痴치( ) : 어리석을 치	6810	519	5958	1393
004	支	(지) 平聲/上平: 癡치( ) : 어리석을 치	6811	520	5959	1394
004	支	(지) 平聲/上平: 緇치( ) : 검은비단 치	6814	521	5960	1395
004	支	(지) 平聲/上平: 蚩치( ) : 벌레이름 치	6818	522	5961	1396
004	支	(지) 平聲/上平: 輜치( ) : 짐수레 치	6819	523	5962	1397
004	支	(지) 平聲/上平: 馳치( ) : 달릴 치	6821	524	5963	1398
004	支	(지) 平聲/上平: 絺치( ) : 칡베 치	6826	525	5964	1399
004	支	(지) 平聲/上平: 菑치( ) : 한해된밭 치	6827	526	5965	1400
004	支	(지) 平聲/上平: 錙치( ) : 저울눈 치	6833	527	5966	1401
004	支	(지) 平聲/上平: 鴟치( ) : 소리개/올빼미 치	6834	528	5967	1402
004	支	(지) 平聲/上平: 椔치( ) : 죽은나무 치	6835	529	5968	1403
004	支	(지) 平聲/上平: 觶치( ) : 잔 치	6836	530	5969	1404
004	支	(지) 平聲/上平: 銐치( ) : 시루 치	6837	531	5970	1405
004	支	(지) 平聲/上平: 鶅치( ) : 꿩 치	6838	532	5971	1406
004	支	(지) 平聲/上平: 齝치( ) : 새김질할 치	6840	533	5972	1407
004	支	(지) 平聲/上平: 墮타(휴) : 너뜨릴/게으를 휴	6876	534	5973	1612
004	支	(지) 平聲/上平: 笞태( ) : 매질할 태	6972	535	5975	1419
004	支	(지) 平聲/上平: 蓷퇴( ) : 익모초 퇴	7010	536	5976	1442
004	支	(지) 平聲/上平: 罷피( ) : 느른할/고달플 피	7216	537	5977	1464

배열형식 B (韻目번호 基準)			배열 A	배열 B	배열 C	배열 D
韻目番號	韻目(독음)	平仄 / 四聲 : 韻族(異音) : 略義	운족 가나순	운목 번호순	운목 가나순	사성순
004	支	(지) 平聲/上平: 披피( ) : 헤칠 피	7220	538	5978	1465
004	支	(지) 平聲/上平: 疲피( ) : 피곤할 피	7221	539	5979	1466
004	支	(지) 平聲/上平: 皮피( ) : 가죽 피	7222	540	5980	1467
004	支	(지) 平聲/上平: 陂피( ) : 비탈 피	7225	541	5981	1468
004	支	(지) 平聲/上平: 蘢피( ) : 풀이름 피	7228	542	5982	1469
004	支	(지) 平聲/上平: 缸항( ) : 항아리 항	7342	543	5983	1479
004	支	(지) 平聲/上平: 箎호( ) : 긴대 호	7580	544	5984	1525
004	支	(지) 平聲/上平: 麾휘( ) : 대장기 휘	7849	545	5985	1607
004	支	(지) 平聲/上平: 撝휘( ) : 찢을 휘	7850	546	5987	1608
004	支	(지) 平聲/上平: 撝휘(위) : 도울 위	7851	547	5986	1024
004	支	(지) 平聲/上平: 虧휴( ) : 이그러질 휴	7858	548	5988	1615
004	支	(지) 平聲/上平: 隳휴( ) : 무너질 휴	7859	549	5989	1616
004	支	(지) 平聲/上平: 巂휴(규) : 접동새 규	7867	550	5990	143
004	支	(지) 平聲/上平: 僖희( ) : 기쁠(=嬉) 희	7911	551	5991	1632
004	支	(지) 平聲/上平: 凞희( ) : 화할 희	7912	552	5992	1633
004	支	(지) 平聲/上平: 喜희( ) : 기쁠 희	7913	553	5993	1634
004	支	(지) 平聲/上平: 噫희( ) : 느낄/한숨쉴 희	7914	554	5994	1635
004	支	(지) 平聲/上平: 姬희( ) : 아씨 희	7917	555	5995	1636
004	支	(지) 平聲/上平: 嬉희( ) : 아름다울 희	7918	556	5996	1637
004	支	(지) 平聲/上平: 曦희( ) : 햇빛 희	7923	557	5997	1640
004	支	(지) 平聲/上平: 熙희( ) : 빛날 희	7924	558	5998	1641
004	支	(지) 平聲/上平: 熹희( ) : 빛날 희	7925	559	5999	1642
004	支	(지) 平聲/上平: 犧희( ) : 희생 희	7926	560	6001	1643
004	支	(지) 平聲/上平: 犧희(사) : 술통 사	7927	561	6000	713
004	支	(지) 平聲/上平: 禧희( ) : 복 희	7928	562	6002	1644
004	支	(지) 平聲/上平: 羲희( ) : 복희 희	7930	563	6003	1646
004	支	(지) 平聲/上平: 嘻희( ) : 웃을 희	7931	564	6004	1647
004	支	(지) 平聲/上平: 戲희(호) : 깃발 휘	7934	565	6005	1611
004	支	(지) 平聲/上平: 譆희( ) : 감탄할 희	7937	566	6006	1649
005	微	(미) 平聲/上平: 歸귀(궤) : 먹일 궤	984	567	1821	127
005	微	(미) 平聲/上平: 圻기( ) : 경기 기	1094	568	1822	164
005	微	(미) 平聲/上平: 機기( ) : 틀 기	1114	569	1823	175
005	微	(미) 平聲/上平: 沂기( ) : 강이름 기	1119	570	1824	177
005	微	(미) 平聲/上平: 璣기( ) : 별이름 기	1125	571	1825	182
005	微	(미) 平聲/上平: 畿기( ) : 경기 기	1127	572	1826	184
005	微	(미) 平聲/上平: 磯기( ) : 물가돌 기	1129	573	1827	186

배열형식 B (韻目번호 基準)			배열 A	배열 B	배열 C	배열 D
韻目番號	韻目(독음)	平仄 / 四聲 : 韻族(異音) : 略義	운족 가나순	운목 번호순	운목 가나순	사성순
005	微	(미) 平聲/上平: 祈기( ) : 빌 기	1133	574	1828	189
005	微	(미) 平聲/上平: 譏기( ) : 나무랄 기	1143	575	1829	195
005	微	(미) 平聲/上平: 饑기( ) : 주릴 기	1151	576	1830	199
005	微	(미) 平聲/上平: 旂기( ) : 깃발 기	1157	577	1831	203
005	微	(미) 平聲/上平: 肵기( ) : 시동이먹는도마 기	1162	578	1832	208
005	微	(미) 平聲/上平: 嘰기( ) : 탄식할 기	1171	579	1833	212
005	微	(미) 平聲/上平: 畿기( ) : 말재갈 기	1175	580	1834	215
005	微	(미) 平聲/上平: 微미( ) : 작을 미	2519	581	1835	492
005	微	(미) 平聲/上平: 薇미( ) : 고비 미	2528	582	1836	496
005	微	(미) 平聲/上平: 溦미( ) : 이슬비 미	2548	583	1837	505
005	微	(미) 平聲/上平: 妃비( ) : 왕비 비	3082	584	1838	653
005	微	(미) 平聲/上平: 扉비( ) : 문짝 비	3087	585	1839	655
005	微	(미) 平聲/上平: 緋비( ) : 비단 비	3107	586	1840	663
005	微	(미) 平聲/上平: 肥비( ) : 살찔 비	3109	587	1841	664
005	微	(미) 平聲/上平: 非비( ) : 아닐/없을 비	3119	588	1842	667
005	微	(미) 平聲/上平: 飛비( ) : 날 비	3120	589	1843	668
005	微	(미) 平聲/上平: 腓비( ) : 장딴지 비	3139	590	1844	673
005	微	(미) 平聲/上平: 霏비( ) : 눈펄펄내릴 비	3145	591	1845	677
005	微	(미) 平聲/上平: 葩비( ) : 피할/삼씨 비	3156	592	1846	680
005	微	(미) 平聲/上平: 蟦비( ) : 해파리 비	3158	593	1847	681
005	微	(미) 平聲/上平: 巍외( ) : 높을 외	4702	594	1848	928
005	微	(미) 平聲/上平: 圍위( ) : 에워쌀 위	4927	595	1849	1009
005	微	(미) 平聲/上平: 威위( ) : 위엄 위	4929	596	1850	1011
005	微	(미) 平聲/上平: 禕위( ) : 향낭/아름다울 위	4945	597	1852	1014
005	微	(미) 平聲/上平: 褘위(휘) : 주머니 휘	4946	598	1851	1601
005	微	(미) 平聲/上平: 違위( ) : 어긋날 위	4948	599	1853	1015
005	微	(미) 平聲/上平: 韋위( ) : 가죽 위	4949	600	1854	1016
005	微	(미) 平聲/上平: 幃위( ) : 향주머니/홑휘장 위	4952	601	1855	1017
005	微	(미) 平聲/上平: 葳위( ) : 초목무성한모양 위	4957	602	1856	1019
005	微	(미) 平聲/上平: 闈위( ) : 대궐작은문 위	4961	603	1857	1021
005	微	(미) 平聲/上平: 鞸위( ) : 쇠굽 위	4966	604	1858	1023
005	微	(미) 平聲/上平: 依의( ) : 의지할 의	5137	605	1859	1078
005	微	(미) 平聲/上平: 衣의( ) : 옷 의	5157	606	1860	1083
005	微	(미) 平聲/上平: 徽휘( ) : 아름다울 휘	7841	607	1861	1602
005	微	(미) 平聲/上平: 揮휘( ) : 휘두를 휘	7842	608	1862	1603
005	微	(미) 平聲/上平: 暉휘( ) : 빛 휘	7843	609	1863	1604

배열형식 B (韻目번호 基準)			배열 A	배열 B	배열 C	배열 D
韻目番號	韻目(독음) 平仄 / 四聲 : 韻族(異音) : 略義		운족 가나순	운목 번호순	운목 가나순	사성순
005	微	(미) 平聲/上平: 煇휘( ) : 빛날 휘	7844	610	1864	1605
005	微	(미) 平聲/上平: 輝휘( ) : 빛날 휘	7848	611	1865	1606
005	微	(미) 平聲/上平: 翬휘( ) : 훨훨날 휘	7852	612	1866	1609
005	微	(미) 平聲/上平: 楎휘( ) : 옷걸이/문지방 휘	7853	613	1867	1610
005	微	(미) 平聲/上平: 晞희( ) : 한숨쉴 희	7922	614	1868	1639
005	微	(미) 平聲/上平: 稀희( ) : 드물 희	7929	615	1869	1645
005	微	(미) 平聲/上平: 悕희( ) : 슬퍼할 희	7932	616	1870	1648
006	魚	(어) 平聲/上平: 居거( ) : 살 거	235	617	3412	28
006	魚	(어) 平聲/上平: 据거( ) : 일할 거	240	618	3413	29
006	魚	(어) 平聲/上平: 渠거( ) : 도랑 거	243	619	3414	30
006	魚	(어) 平聲/上平: 祛거( ) : 떨어없앨 거	245	620	3415	31
006	魚	(어) 平聲/上平: 籧거( ) : 대자리 거	253	621	3416	32
006	魚	(어) 平聲/上平: 腒거( ) : 오랠 거	254	622	3417	33
006	魚	(어) 平聲/上平: 蘧거( ) : 술패랭이꽃 거	257	623	3418	34
006	魚	(어) 平聲/上平: 袪거( ) : 소매 거	258	624	3419	35
006	魚	(어) 平聲/上平: 裾거( ) : 옷자락 거	259	625	3420	36
006	魚	(어) 平聲/上平: 鶋거( ) : 갈까마귀 거	265	626	3421	37
006	魚	(어) 平聲/上平: 車거( ) : 수레/그물/잇몸 거	267	627	3479	38
006	魚	(어) 平聲/上平: 挐나(녀) : 붙잡을 녀	1192	628	3422	218
006	魚	(어) 平聲/上平: 屠도(저) : 노왕이름 저	1486	629	3423	1180
006	魚	(어) 平聲/上平: 筡도(서) : 광주리 서	1536	630	3424	724
006	魚	(어) 平聲/上平: 廬려( ) : 농막집 려	1797	631	3425	330
006	魚	(어) 平聲/上平: 櫚려( ) : 종려나무 려	1801	632	3426	331
006	魚	(어) 平聲/上平: 閭려( ) : 이문/마을 려	1806	633	3427	333
006	魚	(어) 平聲/上平: 驢려( ) : 나귀 려	1807	634	3428	334
006	魚	(어) 平聲/上平: 臚려( ) : 살갗 려	1817	635	3429	337
006	魚	(어) 平聲/上平: 藘려( ) : 독초이름 려	1823	636	3430	338
006	魚	(어) 平聲/上平: 蘆려( ) : 꼭두서니 려	1829	637	3431	341
006	魚	(어) 平聲/上平: 甿맹(망) : 벌판 망	2320	638	3432	443
006	魚	(어) 平聲/上平: 徐서( ) : 천천할 서	3413	639	3433	725
006	魚	(어) 平聲/上平: 書서( ) : 글 서	3421	640	3434	727
006	魚	(어) 平聲/上平: 絮서(여) : 성 여	3428	641	3435	859
006	魚	(어) 平聲/上平: 胥서( ) : 서로 서	3432	642	3436	730
006	魚	(어) 平聲/上平: 舒서( ) : 펼 서	3433	643	3437	731
006	魚	(어) 平聲/上平: 鋤서( ) : 호미(= 서	3438	644	3438	733
006	魚	(어) 平聲/上平: 耡서( ) : 호미 서	3446	645	3439	735

배열형식 B (韻目번호 基準)			배열 A	배열 B	배열 C	배열 D
韻目番號	韻目(독음) 平仄 / 四聲 : 韻族(異音) : 略義		운족 가나순	운목 번호순	운목 가나순	사성순
006	魚	(어) 平聲/上平: 芧서( ) : 도토리나무 서	3449	646	3440	736
006	魚	(어) 平聲/上平: 鉏서( ) : 호미 서	3451	647	3441	737
006	魚	(어) 平聲/上平: 蝑서( ) : 베짱이 서	3456	648	3442	738
006	魚	(어) 平聲/上平: 梳소( ) : 빗 소	3640	649	3443	740
006	魚	(어) 平聲/上平: 踈소( ) : 성길/드물 소	3652	650	3444	742
006	魚	(어) 平聲/上平: 蔬소( ) : 나물 소	3659	651	3445	743
006	魚	(어) 平聲/上平: 疋소( ) : 발[足也] 소	3694	652	3482	747
006	魚	(어) 平聲/上平: 於어( ) : 어조사 어	4307	653	3446	854
006	魚	(어) 平聲/上平: 漁어( ) : 고기잡을 어	4309	654	3447	855
006	魚	(어) 平聲/上平: 魚어( ) : 고기 어	4314	655	3448	856
006	魚	(어) 平聲/上平: 菸어( ) : 시들 어	4321	656	3449	857
006	魚	(어) 平聲/上平: 余여( ) : 나 여	4364	657	3450	860
006	魚	(어) 平聲/上平: 璵여( ) : 옥 여	4368	658	3451	861
006	魚	(어) 平聲/上平: 艅여( ) : 나룻배 여	4370	659	3452	862
006	魚	(어) 平聲/上平: 茹여( ) : 띠뿌리 여	4371	660	3453	863
006	魚	(어) 平聲/上平: 輿여( ) : 수레 여	4373	661	3454	864
006	魚	(어) 平聲/上平: 轝여( ) : 수레바탕 여	4374	662	3455	865
006	魚	(어) 平聲/上平: 餘여( ) : 남을 여	4375	663	3456	866
006	魚	(어) 平聲/上平: 妤여( ) : 아름다울/벼슬이름 여	4376	664	3457	867
006	魚	(어) 平聲/上平: 旟여( ) : 기 여	4377	665	3458	868
006	魚	(어) 平聲/上平: 畬여( ) : 삼년된밭 여	4378	666	3459	869
006	魚	(어) 平聲/上平: 儲저( ) : 쌓을 저	5504	667	3460	1183
006	魚	(어) 平聲/上平: 樗저( ) : 가죽나무 저	5513	668	3461	1184
006	魚	(어) 平聲/上平: 狙저( ) : 원숭이/엿볼/살필 저	5517	669	3462	1185
006	魚	(어) 平聲/上平: 猪저( ) : 돼지 저	5519	670	3463	1186
006	魚	(어) 平聲/上平: 疽저( ) : 등창 저	5520	671	3464	1187
006	魚	(어) 平聲/上平: 菹저( ) : 채소절임 저	5524	672	3465	1188
006	魚	(어) 平聲/上平: 著저( ) : 나타낼 저	5525	673	3466	1189
006	魚	(어) 平聲/上平: 藷저( ) : 사탕수수[藷] 저	5527	674	3467	1190
006	魚	(어) 平聲/上平: 雎저( ) : 물수리 저	5534	675	3468	1191
006	魚	(어) 平聲/上平: 苴저( ) : 대지팡이 저	5542	676	3469	1193
006	魚	(어) 平聲/上平: 蛆저( ) : 구더기 저	5544	677	3470	1194
006	魚	(어) 平聲/上平: 豬저( ) : 돼지 저	5548	678	3471	1195
006	魚	(어) 平聲/上平: 砠저( ) : 돌산 저	5550	679	3472	1196
006	魚	(어) 平聲/上平: 篨저( ) : 대자리 저	5551	680	3473	1197
006	魚	(어) 平聲/上平: 趄저( ) : 머뭇거릴 저	5554	681	3474	1198

배열형식 B (韻目번호 基準)			배열 A	배열 B	배열 C	배열 D
韻目番號	韻目(독음) 平仄 / 四聲 : 韻族(異音) : 略義		운족 가나순	운목 번호순	운목 가나순	사성순
006	魚	(어) 平聲/上平: 鴡저( ) : 물수리 저	5555	682	3475	1199
006	魚	(어) 平聲/上平: 諸제( ) : 모두 제	5814	683	3476	1210
006	魚	(어) 平聲/上平: 蒢제( ) : 까마종이 제	5834	684	3477	1216
006	魚	(어) 平聲/上平: 且차(저) : 공손할/어조사 저	6280	685	3478	1200
006	魚	(어) 平聲/上平: 初초( ) : 처음 초	6575	686	3480	1334
006	魚	(어) 平聲/上平: 攄터( ) : 펼 터	6988	687	3481	1427
006	魚	(어) 平聲/上平: 噓허(허) : 아아(탄식) 허	7405	688	3483	1495
006	魚	(어) 平聲/上平: 虛허( ) : 빌 허	7407	689	3484	1497
006	魚	(어) 平聲/上平: 希희( ) : 바랄 희	7919	690	3485	1638
007	虞	(우) 平聲/上平: 拒거(구) : 이름 구	239	691	4104	100
007	虞	(우) 平聲/上平: 豣견(연) : 노류 연	358	692	4105	870
007	虞	(우) 平聲/上平: 賈고( ) : 장사 고	489	693	4103	49
007	虞	(우) 平聲/上平: 呱고( ) : 울 고	495	694	4106	50
007	虞	(우) 平聲/上平: 姑고( ) : 시어미 고	497	695	4107	51
007	虞	(우) 平聲/上平: 孤고( ) : 외로울 고	498	696	4108	52
007	虞	(우) 平聲/上平: 枯고( ) : 마를 고	507	697	4109	53
007	虞	(우) 平聲/上平: 沽고( ) : 팔 고	509	698	4110	54
007	虞	(우) 平聲/上平: 苽고( ) : 줄 고	520	699	4111	55
007	虞	(우) 平聲/上平: 菰고( ) : 향초 고	521	700	4112	56
007	虞	(우) 平聲/上平: 辜고( ) : 허물 고	527	701	4113	57
007	虞	(우) 平聲/上平: 刳고( ) : 가를 고	535	702	4114	58
007	虞	(우) 平聲/上平: 觚고( ) : 술잔 고	546	703	4115	59
007	虞	(우) 平聲/上平: 橰고( ) : 만연할 고	554	704	4116	60
007	虞	(우) 平聲/上平: 罛고( ) : 므물 고	555	705	4117	61
007	虞	(우) 平聲/上平: 俱구( ) : 함께 구	819	706	4118	101
007	虞	(우) 平聲/上平: 區구( ) : 구분할/감출 구	823	707	4119	102
007	虞	(우) 平聲/上平: 嘔구(후) : 기꺼이말할 후	830	708	4120	1580
007	虞	(우) 平聲/上平: 嶇구( ) : 언틀먼틀할/가파를 구	834	709	4121	103
007	虞	(우) 平聲/上平: 拘구( ) : 잡을 구	836	710	4122	104
007	虞	(우) 平聲/上平: 枸구( ) : 구기자 구	838	711	4123	105
007	虞	(우) 平聲/上平: 瞿구( ) : 볼 구	850	712	4124	106
007	虞	(우) 平聲/上平: 衢구( ) : 거리 구	859	713	4125	107
007	虞	(우) 平聲/上平: 軀구( ) : 몸 구	862	714	4126	108
007	虞	(우) 平聲/上平: 駒구( ) : 망아지 구	867	715	4127	109
007	虞	(우) 平聲/上平: 驅구( ) : 몰 구	868	716	4128	110
007	虞	(우) 平聲/上平: 傴구( ) : 구부릴/꼽추 구	872	717	4129	111

배열형식 B (韻目번호 基準)			배열 A	배열 B	배열 C	배열 D
韻目番號	韻目(독음)	平仄 / 四聲 : 韻族(異音) : 略義	운족 가나순	운목 번호순	운목 가나순	사성순
007	虞	(우) 平聲/上平: 劬구( ) : 수고로울 구	873	718	4130	112
007	虞	(우) 平聲/上平: 朐구( ) : 굽을 구	887	719	4131	113
007	虞	(우) 平聲/上平: 朐구( ) : 포 구	901	720	4132	114
007	虞	(우) 平聲/上平: 絇구( ) : 신코장식 구	903	721	4133	115
007	虞	(우) 平聲/上平: 鼩구( ) : 새앙쥐 구	907	722	4134	116
007	虞	(우) 平聲/上平: 奴노( ) : 종 노	1262	723	4136	219
007	虞	(우) 平聲/上平: 駑노( ) : 둔할 노	1267	724	4141	220
007	虞	(우) 平聲/上平: 孥노( ) : 자식/종 노	1268	725	4142	221
007	虞	(우) 平聲/上平: 臑노( ) : 팔꿈치 노	1270	726	4143	222
007	虞	(우) 平聲/上平: 砮노( ) : 돌살촉 노	1271	727	4144	223
007	虞	(우) 平聲/上平: 帑노( ) : 처자식/새꼬리/감출 노	1273	728	4300	224
007	虞	(우) 平聲/上平: 圖도( ) : 그림 도	1481	729	4145	263
007	虞	(우) 平聲/上平: 屠도( ) : 죽일/잡을 도	1485	730	4146	264
007	虞	(우) 平聲/上平: 徒도( ) : 무리 도	1491	731	4147	265
007	虞	(우) 平聲/上平: 途도( ) : 길 도	1516	732	4148	266
007	虞	(우) 平聲/上平: 都도( ) : 도읍 도	1518	733	4149	267
007	虞	(우) 平聲/上平: 涂도( ) : 길 도	1528	734	4150	268
007	虞	(우) 平聲/上平: 菟도( ) : 범 도	1530	735	4151	269
007	虞	(우) 平聲/上平: 闍도( ) : 성문층대/망루 도	1532	736	4152	270
007	虞	(우) 平聲/上平: 嘟도( ) : 칭찬하는말 도	1534	737	4153	271
007	虞	(우) 平聲/上平: 筡도( ) : 속빌/씀바귀 도	1535	738	4154	272
007	虞	(우) 平聲/上平: 荼도( ) : 씀바귀 도	1538	739	4155	273
007	虞	(우) 平聲/上平: 駼도( ) : 말이름 도	1539	740	4156	274
007	虞	(우) 平聲/上平: 鵌도( ) : 비들기 도	1541	741	4157	275
007	虞	(우) 平聲/上平: 枓두( ) : 두공 두	1634	742	4158	305
007	虞	(우) 平聲/上平: 蘆려(로) : 갈대 로	1830	743	4162	351
007	虞	(우) 平聲/上平: 爐로( ) : 화로/뙤약볕 로	1920	744	4137	344
007	虞	(우) 平聲/上平: 盧로( ) : 술집/검은빛/창 로	1921	745	4138	345
007	虞	(우) 平聲/上平: 蘆로( ) : 갈대 로	1922	746	4139	346
007	虞	(우) 平聲/上平: 路로( ) : 길/중요할/클 로	1924	747	4140	347
007	虞	(우) 平聲/上平: 瀘로( ) : 강이름 로	1930	748	4159	348
007	虞	(우) 平聲/上平: 爐로( ) : 화로 로	1931	749	4160	349
007	虞	(우) 平聲/上平: 盧로( ) : 성 로	1932	750	4161	350
007	虞	(우) 平聲/上平: 壚로( ) : 화로 로	1942	751	4163	352
007	虞	(우) 平聲/上平: 鑪로( ) : 화로 로	1947	752	4164	353
007	虞	(우) 平聲/上平: 顱로( ) : 머리뼈 로	1948	753	4165	354

배열형식 B (韻目번호 基準)			배열 A	배열 B	배열 C	배열 D
韻目番號	韻目(독음)	平仄 / 四聲 : 韻族(異音) : 略義	운족 가나순	운목 번호순	운목 가나순	사성순
007	虞	(우) 平聲/上平: 鱸로( ) : 농어 로	1949	754	4166	355
007	虞	(우) 平聲/上平: 鸕로( ) : 가마우지 로	1950	755	4167	356
007	虞	(우) 平聲/上平: 鏤루( ) : 샛길 루	2046	756	4168	378
007	虞	(우) 平聲/上平: 膜모(모) : 절/경배 모	2362	757	4169	456
007	虞	(우) 平聲/上平: 摸모( ) : 규모/본뜰 모	2369	758	4170	457
007	虞	(우) 平聲/上平: 摹모( ) : 베낄 모	2371	759	4171	458
007	虞	(우) 平聲/上平: 模모( ) : 본뜰/법 모	2375	760	4172	459
007	虞	(우) 平聲/上平: 謨모( ) : 꾀 모	2388	761	4173	460
007	虞	(우) 平聲/上平: 巫무( ) : 무당 무	2450	762	4174	471
007	虞	(우) 平聲/上平: 憮무( ) : 어루만질 무	2451	763	4175	472
007	虞	(우) 平聲/上平: 无무( ) : 없을 무	2456	764	4176	473
007	虞	(우) 平聲/上平: 毋무( ) : 말 무	2459	765	4177	474
007	虞	(우) 平聲/上平: 無무( ) : 없을 무	2460	766	4178	475
007	虞	(우) 平聲/上平: 蕪무( ) : 거칠 무	2469	767	4179	476
007	虞	(우) 平聲/上平: 誣무( ) : 꾸밀/속일 무	2470	768	4180	477
007	虞	(우) 平聲/上平: 膴무( ) : 고기포 무	2475	769	4181	478
007	虞	(우) 平聲/上平: 幠무( ) : 덮을 무	2479	770	4182	479
007	虞	(우) 平聲/上平: 輔보( ) : 도울 보	2872	771	4183	586
007	虞	(우) 平聲/上平: 咐부( ) : 분부할 부	2942	772	4184	599
007	虞	(우) 平聲/上平: 夫부( ) : 지아비 부	2944	773	4185	600
007	虞	(우) 平聲/上平: 孚부( ) : 미쁠 부	2946	774	4186	601
007	虞	(우) 平聲/上平: 孵부( ) : 알깔 부	2947	775	4187	602
007	虞	(우) 平聲/上平: 扶부( ) : 도울 부	2950	776	4188	603
007	虞	(우) 平聲/上平: 敷부( ) : 펼 부	2951	777	4189	604
007	虞	(우) 平聲/上平: 符부( ) : 부호 부	2958	778	4190	605
007	虞	(우) 平聲/上平: 膚부( ) : 살갗 부	2964	779	4191	606
007	虞	(우) 平聲/上平: 芙부( ) : 부용 부	2966	780	4192	607
007	虞	(우) 平聲/上平: 莩부( ) : 풀이름 부	2967	781	4193	608
007	虞	(우) 平聲/上平: 趺부( ) : 책상다리할 부	2973	782	4194	609
007	虞	(우) 平聲/上平: 鳧부( ) : 오리 부	2979	783	4195	610
007	虞	(우) 平聲/上平: 俘부( ) : 사로잡을/포로 부	2981	784	4196	611
007	虞	(우) 平聲/上平: 苻부( ) : 귀목풀 부	2988	785	4197	612
007	虞	(우) 平聲/上平: 鈇부( ) : 도끼 부	2992	786	4198	613
007	虞	(우) 平聲/上平: 麩부( ) : 밀 부	2994	787	4199	614
007	虞	(우) 平聲/上平: 柎부( ) : 뗏목 부	2996	788	4200	615
007	虞	(우) 平聲/上平: 泭부( ) : 물거품 부	2997	789	4201	616

배열형식 B (韻目번호 基準)			배열 A	배열 B	배열 C	배열 D
韻目番號	韻目(독음)	平仄 / 四聲 : 韻族(異音) : 略義	운족 가나순	운목 번호순	운목 가나순	사성순
007	虞	(우) 平聲/上平: 痡부( ) : 앓을 부	2999	790	4202	617
007	虞	(우) 平聲/上平: 郛부( ) : 말채 부	3001	791	4203	618
007	虞	(우) 平聲/上平: 鄜부( ) : 땅이름 부	3002	792	4204	619
007	虞	(우) 平聲/上平: 枹부( ) : 북채 부	3007	793	4311	620
007	虞	(우) 平聲/上平: 甦소( ) : 소생할 소	3650	794	4205	741
007	虞	(우) 平聲/上平: 蘇소( ) : 되살아날 소	3661	795	4206	744
007	虞	(우) 平聲/上平: 酥소( ) : 연유(煉乳) 소	3679	796	4207	745
007	虞	(우) 平聲/上平: 穌소( ) : 쉴/깨어날 소	3688	797	4208	746
007	虞	(우) 平聲/上平: 殊수( ) : 다를 수	3777	798	4209	759
007	虞	(우) 平聲/上平: 洙수( ) : 물가 수	3779	799	4210	760
007	虞	(우) 平聲/上平: 茱수( ) : 수유 수	3797	800	4211	762
007	虞	(우) 平聲/上平: 輸수( ) : 보낼 수	3803	801	4212	764
007	虞	(우) 平聲/上平: 銖수( ) : 저울눈 수	3807	802	4213	765
007	虞	(우) 平聲/上平: 需수( ) : 쓰일[쓸]/구할 수	3813	803	4214	769
007	虞	(우) 平聲/上平: 須수( ) : 모름지기 수	3814	804	4215	770
007	虞	(우) 平聲/上平: 鬚수( ) : 수염 수	3817	805	4216	771
007	虞	(우) 平聲/上平: 殳수( ) : 창 수	3822	806	4217	772
007	虞	(우) 平聲/上平: 惡악(오) : 어찌/허사 오	4106	807	4218	877
007	虞	(우) 平聲/上平: 於어(오) : 탄식할/땅 이름 오	4308	808	4219	878
007	虞	(우) 平聲/上平: 吳오( ) : 큰소리할/성/오나라 오	4561	809	4223	879
007	虞	(우) 平聲/上平: 吳오(우) : 지껄일 우	4562	810	4222	950
007	虞	(우) 平聲/上平: 嗚오( ) : 슬플/탄식할 오	4563	811	4224	880
007	虞	(우) 平聲/上平: 娛오( ) : 즐길 오	4569	812	4225	881
007	虞	(우) 平聲/上平: 梧오( ) : 오동 오	4576	813	4226	882
007	虞	(우) 平聲/上平: 汚오( ) : 더러울 오	4577	814	4227	883
007	虞	(우) 平聲/上平: 烏오( ) : 까마귀 오	4582	815	4228	884
007	虞	(우) 平聲/上平: 蜈오( ) : 지네 오	4585	816	4229	885
007	虞	(우) 平聲/上平: 唔오( ) : 글읽는소리 오	4589	817	4230	886
007	虞	(우) 平聲/上平: 鼯오( ) : 다람쥐 오	4598	818	4231	887
007	虞	(우) 平聲/上平: 杇오( ) : 흙손 오	4599	819	4232	888
007	虞	(우) 平聲/上平: 洿오( ) : 웅덩이 오	4600	820	4233	889
007	虞	(우) 平聲/上平: 郚오( ) : 고을이름 오	4606	821	4234	890
007	虞	(우) 平聲/上平: 鋘오( ) : 작은마마솥 오	4607	822	4235	891
007	虞	(우) 平聲/上平: 鵐오( ) : 사다새 오	4608	823	4236	892
007	虞	(우) 平聲/上平: 臾용(궤) : 잠깐 유	4790	824	4262	1035
007	虞	(우) 平聲/上平: 于우( ) : 갈/어조사 우	4794	825	4237	951

배열형식 B (韻目번호 基準)			배열 A	배열 B	배열 C	배열 D
韻目番號	韻目(독음) 平仄 / 四聲 : 韻族(異音) : 略義		운족 가나순	운목 번호순	운목 가나순	사성순
007	虞	(우) 平聲/上平: 愚우( ) : 어리석을 우	4804	826	4238	952
007	虞	(우) 平聲/上平: 旴우( ) : 클 우	4806	827	4239	953
007	虞	(우) 平聲/上平: 玗우( ) : 옥돌 우	4808	828	4240	954
007	虞	(우) 平聲/上平: 盂우( ) : 바리 우	4810	829	4241	955
007	虞	(우) 平聲/上平: 紆우( ) : 굽을 우	4813	830	4242	956
007	虞	(우) 平聲/上平: 芋우( ) : 토란 우	4815	831	4243	957
007	虞	(우) 平聲/上平: 芋우(후) : 토란/클 후	4816	832	4244	1581
007	虞	(우) 平聲/上平: 虞우( ) : 생각할 우	4818	833	4245	958
007	虞	(우) 平聲/上平: 迂우( ) : 굽을/굽힐 우	4819	834	4246	959
007	虞	(우) 平聲/上平: 釪우( ) : 악기이름 우	4822	835	4247	960
007	虞	(우) 平聲/上平: 隅우( ) : 구석/모퉁이 우	4823	836	4248	961
007	虞	(우) 平聲/上平: 雩우( ) : 기우제 우	4825	837	4249	962
007	虞	(우) 平聲/上平: 吁우( ) : 탄식할 우	4826	838	4250	963
007	虞	(우) 平聲/上平: 嵎우( ) : 산모퉁이 우	4827	839	4251	964
007	虞	(우) 平聲/上平: 盱우( ) : 쳐다볼 우	4829	840	4252	965
007	虞	(우) 平聲/上平: 竽우( ) : 피리 우	4830	841	4253	966
007	虞	(우) 平聲/上平: 齵우( ) : 충치 우	4835	842	4254	967
007	虞	(우) 平聲/上平: 訏우( ) : 클 우	4837	843	4255	968
007	虞	(우) 平聲/上平: 懦유( ) : 나약할/만만할 유	4970	844	4135	1025
007	虞	(우) 平聲/上平: 蠕유( ) : 꿈틀거릴 유	4973	845	4220	1026
007	虞	(우) 平聲/上平: 蠕유(연) : 벌레길 연	4974	846	4221	871
007	虞	(우) 平聲/上平: 儒유( ) : 선비 유	4977	847	4256	1027
007	虞	(우) 平聲/上平: 愉유( ) : 기뻐할 유	4989	848	4257	1029
007	虞	(우) 平聲/上平: 揄유( ) : 끌 유	4991	849	4258	1030
007	虞	(우) 平聲/上平: 楡유( ) : 느릅나무 유	4997	850	4259	1031
007	虞	(우) 平聲/上平: 濡유( ) : 젖을 유	5002	851	4260	1032
007	虞	(우) 平聲/上平: 瑜유( ) : 아름다운옥 유	5005	852	4261	1033
007	虞	(우) 平聲/上平: 萸유( ) : 수유 유	5009	853	4263	1036
007	虞	(우) 平聲/上平: 諛유( ) : 아첨할 유	5012	854	4264	1037
007	虞	(우) 平聲/上平: 踰유( ) : 넘을 유	5014	855	4265	1038
007	虞	(우) 平聲/上平: 逾유( ) : 넘을 유	5017	856	4266	1039
007	虞	(우) 平聲/上平: 瘉유( ) : 병나을 유	5031	857	4267	1044
007	虞	(우) 平聲/上平: 俞유( ) : 점점 유	5043	858	4268	1046
007	虞	(우) 平聲/上平: 喩유( ) : 깨우칠 유	5045	859	4269	1047
007	虞	(우) 平聲/上平: 嚅유( ) : 아첨유 유	5046	860	4270	1048
007	虞	(우) 平聲/上平: 婾유( ) : 엷을/즐거울 유	5047	861	4271	1049

배열형식 B (韻目번호 基準)			배열 A	배열 B	배열 C	배열 D
韻目番號	韻目(독음)	平仄 / 四聲 : 韻族(異音) : 略義	운족 가나순	운목 번호순	운목 가나순	사성순
007	虞	(우) 平聲/上平: 楰유( ) : 광나무 유	5050	862	4272	1050
007	虞	(우) 平聲/上平: 羭유( ) : 숫양 유	5055	863	4273	1052
007	虞	(우) 平聲/上平: 蝓유( ) : 괄대충 유	5058	864	4274	1053
007	虞	(우) 平聲/上平: 襦유( ) : 저고리 유	5060	865	4275	1054
007	虞	(우) 平聲/上平: 覦유( ) : 넘겨다볼 유	5061	866	4276	1055
007	虞	(우) 平聲/上平: 隃유( ) : 넘을 유	5064	867	4277	1056
007	虞	(우) 平聲/上平: 租조( ) : 조세 조	5868	868	4278	1222
007	虞	(우) 平聲/上平: 徂조( ) : 갈/비롯할 조	5896	869	4279	1223
007	虞	(우) 平聲/上平: 葅조( ) : 거적 조	5913	870	4280	1224
007	虞	(우) 平聲/上平: 犓조(추) : 추할 추	5930	871	4298	1368
007	虞	(우) 平聲/上平: 侏주( ) : 난쟁이 주	5987	872	4281	1250
007	虞	(우) 平聲/上平: 姝주( ) : 예쁠 주	5990	873	4282	1251
007	虞	(우) 平聲/上平: 廚주( ) : 부엌 주	5997	874	4283	1252
007	虞	(우) 平聲/上平: 朱주( ) : 붉을 주	5999	875	4284	1253
007	虞	(우) 平聲/上平: 株주( ) : 그루 주	6001	876	4285	1254
007	虞	(우) 平聲/上平: 珠주( ) : 구슬 주	6007	877	4286	1255
007	虞	(우) 平聲/上平: 蛛주( ) : 거미 주	6013	878	4287	1256
007	虞	(우) 平聲/上平: 誅주( ) : 벨 주	6015	879	4288	1257
007	虞	(우) 平聲/上平: 硃주( ) : 주사 주	6029	880	4289	1258
007	虞	(우) 平聲/上平: 咮주( ) : 부리 주	6038	881	4290	1259
007	虞	(우) 平聲/上平: 邾주( ) : 나라이름 주	6042	882	4291	1261
007	虞	(우) 平聲/上平: 樞추( ) : 밑둥/지도리 추	6676	883	4292	1355
007	虞	(우) 平聲/上平: 芻추( ) : 꼴 추	6682	884	4293	1356
007	虞	(우) 平聲/上平: 趨추( ) : 달아날 추	6685	885	4294	1357
007	虞	(우) 平聲/上平: 雛추( ) : 병아리 추	6695	886	4295	1361
007	虞	(우) 平聲/上平: 娵추( ) : 별이름/미녀 추	6700	887	4296	1362
007	虞	(우) 平聲/上平: 麤추( ) : 거칠 추	6712	888	4297	1366
007	虞	(우) 平聲/上平: 貙추( ) : 맹수이름 추	6716	889	4299	1369
007	虞	(우) 平聲/上平: 土토(두) : 뽕뿌리 두	6993	890	4301	306
007	虞	(우) 平聲/上平: 渝투( ) : 달라질 투	7018	891	4302	1444
007	虞	(우) 平聲/上平: 匍포( ) : 기어갈 포	7130	892	4303	1448
007	虞	(우) 平聲/上平: 葡포( ) : 포도 포	7149	893	4304	1449
007	虞	(우) 平聲/上平: 蒲포( ) : 부들 포	7150	894	4305	1450
007	虞	(우) 平聲/上平: 逋포( ) : 달아날 포	7153	895	4306	1451
007	虞	(우) 平聲/上平: 鋪포( ) : 가게 포	7154	896	4307	1452
007	虞	(우) 平聲/上平: 晡포( ) : 신시(申時) 포	7158	897	4308	1453

배열형식 B (韻目번호 基準)			배열 A	배열 B	배열 C	배열 D
韻目番號	韻目(독음) 平仄 / 四聲 : 韻族(異音) : 略義		운족 가나순	운목 번호순	운목 가나순	사성순
007	虞	(우) 平聲/上平: 鋪포( ) : 펼 포	7160	898	4309	1454
007	虞	(우) 平聲/上平: 餔포( ) : 먹을/먹일 포	7161	899	4310	1455
007	虞	(우) 平聲/上平: 酺포( ) : 잔치술 포	7166	900	4312	1456
007	虞	(우) 平聲/上平: 墟허( ) : 터 허	7406	901	4313	1496
007	虞	(우) 平聲/上平: 栩허( ) : 상수리나무 허	7410	902	4314	1498
007	虞	(우) 平聲/上平: 乎호( ) : 어조사 호	7536	903	4315	1513
007	虞	(우) 平聲/上平: 呼호( ) : 부를 호	7538	904	4316	1514
007	虞	(우) 平聲/上平: 壺호( ) : 항아리 호	7540	905	4317	1515
007	虞	(우) 平聲/上平: 湖호( ) : 호수 호	7550	906	4318	1517
007	虞	(우) 平聲/上平: 狐호( ) : 여우 호	7557	907	4319	1518
007	虞	(우) 平聲/上平: 瑚호( ) : 산호 호	7559	908	4320	1519
007	虞	(우) 平聲/上平: 瓠호( ) : 표주박 호	7560	909	4321	1520
007	虞	(우) 平聲/上平: 糊호( ) : 풀 호	7563	910	4322	1521
007	虞	(우) 平聲/上平: 胡호( ) : 되 호	7565	911	4323	1522
007	虞	(우) 平聲/上平: 葫호( ) : 마늘 호	7567	912	4324	1523
007	虞	(우) 平聲/上平: 蝴호( ) : 들나비 호	7571	913	4325	1524
007	虞	(우) 平聲/上平: 餬호( ) : 기식할 호	7581	914	4326	1526
007	虞	(우) 平聲/上平: 鬍호( ) : 수염 호	7582	915	4327	1527
007	虞	(우) 平聲/上平: 謼호( ) : 부를 호	7586	916	4328	1528
007	虞	(우) 平聲/上平: 鶘호( ) : 사다새 호	7591	917	4329	1529
007	虞	(우) 平聲/上平: 戲희(휘) : 서러울 호	7935	918	4330	1530
008	齊	(제) 平聲/上平: 溪계( ) : 시내 계	461	919	5275	40
008	齊	(제) 平聲/上平: 磎계( ) : 시내 계	464	920	5276	41
008	齊	(제) 平聲/上平: 稽계( ) : 상고할 계	465	921	5277	42
008	齊	(제) 平聲/上平: 谿계( ) : 시내 계	471	922	5278	43
008	齊	(제) 平聲/上平: 鷄계( ) : 닭 계	473	923	5279	45
008	齊	(제) 平聲/上平: 烓계( ) : 닭 계	474	924	5280	46
008	齊	(제) 平聲/上平: 雞계( ) : 닭 계	476	925	5281	47
008	齊	(제) 平聲/上平: 笄계( ) : 머리핀/어린계집아이 계	482	926	5282	48
008	齊	(제) 平聲/上平: 圭규( ) : 쌍토 규	991	927	5283	129
008	齊	(제) 平聲/上平: 奎규( ) : 별 규	992	928	5284	130
008	齊	(제) 平聲/上平: 珪규( ) : 홀 규	995	929	5285	132
008	齊	(제) 平聲/上平: 閨규( ) : 안방 규	1003	930	5286	138
008	齊	(제) 平聲/上平: 刲규( ) : 찌를/벨 규	1004	931	5287	139
008	齊	(제) 平聲/上平: 睽규( ) : 사팔눈 규	1006	932	5288	140
008	齊	(제) 平聲/上平: 泥니( ) : 진흙/수렁 니	1311	933	5289	230

배열형식 B (韻目번호 基準)			배열 A	배열 B	배열 C	배열 D
韻目番號	韻目(독음) 平仄 / 四聲 : 韻族(異音) : 略義		운족 가나순	운목 번호순	운목 가나순	사성순
008	齊	(제) 平聲/上平: 臡니( ) : 장조림 니	1321	934	5290	234
008	齊	(제) 平聲/上平: 泥니( ) : 수렁/진흙 니	1322	935	5322	236
008	齊	(제) 平聲/上平: 鶤단(제) : 접동새 제	1375	936	5291	1202
008	齊	(제) 平聲/上平: 藜려( ) : 나라이름 려	1804	937	5292	332
008	齊	(제) 平聲/上平: 驪려( ) : 나귀 려	1808	938	5293	335
008	齊	(제) 平聲/上平: 黎려( ) : 동틀/검을 려	1810	939	5294	336
008	齊	(제) 平聲/上平: 黎려(리) : 동틀/검을 리	1811	940	5295	390
008	齊	(제) 平聲/上平: 鵹려( ) : 꾀꼬리 려	1825	941	5296	339
008	齊	(제) 平聲/上平: 鵹려(리) : 꾀꼬리 리	1826	942	5297	392
008	齊	(제) 平聲/上平: 黧려( ) : 검을 려	1827	943	5298	340
008	齊	(제) 平聲/上平: 犂리( ) : 쟁기/얼룩소 리	2129	944	5299	396
008	齊	(제) 平聲/上平: 犁리(류) : 보습/새벽/검을 려	2162	945	5300	342
008	齊	(제) 平聲/上平: 蔾리(려) : 질리풀 려	2170	946	5301	343
008	齊	(제) 平聲/上平: 迷미( ) : 미혹할 미	2530	947	5302	497
008	齊	(제) 平聲/上平: 麛미( ) : 사슴새끼 미	2553	948	5303	507
008	齊	(제) 平聲/上平: 砒비( ) : 비상 비	3102	949	5304	661
008	齊	(제) 平聲/上平: 椑비( ) : 술통 비	3130	950	5305	670
008	齊	(제) 平聲/上平: 蓖비( ) : 아주까리 비	3140	951	5306	674
008	齊	(제) 平聲/上平: 鼙비( ) : 마상고(馬上鼓) 비	3148	952	5307	678
008	齊	(제) 平聲/上平: 蠯비( ) : 긴맛조개 비	3160	953	5308	682
008	齊	(제) 平聲/上平: 捿서( ) : 깃들일/살 서	3417	954	5309	726
008	齊	(제) 平聲/上平: 栖서( ) : 깃들일 서	3422	955	5310	728
008	齊	(제) 平聲/上平: 犀서( ) : 무소 서	3424	956	5311	729
008	齊	(제) 平聲/上平: 西서( ) : 서녘 서	3435	957	5312	732
008	齊	(제) 平聲/上平: 撕서( ) : 훈계할 서	3443	958	5313	734
008	齊	(제) 平聲/上平: 嘶시( ) : 울 시	3951	959	5314	798
008	齊	(제) 平聲/上平: 鍉시(저) : 날 저	3991	960	5315	1181
008	齊	(제) 平聲/上平: 皃아( ) : 아이 아	4075	961	5316	837
008	齊	(제) 平聲/上平: 皃아(예) : 어릴/성 예	4076	962	5317	872
008	齊	(제) 平聲/上平: 倪예( ) : 어린이 예	4519	963	5318	873
008	齊	(제) 平聲/上平: 猊예( ) : 사자 예	4525	964	5319	874
008	齊	(제) 平聲/上平: 蜺예( ) : 말매미 예	4546	965	5320	875
008	齊	(제) 平聲/上平: 鯢예( ) : 도롱뇽 예	4548	966	5321	876
008	齊	(제) 平聲/上平: 荑이(제) : 띠싹 제	5197	967	5323	1203
008	齊	(제) 平聲/上平: 桋이( ) : 나무이름 이	5217	968	5324	1110
008	齊	(제) 平聲/上平: 櫅자( ) : 흰대추나무 자	5368	969	5338	1164

배열형식 B (韻目번호 基準)			배열 A	배열 B	배열 C	배열 D
韻目番號	韻目(독음) 平仄 / 四聲 : 韻族(異音) : 略義		운족 가나순	운목 번호순	운목 가나순	사성순
008	齊	(제) 平聲/上平: 齎재(제) : 탄식할/가질 제	5487	970	5325	1204
008	齊	(제) 平聲/上平: 低저( ) : 낮을 저	5503	971	5326	1182
008	齊	(제) 平聲/上平: 氐저( ) : 근본 저	5539	972	5327	1192
008	齊	(제) 平聲/上平: 折절(설) : 천천히할 제	5674	973	5328	1205
008	齊	(제) 平聲/上平: 啼제( ) : 울 제	5800	974	5329	1206
008	齊	(제) 平聲/上平: 堤제( ) : 둑 제	5801	975	5330	1207
008	齊	(제) 平聲/上平: 梯제( ) : 사닥다리 제	5808	976	5331	1208
008	齊	(제) 平聲/上平: 臍제( ) : 배꼽 제	5812	977	5332	1209
008	齊	(제) 平聲/上平: 蹄제( ) : 굽 제	5815	978	5333	1211
008	齊	(제) 平聲/上平: 躋제( ) : 오를 제	5827	979	5336	1213
008	齊	(제) 平聲/上平: 隄제( ) : 둑 제	5828	980	5337	1214
008	齊	(제) 平聲/上平: 磾제( ) : 비단에물들이는돌 제	5832	981	5339	1215
008	齊	(제) 平聲/上平: 稊제( ) : 돌피 제	5835	982	5340	1217
008	齊	(제) 平聲/上平: 蠐제( ) : 굼뱅이 제	5836	983	5341	1218
008	齊	(제) 平聲/上平: 隮제( ) : 오를 제	5837	984	5342	1219
008	齊	(제) 平聲/上平: 鞮제( ) : 가죽신 제	5838	985	5343	1220
008	齊	(제) 平聲/上平: 鵜제( ) : 두견새 제	5839	986	5344	1221
008	齊	(제) 平聲/上平: 禔지(시) : 복/편안할 시	6124	987	5334	816
008	齊	(제) 平聲/上平: 禔지(제) : 복/편안할 제	6125	988	5335	1212
008	齊	(제) 平聲/上平: 凄처( ) : 쓸쓸할 처	6433	989	5345	1328
008	齊	(제) 平聲/上平: 悽처( ) : 슬퍼할 처	6435	990	5346	1329
008	齊	(제) 平聲/上平: 淒처( ) : 쓸쓸할 처	6438	991	5347	1330
008	齊	(제) 平聲/上平: 萋처( ) : 풀무성할 처	6440	992	5348	1331
008	齊	(제) 平聲/上平: 鷈체( ) : 논병아리 체	6574	993	5349	1333
008	齊	(제) 平聲/上平: 奚해( ) : 어찌 해	7355	994	5350	1485
008	齊	(제) 平聲/上平: 兮혜( ) : 어조사 혜	7513	995	5351	1501
008	齊	(제) 平聲/上平: 蹊혜( ) : 지름길 혜	7519	996	5352	1502
008	齊	(제) 平聲/上平: 醯혜( ) : 식혜 혜	7520	997	5353	1503
008	齊	(제) 平聲/上平: 傒혜( ) : 묶을 혜	7522	998	5354	1505
008	齊	(제) 平聲/上平: 徯혜( ) : 샛길 혜	7525	999	5355	1506
008	齊	(제) 平聲/上平: 嵇혜( ) : 산이름 혜	7527	1000	5356	1507
008	齊	(제) 平聲/上平: 榽혜( ) : 나무이름 혜	7529	1001	5357	1508
008	齊	(제) 平聲/上平: 橀혜( ) : 나무이름 혜	7531	1002	5358	1509
008	齊	(제) 平聲/上平: 螇혜( ) : 씽씽매미 혜	7532	1003	5359	1510
008	齊	(제) 平聲/上平: 騱혜( ) : 야생마이름 혜	7533	1004	5360	1511
008	齊	(제) 平聲/上平: 鼷혜( ) : 새앙쥐 혜	7534	1005	5361	1512

배열형식 B (韻目번호 基準)			배열 A	배열 B	배열 C	배열 D
韻目番號		韻目(독음) 平仄 / 四聲 : 韻族(異音) : 略義	운족 가나순	운목 번호순	운목 가나순	사성순
008	齊	(제) 平聲/上平: 弧호( ) : 활 호	7543	1006	5362	1516
008	齊	(제) 平聲/上平: 懷회( ) : 품을 회	7733	1007	5363	1569
008	齊	(제) 平聲/上平: 携휴( ) : 끌/가질 휴	7856	1008	5364	1613
008	齊	(제) 平聲/上平: 畦휴( ) : 밭두둑 휴	7857	1009	5365	1614
008	齊	(제) 平聲/上平: 觿휴( ) : 뿔송곳 휴	7862	1010	5367	1618
008	齊	(제) 平聲/上平: 酅휴( ) : 고을이름 휴	7864	1011	5368	1619
008	齊	(제) 平聲/上平: 鑴휴( ) : 검은해무리 휴	7865	1012	5369	1620
009	佳	(가) 平聲/上平: 佳가( ) : 아름다울 가	2	1013	1	1
009	佳	(가) 平聲/上平: 街가( ) : 거리 가	25	1014	2	2
009	佳	(가) 平聲/上平: 皆개( ) : 다 개	202	1015	3	23
009	佳	(가) 平聲/上平: 揩개( ) : 문지를 개	212	1016	4	25
009	佳	(가) 平聲/上平: 喈개( ) : 새소리 개	218	1017	5	26
009	佳	(가) 平聲/上平: 湝개( ) : 물성할 개	221	1018	6	27
009	佳	(가) 平聲/上平: 階계( ) : 섬돌 계	472	1019	7	44
009	佳	(가) 平聲/上平: 媧과(왜) : 여신 왜	653	1020	31	924
009	佳	(가) 平聲/上平: 乖괴( ) : 어그러질 괴	733	1021	8	96
009	佳	(가) 平聲/上平: 槐괴( ) : 회화나무/느티나무 괴	741	1022	9	97
009	佳	(가) 平聲/上平: 埋매( ) : 묻을 매	2281	1023	10	444
009	佳	(가) 平聲/上平: 霾매( ) : 흙비(황사) 매	2302	1024	11	453
009	佳	(가) 平聲/上平: 俳배( ) : 배우 배	2706	1025	12	552
009	佳	(가) 平聲/上平: 排배( ) : 밀칠 배	2711	1026	13	554
009	佳	(가) 平聲/上平: 柴시( ) : 섶 시	3966	1027	15	803
009	佳	(가) 平聲/上平: 柴시(채) : 막을/지킬 채	3967	1028	14	1324
009	佳	(가) 平聲/上平: 豺시( ) : 승냥이 시	3980	1029	16	807
009	佳	(가) 平聲/上平: 厓애( ) : 언덕 애	4196	1030	17	844
009	佳	(가) 平聲/上平: 崖애( ) : 낭떠러지 애	4199	1031	18	847
009	佳	(가) 平聲/上平: 涯애( ) : 물가 애	4202	1032	19	848
009	佳	(가) 平聲/上平: 挨애( ) : 칠 애	4214	1033	20	850
009	佳	(가) 平聲/上平: 捱애( ) : 막을 애	4215	1034	21	851
009	佳	(가) 平聲/上平: 蛙와(왜) : 개구리 왜	4652	1035	22	919
009	佳	(가) 平聲/上平: 蝸와( ) : 달팽이 와	4653	1036	23	909
009	佳	(가) 平聲/上平: 蝸와(왜) : 달팽이 왜	4654	1037	24	920
009	佳	(가) 平聲/上平: 哇와( ) : 토할 와	4656	1038	25	910
009	佳	(가) 平聲/上平: 萵와( ) : 상추 와	4658	1039	26	911
009	佳	(가) 平聲/上平: 鼃와(왜) : 개구리 왜	4660	1040	27	921
009	佳	(가) 平聲/上平: 娃왜( ) : 아름다울 왜	4696	1041	28	922

배열형식 B (韻目번호 基準)			배열 A	배열 B	배열 C	배열 D
韻目番號	韻目(독음)	平仄 / 四聲 : 韻族(異音) : 略義	운족 가나순	운목 번호순	운목 가나순	사성순
009	佳	(가) 平聲/上平: 騧왜( ) : 말이름 왜	4699	1042	32	925
009	佳	(가) 平聲/上平: 歪의( ) : 기울/비뚤 의	5135	1043	30	1077
009	佳	(가) 平聲/上平: 歪의(왜) : 기울 왜	5136	1044	29	923
009	佳	(가) 平聲/上平: 齋재( ) : 재계할/집 재	5485	1045	33	1175
009	佳	(가) 平聲/上平: 齊제(재) : 재계할 재	5823	1046	34	1178
009	佳	(가) 平聲/上平: 差차( ) : 어기어질/다를 차	6288	1047	36	1315
009	佳	(가) 平聲/上平: 差차(치) : 버금/가릴 채	6290	1048	35	1325
009	佳	(가) 平聲/上平: 釵채( ) : 비녀 (채)채	6419	1049	37	1326
009	佳	(가) 平聲/上平: 責채( ) : 빚 채	6421	1050	38	1327
009	佳	(가) 平聲/上平: 牌패( ) : 방붙일/호패 패	7068	1051	40	1447
009	佳	(가) 平聲/上平: 牌패(배) : 방붙일/호패 배	7069	1052	39	567
009	佳	(가) 平聲/上平: 偕해( ) : 함께할/굳셀 해	7351	1053	41	1482
009	佳	(가) 平聲/上平: 楷해( ) : 본/해서 해	7360	1054	42	1487
009	佳	(가) 平聲/上平: 諧해( ) : 고를/어울릴 해	7367	1055	43	1489
009	佳	(가) 平聲/上平: 骸해( ) : 뼈 해	7370	1056	44	1490
009	佳	(가) 平聲/上平: 荄해( ) : 뿌리 해	7377	1057	45	1493
009	佳	(가) 平聲/上平: 鞋혜( ) : 신 혜	7521	1058	46	1504
009	佳	(가) 平聲/上平: 華화( ) : 빛날 화	7637	1059	47	1547
009	佳	(가) 平聲/上平: 淮회( ) : 강이름 회	7738	1060	48	1570
009	佳	(가) 平聲/上平: 櫰회( ) : 홰나무 회	7756	1061	49	1578
009	齊	(제) 平聲/上平: 攜휴( ) : 이끌 휴	7861	1062	5366	1617
010	灰	(회) 平聲/上平: 開개( ) : 열 개	209	1063	7648	24
010	灰	(회) 平聲/上平: 魁괴( ) : 우두머리 괴	742	1064	7649	98
010	灰	(회) 平聲/上平: 瑰괴( ) : 구슬 괴	743	1065	7650	99
010	灰	(회) 平聲/上平: 能능(내) : 별이름 태	1308	1066	7651	1417
010	灰	(회) 平聲/上平: 擡대( ) : 들 대	1465	1067	7652	261
010	灰	(회) 平聲/上平: 臺대( ) : 대/돈대 대	1467	1068	7653	262
010	灰	(회) 平聲/上平: 敦돈(대) : 쪼을/모을 퇴	1573	1069	7654	1434
010	灰	(회) 平聲/上平: 焞돈(순) : 성할 퇴	1579	1070	7655	1435
010	灰	(회) 平聲/上平: 來래( ) : 올/오대손/부터 래	1762	1071	7656	324
010	灰	(회) 平聲/上平: 崍래( ) : 산이름 래	1763	1072	7657	325
010	灰	(회) 平聲/上平: 萊래( ) : 명아주 래	1765	1073	7658	326
010	灰	(회) 平聲/上平: 騋래( ) : 큰말 래	1766	1074	7659	327
010	灰	(회) 平聲/上平: 鯠래( ) : 뱀장어 래	1771	1075	7660	328
010	灰	(회) 平聲/上平: 鶆래( ) : 매 래	1772	1076	7661	329
010	灰	(회) 平聲/上平: 儡뢰( ) : 꼭두각시 뢰	1989	1077	7662	369

배열형식 B (韻目번호 基準)			배열 A	배열 B	배열 C	배열 D
韻目番號	韻目(독음)	平仄 / 四聲 : 韻族(異音) : 略義	운족 가나순	운목 번호순	운목 가나순	사성순
010	灰	(회) 平聲/上平: 雷뢰( ) : 우레 뢰	1995	1078	7663	370
010	灰	(회) 平聲/上平: 罍뢰( ) : 술독/대야 뢰	1997	1079	7664	371
010	灰	(회) 平聲/上平: 擂뢰( ) : 갈 뢰	2001	1080	7665	372
010	灰	(회) 平聲/上平: 蠝뢰( ) : 박쥐 뢰	2003	1081	7666	373
010	灰	(회) 平聲/上平: 轠뢰( ) : 수레잇닿을	2004	1082	7667	374
010	灰	(회) 平聲/上平: 鐳뢰( ) : 병 뢰	2005	1083	7668	375
010	灰	(회) 平聲/上平: 悝리(회) : 지껄일/클 회	2158	1084	7669	1566
010	灰	(회) 平聲/上平: 媒매( ) : 중매 매	2283	1085	7670	445
010	灰	(회) 平聲/上平: 枚매( ) : 낱 매	2286	1086	7671	446
010	灰	(회) 平聲/上平: 梅매( ) : 매화 매	2287	1087	7672	447
010	灰	(회) 平聲/上平: 煤매( ) : 그을음 매	2289	1088	7673	448
010	灰	(회) 平聲/上平: 玫매( ) : 옥이름 매	2295	1089	7674	449
010	灰	(회) 平聲/上平: 莓매( ) : 나무딸기 매	2297	1090	7675	450
010	灰	(회) 平聲/上平: 霉매( ) : 곰팡이 매	2298	1091	7676	451
010	灰	(회) 平聲/上平: 禖매( ) : 매제 매	2301	1092	7677	452
010	灰	(회) 平聲/上平: 某모(매) : 매화나무 매	2374	1093	7678	454
010	灰	(회) 平聲/上平: 玟민( ) : 아름다운돌 민	2563	1094	7679	513
010	灰	(회) 平聲/上平: 倍배(패) : 어길/떨어질 패	2705	1095	7680	1445
010	灰	(회) 平聲/上平: 徘배( ) : 노닐 배	2709	1096	7681	553
010	灰	(회) 平聲/上平: 杯배( ) : 잔 배	2712	1097	7682	555
010	灰	(회) 平聲/上平: 盃배( ) : 잔 배	2715	1098	7683	556
010	灰	(회) 平聲/上平: 胚배( ) : 아이밸 배	2718	1099	7684	557
010	灰	(회) 平聲/上平: 裴배( ) : 옷치렁치렁할 배	2719	1100	7685	558
010	灰	(회) 平聲/上平: 裵배( ) : 옷치렁할 배	2720	1101	7686	559
010	灰	(회) 平聲/上平: 賠배( ) : 물어줄 배	2722	1102	7687	560
010	灰	(회) 平聲/上平: 陪배( ) : 모실/도울 배	2725	1103	7688	561
010	灰	(회) 平聲/上平: 坏배( ) : 언덕 배	2726	1104	7689	562
010	灰	(회) 平聲/上平: 坯배( ) : 언덕 배	2727	1105	7690	563
010	灰	(회) 平聲/上平: 啡배( ) : 침뱉는소리 배	2730	1106	7691	564
010	灰	(회) 平聲/上平: 啡배(비) : 커피 비	2731	1107	7692	650
010	灰	(회) 平聲/上平: 衃배( ) : 어혈 배	2732	1108	7693	565
010	灰	(회) 平聲/上平: 醅배( ) : 술괼 배	2733	1109	7694	566
010	灰	(회) 平聲/上平: 魾비( ) : 방어 비	3162	1110	7695	684
010	灰	(회) 平聲/上平: 鰓새( ) : 아가미 새	3394	1111	7696	723
010	灰	(회) 平聲/上平: 猜시( ) : 시새울 시	3968	1112	7697	804
010	灰	(회) 平聲/上平: 哀애( ) : 슬플 애	4197	1113	7698	845

배열형식 B (韻目번호 基準)			배열 A	배열 B	배열 C	배열 D
韻目番號	韻目(독음)	平仄 / 四聲 : 韻族(異音) : 略義	운족 가나순	운목 번호순	운목 가나순	사성순
010	灰	(회) 平聲/上平: 埃애( ) : 티끌 애	4198	1114	7699	846
010	灰	(회) 平聲/上平: 唉애( ) : 그래 애	4213	1115	7700	849
010	灰	(회) 平聲/上平: 欸애( ) : 한숨쉴 애	4216	1116	7701	852
010	灰	(회) 平聲/上平: 皚애( ) : 흴 애	4217	1117	7702	853
010	灰	(회) 平聲/上平: 磑애(외) : 쌓을 외	4219	1118	7703	926
010	灰	(회) 平聲/上平: 嵬외( ) : 높을 외	4701	1119	7704	927
010	灰	(회) 平聲/上平: 偎외( ) : 어렴풋할 외	4705	1120	7705	929
010	灰	(회) 平聲/上平: 隗외( ) : 험할 외	4707	1121	7706	930
010	灰	(회) 平聲/上平: 椳외( ) : 문지도리 외	4708	1122	7707	931
010	灰	(회) 平聲/上平: 隈외( ) : 구비 외	4710	1123	7708	932
010	灰	(회) 平聲/上平: 台이(태) : 별(三台星)/늙을 태	5230	1124	7725	1418
010	灰	(회) 平聲/上平: 哉재( ) : 어조사 재	5471	1125	7709	1169
010	灰	(회) 平聲/上平: 才재( ) : 재주 재	5474	1126	7710	1170
010	灰	(회) 平聲/上平: 材재( ) : 재목 재	5475	1127	7711	1171
010	灰	(회) 平聲/上平: 渽재( ) : 맑을 재	5478	1128	7712	1172
010	灰	(회) 平聲/上平: 災재( ) : 재앙 재	5480	1129	7713	1173
010	灰	(회) 平聲/上平: 財재( ) : 재물 재	5483	1130	7714	1174
010	灰	(회) 平聲/上平: 纔재( ) : 겨우/잠깐/비롯할 재	5488	1131	7715	1177
010	灰	(회) 平聲/上平: 纔재(삼) : 회색비단 삼	5489	1132	7716	721
010	灰	(회) 平聲/上平: 催최( ) : 재촉할 최	6662	1133	7717	1349
010	灰	(회) 平聲/上平: 崔최( ) : 높을 최	6663	1134	7718	1350
010	灰	(회) 平聲/上平: 摧최( ) : 꺾을 최	6666	1135	7719	1351
010	灰	(회) 平聲/上平: 推추(퇴) : 밀 퇴	6673	1136	7720	1436
010	灰	(회) 平聲/上平: 追추(퇴) : 옥다듬을 퇴	6687	1137	7721	1437
010	灰	(회) 平聲/上平: 鎚추(퇴) : 옥다듬을 퇴	6694	1138	7722	1438
010	灰	(회) 平聲/上平: 魋추(퇴) : 곰[神獸赤熊] 퇴	6710	1139	7723	1439
010	灰	(회) 平聲/上平: 菑치(재) : 재앙 재	6828	1140	7724	1179
010	灰	(회) 平聲/上平: 胎태( ) : 아이밸 태	6973	1141	7726	1420
010	灰	(회) 平聲/上平: 苔태( ) : 이끼 태	6974	1142	7727	1421
010	灰	(회) 平聲/上平: 跆태( ) : 밟을 태	6975	1143	7728	1422
010	灰	(회) 平聲/上平: 邰태( ) : 나라이름 태	6976	1144	7729	1423
010	灰	(회) 平聲/上平: 颱태( ) : 태풍 태	6977	1145	7730	1424
010	灰	(회) 平聲/上平: 駘태( ) : 둔마 태	6979	1146	7731	1425
010	灰	(회) 平聲/上平: 鮐태( ) : 복 태	6980	1147	7732	1426
010	灰	(회) 平聲/上平: 堆퇴( ) : 흙무더기 퇴	7005	1148	7733	1440
010	灰	(회) 平聲/上平: 頹퇴( ) : 질풍 퇴	7009	1149	7734	1441

배열형식 B (韻目번호 基準)			배열 A	배열 B	배열 C	배열 D
韻目番號	韻目(독음)	平仄 / 四聲 : 韻族(異音) : 略義	운족 가나순	운목 번호순	운목 가나순	사성순
010	灰	(회) 平聲/上平: 藬퇴( ) : 참소리쟁이 퇴	7011	1150	7735	1443
010	灰	(회) 平聲/上平: 咳해( ) : 방긋웃을/기침 해	7353	1151	7736	1483
010	灰	(회) 平聲/上平: 垓해( ) : 지경 해	7354	1152	7737	1484
010	灰	(회) 平聲/上平: 孩해( ) : 어린아이 해	7356	1153	7738	1486
010	灰	(회) 平聲/上平: 該해( ) : 해당할 해	7366	1154	7739	1488
010	灰	(회) 平聲/上平: 侅해( ) : 이상할 해	7375	1155	7740	1491
010	灰	(회) 平聲/上平: 峐해( ) : 민둥산 해	7376	1156	7741	1492
010	灰	(회) 平聲/上平: 賅해( ) : 갖추어진 해	7378	1157	7742	1494
010	灰	(회) 平聲/上平: 徊회( ) : 노닐 회	7730	1158	7743	1567
010	灰	(회) 平聲/上平: 恢회( ) : 넓을 회	7731	1159	7744	1568
010	灰	(회) 平聲/上平: 灰회( ) : 재 회	7742	1160	7745	1571
010	灰	(회) 平聲/上平: 茴회( ) : 약이름 회	7747	1161	7746	1572
010	灰	(회) 平聲/上平: 蛔회( ) : 회충 회	7748	1162	7747	1573
010	灰	(회) 平聲/上平: 佪회( ) : 어정거릴 회	7751	1163	7748	1574
010	灰	(회) 平聲/上平: 洄회( ) : 거슬러 올라갈 회	7752	1164	7749	1575
010	灰	(회) 平聲/上平: 詼회( ) : 조롱할 회	7753	1165	7750	1576
010	灰	(회) 平聲/上平: 迴회( ) : 돌 회	7754	1166	7751	1577
010	灰	(회) 平聲/上平: 虺훼(회) : 비루먹을 회	7837	1167	7752	1579
011	眞	(진) 平聲/上平: 巾건( ) : 수건 건	273	1168	6307	39
011	眞	(진) 平聲/上平: 甄견(진) : 질그릇 진	341	1169	6308	1295
011	眞	(진) 平聲/上平: 龜귀(균) : 갈라질 균	982	1170	6309	144
011	眞	(진) 平聲/上平: 勻균( ) : 적을 균	1011	1171	6311	145
011	眞	(진) 平聲/上平: 勻균(윤) : 가지런/적을 윤	1012	1172	6310	1057
011	眞	(진) 平聲/上平: 均균( ) : 고를 균	1013	1173	6312	146
011	眞	(진) 平聲/上平: 畇균( ) : 밭일굴 균	1014	1174	6314	147
011	眞	(진) 平聲/上平: 畇균(윤) : 밭 윤	1015	1175	6313	1058
011	眞	(진) 平聲/上平: 筠균( ) : 대나무 균	1016	1176	6315	148
011	眞	(진) 平聲/上平: 鈞균( ) : 서른근 균	1018	1177	6316	149
011	眞	(진) 平聲/上平: 囷균( ) : 곳집 균	1019	1178	6317	150
011	眞	(진) 平聲/上平: 麇균( ) : 노루 균	1021	1179	6318	151
011	眞	(진) 平聲/上平: 矜근( ) : 긍창자루 근	1054	1180	6319	160
011	眞	(진) 平聲/上平: 焞돈(퇴) : 밝을 순	1580	1181	6320	776
011	眞	(진) 平聲/上平: 屯둔(준) : 어려울/두터울/아낄 준	1652	1182	6321	1262
011	眞	(진) 平聲/上平: 論론(륜) : 차례 륜	1969	1183	6322	380
011	眞	(진) 平聲/上平: 掄론( ) : 가릴/고를 론	1970	1184	6326	358
011	眞	(진) 平聲/上平: 倫륜( ) : 인륜/떳떳할 륜	2089	1185	6323	382

배열형식 B (韻目번호 基準)			배열 A	배열 B	배열 C	배열 D
韻目 番號	韻目(독음) 平仄 / 四聲 : 韻族(異音) : 略義		운족 가나순	운목 번호순	운목 가나순	사성순
011	眞	(진) 平聲/上平: 淪륜( ) : 빠질 륜	2091	1186	6324	384
011	眞	(진) 平聲/上平: 輪륜( ) : 바퀴 륜	2094	1187	6325	386
011	眞	(진) 平聲/上平: 潾린( ) : 물맑을 린	2178	1188	6327	423
011	眞	(진) 平聲/上平: 燐린( ) : 도깨비불/반디불 린	2179	1189	6328	424
011	眞	(진) 平聲/上平: 璘린( ) : 옥무늬/옥빛 린	2180	1190	6329	425
011	眞	(진) 平聲/上平: 隣린( ) : 이웃 린	2183	1191	6330	426
011	眞	(진) 平聲/上平: 鱗린( ) : 비늘 린	2184	1192	6331	427
011	眞	(진) 平聲/上平: 麟린( ) : 기린 린	2185	1193	6332	428
011	眞	(진) 平聲/上平: 粼린( ) : 물 맑을 린	2187	1194	6333	429
011	眞	(진) 平聲/上平: 鄰린( ) : 이웃 린	2189	1195	6334	430
011	眞	(진) 平聲/上平: 閺문( ) : 따뜻할 문	2506	1196	6344	490
011	眞	(진) 平聲/上平: 岷민( ) : 산이름 민	2554	1197	6335	509
011	眞	(진) 平聲/上平: 旻민( ) : 하늘 민	2559	1198	6336	510
011	眞	(진) 平聲/上平: 旼민( ) : 화할 민	2560	1199	6337	511
011	眞	(진) 平聲/上平: 民민( ) : 백성 민	2561	1200	6338	512
011	眞	(진) 平聲/上平: 珉민( ) : 옥돌 민	2564	1201	6339	514
011	眞	(진) 平聲/上平: 緡민( ) : 낚싯줄 민	2565	1202	6340	515
011	眞	(진) 平聲/上平: 忞민( ) : 강인할 민	2567	1203	6341	516
011	眞	(진) 平聲/上平: 暋민( ) : 굳셀 민	2569	1204	6342	517
011	眞	(진) 平聲/上平: 湣민( ) : 시호이름 민	2570	1205	6343	518
011	眞	(진) 平聲/上平: 抿민( ) : 씻을(拭)/어루만질 민	2574	1206	6345	519
011	眞	(진) 平聲/上平: 瑉민( ) : 옥돌 민	2576	1207	6346	520
011	眞	(진) 平聲/上平: 嚬빈( ) : 찡그릴 빈	3165	1208	6347	685
011	眞	(진) 平聲/上平: 嬪빈( ) : 아내 빈	3166	1209	6348	686
011	眞	(진) 平聲/上平: 彬빈( ) : 빛날 빈	3167	1210	6349	687
011	眞	(진) 平聲/上平: 斌빈( ) : 빛날 빈	3168	1211	6350	688
011	眞	(진) 平聲/上平: 檳빈( ) : 빈랑나무 빈	3169	1212	6351	689
011	眞	(진) 平聲/上平: 濱빈( ) : 물가 빈	3171	1213	6352	690
011	眞	(진) 平聲/上平: 瀕빈( ) : 물가/임박할 빈	3172	1214	6353	691
011	眞	(진) 平聲/上平: 玭빈( ) : 소리나는진주 빈	3174	1215	6354	692
011	眞	(진) 平聲/上平: 貧빈( ) : 가난할 빈	3176	1216	6355	693
011	眞	(진) 平聲/上平: 賓빈( ) : 손 빈	3177	1217	6356	694
011	眞	(진) 平聲/上平: 頻빈( ) : 자주 빈	3178	1218	6357	695
011	眞	(진) 平聲/上平: 繽빈( ) : 어지러울 빈	3181	1219	6358	696
011	眞	(진) 平聲/上平: 蘋빈( ) : 개구리밥 빈	3182	1220	6359	697
011	眞	(진) 平聲/上平: 豳빈( ) : 얼룩 빈	3183	1221	6360	698

배열형식 B (韻目번호 基準)			배열 A	배열 B	배열 C	배열 D
韻目 番號	韻目(독음) 平仄 / 四聲 : 韻族(異音) : 略義		운족 가나순	운목 번호순	운목 가나순	사성순
011	眞	(진) 平聲/上平: 顰빈( ) : 찡그릴 빈	3184	1222	6361	699
011	眞	(진) 平聲/上平: 詵선( ) : 많을 선	3519	1223	6362	739
011	眞	(진) 平聲/上平: 巡순( ) : 돌/순행할 순	3873	1224	6363	777
011	眞	(진) 平聲/上平: 循순( ) : 돌/좇을 순	3875	1225	6364	778
011	眞	(진) 平聲/上平: 恂순( ) : 정성 순	3876	1226	6365	779
011	眞	(진) 平聲/上平: 旬순( ) : 열흘 순	3878	1227	6366	780
011	眞	(진) 平聲/上平: 洵순(현) : 멀 현	3884	1228	6367	1500
011	眞	(진) 平聲/上平: 淳순( ) : 순박할 순	3885	1229	6368	781
011	眞	(진) 平聲/上平: 珣순( ) : 옥이름 순	3886	1230	6369	782
011	眞	(진) 平聲/上平: 純순( ) : 순수할 순	3891	1231	6370	783
011	眞	(진) 平聲/上平: 脣순( ) : 입술 순	3894	1232	6371	784
011	眞	(진) 平聲/上平: 荀순( ) : 풀이름 순	3896	1233	6372	785
011	眞	(진) 平聲/上平: 蓴순( ) : 순채 순	3897	1234	6373	786
011	眞	(진) 平聲/上平: 詢순( ) : 물을 순	3899	1235	6374	787
011	眞	(진) 平聲/上平: 醇순( ) : 진할 순	3901	1236	6375	788
011	眞	(진) 平聲/上平: 錞순( ) : 악기이름 순	3902	1237	6376	789
011	眞	(진) 平聲/上平: 馴순( ) : 길들 순	3904	1238	6377	790
011	眞	(진) 平聲/上平: 盹순( ) : 졸/눈감을 순	3905	1239	6378	791
011	眞	(진) 平聲/上平: 鶉순( ) : 메추라기 순	3906	1240	6379	792
011	眞	(진) 平聲/上平: 漘순( ) : 물가 순	3908	1241	6380	793
011	眞	(진) 平聲/上平: 伸신( ) : 펼 신	4014	1242	6381	817
011	眞	(진) 平聲/上平: 侁신( ) : 걷는모양 신	4015	1243	6382	818
011	眞	(진) 平聲/上平: 呻신( ) : 끙끙거릴 신	4017	1244	6383	819
011	眞	(진) 平聲/上平: 娠신( ) : 애밸 신	4018	1245	6384	820
011	眞	(진) 平聲/上平: 宸신( ) : 집 신	4019	1246	6385	821
011	眞	(진) 平聲/上平: 新신( ) : 새 신	4021	1247	6386	822
011	眞	(진) 平聲/上平: 晨신( ) : 새벽 신	4022	1248	6387	823
011	眞	(진) 平聲/上平: 申신( ) : 납 신	4024	1249	6388	824
011	眞	(진) 平聲/上平: 神신( ) : 귀신 신	4025	1250	6389	825
011	眞	(진) 平聲/上平: 紳신( ) : 띠 신	4026	1251	6390	826
011	眞	(진) 平聲/上平: 臣신( ) : 신하 신	4028	1252	6391	827
011	眞	(진) 平聲/上平: 莘신( ) : 긴모양 신	4029	1253	6392	828
011	眞	(진) 平聲/上平: 薪신( ) : 땔나무 신	4030	1254	6393	829
011	眞	(진) 平聲/上平: 身신( ) : 몸 신	4034	1255	6394	830
011	眞	(진) 平聲/上平: 辛신( ) : 매울 신	4035	1256	6395	831
011	眞	(진) 平聲/上平: 辰신( ) : 날 신	4036	1257	6396	832

배열형식 B (韻目번호 基準)			배열 A	배열 B	배열 C	배열 D
韻目番號	韻目(독음)	平仄 / 四聲 : 韻族(異音) : 略義	운족 가나순	운목 번호순	운목 가나순	사성순
011	眞	(진) 平聲/上平: 辰신(진) : 때/별/북두성 진	4037	1258	6397	1296
011	眞	(진) 平聲/上平: 麎신( ) : 암순록 신	4041	1259	6398	833
011	眞	(진) 平聲/上平: 煙연(인) : 김/기운/안개 인	4414	1260	6399	1122
011	眞	(진) 平聲/上平: 奫윤( ) : 물깊고넓을 윤	5071	1261	6400	1059
011	眞	(진) 平聲/上平: 淪윤( ) : 빠질질 윤	5073	1262	6401	1060
011	眞	(진) 平聲/上平: 贇윤( ) : 예쁠 윤	5077	1263	6402	1061
011	眞	(진) 平聲/上平: 銀은( ) : 은 은	5102	1264	6403	1073
011	眞	(진) 平聲/上平: 嚚은( ) : 어리석을 은	5105	1265	6404	1074
011	眞	(진) 平聲/上平: 齸익( ) : 새김질할 익	5241	1266	6405	1121
011	眞	(진) 平聲/上平: 人인( ) : 사람 인	5242	1267	6406	1123
011	眞	(진) 平聲/上平: 仁인( ) : 어질 인	5243	1268	6407	1124
011	眞	(진) 平聲/上平: 因인( ) : 인할 인	5249	1269	6408	1125
011	眞	(진) 平聲/上平: 姻인( ) : 혼인 인	5250	1270	6409	1126
011	眞	(진) 平聲/上平: 寅인( ) : 공경할 인	5251	1271	6410	1127
011	眞	(진) 平聲/上平: 湮인( ) : 빠질 인	5255	1272	6411	1128
011	眞	(진) 平聲/上平: 絪인( ) : 수삼/기운 인	5256	1273	6412	1129
011	眞	(진) 平聲/上平: 茵인( ) : 자리 인	5257	1274	6413	1130
011	眞	(진) 平聲/上平: 氤인( ) : 기운성할 인	5263	1275	6414	1131
011	眞	(진) 平聲/上平: 禋인( ) : 제사 지낼 인	5264	1276	6415	1132
011	眞	(진) 平聲/上平: 紉인( ) : 새끼 인	5265	1277	6416	1133
011	眞	(진) 平聲/上平: 諲인( ) : 공경할 인	5266	1278	6417	1134
011	眞	(진) 平聲/上平: 闉인( ) : 성곽문 인	5268	1279	6418	1135
011	眞	(진) 平聲/上平: 竣준( ) : 마칠/물러설 준	6067	1280	6421	1265
011	眞	(진) 平聲/上平: 逡준( ) : 뒷걸음질칠 준	6070	1281	6422	1266
011	眞	(진) 平聲/上平: 遵준( ) : 좇을 준	6071	1282	6423	1267
011	眞	(진) 平聲/上平: 皴준( ) : 주름/살틀 준	6076	1283	6424	1268
011	眞	(진) 平聲/上平: 塡진( ) : 오랠/편안할 진	6190	1284	6420	1297
011	眞	(진) 平聲/上平: 塡진(전) : 메울 전	6191	1285	6419	1201
011	眞	(진) 平聲/上平: 唇진( ) : 놀랄 진	6192	1286	6425	1298
011	眞	(진) 平聲/上平: 嗔진( ) : 성낼 진	6193	1287	6426	1299
011	眞	(진) 平聲/上平: 塵진( ) : 티끌 진	6194	1288	6427	1300
011	眞	(진) 平聲/上平: 榐진( ) : 평고대 진	6199	1289	6428	1301
011	眞	(진) 平聲/上平: 榛진( ) : 개암나무 진	6200	1290	6429	1302
011	眞	(진) 平聲/上平: 津진( ) : 나루 진	6202	1291	6430	1303
011	眞	(진) 平聲/上平: 溱진( ) : 많을 진	6203	1292	6431	1304
011	眞	(진) 平聲/上平: 珍진( ) : 보배 진	6204	1293	6432	1305

배열형식 B (韻目번호 基準)			배열 A	배열 B	배열 C	배열 D
韻目番號	韻目(독음)	平仄 / 四聲 : 韻族(異音) : 略義	운족 가나순	운목 번호순	운목 가나순	사성순
011	眞	(진) 平聲/上平: 瞋진( ) : 부릅뜰 진	6209	1294	6434	1306
011	眞	(진) 平聲/上平: 秦진( ) : 성 진	6210	1295	6435	1307
011	眞	(진) 平聲/上平: 臻진( ) : 이를 진	6213	1296	6436	1308
011	眞	(진) 平聲/上平: 辰진( ) : 때/별/북두성 진	6218	1297	6438	1309
011	眞	(진) 平聲/上平: 辰진(신) : 날(生辰日) 신	6219	1298	6437	834
011	眞	(진) 平聲/上平: 鎭진( ) : 진압할 진	6221	1299	6439	1310
011	眞	(진) 平聲/上平: 陳진( ) : 베풀/묵을 진	6223	1300	6440	1311
011	眞	(진) 平聲/上平: 蓁진( ) : 우거질 진	6227	1301	6441	1312
011	眞	(진) 平聲/上平: 眞진( ) : 참 진	6231	1302	6433	1313
011	眞	(진) 平聲/上平: 蘣진( ) : 담배풀 진	6234	1303	6442	1314
011	眞	(진) 平聲/上平: 春춘( ) : 봄 춘	6738	1304	6443	1370
011	眞	(진) 平聲/上平: 椿춘( ) : 참죽나무 춘	6739	1305	6444	1371
012	文	(문) 平聲/上平: 齦간( ) : 깨물 간	94	1306	1676	14
012	文	(문) 平聲/上平: 君군( ) : 임금 군	920	1307	1677	117
012	文	(문) 平聲/上平: 群군( ) : 무리 군	922	1308	1678	118
012	文	(문) 平聲/上平: 裙군( ) : 치마 군	923	1309	1679	119
012	文	(문) 平聲/上平: 軍군( ) : 군사 군	924	1310	1680	120
012	文	(문) 平聲/上平: 勤근( ) : 부지런할 근	1036	1311	1681	152
012	文	(문) 平聲/上平: 懃근( ) : 은근할 근	1037	1312	1682	153
012	文	(문) 平聲/上平: 筋근( ) : 힘줄 근	1042	1313	1683	155
012	文	(문) 平聲/上平: 芹근( ) : 미나리 근	1043	1314	1684	156
012	文	(문) 平聲/上平: 觔근( ) : 힘줄/근 근	1050	1315	1685	157
012	文	(문) 平聲/上平: 瘽근( ) : 앓을 근	1053	1316	1686	159
012	文	(문) 平聲/上平: 蘄기(근) : 승검초 근	1165	1317	1687	161
012	文	(문) 平聲/上平: 文문( ) : 글월 문	2490	1318	1688	482
012	文	(문) 平聲/上平: 紋문( ) : 무늬 문	2493	1319	1689	483
012	文	(문) 平聲/上平: 蚊문( ) : 모기 문	2495	1320	1690	484
012	文	(문) 平聲/上平: 雯문( ) : 구름무늬 문	2497	1321	1691	486
012	文	(문) 平聲/上平: 頒반(분) : 물고기머리클 분	2635	1322	1692	621
012	文	(문) 平聲/上平: 鳻분( ) : 파랑새 분	3011	1323	1693	622
012	文	(문) 平聲/上平: 吩분( ) : 분부할 분	3014	1324	1694	623
012	文	(문) 平聲/上平: 扮분( ) : 움큼/잡을 분	3021	1325	1695	626
012	文	(문) 平聲/上平: 汾분( ) : 클 분	3023	1326	1696	627
012	文	(문) 平聲/上平: 焚분( ) : 불사를 분	3024	1327	1697	628
012	文	(문) 平聲/上平: 紛분( ) : 어지러울 분	3028	1328	1698	630
012	文	(문) 平聲/上平: 芬분( ) : 향기 분	3029	1329	1699	631

배열형식 B (韻目번호 基準)			배열 A	배열 B	배열 C	배열 D
韻目番號	韻目(독음) 平仄 / 四聲 : 韻族(異音) : 略義		운족 가나순	운목 번호순	운목 가나순	사성순
012	文	(문) 平聲/上平: 蕡분( ) : 열매많이열릴 분	3030	1330	1700	632
012	文	(문) 平聲/上平: 雰분( ) : 안개 분	3031	1331	1702	634
012	文	(문) 平聲/上平: 枌분( ) : 나무이름 분	3033	1332	1703	635
012	文	(문) 平聲/上平: 棼분( ) : 마룻대 분	3034	1333	1704	636
012	文	(문) 平聲/上平: 氛분( ) : 기운 분	3035	1334	1705	637
012	文	(문) 平聲/上平: 濆분( ) : 뿜을 분	3037	1335	1706	639
012	文	(문) 平聲/上平: 頒분( ) : 머리클 분	3040	1336	1707	640
012	文	(문) 平聲/上平: 黂분( ) : 꾸밀 분	3042	1337	1708	641
012	文	(문) 平聲/上平: 鼢분( ) : 두더지 분	3043	1338	1709	642
012	文	(문) 平聲/上平: 羒분( ) : 숫흰양 분	3045	1339	1710	643
012	文	(문) 平聲/上平: 豶분( ) : 불깐돼지 분	3046	1340	1711	644
012	文	(문) 平聲/上平: 饙분( ) : 밥잦힐 분	3047	1341	1712	645
012	文	(문) 平聲/上平: 黂분( ) : 쌈지 분	3048	1342	1713	646
012	文	(문) 平聲/上平: 鼖분( ) : 북 분	3049	1343	1714	647
012	文	(문) 平聲/上平: 賁비(분) : 클/날랠 분	3075	1344	1701	633
012	文	(문) 平聲/上平: 匪비(분) : 나눌 분	3080	1345	1715	648
012	文	(문) 平聲/上平: 氳온( ) : 기운성할 온	4624	1346	1716	895
012	文	(문) 平聲/上平: 云운( ) : 이를 운	4849	1347	1717	970
012	文	(문) 平聲/上平: 橒운( ) : 나무무늬 운	4850	1348	1718	971
012	文	(문) 平聲/上平: 澐운( ) : 큰물결 운	4852	1349	1719	972
012	文	(문) 平聲/上平: 熉운( ) : 노란모양 운	4853	1350	1720	973
012	文	(문) 平聲/上平: 耘운( ) : 김맬 운	4854	1351	1721	974
012	文	(문) 平聲/上平: 芸운( ) : 향풀 운	4855	1352	1722	975
012	文	(문) 平聲/上平: 蕓운( ) : 평지 운	4856	1353	1723	976
012	文	(문) 平聲/上平: 雲운( ) : 구름 운	4859	1354	1724	977
012	文	(문) 平聲/上平: 沄운( ) : 운/운치 운	4861	1355	1725	978
012	文	(문) 平聲/上平: 紜운( ) : 어지러울 운	4862	1356	1726	979
012	文	(문) 平聲/上平: 員원(운) : 더할 운	4877	1357	1727	980
012	文	(문) 平聲/上平: 垠은( ) : 지경 은	5096	1358	1728	1068
012	文	(문) 平聲/上平: 慇은( ) : 괴로워할 은	5098	1359	1729	1070
012	文	(문) 平聲/上平: 殷은( ) : 은나라 은	5099	1360	1730	1071
012	文	(문) 平聲/上平: 誾은( ) : 향기 은	5101	1361	1731	1072
012	文	(문) 平聲/上平: 狺은( ) : 으르렁거릴 은	5107	1362	1732	1075
012	文	(문) 平聲/上平: 親친( ) : 친할 친	6845	1363	1733	1408
012	文	(문) 平聲/上平: 勳훈( ) : 공 훈	7810	1364	1734	1582
012	文	(문) 平聲/上平: 焄훈( ) : 연기에그을릴 훈	7813	1365	1735	1585

배열형식 B (韻目番號 基準)		배열 A	배열 B	배열 C	배열 D
韻目 番號	韻目(독음) 平仄 / 四聲：韻族(異音)：略義	운족 가나순	운목 번호순	운목 가나순	사성순
012	文 (문) 平聲/上平: 熏훈( ) ：불길 훈	7814	1366	1736	1586
012	文 (문) 平聲/上平: 燻훈( ) ：연기낄[=燻] 훈	7815	1367	1737	1587
012	文 (문) 平聲/上平: 薰훈( ) ：향풀 훈	7816	1368	1738	1588
012	文 (문) 平聲/上平: 纁훈( ) ：분홍빛 훈	7818	1369	1739	1589
012	文 (문) 平聲/上平: 葷훈( ) ：매운 채소 훈	7819	1370	1740	1590
012	文 (문) 平聲/上平: 醺훈( ) ：취할 훈	7820	1371	1741	1591
012	文 (문) 平聲/上平: 煇휘(혼) ：지질(灼也) 훈	7845	1372	1742	1592
012	文 (문) 平聲/上平: 昕흔( ) ：해돋을/초하루 흔	7880	1373	1743	1625
012	文 (문) 平聲/上平: 欣흔( ) ：기뻐할 흔	7881	1374	1744	1626
012	文 (문) 平聲/上平: 忻흔( ) ：기뻐할 흔	7885	1375	1745	1629
013	元 (원) 平聲/上平: 旽견(돈) ：먼동틀 돈	362	1376	4793	279
013	元 (원) 平聲/上平: 坤곤( ) ：땅 곤	573	1377	4778	62
013	元 (원) 平聲/上平: 崑곤( ) ：산이름 곤	574	1378	4779	63
013	元 (원) 平聲/上平: 昆곤( ) ：맏형/같을 곤	575	1379	4780	64
013	元 (원) 平聲/上平: 琨곤( ) ：옥돌 곤	581	1380	4781	65
013	元 (원) 平聲/上平: 鯤곤( ) ：곤이 곤	583	1381	4782	66
013	元 (원) 平聲/上平: 褌곤( ) ：잠방이 곤	584	1382	4783	67
013	元 (원) 平聲/上平: 錕곤( ) ：적금 곤	585	1383	4784	68
013	元 (원) 平聲/上平: 髡곤( ) ：삭발할 곤	587	1384	4785	69
013	元 (원) 平聲/上平: 鵾곤( ) ：봉황새 곤	588	1385	4786	70
013	元 (원) 平聲/上平: 根근( ) ：뿌리 근	1039	1386	4787	154
013	元 (원) 平聲/上平: 跟근( ) ：발꿈치 근	1051	1387	4788	158
013	元 (원) 平聲/上平: 暖난(훤) ：부드러울 훤	1198	1388	4789	1593
013	元 (원) 平聲/上平: 墩돈( ) ：돈대 돈	1569	1389	4790	276
013	元 (원) 平聲/上平: 惇돈( ) ：도타울 돈	1570	1390	4791	277
013	元 (원) 平聲/上平: 敦돈( ) ：성낼/도타울 돈	1571	1391	4792	278
013	元 (원) 平聲/上平: 暾돈( ) ：아침해 돈	1576	1392	4794	280
013	元 (원) 平聲/上平: 焞돈( ) ：어슴프레할 돈	1578	1393	4795	281
013	元 (원) 平聲/上平: 燉돈( ) ：불빛 돈	1581	1394	4796	282
013	元 (원) 平聲/上平: 豚돈( ) ：돼지 돈	1582	1395	4797	283
013	元 (원) 平聲/上平: 屯둔( ) ：모일/진칠 둔	1651	1396	4798	307
013	元 (원) 平聲/上平: 臀둔( ) ：볼기 둔	1653	1397	4799	308
013	元 (원) 平聲/上平: 芚둔( ) ：채소이름 둔	1654	1398	4800	309
013	元 (원) 平聲/上平: 論론( ) ：의논할/변론할 론	1966	1399	4801	357
013	元 (원) 平聲/上平: 論론(론) ：차례 륜	1967	1400	4802	379
013	元 (원) 平聲/上平: 掄론(륜) ：가릴/고를 륜	1971	1401	4805	387

배열형식 B (韻目번호 基準)			배열 A	배열 B	배열 C	배열 D
韻目番號	韻目(독음) 平仄 / 四聲 : 韻族(異音) : 略義		운족 가나순	운목 번호순	운목 가나순	사성순
013	元	(원) 平聲/上平: 侖륜( ) : 둥글 륜	2088	1402	4803	381
013	元	(원) 平聲/上平: 崙륜( ) : 산이름 륜	2090	1403	4804	383
013	元	(원) 平聲/上平: 們문( ) : 들 문	2486	1404	4806	481
013	元	(원) 平聲/上平: 門문( ) : 문 문	2496	1405	4807	485
013	元	(원) 平聲/上平: 捫문( ) : 어루만질 문	2502	1406	4808	487
013	元	(원) 平聲/上平: 虋문( ) : 차조 문	2505	1407	4809	488
013	元	(원) 平聲/上平: 亹미(문) : 산어귀 문	2534	1408	4810	489
013	元	(원) 平聲/上平: 湣민(혼) : 산란할/민망할 혼	2571	1409	4811	1531
013	元	(원) 平聲/上平: 礬반( ) : 광물이름 반	2629	1410	4813	532
013	元	(원) 平聲/上平: 潘번( ) : 쌀뜨물 번	2749	1411	4812	568
013	元	(원) 平聲/上平: 幡번( ) : 기 번	2750	1412	4814	569
013	元	(원) 平聲/上平: 樊번( ) : 울 번	2751	1413	4815	570
013	元	(원) 平聲/上平: 煩번( ) : 번거로울 번	2752	1414	4816	571
013	元	(원) 平聲/上平: 燔번( ) : 구울 번	2753	1415	4817	572
013	元	(원) 平聲/上平: 番번( ) : 차례/번들 번	2754	1416	4818	573
013	元	(원) 平聲/上平: 繁번( ) : 많을/성할 번	2757	1417	4819	574
013	元	(원) 平聲/上平: 蕃번( ) : 불을/우거질 번	2759	1418	4820	575
013	元	(원) 平聲/上平: 藩번( ) : 울/지경 번	2760	1419	4821	576
013	元	(원) 平聲/上平: 飜번( ) : 번역할 번	2761	1420	4822	577
013	元	(원) 平聲/上平: 翻번( ) : 날 번	2762	1421	4823	578
013	元	(원) 平聲/上平: 蘩번( ) : 산흰쑥 번	2763	1422	4824	579
013	元	(원) 平聲/上平: 袢번( ) : 속옷 번	2764	1423	4825	580
013	元	(원) 平聲/上平: 笲번( ) : 폐백상자 번	2765	1424	4826	581
013	元	(원) 平聲/上平: 蹯번( ) : 짐승발자욱 번	2766	1425	4827	582
013	元	(원) 平聲/上平: 拚번( ) : 날을 번	2767	1426	4828	583
013	元	(원) 平聲/上平: 噴분( ) : 꾸짖을/뿜을 분	3015	1427	4829	624
013	元	(원) 平聲/上平: 奔분( ) : 달릴 분	3017	1428	4830	625
013	元	(원) 平聲/上平: 盆분( ) : 동이 분	3025	1429	4831	629
013	元	(원) 平聲/上平: 湓분( ) : 용솟음할 분	3036	1430	4832	638
013	元	(원) 平聲/上平: 蟦비(분) : 굴 분	3159	1431	4833	649
013	元	(원) 平聲/上平: 孫손( ) : 손자/겸손할 손	3707	1432	4834	748
013	元	(원) 平聲/上平: 蓀손( ) : 향풀이름 손	3710	1433	4835	749
013	元	(원) 平聲/上平: 飡손( ) : 밥 손	3712	1434	4836	750
013	元	(원) 平聲/上平: 飧손( ) : 저녁밥 손	3714	1435	4837	751
013	元	(원) 平聲/上平: 蕵손( ) : 풀이름 손	3716	1436	4838	752
013	元	(원) 平聲/上平: 純순(돈) : 꾸밀/묶을 돈	3892	1437	4839	284

배열형식 B (韻目번호 基準)			배열 A	배열 B	배열 C	배열 D
韻目 番號	韻目(독음) 平仄 / 四聲 : 韻族(異音) : 略義		운족 가나순	운목 번호순	운목 가나순	사성순
013	元	(원) 平聲/上平: 言언( ) : 말씀 언	4335	1438	4840	858
013	元	(원) 平聲/上平: 溫온( ) : 따뜻할 온	4616	1439	4842	893
013	元	(원) 平聲/上平: 瘟온( ) : 염병 온	4617	1440	4843	894
013	元	(원) 平聲/上平: 蘊온(운) : 쌓일/익힐 운	4621	1441	4844	969
013	元	(원) 平聲/上平: 宛완(울) : 나라이름 원	4664	1442	4845	984
013	元	(원) 平聲/上平: 阮완(원) : 나라이름/성 원	4679	1443	4846	985
013	元	(원) 平聲/上平: 羱완( ) : 들양 완	4684	1444	4847	917
013	元	(원) 平聲/上平: 円원( ) : 둥글 원	4872	1445	4841	983
013	元	(원) 平聲/上平: 元원( ) : 으뜸 원	4874	1446	4848	986
013	元	(원) 平聲/上平: 原원( ) : 언덕 원	4875	1447	4849	987
013	元	(원) 平聲/上平: 園원( ) : 동산 원	4879	1448	4850	988
013	元	(원) 平聲/上平: 垣원( ) : 담 원	4880	1449	4851	989
013	元	(원) 平聲/上平: 嫄원( ) : 사람이름 원	4882	1450	4852	990
013	元	(원) 平聲/上平: 寃원( ) : 원통할 원	4883	1451	4853	991
013	元	(원) 平聲/上平: 怨원( ) : 원망할 원	4884	1452	4854	992
013	元	(원) 平聲/上平: 沅원( ) : 강이름 원	4887	1453	4855	993
013	元	(원) 平聲/上平: 洹원( ) : 강이름 원	4888	1454	4856	994
013	元	(원) 平聲/上平: 源원( ) : 근원 원	4891	1455	4857	995
013	元	(원) 平聲/上平: 爰원( ) : 이에 원	4892	1456	4858	996
013	元	(원) 平聲/上平: 猿원( ) : 원숭이 원	4893	1457	4859	997
013	元	(원) 平聲/上平: 袁원( ) : 성 원	4896	1458	4860	998
013	元	(원) 平聲/上平: 轅원( ) : 끌채 원	4897	1459	4861	999
013	元	(원) 平聲/上平: 鴛원( ) : 원앙 원	4902	1460	4862	1000
013	元	(원) 平聲/上平: 冤원( ) : 원통할 원	4903	1461	4863	1001
013	元	(원) 平聲/上平: 杬원( ) : 안마/나무이름 원	4905	1462	4864	1002
013	元	(원) 平聲/上平: 蜿원( ) : 굼틀거릴 원	4907	1463	4865	1003
013	元	(원) 平聲/上平: 騵원( ) : 배 흰 월다말 원	4909	1464	4866	1004
013	元	(원) 平聲/上平: 黿원( ) : 자라 원	4910	1465	4867	1005
013	元	(원) 平聲/上平: 蚖원( ) : 도롱뇽 원	4911	1466	4868	1006
013	元	(원) 平聲/上平: 恩은( ) : 은혜 은	5097	1467	4869	1069
013	元	(원) 平聲/上平: 存존( ) : 있을 존	5936	1468	4870	1226
013	元	(원) 平聲/上平: 尊존( ) : 높을 존	5937	1469	4871	1227
013	元	(원) 平聲/上平: 尊존(준) : 술통 준	5938	1470	4872	1263
013	元	(원) 平聲/上平: 樽준( ) : 술그릇 준	6060	1471	4873	1264
013	元	(원) 平聲/上平: 蹲준( ) : 웅크릴 준	6077	1472	4874	1269
013	元	(원) 平聲/上平: 村촌( ) : 마을 촌	6638	1473	4875	1335

배열형식 B (韻目번호 基準)			배열 A	배열 B	배열 C	배열 D
韻目 番號	韻目(독음) 平仄 / 四聲 : 韻族(異音) : 略義		운족 가나순	운목 번호순	운목 가나순	사성순
013	元	(원) 平聲/上平: 邨촌( ) : 마을/시골 촌	6639	1474	4876	1336
013	元	(원) 平聲/上平: 吋촌( ) : 인치 촌	6640	1475	4877	1337
013	元	(원) 平聲/上平: 呑탄( ) : 삼킬 탄	6920	1476	4878	1409
013	元	(원) 平聲/上平: 吞탄( ) : 삼킬 탄	6935	1477	4879	1416
013	元	(원) 平聲/上平: 啍톤( ) : 입김 톤	6997	1478	4880	1428
013	元	(원) 平聲/上平: 軒헌( ) : 집 헌	7414	1479	4881	1499
013	元	(원) 平聲/上平: 婚혼( ) : 혼인할 혼	7598	1480	4882	1532
013	元	(원) 平聲/上平: 昏혼( ) : 어두울 혼	7599	1481	4883	1533
013	元	(원) 平聲/上平: 混혼(곤) : 오랑캐 곤	7601	1482	4884	71
013	元	(원) 平聲/上平: 渾혼( ) : 흐릴 혼	7602	1483	4885	1534
013	元	(원) 平聲/上平: 琿혼( ) : 아름다운옥 혼	7603	1484	4886	1535
013	元	(원) 平聲/上平: 魂혼( ) : 넋 혼	7604	1485	4887	1536
013	元	(원) 平聲/上平: 惛혼( ) : 어리석을 혼	7605	1486	4888	1537
013	元	(원) 平聲/上平: 閽혼( ) : 문지기 혼	7606	1487	4889	1538
013	元	(원) 平聲/上平: 緷혼( ) : 깃다발 혼	7607	1488	4890	1539
013	元	(원) 平聲/上平: 貆환( ) : 담비새끼 환	7688	1489	4899	1565
013	元	(원) 平聲/上平: 塤훈( ) : 질나팔 훈	7811	1490	4891	1583
013	元	(원) 平聲/上平: 壎훈( ) : 질나팔 훈	7812	1491	4892	1584
013	元	(원) 平聲/上平: 喧훤( ) : 떠들썩할 훤	7823	1492	4893	1594
013	元	(원) 平聲/上平: 暄훤( ) : 따뜻할 훤	7824	1493	4894	1595
013	元	(원) 平聲/上平: 煊훤( ) : 빛날 훤	7825	1494	4895	1596
013	元	(원) 平聲/上平: 萱훤( ) : 원추리 훤	7826	1495	4896	1597
013	元	(원) 平聲/上平: 烜훤( ) : 따뜻할 훤	7827	1496	4897	1598
013	元	(원) 平聲/上平: 諼훤( ) : 속일 훤	7828	1497	4898	1599
013	元	(원) 平聲/上平: 楎휘(혼) : 쟁기술 혼	7854	1498	4900	1540
013	元	(원) 平聲/上平: 炘흔( ) : 화끈거릴 흔	7882	1499	4901	1627
013	元	(원) 平聲/上平: 痕흔( ) : 흉/자취 흔	7883	1500	4902	1628
013	元	(원) 平聲/上平: 鞎흔( ) : 장식가죽 흔	7889	1501	4903	1631
014	寒	(한) 平聲/上平: 刊간( ) : 새길 간	66	1502	7131	3
014	寒	(한) 平聲/上平: 奸간( ) : 범할 간	68	1503	7132	4
014	寒	(한) 平聲/上平: 干간( ) : 방패 간	70	1504	7133	6
014	寒	(한) 平聲/上平: 幹간( ) : 줄기 간	71	1505	7134	7
014	寒	(한) 平聲/上平: 看간( ) : 볼 간	80	1506	7135	9
014	寒	(한) 平聲/上平: 竿간( ) : 장대 간	83	1507	7136	10
014	寒	(한) 平聲/上平: 肝간( ) : 간 간	85	1508	7137	11
014	寒	(한) 平聲/上平: 玕간( ) : 옥돌 간	92	1509	7138	13

배열형식 B (韻目번호 基準)			배열 A	배열 B	배열 C	배열 D
韻目番號	韻目(독음) 平仄 / 四聲 : 韻族(異音) : 略義		운족 가나순	운목 번호순	운목 가나순	사성순
014	寒	(한) 平聲/上平: 鳱간( ) : 까치 간	98	1510	7139	15
014	寒	(한) 平聲/上平: 菅간( ) : 왕골 간	100	1511	7146	17
014	寒	(한) 平聲/上平: 乾건(간) : 말를 간	270	1512	7141	16
014	寒	(한) 平聲/上平: 冠관( ) : 갓 관	668	1513	7142	88
014	寒	(한) 平聲/上平: 官관( ) : 벼슬 관	669	1514	7143	89
014	寒	(한) 平聲/上平: 寬관( ) : 너그러울 관	670	1515	7144	90
014	寒	(한) 平聲/上平: 棺관( ) : 널 관	672	1516	7145	91
014	寒	(한) 平聲/上平: 觀관( ) : 볼 관	679	1517	7147	93
014	寒	(한) 平聲/上平: 莞관( ) : 골/왕골 관	696	1518	7211	95
014	寒	(한) 平聲/上平: 丹단( ) : 붉을 단	1333	1519	7151	237
014	寒	(한) 平聲/上平: 丹단(란) : 꽃이름 란	1334	1520	7150	312
014	寒	(한) 平聲/上平: 單단( ) : 홑 단	1337	1521	7152	238
014	寒	(한) 平聲/上平: 團단( ) : 둥글 단	1339	1522	7153	239
014	寒	(한) 平聲/上平: 壇단( ) : 단 단	1340	1523	7154	240
014	寒	(한) 平聲/上平: 檀단( ) : 박달나무 단	1344	1524	7155	241
014	寒	(한) 平聲/上平: 湍단( ) : 여울 단	1346	1525	7156	242
014	寒	(한) 平聲/上平: 端단( ) : 끝 단	1348	1526	7157	243
014	寒	(한) 平聲/上平: 鄲단( ) : 조나라서울 단	1354	1527	7158	244
014	寒	(한) 平聲/上平: 慱단( ) : 근심할 단	1356	1528	7159	245
014	寒	(한) 平聲/上平: 耑단( ) : 끝 단	1362	1529	7160	246
014	寒	(한) 平聲/上平: 袒단( ) : 어깨벗어멜 단	1364	1530	7161	247
014	寒	(한) 平聲/上平: 匰단( ) : 주독 단	1366	1531	7162	248
014	寒	(한) 平聲/上平: 摶단( ) : 뭉칠 단	1367	1532	7163	249
014	寒	(한) 平聲/上平: 鍴단( ) : 오소리 단	1370	1533	7165	251
014	寒	(한) 平聲/上平: 鷒단( ) : 새이름 단	1373	1534	7166	252
014	寒	(한) 平聲/上平: 鷤단( ) : 꿩새끼 단	1374	1535	7167	253
014	寒	(한) 平聲/上平: 丹단( ) : 붉을/마음/성실할 단	1376	1536	7170	255
014	寒	(한) 平聲/上平: 丹단(란) : 꽃이름 란	1377	1537	7169	313
014	寒	(한) 平聲/上平: 敦돈(조) : 모을 단	1574	1538	7168	254
014	寒	(한) 平聲/上平: 難란( ) : 어려울 란	1704	1539	7149	311
014	寒	(한) 平聲/上平: 欄란( ) : 난간 란	1707	1540	7171	314
014	寒	(한) 平聲/上平: 欒란( ) : 나무이름 란	1708	1541	7172	315
014	寒	(한) 平聲/上平: 瀾란( ) : 물결 란	1709	1542	7173	316
014	寒	(한) 平聲/上平: 蘭란( ) : 난초 란	1711	1543	7174	317
014	寒	(한) 平聲/上平: 攔란( ) : 막을 란	1713	1544	7175	319
014	寒	(한) 平聲/上平: 鑾란( ) : 방울 란	1714	1545	7176	320

배열형식 B (韻目번호 基準)		배열 A	배열 B	배열 C	배열 D
韻目 番號	韻目(독음) 平仄 / 四聲 : 韻族(異音) : 略義	운족 가나순	운목 번호순	운목 가나순	사성순
014	寒 (한) 平聲/上平: 闌란( ) : 가로막을 란	1715	1546	7177	321
014	寒 (한) 平聲/上平: 羉란( ) : 묏돼지잡이그물 란	1716	1547	7178	322
014	寒 (한) 平聲/上平: 巒만( ) : 뫼 만	2227	1548	7179	431
014	寒 (한) 平聲/上平: 漫만( ) : 퍼질 만	2234	1549	7180	433
014	寒 (한) 平聲/上平: 瞞만( ) : 흐릴/속일 만	2236	1550	7181	435
014	寒 (한) 平聲/上平: 饅만( ) : 만두 만	2241	1551	7182	437
014	寒 (한) 平聲/上平: 鰻만( ) : 뱀장어 만	2242	1552	7183	438
014	寒 (한) 平聲/上平: 蹣만( ) : 넘을 만	2246	1553	7184	439
014	寒 (한) 平聲/上平: 蹣만(반) : 절뚝거릴 반	2247	1554	7185	521
014	寒 (한) 平聲/上平: 鏝만( ) : 황금 만	2249	1555	7186	440
014	寒 (한) 平聲/上平: 悗문(만) : 의혹할 만	2499	1556	7187	442
014	寒 (한) 平聲/上平: 拌반( ) : 버릴 반	2615	1557	7188	522
014	寒 (한) 平聲/上平: 搬반( ) : 운반할 반	2616	1558	7189	523
014	寒 (한) 平聲/上平: 槃반( ) : 쟁반 반	2619	1559	7190	526
014	寒 (한) 平聲/上平: 瘢반( ) : 흉터 반	2623	1560	7191	528
014	寒 (한) 平聲/上平: 盤반( ) : 소반 반	2624	1561	7192	529
014	寒 (한) 平聲/上平: 磐반( ) : 너럭바위 반	2626	1562	7193	530
014	寒 (한) 平聲/上平: 磻반( ) : 반계 반	2627	1563	7194	531
014	寒 (한) 平聲/上平: 蟠반( ) : 서릴 반	2632	1564	7195	534
014	寒 (한) 平聲/上平: 胖반( ) : 희생반쪽/갈비살 반	2638	1565	7196	537
014	寒 (한) 平聲/上平: 鞶반( ) : 큰띠 반	2639	1566	7197	538
014	寒 (한) 平聲/上平: 弁반( ) : 즐거울 반	2640	1567	7200	542
014	寒 (한) 平聲/上平: 洀반(주) : 물노리칠 주	2643	1568	7217	1260
014	寒 (한) 平聲/上平: 番번(파) : 차례/갈릴 반	2756	1569	7198	540
014	寒 (한) 平聲/上平: 繁번(반) : 말배때끈 반	2758	1570	7199	541
014	寒 (한) 平聲/上平: 珊산( ) : 산호 산	3298	1571	7201	716
014	寒 (한) 平聲/上平: 酸산( ) : 실 산	3303	1572	7202	717
014	寒 (한) 平聲/上平: 姍산( ) : 예쁠/고울/비방할 산	3306	1573	7203	718
014	寒 (한) 平聲/上平: 狻산( ) : 사자 산	3311	1574	7204	719
014	寒 (한) 平聲/上平: 跚산( ) : 비틀거릴 산	3317	1575	7205	720
014	寒 (한) 平聲/上平: 亘선(긍) : 굳셀 환	3491	1576	7148	1548
014	寒 (한) 平聲/上平: 飡손(찬) : 먹을 찬	3713	1577	7206	1316
014	寒 (한) 平聲/上平: 鶡순(단) : 수리 단	3907	1578	7207	256
014	寒 (한) 平聲/上平: 安안( ) : 편안 안	4125	1579	7208	839
014	寒 (한) 平聲/上平: 鞍안( ) : 안장 안	4133	1580	7209	840
014	寒 (한) 平聲/上平: 完완( ) : 완전할 완	4662	1581	7210	913

배열형식 B (韻目번호 基準)			배열 A	배열 B	배열 C	배열 D
韻目番號	韻目(독음) 平仄 / 四聲 : 韻族(異音) : 略義		운족 가나순	운목 번호순	운목 가나순	사성순
014	寒	(한) 平聲/上平: 豌완( ) : 완두 완	4677	1582	7212	914
014	寒	(한) 平聲/上平: 剜완( ) : 깍을 완	4682	1583	7213	916
014	寒	(한) 平聲/上平: 蚖원(완) : 까치독사 완	4912	1584	7214	918
014	寒	(한) 平聲/上平: 殘잔( ) : 남을 잔	5397	1585	7215	1165
014	寒	(한) 平聲/上平: 纏전(단) : 자주색/묶을 단	5591	1586	7164	250
014	寒	(한) 平聲/上平: 鱄전(단) : 고기이름 단	5667	1587	7216	257
014	寒	(한) 平聲/上平: 鑽찬( ) : 뚫을 찬	6330	1588	7218	1317
014	寒	(한) 平聲/上平: 餐찬( ) : 밥 찬	6331	1589	7219	1318
014	寒	(한) 平聲/上平: 欑찬( ) : 모질 찬	6334	1590	7220	1319
014	寒	(한) 平聲/上平: 菆찬( ) : 더부룩이날 찬	6339	1591	7221	1320
014	寒	(한) 平聲/上平: 萑추(환) : 달(亂也) 환	6715	1592	7222	1551
014	寒	(한) 平聲/上平: 彈탄( ) : 탄알 탄	6923	1593	7223	1410
014	寒	(한) 平聲/上平: 歎탄( ) : 탄식할 탄	6925	1594	7224	1411
014	寒	(한) 平聲/上平: 灘탄( ) : 여울 탄	6926	1595	7225	1412
014	寒	(한) 平聲/上平: 攤탄( ) : 열/펼 탄	6930	1596	7226	1413
014	寒	(한) 平聲/上平: 殫탄( ) : 다할/두루 탄	6932	1597	7227	1414
014	寒	(한) 平聲/上平: 癱탄( ) : 사지 틀릴 탄	6933	1598	7228	1415
014	寒	(한) 平聲/上平: 邯한( ) : 조나라서울 한	7274	1599	7140	1471
014	寒	(한) 平聲/上平: 寒한( ) : 찰 한	7276	1600	7229	1472
014	寒	(한) 平聲/上平: 汗한( ) : 땀 한	7280	1601	7230	1473
014	寒	(한) 平聲/上平: 翰한( ) : 편지 한	7285	1602	7231	1474
014	寒	(한) 平聲/上平: 韓한( ) : 한국/나라 한	7289	1603	7232	1477
014	寒	(한) 平聲/上平: 丸환( ) : 둥글 환	7661	1604	7233	1552
014	寒	(한) 平聲/上平: 歡환( ) : 기쁠 환	7668	1605	7234	1553
014	寒	(한) 平聲/上平: 桓환( ) : 굳셀 환	7670	1606	7235	1554
014	寒	(한) 平聲/上平: 驩환( ) : 기뻐할 환	7677	1607	7236	1558
014	寒	(한) 平聲/上平: 芄환( ) : 왕골 환	7685	1608	7237	1563
014	寒	(한) 平聲/上平: 讙환( ) : 시끄러운 환	7686	1609	7238	1564
014	寒	(한) 平聲/上平: 貆환(훤) : 담비새끼 훤	7689	1610	7239	1600
014	寒	(한) 平聲/上平: 掀흔( ) : 치켜들 흔	7886	1611	7240	1630
015	刪	(산) 平聲/上平: 姦간( ) : 간음할 간	69	1612	1936	5
015	刪	(산) 平聲/上平: 癇간( ) : 경풍 간	79	1613	1937	8
015	刪	(산) 平聲/上平: 艱간( ) : 어려울 간	87	1614	1938	12
015	刪	(산) 平聲/上平: 瞯간(한) : 곁눈질할 한	97	1615	1939	1470
015	刪	(산) 平聲/上平: 菅간(관) : 띠/성 관	101	1616	1940	92
015	刪	(산) 平聲/上平: 關관( ) : 통할/관계할 관	681	1617	1942	94

배열형식 B (韻目번호 基準)			배열 A	배열 B	배열 C	배열 D
韻目 番號	韻目(독음) 平仄 / 四聲 : 韻族(異音) : 略義		운족 가나순	운목 번호순	운목 가나순	사성순
015	刪	(산) 平聲/上平: 闗관(완) : 문지방/빗장 완	682	1618	1941	912
015	刪	(산) 平聲/上平: 矜근(환) : 홀아비 환	1056	1619	1943	1549
015	刪	(산) 平聲/上平: 鸞란( ) : 난새 란	1712	1620	1944	318
015	刪	(산) 平聲/上平: 綸륜( ) : 낚싯줄 륜	2093	1621	1945	385
015	刪	(산) 平聲/上平: 彎만( ) : 굽을 만	2228	1622	1946	432
015	刪	(산) 平聲/上平: 灣만( ) : 물굽이 만	2235	1623	1947	434
015	刪	(산) 平聲/上平: 蠻만( ) : 오랑캐 만	2239	1624	1948	436
015	刪	(산) 平聲/上平: 獌만( ) : 이리 만	2251	1625	1949	441
015	刪	(산) 平聲/上平: 攀반( ) : 당길 반	2617	1626	1950	524
015	刪	(산) 平聲/上平: 斑반( ) : 얼룩 반	2618	1627	1951	525
015	刪	(산) 平聲/上平: 班반( ) : 나눌 반	2621	1628	1952	527
015	刪	(산) 平聲/上平: 般반( ) : 가지/일반 반	2631	1629	1953	533
015	刪	(산) 平聲/上平: 頒반( ) : 반포할/관자노리 반	2634	1630	1954	535
015	刪	(산) 平聲/上平: 扳반( ) : 끌어당길 반	2637	1631	1955	536
015	刪	(산) 平聲/上平: 鳻분(반) : 뻐꾸기 반	3012	1632	1956	539
015	刪	(산) 平聲/上平: 肦분(반) : 부세/구실 반	3041	1633	1957	543
015	刪	(산) 平聲/上平: 刪산( ) : 깎을 산	3294	1634	1958	714
015	刪	(산) 平聲/上平: 山산( ) : 메[뫼] 산	3295	1635	1959	715
015	刪	(산) 平聲/上平: 顔안( ) : 얼굴/산우뚝할/성 안	4134	1636	1960	841
015	刪	(산) 平聲/上平: 顏안( ) : 얼굴 안	4140	1637	1961	842
015	刪	(산) 平聲/上平: 頑완( ) : 완고할 완	4680	1638	1962	915
015	刪	(산) 平聲/上平: 湲원(환) : 물졸졸흐를 환	4890	1639	1963	1550
015	刪	(산) 平聲/上平: 殷은(안) : 검붉을 안	5100	1640	1964	843
015	刪	(산) 平聲/上平: 潺잔( ) : 물흐르는소리 잔	5398	1641	1965	1166
015	刪	(산) 平聲/上平: 閑한( ) : 한가할 한	7286	1642	1966	1475
015	刪	(산) 平聲/上平: 閒한( ) : 한가할 한	7287	1643	1967	1476
015	刪	(산) 平聲/上平: 環환( ) : 고리 환	7673	1644	1968	1555
015	刪	(산) 平聲/上平: 紈환( ) : 흰비단 환	7674	1645	1969	1556
015	刪	(산) 平聲/上平: 還환( ) : 돌아올 환	7675	1646	1970	1557
015	刪	(산) 平聲/上平: 鰥환( ) : 홀아비 환	7678	1647	1971	1559
015	刪	(산) 平聲/上平: 寰환( ) : 기내(畿內) 환	7679	1648	1972	1560
015	刪	(산) 平聲/上平: 鍰환( ) : 무게 단위 환	7682	1649	1973	1561
015	刪	(산) 平聲/上平: 鬟환( ) : 땋은머리/쪽질 환	7684	1650	1974	1562
016	先	(선) 平聲/下平: 舡강( ) : 오나라배 강	179	1651	2192	1699
016	先	(선) 平聲/下平: 乾건( ) : 하늘 건	269	1652	2193	1714
016	先	(선) 平聲/下平: 愆건( ) : 허물 건	275	1653	2194	1715

배열형식 B (韻目번호 基準)			배열 A	배열 B	배열 C	배열 D
韻目番號	韻目(독음) 平仄 / 四聲 : 韻族(異音) : 略義		운족 가나순	운목 번호순	운목 가나순	사성순
016	先	(선) 平聲/下平: 虔건( ) : 삼갈 건	278	1654	2195	1716
016	先	(선) 平聲/下平: 鍵건( ) : 열쇠/자물쇠 건	280	1655	2196	1717
016	先	(선) 平聲/下平: 騫건( ) : 이지러질 건	281	1656	2197	1718
016	先	(선) 平聲/下平: 褰건( ) : 옷걷을 건	282	1657	2198	1719
016	先	(선) 平聲/下平: 搴건( ) : 뽑을 건	284	1658	2199	1720
016	先	(선) 平聲/下平: 鞬건( ) : 말이름 건	285	1659	2200	1721
016	先	(선) 平聲/下平: 堅견( ) : 굳을 견	337	1660	2201	1725
016	先	(선) 平聲/下平: 肩견( ) : 어깨 견	344	1661	2202	1726
016	先	(선) 平聲/下平: 鵑견( ) : 두견이 견	349	1662	2203	1727
016	先	(선) 平聲/下平: 蠲견( ) : 밝을/맑을 견	354	1663	2204	1728
016	先	(선) 平聲/下平: 岍견( ) : 산신(山神) 견	355	1664	2205	1729
016	先	(선) 平聲/下平: 汧견( ) : 홍수 견	356	1665	2206	1730
016	先	(선) 平聲/下平: 边과(변) : 갓(邊의약자) 변	651	1666	2207	2192
016	先	(선) 平聲/下平: 顴관( ) : 광대뼈 관	690	1667	2208	1784
016	先	(선) 平聲/下平: 卷권( ) : 책 권	944	1668	2209	1859
016	先	(선) 平聲/下平: 拳권( ) : 주먹 권	946	1669	2210	1860
016	先	(선) 平聲/下平: 捲권( ) : 말 권	947	1670	2211	1861
016	先	(선) 平聲/下平: 權권( ) : 권세 권	948	1671	2212	1862
016	先	(선) 平聲/下平: 蠸권( ) : 노린재 권	950	1672	2213	1863
016	先	(선) 平聲/下平: 觠권( ) : 뿔 권	951	1673	2214	1864
016	先	(선) 平聲/下平: 年년( ) : 해/나이/나아갈 년	1238	1674	2216	1902
016	先	(선) 平聲/下平: 秊년( ) : 해 년	1240	1675	2217	1903
016	先	(선) 平聲/下平: 單단(선) : 이름/고을 선	1338	1676	2218	2296
016	先	(선) 平聲/下平: 耑단(천) : 구멍/오로지 천	1363	1677	2219	2906
016	先	(선) 平聲/下平: 憐련( ) : 불쌍히여길 련	1845	1678	2221	2019
016	先	(선) 平聲/下平: 攣련( ) : 걸릴 련	1847	1679	2222	2020
016	先	(선) 平聲/下平: 漣련( ) : 잔물결 련	1848	1680	2223	2021
016	先	(선) 平聲/下平: 聯련( ) : 연이을/관계 련	1852	1681	2224	2022
016	先	(선) 平聲/下平: 蓮련( ) : 연밥/연꽃 련	1853	1682	2225	2023
016	先	(선) 平聲/下平: 連련( ) : 이을 련	1855	1683	2226	2024
016	先	(선) 平聲/下平: 鏈련( ) : 쇠사슬 련	1857	1684	2227	2025
016	先	(선) 平聲/下平: 鰱련( ) : 연어 련	1858	1685	2228	2026
016	先	(선) 平聲/下平: 怜령(련) : 불쌍할 련	1906	1686	2285	2029
016	先	(선) 平聲/下平: 棉면( ) : 목화 면	2331	1687	2229	2137
016	先	(선) 平聲/下平: 眠면( ) : 잘 면	2334	1688	2230	2138
016	先	(선) 平聲/下平: 綿면( ) : 솜 면	2335	1689	2231	2139

배열형식 B (韻目번호 基準)			배열 A	배열 B	배열 C	배열 D
韻目番號	韻目(독음) 平仄 / 四聲 : 韻族(異音) : 略義		운족 가나순	운목 번호순	운목 가나순	사성순
016	先	(선) 平聲/下平: 邊변( ) : 가 변	2808	1690	2232	2193
016	先	(선) 平聲/下平: 籩변( ) : 제기이름 변	2810	1691	2233	2194
016	先	(선) 平聲/下平: 編변(편) : 좁을/급할 편	2814	1692	2355	3055
016	先	(선) 平聲/下平: 軿병( ) : 거마소리 병	2839	1693	2234	2200
016	先	(선) 平聲/下平: 駢병( ) : 한멍에에두필걸 병	2841	1694	2235	2201
016	先	(선) 平聲/下平: 蠙빈( ) : 씹조개 빈	3186	1695	2236	2224
016	先	(선) 平聲/下平: 姍산(선) : 옷이찰찰끌릴 선	3307	1696	2237	2297
016	先	(선) 平聲/下平: 孿산(련) : 쌍둥이 련	3309	1697	2238	2028
016	先	(선) 平聲/下平: 亘선( ) : 베풀 선	3490	1698	2215	2295
016	先	(선) 平聲/下平: 仙선( ) : 신선 선	3493	1699	2239	2298
016	先	(선) 平聲/下平: 僊선( ) : 훨훨춤출/선인 선	3494	1700	2240	2299
016	先	(선) 平聲/下平: 嬋선( ) : 고울 선	3497	1701	2241	2300
016	先	(선) 平聲/下平: 宣선( ) : 베풀 선	3498	1702	2242	2301
016	先	(선) 平聲/下平: 琁선( ) : 옥 선	3504	1703	2243	2302
016	先	(선) 平聲/下平: 瑄선( ) : 도리옥 선	3505	1704	2244	2303
016	先	(선) 平聲/下平: 璇선( ) : 옥 선	3506	1705	2245	2304
016	先	(선) 平聲/下平: 璿선( ) : 구슬 선	3507	1706	2246	2305
016	先	(선) 平聲/下平: 羨선(연) : 광중길 연	3513	1707	2247	2475
016	先	(선) 平聲/下平: 船선( ) : 배 선	3516	1708	2248	2306
016	先	(선) 平聲/下平: 蟬선( ) : 매미 선	3518	1709	2249	2307
016	先	(선) 平聲/下平: 鮮선( ) : 고울 선	3524	1710	2250	2308
016	先	(선) 平聲/下平: 愃선( ) : 쾌할 선	3527	1711	2251	2309
016	先	(선) 平聲/下平: 廯선( ) : 초막 선	3532	1712	2252	2310
016	先	(선) 平聲/下平: 漩선( ) : 소용돌이 선	3533	1713	2253	2311
016	先	(선) 平聲/下平: 閼알(연) : 성 연	4148	1714	2254	2476
016	先	(선) 平聲/下平: 菸어(연) : 향초 연	4322	1715	2255	2477
016	先	(선) 平聲/下平: 焉언( ) : 어찌 언	4334	1716	2256	2465
016	先	(선) 平聲/下平: 嫣언( ) : 생긋생긋웃을 언	4337	1717	2257	2466
016	先	(선) 平聲/下平: 嫣언(현) : 예쁠 현	4338	1718	2258	3133
016	先	(선) 平聲/下平: 鄢언( ) : 고을이름 언	4339	1719	2259	2467
016	先	(선) 平聲/下平: 堧연( ) : 빈터 연	4397	1720	2260	2478
016	先	(선) 平聲/下平: 姸연( ) : 고울 연	4398	1721	2261	2479
016	先	(선) 平聲/下平: 娟연( ) : 예쁠 연	4399	1722	2262	2480
016	先	(선) 平聲/下平: 延연( ) : 늘일 연	4401	1723	2263	2481
016	先	(선) 平聲/下平: 捐연( ) : 버릴/덜 연	4402	1724	2264	2482
016	先	(선) 平聲/下平: 挻연( ) : 늘일 연	4403	1725	2265	2483

배열형식 B (韻目번호 基準)			배열 A	배열 B	배열 C	배열 D
韻目番號	韻目(독음) 平仄 / 四聲 : 韻族(異音) : 略義		운족 가나순	운목 번호순	운목 가나순	사성순
016	先	(선) 平聲/下平: 椽연( ) : 서까래 연	4404	1726	2266	2484
016	先	(선) 平聲/下平: 沿연( ) : 물따라갈/따를 연	4406	1727	2267	2485
016	先	(선) 平聲/下平: 涎연( ) : 침/물흐를 연	4407	1728	2268	2486
016	先	(선) 平聲/下平: 涓연( ) : 시내 연	4408	1729	2269	2487
016	先	(선) 平聲/下平: 淵연( ) : 못 연	4409	1730	2270	2488
016	先	(선) 平聲/下平: 烟연( ) : 연기/타는냄새 연	4411	1731	2271	2489
016	先	(선) 平聲/下平: 然연( ) : 그럴 연	4412	1732	2272	2490
016	先	(선) 平聲/下平: 煙연( ) : 연기/타는냄새 연	4413	1733	2273	2491
016	先	(선) 平聲/下平: 燃연( ) : 탈 연	4415	1734	2274	2492
016	先	(선) 平聲/下平: 硏연( ) : 연마할/궁구할 연	4417	1735	2275	2474
016	先	(선) 平聲/下平: 硏연( ) : 갈 연	4418	1736	2276	2493
016	先	(선) 平聲/下平: 筵연( ) : 자리 연	4420	1737	2277	2494
016	先	(선) 平聲/下平: 鉛연( ) : 납 연	4427	1738	2278	2495
016	先	(선) 平聲/下平: 鳶연( ) : 소리개 연	4428	1739	2279	2496
016	先	(선) 平聲/下平: 悁연( ) : 분할/근심할 연	4430	1740	2280	2497
016	先	(선) 平聲/下平: 姸연( ) : 아름다울 연	4434	1741	2281	2498
016	先	(선) 平聲/下平: 硏연( ) : 연지/목구멍 연	4435	1742	2282	2499
016	先	(선) 平聲/下平: 蜎연( ) : 벌레굼틀거릴 연	4437	1743	2283	2500
016	先	(선) 平聲/下平: 蝝연( ) : 메뚜기새끼 연	4439	1744	2284	2501
016	先	(선) 平聲/下平: 隕원(원) : 고를 운 원	4873	1745	2286	2590
016	先	(선) 平聲/下平: 員원( ) : 관원/둥글 원	4876	1746	2287	2591
016	先	(선) 平聲/下平: 圓원( ) : 둥글 원	4878	1747	2288	2592
016	先	(선) 平聲/下平: 湲원( ) : 물흐를 원	4889	1748	2289	2593
016	先	(선) 平聲/下平: 圜원( ) : 둥글/옥담 원	4904	1749	2290	2594
016	先	(선) 平聲/下平: 蝟위( ) : 고슴도치 위	4943	1750	2291	2595
016	先	(선) 平聲/下平: 咽인( ) : 목구멍 인	5246	1751	2292	2631
016	先	(선) 平聲/下平: 玆자(현) : 검을 현	5325	1752	2293	3134
016	先	(선) 平聲/下平: 孱잔( ) : 약할/높이솟은모양 잔	5395	1753	2294	2638
016	先	(선) 平聲/下平: 纏전( ) : 홑옷 전	5590	1754	2220	2693
016	先	(선) 平聲/下平: 佺전( ) : 신선이름 전	5593	1755	2295	2694
016	先	(선) 平聲/下平: 全전( ) : 온전 전	5595	1756	2296	2695
016	先	(선) 平聲/下平: 前전( ) : 앞 전	5597	1757	2297	2696
016	先	(선) 平聲/下平: 剪전( ) : 가위 전	5598	1758	2298	2697
016	先	(선) 平聲/下平: 塼전( ) : 벽돌 전	5599	1759	2299	2698
016	先	(선) 平聲/下平: 專전( ) : 오로지 전	5601	1760	2300	2699
016	先	(선) 平聲/下平: 廛전( ) : 터 전	5603	1761	2301	2700

배열형식 B (韻目번호 基準)			배열 A	배열 B	배열 C	배열 D
韻目番號	韻目(독음)	平仄 / 四聲 : 韻族(異音) : 略義	운족 가나순	운목 번호순	운목 가나순	사성순
016	先	(선) 平聲/下平: 悛전( ) : 고칠 전	5604	1762	2302	2701
016	先	(선) 平聲/下平: 栓전( ) : 나무못 전	5606	1763	2303	2702
016	先	(선) 平聲/下平: 氈전( ) : 모전 전	5608	1764	2304	2703
016	先	(선) 平聲/下平: 田전( ) : 밭 전	5611	1765	2305	2704
016	先	(선) 平聲/下平: 癲전( ) : 미칠 전	5614	1766	2306	2705
016	先	(선) 平聲/下平: 筌전( ) : 통발 전	5615	1767	2307	2706
016	先	(선) 平聲/下平: 箋전( ) : 찌 전	5616	1768	2308	2707
016	先	(선) 平聲/下平: 詮전( ) : 설명할 전	5620	1769	2309	2708
016	先	(선) 平聲/下平: 銓전( ) : 저울 전	5625	1770	2310	2709
016	先	(선) 平聲/下平: 錢전( ) : 돈 전	5626	1771	2311	2710
016	先	(선) 平聲/下平: 鐫전( ) : 새길/송곳 전	5627	1772	2312	2711
016	先	(선) 平聲/下平: 巓전( ) : 산꼭대기 전	5635	1773	2313	2712
016	先	(선) 平仄 / 四聲: 旃전( ) : 기/깃발 전	5636	1774	2314	2713
016	先	(선) 平聲/下平: 湔전( ) : 씻을 전	5637	1775	2315	2714
016	先	(선) 平聲/下平: 畋전( ) : 밭갈/사냥할 전	5640	1776	2316	2715
016	先	(선) 平聲/下平: 痊전( ) : 병나을 전	5641	1777	2317	2716
016	先	(선) 平聲/下平: 磚전( ) : 벽돌 전	5642	1778	2318	2717
016	先	(선) 平聲/下平: 羶전( ) : 누린내 전	5643	1779	2319	2718
016	先	(선) 平聲/下平: 荃전( ) : 두터울 전	5646	1780	2320	2719
016	先	(선) 平聲/下平: 躔전( ) : 궤도 전	5647	1781	2321	2720
016	先	(선) 平聲/下平: 顓전( ) : 어리석을/오로지 전	5650	1782	2322	2721
016	先	(선) 平聲/下平: 鱣전( ) : 철갑상어 전	5652	1783	2323	2722
016	先	(선) 平聲/下平: 鸇전( ) : 새매 전	5653	1784	2324	2723
016	先	(선) 平聲/下平: 巔전( ) : 산꼭대기 전	5654	1785	2325	2724
016	先	(선) 平聲/下平: 拴전( ) : 묶을 전	5655	1786	2326	2725
016	先	(선) 平聲/下平: 旜전( ) : 기 전	5656	1787	2327	2726
016	先	(선) 平聲/下平: 瀍전( ) : 강이름 전	5657	1788	2328	2727
016	先	(선) 平聲/下平: 牷전( ) : 희생할 전	5658	1789	2329	2728
016	先	(선) 平聲/下平: 縓전( ) : 붉은빛/비단 전	5660	1790	2330	2729
016	先	(선) 平聲/下平: 葥전( ) : 질경이 전	5661	1791	2331	2730
016	先	(선) 平聲/下平: 闐전( ) : 찰/성할 전	5662	1792	2333	2731
016	先	(선) 平聲/下平: 闐전(기) : 나라이름 기	5663	1793	2332	1882
016	先	(선) 平聲/下平: 顚전( ) : 머리 전	5664	1794	2334	2732
016	先	(선) 平聲/下平: 饘전( ) : 죽 전	5665	1795	2335	2733
016	先	(선) 平聲/下平: 鱄전( ) : 정어/숭어 전	5666	1796	2336	2734
016	先	(선) 平聲/下平: 竣준(전) : 마칠/물러설 전	6068	1797	2337	2735

배열형식 B (韻目번호 基準)			배열 A	배열 B	배열 C	배열 D
韻目番號	韻目(독음)	平仄 / 四聲 : 韻族(異音) : 略義	운족 가나순	운목 번호순	운목 가나순	사성순
016	先	(선) 平聲/下平: 仟천( ) : 천사람어른/일천 천	6467	1798	2338	2907
016	先	(선) 平聲/下平: 千천( ) : 일천 천	6468	1799	2339	2908
016	先	(선) 平聲/下平: 天천( ) : 하늘 천	6470	1800	2340	2909
016	先	(선) 平聲/下平: 川천( ) : 내 천	6471	1801	2341	2910
016	先	(선) 平聲/下平: 泉천( ) : 샘 천	6473	1802	2342	2911
016	先	(선) 平聲/下平: 遷천( ) : 옮길 천	6481	1803	2343	2912
016	先	(선) 平聲/下平: 阡천( ) : 두렁 천	6484	1804	2344	2913
016	先	(선) 平聲/下平: 韆천( ) : 그네 천	6485	1805	2345	2914
016	先	(선) 平聲/下平: 遄천( ) : 빠를 천	6497	1806	2346	2915
016	先	(선) 平聲/下平: 便편(변) : 똥오줌 변	7089	1807	2347	2195
016	先	(선) 平聲/下平: 偏편( ) : 치우칠 편	7090	1808	2348	3048
016	先	(선) 平聲/下平: 扁편( ) : 특별할/작을/거룻배 편	7091	1809	2349	3049
016	先	(선) 平聲/下平: 篇편( ) : 책 편	7094	1810	2350	3050
016	先	(선) 平聲/下平: 編편( ) : 책편/엮을/기록할 편	7095	1811	2351	3051
016	先	(선) 平聲/下平: 翩편( ) : 빨리날 편	7097	1812	2352	3052
016	先	(선) 平聲/下平: 鞭편( ) : 채찍 편	7099	1813	2353	3053
016	先	(선) 平聲/下平: 蝙편( ) : 박쥐 편	7101	1814	2354	3054
016	先	(선) 平聲/下平: 平평(편) : 편편할 편	7109	1815	2356	3056
016	先	(선) 平聲/下平: 弦현( ) : 시위 현	7435	1816	2357	3135
016	先	(선) 平聲/下平: 玄현( ) : 검을 현	7440	1817	2358	3136
016	先	(선) 平聲/下平: 玹현( ) : 옥돌/옥빛 현	7441	1818	2359	3137
016	先	(선) 平聲/下平: 絃현( ) : 줄 현	7446	1819	2360	3138
016	先	(선) 平聲/下平: 舷현( ) : 뱃전 현	7449	1820	2361	3139
016	先	(선) 平聲/下平: 賢현( ) : 어질 현	7451	1821	2362	3140
016	先	(선) 平聲/下平: 駽현( ) : 철총이 현	7455	1822	2363	3141
016	先	(선) 平聲/下平: 蠉현( ) : 장구벌레 현	7458	1823	2364	3142
016	先	(선) 平聲/下平: 還환(선) : 돌/빠를 선	7676	1824	2365	2312
016	先	(선) 平聲/下平: 鐶환( ) : 쇠고리 환	7683	1825	2366	3182
017	蕭	(소) 平聲/下平: 僑교( ) : 더부살이 교	759	1826	2587	1805
017	蕭	(소) 平聲/下平: 喬교( ) : 높을 교	761	1827	2588	1807
017	蕭	(소) 平聲/下平: 嬌교( ) : 아리따울 교	762	1828	2589	1808
017	蕭	(소) 平聲/下平: 橋교( ) : 다리 교	769	1829	2590	1810
017	蕭	(소) 平聲/下平: 翹교( ) : 꼬리깃털 교	774	1830	2591	1811
017	蕭	(소) 平聲/下平: 蕎교( ) : 메밀 교	776	1831	2592	1812
017	蕭	(소) 平聲/下平: 驕교( ) : 교만할 교	783	1832	2593	1815
017	蕭	(소) 平聲/下平: 驕교(효) : 사냥개 효	784	1833	2594	3206

배열형식 B (韻目번호 基準)			배열 A	배열 B	배열 C	배열 D
韻目番號	韻目(독음)	平仄 / 四聲 : 韻族(異音) : 略義	운족 가나순	운목 번호순	운목 가나순	사성순
017	蕭	(소) 平聲/下平: 蹻교( ) : 바랄 교	792	1834	2595	1817
017	蕭	(소) 平聲/下平: 茭교( ) : 아욱 교	804	1835	2596	1821
017	蕭	(소) 平聲/下平: 蹺교( ) : 발돋음할 교	806	1836	2597	1823
017	蕭	(소) 平聲/下平: 鷮교( ) : 꿩 교	807	1837	2598	1824
017	蕭	(소) 平聲/下平: 跳도( ) : 뛸 도	1512	1838	2599	1958
017	蕭	(소) 平聲/下平: 陶도(요) : 화락할 요	1521	1839	2600	2559
017	蕭	(소) 平聲/下平: 敦돈(단) : 아로새길 조	1572	1840	2601	2791
017	蕭	(소) 平聲/下平: 寮료( ) : 벼슬아치/동관 료	2009	1841	2602	2064
017	蕭	(소) 平聲/下平: 聊료( ) : 귀울 료	2015	1842	2603	2065
017	蕭	(소) 平聲/下平: 遼료( ) : 멀 료	2018	1843	2604	2066
017	蕭	(소) 平聲/下平: 撩료( ) : 다스릴 료	2019	1844	2605	2067
017	蕭	(소) 平聲/下平: 獠료( ) : 밤사냥 료	2021	1845	2606	2068
017	蕭	(소) 平聲/下平: 鐐료( ) : 족쇄 료	2024	1846	2607	2069
017	蕭	(소) 平聲/下平: 瘳료( ) : 병나을 (추)료	2029	1847	2686	2070
017	蕭	(소) 平聲/下平: 描묘( ) : 그릴 묘	2431	1848	2608	2164
017	蕭	(소) 平聲/下平: 猫묘( ) : 고양이 묘	2435	1849	2609	2165
017	蕭	(소) 平聲/下平: 苗묘( ) : 모 묘	2436	1850	2610	2166
017	蕭	(소) 平聲/下平: 錨묘( ) : 닻 묘	2437	1851	2611	2167
017	蕭	(소) 平聲/下平: 貓묘( ) : 고양이 묘	2441	1852	2612	2168
017	蕭	(소) 平聲/下平: 宵소( ) : 밤 소	3631	1853	2613	2333
017	蕭	(소) 平聲/下平: 昭소( ) : 밝을 소	3638	1854	2614	2336
017	蕭	(소) 平聲/下平: 消소( ) : 사라질 소	3642	1855	2615	2337
017	蕭	(소) 平聲/下平: 瀟소( ) : 강이름 소	3645	1856	2616	2338
017	蕭	(소) 平聲/下平: 簫소( ) : 퉁소 소	3656	1857	2617	2339
017	蕭	(소) 平聲/下平: 蕭소( ) : 쑥/시끄러울 소	3660	1858	2618	2340
017	蕭	(소) 平聲/下平: 逍소( ) : 거닐 소	3663	1859	2619	2341
017	蕭	(소) 平聲/下平: 銷소( ) : 녹일 소	3666	1860	2620	2342
017	蕭	(소) 平聲/下平: 韶소( ) : 풍류이름 소	3667	1861	2621	2343
017	蕭	(소) 平聲/下平: 蛸소( ) : 갈거미 소	3678	1862	2622	2348
017	蕭	(소) 平聲/下平: 霄소( ) : 하늘 소	3680	1863	2623	2349
017	蕭	(소) 平聲/下平: 魈소( ) : 산의 요괴 소	3681	1864	2624	2350
017	蕭	(소) 平聲/下平: 柖소( ) : 과녁/나무흔들릴 소	3684	1865	2625	2352
017	蕭	(소) 平聲/下平: 痟소( ) : 종기 소	3687	1866	2626	2354
017	蕭	(소) 平聲/下平: 蠨소( ) : 갈머리 소	3689	1867	2627	2355
017	蕭	(소) 平聲/下平: 釗소( ) : 힘쓸 소	3690	1868	2629	2356
017	蕭	(소) 平聲/下平: 釗소(교) : 사람이름 교	3691	1869	2628	1825

배열형식 B (韻目번호 基準)			배열 A	배열 B	배열 C	배열 D
韻目 番號	韻目(독음) 平仄 / 四聲 : 韻族(異音) : 略義		운족 가나순	운목 번호순	운목 가나순	사성순
017	蕭	(소) 平聲/下平: 蓨수( ) : 기쁠 수	3842	1870	2630	2377
017	蕭	(소) 平聲/下平: 僥요( ) : 요행 요	4712	1871	2631	2560
017	蕭	(소) 平聲/下平: 堯요( ) : 요임금 요	4714	1872	2632	2562
017	蕭	(소) 平聲/下平: 妖요( ) : 요사할 요	4716	1873	2633	2563
017	蕭	(소) 平聲/下平: 姚요( ) : 예쁠 요	4717	1874	2634	2564
017	蕭	(소) 平聲/下平: 窔요( ) : 예쁠 요	4718	1875	2635	2565
017	蕭	(소) 平聲/下平: 嶢요( ) : 높을 요	4719	1876	2636	2566
017	蕭	(소) 平聲/下平: 橈요( ) : 굽을 요	4724	1877	2637	2567
017	蕭	(소) 平聲/下平: 瑤요( ) : 아름다운옥 요	4727	1878	2638	2568
017	蕭	(소) 平聲/下平: 窯요( ) : 가마 요	4729	1879	2639	2569
017	蕭	(소) 平聲/下平: 繇요( ) : 따를 요	4730	1880	2640	2570
017	蕭	(소) 平聲/下平: 腰요( ) : 허리 요	4734	1881	2641	2571
017	蕭	(소) 平聲/下平: 蟯요( ) : 요충 요	4735	1882	2642	2572
017	蕭	(소) 平聲/下平: 謠요( ) : 노래 요	4737	1883	2643	2573
017	蕭	(소) 平聲/下平: 遙요( ) : 멀 요	4738	1884	2644	2574
017	蕭	(소) 平聲/下平: 邀요( ) : 맞이할 요	4739	1885	2645	2575
017	蕭	(소) 平聲/下平: 饒요( ) : 넉넉할 요	4740	1886	2646	2576
017	蕭	(소) 平聲/下平: 澆요( ) : 물 댈 요	4741	1887	2647	2577
017	蕭	(소) 平聲/下平: 么요( ) : 접미사 요	4745	1888	2648	2578
017	蕭	(소) 平聲/下平: 吆요( ) : 뱉을 요	4746	1889	2649	2579
017	蕭	(소) 平聲/下平: 愮요( ) : 두려워할 요	4747	1890	2650	2580
017	蕭	(소) 平聲/下平: 凋조( ) : 시들 조	5843	1891	2652	2793
017	蕭	(소) 平聲/下平: 彫조( ) : 새길 조	5848	1892	2653	2795
017	蕭	(소) 平聲/下平: 晁조( ) : 아침 조	5853	1893	2654	2796
017	蕭	(소) 平聲/下平: 朝조( ) : 아침 조	5855	1894	2655	2798
017	蕭	(소) 平聲/下平: 條조( ) : 가지 조	5856	1895	2656	2799
017	蕭	(소) 平聲/下平: 潮조( ) : 조수 조	5860	1896	2657	2801
017	蕭	(소) 平聲/下平: 雕조( ) : 독수리 조	5888	1897	2658	2806
017	蕭	(소) 平聲/下平: 刁조( ) : 바라 조	5891	1898	2659	2807
017	蕭	(소) 平聲/下平: 祧조( ) : 조묘 조	5901	1899	2660	2808
017	蕭	(소) 平聲/下平: 蜩조( ) : 매미 조	5909	1900	2661	2811
017	蕭	(소) 平聲/下平: 銚조( ) : 가래/쟁기 조	5910	1901	2662	2812
017	蕭	(소) 平聲/下平: 哨초(소) : 잔말할 소	6578	1902	2663	2358
017	蕭	(소) 平聲/下平: 憔초( ) : 파리할 초	6579	1903	2664	2939
017	蕭	(소) 平聲/下平: 抄초( ) : 가릴/베낄/번역할 초	6580	1904	2665	2940
017	蕭	(소) 平聲/下平: 招초( ) : 손짓할/부를 초	6581	1905	2667	2941

배열형식 B (韻目번호 基準)			배열 A	배열 B	배열 C	배열 D
韻目 番號	韻目(독음) 平仄 / 四聲 : 韻族(異音) : 略義		운족 가나순	운목 번호순	운목 가나순	사성순
017	蕭	(소) 平聲/下平: 招초(교) : 들/높이들 교	6582	1906	2666	1826
017	蕭	(소) 平聲/下平: 椒초( ) : 산초나무 초	6584	1907	2668	2943
017	蕭	(소) 平聲/下平: 樵초( ) : 땔나무 초	6586	1908	2669	2944
017	蕭	(소) 平聲/下平: 焦초( ) : 탈 초	6588	1909	2670	2945
017	蕭	(소) 平聲/下平: 硝초( ) : 초석 초	6589	1910	2671	2946
017	蕭	(소) 平聲/下平: 礁초( ) : 물속돌/암초 초	6590	1911	2672	2947
017	蕭	(소) 平聲/下平: 苕초( ) : 능소화 초	6595	1912	2673	2948
017	蕭	(소) 平聲/下平: 蕉초( ) : 파초 초	6597	1913	2674	2949
017	蕭	(소) 平聲/下平: 貂초( ) : 담비 초	6598	1914	2675	2950
017	蕭	(소) 平聲/下平: 超초( ) : 뛰어넘을 초	6599	1915	2676	2951
017	蕭	(소) 平聲/下平: 岧초( ) : 우뚝한산 초	6605	1916	2677	2953
017	蕭	(소) 平聲/下平: 燋초( ) : 홰 초	6610	1917	2678	2954
017	蕭	(소) 平聲/下平: 綃초( ) : 생사(生絲) 초	6611	1918	2679	2955
017	蕭	(소) 平聲/下平: 軺초( ) : 수레/영구차 초	6613	1919	2680	2956
017	蕭	(소) 平聲/下平: 迢초( ) : 멀 초	6614	1920	2681	2957
017	蕭	(소) 平聲/下平: 顦초( ) : 파리할 초	6617	1921	2682	2959
017	蕭	(소) 平聲/下平: 髫초( ) : 다박머리 초	6618	1922	2683	2960
017	蕭	(소) 平聲/下平: 鷦초( ) : 뱁새 초	6619	1923	2684	2961
017	蕭	(소) 平聲/下平: 瞧초( ) : 곁눈질/엳볼 초	6621	1924	2685	2962
017	蕭	(소) 平聲/下平: 皺축( ) : 찡그릴 축	6719	1925	2651	2984
017	蕭	(소) 平聲/下平: 僄표( ) : 위험스러울 표	7177	1926	2687	3080
017	蕭	(소) 平聲/下平: 剽표( ) : 표독할 표	7180	1927	2688	3081
017	蕭	(소) 平聲/下平: 杓표( ) : 북두자루 표	7183	1928	2689	3083
017	蕭	(소) 平聲/下平: 標표( ) : 표할 표	7185	1929	2690	3084
017	蕭	(소) 平聲/下平: 瓢표( ) : 박 표	7187	1930	2691	3085
017	蕭	(소) 平聲/下平: 票표( ) : 문서/표/쪽지 표	7188	1931	2692	3086
017	蕭	(소) 平聲/下平: 飇표( ) : 회호리바람 표	7191	1932	2693	3087
017	蕭	(소) 平聲/下平: 飄표( ) : 회오리바람 표	7192	1933	2694	3088
017	蕭	(소) 平聲/下平: 鏢표( ) : 칼끝 표	7197	1934	2695	3089
017	蕭	(소) 平聲/下平: 鑣표( ) : 재갈 표	7198	1935	2696	3090
017	蕭	(소) 平聲/下平: 猋표( ) : 회오리바람 표	7200	1936	2697	3091
017	蕭	(소) 平聲/下平: 穮표( ) : 김맬 표	7201	1937	2698	3092
017	蕭	(소) 平聲/下平: 藨표( ) : 쥐눈이콩 표	7203	1938	2699	3093
017	蕭	(소) 平聲/下平: 驃표( ) : 뭍에사는조개 표	7204	1939	2700	3094
017	蕭	(소) 平聲/下平: 飆표( ) : 회호리바람 표	7205	1940	2701	3095
017	蕭	(소) 平聲/下平: 梟효( ) : 올빼미 효	7771	1941	2702	3210

배열형식 B (韻目번호 基準)			배열 A	배열 B	배열 C	배열 D
韻目番號	韻目	(독음) 平仄 / 四聲 : 韻族(異音) : 略義	운족 가나순	운목 번호순	운목 가나순	사성순
017	蕭	(소) 平聲/下平: 驍효( ) : 날랠 효	7777	1942	2703	3215
017	蕭	(소) 平聲/下平: 囂효( ) : 시끄러울 효	7778	1943	2704	3216
017	蕭	(소) 平聲/下平: 熇효( ) : 불김[炎氣] 효	7780	1944	2705	3218
017	蕭	(소) 平聲/下平: 枵효( ) : 비울 효	7785	1945	2706	3219
017	蕭	(소) 平聲/下平: 鴞효( ) : 부엉이 효	7789	1946	2707	3222
018	肴	(효) 平聲/下平: 交교( ) : 사귈 교	758	1947	7791	1804
018	肴	(효) 平聲/下平: 咬교( ) : 음란한소리 교	760	1948	7792	1806
018	肴	(효) 平聲/下平: 蛟교( ) : 교룡 교	777	1949	7793	1813
018	肴	(효) 平聲/下平: 郊교( ) : 들 교	781	1950	7794	1814
018	肴	(효) 平聲/下平: 鮫교( ) : 상어 교	785	1951	7795	1816
018	肴	(효) 平聲/下平: 骹교( ) : 정강이 교	795	1952	7796	1818
018	肴	(효) 平聲/下平: 鵁교( ) : 해오라기 교	796	1953	7797	1819
018	肴	(효) 平聲/下平: 教교( ) : 본받을/하여금 교	799	1954	7798	1820
018	肴	(효) 平聲/下平: 窌교(료) : 으슥할 료	803	1955	7799	2063
018	肴	(효) 平聲/下平: 鐃뇨( ) : 징 뇨	1287	1956	7800	1913
018	肴	(효) 平聲/下平: 嘮로( ) : 떠들석할 로	1951	1957	7801	2059
018	肴	(효) 平聲/下平: 茅모( ) : 띠 모	2386	1958	7802	2155
018	肴	(효) 平聲/下平: 蝥모( ) : 해충 모	2395	1959	7803	2158
018	肴	(효) 平聲/下平: 罞모(몽) : 고라니그물 몽	2401	1960	7804	2163
018	肴	(효) 平聲/下平: 枹부(포) : 굴싸리 포	3008	1961	7826	3078
018	肴	(효) 平聲/下平: 巢소( ) : 새집 소	3634	1962	7805	2334
018	肴	(효) 平聲/下平: 捎소( ) : 없앨 소	3673	1963	7806	2345
018	肴	(효) 平聲/下平: 聱오( ) : 듣지 아니할 오	4592	1964	7807	2541
018	肴	(효) 平聲/下平: 磝오( ) : 돌많을 오	4602	1965	7808	2544
018	肴	(효) 平聲/下平: 凹요( ) : 오목할 요	4713	1966	7809	2561
018	肴	(효) 平聲/下平: 嘲조( ) : 비웃을 조	5845	1967	7810	2794
018	肴	(효) 平聲/下平: 啁조( ) : 지꺼릴 조	5911	1968	7811	2813
018	肴	(효) 平聲/下平: 罺조( ) : 산대그물 조	5912	1969	7812	2814
018	肴	(효) 平聲/下平: 梢초( ) : 나무끝 초	6583	1970	7813	2942
018	肴	(효) 平聲/下平: 勦초( ) : 노곤할 초	6604	1971	7814	2952
018	肴	(효) 平聲/下平: 鞘초( ) : 칼집 초	6616	1972	7815	2958
018	肴	(효) 平聲/下平: 包포( ) : 쌀 포	7129	1973	7816	3066
018	肴	(효) 平聲/下平: 匏포( ) : 박 포	7131	1974	7817	3067
018	肴	(효) 平聲/下平: 咆포( ) : 으르렁거릴 포	7132	1975	7818	3068
018	肴	(효) 平聲/下平: 抛포( ) : 버릴 포	7137	1976	7819	3069
018	肴	(효) 平聲/下平: 泡포( ) : 거품 포	7142	1977	7820	3070

배열형식 B (韻目번호 基準)			배열 A	배열 B	배열 C	배열 D
韻目番號	韻目	(독음) 平仄 / 四聲 : 韻族(異音) : 略義	운족 가나순	운목 번호순	운목 가나순	사성순
018	肴	(효) 平聲/下平: 胞포( ) : 세포 포	7146	1978	7821	3071
018	肴	(효) 平聲/下平: 苞포( ) : 나무밑동 포	7148	1979	7822	3072
018	肴	(효) 平聲/下平: 庖포( ) : 부엌 포	7157	1980	7823	3075
018	肴	(효) 平聲/下平: 炮포( ) : 통째로구울 포	7159	1981	7824	3076
018	肴	(효) 平聲/下平: 抛포( ) : 던질 포	7162	1982	7825	3077
018	肴	(효) 平聲/下平: 麃표(포) : 노루 포	7178	1983	7827	3079
018	肴	(효) 平聲/下平: 謼호(효) : 부르짖을 효	7587	1984	7828	3207
018	肴	(효) 平聲/下平: 鄗호(교) : 강이름 교	7589	1985	7829	1827
018	肴	(효) 平聲/下平: 涍효( ) : 강이름 효	7772	1986	7830	3211
018	肴	(효) 平聲/下平: 淆효( ) : 뒤섞일 효	7773	1987	7831	3212
018	肴	(효) 平聲/下平: 爻효( ) : 사귈 효	7774	1988	7832	3213
018	肴	(효) 平聲/下平: 肴효( ) : 안주 효	7775	1989	7833	3214
018	肴	(효) 平聲/下平: 崤효( ) : 산이름 효	7779	1990	7834	3217
018	肴	(효) 平聲/下平: 熇효(고) : 마를 고	7781	1991	7835	1771
018	肴	(효) 平聲/下平: 鬻효( ) : 큰경쇠 효	7786	1992	7836	3220
018	肴	(효) 平聲/下平: 筊효( ) : 단소 효	7787	1993	7837	3221
018	肴	(효) 平聲/下平: 烋효( ) : 기운건장할/뽐낼 효	7790	1994	7838	3223
019	豪	(호) 平聲/下平: 尻고( ) : 꽁무니 고	499	1995	7464	1762
019	豪	(호) 平聲/下平: 皐고( ) : 언덕 고	511	1996	7466	1763
019	豪	(호) 平聲/下平: 皐고(호) : 부를 호	512	1997	7465	3164
019	豪	(호) 平聲/下平: 睾고( ) : 불알/못 고	513	1998	7467	1764
019	豪	(호) 平聲/下平: 羔고( ) : 새끼양 고	515	1999	7468	1765
019	豪	(호) 平聲/下平: 高고( ) : 높을/위/멀 고	532	2000	7469	1766
019	豪	(호) 平聲/下平: 櫜고( ) : 활집 고	539	2001	7470	1767
019	豪	(호) 平聲/下平: 篙고( ) : 상앗대 고	542	2002	7471	1768
019	豪	(호) 平聲/下平: 糕고( ) : 떡 고	543	2003	7472	1769
019	豪	(호) 平聲/下平: 翱고( ) : 날 고	556	2004	7473	1770
019	豪	(호) 平聲/下平: 猱노( ) : 원숭이 노	1269	2005	7475	1911
019	豪	(호) 平聲/下平: 刀도( ) : 칼 도	1479	2006	7476	1951
019	豪	(호) 平聲/下平: 桃도( ) : 복숭아 도	1497	2007	7477	1953
019	豪	(호) 平聲/下平: 淘도( ) : 일 도	1500	2008	7478	1954
019	豪	(호) 平聲/下平: 滔도( ) : 창일할 도	1502	2009	7479	1955
019	豪	(호) 平聲/下平: 濤도( ) : 물결 도	1503	2010	7480	1956
019	豪	(호) 平聲/下平: 萄도( ) : 포도나무 도	1509	2011	7481	1957
019	豪	(호) 平聲/下平: 跳도(조) : 뛸/끌어낼 조	1513	2012	7482	2790
019	豪	(호) 平聲/下平: 逃도( ) : 도망할 도	1515	2013	7483	1959

배열형식 B (韻目번호 基準)			배열 A	배열 B	배열 C	배열 D
韻目番號	韻目(독음)	平仄 / 四聲 : 韻族(異音) : 略義	운족 가나순	운목 번호순	운목 가나순	사성순
019	豪	(호) 平聲/下平: 陶도( ) : 질그릇/통할 도	1520	2014	7484	1960
019	豪	(호) 平聲/下平: 韜도( ) : 감출 도	1522	2015	7485	1961
019	豪	(호) 平聲/下平: 叨도( ) : 탐낼/함부로 도	1523	2016	7486	1962
019	豪	(호) 平聲/下平: 忉도( ) : 근심할 도	1524	2017	7487	1963
019	豪	(호) 平聲/下平: 慆도( ) : 기뻐할 도	1525	2018	7488	1964
019	豪	(호) 平聲/下平: 掏도( ) : 가릴 도	1526	2019	7489	1965
019	豪	(호) 平聲/下平: 洮도( ) : 씻을 도	1527	2020	7490	1966
019	豪	(호) 平聲/下平: 綯도( ) : 꼴 도	1537	2021	7491	1967
019	豪	(호) 平聲/下平: 騊도( ) : 말이름 도	1540	2022	7492	1968
019	豪	(호) 平聲/下平: 勞로( ) : 일할/수고로울 로	1917	2023	7474	2056
019	豪	(호) 平聲/下平: 撈로( ) : 잡을 로	1926	2024	7493	2057
019	豪	(호) 平聲/下平: 窂로( ) : 짐승우리/굳을 로	1945	2025	7495	2058
019	豪	(호) 平聲/下平: 窂로(뢰) : 쓸쓸할 뢰	1946	2026	7494	2061
019	豪	(호) 平聲/下平: 蟧로( ) : 참매미 로	1952	2027	7496	2060
019	豪	(호) 平聲/下平: 牢뢰( ) : 우리 뢰	1991	2028	7497	2062
019	豪	(호) 平聲/下平: 毛모( ) : 터럭 모	2377	2029	7498	2151
019	豪	(호) 平聲/下平: 髦모( ) : 긴털 모	2397	2030	7499	2160
019	豪	(호) 平聲/下平: 搔소( ) : 긁을 소	3637	2031	7500	2335
019	豪	(호) 平聲/下平: 騷소( ) : 떠들 소	3668	2032	7501	2344
019	豪	(호) 平聲/下平: 繅소( ) : 고치실뽑을 소	3675	2033	7502	2346
019	豪	(호) 平聲/下平: 艘소( ) : 배 소	3677	2034	7503	2347
019	豪	(호) 平聲/下平: 慅소( ) : 흔들릴 소	3682	2035	7504	2351
019	豪	(호) 平聲/下平: 溞소( ) : 쌀일 소	3686	2036	7505	2353
019	豪	(호) 平聲/下平: 璹숙(도) : 옥그릇 도	3863	2037	7506	1970
019	豪	(호) 平聲/下平: 敖오( ) : 놀 오	4573	2038	7507	2536
019	豪	(호) 平聲/下平: 熬오( ) : 볶을 오	4583	2039	7508	2537
019	豪	(호) 平聲/下平: 獒오( ) : 개 오	4584	2040	7509	2538
019	豪	(호) 平聲/下平: 鰲오( ) : 자라 오	4587	2041	7510	2539
019	豪	(호) 平聲/下平: 鼇오( ) : 자라(=鰲) 오	4588	2042	7511	2540
019	豪	(호) 平聲/下平: 遨오( ) : 놀 오	4594	2043	7512	2542
019	豪	(호) 平聲/下平: 鏖오( ) : 무찌를 오	4595	2044	7513	2543
019	豪	(호) 平聲/下平: 螯오( ) : 집게발 오	4603	2045	7514	2545
019	豪	(호) 平聲/下平: 獶우(노) : 원숭이춤출 노	4836	2046	7515	1912
019	豪	(호) 平聲/下平: 曹조( ) : 성 조	5854	2047	7516	2797
019	豪	(호) 平聲/下平: 槽조( ) : 구유 조	5858	2048	7517	2800
019	豪	(호) 平聲/下平: 糟조( ) : 지게미 조	5873	2049	7518	2804

배열형식 B (韻目번호 基準)			배열 A	배열 B	배열 C	배열 D
韻目番號	韻目(독음) 平仄 / 四聲 : 韻族(異音) : 略義		운족 가나순	운목 번호순	운목 가나순	사성순
019	豪	(호) 平聲/下平: 繰조(소) : 고치켤 소	5876	2050	7519	2357
019	豪	(호) 平聲/下平: 遭조( ) : 만날 조	5885	2051	7520	2805
019	豪	(호) 平聲/下平: 絛조( ) : 끈 조	5906	2052	7521	2809
019	豪	(호) 平聲/下平: 臊조( ) : 누린내 조	5908	2053	7522	2810
019	豪	(호) 平聲/下平: 慒조(종) : 꾀할/생각할 종	5925	2054	7523	2816
019	豪	(호) 平聲/下平: 橐탁( ) : 전대 탁	6912	2055	7524	3011
019	豪	(호) 平聲/下平: 袍포( ) : 솜옷 포	7151	2056	7525	3073
019	豪	(호) 平聲/下平: 褒포( ) : 기릴 포	7152	2057	7526	3074
019	豪	(호) 平聲/下平: 壕호( ) : 해자 호	7539	2058	7527	3165
019	豪	(호) 平聲/下平: 毫호( ) : 털/터럭 호	7548	2059	7528	3166
019	豪	(호) 平聲/下平: 濠호( ) : 호수/해자 호	7553	2060	7529	3167
019	豪	(호) 平聲/下平: 蒿호( ) : 쑥 호	7568	2061	7530	3168
019	豪	(호) 平聲/下平: 豪호( ) : 호걸 호	7573	2062	7531	3169
019	豪	(호) 平聲/下平: 嘷호( ) : 울부짖을 호	7584	2063	7532	3170
019	豪	(호) 平聲/下平: 哮효( ) : 성낼/③울부짖을 효	7765	2064	7533	3208
019	豪	(호) 平聲/下平: 嚆효( ) : 부르짖을 효	7766	2065	7534	3209
020	歌	(가) 平聲/下平: 伽가( ) : 절 가	1	2066	50	1651
020	歌	(가) 平聲/下平: 呵가( ) : 꾸짖을 가	10	2067	51	1653
020	歌	(가) 平聲/下平: 哥가( ) : 노래 가/형 가	11	2068	52	1654
020	歌	(가) 平聲/下平: 枷가( ) : 도리깨 가	17	2069	53	1657
020	歌	(가) 平聲/下平: 柯가( ) : 가지 가	18	2070	54	1658
020	歌	(가) 平聲/下平: 歌가( ) : 노래 가	19	2071	55	1659
020	歌	(가) 平聲/下平: 珂가( ) : 옥이름 가	20	2072	56	1660
020	歌	(가) 平聲/下平: 苛가( ) : 독할 가	23	2073	57	1662
020	歌	(가) 平聲/下平: 茄가( ) : 연줄기 가	24	2074	58	1663
020	歌	(가) 平聲/下平: 訶가( ) : 가사 가	27	2075	59	1665
020	歌	(가) 平聲/下平: 軻가( ) : 수레 가	29	2076	60	1667
020	歌	(가) 平聲/下平: 蚵가( ) : 도마뱀 가	40	2077	61	1671
020	歌	(가) 平聲/下平: 戈과( ) : 창 과	629	2078	62	1772
020	歌	(가) 平聲/下平: 科과( ) : 과목 과	632	2079	63	1774
020	歌	(가) 平聲/下平: 過과( ) : 지날 과	637	2080	64	1776
020	歌	(가) 平聲/下平: 鍋과( ) : 노구솥 과	638	2081	65	1777
020	歌	(가) 平聲/下平: 窠과( ) : 보금자리 과	644	2082	66	1780
020	歌	(가) 平聲/下平: 蝌과( ) : 올챙이 과	645	2083	67	1781
020	歌	(가) 平聲/下平: 渦과( ) : 물돌아칠 과	648	2084	68	1782
020	歌	(가) 平聲/下平: 渦과(와) : 물돌아칠 와	649	2085	69	2546

배열형식 B (韻目번호 基準)			배열 A	배열 B	배열 C	배열 D
韻目番號	韻目(독음)	平仄 / 四聲 : 韻族(異音) : 略義	운족 가나순	운목 번호순	운목 가나순	사성순
020	歌	(가) 平聲/下平: 儺나( ) : 구순할 나	1186	2086	70	1885
020	歌	(가) 平聲/下平: 那나( ) : 어찌 나	1190	2087	71	1888
020	歌	(가) 平聲/下平: 挪나( ) : 옮길 나	1193	2088	72	1890
020	歌	(가) 平聲/下平: 多다( ) : 많을 다	1327	2089	73	1915
020	歌	(가) 平聲/下平: 羅라( ) : 벌릴/벌 라	1679	2090	74	1983
020	歌	(가) 平聲/下平: 蘿라( ) : 담쟁이덩굴/무 라	1680	2091	75	1984
020	歌	(가) 平聲/下平: 螺라( ) : 소라 라	1681	2092	76	1985
020	歌	(가) 平聲/下平: 囉라( ) : 소리 얽힐 라	1684	2093	77	1986
020	歌	(가) 平聲/下平: 鑼라( ) : 징 라	1685	2094	78	1987
020	歌	(가) 平聲/下平: 騾라( ) : 순행할 라	1686	2095	79	1988
020	歌	(가) 平聲/下平: 籮라( ) : 키 라	1687	2096	80	1989
020	歌	(가) 平聲/下平: 蠡려(라) : 소라/옴 라	1819	2097	81	1990
020	歌	(가) 平聲/下平: 摩마( ) : 문지를 마	2199	2098	82	2113
020	歌	(가) 平聲/下平: 磨마( ) : 갈 마	2203	2099	83	2115
020	歌	(가) 平聲/下平: 魔마( ) : 마귀 마	2205	2100	84	2116
020	歌	(가) 平聲/下平: 蟇마( ) : 두꺼비 마	2209	2101	85	2118
020	歌	(가) 平聲/下平: 麽마( ) : 잘[의문조사] 마	2214	2102	86	2119
020	歌	(가) 平聲/下平: 磻반(파) : 돌살촉 파	2628	2103	87	3025
020	歌	(가) 平聲/下平: 番번(반) : 날랠/늙을 파	2755	2104	88	3026
020	歌	(가) 平聲/下平: 唆사( ) : 부추길 사	3207	2105	89	2230
020	歌	(가) 平聲/下平: 娑사( ) : 춤출 사	3212	2106	90	2232
020	歌	(가) 平聲/下平: 梭사( ) : 북 사	3228	2107	91	2235
020	歌	(가) 平聲/下平: 莎사( ) : 향부자 사	3246	2108	92	2240
020	歌	(가) 平聲/下平: 蓑사( ) : 도롱이 사	3247	2109	93	2241
020	歌	(가) 平聲/下平: 蛇사(이) : 이무기 타	3249	2110	94	2996
020	歌	(가) 平聲/下平: 挲사( ) : 만질 사	3277	2111	95	2248
020	歌	(가) 平聲/下平: 槎사( ) : 떼(나무벨차) 사	3285	2112	117	2254
020	歌	(가) 平聲/下平: 峠상( ) : 고개/재 상	3362	2113	96	2272
020	歌	(가) 平聲/下平: 鱓선(타) : 자라 타	3530	2114	97	2997
020	歌	(가) 平聲/下平: 俄아( ) : 잠시/갑자기 아	4074	2115	98	2395
020	歌	(가) 平聲/下平: 娥아( ) : 예쁠 아	4079	2116	99	2396
020	歌	(가) 平聲/下平: 峨아( ) : 높을 아	4080	2117	100	2397
020	歌	(가) 平聲/下平: 莪아( ) : 지칭개 아	4084	2118	101	2400
020	歌	(가) 平聲/下平: 蛾아( ) : 나방 아	4085	2119	102	2401
020	歌	(가) 平聲/下平: 阿아( ) : 언덕/아첨할 아	4088	2120	103	2403
020	歌	(가) 平聲/下平: 鵝아( ) : 거위 아	4093	2121	104	2405

배열형식 B (韻目번호 基準)			배열 A	배열 B	배열 C	배열 D
韻目 番號	韻目(독음) 平仄 / 四聲 : 韻族(異音) : 略義		운족 가나순	운목 번호순	운목 가나순	사성순
020	歌	(가) 平聲/下平: 哦아( ) : 읊을 아	4095	2122	105	2407
020	歌	(가) 平聲/下平: 婀아( ) : 아리따울 아	4096	2123	106	2408
020	歌	(가) 平聲/下平: 痾아( ) : 병 아	4097	2124	107	2409
020	歌	(가) 平聲/下平: 渦와( ) : 소용돌이 와	4646	2125	108	2548
020	歌	(가) 平聲/下平: 窩와( ) : 보금자리/숨길 와	4648	2126	109	2549
020	歌	(가) 平聲/下平: 訛와( ) : 잘못될 와	4655	2127	110	2552
020	歌	(가) 平聲/下平: 倭왜( ) : 왜나라 왜	4694	2128	111	2558
020	歌	(가) 平聲/下平: 銼좌( ) : 술고리 좌	5981	2129	112	2819
020	歌	(가) 平聲/下平: 池지(타) : 물이름 타	6143	2130	113	2998
020	歌	(가) 平聲/下平: 嵯차( ) : 산높을 차	6286	2131	114	2863
020	歌	(가) 平聲/下平: 磋차( ) : 갈 차	6293	2132	115	2864
020	歌	(가) 平聲/下平: 蹉차( ) : 넘어질 차	6295	2133	116	2866
020	歌	(가) 平聲/下平: 鹺차( ) : 짤 차	6300	2134	118	2871
020	歌	(가) 平聲/下平: 酇찬(차) : 나라이름 차	6338	2135	119	2872
020	歌	(가) 平聲/下平: 瘥채( ) : 앓을 채	6420	2136	120	2905
020	歌	(가) 平聲/下平: 他타( ) : 다를/남/저 타	6871	2137	121	2999
020	歌	(가) 平聲/下平: 拖타( ) : 끌 타	6880	2138	122	3000
020	歌	(가) 平聲/下平: 陀타( ) : 비탈질 타	6884	2139	123	3001
020	歌	(가) 平聲/下平: 駝타( ) : 곱사등이 타	6886	2140	124	3002
020	歌	(가) 平聲/下平: 佗타( ) : 저[三人稱] 타	6887	2141	125	3003
020	歌	(가) 平聲/下平: 沱타( ) : 물길가라질 타	6889	2142	126	3004
020	歌	(가) 平聲/下平: 跎타( ) : 미끄러질 타	6891	2143	127	3005
020	歌	(가) 平聲/下平: 鮀타( ) : 모래무지 타	6892	2144	128	3006
020	歌	(가) 平聲/下平: 鴕타( ) : 타조 타	6893	2145	129	3007
020	歌	(가) 平聲/下平: 它타( ) : 뱀 타	6894	2146	130	3008
020	歌	(가) 平聲/下平: 牠타( ) : 뿔없는소 타	6896	2147	131	3009
020	歌	(가) 平聲/下平: 坡파( ) : 언덕 파	7024	2148	132	3027
020	歌	(가) 平聲/下平: 婆파( ) : 할미 파	7025	2149	133	3028
020	歌	(가) 平聲/下平: 波파( ) : 물결 파	7031	2150	134	3031
020	歌	(가) 平聲/下平: 頗파( ) : 자못 파	7039	2151	135	3035
020	歌	(가) 平聲/下平: 皤파( ) : 머리센모양 파	7044	2152	136	3036
020	歌	(가) 平聲/下平: 嶓파( ) : 산이름 파	7047	2153	137	3038
020	歌	(가) 平聲/下平: 何하( ) : 어찌 하	7250	2154	138	3097
020	歌	(가) 平聲/下平: 河하( ) : 물 하	7254	2155	139	3098
020	歌	(가) 平聲/下平: 荷하( ) : 멜 하	7256	2156	140	3100
020	歌	(가) 平聲/下平: 獻헌(사) : 술단지 사	7413	2157	141	2255

배열형식 B (韻目번호 基準)			배열 A	배열 B	배열 C	배열 D
韻目番號	韻目(독음) 平仄 / 四聲 : 韻族(異音) : 略義			운족 가나순	운목 번호순	운목 가나순	사성순
020	歌	(가) 平聲/下平: 禾화( ) : 벼 화	7635	2158	142	3176
020	歌	(가) 平聲/下平: 靴화( ) : 신 화	7641	2159	143	3179
020	藥	(약) 仄聲/入聲: 龠약( ) : 피리/흡사 약	4268	2160	2882	7009
021	麻	(마) 平聲/下平: 假가(격) : 아득할 하	4	2161	1288	3096
021	麻	(마) 平聲/下平: 加가( ) : 더할 가	7	2162	1289	1652
021	麻	(마) 平聲/下平: 嘉가( ) : 아름다울 가	12	2163	1290	1655
021	麻	(마) 平聲/下平: 家가( ) : 집 가	14	2164	1291	1656
021	麻	(마) 平聲/下平: 痂가( ) : 헌데딱지 가	21	2165	1292	1661
021	麻	(마) 平聲/下平: 袈가( ) : 가사 가	26	2166	1293	1664
021	麻	(마) 平聲/下平: 跏가( ) : 되사려앉을 가	28	2167	1294	1666
021	麻	(마) 平聲/下平: 迦가( ) : 부처이름 가	30	2168	1295	1668
021	麻	(마) 平聲/下平: 傢가( ) : 가구 가	32	2169	1296	1669
021	麻	(마) 平聲/下平: 葭가( ) : 갈대 가	38	2170	1297	1670
021	麻	(마) 平聲/下平: 麚가( ) : 숫사슴 가	41	2171	1298	1672
021	麻	(마) 平聲/下平: 車거(차) : 수레/차 차	268	2172	1367	2867
021	麻	(마) 平聲/下平: 瓜과( ) : 외 과	631	2173	1299	1773
021	麻	(마) 平聲/下平: 誇과( ) : 자랑할 과	634	2174	1300	1775
021	麻	(마) 平聲/下平: 侉과( ) : 자랑할 과	640	2175	1301	1778
021	麻	(마) 平聲/下平: 夸과( ) : 자랑할 과	643	2176	1302	1779
021	麻	(마) 平聲/下平: 媧과( ) : 여자이름 과	652	2177	1357	1783
021	麻	(마) 平聲/下平: 拏나( ) : 맞당길 나	1188	2178	1303	1886
021	麻	(마) 平聲/下平: 拿나( ) : 붙잡을 나	1189	2179	1304	1887
021	麻	(마) 平聲/下平: 挐나( ) : 번거로울 나	1191	2180	1305	1889
021	麻	(마) 平聲/下平: 挐나( ) : 맞당길/잡을 나	1195	2181	1313	1891
021	麻	(마) 平聲/下平: 茶다( ) : 차풀 다	1328	2182	1307	1916
021	麻	(마) 平聲/下平: 茶다(차) : 차 차	1329	2183	1306	2858
021	麻	(마) 平聲/下平: 爹다( ) : 아비 다	1330	2184	1308	1917
021	麻	(마) 平聲/下平: 茶다( ) : 차풀 다	1331	2185	1365	1918
021	麻	(마) 平聲/下平: 茶다(차) : 다/차 차	1332	2186	1366	2865
021	麻	(마) 平聲/下平: 緞단( ) : 비단 단	1350	2187	1309	1919
021	麻	(마) 平聲/下平: 塗도( ) : 칠할 도	1483	2188	1310	1952
021	麻	(마) 平聲/下平: 涂도(차) : 물에젖을/맥질할 차	1529	2189	1311	2859
021	麻	(마) 平聲/下平: 闍도(사) : 화장할 사	1533	2190	1312	2229
021	麻	(마) 平聲/下平: 痲마( ) : 저릴 마	2201	2191	1314	2114
021	麻	(마) 平聲/下平: 麻마( ) : 삼 마	2206	2192	1315	2117
021	麻	(마) 平聲/下平: 琶비( ) : 비파 비	3100	2193	1316	2223

배열형식 B (韻目번호 基準)			배열 A	배열 B	배열 C	배열 D
韻目番號	韻目(독음) 平仄 / 四聲 : 韻族(異音) : 略義		운족 가나순	운목 번호순	운목 가나순	사성순
021	麻	(마) 平聲/下平: 奢사( ) : 사치할 사	3211	2194	1317	2231
021	麻	(마) 平聲/下平: 斜사( ) : 비낄 사	3223	2195	1319	2233
021	麻	(마) 平聲/下平: 斜사(야) : 고을이름 야	3224	2196	1318	2438
021	麻	(마) 平聲/下平: 查사( ) : 조사할 사	3227	2197	1320	2234
021	麻	(마) 平聲/下平: 沙사( ) : 모래 사	3230	2198	1321	2236
021	麻	(마) 平聲/下平: 渣사( ) : 찌끼 사	3232	2199	1322	2237
021	麻	(마) 平聲/下平: 砂사( ) : 모래 사	3235	2200	1323	2238
021	麻	(마) 平聲/下平: 紗사( ) : 깁 사	3241	2201	1324	2239
021	麻	(마) 平聲/下平: 蛇사( ) : 뱀 사	3248	2202	1325	2242
021	麻	(마) 平聲/下平: 裟사( ) : 가사 사	3251	2203	1326	2243
021	麻	(마) 平聲/下平: 邪사( ) : 간사할 사	3258	2204	1327	2244
021	麻	(마) 平聲/下平: 邪사(야) : 그런가/땅이름 야	3259	2205	1328	2439
021	麻	(마) 平聲/下平: 楂사( ) : 떼 사	3267	2206	1329	2245
021	麻	(마) 平聲/下平: 鯊사( ) : 모래무지 사	3274	2207	1330	2246
021	麻	(마) 平聲/下平: 喳사( ) : 대답소리(예) 사	3275	2208	1331	2247
021	麻	(마) 平聲/下平: 査사( ) : 조사할 사	3278	2209	1332	2249
021	麻	(마) 平聲/下平: 樝사( ) : 풀명자나무 사	3279	2210	1333	2250
021	麻	(마) 平聲/下平: 賖사( ) : 외상으로살 사	3282	2211	1334	2251
021	麻	(마) 平聲/下平: 賒사( ) : 세낼/멀 사	3283	2212	1335	2252
021	麻	(마) 平聲/下平: 牙아( ) : 어금니 아	4082	2213	1336	2398
021	麻	(마) 平聲/下平: 芽아( ) : 싹 아	4083	2214	1337	2399
021	麻	(마) 平聲/下平: 衙아( ) : 마을 아	4086	2215	1338	2402
021	麻	(마) 平聲/下平: 鴉아( ) : 갈가마귀 아	4092	2216	1339	2404
021	麻	(마) 平聲/下平: 丫아( ) : 가장귀 아	4094	2217	1340	2406
021	麻	(마) 平聲/下平: 枒아( ) : 종려나무 아	4100	2218	1347	2411
021	麻	(마) 平聲/下平: 涯애(아) : 다할 아	4203	2219	1341	2410
021	麻	(마) 平聲/下平: 碍애( ) : 막을 애	4205	2220	1342	2432
021	麻	(마) 平聲/下平: 揶야( ) : 빈정거릴 야	4250	2221	1343	2440
021	麻	(마) 平聲/下平: 椰야( ) : 야자나무 야	4251	2222	1344	2441
021	麻	(마) 平聲/下平: 爺야( ) : 아비 야	4252	2223	1345	2442
021	麻	(마) 平聲/下平: 耶야( ) : 어조사 야	4253	2224	1346	2443
021	麻	(마) 平聲/下平: 癢양( ) : 가려울 양	4298	2225	1348	2460
021	麻	(마) 平聲/下平: 畬여(사) : 화전 사	4379	2226	1349	2253
021	麻	(마) 平聲/下平: 吾오( ) : 나 오	4560	2227	1350	2535
021	麻	(마) 平聲/下平: 汚오(오) : 더러필 와	4578	2228	1351	2547
021	麻	(마) 平聲/下平: 窪와( ) : 웅덩이 와	4649	2229	1352	2550

배열형식 B (韻目번호 基準)			배열 A	배열 B	배열 C	배열 D
韻目番號	韻目(독음)	平仄 / 四聲 : 韻族(異音) : 略義	운족 가나순	운목 번호순	운목 가나순	사성순
021	麻	(마) 平聲/下平: 蛙와( ) : 개구리 와	4651	2230	1353	2551
021	麻	(마) 平聲/下平: 哇와(왜) : 토할 왜	4657	2231	1354	2557
021	麻	(마) 平聲/下平: 鼃와( ) : 개구리 와	4659	2232	1355	2553
021	麻	(마) 平聲/下平: 娃왜(와) : 아름다울 와	4697	2233	1356	2554
021	麻	(마) 平聲/下平: 罝저( ) : 짐승 저	5541	2234	1358	2692
021	麻	(마) 平聲/下平: 苴저(차) : 마름풀 차	5543	2235	1359	2860
021	麻	(마) 平聲/下平: 祖조( ) : 할아비 조	5866	2236	1360	2802
021	麻	(마) 平聲/下平: 找조(화) : 상앗대 화	5898	2237	1361	3174
021	麻	(마) 平聲/下平: 髽좌( ) : 북상투 좌	5980	2238	1362	2818
021	麻	(마) 平聲/下平: 叉차( ) : 깍지낄 차	6284	2239	1363	2861
021	麻	(마) 平聲/下平: 嗟차( ) : 탄식할 차	6285	2240	1364	2862
021	麻	(마) 平聲/下平: 遮차( ) : 가릴 차	6296	2241	1368	2868
021	麻	(마) 平聲/下平: 搽차( ) : 칠할 차	6298	2242	1369	2869
021	麻	(마) 平聲/下平: 蒫차( ) : 냉이씨 차	6299	2243	1370	2870
021	麻	(마) 平聲/下平: 秅차( ) : 나라이름 차	6301	2244	1372	2874
021	麻	(마) 平聲/下平: 秅차(타) : 볏단사백뭇 타	6302	2245	1373	3010
021	麻	(마) 平聲/下平: 咱찰(차) : 나 차	6348	2246	1371	2873
021	麻	(마) 平聲/下平: 巴파( ) : 땅이름 파	7026	2247	1374	3029
021	麻	(마) 平聲/下平: 杷파( ) : 비파나무 파	7030	2248	1375	3030
021	麻	(마) 平聲/下平: 爬파( ) : 긁을 파	7033	2249	1376	3032
021	麻	(마) 平聲/下平: 琶파( ) : 비파 파	7034	2250	1377	3033
021	麻	(마) 平聲/下平: 芭파( ) : 풀이름 파	7036	2251	1378	3034
021	麻	(마) 平聲/下平: 葩파( ) : 꽃 파	7045	2252	1379	3037
021	麻	(마) 平聲/下平: 疤파( ) : 흉터 파	7048	2253	1380	3039
021	麻	(마) 平聲/下平: 瑕하( ) : 티/허물 하	7255	2254	1381	3099
021	麻	(마) 平聲/下平: 蝦하( ) : 새우/두꺼비 하	7257	2255	1382	3101
021	麻	(마) 平聲/下平: 遐하( ) : 멀 하	7259	2256	1383	3102
021	麻	(마) 平聲/下平: 霞하( ) : 노을 하	7260	2257	1384	3103
021	麻	(마) 平聲/下平: 鰕하( ) : 새우 하	7261	2258	1385	3104
021	麻	(마) 平聲/下平: 呀하( ) : 입 벌릴 하	7262	2259	1386	3105
021	麻	(마) 平聲/下平: 蕸하( ) : 연잎 하	7266	2260	1387	3106
021	麻	(마) 平聲/下平: 樺화( ) : 자작나무/벗나무 화	7631	2261	1388	3175
021	麻	(마) 平聲/下平: 花화( ) : 꽃 화	7636	2262	1389	3177
021	麻	(마) 平聲/下平: 驊화( ) : 준마이름 화	7649	2263	1390	3181
022	陽	(양) 平聲/下平: 剛강( ) : 굳셀 강	162	2264	3027	1687
022	陽	(양) 平聲/下平: 堈강( ) : 언덕 강	163	2265	3028	1688

배열형식 B (韻目번호 基準)			배열 A	배열 B	배열 C	배열 D
韻目番號	韻目(독음)	平仄 / 四聲 : 韻族(異音) : 略義	운족 가나순	운목 번호순	운목 가나순	사성순
022	陽	(양) 平聲/下平: 姜강( ) : 성 강	164	2266	3029	1689
022	陽	(양) 平聲/下平: 岡강( ) : 산등성이 강	165	2267	3030	1690
022	陽	(양) 平聲/下平: 崗강( ) : 언덕 강	166	2268	3031	1691
022	陽	(양) 平聲/下平: 康강( ) : 편안할 강	167	2269	3032	1692
022	陽	(양) 平聲/下平: 强강( ) : 강할 강	168	2270	3033	1693
022	陽	(양) 平聲/下平: 畺강( ) : 지경 강	172	2271	3034	1694
022	陽	(양) 平聲/下平: 疆강( ) : 지경 강	173	2272	3035	1695
022	陽	(양) 平聲/下平: 糠강( ) : 겨 강	174	2273	3036	1696
022	陽	(양) 平聲/下平: 綱강( ) : 벼리 강	176	2274	3037	1697
022	陽	(양) 平聲/下平: 羌강( ) : 오랑캐 강	177	2275	3038	1698
022	陽	(양) 平聲/下平: 薑강( ) : 생강 강	180	2276	3039	1700
022	陽	(양) 平聲/下平: 鋼강( ) : 강철 강	183	2277	3040	1701
022	陽	(양) 平聲/下平: 僵강( ) : 쓰러질 강	184	2278	3041	1702
022	陽	(양) 平聲/下平: 橿강( ) : 깃대 강	187	2279	3042	1703
022	陽	(양) 平聲/下平: 韁강( ) : 고삐 강	188	2280	3043	1704
022	陽	(양) 平聲/下平: 強강( ) : 힘쓸 강	189	2281	3044	1705
022	陽	(양) 平聲/下平: 掆강( ) : 들/끌 강	190	2282	3045	1706
022	陽	(양) 平聲/下平: 慶경(강) : 경사 강	406	2283	3046	1707
022	陽	(양) 平聲/下平: 侊광( ) : 성한모양 광	707	2284	3047	1786
022	陽	(양) 平聲/下平: 光광( ) : 빛 광	708	2285	3048	1787
022	陽	(양) 平聲/下平: 匡광( ) : 바를 광	709	2286	3049	1788
022	陽	(양) 平聲/下平: 洸광( ) : 물용솟음할 광	713	2287	3050	1789
022	陽	(양) 平聲/下平: 狂광( ) : 미칠 광	714	2288	3051	1790
022	陽	(양) 平聲/下平: 珖광( ) : 옥피리 광	715	2289	3052	1791
022	陽	(양) 平聲/下平: 筐광( ) : 광주리 광	716	2290	3053	1792
022	陽	(양) 平聲/下平: 胱광( ) : 오줌통 광	717	2291	3054	1793
022	陽	(양) 平聲/下平: 桄광( ) : 광나무 광	719	2292	3055	1794
022	陽	(양) 平聲/下平: 磺광(황) : 쇳돌 황	722	2293	3056	3183
022	陽	(양) 平聲/下平: 眶광( ) : 눈자위 광	725	2294	3057	1795
022	陽	(양) 平聲/下平: 桔길( ) : 도라지 길	1183	2295	3058	1883
022	陽	(양) 平聲/下平: 囊낭( ) : 주머니 낭	1218	2296	3059	1899
022	陽	(양) 平聲/下平: 娘낭( ) : 계집 낭	1219	2297	3060	1900
022	陽	(양) 平聲/下平: 孃낭( ) : /아씨 낭	1234	2298	3156	1901
022	陽	(양) 平聲/下平: 唐당( ) : 당나라/당황할 당	1427	2299	3062	1936
022	陽	(양) 平聲/下平: 堂당( ) : 집 당	1428	2300	3063	1937
022	陽	(양) 平聲/下平: 塘당( ) : 못 당	1429	2301	3064	1938

배열형식 B (韻目번호 基準)			배열 A	배열 B	배열 C	배열 D
韻目番號	韻目(독음) 平仄 / 四聲 : 韻族(異音) : 略義		운족 가나순	운목 번호순	운목 가나순	사성순
022	陽	(양) 平聲/下平: 棠당( ) : 아가위 당	1433	2302	3065	1939
022	陽	(양) 平聲/下平: 當당( ) : 마땅 당	1434	2303	3066	1940
022	陽	(양) 平聲/下平: 糖당( ) : 엿 당	1435	2304	3067	1941
022	陽	(양) 平聲/下平: 螳당( ) : 사마귀 당	1436	2305	3068	1942
022	陽	(양) 平聲/下平: 倘당(상) : 어이가없을/반할 상	1439	2306	3069	2265
022	陽	(양) 平聲/下平: 搪당( ) : 뻗을 당	1442	2307	3070	1943
022	陽	(양) 平聲/下平: 檔당( ) : 의자 당	1443	2308	3071	1944
022	陽	(양) 平聲/下平: 瑭당( ) : 옥이름 당	1444	2309	3072	1945
022	陽	(양) 平聲/下平: 鏜당( ) : 북소리 당	1448	2310	3073	1947
022	陽	(양) 平聲/下平: 鐺당( ) : 북소리 당	1449	2311	3074	1948
022	陽	(양) 平聲/下平: 螗당( ) : 매미 당	1452	2312	3075	1949
022	陽	(양) 平聲/下平: 糖당( ) : 엿/사탕 당	1454	2313	3232	1950
022	陽	(양) 平聲/下平: 郎랑( ) : 사내/남편 랑	1746	2314	3061	1998
022	陽	(양) 平聲/下平: 廊랑( ) : 사랑채/행랑 랑	1747	2315	3076	1999
022	陽	(양) 平聲/下平: 浪랑( ) : 물결 랑	1749	2316	3077	2000
022	陽	(양) 平聲/下平: 狼랑( ) : 이리/어지러울 랑	1750	2317	3078	2001
022	陽	(양) 平聲/下平: 琅랑( ) : 옥이름 랑	1751	2318	3079	2002
022	陽	(양) 平聲/下平: 瑯랑( ) : 문고리/법랑 랑	1752	2319	3080	2003
022	陽	(양) 平聲/下平: 螂랑( ) : 버마재비 랑	1753	2320	3081	2004
022	陽	(양) 平聲/下平: 郎랑( ) : 밝을 랑	1754	2321	3082	2005
022	陽	(양) 平聲/下平: 榔랑( ) : 나무이름 랑	1755	2322	3083	2006
022	陽	(양) 平聲/下平: 稂랑( ) : 강아지풀 랑	1756	2323	3084	2007
022	陽	(양) 平聲/下平: 蜋랑( ) : 사마귀벌레 랑	1757	2324	3085	2008
022	陽	(양) 平聲/下平: 筤랑( ) : 어린대 랑	1758	2325	3086	2009
022	陽	(양) 平聲/下平: 凉량( ) : 서늘할 량	1779	2326	3087	2010
022	陽	(양) 平聲/下平: 梁량( ) : 들보/돌다리 량	1780	2327	3088	2011
022	陽	(양) 平聲/下平: 樑량( ) : 들보 량	1781	2328	3089	2012
022	陽	(양) 平聲/下平: 粮량( ) : 양식 량	1782	2329	3090	2013
022	陽	(양) 平聲/下平: 粱량( ) : 기장 량	1783	2330	3091	2014
022	陽	(양) 平聲/下平: 糧량( ) : 양식 량	1784	2331	3092	2015
022	陽	(양) 平聲/下平: 良량( ) : 어질 량	1785	2332	3093	2016
022	陽	(양) 平聲/下平: 量량( ) : 헤아릴 량	1788	2333	3094	2017
022	陽	(양) 平聲/下平: 椋량( ) : 푸조나무 량	1791	2334	3095	2018
022	陽	(양) 平聲/下平: 亡망( ) : 죽을/망할 망	2260	2335	3096	2120
022	陽	(양) 平聲/下平: 亡망(무) : 업을 무	2261	2336	3097	2169
022	陽	(양) 平聲/下平: 忘망( ) : 잊을 망	2263	2337	3098	2121

배열형식 B (韻目번호 基準)			배열 A	배열 B	배열 C	배열 D
韻目番號	韻目(독음) 平仄 / 四聲 : 韻族(異音) : 略義		운족 가나순	운목 번호순	운목 가나순	사성순
022	陽	(양) 平聲/下平: 忙망( ) : 바쁠 망	2264	2338	3099	2122
022	陽	(양) 平聲/下平: 望망( ) : 바랄 망	2265	2339	3100	2123
022	陽	(양) 平聲/下平: 芒망( ) : 까끄라기 망	2268	2340	3101	2124
022	陽	(양) 平聲/下平: 茫망( ) : 아득할 망	2269	2341	3102	2125
022	陽	(양) 平聲/下平: 邙망( ) : 산이름 망	2272	2342	3103	2126
022	陽	(양) 平聲/下平: 莽망( ) : 풀우거질 망	2274	2343	3104	2127
022	陽	(양) 平聲/下平: 莽망(모) : 묵은풀 모	2275	2344	3105	2150
022	陽	(양) 平聲/下平: 杗망( ) : 들보 망	2278	2345	3106	2128
022	陽	(양) 平聲/下平: 蘉망( ) : 힘쓸 망	2280	2346	3107	2129
022	陽	(양) 平聲/下平: 坊방( ) : 동네 방	2664	2347	3108	2171
022	陽	(양) 平聲/下平: 妨방( ) : 방해할 방	2665	2348	3109	2172
022	陽	(양) 平聲/下平: 彷방( ) : 배회할 방	2669	2349	3110	2174
022	陽	(양) 平聲/下平: 房방( ) : 방 방	2670	2350	3111	2175
022	陽	(양) 平聲/下平: 方방( ) : 모 방	2672	2351	3112	2176
022	陽	(양) 平聲/下平: 旁방( ) : 넓을/클 방	2673	2352	3113	2177
022	陽	(양) 平聲/下平: 枋방( ) : 박달 방	2676	2353	3114	2178
022	陽	(양) 平聲/下平: 滂방( ) : 비퍼부울 방	2680	2354	3115	2179
022	陽	(양) 平聲/下平: 磅방( ) : 돌떨어지는소리 방	2681	2355	3116	2180
022	陽	(양) 平聲/下平: 肪방( ) : 살찔/비계 방	2684	2356	3117	2181
022	陽	(양) 平聲/下平: 膀방( ) : 방붙일 방	2685	2357	3118	2182
022	陽	(양) 平聲/下平: 芳방( ) : 꽃다울 방	2687	2358	3119	2183
022	陽	(양) 平聲/下平: 防방( ) : 방비/방죽 방	2693	2359	3120	2184
022	陽	(양) 平聲/下平: 幫방( ) : 도울 방	2696	2360	3121	2185
022	陽	(양) 平聲/下平: 螃방( ) : 방개 방	2699	2361	3122	2186
022	陽	(양) 平聲/下平: 鎊방( ) : 깎을 방	2700	2362	3123	2187
022	陽	(양) 平聲/下平: 魴방( ) : 방어 방	2701	2363	3124	2188
022	陽	(양) 平聲/下平: 傷상( ) : 다칠 상	3354	2364	3125	2266
022	陽	(양) 平聲/下平: 償상( ) : 갚을 상	3356	2365	3126	2267
022	陽	(양) 平聲/下平: 商상( ) : 장사 상	3357	2366	3127	2268
022	陽	(양) 平聲/下平: 喪상( ) : 잃을 상	3358	2367	3128	2269
022	陽	(양) 平聲/下平: 嘗상( ) : 맛볼 상	3359	2368	3129	2270
022	陽	(양) 平聲/下平: 孀상( ) : 홀어미 상	3360	2369	3130	2271
022	陽	(양) 平聲/下平: 常상( ) : 떳떳할 상	3363	2370	3131	2273
022	陽	(양) 平聲/下平: 床상( ) : 상 상	3364	2371	3132	2274
022	陽	(양) 平聲/下平: 庠상( ) : 학교 상	3365	2372	3133	2275
022	陽	(양) 平聲/下平: 廂상( ) : 행랑 상	3366	2373	3134	2276

배열형식 B (韻目번호 基準)			배열 A	배열 B	배열 C	배열 D
韻目番號	韻目(독음) 平仄 / 四聲 : 韻族(異音) : 略義		운족 가나순	운목 번호순	운목 가나순	사성순
022	陽	(양) 平聲/下平: 桑상( ) : 뽕나무 상	3368	2374	3135	2277
022	陽	(양) 平聲/下平: 湘상( ) : 강이름 상	3370	2375	3136	2278
022	陽	(양) 平聲/下平: 牀상( ) : 평상 상	3372	2376	3137	2279
022	陽	(양) 平聲/下平: 相상( ) : 서로 상	3373	2377	3138	2280
022	陽	(양) 平聲/下平: 祥상( ) : 상서 상	3374	2378	3139	2281
022	陽	(양) 平聲/下平: 箱상( ) : 상자 상	3375	2379	3140	2282
022	陽	(양) 平聲/下平: 翔상( ) : 날 상	3376	2380	3141	2283
022	陽	(양) 平聲/下平: 裳상( ) : 치마 상	3377	2381	3142	2284
022	陽	(양) 平聲/下平: 觴상( ) : 잔 상	3378	2382	3143	2285
022	陽	(양) 平聲/下平: 詳상( ) : 자세할 상	3379	2383	3145	2286
022	陽	(양) 平聲/下平: 詳상(양) : 거짓 양	3380	2384	3144	2444
022	陽	(양) 平聲/下平: 霜상( ) : 서리 상	3383	2385	3146	2287
022	陽	(양) 平聲/下平: 殤상( ) : 일찍죽을 상	3386	2386	3147	2288
022	陽	(양) 平聲/下平: 孀상( ) : 달에사는미인 상	3389	2387	3236	2290
022	陽	(양) 平聲/下平: 央앙( ) : 가운데 앙	4186	2388	3148	2425
022	陽	(양) 平聲/下平: 昻앙( ) : 밝을/들 앙	4188	2389	3149	2426
022	陽	(양) 平聲/下平: 殃앙( ) : 재앙 앙	4189	2390	3150	2427
022	陽	(양) 平聲/下平: 秧앙( ) : 모 앙	4190	2391	3151	2428
022	陽	(양) 平聲/下平: 鴦앙( ) : 원앙 앙	4191	2392	3152	2429
022	陽	(양) 平聲/下平: 泱앙( ) : 끝없을 앙	4192	2393	3153	2430
022	陽	(양) 平聲/下平: 昂앙( ) : 밝을 앙	4195	2394	3154	2431
022	陽	(양) 平聲/下平: 佯양( ) : 거짓 양	4273	2395	3155	2445
022	陽	(양) 平聲/下平: 揚양( ) : 날릴 양	4276	2396	3157	2446
022	陽	(양) 平聲/下平: 攘양( ) : 물리칠 양	4277	2397	3158	2447
022	陽	(양) 平聲/下平: 敭양( ) : 오를 양	4278	2398	3159	2448
022	陽	(양) 平聲/下平: 暘양( ) : 해돋이 양	4279	2399	3160	2449
022	陽	(양) 平聲/下平: 楊양( ) : 양 양	4280	2400	3161	2450
022	陽	(양) 平聲/下平: 洋양( ) : 큰바다 양	4283	2401	3162	2451
022	陽	(양) 平聲/下平: 煬양( ) : 쬘 양	4285	2402	3163	2452
022	陽	(양) 平聲/下平: 瘍양( ) : 두창/부스럼 양	4287	2403	3164	2453
022	陽	(양) 平聲/下平: 禳양( ) : 제사이름 양	4288	2404	3165	2454
022	陽	(양) 平聲/下平: 穰양( ) : 볏대 양	4289	2405	3166	2455
022	陽	(양) 平聲/下平: 羊양( ) : 양/노닐 양	4290	2406	3167	2456
022	陽	(양) 平聲/下平: 襄양( ) : 도울 양	4291	2407	3168	2457
022	陽	(양) 平聲/下平: 陽양( ) : 볕 양	4294	2408	3169	2458
022	陽	(양) 平聲/下平: 烊양( ) : 구울 양	4297	2409	3170	2459

배열형식 B (韻目번호 基準)			배열 A	배열 B	배열 C	배열 D
韻目番號	韻目(독음) 平仄 / 四聲 : 韻族(異音) : 略義		운족 가나순	운목 번호순	운목 가나순	사성순
022	陽	(양) 平聲/下平: 鑲양( ) : 거푸집 양	4299	2410	3171	2461
022	陽	(양) 平聲/下平: 颺양( ) : 흩날릴 양	4300	2411	3172	2462
022	陽	(양) 平聲/下平: 驤양( ) : 머리들/달릴 양	4301	2412	3173	2463
022	陽	(양) 平聲/下平: 嚷양( ) : 외칠 양	4302	2413	3174	2464
022	陽	(양) 平聲/下平: 汪왕( ) : 넓을 왕	4691	2414	3175	2555
022	陽	(양) 平聲/下平: 王왕( ) : 임금 왕	4692	2415	3176	2556
022	陽	(양) 平聲/下平: 薏의( ) : 연밥 의	5154	2416	3177	2630
022	陽	(양) 平聲/下平: 場장( ) : 마당 장	5422	2417	3178	2646
022	陽	(양) 平聲/下平: 墻장( ) : 담(牆)/사모할 장	5423	2418	3179	2647
022	陽	(양) 平聲/下平: 將장( ) : 장수 장	5425	2419	3180	2648
022	陽	(양) 平聲/下平: 庄장( ) : 전장 장	5427	2420	3181	2649
022	陽	(양) 平聲/下平: 張장( ) : 베풀 장	5428	2421	3182	2650
022	陽	(양) 平聲/下平: 暲장( ) : 밝을 장	5430	2422	3183	2651
022	陽	(양) 平聲/下平: 樟장( ) : 녹나무 장	5432	2423	3184	2652
022	陽	(양) 平聲/下平: 檣장( ) : 돛대 장	5433	2424	3185	2653
022	陽	(양) 平聲/下平: 欌장( ) : 장롱 장	5434	2425	3186	2654
022	陽	(양) 平聲/下平: 漿장( ) : 미음 장	5435	2426	3187	2655
022	陽	(양) 平聲/下平: 牆장( ) : 담/사모할 장	5436	2427	3188	2656
022	陽	(양) 平聲/下平: 獐장( ) : 노루 장	5437	2428	3189	2657
022	陽	(양) 平聲/下平: 璋장( ) : 홀 장	5438	2429	3190	2658
022	陽	(양) 平聲/下平: 章장( ) : 글 장	5439	2430	3191	2659
022	陽	(양) 平聲/下平: 粧장( ) : 단장할 장	5440	2431	3192	2660
022	陽	(양) 平聲/下平: 腸장( ) : 창자 장	5441	2432	3193	2661
022	陽	(양) 平聲/下平: 臧장( ) : 착할 장	5443	2433	3194	2662
022	陽	(양) 平聲/下平: 莊장( ) : 씩씩할 장	5444	2434	3195	2663
022	陽	(양) 平聲/下平: 蔣장( ) : 성 장	5446	2435	3196	2664
022	陽	(양) 平聲/下平: 薔장( ) : 장미 장	5447	2436	3197	2665
022	陽	(양) 平聲/下平: 藏장( ) : 감출 장	5448	2437	3198	2666
022	陽	(양) 平聲/下平: 裝장( ) : 꾸밀 장	5449	2438	3199	2667
022	陽	(양) 平聲/下平: 贓장( ) : 장물 장	5450	2439	3200	2668
022	陽	(양) 平聲/下平: 長장( ) : 긴/어른 장	5452	2440	3201	2669
022	陽	(양) 平聲/下平: 障장( ) : 막을 장	5453	2441	3202	2670
022	陽	(양) 平聲/下平: 妝장( ) : 꾸밀 장	5455	2442	3203	2671
022	陽	(양) 平聲/下平: 戕장( ) : 죽일 장	5456	2443	3204	2672
022	陽	(양) 平聲/下平: 漳장( ) : 강이름 장	5457	2444	3205	2673
022	陽	(양) 平聲/下平: 牂장( ) : 배를 매는 말뚝 장	5458	2445	3206	2674

배열형식 B (韻目번호 基準)			배열 A	배열 B	배열 C	배열 D
韻目番號	韻目(독음) 平仄 / 四聲 : 韻族(異音) : 略義		운족 가나순	운목 번호순	운목 가나순	사성순
022	陽	(양) 平聲/下平: 萇장( ) : 나무이름 장	5460	2446	3207	2675
022	陽	(양) 平聲/下平: 鄣장( ) : 막을 장	5462	2447	3208	2676
022	陽	(양) 平聲/下平: 鏘장( ) : 금옥 소리 장	5463	2448	3209	2677
022	陽	(양) 平聲/下平: 斨장( ) : 도끼 장	5464	2449	3210	2678
022	陽	(양) 平聲/下平: 倉창( ) : 곳집/갑자기 창	6371	2450	3211	2886
022	陽	(양) 平聲/下平: 倡창( ) : 여광대 창	6372	2451	3212	2887
022	陽	(양) 平聲/下平: 創창( ) : 비롯할 창	6373	2452	3213	2888
022	陽	(양) 平聲/下平: 娼창( ) : 창녀/노는계집 창	6375	2453	3214	2889
022	陽	(양) 平聲/下平: 彰창( ) : 드러날 창	6377	2454	3215	2890
022	陽	(양) 平聲/下平: 昌창( ) : 창성할 창	6380	2455	3216	2891
022	陽	(양) 平聲/下平: 槍창( ) : 나무창/막을 창	6383	2456	3217	2892
022	陽	(양) 平聲/下平: 滄창( ) : 큰바다 창	6385	2457	3218	2893
022	陽	(양) 平聲/下平: 猖창( ) : 미칠 창	6387	2458	3219	2894
022	陽	(양) 平聲/下平: 瘡창( ) : 부스럼 창	6388	2459	3220	2895
022	陽	(양) 平聲/下平: 艙창( ) : 선창 창	6391	2460	3221	2896
022	陽	(양) 平聲/下平: 菖창( ) : 창포 창	6392	2461	3222	2897
022	陽	(양) 平聲/下平: 蒼창( ) : 푸를 창	6393	2462	3223	2898
022	陽	(양) 平聲/下平: 搶창( ) : 닿을/이를 창	6396	2463	3224	2899
022	陽	(양) 平聲/下平: 蹌창( ) : 추창할 창	6399	2464	3225	2900
022	陽	(양) 平聲/下平: 閶창( ) : 하늘문 창	6400	2465	3226	2901
022	陽	(양) 平聲/下平: 鶬창( ) : 왜가리 창	6402	2466	3227	2902
022	陽	(양) 平聲/下平: 嗆창( ) : 쪼을 창	6403	2467	3228	2903
022	陽	(양) 平聲/下平: 鯧창( ) : 병어 창	6406	2468	3229	2904
022	陽	(양) 平聲/下平: 湯탕( ) : 끓을 탕	6955	2469	3230	3015
022	陽	(양) 平聲/下平: 湯탕(상) : 출렁거릴 상	6956	2470	3231	2289
022	陽	(양) 平聲/下平: 蝪탕( ) : 땅거미 탕	6962	2471	3233	3016
022	陽	(양) 平聲/下平: 彭팽(방) : 가까울/장할 방	7082	2472	3234	2189
022	陽	(양) 平聲/下平: 亢항( ) : 높을 항	7330	2473	3235	3119
022	陽	(양) 平聲/下平: 杭항( ) : 건널 항	7337	2474	3237	3122
022	陽	(양) 平聲/下平: 桁항( ) : 수갑/배다리 항	7338	2475	3238	3123
022	陽	(양) 平聲/下平: 航항( ) : 배 항	7344	2476	3239	3124
022	陽	(양) 平聲/下平: 吭항( ) : 목구멍 항	7346	2477	3240	3125
022	陽	(양) 平聲/下平: 苀항( ) : 풀이름 항	7347	2478	3241	3126
022	陽	(양) 平聲/下平: 偕해(혜) : 화할/같을 혜	7352	2479	3242	3163
022	陽	(양) 平聲/下平: 行행(항) : 항오/항렬/군셀 항	7390	2480	3243	3127
022	陽	(양) 平聲/下平: 鄕향( ) : 시골/고향 향	7395	2481	3244	3129

배열형식 B (韻目번호 基準)			배열 A	배열 B	배열 C	배열 D
韻目番號	韻目	(독음) 平仄 / 四聲 : 韻族(異音) : 略義	운족 가나순	운목 번호순	운목 가나순	사성순
022	陽	(양) 平聲/下平: 香향( ) : 향기 향	7399	2482	3245	3130
022	陽	(양) 平聲/下平: 薌향( ) : 곡식 향	7400	2483	3246	3131
022	陽	(양) 平聲/下平: 鄉향( ) : 시골 향	7403	2484	3247	3132
022	陽	(양) 平聲/下平: 譁화( ) : 시끄러울 화	7639	2485	3248	3178
022	陽	(양) 平聲/下平: 嘩화( ) : 시끄러울 화	7642	2486	3249	3180
022	陽	(양) 平聲/下平: 凰황( ) : 봉새 황	7697	2487	3250	3184
022	陽	(양) 平聲/下平: 徨황( ) : 배회할 황	7699	2488	3251	3185
022	陽	(양) 平聲/下平: 惶황( ) : 두려워할 황	7701	2489	3252	3186
022	陽	(양) 平聲/下平: 湟황( ) : 해자 황	7707	2490	3253	3188
022	陽	(양) 平聲/下平: 潢황( ) : 웅덩이 황	7709	2491	3254	3189
022	陽	(양) 平聲/下平: 煌황( ) : 빛날 황	7710	2492	3255	3190
022	陽	(양) 平聲/下平: 璜황( ) : 패옥 황	7711	2493	3256	3191
022	陽	(양) 平聲/下平: 皇황( ) : 임금 황	7712	2494	3257	3192
022	陽	(양) 平聲/下平: 篁황( ) : 대숲 황	7713	2495	3258	3193
022	陽	(양) 平聲/下平: 簧황( ) : 생황 황	7714	2496	3259	3194
022	陽	(양) 平聲/下平: 荒황( ) : 거칠 황	7715	2497	3260	3195
022	陽	(양) 平聲/下平: 蝗황( ) : 누리 황	7716	2498	3261	3196
022	陽	(양) 平聲/下平: 遑황( ) : 허둥가랄 황	7717	2499	3262	3197
022	陽	(양) 平聲/下平: 隍황( ) : 해자 황	7718	2500	3263	3198
022	陽	(양) 平聲/下平: 黃황( ) : 누를 황	7719	2501	3264	3199
022	陽	(양) 平聲/下平: 肓황( ) : 명치끝 황	7721	2502	3265	3200
022	陽	(양) 平聲/下平: 謊황( ) : 잠꼬대할 황	7724	2503	3266	3201
022	陽	(양) 平聲/下平: 廻회( ) : 돌/파할 회	7729	2504	3267	3202
023	庚	(경) 平聲/下平: 坑갱( ) : 구덩이 갱	224	2505	508	1708
023	庚	(경) 平聲/下平: 粳갱( ) : 메벼 갱	225	2506	509	1709
023	庚	(경) 平聲/下平: 羹갱( ) : 국 갱	226	2507	510	1710
023	庚	(경) 平聲/下平: 賡갱( ) : 이을 갱	227	2508	511	1711
023	庚	(경) 平聲/下平: 鏗갱( ) : 금속부딛치는소리 갱	228	2509	512	1712
023	庚	(경) 平聲/下平: 阬갱( ) : 구덩이 갱	229	2510	513	1713
023	庚	(경) 平聲/下平: 京경( ) : 서울 경	393	2511	514	1742
023	庚	(경) 平聲/下平: 傾경( ) : 기울 경	396	2512	515	1743
023	庚	(경) 平聲/下平: 勍경( ) : 셀 경	399	2513	516	1744
023	庚	(경) 平聲/下平: 卿경( ) : 벼슬 경	400	2514	517	1745
023	庚	(경) 平聲/下平: 庚경( ) : 일곱째천간 경	403	2515	518	1747
023	庚	(경) 平聲/下平: 擎경( ) : 들 경	408	2516	519	1748
023	庚	(경) 平聲/下平: 更경( ) : 고칠/지날 경	412	2517	520	1749

배열형식 B (韻目번호 基準)			배열 A	배열 B	배열 C	배열 D
韻目番號	韻目(독음) 平仄 / 四聲 : 韻族(異音) : 略義		운족 가나순	운목 번호순	운목 가나순	사성순
023	庚	(경) 平聲/下平: 瓊경( ) : 구슬 경	419	2518	521	1751
023	庚	(경) 平聲/下平: 耕경( ) : 밭갈 경	427	2519	522	1753
023	庚	(경) 平聲/下平: 莖경( ) : 줄기 경	430	2520	523	1754
023	庚	(경) 平聲/下平: 輕경( ) : 가벼울 경	432	2521	524	1755
023	庚	(경) 平聲/下平: 驚경( ) : 놀랄 경	438	2522	525	1756
023	庚	(경) 平聲/下平: 鯨경( ) : 고래 경	439	2523	526	1757
023	庚	(경) 平聲/下平: 惸경( ) : 근심할 경	440	2524	527	1758
023	庚	(경) 平聲/下平: 檠경( ) : 도지개 경	442	2525	528	1760
023	庚	(경) 平聲/下平: 黥경( ) : 묵형(墨刑)할 경	446	2526	529	1761
023	庚	(경) 平聲/下平: 宏굉( ) : 클 굉	750	2527	530	1796
023	庚	(경) 平聲/下平: 紘굉( ) : 갓끈 굉	751	2528	531	1797
023	庚	(경) 平聲/下平: 轟굉( ) : 울릴 굉	753	2529	532	1799
023	庚	(경) 平聲/下平: 觥굉( ) : 뿔잔 굉	754	2530	533	1800
023	庚	(경) 平聲/下平: 訇굉( ) : 큰소리 굉	755	2531	534	1801
023	庚	(경) 平聲/下平: 閎굉( ) : 마을문 굉	756	2532	535	1802
023	庚	(경) 平聲/下平: 鍠굉( ) : 종소리/북소리 굉	757	2533	536	1803
023	庚	(경) 平聲/下平: 擰녕( ) : 어지러울 녕	1255	2534	537	1908
023	庚	(경) 平聲/下平: 獰녕( ) : 모질 녕	1260	2535	595	1910
023	庚	(경) 平聲/下平: 瞠당( ) : 똑바로볼 당	1445	2536	539	1946
023	庚	(경) 平聲/下平: 瞠당(쟁) : 똑바로볼 쟁	1446	2537	538	2679
023	庚	(경) 平聲/下平: 鐺당(쟁) : 북소리 쟁	1450	2538	540	2680
023	庚	(경) 平聲/下平: 令령( ) : 하여금 령	1880	2539	543	2035
023	庚	(경) 平聲/下平: 宋망(맹) : 고동보/동자기둥 맹	2279	2540	544	2130
023	庚	(경) 平聲/下平: 氓맹( ) : 백성 맹	2313	2541	545	2131
023	庚	(경) 平聲/下平: 盲맹( ) : 소경/눈멀 맹	2315	2542	546	2132
023	庚	(경) 平聲/下平: 盟맹( ) : 맹세 맹	2316	2543	547	2133
023	庚	(경) 平聲/下平: 萌맹( ) : 싹틀/싹 맹	2317	2544	548	2134
023	庚	(경) 平聲/下平: 甿맹( ) : 백성/농부 맹	2319	2545	549	2135
023	庚	(경) 平聲/下平: 虻맹( ) : 곤충 맹	2321	2546	550	2136
023	庚	(경) 平聲/下平: 名명( ) : 이름 명	2347	2547	551	2141
023	庚	(경) 平聲/下平: 明명( ) : 밝을 명	2349	2548	552	2142
023	庚	(경) 平聲/下平: 鳴명( ) : 새울음/울 명	2359	2549	553	2149
023	庚	(경) 平聲/下平: 鳴명(명) : 새울음 명	2360	2550	554	2148
023	庚	(경) 平聲/下平: 傍방(팽) : 마지못할 팽	2663	2551	555	3040
023	庚	(경) 平聲/下平: 幇방( ) : 도울 방	2668	2552	556	2173
023	庚	(경) 平聲/下平: 旁방(팽) : 휘몰아갈 팽	2674	2553	557	3041

배열형식 B (韻目번호 基準)				배열 A	배열 B	배열 C	배열 D
韻目 番號	韻目(독음) 平仄 / 四聲 : 韻族(異音) : 略義			운족 가나순	운목 번호순	운목 가나순	사성순
023	庚	(경) 平聲/下平: 榜방(병) : 게시판/방써붙일 병		2679	2554	558	2196
023	庚	(경) 平聲/下平: 磅방(팽) : 땅우툴두툴할 팽		2682	2555	559	3042
023	庚	(경) 平聲/下平: 兵병( ) : 병사 병		2825	2556	560	2197
023	庚	(경) 平聲/下平: 幷병( ) : 아우를[=倂] 병		2827	2557	561	2198
023	庚	(경) 平聲/下平: 浜병( ) : 갯고랑(물가이름빈) 병		2857	2558	566	2205
023	庚	(경) 平聲/下平: 棚붕( ) : 시렁 붕		3069	2559	562	2219
023	庚	(경) 平聲/下平: 繃붕( ) : 묶을 붕		3070	2560	565	2221
023	庚	(경) 平聲/下平: 牲생( ) : 희생 생		3403	2561	567	2291
023	庚	(경) 平聲/下平: 生생( ) : 날 생		3404	2562	568	2292
023	庚	(경) 平聲/下平: 甥생( ) : 생질 생		3405	2563	569	2293
023	庚	(경) 平聲/下平: 笙생( ) : 생황 생		3406	2564	570	2294
023	庚	(경) 平聲/下平: 城성( ) : 성/서울/보루 성		3582	2565	571	2320
023	庚	(경) 平聲/下平: 宬성( ) : 서고/창고 성		3584	2566	572	2321
023	庚	(경) 平聲/下平: 成성( ) : 이룰 성		3587	2567	573	2323
023	庚	(경) 平聲/下平: 猩성( ) : 성성이 성		3590	2568	574	2325
023	庚	(경) 平聲/下平: 盛성( ) : 성할 성		3591	2569	575	2326
023	庚	(경) 平聲/下平: 筬성( ) : 바디 성		3594	2570	576	2327
023	庚	(경) 平聲/下平: 聲성( ) : 소리 성		3596	2571	577	2328
023	庚	(경) 平聲/下平: 誠성( ) : 정성 성		3598	2572	578	2330
023	庚	(경) 平聲/下平: 騂성( ) : 붉은말 성		3600	2573	579	2331
023	庚	(경) 平聲/下平: 郕성( ) : 땅이름 성		3602	2574	580	2332
023	庚	(경) 平聲/下平: 櫻앵( ) : 앵두나무 앵		4239	2575	581	2433
023	庚	(경) 平聲/下平: 鶯앵( ) : 꾀꼬리 앵		4241	2576	582	2434
023	庚	(경) 平聲/下平: 鸚앵( ) : 앵무새 앵		4242	2577	583	2435
023	庚	(경) 平聲/下平: 嚶앵( ) : 새소리 앵		4243	2578	584	2436
023	庚	(경) 平聲/下平: 罃앵( ) : 물독 앵		4244	2579	585	2437
023	庚	(경) 平聲/下平: 塋영( ) : 무덤 영		4480	2580	586	2510
023	庚	(경) 平聲/下平: 嶸영( ) : 가파를 영		4481	2581	587	2511
023	庚	(경) 平聲/下平: 楹영( ) : 기둥 영		4485	2582	588	2512
023	庚	(경) 平聲/下平: 榮영( ) : 영화 영		4486	2583	589	2513
023	庚	(경) 平聲/下平: 濚영( ) : 물돌아나갈 영		4490	2584	590	2514
023	庚	(경) 平聲/下平: 瀛영( ) : 바다 영		4491	2585	591	2515
023	庚	(경) 平聲/下平: 濴영( ) : 물흐를 영		4492	2586	592	2516
023	庚	(경) 平聲/下平: 煐영( ) : 빛날 영		4493	2587	593	2517
023	庚	(경) 平聲/下平: 營영( ) : 경영할 영		4494	2588	594	2518
023	庚	(경) 平聲/下平: 瑛영( ) : 옥빛 영		4496	2589	596	2519

배열형식 B (韻目번호 基準)			배열 A	배열 B	배열 C	배열 D
韻目 番號	韻目(독음) 平仄 / 四聲 : 韻族(異音) : 略義		운족 가나순	운목 번호순	운목 가나순	사성순
023	庚	(경) 平聲/下平: 瓔영( ) : 구슬목걸이 영	4497	2590	597	2520
023	庚	(경) 平聲/下平: 盈영( ) : 찰 영	4498	2591	598	2521
023	庚	(경) 平聲/下平: 纓영( ) : 갓끈 영	4500	2592	599	2522
023	庚	(경) 平聲/下平: 英영( ) : 꽃부리 영	4501	2593	600	2523
023	庚	(경) 平聲/下平: 迎영( ) : 맞을 영	4503	2594	601	2524
023	庚	(경) 平聲/下平: 鍈영( ) : 방울소리 영	4504	2595	602	2525
023	庚	(경) 平聲/下平: 霙영( ) : 진눈깨비 영	4505	2596	603	2526
023	庚	(경) 平聲/下平: 嬴영( ) : 찰흙 영	4506	2597	604	2527
023	庚	(경) 平聲/下平: 嬰영( ) : 아기 영	4507	2598	605	2528
023	庚	(경) 平聲/下平: 縈영( ) : 얽힐 영	4508	2599	606	2529
023	庚	(경) 平聲/下平: 蠑영( ) : 영원 영	4509	2600	607	2530
023	庚	(경) 平聲/下平: 贏영( ) : 남을 영	4510	2601	608	2531
023	庚	(경) 平聲/下平: 籯영( ) : 광주리 영	4513	2602	609	2532
023	庚	(경) 平聲/下平: 瑩영( ) : 밝을 영	4514	2603	673	2533
023	庚	(경) 平聲/下平: 瑩영( ) : 풍류이름 영	4515	2604	674	2534
023	庚	(경) 平聲/下平: 爭쟁( ) : 다툴 쟁	5490	2605	610	2681
023	庚	(경) 平聲/下平: 箏쟁( ) : 쟁 쟁	5491	2606	611	2682
023	庚	(경) 平聲/下平: 錚쟁( ) : 쇳소리 쟁	5493	2607	612	2683
023	庚	(경) 平聲/下平: 崢쟁( ) : 가파를 쟁	5494	2608	613	2684
023	庚	(경) 平聲/下平: 狰쟁( ) : 개털 쟁	5495	2609	614	2685
023	庚	(경) 平聲/下平: 琤쟁( ) : 옥소리 쟁	5496	2610	615	2686
023	庚	(경) 平聲/下平: 鎗쟁( ) : 쇳소리 쟁	5497	2611	616	2687
023	庚	(경) 平聲/下平: 丁정(쟁) : 고무래/나무베는소리 쟁	5708	2612	617	2688
023	庚	(경) 平聲/下平: 偵정( ) : 염탐할 정	5712	2613	618	2746
023	庚	(경) 平聲/下平: 呈정( ) : 드릴 정	5713	2614	619	2747
023	庚	(경) 平聲/下平: 征정( ) : 칠/갈 정	5718	2615	620	2748
023	庚	(경) 平聲/下平: 情정( ) : 뜻 정	5719	2616	621	2749
023	庚	(경) 平聲/下平: 旌정( ) : 기 정	5723	2617	622	2750
023	庚	(경) 平聲/下平: 晶정( ) : 맑을 정	5724	2618	623	2751
023	庚	(경) 平聲/下平: 楨정( ) : 광나무 정	5726	2619	624	2752
023	庚	(경) 平聲/下平: 檉정( ) : 위성류 정	5727	2620	625	2753
023	庚	(경) 平聲/下平: 正정( ) : 바를 정	5728	2621	626	2754
023	庚	(경) 平聲/下平: 湞정( ) : 강이름 정	5733	2622	627	2757
023	庚	(경) 平聲/下平: 炡정( ) : 빛날 정	5735	2623	628	2758
023	庚	(경) 平聲/下平: 珽정( ) : 옥이름 정	5736	2624	629	2760
023	庚	(경) 平聲/下平: 睛정( ) : 눈알 정	5738	2625	630	2762

배열형식 B (韻目번호 基準)			배열 A	배열 B	배열 C	배열 D
韻目番號	韻目(독음) 平仄 / 四聲 : 韻族(異音) : 略義		운족 가나순	운목 번호순	운목 가나순	사성순
023	庚	(경) 平聲/下平: 禎정( ) : 상서로울 정	5740	2626	631	2763
023	庚	(경) 平聲/下平: 程정( ) : 길 정	5741	2627	632	2764
023	庚	(경) 平聲/下平: 精정( ) : 정할/자세할 정	5743	2628	633	2765
023	庚	(경) 平聲/下平: 貞정( ) : 곧을 정	5747	2629	634	2767
023	庚	(경) 平聲/下平: 鉦정( ) : 징 정	5751	2630	635	2768
023	庚	(경) 平聲/下平: 怔정( ) : 두려워할 정	5761	2631	636	2772
023	庚	(경) 平聲/下平: 棖정( ) : 문설주 정	5763	2632	637	2774
023	庚	(경) 平聲/下平: 珵정( ) : 솔 정	5764	2633	638	2775
023	庚	(경) 平聲/下平: 盯정( ) : 바로볼 정	5772	2634	639	2778
023	庚	(경) 平聲/下平: 睜정( ) : 싫어하는눈빛 정	5773	2635	640	2779
023	庚	(경) 平聲/下平: 篂정( ) : 바구니 정	5774	2636	641	2780
023	庚	(경) 平聲/下平: 虰정(증) : 개미 증	5779	2637	642	2842
023	庚	(경) 平聲/下平: 裎정( ) : 벌거숭이 정	5782	2638	643	2783
023	庚	(경) 平聲/下平: 赬정( ) : 붉을 정	5783	2639	644	2784
023	庚	(경) 平聲/下平: 菁정( ) : 부추꽃 정	5789	2640	651	2787
023	庚	(경) 平聲/下平: 鯖정( ) : 열구자 정	5791	2641	652	2788
023	庚	(경) 平聲/下平: 鯖정(청) : 청어 청	5792	2642	653	2935
023	庚	(경) 平聲/下平: 橙증( ) : 귤 증	6107	2643	542	2840
023	庚	(경) 平聲/下平: 橙증(등) : 등상(几屬) 등	6108	2644	541	1974
023	庚	(경) 平聲/下平: 禛진( ) : 복받을 진	6232	2645	645	2851
023	庚	(경) 平聲/下平: 瞪징( ) : 바로볼 징	6278	2646	646	2857
023	庚	(경) 平聲/下平: 槍창(쟁) : 혜성 쟁	6384	2647	647	2690
023	庚	(경) 平聲/下平: 綪천(쟁) : 고낼 쟁	6496	2648	648	2691
023	庚	(경) 平聲/下平: 晴청( ) : 갤 청	6545	2649	649	2931
023	庚	(경) 平聲/下平: 淸청( ) : 맑을 청	6546	2650	650	2932
023	庚	(경) 平聲/下平: 鶄청( ) : 해오라기 청	6551	2651	654	2938
023	庚	(경) 平聲/下平: 撑탱( ) : 버틸(撐의俗字) 탱	6986	2652	655	3017
023	庚	(경) 平聲/下平: 撐탱( ) : 버틸/취할/헤칠 탱	6987	2653	656	3018
023	庚	(경) 平聲/下平: 彭팽( ) : 성/땅이름/방패 팽	7081	2654	657	3043
023	庚	(경) 平聲/下平: 澎팽( ) : 물부딪치는소리 팽	7083	2655	658	3044
023	庚	(경) 平聲/下平: 烹팽( ) : 삶을 팽	7084	2656	659	3045
023	庚	(경) 平聲/下平: 伻팽( ) : 심부름꾼 팽	7086	2657	660	3046
023	庚	(경) 平聲/下平: 砰평( ) : 평돌 평	7105	2658	564	3058
023	庚	(경) 平聲/下平: 砰평(붕) : 붕사 붕	7106	2659	563	2220
023	庚	(경) 平聲/下平: 坪평( ) : 들 평	7107	2660	661	3059
023	庚	(경) 平聲/下平: 平평( ) : 평탄할 평	7108	2661	662	3060

배열형식 B (韻目번호 基準)			배열 A	배열 B	배열 C	배열 D
韻目 番號	韻目(독음)	平仄 / 四聲 : 韻族(異音) : 略義	운족 가나순	운목 번호순	운목 가나순	사성순
023	庚	(경) 平聲/下平: 枰평( ) : 바둑판 평	7110	2662	663	3061
023	庚	(경) 平聲/下平: 評평( ) : 평할 평	7112	2663	664	3063
023	庚	(경) 平聲/下平: 抨평( ) : 탄핵할 평	7113	2664	665	3064
023	庚	(경) 平聲/下平: 泙평( ) : 물소리 평	7114	2665	666	3065
023	庚	(경) 平聲/下平: 桁항(형) : 도리 형	7339	2666	667	3145
023	庚	(경) 平聲/下平: 行행( ) : 다닐 행	7389	2667	668	3128
023	庚	(경) 平聲/下平: 亨형( ) : 형통할 형	7486	2668	669	3146
023	庚	(경) 平聲/下平: 亨형(팽) : 삶을 팽	7487	2669	670	3047
023	庚	(경) 平聲/下平: 兄형( ) : 맏/어른 형	7489	2670	671	3147
023	庚	(경) 平聲/下平: 珩형( ) : 노리개 형	7499	2671	672	3153
023	庚	(경) 平聲/下平: 荊형( ) : 가시/가시나무 형	7500	2672	675	3154
023	庚	(경) 平聲/下平: 衡형( ) : 저울대 형	7502	2673	676	3156
023	庚	(경) 平聲/下平: 衡형(횡) : 가로 횡	7503	2674	677	3203
023	庚	(경) 平聲/下平: 哼형( ) : 겁낼 형	7511	2675	678	3161
023	庚	(경) 平聲/下平: 泓홍( ) : 물깊을 홍	7616	2676	679	3172
023	庚	(경) 平聲/下平: 慌황( ) : 황홀할 황	7703	2677	680	3187
023	庚	(경) 平聲/下平: 宖횡( ) : 클 홍	7762	2678	681	3173
023	庚	(경) 平聲/下平: 鐄횡( ) : 큰쇠북/낫 횡	7764	2679	682	3204
023	庚	(경) 平聲/下平: 薨훙(횡) : 많이모일/빠를 횡	7822	2680	683	3205
024	靑	(청) 平聲/下平: 坰경( ) : 들 경	401	2681	6743	1746
024	靑	(청) 平聲/下平: 涇경( ) : 통할 경	415	2682	6744	1750
024	靑	(청) 平聲/下平: 絅경( ) : 홑옷 경	425	2683	6745	1752
024	靑	(청) 平聲/下平: 扃경( ) : 빗장 경	441	2684	6746	1759
024	靑	(청) 平聲/下平: 寧녕( ) : 편안할/차라리 녕	1251	2685	6747	1907
024	靑	(청) 平聲/下平: 寧녕( ) : 편안할/차라리 녕	1258	2686	6781	1909
024	靑	(청) 平聲/下平: 伶령( ) : 영리할 령	1881	2687	6748	2036
024	靑	(청) 平聲/下平: 囹령( ) : 옥 령	1882	2688	6749	2037
024	靑	(청) 平聲/下平: 岺령( ) : 산이으슥할 령	1883	2689	6750	2038
024	靑	(청) 平聲/下平: 玲령( ) : 옥소리 령	1885	2690	6751	2039
024	靑	(청) 平聲/下平: 笭령( ) : 도꼬마리 령	1886	2691	6752	2040
024	靑	(청) 平聲/下平: 羚령( ) : 영양 령	1887	2692	6753	2041
024	靑	(청) 平聲/下平: 翎령( ) : 깃 령	1888	2693	6754	2042
024	靑	(청) 平聲/下平: 聆령( ) : 들을 령	1889	2694	6755	2043
024	靑	(청) 平聲/下平: 鈴령( ) : 방울 령	1891	2695	6756	2044
024	靑	(청) 平聲/下平: 零령(련) : 오랑캐이름 련	1893	2696	6757	2027
024	靑	(청) 平聲/下平: 靈령( ) : 신령 령	1894	2697	6758	2045

배열형식 B (韻目번호 基準)			배열 A	배열 B	배열 C	배열 D
韻目番號	韻目(독음)	平仄 / 四聲 : 韻族(異音) : 略義	운족 가나순	운목 번호순	운목 가나순	사성순
024	靑	(청) 平聲/下平: 齡령( ) : 나이 령	1896	2698	6759	2046
024	靑	(청) 平聲/下平: 姈령( ) : 나이 령	1898	2699	6760	2047
024	靑	(청) 平聲/下平: 苓령( ) : 햇빛 령	1899	2700	6761	2048
024	靑	(청) 平聲/下平: 軨령( ) : 사냥 수레 령	1900	2701	6762	2049
024	靑	(청) 平聲/下平: 鴒령( ) : 할미새 령	1901	2702	6763	2050
024	靑	(청) 平聲/下平: 瓴령( ) : 동이 령	1902	2703	6764	2051
024	靑	(청) 平聲/下平: 舲령( ) : 창있는 작은 배 령	1903	2704	6765	2052
024	靑	(청) 平聲/下平: 蘦령( ) : 감초 령	1904	2705	6766	2053
024	靑	(청) 平聲/下平: 怜령( ) : 영리할 령	1905	2706	6782	2054
024	靑	(청) 平聲/下平: 瞑면(명) : 눈흐릴/눈감을 명	2342	2707	6769	2144
024	靑	(청) 平聲/下平: 冥명( ) : 어두울 명	2346	2708	6767	2140
024	靑	(청) 平聲/下平: 溟명( ) : 어두울/바다 명	2351	2709	6768	2143
024	靑	(청) 平聲/下平: 蓂명( ) : 명협 명	2354	2710	6770	2145
024	靑	(청) 平聲/下平: 螟명( ) : 마디충 명	2356	2711	6771	2146
024	靑	(청) 平聲/下平: 銘명( ) : 새길 명	2358	2712	6772	2147
024	靑	(청) 平聲/下平: 瓶병( ) : 병 병	2833	2713	6773	2199
024	靑	(청) 平聲/下平: 屛병( ) : 울타리 병	2846	2714	6774	2202
024	靑	(청) 平聲/下平: 瓶병( ) : 물장군 병	2850	2715	6775	2203
024	靑	(청) 平聲/下平: 甹병( ) : 끌(曳也) 병	2851	2716	6776	2204
024	靑	(청) 平聲/下平: 俜빙( ) : 비틀거릴 빙	3193	2717	6777	2227
024	靑	(청) 平聲/下平: 惺성( ) : 영리할/깰 성	3586	2718	6778	2322
024	靑	(청) 平聲/下平: 星성( ) : 별 성	3588	2719	6779	2324
024	靑	(청) 平聲/下平: 腥성( ) : 비릴 성	3597	2720	6780	2329
024	靑	(청) 平聲/下平: 營영(형) : 별이름 형	4495	2721	6783	3144
024	靑	(청) 平聲/下平: 玎쟁( ) : 옥소리 쟁	5499	2722	6789	2689
024	靑	(청) 平聲/下平: 玎쟁(정) : 옥소리 정	5500	2723	6790	2759
024	靑	(청) 平聲/下平: 丁정( ) : 사나이 정	5707	2724	6784	2743
024	靑	(청) 平聲/下平: 亭정( ) : 정자 정	5710	2725	6785	2744
024	靑	(청) 平聲/下平: 停정( ) : 머무를 정	5711	2726	6786	2745
024	靑	(청) 平聲/下平: 汀정( ) : 물가 정	5729	2727	6787	2755
024	靑	(청) 平聲/下平: 渟정( ) : 물괼 정	5732	2728	6788	2756
024	靑	(청) 平聲/下平: 町정( ) : 밭두둑 정	5737	2729	6791	2761
024	靑	(청) 平聲/下平: 綎정( ) : 띠술 정	5744	2730	6792	2766
024	靑	(청) 平聲/下平: 霆정( ) : 천둥소리 정	5754	2731	6793	2769
024	靑	(청) 平聲/下平: 叮정( ) : 정성스러울 정	5759	2732	6794	2770
024	靑	(청) 平聲/下平: 婷정( ) : 예쁠 정	5760	2733	6795	2771

배열형식 B (韻目번호 基準)			배열 A	배열 B	배열 C	배열 D
韻目番號		韻目(독음) 平仄 / 四聲 : 韻族(異音) : 略義	운족 가나순	운목 번호순	운목 가나순	사성순
024	靑	(청) 平聲/下平: 桯정( ) : 솥 정	5762	2734	6796	2773
024	靑	(청) 平聲/下平: 筳정( ) : 줄기 정	5765	2735	6797	2776
024	靑	(청) 平聲/下平: 仃정( ) : 외로울 정	5768	2736	6798	2777
024	靑	(청) 平聲/下平: 虰정( ) : 잠자리 정	5778	2737	6799	2781
024	靑	(청) 平聲/下平: 蜓정( ) : 잠자리 정	5780	2738	6800	2782
024	靑	(청) 平聲/下平: 鞓정( ) : 가죽띠 정	5785	2739	6801	2785
024	靑	(청) 平聲/下平: 鼮정( ) : 쥐 정	5788	2740	6802	2786
024	靑	(청) 平聲/下平: 菁정(청) : 무성한모양 청	5790	2741	6804	2933
024	靑	(청) 平聲/下平: 凊정( ) : 서늘할 정	5793	2742	6806	2789
024	靑	(청) 平聲/下平: 凊정(청) : 서늘할 청	5794	2743	6807	2936
024	靑	(청) 平聲/下平: 廳청( ) : 관청 청	6544	2744	6803	2930
024	靑	(청) 平聲/下平: 靑청( ) : 푸를 청	6549	2745	6805	2934
024	靑	(청) 平聲/下平: 蜻청( ) : 귀뚜라미 청	6550	2746	6808	2937
024	靑	(청) 平聲/下平: 萍평( ) : 개구리밥 평	7111	2747	6809	3062
024	靑	(청) 平聲/下平: 刑형( ) : 형벌 형	7491	2748	6810	3148
024	靑	(청) 平聲/下平: 型형( ) : 모형 형	7492	2749	6811	3149
024	靑	(청) 平聲/下平: 形형( ) : 모양 형	7493	2750	6812	3150
024	靑	(청) 平聲/下平: 熒형( ) : 등불 형	7498	2751	6813	3152
024	靑	(청) 平聲/下平: 螢형( ) : 반딧불 형	7501	2752	6814	3155
024	靑	(청) 平聲/下平: 邢형( ) : 성 형	7505	2753	6815	3157
024	靑	(청) 平聲/下平: 馨형( ) : 꽃다울 형	7507	2754	6816	3158
024	靑	(청) 平聲/下平: 陘형( ) : 지레목 형	7509	2755	6817	3159
024	靑	(청) 平聲/下平: 侀형( ) : 형벌 형	7510	2756	6818	3160
024	靑	(청) 平聲/下平: 鉶형( ) : 국그릇 형	7512	2757	6819	3162
024	靑	(청) 平聲/下平: 嚀히(령) : 왁자지껄할 령	7941	2758	6820	2055
025	蒸	(증) 平聲/下平: 肱굉( ) : 팔뚝 굉	752	2759	5605	1798
025	蒸	(증) 平聲/下平: 矜근(긍) : 자랑/공경할 긍	1055	2760	5607	1881
025	蒸	(증) 平聲/下平: 兢긍( ) : 떨릴 긍	1084	2761	5606	1880
025	蒸	(증) 平聲/下平: 能능( ) : 착할/능할/곰 능	1307	2762	5608	1914
025	蒸	(증) 平聲/下平: 燈등( ) : 등 등	1658	2763	5609	1975
025	蒸	(증) 平聲/下平: 登등( ) : 오를 등	1659	2764	5610	1976
025	蒸	(증) 平聲/下平: 藤등( ) : 등나무 등	1661	2765	5611	1977
025	蒸	(증) 平聲/下平: 幐등( ) : 베낄 등	1662	2766	5612	1978
025	蒸	(증) 平聲/下平: 騰등( ) : 오를 등	1664	2767	5613	1979
025	蒸	(증) 平聲/下平: 滕등( ) : 봉할 등	1667	2768	5614	1980
025	蒸	(증) 平聲/下平: 螣등( ) : 등뱀 등	1668	2769	5616	1981

배열형식 B (韻目번호 基準)			배열 A	배열 B	배열 C	배열 D
韻目 番號	韻目(독음)	平仄 / 四聲 : 韻族(異音) : 略義	운족 가나순	운목 번호순	운목 가나순	사성순
025	蒸	(증) 平聲/下平: 螣등(특) : 황충/벼메뚜기 특	1669	2770	5615	3024
025	蒸	(증) 平聲/下平: 凌릉( ) : 떨(戰慄)/업신여길 릉	2113	2771	5617	2100
025	蒸	(증) 平聲/下平: 楞릉( ) : 네모질 릉	2114	2772	5618	2101
025	蒸	(증) 平聲/下平: 稜릉( ) : 서슬/모 릉	2115	2773	5619	2102
025	蒸	(증) 平聲/下平: 綾릉( ) : 무늬놓은비단 릉	2116	2774	5620	2103
025	蒸	(증) 平聲/下平: 菱릉( ) : 마름 릉	2117	2775	5621	2104
025	蒸	(증) 平聲/下平: 陵릉( ) : 마름 릉	2118	2776	5622	2105
025	蒸	(증) 平聲/下平: 蔆릉( ) : 마름 릉	2119	2777	5623	2106
025	蒸	(증) 平聲/下平: 淩릉( ) : 능가할 릉	2120	2778	5624	2107
025	蒸	(증) 平聲/下平: 崩붕( ) : 무너질 붕	3067	2779	5625	2217
025	蒸	(증) 平聲/下平: 朋붕( ) : 벗 붕	3068	2780	5626	2218
025	蒸	(증) 平聲/下平: 鵬붕( ) : 봉새 붕	3071	2781	5627	2222
025	蒸	(증) 平聲/下平: 氷빙( ) : 얼음 빙	3188	2782	5628	2225
025	蒸	(증) 平聲/下平: 冰빙( ) : 얼음 빙	3191	2783	5629	2226
025	蒸	(증) 平聲/下平: 馮빙( ) : 탈[乘也] 빙	3194	2784	5660	2228
025	蒸	(증) 平聲/下平: 丞승( ) : 이을/도울/향상할 승	3936	2785	5630	2379
025	蒸	(증) 平聲/下平: 僧승( ) : 중 승	3938	2786	5631	2380
025	蒸	(증) 平聲/下平: 升승( ) : 되 승	3940	2787	5632	2381
025	蒸	(증) 平聲/下平: 承승( ) : 이을 승	3941	2788	5633	2382
025	蒸	(증) 平聲/下平: 昇승( ) : 오를 승	3942	2789	5634	2383
025	蒸	(증) 平聲/下平: 繩승( ) : 노끈 승	3943	2790	5635	2384
025	蒸	(증) 平聲/下平: 蠅승( ) : 파리 승	3944	2791	5636	2385
025	蒸	(증) 平聲/下平: 脀승(증) : 희생잡을 증	3947	2792	5637	2841
025	蒸	(증) 平聲/下平: 鱦승( ) : 물고기새끼 승	3948	2793	5638	2386
025	蒸	(증) 平聲/下平: 凝응( ) : 엉길 응	5130	2794	5639	2626
025	蒸	(증) 平聲/下平: 膺응( ) : 가슴 응	5132	2795	5640	2627
025	蒸	(증) 平聲/下平: 鷹응( ) : 매 응	5133	2796	5641	2628
025	蒸	(증) 平聲/下平: 疑의(익) : 정할 응	5150	2797	5642	2629
025	蒸	(증) 平聲/下平: 仍잉( ) : 인할 잉	5300	2798	5643	2635
025	蒸	(증) 平聲/下平: 艿잉( ) : 새풀싹 잉	5303	2799	5644	2636
025	蒸	(증) 平聲/下平: 扔잉( ) : 당길 잉	5305	2800	5645	2637
025	蒸	(증) 平聲/下平: 增증( ) : 더할 증	6109	2801	5646	2843
025	蒸	(증) 平聲/下平: 憎증( ) : 미울 증	6110	2802	5647	2844
025	蒸	(증) 平聲/下平: 曾증( ) : 일찍이 증	6111	2803	5648	2845
025	蒸	(증) 平聲/下平: 繒증( ) : 비단 증	6116	2804	5649	2846
025	蒸	(증) 平聲/下平: 蒸증( ) : 찔 증	6117	2805	5650	2847

배열형식 B (韻目번호 基準)			배열 A	배열 B	배열 C	배열 D
韻目番號	韻目(독음) 平仄 / 四聲 : 韻族(異音) : 略義		운족 가나순	운목 번호순	운목 가나순	사성순
025	蒸	(증) 平聲/下平: 矰증( ) : 주살 증	6120	2806	5651	2848
025	蒸	(증) 平聲/下平: 鄫증( ) : 나라이름 증	6121	2807	5652	2849
025	蒸	(증) 平聲/下平: 驓증( ) : 말이름 증	6122	2808	5653	2850
025	蒸	(증) 平聲/下平: 徵징( ) : 부를 징	6274	2809	5654	2853
025	蒸	(증) 平聲/下平: 懲징( ) : 징계할 징	6275	2810	5655	2854
025	蒸	(증) 平聲/下平: 澄징( ) : 맑을 징	6276	2811	5656	2855
025	蒸	(증) 平聲/下平: 癥징( ) : 적취 징	6277	2812	5657	2856
025	蒸	(증) 平聲/下平: 層층( ) : 층 층	6796	2813	5658	2986
025	蒸	(증) 平聲/下平: 偁칭( ) : 이를 칭	6868	2814	5659	2995
025	蒸	(증) 平聲/下平: 姮항( ) : 달에사는미인 항	7332	2815	5661	3120
025	蒸	(증) 平聲/下平: 恒항( ) : 항상 항	7334	2816	5662	3121
025	蒸	(증) 平聲/下平: 滎형( ) : 실개천/물이름 형	7495	2817	5663	3151
025	蒸	(증) 平聲/下平: 弘홍( ) : 클 홍	7614	2818	5664	3171
025	蒸	(증) 平聲/下平: 薨훙( ) : 죽을 훙	7821	2819	5665	3227
026	尤	(우) 平聲/下平: 鸛관( ) : 황새 관	691	2820	4331	1785
026	尤	(우) 平聲/下平: 敎교( ) : 가르칠 교	766	2821	4332	1809
026	尤	(우) 平聲/下平: 蟜교( ) : 독충 교	805	2822	4333	1822
026	尤	(우) 平聲/下平: 丘구( ) : 언덕 구	814	2823	4334	1828
026	尤	(우) 平聲/下平: 九구( ) : 아홉 구	816	2824	4335	1829
026	尤	(우) 平聲/下平: 仇구( ) : 짝/원수 구	818	2825	4336	1830
026	尤	(우) 平聲/下平: 區구(우) : 저울눈/숨길 우	824	2826	4337	2581
026	尤	(우) 平聲/下平: 句구(귀) : 글귀 귀	827	2827	4338	1865
026	尤	(우) 平聲/下平: 嘔구( ) : 토할/노래할 구	829	2828	4339	1831
026	尤	(우) 平聲/下平: 坵구( ) : 언덕 구	831	2829	4340	1832
026	尤	(우) 平聲/下平: 歐구( ) : 구라파/칠 구	841	2830	4341	1833
026	尤	(우) 平聲/下平: 毬구( ) : 공/둥근물체 구	843	2831	4342	1834
026	尤	(우) 平聲/下平: 求구( ) : 구원할 구	844	2832	4343	1835
026	尤	(우) 平聲/下平: 溝구( ) : 도랑 구	845	2833	4344	1836
026	尤	(우) 平聲/下平: 球구( ) : 공/옥경 구	849	2834	4345	1837
026	尤	(우) 平聲/下平: 絿구( ) : 급박할 구	853	2835	4346	1838
026	尤	(우) 平聲/下平: 謳구( ) : 노래할 구	860	2836	4347	1839
026	尤	(우) 平聲/下平: 逑구( ) : 짝 구	863	2837	4348	1840
026	尤	(우) 平聲/下平: 邱구( ) : 언덕 구	864	2838	4349	1841
026	尤	(우) 平聲/下平: 鉤구( ) : 띠쇠/갈고리 구	865	2839	4350	1842
026	尤	(우) 平聲/下平: 銶구( ) : 끌 구	866	2840	4351	1843
026	尤	(우) 平聲/下平: 鳩구( ) : 비둘기 구	869	2841	4352	1844

배열형식 B (韻目번호 基準)			배열 A	배열 B	배열 C	배열 D
韻目番號	韻目(독음) 平仄 / 四聲 : 韻族(異音) : 略義		운족 가나순	운목 번호순	운목 가나순	사성순
026	尤	(우) 平聲/下平: 鷗구( ) : 갈매기 구	870	2842	4353	1845
026	尤	(우) 平聲/下平: 俅구( ) : 공손할 구	871	2843	4355	1847
026	尤	(우) 平聲/下平: 摳구( ) : 추어올릴 구	879	2844	4356	1848
026	尤	(우) 平聲/下平: 漚구( ) : 담글 구	880	2845	4357	1849
026	尤	(우) 平聲/下平: 璆구( ) : 아름다운옥 구	881	2846	4358	1850
026	尤	(우) 平聲/下平: 甌구( ) : 사발 구	882	2847	4359	1851
026	尤	(우) 平聲/下平: 窶구( ) : 가난할 구	884	2848	4360	1852
026	尤	(우) 平聲/下平: 篝구( ) : 대그릇 구	885	2849	4361	1853
026	尤	(우) 平聲/下平: 蚯구( ) : 지렁이 구	888	2850	4362	1854
026	尤	(우) 平聲/下平: 裘구( ) : 갖옷 구	889	2851	4363	1855
026	尤	(우) 平聲/下平: 彄구( ) : 활꽂이 구	900	2852	4364	1856
026	尤	(우) 平聲/下平: 緱구( ) : 칼자루감는노끈 구	904	2853	4365	1857
026	尤	(우) 平聲/下平: 龜귀(구) : 나라이름 구	981	2854	4354	1846
026	尤	(우) 平聲/下平: 虯규( ) : 뿔없는용 규	1007	2855	4366	1866
026	尤	(우) 平聲/下平: 馗규(구) : 버섯 구	1009	2856	4367	1858
026	尤	(우) 平聲/下平: 蛋단( ) : 오랑캐이름/새알 단	1351	2857	4368	1920
026	尤	(우) 平聲/下平: 兜도( ) : 투구 도	1542	2858	4369	1969
026	尤	(우) 平聲/下平: 兜도(두) : 반할 두	1543	2859	4370	1971
026	尤	(우) 平聲/下平: 綢도(주) : 얽을 주	1547	2860	4485	2828
026	尤	(우) 平聲/下平: 遁돈(둔) : 피할/끊을 둔	1588	2861	4372	1973
026	尤	(우) 平聲/下平: 頭두( ) : 머리 두	1641	2862	4371	1972
026	尤	(우) 平聲/下平: 蟉료(규) : 용굼틀거릴 규	2025	2863	4373	1867
026	尤	(우) 平聲/下平: 瘳료(추) : 병나을/덜 추	2030	2864	4511	2976
026	尤	(우) 平聲/下平: 婁루( ) : 별이름 루	2035	2865	4374	2071
026	尤	(우) 平聲/下平: 樓루( ) : 다락 루	2037	2866	4375	2072
026	尤	(우) 平聲/下平: 蔞루( ) : 쑥 루	2044	2867	4376	2073
026	尤	(우) 平聲/下平: 僂루( ) : 부릴 루	2048	2868	4377	2074
026	尤	(우) 平聲/下平: 嘍루( ) : 시끄러울 루	2049	2869	4378	2075
026	尤	(우) 平聲/下平: 螻루( ) : 땅강아지 루	2050	2870	4379	2076
026	尤	(우) 平聲/下平: 髏루( ) : 해골 루	2051	2871	4380	2077
026	尤	(우) 平聲/下平: 鱜루( ) : 잉어 루	2052	2872	4381	2078
026	尤	(우) 平聲/下平: 摟루( ) : 끌어모을 루	2054	2873	4382	2079
026	尤	(우) 平聲/下平: 簍루( ) : 대바구니 루	2057	2874	4383	2080
026	尤	(우) 平聲/下平: 軁루( ) : 벼슬이름 루	2058	2875	4384	2081
026	尤	(우) 平聲/下平: 鷜루( ) : 기러기 루	2059	2876	4385	2082
026	尤	(우) 平聲/下平: 劉류( ) : 죽일/묘금도/성 류	2060	2877	4386	2083

배열형식 B (韻目번호 基準)			배열 A	배열 B	배열 C	배열 D
韻目番號	韻目(독음)	平仄 / 四聲 : 韻族(異音) : 略義	운족 가나순	운목 번호순	운목 가나순	사성순
026	尤	(우) 平聲/下平: 旒류( ) : 깃발 류	2061	2878	4387	2084
026	尤	(우) 平聲/下平: 榴류( ) : 석류나무 류	2063	2879	4388	2085
026	尤	(우) 平聲/下平: 流류( ) : 흐를 류	2064	2880	4389	2086
026	尤	(우) 平聲/下平: 瀏류( ) : 맑을 류	2066	2881	4390	2087
026	尤	(우) 平聲/下平: 琉류( ) : 유리 류	2067	2882	4391	2088
026	尤	(우) 平聲/下平: 瑠류( ) : 유리 류	2068	2883	4392	2089
026	尤	(우) 平聲/下平: 留류( ) : 머무를 류	2069	2884	4393	2090
026	尤	(우) 平聲/下平: 瘤류( ) : 혹 류	2070	2885	4394	2091
026	尤	(우) 平聲/下平: 硫류( ) : 유황 류	2071	2886	4395	2092
026	尤	(우) 平聲/下平: 鶹류( ) : 올빼미 류	2074	2887	4396	2093
026	尤	(우) 平聲/下平: 嚠류( ) : 맑을 류	2075	2888	4397	2094
026	尤	(우) 平聲/下平: 鏐류( ) : 황금 류	2078	2889	4398	2095
026	尤	(우) 平聲/下平: 飀류( ) : 높은바람 류	2080	2890	4399	2096
026	尤	(우) 平聲/下平: 騮류( ) : 말이름 류	2082	2891	4400	2097
026	尤	(우) 平聲/下平: 犂리(리) : 무서워떨 류	2163	2892	4401	2098
026	尤	(우) 平聲/下平: 牟모( ) : 보리 모	2378	2893	4402	2152
026	尤	(우) 平聲/下平: 眸모( ) : 눈동자 모	2381	2894	4403	2153
026	尤	(우) 平聲/下平: 矛모( ) : 창 모	2382	2895	4404	2154
026	尤	(우) 平聲/下平: 謀모( ) : 꾀 모	2387	2896	4405	2156
026	尤	(우) 平聲/下平: 侔모( ) : 가지런할 모	2391	2897	4406	2157
026	尤	(우) 平聲/下平: 蟊모( ) : 해충 모	2396	2898	4407	2159
026	尤	(우) 平聲/下平: 蛑모( ) : 꽃게 모	2402	2899	4408	2161
026	尤	(우) 平聲/下平: 麰모( ) : 보리 모	2403	2900	4409	2162
026	尤	(우) 平聲/下平: 繆무(규) : 요질[繆絰] 규	2464	2901	4411	1868
026	尤	(우) 平聲/下平: 繆무(류) : 어그러질 류	2465	2902	4410	2099
026	尤	(우) 平聲/下平: 洀반( ) : 서릴 반	2642	2903	4495	2170
026	尤	(우) 平聲/下平: 浮부( ) : 뜰 부	2953	2904	4412	2206
026	尤	(우) 平聲/下平: 艀부( ) : 작은배 부	2965	2905	4413	2207
026	尤	(우) 平聲/下平: 桴부( ) : 마룻대 부	2983	2906	4414	2208
026	尤	(우) 平聲/下平: 罘부( ) : 그물 부	2985	2907	4415	2209
026	尤	(우) 平聲/下平: 罦부( ) : 그물 부	2986	2908	4416	2210
026	尤	(우) 平聲/下平: 芣부( ) : 질경이 부	2987	2909	4417	2211
026	尤	(우) 平聲/下平: 蜉부( ) : 하루살이 부	2989	2910	4418	2212
026	尤	(우) 平聲/下平: 裒부( ) : 모일 부	2990	2911	4419	2213
026	尤	(우) 平聲/下平: 烰부( ) : 김오를 부	2998	2912	4420	2214
026	尤	(우) 平聲/下平: 不부(불) : 아니 부	3006	2913	4421	2216

배열형식 B (韻目번호 基準)			배열 A	배열 B	배열 C	배열 D
韻目番號	韻目(독음) 平仄 / 四聲 : 韻族(異音) : 略義		운족 가나순	운목 번호순	운목 가나순	사성순
026	尤	(우) 平聲/下平: 涑수( ) : 빨래할/양치질할 수	3753	2914	4422	2359
026	尤	(우) 平聲/下平: 修수( ) : 닦을 수	3757	2915	4423	2360
026	尤	(우) 平聲/下平: 囚수( ) : 가둘 수	3761	2916	4424	2361
026	尤	(우) 平聲/下平: 愁수( ) : 근심 수	3767	2917	4425	2362
026	尤	(우) 平聲/下平: 搜수( ) : 찾을 수	3771	2918	4426	2363
026	尤	(우) 平聲/下平: 收수( ) : 거둘 수	3772	2919	4427	2364
026	尤	(우) 平聲/下平: 羞수( ) : 나갈/바칠 수	3795	2920	4428	2365
026	尤	(우) 平聲/下平: 脩수( ) : 포 수	3796	2921	4429	2366
026	尤	(우) 平聲/下平: 蒐수( ) : 모을 수	3798	2922	4430	2367
026	尤	(우) 平聲/下平: 讐수( ) : 짝/원수 수	3802	2923	4431	2368
026	尤	(우) 平聲/下平: 酬수( ) : 잔돌릴 수	3806	2924	4432	2369
026	尤	(우) 平聲/下平: 叟수( ) : 늙은이 수	3818	2925	4433	2370
026	尤	(우) 平聲/下平: 售수( ) : 팔 수	3819	2926	4434	2371
026	尤	(우) 平聲/下平: 廋수( ) : 숨길 수	3820	2927	4435	2372
026	尤	(우) 平聲/下平: 泅수( ) : 헤엄칠 수	3823	2928	4436	2373
026	尤	(우) 平聲/下平: 溲수( ) : 오줌/반죽할 수	3824	2929	4437	2374
026	尤	(우) 平聲/下平: 讎수( ) : 원수 수	3831	2930	4438	2375
026	尤	(우) 平聲/下平: 颼수( ) : 바람소리 수	3834	2931	4439	2376
026	尤	(우) 平聲/下平: 蓨수(조) : 싹 조	3843	2932	4440	2792
026	尤	(우) 平聲/下平: 鱐수( ) : 어포 수	3844	2933	4441	2378
026	尤	(우) 平聲/下平: 繇요(유) : 부드러울 유	4731	2934	4442	2596
026	尤	(우) 平聲/下平: 舀요(유) : 절구확긁어낼 유	4749	2935	4443	2597
026	尤	(우) 平聲/下平: 優우( ) : 넉넉할 우	4797	2936	4444	2582
026	尤	(우) 平聲/下平: 尤우( ) : 더욱 우	4803	2937	4445	2583
026	尤	(우) 平聲/下平: 憂우( ) : 근심 우	4805	2938	4446	2584
026	尤	(우) 平聲/下平: 牛우( ) : 소 우	4807	2939	4447	2585
026	尤	(우) 平聲/下平: 郵우( ) : 우편 우	4821	2940	4448	2586
026	尤	(우) 平聲/下平: 疣우( ) : 사마귀 우	4828	2941	4449	2587
026	尤	(우) 平聲/下平: 麀우( ) : 암사슴 우	4832	2942	4450	2588
026	尤	(우) 平聲/下平: 幽유( ) : 그윽할 유	4984	2943	4451	2598
026	尤	(우) 平聲/下平: 悠유( ) : 멀 유	4986	2944	4452	2599
026	尤	(우) 平聲/下平: 愉유(투) : 구차할 투	4990	2945	4453	3019
026	尤	(우) 平聲/下平: 攸유( ) : 바 유	4992	2946	4454	2600
026	尤	(우) 平聲/下平: 柔유( ) : 부드러울 유	4994	2947	4455	2601
026	尤	(우) 平聲/下平: 楢유( ) : 졸참나무 유	4998	2948	4456	2602
026	尤	(우) 平聲/下平: 油유( ) : 기름 유	4999	2949	4457	2603

배열형식 B (韻目번호 基準)		배열 A	배열 B	배열 C	배열 D
韻目番號	韻目(독음) 平仄 / 四聲 : 韻族(異音) : 略義	운족 가나순	운목 번호순	운목 가나순	사성순
026	尤 (우) 平聲/下平: 游유( ) : 헤엄칠 유	5001	2950	4458	2604
026	尤 (우) 平聲/下平: 猶유( ) : 오히려 유	5003	2951	4459	2605
026	尤 (우) 平聲/下平: 猷유( ) : 꾀할 유	5004	2952	4460	2606
026	尤 (우) 平聲/下平: 由유( ) : 말미암을 유	5006	2953	4461	2607
026	尤 (우) 平聲/下平: 蹂유( ) : 밟을 유	5015	2954	4462	2608
026	尤 (우) 平聲/下平: 遊유( ) : 놀 유	5016	2955	4463	2609
026	尤 (우) 平聲/下平: 鍮유( ) : 자연동/놋쇠 유	5021	2956	4464	2610
026	尤 (우) 平聲/下平: 呦유( ) : 울 유	5022	2957	4465	2611
026	尤 (우) 平聲/下平: 揉유( ) : 주무를 유	5028	2958	4466	2612
026	尤 (우) 平聲/下平: 斿유( ) : 깃발 유	5029	2959	4467	2613
026	尤 (우) 平聲/下平: 蚰유( ) : 땅지네/노래기 유	5037	2960	4468	2614
026	尤 (우) 平聲/下平: 蝤유( ) : 큰게 유	5038	2961	4469	2615
026	尤 (우) 平聲/下平: 蝤유(추) : 나무좀 추	5039	2962	4470	2963
026	尤 (우) 平聲/下平: 媮유(투) : 간교할 투	5048	2963	4471	3020
026	尤 (우) 平聲/下平: 櫾유( ) : 태울 유	5051	2964	4472	2616
026	尤 (우) 平聲/下平: 蝚유( ) : 땅강아지 유	5059	2965	4473	2617
026	尤 (우) 平聲/下平: 輶유( ) : 미끄러질 유	5063	2966	4474	2618
026	尤 (우) 平聲/下平: 稠조( ) : 빽빽할 조	5869	2967	4475	2803
026	尤 (우) 平聲/下平: 鯈조( ) : 피리/피라미 조	5921	2968	4477	2815
026	尤 (우) 平聲/下平: 鯈조(주) : 송사리 주	5922	2969	4478	2821
026	尤 (우) 平聲/下平: 篌종( ) : 공후(악기명) 종	5974	2970	4526	2817
026	尤 (우) 平聲/下平: 啁주(주) : 새소리 주	5984	2971	4476	2820
026	尤 (우) 平聲/下平: 周주( ) : 두루 주	5993	2972	4479	2822
026	尤 (우) 平聲/下平: 州주( ) : 고을 주	5996	2973	4480	2823
026	尤 (우) 平聲/下平: 洲주( ) : 물가 주	6003	2974	4481	2824
026	尤 (우) 平聲/下平: 疇주( ) : 이랑 주	6008	2975	4482	2825
026	尤 (우) 平聲/下平: 籌주( ) : 투호살 주	6009	2976	4483	2826
026	尤 (우) 平聲/下平: 紬주( ) : 명주 주	6011	2977	4484	2827
026	尤 (우) 平聲/下平: 舟주( ) : 배 주	6012	2978	4486	2829
026	尤 (우) 平聲/下平: 躊주( ) : 머뭇거릴 주	6017	2979	4487	2830
026	尤 (우) 平聲/下平: 週주( ) : 주일 주	6019	2980	4488	2831
026	尤 (우) 平聲/下平: 丟주( ) : 가버릴/잃어버릴 주	6024	2981	4489	2832
026	尤 (우) 平聲/下平: 侜주( ) : 속일 주	6025	2982	4490	2833
026	尤 (우) 平聲/下平: 幬주( ) : 수레휘장 주	6026	2983	4491	2834
026	尤 (우) 平聲/下平: 賙주( ) : 진휼할 주	6034	2984	4492	2835
026	尤 (우) 平聲/下平: 輈주( ) : 끌채 주	6035	2985	4493	2836

배열형식 B (韻目번호 基準)			배열 A	배열 B	배열 C	배열 D
韻目番號	韻目(독음) 平仄 / 四聲 : 韻族(異音) : 略義		운족 가나순	운목 번호순	운목 가나순	사성순
026	尤	(우) 平聲/下平: 遒주( ) : 머무를 주	6036	2986	4494	2837
026	尤	(우) 平聲/下平: 譸주( ) : 속일/저주할 주	6041	2987	4496	2838
026	尤	(우) 平聲/下平: 鵃주( ) : 산비둘기 주	6043	2988	4497	2839
026	尤	(우) 平聲/下平: 齺착(추) : 이부러질 추	6316	2989	4518	2983
026	尤	(우) 平聲/下平: 菆찬(추) : 좋은화살 추	6340	2990	4516	2981
026	尤	(우) 平聲/下平: 抽추( ) : 뽑을 추	6671	2991	4498	2964
026	尤	(우) 平聲/下平: 楸추( ) : 가래나무 추	6675	2992	4499	2965
026	尤	(우) 平聲/下平: 樞추(우) : 느릅나무 우	6677	2993	4500	2589
026	尤	(우) 平聲/下平: 湫추( ) : 늪/폭포 추	6678	2994	4501	2966
026	尤	(우) 平聲/下平: 秋추( ) : 가을 추	6681	2995	4502	2967
026	尤	(우) 平聲/下平: 萩추( ) : 가래나무 추	6683	2996	4503	2968
026	尤	(우) 平聲/下平: 諏추( ) : 꾀할 추	6684	2997	4504	2969
026	尤	(우) 平聲/下平: 鄒추( ) : 추나라 추	6688	2998	4505	2970
026	尤	(우) 平聲/下平: 酋추( ) : 괴수/술익을 추	6689	2999	4506	2971
026	尤	(우) 平聲/下平: 騶추( ) : 말먹이는사람 추	6696	3000	4507	2972
026	尤	(우) 平聲/下平: 鰍추( ) : 미꾸라지 추	6697	3001	4508	2973
026	尤	(우) 平聲/下平: 啾추( ) : 소리 추	6699	3002	4509	2974
026	尤	(우) 平聲/下平: 惆추( ) : 실심할/슬퍼할 추	6702	3003	4510	2975
026	尤	(우) 平聲/下平: 陬추( ) : 모퉁이 추	6705	3004	4512	2977
026	尤	(우) 平聲/下平: 鞦추( ) : 그네 추	6707	3005	4513	2978
026	尤	(우) 平聲/下平: 鰌추( ) : 미꾸라지 추	6711	3006	4514	2979
026	尤	(우) 平聲/下平: 緅추( ) : 보라빛 추	6713	3007	4515	2980
026	尤	(우) 平聲/下平: 鄹추( ) : 추나라(鄒) 추	6717	3008	4517	2982
026	尤	(우) 平聲/下平: 妯축( ) : 동서 축	6733	3009	4519	2985
026	尤	(우) 平聲/下平: 偸투( ) : 훔칠 투	7012	3010	4520	3021
026	尤	(우) 平聲/下平: 投투( ) : 던질 투	7014	3011	4521	3022
026	尤	(우) 平聲/下平: 骰투( ) : 주사위 투	7019	3012	4522	3023
026	尤	(우) 平聲/下平: 彪표( ) : 빠를 표	7181	3013	4523	3082
026	尤	(우) 平聲/下平: 烋효(휴) : 아름다울 휴	7791	3014	4528	3229
026	尤	(우) 平聲/下平: 侯후( ) : 제후 후	7793	3015	4524	3224
026	尤	(우) 平聲/下平: 喉후( ) : 목구멍 후	7798	3016	4525	3225
026	尤	(우) 平聲/下平: 餱후( ) : 건량 후	7807	3017	4527	3226
026	尤	(우) 平聲/下平: 庥휴( ) : 나무그늘 휴	7860	3018	4529	3230
026	尤	(우) 平聲/下平: 貅휴( ) : 맹수이름 휴	7863	3019	4530	3231
026	尤	(우) 平聲/下平: 興흥( ) : 일 흥	7906	3020	4531	3235
027	侵	(침) 平聲/下平: 玪감(음) : 옥돌 음	147	3021	7002	2619

배열형식 B (韻目번호 基準)			배열 A	배열 B	배열 C	배열 D
韻目 番號	韻目(독음) 平仄 / 四聲 : 韻族(異音) : 略義		운족 가나순	운목 번호순	운목 가나순	사성순
027	侵	(침) 平聲/下平: 黔검(금) : 귀신이름 금	302	3022	7003	1869
027	侵	(침) 平聲/下平: 今금( ) : 이제 금	1057	3023	7004	1870
027	侵	(침) 平聲/下平: 擒금( ) : 사로잡을 금	1059	3024	7005	1871
027	侵	(침) 平聲/下平: 檎금( ) : 능금나무 금	1060	3025	7006	1872
027	侵	(침) 平聲/下平: 琴금( ) : 거문고 금	1061	3026	7007	1873
027	侵	(침) 平聲/下平: 禽금( ) : 새 금	1063	3027	7008	1874
027	侵	(침) 平聲/下平: 芩금( ) : 풀이름 금	1064	3028	7009	1875
027	侵	(침) 平聲/下平: 衾금( ) : 이불 금	1065	3029	7010	1876
027	侵	(침) 平聲/下平: 衿금( ) : 옷깃 금	1066	3030	7011	1877
027	侵	(침) 平聲/下平: 襟금( ) : 깃 금	1067	3031	7012	1878
027	侵	(침) 平聲/下平: 金금( ) : 쇠/귀할 금	1068	3032	7014	1879
027	侵	(침) 平聲/下平: 金금(김) : 성/땅이름 김	1069	3033	7013	1884
027	侵	(침) 平聲/下平: 蟫담(심) : 움직일 심	1418	3034	7015	2387
027	侵	(침) 平聲/下平: 蟫담(음) : 좀 음	1419	3035	7016	2620
027	侵	(침) 平聲/下平: 林림( ) : 수풀 림	2191	3036	7017	2108
027	侵	(침) 平聲/下平: 淋림( ) : 물축일/뿌릴 림	2192	3037	7018	2109
027	侵	(침) 平聲/下平: 琳림( ) : 아름다운옥 림	2193	3038	7019	2110
027	侵	(침) 平聲/下平: 臨림( ) : 임할/클/군림할 림	2194	3039	7020	2111
027	侵	(침) 平聲/下平: 霖림( ) : 장마 림	2195	3040	7021	2112
027	侵	(침) 平聲/下平: 森삼( ) : 수풀 삼	3329	3041	7022	2258
027	侵	(침) 平聲/下平: 蔘삼( ) : 삼 삼	3331	3042	7023	2260
027	侵	(침) 平聲/下平: 槮삼( ) : 밋밋할 삼	3333	3043	7024	2262
027	侵	(침) 平聲/下平: 尋심( ) : 찾을 심	4048	3044	7025	2388
027	侵	(침) 平聲/下平: 心심( ) : 마음 심	4049	3045	7026	2389
027	侵	(침) 平聲/下平: 諶심( ) : 참 심	4054	3046	7027	2390
027	侵	(침) 平聲/下平: 潯심( ) : 물가 심	4055	3047	7028	2391
027	侵	(침) 平聲/下平: 蕈심( ) : 버섯 심	4058	3048	7029	2392
027	侵	(침) 平聲/下平: 椹심(침) : 다디미돌 침	4062	3049	7049	2993
027	侵	(침) 平聲/下平: 淫음( ) : 음란할 음	5114	3050	7030	2621
027	侵	(침) 平聲/下平: 陰음( ) : 그늘 음	5116	3051	7031	2622
027	侵	(침) 平聲/下平: 音음( ) : 소리 음	5117	3052	7032	2623
027	侵	(침) 平聲/下平: 瘖음( ) : 벙어리 음	5119	3053	7033	2624
027	侵	(침) 平聲/下平: 壬임( ) : 맡길 임	5285	3054	7034	2632
027	侵	(침) 平聲/下平: 妊임( ) : 아이밸 임	5286	3055	7035	2633
027	侵	(침) 平聲/下平: 姙임( ) : 아이밸 임	5287	3056	7036	2634
027	侵	(침) 平聲/下平: 岑잠( ) : 봉우리 잠	5403	3057	7037	2640

배열형식 B (韻目번호 基準)			배열 A	배열 B	배열 C	배열 D
韻目番號		韻目(독음) 平仄 / 四聲 : 韻族(異音) : 略義	운족 가나순	운목 번호순	운목 가나순	사성순
027	侵	(침) 平聲/下平: 岑잠(음) : 기슭/언덕/낭떠러지 음	5404	3058	7038	2625
027	侵	(침) 平聲/下平: 箴잠( ) : 바늘/침 잠	5407	3059	7039	2642
027	侵	(침) 平聲/下平: 簪잠( ) : 비녀 잠	5408	3060	7040	2643
027	侵	(침) 平聲/下平: 涔잠( ) : 괸물 잠	5410	3061	7041	2645
027	侵	(침) 平聲/下平: 斟짐( ) : 짐작할 짐	6263	3062	7042	2852
027	侵	(침) 平聲/下平: 侵침( ) : 침노할 침	6851	3063	7043	2987
027	侵	(침) 平聲/下平: 沈침(심) : 즙낼/성 심	6855	3064	7044	2394
027	侵	(침) 平聲/下平: 琛침( ) : 보배 침	6857	3065	7045	2988
027	侵	(침) 平聲/下平: 砧침( ) : 다듬잇돌 침	6858	3066	7046	2989
027	侵	(침) 平聲/下平: 針침( ) : 바늘 침	6859	3067	7047	2990
027	侵	(침) 平聲/下平: 忱침( ) : 정성 침	6862	3068	7048	2992
027	侵	(침) 平聲/下平: 綝침( ) : 사람이름 침	6864	3069	7050	2994
027	侵	(침) 平聲/下平: 休휴( ) : 쉴 휴	7855	3070	7051	3228
027	侵	(침) 平聲/下平: 欽흠( ) : 공경할 흠	7898	3071	7052	3232
027	侵	(침) 平聲/下平: 廞흠( ) : 포진할/일 흠	7900	3072	7053	3234
028	覃	(담) 平聲/下平: 堪감( ) : 견딜 감	123	3073	906	1673
028	覃	(담) 平聲/下平: 戡감( ) : 칠 감	127	3074	907	1674
028	覃	(담) 平聲/下平: 柑감( ) : 감귤나무 감	129	3075	908	1675
028	覃	(담) 平聲/下平: 甘감( ) : 달 감	133	3076	909	1676
028	覃	(담) 平聲/下平: 疳감( ) : 감질 감	134	3077	910	1677
028	覃	(담) 平聲/下平: 龕감( ) : 감실 감	140	3078	912	1680
028	覃	(담) 平聲/下平: 坩감( ) : 도가니 감	141	3079	913	1681
028	覃	(담) 平聲/下平: 弇감( ) : 뚜껑/사람이름 감	142	3080	914	1682
028	覃	(담) 平聲/下平: 酣감( ) : 즐길 감	145	3081	915	1683
028	覃	(담) 平聲/下平: 南남( ) : 남녘 남	1206	3082	916	1892
028	覃	(담) 平聲/下平: 枏남( ) : 매화나무 남	1207	3083	917	1893
028	覃	(담) 平聲/下平: 楠남( ) : 녹나무 남	1209	3084	918	1894
028	覃	(담) 平聲/下平: 男남( ) : 사내 남	1211	3085	919	1895
028	覃	(담) 平聲/下平: 娚남( ) : 말소리/오라비 남	1214	3086	922	1898
028	覃	(담) 平聲/下平: 担단(걸) : 멜(擔의속자) 담	1358	3087	923	1921
028	覃	(담) 平聲/下平: 曇담( ) : 구름낄 담	1394	3088	924	1922
028	覃	(담) 平聲/下平: 湛담( ) : 즐거울 담	1396	3089	925	1923
028	覃	(담) 平聲/下平: 湛담(잠) : 편안할/맑을 잠	1397	3090	926	2639
028	覃	(담) 平聲/下平: 潭담( ) : 못/깊을 담	1399	3091	927	1924
028	覃	(담) 平聲/下平: 痰담( ) : 가래 담	1401	3092	928	1925
028	覃	(담) 平聲/下平: 聃담( ) : 노자이름 담	1402	3093	929	1926

배열형식 B (韻目번호 基準)			배열 A	배열 B	배열 C	배열 D
韻目番號	韻目(독음) 平仄 / 四聲 : 韻族(異音) : 略義		운족 가나순	운목 번호순	운목 가나순	사성순
028	覃	(담) 平聲/下平: 蕁담( ) : 지모 담	1404	3094	931	1927
028	覃	(담) 平聲/下平: 覃담( ) : 미칠 담	1405	3095	932	1928
028	覃	(담) 平聲/下平: 談담( ) : 말씀 담	1406	3096	933	1929
028	覃	(담) 平聲/下平: 譚담( ) : 이야기 담	1407	3097	934	1930
028	覃	(담) 平聲/下平: 錟담( ) : 긴창 담	1408	3098	935	1931
028	覃	(담) 平聲/下平: 郯담( ) : 나라이름/성 담	1412	3099	936	1932
028	覃	(담) 平聲/下平: 藫담( ) : 수면 담	1416	3100	937	1933
028	覃	(담) 平聲/下平: 蟫담( ) : 좀 담	1417	3101	938	1934
028	覃	(담) 平聲/下平: 餤담( ) : 나아갈 담	1420	3102	939	1935
028	覃	(담) 平聲/下平: 聃라( ) : 귀바퀴없을 라	1672	3103	930	1982
028	覃	(담) 平聲/下平: 藍람( ) : 쪽/옷해질/절 람	1725	3104	920	1991
028	覃	(담) 平聲/下平: 襤람( ) : 옷해질 람	1726	3105	921	1992
028	覃	(담) 平聲/下平: 籃람( ) : 대바구니 람	1732	3106	940	1993
028	覃	(담) 平聲/下平: 藍람( ) : 쪽 람	1734	3107	941	1994
028	覃	(담) 平聲/下平: 襤람( ) : 누더기 람	1735	3108	942	1995
028	覃	(담) 平聲/下平: 婪람( ) : 캄할 람	1737	3109	943	1996
028	覃	(담) 平聲/下平: 灆람( ) : 외김치 람	1739	3110	944	1997
028	覃	(담) 平聲/下平: 參삼( ) : 석 삼	3326	3111	945	2256
028	覃	(담) 平聲/下平: 參삼(참) : 참여할/보일 참	3327	3112	946	2875
028	覃	(담) 平聲/下平: 庵암( ) : 암자/초막 암	4161	3113	947	2414
028	覃	(담) 平聲/下平: 菴암( ) : 풀이름 암	4164	3114	948	2416
028	覃	(담) 平聲/下平: 媕암( ) : 머뭇거릴 암	4166	3115	949	2417
028	覃	(담) 平聲/下平: 諳암( ) : 욀 암	4167	3116	950	2418
028	覃	(담) 平聲/下平: 韽암( ) : 낮은소리 암	4174	3117	951	2423
028	覃	(담) 平聲/下平: 渰엄( ) : 비구름일 엄	4357	3118	952	2473
028	覃	(담) 平聲/下平: 蠶잠( ) : 누에/누에칠 잠	5409	3119	953	2644
028	覃	(담) 平聲/下平: 慙참( ) : 부끄러울 참	6354	3120	954	2876
028	覃	(담) 平聲/下平: 慚참( ) : 부끄러워할 참	6363	3121	955	2881
028	覃	(담) 平聲/下平: 驂참( ) : 곁마/말네필 참	6369	3122	956	2885
028	覃	(담) 平聲/下平: 探탐( ) : 찾을 탐	6941	3123	957	3012
028	覃	(담) 平聲/下平: 眈탐( ) : 노려볼 탐	6942	3124	958	3013
028	覃	(담) 平聲/下平: 貪탐( ) : 탐낼 탐	6944	3125	959	3014
028	覃	(담) 平聲/下平: 邯한(함) : 조나라서울 함	7275	3126	911	3107
028	覃	(담) 平聲/下平: 含함( ) : 머금을 함	7299	3127	960	3110
028	覃	(담) 平聲/下平: 涵함( ) : 담글/적실 함	7304	3128	961	3113
028	覃	(담) 平聲/下平: 蜬함( ) : 소라 함	7314	3129	962	3118

배열형식 B (韻目번호 基準)		배열 A	배열 B	배열 C	배열 D
韻目番號	韻目(독음) 平仄 / 四聲 : 韻族(異音) : 略義	운족 가나순	운목 번호순	운목 가나순	사성순
028	覃 (담) 平聲/下平: 歆흠( ) : 흠향할 흠	7899	3130	963	3233
029	鹽 (염) 平聲/下平: 柑감(겸) : 나무재갈 겸	130	3131	3604	1731
029	鹽 (염) 平聲/下平: 鹻겸( ) : 소금기 겸	293	3132	3605	1722
029	鹽 (염) 平聲/下平: 鈐겸( ) : 비녀장 겸	300	3133	3606	1723
029	鹽 (염) 平聲/下平: 黔겸( ) : 검을 겸	301	3134	3607	1724
029	鹽 (염) 平聲/下平: 兼겸( ) : 겸할 겸	376	3135	3608	1732
029	鹽 (염) 平聲/下平: 箝겸( ) : 재갈먹일 겸	379	3136	3609	1733
029	鹽 (염) 平聲/下平: 謙겸( ) : 겸손할 겸	380	3137	3610	1734
029	鹽 (염) 平聲/下平: 鉗겸( ) : 칼 겸	381	3138	3611	1735
029	鹽 (염) 平聲/下平: 鎌겸( ) : 낫 겸	382	3139	3612	1736
029	鹽 (염) 平聲/下平: 嗛겸( ) : 겸손 겸	383	3140	3613	1737
029	鹽 (염) 平聲/下平: 縑겸( ) : 합사 비단 겸	388	3141	3614	1738
029	鹽 (염) 平聲/下平: 蒹겸( ) : 갈대 겸	389	3142	3615	1739
029	鹽 (염) 平聲/下平: 鶼겸( ) : 모이쫄 겸	391	3143	3616	1740
029	鹽 (염) 平聲/下平: 涅날(녈) : 죽을/극락갈 녈	1205	3144	3639	1904
029	鹽 (염) 平聲/下平: 枏남(염) : 매화나무 염	1208	3145	3617	2502
029	鹽 (염) 平聲/下平: 柟남( ) : 녹나무 남	1213	3146	3618	1897
029	鹽 (염) 平聲/下平: 恬념( ) : 편안할 념	1245	3147	3619	1905
029	鹽 (염) 平聲/下平: 拈념( ) : 집을/딸 념	1246	3148	3620	1906
029	鹽 (염) 平聲/下平: 廉렴( ) : 청렴할 렴	1870	3149	3621	2030
029	鹽 (염) 平聲/下平: 濂렴( ) : 강이름 렴	1873	3150	3622	2031
029	鹽 (염) 平聲/下平: 簾렴( ) : 발 렴	1874	3151	3623	2032
029	鹽 (염) 平聲/下平: 帘렴( ) : 술집기 렴	1875	3152	3624	2033
029	鹽 (염) 平聲/下平: 薕렴( ) : 갈(蒹) 렴	1876	3153	3625	2034
029	鹽 (염) 平聲/下平: 鬴부( ) : 가마솟 부	3003	3154	3626	2215
029	鹽 (염) 平聲/下平: 銛삽(점) : 태울 점	3351	3155	3655	2742
029	鹽 (염) 平聲/下平: 暹섬( ) : 햇살치밀 섬	3560	3156	3627	2313
029	鹽 (염) 平聲/下平: 殲섬( ) : 멸할 섬	3561	3157	3628	2314
029	鹽 (염) 平聲/下平: 纖섬( ) : 가늘 섬	3562	3158	3629	2315
029	鹽 (염) 平聲/下平: 蟾섬( ) : 두꺼비 섬	3563	3159	3630	2316
029	鹽 (염) 平聲/下平: 憸섬( ) : 아첨할 섬	3567	3160	3631	2317
029	鹽 (염) 平聲/下平: 摻섬( ) : 손길고울 섬	3569	3161	3632	2318
029	鹽 (염) 平聲/下平: 燅섬( ) : 데칠 섬	3572	3162	3633	2319
029	鹽 (염) 平聲/下平: 鬵심( ) : 가마솥 심	4060	3163	3634	2393
029	鹽 (염) 平聲/下平: 嚴엄( ) : 엄할 엄	4350	3164	3635	2469
029	鹽 (염) 平聲/下平: 淹엄( ) : 담글 엄	4353	3165	3636	2470

배열형식 B (韻目번호 基準)			배열 A	배열 B	배열 C	배열 D
韻目番號	韻目(독음)	平仄 / 四聲 : 韻族(異音) : 略義	운족 가나순	운목 번호순	운목 가나순	사성순
029	鹽	(염) 平聲/下平: 崦엄( ) : 해지는산 엄	4354	3166	3637	2471
029	鹽	(염) 平聲/下平: 醃엄( ) : 절인 남새 엄	4356	3167	3638	2472
029	鹽	(염) 平聲/下平: 厭염( ) : 편할/싫을 염	4448	3168	3640	2503
029	鹽	(염) 平聲/下平: 炎염( ) : 불꽃 염	4452	3169	3641	2504
029	鹽	(염) 平聲/下平: 閻염( ) : 마을 염	4457	3170	3642	2505
029	鹽	(염) 平聲/下平: 髥염( ) : 구레나룻 염	4458	3171	3643	2506
029	鹽	(염) 平聲/下平: 鹽염( ) : 소금 염	4459	3172	3644	2507
029	鹽	(염) 平聲/下平: 懕염( ) : 편안할 염	4461	3173	3645	2508
029	鹽	(염) 平聲/下平: 灩염( ) : 물그득할 염	4463	3174	3646	2509
029	鹽	(염) 平聲/下平: 潛잠( ) : 잠길 잠	5406	3175	3647	2641
029	鹽	(염) 平聲/下平: 占점( ) : 점령할/점칠 점	5683	3176	3648	2736
029	鹽	(염) 平聲/下平: 粘점( ) : 끈끈할 점	5687	3177	3649	2737
029	鹽	(염) 平聲/下平: 霑점( ) : 젖을 점	5688	3178	3650	2738
029	鹽	(염) 平聲/下平: 鮎점( ) : 메기 점	5689	3179	3651	2739
029	鹽	(염) 平聲/下平: 佔점( ) : 볼 점	5691	3180	3652	2740
029	鹽	(염) 平聲/下平: 黏점( ) : 붙일/풀/차질 점	5696	3181	3654	2741
029	鹽	(염) 平聲/下平: 覘첨( ) : 엿볼 첨	6513	3182	3653	2916
029	鹽	(염) 平聲/下平: 僉첨( ) : 모두/여러 첨	6514	3183	3656	2917
029	鹽	(염) 平聲/下平: 尖첨( ) : 뾰족할 첨	6515	3184	3657	2918
029	鹽	(염) 平聲/下平: 沾첨( ) : 젖을/절일 첨	6516	3185	3658	2919
029	鹽	(염) 平聲/下平: 添첨( ) : 더할 첨	6518	3186	3659	2920
029	鹽	(염) 平聲/下平: 甛첨( ) : 달 첨	6519	3187	3660	2921
029	鹽	(염) 平聲/下平: 瞻첨( ) : 볼 첨	6520	3188	3661	2922
029	鹽	(염) 平聲/下平: 簽첨( ) : 제목/편지 첨	6521	3189	3662	2923
029	鹽	(염) 平聲/下平: 籤첨( ) : 제비 첨	6522	3190	3663	2924
029	鹽	(염) 平聲/下平: 詹첨( ) : 소곤거릴 첨	6523	3191	3664	2925
029	鹽	(염) 平聲/下平: 幨첨( ) : 휘장 첨	6525	3192	3665	2926
029	鹽	(염) 平聲/下平: 檐첨( ) : 추녀 첨	6527	3193	3666	2927
029	鹽	(염) 平聲/下平: 瀸첨( ) : 적실 첨	6528	3194	3667	2928
029	鹽	(염) 平聲/下平: 簷첨( ) : 처마 첨	6529	3195	3668	2929
029	鹽	(염) 平聲/下平: 鍼침( ) : 바늘 침	6860	3196	3669	2991
029	鹽	(염) 平聲/下平: 鍼침(겸) : 사람이름 겸	6861	3197	3670	1741
029	鹽	(염) 平聲/下平: 砭폄( ) : 돌침 폄	7103	3198	3671	3057
029	鹽	(염) 平聲/下平: 函함( ) : 휩쌀/넣을 함	7298	3199	3672	3109
030	咸	(함) 平聲/下平: 監감( ) : 볼 감	135	3200	7360	1678
030	咸	(함) 平聲/下平: 鑑감(감) : 밝을 감	139	3201	7361	1679

배열형식 B (韻目번호 基準)			배열 A	배열 B	배열 C	배열 D
韻目番號	韻目(독음) 平仄 / 四聲 : 韻族(異音) : 略義		운족 가나순	운목 번호순	운목 가나순	사성순
030	咸	(함) 平聲/下平: 玪감( ) : 옥돌 감	146	3202	7362	1684
030	咸	(함) 平聲/下平: 瑊감( ) : 옥돌(감륵짐) 감	148	3203	7363	1685
030	咸	(함) 平聲/下平: 齽감( ) : 씹을 감	150	3204	7395	1686
030	咸	(함) 平聲/下平: 嗛겸(함) : 머금을 함	384	3205	7364	3108
030	咸	(함) 平聲/下平: 喃남( ) : 재잘거릴 남	1212	3206	7365	1896
030	咸	(함) 平聲/下平: 凡범( ) : 무릇 범	2773	3207	7366	2190
030	咸	(함) 平聲/下平: 帆범( ) : 돛 범	2774	3208	7367	2191
030	咸	(함) 平聲/下平: 杉삼( ) : 삼나무 삼	3328	3209	7368	2257
030	咸	(함) 平聲/下平: 芟삼( ) : 벨 삼	3330	3210	7369	2259
030	咸	(함) 平聲/下平: 衫삼( ) : 적삼 삼	3332	3211	7370	2261
030	咸	(함) 平聲/下平: 縿삼( ) : 깃발 삼	3335	3212	7371	2263
030	咸	(함) 平聲/下平: 煔삽( ) : 빛이성할 삽	3350	3213	7381	2264
030	咸	(함) 平聲/下平: 岩암( ) : 바위/산우뚝할 암	4158	3214	7372	2412
030	咸	(함) 平聲/下平: 巖암( ) : 바위 암	4159	3215	7374	2413
030	咸	(함) 平聲/下平: 巖암(엄) : 높을 엄	4160	3216	7373	2468
030	咸	(함) 平聲/下平: 癌암( ) : 암 암	4163	3217	7375	2415
030	咸	(함) 平聲/下平: 黯암( ) : 어두울/검을 암	4170	3218	7376	2419
030	咸	(함) 平聲/下平: 嵒암( ) : 바위/가파를 암	4171	3219	7378	2421
030	咸	(함) 平聲/下平: 嵒암(암) : 바위/산우뚝할 암	4172	3220	7377	2420
030	咸	(함) 平聲/下平: 碞암( ) : 바위 암	4173	3221	7379	2422
030	咸	(함) 平聲/下平: 麙암( ) : 큰염소 암	4175	3222	7380	2424
030	咸	(함) 平聲/下平: 讒참( ) : 헐뜯을 참	6358	3223	7382	2877
030	咸	(함) 平聲/下平: 儳참( ) : 어긋날 참	6360	3224	7383	2878
030	咸	(함) 平聲/下平: 嶄참( ) : 높을 참	6361	3225	7384	2879
030	咸	(함) 平聲/下平: 巉참( ) : 깍아지른듯높은산 참	6362	3226	7385	2880
030	咸	(함) 平聲/下平: 攙참( ) : 찌를 참	6365	3227	7386	2882
030	咸	(함) 平聲/下平: 欃참( ) : 박달나무 참	6366	3228	7387	2883
030	咸	(함) 平聲/下平: 饞참( ) : 탐할 참	6368	3229	7388	2884
030	咸	(함) 平聲/下平: 咸함( ) : 다 함	7300	3230	7389	3111
030	咸	(함) 平聲/下平: 啣함( ) : 재갈(銜과같음) 함	7301	3231	7390	3112
030	咸	(함) 平聲/下平: 緘함( ) : 봉할 함	7305	3232	7391	3114
030	咸	(함) 平聲/下平: 銜함( ) : 재갈/직함 함	7307	3233	7392	3115
030	咸	(함) 平聲/下平: 鹹함( ) : 소금기/짤 함	7309	3234	7393	3116
030	咸	(함) 平聲/下平: 諴함( ) : 화할 함	7311	3235	7394	3117
030	咸	(함) 平聲/下平: 嫌혐( ) : 싫어할 혐	7465	3236	7396	3143
031	董	(동) 仄聲/上聲: 孔공( ) : 구멍 공	602	3237	1255	3355

배열형식 B (韻目번호 基準)			배열 A	배열 B	배열 C	배열 D
韻目番號	韻目(독음)	平仄 / 四聲 : 韻族(異音) : 略義	운족 가나순	운목 번호순	운목 가나순	사성순
031	董	(동) 仄聲/上聲: 動동( ) : 움직일 동	1600	3238	1256	3544
031	董	(동) 仄聲/上聲: 洞동( ) : 골 동	1606	3239	1258	3545
031	董	(동) 仄聲/上聲: 洞동(통) : 공손할/덩어리질 통	1607	3240	1257	4511
031	董	(동) 仄聲/上聲: 胴동( ) : 큰창자 동	1612	3241	1259	3546
031	董	(동) 仄聲/上聲: 董동( ) : 바를 동	1613	3242	1260	3547
031	董	(동) 仄聲/上聲: 働동( ) : 힘쓸 동	1623	3243	1261	3548
031	董	(동) 仄聲/上聲: 懂동( ) : 심란할 동	1624	3244	1262	3549
031	董	(동) 仄聲/上聲: 洞동( ) : 골/깊을 동	1630	3245	1273	3550
031	董	(동) 仄聲/上聲: 洞동(통) : 공손할/조심할 통	1631	3246	1274	4513
031	董	(동) 仄聲/上聲: 攏롱( ) : 누를 롱	1979	3247	1263	3607
031	董	(동) 仄聲/上聲: 蠓몽( ) : 누에놀이 몽	2426	3248	1264	3681
031	董	(동) 仄聲/上聲: 熢봉( ) : 연기자욱할 봉	2922	3249	1265	3795
031	董	(동) 仄聲/上聲: 琫봉( ) : 칼집장식 봉	2923	3250	1266	3796
031	董	(동) 仄聲/上聲: 桶용(통) : 통 통	4793	3251	1272	4512
031	董	(동) 仄聲/上聲: 縱종(총) : 바쁠 총	5956	3252	1267	4448
031	董	(동) 仄聲/上聲: 憁총( ) : 실심할/뜻같지않을 총	6647	3253	1268	4451
031	董	(동) 仄聲/上聲: 摠총( ) : 거느릴/모을/모두 총	6648	3254	1269	4452
031	董	(동) 仄聲/上聲: 總총( ) : 다 총	6649	3255	1270	4453
031	董	(동) 仄聲/上聲: 蓯총(종) : 약이름 종	6655	3256	1271	4331
032	腫	(종) 仄聲/上聲: 拱공( ) : 두손마주잡을 공	606	3257	5567	3356
032	腫	(종) 仄聲/上聲: 珙공( ) : 큰옥 공	610	3258	5568	3357
032	腫	(종) 仄聲/上聲: 鞏공( ) : 묶을 공	615	3259	5569	3358
032	腫	(종) 仄聲/上聲: 栱공( ) : 큰말뚝/두공 공	618	3260	5570	3359
032	腫	(종) 仄聲/上聲: 拲공( ) : 수갑 공	624	3261	5571	3360
032	腫	(종) 仄聲/上聲: 輁공( ) : 관굉차 공	625	3262	5572	3361
032	腫	(종) 仄聲/上聲: 壟롱( ) : 밭두둑/무덤 롱	1973	3263	5573	3606
032	腫	(종) 仄聲/上聲: 隴롱( ) : 고개이름 롱	1984	3264	5574	3608
032	腫	(종) 仄聲/上聲: 龍룡( ) : 용/임금 룡	2031	3265	5575	3619
032	腫	(종) 仄聲/上聲: 泛범(봉) : 엎칠/덮을 봉	2779	3266	5576	3791
032	腫	(종) 仄聲/上聲: 奉봉( ) : 받들 봉	2915	3267	5577	3792
032	腫	(종) 仄聲/上聲: 捧봉( ) : 받들 봉	2919	3268	5578	3793
032	腫	(종) 仄聲/上聲: 悚송( ) : 두려워할 송	3724	3269	5579	3941
032	腫	(종) 仄聲/上聲: 竦송( ) : 삼갈 송	3732	3270	5580	3942
032	腫	(종) 仄聲/上聲: 擁옹( ) : 낄 옹	4629	3271	5581	4070
032	腫	(종) 仄聲/上聲: 俑용( ) : 허수아비 용	4759	3272	5582	4099
032	腫	(종) 仄聲/上聲: 冗용( ) : 번잡할 용	4762	3273	5583	4100

배열형식 B (韻目번호 基準)			배열 A	배열 B	배열 C	배열 D
韻目番號	韻目(독음)	平仄 / 四聲 : 韻族(異音) : 略義	운족 가나순	운목 번호순	운목 가나순	사성순
032	腫	(종) 仄聲/上聲: 勇용( ) : 날랠 용	4763	3274	5584	4101
032	腫	(종) 仄聲/上聲: 埇용( ) : 길돋울 용	4764	3275	5585	4102
032	腫	(종) 仄聲/上聲: 慂용( ) : 권할 용	4768	3276	5586	4103
032	腫	(종) 仄聲/上聲: 涌용( ) : 솟아날 용	4770	3277	5587	4104
032	腫	(종) 仄聲/上聲: 湧용( ) : 샘솟을 용	4771	3278	5588	4105
032	腫	(종) 仄聲/上聲: 甬용( ) : 휘 용	4776	3279	5589	4106
032	腫	(종) 仄聲/上聲: 聳용( ) : 솟을 용	4777	3280	5590	4107
032	腫	(종) 仄聲/上聲: 踊용( ) : 뛸 용	4780	3281	5591	4108
032	腫	(종) 仄聲/上聲: 蛹용( ) : 번데기 용	4785	3282	5592	4109
032	腫	(종) 仄聲/上聲: 踴용( ) : 뛸 용	4786	3283	5593	4110
032	腫	(종) 仄聲/上聲: 恿용( ) : 날쌜 용	4787	3284	5594	4111
032	腫	(종) 仄聲/上聲: 氄용( ) : 솜털 용	4788	3285	5595	4112
032	腫	(종) 仄聲/上聲: 臾용( ) : 꾀일 용	4789	3286	5596	4113
032	腫	(종) 仄聲/上聲: 桶용( ) : 휘(斛也) 용	4792	3287	5603	4114
032	腫	(종) 仄聲/上聲: 慫종( ) : 놀랄/권할 종	5947	3288	5597	4327
032	腫	(종) 仄聲/上聲: 腫종( ) : 부스럼 종	5957	3289	5598	4328
032	腫	(종) 仄聲/上聲: 踵종( ) : 발꿈치 종	5959	3290	5599	4329
032	腫	(종) 仄聲/上聲: 尰종( ) : 수종다리 종	5967	3291	5600	4330
032	腫	(종) 仄聲/上聲: 塚총( ) : 클/무덤 총	6644	3292	5601	4449
032	腫	(종) 仄聲/上聲: 寵총( ) : 사랑할 총	6645	3293	5602	4450
032	腫	(독음) 仄聲/上聲: 汞홍( ) : 수은 홍	7615	3294	5604	4629
033	講	(강) 仄聲/上聲: 講강( ) : 욀 강	182	3295	463	3263
033	講	(강) 仄聲/上聲: 控공(강) : 칠 강	608	3296	464	3264
033	講	(강) 仄聲/上聲: 蚌방( ) : 방합 방	2689	3297	465	3747
033	講	(강) 仄聲/上聲: 棒봉( ) : 몽둥이 봉	2920	3298	466	3794
033	講	(강) 仄聲/上聲: 港항( ) : 항구 항	7341	3299	467	4562
033	講	(강) 仄聲/上聲: 洶흉( ) : 용솟음할 흉	7876	3300	468	4664
034	紙	(지) 仄聲/上聲: 頃경(규) : 반걸음 규	436	3301	6007	3429
034	紙	(지) 仄聲/上聲: 癸계( ) : 북방/천간 계	463	3302	6008	3323
034	紙	(지) 仄聲/上聲: 傀괴( ) : 허수아비 괴	734	3303	6009	3382
034	紙	(지) 仄聲/上聲: 晷구( ) : 그림자 구	908	3304	6019	3414
034	紙	(지) 仄聲/上聲: 机궤( ) : 책상 궤	963	3305	6010	3417
034	紙	(지) 仄聲/上聲: 詭궤( ) : 속일 궤	966	3306	6011	3418
034	紙	(지) 仄聲/上聲: 軌궤( ) : 바퀴자국 궤	967	3307	6012	3419
034	紙	(지) 仄聲/上聲: 几궤( ) : 안석/책상 궤	969	3308	6013	3420
034	紙	(지) 仄聲/上聲: 氿궤( ) : 샘 궤	971	3309	6014	3421

배열형식 B (韻目번호 基準)			배열 A	배열 B	배열 C	배열 D
韻目番號	韻目(독음)	平仄 / 四聲 : 韻族(異音) : 略義	운족 가나순	운목 번호순	운목 가나순	사성순
034	紙	(지) 仄聲/上聲: 簋궤( ) : 제기이름 궤	972	3310	6015	3422
034	紙	(지) 仄聲/上聲: 跪궤( ) : 꿇어앉을 궤	975	3311	6016	3423
034	紙	(지) 仄聲/上聲: 匭궤( ) : 상자 궤	977	3312	6017	3424
034	紙	(지) 仄聲/上聲: 垝궤( ) : 허물어질 궤	978	3313	6018	3425
034	紙	(지) 仄聲/上聲: 宄귀( ) : 도둑 귀	987	3314	6020	3427
034	紙	(지) 仄聲/上聲: 揆규( ) : 헤아릴 규	993	3315	6021	3431
034	紙	(지) 仄聲/上聲: 巋규( ) : 험준할 규	1005	3316	6022	3434
034	紙	(지) 仄聲/上聲: 企기( ) : 꾀할 기	1088	3317	6023	3445
034	紙	(지) 仄聲/上聲: 伎기( ) : 재주 기	1089	3318	6024	3446
034	紙	(지) 仄聲/上聲: 妓기( ) : 기생 기	1099	3319	6025	3447
034	紙	(지) 仄聲/上聲: 己기( ) : 몸 기	1103	3320	6026	3448
034	紙	(지) 仄聲/上聲: 技기( ) : 재주 기	1106	3321	6027	3450
034	紙	(지) 仄聲/上聲: 杞기( ) : 구기자 기	1111	3322	6028	3451
034	紙	(지) 仄聲/上聲: 玘기( ) : 패옥 기	1121	3323	6029	3452
034	紙	(지) 仄聲/上聲: 紀기( ) : 벼리 기	1136	3324	6030	3453
034	紙	(지) 仄聲/上聲: 綺기( ) : 비단 기	1137	3325	6031	3454
034	紙	(지) 仄聲/上聲: 耆기(지) : 이를 지	1140	3326	6032	4353
034	紙	(지) 仄聲/上聲: 起기( ) : 일어날 기	1146	3327	6033	3456
034	紙	(지) 仄聲/上聲: 錡기(의) : 끌 의	1148	3328	6034	4168
034	紙	(지) 仄聲/上聲: 掎기( ) : 끌 기	1156	3329	6035	3457
034	紙	(지) 仄聲/上聲: 跂기( ) : 육발/기어갈 기	1168	3330	6036	3459
034	紙	(지) 仄聲/上聲: 你니( ) : 너 니	1318	3331	6037	3501
034	紙	(지) 仄聲/上聲: 旎니( ) : 성할 니	1320	3332	6038	3502
034	紙	(지) 仄聲/上聲: 誄뢰( ) : 뇌사/조문 뢰	2000	3333	6039	3611
034	紙	(지) 仄聲/上聲: 壘루( ) : 진/포갤 루	2033	3334	6040	3620
034	紙	(지) 仄聲/上聲: 壘루(뢰) : 끌밋할(壯貌) 뢰	2034	3335	6041	3612
034	紙	(지) 仄聲/上聲: 櫐루( ) : 등나무 루	2055	3336	6042	3625
034	紙	(지) 仄聲/上聲: 俚리( ) : 속될 리	2121	3337	6043	3632
034	紙	(지) 仄聲/上聲: 履리( ) : 밟을 리	2125	3338	6044	3633
034	紙	(지) 仄聲/上聲: 李리( ) : 오얏/성/역말/행장 리	2126	3339	6045	3634
034	紙	(지) 仄聲/上聲: 理리( ) : 다스릴 리	2131	3340	6046	3635
034	紙	(지) 仄聲/上聲: 裡리( ) : 안/속 리	2139	3341	6047	3636
034	紙	(지) 仄聲/上聲: 里리( ) : 마을 리	2140	3342	6048	3637
034	紙	(지) 仄聲/上聲: 鯉리( ) : 잉어 리	2143	3343	6049	3638
034	紙	(지) 仄聲/上聲: 邐리( ) : 이어질 리	2154	3344	6050	3639
034	紙	(지) 仄聲/上聲: 悝리( ) : 근심할/미워할 리	2157	3345	6051	3640

韻目番號	배열형식 B (韻目번호 基準) 韻目(독음) 平仄 / 四聲 : 韻族(異音) : 略義		배열A 운족 가나순	배열B 운목 번호순	배열C 운목 가나순	배열D 사성순
034	紙	(지) 仄聲/上聲: 纚리(사) : 치포건/연이을 사	2167	3346	6052	3849
034	紙	(지) 仄聲/上聲: 渼미( ) : 물놀이 미	2523	3347	6053	3713
034	紙	(지) 仄聲/上聲: 美미( ) : 아름다울 미	2527	3348	6054	3715
034	紙	(지) 仄聲/上聲: 靡미( ) : 쓰러질 미	2531	3349	6055	3716
034	紙	(지) 仄聲/上聲: 媺미( ) : 착하고아름다울 미	2536	3350	6056	3719
034	紙	(지) 仄聲/上聲: 弭미( ) : 활고자 미	2538	3351	6057	3720
034	紙	(지) 仄聲/上聲: 敉미( ) : 어루만질 미	2539	3352	6058	3721
034	紙	(지) 仄聲/上聲: 獼미( ) : 원숭이 미	2541	3353	6059	3722
034	紙	(지) 仄聲/上聲: 咪미( ) : 양이울 미	2546	3354	6060	3723
034	紙	(지) 仄聲/上聲: 瀰미( ) : 송장씻을 미	2547	3355	6061	3724
034	紙	(지) 仄聲/上聲: 瞇미( ) : 애꾸눈 미	2549	3356	6062	3725
034	紙	(지) 仄聲/上聲: 葞미( ) : 붓순나무 미	2551	3357	6063	3726
034	紙	(지) 仄聲/上聲: 鞞병( ) : 칼집 병	2855	3358	6079	3776
034	紙	(지) 仄聲/上聲: 否부(비) : 막힐/더러울/악할 비	2941	3359	6064	3824
034	紙	(지) 仄聲/上聲: 匕비( ) : 숟가락 비	3078	3360	6065	3825
034	紙	(지) 仄聲/上聲: 婢비( ) : 계집종 비	3083	3361	6066	3827
034	紙	(지) 仄聲/上聲: 批비( ) : 밀칠/깎을/비평할 비	3088	3362	6067	3828
034	紙	(지) 仄聲/上聲: 秕비( ) : 쭉정이 비	3104	3363	6068	3831
034	紙	(지) 仄聲/上聲: 粃비( ) : 쭉정이 비	3106	3364	6069	3832
034	紙	(지) 仄聲/上聲: 鄙비( ) : 마을 비	3118	3365	6070	3836
034	紙	(지) 仄聲/上聲: 仳비( ) : 떠날 비	3122	3366	6071	3837
034	紙	(지) 仄聲/上聲: 俾비( ) : 더할 비	3123	3367	6072	3838
034	紙	(지) 仄聲/上聲: 圮비( ) : 무너질 비	3125	3368	6073	3839
034	紙	(지) 仄聲/上聲: 妣비( ) : 죽은어미 비	3127	3369	6074	3840
034	紙	(지) 仄聲/上聲: 痞비( ) : 뱃속결릴 비	3132	3370	6075	3842
034	紙	(지) 仄聲/上聲: 紕비(치) : 길쌈모시 치	3137	3371	6076	4467
034	紙	(지) 仄聲/上聲: 髀비( ) : 넓적다리 비	3146	3372	6077	3843
034	紙	(지) 仄聲/上聲: 嚭비( ) : 클 비	3150	3373	6078	3844
034	紙	(지) 仄聲/上聲: 仕사( ) : 섬길 사	3199	3374	6080	3850
034	紙	(지) 仄聲/上聲: 似사( ) : 닮을 사	3201	3375	6081	3851
034	紙	(지) 仄聲/上聲: 使사( ) : 하여금/부릴 사	3202	3376	6082	3852
034	紙	(지) 仄聲/上聲: 俟사( ) : 기다릴 사	3203	3377	6083	3853
034	紙	(지) 仄聲/上聲: 史사( ) : 사기 사	3205	3378	6084	3854
034	紙	(지) 仄聲/上聲: 士사( ) : 선비 사	3210	3379	6085	3855
034	紙	(지) 仄聲/上聲: 巳사( ) : 뱀 사	3218	3380	6086	3857
034	紙	(지) 仄聲/上聲: 徙사( ) : 옮길 사	3220	3381	6087	3858

배열형식 B (韻目번호 基準)			배열 A	배열 B	배열 C	배열 D
韻目番號	韻目(독음) 平仄 / 四聲 : 韻族(異音) : 略義		운족 가나순	운목 번호순	운목 가나순	사성순
034	紙	(지) 仄聲/上聲: 死사( ) : 죽을 사	3229	3382	6088	3860
034	紙	(지) 仄聲/上聲: 祀사( ) : 제사 사	3237	3383	6089	3863
034	紙	(지) 仄聲/上聲: 姒사( ) : 동서 사	3266	3384	6090	3865
034	紙	(지) 仄聲/上聲: 汜사( ) : 웅덩이 사	3269	3385	6091	3866
034	紙	(지) 仄聲/上聲: 駛사( ) : 달릴 사	3273	3386	6092	3867
034	紙	(지) 仄聲/上聲: 戺사( ) : 문지도리 사	3276	3387	6093	3868
034	紙	(지) 仄聲/上聲: 涘사( ) : 깊을 사	3280	3388	6094	3869
034	紙	(지) 仄聲/上聲: 耜사( ) : 보습 사	3281	3389	6095	3870
034	紙	(지) 仄聲/上聲: 璽새( ) : 옥새 새	3392	3390	6096	3893
034	紙	(지) 仄聲/上聲: 水수( ) : 물 수	3778	3391	6097	3953
034	紙	(지) 仄聲/上聲: 髓수( ) : 골 수	3816	3392	6098	3956
034	紙	(지) 仄聲/上聲: 始시( ) : 비로소 시	3952	3393	6099	3968
034	紙	(지) 仄聲/上聲: 屎시( ) : 똥 시	3955	3394	6100	3969
034	紙	(지) 仄聲/上聲: 市시( ) : 저자 시	3958	3395	6101	3970
034	紙	(지) 仄聲/上聲: 恃시( ) : 믿을 시	3960	3396	6102	3971
034	紙	(지) 仄聲/上聲: 是시( ) : 이 시	3963	3397	6103	3972
034	紙	(지) 仄聲/上聲: 柹시( ) : 감(柹과 동자) 시	3965	3398	6104	3973
034	紙	(지) 仄聲/上聲: 矢시( ) : 화살 시	3969	3399	6105	3974
034	紙	(지) 仄聲/上聲: 視시( ) : 볼 시	3975	3400	6106	3975
034	紙	(지) 仄聲/上聲: 豕시( ) : 돼지 시	3979	3401	6107	3976
034	紙	(지) 仄聲/上聲: 兕시( ) : 외뿔들소 시	3982	3402	6108	3977
034	紙	(지) 仄聲/上聲: 枲시( ) : 모시풀/삼 시	3986	3403	6109	3978
034	紙	(지) 仄聲/上聲: 柹시( ) : 감나무 시	3987	3404	6110	3979
034	紙	(지) 仄聲/上聲: 諟시( ) : 이 시	3989	3405	6111	3980
034	紙	(지) 仄聲/上聲: 柿시( ) : 감 시	3992	3406	6112	3981
034	紙	(지) 仄聲/上聲: 蘂예( ) : 꽃술 예	4530	3407	6113	4057
034	紙	(지) 仄聲/上聲: 蕊예( ) : 꽃술 예	4545	3408	6114	4058
034	紙	(지) 仄聲/上聲: 薳위( ) : 애기풀 위	4921	3409	6115	4132
034	紙	(지) 仄聲/上聲: 蔿위( ) : 새/풀/아기풀 위	4941	3410	6116	4137
034	紙	(지) 仄聲/上聲: 蔿위(화) : 떠들 화	4942	3411	6117	4630
034	紙	(지) 仄聲/上聲: 頠위( ) : 가위질 위	4968	3412	6118	4139
034	紙	(지) 仄聲/上聲: 唯유( ) : 오직 유	4979	3413	6119	4143
034	紙	(지) 仄聲/上聲: 洧유( ) : 강이름 유	5000	3414	6120	4147
034	紙	(지) 仄聲/上聲: 鮪유( ) : 다랑어 유	5040	3415	6121	4154
034	紙	(지) 仄聲/上聲: 倚의( ) : 기댈/의지할 의	5138	3416	6122	4169
034	紙	(지) 仄聲/上聲: 擬의( ) : 헤아릴 의	5144	3417	6123	4170

배열형식 B (韻目번호 基準)			배열 A	배열 B	배열 C	배열 D
韻目番號	韻目(독음) 平仄 / 四聲 : 韻族(異音) : 略義		운족 가나순	운목 번호순	운목 가나순	사성순
034	紙	(지) 仄聲/上聲: 矣의( ) : 어조사 의	5151	3418	6124	4171
034	紙	(지) 仄聲/上聲: 艤의( ) : 배댈 의	5153	3419	6125	4172
034	紙	(지) 仄聲/上聲: 蟻의( ) : 개미 의	5156	3420	6126	4173
034	紙	(지) 仄聲/上聲: 以이( ) : 써 이	5179	3421	6127	4178
034	紙	(지) 仄聲/上聲: 已이( ) : 이미 이	5183	3422	6128	4179
034	紙	(지) 仄聲/上聲: 弛이( ) : 활부릴 이	5184	3423	6129	4180
034	紙	(지) 仄聲/上聲: 爾이( ) : 너 이	5187	3424	6130	4181
034	紙	(지) 仄聲/上聲: 珥이( ) : 귀고리 이	5188	3425	6131	4182
034	紙	(지) 仄聲/上聲: 耳이( ) : 귀 이	5193	3426	6132	4183
034	紙	(지) 仄聲/上聲: 苡이( ) : 질경이 이	5195	3427	6133	4184
034	紙	(지) 仄聲/上聲: 邇이( ) : 가까울 이	5200	3428	6134	4185
034	紙	(지) 仄聲/上聲: 栮이( ) : 버섯 이	5205	3429	6135	4186
034	紙	(지) 仄聲/上聲: 迤이( ) : 가만가만걸을 이	5207	3430	6136	4187
034	紙	(지) 仄聲/上聲: 迆이( ) : 가만히걸을/잇닿을 이	5224	3431	6137	4189
034	紙	(지) 仄聲/上聲: 姉자( ) : 손위누이 자	5313	3432	6138	4199
034	紙	(지) 仄聲/上聲: 子자( ) : 아들 자	5315	3433	6139	4200
034	紙	(지) 仄聲/上聲: 紫자( ) : 자주빛 자	5329	3434	6140	4202
034	紙	(지) 仄聲/上聲: 呰자( ) : 꾸짖을 자	5339	3435	6141	4204
034	紙	(지) 仄聲/上聲: 泚자( ) : 물/땀축축히날 자	5342	3436	6142	4205
034	紙	(지) 仄聲/上聲: 姊자( ) : 손위누이 자	5357	3437	6143	4207
034	紙	(지) 仄聲/上聲: 玼자(차) : 옥빛 차	5359	3438	6144	4389
034	紙	(지) 仄聲/上聲: 秭자( ) : 단위(벼200뭇) 자	5361	3439	6145	4209
034	紙	(지) 仄聲/上聲: 笫자( ) : 평상 자	5362	3440	6146	4210
034	紙	(지) 仄聲/上聲: 梓재( ) : 가래나무 재	5477	3441	6147	4222
034	紙	(지) 仄聲/上聲: 滓재( ) : 찌끼 재	5479	3442	6148	4223
034	紙	(지) 仄聲/上聲: 底저( ) : 밑/그칠/무슨/어쩐 저	5507	3443	6149	4231
034	紙	(지) 仄聲/上聲: 抵저(지) : 칠 지	5510	3444	6150	4355
034	紙	(지) 仄聲/上聲: 只지( ) : 다만 지	6127	3445	6151	4356
034	紙	(지) 仄聲/上聲: 咫지( ) : 여덟치 지	6128	3446	6152	4357
034	紙	(지) 仄聲/上聲: 址지( ) : 터 지	6130	3447	6153	4358
034	紙	(지) 仄聲/上聲: 指지( ) : 가리킬 지	6133	3448	6154	4359
034	紙	(지) 仄聲/上聲: 旨지( ) : 맛 지	6136	3449	6155	4360
034	紙	(지) 仄聲/上聲: 枳지( ) : 탱자나무 지	6139	3450	6156	4361
034	紙	(지) 仄聲/上聲: 枳지(기) : 해할/사타구니 기	6140	3451	6157	3460
034	紙	(지) 仄聲/上聲: 止지( ) : 그칠 지	6141	3452	6158	4362
034	紙	(지) 仄聲/上聲: 沚지( ) : 물가 지	6144	3453	6159	4363

배열형식 B (韻目번호 基準)			배열 A	배열 B	배열 C	배열 D
韻目 番號	韻目(독음) 平仄 / 四聲 : 韻族(異音) : 略義		운족 가나순	운목 번호순	운목 가나순	사성순
034	紙	(지) 仄聲/上聲: 砥지( ) : 숫돌 지	6147	3454	6160	4364
034	紙	(지) 仄聲/上聲: 祉지( ) : 복 지	6148	3455	6161	4365
034	紙	(지) 仄聲/上聲: 紙지( ) : 종이 지	6150	3456	6162	4366
034	紙	(지) 仄聲/上聲: 芷지( ) : 구리때 지	6155	3457	6163	4367
034	紙	(지) 仄聲/上聲: 趾지( ) : 발가락 지	6159	3458	6164	4368
034	紙	(지) 仄聲/上聲: 舐지( ) : 핥을 지	6166	3459	6165	4370
034	紙	(지) 仄聲/上聲: 軹지( ) : 굴대머리 지	6167	3460	6166	4371
034	紙	(지) 仄聲/上聲: 阯지( ) : 터 지	6168	3461	6167	4372
034	紙	(지) 仄聲/上聲: 厎지( ) : 이룰/숫돌 지	6171	3462	6168	4373
034	紙	(지) 仄聲/上聲: 恀지( ) : 믿을 지	6179	3463	6184	4374
034	紙	(지) 仄聲/上聲: 恀지(치) : 믿을 치	6180	3464	6185	4478
034	紙	(지) 仄聲/上聲: 此차( ) : 이 차	6292	3465	6169	4391
034	紙	(지) 仄聲/上聲: 佌차( ) : 작은모양 차	6297	3466	6170	4392
034	紙	(지) 仄聲/上聲: 捶추( ) : 종아리칠 추	6703	3467	6171	4459
034	紙	(지) 仄聲/上聲: 揣취( ) : 잴/시험할 취	6763	3468	6172	4463
034	紙	(지) 仄聲/上聲: 嘴취( ) : 부리 취	6767	3469	6173	4465
034	紙	(지) 仄聲/上聲: 侈치( ) : 사치할 치	6799	3470	6174	4468
034	紙	(지) 仄聲/上聲: 峙치( ) : 언덕 치	6802	3471	6175	4469
034	紙	(지) 仄聲/上聲: 恥치( ) : 부끄러울 치	6804	3472	6176	4470
034	紙	(지) 仄聲/上聲: 痔치( ) : 치질 치	6809	3473	6177	4471
034	紙	(지) 仄聲/上聲: 雉치( ) : 꿩 치	6820	3474	6178	4472
034	紙	(지) 仄聲/上聲: 齒치( ) : 이 치	6822	3475	6179	4473
034	紙	(지) 仄聲/上聲: 畤치( ) : 제[祭]터 치	6825	3476	6180	4475
034	紙	(지) 仄聲/上聲: 薙치( ) : 풀깎을 치	6829	3477	6181	4476
034	紙	(지) 仄聲/上聲: 豸치( ) : 발없는벌레 치	6831	3478	6183	4477
034	紙	(지) 仄聲/上聲: 豸치(채) : 발없는벌레 채	6832	3479	6182	4412
034	紙	(지) 仄聲/上聲: 黹치( ) : 바느질할 치	6839	3480	6186	4479
034	紙	(지) 仄聲/上聲: 彼피( ) : 저/저것 피	7219	3481	6187	4542
034	紙	(지) 仄聲/上聲: 被피( ) : 입을 피	7223	3482	6188	4543
034	紙	(지) 仄聲/上聲: 辟피( ) : 피할 피	7226	3483	6189	4544
034	紙	(지) 仄聲/上聲: 項항( ) : 항목 항	7345	3484	6190	4563
034	紙	(지) 仄聲/上聲: 毁훼( ) : 험담할/헐 훼	7832	3485	6191	4658
034	紙	(지) 仄聲/上聲: 燬훼( ) : 불 훼	7833	3486	6192	4659
034	紙	(지) 仄聲/上聲: 檓훼( ) : 산초나무 훼	7838	3487	6193	4662
034	紙	(지) 仄聲/上聲: 毀훼( ) : 헐 훼	7839	3488	6194	4663
034	紙	(지) 仄聲/上聲: 巂휴(수) : 나라이름 수	7868	3489	6195	3962

배열형식 B (韻目번호 基準)			배열 A	배열 B	배열 C	배열 D
韻目番號	韻目(독음) 平仄 / 四聲 : 韻族(異音) : 略義		운족 가나순	운목 번호순	운목 가나순	사성순
035	尾	(미) 仄聲/上聲: 鬼귀( ) : 귀신 귀	986	3490	1872	3426
035	尾	(미) 仄聲/上聲: 蘬귀( ) : 냉이씨 귀	989	3491	1873	3428
035	尾	(미) 仄聲/上聲: 幾기( ) : 몇 기	1104	3492	1874	3449
035	尾	(미) 仄聲/上聲: 豈기( ) : 어찌/일찍 기	1144	3493	1875	3455
035	尾	(미) 仄聲/上聲: 蟣기( ) : 서캐 기	1166	3494	1876	3458
035	尾	(미) 仄聲/上聲: 尾미( ) : 꼬리 미	2516	3495	1877	3710
035	尾	(미) 仄聲/上聲: 梶미( ) : 나무끝 미	2521	3496	1878	3712
035	尾	(미) 仄聲/上聲: 亹미( ) : 부지런할/아름다울 미	2533	3497	1879	3717
035	尾	(미) 仄聲/上聲: 娓미( ) : 장황할 미	2535	3498	1880	3718
035	尾	(미) 仄聲/上聲: 朏비( ) : 초사흘달빛 비	3072	3499	1871	3823
035	尾	(미) 仄聲/上聲: 匪비( ) : 비적/도적 비	3079	3500	1881	3826
035	尾	(미) 仄聲/上聲: 斐비( ) : 오락가락할 비	3090	3501	1882	3829
035	尾	(미) 仄聲/上聲: 榧비( ) : 비자나무 비	3092	3502	1883	3830
035	尾	(미) 仄聲/上聲: 菲비( ) : 엷을/무성할 비	3112	3503	1884	3833
035	尾	(미) 仄聲/上聲: 蜚비( ) : 바퀴 비	3113	3504	1885	3834
035	尾	(미) 仄聲/上聲: 誹비( ) : 헐뜯을 비	3115	3505	1886	3835
035	尾	(미) 仄聲/上聲: 棐비( ) : 비자나무 비	3129	3506	1887	3841
035	尾	(미) 仄聲/上聲: 篚비( ) : 대광주리 비	3155	3507	1888	3846
035	尾	(미) 仄聲/上聲: 偉위( ) : 클 위	4924	3508	1889	4133
035	尾	(미) 仄聲/上聲: 暐위( ) : 햇빛 위	4933	3509	1890	4134
035	尾	(미) 仄聲/上聲: 瑋위( ) : 옥이름 위	4936	3510	1891	4135
035	尾	(미) 仄聲/上聲: 葦위( ) : 갈대 위	4940	3511	1892	4136
035	尾	(미) 仄聲/上聲: 煒위( ) : 성/나라 위	4953	3512	1893	4138
035	尾	(미) 仄聲/上聲: 螘의( ) : 개미 의	5166	3513	1894	4174
035	尾	(미) 仄聲/上聲: 偯의( ) : 훌적거릴 의	5169	3514	1895	4175
035	尾	(미) 仄聲/上聲: 扆의( ) : 천자용병풍 의	5170	3515	1896	4176
035	尾	(미) 仄聲/上聲: 顗의( ) : 근엄할 의	5173	3516	1897	4177
035	尾	(미) 仄聲/上聲: 虫훼( ) : 벌레 훼	7834	3517	1898	4660
035	尾	(미) 仄聲/上聲: 虺훼( ) : 이무기 훼	7836	3518	1899	4661
036	語	(어) 仄聲/上聲: 巨거( ) : 클 거	237	3519	3486	3270
036	語	(어) 仄聲/上聲: 拒거( ) : 막을 거	238	3520	3487	3271
036	語	(어) 仄聲/上聲: 擧거( ) : 들 거	242	3521	3488	3272
036	語	(어) 仄聲/上聲: 炬거( ) : 햇불 거	244	3522	3489	3273
036	語	(어) 仄聲/上聲: 距거( ) : 상거할 거	246	3523	3490	3274
036	語	(어) 仄聲/上聲: 鉅거( ) : 클 거	249	3524	3491	3275
036	語	(어) 仄聲/上聲: 秬거( ) : 검은기장 거	251	3525	3492	3276

배열형식 B (韻目번호 基準)			배열 A	배열 B	배열 C	배열 D
韻目番號	韻目(독음) 平仄 / 四聲 : 韻族(異音) : 略義		운족 가나순	운목 번호순	운목 가나순	사성순
036	語	(어) 仄聲/上聲: 筥거( ) : 광주리 거	252	3526	3493	3277
036	語	(어) 仄聲/上聲: 苣거( ) : 상추 거	255	3527	3494	3278
036	語	(어) 仄聲/上聲: 莒거( ) : 감자 거	256	3528	3495	3279
036	語	(어) 仄聲/上聲: 岠거( ) : 큰산 거	260	3529	3496	3280
036	語	(어) 仄聲/上聲: 擧거( ) : 들/움직일 거	262	3530	3497	3281
036	語	(어) 仄聲/上聲: 虡거( ) : 책상 거	263	3531	3498	3282
036	語	(어) 仄聲/上聲: 詎거( ) : 어찌/모를 거	264	3532	3499	3283
036	語	(어) 仄聲/上聲: 鼁거( ) : 두꺼비 거	266	3533	3500	3284
036	語	(어) 仄聲/上聲: 女녀( ) : 계집 녀	1235	3534	3501	3472
036	語	(어) 仄聲/上聲: 侶려( ) : 짝 려	1793	3535	5432	4941
036	語	(어) 仄聲/上聲: 呂려( ) : 법칙 려	1796	3536	3503	3580
036	語	(어) 仄聲/上聲: 旅려( ) : 나그네 려	1800	3537	3504	3581
036	語	(어) 仄聲/上聲: 膂려( ) : 등골뼈 려	1816	3538	3505	3582
036	語	(어) 仄聲/上聲: 鼈별( ) : 자라 별	2820	3539	3506	3763
036	語	(어) 仄聲/上聲: 墅서( ) : 농막 서	3408	3540	3508	3898
036	語	(어) 仄聲/上聲: 嶼서( ) : 섬 서	3410	3541	3509	3899
036	語	(어) 仄聲/上聲: 序서( ) : 차례 서	3411	3542	3510	3900
036	語	(어) 仄聲/上聲: 抒서( ) : 당길/쏟을/덜 서	3415	3543	3512	3901
036	語	(어) 仄聲/上聲: 抒서(저) : 당길/북 저	3416	3544	3511	4225
036	語	(어) 仄聲/上聲: 敍서( ) : 베풀/지을/쓸/차례 서	3418	3545	3513	3902
036	語	(어) 仄聲/上聲: 暑서( ) : 더울 서	3419	3546	3514	3903
036	語	(어) 仄聲/上聲: 緒서( ) : 실마리 서	3430	3547	3515	3905
036	語	(어) 仄聲/上聲: 黍서( ) : 기장 서	3439	3548	3516	3906
036	語	(어) 仄聲/上聲: 鼠서( ) : 쥐 서	3440	3549	3517	3907
036	語	(어) 仄聲/上聲: 湑서( ) : 술거를 서	3444	3550	3518	3908
036	語	(어) 仄聲/上聲: 耡서(저) : 함께갈 저	3447	3551	3519	4226
036	語	(어) 仄聲/上聲: 耡서(조) : 도울 조	3448	3552	3520	4298
036	語	(어) 仄聲/上聲: 芧서(저) : 도토리나무 저	3450	3553	3521	4227
036	語	(어) 仄聲/上聲: 叙서( ) : 베풀/지을/차례 서	3452	3554	3522	3909
036	語	(어) 仄聲/上聲: 敘서( ) : 베풀/지을/차례 서	3453	3555	3523	3910
036	語	(어) 仄聲/上聲: 癙서( ) : 병들 서	3454	3556	3524	3911
036	語	(어) 仄聲/上聲: 緖서( ) : 실마리 서	3455	3557	3525	3912
036	語	(어) 仄聲/上聲: 所소( ) : 바 소	3635	3558	3526	3933
036	語	(어) 仄聲/上聲: 圄어( ) : 옥/가둘 어	4304	3559	3527	4015
036	語	(어) 仄聲/上聲: 禦어( ) : 막을 어	4311	3560	3528	4016
036	語	(어) 仄聲/上聲: 齬어( ) : 어긋날 어	4315	3561	3529	4017

배열형식 B (韻目번호 基準)			배열 A	배열 B	배열 C	배열 D
韻目番號	韻目(독음)	平仄 / 四聲 : 韻族(異音) : 略義	운족 가나순	운목 번호순	운목 가나순	사성순
036	語	(어) 仄聲/上聲: 圉어( ) : 마부 어	4316	3562	3530	4018
036	語	(어) 仄聲/上聲: 敔어( ) : 막을 어	4317	3563	3531	4019
036	語	(어) 仄聲/上聲: 予여( ) : 나 여	4363	3564	3532	4029
036	語	(어) 仄聲/上聲: 汝여( ) : 너 여	4367	3565	3533	4030
036	語	(어) 仄聲/上聲: 煮자( ) : 삶을 자	5323	3566	3534	4201
036	語	(어) 仄聲/上聲: 齟저( ) : 이어긋날 저	5501	3567	3507	4224
036	語	(어) 仄聲/上聲: 佇저( ) : 우두커니 저	5502	3568	3535	4228
036	語	(어) 仄聲/上聲: 咀저( ) : 씹을 저	5505	3569	3536	4229
036	語	(어) 仄聲/上聲: 杵저( ) : 방망이 저	5511	3570	3537	4233
036	語	(어) 仄聲/上聲: 楮저( ) : 닥나무 저	5512	3571	3538	4234
036	語	(어) 仄聲/上聲: 渚저( ) : 물가 저	5516	3572	3539	4235
036	語	(어) 仄聲/上聲: 紵저( ) : 젓가락 저	5522	3573	3540	4236
036	語	(어) 仄聲/上聲: 苧저( ) : 모시[=紵] 저	5523	3574	3541	4237
036	語	(어) 仄聲/上聲: 詛저( ) : 저주할/맹세할 저	5528	3575	3542	4238
036	語	(어) 仄聲/上聲: 貯저( ) : 쌓을 저	5529	3576	3543	4239
036	語	(어) 仄聲/上聲: 齟저( ) : 어긋날 저	5535	3577	3544	4242
036	語	(어) 仄聲/上聲: 宁저( ) : 쌓을 저	5536	3578	3545	4243
036	語	(어) 仄聲/上聲: 杼저( ) : 북/베틀북 저	5537	3579	3546	4244
036	語	(어) 仄聲/上聲: 褚저( ) : 솜옷 저	5545	3580	3547	4247
036	語	(어) 仄聲/上聲: 羜저( ) : 새끼양 저	5552	3581	3548	4251
036	語	(어) 仄聲/上聲: 俎조( ) : 도마 조	5841	3582	3549	4301
036	語	(어) 仄聲/上聲: 阻조( ) : 험할 조	5887	3583	3550	4317
036	語	(어) 仄聲/上聲: 處처( ) : 살/처자 처	6436	3584	3551	4413
036	語	(어) 仄聲/上聲: 礎초( ) : 주춧돌 초	6591	3585	3552	4436
036	語	(어) 仄聲/上聲: 濋초( ) : 강이름 초	6620	3586	3553	4444
036	語	(어) 仄聲/上聲: 許허( ) : 허락할 허	7408	3587	3554	4583
037	麌	(우) 仄聲/上聲: 古고( ) : 예 고	491	3588	4532	3324
037	麌	(우) 仄聲/上聲: 股고( ) : 넓적다리 고	517	3589	4533	3331
037	麌	(우) 仄聲/上聲: 蠱고( ) : 독 고	523	3590	4534	3333
037	麌	(우) 仄聲/上聲: 雇고(호) : 뻐꾹새 호	530	3591	4535	4598
037	麌	(우) 仄聲/上聲: 鼓고( ) : 북 고	533	3592	4536	3334
037	麌	(우) 仄聲/上聲: 估고( ) : 값 고	534	3593	4537	3335
037	麌	(우) 仄聲/上聲: 牯고( ) : 암소 고	540	3594	4538	3338
037	麌	(우) 仄聲/上聲: 瞽고( ) : 북나무 고	541	3595	4539	3339
037	麌	(우) 仄聲/上聲: 罟고( ) : 그물 고	544	3596	4540	3340
037	麌	(우) 仄聲/上聲: 羖고( ) : 검은암양 고	545	3597	4541	3341

배열형식 B (韻目번호 基準)			배열 A	배열 B	배열 C	배열 D
韻目番號	韻目(독음) 平仄 / 四聲 : 韻族(異音) : 略義		운족 가나순	운목 번호순	운목 가나순	사성순
037	麌	(우) 仄聲/上聲: 詁고( ) : 주(註)낼 고	547	3598	4542	3342
037	麌	(우) 仄聲/上聲: 鈷고( ) : 다리미 고	549	3599	4543	3344
037	麌	(우) 仄聲/上聲: 咕고( ) : 말더듬거릴 고	551	3600	4544	3345
037	麌	(우) 仄聲/上聲: 楛고( ) : 거칠/추잡할 고	552	3601	4546	3346
037	麌	(우) 仄聲/上聲: 楛고(호) : 싸리나무 호	553	3602	4545	4600
037	麌	(우) 仄聲/上聲: 骷고( ) : 해골 고	558	3603	4547	3348
037	麌	(우) 仄聲/上聲: 矩구( ) : 곱자 구	851	3604	4548	3404
037	麌	(우) 仄聲/上聲: 努노( ) : 힘쓸 노	1261	3605	4549	3478
037	麌	(우) 仄聲/上聲: 弩노( ) : 쇠뇌 노	1263	3606	4550	3479
037	麌	(우) 仄聲/上聲: 怒노(노) : 뽐낼 노	1265	3607	4551	3480
037	麌	(우) 仄聲/上聲: 堵도( ) : 담 도	1482	3608	4555	3529
037	麌	(우) 仄聲/上聲: 睹도( ) : 볼 도	1506	3609	4556	3534
037	麌	(우) 仄聲/上聲: 賭도( ) : 도박 도	1511	3610	4557	3537
037	麌	(우) 仄聲/上聲: 杜두( ) : 막을 두	1633	3611	4558	3552
037	麌	(우) 仄聲/上聲: 肚두( ) : 배 두	1643	3612	4559	3554
037	麌	(우) 仄聲/上聲: 擄로( ) : 노략질할/사로잡을 로	1918	3613	4552	3594
037	麌	(우) 仄聲/上聲: 櫓로( ) : 큰방패/망루 로	1919	3614	4553	3595
037	麌	(우) 仄聲/上聲: 虜로( ) : 사로잡을/종 로	1923	3615	4554	3596
037	麌	(우) 仄聲/上聲: 擄로( ) : 노략질할 로	1927	3616	4560	3597
037	麌	(우) 仄聲/上聲: 櫓로( ) : 방패 로	1928	3617	4561	3598
037	麌	(우) 仄聲/上聲: 虜로( ) : 사로잡을/포로 로	1935	3618	4562	3601
037	麌	(우) 仄聲/上聲: 魯로( ) : 노둔할/노나라 로	1939	3619	4563	3602
037	麌	(우) 仄聲/上聲: 鹵로( ) : 소금/염전 로	1941	3620	4564	3603
037	麌	(우) 仄聲/上聲: 滷로( ) : 소금밭 로	1943	3621	4565	3604
037	麌	(우) 仄聲/上聲: 縷루( ) : 실/곡진할/남루할 루	2042	3622	4566	3621
037	麌	(우) 仄聲/上聲: 縷루( ) : 실 루	2043	3623	4567	3622
037	麌	(우) 仄聲/上聲: 褸루( ) : 남루할 루	2045	3624	4568	3623
037	麌	(우) 仄聲/上聲: 媽마( ) : 암말 마	2207	3625	4569	3644
037	麌	(우) 仄聲/上聲: 莽망(무) : 추솔할 무	2276	3626	4570	3692
037	麌	(우) 仄聲/上聲: 侮모( ) : 업신여길 모	2363	3627	4571	3676
037	麌	(우) 仄聲/上聲: 姥모( ) : 할미 모	2392	3628	4572	3680
037	麌	(우) 仄聲/上聲: 撫무( ) : 어루만질 무	2455	3629	4573	3694
037	麌	(우) 仄聲/上聲: 武무( ) : 호반 무	2458	3630	4574	3695
037	麌	(우) 仄聲/上聲: 珷무( ) : 옥돌 무	2461	3631	4575	3696
037	麌	(우) 仄聲/上聲: 舞무( ) : 춤출 무	2467	3632	4576	3698
037	麌	(우) 仄聲/上聲: 鵡무( ) : 앵무새 무	2473	3633	4577	3699

배열형식 B (韻目번호 基準)			배열 A	배열 B	배열 C	배열 D
韻目番號	韻目(독음)	平仄 / 四聲 : 韻族(異音) : 略義	운족 가나순	운목 번호순	운목 가나순	사성순
037	麌	(우) 仄聲/上聲: 廡무( ) : 집/처마 무	2474	3634	4578	3700
037	麌	(우) 仄聲/上聲: 嫵무( ) : 아리따울 무	2478	3635	4579	3701
037	麌	(우) 仄聲/上聲: 甒무( ) : 술단지 무	2480	3636	4580	3702
037	麌	(우) 仄聲/上聲: 普보( ) : 넓을 보	2863	3637	4581	3780
037	麌	(우) 仄聲/上聲: 潽보( ) : 물/강이름 보	2865	3638	4582	3781
037	麌	(우) 仄聲/上聲: 甫보( ) : 클 보	2867	3639	4583	3783
037	麌	(우) 仄聲/上聲: 補보( ) : 기울 보	2869	3640	4584	3784
037	麌	(우) 仄聲/上聲: 譜보( ) : 족보 보	2871	3641	4585	3786
037	麌	(우) 仄聲/上聲: 簠보( ) : 제기이름 보	2873	3642	4586	3787
037	麌	(우) 仄聲/上聲: 黼보( ) : 무늬/수놓은옷 보	2874	3643	4587	3788
037	麌	(우) 仄聲/上聲: 俯부( ) : 숙일/구부릴 부	2934	3644	4588	3797
037	麌	(우) 仄聲/上聲: 剖부( ) : 가를 부	2936	3645	4589	3798
037	麌	(우) 仄聲/上聲: 府부( ) : 관청 부	2949	3646	4590	3801
037	麌	(우) 仄聲/上聲: 斧부( ) : 도끼 부	2952	3647	4591	3802
037	麌	(우) 仄聲/上聲: 溥부( ) : 펼/클/두루 부	2954	3648	4592	3803
037	麌	(우) 仄聲/上聲: 溥부(박) : 물이름 박	2955	3649	4593	3736
037	麌	(우) 仄聲/上聲: 父부( ) : 아비 부	2956	3650	4594	3804
037	麌	(우) 仄聲/上聲: 父부(보) : 남자의미칭 보	2957	3651	4595	3789
037	麌	(우) 仄聲/上聲: 簿부( ) : 문서/치부 부	2959	3652	4596	3805
037	麌	(우) 仄聲/上聲: 腐부( ) : 썩을 부	2962	3653	4597	3807
037	麌	(우) 仄聲/上聲: 腑부( ) : 장부 부	2963	3654	4598	3808
037	麌	(우) 仄聲/上聲: 部부( ) : 떼 부	2974	3655	4599	3810
037	麌	(우) 仄聲/上聲: 釜부( ) : 가마 부	2975	3656	4600	3811
037	麌	(우) 仄聲/上聲: 拊부( ) : 어루만질 부	2982	3657	4601	3813
037	麌	(우) 仄聲/上聲: 弣부( ) : 줌통 부	2995	3658	4602	3814
037	麌	(우) 仄聲/上聲: 數수( ) : 헤아릴/셈 수	3749	3659	4603	3948
037	麌	(우) 仄聲/上聲: 數수( ) : 셈/헤아릴 수	3773	3660	4604	3952
037	麌	(우) 仄聲/上聲: 竪수( ) : 설/세울 수	3790	3661	4605	3954
037	麌	(우) 仄聲/上聲: 籔수( ) : 조리 수	3830	3662	4606	3958
037	麌	(우) 仄聲/上聲: 豎수( ) : 세울 수	3832	3663	4607	3959
037	麌	(우) 仄聲/上聲: 五오( ) : 다섯 오	4555	3664	4608	4059
037	麌	(우) 仄聲/上聲: 伍오( ) : 다섯사람/항오 오	4556	3665	4609	4060
037	麌	(우) 仄聲/上聲: 午오( ) : 낮 오	4559	3666	4610	4061
037	麌	(우) 仄聲/上聲: 塢오( ) : 둑/언덕 오	4564	3667	4611	4062
037	麌	(우) 仄聲/上聲: 旿오( ) : 밝을 오	4574	3668	4612	4063
037	麌	(우) 仄聲/上聲: 洿오(호) : 더러울/물들일 호	4601	3669	4613	4601

배열형식 B (韻目번호 基準)			배열 A	배열 B	배열 C	배열 D
韻目番號	韻目(독음) 平仄 / 四聲 : 韻族(異音) : 略義		운족 가나순	운목 번호순	운목 가나순	사성순
037	麌	(우) 仄聲/上聲: 宇우( ) : 집 우	4801	3670	4614	4117
037	麌	(우) 仄聲/上聲: 瑀우( ) : 패옥 우	4809	3671	4615	4118
037	麌	(우) 仄聲/上聲: 禹우( ) : 성 우	4812	3672	4616	4119
037	麌	(우) 仄聲/上聲: 羽우( ) : 깃 우	4814	3673	4617	4120
037	麌	(우) 仄聲/上聲: 麌우( ) : 수사슴 우	4833	3674	4618	4123
037	麌	(우) 仄聲/上聲: 麌우(오) : 사슴떼 오	4834	3675	4619	4065
037	麌	(우) 仄聲/上聲: 鄅우( ) : 나라이름 우	4838	3676	4620	4124
037	麌	(우) 仄聲/上聲: 乳유( ) : 젖 유	4975	3677	4621	4141
037	麌	(우) 仄聲/上聲: 兪유( ) : 점점 유	4978	3678	4622	4142
037	麌	(우) 仄聲/上聲: 庾유( ) : 곳집노적가리 유	4985	3679	4623	4144
037	麌	(우) 仄聲/上聲: 愈유( ) : 대답할/더욱 유	4988	3680	4624	4145
037	麌	(우) 仄聲/上聲: 瘉유( ) : 병나을 유	5007	3681	4625	4148
037	麌	(우) 仄聲/上聲: 瘐유( ) : 근심하여앓을 유	5032	3682	4626	4152
037	麌	(우) 仄聲/上聲: 貐유( ) : 짐승이름 유	5062	3683	4627	4159
037	麌	(우) 仄聲/上聲: 粗조( ) : 간략할 조	5871	3684	4628	4309
037	麌	(우) 仄聲/上聲: 粗조(추) : 클/거칠을 추	5872	3685	4629	4456
037	麌	(우) 仄聲/上聲: 組조( ) : 짤 조	5874	3686	4630	4310
037	麌	(우) 仄聲/上聲: 觕조( ) : 간략할/대략 조	5929	3687	4634	4326
037	麌	(우) 仄聲/上聲: 主주( ) : 임금/주인 주	5985	3688	4631	4336
037	麌	(우) 仄聲/上聲: 柱주( ) : 기둥 주	6000	3689	4632	4337
037	麌	(우) 仄聲/上聲: 拄주( ) : 떠받칠 주	6028	3690	4633	4340
037	麌	(우) 仄聲/上聲: 取취( ) : 가질 취	6765	3691	4635	4464
037	麌	(우) 仄聲/上聲: 聚취( ) : 모을 취	6772	3692	4636	4466
037	麌	(우) 仄聲/上聲: 土토( ) : 흙 토	6992	3693	4637	4509
037	麌	(우) 仄聲/上聲: 浦포( ) : 개 포	7143	3694	4638	4532
037	麌	(우) 仄聲/上聲: 脯포( ) : 재물서로보낼 포	7147	3695	4639	4533
037	麌	(우) 仄聲/上聲: 許허(호) : 여럿이힘쓰는소리 호	7409	3696	4640	4602
037	麌	(우) 仄聲/上聲: 岵호( ) : 산 호	7542	3697	4641	4604
037	麌	(우) 仄聲/上聲: 扈호( ) : 따를 호	7545	3698	4642	4605
037	麌	(우) 仄聲/上聲: 滸호( ) : 물가 호	7551	3699	4643	4609
037	麌	(우) 仄聲/上聲: 琥호( ) : 호박 호	7558	3700	4644	4612
037	麌	(우) 仄聲/上聲: 祜호( ) : 복 호	7562	3701	4645	4614
037	麌	(우) 仄聲/上聲: 芦호( ) : 지황 호	7566	3702	4646	4616
037	麌	(우) 仄聲/上聲: 虎호( ) : 범 호	7569	3703	4647	4617
037	麌	(우) 仄聲/上聲: 怙호( ) : 믿을 호	7577	3704	4648	4620
037	麌	(우) 仄聲/上聲: 滬호( ) : 강이름 호	7578	3705	4649	4621

배열형식 B (韻目번호 基準)			배열 A	배열 B	배열 C	배열 D
韻目番號	韻目(독음) 平仄 / 四聲 : 韻族(異音) : 略義		운족 가나순	운목 번호순	운목 가나순	사성순
038	薺	(제) 仄聲/上聲: 啓계( ) : 열 계	449	3706	5370	3321
038	薺	(제) 仄聲/上聲: 棨계( ) : 창(儀仗用) 계	460	3707	5371	3322
038	薺	(제) 仄聲/上聲: 劭교( ) : 권면할 교	810	3708	5404	3395
038	薺	(제) 仄聲/上聲: 禰니( ) : 사당에모신아버지 니	1316	3709	5372	3500
038	薺	(제) 仄聲/上聲: 蠡려( ) : 표주박/좀먹을 려	1818	3710	5373	3583
038	薺	(제) 仄聲/上聲: 澧례( ) : 강이름 례	1909	3711	5374	3590
038	薺	(제) 仄聲/上聲: 禮례( ) : 예도 례	1910	3712	5375	3591
038	薺	(제) 仄聲/上聲: 醴례( ) : 단술 례	1911	3713	5376	3592
038	薺	(자) 仄聲/上聲: 醴례( ) : 단술 례	1915	3714	5383	3593
038	薺	(제) 仄聲/上聲: 彌미( ) : 미륵/오랠 미	2518	3715	5377	3711
038	薺	(제) 仄聲/上聲: 米미( ) : 쌀 미	2526	3716	5378	3714
038	薺	(제) 仄聲/上聲: 髀비(폐) : 볼기짝 폐	3147	3717	5379	4529
038	薺	(제) 仄聲/上聲: 棲서( ) : 깃들일 서	3423	3718	5380	3904
038	薺	(제) 仄聲/上聲: 洗세( ) : 씻을 세	3606	3719	5381	3930
038	薺	(제) 仄聲/上聲: 洒세( ) : 씻을 세	3616	3720	5382	3931
038	薺	(제) 仄聲/上聲: 泚자(체) : 물/땀축축히날 체	5343	3721	5384	4427
038	薺	(제) 仄聲/上聲: 玼자(체) : 옥빛고울 체	5360	3722	5385	4428
038	薺	(제) 仄聲/上聲: 薺자(제) : 냉이 제	5367	3723	5396	4293
038	薺	(제) 仄聲/上聲: 底저(지) : 이룰/정할/이를 지	5508	3724	5386	4354
038	薺	(제) 仄聲/上聲: 抵저( ) : 밀칠/막을 저	5509	3725	5387	4232
038	薺	(제) 仄聲/上聲: 邸저( ) : 큰집 저	5533	3726	5388	4241
038	薺	(제) 仄聲/上聲: 柢저( ) : 뿌리 저	5538	3727	5389	4245
038	薺	(제) 仄聲/上聲: 牴저( ) : 닿을 저	5540	3728	5390	4246
038	薺	(제) 仄聲/上聲: 觝저( ) : 찌를 저	5546	3729	5391	4248
038	薺	(제) 仄聲/上聲: 詆저( ) : 꾸짖을 저	5547	3730	5392	4249
038	薺	(제) 仄聲/上聲: 弟제( ) : 아우 제	5803	3731	5393	4290
038	薺	(제) 仄聲/上聲: 悌제( ) : 공손할 제	5804	3732	5394	4291
038	薺	(제) 仄聲/上聲: 濟제( ) : 건널 제	5809	3733	5395	4292
038	薺	(제) 仄聲/上聲: 醍제( ) : 맑은술 제	5816	3734	5397	4294
038	薺	(제) 仄聲/上聲: 緹제( ) : 붉은 비단 제	5826	3735	5398	4295
038	薺	(제) 仄聲/上聲: 坻지( ) : 모래섬 지	6161	3736	5399	4369
038	薺	(제) 仄聲/上聲: 坻지(저) : 언덕 저	6162	3737	5400	4252
038	薺	(제) 仄聲/上聲: 涕체( ) : 눈물 체	6555	3738	5401	4429
038	薺	(제) 仄聲/上聲: 遞체( ) : 갈릴 체	6561	3739	5402	4430
038	薺	(제) 仄聲/上聲: 體체( ) : 몸 체	6562	3740	5403	4431
038	薺	(제) 仄聲/上聲: 陛폐( ) : 섬돌 폐	7126	3741	5405	4530

배열형식 B (韻目번호 基準)			배열 A	배열 B	배열 C	배열 D
韻目 番號	韻目(독음) 平仄 / 四聲 : 韻族(異音) : 略義		운족 가나순	운목 번호순	운목 가나순	사성순
038	薺	(제) 仄聲/上聲: 惠혜( ) : 밝힐 혜	7524	3742	5406	4596
038	薺	(제) 仄聲/上聲: 詡후( ) : 자랑할 후	7805	3743	5407	4654
039	蟹	(해) 仄聲/上聲: 夥과(해) : 동무 해	642	3744	7451	4566
039	蟹	(해) 仄聲/上聲: 柺괘( ) : 지팡이 괘	732	3745	7452	3381
039	蟹	(해) 仄聲/上聲: 拐괴( ) : 속일 괴	740	3746	7453	3383
039	蟹	(해) 仄聲/上聲: 奶내( ) : 젖 내	1231	3747	7454	3470
039	蟹	(해) 仄聲/上聲: 買매( ) : 살 매	2291	3748	7455	3662
039	蟹	(해) 仄聲/上聲: 洒세(쇄) : 뿌릴 새	3621	3749	7456	3894
039	蟹	(해) 仄聲/上聲: 灑쇄(사) : 뿌릴/깜짝놀랄 새	3741	3750	7457	3895
039	蟹	(해) 仄聲/上聲: 矮왜( ) : 작을 왜	4698	3751	7458	4087
039	蟹	(해) 仄聲/上聲: 擺파( ) : 열릴 파	7029	3752	7459	4517
039	蟹	(해) 仄聲/上聲: 罷피(파) : 그칠/귀양보낼 패	7217	3753	7460	4526
039	蟹	(해) 仄聲/上聲: 蟹해( ) : 게 해	7363	3754	7461	4569
039	蟹	(해) 仄聲/上聲: 解해( ) : 쪼갤/풀/깨우쳐줄 해	7364	3755	7462	4570
039	蟹	(해) 仄聲/上聲: 駭해( ) : 놀랄 해	7369	3756	7463	4571
040	賄	(회) 仄聲/上聲: 凱개( ) : 즐길 개	194	3757	7753	3265
040	賄	(회) 仄聲/上聲: 塏개( ) : 높은땅 개	195	3758	7754	3266
040	賄	(회) 仄聲/上聲: 愷개( ) : 즐거울 개	196	3759	7755	3267
040	賄	(회) 仄聲/上聲: 改개( ) : 고칠 개	198	3760	7756	3268
040	賄	(회) 仄聲/上聲: 壞괴(회) : 무너질 회	737	3761	7757	4646
040	賄	(회) 仄聲/上聲: 豈기(개) : 승전가 개	1145	3762	7758	3269
040	賄	(회) 仄聲/上聲: 乃내( ) : 이에 내	1223	3763	7759	3469
040	賄	(회) 仄聲/上聲: 迺내( ) : 이에/너 내	1232	3764	7760	3471
040	賄	(회) 仄聲/上聲: 餒뇌( ) : 굶주림 뇌	1281	3765	7761	3484
040	賄	(회) 仄聲/上聲: 待대( ) : 기다릴 대	1463	3766	7762	3526
040	賄	(회) 仄聲/上聲: 磊뢰( ) : 돌쌓일 뢰	1992	3767	7763	3609
040	賄	(회) 仄聲/上聲: 蕾뢰( ) : 꽃봉오리 뢰	1999	3768	7764	3610
040	賄	(회) 仄聲/上聲: 每매( ) : 매양 매	2288	3769	7765	3661
040	賄	(회) 仄聲/上聲: 蓓배( ) : 꽃봉오리 배	2729	3770	7766	3750
040	賄	(회) 仄聲/上聲: 痱배(비) : 풍병 비	2735	3771	7767	3845
040	賄	(회) 仄聲/上聲: 洒세(사) : 우뚝할 최	3617	3772	7768	4454
040	賄	(회) 仄聲/上聲: 歹알(대) : 몹쓸/거스릴 대	4154	3773	7769	3527
040	賄	(회) 仄聲/上聲: 猥외( ) : 뒤섞일 외	4703	3774	7770	4088
040	賄	(회) 仄聲/上聲: 瘣외( ) : 앓을 외	4709	3775	7771	4089
040	賄	(회) 仄聲/上聲: 餧위(뇌) : 주릴 뇌	4963	3776	7772	3485
040	賄	(회) 仄聲/上聲: 頠위(외) : 고요할 외	4969	3777	7773	4090

배열형식 B (韻目번호 基準)			배열 A	배열 B	배열 C	배열 D
韻目番號	韻目(독음) 平仄 / 四聲 : 韻族(異音) : 略義		운족 가나순	운목 번호순	운목 가나순	사성순
040	賄	(회) 仄聲/上聲: 詒이( ) : 줄 이	5222	3778	7774	4188
040	賄	(회) 仄聲/上聲: 詒이(태) : 속일 태	5223	3779	7775	4504
040	賄	(회) 仄聲/上聲: 宰재( ) : 주관할/재상 재	5473	3780	7776	4221
040	賄	(회) 仄聲/上聲: 罪죄( ) : 허물 죄	5983	3781	7777	4334
040	賄	(회) 仄聲/上聲: 寀채( ) : 녹봉 채	6409	3782	7778	4408
040	賄	(회) 仄聲/上聲: 彩채( ) : 채색 채	6411	3783	7779	4409
040	賄	(회) 仄聲/上聲: 採채( ) : 캘 채	6412	3784	7780	4410
040	賄	(회) 仄聲/上聲: 綵채( ) : 비단 채	6414	3785	7781	4411
040	賄	(회) 仄聲/上聲: 逮체(태) : 미칠/좇을 태	6560	3786	7782	4505
040	賄	(회) 仄聲/上聲: 怠태( ) : 게으를 태	6967	3787	7783	4506
040	賄	(회) 仄聲/上聲: 殆태( ) : 위태할 태	6969	3788	7784	4507
040	賄	(회) 仄聲/上聲: 迨태( ) : 미칠(及) 태	6978	3789	7785	4508
040	賄	(회) 仄聲/上聲: 腿퇴( ) : 다리살 퇴	7006	3790	7786	4514
040	賄	(회) 仄聲/上聲: 亥해( ) : 돼지 해	7350	3791	7787	4567
040	賄	(회) 仄聲/上聲: 海해( ) : 바다 해	7361	3792	7788	4568
040	賄	(회) 仄聲/上聲: 醢해( ) : 젓갈 해	7374	3793	7789	4572
040	賄	(회) 仄聲/上聲: 匯회( ) : 물돌 회	7727	3794	7790	4647
041	軫	(진) 仄聲/上聲: 玃곽( ) : 큰원숭이 곽	661	3795	6445	3369
041	軫	(진) 仄聲/上聲: 窘군( ) : 떼지어살 군	921	3796	6446	3415
041	軫	(진) 仄聲/上聲: 菌균( ) : 버섯 균	1017	3797	6447	3435
041	軫	(진) 仄聲/上聲: 囷균(균) : 서릴 균	1020	3798	6448	3436
041	軫	(진) 仄聲/上聲: 麕균( ) : 노루 균	1022	3799	6449	3437
041	軫	(진) 仄聲/上聲: 緊긴( ) : 긴할 긴	1179	3800	6450	3461
041	軫	(진) 仄聲/上聲: 脗문(민) : 합할 민	2504	3801	6451	3727
041	軫	(진) 仄聲/上聲: 愍민( ) : 근심할 민	2556	3802	6452	3728
041	軫	(진) 仄聲/上聲: 憫민( ) : 민망할 민	2557	3803	6453	3729
041	軫	(진) 仄聲/上聲: 敏민( ) : 민첩할 민	2558	3804	6454	3730
041	軫	(진) 仄聲/上聲: 泯민( ) : 망할 민	2562	3805	6455	3731
041	軫	(진) 仄聲/上聲: 閔민( ) : 성 민	2566	3806	6456	3732
041	軫	(진) 仄聲/上聲: 黽민( ) : 힘쓸 민	2572	3807	6457	3733
041	軫	(진) 仄聲/上聲: 敃민( ) : 힘쓸 민	2575	3808	6458	3734
041	軫	(진) 仄聲/上聲: 篔민( ) : 대속빌 민	2577	3809	6459	3735
041	軫	(진) 仄聲/上聲: 牝빈( ) : 암컷 빈	3173	3810	6460	3847
041	軫	(진) 仄聲/上聲: 栒순( ) : 가름대나무 순	3879	3811	6461	3963
041	軫	(진) 仄聲/上聲: 楯순( ) : 난간 순	3880	3812	6462	3964
041	軫	(진) 仄聲/上聲: 盾순( ) : 방패 순	3887	3813	6463	3965

韻目番號	韻目(독음) 平仄 / 四聲 : 韻族(異音) : 略義		배열 A 운족 가나순	배열 B 운목 번호순	배열 C 운목 가나순	배열 D 사성순
041	軫	(진) 仄聲/上聲: 筍순( ) : 댓순 순	3890	3814	6464	3966
041	軫	(진) 仄聲/上聲: 純순(준) : 선두를 준	3893	3815	6465	4343
041	軫	(진) 仄聲/上聲: 簨순( ) : 대그릇 순	3909	3816	6466	3967
041	軫	(진) 仄聲/上聲: 腎신( ) : 콩팥 신	4027	3817	6467	3982
041	軫	(진) 仄聲/上聲: 蜃신( ) : 대합조개 신	4032	3818	6468	3983
041	軫	(진) 仄聲/上聲: 頣신( ) : 눈크게뜨고볼 신	4040	3819	6469	3984
041	軫	(진) 仄聲/上聲: 縯연(인) : 당길 인	4424	3820	6470	4190
041	軫	(진) 仄聲/上聲: 殞운( ) : 죽을 운	4851	3821	6471	4125
041	軫	(진) 仄聲/上聲: 霣운( ) : 떨어질 운	4863	3822	6472	4126
041	軫	(진) 仄聲/上聲: 允윤( ) : 만 윤	5070	3823	6473	4160
041	軫	(진) 仄聲/上聲: 尹윤( ) : 성 윤	5072	3824	6474	4161
041	軫	(진) 仄聲/上聲: 玧윤( ) : 귀막이옥 윤	5075	3825	6475	4162
041	軫	(진) 仄聲/上聲: 鈗윤( ) : 창(槍) 윤	5078	3826	6476	4163
041	軫	(진) 仄聲/上聲: 狁윤( ) : 오랑캐 윤	5081	3827	6477	4164
041	軫	(진) 仄聲/上聲: 引인( ) : 끌 인	5253	3828	6478	4191
041	軫	(진) 仄聲/上聲: 忍인( ) : 참을 인	5254	3829	6479	4192
041	軫	(진) 仄聲/上聲: 蚓인( ) : 지렁이 인	5258	3830	6480	4193
041	軫	(진) 仄聲/上聲: 靷인( ) : 가슴걸이 인	5261	3831	6481	4194
041	軫	(진) 仄聲/上聲: 准준( ) : 비준 준	6055	3832	6482	4344
041	軫	(진) 仄聲/上聲: 準준( ) : 평평할고를법도 준	6062	3833	6483	4345
041	軫	(진) 仄聲/上聲: 蠢준( ) : 꿈틀거릴/어리석을 준	6069	3834	6484	4346
041	軫	(진) 仄聲/上聲: 隼준( ) : 웅크릴 준	6079	3835	6485	4349
041	軫	(진) 仄聲/上聲: 畛진( ) : 두렁길 진	6206	3836	6486	4376
041	軫	(진) 仄聲/上聲: 疹진( ) : 홍역 진	6207	3837	6487	4377
041	軫	(진) 仄聲/上聲: 盡진( ) : 다할 진	6208	3838	6488	4378
041	軫	(진) 仄聲/上聲: 縝진( ) : 삼실 진	6212	3839	6489	4379
041	軫	(진) 仄聲/上聲: 診진( ) : 진찰할 진	6215	3840	6490	4381
041	軫	(진) 仄聲/上聲: 賑진( ) : 구휼할 진	6216	3841	6491	4382
041	軫	(진) 仄聲/上聲: 軫진( ) : 수레뒤턱나무 진	6217	3842	6492	4383
041	軫	(진) 仄聲/上聲: 儘진( ) : 다할 진	6225	3843	6493	4384
041	軫	(진) 仄聲/上聲: 稹진( ) : 떨기로날 진	6226	3844	6494	4385
041	軫	(진) 仄聲/上聲: 趁진( ) : 좇을 진	6228	3845	6495	4386
041	軫	(진) 仄聲/上聲: 紾진( ) : 비틀 진	6233	3846	6496	4387
041	軫	(진) 仄聲/上聲: 賰춘( ) : 넉넉할/부유할 춘	6740	3847	6497	4462
041	軫	(진) 仄聲/上聲: 賄회( ) : 재물/뇌물 회	7750	3848	6498	4648
042	吻	(문) 仄聲/上聲: 槿근( ) : 무궁화 근	1040	3849	1746	3439

배열형식 B (韻目번호 基準)			배열 A	배열 B	배열 C	배열 D
韻目番號	韻目(독음)	平仄 / 四聲 : 韻族(異音) : 略義	운족 가나순	운목 번호순	운목 가나순	사성순
042	吻	(문) 仄聲/上聲: 謹근( ) : 삼갈 근	1046	3850	1747	3440
042	吻	(문) 仄聲/上聲: 近근( ) : 가까울 근	1047	3851	1748	3441
042	吻	(문) 仄聲/上聲: 刎문( ) : 목벨 문	2487	3852	1749	3704
042	吻	(문) 仄聲/上聲: 吻문( ) : 입술 문	2488	3853	1750	3705
042	吻	(문) 仄聲/上聲: 脗문( ) : 합할 문	2503	3854	1751	3708
042	吻	(문) 仄聲/上聲: 忞민(문) : 어수선할 문	2568	3855	1752	3709
042	吻	(문) 仄聲/上聲: 墳분( ) : 무덤 분	3016	3856	1753	3816
042	吻	(문) 仄聲/上聲: 忿분( ) : 성낼 분	3019	3857	1754	3817
042	吻	(문) 仄聲/上聲: 憤분( ) : 분할 분	3020	3858	1755	3818
042	吻	(문) 仄聲/上聲: 粉분( ) : 가루 분	3026	3859	1756	3819
042	吻	(문) 仄聲/上聲: 蘊온( ) : 마름 온	4620	3860	1757	4067
042	吻	(문) 仄聲/上聲: 听은( ) : 웃을 은	5104	3861	1758	4165
042	吻	(문) 仄聲/上聲: 癮은( ) : 두드러기 은	5108	3862	1759	4166
042	吻	(문) 仄聲/上聲: 袗진( ) : 홑옷 진	6214	3863	1760	4380
043	阮	(완) 仄聲/上聲: 墾간( ) : 개간할 간	67	3864	4044	3244
043	阮	(완) 仄聲/上聲: 懇간( ) : 간절할 간	72	3865	4045	3245
043	阮	(완) 仄聲/上聲: 昆곤(혼) : 동어리/오랑캐 혼	576	3866	4046	4624
043	阮	(완) 仄聲/上聲: 梱곤( ) : 맏 곤	577	3867	4047	3349
043	阮	(완) 仄聲/上聲: 棍곤(혼) : 나무묶을 혼	579	3868	4048	4625
043	阮	(완) 仄聲/上聲: 滾곤( ) : 흐를 곤	580	3869	4049	3350
043	阮	(완) 仄聲/上聲: 袞곤( ) : 곤룡포 곤	582	3870	4050	3351
043	阮	(완) 仄聲/上聲: 閫곤( ) : 문지방 곤	586	3871	4051	3352
043	阮	(완) 仄聲/上聲: 壼곤( ) : 대궐안길 곤	589	3872	4052	3353
043	阮	(완) 仄聲/上聲: 鯀곤( ) : 큰물고기 곤	590	3873	4053	3354
043	阮	(완) 仄聲/上聲: 圈권( ) : 우리 권	945	3874	4054	3416
043	阮	(완) 仄聲/上聲: 沌돈( ) : 기운덩어리 돈	1577	3875	4055	3539
043	阮	(완) 仄聲/上聲: 躉돈( ) : 거룻배 돈	1585	3876	4056	3540
043	阮	(완) 仄聲/上聲: 庉돈( ) : 담장 돈	1586	3877	4057	3541
043	阮	(완) 仄聲/上聲: 遁돈( ) : 달아날 돈	1587	3878	4058	3542
043	阮	(완) 仄聲/上聲: 遯돈(둔) : 달아날 둔	1590	3879	4059	3560
043	阮	(완) 仄聲/上聲: 淪륜(론) : 기운덩어리질 론	2092	3880	4060	3605
043	阮	(완) 仄聲/上聲: 娩만( ) : 해산할 만	2225	3881	4061	3648
043	阮	(완) 仄聲/上聲: 挽만( ) : 당길 만	2230	3882	4062	3649
043	阮	(완) 仄聲/上聲: 晚만( ) : 늦을 만	2231	3883	4063	3650
043	阮	(완) 仄聲/上聲: 晩만( ) : 저물/늦을 만	2250	3884	4064	3653
043	阮	(완) 仄聲/上聲: 悗문( ) : 잊어버릴 문	2498	3885	4065	3706

배열형식 B (韻目번호 基準)			배열 A	배열 B	배열 C	배열 D
韻目番號	韻目(독음) 平仄 / 四聲 : 韻族(異音) : 略義		운족 가나순	운목 번호순	운목 가나순	사성순
043	阮	(완) 仄聲/上聲: 懣문( ) : 번민할 문	2500	3886	4066	3707
043	阮	(완) 仄聲/上聲: 反반( ) : 엎을/돌이킬 반	2612	3887	4067	3738
043	阮	(완) 仄聲/上聲: 返반( ) : 돌이킬 반	2633	3888	4068	3739
043	阮	(완) 仄聲/上聲: 飯반( ) : 밥 반	2636	3889	4069	3740
043	阮	(완) 仄聲/上聲: 本본( ) : 근본 본	2913	3890	4070	3790
043	阮	(완) 仄聲/上聲: 体분( ) : 용렬할 분	3032	3891	4071	3820
043	阮	(완) 仄聲/上聲: 畚분( ) : 삼태기 분	3038	3892	4072	3821
043	阮	(완) 仄聲/上聲: 笨분( ) : 거칠/투박할 분	3039	3893	4073	3822
043	阮	(완) 仄聲/上聲: 愃선(훤) : 너그럽고아담할 훤	3528	3894	4074	4656
043	阮	(완) 仄聲/上聲: 洒세(선) : 닦을 쇄	3619	3895	4075	3944
043	阮	(완) 仄聲/上聲: 損손( ) : 덜 손	3709	3896	4076	3940
043	阮	(완) 仄聲/上聲: 盾순(돈) : 사람이름 돈	3888	3897	4077	3543
043	阮	(완) 仄聲/上聲: 偃언( ) : 쓰러질 언	4331	3898	4078	4020
043	阮	(완) 仄聲/上聲: 鰋언( ) : 메기 언	4341	3899	4079	4021
043	阮	(완) 仄聲/上聲: 穩온( ) : 편안할 온	4618	3900	4080	4066
043	阮	(완) 仄聲/上聲: 婉완( ) : 순할/아름다울/젊을 완	4661	3901	4081	4072
043	阮	(완) 仄聲/上聲: 宛완( ) : 어슴푸레할 완	4663	3902	4082	4073
043	阮	(완) 仄聲/上聲: 琬완( ) : 홀 완	4671	3903	4083	4076
043	阮	(완) 仄聲/上聲: 腕완( ) : 팔목/팔뚝 완	4676	3904	4084	4080
043	阮	(완) 仄聲/上聲: 阮완( ) : 나라이름/성 완	4678	3905	4085	4082
043	阮	(완) 仄聲/上聲: 菀울( ) : 우거질 울	4869	3906	4086	4127
043	阮	(완) 仄聲/上聲: 苑원( ) : 나라동산 원	4895	3907	4087	4128
043	阮	(완) 仄聲/上聲: 遠원( ) : 멀 원	4898	3908	4088	4129
043	阮	(완) 仄聲/上聲: 阮원( ) : 원나라 원	4899	3909	4089	4130
043	阮	(완) 仄聲/上聲: 蜿원(완) : 굼틀거릴 완	4908	3910	4090	4083
043	阮	(완) 仄聲/上聲: 薳위(원) : 원지[약초] 원	4922	3911	4091	4131
043	阮	(완) 仄聲/上聲: 撙준( ) : 누를 준	6075	3912	4092	4348
043	阮	(완) 仄聲/上聲: 鱒준( ) : 송어 준	6082	3913	4093	4350
043	阮	(완) 仄聲/上聲: 忖촌( ) : 헤아릴/짐작할 촌	6637	3914	4094	4446
043	阮	(완) 仄聲/上聲: 刌촌( ) : 저밀 촌	6642	3915	4095	4447
043	阮	(완) 仄聲/上聲: 坂판( ) : 언덕/산비탈 판	7050	3916	4096	4521
043	阮	(완) 仄聲/上聲: 阪판( ) : 언덕 판	7057	3917	4097	4525
043	阮	(완) 仄聲/上聲: 狠한( ) : 개싸우는소리 한	7293	3918	4098	4554
043	阮	(완) 仄聲/上聲: 混혼( ) : 섞을 혼	7600	3919	4099	4626
043	阮	(완) 仄聲/上聲: 鯇혼( ) : 잉어 혼	7608	3920	4100	4627
043	阮	(완) 仄聲/上聲: 咺훤( ) : 의젓할 훤	7829	3921	4101	4657

배열형식 B (韻目번호 基準)			배열 A	배열 B	배열 C	배열 D
韻目番號	韻目(독음) 平仄 / 四聲 : 韻族(異音) : 略義		운족 가나순	운목 번호순	운목 가나순	사성순
043	阮	(완) 仄聲/上聲: 煇휘(훈) : 벌걸/불빛 혼	7846	3922	4102	4628
044	旱	(한) 仄聲/上聲: 笳가( ) : 갈잎 피리 가	37	3923	7241	3241
044	旱	(한) 仄聲/上聲: 侃간( ) : 굳셀 간	65	3924	7242	3243
044	旱	(한) 仄聲/上聲: 桿간( ) : 박달 간	77	3925	7243	3248
044	旱	(한) 仄聲/上聲: 稈간( ) : 짚 간	82	3926	7244	3249
044	旱	(한) 仄聲/上聲: 款관( ) : 항목 관	673	3927	7246	3370
044	旱	(한) 仄聲/上聲: 琯관( ) : 피리 관	675	3928	7247	3371
044	旱	(한) 仄聲/上聲: 管관( ) : 대롱/주관할 관	677	3929	7248	3372
044	旱	(한) 仄聲/上聲: 館관( ) : 객사 관	683	3930	7249	3373
044	旱	(한) 仄聲/上聲: 盥관( ) : 씻을/대야 관	685	3931	7250	3374
044	旱	(한) 仄聲/上聲: 錧관( ) : 쟁기/비녀장 관	688	3932	7251	3375
044	旱	(한) 仄聲/上聲: 痯관( ) : 병에지친 관	695	3933	7252	3376
044	旱	(한) 仄聲/上聲: 暖난( ) : 더울 난	1197	3934	7254	3463
043	旱	(한) 仄聲/上聲: 煖난( ) : 따뜻할 난	1199	3935	7255	3464
044	旱	(한) 仄聲/上聲: 亶단( ) : 믿음 단	1335	3936	7256	3504
044	旱	(한) 仄聲/上聲: 但단( ) : 다만 단	1336	3937	7257	3505
044	旱	(한) 仄聲/上聲: 斷단( ) : 끊을 단	1342	3938	7258	3506
044	旱	(한) 仄聲/上聲: 短단( ) : 짧을 단	1347	3939	7259	3507
044	旱	(한) 仄聲/上聲: 袒단( ) : 옷통벗을 단	1352	3940	7260	3509
044	旱	(한) 仄聲/上聲: 担단( ) : 떨칠 단	1357	3941	7261	3510
044	旱	(한) 仄聲/上聲: 澶단( ) : 모래섬 단	1368	3942	7262	3512
044	旱	(한) 仄聲/上聲: 靼달( ) : 다룬가죽 달	1386	3943	7263	3513
044	旱	(한) 仄聲/上聲: 笪달( ) : 뜸 달	1388	3944	7264	3514
044	旱	(한) 仄聲/上聲: 懶라( ) : 게으를 라	1671	3945	7253	3562
044	旱	(한) 仄聲/上聲: 懶라(란) : 게으를/미워할 란	1676	3946	7265	3566
044	旱	(한) 仄聲/上聲: 滿만( ) : 찰 만	2233	3947	7266	3651
044	旱	(한) 仄聲/上聲: 鏋만( ) : 금 만	2248	3948	7267	3652
044	旱	(한) 仄聲/上聲: 懣문(만) : 속답답할 만	2501	3949	7268	3654
044	旱	(한) 仄聲/上聲: 伴반( ) : 짝 반	2610	3950	7269	3737
044	旱	(한) 仄聲/上聲: 竝병(반) : 짝할 반	2837	3951	7270	3741
044	旱	(한) 仄聲/上聲: 傘산( ) : 우산 산	3293	3952	7271	3873
044	旱	(한) 仄聲/上聲: 散산( ) : 흩을 산	3296	3953	7272	3874
044	旱	(한) 仄聲/上聲: 算산( ) : 셈 산	3301	3954	7273	3876
044	旱	(한) 仄聲/上聲: 繖산( ) : 일산 산	3312	3955	7274	3879
044	旱	(한) 仄聲/上聲: 梡완( ) : 도마 완	4666	3956	7275	4074
044	旱	(한) 仄聲/上聲: 椀완( ) : 도마/주발 완	4667	3957	7276	4075

배열형식 B (韻目번호 基準)			배열 A	배열 B	배열 C	배열 D
韻目 番號	韻目(독음) 平仄 / 四聲 : 韻族(異音) : 略義		운족 가나순	운목 번호순	운목 가나순	사성순
044	旱	(한) 仄聲/上聲: 碗완( ) : 그릇 완	4672	3958	7277	4077
044	旱	(한) 仄聲/上聲: 緩완( ) : 느릴 완	4673	3959	7278	4078
044	旱	(한) 仄聲/上聲: 脘완( ) : 밥통 완	4675	3960	7279	4079
044	旱	(한) 仄聲/上聲: 瓚찬( ) : 옥잔 찬	6322	3961	7280	4394
044	旱	(한) 仄聲/上聲: 纂찬( ) : 모을 찬	6325	3962	7281	4395
044	旱	(한) 仄聲/上聲: 纘찬( ) : 이을 찬	6327	3963	7282	4396
044	旱	(한) 仄聲/上聲: 攢찬( ) : 옹기종기모일 찬	6333	3964	7283	4398
044	旱	(한) 仄聲/上聲: 酇찬( ) : 마을이름 찬	6337	3965	7284	4399
044	旱	(한) 仄聲/上聲: 坦탄( ) : 평평할 탄	6922	3966	7285	4493
044	旱	(한) 仄聲/上聲: 憚탄( ) : 꺼릴 탄	6924	3967	7286	4494
044	旱	(한) 仄聲/上聲: 誕탄( ) : 낳을/거짓 탄	6929	3968	7287	4495
044	旱	(한) 仄聲/上聲: 旱한( ) : 가물 한	7279	3969	7288	4549
044	旱	(한) 仄聲/上聲: 澣한( ) : 빨/씻을 한	7282	3970	7289	4550
044	旱	(한) 仄聲/上聲: 罕한( ) : 드물 한	7284	3971	7290	4551
044	旱	(한) 仄聲/上聲: 鯇혼(환) : 산천어 환	7609	3972	7291	4636
044	旱	(한) 仄聲/上聲: 棵환( ) : 남무토막 환	7660	3973	7245	4633
044	旱	(한) 仄聲/上聲: 很흔( ) : 어길 흔	7884	3974	7292	4665
045	潸	(산) 仄聲/上聲: 揀간( ) : 가릴 간	73	3975	1975	3246
045	潸	(산) 仄聲/上聲: 柬간( ) : 가릴 간	76	3976	1976	3247
045	潸	(산) 仄聲/上聲: 簡간( ) : 간력할/대쪽 간	84	3977	1977	3250
045	潸	(산) 仄聲/上聲: 莞관(완) : 빙그레할 완	697	3978	1985	4081
045	潸	(산) 仄聲/上聲: 赧난( ) : 얼굴붉힐 난	1200	3979	1978	3465
045	潸	(산) 仄聲/上聲: 戁난( ) : 두려울 난	1201	3980	1979	3466
045	潸	(산) 仄聲/上聲: 産산( ) : 낳을 산	3299	3981	1980	3875
045	潸	(산) 仄聲/上聲: 剷산( ) : 깎을 산	3305	3982	1981	3877
045	潸	(산) 仄聲/上聲: 潸산( ) : 눈물흘릴 산	3310	3983	1982	3878
045	潸	(산) 仄聲/上聲: 產산( ) : 대패 산	3315	3984	1983	3880
045	潸	(산) 仄聲/上聲: 眼안( ) : 눈 안	4131	3985	1984	3995
045	潸	(산) 仄聲/上聲: 醆잔( ) : 잔 잔	5399	3986	1986	4211
045	潸	(산) 仄聲/上聲: 僝잔( ) : 보일 잔	5400	3987	1987	4212
045	潸	(산) 仄聲/上聲: 撰찬( ) : 지을 찬	6317	3988	1988	4393
045	潸	(산) 仄聲/上聲: 饌찬( ) : 반찬 찬	6332	3989	1989	4397
045	潸	(산) 仄聲/上聲: 板판( ) : 널 판	7051	3990	1990	4522
045	潸	(산) 仄聲/上聲: 版판( ) : 조각 판	7052	3991	1991	4523
045	潸	(산) 仄聲/上聲: 鈑판( ) : 금박 판	7056	3992	1992	4524
045	潸	(산) 仄聲/上聲: 悍한( ) : 사나울 한	7278	3993	1993	4548

배열형식 B (韻目번호 基準)			배열 A	배열 B	배열 C	배열 D
韻目番號	韻目(독음) 平仄 / 四聲 : 韻族(異音) : 略義		운족 가나순	운목 번호순	운목 가나순	사성순
045	潸	(산) 仄聲/上聲: 限한( ) : 한할 한	7288	3994	1994	4552
045	潸	(산) 仄聲/上聲: 僩한( ) : 노할 한	7290	3995	1995	4553
045	潸	(산) 仄聲/上聲: 晥환( ) : 환할/깨끗할 환	7669	3996	1996	4634
046	銑	(선) 仄聲/上聲: 件건( ) : 물건 건	271	3997	2367	3285
046	銑	(선) 仄聲/上聲: 蹇건( ) : 절 건	279	3998	2368	3286
046	銑	(선) 仄聲/上聲: 謇건( ) : 말 더듬거릴 건	283	3999	2369	3287
046	銑	(선) 仄聲/上聲: 犬견( ) : 개 견	339	4000	2370	3294
046	銑	(선) 仄聲/上聲: 繭견( ) : 고치 견	343	4001	2371	3295
046	銑	(선) 仄聲/上聲: 畎견( ) : 밭도랑 견	351	4002	2372	3296
046	銑	(선) 仄聲/上聲: 縳견( ) : 올 견	352	4003	2373	3297
046	銑	(선) 仄聲/上聲: 豣견( ) : 큰돼지 견	357	4004	2374	3298
046	銑	(선) 仄聲/上聲: 吨견( ) : 지성스러울 견	361	4005	2378	3299
046	銑	(선) 仄聲/上聲: 撚년( ) : 꼴 년	1239	4006	2376	3473
046	銑	(선) 仄聲/上聲: 碾년( ) : 맷돌 년	1241	4007	2377	3474
046	銑	(선) 仄聲/上聲: 撚년( ) : 꼴/잡을/밟을 년	1242	4008	2404	3475
046	銑	(선) 仄聲/上聲: 璉련( ) : 호련 련	1850	4009	2379	3584
046	銑	(선) 仄聲/上聲: 輦련( ) : 손수레 련	1854	4010	2380	3585
046	銑	(선) 仄聲/上聲: 娩만(면) : 유순할 면	2226	4011	2381	3665
046	銑	(선) 仄聲/上聲: 免면( ) : 벗을/면할피할 면	2327	4012	2382	3666
046	銑	(선) 仄聲/上聲: 免면(문) : 해산할/상건쓸 문	2328	4013	2383	3703
046	銑	(선) 仄聲/上聲: 冕면( ) : 면류관 면	2329	4014	2384	3667
046	銑	(선) 仄聲/上聲: 勉면( ) : 면할 면	2330	4015	2385	3668
046	銑	(선) 仄聲/上聲: 沔면( ) : 빠질 면	2332	4016	2386	3669
046	銑	(선) 仄聲/上聲: 緬면( ) : 가는실 면	2336	4017	2387	3670
046	銑	(선) 仄聲/上聲: 俛면( ) : 구부릴 면	2339	4018	2388	3671
046	銑	(선) 仄聲/上聲: 湎면( ) : 빠질 면	2340	4019	2389	3672
046	銑	(선) 仄聲/上聲: 辨변( ) : 분별할 변	2806	4020	2390	3756
046	銑	(선) 仄聲/上聲: 辯변( ) : 말씀 변	2807	4021	2391	3757
046	銑	(선) 仄聲/上聲: 辮변( ) : 땋을 변	2811	4022	2392	3758
046	銑	(선) 仄聲/上聲: 褊변( ) : 옷너풀거릴 변	2813	4023	2442	3761
046	銑	(선) 仄聲/上聲: 諞변( ) : 말교묘히할 변	2815	4024	2444	3762
046	銑	(선) 仄聲/上聲: 諞변(편) : 말교묘히할 편	2816	4025	2443	4527
046	銑	(선) 仄聲/上聲: 癬선( ) : 옴 선	3508	4026	2393	3913
046	銑	(선) 仄聲/上聲: 蘚선( ) : 이끼 선	3517	4027	2394	3914
046	銑	(선) 仄聲/上聲: 跣선( ) : 맨발 선	3520	4028	2395	3915
046	銑	(선) 仄聲/上聲: 銑선( ) : 끌 선	3522	4029	2396	3916

배열형식 B (韻目번호 基準)			배열 A	배열 B	배열 C	배열 D
韻目番號	韻目(독음)	平仄 / 四聲 : 韻族(異音) : 略義	운족 가나순	운목 번호순	운목 가나순	사성순
046	銑	(선) 仄聲/上聲: 鮮선(선) : 적을/드물 선	3525	4030	2397	3917
046	銑	(선) 仄聲/上聲: 墡선( ) : 백토 선	3526	4031	2398	3918
046	銑	(선) 仄聲/上聲: 鱓선( ) : 두렁허리 선	3529	4032	2399	3919
046	銑	(선) 仄聲/上聲: 墠선( ) : 제사터 선	3531	4033	2400	3920
046	銑	(선) 仄聲/上聲: 獮선( ) : 가을사냥 선	3534	4034	2401	3921
046	銑	(선) 仄聲/上聲: 洗세(선) : 조촐할/율이름 선	3607	4035	2402	3922
046	銑	(선) 仄聲/上聲: 洒세(쇄) : 엄숙할 선	3620	4036	2403	3923
046	銑	(선) 仄聲/上聲: 沇연( ) : 졸졸흐르는 연	4405	4037	2405	4032
046	銑	(선) 仄聲/上聲: 演연( ) : 펼 연	4410	4038	2406	4033
046	銑	(선) 仄聲/上聲: 縯연( ) : 길(長也) 연	4423	4039	2407	4034
046	銑	(선) 仄聲/上聲: 軟연( ) : 연할/부드러울 연	4426	4040	2408	4035
046	銑	(선) 仄聲/上聲: 兗연( ) : 바를 연	4429	4041	2409	4036
046	銑	(선) 仄聲/上聲: 耎연( ) : 가냘플 연	4436	4042	2410	4037
046	銑	(선) 仄聲/上聲: 蜎연(견) : 장구벌레 견	4438	4043	2411	3300
046	銑	(선) 仄聲/上聲: 懦유(나) : 잔악할 연	4971	4044	2375	4031
046	銑	(선) 仄聲/上聲: 典전( ) : 법 전	5596	4045	2412	4253
046	銑	(선) 仄聲/上聲: 展전( ) : 펼 전	5602	4046	2413	4254
046	銑	(선) 仄聲/上聲: 篆전( ) : 전자 전	5618	4047	2414	4255
046	銑	(선) 仄聲/上聲: 輾전( ) : 돌 전	5621	4048	2416	4256
046	銑	(선) 仄聲/上聲: 輾전(년) : 연자방아 년	5622	4049	2415	3476
046	銑	(선) 仄聲/上聲: 顚전( ) : 이마/엎드러질 전	5629	4050	2417	4257
046	銑	(선) 仄聲/上聲: 吮전( ) : 빨 전	5632	4051	2419	4258
046	銑	(선) 仄聲/上聲: 吮전(연) : 기침할/핥을 연	5633	4052	2418	4038
046	銑	(선) 仄聲/上聲: 翦전( ) : 자를 전	5644	4053	2420	4259
046	銑	(선) 仄聲/上聲: 腆전( ) : 두터울 전	5645	4054	2421	4260
046	銑	(선) 仄聲/上聲: 靦전( ) : 부끄러워할 전	5649	4055	2422	4261
046	銑	(선) 仄聲/上聲: 瑑전( ) : 새길 전	5659	4056	2423	4262
046	銑	(선) 仄聲/上聲: 雋전( ) : 새살찔 전	5668	4057	2425	4265
046	銑	(선) 仄聲/上聲: 雋전(준) : 영특할/준걸 준	5669	4058	2426	4347
046	銑	(선) 仄聲/上聲: 蜓정(전) : 도마뱀 전	5781	4059	2424	4264
046	銑	(선) 仄聲/上聲: 殄진( ) : 다할/죽을 진	6201	4060	2427	4375
046	銑	(선) 仄聲/上聲: 趁진(전) : 밟을 전	6229	4061	2428	4266
046	銑	(선) 仄聲/上聲: 撰찬(천) : 일(事也) 천	6318	4062	2429	4414
046	銑	(선) 仄聲/上聲: 喘천( ) : 헐떡일 천	6469	4063	2430	4415
046	銑	(선) 仄聲/上聲: 淺천( ) : 얕을 천	6474	4064	2431	4416
046	銑	(선) 仄聲/上聲: 舛천( ) : 어그러질 천	6477	4065	2432	4417

배열형식 B (韻目번호 基準)			배열 A	배열 B	배열 C	배열 D
韻目番號	韻目(독음)	平仄 / 四聲 : 韻族(異音) : 略義	운족 가나순	운목 번호순	운목 가나순	사성순
046	銑	(선) 仄聲/上聲: 踐천( ) : 밟을 천	6480	4066	2433	4418
046	銑	(선) 仄聲/上聲: 闡천( ) : 열 천	6483	4067	2434	4419
046	銑	(선) 仄聲/上聲: 俴천( ) : 엷을 천	6486	4068	2435	4420
046	銑	(선) 仄聲/上聲: 蕆천( ) : 경계할 천	6491	4069	2436	4421
046	銑	(선) 仄聲/上聲: 蚕천( ) : 지렁이 천	6492	4070	2437	4422
046	銑	(선) 仄聲/上聲: 灛천( ) : 강이름 천	6494	4071	2438	4423
046	銑	(선) 仄聲/上聲: 僤탄( ) : 재빠를 탄	6934	4072	2439	4496
046	銑	(선) 仄聲/上聲: 扁편(변) : 현판/낮을 변	7092	4073	2440	3759
046	銑	(선) 仄聲/上聲: 編편(변) : 땋을 변	7096	4074	2441	3760
046	銑	(선) 仄聲/上聲: 峴현( ) : 고개 현	7434	4075	2445	4587
046	銑	(선) 仄聲/上聲: 泫현( ) : 빛날 현	7438	4076	2446	4588
046	銑	(선) 仄聲/上聲: 睍현( ) : 불거질눈 현	7445	4077	2447	4589
046	銑	(선) 仄聲/上聲: 顯현( ) : 나타날/알려질 현	7453	4078	2448	4591
046	銑	(선) 仄聲/上聲: 睆환( ) : 가득 차 있는 모양 환	7680	4079	2449	4635
047	篠	(소) 仄聲/上聲: 皎교( ) : 흴 교	771	4080	2708	3388
047	篠	(소) 仄聲/上聲: 矯교( ) : 바로잡을 교	772	4081	2709	3389
047	篠	(소) 仄聲/上聲: 糾교( ) : 맺힐/얽힐 교	808	4082	2710	3394
047	篠	(소) 仄聲/上聲: 嫋뇨( ) : 예쁠/간들거릴 뇨	1283	4083	2711	3486
047	篠	(소) 仄聲/上聲: 裊뇨( ) : 간드러질 뇨	1286	4084	2712	3487
047	篠	(소) 仄聲/上聲: 褭뇨( ) : 낭창거릴 뇨	1288	4085	2713	3488
047	篠	(소) 仄聲/上聲: 挑도( ) : 돋울 도	1493	4086	2714	3532
047	篠	(소) 仄聲/上聲: 挑도(조) : 돋울 조	1494	4087	2715	4296
047	篠	(소) 仄聲/上聲: 了료( ) : 마칠 료	2007	4088	2716	3613
047	篠	(소) 仄聲/上聲: 僚료( ) : 동료 료	2008	4089	2717	3614
047	篠	(소) 仄聲/上聲: 瞭료( ) : 밝을 료	2014	4090	2718	3615
047	篠	(소) 仄聲/上聲: 蓼료( ) : 여뀌 료	2016	4091	2719	3616
047	篠	(소) 仄聲/上聲: 蓼료(륙) : 풀앞긴모양 륙	2017	4092	2720	3629
047	篠	(소) 仄聲/上聲: 繚료( ) : 감길 료	2023	4093	2721	3618
047	篠	(소) 仄聲/上聲: 杳묘( ) : 어두울 묘	2433	4094	2722	3684
047	篠	(소) 仄聲/上聲: 渺묘( ) : 아득할 묘	2434	4095	2723	3685
047	篠	(소) 仄聲/上聲: 眇묘( ) : 애꾸눈 묘	2438	4096	2724	3686
047	篠	(소) 仄聲/上聲: 藐묘( ) : 멀/작을/약할 묘	2439	4097	2725	3687
047	篠	(소) 仄聲/上聲: 緲묘( ) : 아득할 묘	2443	4098	2726	3688
047	篠	(소) 仄聲/上聲: 秒묘( ) : 벼까락/세미할 묘	2445	4099	2748	3690
047	篠	(소) 仄聲/上聲: 秒묘(초) : 초침 초	2446	4100	2749	4437
047	篠	(소) 仄聲/上聲: 吵묘( ) : 지저귈/울 묘	2447	4101	2752	3691

배열형식 B (韻目번호 基準)			배열 A	배열 B	배열 C	배열 D
韻目番號	韻目(독음) 平仄 / 四聲 : 韻族(異音) : 略義		운족 가나순	운목 번호순	운목 가나순	사성순
047	篠	(소) 仄聲/上聲: 小소( ) : 작을 소	3632	4102	2727	3932
047	篠	(소) 仄聲/上聲: 昭소(조) : 나타날/빛날/밝을 조	3639	4103	2728	4299
047	篠	(소) 仄聲/上聲: 沼소( ) : 못/늪 소	3641	4104	2729	3935
047	篠	(소) 仄聲/上聲: 篠소( ) : 가는대 소	3655	4105	2730	3936
047	篠	(소) 仄聲/上聲: 紹소( ) : 이을 소	3658	4106	2731	3937
047	篠	(소) 仄聲/上聲: 柖소(초) : 목욕상 초	3685	4107	2732	4433
047	篠	(소) 仄聲/上聲: 夭요( ) : 일찍죽을 요	4715	4108	2733	4092
047	篠	(소) 仄聲/上聲: 擾요( ) : 길들일 요	4722	4109	2734	4094
047	篠	(소) 仄聲/上聲: 窈요( ) : 그윽할 요	4728	4110	2735	4095
047	篠	(소) 仄聲/上聲: 窅요( ) : 움펑눈 요	4742	4111	2736	4096
047	篠	(소) 仄聲/上聲: 遶요( ) : 둘를/포위할 요	4743	4112	2737	4097
047	篠	(소) 仄聲/上聲: 舀요( ) : 절구확긁어낼 요	4748	4113	2738	4098
047	篠	(소) 仄聲/上聲: 兆조( ) : 억조 조	5842	4114	2739	4302
047	篠	(소) 仄聲/上聲: 窕조( ) : 정숙할 조	5870	4115	2740	4308
047	篠	(소) 仄聲/上聲: 肇조( ) : 비롯할 조	5877	4116	2741	4312
047	篠	(소) 仄聲/上聲: 趙조( ) : 나라 조	5882	4117	2742	4315
047	篠	(소) 仄聲/上聲: 鳥조( ) : 새 조	5889	4118	2743	4318
047	篠	(소) 仄聲/上聲: 佻조( ) : 방정맞을 조	5890	4119	2744	4319
047	篠	(소) 仄聲/上聲: 駣조( ) : 네살말 조	5919	4120	2745	4323
047	篠	(소) 仄聲/上聲: 鮡조( ) : 물고기이름 조	5920	4121	2746	4324
047	篠	(소) 仄聲 / 上聲: 剿초( ) : 끊을/죽일 초	6576	4122	2747	4434
047	篠	(소) 仄聲/上聲: 悄초( ) : 근심할 초	6607	4123	2750	4441
047	篠	(소) 仄聲/上聲: 愀초( ) : 해쓱할/풀죽을 초	6608	4124	2751	4442
047	篠	(소) 仄聲/上聲: 湫추(초) : 웅덩이 초	6679	4125	2753	4445
047	篠	(소) 仄聲/上聲: 表표( ) : 겉 표	7189	4126	2754	4536
047	篠	(소) 仄聲/上聲: 縹표( ) : 옥색빛 표	7196	4127	2755	4537
047	篠	(소) 仄聲/上聲: 婊표( ) : 창녀 표	7199	4128	2756	4538
047	篠	(소) 仄聲/上聲: 莩표( ) : 떨어질 표	7202	4129	2757	4539
047	篠	(소) 仄聲/上聲: 鉉현( ) : 솥귀 현	7452	4130	2758	4590
048	巧	(교) 仄聲/上聲: 巧교( ) : 공교할 교	764	4131	881	3385
048	巧	(교) 仄聲/上聲: 攪교( ) : 어지러울 교	765	4132	882	3386
048	巧	(교) 仄聲/上聲: 狡교( ) : 간교할 교	770	4133	883	3387
048	巧	(교) 仄聲/上聲: 絞교( ) : 목맬 교	773	4134	884	3390
048	巧	(교) 仄聲/上聲: 佼교( ) : 예쁠 교	786	4135	885	3391
048	巧	(교) 仄聲/上聲: 姣교( ) : 예쁠 교	788	4136	887	3392
048	巧	(교) 仄聲/上聲: 鉸교( ) : 가위 교	794	4137	888	3393

배열형식 B (韻目번호 基準)			배열 A	배열 B	배열 C	배열 D
韻目番號	韻目(독음)	平仄 / 四聲 : 韻族(異音) : 略義	운족 가나순	운목 번호순	운목 가나순	사성순
048	巧	(교) 仄聲/上聲: 撓뇨( ) : 긁을 뇨	1293	4138	894	3489
048	巧	(교) 仄聲/上聲: 獠료(조) : 서남오랑캐 조	2022	4139	889	4297
048	巧	(교) 仄聲/上聲: 卯묘( ) : 토끼 묘	2427	4140	890	3682
048	巧	(교) 仄聲/上聲: 昴묘( ) : 별이름 묘	2432	4141	891	3683
048	巧	(교) 仄聲/上聲: 茆묘( ) : 순채 묘	2444	4142	892	3689
048	巧	(교) 仄聲/上聲: 吵묘(초) : 떠들/지저귈 초	2448	4143	900	4443
048	巧	(교) 仄聲/上聲: 嚙요( ) : 씹을 요	4711	4144	886	4091
048	巧	(교) 仄聲/上聲: 拗요( ) : 꺾을 요	4720	4145	893	4093
048	巧	(교) 仄聲/上聲: 橈요(뇨) : 흔들릴 뇨	4725	4146	895	3490
048	巧	(교) 仄聲/上聲: 爪조( ) : 손톱 조	5863	4147	896	4306
048	巧	(교) 仄聲/上聲: 找조( ) : 채울/보충할 조	5897	4148	897	4320
048	巧	(교) 仄聲/上聲: 炒초( ) : 볶을 초	6587	4149	898	4435
048	巧	(교) 仄聲/上聲: 稍초( ) : 점점/작을 초	6592	4150	899	4438
048	巧	(교) 仄聲/上聲: 飽포( ) : 배부를 포	7155	4151	901	4534
048	巧	(교) 仄聲/上聲: 鮑포( ) : 절인물고기 포	7156	4152	902	4535
048	巧	(교) 仄聲/上聲: 曉효( ) : 새벽 효	7770	4153	903	4650
048	巧	(교) 仄聲/上聲: 効효( ) : 효험 효	7784	4154	904	4651
048	巧	(교) 仄聲/上聲: 筊효(교) : 단소 교	7788	4155	905	3396
049	皓	(호) 仄聲/上聲: 熲경( ) : 빛날/불빛 경	443	4156	7535	3318
049	皓	(호) 仄聲/上聲: 拷고( ) : 칠 고	501	4157	7536	3325
049	皓	(호) 仄聲/上聲: 攷고( ) : 상고할 고	502	4158	7537	3326
049	皓	(호) 仄聲/上聲: 暠고( ) : 깨끗할 고	505	4159	7539	3327
049	皓	(호) 仄聲/上聲: 暠고(호) : 흴 호	506	4160	7538	4597
049	皓	(호) 仄聲/上聲: 槁고( ) : 마를 고	508	4161	7540	3328
049	皓	(호) 仄聲/上聲: 稿고( ) : 원고/볏집 고	514	4162	7541	3329
049	皓	(호) 仄聲/上聲: 考고( ) : 생각할 고	516	4163	7542	3330
049	皓	(호) 仄聲/上聲: 藁고( ) : 마른나무 고	522	4164	7543	3332
049	皓	(호) 仄聲/上聲: 杲고( ) : 밝을 고	536	4165	7544	3336
049	皓	(호) 仄聲/上聲: 杲고(호) : 높을 호	537	4166	7545	4599
049	皓	(호) 仄聲/上聲: 栲고( ) : 북나무 고	538	4167	7546	3337
049	皓	(호) 仄聲/上聲: 郜고( ) : 나라이름 고	548	4168	7547	3343
049	皓	(호) 仄聲/上聲: 薧고( ) : 마름 고	557	4169	7548	3347
049	皓	(호) 仄聲/上聲: 瑙노( ) : 마노 노	1266	4170	7549	3481
049	皓	(호) 仄聲/上聲: 惱뇌( ) : 번뇌할 뇌	1279	4171	7550	3482
049	皓	(호) 仄聲/上聲: 腦뇌( ) : 골/뇌수 뇌	1280	4172	7551	3483
049	皓	(호) 仄聲/上聲: 倒도( ) : 넘어질 도	1478	4173	7552	3528

배열형식 B (韻目번호 基準)			배열 A	배열 B	배열 C	배열 D
韻目番號	韻目(독음) 平仄 / 四聲 : 韻族(異音) : 略義		운족 가나순	운목 번호순	운목 가나순	사성순
049	皓	(호) 仄聲/上聲: 島도( ) : 섬 도	1487	4174	7553	3530
049	皓	(호) 仄聲/上聲: 嶋도( ) : 섬 도	1488	4175	7554	3531
049	皓	(호) 仄聲/上聲: 擣도( ) : 찧을 도	1496	4176	7555	3533
049	皓	(호) 仄聲/上聲: 禱도( ) : 빌 도	1507	4177	7556	3535
049	皓	(호) 仄聲/上聲: 稻도( ) : 벼 도	1508	4178	7557	3536
049	皓	(호) 仄聲/上聲: 道도( ) : 길 도	1517	4179	7558	3538
049	皓	(호) 仄聲/上聲: 老로( ) : 늙을 로	1933	4180	7560	3600
049	皓	(호) 仄聲/上聲: 老로( ) : 늙을/어른/익숙할 로	1934	4181	7559	3599
049	皓	(호) 仄聲/上聲: 潦료( ) : 큰비 료	2020	4182	7561	3617
049	皓	(호) 仄聲/上聲: 保보( ) : 지킬 보	2858	4183	7562	3777
049	皓	(호) 仄聲/上聲: 堡보( ) : 작은성 보	2859	4184	7563	3778
049	皓	(호) 仄聲/上聲: 寶보( ) : 보배 보	2862	4185	7564	3779
049	皓	(호) 仄聲/上聲: 珤보( ) : 보배 보	2866	4186	7565	3782
049	皓	(호) 仄聲/上聲: 褓보( ) : 포대기 보	2870	4187	7566	3785
049	皓	(호) 仄聲/上聲: 掃소( ) : 쓸 소	3636	4188	7567	3934
049	皓	(호) 仄聲/上聲: 埽소( ) : 쓸 소	3670	4189	7568	3938
049	皓	(호) 仄聲/上聲: 繅소(조) : 옥받침 조	3676	4190	7569	4300
049	皓	(호) 仄聲/上聲: 慅소(초) : 수고로울 초	3683	4191	7570	4432
049	皓	(호) 仄聲/上聲: 嫂수( ) : 형수 수	3764	4192	7571	3950
049	皓	(호) 仄聲/上聲: 襖오( ) : 도포/웃옷 오	4593	4193	7572	4064
049	皓	(호) 仄聲/上聲: 媼온( ) : 할미 온	4622	4194	7573	4068
049	皓	(호) 仄聲/上聲: 早조( ) : 이를 조	5852	4195	7574	4303
049	皓	(호) 仄聲/上聲: 棗조( ) : 대추나무 조	5857	4196	7575	4304
049	皓	(호) 仄聲/上聲: 燥조( ) : 마를 조	5862	4197	7576	4305
049	皓	(호) 仄聲/上聲: 璪조( ) : 면류관드림옥 조	5864	4198	7577	4307
049	皓	(호) 仄聲/上聲: 繰조( ) : 아청통견 조	5875	4199	7578	4311
049	皓	(호) 仄聲/上聲: 藻조( ) : 조류 조	5878	4200	7579	4313
049	皓	(호) 仄聲/上聲: 蚤조( ) : 벼룩 조	5879	4201	7580	4314
049	皓	(호) 仄聲/上聲: 造조( ) : 지을 조	5884	4202	7581	4316
049	皓	(호) 仄聲/上聲: 澡조( ) : 씻을 조	5899	4203	7582	4321
049	皓	(호) 仄聲/上聲: 皁조( ) : 하인/마굿간 조	5900	4204	7583	4322
049	皓	(호) 仄聲/上聲: 慘참(조) : 근심할 조	6353	4205	7584	4325
049	皓	(호) 仄聲/上聲: 艸초( ) : 풀 초	6593	4206	7585	4439
049	皓	(호) 仄聲/上聲: 草초( ) : 풀 초	6596	4207	7586	4440
049	皓	(호) 仄聲/上聲: 討토( ) : 칠 토	6994	4208	7587	4510
049	皓	(호) 仄聲/上聲: 套토(투) : 전례(前例也) 투	6996	4209	7588	4515

배열형식 B (韻目번호 基準)			배열 A	배열 B	배열 C	배열 D
韻目番號	韻目(독음) 平仄 / 四聲 : 韻族(異音) : 略義		운족 가나순	운목 번호순	운목 가나순	사성순
049	晧	(호) 仄聲/上聲: 抱포( ) : 안을 포	7138	4210	7589	4531
049	晧	(호) 仄聲/上聲: 好호( ) : 좋을 호	7541	4211	7590	4603
049	晧	(호) 仄聲/上聲: 昊호( ) : 하늘 호	7546	4212	7591	4606
049	晧	(호) 仄聲/上聲: 晧호( ) : 밝을 호	7547	4213	7592	4607
049	晧	(호) 仄聲/上聲: 浩호( ) : 넓을 호	7549	4214	7593	4608
049	晧	(호) 仄聲/上聲: 澔호( ) : 믈질편할 호	7552	4215	7594	4610
049	晧	(호) 仄聲/上聲: 灝호( ) : 넓을 호	7556	4216	7595	4611
049	晧	(호) 仄聲/上聲: 縞호( ) : 명주 호	7564	4217	7596	4615
049	晧	(호) 仄聲/上聲: 鎬호( ) : 호경 호	7574	4218	7597	4618
049	晧	(호) 仄聲/上聲: 顥호( ) : 클 호	7576	4219	7598	4619
049	晧	(호) 仄聲/上聲: 唬호( ) : 어귀 호	7583	4220	7599	4622
049	晧	(호) 仄聲/上聲: 鄗호( ) : 고을이름 호	7588	4221	7600	4623
050	哿	(가) 仄聲/上聲: 可가( ) : 옳을 가	8	4222	145	3237
050	哿	(가) 仄聲/上聲: 可가(극) : 오랑캐/아내 극	9	4223	144	3438
050	哿	(가) 仄聲/上聲: 哿가( ) : 옳을 가	34	4224	146	3238
050	哿	(가) 仄聲/上聲: 坷가( ) : 평탄하지 않을 가	35	4225	147	3239
050	哿	(가) 仄聲/上聲: 笴가( ) : 화살대 가	39	4226	148	3242
050	哿	(가) 仄聲/上聲: 果과( ) : 실과 과	630	4227	149	3363
050	哿	(가) 仄聲/上聲: 菓과( ) : 과자/실과 과	633	4228	150	3364
050	哿	(가) 仄聲/上聲: 顆과( ) : 낱알 과	639	4229	151	3365
050	哿	(가) 仄聲/上聲: 夥과( ) : 많을 과	641	4230	152	3366
050	哿	(가) 仄聲/上聲: 裹과( ) : 쌀 과	646	4231	153	3367
050	哿	(가) 仄聲/上聲: 娜나( ) : 아리따울 나	1187	4232	154	3462
050	哿	(가) 仄聲/上聲: 癉단( ) : 앓을 단	1361	4233	155	3511
050	哿	(가) 仄聲/上聲: 裸라( ) : 벗을 라	1682	4234	156	3563
050	哿	(가) 仄聲/上聲: 蓏라( ) : 풀 라	1688	4235	157	3564
050	哿	(가) 仄聲/上聲: 蠃라( ) : 달팽이 라	1689	4236	158	3565
050	哿	(가) 仄聲/上聲: 卵란( ) : 알 란	1706	4237	159	3567
050	哿	(가) 仄聲/上聲: 麽마( ) : 잘/어찌 마	2210	4238	160	3646
050	哿	(가) 仄聲/上聲: 嬤마( ) : 엄마 마	2212	4239	161	3647
050	哿	(가) 仄聲/上聲: 鎖쇄( ) : 쇠사슬 쇄	3744	4240	162	3945
050	哿	(가) 仄聲/上聲: 瑣쇄( ) : 자질구레할 쇄	3745	4241	163	3946
050	哿	(가) 仄聲/上聲: 鏁쇄( ) : 쇠사슬 쇄	3746	4242	164	3947
050	哿	(가) 仄聲/上聲: 我아( ) : 나 아	4081	4243	165	3993
050	哿	(가) 仄聲/上聲: 玼자( ) : 옥티 자	5358	4244	166	4208
050	哿	(가) 仄聲/上聲: 坐좌( ) : 앉을 좌	5976	4245	167	4332

배열형식 B (韻目번호 基準)			배열 A	배열 B	배열 C	배열 D
韻目番號	韻目(독음) 平仄 / 四聲 : 韻族(異音) : 略義		운족 가나순	운목 번호순	운목 가나순	사성순
050	哿	(가) 仄聲/上聲: 左좌( ) : 왼 좌	5977	4246	168	4333
050	哿	(가) 仄聲/上聲: 捶추(타) : 헤아릴 타	6704	4247	169	4482
050	哿	(가) 仄聲/上聲: 揣취(타) : 헤아릴 타	6764	4248	170	4483
050	哿	(가) 仄聲/上聲: 哆치( ) : 클 치	6823	4249	171	4474
050	哿	(가) 仄聲/上聲: 墮타( ) : 떨어질 타	6875	4250	172	4484
050	哿	(가) 仄聲/上聲: 妥타( ) : 온당할 타	6877	4251	173	4485
050	哿	(가) 仄聲/上聲: 惰타( ) : 게으를 타	6878	4252	174	4486
050	哿	(가) 仄聲/上聲: 朶타( ) : 늘어질 타	6881	4253	175	4488
050	哿	(가) 仄聲/上聲: 楕타( ) : 타원형(橢의동자) 타	6882	4254	176	4489
050	哿	(가) 仄聲/上聲: 舵타( ) : 키 타	6883	4255	177	4490
050	哿	(가) 仄聲/上聲: 橢타( ) : 타원형 타	6888	4256	178	4491
050	哿	(가) 仄聲/上聲: 朵타( ) : 떨기(叢) 타	6895	4257	179	4492
050	哿	(가) 仄聲/上聲: 跛파( ) : 절뚝발이 파	7037	4258	180	4518
050	哿	(가) 仄聲/上聲: 叵파( ) : 어려울 파	7040	4259	181	4519
050	哿	(가) 仄聲/上聲: 皓호( ) : 흴 호	7561	4260	182	4613
050	哿	(가) 仄聲/上聲: 火화( ) : 불 화	7632	4261	183	4631
051	馬	(마) 仄聲/上聲: 假가( ) : 거짓/빌릴 가	3	4262	1391	3236
051	馬	(마) 仄聲/上聲: 檟가( ) : 개오동나무 가	36	4263	1392	3240
051	馬	(마) 仄聲/上聲: 寡과( ) : 적을/과부 과	628	4264	1393	3362
051	馬	(마) 仄聲/上聲: 踝과( ) : 복사뼈 과	647	4265	1394	3368
051	馬	(마) 仄聲/上聲: 瑪마( ) : 마노(碼) 마	2200	4266	1395	3641
051	馬	(마) 仄聲/上聲: 碼마( ) : 저릴/홍역 마	2202	4267	1396	3642
051	馬	(마) 仄聲/上聲: 馬마( ) : 말 마	2204	4268	1397	3643
051	馬	(마) 仄聲/上聲: 螞마( ) : 말거머리 마	2208	4269	1398	3645
051	馬	(마) 仄聲/上聲: 寫사( ) : 베낄 사	3213	4270	1399	3856
051	馬	(마) 仄聲/上聲: 捨사( ) : 버릴 사	3222	4271	1400	3859
051	馬	(마) 仄聲/上聲: 瀉사( ) : 쏟을 사	3233	4272	1401	3861
051	馬	(마) 仄聲/上聲: 社사( ) : 모일 사	3236	4273	1402	3862
051	馬	(마) 仄聲/上聲: 舍사( ) : 놓을 사	3244	4274	1403	3864
051	馬	(마) 仄聲/上聲: 洒세(새) : 물뿌릴 사	3618	4275	1405	3871
051	馬	(마) 仄聲/上聲: 耍솨( ) : 희롱할 솨	3734	4276	1404	3943
051	馬	(마) 仄聲/上聲: 灑쇄(새) : 깨끗할 사	3742	4277	1406	3872
051	馬	(마) 仄聲/上聲: 啞아( ) : 벙어리 아	4077	4278	1407	3992
051	馬	(마) 仄聲/上聲: 雅아( ) : 맑을 아	4090	4279	1408	3994
051	馬	(마) 仄聲/上聲: 也야( ) : 이끼/어조사 야	4245	4280	1409	4005
051	馬	(마) 仄聲/上聲: 冶야( ) : 대장간 야	4246	4281	1410	4006

배열형식 B (韻目번호 基準)			배열 A	배열 B	배열 C	배열 D
韻目番號	韻目(독음) 平仄 / 四聲 : 韻族(異音) : 略義		운족 가나순	운목 번호순	운목 가나순	사성순
051	馬	(마) 仄聲/上聲: 惹야( ) : 이끌 야	4249	4282	1411	4007
051	馬	(마) 仄聲/上聲: 野야( ) : 들[坪] 야	4254	4283	1412	4008
051	馬	(마) 仄聲/上聲: 若야( ) : 반야/절 야	4255	4284	1413	4009
051	馬	(마) 仄聲/上聲: 若약( ) : 같을/만약 약	4259	4285	1414	4010
051	馬	(마) 仄聲/上聲: 瓦와( ) : 기와 와	4647	4286	1415	4071
051	馬	(마) 仄聲/上聲: 者자( ) : 놈 자	5330	4287	1416	4203
051	馬	(마) 仄聲/上聲: 赭자( ) : 붉은흙 자	5354	4288	1417	4206
051	馬	(마) 仄聲/上聲: 姐저( ) : 맏누이 저	5506	4289	1418	4230
051	馬	(마) 仄聲/上聲: 這저( ) : 이것/여기 저	5531	4290	1419	4240
051	馬	(마) 仄聲/上聲: 她저( ) : 맏딸/아가씨 저	5549	4291	1420	4250
051	馬	(마) 仄聲/上聲: 且차( ) : 또/바야흐로/거의 차	6279	4292	1421	4390
051	馬	(마) 仄聲/上聲: 把파( ) : 잡을 파	7027	4293	1422	4516
051	馬	(마) 仄聲/上聲: 爸파( ) : 아비/아버지 파	7043	4294	1423	4520
051	馬	(마) 仄聲/上聲: 下하( ) : 아래 하	7249	4295	1424	4545
051	馬	(마) 仄聲/上聲: 厦하( ) : 큰집 하	7251	4296	1425	4546
051	馬	(마) 仄聲/上聲: 廈하( ) : 큰집 하	7253	4297	1426	4547
051	馬	(마) 仄聲/上聲: 禍화( ) : 재앙 화	7634	4298	1427	4632
052	養	(양) 仄聲/上聲: 彊강( ) : 굳셀 강	169	4299	3268	3260
052	養	(양) 仄聲/上聲: 慷강( ) : 강개할 강	170	4300	3269	3261
052	養	(양) 仄聲/上聲: 襁강( ) : 포대기 강	181	4301	3270	3262
052	養	(양) 仄聲/上聲: 廣광( ) : 넓을 광	711	4302	3271	3377
052	養	(양) 仄聲/上聲: 曩낭( ) : 접때/앞서 낭	1220	4303	3272	3468
052	養	(양) 仄聲/上聲: 帑노(탕) : 나라곳집 탕	1274	4304	3328	4499
052	養	(양) 仄聲/上聲: 黨당( ) : 무리 당	1437	4305	3273	3521
052	養	(양) 仄聲/上聲: 倘당( ) : 아마/갑자기 당	1438	4306	3274	3522
052	養	(양) 仄聲/上聲: 儻당( ) : 빼어날/갑자기 당	1440	4307	3275	3523
052	養	(양) 仄聲/上聲: 党당( ) : 성 당	1441	4308	3276	3524
052	養	(양) 仄聲/上聲: 讜당( ) : 곧은말할 당	1447	4309	3277	3525
052	養	(양) 仄聲/上聲: 朗랑( ) : 밝을 랑	1748	4310	3278	3574
052	養	(양) 仄聲/上聲: 倆량( ) : 재주 량	1778	4311	3279	3576
052	養	(양) 仄聲/上聲: 輛량( ) : 수레 량	1787	4312	3281	3577
052	養	(양) 仄聲/上聲: 兩량( ) : 둘/짝/수레 량	1792	4313	3280	3578
052	養	(양) 仄聲/上聲: 網망( ) : 그물 망	2266	4314	3282	3655
052	養	(양) 仄聲/上聲: 罔망( ) : 없을 망	2267	4315	3283	3656
052	養	(양) 仄聲/上聲: 莽망( ) : 우거질 망	2270	4316	3284	3657
052	養	(양) 仄聲/上聲: 輞망( ) : 바퀴테 망	2271	4317	3285	3658

배열형식 B (韻目번호 基準)			배열 A	배열 B	배열 C	배열 D
韻目番號	韻目(독음)	平仄 / 四聲 : 韻族(異音) : 略義	운족 가나순	운목 번호순	운목 가나순	사성순
052	養	(양) 仄聲/上聲: 惘망( ) : 멍할 망	2273	4318	3286	3659
052	養	(양) 仄聲/上聲: 蟒망( ) : 이무기 망	2277	4319	3287	3660
052	養	(양) 仄聲/上聲: 倣방( ) : 본뜰 방	2661	4320	3288	3742
052	養	(양) 仄聲/上聲: 放방( ) : 놓을 방	2671	4321	3289	3743
052	養	(양) 仄聲/上聲: 昉방( ) : 밝을/마침 방	2675	4322	3290	3744
052	養	(양) 仄聲/上聲: 紡방( ) : 길쌈 방	2683	4323	3291	3745
052	養	(양) 仄聲/上聲: 蒡방( ) : 인동덩굴 방	2688	4324	3292	3746
052	養	(양) 仄聲/上聲: 仿방( ) : 헤맬 방	2694	4325	3293	3748
052	養	(양) 仄聲/上聲: 上상( ) : 위 상	3353	4326	3294	3882
052	養	(양) 仄聲/上聲: 像상( ) : 모양 상	3355	4327	3295	3883
052	養	(양) 仄聲/上聲: 想상( ) : 생각 상	3367	4328	3296	3884
052	養	(양) 仄聲/上聲: 橡상( ) : 상수리나무 상	3369	4329	3297	3885
052	養	(양) 仄聲/上聲: 爽상( ) : 시원할 상	3371	4330	3298	3886
052	養	(양) 仄聲/上聲: 象상( ) : 코끼리 상	3381	4331	3299	3887
052	養	(양) 仄聲/上聲: 賞상( ) : 상줄 상	3382	4332	3300	3888
052	養	(양) 仄聲/上聲: 塽상( ) : 땅높고밝은곳 상	3384	4333	3301	3889
052	養	(양) 仄聲/上聲: 晌상( ) : 정오/대낮 상	3385	4334	3302	3890
052	養	(양) 仄聲/上聲: 顙상( ) : 이마 상	3387	4335	3303	3891
052	養	(양) 仄聲/上聲: 仰앙( ) : 우러를 앙	4185	4336	3304	4001
052	養	(양) 仄聲/上聲: 怏앙( ) : 원망할 앙	4187	4337	3305	4002
052	養	(양) 仄聲/上聲: 盎앙( ) : 동이 앙	4193	4338	3306	4003
052	養	(양) 仄聲/上聲: 鞅앙( ) : 가슴걸이 앙	4194	4339	3307	4004
052	養	(양) 仄聲/上聲: 壤양( ) : 흙덩이 양	4274	4340	3308	4011
052	養	(양) 仄聲/上聲: 樣양(상) : 도토리 상	4282	4341	3309	3892
052	養	(양) 仄聲/上聲: 瀁양( ) : 강이름 양	4284	4342	3310	4012
052	養	(양) 仄聲/上聲: 痒양( ) : 앓을 양	4286	4343	3311	4013
052	養	(양) 仄聲/上聲: 養양( ) : 기를 양	4295	4344	3312	4014
052	養	(양) 仄聲/上聲: 往왕( ) : 갈/옛 왕	4688	4345	3313	4084
052	養	(양) 仄聲/上聲: 枉왕( ) : 굽을/굽힐 왕	4690	4346	3314	4085
052	養	(양) 仄聲/上聲: 暀왕( ) : 성할 왕	4693	4347	3315	4086
052	養	(양) 仄聲/上聲: 丈장( ) : 어른 장	5419	4348	3316	4213
052	養	(양) 仄聲/上聲: 仗장( ) : 병장기 장	5420	4349	3317	4214
052	養	(양) 仄聲/上聲: 掌장( ) : 손바닥 장	5429	4350	3318	4215
052	養	(양) 仄聲/上聲: 杖장( ) : 지팡이 장	5431	4351	3319	4216
052	養	(양) 仄聲/上聲: 奘장( ) : 클 장	5454	4352	3320	4217
052	養	(양) 仄聲/上聲: 槳장( ) : 상앗대 장	5465	4353	3321	4218

배열형식 B (韻目번호 基準)			배열 A	배열 B	배열 C	배열 D
韻目番號	韻目(독음) 平仄 / 四聲 : 韻族(異音) : 略義		운족 가나순	운목 번호순	운목 가나순	사성순
052	養	(양) 仄聲/上聲: 奬장( ) : 권면할 장	5468	4354	3322	4219
052	養	(양) 仄聲/上聲: 髒장( ) : 살찔 장	5469	4355	3323	4220
052	養	(양) 仄聲/上聲: 廠창( ) : 헛간 창	6376	4356	3324	4404
052	養	(양) 仄聲/上聲: 敞창( ) : 시원할 창	6379	4357	3325	4405
052	養	(양) 仄聲/上聲: 昶창( ) : 해길 창	6381	4358	3326	4406
052	養	(양) 仄聲/上聲: 氅창( ) : 새털 창	6397	4359	3327	4407
052	養	(양) 仄聲/上聲: 蕩탕( ) : 클/방탕할 탕	6957	4360	3329	4500
052	養	(양) 仄聲/上聲: 盪탕( ) : 씻을 탕	6959	4361	3330	4501
052	養	(양) 仄聲/上聲: 璗탕( ) : 황금 탕	6960	4362	3331	4502
052	養	(양) 仄聲/上聲: 簜탕( ) : 피리 탕	6961	4363	3332	4503
052	養	(양) 仄聲/上聲: 沆항( ) : 넓을 항	7340	4364	3333	4561
052	養	(양) 仄聲/上聲: 蚢항( ) : 쑥누에 항	7348	4365	3334	4564
052	養	(양) 仄聲/上聲: 骯항( ) : 살찔 항	7349	4366	3335	4565
052	養	(양) 仄聲/上聲: 享향( ) : 누릴 향	7391	4367	3336	4577
052	養	(양) 仄聲/上聲: 嚮향( ) : 바라볼 향	7394	4368	3337	4578
052	養	(양) 仄聲/上聲: 響향( ) : 울릴 향	7396	4369	3338	4579
052	養	(양) 仄聲/上聲: 饗향( ) : 잔치할/흠향할 향	7398	4370	3339	4580
052	養	(양) 仄聲/上聲: 蠁향( ) : 번데기 향	7402	4371	3340	4581
052	養	(양) 仄聲/上聲: 亨형(향) : 드릴 향	7488	4372	3341	4582
052	養	(양) 仄聲/上聲: 恍황( ) : 황홀할 황	7700	4373	3342	4639
052	養	(양) 仄聲/上聲: 愰황( ) : 밝을 황	7702	4374	3343	4640
052	養	(양) 仄聲/上聲: 晃황( ) : 밝을 황	7704	4375	3344	4641
052	養	(양) 仄聲/上聲: 榥황( ) : 책상 황	7705	4376	3345	4642
052	養	(양) 仄聲/上聲: 滉황( ) : 깊을 황	7708	4377	3346	4643
052	養	(양) 仄聲/上聲: 怳황( ) : 멍할 황	7720	4378	3347	4644
052	養	(양) 仄聲/上聲: 謊황(황) : 속일 황	7725	4379	3348	4645
053	梗	(경) 仄聲/上聲: 境경( ) : 지경 경	402	4380	684	3305
053	梗	(경) 仄聲/上聲: 憬경( ) : 멀 경	407	4381	685	3306
053	梗	(경) 仄聲/上聲: 景경( ) : 별 경	410	4382	686	3307
053	梗	(경) 仄聲/上聲: 暻경( ) : 밝을 경	411	4383	687	3308
053	梗	(경) 仄聲/上聲: 梗경( ) : 가시나무 경	414	4384	688	3309
053	梗	(경) 仄聲/上聲: 炅경( ) : 빛날 경	416	4385	689	3310
053	梗	(경) 仄聲/上聲: 烱경( ) : 뜨거운김 경	417	4386	690	3311
053	梗	(경) 仄聲/上聲: 璟경( ) : 옥빛 경	418	4387	691	3312
053	梗	(경) 仄聲/上聲: 痙경( ) : 힘줄땅길 경	420	4388	692	3313
053	梗	(경) 仄聲/上聲: 耿경( ) : 빛날 경	428	4389	693	3314

배열형식 B (韻目번호 基準)			배열 A	배열 B	배열 C	배열 D
韻目番號	韻目(독음)	平仄 / 四聲 : 韻族(異音) : 略義	운족 가나순	운목 번호순	운목 가나순	사성순
053	梗	(경) 仄聲/上聲: 警경( ) : 깨우칠 경	431	4390	694	3315
053	梗	(경) 仄聲/上聲: 頃경( ) : 백이랑/잠깐 경	435	4391	695	3316
053	梗	(경) 仄聲/上聲: 頸경( ) : 목 경	437	4392	696	3317
053	梗	(경) 仄聲/上聲: 綆경( ) : 두레박 줄 경	444	4393	697	3319
053	梗	(경) 仄聲/上聲: 埂경( ) : 구덩이 경	447	4394	698	3320
053	梗	(경) 仄聲/上聲: 卝관(굉) : 쇠뭉치 굉	693	4395	699	3384
053	梗	(경) 仄聲/上聲: 卝관(횡) : 금옥덩어리 횡	694	4396	700	4649
053	梗	(경) 仄聲/上聲: 鑛광( ) : 쇳돌 광	718	4397	701	3378
053	梗	(경) 仄聲/上聲: 獷광( ) : 사나울 광	720	4398	702	3379
053	梗	(경) 仄聲/上聲: 磺광( ) : 쇳돌 광	721	4399	703	3380
053	梗	(경) 仄聲/上聲: 檸녕( ) : 레몬(과일) 녕	1256	4400	706	3477
053	梗	(경) 仄聲/上聲: 冷랭( ) : 찰/맑을 랭	1773	4401	708	3575
053	梗	(경) 仄聲/上聲: 嶺령( ) : 고개/산봉우리 령	1884	4402	709	3587
053	梗	(경) 仄聲/上聲: 逞령( ) : 왕성할 령	1890	4403	710	3588
053	梗	(경) 仄聲/上聲: 領령( ) : 거느릴 령	1895	4404	711	3589
053	梗	(경) 仄聲/上聲: 猛맹( ) : 사나울 맹	2314	4405	712	3663
053	梗	(경) 仄聲/上聲: 皿명( ) : 그릇 명	2352	4406	713	3673
053	梗	(경) 仄聲/上聲: 黽민(맹) : 맹꽁이 맹	2573	4407	716	3664
053	梗	(경) 仄聲/上聲: 丙병( ) : 남녘 병	2823	4408	717	3764
053	梗	(경) 仄聲/上聲: 屛병( ) : 병풍 병	2826	4409	719	3766
053	梗	(경) 仄聲/上聲: 昞병( ) : 밝을 병	2828	4410	720	3767
053	梗	(경) 仄聲/上聲: 昺병( ) : 밝을 병	2829	4411	721	3768
053	梗	(경) 仄聲/上聲: 炳병( ) : 불꽃 병	2832	4412	722	3769
053	梗	(경) 仄聲/上聲: 秉병( ) : 잡을 병	2835	4413	723	3770
053	梗	(경) 仄聲/上聲: 餠병( ) : 떡 병	2840	4414	725	3772
053	梗	(경) 仄聲/上聲: 寎병( ) : 놀랄 병	2845	4415	727	3774
053	梗	(경) 仄聲/上聲: 餅병( ) : 떡 병	2854	4416	728	3775
053	梗	(경) 仄聲/上聲: 騁빙( ) : 달릴 빙	3190	4417	729	3848
053	梗	(경) 仄聲/上聲: 眚생( ) : 눈에 백태 낄 생	3407	4418	731	3896
053	梗	(경) 仄聲/上聲: 省성( ) : 살필 성	3581	4419	730	3927
053	梗	(경) 仄聲/上聲: 省성( ) : 볼/살필 성	3592	4420	732	3928
053	梗	(경) 仄聲/上聲: 省성(생) : 덜/생략할 생	3593	4421	733	3897
053	梗	(경) 仄聲/上聲: 渻성( ) : 덜/물이줄어들 성	3601	4422	734	3929
053	梗	(경) 仄聲/上聲: 影영( ) : 그림자 영	4482	4423	736	4053
053	梗	(경) 仄聲/上聲: 永영( ) : 길 영	4487	4424	737	4054
053	梗	(경) 仄聲/上聲: 潁영( ) : 강이름 영	4489	4425	738	4055

배열형식 B (韻目번호 基準)			배열 A	배열 B	배열 C	배열 D
韻目番號	韻目(독음) 平仄 / 四聲 : 韻族(異音) : 略義		운족 가나순	운목 번호순	운목 가나순	사성순
053	梗	(경) 仄聲/上聲: 穎영( ) : 이삭 영	4499	4426	739	4056
053	梗	(경) 仄聲/上聲: 井정( ) : 우물 정	5709	4427	740	4274
053	梗	(경) 仄聲/上聲: 整정( ) : 가지런할 정	5722	4428	742	4276
053	梗	(경) 仄聲/上聲: 靖정( ) : 편안할 정	5755	4429	746	4280
053	梗	(경) 仄聲/上聲: 靜정( ) : 고요할 정	5756	4430	747	4281
053	梗	(경) 仄聲/上聲: 阱정( ) : 함정 정	5784	4431	755	4288
053	梗	(경) 仄聲/上聲: 打타( ) : 칠[打] 타	6879	4432	758	4487
053	梗	(경) 仄聲/上聲: 倖행( ) : 아첨할/친할/요행 행	7385	4433	759	4573
053	梗	(경) 仄聲/上聲: 幸행( ) : 다행 행	7386	4434	760	4574
053	梗	(경) 仄聲/上聲: 荇행( ) : 마름 행	7388	4435	762	4576
053	梗	(경) 仄聲/上聲: 礦황( ) : 쇳돌 황	7696	4436	704	4637
053	梗	(경) 仄聲/上聲: 幌황( ) : 휘장 황	7698	4437	766	4638
054	迥	(형) 仄聲/上聲: 肯긍( ) : 즐길 긍	1085	4438	705	3444
054	迥	(형) 仄聲/上聲: 等등( ) : 무리 등	1660	4439	707	3561
054	迥	(형) 仄聲/上聲: 茗명( ) : 차싹 명	2353	4440	714	3674
054	迥	(형) 仄聲/上聲: 酩명( ) : 술취할 명	2357	4441	715	3675
054	迥	(형) 仄聲/上聲: 併병( ) : 아우를 병	2824	4442	718	3765
054	迥	(형) 仄聲/上聲: 竝병( ) : 견줄/나란히 병	2836	4443	724	3771
054	迥	(형) 仄聲/上聲: 並병( ) : 아우를 병	2842	4444	726	3773
054	迥	(형) 仄聲/上聲: 鋋정( ) : 쇳덩이 정	5706	4445	735	4273
054	迥	(형) 仄聲/上聲: 挺정( ) : 뺄 정	5720	4446	741	4275
054	迥	(형) 仄聲/上聲: 艇정( ) : 큰배 정	5745	4447	743	4277
054	迥	(형) 仄聲/上聲: 酊정( ) : 술취할 정	5749	4448	744	4278
054	迥	(형) 仄聲/上聲: 鋌정( ) : 쇳덩이 정	5752	4449	745	4279
054	迥	(형) 仄聲/上聲: 頂정( ) : 정수리 정	5757	4450	748	4282
054	迥	(형) 仄聲/上聲: 鼎정( ) : 솥 정	5758	4451	749	4283
054	迥	(형) 仄聲/上聲: 娗정( ) : 매욱할 정	5769	4452	752	4285
054	迥	(형) 仄聲/上聲: 娗정(전) : 속일 전	5770	4453	750	4263
054	迥	(형) 仄聲/上聲: 娗정(정) : 모양낼 정	5771	4454	751	4284
054	迥	(형) 仄聲/上聲: 脡정( ) : 곧을 정	5776	4455	753	4286
054	迥	(형) 仄聲/上聲: 艼정( ) : 곤드레만드레할 정	5777	4456	754	4287
054	迥	(형) 仄聲/上聲: 頲정( ) : 곧을 정	5786	4457	756	4289
054	迥	(형) 仄聲/上聲: 拯증( ) : 건질 증	6112	4458	757	4352
054	迥	(형) 仄聲/上聲: 杏행( ) : 살구 행	7387	4459	761	4575
054	迥	(형) 仄聲/上聲: 烱형( ) : 빛날 형	7497	4460	763	4593
054	迥	(형) 仄聲/上聲: 迥형( ) : 멀/빛날 형	7504	4461	764	4594

배열형식 B (韻目번호 基準)			배열 A	배열 B	배열 C	배열 D
韻目番號	韻目(독음) 平仄 / 四聲 : 韻族(異音) : 略義		운족 가나순	운목 번호순	운목 가나순	사성순
054	迥	(형) 仄聲/上聲: 迥형( ) : 멀 형	7508	4462	765	4595
055	有	(유) 仄聲/上聲: 糾교(규) : 모둘/살필/탄핵할 규	809	4463	5034	3432
055	有	(유) 仄聲/上聲: 久구( ) : 오랠 구	815	4464	5016	3397
055	有	(유) 仄聲/上聲: 九구(규) : 모을 규	817	4465	5017	3430
055	有	(유) 仄聲/上聲: 口구( ) : 입 구	825	4466	5018	3398
055	有	(유) 仄聲/上聲: 咎구( ) : 허물 구	828	4467	5019	3399
055	有	(유) 仄聲/上聲: 垢구( ) : 때 구	832	4468	5020	3400
055	有	(유) 仄聲/上聲: 毆구( ) : 칠 구	842	4469	5021	3401
055	有	(유) 仄聲/上聲: 狗구( ) : 개 구	847	4470	5022	3402
055	有	(유) 仄聲/上聲: 玖구( ) : 옥돌 구	848	4471	5023	3403
055	有	(유) 仄聲/上聲: 耇구( ) : 늙은이 구	854	4472	5024	3405
055	有	(유) 仄聲/上聲: 臼구( ) : 절구 구	855	4473	5025	3406
055	有	(유) 仄聲/上聲: 舅구( ) : 외숙/시아비 구	856	4474	5026	3407
055	有	(유) 仄聲/上聲: 苟구( ) : 구차할/진실로 구	858	4475	5027	3408
055	有	(유) 仄聲/上聲: 糗구( ) : 볶은쌀 구	886	4476	5028	3409
055	有	(유) 仄聲/上聲: 詬구(후) : 꾸짖을 후	891	4477	5029	4652
055	有	(유) 仄聲/上聲: 釦구( ) : 금테두를 구	893	4478	5030	3410
055	有	(유) 仄聲/上聲: 韭구( ) : 부추 구	894	4479	5031	3411
055	有	(유) 仄聲/上聲: 笱구( ) : 통발 구	902	4480	5032	3412
055	有	(유) 仄聲/上聲: 莒구( ) : 초결명자 구	905	4481	5033	3413
055	有	(유) 仄聲/上聲: 赳규( ) : 헌걸찰/용맹 규	1001	4482	5035	3433
055	有	(유) 仄聲/上聲: 紐뉴( ) : 끈 뉴	1298	4483	5038	3492
055	有	(유) 仄聲/上聲: 忸뉴( ) : 길들 뉴	1299	4484	5040	3493
055	有	(유) 仄聲/上聲: 忸뉴(뉵) : 길들 뉵	1300	4485	5039	3499
055	有	(유) 仄聲/上聲: 妞뉴( ) : 아가씨 뉴	1301	4486	5041	3494
055	有	(유) 仄聲/上聲: 狃뉴( ) : 길들 뉴	1303	4487	5042	3495
055	有	(유) 仄聲/上聲: 鈕뉴( ) : 인꼭지 뉴	1304	4488	5043	3496
055	有	(유) 仄聲/上聲: 杻뉴( ) : 싸리 뉴	1305	4489	5078	3497
055	有	(유) 仄聲/上聲: 紐뉴( ) : 단추/맺을/맬 뉴	1306	4490	5079	3498
055	有	(유) 仄聲/上聲: 斗두( ) : 말 두	1632	4491	5044	3551
055	有	(유) 仄聲/上聲: 枓두(주) : 두공 주	1635	4492	5045	4335
055	有	(유) 仄聲/上聲: 抖두( ) : 흔들 두	1642	4493	5046	3553
055	有	(유) 仄聲/上聲: 蚪두( ) : 올챙이 두	1645	4494	5047	3555
055	有	(유) 仄聲/上聲: 陡두( ) : 험할 두	1647	4495	5048	3556
055	有	(유) 仄聲/上聲: 斜두( ) : 노랑실 두	1648	4496	5049	3557
055	有	(유) 仄聲/上聲: 姓두( ) : 이름/예쁠 두	1650	4497	5092	3558

배열형식 B (韻目번호 基準)			배열 A	배열 B	배열 C	배열 D
韻目番號	韻目(독음) 平仄 / 四聲 : 韻族(異音) : 略義		운족 가나순	운목 번호순	운목 가나순	사성순
055	有	(유) 仄聲/上聲: 蟉료(료) : 용굼틀거릴 류	2026	4498	5050	3626
055	有	(유) 仄聲/上聲: 塿루( ) : 언덕 루	2053	4499	5051	3624
055	有	(유) 仄聲/上聲: 柳류( ) : 버들 류	2062	4500	5052	3627
055	有	(유) 仄聲/上聲: 罶류( ) : 통발 류	2077	4501	5053	3628
055	有	(유) 仄聲/上聲: 某모( ) : 아무 모	2373	4502	5054	3677
055	有	(유) 仄聲/上聲: 母모( ) : 어미 모	2376	4503	5055	3678
055	有	(유) 仄聲/上聲: 牡모( ) : 수컷 모	2379	4504	5056	3679
055	有	(유) 仄聲/上聲: 拇무( ) : 엄지손가락 무	2454	4505	5057	3693
055	有	(유) 仄聲/上聲: 畝무( ) : 밭이랑 무	2462	4506	5058	3697
055	有	(유) 仄聲/上聲: 培배( ) : 북돋을 배	2708	4507	5059	3749
055	有	(유) 仄聲/上聲: 否부( ) : 아닐 부	2940	4508	5060	3799
055	有	(유) 仄聲/上聲: 婦부( ) : 며느리 부	2945	4509	5061	3800
055	有	(유) 仄聲/上聲: 缶부( ) : 장군 부	2961	4510	5062	3806
055	有	(유) 仄聲/上聲: 負부( ) : 질 부	2969	4511	5063	3809
055	有	(유) 仄聲/上聲: 阜부( ) : 언덕 부	2976	4512	5064	3812
055	有	(유) 仄聲/上聲: 鴀부( ) : 오디새 부	3004	4513	5065	3815
055	有	(유) 仄聲/上聲: 樕속( ) : 떡갈나무 속	3704	4514	5066	3939
055	有	(유) 仄聲/上聲: 蔌수( ) : 나물 수	3755	4515	5067	3949
055	有	(유) 仄聲/上聲: 手수( ) : 손 수	3769	4516	5068	3951
055	有	(유) 仄聲/上聲: 藪수( ) : 늪 수	3799	4517	5069	3955
055	有	(유) 仄聲/上聲: 瞍수( ) : 소경 수	3828	4518	5070	3957
055	有	(유) 仄聲/上聲: 擻수( ) : 털어버릴 수	3836	4519	5071	3960
055	有	(유) 仄聲/上聲: 嗾수( ) : 부추길 수	3847	4520	5088	3961
055	有	(유) 仄聲/上聲: 莤숙(유) : 물풀 유	3870	4521	5072	4140
055	有	(유) 仄聲/上聲: 偶우( ) : 짝 우	4796	4522	5073	4115
055	有	(유) 仄聲/上聲: 友우( ) : 벗 우	4799	4523	5074	4116
055	有	(유) 仄聲/上聲: 藕우( ) : 연뿌리 우	4817	4524	5075	4121
055	有	(유) 仄聲/上聲: 耦우( ) : 쟁기 우	4831	4525	5076	4122
055	有	(유) 仄聲/上聲: 有유( ) : 있을 유	4993	4526	5077	4146
055	有	(유) 仄聲/上聲: 誘유( ) : 꾈 유	5011	4527	5080	4149
055	有	(유) 仄聲/上聲: 酉유( ) : 닭 유	5019	4528	5081	4150
055	有	(유) 仄聲/上聲: 牖유( ) : 남쪽으로난창 유	5030	4529	5082	4151
055	有	(유) 仄聲/上聲: 莠유( ) : 강아지풀 유	5036	4530	5083	4153
055	有	(유) 仄聲/上聲: 黝유( ) : 검푸를 유	5041	4531	5084	4155
055	有	(유) 仄聲/上聲: 卣유( ) : 술통 유	5044	4532	5085	4156
055	有	(유) 仄聲/上聲: 禸유( ) : 짐승발자국 유	5053	4533	5086	4157

배열형식 B (韻目번호 基準)			배열 A	배열 B	배열 C	배열 D
韻目番號	韻目(독음) 平仄 / 四聲 : 韻族(異音) : 略義		운족 가나순	운목 번호순	운목 가나순	사성순
055	有	(유) 仄聲/上聲: 羑유( ) : 권할 유	5054	4534	5087	4158
055	有	(유) 仄聲/上聲: 紂주( ) : 껑거리끈/주임금 주	6010	4535	5089	4338
055	有	(유) 仄聲/上聲: 酒주( ) : 술 주	6021	4536	5090	4339
055	有	(유) 仄聲/上聲: 肘주( ) : 팔꿈치 주	6030	4537	5091	4341
055	有	(유) 仄聲/上聲: 黈주( ) : 수른빛 주	6044	4538	5093	4342
055	有	(유) 仄聲/上聲: 吋촌(두) : 꾸짖을 두	6641	4539	5094	3559
055	有	(유) 仄聲/上聲: 杻추( ) : 수갑 추	6668	4540	5037	4455
055	有	(유) 仄聲/上聲: 杻추(뉴) : 싸리 뉴	6669	4541	5036	3491
055	有	(유) 仄聲/上聲: 醜추( ) : 추할 추	6690	4542	5095	4457
055	有	(유) 仄聲/上聲: 帚추( ) : 비자루/털 추	6701	4543	5096	4458
055	有	(유) 仄聲/上聲: 丑축( ) : 소 축	6720	4544	5097	4461
055	有	(유) 仄聲/上聲: 趣취(촉) : 벼슬이름 추	6776	4545	5098	4460
055	有	(유) 仄聲/上聲: 泂형( ) : 멀 형	7494	4546	5099	4592
055	有	(유) 仄聲/上聲: 郈후( ) : 고을이름 후	7808	4547	5100	4655
056	寢	(침) 仄聲/上聲: 錦금( ) : 비단 금	1070	4548	7054	3442
056	寢	(침) 仄聲/上聲: 靲금( ) : 갖신 금	1073	4549	7056	3443
056	寢	(침) 仄聲/上聲: 靲금(결) : 쪼갠대 결	1074	4550	7055	3301
056	寢	(침) 仄聲/上聲: 凜름( ) : 찰 름	2111	4551	7057	3630
056	寢	(침) 仄聲/上聲: 懍름( ) : 삼가할 름	2112	4552	7058	3631
056	寢	(침) 仄聲/上聲: 審심( ) : 살필 심	4047	4553	7059	3985
056	寢	(침) 仄聲/上聲: 深심( ) : 깊을 심	4051	4554	7060	3986
056	寢	(침) 仄聲/上聲: 瀋심( ) : 즙낼/물이름 심	4052	4555	7061	3987
056	寢	(침) 仄聲/上聲: 葚심( ) : 오디 심	4056	4556	7062	3988
056	寢	(침) 仄聲/上聲: 嬸심( ) : 숙모 심	4057	4557	7063	3989
056	寢	(침) 仄聲/上聲: 諗심( ) : 고할 심	4059	4558	7064	3990
056	寢	(침) 仄聲/上聲: 椹심( ) : 오디 심	4061	4559	7076	3991
056	寢	(침) 仄聲/上聲: 飮음( ) : 마실 음	5118	4560	7065	4167
056	寢	(침) 仄聲/上聲: 恁임( ) : 생각할 임	5288	4561	7066	4195
056	寢	(침) 仄聲/上聲: 恁임(님) : 이러할[如此] 님	5289	4562	7067	3503
056	寢	(침) 仄聲/上聲: 稔임( ) : 풍년들/해 임	5290	4563	7068	4196
056	寢	(침) 仄聲/上聲: 稔임(염) : 풍년들/해 염	5291	4564	7069	4052
056	寢	(침) 仄聲/上聲: 荏임( ) : 들깨 임	5292	4565	7070	4197
056	寢	(침) 仄聲/上聲: 飪임( ) : 익힐 임	5295	4566	7071	4198
056	寢	(침) 仄聲/上聲: 怎즘( ) : 어찌 즘	6101	4567	7072	4351
056	寢	(침) 仄聲/上聲: 朕짐( ) : 나/조짐 짐	6264	4568	7073	4388
056	寢	(침) 仄聲/上聲: 寢침( ) : 잘 침	6852	4569	7074	4480

배열형식 B (韻目번호 基準)			배열 A	배열 B	배열 C	배열 D
韻目番號	韻目(독음)	平仄 / 四聲 : 韻族(異音) : 略義	운족 가나순	운목 번호순	운목 가나순	사성순
056	寢	(침) 仄聲/上聲: 沈침( ) : 잠길/고요할/빠질 침	6854	4570	7075	4481
056	寢	(침) 仄聲/上聲: 稟품( ) : 받을 품	7207	4571	7077	4541
056	寢	(침) 仄聲/上聲: 朽후( ) : 썩을 후	7801	4572	7078	4653
057	感	(감) 仄聲/上聲: 坎감( ) : 구덩이 감	122	4573	378	3251
057	感	(감) 仄聲/上聲: 嵌감( ) : 산깊을 감	124	4574	379	3252
057	感	(감) 仄聲/上聲: 感감( ) : 느낄 감	125	4575	380	3253
057	感	(감) 仄聲/上聲: 敢감( ) : 감히/구태여 감	128	4576	381	3254
057	感	(감) 仄聲/上聲: 橄감( ) : 감람나무 감	131	4577	382	3255
057	感	(감) 仄聲/上聲: 撼감( ) : 흔들 감	144	4578	383	3257
057	感	(감) 仄聲/上聲: 砍감( ) : 벨 감	149	4579	384	3258
057	感	(감) 仄聲/上聲: 湳남( ) : 강이름 남	1210	4580	385	3467
057	感	(감) 仄聲/上聲: 膽담( ) : 쓸개 담	1403	4581	386	3515
057	感	(감) 仄聲/上聲: 毯담( ) : 담요 담	1410	4582	387	3516
057	感	(감) 仄聲/上聲: 禫담( ) : 담제 담	1411	4583	388	3517
057	感	(감) 仄聲/上聲: 紞담( ) : 귀막이끈 담	1413	4584	389	3518
057	感	(감) 仄聲/上聲: 菼담( ) : 물억새 담	1414	4585	390	3519
057	感	(감) 仄聲/上聲: 萏담( ) : 연꽃봉오리 담	1415	4586	391	3520
057	感	(감) 仄聲/上聲: 擥람( ) : 모을(=擥) 람	1727	4587	392	3568
057	感	(감) 仄聲/上聲: 攬람( ) : 잡을 람	1728	4588	393	3569
057	感	(감) 仄聲/上聲: 欖람( ) : 감람나무 람	1729	4589	394	3570
057	感	(감) 仄聲/上聲: 覽람( ) : 볼 람	1736	4590	395	3571
057	感	(감) 仄聲/上聲: 壈람( ) : 실의한모습 람	1738	4591	396	3572
057	感	(감) 仄聲/上聲: 覧람( ) : 두루볼 람	1740	4592	397	3573
057	感	(감) 仄聲/上聲: 唵암( ) : 움켜먹을 암	4156	4593	398	3996
057	感	(감) 仄聲/上聲: 唵암(옴) : 진언 옴	4157	4594	399	4069
057	感	(감) 仄聲/上聲: 闇암( ) : 어두울/어둡게할 암	4165	4595	400	3997
057	感	(감) 仄聲/上聲: 頷암( ) : 끄덕일 암	4168	4596	402	3998
057	感	(감) 仄聲/上聲: 頷암(함) : 턱 함	4169	4597	401	4556
057	感	(감) 仄聲/上聲: 揜암( ) : 손으로가릴 암	4176	4598	403	3999
057	感	(감) 仄聲/上聲: 厭염(암) : 빠질/막힐 암	4449	4599	404	4000
057	感	(감) 仄聲/上聲: 慘참( ) : 슬플/근심할 참	6352	4600	405	4400
057	感	(감) 仄聲/上聲: 憯참( ) : 슬퍼할 참	6364	4601	406	4402
057	感	(감) 仄聲/上聲: 黲참( ) : 퇴색할 참	6370	4602	407	4403
057	感	(감) 仄聲/上聲: 耽탐( ) : 즐길 탐	6943	4603	408	4497
057	感	(감) 仄聲/上聲: 醓탐( ) : 장 탐	6946	4604	409	4498
057	感	(감) 仄聲/上聲: 品품( ) : 물건 품	7206	4605	410	4540

배열형식 B (韻目번호 基準)			배열 A	배열 B	배열 C	배열 D
韻目番號	韻目(독음)	平仄 / 四聲 : 韻族(異音) : 略義	운족 가나순	운목 번호순	운목 가나순	사성순
057	感	(감) 仄聲/上聲: 喊함( ) : 소리칠 함	7302	4606	411	4557
058	琰	(염) 仄聲/上聲: 弇감(엄) : 덮을 엄	143	4607	3673	4022
058	琰	(염) 仄聲/上聲: 儉검( ) : 검소할 검	295	4608	3674	3288
058	琰	(염) 仄聲/上聲: 檢검( ) : 검사할 검	298	4609	3675	3289
058	琰	(염) 仄聲/上聲: 瞼검( ) : 눈꺼풀 검	299	4610	3676	3290
058	琰	(염) 仄聲/上聲: 撿검( ) : 단속할 검	303	4611	3677	3291
058	琰	(염) 仄聲/上聲: 芡검( ) : 가시연 검	304	4612	3678	3292
058	琰	(염) 仄聲/上聲: 臉검( ) : 뺨 검	305	4613	3679	3293
058	琰	(염) 仄聲/上聲: 慊겸( ) : 앙심먹을 겸	377	4614	3680	3302
058	琰	(염) 仄聲/上聲: 歉겸( ) : 흉년들/부족할 겸	386	4615	3681	3303
058	琰	(염) 仄聲/上聲: 鼸겸( ) : 두더지 겸	390	4616	3682	3304
058	琰	(염) 仄聲/上聲: 拈념(점) : 집을/딸 점	1247	4617	3683	4267
058	琰	(염) 仄聲/上聲: 簞단( ) : 밥그릇/상자 단	1349	4618	3684	3508
058	琰	(염) 仄聲/上聲: 錟담(염) : 서슬 염	1409	4619	3685	4039
058	琰	(염) 仄聲/上聲: 斂렴( ) : 거둘 렴	1871	4620	3686	3586
058	琰	(염) 仄聲/上聲: 閃섬( ) : 엿볼 섬	3565	4621	3689	3925
058	琰	(염) 仄聲/上聲: 陝섬( ) : 고을이름 섬	3566	4622	3690	3926
058	琰	(염) 仄聲/上聲: 憸섬(험) : 간사할 험	3568	4623	3691	4584
058	琰	(염) 仄聲/上聲: 揜암(엄) : 찾아가질 엄	4177	4624	3696	4027
058	琰	(염) 仄聲/上聲: 儼엄( ) : 공경할 엄	4349	4625	3692	4023
058	琰	(염) 仄聲/上聲: 奄엄( ) : 가릴 엄	4351	4626	3693	4024
058	琰	(염) 仄聲/上聲: 掩엄( ) : 가릴 엄	4352	4627	3694	4025
058	琰	(염) 仄聲/上聲: 广엄( ) : 집 엄	4355	4628	3695	4026
058	琰	(염) 仄聲/上聲: 隒엄( ) : 낭떠러지 엄	4358	4629	3697	4028
058	琰	(염) 仄聲/上聲: 剡염( ) : 날카로울 염	4446	4630	3688	4040
058	琰	(염) 仄聲/上聲: 剡염(섬) : 고을이름 섬	4447	4631	3687	3924
058	琰	(염) 仄聲/上聲: 染염( ) : 물들 염	4451	4632	3698	4041
058	琰	(염) 仄聲/上聲: 焰염( ) : 불꽃 염	4453	4633	3699	4042
058	琰	(염) 仄聲/上聲: 琰염( ) : 옥갈 염	4454	4634	3700	4043
058	琰	(염) 仄聲/上聲: 苒염( ) : 풀우거질 염	4456	4635	3701	4044
058	琰	(염) 仄聲/上聲: 冉염( ) : 나아갈 염	4460	4636	3702	4045
058	琰	(염) 仄聲/上聲: 檿염( ) : 산뽕나무 염	4462	4637	3703	4046
058	琰	(염) 仄聲/上聲: 魘염( ) : 가위눌릴 염	4465	4638	3705	4048
058	琰	(염) 仄聲/上聲: 魘염(염) : 가위눌릴 염	4466	4639	3704	4047
058	琰	(염) 仄聲/上聲: 黶염( ) : 기미낄 염	4467	4640	3706	4049
058	琰	(염) 仄聲/上聲: 棪염( ) : 재염나무 염	4468	4641	3707	4050

배열형식 B (韻目번호 基準)			배열 A	배열 B	배열 C	배열 D
韻目番號	韻目(독음)	平仄 / 四聲 : 韻族(異音) : 略義	운족 가나순	운목 번호순	운목 가나순	사성순
058	琰	(염) 仄聲/上聲: 敥염( ) : 불당길 염	4469	4642	3708	4051
058	琰	(염) 仄聲/上聲: 漸점( ) : 점점 점	5685	4643	3709	4268
058	琰	(염) 仄聲/上聲: 点점( ) : 점 점	5686	4644	3710	4269
058	琰	(염) 仄聲/上聲: 點점( ) : 점/더러울 점	5690	4645	3711	4270
058	琰	(염) 仄聲/上聲: 玷점( ) : 이지러질 점	5693	4646	3712	4271
058	琰	(염) 仄聲/上聲: 簟점( ) : 삿자리 점	5694	4647	3713	4272
058	琰	(염) 仄聲/上聲: 諂첨( ) : 아첨할 첨	6524	4648	3714	4424
058	琰	(염) 仄聲/上聲: 忝첨( ) : 더럽힐/욕될 첨	6526	4649	3715	4425
058	琰	(염) 仄聲/上聲: 舔첨( ) : 핥을 첨	6530	4650	3716	4426
058	琰	(염) 仄聲/上聲: 貶폄( ) : 깎아내릴/낮출 폄	7102	4651	3717	4528
058	琰	(염) 仄聲/上聲: 菡함( ) : 연봉오리 함	7310	4652	3718	4559
058	琰	(염) 仄聲/上聲: 獫험( ) : 오랑캐이름 험	7421	4653	3719	4586
059	豏	(함) 仄聲/上聲: 減감( ) : 덜 감	132	4654	1275	3256
059	豏	(함) 仄聲/上聲: 鹼검(감) : 소금기 감	294	4655	1276	3259
059	豏	(함) 仄聲/上聲: 濫람(함) : 목욕통/용솟을 함	1731	4656	1277	4555
059	豏	(함) 仄聲/上聲: 犯범( ) : 범할 범	2781	4657	1278	3751
059	豏	(함) 仄聲/上聲: 範범( ) : 법 범	2782	4658	1279	3752
059	豏	(함) 仄聲/上聲: 范범( ) : 성 범	2783	4659	1280	3753
059	豏	(함) 仄聲/上聲: 笵범( ) : 법/틀 범	2784	4660	1281	3754
059	豏	(함) 仄聲/上聲: 軓범( ) : 수레둘레나무 범	2785	4661	1282	3755
059	豏	(함) 仄聲/上聲: 摻섬(삼) : 잡을 삼	3570	4662	1283	3881
059	豏	(함) 仄聲/上聲: 斬참( ) : 벨 참	6356	4663	1284	4401
059	豏	(함) 仄聲/上聲: 艦함( ) : 큰배 함	7306	4664	1285	4558
059	豏	(함) 仄聲/上聲: 豏함( ) : 덜삶은콩 함	7315	4665	1286	4560
059	豏	(함) 仄聲/上聲: 險험( ) : 험할 험	7419	4666	1287	4585
060	送	(송) 仄聲/去聲: 控공( ) : 당길 공	607	4667	2822	4766
060	送	(송) 仄聲/去聲: 貢공( ) : 바칠 공	614	4668	2823	4767
060	送	(송) 仄聲/去聲: 凍동( ) : 얼 동	1599	4669	2825	4927
060	送	(송) 仄聲/去聲: 棟동( ) : 마룻대 동	1605	4670	2826	4929
060	送	(송) 仄聲/去聲: 弄롱( ) : 구경할/희롱할 롱	1972	4671	2824	4975
060	送	(송) 仄聲/去聲: 弄롱( ) : 희롱할 롱	1974	4672	2827	4976
060	送	(송) 仄聲/去聲: 瞢몽(맹) : 답답할/캄캄할 맹	2422	4673	2828	5036
060	送	(송) 仄聲/去聲: 鳳봉( ) : 새 봉	2929	4674	2829	5095
060	送	(송) 仄聲/去聲: 賵봉( ) : 보낼 봉	2932	4675	2830	5096
060	送	(송) 仄聲/去聲: 送송( ) : 보낼 송	3729	4676	2831	5244
060	送	(송) 仄聲/去聲: 瓮옹( ) : 독 옹	4630	4677	2832	5402

배열형식 B (韻目번호 基準)			배열 A	배열 B	배열 C	배열 D
韻目番號	韻目(독음) 平仄 / 四聲 : 韻族(異音) : 略義		운족 가나순	운목 번호순	운목 가나순	사성순
060	送	(송) 仄聲/去聲: 甕옹( ) : 독 옹	4631	4678	2833	5403
060	送	(송) 仄聲/去聲: 罋옹( ) : 두레박 옹	4640	4679	2834	5404
060	送	(송) 仄聲/去聲: 粽종( ) : 주악 종	5964	4680	2835	5585
060	送	(송) 仄聲/去聲: 仲중( ) : 버금 중	6089	4681	2836	5612
060	送	(송) 仄聲/去聲: 衆중( ) : 무리 중	6090	4682	2837	5613
060	送	(송) 仄聲/去聲: 眾중( ) : 무리 중	6092	4683	2838	5614
060	送	(송) 仄聲/去聲: 銃총( ) : 총 총	6652	4684	2839	5710
060	送	(송) 仄聲/去聲: 總총(종) : 혼솔 종	6660	4685	2840	5586
060	送	(송) 仄聲/去聲: 慟통( ) : 서러워할 통	6998	4686	2841	5770
060	送	(송) 仄聲/去聲: 痛통( ) : 아플 통	6999	4687	2842	5771
060	送	(송) 仄聲/去聲: 諷풍( ) : 욀 풍	7209	4688	2843	5829
060	送	(송) 仄聲/去聲: 檻함( ) : 우리 함	7303	4689	2844	5842
060	送	(송) 仄聲/去聲: 哄홍( ) : 떠들썩할 홍	7613	4690	2845	5883
060	送	(송) 仄聲/去聲: 虹홍(공) : 무지개/골이름 공	7622	4691	2846	4769
060	送	(송) 仄聲/去聲: 澒홍( ) : 수은 홍	7626	4692	2847	5884
061	宋	(송) 仄聲/去聲: 恐공( ) : 두려울 공	604	4693	2848	4765
061	宋	(송) 仄聲/去聲: 鞚공( ) : 말굴레 공	627	4694	2849	4768
061	宋	(송) 仄聲/去聲: 俸봉( ) : 녹 봉	2914	4695	2850	5094
061	宋	(송) 仄聲/去聲: 宋송( ) : 성/나라 송	3723	4696	2851	5241
061	宋	(송) 仄聲/去聲: 訟송( ) : 송사할 송	3727	4697	2852	5242
061	宋	(송) 仄聲/去聲: 誦송( ) : 욀 송	3728	4698	2853	5243
061	宋	(송) 仄聲/去聲: 頌송( ) : 칭송할/기릴 송	3730	4699	2854	5245
061	宋	(송) 仄聲/去聲: 用용( ) : 쓸 용	4775	4700	2855	5425
061	宋	(송) 仄聲/去聲: 種종( ) : 씨 종	5952	4701	2856	5583
061	宋	(송) 仄聲/去聲: 綜종( ) : 모을 종	5954	4702	2857	5584
061	宋	(송) 仄聲/去聲: 統통( ) : 거느릴 통	7001	4703	2858	5772
061	宋	(송) 仄聲/去聲: 閧홍( ) : 싸움소리 홍	7627	4704	2859	5885
062	絳	(강) 仄聲/去聲: 絳강( ) : 진홍색 강	175	4705	469	4677
062	絳	(강) 仄聲/去聲: 戇당( ) : 어리석을 당	1431	4706	471	4897
062	絳	(강) 仄聲/去聲: 憧동( ) : 그리워할 동	1602	4707	472	4928
062	絳	(강) 仄聲/去聲: 惷준( ) : 어수선할 준	6074	4708	473	5608
062	絳	(강) 仄聲/去聲: 葑풍( ) : 무 풍	7213	4709	474	5830
062	絳	(강) 仄聲/去聲: 降항(강) : 내릴 강	7329	4710	470	4678
062	絳	(강) 仄聲/去聲: 巷항( ) : 거리 항	7333	4711	475	5843
062	絳	(강) 仄聲/去聲: 虹홍(항) : 골이름 강	7623	4712	476	4679
062	絳	(강) 仄聲/去聲: 閧홍(항) : 싸움소리 항	7628	4713	477	5844

배열형식 B (韻目번호 基準)			배열 A	배열 B	배열 C	배열 D
韻目番號	韻目(독음) 平仄 / 四聲 : 韻族(異音) : 略義		운족 가나순	운목 번호순	운목 가나순	사성순
063	寘	(치) 仄聲/去聲: 季계( ) : 계절 계	454	4714	6821	4730
063	寘	(치) 仄聲/去聲: 悸계( ) : 두근거릴 계	456	4715	6822	4732
063	寘	(치) 仄聲/去聲: 愧괴( ) : 부끄러울 괴	739	4716	6823	4791
063	寘	(치) 仄聲/去聲: 蕢괴( ) : 삼태기 괴	745	4717	6824	4793
063	寘	(치) 仄聲/去聲: 櫃궤( ) : 함 궤	964	4718	6825	4825
063	寘	(치) 仄聲/去聲: 樻궤( ) : 영수목(靈壽木) 궤	970	4719	6826	4828
063	寘	(치) 仄聲/去聲: 繢궤(귀) : 톱끝/수놓을 귀	974	4720	6827	4833
063	寘	(치) 仄聲/去聲: 餽궤( ) : 보낼 궤	976	4721	6828	4830
063	寘	(치) 仄聲/去聲: 歸귀( ) : 돌아올/돌아갈 귀	983	4722	6829	4834
063	寘	(치) 仄聲/去聲: 皈귀( ) : 돌아갈 귀	988	4723	6830	4836
063	寘	(치) 仄聲/去聲: 冀기( ) : 바랄 기	1091	4724	6831	4849
063	寘	(치) 仄聲/去聲: 嗜기( ) : 즐길 기	1092	4725	6832	4850
063	寘	(치) 仄聲/去聲: 器기( ) : 그릇 기	1093	4726	6833	4851
063	寘	(치) 仄聲/去聲: 寄기( ) : 부칠 기	1100	4727	6834	4852
063	寘	(치) 仄聲/去聲: 忌기( ) : 꺼릴 기	1105	4728	6835	4853
063	寘	(치) 仄聲/去聲: 棄기( ) : 버릴 기	1113	4729	6836	4855
063	寘	(치) 仄聲/去聲: 記기( ) : 기록할 기	1142	4730	6837	4858
063	寘	(치) 仄聲/去聲: 驥기( ) : 천리마 기	1154	4731	6838	4859
063	寘	(치) 仄聲/去聲: 覬기( ) : 바랄 기	1167	4732	6839	4860
063	寘	(치) 仄聲/去聲: 膩니( ) : 기름 니	1317	4733	6840	4886
063	寘	(치) 仄聲/去聲: 懟대( ) : 원망할 대	1473	4734	6841	4910
063	寘	(치) 仄聲/去聲: 淚루( ) : 눈물 루	2038	4735	6842	4992
063	寘	(치) 仄聲/去聲: 累루( ) : 여러/자주 루	2041	4736	6843	4993
063	寘	(치) 仄聲/去聲: 涙루( ) : 눈물 루	2056	4737	6844	4994
063	寘	(치) 仄聲/去聲: 類류( ) : 무리 류	2073	4738	6845	4995
063	寘	(치) 仄聲/去聲: 率률(솔 : 새그물/장수 수	2100	4739	6586	6836
063	寘	(치) 仄聲/去聲: 利리( ) : 이할 리	2122	4740	6847	4996
063	寘	(치) 仄聲/去聲: 厘리( ) : 티끌 리	2123	4741	6848	4997
063	寘	(치) 仄聲/去聲: 吏리( ) : 관리/벼슬아치 리	2124	4742	6849	4998
063	寘	(치) 仄聲/去聲: 痢리( ) : 설사 리	2133	4743	6850	4999
063	寘	(치) 仄聲/去聲: 莉리( ) : 여윌 리	2137	4744	6851	5000
063	寘	(치) 仄聲/去聲: 裏리( ) : 속 리	2138	4745	6852	5001
063	寘	(치) 仄聲/去聲: 俐리( ) : 똑똑할 리	2144	4746	6853	5003
063	寘	(치) 仄聲/去聲: 哩리( ) : 마일[mile] 리	2146	4747	6854	5004
063	寘	(치) 仄聲/去聲: 涖리( ) : 다다를/물소리 리	2148	4748	6855	5005
063	寘	(치) 仄聲/去聲: 莅리( ) : 다다를 리	2151	4749	6856	5006

배열형식 B (韻目번호 基準)			배열 A	배열 B	배열 C	배열 D
韻目番號	韻目(독음) 平仄 / 四聲 : 韻族(異音) : 略義		운족 가나순	운목 번호순	운목 가나순	사성순
063	寘	(치) 仄聲/去聲: 蒞리( ) : 다달을 리	2168	4750	6857	5007
063	寘	(치) 仄聲/去聲: 詈리( ) : 꾸짖을 리	2172	4751	6858	5008
063	寘	(치) 仄聲/去聲: 寐매( ) : 잘 매	2284	4752	6859	5025
063	寘	(치) 仄聲/去聲: 魅매( ) : 매혹할 매	2294	4753	6860	5029
063	寘	(치) 仄聲/去聲: 莔맹( ) : 패모 맹	2322	4754	6861	5035
063	寘	(치) 仄聲/去聲: 媚미( ) : 아첨할 미	2515	4755	6862	5061
063	寘	(치) 仄聲/去聲: 賁비( ) : 꾸밀/괘이름 비	3074	4756	6863	5119
063	寘	(치) 仄聲/去聲: 備비( ) : 갖출 비	3077	4757	6864	5120
063	寘	(치) 仄聲/去聲: 庇비( ) : 덮을 비	3084	4758	6865	5121
063	寘	(치) 仄聲/去聲: 屗비( ) : 삼갈 비	3095	4759	6866	5123
063	寘	(치) 仄聲/去聲: 泌비( ) : 샘물졸졸흐를 비	3099	4760	6867	5125
063	寘	(치) 仄聲/去聲: 秕비( ) : 쭉정이 비	3105	4761	6868	5126
063	寘	(치) 仄聲/去聲: 臂비( ) : 팔 비	3111	4762	6869	5128
063	寘	(치) 仄聲/去聲: 譬비( ) : 비유할 비	3116	4763	6870	5129
063	寘	(치) 仄聲/去聲: 鼻비( ) : 코 비	3121	4764	6871	5131
063	寘	(치) 仄聲/去聲: 屁비( ) : 방귀 비	3128	4765	6872	5133
063	寘	(치) 仄聲/去聲: 痹비( ) : 저릴 비	3133	4766	6873	5135
063	寘	(치) 仄聲/去聲: 祕비( ) : 숨길 비	3135	4767	6874	5137
063	寘	(치) 仄聲/去聲: 轡비( ) : 고삐 비	3143	4768	6875	5139
063	寘	(치) 仄聲/去聲: 閟비( ) : 닫을 비	3144	4769	6876	5140
063	寘	(치) 仄聲/去聲: 柲비( ) : 창자루 비	3152	4770	6877	5142
063	寘	(치) 仄聲/去聲: 畀비( ) : 줄 비	3154	4771	6878	5143
063	寘	(치) 仄聲/去聲: 泌비( ) : 스며흐를 비	3163	4772	6995	5144
063	寘	(치) 仄聲/去聲: 事사( ) : 일 사	3197	4773	6879	5149
063	寘	(치) 仄聲/去聲: 伺사( ) : 엿볼 사	3200	4774	6880	5150
063	寘	(치) 仄聲/去聲: 傞사( ) : 잘게부술 사	3204	4775	6881	5151
063	寘	(치) 仄聲/去聲: 嗣사( ) : 이을 사	3208	4776	6882	5152
063	寘	(치) 仄聲/去聲: 四사( ) : 넉 사	3209	4777	6883	5153
063	寘	(치) 仄聲/去聲: 寺사( ) : 절 사	3214	4778	6884	5154
063	寘	(치) 仄聲/去聲: 寺사(시) : 내관 시	3215	4779	6885	5282
063	寘	(치) 仄聲/去聲: 柶사( ) : 수저 사	3226	4780	6886	5155
063	寘	(치) 仄聲/去聲: 泗사( ) : 강이름 사	3231	4781	6887	5156
063	寘	(치) 仄聲/去聲: 肆사( ) : 방자할 사	3243	4782	6888	5157
063	寘	(치) 仄聲/去聲: 賜사( ) : 줄 사	3255	4783	6889	5158
063	寘	(치) 仄聲/去聲: 飼사( ) : 기를 사	3260	4784	6890	5159
063	寘	(치) 仄聲/去聲: 駟사( ) : 사마 사	3261	4785	6891	5160

배열형식 B (韻目번호 基準)			배열 A	배열 B	배열 C	배열 D
韻目番號	韻目(독음)	平仄 / 四聲 : 韻族(異音) : 略義	운족 가나순	운목 번호순	운목 가나순	사성순
063	寘	(치) 仄聲/去聲: 笥사( ) : 상자 사	3270	4786	6892	5161
063	寘	(치) 仄聲/去聲: 瑞서( ) : 상서 서	3425	4787	6893	5179
063	寘	(치) 仄聲/去聲: 笹세( ) : 가는대 세	3611	4788	6894	5212
063	寘	(치) 仄聲/去聲: 彗세( ) : 대싸리 세	3626	4789	6895	5218
063	寘	(치) 仄聲/去聲: 率솔(률) : 새그물 수	3718	4790	6896	5253
063	寘	(치) 仄聲/去聲: 燧수( ) : 부싯돌/햇불 수	3781	4791	6897	5256
063	寘	(치) 仄聲/去聲: 璲수( ) : 패옥 수	3785	4792	6898	5257
063	寘	(치) 仄聲/去聲: 睡수( ) : 졸음 수	3787	4793	6899	5258
063	寘	(치) 仄聲/去聲: 穗수( ) : 이삭 수	3789	4794	6900	5259
063	寘	(치) 仄聲/去聲: 粹수( ) : 순수할 수	3791	4795	6901	5260
063	寘	(치) 仄聲/去聲: 遂수( ) : 드디어 수	3804	4796	6902	5261
063	寘	(치) 仄聲/去聲: 邃수( ) : 깊을 수	3805	4797	6903	5262
063	寘	(치) 仄聲/去聲: 隧수( ) : 따를/길 수	3810	4798	6904	5263
063	寘	(치) 仄聲/去聲: 睟수( ) : 바로볼 수	3825	4799	6905	5265
063	寘	(치) 仄聲/去聲: 睢수(휴) : 눈부릅뜨며볼 휴	3827	4800	6906	5927
063	寘	(치) 仄聲/去聲: 祟수( ) : 빌미 수	3829	4801	6907	5266
063	寘	(치) 仄聲/去聲: 檖수( ) : 돌배나무 수	3837	4802	6908	5267
063	寘	(치) 仄聲/去聲: 襚수( ) : 수의 수	3838	4803	6909	5268
063	寘	(치) 仄聲/去聲: 篲수(세) : 혜성 세	3840	4804	6910	5219
063	寘	(치) 仄聲/去聲: 繸수( ) : 패물차는끈 수	3841	4805	6911	5270
063	寘	(치) 仄聲/去聲: 侍시( ) : 모실 시	3949	4806	6912	5284
063	寘	(치) 仄聲/去聲: 弑시( ) : 죽일 시	3959	4807	6913	5286
063	寘	(치) 仄聲/去聲: 示시( ) : 보일/가르칠 시	3970	4808	6914	5287
063	寘	(치) 仄聲/去聲: 翅시( ) : 날개 시	3972	4809	6915	5288
063	寘	(치) 仄聲/去聲: 蒔시( ) : 모종낼 시	3973	4810	6916	5289
063	寘	(치) 仄聲/去聲: 試시( ) : 시험 시	3976	4811	6917	5290
063	寘	(치) 仄聲/去聲: 諡시( ) : 시호 시	3978	4812	6918	5291
063	寘	(치) 仄聲/去聲: 啻시( ) : 다만 시	3984	4813	6919	5292
063	寘	(치) 仄聲/去聲: 植식(치) : 방망이/기댈/두목 치	4002	4814	6920	5734
063	寘	(치) 仄聲/去聲: 識식(지) : 기록할 지	4008	4815	6921	5615
063	寘	(치) 仄聲/去聲: 縊액( ) : 목맬 액	4231	4816	6922	5330
063	寘	(치) 仄聲/去聲: 縊액(의) : 목맬 의	4232	4817	6923	5472
063	寘	(치) 仄聲/去聲: 勩예( ) : 수고로울 예	4549	4818	6925	5381
063	寘	(치) 仄聲/去聲: 臾용(유) : 삼태기 궤	4791	4819	6931	4832
063	寘	(치) 仄聲/去聲: 位위( ) : 자리 위	4923	4820	6926	5443
063	寘	(치) 仄聲/去聲: 僞위( ) : 거짓 위	4925	4821	6927	5444

배열형식 B (韻目번호 基準)			배열 A	배열 B	배열 C	배열 D
韻目番號	韻目(독음) 平仄 / 四聲 : 韻族(異音) : 略義		운족 가나순	운목 번호순	운목 가나순	사성순
063	寘	(치) 仄聲/去聲: 諉위( ) : 번거롭게할 위	4959	4822	6928	5456
063	寘	(치) 仄聲/去聲: 餧위( ) : 먹일 위	4962	4823	6929	5457
063	寘	(치) 仄聲/去聲: 僞위( ) : 거짓 위	4964	4824	6930	5458
063	寘	(치) 仄聲/去聲: 縊의(의) : 목맬 의	5134	4825	6924	5473
063	寘	(치) 仄聲/去聲: 意의( ) : 뜻 의	5142	4826	6932	5474
063	寘	(치) 仄聲/去聲: 懿의( ) : 아름다울 의	5143	4827	6933	5475
063	寘	(치) 仄聲/去聲: 義의( ) : 옳을 의	5152	4828	6934	5477
063	寘	(치) 仄聲/去聲: 誼의( ) : 옳을 의	5158	4829	6935	5478
063	寘	(치) 仄聲/去聲: 議의( ) : 의논할 의	5159	4830	6936	5479
063	寘	(치) 仄聲/去聲: 劓의( ) : 코 벨 의	5162	4831	6937	5481
063	寘	(치) 仄聲/去聲: 饐의(애) : 쉴/밥썩을 애	5168	4832	6938	5327
063	寘	(치) 仄聲/去聲: 二이( ) : 두 이	5178	4833	6939	5483
063	寘	(치) 仄聲/去聲: 異이( ) : 다를/괴이할/나눌 이	5189	4834	6940	5484
063	寘	(치) 仄聲/去聲: 肄이( ) : 익힐 이	5194	4835	6941	5485
063	寘	(치) 仄聲/去聲: 貳이( ) : 두/갖은두 이	5199	4836	6942	5486
063	寘	(치) 仄聲/去聲: 飴이(시) : 기를 시	5202	4837	6943	5293
063	寘	(치) 仄聲/去聲: 餌이( ) : 먹이 이	5203	4838	6944	5487
063	寘	(치) 仄聲/去聲: 刵이( ) : 귀벨 이	5208	4839	6945	5488
063	寘	(치) 仄聲/去聲: 咡이( ) : 입 이	5209	4840	6946	5489
063	寘	(치) 仄聲/去聲: 异이( ) : 그칠 이	5213	4841	6947	5490
063	寘	(치) 仄聲/去聲: 樲이( ) : 멧대추나무 이	5219	4842	6948	5491
063	寘	(치) 仄聲/去聲: 字자( ) : 글자 자	5316	4843	6949	5499
063	寘	(치) 仄聲/去聲: 恣자( ) : 방자할 자	5318	4844	6950	5500
063	寘	(치) 仄聲/去聲: 自자( ) : 스스로 자	5331	4845	6951	5501
063	寘	(치) 仄聲/去聲: 孳자( ) : 우거질 자	5340	4846	6952	5502
063	寘	(치) 仄聲/去聲: 眥자(제) : 눈초리 제	5345	4847	6953	5539
063	寘	(치) 仄聲/去聲: 胾자( ) : 고깃점 자	5347	4848	6954	5504
063	寘	(치) 仄聲/去聲: 地지( ) : 땅 지	6129	4849	6955	5616
063	寘	(치) 仄聲/去聲: 志지( ) : 뜻 지	6131	4850	6956	5617
063	寘	(치) 仄聲/去聲: 摯지( ) : 잡을 지	6134	4851	6957	5618
063	寘	(치) 仄聲/去聲: 智지( ) : 지혜/슬기 지	6137	4852	6958	5619
063	寘	(치) 仄聲/去聲: 漬지( ) : 담글 지	6145	4853	6959	5620
063	寘	(치) 仄聲/去聲: 至지( ) : 이를 지	6153	4854	6960	5621
063	寘	(치) 仄聲/去聲: 誌지( ) : 기록할 지	6157	4855	6961	5622
063	寘	(치) 仄聲/去聲: 贄지( ) : 폐백 지	6158	4856	6962	5623
063	寘	(치) 仄聲/去聲: 鷙지( ) : 맹금 지	6170	4857	6963	5624

배열형식 B (韻目번호 基準)			배열 A	배열 B	배열 C	배열 D
韻目番號	韻目(독음)	平仄 / 四聲 : 韻族(異音) : 略義	운족 가나순	운목 번호순	운목 가나순	사성순
063	寘	(치) 仄聲/去聲: 輊지( ) : 수레앞이무거워숙인 지	6177	4858	6964	5625
063	寘	(치) 仄聲/去聲: 銡지( ) : 새길 지	6178	4859	6965	5626
063	寘	(치) 仄聲/去聲: 直직(치) : 값 치	6182	4860	6966	5735
063	寘	(치) 仄聲/去聲: 職직( ) : 맡을/벼슬 직	6187	4861	6967	5627
063	寘	(치) 仄聲/去聲: 次차( ) : 버금 차	6291	4862	6968	5640
063	寘	(치) 仄聲/去聲: 墜추( ) : 떨어질 추	6670	4863	6970	5714
063	寘	(치) 仄聲/去聲: 錘추( ) : 중량저울 추	6692	4864	6971	5715
063	寘	(치) 仄聲/去聲: 槌추( ) : 칠 추	6718	4865	6992	5716
063	寘	(치) 仄聲/去聲: 悴췌( ) : 근심할/파리할 췌	6756	4866	6972	5717
063	寘	(치) 仄聲/去聲: 膵췌( ) : 췌장 췌	6757	4867	6973	5718
063	寘	(치) 仄聲/去聲: 萃췌( ) : 모을 췌	6758	4868	6974	5719
063	寘	(치) 仄聲/去聲: 惴췌( ) : 두려워할 췌	6760	4869	6975	5721
063	寘	(치) 仄聲/去聲: 瘁췌( ) : 병들 췌	6761	4870	6976	5722
063	寘	(치) 仄聲/去聲: 顇췌( ) : 파리할 췌	6762	4871	6977	5723
063	寘	(치) 仄聲/去聲: 翠취( ) : 물총새 취	6771	4872	6978	5725
063	寘	(치) 仄聲/去聲: 醉취( ) : 취할 취	6778	4873	6979	5728
063	寘	(치) 仄聲/去聲: 臎취( ) : 살찔 취	6784	4874	6980	5731
063	寘	(치) 仄聲/去聲: 厠측( ) : 뒷간 측	6787	4875	6981	5732
063	寘	(치) 仄聲/去聲: 廁측(치) : 뒷간/버금 치	6790	4876	6982	5737
063	寘	(치) 仄聲/去聲: 疐치( ) : 미끄러질 치	6797	4877	6969	5736
063	寘	(치) 仄聲/去聲: 値치( ) : 값 치	6800	4878	6983	5738
063	寘	(치) 仄聲/去聲: 幟치( ) : 깃대/표기/기 치	6803	4879	6984	5739
063	寘	(치) 仄聲/去聲: 熾치( ) : 성할 치	6808	4880	6985	5740
063	寘	(치) 仄聲/去聲: 稚치( ) : 어릴 치	6812	4881	6986	5741
063	寘	(치) 仄聲/去聲: 穉치( ) : 어린벼/어린 치	6813	4882	6987	5742
063	寘	(치) 仄聲/去聲: 緻치( ) : 고울 치	6815	4883	6988	5743
063	寘	(치) 仄聲/去聲: 置치( ) : 둘 치	6816	4884	6989	5744
063	寘	(치) 仄聲/去聲: 致치( ) : 이를 치	6817	4885	6990	5745
063	寘	(치) 仄聲/去聲: 寘치( ) : 둘/받아들일 치	6824	4886	6991	5746
063	寘	(치) 仄聲/去聲: 跛파(피) : 기울어지게설 피	7038	4887	6993	5831
063	寘	(치) 仄聲/去聲: 避피( ) : 피할 피	7224	4888	6994	5832
063	寘	(치) 仄聲/去聲: 邲필( ) : 땅이름 필	7244	4889	6996	5833
063	寘	(치) 仄聲/去聲: 戱희( ) : 놀이 희	7921	4890	6997	5934
063	寘	(치) 仄聲/去聲: 戲희( ) : 희롱할 희	7933	4891	6998	5935
063	寘	(치) 仄聲/去聲: 饎희( ) : 주식 희	7938	4892	7000	5937
063	寘	(치) 仄聲/去聲: 齂희( ) : 코고는소리 희	7939	4893	7001	5938

배열형식 B (韻目번호 基準)			배열 A	배열 B	배열 C	배열 D
韻目番號	韻目(독음) 平仄 / 四聲 : 韻族(異音) : 略義		운족 가나순	운목 번호순	운목 가나순	사성순
063	寘	(치) 仄聲/去聲: 呬히( ) : 숨쉴 히	7940	4894	6999	5939
064	未	(미) 仄聲/去聲: 乞걸(기) : 빌려줄/줄 기	287	4895	1902	4848
064	未	(미) 仄聲/去聲: 貴귀( ) : 귀할 귀	985	4896	1903	4835
064	未	(미) 仄聲/去聲: 旣기( ) : 이미 기	1108	4897	1904	4854
064	未	(미) 仄聲/去聲: 氣기( ) : 기운 기	1116	4898	1905	4856
064	未	(미) 仄聲/去聲: 汽기( ) : 물끓는김 기	1117	4899	1906	4857
064	未	(미) 仄聲/去聲: 既기( ) : 이미 기	1172	4900	1907	4861
064	未	(미) 仄聲/去聲: 味미( ) : 맛 미	2514	4901	1908	5060
064	未	(미) 仄聲/去聲: 未미( ) : 아닐 미	2520	4902	1909	5062
064	未	(미) 仄聲/去聲: 菋미( ) : 모미자 미	2550	4903	1910	5064
064	未	(미) 仄聲/去聲: 痱배( ) : 풍병 배	2734	4904	1918	5084
064	未	(미) 仄聲/去聲: 芾불( ) : 작은모양 불	3064	4905	1916	5118
064	未	(미) 仄聲/去聲: 芾불(비) : 나무더부룩할 비	3065	4906	1917	5138
064	未	(미) 仄聲/去聲: 沸비( ) : 끓을 비	3098	4907	1911	5124
064	未	(미) 仄聲/去聲: 翡비( ) : 물총새 비	3108	4908	1912	5127
064	未	(미) 仄聲/去聲: 費비( ) : 쓸 비	3117	4909	1913	5130
064	未	(미) 仄聲/去聲: 剕비( ) : 발벨 비	3124	4910	1914	5132
064	未	(미) 仄聲/去聲: 狒비( ) : 비비 비	3131	4911	1915	5134
064	未	(미) 仄聲/去聲: 畏외( ) : 두려워할 외	4704	4912	1919	5414
064	未	(미) 仄聲/去聲: 蔚위( ) : 초목우거진모양 위	4919	4913	1920	5442
064	未	(미) 仄聲/去聲: 尉위( ) : 벼슬 위	4930	4914	1921	5445
064	未	(미) 仄聲/去聲: 慰위( ) : 위로할 위	4932	4915	1922	5446
064	未	(미) 仄聲/去聲: 渭위( ) : 강이름 위	4934	4916	1923	5447
064	未	(미) 仄聲/去聲: 緯위( ) : 씨 위	4937	4917	1924	5448
064	未	(미) 仄聲/去聲: 胃위( ) : 밥통 위	4938	4918	1925	5449
064	未	(미) 仄聲/去聲: 謂위( ) : 이를 위	4947	4919	1926	5451
064	未	(미) 仄聲/去聲: 魏위( ) : 성 위	4950	4920	1927	5452
064	未	(미) 仄聲/去聲: 熨위( ) : 다리미/고약붙일 위	4954	4921	1928	5454
064	未	(미) 仄聲/去聲: 罻위( ) : 새그물 위	4967	4922	1929	5459
064	未	(미) 仄聲/去聲: 毅의( ) : 굳셀 의	5146	4923	1930	5476
064	未	(미) 仄聲/去聲: 孛패( ) : 혜성 패	7075	4924	1931	5793
064	未	(미) 仄聲/去聲: 卉훼( ) : 풀 훼	7830	4925	1932	5923
064	未	(미) 仄聲/去聲: 彙휘( ) : 모을/고슴도치 휘	7840	4926	1933	5925
064	未	(미) 仄聲/去聲: 諱휘( ) : 꺼릴 휘	7847	4927	1934	5926
064	未	(미) 仄聲/去聲: 愾희( ) : 한숨쉴 희	7907	4928	1900	5931
064	未	(미) 仄聲/去聲: 摡희( ) : 갖을/닦을 희	7909	4929	1901	5932

배열형식 B (韻目번호 基準)			배열 A	배열 B	배열 C	배열 D
韻目 番號	韻目(독음) 平仄 / 四聲：韻族(異音) ： 略義		운족 가나순	운목 번호순	운목 가나순	사성순
064	未 (미) 仄聲/去聲: 憙희( ) ： 기뻐할 희		7920	4930	1935	5933
065	御 (어) 仄聲/去聲: 醵거( ) ： 술추렴 거		231	4931	3555	4700
065	御 (어) 仄聲/去聲: 倨거( ) ： 거만할 거		233	4932	3556	4701
065	御 (어) 仄聲/去聲: 去거( ) ： 갈 거		234	4933	3557	4702
065	御 (어) 仄聲/去聲: 據거( ) ： 의지할/근거 거		241	4934	3558	4703
065	御 (어) 仄聲/去聲: 踞거( ) ： 웅크릴 거		247	4935	3559	4704
065	御 (어) 仄聲/去聲: 遽거( ) ： 갑자기 거		248	4936	3560	4705
065	御 (어) 仄聲/去聲: 鋸거( ) ： 톱 거		250	4937	3561	4706
065	御 (어) 仄聲/去聲: 椐거( ) ： 느티나무 거		261	4938	3562	4707
065	御 (어) 仄聲/去聲: 女녀(녀) ： 시집보낼 녀		1236	4939	3563	4875
065	御 (어) 仄聲/去聲: 慮려( ) ： 생각할 려		1798	4940	3564	4943
065	御 (어) 仄聲/去聲: 濾려( ) ： 거를 려		1802	4941	3565	4945
065	御 (어) 仄聲/去聲: 鋁려( ) ： 줄 려		1824	4942	3566	4955
065	御 (어) 仄聲/去聲: 錄려( ) ： 사실할 려		1831	4943	3567	4956
065	御 (어) 仄聲/去聲: 蜡사(처) ： 쉬 처		3272	4944	3568	5659
065	御 (어) 仄聲/去聲: 庶서( ) ： 여러 서		3412	4945	3569	5176
065	御 (어) 仄聲/去聲: 恕서( ) ： 용서할 서		3414	4946	3570	5177
065	御 (어) 仄聲/去聲: 曙서( ) ： 새벽 서		3420	4947	3571	5178
065	御 (어) 仄聲/去聲: 絮서( ) ： 솜 서		3427	4948	3572	5181
065	御 (어) 仄聲/去聲: 絮서(처) ： 간맞출 처		3429	4949	3573	5660
065	御 (어) 仄聲/去聲: 署서( ) ： 관청 서		3431	4950	3574	5182
065	御 (어) 仄聲/去聲: 薯서( ) ： 마 서		3434	4951	3575	5183
065	御 (어) 仄聲/去聲: 疏소( ) ： 트일 소		3651	4952	3576	5227
065	御 (어) 仄聲/去聲: 御어( ) ： 거느릴 어		4305	4953	3577	5333
065	御 (어) 仄聲/去聲: 瘀어( ) ： 병 어		4310	4954	3578	5334
065	御 (어) 仄聲/去聲: 語어( ) ： 말씀 어		4312	4955	3579	5335
065	御 (어) 仄聲/去聲: 馭어( ) ： 부릴 어		4313	4956	3580	5336
065	御 (어) 仄聲/去聲: 淤어( ) ： 진흙 어		4318	4957	3581	5337
065	御 (어) 仄聲/去聲: 飫어( ) ： 포식할/물릴 어		4319	4958	3582	5338
065	御 (어) 仄聲/去聲: 棜어( ) ： 겨자 어		4320	4959	3583	5339
065	御 (어) 仄聲/去聲: 如여( ) ： 같을 여		4365	4960	3584	5346
065	御 (어) 仄聲/去聲: 歟여( ) ： 어조사 여		4366	4961	3585	5347
065	御 (어) 仄聲/去聲: 與여( ) ： 더불/줄 여		4369	4962	3586	5348
065	御 (어) 仄聲/去聲: 茹여(녀) ： 먹을/기를 녀		4372	4963	3587	4876
065	御 (어) 仄聲/去聲: 鸒여( ) ： 떼까마귀 여		4380	4964	3588	5349
065	御 (어) 仄聲/去聲: 譽예( ) ： 기릴/명예 예		4533	4965	3589	5372

배열형식 B (韻目번호 基準)			배열 A	배열 B	배열 C	배열 D
韻目番號	韻目(독음) 平仄 / 四聲 : 韻族(異音) : 略義		운족 가나순	운목 번호순	운목 가나순	사성순
065	御	(어) 仄聲/去聲: 豫예( ) : 미리 예	4534	4966	3590	5373
065	御	(어) 仄聲/去聲: 預예( ) : 맡길/미리 예	4539	4967	3591	5376
065	御	(어) 仄聲/去聲: 作작(자) : 만들 주	5371	4968	3592	5587
065	御	(어) 仄聲/去聲: 沮저( ) : 막을 저	5515	4969	3593	5514
065	御	(어) 仄聲/去聲: 狙저(처) : 간사할/견줄 처	5518	4970	3594	5661
065	御	(어) 仄聲/去聲: 箸저( ) : 젓가락 저	5521	4971	3595	5515
065	御	(어) 仄聲/去聲: 翥저( ) : 날아오를 저	5553	4972	3596	5516
065	御	(어) 仄聲/去聲: 除제( ) : 덜 제	5817	4973	3597	5548
065	御	(어) 仄聲/去聲: 助조( ) : 도울 조	5844	4974	3598	5564
065	御	(어) 仄聲/去聲: 麆조( ) : 노루새끼/어린아이 조	5923	4975	3599	5581
065	御	(어) 仄聲/去聲: 處처(처) : 곳 처	6437	4976	3600	5663
065	御	(어) 仄聲/去聲: 楚초( ) : 초나라 초	6585	4977	3601	5699
065	御	(어) 仄聲/去聲: 嘘허( ) : 내불 허	7404	4978	3602	5852
065	御	(어) 仄聲/去聲: 餼희( ) : 보낼 희	7936	4979	3603	5936
066	遇	(우) 仄聲/去聲: 固고( ) : 굳을 고	496	4980	4650	4753
066	遇	(우) 仄聲/去聲: 庫고( ) : 곳집 고	500	4981	4651	4754
066	遇	(우) 仄聲/去聲: 故고( ) : 연고 고	503	4982	4652	4755
066	遇	(우) 仄聲/去聲: 痼고( ) : 고질 고	510	4983	4653	4757
066	遇	(우) 仄聲/去聲: 苦고( ) : 쓸 고	519	4984	4654	4758
066	遇	(우) 仄聲/去聲: 袴고( ) : 바지 고	524	4985	4655	4759
066	遇	(우) 仄聲/去聲: 錮고( ) : 막을 고	528	4986	4656	4760
066	遇	(우) 仄聲/去聲: 雇고( ) : 품팔/머슴 고	529	4987	4657	4761
066	遇	(우) 仄聲/去聲: 顧고( ) : 돌아볼 고	531	4988	4658	4762
066	遇	(우) 仄聲/去聲: 具구( ) : 갖출 구	820	4989	4659	4809
066	遇	(우) 仄聲/去聲: 句구( ) : 글귀 구	826	4990	4660	4811
066	遇	(우) 仄聲/去聲: 懼구( ) : 두려워할 구	835	4991	4661	4812
066	遇	(우) 仄聲/去聲: 嫗구( ) : 수고로울 구	875	4992	4662	4813
066	遇	(우) 仄聲/去聲: 屨구( ) : 신/신을 구	876	4993	4663	4814
066	遇	(우) 仄聲/去聲: 颶구( ) : 맹렬한폭풍 구	895	4994	4664	4815
066	遇	(우) 仄聲/去聲: 呴구( ) : 숨내쉴 구	897	4995	4665	4816
066	遇	(우) 仄聲/去聲: 怒노( ) : 성낼 노	1264	4996	4666	4877
066	遇	(우) 仄聲/去聲: 怒노( ) : 성낼/뽐낼 노	1272	4997	4674	4878
066	遇	(우) 仄聲/去聲: 度도( ) : 법도/국량 도	1489	4998	4668	4915
066	遇	(우) 仄聲/去聲: 渡도( ) : 건널 도	1501	4999	4669	4918
066	遇	(우) 仄聲/去聲: 鍍도( ) : 올릴 도	1519	5000	4670	4920
066	遇	(우) 仄聲/去聲: 菟도(토) : 토끼 토	1531	5001	4671	5766

배열형식 B (韻目번호 基準)			배열 A	배열 B	배열 C	배열 D
韻目番號	韻目(독음) 平仄 / 四聲 : 韻族(異音) : 略義		운족 가나순	운목 번호순	운목 가나순	사성순
066	遇	(우) 仄聲/去聲: 斁도( ) : 패할 도	1544	5002	4672	4921
066	遇	(우) 仄聲/去聲: 度도( ) : 법도/잴/국량 도	1548	5003	4755	4923
066	遇	(우) 仄聲/去聲: 蠹두( ) : 좀 두	1646	5004	4673	4930
066	遇	(우) 仄聲/去聲: 露로( ) : 이슬/드러날 로	1925	5005	4667	4968
066	遇	(우) 仄聲/去聲: 潞로( ) : 강이름 로	1929	5006	4675	4969
066	遇	(우) 仄聲/去聲: 路로( ) : 길 로	1936	5007	4676	4970
066	遇	(우) 仄聲/去聲: 輅로( ) : 수레 로	1937	5008	4677	4971
066	遇	(우) 仄聲/去聲: 露로( ) : 이슬 로	1938	5009	4678	4972
066	遇	(우) 仄聲/去聲: 鷺로( ) : 백로/해오라기 로	1940	5010	4679	4973
066	遇	(우) 仄聲/去聲: 賂뢰( ) : 줄/뇌물 뢰	1993	5011	4680	4979
066	遇	(우) 仄聲/去聲: 屢루( ) : 여러 루	2036	5012	4681	4991
066	遇	(우) 仄聲/去聲: 募모( ) : 모을/뽑을 모	2365	5013	4682	5042
066	遇	(우) 仄聲/去聲: 慕모( ) : 그릴 모	2368	5014	4683	5043
066	遇	(우) 仄聲/去聲: 暮모( ) : 저물 모	2372	5015	4684	5044
066	遇	(우) 仄聲/去聲: 慔모( ) : 힘쓸 모	2398	5016	4685	5047
066	遇	(우) 仄聲/去聲: 墓묘( ) : 무덤 묘	2428	5017	4686	5048
066	遇	(우) 仄聲/去聲: 務무( ) : 힘쓸 무	2449	5018	4687	5052
066	遇	(우) 仄聲/去聲: 霧무( ) : 안개 무	2472	5019	4688	5053
066	遇	(우) 仄聲/去聲: 婺무( ) : 별이름 무	2477	5020	4689	5054
066	遇	(우) 仄聲/去聲: 北배( ) : 달아날 배	2707	5021	4690	5074
066	遇	(우) 仄聲/去聲: 報보(부) : 빠를 부	2861	5022	4691	5097
066	遇	(우) 仄聲/去聲: 步보( ) : 걸음 보	2864	5023	4692	5092
066	遇	(우) 仄聲/去聲: 菩보( ) : 보리 보	2868	5024	4693	5093
066	遇	(우) 仄聲/去聲: 付부( ) : 부칠 부	2933	5025	4694	5098
066	遇	(우) 仄聲/去聲: 傅부( ) : 스승 부	2935	5026	4695	5099
066	遇	(우) 仄聲/去聲: 埠부( ) : 부두 부	2943	5027	4696	5100
066	遇	(우) 仄聲/去聲: 訃부( ) : 통부할/부고 부	2968	5028	4697	5101
066	遇	(우) 仄聲/去聲: 賦부( ) : 부세 부	2970	5029	4698	5102
066	遇	(우) 仄聲/去聲: 賻부( ) : 부의 부	2971	5030	4699	5103
066	遇	(우) 仄聲/去聲: 赴부( ) : 갈 부	2972	5031	4700	5104
066	遇	(우) 仄聲/去聲: 附부( ) : 붙을 부	2977	5032	4701	5105
066	遇	(우) 仄聲/去聲: 駙부( ) : 곁마 부	2978	5033	4702	5106
066	遇	(우) 仄聲/去聲: 仆부( ) : 엎드릴 부	2980	5034	4703	5107
066	遇	(우) 仄聲/去聲: 祔부( ) : 합사(合祀)할 부	2984	5035	4704	5108
066	遇	(우) 仄聲/去聲: 跗부( ) : 발등 부	2991	5036	4705	5109
066	遇	(우) 仄聲/去聲: 鮒부( ) : 붕어 부	2993	5037	4706	5110

배열형식 B (韻目번호 基準)			배열 A	배열 B	배열 C	배열 D
韻目番號	韻目(독음)	平仄 / 四聲 : 韻族(異音) : 略義	운족 가나순	운목 번호순	운목 가나순	사성순
066	遇	(우) 仄聲/去聲: 蚹부( ) : 비늘 부	3000	5038	4707	5111
066	遇	(우) 仄聲/去聲: 塑소( ) : 토우 소	3630	5039	4709	5222
066	遇	(우) 仄聲/去聲: 溯소( ) : 거슬러오를 소	3643	5040	4710	5224
066	遇	(우) 仄聲/去聲: 素소( ) : 본디/흴 소	3657	5041	4711	5229
066	遇	(우) 仄聲/去聲: 訴소( ) : 호소할 소	3662	5042	4712	5230
066	遇	(우) 仄聲/去聲: 遡소( ) : 거슬러올라갈 소	3664	5043	4713	5231
066	遇	(우) 仄聲/去聲: 嗉소( ) : 모이주머니 소	3669	5044	4714	5233
066	遇	(우) 仄聲/去聲: 愬소( ) : 고할/참소할 소	3671	5045	4715	5234
066	遇	(우) 仄聲/去聲: 泝소( ) : 높을 소	3674	5046	4716	5235
066	遇	(우) 仄聲/去聲: 數수(촉) : 이치/팔자 수	3752	5047	4708	5252
066	遇	(우) 仄聲/去聲: 戍수( ) : 지킬/수자리 수	3768	5048	4717	5254
066	遇	(우) 仄聲/去聲: 樹수( ) : 나무 수	3776	5049	4718	5255
066	遇	(우) 仄聲/去聲: 惡악(오) : 미워할 오	4107	5050	4719	5389
066	遇	(우) 仄聲/去聲: 俉오( ) : 맞이할 오	4557	5051	4720	5390
066	遇	(우) 仄聲/去聲: 寤오( ) : 깰 오	4570	5052	4721	5391
066	遇	(우) 仄聲/去聲: 悟오( ) : 깨달을 오	4571	5053	4722	5392
066	遇	(우) 仄聲/去聲: 晤오( ) : 밝을 오	4575	5054	4723	5393
066	遇	(우) 仄聲/去聲: 汚오(와) : 술구덩이/더럽힐 오	4579	5055	4724	5394
066	遇	(우) 仄聲/去聲: 誤오( ) : 그르칠 오	4586	5056	4725	5395
066	遇	(우) 仄聲/去聲: 忤오( ) : 거스를 오	4590	5057	4726	5396
066	遇	(우) 仄聲/去聲: 捂오( ) : 닿을 오	4591	5058	4727	5397
066	遇	(우) 仄聲/去聲: 逜오( ) : 깨우칠 오	4604	5059	4728	5398
066	遇	(우) 仄聲/去聲: 寓우( ) : 붙이어살/굽힐 우	4802	5060	4729	5427
066	遇	(우) 仄聲/去聲: 遇우( ) : 만날 우	4820	5061	4730	5428
066	遇	(우) 仄聲/去聲: 雨우( ) : 비 우	4824	5062	4731	5429
066	遇	(우) 仄聲/去聲: 喩유( ) : 깨우쳐줄/비유할 유	4980	5063	4732	5460
066	遇	(우) 仄聲/去聲: 孺유( ) : 젖먹이 유	4981	5064	4733	5461
066	遇	(우) 仄聲/去聲: 裕유( ) : 넉넉할 유	5010	5065	4734	5462
066	遇	(우) 仄聲/去聲: 諭유( ) : 깨우칠 유	5013	5066	4735	5463
066	遇	(우) 仄聲/去聲: 籲유( ) : 부르짖을/화할 유	5033	5067	4736	5464
066	遇	(우) 仄聲/去聲: 籲유(약) : 부르짖을/화할 약	5034	5068	4737	5332
066	遇	(우) 仄聲/去聲: 醋작(초) : 초 초	5394	5069	4752	5702
066	遇	(우) 仄聲/去聲: 措조( ) : 둘 조	5849	5070	4738	5566
066	遇	(우) 仄聲/去聲: 祚조( ) : 복 조	5867	5071	4739	5569
066	遇	(우) 仄聲/去聲: 厝조( ) : 둘(置也) 조	5892	5072	4740	5573
066	遇	(우) 仄聲/去聲: 胙조( ) : 제지낸고기/복 조	5907	5073	4741	5576

배열형식 B (韻目번호 基準)			배열 A	배열 B	배열 C	배열 D
韻目番號	韻目(독음) 平仄 / 四聲 : 韻族(異音) : 略義		운족 가나순	운목 번호순	운목 가나순	사성순
066	遇	(우) 仄聲/去聲: 阼조( ) : 섬돌 조	5918	5074	4742	5580
066	遇	(우) 仄聲/去聲: 住주( ) : 살 주	5986	5075	4743	5588
066	遇	(우) 仄聲/去聲: 注주( ) : 부을 주	6002	5076	4744	5589
066	遇	(우) 仄聲/去聲: 澍주( ) : 단비 주	6005	5077	4745	5590
066	遇	(우) 仄聲/去聲: 炷주( ) : 심지 주	6006	5078	4746	5591
066	遇	(우) 仄聲/去聲: 註주( ) : 주낼 주	6014	5079	4747	5592
066	遇	(우) 仄聲/去聲: 鑄주( ) : 쇠불릴 주	6022	5080	4748	5593
066	遇	(우) 仄聲/去聲: 駐주( ) : 머무를 주	6023	5081	4749	5594
066	遇	(우) 仄聲/去聲: 蛀주( ) : 나무좀 주	6033	5082	4750	5595
066	遇	(우) 仄聲/去聲: 酢초( ) : 초/단것 초	6600	5083	4751	5701
066	遇	(우) 仄聲/去聲: 娶취( ) : 장가들 취	6768	5084	4753	5724
066	遇	(우) 仄聲/去聲: 趣취( ) : 추창할/뜻 취	6775	5085	4754	5727
066	遇	(우) 仄聲/去聲: 兎토( ) : 토끼 토	6989	5086	4756	5767
066	遇	(우) 仄聲/去聲: 兔토( ) : 토끼 토	6990	5087	4758	5768
066	遇	(우) 仄聲/去聲: 吐토( ) : 토할 토	6991	5088	4757	5769
066	遇	(우) 仄聲/去聲: 妬투( ) : 시새울/겹칠 투	7013	5089	4759	5775
066	遇	(우) 仄聲/去聲: 妒투( ) : 투기할 투	7017	5090	4760	5776
066	遇	(우) 仄聲/去聲: 佈포( ) : 펼 포	7128	5091	4761	5812
066	遇	(우) 仄聲/去聲: 哺포( ) : 맘먹을/먹일 포	7133	5092	4762	5813
066	遇	(우) 仄聲/去聲: 圃포( ) : 남새밭 포	7134	5093	4763	5814
066	遇	(우) 仄聲/去聲: 布포( ) : 베 포	7135	5094	4764	5815
066	遇	(우) 仄聲/去聲: 怖포( ) : 두려워할 포	7136	5095	4765	5816
066	遇	(우) 仄聲/去聲: 捕포( ) : 잡을 포	7139	5096	4766	5817
066	遇	(우) 仄聲/去聲: 互호( ) : 서로 호	7537	5097	4767	5875
066	遇	(우) 仄聲/去聲: 戶호( ) : 집 호	7544	5098	4768	5876
066	遇	(우) 仄聲/去聲: 濩호( ) : 퍼질 호	7554	5099	4769	5877
066	遇	(우) 仄聲/去聲: 濩호(확) : 끓을/더러울 확	7555	5100	4770	5889
066	遇	(우) 仄聲/去聲: 護호( ) : 도울 호	7572	5101	4771	5878
066	遇	(우) 仄聲/去聲: 頀호( ) : 구할 호	7575	5102	4772	5879
066	遇	(우) 仄聲/去聲: 楛호( ) : 가로막을 호	7585	5103	4773	5880
066	遇	(우) 仄聲/去聲: 穫확(호) : 땅이름 호	7654	5104	4774	5881
066	遇	(우) 仄聲/去聲: 臒확(호) : 곱게붉을/붉은칠할 호	7659	5105	4775	5882
066	遇	(우) 仄聲/去聲: 煦후( ) : 따뜻하게할 후	7802	5106	4776	5918
066	遇	(우) 仄聲/去聲: 涸후( ) : 마를/막을 후	7804	5107	4777	5919
067	霽	(제) 仄聲/去聲: 碣갈(계) : 비갈 계	108	5108	5408	4726
067	霽	(제) 仄聲/去聲: 偈걸(게) : 쉴 게	292	5109	5409	4712

배열형식 B (韻目번호 基準)			배열 A	배열 B	배열 C	배열 D
韻目番號	韻目(독음) 平仄 / 四聲 : 韻族(異音) : 略義		운족 가나순	운목 번호순	운목 가나순	사성순
067	霽	(제) 仄聲/去聲: 憩게( ) : 쉴 게	310	5110	5410	4713
067	霽	(제) 仄聲/去聲: 揭게( ) : 높들일/걸 게	311	5111	5411	4714
067	霽	(제) 仄聲/去聲: 愒게( ) : 쉴 게	314	5112	5412	4715
067	霽	(제) 仄聲/去聲: 鴂결(계) : 접동새 계	373	5113	5413	4727
067	霽	(제) 仄聲/去聲: 係계( ) : 맬 계	448	5114	5414	4728
067	霽	(제) 仄聲/去聲: 契계( ) : 맺을 계	450	5115	5415	4729
067	霽	(제) 仄聲/去聲: 桂계( ) : 계수나무 계	458	5116	5416	4734
067	霽	(제) 仄聲/去聲: 系계( ) : 이어맬 계	466	5117	5417	4737
067	霽	(제) 仄聲/去聲: 繫계( ) : 맬 계	467	5118	5418	4738
067	霽	(제) 仄聲/去聲: 繼계( ) : 이을 계	468	5119	5419	4739
067	霽	(제) 仄聲/去聲: 計계( ) : 셀 계	469	5120	5420	4740
067	霽	(제) 仄聲/去聲: 薊계( ) : 엉겅퀴 계	475	5121	5421	4742
067	霽	(제) 仄聲/去聲: 髻계( ) : 상투/부엌귀신 계	477	5122	5422	4743
067	霽	(제) 仄聲/去聲: 繫계( ) : 두레박틀 계	479	5123	5423	4745
067	霽	(제) 仄聲/去聲: 檵계( ) : 구기자나무 계	480	5124	5424	4746
067	霽	(제) 仄聲/去聲: 瓻계( ) : 항아리 계	481	5125	5425	4747
067	霽	(제) 仄聲/去聲: 紒계( ) : 상투틀 계	483	5126	5426	4748
067	霽	(제) 仄聲/去聲: 檕계( ) : 마전나무 계	484	5127	5427	4749
067	霽	(제) 仄聲/去聲: 鍥계( ) : 새길 계	485	5128	5428	4750
067	霽	(제) 仄聲/去聲: 挈계( ) : 이지러질 계	487	5129	5464	4751
067	霽	(제) 仄聲/去聲: 挈계(설) : 끌 설	488	5130	5465	5207
067	霽	(제) 仄聲/去聲: 蹶궐(궤) : 급히걸을 궤	957	5131	5429	4824
067	霽	(제) 仄聲/去聲: 鱖궐( ) : 쏘가리 궐	960	5132	5430	4822
067	霽	(제) 仄聲/去聲: 泥니(니) : 막힐 니	1312	5133	5431	4885
067	霽	(제) 仄聲/去聲: 儷려( ) : 짝/아우를 려	1794	5134	3502	3579
067	霽	(제) 仄聲/去聲: 勵려( ) : 힘쓸 려	1795	5135	5433	4942
067	霽	(제) 仄聲/去聲: 戾려( ) : 어그러질 려	1799	5136	5434	4944
067	霽	(제) 仄聲/去聲: 礪려( ) : 숫돌 려	1803	5137	5435	4946
067	霽	(제) 仄聲/去聲: 蠣려( ) : 굴 려	1805	5138	5436	4947
067	霽	(제) 仄聲/去聲: 麗려( ) : 고울 려	1809	5139	5437	4948
067	霽	(제) 仄聲/去聲: 厲려( ) : 갈 려	1812	5140	5438	4949
067	霽	(제) 仄聲/去聲: 唳려( ) : 울 려	1813	5141	5439	4950
067	霽	(제) 仄聲/去聲: 癘려( ) : 염병 려	1814	5142	5440	4951
067	霽	(제) 仄聲/去聲: 糲려( ) : 현미 려	1815	5143	5441	4952
067	霽	(제) 仄聲/去聲: 勵려( ) : 힘쓸/권할 려	1821	5144	5442	4953
067	霽	(제) 仄聲/去聲: 荔려( ) : 타래붓꽃 려	1822	5145	5443	4954

배열형식 B (韻目번호 基準)			배열 A	배열 B	배열 C	배열 D
韻目番號	韻目(독음)	平仄 / 四聲 : 韻族(異音) : 略義	운족 가나순	운목 번호순	운목 가나순	사성순
067	霽	(제) 仄聲/去聲: 栵례( ) : 나무가줄로 날 례	1907	5146	5444	4963
067	霽	(제) 仄聲/去聲: 隷례( ) : 종/죄인 례	1912	5147	5445	4964
067	霽	(제) 仄聲/去聲: 隸례( ) : 붙을 례	1913	5148	5446	4965
067	霽	(제) 仄聲/去聲: 例례( ) : 법식/견줄 례	1914	5149	5479	4966
067	霽	(제) 仄聲/去聲: 隷례( ) : 종 례	1916	5150	5490	4967
067	霽	(제) 仄聲/去聲: 離리( ) : 떠날 리	2142	5151	5447	5002
067	霽	(제) 仄聲/去聲: 袂몌( ) : 소매 몌	2361	5152	5448	5041
067	霽	(제) 仄聲/去聲: 謎미( ) : 수수께끼 미	2529	5153	5449	5063
067	霽	(제) 仄聲/去聲: 睥비( ) : 흘겨볼 비	3134	5154	5451	5136
067	霽	(제) 仄聲/去聲: 媲비( ) : 짝 비	3151	5155	5452	5141
067	霽	(제) 仄聲/去聲: 壻서( ) : 사위/남자 서	3409	5156	5453	5175
067	霽	(제) 仄聲/去聲: 筮서( ) : 점대 서	3426	5157	5454	5180
067	霽	(제) 仄聲/去聲: 誓서( ) : 맹세할 서	3436	5158	5455	5184
067	霽	(제) 仄聲/去聲: 逝서( ) : 갈 서	3437	5159	5456	5185
067	霽	(제) 仄聲/去聲: 噬서( ) : 씹을 서	3441	5160	5457	5186
067	霽	(제) 仄聲/去聲: 婿서( ) : 사위/남자 서	3442	5161	5458	5187
067	霽	(제) 仄聲/去聲: 澨서( ) : 물가 서	3445	5162	5459	5188
067	霽	(제) 仄聲/去聲: 䎩서( ) : 꼿꼿할 서	3457	5163	5460	5189
067	霽	(제) 仄聲/去聲: 遾서( ) : 미칠/이를 서	3458	5164	5461	5190
067	霽	(제) 仄聲/去聲: 薛설(폐) : 승검초/돌삼 폐	3536	5165	5450	5801
067	霽	(제) 仄聲/去聲: 洩설( ) : 샐/발설할 설	3541	5166	5462	5206
067	霽	(제) 仄聲/去聲: 洩설(예) : 퍼질/날개칠 예	3542	5167	5463	5359
067	霽	(제) 仄聲/去聲: 世세( ) : 인간 세	3603	5168	5466	5208
067	霽	(제) 仄聲/去聲: 勢세( ) : 형세 세	3604	5169	5467	5209
067	霽	(제) 仄聲/去聲: 歲세( ) : 해 세	3605	5170	5468	5210
067	霽	(제) 仄聲/去聲: 稅세( ) : 세금/거둘/쉴 세	3608	5171	5469	5211
067	霽	(제) 仄聲/去聲: 細세( ) : 가늘 세	3612	5172	5470	5213
067	霽	(제) 仄聲/去聲: 貰세( ) : 빌릴/세낼 세	3613	5173	5471	5214
067	霽	(제) 仄聲/去聲: 繐세( ) : 성긴베 세	3622	5174	5472	5215
067	霽	(제) 仄聲/去聲: 蛻세( ) : 매미허물/허물벗을 세	3623	5175	5473	5216
067	霽	(제) 仄聲/去聲: 涗세( ) : 잿물 세	3625	5176	5474	5217
067	霽	(제) 仄聲/去聲: 篲수( ) : 대비 수	3839	5177	5475	5269
067	霽	(제) 仄聲/去聲: 媤시( ) : 시집 시	3953	5178	5476	5285
067	霽	(제) 仄聲/去聲: 艾애(애) : 다스릴/낫 예	4207	5179	5477	5360
067	霽	(제) 仄聲/去聲: 殪에( ) : 쓰러질 에	4362	5180	5478	5345
067	霽	(제) 仄聲/去聲: 叡예( ) : 밝을(睿) 예	4521	5181	5480	5363

배열형식 B (韻目번호 基準)			배열 A	배열 B	배열 C	배열 D
韻目番號	韻目(독음)	平仄 / 四聲 : 韻族(異音) : 略義	운족 가나순	운목 번호순	운목 가나순	사성순
067	霽	(제) 仄聲/去聲: 曳예( ) : 끌 예	4522	5182	5481	5364
067	霽	(제) 仄聲/去聲: 汭예( ) : 물구비 예	4523	5183	5482	5365
067	霽	(제) 仄聲/去聲: 睿예( ) : 슬기 예	4526	5184	5483	5366
067	霽	(제) 仄聲/去聲: 芮예( ) : 성 예	4528	5185	5484	5368
067	霽	(제) 仄聲/去聲: 藝예( ) : 재주 예	4529	5186	5485	5369
067	霽	(제) 仄聲/去聲: 裔예( ) : 옷자락/후손 예	4531	5187	5486	5370
067	霽	(제) 仄聲/去聲: 詣예( ) : 이를 예	4532	5188	5487	5371
067	霽	(제) 仄聲/去聲: 銳예( ) : 날카로울 예	4535	5189	5489	5374
067	霽	(제) 仄聲/去聲: 銳예(태) : 창 태	4536	5190	5488	5761
067	霽	(제) 仄聲/去聲: 霓예( ) : 암무지개 예	4537	5191	5491	5375
067	霽	(제) 仄聲/去聲: 囈예( ) : 잠꼬대 예	4540	5192	5492	5377
067	霽	(제) 仄聲/去聲: 拽예( ) : 당길 예	4541	5193	5493	5378
067	霽	(제) 仄聲/去聲: 睨예( ) : 흘겨볼 예	4543	5194	5494	5379
067	霽	(제) 仄聲/去聲: 翳예( ) : 일산/가릴 예	4544	5195	5495	5380
067	霽	(제) 仄聲/去聲: 槸예( ) : 스칠 예	4550	5196	5496	5382
067	霽	(제) 仄聲/去聲: 瘞예( ) : 묻을/산소 예	4551	5197	5497	5383
067	霽	(제) 仄聲/去聲: 羿예( ) : 후예 예	4552	5198	5498	5384
067	霽	(제) 仄聲/去聲: 蓺예( ) : 심을 예	4553	5199	5499	5385
067	霽	(제) 仄聲/去聲: 鞢예( ) : 말안장 예	4554	5200	5500	5386
067	霽	(제) 仄聲/去聲: 衛위( ) : 지킬 위	4944	5201	5501	5450
067	霽	(제) 仄聲/去聲: 衞위( ) : 지킬 위	4958	5202	5502	5455
067	霽	(제) 仄聲/去聲: 銳윤(예) : 창 예	5079	5203	5503	5387
067	霽	(제) 仄聲/去聲: 饐의( ) : 쉴/밥썩을 의	5167	5204	5504	5482
067	霽	(제) 仄聲/去聲: 眥자( ) : 흘겨볼 자	5344	5205	5505	5503
067	霽	(제) 仄聲/去聲: 櫅자(제) : 나무토막 제	5369	5206	5524	5558
067	霽	(제) 仄聲/去聲: 切절(체) : 온통/대강 체	5671	5207	5506	5680
067	霽	(제) 仄聲/去聲: 晢제( ) : 별반짝반짝할 제	5795	5208	5507	5540
067	霽	(제) 仄聲/去聲: 制제( ) : 절제할 제	5797	5209	5508	5541
067	霽	(제) 仄聲/去聲: 劑제( ) : 나눌/약재료 제	5798	5210	5509	5542
067	霽	(제) 仄聲/去聲: 帝제( ) : 임금 제	5802	5211	5510	5543
067	霽	(제) 仄聲/去聲: 提제( ) : 들/끌/당길 제	5805	5212	5511	5544
067	霽	(제) 仄聲/去聲: 第제( ) : 차례 제	5811	5213	5512	5546
067	霽	(제) 仄聲/去聲: 製제( ) : 지을 제	5813	5214	5513	5547
067	霽	(제) 仄聲/去聲: 際제( ) : 즈음/가 제	5818	5215	5514	5549
067	霽	(제) 仄聲/去聲: 霽제( ) : 갤 제	5819	5216	5515	5550
067	霽	(제) 仄聲/去聲: 題제( ) : 제목 제	5820	5217	5516	5551

배열형식 B (韻目번호 基準)			배열 A	배열 B	배열 C	배열 D
韻目番號	韻目(독음) 平仄 / 四聲 : 韻族(異音) : 略義		운족 가나순	운목 번호순	운목 가나순	사성순
067	霽	(제) 仄聲/去聲: 隮제( ) : 가지런할 제	5821	5218	5517	5552
067	霽	(제) 仄聲/去聲: 娣제( ) : 여동생 제	5824	5219	5518	5553
067	霽	(제) 仄聲/去聲: 擠제( ) : 밀 제	5825	5220	5519	5554
067	霽	(제) 仄聲/去聲: 鯷제( ) : 붕어 제	5829	5221	5521	5555
067	霽	(제) 仄聲/去聲: 嚌제( ) : 맛볼 제	5830	5222	5522	5556
067	霽	(제) 仄聲/去聲: 懠제( ) : 성낼 제	5831	5223	5523	5557
067	霽	(제) 仄聲/去聲: 穧제( ) : 볏단 제	5833	5224	5525	5559
067	霽	(제) 仄聲/去聲: 妻처( ) : 아내 처	6434	5225	5526	5662
067	霽	(제) 仄聲/去聲: 綴철( ) : 잇댈/맺을 철	6505	5226	5527	5679
067	霽	(제) 仄聲/去聲: 睇체( ) : 볼/흘깃볼 체	6552	5227	5520	5681
067	霽	(제) 仄聲/去聲: 剃체( ) : 머리깎을 체	6553	5228	5528	5682
067	霽	(제) 仄聲/去聲: 替체( ) : 바꿀 체	6554	5229	5529	5683
067	霽	(제) 仄聲/去聲: 滯체( ) : 막힐 체	6556	5230	5530	5684
067	霽	(제) 仄聲/去聲: 締체( ) : 맺을 체	6557	5231	5531	5685
067	霽	(제) 仄聲/去聲: 諦체( ) : 살필 체	6558	5232	5532	5686
067	霽	(제) 仄聲/去聲: 逮체( ) : 잡아가둘/단아할 체	6559	5233	5533	5687
067	霽	(제) 仄聲/去聲: 嚏체( ) : 재채기 체	6563	5234	5534	5688
067	霽	(제) 仄聲/去聲: 彘체( ) : 돼지 체	6564	5235	5535	5689
067	霽	(제) 仄聲/去聲: 蔕체( ) : 가시 체	6565	5236	5536	5690
067	霽	(제) 仄聲/去聲: 屜체( ) : 신발안창 제	6566	5237	5537	5560
067	霽	(제) 仄聲/去聲: 掣체( ) : 끌/거리낄 체	6567	5238	5538	5691
067	霽	(제) 仄聲/去聲: 禘체( ) : 종묘제사이름 체	6570	5239	5540	5693
067	霽	(제) 仄聲/去聲: 蝃체( ) : 무지개 체	6571	5240	5541	5694
067	霽	(제) 仄聲/去聲: 髢체( ) : 다리 체	6572	5241	5542	5695
067	霽	(제) 仄聲/去聲: 鬄체( ) : 머리깎을/땋은머리 체	6573	5242	5543	5696
067	霽	(제) 仄聲/去聲: 贅췌( ) : 군더더기 췌	6759	5243	5544	5720
067	霽	(제) 仄聲/去聲: 脆취( ) : 무를 취	6773	5244	5545	5726
067	霽	(제) 仄聲/去聲: 毳취( ) : 솜털 취	6781	5245	5546	5729
067	霽	(제) 仄聲/去聲: 竁취( ) : 광중팔/쥐구멍팔 취	6782	5246	5547	5730
067	霽	(제) 仄聲/去聲: 疐치(체) : 꼭지딸 체	6798	5247	5539	5692
067	霽	(제) 仄聲/去聲: 薙치(체) : 풀깎을 체	6830	5248	5548	5697
067	霽	(제) 仄聲/去聲: 兌태(예) : 날카로울 예	6965	5249	5549	5388
067	霽	(제) 仄聲/去聲: 嬖폐( ) : 사랑할 폐	7116	5250	5550	5803
067	霽	(제) 仄聲/去聲: 幣폐( ) : 화폐 폐	7117	5251	5551	5804
067	霽	(제) 仄聲/去聲: 弊폐( ) : 폐단/해칠 폐	7119	5252	5552	5806
067	霽	(제) 仄聲/去聲: 斃폐( ) : 넘어질 폐	7120	5253	5553	5807

배열형식 B (韻目번호 基準)			배열 A	배열 B	배열 C	배열 D
韻目番號	韻目(독음) 平仄 / 四聲 : 韻族(異音) : 略義		운족 가나순	운목 번호순	운목 가나순	사성순
067	霽	(제) 仄聲/去聲: 蔽폐( ) : 덮을 폐	7123	5254	5554	5809
067	霽	(제) 仄聲/去聲: 閉폐( ) : 닫을/마칠//가릴 폐	7124	5255	5555	5810
067	霽	(제) 仄聲/去聲: 敝폐( ) : 해질 폐	7127	5256	5556	5811
067	霽	(제) 仄聲/去聲: 彗혜( ) : 비/살별 혜	7514	5257	5557	5867
067	霽	(제) 仄聲/去聲: 慧혜( ) : 슬기로울 혜	7516	5258	5558	5869
067	霽	(제) 仄聲/去聲: 暳혜( ) : 별반짝일 혜	7517	5259	5559	5870
067	霽	(제) 仄聲/去聲: 蕙혜( ) : 난초 혜	7518	5260	5560	5871
067	霽	(제) 仄聲/去聲: 嘒혜( ) : 가냘플 혜	7523	5261	5561	5872
067	霽	(제) 仄聲/去聲: 譓혜( ) : 살필 혜	7526	5262	5562	5873
067	霽	(제) 仄聲/去聲: 憓혜( ) : 사랑할 혜	7528	5263	5563	5874
067	霽	(제) 仄聲/去聲: 槥혜(계) : 묶을 계	7530	5264	5564	4752
067	霽	(제) 仄聲/去聲: 酗후( ) : 주정할 후	7806	5265	5565	5920
067	霽	(제) 仄聲/去聲: 巂휴( ) : 접동새 휴	7866	5266	5566	5928
068	泰	(태) 仄聲/去聲: 丐갈(개) : 빌어먹을 개	120	5267	7084	4694
068	泰	(태) 仄聲/去聲: 盖개( ) : 덮을 개	203	5268	7079	4687
068	泰	(태) 仄聲/去聲: 蓋개( ) : 덮을 개	206	5269	7080	4689
068	泰	(태) 仄聲/去聲: 匃개( ) : 줄 개	210	5270	7081	4691
068	泰	(태) 仄聲/去聲: 匃개(갈) : 줄 갈	211	5271	7082	4676
068	泰	(태) 仄聲/去聲: 磕개( ) : 돌부딪는 소리 개	214	5272	7083	4693
068	泰	(태) 仄聲/去聲: 愒게(개) : 탐할 개	315	5273	7085	4698
068	泰	(태) 仄聲/去聲: 勾구( ) : 청구할/줄 구	821	5274	7086	4810
068	泰	(태) 仄聲/去聲: 奈내( ) : 어찌 내	1221	5275	7087	4867
068	泰	(태) 仄聲/去聲: 奈내(나) : 어찌 나	1222	5276	7088	4863
068	泰	(태) 仄聲/去聲: 奈내( ) : 어찌 내	1227	5277	7089	4869
068	泰	(태) 仄聲/去聲: 柰내( ) : 능금나무 내	1229	5278	7090	4870
068	泰	(태) 仄聲/去聲: 能능(태) : 세발자라 내	1309	5279	7091	4874
068	泰	(태) 仄聲/去聲: 大대( ) : 큰/길/지날 대	1457	5280	7092	4900
068	泰	(태) 仄聲/去聲: 大대(다) : 클/굵을/처음 태	1458	5281	7093	5758
068	泰	(태) 仄聲/去聲: 帶대( ) : 띠 대	1462	5282	7094	4903
068	泰	(태) 仄聲/去聲: 懶라( ) : 게으를/미워할 라	1675	5283	7095	4933
068	泰	(태) 仄聲/去聲: 懶라(뢰) : 게으를/미워할 뢰	1677	5284	7096	4977
068	泰	(태) 仄聲/去聲: 癩라( ) : 문둥병 라	1678	5285	7097	4934
068	泰	(태) 仄聲/去聲: 賴라(뢰) : 의뢰할 뢰	1690	5286	7099	4981
068	泰	(태) 仄聲/去聲: 瀨뢰( ) : 여울 뢰	1990	5287	7098	4978
068	泰	(태) 仄聲/去聲: 籟뢰( ) : 세 구멍 퉁소 뢰	1996	5288	7100	4982
068	泰	(태) 仄聲/去聲: 藾뢰( ) : 덮을 뢰	2002	5289	7101	4984

배열형식 B (韻目번호 基準)			배열 A	배열 B	배열 C	배열 D
韻目番號	韻目(독음) 平仄 / 四聲 : 韻族(異音) : 略義		운족 가나순	운목 번호순	운목 가나순	사성순
068	泰	(태) 仄聲/去聲: 賴뢰( ) : 믿을/힘입을 뢰	2006	5290	7102	4985
068	泰	(태) 仄聲/去聲: 芾불(패) : 나무더부룩할 패	3066	5291	7103	5783
068	泰	(태) 仄聲/去聲: 稅세(탈) : 추복입을 태	3609	5292	7104	5759
068	泰	(태) 仄聲/去聲: 蛻세(태) : 허물벗을 태	3624	5293	7105	5760
068	泰	(태) 仄聲/去聲: 艾애( ) : 쑥/그칠/늙은이 애	4206	5294	7106	5316
068	泰	(태) 仄聲/去聲: 艾애(예) : 쑥 애	4208	5295	7107	5315
068	泰	(태) 仄聲/去聲: 靄애( ) : 놀/아지랑이 애	4211	5296	7108	5318
068	泰	(태) 仄聲/去聲: 藹애( ) : 열매 많이달림 애	4222	5297	7109	5322
068	泰	(태) 仄聲/去聲: 外외( ) : 바깥 외	4700	5298	7110	5413
068	泰	(태) 仄聲/去聲: 蔡채( ) : 본받을/거북 채	6416	5299	7111	5656
068	泰	(태) 仄聲/去聲: 最최( ) : 가장 최	6664	5300	7112	5712
068	泰	(태) 仄聲/去聲: 兌태( ) : 기쁠/곧을 태	6964	5301	7113	5762
068	泰	(태) 仄聲/去聲: 太태( ) : 클 태	6966	5302	7114	5763
068	泰	(태) 仄聲/去聲: 泰태( ) : 클 태	6971	5303	7115	5765
068	泰	(태) 仄聲/去聲: 沛패( ) : 늪 패	7066	5304	7116	5788
068	泰	(태) 仄聲/去聲: 浿패( ) : 강이름 패	7067	5305	7117	5789
068	泰	(태) 仄聲/去聲: 狽패( ) : 이리 패	7070	5306	7118	5790
068	泰	(태) 仄聲/去聲: 貝패( ) : 조개 패	7074	5307	7119	5792
068	泰	(태) 仄聲/去聲: 旆패( ) : 기/깃발날릴 패	7077	5308	7120	5794
068	泰	(태) 仄聲/去聲: 害해( ) : 해할/해칠 해	7357	5309	7121	5845
068	泰	(태) 仄聲/去聲: 惠혜( ) : 은혜 혜	7515	5310	7122	5868
068	泰	(태) 仄聲/去聲: 會회( ) : 모일 회	7735	5311	7123	5904
068	泰	(태) 仄聲/去聲: 會회(괴) : 그릴[畫也] 괴	7736	5312	7124	4794
068	泰	(태) 仄聲/去聲: 檜회( ) : 전나무 회	7737	5313	7125	5905
068	泰	(태) 仄聲/去聲: 澮회( ) : 밭고랑 회	7739	5314	7126	5906
068	泰	(태) 仄聲/去聲: 獪회( ) : 간교할/교활할 회	7743	5315	7127	5907
068	泰	(태) 仄聲/去聲: 繪회( ) : 그림 회	7745	5316	7128	5908
068	泰	(태) 仄聲/去聲: 薈회( ) : 우거진모양 회	7757	5317	7129	5912
068	泰	(태) 仄聲/去聲: 鄶회( ) : 나라이름 회	7758	5318	7130	5913
069	卦	(괘) 仄聲/去聲: 喝갈(애) : 목쉴 애	103	5319	816	5312
069	卦	(괘) 仄聲/去聲: 介개( ) : 낄 개	191	5320	817	4680
069	卦	(괘) 仄聲/去聲: 价개( ) : 클 개	192	5321	818	4681
069	卦	(괘) 仄聲/去聲: 疥개( ) : 옴 개	201	5322	819	4686
069	卦	(괘) 仄聲/去聲: 芥개( ) : 겨자 개	205	5323	820	4688
069	卦	(괘) 仄聲/去聲: 玠개( ) : 큰옥 개	213	5324	821	4692
069	卦	(괘) 仄聲/去聲: 尬개( ) : 절뚝거릴 개	219	5325	822	4695

배열형식 B (韻目번호 基準)		배열 A	배열 B	배열 C	배열 D
韻目 番號	韻目(독음) 平仄 / 四聲 : 韻族(異音) : 略義	운족 가나순	운목 번호순	운목 가나순	사성순
069	卦 (괘) 仄聲/去聲: 屆계( ) : 이를/극진할 계	455	5326	823	4731
069	卦 (괘) 仄聲/去聲: 戒계( ) : 경계할 계	457	5327	824	4733
069	卦 (괘) 仄聲/去聲: 械계( ) : 기계 계	459	5328	825	4735
069	卦 (괘) 仄聲/去聲: 界계( ) : 지경 계	462	5329	826	4736
069	卦 (괘) 仄聲/去聲: 誡계( ) : 경계할 계	470	5330	827	4741
069	卦 (괘) 仄聲/去聲: 屆계( ) : 이를 계	478	5331	828	4744
069	卦 (괘) 仄聲/去聲: 恝괄( ) : 걱정없을 괄	699	5332	829	4783
069	卦 (괘) 仄聲/去聲: 卦괘( ) : 점괘 괘	728	5333	830	4784
069	卦 (괘) 仄聲/去聲: 掛괘( ) : 걸 괘	729	5334	831	4785
069	卦 (괘) 仄聲/去聲: 罫괘( ) : 줄 괘	730	5335	832	4786
069	卦 (괘) 仄聲/去聲: 挂괘( ) : 걸 괘	731	5336	833	4787
069	卦 (괘) 仄聲/去聲: 壞괴( ) : 무너뜨릴 괴	736	5337	834	4789
069	卦 (괘) 仄聲/去聲: 怪괴( ) : 괴이할 괴	738	5338	835	4790
069	卦 (괘) 仄聲/去聲: 蒯괴( ) : 황모 괴	744	5339	836	4792
069	卦 (괘) 仄聲/去聲: 蕢괴(궤) : 당비름 궤	746	5340	837	4823
069	卦 (괘) 仄聲/去聲: 簣궤( ) : 삼태기 궤	979	5341	838	4831
069	卦 (괘) 仄聲/去聲: 賣매( ) : 팔 매	2292	5342	839	5027
069	卦 (괘) 仄聲/去聲: 邁매( ) : 갈/돌 매	2293	5343	840	5028
069	卦 (괘) 仄聲/去聲: 勱매( ) : 힘쓸 매	2299	5344	841	5031
069	卦 (괘) 仄聲/去聲: 拜배( ) : 절 배	2710	5345	842	5075
069	卦 (괘) 仄聲/去聲: 湃배( ) : 물결소리 배	2713	5346	843	5076
069	卦 (괘) 仄聲/去聲: 扒배( ) : 뺄 배	2728	5347	844	5082
069	卦 (괘) 仄聲/去聲: 憊비( ) : 고달플 비	3086	5348	845	5122
069	卦 (괘) 仄聲/去聲: 殺살( ) : 죽일 살	3319	5349	846	5172
069	卦 (괘) 仄聲/去聲: 殺살(쇄) : 내릴/감할 쇄	3320	5350	848	5246
069	卦 (괘) 仄聲/去聲: 殺살(시) : 죽일 시	3321	5351	847	5283
069	卦 (괘) 仄聲/去聲: 煞쇄( ) : 감할 쇄	3735	5352	849	5247
069	卦 (괘) 仄聲/去聲: 繈쇄( ) : 활뱃바닥 쇄	3737	5353	850	5248
069	卦 (괘) 仄聲/去聲: 灑쇄( ) : 뿌릴/깜짝놀랄 쇄	3740	5354	851	5249
069	卦 (괘) 仄聲/去聲: 隘애( ) : 좁을/더러울 애	4209	5355	852	5317
069	卦 (괘) 仄聲/去聲: 餲애( ) : 밥쉴 애	4225	5356	853	5325
069	卦 (괘) 仄聲/去聲: 阨액(애) : 좁은목 애	4236	5357	854	5326
069	卦 (괘) 仄聲/去聲: 聵외( ) : 배냇귀머거리 외	4706	5358	855	5415
069	卦 (괘) 仄聲/去聲: 喟위( ) : 한숨 위	4951	5359	856	5453
069	卦 (괘) 仄聲/去聲: 祭제( ) : 제사 제	5810	5360	857	5545
069	卦 (괘) 仄聲/去聲: 債채( ) : 빚 채	6407	5361	858	5651

배열형식 B (韻目번호 基準)			배열 A	배열 B	배열 C	배열 D
韻目番號	韻目(독음)	平仄 / 四聲 : 韻族(異音) : 略義	운족 가나순	운목 번호순	운목 가나순	사성순
069	卦	(괘) 仄聲/去聲: 寨채( ) : 나무우리 채	6410	5362	859	5653
069	卦	(괘) 仄聲/去聲: 砦채( ) : 울타리 채	6413	5363	860	5654
069	卦	(괘) 仄聲/去聲: 嘬최( ) : 물 최	6665	5364	861	5713
069	卦	(괘) 仄聲/去聲: 快쾌( ) : 쾌할 쾌	6869	5365	862	5750
069	卦	(괘) 仄聲/去聲: 夬쾌( ) : 나눌 쾌	6870	5366	863	5751
069	卦	(괘) 仄聲/去聲: 派파( ) : 갈래 파	7032	5367	864	5777
069	卦	(괘) 仄聲/去聲: 唄패( ) : 인도노래 패	7062	5368	865	5785
069	卦	(괘) 仄聲/去聲: 敗패( ) : 패할 패	7065	5369	866	5787
069	卦	(괘) 仄聲/去聲: 稗패( ) : 피 패	7071	5370	867	5791
069	卦	(괘) 仄聲/去聲: 懈해( ) : 게으를 해	7359	5371	868	5846
069	卦	(괘) 仄聲/去聲: 瀣해( ) : 이슬기운 해	7362	5372	869	5847
069	卦	(괘) 仄聲/去聲: 解해(개) : 벗을/헤칠 개	7365	5373	870	4699
069	卦	(괘) 仄聲/去聲: 邂해( ) : 우연히만날 해	7368	5374	871	5848
069	卦	(괘) 仄聲/去聲: 廨해( ) : 관아 해	7371	5375	872	5849
069	卦	(괘) 仄聲/去聲: 欬해(애) : 배불러숨찰 애	7373	5376	873	5328
069	卦	(괘) 仄聲/去聲: 話화( ) : 말씀 화	7638	5377	875	5886
069	卦	(괘) 仄聲/去聲: 畵화( ) : 그림 화	7646	5378	874	5887
069	卦	(괘) 仄聲/去聲: 畫화( ) : 그림 화	7647	5379	876	5888
069	卦	(괘) 仄聲/去聲: 澮회(쾌) : 물졸졸흐를 쾌	7740	5380	877	5752
069	卦	(괘) 仄聲/去聲: 獪회(쾌) : 간교할/교활할 쾌	7744	5381	878	5753
069	卦	(괘) 仄聲/去聲: 膾회( ) : 회 회	7746	5382	879	5909
069	卦	(괘) 仄聲/去聲: 噫희(애) : 씨근거릴 애	7915	5383	880	5329
070	隊	(대) 仄聲/去聲: 慨개( ) : 슬퍼할 개	197	5384	965	4683
070	隊	(대) 仄聲/去聲: 槪개( ) : 대개 개	199	5385	966	4684
070	隊	(대) 仄聲/去聲: 漑개( ) : 물댈 개	200	5386	967	4685
070	隊	(대) 仄聲/去聲: 鎧개( ) : 갑옷 개	208	5387	968	4690
070	隊	(대) 仄聲/去聲: 概개( ) : 대개 개	220	5388	970	4697
070	隊	(대) 仄聲/去聲: 塊괴( ) : 흙덩이 괴	735	5389	971	4788
070	隊	(대) 仄聲/去聲: 潰궤( ) : 무너질 궤	965	5390	972	4826
070	隊	(대) 仄聲/去聲: 饋궤( ) : 먹일 궤	968	5391	973	4827
070	隊	(대) 仄聲/去聲: 繢궤( ) : 톱끝/수놓을 궤	973	5392	974	4829
070	隊	(대) 仄聲/去聲: 內내( ) : 안/속/방/마음 내	1224	5393	975	4868
070	隊	(대) 仄聲/去聲: 內내(나) : 여관리 나	1225	5394	976	4864
070	隊	(대) 仄聲/去聲: 內내(납) : 받을/들일 납	1226	5395	977	4866
070	隊	(대) 仄聲/去聲: 耐내( ) : 견딜 내	1230	5396	978	4871
070	隊	(대) 仄聲/去聲: 鼐내( ) : 가마솥 내	1233	5397	979	4872

배열형식 B (韻目번호 基準)			배열 A	배열 B	배열 C	배열 D
韻目番號	韻目(독음) 平仄 / 四聲 : 韻族(異音) : 略義		운족 가나순	운목 번호순	운목 가나순	사성순
070	隊	(대) 仄聲/去聲: 代대( ) : 대신 대	1455	5398	981	4898
070	隊	(대) 仄聲/去聲: 垈대( ) : 집터 대	1456	5399	982	4899
070	隊	(대) 仄聲/去聲: 對대( ) : 대할 대	1460	5400	983	4901
070	隊	(대) 仄聲/去聲: 岱대( ) : 대산 대	1461	5401	984	4902
070	隊	(대) 仄聲/去聲: 戴대( ) : 일 대	1464	5402	985	4904
070	隊	(대) 仄聲/去聲: 玳대( ) : 대모 대	1466	5403	986	4905
070	隊	(대) 仄聲/去聲: 袋대( ) : 자루 대	1468	5404	987	4906
070	隊	(대) 仄聲/去聲: 貸대( ) : 빌려줄 대	1469	5405	988	4907
070	隊	(대) 仄聲/去聲: 隊대( ) : 무리 대	1471	5406	989	4908
070	隊	(대) 仄聲/去聲: 黛대( ) : 눈썹먹 대	1472	5407	990	4909
070	隊	(대) 仄聲/去聲: 鐓대( ) : 철퇴 대	1474	5408	991	4911
070	隊	(대) 仄聲/去聲: 懟대( ) : 원망할 대	1475	5409	992	4912
070	隊	(대) 仄聲/去聲: 蝳독(대) : 거북이 대	1563	5410	993	4913
070	隊	(대) 仄聲/去聲: 敦돈(퇴) : 옥쟁반 대	1575	5411	994	4914
070	隊	(대) 仄聲/去聲: 徠래( ) : 올/위로할 래	1764	5412	995	4938
070	隊	(대) 仄聲/去聲: 秾래( ) : 밀 래	1767	5413	996	4939
070	隊	(대) 仄聲/去聲: 睞래( ) : 한눈팔 래	1770	5414	997	4940
070	隊	(대) 仄聲/去聲: 賚뢰( ) : 줄/하사품 뢰	1994	5415	998	4980
070	隊	(대) 仄聲/去聲: 耒뢰( ) : 쟁기 뢰	1998	5416	999	4983
070	隊	(대) 仄聲/去聲: 妹매( ) : 누이 매	2282	5417	1000	5024
070	隊	(대) 仄聲/去聲: 昧매( ) : 어두울/어둑새벽 매	2285	5418	1001	5026
070	隊	(대) 仄聲/去聲: 眛매( ) : 어두울 매	2296	5419	1002	5030
070	隊	(대) 仄聲/去聲: 痗매( ) : 병 매	2300	5420	1003	5032
070	隊	(대) 仄聲/去聲: 瑁모( ) : 서옥 모	2380	5421	1004	5045
070	隊	(대) 仄聲/去聲: 嚜묵(매) : 거짓말할 매	2485	5422	1005	5033
070	隊	(대) 仄聲/去聲: 沕물( ) : 잠길/오묘할 물	2509	5423	1006	5059
070	隊	(대) 仄聲/去聲: 沕물(매) : 잠길/오묘할 매	2510	5424	1007	5034
070	隊	(대) 仄聲/去聲: 倍배( ) : 곱 배	2704	5425	1008	5073
070	隊	(대) 仄聲/去聲: 焙배( ) : 불에쬘 배	2714	5426	1009	5077
070	隊	(대) 仄聲/去聲: 背배( ) : 등 배	2716	5427	1011	5078
070	隊	(대) 仄聲/去聲: 背배(패) : 버릴/배반할 패	2717	5428	1010	5782
070	隊	(대) 仄聲/去聲: 褙배( ) : 속적삼 배	2721	5429	1012	5079
070	隊	(대) 仄聲/去聲: 輩배( ) : 무리 배	2723	5430	1013	5080
070	隊	(대) 仄聲/去聲: 配배( ) : 나눌/짝 배	2724	5431	1014	5081
070	隊	(대) 仄聲/去聲: 北북(배) : 패할/배반할/나눌 배	3010	5432	1015	5083
070	隊	(대) 仄聲/去聲: 帗불( ) : 춤수건 불	3061	5433	1016	5117

배열형식 B (韻目번호 基準)			배열 A	배열 B	배열 C	배열 D
韻目番號	韻目(독음) 平仄 / 四聲 : 韻族(異音) : 略義		운족 가나순	운목 번호순	운목 가나순	사성순
070	隊	(대) 仄聲/去聲: 塞새( ) : 변방 새	3390	5434	1017	5173
070	隊	(대) 仄聲/去聲: 賽새( ) : 굿할 새	3393	5435	1018	5174
070	隊	(대) 仄聲/去聲: 碎쇄( ) : 부술 쇄	3743	5436	1019	5250
070	隊	(대) 仄聲/去聲: 睟수( ) : 돐 수	3821	5437	1020	5264
070	隊	(대) 仄聲/去聲: 倅쉬( ) : 버금 쉬	3919	5438	1021	5281
070	隊	(대) 仄聲/去聲: 愛애( ) : 사랑 애	4200	5439	1022	5313
070	隊	(대) 仄聲/去聲: 曖애( ) : 희미할 애	4201	5440	1023	5314
070	隊	(대) 仄聲/去聲: 磑애( ) : 맷돌/단단할 애	4218	5441	1024	5319
070	隊	(대) 仄聲/去聲: 礙애( ) : 그칠 애	4220	5442	1025	5320
070	隊	(대) 仄聲/去聲: 薆애( ) : 숨길 애	4221	5443	1026	5321
070	隊	(대) 仄聲/去聲: 哎애( ) : 놀랄 애	4223	5444	1027	5323
070	隊	(대) 仄聲/去聲: 閡애( ) : 닫힐 애	4224	5445	1028	5324
070	隊	(대) 仄聲/去聲: 乂예( ) : 풀벨 예	4518	5446	1029	5361
070	隊	(대) 仄聲/去聲: 刈예( ) : 벨 예	4520	5447	1030	5362
070	隊	(대) 仄聲/去聲: 穢예( ) : 거칠 예	4527	5448	1031	5367
070	隊	(대) 仄聲/去聲: 又우( ) : 또 우	4798	5449	1032	5426
070	隊	(대) 仄聲/去聲: 儗의( ) : 의심할 의	5161	5450	1033	5480
070	隊	(대) 仄聲/去聲: 耏이(내) : 수염깎을 내	5175	5451	980	4873
070	隊	(대) 仄聲/去聲: 再재( ) : 거듭/다시 재	5470	5452	1034	5508
070	隊	(대) 仄聲/去聲: 在재( ) : 있을 재	5472	5453	1035	5509
070	隊	(대) 仄聲/去聲: 栽재( ) : 심을 재	5476	5454	1036	5510
070	隊	(대) 仄聲/去聲: 縡재( ) : 일 재	5481	5455	1037	5511
070	隊	(대) 仄聲/去聲: 裁재( ) : 옷마를 재	5482	5456	1038	5512
070	隊	(대) 仄聲/去聲: 載재( ) : 실을 재	5484	5457	1039	5513
070	隊	(대) 仄聲/去聲: 啐줄(쵀) : 부를/놀랄 쵀	6087	5458	1043	5711
070	隊	(대) 仄聲/去聲: 埰채( ) : 나라에서준당 채	6408	5459	1040	5652
070	隊	(대) 仄聲/去聲: 菜채( ) : 나물 채	6415	5460	1041	5655
070	隊	(대) 仄聲/去聲: 寀채( ) : 풍채 채	6418	5461	1042	5657
070	隊	(대) 仄聲/去聲: 態태( ) : 모습 태	6968	5462	1044	5764
070	隊	(대) 仄聲/去聲: 退퇴( ) : 물러날 퇴	7008	5463	1045	5774
070	隊	(대) 仄聲/去聲: 佩패( ) : 노리개/찰 패	7061	5464	1046	5784
070	隊	(대) 仄聲/去聲: 悖패( ) : 어그러질 패	7063	5465	1047	5786
070	隊	(대) 仄聲/去聲: 珮패( ) : 찰 패	7078	5466	1048	5795
070	隊	(대) 仄聲/去聲: 吠폐( ) : 짖을 폐	7115	5467	1049	5802
070	隊	(대) 仄聲/去聲: 廢폐( ) : 폐할/버릴 폐	7118	5468	1050	5805
070	隊	(대) 仄聲/去聲: 肺폐( ) : 허파/마음속 폐	7121	5469	1051	5808

배열형식 B (韻目번호 基準)			배열 A	배열 B	배열 C	배열 D
韻目番號	韻目(독음) 平仄 / 四聲 : 韻族(異音) : 略義		운족 가나순	운목 번호순	운목 가나순	사성순
070	隊	(대) 仄聲/去聲: 肺폐(패) : 성할 패	7122	5470	1052	5796
070	隊	(대) 仄聲/去聲: 欬해( ) : 기침 해	7372	5471	1053	5850
070	隊	(대) 仄聲/去聲: 劾핵( ) : 캐물을 핵	7379	5472	1054	5851
070	隊	(대) 仄聲/去聲: 回회( ) : 돌아올 회	7728	5473	1055	5901
070	隊	(대) 仄聲/去聲: 悔회( ) : 뉘우칠 회	7732	5474	1056	5902
070	隊	(대) 仄聲/去聲: 晦회( ) : 그믐 회	7734	5475	1057	5903
070	隊	(대) 仄聲/去聲: 誨회( ) : 가르칠 회	7749	5476	1058	5910
070	隊	(대) 仄聲/去聲: 頮회( ) : 세수할 회	7755	5477	1059	5911
070	隊	(대) 仄聲/去聲: 愾희(개) : 성낼 개	7908	5478	964	4682
070	隊	(대) 仄聲/去聲: 摡희(개) : 씻을 개	7910	5479	969	4696
071	震	(진) 仄聲/去聲: 僅근( ) : 겨우 근	1034	5480	6499	4838
071	震	(진) 仄聲/去聲: 瑾근( ) : 아름다운옥 근	1041	5481	6500	4841
071	震	(진) 仄聲/去聲: 菫근( ) : 제비꽃 근	1044	5482	6501	4842
071	震	(진) 仄聲/去聲: 覲근( ) : 뵐 근	1045	5483	6502	4843
071	震	(진) 仄聲/去聲: 饉근( ) : 흉년들 근	1048	5484	6503	4844
071	震	(진) 仄聲/去聲: 墐근( ) : 흉년들 근	1049	5485	6504	4845
071	震	(진) 仄聲/去聲: 堇근( ) : 진흙 근	1052	5486	6505	4846
071	震	(진) 仄聲/去聲: 菣긴( ) : 제비쑥 긴	1180	5487	6506	4862
071	震	(진) 仄聲/去聲: 吝린( ) : 아낄/인색할 린	2177	5488	6507	5009
071	震	(진) 仄聲/去聲: 藺린( ) : 골풀/성 린	2181	5489	6508	5010
071	震	(진) 仄聲/去聲: 躪린( ) : 짓밟을 린	2182	5490	6509	5011
071	震	(진) 仄聲/去聲: 磷린( ) : 돌틈물흐르는모양 린	2186	5491	6510	5012
071	震	(진) 仄聲/去聲: 轔린( ) : 문지방 린	2188	5492	6511	5013
071	震	(진) 仄聲/去聲: 遴린( ) : 어려워할 린	2190	5493	6512	5014
071	震	(진) 仄聲/去聲: 殯빈( ) : 염할 빈	3170	5494	6513	5145
071	震	(진) 仄聲/去聲: 儐빈( ) : 인도할 빈	3179	5495	6514	5146
071	震	(진) 仄聲/去聲: 擯빈( ) : 물리칠 빈	3180	5496	6515	5147
071	震	(진) 仄聲/去聲: 鬢빈( ) : 살쩍/귀밑털 빈	3185	5497	6516	5148
071	震	(진) 仄聲/去聲: 索삭( ) : 동앗줄 삭	3288	5498	6517	5162
071	震	(진) 仄聲/去聲: 徇순( ) : 주창할 순	3874	5499	6518	5271
071	震	(진) 仄聲/去聲: 恂순(준) : 무서울 준	3877	5500	6519	5596
071	震	(진) 仄聲/去聲: 橓순( ) : 무궁화(=蕣) 순	3881	5501	6520	5272
071	震	(진) 仄聲/去聲: 殉순( ) : 따라죽을 순	3882	5502	6521	5273
071	震	(진) 仄聲/去聲: 瞬순( ) : 눈깜작할 순	3889	5503	6522	5275
071	震	(진) 仄聲/去聲: 舜순( ) : 순임금 순	3895	5504	6523	5276
071	震	(진) 仄聲/去聲: 蕣순( ) : 무궁화 순	3898	5505	6524	5277

배열형식 B (韻目번호 基準)			배열 A	배열 B	배열 C	배열 D
韻目番號	韻目(독음) 平仄 / 四聲 : 韻族(異音) : 略義		운족 가나순	운목 번호순	운목 가나순	사성순
071	震	(진) 仄聲/去聲: 諄순( ) : 타이를 순	3900	5506	6525	5278
071	震	(진) 仄聲/去聲: 順순( ) : 순할 순	3903	5507	6526	5279
071	震	(진) 仄聲/去聲: 信신( ) : 믿을 신	4016	5508	6527	5294
071	震	(진) 仄聲/去聲: 愼신( ) : 삼갈/고요할 신	4020	5509	6528	5295
071	震	(진) 仄聲/去聲: 燼신( ) : 탄나머지 신	4023	5510	6529	5296
071	震	(진) 仄聲/去聲: 藎신( ) : 조개풀 신	4031	5511	6530	5297
071	震	(진) 仄聲/去聲: 訊신( ) : 물을 신	4033	5512	6531	5298
071	震	(진) 仄聲/去聲: 迅신( ) : 빠를 신	4038	5513	6532	5299
071	震	(진) 仄聲/去聲: 贐신( ) : 전별할 신	4039	5514	6533	5300
071	震	(진) 仄聲/去聲: 潤윤( ) : 불을 윤	5074	5515	6534	5465
071	震	(진) 仄聲/去聲: 胤윤( ) : 자손 윤	5076	5516	6535	5466
071	震	(진) 仄聲/去聲: 閏윤( ) : 윤달 윤	5080	5517	6536	5467
071	震	(진) 仄聲/去聲: 垽은( ) : 해감/찌끼 은	5106	5518	6537	5470
071	震	(진) 仄聲/去聲: 刃인( ) : 칼날 인	5244	5519	6538	5492
071	震	(진) 仄聲/去聲: 印인( ) : 도장 인	5245	5520	6539	5493
071	震	(진) 仄聲/去聲: 認인( ) : 알 인	5259	5521	6540	5494
071	震	(진) 仄聲/去聲: 靭인( ) : 질길 인	5260	5522	6541	5495
071	震	(진) 仄聲/去聲: 仞인( ) : 길(물깊이) 인	5262	5523	6542	5496
071	震	(진) 仄聲/去聲: 軔인( ) : 쐐기 인	5267	5524	6543	5497
071	震	(진) 仄聲/去聲: 韌인( ) : 질길 인	5269	5525	6544	5498
071	震	(진) 仄聲/去聲: 瑱전(진) : 옥이름 진	5639	5526	6545	5628
071	震	(진) 仄聲/去聲: 俊준( ) : 준걸 준	6053	5527	6546	5597
071	震	(진) 仄聲/去聲: 儁준( ) : 영특할/훌륭할 준	6054	5528	6547	5598
071	震	(진) 仄聲/去聲: 埈준( ) : 높을 준	6056	5529	6548	5599
071	震	(진) 仄聲/去聲: 寯준( ) : 모일 준	6057	5530	6549	5600
071	震	(진) 仄聲/去聲: 峻준( ) : 높을/준엄할 준	6058	5531	6550	5601
071	震	(진) 仄聲/去聲: 晙준( ) : 밝을 준	6059	5532	6551	5602
071	震	(진) 仄聲/去聲: 浚준( ) : 깊게할 준	6061	5533	6552	5603
071	震	(진) 仄聲/去聲: 濬준( ) : 깊을 준	6064	5534	6553	5604
071	震	(진) 仄聲/去聲: 畯준( ) : 농부 준	6066	5535	6554	5606
071	震	(진) 仄聲/去聲: 駿준( ) : 준마/클/빠를 준	6072	5536	6555	5607
071	震	(진) 仄聲/去聲: 駿준(순) : 준마/클/빠를 순	6073	5537	6556	5280
071	震	(진) 仄聲/去聲: 餕준( ) : 먹다남은밥 준	6080	5538	6557	5610
071	震	(진) 仄聲/去聲: 訰준( ) : 어지러울 준	6083	5539	6558	5611
071	震	(진) 仄聲/去聲: 振진( ) : 떨칠 진	6195	5540	6559	5629
071	震	(진) 仄聲/去聲: 搢진( ) : 꽂을 진	6196	5541	6560	5630

배열형식 B (韻目번호 基準)		배열 A	배열 B	배열 C	배열 D
韻目番號	韻目(독음) 平仄 / 四聲 : 韻族(異音) : 略義	운족 가나순	운목 번호순	운목 가나순	사성순
071	震 (진) 仄聲/去聲: 晉진( ) : 나아갈 진	6197	5542	6561	5631
071	震 (진) 仄聲/去聲: 晋진( ) : 나아갈 진	6198	5543	6562	5632
071	震 (진) 仄聲/去聲: 璡진( ) : 옥돌 진	6205	5544	6563	5633
071	震 (진) 仄聲/去聲: 縉진( ) : 붉은비단/꽂을 진	6211	5545	6564	5634
071	震 (진) 仄聲/去聲: 進진( ) : 나아갈 진	6220	5546	6565	5635
071	震 (진) 仄聲/去聲: 陣진( ) : 진칠 진	6222	5547	6566	5636
071	震 (진) 仄聲/去聲: 震진( ) : 우레 진	6224	5548	6567	5637
071	震 (진) 仄聲/去聲: 疢진( ) : 열병 진	6230	5549	6568	5638
071	震 (진) 仄聲/去聲: 鎭진( ) : 진압할진 진	6235	5550	6569	5639
071	震 (진) 仄聲/去聲: 儭츤( ) : 속옷 츤	6794	5551	6570	5733
071	震 (진) 仄聲/去聲: 櫬친( ) : 무 친	6846	5552	6571	5747
071	震 (진) 仄聲/去聲: 襯친( ) : 속옷 친	6847	5553	6572	5748
071	震 (진) 仄聲/去聲: 齔친( ) : 이갈 친	6848	5554	6573	5749
071	震 (진) 仄聲/去聲: 喙훼( ) : 부리 훼	7831	5555	6574	5924
072	問 (문) 仄聲/去聲: 郡군( ) : 고을 군	925	5556	1761	4817
072	問 (문) 仄聲/去聲: 劤근( ) : 힘셀 근	1035	5557	1762	4839
072	問 (문) 仄聲/去聲: 斤근( ) : 근/도끼 근	1038	5558	1763	4840
072	問 (문) 仄聲/去聲: 斬기(근) : 공경할 근	1163	5559	1764	4847
072	問 (문) 仄聲/去聲: 問문( ) : 물을 문	2489	5560	1765	5055
072	問 (문) 仄聲/去聲: 汶문( ) : 강이름 문	2491	5561	1766	5056
072	問 (문) 仄聲/去聲: 紊문( ) : 문란할/어지러울 문	2492	5562	1767	5057
072	問 (문) 仄聲/去聲: 聞문( ) : 들을 문	2494	5563	1768	5058
072	問 (문) 仄聲/去聲: 拚번(분) : 버릴 분	2768	5564	1769	5112
072	問 (문) 仄聲/去聲: 分분( ) : 나눌 분	3013	5565	1770	5113
072	問 (문) 仄聲/去聲: 奮분( ) : 떨칠 분	3018	5566	1771	5114
072	問 (문) 仄聲/去聲: 糞분( ) : 똥 분	3027	5567	1772	5115
072	問 (문) 仄聲/去聲: 僨분( ) : 넘어질 분	3044	5568	1773	5116
072	問 (문) 仄聲/去聲: 縕온( ) : 헌솜 온	4619	5569	1774	5399
072	問 (문) 仄聲/去聲: 慍온( ) : 성낼 온	4623	5570	1775	5400
072	問 (문) 仄聲/去聲: 醞온( ) : 빚을 온	4625	5571	1776	5401
072	問 (문) 仄聲/去聲: 運운( ) : 옮길 운	4857	5572	1777	5430
072	問 (문) 仄聲/去聲: 隕운( ) : 떨어질 운	4858	5573	1778	5431
072	問 (문) 仄聲/去聲: 韻운( ) : 운 운	4860	5574	1779	5432
072	問 (문) 仄聲/去聲: 鄆운( ) : 땅이름 운	4864	5575	1780	5433
072	問 (문) 仄聲/去聲: 韗운( ) : 가죽다루는장인 운	4865	5576	1781	5434
072	問 (문) 仄聲/去聲: 暈운( ) : 달무리/어지러울 운	4867	5577	1785	5435

韻目番號	배열형식 B (韻目번호 基準)		배열 A 운족 가나순	배열 B 운목 번호순	배열 C 운목 가나순	배열 D 사성순
	韻目(독음) 平仄 / 四聲 : 韻族(異音) : 略義					
072	問 (문) 仄聲/去聲: 隱은( ) : 숨을 은		5103	5578	1782	5469
072	問 (문) 仄聲/去聲: 訔은( ) : 논쟁할 은		5109	5579	1783	5471
072	問 (문) 仄聲/去聲: 訓훈( ) : 가르칠 훈		7817	5580	1784	5921
072	問 (문) 仄聲/去聲: 釁흔( ) : 기뻐할 흔		7887	5581	1786	5929
073	願 (원) 仄聲/去聲: 艮간( ) : 괘이름 간		86	5582	4904	4669
073	願 (원) 仄聲/去聲: 健건( ) : 굳셀 건		272	5583	4905	4708
073	願 (원) 仄聲/去聲: 建건( ) : 세울 건		274	5584	4906	4709
073	願 (원) 仄聲/去聲: 楗건( ) : 문지방 건		276	5585	4907	4710
073	願 (원) 仄聲/去聲: 腱건( ) : 힘줄 건		277	5586	4908	4711
073	願 (원) 仄聲/去聲: 困곤( ) : 곤할 곤		572	5587	4909	4763
073	願 (원) 仄聲/去聲: 棍곤( ) : 곤장/몽둥이 곤		578	5588	4910	4764
073	願 (원) 仄聲/去聲: 券권( ) : 문서 권		942	5589	4911	4819
073	願 (원) 仄聲/去聲: 勸권( ) : 권할 권		943	5590	4912	4820
073	願 (원) 仄聲/去聲: 嫩눈( ) : 어릴/예쁠 눈		1294	5591	4913	4884
073	願 (원) 仄聲/去聲: 頓돈( ) : 졸/조아릴 돈		1583	5592	4914	4924
073	願 (원) 仄聲/去聲: 頓돈(둔) : 둔무딜 둔		1584	5593	4915	4931
073	願 (원) 仄聲/去聲: 遯돈( ) : 숨을 돈		1589	5594	4916	4925
073	願 (원) 仄聲/去聲: 噸돈( ) : 톤(英國의量目) 돈		1591	5595	4937	4926
073	願 (원) 仄聲/去聲: 鈍둔( ) : 둔할 둔		1655	5596	4917	4932
073	願 (원) 仄聲/去聲: 論론(륜) : 말할/생각/글뜻풀 론		1968	5597	4918	4974
073	願 (원) 仄聲/去聲: 卍만( ) : 만 만		2224	5598	4919	5015
073	願 (원) 仄聲/去聲: 曼만( ) : 끌 만		2232	5599	4920	5017
073	願 (원) 仄聲/去聲: 萬만( ) : 일만 만		2237	5600	4921	5018
073	願 (원) 仄聲/去聲: 蔓만( ) : 덩굴 만		2238	5601	4922	5019
073	願 (원) 仄聲/去聲: 輓만( ) : 끌 만		2240	5602	4923	5020
073	願 (원) 仄聲/去聲: 悶민( ) : 번민할 민		2555	5603	4924	5065
073	願 (원) 仄聲/去聲: 反반(번) : 뒤칠 번		2613	5604	4925	5085
073	願 (원) 仄聲/去聲: 巽손( ) : 괘이름 손		3708	5605	4926	5238
073	願 (원) 仄聲/去聲: 遜손( ) : 겸손할 손		3711	5606	4927	5239
073	願 (원) 仄聲/去聲: 噀손( ) : 물뿜을 손		3715	5607	4928	5240
073	願 (원) 仄聲/去聲: 言언(은) : 심사화평할 은		4336	5608	4929	5468
073	願 (원) 仄聲/去聲: 韗운(훤) : 가죽다루는장인 훤		4866	5609	4930	5922
073	願 (원) 仄聲/去聲: 愿원( ) : 삼갈 원		4885	5610	4931	5437
073	願 (원) 仄聲/去聲: 願원( ) : 원할 원		4901	5611	4932	5441
073	願 (원) 仄聲/去聲: 這저(언) : 맞이할 언		5532	5612	4933	5344
073	願 (원) 仄聲/去聲: 焌준( ) : 태울 준		6065	5613	4934	5605

배열형식 B (韻目번호 基準)			배열 A	배열 B	배열 C	배열 D
韻目番號	韻目(독음)	平仄 / 四聲 : 韻族(異音) : 略義	운족 가나순	운목 번호순	운목 가나순	사성순
073	願	(원) 仄聲/去聲: 鐏준( ) : 창고달 준	6078	5614	4935	5609
073	願	(원) 仄聲/去聲: 寸촌( ) : 마디 촌	6636	5615	4936	5709
073	願	(원) 仄聲/去聲: 褪퇴( ) : 벗을 퇴	7007	5616	4938	5773
073	願	(원) 仄聲/去聲: 販판( ) : 팔 판	7054	5617	4939	5780
073	願	(원) 仄聲/去聲: 恨한( ) : 한 한	7277	5618	4940	5835
073	願	(원) 仄聲/去聲: 獻헌( ) : 바칠/드릴 헌	7412	5619	4941	5854
073	願	(원) 仄聲/去聲: 俒흔( ) : 완전할 흔	7888	5620	4942	5930
074	翰	(한) 仄聲/去聲: 杆간( ) : 몽둥이 간	75	5621	7293	4666
074	翰	(한) 仄聲/去聲: 榦간( ) : 줄기 간	90	5622	7294	4672
074	翰	(한) 仄聲/去聲: 榦간(한) : 줄기 한	91	5623	7295	5834
074	翰	(한) 仄聲/去聲: 衎간( ) : 즐길 간	93	5624	7296	4673
074	翰	(한) 仄聲/去聲: 旰간( ) : 해질 간	95	5625	7297	4674
074	翰	(한) 仄聲/去聲: 爟관( ) : 봉화/불켜들 관	667	5626	7298	4772
074	翰	(한) 仄聲/去聲: 灌관( ) : 물댈 관	674	5627	7299	4774
074	翰	(한) 仄聲/去聲: 瓘관( ) : 옥이름 관	676	5628	7300	4775
074	翰	(한) 仄聲/去聲: 罐관( ) : 물동이 관	678	5629	7301	4776
074	翰	(한) 仄聲/去聲: 貫관( ) : 꿸 관	680	5630	7302	4777
074	翰	(한) 仄聲/去聲: 爟관( ) : 횃불 관	684	5631	7303	4778
074	翰	(한) 仄聲/去聲: 祼관( ) : 강신제 관	686	5632	7304	4779
074	翰	(한) 仄聲/去聲: 雚관( ) : 황새 관	689	5633	7305	4781
074	翰	(한) 仄聲/去聲: 彖단( ) : 단 단	1341	5634	7306	4887
074	翰	(한) 仄聲/去聲: 旦단( ) : 아침 단	1343	5635	7307	4888
074	翰	(한) 仄聲/去聲: 段단( ) : 층계 단	1345	5636	7308	4889
074	翰	(한) 仄聲/去聲: 鍛단( ) : 쇠불릴 단	1355	5637	7309	4890
074	翰	(한) 仄聲/去聲: 椴단( ) : 자작나무 단	1360	5638	7310	4891
074	翰	(한) 仄聲/去聲: 褖단( ) : 단옷 단	1369	5639	7311	4892
074	翰	(한) 仄聲/去聲: 踹단( ) : 발굼치 단	1371	5640	7312	4893
074	翰	(한) 仄聲/去聲: 鶨단( ) : 새이름 단	1372	5641	7313	4894
074	翰	(한) 仄聲/去聲: 疸달( ) : 황달병 달	1382	5642	7314	4896
074	翰	(한) 仄聲/去聲: 亂란( ) : 어지러울 란	1705	5643	7315	4935
074	翰	(한) 仄聲/去聲: 爛란( ) : 빛날 란	1710	5644	7316	4936
074	翰	(한) 仄聲/去聲: 幔만( ) : 막 만	2243	5645	7317	5021
074	翰	(한) 仄聲/去聲: 半반( ) : 반 반	2611	5646	7318	5066
074	翰	(한) 仄聲/去聲: 叛반( ) : 배반할 반	2614	5647	7319	5067
074	翰	(한) 仄聲/去聲: 泮반( ) : 학교 반	2620	5648	7320	5068
074	翰	(한) 仄聲/去聲: 畔반( ) : 두둑 반	2622	5649	7321	5069

배열형식 B (韻目번호 基準)			배열 A	배열 B	배열 C	배열 D
韻目番號	韻目(독음)	平仄 / 四聲 : 韻族(異音) : 略義	운족 가나순	운목 번호순	운목 가나순	사성순
074	翰	(한) 仄聲/去聲: 絆반( ) : 줄 반	2630	5650	7322	5071
074	翰	(한) 仄聲/去聲: 蒜산( ) : 달래 산	3302	5651	7323	5165
074	翰	(한) 仄聲/去聲: 筭산( ) : 셈놓을/셈대 산	3316	5652	7324	5170
074	翰	(한) 仄聲/去聲: 岸안( ) : 언덕 안	4126	5653	7325	5302
074	翰	(한) 仄聲/去聲: 按안( ) : 누를/어루만질 안	4127	5654	7326	5303
074	翰	(한) 仄聲/去聲: 案안( ) : 책상 안	4130	5655	7327	5305
074	翰	(한) 仄聲/去聲: 鮟안( ) : 아귀 안	4135	5656	7328	5307
074	翰	(한) 仄聲/去聲: 洝안( ) : 끓인물 안	4137	5657	7329	5309
074	翰	(한) 仄聲/去聲: 諺안( ) : 용맹스러울 안	4142	5658	7330	5311
074	翰	(한) 仄聲/去聲: 浣완( ) : 빨 완	4668	5659	7331	5405
074	翰	(한) 仄聲/去聲: 玩완( ) : 희롱할 완	4669	5660	7332	5406
074	翰	(한) 仄聲/去聲: 琓완( ) : 희롱할 완	4670	5661	7333	5407
074	翰	(한) 仄聲/去聲: 翫완( ) : 가지고놀 완	4674	5662	7334	5408
074	翰	(한) 仄聲/去聲: 惋완( ) : 한탄할 완	4681	5663	7335	5409
074	翰	(한) 仄聲/去聲: 睕완( ) : 눈물흘릴 완	4683	5664	7336	5410
074	翰	(한) 仄聲/去聲: 杬원(완) : 안마/남무이름 완	4906	5665	7337	5412
074	翰	(한) 仄聲/去聲: 澯찬( ) : 물맑을 찬	6319	5666	7338	5641
074	翰	(한) 仄聲/去聲: 燦찬( ) : 빛날 찬	6320	5667	7339	5642
074	翰	(한) 仄聲/去聲: 璨찬( ) : 옥잔 찬	6321	5668	7340	5643
074	翰	(한) 仄聲/去聲: 竄찬( ) : 숨을 찬	6323	5669	7341	5644
074	翰	(한) 仄聲/去聲: 粲찬( ) : 정미 찬	6326	5670	7342	5646
074	翰	(한) 仄聲/去聲: 讚찬( ) : 기릴 찬	6328	5671	7343	5647
074	翰	(한) 仄聲/去聲: 贊찬( ) : 도울 찬	6329	5672	7344	5648
074	翰	(한) 仄聲/去聲: 爨찬( ) : 불땔 찬	6335	5673	7345	5649
074	翰	(한) 仄聲/去聲: 嘆탄( ) : 탄식할 탄	6921	5674	7346	5755
074	翰	(한) 仄聲/去聲: 炭탄( ) : 숯 탄	6927	5675	7347	5756
074	翰	(한) 仄聲/去聲: 攤탄(난) : 누를 난	6931	5676	7348	4865
074	翰	(한) 仄聲/去聲: 判판( ) : 판단할 판	7049	5677	7349	5778
074	翰	(한) 仄聲/去聲: 漢한( ) : 한수/한나라 한	7281	5678	7350	5836
074	翰	(한) 仄聲/去聲: 瀚한( ) : 빨래 한	7283	5679	7351	5837
074	翰	(한) 仄聲/去聲: 鼾한( ) : 코골 한	7291	5680	7352	5838
074	翰	(한) 仄聲/去聲: 扞한( ) : 막을 한	7292	5681	7353	5839
074	翰	(한) 仄聲/去聲: 憲헌( ) : 법 헌	7411	5682	7354	5853
074	翰	(한) 仄聲/去聲: 喚환( ) : 부를 환	7662	5683	7355	5891
074	翰	(한) 仄聲/去聲: 奐환( ) : 빛날 환	7663	5684	7356	5892
074	翰	(한) 仄聲/去聲: 換환( ) : 바꿀 환	7667	5685	7357	5896

韻目番號	배열형식 B (韻目번호 基準) 韻目(독음) 平仄 / 四聲 : 韻族(異音) : 略義		배열 A 운족 가나순	배열 B 운목 번호순	배열 C 운목 가나순	배열 D 사성순
074	翰	(한) 仄聲/去聲: 煥환( ) : 빛날 환	7672	5686	7358	5898
074	翰	(한) 仄聲/去聲: 逭환( ) : 피할 환	7687	5687	7359	5900
075	諫	(간) 仄聲/去聲: 澗간( ) : 산골물 간	78	5688	253	4667
075	諫	(간) 仄聲/去聲: 磵간( ) : 석간수 간	81	5689	254	4668
075	諫	(간) 仄聲/去聲: 諫간( ) : 간할 간	88	5690	255	4670
075	諫	(간) 仄聲/去聲: 間간( ) : 사이 간	89	5691	256	4671
075	諫	(간) 仄聲/去聲: 瞯간( ) : 엿볼 간	96	5692	257	4675
075	諫	(간) 仄聲/去聲: 鴈간(안) : 기러기 안	99	5693	258	5301
075	諫	(간) 仄聲/去聲: 串관( ) : 익숙해질 관	664	5694	259	4771
075	諫	(간) 仄聲/去聲: 串관(곶) : 땅이름/꼬챙이 곶	665	5695	260	4770
075	諫	(간) 仄聲/去聲: 慣관( ) : 익숙할 관	671	5696	261	4773
075	諫	(간) 仄聲/去聲: 綰관( ) : 얽을 관	687	5697	262	4780
075	諫	(간) 仄聲/去聲: 丱관( ) : 쌍상투 관	692	5698	263	4782
075	諫	(간) 仄聲/去聲: 袒단(탄) : 옷터질 탄	1353	5699	264	5754
075	諫	(간) 仄聲/去聲: 慢만( ) : 게으를 만	2229	5700	265	5016
075	諫	(간) 仄聲/去聲: 縵만( ) : 무늬없는 비단 만	2244	5701	266	5022
075	諫	(간) 仄聲/去聲: 謾만( ) : 속일 만	2245	5702	267	5023
075	諫	(간) 仄聲/去聲: 盼반( ) : 눈예쁠 반	2625	5703	268	5070
075	諫	(간) 仄聲/去聲: 扮분(반) : 꾸밀 반	3022	5704	269	5072
075	諫	(간) 仄聲/去聲: 汕산( ) : 오구 산	3297	5705	270	5163
075	諫	(간) 仄聲/去聲: 疝산( ) : 산증 산	3300	5706	271	5164
075	諫	(간) 仄聲/去聲: 孿산( ) : 쌍둥이 산	3308	5707	272	5167
075	諫	(간) 仄聲/去聲: 訕산( ) : 헐뜯을 산	3313	5708	273	5168
075	諫	(간) 仄聲/去聲: 鏟산( ) : 대패 산	3314	5709	274	5169
075	諫	(간) 仄聲/去聲: 晏안( ) : 맑을/저물 안	4129	5710	275	5304
075	諫	(간) 仄聲/去聲: 雁안( ) : 기러기 안	4132	5711	276	5306
075	諫	(간) 仄聲/去聲: 鴈안( ) : 기러기 안	4136	5712	277	5308
075	諫	(간) 仄聲/去聲: 贗안( ) : 거짓/위조할 안	4139	5713	278	5310
075	諫	(간) 仄聲/去聲: 莞완( ) : 달래뿌리 완	4685	5714	279	5411
075	諫	(간) 仄聲/去聲: 棧잔( ) : 잔교 잔	5396	5715	280	5505
075	諫	(간) 仄聲/去聲: 虥잔( ) : 범 잔	5401	5716	281	5506
075	諫	(간) 仄聲/去聲: 輚잔( ) : 수레 잔	5402	5717	282	5507
075	諫	(간) 仄聲/去聲: 簒찬( ) : 빼앗을 찬	6324	5718	283	5645
075	諫	(간) 仄聲/去聲: 篡찬( ) : 빼앗을 찬	6336	5719	284	5650
075	諫	(간) 仄聲/去聲: 柵책( ) : 우리/목책/사닥다리 책	6424	5720	285	5658
075	諫	(간) 仄聲/去聲: 綻탄( ) : 솔기터질 탄	6928	5721	286	5757

배열형식 B (韻目번호 基準)			배열 A	배열 B	배열 C	배열 D
韻目番號	韻目(독음) 平仄 / 四聲 : 韻族(異音) : 略義		운족 가나순	운목 번호순	운목 가나순	사성순
075	諫	(간) 仄聲/去聲: 瓣판( ) : 외씨 판	7053	5722	287	5779
075	諫	(간) 仄聲/去聲: 辦판( ) : 힘쓸 판	7055	5723	288	5781
075	諫	(간) 仄聲/去聲: 骭한( ) : 정강이뼈 한	7294	5724	289	5840
075	諫	(간) 仄聲/去聲: 莧현(한) : 패모(莔也) 한	7457	5725	290	5841
075	諫	(간) 仄聲/去聲: 宦환( ) : 벼슬 환	7664	5726	291	5893
075	諫	(간) 仄聲/去聲: 患환( ) : 근심 환	7666	5727	292	5895
075	諫	(간) 仄聲/去聲: 渙환( ) : 흩어질 환	7671	5728	293	5897
075	諫	(간) 仄聲/去聲: 豢환( ) : 기를 환	7681	5729	294	5899
076	霰	(산) 仄聲/去聲: 揀간(련) : 뺄 련	74	5730	1997	4957
076	霰	(산) 仄聲/去聲: 牽견( ) : 이끌/끌 견	338	5731	1998	4716
076	霰	(산) 仄聲/去聲: 甄견( ) : 질그릇 견	340	5732	1999	4717
076	霰	(산) 仄聲/去聲: 絹견( ) : 비단 견	342	5733	2000	4718
076	霰	(산) 仄聲/去聲: 見견( ) : 볼 견	345	5734	2002	4719
076	霰	(산) 仄聲/去聲: 見견(현) : 드러날 현	346	5735	2001	5855
076	霰	(산) 仄聲/去聲: 譴견( ) : 꾸짖을 견	347	5736	2003	4720
076	霰	(산) 仄聲/去聲: 遣견( ) : 보낼 견	348	5737	2004	4721
076	霰	(산) 仄聲/去聲: 狷견( ) : 성급할 견	350	5738	2005	4722
076	霰	(산) 仄聲/去聲: 縳견(전) : 곱고선명할 전	353	5739	2006	5517
076	霰	(산) 仄聲/去聲: 趼견( ) : 못(군살) 견	359	5740	2007	4723
076	霰	(산) 仄聲/去聲: 鄄견( ) : 땅이름 견	360	5741	2008	4724
076	霰	(산) 仄聲/去聲: 串관(천) : 꿰미 천	666	5742	2009	5664
076	霰	(산) 仄聲/去聲: 倦권( ) : 게으를 권	941	5743	2010	4818
076	霰	(산) 仄聲/去聲: 眷권( ) : 돌아볼 권	949	5744	2011	4821
076	霰	(산) 仄聲/去聲: 嵐람( ) : 아지랑이/폭풍 람	1724	5745	2012	4937
076	霰	(산) 仄聲/去聲: 戀련( ) : 사모할 련	1846	5746	2013	4958
076	霰	(산) 仄聲/去聲: 煉련( ) : 달굴 련	1849	5747	2014	4959
076	霰	(산) 仄聲/去聲: 練련( ) : 익힐 련	1851	5748	2015	4960
076	霰	(산) 仄聲/去聲: 鍊련( ) : 쇠불릴/단련할 련	1856	5749	2016	4961
076	霰	(산) 仄聲/去聲: 僆련( ) : 쌍둥이 련	1859	5750	2017	4962
076	霰	(산) 仄聲/去聲: 眄면( ) : 곁눈질할 면	2333	5751	2018	5037
076	霰	(산) 仄聲/去聲: 面면( ) : 낯 면	2337	5752	2019	5038
076	霰	(산) 仄聲/去聲: 麵면( ) : 밀가루 면	2338	5753	2020	5039
076	霰	(산) 仄聲/去聲: 瞑면( ) : 아찔할/심할 면	2341	5754	2021	5040
076	霰	(산) 仄聲/去聲: 弁반(변) : 고깔/떨/손바닥칠 변	2641	5755	2024	5088
076	霰	(산) 仄聲/去聲: 便변( ) : 편할 변	2803	5756	2022	5086
076	霰	(산) 仄聲/去聲: 卞변( ) : 성 변	2804	5757	2023	5087

배열형식 B (韻目번호 基準)			배열 A	배열 B	배열 C	배열 D
韻目番號	韻目(독음) 平仄 / 四聲 : 韻族(異音) : 略義		운족 가나순	운목 번호순	운목 가나순	사성순
076	霰	(산) 仄聲/去聲: 變변( ) : 변할 변	2805	5758	2025	5089
076	霰	(산) 仄聲/去聲: 忭변( ) : 기뻐할 변	2809	5759	2026	5090
076	霰	(산) 仄聲/去聲: 閞변( ) : 문기둥접시받침 변	2812	5760	2027	5091
076	霰	(산) 仄聲/去聲: 霰산( ) : 싸라기눈 산	3304	5761	2028	5166
076	霰	(산) 仄聲/去聲: 先선( ) : 먼저 선	3495	5762	2029	5191
076	霰	(산) 仄聲/去聲: 善선( ) : 착할 선	3496	5763	2030	5192
076	霰	(산) 仄聲/去聲: 扇선( ) : 부채 선	3499	5764	2031	5193
076	霰	(산) 仄聲/去聲: 敾선( ) : 다스릴 선	3500	5765	2032	5194
076	霰	(산) 仄聲/去聲: 旋선( ) : 돌 선	3501	5766	2033	5195
076	霰	(산) 仄聲/去聲: 渲선( ) : 바림 선	3502	5767	2034	5196
076	霰	(산) 仄聲/去聲: 煽선( ) : 일 선	3503	5768	2035	5197
076	霰	(산) 仄聲/去聲: 禪선( ) : 선 선	3509	5769	2036	5198
076	霰	(산) 仄聲/去聲: 線선( ) : 줄 선	3510	5770	2037	5199
076	霰	(산) 仄聲/去聲: 繕선( ) : 기울 선	3511	5771	2038	5200
076	霰	(산) 仄聲/去聲: 羨선( ) : 부러워할 선	3512	5772	2039	5201
076	霰	(산) 仄聲/去聲: 腺선( ) : 샘 선	3514	5773	2040	5202
076	霰	(산) 仄聲/去聲: 膳선( ) : 찬 선	3515	5774	2041	5203
076	霰	(산) 仄聲/去聲: 選선( ) : 가릴 선	3521	5775	2042	5204
076	霰	(산) 仄聲/去聲: 饍선( ) : 반찬 선	3523	5776	2043	5205
076	霰	(산) 仄聲/去聲: 洵순( ) : 웅덩이물/믿을 순	3883	5777	2044	5274
076	霰	(산) 仄聲/去聲: 諺안(언) : 좀말/상말 언	4143	5778	2047	5342
076	霰	(산) 仄聲/去聲: 堰언( ) : 보/방죽 언	4332	5779	2045	5340
076	霰	(산) 仄聲/去聲: 彦언( ) : 선비 언	4333	5780	2046	5341
076	霰	(산) 仄聲/去聲: 彥언( ) : 선비 언	4340	5781	2048	5343
076	霰	(산) 仄聲/去聲: 嚥연( ) : 삼킬 연	4396	5782	2049	5350
076	霰	(산) 仄聲/去聲: 宴연( ) : 잔치 연	4400	5783	2050	5351
076	霰	(산) 仄聲/去聲: 燕연( ) : 제비 연	4416	5784	2051	5352
076	霰	(산) 仄聲/去聲: 硯연( ) : 벼루 연	4419	5785	2052	5353
076	霰	(산) 仄聲/去聲: 緣연( ) : 인연 연	4421	5786	2053	5354
076	霰	(산) 仄聲/去聲: 緣연(단) : 단옷[后服] 단	4422	5787	2054	4895
076	霰	(산) 仄聲/去聲: 衍연( ) : 넓을 연	4425	5788	2055	5355
076	霰	(산) 仄聲/去聲: 悁연(견) : 조급할 견	4431	5789	2056	4725
076	霰	(산) 仄聲/去聲: 掾연( ) : 아전/인할 연	4432	5790	2057	5356
076	霰	(산) 仄聲/去聲: 臙연( ) : 연지 연	4433	5791	2058	5357
076	霰	(산) 仄聲/去聲: 媛원( ) : 계집 원	4881	5792	2059	5436
076	霰	(산) 仄聲/去聲: 援원( ) : 도울 원	4886	5793	2060	5438

배열형식 B (韻目번호 基準)			배열 A	배열 B	배열 C	배열 D
韻目 番號	韻目(독음) 平仄 / 四聲 : 韻族(異音) : 略義		운족 가나순	운목 번호순	운목 가나순	사성순
076	霰	(산) 仄聲/去聲: 瑗원( ) : 구슬 원	4894	5794	2061	5439
076	霰	(산) 仄聲/去聲: 院원( ) : 집 원	4900	5795	2062	5440
076	霰	(산) 仄聲/去聲: 咽인(연) : 삼킬 연	5247	5796	2063	5358
076	霰	(산) 仄聲/去聲: 佃전( ) : 밭갈 전	5592	5797	2064	5518
076	霰	(산) 仄聲/去聲: 傳전( ) : 전할 전	5594	5798	2065	5519
076	霰	(산) 仄聲/去聲: 奠전( ) : 정할/제수 전	5600	5799	2066	5520
076	霰	(산) 仄聲/去聲: 戰전( ) : 싸울 전	5605	5800	2067	5521
076	霰	(산) 仄聲/去聲: 殿전( ) : 전각 전	5607	5801	2068	5522
076	霰	(산) 仄聲/去聲: 澱전( ) : 찌끼 전	5609	5802	2069	5523
076	霰	(산) 仄聲/去聲: 煎전( ) : 달일 전	5610	5803	2070	5524
076	霰	(산) 仄聲/去聲: 甸전( ) : 경기(畿內區域) 전	5612	5804	2071	5525
076	霰	(산) 仄聲/去聲: 箭전( ) : 살 전	5617	5805	2072	5526
076	霰	(산) 仄聲/去聲: 纏전( ) : 얽을 전	5619	5806	2073	5527
076	霰	(산) 仄聲/去聲: 轉전( ) : 구를 전	5623	5807	2074	5528
076	霰	(산) 仄聲/去聲: 鈿전( ) : 비녀 전	5624	5808	2075	5529
076	霰	(산) 仄聲/去聲: 電전( ) : 번개 전	5628	5809	2076	5530
076	霰	(산) 仄聲/去聲: 顫전( ) : 떨릴 전	5630	5810	2077	5531
076	霰	(산) 仄聲/去聲: 餞전( ) : 전송할 전	5631	5811	2078	5532
076	霰	(산) 仄聲/去聲: 囀전( ) : 지저귈 전	5634	5812	2079	5533
076	霰	(산) 仄聲/去聲: 瑱전( ) : 옥이름 전	5638	5813	2080	5534
076	霰	(산) 仄聲/去聲: 靛전( ) : 푸른색대 전	5648	5814	2081	5535
076	霰	(산) 仄聲/去聲: 鬋전( ) : 귀밑털드리울 전	5651	5815	2082	5536
076	霰	(산) 仄聲/去聲: 唸점(전) : 음할 전	5698	5816	2083	5537
076	霰	(산) 仄聲/去聲: 淀정( ) : 얕은물 정	5730	5817	2084	5538
076	霰	(산) 仄聲/去聲: 箐정(천) : 대활 천	5775	5818	2085	5665
076	霰	(산) 仄聲/去聲: 餕준(산) : 떡소 산	6081	5819	2086	5171
076	霰	(산) 仄聲/去聲: 淒처(천) : 빠를 천	6439	5820	2087	5666
076	霰	(산) 仄聲/去聲: 擅천( ) : 천단 천	6472	5821	2088	5667
076	霰	(산) 仄聲/去聲: 玔천( ) : 옥고리 천	6475	5822	2089	5668
076	霰	(산) 仄聲/去聲: 穿천( ) : 뚫을 천	6476	5823	2090	5669
076	霰	(산) 仄聲/去聲: 薦천( ) : 천거할 천	6478	5824	2091	5670
076	霰	(산) 仄聲/去聲: 賤천( ) : 천할 천	6479	5825	2092	5671
076	霰	(산) 仄聲/去聲: 釧천( ) : 팔찌 천	6482	5826	2093	5672
076	霰	(산) 仄聲/去聲: 倩천( ) : 엄전할 천	6487	5827	2094	5673
076	霰	(산) 仄聲/去聲: 濺천( ) : 흩뿌릴 천	6489	5828	2095	5674
076	霰	(산) 仄聲/去聲: 荐천( ) : 거듭할 천	6490	5829	2096	5675

배열형식 B (韻目번호 基準)			배열 A	배열 B	배열 C	배열 D
韻目番號	韻目(독음) 平仄 / 四聲 : 韻族(異音) : 略義		운족 가나순	운목 번호순	운목 가나순	사성순
076	霰	(산) 仄聲/去聲: 刋천( ) : 끊을 천	6493	5830	2097	5676
076	霰	(산) 仄聲/去聲: 蒨천( ) : 붉은비단 천	6495	5831	2098	5677
076	霰	(산) 仄聲/去聲: 竄취(천) : 광중팔/쥐구멍팔 천	6783	5832	2099	5678
076	霰	(산) 仄聲/去聲: 便편( ) : 편할 편	7088	5833	2100	5797
076	霰	(산) 仄聲/去聲: 片편( ) : 조각 편	7093	5834	2101	5798
076	霰	(산) 仄聲/去聲: 遍편( ) : 두루 편	7098	5835	2102	5799
076	霰	(산) 仄聲/去聲: 騙편( ) : 뛰어오를/속일 편	7100	5836	2103	5800
076	霰	(산) 仄聲/去聲: 俔현( ) : 염탐할 현	7433	5837	2104	5856
076	霰	(산) 仄聲/去聲: 晛현( ) : 햇살 현	7437	5838	2105	5857
076	霰	(산) 仄聲/去聲: 炫현( ) : 밝을 현	7439	5839	2106	5858
076	霰	(산) 仄聲/去聲: 現현( ) : 나타날 현	7442	5840	2107	5859
076	霰	(산) 仄聲/去聲: 眩현( ) : 아찔할/어지럼 현	7443	5841	2108	5860
076	霰	(산) 仄聲/去聲: 眩현(환) : 요술/미혹할 환	7444	5842	2109	5890
076	霰	(산) 仄聲/去聲: 絢현( ) : 무늬 현	7447	5843	2110	5861
076	霰	(산) 仄聲/去聲: 縣현( ) : 고을 현	7448	5844	2111	5862
076	霰	(산) 仄聲/去聲: 蜆현( ) : 가막조개 현	7454	5845	2112	5864
076	霰	(산) 仄聲/去聲: 莧현( ) : 비름 현	7456	5846	2113	5865
076	霰	(산) 仄聲/去聲: 贙현( ) : 나눌 현	7459	5847	2114	5866
076	霰	(산) 仄聲/去聲: 幻환( ) : 헛보일 환	7665	5848	2115	5894
077	嘯	(소) 仄聲/去聲: 嶠교( ) : 산길 교	763	5849	2759	4795
077	嘯	(소) 仄聲/去聲: 轎교( ) : 가마 교	780	5850	2760	4799
077	嘯	(소) 仄聲/去聲: 噭교( ) : 주둥이 교	787	5851	2761	4801
077	嘯	(소) 仄聲/去聲: 嘂교( ) : 크게부르짖을 교	797	5852	2762	4803
077	嘯	(소) 仄聲/去聲: 劭교(소) : 아름다울/높을 소	811	5853	2812	5237
077	嘯	(소) 仄聲/去聲: 竅규( ) : 구멍 규	998	5854	2763	4837
077	嘯	(소) 仄聲/去聲: 尿뇨( ) : 오줌 뇨	1282	5855	2764	4879
077	嘯	(소) 仄聲/去聲: 溺뇨( ) : 오줌 뇨	1289	5856	2765	4881
077	嘯	(소) 仄聲/去聲: 尿뇨( ) : 오줌 뇨	1292	5857	2785	4883
077	嘯	(소) 仄聲/去聲: 掉도( ) : 흔들 도	1495	5858	2766	4916
077	嘯	(소) 仄聲/去聲: 覩도( ) : 볼(=睹) 도	1510	5859	2767	4919
077	嘯	(소) 仄聲/去聲: 綢도( ) : 얽을 도	1546	5860	2805	4922
077	嘯	(소) 仄聲/去聲: 料료( ) : 헤아릴 료	2011	5861	2768	4986
077	嘯	(소) 仄聲/去聲: 燎료( ) : 화톳불 료	2012	5862	2769	4987
077	嘯	(소) 仄聲/去聲: 療료( ) : 병고칠 료	2013	5863	2770	4988
077	嘯	(소) 仄聲/去聲: 蟉료(류) : 용머리꿈틀거릴 료	2027	5864	2771	4989
077	嘯	(소) 仄聲/去聲: 鷯료( ) : 굴뚝새 료	2028	5865	2772	4990

배열형식 B (韻目번호 基準)			배열 A	배열 B	배열 C	배열 D
韻目番號	韻目(독음) 平仄 / 四聲 : 韻族(異音) : 略義		운족 가나순	운목 번호순	운목 가나순	사성순
077	嘯	(소) 仄聲/去聲: 妙묘( ) : 묘할 묘	2429	5866	2773	5049
077	嘯	(소) 仄聲/去聲: 廟묘( ) : 사당 묘	2430	5867	2774	5050
077	嘯	(소) 仄聲/去聲: 篎묘( ) : 작은피리 묘	2442	5868	2775	5051
077	嘯	(소) 仄聲/去聲: 召소( ) : 부를 소	3627	5869	2776	5220
077	嘯	(소) 仄聲/去聲: 召소(조) : 대추 조	3628	5870	2777	5561
077	嘯	(소) 仄聲/去聲: 嘯소( ) : 휘파람 소	3629	5871	2778	5221
077	嘯	(소) 仄聲/去聲: 少소( ) : 적을 소	3633	5872	2779	5223
077	嘯	(소) 仄聲/去聲: 炤소( ) : 밝을 소	3646	5873	2781	5225
077	嘯	(소) 仄聲/去聲: 炤소(작) : 비칠/반딧불 조	3647	5874	2780	5562
077	嘯	(소) 仄聲/去聲: 燒소( ) : 사를 소	3649	5875	2782	5226
077	嘯	(소) 仄聲/去聲: 笑소( ) : 웃음 소	3654	5876	2783	5228
077	嘯	(소) 仄聲/去聲: 邵소( ) : 땅이름/성 소	3665	5877	2784	5232
077	嘯	(소) 仄聲/去聲: 肖소( ) : 쇠약할/흩어질 소	3692	5878	2808	5236
077	嘯	(소) 仄聲/去聲: 肖소(초) : 닮을/작을 초	3693	5879	2809	5700
077	嘯	(소) 仄聲/去聲: 搖요( ) : 흔들 요	4721	5880	2786	5417
077	嘯	(소) 仄聲/去聲: 曜요( ) : 빛날 요	4723	5881	2787	5418
077	嘯	(소) 仄聲/去聲: 燿요( ) : 빛날 요	4726	5882	2788	5419
077	嘯	(소) 仄聲/去聲: 繞요( ) : 두를 요	4732	5883	2789	5420
077	嘯	(소) 仄聲/去聲: 耀요( ) : 빛날 요	4733	5884	2790	5421
077	嘯	(소) 仄聲/去聲: 要요( ) : 요긴할 요	4736	5885	2791	5422
077	嘯	(소) 仄聲/去聲: 鷂요( ) : 익더귀 요	4744	5886	2792	5423
077	嘯	(소) 仄聲/去聲: 葽요( ) : 강아지풀 요	4750	5887	2793	5424
077	嘯	(소) 仄聲/去聲: 吊조( ) : 조상할(弔) 조	5840	5888	2794	5563
077	嘯	(소) 仄聲/去聲: 弔조( ) : 조상할 조	5846	5889	2795	5565
077	嘯	(소) 仄聲/去聲: 照조( ) : 비칠 조	5861	5890	2796	5567
077	嘯	(소) 仄聲/去聲: 眺조( ) : 바라볼 조	5865	5891	2797	5568
077	嘯	(소) 仄聲/去聲: 詔조( ) : 조서/가르칠 조	5880	5892	2798	5570
077	嘯	(소) 仄聲/去聲: 調조( ) : 고를 조	5881	5893	2799	5571
077	嘯	(소) 仄聲/去聲: 釣조( ) : 낚을/낚시 조	5886	5894	2800	5572
077	嘯	(소) 仄聲/去聲: 糶조( ) : 쌀내어팔 조	5905	5895	2801	5575
077	嘯	(소) 仄聲/去聲: 藋조( ) : 명아주 조	5914	5896	2802	5577
077	嘯	(소) 仄聲/去聲: 覜조( ) : 뵐 조	5915	5897	2803	5578
077	嘯	(소) 仄聲/去聲: 釂조( ) : 마실 조	5917	5898	2804	5579
077	嘯	(소) 仄聲/去聲: 瀄조( ) : 수레채에옻칠할 조	5926	5899	2806	5582
077	嘯	(소) 仄聲/去聲: 哨초( ) : 방수꾼/피리 초	6577	5900	2807	5698
077	嘯	(소) 仄聲/去聲: 醮초( ) : 초례 초	6602	5901	2810	5703

배열형식 B (韻目번호 基準)			배열 A	배열 B	배열 C	배열 D
韻目番號	韻目(독음)	平仄 / 四聲 : 韻族(異音) : 略義	운족 가나순	운목 번호순	운목 가나순	사성순
077	嘯	(소) 仄聲/去聲: 僬초( ) : 명찰할 초	6603	5902	2811	5704
077	嘯	(소) 仄聲/去聲: 峭초( ) : 높고험악할/급할 초	6606	5903	2813	5705
077	嘯	(소) 仄聲/去聲: 誚초( ) : 꾸짖을 초	6612	5904	2814	5707
077	嘯	(소) 仄聲/去聲: 俵표( ) : 나누어줄 표	7179	5905	2815	5822
077	嘯	(소) 仄聲/去聲: 慓표( ) : 날랠 표	7182	5906	2816	5823
077	嘯	(소) 仄聲/去聲: 漂표( ) : 떠다닐 표	7186	5907	2817	5824
077	嘯	(소) 仄聲/去聲: 驃표( ) : 날랠 표	7193	5908	2818	5826
077	嘯	(소) 仄聲/去聲: 嫖표( ) : 날랠 표	7194	5909	2819	5827
077	嘯	(소) 仄聲/去聲: 摽표( ) : 칠 표	7195	5910	2820	5828
077	嘯	(소) 仄聲/去聲: 衒현( ) : 자랑할 현	7450	5911	2821	5863
078	效	(효) 仄聲/去聲: 敲고( ) : 두두릴 고	504	5912	7839	4756
078	效	(효) 仄聲/去聲: 校교( ) : 학교/교정할 교	767	5913	7840	4796
078	效	(효) 仄聲/去聲: 校교(효) : 학궁 효	768	5914	7841	5914
078	效	(효) 仄聲/去聲: 膠교( ) : 아교 교	775	5915	7842	4797
078	效	(효) 仄聲/去聲: 較교( ) : 비교할/견줄 교	778	5916	7843	4798
078	效	(효) 仄聲/去聲: 餃교( ) : 경단 교	782	5917	7844	4800
078	效	(효) 仄聲/去聲: 窖교( ) : 움집 교	791	5918	7845	4802
078	效	(효) 仄聲/去聲: 恔교( ) : 유쾌할 교	798	5919	7846	4804
078	效	(효) 仄聲/去聲: 教교(교) : 가르칠/교서 교	800	5920	7847	4805
078	效	(효) 仄聲/去聲: 珓교( ) : 산통 교	801	5921	7848	4806
078	效	(효) 仄聲/去聲: 窌교( ) : 움막 교	802	5922	7849	4807
078	效	(효) 仄聲/去聲: 恔교( ) : 놀랄 교	812	5923	7864	4808
078	效	(효) 仄聲/去聲: 淖뇨( ) : 진흙 뇨	1285	5924	7850	4880
078	效	(효) 仄聲/去聲: 鬧뇨( ) : 시끄러울 뇨	1291	5925	7852	4882
078	效	(효) 仄聲/去聲: 棹도( ) : 노 도	1498	5926	7851	4917
078	效	(효) 仄聲/去聲: 貌모( ) : 모양 모	2389	5927	7853	5046
078	效	(효) 仄聲/去聲: 樂악(락) : 즐길 요	4111	5928	7854	5416
078	效	(효) 仄聲/去聲: 約약( ) : 검소할/맺을 약	4257	5929	7855	5331
078	效	(효) 仄聲/去聲: 笊조( ) : 조리 조	5903	5930	7856	5574
078	效	(효) 仄聲/去聲: 杪초( ) : 회초리/끝 초	6609	5931	7857	5706
078	效	(효) 仄聲/去聲: 鈔초( ) : 노략질할/베낄 초	6615	5932	7858	5708
078	效	(효) 仄聲/去聲: 疱포( ) : 마마 포	7144	5933	7859	5818
078	效	(효) 仄聲/去聲: 砲포( ) : 대포 포	7145	5934	7860	5819
078	效	(효) 仄聲/去聲: 皰포( ) : 여드름/부풀 포	7164	5935	7861	5820
078	效	(효) 仄聲/去聲: 爆폭( ) : 폭발할 폭	7175	5936	7862	5821
078	效	(효) 仄聲/去聲: 豹표( ) : 표범 표	7190	5937	7863	5825

배열형식 B (韻目번호 基準)			배열 A	배열 B	배열 C	배열 D
韻目番號	韻目(독음) 平仄 / 四聲 : 韻族(異音) : 略義		운족 가나순	운목 번호순	운목 가나순	사성순
078	效	(효) 仄聲/去聲: 效효( ) : 본받을 효	7768	5938	7865	5915
078	效	(효) 仄聲/去聲: 斆효( ) : 가르칠 효	7769	5939	7866	5916
078	效	(효) 仄聲/去聲: 酵효( ) : 술밑 효	7776	5940	7867	5917
079	號	(호) 仄聲/去聲: 告고( ) : 알릴/여쭐 고	493	5941	7601	6084
079	號	(호) 仄聲/去聲: 膏고( ) : 기름 고	518	5942	7603	6085
079	號	(호) 仄聲/去聲: 誥고( ) : 고할/경계 고	526	5943	7604	6086
079	號	(호) 仄聲/去聲: 靠고( ) : 기댈 고	550	5944	7605	6087
079	號	(호) 仄聲/去聲: 到도( ) : 이를 도	1480	5945	7606	6285
079	號	(호) 仄聲/去聲: 導도( ) : 인도할 도	1484	5946	7607	6286
079	號	(호) 仄聲/去聲: 悼도( ) : 슬퍼할 도	1492	5947	7608	6287
079	號	(호) 仄聲/去聲: 燾도( ) : 비칠 도	1504	5948	7609	6289
079	號	(호) 仄聲/去聲: 盜도( ) : 도둑 도	1505	5949	7610	6290
079	號	(호) 仄聲/去聲: 蹈도( ) : 밟을 도	1514	5950	7611	6291
079	號	(호) 仄聲/去聲: 癆로( ) : 중독 로	1944	5951	7612	6399
079	號	(호) 仄聲/去聲: 帽모( ) : 모자 모	2367	5952	7613	6493
079	號	(호) 仄聲/去聲: 耗모( ) : 빌(虛也)/어지러울 모	2383	5953	7614	6494
079	號	(호) 仄聲/去聲: 耗모(호) : 빌(虛也)/어지러울 호	2384	5954	7615	7858
079	號	(호) 仄聲/去聲: 芼모( ) : 풀우거질 모	2385	5955	7616	6495
079	號	(호) 仄聲/去聲: 旄모( ) : 기 모	2393	5956	7617	6496
079	號	(호) 仄聲/去聲: 耄모( ) : 늙은이 모	2394	5957	7618	6497
079	號	(호) 仄聲/去聲: 秏모( ) : 벼 모	2399	5958	7619	6498
079	號	(호) 仄聲/去聲: 報보( ) : 대답할/고할 보	2860	5959	7620	6641
079	號	(호) 仄聲/去聲: 瘙소( ) : 가려울 소	3653	5960	7621	6823
079	號	(호) 仄聲/去聲: 傲오( ) : 거만할 오	4558	5961	7622	7088
079	號	(호) 仄聲/去聲: 墺오( ) : 방구들/물가 오	4565	5962	7623	7089
079	號	(호) 仄聲/去聲: 墺오(옥) : 방구들/물가 옥	4566	5963	7624	7098
079	號	(호) 仄聲/去聲: 奧오( ) : 속/아랫목 오	4567	5964	7625	7090
079	號	(호) 仄聲/去聲: 懊오( ) : 한할 오	4572	5965	7626	7091
079	號	(호) 仄聲/去聲: 澳오( ) : 깊을 오	4580	5966	7627	7092
079	號	(호) 仄聲/去聲: 隩오( ) : 굽이 오	4596	5967	7628	7093
079	號	(호) 仄聲/去聲: 驁오( ) : 준마 오	4597	5968	7629	7094
079	號	(호) 仄聲/去聲: 操조( ) : 잡을 조	5851	5969	7630	7353
079	號	(호) 仄聲/去聲: 漕조( ) : 배저을 조	5859	5970	7631	7354
079	號	(호) 仄聲/去聲: 躁조( ) : 떠들 조	5883	5971	7632	7355
079	號	(호) 仄聲/去聲: 嘈조( ) : 시끄러울 조	5894	5972	7633	7356
079	號	(호) 仄聲/去聲: 噪조( ) : 뭇새지저귈 조	5895	5973	7634	7357

배열형식 B (韻目번호 基準)			배열 A	배열 B	배열 C	배열 D
韻目番號	韻目(독음) 平仄 / 四聲 : 韻族(異音) : 略義		운족 가나순	운목 번호순	운목 가나순	사성순
079	號	(호) 仄聲/去聲: 竈조( ) : 부엌 조	5902	5974	7635	7358
079	號	(호) 仄聲/去聲: 糙조( ) : 매조미쌀 조	5904	5975	7636	7359
079	號	(호) 仄聲/去聲: 趮조( ) : 조급할 조	5916	5976	7637	7360
079	號	(호) 仄聲/去聲: 幬주(도) : 덮을 도	6027	5977	7638	6292
079	號	(호) 仄聲/去聲: 鑿착(조) : 구멍 조	6310	5978	7639	7362
079	號	(호) 仄聲/去聲: 套토( ) : 씌울/껍질 토	6995	5979	7640	7703
079	號	(호) 仄聲/去聲: 暴포( ) : 사나울 포	7140	5980	7641	7729
079	號	(호) 仄聲/去聲: 虣포( ) : 사나울 포	7165	5981	7642	7731
079	號	(호) 仄聲/去聲: 曝포( ) : 볕/볕쏘일 포	7167	5982	7644	7733
079	號	(호) 仄聲/去聲: 瀑포( ) : 소나기/물거품 포	7169	5983	7645	7734
079	號	(호) 仄聲/去聲: 暴폭(포) : 볕/볕쏘일 포	7174	5984	7643	7732
079	號	(호) 仄聲/去聲: 皐호(호) : 부를 호	7535	5985	7602	7857
079	號	(호) 仄聲/去聲: 號호( ) : 이름 호	7570	5986	7646	7859
079	號	(호) 仄聲/去聲: 孝효( ) : 효도 효	7767	5987	7647	7911
080	箇	(개) 仄聲/去聲: 個개( ) : 낱 개	193	5988	478	6008
080	箇	(개) 仄聲/去聲: 箇개( ) : 낱 개	204	5989	479	6009
080	箇	(개) 仄聲/去聲: 个개( ) : 낱 개	216	5990	480	6010
080	箇	(개) 仄聲/去聲: 个개(가) : 명당곁방 가	217	5991	481	5948
080	箇	(개) 仄聲/去聲: 課과( ) : 공부할/과정 과	635	5992	482	6110
080	箇	(개) 仄聲/去聲: 过과( ) : (過의약자)지날 과	650	5993	483	6112
080	箇	(개) 仄聲/去聲: 糯나( ) : 찰벼 나	1194	5994	485	6229
080	箇	(개) 仄聲/去聲: 奈내(나) : 어찌 나	1228	5995	486	6230
080	箇	(개) 仄聲/去聲: 大대(태) : 심할 다	1459	5996	487	6257
080	箇	(개) 仄聲/去聲: 邏라( ) : 돌 라	1683	5997	488	6330
080	箇	(개) 仄聲/去聲: 些사( ) : 적을 사	3198	5998	489	6700
080	箇	(개) 仄聲/去聲: 餓아( ) : 주릴 아	4091	5999	490	6936
080	箇	(개) 仄聲/去聲: 啊아( ) : 사랑할 아	4099	6000	491	6938
080	箇	(개) 仄聲/去聲: 臥와( ) : 누울 와	4650	6001	492	7106
080	箇	(개) 仄聲/去聲: 愞유(연) : 부드러울 나	4972	6002	484	6228
080	箇	(개) 仄聲/去聲: 作작(주) : 할/지을 자	5372	6003	493	7221
080	箇	(개) 仄聲/去聲: 佐좌( ) : 도울 좌	5975	6004	494	7371
080	箇	(개) 仄聲/去聲: 座좌( ) : 자리 좌	5978	6005	495	7372
080	箇	(개) 仄聲/去聲: 挫좌( ) : 꺾을 좌	5979	6006	496	7373
080	箇	(개) 仄聲/去聲: 銼좌(좌) : 가마솥 좌	5982	6007	497	7590
080	箇	(개) 仄聲/去聲: 做주( ) : 지을 주	5988	6008	498	7375
080	箇	(개) 仄聲/去聲: 做주(자) : 지을 자	5989	6009	499	7223

배열형식 B (韻目번호 基準)			배열 A	배열 B	배열 C	배열 D
韻目番號	韻目(독음) 平仄 / 四聲 : 韻族(異音) : 略義		운족 가나순	운목 번호순	운목 가나순	사성순
080	箇	(개) 仄聲/去聲: 他타(타) : 간사할 타	6872	6010	500	7648
080	箇	(개) 仄聲/去聲: 唾타( ) : 침 타	6874	6011	501	7650
080	箇	(개) 仄聲/去聲: 馱타( ) : 탈 타	6885	6012	502	7651
080	箇	(개) 仄聲/去聲: 播파( ) : 뿌릴 파	7028	6013	503	7712
080	箇	(개) 仄聲/去聲: 破파( ) : 깨뜨릴 파	7035	6014	504	7713
080	箇	(개) 仄聲/去聲: 賀하( ) : 하례할 하	7258	6015	505	7769
080	箇	(개) 仄聲/去聲: 犒호( ) : 호궤할 호	7579	6016	506	7860
080	箇	(개) 仄聲/去聲: 和화( ) : 화할 화	7630	6017	507	7875
081	禡	(마) 仄聲/去聲: 價가( ) : 값 가	6	6018	1428	5940
081	禡	(마) 仄聲/去聲: 嫁가( ) : 시집갈 가	13	6019	1429	5941
081	禡	(마) 仄聲/去聲: 暇가( ) : 틈/겨를 가	15	6020	1430	5942
081	禡	(마) 仄聲/去聲: 架가( ) : 시렁 가	16	6021	1431	5943
081	禡	(마) 仄聲/去聲: 稼가( ) : 심을 가	22	6022	1432	5944
081	禡	(마) 仄聲/去聲: 駕가( ) : 탈것/탈 가	31	6023	1434	5946
081	禡	(마) 仄聲/去聲: 咖가( ) : 커피 가	33	6024	1435	5947
081	禡	(마) 仄聲/去聲: 賈고(가) : 값 가	490	6025	1433	5945
081	禡	(마) 仄聲/去聲: 袴고(과) : 사타구니 과	525	6026	1436	6109
081	禡	(마) 仄聲/去聲: 跨과( ) : 타넘을 과	636	6027	1437	6111
081	禡	(마) 仄聲/去聲: 嗎마( ) : 아편 마	2211	6028	1438	6446
081	禡	(마) 仄聲/去聲: 禡마( ) : 마제(馬祭) 마	2213	6029	1439	6447
081	禡	(마) 仄聲/去聲: 罵매( ) : 욕할 매	2290	6030	1441	6468
081	禡	(마) 仄聲/去聲: 白백(배) : 땅이름 배	2743	6031	1442	6586
081	禡	(마) 仄聲/去聲: 乍사( ) : 잠깐 사	3196	6032	1443	6699
081	禡	(마) 仄聲/去聲: 射사( ) : 쏠/화살같이빠를 사	3216	6033	1444	6701
081	禡	(마) 仄聲/去聲: 舍사(사) : 집 사	3245	6034	1445	6702
081	禡	(마) 仄聲/去聲: 詐사( ) : 속일 사	3252	6035	1446	6703
081	禡	(마) 仄聲/去聲: 謝사( ) : 사례할 사	3254	6036	1447	6704
081	禡	(마) 仄聲/去聲: 赦사( ) : 용서할 사	3256	6037	1448	6705
081	禡	(마) 仄聲/去聲: 麝사( ) : 사향노루 사	3262	6038	1449	6706
081	禡	(마) 仄聲/去聲: 卸사( ) : 풀 사	3263	6039	1450	6707
081	禡	(마) 仄聲/去聲: 咋사( ) : 잠깐 사	3264	6040	1451	6708
081	禡	(마) 仄聲/去聲: 榭사( ) : 정자 사	3268	6041	1452	6709
081	禡	(마) 仄聲/去聲: 蜡사( ) : 납향제사 사	3271	6042	1453	6710
081	禡	(마) 仄聲/去聲: 貰세(사) : 죄사할 사	3614	6043	1454	6712
081	禡	(마) 仄聲/去聲: 亞아( ) : 버금 아	4071	6044	1455	6934
081	禡	(마) 仄聲/去聲: 訝아( ) : 맞을 아	4087	6045	1456	6935

배열형식 B (韻目번호 基準)			배열 A	배열 B	배열 C	배열 D
韻目番號	韻目(독음) 平仄 / 四聲 : 韻族(異音) : 略義		운족 가나순	운목 번호순	운목 가나순	사성순
081	禡	(마) 仄聲/去聲: 迓아( ) : 마중할 아	4098	6046	1457	6937
081	禡	(마) 仄聲/去聲: 夜야( ) : 밤/해질/어두울 야	4247	6047	1458	6999
081	禡	(마) 仄聲/去聲: 御어(아) : 맞을 아	4306	6048	1459	6939
081	禡	(마) 仄聲/去聲: 炙자( ) : 고기구이/친근할 자	5321	6049	1460	7217
081	禡	(마) 仄聲/去聲: 蔗자( ) : 사탕수수 자	5333	6050	1461	7218
081	禡	(마) 仄聲/去聲: 藉자( ) : 깔/도울/위로할 자	5334	6051	1462	7219
081	禡	(마) 仄聲/去聲: 柘자( ) : 산뽕나무 자	5341	6052	1463	7220
081	禡	(마) 仄聲/去聲: 炸작( ) : 터질 작	5378	6053	1464	7231
081	禡	(마) 仄聲/去聲: 樗저(화) : 벚나무 화	5514	6054	1465	7873
081	禡	(마) 仄聲/去聲: 侘차( ) : 실의할 차	6281	6055	1466	7456
081	禡	(마) 仄聲/去聲: 借차( ) : 빌릴/빗 차	6282	6056	1467	7457
081	禡	(마) 仄聲/去聲: 咤타( ) : 꾸짖을 타	6873	6057	1468	7649
081	禡	(마) 仄聲/去聲: 詑타( ) : 자랑할 타	6890	6058	1469	7652
081	禡	(마) 仄聲/去聲: 帕파( ) : 머리동이수건 파	7023	6059	1440	7711
081	禡	(마) 仄聲/去聲: 怕파( ) : 두려울/아마 파	7041	6060	1471	7715
081	禡	(마) 仄聲/去聲: 灞파( ) : 물이름(패는俗音) 파	7042	6061	1472	7716
081	禡	(마) 仄聲/去聲: 壩파( ) : 방죽 파	7046	6062	1473	7717
081	禡	(마) 仄聲/去聲: 覇패( ) : 으뜸/패왕 패	7072	6063	1474	7724
081	禡	(마) 仄聲/去聲: 霸패( ) : 으뜸/패왕 패	7079	6064	1475	7725
081	禡	(마) 仄聲/去聲: 罷피(패) : 파할/내칠 파	7218	6065	1470	7714
081	禡	(마) 仄聲/去聲: 夏하( ) : 여름 하	7252	6066	1476	7768
081	禡	(마) 仄聲/去聲: 罅하( ) : 틈 하	7264	6067	1477	7771
081	禡	(마) 仄聲/去聲: 芐하( ) : 지황[地黃] 하	7265	6068	1478	7772
081	禡	(마) 仄聲/去聲: 化화( ) : 될 화	7629	6069	1479	7874
081	禡	(마) 仄聲/去聲: 貨화( ) : 재물 화	7640	6070	1480	7876
081	禡	(마) 仄聲/去聲: 擭화( ) : 덫 화	7643	6071	1482	7877
081	禡	(마) 仄聲/去聲: 擭화(확) : 함정 확	7644	6072	1481	7879
081	禡	(마) 仄聲/去聲: 鱯화( ) : 큰메기 화	7650	6073	1483	7878
082	漾	(양) 仄聲/去聲: 倞경( ) : 굳셀 경	395	6074	3349	6068
082	漾	(양) 仄聲/去聲: 壙광( ) : 뫼구덩이 광	710	6075	3350	6128
082	漾	(양) 仄聲/去聲: 曠광( ) : 빌 광	712	6076	3351	6129
082	漾	(양) 仄聲/去聲: 纊광( ) : 솜 광	723	6077	3352	6130
082	漾	(양) 仄聲/去聲: 誑광( ) : 속일 광	724	6078	3353	6131
082	漾	(양) 仄聲/去聲: 擴광( ) : 채울 광	726	6079	3408	6132
082	漾	(양) 仄聲/去聲: 擴광(확) : 늘일/넓힐 확	727	6080	3409	7881
082	漾	(양) 仄聲/去聲: 擋당( ) : 제거할 당	1451	6081	3354	6280

배열형식 B (韻目번호 基準)			배열 A	배열 B	배열 C	배열 D
韻目 番號	韻目(독음) 平仄 / 四聲: 韻族(異音): 略義		운족 가나순	운목 번호순	운목 가나순	사성순
082	漾	(양) 仄聲/去聲: 掠략(량) : 빼앗을 량	1775	6082	3355	6362
082	漾	(양) 仄聲/去聲: 亮량( ) : 밝을 량	1777	6083	3356	6363
082	漾	(양) 仄聲/去聲: 諒량( ) : 살펴알/믿을 량	1786	6084	3357	6364
082	漾	(양) 仄聲/去聲: 喨량( ) : 소리맑을 량	1789	6085	3358	6365
082	漾	(양) 仄聲/去聲: 悢량( ) : 슬플/섭섭할 량	1790	6086	3359	6366
082	漾	(양) 仄聲/去聲: 妄망( ) : 망령될 망	2262	6087	3360	6466
082	漾	(양) 仄聲/去聲: 孟맹(망) : 맹랑할 망	2312	6088	3361	6467
082	漾	(양) 仄聲/去聲: 傍방( ) : 의지할/가까이할 방	2662	6089	3362	6579
082	漾	(양) 仄聲/去聲: 榜방( ) : 게시판/방써붙일 방	2678	6090	3363	6580
082	漾	(양) 仄聲/去聲: 舫방( ) : 배 방	2686	6091	3364	6581
082	漾	(양) 仄聲/去聲: 訪방( ) : 찾을 방	2690	6092	3365	6582
082	漾	(양) 仄聲/去聲: 謗방( ) : 헐뜯을 방	2691	6093	3366	6583
082	漾	(양) 仄聲/去聲: 徬방( ) : 시중들 방	2697	6094	3367	6584
082	漾	(양) 仄聲/去聲: 竝병(방) : 연할 방	2838	6095	3368	6585
082	漾	(양) 仄聲/去聲: 尙상( ) : 오히려 상	3361	6096	3369	6742
082	漾	(양) 仄聲/去聲: 蠰상( ) : 사마귀알 상	3388	6097	3372	6744
082	漾	(양) 仄聲/去聲: 恙양( ) : 병 양	4275	6098	3373	7014
082	漾	(양) 仄聲/去聲: 樣양( ) : 모양 양	4281	6099	3374	7015
082	漾	(양) 仄聲/去聲: 讓양( ) : 사양할 양	4292	6100	3375	7016
082	漾	(양) 仄聲/去聲: 釀양( ) : 빚을 양	4293	6101	3376	7017
082	漾	(양) 仄聲/去聲: 漾양( ) : 출렁거릴 양	4296	6102	3377	7018
082	漾	(양) 仄聲/去聲: 羕양( ) : 긴내 양	4303	6103	3378	7019
082	漾	(양) 仄聲/去聲: 旺왕( ) : 왕성할 왕	4689	6104	3380	7109
082	漾	(양) 仄聲/去聲: 狀장( ) : 모양/형상 장	5417	6105	3371	7255
082	漾	(양) 仄聲/去聲: 狀장(상) : 형상(속음(俗音)) 상	5418	6106	3370	6743
082	漾	(양) 仄聲/去聲: 匠장( ) : 장인 장	5421	6107	3381	7256
082	漾	(양) 仄聲/去聲: 壯장( ) : 굳셀/젊을 장	5424	6108	3382	7257
082	漾	(양) 仄聲/去聲: 帳장( ) : 장막 장	5426	6109	3383	7258
082	漾	(양) 仄聲/去聲: 臟장( ) : 오장 장	5442	6110	3384	7259
082	漾	(양) 仄聲/去聲: 葬장( ) : 장사지낼 장	5445	6111	3385	7260
082	漾	(양) 仄聲/去聲: 醬장( ) : 장 장	5451	6112	3386	7261
082	漾	(양) 仄聲/去聲: 瘴장( ) : 장기 장	5459	6113	3387	7262
082	漾	(양) 仄聲/去聲: 賬장( ) : 치부책/장부 장	5461	6114	3388	7263
082	漾	(양) 仄聲/去聲: 唱창( ) : 부를 창	6374	6115	3389	7491
082	漾	(양) 仄聲/去聲: 愴창( ) : 슬퍼할 창	6378	6116	3390	7492
082	漾	(양) 仄聲/去聲: 暢창( ) : 화창할 창	6382	6117	3391	7493

배열형식 B (韻目번호 基準)			배열 A	배열 B	배열 C	배열 D
韻目番號	韻目(독음)	平仄 / 四聲 : 韻族(異音) : 略義	운족 가나순	운목 번호순	운목 가나순	사성순
082	漾	(양) 仄聲/去聲: 漲창( ) : 불을 창	6386	6118	3392	7494
082	漾	(양) 仄聲/去聲: 脹창( ) : 부를 창	6390	6119	3393	7495
082	漾	(양) 仄聲/去聲: 刱창( ) : 비롯할 창	6394	6120	3394	7496
082	漾	(양) 仄聲/去聲: 悵창( ) : 한스러워할 창	6395	6121	3395	7497
082	漾	(양) 仄聲/去聲: 鬯창( ) : 울창주/방향주 창	6401	6122	3396	7498
082	漾	(양) 仄聲/去聲: 淌창( ) : 큰물결 창	6405	6123	3397	7499
082	漾	(양) 仄聲/去聲: 宕탕( ) : 방탕할 탕	6954	6124	3398	7694
082	漾	(양) 仄聲/去聲: 燙탕( ) : 데울/씻을 탕	6958	6125	3399	7695
082	漾	(양) 仄聲/去聲: 踼탕( ) : 미끄러질 탕	6963	6126	3400	7696
082	漾	(양) 仄聲/去聲: 伉항( ) : 짝/굳셀 항	7331	6127	3401	7805
082	漾	(양) 仄聲/去聲: 抗항( ) : 겨룰 항	7336	6128	3402	7806
082	漾	(양) 仄聲/去聲: 向향( ) : 향할/나아갈/앞설 향	7392	6129	3403	7811
082	漾	(양) 仄聲/去聲: 向향(상) : 성 상	7393	6130	3404	6745
082	漾	(양) 仄聲/去聲: 餉향( ) : 건량 향	7397	6131	3405	7812
082	漾	(양) 仄聲/去聲: 嚮향( ) : 앞서 향	7401	6132	3406	7813
082	漾	(양) 仄聲/去聲: 兄형(황) : 클/하물며 황	7490	6133	3407	7899
082	漾	(양) 仄聲/去聲: 況황( ) : 상황 황	7706	6134	3410	7900
082	漾	(양) 仄聲/去聲: 况황( ) : 모양(況의속자) 황	7723	6135	3411	7902
082	漾	(양) 仄聲/去聲: 饟회( ) : 밥팔/식당 회	7726	6136	3379	7903
083	敬	(경) 仄聲/去聲: 儆경( ) : 경계할 경	397	6137	767	6069
083	敬	(경) 仄聲/去聲: 勁경( ) : 셀 경	398	6138	768	6070
083	敬	(경) 仄聲/去聲: 慶경( ) : 경사 경	405	6139	769	6072
083	敬	(경) 仄聲/去聲: 敬경( ) : 공경 경	409	6140	770	6073
083	敬	(경) 仄聲/去聲: 更경(갱) : 다시 갱	413	6141	771	6013
083	敬	(경) 仄聲/去聲: 硬경( ) : 굳을 경	421	6142	772	6074
083	敬	(경) 仄聲/去聲: 竟경( ) : 마침내/만억 경	423	6143	773	6076
083	敬	(경) 仄聲/去聲: 競경( ) : 다툴 경	424	6144	774	6077
083	敬	(경) 仄聲/去聲: 鏡경( ) : 거울 경	434	6145	775	6081
083	敬	(경) 仄聲/去聲: 孟맹( ) : 맏/힘쓸 맹	2311	6146	776	6479
083	敬	(경) 仄聲/去聲: 命명( ) : 목숨 명	2348	6147	777	6488
083	敬	(경) 仄聲/去聲: 枋방(병) : 자루 병	2677	6148	778	6630
083	敬	(경) 仄聲/去聲: 柄병( ) : 자루 병	2830	6149	779	6631
083	敬	(경) 仄聲/去聲: 棅병( ) : 자루 병	2831	6150	780	6632
083	敬	(경) 仄聲/去聲: 病병( ) : 병 병	2834	6151	781	6633
083	敬	(경) 仄聲/去聲: 迸병( ) : 흩어저달아날 병	2843	6152	782	6634
083	敬	(경) 仄聲/去聲: 併병( ) : 아우를 병	2844	6153	783	6635

배열형식 B (韻目번호 基準)			배열 A	배열 B	배열 C	배열 D
韻目番號	韻目(독음) 平仄 / 四聲 : 韻族(異音) : 略義		운족 가나순	운목 번호순	운목 가나순	사성순
083	敬	(경) 仄聲/去聲: 屛병(병) : 물리칠 병	2847	6154	784	6636
083	敬	(경) 仄聲/去聲: 怲병( ) : 근심 병	2848	6155	785	6637
083	敬	(경) 仄聲/去聲: 摒병( ) : 제할/치울 병	2849	6156	786	6638
083	敬	(경) 仄聲/去聲: 邴병( ) : 땅이름 병	2852	6157	788	6640
083	敬	(경) 仄聲/去聲: 邴병(병) : 땅이름 병	2853	6158	787	6639
083	敬	(경) 仄聲/去聲: 聘빙( ) : 부를 빙	3189	6159	789	6697
083	敬	(경) 仄聲/去聲: 娉빙( ) : 장가들 빙	3192	6160	790	6698
083	敬	(경) 仄聲/去聲: 姓성( ) : 성 성	3583	6161	791	6815
083	敬	(경) 仄聲/去聲: 性성( ) : 성품 성	3585	6162	792	6816
083	敬	(경) 仄聲/去聲: 晟성( ) : 밝을 성	3589	6163	793	6817
083	敬	(경) 仄聲/去聲: 聖성( ) : 성인 성	3595	6164	794	6818
083	敬	(경) 仄聲/去聲: 映영( ) : 비칠/빛날 영	4483	6165	795	7080
083	敬	(경) 仄聲/去聲: 暎영( ) : 비칠/빛날 영	4484	6166	796	7081
083	敬	(경) 仄聲/去聲: 泳영( ) : 헤엄칠 영	4488	6167	797	7082
083	敬	(경) 仄聲/去聲: 詠영( ) : 읊을 영	4502	6168	798	7083
083	敬	(경) 仄聲/去聲: 郢영( ) : 땅/나라이름 영	4511	6169	799	7084
083	敬	(경) 仄聲/去聲: 禜영( ) : 영제사 영	4512	6170	800	7085
083	敬	(경) 仄聲/去聲: 諍쟁( ) : 간할 쟁	5492	6171	801	7264
083	敬	(경) 仄聲/去聲: 掙쟁( ) : 찌를 쟁	5498	6172	802	7265
083	敬	(경) 仄聲/去聲: 幀정( ) : 그림족자 정	5715	6173	803	7337
083	敬	(경) 仄聲/去聲: 政정( ) : 정사 정	5721	6174	804	7340
083	敬	(경) 仄聲/去聲: 淨정( ) : 깨끗할 정	5731	6175	805	7342
083	敬	(경) 仄聲/去聲: 瀞정( ) : 맑을 정	5734	6176	806	7343
083	敬	(경) 仄聲/去聲: 穽정( ) : 함정 정	5742	6177	807	7345
083	敬	(경) 仄聲/去聲: 鄭정( ) : 나라 정	5748	6178	808	7347
083	敬	(경) 仄聲/去聲: 証정( ) : 간할 정	5766	6179	809	7350
083	敬	(경) 仄聲/去聲: 靚정( ) : 솥 정	5767	6180	810	7351
083	敬	(경) 仄聲/去聲: 症증( ) : 증세 증	6115	6181	811	7411
083	敬	(경) 仄聲/去聲: 倩천(청) : 사위/고용할/빌릴 청	6488	6182	812	7567
083	敬	(경) 仄聲/去聲: 請청( ) : 청할 청	6548	6183	813	7569
083	敬	(경) 仄聲/去聲: 膨팽( ) : 배불룩할 팽	7085	6184	814	7726
083	敬	(경) 仄聲/去聲: 貺황( ) : 줄/하사할 황	7722	6185	815	7901
084	徑	(경) 仄聲/去聲: 俓경( ) : 지름길 경	394	6186	5101	6067
084	徑	(경) 仄聲/去聲: 徑경( ) : 지름길/길 경	404	6187	5102	6071
084	徑	(경) 仄聲/去聲: 磬경( ) : 경쇠 경	422	6188	5103	6075
084	徑	(경) 仄聲/去聲: 經경( ) : 지날/글 경	426	6189	5104	6078

배열형식 B (韻目번호 基準)			배열 A	배열 B	배열 C	배열 D
韻目 番號	韻目(독음)	平仄 / 四聲 : 韻族(異音) : 略義	운족 가나순	운목 번호순	운목 가나순	사성순
084	徑	(경) 仄聲/去聲: 脛경( ) : 정강이 경	429	6190	5105	6079
084	徑	(경) 仄聲/去聲: 逕경( ) : 소로 경	433	6191	5106	6080
084	徑	(경) 仄聲/去聲: 罄경( ) : 다할 경	445	6192	5107	6082
084	徑	(경) 仄聲/去聲: 亙긍( ) : 걸칠 긍	1086	6193	5131	6217
084	徑	(경) 仄聲/去聲: 寧녕(령) : 이름/땅이름 령	1252	6194	5132	6395
084	徑	(경) 仄聲/去聲: 佞녕( ) : 아첨할 녕	1253	6195	5134	6245
084	徑	(경) 仄聲/去聲: 濘녕( ) : 진흙 녕	1254	6196	5135	6246
084	徑	(경) 仄聲/去聲: 甯녕( ) : 차라리 녕	1257	6197	5136	6247
084	徑	(경) 仄聲/去聲: 寧녕(령) : 땅이름 령	1259	6198	5200	6398
084	徑	(경) 仄聲/去聲: 嶝등( ) : 고개 등	1657	6199	5146	6323
084	徑	(경) 仄聲/去聲: 鄧등( ) : 나라이름 등	1663	6200	5147	6324
084	徑	(경) 仄聲/去聲: 凳등( ) : 걸상 등	1665	6201	5148	6325
084	徑	(경) 仄聲/去聲: 磴등( ) : 돌 비탈길 등	1666	6202	5149	6326
084	徑	(경) 仄聲/去聲: 鐙등( ) : 등잔 등	1670	6203	5150	6327
084	徑	(경) 仄聲/去聲: 零령( ) : 부서질/떨어질 령	1892	6204	5151	6396
084	徑	(경) 仄聲/去聲: 另령( ) : 헤어질 령	1897	6205	5152	6397
084	徑	(경) 仄聲/去聲: 瞑명( ) : 어두울 명	2350	6206	5163	6489
084	徑	(경) 仄聲/去聲: 憑빙( ) : 기댈 빙	3187	6207	5176	6696
084	徑	(경) 仄聲/去聲: 亘선(환) : 통할/뻗칠 긍	3492	6208	5130	6216
084	徑	(경) 仄聲/去聲: 醒성( ) : 깰 성	3599	6209	5177	6819
084	徑	(경) 仄聲/去聲: 乘승( ) : 탈 승	3937	6210	5196	6901
084	徑	(경) 仄聲/去聲: 勝승( ) : 이길 승	3939	6211	5197	6902
084	徑	(경) 仄聲/去聲: 陞승( ) : 오를 승	3945	6212	5198	6903
084	徑	(경) 仄聲/去聲: 脀승( ) : 어리석을 승	3946	6213	5199	6904
084	徑	(경) 仄聲/去聲: 瑩영(형) : 맑을 형	4516	6214	5265	7855
084	徑	(경) 仄聲/去聲: 應응( ) : 응할 응	5131	6215	5214	7181
084	徑	(경) 仄聲/去聲: 剩잉( ) : 남을 잉	5301	6216	5215	7212
084	徑	(경) 仄聲/去聲: 孕잉( ) : 애밸 잉	5302	6217	5216	7213
084	徑	(경) 仄聲/去聲: 媵잉( ) : 계집 잉	5304	6218	5217	7214
084	徑	(경) 仄聲/去聲: 賸잉( ) : 보낼/버금/더할 잉	5306	6219	5218	7215
084	徑	(경) 仄聲/去聲: 賸잉(승) : 더할/남을 승	5307	6220	5219	6905
084	徑	(경) 仄聲/去聲: 甸전(승) : 다스릴/수레 승	5613	6221	5220	6906
084	徑	(경) 仄聲/去聲: 定정( ) : 정할 정	5714	6222	5221	7336
084	徑	(경) 仄聲/去聲: 庭정( ) : 뜰 정	5716	6223	5222	7338
084	徑	(경) 仄聲/去聲: 廷정( ) : 조정 정	5717	6224	5223	7339
084	徑	(경) 仄聲/去聲: 碇정( ) : 닻돌/배멈출 정	5739	6225	5225	7344

배열형식 B (韻目번호 基準)			배열 A	배열 B	배열 C	배열 D
韻目番號	韻目(독음) 平仄 / 四聲 : 韻族(異音) : 略義		운족 가나순	운목 번호순	운목 가나순	사성순
084	徑	(경) 仄聲/去聲: 訂정( ) : 바로잡을 정	5746	6226	5226	7346
084	徑	(경) 仄聲/去聲: 釘정( ) : 못 정	5750	6227	5227	7348
084	徑	(경) 仄聲/去聲: 錠정( ) : 제기이름 정	5753	6228	5228	7349
084	徑	(경) 仄聲/去聲: 頲정( ) : 이마 정	5787	6229	5229	7352
084	徑	(경) 仄聲/去聲: 烝증( ) : 김오를 증	6113	6230	5245	7409
084	徑	(경) 仄聲/去聲: 甑증( ) : 시루 증	6114	6231	5246	7410
084	徑	(경) 仄聲/去聲: 證증( ) : 증거 증	6118	6232	5247	7412
084	徑	(경) 仄聲/去聲: 贈증( ) : 줄 증	6119	6233	5248	7413
084	徑	(경) 仄聲/去聲: 聽청( ) : 들을 청	6547	6234	5249	7568
084	徑	(경) 仄聲/去聲: 秤칭( ) : 저울 칭	6866	6235	5259	7646
084	徑	(경) 仄聲/去聲: 稱칭( ) : 일컬을 칭	6867	6236	5260	7647
084	徑	(경) 仄聲/去聲: 恒항(긍) : 시위/두루 긍	7335	6237	5263	6218
084	徑	(경) 仄聲/去聲: 瀅형( ) : 물맑을 형	7496	6238	5264	7854
084	徑	(경) 仄聲/去聲: 鎣형( ) : 줄 형	7506	6239	5266	7856
084	徑	(경) 仄聲/去聲: 橫횡( ) : 가로 횡	7763	6240	5267	7910
085	宥	(유) 仄聲/去聲: 叩고( ) : 두드릴 고	492	6241	5108	6083
085	宥	(유) 仄聲/去聲: 穀곡(구) : 녹[祿] 구	564	6242	5109	6138
085	宥	(유) 仄聲/去聲: 寇구( ) : 도둑 구	833	6243	5110	6139
085	宥	(유) 仄聲/去聲: 救구( ) : 구원할 구	837	6244	5111	6140
085	宥	(유) 仄聲/去聲: 柩구( ) : 널 구	839	6245	5112	6141
085	宥	(유) 仄聲/去聲: 構구( ) : 얽을 구	840	6246	5113	6142
085	宥	(유) 仄聲/去聲: 灸구( ) : 뜸 구	846	6247	5114	6143
085	宥	(유) 仄聲/去聲: 究구( ) : 다할/궁구할 구	852	6248	5115	6144
085	宥	(유) 仄聲/去聲: 舊구( ) : 예 구	857	6249	5116	6145
085	宥	(유) 仄聲/去聲: 購구( ) : 살 구	861	6250	5117	6146
085	宥	(유) 仄聲/去聲: 媾구( ) : 화친할 구	874	6251	5119	6147
085	宥	(유) 仄聲/去聲: 扣구( ) : 두드릴/뺄 구	877	6252	5120	6148
085	宥	(유) 仄聲/去聲: 搆구( ) : 이해못할/이끌 구	878	6253	5121	6149
085	宥	(유) 仄聲/去聲: 疚구( ) : 오랜병 구	883	6254	5122	6150
085	宥	(유) 仄聲/去聲: 詬구( ) : 꾸짖을 구	890	6255	5123	6151
085	宥	(유) 仄聲/去聲: 遘구( ) : 만날 구	892	6256	5124	6152
085	宥	(유) 仄聲/去聲: 鷇구( ) : 새새끼/기를 구	896	6257	5125	6153
085	宥	(유) 仄聲/去聲: 夠구( ) : 모을 구	898	6258	5126	6154
085	宥	(유) 仄聲/去聲: 廏구( ) : 마구간 구	899	6259	5127	6155
085	宥	(유) 仄聲/去聲: 雊구( ) : 장끼울음 구	906	6260	5128	6157
085	宥	(유) 仄聲/去聲: 寓구( ) : 침실 구	909	6261	5133	6158

배열형식 B (韻目번호 基準)			배열 A	배열 B	배열 C	배열 D
韻目番號	韻目(독음)	平仄 / 四聲 : 韻族(異音) : 略義	운족 가나순	운목 번호순	운목 가나순	사성순
085	宥	(유) 仄聲/去聲: 叫규( ) : 부르짖을 규	990	6262	5129	6188
085	宥	(유) 仄聲/去聲: 狃뉴( ) : 탐낼 뉴	1302	6263	5137	6251
085	宥	(유) 仄聲/去聲: 讀독(두) : 구절/토 두	1559	6264	5138	6314
085	宥	(유) 仄聲/去聲: 痘두( ) : 마마 두	1636	6265	5139	6315
085	宥	(유) 仄聲/去聲: 竇두( ) : 구멍 두	1637	6266	5140	6316
085	宥	(유) 仄聲/去聲: 荳두( ) : 콩 두	1638	6267	5141	6317
085	宥	(유) 仄聲/去聲: 豆두( ) : 콩 두	1639	6268	5142	6318
085	宥	(유) 仄聲/去聲: 逗두( ) : 머무를 두	1640	6269	5143	6319
085	宥	(유) 仄聲/去聲: 脰두( ) : 목 두	1644	6270	5144	6320
085	宥	(유) 仄聲/去聲: 鬥두( ) : 싸울 두	1649	6271	5145	6321
085	宥	(유) 仄聲/去聲: 廖료( ) : 사람이름 료	2010	6272	5153	6416
085	宥	(유) 仄聲/去聲: 漏루( ) : 샐 루	2039	6273	5154	6417
085	宥	(유) 仄聲/去聲: 瘻루( ) : 부스럼 루	2040	6274	5155	6418
085	宥	(유) 仄聲/去聲: 陋루( ) : 좁을 루	2047	6275	5156	6419
085	宥	(유) 仄聲/去聲: 溜류( ) : 떨어질 류	2065	6276	5157	6420
085	宥	(유) 仄聲/去聲: 謬류( ) : 그르칠 류	2072	6277	5158	6421
085	宥	(유) 仄聲/去聲: 廇류( ) : 가운데뚫을 류	2076	6278	5159	6422
085	宥	(유) 仄聲/去聲: 霤류( ) : 낙수물 류	2079	6279	5160	6423
085	宥	(유) 仄聲/去聲: 餾류( ) : 뜸돌 류	2081	6280	5161	6424
085	宥	(유) 仄聲/去聲: 鷚류( ) : 종다리 류	2083	6281	5162	6425
085	宥	(유) 仄聲/去聲: 姆모( ) : 여스승 모	2366	6282	5164	6492
085	宥	(유) 仄聲/去聲: 懋무( ) : 힘쓸 무	2452	6283	5165	6514
085	宥	(유) 仄聲/去聲: 戊무( ) : 천간 무	2453	6284	5166	6515
085	宥	(유) 仄聲/去聲: 楙무( ) : 무성할/모과나무 무	2457	6285	5167	6516
085	宥	(유) 仄聲/去聲: 繆무( ) : 실천오리/얽을 무	2463	6286	5168	6517
085	宥	(유) 仄聲/去聲: 茂무( ) : 무성할 무	2468	6287	5169	6518
085	宥	(유) 仄聲/去聲: 貿무( ) : 무역할 무	2471	6288	5170	6519
085	宥	(유) 仄聲/去聲: 複복(부) : 거듭 부	2892	6289	5171	6677
085	宥	(유) 仄聲/去聲: 鍑복( ) : 아가리큰솥 복	2908	6290	5172	6671
085	宥	(유) 仄聲/去聲: 踣복( ) : 엎드러질/쓰러질 복	2909	6291	5175	6673
085	宥	(유) 仄聲/去聲: 副부( ) : 버금 부	2937	6292	5173	6678
085	宥	(유) 仄聲/去聲: 富부( ) : 부자 부	2948	6293	5174	6679
085	宥	(유) 仄聲/去聲: 受수( ) : 받을 수	3758	6294	5178	6842
085	宥	(유) 仄聲/去聲: 嗽수( ) : 기침할 수	3759	6295	5179	6843
085	宥	(유) 仄聲/去聲: 壽수( ) : 목숨 수	3763	6296	5180	6844
085	宥	(유) 仄聲/去聲: 守수( ) : 지킬 수	3765	6297	5181	6845

배열형식 B (韻目번호 基準)			배열 A	배열 B	배열 C	배열 D
韻目番號	韻目(독음) 平仄 / 四聲 : 韻族(異音) : 略義		운족 가나순	운목 번호순	운목 가나순	사성순
085	宥	(유) 仄聲/去聲: 岫수( ) : 산굴(=峀) 수	3766	6298	5182	6846
085	宥	(유) 仄聲/去聲: 授수( ) : 줄 수	3770	6299	5183	6848
085	宥	(유) 仄聲/去聲: 漱수( ) : 양치질할 수	3780	6300	5184	6849
085	宥	(유) 仄聲/去聲: 狩수( ) : 사냥 수	3782	6301	5185	6850
085	宥	(유) 仄聲/去聲: 獸수( ) : 짐승 수	3783	6302	5186	6851
085	宥	(유) 仄聲/去聲: 琇수( ) : 옥돌 수	3784	6303	5187	6852
085	宥	(유) 仄聲/去聲: 瘦수( ) : 파리할 수	3786	6304	5188	6853
085	宥	(유) 仄聲/去聲: 秀수( ) : 빼어날 수	3788	6305	5189	6854
085	宥	(유) 仄聲/去聲: 綬수( ) : 인끈 수	3793	6306	5190	6855
085	宥	(유) 仄聲/去聲: 繡수( ) : 수 수	3794	6307	5191	6856
085	宥	(유) 仄聲/去聲: 袖수( ) : 소매 수	3800	6308	5192	6857
085	宥	(유) 仄聲/去聲: 銹수( ) : 녹쓸 수	3808	6309	5193	6858
085	宥	(유) 仄聲/去聲: 首수( ) : 머리 수	3815	6310	5194	6859
085	宥	(유) 仄聲/去聲: 褎수( ) : 소매 수	3845	6311	5212	6861
085	宥	(유) 仄聲/去聲: 褎수(유) : 나아갈 유	3846	6312	5213	7155
085	宥	(유) 仄聲/去聲: 嗾수(주) : 부추길 주	3848	6313	5234	7378
085	宥	(유) 仄聲/去聲: 菽수(축) : 몹시앓을 축	3850	6314	5254	7610
085	宥	(유) 仄聲/去聲: 宿숙( ) : 잘 숙	3855	6315	5195	6867
085	宥	(유) 仄聲/去聲: 佑우( ) : 도울 우	4795	6316	5201	7119
085	宥	(유) 仄聲/去聲: 右우( ) : 오른(쪽) 우	4800	6317	5202	7120
085	宥	(유) 仄聲/去聲: 祐우( ) : 복 우	4811	6318	5203	7121
085	宥	(유) 仄聲/去聲: 侑유( ) : 권할 유	4976	6319	5204	7144
085	宥	(유) 仄聲/去聲: 宥유( ) : 용서할 유	4982	6320	5205	7145
085	宥	(유) 仄聲/去聲: 幼유( ) : 어릴 유	4983	6321	5206	7146
085	宥	(유) 仄聲/去聲: 釉유( ) : 윤 유	5020	6322	5207	7148
085	宥	(유) 仄聲/去聲: 鼬유( ) : 족제비 유	5042	6323	5208	7151
085	宥	(유) 仄聲/去聲: 擩유( ) : 답글 유	5049	6324	5209	7152
085	宥	(유) 仄聲/去聲: 蜼유( ) : 거미원숭이 유	5056	6325	5211	7154
085	宥	(유) 仄聲/去聲: 蜼유(유) : 거미원숭이 유	5057	6326	5210	7153
085	宥	(유) 仄聲/去聲: 柾정( ) : 바른나무 정	5725	6327	5224	7341
085	宥	(유) 仄聲/去聲: 族족(주) : 풍류가락 주	5932	6328	5230	7374
085	宥	(유) 仄聲/去聲: 簇족(추) : 모일/떼 추	5934	6329	5231	7592
085	宥	(유) 仄聲/去聲: 冑주( ) : 자손/맏아들/혈통 주	5991	6330	5232	7376
085	宥	(유) 仄聲/去聲: 呪주( ) : 빌 주	5992	6331	5233	7377
085	宥	(유) 仄聲/去聲: 奏주( ) : 아뢸 주	5994	6332	5235	7379
085	宥	(유) 仄聲/去聲: 宙주( ) : 집 주	5995	6333	5236	7380

배열형식 B (韻目번호 基準)		배열 A	배열 B	배열 C	배열 D
韻目番號	韻目(독음) 平仄 / 四聲 : 韻族(異音) : 略義	운족 가나순	운목 번호순	운목 가나순	사성순
085	宥 (유) 仄聲/去聲: 晝주( ) : 낮 주	5998	6334	5237	7381
085	宥 (유) 仄聲/去聲: 湊주( ) : 모일 주	6004	6335	5238	7382
085	宥 (유) 仄聲/去聲: 走주( ) : 달릴 주	6016	6336	5239	7383
085	宥 (유) 仄聲/去聲: 輳주( ) : 모일 주	6018	6337	5240	7384
085	宥 (유) 仄聲/去聲: 酎주( ) : 진한술 주	6020	6338	5241	7385
085	宥 (유) 仄聲/去聲: 蔟주( ) : 정월음률/정월 주	6031	6339	5242	7386
085	宥 (유) 仄聲/去聲: 胄주( ) : 투구 주	6037	6340	5243	7387
085	宥 (유) 仄聲/去聲: 噣주( ) : 부리 주	6039	6341	5244	7388
085	宥 (유) 仄聲/去聲: 祝주( ) : 축문 주	6045	6342	5253	7389
085	宥 (유) 仄聲/去聲: 皺추( ) : 주름살 추	6680	6343	5250	7593
085	宥 (유) 仄聲/去聲: 僦추( ) : 빌릴 추	6698	6344	5251	7594
085	宥 (유) 仄聲/去聲: 畜축(추) : 기를 휵	6722	6345	5252	7921
085	宥 (유) 仄聲/去聲: 就취( ) : 나아갈 취	6769	6346	5255	7621
085	宥 (유) 仄聲/去聲: 臭취( ) : 냄새 취	6774	6347	5256	7622
085	宥 (유) 仄聲/去聲: 驟취( ) : 달릴 취	6779	6348	5257	7623
085	宥 (유) 仄聲/去聲: 鷲취( ) : 수리 취	6780	6349	5258	7624
085	宥 (유) 仄聲/去聲: 透투( ) : 사무칠 투	7015	6350	5261	7704
085	宥 (유) 仄聲/去聲: 鬪투( ) : 싸움 투	7016	6351	5262	7705
085	宥 (유) 仄聲/去聲: 佝후( ) : 꼽추/거리낄 후	7792	6352	5118	7912
085	宥 (유) 仄聲/去聲: 候후( ) : 기후 후	7794	6353	5268	7913
085	宥 (유) 仄聲/去聲: 厚후( ) : 두터울 후	7795	6354	5269	7914
085	宥 (유) 仄聲/去聲: 后후( ) : 임금/왕후 후	7796	6355	5270	7915
085	宥 (유) 仄聲/去聲: 吼후( ) : 울 후	7797	6356	5271	7916
085	宥 (유) 仄聲/去聲: 嗅후( ) : 맡을 후	7799	6357	5272	7917
085	宥 (유) 仄聲/去聲: 後후( ) : 뒤 후	7800	6358	5273	7918
085	宥 (유) 仄聲/去聲: 逅후( ) : 만날 후	7803	6359	5274	7919
086	沁 (심) 仄聲/去聲: 妗금( ) : 외숙모 금	1058	6360	2860	6203
086	沁 (심) 仄聲/去聲: 禁금( ) : 금할 금	1062	6361	2861	6204
086	沁 (심) 仄聲/去聲: 噤금( ) : 입다물 금	1071	6362	2862	6205
086	沁 (심) 仄聲/去聲: 紟금( ) : 옷고름 금	1072	6363	2863	6206
086	沁 (심) 仄聲/去聲: 湛담(침) : 잠길 침	1398	6364	2864	7641
086	沁 (심) 仄聲/去聲: 滲삼( ) : 스밀 삼	3334	6365	2865	6730
086	沁 (심) 仄聲/去聲: 沁심( ) : 스며들 심	4050	6366	2866	6928
086	沁 (심) 仄聲/去聲: 甚심( ) : 심할 심	4053	6367	2867	6929
086	沁 (심) 仄聲/去聲: 吟음( ) : 읊을 음	5113	6368	2868	7171
086	沁 (심) 仄聲/去聲: 蔭음( ) : 그늘해그림자 음	5115	6369	2869	7172

배열형식 B (韻目번호 基準)			배열 A	배열 B	배열 C	배열 D
韻目番號	韻目(독음)	平仄 / 四聲 : 韻族(異音) : 略義	운족 가나순	운목 번호순	운목 가나순	사성순
086	沁	(심) 仄聲/去聲: 飮음(음) : 마실개할 음	5120	6370	2870	7173
086	沁	(심) 仄聲/去聲: 任임( ) : 맡길 임	5284	6371	2871	7205
086	沁	(심) 仄聲/去聲: 賃임( ) : 품삯 임	5293	6372	2872	7206
086	沁	(심) 仄聲/去聲: 衽임( ) : 옷깃 임	5294	6373	2873	7207
086	沁	(심) 仄聲/去聲: 鵀임( ) : 오디새 임	5296	6374	2874	7208
086	沁	(심) 仄聲/去聲: 鴆짐( ) : 짐새 짐	6265	6375	2875	7444
086	沁	(심) 仄聲/去聲: 讖참( ) : 조짐/참서 참	6359	6376	2876	7489
086	沁	(심) 仄聲/去聲: 譖참( ) : 하소연할 참	6367	6377	2877	7490
086	沁	(심) 仄聲/去聲: 闖츰( ) : 엿볼 츰	6795	6378	2880	7631
086	沁	(심) 仄聲/去聲: 浸침( ) : 잠길 침	6856	6379	2878	7643
086	沁	(심) 仄聲/去聲: 祲침( ) : 햇무리 침	6863	6380	2879	7644
086	沁	(심) 仄聲/去聲: 鍭후( ) : 화살 후	7809	6381	2881	7920
087	勘	(감) 仄聲/去聲: 勘감( ) : 살필 감	121	6382	412	5988
087	勘	(감) 仄聲/去聲: 憾감( ) : 섭섭할 감	126	6383	413	5989
087	勘	(감) 仄聲/去聲: 瞰감( ) : 볼 감	136	6384	414	5990
087	勘	(감) 仄聲/去聲: 紺감( ) : 감색 감	137	6385	415	5991
087	勘	(감) 仄聲/去聲: 啖담( ) : 먹을 담	1391	6386	416	6268
087	勘	(감) 仄聲/去聲: 憺담( ) : 편안할 담	1392	6387	417	6269
087	勘	(감) 仄聲/去聲: 擔담( ) : 멜 담	1393	6388	418	6270
087	勘	(감) 仄聲/去聲: 淡담( ) : 맑을 담	1395	6389	419	6271
087	勘	(감) 仄聲/去聲: 澹담( ) : 깊을 담	1400	6390	420	6272
087	勘	(감) 仄聲/去聲: 濫람( ) : 넘칠 람	1730	6391	421	6353
087	勘	(감) 仄聲/去聲: 纜람( ) : 닻줄 람	1733	6392	422	6354
087	勘	(감) 仄聲/去聲: 三삼( ) : 석 삼	3325	6393	423	6729
087	勘	(감) 仄聲/去聲: 參삼( ) : 셋/삭 삼	3337	6394	427	6731
087	勘	(감) 仄聲/去聲: 參삼(심) : 별이름 심	3338	6395	429	6930
087	勘	(감) 仄聲/去聲: 參삼(참) : 참여할 참	3339	6396	428	7485
087	勘	(감) 仄聲/去聲: 摻섬(참) : 북장단 참	3571	6397	424	7483
087	勘	(감) 仄聲/去聲: 暗암( ) : 어두울 암	4162	6398	425	6977
087	勘	(감) 仄聲/去聲: 暫잠( ) : 잠깐 잠	5405	6399	426	7248
087	勘	(감) 仄聲/去聲: 枕침( ) : 베개 침	6853	6400	430	7642
087	勘	(감) 仄聲/去聲: 撢탐( ) : 더듬을 탐	6945	6401	431	7686
087	勘	(감) 仄聲/去聲: 闞함(감) : 바랄 감	7313	6402	432	5994
088	豔	(염) 仄聲/去聲: 劍검( ) : 칼 검	296	6403	3720	6026
088	豔	(염) 仄聲/去聲: 劒검( ) : 칼 검	297	6404	3721	6027
088	豔	(염) 仄聲/去聲: 念념( ) : 생각할/읽을 념	1244	6405	3722	6240

배열형식 B (韻目번호 基準)			배열 A	배열 B	배열 C	배열 D
韻目番號	韻目	(독음) 平仄 / 四聲 : 韻族(異音) : 略義	운족 가나순	운목 번호순	운목 가나순	사성순
088	豔	(염) 仄聲/去聲: 念념( ) : 생각할/생각할 념	1249	6406	3726	6242
088	豔	(염) 仄聲/去聲: 殮렴( ) : 염할 렴	1872	6407	3723	6390
088	豔	(염) 仄聲/去聲: 煔삼(첨) : 불빛 첨	3352	6408	3735	7552
088	豔	(염) 仄聲/去聲: 贍섬( ) : 넉넉할 섬	3564	6409	3724	6805
088	豔	(염) 仄聲/去聲: 俺엄( ) : 나/클 엄	4347	6410	3725	7035
088	豔	(염) 仄聲/去聲: 艶염( ) : 고울 염	4455	6411	3727	7069
088	豔	(염) 仄聲/去聲: 饜염( ) : 물릴 염	4464	6412	3728	7070
088	豔	(염) 仄聲/去聲: 豔염( ) : 고울/탐스러울 염	4470	6413	3729	7071
088	豔	(염) 仄聲/去聲: 店점( ) : 가게 점	5684	6414	3730	7322
088	豔	(염) 仄聲/去聲: 墊점( ) : 빠질 점	5692	6415	3731	7323
088	豔	(염) 仄聲/去聲: 苫점( ) : 이엉 점	5695	6416	3732	7324
088	豔	(염) 仄聲/去聲: 唸점( ) : 음할 점	5697	6417	3733	7325
088	豔	(염) 仄聲/去聲: 坫점( ) : 경계 점	5699	6418	3734	7326
088	豔	(염) 仄聲/去聲: 僭참( ) : 참람할 참	6350	6419	3736	7484
088	豔	(염) 仄聲/去聲: 塹참( ) : 구덩이/해자/땅팔 참	6351	6420	3737	7486
088	豔	(염) 仄聲/去聲: 窆폄( ) : 하관할 폄	7104	6421	3738	7728
088	豔	(염) 仄聲/去聲: 驗험( ) : 시험할 험	7420	6422	3739	7816
088	豔	(염) 仄聲/去聲: 獫험(렴) : 부리긴개 렴	7422	6423	3740	6391
088	豔	(염) 仄聲/去聲: 欠흠( ) : 하품 흠	7897	6424	3741	7937
089	陷	(함) 仄聲/去聲: 鑑감( ) : 거울 감	138	6425	7397	5992
089	陷	(함) 仄聲/去聲: 歉겸(감) : 팀할/부리 감	387	6426	7398	5993
089	陷	(함) 仄聲/去聲: 梵범( ) : 깨끗할/바라문 범	2775	6427	7399	6601
089	陷	(함) 仄聲/去聲: 氾범( ) : 넘칠 범	2776	6428	7400	6602
089	陷	(함) 仄聲/去聲: 泛범( ) : 뜰/넓을 범	2778	6429	7401	6603
089	陷	(함) 仄聲/去聲: 扼액( ) : 움킬/잡을 액	4228	6430	7402	6989
089	陷	(함) 仄聲/去聲: 賺잠( ) : 거듭팔릴 잠	5411	6431	7403	7249
089	陷	(함) 仄聲/去聲: 懺참( ) : 뉘우칠 참	6355	6432	7404	7487
089	陷	(함) 仄聲/去聲: 站참( ) : 우두커니설 참	6357	6433	7405	7488
089	陷	(함) 仄聲/去聲: 陷함( ) : 빠질 함	7308	6434	7406	7789
089	陷	(함) 仄聲/去聲: 闞함( ) : 범의포효소리 함	7312	6435	7407	7790
089	陷	(함) 仄聲/去聲: 餡함( ) : 떡속 함	7316	6436	7408	7791
090	屋	(옥) 仄聲/入聲: 珏각(곡) : 쌍옥 곡	49	6437	3815	6088
090	屋	(옥) 仄聲/入聲: 角각(곡) : 꿩우는소리 곡	54	6438	3817	6089
090	屋	(옥) 仄聲/入聲: 角각(록) : 신선/사람이름 록	55	6439	3816	6400
090	屋	(옥) 仄聲/入聲: 瑴각( ) : 쌍옥 각	63	6440	3824	5968
090	屋	(옥) 仄聲/入聲: 哭곡( ) : 울 곡	559	6441	3818	6091

배열형식 B (韻目번호 基準)			배열 A	배열 B	배열 C	배열 D
韻目番號	韻目(독음) 平仄 / 四聲 : 韻族(異音) : 略義		운족 가나순	운목 번호순	운목 가나순	사성순
090	屋	(옥) 仄聲/入聲: 斛곡( ) : 열(十)말 곡	560	6442	3819	6092
090	屋	(옥) 仄聲/入聲: 穀곡( ) : 곡식 곡	563	6443	3820	6095
090	屋	(옥) 仄聲/入聲: 谷곡( ) : 골 곡	565	6444	3821	6096
090	屋	(옥) 仄聲/入聲: 觳곡( ) : 다할/엷을 곡	568	6445	3822	6099
090	屋	(옥) 仄聲/入聲: 轂곡( ) : 고할 곡	570	6446	3823	6100
090	屋	(옥) 仄聲/入聲: 菊국( ) : 국화 국	912	6447	3825	6161
090	屋	(옥) 仄聲/入聲: 鞠국( ) : 성 국	913	6448	3826	6162
090	屋	(옥) 仄聲/入聲: 鞫국( ) : 국문할 국	914	6449	3827	6163
090	屋	(옥) 仄聲/入聲: 麴국( ) : 누룩 국	915	6450	3828	6164
090	屋	(옥) 仄聲/入聲: 掬국( ) : 움킬 국	916	6451	3829	6165
090	屋	(옥) 仄聲/入聲: 椈국( ) : 측백나무 국	917	6452	3830	6166
090	屋	(옥) 仄聲/入聲: 鵴국( ) : 뻐꾸기 국	919	6453	3831	6168
090	屋	(옥) 仄聲/入聲: 瀆독( ) : 도랑 독	1551	6454	3832	6294
090	屋	(옥) 仄聲/入聲: 牘독( ) : 편지 독	1552	6455	3833	6295
090	屋	(옥) 仄聲/入聲: 犢독( ) : 송아지 독	1553	6456	3834	6296
090	屋	(옥) 仄聲/入聲: 獨독( ) : 홀로 독	1554	6457	3835	6297
090	屋	(옥) 仄聲/入聲: 禿독( ) : 대머리 독	1556	6458	3836	6299
090	屋	(옥) 仄聲/入聲: 讀독( ) : 읽을/풍류 독	1558	6459	3837	6301
090	屋	(옥) 仄聲/入聲: 櫝독( ) : 함/관 독	1560	6460	3838	6302
090	屋	(옥) 仄聲/入聲: 黷독( ) : 더럽힐 독	1561	6461	3839	6303
090	屋	(옥) 平仄/入聲: 韇독( ) : 전동 독	1564	6462	3840	6305
090	屋	(옥) 仄聲/入聲: 韣독( ) : 활집 독	1565	6463	3841	6306
090	屋	(옥) 仄聲/入聲: 竺독( ) : 두터울 독	1567	6464	3957	6307
090	屋	(옥) 仄聲/入聲: 碌록( ) : 푸른빛 록	1955	6465	3842	6404
090	屋	(옥) 仄聲/入聲: 禄록( ) : 녹 록	1956	6466	3843	6405
090	屋	(옥) 仄聲/入聲: 鹿록( ) : 사슴 록	1960	6467	3844	6410
090	屋	(옥) 仄聲/入聲: 麓록( ) : 산기슭 록	1961	6468	3845	6411
090	屋	(옥) 仄聲/入聲: 淥록( ) : 샐/물맑을 록	1962	6469	3846	6412
090	屋	(옥) 仄聲/入聲: 漉록( ) : 거를 록	1963	6470	3847	6413
090	屋	(옥) 仄聲/入聲: 盝록( ) : 다할 록	1964	6471	3848	6414
090	屋	(옥) 仄聲/入聲: 六륙( ) : 여섯 륙	2084	6472	3849	6426
090	屋	(옥) 仄聲/入聲: 戮륙( ) : 죽일 륙	2085	6473	3850	6427
090	屋	(옥) 仄聲/入聲: 陸륙( ) : 뭍/두터울 륙	2086	6474	3851	6428
090	屋	(옥) 仄聲/入聲: 稑륙( ) : 올벼 륙	2087	6475	3852	6429
090	屋	(옥) 仄聲/入聲: 木목( ) : 나무 목	2404	6476	3853	6500
090	屋	(옥) 仄聲/入聲: 木목(모) : 모과 모	2405	6477	3854	6499

배열형식 B (韻目번호 基準)			배열 A	배열 B	배열 C	배열 D
韻目番號	韻目(독음) 平仄 / 四聲 : 韻族(異音) : 略義		운족 가나순	운목 번호순	운목 가나순	사성순
090	屋	(옥) 仄聲/入聲: 沐목( ) : 머리감을 목	2406	6478	3855	6501
090	屋	(옥) 仄聲/入聲: 牧목( ) : 칠 목	2407	6479	3856	6502
090	屋	(옥) 仄聲/入聲: 目목( ) : 눈 목	2408	6480	3857	6503
090	屋	(옥) 仄聲/入聲: 睦목( ) : 화목할 목	2409	6481	3858	6504
090	屋	(옥) 仄聲/入聲: 穆목( ) : 화목할 목	2410	6482	3859	6505
090	屋	(옥) 仄聲/入聲: 鶩목( ) : 집오리 목	2411	6483	3860	6506
090	屋	(옥) 仄聲/入聲: 苜목( ) : 거여목 목	2412	6484	3861	6507
090	屋	(옥) 仄聲/入聲: 霂목( ) : 가랑비 목	2413	6485	3862	6508
090	屋	(옥) 仄聲/入聲: 繆무(목) : 몹쓸시호 목	2466	6486	3863	6509
090	屋	(옥) 仄聲/入聲: 騖무( ) : 달릴 무	2476	6487	3864	6520
090	屋	(옥) 仄聲/入聲: 撲박(복) : 두드릴/씨름할 복	2588	6488	3865	6643
090	屋	(옥) 仄聲/入聲: 樸박(복) : 떡갈나무 복	2591	6489	3866	6644
090	屋	(옥) 仄聲/入聲: 洑복( ) : 돌아흐를/보 복	2875	6490	3867	6645
090	屋	(옥) 仄聲/入聲: 洑복(보) : 돌아흐를/보 보	2876	6491	3868	6642
090	屋	(옥) 仄聲/入聲: 伏복( ) : 엎드릴 복	2877	6492	3869	6646
090	屋	(옥) 仄聲/入聲: 僕복( ) : 종 복	2878	6493	3870	6647
090	屋	(옥) 仄聲/入聲: 匐복( ) : 엎드릴 복	2879	6494	3872	6648
090	屋	(옥) 仄聲/入聲: 匐복(북) : 엎드릴 북	2880	6495	3871	6681
090	屋	(옥) 仄聲/入聲: 卜복( ) : 점 복	2881	6496	3873	6649
090	屋	(옥) 仄聲/入聲: 宓복( ) : 편안할/업드릴 복	2882	6497	3874	6650
090	屋	(옥) 仄聲/入聲: 復복( ) : 돌아올 복	2884	6498	3876	6651
090	屋	(옥) 仄聲/入聲: 復복(부) : 다시/또 부	2885	6499	3875	6676
090	屋	(옥) 仄聲/入聲: 服복( ) : 옷 복	2886	6500	3877	6652
090	屋	(옥) 仄聲/入聲: 福복( ) : 복 복	2887	6501	3878	6653
090	屋	(옥) 仄聲/入聲: 腹복( ) : 배 복	2888	6502	3879	6654
090	屋	(옥) 仄聲/入聲: 茯복( ) : 복령 복	2889	6503	3880	6655
090	屋	(옥) 仄聲/入聲: 複복( ) : 겹옷/복도 복	2891	6504	3881	6657
090	屋	(옥) 仄聲/入聲: 覆복( ) : 덮을/엎어질 복	2893	6505	3882	6658
090	屋	(옥) 仄聲/入聲: 輹복( ) : 복토 복	2894	6506	3883	6659
090	屋	(옥) 仄聲/入聲: 輻복( ) : 바퀴살 복	2895	6507	3884	6660
090	屋	(옥) 仄聲/入聲: 馥복( ) : 향기 복	2897	6508	3885	6661
090	屋	(옥) 仄聲/入聲: 鰒복( ) : 전복 복	2898	6509	3886	6662
090	屋	(옥) 仄聲/入聲: 扑복( ) : 칠 복	2900	6510	3887	6664
090	屋	(옥) 仄聲/入聲: 濮복( ) : 강이름 복	2901	6511	3888	6665
090	屋	(옥) 仄聲/入聲: 箙복( ) : 화살통 복	2902	6512	3889	6666
090	屋	(옥) 仄聲/入聲: 蝠복( ) : 박쥐 복	2903	6513	3890	6667

배열형식 B (韻目번호 基準)		배열 A	배열 B	배열 C	배열 D
韻目番號	韻目(독음) 平仄 / 四聲 : 韻族(異音) : 略義	운족 가나순	운목 번호순	운목 가나순	사성순
090	屋 (옥) 仄聲/入聲: 蝮복( ) : 살무사 복	2904	6514	3891	6668
090	屋 (옥) 仄聲/入聲: 楅복( ) : 쇠뿔가로대 복	2905	6515	3892	6669
090	屋 (옥) 仄聲/入聲: 楅복(벽) : 쇠뿔가로대 벽	2906	6516	3893	6620
090	屋 (옥) 仄聲/入聲: 葍복( ) : 금불초 복	2907	6517	3894	6670
090	屋 (옥) 仄聲/入聲: 副부(벽) : 쪼갤 복	2938	6518	3895	6672
090	屋 (옥) 仄聲/入聲: 槭색(축) : 단풍나무 축	3400	6519	3896	7596
090	屋 (옥) 仄聲/入聲: 棟색( ) : 가시목 색	3402	6520	3897	6753
090	屋 (옥) 仄聲/入聲: 謖속( ) : 일어날 속	3701	6521	3899	6830
090	屋 (옥) 仄聲/入聲: 速속( ) : 빠를 속	3703	6522	3900	6832
090	屋 (옥) 仄聲/入聲: 藗속( ) : 흰띠 속	3705	6523	3902	6834
090	屋 (옥) 仄聲/入聲: 涑수(속) : 물이름/빨 속	3754	6524	3898	6827
090	屋 (옥) 仄聲/入聲: 蔌수(속) : 더러울 속	3756	6525	3901	6833
090	屋 (옥) 仄聲/入聲: 菽수( ) : 얻을 수	3849	6526	3966	6862
090	屋 (옥) 仄聲/入聲: 叔숙( ) : 아재비 숙	3851	6527	3903	6863
090	屋 (옥) 仄聲/入聲: 塾숙( ) : 문옆방/글방 숙	3852	6528	3904	6864
090	屋 (옥) 仄聲/入聲: 夙숙( ) : 일찍 숙	3853	6529	3905	6865
090	屋 (옥) 仄聲/入聲: 孰숙( ) : 누구 숙	3854	6530	3906	6866
090	屋 (옥) 仄聲/入聲: 宿숙(수) : 성좌 수	3856	6531	3907	6860
090	屋 (옥) 仄聲/入聲: 淑숙( ) : 맑을 숙	3857	6532	3908	6868
090	屋 (옥) 仄聲/入聲: 潚숙( ) : 성 숙	3858	6533	3909	6869
090	屋 (옥) 仄聲/入聲: 潚숙(축) : 깊고맑을 축	3859	6534	3910	7597
090	屋 (옥) 仄聲/入聲: 熟숙( ) : 익을 숙	3860	6535	3911	6870
090	屋 (옥) 仄聲/入聲: 琡숙( ) : 옥이름 숙	3861	6536	3912	6871
090	屋 (옥) 仄聲/入聲: 璹숙( ) : 옥그릇 숙	3862	6537	3913	6872
090	屋 (옥) 仄聲/入聲: 肅숙( ) : 엄숙할 숙	3864	6538	3914	6873
090	屋 (옥) 仄聲/入聲: 菽숙( ) : 콩 숙	3865	6539	3915	6874
090	屋 (옥) 仄聲/入聲: 俶숙( ) : 비롯할 숙	3866	6540	3916	6875
090	屋 (옥) 仄聲/入聲: 倏숙( ) : 갑자기/빛날 숙	3867	6541	3917	6876
090	屋 (옥) 仄聲/入聲: 儵숙( ) : 빠를 숙	3868	6542	3918	6877
090	屋 (옥) 仄聲/入聲: 莤숙( ) : 술거를 숙	3869	6543	3919	6878
090	屋 (옥) 仄聲/入聲: 黱숙( ) : 검은범 숙	3871	6544	3920	6879
090	屋 (옥) 仄聲/入聲: 鮛숙( ) : 작은다랑어 숙	3872	6545	3921	6880
090	屋 (옥) 仄聲/入聲: 阿아(옥) : 누구 옥	4089	6546	3922	7097
090	屋 (옥) 仄聲/入聲: 奧오(욱) : 따스할/모퉁이 욱	4568	6547	3923	7122
090	屋 (옥) 仄聲/入聲: 澳오(욱) : 벼랑 욱	4581	6548	3924	7123
090	屋 (옥) 仄聲/入聲: 燠오( ) : 따뜻할 오	4609	6549	3932	7096

배열형식 B (韻目번호 基準)		배열 A	배열 B	배열 C	배열 D
韻目 番號	韻目(독음) 平仄 / 四聲 : 韻族(異音) : 略義	운족 가나순	운목 번호순	운목 가나순	사성순
090	屋 (옥) 仄聲/入聲: 燠오(욱) : 따뜻할 욱	4610	6550	3933	7132
090	屋 (옥) 仄聲/入聲: 屋옥( ) : 집 옥	4611	6551	3925	7099
090	屋 (옥) 仄聲/入聲: 彧욱( ) : 문채 욱	4840	6552	3926	7125
090	屋 (옥) 仄聲/入聲: 昱욱( ) : 빛날 욱	4842	6553	3927	7127
090	屋 (옥) 仄聲/入聲: 栯욱( ) : 산앵두 욱	4843	6554	3928	7128
090	屋 (옥) 仄聲/入聲: 煜욱( ) : 빛날 욱	4844	6555	3930	7129
090	屋 (옥) 仄聲/入聲: 煜욱(읍) : 불빛환할 읍	4845	6556	3929	7174
090	屋 (옥) 仄聲/入聲: 郁욱( ) : 성할 욱	4846	6557	3931	7130
090	屋 (옥) 仄聲/入聲: 柚유( ) : 유자나무 유	4995	6558	3934	7147
090	屋 (옥) 仄聲/入聲: 柚유(축) : 북 축	4996	6559	3935	7598
090	屋 (옥) 仄聲/入聲: 囿유( ) : 동산 유	5023	6560	3937	7150
090	屋 (옥) 仄聲/入聲: 囿유(유) : 동산 유	5024	6561	3936	7149
090	屋 (옥) 仄聲/入聲: 堉육( ) : 기름진땅 육	5065	6562	3938	7156
090	屋 (옥) 仄聲/入聲: 毓육( ) : 기를 육	5066	6563	3939	7157
090	屋 (옥) 仄聲/入聲: 肉육( ) : 고기 육	5067	6564	3940	7158
090	屋 (옥) 仄聲/入聲: 育육( ) : 기를 육	5068	6565	3941	7159
090	屋 (옥) 仄聲/入聲: 唷육( ) : 소리지를 육	5069	6566	3942	7160
090	屋 (옥) 仄聲/入聲: 族족( ) : 무리/일가/겨레 족	5931	6567	3943	7363
090	屋 (옥) 仄聲/入聲: 簇족( ) : 가는대 족	5933	6568	3944	7364
090	屋 (옥) 仄聲/入聲: 蔟주(족) : 모을/누에발 족	6032	6569	3946	7366
090	屋 (옥) 仄聲/入聲: 祝주(축) : 빌/짤/비로소 축	6046	6570	3956	7600
090	屋 (옥) 仄聲/入聲: 竹죽( ) : 대 죽	6047	6571	3947	7390
090	屋 (옥) 仄聲/入聲: 粥죽( ) : 죽/어리석은체할 죽	6048	6572	3948	7391
090	屋 (옥) 仄聲/入聲: 粥죽(육) : 팔육(賣也)/오랑캐 육	6049	6573	3949	7161
090	屋 (옥) 仄聲/入聲: 鬻죽( ) : 미음/죽 죽	6050	6574	3952	7392
090	屋 (옥) 仄聲/入聲: 鬻죽(국) : 기를/어릴 국	6051	6575	3951	6169
090	屋 (옥) 仄聲/入聲: 鬻죽(육) : 팔(賣也) 육	6052	6576	3950	7162
090	屋 (옥) 仄聲/入聲: 鏃촉( ) : 살촉 촉	6622	6577	3945	7576
090	屋 (옥) 仄聲/入聲: 矗촉( ) : 우거질 촉	6626	6578	3953	7580
090	屋 (옥) 仄聲/入聲: 畜축( ) : 가축/쌓을 축	6721	6579	3954	7599
090	屋 (옥) 仄聲/入聲: 畜축(휵) : 집짐승 추	6723	6580	3955	7595
090	屋 (옥) 仄聲/入聲: 筑축( ) : 악기이름 축	6724	6581	3958	7602
090	屋 (옥) 仄聲/入聲: 築축( ) : 쌓을 축	6725	6582	3959	7603
090	屋 (옥) 仄聲/入聲: 縮축( ) : 줄일 축	6726	6583	3960	7604
090	屋 (옥) 仄聲/入聲: 蓄축( ) : 모을 축	6727	6584	3961	7605
090	屋 (옥) 仄聲/入聲: 蹙축( ) : 대지를 축	6728	6585	3962	7606

배열형식 B (韻目번호 基準)			배열 A	배열 B	배열 C	배열 D
韻目番號	韻目(독음) 平仄 / 四聲 : 韻族(異音) : 略義		운족 가나순	운목 번호순	운목 가나순	사성순
090	屋	(옥) 仄聲/入聲: 蹴축( ) : 찰 축	6729	6586	3963	7607
090	屋	(옥) 仄聲/入聲: 軸축( ) : 굴대 축	6730	6587	3964	7608
090	屋	(옥) 仄聲/入聲: 逐축( ) : 쫓을 축	6731	6588	3965	7609
090	屋	(옥) 仄聲/入聲: 柷축( ) : 악기이름 축	6734	6589	3967	7611
090	屋	(옥) 仄聲/入聲: 蓫축( ) : 참소리쟁이 축	6735	6590	3968	7612
090	屋	(옥) 仄聲/入聲: 顣축( ) : 찡그릴 축	6736	6591	3969	7613
090	屋	(옥) 仄聲/入聲: 鱁축( ) : 부레/창란젓/아감젓 축	6737	6592	3970	7614
090	屋	(옥) 仄聲/入聲: 啄탁( ) : 쫄(부리) 탁	6899	6593	3971	7659
090	屋	(옥) 仄聲/入聲: 暴포(폭) : 햇빛쪼일 폭	7141	6594	3972	7736
090	屋	(옥) 仄聲/入聲: 曝포(폭) : 햇볕에말릴 폭	7168	6595	3975	7739
090	屋	(옥) 仄聲/入聲: 瀑포(폭) : 폭포수 폭	7170	6596	3976	7740
090	屋	(옥) 仄聲/入聲: 幅폭( ) : 폭/가득찰 폭	7171	6597	3973	7737
090	屋	(옥) 仄聲/入聲: 暴폭( ) : 사나울 폭	7173	6598	3974	7738
090	屋	(옥) 仄聲/入聲: 匹필(목) : 집오리 목	7230	6599	3977	6510
090	屋	(옥) 仄聲/入聲: 熇효(혹) : 불꽃이글이글할 혹	7782	6600	3978	7866
091	沃	(옥) 仄聲/入聲: 告고(곡) : 청할/보일/찾을 곡	494	6601	3979	6090
091	沃	(옥) 仄聲/入聲: 曲곡( ) : 굽을 곡	561	6602	3980	6093
091	沃	(옥) 仄聲/入聲: 梏곡( ) : 수갑 곡	562	6603	3981	6094
091	沃	(옥) 仄聲/入聲: 鵠곡( ) : 고니 곡	566	6604	3982	6097
091	沃	(옥) 仄聲/入聲: 嚳곡( ) : 고할 곡	567	6605	3983	6098
091	沃	(옥) 仄聲/入聲: 牿곡( ) : 외양깐 곡	571	6606	3984	6101
091	沃	(옥) 仄聲/入聲: 悎교(곡) : 두려워할 곡	813	6607	4043	6103
091	沃	(옥) 仄聲/入聲: 局국( ) : 판 국	911	6608	3985	6160
091	沃	(옥) 仄聲/入聲: 輂국( ) : 수레 국	918	6609	3986	6167
091	沃	(옥) 仄聲/入聲: 毒독( ) : 독 독	1550	6610	3989	6293
091	沃	(옥) 仄聲/入聲: 督독( ) : 감독할 독	1555	6611	3990	6298
091	沃	(옥) 仄聲/入聲: 篤독( ) : 도타울 독	1557	6612	3991	6300
091	沃	(옥) 仄聲/入聲: 蝳독( ) : 거미 독	1562	6613	3992	6304
091	沃	(옥) 仄聲/入聲: 斸독(촉) : 칼집 촉	1566	6614	3993	7573
091	沃	(옥) 仄聲/入聲: 竺독(축) : 나라이름(天竺) 축	1568	6615	4039	7601
091	沃	(옥) 仄聲/入聲: 濼락(록) : 강이름 록	1700	6616	3994	6403
091	沃	(옥) 仄聲/入聲: 勑래( ) : 위로할 래	1768	6617	3995	6359
091	沃	(옥) 仄聲/入聲: 錄려(록) : 문서/기록할 록	1832	6618	3998	6408
091	沃	(옥) 仄聲/入聲: 綠록( ) : 청록빛/옥이름 록	1953	6619	3987	6401
091	沃	(옥) 仄聲/入聲: 菉록( ) : 녹두 록	1954	6620	3988	6402
091	沃	(옥) 仄聲/入聲: 緑록( ) : 푸를 록	1957	6621	3996	6406

배열형식 B (韻目번호 基準)			배열 A	배열 B	배열 C	배열 D
韻目番號	韻目(독음) 平仄 / 四聲 : 韻族(異音) : 略義		운족 가나순	운목 번호순	운목 가나순	사성순
091	沃	(옥) 仄聲/入聲: 菉록( ) : 녹두 록	1958	6622	3997	6407
091	沃	(옥) 仄聲/入聲: 錄록( ) : 청록빛/옥이름 록	1959	6623	3999	6409
091	沃	(옥) 仄聲/入聲: 簶록( ) : 책상자 록	1965	6624	4000	6415
091	沃	(옥) 仄聲/入聲: 幞복( ) : 두건 복	2899	6625	4001	6663
091	沃	(옥) 仄聲/入聲: 輻복( ) : 바퀴살 복	2911	6626	4041	6675
091	沃	(옥) 仄聲/入聲: 俗속( ) : 풍속/세상/평범할 속	3696	6627	4003	6824
091	沃	(옥) 仄聲/入聲: 屬속( ) : 붙일 속	3697	6628	4004	6825
091	沃	(옥) 仄聲/入聲: 束속( ) : 묶을 속	3698	6629	4005	6826
091	沃	(옥) 仄聲/入聲: 粟속( ) : 조 속	3699	6630	4006	6828
091	沃	(옥) 仄聲/入聲: 續속( ) : 이을 속	3700	6631	4007	6829
091	沃	(옥) 仄聲/入聲: 贖속( ) : 바꿀 속	3702	6632	4008	6831
091	沃	(옥) 仄聲/入聲: 藚속( ) : 쇠기나물 속	3706	6633	4009	6835
091	沃	(옥) 仄聲/入聲: 數수(삭) : 빽빽할 촉	3750	6634	4002	7574
091	沃	(옥) 仄聲/入聲: 沃옥( ) : 기름질 옥	4612	6635	4010	7100
091	沃	(옥) 仄聲/入聲: 獄옥( ) : 감옥 옥	4613	6636	4011	7101
091	沃	(옥) 仄聲/入聲: 玉옥( ) : 구슬 옥	4614	6637	4012	7102
091	沃	(옥) 仄聲/入聲: 鈺옥( ) : 보배 옥	4615	6638	4013	7103
091	沃	(옥) 仄聲/入聲: 慾욕( ) : 욕심 욕	4751	6639	4014	7111
091	沃	(옥) 仄聲/入聲: 欲욕( ) : 하고자할 욕	4752	6640	4015	7112
091	沃	(옥) 仄聲/入聲: 浴욕( ) : 목욕할 욕	4753	6641	4016	7113
091	沃	(옥) 仄聲/入聲: 縟욕( ) : 화문놓을 욕	4754	6642	4017	7114
091	沃	(옥) 仄聲/入聲: 褥욕( ) : 요 욕	4755	6643	4018	7115
091	沃	(옥) 仄聲/入聲: 辱욕( ) : 욕될 욕	4756	6644	4019	7116
091	沃	(옥) 仄聲/入聲: 溽욕( ) : 무더울 욕	4757	6645	4020	7117
091	沃	(옥) 仄聲/入聲: 蓐욕( ) : 요 욕	4758	6646	4021	7118
091	沃	(옥) 仄聲/入聲: 勖욱( ) : 힘쓸 욱	4839	6647	4022	7124
091	沃	(옥) 仄聲/入聲: 旭욱( ) : 아침채 욱	4841	6648	4023	7126
091	沃	(옥) 仄聲/入聲: 頊욱( ) : 삼갈 욱	4847	6649	4024	7131
091	沃	(옥) 仄聲/入聲: 勗욱( ) : 힘쓸 욱	4848	6650	4025	7133
091	沃	(옥) 仄聲/入聲: 足족( ) : 발 족	5935	6651	4026	7365
091	沃	(옥) 仄聲/入聲: 促촉( ) : 재촉할 촉	6623	6652	4027	7577
091	沃	(옥) 仄聲/入聲: 囑촉( ) : 부탁할 촉	6624	6653	4028	7578
091	沃	(옥) 仄聲/入聲: 燭촉( ) : 촛불 촉	6625	6654	4029	7579
091	沃	(옥) 仄聲/入聲: 蜀촉( ) : 나라이름 촉	6627	6655	4030	7581
091	沃	(옥) 仄聲/入聲: 觸촉( ) : 닿을 촉	6628	6656	4031	7582
091	沃	(옥) 仄聲/入聲: 矚촉( ) : 볼 촉	6629	6657	4032	7583

배열형식 B (韻目번호 基準)			배열 A	배열 B	배열 C	배열 D
韻目番號	韻目(독음)	平仄 / 四聲 : 韻族(異音) : 略義	운족 가나순	운목 번호순	운목 가나순	사성순
091	沃	(옥) 仄聲/入聲: 躅촉( ) : 자취/철축꽃 촉	6630	6658	4033	7584
091	沃	(옥) 仄聲/入聲: 斸촉( ) : 쪼갤/찍을 촉	6631	6659	4034	7585
091	沃	(옥) 仄聲/入聲: 斸촉(착) : 쪼갤/찍을 착	6632	6660	4035	7472
091	沃	(옥) 仄聲/入聲: 欘촉( ) : 도끼 촉	6633	6661	4036	7586
091	沃	(옥) 仄聲/入聲: 蠋촉( ) : 나비애벌레 촉	6634	6662	4037	7587
091	沃	(옥) 仄聲/入聲: 鸀촉( ) : 뻐꾸기 촉	6635	6663	4038	7588
091	沃	(옥) 仄聲/入聲: 趣취(추) : 재촉할 촉	6777	6664	4040	7589
091	沃	(옥) 仄聲/入聲: 翯혹( ) : 깃윤택할 혹	7592	6665	4042	7861
092	覺	(각) 仄聲/入聲: 殼각( ) : 껍질 각	47	6666	184	5954
092	覺	(각) 仄聲/入聲: 珏각( ) : 쌍옥 각	48	6667	185	5955
092	覺	(각) 仄聲/入聲: 覺각( ) : 깨달을 각	51	6668	187	5957
092	覺	(각) 仄聲/入聲: 覺각(교) : 꿈깰 교	52	6669	186	6136
092	覺	(각) 仄聲/入聲: 角각( ) : 뿔/술잔 각	53	6670	188	5958
092	覺	(각) 仄聲/入聲: 桷각( ) : 서까래 각	61	6671	189	5963
092	覺	(각) 仄聲/入聲: 瑴각(곡) : 쌍옥 곡	64	6672	191	6102
092	覺	(각) 仄聲/入聲: 觳곡(각) : 팔리할/비교할 각	569	6673	190	5967
092	覺	(각) 仄聲/入聲: 較교(각) : 밝을 각	779	6674	192	5969
092	覺	(각) 仄聲/入聲: 権교( ) : 외나무다리 교	789	6675	193	6137
092	覺	(각) 仄聲/入聲: 権교(각) : 세 각	790	6676	194	5970
092	覺	(각) 仄聲/入聲: 櫂도( ) : 노 도	1499	6677	195	6288
092	覺	(각) 仄聲/入聲: 犖락( ) : 뛰어날/얼룩소 락	1698	6678	196	6342
092	覺	(각) 仄聲/入聲: 邈막( ) : 멀 막	2222	6679	197	6453
092	覺	(각) 仄聲/入聲: 貌모(막) : 모뜰/멀 막	2390	6680	198	6456
092	覺	(각) 仄聲/入聲: 藐묘(막) : 아름다울/약간 막	2440	6681	199	6457
092	覺	(각) 仄聲/入聲: 剝박( ) : 벗길 박	2583	6682	200	6533
092	覺	(각) 仄聲/入聲: 撲박( ) : 맞부딪칠/칠 박	2587	6683	201	6537
092	覺	(각) 仄聲/入聲: 朴박( ) : 성 박	2589	6684	202	6538
092	覺	(각) 仄聲/入聲: 樸박( ) : 바탕/순박할 박	2590	6685	203	6539
092	覺	(각) 仄聲/入聲: 璞박( ) : 옥돌 박	2594	6686	204	6542
092	覺	(각) 仄聲/入聲: 雹박( ) : 우박 박	2602	6687	205	6550
092	覺	(각) 仄聲/入聲: 駁박( ) : 얼룩얼룩할 박	2603	6688	206	6551
092	覺	(각) 仄聲/入聲: 駮박( ) : 짐승이름 박	2605	6689	207	6553
092	覺	(각) 仄聲/入聲: 懪박( ) : 번민할 박	2607	6690	208	6555
092	覺	(각) 仄聲/入聲: 朔삭( ) : 초하루 삭	3287	6691	210	6715
092	覺	(각) 仄聲/入聲: 槊삭( ) : 창/쌍륙 삭	3289	6692	212	6716
092	覺	(각) 仄聲/入聲: 槊삭(소) : 요소 소	3290	6693	211	6822

배열형식 B (韻目번호 基準)		배열 A	배열 B	배열 C	배열 D
韻目番號	韻目(독음) 平仄 / 四聲 : 韻族(異音) : 略義	운족 가나순	운목 번호순	운목 가나순	사성순
092	覺 (각) 仄聲/入聲: 溯소(삭) : 빨래한물 삭	3644	6694	213	6719
092	覺 (각) 仄聲/入聲: 數수(수) : 자주/여러번 삭	3751	6695	209	6714
092	覺 (각) 仄聲/入聲: 嗽수(삭) : 마실/빨 삭	3760	6696	214	6720
092	覺 (각) 仄聲/入聲: 數수(삭) : 자/빠를 삭	3774	6697	215	6721
092	覺 (각) 仄聲/入聲: 數수(촉) : 빽빽할 촉	3775	6698	216	7575
092	覺 (각) 仄聲/入聲: 岳악( ) : 큰산 악	4102	6699	217	6942
092	覺 (각) 仄聲/入聲: 嶽악( ) : 큰산 악	4103	6700	218	6943
092	覺 (각) 仄聲/入聲: 幄악( ) : 휘장 악	4104	6701	219	6944
092	覺 (각) 仄聲/入聲: 握악( ) : 쥘 악	4109	6702	220	6947
092	覺 (각) 仄聲/入聲: 樂악( ) : 노래 악	4110	6703	221	6948
092	覺 (각) 仄聲/入聲: 渥악( ) : 두터울 악	4113	6704	222	6949
092	覺 (각) 仄聲/入聲: 喔악( ) : 닭소리 악	4120	6705	223	6956
092	覺 (각) 仄聲/入聲: 葯약( ) : 구리때잎 약	4261	6706	224	7003
092	覺 (각) 仄聲/入聲: 汋작( ) : 삶을 작	5389	6707	225	7240
092	覺 (각) 仄聲/入聲: 鸐적( ) : 꿩 적	5589	6708	226	7302
092	覺 (각) 仄聲/入聲: 灂조(색) : 물결치는소리 작	5927	6709	232	7243
092	覺 (각) 仄聲/入聲: 噣주(탁) : 쪼을 탁	6040	6710	227	7655
092	覺 (각) 仄聲/入聲: 捉착( ) : 잡을/낄 착	6303	6711	228	7462
092	覺 (각) 仄聲/入聲: 齪착( ) : 악착할 착	6311	6712	229	7468
092	覺 (각) 仄聲/入聲: 斲착( ) : 깎을 착	6312	6713	230	7469
092	覺 (각) 仄聲/入聲: 斮착( ) : 자를/벨 착	6313	6714	231	7470
092	覺 (각) 仄聲/入聲: 齺착( ) : 이촘촘할 착	6315	6715	233	7473
092	覺 (각) 仄聲/入聲: 倬탁( ) : 클 탁	6897	6716	234	7657
092	覺 (각) 仄聲/入聲: 卓탁( ) : 높을/책상 탁	6898	6717	235	7658
092	覺 (각) 仄聲/入聲: 擢탁( ) : 뽑을 탁	6902	6718	236	7664
092	覺 (각) 仄聲/入聲: 晫탁( ) : 밝을 탁	6903	6719	237	7665
092	覺 (각) 仄聲/入聲: 濁탁( ) : 흐릴 탁	6905	6720	238	7667
092	覺 (각) 仄聲/入聲: 濯탁( ) : 씻을 탁	6906	6721	239	7668
092	覺 (각) 仄聲/入聲: 琢탁( ) : 다듬을 탁	6907	6722	240	7669
092	覺 (각) 仄聲/入聲: 琸탁( ) : 사람이름 탁	6908	6723	241	7670
092	覺 (각) 仄聲/入聲: 涿탁( ) : 들을 탁	6913	6724	242	7674
092	覺 (각) 仄聲/入聲: 椓탁( ) : 칠 탁	6914	6725	243	7675
092	覺 (각) 仄聲/入聲: 鐲탁( ) : 징 탁	6916	6726	244	7677
092	覺 (각) 仄聲/入聲: 鵫탁( ) : 흰꿩 탁	6919	6727	245	7679
092	覺 (각) 仄聲/入聲: 瓝포( ) : 오리 포	7163	6728	246	7730
092	覺 (각) 仄聲/入聲: 爆폭(박) : 지질/태울 박	7176	6729	247	6560

배열형식 B (韻目번호 基準)		배열 A	배열 B	배열 C	배열 D
韻目番號	韻目(독음) 平仄 / 四聲 : 韻族(異音) : 略義	운족 가나순	운목 번호순	운목 가나순	사성순
092	覺 (각) 仄聲/入聲: 學학( ) : 배울 학	7268	6730	248	7775
092	覺 (각) 仄聲/入聲: 鷽학( ) : 메까치 학	7273	6731	249	7780
092	覺 (각) 仄聲/入聲: 翯혹(학) : 깃윤택할 학	7593	6732	250	7781
092	覺 (각) 仄聲/入聲: 酷혹( ) : 심할 혹	7596	6733	251	7864
092	覺 (각) 仄聲/入聲: 穀혹( ) : 짐승이름 혹	7597	6734	252	7865
093	質 (질) 仄聲/入聲: 拮결( ) : 열심히일할 결	374	6735	6578	6062
093	質 (질) 仄聲/入聲: 橘귤( ) : 귤나무 귤	1023	6736	6575	6189
093	質 (질) 仄聲/入聲: 佶길( ) : 건장할 길	1181	6737	6576	6222
093	質 (질) 仄聲/入聲: 吉길( ) : 길할 길	1182	6738	6577	6223
093	質 (질) 仄聲/入聲: 姞길( ) : 성 길	1184	6739	6579	6225
093	質 (질) 仄聲/入聲: 怩니(닐) : 부끄러워할 닐	1315	6740	6580	6255
093	質 (질) 仄聲/入聲: 暱닐( ) : 친할 닐	1326	6741	6581	6256
093	質 (질) 仄聲/入聲: 律률( ) : 법/풍류/지을 률	2095	6742	6582	6430
093	質 (질) 仄聲/入聲: 慄률( ) : 두려워할 률	2096	6743	6583	6431
093	質 (질) 仄聲/入聲: 栗률( ) : 밤 률	2097	6744	6584	6432
093	質 (질) 仄聲/入聲: 率률( ) : 헤아릴/비례 률	2098	6745	6585	6433
093	質 (질) 仄聲/入聲: 率률(수) : 거느릴/행할 솔	2099	6746	6846	5251
093	質 (질) 仄聲/入聲: 篥률( ) : 풍류이름 률	2101	6747	6587	6434
093	質 (질) 仄聲/入聲: 鷅률( ) : 올빼미 률	2102	6748	6588	6435
093	質 (질) 仄聲/入聲: 麜률( ) : 암노루 률	2103	6749	6589	6436
093	質 (질) 仄聲/入聲: 密밀( ) : 빽빽할 밀	2578	6750	6590	6527
093	質 (질) 仄聲/入聲: 蜜밀( ) : 꿀 밀	2579	6751	6591	6528
093	質 (질) 仄聲/入聲: 謐밀( ) : 조용할 밀	2580	6752	6592	6529
093	質 (질) 仄聲/入聲: 蔤밀( ) : 연뿌리 밀	2582	6753	6593	6530
093	質 (질) 仄聲/入聲: 宓복(밀) : 잠잠할 밀	2883	6754	6594	6531
093	質 (질) 仄聲/入聲: 佛불(필) : 흥할/도울 필	3051	6755	6595	7742
093	質 (질) 仄聲/入聲: 拂불(필) : 도울 필	3055	6756	6596	7743
093	質 (질) 仄聲/入聲: 比비(필) : 차례 필	3094	6757	6597	7744
093	質 (질) 仄聲/入聲: 柲비(필) : 창자루 필	3153	6758	6598	7745
093	質 (질) 仄聲/入聲: 泌비(필) : 개천물 필	3164	6759	6673	7749
093	質 (질) 仄聲/入聲: 疋소(필) : 짝 필	3695	6760	6676	7752
093	質 (질) 仄聲/入聲: 率솔( ) : 거느릴/좇을 솔	3717	6761	6600	6837
093	質 (질) 仄聲/入聲: 率솔(수) : 비률/과녁/헤아릴 률	3719	6762	6599	6437
093	質 (질) 仄聲/入聲: 蟀솔( ) : 귀뚜라미 솔	3720	6763	6601	6838
093	質 (질) 仄聲/入聲: 帥솔( ) : 거느릴/좇을 솔	3721	6764	6602	6839
093	質 (질) 仄聲/入聲: 帥솔(수) : 장수 수	3722	6765	6603	6847

배열형식 B (韻目번호 基準)			배열 A	배열 B	배열 C	배열 D
韻目番號	韻目(독음)	平仄 / 四聲 : 韻族(異音) : 略義	운족 가나순	운목 번호순	운목 가나순	사성순
093	質	(질) 仄聲/入聲: 戌술( ) : 개 술	3910	6766	6604	6881
093	質	(질) 仄聲/入聲: 術술( ) : 재주 술	3911	6767	6605	6882
093	質	(질) 仄聲/入聲: 述술( ) : 펼 술	3912	6768	6606	6883
093	質	(질) 仄聲/入聲: 鉥술( ) : 돗바늘/인도할 술	3913	6769	6607	6884
093	質	(질) 仄聲/入聲: 卹술( ) : 걱정할 술	3914	6770	6690	6887
093	質	(질) 仄聲/入聲: 卹술(솔) : 먼지떨이 솔	3915	6771	6691	6840
093	質	(질) 仄聲/入聲: 瑟슬( ) : 큰거문고 슬	3921	6772	6608	6888
093	質	(질) 仄聲/入聲: 膝슬( ) : 무릎 슬	3922	6773	6609	6889
093	質	(질) 仄聲/入聲: 蝨슬( ) : 이 슬	3923	6774	6610	6890
093	質	(질) 仄聲/入聲: 虱슬( ) : 이 슬	3924	6775	6611	6891
093	質	(질) 仄聲/入聲: 璱슬( ) : 푸른진주 슬	3925	6776	6612	6892
093	質	(질) 仄聲/入聲: 失실( ) : 잃을 실	4042	6777	6613	6923
093	質	(질) 仄聲/入聲: 室실( ) : 집 실	4043	6778	6614	6924
093	質	(질) 仄聲/入聲: 實실( ) : 열매 실	4044	6779	6615	6925
093	質	(질) 仄聲/入聲: 悉실( ) : 갖출/다알 실	4045	6780	6616	6926
093	質	(질) 仄聲/入聲: 蟋실( ) : 귀뚜라미 실	4046	6781	6617	6927
093	質	(질) 仄聲/入聲: 噎열(일) : 목멜 일	4445	6782	6618	7193
093	質	(질) 仄聲/入聲: 聿율( ) : 붓 율	5082	6783	6619	7163
093	質	(질) 仄聲/入聲: 潏율( ) : 물흐르는 모양 율	5083	6784	6620	7164
093	質	(질) 仄聲/入聲: 潏율(술) : 모래톱 술	5084	6785	6621	6885
093	質	(질) 仄聲/入聲: 噊율( ) : 위태할 율	5086	6786	6622	7165
093	質	(질) 仄聲/入聲: 噊율(술) : 위태할 술	5087	6787	6623	6886
093	質	(질) 仄聲/入聲: 繘율( ) : 두레박줄 율	5088	6788	6624	7166
093	質	(질) 仄聲/入聲: 驈율( ) : 말이름 율	5089	6789	6625	7167
093	質	(질) 仄聲/入聲: 乙을( ) : 새 을	5110	6790	6626	7168
093	質	(질) 仄聲/入聲: 鳦을( ) : 제비 을	5111	6791	6627	7169
093	質	(질) 仄聲/入聲: 一일( ) : 한 일	5270	6792	6628	7194
093	質	(질) 仄聲/入聲: 佚일( ) : 편할 일	5271	6793	6629	7195
093	質	(질) 仄聲/入聲: 佾일( ) : 줄춤 일	5273	6794	6630	7196
093	質	(질) 仄聲/入聲: 壹일( ) : 한/갖은한 일	5274	6795	6631	7197
093	質	(질) 仄聲/入聲: 日일( ) : 날 일	5275	6796	6632	7198
093	質	(질) 仄聲/入聲: 溢일( ) : 찰/넘칠 일	5276	6797	6633	7199
093	質	(질) 仄聲/入聲: 逸일( ) : 편안할 일	5277	6798	6634	7200
093	質	(질) 仄聲/入聲: 鎰일( ) : 무게이름 일	5278	6799	6635	7201
093	質	(질) 仄聲/入聲: 馹일( ) : 역말 일	5279	6800	6636	7202
093	質	(질) 仄聲/入聲: 泆일( ) : 끓을 일	5281	6801	6637	7203

배열형식 B (韻目번호 基準)			배열 A	배열 B	배열 C	배열 D
韻目番號	韻目(독음)	平仄 / 四聲 : 韻族(異音) : 略義	운족 가나순	운목 번호순	운목 가나순	사성순
093	質	(질) 仄聲/入聲: 馹일( ) : 역말 일	5282	6802	6639	7204
093	質	(질) 仄聲/入聲: 啐줄( ) : 지껄일/쪽쪽빨 줄	6086	6803	6660	7396
093	質	(질) 仄聲/入聲: 櫛즐( ) : 빗 즐	6098	6804	6640	7402
093	質	(질) 仄聲/入聲: 騭즐( ) : 숫말 즐	6099	6805	6641	7403
093	質	(질) 仄聲/入聲: 瀄즐( ) : 물흐를 즐	6100	6806	6642	7404
093	質	(질) 仄聲/入聲: 軼질( ) : 지나칠/빠질 질	6236	6807	6638	7421
093	質	(질) 仄聲/入聲: 侄질( ) : 굳을/어리석을 질	6239	6808	6643	7423
093	質	(질) 仄聲/入聲: 叱질( ) : 꾸짖을 질	6240	6809	6644	7424
093	質	(질) 仄聲/入聲: 姪질( ) : 조카 질	6241	6810	6645	7425
093	質	(질) 仄聲/入聲: 嫉질( ) : 시새움할 질	6243	6811	6646	7426
093	質	(질) 仄聲/入聲: 帙질( ) : 책갑 질	6244	6812	6647	7427
093	質	(질) 仄聲/入聲: 桎질( ) : 차꼬 질	6245	6813	6648	7428
093	質	(질) 仄聲/入聲: 疾질( ) : 병 질	6246	6814	6649	7429
093	質	(질) 仄聲/入聲: 秩질( ) : 차례 질	6247	6815	6650	7430
093	質	(질) 仄聲/入聲: 窒질( ) : 막을/가득할 질	6248	6816	6651	7431
093	質	(질) 仄聲/入聲: 膣질( ) : 새살날/보지 질	6250	6817	6652	7432
093	質	(질) 仄聲/入聲: 質질( ) : 문서/바를/바탕 질	6252	6818	6654	7434
093	質	(질) 仄聲/入聲: 質질(지) : 폐백/전당잡는집 지	6253	6819	6653	7414
093	質	(질) 仄聲/入聲: 挃질( ) : 찌를 질	6257	6820	6655	7438
093	質	(질) 仄聲/入聲: 柣질( ) : 문지방 질	6258	6821	6656	7439
093	質	(질) 仄聲/入聲: 礩질( ) : 주춧돌/맷돌 질	6259	6822	6657	7440
093	質	(질) 仄聲/入聲: 紩질( ) : 꿰맬 질	6260	6823	6658	7441
093	質	(질) 仄聲/入聲: 銍질( ) : 낫 질	6262	6824	6659	7443
093	質	(질) 仄聲/入聲: 出출( ) : 날 출	6741	6825	6661	7615
093	質	(질) 仄聲/入聲: 朮출( ) : 차조 출	6742	6826	6662	7616
093	質	(질) 仄聲/入聲: 黜출( ) : 떨어뜨릴 출	6743	6827	6663	7617
093	質	(질) 仄聲/入聲: 秫출( ) : 차조 출	6744	6828	6664	7618
093	質	(질) 仄聲/入聲: 怵출( ) : 두려워할 출	6745	6829	6665	7619
093	質	(질) 仄聲/入聲: 絀출( ) : 꿰맬 출	6746	6830	6667	7620
093	質	(질) 仄聲/入聲: 絀출(굴) : 굽힐 굴	6747	6831	6666	6178
093	質	(질) 仄聲/入聲: 七칠( ) : 일곱 칠	6849	6832	6668	7639
093	質	(질) 仄聲/入聲: 漆칠( ) : 옻 칠	6850	6833	6669	7640
093	質	(질) 仄聲/入聲: 匹필( ) : 짝 필	7229	6834	6670	7746
093	質	(질) 仄聲/入聲: 弼필( ) : 도울 필	7231	6835	6671	7747
093	質	(질) 仄聲/入聲: 必필( ) : 반드시 필	7232	6836	6672	7748
093	質	(질) 仄聲/入聲: 珌필( ) : 칼장식옥 필	7233	6837	6674	7750

배열형식 B (韻目번호 基準)			배열 A	배열 B	배열 C	배열 D
韻目番號	韻目(독음)	平仄 / 四聲 : 韻族(異音) : 略義	운족 가나순	운목 번호순	운목 가나순	사성순
093	質	(질) 仄聲/入聲: 畢필( ) : 마칠 필	7234	6838	6675	7751
093	質	(질) 仄聲/入聲: 筆필( ) : 붓 필	7235	6839	6677	7753
093	質	(질) 仄聲/入聲: 苾필( ) : 향기날 필	7236	6840	6678	7754
093	質	(질) 仄聲/入聲: 馝필( ) : 향기로울 필	7237	6841	6679	7755
093	質	(질) 仄聲/入聲: 佖필( ) : 점잖을 필	7238	6842	6680	7756
093	質	(질) 仄聲/入聲: 篳필( ) : 대사립문 필	7239	6843	6681	7757
093	質	(질) 仄聲/入聲: 蹕필( ) : 길치울 필	7240	6844	6682	7758
093	質	(질) 仄聲/入聲: 韠필( ) : 무릎보호대(蔽膝) 필	7241	6845	6683	7759
093	質	(질) 仄聲/入聲: 鵯필( ) : 갈가마귀 필	7242	6846	6684	7760
093	質	(질) 仄聲/入聲: 縪필( ) : 그칠/관솔기 필	7243	6847	6685	7761
093	質	(질) 仄聲/入聲: 鉍필( ) : 창자루 필	7245	6848	6686	7762
093	質	(질) 仄聲/入聲: 確확( ) : 굳을 확	7652	6849	6687	7883
093	質	(질) 仄聲/入聲: 恤휼( ) : 불쌍히여길 휼	7869	6850	6688	7923
093	質	(질) 仄聲/入聲: 鷸휼( ) : 도요새 휼	7871	6851	6689	7925
093	質	(질) 仄聲/入聲: 詰힐( ) : 꾸짖을/밝는아침 힐	7942	6852	6692	7943
094	物	(물) 仄聲/入聲: 乞걸( ) : 구걸/요구할 걸	286	6853	1787	6019
094	物	(물) 仄聲/入聲: 契계(결) : 나라이름 글	451	6854	1788	6201
094	物	(물) 仄聲/入聲: 屈굴( ) : 굽힐 굴	927	6855	1789	6171
094	物	(물) 仄聲/入聲: 掘굴( ) : 팔 굴	928	6856	1790	6172
094	物	(물) 仄聲/入聲: 倔굴( ) : 고집셀 굴	931	6857	1791	6174
094	物	(물) 仄聲/入聲: 崛굴( ) : 우뚝 솟을 굴	932	6858	1792	6175
094	物	(물) 仄聲/入聲: 厥궐(굴) : 나라이름 굴	953	6859	1793	6177
094	物	(물) 仄聲/入聲: 汽기(흘) : 거의 흘	1118	6860	1794	7929
094	物	(물) 仄聲/入聲: 勿물( ) : 없을/말 물	2507	6861	1795	6524
094	物	(물) 仄聲/入聲: 勿물(몰) : 먼지채 몰	2508	6862	1796	6513
094	物	(물) 仄聲/入聲: 物물( ) : 물건 물	2511	6863	1797	6525
094	物	(물) 仄聲/入聲: 芴물( ) : 순무 물	2512	6864	1815	6526
094	物	(물) 仄聲/入聲: 佛불( ) : 부처/도울/깨달을 불	3050	6865	1798	6685
094	物	(물) 仄聲/入聲: 弗불( ) : 아닐/말 불	3052	6866	1799	6686
094	物	(물) 仄聲/入聲: 彿불( ) : 비슷할 불	3053	6867	1800	6687
094	物	(물) 仄聲/入聲: 拂불( ) : 떨칠 불	3054	6868	1801	6688
094	物	(물) 仄聲/入聲: 祓불( ) : 푸닥거리할 불	3056	6869	1802	6689
094	物	(물) 仄聲/入聲: 茀불( ) : 우거질 불	3057	6870	1803	6690
094	物	(물) 仄聲/入聲: 髴불( ) : 비슷할 불	3058	6871	1804	6691
094	物	(물) 仄聲/入聲: 黻불( ) : 수 불	3059	6872	1805	6692
094	物	(물) 仄聲/入聲: 咈불( ) : 어길 불	3060	6873	1806	6693

배열형식 B (韻目번호 基準)			배열 A	배열 B	배열 C	배열 D
韻目 番號	韻目(독음) 平仄 / 四聲 : 韻族(異音) : 略義		운족 가나순	운목 번호순	운목 가나순	사성순
094	物	(물) 仄聲/入聲: 笰불( ) : 수레뒷창문 불	3062	6874	1807	6694
094	物	(물) 仄聲/入聲: 紼불( ) : 얽힌삼가락 불	3063	6875	1808	6695
094	物	(물) 仄聲/入聲: 肐억(흘) : 몸흔들릴 흘	4330	6876	1820	7936
094	物	(물) 仄聲/入聲: 宛완(원) : 쌓일 울	4665	6877	1809	7134
094	物	(물) 仄聲/入聲: 鬱울( ) : 막힐/답답할 울	4868	6878	1811	7136
094	物	(물) 仄聲/入聲: 蔚위(울) : 고을이름 울	4920	6879	1810	7135
094	物	(물) 仄聲/入聲: 尉위(울) : 성 울	4931	6880	1812	7137
094	物	(물) 仄聲/入聲: 熨위(울) : 다리미질할 울	4955	6881	1813	7138
094	物	(물) 仄聲/入聲: 疑의(응) : 바로설 을	5149	6882	1814	7170
094	物	(물) 仄聲/入聲: 吃흘( ) : 말더듬을 흘	7890	6883	1816	7930
094	物	(물) 仄聲/入聲: 訖흘( ) : 이를(至也) 흘	7893	6884	1817	7933
094	物	(물) 仄聲/入聲: 訖흘(글) : 마칠/끝낼 글	7894	6885	1818	6202
094	物	(물) 仄聲/入聲: 迄흘( ) : 이를 흘	7895	6886	1819	7934
095	月	(월) 仄聲/入聲: 羯갈( ) : 오랑캐 갈	117	6887	4943	5981
095	月	(월) 仄聲/入聲: 蠍갈( ) : 전갈 갈	118	6888	4944	5982
095	月	(월) 仄聲/入聲: 揭게(갈) : 높들일/걸 갈	312	6889	4945	5984
095	月	(월) 仄聲/入聲: 汨골( ) : 다스릴 골	591	6890	4946	6104
095	月	(월) 仄聲/入聲: 滑골( ) : 어지러울 골	593	6891	4947	6105
095	月	(월) 仄聲/入聲: 骨골( ) : 뼈 골	594	6892	4948	6106
095	月	(월) 仄聲/入聲: 鶻골( ) : 송골매 골	595	6893	4949	6107
095	月	(월) 仄聲/入聲: 滑골( ) : 어지러울 골	596	6894	5011	6108
095	月	(월) 仄聲/入聲: 堀굴( ) : 팔 굴	926	6895	4950	6170
095	月	(월) 仄聲/入聲: 掘굴(궐) : 뚫을 궐	929	6896	4951	6179
095	月	(월) 仄聲/入聲: 窟굴( ) : 굴 굴	930	6897	4952	6173
095	月	(월) 仄聲/入聲: 淈굴( ) : 흐릴 굴	933	6898	4953	6176
095	月	(월) 仄聲/入聲: 淈굴(홀) : 다스릴 홀	934	6899	4954	7867
095	月	(월) 仄聲/入聲: 厥궐( ) : 그/그것/짧을 궐	952	6900	4956	6180
095	月	(월) 仄聲/入聲: 獗궐( ) : 날뛸 궐	954	6901	4957	6181
095	月	(월) 仄聲/入聲: 蕨궐( ) : 고사리 궐	955	6902	4958	6182
095	月	(월) 仄聲/入聲: 蹶궐( ) : 넘어질 궐	956	6903	4959	6183
095	月	(월) 仄聲/入聲: 闕궐( ) : 대궐 궐	958	6904	4960	6184
095	月	(월) 仄聲/入聲: 橛궐( ) : 말뚝 궐	959	6905	4961	6185
095	月	(월) 仄聲/入聲: 鱖궐(궤) : 쏘가리 궤	961	6906	4962	6187
095	月	(월) 仄聲/入聲: 鷢궐( ) : 물수리 궐	962	6907	4963	6186
095	月	(월) 仄聲/入聲: 訥눌( ) : 말더듬을 눌	1295	6908	4964	6249
095	月	(월) 仄聲/入聲: 吶눌( ) : 말더듬거릴 눌	1296	6909	4965	6250

배열형식 B (韻目번호 基準)			배열 A	배열 B	배열 C	배열 D
韻目番號	韻目(독음)	平仄 / 四聲 : 韻族(異音) : 略義	운족 가나순	운목 번호순	운목 가나순	사성순
095	月	(월) 仄聲/入聲: 担단(담) : 번쩍들 걸	1359	6910	4966	6025
095	月	(월) 仄聲/入聲: 突돌( ) : 갑자기 돌	1592	6911	4967	6308
095	月	(월) 仄聲/入聲: 堗돌( ) : 굴뚝 돌	1595	6912	4968	6310
095	月	(월) 仄聲/入聲: 腯돌( ) : 쌀찐 돌	1596	6913	4969	6311
095	月	(월) 仄聲/入聲: 葖돌( ) : 무우 돌	1597	6914	4970	6312
095	月	(월) 仄聲/入聲: 襪말( ) : 버선 말	2256	6915	4971	6462
095	月	(월) 仄聲/入聲: 歿몰( ) : 죽을 몰	2414	6916	4972	6511
095	月	(월) 仄聲/入聲: 沒몰( ) : 빠질 몰	2415	6917	4973	6512
095	月	(월) 仄聲/入聲: 芴물(홀) : 황홀할 홀	2513	6918	5010	7872
095	月	(월) 仄聲/入聲: 勃발( ) : 우쩍일어날 발	2644	6919	4974	6561
095	月	(월) 仄聲/入聲: 渤발( ) : 바다이름 발	2648	6920	4975	6564
095	月	(월) 仄聲/入聲: 發발( ) : 필 발	2650	6921	4976	6566
095	月	(월) 仄聲/入聲: 髮발( ) : 터럭 발	2654	6922	4977	6570
095	月	(월) 仄聲/入聲: 浡발( ) : 일어날 발	2656	6923	4978	6572
095	月	(월) 仄聲/入聲: 脖발( ) : 배꼽 발	2657	6924	4979	6573
095	月	(월) 仄聲/入聲: 伐벌( ) : 칠 벌	2769	6925	4980	6597
095	月	(월) 仄聲/入聲: 筏벌( ) : 뗏목 벌	2770	6926	4981	6598
095	月	(월) 仄聲/入聲: 罰벌( ) : 벌할 벌	2771	6927	4982	6599
095	月	(월) 仄聲/入聲: 閥벌( ) : 문벌 벌	2772	6928	4983	6600
095	月	(월) 仄聲/入聲: 不부(: 아니 불	3005	6929	4984	6684
095	月	(월) 仄聲/入聲: 朏비(불) : 먼동틀 불	3073	6930	4955	6683
095	月	(월) 仄聲/入聲: 倅쉬(졸) : 백사람 졸	3920	6931	4985	7367
095	月	(월) 仄聲/入聲: 謁알( ) : 뵐 알	4145	6932	4986	6965
095	月	(월) 仄聲/入聲: 钀알( ) : 말재갈 알	4155	6933	4987	6973
095	月	(월) 仄聲/入聲: 兀올( ) : 우뚝할 올	4626	6934	4988	7104
095	月	(월) 仄聲/入聲: 杌올( ) : 위태로울 올	4627	6935	4989	7105
095	月	(월) 仄聲/入聲: 曰왈( ) : 가로대/말하대 왈	4686	6936	4990	7107
095	月	(월) 仄聲/入聲: 刖왈( ) : 벨 왈	4687	6937	4994	7108
095	月	(월) 仄聲/入聲: 月월( ) : 달 월	4913	6938	4991	7139
095	月	(월) 仄聲/入聲: 越월( ) : 넘을 월	4914	6939	4992	7140
095	月	(월) 仄聲/入聲: 鉞월( ) : 도끼 월	4916	6940	4993	7141
095	月	(월) 仄聲/入聲: 刖월(월) : 벨 월	4917	6941	4995	7142
095	月	(월) 仄聲/入聲: 粵월( ) : 어조사 월	4918	6942	4996	7143
095	月	(월) 仄聲/入聲: 卒졸( ) : 마칠 졸	5939	6943	4997	7368
095	月	(월) 仄聲/入聲: 卒졸(줄) : 죽을/마침내/이미 줄	5940	6944	4998	7393
095	月	(월) 仄聲/入聲: 猝졸( ) : 갑자기 졸	5942	6945	4999	7370

배열형식 B (韻目번호 基準)			배열 A	배열 B	배열 C	배열 D
韻目番號	韻目(독음)	平仄 / 四聲 : 韻族(異音) : 略義	운족 가나순	운목 번호순	운목 가나순	사성순
095	月	(월) 仄聲/入聲: 崪줄( ) : 험할 줄	6085	6946	5000	7395
095	月	(월) 仄聲/入聲: 凸철(돌) : 뾰족할/내밀 돌	6499	6947	5001	6313
095	月	(월) 仄聲/入聲: 悖패(발) : 거스를 발	7064	6948	5002	6577
095	月	(월) 仄聲/入聲: 孛패(발) : 살별/요기[妖氣] 발	7076	6949	5003	6578
095	月	(월) 仄聲/入聲: 核핵(홀) : 씨 홀	7381	6950	5004	7868
095	月	(월) 仄聲/入聲: 歇헐( ) : 쉴 헐	7415	6951	5005	7814
095	月	(월) 仄聲/入聲: 猲헐( ) : 사냥개 헐	7416	6952	5006	7815
095	月	(월) 仄聲/入聲: 忽홀( ) : 갑자기 홀	7610	6953	5007	7869
095	月	(월) 仄聲/入聲: 惚홀( ) : 황홀할 홀	7611	6954	5008	7870
095	月	(월) 仄聲/入聲: 笏홀( ) : 홀 홀	7612	6955	5009	7871
095	月	(월) 仄聲/入聲: 遹휼( ) : 좇을 휼	7872	6956	5012	7926
095	月	(월) 仄聲/入聲: 匈흉( ) : 가슴/오랑캐 흉	7875	6957	5013	7927
095	月	(월) 仄聲/入聲: 屹흘( ) : 산우뚝솟을 흘	7891	6958	5014	7931
095	月	(월) 仄聲/入聲: 紇흘( ) : 질낮은명주실 흘	7892	6959	5015	7932
096	曷	(갈) 仄聲/入聲: 喝갈( ) : 꾸짖을 갈	102	6960	295	5971
096	曷	(갈) 仄聲/入聲: 曷갈( ) : 어찌 갈	104	6961	296	5972
096	曷	(갈) 仄聲/入聲: 渴갈( ) : 목마를 갈	105	6962	297	5973
096	曷	(갈) 仄聲/入聲: 葛갈( ) : 칡 갈	111	6963	298	5976
096	曷	(갈) 仄聲/入聲: 褐갈( ) : 털옷 갈	112	6964	299	5977
096	曷	(갈) 仄聲/入聲: 蝎갈( ) : 전갈 갈	113	6965	301	5978
096	曷	(갈) 仄聲/入聲: 蝎갈(할) : 뽕나무좀 할	114	6966	300	7783
096	曷	(갈) 仄聲/入聲: 鞨갈( ) : 오랑캐이름 갈	115	6967	302	5979
096	曷	(갈) 仄聲/入聲: 丐갈( ) : 거지/구걸할 갈	119	6968	303	5983
096	曷	(갈) 仄聲/入聲: 惕게(할) : 을를/공갈 할	316	6969	304	7784
096	曷	(갈) 仄聲/入聲: 括괄( ) : 묶을 괄	700	6970	305	6120
096	曷	(갈) 仄聲/入聲: 适괄( ) : 빠를 괄	701	6971	306	6121
096	曷	(갈) 仄聲/入聲: 栝괄( ) : 노송나무 괄	702	6972	307	6122
096	曷	(갈) 仄聲/入聲: 聒괄( ) : 떠들썩할 괄	703	6973	308	6123
096	曷	(갈) 仄聲/入聲: 勾구(갈) : 굽을 갈	822	6974	309	5985
096	曷	(갈) 仄聲/入聲: 捺날( ) : 누를 날	1203	6975	312	6233
096	曷	(갈) 仄聲/入聲: 胆단(달) : 살찔 달	1365	6976	313	6259
096	曷	(갈) 仄聲/入聲: 撻달( ) : 매질할 달	1378	6977	314	6260
096	曷	(갈) 仄聲/入聲: 澾달( ) : 미끄러울 달	1379	6978	315	6261
096	曷	(갈) 仄聲/入聲: 獺달(찰) : 수달 찰	1381	6979	316	7474
096	曷	(갈) 仄聲/入聲: 達달( ) : 통달할 달	1383	6980	317	6263
096	曷	(갈) 仄聲/入聲: 怛달( ) : 슬플 달	1384	6981	318	6264

배열형식 B (韻目번호 基準)			배열 A	배열 B	배열 C	배열 D
韻目番號	韻目	(독음) 平仄 / 四聲 : 韻族(異音) : 略義	운족 가나순	운목 번호순	운목 가나순	사성순
096	曷	(갈) 仄聲/入聲: 闥달( ) : 문 달	1385	6982	319	6265
096	曷	(갈) 仄聲/入聲: 韃달( ) : 매질할 달	1387	6983	320	6266
096	曷	(갈) 仄聲/入聲: 笪달(단) : 고리짝 단	1389	6984	321	6258
096	曷	(갈) 仄聲/入聲: 躂달( ) : 미끄러질 달	1390	6985	322	6267
096	曷	(갈) 仄聲/入聲: 咄돌( ) : 꾸짖을 돌	1593	6986	323	6309
096	曷	(갈) 仄聲/入聲: 咄돌(탈) : 꾸짖을 탈	1594	6987	324	7680
096	曷	(갈) 仄聲/入聲: 喇라( ) : 나팔 라	1673	6988	325	6329
096	曷	(갈) 仄聲/入聲: 喇라(랄) : 말급히할 랄	1674	6989	326	6348
096	曷	(갈) 仄聲/入聲: 喇랄( ) : 말급히 할 랄	1717	6990	311	6347
096	曷	(갈) 仄聲/入聲: 喇랄(라) : 나팔 라	1718	6991	310	6328
096	曷	(갈) 仄聲/入聲: 剌랄( ) : 어그러질 랄	1719	6992	327	6349
096	曷	(갈) 仄聲/入聲: 剌랄(라) : 수라 라	1720	6993	328	6331
096	曷	(갈) 仄聲/入聲: 辣랄( ) : 매울 랄	1721	6994	329	6350
096	曷	(갈) 仄聲/入聲: 捋랄( ) : 쓰다듬을 랄	1723	6995	330	6352
096	曷	(갈) 仄聲/入聲: 抹말( ) : 바를 말	2252	6996	331	6458
096	曷	(갈) 仄聲/入聲: 末말( ) : 끝 말	2253	6997	332	6459
096	曷	(갈) 仄聲/入聲: 沫말( ) : 거품 말	2254	6998	333	6460
096	曷	(갈) 仄聲/入聲: 茉말( ) : 말리 말	2255	6999	334	6461
096	曷	(갈) 仄聲/入聲: 靺말( ) : 말갈 말	2257	7000	335	6463
096	曷	(갈) 仄聲/入聲: 秣말( ) : 말먹이 말	2259	7001	336	6465
096	曷	(갈) 仄聲/入聲: 拔발( ) : 뺄/뽑을/빠를 발	2645	7002	337	6562
096	曷	(갈) 仄聲/入聲: 拔발(패) : 밋밋할/휘어꺾을 패	2646	7003	338	7722
096	曷	(갈) 仄聲/入聲: 撥발( ) : 다스릴 발	2647	7004	339	6563
096	曷	(갈) 仄聲/入聲: 潑발( ) : 뿌릴 발	2649	7005	340	6565
096	曷	(갈) 仄聲/入聲: 跋발( ) : 밟을 발	2651	7006	341	6567
096	曷	(갈) 仄聲/入聲: 醱발( ) : 빚을 발	2652	7007	342	6568
096	曷	(갈) 仄聲/入聲: 鉢발( ) : 바리때 발	2653	7008	343	6569
096	曷	(갈) 仄聲/入聲: 魃발( ) : 가물귀신 발	2655	7009	344	6571
096	曷	(갈) 仄聲/入聲: 犮발( ) : 벗/사귈 발	2658	7010	345	6574
096	曷	(갈) 仄聲/入聲: 茇발( ) : 풀 발	2659	7011	346	6575
096	曷	(갈) 仄聲/入聲: 軷발( ) : 발제 발	2660	7012	347	6576
096	曷	(갈) 仄聲/入聲: 撒살( ) : 뿌릴 살	3318	7013	348	6722
096	曷	(갈) 仄聲/入聲: 薩살( ) : 보살 살	3322	7014	349	6724
096	曷	(갈) 仄聲/入聲: 稅세(태) : 풀 탈	3610	7015	350	7681
096	曷	(갈) 仄聲/入聲: 按안(알) : 막을 알	4128	7016	351	6962
096	曷	(갈) 仄聲/入聲: 洝안(알) : 구슬플 알	4138	7017	352	6963

배열형식 B (韻目번호 基準)			배열 A	배열 B	배열 C	배열 D
韻目番號	韻目(독음) 平仄 / 四聲 : 韻族(異音) : 略義		운족 가나순	운목 번호순	운목 가나순	사성순
096	曷	(갈) 仄聲/入聲: 鴳안( ) : 메추리 안	4141	7018	353	6961
096	曷	(갈) 仄聲/入聲: 斡알( ) : 주장할 간/돌 알	4144	7019	354	6964
096	曷	(갈) 仄聲/入聲: 閼알( ) : 막을/일찍죽을/그칠 알	4147	7020	355	6967
096	曷	(갈) 仄聲/入聲: 遏알( ) : 막을 알	4151	7021	356	6970
096	曷	(갈) 仄聲/入聲: 歹알( ) : 뼈 앙상할 알	4153	7022	357	6972
096	曷	(갈) 仄聲/入聲: 靄애(알) : 놀/아지랑이 알	4212	7023	358	6974
096	曷	(갈) 仄聲/入聲: 餲애(알) : 밥쉴 알	4226	7024	359	6975
096	曷	(갈) 仄聲/入聲: 濊예( ) : 종족이름 예	4524	7025	360	7087
096	曷	(갈) 仄聲/入聲: 越월(활) : 부들자리 활	4915	7026	361	7891
096	曷	(갈) 仄聲/入聲: 咱찰( ) : 나 찰	6347	7027	362	7481
096	曷	(갈) 仄聲/入聲: 蔡채(살) : 내칠/귀양보낼 살	6417	7028	363	6728
096	曷	(갈) 仄聲/入聲: 撮촬( ) : 집을 촬	6661	7029	364	7591
096	曷	(갈) 仄聲/入聲: 奪탈( ) : 빼앗을 탈	6936	7030	365	7682
096	曷	(갈) 仄聲/入聲: 脫탈( ) : 벗을 탈	6937	7031	367	7683
096	曷	(갈) 仄聲/入聲: 脫탈(태) : 더딜 태	6938	7032	366	7697
096	曷	(갈) 仄聲/入聲: 鵽탈( ) : 사막꿩 탈	6940	7033	368	7685
096	曷	(갈) 仄聲/入聲: 汰태( ) : 지날 태	6970	7034	369	7698
096	曷	(갈) 仄聲/入聲: 叭팔( ) : 입벌릴/나팔 팔	7059	7035	370	7720
096	曷	(갈) 仄聲/入聲: 割할( ) : 벨 할	7295	7036	371	7785
096	曷	(갈) 仄聲/入聲: 害해(할) : 어찌(何也) 할	7358	7037	372	7788
096	曷	(갈) 仄聲/入聲: 猲헐(갈) : 사냥개 갈	7417	7038	373	5986
096	曷	(갈) 仄聲/入聲: 活활( ) : 살 활	7690	7039	374	7892
096	曷	(갈) 仄聲/入聲: 活활(괄) : 콸콸흐를 괄	7691	7040	375	6127
096	曷	(갈) 仄聲/入聲: 豁활( ) : 소통할 활	7693	7041	376	7895
096	曷	(갈) 仄聲/入聲: 齕흘( ) : 깨물 흘	7896	7042	377	7935
097	黠	(힐) 仄聲/入聲: 秸갈( ) : 볏짚 갈	116	7043	7913	5980
097	黠	(힐) 仄聲/入聲: 滑골(활) : 미끄러울 활	597	7044	7940	7893
097	黠	(힐) 仄聲/入聲: 刮괄( ) : 깎을 괄	698	7045	7914	6119
097	黠	(힐) 仄聲/入聲: 鴰괄( ) : 재두루미 괄	704	7046	7915	6124
097	黠	(힐) 仄聲/入聲: 劀괄( ) : 고름짤 괄	705	7047	7916	6125
097	黠	(힐) 仄聲/入聲: 颳괄( ) : 모진바람 괄	706	7048	7917	6126
097	黠	(힐) 仄聲/入聲: 獺달( ) : 수달 달	1380	7049	7918	6262
097	黠	(힐) 仄聲/入聲: 帕말( ) : 머리띠 말	2258	7050	7919	6464
097	黠	(힐) 仄聲/入聲: 檗벽(팔) : 선떡 팔	2802	7051	7920	7718
097	黠	(힐) 仄聲/入聲: 榝살( ) : 산복숭아 살	3323	7052	7922	6725
097	黠	(힐) 仄聲/入聲: 菽살( ) : 산수유 살	3324	7053	7923	6726

배열형식 B (韻目번호 基準)			배열 A	배열 B	배열 C	배열 D
韻目番號	韻目(독음) 平仄 / 四聲 : 韻族(異音) : 略義		운족 가나순	운목 번호순	운목 가나순	사성순
097	黠	(힐) 仄聲/入聲: 煞쇄(살) : 죽일 살	3736	7054	7921	6723
097	黠	(힐) 仄聲/入聲: 鎩쇄(살) : 죽일 살	3738	7055	7924	6727
097	黠	(힐) 仄聲/入聲: 軋알( ) : 삐걱거릴 알	4146	7056	7925	6966
097	黠	(힐) 仄聲/入聲: 嘎알( ) : 새소리 알	4149	7057	7926	6968
097	黠	(힐) 仄聲/入聲: 戛알( ) : 창 알	4152	7058	7927	6971
097	黠	(힐) 仄聲/入聲: 鳦을(알) : 제비 알	5112	7059	7928	6976
097	黠	(힐) 仄聲/入聲: 刹찰( ) : 절/탑 찰	6341	7060	7929	7475
097	黠	(힐) 仄聲/入聲: 察찰( ) : 살필 찰	6342	7061	7930	7476
097	黠	(힐) 仄聲/入聲: 擦찰( ) : 비빌 찰	6343	7062	7931	7477
097	黠	(힐) 仄聲/入聲: 札찰( ) : 편지 찰	6344	7063	7932	7478
097	黠	(힐) 仄聲/入聲: 紮찰( ) : 감을 찰	6345	7064	7933	7479
097	黠	(힐) 仄聲/入聲: 剎찰( ) : 절 찰	6346	7065	7934	7480
097	黠	(힐) 仄聲/入聲: 蚻찰( ) : 씽씽매미 찰	6349	7066	7935	7482
097	黠	(힐) 仄聲/入聲: 八팔( ) : 여덟 팔	7058	7067	7936	7719
097	黠	(힐) 仄聲/入聲: 捌팔( ) : 깨뜨릴 팔	7060	7068	7937	7721
097	黠	(힐) 仄聲/入聲: 轄할( ) : 비녀장 할	7296	7069	7938	7786
097	黠	(힐) 仄聲/入聲: 劼할( ) : 삼가할 할	7297	7070	7939	7787
097	黠	(힐) 仄聲/入聲: 猾활( ) : 교활할 활	7692	7071	7941	7894
097	黠	(힐) 仄聲/入聲: 闊활( ) : 트일 활	7694	7072	7942	7896
097	黠	(힐) 仄聲/入聲: 蛸활( ) : 올챙이 활	7695	7073	7943	7897
097	黠	(힐) 仄聲/入聲: 澮회(활) : 물합쳐흐를 활	7741	7074	7944	7898
097	黠	(힐) 仄聲/入聲: 頡힐(갈) : 긁을/밟을 갈	7944	7075	7945	5987
098	屑	(설) 仄聲/入聲: 渴갈(걸) : 목마를 걸	106	7076	2450	6017
098	屑	(설) 仄聲/入聲: 碣갈( ) : 비갈 갈	107	7077	2451	5974
098	屑	(설) 仄聲/入聲: 竭갈( ) : 다할 갈	109	7078	2453	5975
098	屑	(설) 仄聲/入聲: 竭갈(걸) : 다할 걸	110	7079	2452	6018
098	屑	(설) 仄聲/入聲: 傑걸( ) : 뛰어날 걸	288	7080	2454	6020
098	屑	(설) 仄聲/入聲: 杰걸( ) : 뛰어날(傑과동자) 걸	289	7081	2455	6021
098	屑	(설) 仄聲/入聲: 桀걸( ) : 하왕(夏王)이름 걸	290	7082	2456	6022
098	屑	(설) 仄聲/入聲: 偈걸( ) : 헌철할/힘찰 걸	291	7083	2457	6023
098	屑	(설) 仄聲/入聲: 揭게(걸) : 들/세울 걸	313	7084	2458	6024
098	屑	(설) 仄聲/入聲: 抉결( ) : 도려낼 결	363	7085	2459	6051
098	屑	(설) 仄聲/入聲: 決결( ) : 결단할 결	364	7086	2460	6052
098	屑	(설) 仄聲/入聲: 潔결( ) : 깨끗할 결	365	7087	2461	6053
098	屑	(설) 仄聲/入聲: 結결( ) : 맺을 결	366	7088	2462	6054
098	屑	(설) 仄聲/入聲: 缺결( ) : 이지러질 결	367	7089	2463	6055

배열형식 B (韻目번호 基準)			배열 A	배열 B	배열 C	배열 D
韻目番號	韻目(독음) 平仄 / 四聲 : 韻族(異音) : 略義		운족 가나순	운목 번호순	운목 가나순	사성순
098	屑	(설) 仄聲/入聲: 諔결( ) : 에어질 결	368	7090	2464	6056
098	屑	(설) 仄聲/入聲: 玦결( ) : 패옥 결	369	7091	2465	6057
098	屑	(설) 仄聲/入聲: 闋결( ) : 문닫을 결	370	7092	2466	6058
098	屑	(설) 仄聲/入聲: 芵결( ) : 초결명자 결	371	7093	2467	6059
098	屑	(설) 仄聲/入聲: 鴂결( ) : 뱁새 결	372	7094	2468	6060
098	屑	(설) 仄聲/入聲: 拮결(길) : 일할 길	375	7095	2473	6224
098	屑	(설) 仄聲/入聲: 契계(글) : 견고할 결	452	7096	2470	6061
098	屑	(설) 仄聲/入聲: 契계(설) : 사람이름 설	453	7097	2469	6783
098	屑	(설) 仄聲/入聲: 鍥계(설) : 낫 설	486	7098	2471	6784
098	屑	(설) 仄聲/入聲: 鵸기( ) : 작은기러기 기	1176	7099	2472	6220
098	屑	(설) 仄聲/入聲: 蛣길( ) : 장구벌레 길	1185	7100	2474	6226
098	屑	(설) 仄聲/入聲: 捏날( ) : 이길 날	1202	7101	2475	6232
098	屑	(설) 仄聲/入聲: 涅날( ) : 개흙 날	1204	7102	2529	6234
098	屑	(설) 仄聲/入聲: 篞녈( ) : 파리 녈	1243	7103	2476	6239
098	屑	(설) 仄聲/入聲: 吶눌(열) : 말느리게할 열	1297	7104	2477	7060
098	屑	(설) 仄聲/入聲: 埒랄( ) : 담 랄	1722	7105	2478	6351
098	屑	(설) 仄聲/入聲: 冽렬( ) : 찰 렬	1860	7106	2479	6379
098	屑	(설) 仄聲/入聲: 列렬( ) : 벌/벌릴 렬	1861	7107	2480	6380
098	屑	(설) 仄聲/入聲: 劣렬( ) : 못할 렬	1862	7108	2481	6381
098	屑	(설) 仄聲/入聲: 洌렬( ) : 맑을 렬	1863	7109	2482	6382
098	屑	(설) 仄聲/入聲: 烈렬( ) : 매울 렬	1864	7110	2483	6383
098	屑	(설) 仄聲/入聲: 裂렬( ) : 찢어질 렬	1865	7111	2484	6384
098	屑	(설) 仄聲/入聲: 捩렬( ) : 활대 렬	1866	7112	2485	6385
098	屑	(설) 仄聲/入聲: 茢렬( ) : 갈대꽃 렬	1867	7113	2487	6387
098	屑	(설) 仄聲/入聲: 鮤렬( ) : 웅어 렬	1868	7114	2488	6388
098	屑	(설) 仄聲/入聲: 鴷렬( ) : 딱따구리 렬	1869	7115	2489	6389
098	屑	(설) 仄聲/入聲: 栵례(렬) : 작은도토리/돌밤 렬	1908	7116	2486	6386
098	屑	(설) 仄聲/入聲: 滅멸( ) : 멸할/꺼질 멸	2343	7117	2490	6485
098	屑	(설) 仄聲/入聲: 蔑멸( ) : 업신여길 멸	2344	7118	2491	6486
098	屑	(설) 仄聲/入聲: 蠛멸( ) : 눈에놀이 멸	2345	7119	2492	6487
098	屑	(설) 仄聲/入聲: 別별( ) : 다를/나눌 별	2817	7120	2494	6623
098	屑	(설) 仄聲/入聲: 瞥별( ) : 언뜻볼 별	2818	7121	2495	6624
098	屑	(설) 仄聲/入聲: 鷩별( ) : 금계 별	2819	7122	2496	6625
098	屑	(설) 仄聲/入聲: 彆별( ) : 활 뒤틀릴 별	2821	7123	2497	6626
098	屑	(설) 仄聲/入聲: 鷩별( ) : 금계 별	2822	7124	2498	6627
098	屑	(설) 仄聲/入聲: 批비(별) : 찔러밀칠 별	3089	7125	2499	6628

배열형식 B (韻目번호 基準)			배열 A	배열 B	배열 C	배열 D
韻目番號	韻目(독음) 平仄 / 四聲 : 韻族(異音) : 略義		운족 가나순	운목 번호순	운목 가나순	사성순
098	屑	(설) 仄聲/入聲: 薛설( ) : 설풀/설나라/성 설	3535	7126	2493	6785
098	屑	(설) 仄聲/入聲: 卨설( ) : 은나라시조이름 설	3537	7127	2500	6786
098	屑	(설) 仄聲/入聲: 屑설( ) : 가루 설	3538	7128	2501	6787
098	屑	(설) 仄聲/入聲: 楔설( ) : 쐐기 설	3539	7129	2502	6788
098	屑	(설) 仄聲/入聲: 泄설( ) : 샐 설	3540	7130	2503	6789
098	屑	(설) 仄聲/入聲: 渫설( ) : 칠 설	3543	7131	2504	6790
098	屑	(설) 仄聲/入聲: 舌설( ) : 혀 설	3545	7132	2505	6791
098	屑	(설) 仄聲/入聲: 薛설( ) : 맑은대쑥 설	3546	7133	2506	6792
098	屑	(설) 仄聲/入聲: 褻설( ) : 더러울 설	3547	7134	2507	6793
098	屑	(설) 仄聲/入聲: 設설( ) : 베풀 설	3548	7135	2508	6794
098	屑	(설) 仄聲/入聲: 說설( ) : 말씀 설	3549	7136	2511	6795
098	屑	(설) 仄聲/入聲: 說설(세) : 달랠/설득할 세	3550	7137	2509	6820
098	屑	(설) 仄聲/入聲: 說설(열) : 기꺼울 열	3551	7138	2510	7061
098	屑	(설) 仄聲/入聲: 雪설( ) : 눈 설	3552	7139	2512	6796
098	屑	(설) 仄聲/入聲: 齧설( ) : 물 설	3553	7140	2513	6797
098	屑	(설) 仄聲/入聲: 偰설( ) : 맑을 설	3554	7141	2514	6798
098	屑	(설) 仄聲/入聲: 媟설( ) : 깔볼/친압할 설	3555	7142	2515	6799
098	屑	(설) 仄聲/入聲: 碟설( ) : 가죽다룰 설	3556	7143	2516	6800
098	屑	(설) 仄聲/入聲: 紲설( ) : 고삐 설	3557	7144	2517	6801
098	屑	(설) 仄聲/入聲: 僁설( ) : 소곤거릴 설	3558	7145	2518	6802
098	屑	(설) 仄聲/入聲: 挈설( ) : 손에들 설	3559	7146	2519	6803
098	屑	(설) 仄聲/入聲: 帨세( ) : 수건 세	3615	7147	2520	6821
098	屑	(설) 仄聲/入聲: 刷쇄( ) : 인쇄할 쇄	3739	7148	2521	6841
098	屑	(설) 仄聲/入聲: 訐알( ) : 들추어 낼 알	4150	7149	2522	6969
098	屑	(설) 仄聲/入聲: 孼얼( ) : 서자 얼	4342	7150	2523	7029
098	屑	(설) 仄聲/入聲: 臬얼( ) : 말뚝 얼	4344	7151	2524	7031
098	屑	(설) 仄聲/入聲: 孽얼( ) : 서자 얼	4345	7152	2525	7032
098	屑	(설) 仄聲/入聲: 闑얼( ) : 문에세운말뚝 얼	4346	7153	2526	7033
098	屑	(설) 仄聲/入聲: 咽열( ) : 목멜 열	4440	7154	2527	7062
098	屑	(설) 仄聲/入聲: 悅열( ) : 기쁠 열	4441	7155	2528	7063
098	屑	(설) 仄聲/入聲: 熱열( ) : 더울 열	4442	7156	2530	7064
098	屑	(설) 仄聲/入聲: 閱열( ) : 볼 열	4443	7157	2531	7065
098	屑	(설) 仄聲/入聲: 噎열( ) : 목멜 열	4444	7158	2532	7066
098	屑	(설) 仄聲/入聲: 拽예(열) : 끌 열	4542	7159	2533	7067
098	屑	(설) 仄聲/入聲: 蜺예(얼) : 암무지개 얼	4547	7160	2534	7034
098	屑	(설) 仄聲/入聲: 潏율(휼) : 샘솟을 휼	5085	7161	2535	7922

배열형식 B (韻目번호 基準)			배열 A	배열 B	배열 C	배열 D
韻目番號	韻目(독음) 平仄 / 四聲 : 韻族(異音) : 略義		운족 가나순	운목 번호순	운목 가나순	사성순
098	屑	(설) 仄聲/入聲: 咽인(열) : 목멜/막힐 열	5248	7162	2536	7068
098	屑	(설) 仄聲/入聲: 佚일(질) : 방탕할 질	5272	7163	2537	7420
098	屑	(설) 仄聲/入聲: 切절( ) : 끊을 절	5670	7164	2539	7308
098	屑	(설) 仄聲/入聲: 截절( ) : 끊을 절	5672	7165	2540	7309
098	屑	(설) 仄聲/入聲: 折절( ) : 꺽을 절	5673	7166	2542	7310
098	屑	(설) 仄聲/入聲: 折절(제) : 부러질 설	5675	7167	2541	6804
098	屑	(설) 仄聲/入聲: 浙절( ) : 강이름 절	5676	7168	2543	7311
098	屑	(설) 仄聲/入聲: 癤절( ) : 부스럼 절	5677	7169	2544	7312
098	屑	(설) 仄聲/入聲: 竊절( ) : 훔칠 절	5678	7170	2545	7313
098	屑	(설) 仄聲/入聲: 節절( ) : 마디 절	5679	7171	2546	7314
098	屑	(설) 仄聲/入聲: 絶절( ) : 끊을 절	5680	7172	2547	7315
098	屑	(설) 仄聲/入聲: 楶절( ) : 동자기둥 절	5681	7173	2549	7317
098	屑	(설) 仄聲/入聲: 絕절( ) : 끊을 절	5682	7174	2550	7318
098	屑	(설) 仄聲/入聲: 晢제(절) : 밝을/비칠 절	5796	7175	2548	7316
098	屑	(설) 仄聲/入聲: 拙졸( ) : 못날/무딜/나 졸	5941	7176	2551	7369
098	屑	(설) 仄聲/入聲: 準준(절) : 코마루 절	6063	7177	2552	7319
098	屑	(설) 仄聲/入聲: 茁줄( ) : 싹틀 줄	6084	7178	2553	7394
098	屑	(설) 仄聲/入聲: 軼질(절) : 마주칠/서로/바퀴 절	6237	7179	2538	7307
098	屑	(설) 仄聲/入聲: 姪질(절) : 조카 절	6242	7180	2554	7320
098	屑	(설) 仄聲/入聲: 窒질(절) : 막을/가득할 절	6249	7181	2555	7321
098	屑	(설) 仄聲/入聲: 蛭질( ) : 거머리 질	6251	7182	2556	7433
098	屑	(설) 仄聲/入聲: 跌질( ) : 넘어질 질	6254	7183	2557	7435
098	屑	(설) 仄聲/入聲: 迭질( ) : 갈마들 질	6255	7184	2558	7436
098	屑	(설) 仄聲/入聲: 絰질( ) : 질 질	6256	7185	2559	7437
098	屑	(설) 仄聲/入聲: 苵질( ) : 돌피 질	6261	7186	2560	7442
098	屑	(설) 仄聲/入聲: 掣척(철) : 던질/팔매질 철	6461	7187	2561	7537
098	屑	(설) 仄聲/入聲: 凸철( ) : 뾰족할/내밀 철	6498	7188	2562	7538
098	屑	(설) 仄聲/入聲: 哲철( ) : 밝을 철	6500	7189	2563	7539
098	屑	(설) 仄聲/入聲: 喆철( ) : 밝을/쌍길 철	6501	7190	2564	7540
098	屑	(설) 仄聲/入聲: 徹철( ) : 바퀴자국 철	6502	7191	2565	7541
098	屑	(설) 仄聲/入聲: 撤철( ) : 거둘 철	6503	7192	2566	7542
098	屑	(설) 仄聲/入聲: 澈철( ) : 맑을 철	6504	7193	2567	7543
098	屑	(설) 仄聲/入聲: 綴철(체) : 연결할 체	6506	7194	2568	7571
098	屑	(설) 仄聲/入聲: 輟철( ) : 그칠 철	6507	7195	2569	7544
098	屑	(설) 仄聲/入聲: 轍철( ) : 비귀자욱 철	6508	7196	2570	7545
098	屑	(설) 仄聲/入聲: 鐵철( ) : 쇠 철	6509	7197	2571	7546

배열형식 B (韻目번호 基準)			배열 A	배열 B	배열 C	배열 D
韻目番號	韻目(독음) 平仄 / 四聲 : 韻族(異音) : 略義		운족 가나순	운목 번호순	운목 가나순	사성순
098	屑	(설) 仄聲/入聲: 啜철( ) : 마실 철	6510	7198	2572	7547
098	屑	(설) 仄聲/入聲: 惙철( ) : 근심할 철	6511	7199	2573	7548
098	屑	(설) 仄聲/入聲: 歠철( ) : 마실/먹을 철	6512	7200	2574	7549
098	屑	(설) 仄聲/入聲: 掣체(철) : 당길들 철	6568	7201	2575	7550
098	屑	(설) 仄聲/入聲: 艸초(철) : 풀파릇파릇날 철	6594	7202	2576	7551
098	屑	(설) 仄聲/入聲: 棁탈( ) : 지팡이 탈	6939	7203	2577	7684
098	屑	(설) 仄聲/入聲: 閉폐(별) : 막을/감출 별	7125	7204	2578	6629
098	屑	(설) 仄聲/入聲: 孑혈( ) : 외로울 혈	7460	7205	2579	7827
098	屑	(설) 仄聲/入聲: 穴혈( ) : 굴 혈	7461	7206	2580	7828
098	屑	(설) 仄聲/入聲: 血혈( ) : 피 혈	7462	7207	2581	7829
098	屑	(설) 仄聲/入聲: 頁혈( ) : 머리 혈	7463	7208	2582	7830
098	屑	(설) 仄聲/入聲: 絜혈( ) : 헤아릴 혈	7464	7209	2583	7831
098	屑	(설) 仄聲/入聲: 譎휼( ) : 속일 휼	7870	7210	2584	7924
098	屑	(설) 仄聲/入聲: 頡힐( ) : 오르내리락할/목 힐	7943	7211	2585	7944
098	屑	(설) 仄聲/入聲: 黠힐( ) : 약을 힐	7945	7212	2586	7945
099	藥	(약) 仄聲/入聲: 却각( ) : 물리칠 각	43	7213	2883	5950
099	藥	(약) 仄聲/入聲: 各각( ) : 각각 각	44	7214	2884	5951
099	藥	(약) 仄聲/入聲: 恪각( ) : 삼갈 각	45	7215	2885	5952
099	藥	(약) 仄聲/入聲: 慤각( ) : 성실할 각	46	7216	2886	5953
099	藥	(약) 仄聲/入聲: 脚각( ) : 다리 각	50	7217	2887	5956
099	藥	(약) 仄聲/入聲: 閣각( ) : 집 각	56	7218	2888	5959
099	藥	(약) 仄聲/入聲: 咯각( ) : 꿩소리/토할 각	58	7219	2889	5961
099	藥	(약) 仄聲/入聲: 咯각(락) : 송사말 락	59	7220	2890	6333
099	藥	(약) 仄聲/入聲: 擱각( ) : 놓을 각	60	7221	2891	5962
099	藥	(약) 仄聲/入聲: 腳각( ) : 다리 각	62	7222	2892	5964
099	藥	(약) 仄聲/入聲: 噱갹( ) : 껄껄웃는소리 갹	230	7223	2894	6015
099	藥	(약) 仄聲/入聲: 醵거(갹) : 술추렴 갹	232	7224	2893	6014
099	藥	(약) 仄聲/入聲: 格격(각) : 그칠/막을 각	321	7225	2895	5966
099	藥	(약) 仄聲/入聲: 格격(락) : 막힐 락	322	7226	2896	6334
099	藥	(약) 仄聲/入聲: 廓곽( ) : 둘레 곽	654	7227	2897	6113
099	藥	(약) 仄聲/入聲: 槨곽( ) : 덧널 곽	655	7228	2898	6114
099	藥	(약) 仄聲/入聲: 藿곽( ) : 콩잎 곽	656	7229	2899	6115
099	藥	(약) 仄聲/入聲: 郭곽( ) : 둘레/외성 곽	657	7230	2900	6116
099	藥	(약) 仄聲/入聲: 霍곽( ) : 빠를/갑자기 곽	658	7231	2901	6117
099	藥	(약) 仄聲/入聲: 漷곽( ) : 물이름 곽	659	7232	2902	6118
099	藥	(약) 仄聲/入聲: 玃곽(구) : 큰원숭이 구	662	7233	2904	6156

배열형식 B (韻目번호 基準)		배열 A	배열 B	배열 C	배열 D
韻目番號	韻目(독음) 平仄 / 四聲 : 韻族(異音) : 略義	운족 가나순	운목 번호순	운목 가나순	사성순
099	藥 (약) 仄聲/入聲: 廓곽(확) : 클 확	663	7234	3019	7880
099	藥 (약) 仄聲/入聲: 蹻교(갹) : 교만할 갹	793	7235	2903	6016
099	藥 (약) 仄聲/入聲: 諾낙( ) : 허락할/대답할 낙	1196	7236	2905	6231
099	藥 (약) 仄聲/入聲: 嫋뇨(약) : 가냘플 약	1284	7237	2906	7001
099	藥 (약) 仄聲/入聲: 度도(탁) : 꾀할/헤아릴 탁	1490	7238	2907	7653
099	藥 (약) 仄聲/入聲: 度도(탁) : 꾀할/헤아릴 탁	1549	7239	3003	7661
099	藥 (약) 仄聲/入聲: 洛락( ) : 강이름 락	1691	7240	2908	6335
099	藥 (약) 仄聲/入聲: 烙락( ) : 지질 락	1692	7241	2909	6336
099	藥 (약) 仄聲/入聲: 珞락( ) : 구슬목걸이 락	1693	7242	2910	6337
099	藥 (약) 仄聲/入聲: 絡락( ) : 얽힐/이을 락	1694	7243	2911	6338
099	藥 (약) 仄聲/入聲: 落락( ) : 떨어질 락	1695	7244	2912	6339
099	藥 (약) 仄聲/入聲: 酪락( ) : 유즙 락	1696	7245	2913	6340
099	藥 (약) 仄聲/入聲: 駱락( ) : 약대 락	1697	7246	2914	6341
099	藥 (약) 仄聲/入聲: 濼락( ) : 강이름 락	1699	7247	2915	6343
099	藥 (약) 仄聲/入聲: 濼락(박) : 늪/방죽 박	1701	7248	2916	6532
099	藥 (약) 仄聲/入聲: 鉻락( ) : 털깎을 락	1702	7249	2917	6344
099	藥 (약) 仄聲/入聲: 鮥락( ) : 다랑어 락	1703	7250	2918	6345
099	藥 (약) 仄聲/入聲: 掠략( ) : 노략질할 략	1774	7251	2919	6360
099	藥 (약) 仄聲/入聲: 略략( ) : 간략할/약할 략	1776	7252	2920	6361
099	藥 (약) 仄聲/入聲: 寞막( ) : 쓸쓸할 막	2215	7253	2921	6448
099	藥 (약) 仄聲/入聲: 漠막( ) : 넓을 막	2217	7254	2922	6450
099	藥 (약) 仄聲/入聲: 膜막( ) : 막/꺼풀 막	2218	7255	2923	6451
099	藥 (약) 仄聲/入聲: 莫막( ) : 없을/무성할/클 막	2219	7256	2924	6452
099	藥 (약) 仄聲/入聲: 莫막(맥) : 푸성귀/저물 모	2220	7257	2925	6490
099	藥 (약) 仄聲/入聲: 瘼막( ) : 병들 막	2223	7258	2926	6454
099	藥 (약) 仄聲/入聲: 摸모(막) : 더듬을 막	2370	7259	2927	6455
099	藥 (약) 仄聲/入聲: 博박( ) : 넓을 박	2584	7260	2928	6534
099	藥 (약) 仄聲/入聲: 搏박( ) : 칠/잡을 박	2586	7261	2929	6536
099	藥 (약) 仄聲/入聲: 泊박( ) : 머무를/배댈 박	2592	7262	2930	6540
099	藥 (약) 仄聲/入聲: 箔박( ) : 발 박	2595	7263	2931	6543
099	藥 (약) 仄聲/入聲: 粕박( ) : 지게미 박	2596	7264	2932	6544
099	藥 (약) 仄聲/入聲: 縛박( ) : 묶을 박	2597	7265	2933	6545
099	藥 (약) 仄聲/入聲: 膊박( ) : 포 박	2598	7266	2934	6546
099	藥 (약) 仄聲/入聲: 薄박( ) : 엷을 박	2600	7267	2935	6548
099	藥 (약) 仄聲/入聲: 鎛박( ) : 종 박	2604	7268	2936	6552
099	藥 (약) 仄聲/入聲: 彴박( ) : 별똥 박	2606	7269	2937	6554

배열형식 B (韻目번호 基準)			배열 A	배열 B	배열 C	배열 D
韻目 番號	韻目(독음) 平仄 / 四聲 : 韻族(異音) : 略義		운족 가나순	운목 번호순	운목 가나순	사성순
099	藥	(약) 仄聲/入聲: 襮박( ) : 수놓은깃 박	2608	7270	2938	6556
099	藥	(약) 仄聲/入聲: 鎛박( ) : 호미 박	2609	7271	2939	6557
099	藥	(약) 仄聲/入聲: 魄백(박) : 넋잃을 박	2747	7272	2940	6558
099	藥	(약) 仄聲/入聲: 簿부(박) : 누에발 박	2960	7273	2941	6559
099	藥	(약) 仄聲/入聲: 削삭( ) : 깎을 삭	3286	7274	2942	6713
099	藥	(약) 仄聲/入聲: 爍삭( ) : 빛날 삭	3291	7275	2943	6717
099	藥	(약) 仄聲/入聲: 鑠삭( ) : 녹일/빛날 삭	3292	7276	2944	6718
099	藥	(약) 仄聲/入聲: 奭석(학) : 붉은모양 학	3462	7277	2945	7773
099	藥	(약) 仄聲/入聲: 昔석(착) : 쇠뿔비틀릴 착	3466	7278	2946	7459
099	藥	(약) 仄聲/入聲: 炤소(조) : 밝을 작	3648	7279	2947	7224
099	藥	(약) 仄聲/入聲: 亞아(악) : 칠장식 악	4072	7280	2949	6940
099	藥	(약) 仄聲/入聲: 亞아(압) : 누를 압	4073	7281	2948	6978
099	藥	(약) 仄聲/入聲: 堊악( ) : 백토 악	4101	7282	2950	6941
099	藥	(약) 仄聲/入聲: 惡악( ) : 악할/나쁠 악	4105	7283	2951	6945
099	藥	(약) 仄聲/入聲: 愕악( ) : 놀랄 악	4108	7284	2952	6946
099	藥	(약) 仄聲/入聲: 樂악(요) : 즐거울 락	4112	7285	2953	6346
099	藥	(약) 仄聲/入聲: 鄂악( ) : 땅이름 악	4114	7286	2954	6950
099	藥	(약) 仄聲/入聲: 鍔악( ) : 칼날 악	4115	7287	2955	6951
099	藥	(약) 仄聲/入聲: 顎악( ) : 턱 악	4116	7288	2956	6952
099	藥	(약) 仄聲/入聲: 鰐악( ) : 악어 악	4117	7289	2957	6953
099	藥	(약) 仄聲/入聲: 齷악( ) : 악착스럴/속좁을 악	4118	7290	2958	6954
099	藥	(약) 仄聲/入聲: 咢악( ) : 놀랄 악	4119	7291	2959	6955
099	藥	(약) 仄聲/入聲: 噩악( ) : 놀랄 악	4121	7292	2960	6957
099	藥	(약) 仄聲/入聲: 萼악( ) : 꽃받침 악	4122	7293	2961	6958
099	藥	(약) 仄聲/入聲: 諤악( ) : 곧은말할 악	4123	7294	2962	6959
099	藥	(약) 仄聲/入聲: 鱷악( ) : 악어 악	4124	7295	2963	6960
099	藥	(약) 仄聲/入聲: 弱약( ) : 약할 약	4256	7296	2964	7002
099	藥	(약) 仄聲/入聲: 約약(요) : 약속/믿을 요	4258	7297	2965	7110
099	藥	(약) 仄聲/入聲: 若약(야) : 반야 야	4260	7298	2966	7000
099	藥	(약) 仄聲/入聲: 蒻약( ) : 부들 약	4262	7299	2967	7004
099	藥	(약) 仄聲/入聲: 藥약( ) : 약 약	4263	7300	2968	7005
099	藥	(약) 仄聲/入聲: 躍약( ) : 뛸 약	4264	7301	2969	7006
099	藥	(약) 仄聲/入聲: 籥약( ) : 피리 약	4266	7302	2970	7007
099	藥	(약) 仄聲/入聲: 鑰약( ) : 자물쇠 약	4267	7303	2971	7008
099	藥	(약) 仄聲/入聲: 礿약( ) : 봄제사 약	4269	7304	2973	7011
099	藥	(약) 仄聲/入聲: 鄀약( ) : 나라이름 약	4270	7305	2974	7012

배열형식 B (韻目번호 基準)			배열 A	배열 B	배열 C	배열 D
韻目番號	韻目(독음)	平仄 / 四聲 : 韻族(異音) : 略義	운족 가나순	운목 번호순	운목 가나순	사성순
099	藥	(약) 仄聲/入聲: 龠약(- : 피리 약	4271	7306	2972	7010
099	藥	(약) 仄聲/入聲: 鸙약( ) : 종다리 약	4272	7307	2975	7013
099	藥	(약) 仄聲/入聲: 遻오( ) : 만날 오	4605	7308	2976	7095
099	藥	(약) 仄聲/入聲: 作작( ) : 지을/일할/일어날 작	5370	7309	2977	7225
099	藥	(약) 仄聲/入聲: 勺작( ) : 1/100승 작	5373	7310	2978	7226
099	藥	(약) 仄聲/入聲: 嚼작( ) : 씹을 작	5374	7311	2979	7227
099	藥	(약) 仄聲/入聲: 斫작( ) : 벨/쪼갤 작	5375	7312	2980	7228
099	藥	(약) 仄聲/入聲: 昨작( ) : 어제 작	5376	7313	2981	7229
099	藥	(약) 仄聲/入聲: 灼작( ) : 사를 작	5377	7314	2982	7230
099	藥	(약) 仄聲/入聲: 爵작( ) : 벼슬 작	5379	7315	2983	7232
099	藥	(약) 仄聲/入聲: 綽작( ) : 너그러울 작	5380	7316	2984	7233
099	藥	(약) 仄聲/入聲: 芍작( ) : 함박꽃 작	5381	7317	2985	7234
099	藥	(약) 仄聲/入聲: 酌작( ) : 술부을/잔질할 작	5383	7318	2986	7235
099	藥	(약) 仄聲/入聲: 雀작( ) : 참새 작	5384	7319	2987	7236
099	藥	(약) 仄聲/入聲: 鵲작( ) : 까치 작	5385	7320	2988	7237
099	藥	(약) 仄聲/入聲: 怍작( ) : 부끄러워할 작	5386	7321	2989	7238
099	藥	(약) 仄聲/入聲: 柞작( ) : 떡갈나무 작	5387	7322	2990	7239
099	藥	(약) 仄聲/入聲: 皵작( ) : 주름 작	5390	7323	2991	7241
099	藥	(약) 仄聲/入聲: 笮작( ) : 좁을 작	5391	7324	2998	7244
099	藥	(약) 仄聲/入聲: 笮작(착) : 좁을 착	5392	7325	2999	7471
099	藥	(약) 仄聲/入聲: 醋작( ) : 술권할 작	5393	7326	3002	7246
099	藥	(약) 仄聲/入聲: 著저(착) : 둘/입을 착	5526	7327	2992	7460
099	藥	(약) 仄聲/入聲: 躇저( ) : 머뭇거릴 저	5530	7328	2993	7266
099	藥	(약) 仄聲/入聲: 錯착( ) : 섞일/그르칠 착	6307	7329	2995	7466
099	藥	(약) 仄聲/入聲: 錯착(조) : 그만둘/둘 조	6308	7330	2994	7361
099	藥	(약) 仄聲/入聲: 鑿착( ) : 뚫을/끌 착	6309	7331	2996	7467
099	藥	(약) 仄聲/入聲: 斮착(작) : 쪼갤 작	6314	7332	2997	7242
099	藥	(약) 仄聲/入聲: 拓척(탁) : 물리칠/밀칠 탁	6446	7333	3000	7656
099	藥	(약) 仄聲/入聲: 拓척( ) : 주울 척	6465	7334	3006	7536
099	藥	(약) 仄聲/入聲: 拓척(탁) : 물리칠/밀칠 탁	6466	7335	3005	7663
099	藥	(약) 仄聲/入聲: 酢초(작) : 술권할 작	6601	7336	3001	7245
099	藥	(약) 仄聲/入聲: 托탁( ) : 맡길/밀칠 탁	6901	7337	3004	7662
099	藥	(약) 仄聲/入聲: 柝탁( ) : 열 탁	6904	7338	3007	7666
099	藥	(약) 仄聲/入聲: 託탁( ) : 부탁할 탁	6909	7339	3008	7671
099	藥	(약) 仄聲/入聲: 鐸탁( ) : 방울 탁	6910	7340	3009	7672
099	藥	(약) 仄聲/入聲: 踱탁( ) : 맨발 탁	6915	7341	3010	7676

배열형식 B (韻目번호 基準)			배열 A	배열 B	배열 C	배열 D
韻目番號	韻目(독음) 平仄 / 四聲 : 韻族(異音) : 略義		운족 가나순	운목 번호순	운목 가나순	사성순
099	藥	(약) 仄聲/入聲: 馲탁( ) : 약대 탁	6917	7342	3011	7678
099	藥	(약) 仄聲/入聲: 杓표(작) : 당길/묶일 작	7184	7343	3012	7247
099	藥	(약) 仄聲/入聲: 壑학( ) : 골/구렁 학	7267	7344	3013	7774
099	藥	(약) 仄聲/入聲: 虐학( ) : 모질 학	7269	7345	3014	7776
099	藥	(약) 仄聲/入聲: 謔학( ) : 농할 학	7270	7346	3015	7777
099	藥	(약) 仄聲/入聲: 鶴학( ) : 학 학	7271	7347	3016	7778
099	藥	(약) 仄聲/入聲: 瘧학( ) : 학질 학	7272	7348	3017	7779
099	藥	(약) 仄聲/入聲: 鄗호(학) : 땅이름 학	7590	7349	3018	7782
099	藥	(약) 仄聲/入聲: 攫확( ) : 붙잡을 확	7651	7350	3020	7882
099	藥	(약) 仄聲/入聲: 穫확( ) : 거둘 확	7653	7351	3021	7884
099	藥	(약) 仄聲/入聲: 鑊확( ) : 가마솥 확	7655	7352	3022	7885
099	藥	(약) 仄聲/入聲: 檴확( ) : 나무이름 확	7656	7353	3023	7886
099	藥	(약) 仄聲/入聲: 雘확( ) : 곱게붉을/붉은칠할 확	7658	7354	3024	7888
099	藥	(약) 仄聲/入聲: 獲획(확) : 더럽힐 확	7761	7355	3025	7889
099	藥	(약) 仄聲/入聲: 熇효(확) : 불꽃성할 확	7783	7356	3026	7890
100	陌	(맥) 仄聲/入聲: 假가(하) : 이르를 격	5	7357	1484	6033
100	陌	(맥) 仄聲/入聲: 卻각( ) : 물리칠 각	57	7358	1485	5960
100	陌	(맥) 仄聲/入聲: 喀객( ) : 토할 객	222	7359	1488	6011
100	陌	(맥) 仄聲/入聲: 客객( ) : 손 객	223	7360	1489	6012
100	陌	(맥) 仄聲/入聲: 茖격( ) : 달래/산파 격	317	7361	1486	6034
100	陌	(맥) 仄聲/入聲: 茖격(각) : 풀 각	318	7362	1487	5965
100	陌	(맥) 仄聲/入聲: 格격( ) : 이를/올/발를 격	320	7363	1490	6036
100	陌	(맥) 仄聲/入聲: 膈격( ) : 간막이 격	325	7364	1491	6039
100	陌	(맥) 仄聲/入聲: 隔격( ) : 사이뜰 격	327	7365	1492	6041
100	陌	(맥) 仄聲/入聲: 骼격( ) : 뼈 격	330	7366	1493	6044
100	陌	(맥) 仄聲/入聲: 鬲격( ) : 손잡이 격	331	7367	1494	6045
100	陌	(맥) 仄聲/入聲: 綌격( ) : 칡베 격	335	7368	1495	6049
100	陌	(맥) 仄聲/入聲: 漷곽(획) : 물이부딛혀흐를 획	660	7369	1496	7904
100	陌	(맥) 仄聲/入聲: 馘괵( ) : 벨 괵	747	7370	1497	6133
100	陌	(맥) 仄聲/入聲: 幗괵( ) : 머리장식 괵	748	7371	1498	6134
100	陌	(맥) 仄聲/入聲: 蟈괵( ) : 청개구리 괵	749	7372	1500	6135
100	陌	(맥) 仄聲/入聲: 劇극( ) : 심할 극	1026	7373	1501	6192
100	陌	(맥) 仄聲/入聲: 戟극( ) : 찌를 극	1027	7374	1502	6193
100	陌	(맥) 仄聲/入聲: 隙극( ) : 틈 극	1030	7375	1503	6196
100	陌	(맥) 仄聲/入聲: 屐극( ) : 나막신 극	1032	7376	1504	6198
100	陌	(맥) 仄聲/入聲: 斁도(역) : 풀/싫을/마칠 역	1545	7377	1507	7040

배열형식 B (韻目번호 基準)		배열 A	배열 B	배열 C	배열 D
韻目番號	韻目(독음) 平仄 / 四聲 : 韻族(異音) : 略義	운족 가나순	운목 번호순	운목 가나순	사성순
100	陌 (맥) 仄聲/入聲: 蒚력(핵) : 부들꽃 핵	1843	7378	1508	7807
100	陌 (맥) 仄聲/入聲: 莫막(모) : 고요할 맥	2221	7379	1509	6469
100	陌 (맥) 仄聲/入聲: 脈맥( ) : 줄기 맥	2303	7380	1510	6470
100	陌 (맥) 仄聲/入聲: 貊맥( ) : 맥국 맥	2304	7381	1511	6471
100	陌 (맥) 仄聲/入聲: 陌맥( ) : 두렁 맥	2305	7382	1512	6472
100	陌 (맥) 仄聲/入聲: 驀맥( ) : 말탈 맥	2306	7383	1513	6473
100	陌 (맥) 仄聲/入聲: 麥맥( ) : 보리 맥	2307	7384	1514	6474
100	陌 (맥) 仄聲/入聲: 貘맥( ) : 표범 맥	2308	7385	1515	6475
100	陌 (맥) 仄聲/入聲: 覛맥( ) : 흘깃볼 맥	2309	7386	1516	6476
100	陌 (맥) 仄聲/入聲: 霢맥( ) : 가랑비 맥	2310	7387	1517	6477
100	陌 (맥) 仄聲/入聲: 拍박( ) : 칠 박	2585	7388	1518	6535
100	陌 (맥) 仄聲/入聲: 珀박( ) : 호박 박	2593	7389	1519	6541
100	陌 (맥) 仄聲/入聲: 舶박( ) : 선박 박	2599	7390	1520	6547
100	陌 (맥) 仄聲/入聲: 迫박( ) : 핍박할 박	2601	7391	1521	6549
100	陌 (맥) 仄聲/入聲: 伯백( ) : 맏 백	2736	7392	1522	6587
100	陌 (맥) 仄聲/入聲: 伯백(패) : 우두머리/맹주 패	2737	7393	1523	7723
100	陌 (맥) 仄聲/入聲: 佰백( ) : 일백 백	2738	7394	1524	6588
100	陌 (맥) 仄聲/入聲: 帛백( ) : 비단 백	2739	7395	1525	6589
100	陌 (맥) 仄聲/入聲: 柏백( ) : 측백나무 백	2740	7396	1526	6590
100	陌 (맥) 仄聲/入聲: 栢백( ) : 측백나무 백	2741	7397	1527	6591
100	陌 (맥) 仄聲/入聲: 白백( ) : 흰 백	2742	7398	1528	6592
100	陌 (맥) 仄聲/入聲: 百백( ) : 일백 백	2744	7399	1529	6593
100	陌 (맥) 仄聲/入聲: 百백(맥) : 힘쓸/길잡이 맥	2745	7400	1530	6478
100	陌 (맥) 仄聲/入聲: 魄백( ) : 넋 백	2746	7401	1531	6594
100	陌 (맥) 仄聲/入聲: 魄백(탁) : 넋잃을 탁	2748	7402	1532	7654
100	陌 (맥) 仄聲/入聲: 僻벽( ) : 궁벽할 벽	2788	7403	1533	6606
100	陌 (맥) 仄聲/入聲: 擘벽( ) : 쪼갤/당길 벽	2791	7404	1534	6609
100	陌 (맥) 仄聲/入聲: 檗벽( ) : 황벽나무 벽	2792	7405	1535	6610
100	陌 (맥) 仄聲/入聲: 璧벽( ) : 옥 벽	2793	7406	1536	6611
100	陌 (맥) 仄聲/入聲: 癖벽( ) : 적취 벽	2794	7407	1537	6612
100	陌 (맥) 仄聲/入聲: 碧벽( ) : 푸를 벽	2795	7408	1538	6613
100	陌 (맥) 仄聲/入聲: 蘗벽( ) : 황경나무[승검초폐] 벽	2796	7409	1539	6614
100	陌 (맥) 仄聲/入聲: 闢벽( ) : 열 벽	2797	7410	1540	6615
100	陌 (맥) 仄聲/入聲: 霹벽( ) : 벼락 벽	2798	7411	1541	6616
100	陌 (맥) 仄聲/入聲: 擗벽( ) : 가슴칠 벽	2799	7412	1542	6617
100	陌 (맥) 仄聲/入聲: 糪벽( ) : 선밥 벽	2801	7413	1543	6619

배열형식 B (韻目번호 基準)			배열 A	배열 B	배열 C	배열 D
韻目番號	韻目(독음) 平仄 / 四聲 : 韻族(異音) : 略義		운족 가나순	운목 번호순	운목 가나순	사성순
100	陌	(맥) 仄聲/入聲: 射사(석) : 목표를잡을 석	3217	7414	1544	6757
100	陌	(맥) 仄聲/入聲: 咋사(책) : 소리쨕지를 책	3265	7415	1545	7500
100	陌	(맥) 仄聲/入聲: 索색( ) : 찾을 색	3397	7416	1546	6749
100	陌	(맥) 仄聲/入聲: 槭색( ) : 앙상할 색	3399	7417	1547	6751
100	陌	(맥) 仄聲/入聲: 摵색( ) : 추릴/떨어질 색	3401	7418	1548	6752
100	陌	(맥) 仄聲/入聲: 夕석( ) : 저녁/저물 석	3459	7419	1549	6758
100	陌	(맥) 仄聲/入聲: 夕석(사) : 한웅큼 사	3460	7420	1550	6711
100	陌	(맥) 仄聲/入聲: 奭석( ) : 클/성할 석	3461	7421	1551	6759
100	陌	(맥) 仄聲/入聲: 席석( ) : 자리 석	3463	7422	1552	6760
100	陌	(맥) 仄聲/入聲: 惜석( ) : 아낄 석	3464	7423	1553	6761
100	陌	(맥) 仄聲/入聲: 昔석( ) : 옛/어제 석	3465	7424	1554	6762
100	陌	(맥) 仄聲/入聲: 晳석( ) : 분석할 석	3467	7425	1555	6763
100	陌	(맥) 仄聲/入聲: 汐석( ) : 조수 석	3469	7426	1556	6765
100	陌	(맥) 仄聲/入聲: 潟석( ) : 개펄 석	3471	7427	1557	6767
100	陌	(맥) 仄聲/入聲: 石석( ) : 돌 석	3472	7428	1558	6768
100	陌	(맥) 仄聲/入聲: 碩석( ) : 클 석	3473	7429	1559	6769
100	陌	(맥) 仄聲/入聲: 蓆석( ) : 자리 석	3474	7430	1560	6770
100	陌	(맥) 仄聲/入聲: 釋석( ) : 풀 석	3475	7431	1561	6771
100	陌	(맥) 仄聲/入聲: 矽석( ) : 규소 석	3477	7432	1562	6773
100	陌	(맥) 仄聲/入聲: 腊석( ) : 포/건어 석	3478	7433	1563	6774
100	陌	(맥) 仄聲/入聲: 舄석( ) : 빛날 석	3479	7434	1564	6775
100	陌	(맥) 仄聲/入聲: 鼫석( ) : 날다람쥐 석	3481	7435	1565	6777
100	陌	(맥) 仄聲/入聲: 霢석(색) : 가랑비/싸락눈 색	3483	7436	1566	6754
100	陌	(맥) 仄聲/入聲: 螫석( ) : 벌레쏘일 석	3485	7437	1567	6780
100	陌	(맥) 仄聲/入聲: 澤석( ) : 풀(解也) 석	3488	7438	1655	6782
100	陌	(맥) 仄聲/入聲: 澤석(택) : 못 택	3489	7439	1654	7702
100	陌	(맥) 仄聲/入聲: 愬소(색) : 두려워할 색	3672	7440	1568	6755
100	陌	(맥) 仄聲/入聲: 媳식( ) : 며느리 식	4012	7441	1569	6921
100	陌	(맥) 仄聲/入聲: 啞아(액) : 깔깔웃을 액	4078	7442	1570	6986
100	陌	(맥) 仄聲/入聲: 隘애(액) : 막힐 액	4210	7443	1571	6987
100	陌	(맥) 仄聲/入聲: 厄액( ) : 액 액	4227	7444	1572	6988
100	陌	(맥) 仄聲/入聲: 掖액( ) : 부축할 액	4229	7445	1573	6990
100	陌	(맥) 仄聲/入聲: 液액( ) : 진 액	4230	7446	1574	6991
100	陌	(맥) 仄聲/入聲: 腋액( ) : 겨드랑이 액	4233	7447	1575	6992
100	陌	(맥) 仄聲/入聲: 額액( ) : 이마 액	4234	7448	1576	6993
100	陌	(맥) 仄聲/入聲: 阨액( ) : 막힐/거리낄 액	4235	7449	1577	6994

배열형식 B (韻目번호 基準)				배열 A	배열 B	배열 C	배열 D
韻目番號	韻目(독음) 平仄 / 四聲 : 韻族(異音) : 略義			운족 가나순	운목 번호순	운목 가나순	사성순
100	陌	(맥) 仄聲/入聲: 軛액( )	: 멍에 액	4237	7450	1578	6995
100	陌	(맥) 仄聲/入聲: 額액( )	: 이마 액	4238	7451	1579	6996
100	陌	(맥) 仄聲/入聲: 罌앵( )	: 양귀비/주전자 앵	4240	7452	1580	6998
100	陌	(맥) 仄聲/入聲: 夜야(액)	: 고을이름 액	4248	7453	1581	6997
100	陌	(맥) 仄聲/入聲: 蘖얼( )	: 싹/싹날 얼	4343	7454	1582	7030
100	陌	(맥) 仄聲/入聲: 亦역( )	: 또 역	4381	7455	1583	7041
100	陌	(맥) 仄聲/入聲: 役역( )	: 부릴 역	4383	7456	1584	7043
100	陌	(맥) 仄聲/入聲: 疫역( )	: 전염병 역	4384	7457	1587	7045
100	陌	(맥) 仄聲/入聲: 繹역( )	: 당길/찾을 역	4385	7458	1588	7046
100	陌	(맥) 仄聲/入聲: 譯역( )	: 번역할 역	4386	7459	1589	7047
100	陌	(맥) 仄聲/入聲: 逆역( )	: 거스릴 역	4387	7460	1590	7048
100	陌	(맥) 仄聲/入聲: 驛역( )	: 역 역	4388	7461	1591	7049
100	陌	(맥) 仄聲/入聲: 嶧역( )	: 산이름 역	4389	7462	1592	7050
100	陌	(맥) 仄聲/入聲: 懌역( )	: 기뻐할 역	4390	7463	1593	7051
100	陌	(맥) 仄聲/入聲: 帟역( )	: 장막 역	4392	7464	1594	7053
100	陌	(맥) 仄聲/入聲: 虢예( )	: 범발톱자국 예	4517	7465	1499	7086
100	陌	(맥) 仄聲/入聲: 易이( )	: 쉬울 이	5176	7466	1586	7182
100	陌	(맥) 仄聲/入聲: 易이(역)	: 변할/바꿀 역	5177	7467	1585	7044
100	陌	(맥) 仄聲/入聲: 益익( )	: 더할 익	5232	7468	1595	7184
100	陌	(맥) 仄聲/入聲: 謚익( )	: 빙그레웃을 익	5236	7469	1596	7188
100	陌	(맥) 仄聲/入聲: 膉익( )	: 목살 익	5240	7470	1597	7192
100	陌	(맥) 仄聲/入聲: 馹일(역)	: 잇댈/역말 역	5280	7471	1598	7058
100	陌	(맥) 仄聲/入聲: 駔일(역)	: 역말/정거장 역	5283	7472	1605	7059
100	陌	(맥) 仄聲/入聲: 刺자( )	: 찌를/벨 자	5309	7473	1600	7216
100	陌	(맥) 仄聲/入聲: 刺자(라)	: 수라 라	5310	7474	1599	6332
100	陌	(맥) 仄聲/入聲: 刺자(척)	: 찌를/정탐할 척	5311	7475	1601	7514
100	陌	(맥) 仄聲/入聲: 炙자(적)	: 고기구이/친근할 적	5322	7476	1602	7268
100	陌	(맥) 仄聲/入聲: 藉자(적)	: 성할/드릴 적	5335	7477	1603	7269
100	陌	(맥) 仄聲/入聲: 柞작(책)	: 벌목할 책	5388	7478	1604	7501
100	陌	(맥) 仄聲/入聲: 摘적( )	: 딸 적	5559	7479	1606	7274
100	陌	(맥) 仄聲/入聲: 積적( )	: 포갤/모을 적	5564	7480	1608	7279
100	陌	(맥) 仄聲/入聲: 積적(자)	: 쌓을/저축할 자	5565	7481	1607	7222
100	陌	(맥) 仄聲/入聲: 籍적( )	: 문서 적	5567	7482	1609	7281
100	陌	(맥) 仄聲/入聲: 翟적(책)	: 고을이름/성 책	5570	7483	1610	7502
100	陌	(맥) 仄聲/入聲: 謫적( )	: 꾸짖을 적	5572	7484	1611	7285
100	陌	(맥) 仄聲/入聲: 赤적( )	: 붉을 적	5574	7485	1612	7287

배열형식 B (韻目번호 基準)			배열 A	배열 B	배열 C	배열 D
韻目番號	韻目(독음) 平仄 / 四聲 : 韻族(異音) : 略義		운족 가나순	운목 번호순	운목 가나순	사성순
100	陌	(맥) 仄聲/入聲: 跡적( ) : 자취 적	5575	7486	1613	7288
100	陌	(맥) 仄聲/入聲: 蹟적( ) : 자취 적	5576	7487	1614	7289
100	陌	(맥) 仄聲/入聲: 迹적( ) : 자취 적	5578	7488	1615	7291
100	陌	(맥) 仄聲/入聲: 適적( ) : 맞을 적	5579	7489	1616	7292
100	陌	(맥) 仄聲/入聲: 踖적( ) : 밟을 적	5586	7490	1617	7299
100	陌	(맥) 仄聲/入聲: 鰿적( ) : 붕어 적	5588	7491	1618	7301
100	陌	(맥) 仄聲/入聲: 措조(책) : 좇아잡을 책	5850	7492	1619	7503
100	陌	(맥) 仄聲/入聲: 厝조(착) : 숫돌 착	5893	7493	1620	7461
100	陌	(맥) 仄聲/入聲: �조(작) : 물떨어지는소리 색	5928	7494	1626	6756
100	陌	(맥) 仄聲/入聲: 鯽즉( ) : 붕어 즉	6097	7495	1621	7400
100	陌	(맥) 仄聲/入聲: 借차(적) : 빌릴/빛 적	6283	7496	1622	7304
100	陌	(맥) 仄聲/入聲: 搾착( ) : 짤/압박할 착	6304	7497	1623	7463
100	陌	(맥) 仄聲/入聲: 着착( ) : 붙을 착	6305	7498	1624	7464
100	陌	(맥) 仄聲/入聲: 窄착( ) : 좁을 착	6306	7499	1625	7465
100	陌	(맥) 仄聲/入聲: 責채(책) : 꾸짖을/맡을 책	6422	7500	1629	7506
100	陌	(맥) 仄聲/入聲: 冊책( ) : 책 책	6423	7501	1627	7504
100	陌	(맥) 仄聲/入聲: 策책( ) : 꾀 책	6425	7502	1628	7505
100	陌	(맥) 仄聲/入聲: 嘖책( ) : 외칠 책	6426	7503	1630	7507
100	陌	(맥) 仄聲/入聲: 幘책( ) : 머리수건 책	6427	7504	1631	7508
100	陌	(맥) 仄聲/入聲: 磔책( ) : 찢을 책	6428	7505	1632	7509
100	陌	(맥) 仄聲/入聲: 簀책( ) : 대자리 책	6429	7506	1633	7510
100	陌	(맥) 仄聲/入聲: 茦책( ) : 풀가시 책	6430	7507	1634	7511
100	陌	(맥) 仄聲/入聲: 筴책( ) : 계교 책	6431	7508	1669	7513
100	陌	(맥) 仄聲/入聲: 尺척( ) : 자 척	6443	7509	1635	7517
100	陌	(맥) 仄聲/入聲: 拓척( ) : 주울 척	6445	7510	1636	7519
100	陌	(맥) 仄聲/入聲: 擲척( ) : 던질 척	6447	7511	1637	7520
100	陌	(맥) 仄聲/入聲: 斥척( ) : 물리칠 척	6448	7512	1638	7521
100	陌	(맥) 仄聲/入聲: 瘠척( ) : 파리할 척	6450	7513	1639	7523
100	陌	(맥) 仄聲/入聲: 脊척( ) : 등골뼈 척	6451	7514	1640	7524
100	陌	(맥) 仄聲/入聲: 蹠척( ) : 밟을 척	6452	7515	1641	7525
100	陌	(맥) 仄聲/入聲: 隻척( ) : 외짝 척	6454	7516	1642	7527
100	陌	(맥) 仄聲/入聲: 呎척( ) : 피이트 척	6455	7517	1643	7528
100	陌	(맥) 仄聲/入聲: 摭척( ) : 주울 척	6457	7518	1644	7530
100	陌	(맥) 仄聲/入聲: 蜴척( ) : 도마뱀 척	6458	7519	1645	7531
100	陌	(맥) 仄聲/入聲: 蹢척( ) : 깡충깡충뛸 척	6462	7520	1646	7534
100	陌	(맥) 仄聲/入聲: 齣척( ) : 한단락 척	6464	7521	1647	7535

韻目番號	배열형식 B (韻目번호 基準) 韻目(독음) 平仄 / 四聲 : 韻族(異音) : 略義		배열 A 운족 가나순	배열 B 운목 번호순	배열 C 운목 가나순	배열 D 사성순
100	陌	(맥) 仄聲/入聲: 坼탁( ) : 터질 탁	6900	7522	1648	7660
100	陌	(맥) 仄聲/入聲: 拆탁( ) : 터질 탁	6911	7523	1649	7673
100	陌	(맥) 仄聲/入聲: 馲탁(책) : 트기 책	6918	7524	1650	7512
100	陌	(맥) 仄聲/入聲: 宅택( ) : 집/살/자리/정할 택	6981	7525	1505	7699
100	陌	(맥) 仄聲/入聲: 宅택(댁) : 집안 댁	6982	7526	1506	6281
100	陌	(맥) 仄聲/入聲: 宅택( ) : 집 택	6983	7527	1652	7700
100	陌	(맥) 仄聲/入聲: 宅택(댁) : (존칭)남의아내 댁	6984	7528	1651	6282
100	陌	(맥) 仄聲/入聲: 擇택( ) : 가릴 택	6985	7529	1653	7701
100	陌	(맥) 仄聲/入聲: 覇패(백) : 달력 백	7073	7530	1656	6595
100	陌	(맥) 仄聲/入聲: 霸패(백) : 달력 백	7080	7531	1657	6596
100	陌	(맥) 仄聲/入聲: 嚇하( ) : 웃을 하	7263	7532	1658	7770
100	陌	(맥) 仄聲/入聲: 核핵( ) : 실과/자세할 핵	7380	7533	1659	7808
100	陌	(맥) 仄聲/入聲: 翮핵( ) : 깃촉/쭉지 핵	7382	7534	1660	7809
100	陌	(맥) 仄聲/入聲: 覈핵( ) : 핵실할/엄할 핵	7384	7535	1661	7810
100	陌	(맥) 仄聲/入聲: 奕혁( ) : 클 혁	7423	7536	1662	7817
100	陌	(맥) 仄聲/入聲: 爀혁( ) : 불빛 혁	7424	7537	1663	7818
100	陌	(맥) 仄聲/入聲: 赫혁( ) : 빛날 혁	7425	7538	1664	7819
100	陌	(맥) 仄聲/入聲: 革혁( ) : 가죽/고칠 혁	7426	7539	1665	7820
100	陌	(맥) 仄聲/入聲: 弈혁( ) : 클 혁	7428	7540	1666	7821
100	陌	(맥) 仄聲/入聲: 焃혁( ) : 붉을/밝을 혁	7431	7541	1667	7824
100	陌	(맥) 仄聲/入聲: 懸현( ) : 매달/멀 현	7436	7542	1668	7826
100	陌	(맥) 仄聲/入聲: 畵화(획) : 그을/나눌/꾀할 획	7633	7543	1670	7905
100	陌	(맥) 仄聲/入聲: 擭화(획) : 잡을 획	7645	7544	1671	7906
100	陌	(맥) 仄聲/入聲: 畫화(획) : 그을/나눌/꾀할 획	7648	7545	1672	7907
100	陌	(맥) 仄聲/入聲: 玃확( ) : 큰원숭이 확	7657	7546	1673	7887
100	陌	(맥) 仄聲/入聲: 劃획( ) : 그을 획	7759	7547	1674	7908
100	陌	(맥) 仄聲/入聲: 獲획( ) : 얻을 획	7760	7548	1675	7909
101	錫	(석) 仄聲/入聲: 擊격( ) : 칠 격	319	7549	2116	6035
101	錫	(석) 仄聲/入聲: 檄격( ) : 격서 격	323	7550	2117	6037
101	錫	(석) 仄聲/入聲: 激격( ) : 격할 격	324	7551	2118	6038
101	錫	(석) 仄聲/入聲: 覡격( ) : 박수 격	326	7552	2119	6040
101	錫	(석) 仄聲/入聲: 毄격( ) : 부딪칠 격	328	7553	2120	6042
101	錫	(석) 仄聲/入聲: 闃격( ) : 고요할 격	329	7554	2121	6043
101	錫	(석) 仄聲/入聲: 湨격( ) : 강이름 격	332	7555	2122	6046
101	錫	(석) 仄聲/入聲: 狊격( ) : 날개펼 격	333	7556	2123	6047
101	錫	(석) 仄聲/入聲: 獥격( ) : 이리새끼 격	334	7557	2124	6048

배열형식 B (韻目번호 基準)			배열 A	배열 B	배열 C	배열 D
韻目番號	韻目(독음)	平仄 / 四聲 : 韻族(異音) : 略義	운족 가나순	운목 번호순	운목 가나순	사성순
101	錫	(석) 仄聲/入聲: 菽격( ) : 연밥 격	336	7558	2125	6050
101	錫	(석) 仄聲/入聲: 汨골(멱) : 물이름 멱	592	7559	2126	6480
101	錫	(석) 仄聲/入聲: 喫긱( ) : 먹을/마실 긱	1177	7560	2127	6221
101	錫	(석) 仄聲/入聲: 喫긱(끽) : 먹을/미실 끽	1178	7561	2128	6227
101	錫	(석) 仄聲/入聲: 惄녁( ) : 근심할 녁	1237	7562	2129	6238
101	錫	(석) 仄聲/入聲: 溺뇨(닉) : 빠질/약할 닉	1290	7563	2130	6253
101	錫	(석) 仄聲/入聲: 歷력( ) : 겪을/지낼 력	1833	7564	2131	6368
101	錫	(석) 仄聲/入聲: 曆력( ) : 책력/셀 력	1834	7565	2132	6367
101	錫	(석) 仄聲/入聲: 瀝력( ) : 물방울 력	1835	7566	2133	6369
101	錫	(석) 仄聲/入聲: 礫력( ) : 자갈 력	1836	7567	2134	6370
101	錫	(석) 仄聲/入聲: 轢력( ) : 삐걱거릴 력	1837	7568	2135	6371
101	錫	(석) 仄聲/入聲: 轢력( ) : 치일/부닥칠 력	1838	7569	2136	6372
101	錫	(석) 仄聲/入聲: 靂력( ) : 벼락 력	1839	7570	2137	6373
101	錫	(석) 仄聲/入聲: 櫟력( ) : 상수리나무 력	1840	7571	2138	6374
101	錫	(석) 仄聲/入聲: 櫪력( ) : 가죽나무 력	1841	7572	2139	6375
101	錫	(석) 仄聲/入聲: 蒚력( ) : 산마늘 력	1842	7573	2140	6376
101	錫	(석) 仄聲/入聲: 幕막( ) : 장막 막	2216	7574	2141	6449
101	錫	(석) 仄聲/入聲: 冪멱( ) : 덮을/수(自乘) 멱	2323	7575	2142	6481
101	錫	(석) 仄聲/入聲: 覓멱( ) : 구할/찾을 멱	2324	7576	2143	6482
101	錫	(석) 仄聲/入聲: 糸멱( ) : 가는실 멱	2325	7577	2144	6483
101	錫	(석) 仄聲/入聲: 蓂명(멱) : 두루미냉이 멱	2355	7578	2145	6484
101	錫	(석) 仄聲/入聲: 劈벽( ) : 빼갤 벽	2789	7579	2146	6607
101	錫	(석) 仄聲/入聲: 壁벽( ) : 벽 벽	2790	7580	2147	6608
101	錫	(석) 仄聲/入聲: 甓벽( ) : 벽돌 벽	2800	7581	2148	6618
101	錫	(석) 仄聲/入聲: 析석( ) : 쪼갤 석	3468	7582	2149	6764
101	錫	(석) 仄聲/入聲: 淅석( ) : 쌀일 석	3470	7583	2150	6766
101	錫	(석) 仄聲/入聲: 錫석( ) : 주석 석	3476	7584	2151	6772
101	錫	(석) 仄聲/入聲: 蜥석( ) : 도마뱀 석	3480	7585	2152	6776
101	錫	(석) 仄聲/入聲: 霢석( ) : 가랑비/싸락눈 석	3482	7586	2153	6778
101	錫	(석) 仄聲/入聲: 菥석( ) : 큰냉이 석	3484	7587	2154	6779
101	錫	(석) 仄聲/入聲: 裼석( ) : 벗어멜 석	3486	7588	2155	6781
101	錫	(석) 仄聲/入聲: 裼석(체) : 포대기 체	3487	7589	2156	7570
101	錫	(석) 仄聲/入聲: 趯약(적) : 뛸 적	4265	7590	2157	7267
101	錫	(석) 仄聲/入聲: 霓예(역) : 암무지개 역	4538	7591	2158	7057
101	錫	(석) 仄聲/入聲: 鷁익( ) : 물새 익	5238	7592	2159	7190
101	錫	(석) 仄聲/入聲: 芍작(적) : 연밥 적	5382	7593	2160	7270

배열형식 B (韻目번호 基準)			배열 A	배열 B	배열 C	배열 D
韻目番號	韻目(독음) 平仄 / 四聲 : 韻族(異音) : 略義		운족 가나순	운목 번호순	운목 가나순	사성순
101	錫	(석) 仄聲/入聲: 勣적( ) : 공적/사업 적	5556	7594	2161	7271
101	錫	(석) 仄聲/入聲: 嫡적( ) : 아내/맏아들 적	5557	7595	2162	7272
101	錫	(석) 仄聲/入聲: 寂적( ) : 고요할 적	5558	7596	2163	7273
101	錫	(석) 仄聲/入聲: 敵적( ) : 대적할 적	5560	7597	2164	7275
101	錫	(석) 仄聲/入聲: 滴적( ) : 물방울 적	5561	7598	2165	7276
101	錫	(석) 仄聲/入聲: 狄적( ) : 오랑캐 적	5562	7599	2166	7277
101	錫	(석) 仄聲/入聲: 的적( ) : 과녁 적	5563	7600	2167	7278
101	錫	(석) 仄聲/入聲: 笛적( ) : 피리 적	5566	7601	2168	7280
101	錫	(석) 仄聲/入聲: 績적( ) : 길쌈 적	5568	7602	2169	7282
101	錫	(석) 仄聲/入聲: 翟적( ) : 꿩깃 적	5569	7603	2170	7283
101	錫	(석) 仄聲/入聲: 荻적( ) : 물억새 적	5571	7604	2171	7284
101	錫	(석) 仄聲/入聲: 迪적( ) : 나아갈 적	5577	7605	2172	7290
101	錫	(석) 仄聲/入聲: 鏑적( ) : 살촉 적	5580	7606	2173	7293
101	錫	(석) 仄聲/入聲: 糴적( ) : 쌀사들일 적	5581	7607	2174	7294
101	錫	(석) 仄聲/入聲: 覿적( ) : 볼 적	5582	7608	2175	7295
101	錫	(석) 仄聲/入聲: 逖적( ) : 멀 적	5583	7609	2176	7296
101	錫	(석) 仄聲/入聲: 商적( ) : 나무뿌리 적	5584	7610	2177	7297
101	錫	(석) 仄聲/入聲: 篴적( ) : 피리 적	5585	7611	2178	7298
101	錫	(석) 仄聲/入聲: 頔적( ) : 아름다울 적	5587	7612	2179	7300
101	錫	(석) 仄聲/入聲: 弔조(적) : 이를 적	5847	7613	2180	7303
101	錫	(석) 仄聲/入聲: 倜척( ) : 고상할/번쩍들 척	6441	7614	2181	7515
101	錫	(석) 仄聲/入聲: 剔척( ) : 뼈바를 척	6442	7615	2182	7516
101	錫	(석) 仄聲/入聲: 戚척( ) : 친척 척	6444	7616	2183	7518
101	錫	(석) 仄聲/入聲: 滌척( ) : 닦을 척	6449	7617	2184	7522
101	錫	(석) 仄聲/入聲: 惕척( ) : 두려워할 척	6456	7618	2185	7529
101	錫	(석) 仄聲/入聲: 慼척( ) : 근심 척	6459	7619	2186	7532
101	錫	(석) 仄聲/入聲: 擿척( ) : 던질/팔매질 척	6460	7620	2187	7533
101	錫	(석) 仄聲/入聲: 蹢척(적) : 굽 적	6463	7621	2188	7305
101	錫	(석) 仄聲/入聲: 逐축(적) : 날리는모양 적	6732	7622	2189	7306
101	錫	(석) 仄聲/入聲: 辟피(벽) : 법/부를/편벽될 벽	7227	7623	2190	6622
101	錫	(석) 仄聲/入聲: 鬲핵(력) : 다리굽은솥 력	7383	7624	2191	6378
102	職	(직) 仄聲/入聲: 刻각( ) : 새길 각	42	7625	6196	5949
102	職	(직) 仄聲/入聲: 國국( ) : 나라 국	910	7626	6197	6159
102	職	(직) 仄聲/入聲: 克극( ) : 이길 극	1024	7627	6198	6190
102	職	(직) 仄聲/入聲: 剋극( ) : 이길 극	1025	7628	6199	6191
102	職	(직) 仄聲/入聲: 棘극( ) : 가시나무 극	1028	7629	6200	6194

배열형식 B (韻目번호 基準)			배열 A	배열 B	배열 C	배열 D
韻目番號	韻目(독음) 平仄 / 四聲 : 韻族(異音) : 略義		운족 가나순	운목 번호순	운목 가나순	사성순
102	職	(직) 仄聲/入聲: 極극( ) : 극진할/다할 극	1029	7630	6201	6195
102	職	(직) 仄聲/入聲: 亟극( ) : 빠를 극	1031	7631	6202	6197
102	職	(직) 仄聲/入聲: 殛극( ) : 죽일 극	1033	7632	6204	6199
102	職	(직) 仄聲/入聲: 亟기(기) : 자주 기	1087	7633	6203	6219
102	職	(직) 仄聲/入聲: 匿닉( ) : 숨을 닉	1323	7634	6206	6252
102	職	(직) 仄聲/入聲: 溺닉( ) : 빠질 닉	1324	7635	6258	6254
102	職	(직) 仄聲/入聲: 溺닉(뇨) : 오줌/오줌눌 뇨	1325	7636	6259	6248
102	職	(직) 仄聲/入聲: 貸대(특) : 빌릴 특	1470	7637	6207	7706
102	職	(직) 仄聲/入聲: 德덕( ) : 큰/품행/은혜 덕	1476	7638	6208	6283
102	職	(직) 仄聲/入聲: 悳덕( ) : 큰/품행/은혜 덕	1477	7639	6209	6284
102	職	(직) 仄聲/入聲: 得득( ) : 얻을 득	1656	7640	6210	6322
102	職	(직) 仄聲/入聲: 勑래(칙) : 바를/다스릴 칙	1769	7641	6211	7633
102	職	(직) 仄聲/入聲: 力력( ) : 힘/부지런할 력	1844	7642	6251	6377
102	職	(직) 仄聲/入聲: 肋륵( ) : 갈비 륵	2106	7643	6205	6438
102	職	(직) 仄聲/入聲: 勒륵( ) : 굴레/억지 륵	2107	7644	6212	6439
102	職	(직) 仄聲/入聲: 肋륵( ) : 갈빗대 륵	2108	7645	6213	6440
102	職	(직) 仄聲/入聲: 仂륵( ) : 나머지수 륵	2109	7646	6214	6441
102	職	(직) 仄聲/入聲: 阞륵( ) : 지맥 륵	2110	7647	6215	6442
102	職	(직) 仄聲/入聲: 冒모( ) : 가릴 모	2364	7648	6216	6491
102	職	(직) 仄聲/入聲: 墨묵( ) : 먹 묵	2482	7649	6217	6521
102	職	(직) 仄聲/入聲: 默묵( ) : 잠잠할 묵	2483	7650	6218	6522
102	職	(직) 仄聲/入聲: 嚜묵( ) : 잠잠할 묵	2484	7651	6219	6523
102	職	(직) 仄聲/入聲: 葍복( ) : 무 복	2890	7652	6220	6656
102	職	(직) 仄聲/入聲: 輻복(폭) : 바퀴살통 폭	2896	7653	6221	7735
102	職	(직) 仄聲/入聲: 踣복(부) : 엎드러질/쓰러질 부	2910	7654	6224	6680
102	職	(직) 仄聲/入聲: 輻복(폭) : 바퀴살통 폭	2912	7655	6296	7741
102	職	(직) 仄聲/入聲: 副부(복) : 순산될 벽	2939	7656	6222	6621
102	職	(직) 仄聲/入聲: 北북( ) : 북녘 북	3009	7657	6223	6682
102	職	(직) 仄聲/入聲: 菔비(복) : 무 복	3157	7658	6225	6674
102	職	(직) 仄聲/入聲: 塞새(색) : 막을/채울 색	3391	7659	6226	6746
102	職	(직) 仄聲/入聲: 嗇색( ) : 아낄/인색할 색	3395	7660	6227	6747
102	職	(직) 仄聲/入聲: 穡색( ) : 거둘 색	3396	7661	6228	6748
102	職	(직) 仄聲/入聲: 色색( ) : 빛 색	3398	7662	6229	6750
102	職	(직) 仄聲/入聲: 埴식( ) : 찰흙 식	3996	7663	6230	6907
102	職	(직) 仄聲/入聲: 寔식( ) : 이 식	3997	7664	6231	6908
102	職	(직) 仄聲/入聲: 式식( ) : 법 식	3998	7665	6232	6909

배열형식 B (韻目번호 基準)			배열 A	배열 B	배열 C	배열 D
韻目番號	韻目(독음) 平仄 / 四聲 : 韻族(異音) : 略義		운족 가나순	운목 번호순	운목 가나순	사성순
102	職	(직) 仄聲/入聲: 息식( ) : 쉴 식	3999	7666	6233	6910
102	職	(직) 仄聲/入聲: 拭식( ) : 닦을 식	4000	7667	6234	6911
102	職	(직) 仄聲/入聲: 植식( ) : 심을/세울/둘 식	4001	7668	6235	6912
102	職	(직) 仄聲/入聲: 殖식( ) : 불릴 식	4003	7669	6236	6913
102	職	(직) 仄聲/入聲: 湜식( ) : 물맑을 식	4004	7670	6237	6914
102	職	(직) 仄聲/入聲: 熄식( ) : 꺼질 식	4005	7671	6238	6915
102	職	(직) 仄聲/入聲: 蝕식( ) : 좀먹을 식	4006	7672	6239	6916
102	職	(직) 仄聲/入聲: 識식( ) : 알 식	4007	7673	6240	6917
102	職	(직) 仄聲/入聲: 軾식( ) : 수레가로나무 식	4009	7674	6241	6918
102	職	(직) 仄聲/入聲: 食식( ) : 밥/먹을 식	4010	7675	6242	6919
102	職	(직) 仄聲/入聲: 飾식( ) : 꾸밀 식	4011	7676	6243	6920
102	職	(직) 仄聲/入聲: 栻식( ) : 점판 식	4013	7677	6244	6922
102	職	(직) 仄聲/入聲: 億억( ) : 억 억	4323	7678	6245	7020
102	職	(직) 仄聲/入聲: 憶억( ) : 생각할 억	4324	7679	6246	7021
102	職	(직) 仄聲/入聲: 抑억( ) : 누를 억	4325	7680	6247	7022
102	職	(직) 仄聲/入聲: 檍억( ) : 감탕나무 억	4326	7681	6248	7023
102	職	(직) 仄聲/入聲: 臆억( ) : 가슴 억	4327	7682	6249	7024
102	職	(직) 仄聲/入聲: 繶억( ) : 묶을 억	4328	7683	6250	7025
102	職	(직) 仄聲/入聲: 肊억( ) : 가슴뼈/길비뼈 억	4329	7684	6305	7027
102	職	(직) 仄聲/入聲: 域역( ) : 지경 역	4382	7685	6252	7042
102	職	(직) 仄聲/入聲: 閾역( ) : 문지방 역	4391	7686	6253	7052
102	職	(직) 仄聲/入聲: 棫역( ) : 두릅나무 역	4393	7687	6254	7054
102	職	(직) 仄聲/入聲: 緎역( ) : 솔기 역	4394	7688	6255	7055
102	職	(직) 仄聲/入聲: 罭역( ) : 어망 역	4395	7689	6256	7056
102	職	(직) 仄聲/入聲: 薏의(억) : 연밥알 억	5155	7690	6257	7026
102	職	(직) 仄聲/入聲: 瀷익( ) : 스며흐를 익	5231	7691	6260	7183
102	職	(직) 仄聲/入聲: 翊익( ) : 도울 익	5233	7692	6261	7185
102	職	(직) 仄聲/入聲: 翌익( ) : 이튿날 익	5234	7693	6262	7186
102	職	(직) 仄聲/入聲: 翼익( ) : 날개 익	5235	7694	6263	7187
102	職	(직) 仄聲/入聲: 弋익( ) : 주살 익	5237	7695	6264	7189
102	職	(직) 仄聲/入聲: 杙익( ) : 말뚝 익	5239	7696	6265	7191
102	職	(직) 仄聲/入聲: 賊적( ) : 도둑 적	5573	7697	6266	7286
102	職	(직) 仄聲/入聲: 卽즉( ) : 이제/곧/다만/만일 즉	6093	7698	6267	7397
102	職	(직) 仄聲/入聲: 即즉( ) : 곧 즉	6094	7699	6268	7398
102	職	(직) 仄聲/入聲: 蝍즉( ) : 지네 즉	6095	7700	6271	7399
102	職	(직) 仄聲/入聲: 蝍즉(즐) : 잠자리 즐	6096	7701	6270	7401

배열형식 B (韻目번호 基準)			배열 A	배열 B	배열 C	배열 D
韻目番號	韻目(독음) 平仄 / 四聲 : 韻族(異音) : 略義		운족 가나순	운목 번호순	운목 가나순	사성순
102	職	(직) 仄聲/入聲: 直직( ) : 바를/곧을 직	6181	7702	6272	7415
102	職	(직) 仄聲/入聲: 稙직( ) : 올벼 직	6183	7703	6273	7416
102	職	(직) 仄聲/入聲: 稷직( ) : 사직(社稷)/흙귀신 직	6184	7704	6274	7417
102	職	(직) 仄聲/入聲: 織직( ) : 짤/만들 직	6185	7705	6276	7418
102	職	(직) 仄聲/入聲: 織직(치) : 기[旗也] 치	6186	7706	6275	7632
102	職	(직) 仄聲/入聲: 犆직( ) : 소/선두를 직	6188	7707	6277	7419
102	職	(직) 仄聲/入聲: 犆직(특) : 하나 특	6189	7708	6278	7707
102	職	(직) 仄聲/入聲: 喞질( ) : 두런거릴 질	6238	7709	6269	7422
102	職	(직) 仄聲/入聲: 陟척( ) : 오를 척	6453	7710	6279	7526
102	職	(직) 仄聲/入聲: 側측( ) : 곁 측	6785	7711	6280	7625
102	職	(직) 仄聲/入聲: 仄측( ) : 기울 측	6786	7712	6281	7626
102	職	(직) 仄聲/入聲: 惻측( ) : 슬퍼할 측	6788	7713	6282	7627
102	職	(직) 仄聲/入聲: 測측( ) : 헤아릴 측	6789	7714	6283	7628
102	職	(직) 仄聲/入聲: 廁측(칙) : 기울 칙	6791	7715	6284	7634
102	職	(직) 仄聲/入聲: 昃측( ) : 기울 측	6792	7716	6285	7629
102	職	(직) 仄聲/入聲: 畟측( ) : 밭갈 측	6793	7717	6286	7630
102	職	(직) 仄聲/入聲: 則칙( ) : 법칙 칙	6841	7718	6287	7635
102	職	(직) 仄聲/入聲: 勅칙( ) : 조서 칙	6842	7719	6288	7636
102	職	(직) 仄聲/入聲: 飭칙( ) : 신칙할 칙	6843	7720	6289	7637
102	職	(직) 仄聲/入聲: 敕칙( ) : 조서 칙	6844	7721	6290	7638
102	職	(직) 仄聲/入聲: 慝특( ) : 악할 특	7020	7722	6291	7708
102	職	(직) 仄聲/入聲: 特특( ) : 특별할 특	7021	7723	6292	7709
102	職	(직) 仄聲/入聲: 忒특( ) : 변할 특	7022	7724	6293	7710
102	職	(직) 仄聲/入聲: 愎퍅( ) : 괴퍅할 퍅	7087	7725	6294	7727
102	職	(직) 仄聲/入聲: 幅폭(핍) : 행전 핍	7172	7726	6295	7764
102	職	(직) 仄聲/入聲: 逼핍( ) : 닥칠 핍	7247	7727	6297	7766
102	職	(직) 仄聲/入聲: 革혁(극) : 급할 극	7427	7728	6298	6200
102	職	(직) 仄聲/入聲: 洫혁( ) : 봇도랑 혁	7429	7729	6299	7822
102	職	(직) 仄聲/入聲: 鬩혁( ) : 다툴 혁	7430	7730	6300	7823
102	職	(직) 仄聲/入聲: 衋혁( ) : 애통할 혁	7432	7731	6301	7825
102	職	(직) 仄聲/入聲: 惑혹( ) : 미혹할 혹	7594	7732	6302	7862
102	職	(직) 仄聲/入聲: 或혹( ) : 혹 혹	7595	7733	6303	7863
102	職	(직) 仄聲/入聲: 黑흑( ) : 검을 흑	7879	7734	6304	7928
102	職	(직) 仄聲/入聲: 噫희(억) : 누를 억	7916	7735	6306	7028
103	緝	(집) 仄聲/入聲: 伋급( ) : 속일 급	1075	7736	6693	6207
103	緝	(집) 仄聲/入聲: 及급( ) : 미칠 급	1076	7737	6694	6208

배열형식 B (韻目번호 基準)			배열 A	배열 B	배열 C	배열 D
韻目番號	韻目(독음) 平仄 / 四聲 : 韻族(異音) : 略義		운족 가나순	운목 번호순	운목 가나순	사성순
103	緝	(집) 仄聲/入聲: 急급( ) : 급할 급	1077	7738	6695	6209
103	緝	(집) 仄聲/入聲: 汲급( ) : 길을 급	1079	7739	6696	6211
103	緝	(집) 仄聲/入聲: 級급( ) : 등급 급	1080	7740	6697	6212
103	緝	(집) 仄聲/入聲: 給급( ) : 줄 급	1081	7741	6698	6213
103	緝	(집) 仄聲/入聲: 圾급( ) : 위태할 급	1082	7742	6699	6214
103	緝	(집) 仄聲/入聲: 岌급( ) : 높을 급	1083	7743	6700	6215
103	緝	(집) 仄聲/入聲: 立립( ) : 설/세울/이룰/굳을 립	2196	7744	6701	6443
103	緝	(집) 仄聲/入聲: 笠립( ) : 삿갓 립	2197	7745	6702	6444
103	緝	(집) 仄聲/入聲: 粒립( ) : 쌀알/알갱이 립	2198	7746	6703	6445
103	緝	(집) 仄聲/入聲: 澁삼(삽) : 껄끄러울/막힐 삽	3336	7747	6704	6732
103	緝	(집) 仄聲/入聲: 啨삽( ) : 입다시는소리 삽	3349	7748	6712	6741
103	緝	(집) 仄聲/入聲: 濕습( ) : 젖을 습	3926	7749	6705	6893
103	緝	(집) 仄聲/入聲: 拾습( ) : 주울 습	3927	7750	6707	6894
103	緝	(집) 仄聲/入聲: 拾습(십) : 열 십	3928	7751	6706	6931
103	緝	(집) 仄聲/入聲: 習습( ) : 익힐 습	3929	7752	6708	6895
103	緝	(집) 仄聲/入聲: 褶습( ) : 슬갑 습	3930	7753	6709	6896
103	緝	(집) 仄聲/入聲: 襲습( ) : 엄습할 습	3932	7754	6710	6897
103	緝	(집) 仄聲/入聲: 隰습( ) : 진펄 습	3934	7755	6711	6899
103	緝	(집) 仄聲/入聲: 溼습( ) : 젖을 습	3935	7756	6713	6900
103	緝	(집) 仄聲/入聲: 什십( ) : 열사람/열 십	4063	7757	6716	6932
103	緝	(집) 仄聲/入聲: 什십(집) : 세간 집	4064	7758	6715	7446
103	緝	(집) 仄聲/入聲: 什십(집) : 세간 집	4065	7759	6714	7445
103	緝	(집) 仄聲/入聲: 十십( ) : 열 십	4066	7760	6717	6933
103	緝	(집) 仄聲/入聲: 揖읍( ) : 읍할 읍	5121	7761	6719	7175
103	緝	(집) 仄聲/入聲: 揖읍(즙) : 모을 즙	5122	7762	6718	7405
103	緝	(집) 仄聲/入聲: 泣읍( ) : 울(哭) 읍	5123	7763	6720	7176
103	緝	(집) 仄聲/入聲: 邑읍( ) : 고을 읍	5124	7764	6721	7177
103	緝	(집) 仄聲/入聲: 挹읍( ) : 뜰 읍	5125	7765	6722	7178
103	緝	(집) 仄聲/入聲: 唈읍( ) : 숨쉴 읍	5128	7766	6724	7180
103	緝	(집) 仄聲/入聲: 唈읍(압) : 숨쉴 압	5129	7767	6723	6984
103	緝	(집) 仄聲/入聲: 入입( ) : 들 입	5297	7768	6725	7209
103	緝	(집) 仄聲/入聲: 卄입( ) : 스물(廿의속자) 입	5298	7769	6726	7210
103	緝	(집) 仄聲/入聲: 廿입( ) : 스물 입	5299	7770	6727	7211
103	緝	(집) 仄聲/入聲: 汁즙( ) : 진액 즙	6104	7771	6729	7407
103	緝	(집) 仄聲/入聲: 汁즙(협) : 맞을/화합할 협	6105	7772	6728	7834
103	緝	(집) 仄聲/入聲: 葺즙( ) : 기울/지붕이을 즙	6106	7773	6730	7408

韻目番號	\multicolumn{7}{c}{배열형식 B (韻目번호 基準)}	배열 A	배열 B	배열 C	배열 D
	\multicolumn{7}{l}{韻目(독음) 平仄 / 四聲 : 韻族(異音) : 略義}	운족 가나순	운목 번호순	운목 가나순	사성순
103	緝	(집) 仄聲/入聲: 執집( )	: 잡을 집	6266	7774	6731	7448
103	緝	(집) 仄聲/入聲: 潗집( )	: 샘솟을 집	6267	7775	6732	7449
103	緝	(집) 仄聲/入聲: 緝집( )	: 낳을 집	6268	7776	6733	7450
103	緝	(집) 仄聲/入聲: 輯집( )	: 모을 집	6269	7777	6734	7451
103	緝	(집) 仄聲/入聲: 鏶집( )	: 판금/쇳조각 집	6270	7778	6735	7452
103	緝	(집) 仄聲/入聲: 集집( )	: 모을 집	6271	7779	6736	7453
103	緝	(집) 仄聲/入聲: 戢집( )	: 그칠 집	6272	7780	6737	7454
103	緝	(집) 仄聲/入聲: 繫집( )	: 맬 집	6273	7781	6738	7455
103	緝	(집) 仄聲/入聲: 蟄칩( )	: 숨을 칩	6865	7782	6739	7645
103	緝	(집) 仄聲/入聲: 鵖핍( )	: 오디새 핍	7248	7783	6740	7767
103	緝	(집) 仄聲/入聲: 吸흡( )	: 마실 흡	7901	7784	6741	7938
103	緝	(집) 仄聲/入聲: 歙흡( )	: 줄일 흡	7905	7785	6742	7942
104	合	(합) 仄聲/入聲: 韐갑( )	: 가죽바지 갑	158	7786	7409	6001
104	合	(합) 仄聲/入聲: 敆갑( )	: 만날 갑	160	7787	7410	6002
104	合	(합) 仄聲/入聲: 瞌갑( )	: 졸릴 갑	161	7788	7411	6003
104	合	(합) 仄聲/入聲: 蓋개(합)	: 덮을 합	207	7789	7412	7792
104	合	(합) 仄聲/入聲: 磕개(갑)	: 돌소리 갑	215	7790	7413	6004
104	合	(합) 仄聲/入聲: 納납( )	: 들일/받을/바칠 납	1215	7791	7415	6235
104	合	(합) 仄聲/入聲: 衲납( )	: 기울 납	1216	7792	7416	6236
104	合	(합) 仄聲/入聲: 鈉납( )	: 쇠달굴 납	1217	7793	7417	6237
104	合	(합) 仄聲/入聲: 沓답( )	: 유창할 답	1421	7794	7418	6273
104	合	(합) 仄聲/入聲: 畓답( )	: 논 답	1422	7795	7419	6274
104	合	(합) 仄聲/入聲: 答답( )	: 대답 답	1423	7796	7420	6275
104	合	(합) 仄聲/入聲: 踏답( )	: 밟을 답	1424	7797	7421	6276
104	合	(합) 仄聲/入聲: 遝답( )	: 몰릴 답	1425	7798	7422	6277
104	合	(합) 仄聲/入聲: 蹋답( )	: 밟을 답	1426	7799	7423	6278
104	合	(합) 仄聲/入聲: 拉랍( )	: 잡아갈 랍	1741	7800	7414	6355
104	合	(합) 仄聲/入聲: 臘랍( )	: 납향 랍	1742	7801	7424	6356
104	合	(합) 仄聲/入聲: 蠟랍( )	: 밀 랍	1743	7802	7425	6357
104	合	(합) 仄聲/入聲: 鈒삽( )	: 창 삽	3340	7803	7426	6733
104	合	(합) 仄聲/入聲: 颯삽( )	: 바람소리 삽	3341	7804	7427	6734
104	合	(합) 仄聲/入聲: 卅삽( )	: 서른 삽	3342	7805	7428	6735
104	合	(합) 仄聲/入聲: 霅삽( )	: 빗소리 삽	3345	7806	7429	6738
104	合	(합) 仄聲/入聲: 哈압( )	: 물고기많은모양 압	4183	7807	7442	6985
104	合	(합) 仄聲/入聲: 雜잡( )	: 섞일 잡	5412	7808	7430	7251
104	合	(합) 仄聲/入聲: 卡잡( )	: 지킬 잡	5413	7809	7431	7252

韻目番號	배열형식 B (韻目번호 基準) 韻目(독음) 平仄 / 四聲 : 韻族(異音) : 略義		배열 A 운족 가나순	배열 B 운목 번호순	배열 C 운목 가나순	배열 D 사성순
104	合	(합) 仄聲/入聲: 鰈접(탑) : 가재미 탑	5705	7810	7432	7687
104	合	(합) 仄聲/入聲: 塔탑( ) : 탑 탑	6947	7811	7433	7688
104	合	(합) 仄聲/入聲: 搭탑( ) : 모뜰(模也)/박을 탑	6948	7812	7434	7689
104	合	(합) 仄聲/入聲: 搭탑(답) : 붙을/얹을/태울 답	6949	7813	7435	6279
104	合	(합) 仄聲/入聲: 榻탑( ) : 걸상 탑	6950	7814	7436	7690
104	合	(합) 仄聲/入聲: 搨탑( ) : 베낄 탑	6951	7815	7437	7691
104	合	(합) 仄聲/入聲: 嚃탑( ) : 들이마실 탑	6952	7816	7438	7692
104	合	(합) 仄聲/入聲: 漯탑( ) : 강이름 탑	6953	7817	7439	7693
104	合	(합) 仄聲/入聲: 合합( ) : 합할 합	7317	7818	7441	7793
104	合	(합) 仄聲/入聲: 合합(갑) : 부를/화할 갑	7318	7819	7440	6006
104	合	(합) 仄聲/入聲: 盒합( ) : 소반뚜껑/합 합	7319	7820	7443	7795
104	合	(합) 仄聲/入聲: 蛤합( ) : 대합조개 합	7320	7821	7444	7796
104	合	(합) 仄聲/入聲: 閤합( ) : 쪽문 합	7321	7822	7445	7797
104	合	(합) 仄聲/入聲: 闔합( ) : 문짝 합	7322	7823	7446	7798
104	合	(합) 仄聲/入聲: 嗑합( ) : 말 많을 합	7323	7824	7447	7800
104	合	(합) 仄聲/入聲: 盍합( ) : 어찌아니할 합	7325	7825	7448	7802
104	合	(합) 仄聲/入聲: 鴿합( ) : 집비둘기 합	7327	7826	7449	7804
104	合	(합) 仄聲/入聲: 翕흡( ) : 합할 흡	7904	7827	7450	7941
105	葉	(엽) 仄聲/入聲: 衱겁( ) : 옷자락 겁	308	7828	3742	6030
105	葉	(엽) 仄聲/入聲: 慊겸(협) : 족할 협	378	7829	3743	7832
105	葉	(엽) 仄聲/入聲: 嗛겸(협) : 넉넉할 협	385	7830	3744	7833
105	葉	(엽) 仄聲/入聲: 捻념( ) : 찍을/염출할 념	1248	7831	3745	6241
105	葉	(엽) 仄聲/入聲: 捻념( ) : 손가락으로찍을 념	1250	7832	3768	6243
105	葉	(엽) 仄聲/入聲: 摺랍( ) : 꺾을 랍	1744	7833	3778	6358
105	葉	(엽) 仄聲/入聲: 摺랍(접) : 접을 접	1745	7834	3779	7330
105	葉	(엽) 仄聲/入聲: 獵렵( ) : 사냥 렵	1877	7835	3746	6392
105	葉	(엽) 仄聲/入聲: 躐렵( ) : 밟을 렵	1878	7836	3747	6393
105	葉	(엽) 仄聲/入聲: 鬣렵( ) : 말갈기 렵	1879	7837	3748	6394
105	葉	(엽) 仄聲/入聲: 霎삽( ) : 가랑비 삽	3347	7838	3749	6739
105	葉	(엽) 仄聲/入聲: 渫설(접) : 물결출렁출렁할 접	3544	7839	3750	7327
105	葉	(엽) 仄聲/入聲: 攝섭( ) : 끌/이을/겸할 섭	3573	7840	3752	6806
105	葉	(엽) 仄聲/入聲: 攝섭(녑) : 가질/고요할 녑	3574	7841	3751	6244
105	葉	(엽) 仄聲/入聲: 涉섭( ) : 건널 섭	3575	7842	3753	6807
105	葉	(엽) 仄聲/入聲: 燮섭( ) : 불꽃 섭	3576	7843	3754	6808
105	葉	(엽) 仄聲/入聲: 懾섭( ) : 두려워할 섭	3577	7844	3757	6810
105	葉	(엽) 仄聲/入聲: 聶섭( ) : 소근거릴 섭	3578	7845	3758	6811

배열형식 B (韻目번호 基準)			배열 A	배열 B	배열 C	배열 D
韻目番號	韻目(독음)	平仄 / 四聲 : 韻族(異音) : 略義	운족 가나순	운목 번호순	운목 가나순	사성순
105	葉	(엽) 仄聲/入聲: 聶섭(접) : 회칠 접	3579	7846	3759	7328
105	葉	(엽) 仄聲/入聲: 躡섭( ) : 밟을/이를 섭	3580	7847	3760	6812
105	葉	(엽) 仄聲/入聲: 褶습(첩) : 겹옷 첩	3931	7848	3761	7553
105	葉	(엽) 仄聲/入聲: 慴습( ) : 두려워할 습	3933	7849	3762	6898
105	葉	(엽) 仄聲/入聲: 拾십(겁) : 다시 겁	4067	7850	3764	6032
105	葉	(엽) 仄聲/入聲: 拾십(섭) : 건늘 섭	4068	7851	3763	6813
105	葉	(엽) 仄聲/入聲: 俺엄(업) : 나/클 업	4348	7852	3765	7036
105	葉	(엽) 仄聲/入聲: 鄴업( ) : 땅/사람이름 업	4361	7853	3766	7039
105	葉	(엽) 仄聲/入聲: 厭염(엽) : 괴로울/끊을 엽	4450	7854	3767	7074
105	葉	(엽) 仄聲/入聲: 靨염(염) : 보조개 염	4471	7855	3773	7072
105	葉	(엽) 仄聲/入聲: 葉엽( ) : 잎/세대 엽	4472	7856	3756	7073
105	葉	(엽) 仄聲/入聲: 葉엽(섭) : 성/고을이름 섭	4473	7857	3755	6809
105	葉	(엽) 仄聲/入聲: 曄엽( ) : 빛날 엽	4474	7858	3769	7075
105	葉	(엽) 仄聲/入聲: 燁엽( ) : 빛날 엽	4475	7859	3770	7076
105	葉	(엽) 仄聲/入聲: 葉엽( ) : 잎 엽	4476	7860	3772	7077
105	葉	(엽) 仄聲/入聲: 葉엽(섭) : 성/고을이름 섭	4477	7861	3771	6814
105	葉	(엽) 仄聲/入聲: 靨엽( ) : 보조개 엽	4478	7862	3774	7078
105	葉	(엽) 仄聲/入聲: 饁엽( ) : 들밥 엽	4479	7863	3775	7079
105	葉	(엽) 仄聲/入聲: 浥읍( ) : 젖을 읍	5126	7864	3776	7179
105	葉	(엽) 仄聲/入聲: 喋잡(첩) : 말잘할 첩	5416	7865	3798	7564
105	葉	(엽) 仄聲/入聲: 接접( ) : 이을 접	5700	7866	3777	7329
105	葉	(엽) 仄聲/入聲: 蝶접( ) : 나비 접	5701	7867	3780	7331
105	葉	(엽) 仄聲/入聲: 椄접( ) : 접붙일 접	5702	7868	3781	7332
105	葉	(엽) 仄聲/入聲: 楪접( ) : 평상 접	5703	7869	3782	7333
105	葉	(엽) 仄聲/入聲: 鰈접( ) : 가재미 접	5704	7870	3783	7334
105	葉	(엽) 仄聲/入聲: 楫즙( ) : 돛대/노 즙	6102	7871	3785	7406
105	葉	(엽) 仄聲/入聲: 楫즙(집) : 노 집	6103	7872	3784	7447
105	葉	(엽) 仄聲/入聲: 沾첨(접) : 경박할 접	6517	7873	3786	7335
105	葉	(엽) 仄聲/入聲: 堞첩( ) : 성위담 첩	6531	7874	3787	7554
105	葉	(엽) 仄聲/入聲: 妾첩( ) : 첩 첩	6532	7875	3788	7555
105	葉	(엽) 仄聲/入聲: 帖첩( ) : 문서/휘장 첩	6533	7876	3789	7556
105	葉	(엽) 仄聲/入聲: 帖첩(체) : 첩지 체	6534	7877	3790	7572
105	葉	(엽) 仄聲/入聲: 捷첩( ) : 이길 첩	6535	7878	3791	7557
105	葉	(엽) 仄聲/入聲: 牒첩( ) : 서찰 첩	6536	7879	3792	7558
105	葉	(엽) 仄聲/入聲: 疊첩( ) : 겹쳐질 첩	6537	7880	3793	7559
105	葉	(엽) 仄聲/入聲: 睫첩( ) : 속눈썹 첩	6538	7881	3794	7560

배열형식 B (韻目번호 基準)			배열 A	배열 B	배열 C	배열 D
韻目番號	韻目(독음)	平仄 / 四聲 : 韻族(異音) : 略義	운족 가나순	운목 번호순	운목 가나순	사성순
105	葉	(엽) 仄聲/入聲: 諜첩( ) : 염탐할 첩	6539	7882	3795	7561
105	葉	(엽) 仄聲/入聲: 貼첩( ) : 붙을 첩	6540	7883	3796	7562
105	葉	(엽) 仄聲/入聲: 輒첩( ) : 문득 첩	6541	7884	3797	7563
105	葉	(엽) 仄聲/入聲: 婕첩( ) : 예쁠 첩	6542	7885	3799	7565
105	葉	(엽) 仄聲/入聲: 鮿첩( ) : 건어 첩	6543	7886	3800	7566
105	葉	(엽) 仄聲/入聲: 榼합( ) : 통 합	7324	7887	3801	7801
105	葉	(엽) 仄聲/入聲: 俠협( ) : 의기/사이에낄 협	7468	7888	3802	7836
105	葉	(엽) 仄聲/入聲: 協협( ) : 화할 협	7470	7889	3803	7837
105	葉	(엽) 仄聲/入聲: 挾협( ) : 낄 협	7473	7890	3804	7840
105	葉	(엽) 仄聲/入聲: 浹협( ) : 두루미칠 협	7474	7891	3805	7841
105	葉	(엽) 仄聲/入聲: 脅협( ) : 갈비/위협할 협	7476	7892	3806	7843
105	葉	(엽) 仄聲/入聲: 脇협( ) : 갈비/위협할 협	7477	7893	3807	7844
105	葉	(엽) 仄聲/入聲: 莢협( ) : 풀열매 협	7478	7894	3808	7845
105	葉	(엽) 仄聲/入聲: 鋏협( ) : 집게 협	7479	7895	3809	7846
105	葉	(엽) 仄聲/入聲: 頰협( ) : 뺨 협	7480	7896	3810	7847
105	葉	(엽) 仄聲/入聲: 愜협( ) : 쾌할 협	7481	7897	3811	7848
105	葉	(엽) 仄聲/入聲: 篋협( ) : 상자 협	7482	7898	3812	7849
105	葉	(엽) 仄聲/入聲: 勰협( ) : 뜻이맞을 협	7483	7899	3813	7850
105	葉	(엽) 仄聲/入聲: 梜협( ) : 젓가락 협	7484	7900	3814	7851
106	洽	(흡) 仄聲/入聲: 鬐감(겹) : 씹은모양 겹	151	7901	7868	6065
106	洽	(독음) 仄聲/入聲: 匣갑( ) : 갑 갑	152	7902	7869	5995
106	洽	(흡) 仄聲/入聲: 岬갑( ) : 곶 갑	153	7903	7870	5996
106	洽	(흡) 仄聲/入聲: 甲갑( ) : 갑옷 갑	154	7904	7871	5997
106	洽	(흡) 仄聲/入聲: 胛갑( ) : 어깨 갑	155	7905	7872	5998
106	洽	(흡) 仄聲/入聲: 鉀갑( ) : 갑옷 갑	156	7906	7873	5999
106	洽	(흡) 仄聲/入聲: 閘갑( ) : 물문 갑	157	7907	7874	6000
106	洽	(흡) 仄聲/入聲: 韐갑(겹) : 슬갑 겹	159	7908	7875	6063
106	洽	(흡) 仄聲/入聲: 刦겁( ) : 겁탈할 겁	306	7909	7876	6028
106	洽	(흡) 仄聲/入聲: 怯겁( ) : 겁낼 겁	307	7910	7877	6029
106	洽	(흡) 仄聲/入聲: 跲겁( ) : 넘어질 겁	309	7911	7879	6031
106	洽	(흡) 仄聲/入聲: 袷겹( ) : 겹옷 겹	392	7912	7878	6064
106	洽	(흡) 仄聲/入聲: 扱급( ) : 취할 급	1078	7913	7880	6210
106	洽	(흡) 仄聲/入聲: 泛범(핍) : 물소리 핍	2780	7914	7881	7763
106	洽	(흡) 仄聲/入聲: 法법( ) : 법 법	2786	7915	7882	6604
106	洽	(흡) 仄聲/入聲: 琺법( ) : 법랑 법	2787	7916	7883	6605
106	洽	(흡) 仄聲/入聲: 翣삽( ) : 부채 삽	3343	7917	7885	6736

배열형식 B (韻目번호 基準)			배열 A	배열 B	배열 C	배열 D
韻目番號	韻目(독음)	平仄 / 四聲 : 韻族(異音) : 略義	운족 가나순	운목 번호순	운목 가나순	사성순
106	洽	(흡) 仄聲/入聲: 鍤삽( ) : 가래 삽	3344	7918	7886	6737
106	洽	(흡) 仄聲/入聲: 霅삽(잡) : 천둥번개칠/떠들 잡	3346	7919	7887	7250
106	洽	(흡) 仄聲/入聲: 揷삽( ) : 꽂을 삽	3348	7920	7884	6740
106	洽	(흡) 仄聲/入聲: 壓압( ) : 누를/억누를 압	4178	7921	7888	6979
106	洽	(흡) 仄聲/入聲: 押압( ) : 수결/서명/누를 압	4179	7922	7889	6980
106	洽	(흡) 仄聲/入聲: 押압(갑) : 도울/잡아들일 갑	4180	7923	7890	6005
106	洽	(흡) 仄聲/入聲: 狎압( ) : 친압할/소홀할/다시 압	4181	7924	7891	6981
106	洽	(흡) 仄聲/入聲: 鴨압( ) : 오리 압	4182	7925	7892	6982
106	洽	(흡) 仄聲/入聲: 哈압(합) : 한모금 합	4184	7926	7900	7794
106	洽	(흡) 仄聲/入聲: 嶫업( ) : 높고험할 업	4359	7927	7893	7037
106	洽	(흡) 仄聲/入聲: 業업( ) : 업 업	4360	7928	7894	7038
106	洽	(흡) 仄聲/入聲: 浥읍(압) : 물흐를 압	5127	7929	7895	6983
106	洽	(흡) 仄聲/入聲: 眨잡( ) : 눈 깜작일 잡	5414	7930	7896	7253
106	洽	(흡) 仄聲/入聲: 喋잡( ) : 먹는소리 잡	5415	7931	7898	7254
106	洽	(흡) 仄聲/入聲: 箚차( ) : 전갈할/기록할 차	6294	7932	7897	7458
106	洽	(흡) 仄聲/入聲: 筴책(협) : 젓가락 협	6432	7933	7909	7853
106	洽	(흡) 仄聲/入聲: 乏핍( ) : 떨어질 핍	7246	7934	7899	7765
106	洽	(흡) 仄聲/入聲: 呷합( ) : 마실 합	7326	7935	7903	7803
106	洽	(흡) 仄聲/入聲: 猲헐(갑) : 으를/핍박할 갑	7418	7936	7910	6007
106	洽	(흡) 仄聲/入聲: 陜협( ) : 좁을 협	7466	7937	7902	7835
106	洽	(흡) 仄聲/入聲: 陜협(합) : 고을이름 합	7467	7938	7901	7799
106	洽	(흡) 仄聲/入聲: 俠협(겹) : 아우를 겹	7469	7939	7904	6066
106	洽	(흡) 仄聲/入聲: 夾협( ) : 낄/부축할 협	7471	7940	7905	7838
106	洽	(흡) 仄聲/入聲: 峽협( ) : 골짜기 협	7472	7941	7906	7839
106	洽	(흡) 仄聲/入聲: 狹협( ) : 좁을 협	7475	7942	7907	7842
106	洽	(흡) 仄聲/入聲: 祫협( ) : 합사 협	7485	7943	7908	7852
106	洽	(흡) 仄聲/入聲: 恰흡( ) : 흡사할 흡	7902	7944	7911	7939
106	洽	(흡) 仄聲/入聲: 洽흡( ) : 두루미칠/화목할 흡	7903	7945	7912	7940

韻目基準
운목의 가나다순 배열

C

*

漢詩韻字便覽

배열형식 C (가나다 韻目 基準)			배열 A	배열 B	배열 C	배열 D
韻目	韻目No. [平仄 / 四聲 : 韻族] :	略義	운족 가나순	운목 번호순	운목 가나순	사성순
佳	가 009 [平聲 / 上平 : 佳(가)]	: 아름다울 가	2	1013	1	1
佳	가 009 [平聲 / 上平 : 街(가)]	: 거리 가	25	1014	2	2
佳	가 009 [平聲 / 上平 : 皆(개)]	: 다 개	202	1015	3	23
佳	가 009 [平聲 / 上平 : 揩(개)]	: 문지를 개	212	1016	4	25
佳	가 009 [平聲 / 上平 : 喈(개)]	: 새소리 개	218	1017	5	26
佳	가 009 [平聲 / 上平 : 湝(개)]	: 물성할 개	221	1018	6	27
佳	가 009 [平聲 / 上平 : 階(계)]	: 섬돌 계	472	1019	7	44
佳	가 009 [平聲 / 上平 : 乖(괴)]	: 어그러질 괴	733	1021	8	96
佳	가 009 [平聲 / 上平 : 槐(괴)]	: 회화나무/느티나무 괴	741	1022	9	97
佳	가 009 [平聲 / 上平 : 埋(매)]	: 묻을 매	2281	1023	10	444
佳	가 009 [平聲 / 上平 : 霾(매)]	: 흙비(황사) 매	2302	1024	11	453
佳	가 009 [平聲 / 上平 : 俳(배)]	: 배우 배	2706	1025	12	552
佳	가 009 [平聲 / 上平 : 排(배)]	: 밀칠 배	2711	1026	13	554
佳	가 009 [平聲 / 上平 : 柴*시(채)]	: 막을/지킬 채	3967	1028	14	1324
佳	가 009 [平聲 / 上平 : 柴(시)]	: 섶 시	3966	1027	15	803
佳	가 009 [平聲 / 上平 : 豺(시)]	: 승냥이 시	3980	1029	16	807
佳	가 009 [平聲 / 上平 : 厓(애)]	: 언덕 애	4196	1030	17	844
佳	가 009 [平聲 / 上平 : 崖(애)]	: 낭떠러지 애	4199	1031	18	847
佳	가 009 [平聲 / 上平 : 涯(애)]	: 물가 애	4202	1032	19	848
佳	가 009 [平聲 / 上平 : 挨(애)]	: 칠 애	4214	1033	20	850
佳	가 009 [平聲 / 上平 : 捱(애)]	: 막을 애	4215	1034	21	851
佳	가 009 [平聲 / 上平 : 蛙*와(왜)]	: 개구리 왜	4652	1035	22	919
佳	가 009 [平聲 / 上平 : 蝸(와)]	: 달팽이 와	4653	1036	23	909
佳	가 009 [平聲 / 上平 : 蝸*와(왜)]	: 달팽이 왜	4654	1037	24	920
佳	가 009 [平聲 / 上平 : 哇(와)]	: 토할 와	4656	1038	25	910
佳	가 009 [平聲 / 上平 : 萵(와)]	: 상추 와	4658	1039	26	911
佳	가 009 [平聲 / 上平 : 鼃*와(왜)]	: 개구리 왜	4660	1040	27	921
佳	가 009 [平聲 / 上平 : 娃(왜)]	: 아름다울 왜	4696	1041	28	922
佳	가 009 [平聲 / 上平 : 歪*의(왜)]	: 기울 왜	5136	1044	29	923
佳	가 009 [平聲 / 上平 : 歪(의)]	: 기울/비뚤 의	5135	1043	30	1077
佳	가 009 [平聲 / 上平 : 媧*과(왜)]	: 여신 왜	653	1020	31	924
佳	가 009 [平聲 / 上平 : 騧(왜)]	: 말이름 왜	4699	1042	32	925
佳	가 009 [平聲 / 上平 : 齋(재)]	: 재계할/집 재	5485	1045	33	1175

C : (1 / 221)

배열형식 C (가나다 韻目 基準)		배열 A	배열 B	배열 C	배열 D
韻目	韻目No. [平仄 / 四聲 : 韻族] : 略義	운족 가나순	운목 번호순	운목 가나순	사성순
佳	가 009 [平聲 /上平 : 齊*제(재)] : 재계할 재	5823	1046	34	1178
佳	가 009 [平聲 /上平 : 差*차(치)] : 버금/가릴 채	6290	1048	35	1325
佳	가 009 [平聲 /上平 : 差(차)] : 어기어질/다를 차	6288	1047	36	1315
佳	가 009 [平聲 /上平 : 釵(채)] : 비녀 (채)채	6419	1049	37	1326
佳	가 009 [平聲 /上平 : 責(채)] : 빚 채	6421	1050	38	1327
佳	가 009 [平聲 /上平 : 牌*패(배)] : 방붙일/호패 배	7069	1052	39	567
佳	가 009 [平聲 /上平 : 牌(패)] : 방붙일/호패 패	7068	1051	40	1447
佳	가 009 [平聲 /上平 : 偕(해)] : 함께할/굳셀 해	7351	1053	41	1482
佳	가 009 [平聲 /上平 : 楷(해)] : 본/해서 해	7360	1054	42	1487
佳	가 009 [平聲 /上平 : 諧(해)] : 고를/어울릴 해	7367	1055	43	1489
佳	가 009 [平聲 /上平 : 骸(해)] : 뼈 해	7370	1056	44	1490
佳	가 009 [平聲 /上平 : 荄(해)] : 뿌리 해	7377	1057	45	1493
佳	가 009 [平聲 /上平 : 鞋(혜)] : 신 혜	7521	1058	46	1504
佳	가 009 [平聲 /上平 : 華(화)] : 빛날 화	7637	1059	47	1547
佳	가 009 [平聲 /上平 : 淮(회)] : 강이름 회	7738	1060	48	1570
佳	가 009 [平聲 /上平 : 櫰(회)] : 홰나무 회	7756	1061	49	1578
歌	가 020 [平聲 /下平 : 伽(가)] : 절 가	1	2066	50	1651
歌	가 020 [平聲 /下平 : 呵(가)] : 꾸짖을 가	10	2067	51	1653
歌	가 020 [平聲 /下平 : 哥(가)] : 노래 가/형 가	11	2068	52	1654
歌	가 020 [平聲 /下平 : 枷(가)] : 도리깨 가	17	2069	53	1657
歌	가 020 [平聲 /下平 : 柯(가)] : 가지 가	18	2070	54	1658
歌	가 020 [平聲 /下平 : 歌(가)] : 노래 가	19	2071	55	1659
歌	가 020 [平聲 /下平 : 珂(가)] : 옥이름 가	20	2072	56	1660
歌	가 020 [平聲 /下平 : 苛(가)] : 독할 가	23	2073	57	1662
歌	가 020 [平聲 /下平 : 茄(가)] : 연줄기 가	24	2074	58	1663
歌	가 020 [平聲 /下平 : 訶(가)] : 가사 가	27	2075	59	1665
歌	가 020 [平聲 /下平 : 軻(가)] : 수레 가	29	2076	60	1667
歌	가 020 [平聲 /下平 : 蚵(가)] : 도마뱀 가	40	2077	61	1671
歌	가 020 [平聲 /下平 : 戈(과)] : 창 과	629	2078	62	1772
歌	가 020 [平聲 /下平 : 科(과)] : 과목 과	632	2079	63	1774
歌	가 020 [平聲 /下平 : 過(과)] : 지날 과	637	2080	64	1776
歌	가 020 [平聲 /下平 : 鍋(과)] : 노구솥 과	638	2081	65	1777
歌	가 020 [平聲 /下平 : 窠(과)] : 보금자리 과	644	2082	66	1780
歌	가 020 [平聲 /下平 : 蝌(과)] : 올챙이 과	645	2083	67	1781
歌	가 020 [平聲 /下平 : 渦(과)] : 물돌아칠 과	648	2084	68	1782
歌	가 020 [平聲 /下平 : 渦*과(와)] : 물돌아칠 와	649	2085	69	2546

배열형식 C (가나다 韻目 基準)		배열 A	배열 B	배열 C	배열 D
韻目	韻目No. [平仄 / 四聲 : 韻族] : 略義	운족 가나순	운목 번호순	운목 가나순	사성순
歌	가 020 [平聲 /下平 : 儺(나)] : 구순할 나	1186	2086	70	1885
歌	가 020 [平聲 /下平 : 那(나)] : 어찌 나	1190	2087	71	1888
歌	가 020 [平聲 /下平 : 挪(나)] : 옮길 나	1193	2088	72	1890
歌	가 020 [平聲 /下平 : 多(다)] : 많을 다	1327	2089	73	1915
歌	가 020 [平聲 /下平 : 羅(라)] : 벌릴/벌 라	1679	2090	74	1983
歌	가 020 [平聲 /下平 : 蘿(라)] : 담쟁이덩굴/무 라	1680	2091	75	1984
歌	가 020 [平聲 /下平 : 螺(라)] : 소라 라	1681	2092	76	1985
歌	가 020 [平聲 /下平 : 囉(라)] : 소리 얽힐 라	1684	2093	77	1986
歌	가 020 [平聲 /下平 : 鑼(라)] : 징 라	1685	2094	78	1987
歌	가 020 [平聲 /下平 : 騾(라)] : 순행할 라	1686	2095	79	1988
歌	가 020 [平聲 /下平 : 籮(라)] : 키 라	1687	2096	80	1989
歌	가 020 [平聲 /下平 : 蠡*려(라)] : 소라/옴 라	1819	2097	81	1990
歌	가 020 [平聲 /下平 : 摩(마)] : 문지를 마	2199	2098	82	2113
歌	가 020 [平聲 /下平 : 磨(마)] : 갈 마	2203	2099	83	2115
歌	가 020 [平聲 /下平 : 魔(마)] : 마귀 마	2205	2100	84	2116
歌	가 020 [平聲 /下平 : 蟇(마)] : 두꺼비 마	2209	2101	85	2118
歌	가 020 [平聲 /下平 : 麼(마)] : 잘[의문조사] 마	2214	2102	86	2119
歌	가 020 [平聲 /下平 : 磻*반(파)] : 돌살촉 파	2628	2103	87	3025
歌	가 020 [平聲 /下平 : 番*번(반)] : 날랠/늙을 파	2755	2104	88	3026
歌	가 020 [平聲 /下平 : 唆(사)] : 부추킬 사	3207	2105	89	2230
歌	가 020 [平聲 /下平 : 娑(사)] : 춤출 사	3212	2106	90	2232
歌	가 020 [平聲 /下平 : 梭(사)] : 북 사	3228	2107	91	2235
歌	가 020 [平聲 /下平 : 莎(사)] : 향부자 사	3246	2108	92	2240
歌	가 020 [平聲 /下平 : 蓑(사)] : 도롱이 사	3247	2109	93	2241
歌	가 020 [平聲 /下平 : 蛇*사(이)] : 이무기 타	3249	2110	94	2996
歌	가 020 [平聲 /下平 : 挲(사)] : 만질 사	3277	2111	95	2248
歌	가 020 [平聲 /下平 : 峠(상)] : 고개/재 상	3362	2113	96	2272
歌	가 020 [平聲 /下平 : 鱓*선(타)] : 자라 타	3530	2114	97	2997
歌	가 020 [平聲 /下平 : 俄(아)] : 잠시/갑자기 아	4074	2115	98	2395
歌	가 020 [平聲 /下平 : 娥(아)] : 예쁠 아	4079	2116	99	2396
歌	가 020 [平聲 /下平 : 峨(아)] : 높을 아	4080	2117	100	2397
歌	가 020 [平聲 /下平 : 莪(아)] : 지칭개 아	4084	2118	101	2400
歌	가 020 [平聲 /下平 : 蛾(아)] : 나방 아	4085	2119	102	2401
歌	가 020 [平聲 /下平 : 阿(아)] : 언덕/아첨할 아	4088	2120	103	2403
歌	가 020 [平聲 /下平 : 鵝(아)] : 거위 아	4093	2121	104	2405
歌	가 020 [平聲 /下平 : 哦(아)] : 읊을 아	4095	2122	105	2407

韻目	韻目No. [平仄 / 四聲 : 韻族] : 略義	배열 A	배열 B	배열 C	배열 D
	배열형식 C (가나다 韻目 基準)	운족 가나순	운목 번호순	운목 가나순	사성순
歌	가 020 [平聲 /下平 : 婀(아)] : 아리따울 아	4096	2123	106	2408
歌	가 020 [平聲 /下平 : 疴(아)] : 병 아	4097	2124	107	2409
歌	가 020 [平聲 /下平 : 渦(와)] : 소용돌이 와	4646	2125	108	2548
歌	가 020 [平聲 /下平 : 窩(와)] : 보금자리/숨길 와	4648	2126	109	2549
歌	가 020 [平聲 /下平 : 訛(와)] : 잘못될 와	4655	2127	110	2552
歌	가 020 [平聲 /下平 : 倭(왜)] : 왜나라 왜	4694	2128	111	2558
歌	가 020 [平聲 /下平 : 鋖(좌)] : 술고리 좌	5981	2129	112	2819
歌	가 020 [平聲 /下平 : 池*지(타)] : 물이름 타	6143	2130	113	2998
歌	가 020 [平聲 /下平 : 嵯(차)] : 산높을 차	6286	2131	114	2863
歌	가 020 [平聲 /下平 : 磋(차)] : 갈 차	6293	2132	115	2864
歌	가 020 [平聲 /下平 : 蹉(차)] : 넘어질 차	6295	2133	116	2866
歌	가 020 [平聲 /下平 : 瑳(사)] : 떼(나무벨차) 사	3285	2112	117	2254
歌	가 020 [平聲 /下平 : 醝(차)] : 짤 차	6300	2134	118	2871
歌	가 020 [平聲 /下平 : 酇*찬(차)] : 나라이름 차	6338	2135	119	2872
歌	가 020 [平聲 /下平 : 瘥(채)] : 앓을 채	6420	2136	120	2905
歌	가 020 [平聲 /下平 : 他(타)] : 다를/남/저 타	6871	2137	121	2999
歌	가 020 [平聲 /下平 : 拖(타)] : 끌 타	6880	2138	122	3000
歌	가 020 [平聲 /下平 : 陀(타)] : 비탈질 타	6884	2139	123	3001
歌	가 020 [平聲 /下平 : 駝(타)] : 곱사등이 타	6886	2140	124	3002
歌	가 020 [平聲 /下平 : 佗(타)] : 저[三人稱] 타	6887	2141	125	3003
歌	가 020 [平聲 /下平 : 沱(타)] : 물길가라질 타	6889	2142	126	3004
歌	가 020 [平聲 /下平 : 跎(타)] : 미끄러질 타	6891	2143	127	3005
歌	가 020 [平聲 /下平 : 鮀(타)] : 모래무지 타	6892	2144	128	3006
歌	가 020 [平聲 /下平 : 鴕(타)] : 타조 타	6893	2145	129	3007
歌	가 020 [平聲 /下平 : 它(타)] : 뱀 타	6894	2146	130	3008
歌	가 020 [平聲 /下平 : 牠(타)] : 뿔없는소 타	6896	2147	131	3009
歌	가 020 [平聲 /下平 : 坡(파)] : 언덕 파	7024	2148	132	3027
歌	가 020 [平聲 /下平 : 婆(파)] : 할미 파	7025	2149	133	3028
歌	가 020 [平聲 /下平 : 波(파)] : 물결 파	7031	2150	134	3031
歌	가 020 [平聲 /下平 : 頗(파)] : 자못 파	7039	2151	135	3035
歌	가 020 [平聲 /下平 : 皤(파)] : 머리센모양 파	7044	2152	136	3036
歌	가 020 [平聲 /下平 : 鄱(파)] : 산이름 파	7047	2153	137	3038
歌	가 020 [平聲 /下平 : 何(하)] : 어찌 하	7250	2154	138	3097
歌	가 020 [平聲 /下平 : 河(하)] : 물 하	7254	2155	139	3098
歌	가 020 [平聲 /下平 : 荷(하)] : 멜 하	7256	2156	140	3100
歌	가 020 [平聲 /下平 : 㼮*헌(사)] : 술단지 사	7413	2157	141	2255

C : (4 / 221)

배열형식 C (가나다 韻目 基準)			배열 A	배열 B	배열 C	배열 D
韻目	韻目No. [平仄 / 四聲 : 韻族]	: 略義	운족 가나순	운목 번호순	운목 가나순	사성순
歌	가 020 [平聲 /下平 : 禾(화)]	: 벼 화	7635	2158	142	3176
歌	가 020 [平聲 /下平 : 靴(화)]	: 신 화	7641	2159	143	3179
哿	가 050 [仄聲 /上聲 : 可*가(극)]	: 오랑캐/아내 극	9	4223	144	3438
哿	가 050 [仄聲 /上聲 : 可(가)]	: 옳을 가	8	4222	145	3237
哿	가 050 [仄聲 /上聲 : 哿(가)]	: 옳을 가	34	4224	146	3238
哿	가 050 [仄聲 /上聲 : 坷(가)]	: 평탄하지 않을 가	35	4225	147	3239
哿	가 050 [仄聲 /上聲 : 笴(가)]	: 화살대 가	39	4226	148	3242
哿	가 050 [仄聲 /上聲 : 果(과)]	: 실과 과	630	4227	149	3363
哿	가 050 [仄聲 /上聲 : 菓(과)]	: 과자/실과 과	633	4228	150	3364
哿	가 050 [仄聲 /上聲 : 顆(과)]	: 낱알 과	639	4229	151	3365
哿	가 050 [仄聲 /上聲 : 夥(과)]	: 많을 과	641	4230	152	3366
哿	가 050 [仄聲 /上聲 : 裹(과)]	: 쌀 과	646	4231	153	3367
哿	가 050 [仄聲 /上聲 : 娜(나)]	: 아리따울 나	1187	4232	154	3462
哿	가 050 [仄聲 /上聲 : 癉(단)]	: 앓을 단	1361	4233	155	3511
哿	가 050 [仄聲 /上聲 : 裸(라)]	: 벗을 라	1682	4234	156	3563
哿	가 050 [仄聲 /上聲 : 蓏(라)]	: 풀 라	1688	4235	157	3564
哿	가 050 [仄聲 /上聲 : 蠃(라)]	: 달팽이 라	1689	4236	158	3565
哿	가 050 [仄聲 /上聲 : 卵(란)]	: 알 란	1706	4237	159	3567
哿	가 050 [仄聲 /上聲 : 麽(마)]	: 잘/어찌 마	2210	4238	160	3646
哿	가 050 [仄聲 /上聲 : 嬷(마)]	: 엄마 마	2212	4239	161	3647
哿	가 050 [仄聲 /上聲 : 鎖(쇄)]	: 쇠사슬 쇄	3744	4240	162	3945
哿	가 050 [仄聲 /上聲 : 瑣(쇄)]	: 자질구레할 쇄	3745	4241	163	3946
哿	가 050 [仄聲 /上聲 : 鏁(쇄)]	: 쇠사슬 쇄	3746	4242	164	3947
哿	가 050 [仄聲 /上聲 : 我(아)]	: 나 아	4081	4243	165	3993
哿	가 050 [仄聲 /上聲 : 玼(자)]	: 옥티 자	5358	4244	166	4208
哿	가 050 [仄聲 /上聲 : 坐(좌)]	: 앉을 좌	5976	4245	167	4332
哿	가 050 [仄聲 /上聲 : 左(좌)]	: 왼 좌	5977	4246	168	4333
哿	가 050 [仄聲 /上聲 : 捶*추(타)]	: 헤아릴 타	6704	4247	169	4482
哿	가 050 [仄聲 /上聲 : 揣*취(타)]	: 헤아릴 타	6764	4248	170	4483
哿	가 050 [仄聲 /上聲 : 哆(치)]	: 클 치	6823	4249	171	4474
哿	가 050 [仄聲 /上聲 : 墮(타)]	: 떨어질 타	6875	4250	172	4484
哿	가 050 [仄聲 /上聲 : 妥(타)]	: 온당할 타	6877	4251	173	4485
哿	가 050 [仄聲 /上聲 : 惰(타)]	: 게으를 타	6878	4252	174	4486
哿	가 050 [仄聲 /上聲 : 朶(타)]	: 늘어질 타	6881	4253	175	4488
哿	가 050 [仄聲 /上聲 : 椭(타)]	: 타원형(橢의동자) 타	6882	4254	176	4489
哿	가 050 [仄聲 /上聲 : 舵(타)]	: 키 타	6883	4255	177	4490

배열형식 C (가나다 韻目 基準)		배열 A	배열 B	배열 C	배열 D
韻目	韻目No. [平仄 / 四聲 : 韻族] : 略義	운족 가나순	운목 번호순	운목 가나순	사성
哿	가 050 [仄聲 /上聲 : 橢(타)] : 타원형 타	6888	4256	178	449
哿	가 050 [仄聲 /上聲 : 朶(타)] : 떨기(叢) 타	6895	4257	179	449
哿	가 050 [仄聲 /上聲 : 跛(파)] : 절뚝발이 파	7037	4258	180	451
哿	가 050 [仄聲 /上聲 : 叵(파)] : 어려울 파	7040	4259	181	451
哿	가 050 [仄聲 /上聲 : 皓(호)] : 흴 호	7561	4260	182	461
哿	가 050 [仄聲 /上聲 : 火(화)] : 불 화	7632	4261	183	463
覺	각 092 [仄聲 /入聲 : 殼(각)] : 껍질 각	47	6666	184	595
覺	각 092 [仄聲 /入聲 : 珏(각)] : 쌍옥 각	48	6667	185	595
覺	각 092 [仄聲 /入聲 : 覺*각(교)] : 꿈깰 교	52	6669	186	613
覺	각 092 [仄聲 /入聲 : 覺(각)] : 깨달을 각	51	6668	187	595
覺	각 092 [仄聲 /入聲 : 角(각)] : 뿔/술잔 각	53	6670	188	595
覺	각 092 [仄聲 /入聲 : 桷(각)] : 서까래 각	61	6671	189	596
覺	각 092 [仄聲 /入聲 : 穀*곡(각)] : 팔리할/비교할 각	569	6673	190	596
覺	각 092 [仄聲 /入聲 : 瑴*각(곡)] : 쌍옥 곡	64	6672	191	610
覺	각 092 [仄聲 /入聲 : 較*교(각)] : 밝을 각	779	6674	192	596
覺	각 092 [仄聲 /入聲 : 榷(교)] : 외나무다리 교	789	6675	193	613
覺	각 092 [仄聲 /入聲 : 榷*교(각)] : 세 각	790	6676	194	597
覺	각 092 [仄聲 /入聲 : 櫂(도)] : 노 도	1499	6677	195	628
覺	각 092 [仄聲 /入聲 : 犖(락)] : 뛰어날/얼룩소 락	1698	6678	196	634
覺	각 092 [仄聲 /入聲 : 邈(막)] : 멀 막	2222	6679	197	645
覺	각 092 [仄聲 /入聲 : 貌*모(막)] : 모뜰/멀 막	2390	6680	198	645
覺	각 092 [仄聲 /入聲 : 藐*묘(막)] : 아름다울/약간 막	2440	6681	199	645
覺	각 092 [仄聲 /入聲 : 剝(박)] : 벗길 박	2583	6682	200	653
覺	각 092 [仄聲 /入聲 : 撲(박)] : 맞부딪칠/칠 박	2587	6683	201	653
覺	각 092 [仄聲 /入聲 : 朴(박)] : 성 박	2589	6684	202	653
覺	각 092 [仄聲 /入聲 : 樸(박)] : 바탕/순박할 박	2590	6685	203	653
覺	각 092 [仄聲 /入聲 : 璞(박)] : 옥돌 박	2594	6686	204	654
覺	각 092 [仄聲 /入聲 : 雹(박)] : 우박 박	2602	6687	205	655
覺	각 092 [仄聲 /入聲 : 駁(박)] : 얼룩얼룩할 박	2603	6688	206	655
覺	각 092 [仄聲 /入聲 : 駮(박)] : 짐승이름 박	2605	6689	207	655
覺	각 092 [仄聲 /入聲 : 爆(박)] : 번민할 박	2607	6690	208	655
覺	각 092 [仄聲 /入聲 : 數*수(수)] : 자주/여러번 삭	3751	6695	209	671
覺	각 092 [仄聲 /入聲 : 朔(삭)] : 초하루 삭	3287	6691	210	671
覺	각 092 [仄聲 /入聲 : 槊*삭(소)] : 요소 소	3290	6693	211	682
覺	각 092 [仄聲 /入聲 : 槊(삭)] : 창/쌍륙 삭	3289	6692	212	671
覺	각 092 [仄聲 /入聲 : 溯*소(삭)] : 빨래한물 삭	3644	6694	213	671

배열형식 C (가나다 韻目 基準)		배열 A	배열 B	배열 C	배열 D
韻目	韻目No. [平仄 / 四聲 : 韻族] : 略義	운족 가나순	운목 번호순	운목 가나순	사성순
覺	각 092 [仄聲 /入聲 : 嗽*수(삭)] : 마실/빨 삭	3760	6696	214	6720
覺	각 092 [仄聲 /入聲 : 數*수(삭)] : 자/빠를 삭	3774	6697	215	6721
覺	각 092 [仄聲 /入聲 : 數*수(촉)] : 빽빽할 촉	3775	6698	216	7575
覺	각 092 [仄聲 /入聲 : 岳(악)] : 큰산 악	4102	6699	217	6942
覺	각 092 [仄聲 /入聲 : 嶽(악)] : 큰산 악	4103	6700	218	6943
覺	각 092 [仄聲 /入聲 : 幄(악)] : 휘장 악	4104	6701	219	6944
覺	각 092 [仄聲 /入聲 : 握(악)] : 쥘 악	4109	6702	220	6947
覺	각 092 [仄聲 /入聲 : 樂(악)] : 노래 악	4110	6703	221	6948
覺	각 092 [仄聲 /入聲 : 渥(악)] : 두터울 악	4113	6704	222	6949
覺	각 092 [仄聲 /入聲 : 喔(악)] : 닭소리 악	4120	6705	223	6956
覺	각 092 [仄聲 /入聲 : 葯(약)] : 구리때잎 약	4261	6706	224	7003
覺	각 092 [仄聲 /入聲 : 汋(작)] : 삶을 작	5389	6707	225	7240
覺	각 092 [仄聲 /入聲 : 鸐(적)] : 꿩 적	5589	6708	226	7302
覺	각 092 [仄聲 /入聲 : 噣*주(탁)] : 쪼을 탁	6040	6710	227	7655
覺	각 092 [仄聲 /入聲 : 捉(착)] : 잡을/낄 착	6303	6711	228	7462
覺	각 092 [仄聲 /入聲 : 齪(착)] : 악착할 착	6311	6712	229	7468
覺	각 092 [仄聲 /入聲 : 斮(착)] : 깎을 착	6312	6713	230	7469
覺	각 092 [仄聲 /入聲 : 斲(착)] : 자를/벨 착	6313	6714	231	7470
覺	각 092 [仄聲 /入聲 : 澩*조(색)] : 물결치는소리 작	5927	6709	232	7243
覺	각 092 [仄聲 /入聲 : 齺(착)] : 이촘촘할 착	6315	6715	233	7473
覺	각 092 [仄聲 /入聲 : 倬(탁)] : 클 탁	6897	6716	234	7657
覺	각 092 [仄聲 /入聲 : 卓(탁)] : 높을/책상 탁	6898	6717	235	7658
覺	각 092 [仄聲 /入聲 : 擢(탁)] : 뽑을 탁	6902	6718	236	7664
覺	각 092 [仄聲 /入聲 : 晫(탁)] : 밝을 탁	6903	6719	237	7665
覺	각 092 [仄聲 /入聲 : 濁(탁)] : 흐릴 탁	6905	6720	238	7667
覺	각 092 [仄聲 /入聲 : 濯(탁)] : 씻을 탁	6906	6721	239	7668
覺	각 092 [仄聲 /入聲 : 琢(탁)] : 다듬을 탁	6907	6722	240	7669
覺	각 092 [仄聲 /入聲 : 琸(탁)] : 사람이름 탁	6908	6723	241	7670
覺	각 092 [仄聲 /入聲 : 涿(탁)] : 들을 탁	6913	6724	242	7674
覺	각 092 [仄聲 /入聲 : 椓(탁)] : 칠 탁	6914	6725	243	7675
覺	각 092 [仄聲 /入聲 : 鐲(탁)] : 징 탁	6916	6726	244	7677
覺	각 092 [仄聲 /入聲 : 鵫(탁)] : 흰꿩 탁	6919	6727	245	7679
覺	각 092 [仄聲 /入聲 : 鮑(포)] : 오리 포	7163	6728	246	7730
覺	각 092 [仄聲 /入聲 : 爆*폭(박)] : 지질/태울 박	7176	6729	247	6560
覺	각 092 [仄聲 /入聲 : 學(학)] : 배울 학	7268	6730	248	7775
覺	각 092 [仄聲 /入聲 : 鷽(학)] : 메까치 학	7273	6731	249	7780

배열형식 C (가나다 韻目 基準)			배열 A	배열 B	배열 C	배열 D
韻目	韻目No. [平仄 / 四聲 : 韻族]	: 略義	운족 가나순	운목 번호순	운목 가나순	사성순
覺	각 092 [仄聲 /入聲 : 翯*혹(학)]	: 깃윤택할 학	7593	6732	250	7781
覺	각 092 [仄聲 /入聲 : 酷(혹)]	: 심할 혹	7596	6733	251	7864
覺	각 092 [仄聲 /入聲 : 穀(혹)]	: 짐승이름 혹	7597	6734	252	7865
諫	간 075 [仄聲 /去聲 : 澗(간)]	: 산골물 간	78	5688	253	4667
諫	간 075 [仄聲 /去聲 : 礀(간)]	: 석간수 간	81	5689	254	4668
諫	간 075 [仄聲 /去聲 : 諫(간)]	: 간할 간	88	5690	255	4670
諫	간 075 [仄聲 /去聲 : 間(간)]	: 사이 간	89	5691	256	4671
諫	간 075 [仄聲 /去聲 : 瞯(간)]	: 엿볼 간	96	5692	257	4675
諫	간 075 [仄聲 /去聲 : 鳱*간(안)]	: 기러기 안	99	5693	258	5301
諫	간 075 [仄聲 /去聲 : 串(관)]	: 익숙해질 관	664	5694	259	4771
諫	간 075 [仄聲 /去聲 : 串*관(곶)]	: 땅이름/꼬챙이 곶	665	5695	260	4770
諫	간 075 [仄聲 /去聲 : 慣(관)]	: 익숙할 관	671	5696	261	4773
諫	간 075 [仄聲 /去聲 : 綰(관)]	: 얽을 관	687	5697	262	4780
諫	간 075 [仄聲 /去聲 : 丱(관)]	: 쌍상투 관	692	5698	263	4782
諫	간 075 [仄聲 /去聲 : 袒*단(탄)]	: 옷터질 탄	1353	5699	264	5754
諫	간 075 [仄聲 /去聲 : 慢(만)]	: 게으를 만	2229	5700	265	5016
諫	간 075 [仄聲 /去聲 : 縵(만)]	: 무늬없는 비단 만	2244	5701	266	5022
諫	간 075 [仄聲 /去聲 : 謾(만)]	: 속일 만	2245	5702	267	5023
諫	간 075 [仄聲 /去聲 : 盼(반)]	: 눈예쁠 반	2625	5703	268	5070
諫	간 075 [仄聲 /去聲 : 扮*분(반)]	: 꾸밀 반	3022	5704	269	5072
諫	간 075 [仄聲 /去聲 : 汕(산)]	: 오구 산	3297	5705	270	5163
諫	간 075 [仄聲 /去聲 : 疝(산)]	: 산증 산	3300	5706	271	5164
諫	간 075 [仄聲 /去聲 : 孿(산)]	: 쌍둥이 산	3308	5707	272	5167
諫	간 075 [仄聲 /去聲 : 訕(산)]	: 헐뜯을 산	3313	5708	273	5168
諫	간 075 [仄聲 /去聲 : 鏟(산)]	: 대패 산	3314	5709	274	5169
諫	간 075 [仄聲 /去聲 : 晏(안)]	: 맑을/저물 안	4129	5710	275	5304
諫	간 075 [仄聲 /去聲 : 雁(안)]	: 기러기 안	4132	5711	276	5306
諫	간 075 [仄聲 /去聲 : 鴈(안)]	: 기러기 안	4136	5712	277	5308
諫	간 075 [仄聲 /去聲 : 贗(안)]	: 거짓/위조할 안	4139	5713	278	5310
諫	간 075 [仄聲 /去聲 : 薍(완)]	: 달래뿌리 완	4685	5714	279	5411
諫	간 075 [仄聲 /去聲 : 棧(잔)]	: 잔교 잔	5396	5715	280	5505
諫	간 075 [仄聲 /去聲 : 虥(잔)]	: 범 잔	5401	5716	281	5506
諫	간 075 [仄聲 /去聲 : 輚(잔)]	: 수레 잔	5402	5717	282	5507
諫	간 075 [仄聲 /去聲 : 簒(찬)]	: 빼앗을 찬	6324	5718	283	5645
諫	간 075 [仄聲 /去聲 : 篡(찬)]	: 빼앗을 찬	6336	5719	284	5650
諫	간 075 [仄聲 /去聲 : 柵(책)]	: 우리/목책/사다리 책	6424	5720	285	5658

배열형식 C (가나다 韻目 基準)		배열 A	배열 B	배열 C	배열 D
韻目	韻目No. [平仄 / 四聲 : 韻族] : 略義	운족 가나순	운목 번호순	운목 가나순	사성순
諫	간 075 [仄聲 /去聲 : 綻(탄)] : 솔기터질 탄	6928	5721	286	5757
諫	간 075 [仄聲 /去聲 : 瓣(판)] : 외씨 판	7053	5722	287	5779
諫	간 075 [仄聲 /去聲 : 辦(판)] : 힘쓸 판	7055	5723	288	5781
諫	간 075 [仄聲 /去聲 : 骭(한)] : 정강이뼈 한	7294	5724	289	5840
諫	간 075 [仄聲 /去聲 : 莧*현(한)] : 패모(莔也) 한	7457	5725	290	5841
諫	간 075 [仄聲 /去聲 : 宦(환)] : 벼슬 환	7664	5726	291	5893
諫	간 075 [仄聲 /去聲 : 患(환)] : 근심 환	7666	5727	292	5895
諫	간 075 [仄聲 /去聲 : 渙(환)] : 흩어질 환	7671	5728	293	5897
諫	간 075 [仄聲 /去聲 : 豢(환)] : 기를 환	7681	5729	294	5899
曷	갈 096 [仄聲 /入聲 : 喝(갈)] : 꾸짖을 갈	102	6960	295	5971
曷	갈 096 [仄聲 /入聲 : 曷(갈)] : 어찌 갈	104	6961	296	5972
曷	갈 096 [仄聲 /入聲 : 渴(갈)] : 목마를 갈	105	6962	297	5973
曷	갈 096 [仄聲 /入聲 : 葛(갈)] : 칡 갈	111	6963	298	5976
曷	갈 096 [仄聲 /入聲 : 褐(갈)] : 털옷 갈	112	6964	299	5977
曷	갈 096 [仄聲 /入聲 : 蝎*갈(할)] : 뽕나무좀 할	114	6966	300	7783
曷	갈 096 [仄聲 /入聲 : 蝎(갈)] : 전갈 갈	113	6965	301	5978
曷	갈 096 [仄聲 /入聲 : 鞨(갈)] : 오랑캐이름 갈	115	6967	302	5979
曷	갈 096 [仄聲 /入聲 : 丐(갈)] : 거지/구걸할 갈	119	6968	303	5983
曷	갈 096 [仄聲 /入聲 : 愒*게(할)] : 을를/공갈 할	316	6969	304	7784
曷	갈 096 [仄聲 /入聲 : 括(괄)] : 묶을 괄	700	6970	305	6120
曷	갈 096 [仄聲 /入聲 : 适(괄)] : 빠를 괄	701	6971	306	6121
曷	갈 096 [仄聲 /入聲 : 栝(괄)] : 노송나무 괄	702	6972	307	6122
曷	갈 096 [仄聲 /入聲 : 聒(괄)] : 떠들썩할 괄	703	6973	308	6123
曷	갈 096 [仄聲 /入聲 : 匃*구(갈)] : 굽을 갈	822	6974	309	5985
曷	갈 096 [仄聲 /入聲 : 喇*랄(라)] : 나팔 라	1718	6991	310	6328
曷	갈 096 [仄聲 /入聲 : 喇(랄)] : 말급히 할 랄	1717	6990	311	6347
曷	갈 096 [仄聲 /入聲 : 捺(날)] : 누를 날	1203	6975	312	6233
曷	갈 096 [仄聲 /入聲 : 胆*단(달)] : 살찔 달	1365	6976	313	6259
曷	갈 096 [仄聲 /入聲 : 撻(달)] : 매질할 달	1378	6977	314	6260
曷	갈 096 [仄聲 /入聲 : 澾(달)] : 미끄러울 달	1379	6978	315	6261
曷	갈 096 [仄聲 /入聲 : 獺*달(찰)] : 수달 찰	1381	6979	316	7474
曷	갈 096 [仄聲 /入聲 : 達(달)] : 통달할 달	1383	6980	317	6263
曷	갈 096 [仄聲 /入聲 : 怛(달)] : 슬플 달	1384	6981	318	6264
曷	갈 096 [仄聲 /入聲 : 闥(달)] : 문 달	1385	6982	319	6265
曷	갈 096 [仄聲 /入聲 : 韃(달)] : 매질할 달	1387	6983	320	6266
曷	갈 096 [仄聲 /入聲 : 笪*달(단)] : 고리짝 단	1389	6984	321	6258

배열형식 C (가나다 韻目 基準)		배열 A	배열 B	배열 C	배열 D
韻目	韻目No. [平仄 / 四聲 : 韻族] : 略義	운족 가나순	운목 번호순	운목 가나순	사성순
曷	갈 096 [仄聲 /入聲 : 躂(달)] : 미끄러질 달	1390	6985	322	6267
曷	갈 096 [仄聲 /入聲 : 咄(돌)] : 꾸짖을 돌	1593	6986	323	6309
曷	갈 096 [仄聲 /入聲 : 咄*돌(탈)] : 꾸짖을 탈	1594	6987	324	7680
曷	갈 096 [仄聲 /入聲 : 喇(라)] : 나팔 라	1673	6988	325	6329
曷	갈 096 [仄聲 /入聲 : 喇*라(랄)] : 말급히할 랄	1674	6989	326	6348
曷	갈 096 [仄聲 /入聲 : 剌(랄)] : 어그러질 랄	1719	6992	327	6349
曷	갈 096 [仄聲 /入聲 : 剌*랄(라)] : 수라 라	1720	6993	328	6331
曷	갈 096 [仄聲 /入聲 : 辣(랄)] : 매울 랄	1721	6994	329	6350
曷	갈 096 [仄聲 /入聲 : 捋(랄)] : 쓰다듬을 랄	1723	6995	330	6352
曷	갈 096 [仄聲 /入聲 : 抹(말)] : 바를 말	2252	6996	331	6458
曷	갈 096 [仄聲 /入聲 : 末(말)] : 끝 말	2253	6997	332	6459
曷	갈 096 [仄聲 /入聲 : 沫(말)] : 거품 말	2254	6998	333	6460
曷	갈 096 [仄聲 /入聲 : 茉(말)] : 말리 말	2255	6999	334	6461
曷	갈 096 [仄聲 /入聲 : 靺(말)] : 말갈 말	2257	7000	335	6463
曷	갈 096 [仄聲 /入聲 : 秣(말)] : 말먹이 말	2259	7001	336	6465
曷	갈 096 [仄聲 /入聲 : 拔(발)] : 뺄/뽑을/빠를 발	2645	7002	337	6562
曷	갈 096 [仄聲 /入聲 : 拔*발(패)] : 밋밋할/휘어꺾을 패	2646	7003	338	7722
曷	갈 096 [仄聲 /入聲 : 撥(발)] : 다스릴 발	2647	7004	339	6563
曷	갈 096 [仄聲 /入聲 : 潑(발)] : 뿌릴 발	2649	7005	340	6565
曷	갈 096 [仄聲 /入聲 : 跋(발)] : 밟을 발	2651	7006	341	6567
曷	갈 096 [仄聲 /入聲 : 醱(발)] : 빚을 발	2652	7007	342	6568
曷	갈 096 [仄聲 /入聲 : 鉢(발)] : 바리때 발	2653	7008	343	6569
曷	갈 096 [仄聲 /入聲 : 魃(발)] : 가물귀신 발	2655	7009	344	6571
曷	갈 096 [仄聲 /入聲 : 犮(발)] : 벗/사귈 발	2658	7010	345	6574
曷	갈 096 [仄聲 /入聲 : 茇(발)] : 풀 발	2659	7011	346	6575
曷	갈 096 [仄聲 /入聲 : 軷(발)] : 발제 발	2660	7012	347	6576
曷	갈 096 [仄聲 /入聲 : 撒(살)] : 뿌릴 살	3318	7013	348	6722
曷	갈 096 [仄聲 /入聲 : 薩(살)] : 보살 살	3322	7014	349	6724
曷	갈 096 [仄聲 /入聲 : 稅*세(태)] : 풀 탈	3610	7015	350	7681
曷	갈 096 [仄聲 /入聲 : 按*안(알)] : 막을 알	4128	7016	351	6962
曷	갈 096 [仄聲 /入聲 : 洝*안(알)] : 구슬플 알	4138	7017	352	6963
曷	갈 096 [仄聲 /入聲 : 鴳(안)] : 메추리 안	4141	7018	353	6961
曷	갈 096 [仄聲 /入聲 : 斡(알)] : 주장할 간/돌 알	4144	7019	354	6964
曷	갈 096 [仄聲 /入聲 : 閼(알)] : 막을/일찍죽을/그칠 알	4147	7020	355	6967
曷	갈 096 [仄聲 /入聲 : 遏(알)] : 막을 알	4151	7021	356	6970
曷	갈 096 [仄聲 /入聲 : 歺(알)] : 뼈 앙상할 알	4153	7022	357	6972

배열형식 C (가나다 韻目 基準)		배열 A	배열 B	배열 C	배열 D
韻目	韻目No. [平仄 / 四聲 : 韻族] : 略義	운족 가나순	운목 번호순	운목 가나순	사성순
曷	갈 096 [仄聲 /入聲 : 靄*애(알)] : 놀/아지랑이 알	4212	7023	358	6974
曷	갈 096 [仄聲 /入聲 : 餲*애(알)] : 밥쉴 알	4226	7024	359	6975
曷	갈 096 [仄聲 /入聲 : 濊(예)] : 종족이름 예	4524	7025	360	7087
曷	갈 096 [仄聲 /入聲 : 越*월(활)] : 부들자리 활	4915	7026	361	7891
曷	갈 096 [仄聲 /入聲 : 咱(찰)] : 나 찰	6347	7027	362	7481
曷	갈 096 [仄聲 /入聲 : 蔡*채(살)] : 내칠/귀양보낼 살	6417	7028	363	6728
曷	갈 096 [仄聲 /入聲 : 撮(촬)] : 집을 촬	6661	7029	364	7591
曷	갈 096 [仄聲 /入聲 : 奪(탈)] : 빼앗을 탈	6936	7030	365	7682
曷	갈 096 [仄聲 /入聲 : 脫*탈(태)] : 더딜 태	6938	7032	366	7697
曷	갈 096 [仄聲 /入聲 : 脫(탈)] : 벗을 탈	6937	7031	367	7683
曷	갈 096 [仄聲 /入聲 : 鵽(탈)] : 사막꿩 탈	6940	7033	368	7685
曷	갈 096 [仄聲 /入聲 : 汏(태)] : 지날 태	6970	7034	369	7698
曷	갈 096 [仄聲 /入聲 : 叭(팔)] : 입벌릴/나팔 팔	7059	7035	370	7720
曷	갈 096 [仄聲 /入聲 : 割(할)] : 벨 할	7295	7036	371	7785
曷	갈 096 [仄聲 /入聲 : 害*해(할)] : 어찌(何也) 할	7358	7037	372	7788
曷	갈 096 [仄聲 /入聲 : 猲*헐(갈)] : 사냥개 갈	7417	7038	373	5986
曷	갈 096 [仄聲 /入聲 : 活(활)] : 살 활	7690	7039	374	7892
曷	갈 096 [仄聲 /入聲 : 活*활(괄)] : 콸콸흐를 괄	7691	7040	375	6127
曷	갈 096 [仄聲 /入聲 : 豁(활)] : 소통할 활	7693	7041	376	7895
曷	갈 096 [仄聲 /入聲 : 齕(흘)] : 깨물 흘	7896	7042	377	7935
感	감 057 [仄聲 /上聲 : 坎(감)] : 구덩이 감	122	4573	378	3251
感	감 057 [仄聲 /上聲 : 嵌(감)] : 산깊을 감	124	4574	379	3252
感	감 057 [仄聲 /上聲 : 感(감)] : 느낄 감	125	4575	380	3253
感	감 057 [仄聲 /上聲 : 敢(감)] : 감히/구태여 감	128	4576	381	3254
感	감 057 [仄聲 /上聲 : 橄(감)] : 감람나무 감	131	4577	382	3255
感	감 057 [仄聲 /上聲 : 撼(감)] : 흔들 감	144	4578	383	3257
感	감 057 [仄聲 /上聲 : 砍(감)] : 벨 감	149	4579	384	3258
感	감 057 [仄聲 /上聲 : 湳(남)] : 강이름 남	1210	4580	385	3467
感	감 057 [仄聲 /上聲 : 膽(담)] : 쓸개 담	1403	4581	386	3515
感	감 057 [仄聲 /上聲 : 毯(담)] : 담요 담	1410	4582	387	3516
感	감 057 [仄聲 /上聲 : 禫(담)] : 담제 담	1411	4583	388	3517
感	감 057 [仄聲 /上聲 : 紞(담)] : 귀막이끈 담	1413	4584	389	3518
感	감 057 [仄聲 /上聲 : 菼(담)] : 물억새 담	1414	4585	390	3519
感	감 057 [仄聲 /上聲 : 萏(담)] : 연꽃봉오리 담	1415	4586	391	3520
感	감 057 [仄聲 /上聲 : 擥(람)] : 모을(=擥) 람	1727	4587	392	3568
感	감 057 [仄聲 /上聲 : 攬(람)] : 잡을 람	1728	4588	393	3569

	배열형식 C (가나다 韻目 基準)		배열 A	배열 B	배열 C	배열 D
韻目	韻目No. [平仄 / 四聲 : 韻族]	: 略義	운족 가나순	운목 번호순	운목 가나순	사성
感	감 057 [仄聲 /上聲 : 欖(람)]	: 감람나무 람	1729	4589	394	357
感	감 057 [仄聲 /上聲 : 覽(람)]	: 볼 람	1736	4590	395	357
感	감 057 [仄聲 /上聲 : 壈(람)]	: 실의한모습 람	1738	4591	396	357
感	감 057 [仄聲 /上聲 : 覧(람)]	: 두루볼 람	1740	4592	397	357
感	감 057 [仄聲 /上聲 : 唵(암)]	: 움켜먹을 암	4156	4593	398	399
感	감 057 [仄聲 /上聲 : 唵*암(옴)]	: 진언 옴	4157	4594	399	406
感	감 057 [仄聲 /上聲 : 闇(암)]	: 어두울/어둡게할 암	4165	4595	400	399
感	감 057 [仄聲 /上聲 : 頷*암(함)]	: 턱 함	4169	4597	401	455
感	감 057 [仄聲 /上聲 : 頷(암)]	: 끄덕일 암	4168	4596	402	399
感	감 057 [仄聲 /上聲 : 揜(암)]	: 손으로가릴 암	4176	4598	403	399
感	감 057 [仄聲 /上聲 : 厭*염(암)]	: 빠질/막힐 암	4449	4599	404	400
感	감 057 [仄聲 /上聲 : 慘(참)]	: 슬플/근심할 참	6352	4600	405	440
感	감 057 [仄聲 /上聲 : 憯(참)]	: 슬퍼할 참	6364	4601	406	440
感	감 057 [仄聲 /上聲 : 黲(참)]	: 퇴색할 참	6370	4602	407	440
感	감 057 [仄聲 /上聲 : 耽(탐)]	: 즐길 탐	6943	4603	408	449
感	감 057 [仄聲 /上聲 : 醓(탐)]	: 장 탐	6946	4604	409	449
感	감 057 [仄聲 /上聲 : 品(품)]	: 물건 품	7206	4605	410	454
感	감 057 [仄聲 /上聲 : 喊(함)]	: 소리칠 함	7302	4606	411	455
勘	감 087 [仄聲 /去聲 : 勘(감)]	: 살필 감	121	6382	412	598
勘	감 087 [仄聲 /去聲 : 憾(감)]	: 섭섭할 감	126	6383	413	598
勘	감 087 [仄聲 /去聲 : 瞰(감)]	: 볼 감	136	6384	414	599
勘	감 087 [仄聲 /去聲 : 紺(감)]	: 감색 감	137	6385	415	599
勘	감 087 [仄聲 /去聲 : 啖(담)]	: 먹을 담	1391	6386	416	626
勘	감 087 [仄聲 /去聲 : 憺(담)]	: 편안할 담	1392	6387	417	626
勘	감 087 [仄聲 /去聲 : 擔(담)]	: 멜 담	1393	6388	418	627
勘	감 087 [仄聲 /去聲 : 淡(담)]	: 맑을 담	1395	6389	419	627
勘	감 087 [仄聲 /去聲 : 澹(담)]	: 깊을 담	1400	6390	420	627
勘	감 087 [仄聲 /去聲 : 濫(람)]	: 넘칠 람	1730	6391	421	635
勘	감 087 [仄聲 /去聲 : 纜(람)]	: 닻줄 람	1733	6392	422	635
勘	감 087 [仄聲 /去聲 : 三(삼)]	: 석 삼	3325	6393	423	672
勘	감 087 [仄聲 /去聲 : 摻*섬(참)]	: 북장단 참	3571	6397	424	748
勘	감 087 [仄聲 /去聲 : 暗(암)]	: 어두울 암	4162	6398	425	697
勘	감 087 [仄聲 /去聲 : 暫(잠)]	: 잠깐 잠	5405	6399	426	724
勘	감 087 [仄聲 /去聲 : 參(삼)]	: 셋/삭 삼	3337	6394	427	673
勘	감 087 [仄聲 /去聲 : 參*삼(참)]	: 참여할 참	3339	6396	428	748
勘	감 087 [仄聲 /去聲 : 參*삼(심)]	: 별이름 심	3338	6395	429	693

배열형식 C (가나다 韻目 基準)		배열 A	배열 B	배열 C	배열 D
韻目	韻目No. [平仄 / 四聲 : 韻族] : 略義	운족 가나순	운목 번호순	운목 가나순	사성순
勘	감 087 [仄聲 /去聲 : 枕(침)] : 베개 침	6853	6400	430	7642
勘	감 087 [仄聲 /去聲 : 撢(탐)] : 더듬을 탐	6945	6401	431	7686
勘	감 087 [仄聲 /去聲 : 闞*함(감)] : 바랄 감	7313	6402	432	5994
江	강 003 [平聲 /上平 : 江(강)] : 강 강	171	196	433	18
江	강 003 [平聲 /上平 : 腔(강)] : 빈속 강	178	197	434	19
江	강 003 [平聲 /上平 : 降(항)] : 항복할 항	7328	222	435	1478
江	강 003 [平聲 /上平 : 扛(강)] : 들 강	185	198	436	20
江	강 003 [平聲 /上平 : 杠(강)] : 깃대 강	186	199	437	21
江	강 003 [平聲 /上平 : 悾*공(강)] : 믿을 강	617	200	438	22
江	강 003 [平聲 /上平 : 槓(공)] : 지렛대 공	619	201	439	82
江	강 003 [平聲 /上平 : 幢(당)] : 기 당	1430	202	440	258
江	강 003 [平聲 /上平 : 撞(당)] : 부딪칠 당	1432	203	441	259
江	강 003 [平聲 /上平 : 橦*당(당)] : 깃대 당	1453	204	442	260
江	강 003 [平聲 /上平 : 瀧*랑(롱)] : 비올 롱	1760	205	443	360
江	강 003 [平聲 /上平 : 瀧*랑(상)] : 여울 상	1761	206	444	722
江	강 003 [平聲 /上平 : 尨(방)] : 삽살개/얼룩질 방	2666	208	445	545
江	강 003 [平聲 /上平 : 邦(방)] : 나라 방	2692	209	446	546
江	강 003 [平聲 /上平 : 龐*롱(방)] : 어수선할/높은집 방	1988	207	447	547
江	강 003 [平聲 /上平 : 厖(방)] : 클 방	2695	210	448	548
江	강 003 [平聲 /上平 : 梆(방)] : 목어 방	2698	211	449	549
江	강 003 [平聲 /上平 : 蛖(방)] : 땅강아지 방	2702	212	450	550
江	강 003 [平聲 /上平 : 駹(방)] : 말이름 방	2703	213	451	551
江	강 003 [平聲 /上平 : 逢(봉)] : 만날 봉	2927	214	452	595
江	강 003 [平聲 /上平 : 雙(쌍)] : 두/쌍 쌍	4069	215	453	835
江	강 003 [平聲 /上平 : 樁(장)] : 말뚝 장	5466	216	454	1167
江	강 003 [平聲 /上平 : 淙*종(장)] : 물소리 장	5950	217	455	1168
江	강 003 [平聲 /上平 : 瑽(종)] : 패옥소리 종	5963	218	456	1241
江	강 003 [平聲 /上平 : 窓(창)] : 창 창	6389	219	457	1321
江	강 003 [平聲 /上平 : 窗(창)] : 창 창	6398	220	458	1322
江	강 003 [平聲 /上平 : 摐(창)] : 두둘일 창	6404	221	459	1323
江	강 003 [平聲 /上平 : 肛(항)] : 함문 항	7343	223	460	1480
江	강 003 [平聲 /上平 : 虹*홍(강)] : 어지러울 항	7621	224	461	1481
江	강 003 [平聲 /上平 : 凶(흉)] : 흉할 흉	7874	225	462	1622
講	강 033 [仄聲 /上聲 : 講(강)] : 욀 강	182	3295	463	3263
講	강 033 [仄聲 /上聲 : 控*공(강)] : 칠 강	608	3296	464	3264
講	강 033 [仄聲 /上聲 : 蚌(방)] : 방합 방	2689	3297	465	3747

배열형식 C (가나다 韻目 基準)		배열 A	배열 B	배열 C	배열 D
韻目	韻目No. [平仄 / 四聲 : 韻族] : 略義	운족 가나순	운목 번호순	운목 가나순	사성순
講	강 033 [仄聲 /上聲 : 棒(봉)] : 몽둥이 봉	2920	3298	466	3794
講	강 033 [仄聲 /上聲 : 港(항)] : 항구 항	7341	3299	467	4562
講	강 033 [仄聲 /上聲 : 洶(흉)] : 용솟음할 흉	7876	3300	468	4664
絳	강 062 [仄聲 /去聲 : 絳(강)] : 진홍색 강	175	4705	469	4677
絳	강 062 [仄聲 /去聲 : 降*항(강)] : 내릴 강	7329	4710	470	4678
絳	강 062 [仄聲 /去聲 : 戇(당)] : 어리석을 당	1431	4706	471	4897
絳	강 062 [仄聲 /去聲 : 憧(동)] : 그리워할 동	1602	4707	472	4928
絳	강 062 [仄聲 /去聲 : 惷(준)] : 어수선할 준	6074	4708	473	5608
絳	강 062 [仄聲 /去聲 : 葑(풍)] : 무 풍	7213	4709	474	5830
絳	강 062 [仄聲 /去聲 : 巷(항)] : 거리 항	7333	4711	475	5843
絳	강 062 [仄聲 /去聲 : 虹*홍(항)] : 골이름 강	7623	4712	476	4679
絳	강 062 [仄聲 /去聲 : 鬨*홍(항)] : 싸움소리 항	7628	4713	477	5844
箇	개 080 [仄聲 /去聲 : 個(개)] : 낱 개	193	5988	478	6008
箇	개 080 [仄聲 /去聲 : 箇(개)] : 낱 개	204	5989	479	6009
箇	개 080 [仄聲 /去聲 : 个(개)] : 낱 개	216	5990	480	6010
箇	개 080 [仄聲 /去聲 : 个*개(가)] : 명당곁방 가	217	5991	481	5948
箇	개 080 [仄聲 /去聲 : 課(과)] : 공부할/과정 과	635	5992	482	6110
箇	개 080 [仄聲 /去聲 : 过(과)] : (過의약자)지날 과	650	5993	483	6112
箇	개 080 [仄聲 /去聲 : 懦*유(연)] : 부드러울 나	4972	6002	484	6228
箇	개 080 [仄聲 /去聲 : 糯(나)] : 찰벼 나	1194	5994	485	6229
箇	개 080 [仄聲 /去聲 : 奈*내(나)] : 어찌 나	1228	5995	486	6230
箇	개 080 [仄聲 /去聲 : 大*대(태)] : 심할 다	1459	5996	487	6257
箇	개 080 [仄聲 /去聲 : 邏(라)] : 돌 라	1683	5997	488	6330
箇	개 080 [仄聲 /去聲 : 些(사)] : 적을 사	3198	5998	489	6700
箇	개 080 [仄聲 /去聲 : 餓(아)] : 주릴 아	4091	5999	490	6936
箇	개 080 [仄聲 /去聲 : 啊(아)] : 사랑할 아	4099	6000	491	6938
箇	개 080 [仄聲 /去聲 : 臥(와)] : 누울 와	4650	6001	492	7106
箇	개 080 [仄聲 /去聲 : 作*작(주)] : 할/지을 자	5372	6003	493	7221
箇	개 080 [仄聲 /去聲 : 佐(좌)] : 도울 좌	5975	6004	494	7371
箇	개 080 [仄聲 /去聲 : 座(좌)] : 자리 좌	5978	6005	495	7372
箇	개 080 [仄聲 /去聲 : 挫(좌)] : 꺾을 좌	5979	6006	496	7373
箇	개 080 [仄聲 /去聲 : 銼*좌(촤)] : 가마솥 촤	5982	6007	497	7590
箇	개 080 [仄聲 /去聲 : 做(주)] : 지을 주	5988	6008	498	7375
箇	개 080 [仄聲 /去聲 : 做*주(자)] : 지을 자	5989	6009	499	7223
箇	개 080 [仄聲 /去聲 : 他*타(타)] : 간사할 타	6872	6010	500	7648
箇	개 080 [仄聲 /去聲 : 唾(타)] : 침 타	6874	6011	501	7650

배열형식 C (가나다 韻目 基準)		배열 A	배열 B	배열 C	배열 D
韻目	韻目No. [平仄 / 四聲 : 韻族] : 略義	운족 가나순	운목 번호순	운목 가나순	사성순
箇	개 080 [仄聲 /去聲 : 馱(타)] : 탈 타	6885	6012	502	7651
箇	개 080 [仄聲 /去聲 : 播(파)] : 뿌릴 파	7028	6013	503	7712
箇	개 080 [仄聲 /去聲 : 破(파)] : 깨뜨릴 파	7035	6014	504	7713
箇	개 080 [仄聲 /去聲 : 賀(하)] : 하례할 하	7258	6015	505	7769
箇	개 080 [仄聲 /去聲 : 犒(호)] : 호궤할 호	7579	6016	506	7860
箇	개 080 [仄聲 /去聲 : 和(화)] : 화할 화	7630	6017	507	7875
庚	경 023 [平聲 /下平 : 坑(갱)] : 구덩이 갱	224	2505	508	1708
庚	경 023 [平聲 /下平 : 粳(갱)] : 메벼 갱	225	2506	509	1709
庚	경 023 [平聲 /下平 : 羹(갱)] : 국 갱	226	2507	510	1710
庚	경 023 [平聲 /下平 : 賡(갱)] : 이을 갱	227	2508	511	1711
庚	경 023 [平聲 /下平 : 鏗(갱)] : 금속부딛치는소리 갱	228	2509	512	1712
庚	경 023 [平聲 /下平 : 阬(갱)] : 구덩이 갱	229	2510	513	1713
庚	경 023 [平聲 /下平 : 京(경)] : 서울 경	393	2511	514	1742
庚	경 023 [平聲 /下平 : 傾(경)] : 기울 경	396	2512	515	1743
庚	경 023 [平聲 /下平 : 勍(경)] : 셀 경	399	2513	516	1744
庚	경 023 [平聲 /下平 : 卿(경)] : 벼슬 경	400	2514	517	1745
庚	경 023 [平聲 /下平 : 庚(경)] : 일곱째천간 경	403	2515	518	1747
庚	경 023 [平聲 /下平 : 擎(경)] : 들 경	408	2516	519	1748
庚	경 023 [平聲 /下平 : 更(경)] : 고칠/지날 경	412	2517	520	1749
庚	경 023 [平聲 /下平 : 瓊(경)] : 구슬 경	419	2518	521	1751
庚	경 023 [平聲 /下平 : 耕(경)] : 밭갈 경	427	2519	522	1753
庚	경 023 [平聲 /下平 : 莖(경)] : 줄기 경	430	2520	523	1754
庚	경 023 [平聲 /下平 : 輕(경)] : 가벼울 경	432	2521	524	1755
庚	경 023 [平聲 /下平 : 驚(경)] : 놀랄 경	438	2522	525	1756
庚	경 023 [平聲 /下平 : 鯨(경)] : 고래 경	439	2523	526	1757
庚	경 023 [平聲 /下平 : 惸(경)] : 근심할 경	440	2524	527	1758
庚	경 023 [平聲 /下平 : 檠(경)] : 도지개 경	442	2525	528	1760
庚	경 023 [平聲 /下平 : 黥(경)] : 묵형(墨刑)할 경	446	2526	529	1761
庚	경 023 [平聲 /下平 : 宏(굉)] : 클 굉	750	2527	530	1796
庚	경 023 [平聲 /下平 : 紘(굉)] : 갓끈 굉	751	2528	531	1797
庚	경 023 [平聲 /下平 : 轟(굉)] : 울릴 굉	753	2529	532	1799
庚	경 023 [平聲 /下平 : 觥(굉)] : 뿔잔 굉	754	2530	533	1800
庚	경 023 [平聲 /下平 : 訇(굉)] : 큰소리 굉	755	2531	534	1801
庚	경 023 [平聲 /下平 : 閎(굉)] : 마을문 굉	756	2532	535	1802
庚	경 023 [平聲 /下平 : 鍠(굉)] : 종소리/북소리 굉	757	2533	536	1803
庚	경 023 [平聲 /下平 : 儜(녕)] : 어지러울 녕	1255	2534	537	1908

배열형식 C (가나다 韻目 基準)		배열 A	배열 B	배열 C	배열 D
韻目	韻目No. [平仄 / 四聲 : 韻族] : 略義	운족 가나순	운목 번호순	운목 가나순	사성순
庚	경 023 [平聲 /下平 : 瞠*당(쟁)] : 똑바로볼 쟁	1446	2537	538	2679
庚	경 023 [平聲 /下平 : 瞠(당)] : 똑바로볼 당	1445	2536	539	1946
庚	경 023 [平聲 /下平 : 鐺*당(쟁)] : 북소리 쟁	1450	2538	540	2680
庚	경 023 [平聲 /下平 : 橙*증(등)] : 등상(几屬) 등	6108	2644	541	1974
庚	경 023 [平聲 /下平 : 橙(증)] : 귤 증	6107	2643	542	2840
庚	경 023 [平聲 /下平 : 令(령)] : 하여금 령	1880	2539	543	2035
庚	경 023 [平聲 /下平 : 宊*망(맹)] : 고동보/동자기둥 맹	2279	2540	544	2130
庚	경 023 [平聲 /下平 : 氓(맹)] : 백성 맹	2313	2541	545	2131
庚	경 023 [平聲 /下平 : 盲(맹)] : 소경/눈멀 맹	2315	2542	546	2132
庚	경 023 [平聲 /下平 : 盟(맹)] : 맹세 맹	2316	2543	547	2133
庚	경 023 [平聲 /下平 : 萌(맹)] : 싹틀/싹 맹	2317	2544	548	2134
庚	경 023 [平聲 /下平 : 甿(맹)] : 백성/농부 맹	2319	2545	549	2135
庚	경 023 [平聲 /下平 : 虻(맹)] : 곤충 맹	2321	2546	550	2136
庚	경 023 [平聲 /下平 : 名(명)] : 이름 명	2347	2547	551	2141
庚	경 023 [平聲 /下平 : 明(명)] : 밝을 명	2349	2548	552	2142
庚	경 023 [平聲 /下平 : 鳴(명)] : 새울음/울 명	2359	2549	553	2149
庚	경 023 [平聲 /下平 : 鳴*명(명)] : 새울음 명	2360	2550	554	2148
庚	경 023 [平聲 /下平 : 傍*방(팽)] : 마지못할 팽	2663	2551	555	3040
庚	경 023 [平聲 /下平 : 幇(방)] : 도울 방	2668	2552	556	2173
庚	경 023 [平聲 /下平 : 旁*방(팽)] : 휘몰아갈 팽	2674	2553	557	3041
庚	경 023 [平聲 /下平 : 榜*방(병)] : 게시판/방써붙일 병	2679	2554	558	2196
庚	경 023 [平聲 /下平 : 磅*방(팽)] : 땅우툴두툴할 팽	2682	2555	559	3042
庚	경 023 [平聲 /下平 : 兵(병)] : 병사 병	2825	2556	560	2197
庚	경 023 [平聲 /下平 : 幷(병)] : 아우를[=倂] 병	2827	2557	561	2198
庚	경 023 [平聲 /下平 : 棚(붕)] : 시렁 붕	3069	2559	562	2219
庚	경 023 [平聲 /下平 : 硼*평(붕)] : 붕사 붕	7106	2659	563	2220
庚	경 023 [平聲 /下平 : 硼(평)] : 평돌 평	7105	2658	564	3058
庚	경 023 [平聲 /下平 : 繃(붕)] : 묶을 붕	3070	2560	565	2221
庚	경 023 [平聲 /下平 : 浜(병)] : 갯고랑 병	2857	2558	566	2205
庚	경 023 [平聲 /下平 : 牲(생)] : 희생 생	3403	2561	567	2291
庚	경 023 [平聲 /下平 : 生(생)] : 날 생	3404	2562	568	2292
庚	경 023 [平聲 /下平 : 甥(생)] : 생질 생	3405	2563	569	2293
庚	경 023 [平聲 /下平 : 笙(생)] : 생황 생	3406	2564	570	2294
庚	경 023 [平聲 /下平 : 城(성)] : 성/서울/보루 성	3582	2565	571	2320
庚	경 023 [平聲 /下平 : 宬(성)] : 서고/창고 성	3584	2566	572	2321
庚	경 023 [平聲 /下平 : 成(성)] : 이룰 성	3587	2567	573	2323

배열형식 C (가나다 韻目 基準)			배열 A	배열 B	배열 C	배열 D
韻目	韻目No. [平仄 / 四聲 : 韻族]	: 略義	운족 가나순	운목 번호순	운목 가나순	사성순
庚	경 023 [平聲 /下平 : 猩(성)]	: 성성이 성	3590	2568	574	2325
庚	경 023 [平聲 /下平 : 盛(성)]	: 성할 성	3591	2569	575	2326
庚	경 023 [平聲 /下平 : 筬(성)]	: 바디 성	3594	2570	576	2327
庚	경 023 [平聲 /下平 : 聲(성)]	: 소리 성	3596	2571	577	2328
庚	경 023 [平聲 /下平 : 誠(성)]	: 정성 성	3598	2572	578	2330
庚	경 023 [平聲 /下平 : 騂(성)]	: 붉은말 성	3600	2573	579	2331
庚	경 023 [平聲 /下平 : 郕(성)]	: 땅이름 성	3602	2574	580	2332
庚	경 023 [平聲 /下平 : 櫻(앵)]	: 앵두나무 앵	4239	2575	581	2433
庚	경 023 [平聲 /下平 : 鶯(앵)]	: 꾀꼬리 앵	4241	2576	582	2434
庚	경 023 [平聲 /下平 : 鸚(앵)]	: 앵무새 앵	4242	2577	583	2435
庚	경 023 [平聲 /下平 : 嚶(앵)]	: 새소리 앵	4243	2578	584	2436
庚	경 023 [平聲 /下平 : 罃(앵)]	: 물독 앵	4244	2579	585	2437
庚	경 023 [平聲 /下平 : 塋(영)]	: 무덤 영	4480	2580	586	2510
庚	경 023 [平聲 /下平 : 嶸(영)]	: 가파를 영	4481	2581	587	2511
庚	경 023 [平聲 /下平 : 楹(영)]	: 기둥 영	4485	2582	588	2512
庚	경 023 [平聲 /下平 : 榮(영)]	: 영화 영	4486	2583	589	2513
庚	경 023 [平聲 /下平 : 濚(영)]	: 물돌아나갈 영	4490	2584	590	2514
庚	경 023 [平聲 /下平 : 瀛(영)]	: 바다 영	4491	2585	591	2515
庚	경 023 [平聲 /下平 : 瀯(영)]	: 물흐를 영	4492	2586	592	2516
庚	경 023 [平聲 /下平 : 煐(영)]	: 빛날 영	4493	2587	593	2517
庚	경 023 [平聲 /下平 : 營(영)]	: 경영할 영	4494	2588	594	2518
庚	경 023 [平聲 /下平 : 獰(녕)]	: 모질 녕	1260	2535	595	1910
庚	경 023 [平聲 /下平 : 瑛(영)]	: 옥빛 영	4496	2589	596	2519
庚	경 023 [平聲 /下平 : 瓔(영)]	: 구슬목걸이 영	4497	2590	597	2520
庚	경 023 [平聲 /下平 : 盈(영)]	: 찰 영	4498	2591	598	2521
庚	경 023 [平聲 /下平 : 纓(영)]	: 갓끈 영	4500	2592	599	2522
庚	경 023 [平聲 /下平 : 英(영)]	: 꽃부리 영	4501	2593	600	2523
庚	경 023 [平聲 /下平 : 迎(영)]	: 맞을 영	4503	2594	601	2524
庚	경 023 [平聲 /下平 : 鍈(영)]	: 방울소리 영	4504	2595	602	2525
庚	경 023 [平聲 /下平 : 霙(영)]	: 진눈깨비 영	4505	2596	603	2526
庚	경 023 [平聲 /下平 : 嬴(영)]	: 찰흙 영	4506	2597	604	2527
庚	경 023 [平聲 /下平 : 嬰(영)]	: 아기 영	4507	2598	605	2528
庚	경 023 [平聲 /下平 : 縈(영)]	: 얽힐 영	4508	2599	606	2529
庚	경 023 [平聲 /下平 : 蠑(영)]	: 영원 영	4509	2600	607	2530
庚	경 023 [平聲 /下平 : 贏(영)]	: 남을 영	4510	2601	608	2531
庚	경 023 [平聲 /下平 : 籯(영)]	: 광주리 영	4513	2602	609	2532

배열형식 C (가나다 韻目 基準)			배열 A	배열 B	배열 C	배열 D
韻目	韻目No. [平仄 / 四聲 : 韻族]	: 略義	운족 가나순	운목 번호순	운목 가나순	사성순
庚	경 023 [平聲 /下平 : 爭(재)]	: 다툴 쟁	5490	2605	610	2681
庚	경 023 [平聲 /下平 : 箏(쟁)]	: 쟁 쟁	5491	2606	611	2682
庚	경 023 [平聲 /下平 : 錚(쟁)]	: 쇳소리 쟁	5493	2607	612	2683
庚	경 023 [平聲 /下平 : 崢(쟁)]	: 가파를 쟁	5494	2608	613	2684
庚	경 023 [平聲 /下平 : 猙(쟁)]	: 개털 쟁	5495	2609	614	2685
庚	경 023 [平聲 /下平 : 琤(쟁)]	: 옥소리 쟁	5496	2610	615	2686
庚	경 023 [平聲 /下平 : 鎗(쟁)]	: 쇳소리 쟁	5497	2611	616	2687
庚	경 023 [平聲 /下平 : 丁*정(쟁)]	: 나무베는소리 쟁	5708	2612	617	2688
庚	경 023 [平聲 /下平 : 偵(정)]	: 염탐할 정	5712	2613	618	2746
庚	경 023 [平聲 /下平 : 呈(정)]	: 드릴 정	5713	2614	619	2747
庚	경 023 [平聲 /下平 : 征(정)]	: 칠/갈 정	5718	2615	620	2748
庚	경 023 [平聲 /下平 : 情(정)]	: 뜻 정	5719	2616	621	2749
庚	경 023 [平聲 /下平 : 旌(정)]	: 기 정	5723	2617	622	2750
庚	경 023 [平聲 /下平 : 晶(정)]	: 맑을 정	5724	2618	623	2751
庚	경 023 [平聲 /下平 : 楨(정)]	: 광나무 정	5726	2619	624	2752
庚	경 023 [平聲 /下平 : 檉(정)]	: 위성류 정	5727	2620	625	2753
庚	경 023 [平聲 /下平 : 正(정)]	: 바를 정	5728	2621	626	2754
庚	경 023 [平聲 /下平 : 湞(정)]	: 강이름 정	5733	2622	627	2757
庚	경 023 [平聲 /下平 : 炡(정)]	: 빛날 정	5735	2623	628	2758
庚	경 023 [平聲 /下平 : 珽(정)]	: 옥이름 정	5736	2624	629	2760
庚	경 023 [平聲 /下平 : 睛(정)]	: 눈알 정	5738	2625	630	2762
庚	경 023 [平聲 /下平 : 禎(정)]	: 상서로울 정	5740	2626	631	2763
庚	경 023 [平聲 /下平 : 程(정)]	: 길 정	5741	2627	632	2764
庚	경 023 [平聲 /下平 : 精(정)]	: 정할/자세할 정	5743	2628	633	2765
庚	경 023 [平聲 /下平 : 貞(정)]	: 곧을 정	5747	2629	634	2767
庚	경 023 [平聲 /下平 : 鉦(정)]	: 징 정	5751	2630	635	2768
庚	경 023 [平聲 /下平 : 怔(정)]	: 두려워할 정	5761	2631	636	2772
庚	경 023 [平聲 /下平 : 棖(정)]	: 문설주 정	5763	2632	637	2774
庚	경 023 [平聲 /下平 : 珵(정)]	: 솥 정	5764	2633	638	2775
庚	경 023 [平聲 /下平 : 町(정)]	: 바로볼 정	5772	2634	639	2778
庚	경 023 [平聲 /下平 : 睜(정)]	: 싫어하는눈빛 정	5773	2635	640	2779
庚	경 023 [平聲 /下平 : 篝(정)]	: 바구니 정	5774	2636	641	2780
庚	경 023 [平聲 /下平 : 虰*정(증)]	: 개미 증	5779	2637	642	2842
庚	경 023 [平聲 /下平 : 裎(정)]	: 벌거숭이 정	5782	2638	643	2783
庚	경 023 [平聲 /下平 : 赬(정)]	: 붉을 정	5783	2639	644	2784
庚	경 023 [平聲 /下平 : 禛(진)]	: 복받을 진	6232	2645	645	2851

C : (18 / 221)

배열형식 C (가나다 韻目 基準)		배열 A	배열 B	배열 C	배열 D
韻目	韻目No. [平仄 / 四聲 : 韻族] : 略義	운족 가나순	운목 번호순	운목 가나순	사성순
庚	경 023 [平聲 /下平 : 瞪(징)] : 바로볼 징	6278	2646	646	2857
庚	경 023 [平聲 /下平 : 槍*창(쟁)] : 혜성 쟁	6384	2647	647	2690
庚	경 023 [平聲 /下平 : 綪*천(쟁)] : 고낼 쟁	6496	2648	648	2691
庚	경 023 [平聲 /下平 : 晴(청)] : 갤 청	6545	2649	649	2931
庚	경 023 [平聲 /下平 : 淸(청)] : 맑을 청	6546	2650	650	2932
庚	경 023 [平聲 /下平 : 菁(정)] : 부추꽃 정	5789	2640	651	2787
庚	경 023 [平聲 /下平 : 鯖(정)] : 열구자 정	5791	2641	652	2788
庚	경 023 [平聲 /下平 : 鯖*정(청)] : 청어 청	5792	2642	653	2935
庚	경 023 [平聲 /下平 : 鶄(청)] : 해오라기 청	6551	2651	654	2938
庚	경 023 [平聲 /下平 : 撑(탱)] : 버틸(撐의俗字) 탱	6986	2652	655	3017
庚	경 023 [平聲 /下平 : 撐(탱)] : 버틸/취할/헤칠 탱	6987	2653	656	3018
庚	경 023 [平聲 /下平 : 彭(팽)] : 성/땅이름/방패 팽	7081	2654	657	3043
庚	경 023 [平聲 /下平 : 澎(팽)] : 물부딪치는소리 팽	7083	2655	658	3044
庚	경 023 [平聲 /下平 : 烹(팽)] : 삶을 팽	7084	2656	659	3045
庚	경 023 [平聲 /下平 : 伻(팽)] : 심부름꾼 팽	7086	2657	660	3046
庚	경 023 [平聲 /下平 : 坪(평)] : 들 평	7107	2660	661	3059
庚	경 023 [平聲 /下平 : 平(평)] : 평탄할 평	7108	2661	662	3060
庚	경 023 [平聲 /下平 : 枰(평)] : 바둑판 평	7110	2662	663	3061
庚	경 023 [平聲 /下平 : 評(평)] : 평할 평	7112	2663	664	3063
庚	경 023 [平聲 /下平 : 抨(평)] : 탄핵할 평	7113	2664	665	3064
庚	경 023 [平聲 /下平 : 泙(평)] : 물소리 평	7114	2665	666	3065
庚	경 023 [平聲 /下平 : 桁*항(형)] : 도리 형	7339	2666	667	3145
庚	경 023 [平聲 /下平 : 行(행)] : 다닐 행	7389	2667	668	3128
庚	경 023 [平聲 /下平 : 亨(형)] : 형통할 형	7486	2668	669	3146
庚	경 023 [平聲 /下平 : 亨*형(팽)] : 삶을 팽	7487	2669	670	3047
庚	경 023 [平聲 /下平 : 兄(형)] : 맏/어른 형	7489	2670	671	3147
庚	경 023 [平聲 /下平 : 珩(형)] : 노리개 형	7499	2671	672	3153
庚	경 023 [平聲 /下平 : 瑩(영)] : 밝을 영	4514	2603	673	2533
庚	경 023 [平聲 /下平 : 瑩(영)] : 풍류이름 영	4515	2604	674	2534
庚	경 023 [平聲 /下平 : 荊(형)] : 가시/가시나무 형	7500	2672	675	3154
庚	경 023 [平聲 /下平 : 衡(형)] : 저울대 형	7502	2673	676	3156
庚	경 023 [平聲 /下平 : 衡*형(횡)] : 가로 횡	7503	2674	677	3203
庚	경 023 [平聲 /下平 : 哼(형)] : 겁낼 형	7511	2675	678	3161
庚	경 023 [平聲 /下平 : 泓(홍)] : 물깊을 홍	7616	2676	679	3172
庚	경 023 [平聲 /下平 : 慌(황)] : 황홀할 황	7703	2677	680	3187
庚	경 023 [平聲 /下平 : 宖(횡)] : 클 홍	7762	2678	681	3173

배열형식 C (가나다 韻目 基準)			배열 A	배열 B	배열 C	배열 D
韻目	韻目No. [平仄 / 四聲 : 韻族]	: 略義	운족 가나순	운목 번호순	운목 가나순	사성순
庚	경 023 [平聲 /下平 : 鐄(횡)]	: 큰쇠북/낫 횡	7764	2679	682	3204
庚	경 023 [平聲 /下平 : 薨*훙(횡)]	: 많이모일/빠를 횡	7822	2680	683	3205
梗	경 054 [仄聲 /上聲 : 境(경)]	: 지경 경	402	4380	684	3305
梗	경 054 [仄聲 /上聲 : 憬(경)]	: 멀 경	407	4381	685	3306
梗	경 054 [仄聲 /上聲 : 景(경)]	: 볕 경	410	4382	686	3307
梗	경 054 [仄聲 /上聲 : 暻(경)]	: 밝을 경	411	4383	687	3308
梗	경 054 [仄聲 /上聲 : 梗(경)]	: 가시나무 경	414	4384	688	3309
梗	경 054 [仄聲 /上聲 : 炅(경)]	: 빛날 경	416	4385	689	3310
梗	경 054 [仄聲 /上聲 : 烱(경)]	: 뜨거운김 경	417	4386	690	3311
梗	경 054 [仄聲 /上聲 : 璟(경)]	: 옥빛 경	418	4387	691	3312
梗	경 054 [仄聲 /上聲 : 痙(경)]	: 힘줄땅길 경	420	4388	692	3313
梗	경 054 [仄聲 /上聲 : 耿(경)]	: 빛날 경	428	4389	693	3314
梗	경 054 [仄聲 /上聲 : 警(경)]	: 깨우칠 경	431	4390	694	3315
梗	경 054 [仄聲 /上聲 : 頃(경)]	: 백이랑/잠깐 경	435	4391	695	3316
梗	경 054 [仄聲 /上聲 : 頸(경)]	: 목 경	437	4392	696	3317
梗	경 054 [仄聲 /上聲 : 綆(경)]	: 두레박 줄 경	444	4393	697	3319
梗	경 054 [仄聲 /上聲 : 埂(경)]	: 구덩이 경	447	4394	698	3320
梗	경 054 [仄聲 /上聲 : 卝*관(굉)]	: 쇠뭉치 굉	693	4395	699	3384
梗	경 054 [仄聲 /上聲 : 卝*관(횡)]	: 금옥덩어리 횡	694	4396	700	4649
梗	경 054 [仄聲 /上聲 : 鑛(광)]	: 쇳돌 광	718	4397	701	3378
梗	경 054 [仄聲 /上聲 : 獷(광)]	: 사나울 광	720	4398	702	3379
梗	경 054 [仄聲 /上聲 : 磺(광)]	: 쇳돌 광	721	4399	703	3380
梗	경 054 [仄聲 /上聲 : 礦(황)]	: 쇳돌 황	7696	4436	704	4637
迥	경 054 [仄聲 /上聲 : 肯(긍)]	: 즐길 긍	1085	4438	705	3444
梗	경 054 [仄聲 /上聲 : 檸(녕)]	: 레몬(과일) 녕	1256	4400	706	3477
迥	경 054 [仄聲 /上聲 : 等(등)]	: 무리 등	1660	4439	707	3561
梗	경 054 [仄聲 /上聲 : 冷(랭)]	: 찰/맑을 랭	1773	4401	708	3575
梗	경 054 [仄聲 /上聲 : 嶺(령)]	: 고개/산봉우리 령	1884	4402	709	3587
梗	경 054 [仄聲 /上聲 : 逞(령)]	: 왕성할 령	1890	4403	710	3588
梗	경 054 [仄聲 /上聲 : 領(령)]	: 거느릴 령	1895	4404	711	3589
梗	경 054 [仄聲 /上聲 : 猛(맹)]	: 사나울 맹	2314	4405	712	3663
梗	경 054 [仄聲 /上聲 : 皿(명)]	: 그릇 명	2352	4406	713	3673
迥	경 054 [仄聲 /上聲 : 茗(명)]	: 차싹 명	2353	4440	714	3674
迥	경 054 [仄聲 /上聲 : 酩(명)]	: 술취할 명	2357	4441	715	3675
梗	경 054 [仄聲 /上聲 : 黽*민(맹)]	: 맹꽁이 맹	2573	4407	716	3664
梗	경 054 [仄聲 /上聲 : 丙(병)]	: 남녘 병	2823	4408	717	3764

배열형식 C (가나다 韻目 基準)		배열 A	배열 B	배열 C	배열 D
韻目	韻目No. [平仄 / 四聲 : 韻族] : 略義	운족 가나순	운목 번호순	운목 가나순	사성순
迥	경 054 [仄聲 /上聲 : 併(병)] : 아우를 병	2824	4442	718	3765
梗	경 054 [仄聲 /上聲 : 屛(병)] : 병풍 병	2826	4409	719	3766
梗	경 054 [仄聲 /上聲 : 昞(병)] : 밝을 병	2828	4410	720	3767
梗	경 054 [仄聲 /上聲 : 昺(병)] : 밝을 병	2829	4411	721	3768
梗	경 054 [仄聲 /上聲 : 炳(병)] : 불꽃 병	2832	4412	722	3769
梗	경 054 [仄聲 /上聲 : 秉(병)] : 잡을 병	2835	4413	723	3770
迥	경 054 [仄聲 /上聲 : 竝(병)] : 견줄/나란히 병	2836	4443	724	3771
梗	경 054 [仄聲 /上聲 : 餠(병)] : 떡 병	2840	4414	725	3772
迥	경 054 [仄聲 /上聲 : 並(병)] : 아우를 병	2842	4444	726	3773
梗	경 054 [仄聲 /上聲 : 寎(병)] : 놀랄 병	2845	4415	727	3774
梗	경 054 [仄聲 /上聲 : 餅(병)] : 떡 병	2854	4416	728	3775
梗	경 054 [仄聲 /上聲 : 騁(빙)] : 달릴 빙	3190	4417	729	3848
梗	경 054 [仄聲 /上聲 : 省(성)] : 살필 성	3581	4419	730	3927
梗	경 054 [仄聲 /上聲 : 眚(생)] : 눈에 백태 낄 생	3407	4418	731	3896
梗	경 054 [仄聲 /上聲 : 省(성)] : 볼/살필 성	3592	4420	732	3928
梗	경 054 [仄聲 /上聲 : 省*성(생)] : 덜/생략할 생	3593	4421	733	3897
梗	경 054 [仄聲 /上聲 : 渻(성)] : 덜/물이줄어들 성	3601	4422	734	3929
迥	경 054 [仄聲 /上聲 : 鋌(정)] : 쇳덩이 정	5706	4445	735	4273
梗	경 054 [仄聲 /上聲 : 影(영)] : 그림자 영	4482	4423	736	4053
梗	경 054 [仄聲 /上聲 : 永(영)] : 길 영	4487	4424	737	4054
梗	경 054 [仄聲 /上聲 : 潁(영)] : 강이름 영	4489	4425	738	4055
梗	경 054 [仄聲 /上聲 : 穎(영)] : 이삭 영	4499	4426	739	4056
梗	경 054 [仄聲 /上聲 : 井(정)] : 우물 정	5709	4427	740	4274
迥	경 054 [仄聲 /上聲 : 挺(정)] : 뺄 정	5720	4446	741	4275
梗	경 054 [仄聲 /上聲 : 整(정)] : 가지런할 정	5722	4428	742	4276
迥	경 054 [仄聲 /上聲 : 艇(정)] : 큰배 정	5745	4447	743	4277
迥	경 054 [仄聲 /上聲 : 酊(정)] : 술취할 정	5749	4448	744	4278
迥	경 054 [仄聲 /上聲 : 鋌(정)] : 쇳덩이 정	5752	4449	745	4279
梗	경 054 [仄聲 /上聲 : 靖(정)] : 편안할 정	5755	4429	746	4280
梗	경 054 [仄聲 /上聲 : 靜(정)] : 고요할 정	5756	4430	747	4281
迥	경 054 [仄聲 /上聲 : 頂(정)] : 정수리 정	5757	4450	748	4282
迥	경 054 [仄聲 /上聲 : 鼎(정)] : 솥 정	5758	4451	749	4283
迥	경 054 [仄聲 /上聲 : 娗*정(전)] : 속일 전	5770	4453	750	4263
迥	경 054 [仄聲 /上聲 : 娗*정(정)] : 모양낼 정	5771	4454	751	4284
迥	경 054 [仄聲 /上聲 : 娗(정)] : 매욱할 정	5769	4452	752	4285
迥	경 054 [仄聲 /上聲 : 脡(정)] : 곧을 정	5776	4455	753	4286

배열형식 C (가나다 韻目 基準)			배열 A	배열 B	배열 C	배열 D
韻目	韻目No. [平仄 / 四聲 : 韻族]	: 略義	운족 가나순	운목 번호순	운목 가나순	사성순
迥	경 054 [仄聲 /上聲 : 艼(정)]	: 곤드레만드레할 정	5777	4456	754	4287
梗	경 054 [仄聲 /上聲 : 阱(정)]	: 함정 정	5784	4431	755	4288
迥	경 054 [仄聲 /上聲 : 頲(정)]	: 곧을 정	5786	4457	756	4289
迥	경 054 [仄聲 /上聲 : 拯(증)]	: 건질 증	6112	4458	757	4352
梗	경 054 [仄聲 /上聲 : 打(타)]	: 칠[打] 타	6879	4432	758	4487
梗	경 054 [仄聲 /上聲 : 倖(행)]	: 아첨할/친할/요행 행	7385	4433	759	4573
梗	경 054 [仄聲 /上聲 : 幸(행)]	: 다행 행	7386	4434	760	4574
迥	경 054 [仄聲 /上聲 : 杏(행)]	: 살구 행	7387	4459	761	4575
梗	경 054 [仄聲 /上聲 : 荇(행)]	: 마름 행	7388	4435	762	4576
迥	경 054 [仄聲 /上聲 : 炯(형)]	: 빛날 형	7497	4460	763	4593
迥	경 054 [仄聲 /上聲 : 迥(형)]	: 멀/빛날 형	7504	4461	764	4594
迥	경 054 [仄聲 /上聲 : 逈(형)]	: 멀 형	7508	4462	765	4595
梗	경 054 [仄聲 /上聲 : 幌(황)]	: 휘장 황	7698	4437	766	4638
敬	경 084 [仄聲 /去聲 : 儆(경)]	: 경계할 경	397	6137	767	6069
敬	경 084 [仄聲 /去聲 : 勁(경)]	: 셀 경	398	6138	768	6070
敬	경 084 [仄聲 /去聲 : 慶(경)]	: 경사 경	405	6139	769	6072
敬	경 084 [仄聲 /去聲 : 敬(경)]	: 공경 경	409	6140	770	6073
敬	경 084 [仄聲 /去聲 : 更*경(갱)]	: 다시 갱	413	6141	771	6013
敬	경 084 [仄聲 /去聲 : 硬(경)]	: 굳을 경	421	6142	772	6074
敬	경 084 [仄聲 /去聲 : 竟(경)]	: 마침내/만억 경	423	6143	773	6076
敬	경 084 [仄聲 /去聲 : 競(경)]	: 다툴 경	424	6144	774	6077
敬	경 084 [仄聲 /去聲 : 鏡(경)]	: 거울 경	434	6145	775	6081
敬	경 084 [仄聲 /去聲 : 孟(맹)]	: 맏/힘쓸 맹	2311	6146	776	6479
敬	경 084 [仄聲 /去聲 : 命(명)]	: 목숨 명	2348	6147	777	6488
敬	경 084 [仄聲 /去聲 : 枋*방(병)]	: 자루 병	2677	6148	778	6630
敬	경 084 [仄聲 /去聲 : 柄(병)]	: 자루 병	2830	6149	779	6631
敬	경 084 [仄聲 /去聲 : 棅(병)]	: 자루 병	2831	6150	780	6632
敬	경 084 [仄聲 /去聲 : 病(병)]	: 병 병	2834	6151	781	6633
敬	경 084 [仄聲 /去聲 : 迸(병)]	: 흩어져달아날 병	2843	6152	782	6634
敬	경 084 [仄聲 /去聲 : 併(병)]	: 아우를 병	2844	6153	783	6635
敬	경 084 [仄聲 /去聲 : 屛*병(병)]	: 물리칠 병	2847	6154	784	6636
敬	경 084 [仄聲 /去聲 : 怲(병)]	: 근심 병	2848	6155	785	6637
敬	경 084 [仄聲 /去聲 : 摒(병)]	: 제할/치울 병	2849	6156	786	6638
敬	경 084 [仄聲 /去聲 : 邴*병(병)]	: 땅이름 병	2853	6158	787	6639
敬	경 084 [仄聲 /去聲 : 邴(병)]	: 땅이름 병	2852	6157	788	6640
敬	경 084 [仄聲 /去聲 : 聘(빙)]	: 부를 빙	3189	6159	789	6697

배열형식 C (가나다 韻目 基準)		배열 A	배열 B	배열 C	배열 D
韻目	韻目No. [平仄 / 四聲 : 韻族] : 略義	운족 가나순	운목 번호순	운목 가나순	사성순
敬	경 084 [仄聲 /去聲 : 娉(빙)] : 장가들 빙	3192	6160	790	6698
敬	경 084 [仄聲 /去聲 : 姓(성)] : 성 성	3583	6161	791	6815
敬	경 084 [仄聲 /去聲 : 性(성)] : 성품 성	3585	6162	792	6816
敬	경 084 [仄聲 /去聲 : 晟(성)] : 밝을 성	3589	6163	793	6817
敬	경 084 [仄聲 /去聲 : 聖(성)] : 성인 성	3595	6164	794	6818
敬	경 084 [仄聲 /去聲 : 映(영)] : 비칠/빛날 영	4483	6165	795	7080
敬	경 084 [仄聲 /去聲 : 暎(영)] : 비칠/빛날 영	4484	6166	796	7081
敬	경 084 [仄聲 /去聲 : 泳(영)] : 헤엄칠 영	4488	6167	797	7082
敬	경 084 [仄聲 /去聲 : 詠(영)] : 읊을 영	4502	6168	798	7083
敬	경 084 [仄聲 /去聲 : 郢(영)] : 땅/나라이름 영	4511	6169	799	7084
敬	경 084 [仄聲 /去聲 : 禜(영)] : 영제사 영	4512	6170	800	7085
敬	경 084 [仄聲 /去聲 : 諍(쟁)] : 간할 쟁	5492	6171	801	7264
敬	경 084 [仄聲 /去聲 : 掙(쟁)] : 찌를 쟁	5498	6172	802	7265
敬	경 084 [仄聲 /去聲 : 幀(정)] : 그림족자 정	5715	6173	803	7337
敬	경 084 [仄聲 /去聲 : 政(정)] : 정사 정	5721	6174	804	7340
敬	경 084 [仄聲 /去聲 : 淨(정)] : 깨끗할 정	5731	6175	805	7342
敬	경 084 [仄聲 /去聲 : 瀞(정)] : 맑을 정	5734	6176	806	7343
敬	경 084 [仄聲 /去聲 : 穽(정)] : 함정 정	5742	6177	807	7345
敬	경 084 [仄聲 /去聲 : 鄭(정)] : 나라 정	5748	6178	808	7347
敬	경 084 [仄聲 /去聲 : 証(정)] : 간할 정	5766	6179	809	7350
敬	경 084 [仄聲 /去聲 : 靚(정)] : 솥 정	5767	6180	810	7351
敬	경 084 [仄聲 /去聲 : 症(증)] : 증세 증	6115	6181	811	7411
敬	경 084 [仄聲 /去聲 : 倩*천(청)] : 사위/고용할/빌릴 청	6488	6182	812	7567
敬	경 084 [仄聲 /去聲 : 請(청)] : 청할 청	6548	6183	813	7569
敬	경 084 [仄聲 /去聲 : 膨(팽)] : 배불룩할 팽	7085	6184	814	7726
敬	경 084 [仄聲 /去聲 : 貺(황)] : 줄/하사할 황	7722	6185	815	7901
卦	괘 069 [仄聲 /去聲 : 喝*갈(애)] : 목쉴 애	103	5319	816	5312
卦	괘 069 [仄聲 /去聲 : 介(개)] : 낄 개	191	5320	817	4680
卦	괘 069 [仄聲 /去聲 : 价(개)] : 클 개	192	5321	818	4681
卦	괘 069 [仄聲 /去聲 : 疥(개)] : 옴 개	201	5322	819	4686
卦	괘 069 [仄聲 /去聲 : 芥(개)] : 겨자 개	205	5323	820	4688
卦	괘 069 [仄聲 /去聲 : 玠(개)] : 큰옥 개	213	5324	821	4692
卦	괘 069 [仄聲 /去聲 : 尬(개)] : 절뚝거릴 개	219	5325	822	4695
卦	괘 069 [仄聲 /去聲 : 届(계)] : 이를/극진할 계	455	5326	823	4731
卦	괘 069 [仄聲 /去聲 : 戒(계)] : 경계할 계	457	5327	824	4733
卦	괘 069 [仄聲 /去聲 : 械(계)] : 기계 계	459	5328	825	4735

배열형식 C (가나다 韻目 基準)		배열 A	배열 B	배열 C	배열 D
韻目	韻目No. [平仄 / 四聲 : 韻族] : 略義	운족 가나순	운목 번호순	운목 가나순	사성순
卦	괘 069 [仄聲 /去聲 : 界(계)] : 지경 계	462	5329	826	4730
卦	괘 069 [仄聲 /去聲 : 誡(계)] : 경계할 계	470	5330	827	474
卦	괘 069 [仄聲 /去聲 : 屆(계)] : 이를 계	478	5331	828	4744
卦	괘 069 [仄聲 /去聲 : 恝(괄)] : 걱정없을 괄	699	5332	829	4783
卦	괘 069 [仄聲 /去聲 : 卦(괘)] : 점괘 괘	728	5333	830	4784
卦	괘 069 [仄聲 /去聲 : 掛(괘)] : 걸 괘	729	5334	831	4785
卦	괘 069 [仄聲 /去聲 : 罫(괘)] : 줄 괘	730	5335	832	4786
卦	괘 069 [仄聲 /去聲 : 挂(괘)] : 걸 괘	731	5336	833	4787
卦	괘 069 [仄聲 /去聲 : 壞(괴)] : 무너뜨릴 괴	736	5337	834	4789
卦	괘 069 [仄聲 /去聲 : 怪(괴)] : 괴이할 괴	738	5338	835	4790
卦	괘 069 [仄聲 /去聲 : 蒯(괴)] : 황모 괴	744	5339	836	4792
卦	괘 069 [仄聲 /去聲 : 蕢*괴(궤)] : 당비름 궤	746	5340	837	4823
卦	괘 069 [仄聲 /去聲 : 簣(궤)] : 삼태기 궤	979	5341	838	4831
卦	괘 069 [仄聲 /去聲 : 賣(매)] : 팔 매	2292	5342	839	5027
卦	괘 069 [仄聲 /去聲 : 邁(매)] : 갈/돌 매	2293	5343	840	5028
卦	괘 069 [仄聲 /去聲 : 勱(매)] : 힘쓸 매	2299	5344	841	5031
卦	괘 069 [仄聲 /去聲 : 拜(배)] : 절 배	2710	5345	842	5075
卦	괘 069 [仄聲 /去聲 : 湃(배)] : 물결소리 배	2713	5346	843	5076
卦	괘 069 [仄聲 /去聲 : 扒(배)] : 뺄 배	2728	5347	844	5082
卦	괘 069 [仄聲 /去聲 : 憊(비)] : 고달플 비	3086	5348	845	5122
卦	괘 069 [仄聲 /去聲 : 殺(살)] : 죽일 살	3319	5349	846	5172
卦	괘 069 [仄聲 /去聲 : 殺*살(시)] : 죽일 시	3321	5351	847	5283
卦	괘 069 [仄聲 /去聲 : 殺*살(쇄)] : 내릴/감할 쇄	3320	5350	848	5246
卦	괘 069 [仄聲 /去聲 : 煞(쇄)] : 감할 쇄	3735	5352	849	5247
卦	괘 069 [仄聲 /去聲 : 繝(쇄)] : 활뱃바닥 쇄	3737	5353	850	5248
卦	괘 069 [仄聲 /去聲 : 灑(쇄)] : 뿌릴/깜짝놀랄 쇄	3740	5354	851	5249
卦	괘 069 [仄聲 /去聲 : 隘(애)] : 좁을/더러울 애	4209	5355	852	5317
卦	괘 069 [仄聲 /去聲 : 餲(애)] : 밥쉴 애	4225	5356	853	5325
卦	괘 069 [仄聲 /去聲 : 阨*액(애)] : 좁은목 애	4236	5357	854	5326
卦	괘 069 [仄聲 /去聲 : 聵(외)] : 배냇귀머거리 외	4706	5358	855	5415
卦	괘 069 [仄聲 /去聲 : 喟(위)] : 한숨 위	4951	5359	856	5453
卦	괘 069 [仄聲 /去聲 : 祭(제)] : 제사 제	5810	5360	857	5545
卦	괘 069 [仄聲 /去聲 : 債(채)] : 빚 채	6407	5361	858	5651
卦	괘 069 [仄聲 /去聲 : 寨(채)] : 나무우리 채	6410	5362	859	5653
卦	괘 069 [仄聲 /去聲 : 砦(채)] : 울타리 채	6413	5363	860	5654
卦	괘 069 [仄聲 /去聲 : 嘬(최)] : 물 최	6665	5364	861	5713

배열형식 C (가나다 韻目 基準)			배열 A	배열 B	배열 C	배열 D
韻目	韻目No. [平仄 / 四聲 : 韻族]	: 略義	운족 가나순	운목 번호순	운목 가나순	사성순
卦	괘 069 [仄聲 /去聲 : 快(쾌)]	: 쾌할 쾌	6869	5365	862	5750
卦	괘 069 [仄聲 /去聲 : 夬(쾌)]	: 나눌 쾌	6870	5366	863	5751
卦	괘 069 [仄聲 /去聲 : 派(파)]	: 갈래 파	7032	5367	864	5777
卦	괘 069 [仄聲 /去聲 : 唄(패)]	: 인도노래 패	7062	5368	865	5785
卦	괘 069 [仄聲 /去聲 : 敗(패)]	: 패할 패	7065	5369	866	5787
卦	괘 069 [仄聲 /去聲 : 稗(패)]	: 피 패	7071	5370	867	5791
卦	괘 069 [仄聲 /去聲 : 懈(해)]	: 게으를 해	7359	5371	868	5846
卦	괘 069 [仄聲 /去聲 : 瀣(해)]	: 이슬기운 해	7362	5372	869	5847
卦	괘 069 [仄聲 /去聲 : 解*해(개)]	: 벗을/헤칠 개	7365	5373	870	4699
卦	괘 069 [仄聲 /去聲 : 邂(해)]	: 우연히만날 해	7368	5374	871	5848
卦	괘 069 [仄聲 /去聲 : 廨(해)]	: 관아 해	7371	5375	872	5849
卦	괘 069 [仄聲 /去聲 : 欬*해(애)]	: 배불러숨찰 애	7373	5376	873	5328
卦	괘 069 [仄聲 /去聲 : 畵(화)]	: 그림 화	7646	5378	874	5887
卦	괘 069 [仄聲 /去聲 : 話(화)]	: 말씀 화	7638	5377	875	5886
卦	괘 069 [仄聲 /去聲 : 畫(화)]	: 그림 화	7647	5379	876	5888
卦	괘 069 [仄聲 /去聲 : 澮*회(쾌)]	: 물졸졸흐를 쾌	7740	5380	877	5752
卦	괘 069 [仄聲 /去聲 : 獪*회(쾌)]	: 간교할/교활할 쾌	7744	5381	878	5753
卦	괘 069 [仄聲 /去聲 : 膾(회)]	: 회 회	7746	5382	879	5909
卦	괘 069 [仄聲 /去聲 : 噫*희(애)]	: 씨근거릴 애	7915	5383	880	5329
巧	교 048 [仄聲 /上聲 : 巧(교)]	: 공교할 교	764	4131	881	3385
巧	교 048 [仄聲 /上聲 : 攪(교)]	: 어지러울 교	765	4132	882	3386
巧	교 048 [仄聲 /上聲 : 狡(교)]	: 간교할 교	770	4133	883	3387
巧	교 048 [仄聲 /上聲 : 絞(교)]	: 목맬 교	773	4134	884	3390
巧	교 048 [仄聲 /上聲 : 佼(교)]	: 예쁠 교	786	4135	885	3391
巧	교 048 [仄聲 /上聲 : 嚙(요)]	: 씹을 요	4711	4144	886	4091
巧	교 048 [仄聲 /上聲 : 姣(교)]	: 예쁠 교	788	4136	887	3392
巧	교 048 [仄聲 /上聲 : 鉸(교)]	: 가위 교	794	4137	888	3393
巧	교 048 [仄聲 /上聲 : 獠*료(조)]	: 서남오랑캐 조	2022	4139	889	4297
巧	교 048 [仄聲 /上聲 : 卯(묘)]	: 토끼 묘	2427	4140	890	3682
巧	교 048 [仄聲 /上聲 : 昴(묘)]	: 별이름 묘	2432	4141	891	3683
巧	교 048 [仄聲 /上聲 : 茆(묘)]	: 순채 묘	2444	4142	892	3689
巧	교 048 [仄聲 /上聲 : 拗(요)]	: 꺾을 요	4720	4145	893	4093
巧	교 048 [仄聲 /上聲 : 撓(뇨)]	: 긁을 뇨	1293	4138	894	3489
巧	교 048 [仄聲 /上聲 : 橈*요(뇨)]	: 흔들릴 뇨	4725	4146	895	3490
巧	교 048 [仄聲 /上聲 : 爪(조)]	: 손톱 조	5863	4147	896	4306
巧	교 048 [仄聲 /上聲 : 找(조)]	: 채울/보충할 조	5897	4148	897	4320

배열형식 C (가나다 韻目 基準)			배열 A	배열 B	배열 C	배열 D
韻目	韻目No. [平仄 / 四聲 : 韻族]	: 略義	운족 가나순	운목 번호순	운목 가나순	사성순
巧	교 048 [仄聲 /上聲 : 炒(초)]	: 볶을 초	6587	4149	898	4435
巧	교 048 [仄聲 /上聲 : 稍(초)]	: 점점/작을 초	6592	4150	899	4438
巧	교 048 [仄聲 /上聲 : 吵*묘(초)]	: 떠들/지저귈 초	2448	4143	900	4443
巧	교 048 [仄聲 /上聲 : 飽(포)]	: 배부를 포	7155	4151	901	4534
巧	교 048 [仄聲 /上聲 : 鮑(포)]	: 절인물고기 포	7156	4152	902	4535
巧	교 048 [仄聲 /上聲 : 曉(효)]	: 새벽 효	7770	4153	903	4650
巧	교 048 [仄聲 /上聲 : 効(효)]	: 효험 효	7784	4154	904	4651
巧	교 048 [仄聲 /上聲 : 筊*효(교)]	: 단소 교	7788	4155	905	3396
覃	담 028 [平聲 /下平 : 堪(감)]	: 견딜 감	123	3073	906	1673
覃	담 028 [平聲 /下平 : 戡(감)]	: 칠 감	127	3074	907	1674
覃	담 028 [平聲 /下平 : 柑(감)]	: 감귤나무 감	129	3075	908	1675
覃	담 028 [平聲 /下平 : 甘(감)]	: 달 감	133	3076	909	1676
覃	담 028 [平聲 /下平 : 疳(감)]	: 감질 감	134	3077	910	1677
覃	담 028 [平聲 /下平 : 邯*한(함)]	: 조나라서울 함	7275	3126	911	3107
覃	담 028 [平聲 /下平 : 龕(감)]	: 감실 감	140	3078	912	1680
覃	담 028 [平聲 /下平 : 坩(감)]	: 도가니 감	141	3079	913	1681
覃	담 028 [平聲 /下平 : 弇(감)]	: 뚜껑/사람이름 감	142	3080	914	1682
覃	담 028 [平聲 /下平 : 酣(감)]	: 즐길 감	145	3081	915	1683
覃	담 028 [平聲 /下平 : 南(남)]	: 남녘 남	1206	3082	916	1892
覃	담 028 [平聲 /下平 : 枏(남)]	: 매화나무 남	1207	3083	917	1893
覃	담 028 [平聲 /下平 : 楠(남)]	: 녹나무 남	1209	3084	918	1894
覃	담 028 [平聲 /下平 : 男(남)]	: 사내 남	1211	3085	919	1895
覃	담 028 [平聲 /下平 : 藍(람)]	: 쪽/옷해질/절 람	1725	3104	920	1991
覃	담 028 [平聲 /下平 : 襤(람)]	: 옷해질 람	1726	3105	921	1992
覃	담 028 [平聲 /下平 : 娚(남)]	: 말소리/오라비 남	1214	3086	922	1898
覃	담 028 [平聲 /下平 : 担*단(걸)]	: 멜(擔의속자) 담	1358	3087	923	1921
覃	담 028 [平聲 /下平 : 曇(담)]	: 구름낄 담	1394	3088	924	1922
覃	담 028 [平聲 /下平 : 湛(담)]	: 즐거울 담	1396	3089	925	1923
覃	담 028 [平聲 /下平 : 湛*담(잠)]	: 편안할/맑을 잠	1397	3090	926	2639
覃	담 028 [平聲 /下平 : 潭(담)]	: 못/깊을 담	1399	3091	927	1924
覃	담 028 [平聲 /下平 : 痰(담)]	: 가래 담	1401	3092	928	1925
覃	담 028 [平聲 /下平 : 聃(담)]	: 노자이름 담	1402	3093	929	1926
覃	담 028 [平聲 /下平 : 聃(라)]	: 귀바퀴없을 라	1672	3103	930	1982
覃	담 028 [平聲 /下平 : 蕁(담)]	: 지모 담	1404	3094	931	1927
覃	담 028 [平聲 /下平 : 覃(담)]	: 미칠 담	1405	3095	932	1928
覃	담 028 [平聲 /下平 : 談(담)]	: 말씀 담	1406	3096	933	1929

배열형식 C (가나다 韻目 基準)		배열 A	배열 B	배열 C	배열 D
韻目	韻目No. [平仄 / 四聲 : 韻族] : 略義	운족 가나순	운목 번호순	운목 가나순	사성순
覃	담 028 [平聲 /下平 : 譚(담)] : 이야기 담	1407	3097	934	1930
覃	담 028 [平聲 /下平 : 錟(담)] : 긴창 담	1408	3098	935	1931
覃	담 028 [平聲 /下平 : 郯(담)] : 나라이름/성 담	1412	3099	936	1932
覃	담 028 [平聲 /下平 : 薚(담)] : 수면 담	1416	3100	937	1933
覃	담 028 [平聲 /下平 : 蟫(담)] : 좀 담	1417	3101	938	1934
覃	담 028 [平聲 /下平 : 餤(담)] : 나아갈 담	1420	3102	939	1935
覃	담 028 [平聲 /下平 : 籃(람)] : 대바구니 람	1732	3106	940	1993
覃	담 028 [平聲 /下平 : 藍(람)] : 쪽 람	1734	3107	941	1994
覃	담 028 [平聲 /下平 : 襤(람)] : 누더기 람	1735	3108	942	1995
覃	담 028 [平聲 /下平 : 婪(람)] : 캄할 람	1737	3109	943	1996
覃	담 028 [平聲 /下平 : 灆(람)] : 외김치 람	1739	3110	944	1997
覃	담 028 [平聲 /下平 : 參(삼)] : 석 삼	3326	3111	945	2256
覃	담 028 [平聲 /下平 : 參*삼(참)] : 참여할/보일 참	3327	3112	946	2875
覃	담 028 [平聲 /下平 : 庵(암)] : 암자/초막 암	4161	3113	947	2414
覃	담 028 [平聲 /下平 : 菴(암)] : 풀이름 암	4164	3114	948	2416
覃	담 028 [平聲 /下平 : 媕(암)] : 머뭇거릴 암	4166	3115	949	2417
覃	담 028 [平聲 /下平 : 諳(암)] : 욀 암	4167	3116	950	2418
覃	담 028 [平聲 /下平 : 韽(암)] : 낮은소리 암	4174	3117	951	2423
覃	담 028 [平聲 /下平 : 渰(엄)] : 비구름일 엄	4357	3118	952	2473
覃	담 028 [平聲 /下平 : 蠶(잠)] : 누에/누에칠 잠	5409	3119	953	2644
覃	담 028 [平聲 /下平 : 慙(참)] : 부끄러울 참	6354	3120	954	2876
覃	담 028 [平聲 /下平 : 慚(참)] : 부끄러워할 참	6363	3121	955	2881
覃	담 028 [平聲 /下平 : 驂(참)] : 곁마/말네필 참	6369	3122	956	2885
覃	담 028 [平聲 /下平 : 探(탐)] : 찾을 탐	6941	3123	957	3012
覃	담 028 [平聲 /下平 : 眈(탐)] : 노려볼 탐	6942	3124	958	3013
覃	담 028 [平聲 /下平 : 貪(탐)] : 탐낼 탐	6944	3125	959	3014
覃	담 028 [平聲 /下平 : 含(함)] : 머금을 함	7299	3127	960	3110
覃	담 028 [平聲 /下平 : 涵(함)] : 담글/적실 함	7304	3128	961	3113
覃	담 028 [平聲 /下平 : 蜬(함)] : 소라 함	7314	3129	962	3118
覃	담 028 [平聲 /下平 : 歆(흠)] : 흠향할 흠	7899	3130	963	3233
隊	대 070 [仄聲 /去聲 : 愾*희(개)] : 성낼 개	7908	5478	964	4682
隊	대 070 [仄聲 /去聲 : 慨(개)] : 슬퍼할 개	197	5384	965	4683
隊	대 070 [仄聲 /去聲 : 槪(개)] : 대개 개	199	5385	966	4684
隊	대 070 [仄聲 /去聲 : 漑(개)] : 물댈 개	200	5386	967	4685
隊	대 070 [仄聲 /去聲 : 鎧(개)] : 갑옷 개	208	5387	968	4690
隊	대 070 [仄聲 /去聲 : 摡*희(개)] : 씻을 개	7910	5479	969	4696

배열형식 C (가나다 韻目 基準)		배열 A	배열 B	배열 C	배열 D
韻目	韻目No. [平仄 / 四聲 : 韻族] : 略義	운족 가나순	운목 번호순	운목 가나순	사성
隊	대 070 [仄聲 /去聲 : 槪(개)] : 대개 개	220	5388	970	469
隊	대 070 [仄聲 /去聲 : 塊(괴)] : 흙덩이 괴	735	5389	971	478
隊	대 070 [仄聲 /去聲 : 潰(궤)] : 무너질 궤	965	5390	972	482
隊	대 070 [仄聲 /去聲 : 饋(궤)] : 먹일 궤	968	5391	973	482
隊	대 070 [仄聲 /去聲 : 繢(궤)] : 톱끝/수놓을 궤	973	5392	974	482
隊	대 070 [仄聲 /去聲 : 內(내)] : 안/속/방/마음 내	1224	5393	975	486
隊	대 070 [仄聲 /去聲 : 內*내(나)] : 여관리 나	1225	5394	976	486
隊	대 070 [仄聲 /去聲 : 內*내(납)] : 받을/들일 납	1226	5395	977	486
隊	대 070 [仄聲 /去聲 : 耐(내)] : 견딜 내	1230	5396	978	487
隊	대 070 [仄聲 /去聲 : 鼐(내)] : 가마솥 내	1233	5397	979	487
隊	대 070 [仄聲 /去聲 : 耏*이(내)] : 수염깎을 내	5175	5451	980	487
隊	대 070 [仄聲 /去聲 : 代(대)] : 대신 대	1455	5398	981	489
隊	대 070 [仄聲 /去聲 : 垈(대)] : 집터 대	1456	5399	982	489
隊	대 070 [仄聲 /去聲 : 對(대)] : 대할 대	1460	5400	983	490
隊	대 070 [仄聲 /去聲 : 岱(대)] : 대산 대	1461	5401	984	490
隊	대 070 [仄聲 /去聲 : 戴(대)] : 일 대	1464	5402	985	490
隊	대 070 [仄聲 /去聲 : 玳(대)] : 대모 대	1466	5403	986	490
隊	대 070 [仄聲 /去聲 : 袋(대)] : 자루 대	1468	5404	987	490
隊	대 070 [仄聲 /去聲 : 貸(대)] : 빌려줄 대	1469	5405	988	490
隊	대 070 [仄聲 /去聲 : 隊(대)] : 무리 대	1471	5406	989	490
隊	대 070 [仄聲 /去聲 : 黛(대)] : 눈썹먹 대	1472	5407	990	490
隊	대 070 [仄聲 /去聲 : 鐓(대)] : 철퇴 대	1474	5408	991	491
隊	대 070 [仄聲 /去聲 : 憝(대)] : 원망할 대	1475	5409	992	491
隊	대 070 [仄聲 /去聲 : 蝳*독(대)] : 거북이 대	1563	5410	993	491
隊	대 070 [仄聲 /去聲 : 敦*돈(퇴)] : 옥쟁반 대	1575	5411	994	491
隊	대 070 [仄聲 /去聲 : 徠(래)] : 올/위로할 래	1764	5412	995	493
隊	대 070 [仄聲 /去聲 : 䅘(래)] : 밀 래	1767	5413	996	493
隊	대 070 [仄聲 /去聲 : 睞(래)] : 한눈팔 래	1770	5414	997	494
隊	대 070 [仄聲 /去聲 : 賚(뢰)] : 줄/하사품 뢰	1994	5415	998	498
隊	대 070 [仄聲 /去聲 : 耒(뢰)] : 쟁기 뢰	1998	5416	999	498
隊	대 070 [仄聲 /去聲 : 妹(매)] : 누이 매	2282	5417	1000	502
隊	대 070 [仄聲 /去聲 : 昧(매)] : 어두울/어둑새벽 매	2285	5418	1001	502
隊	대 070 [仄聲 /去聲 : 眛(매)] : 어두울 매	2296	5419	1002	503
隊	대 070 [仄聲 /去聲 : 痗(매)] : 병 매	2300	5420	1003	503
隊	대 070 [仄聲 /去聲 : 瑁(모)] : 서옥 모	2380	5421	1004	504
隊	대 070 [仄聲 /去聲 : 嚜*묵(매)] : 거짓말할 매	2485	5422	1005	503

C : (28 / 221)

배열형식 C (가나다 韻目 基準)		배열 A	배열 B	배열 C	배열 D
韻目	韻目No. [平仄 / 四聲 : 韻族] : 略義	운족 가나순	운목 번호순	운목 가나순	사성순
隊	대 070 [仄聲 /去聲 : 沕(물)] : 잠길/오묘할 물	2509	5423	1006	5059
隊	대 070 [仄聲 /去聲 : 沕*물(매)] : 잠길/오묘할 매	2510	5424	1007	5034
隊	대 070 [仄聲 /去聲 : 倍(배)] : 곱 배	2704	5425	1008	5073
隊	대 070 [仄聲 /去聲 : 焙(배)] : 불에쬘 배	2714	5426	1009	5077
隊	대 070 [仄聲 /去聲 : 背*배(패)] : 버릴/배반할 패	2717	5428	1010	5782
隊	대 070 [仄聲 /去聲 : 背(배)] : 등 배	2716	5427	1011	5078
隊	대 070 [仄聲 /去聲 : 褙(배)] : 속적삼 배	2721	5429	1012	5079
隊	대 070 [仄聲 /去聲 : 輩(배)] : 무리 배	2723	5430	1013	5080
隊	대 070 [仄聲 /去聲 : 配(배)] : 나눌/짝 배	2724	5431	1014	5081
隊	대 070 [仄聲 /去聲 : 北*북(배)] : 패할/배반할/나눌 배	3010	5432	1015	5083
隊	대 070 [仄聲 /去聲 : 帗(불)] : 춤수건 불	3061	5433	1016	5117
隊	대 070 [仄聲 /去聲 : 塞(새)] : 변방 새	3390	5434	1017	5173
隊	대 070 [仄聲 /去聲 : 賽(새)] : 굿할 새	3393	5435	1018	5174
隊	대 070 [仄聲 /去聲 : 碎(쇄)] : 부술 쇄	3743	5436	1019	5250
隊	대 070 [仄聲 /去聲 : 晬(수)] : 돐 수	3821	5437	1020	5264
隊	대 070 [仄聲 /去聲 : 倅(쉬)] : 버금 쉬	3919	5438	1021	5281
隊	대 070 [仄聲 /去聲 : 愛(애)] : 사랑 애	4200	5439	1022	5313
隊	대 070 [仄聲 /去聲 : 曖(애)] : 희미할 애	4201	5440	1023	5314
隊	대 070 [仄聲 /去聲 : 磑(애)] : 맷돌/단단할 애	4218	5441	1024	5319
隊	대 070 [仄聲 /去聲 : 礙(애)] : 그칠 애	4220	5442	1025	5320
隊	대 070 [仄聲 /去聲 : 薆(애)] : 숨길 애	4221	5443	1026	5321
隊	대 070 [仄聲 /去聲 : 欬(애)] : 놀랄 애	4223	5444	1027	5323
隊	대 070 [仄聲 /去聲 : 閡(애)] : 닫힐 애	4224	5445	1028	5324
隊	대 070 [仄聲 /去聲 : 乂(예)] : 풀벨 예	4518	5446	1029	5361
隊	대 070 [仄聲 /去聲 : 刈(예)] : 벨 예	4520	5447	1030	5362
隊	대 070 [仄聲 /去聲 : 穢(예)] : 거칠 예	4527	5448	1031	5367
隊	대 070 [仄聲 /去聲 : 又(우)] : 또 우	4798	5449	1032	5426
隊	대 070 [仄聲 /去聲 : 儗(의)] : 의심할 의	5161	5450	1033	5480
隊	대 070 [仄聲 /去聲 : 再(장)] : 거듭/다시 재	5470	5452	1034	5508
隊	대 070 [仄聲 /去聲 : 在(재)] : 있을 재	5472	5453	1035	5509
隊	대 070 [仄聲 /去聲 : 栽(재)] : 심을 재	5476	5454	1036	5510
隊	대 070 [仄聲 /去聲 : 縡(재)] : 일 재	5481	5455	1037	5511
隊	대 070 [仄聲 /去聲 : 裁(재)] : 옷마를 재	5482	5456	1038	5512
隊	대 070 [仄聲 /去聲 : 載(재)] : 실을 재	5484	5457	1039	5513
隊	대 070 [仄聲 /去聲 : 埰(채)] : 나라에서준당 채	6408	5459	1040	5652
隊	대 070 [仄聲 /去聲 : 菜(채)] : 나물 채	6415	5460	1041	5655

배열형식 C (가나다 韻目 基準)		배열 A	배열 B	배열 C	배열 D
韻目	韻目No. [平仄 / 四聲 : 韻族] : 略義	운족 가나순	운목 번호순	운목 가나순	사성순
隊	대 070 [仄聲 /去聲 : 采(채)] : 풍채 채	6418	5461	1042	5657
隊	대 070 [仄聲 /去聲 : 啐*줄(쵀)] : 부를/놀랄 쵀	6087	5458	1043	5711
隊	대 070 [仄聲 /去聲 : 態(태)] : 모습 태	6968	5462	1044	5764
隊	대 070 [仄聲 /去聲 : 退(퇴)] : 물러날 퇴	7008	5463	1045	5774
隊	대 070 [仄聲 /去聲 : 佩(패)] : 노리개/찰 패	7061	5464	1046	5784
隊	대 070 [仄聲 /去聲 : 悖(패)] : 어그러질 패	7063	5465	1047	5786
隊	대 070 [仄聲 /去聲 : 珮(패)] : 찰 패	7078	5466	1048	5795
隊	대 070 [仄聲 /去聲 : 吠(폐)] : 짖을 폐	7115	5467	1049	5802
隊	대 070 [仄聲 /去聲 : 廢(폐)] : 폐할/버릴 폐	7118	5468	1050	5805
隊	대 070 [仄聲 /去聲 : 肺(폐)] : 허파/마음속 폐	7121	5469	1051	5808
隊	대 070 [仄聲 /去聲 : 肺*폐(패)] : 성할 패	7122	5470	1052	5796
隊	대 070 [仄聲 /去聲 : 欬(해)] : 기침 해	7372	5471	1053	5850
隊	대 070 [仄聲 /去聲 : 劾(핵)] : 캐물을 핵	7379	5472	1054	5851
隊	대 070 [仄聲 /去聲 : 回(회)] : 돌아올 회	7728	5473	1055	5901
隊	대 070 [仄聲 /去聲 : 悔(회)] : 뉘우칠 회	7732	5474	1056	5902
隊	대 070 [仄聲 /去聲 : 晦(회)] : 그믐 회	7734	5475	1057	5903
隊	대 070 [仄聲 /去聲 : 誨(회)] : 가르칠 회	7749	5476	1058	5910
隊	대 070 [仄聲 /去聲 : 頮(회)] : 세수할 회	7755	5477	1059	5911
東	동 001 [平聲 /上平 : 公(공)] : 공평할 공	599	1	1060	73
東	동 001 [平聲 /上平 : 功(공)] : 공 공	601	2	1061	75
東	동 001 [平聲 /上平 : 工(공)] : 장인 공	603	3	1062	76
東	동 001 [平聲 /上平 : 攻(공)] : 칠 공	609	4	1063	78
東	동 001 [平聲 /上平 : 空(공)] : 빌 공	611	5	1064	79
東	동 001 [平聲 /上平 : 蚣(공)] : 지네 공	612	6	1065	80
東	동 001 [平聲 /上平 : 悾(공)] : 정성스러울 공	616	7	1066	81
東	동 001 [平聲 /上平 : 箜(공)] : 공후(악기명) 공	620	8	1067	83
東	동 001 [平聲 /上平 : 宮(궁)] : 집 궁	935	9	1068	12
東	동 001 [平聲 /上平 : 弓(궁)] : 활 궁	936	10	1069	12
東	동 001 [平聲 /上平 : 穹(궁)] : 하늘 궁	937	11	1070	12
東	동 001 [平聲 /上平 : 窮(궁)] : 다할/궁할 궁	938	12	1071	12
東	동 001 [平聲 /上平 : 芎(궁)] : 궁궁이/천궁 궁	939	13	1072	12
東	동 001 [平聲 /上平 : 躬(궁)] : 몸 궁	940	14	1073	12
東	동 001 [平聲 /上平 : 同(동)] : 한가지 동	1601	15	1074	28
東	동 001 [平聲 /上平 : 東(동)] : 동녘 동	1603	16	1075	28
東	동 001 [平聲 /上平 : 桐(동)] : 오동 동	1604	17	1076	28
東	동 001 [平聲 /上平 : 潼(동)] : 강이름 동	1608	18	1077	28

배열형식 C (가나다 韻目 基準)		배열 A	배열 B	배열 C	배열 D
韻目	韻目No. [平仄 / 四聲 : 韻族] : 略義	운족 가나순	운목 번호순	운목 가나순	사성순
東	동 001 [平聲 /上平 : 瞳(동)] : 눈동자 동	1610	19	1078	291
東	동 001 [平聲 /上平 : 童(동)] : 아이 동	1611	20	1079	292
東	동 001 [平聲 /上平 : 銅(동)] : 구리 동	1614	21	1080	293
東	동 001 [平聲 /上平 : 侗*동(통)] : 우둔한 통	1616	23	1081	1429
東	동 001 [平聲 /上平 : 侗(동)] : 정성 동	1615	22	1082	294
東	동 001 [平聲 /上平 : 僮(동)] : 아이/하인 동	1617	24	1083	295
東	동 001 [平聲 /上平 : 垌(동)] : 항아리 동	1618	25	1084	296
東	동 001 [平聲 /上平 : 橦(동)] : 진뚫는 수레 동	1620	26	1085	298
東	동 001 [平聲 /上平 : 涷(동)] : 소나기 동	1621	27	1086	299
東	동 001 [平聲 /上平 : 蝀(동)] : 무지개 동	1622	28	1087	300
東	동 001 [平聲 /上平 : 曈(동)] : 먼동틀 동	1625	29	1088	301
東	동 001 [平聲 /上平 : 犝(동)] : 송아지 동	1626	30	1089	302
東	동 001 [平聲 /上平 : 罿(동)] : 새그물 동	1627	31	1090	303
東	동 001 [平聲 /上平 : 鮦(동)] : 가물치 동	1629	32	1091	304
東	동 001 [平聲 /上平 : 朧(롱)] : 젖을/부슬부슬비올 롱	1975	34	1092	359
東	동 001 [平聲 /上平 : 瀧(랑)] : 물이름 랑	1759	33	1093	323
東	동 001 [平聲 /上平 : 瓏(롱)] : 옥소리 롱	1976	35	1094	361
東	동 001 [平聲 /上平 : 籠(롱)] : 대바구니 롱	1977	36	1095	362
東	동 001 [平聲 /上平 : 聾(롱)] : 귀머거리 롱	1978	37	1096	363
東	동 001 [平聲 /上平 : 曨*롱(롱)] : 해돋을 롱	1980	38	1097	364
東	동 001 [平聲 /上平 : 礱(롱)] : 갈 롱	1981	39	1098	365
東	동 001 [平聲 /上平 : 蘢(롱)] : 여뀌 롱	1982	40	1099	366
東	동 001 [平聲 /上平 : 嚨(롱)] : 대피리 롱	1985	41	1100	367
東	동 001 [平聲 /上平 : 隆(륭)] : 성할/높을 륭	2104	43	1101	388
東	동 001 [平聲 /上平 : 窿(륭)] : 활꼴 륭	2105	44	1102	389
東	동 001 [平聲 /上平 : 儚(맹)] : 바보스러울 맹	2318	45	1103	455
東	동 001 [平聲 /上平 : 罞(모)] : 고라니그물 모	2400	46	1104	461
東	동 001 [平聲 /上平 : 夢(몽)] : 꿈 몽	2416	47	1105	462
東	동 001 [平聲 /上平 : 幪(몽)] : 풍부할 몽	2417	48	1106	463
東	동 001 [平聲 /上平 : 蒙(몽)] : 어두울 몽	2418	49	1107	464
東	동 001 [平聲 /上平 : 曚(몽)] : 어릴 몽	2419	50	1108	465
東	동 001 [平聲 /上平 : 濛(몽)] : 이슬비 몽	2420	51	1109	466
東	동 001 [平聲 /上平 : 瞢(몽)] : 눈어두울 몽	2421	52	1110	467
東	동 001 [平聲 /上平 : 朦(몽)] : 소경 몽	2423	53	1111	468
東	동 001 [平聲 /上平 : 雺(몽)] : 안개 몽	2424	54	1112	469
東	동 001 [平聲 /上平 : 懵(몽)] : 어두울 몽	2425	55	1113	470

배열형식 C (가나다 韻目 基準)			배열 A	배열 B	배열 C	배열 D
韻目	韻目No. [平仄 / 四聲 : 韻族]	: 略義	운족 가나순	운목 번호순	운목 가나순	사성순
東	동 001 [平聲 /上平 : 髳(무)]	: 다팔머리 무	2481	56	1114	480
東	동 001 [平聲 /上平 : 尨*방(봉)]	: 헝클어진모양 봉	2667	57	1115	587
東	동 001 [平聲 /上平 : 龐(롱)]	: 충실할 롱	1986	42	1116	368
東	동 001 [平聲 /上平 : 汎(범)]	: 넓을 범	2777	58	1117	584
東	동 001 [平聲 /上平 : 蓬(봉)]	: 쑥 봉	2925	59	1118	593
東	동 001 [平聲 /上平 : 篷(봉)]	: 뜸 봉	2931	60	1119	598
東	동 001 [平聲 /上平 : 崇(숭)]	: 높을 숭	3916	62	1120	794
東	동 001 [平聲 /上平 : 崧(숭)]	: 우뚝솟을 숭	3917	63	1121	795
東	동 001 [平聲 /上平 : 嵩(숭)]	: 높을 숭	3918	64	1122	796
東	동 001 [平聲 /上平 : 翁(옹)]	: 늙은이 옹	4633	65	1123	898
東	동 001 [平聲 /上平 : 熊(웅)]	: 곰 웅	4870	66	1124	981
東	동 001 [平聲 /上平 : 雄(웅)]	: 수컷 웅	4871	67	1125	982
東	동 001 [平聲 /上平 : 戎(융)]	: 병장기 융	5090	68	1126	1062
東	동 001 [平聲 /上平 : 瀜(융)]	: 물이깊고넓은모양 융	5091	69	1127	1063
東	동 001 [平聲 /上平 : 絨(융)]	: 융 융	5092	70	1128	1064
東	동 001 [平聲 /上平 : 融(융)]	: 녹을 융	5093	71	1129	1065
東	동 001 [平聲 /上平 : 肜(융)]	: 제사이름 융	5094	72	1130	1066
東	동 001 [平聲 /上平 : 駥(융)]	: 키큰말 융	5095	73	1131	1067
東	동 001 [平聲 /上平 : 終(종)]	: 마칠 종	5953	74	1132	1235
東	동 001 [平聲 /上平 : 螽(종)]	: 메뚜기 종	5965	75	1133	1242
東	동 001 [平聲 /上平 : 猣(종)]	: 숫발이강아지 종	5968	76	1134	1244
東	동 001 [平聲 /上平 : 稯(종)]	: 볏단 종	5969	77	1135	1245
東	동 001 [平聲 /上平 : 豵(종)]	: 돼지새끼 종	5970	78	1136	1246
東	동 001 [平聲 /上平 : 鬷(종)]	: 가마솥 종	5972	79	1137	1248
東	동 001 [平聲 /上平 : 鼨(종)]	: 얼룩쥐 종	5973	80	1138	1249
東	동 001 [平聲 /上平 : 中(중)]	: 가운데 중	6088	81	1139	1270
東	동 001 [平聲 /上平 : 叢(총)]	: 모일 총	6643	82	1140	1338
東	동 001 [平聲 /上平 : 悤(총)]	: 바쁠/덤빌 총	6646	83	1141	1339
東	동 001 [平聲 /上平 : 聰(총)]	: 귀밝을 총	6650	84	1142	1340
東	동 001 [平聲 /上平 : 蔥(총)]	: 파/부들 총	6651	85	1143	1341
東	동 001 [平聲 /上平 : 葱(총)]	: 파 총	6653	86	1144	1342
東	동 001 [平聲 /上平 : 驄(총)]	: 총이말 총	6656	87	1145	1344
東	동 001 [平聲 /上平 : 冢(총)]	: 무덤/사직단 총	6657	88	1146	1345
東	동 001 [平聲 /上平 : 匆(총)]	: 바쁠 총	6658	89	1147	1346
東	동 001 [平聲 /上平 : 緫(총)]	: 검푸른비단 총	6659	90	1148	1347
東	동 001 [平聲 /上平 : 充(충)]	: 채울 충	6748	91	1149	1374

배열형식 C (가나다 韻目 基準)			배열 A	배열 B	배열 C	배열 D
韻目	韻目No. [平仄 / 四聲 : 韻族]	: 略義	운족 가나순	운목 번호순	운목 가나순	사성순
東	동 001 [平聲 / 上平 : 忠(충)]	: 충성 충	6749	92	1150	1375
東	동 001 [平聲 / 上平 : 沖(충)]	: 화할 충	6750	93	1151	1376
東	동 001 [平聲 / 上平 : 蟲(충)]	: 벌레 충	6751	94	1152	1377
東	동 001 [平聲 / 上平 : 衷(충)]	: 속마음 충	6753	95	1153	1379
東	동 001 [平聲 / 上平 : 忡(충)]	: 근심할 충	6754	96	1154	1380
東	동 001 [平聲 / 上平 : 珫(충)]	: 귀고리 충	6755	97	1155	1381
東	동 001 [平聲 / 上平 : 筒(통)]	: 대롱 통	7000	98	1156	1430
東	동 001 [平聲 / 上平 : 通(통)]	: 통할 통	7002	99	1157	1431
東	동 001 [平聲 / 上平 : 恫(통)]	: 상심할 통	7003	100	1158	1432
東	동 001 [平聲 / 上平 : 痌(통)]	: 상심할 통	7004	101	1159	1433
東	동 001 [平聲 / 上平 : 楓(풍)]	: 단풍 풍	7208	102	1160	1457
東	동 001 [平聲 / 上平 : 豊(풍)]	: 풍년 풍	7210	103	1161	1458
東	동 001 [平聲 / 上平 : 風(풍)]	: 바람 풍	7211	104	1162	1459
東	동 001 [平聲 / 上平 : 馮*빙(풍)]	: 물귀신이름 풍	3195	61	1163	1460
東	동 001 [平聲 / 上平 : 瘋(풍)]	: 두풍 풍	7212	105	1164	1461
東	동 001 [平聲 / 上平 : 灃(풍)]	: 강이름 풍	7214	106	1165	1462
東	동 001 [平聲 / 上平 : 豐(풍)]	: 풍년 풍	7215	107	1166	1463
東	동 001 [平聲 / 上平 : 洪(홍)]	: 넓을/큰물 홍	7617	108	1167	1541
東	동 001 [平聲 / 上平 : 紅(홍)]	: 붉을 홍	7619	109	1168	1543
東	동 001 [平聲 / 上平 : 虹(홍)]	: 무지개 홍	7620	110	1169	1544
東	동 001 [平聲 / 上平 : 訌(홍)]	: 어지러울 홍	7624	111	1170	1545
東	동 001 [平聲 / 上平 : 鴻(홍)]	: 기러기 홍	7625	112	1171	1546
東	동 001 [平聲 / 上平 : 虫*훼(충)]	: 벌레 충	7835	113	1172	1382
冬	동 002 [平聲 / 上平 : 供(공)]	: 이바지할 공	598	114	1173	72
冬	동 002 [平聲 / 上平 : 共(공)]	: 한가지 공	600	115	1174	74
冬	동 002 [平聲 / 上平 : 恭(공)]	: 공손할 공	605	116	1175	77
冬	동 002 [平聲 / 上平 : 蚣*공(송)]	: 메뚜기 송	613	117	1176	753
冬	동 002 [平聲 / 上平 : 蛩(공)]	: 귀뜨라미 공	621	118	1177	84
冬	동 002 [平聲 / 上平 : 蛬(공)]	: 귀뚜라미 공	622	119	1178	85
冬	동 002 [平聲 / 上平 : 龔(공)]	: 공손할 공	623	120	1179	86
冬	동 002 [平聲 / 上平 : 邛(공)]	: 고달플 공	626	121	1180	87
冬	동 002 [平聲 / 上平 : 濃(농)]	: 짙을 농	1275	122	1181	225
冬	동 002 [平聲 / 上平 : 膿(농)]	: 고름 농	1276	123	1182	226
冬	동 002 [平聲 / 上平 : 農(농)]	: 농사 농	1277	124	1183	227
冬	동 002 [平聲 / 上平 : 儂(농)]	: 나 농	1278	125	1184	228
冬	동 002 [平聲 / 上平 : 冬(동)]	: 겨울 동	1598	126	1185	285

배열형식 C (가나다 韻目 基準)		배열 A	배열 B	배열 C	배열 D
韻目	韻目No. [平仄 / 四聲 : 韻族] : 略義	운족 가나순	운목 번호순	운목 가나순	사성순
冬	동 002 [平聲 /上平 : 疼(동)] : 아플 동	1609	127	1186	290
冬	동 002 [平聲 /上平 : 彤(동)] : 붉을 동	1619	128	1187	297
冬	동 002 [平聲 /上平 : 罿*동(충)] : 새그물 충	1628	129	1188	1372
冬	동 002 [平聲 /上平 : 蘢*롱(룡)] : 말여뀌 룡	1983	130	1189	376
冬	동 002 [平聲 /上平 : 龍*룡(방)] : 잿빛 방	2032	132	1190	544
冬	동 002 [平聲 /上平 : 龐*롱(룡)] : 충실할 룡	1987	131	1191	377
冬	동 002 [平聲 /上平 : 封(봉)] : 봉할 봉	2916	133	1192	588
冬	동 002 [平聲 /上平 : 峯(봉)] : 산봉우리 봉	2917	134	1193	589
冬	동 002 [平聲 /上平 : 峰(봉)] : 봉우리 봉	2918	135	1194	590
冬	동 002 [平聲 /上平 : 烽(봉)] : 봉화 봉	2921	136	1195	591
冬	동 002 [平聲 /上平 : 縫(봉)] : 꿰맬 봉	2924	137	1196	592
冬	동 002 [平聲 /上平 : 蜂(봉)] : 벌 봉	2926	138	1197	594
冬	동 002 [平聲 /上平 : 鋒(봉)] : 봉망/끝 봉	2928	139	1198	596
冬	동 002 [平聲 /上平 : 丰(봉)] : 예쁠 봉	2930	140	1199	597
冬	동 002 [平聲 /上平 : 松(송)] : 소나무 송	3725	141	1200	754
冬	동 002 [平聲 /上平 : 淞(송)] : 강이름 송	3726	142	1201	755
冬	동 002 [平聲 /上平 : 頌*송(용)] : 얼굴/모양 용	3731	143	1202	933
冬	동 002 [平聲 /上平 : 鬆(송)] : 더벅머리 송	3733	144	1203	756
冬	동 002 [平聲 /上平 : 壅(옹)] : 막을/막힐 옹	4628	145	1204	896
冬	동 002 [平聲 /上平 : 癰(옹)] : 악창 옹	4632	146	1205	897
冬	동 002 [平聲 /上平 : 邕(옹)] : 막힐 옹	4634	147	1206	899
冬	동 002 [平聲 /上平 : 雍(옹)] : 화할 옹	4635	148	1207	900
冬	동 002 [平聲 /上平 : 饔(옹)] : 아침밥 옹	4636	149	1208	901
冬	동 002 [平聲 /上平 : 廱(옹)] : 화락할 옹	4637	150	1209	902
冬	동 002 [平聲 /上平 : 禺(옹)] : 땅이름 옹	4638	151	1210	903
冬	동 002 [平聲 /上平 : 甕(옹)] : 두레박 옹	4639	152	1211	934
冬	동 002 [平聲 /上平 : 雝(옹)] : 할미새 옹	4641	153	1212	904
冬	동 002 [平聲 /上平 : 顒(옹)] : 공경할 옹	4642	154	1213	905
冬	동 002 [平聲 /上平 : 噰(옹)] : 화목해질 옹	4643	155	1214	906
冬	동 002 [平聲 /上平 : 灉(옹)] : 강이름 옹	4644	156	1215	907
冬	동 002 [平聲 /上平 : 臃(옹)] : 부스럼 옹	4645	157	1216	908
冬	동 002 [平聲 /上平 : 傭*용(충)] : 고를/가지런할 충	4761	159	1217	1373
冬	동 002 [平聲 /上平 : 傭(용)] : 품팔 용	4760	158	1218	935
冬	동 002 [平聲 /上平 : 墉(용)] : 담 용	4765	160	1219	936
冬	동 002 [平聲 /上平 : 容(용)] : 얼굴 용	4766	161	1220	937
冬	동 002 [平聲 /上平 : 庸(용)] : 떳떳할 용	4767	162	1221	938

韻目	배열형식 C (가나다 韻目 基準) 韻目No. [平仄 / 四聲 : 韻族] : 略義	배열 A 운족 가나순	배열 B 운목 번호순	배열 C 운목 가나순	배열 D 사성순
冬	동 002 [平聲 /上平 : 榕(용)] : 뱅골보리수 용	4769	163	1222	939
冬	동 002 [平聲 /上平 : 溶(용)] : 녹일 용	4772	164	1223	940
冬	동 002 [平聲 /上平 : 熔(용)] : 녹을 용	4773	165	1224	941
冬	동 002 [平聲 /上平 : 瑢(용)] : 패옥소리 용	4774	166	1225	942
冬	동 002 [平聲 /上平 : 茸(용)] : 우거질 용	4778	167	1226	943
冬	동 002 [平聲 /上平 : 蓉(용)] : 부용 용	4779	168	1227	944
冬	동 002 [平聲 /上平 : 鎔(용)] : 쇠녹을 용	4781	169	1228	945
冬	동 002 [平聲 /上平 : 鏞(용)] : 쇠북 용	4782	170	1229	946
冬	동 002 [平聲 /上平 : 慵(용)] : 게으를 용	4783	171	1230	947
冬	동 002 [平聲 /上平 : 舂(용)] : 찧을 용	4784	172	1231	948
冬	동 002 [平聲 /上平 : 椿*장(용)] : 두드릴 용	5467	173	1232	949
冬	동 002 [平聲 /上平 : 倧(종)] : 한배/신인 종	5943	175	1233	1228
冬	동 002 [平聲 /上平 : 宗(종)] : 마루 종	5944	176	1234	1229
冬	동 002 [平聲 /上平 : 從(종)] : 좇을 종	5945	177	1235	1230
冬	동 002 [平聲 /上平 : 悰(종)] : 즐길 종	5946	178	1236	1231
冬	동 002 [平聲 /上平 : 棕(종)] : 종려나무 종	5948	179	1237	1232
冬	동 002 [平聲 /上平 : 淙(종)] : 물소리 종	5949	180	1238	1233
冬	동 002 [平聲 /上平 : 琮(종)] : 옥홀 종	5951	181	1239	1234
冬	동 002 [平聲 /上平 : 縱(종)] : 세로 종	5955	182	1240	1236
冬	동 002 [平聲 /上平 : 踪(종)] : 자취 종	5958	183	1241	1237
冬	동 002 [平聲 /上平 : 鍾(종)] : 술병/거문고 종	5960	184	1242	1238
冬	동 002 [平聲 /上平 : 鐘(종)] : 쇠북 종	5961	185	1243	1239
冬	동 002 [平聲 /上平 : 慒(조)] : 심란할 조	5924	174	1244	1225
冬	동 002 [平聲 /上平 : 樅(종)] : 전나무 종	5962	186	1245	1240
冬	동 002 [平聲 /上平 : 蹤(종)] : 자취/뒤좇을 종	5966	187	1246	1243
冬	동 002 [平聲 /上平 : 鬃(종)] : 상투 종	5971	188	1247	1247
冬	동 002 [平聲 /上平 : 重(중)] : 무거울 중	6091	189	1248	1271
冬	동 002 [平聲 /上平 : 蔥(총)] : 풀더북할 총	6654	190	1249	1343
冬	동 002 [平聲 /上平 : 衝(충)] : 찌를 충	6752	191	1250	1378
冬	동 002 [平聲 /上平 : 烘(홍)] : 횃불 홍	7618	192	1251	1542
冬	동 002 [平聲 /上平 : 兇(흉)] : 흉악할 흉	7873	193	1252	1621
冬	동 002 [平聲 /上平 : 胸(흉)] : 가슴 흉	7877	194	1253	1623
冬	동 002 [平聲 /上平 : 訩(흉)] : 어지러울/송사할 흉	7878	195	1254	1624
董	동 031 [仄聲 /上聲 : 孔(공)] : 구멍 공	602	3237	1255	3355
董	동 031 [仄聲 /上聲 : 動(동)] : 움직일 동	1600	3238	1256	3544
董	동 031 [仄聲 /上聲 : 洞*동(통)] : 공손할/덩어리질 통	1607	3240	1257	4511

배열형식 C (가나다 韻目 基準)			배열 A	배열 B	배열 C	배열 D
韻目	韻目No. [平仄 / 四聲 : 韻族]	: 略義	운족 가나순	운목 번호순	운목 가나순	사성순
董	동 031 [仄聲 /上聲 : 洞(동)]	: 골 동	1606	3239	1258	3545
董	동 031 [仄聲 /上聲 : 胴(동)]	: 큰창자 동	1612	3241	1259	3546
董	동 031 [仄聲 /上聲 : 董(동)]	: 바를 동	1613	3242	1260	3547
董	동 031 [仄聲 /上聲 : 働(동)]	: 힘쓸 동	1623	3243	1261	3548
董	동 031 [仄聲 /上聲 : 懂(동)]	: 심란할 동	1624	3244	1262	3549
董	동 031 [仄聲 /上聲 : 攏(롱)]	: 누를 롱	1979	3247	1263	3607
董	동 031 [仄聲 /上聲 : 蠓(몽)]	: 누에놀이 몽	2426	3248	1264	3681
董	동 031 [仄聲 /上聲 : 熢(봉)]	: 연기자욱할 봉	2922	3249	1265	3795
董	동 031 [仄聲 /上聲 : 琫(봉)]	: 칼집장식 봉	2923	3250	1266	3796
董	동 031 [仄聲 /上聲 : 縱*종(총)]	: 바쁠 총	5956	3252	1267	4448
董	동 031 [仄聲 /上聲 : 憁(총)]	: 실심할/뜻같지않을 총	6647	3253	1268	4451
董	동 031 [仄聲 /上聲 : 摠(총)]	: 거느릴/모을/모두 총	6648	3254	1269	4452
董	동 031 [仄聲 /上聲 : 總(총)]	: 다 총	6649	3255	1270	4453
董	동 031 [仄聲 /上聲 : 蓯*총(종)]	: 약이름 종	6655	3256	1271	4331
董	동 031 [仄聲 /上聲 : 桶*용(통)]	: 통 통	4793	3251	1272	4512
董	동 031 [仄聲 /上聲 : 洞(동)]	: 골/깊을 동	1630	3245	1273	3550
董	동 031 [仄聲 /上聲 : 洞*동(통)]	: 공손할/조심할 통	1631	3246	1274	4513
豏	함 059 [仄聲 /上聲 : 減(감)]	: 덜 감	132	4654	1275	3256
豏	함 059 [仄聲 /上聲 : 鹻*검(감)]	: 소금기 감	294	4655	1276	3259
豏	함 059 [仄聲 /上聲 : 濫*람(함)]	: 목욕통/용솟을 함	1731	4656	1277	4555
豏	함 059 [仄聲 /上聲 : 犯(범)]	: 범할 범	2781	4657	1278	3751
豏	함 059 [仄聲 /上聲 : 範(범)]	: 법 범	2782	4658	1279	3752
豏	함 059 [仄聲 /上聲 : 范(범)]	: 성 범	2783	4659	1280	3753
豏	함 059 [仄聲 /上聲 : 笵(범)]	: 법/틀 범	2784	4660	1281	3754
豏	함 059 [仄聲 /上聲 : 軓(범)]	: 수레둘레나무 범	2785	4661	1282	3755
豏	함 059 [仄聲 /上聲 : 摻*섬(삼)]	: 잡을 삼	3570	4662	1283	3881
豏	함 059 [仄聲 /上聲 : 斬(참)]	: 벨 참	6356	4663	1284	4401
豏	함 059 [仄聲 /上聲 : 艦(함)]	: 큰배 함	7306	4664	1285	4558
豏	함 059 [仄聲 /上聲 : 豏(함)]	: 덜삶은콩 함	7315	4665	1286	4560
豏	함 059 [仄聲 /上聲 : 險(험)]	: 험할 험	7419	4666	1287	4585
麻	마 021 [平聲 /下平 : 假*가(격)]	: 아득할 하	4	2161	1288	3096
麻	마 021 [平聲 /下平 : 加(가)]	: 더할 가	7	2162	1289	1652
麻	마 021 [平聲 /下平 : 嘉(가)]	: 아름다울 가	12	2163	1290	1655
麻	마 021 [平聲 /下平 : 家(가)]	: 집 가	14	2164	1291	1656
麻	마 021 [平聲 /下平 : 痂(가)]	: 헌데딱지 가	21	2165	1292	1661
麻	마 021 [平聲 /下平 : 袈(가)]	: 가사 가	26	2166	1293	1664

배열형식 C (가나다 韻目 基準)		배열 A	배열 B	배열 C	배열 D
韻目	韻目No. [平仄 / 四聲 : 韻族] : 略義	운족 가나순	운목 번호순	운목 가나순	사성순
麻	마 021 [平聲 /下平 : 跏(가)] : 되사려앉을 가	28	2167	1294	1666
麻	마 021 [平聲 /下平 : 迦(가)] : 부처이름 가	30	2168	1295	1668
麻	마 021 [平聲 /下平 : 傢(가)] : 가구 가	32	2169	1296	1669
麻	마 021 [平聲 /下平 : 葭(가)] : 갈대 가	38	2170	1297	1670
麻	마 021 [平聲 /下平 : 豭(가)] : 숫사슴 가	41	2171	1298	1672
麻	마 021 [平聲 /下平 : 瓜(과)] : 외 과	631	2173	1299	1773
麻	마 021 [平聲 /下平 : 誇(과)] : 자랑할 과	634	2174	1300	1775
麻	마 021 [平聲 /下平 : 侉(과)] : 자랑할 과	640	2175	1301	1778
麻	마 021 [平聲 /下平 : 夸(과)] : 자랑할 과	643	2176	1302	1779
麻	마 021 [平聲 /下平 : 拏(나)] : 맞당길 나	1188	2178	1303	1886
麻	마 021 [平聲 /下平 : 拿(나)] : 붙잡을 나	1189	2179	1304	1887
麻	마 021 [平聲 /下平 : 挐(나)] : 번거로울 나	1191	2180	1305	1889
麻	마 021 [平聲 /下平 : 茶*다(차)] : 차 차	1329	2183	1306	2858
麻	마 021 [平聲 /下平 : 茶(다)] : 차풀 다	1328	2182	1307	1916
麻	마 021 [平聲 /下平 : 爹(다)] : 아비 다	1330	2184	1308	1917
麻	마 021 [平聲 /下平 : 緞(단)] : 비단 단	1350	2187	1309	1919
麻	마 021 [平聲 /下平 : 塗(도)] : 칠할 도	1483	2188	1310	1952
麻	마 021 [平聲 /下平 : 涂*도(차)] : 물에젖을/맥질할 차	1529	2189	1311	2859
麻	마 021 [平聲 /下平 : 闍*도(사)] : 화장할 사	1533	2190	1312	2229
麻	마 021 [平聲 /下平 : 拏(나)] : 맞당길/잡을 나	1195	2181	1313	1891
麻	마 021 [平聲 /下平 : 痲(마)] : 저릴 마	2201	2191	1314	2114
麻	마 021 [平聲 /下平 : 麻(마)] : 삼 마	2206	2192	1315	2117
麻	마 021 [平聲 /下平 : 琵(비)] : 비파 비	3100	2193	1316	2223
麻	마 021 [平聲 /下平 : 奢(사)] : 사치할 사	3211	2194	1317	2231
麻	마 021 [平聲 /下平 : 斜*사(야)] : 고을이름 야	3224	2196	1318	2438
麻	마 021 [平聲 /下平 : 斜(사)] : 비낄 사	3223	2195	1319	2233
麻	마 021 [平聲 /下平 : 査(사)] : 조사할 사	3227	2197	1320	2234
麻	마 021 [平聲 /下平 : 沙(사)] : 모래 사	3230	2198	1321	2236
麻	마 021 [平聲 /下平 : 渣(사)] : 찌끼 사	3232	2199	1322	2237
麻	마 021 [平聲 /下平 : 砂(사)] : 모래 사	3235	2200	1323	2238
麻	마 021 [平聲 /下平 : 紗(사)] : 깁 사	3241	2201	1324	2239
麻	마 021 [平聲 /下平 : 蛇(사)] : 뱀 사	3248	2202	1325	2242
麻	마 021 [平聲 /下平 : 裟(사)] : 가사 사	3251	2203	1326	2243
麻	마 021 [平聲 /下平 : 邪(사)] : 간사할 사	3258	2204	1327	2244
麻	마 021 [平聲 /下平 : 邪*사(야)] : 그런가/땅이름 야	3259	2205	1328	2439
麻	마 021 [平聲 /下平 : 楂(사)] : 떼 사	3267	2206	1329	2245

韻目	韻目No. [平仄 / 四聲 : 韻族] : 略義	배열 A 운족 가나순	배열 B 운목 번호순	배열 C 운목 가나순	배열 D 사성순
	배열형식 C (가나다 韻目 基準)				
麻	마 021 [平聲 / 下平 : 鯊(사)] : 모래무지 사	3274	2207	1330	2246
麻	마 021 [平聲 / 下平 : 啥(사)] : 대답소리(예) 사	3275	2208	1331	2247
麻	마 021 [平聲 / 下平 : 査(사)] : 조사할 사	3278	2209	1332	2249
麻	마 021 [平聲 / 下平 : 樝(사)] : 풀명자나무 사	3279	2210	1333	2250
麻	마 021 [平聲 / 下平 : 賖(사)] : 외상으로살 사	3282	2211	1334	2251
麻	마 021 [平聲 / 下平 : 賒(사)] : 세낼/멀 사	3283	2212	1335	2252
麻	마 021 [平聲 / 下平 : 牙(아)] : 어금니 아	4082	2213	1336	2398
麻	마 021 [平聲 / 下平 : 芽(아)] : 싹 아	4083	2214	1337	2399
麻	마 021 [平聲 / 下平 : 衙(아)] : 마을 아	4086	2215	1338	2402
麻	마 021 [平聲 / 下平 : 鴉(아)] : 갈가마귀 아	4092	2216	1339	2404
麻	마 021 [平聲 / 下平 :丫(아)] : 가장귀 아	4094	2217	1340	2406
麻	마 021 [平聲 / 下平 : 涯*애(아)] : 다할 아	4203	2219	1341	2410
麻	마 021 [平聲 / 下平 : 硋(애)] : 막을 애	4205	2220	1342	2432
麻	마 021 [平聲 / 下平 : 揶(야)] : 빈정거릴 야	4250	2221	1343	2440
麻	마 021 [平聲 / 下平 : 椰(야)] : 야자나무 야	4251	2222	1344	2441
麻	마 021 [平聲 / 下平 : 爺(야)] : 아비 야	4252	2223	1345	2442
麻	마 021 [平聲 / 下平 : 耶(야)] : 어조사 야	4253	2224	1346	2443
麻	마 021 [平聲 / 下平 : 枒(아)] : 종려나무 아	4100	2218	1347	2411
麻	마 021 [平聲 / 下平 : 瘍(양)] : 가려울 양	4298	2225	1348	2460
麻	마 021 [平聲 / 下平 : 畬*여(사)] : 화전 사	4379	2226	1349	2253
麻	마 021 [平聲 / 下平 : 吾(오)] : 나 오	4560	2227	1350	2535
麻	마 021 [平聲 / 下平 : 汚*오(오)] : 더러필 와	4578	2228	1351	2547
麻	마 021 [平聲 / 下平 : 窪(와)] : 웅덩이 와	4649	2229	1352	2550
麻	마 021 [平聲 / 下平 : 蛙(와)] : 개구리 와	4651	2230	1353	2551
麻	마 021 [平聲 / 下平 : 哇*와(왜)] : 토할 왜	4657	2231	1354	2557
麻	마 021 [平聲 / 下平 : 䵷(와)] : 개구리 와	4659	2232	1355	2553
麻	마 021 [平聲 / 下平 : 娃*왜(와)] : 아름다울 와	4697	2233	1356	2554
麻	마 021 [平聲 / 下平 : 媧(과)] : 여자이름 과	652	2177	1357	1783
麻	마 021 [平聲 / 下平 : 罝(저)] : 짐승 저	5541	2234	1358	2692
麻	마 021 [平聲 / 下平 : 苴*저(차)] : 마름풀 차	5543	2235	1359	2860
麻	마 021 [平聲 / 下平 : 祖(조)] : 할아비 조	5866	2236	1360	2802
麻	마 021 [平聲 / 下平 : 找*조(화)] : 상앗대 화	5898	2237	1361	3174
麻	마 021 [平聲 / 下平 : 髽(좌)] : 북상투 좌	5980	2238	1362	2818
麻	마 021 [平聲 / 下平 : 叉(차)] : 깍지낄 차	6284	2239	1363	2861
麻	마 021 [平聲 / 下平 : 嗟(차)] : 탄식할 차	6285	2240	1364	2862
麻	마 021 [平聲 / 下平 : 茶(다)] : 차풀 다	1331	2185	1365	1918

배열형식 C (가나다 韻目 基準)		배열 A	배열 B	배열 C	배열 D
韻目	韻目No. [平仄 / 四聲 : 韻族] : 略義	운족 가나순	운목 번호순	운목 가나순	사성순
麻	마 021 [平聲 / 下平 : 茶*다(차)] : 다/차 차	1332	2186	1366	2865
麻	마 021 [平聲 / 下平 : 車*거(차)] : 수레/차 차	268	2172	1367	2867
麻	마 021 [平聲 / 下平 : 遮(차)] : 가릴 차	6296	2241	1368	2868
麻	마 021 [平聲 / 下平 : 搽(차)] : 칠할 차	6298	2242	1369	2869
麻	마 021 [平聲 / 下平 : 蒫(차)] : 냉이씨 차	6299	2243	1370	2870
麻	마 021 [平聲 / 下平 : 咱*찰(차)] : 나 차	6348	2246	1371	2873
麻	마 021 [平聲 / 下平 : 秅(차)] : 나라이름 차	6301	2244	1372	2874
麻	마 021 [平聲 / 下平 : 秅*차(타)] : 볏단사백뭇 타	6302	2245	1373	3010
麻	마 021 [平聲 / 下平 : 巴(파)] : 땅이름 파	7026	2247	1374	3029
麻	마 021 [平聲 / 下平 : 杷(파)] : 비파나무 파	7030	2248	1375	3030
麻	마 021 [平聲 / 下平 : 爬(파)] : 긁을 파	7033	2249	1376	3032
麻	마 021 [平聲 / 下平 : 琶(파)] : 비파 파	7034	2250	1377	3033
麻	마 021 [平聲 / 下平 : 芭(파)] : 풀이름 파	7036	2251	1378	3034
麻	마 021 [平聲 / 下平 : 葩(파)] : 꽃 파	7045	2252	1379	3037
麻	마 021 [平聲 / 下平 : 疤(파)] : 흉터 파	7048	2253	1380	3039
麻	마 021 [平聲 / 下平 : 瑕(하)] : 티/허물 하	7255	2254	1381	3099
麻	마 021 [平聲 / 下平 : 蝦(하)] : 새우/두꺼비 하	7257	2255	1382	3101
麻	마 021 [平聲 / 下平 : 遐(하)] : 멀 하	7259	2256	1383	3102
麻	마 021 [平聲 / 下平 : 霞(하)] : 노을 하	7260	2257	1384	3103
麻	마 021 [平聲 / 下平 : 鰕(하)] : 새우 하	7261	2258	1385	3104
麻	마 021 [平聲 / 下平 : 呀(하)] : 입 벌릴 하	7262	2259	1386	3105
麻	마 021 [平聲 / 下平 : 蕸(하)] : 연잎 하	7266	2260	1387	3106
麻	마 021 [平聲 / 下平 : 樺(화)] : 자작나무/벚나무 화	7631	2261	1388	3175
麻	마 021 [平聲 / 下平 : 花(화)] : 꽃 화	7636	2262	1389	3177
麻	마 021 [平聲 / 下平 : 驊(화)] : 준마이름 화	7649	2263	1390	3181
馬	마 051 [仄聲 / 上聲 : 假(가)] : 거짓/빌릴 가	3	4262	1391	3236
馬	마 051 [仄聲 / 上聲 : 檟(가)] : 개오동나무 가	36	4263	1392	3240
馬	마 051 [仄聲 / 上聲 : 寡(과)] : 적을/과부 과	628	4264	1393	3362
馬	마 051 [仄聲 / 上聲 : 踝(과)] : 복사뼈 과	647	4265	1394	3368
馬	마 051 [仄聲 / 上聲 : 瑪(마)] : 마노(碼) 마	2200	4266	1395	3641
馬	마 051 [仄聲 / 上聲 : 碼(마)] : 저릴/홍역 마	2202	4267	1396	3642
馬	마 051 [仄聲 / 上聲 : 馬(마)] : 말 마	2204	4268	1397	3643
馬	마 051 [仄聲 / 上聲 : 螞(마)] : 말거머리 마	2208	4269	1398	3645
馬	마 051 [仄聲 / 上聲 : 寫(사)] : 베낄 사	3213	4270	1399	3856
馬	마 051 [仄聲 / 上聲 : 捨(사)] : 버릴 사	3222	4271	1400	3859
馬	마 051 [仄聲 / 上聲 : 瀉(사)] : 쏟을 사	3233	4272	1401	3861

배열형식 C (가나다 韻目 基準)			배열 A	배열 B	배열 C	배열 D
韻目	韻目No. [平仄 / 四聲 : 韻族]	: 略義	운족 가나순	운목 번호순	운목 가나순	사성순
馬	마 051 [仄聲 /上聲 : 社(사)]	: 모일 사	3236	4273	1402	3862
馬	마 051 [仄聲 /上聲 : 舍(사)]	: 놓을 사	3244	4274	1403	3864
馬	마 051 [仄聲 /上聲 : 耍(솨)]	: 희롱할 솨	3734	4276	1404	3943
馬	마 051 [仄聲 /上聲 : 洒*세(새)]	: 물뿌릴 사	3618	4275	1405	3871
馬	마 051 [仄聲 /上聲 : 灑*쇄(새)]	: 깨끗할 사	3742	4277	1406	3872
馬	마 051 [仄聲 /上聲 : 啞(아)]	: 벙어리 아	4077	4278	1407	3992
馬	마 051 [仄聲 /上聲 : 雅(아)]	: 맑을 아	4090	4279	1408	3994
馬	마 051 [仄聲 /上聲 : 也(야)]	: 이끼/어조사 야	4245	4280	1409	4005
馬	마 051 [仄聲 /上聲 : 冶(야)]	: 대장간 야	4246	4281	1410	4006
馬	마 051 [仄聲 /上聲 : 惹(야)]	: 이끌 야	4249	4282	1411	4007
馬	마 051 [仄聲 /上聲 : 野(야)]	: 들[坪] 야	4254	4283	1412	4008
馬	마 051 [仄聲 /上聲 : 若(야)]	: 반야/절 야	4255	4284	1413	4009
馬	마 051 [仄聲 /上聲 : 若(약)]	: 같을/만약 약	4259	4285	1414	4010
馬	마 051 [仄聲 /上聲 : 瓦(와)]	: 기와 와	4647	4286	1415	4071
馬	마 051 [仄聲 /上聲 : 者(자)]	: 놈 자	5330	4287	1416	4203
馬	마 051 [仄聲 /上聲 : 赭(자)]	: 붉은흙 자	5354	4288	1417	4206
馬	마 051 [仄聲 /上聲 : 姐(저)]	: 맏누이 저	5506	4289	1418	4230
馬	마 051 [仄聲 /上聲 : 這(저)]	: 이것/여기 저	5531	4290	1419	4240
馬	마 051 [仄聲 /上聲 : 她(저)]	: 맏딸/아가씨 저	5549	4291	1420	4250
馬	마 051 [仄聲 /上聲 : 且(차)]	: 또/바야흐로/거의 차	6279	4292	1421	4390
馬	마 051 [仄聲 /上聲 : 把(파)]	: 잡을 파	7027	4293	1422	4516
馬	마 051 [仄聲 /上聲 : 爸(파)]	: 아비/아버지 파	7043	4294	1423	4520
馬	마 051 [仄聲 /上聲 : 下(하)]	: 아래 하	7249	4295	1424	4545
馬	마 051 [仄聲 /上聲 : 厦(하)]	: 큰집 하	7251	4296	1425	4546
馬	마 051 [仄聲 /上聲 : 廈(하)]	: 큰집 하	7253	4297	1426	4547
馬	마 051 [仄聲 /上聲 : 禍(화)]	: 재앙 화	7634	4298	1427	4632
禡	마 081 [仄聲 /去聲 : 價(가)]	: 값 가	6	6018	1428	5940
禡	마 081 [仄聲 /去聲 : 嫁(가)]	: 시집갈 가	13	6019	1429	5941
禡	마 081 [仄聲 /去聲 : 暇(가)]	: 틈/겨를 가	15	6020	1430	5942
禡	마 081 [仄聲 /去聲 : 架(가)]	: 시렁 가	16	6021	1431	5943
禡	마 081 [仄聲 /去聲 : 稼(가)]	: 심을 가	22	6022	1432	5944
禡	마 081 [仄聲 /去聲 : 賈*고(가)]	: 값 가	490	6025	1433	5945
禡	마 081 [仄聲 /去聲 : 駕(가)]	: 탈것/탈 가	31	6023	1434	5946
禡	마 081 [仄聲 /去聲 : 咖(가)]	: 커피 가	33	6024	1435	5947
禡	마 081 [仄聲 /去聲 : 袴*고(과)]	: 사타구니 과	525	6026	1436	6109
禡	마 081 [仄聲 /去聲 : 跨(과)]	: 타넘을 과	636	6027	1437	6111

배열형식 C (가나다 韻目 基準)		배열 A	배열 B	배열 C	배열 D
韻目	韻目No. [平仄 / 四聲 : 韻族] : 略義	운족 가나순	운목 번호순	운목 가나순	사성순
禡	마 081 [仄聲 /去聲 : 嘛(마)] : 아편 마	2211	6028	1438	6446
禡	마 081 [仄聲 /去聲 : 禡(마)] : 마제(馬祭) 마	2213	6029	1439	6447
禡	마 081 [仄聲 /去聲 : 帕(파)] : 머리동이수건 파	7023	6059	1440	7711
禡	마 081 [仄聲 /去聲 : 罵(매)] : 욕할 매	2290	6030	1441	6468
禡	마 081 [仄聲 /去聲 : 白*백(배)] : 땅이름 배	2743	6031	1442	6586
禡	마 081 [仄聲 /去聲 : 乍(사)] : 잠깐 사	3196	6032	1443	6699
禡	마 081 [仄聲 /去聲 : 射(사)] : 쏠/화살같이빠를 사	3216	6033	1444	6701
禡	마 081 [仄聲 /去聲 : 舍*사(사)] : 집 사	3245	6034	1445	6702
禡	마 081 [仄聲 /去聲 : 詐(사)] : 속일 사	3252	6035	1446	6703
禡	마 081 [仄聲 /去聲 : 謝(사)] : 사례할 사	3254	6036	1447	6704
禡	마 081 [仄聲 /去聲 : 赦(사)] : 용서할 사	3256	6037	1448	6705
禡	마 081 [仄聲 /去聲 : 麝(사)] : 사향노루 사	3262	6038	1449	6706
禡	마 081 [仄聲 /去聲 : 卸(사)] : 풀 사	3263	6039	1450	6707
禡	마 081 [仄聲 /去聲 : 咋(사)] : 잠깐 사	3264	6040	1451	6708
禡	마 081 [仄聲 /去聲 : 榭(사)] : 정자 사	3268	6041	1452	6709
禡	마 081 [仄聲 /去聲 : 蜡(사)] : 납향제사 사	3271	6042	1453	6710
禡	마 081 [仄聲 /去聲 : 貰*세(사)] : 죄사할 사	3614	6043	1454	6712
禡	마 081 [仄聲 /去聲 : 亞(아)] : 버금 아	4071	6044	1455	6934
禡	마 081 [仄聲 /去聲 : 訝(아)] : 맞을 아	4087	6045	1456	6935
禡	마 081 [仄聲 /去聲 : 迓(아)] : 마중할 아	4098	6046	1457	6937
禡	마 081 [仄聲 /去聲 : 夜(야)] : 밤/해질/어두울 야	4247	6047	1458	6999
禡	마 081 [仄聲 /去聲 : 御*어(아)] : 맞을 아	4306	6048	1459	6939
禡	마 081 [仄聲 /去聲 : 炙(자)] : 고기구이/친근할 자	5321	6049	1460	7217
禡	마 081 [仄聲 /去聲 : 蔗(자)] : 사탕수수 자	5333	6050	1461	7218
禡	마 081 [仄聲 /去聲 : 藉(자)] : 깔/도울/위로할 자	5334	6051	1462	7219
禡	마 081 [仄聲 /去聲 : 柘(자)] : 산뽕나무 자	5341	6052	1463	7220
禡	마 081 [仄聲 /去聲 : 炸(작)] : 터질 작	5378	6053	1464	7231
禡	마 081 [仄聲 /去聲 : 樗*저(화)] : 벚나무 화	5514	6054	1465	7873
禡	마 081 [仄聲 /去聲 : 侘(차)] : 실의할 차	6281	6055	1466	7456
禡	마 081 [仄聲 /去聲 : 借(차)] : 빌릴/빚 차	6282	6056	1467	7457
禡	마 081 [仄聲 /去聲 : 咤(타)] : 꾸짖을 타	6873	6057	1468	7649
禡	마 081 [仄聲 /去聲 : 詫(타)] : 자랑할 타	6890	6058	1469	7652
禡	마 081 [仄聲 /去聲 : 罷*피(패)] : 파할/내칠 파	7218	6065	1470	7714
禡	마 081 [仄聲 /去聲 : 怕(파)] : 두려울/아마 파	7041	6060	1471	7715
禡	마 081 [仄聲 /去聲 : 灞(파)] : 물이름(패는俗音) 파	7042	6061	1472	7716
禡	마 081 [仄聲 /去聲 : 壩(파)] : 방죽 파	7046	6062	1473	7717

C : (41 / 221)

배열형식 C (가나다 韻目 基準)		배열 A	배열 B	배열 C	배열 D
韻目	韻目No. [平仄 / 四聲 : 韻族] : 略義	운족 가나순	운목 번호순	운목 가나순	사성순
禡	마 081 [仄聲 /去聲 : 覇(패)] : 으뜸/패왕 패	7072	6063	1474	7724
禡	마 081 [仄聲 /去聲 : 霸(패)] : 으뜸/패왕 패	7079	6064	1475	7725
禡	마 081 [仄聲 /去聲 : 夏(하)] : 여름 하	7252	6066	1476	7768
禡	마 081 [仄聲 /去聲 : 罅(하)] : 틈 하	7264	6067	1477	7771
禡	마 081 [仄聲 /去聲 : 苄(하)] : 지황[地黃] 하	7265	6068	1478	7772
禡	마 081 [仄聲 /去聲 : 化(화)] : 될 화	7629	6069	1479	7874
禡	마 081 [仄聲 /去聲 : 貨(화)] : 재물 화	7640	6070	1480	7876
禡	마 081 [仄聲 /去聲 : 擭*화(확)] : 함정 확	7644	6072	1481	7879
禡	마 081 [仄聲 /去聲 : 擭(화)] : 덫 화	7643	6071	1482	7877
禡	마 081 [仄聲 /去聲 : 鱯(화)] : 큰메기 화	7650	6073	1483	7878
陌	맥 100 [仄聲 /入聲 : 假*가(하)] : 이르를 격	5	7357	1484	6033
陌	맥 100 [仄聲 /入聲 : 卻(각)] : 물리칠 각	57	7358	1485	5960
陌	맥 100 [仄聲 /入聲 : 茖(격)] : 달래/산파 격	317	7361	1486	6034
陌	맥 100 [仄聲 /入聲 : 茖*격(각)] : 풀 각	318	7362	1487	5965
陌	맥 100 [仄聲 /入聲 : 喀(객)] : 토할 객	222	7359	1488	6011
陌	맥 100 [仄聲 /入聲 : 客(객)] : 손 객	223	7360	1489	6012
陌	맥 100 [仄聲 /入聲 : 格(격)] : 이를/올/발를 격	320	7363	1490	6036
陌	맥 100 [仄聲 /入聲 : 膈(격)] : 간막이 격	325	7364	1491	6039
陌	맥 100 [仄聲 /入聲 : 隔(격)] : 사이뜰 격	327	7365	1492	6041
陌	맥 100 [仄聲 /入聲 : 骼(격)] : 뼈 격	330	7366	1493	6044
陌	맥 100 [仄聲 /入聲 : 鬲(격)] : 손잡이 격	331	7367	1494	6045
陌	맥 100 [仄聲 /入聲 : 綌(격)] : 칡베 격	335	7368	1495	6049
陌	맥 100 [仄聲 /入聲 : 漷*곽(획)] : 물이부딛혀흐를 획	660	7369	1496	7904
陌	맥 100 [仄聲 /入聲 : 馘(괵)] : 벨 괵	747	7370	1497	6133
陌	맥 100 [仄聲 /入聲 : 幗(괵)] : 머리장식 괵	748	7371	1498	6134
陌	맥 100 [仄聲 /入聲 : 虢(예)] : 범발톱자국 예	4517	7465	1499	7086
陌	맥 100 [仄聲 /入聲 : 蟈(괵)] : 청개구리 괵	749	7372	1500	6135
陌	맥 100 [仄聲 /入聲 : 劇(극)] : 심할 극	1026	7373	1501	6192
陌	맥 100 [仄聲 /入聲 : 戟(극)] : 찌를 극	1027	7374	1502	6193
陌	맥 100 [仄聲 /入聲 : 隙(극)] : 틈 극	1030	7375	1503	6196
陌	맥 100 [仄聲 /入聲 : 屐(극)] : 나막신 극	1032	7376	1504	6198
陌	맥 100 [仄聲 /入聲 : 宅(택)] : 집/살/자리/정할 택	6981	7525	1505	7699
陌	맥 100 [仄聲 /入聲 : 宅*택(댁)] : 집안 댁	6982	7526	1506	6281
陌	맥 100 [仄聲 /入聲 : 斁*도(역)] : 풀/싫을/마칠 역	1545	7377	1507	7040
陌	맥 100 [仄聲 /入聲 : 蒚*력(핵)] : 부들꽃 핵	1843	7378	1508	7807
陌	맥 100 [仄聲 /入聲 : 莫*막(모)] : 고요할 맥	2221	7379	1509	6469

배열형식 C (가나다 韻目 基準)		배열 A	배열 B	배열 C	배열 D
韻目	韻目No. [平仄 / 四聲 : 韻族] : 略義	운족 가나순	운목 번호순	운목 가나순	사성순
陌	맥 100 [仄聲 /入聲 : 脈(맥)] : 줄기 맥	2303	7380	1510	6470
陌	맥 100 [仄聲 /入聲 : 貊(맥)] : 맥국 맥	2304	7381	1511	6471
陌	맥 100 [仄聲 /入聲 : 陌(맥)] : 두렁 맥	2305	7382	1512	6472
陌	맥 100 [仄聲 /入聲 : 驀(맥)] : 말탈 맥	2306	7383	1513	6473
陌	맥 100 [仄聲 /入聲 : 麥(맥)] : 보리 맥	2307	7384	1514	6474
陌	맥 100 [仄聲 /入聲 : 貘(맥)] : 표범 맥	2308	7385	1515	6475
陌	맥 100 [仄聲 /入聲 : 覛(맥)] : 흘깃볼 맥	2309	7386	1516	6476
陌	맥 100 [仄聲 /入聲 : 霢(맥)] : 가랑비 맥	2310	7387	1517	6477
陌	맥 100 [仄聲 /入聲 : 拍(박)] : 칠 박	2585	7388	1518	6535
陌	맥 100 [仄聲 /入聲 : 珀(박)] : 호박 박	2593	7389	1519	6541
陌	맥 100 [仄聲 /入聲 : 舶(박)] : 선박 박	2599	7390	1520	6547
陌	맥 100 [仄聲 /入聲 : 迫(박)] : 핍박할 박	2601	7391	1521	6549
陌	맥 100 [仄聲 /入聲 : 伯(백)] : 맏 백	2736	7392	1522	6587
陌	맥 100 [仄聲 /入聲 : 伯*백(패)] : 우두머리/맹주 패	2737	7393	1523	7723
陌	맥 100 [仄聲 /入聲 : 佰(백)] : 일백 백	2738	7394	1524	6588
陌	맥 100 [仄聲 /入聲 : 帛(백)] : 비단 백	2739	7395	1525	6589
陌	맥 100 [仄聲 /入聲 : 柏(백)] : 측백나무 백	2740	7396	1526	6590
陌	맥 100 [仄聲 /入聲 : 栢(백)] : 측백나무 백	2741	7397	1527	6591
陌	맥 100 [仄聲 /入聲 : 白(백)] : 흰 백	2742	7398	1528	6592
陌	맥 100 [仄聲 /入聲 : 百(백)] : 일백 백	2744	7399	1529	6593
陌	맥 100 [仄聲 /入聲 : 百*백(맥)] : 힘쓸/길잡이 맥	2745	7400	1530	6478
陌	맥 100 [仄聲 /入聲 : 魄(백)] : 넋 백	2746	7401	1531	6594
陌	맥 100 [仄聲 /入聲 : 魄*백(탁)] : 넋잃을 탁	2748	7402	1532	7654
陌	맥 100 [仄聲 /入聲 : 僻(벽)] : 궁벽할 벽	2788	7403	1533	6606
陌	맥 100 [仄聲 /入聲 : 擘(벽)] : 쪼갤/당길 벽	2791	7404	1534	6609
陌	맥 100 [仄聲 /入聲 : 檗(벽)] : 황벽나무 벽	2792	7405	1535	6610
陌	맥 100 [仄聲 /入聲 : 壁(벽)] : 옥 벽	2793	7406	1536	6611
陌	맥 100 [仄聲 /入聲 : 癖(벽)] : 적취 벽	2794	7407	1537	6612
陌	맥 100 [仄聲 /入聲 : 碧(벽)] : 푸를 벽	2795	7408	1538	6613
陌	맥 100 [仄聲 /入聲 : 蘗(벽)] : 황경나무 벽	2796	7409	1539	6614
陌	맥 100 [仄聲 /入聲 : 闢(벽)] : 열 벽	2797	7410	1540	6615
陌	맥 100 [仄聲 /入聲 : 霹(벽)] : 벼락 벽	2798	7411	1541	6616
陌	맥 100 [仄聲 /入聲 : 擗(벽)] : 가슴칠 벽	2799	7412	1542	6617
陌	맥 100 [仄聲 /入聲 : 糪(벽)] : 선밥 벽	2801	7413	1543	6619
陌	맥 100 [仄聲 /入聲 : 射*사(석)] : 목표를잡을 석	3217	7414	1544	6757
陌	맥 100 [仄聲 /入聲 : 咋*사(책)] : 소리꽥지를 책	3265	7415	1545	7500

배열형식 C (가나다 韻目 基準)		배열 A	배열 B	배열 C	배열 D
韻目	韻目No. [平仄 / 四聲 : 韻族] : 略義	운족 가나순	운목 번호순	운목 가나순	사성순
陌	맥 100 [仄聲 /入聲 : 索(색)] : 찾을 색	3397	7416	1546	6749
陌	맥 100 [仄聲 /入聲 : 槭(색)] : 앙상할 색	3399	7417	1547	675
陌	맥 100 [仄聲 /入聲 : 搣(색)] : 추릴/떨어질 색	3401	7418	1548	6752
陌	맥 100 [仄聲 /入聲 : 夕(석)] : 저녁/저물 석	3459	7419	1549	6758
陌	맥 100 [仄聲 /入聲 : 夕*석(사)] : 한웅큼 사	3460	7420	1550	6711
陌	맥 100 [仄聲 /入聲 : 奭(석)] : 클/성할 석	3461	7421	1551	6759
陌	맥 100 [仄聲 /入聲 : 席(석)] : 자리 석	3463	7422	1552	6760
陌	맥 100 [仄聲 /入聲 : 惜(석)] : 아낄 석	3464	7423	1553	6761
陌	맥 100 [仄聲 /入聲 : 昔(석)] : 옛/어제 석	3465	7424	1554	6762
陌	맥 100 [仄聲 /入聲 : 晳(석)] : 분석할 석	3467	7425	1555	6763
陌	맥 100 [仄聲 /入聲 : 汐(석)] : 조수 석	3469	7426	1556	6765
陌	맥 100 [仄聲 /入聲 : 潟(석)] : 개펄 석	3471	7427	1557	6767
陌	맥 100 [仄聲 /入聲 : 石(석)] : 돌 석	3472	7428	1558	6768
陌	맥 100 [仄聲 /入聲 : 碩(석)] : 클 석	3473	7429	1559	6769
陌	맥 100 [仄聲 /入聲 : 蓆(석)] : 자리 석	3474	7430	1560	6770
陌	맥 100 [仄聲 /入聲 : 釋(석)] : 풀 석	3475	7431	1561	6771
陌	맥 100 [仄聲 /入聲 : 矽(석)] : 규소 석	3477	7432	1562	6773
陌	맥 100 [仄聲 /入聲 : 腊(석)] : 포/건어 석	3478	7433	1563	6774
陌	맥 100 [仄聲 /入聲 : 舄(석)] : 빛날 석	3479	7434	1564	6775
陌	맥 100 [仄聲 /入聲 : 鼫(석)] : 날다람쥐 석	3481	7435	1565	6777
陌	맥 100 [仄聲 /入聲 : 霡*석(색)] : 가랑비/싸락눈 색	3483	7436	1566	6754
陌	맥 100 [仄聲 /入聲 : 螫(석)] : 벌레쏘일 석	3485	7437	1567	6780
陌	맥 100 [仄聲 /入聲 : 愬*소(색)] : 두려워할 색	3672	7440	1568	6755
陌	맥 100 [仄聲 /入聲 : 媳(식)] : 며느리 식	4012	7441	1569	6921
陌	맥 100 [仄聲 /入聲 : 啞*아(액)] : 깔깔웃을 액	4078	7442	1570	6986
陌	맥 100 [仄聲 /入聲 : 隘*애(액)] : 막힐 액	4210	7443	1571	6987
陌	맥 100 [仄聲 /入聲 : 厄(액)] : 액 액	4227	7444	1572	6988
陌	맥 100 [仄聲 /入聲 : 掖(액)] : 부축할 액	4229	7445	1573	6990
陌	맥 100 [仄聲 /入聲 : 液(액)] : 진 액	4230	7446	1574	6991
陌	맥 100 [仄聲 /入聲 : 腋(액)] : 겨드랑이 액	4233	7447	1575	6992
陌	맥 100 [仄聲 /入聲 : 額(액)] : 이마 액	4234	7448	1576	6993
陌	맥 100 [仄聲 /入聲 : 阨(액)] : 막힐/거리낄 액	4235	7449	1577	6994
陌	맥 100 [仄聲 /入聲 : 軛(액)] : 멍에 액	4237	7450	1578	6995
陌	맥 100 [仄聲 /入聲 : 頟(액)] : 이마 액	4238	7451	1579	6996
陌	맥 100 [仄聲 /入聲 : 罌(앵)] : 양귀비/주전자 앵	4240	7452	1580	6998
陌	맥 100 [仄聲 /入聲 : 夜*야(액)] : 고을이름 액	4248	7453	1581	6997

C : (44 / 221)

배열형식 C (가나다 韻目 基準)		배열 A	배열 B	배열 C	배열 D
韻目	韻目No. [平仄 / 四聲 : 韻族] : 略義	운족 가나순	운목 번호순	운목 가나순	사성순
陌	맥 100 [仄聲 /入聲 : 蘖(얼)] : 싹/싹날 얼	4343	7454	1582	7030
陌	맥 100 [仄聲 /入聲 : 亦(역)] : 또 역	4381	7455	1583	7041
陌	맥 100 [仄聲 /入聲 : 役(역)] : 부릴 역	4383	7456	1584	7043
陌	맥 100 [仄聲 /入聲 : 易*이(역)] : 변할/바꿀 역	5177	7467	1585	7044
陌	맥 100 [仄聲 /入聲 : 易(이)] : 쉬울 이	5176	7466	1586	7182
陌	맥 100 [仄聲 /入聲 : 疫(역)] : 전염병 역	4384	7457	1587	7045
陌	맥 100 [仄聲 /入聲 : 繹(역)] : 당길/찾을 역	4385	7458	1588	7046
陌	맥 100 [仄聲 /入聲 : 譯(역)] : 번역할 역	4386	7459	1589	7047
陌	맥 100 [仄聲 /入聲 : 逆(역)] : 거스릴 역	4387	7460	1590	7048
陌	맥 100 [仄聲 /入聲 : 驛(역)] : 역 역	4388	7461	1591	7049
陌	맥 100 [仄聲 /入聲 : 嶧(역)] : 산이름 역	4389	7462	1592	7050
陌	맥 100 [仄聲 /入聲 : 懌(역)] : 기뻐할 역	4390	7463	1593	7051
陌	맥 100 [仄聲 /入聲 : 帟(역)] : 장막 역	4392	7464	1594	7053
陌	맥 100 [仄聲 /入聲 : 益(익)] : 더할 익	5232	7468	1595	7184
陌	맥 100 [仄聲 /入聲 : 謚(익)] : 빙그레웃을 익	5236	7469	1596	7188
陌	맥 100 [仄聲 /入聲 : 膉(익)] : 목살 익	5240	7470	1597	7192
陌	맥 100 [仄聲 /入聲 : 馹*일(역)] : 잇댈/역말 역	5280	7471	1598	7058
陌	맥 100 [仄聲 /入聲 : 刺*자(라)] : 수라 라	5310	7474	1599	6332
陌	맥 100 [仄聲 /入聲 : 刺(자)] : 찌를/벨 자	5309	7473	1600	7216
陌	맥 100 [仄聲 /入聲 : 刺*자(척)] : 찌를/정탐할 척	5311	7475	1601	7514
陌	맥 100 [仄聲 /入聲 : 炙*자(적)] : 고기구이/친근할 적	5322	7476	1602	7268
陌	맥 100 [仄聲 /入聲 : 藉*자(적)] : 성할/드릴 적	5335	7477	1603	7269
陌	맥 100 [仄聲 /入聲 : 柞*작(책)] : 벌목할 책	5388	7478	1604	7501
陌	맥 100 [仄聲 /入聲 : 駔*일(역)] : 역말/정거장 역	5283	7472	1605	7059
陌	맥 100 [仄聲 /入聲 : 摘(적)] : 딸 적	5559	7479	1606	7274
陌	맥 100 [仄聲 /入聲 : 積*적(자)] : 쌓을/저축할 자	5565	7481	1607	7222
陌	맥 100 [仄聲 /入聲 : 積(적)] : 포갤/모을 적	5564	7480	1608	7279
陌	맥 100 [仄聲 /入聲 : 籍(적)] : 문서 적	5567	7482	1609	7281
陌	맥 100 [仄聲 /入聲 : 翟*적(책)] : 고을이름/성 책	5570	7483	1610	7502
陌	맥 100 [仄聲 /入聲 : 讁(적)] : 꾸짖을 적	5572	7484	1611	7285
陌	맥 100 [仄聲 /入聲 : 赤(적)] : 붉을 적	5574	7485	1612	7287
陌	맥 100 [仄聲 /入聲 : 跡(적)] : 자취 적	5575	7486	1613	7288
陌	맥 100 [仄聲 /入聲 : 蹟(적)] : 자취 적	5576	7487	1614	7289
陌	맥 100 [仄聲 /入聲 : 迹(적)] : 자취 적	5578	7488	1615	7291
陌	맥 100 [仄聲 /入聲 : 適(적)] : 맞을 적	5579	7489	1616	7292
陌	맥 100 [仄聲 /入聲 : 踖(적)] : 밟을 적	5586	7490	1617	7299

배열형식 C (가나다 韻目 基準)		배열 A	배열 B	배열 C	배열 D
韻目	韻目No. [平仄 / 四聲 : 韻族] : 略義	운족 가나순	운목 번호순	운목 가나순	사성순
陌	맥 100 [仄聲 /入聲 : 鰿(적)] : 붕어 적	5588	7491	1618	7301
陌	맥 100 [仄聲 /入聲 : 措*조(책)] : 좇아잡을 책	5850	7492	1619	7503
陌	맥 100 [仄聲 /入聲 : 厝*조(착)] : 숫돌 착	5893	7493	1620	7461
陌	맥 100 [仄聲 /入聲 : 鯽(즉)] : 붕어 즉	6097	7495	1621	7400
陌	맥 100 [仄聲 /入聲 : 借*차(적)] : 빌릴/빛 적	6283	7496	1622	7304
陌	맥 100 [仄聲 /入聲 : 搾(착)] : 짤/압박할 착	6304	7497	1623	7463
陌	맥 100 [仄聲 /入聲 : 着(착)] : 붙을 착	6305	7498	1624	7464
陌	맥 100 [仄聲 /入聲 : 窄(착)] : 좁을 착	6306	7499	1625	7465
陌	맥 100 [仄聲 /入聲 : 澔*조(작)] : 물떨어지는소리 색	5928	7494	1626	6756
陌	맥 100 [仄聲 /入聲 : 冊(책)] : 책 책	6423	7501	1627	7504
陌	맥 100 [仄聲 /入聲 : 策(책)] : 꾀 책	6425	7502	1628	7505
陌	맥 100 [仄聲 /入聲 : 責*채(책)] : 꾸짖을/맡을 책	6422	7500	1629	7506
陌	맥 100 [仄聲 /入聲 : 嘖(책)] : 외칠 책	6426	7503	1630	7507
陌	맥 100 [仄聲 /入聲 : 幘(책)] : 머리수건 책	6427	7504	1631	7508
陌	맥 100 [仄聲 /入聲 : 磔(책)] : 찢을 책	6428	7505	1632	7509
陌	맥 100 [仄聲 /入聲 : 簀(책)] : 대자리 책	6429	7506	1633	7510
陌	맥 100 [仄聲 /入聲 : 茦(책)] : 풀가시 책	6430	7507	1634	7511
陌	맥 100 [仄聲 /入聲 : 尺(척)] : 자 척	6443	7509	1635	7517
陌	맥 100 [仄聲 /入聲 : 拓(척)] : 주울 척	6445	7510	1636	7519
陌	맥 100 [仄聲 /入聲 : 擲(척)] : 던질 척	6447	7511	1637	7520
陌	맥 100 [仄聲 /入聲 : 斥(척)] : 물리칠 척	6448	7512	1638	7521
陌	맥 100 [仄聲 /入聲 : 瘠(척)] : 파리할 척	6450	7513	1639	7523
陌	맥 100 [仄聲 /入聲 : 脊(척)] : 등골뼈 척	6451	7514	1640	7524
陌	맥 100 [仄聲 /入聲 : 蹠(척)] : 밟을 척	6452	7515	1641	7525
陌	맥 100 [仄聲 /入聲 : 隻(척)] : 외짝 척	6454	7516	1642	7527
陌	맥 100 [仄聲 /入聲 : 呎(척)] : 피이트 척	6455	7517	1643	7528
陌	맥 100 [仄聲 /入聲 : 摭(척)] : 주울 척	6457	7518	1644	7530
陌	맥 100 [仄聲 /入聲 : 蜴(척)] : 도마뱀 척	6458	7519	1645	7531
陌	맥 100 [仄聲 /入聲 : 躑(척)] : 깡충깡충뛸 척	6462	7520	1646	7534
陌	맥 100 [仄聲 /入聲 : 齣(척)] : 한단락 척	6464	7521	1647	7535
陌	맥 100 [仄聲 /入聲 : 坼(탁)] : 터질 탁	6900	7522	1648	7660
陌	맥 100 [仄聲 /入聲 : 拆(탁)] : 터질 탁	6911	7523	1649	7673
陌	맥 100 [仄聲 /入聲 : 馲*탁(책)] : 트기 책	6918	7524	1650	7512
陌	맥 100 [仄聲 /入聲 : 宅*택(댁)] : (존칭)남의아내 댁	6984	7528	1651	6282
陌	맥 100 [仄聲 /入聲 : 宅(택)] : 집 택	6983	7527	1652	7700
陌	맥 100 [仄聲 /入聲 : 擇(택)] : 가릴 택	6985	7529	1653	7701

배열형식 C (가나다 韻目 基準)		배열 A	배열 B	배열 C	배열 D
韻目	韻目No. [平仄 / 四聲 : 韻族] : 略義	운족 가나순	운목 번호순	운목 가나순	사성순
陌	맥 100 [仄聲 /入聲 : 澤*석(택)] : 못 택	3489	7439	1654	7702
陌	맥 100 [仄聲 /入聲 : 澤(석)] : 풀(解也) 석	3488	7438	1655	6782
陌	맥 100 [仄聲 /入聲 : 覇*패(백)] : 달력 백	7073	7530	1656	6595
陌	맥 100 [仄聲 /入聲 : 霸*패(백)] : 달력 백	7080	7531	1657	6596
陌	맥 100 [仄聲 /入聲 : 嚇(하)] : 웃을 하	7263	7532	1658	7770
陌	맥 100 [仄聲 /入聲 : 核(핵)] : 실과/자세할 핵	7380	7533	1659	7808
陌	맥 100 [仄聲 /入聲 : 翮(핵)] : 깃촉/쭉지 핵	7382	7534	1660	7809
陌	맥 100 [仄聲 /入聲 : 覈(핵)] : 핵실할/엄할 핵	7384	7535	1661	7810
陌	맥 100 [仄聲 /入聲 : 奕(혁)] : 클 혁	7423	7536	1662	7817
陌	맥 100 [仄聲 /入聲 : 爀(혁)] : 불빛 혁	7424	7537	1663	7818
陌	맥 100 [仄聲 /入聲 : 赫(혁)] : 빛날 혁	7425	7538	1664	7819
陌	맥 100 [仄聲 /入聲 : 革(혁)] : 가죽/고칠 혁	7426	7539	1665	7820
陌	맥 100 [仄聲 /入聲 : 弈(혁)] : 클 혁	7428	7540	1666	7821
陌	맥 100 [仄聲 /入聲 : 焃(혁)] : 붉을/밝을 혁	7431	7541	1667	7824
陌	맥 100 [仄聲 /入聲 : 懸(현)] : 매달/멀 현	7436	7542	1668	7826
陌	맥 100 [仄聲 /入聲 : 筴(책)] : 계교 책	6431	7508	1669	7513
陌	맥 100 [仄聲 /入聲 : 畵*화(획)] : 그을/나눌/꾀할 획	7633	7543	1670	7905
陌	맥 100 [仄聲 /入聲 : 擭*화(획)] : 잡을 획	7645	7544	1671	7906
陌	맥 100 [仄聲 /入聲 : 畫*화(획)] : 그을/나눌/꾀할 획	7648	7545	1672	7907
陌	맥 100 [仄聲 /入聲 : 玃(확)] : 큰원숭이 확	7657	7546	1673	7887
陌	맥 100 [仄聲 /入聲 : 劃(획)] : 그을 획	7759	7547	1674	7908
陌	맥 100 [仄聲 /入聲 : 獲(획)] : 얻을 획	7760	7548	1675	7909
文	문 012 [平聲 /上平 : 齦(간)] : 깨물 간	94	1306	1676	14
文	문 012 [平聲 /上平 : 君(군)] : 임금 군	920	1307	1677	117
文	문 012 [平聲 /上平 : 群(군)] : 무리 군	922	1308	1678	118
文	문 012 [平聲 /上平 : 裙(군)] : 치마 군	923	1309	1679	119
文	문 012 [平聲 /上平 : 軍(군)] : 군사 군	924	1310	1680	120
文	문 012 [平聲 /上平 : 勤(근)] : 부지런할 근	1036	1311	1681	152
文	문 012 [平聲 /上平 : 懃(근)] : 은근할 근	1037	1312	1682	153
文	문 012 [平聲 /上平 : 筋(근)] : 힘줄 근	1042	1313	1683	155
文	문 012 [平聲 /上平 : 芹(근)] : 미나리 근	1043	1314	1684	156
文	문 012 [平聲 /上平 : 觔(근)] : 힘줄/근 근	1050	1315	1685	157
文	문 012 [平聲 /上平 : 瘽(근)] : 앓을 근	1053	1316	1686	159
文	문 012 [平聲 /上平 : 蘄*기(근)] : 승검초 근	1165	1317	1687	161
文	문 012 [平聲 /上平 : 文(문)] : 글월 문	2490	1318	1688	482
文	문 012 [平聲 /上平 : 紋(문)] : 무늬 문	2493	1319	1689	483

배열형식 C (가나다 韻目 基準)			배열 A	배열 B	배열 C	배열 D
韻目	韻目No. [平仄 / 四聲 : 韻族]	: 略義	운족 가나순	운목 번호순	운목 가나순	사성순
文	문 012 [平聲 /上平 : 蚊(문)]	: 모기 문	2495	1320	1690	484
文	문 012 [平聲 /上平 : 雯(문)]	: 구름무늬 문	2497	1321	1691	486
文	문 012 [平聲 /上平 : 頒*반(분)]	: 물고기머리클 분	2635	1322	1692	621
文	문 012 [平聲 /上平 : 鳻(분)]	: 파랑새 분	3011	1323	1693	622
文	문 012 [平聲 /上平 : 吩(분)]	: 분부할 분	3014	1324	1694	623
文	문 012 [平聲 /上平 : 扮(분)]	: 움큼/잡을 분	3021	1325	1695	626
文	문 012 [平聲 /上平 : 汾(분)]	: 클 분	3023	1326	1696	627
文	문 012 [平聲 /上平 : 焚(분)]	: 불사를 분	3024	1327	1697	628
文	문 012 [平聲 /上平 : 紛(분)]	: 어지러울 분	3028	1328	1698	630
文	문 012 [平聲 /上平 : 芬(분)]	: 향기 분	3029	1329	1699	631
文	문 012 [平聲 /上平 : 蕡(분)]	: 열매많이열릴 분	3030	1330	1700	632
文	문 012 [平聲 /上平 : 賁*비(분)]	: 클/날랠 분	3075	1344	1701	633
文	문 012 [平聲 /上平 : 雰(분)]	: 안개 분	3031	1331	1702	634
文	문 012 [平聲 /上平 : 枌(분)]	: 나무이름 분	3033	1332	1703	635
文	문 012 [平聲 /上平 : 棼(분)]	: 마룻대 분	3034	1333	1704	636
文	문 012 [平聲 /上平 : 氛(분)]	: 기운 분	3035	1334	1705	637
文	문 012 [平聲 /上平 : 濆(분)]	: 뿜을 분	3037	1335	1706	639
文	문 012 [平聲 /上平 : 朌(분)]	: 머리클 분	3040	1336	1707	640
文	문 012 [平聲 /上平 : 蕡(분)]	: 꾸밀 분	3042	1337	1708	641
文	문 012 [平聲 /上平 : 鼢(분)]	: 두더지 분	3043	1338	1709	642
文	문 012 [平聲 /上平 : 羒(분)]	: 숫휜양 분	3045	1339	1710	643
文	문 012 [平聲 /上平 : 豶(분)]	: 불깐돼지 분	3046	1340	1711	644
文	문 012 [平聲 /上平 : 饙(분)]	: 밥잦힐 분	3047	1341	1712	645
文	문 012 [平聲 /上平 : 黂(분)]	: 쌈지 분	3048	1342	1713	646
文	문 012 [平聲 /上平 : 鼖(분)]	: 북 분	3049	1343	1714	647
文	문 012 [平聲 /上平 : 匪*비(분)]	: 나눌 분	3080	1345	1715	648
文	문 012 [平聲 /上平 : 氳(온)]	: 기운성할 온	4624	1346	1716	895
文	문 012 [平聲 /上平 : 云(운)]	: 이를 운	4849	1347	1717	970
文	문 012 [平聲 /上平 : 橒(운)]	: 나무무늬 운	4850	1348	1718	971
文	문 012 [平聲 /上平 : 澐(운)]	: 큰물결 운	4852	1349	1719	972
文	문 012 [平聲 /上平 : 熉(운)]	: 노란모양 운	4853	1350	1720	973
文	문 012 [平聲 /上平 : 耘(운)]	: 김맬 운	4854	1351	1721	974
文	문 012 [平聲 /上平 : 芸(운)]	: 향풀 운	4855	1352	1722	975
文	문 012 [平聲 /上平 : 蕓(운)]	: 평지 운	4856	1353	1723	976
文	문 012 [平聲 /上平 : 雲(운)]	: 구름 운	4859	1354	1724	977
文	문 012 [平聲 /上平 : 沄(운)]	: 운/운치 운	4861	1355	1725	978

배열형식 C (가나다 韻目 基準)		배열 A	배열 B	배열 C	배열 D
韻目	韻目No. [平仄 / 四聲 : 韻族] : 略義	운족 가나순	운목 번호순	운목 가나순	사성순
文	문 012 [平聲 /上平 : 紜(운)] : 어지러울 운	4862	1356	1726	979
文	문 012 [平聲 /上平 : 員*원(운)] : 더할 운	4877	1357	1727	980
文	문 012 [平聲 /上平 : 垠(은)] : 지경 은	5096	1358	1728	1068
文	문 012 [平聲 /上平 : 慇(은)] : 괴로워할 은	5098	1359	1729	1070
文	문 012 [平聲 /上平 : 殷(은)] : 은나라 은	5099	1360	1730	1071
文	문 012 [平聲 /上平 : 誾(은)] : 향기 은	5101	1361	1731	1072
文	문 012 [平聲 /上平 : 狺(은)] : 으르렁거릴 은	5107	1362	1732	1075
文	문 012 [平聲 /上平 : 親(친)] : 친할 친	6845	1363	1733	1408
文	문 012 [平聲 /上平 : 勳(훈)] : 공 훈	7810	1364	1734	1582
文	문 012 [平聲 /上平 : 焄(훈)] : 연기에그을릴 훈	7813	1365	1735	1585
文	문 012 [平聲 /上平 : 熏(훈)] : 불길 훈	7814	1366	1736	1586
文	문 012 [平聲 /上平 : 燻(훈)] : 연기낄[=熏] 훈	7815	1367	1737	1587
文	문 012 [平聲 /上平 : 薰(훈)] : 향풀 훈	7816	1368	1738	1588
文	문 012 [平聲 /上平 : 纁(훈)] : 분홍빛 훈	7818	1369	1739	1589
文	문 012 [平聲 /上平 : 葷(훈)] : 매운 채소 훈	7819	1370	1740	1590
文	문 012 [平聲 /上平 : 醺(훈)] : 취할 훈	7820	1371	1741	1591
文	문 012 [平聲 /上平 : 煇*휘(혼)] : 지질(灼也) 훈	7845	1372	1742	1592
文	문 012 [平聲 /上平 : 昕(흔)] : 해돋을/초하루 흔	7880	1373	1743	1625
文	문 012 [平聲 /上平 : 欣(흔)] : 기뻐할 흔	7881	1374	1744	1626
文	문 012 [平聲 /上平 : 忻(흔)] : 기뻐할 흔	7885	1375	1745	1629
吻	문 042 [仄聲 /上聲 : 槿(근)] : 무궁화 근	1040	3849	1746	3439
吻	문 042 [仄聲 /上聲 : 謹(근)] : 삼갈 근	1046	3850	1747	3440
吻	문 042 [仄聲 /上聲 : 近(근)] : 가까울 근	1047	3851	1748	3441
吻	문 042 [仄聲 /上聲 : 刎(문)] : 목벨 문	2487	3852	1749	3704
吻	문 042 [仄聲 /上聲 : 吻(문)] : 입술 문	2488	3853	1750	3705
吻	문 042 [仄聲 /上聲 : 脗(문)] : 합할 문	2503	3854	1751	3708
吻	문 042 [仄聲 /上聲 : 忞*민(문)] : 어수선할 문	2568	3855	1752	3709
吻	문 042 [仄聲 /上聲 : 墳(분)] : 무덤 분	3016	3856	1753	3816
吻	문 042 [仄聲 /上聲 : 忿(분)] : 성낼 분	3019	3857	1754	3817
吻	문 042 [仄聲 /上聲 : 憤(분)] : 분할 분	3020	3858	1755	3818
吻	문 042 [仄聲 /上聲 : 粉(분)] : 가루 분	3026	3859	1756	3819
吻	문 042 [仄聲 /上聲 : 藴(온)] : 마름 온	4620	3860	1757	4067
吻	문 042 [仄聲 /上聲 : 听(은)] : 웃을 은	5104	3861	1758	4165
吻	문 042 [仄聲 /上聲 : 癮(은)] : 두드러기 은	5108	3862	1759	4166
吻	문 042 [仄聲 /上聲 : 袗(진)] : 홑옷 진	6214	3863	1760	4380
問	문 072 [仄聲 /去聲 : 郡(군)] : 고을 군	925	5556	1761	4817

배열형식 C (가나다 韻目 基準)		배열 A	배열 B	배열 C	배열 D
韻目	韻目No. [平仄 / 四聲 : 韻族] : 略義	운족 가나순	운목 번호순	운목 가나순	사성순
問	문 072 [仄聲 /去聲 : 劤(근)] : 힘셀 근	1035	5557	1762	4839
問	문 072 [仄聲 /去聲 : 斤(근)] : 근/도끼 근	1038	5558	1763	4840
問	문 072 [仄聲 /去聲 : 䖼*기(근)] : 공경할 근	1163	5559	1764	4847
問	문 072 [仄聲 /去聲 : 問(문)] : 물을 문	2489	5560	1765	5055
問	문 072 [仄聲 /去聲 : 汶(문)] : 강이름 문	2491	5561	1766	5056
問	문 072 [仄聲 /去聲 : 紊(문)] : 문란할/어지러울 문	2492	5562	1767	5057
問	문 072 [仄聲 /去聲 : 聞(문)] : 들을 문	2494	5563	1768	5058
問	문 072 [仄聲 /去聲 : 拚*번(분)] : 버릴 분	2768	5564	1769	5112
問	문 072 [仄聲 /去聲 : 分(분)] : 나눌 분	3013	5565	1770	5113
問	문 072 [仄聲 /去聲 : 奮(분)] : 떨칠 분	3018	5566	1771	5114
問	문 072 [仄聲 /去聲 : 糞(분)] : 똥 분	3027	5567	1772	5115
問	문 072 [仄聲 /去聲 : 僨(분)] : 넘어질 분	3044	5568	1773	5116
問	문 072 [仄聲 /去聲 : 縕(온)] : 헌솜 온	4619	5569	1774	5399
問	문 072 [仄聲 /去聲 : 慍(온)] : 성낼 온	4623	5570	1775	5400
問	문 072 [仄聲 /去聲 : 醞(온)] : 빚을 온	4625	5571	1776	5401
問	문 072 [仄聲 /去聲 : 運(운)] : 옮길 운	4857	5572	1777	5430
問	문 072 [仄聲 /去聲 : 隕(운)] : 떨어질 운	4858	5573	1778	5431
問	문 072 [仄聲 /去聲 : 韻(운)] : 운 운	4860	5574	1779	5432
問	문 072 [仄聲 /去聲 : 鄆(운)] : 땅이름 운	4864	5575	1780	5433
問	문 072 [仄聲 /去聲 : 韗(운)] : 가죽다루는장인 운	4865	5576	1781	5434
問	문 072 [仄聲 /去聲 : 隱(은)] : 숨을 은	5103	5578	1782	5469
問	문 072 [仄聲 /去聲 : 訔(은)] : 논쟁할 은	5109	5579	1783	5471
問	문 072 [仄聲 /去聲 : 訓(훈)] : 가르칠 훈	7817	5580	1784	5921
問	문 072 [仄聲 /去聲 : 暈(운)] : 달무리/어지러울 운	4867	5577	1785	5435
問	문 072 [仄聲 /去聲 : 釁(흔)] : 기뻐할 흔	7887	5581	1786	5929
物	물 094 [仄聲 /入聲 : 乞(걸)] : 구걸/요구할 걸	286	6853	1787	6019
物	물 094 [仄聲 /入聲 : 契*계(결)] : 나라이름 글	451	6854	1788	6201
物	물 094 [仄聲 /入聲 : 屈(굴)] : 굽힐 굴	927	6855	1789	6171
物	물 094 [仄聲 /入聲 : 掘(굴)] : 팔 굴	928	6856	1790	6172
物	물 094 [仄聲 /入聲 : 倔(굴)] : 고집셀 굴	931	6857	1791	6174
物	물 094 [仄聲 /入聲 : 崛(굴)] : 우뚝 솟을 굴	932	6858	1792	6175
物	물 094 [仄聲 /入聲 : 厥*궐(굴)] : 나라이름 굴	953	6859	1793	6177
物	물 094 [仄聲 /入聲 : 汔*기(흘)] : 거의 흘	1118	6860	1794	7929
物	물 094 [仄聲 /入聲 : 勿(물)] : 없을/말 물	2507	6861	1795	6524
物	물 094 [仄聲 /入聲 : 勿*물(몰)] : 먼지채 몰	2508	6862	1796	6513
物	물 094 [仄聲 /入聲 : 物(물)] : 물건 물	2511	6863	1797	6525

배열형식 C (가나다 韻目 基準)		배열 A	배열 B	배열 C	배열 D
韻目	韻目No. [平仄 / 四聲 : 韻族] : 略義	운족 가나순	운목 번호순	운목 가나순	사성순
物	물 094 [仄聲 /入聲 : 佛(불)] : 부처/도울/깨달을 불	3050	6865	1798	6685
物	물 094 [仄聲 /入聲 : 弗(불)] : 아닐/말 불	3052	6866	1799	6686
物	물 094 [仄聲 /入聲 : 彿(불)] : 비슷할 불	3053	6867	1800	6687
物	물 094 [仄聲 /入聲 : 拂(불)] : 떨칠 불	3054	6868	1801	6688
物	물 094 [仄聲 /入聲 : 祓(불)] : 푸닥거리할 불	3056	6869	1802	6689
物	물 094 [仄聲 /入聲 : 茀(불)] : 우거질 불	3057	6870	1803	6690
物	물 094 [仄聲 /入聲 : 髴(불)] : 비슷할 불	3058	6871	1804	6691
物	물 094 [仄聲 /入聲 : 韍(불)] : 수 불	3059	6872	1805	6692
物	물 094 [仄聲 /入聲 : 咈(불)] : 어길 불	3060	6873	1806	6693
物	물 094 [仄聲 /入聲 : 笰(불)] : 수레뒷창문 불	3062	6874	1807	6694
物	물 094 [仄聲 /入聲 : 紼(불)] : 얽힌삼가락 불	3063	6875	1808	6695
物	물 094 [仄聲 /入聲 : 宛*완(원)] : 쌓일 울	4665	6877	1809	7134
物	물 094 [仄聲 /入聲 : 蔚*위(울)] : 고을이름 울	4920	6879	1810	7135
物	물 094 [仄聲 /入聲 : 鬱(울)] : 막힐/답답할 울	4868	6878	1811	7136
物	물 094 [仄聲 /入聲 : 尉*위(울)] : 성 울	4931	6880	1812	7137
物	물 094 [仄聲 /入聲 : 熨*위(울)] : 다리미질할 울	4955	6881	1813	7138
物	물 094 [仄聲 /入聲 : 疑*의(응)] : 바로설 을	5149	6882	1814	7170
物	물 094 [仄聲 /入聲 : 芴(물)] : 순무 물	2512	6864	1815	6526
物	물 094 [仄聲 /入聲 : 吃(흘)] : 말더듬을 흘	7890	6883	1816	7930
物	물 094 [仄聲 /入聲 : 訖(흘)] : 이를(至也) 흘	7893	6884	1817	7933
物	물 094 [仄聲 /入聲 : 訖*흘(글)] : 마칠/끝낼 글	7894	6885	1818	6202
物	물 094 [仄聲 /入聲 : 迄(흘)] : 이를 흘	7895	6886	1819	7934
物	물 094 [仄聲 /入聲 : 肐*억(흘)] : 몸흔들릴 흘	4330	6876	1820	7936
微	미 005 [平聲 /上平 : 歸*귀(궤)] : 먹일 궤	984	567	1821	127
微	미 005 [平聲 /上平 : 圻(기)] : 경기 기	1094	568	1822	164
微	미 005 [平聲 /上平 : 機(기)] : 틀 기	1114	569	1823	175
微	미 005 [平聲 /上平 : 沂(기)] : 강이름 기	1119	570	1824	177
微	미 005 [平聲 /上平 : 璣(기)] : 별이름 기	1125	571	1825	182
微	미 005 [平聲 /上平 : 畿(기)] : 경기 기	1127	572	1826	184
微	미 005 [平聲 /上平 : 磯(기)] : 물가돌 기	1129	573	1827	186
微	미 005 [平聲 /上平 : 祈(기)] : 빌 기	1133	574	1828	189
微	미 005 [平聲 /上平 : 譏(기)] : 나무랄 기	1143	575	1829	195
微	미 005 [平聲 /上平 : 饑(기)] : 주릴 기	1151	576	1830	199
微	미 005 [平聲 /上平 : 旂(기)] : 깃발 기	1157	577	1831	203
微	미 005 [平聲 /上平 : 肵(기)] : 시동이먹는도마 기	1162	578	1832	208
微	미 005 [平聲 /上平 : 嘰(기)] : 탄식할 기	1171	579	1833	212

배열형식 C (가나다 韻目 基準)		배열 A	배열 B	배열 C	배열 D
韻目	韻目No. [平仄 / 四聲 : 韻族] : 略義	운족 가나순	운목 번호순	운목 가나순	사성순
微	미 005 [平聲 /上平 : 幾(기)] : 말재갈 기	1175	580	1834	215
微	미 005 [平聲 /上平 : 微(미)] : 작을 미	2519	581	1835	492
微	미 005 [平聲 /上平 : 薇(미)] : 고비 미	2528	582	1836	496
微	미 005 [平聲 /上平 : 溦(미)] : 이슬비 미	2548	583	1837	505
微	미 005 [平聲 /上平 : 妃(비)] : 왕비 비	3082	584	1838	653
微	미 005 [平聲 /上平 : 扉(비)] : 문짝 비	3087	585	1839	655
微	미 005 [平聲 /上平 : 緋(비)] : 비단 비	3107	586	1840	663
微	미 005 [平聲 /上平 : 肥(비)] : 살찔 비	3109	587	1841	664
微	미 005 [平聲 /上平 : 非(비)] : 아닐/없을 비	3119	588	1842	667
微	미 005 [平聲 /上平 : 飛(비)] : 날 비	3120	589	1843	668
微	미 005 [平聲 /上平 : 腓(비)] : 장딴지 비	3139	590	1844	673
微	미 005 [平聲 /上平 : 霏(비)] : 눈펄펄내릴 비	3145	591	1845	677
微	미 005 [平聲 /上平 : 菲(비)] : 피할/삼씨 비	3156	592	1846	680
微	미 005 [平聲 /上平 : 蜰(비)] : 해파리 비	3158	593	1847	681
微	미 005 [平聲 /上平 : 巍(외)] : 높을 외	4702	594	1848	928
微	미 005 [平聲 /上平 : 圍(위)] : 에워쌀 위	4927	595	1849	1009
微	미 005 [平聲 /上平 : 威(위)] : 위엄 위	4929	596	1850	1011
微	미 005 [平聲 /上平 : 褘*위(휘)] : 주머니 휘	4946	598	1851	1601
微	미 005 [平聲 /上平 : 褘(위)] : 향낭/아름다울 위	4945	597	1852	1014
微	미 005 [平聲 /上平 : 違(위)] : 어긋날 위	4948	599	1853	1015
微	미 005 [平聲 /上平 : 韋(위)] : 가죽 위	4949	600	1854	1016
微	미 005 [平聲 /上平 : 幃(위)] : 향주머니/홑휘장 위	4952	601	1855	1017
微	미 005 [平聲 /上平 : 葳(위)] : 초목무성한모양 위	4957	602	1856	1019
微	미 005 [平聲 /上平 : 闈(위)] : 대궐작은문 위	4961	603	1857	1021
微	미 005 [平聲 /上平 : 犩(위)] : 쇠굽 위	4966	604	1858	1023
微	미 005 [平聲 /上平 : 依(의)] : 의지할 의	5137	605	1859	1078
微	미 005 [平聲 /上平 : 衣(의)] : 옷 의	5157	606	1860	1083
微	미 005 [平聲 /上平 : 徽(휘)] : 아름다울 휘	7841	607	1861	1602
微	미 005 [平聲 /上平 : 揮(휘)] : 휘두를 휘	7842	608	1862	1603
微	미 005 [平聲 /上平 : 暉(휘)] : 빛 휘	7843	609	1863	1604
微	미 005 [平聲 /上平 : 煇(휘)] : 빛날 휘	7844	610	1864	1605
微	미 005 [平聲 /上平 : 輝(휘)] : 빛날 휘	7848	611	1865	1606
微	미 005 [平聲 /上平 : 翬(휘)] : 훨훨날 휘	7852	612	1866	1609
微	미 005 [平聲 /上平 : 楎(휘)] : 옷걸이/문지방 휘	7853	613	1867	1610
微	미 005 [平聲 /上平 : 晞(희)] : 한숨쉴 희	7922	614	1868	1639
微	미 005 [平聲 /上平 : 稀(희)] : 드물 희	7929	615	1869	1645

배열형식 C (가나다 韻目 基準)			배열 A	배열 B	배열 C	배열 D
韻目	韻目No. [平仄 / 四聲 : 韻族]	: 略義	운족 가나순	운목 번호순	운목 가나순	사성순
微	미 005 [平聲 /上平 : 悕(희)]	: 슬퍼할 희	7932	616	1870	1648
尾	미 035 [仄聲 /上聲 : 朏(비)]	: 초사흗달빛 비	3072	3499	1871	3823
尾	미 035 [仄聲 /上聲 : 鬼(귀)]	: 귀신 귀	986	3490	1872	3426
尾	미 035 [仄聲 /上聲 : 蘬(귀)]	: 냉이씨 귀	989	3491	1873	3428
尾	미 035 [仄聲 /上聲 : 幾(기)]	: 몇 기	1104	3492	1874	3449
尾	미 035 [仄聲 /上聲 : 豈(개)]	: 어찌/일찍 기	1144	3493	1875	3455
尾	미 035 [仄聲 /上聲 : 蟣(기)]	: 서캐 기	1166	3494	1876	3458
尾	미 035 [仄聲 /上聲 : 尾(미)]	: 꼬리 미	2516	3495	1877	3710
尾	미 035 [仄聲 /上聲 : 梶(미)]	: 나무끝 미	2521	3496	1878	3712
尾	미 035 [仄聲 /上聲 : 亹(미)]	: 부지런할/아름다울 미	2533	3497	1879	3717
尾	미 035 [仄聲 /上聲 : 娓(미)]	: 장황할 미	2535	3498	1880	3718
尾	미 035 [仄聲 /上聲 : 匪(비)]	: 비적/도적 비	3079	3500	1881	3826
尾	미 035 [仄聲 /上聲 : 斐(비)]	: 오락가락할 비	3090	3501	1882	3829
尾	미 035 [仄聲 /上聲 : 榧(비)]	: 비자나무 비	3092	3502	1883	3830
尾	미 035 [仄聲 /上聲 : 菲(비)]	: 엷을/무성할 비	3112	3503	1884	3833
尾	미 035 [仄聲 /上聲 : 蜚(비)]	: 바퀴 비	3113	3504	1885	3834
尾	미 035 [仄聲 /上聲 : 誹(비)]	: 헐뜯을 비	3115	3505	1886	3835
尾	미 035 [仄聲 /上聲 : 棐(비)]	: 비자나무 비	3129	3506	1887	3841
尾	미 035 [仄聲 /上聲 : 篚(비)]	: 대광주리 비	3155	3507	1888	3846
尾	미 035 [仄聲 /上聲 : 偉(위)]	: 클 위	4924	3508	1889	4133
尾	미 035 [仄聲 /上聲 : 暐(위)]	: 햇빛 위	4933	3509	1890	4134
尾	미 035 [仄聲 /上聲 : 瑋(위)]	: 옥이름 위	4936	3510	1891	4135
尾	미 035 [仄聲 /上聲 : 葦(위)]	: 갈대 위	4940	3511	1892	4136
尾	미 035 [仄聲 /上聲 : 煒(위)]	: 성/나라 위	4953	3512	1893	4138
尾	미 035 [仄聲 /上聲 : 螘(의)]	: 개미 의	5166	3513	1894	4174
尾	미 035 [仄聲 /上聲 : 偯(의)]	: 훌적거릴 의	5169	3514	1895	4175
尾	미 035 [仄聲 /上聲 : 扆(의)]	: 천자용병풍 의	5170	3515	1896	4176
尾	미 035 [仄聲 /上聲 : 顗(의)]	: 근엄할 의	5173	3516	1897	4177
尾	미 035 [仄聲 /上聲 : 虫(훼)]	: 벌레 훼	7834	3517	1898	4660
尾	미 035 [仄聲 /上聲 : 虺(훼)]	: 이무기 훼	7836	3518	1899	4661
未	미 064 [仄聲 /去聲 : 愾(희)]	: 한숨쉴 희	7907	4928	1900	5931
未	미 064 [仄聲 /去聲 : 摡(희)]	: 갖을/닦을 희	7909	4929	1901	5932
未	미 064 [仄聲 /去聲 : 乞*걸(기)]	: 빌려줄/줄 기	287	4895	1902	4848
未	미 064 [仄聲 /去聲 : 貴(귀)]	: 귀할 귀	985	4896	1903	4835
未	미 064 [仄聲 /去聲 : 旣(기)]	: 이미 기	1108	4897	1904	4854
未	미 064 [仄聲 /去聲 : 氣(기)]	: 기운 기	1116	4898	1905	4856

韻目	배열형식 C (가나다 韻目 基準)		배열 A	배열 B	배열 C	배열 D
韻目	韻目No. [平仄 / 四聲 : 韻族]	: 略義	운족 가나순	운목 번호순	운목 가나순	사성순
未	미 064 [仄聲 /去聲 : 汽(기)]	: 물끓는김 기	1117	4899	1906	485
未	미 064 [仄聲 /去聲 : 既(기)]	: 이미 기	1172	4900	1907	486
未	미 064 [仄聲 /去聲 : 味(미)]	: 맛 미	2514	4901	1908	506
未	미 064 [仄聲 /去聲 : 未(미)]	: 아닐 미	2520	4902	1909	506
未	미 064 [仄聲 /去聲 : 菋(미)]	: 모미자 미	2550	4903	1910	506
未	미 064 [仄聲 /去聲 : 沸(비)]	: 끓을 비	3098	4907	1911	512
未	미 064 [仄聲 /去聲 : 翡(비)]	: 물총새 비	3108	4908	1912	512
未	미 064 [仄聲 /去聲 : 費(비)]	: 쓸 비	3117	4909	1913	513
未	미 064 [仄聲 /去聲 : 剕(비)]	: 발벨 비	3124	4910	1914	513
未	미 064 [仄聲 /去聲 : 狒(비)]	: 비비 비	3131	4911	1915	513
未	미 064 [仄聲 /去聲 : 芾(불)]	: 작은모양 불	3064	4905	1916	511
未	미 064 [仄聲 /去聲 : 芾*불(비)]	: 나무더부룩할 비	3065	4906	1917	513
未	미 064 [仄聲 /去聲 : 痱(배)]	: 풍병 배	2734	4904	1918	508
未	미 064 [仄聲 /去聲 : 畏(외)]	: 두려워할 외	4704	4912	1919	541
未	미 064 [仄聲 /去聲 : 蔚(위)]	: 초목우거진모양 위	4919	4913	1920	544
未	미 064 [仄聲 /去聲 : 尉(위)]	: 벼슬 위	4930	4914	1921	544
未	미 064 [仄聲 /去聲 : 慰(위)]	: 위로할 위	4932	4915	1922	544
未	미 064 [仄聲 /去聲 : 渭(위)]	: 강이름 위	4934	4916	1923	544
未	미 064 [仄聲 /去聲 : 緯(위)]	: 씨 위	4937	4917	1924	544
未	미 064 [仄聲 /去聲 : 胃(위)]	: 밥통 위	4938	4918	1925	544
未	미 064 [仄聲 /去聲 : 謂(위)]	: 이를 위	4947	4919	1926	545
未	미 064 [仄聲 /去聲 : 魏(위)]	: 성 위	4950	4920	1927	545
未	미 064 [仄聲 /去聲 : 熨(위)]	: 다리미/고약붙일 위	4954	4921	1928	545
未	미 064 [仄聲 /去聲 : 罻(위)]	: 새그물 위	4967	4922	1929	545
未	미 064 [仄聲 /去聲 : 毅(의)]	: 굳셀 의	5146	4923	1930	547
未	미 064 [仄聲 /去聲 : 孛(패)]	: 혜성 패	7075	4924	1931	579
未	미 064 [仄聲 /去聲 : 卉(훼)]	: 풀 훼	7830	4925	1932	592
未	미 064 [仄聲 /去聲 : 彙(휘)]	: 모을/고슴도치 휘	7840	4926	1933	592
未	미 064 [仄聲 /去聲 : 諱(휘)]	: 꺼릴 휘	7847	4927	1934	592
未	미 064 [仄聲 /去聲 : 憙(희)]	: 기뻐할 희	7920	4930	1935	593
刪	산 015 [平聲 /上平 : 姦(간)]	: 간음할 간	69	1612	1936	
刪	산 015 [平聲 /上平 : 癇(간)]	: 경풍 간	79	1613	1937	
刪	산 015 [平聲 /上平 : 艱(간)]	: 어려울 간	87	1614	1938	1
刪	산 015 [平聲 /上平 : 瞯*간(한)]	: 곁눈질할 한	97	1615	1939	147
刪	산 015 [平聲 /上平 : 菅*간(관)]	: 띠/성 관	101	1616	1940	9
刪	산 015 [平聲 /上平 : 關*관(완)]	: 문지방/빗장 완	682	1618	1941	91

배열형식 C (가나다 韻目 基準)		배열 A	배열 B	배열 C	배열 D
韻目	韻目No. [平仄 / 四聲 : 韻族] : 略義	운족 가나순	운목 번호순	운목 가나순	사성순
删	산 015 [平聲 /上平 : 關(관)] : 통할/관계할 관	681	1617	1942	94
删	산 015 [平聲 /上平 : 矜*근(환)] : 홀아비 환	1056	1619	1943	1549
删	산 015 [平聲 /上平 : 鸞(란)] : 난새 란	1712	1620	1944	318
删	산 015 [平聲 /上平 : 綸(륜)] : 낚싯줄 륜	2093	1621	1945	385
删	산 015 [平聲 /上平 : 彎(만)] : 굽을 만	2228	1622	1946	432
删	산 015 [平聲 /上平 : 灣(만)] : 물굽이 만	2235	1623	1947	434
删	산 015 [平聲 /上平 : 蠻(만)] : 오랑캐 만	2239	1624	1948	436
删	산 015 [平聲 /上平 : 獌(만)] : 이리 만	2251	1625	1949	441
删	산 015 [平聲 /上平 : 攀(반)] : 당길 반	2617	1626	1950	524
删	산 015 [平聲 /上平 : 斑(반)] : 얼룩 반	2618	1627	1951	525
删	산 015 [平聲 /上平 : 班(반)] : 나눌 반	2621	1628	1952	527
删	산 015 [平聲 /上平 : 般(반)] : 가지/일반 반	2631	1629	1953	533
删	산 015 [平聲 /上平 : 頒(반)] : 반포할/관자노리 반	2634	1630	1954	535
删	산 015 [平聲 /上平 : 扳(반)] : 끌어당길 반	2637	1631	1955	536
删	산 015 [平聲 /上平 : 鳻*분(반)] : 뻐꾸기 반	3012	1632	1956	539
删	산 015 [平聲 /上平 : 肦*분(반)] : 부세/구실 반	3041	1633	1957	543
删	산 015 [平聲 /上平 : 删(산)] : 깎을 산	3294	1634	1958	714
删	산 015 [平聲 /上平 : 山(산)] : 메[뫼] 산	3295	1635	1959	715
删	산 015 [平聲 /上平 : 顔(안)] : 얼굴/산우뚝할/성 안	4134	1636	1960	841
删	산 015 [平聲 /上平 : 顏(안)] : 얼굴 안	4140	1637	1961	842
删	산 015 [平聲 /上平 : 頑(완)] : 완고할 완	4680	1638	1962	915
删	산 015 [平聲 /上平 : 湲*원(환)] : 물졸졸흐를 환	4890	1639	1963	1550
删	산 015 [平聲 /上平 : 殷*은(안)] : 검붉을 안	5100	1640	1964	843
删	산 015 [平聲 /上平 : 潺(잔)] : 물흐르는소리 잔	5398	1641	1965	1166
删	산 015 [平聲 /上平 : 閑(한)] : 한가할 한	7286	1642	1966	1475
删	산 015 [平聲 /上平 : 閒(한)] : 한가할 한	7287	1643	1967	1476
删	산 015 [平聲 /上平 : 環(환)] : 고리 환	7673	1644	1968	1555
删	산 015 [平聲 /上平 : 紈(환)] : 흰비단 환	7674	1645	1969	1556
删	산 015 [平聲 /上平 : 還(환)] : 돌아올 환	7675	1646	1970	1557
删	산 015 [平聲 /上平 : 鰥(환)] : 홀아비 환	7678	1647	1971	1559
删	산 015 [平聲 /上平 : 寰(환)] : 기내(畿內) 환	7679	1648	1972	1560
删	산 015 [平聲 /上平 : 鍰(환)] : 무게 단위 환	7682	1649	1973	1561
删	산 015 [平聲 /上平 : 鬟(환)] : 땋은머리/쪽질 환	7684	1650	1974	1562
潸	산 045 [仄聲 /上聲 : 揀(간)] : 가릴 간	73	3975	1975	3246
潸	산 045 [仄聲 /上聲 : 柬(간)] : 가릴 간	76	3976	1976	3247
潸	산 045 [仄聲 /上聲 : 簡(간)] : 간략할/대쪽 간	84	3977	1977	3250

배열형식 C (가나다 韻目 基準)			배열 A	배열 B	배열 C	배열 D
韻目	韻目No. [平仄 / 四聲 : 韻族]	: 略義	운족 가나순	운목 번호순	운목 가나순	사성순
潸	산 045 [仄聲 /上聲 : 赧(난)]	: 얼굴붉힐 난	1200	3979	1978	3465
潸	산 045 [仄聲 /上聲 : 戁(난)]	: 두려울 난	1201	3980	1979	3466
潸	산 045 [仄聲 /上聲 : 産(산)]	: 낳을 산	3299	3981	1980	3875
潸	산 045 [仄聲 /上聲 : 剷(산)]	: 깎을 산	3305	3982	1981	3877
潸	산 045 [仄聲 /上聲 : 潸(산)]	: 눈물흘릴 산	3310	3983	1982	3878
潸	산 045 [仄聲 /上聲 : 產(산)]	: 대패 산	3315	3984	1983	3880
潸	산 045 [仄聲 /上聲 : 眼(안)]	: 눈 안	4131	3985	1984	3995
潸	산 045 [仄聲 /上聲 : 莞*관(완)]	: 빙그레할 완	697	3978	1985	4081
潸	산 045 [仄聲 /上聲 : 盞(잔)]	: 잔 잔	5399	3986	1986	4211
潸	산 045 [仄聲 /上聲 : 僝(잔)]	: 보일 잔	5400	3987	1987	4212
潸	산 045 [仄聲 /上聲 : 撰(찬)]	: 지을 찬	6317	3988	1988	4393
潸	산 045 [仄聲 /上聲 : 饌(찬)]	: 반찬 찬	6332	3989	1989	4397
潸	산 045 [仄聲 /上聲 : 板(판)]	: 널 판	7051	3990	1990	4522
潸	산 045 [仄聲 /上聲 : 版(판)]	: 조각 판	7052	3991	1991	4523
潸	산 045 [仄聲 /上聲 : 鈑(판)]	: 금박 판	7056	3992	1992	4524
潸	산 045 [仄聲 /上聲 : 悍(한)]	: 사나울 한	7278	3993	1993	4548
潸	산 045 [仄聲 /上聲 : 限(한)]	: 한할 한	7288	3994	1994	4552
潸	산 045 [仄聲 /上聲 : 僩(한)]	: 노할 한	7290	3995	1995	4553
潸	산 045 [仄聲 /上聲 : 睆(환)]	: 환할/깨끗할 환	7669	3996	1996	4634
霰	산 076 [仄聲 /去聲 : 揀*간(련)]	: 뺄 련	74	5730	1997	4957
霰	산 076 [仄聲 /去聲 : 牽(견)]	: 이끌/끌 견	338	5731	1998	4716
霰	산 076 [仄聲 /去聲 : 甄(견)]	: 질그릇 견	340	5732	1999	4717
霰	산 076 [仄聲 /去聲 : 絹(견)]	: 비단 견	342	5733	2000	4718
霰	산 076 [仄聲 /去聲 : 見*견(현)]	: 드러날 현	346	5735	2001	5855
霰	산 076 [仄聲 /去聲 : 見(견)]	: 볼 견	345	5734	2002	4719
霰	산 076 [仄聲 /去聲 : 譴(견)]	: 꾸짖을 견	347	5736	2003	4720
霰	산 076 [仄聲 /去聲 : 遣(견)]	: 보낼 견	348	5737	2004	4721
霰	산 076 [仄聲 /去聲 : 狷(견)]	: 성급할 견	350	5738	2005	4722
霰	산 076 [仄聲 /去聲 : 縳*견(전)]	: 곱고선명할 전	353	5739	2006	5517
霰	산 076 [仄聲 /去聲 : 趼(견)]	: 못(군살) 견	359	5740	2007	4723
霰	산 076 [仄聲 /去聲 : 鄄(견)]	: 땅이름 견	360	5741	2008	4724
霰	산 076 [仄聲 /去聲 : 串*관(천)]	: 꿰미 천	666	5742	2009	5664
霰	산 076 [仄聲 /去聲 : 倦(권)]	: 게으를 권	941	5743	2010	4818
霰	산 076 [仄聲 /去聲 : 眷(권)]	: 돌아볼 권	949	5744	2011	4821
霰	산 076 [仄聲 /去聲 : 嵐(람)]	: 아지랑이/폭풍 람	1724	5745	2012	4937
霰	산 076 [仄聲 /去聲 : 戀(련)]	: 사모할 련	1846	5746	2013	4958

배열형식 C (가나다 韻目 基準)		배열 A	배열 B	배열 C	배열 D
韻目	韻目No. [平仄 / 四聲 : 韻族] : 略義	운족 가나순	운목 번호순	운목 가나순	사성순
霰	산 076 [仄聲 /去聲 : 煉(련)] : 달굴 련	1849	5747	2014	4959
霰	산 076 [仄聲 /去聲 : 練(련)] : 익힐 련	1851	5748	2015	4960
霰	산 076 [仄聲 /去聲 : 鍊(련)] : 쇠불릴/단련할 련	1856	5749	2016	4961
霰	산 076 [仄聲 /去聲 : 僆(련)] : 쌍둥이 련	1859	5750	2017	4962
霰	산 076 [仄聲 /去聲 : 眄(면)] : 곁눈질할 면	2333	5751	2018	5037
霰	산 076 [仄聲 /去聲 : 面(면)] : 낯 면	2337	5752	2019	5038
霰	산 076 [仄聲 /去聲 : 麵(면)] : 밀가루 면	2338	5753	2020	5039
霰	산 076 [仄聲 /去聲 : 瞑(면)] : 아찔할/심할 면	2341	5754	2021	5040
霰	산 076 [仄聲 /去聲 : 便(변)] : 편할 변	2803	5756	2022	5086
霰	산 076 [仄聲 /去聲 : 卞(변)] : 성 변	2804	5757	2023	5087
霰	산 076 [仄聲 /去聲 : 弁*반(변)] : 고깔/떨/손바닥칠 변	2641	5755	2024	5088
霰	산 076 [仄聲 /去聲 : 變(변)] : 변할 변	2805	5758	2025	5089
霰	산 076 [仄聲 /去聲 : 忭(변)] : 기뻐할 변	2809	5759	2026	5090
霰	산 076 [仄聲 /去聲 : 閞(변)] : 문기둥접시받침 변	2812	5760	2027	5091
霰	산 076 [仄聲 /去聲 : 霰(산)] : 싸라기눈 산	3304	5761	2028	5166
霰	산 076 [仄聲 /去聲 : 先(선)] : 먼저 선	3495	5762	2029	5191
霰	산 076 [仄聲 /去聲 : 善(선)] : 착할 선	3496	5763	2030	5192
霰	산 076 [仄聲 /去聲 : 扇(선)] : 부채 선	3499	5764	2031	5193
霰	산 076 [仄聲 /去聲 : 敾(선)] : 다스릴 선	3500	5765	2032	5194
霰	산 076 [仄聲 /去聲 : 旋(선)] : 돌 선	3501	5766	2033	5195
霰	산 076 [仄聲 /去聲 : 渲(선)] : 바림 선	3502	5767	2034	5196
霰	산 076 [仄聲 /去聲 : 煽(선)] : 일 선	3503	5768	2035	5197
霰	산 076 [仄聲 /去聲 : 禪(선)] : 선 선	3509	5769	2036	5198
霰	산 076 [仄聲 /去聲 : 線(선)] : 줄 선	3510	5770	2037	5199
霰	산 076 [仄聲 /去聲 : 繕(선)] : 기울 선	3511	5771	2038	5200
霰	산 076 [仄聲 /去聲 : 羨(선)] : 부러워할 선	3512	5772	2039	5201
霰	산 076 [仄聲 /去聲 : 腺(선)] : 샘 선	3514	5773	2040	5202
霰	산 076 [仄聲 /去聲 : 膳(선)] : 찬 선	3515	5774	2041	5203
霰	산 076 [仄聲 /去聲 : 選(선)] : 가릴 선	3521	5775	2042	5204
霰	산 076 [仄聲 /去聲 : 饍(선)] : 반찬 선	3523	5776	2043	5205
霰	산 076 [仄聲 /去聲 : 洵(순)] : 웅덩이물/믿을 순	3883	5777	2044	5274
霰	산 076 [仄聲 /去聲 : 堰(언)] : 보/방죽 언	4332	5779	2045	5340
霰	산 076 [仄聲 /去聲 : 彥(언)] : 선비 언	4333	5780	2046	5341
霰	산 076 [仄聲 /去聲 : 諺*안(언)] : 좀말/상말 언	4143	5778	2047	5342
霰	산 076 [仄聲 /去聲 : 彦(언)] : 선비 언	4340	5781	2048	5343
霰	산 076 [仄聲 /去聲 : 嚥(연)] : 삼킬 연	4396	5782	2049	5350

배열형식 C (가나다 韻目 基準)		배열 A	배열 B	배열 C	배열 D
韻目	韻目No. [平仄 / 四聲 : 韻族] : 略義	운족 가나순	운목 번호순	운목 가나순	사성순
霰	산 076 [仄聲 /去聲 : 宴(연)] : 잔치 연	4400	5783	2050	5351
霰	산 076 [仄聲 /去聲 : 燕(연)] : 제비 연	4416	5784	2051	5352
霰	산 076 [仄聲 /去聲 : 硯(연)] : 벼루 연	4419	5785	2052	5353
霰	산 076 [仄聲 /去聲 : 緣(연)] : 인연 연	4421	5786	2053	5354
霰	산 076 [仄聲 /去聲 : 緣*연(단)] : 단옷[后服] 단	4422	5787	2054	4895
霰	산 076 [仄聲 /去聲 : 衍(연)] : 넓을 연	4425	5788	2055	5355
霰	산 076 [仄聲 /去聲 : 悁*연(견)] : 조급할 견	4431	5789	2056	4725
霰	산 076 [仄聲 /去聲 : 掾(연)] : 아전/인할 연	4432	5790	2057	5356
霰	산 076 [仄聲 /去聲 : 臙(연)] : 연지 연	4433	5791	2058	5357
霰	산 076 [仄聲 /去聲 : 媛(원)] : 계집 원	4881	5792	2059	5436
霰	산 076 [仄聲 /去聲 : 援(원)] : 도울 원	4886	5793	2060	5438
霰	산 076 [仄聲 /去聲 : 瑗(원)] : 구슬 원	4894	5794	2061	5439
霰	산 076 [仄聲 /去聲 : 院(원)] : 집 원	4900	5795	2062	5440
霰	산 076 [仄聲 /去聲 : 咽*인(연)] : 삼킬 연	5247	5796	2063	5358
霰	산 076 [仄聲 /去聲 : 佃(전)] : 밭갈 전	5592	5797	2064	5518
霰	산 076 [仄聲 /去聲 : 傳(전)] : 전할 전	5594	5798	2065	5519
霰	산 076 [仄聲 /去聲 : 奠(전)] : 정할/제수 전	5600	5799	2066	5520
霰	산 076 [仄聲 /去聲 : 戰(전)] : 싸울 전	5605	5800	2067	5521
霰	산 076 [仄聲 /去聲 : 殿(전)] : 전각 전	5607	5801	2068	5522
霰	산 076 [仄聲 /去聲 : 澱(전)] : 찌끼 전	5609	5802	2069	5523
霰	산 076 [仄聲 /去聲 : 煎(전)] : 달일 전	5610	5803	2070	5524
霰	산 076 [仄聲 /去聲 : 甸(전)] : 경기(畿內區域) 전	5612	5804	2071	5525
霰	산 076 [仄聲 /去聲 : 箭(전)] : 살 전	5617	5805	2072	5526
霰	산 076 [仄聲 /去聲 : 纏(전)] : 얽을 전	5619	5806	2073	5527
霰	산 076 [仄聲 /去聲 : 轉(전)] : 구를 전	5623	5807	2074	5528
霰	산 076 [仄聲 /去聲 : 鈿(전)] : 비녀 전	5624	5808	2075	5529
霰	산 076 [仄聲 /去聲 : 電(전)] : 번개 전	5628	5809	2076	5530
霰	산 076 [仄聲 /去聲 : 顫(전)] : 떨릴 전	5630	5810	2077	5531
霰	산 076 [仄聲 /去聲 : 餞(전)] : 전송할 전	5631	5811	2078	5532
霰	산 076 [仄聲 /去聲 : 囀(전)] : 지저귈 전	5634	5812	2079	5533
霰	산 076 [仄聲 /去聲 : 瑱(전)] : 옥이름 전	5638	5813	2080	5534
霰	산 076 [仄聲 /去聲 : 靛(전)] : 푸른색대 전	5648	5814	2081	5535
霰	산 076 [仄聲 /去聲 : 鬋(전)] : 귀밑털드리울 전	5651	5815	2082	5536
霰	산 076 [仄聲 /去聲 : 唸*점(전)] : 음할 전	5698	5816	2083	5537
霰	산 076 [仄聲 /去聲 : 淀(정)] : 얕은물 정	5730	5817	2084	5538
霰	산 076 [仄聲 /去聲 : 箐*정(천)] : 대활 천	5775	5818	2085	5665

배열형식 C (가나다 韻目 基準)		배열 A	배열 B	배열 C	배열 D
韻目	韻目No. [平仄 / 四聲 : 韻族] : 略義	운족 가나순	운목 번호순	운목 가나순	사성순
霰	산 076 [仄聲 /去聲 : 餕*준(산)] : 떡소 산	6081	5819	2086	5171
霰	산 076 [仄聲 /去聲 : 淒*처(천)] : 빠를 천	6439	5820	2087	5666
霰	산 076 [仄聲 /去聲 : 擅(천)] : 천단 천	6472	5821	2088	5667
霰	산 076 [仄聲 /去聲 : 玔(천)] : 옥고리 천	6475	5822	2089	5668
霰	산 076 [仄聲 /去聲 : 穿(천)] : 뚫을 천	6476	5823	2090	5669
霰	산 076 [仄聲 /去聲 : 薦(천)] : 천거할 천	6478	5824	2091	5670
霰	산 076 [仄聲 /去聲 : 賤(천)] : 천할 천	6479	5825	2092	5671
霰	산 076 [仄聲 /去聲 : 釧(천)] : 팔찌 천	6482	5826	2093	5672
霰	산 076 [仄聲 /去聲 : 倩(천)] : 엄전할 천	6487	5827	2094	5673
霰	산 076 [仄聲 /去聲 : 濺(천)] : 흩뿌릴 천	6489	5828	2095	5674
霰	산 076 [仄聲 /去聲 : 荐(천)] : 거듭할 천	6490	5829	2096	5675
霰	산 076 [仄聲 /去聲 : 刋(천)] : 끊을 천	6493	5830	2097	5676
霰	산 076 [仄聲 /去聲 : 綪(천)] : 붉은비단 천	6495	5831	2098	5677
霰	산 076 [仄聲 /去聲 : 竁*취(천)] : 광중팔/쥐구멍팔 천	6783	5832	2099	5678
霰	산 076 [仄聲 /去聲 : 便(편)] : 편할 편	7088	5833	2100	5797
霰	산 076 [仄聲 /去聲 : 片(편)] : 조각 편	7093	5834	2101	5798
霰	산 076 [仄聲 /去聲 : 遍(편)] : 두루 편	7098	5835	2102	5799
霰	산 076 [仄聲 /去聲 : 騗(편)] : 뛰어오를/속일 편	7100	5836	2103	5800
霰	산 076 [仄聲 /去聲 : 俔(현)] : 염탐할 현	7433	5837	2104	5856
霰	산 076 [仄聲 /去聲 : 晛(현)] : 햇살 현	7437	5838	2105	5857
霰	산 076 [仄聲 /去聲 : 炫(현)] : 밝을 현	7439	5839	2106	5858
霰	산 076 [仄聲 /去聲 : 現(현)] : 나타날 현	7442	5840	2107	5859
霰	산 076 [仄聲 /去聲 : 眩(현)] : 아찔할/어지럼 현	7443	5841	2108	5860
霰	산 076 [仄聲 /去聲 : 眩*현(환)] : 요술/미혹할 환	7444	5842	2109	5890
霰	산 076 [仄聲 /去聲 : 絢(현)] : 무늬 현	7447	5843	2110	5861
霰	산 076 [仄聲 /去聲 : 縣(현)] : 고을 현	7448	5844	2111	5862
霰	산 076 [仄聲 /去聲 : 蜆(현)] : 가막조개 현	7454	5845	2112	5864
霰	산 076 [仄聲 /去聲 : 莧(현)] : 비름 현	7456	5846	2113	5865
霰	산 076 [仄聲 /去聲 : 贙(현)] : 나눌 현	7459	5847	2114	5866
霰	산 076 [仄聲 /去聲 : 幻(환)] : 헛보일 환	7665	5848	2115	5894
錫	석 101 [仄聲 /入聲 : 擊(격)] : 칠 격	319	7549	2116	6035
錫	석 101 [仄聲 /入聲 : 檄(격)] : 격서 격	323	7550	2117	6037
錫	석 101 [仄聲 /入聲 : 激(격)] : 격할 격	324	7551	2118	6038
錫	석 101 [仄聲 /入聲 : 覡(격)] : 박수 격	326	7552	2119	6040
錫	석 101 [仄聲 /入聲 : 毄(격)] : 부딪칠 격	328	7553	2120	6042
錫	석 101 [仄聲 /入聲 : 闃(격)] : 고요할 격	329	7554	2121	6043

배열형식 C (가나다 韻目 基準)			배열 A	배열 B	배열 C	배열 D
韻目	韻目No. [平仄 / 四聲 : 韻族]	: 略義	운족 가나순	운목 번호순	운목 가나순	사성순
錫	석 101 [仄聲 /入聲 : 湨(격)]	: 강이름 격	332	7555	2122	604
錫	석 101 [仄聲 /入聲 : 狊(격)]	: 날개펼 격	333	7556	2123	604
錫	석 101 [仄聲 /入聲 : 獥(격)]	: 이리새끼 격	334	7557	2124	604
錫	석 101 [仄聲 /入聲 : 藪(격)]	: 연밥 격	336	7558	2125	605
錫	석 101 [仄聲 /入聲 : 汨*골(멱)]	: 물이름 멱	592	7559	2126	648
錫	석 101 [仄聲 /入聲 : 喫(긱)]	: 먹을/마실 긱	1177	7560	2127	622
錫	석 101 [仄聲 /入聲 : 喫*긱(끽)]	: 먹을/미실 끽	1178	7561	2128	622
錫	석 101 [仄聲 /入聲 : 惄(녁)]	: 근심할 녁	1237	7562	2129	623
錫	석 101 [仄聲 /入聲 : 溺*뇨(닉)]	: 빠질/약할 닉	1290	7563	2130	625
錫	석 101 [仄聲 /入聲 : 歷(력)]	: 겪을/지낼 력	1833	7564	2131	636
錫	석 101 [仄聲 /入聲 : 曆(력)]	: 책력/셀 력	1834	7565	2132	636
錫	석 101 [仄聲 /入聲 : 瀝(력)]	: 물방울 력	1835	7566	2133	636
錫	석 101 [仄聲 /入聲 : 礫(력)]	: 자갈 력	1836	7567	2134	637
錫	석 101 [仄聲 /入聲 : 轢(력)]	: 삐걱거릴 력	1837	7568	2135	637
錫	석 101 [仄聲 /入聲 : 轢(력)]	: 치일/부닥칠 력	1838	7569	2136	637
錫	석 101 [仄聲 /入聲 : 靂(력)]	: 벼락 력	1839	7570	2137	637
錫	석 101 [仄聲 /入聲 : 櫟(력)]	: 상수리나무 력	1840	7571	2138	637
錫	석 101 [仄聲 /入聲 : 櫪(력)]	: 가죽나무 력	1841	7572	2139	637
錫	석 101 [仄聲 /入聲 : 鬲(력)]	: 산마늘 력	1842	7573	2140	637
錫	석 101 [仄聲 /入聲 : 幕(막)]	: 장막 막	2216	7574	2141	644
錫	석 101 [仄聲 /入聲 : 冪(멱)]	: 덮을/수(自乘) 멱	2323	7575	2142	648
錫	석 101 [仄聲 /入聲 : 覓(멱)]	: 구할/찾을 멱	2324	7576	2143	648
錫	석 101 [仄聲 /入聲 : 糸(멱)]	: 가는실 멱	2325	7577	2144	648
錫	석 101 [仄聲 /入聲 : 蓂*명(멱)]	: 두루미냉이 멱	2355	7578	2145	648
錫	석 101 [仄聲 /入聲 : 劈(벽)]	: 빼갤 벽	2789	7579	2146	660
錫	석 101 [仄聲 /入聲 : 壁(벽)]	: 벽 벽	2790	7580	2147	660
錫	석 101 [仄聲 /入聲 : 甓(벽)]	: 벽돌 벽	2800	7581	2148	661
錫	석 101 [仄聲 /入聲 : 析(석)]	: 쪼갤 석	3468	7582	2149	676
錫	석 101 [仄聲 /入聲 : 淅(석)]	: 쌀일 석	3470	7583	2150	676
錫	석 101 [仄聲 /入聲 : 錫(석)]	: 주석 석	3476	7584	2151	677
錫	석 101 [仄聲 /入聲 : 蜥(석)]	: 도마뱀 석	3480	7585	2152	677
錫	석 101 [仄聲 /入聲 : 霺(석)]	: 가랑비/싸락눈 석	3482	7586	2153	677
錫	석 101 [仄聲 /入聲 : 菥(석)]	: 큰냉이 석	3484	7587	2154	677
錫	석 101 [仄聲 /入聲 : 裼(석)]	: 벗어멜 석	3486	7588	2155	678
錫	석 101 [仄聲 /入聲 : 裼*석(체)]	: 포대기 체	3487	7589	2156	757
錫	석 101 [仄聲 /入聲 : 躍*약(적)]	: 뛸 적	4265	7590	2157	726

C : (60 / 221)

배열형식 C (가나다 韻目 基準)		배열 A	배열 B	배열 C	배열 D
韻目	韻目No. [平仄 / 四聲 : 韻族] : 略義	운족 가나순	운목 번호순	운목 가나순	사성순
錫	석 101 [仄聲 / 入聲 : 霓*예(역)] : 암무지개 역	4538	7591	2158	7057
錫	석 101 [仄聲 / 入聲 : 鷁(익)] : 물새 익	5238	7592	2159	7190
錫	석 101 [仄聲 / 入聲 : 芍*작(적)] : 연밥 적	5382	7593	2160	7270
錫	석 101 [仄聲 / 入聲 : 勣(적)] : 공적/사업 적	5556	7594	2161	7271
錫	석 101 [仄聲 / 入聲 : 嫡(적)] : 아내/맏아들 적	5557	7595	2162	7272
錫	석 101 [仄聲 / 入聲 : 寂(적)] : 고요할 적	5558	7596	2163	7273
錫	석 101 [仄聲 / 入聲 : 敵(적)] : 대적할 적	5560	7597	2164	7275
錫	석 101 [仄聲 / 入聲 : 滴(적)] : 물방울 적	5561	7598	2165	7276
錫	석 101 [仄聲 / 入聲 : 狄(적)] : 오랑캐 적	5562	7599	2166	7277
錫	석 101 [仄聲 / 入聲 : 的(적)] : 과녁 적	5563	7600	2167	7278
錫	석 101 [仄聲 / 入聲 : 笛(적)] : 피리 적	5566	7601	2168	7280
錫	석 101 [仄聲 / 入聲 : 績(적)] : 길쌈 적	5568	7602	2169	7282
錫	석 101 [仄聲 / 入聲 : 翟(적)] : 꿩깃 적	5569	7603	2170	7283
錫	석 101 [仄聲 / 入聲 : 荻(적)] : 물억새 적	5571	7604	2171	7284
錫	석 101 [仄聲 / 入聲 : 迪(적)] : 나아갈 적	5577	7605	2172	7290
錫	석 101 [仄聲 / 入聲 : 鏑(적)] : 살촉 적	5580	7606	2173	7293
錫	석 101 [仄聲 / 入聲 : 糴(적)] : 쌀사들일 적	5581	7607	2174	7294
錫	석 101 [仄聲 / 入聲 : 覿(적)] : 볼 적	5582	7608	2175	7295
錫	석 101 [仄聲 / 入聲 : 逖(적)] : 멀 적	5583	7609	2176	7296
錫	석 101 [仄聲 / 入聲 : 啇(적)] : 나무뿌리 적	5584	7610	2177	7297
錫	석 101 [仄聲 / 入聲 : 篴(적)] : 피리 적	5585	7611	2178	7298
錫	석 101 [仄聲 / 入聲 : 頔(적)] : 아름다울 적	5587	7612	2179	7300
錫	석 101 [仄聲 / 入聲 : 弔*조(적)] : 이를 적	5847	7613	2180	7303
錫	석 101 [仄聲 / 入聲 : 倜(척)] : 고상할/번쩍들 척	6441	7614	2181	7515
錫	석 101 [仄聲 / 入聲 : 剔(척)] : 뼈바를 척	6442	7615	2182	7516
錫	석 101 [仄聲 / 入聲 : 戚(척)] : 친척 척	6444	7616	2183	7518
錫	석 101 [仄聲 / 入聲 : 滌(척)] : 닦을 척	6449	7617	2184	7522
錫	석 101 [仄聲 / 入聲 : 惕(척)] : 두려워할 척	6456	7618	2185	7529
錫	석 101 [仄聲 / 入聲 : 慼(척)] : 근심 척	6459	7619	2186	7532
錫	석 101 [仄聲 / 入聲 : 拓(척)] : 던질/팔매질 척	6460	7620	2187	7533
錫	석 101 [仄聲 / 入聲 : 蹢*척(적)] : 굽 적	6463	7621	2188	7305
錫	석 101 [仄聲 / 入聲 : 逐*축(적)] : 날리는모양 적	6732	7622	2189	7306
錫	석 101 [仄聲 / 入聲 : 辟*피(벽)] : 법/부를/편벽될 벽	7227	7623	2190	6622
錫	석 101 [仄聲 / 入聲 : 翮*핵(력)] : 다리굽은솥 력	7383	7624	2191	6378
先	선 016 [平聲 / 下平 : 舡(강)] : 오나라배 강	179	1651	2192	1699
先	선 016 [平聲 / 下平 : 乾(건)] : 하늘 건	269	1652	2193	1714

배열형식 C (가나다 韻目 基準)			배열 A	배열 B	배열 C	배열 D
韻目	韻目No. [平仄 / 四聲 : 韻族]	: 略義	운족 가나순	운목 번호순	운목 가나순	사성순
先	선 016 [平聲 /下平 : 愆(건)]	: 허물 건	275	1653	2194	1715
先	선 016 [平聲 /下平 : 虔(건)]	: 삼갈 건	278	1654	2195	1716
先	선 016 [平聲 /下平 : 鍵(건)]	: 열쇠/자물쇠 건	280	1655	2196	1717
先	선 016 [平聲 /下平 : 騫(건)]	: 이지러질 건	281	1656	2197	1718
先	선 016 [平聲 /下平 : 褰(건)]	: 옷걷을 건	282	1657	2198	1719
先	선 016 [平聲 /下平 : 搴(건)]	: 뽑을 건	284	1658	2199	1720
先	선 016 [平聲 /下平 : 騝(건)]	: 말이름 건	285	1659	2200	1721
先	선 016 [平聲 /下平 : 堅(견)]	: 굳을 견	337	1660	2201	1725
先	선 016 [平聲 /下平 : 肩(견)]	: 어깨 견	344	1661	2202	1726
先	선 016 [平聲 /下平 : 鵑(견)]	: 두견이 견	349	1662	2203	1727
先	선 016 [平聲 /下平 : 蠲(견)]	: 밝을/맑을 견	354	1663	2204	1728
先	선 016 [平聲 /下平 : 岍(견)]	: 산신(山神) 견	355	1664	2205	1729
先	선 016 [平聲 /下平 : 汧(견)]	: 홍수 견	356	1665	2206	1730
先	선 016 [平聲 /下平 : 过*과(변)]	: 갓(邊의약자) 변	651	1666	2207	2192
先	선 016 [平聲 /下平 : 顴(관)]	: 광대뼈 관	690	1667	2208	1784
先	선 016 [平聲 /下平 : 卷(권)]	: 책 권	944	1668	2209	1859
先	선 016 [平聲 /下平 : 拳(권)]	: 주먹 권	946	1669	2210	1860
先	선 016 [平聲 /下平 : 捲(권)]	: 말 권	947	1670	2211	1861
先	선 016 [平聲 /下平 : 權(권)]	: 권세 권	948	1671	2212	1862
先	선 016 [平聲 /下平 : 蠸(권)]	: 노린재 권	950	1672	2213	1863
先	선 016 [平聲 /下平 : 觠(권)]	: 뿔 권	951	1673	2214	1864
先	선 016 [平聲 /下平 : 亘(선)]	: 베풀 선	3490	1698	2215	2295
先	선 016 [平聲 /下平 : 年(년)]	: 해/나이/나아갈 년	1238	1674	2216	1902
先	선 016 [平聲 /下平 : 秊(년)]	: 해 년	1240	1675	2217	1903
先	선 016 [平聲 /下平 : 單*단(선)]	: 이름/고을 선	1338	1676	2218	2296
先	선 016 [平聲 /下平 : 耑*단(천)]	: 구멍/오로지 천	1363	1677	2219	2906
先	선 016 [平聲 /下平 : 襢(전)]	: 홑옷 전	5590	1754	2220	2693
先	선 016 [平聲 /下平 : 憐(련)]	: 불쌍히여길 련	1845	1678	2221	2019
先	선 016 [平聲 /下平 : 攣(련)]	: 걸릴 련	1847	1679	2222	2020
先	선 016 [平聲 /下平 : 漣(련)]	: 잔물결 련	1848	1680	2223	202
先	선 016 [平聲 /下平 : 聯(련)]	: 연이을/관계 련	1852	1681	2224	202[illegible]
先	선 016 [平聲 /下平 : 蓮(련)]	: 연밥/연꽃 련	1853	1682	2225	202[illegible]
先	선 016 [平聲 /下平 : 連(련)]	: 이을 련	1855	1683	2226	2024
先	선 016 [平聲 /下平 : 鏈(련)]	: 쇠사슬 련	1857	1684	2227	202
先	선 016 [平聲 /下平 : 鰱(련)]	: 연어 련	1858	1685	2228	202
先	선 016 [平聲 /下平 : 棉(면)]	: 목화 면	2331	1687	2229	213

배열형식 C (가나다 韻目 基準)		배열 A	배열 B	배열 C	배열 D
韻目	韻目No. [平仄 / 四聲 : 韻族] : 略義	운족 가나순	운목 번호순	운목 가나순	사성순
先	선 016 [平聲 /下平 : 眠(면)] : 잘 면	2334	1688	2230	2138
先	선 016 [平聲 /下平 : 綿(면)] : 솜 면	2335	1689	2231	2139
先	선 016 [平聲 /下平 : 邊(변)] : 가 변	2808	1690	2232	2193
先	선 016 [平聲 /下平 : 籩(변)] : 제기이름 변	2810	1691	2233	2194
先	선 016 [平聲 /下平 : 軿(병)] : 거마소리 병	2839	1693	2234	2200
先	선 016 [平聲 /下平 : 駢(병)] : 한멍에에두필걸 병	2841	1694	2235	2201
先	선 016 [平聲 /下平 : 蠙(빈)] : 씹조개 빈	3186	1695	2236	2224
先	선 016 [平聲 /下平 : 姍*산(선)] : 옷이찰찰끌릴 선	3307	1696	2237	2297
先	선 016 [平聲 /下平 : 孿*산(련)] : 쌍둥이 련	3309	1697	2238	2028
先	선 016 [平聲 /下平 : 仙(선)] : 신선 선	3493	1699	2239	2298
先	선 016 [平聲 /下平 : 僊(선)] : 훨훨춤출/선인 선	3494	1700	2240	2299
先	선 016 [平聲 /下平 : 嬋(선)] : 고울 선	3497	1701	2241	2300
先	선 016 [平聲 /下平 : 宣(선)] : 베풀 선	3498	1702	2242	2301
先	선 016 [平聲 /下平 : 琁(선)] : 옥 선	3504	1703	2243	2302
先	선 016 [平聲 /下平 : 瑄(선)] : 도리옥 선	3505	1704	2244	2303
先	선 016 [平聲 /下平 : 璇(선)] : 옥 선	3506	1705	2245	2304
先	선 016 [平聲 /下平 : 璿(선)] : 구슬 선	3507	1706	2246	2305
先	선 016 [平聲 /下平 : 羨*선(연)] : 광중길 연	3513	1707	2247	2475
先	선 016 [平聲 /下平 : 船(선)] : 배 선	3516	1708	2248	2306
先	선 016 [平聲 /下平 : 蟬(선)] : 매미 선	3518	1709	2249	2307
先	선 016 [平聲 /下平 : 鮮(선)] : 고울 선	3524	1710	2250	2308
先	선 016 [平聲 /下平 : 愃(선)] : 쾌할 선	3527	1711	2251	2309
先	선 016 [平聲 /下平 : 廯(선)] : 초막 선	3532	1712	2252	2310
先	선 016 [平聲 /下平 : 漩(선)] : 소용돌이 선	3533	1713	2253	2311
先	선 016 [平聲 /下平 : 閼*알(연)] : 성 연	4148	1714	2254	2476
先	선 016 [平聲 /下平 : 菸*어(연)] : 향초 연	4322	1715	2255	2477
先	선 016 [平聲 /下平 : 焉(언)] : 어찌 언	4334	1716	2256	2465
先	선 016 [平聲 /下平 : 嫣(언)] : 생긋생긋웃을 언	4337	1717	2257	2466
先	선 016 [平聲 /下平 : 嫣*언(현)] : 예쁠 현	4338	1718	2258	3133
先	선 016 [平聲 /下平 : 鄢(언)] : 고을이름 언	4339	1719	2259	2467
先	선 016 [平聲 /下平 : 堧(연)] : 빈터 연	4397	1720	2260	2478
先	선 016 [平聲 /下平 : 姸(연)] : 고울 연	4398	1721	2261	2479
先	선 016 [平聲 /下平 : 娟(연)] : 예쁠 연	4399	1722	2262	2480
先	선 016 [平聲 /下平 : 延(연)] : 늘일 연	4401	1723	2263	2481
先	선 016 [平聲 /下平 : 捐(연)] : 버릴/덜 연	4402	1724	2264	2482
先	선 016 [平聲 /下平 : 挻(연)] : 늘일 연	4403	1725	2265	2483

배열형식 C (가나다 韻目 基準)		배열 A	배열 B	배열 C	배열 D
韻目	韻目No. [平仄 / 四聲 : 韻族] : 略義	운족 가나순	운목 번호순	운목 가나순	사성순
先	선 016 [平聲 /下平 : 椽(연)] : 서까래 연	4404	1726	2266	2484
先	선 016 [平聲 /下平 : 沿(연)] : 물따라갈/따를 연	4406	1727	2267	2485
先	선 016 [平聲 /下平 : 涎(연)] : 침/물흐를 연	4407	1728	2268	2486
先	선 016 [平聲 /下平 : 涓(연)] : 시내 연	4408	1729	2269	2487
先	선 016 [平聲 /下平 : 淵(연)] : 못 연	4409	1730	2270	2488
先	선 016 [平聲 /下平 : 烟(연)] : 연기/타는냄새 연	4411	1731	2271	2489
先	선 016 [平聲 /下平 : 然(연)] : 그럴 연	4412	1732	2272	2490
先	선 016 [平聲 /下平 : 煙(연)] : 연기/타는냄새 연	4413	1733	2273	2491
先	선 016 [平聲 /下平 : 燃(연)] : 탈 연	4415	1734	2274	2492
先	선 016 [平聲 /下平 : 硏(연)] : 연마할/궁구할 연	4417	1735	2275	2474
先	선 016 [平聲 /下平 : 研(연)] : 갈 연	4418	1736	2276	2493
先	선 016 [平聲 /下平 : 筵(연)] : 자리 연	4420	1737	2277	2494
先	선 016 [平聲 /下平 : 鉛(연)] : 납 연	4427	1738	2278	2495
先	선 016 [平聲 /下平 : 鳶(연)] : 소리개 연	4428	1739	2279	2496
先	선 016 [平聲 /下平 : 悁(연)] : 분할/근심할 연	4430	1740	2280	2497
先	신 016 [平聲 /下平 : 妍(연)] : 아름다울 연	4434	1741	2281	2498
先	선 016 [平聲 /下平 : 硏(연)] : 연지/목구멍 연	4435	1742	2282	2499
先	선 016 [平聲 /下平 : 蜎(연)] : 벌레굼틀거릴 연	4437	1743	2283	250
先	선 016 [平聲 /下平 : 蝝(연)] : 메뚜기새끼 연	4439	1744	2284	250
先	선 016 [平聲 /下平 : 怜*령(련)] : 불쌍할 련	1906	1686	2285	202
先	선 016 [平聲 /下平 : 隕*원(원)] : 고를 운 원	4873	1745	2286	259
先	선 016 [平聲 /下平 : 員(원)] : 관원/둥글 원	4876	1746	2287	259
先	선 016 [平聲 /下平 : 圓(원)] : 둥글 원	4878	1747	2288	259
先	선 016 [平聲 /下平 : 湲(원)] : 물흐를 원	4889	1748	2289	259
先	선 016 [平聲 /下平 : 圜(원)] : 둥글/옥담 원	4904	1749	2290	259
先	선 016 [平聲 /下平 : 蜎(위)] : 고슴도치 위	4943	1750	2291	259
先	선 016 [平聲 /下平 : 咽(인)] : 목구멍 인	5246	1751	2292	263
先	선 016 [平聲 /下平 : 玆*자(현)] : 검을 현	5325	1752	2293	313
先	선 016 [平聲 /下平 : 孱(잔)] : 약할/높이솟은모양 잔	5395	1753	2294	263
先	선 016 [平聲 /下平 : 佺(전)] : 신선이름 전	5593	1755	2295	269
先	선 016 [平聲 /下平 : 全(전)] : 온전 전	5595	1756	2296	269
先	선 016 [平聲 /下平 : 前(전)] : 앞 전	5597	1757	2297	269
先	선 016 [平聲 /下平 : 剪(전)] : 가위 전	5598	1758	2298	269
先	선 016 [平聲 /下平 : 塼(전)] : 벽돌 전	5599	1759	2299	269
先	선 016 [平聲 /下平 : 專(전)] : 오로지 전	5601	1760	2300	269
先	선 016 [平聲 /下平 : 廛(전)] : 터 전	5603	1761	2301	270

배열형식 C (가나다 韻目 基準)		배열 A	배열 B	배열 C	배열 D
韻目	韻目No. [平仄 / 四聲 : 韻族] : 略義	운족 가나순	운목 번호순	운목 가나순	사성순
先	선 016 [平聲 /下平 : 悛(전)] : 고칠 전	5604	1762	2302	2701
先	선 016 [平聲 /下平 : 栓(전)] : 나무못 전	5606	1763	2303	2702
先	선 016 [平聲 /下平 : 氈(전)] : 모전 전	5608	1764	2304	2703
先	선 016 [平聲 /下平 : 田(전)] : 밭 전	5611	1765	2305	2704
先	선 016 [平聲 /下平 : 癲(전)] : 미칠 전	5614	1766	2306	2705
先	선 016 [平聲 /下平 : 筌(전)] : 통발 전	5615	1767	2307	2706
先	선 016 [平聲 /下平 : 箋(전)] : 찌 전	5616	1768	2308	2707
先	선 016 [平聲 /下平 : 詮(전)] : 설명할 전	5620	1769	2309	2708
先	선 016 [平聲 /下平 : 銓(전)] : 저울 전	5625	1770	2310	2709
先	선 016 [平聲 /下平 : 錢(전)] : 돈 전	5626	1771	2311	2710
先	선 016 [平聲 /下平 : 鐫(전)] : 새길/송곳 전	5627	1772	2312	2711
先	선 016 [平聲 /下平 : 巔(전)] : 산꼭대기 전	5635	1773	2313	2712
先	선 016 [平聲 /下平 : 旃(전)] : 기/깃발 전	5636	1774	2314	2713
先	선 016 [平聲 /下平 : 湔(전)] : 씻을 전	5637	1775	2315	2714
先	선 016 [平聲 /下平 : 畋(전)] : 밭갈/사냥할 전	5640	1776	2316	2715
先	선 016 [平聲 /下平 : 痊(전)] : 병나을 전	5641	1777	2317	2716
先	선 016 [平聲 /下平 : 磚(전)] : 벽돌 전	5642	1778	2318	2717
先	선 016 [平聲 /下平 : 羶(전)] : 누린내 전	5643	1779	2319	2718
先	선 016 [平聲 /下平 : 荃(전)] : 두터울 전	5646	1780	2320	2719
先	선 016 [平聲 /下平 : 躔(전)] : 궤도 전	5647	1781	2321	2720
先	선 016 [平聲 /下平 : 顓(전)] : 어리석을/오로지 전	5650	1782	2322	2721
先	선 016 [平聲 /下平 : 鱣(전)] : 철갑상어 전	5652	1783	2323	2722
先	선 016 [平聲 /下平 : 鸇(전)] : 새매 전	5653	1784	2324	2723
先	선 016 [平聲 /下平 : 巓(전)] : 산꼭대기 전	5654	1785	2325	2724
先	선 016 [平聲 /下平 : 拴(전)] : 묶을 전	5655	1786	2326	2725
先	선 016 [平聲 /下平 : 旜(전)] : 기 전	5656	1787	2327	2726
先	선 016 [平聲 /下平 : 瀍(전)] : 강이름 전	5657	1788	2328	2727
先	선 016 [平聲 /下平 : 牷(전)] : 희생할 전	5658	1789	2329	2728
先	선 016 [平聲 /下平 : 縓(전)] : 붉은빛/비단 전	5660	1790	2330	2729
先	선 016 [平聲 /下平 : 葥(전)] : 질경이 전	5661	1791	2331	2730
先	선 016 [平聲 /下平 : 闐*전(기)] : 나라이름 기	5663	1793	2332	1882
先	선 016 [平聲 /下平 : 闐(전)] : 찰/성할 전	5662	1792	2333	2731
先	선 016 [平聲 /下平 : 顚(전)] : 머리 전	5664	1794	2334	2732
先	선 016 [平聲 /下平 : 饘(전)] : 죽 전	5665	1795	2335	2733
先	선 016 [平聲 /下平 : 鱄(전)] : 정어/숭어 전	5666	1796	2336	2734
先	선 016 [平聲 /下平 : 竣*준(전)] : 마칠/물러설 전	6068	1797	2337	2735

배열형식 C (가나다 韻目 基準)		배열 A	배열 B	배열 C	배열 D
韻目	韻目No. [平仄 / 四聲 : 韻族] : 略義	운족 가나순	운목 번호순	운목 가나순	사성순
先	선 016 [平聲 /下平 : 仟(천)] : 천사람어른/일천 천	6467	1798	2338	2907
先	선 016 [平聲 /下平 : 千(천)] : 일천 천	6468	1799	2339	2908
先	선 016 [平聲 /下平 : 天(천)] : 하늘 천	6470	1800	2340	2909
先	선 016 [平聲 /下平 : 川(천)] : 내 천	6471	1801	2341	2910
先	선 016 [平聲 /下平 : 泉(천)] : 샘 천	6473	1802	2342	2911
先	선 016 [平聲 /下平 : 遷(천)] : 옮길 천	6481	1803	2343	2912
先	선 016 [平聲 /下平 : 阡(천)] : 두렁 천	6484	1804	2344	2913
先	선 016 [平聲 /下平 : 韆(천)] : 그네 천	6485	1805	2345	2914
先	선 016 [平聲 /下平 : 遄(천)] : 빠를 천	6497	1806	2346	2915
先	선 016 [平聲 /下平 : 便*편(변)] : 똥오줌 변	7089	1807	2347	2195
先	선 016 [平聲 /下平 : 偏(편)] : 치우칠 편	7090	1808	2348	3048
先	선 016 [平聲 /下平 : 扁(편)] : 특별할/작을/거룻배 편	7091	1809	2349	3049
先	선 016 [平聲 /下平 : 篇(편)] : 책 편	7094	1810	2350	3050
先	선 016 [平聲 /下平 : 編(편)] : 책편/엮을/기록할 편	7095	1811	2351	3051
先	선 016 [平聲 /下平 : 翩(편)] : 빨리날 편	7097	1812	2352	3052
先	선 016 [平聲 /下平 : 鞭(편)] : 채찍 편	7099	1813	2353	3053
先	선 016 [平聲 /下平 : 蝙(편)] : 박쥐 편	7101	1814	2354	3054
先	선 016 [平聲 /下平 : 褊*변(편)] : 좁을/급할 편	2814	1692	2355	3055
先	선 016 [平聲 /下平 : 平*평(편)] : 편편할 편	7109	1815	2356	3056
先	선 016 [平聲 /下平 : 弦(현)] : 시위 현	7435	1816	2357	3135
先	선 016 [平聲 /下平 : 玄(현)] : 검을 현	7440	1817	2358	3136
先	선 016 [平聲 /下平 : 玹(현)] : 옥돌/옥빛 현	7441	1818	2359	3137
先	선 016 [平聲 /下平 : 絃(현)] : 줄 현	7446	1819	2360	3138
先	선 016 [平聲 /下平 : 舷(현)] : 뱃전 현	7449	1820	2361	3139
先	선 016 [平聲 /下平 : 賢(현)] : 어질 현	7451	1821	2362	3140
先	선 016 [平聲 /下平 : 駽(현)] : 철총이 현	7455	1822	2363	314
先	선 016 [平聲 /下平 : 蠉(현)] : 장구벌레 현	7458	1823	2364	3142
先	선 016 [平聲 /下平 : 還*환(선)] : 돌/빠를 선	7676	1824	2365	231
先	선 016 [平聲 /下平 : 鐶(환)] : 쇠고리 환	7683	1825	2366	3182
銑	선 046 [仄聲 /上聲 : 件(건)] : 물건 건	271	3997	2367	3285
銑	선 046 [仄聲 /上聲 : 蹇(건)] : 절 건	279	3998	2368	3286
銑	선 046 [仄聲 /上聲 : 謇(건)] : 말 더듬거릴 건	283	3999	2369	3287
銑	선 046 [仄聲 /上聲 : 犬(견)] : 개 견	339	4000	2370	3294
銑	선 046 [仄聲 /上聲 : 繭(견)] : 고치 견	343	4001	2371	3295
銑	선 046 [仄聲 /上聲 : 畎(견)] : 밭도랑 견	351	4002	2372	3296
銑	선 046 [仄聲 /上聲 : 縛(견)] : 올 견	352	4003	2373	329

배열형식 C (가나다 韻目 基準)		배열 A	배열 B	배열 C	배열 D
韻目	韻目No. [平仄 / 四聲 : 韻族] : 略義	운족 가나순	운목 번호순	운목 가나순	사성순
銑	선 046 [仄聲 /上聲 : 豣(견)] : 큰돼지 견	357	4004	2374	3298
銑	선 046 [仄聲 /上聲 : 懦*유(나)] : 잔악할 연	4971	4044	2375	4031
銑	선 046 [仄聲 /上聲 : 撚(년)] : 꼴 년	1239	4006	2376	3473
銑	선 046 [仄聲 /上聲 : 碾(년)] : 맷돌 년	1241	4007	2377	3474
銑	선 046 [仄聲 /上聲 : 畎(견)] : 지성스러울 견	361	4005	2378	3299
銑	선 046 [仄聲 /上聲 : 璉(련)] : 호련 련	1850	4009	2379	3584
銑	선 046 [仄聲 /上聲 : 輦(련)] : 손수레 련	1854	4010	2380	3585
銑	선 046 [仄聲 /上聲 : 娩*만(면)] : 유순할 면	2226	4011	2381	3665
銑	선 046 [仄聲 /上聲 : 免(면)] : 벗을/면할피할 면	2327	4012	2382	3666
銑	선 046 [仄聲 /上聲 : 免*면(문)] : 해산할/상건쓸 문	2328	4013	2383	3703
銑	선 046 [仄聲 /上聲 : 冕(면)] : 면류관 면	2329	4014	2384	3667
銑	선 046 [仄聲 /上聲 : 勉(면)] : 면할 면	2330	4015	2385	3668
銑	선 046 [仄聲 /上聲 : 沔(면)] : 빠질 면	2332	4016	2386	3669
銑	선 046 [仄聲 /上聲 : 緬(면)] : 가는실 면	2336	4017	2387	3670
銑	선 046 [仄聲 /上聲 : 俛(면)] : 구부릴 면	2339	4018	2388	3671
銑	선 046 [仄聲 /上聲 : 湎(면)] : 빠질 면	2340	4019	2389	3672
銑	선 046 [仄聲 /上聲 : 辨(변)] : 분별할 변	2806	4020	2390	3756
銑	선 046 [仄聲 /上聲 : 辯(변)] : 말씀 변	2807	4021	2391	3757
銑	선 046 [仄聲 /上聲 : 辮(변)] : 땋을 변	2811	4022	2392	3758
銑	선 046 [仄聲 /上聲 : 癬(선)] : 옴 선	3508	4026	2393	3913
銑	선 046 [仄聲 /上聲 : 蘚(선)] : 이끼 선	3517	4027	2394	3914
銑	선 046 [仄聲 /上聲 : 跣(선)] : 맨발 선	3520	4028	2395	3915
銑	선 046 [仄聲 /上聲 : 銑(선)] : 끌 선	3522	4029	2396	3916
銑	선 046 [仄聲 /上聲 : 鮮*선(선)] : 적을/드물 선	3525	4030	2397	3917
銑	선 046 [仄聲 /上聲 : 墡(선)] : 백토 선	3526	4031	2398	3918
銑	선 046 [仄聲 /上聲 : 鱓(선)] : 두렁허리 선	3529	4032	2399	3919
銑	선 046 [仄聲 /上聲 : 墠(선)] : 제사터 선	3531	4033	2400	3920
銑	선 046 [仄聲 /上聲 : 獮(선)] : 가을사냥 선	3534	4034	2401	3921
銑	선 046 [仄聲 /上聲 : 洗*세(선)] : 조촐할/율이름 선	3607	4035	2402	3922
銑	선 046 [仄聲 /上聲 : 洒*세(쇄)] : 엄숙할 선	3620	4036	2403	3923
銑	선 046 [仄聲 /上聲 : 撚(년)] : 꼴/잡을/밟을 년	1242	4008	2404	3475
銑	선 046 [仄聲 /上聲 : 沇(연)] : 졸졸흐르는 연	4405	4037	2405	4032
銑	선 046 [仄聲 /上聲 : 演(연)] : 펼 연	4410	4038	2406	4033
銑	선 046 [仄聲 /上聲 : 縯(연)] : 길(長也) 연	4423	4039	2407	4034
銑	선 046 [仄聲 /上聲 : 軟(연)] : 연할/부드러울 연	4426	4040	2408	4035
銑	선 046 [仄聲 /上聲 : 兖(연)] : 바를 연	4429	4041	2409	4036

배열형식 C (가나다 韻目 基準)			배열 A	배열 B	배열 C	배열 D
韻目	韻目No. [平仄 / 四聲 : 韻族]	: 略義	운족 가나순	운목 번호순	운목 가나순	사성순
銑	선 046 [仄聲 /上聲 : 耎(연)]	: 가냘플 연	4436	4042	2410	4037
銑	선 046 [仄聲 /上聲 : 蜎*연(견)]	: 장구벌레 견	4438	4043	2411	3300
銑	선 046 [仄聲 /上聲 : 典(전)]	: 법 전	5596	4045	2412	4253
銑	선 046 [仄聲 /上聲 : 展(전)]	: 펼 전	5602	4046	2413	4254
銑	선 046 [仄聲 /上聲 : 篆(전)]	: 전자 전	5618	4047	2414	4255
銑	선 046 [仄聲 /上聲 : 輾*전(년)]	: 연자방아 년	5622	4049	2415	3476
銑	선 046 [仄聲 /上聲 : 輾(전)]	: 돌 전	5621	4048	2416	4256
銑	선 046 [仄聲 /上聲 : 顚(전)]	: 이마/엎드러질 전	5629	4050	2417	4257
銑	선 046 [仄聲 /上聲 : 吮*전(연)]	: 기침할/핥을 연	5633	4052	2418	4038
銑	선 046 [仄聲 /上聲 : 吮(전)]	: 빨 전	5632	4051	2419	4258
銑	선 046 [仄聲 /上聲 : 翦(전)]	: 자를 전	5644	4053	2420	4259
銑	선 046 [仄聲 /上聲 : 腆(전)]	: 두터울 전	5645	4054	2421	4260
銑	선 046 [仄聲 /上聲 : 靦(전)]	: 부끄러워할 전	5649	4055	2422	4261
銑	선 046 [仄聲 /上聲 : 瑑(전)]	: 새길 전	5659	4056	2423	4262
銑	선 046 [仄聲 /上聲 : 蜓*정(전)]	: 도마뱀 전	5781	4059	2424	4264
銑	선 046 [仄聲 /上聲 : 雋(전)]	: 새살찔 전	5668	4057	2425	4265
銑	선 046 [仄聲 /上聲 : 雋*전(준)]	: 영특할/준걸 준	5669	4058	2426	4347
銑	선 046 [仄聲 /上聲 : 殄(진)]	: 다할/죽을 진	6201	4060	2427	4375
銑	선 046 [仄聲 /上聲 : 趁*진(전)]	: 밟을 전	6229	4061	2428	4266
銑	선 046 [仄聲 /上聲 : 撰*찬(천)]	: 일(事也) 천	6318	4062	2429	4414
銑	선 046 [仄聲 /上聲 : 喘(천)]	: 헐떡일 천	6469	4063	2430	4415
銑	선 046 [仄聲 /上聲 : 淺(천)]	: 얕을 천	6474	4064	2431	4416
銑	선 046 [仄聲 /上聲 : 舛(천)]	: 어그러질 천	6477	4065	2432	4417
銑	선 046 [仄聲 /上聲 : 踐(천)]	: 밟을 천	6480	4066	2433	4418
銑	선 046 [仄聲 /上聲 : 闡(천)]	: 열 천	6483	4067	2434	4419
銑	선 046 [仄聲 /上聲 : 俴(천)]	: 엷을 천	6486	4068	2435	4420
銑	선 046 [仄聲 /上聲 : 蕆(천)]	: 경계할 천	6491	4069	2436	4421
銑	선 046 [仄聲 /上聲 : 蚕(천)]	: 지렁이 천	6492	4070	2437	4422
銑	선 046 [仄聲 /上聲 : 灛(천)]	: 강이름 천	6494	4071	2438	4423
銑	선 046 [仄聲 /上聲 : 僤(탄)]	: 재빠를 탄	6934	4072	2439	4496
銑	선 046 [仄聲 /上聲 : 扁*편(변)]	: 현판/낮을 변	7092	4073	2440	3759
銑	선 046 [仄聲 /上聲 : 編*편(변)]	: 땋을 변	7096	4074	2441	3760
銑	선 046 [仄聲 /上聲 : 褊(변)]	: 옷너풀거릴 변	2813	4023	2442	3761
銑	선 046 [仄聲 /上聲 : 諞*변(편)]	: 말교묘히할 편	2816	4025	2443	4527
銑	선 046 [仄聲 /上聲 : 諞(변)]	: 말교묘히할 변	2815	4024	2444	3762
銑	선 046 [仄聲 /上聲 : 峴(현)]	: 고개 현	7434	4075	2445	4587

배열형식 C (가나다 韻目 基準)		배열 A	배열 B	배열 C	배열 D
韻目	韻目No. [平仄 / 四聲 : 韻族] : 略義	운족 가나순	운목 번호순	운목 가나순	사성순
銑	선 046 [仄聲 /上聲 : 泫(현)] : 빛날 현	7438	4076	2446	4588
銑	선 046 [仄聲 /上聲 : 晛(현)] : 불거질눈 현	7445	4077	2447	4589
銑	선 046 [仄聲 /上聲 : 顯(현)] : 나타날/알려질 현	7453	4078	2448	4591
銑	선 046 [仄聲 /上聲 : 睆(환)] : 가득 차 있는 모양 환	7680	4079	2449	4635
屑	설 098 [仄聲 /入聲 : 渴*갈(걸)] : 목마를 걸	106	7076	2450	6017
屑	설 098 [仄聲 /入聲 : 碣(갈)] : 비갈 갈	107	7077	2451	5974
屑	설 098 [仄聲 /入聲 : 竭*갈(걸)] : 다할 걸	110	7079	2452	6018
屑	설 098 [仄聲 /入聲 : 竭(갈)] : 다할 갈	109	7078	2453	5975
屑	설 098 [仄聲 /入聲 : 傑(걸)] : 뛰어날 걸	288	7080	2454	6020
屑	설 098 [仄聲 /入聲 : 杰(걸)] : 뛰어날(傑과동자) 걸	289	7081	2455	6021
屑	설 098 [仄聲 /入聲 : 桀(걸)] : 하왕(夏王)이름 걸	290	7082	2456	6022
屑	설 098 [仄聲 /入聲 : 偈(걸)] : 헌철할/힘찰 걸	291	7083	2457	6023
屑	설 098 [仄聲 /入聲 : 揭*게(걸)] : 들/세울 걸	313	7084	2458	6024
屑	설 098 [仄聲 /入聲 : 抉(결)] : 도려낼 결	363	7085	2459	6051
屑	설 098 [仄聲 /入聲 : 決(결)] : 결단할 결	364	7086	2460	6052
屑	설 098 [仄聲 /入聲 : 潔(결)] : 깨끗할 결	365	7087	2461	6053
屑	설 098 [仄聲 /入聲 : 結(결)] : 맺을 결	366	7088	2462	6054
屑	설 098 [仄聲 /入聲 : 缺(결)] : 이지러질 결	367	7089	2463	6055
屑	설 098 [仄聲 /入聲 : 訣(결)] : 에어질 결	368	7090	2464	6056
屑	설 098 [仄聲 /入聲 : 玦(결)] : 패옥 결	369	7091	2465	6057
屑	설 098 [仄聲 /入聲 : 闋(결)] : 문닫을 결	370	7092	2466	6058
屑	설 098 [仄聲 /入聲 : 芵(결)] : 초결명자 결	371	7093	2467	6059
屑	설 098 [仄聲 /入聲 : 鴂(결)] : 뱁새 결	372	7094	2468	6060
屑	설 098 [仄聲 /入聲 : 契*계(설)] : 사람이름 설	453	7097	2469	6783
屑	설 098 [仄聲 /入聲 : 契*계(글)] : 견고할 결	452	7096	2470	6061
屑	설 098 [仄聲 /入聲 : 鍥*계(설)] : 낫 설	486	7098	2471	6784
屑	설 098 [仄聲 /入聲 : 鵋(기)] : 작은기러기 기	1176	7099	2472	6220
屑	설 098 [仄聲 /入聲 : 拮*결(길)] : 일할 길	375	7095	2473	6224
屑	설 098 [仄聲 /入聲 : 蛣(길)] : 장구벌레 길	1185	7100	2474	6226
屑	설 098 [仄聲 /入聲 : 捏(날)] : 이길 날	1202	7101	2475	6232
屑	설 098 [仄聲 /入聲 : 篞(녈)] : 파리 녈	1243	7103	2476	6239
屑	설 098 [仄聲 /入聲 : 呐*눌(열)] : 말느리게할 열	1297	7104	2477	7060
屑	설 098 [仄聲 /入聲 : 埒(랄)] : 담 랄	1722	7105	2478	6351
屑	설 098 [仄聲 /入聲 : 冽(렬)] : 찰 렬	1860	7106	2479	6379
屑	설 098 [仄聲 /入聲 : 列(렬)] : 벌/벌릴 렬	1861	7107	2480	6380
屑	설 098 [仄聲 /入聲 : 劣(렬)] : 못할 렬	1862	7108	2481	6381

배열형식 C (가나다 韻目 基準)		배열 A	배열 B	배열 C	배열 D
韻目	韻目No. [平仄 / 四聲 : 韻族] : 略義	운족 가나순	운목 번호순	운목 가나순	사성순
屑	설 098 [仄聲 /入聲 : 洌(렬)] : 맑을 렬	1863	7109	2482	6382
屑	설 098 [仄聲 /入聲 : 烈(렬)] : 매울 렬	1864	7110	2483	6383
屑	설 098 [仄聲 /入聲 : 裂(렬)] : 찢어질 렬	1865	7111	2484	6384
屑	설 098 [仄聲 /入聲 : 捩(렬)] : 활대 렬	1866	7112	2485	6385
屑	설 098 [仄聲 /入聲 : 栵*례(렬)] : 작은도토리/돌밤 렬	1908	7116	2486	6386
屑	설 098 [仄聲 /入聲 : 茢(렬)] : 갈대꽃 렬	1867	7113	2487	6387
屑	설 098 [仄聲 /入聲 : 鮤(렬)] : 웅어 렬	1868	7114	2488	6388
屑	설 098 [仄聲 /入聲 : 鴷(렬)] : 딱따구리 렬	1869	7115	2489	6389
屑	설 098 [仄聲 /入聲 : 滅(멸)] : 멸할/꺼질 멸	2343	7117	2490	6485
屑	설 098 [仄聲 /入聲 : 蔑(멸)] : 업신여길 멸	2344	7118	2491	6486
屑	설 098 [仄聲 /入聲 : 蠛(멸)] : 눈에놀이 멸	2345	7119	2492	6487
屑	설 098 [仄聲 /入聲 : 薛(설)] : 설풀/설나라/성 설	3535	7126	2493	6785
屑	설 098 [仄聲 /入聲 : 別(별)] : 다를/나눌 별	2817	7120	2494	6623
屑	설 098 [仄聲 /入聲 : 瞥(별)] : 언뜻볼 별	2818	7121	2495	6624
屑	설 098 [仄聲 /入聲 : 鱉(별)] : 금계 별	2819	7122	2496	6625
屑	설 098 [仄聲 /入聲 : 彆(별)] : 활 뒤틀릴 별	2821	7123	2497	6626
屑	설 098 [仄聲 /入聲 : 鷩(별)] : 금계 별	2822	7124	2498	6627
屑	설 098 [仄聲 /入聲 : 批*비(별)] : 찔러밀칠 별	3089	7125	2499	6628
屑	설 098 [仄聲 /入聲 : 卨(설)] : 은나라시조이름 설	3537	7127	2500	6786
屑	설 098 [仄聲 /入聲 : 屑(설)] : 가루 설	3538	7128	2501	6787
屑	설 098 [仄聲 /入聲 : 楔(설)] : 쐐기 설	3539	7129	2502	6788
屑	설 098 [仄聲 /入聲 : 泄(설)] : 샐 설	3540	7130	2503	6789
屑	설 098 [仄聲 /入聲 : 渫(설)] : 칠 설	3543	7131	2504	6790
屑	설 098 [仄聲 /入聲 : 舌(설)] : 혀 설	3545	7132	2505	6791
屑	설 098 [仄聲 /入聲 : 薛(설)] : 맑은대쑥 설	3546	7133	2506	6792
屑	설 098 [仄聲 /入聲 : 褻(설)] : 더러울 설	3547	7134	2507	6793
屑	설 098 [仄聲 /入聲 : 設(설)] : 베풀 설	3548	7135	2508	6794
屑	설 098 [仄聲 /入聲 : 說*설(세)] : 달랠/설득할 세	3550	7137	2509	6820
屑	설 098 [仄聲 /入聲 : 說*설(열)] : 기꺼울 열	3551	7138	2510	7061
屑	설 098 [仄聲 /入聲 : 說(설)] : 말씀 설	3549	7136	2511	6795
屑	설 098 [仄聲 /入聲 : 雪(설)] : 눈 설	3552	7139	2512	6796
屑	설 098 [仄聲 /入聲 : 齧(설)] : 물 설	3553	7140	2513	6797
屑	설 098 [仄聲 /入聲 : 偰(설)] : 맑을 설	3554	7141	2514	6798
屑	설 098 [仄聲 /入聲 : 媟(설)] : 깔볼/친압할 설	3555	7142	2515	6799
屑	설 098 [仄聲 /入聲 : 碟(설)] : 가죽다룰 설	3556	7143	2516	6800
屑	설 098 [仄聲 /入聲 : 紲(설)] : 고삐 설	3557	7144	2517	6801

C : (70 / 221)

배열형식 C (가나다 韻目 基準)		배열 A	배열 B	배열 C	배열 D
韻目	韻目No. [平仄 / 四聲 : 韻族] : 略義	운족 가나순	운목 번호순	운목 가나순	사성순
屑	설 098 [仄聲 /入聲 : 偰(설)] : 소곤거릴 설	3558	7145	2518	6802
屑	설 098 [仄聲 /入聲 : 挈(설)] : 손에들 설	3559	7146	2519	6803
屑	설 098 [仄聲 /入聲 : 帨(세)] : 수건 세	3615	7147	2520	6821
屑	설 098 [仄聲 /入聲 : 刷(쇄)] : 인쇄할 쇄	3739	7148	2521	6841
屑	설 098 [仄聲 /入聲 : 訐(알)] : 들추어 낼 알	4150	7149	2522	6969
屑	설 098 [仄聲 /入聲 : 孼(얼)] : 서자 얼	4342	7150	2523	7029
屑	설 098 [仄聲 /入聲 : 臬(얼)] : 말뚝 얼	4344	7151	2524	7031
屑	설 098 [仄聲 /入聲 : 孽(얼)] : 서자 얼	4345	7152	2525	7032
屑	설 098 [仄聲 /入聲 : 闑(얼)] : 문에세운말뚝 얼	4346	7153	2526	7033
屑	설 098 [仄聲 /入聲 : 咽(열)] : 목멜 열	4440	7154	2527	7062
屑	설 098 [仄聲 /入聲 : 悅(열)] : 기쁠 열	4441	7155	2528	7063
屑	설 098 [仄聲 /入聲 : 涅(날)] : 개흙 날	1204	7102	2529	6234
屑	설 098 [仄聲 /入聲 : 熱(열)] : 더울 열	4442	7156	2530	7064
屑	설 098 [仄聲 /入聲 : 閱(열)] : 볼 열	4443	7157	2531	7065
屑	설 098 [仄聲 /入聲 : 噎(열)] : 목멜 열	4444	7158	2532	7066
屑	설 098 [仄聲 /入聲 : 拽*예(열)] : 끌 열	4542	7159	2533	7067
屑	설 098 [仄聲 /入聲 : 蜺*예(얼)] : 암무지개 얼	4547	7160	2534	7034
屑	설 098 [仄聲 /入聲 : 潏*율(휼)] : 샘솟을 휼	5085	7161	2535	7922
屑	설 098 [仄聲 /入聲 : 咽*인(열)] : 목멜/막힐 열	5248	7162	2536	7068
屑	설 098 [仄聲 /入聲 : 佚*일(질)] : 방탕할 질	5272	7163	2537	7420
屑	설 098 [仄聲 /入聲 : 軼*질(절)] : 마주칠/서로/바퀴 절	6237	7179	2538	7307
屑	설 098 [仄聲 /入聲 : 切(절)] : 끊을 절	5670	7164	2539	7308
屑	설 098 [仄聲 /入聲 : 截(절)] : 끊을 절	5672	7165	2540	7309
屑	설 098 [仄聲 /入聲 : 折*절(제)] : 부러질 설	5675	7167	2541	6804
屑	설 098 [仄聲 /入聲 : 折(절)] : 꺽을 절	5673	7166	2542	7310
屑	설 098 [仄聲 /入聲 : 浙(절)] : 강이름 절	5676	7168	2543	7311
屑	설 098 [仄聲 /入聲 : 癤(절)] : 부스럼 절	5677	7169	2544	7312
屑	설 098 [仄聲 /入聲 : 竊(절)] : 훔칠 절	5678	7170	2545	7313
屑	설 098 [仄聲 /入聲 : 節(절)] : 마디 절	5679	7171	2546	7314
屑	설 098 [仄聲 /入聲 : 絶(절)] : 끊을 절	5680	7172	2547	7315
屑	설 098 [仄聲 /入聲 : 晢*제(절)] : 밝을/비칠 절	5796	7175	2548	7316
屑	설 098 [仄聲 /入聲 : 棁(절)] : 동자기둥 절	5681	7173	2549	7317
屑	설 098 [仄聲 /入聲 : 絕(절)] : 끊을 절	5682	7174	2550	7318
屑	설 098 [仄聲 /入聲 : 拙(졸)] : 못날/무딜/나 졸	5941	7176	2551	7369
屑	설 098 [仄聲 /入聲 : 準*준(절)] : 코마루 절	6063	7177	2552	7319
屑	설 098 [仄聲 /入聲 : 茁(줄)] : 싹틀 줄	6084	7178	2553	7394

배열형식 C (가나다 韻目 基準)		배열 A	배열 B	배열 C	배열 D
韻目	韻目No. [平仄 / 四聲 : 韻族] : 略義	운족 가나순	운목 번호순	운목 가나순	사성순
屑	설 098 [仄聲 /入聲 : 姪*질(절)] : 조카 절	6242	7180	2554	7320
屑	설 098 [仄聲 /入聲 : 窒*질(절)] : 막을/가득할 절	6249	7181	2555	7321
屑	설 098 [仄聲 /入聲 : 蛭(질)] : 거머리 질	6251	7182	2556	7433
屑	설 098 [仄聲 /入聲 : 跌(질)] : 넘어질 질	6254	7183	2557	7435
屑	설 098 [仄聲 /入聲 : 迭(질)] : 갈마들 질	6255	7184	2558	7436
屑	설 098 [仄聲 /入聲 : 絰(질)] : 질 질	6256	7185	2559	7437
屑	설 098 [仄聲 /入聲 : 苵(질)] : 돌피 질	6261	7186	2560	7442
屑	설 098 [仄聲 /入聲 : 掣*척(철)] : 던질/팔매질 철	6461	7187	2561	7537
屑	설 098 [仄聲 /入聲 : 凸(철)] : 뾰족할/내밀 철	6498	7188	2562	7538
屑	설 098 [仄聲 /入聲 : 哲(철)] : 밝을 철	6500	7189	2563	7539
屑	설 098 [仄聲 /入聲 : 喆(철)] : 밝을/쌍길 철	6501	7190	2564	7540
屑	설 098 [仄聲 /入聲 : 徹(철)] : 바퀴자국 철	6502	7191	2565	7541
屑	설 098 [仄聲 /入聲 : 撤(철)] : 거둘 철	6503	7192	2566	7542
屑	설 098 [仄聲 /入聲 : 澈(철)] : 맑을 철	6504	7193	2567	7543
屑	설 098 [仄聲 /入聲 : 綴*철(체)] : 연결할 체	6506	7194	2568	7571
屑	설 098 [仄聲 /入聲 : 輟(철)] : 그칠 철	6507	7195	2569	7544
屑	설 098 [仄聲 /入聲 : 轍(철)] : 비귀자욱 철	6508	7196	2570	7545
屑	설 098 [仄聲 /入聲 : 鐵(철)] : 쇠 철	6509	7197	2571	7546
屑	설 098 [仄聲 /入聲 : 啜(철)] : 마실 철	6510	7198	2572	7547
屑	설 098 [仄聲 /入聲 : 惙(철)] : 근심할 철	6511	7199	2573	7548
屑	설 098 [仄聲 /入聲 : 歠(철)] : 마실/먹을 철	6512	7200	2574	7549
屑	설 098 [仄聲 /入聲 : 掣*체(철)] : 당길들 철	6568	7201	2575	7550
屑	설 098 [仄聲 /入聲 : 艸*초(철)] : 풀파릇파릇날 철	6594	7202	2576	7551
屑	설 098 [仄聲 /入聲 : 棁(탈)] : 지팡이 탈	6939	7203	2577	7684
屑	설 098 [仄聲 /入聲 : 閉*폐(별)] : 막을/감출 별	7125	7204	2578	6629
屑	설 098 [仄聲 /入聲 : 孑(혈)] : 외로울 혈	7460	7205	2579	7827
屑	설 098 [仄聲 /入聲 : 穴(혈)] : 굴 혈	7461	7206	2580	7828
屑	설 098 [仄聲 /入聲 : 血(혈)] : 피 혈	7462	7207	2581	7829
屑	설 098 [仄聲 /入聲 : 頁(혈)] : 머리 혈	7463	7208	2582	7830
屑	설 098 [仄聲 /入聲 : 絜(혈)] : 헤아릴 혈	7464	7209	2583	7831
屑	설 098 [仄聲 /入聲 : 譎(휼)] : 속일 휼	7870	7210	2584	7924
屑	설 098 [仄聲 /入聲 : 頡(힐)] : 오르내리락할/목 힐	7943	7211	2585	7944
屑	설 098 [仄聲 /入聲 : 黠(힐)] : 약을 힐	7945	7212	2586	7945
蕭	소 017 [平聲 /下平 : 僑(교)] : 더부살이 교	759	1826	2587	1805
蕭	소 017 [平聲 /下平 : 喬(교)] : 높을 교	761	1827	2588	1807
蕭	소 017 [平聲 /下平 : 嬌(교)] : 아리따울 교	762	1828	2589	1808

배열형식 C (가나다 韻目 基準)			배열 A	배열 B	배열 C	배열 D
韻目	韻目No. [平仄 / 四聲 : 韻族]	: 略義	운족 가나순	운목 번호순	운목 가나순	사성순
蕭	소 017 [平聲 /下平 : 橋(교)]	: 다리 교	769	1829	2590	1810
蕭	소 017 [平聲 /下平 : 翹(교)]	: 꼬리깃털 교	774	1830	2591	1811
蕭	소 017 [平聲 /下平 : 蕎(교)]	: 메밀 교	776	1831	2592	1812
蕭	소 017 [平聲 /下平 : 驕(교)]	: 교만할 교	783	1832	2593	1815
蕭	소 017 [平聲 /下平 : 驕*교(효)]	: 사냥개 효	784	1833	2594	3206
蕭	소 017 [平聲 /下平 : 蹻(교)]	: 바랄 교	792	1834	2595	1817
蕭	소 017 [平聲 /下平 : 茭(교)]	: 아욱 교	804	1835	2596	1821
蕭	소 017 [平聲 /下平 : 蹺(교)]	: 발돋음할 교	806	1836	2597	1823
蕭	소 017 [平聲 /下平 : 鷮(교)]	: 꿩 교	807	1837	2598	1824
蕭	소 017 [平聲 /下平 : 跳(도)]	: 뛸 도	1512	1838	2599	1958
蕭	소 017 [平聲 /下平 : 陶*도(요)]	: 화락할 요	1521	1839	2600	2559
蕭	소 017 [平聲 /下平 : 敦*돈(단)]	: 아로새길 조	1572	1840	2601	2791
蕭	소 017 [平聲 /下平 : 寮(료)]	: 벼슬아치/동관 료	2009	1841	2602	2064
蕭	소 017 [平聲 /下平 : 聊(료)]	: 귀울 료	2015	1842	2603	2065
蕭	소 017 [平聲 /下平 : 遼(료)]	: 멀 료	2018	1843	2604	2066
蕭	소 017 [平聲 /下平 : 撩(료)]	: 다스릴 료	2019	1844	2605	2067
蕭	소 017 [平聲 /下平 : 獠(료)]	: 밤사냥 료	2021	1845	2606	2068
蕭	소 017 [平聲 /下平 : 鐐(료)]	: 족쇄 료	2024	1846	2607	2069
蕭	소 017 [平聲 /下平 : 描(묘)]	: 그릴 묘	2431	1848	2608	2164
蕭	소 017 [平聲 /下平 : 猫(묘)]	: 고양이 묘	2435	1849	2609	2165
蕭	소 017 [平聲 /下平 : 苗(묘)]	: 모 묘	2436	1850	2610	2166
蕭	소 017 [平聲 /下平 : 錨(묘)]	: 닻 묘	2437	1851	2611	2167
蕭	소 017 [平聲 /下平 : 貓(묘)]	: 고양이 묘	2441	1852	2612	2168
蕭	소 017 [平聲 /下平 : 宵(소)]	: 밤 소	3631	1853	2613	2333
蕭	소 017 [平聲 /下平 : 昭(소)]	: 밝을 소	3638	1854	2614	2336
蕭	소 017 [平聲 /下平 : 消(소)]	: 사라질 소	3642	1855	2615	2337
蕭	소 017 [平聲 /下平 : 瀟(소)]	: 강이름 소	3645	1856	2616	2338
蕭	소 017 [平聲 /下平 : 簫(소)]	: 퉁소 소	3656	1857	2617	2339
蕭	소 017 [平聲 /下平 : 蕭(소)]	: 쑥/시끄러울 소	3660	1858	2618	2340
蕭	소 017 [平聲 /下平 : 逍(소)]	: 거닐 소	3663	1859	2619	2341
蕭	소 017 [平聲 /下平 : 銷(소)]	: 녹일 소	3666	1860	2620	2342
蕭	소 017 [平聲 /下平 : 韶(소)]	: 풍류이름 소	3667	1861	2621	2343
蕭	소 017 [平聲 /下平 : 蛸(소)]	: 갈거미 소	3678	1862	2622	2348
蕭	소 017 [平聲 /下平 : 霄(소)]	: 하늘 소	3680	1863	2623	2349
蕭	소 017 [平聲 /下平 : 魈(소)]	: 산의 요괴 소	3681	1864	2624	2350
蕭	소 017 [平聲 /下平 : 柖(소)]	: 과녁/나무흔들릴 소	3684	1865	2625	2352

배열형식 C (가나다 韻目 基準)		배열 A	배열 B	배열 C	배열 D
韻目	韻目No. [平仄 / 四聲 : 韻族] : 略義	운족 가나순	운목 번호순	운목 가나순	사성순
蕭	소 017 [平聲 /下平 : 痟(소)] : 종기 소	3687	1866	2626	2354
蕭	소 017 [平聲 /下平 : 蠨(소)] : 갈머리 소	3689	1867	2627	2355
蕭	소 017 [平聲 /下平 : 釗*소(교)] : 사람이름 교	3691	1869	2628	1825
蕭	소 017 [平聲 /下平 : 釗(소)] : 힘쓸 소	3690	1868	2629	2356
蕭	소 017 [平聲 /下平 : 脩(수)] : 기쁠 수	3842	1870	2630	2377
蕭	소 017 [平聲 /下平 : 僥(요)] : 요행 요	4712	1871	2631	2560
蕭	소 017 [平聲 /下平 : 堯(요)] : 요임금 요	4714	1872	2632	2562
蕭	소 017 [平聲 /下平 : 妖(요)] : 요사할 요	4716	1873	2633	2563
蕭	소 017 [平聲 /下平 : 姚(요)] : 예쁠 요	4717	1874	2634	2564
蕭	소 017 [平聲 /下平 : 窔(요)] : 예쁠 요	4718	1875	2635	2565
蕭	소 017 [平聲 /下平 : 嶢(요)] : 높을 요	4719	1876	2636	2566
蕭	소 017 [平聲 /下平 : 橈(요)] : 굽을 요	4724	1877	2637	2567
蕭	소 017 [平聲 /下平 : 瑤(요)] : 아름다운옥 요	4727	1878	2638	2568
蕭	소 017 [平聲 /下平 : 窯(요)] : 가마 요	4729	1879	2639	2569
蕭	소 017 [平聲 /下平 : 繇(요)] : 따를 요	4730	1880	2640	2570
蕭	소 017 [平聲 /下平 : 腰(요)] : 허리 요	4734	1881	2641	2571
蕭	소 017 [平聲 /下平 : 蟯(요)] : 요충 요	4735	1882	2642	2572
蕭	소 017 [平聲 /下平 : 謠(요)] : 노래 요	4737	1883	2643	2573
蕭	소 017 [平聲 /下平 : 遙(요)] : 멀 요	4738	1884	2644	2574
蕭	소 017 [平聲 /下平 : 邀(요)] : 맞이할 요	4739	1885	2645	2575
蕭	소 017 [平聲 /下平 : 饒(요)] : 넉넉할 요	4740	1886	2646	2576
蕭	소 017 [平聲 /下平 : 澆(요)] : 물 댈 요	4741	1887	2647	2577
蕭	소 017 [平聲 /下平 : 幺(요)] : 접미사 요	4745	1888	2648	2578
蕭	소 017 [平聲 /下平 : 吆(요)] : 뱉을 요	4746	1889	2649	2579
蕭	소 017 [平聲 /下平 : 愮(요)] : 두려워할 요	4747	1890	2650	2580
蕭	소 017 [平聲 /下平 : 飆(축)] : 찡그릴 축	6719	1925	2651	2984
蕭	소 017 [平聲 /下平 : 凋(조)] : 시들 조	5843	1891	2652	2793
蕭	소 017 [平聲 /下平 : 彫(조)] : 새길 조	5848	1892	2653	2795
蕭	소 017 [平聲 /下平 : 晁(조)] : 아침 조	5853	1893	2654	2796
蕭	소 017 [平聲 /下平 : 朝(조)] : 아침 조	5855	1894	2655	2798
蕭	소 017 [平聲 /下平 : 條(조)] : 가지 조	5856	1895	2656	2799
蕭	소 017 [平聲 /下平 : 潮(조)] : 조수 조	5860	1896	2657	2801
蕭	소 017 [平聲 /下平 : 雕(조)] : 독수리 조	5888	1897	2658	2806
蕭	소 017 [平聲 /下平 : 刁(조)] : 바라 조	5891	1898	2659	2807
蕭	소 017 [平聲 /下平 : 祧(조)] : 조묘 조	5901	1899	2660	2808
蕭	소 017 [平聲 /下平 : 蜩(조)] : 매미 조	5909	1900	2661	2811

배열형식 C (가나다 韻目 基準)		배열 A	배열 B	배열 C	배열 D
韻目	韻目No. [平仄 / 四聲 : 韻族] : 略義	운족 가나순	운목 번호순	운목 가나순	사성순
蕭	소 017 [平聲 /下平 : 銚(조)] : 가래/쟁기 조	5910	1901	2662	2812
蕭	소 017 [平聲 /下平 : 哨*초(소)] : 잔말할 소	6578	1902	2663	2358
蕭	소 017 [平聲 /下平 : 憔(초)] : 파리할 초	6579	1903	2664	2939
蕭	소 017 [平聲 /下平 : 抄(초)] : 가릴/베낄/번역할 초	6580	1904	2665	2940
蕭	소 017 [平聲 /下平 : 招*초(교)] : 들/높이들 교	6582	1906	2666	1826
蕭	소 017 [平聲 /下平 : 招(초)] : 손짓할/부를 초	6581	1905	2667	2941
蕭	소 017 [平聲 /下平 : 椒(초)] : 산초나무 초	6584	1907	2668	2943
蕭	소 017 [平聲 /下平 : 樵(초)] : 땔나무 초	6586	1908	2669	2944
蕭	소 017 [平聲 /下平 : 焦(초)] : 탈 초	6588	1909	2670	2945
蕭	소 017 [平聲 /下平 : 硝(초)] : 초석 초	6589	1910	2671	2946
蕭	소 017 [平聲 /下平 : 礁(초)] : 물속돌/암초 초	6590	1911	2672	2947
蕭	소 017 [平聲 /下平 : 苕(초)] : 능소화 초	6595	1912	2673	2948
蕭	소 017 [平聲 /下平 : 蕉(초)] : 파초 초	6597	1913	2674	2949
蕭	소 017 [平聲 /下平 : 貂(초)] : 담비 초	6598	1914	2675	2950
蕭	소 017 [平聲 /下平 : 超(초)] : 뛰어넘을 초	6599	1915	2676	2951
蕭	소 017 [平聲 /下平 : 岧(초)] : 우뚝한산 초	6605	1916	2677	2953
蕭	소 017 [平聲 /下平 : 燋(초)] : 홰 초	6610	1917	2678	2954
蕭	소 017 [平聲 /下平 : 綃(초)] : 생사(生絲) 초	6611	1918	2679	2955
蕭	소 017 [平聲 /下平 : 軺(초)] : 수레/영구차 초	6613	1919	2680	2956
蕭	소 017 [平聲 /下平 : 迢(초)] : 멀 초	6614	1920	2681	2957
蕭	소 017 [平聲 /下平 : 顦(초)] : 파리할 초	6617	1921	2682	2959
蕭	소 017 [平聲 /下平 : 髫(초)] : 다박머리 초	6618	1922	2683	2960
蕭	소 017 [平聲 /下平 : 鷦(초)] : 뱁새 초	6619	1923	2684	2961
蕭	소 017 [平聲 /下平 : 瞧(초)] : 곁눈질/엳볼 초	6621	1924	2685	2962
蕭	소 017 [平聲 /下平 : 瘳(료)] : 병나을 (추)료	2029	1847	2686	2070
蕭	소 017 [平聲 /下平 : 麃(표)] : 위험스러울 표	7177	1926	2687	3080
蕭	소 017 [平聲 /下平 : 剽(표)] : 표독할 표	7180	1927	2688	3081
蕭	소 017 [平聲 /下平 : 杓(표)] : 북두자루 표	7183	1928	2689	3083
蕭	소 017 [平聲 /下平 : 標(표)] : 표할 표	7185	1929	2690	3084
蕭	소 017 [平聲 /下平 : 瓢(표)] : 박 표	7187	1930	2691	3085
蕭	소 017 [平聲 /下平 : 票(표)] : 문서/표/쪽지 표	7188	1931	2692	3086
蕭	소 017 [平聲 /下平 : 飈(표)] : 회호리바람 표	7191	1932	2693	3087
蕭	소 017 [平聲 /下平 : 飄(표)] : 회오리바람 표	7192	1933	2694	3088
蕭	소 017 [平聲 /下平 : 鏢(표)] : 칼끝 표	7197	1934	2695	3089
蕭	소 017 [平聲 /下平 : 鑣(표)] : 재갈 표	7198	1935	2696	3090
蕭	소 017 [平聲 /下平 : 猋(표)] : 회오리바람 표	7200	1936	2697	3091

	배열형식 C (가나다 韻目 基準)		배열 A	배열 B	배열 C	배열 D
韻目	韻目No. [平仄 / 四聲 : 韻族]	: 略義	운족 가나순	운목 번호순	운목 가나순	사성순
蕭	소 017 [平聲 /下平 : 穮(표)]	: 김맬 표	7201	1937	2698	3092
蕭	소 017 [平聲 /下平 : 藨(표)]	: 쥐눈이콩 표	7203	1938	2699	3093
蕭	소 017 [平聲 /下平 : 驃(표)]	: 물에사는조개 표	7204	1939	2700	3094
蕭	소 017 [平聲 /下平 : 飆(표)]	: 회호리바람 표	7205	1940	2701	3095
蕭	소 017 [平聲 /下平 : 梟(효)]	: 올빼미 효	7771	1941	2702	3210
蕭	소 017 [平聲 /下平 : 驍(효)]	: 날랠 효	7777	1942	2703	3215
蕭	소 017 [平聲 /下平 : 囂(효)]	: 시끄러울 효	7778	1943	2704	3216
蕭	소 017 [平聲 /下平 : 熇(효)]	: 불김[炎氣] 효	7780	1944	2705	3218
蕭	소 017 [平聲 /下平 : 枵(효)]	: 비울 효	7785	1945	2706	3219
蕭	소 017 [平聲 /下平 : 鴞(효)]	: 부엉이 효	7789	1946	2707	3222
篠	소 047 [仄聲 /上聲 : 皎(교)]	: 흴 교	771	4080	2708	3388
篠	소 047 [仄聲 /上聲 : 矯(교)]	: 바로잡을 교	772	4081	2709	3389
篠	소 047 [仄聲 /上聲 : 糾(교)]	: 맺힐/얽힐 교	808	4082	2710	3394
篠	소 047 [仄聲 /上聲 : 嫋(뇨)]	: 예쁠/간들거릴 뇨	1283	4083	2711	3486
篠	소 047 [仄聲 /上聲 : 裊(뇨)]	: 간드러질 뇨	1286	4084	2712	3487
篠	소 047 [仄聲 /上聲 : 褭(뇨)]	: 낭창거릴 뇨	1288	4085	2713	3488
篠	소 047 [仄聲 /上聲 : 挑(도)]	: 돋울 도	1493	4086	2714	3532
篠	소 047 [仄聲 /上聲 : 挑*도(조)]	: 돋울 조	1494	4087	2715	4296
篠	소 047 [仄聲 /上聲 : 了(료)]	: 마칠 료	2007	4088	2716	3613
篠	소 047 [仄聲 /上聲 : 僚(료)]	: 동료 료	2008	4089	2717	3614
篠	소 047 [仄聲 /上聲 : 瞭(료)]	: 밝을 료	2014	4090	2718	3615
篠	소 047 [仄聲 /上聲 : 蓼(료)]	: 여뀌 료	2016	4091	2719	3616
篠	소 047 [仄聲 /上聲 : 蓼*료(륙)]	: 풀앞긴모양 륙	2017	4092	2720	3629
篠	소 047 [仄聲 /上聲 : 繚(료)]	: 감길 료	2023	4093	2721	3618
篠	소 047 [仄聲 /上聲 : 杳(묘)]	: 어두울 묘	2433	4094	2722	3684
篠	소 047 [仄聲 /上聲 : 渺(묘)]	: 아득할 묘	2434	4095	2723	3685
篠	소 047 [仄聲 /上聲 : 眇(묘)]	: 애꾸눈 묘	2438	4096	2724	3686
篠	소 047 [仄聲 /上聲 : 藐(묘)]	: 멀/작을/약할 묘	2439	4097	2725	3687
篠	소 047 [仄聲 /上聲 : 緲(묘)]	: 아득할 묘	2443	4098	2726	3688
篠	소 047 [仄聲 /上聲 : 小(소)]	: 작을 소	3632	4102	2727	3932
篠	소 047 [仄聲 /上聲 : 昭*소(조)]	: 나타날/빛날/밝을 조	3639	4103	2728	4299
篠	소 047 [仄聲 /上聲 : 沼(소)]	: 못/늪 소	3641	4104	2729	3935
篠	소 047 [仄聲 /上聲 : 篠(소)]	: 가는대 소	3655	4105	2730	3936
篠	소 047 [仄聲 /上聲 : 紹(소)]	: 이을 소	3658	4106	2731	3937
篠	소 047 [仄聲 /上聲 : 柖*소(초)]	: 목욕상 초	3685	4107	2732	4433
篠	소 047 [仄聲 /上聲 : 夭(요)]	: 일찍죽을 요	4715	4108	2733	4092

배열형식 C (가나다 韻目 基準)			배열 A	배열 B	배열 C	배열 D
韻目	韻目No. [平仄 / 四聲 : 韻族]	: 略義	운족 가나순	운목 번호순	운목 가나순	사성순
篠	소 047 [仄聲 /上聲 : 擾(요)]	: 길들일 요	4722	4109	2734	4094
篠	소 047 [仄聲 /上聲 : 窈(요)]	: 그윽할 요	4728	4110	2735	4095
篠	소 047 [仄聲 /上聲 : 窅(요)]	: 움평눈 요	4742	4111	2736	4096
篠	소 047 [仄聲 /上聲 : 遶(요)]	: 둘릉/포위할 요	4743	4112	2737	4097
篠	소 047 [仄聲 /上聲 : 舀(요)]	: 절구확긁어낼 요	4748	4113	2738	4098
篠	소 047 [仄聲 /上聲 : 兆(조)]	: 억조 조	5842	4114	2739	4302
篠	소 047 [仄聲 /上聲 : 窕(조)]	: 정숙할 조	5870	4115	2740	4308
篠	소 047 [仄聲 /上聲 : 肇(조)]	: 비롯할 조	5877	4116	2741	4312
篠	소 047 [仄聲 /上聲 : 趙(조)]	: 나라 조	5882	4117	2742	4315
篠	소 047 [仄聲 /上聲 : 鳥(조)]	: 새 조	5889	4118	2743	4318
篠	소 047 [仄聲 /上聲 : 佻(조)]	: 방정맞을 조	5890	4119	2744	4319
篠	소 047 [仄聲 /上聲 : 駣(조)]	: 네살말 조	5919	4120	2745	4323
篠	소 047 [仄聲 /上聲 : 鮡(조)]	: 물고기이름 조	5920	4121	2746	4324
篠	소 047 [仄聲 /上聲 : 剿(초)]	: 끊을/죽일 초	6576	4122	2747	4434
篠	소 047 [仄聲 /上聲 : 秒(묘)]	: 벼까락/세미할 묘	2445	4099	2748	3690
篠	소 047 [仄聲 /上聲 : 秒*묘(초)]	: 초침 초	2446	4100	2749	4437
篠	소 047 [仄聲 /上聲 : 悄(초)]	: 근심할 초	6607	4123	2750	4441
篠	소 047 [仄聲 /上聲 : 愀(초)]	: 해쓱할/풀죽을 초	6608	4124	2751	4442
篠	소 047 [仄聲 /上聲 : 吵(묘)]	: 지저귈/울 묘	2447	4101	2752	3691
篠	소 047 [仄聲 /上聲 : 湫*추(초)]	: 웅덩이 초	6679	4125	2753	4445
篠	소 047 [仄聲 /上聲 : 表(표)]	: 겉 표	7189	4126	2754	4536
篠	소 047 [仄聲 /上聲 : 縹(표)]	: 옥색빛 표	7196	4127	2755	4537
篠	소 047 [仄聲 /上聲 : 婊(표)]	: 창녀 표	7199	4128	2756	4538
篠	소 047 [仄聲 /上聲 : 蔈(표)]	: 떨어질 표	7202	4129	2757	4539
篠	소 047 [仄聲 /上聲 : 鉉(현)]	: 솥귀 현	7452	4130	2758	4590
嘯	소 077 [仄聲 /去聲 : 嶠(교)]	: 산길 교	763	5849	2759	4795
嘯	소 077 [仄聲 /去聲 : 轎(교)]	: 가마 교	780	5850	2760	4799
嘯	소 077 [仄聲 /去聲 : 噭(교)]	: 주둥이 교	787	5851	2761	4801
嘯	소 077 [仄聲 /去聲 : 嘂(교)]	: 크게부르짖을 교	797	5852	2762	4803
嘯	소 077 [仄聲 /去聲 : 窽(규)]	: 구멍 규	998	5854	2763	4837
嘯	소 077 [仄聲 /去聲 : 尿(뇨)]	: 오줌 뇨	1282	5855	2764	4879
嘯	소 077 [仄聲 /去聲 : 溺(뇨)]	: 오줌 뇨	1289	5856	2765	4881
嘯	소 077 [仄聲 /去聲 : 掉(도)]	: 흔들 도	1495	5858	2766	4916
嘯	소 077 [仄聲 /去聲 : 覩(도)]	: 볼(=睹) 도	1510	5859	2767	4919
嘯	소 077 [仄聲 /去聲 : 料(료)]	: 헤아릴 료	2011	5861	2768	4986
嘯	소 077 [仄聲 /去聲 : 燎(료)]	: 화톳불 료	2012	5862	2769	4987

배열형식 C (가나다 韻目 基準)		배열 A	배열 B	배열 C	배열 D
韻目	韻目No. [平仄/ 四聲 : 韻族] : 略義	운족 가나순	운목 번호순	운목 가나순	사성순
嘯	소 077 [仄聲 /去聲 : 療(료)] : 병고칠 료	2013	5863	2770	498
嘯	소 077 [仄聲 /去聲 : 蟉*료(류)] : 용머리꿈틀거릴 료	2027	5864	2771	498
嘯	소 077 [仄聲 /去聲 : 鷯(료)] : 굴뚝새 료	2028	5865	2772	499
嘯	소 077 [仄聲 /去聲 : 妙(묘)] : 묘할 묘	2429	5866	2773	504
嘯	소 077 [仄聲 /去聲 : 廟(묘)] : 사당 묘	2430	5867	2774	505
嘯	소 077 [仄聲 /去聲 : 篎(묘)] : 작은피리 묘	2442	5868	2775	505
嘯	소 077 [仄聲 /去聲 : 召(소)] : 부를 소	3627	5869	2776	522
嘯	소 077 [仄聲 /去聲 : 召*소(조)] : 대추 조	3628	5870	2777	556
嘯	소 077 [仄聲 /去聲 : 嘯(소)] : 휘파람 소	3629	5871	2778	522
嘯	소 077 [仄聲 /去聲 : 少(소)] : 적을 소	3633	5872	2779	522
嘯	소 077 [仄聲 /去聲 : 炤*소(작)] : 비칠/반딧불 조	3647	5874	2780	556
嘯	소 077 [仄聲 /去聲 : 炤(소)] : 밝을 소	3646	5873	2781	522
嘯	소 077 [仄聲 /去聲 : 燒(소)] : 사를 소	3649	5875	2782	522
嘯	소 077 [仄聲 /去聲 : 笑(소)] : 웃음 소	3654	5876	2783	522
嘯	소 077 [仄聲 /去聲 : 邵(소)] : 땅이름/성 소	3665	5877	2784	523
嘯	소 077 [仄聲 /去聲 : 尿(뇨)] : 오줌 뇨	1292	5857	2785	488
嘯	소 077 [仄聲 /去聲 : 搖(요)] : 흔들 요	4721	5880	2786	541
嘯	소 077 [仄聲 /去聲 : 曜(요)] : 빛날 요	4723	5881	2787	541
嘯	소 077 [仄聲 /去聲 : 燿(요)] : 빛날 요	4726	5882	2788	541
嘯	소 077 [仄聲 /去聲 : 繞(요)] : 두를 요	4732	5883	2789	542
嘯	소 077 [仄聲 /去聲 : 耀(요)] : 빛날 요	4733	5884	2790	542
嘯	소 077 [仄聲 /去聲 : 要(요)] : 요긴할 요	4736	5885	2791	542
嘯	소 077 [仄聲 /去聲 : 鷂(요)] : 익더귀 요	4744	5886	2792	542
嘯	소 077 [仄聲 /去聲 : 蕘(요)] : 강아지풀 요	4750	5887	2793	542
嘯	소 077 [仄聲 /去聲 : 吊(조)] : 조상할(弔) 조	5840	5888	2794	556
嘯	소 077 [仄聲 /去聲 : 弔(조)] : 조상할 조	5846	5889	2795	556
嘯	소 077 [仄聲 /去聲 : 照(조)] : 비칠 조	5861	5890	2796	556
嘯	소 077 [仄聲 /去聲 : 眺(조)] : 바라볼 조	5865	5891	2797	556
嘯	소 077 [仄聲 /去聲 : 詔(조)] : 조서/가르칠 조	5880	5892	2798	557
嘯	소 077 [仄聲 /去聲 : 調(조)] : 고를 조	5881	5893	2799	557
嘯	소 077 [仄聲 /去聲 : 釣(조)] : 낚을/낚시 조	5886	5894	2800	557
嘯	소 077 [仄聲 /去聲 : 糶(조)] : 쌀내어팔 조	5905	5895	2801	557
嘯	소 077 [仄聲 /去聲 : 藋(조)] : 명아주 조	5914	5896	2802	557
嘯	소 077 [仄聲 /去聲 : 覜(조)] : 뵐 조	5915	5897	2803	557
嘯	소 077 [仄聲 /去聲 : 醮(조)] : 마실 조	5917	5898	2804	557
嘯	소 077 [仄聲 /去聲 : 綢(도)] : 얽을 도	1546	5860	2805	492

배열형식 C (가나다 韻目 基準)		배열 A	배열 B	배열 C	배열 D
韻目	韻目No. [平仄 / 四聲 : 韻族] : 略義	운족 가나순	운목 번호순	운목 가나순	사성순
嘯	소 077 [仄聲 /去聲 : 潲(조)] : 수레채에옻칠할 조	5926	5899	2806	5582
嘯	소 077 [仄聲 /去聲 : 哨(초)] : 방수꾼/피리 초	6577	5900	2807	5698
嘯	소 077 [仄聲 /去聲 : 肖(소)] : 쇠약할/흩어질 소	3692	5878	2808	5236
嘯	소 077 [仄聲 /去聲 : 肖*소(초)] : 닮을/작을 초	3693	5879	2809	5700
嘯	소 077 [仄聲 /去聲 : 醮(초)] : 초례 초	6602	5901	2810	5703
嘯	소 077 [仄聲 /去聲 : 僬(초)] : 명찰할 초	6603	5902	2811	5704
嘯	소 077 [仄聲 /去聲 : 劭*교(소)] : 아름다울/높을 소	811	5853	2812	5237
嘯	소 077 [仄聲 /去聲 : 峭(초)] : 높고험악할/급할 초	6606	5903	2813	5705
嘯	소 077 [仄聲 /去聲 : 誚(초)] : 꾸짖을 초	6612	5904	2814	5707
嘯	소 077 [仄聲 /去聲 : 俵(표)] : 나누어줄 표	7179	5905	2815	5822
嘯	소 077 [仄聲 /去聲 : 慓(표)] : 날랠 표	7182	5906	2816	5823
嘯	소 077 [仄聲 /去聲 : 漂(표)] : 떠다닐 표	7186	5907	2817	5824
嘯	소 077 [仄聲 /去聲 : 驃(표)] : 날랠 표	7193	5908	2818	5826
嘯	소 077 [仄聲 /去聲 : 嫖(표)] : 날랠 표	7194	5909	2819	5827
嘯	소 077 [仄聲 /去聲 : 摽(표)] : 칠 표	7195	5910	2820	5828
嘯	소 077 [仄聲 /去聲 : 衒(현)] : 자랑할 현	7450	5911	2821	5863
送	송 060 [仄聲 /去聲 : 控(공)] : 당길 공	607	4667	2822	4766
送	송 060 [仄聲 /去聲 : 貢(공)] : 바칠 공	614	4668	2823	4767
送	송 060 [仄聲 /去聲 : 弄(롱)] : 구경할/희롱할 롱	1972	4671	2824	4975
送	송 060 [仄聲 /去聲 : 凍(동)] : 얼 동	1599	4669	2825	4927
送	송 060 [仄聲 /去聲 : 棟(동)] : 마룻대 동	1605	4670	2826	4929
送	송 060 [仄聲 /去聲 : 弄(롱)] : 희롱할 롱	1974	4672	2827	4976
送	송 060 [仄聲 /去聲 : 瞢*몽(맹)] : 답답할/캄캄할 맹	2422	4673	2828	5036
送	송 060 [仄聲 /去聲 : 鳳(봉)] : 새 봉	2929	4674	2829	5095
送	송 060 [仄聲 /去聲 : 賵(봉)] : 보낼 봉	2932	4675	2830	5096
送	송 060 [仄聲 /去聲 : 送(송)] : 보낼 송	3729	4676	2831	5244
送	송 060 [仄聲 /去聲 : 瓮(옹)] : 독 옹	4630	4677	2832	5402
送	송 060 [仄聲 /去聲 : 甕(옹)] : 독 옹	4631	4678	2833	5403
送	송 060 [仄聲 /去聲 : 罋(옹)] : 두레박 옹	4640	4679	2834	5404
送	송 060 [仄聲 /去聲 : 粽(종)] : 주악 종	5964	4680	2835	5585
送	송 060 [仄聲 /去聲 : 仲(중)] : 버금 중	6089	4681	2836	5612
送	송 060 [仄聲 /去聲 : 衆(중)] : 무리 중	6090	4682	2837	5613
送	송 060 [仄聲 /去聲 : 眾(중)] : 무리 중	6092	4683	2838	5614
送	송 060 [仄聲 /去聲 : 銃(총)] : 총 총	6652	4684	2839	5710
送	송 060 [仄聲 /去聲 : 總*총(종)] : 혼솔 종	6660	4685	2840	5586
送	송 060 [仄聲 /去聲 : 慟(통)] : 서러워할 통	6998	4686	2841	5770

배열형식 C (가나다 韻目 基準)		배열 A	배열 B	배열 C	배열 D
韻目	韻目No. [平仄 / 四聲 : 韻族] : 略義	운족 가나순	운목 번호순	운목 가나순	사성순
送	송 060 [仄聲 /去聲 : 痛(통)] : 아플 통	6999	4687	2842	5771
送	송 060 [仄聲 /去聲 : 諷(풍)] : 욀 풍	7209	4688	2843	5829
送	송 060 [仄聲 /去聲 : 檻(함)] : 우리 함	7303	4689	2844	5842
送	송 060 [仄聲 /去聲 : 哄(홍)] : 떠들썩할 홍	7613	4690	2845	5883
送	송 060 [仄聲 /去聲 : 虹*홍(공)] : 무지개/골이름 공	7622	4691	2846	4769
送	송 060 [仄聲 /去聲 : 澒(홍)] : 수은 홍	7626	4692	2847	5884
宋	송 061 [仄聲 /去聲 : 恐(공)] : 두려울 공	604	4693	2848	4765
宋	송 061 [仄聲 /去聲 : 鞚(공)] : 말굴레 공	627	4694	2849	4768
宋	송 061 [仄聲 /去聲 : 俸(봉)] : 녹 봉	2914	4695	2850	5094
宋	송 061 [仄聲 /去聲 : 宋(송)] : 성/나라 송	3723	4696	2851	5241
宋	송 061 [仄聲 /去聲 : 訟(송)] : 송사할 송	3727	4697	2852	5242
宋	송 061 [仄聲 /去聲 : 誦(송)] : 욀 송	3728	4698	2853	5243
宋	송 061 [仄聲 /去聲 : 頌(송)] : 칭송할/기릴 송	3730	4699	2854	5245
宋	송 061 [仄聲 /去聲 : 用(용)] : 쓸 용	4775	4700	2855	5425
宋	송 061 [仄聲 /去聲 : 種(종)] : 씨 종	5952	4701	2856	5583
宋	송 061 [仄聲 /去聲 : 綜(종)] : 모을 종	5954	4702	2857	5584
宋	송 061 [仄聲 /去聲 : 統(통)] : 거느릴 통	7001	4703	2858	5772
宋	송 061 [仄聲 /去聲 : 鬨(홍)] : 싸움소리 홍	7627	4704	2859	5885
沁	심 086 [仄聲 /去聲 : 妗(금)] : 외숙모 금	1058	6360	2860	6203
沁	심 086 [仄聲 /去聲 : 禁(금)] : 금할 금	1062	6361	2861	6204
沁	심 086 [仄聲 /去聲 : 噤(금)] : 입다물 금	1071	6362	2862	6205
沁	심 086 [仄聲 /去聲 : 紟(금)] : 옷고름 금	1072	6363	2863	6206
沁	심 086 [仄聲 /去聲 : 湛*담(침)] : 잠길 침	1398	6364	2864	764
沁	심 086 [仄聲 /去聲 : 滲(삼)] : 스밀 삼	3334	6365	2865	6730
沁	심 086 [仄聲 /去聲 : 沁(심)] : 스며들 심	4050	6366	2866	6928
沁	심 086 [仄聲 /去聲 : 甚(심)] : 심할 심	4053	6367	2867	6929
沁	심 086 [仄聲 /去聲 : 吟(음)] : 읊을 음	5113	6368	2868	717
沁	심 086 [仄聲 /去聲 : 蔭(음)] : 그늘해그림자 음	5115	6369	2869	7172
沁	심 086 [仄聲 /去聲 : 飮*음(음)] : 마실개할 음	5120	6370	2870	7173
沁	심 086 [仄聲 /去聲 : 任(임)] : 맡길 임	5284	6371	2871	720
沁	심 086 [仄聲 /去聲 : 賃(임)] : 품삯 임	5293	6372	2872	720
沁	심 086 [仄聲 /去聲 : 衽(임)] : 옷깃 임	5294	6373	2873	720
沁	심 086 [仄聲 /去聲 : 鵀(임)] : 오디새 임	5296	6374	2874	720
沁	심 086 [仄聲 /去聲 : 鴆(짐)] : 짐새 짐	6265	6375	2875	744
沁	심 086 [仄聲 /去聲 : 讖(참)] : 조짐/참서 참	6359	6376	2876	748
沁	심 086 [仄聲 /去聲 : 譖(참)] : 하소연할 참	6367	6377	2877	749

韻目	韻目No. [平仄 / 四聲 : 韻族] : 略義		배열A 운족 가나순	배열B 운목 번호순	배열C 운목 가나순	배열D 사성순
		배열형식 C (가나다 韻目 基準)				
沁	심 086 [仄聲 /去聲 : 浸(침)]	: 잠길 침	6856	6379	2878	7643
沁	심 086 [仄聲 /去聲 : 祲(침)]	: 햇무리 침	6863	6380	2879	7644
沁	심 086 [仄聲 /去聲 : 闖(츰)]	: 엿볼 츰	6795	6378	2880	7631
沁	심 086 [仄聲 /去聲 : 鍭(후)]	: 화살 후	7809	6381	2881	7920
藥	약 099[聲 /入) : 却(각)	: 물리칠 각	4268	2160	2882	7009
藥	약 099 [仄聲 /入聲 : 却(각)]	: 물리칠 각	43	7213	2883	5950
藥	약 099 [仄聲 /入聲 : 各(각)]	: 각각 각	44	7214	2884	5951
藥	약 099 [仄聲 /入聲 : 恪(각)]	: 삼갈 각	45	7215	2885	5952
藥	약 099 [仄聲 /入聲 : 慤(각)]	: 성실할 각	46	7216	2886	5953
藥	약 099 [仄聲 /入聲 : 脚(각)]	: 다리 각	50	7217	2887	5956
藥	약 099 [仄聲 /入聲 : 閣(각)]	: 집 각	56	7218	2888	5959
藥	약 099 [仄聲 /入聲 : 咯(각)]	: 꿩소리/토할 각	58	7219	2889	5961
藥	약 099 [仄聲 /入聲 : 咯*각(락)]	: 송사말 락	59	7220	2890	6333
藥	약 099 [仄聲 /入聲 : 擱(각)]	: 놓을 각	60	7221	2891	5962
藥	약 099 [仄聲 /入聲 : 腳(각)]	: 다리 각	62	7222	2892	5964
藥	약 099 [仄聲 /入聲 : 醵*거(갹)]	: 술추렴 갹	232	7224	2893	6014
藥	약 099 [仄聲 /入聲 : 噱(갹)]	: 껄껄웃는소리 갹	230	7223	2894	6015
藥	약 099 [仄聲 /入聲 : 格*격(각)]	: 그칠/막을 각	321	7225	2895	5966
藥	약 099 [仄聲 /入聲 : 格*격(락)]	: 막힐 락	322	7226	2896	6334
藥	약 099 [仄聲 /入聲 : 廓(곽)]	: 둘레 곽	654	7227	2897	6113
藥	약 099 [仄聲 /入聲 : 槨(곽)]	: 덧널 곽	655	7228	2898	6114
藥	약 099 [仄聲 /入聲 : 藿(곽)]	: 콩잎 곽	656	7229	2899	6115
藥	약 099 [仄聲 /入聲 : 郭(곽)]	: 둘레/외성 곽	657	7230	2900	6116
藥	약 099 [仄聲 /入聲 : 霍(곽)]	: 빠를/갑자기 곽	658	7231	2901	6117
藥	약 099 [仄聲 /入聲 : 漷(곽)]	: 물이름 곽	659	7232	2902	6118
藥	약 099 [仄聲 /入聲 : 蹻*교(갹)]	: 교만할 갹	793	7235	2903	6016
藥	약 099 [仄聲 /入聲 : 蠼*곽(구)]	: 큰원숭이 구	662	7233	2904	6156
藥	약 099 [仄聲 /入聲 : 諾(낙)]	: 허락할/대답할 낙	1196	7236	2905	6231
藥	약 099 [仄聲 /入聲 : 嫋*뇨(약)]	: 가냘플 약	1284	7237	2906	7001
藥	약 099 [仄聲 /入聲 : 度*도(탁)]	: 꾀할/헤아릴 탁	1490	7238	2907	7653
藥	약 099 [仄聲 /入聲 : 洛(락)]	: 강이름 락	1691	7240	2908	6335
藥	약 099 [仄聲 /入聲 : 烙(락)]	: 지질 락	1692	7241	2909	6336
藥	약 099 [仄聲 /入聲 : 珞(락)]	: 구슬목걸이 락	1693	7242	2910	6337
藥	약 099 [仄聲 /入聲 : 絡(락)]	: 얽힐/이을 락	1694	7243	2911	6338
藥	약 099 [仄聲 /入聲 : 落(락)]	: 떨어질 락	1695	7244	2912	6339
藥	약 099 [仄聲 /入聲 : 酪(락)]	: 유즙 락	1696	7245	2913	6340

배열형식 C (가나다 韻目 基準)		배열 A	배열 B	배열 C	배열 D
韻目	韻目No. [平仄 / 四聲 : 韻族] : 略義	운족 가나순	운목 번호순	운목 가나순	사성순
藥	약 099 [仄聲 /入聲 : 駱(락)] : 약대 락	1697	7246	2914	6341
藥	약 099 [仄聲 /入聲 : 濼(락)] : 강이름 락	1699	7247	2915	6343
藥	약 099 [仄聲 /入聲 : 濼*락(박)] : 늪/방죽 박	1701	7248	2916	6532
藥	약 099 [仄聲 /入聲 : 鉻(락)] : 털깎을 락	1702	7249	2917	6344
藥	약 099 [仄聲 /入聲 : 鮥(락)] : 다랑어 락	1703	7250	2918	6345
藥	약 099 [仄聲 /入聲 : 掠(략)] : 노략질할 략	1774	7251	2919	6360
藥	약 099 [仄聲 /入聲 : 略(략)] : 간략할/약할 략	1776	7252	2920	6361
藥	약 099 [仄聲 /入聲 : 寞(막)] : 쓸쓸할 막	2215	7253	2921	6448
藥	약 099 [仄聲 /入聲 : 漠(막)] : 넓을 막	2217	7254	2922	6450
藥	약 099 [仄聲 /入聲 : 膜(막)] : 막/꺼풀 막	2218	7255	2923	6451
藥	약 099 [仄聲 /入聲 : 莫(막)] : 없을/무성할/클 막	2219	7256	2924	6452
藥	약 099 [仄聲 /入聲 : 莫*막(맥)] : 푸성귀/저물 모	2220	7257	2925	6490
藥	약 099 [仄聲 /入聲 : 瘼(막)] : 병들 막	2223	7258	2926	6454
藥	약 099 [仄聲 /入聲 : 摸*모(막)] : 더듬을 막	2370	7259	2927	6455
藥	약 099 [仄聲 /入聲 : 博(박)] : 넓을 박	2584	7260	2928	6534
藥	약 099 [仄聲 /入聲 : 搏(박)] : 칠/잡을 박	2586	7261	2929	6536
藥	약 099 [仄聲 /入聲 : 泊(박)] : 머무를/배댈 박	2592	7262	2930	6540
藥	약 099 [仄聲 /入聲 : 箔(박)] : 발 박	2595	7263	2931	6543
藥	약 099 [仄聲 /入聲 : 粕(박)] : 지게미 박	2596	7264	2932	6544
藥	약 099 [仄聲 /入聲 : 縛(박)] : 묶을 박	2597	7265	2933	6545
藥	약 099 [仄聲 /入聲 : 膊(박)] : 포 박	2598	7266	2934	6546
藥	약 099 [仄聲 /入聲 : 薄(박)] : 엷을 박	2600	7267	2935	6548
藥	약 099 [仄聲 /入聲 : 鎛(박)] : 종 박	2604	7268	2936	6552
藥	약 099 [仄聲 /入聲 : 彴(박)] : 별똥 박	2606	7269	2937	6554
藥	약 099 [仄聲 /入聲 : 襮(박)] : 수놓은깃 박	2608	7270	2938	6556
藥	약 099 [仄聲 /入聲 : 鑮(박)] : 호미 박	2609	7271	2939	6557
藥	약 099 [仄聲 /入聲 : 魄*백(박)] : 넋잃을 박	2747	7272	2940	6558
藥	약 099 [仄聲 /入聲 : 簿*부(박)] : 누에발 박	2960	7273	2941	6559
藥	약 099 [仄聲 /入聲 : 削(삭)] : 깎을 삭	3286	7274	2942	6713
藥	약 099 [仄聲 /入聲 : 爍(삭)] : 빛날 삭	3291	7275	2943	6717
藥	약 099 [仄聲 /入聲 : 鑠(삭)] : 녹일/빛날 삭	3292	7276	2944	6718
藥	약 099 [仄聲 /入聲 : 奭*석(학)] : 붉은모양 학	3462	7277	2945	7773
藥	약 099 [仄聲 /入聲 : 昔*석(착)] : 쇠뿔비틀릴 착	3466	7278	2946	7459
藥	약 099 [仄聲 /入聲 : 炤*소(조)] : 밝을 작	3648	7279	2947	7224
藥	약 099 [仄聲 /入聲 : 亞*아(압)] : 누를 압	4073	7281	2948	6978
藥	약 099 [仄聲 /入聲 : 亞*아(악)] : 칠장식 악	4072	7280	2949	6940

C : (82 / 221)

배열형식 C (가나다 韻目 基準)		배열 A	배열 B	배열 C	배열 D
韻目	韻目No. [平仄 / 四聲 : 韻族] : 略義	운족 가나순	운목 번호순	운목 가나순	사성순
藥	약 099 [仄聲 /入聲 : 堊(악)] : 백토 악	4101	7282	2950	6941
藥	약 099 [仄聲 /入聲 : 惡(악)] : 악할/나쁠 악	4105	7283	2951	6945
藥	약 099 [仄聲 /入聲 : 愕(악)] : 놀랄 악	4108	7284	2952	6946
藥	약 099 [仄聲 /入聲 : 樂*악(요)] : 즐거울 락	4112	7285	2953	6346
藥	약 099 [仄聲 /入聲 : 鄂(악)] : 땅이름 악	4114	7286	2954	6950
藥	약 099 [仄聲 /入聲 : 鍔(악)] : 칼날 악	4115	7287	2955	6951
藥	약 099 [仄聲 /入聲 : 顎(악)] : 턱 악	4116	7288	2956	6952
藥	약 099 [仄聲 /入聲 : 鰐(악)] : 악어 악	4117	7289	2957	6953
藥	약 099 [仄聲 /入聲 : 齷(악)] : 악착스럴/속좁을 악	4118	7290	2958	6954
藥	약 099 [仄聲 /入聲 : 咢(악)] : 놀랄 악	4119	7291	2959	6955
藥	약 099 [仄聲 /入聲 : 噩(악)] : 놀랄 악	4121	7292	2960	6957
藥	약 099 [仄聲 /入聲 : 萼(악)] : 꽃받침 악	4122	7293	2961	6958
藥	약 099 [仄聲 /入聲 : 諤(악)] : 곧은말할 악	4123	7294	2962	6959
藥	약 099 [仄聲 /入聲 : 鱷(악)] : 악어 악	4124	7295	2963	6960
藥	약 099 [仄聲 /入聲 : 弱(약)] : 약할 약	4256	7296	2964	7002
藥	약 099 [仄聲 /入聲 : 約*약(요)] : 약속/믿을 요	4258	7297	2965	7110
藥	약 099 [仄聲 /入聲 : 若*약(야)] : 반야 야	4260	7298	2966	7000
藥	약 099 [仄聲 /入聲 : 蒻(약)] : 부들 약	4262	7299	2967	7004
藥	약 099 [仄聲 /入聲 : 藥(약)] : 약 약	4263	7300	2968	7005
藥	약 099 [仄聲 /入聲 : 躍(약)] : 뛸 약	4264	7301	2969	7006
藥	약 099 [仄聲 /入聲 : 籥(약)] : 피리 약	4266	7302	2970	7007
藥	약 099 [仄聲 /入聲 : 鑰(약)] : 자물쇠 약	4267	7303	2971	7008
藥	약 099 [仄聲 /入聲 : 龠 약(－] : 피리 약	4271	7306	2972	7010
藥	약 099 [仄聲 /入聲 : 礿(약)] : 봄제사 약	4269	7304	2973	7011
藥	약 099 [仄聲 /入聲 : 鄀(약)] : 나라이름 약	4270	7305	2974	7012
藥	약 099 [仄聲 /入聲 : 鸙(약)] : 종다리 약	4272	7307	2975	7013
藥	약 099 [仄聲 /入聲 : 遻(오)] : 만날 오	4605	7308	2976	7095
藥	약 099 [仄聲 /入聲 : 作(작)] : 지을/일할/일어날 작	5370	7309	2977	7225
藥	약 099 [仄聲 /入聲 : 勺(작)] : 1/100승 작	5373	7310	2978	7226
藥	약 099 [仄聲 /入聲 : 嚼(작)] : 씹을 작	5374	7311	2979	7227
藥	약 099 [仄聲 /入聲 : 斫(작)] : 벨/쪼갤 작	5375	7312	2980	7228
藥	약 099 [仄聲 /入聲 : 昨(작)] : 어제 작	5376	7313	2981	7229
藥	약 099 [仄聲 /入聲 : 灼(작)] : 사를 작	5377	7314	2982	7230
藥	약 099 [仄聲 /入聲 : 爵(작)] : 벼슬 작	5379	7315	2983	7232
藥	약 099 [仄聲 /入聲 : 綽(작)] : 너그러울 작	5380	7316	2984	7233
藥	약 099 [仄聲 /入聲 : 芍(작)] : 함박꽃 작	5381	7317	2985	7234

배열형식 C (가나다 韻目 基準)		배열 A	배열 B	배열 C	배열 D
韻目	韻目No. [平仄 / 四聲 : 韻族] : 略義	운족 가나순	운목 번호순	운목 가나순	사성순
藥	약 099 [仄聲 /入聲 : 酌(작)] : 술부을/잔질할 작	5383	7318	2986	7235
藥	약 099 [仄聲 /入聲 : 雀(작)] : 참새 작	5384	7319	2987	7236
藥	약 099 [仄聲 /入聲 : 鵲(작)] : 까치 작	5385	7320	2988	7237
藥	약 099 [仄聲 /入聲 : 怍(작)] : 부끄러워할 작	5386	7321	2989	7238
藥	약 099 [仄聲 /入聲 : 柞(작)] : 떡갈나무 작	5387	7322	2990	7239
藥	약 099 [仄聲 /入聲 : 皵(작)] : 주름 작	5390	7323	2991	7241
藥	약 099 [仄聲 /入聲 : 著*저(착)] : 둘/입을 착	5526	7327	2992	7460
藥	약 099 [仄聲 /入聲 : 躇(저)] : 머뭇거릴 저	5530	7328	2993	7266
藥	약 099 [仄聲 /入聲 : 錯*착(조)] : 그만둘/둘 조	6308	7330	2994	7361
藥	약 099 [仄聲 /入聲 : 錯(착)] : 섞일/그르칠 착	6307	7329	2995	7466
藥	약 099 [仄聲 /入聲 : 鑿(착)] : 뚫을/끌 착	6309	7331	2996	7467
藥	약 099 [仄聲 /入聲 : 斮*착(작)] : 쪼갈 작	6314	7332	2997	7242
藥	약 099 [仄聲 /入聲 : 笮(작)] : 좁을 작	5391	7324	2998	7244
藥	약 099 [仄聲 /入聲 : 笮*작(착)] : 좁을 착	5392	7325	2999	7471
藥	약 099 [仄聲 /入聲 : 拓*척(탁)] : 물리칠/밀칠 탁	6446	7333	3000	7656
藥	약 099 [仄聲 /入聲 : 酢*초(작)] : 술권할 작	6601	7336	3001	7245
藥	약 099 [仄聲 /入聲 : 醋(작)] : 술권할 작	5393	7326	3002	7246
藥	약 099 [仄聲 /入聲 : 度*도(탁)] : 꾀할/헤아릴 탁	1549	7239	3003	7661
藥	약 099 [仄聲 /入聲 : 托(탁)] : 맡길/밀칠 탁	6901	7337	3004	7662
藥	약 099 [仄聲 /入聲 : 拓*척(탁)] : 물리칠/밀칠 탁	6466	7335	3005	7663
藥	약 099 [仄聲 /入聲 : 拓(척)] : 주울 척	6465	7334	3006	7536
藥	약 099 [仄聲 /入聲 : 柝(탁)] : 열 탁	6904	7338	3007	7666
藥	약 099 [仄聲 /入聲 : 託(탁)] : 부탁할 탁	6909	7339	3008	7671
藥	약 099 [仄聲 /入聲 : 鐸(탁)] : 방울 탁	6910	7340	3009	7672
藥	약 099 [仄聲 /入聲 : 踱(탁)] : 맨발 탁	6915	7341	3010	7676
藥	약 099 [仄聲 /入聲 : 馲(탁)] : 약대 탁	6917	7342	3011	7678
藥	약 099 [仄聲 /入聲 : 杓*표(작)] : 당길/묶일 작	7184	7343	3012	7247
藥	약 099 [仄聲 /入聲 : 壑(학)] : 골/구렁 학	7267	7344	3013	7774
藥	약 099 [仄聲 /入聲 : 虐(학)] : 모질 학	7269	7345	3014	7776
藥	약 099 [仄聲 /入聲 : 謔(학)] : 농할 학	7270	7346	3015	7777
藥	약 099 [仄聲 /入聲 : 鶴(학)] : 학 학	7271	7347	3016	7778
藥	약 099 [仄聲 /入聲 : 瘧(학)] : 학질 학	7272	7348	3017	7779
藥	약 099 [仄聲 /入聲 : 郝*호(학)] : 땅이름 학	7590	7349	3018	7782
藥	약 099 [仄聲 /入聲 : 廓*곽(확)] : 클 확	663	7234	3019	7880
藥	약 099 [仄聲 /入聲 : 攫(확)] : 붙잡을 확	7651	7350	3020	7882
藥	약 099 [仄聲 /入聲 : 穫(확)] : 거둘 확	7653	7351	3021	7884

배열형식 C (가나다 韻目 基準)		배열 A	배열 B	배열 C	배열 D
韻目	韻目No. [平仄 / 四聲 : 韻族] : 略義	운족 가나순	운목 번호순	운목 가나순	사성순
藥	약 099 [仄聲 /入聲 : 鑊(확)] : 가마솥 확	7655	7352	3022	7885
藥	약 099 [仄聲 /入聲 : 檴(확)] : 나무이름 확	7656	7353	3023	7886
藥	약 099 [仄聲 /入聲 : 臒(확)] : 곱게붉을/붉은칠할 확	7658	7354	3024	7888
藥	약 099 [仄聲 /入聲 : 獲*획(확)] : 더럽힐 확	7761	7355	3025	7889
藥	약 099 [仄聲 /入聲 : 熇*효(확)] : 불꽃성할 확	7783	7356	3026	7890
陽	양 022 [平聲 /下平 : 剛(강)] : 굳셀 강	162	2264	3027	1687
陽	양 022 [平聲 /下平 : 堈(강)] : 언덕 강	163	2265	3028	1688
陽	양 022 [平聲 /下平 : 姜(강)] : 성 강	164	2266	3029	1689
陽	양 022 [平聲 /下平 : 岡(강)] : 산등성이 강	165	2267	3030	1690
陽	양 022 [平聲 /下平 : 崗(강)] : 언덕 강	166	2268	3031	1691
陽	양 022 [平聲 /下平 : 康(강)] : 편안할 강	167	2269	3032	1692
陽	양 022 [平聲 /下平 : 强(강)] : 강할 강	168	2270	3033	1693
陽	양 022 [平聲 /下平 : 畺(강)] : 지경 강	172	2271	3034	1694
陽	양 022 [平聲 /下平 : 疆(강)] : 지경 강	173	2272	3035	1695
陽	양 022 [平聲 /下平 : 糠(강)] : 겨 강	174	2273	3036	1696
陽	양 022 [平聲 /下平 : 綱(강)] : 벼리 강	176	2274	3037	1697
陽	양 022 [平聲 /下平 : 羌(강)] : 오랑캐 강	177	2275	3038	1698
陽	양 022 [平聲 /下平 : 薑(강)] : 생강 강	180	2276	3039	1700
陽	양 022 [平聲 /下平 : 鋼(강)] : 강철 강	183	2277	3040	1701
陽	양 022 [平聲 /下平 : 僵(강)] : 쓰러질 강	184	2278	3041	1702
陽	양 022 [平聲 /下平 : 橿(강)] : 깃대 강	187	2279	3042	1703
陽	양 022 [平聲 /下平 : 韁(강)] : 고삐 강	188	2280	3043	1704
陽	양 022 [平聲 /下平 : 強(강)] : 힘쓸 강	189	2281	3044	1705
陽	양 022 [平聲 /下平 : 掆(강)] : 들/끌 강	190	2282	3045	1706
陽	양 022 [平聲 /下平 : 慶*경(강)] : 경사 강	406	2283	3046	1707
陽	양 022 [平聲 /下平 : 侊(광)] : 성한모양 광	707	2284	3047	1786
陽	양 022 [平聲 /下平 : 光(광)] : 빛 광	708	2285	3048	1787
陽	양 022 [平聲 /下平 : 匡(광)] : 바를 광	709	2286	3049	1788
陽	양 022 [平聲 /下平 : 洸(광)] : 물용솟음할 광	713	2287	3050	1789
陽	양 022 [平聲 /下平 : 狂(광)] : 미칠 광	714	2288	3051	1790
陽	양 022 [平聲 /下平 : 珖(광)] : 옥피리 광	715	2289	3052	1791
陽	양 022 [平聲 /下平 : 筐(광)] : 광주리 광	716	2290	3053	1792
陽	양 022 [平聲 /下平 : 胱(광)] : 오줌통 광	717	2291	3054	1793
陽	양 022 [平聲 /下平 : 桄(광)] : 광나무 광	719	2292	3055	1794
陽	양 022 [平聲 /下平 : 磺*광(황)] : 쇳돌 황	722	2293	3056	3183
陽	양 022 [平聲 /下平 : 眶(광)] : 눈자위 광	725	2294	3057	1795

배열형식 C (가나다 韻目 基準)		배열 A	배열 B	배열 C	배열 D
韻目	韻目No. [平仄 / 四聲 : 韻族] : 略義	운족 가나순	운목 번호순	운목 가나순	사성순
陽	양 022 [平聲 /下平 : 桔(길)] : 도라지 길	1183	2295	3058	1883
陽	양 022 [平聲 /下平 : 囊(낭)] : 주머니 낭	1218	2296	3059	1899
陽	양 022 [平聲 /下平 : 娘(낭)] : 계집 낭	1219	2297	3060	1900
陽	양 022 [平聲 /下平 : 郎(랑)] : 사내/남편 랑	1746	2314	3061	1998
陽	양 022 [平聲 /下平 : 唐(당)] : 당나라/당황할 당	1427	2299	3062	1936
陽	양 022 [平聲 /下平 : 堂(당)] : 집 당	1428	2300	3063	1937
陽	양 022 [平聲 /下平 : 塘(당)] : 못 당	1429	2301	3064	1938
陽	양 022 [平聲 /下平 : 棠(당)] : 아가위 당	1433	2302	3065	1939
陽	양 022 [平聲 /下平 : 當(당)] : 마땅 당	1434	2303	3066	1940
陽	양 022 [平聲 /下平 : 糖(당)] : 엿 당	1435	2304	3067	1941
陽	양 022 [平聲 /下平 : 螳(당)] : 사마귀 당	1436	2305	3068	1942
陽	양 022 [平聲 /下平 : 倘*당(상)] : 어이가없을/반할 상	1439	2306	3069	2265
陽	양 022 [平聲 /下平 : 搪(당)] : 뻗을 당	1442	2307	3070	1943
陽	양 022 [平聲 /下平 : 檔(당)] : 의자 당	1443	2308	3071	1944
陽	양 022 [平聲 /下平 : 瑭(당)] : 옥이름 당	1444	2309	3072	1945
陽	양 022 [平聲 /下平 : 鏜(당)] : 북소리 당	1448	2310	3073	1947
陽	양 022 [平聲 /下平 : 鐺(당)] : 북소리 당	1449	2311	3074	1948
陽	양 022 [平聲 /下平 : 螗(당)] : 매미 당	1452	2312	3075	1949
陽	양 022 [平聲 /下平 : 廊(랑)] : 사랑채/행랑 랑	1747	2315	3076	1999
陽	양 022 [平聲 /下平 : 浪(랑)] : 물결 랑	1749	2316	3077	2000
陽	양 022 [平聲 /下平 : 狼(랑)] : 이리/어지러울 랑	1750	2317	3078	2001
陽	양 022 [平聲 /下平 : 琅(랑)] : 옥이름 랑	1751	2318	3079	2002
陽	양 022 [平聲 /下平 : 瑯(랑)] : 문고리/법랑 랑	1752	2319	3080	2003
陽	양 022 [平聲 /下平 : 螂(랑)] : 버마재비 랑	1753	2320	3081	2004
陽	양 022 [平聲 /下平 : 朗(랑)] : 밝을 랑	1754	2321	3082	2005
陽	양 022 [平聲 /下平 : 榔(랑)] : 나무이름 랑	1755	2322	3083	2006
陽	양 022 [平聲 /下平 : 稂(랑)] : 강아지풀 랑	1756	2323	3084	2007
陽	양 022 [平聲 /下平 : 蜋(랑)] : 사마귀벌레 랑	1757	2324	3085	2008
陽	양 022 [平聲 /下平 : 筤(랑)] : 어린대 랑	1758	2325	3086	2009
陽	양 022 [平聲 /下平 : 凉(량)] : 서늘할 량	1779	2326	3087	2010
陽	양 022 [平聲 /下平 : 梁(량)] : 들보/돌다리 량	1780	2327	3088	2011
陽	양 022 [平聲 /下平 : 樑(량)] : 들보 량	1781	2328	3089	2012
陽	양 022 [平聲 /下平 : 粮(량)] : 양식 량	1782	2329	3090	2013
陽	양 022 [平聲 /下平 : 粱(량)] : 기장 량	1783	2330	3091	2014
陽	양 022 [平聲 /下平 : 糧(량)] : 양식 량	1784	2331	3092	2015
陽	양 022 [平聲 /下平 : 良(량)] : 어질 량	1785	2332	3093	2016

배열형식 C (가나다 韻目 基準)		배열 A	배열 B	배열 C	배열 D
韻目	韻目No. [平仄 / 四聲 : 韻族] : 略義	운족 가나순	운목 번호순	운목 가나순	사성순
陽	양 022 [平聲 /下平 : 量(량)] : 헤아릴 량	1788	2333	3094	2017
陽	양 022 [平聲 /下平 : 椋(량)] : 푸조나무 량	1791	2334	3095	2018
陽	양 022 [平聲 /下平 : 亡(망)] : 죽을/망할 망	2260	2335	3096	2120
陽	양 022 [平聲 /下平 : 亡*망(무)] : 없을 무	2261	2336	3097	2169
陽	양 022 [平聲 /下平 : 忘(망)] : 잊을 망	2263	2337	3098	2121
陽	양 022 [平聲 /下平 : 忙(망)] : 바쁠 망	2264	2338	3099	2122
陽	양 022 [平聲 /下平 : 望(망)] : 바랄 망	2265	2339	3100	2123
陽	양 022 [平聲 /下平 : 芒(망)] : 까끄라기 망	2268	2340	3101	2124
陽	양 022 [平聲 /下平 : 茫(망)] : 아득할 망	2269	2341	3102	2125
陽	양 022 [平聲 /下平 : 邙(망)] : 산이름 망	2272	2342	3103	2126
陽	양 022 [平聲 /下平 : 莾(망)] : 풀우거질 망	2274	2343	3104	2127
陽	양 022 [平聲 /下平 : 莾*망(모)] : 묵은풀 모	2275	2344	3105	2150
陽	양 022 [平聲 /下平 : 杗(망)] : 들보 망	2278	2345	3106	2128
陽	양 022 [平聲 /下平 : 蘉(망)] : 힘쓸 망	2280	2346	3107	2129
陽	양 022 [平聲 /下平 : 坊(방)] : 동네 방	2664	2347	3108	2171
陽	양 022 [平聲 /下平 : 妨(방)] : 방해할 방	2665	2348	3109	2172
陽	양 022 [平聲 /下平 : 彷(방)] : 배회할 방	2669	2349	3110	2174
陽	양 022 [平聲 /下平 : 房(방)] : 방 방	2670	2350	3111	2175
陽	양 022 [平聲 /下平 : 方(방)] : 모 방	2672	2351	3112	2176
陽	양 022 [平聲 /下平 : 旁(방)] : 넓을/클 방	2673	2352	3113	2177
陽	양 022 [平聲 /下平 : 枋(방)] : 박달 방	2676	2353	3114	2178
陽	양 022 [平聲 /下平 : 滂(방)] : 비퍼부울 방	2680	2354	3115	2179
陽	양 022 [平聲 /下平 : 磅(방)] : 돌떨어지는소리 방	2681	2355	3116	2180
陽	양 022 [平聲 /下平 : 肪(방)] : 살찔/비계 방	2684	2356	3117	2181
陽	양 022 [平聲 /下平 : 膀(방)] : 방붙일 방	2685	2357	3118	2182
陽	양 022 [平聲 /下平 : 芳(방)] : 꽃다울 방	2687	2358	3119	2183
陽	양 022 [平聲 /下平 : 防(방)] : 방비/방죽 방	2693	2359	3120	2184
陽	양 022 [平聲 /下平 : 幫(방)] : 도울 방	2696	2360	3121	2185
陽	양 022 [平聲 /下平 : 螃(방)] : 방개 방	2699	2361	3122	2186
陽	양 022 [平聲 /下平 : 鎊(방)] : 깎을 방	2700	2362	3123	2187
陽	양 022 [平聲 /下平 : 魴(방)] : 방어 방	2701	2363	3124	2188
陽	양 022 [平聲 /下平 : 傷(상)] : 다칠 상	3354	2364	3125	2266
陽	양 022 [平聲 /下平 : 償(상)] : 갚을 상	3356	2365	3126	2267
陽	양 022 [平聲 /下平 : 商(상)] : 장사 상	3357	2366	3127	2268
陽	양 022 [平聲 /下平 : 喪(상)] : 잃을 상	3358	2367	3128	2269
陽	양 022 [平聲 /下平 : 嘗(상)] : 맛볼 상	3359	2368	3129	2270

배열형식 C (가나다 韻目 基準)			배열 A	배열 B	배열 C	배열 D
韻目	韻目No. [平仄 / 四聲 : 韻族]	: 略義	운족 가나순	운목 번호순	운목 가나순	사성순
陽	양 022 [平聲 /下平 : 孀(상)]	: 홀어미 상	3360	2369	3130	2271
陽	양 022 [平聲 /下平 : 常(상)]	: 떳떳할 상	3363	2370	3131	2273
陽	양 022 [平聲 /下平 : 床(상)]	: 상 상	3364	2371	3132	2274
陽	양 022 [平聲 /下平 : 庠(상)]	: 학교 상	3365	2372	3133	2275
陽	양 022 [平聲 /下平 : 廂(상)]	: 행랑 상	3366	2373	3134	2276
陽	양 022 [平聲 /下平 : 桑(상)]	: 뽕나무 상	3368	2374	3135	2277
陽	양 022 [平聲 /下平 : 湘(상)]	: 강이름 상	3370	2375	3136	2278
陽	양 022 [平聲 /下平 : 牀(상)]	: 평상 상	3372	2376	3137	2279
陽	양 022 [平聲 /下平 : 相(상)]	: 서로 상	3373	2377	3138	2280
陽	양 022 [平聲 /下平 : 祥(상)]	: 상서 상	3374	2378	3139	2281
陽	양 022 [平聲 /下平 : 箱(상)]	: 상자 상	3375	2379	3140	2282
陽	양 022 [平聲 /下平 : 翔(상)]	: 날 상	3376	2380	3141	2283
陽	양 022 [平聲 /下平 : 裳(상)]	: 치마 상	3377	2381	3142	2284
陽	양 022 [平聲 /下平 : 觴(상)]	: 잔 상	3378	2382	3143	2285
陽	양 022 [平聲 /下平 : 詳*상(양)]	: 거짓 양	3380	2384	3144	2444
陽	양 022 [平聲 /下平 : 詳(상)]	: 자세할 상	3379	2383	3145	2286
陽	양 022 [平聲 /下平 : 霜(상)]	: 서리 상	3383	2385	3146	2287
陽	양 022 [平聲 /下平 : 殤(상)]	: 일찍죽을 상	3386	2386	3147	2288
陽	양 022 [平聲 /下平 : 央(앙)]	: 가운데 앙	4186	2388	3148	2425
陽	양 022 [平聲 /下平 : 昻(앙)]	: 밝을/들 앙	4188	2389	3149	2426
陽	양 022 [平聲 /下平 : 殃(앙)]	: 재앙 앙	4189	2390	3150	2427
陽	양 022 [平聲 /下平 : 秧(앙)]	: 모 앙	4190	2391	3151	2428
陽	양 022 [平聲 /下平 : 鴦(앙)]	: 원앙 앙	4191	2392	3152	2429
陽	양 022 [平聲 /下平 : 泱(앙)]	: 끝없을 앙	4192	2393	3153	2430
陽	양 022 [平聲 /下平 : 昂(앙)]	: 밝을 앙	4195	2394	3154	2431
陽	양 022 [平聲 /下平 : 佯(양)]	: 거짓 양	4273	2395	3155	2445
陽	양 022 [平聲 /下平 : 孃(냥)]	: /아씨 냥	1234	2298	3156	1901
陽	양 022 [平聲 /下平 : 揚(양)]	: 날릴 양	4276	2396	3157	2446
陽	양 022 [平聲 /下平 : 攘(양)]	: 물리칠 양	4277	2397	3158	2447
陽	양 022 [平聲 /下平 : 敭(양)]	: 오를 양	4278	2398	3159	2448
陽	양 022 [平聲 /下平 : 暘(양)]	: 해돋이 양	4279	2399	3160	2449
陽	양 022 [平聲 /下平 : 楊(양)]	: 양 양	4280	2400	3161	2450
陽	양 022 [平聲 /下平 : 洋(양)]	: 큰바다 양	4283	2401	3162	2451
陽	양 022 [平聲 /下平 : 煬(양)]	: 쬘 양	4285	2402	3163	2452
陽	양 022 [平聲 /下平 : 瘍(양)]	: 두창/부스럼 양	4287	2403	3164	2453
陽	양 022 [平聲 /下平 : 禳(양)]	: 제사이름 양	4288	2404	3165	2454

배열형식 C (가나다 韻目 基準)		배열 A	배열 B	배열 C	배열 D
韻目	韻目No. [平仄 / 四聲 : 韻族] : 略義	운족 가나순	운목 번호순	운목 가나순	사성순
陽	양 022 [平聲 / 下平 : 穰(양)] : 볏대 양	4289	2405	3166	2455
陽	양 022 [平聲 / 下平 : 羊(양)] : 양/노닐 양	4290	2406	3167	2456
陽	양 022 [平聲 / 下平 : 襄(양)] : 도울 양	4291	2407	3168	2457
陽	양 022 [平聲 / 下平 : 陽(양)] : 볕 양	4294	2408	3169	2458
陽	양 022 [平聲 / 下平 : 烊(양)] : 구울 양	4297	2409	3170	2459
陽	양 022 [平聲 / 下平 : 鑲(양)] : 거푸집 양	4299	2410	3171	2461
陽	양 022 [平聲 / 下平 : 颺(양)] : 흩날릴 양	4300	2411	3172	2462
陽	양 022 [平聲 / 下平 : 驤(양)] : 머리들/달릴 양	4301	2412	3173	2463
陽	양 022 [平聲 / 下平 : 嚷(양)] : 외칠 양	4302	2413	3174	2464
陽	양 022 [平聲 / 下平 : 汪(왕)] : 넓을 왕	4691	2414	3175	2555
陽	양 022 [平聲 / 下平 : 王(왕)] : 임금 왕	4692	2415	3176	2556
陽	양 022 [平聲 / 下平 : 薏(의)] : 연밥 의	5154	2416	3177	2630
陽	양 022 [平聲 / 下平 : 場(장)] : 마당 장	5422	2417	3178	2646
陽	양 022 [平聲 / 下平 : 墻(장)] : 담(牆)/사모할 장	5423	2418	3179	2647
陽	양 022 [平聲 / 下平 : 將(장)] : 장수 장	5425	2419	3180	2648
陽	양 022 [平聲 / 下平 : 庄(장)] : 전장 장	5427	2420	3181	2649
陽	양 022 [平聲 / 下平 : 張(장)] : 베풀 장	5428	2421	3182	2650
陽	양 022 [平聲 / 下平 : 暲(장)] : 밝을 장	5430	2422	3183	2651
陽	양 022 [平聲 / 下平 : 樟(장)] : 녹나무 장	5432	2423	3184	2652
陽	양 022 [平聲 / 下平 : 檣(장)] : 돛대 장	5433	2424	3185	2653
陽	양 022 [平聲 / 下平 : 欌(장)] : 장롱 장	5434	2425	3186	2654
陽	양 022 [平聲 / 下平 : 漿(장)] : 미음 장	5435	2426	3187	2655
陽	양 022 [平聲 / 下平 : 牆(장)] : 담/사모할 장	5436	2427	3188	2656
陽	양 022 [平聲 / 下平 : 獐(장)] : 노루 장	5437	2428	3189	2657
陽	양 022 [平聲 / 下平 : 璋(장)] : 홀 장	5438	2429	3190	2658
陽	양 022 [平聲 / 下平 : 章(장)] : 글 장	5439	2430	3191	2659
陽	양 022 [平聲 / 下平 : 粧(장)] : 단장할 장	5440	2431	3192	2660
陽	양 022 [平聲 / 下平 : 腸(장)] : 창자 장	5441	2432	3193	2661
陽	양 022 [平聲 / 下平 : 臧(장)] : 착할 장	5443	2433	3194	2662
陽	양 022 [平聲 / 下平 : 莊(장)] : 씩씩할 장	5444	2434	3195	2663
陽	양 022 [平聲 / 下平 : 蔣(장)] : 성 장	5446	2435	3196	2664
陽	양 022 [平聲 / 下平 : 薔(장)] : 장미 장	5447	2436	3197	2665
陽	양 022 [平聲 / 下平 : 藏(장)] : 감출 장	5448	2437	3198	2666
陽	양 022 [平聲 / 下平 : 裝(장)] : 꾸밀 장	5449	2438	3199	2667
陽	양 022 [平聲 / 下平 : 贓(장)] : 장물 장	5450	2439	3200	2668
陽	양 022 [平聲 / 下平 : 長(장)] : 긴/어른 장	5452	2440	3201	2669

배열형식 C (가나다 韻目 基準)		배열 A	배열 B	배열 C	배열 D
韻目	韻目No. [平仄 / 四聲 : 韻族] : 略義	운족 가나순	운목 번호순	운목 가나순	사성순
陽	양 022 [平聲 /下平 : 障(장)] : 막을 장	5453	2441	3202	2670
陽	양 022 [平聲 /下平 : 妝(장)] : 꾸밀 장	5455	2442	3203	2671
陽	양 022 [平聲 /下平 : 戕(장)] : 죽일 장	5456	2443	3204	2672
陽	양 022 [平聲 /下平 : 漳(장)] : 강이름 장	5457	2444	3205	2673
陽	양 022 [平聲 /下平 : 牂(장)] : 배를 매는 말뚝 장	5458	2445	3206	2674
陽	양 022 [平聲 /下平 : 萇(장)] : 나무이름 장	5460	2446	3207	2675
陽	양 022 [平聲 /下平 : 鄣(장)] : 막을 장	5462	2447	3208	2676
陽	양 022 [平聲 /下平 : 鏘(장)] : 금옥 소리 장	5463	2448	3209	2677
陽	양 022 [平聲 /下平 : 斨(장)] : 도끼 장	5464	2449	3210	2678
陽	양 022 [平聲 /下平 : 倉(창)] : 곳집/갑자기 창	6371	2450	3211	2886
陽	양 022 [平聲 /下平 : 倡(창)] : 여광대 창	6372	2451	3212	2887
陽	양 022 [平聲 /下平 : 創(창)] : 비롯할 창	6373	2452	3213	2888
陽	양 022 [平聲 /下平 : 娼(창)] : 창녀/노는계집 창	6375	2453	3214	2889
陽	양 022 [平聲 /下平 : 彰(창)] : 드러날 창	6377	2454	3215	2890
陽	양 022 [平聲 /下平 : 昌(창)] : 창성할 창	6380	2455	3216	2891
陽	양 022 [平聲 /下平 : 槍(창)] : 나무창/막을 창	6383	2456	3217	2892
陽	양 022 [平聲 /下平 : 滄(창)] : 큰바다 창	6385	2457	3218	2893
陽	양 022 [平聲 /下平 : 猖(창)] : 미칠 창	6387	2458	3219	2894
陽	양 022 [平聲 /下平 : 瘡(창)] : 부스럼 창	6388	2459	3220	2895
陽	양 022 [平聲 /下平 : 艙(창)] : 선창 창	6391	2460	3221	2896
陽	양 022 [平聲 /下平 : 菖(창)] : 창포 창	6392	2461	3222	2897
陽	양 022 [平聲 /下平 : 蒼(창)] : 푸를 창	6393	2462	3223	2898
陽	양 022 [平聲 /下平 : 搶(창)] : 닿을/이를 창	6396	2463	3224	2899
陽	양 022 [平聲 /下平 : 蹌(창)] : 추창할 창	6399	2464	3225	2900
陽	양 022 [平聲 /下平 : 閶(창)] : 하늘문 창	6400	2465	3226	2901
陽	양 022 [平聲 /下平 : 鶬(창)] : 왜가리 창	6402	2466	3227	2902
陽	양 022 [平聲 /下平 : 嗆(창)] : 쪼을 창	6403	2467	3228	2903
陽	양 022 [平聲 /下平 : 鯧(창)] : 병어 창	6406	2468	3229	2904
陽	양 022 [平聲 /下平 : 湯(탕)] : 끓을 탕	6955	2469	3230	3015
陽	양 022 [平聲 /下平 : 湯*탕(상)] : 출렁거릴 상	6956	2470	3231	2289
陽	양 022 [平聲 /下平 : 糖(당)] : 엿/사탕 당	1454	2313	3232	1950
陽	양 022 [平聲 /下平 : 蝪(탕)] : 땅거미 탕	6962	2471	3233	3016
陽	양 022 [平聲 /下平 : 彭*팽(방)] : 가까울/장할 방	7082	2472	3234	2189
陽	양 022 [平聲 /下平 : 亢(항)] : 높을 항	7330	2473	3235	3119
陽	양 022 [平聲 /下平 : 嫦(상)] : 달에사는미인 상	3389	2387	3236	2290
陽	양 022 [平聲 /下平 : 杭(항)] : 건널 항	7337	2474	3237	3122

배열형식 C (가나다 韻目 基準)		배열 A	배열 B	배열 C	배열 D
韻目	韻目No. [平仄 / 四聲 : 韻族] : 略義	운족 가나순	운목 번호순	운목 가나순	사성순
陽	양 022 [平聲 /下平 : 桁(항)] : 수갑/배다리 항	7338	2475	3238	3123
陽	양 022 [平聲 /下平 : 航(항)] : 배 항	7344	2476	3239	3124
陽	양 022 [平聲 /下平 : 吭(항)] : 목구멍 항	7346	2477	3240	3125
陽	양 022 [平聲 /下平 : 苀(항)] : 풀이름 항	7347	2478	3241	3126
陽	양 022 [平聲 /下平 : 偕*해(혜)] : 화할/같을 혜	7352	2479	3242	3163
陽	양 022 [平聲 /下平 : 行*행(항)] : 항오/항렬/굳셀 항	7390	2480	3243	3127
陽	양 022 [平聲 /下平 : 鄕(향)] : 시골/고향 향	7395	2481	3244	3129
陽	양 022 [平聲 /下平 : 香(향)] : 향기 향	7399	2482	3245	3130
陽	양 022 [平聲 /下平 : 薌(향)] : 곡식 향	7400	2483	3246	3131
陽	양 022 [平聲 /下平 : 鄉(향)] : 시골 향	7403	2484	3247	3132
陽	양 022 [平聲 /下平 : 譁(화)] : 시끄러울 화	7639	2485	3248	3178
陽	양 022 [平聲 /下平 : 嘩(화)] : 시끄러울 화	7642	2486	3249	3180
陽	양 022 [平聲 /下平 : 凰(황)] : 봉새 황	7697	2487	3250	3184
陽	양 022 [平聲 /下平 : 徨(황)] : 배회할 황	7699	2488	3251	3185
陽	양 022 [平聲 /下平 : 惶(황)] : 두려워할 황	7701	2489	3252	3186
陽	양 022 [平聲 /下平 : 湟(황)] : 해자 황	7707	2490	3253	3188
陽	양 022 [平聲 /下平 : 潢(황)] : 웅덩이 황	7709	2491	3254	3189
陽	양 022 [平聲 /下平 : 煌(황)] : 빛날 황	7710	2492	3255	3190
陽	양 022 [平聲 /下平 : 璜(황)] : 패옥 황	7711	2493	3256	3191
陽	양 022 [平聲 /下平 : 皇(황)] : 임금 황	7712	2494	3257	3192
陽	양 022 [平聲 /下平 : 篁(황)] : 대숲 황	7713	2495	3258	3193
陽	양 022 [平聲 /下平 : 簧(황)] : 생황 황	7714	2496	3259	3194
陽	양 022 [平聲 /下平 : 荒(황)] : 거칠 황	7715	2497	3260	3195
陽	양 022 [平聲 /下平 : 蝗(황)] : 누리 황	7716	2498	3261	3196
陽	양 022 [平聲 /下平 : 遑(황)] : 허둥가랄 황	7717	2499	3262	3197
陽	양 022 [平聲 /下平 : 隍(황)] : 해자 황	7718	2500	3263	3198
陽	양 022 [平聲 /下平 : 黃(황)] : 누를 황	7719	2501	3264	3199
陽	양 022 [平聲 /下平 : 肓(황)] : 명치끝 황	7721	2502	3265	3200
陽	양 022 [平聲 /下平 : 謊(황)] : 잠꼬대할 황	7724	2503	3266	3201
陽	양 022 [平聲 /下平 : 廻(회)] : 돌/피할 회	7729	2504	3267	3202
養	양 052 [仄聲 /上聲 : 彊(강)] : 굳셀 강	169	4299	3268	3260
養	양 052 [仄聲 /上聲 : 慷(강)] : 강개할 강	170	4300	3269	3261
養	양 052 [仄聲 /上聲 : 襁(강)] : 포대기 강	181	4301	3270	3262
養	양 052 [仄聲 /上聲 : 廣(광)] : 넓을 광	711	4302	3271	3377
養	양 052 [仄聲 /上聲 : 曩(낭)] : 접때/앞서 낭	1220	4303	3272	3468
養	양 052 [仄聲 /上聲 : 黨(당)] : 무리 당	1437	4305	3273	3521

배열형식 C (가나다 韻目 基準)			배열 A	배열 B	배열 C	배열 D
韻目	韻目No. [平仄 / 四聲 : 韻族]	: 略義	운족 가나순	운목 번호순	운목 가나순	사성순
養	양 052 [仄聲 / 上聲 : 倘(당)]	: 아마/갑자기 당	1438	4306	3274	3522
養	양 052 [仄聲 / 上聲 : 儻(당)]	: 빼어날/갑자기 당	1440	4307	3275	3523
養	양 052 [仄聲 / 上聲 : 党(당)]	: 성 당	1441	4308	3276	3524
養	양 052 [仄聲 / 上聲 : 讜(당)]	: 곧은말할 당	1447	4309	3277	3525
養	양 052 [仄聲 / 上聲 : 朗(랑)]	: 밝을 랑	1748	4310	3278	3574
養	양 052 [仄聲 / 上聲 : 倆(량)]	: 재주 량	1778	4311	3279	3576
養	양 052 [仄聲 / 上聲 : 兩(량)]	: 둘/짝/수레 량	1792	4313	3280	3578
養	양 052 [仄聲 / 上聲 : 輛(량)]	: 수레 량	1787	4312	3281	3577
養	양 052 [仄聲 / 上聲 : 網(망)]	: 그물 망	2266	4314	3282	3655
養	양 052 [仄聲 / 上聲 : 罔(망)]	: 없을 망	2267	4315	3283	3656
養	양 052 [仄聲 / 上聲 : 莽(망)]	: 우거질 망	2270	4316	3284	3657
養	양 052 [仄聲 / 上聲 : 輞(망)]	: 바퀴테 망	2271	4317	3285	3658
養	양 052 [仄聲 / 上聲 : 惘(망)]	: 멍할 망	2273	4318	3286	3659
養	양 052 [仄聲 / 上聲 : 蟒(망)]	: 이무기 망	2277	4319	3287	3660
養	양 052 [仄聲 / 上聲 : 倣(방)]	: 본뜰 방	2661	4320	3288	3742
養	양 052 [仄聲 / 上聲 : 放(방)]	: 놓을 방	2671	4321	3289	3743
養	양 052 [仄聲 / 上聲 : 昉(방)]	: 밝을/마침 방	2675	4322	3290	3744
養	양 052 [仄聲 / 上聲 : 紡(방)]	: 길쌈 방	2683	4323	3291	3745
養	양 052 [仄聲 / 上聲 : 蒡(방)]	: 인동덩굴 방	2688	4324	3292	3746
養	양 052 [仄聲 / 上聲 : 仿(방)]	: 헤맬 방	2694	4325	3293	3748
養	양 052 [仄聲 / 上聲 : 上(상)]	: 위 상	3353	4326	3294	3882
養	양 052 [仄聲 / 上聲 : 像(상)]	: 모양 상	3355	4327	3295	3883
養	양 052 [仄聲 / 上聲 : 想(상)]	: 생각 상	3367	4328	3296	3884
養	양 052 [仄聲 / 上聲 : 橡(상)]	: 상수리나무 상	3369	4329	3297	3885
養	양 052 [仄聲 / 上聲 : 爽(상)]	: 시원할 상	3371	4330	3298	3886
養	양 052 [仄聲 / 上聲 : 象(상)]	: 코끼리 상	3381	4331	3299	3887
養	양 052 [仄聲 / 上聲 : 賞(상)]	: 상줄 상	3382	4332	3300	3888
養	양 052 [仄聲 / 上聲 : 塽(상)]	: 땅높고밝은곳 상	3384	4333	3301	3889
養	양 052 [仄聲 / 上聲 : 晌(상)]	: 정오/대낮 상	3385	4334	3302	3890
養	양 052 [仄聲 / 上聲 : 顙(상)]	: 이마 상	3387	4335	3303	3891
養	양 052 [仄聲 / 上聲 : 仰(앙)]	: 우러를 앙	4185	4336	3304	4001
養	양 052 [仄聲 / 上聲 : 怏(앙)]	: 원망할 앙	4187	4337	3305	4002
養	양 052 [仄聲 / 上聲 : 盎(앙)]	: 동이 앙	4193	4338	3306	4003
養	양 052 [仄聲 / 上聲 : 鞅(앙)]	: 가슴걸이 앙	4194	4339	3307	4004
養	양 052 [仄聲 / 上聲 : 壤(양)]	: 흙덩이 양	4274	4340	3308	4011
養	양 052 [仄聲 / 上聲 : 樣*양(상)]	: 도토리 상	4282	4341	3309	3892

배열형식 C (가나다 韻目 基準)		배열 A	배열 B	배열 C	배열 D
韻目	韻目No. [平仄 / 四聲 : 韻族] : 略義	운족 가나순	운목 번호순	운목 가나순	사성순
養	양 052 [仄聲 /上聲 : 瀁(양)] : 강이름 양	4284	4342	3310	4012
養	양 052 [仄聲 /上聲 : 痒(양)] : 앓을 양	4286	4343	3311	4013
養	양 052 [仄聲 /上聲 : 養(양)] : 기를 양	4295	4344	3312	4014
養	양 052 [仄聲 /上聲 : 往(왕)] : 갈/옛 왕	4688	4345	3313	4084
養	양 052 [仄聲 /上聲 : 枉(왕)] : 굽을/굽힐 왕	4690	4346	3314	4085
養	양 052 [仄聲 /上聲 : 暀(왕)] : 성할 왕	4693	4347	3315	4086
養	양 052 [仄聲 /上聲 : 丈(장)] : 어른 장	5419	4348	3316	4213
養	양 052 [仄聲 /上聲 : 仗(장)] : 병장기 장	5420	4349	3317	4214
養	양 052 [仄聲 /上聲 : 掌(장)] : 손바닥 장	5429	4350	3318	4215
養	양 052 [仄聲 /上聲 : 杖(장)] : 지팡이 장	5431	4351	3319	4216
養	양 052 [仄聲 /上聲 : 奘(장)] : 클 장	5454	4352	3320	4217
養	양 052 [仄聲 /上聲 : 槳(장)] : 상앗대 장	5465	4353	3321	4218
養	양 052 [仄聲 /上聲 : 奬(장)] : 권면할 장	5468	4354	3322	4219
養	양 052 [仄聲 /上聲 : 髒(장)] : 살찔 장	5469	4355	3323	4220
養	양 052 [仄聲 /上聲 : 廠(창)] : 헛간 창	6376	4356	3324	4404
養	양 052 [仄聲 /上聲 : 敞(창)] : 시원할 창	6379	4357	3325	4405
養	양 052 [仄聲 /上聲 : 昶(창)] : 해길 창	6381	4358	3326	4406
養	양 052 [仄聲 /上聲 : 氅(창)] : 새털 창	6397	4359	3327	4407
養	양 052 [仄聲 /上聲 : 帑*노(탕)] : 나라곳집 탕	1274	4304	3328	4499
養	양 052 [仄聲 /上聲 : 蕩(탕)] : 클/방탕할 탕	6957	4360	3329	4500
養	양 052 [仄聲 /上聲 : 盪(탕)] : 씻을 탕	6959	4361	3330	4501
養	양 052 [仄聲 /上聲 : 瀊(탕)] : 황금 탕	6960	4362	3331	4502
養	양 052 [仄聲 /上聲 : 簜(탕)] : 피리 탕	6961	4363	3332	4503
養	양 052 [仄聲 /上聲 : 沆(항)] : 넓을 항	7340	4364	3333	4561
養	양 052 [仄聲 /上聲 : 蚢(항)] : 쑥누에 항	7348	4365	3334	4564
養	양 052 [仄聲 /上聲 : 骯(항)] : 살찔 항	7349	4366	3335	4565
養	양 052 [仄聲 /上聲 : 享(향)] : 누릴 향	7391	4367	3336	4577
養	양 052 [仄聲 /上聲 : 嚮(향)] : 바라볼 향	7394	4368	3337	4578
養	양 052 [仄聲 /上聲 : 響(향)] : 울릴 향	7396	4369	3338	4579
養	양 052 [仄聲 /上聲 : 饗(향)] : 잔치할/흠향할 향	7398	4370	3339	4580
養	양 052 [仄聲 /上聲 : 蠁(향)] : 번데기 향	7402	4371	3340	4581
養	양 052 [仄聲 /上聲 : 亨*형(향)] : 드릴 향	7488	4372	3341	4582
養	양 052 [仄聲 /上聲 : 恍(황)] : 황홀할 황	7700	4373	3342	4639
養	양 052 [仄聲 /上聲 : 愰(황)] : 밝을 황	7702	4374	3343	4640
養	양 052 [仄聲 /上聲 : 晃(황)] : 밝을 황	7704	4375	3344	4641
養	양 052 [仄聲 /上聲 : 榥(황)] : 책상 황	7705	4376	3345	4642

배열형식C (가나다 韻目 基準)		배열 A	배열 B	배열 C	배열 D
韻目	韻目No. [平仄 / 四聲 : 韻族] : 略義	운족 가나순	운목 번호순	운목 가나순	사성순
養	양 052 [仄聲 /上聲 : 滉(황)] : 깊을 황	7708	4377	3346	4643
養	양 052 [仄聲 /上聲 : 怳(황)] : 멍할 황	7720	4378	3347	4644
養	양 052 [仄聲 /上聲 : 詤*황(황)] : 속일 황	7725	4379	3348	4645
漾	양 082 [仄聲 /去聲 : 倞(경)] : 굳셀 경	395	6074	3349	6068
漾	양 082 [仄聲 /去聲 : 壙(광)] : 뫼구덩이 광	710	6075	3350	6128
漾	양 082 [仄聲 /去聲 : 曠(광)] : 빌 광	712	6076	3351	6129
漾	양 082 [仄聲 /去聲 : 纊(광)] : 솜 광	723	6077	3352	6130
漾	양 082 [仄聲 /去聲 : 誆(광)] : 속일 광	724	6078	3353	6131
漾	양 082 [仄聲 /去聲 : 擋(당)] : 제거할 당	1451	6081	3354	6280
漾	양 082 [仄聲 /去聲 : 掠*략(량)] : 빼앗을 량	1775	6082	3355	6362
漾	양 082 [仄聲 /去聲 : 亮(량)] : 밝을 량	1777	6083	3356	6363
漾	양 082 [仄聲 /去聲 : 諒(량)] : 살펴알/믿을 량	1786	6084	3357	6364
漾	양 082 [仄聲 /去聲 : 喨(량)] : 소리맑을 량	1789	6085	3358	6365
漾	양 082 [仄聲 /去聲 : 悢(량)] : 슬플/섭섭할 량	1790	6086	3359	6366
漾	양 082 [仄聲 /去聲 : 妄(망)] : 망령될 망	2262	6087	3360	6466
漾	양 082 [仄聲 /去聲 : 孟*맹(밍)] : 맹랑할 망	2312	6088	3361	6467
漾	양 082 [仄聲 /去聲 : 傍(방)] : 의지할/가까이할 방	2662	6089	3362	6579
漾	양 082 [仄聲 /去聲 : 榜(방)] : 게시판/방써붙일 방	2678	6090	3363	6580
漾	양 082 [仄聲 /去聲 : 舫(방)] : 배 방	2686	6091	3364	6581
漾	양 082 [仄聲 /去聲 : 訪(방)] : 찾을 방	2690	6092	3365	6582
漾	양 082 [仄聲 /去聲 : 謗(방)] : 헐뜯을 방	2691	6093	3366	6583
漾	양 082 [仄聲 /去聲 : 徬(방)] : 시중들 방	2697	6094	3367	6584
漾	양 082 [仄聲 /去聲 : 竝*병(방)] : 연할 방	2838	6095	3368	6585
漾	양 082 [仄聲 /去聲 : 尙(상)] : 오히려 상	3361	6096	3369	6742
漾	양 082 [仄聲 /去聲 : 狀*장(상)] : 형상(속음(俗音)) 상	5418	6106	3370	6743
漾	양 082 [仄聲 /去聲 : 狀(장)] : 모양/형상 장	5417	6105	3371	7255
漾	양 082 [仄聲 /去聲 : 蠰(상)] : 사마귀알 상	3388	6097	3372	6744
漾	양 082 [仄聲 /去聲 : 恙(양)] : 병 양	4275	6098	3373	7014
漾	양 082 [仄聲 /去聲 : 樣(양)] : 모양 양	4281	6099	3374	7015
漾	양 082 [仄聲 /去聲 : 讓(양)] : 사양할 양	4292	6100	3375	7016
漾	양 082 [仄聲 /去聲 : 釀(양)] : 빚을 양	4293	6101	3376	7017
漾	양 082 [仄聲 /去聲 : 漾(양)] : 출렁거릴 양	4296	6102	3377	7018
漾	양 082 [仄聲 /去聲 : 煬(양)] : 긴내 양	4303	6103	3378	7019
漾	양 082 [仄聲 /去聲 : 饟(회)] : 밥팔/식당 회	7726	6136	3379	7903
漾	양 082 [仄聲 /去聲 : 旺(왕)] : 왕성할 왕	4689	6104	3380	7109
漾	양 082 [仄聲 /去聲 : 匠(장)] : 장인 장	5421	6107	3381	7256

배열형식 C (가나다 韻目 基準)		배열 A	배열 B	배열 C	배열 D
韻目	韻目No. [平仄 / 四聲 : 韻族] : 略義	운족 가나순	운목 번호순	운목 가나순	사성순
漾	양 082 [仄聲 /去聲 : 壯(장)] : 굳셀/젊을 장	5424	6108	3382	7257
漾	양 082 [仄聲 /去聲 : 帳(장)] : 장막 장	5426	6109	3383	7258
漾	양 082 [仄聲 /去聲 : 臟(장)] : 오장 장	5442	6110	3384	7259
漾	양 082 [仄聲 /去聲 : 葬(장)] : 장사지낼 장	5445	6111	3385	7260
漾	양 082 [仄聲 /去聲 : 醬(장)] : 장 장	5451	6112	3386	7261
漾	양 082 [仄聲 /去聲 : 瘴(장)] : 장기 장	5459	6113	3387	7262
漾	양 082 [仄聲 /去聲 : 賬(장)] : 치부책/장부 장	5461	6114	3388	7263
漾	양 082 [仄聲 /去聲 : 唱(창)] : 부를 창	6374	6115	3389	7491
漾	양 082 [仄聲 /去聲 : 愴(창)] : 슬퍼할 창	6378	6116	3390	7492
漾	양 082 [仄聲 /去聲 : 暢(창)] : 화창할 창	6382	6117	3391	7493
漾	양 082 [仄聲 /去聲 : 漲(창)] : 불을 창	6386	6118	3392	7494
漾	양 082 [仄聲 /去聲 : 脹(창)] : 부를 창	6390	6119	3393	7495
漾	양 082 [仄聲 /去聲 : 刱(창)] : 비롯할 창	6394	6120	3394	7496
漾	양 082 [仄聲 /去聲 : 悵(창)] : 한스러워할 창	6395	6121	3395	7497
漾	양 082 [仄聲 /去聲 : 鬯(창)] : 울창주/방향주 창	6401	6122	3396	7498
漾	양 082 [仄聲 /去聲 : 淌(창)] : 큰물결 창	6405	6123	3397	7499
漾	양 082 [仄聲 /去聲 : 宕(탕)] : 방탕할 탕	6954	6124	3398	7694
漾	양 082 [仄聲 /去聲 : 燙(탕)] : 데울/씻을 탕	6958	6125	3399	7695
漾	양 082 [仄聲 /去聲 : 踼(탕)] : 미끄러질 탕	6963	6126	3400	7696
漾	양 082 [仄聲 /去聲 : 伉(항)] : 짝/굳셀 항	7331	6127	3401	7805
漾	양 082 [仄聲 /去聲 : 抗(항)] : 겨룰 항	7336	6128	3402	7806
漾	양 082 [仄聲 /去聲 : 向(향)] : 향할/나아갈/앞설 향	7392	6129	3403	7811
漾	양 082 [仄聲 /去聲 : 向*향(상)] : 성 상	7393	6130	3404	6745
漾	양 082 [仄聲 /去聲 : 餉(향)] : 건량 향	7397	6131	3405	7812
漾	양 082 [仄聲 /去聲 : 曏(향)] : 앞서 향	7401	6132	3406	7813
漾	양 082 [仄聲 /去聲 : 兄*형(황)] : 클/하물며 황	7490	6133	3407	7899
漾	양 082 [仄聲 /去聲 : 擴(광)] : 채울 광	726	6079	3408	6132
漾	양 082 [仄聲 /去聲 : 擴*광(확)] : 늘일/넓힐 확	727	6080	3409	7881
漾	양 082 [仄聲 /去聲 : 況(황)] : 상황 황	7706	6134	3410	7900
漾	양 082 [仄聲 /去聲 : 况(황)] : 모양(況의속자) 황	7723	6135	3411	7902
魚	어 006 [平聲 /上平 : 居(거)] : 살 거	235	617	3412	28
魚	어 006 [平聲 /上平 : 据(거)] : 일할 거	240	618	3413	29
魚	어 006 [平聲 /上平 : 渠(거)] : 도랑 거	243	619	3414	30
魚	어 006 [平聲 /上平 : 祛(거)] : 떨어없앨 거	245	620	3415	31
魚	어 006 [平聲 /上平 : 籧(거)] : 대자리 거	253	621	3416	32
魚	어 006 [平聲 /上平 : 腒(거)] : 오랠 거	254	622	3417	33

배열형식 C (가나다 韻目 基準)			배열 A	배열 B	배열 C	배열 D
韻目	韻目No. [平仄 / 四聲 : 韻族] : 略義		운족 가나순	운목 번호순	운목 가나순	사성순
魚	어 006 [平聲 /上平 : 蕖(거)]	: 술패랭이꽃 거	257	623	3418	34
魚	어 006 [平聲 /上平 : 袪(거)]	: 소매 거	258	624	3419	35
魚	어 006 [平聲 /上平 : 裾(거)]	: 옷자락 거	259	625	3420	36
魚	어 006 [平聲 /上平 : 鶋(거)]	: 갈까마귀 거	265	626	3421	37
魚	어 006 [平聲 /上平 : 挐*나(녀)]	: 붙잡을 녀	1192	628	3422	218
魚	어 006 [平聲 /上平 : 屠*도(저)]	: 노왕이름 저	1486	629	3423	1180
魚	어 006 [平聲 /上平 : 筡*도(서)]	: 광주리 서	1536	630	3424	724
魚	어 006 [平聲 /上平 : 廬(려)]	: 농막집 려	1797	631	3425	330
魚	어 006 [平聲 /上平 : 櫚(려)]	: 종려나무 려	1801	632	3426	331
魚	어 006 [平聲 /上平 : 閭(려)]	: 이문/마을 려	1806	633	3427	333
魚	어 006 [平聲 /上平 : 驢(려)]	: 나귀 려	1807	634	3428	334
魚	어 006 [平聲 /上平 : 臚(려)]	: 살갖 려	1817	635	3429	337
魚	어 006 [平聲 /上平 : 藘(려)]	: 독초이름 려	1823	636	3430	338
魚	어 006 [平聲 /上平 : 蘆(려)]	: 꼭두서니 려	1829	637	3431	341
魚	어 006 [平聲 /上平 : 皉*맹(망)]	: 벌판 망	2320	638	3432	443
魚	어 006 [平聲 /上平 : 徐(서)]	: 천천할 서	3413	639	3433	725
魚	어 006 [平聲 /上平 : 書(서)]	: 글 서	3421	640	3434	727
魚	어 006 [平聲 /上平 : 絮*서(여)]	: 성 여	3428	641	3435	859
魚	어 006 [平聲 /上平 : 胥(서)]	: 서로 서	3432	642	3436	730
魚	어 006 [平聲 /上平 : 舒(서)]	: 펼 서	3433	643	3437	731
魚	어 006 [平聲 /上平 : 鋤(서)]	: 호미(= 서	3438	644	3438	733
魚	어 006 [平聲 /上平 : 耡(서)]	: 호미 서	3446	645	3439	735
魚	어 006 [平聲 /上平 : 芧(서)]	: 도토리나무 서	3449	646	3440	736
魚	어 006 [平聲 /上平 : 鉏(서)]	: 호미 서	3451	647	3441	737
魚	어 006 [平聲 /上平 : 蝑(서)]	: 베짱이 서	3456	648	3442	738
魚	어 006 [平聲 /上平 : 梳(소)]	: 빗 소	3640	649	3443	740
魚	어 006 [平聲 /上平 : 疏(소)]	: 성길/드물 소	3652	650	3444	742
魚	어 006 [平聲 /上平 : 蔬(소)]	: 나물 소	3659	651	3445	743
魚	어 006 [平聲 /上平 : 於(어)]	: 어조사 어	4307	653	3446	854
魚	어 006 [平聲 /上平 : 漁(어)]	: 고기잡을 어	4309	654	3447	855
魚	어 006 [平聲 /上平 : 魚(어)]	: 고기 어	4314	655	3448	856
魚	어 006 [平聲 /上平 : 菸(어)]	: 시들 어	4321	656	3449	857
魚	어 006 [平聲 /上平 : 余(여)]	: 나 여	4364	657	3450	860
魚	어 006 [平聲 /上平 : 璵(여)]	: 옥 여	4368	658	3451	861
魚	어 006 [平聲 /上平 : 艅(여)]	: 나룻배 여	4370	659	3452	862
魚	어 006 [平聲 /上平 : 茹(여)]	: 띠뿌리 여	4371	660	3453	86

배열형식 C (가나다 韻目 基準)			배열 A	배열 B	배열 C	배열 D
韻目	韻目No. [平仄 / 四聲 : 韻族]	: 略義	운족 가나순	운목 번호순	운목 가나순	사성순
魚	어 006 [平聲 /上平 : 輿(여)]	: 수레 여	4373	661	3454	864
魚	어 006 [平聲 /上平 : 轝(여)]	: 수레바탕 여	4374	662	3455	865
魚	어 006 [平聲 /上平 : 餘(여)]	: 남을 여	4375	663	3456	866
魚	어 006 [平聲 /上平 : 妤(여)]	: 아름다울/벼슬이름 여	4376	664	3457	867
魚	어 006 [平聲 /上平 : 旟(여)]	: 기 여	4377	665	3458	868
魚	어 006 [平聲 /上平 : 畬(여)]	: 삼년된밭 여	4378	666	3459	869
魚	어 006 [平聲 /上平 : 儲(저)]	: 쌓을 저	5504	667	3460	1183
魚	어 006 [平聲 /上平 : 樗(저)]	: 가죽나무 저	5513	668	3461	1184
魚	어 006 [平聲 /上平 : 狙(저)]	: 원숭이/엿볼/살필 저	5517	669	3462	1185
魚	어 006 [平聲 /上平 : 猪(저)]	: 돼지 저	5519	670	3463	1186
魚	어 006 [平聲 /上平 : 疽(저)]	: 등창 저	5520	671	3464	1187
魚	어 006 [平聲 /上平 : 菹(저)]	: 채소절임 저	5524	672	3465	1188
魚	어 006 [平聲 /上平 : 著(저)]	: 나타낼 저	5525	673	3466	1189
魚	어 006 [平聲 /上平 : 藷(저)]	: 사탕수수[藷] 저	5527	674	3467	1190
魚	어 006 [平聲 /上平 : 雎(저)]	: 물수리 저	5534	675	3468	1191
魚	어 006 [平聲 /上平 : 苴(저)]	: 대지팡이 저	5542	676	3469	1193
魚	어 006 [平聲 /上平 : 蛆(저)]	: 구더기 저	5544	677	3470	1194
魚	어 006 [平聲 /上平 : 豬(저)]	: 돼지 저	5548	678	3471	1195
魚	어 006 [平聲 /上平 : 砠(저)]	: 돌산 저	5550	679	3472	1196
魚	어 006 [平聲 /上平 : 篨(저)]	: 대자리 저	5551	680	3473	1197
魚	어 006 [平聲 /上平 : 趄(저)]	: 머뭇거릴 저	5554	681	3474	1198
魚	어 006 [平聲 /上平 : 鴡(저)]	: 물수리 저	5555	682	3475	1199
魚	어 006 [平聲 /上平 : 諸(제)]	: 모두 제	5814	683	3476	1210
魚	어 006 [平聲 /上平 : 篨(제)]	: 까마종이 제	5834	684	3477	1216
魚	어 006 [平聲 /上平 : 且*차(저)]	: 공손할/어조사 저	6280	685	3478	1200
魚	어 006 [平聲 /上平 : 車(거)]	: 수레/그물/잇몸 거	267	627	3479	38
魚	어 006 [平聲 /上平 : 初(초)]	: 처음 초	6575	686	3480	1334
魚	어 006 [平聲 /上平 : 攄(터)]	: 펼 터	6988	687	3481	1427
魚	어 006 [平聲 /上平 : 疋(소)]	: 발[足也] 소	3694	652	3482	747
魚	어 006 [平聲 /上平 : 噓*허(허)]	: 아아(탄식) 허	7405	688	3483	1495
魚	어 006 [平聲 /上平 : 虛(허)]	: 빌 허	7407	689	3484	1497
魚	어 006 [平聲 /上平 : 希(희)]	: 바랄 희	7919	690	3485	1638
語	어 036 [仄聲 /上聲 : 巨(거)]	: 클 거	237	3519	3486	3270
語	어 036 [仄聲 /上聲 : 拒(거)]	: 막을 거	238	3520	3487	3271
語	어 036 [仄聲 /上聲 : 擧(거)]	: 들 거	242	3521	3488	3272
語	어 036 [仄聲 /上聲 : 炬(거)]	: 횃불 거	244	3522	3489	3273

배열형식 C (가나다 韻目 基準)			배열 A	배열 B	배열 C	배열 D
韻目	韻目No. [平仄 / 四聲 : 韻族]	: 略義	운족 가나순	운목 번호순	운목 가나순	사성순
語	어 036 [仄聲 /上聲 : 距(거)]	: 상거할 거	246	3523	3490	3274
語	어 036 [仄聲 /上聲 : 鉅(거)]	: 클 거	249	3524	3491	3275
語	어 036 [仄聲 /上聲 : 秬(거)]	: 검은기장 거	251	3525	3492	3276
語	어 036 [仄聲 /上聲 : 筥(거)]	: 광주리 거	252	3526	3493	3277
語	어 036 [仄聲 /上聲 : 苣(거)]	: 상추 거	255	3527	3494	3278
語	어 036 [仄聲 /上聲 : 莒(거)]	: 감자 거	256	3528	3495	3279
語	어 036 [仄聲 /上聲 : 岠(거)]	: 큰산 거	260	3529	3496	3280
語	어 036 [仄聲 /上聲 : 擧(거)]	: 들/울직일 거	262	3530	3497	3281
語	어 036 [仄聲 /上聲 : 虡(거)]	: 책상 거	263	3531	3498	328
語	어 036 [仄聲 /上聲 : 詎(거)]	: 어찌/모를 거	264	3532	3499	328
語	어 036 [仄聲 /上聲 : 鼀(거)]	: 두꺼비 거	266	3533	3500	3284
語	어 036 [仄聲 /上聲 : 女(녀)]	: 계집 녀	1235	3534	3501	347
語	어 036 [仄聲 /上聲 : 侶(려)]	: 짝 려	1794	5134	3502	3579
語	어 036 [仄聲 /上聲 : 呂(려)]	: 법칙 려	1796	3536	3503	3580
語	어 036 [仄聲 /上聲 : 旅(려)]	: 나그네 려	1800	3537	3504	358
語	어 036 [仄聲 /上聲 : 膂(려)]	: 등골뼈 려	1816	3538	3505	358
語	어 036 [仄聲 /上聲 : 鼈(별)]	: 자라 별	2820	3539	3506	376
語	어 036 [仄聲 /上聲 : 齟(저)]	: 이어긋날 저	5501	3567	3507	4224
語	어 036 [仄聲 /上聲 : 墅(서)]	: 농막 서	3408	3540	3508	3898
語	어 036 [仄聲 /上聲 : 嶼(서)]	: 섬 서	3410	3541	3509	3899
語	어 036 [仄聲 /上聲 : 序(서)]	: 차례 서	3411	3542	3510	3900
語	어 036 [仄聲 /上聲 : 抒*서(저)]	: 당길/북 저	3416	3544	3511	4225
語	어 036 [仄聲 /上聲 : 抒(서)]	: 당길/쏟을/덜 서	3415	3543	3512	3901
語	어 036 [仄聲 /上聲 : 敍(서)]	: 베풀/지을/쓸/차례 서	3418	3545	3513	390
語	어 036 [仄聲 /上聲 : 暑(서)]	: 더울 서	3419	3546	3514	390
語	어 036 [仄聲 /上聲 : 緖(서)]	: 실마리 서	3430	3547	3515	3905
語	어 036 [仄聲 /上聲 : 黍(서)]	: 기장 서	3439	3548	3516	3906
語	어 036 [仄聲 /上聲 : 鼠(서)]	: 쥐 서	3440	3549	3517	3907
語	어 036 [仄聲 /上聲 : 湑(서)]	: 술거를 서	3444	3550	3518	3904
語	어 036 [仄聲 /上聲 : 耡*서(저)]	: 함께갈 저	3447	3551	3519	422
語	어 036 [仄聲 /上聲 : 耡*서(조)]	: 도울 조	3448	3552	3520	429
語	어 036 [仄聲 /上聲 : 芧*서(저)]	: 도토리나무 저	3450	3553	3521	422
語	어 036 [仄聲 /上聲 : 叙(서)]	: 베풀/지을/차례 서	3452	3554	3522	390
語	어 036 [仄聲 /上聲 : 敘(서)]	: 베풀/지을/차례 서	3453	3555	3523	391
語	어 036 [仄聲 /上聲 : 癙(서)]	: 병들 서	3454	3556	3524	391
語	어 036 [仄聲 /上聲 : 緒(서)]	: 실마리 서	3455	3557	3525	391

韻目	배열형식 C (가나다 韻目 基準) 韻目No. [平仄 / 四聲 : 韻族] : 略義	배열 A 운족 가나순	배열 B 운목 번호순	배열 C 운목 가나순	배열 D 사성순
語	어 036 [仄聲 /上聲 : 所(소)] : 바 소	3635	3558	3526	3933
語	어 036 [仄聲 /上聲 : 圄(어)] : 옥/가둘 어	4304	3559	3527	4015
語	어 036 [仄聲 /上聲 : 禦(어)] : 막을 어	4311	3560	3528	4016
語	어 036 [仄聲 /上聲 : 齬(어)] : 어긋날 어	4315	3561	3529	4017
語	어 036 [仄聲 /上聲 : 圉(어)] : 마부 어	4316	3562	3530	4018
語	어 036 [仄聲 /上聲 : 敔(어)] : 막을 어	4317	3563	3531	4019
語	어 036 [仄聲 /上聲 : 予(여)] : 나 여	4363	3564	3532	4029
語	어 036 [仄聲 /上聲 : 汝(여)] : 너 여	4367	3565	3533	4030
語	어 036 [仄聲 /上聲 : 煮(자)] : 삶을 자	5323	3566	3534	4201
語	어 036 [仄聲 /上聲 : 佇(저)] : 우두커니 저	5502	3568	3535	4228
語	어 036 [仄聲 /上聲 : 咀(저)] : 씹을 저	5505	3569	3536	4229
語	어 036 [仄聲 /上聲 : 杵(저)] : 방망이 저	5511	3570	3537	4233
語	어 036 [仄聲 /上聲 : 楮(저)] : 닥나무 저	5512	3571	3538	4234
語	어 036 [仄聲 /上聲 : 渚(저)] : 물가 저	5516	3572	3539	4235
語	어 036 [仄聲 /上聲 : 紵(저)] : 젓가락 저	5522	3573	3540	4236
語	어 036 [仄聲 /上聲 : 苧(저)] : 모시[=紵] 저	5523	3574	3541	4237
語	어 036 [仄聲 /上聲 : 詛(저)] : 저주할/맹세할 저	5528	3575	3542	4238
語	어 036 [仄聲 /上聲 : 貯(저)] : 쌓을 저	5529	3576	3543	4239
語	어 036 [仄聲 /上聲 : 齟(저)] : 어긋날 저	5535	3577	3544	4242
語	어 036 [仄聲 /上聲 : 宁(저)] : 쌓을 저	5536	3578	3545	4243
語	어 036 [仄聲 /上聲 : 杼(저)] : 북/베틀북 저	5537	3579	3546	4244
語	어 036 [仄聲 /上聲 : 褚(저)] : 솜옷 저	5545	3580	3547	4247
語	어 036 [仄聲 /上聲 : 羜(저)] : 새끼양 저	5552	3581	3548	4251
語	어 036 [仄聲 /上聲 : 俎(조)] : 도마 조	5841	3582	3549	4301
語	어 036 [仄聲 /上聲 : 阻(조)] : 험할 조	5887	3583	3550	4317
語	어 036 [仄聲 /上聲 : 處(처)] : 살/처자 처	6436	3584	3551	4413
語	어 036 [仄聲 /上聲 : 礎(초)] : 주춧돌 초	6591	3585	3552	4436
語	어 036 [仄聲 /上聲 : 濋(초)] : 강이름 초	6620	3586	3553	4444
語	어 036 [仄聲 /上聲 : 許(허)] : 허락할 허	7408	3587	3554	4583
御	어 065 [仄聲 /去聲 : 醵(거)] : 술추렴 거	231	4931	3555	4700
御	어 065 [仄聲 /去聲 : 倨(거)] : 거만할 거	233	4932	3556	4701
御	어 065 [仄聲 /去聲 : 去(거)] : 갈 거	234	4933	3557	4702
御	어 065 [仄聲 /去聲 : 據(거)] : 의지할/근거 거	241	4934	3558	4703
御	어 065 [仄聲 /去聲 : 踞(거)] : 웅크릴 거	247	4935	3559	4704
御	어 065 [仄聲 /去聲 : 遽(거)] : 갑자기 거	248	4936	3560	4705
御	어 065 [仄聲 /去聲 : 鋸(거)] : 톱 거	250	4937	3561	4706

배열형식 C (가나다 韻目 基準)		배열 A	배열 B	배열 C	배열 D
韻目	韻目No. [平仄 / 四聲 : 韻族] : 略義	운족 가나순	운목 번호순	운목 가나순	사성순
御	어 065 [仄聲 /去聲 : 椐(거)] : 느티나무 거	261	4938	3562	4707
御	어 065 [仄聲 /去聲 : 女*녀(녀)] : 시집보낼 녀	1236	4939	3563	4875
御	어 065 [仄聲 /去聲 : 慮(려)] : 생각할 려	1798	4940	3564	4943
御	어 065 [仄聲 /去聲 : 濾(려)] : 거를 려	1802	4941	3565	4945
御	어 065 [仄聲 /去聲 : 鋁(려)] : 줄 려	1824	4942	3566	4955
御	어 065 [仄聲 /去聲 : 鑢(려)] : 사실할 려	1831	4943	3567	4956
御	어 065 [仄聲 /去聲 : 蜡*사(처)] : 쉬 처	3272	4944	3568	5659
御	어 065 [仄聲 /去聲 : 庶(서)] : 여러 서	3412	4945	3569	5176
御	어 065 [仄聲 /去聲 : 恕(서)] : 용서할 서	3414	4946	3570	5177
御	어 065 [仄聲 /去聲 : 曙(서)] : 새벽 서	3420	4947	3571	5178
御	어 065 [仄聲 /去聲 : 絮(서)] : 솜 서	3427	4948	3572	5181
御	어 065 [仄聲 /去聲 : 絮*서(처)] : 간맞출 처	3429	4949	3573	5660
御	어 065 [仄聲 /去聲 : 署(서)] : 관청 서	3431	4950	3574	5182
御	어 065 [仄聲 /去聲 : 薯(서)] : 마 서	3434	4951	3575	5183
御	어 065 [仄聲 /去聲 : 疏(소)] : 트일 소	3651	4952	3576	5227
御	어 065 [仄聲 /去聲 : 御(어)] : 거느릴 어	4305	4953	3577	5333
御	어 065 [仄聲 /去聲 : 瘀(어)] : 병 어	4310	4954	3578	5334
御	어 065 [仄聲 /去聲 : 語(어)] : 말씀 어	4312	4955	3579	5335
御	어 065 [仄聲 /去聲 : 馭(어)] : 부릴 어	4313	4956	3580	5336
御	어 065 [仄聲 /去聲 : 淤(어)] : 진흙 어	4318	4957	3581	5337
御	어 065 [仄聲 /去聲 : 飫(어)] : 포식할/물릴 어	4319	4958	3582	5338
御	어 065 [仄聲 /去聲 : 棜(어)] : 겨자 어	4320	4959	3583	5339
御	어 065 [仄聲 /去聲 : 如(여)] : 같을 여	4365	4960	3584	5346
御	어 065 [仄聲 /去聲 : 歟(여)] : 어조사 여	4366	4961	3585	5347
御	어 065 [仄聲 /去聲 : 與(여)] : 더불/줄 여	4369	4962	3586	5348
御	어 065 [仄聲 /去聲 : 茹*여(녀)] : 먹을/기를 녀	4372	4963	3587	4876
御	어 065 [仄聲 /去聲 : 鸒(여)] : 떼까마귀 여	4380	4964	3588	5349
御	어 065 [仄聲 /去聲 : 譽(예)] : 기릴/명예 예	4533	4965	3589	5372
御	어 065 [仄聲 /去聲 : 豫(예)] : 미리 예	4534	4966	3590	5373
御	어 065 [仄聲 /去聲 : 預(예)] : 맡길/미리 예	4539	4967	3591	5376
御	어 065 [仄聲 /去聲 : 作*작(자)] : 만들 주	5371	4968	3592	5587
御	어 065 [仄聲 /去聲 : 沮(저)] : 막을 저	5515	4969	3593	5514
御	어 065 [仄聲 /去聲 : 狙*저(처)] : 간사할/견줄 처	5518	4970	3594	5661
御	어 065 [仄聲 /去聲 : 箸(저)] : 젓가락 저	5521	4971	3595	5515
御	어 065 [仄聲 /去聲 : 翥(저)] : 날아오를 저	5553	4972	3596	5516
御	어 065 [仄聲 /去聲 : 除(제)] : 덜 제	5817	4973	3597	5548

배열형식 C (가나다 韻目 基準)		배열 A	배열 B	배열 C	배열 D
韻目	韻目No. [平仄 / 四聲 : 韻族] : 略義	운족 가나순	운목 번호순	운목 가나순	사성순
御	어 065 [仄聲 /去聲 : 助(조)] : 도울 조	5844	4974	3598	5564
御	어 065 [仄聲 /去聲 : 麆(조)] : 노루새끼/어린아이 조	5923	4975	3599	5581
御	어 065 [仄聲 /去聲 : 處*처(처)] : 곳 처	6437	4976	3600	5663
御	어 065 [仄聲 /去聲 : 楚(초)] : 초나라 초	6585	4977	3601	5699
御	어 065 [仄聲 /去聲 : 嘘(허)] : 내불 허	7404	4978	3602	5852
御	어 065 [仄聲 /去聲 : 餼(희)] : 보낼 희	7936	4979	3603	5936
鹽	염 029 [平聲 /下平 : 柑*감(겸)] : 나무재갈 겸	130	3131	3604	1731
鹽	염 029 [平聲 /下平 : 鹼(검)] : 소금기 검	293	3132	3605	1722
鹽	염 029 [平聲 /下平 : 鈐(검)] : 비녀장 검	300	3133	3606	1723
鹽	염 029 [平聲 /下平 : 黔(검)] : 검을 검	301	3134	3607	1724
鹽	염 029 [平聲 /下平 : 兼(겸)] : 겸할 겸	376	3135	3608	1732
鹽	염 029 [平聲 /下平 : 箝(겸)] : 재갈먹일 겸	379	3136	3609	1733
鹽	염 029 [平聲 /下平 : 謙(겸)] : 겸손할 겸	380	3137	3610	1734
鹽	염 029 [平聲 /下平 : 鉗(겸)] : 칼 겸	381	3138	3611	1735
鹽	염 029 [平聲 /下平 : 鎌(겸)] : 낫 겸	382	3139	3612	1736
鹽	염 029 [平聲 /下平 : 嗛(겸)] : 겸손 겸	383	3140	3613	1737
鹽	염 029 [平聲 /下平 : 縑(겸)] : 합사 비단 겸	388	3141	3614	1738
鹽	염 029 [平聲 /下平 : 蒹(겸)] : 갈대 겸	389	3142	3615	1739
鹽	염 029 [平聲 /下平 : 鶼(겸)] : 모이쫄 겸	391	3143	3616	1740
鹽	염 029 [平聲 /下平 : 枏*남(염)] : 매화나무 염	1208	3145	3617	2502
鹽	염 029 [平聲 /下平 : 柟(남)] : 녹나무 남	1213	3146	3618	1897
鹽	염 029 [平聲 /下平 : 恬(념)] : 편안할 념	1245	3147	3619	1905
鹽	염 029 [平聲 /下平 : 拈(념)] : 집을/딸 념	1246	3148	3620	1906
鹽	염 029 [平聲 /下平 : 廉(렴)] : 청렴할 렴	1870	3149	3621	2030
鹽	염 029 [平聲 /下平 : 濂(렴)] : 강이름 렴	1873	3150	3622	2031
鹽	염 029 [平聲 /下平 : 簾(렴)] : 발 렴	1874	3151	3623	2032
鹽	염 029 [平聲 /下平 : 帘(렴)] : 술집기 렴	1875	3152	3624	2033
鹽	염 029 [平聲 /下平 : 薕(렴)] : 갈(蒹) 렴	1876	3153	3625	2034
鹽	염 029 [平聲 /下平 : 鬴(부)] : 가마솥 부	3003	3154	3626	2215
鹽	염 029 [平聲 /下平 : 暹(섬)] : 햇살치밀 섬	3560	3156	3627	2313
鹽	염 029 [平聲 /下平 : 殲(섬)] : 멸할 섬	3561	3157	3628	2314
鹽	염 029 [平聲 /下平 : 纖(섬)] : 가늘 섬	3562	3158	3629	2315
鹽	염 029 [平聲 /下平 : 蟾(섬)] : 두꺼비 섬	3563	3159	3630	2316
鹽	염 029 [平聲 /下平 : 憸(섬)] : 아첨할 섬	3567	3160	3631	2317
鹽	염 029 [平聲 /下平 : 摻(섬)] : 손길고울 섬	3569	3161	3632	2318
鹽	염 029 [平聲 /下平 : 燅(섬)] : 데칠 섬	3572	3162	3633	2319

배열형식 C (가나다 韻目 基準)			배열 A	배열 B	배열 C	배열 D
韻目	韻目No. [平仄 / 四聲 : 韻族]	: 略義	운족 가나순	운목 번호순	운목 가나순	사성순
鹽	염 029 [平聲 /下平 : 鬵(심)]	: 가마솥 심	4060	3163	3634	2393
鹽	염 029 [平聲 /下平 : 嚴(엄)]	: 엄할 엄	4350	3164	3635	2469
鹽	염 029 [平聲 /下平 : 淹(엄)]	: 담글 엄	4353	3165	3636	2470
鹽	염 029 [平聲 /下平 : 崦(엄)]	: 해지는산 엄	4354	3166	3637	2471
鹽	염 029 [平聲 /下平 : 醃(엄)]	: 절인 남새 엄	4356	3167	3638	2472
鹽	염 029 [平聲 /下平 : 涅*날(녈)]	: 죽을/극락갈 녈	1205	3144	3639	1904
鹽	염 029 [平聲 /下平 : 厭(염)]	: 편할/싫을 염	4448	3168	3640	2503
鹽	염 029 [平聲 /下平 : 炎(염)]	: 불꽃 염	4452	3169	3641	2504
鹽	염 029 [平聲 /下平 : 閻(염)]	: 마을 염	4457	3170	3642	2505
鹽	염 029 [平聲 /下平 : 髥(염)]	: 구레나룻 염	4458	3171	3643	2506
鹽	염 029 [平聲 /下平 : 鹽(염)]	: 소금 염	4459	3172	3644	2507
鹽	염 029 [平聲 /下平 : 懕(염)]	: 편안할 염	4461	3173	3645	2508
鹽	염 029 [平聲 /下平 : 灩(염)]	: 물그득할 염	4463	3174	3646	2509
鹽	염 029 [平聲 /下平 : 潛(잠)]	: 잠길 잠	5406	3175	3647	2641
鹽	염 029 [平聲 /下平 : 占(점)]	: 점령할/점칠 점	5683	3176	3648	2736
鹽	염 029 [平聲 /下平 : 粘(점)]	: 끈끈할 점	5687	3177	3649	2737
鹽	염 029 [平聲 /下平 : 霑(점)]	: 젖을 점	5688	3178	3650	2738
鹽	염 029 [平聲 /下平 : 鮎(점)]	: 메기 점	5689	3179	3651	2739
鹽	염 029 [平聲 /下平 : 佔(점)]	: 볼 점	5691	3180	3652	2740
鹽	염 029 [平聲 /下平 : 覘(첨)]	: 엿볼 첨	6513	3182	3653	2916
鹽	염 029 [平聲 /下平 : 黏(점)]	: 붙일/풀/차질 점	5696	3181	3654	2741
鹽	염 029 [平聲 /下平 : 煔*삽(점)]	: 태울 점	3351	3155	3655	2742
鹽	염 029 [平聲 /下平 : 僉(첨)]	: 모두/여러 첨	6514	3183	3656	2917
鹽	염 029 [平聲 /下平 : 尖(첨)]	: 뾰족할 첨	6515	3184	3657	2918
鹽	염 029 [平聲 /下平 : 沾(첨)]	: 젖을/절일 첨	6516	3185	3658	2919
鹽	염 029 [平聲 /下平 : 添(첨)]	: 더할 첨	6518	3186	3659	2920
鹽	염 029 [平聲 /下平 : 甛(첨)]	: 달 첨	6519	3187	3660	2921
鹽	염 029 [平聲 /下平 : 瞻(첨)]	: 볼 첨	6520	3188	3661	2922
鹽	염 029 [平聲 /下平 : 簽(첨)]	: 제목/편지 첨	6521	3189	3662	2923
鹽	염 029 [平聲 /下平 : 籤(첨)]	: 제비 첨	6522	3190	3663	2924
鹽	염 029 [平聲 /下平 : 詹(첨)]	: 소곤거릴 첨	6523	3191	3664	2925
鹽	염 029 [平聲 /下平 : 幨(첨)]	: 휘장 첨	6525	3192	3665	2926
鹽	염 029 [平聲 /下平 : 檐(첨)]	: 추녀 첨	6527	3193	3666	2927
鹽	염 029 [平聲 /下平 : 瀸(첨)]	: 적실 첨	6528	3194	3667	2928
鹽	염 029 [平聲 /下平 : 簷(첨)]	: 처마 첨	6529	3195	3668	2929
鹽	염 029 [平聲 /下平 : 鍼(침)]	: 바늘 침	6860	3196	3669	2991

배열형식 C (가나다 韻目 基準)		배열 A	배열 B	배열 C	배열 D
韻目	韻目No. [平仄 / 四聲 : 韻族] : 略義	운족 가나순	운목 번호순	운목 가나순	사성순
鹽	염 029 [平聲 /下平 : 鹻*침(겸)] : 사람이름 겸	6861	3197	3670	1741
鹽	염 029 [平聲 /下平 : 砭(폄)] : 돌침 폄	7103	3198	3671	3057
鹽	염 029 [平聲 /下平 : 函(함)] : 휩쌀/넣을 함	7298	3199	3672	3109
琰	염 058 [仄聲 /上聲 : 弇*감(엄)] : 덮을 엄	143	4607	3673	4022
琰	염 058 [仄聲 /上聲 : 儉(검)] : 검소할 검	295	4608	3674	3288
琰	염 058 [仄聲 /上聲 : 檢(검)] : 검사할 검	298	4609	3675	3289
琰	염 058 [仄聲 /上聲 : 瞼(검)] : 눈꺼풀 검	299	4610	3676	3290
琰	염 058 [仄聲 /上聲 : 撿(검)] : 단속할 검	303	4611	3677	3291
琰	염 058 [仄聲 /上聲 : 芡(검)] : 가시연 검	304	4612	3678	3292
琰	염 058 [仄聲 /上聲 : 臉(검)] : 빰 검	305	4613	3679	3293
琰	염 058 [仄聲 /上聲 : 慊(겸)] : 앙심먹을 겸	377	4614	3680	3302
琰	염 058 [仄聲 /上聲 : 歉(겸)] : 흉년들/부족할 겸	386	4615	3681	3303
琰	염 058 [仄聲 /上聲 : 鼸(겸)] : 두더지 겸	390	4616	3682	3304
琰	염 058 [仄聲 /上聲 : 拈*념(점)] : 집을/딸 점	1247	4617	3683	4267
琰	염 058 [仄聲 /上聲 : 簞(단)] : 밥그릇/상자 단	1349	4618	3684	3508
琰	염 058 [仄聲 /上聲 : 錟*담(염)] : 서슬 염	1409	4619	3685	4039
琰	염 058 [仄聲 /上聲 : 斂(렴)] : 거둘 렴	1871	4620	3686	3586
琰	염 058 [仄聲 /上聲 : 剡*염(섬)] : 고을이름 섬	4447	4631	3687	3924
琰	염 058 [仄聲 /上聲 : 剡(염)] : 날카로울 염	4446	4630	3688	4040
琰	염 058 [仄聲 /上聲 : 閃(섬)] : 엿볼 섬	3565	4621	3689	3925
琰	염 058 [仄聲 /上聲 : 陝(섬)] : 고을이름 섬	3566	4622	3690	3926
琰	염 058 [仄聲 /上聲 : 憸*섬(험)] : 간사할 험	3568	4623	3691	4584
琰	염 058 [仄聲 /上聲 : 儼(엄)] : 공경할 엄	4349	4625	3692	4023
琰	염 058 [仄聲 /上聲 : 奄(엄)] : 가릴 엄	4351	4626	3693	4024
琰	염 058 [仄聲 /上聲 : 掩(엄)] : 가릴 엄	4352	4627	3694	4025
琰	염 058 [仄聲 /上聲 : 广(엄)] : 집 엄	4355	4628	3695	4026
琰	염 058 [仄聲 /上聲 : 揜*암(엄)] : 찾아가질 엄	4177	4624	3696	4027
琰	염 058 [仄聲 /上聲 : 隒(엄)] : 낭떠러지 엄	4358	4629	3697	4028
琰	염 058 [仄聲 /上聲 : 染(염)] : 물들 염	4451	4632	3698	4041
琰	염 058 [仄聲 /上聲 : 焰(염)] : 불꽃 염	4453	4633	3699	4042
琰	염 058 [仄聲 /上聲 : 琰(염)] : 옥갈 염	4454	4634	3700	4043
琰	염 058 [仄聲 /上聲 : 苒(염)] : 풀우거질 염	4456	4635	3701	4044
琰	염 058 [仄聲 /上聲 : 冉(염)] : 나아갈 염	4460	4636	3702	4045
琰	염 058 [仄聲 /上聲 : 檿(염)] : 산뽕나무 염	4462	4637	3703	4046
琰	염 058 [仄聲 /上聲 : 魘*염(염)] : 가위눌릴 염	4466	4639	3704	4047
琰	염 058 [仄聲 /上聲 : 魇(염)] : 가위눌릴 염	4465	4638	3705	4048

배열형식 C (가나다 韻目 基準)			배열 A	배열 B	배열 C	배열 D
韻目	韻目No. [平仄 / 四聲 : 韻族]	略義	운족 가나순	운목 번호순	운목 가나순	사성순
琰	염 058 [仄聲 /上聲 : 黶(암)]	: 기미낄 염	4467	4640	3706	4049
琰	염 058 [仄聲 /上聲 : 棪(염)]	: 재염나무 염	4468	4641	3707	4050
琰	염 058 [仄聲 /上聲 : 舕(염)]	: 불당길 염	4469	4642	3708	4051
琰	염 058 [仄聲 /上聲 : 漸(점)]	: 점점 점	5685	4643	3709	4268
琰	염 058 [仄聲 /上聲 : 点(점)]	: 점 점	5686	4644	3710	4269
琰	염 058 [仄聲 /上聲 : 點(점)]	: 점/더러울 점	5690	4645	3711	4270
琰	염 058 [仄聲 /上聲 : 玷(점)]	: 이지러질 점	5693	4646	3712	4271
琰	염 058 [仄聲 /上聲 : 簟(점)]	: 삿자리 점	5694	4647	3713	4272
琰	염 058 [仄聲 /上聲 : 諂(첨)]	: 아첨할 첨	6524	4648	3714	4424
琰	염 058 [仄聲 /上聲 : 忝(첨)]	: 더럽힐/욕될 첨	6526	4649	3715	4425
琰	염 058 [仄聲 /上聲 : 舔(첨)]	: 핥을 첨	6530	4650	3716	4426
琰	염 058 [仄聲 /上聲 : 貶(폄)]	: 깎아내릴/낮출 폄	7102	4651	3717	4528
琰	염 058 [仄聲 /上聲 : 菡(함)]	: 연봉오리 함	7310	4652	3718	4559
琰	염 058 [仄聲 /上聲 : 獫(험)]	: 오랑캐이름 험	7421	4653	3719	4586
豔	염 088 [仄聲 /去聲 : 劍(검)]	: 칼 검	296	6403	3720	6026
豔	염 088 [仄聲 /去聲 : 劒(검)]	: 칼 검	297	6404	3721	6027
豔	염 088 [仄聲 /去聲 : 念(념)]	: 생각할/읽을 념	1244	6405	3722	6240
豔	염 088 [仄聲 /去聲 : 殮(렴)]	: 염할 렴	1872	6407	3723	6390
豔	염 088 [仄聲 /去聲 : 贍(섬)]	: 넉넉할 섬	3564	6409	3724	6805
豔	염 088 [仄聲 /去聲 : 俺(엄)]	: 나/클 엄	4347	6410	3725	7035
豔	염 088 [仄聲 /去聲 : 念(념)]	: 생각할/생각할 념	1249	6406	3726	6242
豔	염 088 [仄聲 /去聲 : 艶(염)]	: 고울 염	4455	6411	3727	7069
豔	염 088 [仄聲 /去聲 : 饜(염)]	: 물릴 염	4464	6412	3728	7070
豔	염 088 [仄聲 /去聲 : 豔(염)]	: 고울/탐스러울 염	4470	6413	3729	7071
豔	염 088 [仄聲 /去聲 : 店(점)]	: 가게 점	5684	6414	3730	7322
豔	염 088 [仄聲 /去聲 : 墊(점)]	: 빠질 점	5692	6415	3731	7323
豔	염 088 [仄聲 /去聲 : 苫(점)]	: 이엉 점	5695	6416	3732	7324
豔	염 088 [仄聲 /去聲 : 唸(점)]	: 음할 점	5697	6417	3733	7325
豔	염 088 [仄聲 /去聲 : 坫(점)]	: 경계 점	5699	6418	3734	7326
豔	염 088 [仄聲 /去聲 : 煔*삽(첨)]	: 불빛 첨	3352	6408	3735	7552
豔	염 088 [仄聲 /去聲 : 僭(참)]	: 참람할 참	6350	6419	3736	7484
豔	염 088 [仄聲 /去聲 : 塹(참)]	: 구덩이/해자/땅팔 참	6351	6420	3737	7486
豔	염 088 [仄聲 /去聲 : 窆(폄)]	: 하관할 폄	7104	6421	3738	7728
豔	염 088 [仄聲 /去聲 : 驗(험)]	: 시험할 험	7420	6422	3739	7816
豔	염 088 [仄聲 /去聲 : 獫*험(렴)]	: 부리긴개 렴	7422	6423	3740	6391
豔	염 058 [仄聲 /去聲 : 欠(흠)]	: 하품 흠	7897	6424	3741	7937

배열형식 C (가나다 韻目 基準)		배열 A	배열 B	배열 C	배열 D
韻目	韻目No. [平仄 / 四聲 : 韻族] : 略義	운족 가나순	운목 번호순	운목 가나순	사성순
葉	엽 105 [仄聲 /入聲 : 袷(겁)] : 옷자락 겁	308	7828	3742	6030
葉	엽 105 [仄聲 /入聲 : 慊*겸(협)] : 족할 협	378	7829	3743	7832
葉	엽 105 [仄聲 /入聲 : 嗛*겸(협)] : 넉넉할 협	385	7830	3744	7833
葉	엽 105 [仄聲 /入聲 : 捻(념)] : 찍을/염출할 념	1248	7831	3745	6241
葉	엽 105 [仄聲 /入聲 : 獵(렵)] : 사냥 렵	1877	7835	3746	6392
葉	엽 105 [仄聲 /入聲 : 躐(렵)] : 밟을 렵	1878	7836	3747	6393
葉	엽 105 [仄聲 /入聲 : 鬣(렵)] : 말갈기 렵	1879	7837	3748	6394
葉	엽 105 [仄聲 /入聲 : 霎(삽)] : 가랑비 삽	3347	7838	3749	6739
葉	엽 105 [仄聲 /入聲 : 渫*설(접)] : 물결출렁출렁할 접	3544	7839	3750	7327
葉	엽 105 [仄聲 /入聲 : 攝*섭(녑)] : 가질/고요할 녑	3574	7841	3751	6244
葉	엽 105 [仄聲 /入聲 : 攝(섭)] : 끌/이을/겸할 섭	3573	7840	3752	6806
葉	엽 105 [仄聲 /入聲 : 涉(섭)] : 건널 섭	3575	7842	3753	6807
葉	엽 105 [仄聲 /入聲 : 燮(섭)] : 불꽃 섭	3576	7843	3754	6808
葉	엽 105 [仄聲 /入聲 : 葉*엽(섭)] : 성/고을이름 섭	4473	7857	3755	6809
葉	엽 105 [仄聲 /入聲 : 葉(엽)] : 잎/세대 엽	4472	7856	3756	7073
葉	엽 105 [仄聲 /入聲 : 懾(섭)] : 두려워할 섭	3577	7844	3757	6810
葉	엽 105 [仄聲 /入聲 : 聶(섭)] : 소근거릴 섭	3578	7845	3758	6811
葉	엽 105 [仄聲 /入聲 : 聶*섭(접)] : 회칠 접	3579	7846	3759	7328
葉	엽 105 [仄聲 /入聲 : 躡(섭)] : 밟을/이를 섭	3580	7847	3760	6812
葉	엽 105 [仄聲 /入聲 : 褶*습(첩)] : 겹옷 첩	3931	7848	3761	7553
葉	엽 105 [仄聲 /入聲 : 慴(습)] : 두려워할 습	3933	7849	3762	6898
葉	엽 105 [仄聲 /入聲 : 拾*십(섭)] : 건늘 섭	4068	7851	3763	6813
葉	엽 105 [仄聲 /入聲 : 拾*십(겁)] : 다시 겁	4067	7850	3764	6032
葉	엽 105 [仄聲 /入聲 : 俺*엄(업)] : 나/클 업	4348	7852	3765	7036
葉	엽 105 [仄聲 /入聲 : 鄴(업)] : 땅/사람이름 업	4361	7853	3766	7039
葉	엽 105 [仄聲 /入聲 : 厭*염(엽)] : 괴로울/끓을 엽	4450	7854	3767	7074
葉	엽 105 [仄聲 /入聲 : 捻(념)] : 손가락으로찍을 념	1250	7832	3768	6243
葉	엽 105 [仄聲 /入聲 : 曄(엽)] : 빛날 엽	4474	7858	3769	7075
葉	엽 105 [仄聲 /入聲 : 燁(엽)] : 빛날 엽	4475	7859	3770	7076
葉	엽 105 [仄聲 /入聲 : 葉*엽(섭)] : 성/고을이름 섭	4477	7861	3771	6814
葉	엽 105 [仄聲 /入聲 : 葉(엽)] : 잎 엽	4476	7860	3772	7077
葉	엽 105 [仄聲 /入聲 : 靨*염(염)] : 보조개 염	4471	7855	3773	7072
葉	엽 105 [仄聲 /入聲 : 靨(엽)] : 보조개 엽	4478	7862	3774	7078
葉	엽 105 [仄聲 /入聲 : 饁(엽)] : 들밥 엽	4479	7863	3775	7079
葉	엽 105 [仄聲 /入聲 : 浥(읍)] : 젖을 읍	5126	7864	3776	7179
葉	엽 105 [仄聲 /入聲 : 接(접)] : 이을 접	5700	7866	3777	7329

배열형식 C (가나다 韻目 基準)		배열 A	배열 B	배열 C	배열 D
韻目	韻目No. [平仄/ 四聲 : 韻族] : 略義	운족 가나순	운목 번호순	운목 가나순	사성순
葉	엽 105 [仄聲 /入聲 : 摺(랍)] : 꺾을 랍	1744	7833	3778	6358
葉	엽 105 [仄聲 /入聲 : 摺*랍(접)] : 접을 접	1745	7834	3779	7330
葉	엽 105 [仄聲 /入聲 : 蝶(접)] : 나비 접	5701	7867	3780	7331
葉	엽 105 [仄聲 /入聲 : 椄(접)] : 접붙일 접	5702	7868	3781	7332
葉	엽 105 [仄聲 /入聲 : 楪(접)] : 평상 접	5703	7869	3782	7333
葉	엽 105 [仄聲 /入聲 : 鰈(접)] : 가재미 접	5704	7870	3783	7334
葉	엽 105 [仄聲 /入聲 : 楫*즙(집)] : 노 집	6103	7872	3784	7447
葉	엽 105 [仄聲 /入聲 : 楫(즙)] : 돛대/노 즙	6102	7871	3785	7406
葉	엽 105 [仄聲 /入聲 : 沾*첨(접)] : 경박할 접	6517	7873	3786	7335
葉	엽 105 [仄聲 /入聲 : 堞(첩)] : 성위담 첩	6531	7874	3787	7554
葉	엽 105 [仄聲 /入聲 : 妾(첩)] : 첩 첩	6532	7875	3788	7555
葉	엽 105 [仄聲 /入聲 : 帖(첩)] : 문서/휘장 첩	6533	7876	3789	7556
葉	엽 105 [仄聲 /入聲 : 帖*첩(체)] : 첩지 체	6534	7877	3790	7572
葉	엽 105 [仄聲 /入聲 : 捷(첩)] : 이길 첩	6535	7878	3791	7557
葉	엽 105 [仄聲 /入聲 : 牒(첩)] : 서찰 첩	6536	7879	3792	7558
葉	엽 105 [仄聲 /入聲 : 疊(첩)] : 겹쳐질 첩	6537	7880	3793	7559
葉	엽 105 [仄聲 /入聲 : 睫(첩)] : 속눈썹 첩	6538	7881	3794	7560
葉	엽 105 [仄聲 /入聲 : 諜(첩)] : 염탐할 첩	6539	7882	3795	7561
葉	엽 105 [仄聲 /入聲 : 貼(첩)] : 붙을 첩	6540	7883	3796	7562
葉	엽 105 [仄聲 /入聲 : 輒(첩)] : 문득 첩	6541	7884	3797	7563
葉	엽 105 [仄聲 /入聲 : 喋*잡(첩)] : 말잘할 첩	5416	7865	3798	7564
葉	엽 105 [仄聲 /入聲 : 婕(첩)] : 예쁠 첩	6542	7885	3799	7565
葉	엽 105 [仄聲 /入聲 : 鮿(첩)] : 건어 첩	6543	7886	3800	7566
葉	엽 105 [仄聲 /入聲 : 榼(합)] : 통 합	7324	7887	3801	7801
葉	엽 105 [仄聲 /入聲 : 俠(협)] : 의기/사이에낄 협	7468	7888	3802	7836
葉	엽 105 [仄聲 /入聲 : 協(협)] : 화할 협	7470	7889	3803	7837
葉	엽 105 [仄聲 /入聲 : 挾(협)] : 낄 협	7473	7890	3804	7840
葉	엽 105 [仄聲 /入聲 : 浹(협)] : 두루미칠 협	7474	7891	3805	7841
葉	엽 105 [仄聲 /入聲 : 脅(협)] : 갈비/위협할 협	7476	7892	3806	7843
葉	엽 105 [仄聲 /入聲 : 脇(협)] : 갈비/위협할 협	7477	7893	3807	7844
葉	엽 105 [仄聲 /入聲 : 莢(협)] : 풀열매 협	7478	7894	3808	7845
葉	엽 105 [仄聲 /入聲 : 鋏(협)] : 집게 협	7479	7895	3809	7846
葉	엽 105 [仄聲 /入聲 : 頰(협)] : 뺨 협	7480	7896	3810	7847
葉	엽 105 [仄聲 /入聲 : 愜(협)] : 쾌할 협	7481	7897	3811	7848
葉	엽 105 [仄聲 /入聲 : 篋(협)] : 상자 협	7482	7898	3812	7849
葉	엽 105 [仄聲 /入聲 : 勰(협)] : 뜻이맞을 협	7483	7899	3813	7850

배열형식 C (가나다 韻目 基準)		배열 A	배열 B	배열 C	배열 D
韻目	韻目No. [平仄 / 四聲 : 韻族] : 略義	운족 가나순	운목 번호순	운목 가나순	사성순
葉	엽 105 [仄聲 /入聲 : 梜(협)] : 젓가락 협	7484	7900	3814	7851
屋	옥 090 [仄聲 /入聲 : 珏*각(곡)] : 쌍옥 곡	49	6437	3815	6088
屋	옥 090 [仄聲 /入聲 : 角*각(록)] : 신선/사람이름 록	55	6439	3816	6400
屋	옥 090 [仄聲 /入聲 : 角*각(곡)] : 꿩우는소리 곡	54	6438	3817	6089
屋	옥 090 [仄聲 /入聲 : 哭(곡)] : 울 곡	559	6441	3818	6091
屋	옥 090 [仄聲 /入聲 : 斛(곡)] : 열(十)말 곡	560	6442	3819	6092
屋	옥 090 [仄聲 /入聲 : 穀(곡)] : 곡식 곡	563	6443	3820	6095
屋	옥 090 [仄聲 /入聲 : 谷(곡)] : 골 곡	565	6444	3821	6096
屋	옥 090 [仄聲 /入聲 : 觳(곡)] : 다할/엷을 곡	568	6445	3822	6099
屋	옥 090 [仄聲 /入聲 : 轂(곡)] : 고할 곡	570	6446	3823	6100
屋	옥 090 [仄聲 /入聲 : 瑴(각)] : 쌍옥 각	63	6440	3824	5968
屋	옥 090 [仄聲 /入聲 : 菊(국)] : 국화 국	912	6447	3825	6161
屋	옥 090 [仄聲 /入聲 : 鞠(국)] : 성 국	913	6448	3826	6162
屋	옥 090 [仄聲 /入聲 : 鞫(국)] : 국문할 국	914	6449	3827	6163
屋	옥 090 [仄聲 /入聲 : 麴(국)] : 누룩 국	915	6450	3828	6164
屋	옥 090 [仄聲 /入聲 : 掬(국)] : 움킬 국	916	6451	3829	6165
屋	옥 090 [仄聲 /入聲 : 椈(국)] : 측백나무 국	917	6452	3830	6166
屋	옥 090 [仄聲 /入聲 : 鵴(국)] : 뻐꾸기 국	919	6453	3831	6168
屋	옥 090 [仄聲 /入聲 : 瀆(독)] : 도랑 독	1551	6454	3832	6294
屋	옥 090 [仄聲 /入聲 : 牘(독)] : 편지 독	1552	6455	3833	6295
屋	옥 090 [仄聲 /入聲 : 犢(독)] : 송아지 독	1553	6456	3834	6296
屋	옥 090 [仄聲 /入聲 : 獨(독)] : 홀로 독	1554	6457	3835	6297
屋	옥 090 [仄聲 /入聲 : 秃(독)] : 대머리 독	1556	6458	3836	6299
屋	옥 090 [仄聲 /入聲 : 讀(독)] : 읽을/풍류 독	1558	6459	3837	6301
屋	옥 090 [仄聲 /入聲 : 櫝(독)] : 함/관 독	1560	6460	3838	6302
屋	옥 090 [仄聲 /入聲 : 黷(독)] : 더럽힐 독	1561	6461	3839	6303
屋	옥 090 [仄聲 /入聲 : 韇(독)] : 전동 독	1564	6462	3840	6305
屋	옥 090 [仄聲 /入聲 : 韣(독)] : 활집 독	1565	6463	3841	6306
屋	옥 090 [仄聲 /入聲 : 碌(록)] : 푸른빛 록	1955	6465	3842	6404
屋	옥 090 [仄聲 /入聲 : 祿(록)] : 녹 록	1956	6466	3843	6405
屋	옥 090 [仄聲 /入聲 : 鹿(록)] : 사슴 록	1960	6467	3844	6410
屋	옥 090 [仄聲 /入聲 : 麓(록)] : 산기슭 록	1961	6468	3845	6411
屋	옥 090 [仄聲 /入聲 : 淥(록)] : 샐/물맑을 록	1962	6469	3846	6412
屋	옥 090 [仄聲 /入聲 : 漉(록)] : 거를 록	1963	6470	3847	6413
屋	옥 090 [仄聲 /入聲 : 盝(록)] : 다할 록	1964	6471	3848	6414
屋	옥 090 [仄聲 /入聲 : 六(륙)] : 여섯 륙	2084	6472	3849	6426

배열형식 C (가나다 韻目 基準)		배열 A	배열 B	배열 C	배열 D
韻目	韻目No. [平仄 / 四聲 : 韻族] : 略義	운족 가나순	운목 번호순	운목 가나순	사성순
屋	옥 090 [仄聲 /入聲 : 戮(륙)] : 죽일 륙	2085	6473	3850	6427
屋	옥 090 [仄聲 /入聲 : 陸(륙)] : 뭍/두터울 륙	2086	6474	3851	6428
屋	옥 090 [仄聲 /入聲 : 稑(륙)] : 올벼 륙	2087	6475	3852	6429
屋	옥 090 [仄聲 /入聲 : 木(목)] : 나무 목	2404	6476	3853	6500
屋	옥 090 [仄聲 /入聲 : 木*목(모)] : 모과 모	2405	6477	3854	6499
屋	옥 090 [仄聲 /入聲 : 沐(목)] : 머리감을 목	2406	6478	3855	6501
屋	옥 090 [仄聲 /入聲 : 牧(목)] : 칠 목	2407	6479	3856	6502
屋	옥 090 [仄聲 /入聲 : 目(목)] : 눈 목	2408	6480	3857	6503
屋	옥 090 [仄聲 /入聲 : 睦(목)] : 화목할 목	2409	6481	3858	6504
屋	옥 090 [仄聲 /入聲 : 穆(목)] : 화목할 목	2410	6482	3859	6505
屋	옥 090 [仄聲 /入聲 : 鶩(목)] : 집오리 목	2411	6483	3860	6506
屋	옥 090 [仄聲 /入聲 : 苜(목)] : 거여목 목	2412	6484	3861	6507
屋	옥 090 [仄聲 /入聲 : 霂(목)] : 가랑비 목	2413	6485	3862	6508
屋	옥 090 [仄聲 /入聲 : 繆*무(목)] : 몹쓸시호 목	2466	6486	3863	6509
屋	옥 090 [仄聲 /入聲 : 鶩(무)] : 달릴 무	2476	6487	3864	6520
屋	옥 090 [仄聲 /入聲 : 撲*박(복)] : 두드릴/씨름할 복	2588	6488	3865	6643
屋	옥 090 [仄聲 /入聲 : 樸*박(복)] : 떡갈나무 복	2591	6489	3866	6644
屋	옥 090 [仄聲 /入聲 : 洑(복)] : 돌아흐를/보 복	2875	6490	3867	6645
屋	옥 090 [仄聲 /入聲 : 洑*복(보)] : 돌아흐를/보 보	2876	6491	3868	6642
屋	옥 090 [仄聲 /入聲 : 伏(복)] : 엎드릴 복	2877	6492	3869	6646
屋	옥 090 [仄聲 /入聲 : 僕(복)] : 종 복	2878	6493	3870	6647
屋	옥 090 [仄聲 /入聲 : 匐*복(북)] : 엎드릴 북	2880	6495	3871	6681
屋	옥 090 [仄聲 /入聲 : 匐(복)] : 엎드릴 복	2879	6494	3872	6648
屋	옥 090 [仄聲 /入聲 : 卜(복)] : 점 복	2881	6496	3873	6649
屋	옥 090 [仄聲 /入聲 : 宓(복)] : 편안할/업드릴 복	2882	6497	3874	6650
屋	옥 090 [仄聲 /入聲 : 復*복(부)] : 다시/또 부	2885	6499	3875	6676
屋	옥 090 [仄聲 /入聲 : 復(복)] : 돌아올 복	2884	6498	3876	6651
屋	옥 090 [仄聲 /入聲 : 服(복)] : 옷 복	2886	6500	3877	6652
屋	옥 090 [仄聲 /入聲 : 福(복)] : 복 복	2887	6501	3878	6653
屋	옥 090 [仄聲 /入聲 : 腹(복)] : 배 복	2888	6502	3879	6654
屋	옥 090 [仄聲 /入聲 : 茯(복)] : 복령 복	2889	6503	3880	6655
屋	옥 090 [仄聲 /入聲 : 複(복)] : 겹옷/복도 복	2891	6504	3881	6657
屋	옥 090 [仄聲 /入聲 : 覆(복)] : 덮을/엎어질 복	2893	6505	3882	6658
屋	옥 090 [仄聲 /入聲 : 輹(복)] : 복토 복	2894	6506	3883	6659
屋	옥 090 [仄聲 /入聲 : 輻(복)] : 바퀴살 복	2895	6507	3884	6660
屋	옥 090 [仄聲 /入聲 : 馥(복)] : 향기 복	2897	6508	3885	6661

배열형식 C (가나다 韻目 基準)		배열 A	배열 B	배열 C	배열 D
韻目	韻目No. [平仄 / 四聲 : 韻族] : 略義	운족 가나순	운목 번호순	운목 가나순	사성순
屋	옥 090 [仄聲 /入聲 : 鰒(복)] : 전복 복	2898	6509	3886	6662
屋	옥 090 [仄聲 /入聲 : 扑(복)] : 칠 복	2900	6510	3887	6664
屋	옥 090 [仄聲 /入聲 : 濮(복)] : 강이름 복	2901	6511	3888	6665
屋	옥 090 [仄聲 /入聲 : 箙(복)] : 화살통 복	2902	6512	3889	6666
屋	옥 090 [仄聲 /入聲 : 蝠(복)] : 박쥐 복	2903	6513	3890	6667
屋	옥 090 [仄聲 /入聲 : 蝮(복)] : 살무사 복	2904	6514	3891	6668
屋	옥 090 [仄聲 /入聲 : 楅(복)] : 쇠뿔가로대 복	2905	6515	3892	6669
屋	옥 090 [仄聲 /入聲 : 楅*복(벽)] : 쇠뿔가로대 벽	2906	6516	3893	6620
屋	옥 090 [仄聲 /入聲 : 葍(복)] : 금불초 복	2907	6517	3894	6670
屋	옥 090 [仄聲 /入聲 : 副*부(벽)] : 쪼갤 복	2938	6518	3895	6672
屋	옥 090 [仄聲 /入聲 : 槭*색(축)] : 단풍나무 축	3400	6519	3896	7596
屋	옥 090 [仄聲 /入聲 : 棟(색)] : 가시목 색	3402	6520	3897	6753
屋	옥 090 [仄聲 /入聲 : 涑*수(속)] : 물이름/빨 속	3754	6524	3898	6827
屋	옥 090 [仄聲 /入聲 : 謖(속)] : 일어날 속	3701	6521	3899	6830
屋	옥 090 [仄聲 /入聲 : 速(속)] : 빠를 속	3703	6522	3900	6832
屋	옥 090 [仄聲 /入聲 : 蔌*수(속)] : 더러울 속	3756	6525	3901	6833
屋	옥 090 [仄聲 /入聲 : 藗(속)] : 흰띠 속	3705	6523	3902	6834
屋	옥 090 [仄聲 /入聲 : 叔(숙)] : 아재비 숙	3851	6527	3903	6863
屋	옥 090 [仄聲 /入聲 : 塾(숙)] : 문옆방/글방 숙	3852	6528	3904	6864
屋	옥 090 [仄聲 /入聲 : 夙(숙)] : 일찍 숙	3853	6529	3905	6865
屋	옥 090 [仄聲 /入聲 : 孰(숙)] : 누구 숙	3854	6530	3906	6866
屋	옥 090 [仄聲 /入聲 : 宿*숙(수)] : 성좌 수	3856	6531	3907	6860
屋	옥 090 [仄聲 /入聲 : 淑(숙)] : 맑을 숙	3857	6532	3908	6868
屋	옥 090 [仄聲 /入聲 : 潚(숙)] : 성 숙	3858	6533	3909	6869
屋	옥 090 [仄聲 /入聲 : 潚*숙(축)] : 깊고맑을 축	3859	6534	3910	7597
屋	옥 090 [仄聲 /入聲 : 熟(숙)] : 익을 숙	3860	6535	3911	6870
屋	옥 090 [仄聲 /入聲 : 琡(숙)] : 옥이름 숙	3861	6536	3912	6871
屋	옥 090 [仄聲 /入聲 : 璹(숙)] : 옥그릇 숙	3862	6537	3913	6872
屋	옥 090 [仄聲 /入聲 : 肅(숙)] : 엄숙할 숙	3864	6538	3914	6873
屋	옥 090 [仄聲 /入聲 : 菽(숙)] : 콩 숙	3865	6539	3915	6874
屋	옥 090 [仄聲 /入聲 : 俶(숙)] : 비롯할 숙	3866	6540	3916	6875
屋	옥 090 [仄聲 /入聲 : 倏(숙)] : 갑자기/빛날 숙	3867	6541	3917	6876
屋	옥 090 [仄聲 /入聲 : 儵(숙)] : 빠를 숙	3868	6542	3918	6877
屋	옥 090 [仄聲 /入聲 : 莤(숙)] : 술거를 숙	3869	6543	3919	6878
屋	옥 090 [仄聲 /入聲 : 驌(숙)] : 검은범 숙	3871	6544	3920	6879
屋	옥 090 [仄聲 /入聲 : 鮛(숙)] : 작은다랑어 숙	3872	6545	3921	6880

배열형식 C (가나다 韻目 基準)			배열 A	배열 B	배열 C	배열 D
韻目	韻目No. [平仄 / 四聲 : 韻族] : 略義		운족 가나순	운목 번호순	운목 가나순	사성순
屋	옥 090 [仄聲 /入聲 : 阿*아(옥)]	: 누구 옥	4089	6546	3922	7097
屋	옥 090 [仄聲 /入聲 : 奧*오(욱)]	: 따스할/모퉁이 욱	4568	6547	3923	7122
屋	옥 090 [仄聲 /入聲 : 澳*오(욱)]	: 벼랑 욱	4581	6548	3924	7123
屋	옥 090 [仄聲 /入聲 : 屋(옥)]	: 집 옥	4611	6551	3925	7099
屋	옥 090 [仄聲 /入聲 : 彧(욱)]	: 문채 욱	4840	6552	3926	7125
屋	옥 090 [仄聲 /入聲 : 昱(욱)]	: 빛날 욱	4842	6553	3927	7127
屋	옥 090 [仄聲 /入聲 : 栯(욱)]	: 산앵두 욱	4843	6554	3928	7128
屋	옥 090 [仄聲 /入聲 : 煜*욱(읍)]	: 불빛환할 읍	4845	6556	3929	7174
屋	옥 090 [仄聲 /入聲 : 煜(욱)]	: 빛날 욱	4844	6555	3930	7129
屋	옥 090 [仄聲 /入聲 : 郁(욱)]	: 성할 욱	4846	6557	3931	7130
屋	옥 090 [仄聲 /入聲 : 燠(오)]	: 따뜻할 오	4609	6549	3932	7096
屋	옥 090 [仄聲 /入聲 : 燠*오(욱)]	: 따뜻할 욱	4610	6550	3933	7132
屋	옥 090 [仄聲 /入聲 : 柚(유)]	: 유자나무 유	4995	6558	3934	7147
屋	옥 090 [仄聲 /入聲 : 柚*유(축)]	: 북 축	4996	6559	3935	7598
屋	옥 090 [仄聲 /入聲 : 囿*유(유)]	: 동산 유	5024	6561	3936	7149
屋	옥 090 [仄聲 /入聲 : 囿(유)]	: 동산 유	5023	6560	3937	7150
屋	옥 090 [仄聲 /入聲 : 堉(육)]	: 기름진땅 육	5065	6562	3938	7156
屋	옥 090 [仄聲 /入聲 : 毓(육)]	: 기를 육	5066	6563	3939	7157
屋	옥 090 [仄聲 /入聲 : 肉(육)]	: 고기 육	5067	6564	3940	7158
屋	옥 090 [仄聲 /入聲 : 育(육)]	: 기를 육	5068	6565	3941	7159
屋	옥 090 [仄聲 /入聲 : 唷(육)]	: 소리지를 육	5069	6566	3942	7160
屋	옥 090 [仄聲 /入聲 : 族(족)]	: 무리/일가/겨레 족	5931	6567	3943	7363
屋	옥 090 [仄聲 /入聲 : 簇(족)]	: 가는대 족	5933	6568	3944	7364
屋	옥 090 [仄聲 /入聲 : 鏃(촉)]	: 살촉 촉	6622	6577	3945	7576
屋	옥 090 [仄聲 /入聲 : 蔟*주(족)]	: 모을/누에발 족	6032	6569	3946	7366
屋	옥 090 [仄聲 /入聲 : 竹(죽)]	: 대 죽	6047	6571	3947	7390
屋	옥 090 [仄聲 /入聲 : 粥(죽)]	: 죽/어리석은체할 죽	6048	6572	3948	7391
屋	옥 090 [仄聲 /入聲 : 粥*죽(육)]	: 팔육(賣也)/오랑캐 육	6049	6573	3949	7161
屋	옥 090 [仄聲 /入聲 : 鬻*죽(육)]	: 팔(賣也) 육	6052	6576	3950	7162
屋	옥 090 [仄聲 /入聲 : 鬻*죽(국)]	: 기를/어릴 국	6051	6575	3951	6169
屋	옥 090 [仄聲 /入聲 : 鬻(죽)]	: 미음/죽 죽	6050	6574	3952	7392
屋	옥 090 [仄聲 /入聲 : 矗(촉)]	: 우거질 촉	6626	6578	3953	7580
屋	옥 090 [仄聲 /入聲 : 畜(축)]	: 가축/쌓을 축	6721	6579	3954	7599
屋	옥 090 [仄聲 /入聲 : 畜*축(휵)]	: 집짐승 추	6723	6580	3955	7595
屋	옥 090 [仄聲 /入聲 : 祝*주(축)]	: 빌/짤/비로소 축	6046	6570	3956	7600
屋	옥 090 [仄聲 /入聲 : 竺(독)]	: 두터울 독	1567	6464	3957	6307

배열형식 C (가나다 韻目 基準)		배열 A	배열 B	배열 C	배열 D
韻目	韻目No. [平仄 / 四聲 : 韻族] : 略義	운족 가나순	운목 번호순	운목 가나순	사성순
屋	옥 090 [仄聲 /入聲 : 筑(축)] : 악기이름 축	6724	6581	3958	7602
屋	옥 090 [仄聲 /入聲 : 築(축)] : 쌓을 축	6725	6582	3959	7603
屋	옥 090 [仄聲 /入聲 : 縮(축)] : 줄일 축	6726	6583	3960	7604
屋	옥 090 [仄聲 /入聲 : 蓄(축)] : 모을 축	6727	6584	3961	7605
屋	옥 090 [仄聲 /入聲 : 蹙(축)] : 대지를 축	6728	6585	3962	7606
屋	옥 090 [仄聲 /入聲 : 蹴(축)] : 찰 축	6729	6586	3963	7607
屋	옥 090 [仄聲 /入聲 : 軸(축)] : 굴대 축	6730	6587	3964	7608
屋	옥 090 [仄聲 /入聲 : 逐(축)] : 쫓을 축	6731	6588	3965	7609
屋	옥 090 [仄聲 /入聲 : 莥(수)] : 얻을 수	3849	6526	3966	6862
屋	옥 090 [仄聲 /入聲 : 柷(축)] : 악기이름 축	6734	6589	3967	7611
屋	옥 090 [仄聲 /入聲 : 蓫(축)] : 참소리쟁이 축	6735	6590	3968	7612
屋	옥 090 [仄聲 /入聲 : 顣(축)] : 찡그릴 축	6736	6591	3969	7613
屋	옥 090 [仄聲 /入聲 : 鱁(축)] : 부레/창란젓/아감젓 축	6737	6592	3970	7614
屋	옥 090 [仄聲 /入聲 : 啄(탁)] : 쫄(부리) 탁	6899	6593	3971	7659
屋	옥 090 [仄聲 /入聲 : 暴*포(폭)] : 햇빛쪼일 폭	7141	6594	3972	7736
屋	옥 090 [仄聲 /入聲 : 幅(폭)] : 폭/가득찰 폭	7171	6597	3973	7737
屋	옥 090 [仄聲 /入聲 : 暴(폭)] : 사나울 폭	7173	6598	3974	7738
屋	옥 090 [仄聲 /入聲 : 曝*포(폭)] : 햇볕에말릴 폭	7168	6595	3975	7739
屋	옥 090 [仄聲 /入聲 : 瀑*포(폭)] : 폭포수 폭	7170	6596	3976	7740
屋	옥 090 [仄聲 /入聲 : 匹*필(목)] : 집오리 목	7230	6599	3977	6510
屋	옥 090 [仄聲 /入聲 : 熇*효(혹)] : 불꽃이글이글할 혹	7782	6600	3978	7866
沃	옥 091 [仄聲 /入聲 : 告*고(곡)] : 청할/보일/찾을 곡	494	6601	3979	6090
沃	옥 091 [仄聲 /入聲 : 曲(곡)] : 굽을 곡	561	6602	3980	6093
沃	옥 091 [仄聲 /入聲 : 梏(곡)] : 수갑 곡	562	6603	3981	6094
沃	옥 091 [仄聲 /入聲 : 鵠(곡)] : 고니 곡	566	6604	3982	6097
沃	옥 091 [仄聲 /入聲 : 嚳(곡)] : 고할 곡	567	6605	3983	6098
沃	옥 091 [仄聲 /入聲 : 牿(곡)] : 외양간 곡	571	6606	3984	6101
沃	옥 091 [仄聲 /入聲 : 局(국)] : 판 국	911	6608	3985	6160
沃	옥 091 [仄聲 /入聲 : 輂(국)] : 수레 국	918	6609	3986	6167
沃	옥 091 [仄聲 /入聲 : 綠(록)] : 청록빛/옥이름 록	1953	6619	3987	6401
沃	옥 091 [仄聲 /入聲 : 菉(록)] : 녹두 록	1954	6620	3988	6402
沃	옥 091 [仄聲 /入聲 : 毒(독)] : 독 독	1550	6610	3989	6293
沃	옥 091 [仄聲 /入聲 : 督(독)] : 감독할 독	1555	6611	3990	6298
沃	옥 091 [仄聲 /入聲 : 篤(독)] : 도타울 독	1557	6612	3991	6300
沃	옥 091 [仄聲 /入聲 : 蝳(독)] : 거미 독	1562	6613	3992	6304
沃	옥 091 [仄聲 /入聲 : 韣*독(촉)] : 칼집 촉	1566	6614	3993	7573

배열형식 C (가나다 韻目 基準)		배열 A	배열 B	배열 C	배열 D
韻目	韻目No. [平仄 / 四聲 : 韻族] : 略義	운족 가나순	운목 번호순	운목 가나순	사성순
沃	옥 091 [仄聲 /入聲 : 濼*락(록)] : 강이름 록	1700	6616	3994	640
沃	옥 091 [仄聲 /入聲 : 勑(래)] : 위로할 래	1768	6617	3995	635
沃	옥 091 [仄聲 /入聲 : 綠(록)] : 푸를 록	1957	6621	3996	640
沃	옥 091 [仄聲 /入聲 : 菉(록)] : 녹두 록	1958	6622	3997	640
沃	옥 091 [仄聲 /入聲 : 錄*려(록)] : 문서/기록할 록	1832	6618	3998	640
沃	옥 091 [仄聲 /入聲 : 錄(록)] : 청록빛/옥이름 록	1959	6623	3999	640
沃	옥 091 [仄聲 /入聲 : 簶(록)] : 책상자 록	1965	6624	4000	641
沃	옥 091 [仄聲 /入聲 : 幞(복)] : 두건 복	2899	6625	4001	666
沃	옥 091 [仄聲 /入聲 : 數*수(삭)] : 빽빽할 촉	3750	6634	4002	757
沃	옥 091 [仄聲 /入聲 : 俗(속)] : 풍속/세상/평범할 속	3696	6627	4003	682
沃	옥 091 [仄聲 /入聲 : 屬(속)] : 붙일 속	3697	6628	4004	682
沃	옥 091 [仄聲 /入聲 : 束(속)] : 묶을 속	3698	6629	4005	682
沃	옥 091 [仄聲 /入聲 : 粟(속)] : 조 속	3699	6630	4006	682
沃	옥 091 [仄聲 /入聲 : 續(속)] : 이을 속	3700	6631	4007	682
沃	옥 091 [仄聲 /入聲 : 贖(속)] : 바꿀 속	3702	6632	4008	683
沃	옥 091 [仄聲 /入聲 : 藚(속)] : 쇠기나물 속	3706	6633	4009	683
沃	옥 091 [仄聲 /入聲 : 沃(옥)] : 기름질 옥	4612	6635	4010	710
沃	옥 091 [仄聲 /入聲 : 獄(옥)] : 감옥 옥	4613	6636	4011	710
沃	옥 091 [仄聲 /入聲 : 玉(옥)] : 구슬 옥	4614	6637	4012	710
沃	옥 091 [仄聲 /入聲 : 鈺(옥)] : 보배 옥	4615	6638	4013	710
沃	옥 091 [仄聲 /入聲 : 慾(욕)] : 욕심 욕	4751	6639	4014	711
沃	옥 091 [仄聲 /入聲 : 欲(욕)] : 하고자할 욕	4752	6640	4015	711
沃	옥 091 [仄聲 /入聲 : 浴(욕)] : 목욕할 욕	4753	6641	4016	711
沃	옥 091 [仄聲 /入聲 : 縟(욕)] : 화문놓을 욕	4754	6642	4017	711
沃	옥 091 [仄聲 /入聲 : 褥(욕)] : 요 욕	4755	6643	4018	711
沃	옥 091 [仄聲 /入聲 : 辱(욕)] : 욕될 욕	4756	6644	4019	711
沃	옥 091 [仄聲 /入聲 : 溽(욕)] : 무더울 욕	4757	6645	4020	711
沃	옥 091 [仄聲 /入聲 : 蓐(욕)] : 요 욕	4758	6646	4021	711
沃	옥 091 [仄聲 /入聲 : 勖(우)] : 힘쓸 욱	4839	6647	4022	712
沃	옥 091 [仄聲 /入聲 : 旭(욱)] : 아침채 욱	4841	6648	4023	712
沃	옥 091 [仄聲 /入聲 : 頊(욱)] : 삼갈 욱	4847	6649	4024	713
沃	옥 091 [仄聲 /入聲 : 勗(욱)] : 힘쓸 욱	4848	6650	4025	713
沃	옥 091 [仄聲 /入聲 : 足(족)] : 발 족	5935	6651	4026	736
沃	옥 091 [仄聲 /入聲 : 促(촉)] : 재촉할 촉	6623	6652	4027	757
沃	옥 091 [仄聲 /入聲 : 囑(촉)] : 부탁할 촉	6624	6653	4028	757
沃	옥 091 [仄聲 /入聲 : 燭(촉)] : 촛불 촉	6625	6654	4029	757

배열형식 C (가나다 韻目 基準)			배열 A	배열 B	배열 C	배열 D
韻目	韻目No. [平仄 / 四聲 : 韻族]	: 略義	운족 가나순	운목 번호순	운목 가나순	사성순
沃	옥 091 [仄聲 / 入聲 : 蜀(촉)]	: 나라이름 촉	6627	6655	4030	7581
沃	옥 091 [仄聲 / 入聲 : 觸(촉)]	: 닿을 촉	6628	6656	4031	7582
沃	옥 091 [仄聲 / 入聲 : 矚(촉)]	: 볼 촉	6629	6657	4032	7583
沃	옥 091 [仄聲 / 入聲 : 躅(촉)]	: 자취/철축꽃 촉	6630	6658	4033	7584
沃	옥 091 [仄聲 / 入聲 : 斸(촉)]	: 쪼갤/찍을 촉	6631	6659	4034	7585
沃	옥 091 [仄聲 / 入聲 : 斸*촉(착)]	: 쪼갤/찍을 착	6632	6660	4035	7472
沃	옥 091 [仄聲 / 入聲 : 欘(촉)]	: 도끼 촉	6633	6661	4036	7586
沃	옥 091 [仄聲 / 入聲 : 蠋(촉)]	: 나비애벌레 촉	6634	6662	4037	7587
沃	옥 091 [仄聲 / 入聲 : 鸀(촉)]	: 뻐꾸기 촉	6635	6663	4038	7588
沃	옥 091 [仄聲 / 入聲 : 竺*독(축)]	: 나라이름(天竺) 축	1568	6615	4039	7601
沃	옥 091 [仄聲 / 入聲 : 趣*취(추)]	: 재촉할 촉	6777	6664	4040	7589
沃	옥 091 [仄聲 / 入聲 : 輻(폭)]	: 바퀴살 복	2911	6626	4041	6675
沃	옥 091 [仄聲 / 入聲 : 翯(혹)]	: 깃윤택할 혹	7592	6665	4042	7861
沃	옥 091 [仄聲 / 入聲 : 悎*교(곡)]	: 두려워할 곡	813	6607	4043	6103
阮	완 043 [仄聲 / 上聲 : 墾(간)]	: 개간할 간	67	3864	4044	3244
阮	완 043 [仄聲 / 上聲 : 懇(간)]	: 간절할 간	72	3865	4045	3245
阮	완 043 [仄聲 / 上聲 : 昆*곤(혼)]	: 동어리/오랑캐 혼	576	3866	4046	4624
阮	완 043 [仄聲 / 上聲 : 梱(곤)]	: 맏 곤	577	3867	4047	3349
阮	완 043 [仄聲 / 上聲 : 棍*곤(혼)]	: 나무묶을 혼	579	3868	4048	4625
阮	완 043 [仄聲 / 上聲 : 滾(곤)]	: 흐를 곤	580	3869	4049	3350
阮	완 043 [仄聲 / 上聲 : 衮(곤)]	: 곤룡포 곤	582	3870	4050	3351
阮	완 043 [仄聲 / 上聲 : 閫(곤)]	: 문지방 곤	586	3871	4051	3352
阮	완 043 [仄聲 / 上聲 : 壼(곤)]	: 대궐안길 곤	589	3872	4052	3353
阮	완 043 [仄聲 / 上聲 : 鯀(곤)]	: 큰물고기 곤	590	3873	4053	3354
阮	완 043 [仄聲 / 上聲 : 圈(권)]	: 우리 권	945	3874	4054	3416
阮	완 043 [仄聲 / 上聲 : 沌(돈)]	: 기운덩어리 돈	1577	3875	4055	3539
阮	완 043 [仄聲 / 上聲 : 躉(돈)]	: 거룻배 돈	1585	3876	4056	3540
阮	완 043 [仄聲 / 上聲 : 庉(돈)]	: 담장 돈	1586	3877	4057	3541
阮	완 043 [仄聲 / 上聲 : 遁(돈)]	: 달아날 돈	1587	3878	4058	3542
阮	완 043 [仄聲 / 上聲 : 遯*돈(둔)]	: 달아날 둔	1590	3879	4059	3560
阮	완 043 [仄聲 / 上聲 : 淪*륜(론)]	: 기운덩어리질 론	2092	3880	4060	3605
阮	완 043 [仄聲 / 上聲 : 娩(만)]	: 해산할 만	2225	3881	4061	3648
阮	완 043 [仄聲 / 上聲 : 挽(만)]	: 당길 만	2230	3882	4062	3649
阮	완 043 [仄聲 / 上聲 : 晩(만)]	: 늦을 만	2231	3883	4063	3650
阮	완 043 [仄聲 / 上聲 : 晚(만)]	: 저물/늦을 만	2250	3884	4064	3653
阮	완 043 [仄聲 / 上聲 : 悗(문)]	: 잊어버릴 문	2498	3885	4065	3706

韻目	배열형식 C (가나다 韻目 基準)		배열 A	배열 B	배열 C	배열 D
	韻目No. [平仄 / 四聲 : 韻族] : 略義		운족 가나순	운목 번호순	운목 가나순	사성순
阮	완 043 [仄聲 / 上聲 : 懣(문)]	: 번민할 문	2500	3886	4066	370?
阮	완 043 [仄聲 / 上聲 : 反(반)]	: 엎을/돌이킬 반	2612	3887	4067	373?
阮	완 043 [仄聲 / 上聲 : 返(반)]	: 돌이킬 반	2633	3888	4068	373?
阮	완 043 [仄聲 / 上聲 : 飯(반)]	: 밥 반	2636	3889	4069	374?
阮	완 043 [仄聲 / 上聲 : 本(본)]	: 근본 본	2913	3890	4070	379?
阮	완 043 [仄聲 / 上聲 : 体(분)]	: 용렬할 분	3032	3891	4071	382?
阮	완 043 [仄聲 / 上聲 : 畚(분)]	: 삼태기 분	3038	3892	4072	382?
阮	완 043 [仄聲 / 上聲 : 笨(분)]	: 거칠/투박할 분	3039	3893	4073	382?
阮	완 043 [仄聲 / 上聲 : 愃*선(훤)]	: 너그럽고아담할 훤	3528	3894	4074	465?
阮	완 043 [仄聲 / 上聲 : 洒*세(선)]	: 닦을 쇄	3619	3895	4075	394?
阮	완 043 [仄聲 / 上聲 : 損(손)]	: 덜 손	3709	3896	4076	394?
阮	완 043 [仄聲 / 上聲 : 盾*순(돈)]	: 사람이름 돈	3888	3897	4077	354?
阮	완 043 [仄聲 / 上聲 : 偃(언)]	: 쓰러질 언	4331	3898	4078	402?
阮	완 043 [仄聲 / 上聲 : 鰋(언)]	: 메기 언	4341	3899	4079	402?
阮	완 043 [仄聲 / 上聲 : 穩(온)]	: 편안할 온	4618	3900	4080	406?
阮	안 043 [仄聲 / 上聲 : 婉(완)]	: 순할/아름다울/젊을 완	4661	3901	4081	407?
阮	완 043 [仄聲 / 上聲 : 宛(완)]	: 어슴푸레할 완	4663	3902	4082	407?
阮	완 043 [仄聲 / 上聲 : 琬(완)]	: 홀 완	4671	3903	4083	407?
阮	완 043 [仄聲 / 上聲 : 腕(완)]	: 팔목/팔뚝 완	4676	3904	4084	408?
阮	완 043 [仄聲 / 上聲 : 阮(완)]	: 나라이름/성 완	4678	3905	4085	408?
阮	완 043 [仄聲 / 上聲 : 菀(울)]	: 우거질 울	4869	3906	4086	412?
阮	완 043 [仄聲 / 上聲 : 苑(원)]	: 나라동산 원	4895	3907	4087	412?
阮	완 043 [仄聲 / 上聲 : 遠(원)]	: 멀 원	4898	3908	4088	412?
阮	완 043 [仄聲 / 上聲 : 阮(원)]	: 원나라 원	4899	3909	4089	413?
阮	완 043 [仄聲 / 上聲 : 蜿*원(완)]	: 굼틀거릴 완	4908	3910	4090	408?
阮	완 043 [仄聲 / 上聲 : 蘧*위(원)]	: 원지[약초] 원	4922	3911	4091	413?
阮	완 043 [仄聲 / 上聲 : 撙(준)]	: 누를 준	6075	3912	4092	434?
阮	완 043 [仄聲 / 上聲 : 鱒(준)]	: 송어 준	6082	3913	4093	435?
阮	완 043 [仄聲 / 上聲 : 忖(촌)]	: 헤아릴/짐작할 촌	6637	3914	4094	444?
阮	완 043 [仄聲 / 上聲 : 刌(촌)]	: 저밀 촌	6642	3915	4095	444?
阮	완 043 [仄聲 / 上聲 : 坂(판)]	: 언덕/산비탈 판	7050	3916	4096	452?
阮	완 043 [仄聲 / 上聲 : 阪(판)]	: 언덕 판	7057	3917	4097	452?
阮	완 043 [仄聲 / 上聲 : 狠(한)]	: 개싸우는소리 한	7293	3918	4098	455?
阮	완 043 [仄聲 / 上聲 : 混(혼)]	: 섞을 혼	7600	3919	4099	462?
阮	완 043 [仄聲 / 上聲 : 鯇(혼)]	: 잉어 혼	7608	3920	4100	462?
阮	완 043 [仄聲 / 上聲 : 咺(훤)]	: 의젓할 훤	7829	3921	4101	465?

배열형식 C (가나다 韻目 基準)		배열 A	배열 B	배열 C	배열 D
韻目	韻目No. [平仄 / 四聲 : 韻族] : 略義	운족 가나순	운목 번호순	운목 가나순	사성순
阮	완 043 [仄聲 /上聲 : 焄*휘(훈)] : 벌걸/불빛 혼	7846	3922	4102	4628
虞	우 007 [平聲 /上平 : 賈(고)] : 장사 고	489	693	4103	49
虞	우 007 [平聲 /上平 : 拒*거(구)] : 이름 구	239	691	4104	100
虞	우 007 [平聲 /上平 : 豜*견(연)] : 노류 연	358	692	4105	870
虞	우 007 [平聲 /上平 : 呱(고)] : 울 고	495	694	4106	50
虞	우 007 [平聲 /上平 : 姑(고)] : 시어미 고	497	695	4107	51
虞	우 007 [平聲 /上平 : 孤(고)] : 외로울 고	498	696	4108	52
虞	우 007 [平聲 /上平 : 枯(고)] : 마를 고	507	697	4109	53
虞	우 007 [平聲 /上平 : 沽(고)] : 팔 고	509	698	4110	54
虞	우 007 [平聲 /上平 : 苽(고)] : 줄 고	520	699	4111	55
虞	우 007 [平聲 /上平 : 菰(고)] : 향초 고	521	700	4112	56
虞	우 007 [平聲 /上平 : 辜(고)] : 허물 고	527	701	4113	57
虞	우 007 [平聲 /上平 : 刳(고)] : 가를 고	535	702	4114	58
虞	우 007 [平聲 /上平 : 觚(고)] : 술잔 고	546	703	4115	59
虞	우 007 [平聲 /上平 : 橭(고)] : 만연할 고	554	704	4116	60
虞	우 007 [平聲 /上平 : 罛(고)] : 므물 고	555	705	4117	61
虞	우 007 [平聲 /上平 : 俱(구)] : 함께 구	819	706	4118	101
虞	우 007 [平聲 /上平 : 區(구)] : 구분할/감출 구	823	707	4119	102
虞	우 007 [平聲 /上平 : 嘔*구(후)] : 기꺼이말할 후	830	708	4120	1580
虞	우 007 [平聲 /上平 : 嶇(구)] : 언틀먼틀할/가파를 구	834	709	4121	103
虞	우 007 [平聲 /上平 : 拘(구)] : 잡을 구	836	710	4122	104
虞	우 007 [平聲 /上平 : 枸(구)] : 구기자 구	838	711	4123	105
虞	우 007 [平聲 /上平 : 瞿(구)] : 볼 구	850	712	4124	106
虞	우 007 [平聲 /上平 : 衢(구)] : 거리 구	859	713	4125	107
虞	우 007 [平聲 /上平 : 軀(구)] : 몸 구	862	714	4126	108
虞	우 007 [平聲 /上平 : 駒(구)] : 망아지 구	867	715	4127	109
虞	우 007 [平聲 /上平 : 驅(구)] : 몰 구	868	716	4128	110
虞	우 007 [平聲 /上平 : 傴(구)] : 구부릴/꼽추 구	872	717	4129	111
虞	우 007 [平聲 /上平 : 劬(구)] : 수고로울 구	873	718	4130	112
虞	우 007 [平聲 /上平 : 朐(구)] : 굽을 구	887	719	4131	113
虞	우 007 [平聲 /上平 : 朐(구)] : 포 구	901	720	4132	114
虞	우 007 [平聲 /上平 : 絇(구)] : 신코장식 구	903	721	4133	115
虞	우 007 [平聲 /上平 : 鼩(구)] : 새앙쥐 구	907	722	4134	116
虞	우 007 [平聲 /上平 : 懦(유)] : 나약할/만만할 유	4970	844	4135	1025
虞	우 007 [平聲 /上平 : 奴(노)] : 종 노	1262	723	4136	219
虞	우 007 [平聲 /上平 : 爐(로)] : 화로/뙤약볕 로	1920	744	4137	344

배열형식 C (가나다 韻目 基準)		배열 A	배열 B	배열 C	배열 D
韻目	韻目No. [平仄 / 四聲 : 韻族] : 略義	운족 가나순	운목 번호순	운목 가나순	사성순
虞	우 007 [平聲 /上平 : 盧(로)] : 술집/검은빛/창 로	1921	745	4138	345
虞	우 007 [平聲 /上平 : 蘆(로)] : 갈대 로	1922	746	4139	346
虞	우 007 [平聲 /上平 : 路(로)] : 길/중요할/클 로	1924	747	4140	347
虞	우 007 [平聲 /上平 : 駑(노)] : 둔할 노	1267	724	4141	220
虞	우 007 [平聲 /上平 : 孥(노)] : 자식/종 노	1268	725	4142	221
虞	우 007 [平聲 /上平 : 臑(노)] : 팔꿈치 노	1270	726	4143	222
虞	우 007 [平聲 /上平 : 砮(노)] : 돌살촉 노	1271	727	4144	223
虞	우 007 [平聲 /上平 : 圖(도)] : 그림 도	1481	729	4145	263
虞	우 007 [平聲 /上平 : 屠(도)] : 죽일/잡을 도	1485	730	4146	264
虞	우 007 [平聲 /上平 : 徒(도)] : 무리 도	1491	731	4147	265
虞	우 007 [平聲 /上平 : 途(도)] : 길 도	1516	732	4148	266
虞	우 007 [平聲 /上平 : 都(도)] : 도읍 도	1518	733	4149	267
虞	우 007 [平聲 /上平 : 涂(도)] : 길 도	1528	734	4150	268
虞	우 007 [平聲 /上平 : 菟(도)] : 범 도	1530	735	4151	269
虞	우 007 [平聲 /上平 : 闍(도)] : 성문층대/망루 도	1532	736	4152	270
虞	우 007 [平聲 /上平 : 嘟(도)] : 칭찬하는말 도	1534	737	4153	271
虞	우 007 [平聲 /上平 : 筡(도)] : 속빌/씀바귀 도	1535	738	4154	272
虞	우 007 [平聲 /上平 : 荼(도)] : 씀바귀 도	1538	739	4155	273
虞	우 007 [平聲 /上平 : 駼(도)] : 말이름 도	1539	740	4156	274
虞	우 007 [平聲 /上平 : 鵵(도)] : 비들기 도	1541	741	4157	275
虞	우 007 [平聲 /上平 : 枓(두)] : 두공 두	1634	742	4158	305
虞	우 007 [平聲 /上平 : 瀘(로)] : 강이름 로	1930	748	4159	348
虞	우 007 [平聲 /上平 : 爐(로)] : 화로 로	1931	749	4160	349
虞	우 007 [平聲 /上平 : 盧(로)] : 성 로	1932	750	4161	350
虞	우 007 [平聲 /上平 : 蘆*려(로)] : 갈대 로	1830	743	4162	351
虞	우 007 [平聲 /上平 : 壚(로)] : 화로 로	1942	751	4163	352
虞	우 007 [平聲 /上平 : 鑪(로)] : 화로 로	1947	752	4164	353
虞	우 007 [平聲 /上平 : 顱(로)] : 머리뼈 로	1948	753	4165	354
虞	우 007 [平聲 /上平 : 鱸(로)] : 농어 로	1949	754	4166	355
虞	우 007 [平聲 /上平 : 鸕(로)] : 가마우지 로	1950	755	4167	356
虞	우 007 [平聲 /上平 : 鏤(루)] : 샛길 루	2046	756	4168	378
虞	우 007 [平聲 /上平 : 膜*모(모)] : 절/경배 모	2362	757	4169	456
虞	우 007 [平聲 /上平 : 摸(모)] : 규모/본뜰 모	2369	758	4170	457
虞	우 007 [平聲 /上平 : 摹(모)] : 베낄 모	2371	759	4171	458
虞	우 007 [平聲 /上平 : 模(모)] : 본뜰/법 모	2375	760	4172	459
虞	우 007 [平聲 /上平 : 謨(모)] : 꾀 모	2388	761	4173	460

C : (116 / 221)

배열형식 C (가나다 韻目 基準)		배열 A	배열 B	배열 C	배열 D
韻目	韻目No. [平仄 / 四聲 : 韻族] : 略義	운족 가나순	운목 번호순	운목 가나순	사성순
虞	우 007 [平聲 /上平 : 巫(무)] : 무당 무	2450	762	4174	471
虞	우 007 [平聲 /上平 : 憮(무)] : 어루만질 무	2451	763	4175	472
虞	우 007 [平聲 /上平 : 无(무)] : 없을 무	2456	764	4176	473
虞	우 007 [平聲 /上平 : 毋(무)] : 말 무	2459	765	4177	474
虞	우 007 [平聲 /上平 : 無(무)] : 없을 무	2460	766	4178	475
虞	우 007 [平聲 /上平 : 蕪(무)] : 거칠 무	2469	767	4179	476
虞	우 007 [平聲 /上平 : 誣(무)] : 꾸밀/속일 무	2470	768	4180	477
虞	우 007 [平聲 /上平 : 膴(무)] : 고기포 무	2475	769	4181	478
虞	우 007 [平聲 /上平 : 幠(무)] : 덮을 무	2479	770	4182	479
虞	우 007 [平聲 /上平 : 輔(보)] : 도울 보	2872	771	4183	586
虞	우 007 [平聲 /上平 : 咐(부)] : 분부할 부	2942	772	4184	599
虞	우 007 [平聲 /上平 : 夫(부)] : 지아비 부	2944	773	4185	600
虞	우 007 [平聲 /上平 : 孚(부)] : 미쁠 부	2946	774	4186	601
虞	우 007 [平聲 /上平 : 孵(부)] : 알깔 부	2947	775	4187	602
虞	우 007 [平聲 /上平 : 扶(부)] : 도울 부	2950	776	4188	603
虞	우 007 [平聲 /上平 : 敷(부)] : 펼 부	2951	777	4189	604
虞	우 007 [平聲 /上平 : 符(부)] : 부호 부	2958	778	4190	605
虞	우 007 [平聲 /上平 : 膚(부)] : 살갗 부	2964	779	4191	606
虞	우 007 [平聲 /上平 : 芙(부)] : 부용 부	2966	780	4192	607
虞	우 007 [平聲 /上平 : 莩(부)] : 풀이름 부	2967	781	4193	608
虞	우 007 [平聲 /上平 : 趺(부)] : 책상다리할 부	2973	782	4194	609
虞	우 007 [平聲 /上平 : 鳧(부)] : 오리 부	2979	783	4195	610
虞	우 007 [平聲 /上平 : 俘(부)] : 사로잡을/포로 부	2981	784	4196	611
虞	우 007 [平聲 /上平 : 苻(부)] : 귀목풀 부	2988	785	4197	612
虞	우 007 [平聲 /上平 : 鈇(부)] : 도끼 부	2992	786	4198	613
虞	우 007 [平聲 /上平 : 麩(부)] : 밀 부	2994	787	4199	614
虞	우 007 [平聲 /上平 : 柎(부)] : 뗏목 부	2996	788	4200	615
虞	우 007 [平聲 /上平 : 泭(부)] : 물거품 부	2997	789	4201	616
虞	우 007 [平聲 /上平 : 痡(부)] : 앓을 부	2999	790	4202	617
虞	우 007 [平聲 /上平 : 郛(부)] : 말채 부	3001	791	4203	618
虞	우 007 [平聲 /上平 : 鄜(부)] : 땅이름 부	3002	792	4204	619
虞	우 007 [平聲 /上平 : 甦(소)] : 소생할 소	3650	794	4205	741
虞	우 007 [平聲 /上平 : 蘇(소)] : 되살아날 소	3661	795	4206	744
虞	우 007 [平聲 /上平 : 酥(소)] : 연유(煉乳) 소	3679	796	4207	745
虞	우 007 [平聲 /上平 : 穌(소)] : 쉴/깨어날 소	3688	797	4208	746
虞	우 007 [平聲 /上平 : 殊(수)] : 다를 수	3777	798	4209	759

배열형식 C (가나다 韻目 基準)		배열 A	배열 B	배열 C	배열 D
韻目	韻目No. [平仄 / 四聲 : 韻族] : 略義	운족 가나순	운목 번호순	운목 가나순	사성순
虞	우 007 [平聲 /上平 : 洙(수)] : 물가 수	3779	799	4210	760
虞	우 007 [平聲 /上平 : 茱(수)] : 수유 수	3797	800	4211	762
虞	우 007 [平聲 /上平 : 輸(수)] : 보낼 수	3803	801	4212	764
虞	우 007 [平聲 /上平 : 銖(수)] : 저울눈 수	3807	802	4213	765
虞	우 007 [平聲 /上平 : 需(수)] : 쓰일[쓸]/구할 수	3813	803	4214	769
虞	우 007 [平聲 /上平 : 須(수)] : 모름지기 수	3814	804	4215	770
虞	우 007 [平聲 /上平 : 鬚(수)] : 수염 수	3817	805	4216	771
虞	우 007 [平聲 /上平 : 殳(수)] : 창 수	3822	806	4217	772
虞	우 007 [平聲 /上平 : 惡*악(오)] : 어찌/허사 오	4106	807	4218	877
虞	우 007 [平聲 /上平 : 於*어(오)] : 탄식할/땅 이름 오	4308	808	4219	878
虞	우 007 [平聲 /上平 : 蠕(유)] : 꿈틀거릴 유	4973	845	4220	1026
虞	우 007 [平聲 /上平 : 蠕*유(연)] : 벌레길 연	4974	846	4221	871
虞	우 007 [平聲 /上平 : 吳*오(우)] : 지껄일 우	4562	810	4222	950
虞	우 007 [平聲 /上平 : 吳(오)] : 큰소리할/성/오나라 오	4561	809	4223	879
虞	우 007 [平聲 /上平 : 嗚(오)] : 슬플/탄식할 오	4563	811	4224	880
虞	우 007 [平聲 /上平 : 娛(오)] : 즐길 오	4569	812	4225	881
虞	우 007 [平聲 /上平 : 梧(오)] : 오동 오	4576	813	4226	882
虞	우 007 [平聲 /上平 : 汚(오)] : 더러울 오	4577	814	4227	883
虞	우 007 [平聲 /上平 : 烏(오)] : 까마귀 오	4582	815	4228	884
虞	우 007 [平聲 /上平 : 蜈(오)] : 지네 오	4585	816	4229	885
虞	우 007 [平聲 /上平 : 唔(오)] : 글읽는소리 오	4589	817	4230	886
虞	우 007 [平聲 /上平 : 鼯(오)] : 다람쥐 오	4598	818	4231	887
虞	우 007 [平聲 /上平 : 杇(오)] : 흙손 오	4599	819	4232	888
虞	우 007 [平聲 /上平 : 洿(오)] : 웅덩이 오	4600	820	4233	889
虞	우 007 [平聲 /上平 : 鄔(오)] : 고을이름 오	4606	821	4234	890
虞	우 007 [平聲 /上平 : 鴮(오)] : 작은마마솥 오	4607	822	4235	891
虞	우 007 [平聲 /上平 : 鵭(오)] : 사다새 오	4608	823	4236	892
虞	우 007 [平聲 /上平 : 于(우)] : 갈/어조사 우	4794	825	4237	951
虞	우 007 [平聲 /上平 : 愚(우)] : 어리석을 우	4804	826	4238	952
虞	우 007 [平聲 /上平 : 盱(우)] : 클 우	4806	827	4239	953
虞	우 007 [平聲 /上平 : 玗(우)] : 옥돌 우	4808	828	4240	954
虞	우 007 [平聲 /上平 : 盂(우)] : 바리 우	4810	829	4241	955
虞	우 007 [平聲 /上平 : 紆(우)] : 굽을 우	4813	830	4242	956
虞	우 007 [平聲 /上平 : 芋(우)] : 토란 우	4815	831	4243	957
虞	우 007 [平聲 /上平 : 芋*우(후)] : 토란/클 후	4816	832	4244	1581
虞	우 007 [平聲 /上平 : 虞(우)] : 생각할 우	4818	833	4245	958

배열형식 C (가나다 韻目 基準)			배열 A	배열 B	배열 C	배열 D
韻目	韻目No. [平仄 / 四聲 : 韻族]	略義	운족 가나순	운목 번호순	운목 가나순	사성순
虞	우 007 [平聲 /上平 : 迂(우)]	: 굽을/굽힐 우	4819	834	4246	959
虞	우 007 [平聲 /上平 : 釪(우)]	: 악기이름 우	4822	835	4247	960
虞	우 007 [平聲 /上平 : 隅(우)]	: 구석/모퉁이 우	4823	836	4248	961
虞	우 007 [平聲 /上平 : 雩(우)]	: 기우제 우	4825	837	4249	962
虞	우 007 [平聲 /上平 : 吁(우)]	: 탄식할 우	4826	838	4250	963
虞	우 007 [平聲 /上平 : 嵎(우)]	: 산모퉁이 우	4827	839	4251	964
虞	우 007 [平聲 /上平 : 盱(우)]	: 쳐다볼 우	4829	840	4252	965
虞	우 007 [平聲 /上平 : 竽(우)]	: 피리 우	4830	841	4253	966
虞	우 007 [平聲 /上平 : 齲(우)]	: 충치 우	4835	842	4254	967
虞	우 007 [平聲 /上平 : 訏(우)]	: 클 우	4837	843	4255	968
虞	우 007 [平聲 /上平 : 儒(유)]	: 선비 유	4977	847	4256	1027
虞	우 007 [平聲 /上平 : 愉(유)]	: 기뻐할 유	4989	848	4257	1029
虞	우 007 [平聲 /上平 : 揄(유)]	: 끌 유	4991	849	4258	1030
虞	우 007 [平聲 /上平 : 楡(유)]	: 느릅나무 유	4997	850	4259	1031
虞	우 007 [平聲 /上平 : 濡(유)]	: 젖을 유	5002	851	4260	1032
虞	우 007 [平聲 /上平 : 瑜(유)]	: 아름다운옥 유	5005	852	4261	1033
虞	우 007 [平聲 /上平 : 臾*용(궤)]	: 잠깐 유	4790	824	4262	1035
虞	우 007 [平聲 /上平 : 萸(유)]	: 수유 유	5009	853	4263	1036
虞	우 007 [平聲 /上平 : 諛(유)]	: 아첨할 유	5012	854	4264	1037
虞	우 007 [平聲 /上平 : 踰(유)]	: 넘을 유	5014	855	4265	1038
虞	우 007 [平聲 /上平 : 逾(유)]	: 넘을 유	5017	856	4266	1039
虞	우 007 [平聲 /上平 : 瘉(유)]	: 병나을 유	5031	857	4267	1044
虞	우 007 [平聲 /上平 : 兪(유)]	: 점점 유	5043	858	4268	1046
虞	우 007 [平聲 /上平 : 喩(유)]	: 깨우칠 유	5045	859	4269	1047
虞	우 007 [平聲 /上平 : 嚅(유)]	: 아첨유 유	5046	860	4270	1048
虞	우 007 [平聲 /上平 : 媮(술)]	: 엷을/즐거울 유	5047	861	4271	1049
虞	우 007 [平聲 /上平 : 楰(유)]	: 광나무 유	5050	862	4272	1050
虞	우 007 [平聲 /上平 : 羭(유)]	: 숫양 유	5055	863	4273	1052
虞	우 007 [平聲 /上平 : 蝓(유)]	: 괄대충 유	5058	864	4274	1053
虞	우 007 [平聲 /上平 : 襦(유)]	: 저고리 유	5060	865	4275	1054
虞	우 007 [平聲 /上平 : 覦(유)]	: 넘겨다볼 유	5061	866	4276	1055
虞	우 007 [平聲 /上平 : 隃(유)]	: 넘을 유	5064	867	4277	1056
虞	우 007 [平聲 /上平 : 租(조)]	: 조세 조	5868	868	4278	1222
虞	우 007 [平聲 /上平 : 徂(조)]	: 갈/비롯할 조	5896	869	4279	1223
虞	우 007 [平聲 /上平 : 葅(조)]	: 거적 조	5913	870	4280	1224
虞	우 007 [平聲 /上平 : 侏(주)]	: 난쟁이 주	5987	872	4281	1250

배열형식 C (가나다 韻目 基準)		배열 A	배열 B	배열 C	배열 D
韻目	韻目No. [平仄 / 四聲 : 韻族] : 略義	운족 가나순	운목 번호순	운목 가나순	사성순
虞	우 007 [平聲 /上平 : 姝(주)] : 예쁠 주	5990	873	4282	1251
虞	우 007 [平聲 /上平 : 廚(주)] : 부엌 주	5997	874	4283	1252
虞	우 007 [平聲 /上平 : 朱(주)] : 붉을 주	5999	875	4284	1253
虞	우 007 [平聲 /上平 : 株(주)] : 그루 주	6001	876	4285	1254
虞	우 007 [平聲 /上平 : 珠(주)] : 구슬 주	6007	877	4286	1255
虞	우 007 [平聲 /上平 : 蛛(주)] : 거미 주	6013	878	4287	1256
虞	우 007 [平聲 /上平 : 誅(주)] : 벨 주	6015	879	4288	1257
虞	우 007 [平聲 /上平 : 硃(주)] : 주사 주	6029	880	4289	1258
虞	우 007 [平聲 /上平 : 咮(주)] : 부리 주	6038	881	4290	1259
虞	우 007 [平聲 /上平 : 邾(주)] : 나라이름 주	6042	882	4291	1261
虞	우 007 [平聲 /上平 : 樞(추)] : 밑둥/지도리 추	6676	883	4292	1355
虞	우 007 [平聲 /上平 : 芻(추)] : 꼴 추	6682	884	4293	1356
虞	우 007 [平聲 /上平 : 趨(추)] : 달아날 추	6685	885	4294	1357
虞	우 007 [平聲 /上平 : 雛(추)] : 병아리 추	6695	886	4295	1361
虞	우 007 [平聲 /上平 : 娵(추)] : 별이름/미녀 추	6700	887	4296	1362
虞	우 007 [平聲 /上平 : 麤(추)] : 거칠 추	6712	888	4297	1366
虞	우 007 [平聲 /上平 : 犓*조(추)] : 추할 추	5930	871	4298	1368
虞	우 007 [平聲 /上平 : 貙(추)] : 맹수이름 추	6716	889	4299	1369
虞	우 007 [平聲 /上平 : 帑(노)] : 처자식/새꼬리/감출 노	1273	728	4300	224
虞	우 007 [平聲 /上平 : 土*토(두)] : 뿅뿌리 두	6993	890	4301	306
虞	우 007 [平聲 /上平 : 渝(투)] : 달라질 투	7018	891	4302	1444
虞	우 007 [平聲 /上平 : 匍(포)] : 기어갈 포	7130	892	4303	1448
虞	우 007 [平聲 /上平 : 葡(포)] : 포도 포	7149	893	4304	1449
虞	우 007 [平聲 /上平 : 蒲(포)] : 부들 포	7150	894	4305	1450
虞	우 007 [平聲 /上平 : 逋(포)] : 달아날 포	7153	895	4306	1451
虞	우 007 [平聲 /上平 : 鋪(포)] : 가게 포	7154	896	4307	1452
虞	우 007 [平聲 /上平 : 晡(포)] : 신시(申時) 포	7158	897	4308	1453
虞	우 007 [平聲 /上平 : 舖(포)] : 펼 포	7160	898	4309	1454
虞	우 007 [平聲 /上平 : 餔(포)] : 먹을/먹일 포	7161	899	4310	1455
虞	우 007 [平聲 /上平 : 枹(부)] : 북채 부	3007	793	4311	620
虞	우 007 [平聲 /上平 : 酺(포)] : 잔치술 포	7166	900	4312	1456
虞	우 007 [平聲 /上平 : 墟(허)] : 터 허	7406	901	4313	1496
虞	우 007 [平聲 /上平 : 栩(허)] : 상수리나무 허	7410	902	4314	1498
虞	우 007 [平聲 /上平 : 乎(호)] : 어조사 호	7536	903	4315	1513
虞	우 007 [平聲 /上平 : 呼(호)] : 부를 호	7538	904	4316	1514
虞	우 007 [平聲 /上平 : 壺(호)] : 항아리 호	7540	905	4317	1515

배열형식 C (가나다 韻目 基準)		배열 A	배열 B	배열 C	배열 D
韻目	韻目No. [平仄 / 四聲 : 韻族] : 略義	운족 가나순	운목 번호순	운목 가나순	사성순
虞	우 007 [平聲 /上平 : 湖(호)] : 호수 호	7550	906	4318	1517
虞	우 007 [平聲 /上平 : 狐(호)] : 여우 호	7557	907	4319	1518
虞	우 007 [平聲 /上平 : 瑚(호)] : 산호 호	7559	908	4320	1519
虞	우 007 [平聲 /上平 : 瓠(호)] : 표주박 호	7560	909	4321	1520
虞	우 007 [平聲 /上平 : 糊(호)] : 풀 호	7563	910	4322	1521
虞	우 007 [平聲 /上平 : 胡(호)] : 되 호	7565	911	4323	1522
虞	우 007 [平聲 /上平 : 葫(호)] : 마늘 호	7567	912	4324	1523
虞	우 007 [平聲 /上平 : 蝴(호)] : 들나비 호	7571	913	4325	1524
虞	우 007 [平聲 /上平 : 餬(호)] : 기식할 호	7581	914	4326	1526
虞	우 007 [平聲 /上平 : 鬍(호)] : 수염 호	7582	915	4327	1527
虞	우 007 [平聲 /上平 : 謼(호)] : 부를 호	7586	916	4328	1528
虞	우 007 [平聲 /上平 : 鶘(호)] : 사다새 호	7591	917	4329	1529
虞	우 007 [平聲 /上平 : 戲*희(휘)] : 서러울 호	7935	918	4330	1530
尤	우 026 [平聲 /下平 : 鸛(관)] : 황새 관	691	2820	4331	1785
尤	우 026 [平聲 /下平 : 敎(교)] : 가르칠 교	766	2821	4332	1809
尤	우 026 [平聲 /下平 : 蟜(교)] : 독충 교	805	2822	4333	1822
尤	우 026 [平聲 /下平 : 丘(구)] : 언덕 구	814	2823	4334	1828
尤	우 026 [平聲 /下平 : 九(구)] : 아홉 구	816	2824	4335	1829
尤	우 026 [平聲 /下平 : 仇(구)] : 짝/원수 구	818	2825	4336	1830
尤	우 026 [平聲 /下平 : 區*구(우)] : 저울눈/숨길 우	824	2826	4337	2581
尤	우 026 [平聲 /下平 : 句*구(귀)] : 글귀 귀	827	2827	4338	1865
尤	우 026 [平聲 /下平 : 嘔(구)] : 토할/노래할 구	829	2828	4339	1831
尤	우 026 [平聲 /下平 : 坵(구)] : 언덕 구	831	2829	4340	1832
尤	우 026 [平聲 /下平 : 歐(구)] : 구라파/칠 구	841	2830	4341	1833
尤	우 026 [平聲 /下平 : 毬(구)] : 공/둥근물체 구	843	2831	4342	1834
尤	우 026 [平聲 /下平 : 求(구)] : 구원할 구	844	2832	4343	1835
尤	우 026 [平聲 /下平 : 溝(구)] : 도랑 구	845	2833	4344	1836
尤	우 026 [平聲 /下平 : 球(구)] : 공/옥경 구	849	2834	4345	1837
尤	우 026 [平聲 /下平 : 絿(구)] : 급박할 구	853	2835	4346	1838
尤	우 026 [平聲 /下平 : 謳(구)] : 노래할 구	860	2836	4347	1839
尤	우 026 [平聲 /下平 : 逑(구)] : 짝 구	863	2837	4348	1840
尤	우 026 [平聲 /下平 : 邱(구)] : 언덕 구	864	2838	4349	1841
尤	우 026 [平聲 /下平 : 鉤(구)] : 띠쇠/갈고리 구	865	2839	4350	1842
尤	우 026 [平聲 /下平 : 銶(구)] : 끌 구	866	2840	4351	1843
尤	우 026 [平聲 /下平 : 鳩(구)] : 비둘기 구	869	2841	4352	1844
尤	우 026 [平聲 /下平 : 鷗(구)] : 갈매기 구	870	2842	4353	1845

배열형식 C (가나다 韻目 基準)		배열 A	배열 B	배열 C	배열 D
韻目	韻目No. [平仄 / 四聲 : 韻族] : 略義	운족 가나순	운목 번호순	운목 가나순	사성순
尤	우 026 [平聲 /下平 : 龜*귀(구)] : 나라이름 구	981	2854	4354	1846
尤	우 026 [平聲 /下平 : 俅(구)] : 공손할 구	871	2843	4355	1847
尤	우 026 [平聲 /下平 : 摳(구)] : 추어올릴 구	879	2844	4356	1848
尤	우 026 [平聲 /下平 : 漚(구)] : 담글 구	880	2845	4357	1849
尤	우 026 [平聲 /下平 : 璆(구)] : 아름다운옥 구	881	2846	4358	1850
尤	우 026 [平聲 /下平 : 甌(구)] : 사발 구	882	2847	4359	1851
尤	우 026 [平聲 /下平 : 窶(구)] : 가난할 구	884	2848	4360	1852
尤	우 026 [平聲 /下平 : 篝(구)] : 대그릇 구	885	2849	4361	1853
尤	우 026 [平聲 /下平 : 蚯(구)] : 지렁이 구	888	2850	4362	1854
尤	우 026 [平聲 /下平 : 裘(구)] : 갖옷 구	889	2851	4363	1855
尤	우 026 [平聲 /下平 : 彄(구)] : 활꽂이 구	900	2852	4364	1856
尤	우 026 [平聲 /下平 : 緱(구)] : 칼자루감는노끈 구	904	2853	4365	1857
尤	우 026 [平聲 /下平 : 虯(규)] : 뿔없는용 규	1007	2855	4366	1866
尤	우 026 [平聲 /下平 : 馗*규(구)] : 버섯 구	1009	2856	4367	1858
尤	우 026 [平聲 /下平 : 蜑(단)] : 오랑캐이름/새알 단	1351	2857	4368	1920
尤	우 026 [平聲 /下平 : 兜(도)] : 투구 도	1542	2858	4369	1969
尤	우 026 [平聲 /下平 : 兜*도(두)] : 반할 두	1543	2859	4370	1971
尤	우 026 [平聲 /下平 : 頭(두)] : 머리 두	1641	2862	4371	1972
尤	우 026 [平聲 /下平 : 遁*돈(둔)] : 피할/끊을 둔	1588	2861	4372	1973
尤	우 026 [平聲 /下平 : 蟉*료(규)] : 용굼틀거릴 규	2025	2863	4373	1867
尤	우 026 [平聲 /下平 : 婁(루)] : 별이름 루	2035	2865	4374	2071
尤	우 026 [平聲 /下平 : 樓(루)] : 다락 루	2037	2866	4375	2072
尤	우 026 [平聲 /下平 : 蔞(루)] : 쑥 루	2044	2867	4376	2073
尤	우 026 [平聲 /下平 : 僂(루)] : 부릴 루	2048	2868	4377	2074
尤	우 026 [平聲 /下平 : 嘍(루)] : 시끄러울 루	2049	2869	4378	2075
尤	우 026 [平聲 /下平 : 螻(루)] : 땅강아지 루	2050	2870	4379	2076
尤	우 026 [平聲 /下平 : 髏(루)] : 해골 루	2051	2871	4380	2077
尤	우 026 [平聲 /下平 : 鏤(루)] : 잉어 루	2052	2872	4381	2078
尤	우 026 [平聲 /下平 : 摟(루)] : 끌어모을 루	2054	2873	4382	2079
尤	우 026 [平聲 /下平 : 簍(루)] : 대바구니 루	2057	2874	4383	2080
尤	우 026 [平聲 /下平 : 鞻(루)] : 벼슬이름 루	2058	2875	4384	2081
尤	우 026 [平聲 /下平 : 鷜(루)] : 기러기 루	2059	2876	4385	2082
尤	우 026 [平聲 /下平 : 劉(류)] : 죽일/묘금도/성 류	2060	2877	4386	2083
尤	우 026 [平聲 /下平 : 旒(류)] : 깃발 류	2061	2878	4387	2084
尤	우 026 [平聲 /下平 : 榴(류)] : 석류나무 류	2063	2879	4388	2085
尤	우 026 [平聲 /下平 : 流(류)] : 흐를 류	2064	2880	4389	2086

배열형식 C (가나다 韻目 基準)		배열 A	배열 B	배열 C	배열 D
韻目	韻目No. [平仄 / 四聲 : 韻族] : 略義	운족 가나순	운목 번호순	운목 가나순	사성순
尤	우 026 [平聲 /下平 : 瀏(류)] : 맑을 류	2066	2881	4390	2087
尤	우 026 [平聲 /下平 : 琉(류)] : 유리 류	2067	2882	4391	2088
尤	우 026 [平聲 /下平 : 瑠(류)] : 유리 류	2068	2883	4392	2089
尤	우 026 [平聲 /下平 : 留(류)] : 머무를 류	2069	2884	4393	2090
尤	우 026 [平聲 /下平 : 瘤(류)] : 혹 류	2070	2885	4394	2091
尤	우 026 [平聲 /下平 : 硫(류)] : 유황 류	2071	2886	4395	2092
尤	우 026 [平聲 /下平 : 鶹(류)] : 올빼미 류	2074	2887	4396	2093
尤	우 026 [平聲 /下平 : 嚠(류)] : 맑을 류	2075	2888	4397	2094
尤	우 026 [平聲 /下平 : 鏐(류)] : 황금 류	2078	2889	4398	2095
尤	우 026 [平聲 /下平 : 飀(飀)] : 높은바람 류	2080	2890	4399	2096
尤	우 026 [平聲 /下平 : 騮(류)] : 말이름 류	2082	2891	4400	2097
尤	우 026 [平聲 /下平 : 犂*리(리)] : 무서워떨 류	2163	2892	4401	2098
尤	우 026 [平聲 /下平 : 牟(모)] : 보리 모	2378	2893	4402	2152
尤	우 026 [平聲 /下平 : 眸(모)] : 눈동자 모	2381	2894	4403	2153
尤	우 026 [平聲 /下平 : 矛(모)] : 창 모	2382	2895	4404	2154
尤	우 026 [平聲 /下平 : 謀(모)] : 꾀 모	2387	2896	4405	2156
尤	우 026 [平聲 /下平 : 侔(모)] : 가지런할 모	2391	2897	4406	2157
尤	우 026 [平聲 /下平 : 蟊(모)] : 해충 모	2396	2898	4407	2159
尤	우 026 [平聲 /下平 : 蛑(모)] : 꽃게 모	2402	2899	4408	2161
尤	우 026 [平聲 /下平 : 麰(모)] : 보리 모	2403	2900	4409	2162
尤	우 026 [平聲 /下平 : 繆*무(류)] : 어그러질 류	2465	2902	4410	2099
尤	우 026 [平聲 /下平 : 繆*무(규)] : 요질[繆絰] 규	2464	2901	4411	1868
尤	우 026 [平聲 /下平 : 浮(부)] : 뜰 부	2953	2904	4412	2206
尤	우 026 [平聲 /下平 : 艀(부)] : 작은배 부	2965	2905	4413	2207
尤	우 026 [平聲 /下平 : 桴(부)] : 마룻대 부	2983	2906	4414	2208
尤	우 026 [平聲 /下平 : 罘(부)] : 그물 부	2985	2907	4415	2209
尤	우 026 [平聲 /下平 : 罦(부)] : 그물 부	2986	2908	4416	2210
尤	우 026 [平聲 /下平 : 芣(부)] : 질경이 부	2987	2909	4417	2211
尤	우 026 [平聲 /下平 : 蜉(부)] : 하루살이 부	2989	2910	4418	2212
尤	우 026 [平聲 /下平 : 裒(부)] : 모일 부	2990	2911	4419	2213
尤	우 026 [平聲 /下平 : 烰(부)] : 김오를 부	2998	2912	4420	2214
尤	우 026 [平聲 /下平 : 不*부(불)] : 아니 부	3006	2913	4421	2216
尤	우 026 [平聲 /下平 : 涑(수)] : 빨래할/양치질할 수	3753	2914	4422	2359
尤	우 026 [平聲 /下平 : 修(수)] : 닦을 수	3757	2915	4423	2360
尤	우 026 [平聲 /下平 : 囚(수)] : 가둘 수	3761	2916	4424	2361
尤	우 026 [平聲 /下平 : 愁(수)] : 근심 수	3767	2917	4425	2362

배열형식 C (가나다 韻目 基準)		배열 A	배열 B	배열 C	배열 D
韻目	韻目No. [平仄 / 四聲 : 韻族] : 略義	운족 가나순	운목 번호순	운목 가나순	사성순
尤	우 026 [平聲 /下平 : 搜(수)] : 찾을 수	3771	2918	4426	2363
尤	우 026 [平聲 /下平 : 收(수)] : 거둘 수	3772	2919	4427	2364
尤	우 026 [平聲 /下平 : 羞(수)] : 나갈/바칠 수	3795	2920	4428	2365
尤	우 026 [平聲 /下平 : 脩(수)] : 포 수	3796	2921	4429	2366
尤	우 026 [平聲 /下平 : 蒐(수)] : 모을 수	3798	2922	4430	2367
尤	우 026 [平聲 /下平 : 讐(수)] : 짝/원수 수	3802	2923	4431	2368
尤	우 026 [平聲 /下平 : 酬(수)] : 잔돌릴 수	3806	2924	4432	2369
尤	우 026 [平聲 /下平 : 叟(수)] : 늙은이 수	3818	2925	4433	2370
尤	우 026 [平聲 /下平 : 售(수)] : 팔 수	3819	2926	4434	2371
尤	우 026 [平聲 /下平 : 廋(수)] : 숨길 수	3820	2927	4435	2372
尤	우 026 [平聲 /下平 : 泅(수)] : 헤엄칠 수	3823	2928	4436	2373
尤	우 026 [平聲 /下平 : 溲(수)] : 오줌/반죽할 수	3824	2929	4437	2374
尤	우 026 [平聲 /下平 : 讎(수)] : 원수 수	3831	2930	4438	2375
尤	우 026 [平聲 /下平 : 颼(수)] : 바람소리 수	3834	2931	4439	2376
尤	우 026 [平聲 /下平 : 蓨*수(조)] : 싹 조	3843	2932	4440	2792
尤	우 026 [平聲 /下平 : 鱐(수)] : 어포 수	3844	2933	4441	2378
尤	우 026 [平聲 /下平 : 繇*요(유)] : 부드러울 유	4731	2934	4442	2596
尤	우 026 [平聲 /下平 : 舀*요(유)] : 절구확긁어낼 유	4749	2935	4443	2597
尤	우 026 [平聲 /下平 : 優(우)] : 넉넉할 우	4797	2936	4444	2582
尤	우 026 [平聲 /下平 : 尤(우)] : 더욱 우	4803	2937	4445	2583
尤	우 026 [平聲 /下平 : 憂(우)] : 근심 우	4805	2938	4446	2584
尤	우 026 [平聲 /下平 : 牛(우)] : 소 우	4807	2939	4447	2585
尤	우 026 [平聲 /下平 : 郵(우)] : 우편 우	4821	2940	4448	2586
尤	우 026 [平聲 /下平 : 疣(우)] : 사마귀 우	4828	2941	4449	2587
尤	우 026 [平聲 /下平 : 麀(우)] : 암사슴 우	4832	2942	4450	2588
尤	우 026 [平聲 /下平 : 幽(유)] : 그윽할 유	4984	2943	4451	2598
尤	우 026 [平聲 /下平 : 悠(유)] : 멀 유	4986	2944	4452	2599
尤	우 026 [平聲 /下平 : 愉*유(투)] : 구차할 투	4990	2945	4453	3019
尤	우 026 [平聲 /下平 : 攸(유)] : 바 유	4992	2946	4454	2600
尤	우 026 [平聲 /下平 : 柔(유)] : 부드러울 유	4994	2947	4455	2601
尤	우 026 [平聲 /下平 : 楢(유)] : 졸참나무 유	4998	2948	4456	2602
尤	우 026 [平聲 /下平 : 油(유)] : 기름 유	4999	2949	4457	2603
尤	우 026 [平聲 /下平 : 游(유)] : 헤엄칠 유	5001	2950	4458	2604
尤	우 026 [平聲 /下平 : 猶(유)] : 오히려 유	5003	2951	4459	2605
尤	우 026 [平聲 /下平 : 猷(유)] : 꾀할 유	5004	2952	4460	2606
尤	우 026 [平聲 /下平 : 由(유)] : 말미암을 유	5006	2953	4461	2607

배열형식 C (가나다 韻目 基準)		배열 A	배열 B	배열 C	배열 D
韻目	韻目No. [平仄 / 四聲 : 韻族] : 略義	운족 가나순	운목 번호순	운목 가나순	사성순
尤	우 026 [平聲 /下平 : 蹂(유)] : 밟을 유	5015	2954	4462	2608
尤	우 026 [平聲 /下平 : 遊(유)] : 놀 유	5016	2955	4463	2609
尤	우 026 [平聲 /下平 : 鍮(유)] : 자연동/놋쇠 유	5021	2956	4464	2610
尤	우 026 [平聲 /下平 : 呦(유)] : 울 유	5022	2957	4465	2611
尤	우 026 [平聲 /下平 : 揉(유)] : 주무를 유	5028	2958	4466	2612
尤	우 026 [平聲 /下平 : 斿(유)] : 깃발 유	5029	2959	4467	2613
尤	우 026 [平聲 /下平 : 蚰(유)] : 땅지네/노래기 유	5037	2960	4468	2614
尤	우 026 [平聲 /下平 : 蝤(유)] : 큰게 유	5038	2961	4469	2615
尤	우 026 [平聲 /下平 : 蝤*유(추)] : 나무좀 추	5039	2962	4470	2963
尤	우 026 [平聲 /下平 : 媮*유(투)] : 간교할 투	5048	2963	4471	3020
尤	우 026 [平聲 /下平 : 櫾(유)] : 태울 유	5051	2964	4472	2616
尤	우 026 [平聲 /下平 : 蝚(유)] : 땅강아지 유	5059	2965	4473	2617
尤	우 026 [平聲 /下平 : 輶(유)] : 미끄러질 유	5063	2966	4474	2618
尤	우 026 [平聲 /下平 : 稠(조)] : 빽빽할 조	5869	2967	4475	2803
尤	우 026 [平聲 /下平 : 啁*주(주)] : 새소리 주	5984	2971	4476	2820
尤	우 026 [平聲 /下平 : 篠(조)] : 피리/피라미 조	5921	2968	4477	2815
尤	우 026 [平聲 /下平 : 篠*조(주)] : 송사리 주	5922	2969	4478	2821
尤	우 026 [平聲 /下平 : 周(주)] : 두루 주	5993	2972	4479	2822
尤	우 026 [平聲 /下平 : 州(주)] : 고을 주	5996	2973	4480	2823
尤	우 026 [平聲 /下平 : 洲(주)] : 물가 주	6003	2974	4481	2824
尤	우 026 [平聲 /下平 : 疇(주)] : 이랑 주	6008	2975	4482	2825
尤	우 026 [平聲 /下平 : 籌(주)] : 투호살 주	6009	2976	4483	2826
尤	우 026 [平聲 /下平 : 紬(주)] : 명주 주	6011	2977	4484	2827
尤	우 026 [平聲 /下平 : 綢*도(주)] : 얽을 주	1547	2860	4485	2828
尤	우 026 [平聲 /下平 : 舟(주)] : 배 주	6012	2978	4486	2829
尤	우 026 [平聲 /下平 : 躊(주)] : 머뭇거릴 주	6017	2979	4487	2830
尤	우 026 [平聲 /下平 : 週(주)] : 주일 주	6019	2980	4488	2831
尤	우 026 [平聲 /下平 : 丟(주)] : 가버릴/잃어버릴 주	6024	2981	4489	2832
尤	우 026 [平聲 /下平 : 侜(주)] : 속일 주	6025	2982	4490	2833
尤	우 026 [平聲 /下平 : 幬(주)] : 수레휘장 주	6026	2983	4491	2834
尤	우 026 [平聲 /下平 : 賙(주)] : 진휼할 주	6034	2984	4492	2835
尤	우 026 [平聲 /下平 : 輈(주)] : 끌채 주	6035	2985	4493	2836
尤	우 026 [平聲 /下平 : 遒(주)] : 머무를 주	6036	2986	4494	2837
尤	우 026 [平聲 /下平 : 洀(반)] : 서릴 반	2642	2903	4495	2170
尤	우 026 [平聲 /下平 : 譸(주)] : 속일/저주할 주	6041	2987	4496	2838
尤	우 026 [平聲 /下平 : 鵃(주)] : 산비둘기 주	6043	2988	4497	2839

배열형식 C (가나다 韻目 基準)			배열 A	배열 B	배열 C	배열 D
韻目	韻目No. [平仄 / 四聲 : 韻族]	: 略義	운족 가나순	운목 번호순	운목 가나순	사성순
尤	우 026 [平聲 /下平 : 抽(추)]	: 뽑을 추	6671	2991	4498	2964
尤	우 026 [平聲 /下平 : 楸(추)]	: 가래나무 추	6675	2992	4499	2965
尤	우 026 [平聲 /下平 : 樞*추(우)]	: 느릅나무 우	6677	2993	4500	2589
尤	우 026 [平聲 /下平 : 湫(추)]	: 늪/폭포 추	6678	2994	4501	2966
尤	우 026 [平聲 /下平 : 秋(추)]	: 가을 추	6681	2995	4502	2967
尤	우 026 [平聲 /下平 : 萩(추)]	: 가래나무 추	6683	2996	4503	2968
尤	우 026 [平聲 /下平 : 諏(추)]	: 꾀할 추	6684	2997	4504	2969
尤	우 026 [平聲 /下平 : 鄒(추)]	: 추나라 추	6688	2998	4505	2970
尤	우 026 [平聲 /下平 : 酋(추)]	: 괴수/술익을 추	6689	2999	4506	2971
尤	우 026 [平聲 /下平 : 騶(추)]	: 말먹이는사람 추	6696	3000	4507	2972
尤	우 026 [平聲 /下平 : 鰍(추)]	: 미꾸라지 추	6697	3001	4508	2973
尤	우 026 [平聲 /下平 : 啾(추)]	: 소리 추	6699	3002	4509	2974
尤	우 026 [平聲 /下平 : 惆(추)]	: 실심할/슬퍼할 추	6702	3003	4510	2975
尤	우 026 [平聲 /下平 : 瘳*료(추)]	: 병나을/덜 추	2030	2864	4511	2976
尤	우 026 [平聲 /下平 : 陬(추)]	: 모퉁이 추	6705	3004	4512	2977
尤	우 026 [平聲 /下平 : 鞦(추)]	: 그네 추	6707	3005	4513	2978
尤	우 026 [平聲 /下平 : 鰌(추)]	: 미꾸라지 추	6711	3006	4514	2979
尤	우 026 [平聲 /下平 : 緅(추)]	: 보라빛 추	6713	3007	4515	2980
尤	우 026 [平聲 /下平 : 菆*찬(추)]	: 좋은화살 추	6340	2990	4516	2981
尤	우 026 [平聲 /下平 : 鄹(추)]	: 추나라(鄒) 추	6717	3008	4517	2982
尤	우 026 [平聲 /下平 : 齺*착(추)]	: 이부러질 추	6316	2989	4518	2983
尤	우 026 [平聲 /下平 : 妯(축)]	: 동서 축	6733	3009	4519	2985
尤	우 026 [平聲 /下平 : 偸(투)]	: 훔칠 투	7012	3010	4520	3021
尤	우 026 [平聲 /下平 : 投(투)]	: 던질 투	7014	3011	4521	3022
尤	우 026 [平聲 /下平 : 骰(투)]	: 주사위 투	7019	3012	4522	3023
尤	우 026 [平聲 /下平 : 彪(표)]	: 빠를 표	7181	3013	4523	3082
尤	우 026 [平聲 /下平 : 侯(후)]	: 제후 후	7793	3015	4524	3224
尤	우 026 [平聲 /下平 : 喉(후)]	: 목구멍 후	7798	3016	4525	3225
尤	우 026 [平聲 /下平 : 篌(종)]	: 공후(악기명) 종	5974	2970	4526	2817
尤	우 026 [平聲 /下平 : 餱(후)]	: 건량 후	7807	3017	4527	3226
尤	우 026 [平聲 /下平 : 烋*효(휴)]	: 아름다울 휴	7791	3014	4528	3229
尤	우 026 [平聲 /下平 : 庥(휴)]	: 나무그늘 휴	7860	3018	4529	3230
尤	우 026 [平聲 /下平 : 貅(휴)]	: 맹수이름 휴	7863	3019	4530	3231
尤	우 026 [平聲 /下平 : 興(흥)]	: 일 흥	7906	3020	4531	3235
麌	우 037 [仄聲 /上聲 : 古(고)]	: 예 고	491	3588	4532	3324
麌	우 037 [仄聲 /上聲 : 股(고)]	: 넓적다리 고	517	3589	4533	3331

배열형식 C (가나다 韻目 基準)		배열 A	배열 B	배열 C	배열 D
韻目	韻目No. [平仄 / 四聲 : 韻族] : 略義	운족 가나순	운목 번호순	운목 가나순	사성순
麌	우 037 [仄聲 / 上聲 : 蠱(고)] : 독 고	523	3590	4534	3333
麌	우 037 [仄聲 / 上聲 : 雇*고(호)] : 뻐꾹새 호	530	3591	4535	4598
麌	우 037 [仄聲 / 上聲 : 鼓(고)] : 북 고	533	3592	4536	3334
麌	우 037 [仄聲 / 上聲 : 估(고)] : 값 고	534	3593	4537	3335
麌	우 037 [仄聲 / 上聲 : 牯(고)] : 암소 고	540	3594	4538	3338
麌	우 037 [仄聲 / 上聲 : 瞽(고)] : 북나무 고	541	3595	4539	3339
麌	우 037 [仄聲 / 上聲 : 罟(고)] : 그물 고	544	3596	4540	3340
麌	우 037 [仄聲 / 上聲 : 羖(고)] : 검은암양 고	545	3597	4541	3341
麌	우 037 [仄聲 / 上聲 : 詁(고)] : 주(註)낼 고	547	3598	4542	3342
麌	우 037 [仄聲 / 上聲 : 鈷(고)] : 다리미 고	549	3599	4543	3344
麌	우 037 [仄聲 / 上聲 : 咕(고)] : 말더듬거릴 고	551	3600	4544	3345
麌	우 037 [仄聲 / 上聲 : 楛*고(호)] : 싸리나무 호	553	3602	4545	4600
麌	우 037 [仄聲 / 上聲 : 楛(고)] : 거칠/추잡할 고	552	3601	4546	3346
麌	우 037 [仄聲 / 上聲 : 骷(고)] : 해골 고	558	3603	4547	3348
麌	우 037 [仄聲 / 上聲 : 矩(구)] : 곱자 구	851	3604	4548	3404
麌	우 037 [仄聲 / 上聲 : 努(노)] : 힘쓸 노	1261	3605	4549	3478
麌	우 037 [仄聲 / 上聲 : 弩(노)] : 쇠뇌 노	1263	3606	4550	3479
麌	우 037 [仄聲 / 上聲 : 怒*노(노)] : 뽑낼 노	1265	3607	4551	3480
麌	우 037 [仄聲 / 上聲 : 擄(로)] : 노략질할/사로잡을 로	1918	3613	4552	3594
麌	우 037 [仄聲 / 上聲 : 櫓(로)] : 큰방패/망루 로	1919	3614	4553	3595
麌	우 037 [仄聲 / 上聲 : 虜(로)] : 사로잡을/종 로	1923	3615	4554	3596
麌	우 037 [仄聲 / 上聲 : 堵(도)] : 담 도	1482	3608	4555	3529
麌	우 037 [仄聲 / 上聲 : 睹(도)] : 볼 도	1506	3609	4556	3534
麌	우 037 [仄聲 / 上聲 : 賭(도)] : 도박 도	1511	3610	4557	3537
麌	우 037 [仄聲 / 上聲 : 杜(두)] : 막을 두	1633	3611	4558	3552
麌	우 037 [仄聲 / 上聲 : 肚(두)] : 배 두	1643	3612	4559	3554
麌	우 037 [仄聲 / 上聲 : 擄(로)] : 노략질할 로	1927	3616	4560	3597
麌	우 037 [仄聲 / 上聲 : 櫓(로)] : 방패 로	1928	3617	4561	3598
麌	우 037 [仄聲 / 上聲 : 虜(로)] : 사로잡을/포로 로	1935	3618	4562	3601
麌	우 037 [仄聲 / 上聲 : 魯(로)] : 노둔할/노나라 로	1939	3619	4563	3602
麌	우 037 [仄聲 / 上聲 : 鹵(로)] : 소금/염전 로	1941	3620	4564	3603
麌	우 037 [仄聲 / 上聲 : 滷(로)] : 소금밭 로	1943	3621	4565	3604
麌	우 037 [仄聲 / 上聲 : 縷(뢰)] : 실/곡진할/남루할 루	2042	3622	4566	3621
麌	우 037 [仄聲 / 上聲 : 縷(루)] : 실 루	2043	3623	4567	3622
麌	우 037 [仄聲 / 上聲 : 褸(루)] : 남루할 루	2045	3624	4568	3623
麌	우 037 [仄聲 / 上聲 : 媽(마)] : 암말 마	2207	3625	4569	3644

배열형식 C (가나다 韻目 基準)		배열 A	배열 B	배열 C	배열 D
韻目	韻目No. [平仄 / 四聲 : 韻族] : 略義	운족 가나순	운목 번호순	운목 가나순	사성
麌	우 037 [仄聲 /上聲 : 莽*망(무)] : 추솔할 무	2276	3626	4570	369
麌	우 037 [仄聲 /上聲 : 侮(모)] : 업신여길 모	2363	3627	4571	367
麌	우 037 [仄聲 /上聲 : 姥(모)] : 할미 모	2392	3628	4572	368
麌	우 037 [仄聲 /上聲 : 撫(무)] : 어루만질 무	2455	3629	4573	369
麌	우 037 [仄聲 /上聲 : 武(무)] : 호반 무	2458	3630	4574	369
麌	우 037 [仄聲 /上聲 : 珷(무)] : 옥돌 무	2461	3631	4575	369
麌	우 037 [仄聲 /上聲 : 舞(무)] : 춤출 무	2467	3632	4576	369
麌	우 037 [仄聲 /上聲 : 鵡(무)] : 앵무새 무	2473	3633	4577	369
麌	우 037 [仄聲 /上聲 : 廡(무)] : 집/처마 무	2474	3634	4578	370
麌	우 037 [仄聲 /上聲 : 嫵(무)] : 아리따울 무	2478	3635	4579	370
麌	우 037 [仄聲 /上聲 : 甒(무)] : 술단지 무	2480	3636	4580	370
麌	우 037 [仄聲 /上聲 : 普(보)] : 넓을 보	2863	3637	4581	378
麌	우 037 [仄聲 /上聲 : 潽(보)] : 물/강이름 보	2865	3638	4582	378
麌	우 037 [仄聲 /上聲 : 甫(보)] : 클 보	2867	3639	4583	378
麌	우 037 [仄聲 /上聲 : 補(보)] : 기울 보	2869	3640	4584	378
麌	우 037 [仄聲 /上聲 : 譜(보)] : 족보 보	2871	3641	4585	378
麌	우 037 [仄聲 /上聲 : 簠(보)] : 제기이름 보	2873	3642	4586	378
麌	우 037 [仄聲 /上聲 : 黼(보)] : 무늬/수놓은옷 보	2874	3643	4587	378
麌	우 037 [仄聲 /上聲 : 俯(부)] : 숙일/구부릴 부	2934	3644	4588	379
麌	우 037 [仄聲 /上聲 : 剖(부)] : 가를 부	2936	3645	4589	379
麌	우 037 [仄聲 /上聲 : 府(부)] : 관청 부	2949	3646	4590	380
麌	우 037 [仄聲 /上聲 : 斧(부)] : 도끼 부	2952	3647	4591	380
麌	우 037 [仄聲 /上聲 : 溥(부)] : 펼/클/두루 부	2954	3648	4592	380
麌	우 037 [仄聲 /上聲 : 溥*부(박)] : 물이름 박	2955	3649	4593	373
麌	우 037 [仄聲 /上聲 : 父(부)] : 아비 부	2956	3650	4594	380
麌	우 037 [仄聲 /上聲 : 父*부(보)] : 남자의미칭 보	2957	3651	4595	378
麌	우 037 [仄聲 /上聲 : 簿(부)] : 문서/치부 부	2959	3652	4596	380
麌	우 037 [仄聲 /上聲 : 腐(부)] : 썩을 부	2962	3653	4597	380
麌	우 037 [仄聲 /上聲 : 腑(부)] : 장부 부	2963	3654	4598	380
麌	우 037 [仄聲 /上聲 : 部(부)] : 떼 부	2974	3655	4599	381
麌	우 037 [仄聲 /上聲 : 釜(부)] : 가마 부	2975	3656	4600	381
麌	우 037 [仄聲 /上聲 : 拊(부)] : 어루만질 부	2982	3657	4601	381
麌	우 037 [仄聲 /上聲 : 弣(부)] : 줌통 부	2995	3658	4602	381
麌	우 037 [仄聲 /上聲 : 數(수)] : 헤아릴/셈 수	3749	3659	4603	394
麌	우 037 [仄聲 /上聲 : 數(수)] : 셈/헤아릴 수	3773	3660	4604	395
麌	우 037 [仄聲 /上聲 : 竪(수)] : 설/세울 수	3790	3661	4605	395

배열형식 C (가나다 韻目 基準)		배열 A	배열 B	배열 C	배열 D
韻目	韻目No. [平仄 / 四聲 : 韻族] : 略義	운족 가나순	운목 번호순	운목 가나순	사성순
麌	우 037 [仄聲 /上聲 : 籔(수)] : 조리 수	3830	3662	4606	3958
麌	우 037 [仄聲 /上聲 : 豎(수)] : 세울 수	3832	3663	4607	3959
麌	우 037 [仄聲 /上聲 : 五(오)] : 다섯 오	4555	3664	4608	4059
麌	우 037 [仄聲 /上聲 : 伍(오)] : 다섯사람/항오 오	4556	3665	4609	4060
麌	우 037 [仄聲 /上聲 : 午(오)] : 낮 오	4559	3666	4610	4061
麌	우 037 [仄聲 /上聲 : 塢(오)] : 둑/언덕 오	4564	3667	4611	4062
麌	우 037 [仄聲 /上聲 : 旿(오)] : 밝을 오	4574	3668	4612	4063
麌	우 037 [仄聲 /上聲 : 汚*오(호)] : 더러울/물들일 호	4601	3669	4613	4601
麌	우 037 [仄聲 /上聲 : 宇(우)] : 집 우	4801	3670	4614	4117
麌	우 037 [仄聲 /上聲 : 瑀(우)] : 패옥 우	4809	3671	4615	4118
麌	우 037 [仄聲 /上聲 : 禹(우)] : 성 우	4812	3672	4616	4119
麌	우 037 [仄聲 /上聲 : 羽(우)] : 깃 우	4814	3673	4617	4120
麌	우 037 [仄聲 /上聲 : 麌(우)] : 수사슴 우	4833	3674	4618	4123
麌	우 037 [仄聲 /上聲 : 麌*우(오)] : 사슴떼 오	4834	3675	4619	4065
麌	우 037 [仄聲 /上聲 : 鄅(우)] : 나라이름 우	4838	3676	4620	4124
麌	우 037 [仄聲 /上聲 : 乳(유)] : 젖 유	4975	3677	4621	4141
麌	우 037 [仄聲 /上聲 : 兪(유)] : 점점 유	4978	3678	4622	4142
麌	우 037 [仄聲 /上聲 : 庾(유)] : 곳집노적가리 유	4985	3679	4623	4144
麌	우 037 [仄聲 /上聲 : 愈(유)] : 대답할/더욱 유	4988	3680	4624	4145
麌	우 037 [仄聲 /上聲 : 瘉(유)] : 병나을 유	5007	3681	4625	4148
麌	우 037 [仄聲 /上聲 : 瘐(유)] : 근심하여앓을 유	5032	3682	4626	4152
麌	우 037 [仄聲 /上聲 : 貐(유)] : 짐승이름 유	5062	3683	4627	4159
麌	우 037 [仄聲 /上聲 : 粗(조)] : 간략할 조	5871	3684	4628	4309
麌	우 037 [仄聲 /上聲 : 粗*조(추)] : 클/거칠을 추	5872	3685	4629	4456
麌	우 037 [仄聲 /上聲 : 組(조)] : 짤 조	5874	3686	4630	4310
麌	우 037 [仄聲 /上聲 : 主(주)] : 임금/주인 주	5985	3688	4631	4336
麌	우 037 [仄聲 /上聲 : 柱(주)] : 기둥 주	6000	3689	4632	4337
麌	우 037 [仄聲 /上聲 : 拄(주)] : 떠받칠 주	6028	3690	4633	4340
麌	우 037 [仄聲 /上聲 : 觕(조)] : 간략할/대략 조	5929	3687	4634	4326
麌	우 037 [仄聲 /上聲 : 取(취)] : 가질 취	6765	3691	4635	4464
麌	우 037 [仄聲 /上聲 : 聚(취)] : 모을 취	6772	3692	4636	4466
麌	우 037 [仄聲 /上聲 : 土(토)] : 흙 토	6992	3693	4637	4509
麌	우 037 [仄聲 /上聲 : 浦(포)] : 개 포	7143	3694	4638	4532
麌	우 037 [仄聲 /上聲 : 脯(포)] : 재물서로보낼 포	7147	3695	4639	4533
麌	우 037 [仄聲 /上聲 : 許*허(호)] : 여럿이힘쓰는소리 호	7409	3696	4640	4602
麌	우 037 [仄聲 /上聲 : 岵(호)] : 산 호	7542	3697	4641	4604

배열형식 C (가나다 韻目 基準)		배열 A	배열 B	배열 C	배열 D
韻目	韻目No. [平仄 / 四聲 : 韻族] : 略義	운족 가나순	운목 번호순	운목 가나순	사성
麌	우 037 [仄聲 /上聲 : 扈(호)] : 따를 호	7545	3698	4642	460
麌	우 037 [仄聲 /上聲 : 滸(호)] : 물가 호	7551	3699	4643	460
麌	우 037 [仄聲 /上聲 : 琥(호)] : 호박 호	7558	3700	4644	461
麌	우 037 [仄聲 /上聲 : 祜(호)] : 복 호	7562	3701	4645	461
麌	우 037 [仄聲 /上聲 : 芐(호)] : 지황 호	7566	3702	4646	461
麌	우 037 [仄聲 /上聲 : 虎(호)] : 범 호	7569	3703	4647	461
麌	우 037 [仄聲 /上聲 : 怙(호)] : 믿을 호	7577	3704	4648	462
麌	우 037 [仄聲 /上聲 : 滬(호)] : 강이름 호	7578	3705	4649	462
遇	우 066 [仄聲 /去聲 : 固(고)] : 굳을 고	496	4980	4650	475
遇	우 066 [仄聲 /去聲 : 庫(고)] : 곳집 고	500	4981	4651	475
遇	우 066 [仄聲 /去聲 : 故(고)] : 연고 고	503	4982	4652	475
遇	우 066 [仄聲 /去聲 : 痼(고)] : 고질 고	510	4983	4653	475
遇	우 066 [仄聲 /去聲 : 苦(고)] : 쓸 고	519	4984	4654	475
遇	우 066 [仄聲 /去聲 : 袴(고)] : 바지 고	524	4985	4655	475
遇	우 066 [仄聲 /去聲 : 錮(고)] : 막을 고	528	4986	4656	476
遇	우 066 [仄聲 /去聲 : 雇(고)] : 품팔/머슴 고	529	4987	4657	476
遇	우 066 [仄聲 /去聲 : 顧(고)] : 돌아볼 고	531	4988	4658	476
遇	우 066 [仄聲 /去聲 : 具(구)] : 갖출 구	820	4989	4659	480
遇	우 066 [仄聲 /去聲 : 句(구)] : 글귀 구	826	4990	4660	481
遇	우 066 [仄聲 /去聲 : 懼(구)] : 두려워할 구	835	4991	4661	481
遇	우 066 [仄聲 /去聲 : 嫗(구)] : 수고로울 구	875	4992	4662	481
遇	우 066 [仄聲 /去聲 : 屨(구)] : 신/신을 구	876	4993	4663	481
遇	우 066 [仄聲 /去聲 : 颶(구)] : 맹렬한폭풍 구	895	4994	4664	481
遇	우 066 [仄聲 /去聲 : 呴(구)] : 숨내쉴 구	897	4995	4665	481
遇	우 066 [仄聲 /去聲 : 怒(노)] : 성낼 노	1264	4996	4666	487
遇	우 066 [仄聲 /去聲 : 露(로)] : 이슬/드러날 로	1925	5005	4667	496
遇	우 066 [仄聲 /去聲 : 度(도)] : 법도/국량 도	1489	4998	4668	491
遇	우 066 [仄聲 /去聲 : 渡(도)] : 건널 도	1501	4999	4669	491
遇	우 066 [仄聲 /去聲 : 鍍(도)] : 올릴 도	1519	5000	4670	492
遇	우 066 [仄聲 /去聲 : 菟*도(토)] : 토끼 토	1531	5001	4671	576
遇	우 066 [仄聲 /去聲 : 斁(도)] : 패할 도	1544	5002	4672	492
遇	우 066 [仄聲 /去聲 : 蠹(두)] : 좀 두	1646	5004	4673	493
遇	우 066 [仄聲 /去聲 : 怒(노)] : 성낼/뽐낼 노	1272	4997	4674	487
遇	우 066 [仄聲 /去聲 : 潞(로)] : 강이름 로	1929	5006	4675	496
遇	우 066 [仄聲 /去聲 : 路(로)] : 길 로	1936	5007	4676	497
遇	우 066 [仄聲 /去聲 : 輅(로)] : 수레 로	1937	5008	4677	497

배열형식 C (가나다 韻目 基準)		배열 A	배열 B	배열 C	배열 D
韻目	韻目No. [平仄 / 四聲 : 韻族] : 略義	운족 가나순	운목 번호순	운목 가나순	사성순
遇	우 066 [仄聲 /去聲 : 露(로)] : 이슬 로	1938	5009	4678	4972
遇	우 066 [仄聲 /去聲 : 鷺(로)] : 백로/해오라기 로	1940	5010	4679	4973
遇	우 066 [仄聲 /去聲 : 賂(뢰)] : 줄/뇌물 뢰	1993	5011	4680	4979
遇	우 066 [仄聲 /去聲 : 屢(루)] : 여러 루	2036	5012	4681	4991
遇	우 066 [仄聲 /去聲 : 募(모)] : 모을/뽑을 모	2365	5013	4682	5042
遇	우 066 [仄聲 /去聲 : 慕(모)] : 그릴 모	2368	5014	4683	5043
遇	우 066 [仄聲 /去聲 : 暮(모)] : 저물 모	2372	5015	4684	5044
遇	우 066 [仄聲 /去聲 : 慔(모)] : 힘쓸 모	2398	5016	4685	5047
遇	우 066 [仄聲 /去聲 : 墓(묘)] : 무덤 묘	2428	5017	4686	5048
遇	우 066 [仄聲 /去聲 : 務(무)] : 힘쓸 무	2449	5018	4687	5052
遇	우 066 [仄聲 /去聲 : 霧(무)] : 안개 무	2472	5019	4688	5053
遇	우 066 [仄聲 /去聲 : 婺(무)] : 별이름 무	2477	5020	4689	5054
遇	우 066 [仄聲 /去聲 : 北(배)] : 달아날 배	2707	5021	4690	5074
遇	우 066 [仄聲 /去聲 : 報*보(부)] : 빠를 부	2861	5022	4691	5097
遇	우 066 [仄聲 /去聲 : 步(보)] : 걸음 보	2864	5023	4692	5092
遇	우 066 [仄聲 /去聲 : 菩(보)] : 보리 보	2868	5024	4693	5093
遇	우 066 [仄聲 /去聲 : 付(부)] : 부칠 부	2933	5025	4694	5098
遇	우 066 [仄聲 /去聲 : 傅(부)] : 스승 부	2935	5026	4695	5099
遇	우 066 [仄聲 /去聲 : 埠(부)] : 부두 부	2943	5027	4696	5100
遇	우 066 [仄聲 /去聲 : 訃(부)] : 통부할/부고 부	2968	5028	4697	5101
遇	우 066 [仄聲 /去聲 : 賦(부)] : 부세 부	2970	5029	4698	5102
遇	우 066 [仄聲 /去聲 : 賻(부)] : 부의 부	2971	5030	4699	5103
遇	우 066 [仄聲 /去聲 : 赴(부)] : 갈 부	2972	5031	4700	5104
遇	우 066 [仄聲 /去聲 : 附(부)] : 붙을 부	2977	5032	4701	5105
遇	우 066 [仄聲 /去聲 : 駙(부)] : 곁마 부	2978	5033	4702	5106
遇	우 066 [仄聲 /去聲 : 仆(부)] : 엎드릴 부	2980	5034	4703	5107
遇	우 066 [仄聲 /去聲 : 祔(부)] : 합사(合祀)할 부	2984	5035	4704	5108
遇	우 066 [仄聲 /去聲 : 跗(부)] : 발등 부	2991	5036	4705	5109
遇	우 066 [仄聲 /去聲 : 鮒(부)] : 붕어 부	2993	5037	4706	5110
遇	우 066 [仄聲 /去聲 : 蚹(부)] : 비늘 부	3000	5038	4707	5111
遇	우 066 [仄聲 /去聲 : 數*수(촉)] : 이치/팔자 수	3752	5047	4708	5252
遇	우 066 [仄聲 /去聲 : 塑(소)] : 토우 소	3630	5039	4709	5222
遇	우 066 [仄聲 /去聲 : 溯(소)] : 거슬러오를 소	3643	5040	4710	5224
遇	우 066 [仄聲 /去聲 : 素(소)] : 본디/흴 소	3657	5041	4711	5229
遇	우 066 [仄聲 /去聲 : 訴(소)] : 호소할 소	3662	5042	4712	5230
遇	우 066 [仄聲 /去聲 : 遡(소)] : 거슬러올라갈 소	3664	5043	4713	5231

배열형식 C (가나다 韻目 基準)		배열 A	배열 B	배열 C	배열 D
韻目	韻目No. [平仄 / 四聲 : 韻族] : 略義	운족 가나순	운목 번호순	운목 가나순	사성순
遇	우 066 [仄聲 /去聲 : 嗉(소)] : 모이주머니 소	3669	5044	4714	5233
遇	우 066 [仄聲 /去聲 : 愬(소)] : 고할/참소할 소	3671	5045	4715	5234
遇	우 066 [仄聲 /去聲 : 泝(소)] : 높을 소	3674	5046	4716	5235
遇	우 066 [仄聲 /去聲 : 戍(수)] : 지킬/수자리 수	3768	5048	4717	5254
遇	우 066 [仄聲 /去聲 : 樹(수)] : 나무 수	3776	5049	4718	5255
遇	우 066 [仄聲 /去聲 : 惡*악(오)] : 미워할 오	4107	5050	4719	5389
遇	우 066 [仄聲 /去聲 : 俉(오)] : 맞이할 오	4557	5051	4720	5390
遇	우 066 [仄聲 /去聲 : 寤(오)] : 깰 오	4570	5052	4721	5391
遇	우 066 [仄聲 /去聲 : 悟(오)] : 깨달을 오	4571	5053	4722	5392
遇	우 066 [仄聲 /去聲 : 晤(오)] : 밝을 오	4575	5054	4723	5393
遇	우 066 [仄聲 /去聲 : 汚*오(와)] : 술구덩이/더럽힐 오	4579	5055	4724	5394
遇	우 066 [仄聲 /去聲 : 誤(오)] : 그르칠 오	4586	5056	4725	5395
遇	우 066 [仄聲 /去聲 : 忤(오)] : 거스를 오	4590	5057	4726	5396
遇	우 066 [仄聲 /去聲 : 捂(오)] : 닿을 오	4591	5058	4727	5397
遇	우 066 [仄聲 /去聲 : 逜(오)] : 깨우칠 오	4604	5059	4728	5398
遇	우 066 [仄聲 /去聲 : 寓(우)] : 붙이어살/굶힐 우	4802	5060	4729	5427
遇	우 066 [仄聲 /去聲 : 遇(우)] : 만날 우	4820	5061	4730	5428
遇	우 066 [仄聲 /去聲 : 雨(우)] : 비 우	4824	5062	4731	5429
遇	우 066 [仄聲 /去聲 : 喩(유)] : 깨우쳐줄/비유할 유	4980	5063	4732	5460
遇	우 066 [仄聲 /去聲 : 孺(유)] : 젖먹이 유	4981	5064	4733	5461
遇	우 066 [仄聲 /去聲 : 裕(유)] : 넉넉할 유	5010	5065	4734	5462
遇	우 066 [仄聲 /去聲 : 諭(유)] : 깨우칠 유	5013	5066	4735	5463
遇	우 066 [仄聲 /去聲 : 籲(유)] : 부르짖을/화할 유	5033	5067	4736	5464
遇	우 066 [仄聲 /去聲 : 籲*유(약)] : 부르짖을/화할 약	5034	5068	4737	5332
遇	우 066 [仄聲 /去聲 : 措(조)] : 둘 조	5849	5070	4738	5566
遇	우 066 [仄聲 /去聲 : 祚(조)] : 복 조	5867	5071	4739	5569
遇	우 066 [仄聲 /去聲 : 厝(조)] : 둘(置也) 조	5892	5072	4740	5573
遇	우 066 [仄聲 /去聲 : 胙(조)] : 제지낸고기/복 조	5907	5073	4741	5576
遇	우 066 [仄聲 /去聲 : 阼(조)] : 섬돌 조	5918	5074	4742	5580
遇	우 066 [仄聲 /去聲 : 住(주)] : 살 주	5986	5075	4743	5588
遇	우 066 [仄聲 /去聲 : 注(주)] : 부을 주	6002	5076	4744	5589
遇	우 066 [仄聲 /去聲 : 澍(주)] : 단비 주	6005	5077	4745	5590
遇	우 066 [仄聲 /去聲 : 炷(주)] : 심지 주	6006	5078	4746	5591
遇	우 066 [仄聲 /去聲 : 註(주)] : 주낼 주	6014	5079	4747	5592
遇	우 066 [仄聲 /去聲 : 鑄(주)] : 쇠불릴 주	6022	5080	4748	5593
遇	우 066 [仄聲 /去聲 : 駐(주)] : 머무를 주	6023	5081	4749	5594

배열형식 C (가나다 韻目 基準)		배열 A	배열 B	배열 C	배열 D
韻目	韻目No. [平仄 / 四聲 : 韻族] : 略義	운족 가나순	운목 번호순	운목 가나순	사성순
遇	우 066 [仄聲 /去聲 : 蛀(주)] : 나무좀 주	6033	5082	4750	5595
遇	우 066 [仄聲 /去聲 : 酢(초)] : 초/단것 초	6600	5083	4751	5701
遇	우 066 [仄聲 /去聲 : 醋*작(초)] : 초 초	5394	5069	4752	5702
遇	우 066 [仄聲 /去聲 : 娶(취)] : 장가들 취	6768	5084	4753	5724
遇	우 066 [仄聲 /去聲 : 趣(취)] : 추창할/뜻 취	6775	5085	4754	5727
遇	우 066 [仄聲 /去聲 : 度(도)] : 법도/잴/국량 도	1548	5003	4755	4923
遇	우 066 [仄聲 /去聲 : 兎(토)] : 토끼 토	6989	5086	4756	5767
遇	우 066 [仄聲 /去聲 : 吐(토)] : 토할 토	6991	5088	4757	5769
遇	우 066 [仄聲 /去聲 : 兔(토)] : 토끼 토	6990	5087	4758	5768
遇	우 066 [仄聲 /去聲 : 妬(투)] : 시새울/겹칠 투	7013	5089	4759	5775
遇	우 066 [仄聲 /去聲 : 妒(투)] : 투기할 투	7017	5090	4760	5776
遇	우 066 [仄聲 /去聲 : 佈(포)] : 펼 포	7128	5091	4761	5812
遇	우 066 [仄聲 /去聲 : 哺(포)] : 맘먹을/먹일 포	7133	5092	4762	5813
遇	우 066 [仄聲 /去聲 : 圃(포)] : 남새밭 포	7134	5093	4763	5814
遇	우 066 [仄聲 /去聲 : 布(포)] : 베 포	7135	5094	4764	5815
遇	우 066 [仄聲 /去聲 : 怖(포)] : 두려워할 포	7136	5095	4765	5816
遇	우 066 [仄聲 /去聲 : 捕(포)] : 잡을 포	7139	5096	4766	5817
遇	우 066 [仄聲 /去聲 : 互(호)] : 서로 호	7537	5097	4767	5875
遇	우 066 [仄聲 /去聲 : 戶(호)] : 집 호	7544	5098	4768	5876
遇	우 066 [仄聲 /去聲 : 濩(호)] : 퍼질 호	7554	5099	4769	5877
遇	우 066 [仄聲 /去聲 : 濩*호(확)] : 끓을/더러울 확	7555	5100	4770	5889
遇	우 066 [仄聲 /去聲 : 護(호)] : 도울 호	7572	5101	4771	5878
遇	우 066 [仄聲 /去聲 : 頀(호)] : 구할 호	7575	5102	4772	5879
遇	우 066 [仄聲 /去聲 : 枑(호)] : 가로막을 호	7585	5103	4773	5880
遇	우 066 [仄聲 /去聲 : 穫*확(호)] : 땅이름 호	7654	5104	4774	5881
遇	우 066 [仄聲 /去聲 : 臒*확(호)] : 곱게붉을/붉은칠할 호	7659	5105	4775	5882
遇	우 066 [仄聲 /去聲 : 煦(후)] : 따뜻하게할 후	7802	5106	4776	5918
遇	우 066 [仄聲 /去聲 : 涸(후)] : 마를/막을 후	7804	5107	4777	5919
元	원 013 [平聲 /上平 : 坤(곤)] : 땅 곤	573	1377	4778	62
元	원 013 [平聲 /上平 : 崑(곤)] : 산이름 곤	574	1378	4779	63
元	원 013 [平聲 /上平 : 昆(곤)] : 맏형/같을 곤	575	1379	4780	64
元	원 013 [平聲 /上平 : 琨(곤)] : 옥돌 곤	581	1380	4781	65
元	원 013 [平聲 /上平 : 鯤(곤)] : 곤이 곤	583	1381	4782	66
元	원 013 [平聲 /上平 : 褌(곤)] : 잠방이 곤	584	1382	4783	67
元	원 013 [平聲 /上平 : 錕(곤)] : 적금 곤	585	1383	4784	68
元	원 013 [平聲 /上平 : 髡(곤)] : 삭발할 곤	587	1384	4785	69

배열형식 C (가나다 韻目 基準)		배열 A	배열 B	배열 C	배열 D
韻目	韻目No. [平仄 / 四聲 : 韻族] : 略義	운족 가나순	운목 번호순	운목 가나순	사성순
元	원 013 [平聲 /上平 : 鶤(곤)] : 봉황새 곤	588	1385	4786	70
元	원 013 [平聲 /上平 : 根(근)] : 뿌리 근	1039	1386	4787	154
元	원 013 [平聲 /上平 : 跟(근)] : 발꿈치 근	1051	1387	4788	158
元	원 013 [平聲 /上平 : 暖*난(훤)] : 부드러울 훤	1198	1388	4789	1593
元	원 013 [平聲 /上平 : 墩(돈)] : 돈대 돈	1569	1389	4790	276
元	원 013 [平聲 /上平 : 惇(돈)] : 도타울 돈	1570	1390	4791	277
元	원 013 [平聲 /上平 : 敦(돈)] : 성낼/도타울 돈	1571	1391	4792	278
元	원 013 [平聲 /上平 : 旽*견(돈)] : 먼동틀 돈	362	1376	4793	279
元	원 013 [平聲 /上平 : 暾(돈)] : 아침해 돈	1576	1392	4794	280
元	원 013 [平聲 /上平 : 焞(돈)] : 어슴프레할 돈	1578	1393	4795	281
元	원 013 [平聲 /上平 : 燉(돈)] : 불빛 돈	1581	1394	4796	282
元	원 013 [平聲 /上平 : 豚(돈)] : 돼지 돈	1582	1395	4797	283
元	원 013 [平聲 /上平 : 屯(둔)] : 모일/진칠 둔	1651	1396	4798	307
元	원 013 [平聲 /上平 : 臀(둔)] : 볼기 둔	1653	1397	4799	308
元	원 013 [平聲 /上平 : 芚(둔)] : 채소이름 둔	1654	1398	4800	309
元	원 013 [平聲 /上平 : 論(론)] : 의논할/변론할 론	1966	1399	4801	357
元	원 013 [平聲 /上平 : 論*론(론)] : 차례 륜	1967	1400	4802	379
元	원 013 [平聲 /上平 : 侖(륜)] : 둥글 륜	2088	1402	4803	381
元	원 013 [平聲 /上平 : 崙(륜)] : 산이름 륜	2090	1403	4804	383
元	원 013 [平聲 /上平 : 掄*론(륜)] : 가릴/고를 륜	1971	1401	4805	387
元	원 013 [平聲 /上平 : 們(문)] : 들 문	2486	1404	4806	481
元	원 013 [平聲 /上平 : 門(문)] : 문 문	2496	1405	4807	485
元	원 013 [平聲 /上平 : 捫(문)] : 어루만질 문	2502	1406	4808	487
元	원 013 [平聲 /上平 : 虋(문)] : 차조 문	2505	1407	4809	488
元	원 013 [平聲 /上平 : 亹*미(문)] : 산어귀 문	2534	1408	4810	489
元	원 013 [平聲 /上平 : 湣*민(혼)] : 산란할/민망할 혼	2571	1409	4811	1531
元	원 013 [平聲 /上平 : 潘(번)] : 쌀뜨물 번	2749	1411	4812	568
元	원 013 [平聲 /上平 : 礬(반)] : 광물이름 반	2629	1410	4813	532
元	원 013 [平聲 /上平 : 幡(번)] : 기 번	2750	1412	4814	569
元	원 013 [平聲 /上平 : 樊(번)] : 울 번	2751	1413	4815	570
元	원 013 [平聲 /上平 : 煩(번)] : 번거로울 번	2752	1414	4816	571
元	원 013 [平聲 /上平 : 燔(번)] : 구울 번	2753	1415	4817	572
元	원 013 [平聲 /上平 : 番(번)] : 차례/번들 번	2754	1416	4818	573
元	원 013 [平聲 /上平 : 繁(번)] : 많을/성할 번	2757	1417	4819	574
元	원 013 [平聲 /上平 : 蕃(번)] : 불을/우거질 번	2759	1418	4820	575
元	원 013 [平聲 /上平 : 藩(번)] : 울/지경 번	2760	1419	4821	576

배열형식 C (가나다 韻目 基準)			배열 A	배열 B	배열 C	배열 D
韻目	韻目No. [平仄 / 四聲 : 韻族]	: 略義	운족 가나순	운목 번호순	운목 가나순	사성순
元	원 013 [平聲 /上平 : 飜(번)]	: 번역할 번	2761	1420	4822	577
元	원 013 [平聲 /上平 : 翻(번)]	: 날 번	2762	1421	4823	578
元	원 013 [平聲 /上平 : 蘩(번)]	: 산흰쑥 번	2763	1422	4824	579
元	원 013 [平聲 /上平 : 袢(번)]	: 속옷 번	2764	1423	4825	580
元	원 013 [平聲 /上平 : 笲(번)]	: 폐백상자 번	2765	1424	4826	581
元	원 013 [平聲 /上平 : 蹯(번)]	: 짐승발자욱 번	2766	1425	4827	582
元	원 013 [平聲 /上平 : 拚(번)]	: 날을 번	2767	1426	4828	583
元	원 013 [平聲 /上平 : 噴(분)]	: 꾸짖을/뿜을 분	3015	1427	4829	624
元	원 013 [平聲 /上平 : 奔(분)]	: 달릴 분	3017	1428	4830	625
元	원 013 [平聲 /上平 : 盆(분)]	: 동이 분	3025	1429	4831	629
元	원 013 [平聲 /上平 : 湓(분)]	: 용솟음할 분	3036	1430	4832	638
元	원 013 [平聲 /上平 : 蟦*비(분)]	: 굴 분	3159	1431	4833	649
元	원 013 [平聲 /上平 : 孫(손)]	: 손자/겸손할 손	3707	1432	4834	748
元	원 013 [平聲 /上平 : 蓀(손)]	: 향풀이름 손	3710	1433	4835	749
元	원 013 [平聲 /上平 : 飡(손)]	: 밥 손	3712	1434	4836	750
元	원 013 [平聲 /上平 : 飧(손)]	: 저녁밥 손	3714	1435	4837	751
元	원 013 [平聲 /上平 : 蕵(손)]	: 풀이름 손	3716	1436	4838	752
元	원 013 [平聲 /上平 : 純*순(돈)]	: 꾸밀/묶을 돈	3892	1437	4839	284
元	원 013 [平聲 /上平 : 言(언)]	: 말씀 언	4335	1438	4840	858
元	원 013 [平聲 /上平 : 円(원)]	: 둥글 원	4872	1445	4841	983
元	원 013 [平聲 /上平 : 溫(온)]	: 따뜻할 온	4616	1439	4842	893
元	원 013 [平聲 /上平 : 瘟(온)]	: 염병 온	4617	1440	4843	894
元	원 013 [平聲 /上平 : 蘊*온(운)]	: 쌓일/익힐 운	4621	1441	4844	969
元	원 013 [平聲 /上平 : 宛*완(울)]	: 나라이름 원	4664	1442	4845	984
元	원 013 [平聲 /上平 : 阮*완(원)]	: 나라이름/성 원	4679	1443	4846	985
元	원 013 [平聲 /上平 : 豲(완)]	: 들양 완	4684	1444	4847	917
元	원 013 [平聲 /上平 : 元(원)]	: 으뜸 원	4874	1446	4848	986
元	원 013 [平聲 /上平 : 原(원)]	: 언덕 원	4875	1447	4849	987
元	원 013 [平聲 /上平 : 園(원)]	: 동산 원	4879	1448	4850	988
元	원 013 [平聲 /上平 : 垣(원)]	: 담 원	4880	1449	4851	989
元	원 013 [平聲 /上平 : 嫄(원)]	: 사람이름 원	4882	1450	4852	990
元	원 013 [平聲 /上平 : 寃(원)]	: 원통할 원	4883	1451	4853	991
元	원 013 [平聲 /上平 : 怨(원)]	: 원망할 원	4884	1452	4854	992
元	원 013 [平聲 /上平 : 沅(원)]	: 강이름 원	4887	1453	4855	993
元	원 013 [平聲 /上平 : 洹(원)]	: 강이름 원	4888	1454	4856	994
元	원 013 [平聲 /上平 : 源(원)]	: 근원 원	4891	1455	4857	995

韻目	배열형식 C (가나다 韻目 基準) 韻目No. [平仄 / 四聲 : 韻族] : 略義	배열 A 운족 가나순	배열 B 운목 번호순	배열 C 운목 가나순	배열 D 사성순
元	원 013 [平聲 /上平 : 爰(원)] : 이에 원	4892	1456	4858	996
元	원 013 [平聲 /上平 : 猿(원)] : 원숭이 원	4893	1457	4859	997
元	원 013 [平聲 /上平 : 袁(원)] : 성 원	4896	1458	4860	998
元	원 013 [平聲 /上平 : 轅(원)] : 끌채 원	4897	1459	4861	999
元	원 013 [平聲 /上平 : 鴛(원)] : 원앙 원	4902	1460	4862	1000
元	원 013 [平聲 /上平 : 冤(원)] : 원통할 원	4903	1461	4863	1001
元	원 013 [平聲 /上平 : 杬(원)] : 안마/나무이름 원	4905	1462	4864	1002
元	원 013 [平聲 /上平 : 蜿(원)] : 굼틀거릴 원	4907	1463	4865	1003
元	원 013 [平聲 /上平 : 騵(원)] : 배 흰 월다말 원	4909	1464	4866	1004
元	원 013 [平聲 /上平 : 黿(원)] : 자라 원	4910	1465	4867	1005
元	원 013 [平聲 /上平 : 蚖(원)] : 도롱뇽 원	4911	1466	4868	1006
元	원 013 [平聲 /上平 : 恩(은)] : 은혜 은	5097	1467	4869	1069
元	원 013 [平聲 /上平 : 存(존)] : 있을 존	5936	1468	4870	1226
元	원 013 [平聲 /上平 : 尊(존)] : 높을 존	5937	1469	4871	1227
元	원 013 [平聲 /上平 : 尊*존(준)] : 술통 준	5938	1470	4872	1263
元	원 013 [平聲 /上平 : 樽(준)] : 술그릇 준	6060	1471	4873	1264
元	원 013 [平聲 /上平 : 蹲(준)] : 웅크릴 준	6077	1472	4874	1269
元	원 013 [平聲 /上平 : 村(촌)] : 마을 촌	6638	1473	4875	1335
元	원 013 [平聲 /上平 : 邨(촌)] : 마을/시골 촌	6639	1474	4876	1336
元	원 013 [平聲 /上平 : 吋(촌)] : 인치 촌	6640	1475	4877	1337
元	원 013 [平聲 /上平 : 呑(탄)] : 삼킬 탄	6920	1476	4878	1409
元	원 013 [平聲 /上平 : 吞(탄)] : 삼킬 탄	6935	1477	4879	1416
元	원 013 [平聲 /上平 : 啍(톤)] : 입김 톤	6997	1478	4880	1428
元	원 013 [平聲 /上平 : 軒(헌)] : 집 헌	7414	1479	4881	1499
元	원 013 [平聲 /上平 : 婚(혼)] : 혼인할 혼	7598	1480	4882	1532
元	원 013 [平聲 /上平 : 昏(혼)] : 어두울 혼	7599	1481	4883	1533
元	원 013 [平聲 /上平 : 混*혼(곤)] : 오랑캐 곤	7601	1482	4884	71
元	원 013 [平聲 /上平 : 渾(혼)] : 흐릴 혼	7602	1483	4885	1534
元	원 013 [平聲 /上平 : 琿(혼)] : 아름다운옥 혼	7603	1484	4886	1535
元	원 013 [平聲 /上平 : 魂(혼)] : 넋 혼	7604	1485	4887	1536
元	원 013 [平聲 /上平 : 惛(혼)] : 어리석을 혼	7605	1486	4888	1537
元	원 013 [平聲 /上平 : 閽(혼)] : 문지기 혼	7606	1487	4889	1538
元	원 013 [平聲 /上平 : 緷(혼)] : 깃다발 혼	7607	1488	4890	1539
元	원 013 [平聲 /上平 : 塤(훈)] : 질나팔 훈	7811	1490	4891	1583
元	원 013 [平聲 /上平 : 壎(훈)] : 질나팔 훈	7812	1491	4892	1584
元	원 013 [平聲 /上平 : 喧(훤)] : 떠들썩할 훤	7823	1492	4893	1594

배열형식 C (가나다 韻目 基準)		배열 A	배열 B	배열 C	배열 D
韻目	韻目No. [平仄 / 四聲 : 韻族] : 略義	운족 가나순	운목 번호순	운목 가나순	사성순
元	원 013 [平聲 /上平 : 暄(훤)] : 따뜻할 훤	7824	1493	4894	1595
元	원 013 [平聲 /上平 : 煊(훤)] : 빛날 훤	7825	1494	4895	1596
元	원 013 [平聲 /上平 : 萱(훤)] : 원추리 훤	7826	1495	4896	1597
元	원 013 [平聲 /上平 : 烜(훤)] : 따뜻할 훤	7827	1496	4897	1598
元	원 013 [平聲 /上平 : 諼(훤)] : 속일 훤	7828	1497	4898	1599
元	원 013 [平聲 /上平 : 貆(환)] : 담비새끼 환	7688	1489	4899	1565
元	원 013 [平聲 /上平 : 楎*휘(혼)] : 쟁기술 혼	7854	1498	4900	1540
元	원 013 [平聲 /上平 : 炘(흔)] : 화끈거릴 흔	7882	1499	4901	1627
元	원 013 [平聲 /上平 : 痕(흔)] : 흉/자취 흔	7883	1500	4902	1628
元	원 013 [平聲 /上平 : 鞎(흔)] : 장식가죽 흔	7889	1501	4903	1631
願	원 073 [仄聲 /去聲 : 艮(간)] : 괘이름 간	86	5582	4904	4669
願	원 073 [仄聲 /去聲 : 健(건)] : 굳셀 건	272	5583	4905	4708
願	원 073 [仄聲 /去聲 : 建(건)] : 세울 건	274	5584	4906	4709
願	원 073 [仄聲 /去聲 : 楗(건)] : 문지방 건	276	5585	4907	4710
願	원 073 [仄聲 /去聲 : 腱(건)] : 힘줄 건	277	5586	4908	4711
願	원 073 [仄聲 /去聲 : 困(곤)] : 곤할 곤	572	5587	4909	4763
願	원 073 [仄聲 /去聲 : 棍(곤)] : 곤장/몽둥이 곤	578	5588	4910	4764
願	원 073 [仄聲 /去聲 : 券(권)] : 문서 권	942	5589	4911	4819
願	원 073 [仄聲 /去聲 : 勸(권)] : 권할 권	943	5590	4912	4820
願	원 073 [仄聲 /去聲 : 嫩(눈)] : 어릴/예쁠 눈	1294	5591	4913	4884
願	원 073 [仄聲 /去聲 : 頓(돈)] : 졸/조아릴 돈	1583	5592	4914	4924
願	원 073 [仄聲 /去聲 : 頓*돈(둔)] : 둔무딜 둔	1584	5593	4915	4931
願	원 073 [仄聲 /去聲 : 遯(돈)] : 숨을 돈	1589	5594	4916	4925
願	원 073 [仄聲 /去聲 : 鈍(둔)] : 둔할 둔	1655	5596	4917	4932
願	원 073 [仄聲 /去聲 : 論*론(륜)] : 말할/생각/글뜻풀 론	1968	5597	4918	4974
願	원 073 [仄聲 /去聲 : 卍(만)] : 만 만	2224	5598	4919	5015
願	원 073 [仄聲 /去聲 : 曼(만)] : 끌 만	2232	5599	4920	5017
願	원 073 [仄聲 /去聲 : 萬(만)] : 일만 만	2237	5600	4921	5018
願	원 073 [仄聲 /去聲 : 蔓(만)] : 덩굴 만	2238	5601	4922	5019
願	원 073 [仄聲 /去聲 : 輓(만)] : 끌 만	2240	5602	4923	5020
願	원 073 [仄聲 /去聲 : 悶(민)] : 번민할 민	2555	5603	4924	5065
願	원 073 [仄聲 /去聲 : 反*반(번)] : 뒤칠 번	2613	5604	4925	5085
願	원 073 [仄聲 /去聲 : 巽(손)] : 괘이름 손	3708	5605	4926	5238
願	원 073 [仄聲 /去聲 : 遜(손)] : 겸손할 손	3711	5606	4927	5239
願	원 073 [仄聲 /去聲 : 噀(손)] : 물뿜을 손	3715	5607	4928	5240
願	원 073 [仄聲 /去聲 : 言*언(은)] : 심사화평할 은	4336	5608	4929	5468

배열형식 C (가나다 韻目 基準)		배열 A	배열 B	배열 C	배열 D
韻目	韻目No. [平仄 / 四聲 : 韻族] : 略義	운족 가나순	운목 번호순	운목 가나순	사성순
願	원 073 [仄聲 /去聲 : 韗*운(훤)] : 가죽다루는장인 훤	4866	5609	4930	5922
願	원 073 [仄聲 /去聲 : 愿(원)] : 삼갈 원	4885	5610	4931	5437
願	원 073 [仄聲 /去聲 : 願(원)] : 원할 원	4901	5611	4932	5441
願	원 073 [仄聲 /去聲 : 這*저(언)] : 맞이할 언	5532	5612	4933	5344
願	원 073 [仄聲 /去聲 : 焌(준)] : 태울 준	6065	5613	4934	5605
願	원 073 [仄聲 /去聲 : 鐏(준)] : 창고달 준	6078	5614	4935	5609
願	원 073 [仄聲 /去聲 : 寸(촌)] : 마디 촌	6636	5615	4936	5709
願	원 073 [仄聲 /去聲 : 噸(돈)] : 톤(英國의量目) 돈	1591	5595	4937	4926
願	원 073 [仄聲 /去聲 : 褪(퇴)] : 벗을 퇴	7007	5616	4938	5773
願	원 073 [仄聲 /去聲 : 販(판)] : 팔 판	7054	5617	4939	5780
願	원 073 [仄聲 /去聲 : 恨(한)] : 한 한	7277	5618	4940	5835
願	원 073 [仄聲 /去聲 : 獻(헌)] : 바칠/드릴 헌	7412	5619	4941	5854
願	원 073 [仄聲 /去聲 : 俒(흔)] : 완전할 흔	7888	5620	4942	5930
月	월 095 [仄聲 /入聲 : 羯(갈)] : 오랑캐 갈	117	6887	4943	5981
月	월 095 [仄聲 /入聲 : 蠍(갈)] : 전갈 갈	118	6888	4944	5982
月	월 095 [仄聲 /入聲 : 揭*게(갈)] : 높들일/걸 갈	312	6889	4945	5984
月	월 095 [仄聲 /入聲 : 汨(골)] : 다스릴 골	591	6890	4946	6104
月	월 095 [仄聲 /入聲 : 滑(골)] : 어지러울 골	593	6891	4947	6105
月	월 095 [仄聲 /入聲 : 骨(골)] : 뼈 골	594	6892	4948	6106
月	월 095 [仄聲 /入聲 : 鶻(골)] : 송골매 골	595	6893	4949	6107
月	월 095 [仄聲 /入聲 : 堀(굴)] : 팔 굴	926	6895	4950	6170
月	월 095 [仄聲 /入聲 : 掘*굴(궐)] : 뚫을 궐	929	6896	4951	6179
月	월 095 [仄聲 /入聲 : 窟(굴)] : 굴 굴	930	6897	4952	6173
月	월 095 [仄聲 /入聲 : 淈(굴)] : 흐릴 굴	933	6898	4953	6176
月	월 095 [仄聲 /入聲 : 淈*굴(홀)] : 다스릴 홀	934	6899	4954	7867
月	월 095 [仄聲 /入聲 : 朏*비(불)] : 먼동틀 불	3073	6930	4955	6683
月	월 095 [仄聲 /入聲 : 厥(궐)] : 그/그것/짧을 궐	952	6900	4956	6180
月	월 095 [仄聲 /入聲 : 獗(궐)] : 날뛸 궐	954	6901	4957	6181
月	월 095 [仄聲 /入聲 : 蕨(궐)] : 고사리 궐	955	6902	4958	6182
月	월 095 [仄聲 /入聲 : 蹶(궐)] : 넘어질 궐	956	6903	4959	6183
月	월 095 [仄聲 /入聲 : 闕(궐)] : 대궐 궐	958	6904	4960	6184
月	월 095 [仄聲 /入聲 : 橛(궐)] : 말뚝 궐	959	6905	4961	6185
月	월 095 [仄聲 /入聲 : 鱖*궐(궤)] : 쏘가리 궤	961	6906	4962	6187
月	월 095 [仄聲 /入聲 : 鷢(궐)] : 물수리 궐	962	6907	4963	6186
月	월 095 [仄聲 /入聲 : 訥(눌)] : 말더듬을 눌	1295	6908	4964	6249
月	월 095 [仄聲 /入聲 : 吶(눌)] : 말더듬거릴 눌	1296	6909	4965	6250

배열형식 C (가나다 韻目 基準)		배열 A	배열 B	배열 C	배열 D
韻目	韻目No. [平仄 / 四聲 : 韻族] : 略義	운족 가나순	운목 번호순	운목 가나순	사성순
月	월 095 [仄聲 /入聲 : 担*단(담)] : 번쩍들 걸	1359	6910	4966	6025
月	월 095 [仄聲 /入聲 : 突(돌)] : 갑자기 돌	1592	6911	4967	6308
月	월 095 [仄聲 /入聲 : 堗(돌)] : 굴뚝 돌	1595	6912	4968	6310
月	월 095 [仄聲 /入聲 : 腯(돌)] : 쌀찐 돌	1596	6913	4969	6311
月	월 095 [仄聲 /入聲 : 葖(돌)] : 무우 돌	1597	6914	4970	6312
月	월 095 [仄聲 /入聲 : 襪(말)] : 버선 말	2256	6915	4971	6462
月	월 095 [仄聲 /入聲 : 歿(몰)] : 죽을 몰	2414	6916	4972	6511
月	월 095 [仄聲 /入聲 : 沒(몰)] : 빠질 몰	2415	6917	4973	6512
月	월 095 [仄聲 /入聲 : 勃(발)] : 우쩍일어날 발	2644	6919	4974	6561
月	월 095 [仄聲 /入聲 : 渤(발)] : 바다이름 발	2648	6920	4975	6564
月	월 095 [仄聲 /入聲 : 發(발)] : 필 발	2650	6921	4976	6566
月	월 095 [仄聲 /入聲 : 髮(발)] : 터럭 발	2654	6922	4977	6570
月	월 095 [仄聲 /入聲 : 浡(발)] : 일어날 발	2656	6923	4978	6572
月	월 095 [仄聲 /入聲 : 脖(발)] : 배꼽 발	2657	6924	4979	6573
月	월 095 [仄聲 /入聲 : 伐(벌)] : 칠 벌	2769	6925	4980	6597
月	월 095 [仄聲 /入聲 : 筏(벌)] : 뗏목 벌	2770	6926	4981	6598
月	월 095 [仄聲 /入聲 : 罰(벌)] : 벌할 벌	2771	6927	4982	6599
月	월 095 [仄聲 /入聲 : 閥(벌)] : 문벌 벌	2772	6928	4983	6600
月	월 095 [仄聲 /入聲 : 不부( ] : 아니 불	3005	6929	4984	6684
月	월 095 [仄聲 /入聲 : 倅*쉬(졸)] : 백사람 졸	3920	6931	4985	7367
月	월 095 [仄聲 /入聲 : 謁(알)] : 뵐 알	4145	6932	4986	6965
月	월 095 [仄聲 /入聲 : 钀(알)] : 말재갈 알	4155	6933	4987	6973
月	월 095 [仄聲 /入聲 : 兀(올)] : 우뚝할 올	4626	6934	4988	7104
月	월 095 [仄聲 /入聲 : 杌(올)] : 위태로울 올	4627	6935	4989	7105
月	월 095 [仄聲 /入聲 : 曰(왈)] : 가로대/말하대 왈	4686	6936	4990	7107
月	월 095 [仄聲 /入聲 : 月(월)] : 달 월	4913	6938	4991	7139
月	월 095 [仄聲 /入聲 : 越(월)] : 넘을 월	4914	6939	4992	7140
月	월 095 [仄聲 /入聲 : 鉞(월)] : 도끼 월	4916	6940	4993	7141
月	월 095 [仄聲 /入聲 : 刖(왈)] : 벨 왈	4687	6937	4994	7108
月	월 095 [仄聲 /入聲 : 刖*월(월)] : 벨 월	4917	6941	4995	7142
月	월 095 [仄聲 /入聲 : 粵(월)] : 어조사 월	4918	6942	4996	7143
月	월 095 [仄聲 /入聲 : 卒(졸)] : 마칠 졸	5939	6943	4997	7368
月	월 095 [仄聲 /入聲 : 卒*졸(줄)] : 죽을/마침내/이미 줄	5940	6944	4998	7393
月	월 095 [仄聲 /入聲 : 猝(졸)] : 갑자기 졸	5942	6945	4999	7370
月	월 095 [仄聲 /入聲 : 崒(줄)] : 험할 줄	6085	6946	5000	7395
月	월 095 [仄聲 /入聲 : 凸*철(돌)] : 뾰족할/내밀 돌	6499	6947	5001	6313

C : (139 / 221)

배열형식 C (가나다 韻目 基準)			배열 A	배열 B	배열 C	배열 D
韻目	韻目No. [平仄 / 四聲 : 韻族]	略義	운족 가나순	운목 번호순	운목 가나순	사성순
月	월 095 [仄聲 /入聲 : 悖*패(발)]	: 거스를 발	7064	6948	5002	6577
月	월 095 [仄聲 /入聲 : 孛*패(발)]	: 살별/요기[妖氣] 발	7076	6949	5003	6578
月	월 095 [仄聲 /入聲 : 核*핵(홀)]	: 씨 홀	7381	6950	5004	7868
月	월 095 [仄聲 /入聲 : 歇(헐)]	: 쉴 헐	7415	6951	5005	7814
月	월 095 [仄聲 /入聲 : 猲(헐)]	: 사냥개 헐	7416	6952	5006	7815
月	월 095 [仄聲 /入聲 : 忽(흔)]	: 갑자기 홀	7610	6953	5007	7869
月	월 095 [仄聲 /入聲 : 惚(홀)]	: 황홀할 홀	7611	6954	5008	7870
月	월 095 [仄聲 /入聲 : 笏(홀)]	: 홀 홀	7612	6955	5009	7871
月	월 095 [仄聲 /入聲 : 芴*물(홀)]	: 황홀할 홀	2513	6918	5010	7872
月	월 095 [仄聲 /入聲 : 滑(골)]	: 어지러울 골	596	6894	5011	6108
月	월 095 [仄聲 /入聲 : 遹(휼)]	: 좇을 휼	7872	6956	5012	7926
月	월 095 [仄聲 /入聲 : 匈(흉)]	: 가슴/오랑캐 흉	7875	6957	5013	7927
月	월 095 [仄聲 /入聲 : 屹(흘)]	: 산우뚝솟을 흘	7891	6958	5014	7931
月	월 095 [仄聲 /入聲 : 紇(흘)]	: 질낮은명주실 흘	7892	6959	5015	7932
有	유 055 [仄聲 /上聲 : 久(구)]	: 오랠 구	815	4464	5016	3397
有	유 055 [仄聲 /上聲 : 九*구(규)]	: 모을 규	817	4465	5017	3430
有	유 055 [仄聲 /上聲 : 口(구)]	: 입 구	825	4466	5018	3398
有	유 055 [仄聲 /上聲 : 咎(구)]	: 허물 구	828	4467	5019	3399
有	유 055 [仄聲 /上聲 : 垢(구)]	: 때 구	832	4468	5020	3400
有	유 055 [仄聲 /上聲 : 毆(구)]	: 칠 구	842	4469	5021	3401
有	유 055 [仄聲 /上聲 : 狗(구)]	: 개 구	847	4470	5022	3402
有	유 055 [仄聲 /上聲 : 玖(구)]	: 옥돌 구	848	4471	5023	3403
有	유 055 [仄聲 /上聲 : 耉(구)]	: 늙은이 구	854	4472	5024	3405
有	유 055 [仄聲 /上聲 : 臼(구)]	: 절구 구	855	4473	5025	3406
有	유 055 [仄聲 /上聲 : 舅(구)]	: 외숙/시아비 구	856	4474	5026	3407
有	유 055 [仄聲 /上聲 : 苟(구)]	: 구차할/진실로 구	858	4475	5027	3408
有	유 055 [仄聲 /上聲 : 糗(구)]	: 볶은쌀 구	886	4476	5028	3409
有	유 055 [仄聲 /上聲 : 詬*구(후)]	: 꾸짖을 후	891	4477	5029	465
有	유 055 [仄聲 /上聲 : 釦(구)]	: 금테두를 구	893	4478	5030	341
有	유 055 [仄聲 /上聲 : 韭(구)]	: 부추 구	894	4479	5031	341
有	유 055 [仄聲 /上聲 : 笱(구)]	: 통발 구	902	4480	5032	341
有	유 055 [仄聲 /上聲 : 莙(구)]	: 초결명자 구	905	4481	5033	341
有	유 055 [仄聲 /上聲 : 糾*교(규)]	: 모둘/살필/탄핵할 규	809	4463	5034	343
有	유 055 [仄聲 /上聲 : 赳(규)]	: 헌걸찰/용맹 규	1001	4482	5035	343
有	유 055 [仄聲 /上聲 : 杻*추(뉴)]	: 싸리 뉴	6669	4541	5036	349
有	유 055 [仄聲 /上聲 : 杻(추)]	: 수갑 추	6668	4540	5037	445

배열형식 C (가나다 韻目 基準)		배열 A	배열 B	배열 C	배열 D
韻目	韻目No. [平仄 / 四聲 : 韻族] : 略義	운족 가나순	운목 번호순	운목 가나순	사성순
有	유 055 [仄聲 / 上聲 : 紐(뉴)] : 끈 뉴	1298	4483	5038	3492
有	유 055 [仄聲 / 上聲 : 忸*뉴(뉵)] : 길들 뉵	1300	4485	5039	3499
有	유 055 [仄聲 / 上聲 : 忸(뉴)] : 길들 뉴	1299	4484	5040	3493
有	유 055 [仄聲 / 上聲 : 妞(뉴)] : 아가씨 뉴	1301	4486	5041	3494
有	유 055 [仄聲 / 上聲 : 狃(뉴)] : 길들 뉴	1303	4487	5042	3495
有	유 055 [仄聲 / 上聲 : 鈕(뉴)] : 인꼭지 뉴	1304	4488	5043	3496
有	유 055 [仄聲 / 上聲 : 斗(두)] : 말 두	1632	4491	5044	3551
有	유 055 [仄聲 / 上聲 : 枓*두(주)] : 두공 주	1635	4492	5045	4335
有	유 055 [仄聲 / 上聲 : 抖(두)] : 흔들 두	1642	4493	5046	3553
有	유 055 [仄聲 / 上聲 : 蚪(두)] : 올챙이 두	1645	4494	5047	3555
有	유 055 [仄聲 / 上聲 : 陡(두)] : 험할 두	1647	4495	5048	3556
有	유 055 [仄聲 / 上聲 : 紏(두)] : 노랑실 두	1648	4496	5049	3557
有	유 055 [仄聲 / 上聲 : 蟉*료(료)] : 용굼틀거릴 류	2026	4498	5050	3626
有	유 055 [仄聲 / 上聲 : 塿(루)] : 언덕 루	2053	4499	5051	3624
有	유 055 [仄聲 / 上聲 : 柳(류)] : 버들 류	2062	4500	5052	3627
有	유 055 [仄聲 / 上聲 : 罶(류)] : 통발 류	2077	4501	5053	3628
有	유 055 [仄聲 / 上聲 : 某(모)] : 아무 모	2373	4502	5054	3677
有	유 055 [仄聲 / 上聲 : 母(모)] : 어미 모	2376	4503	5055	3678
有	유 055 [仄聲 / 上聲 : 牡(모)] : 수컷 모	2379	4504	5056	3679
有	유 055 [仄聲 / 上聲 : 拇(무)] : 엄지손가락 무	2454	4505	5057	3693
有	유 055 [仄聲 / 上聲 : 畝(무)] : 밭이랑 무	2462	4506	5058	3697
有	유 055 [仄聲 / 上聲 : 培(배)] : 북돋을 배	2708	4507	5059	3749
有	유 055 [仄聲 / 上聲 : 否(부)] : 아닐 부	2940	4508	5060	3799
有	유 055 [仄聲 / 上聲 : 婦(부)] : 며느리 부	2945	4509	5061	3800
有	유 055 [仄聲 / 上聲 : 缶(부)] : 장군 부	2961	4510	5062	3806
有	유 055 [仄聲 / 上聲 : 負(부)] : 질 부	2969	4511	5063	3809
有	유 055 [仄聲 / 上聲 : 阜(부)] : 언덕 부	2976	4512	5064	3812
有	유 055 [仄聲 / 上聲 : 鴀(부)] : 오디새 부	3004	4513	5065	3815
有	유 055 [仄聲 / 上聲 : 樕(속)] : 떡갈나무 속	3704	4514	5066	3939
有	유 055 [仄聲 / 上聲 : 蔌(속)] : 나물 수	3755	4515	5067	3949
有	유 055 [仄聲 / 上聲 : 手(수)] : 손 수	3769	4516	5068	3951
有	유 055 [仄聲 / 上聲 : 藪(수)] : 늪 수	3799	4517	5069	3955
有	유 055 [仄聲 / 上聲 : 瞍(수)] : 소경 수	3828	4518	5070	3957
有	유 055 [仄聲 / 上聲 : 擻(수)] : 털어버릴 수	3836	4519	5071	3960
有	유 055 [仄聲 / 上聲 : 莤*숙(유)] : 물풀 유	3870	4521	5072	4140
有	유 055 [仄聲 / 上聲 : 偶(우)] : 짝 우	4796	4522	5073	4115

韻目	배열형식 C (가나다 韻目 基準) 韻目No. [平仄 / 四聲 : 韻族] : 略義	배열 A 운족 가나순	배열 B 운목 번호순	배열 C 운목 가나순	배열 D 사성순
有	유 055 [仄聲 /上聲 : 友(우)] : 벗 우	4799	4523	5074	4116
有	유 055 [仄聲 /上聲 : 藕(우)] : 연뿌리 우	4817	4524	5075	4121
有	유 055 [仄聲 /上聲 : 耦(우)] : 쟁기 우	4831	4525	5076	4122
有	유 055 [仄聲 /上聲 : 有(유)] : 있을 유	4993	4526	5077	4146
有	유 055 [仄聲 /上聲 : 杻(뉴)] : 싸리 뉴	1305	4489	5078	3497
有	유 055 [仄聲 /上聲 : 紐(뉴)] : 단추/맺을/맬 뉴	1306	4490	5079	3498
有	유 055 [仄聲 /上聲 : 誘(유)] : 꾈 유	5011	4527	5080	4149
有	유 055 [仄聲 /上聲 : 酉(유)] : 닭 유	5019	4528	5081	4150
有	유 055 [仄聲 /上聲 : 牖(유)] : 남쪽으로난창 유	5030	4529	5082	4151
有	유 055 [仄聲 /上聲 : 莠(유)] : 강아지풀 유	5036	4530	5083	4153
有	유 055 [仄聲 /上聲 : 黝(유)] : 검푸를 유	5041	4531	5084	4155
有	유 055 [仄聲 /上聲 : 卣(유)] : 술통 유	5044	4532	5085	4156
有	유 055 [仄聲 /上聲 : 内(유)] : 짐승발자국 유	5053	4533	5086	4157
有	유 055 [仄聲 /上聲 : 羑(유)] : 권할 유	5054	4534	5087	4158
有	유 055 [仄聲 /上聲 : 嗾(수)] : 부추길 수	3847	4520	5088	3961
有	유 055 [仄聲 /上聲 : 紂(주)] : 껑거리끈/주임금 주	6010	4535	5089	4338
有	유 055 [仄聲 /上聲 : 酒(주)] : 술 주	6021	4536	5090	4339
有	유 055 [仄聲 /上聲 : 肘(주)] : 팔꿈치 주	6030	4537	5091	4341
有	유 055 [仄聲 /上聲 : 姓(두)] : 이름/예쁠 두	1650	4497	5092	3558
有	유 055 [仄聲 /上聲 : 黈(주)] : 수른빛 주	6044	4538	5093	4342
有	유 055 [仄聲 /上聲 : 吋*촌(두)] : 꾸짖을 두	6641	4539	5094	3559
有	유 055 [仄聲 /上聲 : 醜(추)] : 추할 추	6690	4542	5095	4457
有	유 055 [仄聲 /上聲 : 帚(추)] : 비자루/털 추	6701	4543	5096	4458
有	유 055 [仄聲 /上聲 : 丑(축)] : 소 축	6720	4544	5097	4461
有	유 055 [仄聲 /上聲 : 趣*취(촉)] : 벼슬이름 추	6776	4545	5098	4460
有	유 055 [仄聲 /上聲 : 泂(형)] : 멀 형	7494	4546	5099	4592
有	유 055 [仄聲 /上聲 : 郈(후)] : 고을이름 후	7808	4547	5100	4655
徑	유 085 [仄聲 /去聲 : 俓(경)] : 지름길 경	394	6186	5101	6067
徑	유 085 [仄聲 /去聲 : 徑(경)] : 지름길/길 경	404	6187	5102	6071
徑	유 085 [仄聲 /去聲 : 磬(경)] : 경쇠 경	422	6188	5103	6075
徑	유 085 [仄聲 /去聲 : 經(경)] : 지날/글 경	426	6189	5104	6078
徑	유 085 [仄聲 /去聲 : 脛(경)] : 정강이 경	429	6190	5105	6079
徑	유 085 [仄聲 /去聲 : 逕(경)] : 소로 경	433	6191	5106	6080
徑	유 085 [仄聲 /去聲 : 罄(경)] : 다할 경	445	6192	5107	6082
宥	유 085 [仄聲 /去聲 : 叩(고)] : 두드릴 고	492	6241	5108	6083
宥	유 085 [仄聲 /去聲 : 彀*곡(구)] : 녹[祿] 구	564	6242	5109	6138

배열형식 C (가나다 韻目 基準)		배열 A	배열 B	배열 C	배열 D
韻目	韻目No. [平仄 / 四聲 : 韻族] : 略義	운족 가나순	운목 번호순	운목 가나순	사성순
宥	유 085 [仄聲 /去聲 : 寇(구)] : 도둑 구	833	6243	5110	6139
宥	유 085 [仄聲 /去聲 : 救(구)] : 구원할 구	837	6244	5111	6140
宥	유 085 [仄聲 /去聲 : 柩(구)] : 널 구	839	6245	5112	6141
宥	유 085 [仄聲 /去聲 : 構(구)] : 얽을 구	840	6246	5113	6142
宥	유 085 [仄聲 /去聲 : 灸(구)] : 뜸 구	846	6247	5114	6143
宥	유 085 [仄聲 /去聲 : 究(구)] : 다할/궁구할 구	852	6248	5115	6144
宥	유 085 [仄聲 /去聲 : 舊(구)] : 예 구	857	6249	5116	6145
宥	유 085 [仄聲 /去聲 : 購(구)] : 살 구	861	6250	5117	6146
宥	유 085 [仄聲 /去聲 : 佝(후)] : 꼽추/거리낄 후	7792	6352	5118	7912
宥	유 085 [仄聲 /去聲 : 媾(구)] : 화친할 구	874	6251	5119	6147
宥	유 085 [仄聲 /去聲 : 扣(구)] : 두드릴/뺄 구	877	6252	5120	6148
宥	유 085 [仄聲 /去聲 : 搆(구)] : 이해못할/이끌 구	878	6253	5121	6149
宥	유 085 [仄聲 /去聲 : 疚(구)] : 오랜병 구	883	6254	5122	6150
宥	유 085 [仄聲 /去聲 : 詬(구)] : 꾸짖을 구	890	6255	5123	6151
宥	유 085 [仄聲 /去聲 : 遘(구)] : 만날 구	892	6256	5124	6152
宥	유 085 [仄聲 /去聲 : 鷇(구)] : 새새끼/기를 구	896	6257	5125	6153
宥	유 085 [仄聲 /去聲 : 夠(구)] : 모을 구	898	6258	5126	6154
宥	유 085 [仄聲 /去聲 : 廏(구)] : 마구간 구	899	6259	5127	6155
宥	유 085 [仄聲 /去聲 : 雊(구)] : 장끼울음 구	906	6260	5128	6157
宥	유 085 [仄聲 /去聲 : 叫(규)] : 부르짖을 규	990	6262	5129	6188
徑	유 085 [仄聲 /去聲 : 亘*선(환)] : 통할/뻗칠 긍	3492	6208	5130	6216
徑	유 085 [仄聲 /去聲 : 亙(긍)] : 걸칠 긍	1086	6193	5131	6217
徑	유 085 [仄聲 /去聲 : 寧*녕(령)] : 이름/땅이름 령	1252	6194	5132	6395
宥	유 085 [仄聲 /去聲 : 寗(구)] : 침실 구	909	6261	5133	6158
徑	유 085 [仄聲 /去聲 : 佞(녕)] : 아첨할 녕	1253	6195	5134	6245
徑	유 085 [仄聲 /去聲 : 濘(녕)] : 진흙 녕	1254	6196	5135	6246
徑	유 085 [仄聲 /去聲 : 甯(녕)] : 차라리 녕	1257	6197	5136	6247
宥	유 085 [仄聲 /去聲 : 狃(뉴)] : 탐낼 뉴	1302	6263	5137	6251
宥	유 085 [仄聲 /去聲 : 讀*독(두)] : 구절/토 두	1559	6264	5138	6314
宥	유 085 [仄聲 /去聲 : 痘(두)] : 마마 두	1636	6265	5139	6315
宥	유 085 [仄聲 /去聲 : 竇(두)] : 구멍 두	1637	6266	5140	6316
宥	유 085 [仄聲 /去聲 : 荳(두)] : 콩 두	1638	6267	5141	6317
宥	유 085 [仄聲 /去聲 : 豆(두)] : 콩 두	1639	6268	5142	6318
宥	유 085 [仄聲 /去聲 : 逗(두)] : 머무를 두	1640	6269	5143	6319
宥	유 085 [仄聲 /去聲 : 脰(두)] : 목 두	1644	6270	5144	6320
宥	유 085 [仄聲 /去聲 : 鬥(두)] : 싸울 두	1649	6271	5145	6321

배열형식 C (가나다 韻目 基準)		배열 A	배열 B	배열 C	배열 D
韻目	韻目No. [平仄 / 四聲 : 韻族] : 略義	운족 가나순	운목 번호순	운목 가나순	사성순
徑	유 085 [仄聲 /去聲 : 嶝(등)] : 고개 등	1657	6199	5146	6323
徑	유 085 [仄聲 /去聲 : 鄧(등)] : 나라이름 등	1663	6200	5147	6324
徑	유 085 [仄聲 /去聲 : 凳(등)] : 걸상 등	1665	6201	5148	6325
徑	유 085 [仄聲 /去聲 : 磴(등)] : 돌 비탈길 등	1666	6202	5149	6326
徑	유 085 [仄聲 /去聲 : 鐙(등)] : 등잔 등	1670	6203	5150	6327
徑	유 085 [仄聲 /去聲 : 零(령)] : 부서질/떨어질 령	1892	6204	5151	6396
徑	유 085 [仄聲 /去聲 : 另(령)] : 헤어질 령	1897	6205	5152	6397
宥	유 085 [仄聲 /去聲 : 廖(료)] : 사람이름 료	2010	6272	5153	6416
宥	유 085 [仄聲 /去聲 : 漏(루)] : 샐 루	2039	6273	5154	6417
宥	유 085 [仄聲 /去聲 : 瘻(루)] : 부스럼 루	2040	6274	5155	6418
宥	유 085 [仄聲 /去聲 : 陋(루)] : 좁을 루	2047	6275	5156	6419
宥	유 085 [仄聲 /去聲 : 溜(류)] : 떨어질 류	2065	6276	5157	6420
宥	유 085 [仄聲 /去聲 : 謬(류)] : 그르칠 류	2072	6277	5158	6421
宥	유 085 [仄聲 /去聲 : 瘤(류)] : 가운데뚫을 류	2076	6278	5159	6422
宥	유 085 [仄聲 /去聲 : 霤(류)] : 낙수물 류	2079	6279	5160	6423
宥	유 085 [仄聲 /去聲 : 餾(류)] : 뜸둘 류	2081	6280	5161	6424
宥	유 085 [仄聲 /去聲 : 鷚(류)] : 종다리 류	2083	6281	5162	6425
徑	유 085 [仄聲 /去聲 : 暝(명)] : 어두울 명	2350	6206	5163	6489
宥	유 085 [仄聲 /去聲 : 姆(모)] : 여스승 모	2366	6282	5164	6492
宥	유 085 [仄聲 /去聲 : 懋(무)] : 힘쓸 무	2452	6283	5165	6514
宥	유 085 [仄聲 /去聲 : 戊(무)] : 천간 무	2453	6284	5166	6515
宥	유 085 [仄聲 /去聲 : 楙(무)] : 무성할/모과나무 무	2457	6285	5167	6516
宥	유 085 [仄聲 /去聲 : 繆(무)] : 실천오리/얽을 무	2463	6286	5168	6517
宥	유 085 [仄聲 /去聲 : 茂(무)] : 무성할 무	2468	6287	5169	6518
宥	유 085 [仄聲 /去聲 : 貿(무)] : 무역할 무	2471	6288	5170	6519
宥	유 085 [仄聲 /去聲 : 複*복(부)] : 거듭 부	2892	6289	5171	6677
宥	유 085 [仄聲 /去聲 : 鍑(복)] : 아가리큰솥 복	2908	6290	5172	6671
宥	유 085 [仄聲 /去聲 : 副(부)] : 버금 부	2937	6292	5173	6678
宥	유 085 [仄聲 /去聲 : 富(부)] : 부자 부	2948	6293	5174	6679
宥	유 085 [仄聲 /去聲 : 踣(복)] : 엎드러질/쓰러질 복	2909	6291	5175	6673
徑	유 085 [仄聲 /去聲 : 憑(빙)] : 기댈 빙	3187	6207	5176	6696
徑	유 085 [仄聲 /去聲 : 醒(성)] : 깰 성	3599	6209	5177	6819
宥	유 085 [仄聲 /去聲 : 受(수)] : 받을 수	3758	6294	5178	6842
宥	유 085 [仄聲 /去聲 : 嗽(수)] : 기침할 수	3759	6295	5179	6843
宥	유 085 [仄聲 /去聲 : 壽(수)] : 목숨 수	3763	6296	5180	6844
宥	유 085 [仄聲 /去聲 : 守(수)] : 지킬 수	3765	6297	5181	6845

韻目	배열형식 C (가나다 韻目 基準)		배열 A	배열 B	배열 C	배열 D
	韻目No. [平仄 / 四聲 : 韻族] : 略義		운족 가나순	운목 번호순	운목 가나순	사성순
宥	유 085 [仄聲 /去聲 : 岫(수)]	: 산굴(=峀) 수	3766	6298	5182	6846
宥	유 085 [仄聲 /去聲 : 授(수)]	: 줄 수	3770	6299	5183	6848
宥	유 085 [仄聲 /去聲 : 漱(수)]	: 양치질할 수	3780	6300	5184	6849
宥	유 085 [仄聲 /去聲 : 狩(수)]	: 사냥 수	3782	6301	5185	6850
宥	유 085 [仄聲 /去聲 : 獸(수)]	: 짐승 수	3783	6302	5186	6851
宥	유 085 [仄聲 /去聲 : 琇(수)]	: 옥돌 수	3784	6303	5187	6852
宥	유 085 [仄聲 /去聲 : 瘦(수)]	: 파리할 수	3786	6304	5188	6853
宥	유 085 [仄聲 /去聲 : 秀(수)]	: 빼어날 수	3788	6305	5189	6854
宥	유 085 [仄聲 /去聲 : 綬(수)]	: 인끈 수	3793	6306	5190	6855
宥	유 085 [仄聲 /去聲 : 繡(수)]	: 수 수	3794	6307	5191	6856
宥	유 085 [仄聲 /去聲 : 袖(수)]	: 소매 수	3800	6308	5192	6857
宥	유 085 [仄聲 /去聲 : 銹(수)]	: 녹쓸 수	3808	6309	5193	6858
宥	유 085 [仄聲 /去聲 : 首(수)]	: 머리 수	3815	6310	5194	6859
宥	유 085 [仄聲 /去聲 : 宿(숙)]	: 잘 숙	3855	6315	5195	6867
徑	유 085 [仄聲 /去聲 : 乘(승)]	: 탈 승	3937	6210	5196	6901
徑	유 085 [仄聲 /去聲 : 勝(승)]	: 이길 승	3939	6211	5197	6902
徑	유 085 [仄聲 /去聲 : 陞(승)]	: 오를 승	3945	6212	5198	6903
徑	유 085 [仄聲 /去聲 : 脀(승)]	: 어리석을 승	3946	6213	5199	6904
徑	유 085 [仄聲 /去聲 : 寧*녕(령)]	: 땅이름 령	1259	6198	5200	6398
宥	유 085 [仄聲 /去聲 : 佑(우)]	: 도울 우	4795	6316	5201	7119
宥	유 085 [仄聲 /去聲 : 右(우)]	: 오른(쪽) 우	4800	6317	5202	7120
宥	유 085 [仄聲 /去聲 : 祐(우)]	: 복 우	4811	6318	5203	7121
宥	유 085 [仄聲 /去聲 : 侑(유)]	: 권할 유	4976	6319	5204	7144
宥	유 085 [仄聲 /去聲 : 宥(유)]	: 용서할 유	4982	6320	5205	7145
宥	유 085 [仄聲 /去聲 : 幼(유)]	: 어릴 유	4983	6321	5206	7146
宥	유 085 [仄聲 /去聲 : 釉(유)]	: 윤 유	5020	6322	5207	7148
宥	유 085 [仄聲 /去聲 : 鼬(유)]	: 족제비 유	5042	6323	5208	7151
宥	유 085 [仄聲 /去聲 : 糅(유)]	: 답글 유	5049	6324	5209	7152
宥	유 085 [仄聲 /去聲 : 蜼*유(유)]	: 거미원숭이 유	5057	6326	5210	7153
宥	유 085 [仄聲 /去聲 : 蜼(유)]	: 거미원숭이 유	5056	6325	5211	7154
宥	유 085 [仄聲 /去聲 : 褎(수)]	: 소매 수	3845	6311	5212	6861
宥	유 085 [仄聲 /去聲 : 褎*수(유)]	: 나아갈 유	3846	6312	5213	7155
徑	유 085 [仄聲 /去聲 : 應(응)]	: 응할 응	5131	6215	5214	7181
徑	유 085 [仄聲 /去聲 : 剩(잉)]	: 남을 잉	5301	6216	5215	7212
徑	유 085 [仄聲 /去聲 : 孕(잉)]	: 애밸 잉	5302	6217	5216	7213
徑	유 085 [仄聲 /去聲 : 媵(잉)]	: 계집 잉	5304	6218	5217	7214

배열형식 C (가나다 韻目 基準)			배열 A	배열 B	배열 C	배열 D
韻目	韻目No. [平仄 / 四聲 : 韻族]	: 略義	운족 가나순	운목 번호순	운목 가나순	사성순
徑	유 085 [仄聲 /去聲 : 賸(잉)]	: 보낼/버금/더할 잉	5306	6219	5218	7215
徑	유 085 [仄聲 /去聲 : 賸*잉(승)]	: 더할/남을 승	5307	6220	5219	6905
徑	유 085 [仄聲 /去聲 : 甸*전(승)]	: 다스릴/수레 승	5613	6221	5220	6906
徑	유 085 [仄聲 /去聲 : 定(정)]	: 정할 정	5714	6222	5221	7336
徑	유 085 [仄聲 /去聲 : 庭(정)]	: 뜰 정	5716	6223	5222	7338
徑	유 085 [仄聲 /去聲 : 廷(정)]	: 조정 정	5717	6224	5223	7339
宥	유 085 [仄聲 /去聲 : 桯(정)]	: 바른나무 정	5725	6327	5224	7341
徑	유 085 [仄聲 /去聲 : 碇(정)]	: 닻돌/배멈출 정	5739	6225	5225	7344
徑	유 085 [仄聲 /去聲 : 訂(정)]	: 바로잡을 정	5746	6226	5226	7346
徑	유 085 [仄聲 /去聲 : 釘(정)]	: 못 정	5750	6227	5227	7348
徑	유 085 [仄聲 /去聲 : 錠(정)]	: 제기이름 정	5753	6228	5228	7349
徑	유 085 [仄聲 /去聲 : 頲(정)]	: 이마 정	5787	6229	5229	7352
宥	유 085 [仄聲 /去聲 : 族*족(주)]	: 풍류가락 주	5932	6328	5230	7374
宥	유 085 [仄聲 /去聲 : 簇*족(추)]	: 모일/떼 추	5934	6329	5231	7592
宥	유 085 [仄聲 /去聲 : 胄(주)]	: 자손/맏아들/혈통 주	5991	6330	5232	7376
宥	유 085 [仄聲 /去聲 : 呪(주)]	: 빌 주	5992	6331	5233	7377
宥	유 085 [仄聲 /去聲 : 嗾*수(주)]	: 부추길 주	3848	6313	5234	7378
宥	유 085 [仄聲 /去聲 : 奏(주)]	: 아뢸 주	5994	6332	5235	7379
宥	유 085 [仄聲 /去聲 : 宙(주)]	: 집 주	5995	6333	5236	7380
宥	유 085 [仄聲 /去聲 : 晝(주)]	: 낮 주	5998	6334	5237	7381
宥	유 085 [仄聲 /去聲 : 湊(주)]	: 모일 주	6004	6335	5238	7382
宥	유 085 [仄聲 /去聲 : 走(주)]	: 달릴 주	6016	6336	5239	7383
宥	유 085 [仄聲 /去聲 : 輳(주)]	: 모일 주	6018	6337	5240	7384
宥	유 085 [仄聲 /去聲 : 酎(주)]	: 진한술 주	6020	6338	5241	7385
宥	유 085 [仄聲 /去聲 : 蔟(주)]	: 정월음률/정월 주	6031	6339	5242	7386
宥	유 085 [仄聲 /去聲 : 冑(주)]	: 투구 주	6037	6340	5243	7387
宥	유 085 [仄聲 /去聲 : 噣(주)]	: 부리 주	6039	6341	5244	7388
徑	유 085 [仄聲 /去聲 : 烝(증)]	: 김오를 증	6113	6230	5245	7409
徑	유 085 [仄聲 /去聲 : 甑(증)]	: 시루 증	6114	6231	5246	7410
徑	유 085 [仄聲 /去聲 : 證(증)]	: 증거 증	6118	6232	5247	7412
徑	유 085 [仄聲 /去聲 : 贈(증)]	: 줄 증	6119	6233	5248	7413
徑	유 085 [仄聲 /去聲 : 聽(청)]	: 들을 청	6547	6234	5249	7568
宥	유 085 [仄聲 /去聲 : 皺(추)]	: 주름살 추	6680	6343	5250	7593
宥	유 085 [仄聲 /去聲 : 僦(추)]	: 빌릴 추	6698	6344	5251	7594
宥	유 085 [仄聲 /去聲 : 畜*축(추)]	: 기를 휵	6722	6345	5252	7921
宥	유 085 [仄聲 /去聲 : 祝(주)]	: 축문 주	6045	6342	5253	7389

C : (146 / 221)

배열형식 C (가나다 韻目 基準)		배열 A	배열 B	배열 C	배열 D
韻目	韻目No. [平仄 / 四聲 : 韻族] : 略義	운족 가나순	운목 번호순	운목 가나순	사성순
宥	유 085 [仄聲 /去聲 : 柷*수(축)] : 몸시앓을 축	3850	6314	5254	7610
宥	유 085 [仄聲 /去聲 : 就(취)] : 나아갈 취	6769	6346	5255	7621
宥	유 085 [仄聲 /去聲 : 臭(취)] : 냄새 취	6774	6347	5256	7622
宥	유 085 [仄聲 /去聲 : 驟(취)] : 달릴 취	6779	6348	5257	7623
宥	유 085 [仄聲 /去聲 : 鷲(취)] : 수리 취	6780	6349	5258	7624
徑	유 085 [仄聲 /去聲 : 秤(칭)] : 저울 칭	6866	6235	5259	7646
徑	유 085 [仄聲 /去聲 : 稱(칭)] : 일컬을 칭	6867	6236	5260	7647
宥	유 085 [仄聲 /去聲 : 透(투)] : 사무칠 투	7015	6350	5261	7704
宥	유 085 [仄聲 /去聲 : 鬪(투)] : 싸움 투	7016	6351	5262	7705
徑	유 085 [仄聲 /去聲 : 恒*항(긍)] : 시위/두루 긍	7335	6237	5263	6218
徑	유 085 [仄聲 /去聲 : 瀅(형)] : 물맑을 형	7496	6238	5264	7854
徑	유 085 [仄聲 /去聲 : 瑩*영(형)] : 맑을 형	4516	6214	5265	7855
徑	유 085 [仄聲 /去聲 : 鎣(형)] : 줄 형	7506	6239	5266	7856
徑	유 085 [仄聲 /去聲 : 橫(횡)] : 가로 횡	7763	6240	5267	7910
宥	유 085 [仄聲 /去聲 : 候(후)] : 기후 후	7794	6353	5268	7913
宥	유 085 [仄聲 /去聲 : 厚(후)] : 두터울 후	7795	6354	5269	7914
宥	유 085 [仄聲 /去聲 : 后(후)] : 임금/왕후 후	7796	6355	5270	7915
宥	유 085 [仄聲 /去聲 : 吼(후)] : 울 후	7797	6356	5271	7916
宥	유 085 [仄聲 /去聲 : 嗅(후)] : 맡을 후	7799	6357	5272	7917
宥	유 085 [仄聲 /去聲 : 後(후)] : 뒤 후	7800	6358	5273	7918
宥	유 085 [仄聲 /去聲 : 逅(후)] : 만날 후	7803	6359	5274	7919
齊	제 008 [平聲 /上平 : 溪(계)] : 시내 계	461	919	5275	40
齊	제 008 [平聲 /上平 : 磎(계)] : 시내 계	464	920	5276	41
齊	제 008 [平聲 /上平 : 稽(계)] : 상고할 계	465	921	5277	42
齊	제 008 [平聲 /上平 : 谿(계)] : 시내 계	471	922	5278	43
齊	제 008 [平聲 /上平 : 鷄(계)] : 닭 계	473	923	5279	45
齊	제 008 [平聲 /上平 : 烓(계)] : 닭 계	474	924	5280	46
齊	제 008 [平聲 /上平 : 雞(계)] : 닭 계	476	925	5281	47
齊	제 008 [平聲 /上平 : 笄(계)] : 머리핀/어린계집 계	482	926	5282	48
齊	제 008 [平聲 /上平 : 圭(규)] : 쌍토 규	991	927	5283	129
齊	제 008 [平聲 /上平 : 奎(규)] : 별 규	992	928	5284	130
齊	제 008 [平聲 /上平 : 珪(규)] : 홀 규	995	929	5285	132
齊	제 008 [平聲 /上平 : 閨(규)] : 안방 규	1003	930	5286	138
齊	제 008 [平聲 /上平 : 刲(규)] : 찌를/벨 규	1004	931	5287	139
齊	제 008 [平聲 /上平 : 睽(규)] : 사팔눈 규	1006	932	5288	140
齊	제 008 [平聲 /上平 : 泥(니)] : 진흙/수렁 니	1311	933	5289	230

배열형식 C (가나다 韻目 基準)		배열 A	배열 B	배열 C	배열 D
韻目	韻目No. [平仄 / 四聲 : 韻族] : 略義	운족 가나순	운목 번호순	운목 가나순	사성순
齊	제 008 [平聲 /上平 : 麑(니)] : 장조림 니	1321	934	5290	234
齊	제 008 [平聲 /上平 : 鷤*단(제)] : 접동새 제	1375	936	5291	1202
齊	제 008 [平聲 /上平 : 蔾(려)] : 나라이름 려	1804	937	5292	332
齊	제 008 [平聲 /上平 : 驪(려)] : 나귀 려	1808	938	5293	335
齊	제 008 [平聲 /上平 : 黎(려)] : 동틀/검을 려	1810	939	5294	336
齊	제 008 [平聲 /上平 : 黎*려(리)] : 동틀/검을 리	1811	940	5295	390
齊	제 008 [平聲 /上平 : 鵹(려)] : 꾀꼬리 려	1825	941	5296	339
齊	제 008 [平聲 /上平 : 鵹*려(리)] : 꾀꼬리 리	1826	942	5297	392
齊	제 008 [平聲 /上平 : 黧(려)] : 검을 려	1827	943	5298	340
齊	제 008 [平聲 /上平 : 犁(리)] : 쟁기/얼룩소 리	2129	944	5299	396
齊	제 008 [平聲 /上平 : 犂*리(류)] : 보습/새벽/검을 려	2162	945	5300	342
齊	제 008 [平聲 /上平 : 蔾*리(려)] : 질리풀 려	2170	946	5301	343
齊	제 008 [平聲 /上平 : 迷(미)] : 미혹할 미	2530	947	5302	497
齊	제 008 [平聲 /上平 : 麛(미)] : 사슴새끼 미	2553	948	5303	507
齊	제 008 [平聲 /上平 : 砒(비)] : 비상 비	3102	949	5304	661
齊	제 008 [平聲 /上平 : 椑(비)] : 술통 비	3130	950	5305	670
齊	제 008 [平聲 /上平 : 蓖(비)] : 아주까리 비	3140	951	5306	674
齊	제 008 [平聲 /上平 : 鼙(비)] : 마상고(馬上鼓) 비	3148	952	5307	678
齊	제 008 [平聲 /上平 : 蠯(비)] : 긴맛조개 비	3160	953	5308	682
齊	제 008 [平聲 /上平 : 捿(서)] : 깃들일/살 서	3417	954	5309	726
齊	제 008 [平聲 /上平 : 栖(서)] : 깃들일 서	3422	955	5310	728
齊	제 008 [平聲 /上平 : 犀(서)] : 무소 서	3424	956	5311	729
齊	제 008 [平聲 /上平 : 西(서)] : 서녘 서	3435	957	5312	732
齊	제 008 [平聲 /上平 : 撕(서)] : 훈계할 서	3443	958	5313	734
齊	제 008 [平聲 /上平 : 嘶(시)] : 울 시	3951	959	5314	798
齊	제 008 [平聲 /上平 : 鍉*시(저)] : 날 저	3991	960	5315	1181
齊	제 008 [平聲 /上平 : 兒(아)] : 아이 아	4075	961	5316	837
齊	제 008 [平聲 /上平 : 兒*아(예)] : 어릴/성 예	4076	962	5317	872
齊	제 008 [平聲 /上平 : 倪(예)] : 어린이 예	4519	963	5318	873
齊	제 008 [平聲 /上平 : 猊(예)] : 사자 예	4525	964	5319	874
齊	제 008 [平聲 /上平 : 蜺(예)] : 말매마 예	4546	965	5320	875
齊	제 008 [平聲 /上平 : 鯢(예)] : 도롱뇽 예	4548	966	5321	876
齊	제 008 [平聲 /上平 : 泥(니)] : 수렁/진흙 니	1322	935	5322	236
齊	제 008 [平聲 /上平 : 荑*이(제)] : 띠싹 제	5197	967	5323	1203
齊	제 008 [平聲 /上平 : 桋(이)] : 나무이름 이	5217	968	5324	1110
齊	제 008 [平聲 /上平 : 齎*재(제)] : 탄식할/가질 제	5487	970	5325	1204

배열형식 C (가나다 韻目 基準)		배열 A	배열 B	배열 C	배열 D
韻目	韻目No. [平仄 / 四聲 : 韻族] : 略義	운족 가나순	운목 번호순	운목 가나순	사성순
齊	제 008 [平聲 /上平 : 低(저)] : 낮을 저	5503	971	5326	1182
齊	제 008 [平聲 /上平 : 氐(저)] : 근본 저	5539	972	5327	1192
齊	제 008 [平聲 /上平 : 折*절(설)] : 천천히할 제	5674	973	5328	1205
齊	제 008 [平聲 /上平 : 啼(제)] : 울 제	5800	974	5329	1206
齊	제 008 [平聲 /上平 : 堤(제)] : 둑 제	5801	975	5330	1207
齊	제 008 [平聲 /上平 : 梯(제)] : 사닥다리 제	5808	976	5331	1208
齊	제 008 [平聲 /上平 : 臍(제)] : 배꼽 제	5812	977	5332	1209
齊	제 008 [平聲 /上平 : 蹄(제)] : 굽 제	5815	978	5333	1211
齊	제 008 [平聲 /上平 : 禔*지(시)] : 복/편안할 시	6124	987	5334	816
齊	제 008 [平聲 /上平 : 禔*지(제)] : 복/편안할 제	6125	988	5335	1212
齊	제 008 [平聲 /上平 : 躋(제)] : 오를 제	5827	979	5336	1213
齊	제 008 [平聲 /上平 : 隄(제)] : 둑 제	5828	980	5337	1214
齊	제 008 [平聲 /上平 : 櫅(자)] : 흰대추나무 자	5368	969	5338	1164
齊	제 008 [平聲 /上平 : 磾(제)] : 비단에물들이는돌 제	5832	981	5339	1215
齊	제 008 [平聲 /上平 : 稊(제)] : 돌피 제	5835	982	5340	1217
齊	제 008 [平聲 /上平 : 蠐(제)] : 굼벵이 제	5836	983	5341	1218
齊	제 008 [平聲 /上平 : 隮(제)] : 오를 제	5837	984	5342	1219
齊	제 008 [平聲 /上平 : 鞮(제)] : 가죽신 제	5838	985	5343	1220
齊	제 008 [平聲 /上平 : 鵜(제)] : 두견새 제	5839	986	5344	1221
齊	제 008 [平聲 /上平 : 凄(처)] : 쓸쓸할 처	6433	989	5345	1328
齊	제 008 [平聲 /上平 : 悽(처)] : 슬퍼할 처	6435	990	5346	1329
齊	제 008 [平聲 /上平 : 淒(처)] : 쓸쓸할 처	6438	991	5347	1330
齊	제 008 [平聲 /上平 : 萋(처)] : 풀무성할 처	6440	992	5348	1331
齊	제 008 [平聲 /上平 : 鷉(체)] : 논병아리 체	6574	993	5349	1333
齊	제 008 [平聲 /上平 : 奚(해)] : 어찌 해	7355	994	5350	1485
齊	제 008 [平聲 /上平 : 兮(혜)] : 어조사 혜	7513	995	5351	1501
齊	제 008 [平聲 /上平 : 蹊(혜)] : 지름길 혜	7519	996	5352	1502
齊	제 008 [平聲 /上平 : 醯(혜)] : 식혜 혜	7520	997	5353	1503
齊	제 008 [平聲 /上平 : 傒(혜)] : 묶을 혜	7522	998	5354	1505
齊	제 008 [平聲 /上平 : 徯(혜)] : 샛길 혜	7525	999	5355	1506
齊	제 008 [平聲 /上平 : 嵇(혜)] : 산이름 혜	7527	1000	5356	1507
齊	제 008 [平聲 /上平 : 榽(혜)] : 나무이름 혜	7529	1001	5357	1508
齊	제 008 [平聲 /上平 : 橀(혜)] : 나무이름 혜	7531	1002	5358	1509
齊	제 008 [平聲 /上平 : 螇(혜)] : 씽씽매미 혜	7532	1003	5359	1510
齊	제 008 [平聲 /上平 : 騱(혜)] : 야생마이름 혜	7533	1004	5360	1511
齊	제 008 [平聲 /上平 : 鼷(혜)] : 새앙쥐 혜	7534	1005	5361	1512

배열형식 C (가나다 韻目 基準)		배열 A	배열 B	배열 C	배열 D
韻目	韻目No. [平仄 / 四聲 : 韻族] : 略義	운족 가나순	운목 번호순	운목 가나순	사성순
齊	제 008 [平聲 / 上平 : 弧(호)] : 활 호	7543	1006	5362	1516
齊	제 008 [平聲 / 上平 : 懷(회)] : 품을 회	7733	1007	5363	1569
齊	제 008 [平聲 / 上平 : 携(휴)] : 끌/가질 휴	7856	1008	5364	1613
齊	제 008 [平聲 / 上平 : 畦(휴)] : 밭두둑 휴	7857	1009	5365	1614
齊	제 008 [平聲 / 上平 : 攜(휴)] : 이끌 휴	7861	1062	5366	1617
齊	제 008 [平聲 / 上平 : 觿(휴)] : 뿔송곳 휴	7862	1010	5367	1618
齊	제 008 [平聲 / 上平 : 酅(휴)] : 고을이름 휴	7864	1011	5368	1619
齊	제 008 [平聲 / 上平 : 鑴(휴)] : 검은해무리 휴	7865	1012	5369	1620
薺	제 038 [仄聲 / 上聲 : 啓(계)] : 열 계	449	3706	5370	3321
薺	제 038 [仄聲 / 上聲 : 棨(계)] : 창(儀仗用) 계	460	3707	5371	3322
薺	제 038 [仄聲 / 上聲 : 禰(니)] : 사당에모신아버지 니	1316	3709	5372	3500
薺	제 038 [仄聲 / 上聲 : 蠡(려)] : 표주박/좀먹을 려	1818	3710	5373	3583
薺	제 038 [仄聲 / 上聲 : 澧(례)] : 강이름 례	1909	3711	5374	3590
薺	제 038 [仄聲 / 上聲 : 禮(례)] : 예도 례	1910	3712	5375	3591
薺	제 038 [仄聲 / 上聲 : 醴(례)] : 단술 례	1911	3713	5376	3592
薺	제 038 [仄聲 / 上聲 : 彌(미)] : 미륵/오랠 미	2518	3715	5377	3711
薺	제 038 [仄聲 / 上聲 : 米(미)] : 쌀 미	2526	3716	5378	3714
薺	제 038 [仄聲 / 上聲 : 髀*비(폐)] : 볼기짝 폐	3147	3717	5379	4529
薺	제 038 [仄聲 / 上聲 : 棲(서)] : 깃들일 서	3423	3718	5380	3904
薺	제 038 [仄聲 / 上聲 : 洗(세)] : 씻을 세	3606	3719	5381	3930
薺	제 038 [仄聲 / 上聲 : 洒(세)] : 씻을 세	3616	3720	5382	3931
薺	제 038 [仄聲 / 上聲 : 醴(례)] : 단술 례	1915	3714	5383	3593
薺	제 038 [仄聲 / 上聲 : 泚*자(체)] : 물/땀축축히날 체	5343	3721	5384	4427
薺	제 038 [仄聲 / 上聲 : 玼*자(체)] : 옥빛고울 체	5360	3722	5385	4428
薺	제 038 [仄聲 / 上聲 : 底*저(지)] : 이룰/정할/이를 지	5508	3724	5386	4354
薺	제 038 [仄聲 / 上聲 : 抵(저)] : 밀칠/막을 저	5509	3725	5387	4232
薺	제 038 [仄聲 / 上聲 : 邸(저)] : 큰집 저	5533	3726	5388	4241
薺	제 038 [仄聲 / 上聲 : 柢(저)] : 뿌리 저	5538	3727	5389	4245
薺	제 038 [仄聲 / 上聲 : 牴(저)] : 닿을 저	5540	3728	5390	4246
薺	제 038 [仄聲 / 上聲 : 觝(저)] : 찌를 저	5546	3729	5391	4248
薺	제 038 [仄聲 / 上聲 : 詆(저)] : 꾸짖을 저	5547	3730	5392	4249
薺	제 038 [仄聲 / 上聲 : 弟(제)] : 아우 제	5803	3731	5393	4290
薺	제 038 [仄聲 / 上聲 : 悌(제)] : 공손할 제	5804	3732	5394	4291
薺	제 038 [仄聲 / 上聲 : 濟(제)] : 건널 제	5809	3733	5395	4292
薺	제 038 [仄聲 / 上聲 : 薺*자(제)] : 냉이 제	5367	3723	5396	4293
薺	제 038 [仄聲 / 上聲 : 醍(제)] : 맑은술 제	5816	3734	5397	4294

C : (150 / 221)

배열형식 C (가나다 韻目 基準)		배열 A	배열 B	배열 C	배열 D
韻目	韻目No. [平仄 / 四聲 : 韻族] : 略義	운족 가나순	운목 번호순	운목 가나순	사성순
薺	제 038 [仄聲 /上聲 : 緹(제)] : 붉은 비단 제	5826	3735	5398	4295
薺	제 038 [仄聲 /上聲 : 坻(지)] : 모래섬 지	6161	3736	5399	4369
薺	제 038 [仄聲 /上聲 : 坻*지(저)] : 언덕 저	6162	3737	5400	4252
薺	제 038 [仄聲 /上聲 : 涕(체)] : 눈물 체	6555	3738	5401	4429
薺	제 038 [仄聲 /上聲 : 遞(체)] : 갈릴 체	6561	3739	5402	4430
薺	제 038 [仄聲 /上聲 : 體(체)] : 몸 체	6562	3740	5403	4431
薺	제 038 [仄聲 /上聲 : 劭(교)] : 권면할 교	810	3708	5404	3395
薺	제 038 [仄聲 /上聲 : 陛(폐)] : 섬돌 폐	7126	3741	5405	4530
薺	제 038 [仄聲 /上聲 : 寭(혜)] : 밝힐 혜	7524	3742	5406	4596
薺	제 038 [仄聲 /上聲 : 詡(후)] : 자랑할 후	7805	3743	5407	4654
霽	제 067 [仄聲 /去聲 : 碣*갈(계)] : 비갈 계	108	5108	5408	4726
霽	제 067 [仄聲 /去聲 : 偈*걸(게)] : 쉴 게	292	5109	5409	4712
霽	제 067 [仄聲 /去聲 : 憩(게)] : 쉴 게	310	5110	5410	4713
霽	제 067 [仄聲 /去聲 : 揭(게)] : 높들일/걸 게	311	5111	5411	4714
霽	제 067 [仄聲 /去聲 : 愒(게)] : 쉴 게	314	5112	5412	4715
霽	제 067 [仄聲 /去聲 : 鴂*결(계)] : 접동새 계	373	5113	5413	4727
霽	제 067 [仄聲 /去聲 : 係(계)] : 맬 계	448	5114	5414	4728
霽	제 067 [仄聲 /去聲 : 契(계)] : 맺을 계	450	5115	5415	4729
霽	제 067 [仄聲 /去聲 : 桂(계)] : 계수나무 계	458	5116	5416	4734
霽	제 067 [仄聲 /去聲 : 系(계)] : 이어맬 계	466	5117	5417	4737
霽	제 067 [仄聲 /去聲 : 繫(계)] : 맬 계	467	5118	5418	4738
霽	제 067 [仄聲 /去聲 : 繼(계)] : 이을 계	468	5119	5419	4739
霽	제 067 [仄聲 /去聲 : 計(계)] : 셀 계	469	5120	5420	4740
霽	제 067 [仄聲 /去聲 : 薊(계)] : 엉겅퀴 계	475	5121	5421	4742
霽	제 067 [仄聲 /去聲 : 髻(계)] : 상투/부엌귀신 계	477	5122	5422	4743
霽	제 067 [仄聲 /去聲 : 轚(계)] : 두레박틀 계	479	5123	5423	4745
霽	제 067 [仄聲 /去聲 : 檵(계)] : 구기자나무 계	480	5124	5424	4746
霽	제 067 [仄聲 /去聲 : 甈(계)] : 항아리 계	481	5125	5425	4747
霽	제 067 [仄聲 /去聲 : 紒(계)] : 상투틀 계	483	5126	5426	4748
霽	제 067 [仄聲 /去聲 : 繫(계)] : 마전나무 계	484	5127	5427	4749
霽	제 067 [仄聲 /去聲 : 鍥(계)] : 새길 계	485	5128	5428	4750
霽	제 067 [仄聲 /去聲 : 蹶*궐(궤)] : 급히걸을 궤	957	5131	5429	4824
霽	제 067 [仄聲 /去聲 : 鱖(궐)] : 쏘가리 궐	960	5132	5430	4822
霽	제 067 [仄聲 /去聲 : 泥*니(니)] : 막힐 니	1312	5133	5431	4885
霽	제 067 [仄聲 /去聲 : 儷(려)] : 짝/아우를 려	1793	3535	5432	4941
霽	제 067 [仄聲 /去聲 : 勵(려)] : 힘쓸 려	1795	5135	5433	4942

배열형식 C (가나다 韻目 基準)		배열 A	배열 B	배열 C	배열 D
韻目	韻目No. [平仄 / 四聲 : 韻族] : 略義	운족 가나순	운목 번호순	운목 가나순	사성순
霽	제 067 [仄聲 /去聲 : 戾(려)] : 어그러질 려	1799	5136	5434	4944
霽	제 067 [仄聲 /去聲 : 礪(려)] : 숫돌 려	1803	5137	5435	4946
霽	제 067 [仄聲 /去聲 : 蠣(려)] : 굴 려	1805	5138	5436	4947
霽	제 067 [仄聲 /去聲 : 麗(려)] : 고울 려	1809	5139	5437	4948
霽	제 067 [仄聲 /去聲 : 厲(려)] : 갈 려	1812	5140	5438	4949
霽	제 067 [仄聲 /去聲 : 唳(려)] : 울 려	1813	5141	5439	4950
霽	제 067 [仄聲 /去聲 : 癘(려)] : 염병 려	1814	5142	5440	4951
霽	제 067 [仄聲 /去聲 : 糲(려)] : 현미 려	1815	5143	5441	4952
霽	제 067 [仄聲 /去聲 : 勵(려)] : 힘쓸/권할 려	1821	5144	5442	4953
霽	제 067 [仄聲 /去聲 : 荔(려)] : 타래붓꽃 려	1822	5145	5443	4954
霽	제 067 [仄聲 /去聲 : 栵(례)] : 나무가줄로 날 례	1907	5146	5444	4963
霽	제 067 [仄聲 /去聲 : 隷(례)] : 종/죄인 례	1912	5147	5445	4964
霽	제 067 [仄聲 /去聲 : 隸(례)] : 붙을 례	1913	5148	5446	4965
霽	제 067 [仄聲 /去聲 : 離(리)] : 떠날 리	2142	5151	5447	5002
霽	제 067 [仄聲 /去聲 : 袂(몌)] : 소매 몌	2361	5152	5448	5041
霽	제 067 [仄聲 /去聲 : 謎(미)] : 수수께끼 미	2529	5153	5449	5063
霽	제 067 [仄聲 /去聲 : 薜*설(폐)] : 승검초/돌삼 폐	3536	5165	5450	5801
霽	제 067 [仄聲 /去聲 : 睥(비)] : 흘겨볼 비	3134	5154	5451	5136
霽	제 067 [仄聲 /去聲 : 媲(비)] : 짝 비	3151	5155	5452	5141
霽	제 067 [仄聲 /去聲 : 壻(서)] : 사위/남자 서	3409	5156	5453	5175
霽	제 067 [仄聲 /去聲 : 筮(서)] : 점대 서	3426	5157	5454	5180
霽	제 067 [仄聲 /去聲 : 誓(서)] : 맹세할 서	3436	5158	5455	5184
霽	제 067 [仄聲 /去聲 : 逝(서)] : 갈 서	3437	5159	5456	5185
霽	제 067 [仄聲 /去聲 : 噬(서)] : 씹을 서	3441	5160	5457	5186
霽	제 067 [仄聲 /去聲 : 婿(서)] : 사위/남자 서	3442	5161	5458	5187
霽	제 067 [仄聲 /去聲 : 澨(서)] : 물가 서	3445	5162	5459	5188
霽	제 067 [仄聲 /去聲 : 翓(서)] : 꼿꼿할 서	3457	5163	5460	5189
霽	제 067 [仄聲 /去聲 : 遾(서)] : 미칠/이를 서	3458	5164	5461	5190
霽	제 067 [仄聲 /去聲 : 洩(설)] : 샐/발설할 설	3541	5166	5462	5206
霽	제 067 [仄聲 /去聲 : 洩*설(예)] : 퍼질/날개칠 예	3542	5167	5463	5359
霽	제 067 [仄聲 /去聲 : 挈(계)] : 이지러질 계	487	5129	5464	4751
霽	제 067 [仄聲 /去聲 : 挈*계(설)] : 끌 설	488	5130	5465	5207
霽	제 067 [仄聲 /去聲 : 世(세)] : 인간 세	3603	5168	5466	5208
霽	제 067 [仄聲 /去聲 : 勢(세)] : 형세 세	3604	5169	5467	5209
霽	제 067 [仄聲 /去聲 : 歲(세)] : 해 세	3605	5170	5468	5210
霽	제 067 [仄聲 /去聲 : 稅(세)] : 세금/거둘/쉴 세	3608	5171	5469	5211

	배열형식 C (가나다 韻目 基準)	배열 A	배열 B	배열 C	배열 D
韻目	韻目No. [平仄 / 四聲 : 韻族] : 略義	운족 가나순	운목 번호순	운목 가나순	사성순
霽	제 067 [仄聲 /去聲 : 細(세)] : 가늘 세	3612	5172	5470	5213
霽	제 067 [仄聲 /去聲 : 貰(세)] : 빌릴/세낼 세	3613	5173	5471	5214
霽	제 067 [仄聲 /去聲 : 繐(세)] : 성긴베 세	3622	5174	5472	5215
霽	제 067 [仄聲 /去聲 : 蛻(세)] : 매미허물/허물벗을 세	3623	5175	5473	5216
霽	제 067 [仄聲 /去聲 : 涗(세)] : 잿물 세	3625	5176	5474	5217
霽	제 067 [仄聲 /去聲 : 篲(수)] : 대비 수	3839	5177	5475	5269
霽	제 067 [仄聲 /去聲 : 媤(시)] : 시집 시	3953	5178	5476	5285
霽	제 067 [仄聲 /去聲 : 艾*애(애)] : 다스릴/낫 예	4207	5179	5477	5360
霽	제 067 [仄聲 /去聲 : 殪(에)] : 쓰러질 에	4362	5180	5478	5345
霽	제 067 [仄聲 /去聲 : 例(례)] : 법식/견줄 례	1914	5149	5479	4966
霽	제 067 [仄聲 /去聲 : 叡(예)] : 밝을(睿) 예	4521	5181	5480	5363
霽	제 067 [仄聲 /去聲 : 曳(예)] : 끌 예	4522	5182	5481	5364
霽	제 067 [仄聲 /去聲 : 汭(예)] : 물구비 예	4523	5183	5482	5365
霽	제 067 [仄聲 /去聲 : 睿(예)] : 슬기 예	4526	5184	5483	5366
霽	제 067 [仄聲 /去聲 : 芮(예)] : 성 예	4528	5185	5484	5368
霽	제 067 [仄聲 /去聲 : 藝(예)] : 재주 예	4529	5186	5485	5369
霽	제 067 [仄聲 /去聲 : 裔(예)] : 옷자락/후손 예	4531	5187	5486	5370
霽	제 067 [仄聲 /去聲 : 詣(예)] : 이를 예	4532	5188	5487	5371
霽	제 067 [仄聲 /去聲 : 銳*예(태)] : 창 태	4536	5190	5488	5761
霽	제 067 [仄聲 /去聲 : 銳(예)] : 날카로울 예	4535	5189	5489	5374
霽	제 067 [仄聲 /去聲 : 隸(례)] : 종 례	1916	5150	5490	4967
霽	제 067 [仄聲 /去聲 : 霓(예)] : 암무지개 예	4537	5191	5491	5375
霽	제 067 [仄聲 /去聲 : 囈(예)] : 잠꼬대 예	4540	5192	5492	5377
霽	제 067 [仄聲 /去聲 : 拽(예)] : 당길 예	4541	5193	5493	5378
霽	제 067 [仄聲 /去聲 : 睨(예)] : 흘겨볼 예	4543	5194	5494	5379
霽	제 067 [仄聲 /去聲 : 翳(예)] : 일산/가릴 예	4544	5195	5495	5380
霽	제 067 [仄聲 /去聲 : 槸(예)] : 스칠 예	4550	5196	5496	5382
霽	제 067 [仄聲 /去聲 : 瘞(예)] : 묻을/산소 예	4551	5197	5497	5383
霽	제 067 [仄聲 /去聲 : 羿(예)] : 후예 예	4552	5198	5498	5384
霽	제 067 [仄聲 /去聲 : 蓺(예)] : 심을 예	4553	5199	5499	5385
霽	제 067 [仄聲 /去聲 : 鞢(예)] : 말안장 예	4554	5200	5500	5386
霽	제 067 [仄聲 /去聲 : 衛(위)] : 지킬 위	4944	5201	5501	5450
霽	제 067 [仄聲 /去聲 : 衞(위)] : 지킬 위	4958	5202	5502	5455
霽	제 067 [仄聲 /去聲 : 鈗*윤(예)] : 창 예	5079	5203	5503	5387
霽	제 067 [仄聲 /去聲 : 饐(의)] : 쉴/밥쎡을 의	5167	5204	5504	5482
霽	제 067 [仄聲 /去聲 : 眥(자)] : 흘겨볼 자	5344	5205	5505	5503

	배열형식 C (가나다 韻目 基準)		배열 A	배열 B	배열 C	배열 D
韻目	韻目No. [平仄 / 四聲 : 韻族]	略義	운족 가나순	운목 번호순	운목 가나순	사성순
霽	제 067 [仄聲 /去聲 : 切*절(체)]	: 온통/대강 체	5671	5207	5506	5680
霽	제 067 [仄聲 /去聲 : 晢(제)]	: 별반짝반짝할 제	5795	5208	5507	5540
霽	제 067 [仄聲 /去聲 : 制(제)]	: 절제할 제	5797	5209	5508	5541
霽	제 067 [仄聲 /去聲 : 劑(제)]	: 나눌/약재료 제	5798	5210	5509	5542
霽	제 067 [仄聲 /去聲 : 帝(제)]	: 임금 제	5802	5211	5510	5543
霽	제 067 [仄聲 /去聲 : 提(제)]	: 들/끌/당길 제	5805	5212	5511	5544
霽	제 067 [仄聲 /去聲 : 第(제)]	: 차례 제	5811	5213	5512	5546
霽	제 067 [仄聲 /去聲 : 製(제)]	: 지을 제	5813	5214	5513	5547
霽	제 067 [仄聲 /去聲 : 際(제)]	: 즈음/가 제	5818	5215	5514	5549
霽	제 067 [仄聲 /去聲 : 霽(제)]	: 갤 제	5819	5216	5515	5550
霽	제 067 [仄聲 /去聲 : 題(제)]	: 제목 제	5820	5217	5516	5551
霽	제 067 [仄聲 /去聲 : 齊(제)]	: 가지런할 제	5821	5218	5517	5552
霽	제 067 [仄聲 /去聲 : 娣(제)]	: 여동생 제	5824	5219	5518	5553
霽	제 067 [仄聲 /去聲 : 擠(제)]	: 밀 제	5825	5220	5519	5554
霽	제 067 [仄聲 /去聲 : 睇(체)]	: 볼/흘깃볼 체	6552	5227	5520	5681
霽	제 067 [仄聲 /去聲 : 鯷(제)]	: 붕어 제	5829	5221	5521	5555
霽	제 067 [仄聲 /去聲 : 嚌(제)]	: 맛볼 제	5830	5222	5522	5556
霽	제 067 [仄聲 /去聲 : 懠(제)]	: 성낼 제	5831	5223	5523	5557
霽	제 067 [仄聲 /去聲 : 櫅*자(제)]	: 나무토막 제	5369	5206	5524	5558
霽	제 067 [仄聲 /去聲 : 穧(제)]	: 볏단 제	5833	5224	5525	5559
霽	제 067 [仄聲 /去聲 : 妻(처)]	: 아내 처	6434	5225	5526	5662
霽	제 067 [仄聲 /去聲 : 綴(철)]	: 잇댈/맺을 철	6505	5226	5527	5679
霽	제 067 [仄聲 /去聲 : 剃(체)]	: 머리깎을 체	6553	5228	5528	5682
霽	제 067 [仄聲 /去聲 : 替(체)]	: 바꿀 체	6554	5229	5529	5683
霽	제 067 [仄聲 /去聲 : 滯(체)]	: 막힐 체	6556	5230	5530	5684
霽	제 067 [仄聲 /去聲 : 締(체)]	: 맺을 체	6557	5231	5531	5685
霽	제 067 [仄聲 /去聲 : 諦(체)]	: 살필 체	6558	5232	5532	5686
霽	제 067 [仄聲 /去聲 : 逮(체)]	: 잡아가둘/단아할 체	6559	5233	5533	5687
霽	제 067 [仄聲 /去聲 : 嚔(체)]	: 재채기 체	6563	5234	5534	5688
霽	제 067 [仄聲 /去聲 : 彘(체)]	: 돼지 체	6564	5235	5535	5689
霽	제 067 [仄聲 /去聲 : 蔕(체)]	: 가시 체	6565	5236	5536	5690
霽	제 067 [仄聲 /去聲 : 屜(체)]	: 신발안창 제	6566	5237	5537	5560
霽	제 067 [仄聲 /去聲 : 掣(체)]	: 끌/거리낄 체	6567	5238	5538	5691
霽	제 067 [仄聲 /去聲 : 疐*치(체)]	: 꼭지딸 체	6798	5247	5539	5692
霽	제 067 [仄聲 /去聲 : 禘(체)]	: 종묘제사이름 체	6570	5239	5540	5693
霽	제 067 [仄聲 /去聲 : 蝃(체)]	: 무지개 체	6571	5240	5541	5694

배열형식 C (가나다 韻目 基準)		배열 A	배열 B	배열 C	배열 D
韻目	韻目No. [平仄 / 四聲 : 韻族] : 略義	운족 가나순	운목 번호순	운목 가나순	사성순
霽	제 067 [仄聲 /去聲 : 髢(체)] : 다리 체	6572	5241	5542	5695
霽	제 067 [仄聲 /去聲 : 鬄(체)] : 머리깎을/땋은머리 체	6573	5242	5543	5696
霽	제 067 [仄聲 /去聲 : 贅(췌)] : 군더더기 췌	6759	5243	5544	5720
霽	제 067 [仄聲 /去聲 : 脆(취)] : 무를 취	6773	5244	5545	5726
霽	제 067 [仄聲 /去聲 : 毳(취)] : 솜털 취	6781	5245	5546	5729
霽	제 067 [仄聲 /去聲 : 竁(취)] : 광중팔/쥐구멍팔 취	6782	5246	5547	5730
霽	제 067 [仄聲 /去聲 : 薙*치(체)] : 풀깎을 체	6830	5248	5548	5697
霽	제 067 [仄聲 /去聲 : 兌*태(예)] : 날카로울 예	6965	5249	5549	5388
霽	제 067 [仄聲 /去聲 : 嬖(폐)] : 사랑할 폐	7116	5250	5550	5803
霽	제 067 [仄聲 /去聲 : 幣(폐)] : 화폐 폐	7117	5251	5551	5804
霽	제 067 [仄聲 /去聲 : 弊(폐)] : 폐단/해칠 폐	7119	5252	5552	5806
霽	제 067 [仄聲 /去聲 : 斃(폐)] : 넘어질 폐	7120	5253	5553	5807
霽	제 067 [仄聲 /去聲 : 蔽(폐)] : 덮을 폐	7123	5254	5554	5809
霽	제 067 [仄聲 /去聲 : 閉(폐)] : 닫을/마칠//가릴 폐	7124	5255	5555	5810
霽	제 067 [仄聲 /去聲 : 敝(폐)] : 해질 폐	7127	5256	5556	5811
霽	제 067 [仄聲 /去聲 : 彗(혜)] : 비/살별 혜	7514	5257	5557	5867
霽	제 067 [仄聲 /去聲 : 慧(혜)] : 슬기로울 혜	7516	5258	5558	5869
霽	제 067 [仄聲 /去聲 : 暳(혜)] : 별반짝일 혜	7517	5259	5559	5870
霽	제 067 [仄聲 /去聲 : 蕙(혜)] : 난초 혜	7518	5260	5560	5871
霽	제 067 [仄聲 /去聲 : 嘒(혜)] : 가냘플 혜	7523	5261	5561	5872
霽	제 067 [仄聲 /去聲 : 譓(혜)] : 살필 혜	7526	5262	5562	5873
霽	제 067 [仄聲 /去聲 : 憓(혜)] : 사랑할 혜	7528	5263	5563	5874
霽	제 067 [仄聲 /去聲 : 榽*혜(계)] : 묶을 계	7530	5264	5564	4752
霽	제 067 [仄聲 /去聲 : 酗(후)] : 주정할 후	7806	5265	5565	5920
霽	제 067 [仄聲 /去聲 : 巂(휴)] : 접동새 휴	7866	5266	5566	5928
腫	종 032 [仄聲 /上聲 : 拱(공)] : 두손마주잡을 공	606	3257	5567	3356
腫	종 032 [仄聲 /上聲 : 珙(공)] : 큰옥 공	610	3258	5568	3357
腫	종 032 [仄聲 /上聲 : 鞏(공)] : 묶을 공	615	3259	5569	3358
腫	종 032 [仄聲 /上聲 : 栱(공)] : 큰말뚝/두공 공	618	3260	5570	3359
腫	종 032 [仄聲 /上聲 : 拲(공)] : 수갑 공	624	3261	5571	3360
腫	종 032 [仄聲 /上聲 : 輁(공)] : 관굉차 공	625	3262	5572	3361
腫	종 032 [仄聲 /上聲 : 壟(롱)] : 밭두둑/무덤 롱	1973	3263	5573	3606
腫	종 032 [仄聲 /上聲 : 隴(롱)] : 고개이름 롱	1984	3264	5574	3608
腫	종 032 [仄聲 /上聲 : 龍(룡)] : 용/임금 룡	2031	3265	5575	3619
腫	종 032 [仄聲 /上聲 : 泛*범(봉)] : 엎칠/덮을 봉	2779	3266	5576	3791
腫	종 032 [仄聲 /上聲 : 奉(봉)] : 받들 봉	2915	3267	5577	3792

배열형식 C (가나다 韻目 基準)			배열 A	배열 B	배열 C	배열 D
韻目	韻目No. [平仄 / 四聲 : 韻族]	: 略義	운족 가나순	운목 번호순	운목 가나순	사성순
腫	종 032 [仄聲 /上聲 : 捧(봉)]	: 받들 봉	2919	3268	5578	3793
腫	종 032 [仄聲 /上聲 : 悚(송)]	: 두려워할 송	3724	3269	5579	3941
腫	종 032 [仄聲 /上聲 : 竦(송)]	: 삼갈 송	3732	3270	5580	3942
腫	종 032 [仄聲 /上聲 : 擁(옹)]	: 낄 옹	4629	3271	5581	4070
腫	종 032 [仄聲 /上聲 : 俑(용)]	: 허수아비 용	4759	3272	5582	4099
腫	종 032 [仄聲 /上聲 : 冗(용)]	: 번잡할 용	4762	3273	5583	4100
腫	종 032 [仄聲 /上聲 : 勇(용)]	: 날랠 용	4763	3274	5584	4101
腫	종 032 [仄聲 /上聲 : 埇(용)]	: 길돋울 용	4764	3275	5585	4102
腫	종 032 [仄聲 /上聲 : 慂(용)]	: 권할 용	4768	3276	5586	4103
腫	종 032 [仄聲 /上聲 : 涌(용)]	: 솟아날 용	4770	3277	5587	4104
腫	종 032 [仄聲 /上聲 : 湧(용)]	: 샘솟을 용	4771	3278	5588	4105
腫	종 032 [仄聲 /上聲 : 甬(용)]	: 휘 용	4776	3279	5589	4106
腫	종 032 [仄聲 /上聲 : 聳(용)]	: 솟을 용	4777	3280	5590	4107
腫	종 032 [仄聲 /上聲 : 踊(용)]	: 뛸 용	4780	3281	5591	4108
腫	종 032 [仄聲 /上聲 : 蛹(용)]	: 번데기 용	4785	3282	5592	4109
腫	종 032 [仄聲 /上聲 : 踴(용)]	: 뛸 용	4786	3283	5593	4110
腫	종 032 [仄聲 /上聲 : 恿(용)]	: 날쌜 용	4787	3284	5594	4111
腫	종 032 [仄聲 /上聲 : 氄(용)]	: 솜털 용	4788	3285	5595	4112
腫	종 032 [仄聲 /上聲 : 臾(용)]	: 꾀일 용	4789	3286	5596	4113
腫	종 032 [仄聲 /上聲 : 慫(종)]	: 놀랄/권할 종	5947	3288	5597	4327
腫	종 032 [仄聲 /上聲 : 腫(종)]	: 부스럼 종	5957	3289	5598	4328
腫	종 032 [仄聲 /上聲 : 踵(종)]	: 발꿈치 종	5959	3290	5599	4329
腫	종 032 [仄聲 /上聲 : 尰(종)]	: 수종다리 종	5967	3291	5600	4330
腫	종 032 [仄聲 /上聲 : 塚(총)]	: 클/무덤 총	6644	3292	5601	4449
腫	종 032 [仄聲 /上聲 : 寵(총)]	: 사랑할 총	6645	3293	5602	4450
腫	종 032 [仄聲 /上聲 : 桶(용)]	: 휘(斛也) 용	4792	3287	5603	4114
腫	종 032 [仄聲 /上聲 : 汞(홍)]	: 수은 홍	7615	3294	5604	4629
蒸	증 025 [平聲 /下平 : 肱(굉)]	: 팔뚝 굉	752	2759	5605	1798
蒸	증 025 [平聲 /下平 : 兢(긍)]	: 떨릴 긍	1084	2761	5606	1880
蒸	증 025 [平聲 /下平 : 矜*근(긍)]	: 자랑/공경할 긍	1055	2760	5607	1881
蒸	증 025 [平聲 /下平 : 能(능)]	: 착할/능할/곰 능	1307	2762	5608	1914
蒸	증 025 [平聲 /下平 : 燈(등)]	: 등 등	1658	2763	5609	1975
蒸	증 025 [平聲 /下平 : 登(등)]	: 오를 등	1659	2764	5610	1976
蒸	증 025 [平聲 /下平 : 藤(등)]	: 등나무 등	1661	2765	5611	1977
蒸	증 025 [平聲 /下平 : 謄(등)]	: 베낄 등	1662	2766	5612	1978
蒸	증 025 [平聲 /下平 : 騰(등)]	: 오를 등	1664	2767	5613	1979

韻目	韻目No. [平仄 / 四聲 : 韻族] : 略義		배열 A 운족 가나순	배열 B 운목 번호순	배열 C 운목 가나순	배열 D 사성순
	배열형식 C (가나다 韻目 基準)					
蒸	증 025 [平聲 / 下平 : 縢(등)]	: 봉할 등	1667	2768	5614	1980
蒸	증 025 [平聲 / 下平 : 螣*등(특)]	: 황충/벼메뚜기 특	1669	2770	5615	3024
蒸	증 025 [平聲 / 下平 : 螣(등)]	: 등뱀 등	1668	2769	5616	1981
蒸	증 025 [平聲 / 下平 : 凌(릉)]	: 떨(戰慄)/업신여길 릉	2113	2771	5617	2100
蒸	증 025 [平聲 / 下平 : 楞(릉)]	: 네모질 릉	2114	2772	5618	2101
蒸	증 025 [平聲 / 下平 : 稜(릉)]	: 서슬/모 릉	2115	2773	5619	2102
蒸	증 025 [平聲 / 下平 : 綾(릉)]	: 무늬놓은비단 릉	2116	2774	5620	2103
蒸	증 025 [平聲 / 下平 : 菱(릉)]	: 마름 릉	2117	2775	5621	2104
蒸	증 025 [平聲 / 下平 : 陵(릉)]	: 마름 릉	2118	2776	5622	2105
蒸	증 025 [平聲 / 下平 : 蔆(릉)]	: 마름 릉	2119	2777	5623	2106
蒸	증 025 [平聲 / 下平 : 淩(릉)]	: 능가할 릉	2120	2778	5624	2107
蒸	증 025 [平聲 / 下平 : 崩(붕)]	: 무너질 붕	3067	2779	5625	2217
蒸	증 025 [平聲 / 下平 : 朋(붕)]	: 벗 붕	3068	2780	5626	2218
蒸	증 025 [平聲 / 下平 : 鵬(붕)]	: 봉새 붕	3071	2781	5627	2222
蒸	증 025 [平聲 / 下平 : 氷(빙)]	: 얼음 빙	3188	2782	5628	2225
蒸	증 025 [平聲 / 下平 : 冰(빙)]	: 얼음 빙	3191	2783	5629	2226
蒸	증 025 [平聲 / 下平 : 丞(승)]	: 이을/도울/향상할 승	3936	2785	5630	2379
蒸	증 025 [平聲 / 下平 : 僧(승)]	: 중 승	3938	2786	5631	2380
蒸	증 025 [平聲 / 下平 : 升(승)]	: 되 승	3940	2787	5632	2381
蒸	증 025 [平聲 / 下平 : 承(승)]	: 이을 승	3941	2788	5633	2382
蒸	증 025 [平聲 / 下平 : 昇(승)]	: 오를 승	3942	2789	5634	2383
蒸	증 025 [平聲 / 下平 : 繩(승)]	: 노끈 승	3943	2790	5635	2384
蒸	증 025 [平聲 / 下平 : 蠅(승)]	: 파리 승	3944	2791	5636	2385
蒸	증 025 [平聲 / 下平 : 脀*승(증)]	: 희생잡을 증	3947	2792	5637	2841
蒸	증 025 [平聲 / 下平 : 鱦(승)]	: 물고기새끼 승	3948	2793	5638	2386
蒸	증 025 [平聲 / 下平 : 凝(응)]	: 엉길 응	5130	2794	5639	2626
蒸	증 025 [平聲 / 下平 : 膺(응)]	: 가슴 응	5132	2795	5640	2627
蒸	증 025 [平聲 / 下平 : 鷹(응)]	: 매 응	5133	2796	5641	2628
蒸	증 025 [平聲 / 下平 : 疑*의(익)]	: 정할 응	5150	2797	5642	2629
蒸	증 025 [平聲 / 下平 : 仍(잉)]	: 인할 잉	5300	2798	5643	2635
蒸	증 025 [平聲 / 下平 : 芿(잉)]	: 새풀싹 잉	5303	2799	5644	2636
蒸	증 025 [平聲 / 下平 : 扔(잉)]	: 당길 잉	5305	2800	5645	2637
蒸	증 025 [平聲 / 下平 : 增(증)]	: 더할 증	6109	2801	5646	2843
蒸	증 025 [平聲 / 下平 : 憎(증)]	: 미울 증	6110	2802	5647	2844
蒸	증 025 [平聲 / 下平 : 曾(증)]	: 일찍이 증	6111	2803	5648	2845
蒸	증 025 [平聲 / 下平 : 繒(증)]	: 비단 증	6116	2804	5649	2846

배열형식 C (가나다 韻目 基準)		배열 A	배열 B	배열 C	배열 D
韻目	韻目No. [平仄 / 四聲 : 韻族] : 略義	운족 가나순	운목 번호순	운목 가나순	사성순
蒸	증 025 [平聲 /下平 : 蒸(증)] : 찔 증	6117	2805	5650	2847
蒸	증 025 [平聲 /下平 : 矰(증)] : 주살 증	6120	2806	5651	2848
蒸	증 025 [平聲 /下平 : 鄫(증)] : 나라이름 증	6121	2807	5652	2849
蒸	증 025 [平聲 /下平 : 驓(증)] : 말이름 증	6122	2808	5653	2850
蒸	증 025 [平聲 /下平 : 徵(징)] : 부를 징	6274	2809	5654	2853
蒸	증 025 [平聲 /下平 : 懲(징)] : 징계할 징	6275	2810	5655	2854
蒸	증 025 [平聲 /下平 : 澄(징)] : 맑을 징	6276	2811	5656	2855
蒸	증 025 [平聲 /下平 : 癥(징)] : 적취 징	6277	2812	5657	2856
蒸	증 025 [平聲 /下平 : 層(층)] : 층 층	6796	2813	5658	2986
蒸	증 025 [平聲 /下平 : 偁(칭)] : 이를 칭	6868	2814	5659	2995
蒸	증 025 [平聲 /下平 : 凴(빙)] : 탈[乘也] 빙	3194	2784	5660	2228
蒸	증 025 [平聲 /下平 : 姮(항)] : 달에사는미인 항	7332	2815	5661	3120
蒸	증 025 [平聲 /下平 : 恒(항)] : 항상 항	7334	2816	5662	3121
蒸	증 025 [平聲 /下平 : 滎(형)] : 실개천/물이름 형	7495	2817	5663	3151
蒸	증 025 [平聲 /下平 : 弘(홍)] : 클 홍	7614	2818	5664	3171
蒸	증 025 [平聲 /下平 : 薨(훙)] : 죽을 훙	7821	2819	5665	3227
支	지 004 [平聲 /上平 : 居*거(기)] : 어조사 기	236	226	5666	162
支	지 004 [平聲 /上平 : 龜(귀)] : 거북/본뜰 귀	980	227	5667	128
支	지 004 [平聲 /上平 : 槻(규)] : 물푸레나무 규	994	228	5668	131
支	지 004 [平聲 /上平 : 硅(규)] : 규소 규	996	229	5669	133
支	지 004 [平聲 /上平 : 窺(규)] : 엿볼 규	997	230	5670	134
支	지 004 [平聲 /上平 : 葵(규)] : 아욱/해바라기 규	999	231	5671	135
支	지 004 [平聲 /上平 : 規(규)] : 법 규	1000	232	5672	136
支	지 004 [平聲 /上平 : 逵(규)] : 큰길/길거리 규	1002	233	5673	137
支	지 004 [平聲 /上平 : 馗(규)] : 아홉거리 규	1008	234	5674	141
支	지 004 [平聲 /上平 : 戣(규)] : 창 규	1010	235	5675	142
支	지 004 [平聲 /上平 : 其(기)] : 그 기	1090	236	5676	163
支	지 004 [平聲 /上平 : 基(기)] : 터 기	1095	237	5677	165
支	지 004 [平聲 /上平 : 埼(기)] : 산부리 기	1096	238	5678	166
支	지 004 [平聲 /上平 : 夔(기)] : 조심할 기	1097	239	5679	167
支	지 004 [平聲 /上平 : 奇(기)] : 기특할 기	1098	240	5680	168
支	지 004 [平聲 /上平 : 岐(기)] : 갈림길 기	1101	241	5681	169
支	지 004 [平聲 /上平 : 崎(기)] : 험할 기	1102	242	5682	170
支	지 004 [平聲 /上平 : 旗(기)] : 기 기	1107	243	5683	171
支	지 004 [平聲 /上平 : 碁(기)] : 돌 기	1109	244	5684	172
支	지 004 [平聲 /上平 : 期(기)] : 기약할 기	1110	245	5685	173

배열형식 C (가나다 韻目 基準)		배열 A	배열 B	배열 C	배열 D
韻目	韻目No. [平仄 / 四聲 : 韻族] : 略義	운족 가나순	운목 번호순	운목 가나순	사성순
支	지 004 [平聲 /上平 : 棋(기)] : 바둑 기	1112	246	5686	174
支	지 004 [平聲 /上平 : 欺(기)] : 속일 기	1115	247	5687	176
支	지 004 [平聲 /上平 : 淇(기)] : 강이름 기	1120	248	5688	178
支	지 004 [平聲 /上平 : 琦(기)] : 옥이름 기	1122	249	5689	179
支	지 004 [平聲 /上平 : 琪(기)] : 옥 기	1123	250	5690	180
支	지 004 [平聲 /上平 : 璂(기)] : 피변꾸미개 기	1124	251	5691	181
支	지 004 [平聲 /上平 : 畸(기)] : 뙈기밭 기	1126	252	5692	183
支	지 004 [平聲 /上平 : 碁(기)] : 바둑 기	1128	253	5693	185
支	지 004 [平聲 /上平 : 祁(기)] : 성할 기	1130	254	5694	187
支	지 004 [平聲 /上平 : 祇*기(지)] : 공경할 지	1132	256	5695	1272
支	지 004 [平聲 /上平 : 祇(기)] : 토지의신 기	1131	255	5696	188
支	지 004 [平聲 /上平 : 祺(기)] : 복 기	1134	257	5697	190
支	지 004 [平聲 /上平 : 箕(기)] : 키 기	1135	258	5698	191
支	지 004 [平聲 /上平 : 羈(기)] : 굴레 기	1138	259	5699	192
支	지 004 [平聲 /上平 : 耆(기)] : 늙은이/스승 기	1139	260	5700	193
支	지 004 [平聲 /上平 : 肌(기)] : 살가죽 기	1141	261	5701	194
支	지 004 [平聲 /上平 : 錡(기)] : 세발가마솥 기	1147	262	5702	196
支	지 004 [平聲 /上平 : 錤(기)] : 호미 기	1149	263	5703	197
支	지 004 [平聲 /上平 : 飢(기)] : 주릴 기	1150	264	5704	198
支	지 004 [平聲 /上平 : 騎(기)] : 말탈 기	1152	265	5705	200
支	지 004 [平聲 /上平 : 騏(기)] : 준마 기	1153	266	5706	201
支	지 004 [平聲 /上平 : 麒(기)] : 기린 기	1155	267	5707	202
支	지 004 [平聲 /上平 : 棊(기)] : 바둑 기	1158	268	5708	204
支	지 004 [平聲 /上平 : 歧(기)] : 갈림길 기	1159	269	5709	205
支	지 004 [平聲 /上平 : 綦(기)] : 초록빛 기	1160	270	5710	206
支	지 004 [平聲 /上平 : 羇(기)] : 굴레 기	1161	271	5711	207
支	지 004 [平聲 /上平 : 蘄(기)] : 미나리 기	1164	272	5712	209
支	지 004 [平聲 /上平 : 鬐(기)] : 갈기 기	1169	273	5713	210
支	지 004 [平聲 /上平 : 鰭(기)] : 등지느러미 기	1170	274	5714	211
支	지 004 [平聲 /上平 : 萁(기)] : 콩대 기	1173	275	5715	213
支	지 004 [平聲 /上平 : 踦(기)] : 절름발이 기	1174	276	5716	214
支	지 004 [平聲 /上平 : 彨(이)] : 구레나룻 이	5174	417	5717	1089
支	지 004 [平聲 /上平 : 尼(니)] : 여승 니	1310	277	5718	229
支	지 004 [平聲 /上平 : 呢(니)] : 소곤거릴 니	1313	278	5719	231
支	지 004 [平聲 /上平 : 怩(니)] : 겸연쩍을 니	1314	279	5720	232
支	지 004 [平聲 /上平 : 妮(니)] : 여자 종 니	1319	280	5721	233

배열형식 C (가나다 韻目 基準)		배열 A	배열 B	배열 C	배열 D
韻目	韻目No. [平仄 / 四聲 : 韻族] : 略義	운족 가나순	운목 번호순	운목 가나순	사성순
支	지 004 [平聲 /上平 : 蠡*려(리)] : 달팽이 리	1820	281	5722	391
支	지 004 [平聲 /上平 : 黧*려(리)] : 검을 리	1828	282	5723	393
支	지 004 [平聲 /上平 : 梨(리)] : 배/벌레이름 리	2127	283	5724	394
支	지 004 [平聲 /上平 : 浬(리)] : 해리 리	2128	284	5725	395
支	지 004 [平聲 /上平 : 狸(리)] : 너구리 리	2130	285	5726	397
支	지 004 [平聲 /上平 : 璃(리)] : 유리 리	2132	286	5727	398
支	지 004 [平聲 /上平 : 籬(리)] : 울타리 리	2134	287	5728	399
支	지 004 [平聲 /上平 : 罹(리)] : 근심할 리	2135	288	5729	400
支	지 004 [平聲 /上平 : 羸(리)] : 여윌 리	2136	289	5730	401
支	지 004 [平聲 /上平 : 釐(리)] : 다스릴 리	2141	290	5731	402
支	지 004 [平聲 /上平 : 剺(리)] : 벗길(剝也)/찢을 리	2145	291	5732	403
支	지 004 [平聲 /上平 : 嫠(리)] : 과부 리	2147	292	5733	404
支	지 004 [平聲 /上平 : 漓(리)] : 스며들 리	2149	293	5734	405
支	지 004 [平聲 /上平 : 离(리)] : 스며들 리	2150	294	5735	406
支	지 004 [平聲 /上平 : 螭(리)] : 교룡 리	2152	295	5736	407
支	지 004 [平聲 /上平 : 貍(리)] : 삵 리	2153	296	5737	408
支	지 004 [平聲 /上平 : 魑(리)] : 도깨비 리	2155	297	5738	409
支	지 004 [平聲 /上平 : 攡(리)] : 울타리/베풀 리	2156	298	5739	410
支	지 004 [平聲 /上平 : 樆(리)] : 돌배나무 리	2159	299	5740	411
支	지 004 [平聲 /上平 : 氂(리)] : 꼬리 리	2160	300	5741	412
支	지 004 [平聲 /上平 : 犁*리(려)] : 얼룩소/늙은이살결 리	2161	301	5742	413
支	지 004 [平聲 /上平 : 犛(리)] : 도깨비 리	2164	302	5743	414
支	지 004 [平聲 /上平 : 纚(리)] : 끈대새끼 리	2165	303	5744	415
支	지 004 [平聲 /上平 : 纚*리(라)] : 비비꼬일 라	2166	304	5745	310
支	지 004 [平聲 /上平 : 蔾(리)] : 질리풀 리	2169	305	5746	416
支	지 004 [平聲 /上平 : 蘺(리)] : 천궁 리	2171	306	5747	417
支	지 004 [平聲 /上平 : 醨(리)] : 삼삼한술 리	2173	307	5748	418
支	지 004 [平聲 /上平 : 鯬(리)] : 뱀장어 리	2174	308	5749	419
支	지 004 [平聲 /上平 : 鸝(리)] : 꾀꼬리 리	2175	309	5750	420
支	지 004 [平聲 /上平 : 糸*멱(사)] : 극히적은수 사	2326	311	5751	700
支	지 004 [平聲 /上平 : 嵋(미)] : 산이름 미	2517	312	5752	491
支	지 004 [平聲 /上平 : 楣(미)] : 문미 미	2522	313	5753	493
支	지 004 [平聲 /上平 : 湄(미)] : 물가 미	2524	314	5754	494
支	지 004 [平聲 /上平 : 眉(미)] : 눈썹 미	2525	315	5755	495
支	지 004 [平聲 /上平 : 黴(미)] : 곰팡이 미	2532	316	5756	498
支	지 004 [平聲 /上平 : 弥(미)] : 두루두루 미	2537	317	5757	499

배열형식 C (가나다 韻目 基準)		배열 A	배열 B	배열 C	배열 D
韻目	韻目No. [平仄 / 四聲 : 韻族] : 略義	운족 가나순	운목 번호순	운목 가나순	사성순
支	지 004 [平聲 /上平 : 瀰*미(미)] : 물이흐를 니	2540	318	5758	235
支	지 004 [平聲 /上平 : 瀰(미)] : 물질펀할 미	2581	324	5759	500
支	지 004 [平聲 /上平 : 糜(미)] : 죽 미	2542	319	5760	501
支	지 004 [平聲 /上平 : 穈(미)] : 고삐 미	2543	320	5761	502
支	지 004 [平聲 /上平 : 蘼(미)] : 장미 미	2544	321	5762	503
支	지 004 [平聲 /上平 : 麋(미)] : 큰사슴 미	2545	322	5763	504
支	지 004 [平聲 /上平 : 蘪(미)] : 천궁 미	2552	323	5764	506
支	지 004 [平聲 /上平 : 丕(비)] : 클 비	3076	326	5765	651
支	지 004 [平聲 /上平 : 卑(비)] : 낮을 비	3081	327	5766	652
支	지 004 [平聲 /上平 : 悲(비)] : 슬플 비	3085	328	5767	654
支	지 004 [平聲 /上平 : 枇(비)] : 비파나무 비	3091	329	5768	656
支	지 004 [平聲 /上平 : 比(비)] : 비교할/견줄 비	3093	330	5769	657
支	지 004 [平聲 /上平 : 毗(비)] : 도울 비	3096	331	5770	658
支	지 004 [平聲 /上平 : 毘(비)] : 도울 비	3097	332	5771	659
支	지 004 [平聲 /上平 : 痺(비)] : 암메추라기 비	3101	333	5772	660
支	지 004 [平聲 /上平 : 碑(비)] : 비석 비	3103	334	5773	662
支	지 004 [平聲 /上平 : 脾(비)] : 지라 비	3110	335	5774	665
支	지 004 [平聲 /上平 : 裨(비)] : 도울 비	3114	336	5775	666
支	지 004 [平聲 /上平 : 埤(비)] : 더할 비	3126	337	5776	669
支	지 004 [平聲 /上平 : 紕(비)] : 합사 비	3136	338	5777	671
支	지 004 [平聲 /上平 : 羆(비)] : 말곰 비	3138	339	5778	672
支	지 004 [平聲 /上平 : 蚍(비)] : 왕개미 비	3141	340	5779	675
支	지 004 [平聲 /上平 : 貔(비)] : 맹수이름 비	3142	341	5780	676
支	지 004 [平聲 /上平 : 伾(비)] : 힘센 비	3149	342	5781	679
支	지 004 [平聲 /上平 : 蠯*비(패)] : 조개 패	3161	343	5782	1446
支	지 004 [平聲 /上平 : 鞞*병(비)] : 말에맨북 비	2856	325	5783	683
支	지 004 [平聲 /上平 : 玭*빈(변)] : 구슬이름 변	3175	344	5784	585
支	지 004 [平聲 /上平 : 司(사)] : 맡을 사	3206	345	5785	701
支	지 004 [平聲 /上平 : 師(사)] : 스승 사	3219	346	5786	702
支	지 004 [平聲 /上平 : 思(사)] : 생각 사	3221	347	5787	703
支	지 004 [平聲 /上平 : 斯(사)] : 이 사	3225	348	5788	704
支	지 004 [平聲 /上平 : 獅(사)] : 사자 사	3234	349	5789	705
支	지 004 [平聲 /上平 : 祠(사)] : 제사지낼 사	3238	350	5790	706
支	지 004 [平聲 /上平 : 私(사)] : 사사 사	3239	351	5791	707
支	지 004 [平聲 /上平 : 篩(사)] : 체 사	3240	352	5792	708
支	지 004 [平聲 /上平 : 絲(사)] : 실 사	3242	353	5793	709

배열형식 C (가나다 韻目 基準)			배열 A	배열 B	배열 C	배열 D
韻目	韻目No. [平仄 / 四聲 : 韻族]	略義	운족 가나순	운목 번호순	운목 가나순	사성순
支	지 004 [平聲 /上平 : 蛇*사(타)]	: 든든할 이	3250	354	5794	1090
支	지 004 [平聲 /上平 : 詞(사)]	: 말/글 사	3253	355	5795	710
支	지 004 [平聲 /上平 : 辭(사)]	: 말씀 사	3257	356	5796	711
支	지 004 [平聲 /上平 : 鷥(사)]	: 해오라기 사	3284	357	5797	712
支	지 004 [平聲 /上平 : 衰*쇠(최)]	: 같을/상복 최	3748	359	5798	1348
支	지 004 [平聲 /上平 : 衰(쇠)]	: 쇠할 쇠	3747	358	5799	757
支	지 004 [平聲 /上平 : 垂(수)]	: 드리울 수	3762	360	5800	758
支	지 004 [平聲 /上平 : 綏(수)]	: 편안할 수	3792	361	5801	761
支	지 004 [平聲 /上平 : 誰(수)]	: 누구 수	3801	362	5802	763
支	지 004 [平聲 /上平 : 隋(수)]	: 수나라 수	3809	363	5803	766
支	지 004 [平聲 /上平 : 隨(수)]	: 따를 수	3811	364	5804	767
支	지 004 [平聲 /上平 : 雖(수)]	: 비록 수	3812	365	5805	768
支	지 004 [平聲 /上平 : 睢(수)]	: 물이름 수	3826	366	5806	773
支	지 004 [平聲 /上平 : 陲(수)]	: 위태할 수	3833	367	5807	774
支	지 004 [平聲 /上平 : 厜(수)]	: 산꼭대기 수	3835	368	5808	775
支	지 004 [平聲 /上平 : 匙(시)]	: 숟가락 시	3950	369	5809	797
支	지 004 [平聲 /上平 : 尸(시)]	: 시동 시	3954	370	5810	799
支	지 004 [平聲 /上平 : 屎*시(히)]	: 아파서끙끙거릴 히	3956	371	5811	1650
支	지 004 [平聲 /上平 : 屍(시)]	: 주검 시	3957	372	5812	800
支	지 004 [平聲 /上平 : 施(시)]	: 베풀 시	3961	373	5813	801
支	지 004 [平聲 /上平 : 施*시(이)]	: 비뚤어질/옮길 이	3962	374	5814	1091
支	지 004 [平聲 /上平 : 時(시)]	: 때 시	3964	375	5815	802
支	지 004 [平聲 /上平 : 示*시(기)]	: 땅귀신 기	3971	376	5816	216
支	지 004 [平聲 /上平 : 蓍(시)]	: 시초 시	3974	377	5817	805
支	지 004 [平聲 /上平 : 詩(시)]	: 시 시	3977	378	5818	806
支	지 004 [平聲 /上平 : 偲(시)]	: 굳셀/똑똑할 시	3981	379	5819	808
支	지 004 [平聲 /上平 : 厮(시)]	: 부릴/마부 시	3983	380	5820	809
支	지 004 [平聲 /上平 : 塒(시)]	: 홰 시	3985	381	5821	81
支	지 004 [平聲 /上平 : 緦(시)]	: 시마복 시	3988	382	5822	81
支	지 004 [平聲 /上平 : 鍉(시)]	: 숟갈/열쇠 시	3990	383	5823	81
支	지 004 [平聲 /上平 : 鳲(시)]	: 뻐꾸기 시	3993	384	5824	81
支	지 004 [平聲 /上平 : 鸍*시(미)]	: 짐새 미	3995	386	5825	50
支	지 004 [平聲 /上平 : 鸍(시)]	: 짐새 시	3994	385	5826	81
支	지 004 [平聲 /上平 : 氏(씨)]	: 성씨/각시 씨	4070	387	5827	83
支	지 004 [平聲 /上平 : 涯*애(의)]	: 물가 의	4204	388	5828	107
支	지 004 [平聲 /上平 : 倭*왜(위)]	: 순한모양 위	4695	389	5829	100

배열형식 C (가나다 韻目 基準)		배열 A	배열 B	배열 C	배열 D
韻目	韻目No. [平仄 / 四聲 : 韻族] : 略義	운족 가나순	운목 번호순	운목 가나순	사성순
支	지 004 [平聲 /上平 : 危(위)] : 위태할 위	4926	390	5830	1008
支	지 004 [平聲 /上平 : 委(위)] : 맡길 위	4928	391	5831	1010
支	지 004 [平聲 /上平 : 爲(위)] : 할/다스릴하여금 위	4935	392	5832	1012
支	지 004 [平聲 /上平 : 萎(위)] : 시들/앓을 위	4939	393	5833	1013
支	지 004 [平聲 /上平 : 痿(위)] : 저릴 위	4956	394	5834	1018
支	지 004 [平聲 /上平 : 逶(위)] : 비틀거릴 위	4960	395	5835	1020
支	지 004 [平聲 /上平 : 為(위)] : 할 위	4965	396	5836	1022
支	지 004 [平聲 /上平 : 惟(유)] : 생각할 유	4987	397	5837	1028
支	지 004 [平聲 /上平 : 維(유)] : 벼리 유	5008	398	5838	1034
支	지 004 [平聲 /上平 : 遺(유)] : 남길 유	5018	399	5839	1040
支	지 004 [平聲 /上平 : 壝*유(유)] : 제단 유	5026	401	5840	1041
支	지 004 [平聲 /上平 : 壝(유)] : 제단 유	5025	400	5841	1042
支	지 004 [平聲 /上平 : 帷(유)] : 장막 유	5027	402	5842	1043
支	지 004 [平聲 /上平 : 緌(유)] : 갓끈/관끈늘어질 유	5035	403	5843	1045
支	지 004 [平聲 /上平 : 濰(유)] : 고을이름 유	5052	404	5844	1051
支	지 004 [平聲 /上平 : 倚*의(기)] : 설 기	5139	405	5845	217
支	지 004 [平聲 /上平 : 儀(의)] : 거동 의	5140	406	5846	1079
支	지 004 [平聲 /上平 : 宜(의)] : 마땅 의	5141	407	5847	1080
支	지 004 [平聲 /上平 : 椅(의)] : 걸상 의	5145	408	5848	1081
支	지 004 [平聲 /上平 : 疑*의(을)] : 바로설 익	5148	410	5849	1120
支	지 004 [平聲 /上平 : 疑(의)] : 의심할 의	5147	409	5850	1082
支	지 004 [平聲 /上平 : 醫(의)] : 의원 의	5160	411	5851	1084
支	지 004 [平聲 /上平 : 漪(의)] : 물놀이 의	5163	412	5852	1085
支	지 004 [平聲 /上平 : 猗*의(아)] : 부드러울 아	5165	414	5853	838
支	지 004 [平聲 /上平 : 猗(의)] : 아름다울 의	5164	413	5854	1086
支	지 004 [平聲 /上平 : 旖(의)] : 깃발펄럭날 의	5171	415	5855	1087
支	지 004 [平聲 /上平 : 轙(의)] : 수레고삐 의	5172	416	5856	1088
支	지 004 [平聲 /上平 : 伊(이)] : 저 이	5180	418	5857	1092
支	지 004 [平聲 /上平 : 夷(이)] : 평평할/동쪽오랑캐 이	5181	419	5858	1093
支	지 004 [平聲 /上平 : 姨(이)] : 이모 이	5182	420	5859	1094
支	지 004 [平聲 /上平 : 彝(이)] : 떳떳할 이	5185	421	5860	1095
支	지 004 [平聲 /上平 : 怡(이)] : 기쁠 이	5186	422	5861	1096
支	지 004 [平聲 /上平 : 梨(리)] : 배 리	2176	310	5862	421
支	지 004 [平聲 /上平 : 痍(이)] : 상처 이	5190	423	5863	1097
支	지 004 [平聲 /上平 : 移(이)] : 옮길 이	5191	424	5864	1098
支	지 004 [平聲 /上平 : 而(이)] : 말이을 이	5192	425	5865	1099

배열형식 C (가나다 韻目 基準)		배열 A	배열 B	배열 C	배열 D
韻目	韻目No. [平仄 / 四聲 : 韻族] : 略義	운족 가나순	운목 번호순	운목 가나순	사성순
支	지 004 [平聲 /上平 : 荑(이)] : 흰비름 이	5196	426	5866	1100
支	지 004 [平聲 /上平 : 貽(이)] : 끼칠 이	5198	427	5867	1101
支	지 004 [平聲 /上平 : 飴(이)] : 엿 이	5201	428	5868	1102
支	지 004 [平聲 /上平 : 彝(이)] : 떳떳할 이	5204	429	5869	1103
支	지 004 [平聲 /上平 : 洟(이)] : 콧물 이	5206	430	5870	1104
支	지 004 [平聲 /上平 : 咦(이)] : 크게부를/웃을 이	5210	431	5871	1105
支	지 004 [平聲 /上平 : 圯(이)] : 흙다리 이	5211	432	5872	1106
支	지 004 [平聲 /上平 : 宧(이)] : 구석 이	5212	433	5873	1107
支	지 004 [平聲 /上平 : 杝*이(치)] : 쪼갤/떨어질 치	5215	435	5874	1386
支	지 004 [平聲 /上平 : 杝(이)] : 피나무 이	5214	434	5875	1108
支	지 004 [平聲 /上平 : 栭(이)] : 산밤나무 이	5216	436	5876	1109
支	지 004 [平聲 /上平 : 椸(이)] : 횃대 이	5218	437	5877	1111
支	지 004 [平聲 /上平 : 瓵(이)] : 단지 이	5220	438	5878	1112
支	지 004 [平聲 /上平 : 簃(이)] : 누각곁채 이	5221	439	5879	1113
支	지 004 [平聲 /上平 : 酏(이)] : 맑은술 이	5225	440	5880	1114
支	지 004 [平聲 /上平 : 陑(이)] : 땅이름 이	5226	441	5881	1115
支	지 004 [平聲 /上平 : 頣(이)] : 기를 이	5227	442	5882	1116
支	지 004 [平聲 /上平 : 頤(이)] : 턱/끄떡거릴 이	5228	443	5883	1117
支	지 004 [平聲 /上平 : 寅*인(이)] : 공경할 이	5252	445	5884	1118
支	지 004 [平聲 /上平 : 仔(자)] : 자세할 자	5308	446	5885	1136
支	지 004 [平聲 /上平 : 咨(자)] : 물을 자	5312	447	5886	1137
支	지 004 [平聲 /上平 : 姿(자)] : 모양 자	5314	448	5887	1138
支	지 004 [平聲 /上平 : 孜(자)] : 힘쓸 자	5317	449	5888	1139
支	지 004 [平聲 /上平 : 慈(자)] : 사랑 자	5319	450	5889	1140
支	지 004 [平聲 /上平 : 滋(자)] : 불을 자	5320	451	5890	1141
支	지 004 [平聲 /上平 : 玆(자)] : 이/이것 자	5324	452	5891	1142
支	지 004 [平聲 /上平 : 瓷(자)] : 오지그릇 자	5326	453	5892	1143
支	지 004 [平聲 /上平 : 疵(자)] : 흉볼 자	5327	454	5893	1144
支	지 004 [平聲 /上平 : 磁(자)] : 자석 자	5328	455	5894	1145
支	지 004 [平聲 /上平 : 茨(자)] : 가시나무 자	5332	456	5895	1146
支	지 004 [平聲 /上平 : 諮(자)] : 꾀/물을 자	5336	457	5896	1147
支	지 004 [平聲 /上平 : 資(자)] : 재물 자	5337	458	5897	1148
支	지 004 [平聲 /上平 : 雌(자)] : 암컷 자	5338	459	5898	1149
支	지 004 [平聲 /上平 : 粢(자)] : 기장 자	5346	460	5899	1150
支	지 004 [平聲 /上平 : 茈(자)] : 패랭이꽃 자	5348	461	5900	1151
支	지 004 [平聲 /上平 : 茲(자)] : 무성할 자	5349	462	5901	1152

韻目	배열형식 C (가나다 韻目 基準) 韻目No. [平仄 / 四聲 : 韻族] : 略義	배열 A 운족 가나순	배열 B 운목 번호순	배열 C 운목 가나순	배열 D 사성순
支	지 004 [平聲 /上平 : 觜(자)] : 별자리이름 자	5350	463	5902	1153
支	지 004 [平聲 /上平 : 觜*자(취)] : 부리 취	5351	464	5903	1383
支	지 004 [平聲 /上平 : 訾(자)] : 헐뜯을 자	5352	465	5904	1154
支	지 004 [平聲 /上平 : 貲(자)] : 재물 자	5353	466	5905	1155
支	지 004 [平聲 /上平 : 髭(자)] : 코밑수염 자	5355	467	5906	1156
支	지 004 [平聲 /上平 : 鶿(자)] : 가마우지 자	5356	468	5907	1157
支	지 004 [平聲 /上平 : 趑(자)] : 머뭇거릴 자	5363	469	5908	1158
支	지 004 [平聲 /上平 : 鄑(자)] : 땅이름 자	5364	470	5909	1159
支	지 004 [平聲 /上平 : 骴(자)] : 썩은살 자	5365	471	5910	1160
支	지 004 [平聲 /上平 : 齎(재)] : 탄식할/가질 재	5486	473	5911	1176
支	지 004 [平聲 /上平 : 劑*제(자)] : 어음쪽지 자	5799	474	5912	1161
支	지 004 [平聲 /上平 : 提*제(시)] : 떼지어날 시	5807	476	5913	815
支	지 004 [平聲 /上平 : 提*제(리)] : 보리수 리	5806	475	5914	422
支	지 004 [平聲 /上平 : 薺(자)] : 납가새 자	5366	472	5915	1162
支	지 004 [平聲 /上平 : 齊*제(자)] : 상옷아랫단할 자	5822	477	5916	1163
支	지 004 [平聲 /上平 : 禔(지)] : 복/편안할 지	6123	478	5917	1273
支	지 004 [平聲 /上平 : 之(지)] : 갈 지	6126	479	5918	1274
支	지 004 [平聲 /上平 : 持(지)] : 가질 지	6132	480	5919	1275
支	지 004 [平聲 /上平 : 支(지)] : 지탱할 지	6135	481	5920	1276
支	지 004 [平聲 /上平 : 枝(지)] : 가지 지	6138	482	5921	1277
支	지 004 [平聲 /上平 : 池(지)] : 못 지	6142	483	5922	1278
支	지 004 [平聲 /上平 : 知(지)] : 알 지	6146	484	5923	1279
支	지 004 [平聲 /上平 : 祗(지)] : 공경할 지	6149	485	5924	1280
支	지 004 [平聲 /上平 : 肢(지)] : 팔다리 지	6151	486	5925	1281
支	지 004 [平聲 /上平 : 脂(지)] : 기름 지	6152	487	5926	1282
支	지 004 [平聲 /上平 : 芝(지)] : 지초 지	6154	488	5927	1283
支	지 004 [平聲 /上平 : 蜘(지)] : 거미 지	6156	489	5928	1284
支	지 004 [平聲 /上平 : 遲(지)] : 더딜/늦을 지	6160	490	5929	1285
支	지 004 [平聲 /上平 : 墀(지)] : 궁중지대뜰 지	6163	491	5930	1286
支	지 004 [平聲 /上平 : 榰(지)] : 주춧돌 지	6164	492	5931	1287
支	지 004 [平聲 /上平 : 篪(지)] : 대이름 지	6165	493	5932	1288
支	지 004 [平聲 /上平 : 鮨(지)] : 젓갈 지	6169	494	5933	1289
支	지 004 [平聲 /上平 : 吱(지)] : 가는소리 지	6172	495	5934	1290
支	지 004 [平聲 /上平 : 忯(지)] : 기댈 지	6173	496	5935	1291
支	지 004 [平聲 /上平 : 箎(지)] : 저(피리)이름 지	6174	497	5936	1292
支	지 004 [平聲 /上平 : 胝(지)] : 못박할 지	6175	498	5937	1293

배열형식 C (가나다 韻目 基準)			배열 A	배열 B	배열 C	배열 D
韻目	韻目No. [平仄 / 四聲 : 韻族]	: 略義	운족 가나순	운목 번호순	운목 가나순	사성순
支	지 004 [平聲 /上平 : 蚳(지)]	: 청개구리 지	6176	499	5938	1294
支	지 004 [平聲 /上平 : 嵯*차(치)]	: 산우뚝할 치	6287	500	5939	1387
支	지 004 [平聲 /上平 : 差*차(채)]	: 어긋날 치	6289	501	5940	1388
支	지 004 [平聲 /上平 : 栘(체)]	: 나무이름 체	6569	502	5941	1332
支	지 004 [平聲 /上平 : 榱(쇠)]	: 서까래 쇠	6667	503	5942	1352
支	지 004 [平聲 /上平 : 推(추)]	: 옮길/궁구할 추	6672	504	5943	1353
支	지 004 [平聲 /上平 : 椎(추)]	: 몽치 추	6674	505	5944	1354
支	지 004 [平聲 /上平 : 追(추)]	: 좇을/따를 추	6686	506	5945	1358
支	지 004 [平聲 /上平 : 錐(추)]	: 송곳 추	6691	507	5946	1359
支	지 004 [平聲 /上平 : 鎚(추)]	: 쇠망치/저울 추	6693	508	5947	1360
支	지 004 [平聲 /上平 : 隹(추)]	: 새 추	6706	509	5948	1363
支	지 004 [平聲 /上平 : 騅(추)]	: 말이름 추	6708	510	5949	1364
支	지 004 [平聲 /上平 : 魋(추)]	: 북상투 추	6709	511	5950	1365
支	지 004 [平聲 /上平 : 萑(추)]	: 익모초 추	6714	512	5951	1367
支	지 004 [平聲 /上平 : 吹(취)]	: 불 취	6766	513	5952	1384
支	지 004 [平聲 /上平 : 炊(취)]	: 불땔 취	6770	514	5953	1385
支	지 004 [平聲 /上平 : 嗤(치)]	: 웃을 치	6801	515	5954	1389
支	지 004 [平聲 /上平 : 梔(치)]	: 치자나무 치	6805	516	5955	1390
支	지 004 [平聲 /上平 : 治(치)]	: 다스릴 치	6806	517	5956	1391
支	지 004 [平聲 /上平 : 淄(치)]	: 검은빛 치	6807	518	5957	1392
支	지 004 [平聲 /上平 : 痴(치)]	: 어리석을 치	6810	519	5958	1393
支	지 004 [平聲 /上平 : 癡(치)]	: 어리석을 치	6811	520	5959	1394
支	지 004 [平聲 /上平 : 緇(치)]	: 검은비단 치	6814	521	5960	1395
支	지 004 [平聲 /上平 : 蚩(치)]	: 벌레이름 치	6818	522	5961	1396
支	지 004 [平聲 /上平 : 輜(치)]	: 짐수레 치	6819	523	5962	1397
支	지 004 [平聲 /上平 : 馳(치)]	: 달릴 치	6821	524	5963	1398
支	지 004 [平聲 /上平 : 絺(치)]	: 칡베 치	6826	525	5964	1399
支	지 004 [平聲 /上平 : 菑(치)]	: 한해된밭 치	6827	526	5965	1400
支	지 004 [平聲 /上平 : 錙(치)]	: 저울눈 치	6833	527	5966	1401
支	지 004 [平聲 /上平 : 鴟(치)]	: 소리개/올빼미 치	6834	528	5967	1402
支	지 004 [平聲 /上平 : 椔(치)]	: 죽은나무 치	6835	529	5968	1403
支	지 004 [平聲 /上平 : 觶(치)]	: 잔 치	6836	530	5969	1404
支	지 004 [平聲 /上平 : 鉹(치)]	: 시루 치	6837	531	5970	1405
支	지 004 [平聲 /上平 : 鶅(치)]	: 꿩 치	6838	532	5971	1406
支	지 004 [平聲 /上平 : 齝(치)]	: 새김질할 치	6840	533	5972	1407
支	지 004 [平聲 /上平 : 墮*타(휴)]	: 너뜨릴/게으를 휴	6876	534	5973	1612

배열형식 C (가나다 韻目 基準)		배열 A	배열 B	배열 C	배열 D
韻目	韻目No. [平仄 / 四聲 : 韻族] : 略義	운족 가나순	운목 번호순	운목 가나순	사성순
支	지 004 [平聲 /上平 : 台(이)] : 나/기쁠 이	5229	444	5974	1119
支	지 004 [平聲 /上平 : 箈(태)] : 매질할 태	6972	535	5975	1419
支	지 004 [平聲 /上平 : 蓷(퇴)] : 익모초 퇴	7010	536	5976	1442
支	지 004 [平聲 /上平 : 罷(피)] : 느른할/고달플 피	7216	537	5977	1464
支	지 004 [平聲 /上平 : 披(피)] : 헤칠 피	7220	538	5978	1465
支	지 004 [平聲 /上平 : 疲(피)] : 피곤할 피	7221	539	5979	1466
支	지 004 [平聲 /上平 : 皮(피)] : 가죽 피	7222	540	5980	1467
支	지 004 [平聲 /上平 : 陂(피)] : 비탈 피	7225	541	5981	1468
支	지 004 [平聲 /上平 : 藣(피)] : 풀이름 피	7228	542	5982	1469
支	지 004 [平聲 /上平 : 缸(항)] : 항아리 항	7342	543	5983	1479
支	지 004 [平聲 /上平 : 箎(호)] : 긴대 호	7580	544	5984	1525
支	지 004 [平聲 /上平 : 麾(휘)] : 대장기 휘	7849	545	5985	1607
支	지 004 [平聲 /上平 : 撝*휘(위)] : 도울 위	7851	547	5986	1024
支	지 004 [平聲 /上平 : 撝(휘)] : 찢을 휘	7850	546	5987	1608
支	지 004 [平聲 /上平 : 虧(휴)] : 이그러질 휴	7858	548	5988	1615
支	지 004 [平聲 /上平 : 隳(휴)] : 무너질 휴	7859	549	5989	1616
支	지 004 [平聲 /上平 : 巂*휴(규)] : 접동새 규	7867	550	5990	143
支	지 004 [平聲 /上平 : 僖(희)] : 기쁠(=熺) 희	7911	551	5991	1632
支	지 004 [平聲 /上平 : 凞(희)] : 화할 희	7912	552	5992	1633
支	지 004 [平聲 /上平 : 喜(희)] : 기쁠 희	7913	553	5993	1634
支	지 004 [平聲 /上平 : 噫(희)] : 느낄/한숨쉴 희	7914	554	5994	1635
支	지 004 [平聲 /上平 : 姬(희)] : 아씨 희	7917	555	5995	1636
支	지 004 [平聲 /上平 : 嬉(희)] : 아름다울 희	7918	556	5996	1637
支	지 004 [平聲 /上平 : 曦(희)] : 햇빛 희	7923	557	5997	1640
支	지 004 [平聲 /上平 : 熙(희)] : 빛날 희	7924	558	5998	1641
支	지 004 [平聲 /上平 : 熹(희)] : 빛날 희	7925	559	5999	1642
支	지 004 [平聲 /上平 : 犧*희(사)] : 술통 사	7927	561	6000	713
支	지 004 [平聲 /上平 : 犧(희)] : 희생 희	7926	560	6001	1643
支	지 004 [平聲 /上平 : 禧(희)] : 복 희	7928	562	6002	1644
支	지 004 [平聲 /上平 : 羲(희)] : 복희 희	7930	563	6003	1646
支	지 004 [平聲 /上平 : 嘻(희)] : 웃을 희	7931	564	6004	1647
支	지 004 [平聲 /上平 : 戲*희(호)] : 깃발 휘	7934	565	6005	1611
支	지 004 [平聲 /上平 : 譆(희)] : 감탄할 희	7937	566	6006	1649
紙	지 034 [仄聲 /上聲 : 頃*경(규)] : 반걸음 규	436	3301	6007	3429
紙	지 034 [仄聲 /上聲 : 癸(계)] : 북방/천간 계	463	3302	6008	3323
紙	지 034 [仄聲 /上聲 : 傀(괴)] : 허수아비 괴	734	3303	6009	3382

배열형식 C (가나다 韻目 基準)		배열 A	배열 B	배열 C	배열 D
韻目	韻目No. [平仄 / 四聲 : 韻族] : 略義	운족 가나순	운목 번호순	운목 가나순	사성순
紙	지 034 [仄聲 / 上聲 : 机(궤)] : 책상 궤	963	3305	6010	3417
紙	지 034 [仄聲 / 上聲 : 詭(궤)] : 속일 궤	966	3306	6011	3418
紙	지 034 [仄聲 / 上聲 : 軌(궤)] : 바퀴자국 궤	967	3307	6012	3419
紙	지 034 [仄聲 / 上聲 : 几(궤)] : 안석/책상 궤	969	3308	6013	3420
紙	지 034 [仄聲 / 上聲 : 氿(궤)] : 샘 궤	971	3309	6014	3421
紙	지 034 [仄聲 / 上聲 : 簋(궤)] : 제기이름 궤	972	3310	6015	3422
紙	지 034 [仄聲 / 上聲 : 跪(궤)] : 꿇어앉을 궤	975	3311	6016	3423
紙	지 034 [仄聲 / 上聲 : 匭(궤)] : 상자 궤	977	3312	6017	3424
紙	지 034 [仄聲 / 上聲 : 垝(궤)] : 허물어질 궤	978	3313	6018	3425
紙	지 034 [仄聲 / 上聲 : 晷(구)] : 그림자 구	908	3304	6019	3414
紙	지 034 [仄聲 / 上聲 : 宄(귀)] : 도둑 귀	987	3314	6020	3427
紙	지 034 [仄聲 / 上聲 : 揆(규)] : 헤아릴 규	993	3315	6021	3431
紙	지 034 [仄聲 / 上聲 : 巋(규)] : 험준할 규	1005	3316	6022	3434
紙	지 034 [仄聲 / 上聲 : 企(기)] : 꾀할 기	1088	3317	6023	3445
紙	지 034 [仄聲 / 上聲 : 伎(기)] : 재주 기	1089	3318	6024	3446
紙	지 034 [仄聲 / 上聲 : 妓(기)] : 기생 기	1099	3319	6025	3447
紙	지 034 [仄聲 / 上聲 : 己(기)] : 몸 기	1103	3320	6026	3448
紙	지 034 [仄聲 / 上聲 : 技(기)] : 재주 기	1106	3321	6027	3450
紙	지 034 [仄聲 / 上聲 : 杞(기)] : 구기자 기	1111	3322	6028	3451
紙	지 034 [仄聲 / 上聲 : 玘(기)] : 패옥 기	1121	3323	6029	3452
紙	지 034 [仄聲 / 上聲 : 紀(기)] : 벼리 기	1136	3324	6030	3453
紙	지 034 [仄聲 / 上聲 : 綺(기)] : 비단 기	1137	3325	6031	3454
紙	지 034 [仄聲 / 上聲 : 耆*기(지)] : 이를 지	1140	3326	6032	4353
紙	지 034 [仄聲 / 上聲 : 起(기)] : 일어날 기	1146	3327	6033	3456
紙	지 034 [仄聲 / 上聲 : 錡*기(의)] : 끌 의	1148	3328	6034	4168
紙	지 034 [仄聲 / 上聲 : 掎(기)] : 끌 기	1156	3329	6035	3457
紙	지 034 [仄聲 / 上聲 : 跂(기)] : 육발/기어갈 기	1168	3330	6036	3459
紙	지 034 [仄聲 / 上聲 : 你(니)] : 너 니	1318	3331	6037	3501
紙	지 034 [仄聲 / 上聲 : 旎(니)] : 성할 니	1320	3332	6038	3502
紙	지 034 [仄聲 / 上聲 : 誄(뢰)] : 뇌사/조문 뢰	2000	3333	6039	3611
紙	지 034 [仄聲 / 上聲 : 壘(루)] : 진/포갤 루	2033	3334	6040	3620
紙	지 034 [仄聲 / 上聲 : 壘*루(뢰)] : 끌밋할(壯貌) 뢰	2034	3335	6041	3612
紙	지 034 [仄聲 / 上聲 : 櫐(루)] : 등나무 루	2055	3336	6042	3625
紙	지 034 [仄聲 / 上聲 : 俚(리)] : 속될 리	2121	3337	6043	3632
紙	지 034 [仄聲 / 上聲 : 履(리)] : 밟을 리	2125	3338	6044	3633
紙	지 034 [仄聲 / 上聲 : 李(리)] : 오얏/성/역말/행장 리	2126	3339	6045	3634

배열형식 C (가나다 韻目 基準)			배열 A	배열 B	배열 C	배열 D
韻目	韻目No. [平仄 / 四聲 : 韻族]	: 略義	운족 가나순	운목 번호순	운목 가나순	사성순
紙	지 034 [仄聲 /上聲 : 理(리)]	: 다스릴 리	2131	3340	6046	3635
紙	지 034 [仄聲 /上聲 : 裡(리)]	: 안/속 리	2139	3341	6047	3636
紙	지 034 [仄聲 /上聲 : 里(리)]	: 마을 리	2140	3342	6048	3637
紙	지 034 [仄聲 /上聲 : 鯉(리)]	: 잉어 리	2143	3343	6049	3638
紙	지 034 [仄聲 /上聲 : 邐(리)]	: 이어질 리	2154	3344	6050	3639
紙	지 034 [仄聲 /上聲 : 悝(리)]	: 근심할/미워할 리	2157	3345	6051	3640
紙	지 034 [仄聲 /上聲 : 纚*리(사)]	: 치포건/연이을 사	2167	3346	6052	3849
紙	지 034 [仄聲 /上聲 : 渼(미)]	: 물놀이 미	2523	3347	6053	3713
紙	지 034 [仄聲 /上聲 : 美(미)]	: 아름다울 미	2527	3348	6054	3715
紙	지 034 [仄聲 /上聲 : 靡(미)]	: 쓰러질 미	2531	3349	6055	3716
紙	지 034 [仄聲 /上聲 : 媺(미)]	: 착하고아름다울 미	2536	3350	6056	3719
紙	지 034 [仄聲 /上聲 : 弭(미)]	: 활고자 미	2538	3351	6057	3720
紙	지 034 [仄聲 /上聲 : 敉(미)]	: 어루만질 미	2539	3352	6058	3721
紙	지 034 [仄聲 /上聲 : 獼(미)]	: 원숭이 미	2541	3353	6059	3722
紙	지 034 [仄聲 /上聲 : 咪(미)]	: 양이울 미	2546	3354	6060	3723
紙	지 034 [仄聲 /上聲 : 瀰(미)]	: 송장씻을 미	2547	3355	6061	3724
紙	지 034 [仄聲 /上聲 : 瞇(미)]	: 애꾸눈 미	2549	3356	6062	3725
紙	지 034 [仄聲 /上聲 : 蘼(미)]	: 붓순나무 미	2551	3357	6063	3726
紙	지 034 [仄聲 /上聲 : 否*부(비)]	: 막힐/더러울/악할 비	2941	3359	6064	3824
紙	지 034 [仄聲 /上聲 : 匕(비)]	: 숟가락 비	3078	3360	6065	3825
紙	지 034 [仄聲 /上聲 : 婢(비)]	: 계집종 비	3083	3361	6066	3827
紙	지 034 [仄聲 /上聲 : 批(비)]	: 밀칠/깎을/비평할 비	3088	3362	6067	3828
紙	지 034 [仄聲 /上聲 : 秕(비)]	: 쭉정이 비	3104	3363	6068	3831
紙	지 034 [仄聲 /上聲 : 粃(비)]	: 쭉정이 비	3106	3364	6069	3832
紙	지 034 [仄聲 /上聲 : 鄙(비)]	: 마을 비	3118	3365	6070	3836
紙	지 034 [仄聲 /上聲 : 仳(비)]	: 떠날 비	3122	3366	6071	3837
紙	지 034 [仄聲 /上聲 : 俾(비)]	: 더할 비	3123	3367	6072	3838
紙	지 034 [仄聲 /上聲 : 圮(비)]	: 무너질 비	3125	3368	6073	3839
紙	지 034 [仄聲 /上聲 : 妣(비)]	: 죽은어미 비	3127	3369	6074	3840
紙	지 034 [仄聲 /上聲 : 痞(비)]	: 뱃속결릴 비	3132	3370	6075	3842
紙	지 034 [仄聲 /上聲 : 紕*비(치)]	: 길쌈모시 치	3137	3371	6076	4467
紙	지 034 [仄聲 /上聲 : 髀(비)]	: 넓적다리 비	3146	3372	6077	3843
紙	지 034 [仄聲 /上聲 : 嚭(비)]	: 클 비	3150	3373	6078	3844
紙	지 034 [仄聲 /上聲 : 鞞(병)]	: 칼집 병	2855	3358	6079	3776
紙	지 034 [仄聲 /上聲 : 仕(사)]	: 섬길 사	3199	3374	6080	3850
紙	지 034 [仄聲 /上聲 : 似(사)]	: 닮을 사	3201	3375	6081	3851

배열형식 C (가나다 韻目 基準)		배열 A	배열 B	배열 C	배열 D
韻目	韻目No. [平仄 / 四聲 : 韻族] : 略義	운족 가나순	운목 번호순	운목 가나순	사성순
紙	지 034 [仄聲 /上聲 : 使(사)] : 하여금/부릴 사	3202	3376	6082	3852
紙	지 034 [仄聲 /上聲 : 俟(사)] : 기다릴 사	3203	3377	6083	3853
紙	지 034 [仄聲 /上聲 : 史(사)] : 사기 사	3205	3378	6084	3854
紙	지 034 [仄聲 /上聲 : 士(사)] : 선비 사	3210	3379	6085	3855
紙	지 034 [仄聲 /上聲 : 巳(사)] : 뱀 사	3218	3380	6086	3857
紙	지 034 [仄聲 /上聲 : 徙(사)] : 옮길 사	3220	3381	6087	3858
紙	지 034 [仄聲 /上聲 : 死(사)] : 죽을 사	3229	3382	6088	3860
紙	지 034 [仄聲 /上聲 : 祀(사)] : 제사 사	3237	3383	6089	3863
紙	지 034 [仄聲 /上聲 : 姒(사)] : 동서 사	3266	3384	6090	3865
紙	지 034 [仄聲 /上聲 : 汜(사)] : 웅덩이 사	3269	3385	6091	3866
紙	지 034 [仄聲 /上聲 : 駛(사)] : 달릴 사	3273	3386	6092	3867
紙	지 034 [仄聲 /上聲 : 戺(사)] : 문지도리 사	3276	3387	6093	3868
紙	지 034 [仄聲 /上聲 : 涘(사)] : 깊을 사	3280	3388	6094	3869
紙	지 034 [仄聲 /上聲 : 耜(사)] : 보습 사	3281	3389	6095	3870
紙	지 034 [仄聲 /上聲 : 璽(상)] : 옥새 새	3392	3390	6096	3893
紙	지 034 [仄聲 /上聲 : 水(수)] : 물 수	3778	3391	6097	3953
紙	지 034 [仄聲 /上聲 : 髓(수)] : 골 수	3816	3392	6098	3956
紙	지 034 [仄聲 /上聲 : 始(시)] : 비로소 시	3952	3393	6099	3968
紙	지 034 [仄聲 /上聲 : 屎(시)] : 똥 시	3955	3394	6100	3969
紙	지 034 [仄聲 /上聲 : 市(시)] : 저자 시	3958	3395	6101	3970
紙	지 034 [仄聲 /上聲 : 恃(시)] : 믿을 시	3960	3396	6102	3971
紙	지 034 [仄聲 /上聲 : 是(시)] : 이 시	3963	3397	6103	3972
紙	지 034 [仄聲 /上聲 : 柹(시)] : 감(柹과 동자) 시	3965	3398	6104	3973
紙	지 034 [仄聲 /上聲 : 矢(시)] : 화살 시	3969	3399	6105	3974
紙	지 034 [仄聲 /上聲 : 視(시)] : 볼 시	3975	3400	6106	3975
紙	지 034 [仄聲 /上聲 : 豕(시)] : 돼지 시	3979	3401	6107	3976
紙	지 034 [仄聲 /上聲 : 兕(시)] : 외뿔들소 시	3982	3402	6108	3977
紙	지 034 [仄聲 /上聲 : 枲(시)] : 모시풀/삼 시	3986	3403	6109	3978
紙	지 034 [仄聲 /上聲 : 柹(시)] : 감나무 시	3987	3404	6110	3979
紙	지 034 [仄聲 /上聲 : 諟(시)] : 이 시	3989	3405	6111	3980
紙	지 034 [仄聲 /上聲 : 柿(시)] : 감 시	3992	3406	6112	3981
紙	지 034 [仄聲 /上聲 : 蘂(예)] : 꽃술 예	4530	3407	6113	4057
紙	지 034 [仄聲 /上聲 : 蕊(예)] : 꽃술 예	4545	3408	6114	4058
紙	지 034 [仄聲 /上聲 : 薳(위)] : 애기풀 위	4921	3409	6115	4132
紙	지 034 [仄聲 /上聲 : 蔿(위)] : 새/풀/아기풀 위	4941	3410	6116	4137
紙	지 034 [仄聲 /上聲 : 蔿*위(화)] : 떠들 화	4942	3411	6117	4630

배열형식 C (가나다 韻目 基準)		배열 A	배열 B	배열 C	배열 D
韻目	韻目No. [平仄 / 四聲 : 韻族] : 略義	운족 가나순	운목 번호순	운목 가나순	사성순
紙	지 034 [仄聲 /上聲 : 頠(위)] : 가위질 위	4968	3412	6118	4139
紙	지 034 [仄聲 /上聲 : 唯(유)] : 오직 유	4979	3413	6119	4143
紙	지 034 [仄聲 /上聲 : 洧(유)] : 강이름 유	5000	3414	6120	4147
紙	지 034 [仄聲 /上聲 : 鮪(유)] : 다랑어 유	5040	3415	6121	4154
紙	지 034 [仄聲 /上聲 : 倚(의)] : 기댈/의지할 의	5138	3416	6122	4169
紙	지 034 [仄聲 /上聲 : 擬(의)] : 헤아릴 의	5144	3417	6123	4170
紙	지 034 [仄聲 /上聲 : 矣(의)] : 어조사 의	5151	3418	6124	4171
紙	지 034 [仄聲 /上聲 : 艤(의)] : 배댈 의	5153	3419	6125	4172
紙	지 034 [仄聲 /上聲 : 蟻(의)] : 개미 의	5156	3420	6126	4173
紙	지 034 [仄聲 /上聲 : 以(이)] : 써 이	5179	3421	6127	4178
紙	지 034 [仄聲 /上聲 : 已(이)] : 이미 이	5183	3422	6128	4179
紙	지 034 [仄聲 /上聲 : 弛(이)] : 활부릴 이	5184	3423	6129	4180
紙	지 034 [仄聲 /上聲 : 爾(이)] : 너 이	5187	3424	6130	4181
紙	지 034 [仄聲 /上聲 : 珥(이)] : 귀고리 이	5188	3425	6131	4182
紙	지 034 [仄聲 /上聲 : 耳(이)] : 귀 이	5193	3426	6132	4183
紙	지 034 [仄聲 /上聲 : 苡(이)] : 질경이 이	5195	3427	6133	4184
紙	지 034 [仄聲 /上聲 : 邇(이)] : 가까울 이	5200	3428	6134	4185
紙	지 034 [仄聲 /上聲 : 栮(이)] : 버섯 이	5205	3429	6135	4186
紙	지 034 [仄聲 /上聲 : 迤(이)] : 가만가만걸을 이	5207	3430	6136	4187
紙	지 034 [仄聲 /上聲 : 迆(이)] : 가만DL걸을/잇닿을 이	5224	3431	6137	4189
紙	지 034 [仄聲 /上聲 : 姉(자)] : 손위누이 자	5313	3432	6138	4199
紙	지 034 [仄聲 /上聲 : 子(자)] : 아들 자	5315	3433	6139	4200
紙	지 034 [仄聲 /上聲 : 紫(자)] : 자주빛 자	5329	3434	6140	4202
紙	지 034 [仄聲 /上聲 : 呰(자)] : 꾸짖을 자	5339	3435	6141	4204
紙	지 034 [仄聲 /上聲 : 泚(자)] : 물/땀축축히날 자	5342	3436	6142	4205
紙	지 034 [仄聲 /上聲 : 姊(자)] : 손위누이 자	5357	3437	6143	4207
紙	지 034 [仄聲 /上聲 : 玼*자(차)] : 옥빛 차	5359	3438	6144	4389
紙	지 034 [仄聲 /上聲 : 秭(자)] : 단위(벼200뭇) 자	5361	3439	6145	4209
紙	지 034 [仄聲 /上聲 : 笫(자)] : 평상 자	5362	3440	6146	4210
紙	지 034 [仄聲 /上聲 : 梓(재)] : 가래나무 재	5477	3441	6147	4222
紙	지 034 [仄聲 /上聲 : 滓(재)] : 찌끼 재	5479	3442	6148	4223
紙	지 034 [仄聲 /上聲 : 底(저)] : 밑/그칠/무슨/어쩐 저	5507	3443	6149	4231
紙	지 034 [仄聲 /上聲 : 抵*저(지)] : 칠 지	5510	3444	6150	4355
紙	지 034 [仄聲 /上聲 : 只(지)] : 다만 지	6127	3445	6151	4356
紙	지 034 [仄聲 /上聲 : 咫(지)] : 여덟치 지	6128	3446	6152	4357
紙	지 034 [仄聲 /上聲 : 址(지)] : 터 지	6130	3447	6153	4358

배열형식 C (가나다 韻目 基準)		배열 A	배열 B	배열 C	배열 D
韻目	韻目No. [平仄 / 四聲 : 韻族] : 略義	운족 가나순	운목 번호순	운목 가나순	사성순
紙	지 034 [仄聲 /上聲 : 指(지)] : 가리킬 지	6133	3448	6154	4359
紙	지 034 [仄聲 /上聲 : 旨(지)] : 맛 지	6136	3449	6155	4360
紙	지 034 [仄聲 /上聲 : 枳(지)] : 탱자나무 지	6139	3450	6156	4361
紙	지 034 [仄聲 /上聲 : 枳*지(기)] : 해할/사타구니 기	6140	3451	6157	3460
紙	지 034 [仄聲 /上聲 : 止(지)] : 그칠 지	6141	3452	6158	4362
紙	지 034 [仄聲 /上聲 : 沚(지)] : 물가 지	6144	3453	6159	4363
紙	지 034 [仄聲 /上聲 : 砥(지)] : 숫돌 지	6147	3454	6160	4364
紙	지 034 [仄聲 /上聲 : 祉(지)] : 복 지	6148	3455	6161	4365
紙	지 034 [仄聲 /上聲 : 紙(지)] : 종이 지	6150	3456	6162	4366
紙	지 034 [仄聲 /上聲 : 芷(지)] : 구리때 지	6155	3457	6163	4367
紙	지 034 [仄聲 /上聲 : 趾(지)] : 발가락 지	6159	3458	6164	4368
紙	지 034 [仄聲 /上聲 : 舐(지)] : 핥을 지	6166	3459	6165	4370
紙	지 034 [仄聲 /上聲 : 軹(지)] : 굴대머리 지	6167	3460	6166	4371
紙	지 034 [仄聲 /上聲 : 阯(지)] : 터 지	6168	3461	6167	4372
紙	지 034 [仄聲 /上聲 : 厎(지)] : 이룰/숫돌 지	6171	3462	6168	4373
紙	지 034 [仄聲 /上聲 : 此(차)] : 이 차	6292	3465	6169	4391
紙	지 034 [仄聲 /上聲 : 佌(차)] : 작은모양 차	6297	3466	6170	4392
紙	지 034 [仄聲 /上聲 : 捶(추)] : 종아리칠 추	6703	3467	6171	4459
紙	지 034 [仄聲 /上聲 : 揣(취)] : 잴/시험할 취	6763	3468	6172	4463
紙	지 034 [仄聲 /上聲 : 嘴(취)] : 부리 취	6767	3469	6173	4465
紙	지 034 [仄聲 /上聲 : 侈(치)] : 사치할 치	6799	3470	6174	4468
紙	지 034 [仄聲 /上聲 : 峙(치)] : 언덕 치	6802	3471	6175	4469
紙	지 034 [仄聲 /上聲 : 恥(치)] : 부끄러울 치	6804	3472	6176	4470
紙	지 034 [仄聲 /上聲 : 痔(치)] : 치질 치	6809	3473	6177	4471
紙	지 034 [仄聲 /上聲 : 雉(치)] : 꿩 치	6820	3474	6178	4472
紙	지 034 [仄聲 /上聲 : 齒(치)] : 이 치	6822	3475	6179	4473
紙	지 034 [仄聲 /上聲 : 畤(치)] : 제[祭]터 치	6825	3476	6180	4475
紙	지 034 [仄聲 /上聲 : 薙(치)] : 풀깎을 치	6829	3477	6181	4476
紙	지 034 [仄聲 /上聲 : 豸*치(채)] : 발없는벌레 채	6832	3479	6182	4412
紙	지 034 [仄聲 /上聲 : 豸(치)] : 발없는벌레 치	6831	3478	6183	4477
紙	지 034 [仄聲 /上聲 : 恀(지)] : 믿을 지	6179	3463	6184	4374
紙	지 034 [仄聲 /上聲 : 恀*지(치)] : 믿을 치	6180	3464	6185	4478
紙	지 034 [仄聲 /上聲 : 黹(치)] : 바느질할 치	6839	3480	6186	4479
紙	지 034 [仄聲 /上聲 : 彼(피)] : 저/저것 피	7219	3481	6187	4542
紙	지 034 [仄聲 /上聲 : 被(피)] : 입을 피	7223	3482	6188	4543
紙	지 034 [仄聲 /上聲 : 辟(피)] : 피할 피	7226	3483	6189	4544

배열형식 C (가나다 韻目 基準)		배열 A	배열 B	배열 C	배열 D
韻目	韻目No. [平仄 / 四聲 : 韻族] : 略義	운족 가나순	운목 번호순	운목 가나순	사성순
紙	지 034 [仄聲 /上聲 : 項(항)] : 항목 항	7345	3484	6190	4563
紙	지 034 [仄聲 /上聲 : 毁(훼)] : 험담할/헐 훼	7832	3485	6191	4658
紙	지 034 [仄聲 /上聲 : 燬(훼)] : 불 훼	7833	3486	6192	4659
紙	지 034 [仄聲 /上聲 : 檓(훼)] : 산초나무 훼	7838	3487	6193	4662
紙	지 034 [仄聲 /上聲 : 毀(훼)] : 헐 훼	7839	3488	6194	4663
紙	지 034 [仄聲 /上聲 : 嶲*휴(수)] : 나라이름 수	7868	3489	6195	3962
職	직 102 [仄聲 /入聲 : 刻(각)] : 새길 각	42	7625	6196	5949
職	직 102 [仄聲 /入聲 : 國(국)] : 나라 국	910	7626	6197	6159
職	직 102 [仄聲 /入聲 : 克(극)] : 이길 극	1024	7627	6198	6190
職	직 102 [仄聲 /入聲 : 剋(극)] : 이길 극	1025	7628	6199	6191
職	직 102 [仄聲 /入聲 : 棘(극)] : 가시나무 극	1028	7629	6200	6194
職	직 102 [仄聲 /入聲 : 極(극)] : 극진할/다할 극	1029	7630	6201	6195
職	직 102 [仄聲 /入聲 : 亟(극)] : 빠를 극	1031	7631	6202	6197
職	직 102 [仄聲 /入聲 : 亟*기(기)] : 자주 기	1087	7633	6203	6219
職	직 102 [仄聲 /入聲 : 殛(극)] : 죽일 극	1033	7632	6204	6199
職	직 102 [仄聲 /入聲 : 肋(륵)] : 갈비 륵	2106	7643	6205	6438
職	직 102 [仄聲 /入聲 : 匿(닉)] : 숨을 닉	1323	7634	6206	6252
職	직 102 [仄聲 /入聲 : 貸*대(특)] : 빌릴 특	1470	7637	6207	7706
職	직 102 [仄聲 /入聲 : 德(덕)] : 큰/품행/은혜 덕	1476	7638	6208	6283
職	직 102 [仄聲 /入聲 : 悳(덕)] : 큰/품행/은혜 덕	1477	7639	6209	6284
職	직 102 [仄聲 /入聲 : 得(득)] : 얻을 득	1656	7640	6210	6322
職	직 102 [仄聲 /入聲 : 勅*래(칙)] : 바를/다스릴 칙	1769	7641	6211	7633
職	직 102 [仄聲 /入聲 : 勒(륵)] : 굴레/억지 륵	2107	7644	6212	6439
職	직 102 [仄聲 /入聲 : 肋(륵)] : 갈빗대 륵	2108	7645	6213	6440
職	직 102 [仄聲 /入聲 : 仂(륵)] : 나머지수 륵	2109	7646	6214	6441
職	직 102 [仄聲 /入聲 : 阞(륵)] : 지맥 륵	2110	7647	6215	6442
職	직 102 [仄聲 /入聲 : 冒(모)] : 가릴 모	2364	7648	6216	6491
職	직 102 [仄聲 /入聲 : 墨(묵)] : 먹 묵	2482	7649	6217	6521
職	직 102 [仄聲 /入聲 : 默(묵)] : 잠잠할 묵	2483	7650	6218	6522
職	직 102 [仄聲 /入聲 : 嚜(묵)] : 잠잠할 묵	2484	7651	6219	6523
職	직 102 [仄聲 /入聲 : 葍(복)] : 무 복	2890	7652	6220	6656
職	직 102 [仄聲 /入聲 : 輻*복(폭)] : 바퀴살통 폭	2896	7653	6221	7735
職	직 102 [仄聲 /入聲 : 副*부(복)] : 순산될 벽	2939	7656	6222	6621
職	직 102 [仄聲 /入聲 : 北(북)] : 북녘 북	3009	7657	6223	6682
職	직 102 [仄聲 /入聲 : 踣*복(부)] : 엎드러질/쓰러질 부	2910	7654	6224	6680
職	직 102 [仄聲 /入聲 : 葡(비)] : 무 복	3157	7658	6225	6674

배열형식 C (가나다 韻目 基準)		배열 A	배열 B	배열 C	배열 D
韻目	韻目No. [平仄 / 四聲 : 韻族] : 略義	운족 가나순	운목 번호순	운목 가나순	사성순
職	직 102 [仄聲 /入聲 : 塞*새(색)] : 막을/채울 색	3391	7659	6226	6746
職	직 102 [仄聲 /入聲 : 嗇(색)] : 아낄/인색할 색	3395	7660	6227	6747
職	직 102 [仄聲 /入聲 : 穡(색)] : 거둘 색	3396	7661	6228	6748
職	직 102 [仄聲 /入聲 : 色(색)] : 빛 색	3398	7662	6229	6750
職	직 102 [仄聲 /入聲 : 埴(식)] : 찰흙 식	3996	7663	6230	6907
職	직 102 [仄聲 /入聲 : 寔(식)] : 이 식	3997	7664	6231	6908
職	직 102 [仄聲 /入聲 : 式(식)] : 법 식	3998	7665	6232	6909
職	직 102 [仄聲 /入聲 : 息(식)] : 쉴 식	3999	7666	6233	6910
職	직 102 [仄聲 /入聲 : 拭(식)] : 닦을 식	4000	7667	6234	6911
職	직 102 [仄聲 /入聲 : 植(식)] : 심을/세울/둘 식	4001	7668	6235	6912
職	직 102 [仄聲 /入聲 : 殖(식)] : 불릴 식	4003	7669	6236	6913
職	직 102 [仄聲 /入聲 : 湜(식)] : 물맑을 식	4004	7670	6237	6914
職	직 102 [仄聲 /入聲 : 熄(식)] : 꺼질 식	4005	7671	6238	6915
職	직 102 [仄聲 /入聲 : 蝕(식)] : 좀먹을 식	4006	7672	6239	6916
職	직 102 [仄聲 /入聲 : 識(식)] : 알 식	4007	7673	6240	6917
職	직 102 [仄聲 /入聲 : 軾(식)] : 수레가로나무 식	4009	7674	6241	6918
職	직 102 [仄聲 /入聲 : 食(식)] : 밥/먹을 식	4010	7675	6242	6919
職	직 102 [仄聲 /入聲 : 飾(식)] : 꾸밀 식	4011	7676	6243	6920
職	직 102 [仄聲 /入聲 : 栻(식)] : 점판 식	4013	7677	6244	6922
職	직 102 [仄聲 /入聲 : 億(억)] : 억 억	4323	7678	6245	7020
職	직 102 [仄聲 /入聲 : 憶(억)] : 생각할 억	4324	7679	6246	7021
職	직 102 [仄聲 /入聲 : 抑(억)] : 누를 억	4325	7680	6247	7022
職	직 102 [仄聲 /入聲 : 檍(억)] : 감탕나무 억	4326	7681	6248	7023
職	직 102 [仄聲 /入聲 : 臆(억)] : 가슴 억	4327	7682	6249	7024
職	직 102 [仄聲 /入聲 : 繶(억)] : 묶을 억	4328	7683	6250	7025
職	직 102 [仄聲 /入聲 : 力(력)] : 힘/부지런할 력	1844	7642	6251	6377
職	직 102 [仄聲 /入聲 : 域(역)] : 지경 역	4382	7685	6252	7042
職	직 102 [仄聲 /入聲 : 閾(역)] : 문지방 역	4391	7686	6253	7052
職	직 102 [仄聲 /入聲 : 棫(역)] : 두릅나무 역	4393	7687	6254	7054
職	직 102 [仄聲 /入聲 : 緎(역)] : 솔기 역	4394	7688	6255	7055
職	직 102 [仄聲 /入聲 : 罭(역)] : 어망 역	4395	7689	6256	7056
職	직 102 [仄聲 /入聲 : 薏*의(억)] : 연밥알 억	5155	7690	6257	7026
職	직 102 [仄聲 /入聲 : 溺(닉)] : 빠질 닉	1324	7635	6258	6254
職	직 102 [仄聲 /入聲 : 溺*닉(뇨)] : 오줌/오줌눌 뇨	1325	7636	6259	6248
職	직 102 [仄聲 /入聲 : 瀷(익)] : 스며흐를 익	5231	7691	6260	7183
職	직 102 [仄聲 /入聲 : 翊(익)] : 도울 익	5233	7692	6261	7185

배열형식 C (가나다 韻目 基準)		배열 A	배열 B	배열 C	배열 D
韻目	韻目No. [平仄 / 四聲 : 韻族] : 略義	운족 가나순	운목 번호순	운목 가나순	사성순
職	직 102 [仄聲 / 入聲 : 翌(익)] : 이튿날 익	5234	7693	6262	7186
職	직 102 [仄聲 / 入聲 : 翼(익)] : 날개 익	5235	7694	6263	7187
職	직 102 [仄聲 / 入聲 : 弋(익)] : 주살 익	5237	7695	6264	7189
職	직 102 [仄聲 / 入聲 : 杙(익)] : 말뚝 익	5239	7696	6265	7191
職	직 102 [仄聲 / 入聲 : 賊(적)] : 도둑 적	5573	7697	6266	7286
職	직 102 [仄聲 / 入聲 : 卽(즉)] : 이제/곧/다만/만일 즉	6093	7698	6267	7397
職	직 102 [仄聲 / 入聲 : 即(즉)] : 곧 즉	6094	7699	6268	7398
職	직 102 [仄聲 / 入聲 : 喞(질)] : 두런거릴 질	6238	7709	6269	7422
職	직 102 [仄聲 / 入聲 : 蝍*즉(즐)] : 잠자리 즐	6096	7701	6270	7401
職	직 102 [仄聲 / 入聲 : 蝍(즉)] : 지네 즉	6095	7700	6271	7399
職	직 102 [仄聲 / 入聲 : 直(직)] : 바를/곧을 직	6181	7702	6272	7415
職	직 102 [仄聲 / 入聲 : 稙(직)] : 올벼 직	6183	7703	6273	7416
職	직 102 [仄聲 / 入聲 : 稷(직)] : 사직(社稷)/흙귀신 직	6184	7704	6274	7417
職	직 102 [仄聲 / 入聲 : 織*직(치)] : 기[旗也] 치	6186	7706	6275	7632
職	직 102 [仄聲 / 入聲 : 織(직)] : 짤/만들 직	6185	7705	6276	7418
職	직 102 [仄聲 / 入聲 : 犆(직)] : 소/선두를 직	6188	7707	6277	7419
職	직 102 [仄聲 / 入聲 : 犆*직(특)] : 하나 특	6189	7708	6278	7707
職	직 102 [仄聲 / 入聲 : 陟(척)] : 오를 척	6453	7710	6279	7526
職	직 102 [仄聲 / 入聲 : 側(측)] : 곁 측	6785	7711	6280	7625
職	직 102 [仄聲 / 入聲 : 仄(측)] : 기울 측	6786	7712	6281	7626
職	직 102 [仄聲 / 入聲 : 惻(측)] : 슬퍼할 측	6788	7713	6282	7627
職	직 102 [仄聲 / 入聲 : 測(측)] : 헤아릴 측	6789	7714	6283	7628
職	직 102 [仄聲 / 入聲 : 厠*측(칙)] : 기울 칙	6791	7715	6284	7634
職	직 102 [仄聲 / 入聲 : 昃(측)] : 기울 측	6792	7716	6285	7629
職	직 102 [仄聲 / 入聲 : 畟(측)] : 밭갈 측	6793	7717	6286	7630
職	직 102 [仄聲 / 入聲 : 則(칙)] : 법칙 칙	6841	7718	6287	7635
職	직 102 [仄聲 / 入聲 : 勅(칙)] : 조서 칙	6842	7719	6288	7636
職	직 102 [仄聲 / 入聲 : 飭(칙)] : 신칙할 칙	6843	7720	6289	7637
職	직 102 [仄聲 / 入聲 : 敕(칙)] : 조서 칙	6844	7721	6290	7638
職	직 102 [仄聲 / 入聲 : 慝(특)] : 악할 특	7020	7722	6291	7708
職	직 102 [仄聲 / 入聲 : 特(특)] : 특별할 특	7021	7723	6292	7709
職	직 102 [仄聲 / 入聲 : 忒(특)] : 변할 특	7022	7724	6293	7710
職	직 102 [仄聲 / 入聲 : 愎(퍅)] : 괴퍅할 퍅	7087	7725	6294	7727
職	직 102 [仄聲 / 入聲 : 幅*폭(핍)] : 행전 핍	7172	7726	6295	7764
職	직 102 [仄聲 / 入聲 : 輻*복(폭)] : 바퀴살통 폭	2912	7655	6296	7741
職	직 102 [仄聲 / 入聲 : 逼(핍)] : 닥칠 핍	7247	7727	6297	7766

배열형식 C (가나다 韻目 基準)		배열 A	배열 B	배열 C	배열 D
韻目	韻目No. [平仄 / 四聲 : 韻族] : 略義	운족 가나순	운목 번호순	운목 가나순	사성
職	직 102 [仄聲 /入聲 : 革*혁(극)] : 급할 극	7427	7728	6298	620
職	직 102 [仄聲 /入聲 : 洫(혁)] : 봇도랑 혁	7429	7729	6299	782
職	직 102 [仄聲 /入聲 : 鬩(혁)] : 다툴 혁	7430	7730	6300	782
職	직 102 [仄聲 /入聲 : 畫(혁)] : 애통할 혁	7432	7731	6301	782
職	직 102 [仄聲 /入聲 : 惑(혹)] : 미혹할 혹	7594	7732	6302	786
職	직 102 [仄聲 /入聲 : 或(혹)] : 혹 혹	7595	7733	6303	786
職	직 102 [仄聲 /入聲 : 黑(흑)] : 검을 흑	7879	7734	6304	792
職	직 102 [仄聲 /入聲 : 肊(억)] : 가슴뼈/갈비뼈 억	4329	7684	6305	702
職	직 102 [仄聲 /入聲 : 噫*희(억)] : 누를 억	7916	7735	6306	702
眞	진 011 [平聲 /上平 : 巾(건)] : 수건 건	273	1168	6307	3
眞	진 011 [平聲 /上平 : 甄*견(진)] : 질그릇 진	341	1169	6308	129
眞	진 011 [平聲 /上平 : 龜*귀(균)] : 갈라질 균	982	1170	6309	14
眞	진 011 [平聲 /上平 : 勻*균(윤)] : 가지런/적을 윤	1012	1172	6310	105
眞	진 011 [平聲 /上平 : 勻(균)] : 적을 균	1011	1171	6311	14
眞	진 011 [平聲 /上平 : 均(균)] : 고를 균	1013	1173	6312	14
眞	진 011 [平聲 /上平 : 畇*균(윤)] : 밭 윤	1015	1175	6313	105
眞	진 011 [平聲 /上平 : 畇(균)] : 밭일굴 균	1014	1174	6314	14
眞	진 011 [平聲 /上平 : 筠(균)] : 대나무 균	1016	1176	6315	14
眞	진 011 [平聲 /上平 : 鈞(균)] : 서른근 균	1018	1177	6316	14
眞	진 011 [平聲 /上平 : 囷(균)] : 곳집 균	1019	1178	6317	15
眞	진 011 [平聲 /上平 : 麇(균)] : 노루 균	1021	1179	6318	15
眞	진 011 [平聲 /上平 : 矜(근)] : 긍창자루 근	1054	1180	6319	16
眞	진 011 [平聲 /上平 : 焞*돈(퇴)] : 밝을 순	1580	1181	6320	77
眞	진 011 [平聲 /上平 : 屯*둔(준)] : 어려울/두터울/아낄 준	1652	1182	6321	126
眞	진 011 [平聲 /上平 : 論*론(륜)] : 차례 륜	1969	1183	6322	38
眞	진 011 [平聲 /上平 : 倫(륜)] : 인륜/떳떳할 륜	2089	1185	6323	38
眞	진 011 [平聲 /上平 : 淪(륜)] : 빠질 륜	2091	1186	6324	38
眞	진 011 [平聲 /上平 : 輪(륜)] : 바퀴 륜	2094	1187	6325	38
眞	진 011 [平聲 /上平 : 掄(론)] : 가릴/고를 론	1970	1184	6326	35
眞	진 011 [平聲 /上平 : 潾(린)] : 물맑을 린	2178	1188	6327	42
眞	진 011 [平聲 /上平 : 燐(린)] : 도깨비불/반디불 린	2179	1189	6328	42
眞	진 011 [平聲 /上平 : 璘(린)] : 옥무늬/옥빛 린	2180	1190	6329	42
眞	진 011 [平聲 /上平 : 隣(린)] : 이웃 린	2183	1191	6330	42
眞	진 011 [平聲 /上平 : 鱗(린)] : 비늘 린	2184	1192	6331	42
眞	진 011 [平聲 /上平 : 麟(린)] : 기린 린	2185	1193	6332	42
眞	진 011 [平聲 /上平 : 粼(린)] : 물 맑을 린	2187	1194	6333	42

배열형식 C (가나다 韻目 基準)		배열 A	배열 B	배열 C	배열 D
韻目	韻目No. [平仄 / 四聲 : 韻族] : 略義	운족 가나순	운목 번호순	운목 가나순	사성순
眞	진 011 [平聲 /上平 : 鄰(린)] : 이웃 린	2189	1195	6334	430
眞	진 011 [平聲 /上平 : 岷(민)] : 산이름 민	2554	1197	6335	509
眞	진 011 [平聲 /上平 : 旻(민)] : 하늘 민	2559	1198	6336	510
眞	진 011 [平聲 /上平 : 旼(민)] : 화할 민	2560	1199	6337	511
眞	진 011 [平聲 /上平 : 民(민)] : 백성 민	2561	1200	6338	512
眞	진 011 [平聲 /上平 : 珉(민)] : 옥돌 민	2564	1201	6339	514
眞	진 011 [平聲 /上平 : 緡(민)] : 낚싯줄 민	2565	1202	6340	515
眞	진 011 [平聲 /上平 : 忞(민)] : 강인할 민	2567	1203	6341	516
眞	진 011 [平聲 /上平 : 暋(민)] : 굳셀 민	2569	1204	6342	517
眞	진 011 [平聲 /上平 : 湣(민)] : 시호이름 민	2570	1205	6343	518
眞	진 011 [平聲 /上平 : 閺(문)] : 따뜻할 문	2506	1196	6344	490
眞	진 011 [平聲 /上平 : 抿(민)] : 씻을(拭)/어루만질 민	2574	1206	6345	519
眞	진 011 [平聲 /上平 : 瑉(민)] : 옥돌 민	2576	1207	6346	520
眞	진 011 [平聲 /上平 : 嚬(빈)] : 찡그릴 빈	3165	1208	6347	685
眞	진 011 [平聲 /上平 : 嬪(빈)] : 아내 빈	3166	1209	6348	686
眞	진 011 [平聲 /上平 : 彬(빈)] : 빛날 빈	3167	1210	6349	687
眞	진 011 [平聲 /上平 : 斌(빈)] : 빛날 빈	3168	1211	6350	688
眞	진 011 [平聲 /上平 : 檳(빈)] : 빈랑나무 빈	3169	1212	6351	689
眞	진 011 [平聲 /上平 : 濱(빈)] : 물가 빈	3171	1213	6352	690
眞	진 011 [平聲 /上平 : 瀕(빈)] : 물가/임박할 빈	3172	1214	6353	691
眞	진 011 [平聲 /上平 : 玭(빈)] : 소리나는진주 빈	3174	1215	6354	692
眞	진 011 [平聲 /上平 : 貧(빈)] : 가난할 빈	3176	1216	6355	693
眞	진 011 [平聲 /上平 : 賓(빈)] : 손 빈	3177	1217	6356	694
眞	진 011 [平聲 /上平 : 頻(빈)] : 자주 빈	3178	1218	6357	695
眞	진 011 [平聲 /上平 : 繽(빈)] : 어지러울 빈	3181	1219	6358	696
眞	진 011 [平聲 /上平 : 蘋(빈)] : 개구리밥 빈	3182	1220	6359	697
眞	진 011 [平聲 /上平 : 豳(빈)] : 얼룩 빈	3183	1221	6360	698
眞	진 011 [平聲 /上平 : 顰(빈)] : 찡그릴 빈	3184	1222	6361	699
眞	진 011 [平聲 /上平 : 詵(선)] : 많을 선	3519	1223	6362	739
眞	진 011 [平聲 /上平 : 巡(숙)] : 돌/순행할 순	3873	1224	6363	777
眞	진 011 [平聲 /上平 : 循(순)] : 돌/좇을 순	3875	1225	6364	778
眞	진 011 [平聲 /上平 : 恂(순)] : 정성 순	3876	1226	6365	779
眞	진 011 [平聲 /上平 : 旬(순)] : 열흘 순	3878	1227	6366	780
眞	진 011 [平聲 /上平 : 洵*순(현)] : 멀 현	3884	1228	6367	1500
眞	진 011 [平聲 /上平 : 淳(순)] : 순박할 순	3885	1229	6368	781
眞	진 011 [平聲 /上平 : 珣(순)] : 옥이름 순	3886	1230	6369	782

배열형식 C (가나다 韻目 基準)		배열 A	배열 B	배열 C	배열 D
韻目	韻目No. [平仄 / 四聲 : 韻族] : 略義	운족 가나순	운목 번호순	운목 가나순	사성
眞	진 011 [平聲 /上平 : 純(순)] : 순수할 순	3891	1231	6370	78
眞	진 011 [平聲 /上平 : 脣(순)] : 입술 순	3894	1232	6371	78
眞	진 011 [平聲 /上平 : 荀(순)] : 풀이름 순	3896	1233	6372	78
眞	진 011 [平聲 /上平 : 蓴(순)] : 순채 순	3897	1234	6373	78
眞	진 011 [平聲 /上平 : 詢(순)] : 물을 순	3899	1235	6374	78
眞	진 011 [平聲 /上平 : 醇(순)] : 진할 순	3901	1236	6375	78
眞	진 011 [平聲 /上平 : 錞(순)] : 악기이름 순	3902	1237	6376	78
眞	진 011 [平聲 /上平 : 馴(순)] : 길들 순	3904	1238	6377	79
眞	진 011 [平聲 /上平 : 盹(순)] : 졸/눈감을 순	3905	1239	6378	79
眞	진 011 [平聲 /上平 : 鶉(순)] : 메추라기 순	3906	1240	6379	79
眞	진 011 [平聲 /上平 : 漘(순)] : 물가 순	3908	1241	6380	79
眞	진 011 [平聲 /上平 : 伸(신)] : 펼 신	4014	1242	6381	81
眞	진 011 [平聲 /上平 : 侁(신)] : 걷는모양 신	4015	1243	6382	81
眞	진 011 [平聲 /上平 : 呻(신)] : 끙끙거릴 신	4017	1244	6383	81
眞	진 011 [平聲 /上平 : 娠(신)] : 애밸 신	4018	1245	6384	82
眞	진 011 [平聲 /上平 : 宸(신)] : 집 신	4019	1246	6385	82
眞	진 011 [平聲 /上平 : 新(신)] : 새 신	4021	1247	6386	82
眞	진 011 [平聲 /上平 : 晨(신)] : 새벽 신	4022	1248	6387	82
眞	진 011 [平聲 /上平 : 申(신)] : 납 신	4024	1249	6388	82
眞	진 011 [平聲 /上平 : 神(신)] : 귀신 신	4025	1250	6389	82
眞	진 011 [平聲 /上平 : 紳(신)] : 띠 신	4026	1251	6390	82
眞	진 011 [平聲 /上平 : 臣(신)] : 신하 신	4028	1252	6391	82
眞	진 011 [平聲 /上平 : 莘(신)] : 긴모양 신	4029	1253	6392	82
眞	진 011 [平聲 /上平 : 薪(신)] : 땔나무 신	4030	1254	6393	82
眞	진 011 [平聲 /上平 : 身(신)] : 몸 신	4034	1255	6394	83
眞	진 011 [平聲 /上平 : 辛(신)] : 매울 신	4035	1256	6395	83
眞	진 011 [平聲 /上平 : 辰(신)] : 날 신	4036	1257	6396	83
眞	진 011 [平聲 /上平 : 辰*신(진)] : 때/별/북두성 진	4037	1258	6397	129
眞	진 011 [平聲 /上平 : 麎(신)] : 암순록 신	4041	1259	6398	83
眞	진 011 [平聲 /上平 : 煙*연(인)] : 김/기운/안개 인	4414	1260	6399	112
眞	진 011 [平聲 /上平 : 奫(윤)] : 물깊고넓을 윤	5071	1261	6400	105
眞	진 011 [平聲 /上平 : 淪(윤)] : 빠질질 윤	5073	1262	6401	106
眞	진 011 [平聲 /上平 : 贇(윤)] : 예쁠 윤	5077	1263	6402	106
眞	진 011 [平聲 /上平 : 銀(은)] : 은 은	5102	1264	6403	107
眞	진 011 [平聲 /上平 : 嚚(은)] : 어리석을 은	5105	1265	6404	107
眞	진 011 [平聲 /上平 : 齸(익)] : 새김질할 익	5241	1266	6405	112

배열형식 C (가나다 韻目 基準)		배열 A	배열 B	배열 C	배열 D
韻目	韻目No. [平仄 / 四聲 : 韻族] : 略義	운족 가나순	운목 번호순	운목 가나순	사성순
眞	진 011 [平聲 /上平 : 人(인)] : 사람 인	5242	1267	6406	1123
眞	진 011 [平聲 /上平 : 仁(인)] : 어질 인	5243	1268	6407	1124
眞	진 011 [平聲 /上平 : 因(인)] : 인할 인	5249	1269	6408	1125
眞	진 011 [平聲 /上平 : 姻(인)] : 혼인 인	5250	1270	6409	1126
眞	진 011 [平聲 /上平 : 寅(인)] : 공경할 인	5251	1271	6410	1127
眞	진 011 [平聲 /上平 : 湮(인)] : 빠질 인	5255	1272	6411	1128
眞	진 011 [平聲 /上平 : 絪(인)] : 수삼/기운 인	5256	1273	6412	1129
眞	진 011 [平聲 /上平 : 茵(인)] : 자리 인	5257	1274	6413	1130
眞	진 011 [平聲 /上平 : 氤(인)] : 기운성할 인	5263	1275	6414	1131
眞	진 011 [平聲 /上平 : 禋(인)] : 제사 지낼 인	5264	1276	6415	1132
眞	진 011 [平聲 /上平 : 紉(인)] : 새끼 인	5265	1277	6416	1133
眞	진 011 [平聲 /上平 : 諲(인)] : 공경할 인	5266	1278	6417	1134
眞	진 011 [平聲 /上平 : 闉(인)] : 성곽문 인	5268	1279	6418	1135
眞	진 011 [平聲 /上平 : 塡*진(전)] : 메울 전	6191	1285	6419	1201
眞	진 011 [平聲 /上平 : 塡(진)] : 오랠/편안할 진	6190	1284	6420	1297
眞	진 011 [平聲 /上平 : 竣(준)] : 마칠/물러설 준	6067	1280	6421	1265
眞	진 011 [平聲 /上平 : 逡(준)] : 뒷걸음질칠 준	6070	1281	6422	1266
眞	진 011 [平聲 /上平 : 遵(준)] : 좇을 준	6071	1282	6423	1267
眞	진 011 [平聲 /上平 : 皴(준)] : 주름/살틀 준	6076	1283	6424	1268
眞	진 011 [平聲 /上平 : 唇(진)] : 놀랄 진	6192	1286	6425	1298
眞	진 011 [平聲 /上平 : 嗔(진)] : 성낼 진	6193	1287	6426	1299
眞	진 011 [平聲 /上平 : 塵(진)] : 티끌 진	6194	1288	6427	1300
眞	진 011 [平聲 /上平 : 桭(진)] : 평고대 진	6199	1289	6428	1301
眞	진 011 [平聲 /上平 : 榛(진)] : 개암나무 진	6200	1290	6429	1302
眞	진 011 [平聲 /上平 : 津(진)] : 나루 진	6202	1291	6430	1303
眞	진 011 [平聲 /上平 : 溱(진)] : 많을 진	6203	1292	6431	1304
眞	진 011 [平聲 /上平 : 珍(진)] : 보배 진	6204	1293	6432	1305
眞	진 011 [平聲 /上平 : 眞(진)] : 참 진	6231	1302	6433	1313
眞	진 011 [平聲 /上平 : 瞋(진)] : 부릅뜰 진	6209	1294	6434	1306
眞	진 011 [平聲 /上平 : 秦(진)] : 성 진	6210	1295	6435	1307
眞	진 011 [平聲 /上平 : 臻(진)] : 이를 진	6213	1296	6436	1308
眞	진 011 [平聲 /上平 : 辰*진(신)] : 날(生辰日) 신	6219	1298	6437	834
眞	진 011 [平聲 /上平 : 辰(진)] : 때/별/북두성 진	6218	1297	6438	1309
眞	진 011 [平聲 /上平 : 鎭(진)] : 진압할 진	6221	1299	6439	1310
眞	진 011 [平聲 /上平 : 陳(진)] : 베풀/묵을 진	6223	1300	6440	1311
眞	진 011 [平聲 /上平 : 蓁(진)] : 우거질 진	6227	1301	6441	1312

배열형식 C (가나다 韻目 基準)		배열 A	배열 B	배열 C	배열 D
韻目	韻目No. [平仄 / 四聲 : 韻族] : 略義	운족 가나순	운목 번호순	운목 가나순	사성순
眞	진 011 [平聲 /上平 : 蘵(진)] : 담배풀 진	6234	1303	6442	1314
眞	진 011 [平聲 /上平 : 春(춘)] : 봄 춘	6738	1304	6443	1370
眞	진 011 [平聲 /上平 : 椿(춘)] : 참죽나무 춘	6739	1305	6444	1371
軫	진 041 [仄聲 /上聲 : 蠼(곽)] : 큰원숭이 곽	661	3795	6445	3369
軫	진 041 [仄聲 /上聲 : 窘(군)] : 떼지어살 군	921	3796	6446	3415
軫	진 041 [仄聲 /上聲 : 菌(균)] : 버섯 균	1017	3797	6447	3435
軫	진 041 [仄聲 /上聲 : 囷*균(균)] : 서릴 균	1020	3798	6448	3436
軫	진 041 [仄聲 /上聲 : 麕(균)] : 노루 균	1022	3799	6449	3437
軫	진 041 [仄聲 /上聲 : 緊(긴)] : 긴할 긴	1179	3800	6450	3461
軫	진 041 [仄聲 /上聲 : 脗*문(민)] : 합할 민	2504	3801	6451	3727
軫	진 041 [仄聲 /上聲 : 愍(민)] : 근심할 민	2556	3802	6452	3728
軫	진 041 [仄聲 /上聲 : 憫(민)] : 민망할 민	2557	3803	6453	3729
軫	진 041 [仄聲 /上聲 : 敏(민)] : 민첩할 민	2558	3804	6454	3730
軫	진 041 [仄聲 /上聲 : 泯(민)] : 망할 민	2562	3805	6455	3731
軫	진 041 [仄聲 /上聲 : 閔(민)] : 성 민	2566	3806	6456	3732
軫	진 041 [仄聲 /上聲 : 黽(민)] : 힘쓸 민	2572	3807	6457	3733
軫	진 041 [仄聲 /上聲 : 敃(민)] : 힘쓸 민	2575	3808	6458	3734
軫	진 041 [仄聲 /上聲 : 篔(민)] : 대속빌 민	2577	3809	6459	3735
軫	진 041 [仄聲 /上聲 : 牝(빈)] : 암컷 빈	3173	3810	6460	3847
軫	진 041 [仄聲 /上聲 : 栒(순)] : 가름대나무 순	3879	3811	6461	3963
軫	진 041 [仄聲 /上聲 : 楯(순)] : 난간 순	3880	3812	6462	3964
軫	진 041 [仄聲 /上聲 : 盾(순)] : 방패 순	3887	3813	6463	3965
軫	진 041 [仄聲 /上聲 : 筍(순)] : 댓순 순	3890	3814	6464	3966
軫	진 041 [仄聲 /上聲 : 純*순(준)] : 선두를 준	3893	3815	6465	4343
軫	진 041 [仄聲 /上聲 : 簨(순)] : 대그릇 순	3909	3816	6466	3967
軫	진 041 [仄聲 /上聲 : 腎(신)] : 콩팥 신	4027	3817	6467	3982
軫	진 041 [仄聲 /上聲 : 蜃(신)] : 대합조개 신	4032	3818	6468	3983
軫	진 041 [仄聲 /上聲 : 頣(신)] : 눈크게뜨고볼 신	4040	3819	6469	3984
軫	진 041 [仄聲 /上聲 : 縯*연(인)] : 당길 인	4424	3820	6470	4190
軫	진 041 [仄聲 /上聲 : 殞(운)] : 죽을 운	4851	3821	6471	4125
軫	진 041 [仄聲 /上聲 : 霣(운)] : 떨어질 운	4863	3822	6472	4126
軫	진 041 [仄聲 /上聲 : 允(윤)] : 만 윤	5070	3823	6473	4160
軫	진 041 [仄聲 /上聲 : 尹(윤)] : 성 윤	5072	3824	6474	4161
軫	진 041 [仄聲 /上聲 : 玧(윤)] : 귀막이옥 윤	5075	3825	6475	4162
軫	진 041 [仄聲 /上聲 : 鈗(윤)] : 창(槍) 윤	5078	3826	6476	4163
軫	진 041 [仄聲 /上聲 : 狁(윤)] : 오랑캐 윤	5081	3827	6477	4164

韻目	배열형식 C (가나다 韻目 基準) 韻目No. [平仄 / 四聲 : 韻族] : 略義	배열 A 운족 가나순	배열 B 운목 번호순	배열 C 운목 가나순	배열 D 사성순
軫	진 041 [仄聲 /上聲 : 引(인)] : 끌 인	5253	3828	6478	4191
軫	진 041 [仄聲 /上聲 : 忍(인)] : 참을 인	5254	3829	6479	4192
軫	진 041 [仄聲 /上聲 : 蚓(인)] : 지렁이 인	5258	3830	6480	4193
軫	진 041 [仄聲 /上聲 : 靷(인)] : 가슴걸이 인	5261	3831	6481	4194
軫	진 041 [仄聲 /上聲 : 准(준)] : 비준 준	6055	3832	6482	4344
軫	진 041 [仄聲 /上聲 : 準(준)] : 평평할고를법도 준	6062	3833	6483	4345
軫	진 041 [仄聲 /上聲 : 蠢(준)] : 꿈틀거릴/어리석을 준	6069	3834	6484	4346
軫	진 041 [仄聲 /上聲 : 隼(준)] : 웅크릴 준	6079	3835	6485	4349
軫	진 041 [仄聲 /上聲 : 畛(진)] : 두렁길 진	6206	3836	6486	4376
軫	진 041 [仄聲 /上聲 : 疹(진)] : 홍역 진	6207	3837	6487	4377
軫	진 041 [仄聲 /上聲 : 盡(진)] : 다할 진	6208	3838	6488	4378
軫	진 041 [仄聲 /上聲 : 縝(진)] : 삼실 진	6212	3839	6489	4379
軫	진 041 [仄聲 /上聲 : 診(진)] : 진찰할 진	6215	3840	6490	4381
軫	진 041 [仄聲 /上聲 : 賑(진)] : 구휼할 진	6216	3841	6491	4382
軫	진 041 [仄聲 /上聲 : 軫(진)] : 수레뒤턱나무 진	6217	3842	6492	4383
軫	진 041 [仄聲 /上聲 : 儘(진)] : 다할 진	6225	3843	6493	4384
軫	진 041 [仄聲 /上聲 : 稹(진)] : 떨기로날 진	6226	3844	6494	4385
軫	진 041 [仄聲 /上聲 : 趁(진)] : 좇을 진	6228	3845	6495	4386
軫	진 041 [仄聲 /上聲 : 紾(진)] : 비틀 진	6233	3846	6496	4387
軫	진 041 [仄聲 /上聲 : 賰(춘)] : 넉넉할/부유할 춘	6740	3847	6497	4462
軫	진 041 [仄聲 /上聲 : 賄(회)] : 재물/뇌물 회	7750	3848	6498	4648
震	진 071 [仄聲 /去聲 : 僅(근)] : 겨우 근	1034	5480	6499	4838
震	진 071 [仄聲 /去聲 : 瑾(근)] : 아름다운옥 근	1041	5481	6500	4841
震	진 071 [仄聲 /去聲 : 菫(근)] : 제비꽃 근	1044	5482	6501	4842
震	진 071 [仄聲 /去聲 : 覲(근)] : 뵐 근	1045	5483	6502	4843
震	진 071 [仄聲 /去聲 : 饉(근)] : 흉년들 근	1048	5484	6503	4844
震	진 071 [仄聲 /去聲 : 墐(근)] : 흉년들 근	1049	5485	6504	4845
震	진 071 [仄聲 /去聲 : 堇(근)] : 진흙 근	1052	5486	6505	4846
震	진 071 [仄聲 /去聲 : 菣(긴)] : 제비쑥 긴	1180	5487	6506	4862
震	진 071 [仄聲 /去聲 : 吝(린)] : 아낄/인색할 린	2177	5488	6507	5009
震	진 071 [仄聲 /去聲 : 藺(린)] : 골풀/성 린	2181	5489	6508	5010
震	진 071 [仄聲 /去聲 : 躪(린)] : 짓밟을 린	2182	5490	6509	5011
震	진 071 [仄聲 /去聲 : 磷(린)] : 돌틈물흐르는모양 린	2186	5491	6510	5012
震	진 071 [仄聲 /去聲 : 轔(린)] : 문지방 린	2188	5492	6511	5013
震	진 071 [仄聲 /去聲 : 遴(린)] : 어려워할 린	2190	5493	6512	5014
震	진 071 [仄聲 /去聲 : 殯(빈)] : 염할 빈	3170	5494	6513	5145

배열형식 C (가나다 韻目 基準)			배열 A	배열 B	배열 C	배열 D
韻目	韻目No. [平仄 / 四聲 : 韻族]	: 略義	운족 가나순	운목 번호순	운목 가나순	사성순
震	진 071 [仄聲 /去聲 : 儐(빈)]	: 인도할 빈	3179	5495	6514	5146
震	진 071 [仄聲 /去聲 : 擯(빈)]	: 물리칠 빈	3180	5496	6515	5147
震	진 071 [仄聲 /去聲 : 鬢(빈)]	: 살쩍/귀밑털 빈	3185	5497	6516	5148
震	진 071 [仄聲 /去聲 : 索(삭)]	: 동앗줄 삭	3288	5498	6517	5162
震	진 071 [仄聲 /去聲 : 徇(순)]	: 주창할 순	3874	5499	6518	5271
震	진 071 [仄聲 /去聲 : 恂*순(준)]	: 무서울 준	3877	5500	6519	5596
震	진 071 [仄聲 /去聲 : 橓(순)]	: 무궁화(=蕣) 순	3881	5501	6520	5272
震	진 071 [仄聲 /去聲 : 殉(순)]	: 따라죽을 순	3882	5502	6521	5273
震	진 071 [仄聲 /去聲 : 瞬(순)]	: 눈깜작할 순	3889	5503	6522	5275
震	진 071 [仄聲 /去聲 : 舜(순)]	: 순임금 순	3895	5504	6523	5276
震	진 071 [仄聲 /去聲 : 蕣(순)]	: 무궁화 순	3898	5505	6524	5277
震	진 071 [仄聲 /去聲 : 諄(순)]	: 타이를 순	3900	5506	6525	5278
震	진 071 [仄聲 /去聲 : 順(순)]	: 순할 순	3903	5507	6526	5279
震	진 071 [仄聲 /去聲 : 信(신)]	: 믿을 신	4016	5508	6527	5294
震	진 071 [仄聲 /去聲 : 愼(신)]	: 삼갈/고요할 신	4020	5509	6528	5295
震	진 071 [仄聲 /去聲 : 燼(신)]	: 탄나머지 신	4023	5510	6529	5296
震	진 071 [仄聲 /去聲 : 藎(신)]	: 조개풀 신	4031	5511	6530	5297
震	진 071 [仄聲 /去聲 : 訊(신)]	: 물을 신	4033	5512	6531	5298
震	진 071 [仄聲 /去聲 : 迅(신)]	: 빠를 신	4038	5513	6532	5299
震	진 071 [仄聲 /去聲 : 賮(신)]	: 전별할 신	4039	5514	6533	5300
震	진 071 [仄聲 /去聲 : 潤(윤)]	: 불을 윤	5074	5515	6534	5465
震	진 071 [仄聲 /去聲 : 胤(윤)]	: 자손 윤	5076	5516	6535	5466
震	진 071 [仄聲 /去聲 : 閏(윤)]	: 윤달 윤	5080	5517	6536	5467
震	진 071 [仄聲 /去聲 : 垽(은)]	: 해감/찌끼 은	5106	5518	6537	5470
震	진 071 [仄聲 /去聲 : 刃(인)]	: 칼날 인	5244	5519	6538	5492
震	진 071 [仄聲 /去聲 : 印(인)]	: 도장 인	5245	5520	6539	5493
震	진 071 [仄聲 /去聲 : 認(인)]	: 알 인	5259	5521	6540	5494
震	진 071 [仄聲 /去聲 : 靭(인)]	: 질길 인	5260	5522	6541	5495
震	진 071 [仄聲 /去聲 : 仞(인)]	: 길(물깊이) 인	5262	5523	6542	5496
震	진 071 [仄聲 /去聲 : 軔(인)]	: 쐐기 인	5267	5524	6543	5497
震	진 071 [仄聲 /去聲 : 韌(인)]	: 질길 인	5269	5525	6544	5498
震	진 071 [仄聲 /去聲 : 瑱*전(진)]	: 옥이름 진	5639	5526	6545	5628
震	진 071 [仄聲 /去聲 : 俊(준)]	: 준걸 준	6053	5527	6546	5597
震	진 071 [平仄 /去聲 : 儁(준)]	: 영특할/훌륭할 준	6054	5528	6547	5598
震	진 071 [仄聲 /去聲 : 埈(준)]	: 높을 준	6056	5529	6548	5599
震	진 071 [仄聲 /去聲 : 寯(준)]	: 모일 준	6057	5530	6549	5600

배열형식 C (가나다 韻目 基準)		배열 A	배열 B	배열 C	배열 D
韻目	韻目No. [平仄 / 四聲 : 韻族] : 略義	운족 가나순	운목 번호순	운목 가나순	사성순
震	진 071 [仄聲 /去聲 : 峻(준)] : 높을/준엄할 준	6058	5531	6550	5601
震	진 071 [仄聲 /去聲 : 晙(준)] : 밝을 준	6059	5532	6551	5602
震	진 071 [仄聲 /去聲 : 浚(준)] : 깊게할 준	6061	5533	6552	5603
震	진 071 [仄聲 /去聲 : 濬(준)] : 깊을 준	6064	5534	6553	5604
震	진 071 [仄聲 /去聲 : 畯(준)] : 농부 준	6066	5535	6554	5606
震	진 071 [仄聲 /去聲 : 駿(준)] : 준마/클/빠를 준	6072	5536	6555	5607
震	진 071 [仄聲 /去聲 : 駿*준(순)] : 준마/클/빠를 순	6073	5537	6556	5280
震	진 071 [仄聲 /去聲 : 餕(준)] : 먹다남은밥 준	6080	5538	6557	5610
震	진 071 [仄聲 /去聲 : 訰(준)] : 어지러울 준	6083	5539	6558	5611
震	진 071 [仄聲 /去聲 : 振(진)] : 떨칠 진	6195	5540	6559	5629
震	진 071 [仄聲 /去聲 : 搢(진)] : 꽂을 진	6196	5541	6560	5630
震	진 071 [仄聲 /去聲 : 晉(진)] : 나아갈 진	6197	5542	6561	5631
震	진 071 [仄聲 /去聲 : 晋(진)] : 나아갈 진	6198	5543	6562	5632
震	진 071 [仄聲 /去聲 : 璡(진)] : 옥돌 진	6205	5544	6563	5633
震	진 071 [仄聲 /去聲 : 縉(진)] : 붉은비단/꽂을 진	6211	5545	6564	5634
震	진 071 [仄聲 /去聲 : 進(진)] : 나아갈 진	6220	5546	6565	5635
震	진 071 [仄聲 /去聲 : 陣(진)] : 진칠 진	6222	5547	6566	5636
震	진 071 [仄聲 /去聲 : 震(진)] : 우레 진	6224	5548	6567	5637
震	진 071 [仄聲 /去聲 : 疢(진)] : 열병 진	6230	5549	6568	5638
震	진 071 [仄聲 /去聲 : 鎭(진)] : 진압할진 진	6235	5550	6569	5639
震	진 071 [仄聲 /去聲 : 儭(츤)] : 속옷 츤	6794	5551	6570	5733
震	진 071 [仄聲 /去聲 : 櫬(친)] : 무 친	6846	5552	6571	5747
震	진 071 [仄聲 /去聲 : 襯(친)] : 속옷 친	6847	5553	6572	5748
震	진 071 [仄聲 /去聲 : 齔(친)] : 이갈 친	6848	5554	6573	5749
震	진 071 [仄聲 /去聲 : 喙(훼)] : 부리 훼	7831	5555	6574	5924
質	질 093 [仄聲 /入聲 : 橘(귤)] : 귤나무 귤	1023	6736	6575	6189
質	질 093 [仄聲 /入聲 : 佶(길)] : 건장할 길	1181	6737	6576	6222
質	질 093 [仄聲 /入聲 : 吉(길)] : 길할 길	1182	6738	6577	6223
質	질 093 [仄聲 /入聲 : 拮(결)] : 열심히일할 결	374	6735	6578	6062
質	질 093 [仄聲 /入聲 : 姞(길)] : 성 길	1184	6739	6579	6225
質	질 093 [仄聲 /入聲 : 怩*니(닐)] : 부끄러워할 닐	1315	6740	6580	6255
質	질 093 [仄聲 /入聲 : 暱(닐)] : 친할 닐	1326	6741	6581	6256
質	질 093 [仄聲 /入聲 : 律(률)] : 법/풍류/지을 률	2095	6742	6582	6430
質	질 093 [仄聲 /入聲 : 慄(률)] : 두려워할 률	2096	6743	6583	6431
質	질 093 [仄聲 /入聲 : 栗(률)] : 밤 률	2097	6744	6584	6432
質	질 093 [仄聲 /入聲 : 率(률)] : 헤아릴/비례 률	2098	6745	6585	6433

배열형식 C (가나다 韻目 基準)		배열 A	배열 B	배열 C	배열 D
韻目	韻目No. [平仄 / 四聲 : 韻族] : 略義	운족 가나순	운목 번호순	운목 가나순	사성순
質	질 093 [仄聲 /入聲 : 率(률)] : 거느릴/행할 솔	2100	4739	6586	6836
質	질 093 [仄聲 /入聲 : 箻(률)] : 풍류이름 률	2101	6747	6587	6434
質	질 093 [仄聲 /入聲 : 鷅(률)] : 올빼미 률	2102	6748	6588	6435
質	질 093 [仄聲 /入聲 : 麜(률)] : 암노루 률	2103	6749	6589	6436
質	질 093 [仄聲 /入聲 : 密(밀)] : 빽빽할 밀	2578	6750	6590	6527
質	질 093 [仄聲 /入聲 : 蜜(밀)] : 꿀 밀	2579	6751	6591	6528
質	질 093 [仄聲 /入聲 : 謐(밀)] : 조용할 밀	2580	6752	6592	6529
質	질 093 [仄聲 /入聲 : 蔤(밀)] : 연뿌리 밀	2582	6753	6593	6530
質	질 093 [仄聲 /入聲 : 宓*복(밀)] : 잠잠할 밀	2883	6754	6594	6531
質	질 093 [仄聲 /入聲 : 佛*불(필)] : 흥할/도울 필	3051	6755	6595	7742
質	질 093 [仄聲 /入聲 : 拂*불(필)] : 도울 필	3055	6756	6596	7743
質	질 093 [仄聲 /入聲 : 比*비(필)] : 차례 필	3094	6757	6597	7744
質	질 093 [仄聲 /入聲 : 秘*비(필)] : 창자루 필	3153	6758	6598	7745
質	질 093 [仄聲 /入聲 : 率*솔(수)] : 비률/과녁/헤아릴 률	3719	6762	6599	6437
質	질 093 [仄聲 /入聲 : 率(솔)] : 거느릴/좇을 솔	3717	6761	6600	6837
質	질 093 [仄聲 /入聲 : 蟀(솔)] : 귀뚜라미 솔	3720	6763	6601	6838
質	질 093 [仄聲 /入聲 : 帥(솔)] : 거느릴/좇을 솔	3721	6764	6602	6839
質	질 093 [仄聲 /入聲 : 帥*솔(수)] : 장수 수	3722	6765	6603	6847
質	질 093 [仄聲 /入聲 : 戌(술)] : 개 술	3910	6766	6604	6881
質	질 093 [仄聲 /入聲 : 術(술)] : 재주 술	3911	6767	6605	6882
質	질 093 [仄聲 /入聲 : 述(술)] : 펼 술	3912	6768	6606	6883
質	질 093 [仄聲 /入聲 : 鉥(술)] : 돗바늘/인도할 술	3913	6769	6607	6884
質	질 093 [仄聲 /入聲 : 瑟(슬)] : 큰거문고 슬	3921	6772	6608	6888
質	질 093 [仄聲 /入聲 : 膝(슬)] : 무릎 슬	3922	6773	6609	6889
質	질 093 [仄聲 /入聲 : 蝨(슬)] : 이 슬	3923	6774	6610	6890
質	질 093 [仄聲 /入聲 : 虱(슬)] : 이 슬	3924	6775	6611	6891
質	질 093 [仄聲 /入聲 : 璱(슬)] : 푸른진주 슬	3925	6776	6612	6892
質	질 093 [仄聲 /入聲 : 失(실)] : 잃을 실	4042	6777	6613	6923
質	질 093 [仄聲 /入聲 : 室(실)] : 집 실	4043	6778	6614	6924
質	질 093 [仄聲 /入聲 : 實(실)] : 열매 실	4044	6779	6615	6925
質	질 093 [仄聲 /入聲 : 悉(실)] : 갖출/다알 실	4045	6780	6616	6926
質	질 093 [仄聲 /入聲 : 蟋(실)] : 귀뚜라미 실	4046	6781	6617	6927
質	질 093 [仄聲 /入聲 : 噎*열(일)] : 목멜 일	4445	6782	6618	7193
質	질 093 [仄聲 /入聲 : 聿(율)] : 붓 율	5082	6783	6619	7163
質	질 093 [仄聲 /入聲 : 潏(술)] : 물흐르는 모양 율	5083	6784	6620	7164
質	질 093 [仄聲 /入聲 : 潏*율(술)] : 모래톱 술	5084	6785	6621	6885

배열형식 C (가나다 韻目 基準)		배열 A	배열 B	배열 C	배열 D
韻目	韻目No. [平仄 / 四聲 : 韻族] : 略義	운족 가나순	운목 번호순	운목 가나순	사성순
質	질 093 [仄聲 /入聲 : 噊(율)] : 위태할 율	5086	6786	6622	7165
質	질 093 [仄聲 /入聲 : 噊*율(술)] : 위태할 술	5087	6787	6623	6886
質	질 093 [仄聲 /入聲 : 繘(율)] : 두레박줄 율	5088	6788	6624	7166
質	질 093 [仄聲 /入聲 : 驈(율)] : 말이름 율	5089	6789	6625	7167
質	질 093 [仄聲 /入聲 : 乙(을)] : 새 을	5110	6790	6626	7168
質	질 093 [仄聲 /入聲 : 鳦(을)] : 제비 을	5111	6791	6627	7169
質	질 093 [仄聲 /入聲 : 一(일)] : 한 일	5270	6792	6628	7194
質	질 093 [仄聲 /入聲 : 佚(일)] : 편할 일	5271	6793	6629	7195
質	질 093 [仄聲 /入聲 : 佾(일)] : 줄춤 일	5273	6794	6630	7196
質	질 093 [仄聲 /入聲 : 壹(일)] : 한/갖은한 일	5274	6795	6631	7197
質	질 093 [仄聲 /入聲 : 日(일)] : 날 일	5275	6796	6632	7198
質	질 093 [仄聲 /入聲 : 溢(일)] : 찰/넘칠 일	5276	6797	6633	7199
質	질 093 [仄聲 /入聲 : 逸(일)] : 편안할 일	5277	6798	6634	7200
質	질 093 [仄聲 /入聲 : 鎰(일)] : 무게이름 일	5278	6799	6635	7201
質	질 093 [仄聲 /入聲 : 馹(일)] : 역말 일	5279	6800	6636	7202
質	질 093 [仄聲 /入聲 : 泆(일)] : 끓을 일	5281	6801	6637	7203
質	질 093 [仄聲 /入聲 : 軼(질)] : 지나칠/빠질 질	6236	6807	6638	7421
質	질 093 [仄聲 /入聲 : 駔(일)] : 역말 일	5282	6802	6639	7204
質	질 093 [仄聲 /入聲 : 櫛(즐)] : 빗 즐	6098	6804	6640	7402
質	질 093 [仄聲 /入聲 : 騭(즐)] : 숫말 즐	6099	6805	6641	7403
質	질 093 [仄聲 /入聲 : 瀄(즐)] : 물흐를 즐	6100	6806	6642	4404
質	질 093 [仄聲 /入聲 : 侄(질)] : 굳을/어리석을 질	6239	6808	6643	7423
質	질 093 [仄聲 /入聲 : 叱(질)] : 꾸짖을 질	6240	6809	6644	7424
質	질 093 [仄聲 /入聲 : 姪(질)] : 조카 질	6241	6810	6645	7425
質	질 093 [仄聲 /入聲 : 嫉(질)] : 시새움할 질	6243	6811	6646	7426
質	질 093 [仄聲 /入聲 : 帙(질)] : 책갑 질	6244	6812	6647	7427
質	질 093 [仄聲 /入聲 : 桎(질)] : 차꼬 질	6245	6813	6648	7428
質	질 093 [仄聲 /入聲 : 疾(질)] : 병 질	6246	6814	6649	7429
質	질 093 [仄聲 /入聲 : 秩(질)] : 차례 질	6247	6815	6650	7430
質	질 093 [仄聲 /入聲 : 窒(질)] : 막을/가득할 질	6248	6816	6651	7431
質	질 093 [仄聲 /入聲 : 膣(질)] : 새살날/보지 질	6250	6817	6652	7432
質	질 093 [仄聲 /入聲 : 質*질(지)] : 폐백/전당잡는집 지	6253	6819	6653	7414
質	질 093 [仄聲 /入聲 : 質(질)] : 문서/바를/바탕 질	6252	6818	6654	7434
質	질 093 [仄聲 /入聲 : 挃(질)] : 찌를 질	6257	6820	6655	7438
質	질 093 [仄聲 /入聲 : 柣(질)] : 문지방 질	6258	6821	6656	7439
質	질 093 [仄聲 /入聲 : 礩(질)] : 주춧돌/맷돌 질	6259	6822	6657	7440

배열형식 C (가나다 韻目 基準)		배열 A	배열 B	배열 C	배열 D
韻目	韻目No. [平仄 / 四聲 : 韻族] : 略義	운족 가나순	운목 번호순	운목 가나순	사성순
質	질 093 [仄聲 /入聲 : 紩(질)] : 꿰맬 질	6260	6823	6658	7441
質	질 093 [仄聲 /入聲 : 銍(질)] : 낫 질	6262	6824	6659	7443
質	질 093 [仄聲 /入聲 : 啐(줄)] : 지껄일/쭉쭉빨 줄	6086	6803	6660	7396
質	질 093 [仄聲 /入聲 : 出(출)] : 날 출	6741	6825	6661	7615
質	질 093 [仄聲 /入聲 : 朮(출)] : 차조 출	6742	6826	6662	7616
質	질 093 [仄聲 /入聲 : 黜(출)] : 떨어뜨릴 출	6743	6827	6663	7617
質	질 093 [仄聲 /入聲 : 秫(출)] : 차조 출	6744	6828	6664	7618
質	질 093 [仄聲 /入聲 : 怵(출)] : 두려워할 출	6745	6829	6665	7619
質	질 093 [仄聲 /入聲 : 絀*출(굴)] : 굽힐 굴	6747	6831	6666	6178
質	질 093 [仄聲 /入聲 : 絀(출)] : 꿰맬 출	6746	6830	6667	7620
質	질 093 [仄聲 /入聲 : 七(칠)] : 일곱 칠	6849	6832	6668	7639
質	질 093 [仄聲 /入聲 : 漆(칠)] : 옻 칠	6850	6833	6669	7640
質	질 093 [仄聲 /入聲 : 匹(필)] : 짝 필	7229	6834	6670	7746
質	질 093 [仄聲 /入聲 : 弼(필)] : 도울 필	7231	6835	6671	7747
質	질 093 [仄聲 /入聲 : 必(필)] : 반드시 필	7232	6836	6672	7748
質	질 093 [仄聲 /入聲 : 泌*비(필)] : 개천물 필	3164	6759	6673	7749
質	질 093 [仄聲 /入聲 : 珌(필)] : 칼장식옥 필	7233	6837	6674	7750
質	질 093 [仄聲 /入聲 : 畢(필)] : 마칠 필	7234	6838	6675	7751
質	질 093 [仄聲 /入聲 : 疋*소(필)] : 짝 필	3695	6760	6676	7752
質	질 093 [仄聲 /入聲 : 筆(필)] : 붓 필	7235	6839	6677	7753
質	질 093 [仄聲 /入聲 : 苾(필)] : 향기날 필	7236	6840	6678	7754
質	질 093 [仄聲 /入聲 : 馝(필)] : 향기로울 필	7237	6841	6679	7755
質	질 093 [仄聲 /入聲 : 佖(필)] : 점잖을 필	7238	6842	6680	7756
質	질 093 [仄聲 /入聲 : 篳(필)] : 대사립문 필	7239	6843	6681	7757
質	질 093 [仄聲 /入聲 : 蹕(필)] : 길치울 필	7240	6844	6682	7758
質	질 093 [仄聲 /入聲 : 韠(필)] : 무릎보호대(蔽膝) 필	7241	6845	6683	7759
質	질 093 [仄聲 /入聲 : 鵯(필)] : 갈가마귀 필	7242	6846	6684	7760
質	질 093 [仄聲 /入聲 : 縪(필)] : 그칠/관솔기 필	7243	6847	6685	7761
質	질 093 [仄聲 /入聲 : 鉍(필)] : 창자루 필	7245	6848	6686	7762
質	질 093 [仄聲 /入聲 : 確(확)] : 굳을 확	7652	6849	6687	7883
質	질 093 [仄聲 /入聲 : 恤(휼)] : 불쌍히여길 휼	7869	6850	6688	7923
質	질 093 [仄聲 /入聲 : 鷸(휼)] : 도요새 휼	7871	6851	6689	7925
質	질 093 [仄聲 /入聲 : 卹(술)] : 걱정할 술	3914	6770	6690	6887
質	질 093 [仄聲 /入聲 : 卹*술(솔)] : 먼지떨이 솔	3915	6771	6691	6840
質	질 093 [仄聲 /入聲 : 詰(힐)] : 꾸짖을/밝는아침 힐	7942	6852	6692	7943
緝	집 103 [仄聲 /入聲 : 伋(급)] : 속일 급	1075	7736	6693	6207

배열형식 C (가나다 韻目 基準)		배열 A	배열 B	배열 C	배열 D
韻目	韻目No. [平仄 / 四聲 : 韻族] : 略義	운족 가나순	운목 번호순	운목 가나순	사성순
緝	집 103 [仄聲 /入聲 : 及(급)] : 미칠 급	1076	7737	6694	6208
緝	집 103 [仄聲 /入聲 : 急(급)] : 급할 급	1077	7738	6695	6209
緝	집 103 [仄聲 /入聲 : 汲(급)] : 길을 급	1079	7739	6696	6211
緝	집 103 [仄聲 /入聲 : 級(급)] : 등급 급	1080	7740	6697	6212
緝	집 103 [仄聲 /入聲 : 給(급)] : 줄 급	1081	7741	6698	6213
緝	집 103 [仄聲 /入聲 : 圾(급)] : 위태할 급	1082	7742	6699	6214
緝	집 103 [仄聲 /入聲 : 岌(급)] : 높을 급	1083	7743	6700	6215
緝	집 103 [仄聲 /入聲 : 立(립)] : 설/세울/이룰/굳을 립	2196	7744	6701	6443
緝	집 103 [仄聲 /入聲 : 笠(립)] : 삿갓 립	2197	7745	6702	6444
緝	집 103 [仄聲 /入聲 : 粒(립)] : 쌀알/알갱이 립	2198	7746	6703	6445
緝	집 103 [仄聲 /入聲 : 澁*삼(삽)] : 껄끄러울/막힐 삽	3336	7747	6704	6732
緝	집 103 [仄聲 /入聲 : 濕(습)] : 젖을 습	3926	7749	6705	6893
緝	집 103 [仄聲 /入聲 : 拾*습(십)] : 열 십	3928	7751	6706	6931
緝	집 103 [仄聲 /入聲 : 拾(습)] : 주울 습	3927	7750	6707	6894
緝	집 103 [仄聲 /入聲 : 習(습)] : 익힐 습	3929	7752	6708	6895
緝	집 103 [仄聲 /入聲 : 褶(습)] : 슬갑 습	3930	7753	6709	6896
緝	집 103 [仄聲 /入聲 : 襲(습)] : 엄습할 습	3932	7754	6710	6897
緝	집 103 [仄聲 /入聲 : 隰(습)] : 진펄 습	3934	7755	6711	6899
緝	집 103 [仄聲 /入聲 : 唼(삽)] : 입다시는소리 삽	3349	7748	6712	6741
緝	집 103 [仄聲 /入聲 : 溼(습)] : 젖을 습	3935	7756	6713	6900
緝	집 103 [仄聲 /入聲 : 什*십(집)] : 세간 집	4065	7759	6714	7445
緝	집 103 [仄聲 /入聲 : 什*십(집)] : 세간 집	4064	7758	6715	7446
緝	집 103 [仄聲 /入聲 : 什(십)] : 열사람/열 십	4063	7757	6716	6932
緝	집 103 [仄聲 /入聲 : 十(십)] : 열 십	4066	7760	6717	6933
緝	집 103 [仄聲 /入聲 : 揖*읍(즙)] : 모을 즙	5122	7762	6718	7405
緝	집 103 [仄聲 /入聲 : 揖(읍)] : 읍할 읍	5121	7761	6719	7175
緝	집 103 [仄聲 /入聲 : 泣(읍)] : 울(哭) 읍	5123	7763	6720	7176
緝	집 103 [仄聲 /入聲 : 邑(읍)] : 고을 읍	5124	7764	6721	7177
緝	집 103 [仄聲 /入聲 : 挹(읍)] : 뜰 읍	5125	7765	6722	7178
緝	집 103 [仄聲 /入聲 : 唈*읍(압)] : 숨쉴 압	5129	7767	6723	6984
緝	집 103 [仄聲 /入聲 : 唈(읍)] : 숨쉴 읍	5128	7766	6724	7180
緝	집 103 [仄聲 /入聲 : 入(입)] : 들 입	5297	7768	6725	7209
緝	집 103 [仄聲 /入聲 : 卄(입)] : 스물(廿의속자) 입	5298	7769	6726	7210
緝	집 103 [仄聲 /入聲 : 廿(입)] : 스물 입	5299	7770	6727	7211
緝	집 103 [仄聲 /入聲 : 汁*즙(협)] : 맞을/화합할 협	6105	7772	6728	7834
緝	집 103 [仄聲 /入聲 : 汁(즙)] : 진액 즙	6104	7771	6729	7407

배열형식 C (가나다 韻目 基準)		배열 A	배열 B	배열 C	배열 D
韻目	韻目No. [平仄 / 四聲 : 韻族] : 略義	운족 가나순	운목 번호순	운목 가나순	사성순
緝	집 103 [仄聲 /入聲 : 葺(즙)] : 기울/지붕이을 즙	6106	7773	6730	740
緝	집 103 [仄聲 /入聲 : 執(집)] : 잡을 집	6266	7774	6731	744
緝	집 103 [仄聲 /入聲 : 潗(집)] : 샘솟을 집	6267	7775	6732	744
緝	집 103 [仄聲 /入聲 : 緝(집)] : 낳을 집	6268	7776	6733	745
緝	집 103 [仄聲 /入聲 : 輯(집)] : 모을 집	6269	7777	6734	745
緝	집 103 [仄聲 /入聲 : 鏶(집)] : 판금/쇳조각 집	6270	7778	6735	745
緝	집 103 [仄聲 /入聲 : 集(집)] : 모을 집	6271	7779	6736	745
緝	집 103 [仄聲 /入聲 : 戢(집)] : 그칠 집	6272	7780	6737	745
緝	집 103 [仄聲 /入聲 : 縶(집)] : 맬 집	6273	7781	6738	745
緝	집 103 [仄聲 /入聲 : 蟄(칩)] : 숨을 칩	6865	7782	6739	764
緝	집 103 [仄聲 /入聲 : 鴔(핍)] : 오디새 핍	7248	7783	6740	776
緝	집 103 [仄聲 /入聲 : 吸(흡)] : 마실 흡	7901	7784	6741	793
緝	집 103 [仄聲 /入聲 : 歙(흡)] : 줄일 흡	7905	7785	6742	794
靑	청 024 [平聲 /下平 : 坰(경)] : 들 경	401	2681	6743	174
靑	청 024 [平聲 /下平 : 涇(경)] : 통할 경	415	2682	6744	175
靑	청 024 [平聲 /下平 : 絅(경)] : 홑옷 경	425	2683	6745	175
靑	청 024 [平聲 /下平 : 扃(경)] : 빗장 경	441	2684	6746	175
靑	청 024 [平聲 /下平 : 寧(녕)] : 편안할/차라리 녕	1251	2685	6747	190
靑	청 024 [平聲 /下平 : 伶(령)] : 영리할 령	1881	2687	6748	203
靑	청 024 [平聲 /下平 : 囹(령)] : 옥 령	1882	2688	6749	203
靑	청 024 [平聲 /下平 : 岺(령)] : 산이으슥할 령	1883	2689	6750	203
靑	청 024 [平聲 /下平 : 玲(령)] : 옥소리 령	1885	2690	6751	203
靑	청 024 [平聲 /下平 : 笭(령)] : 도꼬마리 령	1886	2691	6752	204
靑	청 024 [平聲 /下平 : 羚(령)] : 영양 령	1887	2692	6753	204
靑	청 024 [平聲 /下平 : 翎(령)] : 깃 령	1888	2693	6754	204
靑	청 024 [平聲 /下平 : 聆(령)] : 들을 령	1889	2694	6755	204
靑	청 024 [平聲 /下平 : 鈴(령)] : 방울 령	1891	2695	6756	204
靑	청 024 [平聲 /下平 : 零*령(련)] : 오랑캐이름 련	1893	2696	6757	202
靑	청 024 [平聲 /下平 : 靈(령)] : 신령 령	1894	2697	6758	204
靑	청 024 [平聲 /下平 : 齡(령)] : 나이 령	1896	2698	6759	204
靑	청 024 [平聲 /下平 : 姈(령)] : 나이 령	1898	2699	6760	204
靑	청 024 [平聲 /下平 : 苓(령)] : 햇빛 령	1899	2700	6761	204
靑	청 024 [平聲 /下平 : 軨(령)] : 사냥 수레 령	1900	2701	6762	204
靑	청 024 [平聲 /下平 : 鴒(령)] : 할미새 령	1901	2702	6763	205
靑	청 024 [平聲 /下平 : 瓴(령)] : 동이 령	1902	2703	6764	205
靑	청 024 [平聲 /下平 : 舲(령)] : 창있는 작은 배 령	1903	2704	6765	205

韻目	배열형식 C (가나다 韻目 基準) 韻目No. [平仄 / 四聲 : 韻族] : 略義	배열 A 운족 가나순	배열 B 운목 번호순	배열 C 운목 가나순	배열 D 사성순
靑	청 024 [平聲 /下平 : 蘦(령)] : 감초 령	1904	2705	6766	2053
靑	청 024 [平聲 /下平 : 冥(명)] : 어두울 명	2346	2708	6767	2140
靑	청 024 [平聲 /下平 : 溟(명)] : 어두울/바다 명	2351	2709	6768	2143
靑	청 024 [平聲 /下平 : 瞑*면(명)] : 눈흐릴/눈감을 명	2342	2707	6769	2144
靑	청 024 [平聲 /下平 : 蓂(명)] : 명협 명	2354	2710	6770	2145
靑	청 024 [平聲 /下平 : 螟(명)] : 마디충 명	2356	2711	6771	2146
靑	청 024 [平聲 /下平 : 銘(명)] : 새길 명	2358	2712	6772	2147
靑	청 024 [平聲 /下平 : 瓶(병)] : 병 병	2833	2713	6773	2199
靑	청 024 [平聲 /下平 : 屛(병)] : 울타리 병	2846	2714	6774	2202
靑	청 024 [平聲 /下平 : 缾(병)] : 물장군 병	2850	2715	6775	2203
靑	청 024 [平聲 /下平 : 甹(병)] : 끌(曳也) 병	2851	2716	6776	2204
靑	청 024 [平聲 /下平 : 俜(빙)] : 비틀거릴 빙	3193	2717	6777	2227
靑	청 024 [平聲 /下平 : 惺(성)] : 영리할/깰 성	3586	2718	6778	2322
靑	청 024 [平聲 /下平 : 星(성)] : 별 성	3588	2719	6779	2324
靑	청 024 [平聲 /下平 : 腥(성)] : 비릴 성	3597	2720	6780	2329
靑	청 024 [平聲 /下平 : 寧(녕)] : 편안할/차라리 녕	1258	2686	6781	1909
靑	청 024 [平聲 /下平 : 怜(령)] : 영리할 령	1905	2706	6782	2054
靑	청 024 [平聲 /下平 : 營*영(형)] : 별이름 형	4495	2721	6783	3144
靑	청 024 [平聲 /下平 : 丁(정)] : 사나이 정	5707	2724	6784	2743
靑	청 024 [平聲 /下平 : 亭(정)] : 정자 정	5710	2725	6785	2744
靑	청 024 [平聲 /下平 : 停(정)] : 머무를 정	5711	2726	6786	2745
靑	청 024 [平聲 /下平 : 汀(정)] : 물가 정	5729	2727	6787	2755
靑	청 024 [平聲 /下平 : 渟(정)] : 물괼 정	5732	2728	6788	2756
靑	청 024 [平聲 /下平 : 玎(쟁)] : 옥소리 쟁	5499	2722	6789	2689
靑	청 024 [平聲 /下平 : 玎*쟁(정)] : 옥소리 정	5500	2723	6790	2759
靑	청 024 [平聲 /下平 : 町(정)] : 밭두둑 정	5737	2729	6791	2761
靑	청 024 [平聲 /下平 : 綎(정)] : 띠술 정	5744	2730	6792	2766
靑	청 024 [平聲 /下平 : 霆(정)] : 천둥소리 정	5754	2731	6793	2769
靑	청 024 [平聲 /下平 : 叮(정)] : 정성스러울 정	5759	2732	6794	2770
靑	청 024 [平聲 /下平 : 婷(정)] : 예쁠 정	5760	2733	6795	2771
靑	청 024 [平聲 /下平 : 桯(정)] : 솥 정	5762	2734	6796	2773
靑	청 024 [平聲 /下平 : 筳(정)] : 줄기 정	5765	2735	6797	2776
靑	청 024 [平聲 /下平 : 仃(정)] : 외로울 정	5768	2736	6798	2777
靑	청 024 [平聲 /下平 : 虰(정)] : 잠자리 정	5778	2737	6799	2781
靑	청 024 [平聲 /下平 : 蜓(정)] : 잠자리 정	5780	2738	6800	2782
靑	청 024 [平聲 /下平 : 鞓(정)] : 가죽띠 정	5785	2739	6801	2785

배열형식 C (가나다 韻目 基準)		배열 A	배열 B	배열 C	배열 D
韻目	韻目No. [平仄 / 四聲 : 韻族] : 略義	운족 가나순	운목 번호순	운목 가나순	사성순
靑	청 024 [平聲 /下平 : 鯖(정)] : 쥐 정	5788	2740	6802	2786
靑	청 024 [平聲 /下平 : 廳(청)] : 관청 청	6544	2744	6803	2930
靑	청 024 [平聲 /下平 : 菁*정(청)] : 무성한모양 청	5790	2741	6804	2933
靑	청 024 [平聲 /下平 : 靑(청)] : 푸를 청	6549	2745	6805	2934
靑	청 024 [平聲 /下平 : 凊(정)] : 서늘할 정	5793	2742	6806	2789
靑	청 024 [平聲 /下平 : 凊*정(청)] : 서늘할 청	5794	2743	6807	2936
靑	청 024 [平聲 /下平 : 蜻(청)] : 귀뜨라미 청	6550	2746	6808	2937
靑	청 024 [平聲 /下平 : 萍(평)] : 개구리밥 평	7111	2747	6809	3062
靑	청 024 [平聲 /下平 : 刑(형)] : 형벌 형	7491	2748	6810	3148
靑	청 024 [平聲 /下平 : 型(형)] : 모형 형	7492	2749	6811	3149
靑	청 024 [平聲 /下平 : 形(형)] : 모양 형	7493	2750	6812	3150
靑	청 024 [平聲 /下平 : 熒(형)] : 등불 형	7498	2751	6813	3152
靑	청 024 [平聲 /下平 : 螢(형)] : 반딧불 형	7501	2752	6814	3155
靑	청 024 [平聲 /下平 : 邢(형)] : 성 형	7505	2753	6815	3157
靑	청 024 [平聲 /下平 : 馨(형)] : 꽃다울 형	7507	2754	6816	3158
靑	청 024 [平聲 /下平 : 陘(형)] : 지레목 형	7509	2755	6817	3159
靑	청 024 [平聲 /下平 : 侀(형)] : 형벌 형	7510	2756	6818	3160
靑	청 024 [平聲 /下平 : 鉶(형)] : 국그릇 형	7512	2757	6819	3162
靑	청 024 [平聲 /下平 : 呬*히(령)] : 왁자지껄할 령	7941	2758	6820	2055
寘	치 063 [仄聲 /去聲 : 季(계)] : 계절 계	454	4714	6821	4730
寘	치 063 [仄聲 /去聲 : 悸(계)] : 두근거릴 계	456	4715	6822	4732
寘	치 063 [仄聲 /去聲 : 愧(괴)] : 부끄러울 괴	739	4716	6823	4791
寘	치 063 [仄聲 /去聲 : 蕢(괴)] : 삼태기 괴	745	4717	6824	4793
寘	치 063 [仄聲 /去聲 : 櫃(궤)] : 함 궤	964	4718	6825	4825
寘	치 063 [仄聲 /去聲 : 樻(궤)] : 영수목(靈壽木) 궤	970	4719	6826	4828
寘	치 063 [仄聲 /去聲 : 繢*궤(귀)] : 톱끝/수놓을 귀	974	4720	6827	4833
寘	치 063 [仄聲 /去聲 : 餽(궤)] : 보낼 궤	976	4721	6828	4830
寘	치 063 [仄聲 /去聲 : 歸(귀)] : 돌아올/돌아갈 귀	983	4722	6829	4834
寘	치 063 [仄聲 /去聲 : 皈(귀)] : 돌아갈 귀	988	4723	6830	4836
寘	치 063 [仄聲 /去聲 : 冀(기)] : 바랄 기	1091	4724	6831	4849
寘	치 063 [仄聲 /去聲 : 嗜(기)] : 즐길 기	1092	4725	6832	4850
寘	치 063 [仄聲 /去聲 : 器(기)] : 그릇 기	1093	4726	6833	4851
寘	치 063 [仄聲 /去聲 : 寄(기)] : 부칠 기	1100	4727	6834	4852
寘	치 063 [仄聲 /去聲 : 忌(기)] : 꺼릴 기	1105	4728	6835	4853
寘	치 063 [仄聲 /去聲 : 棄(기)] : 버릴 기	1113	4729	6836	4855
寘	치 063 [仄聲 /去聲 : 記(기)] : 기록할 기	1142	4730	6837	4858

배열형식 C (가나다 韻目 基準)		배열 A	배열 B	배열 C	배열 D
韻目	韻目No. [平仄 / 四聲 : 韻族] : 略義	운족 가나순	운목 번호순	운목 가나순	사성순
寘	치 063 [仄聲 /去聲 : 驥(기)] : 천리마 기	1154	4731	6838	4859
寘	치 063 [仄聲 /去聲 : 覬(기)] : 바랄 기	1167	4732	6839	4860
寘	치 063 [仄聲 /去聲 : 膩(니)] : 기름 니	1317	4733	6840	4886
寘	치 063 [仄聲 /去聲 : 懟(대)] : 원망할 대	1473	4734	6841	4910
寘	치 063 [仄聲 /去聲 : 淚(루)] : 눈물 루	2038	4735	6842	4992
寘	치 063 [仄聲 /去聲 : 累(루)] : 여러/자주 루	2041	4736	6843	4993
寘	치 063 [仄聲 /去聲 : 淚(루)] : 눈물 루	2056	4737	6844	4994
寘	치 063 [仄聲 /去聲 : 類(류)] : 무리 류	2073	4738	6845	4995
寘	치 063 [仄聲 /去聲 : 率*률(수)] : 새그물/장수 수	2099	6746	6846	5251
寘	치 063 [仄聲 /去聲 : 利(리)] : 이할 리	2122	4740	6847	4996
寘	치 063 [仄聲 /去聲 : 厘(리)] : 티끌 리	2123	4741	6848	4997
寘	치 063 [仄聲 /去聲 : 吏(리)] : 관리/벼슬아치 리	2124	4742	6849	4998
寘	치 063 [仄聲 /去聲 : 痢(리)] : 설사 리	2133	4743	6850	4999
寘	치 063 [仄聲 /去聲 : 莉(리)] : 여윌 리	2137	4744	6851	5000
寘	치 063 [仄聲 /去聲 : 裏(리)] : 속 리	2138	4745	6852	5001
寘	치 063 [仄聲 /去聲 : 俐(리)] : 똑똑할 리	2144	4746	6853	5003
寘	치 063 [仄聲 /去聲 : 哩(리)] : 마일[mile] 리	2146	4747	6854	5004
寘	치 063 [仄聲 /去聲 : 涖(리)] : 다다를/물소리 리	2148	4748	6855	5005
寘	치 063 [仄聲 /去聲 : 莅(리)] : 다다를 리	2151	4749	6856	5006
寘	치 063 [仄聲 /去聲 : 蒞(리)] : 다달을 리	2168	4750	6857	5007
寘	치 063 [仄聲 /去聲 : 詈(리)] : 꾸짖을 리	2172	4751	6858	5008
寘	치 063 [仄聲 /去聲 : 寐(매)] : 잘 매	2284	4752	6859	5025
寘	치 063 [仄聲 /去聲 : 魅(매)] : 매혹할 매	2294	4753	6860	5029
寘	치 063 [仄聲 /去聲 : 甿(맹)] : 패모 맹	2322	4754	6861	5035
寘	치 063 [仄聲 /去聲 : 媚(미)] : 아첨할 미	2515	4755	6862	5061
寘	치 063 [仄聲 /去聲 : 賁(비)] : 꾸밀/괘이름 비	3074	4756	6863	5119
寘	치 063 [仄聲 /去聲 : 備(비)] : 갖출 비	3077	4757	6864	5120
寘	치 063 [仄聲 /去聲 : 庇(비)] : 덮을 비	3084	4758	6865	5121
寘	치 063 [仄聲 /去聲 : 茈(비)] : 삼갈 비	3095	4759	6866	5123
寘	치 063 [仄聲 /去聲 : 泌(비)] : 샘물졸졸흐를 비	3099	4760	6867	5125
寘	치 063 [仄聲 /去聲 : 秘(비)] : 쭉정이 비	3105	4761	6868	5126
寘	치 063 [仄聲 /去聲 : 臂(비)] : 팔 비	3111	4762	6869	5128
寘	치 063 [仄聲 /去聲 : 譬(비)] : 비유할 비	3116	4763	6870	5129
寘	치 063 [仄聲 /去聲 : 鼻(비)] : 코 비	3121	4764	6871	5131
寘	치 063 [仄聲 /去聲 : 屁(비)] : 방귀 비	3128	4765	6872	5133
寘	치 063 [仄聲 /去聲 : 痺(비)] : 저릴 비	3133	4766	6873	5135

배열형식 C (가나다 韻目 基準)		배열 A	배열 B	배열 C	배열 D
韻目	韻目No. [平仄 / 四聲 : 韻族] : 略義	운족 가나순	운목 번호순	운목 가나순	사성순
寘	치 063 [仄聲 /去聲 : 祕(비)] : 숨길 비	3135	4767	6874	5137
寘	치 063 [仄聲 /去聲 : 轡(비)] : 고삐 비	3143	4768	6875	5139
寘	치 063 [仄聲 /去聲 : 閟(비)] : 닫을 비	3144	4769	6876	5140
寘	치 063 [仄聲 /去聲 : 柲(비)] : 창자루 비	3152	4770	6877	5142
寘	치 063 [仄聲 /去聲 : 畀(비)] : 줄 비	3154	4771	6878	5143
寘	치 063 [仄聲 /去聲 : 事(사)] : 일 사	3197	4773	6879	5149
寘	치 063 [仄聲 /去聲 : 伺(사)] : 엿볼 사	3200	4774	6880	5150
寘	치 063 [仄聲 /去聲 : 僿(사)] : 잘게부술 사	3204	4775	6881	5151
寘	치 063 [仄聲 /去聲 : 嗣(사)] : 이을 사	3208	4776	6882	5152
寘	치 063 [仄聲 /去聲 : 四(사)] : 넉 사	3209	4777	6883	5153
寘	치 063 [仄聲 /去聲 : 寺(사)] : 절 사	3214	4778	6884	5154
寘	치 063 [仄聲 /去聲 : 寺*사(시)] : 내관 시	3215	4779	6885	5282
寘	치 063 [仄聲 /去聲 : 柶(사)] : 수저 사	3226	4780	6886	5155
寘	치 063 [仄聲 /去聲 : 泗(사)] : 강이름 사	3231	4781	6887	5156
寘	치 063 [仄聲 /去聲 : 肆(사)] : 방자할 사	3243	4782	6888	5157
寘	치 063 [仄聲 /去聲 : 賜(사)] : 줄 사	3255	4783	6889	5158
寘	치 063 [仄聲 /去聲 : 飼(사)] : 기를 사	3260	4784	6890	5159
寘	치 063 [仄聲 /去聲 : 駟(사)] : 사마 사	3261	4785	6891	5160
寘	치 063 [仄聲 /去聲 : 笥(사)] : 상자 사	3270	4786	6892	5161
寘	치 063 [仄聲 /去聲 : 瑞(서)] : 상서 서	3425	4787	6893	5179
寘	치 063 [仄聲 /去聲 : 笹(세)] : 가는대 세	3611	4788	6894	5212
寘	치 063 [仄聲 /去聲 : 彗(세)] : 대싸리 세	3626	4789	6895	5218
寘	치 063 [仄聲 /去聲 : 率*솔(률)] : 새그물 수	3718	4790	6896	5253
寘	치 063 [仄聲 /去聲 : 燧(수)] : 부싯돌/햇불 수	3781	4791	6897	5256
寘	치 063 [仄聲 /去聲 : 璲(수)] : 패옥 수	3785	4792	6898	5257
寘	치 063 [仄聲 /去聲 : 睡(수)] : 졸음 수	3787	4793	6899	5258
寘	치 063 [仄聲 /去聲 : 穗(수)] : 이삭 수	3789	4794	6900	5259
寘	치 063 [仄聲 /去聲 : 粹(수)] : 순수할 수	3791	4795	6901	5260
寘	치 063 [仄聲 /去聲 : 遂(수)] : 드디어 수	3804	4796	6902	526
寘	치 063 [仄聲 /去聲 : 邃(수)] : 깊을 수	3805	4797	6903	526
寘	치 063 [仄聲 /去聲 : 隧(수)] : 따를/길 수	3810	4798	6904	526
寘	치 063 [仄聲 /去聲 : 睟(수)] : 바로볼 수	3825	4799	6905	526
寘	치 063 [仄聲 /去聲 : 睢*수(휴)] : 눈부릅뜨며볼 휴	3827	4800	6906	592
寘	치 063 [仄聲 /去聲 : 祟(수)] : 빌미 수	3829	4801	6907	526
寘	치 063 [仄聲 /去聲 : 檖(수)] : 돌배나무 수	3837	4802	6908	526
寘	치 063 [仄聲 /去聲 : 襚(수)] : 수의 수	3838	4803	6909	526

배열형식 C (가나다 韻目 基準)		배열 A	배열 B	배열 C	배열 D
韻目	韻目No. [平仄 / 四聲 : 韻族] : 略義	운족 가나순	운목 번호순	운목 가나순	사성순
寘	치 063 [仄聲 /去聲 : 篲*수(세)] : 혜성 세	3840	4804	6910	5219
寘	치 063 [仄聲 /去聲 : 綏(수)] : 패물차는끈 수	3841	4805	6911	5270
寘	치 063 [仄聲 /去聲 : 侍(시)] : 모실 시	3949	4806	6912	5284
寘	치 063 [仄聲 /去聲 : 弑(시)] : 죽일 시	3959	4807	6913	5286
寘	치 063 [仄聲 /去聲 : 示(시)] : 보일/가르칠 시	3970	4808	6914	5287
寘	치 063 [仄聲 /去聲 : 翅(시)] : 날개 시	3972	4809	6915	5288
寘	치 063 [仄聲 /去聲 : 蒔(시)] : 모종낼 시	3973	4810	6916	5289
寘	치 063 [仄聲 /去聲 : 試(시)] : 시험 시	3976	4811	6917	5290
寘	치 063 [仄聲 /去聲 : 諡(시)] : 시호 시	3978	4812	6918	5291
寘	치 063 [仄聲 /去聲 : 啻(시)] : 다만 시	3984	4813	6919	5292
寘	치 063 [仄聲 /去聲 : 植*식(치)] : 방망이/기댈/두목 치	4002	4814	6920	5734
寘	치 063 [仄聲 /去聲 : 識*식(지)] : 기록할 지	4008	4815	6921	5615
寘	치 063 [仄聲 /去聲 : 縊(액)] : 목맬 액	4231	4816	6922	5330
寘	치 063 [仄聲 /去聲 : 縊*액(의)] : 목맬 의	4232	4817	6923	5472
寘	치 063 [仄聲 /去聲 : 縊*의(의)] : 목맬 의	5134	4825	6924	5473
寘	치 063 [仄聲 /去聲 : 勩(예)] : 수고로울 예	4549	4818	6925	5381
寘	치 063 [仄聲 /去聲 : 位(위)] : 자리 위	4923	4820	6926	5443
寘	치 063 [仄聲 /去聲 : 僞(위)] : 거짓 위	4925	4821	6927	5444
寘	치 063 [仄聲 /去聲 : 諉(위)] : 번거롭게할 위	4959	4822	6928	5456
寘	치 063 [仄聲 /去聲 : 餧(위)] : 먹일 위	4962	4823	6929	5457
寘	치 063 [仄聲 /去聲 : 偽(위)] : 거짓 위	4964	4824	6930	5458
寘	치 063 [仄聲 /去聲 : 臾*용(유)] : 삼태기 궤	4791	4819	6931	4832
寘	치 063 [仄聲 /去聲 : 意(의)] : 뜻 의	5142	4826	6932	5474
寘	치 063 [仄聲 /去聲 : 懿(의)] : 아름다울 의	5143	4827	6933	5475
寘	치 063 [仄聲 /去聲 : 義(의)] : 옳을 의	5152	4828	6934	5477
寘	치 063 [仄聲 /去聲 : 誼(의)] : 옳을 의	5158	4829	6935	5478
寘	치 063 [仄聲 /去聲 : 議(의)] : 의논할 의	5159	4830	6936	5479
寘	치 063 [仄聲 /去聲 : 劓(의)] : 코 벨 의	5162	4831	6937	5481
寘	치 063 [仄聲 /去聲 : 饐*의(애)] : 쉴/밥썩을 애	5168	4832	6938	5327
寘	치 063 [仄聲 /去聲 : 二(이)] : 두 이	5178	4833	6939	5483
寘	치 063 [仄聲 /去聲 : 異(이)] : 다를/괴이할/나눌 이	5189	4834	6940	5484
寘	치 063 [仄聲 /去聲 : 肄(이)] : 익힐 이	5194	4835	6941	5485
寘	치 063 [仄聲 /去聲 : 貳(이)] : 두/갖은두 이	5199	4836	6942	5486
寘	치 063 [仄聲 /去聲 : 飴*이(시)] : 기를 시	5202	4837	6943	5293
寘	치 063 [仄聲 /去聲 : 餌(이)] : 먹이 이	5203	4838	6944	5487
寘	치 063 [仄聲 /去聲 : 刵(이)] : 귀벨 이	5208	4839	6945	5488

韻目	배열형식 C (가나다 韻目 基準) 韻目No. [平仄 / 四聲 : 韻族] : 略義	배열 A 운족 가나순	배열 B 운목 번호순	배열 C 운목 가나순	배열 D 사성순
寘	치 063 [仄聲 /去聲 : 咡(이)] : 입 이	5209	4840	6946	5489
寘	치 063 [仄聲 /去聲 : 异(이)] : 그칠 이	5213	4841	6947	5490
寘	치 063 [仄聲 /去聲 : 樲(이)] : 멧대추나무 이	5219	4842	6948	5491
寘	치 063 [仄聲 /去聲 : 字(자)] : 글자 자	5316	4843	6949	5499
寘	치 063 [仄聲 /去聲 : 恣(자)] : 방자할 자	5318	4844	6950	5500
寘	치 063 [仄聲 /去聲 : 自(자)] : 스스로 자	5331	4845	6951	5501
寘	치 063 [仄聲 /去聲 : 孶(자)] : 우거질 자	5340	4846	6952	5502
寘	치 063 [仄聲 /去聲 : 眥*자(제)] : 눈초리 제	5345	4847	6953	5539
寘	치 063 [仄聲 /去聲 : 胾(자)] : 고깃점 자	5347	4848	6954	5504
寘	치 063 [仄聲 /去聲 : 地(지)] : 땅 지	6129	4849	6955	5616
寘	치 063 [仄聲 /去聲 : 志(지)] : 뜻 지	6131	4850	6956	5617
寘	치 063 [仄聲 /去聲 : 摯(지)] : 잡을 지	6134	4851	6957	5618
寘	치 063 [仄聲 /去聲 : 智(지)] : 지혜/슬기 지	6137	4852	6958	5619
寘	치 063 [仄聲 /去聲 : 漬(지)] : 담글 지	6145	4853	6959	5620
寘	치 063 [仄聲 /去聲 : 至(지)] : 이를 지	6153	4854	6960	5621
寘	치 063 [仄聲 /去聲 : 誌(지)] : 기록할 지	6157	4855	6961	5622
寘	치 063 [仄聲 /去聲 : 贄(지)] : 폐백 지	6158	4856	6962	5623
寘	치 063 [仄聲 /去聲 : 鷙(지)] : 맹금 지	6170	4857	6963	5624
寘	치 063 [仄聲 /去聲 : 輊(지)] : 수레앞무거워숙인 지	6177	4858	6964	5625
寘	치 063 [仄聲 /去聲 : 鋕(지)] : 새길 지	6178	4859	6965	5626
寘	치 063 [仄聲 /去聲 : 直*직(치)] : 값 치	6182	4860	6966	5735
寘	치 063 [仄聲 /去聲 : 職(직)] : 맡을/벼슬 직	6187	4861	6967	5627
寘	치 063 [仄聲 /去聲 : 次(차)] : 버금 차	6291	4862	6968	5640
寘	치 063 [仄聲 /去聲 : 疐(치)] : 미끄러질 치	6797	4877	6969	5736
寘	치 063 [仄聲 /去聲 : 墜(추)] : 떨어질 추	6670	4863	6970	5714
寘	치 063 [仄聲 /去聲 : 錘(추)] : 중량저울 추	6692	4864	6971	5715
寘	치 063 [仄聲 /去聲 : 悴(췌)] : 근심할/파리할 췌	6756	4866	6972	5717
寘	치 063 [仄聲 /去聲 : 膵(췌)] : 췌장 췌	6757	4867	6973	5718
寘	치 063 [仄聲 /去聲 : 萃(췌)] : 모을 췌	6758	4868	6974	5719
寘	치 063 [仄聲 /去聲 : 惴(췌)] : 두려워할 췌	6760	4869	6975	5721
寘	치 063 [仄聲 /去聲 : 瘁(췌)] : 병들 췌	6761	4870	6976	5722
寘	치 063 [仄聲 /去聲 : 顇(췌)] : 파리할 췌	6762	4871	6977	5723
寘	치 063 [仄聲 /去聲 : 翠(취)] : 물총새 취	6771	4872	6978	5725
寘	치 063 [仄聲 /去聲 : 醉(취)] : 취할 취	6778	4873	6979	5728
寘	치 063 [仄聲 /去聲 : 臎(취)] : 살찔 취	6784	4874	6980	5731
寘	치 063 [仄聲 /去聲 : 厠(측)] : 뒷간 측	6787	4875	6981	5732

배열형식 C (가나다 韻目 基準)		배열 A	배열 B	배열 C	배열 D
韻目	韻目No. [平仄 / 四聲 : 韻族] : 略義	운족 가나순	운목 번호순	운목 가나순	사성순
寘	치 063 [仄聲 /去聲 : 厠*측(치)] : 뒷간/버금 치	6790	4876	6982	5737
寘	치 063 [仄聲 /去聲 : 値(치)] : 값 치	6800	4878	6983	5738
寘	치 063 [仄聲 /去聲 : 幟(치)] : 깃대/표기/기 치	6803	4879	6984	5739
寘	치 063 [仄聲 /去聲 : 熾(치)] : 성할 치	6808	4880	6985	5740
寘	치 063 [仄聲 /去聲 : 稚(치)] : 어릴 치	6812	4881	6986	5741
寘	치 063 [仄聲 /去聲 : 穉(치)] : 어린벼/어린 치	6813	4882	6987	5742
寘	치 063 [仄聲 /去聲 : 緻(치)] : 고울 치	6815	4883	6988	5743
寘	치 063 [仄聲 /去聲 : 置(치)] : 둘 치	6816	4884	6989	5744
寘	치 063 [仄聲 /去聲 : 致(치)] : 이를 치	6817	4885	6990	5745
寘	치 063 [仄聲 /去聲 : 寘(치)] : 둘/받아들일 치	6824	4886	6991	5746
寘	치 063 [仄聲 /去聲 : 槌(추)] : 칠 추	6718	4865	6992	5716
寘	치 063 [仄聲 /去聲 : 跛*파(피)] : 기울어지게설 피	7038	4887	6993	5831
寘	치 063 [仄聲 /去聲 : 避(피)] : 피할 피	7224	4888	6994	5832
寘	치 063 [仄聲 /去聲 : 泌(비)] : 스며흐를 비	3163	4772	6995	5144
寘	치 063 [仄聲 /去聲 : 邲(필)] : 땅이름 필	7244	4889	6996	5833
寘	치 063 [仄聲 /去聲 : 戱(희)] : 놀이 희	7921	4890	6997	5934
寘	치 063 [仄聲 /去聲 : 戲(희)] : 희롱할 희	7933	4891	6998	5935
寘	치 063 [仄聲 /去聲 : 呬(히)] : 숨쉴 히	7940	4894	6999	5939
寘	치 063 [仄聲 /去聲 : 饎(희)] : 주식 희	7938	4892	7000	5937
寘	치 063 [仄聲 /去聲 : 齂(희)] : 코고는소리 희	7939	4893	7001	5938
侵	침 027 [平聲 /下平 : 玪*감(음)] : 옥돌 음	147	3021	7002	2619
侵	침 027 [平聲 /下平 : 黔*검(금)] : 귀신이름 금	302	3022	7003	1869
侵	침 027 [平聲 /下平 : 今(금)] : 이제 금	1057	3023	7004	1870
侵	침 027 [平聲 /下平 : 擒(금)] : 사로잡을 금	1059	3024	7005	1871
侵	침 027 [平聲 /下平 : 檎(금)] : 능금나무 금	1060	3025	7006	1872
侵	침 027 [平聲 /下平 : 琴(금)] : 거문고 금	1061	3026	7007	1873
侵	침 027 [平聲 /下平 : 禽(금)] : 새 금	1063	3027	7008	1874
侵	침 027 [平聲 /下平 : 芩(금)] : 풀이름 금	1064	3028	7009	1875
侵	침 027 [平聲 /下平 : 衾(금)] : 이불 금	1065	3029	7010	1876
侵	침 027 [平聲 /下平 : 衿(금)] : 옷깃 금	1066	3030	7011	1877
侵	침 027 [平聲 /下平 : 襟(금)] : 깃 금	1067	3031	7012	1878
侵	침 027 [平聲 /下平 : 金*금(김)] : 성/땅이름 김	1069	3033	7013	1884
侵	침 027 [平聲 /下平 : 金(금)] : 쇠/귀할 금	1068	3032	7014	1879
侵	침 027 [平聲 /下平 : 蟫*담(심)] : 움직일 심	1418	3034	7015	2387
侵	침 027 [平聲 /下平 : 蟫*담(음)] : 좀 음	1419	3035	7016	2620
侵	침 027 [平聲 /下平 : 林(림)] : 수풀 림	2191	3036	7017	2108

배열형식 C (가나다 韻目 基準)		배열 A	배열 B	배열 C	배열 D
韻目	韻目No. [平仄 / 四聲 : 韻族] : 略義	운족 가나순	운목 번호순	운목 가나순	사성순
侵	침 027 [平聲 / 下平 : 淋(림)] : 물축일/뿌릴 림	2192	3037	7018	2109
侵	침 027 [平聲 / 下平 : 琳(림)] : 아름다운옥 림	2193	3038	7019	2110
侵	침 027 [平聲 / 下平 : 臨(림)] : 임할/클/군림할 림	2194	3039	7020	2111
侵	침 027 [平聲 / 下平 : 霖(림)] : 장마 림	2195	3040	7021	2112
侵	침 027 [平聲 / 下平 : 森(삼)] : 수풀 삼	3329	3041	7022	2258
侵	침 027 [平聲 / 下平 : 蔘(삼)] : 삼 삼	3331	3042	7023	2260
侵	침 027 [平聲 / 下平 : 槮(삼)] : 밋밋할 삼	3333	3043	7024	2262
侵	침 027 [平聲 / 下平 : 尋(심)] : 찾을 심	4048	3044	7025	2388
侵	침 027 [平聲 / 下平 : 心(심)] : 마음 심	4049	3045	7026	2389
侵	침 027 [平聲 / 下平 : 諶(심)] : 참 심	4054	3046	7027	2390
侵	침 027 [平聲 / 下平 : 潯(심)] : 물가 심	4055	3047	7028	2391
侵	침 027 [平聲 / 下平 : 蕈(심)] : 버섯 심	4058	3048	7029	2392
侵	침 027 [平聲 / 下平 : 淫(음)] : 음란할 음	5114	3050	7030	2621
侵	침 027 [平聲 / 下平 : 陰(음)] : 그늘 음	5116	3051	7031	2622
侵	침 027 [平聲 / 下平 : 音(음)] : 소리 음	5117	3052	7032	2623
侵	침 027 [平聲 / 下平 : 瘖(음)] : 벙어리 음	5119	3053	7033	2624
侵	침 027 [平聲 / 下平 : 壬(임)] : 맡길 임	5285	3054	7034	2632
侵	침 027 [平聲 / 下平 : 妊(임)] : 아이밸 임	5286	3055	7035	2633
侵	침 027 [平聲 / 下平 : 姙(임)] : 아이밸 임	5287	3056	7036	2634
侵	침 027 [平聲 / 下平 : 岑(잠)] : 봉우리 잠	5403	3057	7037	2640
侵	침 027 [平聲 / 下平 : 岑*잠(음)] : 기슭/언덕/낭떠러지 음	5404	3058	7038	2625
侵	침 027 [平聲 / 下平 : 箴(잠)] : 바늘/침 잠	5407	3059	7039	2642
侵	침 027 [平聲 / 下平 : 簪(잠)] : 비녀 잠	5408	3060	7040	2643
侵	침 027 [平聲 / 下平 : 涔(잠)] : 괸물 잠	5410	3061	7041	2645
侵	침 027 [平聲 / 下平 : 斟(짐)] : 짐작할 짐	6263	3062	7042	2852
侵	침 027 [平聲 / 下平 : 侵(침)] : 침노할 침	6851	3063	7043	2987
侵	침 027 [平聲 / 下平 : 沈*침(심)] : 즙낼/성 심	6855	3064	7044	2394
侵	침 027 [平聲 / 下平 : 琛(침)] : 보배 침	6857	3065	7045	2988
侵	침 027 [平聲 / 下平 : 砧(침)] : 다듬잇돌 침	6858	3066	7046	2989
侵	침 027 [平聲 / 下平 : 針(침)] : 바늘 침	6859	3067	7047	2990
侵	침 027 [平聲 / 下平 : 忱(침)] : 정성 침	6862	3068	7048	2992
侵	침 027 [平聲 / 下平 : 椹*심(침)] : 다디미돌 침	4062	3049	7049	2993
侵	침 027 [平聲 / 下平 : 綝(침)] : 사람이름 침	6864	3069	7050	2994
侵	침 027 [平聲 / 下平 : 休(휴)] : 쉴 휴	7855	3070	7051	3228
侵	침 027 [平聲 / 下平 : 欽(흠)] : 공경할 흠	7898	3071	7052	3232
侵	침 027 [平聲 / 下平 : 廞(흠)] : 포진할/일 흠	7900	3072	7053	3234

배열형식 C (가나다 韻目 基準)		배열 A	배열 B	배열 C	배열 D
韻目	韻目No. [平仄 / 四聲 : 韻族] : 略義	운족 가나순	운목 번호순	운목 가나순	사성순
寢	침 056 [仄聲 /上聲 : 錦(금)] : 비단 금	1070	4548	7054	3442
寢	침 056 [仄聲 /上聲 : 靲*금(결)] : 쪼갠대 결	1074	4550	7055	3301
寢	침 056 [仄聲 /上聲 : 靲(금)] : 갖신 금	1073	4549	7056	3443
寢	침 056 [仄聲 /上聲 : 凜(름)] : 찰 름	2111	4551	7057	3630
寢	침 056 [仄聲 /上聲 : 懍(름)] : 삼가할 름	2112	4552	7058	3631
寢	침 056 [仄聲 /上聲 : 審(심)] : 살필 심	4047	4553	7059	3985
寢	침 056 [仄聲 /上聲 : 深(심)] : 깊을 심	4051	4554	7060	3986
寢	침 056 [仄聲 /上聲 : 瀋(심)] : 즙낼/물이름 심	4052	4555	7061	3987
寢	침 056 [仄聲 /上聲 : 葚(심)] : 오디 심	4056	4556	7062	3988
寢	침 056 [仄聲 /上聲 : 嬸(심)] : 숙모 심	4057	4557	7063	3989
寢	침 056 [仄聲 /上聲 : 諗(심)] : 고할 심	4059	4558	7064	3990
寢	침 056 [仄聲 /上聲 : 飮(음)] : 마실 음	5118	4560	7065	4167
寢	침 056 [仄聲 /上聲 : 恁(임)] : 생각할 임	5288	4561	7066	4195
寢	침 056 [仄聲 /上聲 : 恁*임(님)] : 이러할[如此] 님	5289	4562	7067	3503
寢	침 056 [仄聲 /上聲 : 稔(임)] : 풍년들/해 임	5290	4563	7068	4196
寢	침 056 [仄聲 /上聲 : 稔*임(염)] : 풍년들/해 염	5291	4564	7069	4052
寢	침 056 [仄聲 /上聲 : 荏(임)] : 들깨 임	5292	4565	7070	4197
寢	침 056 [仄聲 /上聲 : 餁(임)] : 익힐 임	5295	4566	7071	4198
寢	침 056 [仄聲 /上聲 : 怎(즘)] : 어찌 즘	6101	4567	7072	4351
寢	침 056 [仄聲 /上聲 : 朕(짐)] : 나/조짐 짐	6264	4568	7073	4388
寢	침 056 [仄聲 /上聲 : 寢(침)] : 잘 침	6852	4569	7074	4480
寢	침 056 [仄聲 /上聲 : 沈(침)] : 잠길/고요할/빠질 침	6854	4570	7075	4481
寢	침 056 [仄聲 /上聲 : 椹(심)] : 오디 심	4061	4559	7076	3991
寢	침 056 [仄聲 /上聲 : 稟(품)] : 받을 품	7207	4571	7077	4541
寢	침 056 [仄聲 /上聲 : 朽(후)] : 썩을 후	7801	4572	7078	4653
泰	태 068 [仄聲 /去聲 : 盖(개)] : 덮을 개	203	5268	7079	4687
泰	태 068 [仄聲 /去聲 : 蓋(개)] : 덮을 개	206	5269	7080	4689
泰	태 068 [仄聲 /去聲 : 匃(개)] : 줄 개	210	5270	7081	4691
泰	태 068 [仄聲 /去聲 : 匃*개(갈)] : 줄 갈	211	5271	7082	4676
泰	태 068 [仄聲 /去聲 : 磕(개)] : 돌부딪는 소리 개	214	5272	7083	4693
泰	태 068 [仄聲 /去聲 : 丐*갈(개)] : 빌아먹을 개	120	5267	7084	4694
泰	태 068 [仄聲 /去聲 : 愒*게(개)] : 탐할 개	315	5273	7085	4698
泰	태 068 [仄聲 /去聲 : 勾(구)] : 청구할/줄 구	821	5274	7086	4810
泰	태 068 [仄聲 /去聲 : 奈(내)] : 어찌 내	1221	5275	7087	4867
泰	태 068 [仄聲 /去聲 : 奈*내(나)] : 어찌 나	1222	5276	7088	4863
泰	태 068 [仄聲 /去聲 : 奈(내)] : 어찌 내	1227	5277	7089	4869

배열형식 C (가나다 韻目 基準)			배열 A	배열 B	배열 C	배열 D
韻目	韻目No. [平仄 / 四聲 : 韻族]	: 略義	운족 가나순	운목 번호순	운목 가나순	사성순
泰	태 068 [仄聲 /去聲 : 柰(내)]	: 능금나무 내	1229	5278	7090	4870
泰	태 068 [仄聲 /去聲 : 能*능(태)]	: 세발자라 내	1309	5279	7091	4874
泰	태 068 [仄聲 /去聲 : 大(대)]	: 큰/길/지날 대	1457	5280	7092	4900
泰	태 068 [仄聲 /去聲 : 大*대(다)]	: 클/굵을/처음 태	1458	5281	7093	5758
泰	태 068 [仄聲 /去聲 : 帶(대)]	: 띠 대	1462	5282	7094	4903
泰	태 068 [仄聲 /去聲 : 懶(라)]	: 게으를/미워할 라	1675	5283	7095	4933
泰	태 068 [仄聲 /去聲 : 懶*라(뢰)]	: 게으를/미워할 뢰	1677	5284	7096	4977
泰	태 068 [仄聲 /去聲 : 癩(라)]	: 문둥병 라	1678	5285	7097	4934
泰	태 068 [仄聲 /去聲 : 瀨(뢰)]	: 여울 뢰	1990	5287	7098	4978
泰	태 068 [仄聲 /去聲 : 賴*라(뢰)]	: 의뢰할 뢰	1690	5286	7099	4981
泰	태 068 [仄聲 /去聲 : 籟(뢰)]	: 세 구멍 퉁소 뢰	1996	5288	7100	4982
泰	태 068 [仄聲 /去聲 : 藾(뢰)]	: 덮을 뢰	2002	5289	7101	4984
泰	태 068 [仄聲 /去聲 : 頼(뢰)]	: 믿을/힘입을 뢰	2006	5290	7102	4985
泰	태 068 [仄聲 /去聲 : 芾*불(패)]	: 나무더부룩할 패	3066	5291	7103	5783
泰	태 068 [仄聲 /去聲 : 稅*세(탈)]	: 추복입을 태	3609	5292	7104	5759
泰	태 068 [仄聲 /去聲 : 蛻*세(태)]	: 허물벗을 태	3624	5293	7105	5760
泰	태 068 [仄聲 /去聲 : 艾(애)]	: 쑥/그칠/늙은이 애	4206	5294	7106	5316
泰	태 068 [仄聲 /去聲 : 艾*애(예)]	: 쑥 애	4208	5295	7107	5315
泰	태 068 [仄聲 /去聲 : 靄(애)]	: 놀/아지랑이 애	4211	5296	7108	5318
泰	태 068 [仄聲 /去聲 : 藹(애)]	: 열매 많이달림 애	4222	5297	7109	5322
泰	태 068 [仄聲 /去聲 : 外(외)]	: 바깥 외	4700	5298	7110	5413
泰	태 068 [仄聲 /去聲 : 蔡(채)]	: 본받을/거북 채	6416	5299	7111	5656
泰	태 068 [仄聲 /去聲 : 最(최)]	: 가장 최	6664	5300	7112	5712
泰	태 068 [仄聲 /去聲 : 兌(태)]	: 기쁠/곧을 태	6964	5301	7113	5762
泰	태 068 [仄聲 /去聲 : 太(태)]	: 클 태	6966	5302	7114	5763
泰	태 068 [仄聲 /去聲 : 泰(태)]	: 클 태	6971	5303	7115	5765
泰	태 068 [仄聲 /去聲 : 沛(패)]	: 늪 패	7066	5304	7116	5788
泰	태 068 [仄聲 /去聲 : 浿(패)]	: 강이름 패	7067	5305	7117	5789
泰	태 068 [仄聲 /去聲 : 狽(패)]	: 이리 패	7070	5306	7118	5790
泰	태 068 [仄聲 /去聲 : 貝(패)]	: 조개 패	7074	5307	7119	5792
泰	태 068 [仄聲 /去聲 : 旆(패)]	: 기/깃발날릴 패	7077	5308	7120	5794
泰	태 068 [仄聲 /去聲 : 害(해)]	: 해할/해칠 해	7357	5309	7121	5845
泰	태 068 [仄聲 /去聲 : 惠(혜)]	: 은혜 혜	7515	5310	7122	5868
泰	태 068 [仄聲 /去聲 : 會(회)]	: 모일 회	7735	5311	7123	5904
泰	태 068 [仄聲 /去聲 : 會*회(괴)]	: 그릴[畫也] 괴	7736	5312	7124	4794
泰	태 068 [仄聲 /去聲 : 檜(회)]	: 전나무 회	7737	5313	7125	5905

배열형식 C (가나다 韻目 基準)		배열 A	배열 B	배열 C	배열 D
韻目	韻目No. [平仄 / 四聲 : 韻族] : 略義	운족 가나순	운목 번호순	운목 가나순	사성순
泰	태 068 [仄聲 /去聲 : 澮(회)] : 밭고랑 회	7739	5314	7126	5906
泰	태 068 [仄聲 /去聲 : 獪(회)] : 간교할/교활할 회	7743	5315	7127	5907
泰	태 068 [仄聲 /去聲 : 繪(회)] : 그림 회	7745	5316	7128	5908
泰	태 068 [仄聲 /去聲 : 薈(회)] : 우거진모양 회	7757	5317	7129	5912
泰	태 068 [仄聲 /去聲 : 鄶(회)] : 나라이름 회	7758	5318	7130	5913
寒	한 014 [平聲 /上平 : 刊(간)] : 새길 간	66	1502	7131	3
寒	한 014 [平聲 /上平 : 奸(간)] : 범할 간	68	1503	7132	4
寒	한 014 [平聲 /上平 : 干(간)] : 방패 간	70	1504	7133	6
寒	한 014 [平聲 /上平 : 幹(간)] : 줄기 간	71	1505	7134	7
寒	한 014 [平聲 /上平 : 看(간)] : 볼 간	80	1506	7135	9
寒	한 014 [平聲 /上平 : 竿(간)] : 장대 간	83	1507	7136	10
寒	한 014 [平聲 /上平 : 肝(간)] : 간 간	85	1508	7137	11
寒	한 014 [平聲 /上平 : 玕(간)] : 옥돌 간	92	1509	7138	13
寒	한 014 [平聲 /上平 : 鳱(간)] : 까치 간	98	1510	7139	15
寒	한 014 [平聲 /上平 : 邯(한)] : 조나라서울 한	7274	1599	7140	1471
寒	한 014 [平聲 /上平 : 乾*건(간)] : 말를 간	270	1512	7141	16
寒	한 014 [平聲 /上平 : 冠(관)] : 갓 관	668	1513	7142	88
寒	한 014 [平聲 /上平 : 官(관)] : 벼슬 관	669	1514	7143	89
寒	한 014 [平聲 /上平 : 寬(관)] : 너그러울 관	670	1515	7144	90
寒	한 014 [平聲 /上平 : 棺(관)] : 널 관	672	1516	7145	91
寒	한 014 [平聲 /上平 : 菅(간)] : 왕골 간	100	1511	7146	17
寒	한 014 [平聲 /上平 : 觀(관)] : 볼 관	679	1517	7147	93
寒	한 014 [平聲 /上平 : 亘*선(긍)] : 굳셀 환	3491	1576	7148	1548
寒	한 014 [平聲 /上平 : 難(란)] : 어려울 란	1704	1539	7149	311
寒	한 014 [平聲 /上平 : 丹*단(란)] : 꽃이름 란	1334	1520	7150	312
寒	한 014 [平聲 /上平 : 丹(단)] : 붉을 단	1333	1519	7151	237
寒	한 014 [平聲 /上平 : 單(단)] : 홑 단	1337	1521	7152	238
寒	한 014 [平聲 /上平 : 團(단)] : 둥글 단	1339	1522	7153	239
寒	한 014 [平聲 /上平 : 壇(단)] : 단 단	1340	1523	7154	240
寒	한 014 [平聲 /上平 : 檀(단)] : 박달나무 단	1344	1524	7155	241
寒	한 014 [平聲 /上平 : 湍(단)] : 여울 단	1346	1525	7156	242
寒	한 014 [平聲 /上平 : 端(단)] : 끝 단	1348	1526	7157	243
寒	한 014 [平聲 /上平 : 鄲(단)] : 조나라서울 단	1354	1527	7158	244
寒	한 014 [平聲 /上平 : 慱(단)] : 근심할 단	1356	1528	7159	245
寒	한 014 [平聲 /上平 : 耑(단)] : 끝 단	1362	1529	7160	246
寒	한 014 [平聲 /上平 : 胆(단)] : 어깨벗어멜 단	1364	1530	7161	247

배열형식 C (가나다 韻目 基準)		배열 A	배열 B	배열 C	배열 D
韻目	韻目No. [平仄 / 四聲 : 韻族] : 略義	운족 가나순	운목 번호순	운목 가나순	사성순
寒	한 014 [平聲 /上平 : 匰(단)] : 주독 단	1366	1531	7162	248
寒	한 014 [平聲 /上平 : 摶(단)] : 뭉칠 단	1367	1532	7163	249
寒	한 014 [平聲 /上平 : 繵*전(단)] : 자주색/묶을 단	5591	1586	7164	250
寒	한 014 [平聲 /上平 : 貒(단)] : 오소리 단	1370	1533	7165	251
寒	한 014 [平聲 /上平 : 鷒(단)] : 새이름 단	1373	1534	7166	252
寒	한 014 [平聲 /上平 : 鷤(단)] : 꿩새끼 단	1374	1535	7167	253
寒	한 014 [平聲 /上平 : 敦*돈(조)] : 모을 단	1574	1538	7168	254
寒	한 014 [平聲 /上平 : 丹*단(란)] : 꽃이름 란	1377	1537	7169	313
寒	한 014 [平聲 /上平 : 丹(단)] : 붉을/마음/성실할 단	1376	1536	7170	255
寒	한 014 [平聲 /上平 : 欄(란)] : 난간 란	1707	1540	7171	314
寒	한 014 [平聲 /上平 : 欒(란)] : 나무이름 란	1708	1541	7172	315
寒	한 014 [平聲 /上平 : 瀾(란)] : 물결 란	1709	1542	7173	316
寒	한 014 [平聲 /上平 : 蘭(란)] : 난초 란	1711	1543	7174	317
寒	한 014 [平聲 /上平 : 攔(란)] : 막을 란	1713	1544	7175	319
寒	한 014 [平聲 /上平 : 鑾(란)] : 방울 란	1714	1545	7176	320
寒	한 014 [平聲 /上平 : 闌(란)] : 가로막을 란	1715	1546	7177	321
寒	한 014 [平聲 /上平 : 羉(란)] : 묏돼지잡이그물 란	1716	1547	7178	322
寒	한 014 [平聲 /上平 : 蠻(만)] : 뫼 만	2227	1548	7179	431
寒	한 014 [平聲 /上平 : 漫(만)] : 퍼질 만	2234	1549	7180	433
寒	한 014 [平聲 /上平 : 瞞(만)] : 흐릴/속일 만	2236	1550	7181	435
寒	한 014 [平聲 /上平 : 饅(만)] : 만두 만	2241	1551	7182	437
寒	한 014 [平聲 /上平 : 鰻(만)] : 뱀장어 만	2242	1552	7183	438
寒	한 014 [平聲 /上平 : 蹣(만)] : 넘을 만	2246	1553	7184	439
寒	한 014 [平聲 /上平 : 蹣*만(반)] : 절뚝거릴 반	2247	1554	7185	521
寒	한 014 [平聲 /上平 : 鏝(만)] : 황금 만	2249	1555	7186	440
寒	한 014 [平聲 /上平 : 悗*문(만)] : 의혹할 만	2499	1556	7187	442
寒	한 014 [平聲 /上平 : 拌(반)] : 버릴 반	2615	1557	7188	522
寒	한 014 [平聲 /上平 : 搬(반)] : 운반할 반	2616	1558	7189	523
寒	한 014 [平聲 /上平 : 槃(반)] : 쟁반 반	2619	1559	7190	526
寒	한 014 [平聲 /上平 : 瘢(반)] : 흉터 반	2623	1560	7191	528
寒	한 014 [平聲 /上平 : 盤(반)] : 소반 반	2624	1561	7192	529
寒	한 014 [平聲 /上平 : 磐(반)] : 너럭바위 반	2626	1562	7193	530
寒	한 014 [平聲 /上平 : 磻(반)] : 반계 반	2627	1563	7194	531
寒	한 014 [平聲 /上平 : 蟠(반)] : 서릴 반	2632	1564	7195	534
寒	한 014 [平聲 /上平 : 胖(반)] : 희생반쪽/갈비살 반	2638	1565	7196	537
寒	한 014 [平聲 /上平 : 鞶(반)] : 큰띠 반	2639	1566	7197	538

배열형식 C (가나다 韻目 基準)		배열 A	배열 B	배열 C	배열 D
韻目	韻目No. [平仄 / 四聲 : 韻族] : 略義	운족 가나순	운목 번호순	운목 가나순	사성순
寒	한 014 [平聲 /上平 : 番*번(파)] : 차례/갈릴 반	2756	1569	7198	540
寒	한 014 [平聲 /上平 : 繁*번(반)] : 말배때끈 반	2758	1570	7199	541
寒	한 014 [平聲 /上平 : 弁(반)] : 즐거울 반	2640	1567	7200	542
寒	한 014 [平聲 /上平 : 珊(산)] : 산호 산	3298	1571	7201	716
寒	한 014 [平聲 /上平 : 酸(산)] : 실 산	3303	1572	7202	717
寒	한 014 [平聲 /上平 : 姍(산)] : 예쁠/고울/비방할 산	3306	1573	7203	718
寒	한 014 [平聲 /上平 : 狻(산)] : 사자 산	3311	1574	7204	719
寒	한 014 [平聲 /上平 : 跚(산)] : 비틀거릴 산	3317	1575	7205	720
寒	한 014 [平聲 /上平 : 飡*손(찬)] : 먹을 찬	3713	1577	7206	1316
寒	한 014 [平聲 /上平 : 鶉*순(단)] : 수리 단	3907	1578	7207	256
寒	한 014 [平聲 /上平 : 安(안)] : 편안 안	4125	1579	7208	839
寒	한 014 [平聲 /上平 : 鞍(안)] : 안장 안	4133	1580	7209	840
寒	한 014 [平聲 /上平 : 完(완)] : 완전할 완	4662	1581	7210	913
寒	한 014 [平聲 /上平 : 莞(관)] : 골/왕골 관	696	1518	7211	95
寒	한 014 [平聲 /上平 : 豌(완)] : 완두 완	4677	1582	7212	914
寒	한 014 [平聲 /上平 : 刓(완)] : 깍을 완	4682	1583	7213	916
寒	한 014 [平聲 /上平 : 蚖*원(완)] : 까치독사 완	4912	1584	7214	918
寒	한 014 [平聲 /上平 : 殘(잔)] : 남을 잔	5397	1585	7215	1165
寒	한 014 [平聲 /上平 : 鱄*전(단)] : 고기이름 단	5667	1587	7216	257
寒	한 014 [平聲 /上平 : 洀*반(주)] : 물노리칠 주	2643	1568	7217	1260
寒	한 014 [平聲 /上平 : 鑽(찬)] : 뚫을 찬	6330	1588	7218	1317
寒	한 014 [平聲 /上平 : 餐(찬)] : 밥 찬	6331	1589	7219	1318
寒	한 014 [平聲 /上平 : 欑(찬)] : 모질 찬	6334	1590	7220	1319
寒	한 014 [平聲 /上平 : 菆(찬)] : 더부룩이날 찬	6339	1591	7221	1320
寒	한 014 [平聲 /上平 : 萑*추(환)] : 달(亂也) 환	6715	1592	7222	1551
寒	한 014 [平聲 /上平 : 彈(탄)] : 탄알 탄	6923	1593	7223	1410
寒	한 014 [平聲 /上平 : 歎(탄)] : 탄식할 탄	6925	1594	7224	1411
寒	한 014 [平聲 /上平 : 灘(탄)] : 여울 탄	6926	1595	7225	1412
寒	한 014 [平聲 /上平 : 攤(탄)] : 열/펼 탄	6930	1596	7226	1413
寒	한 014 [平聲 /上平 : 殫(탄)] : 다할/두루 탄	6932	1597	7227	1414
寒	한 014 [平聲 /上平 : 癱(탄)] : 사지 틀릴 탄	6933	1598	7228	1415
寒	한 014 [平聲 /上平 : 寒(학)] : 찰 한	7276	1600	7229	1472
寒	한 014 [平聲 /上平 : 汗(한)] : 땀 한	7280	1601	7230	1473
寒	한 014 [平聲 /上平 : 翰(한)] : 편지 한	7285	1602	7231	1474
寒	한 014 [平聲 /上平 : 韓(한)] : 한국/나라 한	7289	1603	7232	1477
寒	한 014 [平聲 /上平 : 丸(환)] : 둥글 환	7661	1604	7233	1552

배열형식 C (가나다 韻目 基準)			배열 A	배열 B	배열 C	배열 D
韻目	韻目No. [平仄 / 四聲 : 韻族]	: 略義	운족 가나순	운목 번호순	운목 가나순	사성순
寒	한 014 [平聲 /上平 : 歡(환)]	: 기쁠 환	7668	1605	7234	1553
寒	한 014 [平聲 /上平 : 桓(환)]	: 굳셀 환	7670	1606	7235	1554
寒	한 014 [平聲 /上平 : 驩(환)]	: 기뻐할 환	7677	1607	7236	1558
寒	한 014 [平聲 /上平 : 芄(환)]	: 왕골 환	7685	1608	7237	1563
寒	한 014 [平聲 /上平 : 讙(환)]	: 시끄러운 환	7686	1609	7238	1564
寒	한 014 [平聲 /上平 : 貆*환(훤)]	: 담비새끼 훤	7689	1610	7239	1600
寒	한 014 [平聲 /上平 : 掀(흔)]	: 치켜들 흔	7886	1611	7240	1630
旱	한 044 [仄聲 /上聲 : 笳(가)]	: 갈잎 피리 가	37	3923	7241	3241
旱	한 044 [仄聲 /上聲 : 侃(간)]	: 굳셀 간	65	3924	7242	3243
旱	한 044 [仄聲 /上聲 : 桿(간)]	: 박달 간	77	3925	7243	3248
旱	한 044 [仄聲 /上聲 : 稈(간)]	: 짚 간	82	3926	7244	3249
旱	한 044 [仄聲 /上聲 : 棵(환)]	: 남무토막 환	7660	3973	7245	4633
旱	한 044 [仄聲 /上聲 : 款(관)]	: 항목 관	673	3927	7246	3370
旱	한 044 [仄聲 /上聲 : 琯(관)]	: 피리 관	675	3928	7247	3371
旱	한 044 [仄聲 /上聲 : 管(관)]	: 대롱/주관할 관	677	3929	7248	3372
旱	한 044 [仄聲 /上聲 : 館(관)]	: 객사 관	683	3930	7249	3373
旱	한 044 [仄聲 /上聲 : 盥(관)]	: 씻을/대야 관	685	3931	7250	3374
旱	한 044 [仄聲 /上聲 : 錧(관)]	: 쟁기/비녀장 관	688	3932	7251	3375
旱	한 044 [仄聲 /上聲 : 痯(관)]	: 병에지친 관	695	3933	7252	3376
旱	한 044 [仄聲 /上聲 : 懶(라)]	: 게으를 라	1671	3945	7253	3562
旱	한 044 [仄聲 /上聲 : 暖(난)]	: 더울 난	1197	3934	7254	3463
旱	한 044 [仄聲 /上聲 : 煖(난)]	: 따뜻할 난	1199	3935	7255	3464
旱	한 044 [仄聲 /上聲 : 亶(단)]	: 믿음 단	1335	3936	7256	3504
旱	한 044 [仄聲 /上聲 : 但(단)]	: 다만 단	1336	3937	7257	3505
旱	한 044 [仄聲 /上聲 : 斷(단)]	: 끊을 단	1342	3938	7258	3506
旱	한 044 [仄聲 /上聲 : 短(단)]	: 짧을 단	1347	3939	7259	3507
旱	한 044 [仄聲 /上聲 : 袒(단)]	: 옷통벗을 단	1352	3940	7260	3509
旱	한 044 [仄聲 /上聲 : 担(단)]	: 떨칠 단	1357	3941	7261	3510
旱	한 044 [仄聲 /上聲 : 澶(단)]	: 모래섬 단	1368	3942	7262	3512
旱	한 044 [仄聲 /上聲 : 靼(달)]	: 다룬가죽 달	1386	3943	7263	3513
旱	한 044 [仄聲 /上聲 : 笪(달)]	: 뜸 달	1388	3944	7264	3514
旱	한 044 [仄聲 /上聲 : 嬾*라(란)]	: 게으를/미워할 란	1676	3946	7265	3566
旱	한 044 [仄聲 /上聲 : 滿(만)]	: 찰 만	2233	3947	7266	3651
旱	한 044 [仄聲 /上聲 : 鏋(만)]	: 금 만	2248	3948	7267	3652
旱	한 044 [仄聲 /上聲 : 懣*문(만)]	: 속답답할 만	2501	3949	7268	3654
旱	한 044 [仄聲 /上聲 : 伴(반)]	: 짝 반	2610	3950	7269	3737

배열형식 C (가나다 韻目 基準)		배열 A	배열 B	배열 C	배열 D
韻目	韻目No. [平仄 / 四聲 : 韻族] : 略義	운족 가나순	운목 번호순	운목 가나순	사성순
旱	한 044 [仄聲 /上聲 : 竝*병(반)] : 짝할 반	2837	3951	7270	3741
旱	한 044 [仄聲 /上聲 : 傘(산)] : 우산 산	3293	3952	7271	3873
旱	한 044 [仄聲 /上聲 : 散(산)] : 흩을 산	3296	3953	7272	3874
旱	한 044 [仄聲 /上聲 : 算(산)] : 셈 산	3301	3954	7273	3876
旱	한 044 [仄聲 /上聲 : 繖(산)] : 일산 산	3312	3955	7274	3879
旱	한 044 [仄聲 /上聲 : 梡(완)] : 도마 완	4666	3956	7275	4074
旱	한 044 [仄聲 /上聲 : 椀(완)] : 도마/주발 완	4667	3957	7276	4075
旱	한 044 [仄聲 /上聲 : 碗(완)] : 그릇 완	4672	3958	7277	4077
旱	한 044 [仄聲 /上聲 : 緩(완)] : 느릴 완	4673	3959	7278	4078
旱	한 044 [仄聲 /上聲 : 脘(완)] : 밥통 완	4675	3960	7279	4079
旱	한 044 [仄聲 /上聲 : 瓚(찬)] : 옥잔 찬	6322	3961	7280	4394
旱	한 044 [仄聲 /上聲 : 纂(찬)] : 모을 찬	6325	3962	7281	4395
旱	한 044 [仄聲 /上聲 : 纘(찬)] : 이을 찬	6327	3963	7282	4396
旱	한 044 [仄聲 /上聲 : 攢(찬)] : 옹기종기모일 찬	6333	3964	7283	4398
旱	한 044 [仄聲 /上聲 : 酇(찬)] : 마을이름 찬	6337	3965	7284	4399
旱	한 044 [仄聲 /上聲 : 坦(탄)] : 평평할 탄	6922	3966	7285	4493
旱	한 044 [仄聲 /上聲 : 憚(탄)] : 꺼릴 탄	6924	3967	7286	4494
旱	한 044 [仄聲 /上聲 : 誕(탄)] : 낳을/거짓 탄	6929	3968	7287	4495
旱	한 044 [仄聲 /上聲 : 旱(한)] : 가물 한	7279	3969	7288	4549
旱	한 044 [仄聲 /上聲 : 澣(한)] : 빨/씻을 한	7282	3970	7289	4550
旱	한 044 [仄聲 /上聲 : 罕(한)] : 드물 한	7284	3971	7290	4551
旱	한 044 [仄聲 /上聲 : 鯇*혼(환)] : 산천어 환	7609	3972	7291	4636
旱	한 044 [仄聲 /上聲 : 很(흔)] : 어길 흔	7884	3974	7292	4665
翰	한 074 [仄聲 /去聲 : 杆(간)] : 몽둥이 간	75	5621	7293	4666
翰	한 074 [仄聲 /去聲 : 榦(간)] : 줄기 간	90	5622	7294	4672
翰	한 074 [仄聲 /去聲 : 榦*간(한)] : 줄기 한	91	5623	7295	5834
翰	한 074 [仄聲 /去聲 : 衎(간)] : 즐길 간	93	5624	7296	4673
翰	한 074 [仄聲 /去聲 : 旰(간)] : 해질 간	95	5625	7297	4674
翰	한 074 [仄聲 /去聲 : 爟(관)] : 봉화/불켜들 관	667	5626	7298	4772
翰	한 074 [仄聲 /去聲 : 灌(관)] : 물댈 관	674	5627	7299	4774
翰	한 074 [仄聲 /去聲 : 瓘(관)] : 옥이름 관	676	5628	7300	4775
翰	한 074 [仄聲 /去聲 : 罐(관)] : 물동이 관	678	5629	7301	4776
翰	한 074 [仄聲 /去聲 : 貫(관)] : 꿸 관	680	5630	7302	4777
翰	한 074 [仄聲 /去聲 : 爟(관)] : 횃불 관	684	5631	7303	4778
翰	한 074 [仄聲 /去聲 : 祼(관)] : 강신제 관	686	5632	7304	4779
翰	한 074 [仄聲 /去聲 : 雚(관)] : 황새 관	689	5633	7305	4781

배열형식 C (가나다 韻目 基準)			배열 A	배열 B	배열 C	배열 D
韻目	韻目No. [平仄 / 四聲 : 韻族]	: 略義	운족 가나순	운목 번호순	운목 가나순	사성순
翰	한 074 [仄聲 /去聲 : 彖(단)]	: 단 단	1341	5634	7306	4887
翰	한 074 [仄聲 /去聲 : 旦(단)]	: 아침 단	1343	5635	7307	4888
翰	한 074 [仄聲 /去聲 : 段(단)]	: 층계 단	1345	5636	7308	4889
翰	한 074 [仄聲 /去聲 : 鍛(단)]	: 쇠불릴 단	1355	5637	7309	4890
翰	한 074 [仄聲 /去聲 : 椴(단)]	: 자작나무 단	1360	5638	7310	4891
翰	한 074 [仄聲 /去聲 : 褖(단)]	: 단옷 단	1369	5639	7311	4892
翰	한 074 [仄聲 /去聲 : 踹(단)]	: 발굼치 단	1371	5640	7312	4893
翰	한 074 [仄聲 /去聲 : 鶨(단)]	: 새이름 단	1372	5641	7313	4894
翰	한 074 [仄聲 /去聲 : 疸(달)]	: 황달병 달	1382	5642	7314	4896
翰	한 074 [仄聲 /去聲 : 亂(란)]	: 어지러울 란	1705	5643	7315	4935
翰	한 074 [仄聲 /去聲 : 爛(란)]	: 빛날 란	1710	5644	7316	4936
翰	한 074 [仄聲 /去聲 : 幔(만)]	: 막 만	2243	5645	7317	5021
翰	한 074 [仄聲 /去聲 : 半(반)]	: 반 반	2611	5646	7318	5066
翰	한 074 [仄聲 /去聲 : 叛(반)]	: 배반할 반	2614	5647	7319	5067
翰	한 074 [仄聲 /去聲 : 泮(반)]	: 학교 반	2620	5648	7320	5068
翰	한 074 [仄聲 /去聲 : 畔(반)]	: 두둑 반	2622	5649	7321	5069
翰	한 074 [仄聲 /去聲 : 絆(반)]	: 줄 반	2630	5650	7322	5071
翰	한 074 [仄聲 /去聲 : 蒜(산)]	: 달래 산	3302	5651	7323	5165
翰	한 074 [仄聲 /去聲 : 筭(산)]	: 셈놓을/셈대 산	3316	5652	7324	5170
翰	한 074 [仄聲 /去聲 : 岸(안)]	: 언덕 안	4126	5653	7325	5302
翰	한 074 [仄聲 /去聲 : 按(안)]	: 누를/어루만질 안	4127	5654	7326	5303
翰	한 074 [仄聲 /去聲 : 案(안)]	: 책상 안	4130	5655	7327	5305
翰	한 074 [仄聲 /去聲 : 鮟(안)]	: 아귀 안	4135	5656	7328	5307
翰	한 074 [仄聲 /去聲 : 洝(안)]	: 끓인물 안	4137	5657	7329	5309
翰	한 074 [仄聲 /去聲 : 諺(안)]	: 용맹스러울 안	4142	5658	7330	5311
翰	한 074 [仄聲 /去聲 : 浣(완)]	: 빨 완	4668	5659	7331	5405
翰	한 074 [仄聲 /去聲 : 玩(완)]	: 희롱할 완	4669	5660	7332	5406
翰	한 074 [仄聲 /去聲 : 琓(완)]	: 희롱할 완	4670	5661	7333	5407
翰	한 074 [仄聲 /去聲 : 翫(완)]	: 가지고놀 완	4674	5662	7334	5408
翰	한 074 [仄聲 /去聲 : 惋(완)]	: 한탄할 완	4681	5663	7335	5409
翰	한 074 [仄聲 /去聲 : 睕(완)]	: 눈물흘릴 완	4683	5664	7336	5410
翰	한 074 [仄聲 /去聲 : 梡*원(완)]	: 안마/남무이름 완	4906	5665	7337	5412
翰	한 074 [仄聲 /去聲 : 澯(찬)]	: 물맑을 찬	6319	5666	7338	5641
翰	한 074 [仄聲 /去聲 : 燦(찬)]	: 빛날 찬	6320	5667	7339	5642
翰	한 074 [仄聲 /去聲 : 璨(찬)]	: 옥잔 찬	6321	5668	7340	5643
翰	한 074 [仄聲 /去聲 : 竄(찬)]	: 숨을 찬	6323	5669	7341	5644

배열형식 C (가나다 韻目 基準)			배열 A	배열 B	배열 C	배열 D
韻目	韻目No. [平仄 / 四聲 : 韻族]	: 略義	운족 가나순	운목 번호순	운목 가나순	사성순
翰	한 074 [仄聲 /去聲 : 粲(찬)]	: 정미 찬	6326	5670	7342	5646
翰	한 074 [仄聲 /去聲 : 讚(찬)]	: 기릴 찬	6328	5671	7343	5647
翰	한 074 [仄聲 /去聲 : 贊(찬)]	: 도울 찬	6329	5672	7344	5648
翰	한 074 [仄聲 /去聲 : 爨(찬)]	: 불땔 찬	6335	5673	7345	5649
翰	한 074 [仄聲 /去聲 : 嘆(탄)]	: 탄식할 탄	6921	5674	7346	5755
翰	한 074 [仄聲 /去聲 : 炭(탄)]	: 숯 탄	6927	5675	7347	5756
翰	한 074 [仄聲 /去聲 : 攤*탄(난)]	: 누를 난	6931	5676	7348	4865
翰	한 074 [仄聲 /去聲 : 判(판)]	: 판단할 판	7049	5677	7349	5778
翰	한 074 [仄聲 /去聲 : 漢(한)]	: 한수/한나라 한	7281	5678	7350	5836
翰	한 074 [仄聲 /去聲 : 瀚(한)]	: 빨래 한	7283	5679	7351	5837
翰	한 074 [仄聲 /去聲 : 鼾(한)]	: 코골 한	7291	5680	7352	5838
翰	한 074 [仄聲 /去聲 : 扞(한)]	: 막을 한	7292	5681	7353	5839
翰	한 074 [仄聲 /去聲 : 憲(헌)]	: 법 헌	7411	5682	7354	5853
翰	한 074 [仄聲 /去聲 : 喚(환)]	: 부를 환	7662	5683	7355	5891
翰	한 074 [仄聲 /去聲 : 奐(환)]	: 빛날 환	7663	5684	7356	5892
翰	한 074 [仄聲 /去聲 : 換(환)]	: 바꿀 환	7667	5685	7357	5896
翰	한 074 [仄聲 /去聲 : 煥(환)]	: 빛날 환	7672	5686	7358	5898
翰	한 074 [仄聲 /去聲 : 逭(환)]	: 피할 환	7687	5687	7359	5900
咸	함 030 [平聲 /下平 : 監(감)]	: 볼 감	135	3200	7360	1678
咸	함 030 [平聲 /下平 : 鑑*감(감)]	: 밝을 감	139	3201	7361	1679
咸	함 030 [平聲 /下平 : 玪(감)]	: 옥돌 감	146	3202	7362	1684
咸	함 030 [平聲 /下平 : 瑊(감)]	: 옥돌(감륵짐) 감	148	3203	7363	1685
咸	함 030 [平聲 /下平 : 嗛*겸(함)]	: 머금을 함	384	3205	7364	3108
咸	함 030 [平聲 /下平 : 喃(남)]	: 재잘거릴 남	1212	3206	7365	1896
咸	함 030 [平聲 /下平 : 凡(범)]	: 무릇 범	2773	3207	7366	2190
咸	함 030 [平聲 /下平 : 帆(범)]	: 돛 범	2774	3208	7367	2191
咸	함 030 [平聲 /下平 : 杉(삼)]	: 삼나무 삼	3328	3209	7368	2257
咸	함 030 [平聲 /下平 : 芟(삼)]	: 벨 삼	3330	3210	7369	2259
咸	함 030 [平聲 /下平 : 衫(삼)]	: 적삼 삼	3332	3211	7370	2261
咸	함 030 [平聲 /下平 : 縿(삼)]	: 깃발 삼	3335	3212	7371	2263
咸	함 030 [平聲 /下平 : 岩(암)]	: 바위/산우뚝할 암	4158	3214	7372	2412
咸	함 030 [平聲 /下平 : 巖*암(엄)]	: 높을 엄	4160	3216	7373	2468
咸	함 030 [平聲 /下平 : 巖(암)]	: 바위 암	4159	3215	7374	2413
咸	함 030 [平聲 /下平 : 癌(암)]	: 암 암	4163	3217	7375	2415
咸	함 030 [平聲 /下平 : 黯(암)]	: 어두울/검을 암	4170	3218	7376	2419
咸	함 030 [平聲 /下平 : 嵒*암(암)]	: 바위/산우뚝할 암	4172	3220	7377	2420

배열형식 C (가나다 韻目 基準)		배열 A	배열 B	배열 C	배열 D
韻目	韻目No. [平仄 / 四聲 : 韻族] : 略義	운족 가나순	운목 번호순	운목 가나순	사성순
咸	함 030 [平聲 /下平 : 喦(암)] : 바위/가파를 암	4171	3219	7378	2421
咸	함 030 [平聲 /下平 : 碞(암)] : 바위 암	4173	3221	7379	2422
咸	함 030 [平聲 /下平 : 麙(암)] : 큰염소 암	4175	3222	7380	2424
咸	함 030 [平聲 /下平 : 䩥(삽)] : 빛이성할 삽	3350	3213	7381	2264
咸	함 030 [平聲 /下平 : 讒(참)] : 헐뜯을 참	6358	3223	7382	2877
咸	함 030 [平聲 /下平 : 儳(참)] : 어긋날 참	6360	3224	7383	2878
咸	함 030 [平聲 /下平 : 嶄(참)] : 높을 참	6361	3225	7384	2879
咸	함 030 [平聲 /下平 : 巉(참)] : 깍아지른듯높은산 참	6362	3226	7385	2880
咸	함 030 [平聲 /下平 : 攙(참)] : 찌를 참	6365	3227	7386	2882
咸	함 030 [平聲 /下平 : 欃(참)] : 박달나무 참	6366	3228	7387	2883
咸	함 030 [平聲 /下平 : 饞(참)] : 탐할 참	6368	3229	7388	2884
咸	함 030 [平聲 /下平 : 咸(함)] : 다 함	7300	3230	7389	3111
咸	함 030 [平聲 /下平 : 啣(함)] : 재갈(銜과같음) 함	7301	3231	7390	3112
咸	함 030 [平聲 /下平 : 緘(함)] : 봉할 함	7305	3232	7391	3114
咸	함 030 [平聲 /下平 : 銜(함)] : 재갈/직함 함	7307	3233	7392	3115
咸	함 030 [平聲 /下平 : 鹹(함)] : 소금기/짤 함	7309	3234	7393	3116
咸	함 030 [平聲 /下平 : 諴(함)] : 화할 함	7311	3235	7394	3117
咸	함 030 [平聲 /下平 : 鹻(감)] : 씹을 감	150	3204	7395	1686
咸	함 030 [平聲 /下平 : 嫌(혐)] : 싫어할 혐	7465	3236	7396	3143
陷	함 089 [仄聲 /去聲 : 鑑(감)] : 거울 감	138	6425	7397	5992
陷	함 089 [仄聲 /去聲 : 歉*겸(감)] : 팀할/부리 감	387	6426	7398	5993
陷	함 089 [仄聲 /去聲 : 梵(범)] : 깨끗할/바라문 범	2775	6427	7399	6601
陷	함 089 [仄聲 /去聲 : 氾(범)] : 넘칠 범	2776	6428	7400	6602
陷	함 089 [仄聲 /去聲 : 泛(범)] : 뜰/넓을 범	2778	6429	7401	6603
陷	함 089 [仄聲 /去聲 : 扼(액)] : 움킬/잡을 액	4228	6430	7402	6989
陷	함 089 [仄聲 /去聲 : 賺(잠)] : 거듭팔릴 잠	5411	6431	7403	7249
陷	함 089 [仄聲 /去聲 : 懺(참)] : 뉘우칠 참	6355	6432	7404	7487
陷	함 089 [仄聲 /去聲 : 站(참)] : 우두커니설 참	6357	6433	7405	7488
陷	함 089 [仄聲 /去聲 : 陷(함)] : 빠질 함	7308	6434	7406	7789
陷	함 089 [仄聲 /去聲 : 闞(함)] : 범의포효소리 함	7312	6435	7407	7790
陷	함 089 [仄聲 /去聲 : 餡(함)] : 떡속 함	7316	6436	7408	7791
合	합 104 [仄聲 /入聲 : 韐(갑)] : 가죽바지 갑	158	7786	7409	6001
合	합 104 [仄聲 /入聲 : 㪇(갑)] : 만날 갑	160	7787	7410	6002
合	합 104 [仄聲 /入聲 : 瞌(갑)] : 졸릴 갑	161	7788	7411	6003
合	합 104 [仄聲 /入聲 : 蓋*개(합)] : 덮을 합	207	7789	7412	7792
合	합 104 [仄聲 /入聲 : 磕*개(갑)] : 돌소리 갑	215	7790	7413	6004

배열형식 C (가나다 韻目 基準)		배열 A	배열 B	배열 C	배열 D
韻目	韻目No. [平仄 / 四聲 : 韻族] : 略義	운족 가나순	운목 번호순	운목 가나순	사성순
合	합 104 [仄聲 /入聲 : 拉(랍)] : 잡아갈 랍	1741	7800	7414	6355
合	합 104 [仄聲 /入聲 : 納(납)] : 들일/받을/바칠 납	1215	7791	7415	6235
合	합 104 [仄聲 /入聲 : 衲(납)] : 기울 납	1216	7792	7416	6236
合	합 104 [仄聲 /入聲 : 鈉(납)] : 쇠달굴 납	1217	7793	7417	6237
合	합 104 [仄聲 /入聲 : 沓(답)] : 유창할 답	1421	7794	7418	6273
合	합 104 [仄聲 /入聲 : 畓(답)] : 논 답	1422	7795	7419	6274
合	합 104 [仄聲 /入聲 : 答(답)] : 대답 답	1423	7796	7420	6275
合	합 104 [仄聲 /入聲 : 踏(답)] : 밟을 답	1424	7797	7421	6276
合	합 104 [仄聲 /入聲 : 遝(답)] : 몰릴 답	1425	7798	7422	6277
合	합 104 [仄聲 /入聲 : 蹋(답)] : 밟을 답	1426	7799	7423	6278
合	합 104 [仄聲 /入聲 : 臘(랍)] : 납향 랍	1742	7801	7424	6356
合	합 104 [仄聲 /入聲 : 蠟(랍)] : 밀 랍	1743	7802	7425	6357
合	합 104 [仄聲 /入聲 : 鈒(삽)] : 창 삽	3340	7803	7426	6733
合	합 104 [仄聲 /入聲 : 颯(삽)] : 바람소리 삽	3341	7804	7427	6734
合	합 104 [仄聲 /入聲 : 卅(삽)] : 서른 삽	3342	7805	7428	6735
合	합 104 [仄聲 /入聲 : 霅(삽)] : 빗소리 삽	3345	7806	7429	6738
合	합 104 [仄聲 /入聲 : 雜(잡)] : 섞일 잡	5412	7808	7430	7251
合	합 104 [仄聲 /入聲 : 卡(잡)] : 지킬 잡	5413	7809	7431	7252
合	합 104 [仄聲 /入聲 : 鰈*접(탑)] : 가재미 탑	5705	7810	7432	7687
合	합 104 [仄聲 /入聲 : 塔(탑)] : 탑 탑	6947	7811	7433	7688
合	합 104 [仄聲 /入聲 : 搭(탑)] : 모뜰(模也)/박을 탑	6948	7812	7434	7689
合	합 104 [仄聲 /入聲 : 搭*탑(답)] : 붙을/얹을/태울 답	6949	7813	7435	6279
合	합 104 [仄聲 /入聲 : 榻(탑)] : 걸상 탑	6950	7814	7436	7690
合	합 104 [仄聲 /入聲 : 搨(탑)] : 베낄 탑	6951	7815	7437	7691
合	합 104 [仄聲 /入聲 : 嚃(탑)] : 들이마실 탑	6952	7816	7438	7692
合	합 104 [仄聲 /入聲 : 漯(탑)] : 강이름 탑	6953	7817	7439	7693
合	합 104 [仄聲 /入聲 : 合*합(갑)] : 부를/화할 갑	7318	7819	7440	6006
合	합 104 [仄聲 /入聲 : 合(합)] : 합할 합	7317	7818	7441	7793
合	합 104 [仄聲 /入聲 : 哈(압)] : 물고기많은모양 압	4183	7807	7442	6985
合	합 104 [仄聲 /入聲 : 盒(합)] : 소반뚜껑/합 합	7319	7820	7443	7795
合	합 104 [仄聲 /入聲 : 蛤(합)] : 대합조개 합	7320	7821	7444	7796
合	합 104 [仄聲 /入聲 : 閤(합)] : 쪽문 합	7321	7822	7445	7797
合	합 104 [仄聲 /入聲 : 闔(합)] : 문짝 합	7322	7823	7446	7798
合	합 104 [仄聲 /入聲 : 嗑(합)] : 말 많을 합	7323	7824	7447	7800
合	합 104 [仄聲 /入聲 : 盍(합)] : 어찌아니할 합	7325	7825	7448	7802
合	합 104 [仄聲 /入聲 : 鴿(합)] : 집비둘기 합	7327	7826	7449	7804

배열형식 C (가나다 韻目 基準)			배열 A	배열 B	배열 C	배열 D
韻目	韻目No. [平仄 / 四聲 : 韻族]	略義	운족 가나순	운목 번호순	운목 가나순	사성순
合	합 104 [仄聲 /入聲 : 翕(흡)]	: 합할 흡	7904	7827	7450	7941
蟹	해 039 [仄聲 /上聲 : 夥*과(해)]	: 동무 해	642	3744	7451	4566
蟹	해 039 [仄聲 /上聲 : 枴(괘)]	: 지팡이 괘	732	3745	7452	3381
蟹	해 039 [仄聲 /上聲 : 拐(괴)]	: 속일 괴	740	3746	7453	3383
蟹	해 039 [仄聲 /上聲 : 奶(내)]	: 젖 내	1231	3747	7454	3470
蟹	해 039 [仄聲 /上聲 : 買(매)]	: 살 매	2291	3748	7455	3662
蟹	해 039 [仄聲 /上聲 : 洒*세(쇄)]	: 뿌릴 새	3621	3749	7456	3894
蟹	해 039 [仄聲 /上聲 : 灑*쇄(사)]	: 뿌릴/깜짝놀랄 새	3741	3750	7457	3895
蟹	해 039 [仄聲 /上聲 : 矮(왜)]	: 작을 왜	4698	3751	7458	4087
蟹	해 039 [仄聲 /上聲 : 擺(파)]	: 열릴 파	7029	3752	7459	4517
蟹	해 039 [仄聲 /上聲 : 罷*피(파)]	: 그칠/귀양보낼 패	7217	3753	7460	4526
蟹	해 039 [仄聲 /上聲 : 蟹(해)]	: 게 해	7363	3754	7461	4569
蟹	해 039 [仄聲 /上聲 : 解(해)]	: 쪼갤/풀/깨우쳐줄 해	7364	3755	7462	4570
蟹	해 039 [仄聲 /上聲 : 駭(해)]	: 놀랄 해	7369	3756	7463	4571
豪	호 019 [平聲 /下平 : 尻(고)]	: 꽁무니 고	499	1995	7464	1762
豪	호 019 [平聲 /下平 : 皐*고(호)]	: 부를 호	512	1997	7465	3164
豪	호 019 [平聲 /下平 : 皐(고)]	: 언덕 고	511	1996	7466	1763
豪	호 019 [平聲 /下平 : 睾(고)]	: 불알/못 고	513	1998	7467	1764
豪	호 019 [平聲 /下平 : 羔(고)]	: 새끼양 고	515	1999	7468	1765
豪	호 019 [平聲 /下平 : 高(고)]	: 높을/위/멀 고	532	2000	7469	1766
豪	호 019 [平聲 /下平 : 櫜(고)]	: 활집 고	539	2001	7470	1767
豪	호 019 [平聲 /下平 : 篙(고)]	: 상앗대 고	542	2002	7471	1768
豪	호 019 [平聲 /下平 : 糕(고)]	: 떡 고	543	2003	7472	1769
豪	호 019 [平聲 /下平 : 翺(고)]	: 날 고	556	2004	7473	1770
豪	호 019 [平聲 /下平 : 勞(로)]	: 일할/수고로울 로	1917	2023	7474	2056
豪	호 019 [平聲 /下平 : 猱(노)]	: 원숭이 노	1269	2005	7475	1911
豪	호 019 [平聲 /下平 : 刀(도)]	: 칼 도	1479	2006	7476	1951
豪	호 019 [平聲 /下平 : 桃(도)]	: 복숭아 도	1497	2007	7477	1953
豪	호 019 [平聲 /下平 : 淘(도)]	: 일 도	1500	2008	7478	1954
豪	호 019 [平聲 /下平 : 滔(도)]	: 창일할 도	1502	2009	7479	1955
豪	호 019 [平聲 /下平 : 濤(도)]	: 물결 도	1503	2010	7480	1956
豪	호 019 [平聲 /下平 : 萄(도)]	: 포도나무 도	1509	2011	7481	1957
豪	호 019 [平聲 /下平 : 跳*도(조)]	: 뛸/끌어낼 조	1513	2012	7482	2790
豪	호 019 [平聲 /下平 : 逃(도)]	: 도망할 도	1515	2013	7483	1959
豪	호 019 [平聲 /下平 : 陶(도)]	: 질그릇/통할 도	1520	2014	7484	1960
豪	호 019 [平聲 /下平 : 韜(도)]	: 감출 도	1522	2015	7485	196

배열형식 C (가나다 韻目 基準)			배열 A	배열 B	배열 C	배열 D
韻目	韻目No. [平仄 / 四聲 : 韻族]	略義	운족 가나순	운목 번호순	운목 가나순	사성순
豪	호 019 [平聲 /下平 : 叨(도)]	: 탐낼/함부로 도	1523	2016	7486	1962
豪	호 019 [平聲 /下平 : 忉(도)]	: 근심할 도	1524	2017	7487	1963
豪	호 019 [平聲 /下平 : 慆(도)]	: 기뻐할 도	1525	2018	7488	1964
豪	호 019 [平聲 /下平 : 掏(도)]	: 가릴 도	1526	2019	7489	1965
豪	호 019 [平聲 /下平 : 洮(도)]	: 씻을 도	1527	2020	7490	1966
豪	호 019 [平聲 /下平 : 綯(도)]	: 꼴 도	1537	2021	7491	1967
豪	호 019 [平聲 /下平 : 騊(도)]	: 말이름 도	1540	2022	7492	1968
豪	호 019 [平聲 /下平 : 撈(로)]	: 잡을 로	1926	2024	7493	2057
豪	호 019 [平聲 /下平 : 窂*로(뢰)]	: 쓸쓸할 뢰	1946	2026	7494	2061
豪	호 019 [平聲 /下平 : 窂(로)]	: 짐승우리/굳을 로	1945	2025	7495	2058
豪	호 019 [平聲 /下平 : 蟧(로)]	: 참매미 로	1952	2027	7496	2060
豪	호 019 [平聲 /下平 : 牢(뢰)]	: 우리 뢰	1991	2028	7497	2062
豪	호 019 [平聲 /下平 : 毛(모)]	: 터럭 모	2377	2029	7498	2151
豪	호 019 [平聲 /下平 : 髦(모)]	: 긴털 모	2397	2030	7499	2160
豪	호 019 [平聲 /下平 : 搔(소)]	: 긁을 소	3637	2031	7500	2335
豪	호 019 [平聲 /下平 : 騷(소)]	: 떠들 소	3668	2032	7501	2344
豪	호 019 [平聲 /下平 : 繅(소)]	: 고치실뽑을 소	3675	2033	7502	2346
豪	호 019 [平聲 /下平 : 艘(소)]	: 배 소	3677	2034	7503	2347
豪	호 019 [平聲 /下平 : 慅(소)]	: 흔들릴 소	3682	2035	7504	2351
豪	호 019 [平聲 /下平 : 溞(소)]	: 쌀일 소	3686	2036	7505	2353
豪	호 019 [平聲 /下平 : 璹*숙(도)]	: 옥그릇 도	3863	2037	7506	1970
豪	호 019 [平聲 /下平 : 敖(오)]	: 놀 오	4573	2038	7507	2536
豪	호 019 [平聲 /下平 : 熬(오)]	: 볶을 오	4583	2039	7508	2537
豪	호 019 [平聲 /下平 : 獒(오)]	: 개 오	4584	2040	7509	2538
豪	호 019 [平聲 /下平 : 鰲(오)]	: 자라 오	4587	2041	7510	2539
豪	호 019 [平聲 /下平 : 鼇(오)]	: 자라(=鰲) 오	4588	2042	7511	2540
豪	호 019 [平聲 /下平 : 遨(오)]	: 놀 오	4594	2043	7512	2542
豪	호 019 [平聲 /下平 : 鏖(오)]	: 무찌를 오	4595	2044	7513	2543
豪	호 019 [平聲 /下平 : 螯(오)]	: 집게발 오	4603	2045	7514	2545
豪	호 019 [平聲 /下平 : 獿*우(노)]	: 원숭이춤출 노	4836	2046	7515	1912
豪	호 019 [平聲 /下平 : 曹(조)]	: 성 조	5854	2047	7516	2797
豪	호 019 [平聲 /下平 : 槽(조)]	: 구유 조	5858	2048	7517	2800
豪	호 019 [平聲 /下平 : 糟(조)]	: 지게미 조	5873	2049	7518	2804
豪	호 019 [平聲 /下平 : 繰*조(소)]	: 고치켤 소	5876	2050	7519	2357
豪	호 019 [平聲 /下平 : 遭(조)]	: 만날 조	5885	2051	7520	2805
豪	호 019 [平聲 /下平 : 絛(조)]	: 끈 조	5906	2052	7521	2809

배열형식 C (가나다 韻目 基準)		배열 A	배열 B	배열 C	배열 D
韻目	韻目No. [平仄 / 四聲 : 韻族] : 略義	운족 가나순	운목 번호순	운목 가나순	사성순
豪	호 019 [平聲 /下平 : 臊(조)] : 누린내 조	5908	2053	7522	2810
豪	호 019 [平聲 /下平 : 憎*조(종)] : 꾀할/생각할 종	5925	2054	7523	2816
豪	호 019 [平聲 /下平 : 橐(탁)] : 전대 탁	6912	2055	7524	3011
豪	호 019 [平聲 /下平 : 袍(포)] : 솜옷 포	7151	2056	7525	3073
豪	호 019 [平聲 /下平 : 褒(포)] : 기릴 포	7152	2057	7526	3074
豪	호 019 [平聲 /下平 : 壕(호)] : 해자 호	7539	2058	7527	3165
豪	호 019 [平聲 /下平 : 毫(호)] : 털/터럭 호	7548	2059	7528	3166
豪	호 019 [平聲 /下平 : 濠(호)] : 호수/해자 호	7553	2060	7529	3167
豪	호 019 [平聲 /下平 : 蒿(호)] : 쑥 호	7568	2061	7530	3168
豪	호 019 [平聲 /下平 : 豪(호)] : 호걸 호	7573	2062	7531	3169
豪	호 019 [平聲 /下平 : 嘷(호)] : 울부짖을 호	7584	2063	7532	3170
豪	호 019 [平聲 /下平 : 哮(효)] : 성낼/③울부짖을 효	7765	2064	7533	3208
豪	호 019 [平聲 /下平 : 嗃(효)] : 부르짖을 효	7766	2065	7534	3209
皓	호 049 [仄聲 /上聲 : 熲(경)] : 빛날/불빛 경	443	4156	7535	3318
皓	호 049 [仄聲 /上聲 : 拷(고)] : 칠 고	501	4157	7536	3325
皓	호 049 [仄聲 /上聲 : 攷(고)] : 상고할 고	502	4158	7537	3326
皓	호 049 [仄聲 /上聲 : 暠*고(호)] : 흴 호	506	4160	7538	4597
皓	호 049 [仄聲 /上聲 : 暠(고)] : 깨끗할 고	505	4159	7539	3327
皓	호 049 [仄聲 /上聲 : 槁(고)] : 마를 고	508	4161	7540	3328
皓	호 049 [仄聲 /上聲 : 稿(고)] : 원고/볏집 고	514	4162	7541	3329
皓	호 049 [仄聲 /上聲 : 考(고)] : 생각할 고	516	4163	7542	3330
皓	호 049 [仄聲 /上聲 : 藁(고)] : 마른나무 고	522	4164	7543	3332
皓	호 049 [仄聲 /上聲 : 杲(고)] : 밝을 고	536	4165	7544	3336
皓	호 049 [仄聲 /上聲 : 杲*고(호)] : 높을 호	537	4166	7545	4599
皓	호 049 [仄聲 /上聲 : 栲(고)] : 북나무 고	538	4167	7546	3337
皓	호 049 [仄聲 /上聲 : 郜(고)] : 나라이름 고	548	4168	7547	3343
皓	호 049 [仄聲 /上聲 : 薧(고)] : 마름 고	557	4169	7548	3347
皓	호 049 [仄聲 /上聲 : 瑙(노)] : 마노 노	1266	4170	7549	3481
皓	호 049 [仄聲 /上聲 : 惱(뇌)] : 번뇌할 뇌	1279	4171	7550	3482
皓	호 049 [仄聲 /上聲 : 腦(뇌)] : 골/뇌수 뇌	1280	4172	7551	3483
皓	호 049 [仄聲 /上聲 : 倒(도)] : 넘어질 도	1478	4173	7552	3528
皓	호 049 [仄聲 /上聲 : 島(도)] : 섬 도	1487	4174	7553	3530
皓	호 049 [仄聲 /上聲 : 嶋(도)] : 섬 도	1488	4175	7554	3531
皓	호 049 [仄聲 /上聲 : 擣(도)] : 찧을 도	1496	4176	7555	3533
皓	호 049 [仄聲 /上聲 : 禱(도)] : 빌 도	1507	4177	7556	3535
皓	호 049 [仄聲 /上聲 : 稻(도)] : 벼 도	1508	4178	7557	3536

배열형식 C (가나다 韻目 基準)		배열 A	배열 B	배열 C	배열 D
韻目	韻目No. [平仄 / 四聲 : 韻族] : 略義	운족 가나순	운목 번호순	운목 가나순	사성순
皓	호 049 [仄聲 /上聲 : 道(도)] : 길 도	1517	4179	7558	3538
皓	호 049 [仄聲 /上聲 : 老(로)] : 늙을/어른/익숙할 로	1934	4181	7559	3599
皓	호 049 [仄聲 /上聲 : 老(로)] : 늙을 로	1933	4180	7560	3600
皓	호 049 [仄聲 /上聲 : 潦(료)] : 큰비 료	2020	4182	7561	3617
皓	호 049 [仄聲 /上聲 : 保(보)] : 지킬 보	2858	4183	7562	3777
皓	호 049 [仄聲 /上聲 : 堡(보)] : 작은성 보	2859	4184	7563	3778
皓	호 049 [仄聲 /上聲 : 寶(보)] : 보배 보	2862	4185	7564	3779
皓	호 049 [仄聲 /上聲 : 珤(보)] : 보배 보	2866	4186	7565	3782
皓	호 049 [仄聲 /上聲 : 褓(보)] : 포대기 보	2870	4187	7566	3785
皓	호 049 [仄聲 /上聲 : 掃(소)] : 쓸 소	3636	4188	7567	3934
皓	호 049 [仄聲 /上聲 : 埽(소)] : 쓸 소	3670	4189	7568	3938
皓	호 049 [仄聲 /上聲 : 繅*소(조)] : 옥받침 조	3676	4190	7569	4300
皓	호 049 [仄聲 /上聲 : 慅*소(초)] : 수고로울 초	3683	4191	7570	4432
皓	호 049 [仄聲 /上聲 : 嫂(수)] : 형수 수	3764	4192	7571	3950
皓	호 049 [仄聲 /上聲 : 襖(오)] : 도포/웃옷 오	4593	4193	7572	4064
皓	호 049 [仄聲 /上聲 : 媼(온)] : 할미 온	4622	4194	7573	4068
皓	호 049 [仄聲 /上聲 : 早(조)] : 이를 조	5852	4195	7574	4303
皓	호 049 [仄聲 /上聲 : 棗(조)] : 대추나무 조	5857	4196	7575	4304
皓	호 049 [仄聲 /上聲 : 燥(조)] : 마를 조	5862	4197	7576	4305
皓	호 049 [仄聲 /上聲 : 璪(조)] : 면류관드림옥 조	5864	4198	7577	4307
皓	호 049 [仄聲 /上聲 : 繰(조)] : 아청통견 조	5875	4199	7578	4311
皓	호 049 [仄聲 /上聲 : 藻(조)] : 조류 조	5878	4200	7579	4313
皓	호 049 [仄聲 /上聲 : 蚤(조)] : 벼룩 조	5879	4201	7580	4314
皓	호 049 [仄聲 /上聲 : 造(조)] : 지을 조	5884	4202	7581	4316
皓	호 049 [仄聲 /上聲 : 澡(조)] : 씻을 조	5899	4203	7582	4321
皓	호 049 [仄聲 /上聲 : 皁(조)] : 하인/마굿간 조	5900	4204	7583	4322
皓	호 049 [仄聲 /上聲 : 慘*참(조)] : 근심할 조	6353	4205	7584	4325
皓	호 049 [仄聲 /上聲 : 艸(초)] : 풀 초	6593	4206	7585	4439
皓	호 049 [仄聲 /上聲 : 草(초)] : 풀 초	6596	4207	7586	4440
皓	호 049 [仄聲 /上聲 : 討(토)] : 칠 토	6994	4208	7587	4510
皓	호 049 [仄聲 /上聲 : 套*토(투)] : 전례(前例也) 투	6996	4209	7588	4515
皓	호 049 [仄聲 /上聲 : 抱(포)] : 안을 포	7138	4210	7589	4531
皓	호 049 [仄聲 /上聲 : 好(호)] : 좋을 호	7541	4211	7590	4603
皓	호 049 [仄聲 /上聲 : 昊(호)] : 하늘 호	7546	4212	7591	4606
皓	호 049 [仄聲 /上聲 : 晧(호)] : 밝을 호	7547	4213	7592	4607
皓	호 049 [仄聲 /上聲 : 浩(호)] : 넓을 호	7549	4214	7593	4608

배열형식 C (가나다 韻目 基準)			배열 A	배열 B	배열 C	배열 D
韻目	韻目No. [平仄 / 四聲 : 韻族]	: 略義	운족 가나순	운목 번호순	운목 가나순	사성순
皓	호 049 [仄聲 /上聲 : 澔(호)]	: 물질펀할 호	7552	4215	7594	4610
皓	호 049 [仄聲 /上聲 : 灝(호)]	: 넓을 호	7556	4216	7595	4611
皓	호 049 [仄聲 /上聲 : 縞(호)]	: 명주 호	7564	4217	7596	4615
皓	호 049 [仄聲 /上聲 : 鎬(호)]	: 호경 호	7574	4218	7597	4618
皓	호 049 [仄聲 /上聲 : 顥(호)]	: 클 호	7576	4219	7598	4619
皓	호 049 [仄聲 /上聲 : 唬(호)]	: 어귀 호	7583	4220	7599	4622
皓	호 049 [仄聲 /上聲 : 鄗(호)]	: 고을이름 호	7588	4221	7600	4623
號	호 079 [仄聲 /去聲 : 告(고)]	: 알릴/여쭐 고	493	5941	7601	6084
號	호 079 [仄聲 /去聲 : 皋*호(호)]	: 부를 호	7535	5985	7602	7857
號	호 079 [仄聲 /去聲 : 膏(고)]	: 기름 고	518	5942	7603	6085
號	호 079 [仄聲 /去聲 : 誥(고)]	: 고할/경계 고	526	5943	7604	6086
號	호 079 [仄聲 /去聲 : 靠(고)]	: 기댈 고	550	5944	7605	6087
號	호 079 [仄聲 /去聲 : 到(도)]	: 이를 도	1480	5945	7606	6285
號	호 079 [仄聲 /去聲 : 導(도)]	: 인도할 도	1484	5946	7607	6286
號	호 079 [仄聲 /去聲 : 悼(도)]	: 슬퍼할 도	1492	5947	7608	6287
號	호 079 [仄聲 /去聲 : 燾(도)]	: 비칠 도	1504	5948	7609	6289
號	호 079 [仄聲 /去聲 : 盜(도)]	: 도둑 도	1505	5949	7610	6290
號	호 079 [仄聲 /去聲 : 蹈(도)]	: 밟을 도	1514	5950	7611	6291
號	호 079 [仄聲 /去聲 : 癆(로)]	: 중독 로	1944	5951	7612	6399
號	호 079 [仄聲 /去聲 : 帽(모)]	: 모자 모	2367	5952	7613	6493
號	호 079 [仄聲 /去聲 : 耗(모)]	: 빌(虛也)/어지러울 모	2383	5953	7614	6494
號	호 079 [仄聲 /去聲 : 耗*모(호)]	: 빌(虛也)/어지러울 호	2384	5954	7615	7858
號	호 079 [仄聲 /去聲 : 芼(모)]	: 풀우거질 모	2385	5955	7616	6495
號	호 079 [仄聲 /去聲 : 旄(모)]	: 기 모	2393	5956	7617	6496
號	호 079 [仄聲 /去聲 : 耄(모)]	: 늙은이 모	2394	5957	7618	6497
號	호 079 [仄聲 /去聲 : 秏(모)]	: 벼 모	2399	5958	7619	6498
號	호 079 [仄聲 /去聲 : 報(보)]	: 대답할/고할 보	2860	5959	7620	6641
號	호 079 [仄聲 /去聲 : 瘙(소)]	: 가려울 소	3653	5960	7621	6823
號	호 079 [仄聲 /去聲 : 傲(오)]	: 거만할 오	4558	5961	7622	7088
號	호 079 [仄聲 /去聲 : 墺(오)]	: 방구들/물가 오	4565	5962	7623	7089
號	호 079 [仄聲 /去聲 : 墺*오(옥)]	: 방구들/물가 옥	4566	5963	7624	7098
號	호 079 [仄聲 /去聲 : 奧(오)]	: 속/아랫목 오	4567	5964	7625	7090
號	호 079 [仄聲 /去聲 : 懊(오)]	: 한할 오	4572	5965	7626	7091
號	호 079 [仄聲 /去聲 : 澳(오)]	: 깊을 오	4580	5966	7627	7092
號	호 079 [仄聲 /去聲 : 隩(오)]	: 굽이 오	4596	5967	7628	7093
號	호 079 [仄聲 /去聲 : 驁(오)]	: 준마 오	4597	5968	7629	7094

배열형식 C (가나다 韻目 基準)		배열 A	배열 B	배열 C	배열 D
韻目	韻目No. [平仄 / 四聲 : 韻族] : 略義	운족 가나순	운목 번호순	운목 가나순	사성순
號	호 079 [仄聲 /去聲 : 操(조)] : 잡을 조	5851	5969	7630	7353
號	호 079 [仄聲 /去聲 : 漕(조)] : 배저을 조	5859	5970	7631	7354
號	호 079 [仄聲 /去聲 : 躁(조)] : 떠들 조	5883	5971	7632	7355
號	호 079 [仄聲 /去聲 : 嘈(조)] : 시끄러울 조	5894	5972	7633	7356
號	호 079 [仄聲 /去聲 : 噪(조)] : 뭇새지저귈 조	5895	5973	7634	7357
號	호 079 [仄聲 /去聲 : 竈(조)] : 부엌 조	5902	5974	7635	7358
號	호 079 [仄聲 /去聲 : 糙(조)] : 매조미쌀 조	5904	5975	7636	7359
號	호 079 [仄聲 /去聲 : 趮(조)] : 조급할 조	5916	5976	7637	7360
號	호 079 [仄聲 /去聲 : 幬*주(도)] : 덮을 도	6027	5977	7638	6292
號	호 079 [仄聲 /去聲 : 鑿*착(조)] : 구멍 조	6310	5978	7639	7362
號	호 079 [仄聲 /去聲 : 套(토)] : 씌울/껍질 토	6995	5979	7640	7703
號	호 079 [仄聲 /去聲 : 暴(포)] : 사나울 포	7140	5980	7641	7729
號	호 079 [仄聲 /去聲 : 虣(포)] : 사나울 포	7165	5981	7642	7731
號	호 079 [仄聲 /去聲 : 暴*폭(포)] : 볕/볕쏘일 포	7174	5984	7643	7732
號	호 079 [仄聲 /去聲 : 曝(포)] : 볕/볕쏘일 포	7167	5982	7644	7733
號	호 079 [仄聲 /去聲 : 瀑(포)] : 소나기/물거품 포	7169	5983	7645	7734
號	호 079 [仄聲 /去聲 : 號(호)] : 이름 호	7570	5986	7646	7859
號	호 079 [仄聲 /去聲 : 孝(효)] : 효도 효	7767	5987	7647	7911
灰	회 010 [平聲 /上平 : 開(개)] : 열 개	209	1063	7648	24
灰	회 010 [平聲 /上平 : 魁(괴)] : 우두머리 괴	742	1064	7649	98
灰	회 010 [平聲 /上平 : 瑰(괴)] : 구슬 괴	743	1065	7650	99
灰	회 010 [平聲 /上平 : 能*능(내)] : 별이름 태	1308	1066	7651	1417
灰	회 010 [平聲 /上平 : 擡(대)] : 들 대	1465	1067	7652	261
灰	회 010 [平聲 /上平 : 臺(대)] : 대/돈대 대	1467	1068	7653	262
灰	회 010 [平聲 /上平 : 敦*돈(대)] : 쪼을/모을 퇴	1573	1069	7654	1434
灰	회 010 [平聲 /上平 : 焞*돈(순)] : 성할 퇴	1579	1070	7655	1435
灰	회 010 [平聲 /上平 : 來(래)] : 올/오대손/부터 래	1762	1071	7656	324
灰	회 010 [平聲 /上平 : 崍(래)] : 산이름 래	1763	1072	7657	325
灰	회 010 [平聲 /上平 : 萊(래)] : 명아주 래	1765	1073	7658	326
灰	회 010 [平聲 /上平 : 騋(래)] : 큰말 래	1766	1074	7659	327
灰	회 010 [平聲 /上平 : 鯠(래)] : 뱀장어 래	1771	1075	7660	328
灰	회 010 [平聲 /上平 : 鶆(래)] : 매 래	1772	1076	7661	329
灰	회 010 [平聲 /上平 : 儡(뢰)] : 꼭두각시 뢰	1989	1077	7662	369
灰	회 010 [平聲 /上平 : 雷(뢰)] : 우레 뢰	1995	1078	7663	370
灰	회 010 [平聲 /上平 : 罍(뢰)] : 술독/대야 뢰	1997	1079	7664	371
灰	회 010 [平聲 /上平 : 擂(뢰)] : 갈 뢰	2001	1080	7665	372

배열형식 C (가나다 韻目 基準)		배열 A	배열 B	배열 C	배열 D
韻目	韻目No. [平仄 / 四聲 : 韻族] : 略義	운족 가나순	운목 번호순	운목 가나순	사성순
灰	회 010 [平聲 /上平 : 蠝(뢰)] : 박쥐 뢰	2003	1081	7666	373
灰	회 010 [平聲 /上平 : 轠(뢰)] : 수레잇닿을	2004	1082	7667	374
灰	회 010 [平聲 /上平 : 鑘(뢰)] : 병 뢰	2005	1083	7668	375
灰	회 010 [平聲 /上平 : 悝*리(회)] : 지껄일/클 회	2158	1084	7669	1566
灰	회 010 [平聲 /上平 : 媒(매)] : 중매 매	2283	1085	7670	445
灰	회 010 [平聲 /上平 : 枚(매)] : 낱 매	2286	1086	7671	446
灰	회 010 [平聲 /上平 : 梅(매)] : 매화 매	2287	1087	7672	447
灰	회 010 [平聲 /上平 : 煤(매)] : 그을음 매	2289	1088	7673	448
灰	회 010 [平聲 /上平 : 玫(매)] : 옥이름 매	2295	1089	7674	449
灰	회 010 [平聲 /上平 : 莓(매)] : 나무딸기 매	2297	1090	7675	450
灰	회 010 [平聲 /上平 : 霉(매)] : 곰팡이 매	2298	1091	7676	451
灰	회 010 [平聲 /上平 : 禖(매)] : 매제 매	2301	1092	7677	452
灰	회 010 [平聲 /上平 : 某*모(매)] : 매화나무 매	2374	1093	7678	454
灰	회 010 [平聲 /上平 : 玟(민)] : 아름다운돌 민	2563	1094	7679	513
灰	회 010 [平聲 /上平 : 倍*배(패)] : 어길/떨어질 패	2705	1095	7680	1445
灰	회 010 [平聲 /上平 : 徘(배)] : 노닐 배	2709	1096	7681	553
灰	회 010 [平聲 /上平 : 杯(배)] : 잔 배	2712	1097	7682	555
灰	회 010 [平聲 /上平 : 盃(배)] : 잔 배	2715	1098	7683	556
灰	회 010 [平聲 /上平 : 胚(배)] : 아이밸 배	2718	1099	7684	557
灰	회 010 [平聲 /上平 : 裴(배)] : 옷치렁치렁할 배	2719	1100	7685	558
灰	회 010 [平聲 /上平 : 裵(배)] : 옷치렁할 배	2720	1101	7686	559
灰	회 010 [平聲 /上平 : 賠(배)] : 물어줄 배	2722	1102	7687	560
灰	회 010 [平聲 /上平 : 陪(배)] : 모실/도울 배	2725	1103	7688	561
灰	회 010 [平聲 /上平 : 坏(배)] : 언덕 배	2726	1104	7689	562
灰	회 010 [平聲 /上平 : 坯(배)] : 언덕 배	2727	1105	7690	563
灰	회 010 [平聲 /上平 : 啡(배)] : 침뱉는소리 배	2730	1106	7691	564
灰	회 010 [平聲 /上平 : 啡*배(비)] : 커피 비	2731	1107	7692	650
灰	회 010 [平聲 /上平 : 衃(배)] : 어혈 배	2732	1108	7693	565
灰	회 010 [平聲 /上平 : 醅(배)] : 술괼 배	2733	1109	7694	566
灰	회 010 [平聲 /上平 : 魾(비)] : 방어 비	3162	1110	7695	684
灰	회 010 [平聲 /上平 : 鰓(새)] : 아가미 새	3394	1111	7696	723
灰	회 010 [平聲 /上平 : 猜(시)] : 시새울 시	3968	1112	7697	804
灰	회 010 [平聲 /上平 : 哀(애)] : 슬플 애	4197	1113	7698	845
灰	회 010 [平聲 /上平 : 埃(애)] : 티끌 애	4198	1114	7699	846
灰	회 010 [平聲 /上平 : 唉(애)] : 그래 애	4213	1115	7700	849
灰	회 010 [平聲 /上平 : 欸(애)] : 한숨쉴 애	4216	1116	7701	852

배열형식 C (가나다 韻目 基準)		배열 A	배열 B	배열 C	배열 D
韻目	韻目No. [平仄 / 四聲 : 韻族] : 略義	운족 가나순	운목 번호순	운목 가나순	사성순
灰	회 010 [平聲 /上平 : 皚(애)] : 흴 애	4217	1117	7702	853
灰	회 010 [平聲 /上平 : 磑*애(외)] : 쌓을 외	4219	1118	7703	926
灰	회 010 [平聲 /上平 : 嵬(외)] : 높을 외	4701	1119	7704	927
灰	회 010 [平聲 /上平 : 偎(외)] : 어렴풋할 외	4705	1120	7705	929
灰	회 010 [平聲 /上平 : 隗(외)] : 험할 외	4707	1121	7706	930
灰	회 010 [平聲 /上平 : 椳(외)] : 문지도리 외	4708	1122	7707	931
灰	회 010 [平聲 /上平 : 隈(외)] : 구비 외	4710	1123	7708	932
灰	회 010 [平聲 /上平 : 哉(재)] : 어조사 재	5471	1125	7709	1169
灰	회 010 [平聲 /上平 : 才(재)] : 재주 재	5474	1126	7710	1170
灰	회 010 [平聲 /上平 : 材(재)] : 재목 재	5475	1127	7711	1171
灰	회 010 [平聲 /上平 : 渽(재)] : 맑을 재	5478	1128	7712	1172
灰	회 010 [平聲 /上平 : 災(재)] : 재앙 재	5480	1129	7713	1173
灰	회 010 [平聲 /上平 : 財(재)] : 재물 재	5483	1130	7714	1174
灰	회 010 [平聲 /上平 : 纔(재)] : 겨우/잠깐/비롯할 재	5488	1131	7715	1177
灰	회 010 [平聲 /上平 : 纔*재(삼)] : 회색비단 삼	5489	1132	7716	721
灰	회 010 [平聲 /上平 : 催(최)] : 재촉할 최	6662	1133	7717	1349
灰	회 010 [平聲 /上平 : 崔(최)] : 높을 최	6663	1134	7718	1350
灰	회 010 [平聲 /上平 : 摧(최)] : 꺾을 최	6666	1135	7719	1351
灰	회 010 [平聲 /上平 : 推*추(퇴)] : 밀 퇴	6673	1136	7720	1436
灰	회 010 [平聲 /上平 : 追*추(퇴)] : 옥다듬을 퇴	6687	1137	7721	1437
灰	회 010 [平聲 /上平 : 鎚*추(퇴)] : 옥다듬을 퇴	6694	1138	7722	1438
灰	회 010 [平聲 /上平 : 魋*추(퇴)] : 곰[神獸赤熊] 퇴	6710	1139	7723	1439
灰	회 010 [平聲 /上平 : 菑*치(재)] : 재앙 재	6828	1140	7724	1179
灰	회 010 [平聲 /上平 : 台*이(태)] : 별(三台星)/늙을 태	5230	1124	7725	1418
灰	회 010 [平聲 /上平 : 胎(태)] : 아이밸 태	6973	1141	7726	1420
灰	회 010 [平聲 /上平 : 苔(태)] : 이끼 태	6974	1142	7727	1421
灰	회 010 [平聲 /上平 : 跆(태)] : 밟을 태	6975	1143	7728	1422
灰	회 010 [平聲 /上平 : 邰(태)] : 나라이름 태	6976	1144	7729	1423
灰	회 010 [平聲 /上平 : 颱(태)] : 태풍 태	6977	1145	7730	1424
灰	회 010 [平聲 /上平 : 駘(태)] : 둔마 태	6979	1146	7731	1425
灰	회 010 [平聲 /上平 : 鮐(태)] : 복 태	6980	1147	7732	1426
灰	회 010 [平聲 /上平 : 堆(퇴)] : 흙무더기 퇴	7005	1148	7733	1440
灰	회 010 [平聲 /上平 : 頹(퇴)] : 질풍 퇴	7009	1149	7734	1441
灰	회 010 [平聲 /上平 : 蘈(퇴)] : 참소리쟁이 퇴	7011	1150	7735	1443
灰	회 010 [平聲 /上平 : 咳(해)] : 방긋웃을/기침 해	7353	1151	7736	1483
灰	회 010 [平聲 /上平 : 垓(해)] : 지경 해	7354	1152	7737	1484

배열형식 C (가나다 韻目 基準)			배열 A	배열 B	배열 C	배열 D
韻目	韻目No. [平仄 / 四聲 : 韻族]	: 略義	운족 가나순	운목 번호순	운목 가나순	사성순
灰	회 010 [平聲 /上平 : 孩(해)]	: 어린아이 해	7356	1153	7738	1486
灰	회 010 [平聲 /上平 : 該(해)]	: 해당할 해	7366	1154	7739	1488
灰	회 010 [平聲 /上平 : 侅(해)]	: 이상할 해	7375	1155	7740	1491
灰	회 010 [平聲 /上平 : 峐(해)]	: 민둥산 해	7376	1156	7741	1492
灰	회 010 [平聲 /上平 : 賅(해)]	: 갖추어진 해	7378	1157	7742	1494
灰	회 010 [平聲 /上平 : 徊(회)]	: 노닐 회	7730	1158	7743	1567
灰	회 010 [平聲 /上平 : 恢(회)]	: 넓을 회	7731	1159	7744	1568
灰	회 010 [平聲 /上平 : 灰(회)]	: 재 회	7742	1160	7745	1571
灰	회 010 [平聲 /上平 : 茴(회)]	: 약이름 회	7747	1161	7746	1572
灰	회 010 [平聲 /上平 : 蛔(회)]	: 회충 회	7748	1162	7747	1573
灰	회 010 [平聲 /上平 : 佪(회)]	: 어정거릴 회	7751	1163	7748	1574
灰	회 010 [平聲 /上平 : 洄(회)]	: 거슬러 올라갈 회	7752	1164	7749	1575
灰	회 010 [平聲 /上平 : 詼(회)]	: 조롱할 회	7753	1165	7750	1576
灰	회 010 [平聲 /上平 : 迴(회)]	: 돌 회	7754	1166	7751	1577
灰	회 010 [平聲 /上平 : 虺*훼(회)]	: 비루먹을 회	7837	1167	7752	1579
賄	회 040 [仄聲 /上聲 : 凱(개)]	: 즐길 개	194	3757	7753	3265
賄	회 040 [仄聲 /上聲 : 塏(개)]	: 높은땅 개	195	3758	7754	3266
賄	회 040 [仄聲 /上聲 : 愷(개)]	: 즐거울 개	196	3759	7755	3267
賄	회 040 [仄聲 /上聲 : 改(개)]	: 고칠 개	198	3760	7756	3268
賄	회 040 [仄聲 /上聲 : 壞*괴(회)]	: 무너질 회	737	3761	7757	4646
賄	회 040 [仄聲 /上聲 : 豈*기(개)]	: 승전가 개	1145	3762	7758	3269
賄	회 040 [仄聲 /上聲 : 乃(내)]	: 이에 내	1223	3763	7759	3469
賄	회 040 [仄聲 /上聲 : 迺(내)]	: 이에/너 내	1232	3764	7760	3471
賄	회 040 [仄聲 /上聲 : 餒(뇌)]	: 굶주림 뇌	1281	3765	7761	3484
賄	회 040 [仄聲 /上聲 : 待(대)]	: 기다릴 대	1463	3766	7762	3526
賄	회 040 [仄聲 /上聲 : 磊(뢰)]	: 돌쌓일 뢰	1992	3767	7763	3609
賄	회 040 [仄聲 /上聲 : 蕾(뢰)]	: 꽃봉오리 뢰	1999	3768	7764	3610
賄	회 040 [仄聲 /上聲 : 每(매)]	: 매양 매	2288	3769	7765	3661
賄	회 040 [仄聲 /上聲 : 蓓(배)]	: 꽃봉오리 배	2729	3770	7766	3750
賄	회 040 [仄聲 /上聲 : 痱*배(비)]	: 풍병 비	2735	3771	7767	3845
賄	회 040 [仄聲 /上聲 : 洒*세(사)]	: 우뚝할 최	3617	3772	7768	4454
賄	회 040 [仄聲 /上聲 : 歹*알(대)]	: 몹쓸/거스릴 대	4154	3773	7769	3527
賄	회 040 [仄聲 /上聲 : 猥(외)]	: 뒤섞일 외	4703	3774	7770	4088
賄	회 040 [仄聲 /上聲 : 瘣(외)]	: 앓을 외	4709	3775	7771	4089
賄	회 040 [仄聲 /上聲 : 餧*위(뇌)]	: 주릴 뇌	4963	3776	7772	3485
賄	회 040 [仄聲 /上聲 : 頠*위(외)]	: 고요할 외	4969	3777	7773	4090

배열형식 C (가나다 韻目 基準)		배열 A	배열 B	배열 C	배열 D
韻目	韻目No. [平仄 / 四聲 : 韻族] : 略義	운족 가나순	운목 번호순	운목 가나순	사성순
賄	회 040 [仄聲 /上聲 : 詒(이)] : 줄 이	5222	3778	7774	4188
賄	회 040 [仄聲 /上聲 : 詒*이(태)] : 속일 태	5223	3779	7775	4504
賄	회 040 [仄聲 /上聲 : 宰(재)] : 주관할/재상 재	5473	3780	7776	4221
賄	회 040 [仄聲 /上聲 : 罪(죄)] : 허물 죄	5983	3781	7777	4334
賄	회 040 [仄聲 /上聲 : 寀(채)] : 녹봉 채	6409	3782	7778	4408
賄	회 040 [仄聲 /上聲 : 彩(채)] : 채색 채	6411	3783	7779	4409
賄	회 040 [仄聲 /上聲 : 採(채)] : 캘 채	6412	3784	7780	4410
賄	회 040 [仄聲 /上聲 : 綵(채)] : 비단 채	6414	3785	7781	4411
賄	회 040 [仄聲 /上聲 : 逮*체(태)] : 미칠/쫓을 태	6560	3786	7782	4505
賄	회 040 [仄聲 /上聲 : 怠(태)] : 게으를 태	6967	3787	7783	4506
賄	회 040 [仄聲 /上聲 : 殆(태)] : 위태할 태	6969	3788	7784	4507
賄	회 040 [仄聲 /上聲 : 迨(태)] : 미칠(及) 태	6978	3789	7785	4508
賄	회 040 [仄聲 /上聲 : 腿(퇴)] : 다리살 퇴	7006	3790	7786	4514
賄	회 040 [仄聲 /上聲 : 亥(해)] : 돼지 해	7350	3791	7787	4567
賄	회 040 [仄聲 /上聲 : 海(해)] : 바다 해	7361	3792	7788	4568
賄	회 040 [仄聲 /上聲 : 醢(해)] : 젓갈 해	7374	3793	7789	4572
賄	회 040 [仄聲 /上聲 : 匯(회)] : 물돌 회	7727	3794	7790	4647
肴	효 018 [平聲 /下平 : 交(교)] : 사귈 교	758	1947	7791	1804
肴	효 018 [平聲 /下平 : 咬(교)] : 음란한소리 교	760	1948	7792	1806
肴	효 018 [平聲 /下平 : 蛟(교)] : 교룡 교	777	1949	7793	1813
肴	효 018 [平聲 /下平 : 郊(교)] : 들 교	781	1950	7794	1814
肴	효 018 [平聲 /下平 : 鮫(교)] : 상어 교	785	1951	7795	1816
肴	효 018 [平聲 /下平 : 骹(교)] : 정강이 교	795	1952	7796	1818
肴	효 018 [平聲 /下平 : 鵁(교)] : 해오라기 교	796	1953	7797	1819
肴	효 018 [平聲 /下平 : 教(교)] : 본받을/하여금 교	799	1954	7798	1820
肴	효 018 [平聲 /下平 : 窌*교(료)] : 으슥할 료	803	1955	7799	2063
肴	효 018 [平聲 /下平 : 鐃(뇨)] : 징 뇨	1287	1956	7800	1913
肴	효 018 [平聲 /下平 : 嘮(로)] : 떠들석할 로	1951	1957	7801	2059
肴	효 018 [平聲 /下平 : 茅(모)] : 띠 모	2386	1958	7802	2155
肴	효 018 [平聲 /下平 : 蝥(모)] : 해충 모	2395	1959	7803	2158
肴	효 018 [平聲 /下平 : 罞*모(몽)] : 고라니그물 몽	2401	1960	7804	2163
肴	효 018 [平聲 /下平 : 巢(소)] : 새집 소	3634	1962	7805	2334
肴	효 018 [平聲 /下平 : 捎(소)] : 없앨 소	3673	1963	7806	2345
肴	효 018 [平聲 /下平 : 聱(오)] : 듣지 아니할 오	4592	1964	7807	2541
肴	효 018 [平聲 /下平 : 磝(오)] : 돌많을 오	4602	1965	7808	2544
肴	효 018 [平聲 /下平 : 凹(요)] : 오목할 요	4713	1966	7809	2561

[배열형식 C]

배열형식 C (가나다 韻目 基準)		배열 A	배열 B	배열 C	배열 D
韻目	韻目No. [平仄 / 四聲 : 韻族] : 略義	운족 가나순	운목 번호순	운목 가나순	사성순
肴	효 018 [平聲 /下平 : 嘲(조)] : 비웃을 조	5845	1967	7810	2794
肴	효 018 [平聲 /下平 : 啁(조)] : 지꺼릴 조	5911	1968	7811	2813
肴	효 018 [平聲 /下平 : 罺(조)] : 산대그물 조	5912	1969	7812	2814
肴	효 018 [平聲 /下平 : 梢(초)] : 나무끝 초	6583	1970	7813	2942
肴	효 018 [平聲 /下平 : 勦(초)] : 노곤할 초	6604	1971	7814	2952
肴	효 018 [平聲 /下平 : 鞘(초)] : 칼집 초	6616	1972	7815	2958
肴	효 018 [平聲 /下平 : 包(포)] : 쌀 포	7129	1973	7816	3066
肴	효 018 [平聲 /下平 : 匏(포)] : 박 포	7131	1974	7817	3067
肴	효 018 [平聲 /下平 : 咆(포)] : 으르렁거릴 포	7132	1975	7818	3068
肴	효 018 [平聲 /下平 : 抛(포)] : 버릴 포	7137	1976	7819	3069
肴	효 018 [平聲 /下平 : 泡(포)] : 거품 포	7142	1977	7820	3070
肴	효 018 [平聲 /下平 : 胞(포)] : 세포 포	7146	1978	7821	3071
肴	효 018 [平聲 /下平 : 苞(포)] : 나무밑동 포	7148	1979	7822	3072
肴	효 018 [平聲 /下平 : 庖(포)] : 부엌 포	7157	1980	7823	3075
肴	효 018 [平聲 /下平 : 炮(포)] : 통째로구울 포	7159	1981	7824	3076
肴	효 018 [平聲 /下平 : 拋(포)] : 던질 포	7162	1982	7825	3077
肴	효 018 [平聲 /下平 : 枹*부(포)] : 굴싸리 포	3008	1961	7826	3078
肴	효 018 [平聲 /下平 : 麃*표(포)] : 노루 포	7178	1983	7827	3079
肴	효 018 [平聲 /下平 : 譹*호(효)] : 부르짖을 효	7587	1984	7828	3207
肴	효 018 [平聲 /下平 : 鄗*호(교)] : 강이름 교	7589	1985	7829	1827
肴	효 018 [平聲 /下平 : 洨(효)] : 강이름 효	7772	1986	7830	3211
肴	효 018 [平聲 /下平 : 淆(효)] : 뒤섞일 효	7773	1987	7831	3212
肴	효 018 [平聲 /下平 : 爻(효)] : 사귈 효	7774	1988	7832	3213
肴	효 018 [平聲 /下平 : 肴(효)] : 안주 효	7775	1989	7833	3214
肴	효 018 [平聲 /下平 : 崤(효)] : 산이름 효	7779	1990	7834	3217
肴	효 018 [平聲 /下平 : 熇*효(고)] : 마를 고	7781	1991	7835	1771
肴	효 018 [平聲 /下平 : 髇(효)] : 큰경쇠 효	7786	1992	7836	3220
肴	효 018 [平聲 /下平 : 筊(효)] : 단소 효	7787	1993	7837	3221
肴	효 018 [平聲 /下平 : 烋(효)] : 기운건장할/뽐낼 효	7790	1994	7838	3223
效	효 078 [仄聲 /去聲 : 敲(고)] : 두두릴 고	504	5912	7839	4756
效	효 078 [仄聲 /去聲 : 校(교)] : 학교/교정할 교	767	5913	7840	4796
效	효 078 [仄聲 /去聲 : 校*교(효)] : 학궁 효	768	5914	7841	5914
效	효 078 [仄聲 /去聲 : 膠(교)] : 아교 교	775	5915	7842	4797
效	효 078 [仄聲 /去聲 : 較(교)] : 비교할/견줄 교	778	5916	7843	4798
效	효 078 [仄聲 /去聲 : 餃(교)] : 경단 교	782	5917	7844	4800
效	효 078 [仄聲 /去聲 : 窖(교)] : 움집 교	791	5918	7845	4802

배열형식 C (가나다 韻目 基準)		배열 A	배열 B	배열 C	배열 D
韻目	韻目No. [平仄 / 四聲 : 韻族] : 略義	운족 가나순	운목 번호순	운목 가나순	사성순
效	효 078 [仄聲 /去聲 : 恔(교)] : 유쾌할 교	798	5919	7846	4804
效	효 078 [仄聲 /去聲 : 教*교(교)] : 가르칠/교서 교	800	5920	7847	4805
效	효 078 [仄聲 /去聲 : 珓(교)] : 산통 교	801	5921	7848	4806
效	효 078 [仄聲 /去聲 : 窌(교)] : 움막 교	802	5922	7849	4807
效	효 078 [仄聲 /去聲 : 淖(뇨)] : 진흙 뇨	1285	5924	7850	4880
效	효 078 [仄聲 /去聲 : 棹(도)] : 노 도	1498	5926	7851	4917
效	효 078 [仄聲 /去聲 : 鬧(뇨)] : 시끄러울 뇨	1291	5925	7852	4882
效	효 078 [仄聲 /去聲 : 貌(모)] : 모양 모	2389	5927	7853	5046
效	효 078 [仄聲 /去聲 : 樂*악(락)] : 즐길 요	4111	5928	7854	5416
效	효 078 [仄聲 /去聲 : 約(약)] : 검소할/맺을 약	4257	5929	7855	5331
效	효 078 [仄聲 /去聲 : 笊(조)] : 조리 조	5903	5930	7856	5574
效	효 078 [仄聲 /去聲 : 杪(초)] : 회초리/끝 초	6609	5931	7857	5706
效	효 078 [仄聲 /去聲 : 鈔(초)] : 노략질할/베낄 초	6615	5932	7858	5708
效	효 078 [仄聲 /去聲 : 疱(포)] : 마마 포	7144	5933	7859	5818
效	효 078 [仄聲 /去聲 : 砲(포)] : 대포 포	7145	5934	7860	5819
效	효 078 [仄聲 /去聲 : 皰(포)] : 여드름/부풀 포	7164	5935	7861	5820
效	효 078 [仄聲 /去聲 : 爆(폭)] : 폭발할 폭	7175	5936	7862	5821
效	효 078 [仄聲 /去聲 : 豹(표)] : 표범 표	7190	5937	7863	5825
效	효 078 [仄聲 /去聲 : 恔(교)] : 놀랄 교	812	5923	7864	4808
效	효 078 [仄聲 /去聲 : 效(효)] : 본받을 효	7768	5938	7865	5915
效	효 078 [仄聲 /去聲 : 斅(효)] : 가르칠 효	7769	5939	7866	5916
效	효 078 [仄聲 /去聲 : 酵(효)] : 술밑 효	7776	5940	7867	5917
洽	흡 106[聲 /入 : 鹼*감(겸)] : 씹는모양 겸	151	7901	7868	6065
洽	흡 106 [仄聲 /入聲 : 匣(갑)] : 갑 갑	152	7902	7869	5995
洽	흡 106 [仄聲 /入聲 : 岬(갑)] : 곶 갑	153	7903	7870	5996
洽	흡 106 [仄聲 /入聲 : 甲(갑)] : 갑옷 갑	154	7904	7871	5997
洽	흡 106 [仄聲 /入聲 : 胛(갑)] : 어깨 갑	155	7905	7872	5998
洽	흡 106 [仄聲 /入聲 : 鉀(갑)] : 갑옷 갑	156	7906	7873	5999
洽	흡 106 [仄聲 /入聲 : 閘(갑)] : 물문 갑	157	7907	7874	6000
洽	흡 106 [仄聲 /入聲 : 韐*갑(겹)] : 슬갑 겹	159	7908	7875	6063
洽	흡 106 [仄聲 /入聲 : 劫(겁)] : 겁탈할 겁	306	7909	7876	6028
洽	흡 106 [仄聲 /入聲 : 怯(겁)] : 겁낼 겁	307	7910	7877	6029
洽	흡 106 [仄聲 /入聲 : 袷(겹)] : 겹옷 겹	392	7912	7878	6064
洽	흡 106 [仄聲 /入聲 : 跲(겁)] : 넘어질 겁	309	7911	7879	6031
洽	흡 106 [仄聲 /入聲 : 扱(급)] : 취할 급	1078	7913	7880	6210
洽	흡 106 [仄聲 /入聲 : 泛*범(핍)] : 물소리 핍	2780	7914	7881	7763

배열형식 C (가나다 韻目 基準)		배열 A	배열 B	배열 C	배열 D
韻目	韻目No. [平仄 / 四聲 : 韻族] : 略義	운족 가나순	운목 번호순	운목 가나순	사성순
洽	흡 106 [仄聲 /入聲 : 法(법)] : 법 법	2786	7915	7882	6604
洽	흡 106 [仄聲 /入聲 : 琺(법)] : 법랑 법	2787	7916	7883	6605
洽	흡 106 [仄聲 /入聲 : 揷(삽)] : 꽂을 삽	3348	7920	7884	6740
洽	흡 106 [仄聲 /入聲 : 翣(삽)] : 부채 삽	3343	7917	7885	6736
洽	흡 106 [仄聲 /入聲 : 鍤(삽)] : 가래 삽	3344	7918	7886	6737
洽	흡 106 [仄聲 /入聲 : 霅*삽(잡)] : 천둥번개칠/떠들 잡	3346	7919	7887	7250
洽	흡 106 [仄聲 /入聲 : 壓(압)] : 누를/억누를 압	4178	7921	7888	6979
洽	흡 106 [仄聲 /入聲 : 押(압)] : 수결/서명/누를 압	4179	7922	7889	6980
洽	흡 106 [仄聲 /入聲 : 押*압(갑)] : 도울/잡아들일 갑	4180	7923	7890	6005
洽	흡 106 [仄聲 /入聲 : 狎(압)] : 친압할/소홀할/다시 압	4181	7924	7891	6981
洽	흡 106 [仄聲 /入聲 : 鴨(압)] : 오리 압	4182	7925	7892	6982
洽	흡 106 [仄聲 /入聲 : 嶪(업)] : 높고험할 업	4359	7927	7893	7037
洽	흡 106 [仄聲 /入聲 : 業(업)] : 업 업	4360	7928	7894	7038
洽	흡 106 [仄聲 /入聲 : 浥*읍(압)] : 물흐를 압	5127	7929	7895	6983
洽	흡 106 [仄聲 /入聲 : 眨(잡)] : 눈 깜작일 잡	5414	7930	7896	7253
洽	흡 106 [仄聲 /入聲 : 箚(차)] : 전갈할/기록할 차	6294	7932	7897	7458
洽	흡 106 [仄聲 /入聲 : 喋(잡)] : 먹는소리 잡	5415	7931	7898	7254
洽	흡 106 [仄聲 /入聲 : 乏(핍)] : 떨어질 핍	7246	7934	7899	7765
洽	흡 106 [仄聲 /入聲 : 哈*압(합)] : 한모금 합	4184	7926	7900	7794
洽	흡 106 [仄聲 /入聲 : 陜*협(합)] : 고을이름 합	7467	7938	7901	7799
洽	흡 106 [仄聲 /入聲 : 陜(협)] : 좁을 협	7466	7937	7902	7835
洽	흡 106 [仄聲 /入聲 : 呷(합)] : 마실 합	7326	7935	7903	7803
洽	흡 106 [仄聲 /入聲 : 俠*협(겹)] : 아우를 겹	7469	7939	7904	6066
洽	흡 106 [仄聲 /入聲 : 夾(협)] : 낄/부축할 협	7471	7940	7905	7838
洽	흡 106 [仄聲 /入聲 : 峽(협)] : 골짜기 협	7472	7941	7906	7839
洽	흡 106 [仄聲 /入聲 : 狹(협)] : 좁을 협	7475	7942	7907	7842
洽	흡 106 [仄聲 /入聲 : 祫(협)] : 합사 협	7485	7943	7908	7852
洽	흡 106 [仄聲 /入聲 : 筴*책(협)] : 젓가락 협	6432	7933	7909	7853
洽	흡 106 [仄聲 /入聲 : 猲*헐(갈)] : 으를/핍박할 갈	7418	7936	7910	6007
洽	흡 106 [仄聲 /入聲 : 恰(흡)] : 흡사할 흡	7902	7944	7911	7939
洽	흡 106 [仄聲 /入聲 : 洽(흡)] : 두루미칠/화목할 흡	7903	7945	7912	7940
黠	힐 097 [仄聲 /入聲 : 秸(갈)] : 볏짚 갈	116	7043	7913	5980
黠	힐 097 [仄聲 /入聲 : 刮(괄)] : 깎을 괄	698	7045	7914	6119
黠	힐 097 [仄聲 /入聲 : 鴰(괄)] : 재두루미 괄	704	7046	7915	6124
黠	힐 097 [仄聲 /入聲 : 劀(괄)] : 고름짤 괄	705	7047	7916	6125
黠	힐 097 [仄聲 /入聲 : 颳(괄)] : 모진바람 괄	706	7048	7917	6126

배열형식 C (가나다 韻目 基準)		배열 A	배열 B	배열 C	배열 D
韻目	韻目No. [平仄 / 四聲 : 韻族] : 略義	운족 가나순	운목 번호순	운목 가나순	사성순
黠	힐 097 [仄聲 /入聲 : 獺(달)] : 수달 달	1380	7049	7918	6262
黠	힐 097 [仄聲 /入聲 : 帕(말)] : 머리띠 말	2258	7050	7919	6464
黠	힐 097 [仄聲 /入聲 : 糪*벽(팔)] : 선떡 팔	2802	7051	7920	7718
黠	힐 097 [仄聲 /入聲 : 煞*쇄(살)] : 죽일 살	3736	7054	7921	6723
黠	힐 097 [仄聲 /入聲 : 檄(살)] : 산복숭아 살	3323	7052	7922	6725
黠	힐 097 [仄聲 /入聲 : 蔱(살)] : 산수유 살	3324	7053	7923	6726
黠	힐 097 [仄聲 /入聲 : 繎*쇄(살)] : 죽일 살	3738	7055	7924	6727
黠	힐 097 [仄聲 /入聲 : 軋(알)] : 삐걱거릴 알	4146	7056	7925	6966
黠	힐 097 [仄聲 /入聲 : 嘎(알)] : 새소리 알	4149	7057	7926	6968
黠	힐 097 [仄聲 /入聲 : 戛(알)] : 창 알	4152	7058	7927	6971
黠	힐 097 [仄聲 /入聲 : 鳦*을(알)] : 제비 알	5112	7059	7928	6976
黠	힐 097 [仄聲 /入聲 : 刹(찰)] : 절/탑 찰	6341	7060	7929	7475
黠	힐 097 [仄聲 /入聲 : 察(찰)] : 살필 찰	6342	7061	7930	7476
黠	힐 097 [仄聲 /入聲 : 擦(찰)] : 비빌 찰	6343	7062	7931	7477
黠	힐 097 [仄聲 /入聲 : 札(찰)] : 편지 찰	6344	7063	7932	7478
黠	힐 097 [仄聲 /入聲 : 紮(찰)] : 감을 찰	6345	7064	7933	7479
黠	힐 097 [仄聲 /入聲 : 剎(찰)] : 절 찰	6346	7065	7934	7480
黠	힐 097 [仄聲 /入聲 : 蚻(찰)] : 씽씽매미 찰	6349	7066	7935	7482
黠	힐 097 [仄聲 /入聲 : 八(팔)] : 여덟 팔	7058	7067	7936	7719
黠	힐 097 [仄聲 /入聲 : 捌(팔)] : 깨뜨릴 팔	7060	7068	7937	7721
黠	힐 097 [仄聲 /入聲 : 轄(할)] : 비녀장 할	7296	7069	7938	7786
黠	힐 097 [仄聲 /入聲 : 劼(할)] : 삼가할 할	7297	7070	7939	7787
黠	힐 097 [仄聲 /入聲 : 滑*골(활)] : 미끄러울 활	597	7044	7940	7893
黠	힐 097 [仄聲 /入聲 : 猾(활)] : 교활할 활	7692	7071	7941	7894
黠	힐 097 [仄聲 /入聲 : 闊(활)] : 트일 활	7694	7072	7942	7896
黠	힐 097 [仄聲 /入聲 : 蛸(활)] : 올챙이 활	7695	7073	7943	7897
黠	힐 097 [仄聲 /入聲 : 澮*회(활)] : 물합쳐흐를 활	7741	7074	7944	7898
黠	힐 097 [仄聲 /入聲 : 頡*힐(갈)] : 긁을/밝을 갈	7944	7075	7945	5987

四聲基準

사성기준 배열

D

漢詩韻字便覽

배열형식 D (四聲基準)			배열 A	배열 B	배열 C	배열 D
平仄 / 四聲 : (韻目No:	韻目)	韻族(독음): 字義	운족 가나순	운목 번호순	운목 가나순	사성순
平聲 / 上平 : (009	佳	가) : 佳(가) : 아름다울 가	2	1013	1	1
平聲 / 上平 : (009	佳	가) : 街(가) : 거리 가	25	1014	2	2
平聲 / 上平 : (014	寒	한) : 刊(간) : 새길 간	66	1502	7131	3
平聲 / 上平 : (014	寒	한) : 奸(간) : 범할 간	68	1503	7132	4
平聲 / 上平 : (015	刪	산) : 姦(간) : 간음할 간	69	1612	1936	5
平聲 / 上平 : (014	寒	한) : 干(간) : 방패 간	70	1504	7133	6
平聲 / 上平 : (014	寒	한) : 幹(간) : 줄기 간	71	1505	7134	7
平聲 / 上平 : (015	刪	산) : 癎(간) : 경풍 간	79	1613	1937	8
平聲 / 上平 : (014	寒	한) : 看(간) : 볼 간	80	1506	7135	9
平聲 / 上平 : (014	寒	한) : 竿(간) : 장대 간	83	1507	7136	10
平聲 / 上平 : (014	寒	한) : 肝(간) : 간 간	85	1508	7137	11
平聲 / 上平 : (015	刪	산) : 艱(간) : 어려울 간	87	1614	1938	12
平聲 / 上平 : (014	寒	한) : 玕(간) : 옥돌 간	92	1509	7138	13
平聲 / 上平 : (012	文	문) : 齦(간) : 깨물 간	94	1306	1676	14
平聲 / 上平 : (014	寒	한) : 鳱(간) : 까치 간	98	1510	7139	15
平聲 / 上平 : (014	寒	한) : 乾*(간) : 말를 간	270	1512	7141	16
平聲 / 上平 : (014	寒	한) : 菅(간) : 왕골 간	100	1511	7146	17
平聲 / 上平 : (003	江	강) : 江(강) : 강 강	171	196	433	18
平聲 / 上平 : (003	江	강) : 腔(강) : 빈속 강	178	197	434	19
平聲 / 上平 : (003	江	강) : 扛(강) : 들 강	185	198	436	20
平聲 / 上平 : (003	江	강) : 杠(강) : 깃대 강	186	199	437	21
平聲 / 上平 : (003	江	강) : 悾*(강) : 믿을 강	617	200	438	22
平聲 / 上平 : (009	佳	가) : 皆(개) : 다 개	202	1015	3	23
平聲 / 上平 : (010	灰	회) : 開(개) : 열 개	209	1063	7648	24
平聲 / 上平 : (009	佳	가) : 揩(개) : 문지를 개	212	1016	4	25
平聲 / 上平 : (009	佳	가) : 喈(개) : 새소리 개	218	1017	5	26
平聲 / 上平 : (009	佳	가) : 湝(개) : 물성할 개	221	1018	6	27
平聲 / 上平 : (006	魚	어) : 居(거) : 살 거	235	617	3412	28
平聲 / 上平 : (006	魚	어) : 据(거) : 일할 거	240	618	3413	29
平聲 / 上平 : (006	魚	어) : 渠(거) : 도랑 거	243	619	3414	30
平聲 / 上平 : (006	魚	어) : 祛(거) : 떨어없앨 거	245	620	3415	31
平聲 / 上平 : (006	魚	어) : 籧(거) : 대자리 거	253	621	3416	32
平聲 / 上平 : (006	魚	어) : 腒(거) : 오랠 거	254	622	3417	33

배열형식 D (四聲基準)			배열 A	배열 B	배열 C	배열 D
平仄 / 四聲 : (韻目No: 韻目)		韻族(독음): 字義	운족 가나순	운목 번호순	운목 가나순	사성순
平聲 / 上平 : (006	魚	어) : 蘧(거) : 술패랭이꽃 거	257	623	3418	34
平聲 / 上平 : (006	魚	어) : 祛(거) : 소매 거	258	624	3419	35
平聲 / 上平 : (006	魚	어) : 裾(거) : 옷자락 거	259	625	3420	36
平聲 / 上平 : (006	魚	어) : 鶋(거) : 갈까마귀 거	265	626	3421	37
平聲 / 上平 : (006	魚	어) : 車(거) : 수레/그물/잇몸 거	267	627	3479	38
平聲 / 上平 : (011	眞	진) : 巾(건) : 수건 건	273	1168	6307	39
平聲 / 上平 : (008	齊	제) : 溪(계) : 시내 계	461	919	5275	40
平聲 / 上平 : (008	齊	제) : 磎(계) : 시내 계	464	920	5276	41
平聲 / 上平 : (008	齊	제) : 稽(계) : 상고할 계	465	921	5277	42
平聲 / 上平 : (008	齊	제) : 谿(계) : 시내 계	471	922	5278	43
平聲 / 上平 : (009	佳	가) : 階(계) : 섬돌 계	472	1019	7	44
平聲 / 上平 : (008	齊	제) : 鷄(계) : 닭 계	473	923	5279	45
平聲 / 上平 : (008	齊	제) : 烓(계) : 닭 계	474	924	5280	46
平聲 / 上平 : (008	齊	제) : 雞(계) : 닭 계	476	925	5281	47
平聲 / 上平 : (008	齊	제) : 笄(계) : 머리핀/어린아이 계	482	926	5282	48
平聲 / 上平 : (007	虞	우) : 賈(고) : 장사 고	489	693	4103	49
平聲 / 上平 : (007	虞	우) : 呱(고) : 울 고	495	694	4106	50
平聲 / 上平 : (007	虞	우) : 姑(고) : 시어미 고	497	695	4107	51
平聲 / 上平 : (007	虞	우) : 孤(고) : 외로울 고	498	696	4108	52
平聲 / 上平 : (007	虞	우) : 枯(고) : 마를 고	507	697	4109	53
平聲 / 上平 : (007	虞	우) : 沽(고) : 팔 고	509	698	4110	54
平聲 / 上平 : (007	虞	우) : 苽(고) : 줄 고	520	699	4111	55
平聲 / 上平 : (007	虞	우) : 菰(고) : 향초 고	521	700	4112	56
平聲 / 上平 : (007	虞	우) : 辜(고) : 허물 고	527	701	4113	57
平聲 / 上平 : (007	虞	우) : 刳(고) : 가를 고	535	702	4114	58
平聲 / 上平 : (007	虞	우) : 觚(고) : 술잔 고	546	703	4115	59
平聲 / 上平 : (007	虞	우) : 橰(고) : 만연할 고	554	704	4116	60
平聲 / 上平 : (007	虞	우) : 罛(고) : 므물 고	555	705	4117	61
平聲 / 上平 : (013	元	원) : 坤(곤) : 땅 곤	573	1377	4778	62
平聲 / 上平 : (013	元	원) : 崑(곤) : 산이름 곤	574	1378	4779	63
平聲 / 上平 : (013	元	원) : 昆(곤) : 맏형/같을 곤	575	1379	4780	64
平聲 / 上平 : (013	元	원) : 琨(곤) : 옥돌 곤	581	1380	4781	65
平聲 / 上平 : (013	元	원) : 鯤(곤) : 곤이 곤	583	1381	4782	66
平聲 / 上平 : (013	元	원) : 褌(곤) : 잠방이 곤	584	1382	4783	67
平聲 / 上平 : (013	元	원) : 錕(곤) : 적금 곤	585	1383	4784	68
平聲 / 上平 : (013	元	원) : 髡(곤) : 삭발할 곤	587	1384	4785	69

배열형식 D (四聲基準)			배열 A	배열 B	배열 C	배열 D
平仄 / 四聲 : (韻目No: 韻目) 韻族(독음): 字義			운족 가나순	운목 번호순	운목 가나순	사성순
平聲 / 上平 : (013	元	원) : 鶤(곤) : 봉황새 곤	588	1385	4786	70
平聲 / 上平 : (013	元	원) : 混*(곤) : 오랑캐 곤	7601	1482	4884	71
平聲 / 上平 : (002	冬	동) : 供(공) : 이바지할 공	598	114	1173	72
平聲 / 上平 : (001	東	동) : 公(공) : 공평할 공	599	1	1060	73
平聲 / 上平 : (002	冬	동) : 共(공) : 한가지 공	600	115	1174	74
平聲 / 上平 : (001	東	동) : 功(공) : 공 공	601	2	1061	75
平聲 / 上平 : (001	東	동) : 工(공) : 장인 공	603	3	1062	76
平聲 / 上平 : (002	冬	동) : 恭(공) : 공손할 공	605	116	1175	77
平聲 / 上平 : (001	東	동) : 攻(공) : 칠 공	609	4	1063	78
平聲 / 上平 : (001	東	동) : 空(공) : 빌 공	611	5	1064	79
平聲 / 上平 : (001	東	동) : 蚣(공) : 지네 공	612	6	1065	80
平聲 / 上平 : (001	東	동) : 悾(공) : 정성스러울 공	616	7	1066	81
平聲 / 上平 : (003	江	강) : 槓(공) : 지렛대 공	619	201	439	82
平聲 / 上平 : (001	東	동) : 箜(공) : 공후(악기명) 공	620	8	1067	83
平聲 / 上平 : (002	冬	동) : 蛩(공) : 귀뜨라미 공	621	118	1177	84
平聲 / 上平 : (002	冬	동) : 蛬(공) : 귀뚜라미 공	622	119	1178	85
平聲 / 上平 : (002	冬	동) : 龔(공) : 공손할 공	623	120	1179	86
平聲 / 上平 : (002	冬	동) : 邛(공) : 고달플 공	626	121	1180	87
平聲 / 上平 : (014	寒	한) : 冠(관) : 갓 관	668	1513	7142	88
平聲 / 上平 : (014	寒	한) : 官(관) : 벼슬 관	669	1514	7143	89
平聲 / 上平 : (014	寒	한) : 寬(관) : 너그러울 관	670	1515	7144	90
平聲 / 上平 : (014	寒	한) : 棺(관) : 널 관	672	1516	7145	91
平聲 / 上平 : (015	刪	산) : 菅*(관) : 띠/성 관	101	1616	1940	92
平聲 / 上平 : (014	寒	한) : 觀(관) : 볼 관	679	1517	7147	93
平聲 / 上平 : (015	刪	산) : 關(관) : 통할/관계할 관	681	1617	1942	94
平聲 / 上平 : (014	寒	한) : 莞(관) : 골/왕골 관	696	1518	7211	95
平聲 / 上平 : (009	佳	가) : 乖(괴) : 어그러질 괴	733	1021	8	96
平聲 / 上平 : (009	佳	가) : 槐(괴) : 회화나무/느티나무 괴	741	1022	9	97
平聲 / 上平 : (010	灰	회) : 魁(괴) : 우두머리 괴	742	1064	7649	98
平聲 / 上平 : (010	灰	회) : 瑰(괴) : 구슬 괴	743	1065	7650	99
平聲 / 上平 : (007	虞	우) : 拒*(구) : 이름 구	239	691	4104	100
平聲 / 上平 : (007	虞	우) : 俱(구) : 함께 구	819	706	4118	101
平聲 / 上平 : (007	虞	우) : 區(구) : 구분할/감출 구	823	707	4119	102
平聲 / 上平 : (007	虞	우) : 嶇(구) : 언틀먼틀할/가파를 구	834	709	4121	103
平聲 / 上平 : (007	虞	우) : 拘(구) : 잡을 구	836	710	4122	104
平聲 / 上平 : (007	虞	우) : 枸(구) : 구기자 구	838	711	4123	105

배열형식 D (四聲基準)			배열 A	배열 B	배열 C	배열 D
平仄 / 四聲 : (韻目No: 韻目) 韻族(독음): 字義			운족 가나순	운목 번호순	운목 가나순	사성순
平聲 / 上平 : (007	虞	우) : 瞿(구) : 볼 구	850	712	4124	106
平聲 / 上平 : (007	虞	우) : 衢(구) : 거리 구	859	713	4125	107
平聲 / 上平 : (007	虞	우) : 軀(구) : 몸 구	862	714	4126	108
平聲 / 上平 : (007	虞	우) : 駒(구) : 망아지 구	867	715	4127	109
平聲 / 上平 : (007	虞	우) : 驅(구) : 몰 구	868	716	4128	110
平聲 / 上平 : (007	虞	우) : 傴(구) : 구부릴/꼽추 구	872	717	4129	111
平聲 / 上平 : (007	虞	우) : 劬(구) : 수고로울 구	873	718	4130	112
平聲 / 上平 : (007	虞	우) : 朐(구) : 굽을 구	887	719	4131	113
平聲 / 上平 : (007	虞	우) : 朐(구) : 포 구	901	720	4132	114
平聲 / 上平 : (007	虞	우) : 絇(구) : 신코장식 구	903	721	4133	115
平聲 / 上平 : (007	虞	우) : 鼩(구) : 새앙쥐 구	907	722	4134	116
平聲 / 上平 : (012	文	문) : 君(군) : 임금 군	920	1307	1677	117
平聲 / 上平 : (012	文	문) : 群(군) : 무리 군	922	1308	1678	118
平聲 / 上平 : (012	文	문) : 裙(군) : 치마 군	923	1309	1679	119
平聲 / 上平 : (012	文	문) : 軍(군) : 군사 군	924	1310	1680	120
平聲 / 上平 : (001	東	동) : 宮(궁) : 집 궁	935	9	1068	121
平聲 / 上平 : (001	東	동) : 弓(궁) : 활 궁	936	10	1069	122
平聲 / 上平 : (001	東	동) : 穹(궁) : 하늘 궁	937	11	1070	123
平聲 / 上平 : (001	東	동) : 窮(궁) : 다할/궁할 궁	938	12	1071	124
平聲 / 上平 : (001	東	동) : 芎(궁) : 궁궁이/천궁 궁	939	13	1072	125
平聲 / 上平 : (001	東	동) : 躬(궁) : 몸 궁	940	14	1073	126
平聲 / 上平 : (005	微	미) : 歸*(궤) : 먹일 궤	984	567	1821	127
平聲 / 上平 : (004	支	지) : 龜(귀) : 거북/본뜰 귀	980	227	5667	128
平聲 / 上平 : (008	齊	제) : 圭(규) : 쌍토 규	991	927	5283	129
平聲 / 上平 : (008	齊	제) : 奎(규) : 별 규	992	928	5284	130
平聲 / 上平 : (004	支	지) : 槻(규) : 물푸레나무 규	994	228	5668	131
平聲 / 上平 : (008	齊	제) : 珪(규) : 홀 규	995	929	5285	132
平聲 / 上平 : (004	支	지) : 硅(규) : 규소 규	996	229	5669	133
平聲 / 上平 : (004	支	지) : 窺(규) : 엿볼 규	997	230	5670	134
平聲 / 上平 : (004	支	지) : 葵(규) : 아욱/해바라기 규	999	231	5671	135
平聲 / 上平 : (004	支	지) : 規(규) : 법 규	1000	232	5672	136
平聲 / 上平 : (004	支	지) : 逵(규) : 큰길/길거리 규	1002	233	5673	137
平聲 / 上平 : (008	齊	제) : 閨(규) : 안방 규	1003	930	5286	138
平聲 / 上平 : (008	齊	제) : 刲(규) : 찌를/벨 규	1004	931	5287	139
平聲 / 上平 : (008	齊	제) : 睽(규) : 사팔눈 규	1006	932	5288	140
平聲 / 上平 : (004	支	지) : 馗(규) : 아홉거리 규	1008	234	5674	141

배열형식 D (四聲基準)			배열 A	배열 B	배열 C	배열 D
平仄 / 四聲 : (韻目No:	韻目)	韻族(독음): 字義	운족 가나순	운목 번호순	운목 가나순	사성순
平聲 / 上平 : (004	支	지) : 戣(규) : 창 규	1010	235	5675	142
平聲 / 上平 : (004	支	지) : 嶲*(규) : 접동새 규	7867	550	5990	143
平聲 / 上平 : (011	眞	진) : 龜*(균) : 갈라질 균	982	1170	6309	144
平聲 / 上平 : (011	眞	진) : 勻(균) : 적을 균	1011	1171	6311	145
平聲 / 上平 : (011	眞	진) : 均(균) : 고를 균	1013	1173	6312	146
平聲 / 上平 : (011	眞	진) : 昀(균) : 밭일굴 균	1014	1174	6314	147
平聲 / 上平 : (011	眞	진) : 筠(균) : 대나무 균	1016	1176	6315	148
平聲 / 上平 : (011	眞	진) : 鈞(균) : 서른근 균	1018	1177	6316	149
平聲 / 上平 : (011	眞	진) : 囷(균) : 곳집 균	1019	1178	6317	150
平聲 / 上平 : (011	眞	진) : 麇(균) : 노루 균	1021	1179	6318	151
平聲 / 上平 : (012	文	문) : 勤(근) : 부지런할 근	1036	1311	1681	152
平聲 / 上平 : (012	文	문) : 懃(근) : 은근할 근	1037	1312	1682	153
平聲 / 上平 : (013	元	원) : 根(근) : 뿌리 근	1039	1386	4787	154
平聲 / 上平 : (012	文	문) : 筋(근) : 힘줄 근	1042	1313	1683	155
平聲 / 上平 : (012	文	문) : 芹(근) : 미나리 근	1043	1314	1684	156
平聲 / 上平 : (012	文	문) : 觔(근) : 힘줄/근 근	1050	1315	1685	157
平聲 / 上平 : (013	元	원) : 跟(근) : 발꿈치 근	1051	1387	4788	158
平聲 / 上平 : (012	文	문) : 瘽(근) : 앓을 근	1053	1316	1686	159
平聲 / 上平 : (011	眞	진) : 矜(근) : 긍창자루 근	1054	1180	6319	160
平聲 / 上平 : (012	文	문) : 蘄*(근) : 승검초 근	1165	1317	1687	161
平聲 / 上平 : (004	支	지) : 居*(기) : 어조사 기	236	226	5666	162
平聲 / 上平 : (004	支	지) : 其(기) : 그 기	1090	236	5676	163
平聲 / 上平 : (005	微	미) : 圻(기) : 경기 기	1094	568	1822	164
平聲 / 上平 : (004	支	지) : 基(기) : 터 기	1095	237	5677	165
平聲 / 上平 : (004	支	지) : 埼(기) : 산부리 기	1096	238	5678	166
平聲 / 上平 : (004	支	지) : 夔(기) : 조심할 기	1097	239	5679	167
平聲 / 上平 : (004	支	지) : 奇(기) : 기특할 기	1098	240	5680	168
平聲 / 上平 : (004	支	지) : 岐(기) : 갈림길 기	1101	241	5681	169
平聲 / 上平 : (004	支	지) : 崎(기) : 험할 기	1102	242	5682	170
平聲 / 上平 : (004	支	지) : 旗(기) : 기 기	1107	243	5683	171
平聲 / 上平 : (004	支	지) : 碁(기) : 돌 기	1109	244	5684	172
平聲 / 上平 : (004	支	지) : 期(기) : 기약할 기	1110	245	5685	173
平聲 / 上平 : (004	支	지) : 棋(기) : 바둑 기	1112	246	5686	174
平聲 / 上平 : (005	微	미) : 機(기) : 틀 기	1114	569	1823	175
平聲 / 上平 : (004	支	지) : 欺(기) : 속일 기	1115	247	5687	176
平聲 / 上平 : (005	微	미) : 沂(기) : 강이름 기	1119	570	1824	177

배열형식 D (四聲基準)			배열 A	배열 B	배열 C	배열 D
平仄 / 四聲 : (韻目No: 韻目) 韻族(독음): 字義			운족 가나순	운목 번호순	운목 가나순	사성순
平聲 / 上平 : (004	支	지) : 淇(기) : 강이름 기	1120	248	5688	178
平聲 / 上平 : (004	支	지) : 琦(기) : 옥이름 기	1122	249	5689	179
平聲 / 上平 : (004	支	지) : 琪(기) : 옥 기	1123	250	5690	180
平聲 / 上平 : (004	支	지) : 璂(기) : 피변꾸미개 기	1124	251	5691	181
平聲 / 上平 : (005	微	미) : 璣(기) : 별이름 기	1125	571	1825	182
平聲 / 上平 : (004	支	지) : 畸(기) : 뙈기밭 기	1126	252	5692	183
平聲 / 上平 : (005	微	미) : 畿(기) : 경기 기	1127	572	1826	184
平聲 / 上平 : (004	支	지) : 碁(기) : 바둑 기	1128	253	5693	185
平聲 / 上平 : (005	微	미) : 磯(기) : 물가돌 기	1129	573	1827	186
平聲 / 上平 : (004	支	지) : 祁(기) : 성할 기	1130	254	5694	187
平聲 / 上平 : (004	支	지) : 祇(기) : 토지의신 기	1131	255	5696	188
平聲 / 上平 : (005	微	미) : 祈(기) : 빌 기	1133	574	1828	189
平聲 / 上平 : (004	支	지) : 祺(기) : 복 기	1134	257	5697	190
平聲 / 上平 : (004	支	지) : 箕(기) : 키 기	1135	258	5698	191
平聲 / 上平 : (004	支	지) : 羈(기) : 굴레 기	1138	259	5699	192
平聲 / 上平 : (004	支	지) : 耆(기) : 늙은이/스승 기	1139	260	5700	193
平聲 / 上平 : (004	支	지) : 肌(기) : 살가죽 기	1141	261	5701	194
平聲 / 上平 : (005	微	미) : 譏(기) : 나무랄 기	1143	575	1829	195
平聲 / 上平 : (004	支	지) : 錡(기) : 세발가마솥 기	1147	262	5702	196
平聲 / 上平 : (004	支	지) : 錤(기) : 호미 기	1149	263	5703	197
平聲 / 上平 : (004	支	지) : 飢(기) : 주릴 기	1150	264	5704	198
平聲 / 上平 : (005	微	미) : 饑(기) : 주릴 기	1151	576	1830	199
平聲 / 上平 : (004	支	지) : 騎(기) : 말탈 기	1152	265	5705	200
平聲 / 上平 : (004	支	지) : 騏(기) : 준마 기	1153	266	5706	201
平聲 / 上平 : (004	支	지) : 麒(기) : 기린 기	1155	267	5707	202
平聲 / 上平 : (005	微	미) : 旂(기) : 깃발 기	1157	577	1831	203
平聲 / 上平 : (004	支	지) : 棊(기) : 바둑 기	1158	268	5708	204
平聲 / 上平 : (004	支	지) : 岐(기) : 갈림길 기	1159	269	5709	205
平聲 / 上平 : (004	支	지) : 綦(기) : 초록빛 기	1160	270	5710	206
平聲 / 上平 : (004	支	지) : 羇(기) : 굴레 기	1161	271	5711	207
平聲 / 上平 : (005	微	미) : 肵(기) : 시동이먹는도마 기	1162	578	1832	208
平聲 / 上平 : (004	支	지) : 蘄(기) : 미나리 기	1164	272	5712	209
平聲 / 上平 : (004	支	지) : 鬐(기) : 갈기 기	1169	273	5713	210
平聲 / 上平 : (004	支	지) : 鰭(기) : 등지느러미 기	1170	274	5714	211
平聲 / 上平 : (005	微	미) : 嘰(기) : 탄식할 기	1171	579	1833	212
平聲 / 上平 : (004	支	지) : 萁(기) : 콩대 기	1173	275	5715	213

배열형식 D (四聲基準)			배열 A	배열 B	배열 C	배열 D
平仄 / 四聲 : (韻目No:	韻目)	韻族(독음): 字義	운족 가나순	운목 번호순	운목 가나순	사성순
平聲 / 上平 : (004	支	지) : 踦(기) : 절름발이 기	1174	276	5716	214
平聲 / 上平 : (005	微	미) : 蟣(기) : 말재갈 기	1175	580	1834	215
平聲 / 上平 : (004	支	지) : 示*(기) : 땅귀신 기	3971	376	5816	216
平聲 / 上平 : (004	支	지) : 倚*(기) : 설 기	5139	405	5845	217
平聲 / 上平 : (006	魚	어) : 挐*(녀) : 붙잡을 녀	1192	628	3422	218
平聲 / 上平 : (007	虞	우) : 奴(노) : 종 노	1262	723	4136	219
平聲 / 上平 : (007	虞	우) : 駑(노) : 둔할 노	1267	724	4141	220
平聲 / 上平 : (007	虞	우) : 孥(노) : 자식/종 노	1268	725	4142	221
平聲 / 上平 : (007	虞	우) : 臑(노) : 팔꿈치 노	1270	726	4143	222
平聲 / 上平 : (007	虞	우) : 砮(노) : 돌살촉 노	1271	727	4144	223
平聲 / 上平 : (007	虞	우) : 帑(노) : 처자식/감출 노	1273	728	4300	224
平聲 / 上平 : (002	冬	동) : 濃(농) : 짙을 농	1275	122	1181	225
平聲 / 上平 : (002	冬	동) : 膿(농) : 고름 농	1276	123	1182	226
平聲 / 上平 : (002	冬	동) : 農(농) : 농사 농	1277	124	1183	227
平聲 / 上平 : (002	冬	동) : 儂(농) : 나 농	1278	125	1184	228
平聲 / 上平 : (004	支	지) : 尼(니) : 여승 니	1310	277	5718	229
平聲 / 上平 : (008	齊	제) : 泥(니) : 진흙/수렁 니	1311	933	5289	230
平聲 / 上平 : (004	支	지) : 呢(니) : 소곤거릴 니	1313	278	5719	231
平聲 / 上平 : (004	支	지) : 怩(니) : 겸연쩍을 니	1314	279	5720	232
平聲 / 上平 : (004	支	지) : 妮(니) : 여자 종 니	1319	280	5721	233
平聲 / 上平 : (008	齊	제) : 臡(니) : 장조림 니	1321	934	5290	234
平聲 / 上平 : (004	支	지) : 瀰*(니) : 물이흐를 니	2540	318	5758	235
平聲 / 上平 : (008	齊	제) : 泥(니) : 수렁/진흙 니	1322	935	5322	236
平聲 / 上平 : (014	寒	한) : 丹(단) : 붉을 단	1333	1519	7151	237
平聲 / 上平 : (014	寒	한) : 單(단) : 홑 단	1337	1521	7152	238
平聲 / 上平 : (014	寒	한) : 團(단) : 둥글 단	1339	1522	7153	239
平聲 / 上平 : (014	寒	한) : 壇(단) : 단 단	1340	1523	7154	240
平聲 / 上平 : (014	寒	한) : 檀(단) : 박달나무 단	1344	1524	7155	241
平聲 / 上平 : (014	寒	한) : 湍(단) : 여울 단	1346	1525	7156	242
平聲 / 上平 : (014	寒	한) : 端(단) : 끝 단	1348	1526	7157	243
平聲 / 上平 : (014	寒	한) : 鄲(단) : 조나라서울 단	1354	1527	7158	244
平聲 / 上平 : (014	寒	한) : 慱(단) : 근심할 단	1356	1528	7159	245
平聲 / 上平 : (014	寒	한) : 耑(단) : 끝 단	1362	1529	7160	246
平聲 / 上平 : (014	寒	한) : 胆(단) : 어깨벗어멜 단	1364	1530	7161	247
平聲 / 上平 : (014	寒	한) : 匰(단) : 주독 단	1366	1531	7162	248
平聲 / 上平 : (014	寒	한) : 摶(단) : 뭉칠 단	1367	1532	7163	249

배열형식 D (四聲基準)			배열 A	배열 B	배열 C	배열 D
平仄 / 四聲 : (韻目No:	韻目)	韻族(독음): 字義	운족 가나순	운목 번호순	운목 가나순	사성순
平聲 / 上平 : (014	寒	한) : 纏*(단) : 자주색/묶을 단	5591	1586	7164	250
平聲 / 上平 : (014	寒	한) : 貒(단) : 오소리 단	1370	1533	7165	251
平聲 / 上平 : (014	寒	한) : 鶨(단) : 새이름 단	1373	1534	7166	252
平聲 / 上平 : (014	寒	한) : 鷻(단) : 꿩새끼 단	1374	1535	7167	253
平聲 / 上平 : (014	寒	한) : 敦*(단) : 모을 단	1574	1538	7168	254
平聲 / 上平 : (014	寒	학) : 丹(단) : 붉을/마음/성실할 단	1376	1536	7170	255
平聲 / 上平 : (014	寒	한) : 鶉*(단) : 수리 단	3907	1578	7207	256
平聲 / 上平 : (014	寒	한) : 鱄*(단) : 고기이름 단	5667	1587	7216	257
平聲 / 上平 : (003	江	강) : 幢(당) : 기 당	1430	202	440	258
平聲 / 上平 : (003	江	강) : 撞(당) : 부딪칠 당	1432	203	441	259
平聲 / 上平 : (003	江	강) : 橦*(당) : 깃대 당	1453	204	442	260
平聲 / 上平 : (010	灰	회) : 擡(대) : 들 대	1465	1067	7652	261
平聲 / 上平 : (010	灰	회) : 臺(대) : 대/돈대 대	1467	1068	7653	262
平聲 / 上平 : (007	虞	우) : 圖(도) : 그림 도	1481	729	4145	263
平聲 / 上平 : (007	虞	우) : 屠(도) : 죽일/잡을 도	1485	730	4146	264
平聲 / 上平 : (007	虞	우) : 徒(도) : 무리 도	1491	731	4147	265
平聲 / 上平 : (007	虞	우) : 途(도) : 길 도	1516	732	4148	266
平聲 / 上平 : (007	虞	우) : 都(도) : 도읍 도	1518	733	4149	267
平聲 / 上平 : (007	虞	우) : 涂(도) : 길 도	1528	734	4150	268
平聲 / 上平 : (007	虞	우) : 菟(도) : 범 도	1530	735	4151	269
平聲 / 上平 : (007	虞	우) : 闍(도) : 성문층대/망루 도	1532	736	4152	270
平聲 / 上平 : (007	虞	우) : 嘟(도) : 칭찬하는말 도	1534	737	4153	271
平聲 / 上平 : (007	虞	우) : 筡(도) : 속빌/씀바귀 도	1535	738	4154	272
平聲 / 上平 : (007	虞	우) : 荼(도) : 씀바귀 도	1538	739	4155	273
平聲 / 上平 : (007	虞	우) : 駼(도) : 말이름 도	1539	740	4156	274
平聲 / 上平 : (007	虞	우) : 鵌(도) : 비들기 도	1541	741	4157	275
平聲 / 上平 : (013	元	원) : 墩(돈) : 돈대 돈	1569	1389	4790	276
平聲 / 上平 : (013	元	원) : 惇(돈) : 도타울 돈	1570	1390	4791	277
平聲 / 上平 : (013	元	원) : 敦(돈) : 성낼/도타울 돈	1571	1391	4792	278
平聲 / 上平 : (013	元	원) : 畽*(돈) : 먼동틀 돈	362	1376	4793	279
平聲 / 上平 : (013	元	원) : 暾(돈) : 아침해 돈	1576	1392	4794	280
平聲 / 上平 : (013	元	원) : 焞(돈) : 어슴프레할 돈	1578	1393	4795	281
平聲 / 上平 : (013	元	원) : 燉(돈) : 불빛 돈	1581	1394	4796	282
平聲 / 上平 : (013	元	원) : 豚(돈) : 돼지 돈	1582	1395	4797	283
平聲 / 上平 : (013	元	원) : 純*(돈) : 꾸밀/묶을 돈	3892	1437	4839	284
平聲 / 上平 : (002	冬	동) : 冬(동) : 겨울 동	1598	126	1185	285

배열형식 D (四聲基準)			배열 A	배열 B	배열 C	배열 D
平仄 / 四聲 : (韻目No:	韻目	) 韻族(독음): 字義	운족 가나순	운목 번호순	운목 가나순	사성순
平聲 / 上平 : (001	東	동) : 同(동) : 한가지 동	1601	15	1074	286
平聲 / 上平 : (001	東	동) : 東(동) : 동녘 동	1603	16	1075	287
平聲 / 上平 : (001	東	동) : 桐(동) : 오동 동	1604	17	1076	288
平聲 / 上平 : (001	東	동) : 潼(동) : 강이름 동	1608	18	1077	289
平聲 / 上平 : (002	冬	동) : 疼(동) : 아플 동	1609	127	1186	290
平聲 / 上平 : (001	東	동) : 瞳(동) : 눈동자 동	1610	19	1078	291
平聲 / 上平 : (001	東	동) : 童(동) : 아이 동	1611	20	1079	292
平聲 / 上平 : (001	東	동) : 銅(동) : 구리 동	1614	21	1080	293
平聲 / 上平 : (001	東	동) : 侗(동) : 정성 동	1615	22	1082	294
平聲 / 上平 : (001	東	동) : 僮(동) : 아이/하인 동	1617	24	1083	295
平聲 / 上平 : (001	東	동) : 垌(동) : 항아리 동	1618	25	1084	296
平聲 / 上平 : (002	冬	동) : 彤(동) : 붉을 동	1619	128	1187	297
平聲 / 上平 : (001	東	동) : 橦(동) : 진뚫는 수레 동	1620	26	1085	298
平聲 / 上平 : (001	東	동) : 涷(동) : 소나기 동	1621	27	1086	299
平聲 / 上平 : (001	東	동) : 蝀(동) : 무지개 동	1622	28	1087	300
平聲 / 上平 : (001	東	동) : 曈(동) : 먼동틀 동	1625	29	1088	301
平聲 / 上平 : (001	東	동) : 犝(동) : 송아지 동	1626	30	1089	302
平聲 / 上平 : (001	東	동) : 罿(동) : 새그물 동	1627	31	1090	303
平聲 / 上平 : (001	東	동) : 鮦(동) : 가물치 동	1629	32	1091	304
平聲 / 上平 : (007	虞	우) : 枓(두) : 두공 두	1634	742	4158	305
平聲 / 上平 : (007	虞	우) : 土*(두) : 뽕뿌리 두	6993	890	4301	306
平聲 / 上平 : (013	元	원) : 屯(둔) : 모일/진칠 둔	1651	1396	4798	307
平聲 / 上平 : (013	元	원) : 臀(둔) : 볼기 둔	1653	1397	4799	308
平聲 / 上平 : (013	元	원) : 芚(둔) : 채소이름 둔	1654	1398	4800	309
平聲 / 上平 : (004	支	지) : 纚*(라) : 비비꼬일 라	2166	304	5745	310
平聲 / 上平 : (014	寒	한) : 難(란) : 어려울 란	1704	1539	7149	311
平聲 / 上平 : (014	寒	한) : 丹*(란) : 꽃이름 란	1334	1520	7150	312
平聲 / 上平 : (014	寒	학) : 丹*(란) : 꽃이름 란	1377	1537	7169	313
平聲 / 上平 : (014	寒	한) : 欄(란) : 난간 란	1707	1540	7171	314
平聲 / 上平 : (014	寒	한) : 欒(란) : 나무이름 란	1708	1541	7172	315
平聲 / 上平 : (014	寒	한) : 瀾(란) : 물결 란	1709	1542	7173	316
平聲 / 上平 : (014	寒	한) : 蘭(란) : 난초 란	1711	1543	7174	317
平聲 / 上平 : (015	刪	산) : 鸞(란) : 난새 란	1712	1620	1944	318
平聲 / 上平 : (014	寒	한) : 攔(란) : 막을 란	1713	1544	7175	319
平聲 / 上平 : (014	寒	한) : 鑾(란) : 방울 란	1714	1545	7176	320
平聲 / 上平 : (014	寒	한) : 闌(란) : 가로막을 란	1715	1546	7177	321

배열형식 D (四聲基準)			배열 A	배열 B	배열 C	배열 D
平仄 / 四聲 : (韻目No: 韻目)		韻族(독음): 字義	운족 가나순	운목 번호순	운목 가나순	사성순
平聲 / 上平 : (014	寒	한) : 羉(란) : 묏돼지잡이그물 란	1716	1547	7178	322
平聲 / 上平 : (001	東	동) : 瀧(랑) : 물이름 랑	1759	33	1093	323
平聲 / 上平 : (010	灰	회) : 來(래) : 올/오대손/부터 래	1762	1071	7656	324
平聲 / 上平 : (010	灰	회) : 崍(래) : 산이름 래	1763	1072	7657	325
平聲 / 上平 : (010	灰	회) : 萊(래) : 명아주 래	1765	1073	7658	326
平聲 / 上平 : (010	灰	회) : 騋(래) : 큰말 래	1766	1074	7659	327
平聲 / 上平 : (010	灰	회) : 鯠(래) : 뱀장어 래	1771	1075	7660	328
平聲 / 上平 : (010	灰	회) : 鶆(래) : 매 래	1772	1076	7661	329
平聲 / 上平 : (006	魚	어) : 廬(려) : 농막집 려	1797	631	3425	330
平聲 / 上平 : (006	魚	어) : 櫚(려) : 종려나무 려	1801	632	3426	331
平聲 / 上平 : (008	齊	제) : 藜(려) : 나라이름 려	1804	937	5292	332
平聲 / 上平 : (006	魚	어) : 閭(려) : 이문/마을 려	1806	633	3427	333
平聲 / 上平 : (006	魚	어) : 驢(려) : 나귀 려	1807	634	3428	334
平聲 / 上平 : (008	齊	제) : 驪(려) : 나귀 려	1808	938	5293	335
平聲 / 上平 : (008	齊	제) : 黎(려) : 동틀/검을 려	1810	939	5294	336
平聲 / 上平 : (006	魚	어) : 臚(려) : 살갗 려	1817	635	3429	337
平聲 / 上平 : (006	魚	어) : 藘(려) : 독초이름 려	1823	636	3430	338
平聲 / 上平 : (008	齊	제) : 鵹(려) : 꾀꼬리 려	1825	941	5296	339
平聲 / 上平 : (008	齊	제) : 黧(려) : 검을 려	1827	943	5298	340
平聲 / 上平 : (006	魚	어) : 蘆(려) : 꼭두서니 려	1829	637	3431	341
平聲 / 上平 : (008	齊	제) : 犂*(려) : 보습/새벽/검을 려	2162	945	5300	342
平聲 / 上平 : (008	齊	제) : 蔾*(려) : 질리풀 려	2170	946	5301	343
平聲 / 上平 : (007	虞	우) : 爐(로) : 화로/뙤약볕 로	1920	744	4137	344
平聲 / 上平 : (007	虞	우) : 盧(로) : 술집/검은빛/창 로	1921	745	4138	345
平聲 / 上平 : (007	虞	우) : 蘆(로) : 갈대 로	1922	746	4139	346
平聲 / 上平 : (007	虞	우) : 路(로) : 길/중요할/클 로	1924	747	4140	347
平聲 / 上平 : (007	虞	우) : 瀘(로) : 강이름 로	1930	748	4159	348
平聲 / 上平 : (007	虞	우) : 爐(로) : 화로 로	1931	749	4160	349
平聲 / 上平 : (007	虞	우) : 盧(로) : 성 로	1932	750	4161	350
平聲 / 上平* : (007	虞	우) : 蘆*(로) : 갈대 로	1830	743	4162	351
平聲 / 上平 : (007	虞	우) : 壚(로) : 화로 로	1942	751	4163	352
平聲 / 上平 : (007	虞	우) : 鑪(로) : 화로 로	1947	752	4164	353
平聲 / 上平 : (007	虞	우) : 顱(로) : 머리뼈 로	1948	753	4165	354
平聲 / 上平 : (007	虞	우) : 鱸(로) : 농어 로	1949	754	4166	355
平聲 / 上平 : (007	虞	우) : 鸕(로) : 가마우지 로	1950	755	4167	356
平聲 / 上平 : (013	元	원) : 論(론) : 의논할/변론할 론	1966	1399	4801	357

배열형식 D (四聲基準)			배열 A	배열 B	배열 C	배열 D
平仄 / 四聲 : (韻目No: 韻目) 韻族(독음): 字義			운족 가나순	운목 번호순	운목 가나순	사성순
平聲 / 上平 : (011	眞	진) : 掄(론) : 가릴/고를 론	1970	1184	6326	358
平聲 / 上平 : (001	東	동) : 朧(롱) : 젖을/부슬부슬비올 롱	1975	34	1092	359
平聲 / 上平 : (003	江	강) : 瀧*(롱) : 비올 롱	1760	205	443	360
平聲 / 上平 : (001	東	동) : 瓏(롱) : 옥소리 롱	1976	35	1094	361
平聲 / 上平 : (001	東	동) : 籠(롱) : 대바구니 롱	1977	36	1095	362
平聲 / 上平 : (001	東	동) : 聾(롱) : 귀머거리 롱	1978	37	1096	363
平聲 / 上平 : (001	東	동) : 曨*(롱) : 해돋을 롱	1980	38	1097	364
平聲 / 上平 : (001	東	동) : 礱(롱) : 갈 롱	1981	39	1098	365
平聲 / 上平 : (001	東	동) : 蘢(롱) : 여뀌 롱	1982	40	1099	366
平聲 / 上平 : (001	東	동) : 嚨(롱) : 대피리 롱	1985	41	1100	367
平聲 / 上平 : (001	東	동) : 龐(롱) : 충실할 롱	1986	42	1116	368
平聲 / 上平 : (010	灰	회) : 儡(뢰) : 꼭두각시 뢰	1989	1077	7662	369
平聲 / 上平 : (010	灰	회) : 雷(뢰) : 우레 뢰	1995	1078	7663	370
平聲 / 上平 : (010	灰	회) : 罍(뢰) : 술독/대야 뢰	1997	1079	7664	371
平聲 / 上平 : (010	灰	회) : 擂(뢰) : 갈 뢰	2001	1080	7665	372
平聲 / 上平 : (010	灰	회) : 蝠(뢰) : 박쥐 뢰	2003	1081	7666	373
平聲 / 上平 : (010	灰	회) : 輻(뢰) : 수레잇닿을	2004	1082	7667	374
平聲 / 上平 : (010	灰	회) : 鐳(뢰) : 병 뢰	2005	1083	7668	375
平聲 / 上平 : (002	冬	동) : 蘢*(룡) : 말여뀌 룡	1983	130	1189	376
平聲 / 上平 : (002	冬	동) : 龐*(룡) : 충실할 룡	1987	131	1191	377
平聲 / 上平 : (007	虞	우) : 鏤(루) : 샛길 루	2046	756	4168	378
平聲 / 上平 : (013	元	원) : 論*(륜) : 차례 륜	1967	1400	4802	379
平聲 / 上平 : (011	眞	진) : 論*(륜) : 차례 륜	1969	1183	6322	380
平聲 / 上平 : (013	元	원) : 侖(륜) : 둥글 륜	2088	1402	4803	381
平聲 / 上平 : (011	眞	진) : 倫(륜) : 인륜/떳떳할 륜	2089	1185	6323	382
平聲 / 上平 : (013	元	원) : 崙(륜) : 산이름 륜	2090	1403	4804	383
平聲 / 上平 : (011	眞	진) : 淪(륜) : 빠질 륜	2091	1186	6324	384
平聲 / 上平 : (015	刪	산) : 綸(륜) : 낚싯줄 륜	2093	1621	1945	385
平聲 / 上平 : (011	眞	진) : 輪(륜) : 바퀴 륜	2094	1187	6325	386
平聲 / 上平 : (013	元	원) : 掄*(륜) : 가릴/고를 륜	1971	1401	4805	387
平聲 / 上平 : (001	東	동) : 隆(륭) : 성할/높을 륭	2104	43	1101	388
平聲 / 上平 : (001	東	동) : 窿(륭) : 활꼴 륭	2105	44	1102	389
平聲 / 上平 : (008	齊	제) : 黎*(리) : 동틀/검을 리	1811	940	5295	390
平聲 / 上平 : (004	支	지) : 蠡*(리) : 달팽이 리	1820	281	5722	391
平聲 / 上平 : (008	齊	제) : 鸝*(리) : 꾀꼬리 리	1826	942	5297	392
平聲 / 上平 : (004	支	지) : 黧*(리) : 검을 리	1828	282	5723	393

배열형식 D (四聲基準)				배열 A	배열 B	배열 C	배열 D
平仄 / 四聲 : (韻目No: 韻目)		韻族(독음): 字義		운족 가나순	운목 번호순	운목 가나순	사성순
平聲 / 上平 : (004	支	지) : 棃(리)	: 배/벌레이름 리	2127	283	5724	394
平聲 / 上平 : (004	支	지) : 浬(리)	: 해리 리	2128	284	5725	395
平聲 / 上平 : (008	齊	제) : 犂(리)	: 쟁기/얼룩소 리	2129	944	5299	396
平聲 / 上平 : (004	支	지) : 狸(리)	: 너구리 리	2130	285	5726	397
平聲 / 上平 : (004	支	지) : 璃(리)	: 유리 리	2132	286	5727	398
平聲 / 上平 : (004	支	지) : 籬(리)	: 울타리 리	2134	287	5728	399
平聲 / 上平 : (004	支	지) : 罹(리)	: 근심할 리	2135	288	5729	400
平聲 / 上平 : (004	支	지) : 羸(리)	: 여윌 리	2136	289	5730	401
平聲 / 上平 : (004	支	지) : 釐(리)	: 다스릴 리	2141	290	5731	402
平聲 / 上平 : (004	支	지) : 剺(리)	: 벗길(剝也)/찢을 리	2145	291	5732	403
平聲 / 上平 : (004	支	지) : 嫠(리)	: 과부 리	2147	292	5733	404
平聲 / 上平 : (004	支	지) : 漓(리)	: 스며들 리	2149	293	5734	405
平聲 / 上平 : (004	支	지) : 离(리)	: 스며들 리	2150	294	5735	406
平聲 / 上平 : (004	支	지) : 螭(리)	: 교룡 리	2152	295	5736	407
平聲 / 上平 : (004	支	지) : 貍(리)	: 삵 리	2153	296	5737	408
平聲 / 上平 : (004	支	지) : 魑(리)	: 도깨비 리	2155	297	5738	409
平聲 / 上平 : (004	支	지) : 欐(리)	: 울타리/베풀 리	2156	298	5739	410
平聲 / 上平 : (004	支	지) : 樆(리)	: 돌배나무 리	2159	299	5740	411
平聲 / 上平 : (004	支	지) : 氂(리)	: 꼬리 리	2160	300	5741	412
平聲 / 上平 : (004	支	지) : 犛*(리)	: 얼룩소/늙은이살결 리	2161	301	5742	413
平聲 / 上平 : (004	支	지) : 斄(리)	: 도깨비 리	2164	302	5743	414
平聲 / 上平 : (004	支	지) : 纚(리)	: 끈대새끼 리	2165	303	5744	415
平聲 / 上平 : (004	支	지) : 蔾(리)	: 질리풀 리	2169	305	5746	416
平聲 / 上平 : (004	支	지) : 蘺(리)	: 천궁 리	2171	306	5747	417
平聲 / 上平 : (004	支	지) : 醨(리)	: 삼삼한술 리	2173	307	5748	418
平聲 / 上平 : (004	支	지) : 鱺(리)	: 뱀장어 리	2174	308	5749	419
平聲 / 上平 : (004	支	지) : 鸝(리)	: 꾀꼬리 리	2175	309	5750	420
平聲 / 上平 : (004	支	지) : 梨(리)	: 배 리	2176	310	5862	421
平聲 / 上平 : (004	支	지) : 提*(리)	: 보리수 리	5806	475	5914	422
平聲 / 上平 : (011	眞	진) : 潾(린)	: 물맑을 린	2178	1188	6327	423
平聲 / 上平 : (011	眞	진) : 燐(린)	: 도깨비불/반디불 린	2179	1189	6328	424
平聲 / 上平 : (011	眞	진) : 璘(린)	: 옥무늬/옥빛 린	2180	1190	6329	425
平聲 / 上平 : (011	眞	진) : 隣(린)	: 이웃 린	2183	1191	6330	426
平聲 / 上平 : (011	眞	진) : 鱗(린)	: 비늘 린	2184	1192	6331	427
平聲 / 上平 : (011	眞	진) : 麟(린)	: 기린 린	2185	1193	6332	428
平聲 / 上平 : (011	眞	진) : 粼(린)	: 물 맑을 린	2187	1194	6333	429

배열형식 D (四聲基準)			배열 A	배열 B	배열 C	배열 D
平仄 / 四聲 : (韻目No: 韻目)		韻族(독음): 字義	운족 가나순	운목 번호순	운목 가나순	사성순
平聲 / 上平 : (011	眞	진) : 鄰(린) : 이웃 린	2189	1195	6334	430
平聲 / 上平 : (014	寒	한) : 巒(만) : 뫼 만	2227	1548	7179	431
平聲 / 上平 : (015	刪	산) : 彎(만) : 굽을 만	2228	1622	1946	432
平聲 / 上平 : (014	寒	한) : 漫(만) : 퍼질 만	2234	1549	7180	433
平聲 / 上平 : (015	刪	산) : 灣(만) : 물굽이 만	2235	1623	1947	434
平聲 / 上平 : (014	寒	한) : 瞞(만) : 흐릴/속일 만	2236	1550	7181	435
平聲 / 上平 : (015	刪	산) : 蠻(만) : 오랑캐 만	2239	1624	1948	436
平聲 / 上平 : (014	寒	한) : 饅(만) : 만두 만	2241	1551	7182	437
平聲 / 上平 : (014	寒	한) : 鰻(만) : 뱀장어 만	2242	1552	7183	438
平聲 / 上平 : (014	寒	한) : 蹣(만) : 넘을 만	2246	1553	7184	439
平聲 / 上平 : (014	寒	한) : 鏝(만) : 황금 만	2249	1555	7186	440
平聲 / 上平 : (015	刪	산) : 獌(만) : 이리 만	2251	1625	1949	441
平聲 / 上平 : (014	寒	한) : 悗*(만) : 의혹할 만	2499	1556	7187	442
平聲 / 上平 : (006	魚	어) : 畍*(망) : 벌판 망	2320	638	3432	443
平聲 / 上平 : (009	佳	가) : 埋(매) : 묻을 매	2281	1023	10	444
平聲 / 上平 : (010	灰	회) : 媒(매) : 중매 매	2283	1085	7670	445
平聲 / 上平 : (010	灰	회) : 枚(매) : 낱 매	2286	1086	7671	446
平聲 / 上平 : (010	灰	회) : 梅(매) : 매화 매	2287	1087	7672	447
平聲 / 上平 : (010	灰	회) : 煤(매) : 그을음 매	2289	1088	7673	448
平聲 / 上平 : (010	灰	회) : 玫(매) : 옥이름 매	2295	1089	7674	449
平聲 / 上平 : (010	灰	회) : 莓(매) : 나무딸기 매	2297	1090	7675	450
平聲 / 上平 : (010	灰	회) : 霉(매) : 곰팡이 매	2298	1091	7676	451
平聲 / 上平 : (010	灰	회) : 禖(매) : 매제 매	2301	1092	7677	452
平聲 / 上平 : (009	佳	가) : 霾(매) : 흙비(황사) 매	2302	1024	11	453
平聲 / 上平 : (010	灰	회) : 某*(매) : 매화나무 매	2374	1093	7678	454
平聲 / 上平 : (001	東	동) : 儚(맹) : 바보스러울 맹	2318	45	1103	455
平聲 / 上平 : (007	虞	우) : 膜*(모) : 절/경배 모	2362	757	4169	456
平聲 / 上平 : (007	虞	우) : 摸(모) : 규모/본뜰 모	2369	758	4170	457
平聲 / 上平 : (007	虞	우) : 摹(모) : 베낄 모	2371	759	4171	458
平聲 / 上平 : (007	虞	우) : 橅(모) : 본뜰/법 모	2375	760	4172	459
平聲 / 上平 : (007	虞	우) : 謨(모) : 꾀 모	2388	761	4173	460
平聲 / 上平 : (001	東	동) : 罞(모) : 고라니그물 모	2400	46	1104	461
平聲 / 上平 : (001	東	동) : 夢(몽) : 꿈 몽	2416	47	1105	462
平聲 / 上平 : (001	東	동) : 朦(몽) : 풍부할 몽	2417	48	1106	463
平聲 / 上平 : (001	東	동) : 蒙(몽) : 어두울 몽	2418	49	1107	464
平聲 / 上平 : (001	東	동) : 曚(몽) : 어릴 몽	2419	50	1108	465

배열형식 D (四聲基準)			배열 A	배열 B	배열 C	배열 D
平仄 / 四聲 : (韻目No: 韻目)		韻族(독음): 字義	운족 가나순	운목 번호순	운목 가나순	사성순
平聲 / 上平 : (001	東	동) : 濛(몽) : 이슬비 몽	2420	51	1109	466
平聲 / 上平 : (001	東	동) : 瞢(몽) : 눈어두울 몽	2421	52	1110	467
平聲 / 上平 : (001	東	동) : 矇(몽) : 소경 몽	2423	53	1111	468
平聲 / 上平 : (001	東	동) : 雺(몽) : 안개 몽	2424	54	1112	469
平聲 / 上平 : (001	東	동) : 懵(몽) : 어두울 몽	2425	55	1113	470
平聲 / 上平 : (007	虞	우) : 巫(무) : 무당 무	2450	762	4174	471
平聲 / 上平 : (007	虞	우) : 憮(무) : 어루만질 무	2451	763	4175	472
平聲 / 上平 : (007	虞	우) : 无(무) : 없을 무	2456	764	4176	473
平聲 / 上平 : (007	虞	우) : 毋(무) : 말 무	2459	765	4177	474
平聲 / 上平 : (007	虞	우) : 無(무) : 없을 무	2460	766	4178	475
平聲 / 上平 : (007	虞	우) : 蕪(무) : 거칠 무	2469	767	4179	476
平聲 / 上平 : (007	虞	우) : 誣(무) : 꾸밀/속일 무	2470	768	4180	477
平聲 / 上平 : (007	虞	우) : 膴(무) : 고기포 무	2475	769	4181	478
平聲 / 上平 : (007	虞	우) : 幠(무) : 덮을 무	2479	770	4182	479
平聲 / 上平 : (001	東	동) : 髳(무) : 다팔머리 무	2481	56	1114	480
平聲 / 上平 : (013	元	원) : 們(문) : 들 문	2486	1404	4806	481
平聲 / 上平 : (012	文	문) : 文(문) : 글월 문	2490	1318	1688	482
平聲 / 上平 : (012	文	문) : 紋(문) : 무늬 문	2493	1319	1689	483
平聲 / 上平 : (012	文	문) : 蚊(문) : 모기 문	2495	1320	1690	484
平聲 / 上平 : (013	元	원) : 門(문) : 문 문	2496	1405	4807	485
平聲 / 上平 : (012	文	문) : 雯(문) : 구름무늬 문	2497	1321	1691	486
平聲 / 上平 : (013	元	원) : 捫(문) : 어루만질 문	2502	1406	4808	487
平聲 / 上平 : (013	元	원) : 虋(문) : 차조 문	2505	1407	4809	488
平聲 / 上平 : (013	元	원) : 亹*(문) : 산어귀 문	2534	1408	4810	489
平聲 / 上平 : (011	眞	진) : 閺(문) : 따뜻할 문	2506	1196	6344	490
平聲 / 上平 : (004	支	지) : 嵋(미) : 산이름 미	2517	312	5752	491
平聲 / 上平 : (005	微	미) : 微(미) : 작을 미	2519	581	1835	492
平聲 / 上平 : (004	支	지) : 楣(미) : 문미 미	2522	313	5753	493
平聲 / 上平 : (004	支	지) : 湄(미) : 물가 미	2524	314	5754	494
平聲 / 上平 : (004	支	지) : 眉(미) : 눈썹 미	2525	315	5755	495
平聲 / 上平 : (005	微	미) : 薇(미) : 고비 미	2528	582	1836	496
平聲 / 上平 : (008	齊	제) : 迷(미) : 미혹할 미	2530	947	5302	497
平聲 / 上平 : (004	支	지) : 黴(미) : 곰팡이 미	2532	316	5756	498
平聲 / 上平 : (004	支	지) : 弥(미) : 두루두루 미	2537	317	5757	499
平聲 / 上平 : (004	支	지) : 瀰*(미) : 물질펀할 미	2581	324	5759	500
平聲 / 上平 : (004	支	지) : 糜(미) : 죽 미	2542	319	5760	501

배열형식 D (四聲基準)					배열 A	배열 B	배열 C	배열 D
平仄 / 四聲 : (韻目No: 韻目) 韻族(독음): 字義					운족 가나순	운목 번호순	운목 가나순	사성순
平聲 / 上平 : (004	支	지) : 麋(미)	:	고삐 미	2543	320	5761	502
平聲 / 上平 : (004	支	지) : 蘼(미)	:	장미 미	2544	321	5762	503
平聲 / 上平 : (004	支	지) : 麋(미)	:	큰사슴 미	2545	322	5763	504
平聲 / 上平 : (005	微	미) : 溦(미)	:	이슬비 미	2548	583	1837	505
平聲 / 上平 : (004	支	지) : 蘪(미)	:	천궁 미	2552	323	5764	506
平聲 / 上平 : (008	齊	제) : 麛(미)	:	사슴새끼 미	2553	948	5303	507
平聲 / 上平 : (004	支	지) : 鸍*(미)	:	집새 미	3995	386	5825	508
平聲 / 上平 : (011	眞	진) : 岷(민)	:	산이름 민	2554	1197	6335	509
平聲 / 上平 : (011	眞	진) : 旻(민)	:	하늘 민	2559	1198	6336	510
平聲 / 上平 : (011	眞	진) : 旼(민)	:	화할 민	2560	1199	6337	511
平聲 / 上平 : (011	眞	진) : 民(민)	:	백성 민	2561	1200	6338	512
平聲 / 上平 : (010	灰	회) : 玟(민)	:	아름다운돌 민	2563	1094	7679	513
平聲 / 上平 : (011	眞	진) : 珉(민)	:	옥돌 민	2564	1201	6339	514
平聲 / 上平 : (011	眞	진) : 緡(민)	:	낚싯줄 민	2565	1202	6340	515
平聲 / 上平 : (011	眞	진) : 忞(민)	:	강인할 민	2567	1203	6341	516
平聲 / 上平 : (011	眞	진) : 暋(민)	:	굳셀 민	2569	1204	6342	517
平聲 / 上平 : (011	眞	진) : 湣(민)	:	시호이름 민	2570	1205	6343	518
平聲 / 上平 : (011	眞	진) : 抿(민)	:	씻을(拭)/어루만질 민	2574	1206	6345	519
平聲 / 上平 : (011	眞	진) : 瑉(민)	:	옥돌 민	2576	1207	6346	520
平聲 / 上平 : (014	寒	한) : 蹣*(반)	:	절뚝거릴 반	2247	1554	7185	521
平聲 / 上平 : (014	寒	한) : 拌(반)	:	버릴 반	2615	1557	7188	522
平聲 / 上平 : (014	寒	한) : 搬(반)	:	운반할 반	2616	1558	7189	523
平聲 / 上平 : (015	刪	산) : 攀(반)	:	당길 반	2617	1626	1950	524
平聲 / 上平 : (015	刪	산) : 斑(반)	:	얼룩 반	2618	1627	1951	525
平聲 / 上平 : (014	寒	한) : 槃(반)	:	쟁반 반	2619	1559	7190	526
平聲 / 上平 : (015	刪	산) : 班(반)	:	나눌 반	2621	1628	1952	527
平聲 / 上平 : (014	寒	한) : 瘢(반)	:	흉터 반	2623	1560	7191	528
平聲 / 上平 : (014	寒	한) : 盤(반)	:	소반 반	2624	1561	7192	529
平聲 / 上平 : (014	寒	한) : 磐(반)	:	너럭바위 반	2626	1562	7193	530
平聲 / 上平 : (014	寒	한) : 磻(반)	:	반계 반	2627	1563	7194	531
平聲 / 上平 : (013	元	원) : 礬(반)	:	광물이름 반	2629	1410	4813	532
平聲 / 上平 : (015	刪	산) : 般(반)	:	가지/일반 반	2631	1629	1953	533
平聲 / 上平 : (014	寒	한) : 蟠(반)	:	서릴 반	2632	1564	7195	534
平聲 / 上平 : (015	刪	산) : 頒(반)	:	반포할/관자노리 반	2634	1630	1954	535
平聲 / 上平 : (015	刪	산) : 扳(반)	:	끌어당길 반	2637	1631	1955	536
平聲 / 上平 : (014	寒	한) : 胖(반)	:	희생반쪽/갈비살 반	2638	1565	7196	537

배열형식 D (四聲基準)			배열 A	배열 B	배열 C	배열 D
平仄 / 四聲 : (韻目No: 韻目) 韻族(독음): 字義			운족 가나순	운목 번호순	운목 가나순	사성순
平聲 / 上平 : (014	寒	한) : 鞶(반) : 큰띠 반	2639	1566	7197	53
平聲 / 上平 : (015	刪	산) : 鳻*(반) : 뻐꾸기 반	3012	1632	1956	53
平聲 / 上平 : (014	寒	한) : 番*(반) : 차례/갈릴 반	2756	1569	7198	54
平聲 / 上平 : (014	寒	한) : 繁*(반) : 말배때끈 반	2758	1570	7199	54
平聲 / 上平 : (014	寒	한) : 弁(반) : 즐거울 반	2640	1567	7200	54
平聲 / 上平 : (015	刪	산) : 盼*(반) : 부세/구실 반	3041	1633	1957	54
平聲 / 上平 : (002	冬	동) : 龍*(방) : 잿빛 방	2032	132	1190	54
平聲 / 上平 : (003	江	강) : 尨(방) : 삽살개/얼룩질 방	2666	208	445	54
平聲 / 上平 : (003	江	강) : 邦(방) : 나라 방	2692	209	446	54
平聲 / 上平 : (003	江	강) : 龐*(방) : 어수선할/높은집 방	1988	207	447	54
平聲 / 上平 : (003	江	강) : 厖(방) : 클 방	2695	210	448	54
平聲 / 上平 : (003	江	강) : 梆(방) : 목어 방	2698	211	449	54
平聲 / 上平 : (003	江	강) : 蛖(방) : 땅강아지 방	2702	212	450	55
平聲 / 上平 : (003	江	강) : 駹(방) : 말이름 방	2703	213	451	55
平聲 / 上平 : (009	佳	가) : 俳(배) : 배우 배	2706	1025	12	55
平聲 / 上平 : (010	灰	회) : 徘(배) : 노닐 배	2709	1096	7681	55
平聲 / 上平 : (009	佳	가) : 排(배) : 밀칠 배	2711	1026	13	55
平聲 / 上平 : (010	灰	회) : 杯(배) : 잔 배	2712	1097	7682	55
平聲 / 上平 : (010	灰	회) : 盃(배) : 잔 배	2715	1098	7683	55
平聲 / 上平 : (010	灰	회) : 胚(배) : 아이밸 배	2718	1099	7684	55
平聲 / 上平 : (010	灰	회) : 裴(배) : 옷치렁치렁할 배	2719	1100	7685	55
平聲 / 上平 : (010	灰	회) : 裵(배) : 옷치렁할 배	2720	1101	7686	55
平聲 / 上平 : (010	灰	회) : 賠(배) : 물어줄 배	2722	1102	7687	56
平聲 / 上平 : (010	灰	회) : 陪(배) : 모실/도울 배	2725	1103	7688	56
平聲 / 上平 : (010	灰	회) : 坏(배) : 언덕 배	2726	1104	7689	56
平聲 / 上平 : (010	灰	회) : 坯(배) : 언덕 배	2727	1105	7690	56
平聲 / 上平 : (010	灰	회) : 啡(배) : 침뱉는소리 배	2730	1106	7691	56
平聲 / 上平 : (010	灰	회) : 衃(배) : 어혈 배	2732	1108	7693	56
平聲 / 上平 : (010	灰	회) : 醅(배) : 술괼 배	2733	1109	7694	56
平聲 / 上平 : (009	佳	가) : 牌*(배) : 방붙일/호패 배	7069	1052	39	56
平聲 / 上平 : (013	元	원) : 潘(번) : 쌀뜨물 번	2749	1411	4812	56
平聲 / 上平 : (013	元	원) : 幡(번) : 기 번	2750	1412	4814	56
平聲 / 上平 : (013	元	원) : 樊(번) : 울 번	2751	1413	4815	57
平聲 / 上平 : (013	元	원) : 煩(번) : 번거로울 번	2752	1414	4816	57
平聲 / 上平 : (013	元	원) : 燔(번) : 구울 번	2753	1415	4817	57
平聲 / 上平 : (013	元	원) : 番(번) : 차례/번들 번	2754	1416	4818	57

배열형식 D (四聲基準)			배열 A	배열 B	배열 C	배열 D
平仄 / 四聲 : (韻目No: 韻目)		韻族(독음): 字義	운족 가나순	운목 번호순	운목 가나순	사성순
平聲 / 上平 : (013	元	원) : 繁(번) : 많을/성할 번	2757	1417	4819	574
平聲 / 上平 : (013	元	원) : 蕃(번) : 불을/우거질 번	2759	1418	4820	575
平聲 / 上平 : (013	元	원) : 藩(번) : 울/지경 번	2760	1419	4821	576
平聲 / 上平 : (013	元	원) : 飜(번) : 번역할 번	2761	1420	4822	577
平聲 / 上平 : (013	元	원) : 翻(번) : 날 번	2762	1421	4823	578
平聲 / 上平 : (013	元	원) : 蘩(번) : 산흰쑥 번	2763	1422	4824	579
平聲 / 上平 : (013	元	원) : 袢(번) : 속옷 번	2764	1423	4825	580
平聲 / 上平 : (013	元	원) : 笲(번) : 폐백상자 번	2765	1424	4826	581
平聲 / 上平 : (013	元	원) : 蹯(번) : 짐승발자욱 번	2766	1425	4827	582
平聲 / 上平 : (013	元	원) : 拚(번) : 날을 번	2767	1426	4828	583
平聲 / 上平 : (001	東	동) : 汎(범) : 넓을 범	2777	58	1117	584
平聲 / 上平 : (004	支	지) : 玭*(변) : 구슬이름 변	3175	344	5784	585
平聲 / 上平 : (007	虞	우) : 輔(보) : 도울 보	2872	771	4183	586
平聲 / 上平 : (001	東	동) : 尨*(봉) : 헝클어진모양 봉	2667	57	1115	587
平聲 / 上平 : (002	冬	동) : 封(봉) : 봉할 봉	2916	133	1192	588
平聲 / 上平 : (002	冬	동) : 峯(봉) : 산봉우리 봉	2917	134	1193	589
平聲 / 上平 : (002	冬	동) : 峰(봉) : 봉우리 봉	2918	135	1194	590
平聲 / 上平 : (002	冬	동) : 烽(봉) : 봉화 봉	2921	136	1195	591
平聲 / 上平 : (002	冬	동) : 縫(봉) : 꿰맬 봉	2924	137	1196	592
平聲 / 上平 : (001	東	동) : 蓬(봉) : 쑥 봉	2925	59	1118	593
平聲 / 上平 : (002	冬	동) : 蜂(봉) : 벌 봉	2926	138	1197	594
平聲 / 上平 : (003	江	강) : 逢(봉) : 만날 봉	2927	214	452	595
平聲 / 上平 : (002	冬	동) : 鋒(봉) : 봉망/끝 봉	2928	139	1198	596
平聲 / 上平 : (002	冬	동) : 丰(봉) : 예쁠 봉	2930	140	1199	597
平聲 / 上平 : (001	東	동) : 篷(봉) : 뜸 봉	2931	60	1119	598
平聲 / 上平 : (007	虞	우) : 咐(부) : 분부할 부	2942	772	4184	599
平聲 / 上平 : (007	虞	우) : 夫(부) : 지아비 부	2944	773	4185	600
平聲 / 上平 : (007	虞	우) : 孚(부) : 미쁠 부	2946	774	4186	601
平聲 / 上平 : (007	虞	우) : 孵(부) : 알깔 부	2947	775	4187	602
平聲 / 上平 : (007	虞	우) : 扶(부) : 도울 부	2950	776	4188	603
平聲 / 上平 : (007	虞	우) : 敷(부) : 펼 부	2951	777	4189	604
平聲 / 上平 : (007	虞	우) : 符(부) : 부호 부	2958	778	4190	605
平聲 / 上平 : (007	虞	우) : 膚(부) : 살갗 부	2964	779	4191	606
平聲 / 上平 : (007	虞	우) : 芙(부) : 부용 부	2966	780	4192	607
平聲 / 上平 : (007	虞	우) : 莩(부) : 풀이름 부	2967	781	4193	608
平聲 / 上平 : (007	虞	우) : 趺(부) : 책상다리할 부	2973	782	4194	609

배열형식 D (四聲基準)			배열 A	배열 B	배열 C	배열 D
平仄 / 四聲 : (韻目No:	韻目)	韻族(독음): 字義	운족 가나순	운목 번호순	운목 가나순	사성순
平聲 / 上平 : (007	虞	우) : 鳧(부) : 오리 부	2979	783	4195	610
平聲 / 上平 : (007	虞	우) : 俘(부) : 사로잡을/포로 부	2981	784	4196	611
平聲 / 上平 : (007	虞	우) : 苻(부) : 귀목풀 부	2988	785	4197	612
平聲 / 上平 : (007	虞	우) : 鈇(부) : 도끼 부	2992	786	4198	613
平聲 / 上平 : (007	虞	우) : 麩(부) : 밀 부	2994	787	4199	614
平聲 / 上平 : (007	虞	우) : 柎(부) : 뗏목 부	2996	788	4200	615
平聲 / 上平 : (007	虞	우) : 泭(부) : 물거품 부	2997	789	4201	616
平聲 / 上平 : (007	虞	우) : 痡(부) : 앓을 부	2999	790	4202	617
平聲 / 上平 : (007	虞	우) : 郛(부) : 말채 부	3001	791	4203	61
平聲 / 上平 : (007	虞	우) : 鄜(부) : 땅이름 부	3002	792	4204	61
平聲 / 上平 : (007	虞	우) : 枹(부) : 북채 부	3007	793	4311	62
平聲 / 上平 : (012	文	문) : 頒*(분) : 물고기머리클 분	2635	1322	1692	62
平聲 / 上平 : (012	文	문) : 鳻(분) : 파랑새 분	3011	1323	1693	62
平聲 / 上平 : (012	文	문) : 吩(분) : 분부할 분	3014	1324	1694	62
平聲 / 上平 : (013	元	원) : 噴(분) : 꾸짖을/뿜을 분	3015	1427	4829	62
平聲 / 上平 : (013	元	원) : 奔(분) : 달릴 분	3017	1428	4830	62
平聲 / 上平 : (012	文	문) : 扮(분) : 움큼/잡을 분	3021	1325	1695	62
平聲 / 上平 : (012	文	문) : 汾(분) : 클 분	3023	1326	1696	62
平聲 / 上平 : (012	文	문) : 焚(분) : 불사를 분	3024	1327	1697	62
平聲 / 上平 : (013	元	원) : 盆(분) : 동이 분	3025	1429	4831	62
平聲 / 上平 : (012	文	문) : 紛(분) : 어지러울 분	3028	1328	1698	63
平聲 / 上平 : (012	文	문) : 芬(분) : 향기 분	3029	1329	1699	63
平聲 / 上平 : (012	文	문) : 賁(분) : 열매많이열릴 분	3030	1330	1700	63
平聲 / 上平 : (012	文	문) : 賁(분) : 클/날랠 분	3075	1344	1701	63
平聲 / 上平 : (012	文	문) : 雰(분) : 안개 분	3031	1331	1702	63
平聲 / 上平 : (012	文	문) : 棼(분) : 나무이름 분	3033	1332	1703	63
平聲 / 上平 : (012	文	문) : 棼(분) : 마룻대 분	3034	1333	1704	63
平聲 / 上平 : (012	文	문) : 氛(분) : 기운 분	3035	1334	1705	63
平聲 / 上平 : (013	元	원) : 湓(분) : 용솟음할 분	3036	1430	4832	63
平聲 / 上平 : (012	文	문) : 濆(분) : 뿜을 분	3037	1335	1706	63
平聲 / 上平 : (012	文	문) : 肦(분) : 머리클 분	3040	1336	1707	64
平聲 / 上平 : (012	文	문) : 蕡(분) : 꾸밀 분	3042	1337	1708	64
平聲 / 上平 : (012	文	문) : 鼢(분) : 두더지 분	3043	1338	1709	64
平聲 / 上平 : (012	文	문) : 羒(분) : 숫흰양 분	3045	1339	1710	64
平聲 / 上平 : (012	文	문) : 豶(분) : 불깐돼지 분	3046	1340	1711	64
平聲 / 上平 : (012	文	문) : 饙(분) : 밥잦힐 분	3047	1341	1712	64

배열형식 D (四聲基準)			배열 A	배열 B	배열 C	배열 D
平仄 / 四聲 : (韻目No: 韻目) 韻族(독음): 字義			운족 가나순	운목 번호순	운목 가나순	사성순
平聲 / 上平 : (012	文	문) : 餥(분) : 쌈지 분	3048	1342	1713	646
平聲 / 上平 : (012	文	문) : 鼖(분) : 북 분	3049	1343	1714	647
平聲 / 上平 : (012	文	문) : 匪*(분) : 나눌 분	3080	1345	1715	648
平聲 / 上平 : (013	元	원) : 蟦*(분) : 굴 분	3159	1431	4833	649
平聲 / 上平 : (010	灰	회) : 啡*(비) : 커피 비	2731	1107	7692	650
平聲 / 上平 : (004	支	지) : 丕(비) : 클 비	3076	326	5765	651
平聲 / 上平 : (004	支	지) : 卑(비) : 낮을 비	3081	327	5766	652
平聲 / 上平 : (005	微	미) : 妃(비) : 왕비 비	3082	584	1838	653
平聲 / 上平 : (004	支	지) : 悲(비) : 슬플 비	3085	328	5767	654
平聲 / 上平 : (005	微	미) : 扉(비) : 문짝 비	3087	585	1839	655
平聲 / 上平 : (004	支	지) : 枇(비) : 비파나무 비	3091	329	5768	656
平聲 / 上平 : (004	支	지) : 比(비) : 비교할/견줄 비	3093	330	5769	657
平聲 / 上平 : (004	支	지) : 毗(비) : 도울 비	3096	331	5770	658
平聲 / 上平 : (004	支	지) : 毘(비) : 도울 비	3097	332	5771	659
平聲 / 上平 : (004	支	지) : 痺(비) : 암메추라기 비	3101	333	5772	660
平聲 / 上平 : (008	齊	제) : 砒(비) : 비상 비	3102	949	5304	661
平聲 / 上平 : (004	支	지) : 碑(비) : 비석 비	3103	334	5773	662
平聲 / 上平 : (005	微	미) : 緋(비) : 비단 비	3107	586	1840	663
平聲 / 上平 : (005	微	미) : 肥(비) : 살찔 비	3109	587	1841	664
平聲 / 上平 : (004	支	지) : 脾(비) : 지라 비	3110	335	5774	665
平聲 / 上平 : (004	支	지) : 裨(비) : 도울 비	3114	336	5775	666
平聲 / 上平 : (005	微	미) : 非(비) : 아닐/없을 비	3119	588	1842	667
平聲 / 上平 : (005	微	미) : 飛(비) : 날 비	3120	589	1843	668
平聲 / 上平 : (004	支	지) : 埤(비) : 더할 비	3126	337	5776	669
平聲 / 上平 : (008	齊	제) : 椑(비) : 술통 비	3130	950	5305	670
平聲 / 上平 : (004	支	지) : 紕(비) : 합사 비	3136	338	5777	671
平聲 / 上平 : (004	支	지) : 羆(비) : 말곰 비	3138	339	5778	672
平聲 / 上平 : (005	微	미) : 腓(비) : 장딴지 비	3139	590	1844	673
平聲 / 上平 : (008	齊	제) : 蓖(비) : 아주까리 비	3140	951	5306	674
平聲 / 上平 : (004	支	지) : 蚍(비) : 왕개미 비	3141	340	5779	675
平聲 / 上平 : (004	支	지) : 貔(비) : 맹수이름 비	3142	341	5780	676
平聲 / 上平 : (005	微	미) : 霏(비) : 눈펄펄내릴 비	3145	591	1845	677
平聲 / 上平 : (008	齊	제) : 鼙(비) : 마상고(馬上鼓) 비	3148	952	5307	678
平聲 / 上平 : (004	支	지) : 伾(비) : 힘센 비	3149	342	5781	679
平聲 / 上平 : (005	微	미) : 萉(비) : 피할/삼씨 비	3156	592	1846	680
平聲 / 上平 : (005	微	미) : 蟦(비) : 해파리 비	3158	593	1847	681

배열형식 D (四聲基準)			배열 A	배열 B	배열 C	배열 D
平仄 / 四聲 : (韻目No: 韻目) 韻族(독음): 字義			운족 가나순	운목 번호순	운목 가나순	사성순
平聲 / 上平 : (008	齊	제) : 蠯(비) : 긴맛조개 비	3160	953	5308	682
平聲 / 上平 : (004	支	지) : 鞞*(비) : 말에맨북 비	2856	325	5783	683
平聲 / 上平 : (010	灰	회) : 魾(비) : 방어 비	3162	1110	7695	684
平聲 / 上平 : (011	眞	진) : 嚬(빈) : 찡그릴 빈	3165	1208	6347	685
平聲 / 上平 : (011	眞	진) : 嬪(빈) : 아내 빈	3166	1209	6348	686
平聲 / 上平 : (011	眞	진) : 彬(빈) : 빛날 빈	3167	1210	6349	687
平聲 / 上平 : (011	眞	진) : 斌(빈) : 빛날 빈	3168	1211	6350	688
平聲 / 上平 : (011	眞	진) : 檳(빈) : 빈랑나무 빈	3169	1212	6351	689
平聲 / 上平 : (011	眞	진) : 濱(빈) : 물가 빈	3171	1213	6352	690
平聲 / 上平 : (011	眞	진) : 瀕(빈) : 물가/임박할 빈	3172	1214	6353	691
平聲 / 上平 : (011	眞	진) : 玭(빈) : 소리나는진주 빈	3174	1215	6354	692
平聲 / 上平 : (011	眞	진) : 貧(빈) : 가난할 빈	3176	1216	6355	693
平聲 / 上平 : (011	眞	진) : 賓(빈) : 손 빈	3177	1217	6356	694
平聲 / 上平 : (011	眞	진) : 頻(빈) : 자주 빈	3178	1218	6357	695
平聲 / 上平 : (011	眞	진) : 繽(빈) : 어지러울 빈	3181	1219	6358	696
平聲 / 上平 : (011	眞	진) : 蘋(빈) : 개구리밥 빈	3182	1220	6359	697
平聲 / 上平 : (011	眞	진) : 豳(빈) : 얼룩 빈	3183	1221	6360	698
平聲 / 上平 : (011	眞	진) : 顰(빈) : 찡그릴 빈	3184	1222	6361	699
平聲 / 上平 : (004	支	지) : 糸*(사) : 극히적은수 사	2326	311	5751	700
平聲 / 上平 : (004	支	지) : 司(사) : 맡을 사	3206	345	5785	701
平聲 / 上平 : (004	支	지) : 師(사) : 스승 사	3219	346	5786	702
平聲 / 上平 : (004	支	지) : 思(사) : 생각 사	3221	347	5787	703
平聲 / 上平 : (004	支	지) : 斯(사) : 이 사	3225	348	5788	704
平聲 / 上平 : (004	支	지) : 獅(사) : 사자 사	3234	349	5789	705
平聲 / 上平 : (004	支	지) : 祠(사) : 제사지낼 사	3238	350	5790	706
平聲 / 上平 : (004	支	지) : 私(사) : 사사 사	3239	351	5791	707
平聲 / 上平 : (004	支	지) : 篩(사) : 체 사	3240	352	5792	708
平聲 / 上平 : (004	支	지) : 絲(사) : 실 사	3242	353	5793	709
平聲 / 上平 : (004	支	지) : 詞(사) : 말/글 사	3253	355	5795	710
平聲 / 上平 : (004	支	지) : 辭(사) : 말씀 사	3257	356	5796	711
平聲 / 上平 : (004	支	지) : 鷥(사) : 해오라기 사	3284	357	5797	712
平聲 / 上平 : (004	支	지) : 犧*(사) : 술통 사	7927	561	6000	713
平聲 / 上平 : (015	刪	산) : 刪(산) : 깎을 산	3294	1634	1958	714
平聲 / 上平 : (015	刪	산) : 山(산) : 메[뫼] 산	3295	1635	1959	715
平聲 / 上平 : (014	寒	한) : 珊(산) : 산호 산	3298	1571	7201	716
平聲 / 上平 : (014	寒	한) : 酸(산) : 실 산	3303	1572	7202	717

배열형식 D (四聲基準)			배열 A	배열 B	배열 C	배열 D
平仄 / 四聲 : (韻目No: 韻目)		韻族(독음): 字義	운족 가나순	운목 번호순	운목 가나순	사성순
平聲 / 上平 : (014	寒	한) : 姍(산) : 예쁠/고울/비방할 산	3306	1573	7203	718
平聲 / 上平 : (014	寒	한) : 狻(산) : 사자 산	3311	1574	7204	719
平聲 / 上平 : (014	寒	한) : 跚(산) : 비틀거릴 산	3317	1575	7205	720
平聲 / 上平 : (010	灰	회) : 毿*(삼) : 회색비단 삼	5489	1132	7716	721
平聲 / 上平 : (003	江	강) : 瀧*(상) : 여울 상	1761	206	444	722
平聲 / 上平 : (010	灰	회) : 鰓(새) : 아가미 새	3394	1111	7696	723
平聲 / 上平 : (006	魚	어) : 筡*(서) : 광주리 서	1536	630	3424	724
平聲 / 上平 : (006	魚	어) : 徐(서) : 천천할 서	3413	639	3433	725
平聲 / 上平 : (008	齊	제) : 捿(서) : 깃들일/살 서	3417	954	5309	726
平聲 / 上平 : (006	魚	어) : 書(서) : 글 서	3421	640	3434	727
平聲 / 上平 : (008	齊	제) : 栖(서) : 깃들일 서	3422	955	5310	728
平聲 / 上平 : (008	齊	제) : 犀(서) : 무소 서	3424	956	5311	729
平聲 / 上平 : (006	魚	어) : 胥(서) : 서로 서	3432	642	3436	730
平聲 / 上平 : (006	魚	어) : 舒(서) : 펼 서	3433	643	3437	731
平聲 / 上平 : (008	齊	제) : 西(서) : 서녘 서	3435	957	5312	732
平聲 / 上平 : (006	魚	어) : 鋤(서) : 호미(= 서	3438	644	3438	733
平聲 / 上平 : (008	齊	제) : 撕(서) : 훈계할 서	3443	958	5313	734
平聲 / 上平 : (006	魚	어) : 耡(서) : 호미 서	3446	645	3439	735
平聲 / 上平 : (006	魚	어) : 芧(서) : 도토리나무 서	3449	646	3440	736
平聲 / 上平 : (006	魚	어) : 鉏(서) : 호미 서	3451	647	3441	737
平聲 / 上平 : (006	魚	어) : 蝑(서) : 베짱이 서	3456	648	3442	738
平聲 / 上平 : (011	眞	진) : 詵(선) : 많을 선	3519	1223	6362	739
平聲 / 上平 : (006	魚	어) : 梳(소) : 빗 소	3640	649	3443	740
平聲 / 上平 : (007	虞	우) : 甦(소) : 소생할 소	3650	794	4205	741
平聲 / 上平 : (006	魚	어) : 疎(소) : 성길/드물 소	3652	650	3444	742
平聲 / 上平 : (006	魚	어) : 蔬(소) : 나물 소	3659	651	3445	743
平聲 / 上平 : (007	虞	우) : 蘇(소) : 되살아날 소	3661	795	4206	744
平聲 / 上平 : (007	虞	우) : 酥(소) : 연유(煉乳) 소	3679	796	4207	745
平聲 / 上平 : (007	虞	우) : 穌(소) : 쉴/깨어날 소	3688	797	4208	746
平聲 / 上平 : (006	魚	어) : 疋(소) : 발[足也] 소	3694	652	3482	747
平聲 / 上平 : (013	元	원) : 孫(손) : 손자/겸손할 손	3707	1432	4834	748
平聲 / 上平 : (013	元	원) : 蓀(손) : 향풀이름 손	3710	1433	4835	749
平聲 / 上平 : (013	元	원) : 湌(손) : 밥 손	3712	1434	4836	750
平聲 / 上平 : (013	元	원) : 飧(손) : 저녁밥 손	3714	1435	4837	751
平聲 / 上平 : (013	元	원) : 蕵(손) : 풀이름 손	3716	1436	4838	752
平聲 / 上平 : (002	冬	동) : 蜙*(송) : 메뚜기 송	613	117	1176	753

배열형식 D (四聲基準)				배열 A	배열 B	배열 C	배열 D
平仄 / 四聲 : (韻目No: 韻目)　韻族(독음): 字義				운족 가나순	운목 번호순	운목 가나순	사성순
平聲 / 上平 : (002	冬	동): 松(송)	: 소나무 송	3725	141	1200	754
平聲 / 上平 : (002	冬	동): 淞(송)	: 강이름 송	3726	142	1201	755
平聲 / 上平 : (002	冬	동): 鬆(송)	: 더벅머리 송	3733	144	1203	756
平聲 / 上平 : (004	支	지): 衰(쇠)	: 쇠할 쇠	3747	358	5799	757
平聲 / 上平 : (004	支	지): 垂(수)	: 드리울 수	3762	360	5800	758
平聲 / 上平 : (007	虞	우): 殊(수)	: 다를 수	3777	798	4209	759
平聲 / 上平 : (007	虞	우): 洙(수)	: 물가 수	3779	799	4210	760
平聲 / 上平 : (004	支	지): 綏(수)	: 편안할 수	3792	361	5801	761
平聲 / 上平 : (007	虞	우): 茱(수)	: 수유 수	3797	800	4211	762
平聲 / 上平 : (004	支	지): 誰(수)	: 누구 수	3801	362	5802	763
平聲 / 上平 : (007	虞	우): 輸(수)	: 보낼 수	3803	801	4212	764
平聲 / 上平 : (007	虞	우): 銖(수)	: 저울눈 수	3807	802	4213	765
平聲 / 上平 : (004	支	지): 隋(수)	: 수나라 수	3809	363	5803	766
平聲 / 上平 : (004	支	지): 隨(수)	: 따를 수	3811	364	5804	767
平聲 / 上平 : (004	支	지): 雖(수)	: 비록 수	3812	365	5805	768
平聲 / 上平 : (007	虞	우): 需(수)	: 쓰일[쓸]/구할 수	3813	803	4214	769
平聲 / 上平 : (007	虞	우): 須(수)	: 모름지기 수	3814	804	4215	770
平聲 / 上平 : (007	虞	우): 鬚(수)	: 수염 수	3817	805	4216	771
平聲 / 上平 : (007	虞	우): 殳(수)	: 창 수	3822	806	4217	772
平聲 / 上平 : (004	支	지): 睢(수)	: 물이름 수	3826	366	5806	773
平聲 / 上平 : (004	支	지): 陲(수)	: 위태할 수	3833	367	5807	774
平聲 / 上平 : (004	支	지): 厜(수)	: 산꼭대기 수	3835	368	5808	775
平聲 / 上平 : (011	眞	진): 焞*(순)	: 밝을 순	1580	1181	6320	776
平聲 / 上平 : (011	眞	진): 巡(순)	: 돌/순행할 순	3873	1224	6363	777
平聲 / 上平 : (011	眞	진): 循(순)	: 돌/좇을 순	3875	1225	6364	778
平聲 / 上平 : (011	眞	진): 恂(순)	: 정성 순	3876	1226	6365	779
平聲 / 上平 : (011	眞	진): 旬(순)	: 열흘 순	3878	1227	6366	780
平聲 / 上平 : (011	眞	진): 淳(순)	: 순박할 순	3885	1229	6368	781
平聲 / 上平 : (011	眞	진): 珣(순)	: 옥이름 순	3886	1230	6369	782
平聲 / 上平 : (011	眞	진): 純(순)	: 순수할 순	3891	1231	6370	783
平聲 / 上平 : (011	眞	진): 脣(순)	: 입술 순	3894	1232	6371	784
平聲 / 上平 : (011	眞	진): 荀(순)	: 풀이름 순	3896	1233	6372	785
平聲 / 上平 : (011	眞	진): 蓴(순)	: 순채 순	3897	1234	6373	786
平聲 / 上平 : (011	眞	진): 詢(순)	: 물을 순	3899	1235	6374	787
平聲 / 上平 : (011	眞	진): 醇(순)	: 진할 순	3901	1236	6375	788
平聲 / 上平 : (011	眞	진): 錞(순)	: 악기이름 순	3902	1237	6376	789

배열형식 D (四聲基準)			배열 A	배열 B	배열 C	배열 D
平仄 / 四聲 : (韻目No: 韻目) 韻族(독음): 字義			운족 가나순	운목 번호순	운목 가나순	사성순
平聲 / 上平 : (011	眞	진) : 馴(순) : 길들 순	3904	1238	6377	790
平聲 / 上平 : (011	眞	진) : 盹(순) : 졸/눈감을 순	3905	1239	6378	791
平聲 / 上平 : (011	眞	진) : 鶉(순) : 메추라기 순	3906	1240	6379	792
平聲 / 上平 : (011	眞	진) : 漘(순) : 물가 순	3908	1241	6380	793
平聲 / 上平 : (001	東	동) : 崇(숭) : 높을 숭	3916	62	1120	794
平聲 / 上平 : (001	東	동) : 崧(숭) : 우뚝솟을 숭	3917	63	1121	795
平聲 / 上平 : (001	東	동) : 嵩(숭) : 높을 숭	3918	64	1122	796
平聲 / 上平 : (004	支	지) : 匙(시) : 숟가락 시	3950	369	5809	797
平聲 / 上平 : (008	齊	제) : 嘶(시) : 울 시	3951	959	5314	798
平聲 / 上平 : (004	支	지) : 尸(시) : 시동 시	3954	370	5810	799
平聲 / 上平 : (004	支	지) : 屍(시) : 주검 시	3957	372	5812	800
平聲 / 上平 : (004	支	지) : 施(시) : 베풀 시	3961	373	5813	801
平聲 / 上平 : (004	支	지) : 時(시) : 때 시	3964	375	5815	802
平聲 / 上平 : (009	佳	가) : 柴(시) : 섶 시	3966	1027	15	803
平聲 / 上平 : (010	灰	회) : 猜(시) : 시새울 시	3968	1112	7697	804
平聲 / 上平 : (004	支	지) : 蓍(시) : 시초 시	3974	377	5817	805
平聲 / 上平 : (004	支	지) : 詩(시) : 시 시	3977	378	5818	806
平聲 / 上平 : (009	佳	가) : 豺(시) : 승냥이 시	3980	1029	16	807
平聲 / 上平 : (004	支	지) : 偲(시) : 굳셀/똑똑할 시	3981	379	5819	808
平聲 / 上平 : (004	支	지) : 厮(시) : 부릴/마부 시	3983	380	5820	809
平聲 / 上平 : (004	支	지) : 塒(시) : 홰 시	3985	381	5821	810
平聲 / 上平 : (004	支	지) : 緦(시) : 시마복 시	3988	382	5822	811
平聲 / 上平 : (004	支	지) : 鍉(시) : 숟갈/열쇠 시	3990	383	5823	812
平聲 / 上平 : (004	支	지) : 鳲(시) : 뻐꾸기 시	3993	384	5824	813
平聲 / 上平 : (004	支	지) : 鶳(시) : 짐새 시	3994	385	5826	814
平聲 / 上平 : (004	支	지) : 提*(시) : 떼지어날 시	5807	476	5913	815
平聲 / 上平 : (008	齊	제) : 禔*(시) : 복/편안할 시	6124	987	5334	816
平聲 / 上平 : (011	眞	진) : 伸(신) : 펼 신	4014	1242	6381	817
平聲 / 上平 : (011	眞	진) : 侁(신) : 걷는모양 신	4015	1243	6382	818
平聲 / 上平 : (011	眞	진) : 呻(신) : 끙끙거릴 신	4017	1244	6383	819
平聲 / 上平 : (011	眞	진) : 娠(신) : 애밸 신	4018	1245	6384	820
平聲 / 上平 : (011	眞	진) : 宸(신) : 집 신	4019	1246	6385	821
平聲 / 上平 : (011	眞	진) : 新(신) : 새 신	4021	1247	6386	822
平聲 / 上平 : (011	眞	진) : 晨(신) : 새벽 신	4022	1248	6387	823
平聲 / 上平 : (011	眞	진) : 申(신) : 납 신	4024	1249	6388	824
平聲 / 上平 : (011	眞	진) : 神(신) : 귀신 신	4025	1250	6389	825

배열형식 D (四聲基準)			배열 A	배열 B	배열 C	배열 D
平仄 / 四聲 : (韻目No:	韻目)	韻族(독음): 字義	운족 가나순	운목 번호순	운목 가나순	사성순
平聲 / 上平 : (011	眞	진) : 紳(신) : 띠 신	4026	1251	6390	826
平聲 / 上平 : (011	眞	진) : 臣(신) : 신하 신	4028	1252	6391	827
平聲 / 上平 : (011	眞	진) : 莘(신) : 긴모양 신	4029	1253	6392	828
平聲 / 上平 : (011	眞	진) : 薪(신) : 땔나무 신	4030	1254	6393	829
平聲 / 上平 : (011	眞	진) : 身(신) : 몸 신	4034	1255	6394	830
平聲 / 上平 : (011	眞	진) : 辛(신) : 매울 신	4035	1256	6395	831
平聲 / 上平 : (011	眞	진) : 辰(신) : 날 신	4036	1257	6396	832
平聲 / 上平 : (011	眞	진) : 麎(신) : 암순록 신	4041	1259	6398	833
平聲 / 上平 : (011	眞	진) : 辰*(신) : 날(生辰日) 신	6219	1298	6437	834
平聲 / 上平 : (003	江	강) : 雙(쌍) : 두/쌍 쌍	4069	215	453	835
平聲 / 上平 : (004	支	지) : 氏(씨) : 성씨/각시 씨	4070	387	5827	836
平聲 / 上平 : (008	齊	제) : 皃(아) : 아이 아	4075	961	5316	837
平聲 / 上平 : (004	支	지) : 猗*(아) : 부드러울 아	5165	414	5853	838
平聲 / 上平 : (014	寒	한) : 安(안) : 편안 안	4125	1579	7208	839
平聲 / 上平 : (014	寒	한) : 鞍(안) : 안장 안	4133	1580	7209	840
平聲 / 上平 : (015	刪	산) : 顏(안) : 얼굴/산우뚝할/성 안	4134	1636	1960	841
平聲 / 上平 : (015	刪	산) : 顔(안) : 얼굴 안	4140	1637	1961	842
平聲 / 上平 : (015	刪	산) : 殷*(안) : 검붉을 안	5100	1640	1964	843
平聲 / 上平 : (009	佳	가) : 厓(애) : 언덕 애	4196	1030	17	844
平聲 / 上平 : (010	灰	회) : 哀(애) : 슬플 애	4197	1113	7698	845
平聲 / 上平 : (010	灰	회) : 埃(애) : 티끌 애	4198	1114	7699	846
平聲 / 上平 : (009	佳	가) : 崖(애) : 낭떠러지 애	4199	1031	18	847
平聲 / 上平 : (009	佳	가) : 涯(애) : 물가 애	4202	1032	19	848
平聲 / 上平 : (010	灰	회) : 唉(애) : 그래 애	4213	1115	7700	849
平聲 / 上平 : (009	佳	가) : 挨(애) : 칠 애	4214	1033	20	850
平聲 / 上平 : (009	佳	가) : 捱(애) : 막을 애	4215	1034	21	851
平聲 / 上平 : (010	灰	회) : 欸(애) : 한숨쉴 애	4216	1116	7701	852
平聲 / 上平 : (010	灰	회) : 皚(애) : 흴 애	4217	1117	7702	853
平聲 / 上平 : (006	魚	어) : 於(어) : 어조사 어	4307	653	3446	854
平聲 / 上平 : (006	魚	어) : 漁(어) : 고기잡을 어	4309	654	3447	855
平聲 / 上平 : (006	魚	어) : 魚(어) : 고기 어	4314	655	3448	856
平聲 / 上平 : (006	魚	어) : 菸(어) : 시들 어	4321	656	3449	857
平聲 / 上平 : (013	元	원) : 言(언) : 말씀 언	4335	1438	4840	858
平聲 / 上平 : (006	魚	어) : 絮*(여) : 성 여	3428	641	3435	859
平聲 / 上平 : (006	魚	어) : 余(여) : 나 여	4364	657	3450	860
平聲 / 上平 : (006	魚	어) : 璵(여) : 옥 여	4368	658	3451	861

배열형식 D (四聲基準)			배열 A	배열 B	배열 C	배열 D
平仄 / 四聲 : (韻目No:	韻目)	韻族(독음): 字義	운족 가나순	운목 번호순	운목 가나순	사성순
平聲 / 上平 : (006	魚	어) : 艅(여) : 나룻배 여	4370	659	3452	862
平聲 / 上平 : (006	魚	어) : 茹(여) : 띠뿌리 여	4371	660	3453	863
平聲 / 上平 : (006	魚	어) : 輿(여) : 수레 여	4373	661	3454	864
平聲 / 上平 : (006	魚	어) : 轝(여) : 수레바탕 여	4374	662	3455	865
平聲 / 上平 : (006	魚	어) : 餘(여) : 남을 여	4375	663	3456	866
平聲 / 上平 : (006	魚	어) : 妤(여) : 아름다울/벼슬이름 여	4376	664	3457	867
平聲 / 上平 : (006	魚	어) : 旟(여) : 기 여	4377	665	3458	868
平聲 / 上平 : (006	魚	어) : 畬(여) : 삼년된밭 여	4378	666	3459	869
平聲 / 上平 : (007	虞	우) : 豣*(연) : 노류 연	358	692	4105	870
平聲 / 上平 : (007	虞	우) : 蠕*(연) : 벌레길 연	4974	846	4221	871
平聲 / 上平 : (008	齊	제) : 兒*(예) : 어릴/성 예	4076	962	5317	872
平聲 / 上平 : (008	齊	제) : 倪(예) : 어린이 예	4519	963	5318	873
平聲 / 上平 : (008	齊	제) : 猊(예) : 사자 예	4525	964	5319	874
平聲 / 上平 : (008	齊	제) : 蜺(예) : 말매마 예	4546	965	5320	875
平聲 / 上平 : (008	齊	제) : 鯢(예) : 도롱룡 예	4548	966	5321	876
平聲 / 上平 : (007	虞	우) : 惡*(오) : 어찌/허사 오	4106	807	4218	877
平聲 / 上平 : (007	虞	우) : 於*(오) : 탄식할/땅 이름 오	4308	808	4219	878
平聲 / 上平 : (007	虞	우) : 吳(오) : 큰소리할/성/오나라 오	4561	809	4223	879
平聲 / 上平 : (007	虞	우) : 嗚(오) : 슬플/탄식할 오	4563	811	4224	880
平聲 / 上平 : (007	虞	우) : 娛(오) : 즐길 오	4569	812	4225	881
平聲 / 上平 : (007	虞	우) : 梧(오) : 오동 오	4576	813	4226	882
平聲 / 上平 : (007	虞	우) : 汚(오) : 더러울 오	4577	814	4227	883
平聲 / 上平 : (007	虞	우) : 烏(오) : 까마귀 오	4582	815	4228	884
平聲 / 上平 : (007	虞	우) : 蜈(오) : 지네 오	4585	816	4229	885
平聲 / 上平 : (007	虞	우) : 唔(오) : 글읽는소리 오	4589	817	4230	886
平聲 / 上平 : (007	虞	우) : 鼯(오) : 다람쥐 오	4598	818	4231	887
平聲 / 上平 : (007	虞	우) : 杇(오) : 흙손 오	4599	819	4232	888
平聲 / 上平 : (007	虞	우) : 洿(오) : 웅덩이 오	4600	820	4233	889
平聲 / 上平 : (007	虞	우) : 郚(오) : 고을이름 오	4606	821	4234	890
平聲 / 上平 : (007	虞	우) : 鎢(오) : 작은마마솥 오	4607	822	4235	891
平聲 / 上平 : (007	虞	우) : 鶩(오) : 사다새 오	4608	823	4236	892
平聲 / 上平 : (013	元	원) : 溫(온) : 따뜻할 온	4616	1439	4842	893
平聲 / 上平 : (013	元	원) : 瘟(온) : 염병 온	4617	1440	4843	894
平聲 / 上平 : (012	文	문) : 氳(온) : 기운성할 온	4624	1346	1716	895
平聲 / 上平 : (002	冬	동) : 壅(옹) : 막을/막힐 옹	4628	145	1204	896
平聲 / 上平 : (002	冬	동) : 癰(옹) : 악창 옹	4632	146	1205	897

배열형식 D (四聲基準)			배열 A	배열 B	배열 C	배열 D
平仄 / 四聲 : (韻目No: 韻目)		韻族(독음): 字義	운족 가나순	운목 번호순	운목 가나순	사성순
平聲 / 上平 : (001	東	동) : 翁(옹) : 늙은이 옹	4633	65	1123	898
平聲 / 上平 : (002	冬	동) : 邕(옹) : 막힐 옹	4634	147	1206	899
平聲 / 上平 : (002	冬	동) : 雍(옹) : 화할 옹	4635	148	1207	900
平聲 / 上平 : (002	冬	동) : 饔(옹) : 아침밥 옹	4636	149	1208	901
平聲 / 上平 : (002	冬	동) : 廱(옹) : 화락할 옹	4637	150	1209	902
平聲 / 上平 : (002	冬	동) : 禺(옹) : 땅이름 옹	4638	151	1210	903
平聲 / 上平 : (002	冬	동) : 雝(옹) : 할미새 옹	4641	153	1212	904
平聲 / 上平 : (002	冬	동) : 顒(옹) : 공경할 옹	4642	154	1213	905
平聲 / 上平 : (002	冬	동) : 噰(옹) : 화목해질 옹	4643	155	1214	906
平聲 / 上平 : (002	冬	동) : 灉(옹) : 강이름 옹	4644	156	1215	907
平聲 / 上平 : (002	冬	동) : 臃(옹) : 부스럼 옹	4645	157	1216	908
平聲 / 上平 : (009	佳	가) : 蝸(와) : 달팽이 와	4653	1036	23	909
平聲 / 上平 : (009	佳	가) : 哇(와) : 토할 와	4656	1038	25	910
平聲 / 上平 : (009	佳	가) : 萵(와) : 상추 와	4658	1039	26	911
平聲 / 上平 : (015	删	산) : 關*(완) : 문지방/빗장 완	682	1618	1941	912
平聲 / 上平 : (014	寒	한) : 完(완) : 완전할 완	4662	1581	7210	913
平聲 / 上平 : (014	寒	한) : 豌(완) : 완두 완	4677	1582	7212	914
平聲 / 上平 : (015	删	산) : 頑(완) : 완고할 완	4680	1638	1962	915
平聲 / 上平 : (014	寒	한) : 剜(완) : 깎을 완	4682	1583	7213	916
平聲 / 上平 : (013	元	원) : 豲(완) : 들양 완	4684	1444	4847	917
平聲 / 上平 : (014	寒	한) : 蚖*(완) : 까치독사 완	4912	1584	7214	918
平聲 / 上平 : (009	佳	가) : 蛙*(왜) : 개구리 왜	4652	1035	22	919
平聲 / 上平 : (009	佳	가) : 蝸*(왜) : 달팽이 왜	4654	1037	24	920
平聲 / 上平 : (009	佳	가) : 䵷*(왜) : 개구리 왜	4660	1040	27	921
平聲 / 上平 : (009	佳	가) : 娃(왜) : 아름다울 왜	4696	1041	28	922
平聲 / 上平 : (009	佳	가) : 歪*(왜) : 기울 왜	5136	1044	29	923
平聲 / 上平 : (009	佳	가) : 媧*(왜) : 여신 왜	653	1020	31	924
平聲 / 上平 : (009	佳	가) : 騧(왜) : 말이름 왜	4699	1042	32	925
平聲 / 上平 : (010	灰	회) : 磑*(외) : 쌓을 외	4219	1118	7703	926
平聲 / 上平 : (010	灰	회) : 嵬(외) : 높을 외	4701	1119	7704	927
平聲 / 上平 : (005	微	미) : 巍(외) : 높을 외	4702	594	1848	928
平聲 / 上平 : (010	灰	회) : 偎(외) : 어렴풋할 외	4705	1120	7705	929
平聲 / 上平 : (010	灰	회) : 隗(외) : 험할 외	4707	1121	7706	930
平聲 / 上平 : (010	灰	회) : 椳(외) : 문지도리 외	4708	1122	7707	931
平聲 / 上平 : (010	灰	회) : 隈(외) : 구비 외	4710	1123	7708	932
平聲 / 上平 : (002	冬	동) : 頌*(용) : 얼굴/모양 용	3731	143	1202	933

배열형식 D (四聲基準)			배열 A	배열 B	배열 C	배열 D
平仄 / 四聲 : (韻目No:	韻目)	韻族(독음): 字義	운족 가나순	운목 번호순	운목 가나순	사성순
平聲 / 上平 : (002	冬	동) : 罋(용) : 두레박 용	4639	152	1211	934
平聲 / 上平 : (002	冬	동) : 傭(용) : 품팔 용	4760	158	1218	935
平聲 / 上平 : (002	冬	동) : 墉(용) : 담 용	4765	160	1219	936
平聲 / 上平 : (002	冬	동) : 容(용) : 얼굴 용	4766	161	1220	937
平聲 / 上平 : (002	冬	동) : 庸(용) : 떳떳할 용	4767	162	1221	938
平聲 / 上平 : (002	冬	동) : 榕(용) : 뱅골보리수 용	4769	163	1222	939
平聲 / 上平 : (002	冬	동) : 溶(용) : 녹일 용	4772	164	1223	940
平聲 / 上平 : (002	冬	동) : 熔(용) : 녹을 용	4773	165	1224	941
平聲 / 上平 : (002	冬	동) : 瑢(용) : 패옥소리 용	4774	166	1225	942
平聲 / 上平 : (002	冬	동) : 茸(용) : 우거질 용	4778	167	1226	943
平聲 / 上平 : (002	冬	동) : 蓉(용) : 부용 용	4779	168	1227	944
平聲 / 上平 : (002	冬	동) : 鎔(용) : 쇠녹을 용	4781	169	1228	945
平聲 / 上平 : (002	冬	동) : 鏞(용) : 쇠북 용	4782	170	1229	946
平聲 / 上平 : (002	冬	동) : 慵(용) : 게으를 용	4783	171	1230	947
平聲 / 上平 : (002	冬	동) : 舂(용) : 찧을 용	4784	172	1231	948
平聲 / 上平 : (002	冬	동) : 椿*(용) : 두드릴 용	5467	173	1232	949
平聲 / 上平 : (007	虞	우) : 吳*(우) : 지껄일 우	4562	810	4222	950
平聲 / 上平 : (007	虞	우) : 于(우) : 갈/어조사 우	4794	825	4237	951
平聲 / 上平 : (007	虞	우) : 愚(우) : 어리석을 우	4804	826	4238	952
平聲 / 上平 : (007	虞	우) : 旴(우) : 클 우	4806	827	4239	953
平聲 / 上平 : (007	虞	우) : 玗(우) : 옥돌 우	4808	828	4240	954
平聲 / 上平 : (007	虞	우) : 盂(우) : 바리 우	4810	829	4241	955
平聲 / 上平 : (007	虞	우) : 紆(우) : 굽을 우	4813	830	4242	956
平聲 / 上平 : (007	虞	우) : 芋(우) : 토란 우	4815	831	4243	957
平聲 / 上平 : (007	虞	우) : 虞(우) : 생각할 우	4818	833	4245	958
平聲 / 上平 : (007	虞	우) : 迂(우) : 굽을/굽힐 우	4819	834	4246	959
平聲 / 上平 : (007	虞	우) : 釪(우) : 악기이름 우	4822	835	4247	960
平聲 / 上平 : (007	虞	우) : 隅(우) : 구석/모퉁이 우	4823	836	4248	961
平聲 / 上平 : (007	虞	우) : 雩(우) : 기우제 우	4825	837	4249	962
平聲 / 上平 : (007	虞	우) : 吁(우) : 탄식할 우	4826	838	4250	963
平聲 / 上平 : (007	虞	우) : 嵎(우) : 산모퉁이 우	4827	839	4251	964
平聲 / 上平 : (007	虞	우) : 盱(우) : 쳐다볼 우	4829	840	4252	965
平聲 / 上平 : (007	虞	우) : 竽(우) : 피리 우	4830	841	4253	966
平聲 / 上平 : (007	虞	우) : 齲(우) : 충치 우	4835	842	4254	967
平聲 / 上平 : (007	虞	우) : 訏(우) : 클 우	4837	843	4255	968
平聲 / 上平 : (013	元	원) : 蘊*(운) : 쌓일/익힐 운	4621	1441	4844	969

배열형식 D (四聲基準)			배열 A	배열 B	배열 C	배열 D
平仄 / 四聲 : (韻目No: 韻目)　韻族(독음): 字義			운족 가나순	운목 번호순	운목 가나순	사성순
平聲 / 上平 : (012	文	문) : 云(운) : 이를 운	4849	1347	1717	970
平聲 / 上平 : (012	文	문) : 橒(운) : 나무무늬 운	4850	1348	1718	971
平聲 / 上平 : (012	文	문) : 澐(운) : 큰물결 운	4852	1349	1719	972
平聲 / 上平 : (012	文	문) : 熉(운) : 노란모양 운	4853	1350	1720	973
平聲 / 上平 : (012	文	문) : 耘(운) : 김맬 운	4854	1351	1721	974
平聲 / 上平 : (012	文	문) : 芸(운) : 향풀 운	4855	1352	1722	975
平聲 / 上平 : (012	文	문) : 蕓(운) : 평지 운	4856	1353	1723	976
平聲 / 上平 : (012	文	문) : 雲(운) : 구름 운	4859	1354	1724	977
平聲 / 上平 : (012	文	문) : 沄(운) : 운/운치 운	4861	1355	1725	978
平聲 / 上平 : (012	文	문) : 紜(운) : 어지러울 운	4862	1356	1726	979
平聲 / 上平 : (012	文	문) : 員*(운) : 더할 운	4877	1357	1727	980
平聲 / 上平 : (001	東	동) : 熊(웅) : 곰 웅	4870	66	1124	981
平聲 / 上平 : (001	東	동) : 雄(웅) : 수컷 웅	4871	67	1125	982
平聲 / 上平 : (013	元	원) : 円(원) : 둥글 원	4872	1445	4841	983
平聲 / 上平 : (013	元	원) : 宛*(원) : 나라이름 원	4664	1442	4845	984
平聲 / 上平 : (013	元	원) : 阮*(원) : 나라이름/성 원	4679	1443	4846	985
平聲 / 上平 : (013	元	원) : 元(원) : 으뜸 원	4874	1446	4848	986
平聲 / 上平 : (013	元	원) : 原(원) : 언덕 원	4875	1447	4849	987
平聲 / 上平 : (013	元	원) : 園(원) : 동산 원	4879	1448	4850	988
平聲 / 上平 : (013	元	원) : 垣(원) : 담 원	4880	1449	4851	989
平聲 / 上平 : (013	元	원) : 嫄(원) : 사람이름 원	4882	1450	4852	990
平聲 / 上平 : (013	元	원) : 寃(원) : 원통할 원	4883	1451	4853	991
平聲 / 上平 : (013	元	원) : 怨(원) : 원망할 원	4884	1452	4854	992
平聲 / 上平 : (013	元	원) : 沅(원) : 강이름 원	4887	1453	4855	993
平聲 / 上平 : (013	元	원) : 洹(원) : 강이름 원	4888	1454	4856	994
平聲 / 上平 : (013	元	원) : 源(원) : 근원 원	4891	1455	4857	995
平聲 / 上平 : (013	元	원) : 爰(원) : 이에 원	4892	1456	4858	996
平聲 / 上平 : (013	元	원) : 猿(원) : 원숭이 원	4893	1457	4859	997
平聲 / 上平 : (013	元	원) : 袁(원) : 성 원	4896	1458	4860	998
平聲 / 上平 : (013	元	원) : 轅(원) : 끌채 원	4897	1459	4861	999
平聲 / 上平 : (013	元	원) : 鴛(원) : 원앙 원	4902	1460	4862	1000
平聲 / 上平 : (013	元	원) : 冤(원) : 원통할 원	4903	1461	4863	1001
平聲 / 上平 : (013	元	원) : 杬(원) : 안마/나무이름 원	4905	1462	4864	1002
平聲 / 上平 : (013	元	원) : 蜿(원) : 굼틀거릴 원	4907	1463	4865	1003
平聲 / 上平 : (013	元	원) : 騵(원) : 배 흰 월다말 원	4909	1464	4866	1004
平聲 / 上平 : (013	元	원) : 黿(원) : 자라 원	4910	1465	4867	1005

D : (28 / 221)

배열형식 D (四聲基準)			배열 A	배열 B	배열 C	배열 D
平仄 / 四聲 : (韻目No: 韻目) 韻族(독음): 字義			운족 가나순	운목 번호순	운목 가나순	사성순
平聲 / 上平 : (013	元	원) : 蚖(원) : 도롱뇽 원	4911	1466	4868	1006
平聲 / 上平 : (004	支	지) : 倭*(위) : 순한모양 위	4695	389	5829	1007
平聲 / 上平 : (004	支	지) : 危(위) : 위태할 위	4926	390	5830	1008
平聲 / 上平 : (005	微	미) : 圍(위) : 에워쌀 위	4927	595	1849	1009
平聲 / 上平 : (004	支	지) : 委(위) : 맡길 위	4928	391	5831	1010
平聲 / 上平 : (005	微	미) : 威(위) : 위엄 위	4929	596	1850	1011
平聲 / 上平 : (004	支	지) : 爲(위) : 할/다스릴하여금 위	4935	392	5832	1012
平聲 / 上平 : (004	支	지) : 萎(위) : 시들/앓을 위	4939	393	5833	1013
平聲 / 上平 : (005	微	미) : 褘(위) : 향낭/아름다울 위	4945	597	1852	1014
平聲 / 上平 : (005	微	미) : 違(위) : 어긋날 위	4948	599	1853	1015
平聲 / 上平 : (005	微	미) : 韋(위) : 가죽 위	4949	600	1854	1016
平聲 / 上平 : (005	微	미) : 幃(위) : 향주머니/홑휘장 위	4952	601	1855	1017
平聲 / 上平 : (004	支	지) : 痿(위) : 저릴 위	4956	394	5834	1018
平聲 / 上平 : (005	微	미) : 葳(위) : 초목무성한모양 위	4957	602	1856	1019
平聲 / 上平 : (004	支	지) : 逶(위) : 비틀거릴 위	4960	395	5835	1020
平聲 / 上平 : (005	微	미) : 闈(위) : 대궐작은문 위	4961	603	1857	1021
平聲 / 上平 : (004	支	지) : 為(위) : 할 위	4965	396	5836	1022
平聲 / 上平 : (005	微	미) : 韡(위) : 쇠굽 위	4966	604	1858	1023
平聲 / 上平 : (004	支	지) : 撝*(위) : 도울 위	7851	547	5986	1024
平聲 / 上平 : (007	虞	우) : 懦(유) : 나약할/만만할 유	4970	844	4135	1025
平聲 / 上平 : (007	虞	우) : 蠕(유) : 꿈틀거릴 유	4973	845	4220	1026
平聲 / 上平 : (007	虞	우) : 儒(유) : 선비 유	4977	847	4256	1027
平聲 / 上平 : (004	支	지) : 惟(유) : 생각할 유	4987	397	5837	1028
平聲 / 上平 : (007	虞	우) : 愉(유) : 기뻐할 유	4989	848	4257	1029
平聲 / 上平 : (007	虞	우) : 揄(유) : 끌 유	4991	849	4258	1030
平聲 / 上平 : (007	虞	우) : 楡(유) : 느릅나무 유	4997	850	4259	1031
平聲 / 上平 : (007	虞	우) : 濡(유) : 젖을 유	5002	851	4260	1032
平聲 / 上平 : (007	虞	우) : 瑜(유) : 아름다운옥 유	5005	852	4261	1033
平聲 / 上平 : (004	支	지) : 維(유) : 벼리 유	5008	398	5838	1034
平聲 / 上平 : (007	虞	우) : 臾*(유) : 잠깐 유	4790	824	4262	1035
平聲 / 上平 : (007	虞	우) : 萸(유) : 수유 유	5009	853	4263	1036
平聲 / 上平 : (007	虞	우) : 諛(유) : 아첨할 유	5012	854	4264	1037
平聲 / 上平 : (007	虞	우) : 踰(유) : 넘을 유	5014	855	4265	1038
平聲 / 上平 : (007	虞	우) : 逾(유) : 넘을 유	5017	856	4266	1039
平聲 / 上平 : (004	支	지) : 遺(유) : 남길 유	5018	399	5839	1040
平聲 / 上平 : (004	支	지) : 壝*(유) : 제단 유	5026	401	5840	1041

배열형식 D (四聲基準)			배열 A	배열 B	배열 C	배열 D
平仄 / 四聲 : (韻目No: 韻目) 韻族(독음): 字義			운족 가나순	운목 번호순	운목 가나순	사성순
平聲 / 上平 : (004	支	지) : 壝(유) : 제단 유	5025	400	5841	1042
平聲 / 上平 : (004	支	지) : 帷(유) : 장막 유	5027	402	5842	1043
平聲 / 上平 : (007	虞	우) : 瘉(유) : 병나을 유	5031	857	4267	1044
平聲 / 上平 : (004	支	지) : 緌(유) : 갓끈/관끈늘어질 유	5035	403	5843	1045
平聲 / 上平 : (007	虞	우) : 俞(유) : 점점 유	5043	858	4268	1046
平聲 / 上平 : (007	虞	우) : 喻(유) : 깨우칠 유	5045	859	4269	1047
平聲 / 上平 : (007	虞	우) : 嚅(유) : 아첨유 유	5046	860	4270	1048
平聲 / 上平 : (007	虞	우) : 媮(유) : 엷을/즐거울 유	5047	861	4271	1049
平聲 / 上平 : (007	虞	우) : 楰(유) : 광나무 유	5050	862	4272	1050
平聲 / 上平 : (004	支	지) : 潍(유) : 고을이름 유	5052	404	5844	1051
平聲 / 上平 : (007	虞	우) : 羭(유) : 숫양 유	5055	863	4273	1052
平聲 / 上平 : (007	虞	우) : 蝓(유) : 괄대충 유	5058	864	4274	1053
平聲 / 上平 : (007	虞	우) : 襦(유) : 저고리 유	5060	865	4275	1054
平聲 / 上平 : (007	虞	우) : 覦(유) : 넘겨다볼 유	5061	866	4276	1055
平聲 / 上平 : (007	虞	우) : 隃(유) : 넘을 유	5064	867	4277	1056
平聲 / 上平 : (011	眞	진) : 匀*(윤) : 가지런/적을 윤	1012	1172	6310	1057
平聲 / 上平 : (011	眞	진) : 畇*(윤) : 밭 윤	1015	1175	6313	1058
平聲 / 上平 : (011	眞	진) : 奫(윤) : 물깊고넓을 윤	5071	1261	6400	1059
平聲 / 上平 : (011	眞	진) : 淪(윤) : 빠질질 윤	5073	1262	6401	1060
平聲 / 上平 : (011	眞	진) : 贇(윤) : 예쁠 윤	5077	1263	6402	1061
平聲 / 上平 : (001	東	동) : 戎(융) : 병장기 융	5090	68	1126	1062
平聲 / 上平 : (001	東	동) : 瀜(융) : 물이깊고넓은모양 융	5091	69	1127	1063
平聲 / 上平 : (001	東	동) : 絨(융) : 융 융	5092	70	1128	1064
平聲 / 上平 : (001	東	동) : 融(융) : 녹을 융	5093	71	1129	1065
平聲 / 上平 : (001	東	동) : 肜(융) : 제사이름 융	5094	72	1130	1066
平聲 / 上平 : (001	東	동) : 駥(융) : 키큰말 융	5095	73	1131	1067
平聲 / 上平 : (012	文	문) : 垠(은) : 지경 은	5096	1358	1728	1068
平聲 / 上平 : (013	元	원) : 恩(은) : 은혜 은	5097	1467	4869	1069
平聲 / 上平 : (012	文	문) : 慇(은) : 괴로워할 은	5098	1359	1729	1070
平聲 / 上平 : (012	文	문) : 殷(은) : 은나라 은	5099	1360	1730	1071
平聲 / 上平 : (012	文	문) : 誾(은) : 향기 은	5101	1361	1731	1072
平聲 / 上平 : (011	眞	진) : 銀(은) : 은 은	5102	1264	6403	1073
平聲 / 上平 : (011	眞	진) : 嚚(은) : 어리석을 은	5105	1265	6404	1074
平聲 / 上平 : (012	文	문) : 狺(은) : 으르렁거릴 은	5107	1362	1732	1075
平聲 / 上平 : (004	支	지) : 涯*(의) : 물가 의	4204	388	5828	1076
平聲 / 上平 : (009	佳	가) : 歪(의) : 기울/비뚤 의	5135	1043	30	1077

배열형식 D (四聲基準)			배열 A	배열 B	배열 C	배열 D
平仄 / 四聲 : (韻目No:	韻目)	韻族(독음): 字義	운족 가나순	운목 번호순	운목 가나순	사성순
平聲 / 上平 : (005	微	미) : 依(의) : 의지할 의	5137	605	1859	1078
平聲 / 上平 : (004	支	지) : 儀(의) : 거동 의	5140	406	5846	1079
平聲 / 上平 : (004	支	지) : 宜(의) : 마땅 의	5141	407	5847	1080
平聲 / 上平 : (004	支	지) : 椅(의) : 걸상 의	5145	408	5848	1081
平聲 / 上平 : (004	支	지) : 疑(의) : 의심할 의	5147	409	5850	1082
平聲 / 上平 : (005	微	미) : 衣(의) : 옷 의	5157	606	1860	1083
平聲 / 上平 : (004	支	지) : 醫(의) : 의원 의	5160	411	5851	1084
平聲 / 上平 : (004	支	지) : 漪(의) : 물놀이 의	5163	412	5852	1085
平聲 / 上平 : (004	支	지) : 猗(의) : 아름다울 의	5164	413	5854	1086
平聲 / 上平 : (004	支	지) : 旖(의) : 깃발펄럭날 의	5171	415	5855	1087
平聲 / 上平 : (004	支	지) : 轙(의) : 수레고삐 의	5172	416	5856	1088
平聲 / 上平 : (004	支	지) : 耏(이) : 구레나룻 이	5174	417	5717	1089
平聲 / 上平 : (004	支	지) : 蛇*(이) : 든든할 이	3250	354	5794	1090
平聲 / 上平 : (004	支	지) : 施*(이) : 비뚤어질/옮길 이	3962	374	5814	1091
平聲 / 上平 : (004	支	지) : 伊(이) : 저 이	5180	418	5857	1092
平聲 / 上平 : (004	支	지) : 夷(이) : 평평할/동쪽오랑캐 이	5181	419	5858	1093
平聲 / 上平 : (004	支	지) : 姨(이) : 이모 이	5182	420	5859	1094
平聲 / 上平 : (004	支	지) : 彛(이) : 떳떳할 이	5185	421	5860	1095
平聲 / 上平 : (004	支	지) : 怡(이) : 기쁠 이	5186	422	5861	1096
平聲 / 上平 : (004	支	지) : 痍(이) : 상처 이	5190	423	5863	1097
平聲 / 上平 : (004	支	지) : 移(이) : 옮길 이	5191	424	5864	1098
平聲 / 上平 : (004	支	지) : 而(이) : 말이을 이	5192	425	5865	1099
平聲 / 上平 : (004	支	지) : 荑(이) : 흰비름 이	5196	426	5866	1100
平聲 / 上平 : (004	支	지) : 貽(이) : 끼칠 이	5198	427	5867	1101
平聲 / 上平 : (004	支	지) : 飴(이) : 엿 이	5201	428	5868	1102
平聲 / 上平 : (004	支	지) : 彝(이) : 떳떳할 이	5204	429	5869	1103
平聲 / 上平 : (004	支	지) : 洟(이) : 콧물 이	5206	430	5870	1104
平聲 / 上平 : (004	支	지) : 咦(이) : 크게부를/웃을 이	5210	431	5871	1105
平聲 / 上平 : (004	支	지) : 圯(이) : 흙다리 이	5211	432	5872	1106
平聲 / 上平 : (004	支	지) : 宧(이) : 구석 이	5212	433	5873	1107
平聲 / 上平 : (004	支	지) : 杝(이) : 피나무 이	5214	434	5875	1108
平聲 / 上平 : (004	支	지) : 栭(이) : 산밤나무 이	5216	436	5876	1109
平聲 / 上平 : (008	齊	제) : 桋(이) : 나무이름 이	5217	968	5324	1110
平聲 / 上平 : (004	支	지) : 椸(이) : 횃대 이	5218	437	5877	1111
平聲 / 上平 : (004	支	지) : 瓵(이) : 단지 이	5220	438	5878	1112
平聲 / 上平 : (004	支	지) : 簃(이) : 누각곁채 이	5221	439	5879	1113

배열형식 D (四聲基準)			배열 A	배열 B	배열 C	배열 D
平仄 / 四聲 : (韻目No:	韻目)	韻族(독음): 字義	운족 가나순	운목 번호순	운목 가나순	사성순
平聲 / 上平 : (004	支	지) : 酏(이) : 맑은술 이	5225	440	5880	1114
平聲 / 上平 : (004	支	지) : 陑(이) : 땅이름 이	5226	441	5881	1115
平聲 / 上平 : (004	支	지) : 頥(이) : 기를 이	5227	442	5882	1116
平聲 / 上平 : (004	支	지) : 頤(이) : 턱/끄떡거릴 이	5228	443	5883	1117
平聲 / 上平 : (004	支	지) : 寅*(이) : 공경할 이	5252	445	5884	1118
平聲 / 上平 : (004	支	지) : 台(이) : 나/기쁠 이	5229	444	5974	1119
平聲 / 上平 : (004	支	지) : 疑*(익) : 바로설 익	5148	410	5849	1120
平聲 / 上平 : (011	眞	진) : 齸(익) : 새김질할 익	5241	1266	6405	1121
平聲 / 上平 : (011	眞	진) : 煙*(인) : 김/기운/안개 인	4414	1260	6399	1122
平聲 / 上平 : (011	眞	진) : 人(인) : 사람 인	5242	1267	6406	1123
平聲 / 上平 : (011	眞	진) : 仁(인) : 어질 인	5243	1268	6407	1124
平聲 / 上平 : (011	眞	진) : 因(인) : 인할 인	5249	1269	6408	1125
平聲 / 上平 : (011	眞	진) : 姻(인) : 혼인 인	5250	1270	6409	1126
平聲 / 上平 : (011	眞	진) : 寅(인) : 공경할 인	5251	1271	6410	1127
平聲 / 上平 : (011	眞	진) : 湮(인) : 빠질 인	5255	1272	6411	1128
平聲 / 上平 : (011	眞	진) : 絪(인) : 수삼/기운 인	5256	1273	6412	1129
平聲 / 上平 : (011	眞	진) : 茵(인) : 자리 인	5257	1274	6413	1130
平聲 / 上平 : (011	眞	진) : 氤(인) : 기운성할 인	5263	1275	6414	1131
平聲 / 上平 : (011	眞	진) : 禋(인) : 제사 지낼 인	5264	1276	6415	1132
平聲 / 上平 : (011	眞	진) : 紖(인) : 새끼 인	5265	1277	6416	1133
平聲 / 上平 : (011	眞	진) : 諲(인) : 공경할 인	5266	1278	6417	1134
平聲 / 上平 : (011	眞	진) : 闉(인) : 성곽문 인	5268	1279	6418	1135
平聲 / 上平 : (004	支	지) : 仔(자) : 자세할 자	5308	446	5885	1136
平聲 / 上平 : (004	支	지) : 咨(자) : 물을 자	5312	447	5886	1137
平聲 / 上平 : (004	支	지) : 姿(자) : 모양 자	5314	448	5887	1138
平聲 / 上平 : (004	支	지) : 孜(자) : 힘쓸 자	5317	449	5888	1139
平聲 / 上平 : (004	支	지) : 慈(자) : 사랑 자	5319	450	5889	1140
平聲 / 上平 : (004	支	지) : 滋(자) : 불을 자	5320	451	5890	1141
平聲 / 上平 : (004	支	지) : 玆(자) : 이/이것 자	5324	452	5891	1142
平聲 / 上平 : (004	支	지) : 瓷(자) : 오지그릇 자	5326	453	5892	1143
平聲 / 上平 : (004	支	지) : 疵(자) : 흉볼 자	5327	454	5893	1144
平聲 / 上平 : (004	支	지) : 磁(자) : 자석 자	5328	455	5894	1145
平聲 / 上平 : (004	支	지) : 茨(자) : 가시나무 자	5332	456	5895	1146
平聲 / 上平 : (004	支	지) : 諮(자) : 꾀/물을 자	5336	457	5896	1147
平聲 / 上平 : (004	支	지) : 資(자) : 재물 자	5337	458	5897	1148
平聲 / 上平 : (004	支	지) : 雌(자) : 암컷 자	5338	459	5898	1149

배열형식 D (四聲基準)			배열 A	배열 B	배열 C	배열 D
平仄 / 四聲 : (韻目No: 韻目) 韻族(독음): 字義			운족 가나순	운목 번호순	운목 가나순	사성순
平聲 / 上平 : (004	支	지) : 粢(자) : 기장 자	5346	460	5899	1150
平聲 / 上平 : (004	支	지) : 茈(자) : 패랭이꽃 자	5348	461	5900	1151
平聲 / 上平 : (004	支	지) : 玆(자) : 무성할 자	5349	462	5901	1152
平聲 / 上平 : (004	支	지) : 觜(자) : 별자리이름 자	5350	463	5902	1153
平聲 / 上平 : (004	支	지) : 訾(자) : 헐뜯을 자	5352	465	5904	1154
平聲 / 上平 : (004	支	지) : 貲(자) : 재물 자	5353	466	5905	1155
平聲 / 上平 : (004	支	지) : 髭(자) : 코밑수염 자	5355	467	5906	1156
平聲 / 上平 : (004	支	지) : 鶿(자) : 가마우지 자	5356	468	5907	1157
平聲 / 上平 : (004	支	지) : 趑(자) : 머뭇거릴 자	5363	469	5908	1158
平聲 / 上平 : (004	支	지) : 鄑(자) : 땅이름 자	5364	470	5909	1159
平聲 / 上平 : (004	支	지) : 胔(자) : 썩은살 자	5365	471	5910	1160
平聲 / 上平 : (004	支	지) : 劑*(자) : 어음쪽지 자	5799	474	5912	1161
平聲 / 上平 : (004	支	지) : 薺(자) : 납가새 자	5366	472	5915	1162
平聲 / 上平 : (004	支	지) : 齊*(자) : 상옷아랫단할 자	5822	477	5916	1163
平聲 / 上平 : (008	齊	제) : 櫅(자) : 흰대추나무 자	5368	969	5338	1164
平聲 / 上平 : (014	寒	한) : 殘(잔) : 남을 잔	5397	1585	7215	1165
平聲 / 上平 : (015	刪	산) : 潺(잔) : 물흐르는소리 잔	5398	1641	1965	1166
平聲 / 上平 : (003	江	강) : 椿(장) : 말뚝 장	5466	216	454	1167
平聲 / 上平 : (003	江	강) : 淙*(장) : 물소리 장	5950	217	455	1168
平聲 / 上平 : (010	灰	회) : 哉(재) : 어조사 재	5471	1125	7709	1169
平聲 / 上平 : (010	灰	회) : 才(재) : 재주 재	5474	1126	7710	1170
平聲 / 上平 : (010	灰	회) : 材(재) : 재목 재	5475	1127	7711	1171
平聲 / 上平 : (010	灰	회) : 溨(재) : 맑을 재	5478	1128	7712	1172
平聲 / 上平 : (010	灰	회) : 災(재) : 재앙 재	5480	1129	7713	1173
平聲 / 上平 : (010	灰	회) : 財(재) : 재물 재	5483	1130	7714	1174
平聲 / 上平 : (009	佳	가) : 齋(재) : 재계할/집 재	5485	1045	33	1175
平聲 / 上平 : (004	支	지) : 齎(재) : 탄식할/가질 재	5486	473	5911	1176
平聲 / 上平 : (010	灰	회) : 纔(재) : 겨우/잠깐/비롯할 재	5488	1131	7715	1177
平聲 / 上平 : (009	佳	가) : 齊*(재) : 재계할 재	5823	1046	34	1178
平聲 / 上平 : (010	灰	회) : 菑*(재) : 재앙 재	6828	1140	7724	1179
平聲 / 上平 : (006	魚	어) : 屠*(저) : 노왕이름 저	1486	629	3423	1180
平聲 / 上平 : (008	齊	제) : 鍉*(저) : 날 저	3991	960	5315	1181
平聲 / 上平 : (008	齊	제) : 低(저) : 낮을 저	5503	971	5326	1182
平聲 / 上平 : (006	魚	어) : 儲(저) : 쌓을 저	5504	667	3460	1183
平聲 / 上平 : (006	魚	어) : 樗(저) : 가죽나무 저	5513	668	3461	1184
平聲 / 上平 : (006	魚	어) : 狙(저) : 원숭이/엿볼/살필 저	5517	669	3462	1185

배열형식 D (四聲基準)			배열 A	배열 B	배열 C	배열 D
平仄 / 四聲 : (韻目No:	韻目)	韻族(독음): 字義	운족 가나순	운목 번호순	운목 가나순	사성순
平聲 / 上平 : (006	魚	어) : 猪(저) : 돼지 저	5519	670	3463	1186
平聲 / 上平 : (006	魚	어) : 疽(저) : 등창 저	5520	671	3464	1187
平聲 / 上平 : (006	魚	어) : 菹(저) : 채소절임 저	5524	672	3465	1188
平聲 / 上平 : (006	魚	어) : 著(저) : 나타낼 저	5525	673	3466	1189
平聲 / 上平 : (006	魚	어) : 藷(저) : 사탕수수[藷] 저	5527	674	3467	1190
平聲 / 上平 : (006	魚	어) : 雎(저) : 물수리 저	5534	675	3468	1191
平聲 / 上平 : (008	齊	제) : 氐(저) : 근본 저	5539	972	5327	1192
平聲 / 上平 : (006	魚	어) : 苴(저) : 대지팡이 저	5542	676	3469	1193
平聲 / 上平 : (006	魚	어) : 蛆(저) : 구더기 저	5544	677	3470	1194
平聲 / 上平 : (006	魚	어) : 豬(저) : 돼지 저	5548	678	3471	1195
平聲 / 上平 : (006	魚	어) : 砠(저) : 돌산 저	5550	679	3472	1196
平聲 / 上平 : (006	魚	어) : 篨(저) : 대자리 저	5551	680	3473	1197
平聲 / 上平 : (006	魚	어) : 趄(저) : 머뭇거릴 저	5554	681	3474	1198
平聲 / 上平 : (006	魚	어) : 鴡(저) : 물수리 저	5555	682	3475	1199
平聲 / 上平 : (006	魚	어) : 且*(저) : 공손할/어조사 저	6280	685	3478	1200
平聲 / 上平 : (011	眞	진) : 塡*(전) : 메울 전	6191	1285	6419	1201
平聲 / 上平 : (008	齊	제) : 鸈*(제) : 접동새 제	1375	936	5291	1202
平聲 / 上平 : (008	齊	제) : 荑*(제) : 띠싹 제	5197	967	5323	1203
平聲 / 上平 : (008	齊	제) : 齎*(제) : 탄식할/가질 제	5487	970	5325	1204
平聲 / 上平 : (008	齊	제) : 折*(제) : 천천히할 제	5674	973	5328	1205
平聲 / 上平 : (008	齊	제) : 啼(제) : 울 제	5800	974	5329	1206
平聲 / 上平 : (008	齊	제) : 堤(제) : 둑 제	5801	975	5330	1207
平聲 / 上平 : (008	齊	제) : 梯(제) : 사닥다리 제	5808	976	5331	1208
平聲 / 上平 : (008	齊	제) : 臍(제) : 배꼽 제	5812	977	5332	1209
平聲 / 上平 : (006	魚	어) : 諸(제) : 모두 제	5814	683	3476	1210
平聲 / 上平 : (008	齊	제) : 蹄(제) : 굽 제	5815	978	5333	1211
平聲 / 上平 : (008	齊	제) : 禔*(제) : 복/편안할 제	6125	988	5335	1212
平聲 / 上平 : (008	齊	제) : 躋(제) : 오를 제	5827	979	5336	1213
平聲 / 上平 : (008	齊	제) : 隄(제) : 둑 제	5828	980	5337	1214
平聲 / 上平 : (008	齊	제) : 磾(제) : 비단에물들이는돌 제	5832	981	5339	1215
平聲 / 上平 : (006	魚	어) : 蒢(제) : 까마종이 제	5834	684	3477	1216
平聲 / 上平 : (008	齊	제) : 稊(제) : 돌피 제	5835	982	5340	1217
平聲 / 上平 : (008	齊	제) : 蠐(제) : 굼뱅이 제	5836	983	5341	1218
平聲 / 上平 : (008	齊	제) : 隮(제) : 오를 제	5837	984	5342	1219
平聲 / 上平 : (008	齊	제) : 鞮(제) : 가죽신 제	5838	985	5343	1220
平聲 / 上平 : (008	齊	제) : 鵜(제) : 두견새 제	5839	986	5344	1221

배열형식 D (四聲基準)			배열 A	배열 B	배열 C	배열 D
平仄 / 四聲 : (韻目No: 韻目) 韻族(독음): 字義			운족 가나순	운목 번호순	운목 가나순	사성순
平聲 / 上平 : (007	虞	우) : 租(조) : 조세 조	5868	868	4278	1222
平聲 / 上平 : (007	虞	우) : 徂(조) : 갈/비롯할 조	5896	869	4279	1223
平聲 / 上平 : (007	虞	우) : 蒩(조) : 거적 조	5913	870	4280	1224
平聲 / 上平 : (002	冬	동) : 慒(조) : 심란할 조	5924	174	1244	1225
平聲 / 上平 : (013	元	원) : 存(존) : 있을 존	5936	1468	4870	1226
平聲 / 上平 : (013	元	원) : 尊(존) : 높을 존	5937	1469	4871	1227
平聲 / 上平 : (002	冬	동) : 倧(종) : 한배/신인 종	5943	175	1233	1228
平聲 / 上平 : (002	冬	동) : 宗(종) : 마루 종	5944	176	1234	1229
平聲 / 上平 : (002	冬	동) : 從(종) : 좇을 종	5945	177	1235	1230
平聲 / 上平 : (002	冬	동) : 悰(종) : 즐길 종	5946	178	1236	1231
平聲 / 上平 : (002	冬	동) : 棕(종) : 종려나무 종	5948	179	1237	1232
平聲 / 上平 : (002	冬	동) : 淙(종) : 물소리 종	5949	180	1238	1233
平聲 / 上平 : (002	冬	동) : 琮(종) : 옥홀 종	5951	181	1239	1234
平聲 / 上平 : (001	東	동) : 終(종) : 마칠 종	5953	74	1132	1235
平聲 / 上平 : (002	冬	동) : 縱(종) : 세로 종	5955	182	1240	1236
平聲 / 上平 : (002	冬	동) : 踪(종) : 자취 종	5958	183	1241	1237
平聲 / 上平 : (002	冬	동) : 鍾(종) : 술병/거문고 종	5960	184	1242	1238
平聲 / 上平 : (002	冬	동) : 鐘(종) : 쇠북 종	5961	185	1243	1239
平聲 / 上平 : (002	冬	동) : 樅(종) : 전나무 종	5962	186	1245	1240
平聲 / 上平 : (003	江	강) : 瑽(종) : 패옥소리 종	5963	218	456	1241
平聲 / 上平 : (001	東	동) : 螽(종) : 메뚜기 종	5965	75	1133	1242
平聲 / 上平 : (002	冬	동) : 蹤(종) : 자취/뒤좇을 종	5966	187	1246	1243
平聲 / 上平 : (001	東	동) : 猣(종) : 솟발이강아지 종	5968	76	1134	1244
平聲 / 上平 : (001	東	동) : 稯(종) : 볏단 종	5969	77	1135	1245
平聲 / 上平 : (001	東	동) : 豵(종) : 돼지새끼 종	5970	78	1136	1246
平聲 / 上平 : (002	冬	동) : 鬃(종) : 상투 종	5971	188	1247	1247
平聲 / 上平 : (001	東	동) : 鬷(종) : 가마솥 종	5972	79	1137	1248
平聲 / 上平 : (001	東	동) : 鼨(종) : 얼룩쥐 종	5973	80	1138	1249
平聲 / 上平 : (007	虞	우) : 侏(주) : 난쟁이 주	5987	872	4281	1250
平聲 / 上平 : (007	虞	우) : 姝(주) : 예쁠 주	5990	873	4282	1251
平聲 / 上平 : (007	虞	우) : 廚(주) : 부엌 주	5997	874	4283	1252
平聲 / 上平 : (007	虞	우) : 朱(주) : 붉을 주	5999	875	4284	1253
平聲 / 上平 : (007	虞	우) : 株(주) : 그루 주	6001	876	4285	1254
平聲 / 上平 : (007	虞	우) : 珠(주) : 구슬 주	6007	877	4286	1255
平聲 / 上平 : (007	虞	우) : 蛛(주) : 거미 주	6013	878	4287	1256
平聲 / 上平 : (007	虞	우) : 誅(주) : 벨 주	6015	879	4288	1257

배열형식 D (四聲基準)			배열 A	배열 B	배열 C	배열 D
平仄 / 四聲 : (韻目No: 韻目) 韻族(독음): 字義			운족 가나순	운목 번호순	운목 가나순	사성순
平聲 / 上平 : (007	虞	우) : 硃(주) : 주사 주	6029	880	4289	1258
平聲 / 上平 : (007	虞	우) : 咮(주) : 부리 주	6038	881	4290	1259
平聲 / 上平 : (014	寒	한) : 洀*(주) : 물노리칠 주	2643	1568	7217	1260
平聲 / 上平 : (007	虞	우) : 邾(주) : 나라이름 주	6042	882	4291	1261
平聲 / 上平 : (011	眞	진) : 屯*(준) : 어려울/두터울 준	1652	1182	6321	1262
平聲 / 上平 : (013	元	원) : 尊*(준) : 술통 준	5938	1470	4872	1263
平聲 / 上平 : (013	元	원) : 樽(준) : 술그릇 준	6060	1471	4873	1264
平聲 / 上平 : (011	眞	진) : 竣(준) : 마칠/물러설 준	6067	1280	6421	1265
平聲 / 上平 : (011	眞	진) : 逡(준) : 뒷걸음질칠 준	6070	1281	6422	1266
平聲 / 上平 : (011	眞	진) : 遵(준) : 좇을 준	6071	1282	6423	1267
平聲 / 上平 : (011	眞	진) : 皴(준) : 주름/살틀 준	6076	1283	6424	1268
平聲 / 上平 : (013	元	원) : 蹲(준) : 웅크릴 준	6077	1472	4874	1269
平聲 / 上平 : (001	東	동) : 中(중) : 가운데 중	6088	81	1139	1270
平聲 / 上平 : (002	冬	동) : 重(중) : 무거울 중	6091	189	1248	1271
平聲 / 上平 : (004	支	지) : 祇*(지) : 공경할 지	1132	256	5695	1272
平聲 / 上平 : (004	支	지) : 禔(지) : 복/편안할 지	6123	478	5917	1273
平聲 / 上平 : (004	支	지) : 之(지) : 갈 지	6126	479	5918	1274
平聲 / 上平 : (004	支	지) : 持(지) : 가질 지	6132	480	5919	1275
平聲 / 上平 : (004	支	지) : 支(지) : 지탱할 지	6135	481	5920	1276
平聲 / 上平 : (004	支	지) : 枝(지) : 가지 지	6138	482	5921	1277
平聲 / 上平 : (004	支	지) : 池(지) : 못 지	6142	483	5922	1278
平聲 / 上平 : (004	支	지) : 知(지) : 알 지	6146	484	5923	1279
平聲 / 上平 : (004	支	지) : 祗(지) : 공경할 지	6149	485	5924	1280
平聲 / 上平 : (004	支	지) : 肢(지) : 팔다리 지	6151	486	5925	1281
平聲 / 上平 : (004	支	지) : 脂(지) : 기름 지	6152	487	5926	1282
平聲 / 上平 : (004	支	지) : 芝(지) : 지초 지	6154	488	5927	1283
平聲 / 上平 : (004	支	지) : 蜘(지) : 거미 지	6156	489	5928	1284
平聲 / 上平 : (004	支	지) : 遲(지) : 더딜/늦을 지	6160	490	5929	1285
平聲 / 上平 : (004	支	지) : 墀(지) : 궁중지대뜰 지	6163	491	5930	1286
平聲 / 上平 : (004	支	지) : 榰(지) : 주춧돌 지	6164	492	5931	1287
平聲 / 上平 : (004	支	지) : 篪(지) : 대이름 지	6165	493	5932	1288
平聲 / 上平 : (004	支	지) : 鮨(지) : 젓갈 지	6169	494	5933	1289
平聲 / 上平 : (004	支	지) : 吱(지) : 가는소리 지	6172	495	5934	1290
平聲 / 上平 : (004	支	지) : 忯(지) : 기댈 지	6173	496	5935	1291
平聲 / 上平 : (004	支	지) : 竾(지) : 저(피리)이름 지	6174	497	5936	1292
平聲 / 上平 : (004	支	지) : 胝(지) : 못박할 지	6175	498	5937	1293

배열형식 D (四聲基準)			배열 A	배열 B	배열 C	배열 D
平仄 / 四聲 : (韻目No: 韻目) 韻族(독음): 字義			운족 가나순	운목 번호순	운목 가나순	사성순
平聲 / 上平 : (004	支	지) : 蚳(지) : 청개구리 지	6176	499	5938	1294
平聲 / 上平 : (011	眞	진) : 甄*(진) : 질그릇 진	341	1169	6308	1295
平聲 / 上平 : (011	眞	진) : 辰*(진) : 때/별/북두성 진	4037	1258	6397	1296
平聲 / 上平 : (011	眞	진) : 塡(진) : 오랠/편안할 진	6190	1284	6420	1297
平聲 / 上平 : (011	眞	진) : 唇(진) : 놀랄 진	6192	1286	6425	1298
平聲 / 上平 : (011	眞	진) : 嗔(진) : 성낼 진	6193	1287	6426	1299
平聲 / 上平 : (011	眞	진) : 塵(진) : 티끌 진	6194	1288	6427	1300
平聲 / 上平 : (011	眞	진) : 桭(진) : 평고대 진	6199	1289	6428	1301
平聲 / 上平 : (011	眞	진) : 榛(진) : 개암나무 진	6200	1290	6429	1302
平聲 / 上平 : (011	眞	진) : 津(진) : 나루 진	6202	1291	6430	1303
平聲 / 上平 : (011	眞	진) : 溱(진) : 많을 진	6203	1292	6431	1304
平聲 / 上平 : (011	眞	진) : 珍(진) : 보배 진	6204	1293	6432	1305
平聲 / 上平 : (011	眞	진) : 瞋(진) : 부릅뜰 진	6209	1294	6434	1306
平聲 / 上平 : (011	眞	진) : 秦(진) : 성 진	6210	1295	6435	1307
平聲 / 上平 : (011	眞	진) : 臻(진) : 이를 진	6213	1296	6436	1308
平聲 / 上平 : (011	眞	진) : 辰(진) : 때/별/북두성 진	6218	1297	6438	1309
平聲 / 上平 : (011	眞	진) : 鎭(진) : 진압할 진	6221	1299	6439	1310
平聲 / 上平 : (011	眞	진) : 陳(진) : 베풀/묵을 진	6223	1300	6440	1311
平聲 / 上平 : (011	眞	진) : 蓁(진) : 우거질 진	6227	1301	6441	1312
平聲 / 上平 : (011	眞	진) : 真(진) : 참 진	6231	1302	6433	1313
平聲 / 上平 : (011	眞	진) : 蘣(진) : 담배풀 진	6234	1303	6442	1314
平聲 / 上平 : (009	佳	가) : 差(차) : 어기어질/다를 차	6288	1047	36	1315
平聲 / 上平 : (014	寒	한) : 湌*(찬) : 먹을 찬	3713	1577	7206	1316
平聲 / 上平 : (014	寒	한) : 鑽(찬) : 뚫을 찬	6330	1588	7218	1317
平聲 / 上平 : (014	寒	한) : 餐(찬) : 밥 찬	6331	1589	7219	1318
平聲 / 上平 : (014	寒	한) : 欑(찬) : 모질 찬	6334	1590	7220	1319
平聲 / 上平 : (014	寒	한) : 菆(찬) : 더부룩이날 찬	6339	1591	7221	1320
平聲 / 上平 : (003	江	강) : 窓(창) : 창 창	6389	219	457	1321
平聲 / 上平 : (003	江	강) : 窗(창) : 창 창	6398	220	458	1322
平聲 / 上平 : (003	江	강) : 摐(창) : 두둘일 창	6404	221	459	1323
平聲 / 上平 : (009	佳	가) : 柴*(채) : 막을/지킬 채	3967	1028	14	1324
平聲 / 上平 : (009	佳	가) : 差*(채) : 버금/가릴 채	6290	1048	35	1325
平聲 / 上平 : (009	佳	가) : 釵(채) : 비녀 (채)채	6419	1049	37	1326
平聲 / 上平 : (009	佳	가) : 責(채) : 빚 채	6421	1050	38	1327
平聲 / 上平 : (008	齊	제) : 淒(처) : 쓸쓸할 처	6433	989	5345	1328
平聲 / 上平 : (008	齊	제) : 悽(처) : 슬퍼할 처	6435	990	5346	1329

배열형식 D (四聲基準)				배열 A	배열 B	배열 C	배열 D
平仄 / 四聲 : (韻目No: 韻目) 韻族(독음): 字義				운족 가나순	운목 번호순	운목 가나순	사성순
平聲 / 上平 : (008	齊	제) : 淒(처)	: 쓸쓸할 처	6438	991	5347	1330
平聲 / 上平 : (008	齊	제) : 萋(처)	: 풀무성할 처	6440	992	5348	1331
平聲 / 上平 : (004	支	지) : 栘(체)	: 나무이름 체	6569	502	5941	1332
平聲 / 上平 : (008	齊	제) : 虒(체)	: 논병아리 체	6574	993	5349	1333
平聲 / 上平 : (006	魚	어) : 初(초)	: 처음 초	6575	686	3480	1334
平聲 / 上平 : (013	元	원) : 村(촌)	: 마을 촌	6638	1473	4875	1335
平聲 / 上平 : (013	元	원) : 邨(촌)	: 마을/시골 촌	6639	1474	4876	1336
平聲 / 上平 : (013	元	원) : 吋(촌)	: 인치 촌	6640	1475	4877	1337
平聲 / 上平 : (001	東	동) : 叢(총)	: 모일 총	6643	82	1140	1338
平聲 / 上平 : (001	東	동) : 悤(총)	: 바쁠/덤빌 총	6646	83	1141	1339
平聲 / 上平 : (001	東	동) : 聰(총)	: 귀밝을 총	6650	84	1142	1340
平聲 / 上平 : (001	東	동) : 蔥(총)	: 파/부들 총	6651	85	1143	1341
平聲 / 上平 : (001	東	동) : 葱(총)	: 파 총	6653	86	1144	1342
平聲 / 上平 : (002	冬	동) : 蓯(총)	: 풀더북할 총	6654	190	1249	1343
平聲 / 上平 : (001	東	동) : 驄(총)	: 총이말 총	6656	87	1145	1344
平聲 / 上平 : (001	東	동) : 冢(총)	: 무덤/사직단 총	6657	88	1146	1345
平聲 / 上平 : (001	東	동) : 匆(총)	: 바쁠 총	6658	89	1147	1346
平聲 / 上平 : (001	東	동) : 緫(총)	: 검푸른비단 총	6659	90	1148	1347
平聲 / 上平 : (004	支	지) : 衰*(최)	: 같을/상복 최	3748	359	5798	1348
平聲 / 上平 : (010	灰	회) : 催(최)	: 재촉할 최	6662	1133	7717	1349
平聲 / 上平 : (010	灰	회) : 崔(최)	: 높을 최	6663	1134	7718	1350
平聲 / 上平 : (010	灰	회) : 摧(최)	: 꺾을 최	6666	1135	7719	1351
平聲 / 上平 : (004	支	지) : 榱(최)	: 서까래 최	6667	503	5942	1352
平聲 / 上平 : (004	支	지) : 推(추)	: 옮길/궁구할 추	6672	504	5943	1353
平聲 / 上平 : (004	支	지) : 椎(추)	: 몽치 추	6674	505	5944	1354
平聲 / 上平 : (007	虞	우) : 樞(추)	: 밑둥/지도리 추	6676	883	4292	1355
平聲 / 上平 : (007	虞	우) : 芻(추)	: 꼴 추	6682	884	4293	1356
平聲 / 上平 : (007	虞	우) : 趨(추)	: 달아날 추	6685	885	4294	1357
平聲 / 上平 : (004	支	지) : 追(추)	: 좇을/따를 추	6686	506	5945	1358
平聲 / 上平 : (004	支	지) : 錐(추)	: 송곳 추	6691	507	5946	1359
平聲 / 上平 : (004	支	지) : 鎚(추)	: 쇠망치/저울 추	6693	508	5947	1360
平聲 / 上平 : (007	虞	우) : 雛(추)	: 병아리 추	6695	886	4295	1361
平聲 / 上平 : (007	虞	우) : 娵(추)	: 별이름/미녀 추	6700	887	4296	1362
平聲 / 上平 : (004	支	지) : 隹(추)	: 새 추	6706	509	5948	1363
平聲 / 上平 : (004	支	지) : 騅(추)	: 말이름 추	6708	510	5949	1364
平聲 / 上平 : (004	支	지) : 魋(추)	: 북상투 추	6709	511	5950	1365

배열형식 D (四聲基準)			배열 A	배열 B	배열 C	배열 D
平仄 / 四聲 : (韻目No: 韻目) 韻族(독음): 字義			운족 가나순	운목 번호순	운목 가나순	사성순
平聲 / 上平 : (007	虞	우) : 麤(추) : 거칠 추	6712	888	4297	1366
平聲 / 上平 : (004	支	지) : 萑(추) : 익모초 추	6714	512	5951	1367
平聲 / 上平 : (007	虞	우) : 犓*(추) : 추할 추	5930	871	4298	1368
平聲 / 上平 : (007	虞	우) : 貙(추) : 맹수이름 추	6716	889	4299	1369
平聲 / 上平 : (011	眞	진) : 春(춘) : 봄 춘	6738	1304	6443	1370
平聲 / 上平 : (011	眞	진) : 椿(춘) : 참죽나무 춘	6739	1305	6444	1371
平聲 / 上平 : (002	冬	동) : 罿*(충) : 새그물 충	1628	129	1188	1372
平聲 / 上平 : (002	冬	동) : 傭*(충) : 고를/가지런할 충	4761	159	1217	1373
平聲 / 上平 : (001	東	동) : 充(충) : 채울 충	6748	91	1149	1374
平聲 / 上平 : (001	東	동) : 忠(충) : 충성 충	6749	92	1150	1375
平聲 / 上平 : (001	東	동) : 沖(충) : 화할 충	6750	93	1151	1376
平聲 / 上平 : (001	東	동) : 蟲(충) : 벌레 충	6751	94	1152	1377
平聲 / 上平 : (002	冬	동) : 衝(충) : 찌를 충	6752	191	1250	1378
平聲 / 上平 : (001	東	동) : 衷(충) : 속마음 충	6753	95	1153	1379
平聲 / 上平 : (001	東	동) : 忡(충) : 근심할 충	6754	96	1154	1380
平聲 / 上平 : (001	東	동) : 琉(충) : 귀고리 충	6755	97	1155	1381
平聲 / 上平 : (001	東	동) : 虫*(충) : 벌레 충	7835	113	1172	1382
平聲 / 上平 : (004	支	지) : 觜*(취) : 부리 취	5351	464	5903	1383
平聲 / 上平 : (004	支	지) : 吹(취) : 불 취	6766	513	5952	1384
平聲 / 上平 : (004	支	지) : 炊(취) : 불땔 취	6770	514	5953	1385
平聲 / 上平 : (004	支	지) : 杝*(치) : 쪼갤/떨어질 치	5215	435	5874	1386
平聲 / 上平 : (004	支	지) : 嵯*(치) : 산우뚝할 치	6287	500	5939	1387
平聲 / 上平 : (004	支	지) : 差*(치) : 어긋날 치	6289	501	5940	1388
平聲 / 上平 : (004	支	지) : 嗤(치) : 웃을 치	6801	515	5954	1389
平聲 / 上平 : (004	支	지) : 梔(치) : 치자나무 치	6805	516	5955	1390
平聲 / 上平 : (004	支	지) : 治(치) : 다스릴 치	6806	517	5956	1391
平聲 / 上平 : (004	支	지) : 淄(치) : 검은빛 치	6807	518	5957	1392
平聲 / 上平 : (004	支	지) : 痴(치) : 어리석을 치	6810	519	5958	1393
平聲 / 上平 : (004	支	지) : 癡(치) : 어리석을 치	6811	520	5959	1394
平聲 / 上平 : (004	支	지) : 緇(치) : 검은비단 치	6814	521	5960	1395
平聲 / 上平 : (004	支	지) : 蚩(치) : 벌레이름 치	6818	522	5961	1396
平聲 / 上平 : (004	支	지) : 輜(치) : 짐수레 치	6819	523	5962	1397
平聲 / 上平 : (004	支	지) : 馳(치) : 달릴 치	6821	524	5963	1398
平聲 / 上平 : (004	支	지) : 絺(치) : 칡베 치	6826	525	5964	1399
平聲 / 上平 : (004	支	지) : 菑(치) : 한해된밭 치	6827	526	5965	1400
平聲 / 上平 : (004	支	지) : 錙(치) : 저울눈 치	6833	527	5966	1401

배열형식 D (四聲基準)			배열 A	배열 B	배열 C	배열 D
平仄 / 四聲 : (韻目No: 韻目)		韻族(독음): 字義	운족 가나순	운목 번호순	운목 가나순	사성순
平聲 / 上平 : (004	支	지) : 鴟(치) : 소리개/올빼미 치	6834	528	5967	1402
平聲 / 上平 : (004	支	지) : 椔(치) : 죽은나무 치	6835	529	5968	1403
平聲 / 上平 : (004	支	지) : 觶(치) : 잔 치	6836	530	5969	1404
平聲 / 上平 : (004	支	지) : 鉹(치) : 시루 치	6837	531	5970	1405
平聲 / 上平 : (004	支	지) : 鶅(치) : 꿩 치	6838	532	5971	1406
平聲 / 上平 : (004	支	지) : 齝(치) : 새김질할 치	6840	533	5972	1407
平聲 / 上平 : (012	文	문) : 親(친) : 친할 친	6845	1363	1733	1408
平聲 / 上平 : (013	元	원) : 呑(탄) : 삼킬 탄	6920	1476	4878	1409
平聲 / 上平 : (014	寒	한) : 彈(탄) : 탄알 탄	6923	1593	7223	1410
平聲 / 上平 : (014	寒	한) : 歎(탄) : 탄식할 탄	6925	1594	7224	1411
平聲 / 上平 : (014	寒	한) : 灘(탄) : 여울 탄	6926	1595	7225	1412
平聲 / 上平 : (014	寒	한) : 攤(탄) : 열/펼 탄	6930	1596	7226	1413
平聲 / 上平 : (014	寒	한) : 殫(탄) : 다할/두루 탄	6932	1597	7227	1414
平聲 / 上平 : (014	寒	한) : 癱(탄) : 사지 틀릴 탄	6933	1598	7228	1415
平聲 / 上平 : (013	元	원) : 呑(탄) : 삼킬 탄	6935	1477	4879	1416
平聲 / 上平 : (010	灰	회) : 能*(태) : 별이름 태	1308	1066	7651	1417
平聲 / 上平 : (010	灰	회) : 台*(태) : 별(三台星)/늙을 태	5230	1124	7725	1418
平聲 / 上平 : (004	支	지) : 笞(태) : 매질할 태	6972	535	5975	1419
平聲 / 上平 : (010	灰	회) : 胎(태) : 아이밸 태	6973	1141	7726	1420
平聲 / 上平 : (010	灰	회) : 苔(태) : 이끼 태	6974	1142	7727	1421
平聲 / 上平 : (010	灰	회) : 跆(태) : 밟을 태	6975	1143	7728	1422
平聲 / 上平 : (010	灰	회) : 邰(태) : 나라이름 태	6976	1144	7729	1423
平聲 / 上平 : (010	灰	회) : 颱(태) : 태풍 태	6977	1145	7730	1424
平聲 / 上平 : (010	灰	회) : 駘(태) : 둔마 태	6979	1146	7731	1425
平聲 / 上平 : (010	灰	회) : 鮐(태) : 복 태	6980	1147	7732	1426
平聲 / 上平 : (006	魚	어) : 攄(터) : 펼 터	6988	687	3481	1427
平聲 / 上平 : (013	元	원) : 啍(톤) : 입김 톤	6997	1478	4880	1428
平聲 / 上平 : (001	東	동) : 侗*(통) : 우둔한 통	1616	23	1081	1429
平聲 / 上平 : (001	東	동) : 筒(통) : 대롱 통	7000	98	1156	1430
平聲 / 上平 : (001	東	동) : 通(통) : 통할 통	7002	99	1157	1431
平聲 / 上平 : (001	東	동) : 恫(통) : 상심할 통	7003	100	1158	1432
平聲 / 上平 : (001	東	동) : 筩(통) : 상심할 통	7004	101	1159	1433
平聲 / 上平 : (010	灰	회) : 敦*(퇴) : 쪼을/모을 퇴	1573	1069	7654	1434
平聲 / 上平 : (010	灰	회) : 焞*(퇴) : 성할 퇴	1579	1070	7655	1435
平聲 / 上平 : (010	灰	회) : 推*(퇴) : 밀 퇴	6673	1136	7720	1436
平聲 / 上平 : (010	灰	회) : 追*(퇴) : 옥다듬을 퇴	6687	1137	7721	1437

배열형식 D (四聲基準)				배열 A	배열 B	배열 C	배열 D
平仄 / 四聲 : (韻目No: 韻目) 韻族(독음): 字義				운족 가나순	운목 번호순	운목 가나순	사성순
平聲 / 上平 : (010	灰	회) : 鎚*(퇴)	: 옥다듬을 퇴	6694	1138	7722	1438
平聲 / 上平 : (010	灰	회) : 魋*(퇴)	: 곰[神獸赤熊] 퇴	6710	1139	7723	1439
平聲 / 上平 : (010	灰	회) : 堆(퇴)	: 흙무더기 퇴	7005	1148	7733	1440
平聲 / 上平 : (010	灰	회) : 頹(퇴)	: 질풍 퇴	7009	1149	7734	1441
平聲 / 上平 : (004	支	지) : 蓷(퇴)	: 익모초 퇴	7010	536	5976	1442
平聲 / 上平 : (010	灰	회) : 蘈(퇴)	: 참소리쟁이 퇴	7011	1150	7735	1443
平聲 / 上平 : (007	虞	우) : 渝(투)	: 달라질 투	7018	891	4302	1444
平聲 / 上平 : (010	灰	회) : 倍*(패)	: 어길/떨어질 패	2705	1095	7680	1445
平聲 / 上平 : (004	支	지) : 蠯*(패)	: 조개 패	3161	343	5782	1446
平聲 / 上平 : (009	佳	가) : 牌(패)	: 방붙일/호패 패	7068	1051	40	1447
平聲 / 上平 : (007	虞	우) : 匍(포)	: 기어갈 포	7130	892	4303	1448
平聲 / 上平 : (007	虞	우) : 葡(포)	: 포도 포	7149	893	4304	1449
平聲 / 上平 : (007	虞	우) : 蒲(포)	: 부들 포	7150	894	4305	1450
平聲 / 上平 : (007	虞	우) : 逋(포)	: 달아날 포	7153	895	4306	1451
平聲 / 上平 : (007	虞	우) : 鋪(포)	: 가게 포	7154	896	4307	1452
平聲 / 上平 : (007	虞	우) : 晡(포)	: 신시(申時) 포	7158	897	4308	1453
平聲 / 上平 : (007	虞	우) : 舖(포)	: 펼 포	7160	898	4309	1454
平聲 / 上平 : (007	虞	우) : 餔(포)	: 먹을/먹일 포	7161	899	4310	1455
平聲 / 上平 : (007	虞	우) : 酺(포)	: 잔치술 포	7166	900	4312	1456
平聲 / 上平 : (001	東	동) : 楓(풍)	: 단풍 풍	7208	102	1160	1457
平聲 / 上平 : (001	東	동) : 豊(풍)	: 풍년 풍	7210	103	1161	1458
平聲 / 上平 : (001	東	동) : 風(풍)	: 바람 풍	7211	104	1162	1459
平聲 / 上平 : (001	東	동) : 馮*(풍)	: 물귀신이름 풍	3195	61	1163	1460
平聲 / 上平 : (001	東	동) : 瘋(풍)	: 두풍 풍	7212	105	1164	1461
平聲 / 上平 : (001	東	동) : 灃(풍)	: 강이름 풍	7214	106	1165	1462
平聲 / 上平 : (001	東	동) : 豐(풍)	: 풍년 풍	7215	107	1166	1463
平聲 / 上平 : (004	支	지) : 罷(피)	: 느른할/고달플 피	7216	537	5977	1464
平聲 / 上平 : (004	支	지) : 披(피)	: 헤칠 피	7220	538	5978	1465
平聲 / 上平 : (004	支	지) : 疲(피)	: 피곤할 피	7221	539	5979	1466
平聲 / 上平 : (004	支	지) : 皮(피)	: 가죽 피	7222	540	5980	1467
平聲 / 上平 : (004	支	지) : 陂(피)	: 비탈 피	7225	541	5981	1468
平聲 / 上平 : (004	支	지) : 蘢(피)	: 풀이름 피	7228	542	5982	1469
平聲 / 上平 : (015	刪	산) : 瞯*(한)	: 곁눈질할 한	97	1615	1939	1470
平聲 / 上平 : (014	寒	한) : 邯(한)	: 조나라서울 한	7274	1599	7140	1471
平聲 / 上平 : (014	寒	한) : 寒(한)	: 찰 한	7276	1600	7229	1472
平聲 / 上平 : (014	寒	한) : 汗(한)	: 땀 한	7280	1601	7230	1473

배열형식 D (四聲基準)			배열 A	배열 B	배열 C	배열 D
平仄 / 四聲 : (韻目No: 韻目) 韻族(독음): 字義			운족 가나순	운목 번호순	운목 가나순	사성순
平聲 / 上平 : (014	寒	한) : 翰(한) : 편지 한	7285	1602	7231	1474
平聲 / 上平 : (015	刪	산) : 閑(한) : 한가할 한	7286	1642	1966	1475
平聲 / 上平 : (015	刪	산) : 閒(한) : 한가할 한	7287	1643	1967	1476
平聲 / 上平 : (014	寒	한) : 韓(한) : 한국/나라 한	7289	1603	7232	1477
平聲 / 上平 : (003	江	강) : 降(항) : 항복할 항	7328	222	435	1478
平聲 / 上平 : (004	支	지) : 缸(항) : 항아리 항	7342	543	5983	1479
平聲 / 上平 : (003	江	강) : 肛(항) : 항문 항	7343	223	460	1480
平聲 / 上平 : (003	江	강) : 虹*(항) : 어지러울 항	7621	224	461	1481
平聲 / 上平 : (009	佳	가) : 偕(해) : 함께할/굳셀 해	7351	1053	41	1482
平聲 / 上平 : (010	灰	회) : 咳(해) : 방긋웃을/기침 해	7353	1151	7736	1483
平聲 / 上平 : (010	灰	회) : 垓(해) : 지경 해	7354	1152	7737	1484
平聲 / 上平 : (008	齊	제) : 奚(해) : 어찌 해	7355	994	5350	1485
平聲 / 上平 : (010	灰	회) : 孩(해) : 어린아이 해	7356	1153	7738	1486
平聲 / 上平 : (009	佳	가) : 楷(해) : 본/해서 해	7360	1054	42	1487
平聲 / 上平 : (010	灰	회) : 該(해) : 해당할 해	7366	1154	7739	1488
平聲 / 上平 : (009	佳	가) : 諧(해) : 고를/어울릴 해	7367	1055	43	1489
平聲 / 上平 : (009	佳	가) : 骸(해) : 뼈 해	7370	1056	44	1490
平聲 / 上平 : (010	灰	회) : 侅(해) : 이상할 해	7375	1155	7740	1491
平聲 / 上平 : (010	灰	회) : 峐(해) : 민둥산 해	7376	1156	7741	1492
平聲 / 上平 : (009	佳	가) : 荄(해) : 뿌리 해	7377	1057	45	1493
平聲 / 上平 : (010	灰	회) : 賅(해) : 갖추어진 해	7378	1157	7742	1494
平聲 / 上平 : (006	魚	어) : 噓*(허) : 아아(탄식) 허	7405	688	3483	1495
平聲 / 上平 : (007	虞	우) : 墟(허) : 터 허	7406	901	4313	1496
平聲 / 上平 : (006	魚	어) : 虛(허) : 빌 허	7407	689	3484	1497
平聲 / 上平 : (007	虞	우) : 栩(허) : 상수리나무 허	7410	902	4314	1498
平聲 / 上平 : (013	元	원) : 軒(헌) : 집 헌	7414	1479	4881	1499
平聲 / 上平 : (011	眞	진) : 洵*(현) : 멀 현	3884	1228	6367	1500
平聲 / 上平 : (008	齊	제) : 兮(혜) : 어조사 혜	7513	995	5351	1501
平聲 / 上平 : (008	齊	제) : 蹊(혜) : 지름길 혜	7519	996	5352	1502
平聲 / 上平 : (008	齊	제) : 醯(혜) : 식혜 혜	7520	997	5353	1503
平聲 / 上平 : (009	佳	가) : 鞋(혜) : 신 혜	7521	1058	46	1504
平聲 / 上平 : (008	齊	제) : 傒(혜) : 묶을 혜	7522	998	5354	1505
平聲 / 上平 : (008	齊	제) : 徯(혜) : 샛길 혜	7525	999	5355	1506
平聲 / 上平 : (008	齊	제) : 嵇(혜) : 산이름 혜	7527	1000	5356	1507
平聲 / 上平 : (008	齊	제) : 榽(혜) : 나무이름 혜	7529	1001	5357	1508
平聲 / 上平 : (008	齊	제) : 橀(혜) : 나무이름 혜	7531	1002	5358	1509

배열형식 D (四聲基準)			배열 A	배열 B	배열 C	배열 D
平仄 / 四聲 : (韻目No: 韻目) 韻族(독음): 字義			운족 가나순	운목 번호순	운목 가나순	사성순
平聲 / 上平 : (008	齊	제) : 螇(혜) : 씽씽매미 혜	7532	1003	5359	1510
平聲 / 上平 : (008	齊	제) : 騱(혜) : 야생마이름 혜	7533	1004	5360	1511
平聲 / 上平 : (008	齊	제) : 鼷(혜) : 새앙쥐 혜	7534	1005	5361	1512
平聲 / 上平 : (007	虞	우) : 乎(호) : 어조사 호	7536	903	4315	1513
平聲 / 上平 : (007	虞	우) : 呼(호) : 부를 호	7538	904	4316	1514
平聲 / 上平 : (007	虞	우) : 壺(호) : 항아리 호	7540	905	4317	1515
平聲 / 上平 : (008	齊	제) : 弧(호) : 활 호	7543	1006	5362	1516
平聲 / 上平 : (007	虞	우) : 湖(호) : 호수 호	7550	906	4318	1517
平聲 / 上平 : (007	虞	우) : 狐(호) : 여우 호	7557	907	4319	1518
平聲 / 上平 : (007	虞	우) : 瑚(호) : 산호 호	7559	908	4320	1519
平聲 / 上平 : (007	虞	우) : 瓠(호) : 표주박 호	7560	909	4321	1520
平聲 / 上平 : (007	虞	우) : 糊(호) : 풀 호	7563	910	4322	1521
平聲 / 上平 : (007	虞	우) : 胡(호) : 되 호	7565	911	4323	1522
平聲 / 上平 : (007	虞	우) : 葫(호) : 마늘 호	7567	912	4324	1523
平聲 / 上平 : (007	虞	우) : 蝴(호) : 들나비 호	7571	913	4325	1524
平聲 / 上平 : (004	支	지) : 箎(호) : 긴대 호	7580	544	5984	1525
平聲 / 上平 : (007	虞	우) : 餬(호) : 기식할 호	7581	914	4326	1526
平聲 / 上平 : (007	虞	우) : 鬍(호) : 수염 호	7582	915	4327	1527
平聲 / 上平 : (007	虞	우) : 謼(호) : 부를 호	7586	916	4328	1528
平聲 / 上平 : (007	虞	우) : 鶘(호) : 사다새 호	7591	917	4329	1529
平聲 / 上平 : (007	虞	우) : 戲*(호) : 서러울 호	7935	918	4330	1530
平聲 / 上平 : (013	元	원) : 涽*(혼) : 산란할/민망할 혼	2571	1409	4811	1531
平聲 / 上平 : (013	元	원) : 婚(혼) : 혼인할 혼	7598	1480	4882	1532
平聲 / 上平 : (013	元	원) : 昏(혼) : 어두울 혼	7599	1481	4883	1533
平聲 / 上平 : (013	元	원) : 渾(혼) : 흐릴 혼	7602	1483	4885	1534
平聲 / 上平 : (013	元	원) : 琿(혼) : 아름다운옥 혼	7603	1484	4886	1535
平聲 / 上平 : (013	元	원) : 魂(혼) : 넋 혼	7604	1485	4887	1536
平聲 / 上平 : (013	元	원) : 惛(혼) : 어리석을 혼	7605	1486	4888	1537
平聲 / 上平 : (013	元	원) : 閽(혼) : 문지기 혼	7606	1487	4889	1538
平聲 / 上平 : (013	元	원) : 緷(혼) : 깃다발 혼	7607	1488	4890	1539
平聲 / 上平 : (013	元	원) : 楎*(혼) : 쟁기술 혼	7854	1498	4900	1540
平聲 / 上平 : (001	東	동) : 洪(홍) : 넓을/큰물 홍	7617	108	1167	1541
平聲 / 上平 : (002	冬	동) : 烘(홍) : 횃불 홍	7618	192	1251	1542
平聲 / 上平 : (001	東	동) : 紅(홍) : 붉을 홍	7619	109	1168	1543
平聲 / 上平 : (001	東	동) : 虹(홍) : 무지개 홍	7620	110	1169	1544
平聲 / 上平 : (001	東	동) : 訌(홍) : 어지러울 홍	7624	111	1170	1545

배열형식 D (四聲基準)			배열 A	배열 B	배열 C	배열 D
平仄 / 四聲 : (韻目No: 韻目) 韻族(독음): 字義			운족 가나순	운목 번호순	운목 가나순	사성순
平聲 / 上平 : (001	東	동) : 鴻(홍) : 기러기 홍	7625	112	1171	1546
平聲 / 上平 : (009	佳	가) : 華(화) : 빛날 화	7637	1059	47	1547
平聲 / 上平 : (014	寒	한) : 亘*(환) : 굳셀 환	3491	1576	7148	1548
平聲 / 上平 : (015	删	산) : 矜*(환) : 홀아비 환	1056	1619	1943	1549
平聲 / 上平 : (015	删	산) : 湲*(환) : 물졸졸흐를 환	4890	1639	1963	1550
平聲 / 上平 : (014	寒	한) : 萑*(환) : 달(亂也) 환	6715	1592	7222	1551
平聲 / 上平 : (014	寒	한) : 丸(환) : 둥글 환	7661	1604	7233	1552
平聲 / 上平 : (014	寒	한) : 歡(환) : 기쁠 환	7668	1605	7234	1553
平聲 / 上平 : (014	寒	한) : 桓(환) : 굳셀 환	7670	1606	7235	1554
平聲 / 上平 : (015	删	산) : 環(환) : 고리 환	7673	1644	1968	1555
平聲 / 上平 : (015	删	산) : 紈(환) : 흰비단 환	7674	1645	1969	1556
平聲 / 上平 : (015	删	산) : 還(환) : 돌아올 환	7675	1646	1970	1557
平聲 / 上平 : (014	寒	한) : 驩(환) : 기뻐할 환	7677	1607	7236	1558
平聲 / 上平 : (015	删	산) : 鰥(환) : 홀아비 환	7678	1647	1971	1559
平聲 / 上平 : (015	删	산) : 寰(환) : 기내(畿內) 환	7679	1648	1972	1560
平聲 / 上平 : (015	删	산) : 鍰(환) : 무게 단위 환	7682	1649	1973	1561
平聲 / 上平 : (015	删	산) : 鬟(환) : 땋은머리/쪽질 환	7684	1650	1974	1562
平聲 / 上平 : (014	寒	한) : 芄(환) : 왕골 환	7685	1608	7237	1563
平聲 / 上平 : (014	寒	한) : 讙(환) : 시끄러운 환	7686	1609	7238	1564
平聲 / 上平 : (013	元	원) : 貆(환) : 담비새끼 환	7688	1489	4899	1565
平聲 / 上平 : (010	灰	회) : 悝*(회) : 지껄일/클 회	2158	1084	7669	1566
平聲 / 上平 : (010	灰	회) : 徊(회) : 노닐 회	7730	1158	7743	1567
平聲 / 上平 : (010	灰	회) : 恢(회) : 넓을 회	7731	1159	7744	1568
平聲 / 上平 : (008	齊	제) : 懷(회) : 품을 회	7733	1007	5363	1569
平聲 / 上平 : (009	佳	가) : 淮(회) : 강이름 회	7738	1060	48	1570
平聲 / 上平 : (010	灰	회) : 灰(회) : 재 회	7742	1160	7745	1571
平聲 / 上平 : (010	灰	회) : 茴(회) : 약이름 회	7747	1161	7746	1572
平聲 / 上平 : (010	灰	회) : 蛔(회) : 회충 회	7748	1162	7747	1573
平聲 / 上平 : (010	灰	회) : 佪(회) : 어정거릴 회	7751	1163	7748	1574
平聲 / 上平 : (010	灰	회) : 洄(회) : 거슬러 올라갈 회	7752	1164	7749	1575
平聲 / 上平 : (010	灰	회) : 詼(회) : 조롱할 회	7753	1165	7750	1576
平聲 / 上平 : (010	灰	회) : 迴(회) : 돌 회	7754	1166	7751	1577
平聲 / 上平 : (009	佳	가) : 槐(회) : 홰나무 회	7756	1061	49	1578
平聲 / 上平 : (010	灰	회) : 虺*(회) : 비루먹을 회	7837	1167	7752	1579
平聲 / 上平 : (007	虞	우) : 嘔*(후) : 기꺼이말할 후	830	708	4120	1580
平聲 / 上平 : (007	虞	우) : 芋*(후) : 토란/클 후	4816	832	4244	1581

배열형식 D (四聲基準)			배열 A	배열 B	배열 C	배열 D
平仄 / 四聲 : (韻目No: 韻目)　韻族(독음): 字義			운족 가나순	운목 번호순	운목 가나순	사성순
平聲 / 上平 : (012	文	문) : 勳(훈)　: 공 훈	7810	1364	1734	1582
平聲 / 上平 : (013	元	원) : 塤(훈)　: 질나팔 훈	7811	1490	4891	1583
平聲 / 上平 : (013	元	원) : 壎(훈)　: 질나팔 훈	7812	1491	4892	1584
平聲 / 上平 : (012	文	문) : 焄(훈)　: 연기에그을릴 훈	7813	1365	1735	1585
平聲 / 上平 : (012	文	문) : 熏(훈)　: 불길 훈	7814	1366	1736	1586
平聲 / 上平 : (012	文	문) : 燻(훈)　: 연기낄[＝熏] 훈	7815	1367	1737	1587
平聲 / 上平 : (012	文	문) : 薰(훈)　: 향풀 훈	7816	1368	1738	1588
平聲 / 上平 : (012	文	문) : 纁(훈)　: 분홍빛 훈	7818	1369	1739	1589
平聲 / 上平 : (012	文	문) : 葷(훈)　: 매운 채소 훈	7819	1370	1740	1590
平聲 / 上平 : (012	文	문) : 醺(훈)　: 취할 훈	7820	1371	1741	1591
平聲 / 上平 : (012	文	문) : 煇*(훈)　: 지질(灼也) 훈	7845	1372	1742	1592
平聲 / 上平 : (013	元	원) : 暖*(훤)　: 부드러울 훤	1198	1388	4789	1593
平聲 / 上平 : (013	元	원) : 喧(훤)　: 떠들썩할 훤	7823	1492	4893	1594
平聲 / 上平 : (013	元	원) : 暄(훤)　: 따뜻할 훤	7824	1493	4894	1595
平聲 / 上平 : (013	元	원) : 煊(훤)　: 빛날 훤	7825	1494	4895	1596
平聲 / 上平 : (013	元	원) : 萱(훤)　: 원추리 훤	7826	1495	4896	1597
平聲 / 上平 : (013	元	원) : 烜(훤)　: 따뜻할 훤	7827	1496	4897	1598
平聲 / 上平 : (013	元	원) : 諼(훤)　: 속일 훤	7828	1497	4898	1599
平聲 / 上平 : (014	寒	한) : 狟*(훤)　: 담비새끼 훤	7689	1610	7239	1600
平聲 / 上平 : (005	微	미) : 褘*(휘)　: 주머니 휘	4946	598	1851	1601
平聲 / 上平 : (005	微	미) : 徽(휘)　: 아름다울 휘	7841	607	1861	1602
平聲 / 上平 : (005	微	미) : 揮(휘)　: 휘두를 휘	7842	608	1862	1603
平聲 / 上平 : (005	微	미) : 暉(휘)　: 빛 휘	7843	609	1863	1604
平聲 / 上平 : (005	微	미) : 煇(휘)　: 빛날 휘	7844	610	1864	1605
平聲 / 上平 : (005	微	미) : 輝(휘)　: 빛날 휘	7848	611	1865	1606
平聲 / 上平 : (004	支	지) : 麾(휘)　: 대장기 휘	7849	545	5985	1607
平聲 / 上平 : (004	支	지) : 撝(휘)　: 찢을 휘	7850	546	5987	1608
平聲 / 上平 : (005	微	미) : 翬(휘)　: 훨훨날 휘	7852	612	1866	1609
平聲 / 上平 : (005	微	미) : 楎(휘)　: 옷걸이/문지방 휘	7853	613	1867	1610
平聲 / 上平 : (004	支	지) : 戲*(휘)　: 깃발 휘	7934	565	6005	1611
平聲 / 上平 : (004	支	지) : 墮*(휴)　: 너뜨릴/게으를 휴	6876	534	5973	1612
平聲 / 上平 : (008	齊	제) : 携(휴)　: 끌/가질 휴	7856	1008	5364	1613
平聲 / 上平 : (008	齊	제) : 畦(휴)　: 밭두둑 휴	7857	1009	5365	1614
平聲 / 上平 : (004	支	지) : 虧(휴)　: 이그러질 휴	7858	548	5988	1615
平聲 / 上平 : (004	支	지) : 隳(휴)　: 무너질 휴	7859	549	5989	1616
平聲 / 上平 : (009	齊	제) : 攜(휴)　: 이끌 휴	7861	1062	5366	1617

배열형식 D (四聲基準)			배열 A	배열 B	배열 C	배열 D
平仄 / 四聲 : (韻目No:	韻目)	韻族(독음): 字義	운족 가나순	운목 번호순	운목 가나순	사성순
平聲 / 上平 : (008	齊	제) : 鵂(휴) : 뿔송곳 휴	7862	1010	5367	1618
平聲 / 上平 : (008	齊	제) : 酅(휴) : 고을이름 휴	7864	1011	5368	1619
平聲 / 上平 : (008	齊	제) : 鑴(휴) : 검은해무리 휴	7865	1012	5369	1620
平聲 / 上平 : (002	冬	동) : 兇(흉) : 흉악할 흉	7873	193	1252	1621
平聲 / 上平 : (003	江	강) : 凶(흉) : 흉할 흉	7874	225	462	1622
平聲 / 上平 : (002	冬	동) : 胸(흉) : 가슴 흉	7877	194	1253	1623
平聲 / 上平 : (002	冬	동) : 訩(흉) : 어지러울/송사할 흉	7878	195	1254	1624
平聲 / 上平 : (012	文	문) : 昕(흔) : 해돋을/초하루 흔	7880	1373	1743	1625
平聲 / 上平 : (012	文	문) : 欣(흔) : 기뻐할 흔	7881	1374	1744	1626
平聲 / 上平 : (013	元	원) : 炘(흔) : 화끈거릴 흔	7882	1499	4901	1627
平聲 / 上平 : (013	元	원) : 痕(흔) : 흉/자취 흔	7883	1500	4902	1628
平聲 / 上平 : (012	文	문) : 忻(흔) : 기뻐할 흔	7885	1375	1745	1629
平聲 / 上平 : (014	寒	한) : 掀(흔) : 치켜들 흔	7886	1611	7240	1630
平聲 / 上平 : (013	元	원) : 鞎(흔) : 장식가죽 흔	7889	1501	4903	1631
平聲 / 上平 : (004	支	지) : 僖(희) : 기쁠(=嬉) 희	7911	551	5991	1632
平聲 / 上平 : (004	支	지) : 凞(희) : 화할 희	7912	552	5992	1633
平聲 / 上平 : (004	支	지) : 喜(희) : 기쁠 희	7913	553	5993	1634
平聲 / 上平 : (004	支	지) : 噫(희) : 느낄/한숨쉴 희	7914	554	5994	1635
平聲 / 上平 : (004	支	지) : 姬(희) : 아씨 희	7917	555	5995	1636
平聲 / 上平 : (004	支	지) : 嬉(희) : 아름다울 희	7918	556	5996	1637
平聲 / 上平 : (006	魚	어) : 希(희) : 바랄 희	7919	690	3485	1638
平聲 / 上平 : (005	微	미) : 晞(희) : 한숨쉴 희	7922	614	1868	1639
平聲 / 上平 : (004	支	지) : 曦(희) : 햇빛 희	7923	557	5997	1640
平聲 / 上平 : (004	支	지) : 熙(희) : 빛날 희	7924	558	5998	1641
平聲 / 上平 : (004	支	지) : 熹(희) : 빛날 희	7925	559	5999	1642
平聲 / 上平 : (004	支	지) : 犧(희) : 희생 희	7926	560	6001	1643
平聲 / 上平 : (004	支	지) : 禧(희) : 복 희	7928	562	6002	1644
平聲 / 上平 : (005	微	미) : 稀(희) : 드물 희	7929	615	1869	1645
平聲 / 上平 : (004	支	지) : 羲(희) : 복희 희	7930	563	6003	1646
平聲 / 上平 : (004	支	지) : 嘻(희) : 웃을 희	7931	564	6004	1647
平聲 / 上平 : (005	微	미) : 悕(희) : 슬퍼할 희	7932	616	1870	1648
平聲 / 上平 : (004	支	지) : 譆(희) : 감탄할 희	7937	566	6006	1649
平聲 / 上平 : (004	支	지) : 屎*(히) : 아파서끙끙거릴 히	3956	371	5811	1650
平聲 / 下平 : (020	歌	가) : 伽(가) : 절 가	1	2066	50	1651
平聲 / 下平 : (021	麻	마) : 加(가) : 더할 가	7	2162	1289	1652
平聲 / 下平 : (020	歌	가) : 呵(가) : 꾸짖을 가	10	2067	51	1653

배열형식 D (四聲基準)			배열 A	배열 B	배열 C	배열 D
平仄 / 四聲 : (韻目No: 韻目)		韻族(독음): 字義	운족 가나순	운목 번호순	운목 가나순	사성순
平聲 / 下平 : (020	歌	가) : 哥(가) : 노래 가/형 가	11	2068	52	1654
平聲 / 下平 : (021	麻	마) : 嘉(가) : 아름다울 가	12	2163	1290	1655
平聲 / 下平 : (021	麻	마) : 家(가) : 집 가	14	2164	1291	1656
平聲 / 下平 : (020	歌	가) : 枷(가) : 도리깨 가	17	2069	53	1657
平聲 / 下平 : (020	歌	가) : 柯(가) : 가지 가	18	2070	54	1658
平聲 / 下平 : (020	歌	가) : 歌(가) : 노래 가	19	2071	55	1659
平聲 / 下平 : (020	歌	가) : 珂(가) : 옥이름 가	20	2072	56	1660
平聲 / 下平 : (021	麻	마) : 痂(가) : 헌데딱지 가	21	2165	1292	1661
平聲 / 下平 : (020	歌	가) : 苛(가) : 독할 가	23	2073	57	1662
平聲 / 下平 : (020	歌	가) : 茄(가) : 연줄기 가	24	2074	58	1663
平聲 / 下平 : (021	麻	마) : 袈(가) : 가사 가	26	2166	1293	1664
平聲 / 下平 : (020	歌	가) : 訶(가) : 가사 가	27	2075	59	1665
平聲 / 下平 : (021	麻	마) : 跏(가) : 되사려앉을 가	28	2167	1294	1666
平聲 / 下平 : (020	歌	가) : 軻(가) : 수레 가	29	2076	60	1667
平聲 / 下平 : (021	麻	마) : 迦(가) : 부처이름 가	30	2168	1295	1668
平聲 / 下平 : (021	麻	마) : 傢(가) : 가구 가	32	2169	1296	1669
平聲 / 下平 : (021	麻	마) : 葭(가) : 갈대 가	38	2170	1297	1670
平聲 / 下平 : (020	歌	가) : 蚵(가) : 도마뱀 가	40	2077	61	1671
平聲 / 下平 : (021	麻	마) : 麚(가) : 숫사슴 가	41	2171	1298	1672
平聲 / 下平 : (028	覃	담) : 堪(감) : 견딜 감	123	3073	906	1673
平聲 / 下平 : (028	覃	담) : 戡(감) : 칠 감	127	3074	907	1674
平聲 / 下平 : (028	覃	담) : 柑(감) : 감귤나무 감	129	3075	908	1675
平聲 / 下平 : (028	覃	담) : 甘(감) : 달 감	133	3076	909	1676
平聲 / 下平 : (028	覃	담) : 疳(감) : 감질 감	134	3077	910	1677
平聲 / 下平 : (030	咸	함) : 監(감) : 볼 감	135	3200	7360	1678
平聲 / 下平 : (030	咸	함) : 鑑*(감) : 밝을 감	139	3201	7361	1679
平聲 / 下平 : (028	覃	담) : 龕(감) : 감실 감	140	3078	912	1680
平聲 / 下平 : (028	覃	담) : 坩(감) : 도가니 감	141	3079	913	1681
平聲 / 下平 : (028	覃	담) : 弇(감) : 뚜껑/사람이름 감	142	3080	914	1682
平聲 / 下平 : (028	覃	담) : 酣(감) : 즐길 감	145	3081	915	1683
平聲 / 下平 : (030	咸	함) : 玪(감) : 옥돌 감	146	3202	7362	1684
平聲 / 下平 : (030	咸	함) : 瑊(감) : 옥돌(감륵짐) 감	148	3203	7363	1685
平聲 / 下平 : (030	咸	함) : ⿱咸齒(감) : 씹을 감	150	3204	7395	1686
平聲 / 下平 : (022	陽	양) : 剛(강) : 굳셀 강	162	2264	3027	1687
平聲 / 下平 : (022	陽	양) : 堽(강) : 언덕 강	163	2265	3028	1688
平聲 / 下平 : (022	陽	양) : 姜(강) : 성 강	164	2266	3029	1689

배열형식 D (四聲基準)			배열 A	배열 B	배열 C	배열 D
平仄 / 四聲 : (韻目No: 韻目) 韻族(독음): 字義			운족 가나순	운목 번호순	운목 가나순	사성순
平聲 / 下平 : (022	陽	양) : 岡(강) : 산등성이 강	165	2267	3030	1690
平聲 / 下平 : (022	陽	양) : 崗(강) : 언덕 강	166	2268	3031	1691
平聲 / 下平 : (022	陽	양) : 康(강) : 편안할 강	167	2269	3032	1692
平聲 / 下平 : (022	陽	양) : 强(강) : 강할 강	168	2270	3033	1693
平聲 / 下平 : (022	陽	양) : 畺(강) : 지경 강	172	2271	3034	1694
平聲 / 下平 : (022	陽	양) : 疆(강) : 지경 강	173	2272	3035	1695
平聲 / 下平 : (022	陽	양) : 糠(강) : 겨 강	174	2273	3036	1696
平聲 / 下平 : (022	陽	양) : 綱(강) : 벼리 강	176	2274	3037	1697
平聲 / 下平 : (022	陽	양) : 羌(강) : 오랑캐 강	177	2275	3038	1698
平聲 / 下平 : (016	先	선) : 舡(강) : 오나라배 강	179	1651	2192	1699
平聲 / 下平 : (022	陽	양) : 薑(강) : 생강 강	180	2276	3039	1700
平聲 / 下平 : (022	陽	양) : 鋼(강) : 강철 강	183	2277	3040	1701
平聲 / 下平 : (022	陽	양) : 僵(강) : 쓰러질 강	184	2278	3041	1702
平聲 / 下平 : (022	陽	양) : 橿(강) : 깃대 강	187	2279	3042	1703
平聲 / 下平 : (022	陽	양) : 韁(강) : 고삐 강	188	2280	3043	1704
平聲 / 下平 : (022	陽	양) : 強(강) : 힘쓸 강	189	2281	3044	1705
平聲 / 下平 : (022	陽	양) : 掆(강) : 들/끌 강	190	2282	3045	1706
平聲 / 下平 : (022	陽	양) : 慶*(강) : 경사 강	406	2283	3046	1707
平聲 / 下平 : (023	庚	경) : 坑(갱) : 구덩이 갱	224	2505	508	1708
平聲 / 下平 : (023	庚	경) : 粳(갱) : 메벼 갱	225	2506	509	1709
平聲 / 下平 : (023	庚	경) : 羹(갱) : 국 갱	226	2507	510	1710
平聲 / 下平 : (023	庚	경) : 賡(갱) : 이을 갱	227	2508	511	1711
平聲 / 下平 : (023	庚	경) : 鏗(갱) : 금속부딛치는소리 갱	228	2509	512	1712
平聲 / 下平 : (023	庚	경) : 阬(갱) : 구덩이 갱	229	2510	513	1713
平聲 / 下平 : (016	先	선) : 乾(건) : 하늘 건	269	1652	2193	1714
平聲 / 下平 : (016	先	선) : 愆(건) : 허물 건	275	1653	2194	1715
平聲 / 下平 : (016	先	선) : 虔(건) : 삼갈 건	278	1654	2195	1716
平聲 / 下平 : (016	先	선) : 鍵(건) : 열쇠/자물쇠 건	280	1655	2196	1717
平聲 / 下平 : (016	先	선) : 騫(건) : 이지러질 건	281	1656	2197	1718
平聲 / 下平 : (016	先	선) : 褰(건) : 옷걷을 건	282	1657	2198	1719
平聲 / 下平 : (016	先	선) : 搴(건) : 뽑을 건	284	1658	2199	1720
平聲 / 下平 : (016	先	선) : 鞬(건) : 말이름 건	285	1659	2200	1721
平聲 / 下平 : (029	鹽	염) : 鹻(검) : 소금기 검	293	3132	3605	1722
平聲 / 下平 : (029	鹽	염) : 鈐(검) : 비녀장 검	300	3133	3606	1723
平聲 / 下平 : (029	鹽	염) : 黔(검) : 검을 검	301	3134	3607	1724
平聲 / 下平 : (016	先	선) : 堅(견) : 굳을 견	337	1660	2201	1725

배열형식 D (四聲基準)			배열 A	배열 B	배열 C	배열 D
平仄 / 四聲 : (韻目No: 韻目) 韻族(독음): 字義			운족 가나순	운목 번호순	운목 가나순	사성순
平聲 / 下平 : (016	先	선) : 肩(견) : 어깨 견	344	1661	2202	1726
平聲 / 下平 : (016	先	선) : 鵑(견) : 두견이 견	349	1662	2203	1727
平聲 / 下平 : (016	先	선) : 蠲(견) : 밝을/맑을 견	354	1663	2204	1728
平聲 / 下平 : (016	先	선) : 岍(견) : 산신(山神) 견	355	1664	2205	1729
平聲 / 下平 : (016	先	선) : 汧(견) : 홍수 견	356	1665	2206	1730
平聲 / 下平 : (029	鹽	염) : 柑*(겸) : 나무재갈 겸	130	3131	3604	1731
平聲 / 下平 : (029	鹽	염) : 兼(겸) : 겸할 겸	376	3135	3608	1732
平聲 / 下平 : (029	鹽	염) : 箝(겸) : 재갈먹일 겸	379	3136	3609	1733
平聲 / 下平 : (029	鹽	염) : 謙(겸) : 겸손할 겸	380	3137	3610	1734
平聲 / 下平 : (029	鹽	염) : 鉗(겸) : 칼 겸	381	3138	3611	1735
平聲 / 下平 : (029	鹽	염) : 鎌(겸) : 낫 겸	382	3139	3612	1736
平聲 / 下平 : (029	鹽	염) : 嗛(겸) : 겸손 겸	383	3140	3613	1737
平聲 / 下平 : (029	鹽	염) : 縑(겸) : 합사 비단 겸	388	3141	3614	1738
平聲 / 下平 : (029	鹽	염) : 蒹(겸) : 갈대 겸	389	3142	3615	1739
平聲 / 下平 : (029	鹽	염) : 鶼(겸) : 모이쫄 겸	391	3143	3616	1740
平聲 / 下平 : (029	鹽	염) : 鍼*(겸) : 사람이름 겸	6861	3197	3670	1741
平聲 / 下平 : (023	庚	경) : 京(경) : 서울 경	393	2511	514	1742
平聲 / 下平 : (023	庚	경) : 傾(경) : 기울 경	396	2512	515	1743
平聲 / 下平 : (023	庚	경) : 勍(경) : 셀 경	399	2513	516	1744
平聲 / 下平 : (023	庚	경) : 卿(경) : 벼슬 경	400	2514	517	1745
平聲 / 下平 : (024	靑	청) : 坰(경) : 들 경	401	2681	6743	1746
平聲 / 下平 : (023	庚	경) : 庚(경) : 일곱째천간 경	403	2515	518	1747
平聲 / 下平 : (023	庚	경) : 擎(경) : 들 경	408	2516	519	1748
平聲 / 下平 : (023	庚	경) : 更(경) : 고칠/지날 경	412	2517	520	1749
平聲 / 下平 : (024	靑	청) : 涇(경) : 통할 경	415	2682	6744	1750
平聲 / 下平 : (023	庚	경) : 瓊(경) : 구슬 경	419	2518	521	1751
平聲 / 下平 : (024	靑	청) : 絅(경) : 홑옷 경	425	2683	6745	1752
平聲 / 下平 : (023	庚	경) : 耕(경) : 밭갈 경	427	2519	522	1753
平聲 / 下平 : (023	庚	경) : 莖(경) : 줄기 경	430	2520	523	1754
平聲 / 下平 : (023	庚	경) : 輕(경) : 가벼울 경	432	2521	524	1755
平聲 / 下平 : (023	庚	경) : 驚(경) : 놀랄 경	438	2522	525	1756
平聲 / 下平 : (023	庚	경) : 鯨(경) : 고래 경	439	2523	526	1757
平聲 / 下平 : (023	庚	경) : 惸(경) : 근심할 경	440	2524	527	1758
平聲 / 下平 : (024	靑	청) : 扃(경) : 빗장 경	441	2684	6746	1759
平聲 / 下平 : (023	庚	경) : 檠(경) : 도지개 경	442	2525	528	1760
平聲 / 下平 : (023	庚	경) : 黥(경) : 묵형(墨刑)할 경	446	2526	529	1761

배열형식 D (四聲基準)			배열 A	배열 B	배열 C	배열 D
平仄 / 四聲 : (韻目No:	韻目)	韻族(독음): 字義	운족 가나순	운목 번호순	운목 가나순	사성순
平聲 / 下平 : (019	豪	호) : 尻(고) : 꽁무니 고	499	1995	7464	1762
平聲 / 下平 : (019	豪	호) : 皐(고) : 언덕 고	511	1996	7466	1763
平聲 / 下平 : (019	豪	호) : 睾(고) : 불알/못 고	513	1998	7467	1764
平聲 / 下平 : (019	豪	호) : 羔(고) : 새끼양 고	515	1999	7468	1765
平聲 / 下平 : (019	豪	호) : 高(고) : 높을/위/멀 고	532	2000	7469	1766
平聲 / 下平 : (019	豪	호) : 櫜(고) : 활집 고	539	2001	7470	1767
平聲 / 下平 : (019	豪	호) : 篙(고) : 상앗대 고	542	2002	7471	1768
平聲 / 下平 : (019	豪	호) : 糕(고) : 떡 고	543	2003	7472	1769
平聲 / 下平 : (019	豪	호) : 翺(고) : 날 고	556	2004	7473	1770
平聲 / 下平 : (018	肴	효) : 熇*(고) : 마를 고	7781	1991	7835	1771
平聲 / 下平 : (020	歌	가) : 戈(과) : 창 과	629	2078	62	1772
平聲 / 下平 : (021	麻	마) : 瓜(과) : 외 과	631	2173	1299	1773
平聲 / 下平 : (020	歌	가) : 科(과) : 과목 과	632	2079	63	1774
平聲 / 下平 : (021	麻	마) : 誇(과) : 자랑할 과	634	2174	1300	1775
平聲 / 下平 : (020	歌	가) : 過(과) : 지날 과	637	2080	64	1776
平聲 / 下平 : (020	歌	가) : 鍋(과) : 노구솥 과	638	2081	65	1777
平聲 / 下平 : (021	麻	마) : 侉(과) : 자랑할 과	640	2175	1301	1778
平聲 / 下平 : (021	麻	마) : 夸(과) : 자랑할 과	643	2176	1302	1779
平聲 / 下平 : (020	歌	가) : 窠(과) : 보금자리 과	644	2082	66	1780
平聲 / 下平 : (020	歌	가) : 蝌(과) : 올챙이 과	645	2083	67	1781
平聲 / 下平 : (020	歌	가) : 濄(과) : 물돌아칠 과	648	2084	68	1782
平聲 / 下平 : (021	麻	마) : 媧(과) : 여자이름 과	652	2177	1357	1783
平聲 / 下平 : (016	先	선) : 顴(관) : 광대뼈 관	690	1667	2208	1784
平聲 / 下平 : (026	尤	우) : 鸛(관) : 황새 관	691	2820	4331	1785
平聲 / 下平 : (022	陽	양) : 侊(광) : 성한모양 광	707	2284	3047	1786
平聲 / 下平 : (022	陽	양) : 光(광) : 빛 광	708	2285	3048	1787
平聲 / 下平 : (022	陽	양) : 匡(광) : 바를 광	709	2286	3049	1788
平聲 / 下平 : (022	陽	양) : 洸(광) : 물용솟음할 광	713	2287	3050	1789
平聲 / 下平 : (022	陽	양) : 狂(광) : 미칠 광	714	2288	3051	1790
平聲 / 下平 : (022	陽	양) : 珖(광) : 옥피리 광	715	2289	3052	1791
平聲 / 下平 : (022	陽	양) : 筐(광) : 광주리 광	716	2290	3053	1792
平聲 / 下平 : (022	陽	양) : 胱(광) : 오줌통 광	717	2291	3054	1793
平聲 / 下平 : (022	陽	양) : 桄(광) : 광나무 광	719	2292	3055	1794
平聲 / 下平 : (022	陽	양) : 眶(광) : 눈자위 광	725	2294	3057	1795
平聲 / 下平 : (023	庚	경) : 宏(굉) : 클 굉	750	2527	530	1796
平聲 / 下平 : (023	庚	경) : 紘(굉) : 갓끈 굉	751	2528	531	1797

배열형식 D (四聲基準)			배열 A	배열 B	배열 C	배열 D
平仄 / 四聲 : (韻目No: 韻目)		韻族(독음): 字義	운족 가나순	운목 번호순	운목 가나순	사성순
平聲 / 下平 : (025	蒸	증) : 肱(굉) : 팔뚝 굉	752	2759	5605	1798
平聲 / 下平 : (023	庚	경) : 轟(굉) : 울릴 굉	753	2529	532	1799
平聲 / 下平 : (023	庚	경) : 觥(굉) : 뿔잔 굉	754	2530	533	1800
平聲 / 下平 : (023	庚	경) : 訇(굉) : 큰소리 굉	755	2531	534	1801
平聲 / 下平 : (023	庚	경) : 閎(굉) : 마을문 굉	756	2532	535	1802
平聲 / 下平 : (023	庚	경) : 鍠(굉) : 종소리/북소리 굉	757	2533	536	1803
平聲 / 下平 : (018	肴	효) : 交(교) : 사귈 교	758	1947	7791	1804
平聲 / 下平 : (017	蕭	소) : 僑(교) : 더부살이 교	759	1826	2587	1805
平聲 / 下平 : (018	肴	효) : 咬(교) : 음란한소리 교	760	1948	7792	1806
平聲 / 下平 : (017	蕭	소) : 喬(교) : 높을 교	761	1827	2588	1807
平聲 / 下平 : (017	蕭	소) : 嬌(교) : 아리따울 교	762	1828	2589	1808
平聲 / 下平 : (026	尤	우) : 敎(교) : 가르칠 교	766	2821	4332	1809
平聲 / 下平 : (017	蕭	소) : 橋(교) : 다리 교	769	1829	2590	1810
平聲 / 下平 : (017	蕭	소) : 翹(교) : 꼬리깃털 교	774	1830	2591	1811
平聲 / 下平 : (017	蕭	소) : 蕎(교) : 메밀 교	776	1831	2592	1812
平聲 / 下平 : (018	肴	효) : 蛟(교) : 교룡 교	777	1949	7793	1813
平聲 / 下平 : (018	肴	효) : 郊(교) : 들 교	781	1950	7794	1814
平聲 / 下平 : (017	蕭	소) : 驕(교) : 교만할 교	783	1832	2593	1815
平聲 / 下平 : (018	肴	효) : 鮫(교) : 상어 교	785	1951	7795	1816
平聲 / 下平 : (017	蕭	소) : 蹻(교) : 바랄 교	792	1834	2595	1817
平聲 / 下平 : (018	肴	효) : 骹(교) : 정강이 교	795	1952	7796	1818
平聲 / 下平 : (018	肴	효) : 鵁(교) : 해오라기 교	796	1953	7797	1819
平聲 / 下平 : (018	肴	효) : 教(교) : 본받을/하여금 교	799	1954	7798	1820
平聲 / 下平 : (017	蕭	소) : 莜(교) : 아욱 교	804	1835	2596	1821
平聲 / 下平 : (026	尤	우) : 蟜(교) : 독충 교	805	2822	4333	1822
平聲 / 下平 : (017	蕭	소) : 蹺(교) : 발돋음할 교	806	1836	2597	1823
平聲 / 下平 : (017	蕭	소) : 鷮(교) : 꿩 교	807	1837	2598	1824
平聲 / 下平 : (017	蕭	소) : 釗*(교) : 사람이름 교	3691	1869	2628	1825
平聲 / 下平 : (017	蕭	소) : 招*(교) : 들/높이들 교	6582	1906	2666	1826
平聲 / 下平 : (018	肴	효) : 鄗*(교) : 강이름 교	7589	1985	7829	1827
平聲 / 下平 : (026	尤	우) : 丘(구) : 언덕 구	814	2823	4334	1828
平聲 / 下平 : (026	尤	우) : 九(구) : 아홉 구	816	2824	4335	1829
平聲 / 下平 : (026	尤	우) : 仇(구) : 짝/원수 구	818	2825	4336	1830
平聲 / 下平 : (026	尤	우) : 嘔(구) : 토할/노래할 구	829	2828	4339	1831
平聲 / 下平 : (026	尤	우) : 坵(구) : 언덕 구	831	2829	4340	1832
平聲 / 下平 : (026	尤	우) : 歐(구) : 구라파/칠 구	841	2830	4341	1833

배열형식 D (四聲基準)			배열 A	배열 B	배열 C	배열 D
平仄 / 四聲 : (韻目No: 韻目) 韻族(독음): 字義			운족 가나순	운목 번호순	운목 가나순	사성순
平聲 / 下平 : (026	尤	우) : 毬(구) : 공/둥근물체 구	843	2831	4342	1834
平聲 / 下平 : (026	尤	우) : 求(구) : 구원할 구	844	2832	4343	1835
平聲 / 下平 : (026	尤	우) : 溝(구) : 도랑 구	845	2833	4344	1836
平聲 / 下平 : (026	尤	우) : 球(구) : 공/옥경 구	849	2834	4345	1837
平聲 / 下平 : (026	尤	우) : 絿(구) : 급박할 구	853	2835	4346	1838
平聲 / 下平 : (026	尤	우) : 謳(구) : 노래할 구	860	2836	4347	1839
平聲 / 下平 : (026	尤	우) : 逑(구) : 짝 구	863	2837	4348	1840
平聲 / 下平 : (026	尤	우) : 邱(구) : 언덕 구	864	2838	4349	1841
平聲 / 下平 : (026	尤	우) : 鉤(구) : 띠쇠/갈고리 구	865	2839	4350	1842
平聲 / 下平 : (026	尤	우) : 銶(구) : 끌 구	866	2840	4351	1843
平聲 / 下平 : (026	尤	우) : 鳩(구) : 비둘기 구	869	2841	4352	1844
平聲 / 下平 : (026	尤	우) : 鷗(구) : 갈매기 구	870	2842	4353	1845
平聲 / 下平 : (026	尤	우) : 龜*(구) : 나라이름 구	981	2854	4354	1846
平聲 / 下平 : (026	尤	우) : 俅(구) : 공손할 구	871	2843	4355	1847
平聲 / 下平 : (026	尤	우) : 摳(구) : 추어올릴 구	879	2844	4356	1848
平聲 / 下平 : (026	尤	우) : 漚(구) : 담글 구	880	2845	4357	1849
平聲 / 下平 : (026	尤	우) : 璆(구) : 아름다운옥 구	881	2846	4358	1850
平聲 / 下平 : (026	尤	우) : 甌(구) : 사발 구	882	2847	4359	1851
平聲 / 下平 : (026	尤	우) : 窶(구) : 가난할 구	884	2848	4360	1852
平聲 / 下平 : (026	尤	우) : 篝(구) : 대그릇 구	885	2849	4361	1853
平聲 / 下平 : (026	尤	우) : 蚯(구) : 지렁이 구	888	2850	4362	1854
平聲 / 下平 : (026	尤	우) : 裘(구) : 갖옷 구	889	2851	4363	1855
平聲 / 下平 : (026	尤	우) : 彄(구) : 활꽂이 구	900	2852	4364	1856
平聲 / 下平 : (026	尤	우) : 緱(구) : 칼자루감는노끈 구	904	2853	4365	1857
平聲 / 下平 : (026	尤	우) : 馗*(구) : 버섯 구	1009	2856	4367	1858
平聲 / 下平 : (016	先	선) : 卷(권) : 책 권	944	1668	2209	1859
平聲 / 下平 : (016	先	선) : 拳(권) : 주먹 권	946	1669	2210	1860
平聲 / 下平 : (016	先	선) : 捲(권) : 말 권	947	1670	2211	1861
平聲 / 下平 : (016	先	선) : 權(권) : 권세 권	948	1671	2212	1862
平聲 / 下平 : (016	先	선) : 蠸(권) : 노린재 권	950	1672	2213	1863
平聲 / 下平 : (016	先	선) : 觠(권) : 뿔 권	951	1673	2214	1864
平聲 / 下平 : (026	尤	우) : 句*(귀) : 글귀 귀	827	2827	4338	1865
平聲 / 下平 : (026	尤	우) : 虯(규) : 뿔없는용 규	1007	2855	4366	1866
平聲 / 下平 : (026	尤	우) : 蟉*(규) : 용굼틀거릴 규	2025	2863	4373	1867
平聲 / 下平 : (026	尤	우) : 繆*(규) : 요질[繆絰] 규	2464	2901	4411	1868
平聲 / 下平 : (027	侵	침) : 黔*(금) : 귀신이름 금	302	3022	7003	1869

배열형식 D (四聲基準)			배열 A	배열 B	배열 C	배열 D
平仄 / 四聲 : (韻目No: 韻目)　韻族(독음): 字義			운족 가나순	운목 번호순	운목 가나순	사성순
平聲 / 下平 : (027	侵	침) : 今(금)　: 이제 금	1057	3023	7004	1870
平聲 / 下平 : (027	侵	침) : 擒(금)　: 사로잡을 금	1059	3024	7005	1871
平聲 / 下平 : (027	侵	침) : 檎(금)　: 능금나무 금	1060	3025	7006	1872
平聲 / 下平 : (027	侵	침) : 琴(금)　: 거문고 금	1061	3026	7007	1873
平聲 / 下平 : (027	侵	침) : 禽(금)　: 새 금	1063	3027	7008	1874
平聲 / 下平 : (027	侵	침) : 芩(금)　: 풀이름 금	1064	3028	7009	1875
平聲 / 下平 : (027	侵	침) : 衾(금)　: 이불 금	1065	3029	7010	1876
平聲 / 下平 : (027	侵	침) : 衿(금)　: 옷깃 금	1066	3030	7011	1877
平聲 / 下平 : (027	侵	침) : 襟(금)　: 깃 금	1067	3031	7012	1878
平聲 / 下平 : (027	侵	침) : 金(금)　: 쇠/귀할 금	1068	3032	7014	1879
平聲 / 下平 : (025	蒸	증) : 兢(긍)　: 떨릴 긍	1084	2761	5606	1880
平聲 / 下平 : (025	蒸	증) : 矜*(긍)　: 자랑/공경할 긍	1055	2760	5607	1881
平聲 / 下平 : (016	先	선) : 圻*(기)　: 나라이름 기	5663	1793	2332	1882
平聲 / 下平 : (022	陽	양) : 桔(길)　: 도라지 길	1183	2295	3058	1883
平聲 / 下平 : (027	侵	침) : 金*(김)　: 성/땅이름 김	1069	3033	7013	1884
平聲 / 下平 : (020	歌	가) : 儺(나)　: 구순할 나	1186	2086	70	1885
平聲 / 下平 : (021	麻	마) : 拏(나)　: 맞당길 나	1188	2178	1303	1886
平聲 / 下平 : (021	麻	마) : 拿(나)　: 붙잡을 나	1189	2179	1304	1887
平聲 / 下平 : (020	歌	가) : 那(나)　: 어찌 나	1190	2087	71	1888
平聲 / 下平 : (021	麻	마) : 挐(나)　: 번거로울 나	1191	2180	1305	1889
平聲 / 下平 : (020	歌	가) : 挪(나)　: 옮길 나	1193	2088	72	1890
平聲 / 下平 : (021	麻	마) : 挐(나)　: 맞당길/잡을 나	1195	2181	1313	1891
平聲 / 下平 : (028	覃	담) : 南(남)　: 남녘 남	1206	3082	916	1892
平聲 / 下平 : (028	覃	담) : 枏(남)　: 매화나무 남	1207	3083	917	1893
平聲 / 下平 : (028	覃	담) : 楠(남)　: 녹나무 남	1209	3084	918	1894
平聲 / 下平 : (028	覃	담) : 男(남)　: 사내 남	1211	3085	919	1895
平聲 / 下平 : (030	咸	함) : 喃(남)　: 재잘거릴 남	1212	3206	7365	1896
平聲 / 下平 : (029	鹽	염) : 柟(남)　: 녹나무 남	1213	3146	3618	1897
平聲 / 下平 : (028	覃	담) : 娚(남)　: 말소리/오라비 남	1214	3086	922	1898
平聲 / 下平 : (022	陽	양) : 囊(낭)　: 주머니 낭	1218	2296	3059	1899
平聲 / 下平 : (022	陽	양) : 娘(낭)　: 계집 낭	1219	2297	3060	1900
平聲 / 下平 : (022	陽	양) : 孃(냥)　: 아씨 냥	1234	2298	3156	1901
平聲 / 下平 : (016	先	선) : 年(년)　: 해/나이/나아갈 년	1238	1674	2216	1902
平聲 / 下平 : (016	先	선) : 秊(년)　: 해 년	1240	1675	2217	1903
平聲 / 下平 : (029	鹽	염) : 涅*(녈)　: 죽을/극락갈 녈	1205	3144	3639	1904
平聲 / 下平 : (029	鹽	염) : 恬(념)　: 편안할 념	1245	3147	3619	1905

배열형식 D (四聲基準)			배열 A	배열 B	배열 C	배열 D
平仄 / 四聲 : (韻目No:	韻目)	韻族(독음): 字義	운족 가나순	운목 번호순	운목 가나순	사성순
平聲 / 下平 : (029	鹽	염) : 拈(념) : 집을/딸 념	1246	3148	3620	1906
平聲 / 下平 : (024	靑	청) : 寧(녕) : 편안할/차라리 녕	1251	2685	6747	1907
平聲 / 下平 : (023	庚	경) : 擰(녕) : 어지러울 녕	1255	2534	537	1908
平聲 / 下平 : (024	靑	청) : 寧(녕) : 편안할/차라리 녕	1258	2686	6781	1909
平聲 / 下平 : (023	庚	경) : 獰(녕) : 모질 녕	1260	2535	595	1910
平聲 / 下平 : (019	豪	호) : 猱(노) : 원숭이 노	1269	2005	7475	1911
平聲 / 下平 : (019	豪	호) : 獶*(노) : 원숭이춤출 노	4836	2046	7515	1912
平聲 / 下平 : (018	肴	효) : 鐃(뇨) : 징 뇨	1287	1956	7800	1913
平聲 / 下平 : (025	蒸	증) : 能(능) : 착할/능할/곰 능	1307	2762	5608	1914
平聲 / 下平 : (020	歌	가) : 多(다) : 많을 다	1327	2089	73	1915
平聲 / 下平 : (021	痲	마) : 茶(다) : 차풀 다	1328	2182	1307	1916
平聲 / 下平 : (021	痲	마) : 爹(다) : 아비 다	1330	2184	1308	1917
平聲 / 下平 : (021	痲	마) : 荼(다) : 차풀 다	1331	2185	1365	1918
平聲 / 下平 : (021	痲	마) : 緞(단) : 비단 단	1350	2187	1309	1919
平聲 / 下平 : (026	尤	우) : 蛋(단) : 오랑캐이름/새알 단	1351	2857	4368	1920
平聲 / 下平 : (028	覃	담) : 担*(담) : 멜(擔의속자) 담	1358	3087	923	1921
平聲 / 下平 : (028	覃	담) : 曇(담) : 구름낄 담	1394	3088	924	1922
平聲 / 下平 : (028	覃	담) : 湛(담) : 즐거울 담	1396	3089	925	1923
平聲 / 下平 : (028	覃	담) : 潭(담) : 못/깊을 담	1399	3091	927	1924
平聲 / 下平 : (028	覃	담) : 痰(담) : 가래 담	1401	3092	928	1925
平聲 / 下平 : (028	覃	담) : 聃(담) : 노자이름 담	1402	3093	929	1926
平聲 / 下平 : (028	覃	담) : 蕁(담) : 지모 담	1404	3094	931	1927
平聲 / 下平 : (028	覃	담) : 覃(담) : 미칠 담	1405	3095	932	1928
平聲 / 下平 : (028	覃	담) : 談(담) : 말씀 담	1406	3096	933	1929
平聲 / 下平 : (028	覃	담) : 譚(담) : 이야기 담	1407	3097	934	1930
平聲 / 下平 : (028	覃	담) : 錟(담) : 긴창 담	1408	3098	935	1931
平聲 / 下平 : (028	覃	담) : 郯(담) : 나라이름/성 담	1412	3099	936	1932
平聲 / 下平 : (028	覃	담) : 藫(담) : 수면 담	1416	3100	937	1933
平聲 / 下平 : (028	覃	담) : 蟫(담) : 좀 담	1417	3101	938	1934
平聲 / 下平 : (028	覃	담) : 餤(담) : 나아갈 담	1420	3102	939	1935
平聲 / 下平 : (022	陽	양) : 唐(당) : 당나라/당황할 당	1427	2299	3062	1936
平聲 / 下平 : (022	陽	양) : 堂(당) : 집 당	1428	2300	3063	1937
平聲 / 下平 : (022	陽	양) : 塘(당) : 못 당	1429	2301	3064	1938
平聲 / 下平 : (022	陽	양) : 棠(당) : 아가위 당	1433	2302	3065	1939
平聲 / 下平 : (022	陽	양) : 當(당) : 마땅 당	1434	2303	3066	1940
平聲 / 下平 : (022	陽	양) : 糖(당) : 엿 당	1435	2304	3067	1941

배열형식 D (四聲基準)			배열 A	배열 B	배열 C	배열 D
平仄 / 四聲 : (韻目No: 韻目) 韻族(독음): 字義			운족 가나순	운목 번호순	운목 가나순	사성순
平聲 / 下平 : (022	陽	양) : 螳(당) : 사마귀 당	1436	2305	3068	1942
平聲 / 下平 : (022	陽	양) : 搪(당) : 뻗을 당	1442	2307	3070	1943
平聲 / 下平 : (022	陽	양) : 檔(당) : 의자 당	1443	2308	3071	1944
平聲 / 下平 : (022	陽	양) : 瑭(당) : 옥이름 당	1444	2309	3072	1945
平聲 / 下平 : (023	庚	경) : 瞠(당) : 똑바로볼 당	1445	2536	539	1946
平聲 / 下平 : (022	陽	양) : 鏜(당) : 북소리 당	1448	2310	3073	1947
平聲 / 下平 : (022	陽	양) : 鐺(당) : 북소리 당	1449	2311	3074	1948
平聲 / 下平 : (022	陽	양) : 螗(당) : 매미 당	1452	2312	3075	1949
平聲 / 下平 : (022	陽	양) : 糖(당) : 엿/사탕 당	1454	2313	3232	1950
平聲 / 下平 : (019	豪	호) : 刀(도) : 칼 도	1479	2006	7476	1951
平聲 / 下平 : (021	麻	마) : 塗(도) : 칠할 도	1483	2188	1310	1952
平聲 / 下平 : (019	豪	호) : 桃(도) : 복숭아 도	1497	2007	7477	1953
平聲 / 下平 : (019	豪	호) : 淘(도) : 일 도	1500	2008	7478	1954
平聲 / 下平 : (019	豪	호) : 滔(도) : 창일할 도	1502	2009	7479	1955
平聲 / 下平 : (019	豪	호) : 濤(도) : 물결 도	1503	2010	7480	1956
平聲 / 下平 : (019	豪	호) : 萄(도) : 포도나무 도	1509	2011	7481	1957
平聲 / 下平 : (017	蕭	소) : 跳(도) : 뛸 도	1512	1838	2599	1958
平聲 / 下平 : (019	豪	호) : 逃(도) : 도망할 도	1515	2013	7483	1959
平聲 / 下平 : (019	豪	호) : 陶(도) : 질그릇/통할 도	1520	2014	7484	1960
平聲 / 下平 : (019	豪	호) : 韜(도) : 감출 도	1522	2015	7485	1961
平聲 / 下平 : (019	豪	호) : 叨(도) : 탐낼/함부로 도	1523	2016	7486	1962
平聲 / 下平 : (019	豪	호) : 忉(도) : 근심할 도	1524	2017	7487	1963
平聲 / 下平 : (019	豪	호) : 慆(도) : 기뻐할 도	1525	2018	7488	1964
平聲 / 下平 : (019	豪	호) : 掏(도) : 가릴 도	1526	2019	7489	1965
平聲 / 下平 : (019	豪	호) : 洮(도) : 씻을 도	1527	2020	7490	1966
平聲 / 下平 : (019	豪	호) : 綯(도) : 꼴 도	1537	2021	7491	1967
平聲 / 下平 : (019	豪	호) : 騊(도) : 말이름 도	1540	2022	7492	1968
平聲 / 下平 : (026	尤	우) : 兜(도) : 투구 도	1542	2858	4369	1969
平聲 / 下平 : (019	豪	호) : 璹*(도) : 옥그릇 도	3863	2037	7506	1970
平聲 / 下平 : (026	尤	우) : 兜*(두) : 반할 두	1543	2859	4370	1971
平聲 / 下平 : (026	尤	우) : 頭(두) : 머리 두	1641	2862	4371	1972
平聲 / 下平 : (026	尤	우) : 遁*(둔) : 피할/끊을 둔	1588	2861	4372	1973
平聲 / 下平 : (023	庚	경) : 橙*(등) : 등상(几屬) 등	6108	2644	541	1974
平聲 / 下平 : (025	蒸	증) : 燈(등) : 등 등	1658	2763	5609	1975
平聲 / 下平 : (025	蒸	증) : 登(등) : 오를 등	1659	2764	5610	1976
平聲 / 下平 : (025	蒸	증) : 藤(등) : 등나무 등	1661	2765	5611	1977

배열형식 D (四聲基準)			배열 A	배열 B	배열 C	배열 D
平仄 / 四聲 : (韻目No: 韻目)　韻族(독음): 字義			운족 가나순	운목 번호순	운목 가나순	사성순
平聲 / 下平 : (025	蒸	증) : 謄(등) : 베낄 등	1662	2766	5612	1978
平聲 / 下平 : (025	蒸	증) : 騰(등) : 오를 등	1664	2767	5613	1979
平聲 / 下平 : (025	蒸	증) : 縢(등) : 봉할 등	1667	2768	5614	1980
平聲 / 下平 : (025	蒸	증) : 螣(등) : 등뱀 등	1668	2769	5616	1981
平聲 / 下平 : (028	覃	담) : 聃(라) : 귀바퀴없을 라	1672	3103	930	1982
平聲 / 下平 : (020	歌	가) : 羅(라) : 벌릴/벌 라	1679	2090	74	1983
平聲 / 下平 : (020	歌	가) : 蘿(라) : 담쟁이덩굴/무 라	1680	2091	75	1984
平聲 / 下平 : (020	歌	가) : 螺(라) : 소라 라	1681	2092	76	1985
平聲 / 下平 : (020	歌	가) : 囉(라) : 소리 얽힐 라	1684	2093	77	1986
平聲 / 下平 : (020	歌	가) : 鑼(라) : 징 라	1685	2094	78	1987
平聲 / 下平 : (020	歌	가) : 騾(라) : 순행할 라	1686	2095	79	1988
平聲 / 下平 : (020	歌	가) : 籮(라) : 키 라	1687	2096	80	1989
平聲 / 下平 : (020	歌	가) : 蠡*(라) : 소라/옴 라	1819	2097	81	1990
平聲 / 下平 : (028	覃	담) : 藍(람) : 쪽/옷해질/절 람	1725	3104	920	1991
平聲 / 下平 : (028	覃	담) : 襤(람) : 옷해질 람	1726	3105	921	1992
平聲 / 下平 : (028	覃	담) : 籃(람) : 대바구니 람	1732	3106	940	1993
平聲 / 下平 : (028	覃	담) : 藍(람) : 쪽 람	1734	3107	941	1994
平聲 / 下平 : (028	覃	담) : 襤(람) : 누더기 람	1735	3108	942	1995
平聲 / 下平 : (028	覃	담) : 婪(람) : 캄할 람	1737	3109	943	1996
平聲 / 下平 : (028	覃	담) : 蘫(람) : 외김치 람	1739	3110	944	1997
平聲 / 下平 : (022	陽	양) : 郞(랑) : 사내/남편 랑	1746	2314	3061	1998
平聲 / 下平 : (022	陽	양) : 廊(랑) : 사랑채/행랑 랑	1747	2315	3076	1999
平聲 / 下平 : (022	陽	양) : 浪(랑) : 물결 랑	1749	2316	3077	2000
平聲 / 下平 : (022	陽	양) : 狼(랑) : 이리/어지러울 랑	1750	2317	3078	2001
平聲 / 下平 : (022	陽	양) : 琅(랑) : 옥이름 랑	1751	2318	3079	2002
平聲 / 下平 : (022	陽	양) : 瑯(랑) : 문고리/법랑 랑	1752	2319	3080	2003
平聲 / 下平 : (022	陽	양) : 螂(랑) : 버마재비 랑	1753	2320	3081	2004
平聲 / 下平 : (022	陽	양) : 郞(랑) : 밝을 랑	1754	2321	3082	2005
平聲 / 下平 : (022	陽	양) : 榔(랑) : 나무이름 랑	1755	2322	3083	2006
平聲 / 下平 : (022	陽	양) : 稂(랑) : 강아지풀 랑	1756	2323	3084	2007
平聲 / 下平 : (022	陽	양) : 蜋(랑) : 사마귀벌레 랑	1757	2324	3085	2008
平聲 / 下平 : (022	陽	양) : 筤(랑) : 어린대 랑	1758	2325	3086	2009
平聲 / 下平 : (022	陽	양) : 凉(량) : 서늘할 량	1779	2326	3087	2010
平聲 / 下平 : (022	陽	양) : 梁(량) : 들보/돌다리 량	1780	2327	3088	2011
平聲 / 下平 : (022	陽	양) : 樑(량) : 들보 량	1781	2328	3089	2012
平聲 / 下平 : (022	陽	양) : 粮(량) : 양식 량	1782	2329	3090	2013

배열형식 D (四聲基準)			배열 A	배열 B	배열 C	배열 D
平仄 / 四聲 : (韻目No:	韻目)	韻族(독음): 字義	운족 가나순	운목 번호순	운목 가나순	사성순
平聲 / 下平 : (022	陽	양) : 粱(량) : 기장 량	1783	2330	3091	2014
平聲 / 下平 : (022	陽	양) : 糧(량) : 양식 량	1784	2331	3092	2015
平聲 / 下平 : (022	陽	양) : 良(량) : 어질 량	1785	2332	3093	2016
平聲 / 下平 : (022	陽	양) : 量(량) : 헤아릴 량	1788	2333	3094	2017
平聲 / 下平 : (022	陽	양) : 椋(량) : 푸조나무 량	1791	2334	3095	2018
平聲 / 下平 : (016	先	선) : 憐(련) : 불쌍히여길 련	1845	1678	2221	2019
平聲 / 下平 : (016	先	선) : 攣(련) : 걸릴 련	1847	1679	2222	2020
平聲 / 下平 : (016	先	선) : 漣(련) : 잔물결 련	1848	1680	2223	2021
平聲 / 下平 : (016	先	선) : 聯(련) : 연이을/관계 련	1852	1681	2224	2022
平聲 / 下平 : (016	先	선) : 蓮(련) : 연밥/연꽃 련	1853	1682	2225	2023
平聲 / 下平 : (016	先	선) : 連(련) : 이을 련	1855	1683	2226	2024
平聲 / 下平 : (016	先	선) : 鏈(련) : 쇠사슬 련	1857	1684	2227	2025
平聲 / 下平 : (016	先	선) : 鰱(련) : 연어 련	1858	1685	2228	2026
平聲 / 下平 : (024	靑	청) : 零*(련) : 오랑캐이름 련	1893	2696	6757	2027
平聲 / 下平 : (016	先	선) : 孿*(련) : 쌍둥이 련	3309	1697	2238	2028
平聲 / 下平 : (016	先	선) : 怜*(련) : 불쌍할 련	1906	1686	2285	2029
平聲 / 下平 : (029	鹽	염) : 廉(렴) : 청렴할 렴	1870	3149	3621	2030
平聲 / 下平 : (029	鹽	염) : 濂(렴) : 강이름 렴	1873	3150	3622	2031
平聲 / 下平 : (029	鹽	염) : 簾(렴) : 발 렴	1874	3151	3623	2032
平聲 / 下平 : (029	鹽	염) : 帘(렴) : 술집기 렴	1875	3152	3624	2033
平聲 / 下平 : (029	鹽	염) : 薕(렴) : 갈(蒹) 렴	1876	3153	3625	2034
平聲 / 下平 : (023	庚	경) : 令(령) : 하여금 령	1880	2539	543	2035
平聲 / 下平 : (024	靑	청) : 伶(령) : 영리할 령	1881	2687	6748	2036
平聲 / 下平 : (024	靑	청) : 囹(령) : 옥 령	1882	2688	6749	2037
平聲 / 下平 : (024	靑	청) : 岺(령) : 산이으슥할 령	1883	2689	6750	2038
平聲 / 下平 : (024	靑	청) : 玲(령) : 옥소리 령	1885	2690	6751	2039
平聲 / 下平 : (024	靑	청) : 笭(령) : 도꼬마리 령	1886	2691	6752	2040
平聲 / 下平 : (024	靑	청) : 羚(령) : 영양 령	1887	2692	6753	2041
平聲 / 下平 : (024	靑	청) : 翎(령) : 깃 령	1888	2693	6754	2042
平聲 / 下平 : (024	靑	청) : 聆(령) : 들을 령	1889	2694	6755	2043
平聲 / 下平 : (024	靑	청) : 鈴(령) : 방울 령	1891	2695	6756	2044
平聲 / 下平 : (024	靑	청) : 靈(령) : 신령 령	1894	2697	6758	2045
平聲 / 下平 : (024	靑	청) : 齡(령) : 나이 령	1896	2698	6759	2046
平聲 / 下平 : (024	靑	청) : 姈(령) : 나이 령	1898	2699	6760	2047
平聲 / 下平 : (024	靑	청) : 苓(령) : 햇빛 령	1899	2700	6761	2048
平聲 / 下平 : (022	靑	청) : 軨(령) : 사냥 수레 령	1900	2701	6762	2049

배열형식 D (四聲基準)			배열 A	배열 B	배열 C	배열 D
平仄 / 四聲 : (韻目No: 韻目)		韻族(독음): 字義	운족 가나순	운목 번호순	운목 가나순	사성순
平聲 / 下平 : (024	靑	청) : 鴒(령) : 할미새 령	1901	2702	6763	2050
平聲 / 下平 : (024	靑	청) : 瓴(령) : 동이 령	1902	2703	6764	2051
平聲 / 下平 : (024	靑	청) : 舲(령) : 창있는 작은 배 령	1903	2704	6765	2052
平聲 / 下平 : (024	靑	청) : 蘦(령) : 감초 령	1904	2705	6766	2053
平聲 / 下平 : (024	靑	청) : 怜(령) : 영리할 령	1905	2706	6782	2054
平聲 / 下平 : (024	靑	청) : 呬*(령) : 왁자지껄할 령	7941	2758	6820	2055
平聲 / 下平 : (019	豪	호) : 勞(로) : 일할/수고로울 로	1917	2023	7474	2056
平聲 / 下平 : (019	豪	호) : 撈(로) : 잡을 로	1926	2024	7493	2057
平聲 / 下平 : (019	豪	호) : 窂(로) : 짐승우리/굳을 로	1945	2025	7495	2058
平聲 / 下平 : (018	肴	효) : 嘮(로) : 떠들석할 로	1951	1957	7801	2059
平聲 / 下平 : (019	豪	호) : 蟧(로) : 참매미 로	1952	2027	7496	2060
平聲 / 下平 : (019	豪	호) : 窂*(뢰) : 쓸쓸할 뢰	1946	2026	7494	2061
平聲 / 下平 : (019	豪	호) : 牢(뢰) : 우리 뢰	1991	2028	7497	2062
平聲 / 下平 : (018	肴	효) : 窌*(료) : 으슥할 료	803	1955	7799	2063
平聲 / 下平 : (017	蕭	소) : 寮(료) : 벼슬아치/동관 료	2009	1841	2602	2064
平聲 / 下平 : (017	蕭	소) : 聊(료) : 귀울 료	2015	1842	2603	2065
平聲 / 下平 : (017	蕭	소) : 遼(료) : 멀 료	2018	1843	2604	2066
平聲 / 下平 : (017	蕭	소) : 撩(료) : 다스릴 료	2019	1844	2605	2067
平聲 / 下平 : (017	蕭	소) : 獠(료) : 밤사냥 료	2021	1845	2606	2068
平聲 / 下平 : (017	蕭	소) : 鐐(료) : 족쇄 료	2024	1846	2607	2069
平聲 / 下平 : (017	蕭	소) : 瘳(료) : 병나을 (추)료	2029	1847	2686	2070
平聲 / 下平 : (026	尤	우) : 婁(루) : 별이름 루	2035	2865	4374	2071
平聲 / 下平 : (026	尤	우) : 樓(루) : 다락 루	2037	2866	4375	2072
平聲 / 下平 : (026	尤	우) : 蔞(루) : 쑥 루	2044	2867	4376	2073
平聲 / 下平 : (026	尤	우) : 僂(루) : 부릴 루	2048	2868	4377	2074
平聲 / 下平 : (026	尤	우) : 嘍(루) : 시끄러울 루	2049	2869	4378	2075
平聲 / 下平 : (026	尤	우) : 螻(루) : 땅강아지 루	2050	2870	4379	2076
平聲 / 下平 : (026	尤	우) : 髏(루) : 해골 루	2051	2871	4380	2077
平聲 / 下平 : (026	尤	우) : 鱯(루) : 잉어 루	2052	2872	4381	2078
平聲 / 下平 : (026	尤	우) : 摟(루) : 끌어모을 루	2054	2873	4382	2079
平聲 / 下平 : (026	尤	우) : 簍(루) : 대바구니 루	2057	2874	4383	2080
平聲 / 下平 : (026	尤	우) : 鞻(루) : 벼슬이름 루	2058	2875	4384	2081
平聲 / 下平 : (026	尤	우) : 鷜(루) : 기러기 루	2059	2876	4385	2082
平聲 / 下平 : (026	尤	우) : 劉(류) : 죽일/묘금도/성 류	2060	2877	4386	2083
平聲 / 下平 : (026	尤	우) : 旒(류) : 깃발 류	2061	2878	4387	2084
平聲 / 下平 : (026	尤	우) : 榴(류) : 석류나무 류	2063	2879	4388	2085

배열형식 D (四聲基準)			배열 A	배열 B	배열 C	배열 D
平仄 / 四聲 : (韻目No:	韻目)	韻族(독음): 字義	운족 가나순	운목 번호순	운목 가나순	사성순
平聲 / 下平 : (026	尤	우) : 流(류) : 흐를 류	2064	2880	4389	2086
平聲 / 下平 : (026	尤	우) : 瀏(류) : 맑을 류	2066	2881	4390	2087
平聲 / 下平 : (026	尤	우) : 琉(류) : 유리 류	2067	2882	4391	2088
平聲 / 下平 : (026	尤	우) : 瑠(류) : 유리 류	2068	2883	4392	2089
平聲 / 下平 : (026	尤	우) : 留(류) : 머무를 류	2069	2884	4393	2090
平聲 / 下平 : (026	尤	우) : 瘤(류) : 혹 류	2070	2885	4394	2091
平聲 / 下平 : (026	尤	우) : 硫(류) : 유황 류	2071	2886	4395	2092
平聲 / 下平 : (026	尤	우) : 鶹(류) : 올빼미 류	2074	2887	4396	2093
平聲 / 下平 : (026	尤	우) : 嚠(류) : 맑을 류	2075	2888	4397	2094
平聲 / 下平 : (026	尤	우) : 鏐(류) : 황금 류	2078	2889	4398	2095
平聲 / 下平 : (026	尤	우) : 飀(류) : 높은바람 류	2080	2890	4399	2096
平聲 / 下平 : (026	尤	우) : 騮(류) : 말이름 류	2082	2891	4400	2097
平聲 / 下平 : (026	尤	우) : 犂*(류) : 무서워떨 류	2163	2892	4401	2098
平聲 / 下平 : (026	尤	우) : 繆*(류) : 어그러질 류	2465	2902	4410	2099
平聲 / 下平 : (025	蒸	증) : 凌(릉) : 떨(戰慄)/업신여길 릉	2113	2771	5617	2100
平聲 / 下平 : (025	蒸	증) : 楞(릉) : 네모질 릉	2114	2772	5618	2101
平聲 / 下平 : (025	蒸	증) : 稜(릉) : 서슬/모 릉	2115	2773	5619	2102
平聲 / 下平 : (025	蒸	증) : 綾(릉) : 무늬놓은비단 릉	2116	2774	5620	2103
平聲 / 下平 : (025	蒸	증) : 菱(릉) : 마름 릉	2117	2775	5621	2104
平聲 / 下平 : (025	蒸	증) : 陵(릉) : 마름 릉	2118	2776	5622	2105
平聲 / 下平 : (025	蒸	증) : 蔆(릉) : 마름 릉	2119	2777	5623	2106
平聲 / 下平 : (025	蒸	증) : 淩(릉) : 능가할 릉	2120	2778	5624	2107
平聲 / 下平 : (027	侵	침) : 林(림) : 수풀 림	2191	3036	7017	2108
平聲 / 下平 : (027	侵	침) : 淋(림) : 물축일/뿌릴 림	2192	3037	7018	2109
平聲 / 下平 : (027	侵	침) : 琳(림) : 아름다운옥 림	2193	3038	7019	2110
平聲 / 下平 : (027	侵	침) : 臨(림) : 임할/클/군림할 림	2194	3039	7020	2111
平聲 / 下平 : (027	侵	침) : 霖(림) : 장마 림	2195	3040	7021	2112
平聲 / 下平 : (020	歌	가) : 摩(마) : 문지를 마	2199	2098	82	2113
平聲 / 下平 : (021	痲	마) : 痲(마) : 저릴 마	2201	2191	1314	2114
平聲 / 下平 : (020	歌	가) : 磨(마) : 갈 마	2203	2099	83	2115
平聲 / 下平 : (020	歌	가) : 魔(마) : 마귀 마	2205	2100	84	2116
平聲 / 下平 : (021	痲	마) : 痲(마) : 삼 마	2206	2192	1315	2117
平聲 / 下平 : (020	歌	가) : 蟇(마) : 두꺼비 마	2209	2101	85	2118
平聲 / 下平 : (020	歌	가) : 麽(마) : 잘[의문조사] 마	2214	2102	86	2119
平聲 / 下平 : (022	陽	양) : 亡(망) : 죽을/망할 망	2260	2335	3096	2120
平聲 / 下平 : (022	陽	양) : 忘(망) : 잊을 망	2263	2337	3098	2121

배열형식 D (四聲基準)			배열 A	배열 B	배열 C	배열 D
平仄 / 四聲 : (韻目No:	韻目)	韻族(독음): 字義	운족 가나순	운목 번호순	운목 가나순	사성순
平聲 / 下平 : (022	陽	양) : 忙(망) : 바쁠 망	2264	2338	3099	2122
平聲 / 下平 : (022	陽	양) : 望(망) : 바랄 망	2265	2339	3100	2123
平聲 / 下平 : (022	陽	양) : 芒(망) : 까끄라기 망	2268	2340	3101	2124
平聲 / 下平 : (022	陽	양) : 茫(망) : 아득할 망	2269	2341	3102	2125
平聲 / 下平 : (022	陽	양) : 邙(망) : 산이름 망	2272	2342	3103	2126
平聲 / 下平 : (022	陽	양) : 莽(망) : 풀우거질 망	2274	2343	3104	2127
平聲 / 下平 : (022	陽	양) : 杗(망) : 들보 망	2278	2345	3106	2128
平聲 / 下平 : (022	陽	양) : 蘉(망) : 힘쓸 망	2280	2346	3107	2129
平聲 / 下平 : (023	庚	경) : 杗*(맹) : 고동보/동자기둥 맹	2279	2540	544	2130
平聲 / 下平 : (023	庚	경) : 氓(맹) : 백성 맹	2313	2541	545	2131
平聲 / 下平 : (023	庚	경) : 盲(맹) : 소경/눈멀 맹	2315	2542	546	2132
平聲 / 下平 : (023	庚	경) : 盟(맹) : 맹세 맹	2316	2543	547	2133
平聲 / 下平 : (023	庚	경) : 萌(맹) : 싹틀/싹 맹	2317	2544	548	2134
平聲 / 下平 : (023	庚	경) : 甿(맹) : 백성/농부 맹	2319	2545	549	2135
平聲 / 下平 : (023	庚	경) : 虻(맹) : 곤충 맹	2321	2546	550	2136
平聲 / 下平 : (016	先	선) : 棉(면) : 목화 면	2331	1687	2229	2137
平聲 / 下平 : (016	先	선) : 眠(면) : 잘 면	2334	1688	2230	2138
平聲 / 下平 : (016	先	선) : 綿(면) : 솜 면	2335	1689	2231	2139
平聲 / 下平 : (024	靑	청) : 冥(명) : 어두울 명	2346	2708	6767	2140
平聲 / 下平 : (023	庚	경) : 名(명) : 이름 명	2347	2547	551	2141
平聲 / 下平 : (023	庚	경) : 明(명) : 밝을 명	2349	2548	552	2142
平聲 / 下平 : (024	靑	청) : 溟(명) : 어두울/바다 명	2351	2709	6768	2143
平聲 / 下平 : (024	靑	청) : 瞑*(명) : 눈흐릴/눈감을 명	2342	2707	6769	2144
平聲 / 下平 : (024	靑	청) : 蓂(명) : 명협 명	2354	2710	6770	2145
平聲 / 下平 : (024	靑	청) : 螟(명) : 마디충 명	2356	2711	6771	2146
平聲 / 下平 : (024	靑	청) : 銘(명) : 새길 명	2358	2712	6772	2147
平聲 / 下平 : (023	庚	경) : 鳴*(명) : 새울음 명	2360	2550	554	2148
平聲 / 下平 : (023	庚	경) : 鳴(명) : 새울음/울 명	2359	2549	553	2149
平聲 / 下平 : (022	陽	양) : 莽*(모) : 묵은풀 모	2275	2344	3105	2150
平聲 / 下平 : (019	豪	호) : 毛(모) : 터럭 모	2377	2029	7498	2151
平聲 / 下平 : (026	尤	우) : 牟(모) : 보리 모	2378	2893	4402	2152
平聲 / 下平 : (026	尤	우) : 眸(모) : 눈동자 모	2381	2894	4403	2153
平聲 / 下平 : (026	尤	우) : 矛(모) : 창 모	2382	2895	4404	2154
平聲 / 下平 : (018	肴	효) : 茅(모) : 띠 모	2386	1958	7802	2155
平聲 / 下平 : (026	尤	우) : 謀(모) : 꾀 모	2387	2896	4405	2156
平聲 / 下平 : (026	尤	우) : 侔(모) : 가지런할 모	2391	2897	4406	2157

배열형식 D (四聲基準)			배열 A	배열 B	배열 C	배열 D
平仄 / 四聲 : (韻目No: 韻目) 韻族(독음): 字義			운족 가나순	운목 번호순	운목 가나순	사성순
平聲 / 下平 : (018	肴	효) : 蝥(모) : 해충 모	2395	1959	7803	2158
平聲 / 下平 : (026	尤	우) : 蟊(모) : 해충 모	2396	2898	4407	2159
平聲 / 下平 : (019	豪	호) : 髦(모) : 긴털 모	2397	2030	7499	2160
平聲 / 下平 : (026	尤	우) : 蛑(모) : 꽃게 모	2402	2899	4408	2161
平聲 / 下平 : (026	尤	우) : 麰(모) : 보리 모	2403	2900	4409	2162
平聲 / 下平 : (018	肴	효) : 罞*(몽) : 고라니그물 몽	2401	1960	7804	2163
平聲 / 下平 : (017	蕭	소) : 描(묘) : 그릴 묘	2431	1848	2608	2164
平聲 / 下平 : (017	蕭	소) : 猫(묘) : 고양이 묘	2435	1849	2609	2165
平聲 / 下平 : (017	蕭	소) : 苗(묘) : 모 묘	2436	1850	2610	2166
平聲 / 下平 : (017	蕭	소) : 錨(묘) : 닻 묘	2437	1851	2611	2167
平聲 / 下平 : (017	蕭	소) : 貓(묘) : 고양이 묘	2441	1852	2612	2168
平聲 / 下平 : (022	陽	양) : 亡*(무) : 업을 무	2261	2336	3097	2169
平聲 / 下平 : (026	尤	우) : 洀(반) : 서릴 반	2642	2903	4495	2170
平聲 / 下平 : (022	陽	양) : 坊(방) : 동네 방	2664	2347	3108	2171
平聲 / 下平 : (022	陽	양) : 妨(방) : 방해할 방	2665	2348	3109	2172
平聲 / 下平 : (023	庚	경) : 幇(방) : 도울 방	2668	2552	556	2173
平聲 / 下平 : (022	陽	양) : 彷(방) : 배회할 방	2669	2349	3110	2174
平聲 / 下平 : (022	陽	양) : 房(방) : 방 방	2670	2350	3111	2175
平聲 / 下平 : (022	陽	양) : 方(방) : 모 방	2672	2351	3112	2176
平聲 / 下平 : (022	陽	양) : 旁(방) : 넓을/클 방	2673	2352	3113	2177
平聲 / 下平 : (022	陽	양) : 枋(방) : 박달 방	2676	2353	3114	2178
平聲 / 下平 : (022	陽	양) : 滂(방) : 비퍼부울 방	2680	2354	3115	2179
平聲 / 下平 : (022	陽	양) : 磅(방) : 돌떨어지는소리 방	2681	2355	3116	2180
平聲 / 下平 : (022	陽	양) : 肪(방) : 살찔/비계 방	2684	2356	3117	2181
平聲 / 下平 : (022	陽	양) : 膀(방) : 방붙일 방	2685	2357	3118	2182
平聲 / 下平 : (022	陽	양) : 芳(방) : 꽃다울 방	2687	2358	3119	2183
平聲 / 下平 : (022	陽	양) : 防(방) : 방비/방죽 방	2693	2359	3120	2184
平聲 / 下平 : (022	陽	양) : 幫(방) : 도울 방	2696	2360	3121	2185
平聲 / 下平 : (022	陽	양) : 螃(방) : 방개 방	2699	2361	3122	2186
平聲 / 下平 : (022	陽	양) : 鎊(방) : 깎을 방	2700	2362	3123	2187
平聲 / 下平 : (022	陽	양) : 魴(방) : 방어 방	2701	2363	3124	2188
平聲 / 下平 : (022	陽	양) : 彭*(방) : 가까울/장할 방	7082	2472	3234	2189
平聲 / 下平 : (030	咸	함) : 凡(범) : 무릇 범	2773	3207	7366	2190
平聲 / 下平 : (030	咸	함) : 帆(범) : 돛 범	2774	3208	7367	2191
平聲 / 下平 : (016	先	선) : 边*(변) : 갓(邊의약자) 변	651	1666	2207	2192
平聲 / 下平 : (016	先	선) : 邊(변) : 가 변	2808	1690	2232	2193

배열형식 D (四聲基準)			배열 A	배열 B	배열 C	배열 D
平仄 / 四聲 : (韻目No: 韻目) 韻族(독음): 字義			운족 가나순	운목 번호순	운목 가나순	사성순
平聲 / 下平 : (016	先	선) : 籩(변) : 제기이름 변	2810	1691	2233	2194
平聲 / 下平 : (016	先	선) : 便*(변) : 똥오줌 변	7089	1807	2347	2195
平聲 / 下平 : (023	庚	경) : 榜*(병) : 게시판/방써붙일 병	2679	2554	558	2196
平聲 / 下平 : (023	庚	경) : 兵(병) : 병사 병	2825	2556	560	2197
平聲 / 下平 : (023	庚	경) : 幷(병) : 아우를[=倂] 병	2827	2557	561	2198
平聲 / 下平 : (024	靑	청) : 甁(병) : 병 병	2833	2713	6773	2199
平聲 / 下平 : (016	先	선) : 軿(병) : 거마소리 병	2839	1693	2234	2200
平聲 / 下平 : (016	先	선) : 駢(병) : 한멍에에두필결 병	2841	1694	2235	2201
平聲 / 下平 : (024	靑	청) : 屛(병) : 울타리 병	2846	2714	6774	2202
平聲 / 下平 : (024	靑	청) : 缾(병) : 물장군 병	2850	2715	6775	2203
平聲 / 下平 : (024	靑	청) : 甹(병) : 끌(曳也) 병	2851	2716	6776	2204
平聲 / 下平 : (023	庚	경) : 浜(병) : 갯고랑(물가이름빈) 병	2857	2558	566	2205
平聲 / 下平 : (026	尤	우) : 浮(부) : 뜰 부	2953	2904	4412	2206
平聲 / 下平 : (026	尤	우) : 艀(부) : 작은배 부	2965	2905	4413	2207
平聲 / 下平 : (026	尤	우) : 桴(부) : 마룻대 부	2983	2906	4414	2208
平聲 / 下平 : (026	尤	우) : 罘(부) : 그물 부	2985	2907	4415	2209
平聲 / 下平 : (026	尤	우) : 罦(부) : 그물 부	2986	2908	4416	2210
平聲 / 下平 : (026	尤	우) : 芣(부) : 질경이 부	2987	2909	4417	2211
平聲 / 下平 : (026	尤	우) : 蜉(부) : 하루살이 부	2989	2910	4418	2212
平聲 / 下平 : (026	尤	우) : 裒(부) : 모일 부	2990	2911	4419	2213
平聲 / 下平 : (026	尤	우) : 烰(부) : 김오를 부	2998	2912	4420	2214
平聲 / 下平 : (029	鹽	염) : 鬴(부) : 가마솥 부	3003	3154	3626	2215
平聲 / 下平 : (026	尤	우) : 不*(부) : 아니 부	3006	2913	4421	2216
平聲 / 下平 : (025	蒸	증) : 崩(붕) : 무너질 붕	3067	2779	5625	2217
平聲 / 下平 : (025	蒸	증) : 朋(붕) : 벗 붕	3068	2780	5626	2218
平聲 / 下平 : (023	庚	경) : 棚(붕) : 시렁 붕	3069	2559	562	2219
平聲 / 下平 : (023	庚	경) : 硼*(붕) : 붕사 붕	7106	2659	563	2220
平聲 / 下平 : (023	庚	경) : 繃(붕) : 묶을 붕	3070	2560	565	2221
平聲 / 下平 : (025	蒸	증) : 鵬(붕) : 봉새 붕	3071	2781	5627	2222
平聲 / 下平 : (021	麻	마) : 琵(비) : 비파 비	3100	2193	1316	2223
平聲 / 下平 : (016	先	선) : 蠙(빈) : 씹조개 빈	3186	1695	2236	2224
平聲 / 下平 : (025	蒸	증) : 氷(빙) : 얼음 빙	3188	2782	5628	2225
平聲 / 下平 : (025	蒸	증) : 冰(빙) : 얼음 빙	3191	2783	5629	2226
平聲 / 下平 : (024	靑	청) : 傰(빙) : 비틀거릴 빙	3193	2717	6777	2227
平聲 / 下平 : (025	蒸	증) : 凭(빙) : 탈[乘也] 빙	3194	2784	5660	2228
平聲 / 下平 : (021	麻	마) : 闍*(사) : 화장할 사	1533	2190	1312	2229

배열형식 D (四聲基準)			배열 A	배열 B	배열 C	배열 D
平仄 / 四聲 : (韻目No: 韻目)		韻族(독음): 字義	운족 가나순	운목 번호순	운목 가나순	사성순
平聲 / 下平 : (020	歌	가) : 唆(사) : 부추길 사	3207	2105	89	2230
平聲 / 下平 : (021	麻	마) : 奢(사) : 사치할 사	3211	2194	1317	2231
平聲 / 下平 : (020	歌	가) : 娑(사) : 춤출 사	3212	2106	90	2232
平聲 / 下平 : (021	麻	마) : 斜(사) : 비낄 사	3223	2195	1319	2233
平聲 / 下平 : (021	麻	마) : 査(사) : 조사할 사	3227	2197	1320	2234
平聲 / 下平 : (020	歌	가) : 梭(사) : 북 사	3228	2107	91	2235
平聲 / 下平 : (021	麻	마) : 沙(사) : 모래 사	3230	2198	1321	2236
平聲 / 下平 : (021	麻	마) : 渣(사) : 찌끼 사	3232	2199	1322	2237
平聲 / 下平 : (021	麻	마) : 砂(사) : 모래 사	3235	2200	1323	2238
平聲 / 下平 : (021	麻	마) : 紗(사) : 깁 사	3241	2201	1324	2239
平聲 / 下平 : (020	歌	가) : 莎(사) : 향부자 사	3246	2108	92	2240
平聲 / 下平 : (020	歌	가) : 蓑(사) : 도롱이 사	3247	2109	93	2241
平聲 / 下平 : (021	麻	마) : 蛇(사) : 뱀 사	3248	2202	1325	2242
平聲 / 下平 : (021	麻	마) : 裟(사) : 가사 사	3251	2203	1326	2243
平聲 / 下平 : (021	麻	마) : 邪(사) : 간사할 사	3258	2204	1327	2244
平聲 / 下平 : (021	麻	마) : 楂(사) : 떼 사	3267	2206	1329	2245
平聲 / 下平 : (021	麻	마) : 鯊(사) : 모래무지 사	3274	2207	1330	2246
平聲 / 下平 : (021	麻	마) : 喳(사) : 대답소리(예) 사	3275	2208	1331	2247
平聲 / 下平 : (020	歌	가) : 挲(사) : 만질 사	3277	2111	95	2248
平聲 / 下平 : (021	麻	마) : 查(사) : 조사할 사	3278	2209	1332	2249
平聲 / 下平 : (021	麻	마) : 樝(사) : 풀명자나무 사	3279	2210	1333	2250
平聲 / 下平 : (021	麻	마) : 賒(사) : 외상으로살 사	3282	2211	1334	2251
平聲 / 下平 : (021	麻	마) : 賖(사) : 세낼/멀 사	3283	2212	1335	2252
平聲 / 下平 : (021	麻	마) : 畬*(사) : 화전 사	4379	2226	1349	2253
平聲 / 下平 : (020	歌	가) : 槎(사) : 떼(나무벨차) 사	3285	2112	117	2254
平聲 / 下平 : (020	歌	가) : 獻*(사) : 술단지 사	7413	2157	141	2255
平聲 / 下平 : (028	覃	담) : 參(삼) : 석 삼	3326	3111	945	2256
平聲 / 下平 : (030	咸	함) : 杉(삼) : 삼나무 삼	3328	3209	7368	2257
平聲 / 下平 : (027	侵	침) : 森(삼) : 수풀 삼	3329	3041	7022	2258
平聲 / 下平 : (030	咸	함) : 芟(삼) : 벨 삼	3330	3210	7369	2259
平聲 / 下平 : (027	侵	침) : 蔘(삼) : 삼 삼	3331	3042	7023	2260
平聲 / 下平 : (030	咸	함) : 衫(삼) : 적삼 삼	3332	3211	7370	2261
平聲 / 下平 : (027	侵	침) : 槮(삼) : 밋밋할 삼	3333	3043	7024	2262
平聲 / 下平 : (030	咸	함) : 縿(삼) : 깃발 삼	3335	3212	7371	2263
平聲 / 下平 : (030	咸	함) : 煔(삽) : 빛이성할 삽	3350	3213	7381	2264
平聲 / 下平 : (022	陽	양) : 倘*(상) : 어이가없을/반할 상	1439	2306	3069	2265

배열형식 D (四聲基準)				배열 A	배열 B	배열 C	배열 D
平仄 / 四聲 : (韻目No: 韻目) 韻族(독음): 字義				운족 가나순	운목 번호순	운목 가나순	사성순
平聲 / 下平 : (022	陽	양) : 傷(상)	: 다칠 상	3354	2364	3125	2266
平聲 / 下平 : (022	陽	양) : 償(상)	: 갚을 상	3356	2365	3126	2267
平聲 / 下平 : (022	陽	양) : 商(상)	: 장사 상	3357	2366	3127	2268
平聲 / 下平 : (022	陽	양) : 喪(상)	: 잃을 상	3358	2367	3128	2269
平聲 / 下平 : (022	陽	양) : 嘗(상)	: 맛볼 상	3359	2368	3129	2270
平聲 / 下平 : (022	陽	양) : 孀(상)	: 홀어미 상	3360	2369	3130	2271
平聲 / 下平 : (020	歌	가) : 峠(상)	: 고개/재 상	3362	2113	96	2272
平聲 / 下平 : (022	陽	양) : 常(상)	: 떳떳할 상	3363	2370	3131	2273
平聲 / 下平 : (022	陽	양) : 床(상)	: 상 상	3364	2371	3132	2274
平聲 / 下平 : (022	陽	양) : 庠(상)	: 학교 상	3365	2372	3133	2275
平聲 / 下平 : (022	陽	양) : 廂(상)	: 행랑 상	3366	2373	3134	2276
平聲 / 下平 : (022	陽	양) : 桑(상)	: 뽕나무 상	3368	2374	3135	2277
平聲 / 下平 : (022	陽	양) : 湘(상)	: 강이름 상	3370	2375	3136	2278
平聲 / 下平 : (022	陽	양) : 牀(상)	: 평상 상	3372	2376	3137	2279
平聲 / 下平 : (022	陽	양) : 相(상)	: 서로 상	3373	2377	3138	2280
平聲 / 下平 : (022	陽	양) : 祥(상)	: 상서 상	3374	2378	3139	2281
平聲 / 下平 : (022	陽	양) : 箱(상)	: 상자 상	3375	2379	3140	2282
平聲 / 下平 : (022	陽	양) : 翔(상)	: 날 상	3376	2380	3141	2283
平聲 / 下平 : (022	陽	양) : 裳(상)	: 치마 상	3377	2381	3142	2284
平聲 / 下平 : (022	陽	양) : 觴(상)	: 잔 상	3378	2382	3143	2285
平聲 / 下平 : (022	陽	양) : 詳(상)	: 자세할 상	3379	2383	3145	2286
平聲 / 下平 : (022	陽	양) : 霜(상)	: 서리 상	3383	2385	3146	2287
平聲 / 下平 : (022	陽	양) : 殤(상)	: 일찍죽을 상	3386	2386	3147	2288
平聲 / 下平 : (022	陽	양) : 湯*(상)	: 출렁거릴 상	6956	2470	3231	2289
平聲 / 下平 : (022	陽	양) : 嫦(상)	: 달에사는미인 상	3389	2387	3236	2290
平聲 / 下平 : (023	庚	경) : 牲(생)	: 희생 생	3403	2561	567	2291
平聲 / 下平 : (023	庚	경) : 生(생)	: 날 생	3404	2562	568	2292
平聲 / 下平 : (023	庚	경) : 甥(생)	: 생질 생	3405	2563	569	2293
平聲 / 下平 : (023	庚	경) : 笙(생)	: 생황 생	3406	2564	570	2294
平聲 / 下平 : (016	先	선) : 亘(선)	: 베풀 선	3490	1698	2215	2295
平聲 / 下平 : (016	先	선) : 單*(선)	: 이름/고을 선	1338	1676	2218	2296
平聲 / 下平 : (016	先	선) : 姍*(선)	: 옷이찰찰끌릴 선	3307	1696	2237	2297
平聲 / 下平 : (016	先	선) : 仙(선)	: 신선 선	3493	1699	2239	2298
平聲 / 下平 : (016	先	선) : 僊(선)	: 훨훨춤출/선인 선	3494	1700	2240	2299
平聲 / 下平 : (016	先	선) : 嬋(선)	: 고울 선	3497	1701	2241	2300
平聲 / 下平 : (016	先	선) : 宣(선)	: 베풀 선	3498	1702	2242	2301

배열형식 D (四聲基準)			배열 A	배열 B	배열 C	배열 D
平仄 / 四聲 : (韻目No: 韻目) 韻族(독음): 字義			운족 가나순	운목 번호순	운목 가나순	사성순
平聲 / 下平 : (016	先	선) : 琁(선) : 옥 선	3504	1703	2243	2302
平聲 / 下平 : (016	先	선) : 瑄(선) : 도리옥 선	3505	1704	2244	2303
平聲 / 下平 : (016	先	선) : 璇(선) : 옥 선	3506	1705	2245	2304
平聲 / 下平 : (016	先	선) : 璿(선) : 구슬 선	3507	1706	2246	2305
平聲 / 下平 : (016	先	선) : 船(선) : 배 선	3516	1708	2248	2306
平聲 / 下平 : (016	先	선) : 蟬(선) : 매미 선	3518	1709	2249	2307
平聲 / 下平 : (016	先	선) : 鮮(선) : 고울 선	3524	1710	2250	2308
平聲 / 下平 : (016	先	선) : 愃(선) : 쾌할 선	3527	1711	2251	2309
平聲 / 下平 : (016	先	선) : 廯(선) : 초막 선	3532	1712	2252	2310
平聲 / 下平 : (016	先	선) : 漩(선) : 소용돌이 선	3533	1713	2253	2311
平聲 / 下平 : (016	先	선) : 還*(선) : 돌/빠를 선	7676	1824	2365	2312
平聲 / 下平 : (029	鹽	염) : 暹(섬) : 햇살치밀 섬	3560	3156	3627	2313
平聲 / 下平 : (029	鹽	염) : 殲(섬) : 멸할 섬	3561	3157	3628	2314
平聲 / 下平 : (029	鹽	염) : 纖(섬) : 가늘 섬	3562	3158	3629	2315
平聲 / 下平 : (029	鹽	염) : 蟾(섬) : 두꺼비 섬	3563	3159	3630	2316
平聲 / 下平 : (029	鹽	염) : 憸(섬) : 아첨할 섬	3567	3160	3631	2317
平聲 / 下平 : (029	鹽	염) : 摻(섬) : 손길고울 섬	3569	3161	3632	2318
平聲 / 下平 : (029	鹽	염) : 棪(섬) : 데칠 섬	3572	3162	3633	2319
平聲 / 下平 : (023	庚	경) : 城(성) : 성/서울/보루 성	3582	2565	571	2320
平聲 / 下平 : (023	庚	경) : 宬(성) : 서고/창고 성	3584	2566	572	2321
平聲 / 下平 : (024	靑	청) : 惺(성) : 영리할/깰 성	3586	2718	6778	2322
平聲 / 下平 : (023	庚	경) : 成(성) : 이룰 성	3587	2567	573	2323
平聲 / 下平 : (024	靑	청) : 星(성) : 별 성	3588	2719	6779	2324
平聲 / 下平 : (023	庚	경) : 猩(성) : 성성이 성	3590	2568	574	2325
平聲 / 下平 : (023	庚	경) : 盛(성) : 성할 성	3591	2569	575	2326
平聲 / 下平 : (023	庚	경) : 筬(성) : 바디 성	3594	2570	576	2327
平聲 / 下平 : (023	庚	경) : 聲(성) : 소리 성	3596	2571	577	2328
平聲 / 下平 : (024	靑	청) : 腥(성) : 비릴 성	3597	2720	6780	2329
平聲 / 下平 : (023	庚	경) : 誠(성) : 정성 성	3598	2572	578	2330
平聲 / 下平 : (023	庚	경) : 騂(성) : 붉은말 성	3600	2573	579	2331
平聲 / 下平 : (023	庚	경) : 郕(성) : 땅이름 성	3602	2574	580	2332
平聲 / 下平 : (017	蕭	소) : 宵(소) : 밤 소	3631	1853	2613	2333
平聲 / 下平 : (018	肴	효) : 巢(소) : 새집 소	3634	1962	7805	2334
平聲 / 下平 : (019	豪	호) : 搔(소) : 긁을 소	3637	2031	7500	2335
平聲 / 下平 : (017	蕭	소) : 昭(소) : 밝을 소	3638	1854	2614	2336
平聲 / 下平 : (017	蕭	소) : 消(소) : 사라질 소	3642	1855	2615	2337

배열형식 D (四聲基準)			배열 A	배열 B	배열 C	배열 D
平仄 / 四聲 : (韻目No:	韻目)	韻族(독음): 字義	운족 가나순	운목 번호순	운목 가나순	사성순
平聲 / 下平 : (017	蕭	소) : 瀟(소) : 강이름 소	3645	1856	2616	2338
平聲 / 下平 : (017	蕭	소) : 簫(소) : 퉁소 소	3656	1857	2617	2339
平聲 / 下平 : (017	蕭	소) : 蕭(소) : 쑥/시끄러울 소	3660	1858	2618	2340
平聲 / 下平 : (017	蕭	소) : 逍(소) : 거닐 소	3663	1859	2619	2341
平聲 / 下平 : (017	蕭	소) : 銷(소) : 녹일 소	3666	1860	2620	2342
平聲 / 下平 : (017	蕭	소) : 韶(소) : 풍류이름 소	3667	1861	2621	2343
平聲 / 下平 : (019	豪	호) : 騷(소) : 떠들 소	3668	2032	7501	2344
平聲 / 下平 : (018	肴	효) : 捎(소) : 없앨 소	3673	1963	7806	2345
平聲 / 下平 : (019	豪	호) : 繅(소) : 고치실뽑을 소	3675	2033	7502	2346
平聲 / 下平 : (019	豪	호) : 艘(소) : 배 소	3677	2034	7503	2347
平聲 / 下平 : (017	蕭	소) : 蛸(소) : 갈거미 소	3678	1862	2622	2348
平聲 / 下平 : (017	蕭	소) : 霄(소) : 하늘 소	3680	1863	2623	2349
平聲 / 下平 : (017	蕭	소) : 魈(소) : 산의 요괴 소	3681	1864	2624	2350
平聲 / 下平 : (019	豪	호) : 慅(소) : 흔들릴 소	3682	2035	7504	2351
平聲 / 下平 : (017	蕭	소) : 柖(소) : 과녁/나무흔들릴 소	3684	1865	2625	2352
平聲 / 下平 : (019	豪	호) : 溞(소) : 쌀일 소	3686	2036	7505	2353
平聲 / 下平 : (017	蕭	소) : 痟(소) : 종기 소	3687	1866	2626	2354
平聲 / 下平 : (017	蕭	소) : 蠨(소) : 갈머리 소	3689	1867	2627	2355
平聲 / 下平 : (017	蕭	소) : 釗(소) : 힘쓸 소	3690	1868	2629	2356
平聲 / 下平 : (019	豪	호) : 繰*(소) : 고치켤 소	5876	2050	7519	2357
平聲 / 下平 : (017	蕭	소) : 哨*(소) : 잔말할 소	6578	1902	2663	2358
平聲 / 下平 : (026	尤	우) : 涑(수) : 빨래할/양치질할 수	3753	2914	4422	2359
平聲 / 下平 : (026	尤	우) : 修(수) : 닦을 수	3757	2915	4423	2360
平聲 / 下平 : (026	尤	우) : 囚(수) : 가둘 수	3761	2916	4424	2361
平聲 / 下平 : (026	尤	우) : 愁(수) : 근심 수	3767	2917	4425	2362
平聲 / 下平 : (026	尤	우) : 搜(수) : 찾을 수	3771	2918	4426	2363
平聲 / 下平 : (026	尤	우) : 收(수) : 거둘 수	3772	2919	4427	2364
平聲 / 下平 : (026	尤	우) : 羞(수) : 나갈/바칠 수	3795	2920	4428	2365
平聲 / 下平 : (026	尤	우) : 脩(수) : 포 수	3796	2921	4429	2366
平聲 / 下平 : (026	尤	우) : 蒐(수) : 모을 수	3798	2922	4430	2367
平聲 / 下平 : (026	尤	우) : 讐(수) : 짝/원수 수	3802	2923	4431	2368
平聲 / 下平 : (026	尤	우) : 酬(수) : 잔돌릴 수	3806	2924	4432	2369
平聲 / 下平 : (026	尤	우) : 叟(수) : 늙은이 수	3818	2925	4433	2370
平聲 / 下平 : (026	尤	우) : 售(수) : 팔 수	3819	2926	4434	2371
平聲 / 下平 : (026	尤	우) : 廋(수) : 숨길 수	3820	2927	4435	2372
平聲 / 下平 : (026	尤	우) : 泅(수) : 헤엄칠 수	3823	2928	4436	2373

배열형식 D (四聲基準)			배열 A	배열 B	배열 C	배열 D
平仄 / 四聲 : (韻目No: 韻目) 韻族(독음): 字義			운족 가나순	운목 번호순	운목 가나순	사성순
平聲 / 下平 : (026	尤	우) : 溲(수) : 오줌/반죽할 수	3824	2929	4437	2374
平聲 / 下平 : (026	尤	우) : 讎(수) : 원수 수	3831	2930	4438	2375
平聲 / 下平 : (026	尤	우) : 颼(수) : 바람소리 수	3834	2931	4439	2376
平聲 / 下平 : (017	蕭	소) : 脩(수) : 기쁠 수	3842	1870	2630	2377
平聲 / 下平 : (026	尤	우) : 鱐(수) : 어포 수	3844	2933	4441	2378
平聲 / 下平 : (025	蒸	증) : 丞(승) : 이을/도울/향상할 승	3936	2785	5630	2379
平聲 / 下平 : (025	蒸	증) : 僧(승) : 중 승	3938	2786	5631	2380
平聲 / 下平 : (025	蒸	증) : 升(승) : 되 승	3940	2787	5632	2381
平聲 / 下平 : (025	蒸	증) : 承(승) : 이을 승	3941	2788	5633	2382
平聲 / 下平 : (025	蒸	증) : 昇(승) : 오를 승	3942	2789	5634	2383
平聲 / 下平 : (025	蒸	증) : 繩(승) : 노끈 승	3943	2790	5635	2384
平聲 / 下平 : (025	蒸	증) : 蠅(승) : 파리 승	3944	2791	5636	2385
平聲 / 下平 : (025	蒸	증) : 鱦(승) : 물고기새끼 승	3948	2793	5638	2386
平聲 / 下平 : (027	侵	침) : 蟫*(심) : 움직일 심	1418	3034	7015	2387
平聲 / 下平 : (027	侵	침) : 尋(심) : 찾을 심	4048	3044	7025	2388
平聲 / 下平 : (027	侵	침) : 心(심) : 마음 심	4049	3045	7026	2389
平聲 / 下平 : (027	侵	침) : 諶(심) : 참 심	4054	3046	7027	2390
平聲 / 下平 : (027	侵	침) : 潯(심) : 물가 심	4055	3047	7028	2391
平聲 / 下平 : (027	侵	침) : 蕈(심) : 버섯 심	4058	3048	7029	2392
平聲 / 下平 : (029	鹽	염) : 鬵(심) : 가마솥 심	4060	3163	3634	2393
平聲 / 下平 : (027	侵	침) : 沈*(심) : 즙낼/성 심	6855	3064	7044	2394
平聲 / 下平 : (020	歌	가) : 俄(아) : 잠시/갑자기 아	4074	2115	98	2395
平聲 / 下平 : (020	歌	가) : 娥(아) : 예쁠 아	4079	2116	99	2396
平聲 / 下平 : (020	歌	가) : 峨(아) : 높을 아	4080	2117	100	2397
平聲 / 下平 : (021	麻	마) : 牙(아) : 어금니 아	4082	2213	1336	2398
平聲 / 下平 : (021	麻	마) : 芽(아) : 싹 아	4083	2214	1337	2399
平聲 / 下平 : (020	歌	가) : 莪(아) : 지칭개 아	4084	2118	101	2400
平聲 / 下平 : (020	歌	가) : 蛾(아) : 나방 아	4085	2119	102	2401
平聲 / 下平 : (021	麻	마) : 衙(아) : 마을 아	4086	2215	1338	2402
平聲 / 下平 : (020	歌	가) : 阿(아) : 언덕/아첨할 아	4088	2120	103	2403
平聲 / 下平 : (021	麻	마) : 鴉(아) : 갈가마귀 아	4092	2216	1339	2404
平聲 / 下平 : (020	歌	가) : 鵝(아) : 거위 아	4093	2121	104	2405
平聲 / 下平 : (021	麻	마) : 丫(아) : 가장귀 아	4094	2217	1340	2406
平聲 / 下平 : (020	歌	가) : 哦(아) : 읊을 아	4095	2122	105	2407
平聲 / 下平 : (020	歌	가) : 婀(아) : 아리따울 아	4096	2123	106	2408
平聲 / 下平 : (020	歌	가) : 痾(아) : 병 아	4097	2124	107	2409

배열형식 D (四聲基準)			배열 A	배열 B	배열 C	배열 D
平仄 / 四聲 : (韻目No:	韻目)	韻族(독음): 字義	운족 가나순	운목 번호순	운목 가나순	사성순
平聲 / 下平 : (021	麻	마) : 涯*(아) : 다할 아	4203	2219	1341	2410
平聲 / 下平 : (021	麻	마) : 枒(아) : 종려나무 아	4100	2218	1347	2411
平聲 / 下平 : (030	咸	함) : 岩(암) : 바위/산우뚝할 암	4158	3214	7372	2412
平聲 / 下平 : (030	咸	함) : 巖(암) : 바위 암	4159	3215	7374	2413
平聲 / 下平 : (028	覃	담) : 庵(암) : 암자/초막 암	4161	3113	947	2414
平聲 / 下平 : (030	咸	함) : 癌(암) : 암 암	4163	3217	7375	2415
平聲 / 下平 : (028	覃	담) : 菴(암) : 풀이름 암	4164	3114	948	2416
平聲 / 下平 : (028	覃	담) : 媕(암) : 머뭇거릴 암	4166	3115	949	2417
平聲 / 下平 : (028	覃	담) : 諳(암) : 욀 암	4167	3116	950	2418
平聲 / 下平 : (030	咸	함) : 黯(암) : 어두울/검을 암	4170	3218	7376	2419
平聲 / 下平 : (030	咸	함) : 嵒*(암) : 바위/산우뚝할 암	4172	3220	7377	2420
平聲 / 下平 : (030	咸	함) : 嵒(암) : 바위/가파를 암	4171	3219	7378	2421
平聲 / 下平 : (030	咸	함) : 碞(암) : 바위 암	4173	3221	7379	2422
平聲 / 下平 : (028	覃	담) : 韽(암) : 낮은소리 암	4174	3117	951	2423
平聲 / 下平 : (030	咸	함) : 麙(암) : 큰염소 암	4175	3222	7380	2424
平聲 / 下平 : (022	陽	양) : 央(앙) : 가운데 앙	4186	2388	3148	2425
平聲 / 下平 : (022	陽	양) : 昂(앙) : 밝을/들 앙	4188	2389	3149	2426
平聲 / 下平 : (022	陽	양) : 殃(앙) : 재앙 앙	4189	2390	3150	2427
平聲 / 下平 : (022	陽	양) : 秧(앙) : 모 앙	4190	2391	3151	2428
平聲 / 下平 : (022	陽	양) : 鴦(앙) : 원앙 앙	4191	2392	3152	2429
平聲 / 下平 : (022	陽	양) : 泱(앙) : 끝없을 앙	4192	2393	3153	2430
平聲 / 下平 : (022	陽	양) : 昻(앙) : 밝을 앙	4195	2394	3154	2431
平聲 / 下平 : (021	麻	마) : 碍(애) : 막을 애	4205	2220	1342	2432
平聲 / 下平 : (023	庚	경) : 櫻(앵) : 앵두나무 앵	4239	2575	581	2433
平聲 / 下平 : (023	庚	경) : 鶯(앵) : 꾀꼬리 앵	4241	2576	582	2434
平聲 / 下平 : (023	庚	경) : 鸚(앵) : 앵무새 앵	4242	2577	583	2435
平聲 / 下平 : (023	庚	경) : 嚶(앵) : 새소리 앵	4243	2578	584	2436
平聲 / 下平 : (023	庚	경) : 罃(앵) : 물독 앵	4244	2579	585	2437
平聲 / 下平 : (021	麻	마) : 斜*(야) : 고을이름 야	3224	2196	1318	2438
平聲 / 下平 : (021	麻	마) : 邪*(야) : 그런가/땅이름 야	3259	2205	1328	2439
平聲 / 下平 : (021	麻	마) : 揶(야) : 빈정거릴 야	4250	2221	1343	2440
平聲 / 下平 : (021	麻	마) : 椰(야) : 야자나무 야	4251	2222	1344	2441
平聲 / 下平 : (021	麻	마) : 爺(야) : 아비 야	4252	2223	1345	2442
平聲 / 下平 : (021	麻	마) : 耶(야) : 어조사 야	4253	2224	1346	2443
平聲 / 下平 : (022	陽	양) : 詳*(양) : 거짓 양	3380	2384	3144	2444
平聲 / 下平 : (022	陽	양) : 佯(양) : 거짓 양	4273	2395	3155	2445

배열형식 D (四聲基準)			배열 A	배열 B	배열 C	배열 D
平仄 / 四聲 : (韻目No:	韻目)	韻族(독음): 字義	운족 가나순	운목 번호순	운목 가나순	사성순
平聲 / 下平 : (022	陽	양) : 揚(양) : 날릴 양	4276	2396	3157	2446
平聲 / 下平 : (022	陽	양) : 攘(양) : 물리칠 양	4277	2397	3158	2447
平聲 / 下平 : (022	陽	양) : 敭(양) : 오를 양	4278	2398	3159	2448
平聲 / 下平 : (022	陽	양) : 暘(양) : 해돋이 양	4279	2399	3160	2449
平聲 / 下平 : (022	陽	양) : 楊(양) : 양 양	4280	2400	3161	2450
平聲 / 下平 : (022	陽	양) : 洋(양) : 큰바다 양	4283	2401	3162	2451
平聲 / 下平 : (022	陽	양) : 煬(양) : 쬘 양	4285	2402	3163	2452
平聲 / 下平 : (022	陽	양) : 瘍(양) : 두창/부스럼 양	4287	2403	3164	2453
平聲 / 下平 : (022	陽	양) : 禳(양) : 제사이름 양	4288	2404	3165	2454
平聲 / 下平 : (022	陽	양) : 穰(양) : 볏대 양	4289	2405	3166	2455
平聲 / 下平 : (022	陽	양) : 羊(양) : 양/노닐 양	4290	2406	3167	2456
平聲 / 下平 : (022	陽	양) : 襄(양) : 도울 양	4291	2407	3168	2457
平聲 / 下平 : (022	陽	양) : 陽(양) : 볕 양	4294	2408	3169	2458
平聲 / 下平 : (022	陽	양) : 烊(양) : 구울 양	4297	2409	3170	2459
平聲 / 下平 : (021	麻	마) : 癢(양) : 가려울 양	4298	2225	1348	2460
平聲 / 下平 : (022	陽	양) : 鑲(양) : 거푸집 양	4299	2410	3171	2461
平聲 / 下平 : (022	陽	양) : 颺(양) : 흩날릴 양	4300	2411	3172	2462
平聲 / 下平 : (022	陽	양) : 驤(양) : 머리들/달릴 양	4301	2412	3173	2463
平聲 / 下平 : (022	陽	양) : 嚷(양) : 외칠 양	4302	2413	3174	2464
平聲 / 下平 : (016	先	선) : 焉(언) : 어찌 언	4334	1716	2256	2465
平聲 / 下平 : (016	先	선) : 嫣(언) : 생긋생긋웃을 언	4337	1717	2257	2466
平聲 / 下平 : (016	先	선) : 鄢(언) : 고을이름 언	4339	1719	2259	2467
平聲 / 下平 : (030	咸	함) : 巖*(엄) : 높을 엄	4160	3216	7373	2468
平聲 / 下平 : (029	鹽	염) : 嚴(엄) : 엄할 엄	4350	3164	3635	2469
平聲 / 下平 : (029	鹽	염) : 淹(엄) : 담글 엄	4353	3165	3636	2470
平聲 / 下平 : (029	鹽	염) : 崦(엄) : 해지는산 엄	4354	3166	3637	2471
平聲 / 下平 : (029	鹽	염) : 醃(엄) : 절인 남새 엄	4356	3167	3638	2472
平聲 / 下平 : (028	覃	담) : 渰(엄) : 비구름일 엄	4357	3118	952	2473
平聲 / 下平 : (016	先	선) : 硏(연) : 연마할/궁구할 연	4417	1735	2275	2474
平聲 / 下平 : (016	先	선) : 羨*(연) : 광중길 연	3513	1707	2247	2475
平聲 / 下平 : (016	先	선) : 鬜*(연) : 성 연	4148	1714	2254	2476
平聲 / 下平 : (016	先	선) : 菸*(연) : 향초 연	4322	1715	2255	2477
平聲 / 下平 : (016	先	선) : 堧(연) : 빈터 연	4397	1720	2260	2478
平聲 / 下平 : (016	先	선) : 姸(연) : 고울 연	4398	1721	2261	2479
平聲 / 下平 : (016	先	선) : 娟(연) : 예쁠 연	4399	1722	2262	2480
平聲 / 下平 : (016	先	선) : 延(연) : 늘일 연	4401	1723	2263	2481

배열형식 D (四聲基準)			배열 A	배열 B	배열 C	배열 D
平仄 / 四聲 : (韻目No: 韻目) 韻族(독음): 字義			운족 가나순	운목 번호순	운목 가나순	사성순
平聲 / 下平 : (016	先	선) : 捐(연) : 버릴/덜 연	4402	1724	2264	2482
平聲 / 下平 : (016	先	선) : 挻(연) : 늘일 연	4403	1725	2265	2483
平聲 / 下平 : (016	先	선) : 椽(연) : 서까래 연	4404	1726	2266	2484
平聲 / 下平 : (016	先	선) : 沿(연) : 물따라갈/따를 연	4406	1727	2267	2485
平聲 / 下平 : (016	先	선) : 涎(연) : 침/물흐를 연	4407	1728	2268	2486
平聲 / 下平 : (016	先	선) : 涓(연) : 시내 연	4408	1729	2269	2487
平聲 / 下平 : (016	先	선) : 淵(연) : 못 연	4409	1730	2270	2488
平聲 / 下平 : (016	先	선) : 烟(연) : 연기/타는냄새 연	4411	1731	2271	2489
平聲 / 下平 : (016	先	선) : 然(연) : 그럴 연	4412	1732	2272	2490
平聲 / 下平 : (016	先	선) : 煙(연) : 연기/타는냄새 연	4413	1733	2273	2491
平聲 / 下平 : (016	先	선) : 燃(연) : 탈 연	4415	1734	2274	2492
平聲 / 下平 : (016	先	선) : 硏(연) : 갈 연	4418	1736	2276	2493
平聲 / 下平 : (016	先	선) : 筵(연) : 자리 연	4420	1737	2277	2494
平聲 / 下平 : (016	先	선) : 鉛(연) : 납 연	4427	1738	2278	2495
平聲 / 下平 : (016	先	선) : 鳶(연) : 소리개 연	4428	1739	2279	2496
平聲 / 下平 : (016	先	선) : 悁(연) : 분할/근심할 연	4430	1740	2280	2497
平聲 / 下平 : (016	先	선) : 妍(연) : 아름다울 연	4434	1741	2281	2498
平聲 / 下平 : (016	先	선) : 研(연) : 연지/목구멍 연	4435	1742	2282	2499
平聲 / 下平 : (016	先	선) : 蜎(연) : 벌레굼틀거릴 연	4437	1743	2283	2500
平聲 / 下平 : (016	先	선) : 蝝(연) : 메뚜기새끼 연	4439	1744	2284	2501
平聲 / 下平 : (029	鹽	염) : 枏*(염) : 매화나무 염	1208	3145	3617	2502
平聲 / 下平 : (029	鹽	염) : 厭(염) : 편할/싫을 염	4448	3168	3640	2503
平聲 / 下平 : (029	鹽	염) : 炎(염) : 불꽃 염	4452	3169	3641	2504
平聲 / 下平 : (029	鹽	염) : 閻(염) : 마을 염	4457	3170	3642	2505
平聲 / 下平 : (029	鹽	염) : 髥(염) : 구레나룻 염	4458	3171	3643	2506
平聲 / 下平 : (029	鹽	염) : 鹽(염) : 소금 염	4459	3172	3644	2507
平聲 / 下平 : (029	鹽	염) : 懕(염) : 편안할 염	4461	3173	3645	2508
平聲 / 下平 : (029	鹽	염) : 灩(염) : 물그득할 염	4463	3174	3646	2509
平聲 / 下平 : (023	庚	경) : 塋(영) : 무덤 영	4480	2580	586	2510
平聲 / 下平 : (023	庚	경) : 嶸(영) : 가파를 영	4481	2581	587	2511
平聲 / 下平 : (023	庚	경) : 楹(영) : 기둥 영	4485	2582	588	2512
平聲 / 下平 : (023	庚	경) : 榮(영) : 영화 영	4486	2583	589	2513
平聲 / 下平 : (023	庚	경) : 濚(영) : 물돌아나갈 영	4490	2584	590	2514
平聲 / 下平 : (023	庚	경) : 瀛(영) : 바다 영	4491	2585	591	2515
平聲 / 下平 : (023	庚	경) : 瀯(영) : 물흐를 영	4492	2586	592	2516
平聲 / 下平 : (023	庚	경) : 煐(영) : 빛날 영	4493	2587	593	2517

배열형식 D (四聲基準)			배열 A	배열 B	배열 C	배열 D
平仄 / 四聲 : (韻目No: 韻目) 韻族(독음): 字義			운족 가나순	운목 번호순	운목 가나순	사성순
平聲 / 下平 : (023	庚	경) : 營(영) : 경영할 영	4494	2588	594	2518
平聲 / 下平 : (023	庚	경) : 瑛(영) : 옥빛 영	4496	2589	596	2519
平聲 / 下平 : (023	庚	경) : 瓔(영) : 구슬목걸이 영	4497	2590	597	2520
平聲 / 下平 : (023	庚	경) : 盈(영) : 찰 영	4498	2591	598	2521
平聲 / 下平 : (023	庚	경) : 纓(영) : 갓끈 영	4500	2592	599	2522
平聲 / 下平 : (023	庚	경) : 英(영) : 꽃부리 영	4501	2593	600	2523
平聲 / 下平 : (023	庚	경) : 迎(영) : 맞을 영	4503	2594	601	2524
平聲 / 下平 : (023	庚	경) : 鍈(영) : 방울소리 영	4504	2595	602	2525
平聲 / 下平 : (023	庚	경) : 霙(영) : 진눈깨비 영	4505	2596	603	2526
平聲 / 下平 : (023	庚	경) : 嬴(영) : 찰흙 영	4506	2597	604	2527
平聲 / 下平 : (023	庚	경) : 嬰(영) : 아기 영	4507	2598	605	2528
平聲 / 下平 : (023	庚	경) : 縈(영) : 얽힐 영	4508	2599	606	2529
平聲 / 下平 : (023	庚	경) : 蠑(영) : 영원 영	4509	2600	607	2530
平聲 / 下平 : (023	庚	경) : 贏(영) : 남을 영	4510	2601	608	2531
平聲 / 下平 : (023	庚	경) : 籯(영) : 광주리 영	4513	2602	609	2532
平聲 / 下平 : (023	庚	경) : 瑩(영) : 밝을 영	4514	2603	673	2533
平聲 / 下平 : (023	庚	경) : 瑩(영) : 풍류이름 영	4515	2604	674	2534
平聲 / 下平 : (021	麻	마) : 吾(오) : 나 오	4560	2227	1350	2535
平聲 / 下平 : (019	豪	호) : 敖(오) : 놀 오	4573	2038	7507	2536
平聲 / 下平 : (019	豪	호) : 熬(오) : 볶을 오	4583	2039	7508	2537
平聲 / 下平 : (019	豪	호) : 獒(오) : 개 오	4584	2040	7509	2538
平聲 / 下平 : (019	豪	호) : 鰲(오) : 자라 오	4587	2041	7510	2539
平聲 / 下平 : (019	豪	호) : 鼇(오) : 자라(=鰲) 오	4588	2042	7511	2540
平聲 / 下平 : (018	肴	효) : 聱(오) : 듣지 아니할 오	4592	1964	7807	2541
平聲 / 下平 : (019	豪	호) : 遨(오) : 놀 오	4594	2043	7512	2542
平聲 / 下平 : (019	豪	호) : 鏖(오) : 무찌를 오	4595	2044	7513	2543
平聲 / 下平 : (018	肴	효) : 磝(오) : 돌많을 오	4602	1965	7808	2544
平聲 / 下平 : (019	豪	호) : 螯(오) : 집게발 오	4603	2045	7514	2545
平聲 / 下平 : (020	歌	가) : 濄*(와) : 물돌아칠 와	649	2085	69	2546
平聲 / 下平 : (021	麻	마) : 汚*(와) : 더러필 와	4578	2228	1351	2547
平聲 / 下平 : (020	歌	가) : 渦(와) : 소용돌이 와	4646	2125	108	2548
平聲 / 下平 : (020	歌	가) : 窩(와) : 보금자리/숨길 와	4648	2126	109	2549
平聲 / 下平 : (021	麻	마) : 窪(와) : 웅덩이 와	4649	2229	1352	2550
平聲 / 下平 : (021	麻	마) : 蛙(와) : 개구리 와	4651	2230	1353	2551
平聲 / 下平 : (020	歌	가) : 訛(와) : 잘못될 와	4655	2127	110	2552
平聲 / 下平 : (021	麻	마) : 鼃(와) : 개구리 와	4659	2232	1355	2553

배열형식 D (四聲基準)			배열 A	배열 B	배열 C	배열 D
平仄 / 四聲 : (韻目No: 韻目) 韻族(독음): 字義			운족 가나순	운목 번호순	운목 가나순	사성순
平聲 / 下平 : (021	痲	마) : 娃*(와) : 아름다울 와	4697	2233	1356	2554
平聲 / 下平 : (022	陽	양) : 汪(왕) : 넓을 왕	4691	2414	3175	2555
平聲 / 下平 : (022	陽	양) : 王(왕) : 임금 왕	4692	2415	3176	2556
平聲 / 下平 : (021	痲	마) : 哇*(왜) : 토할 왜	4657	2231	1354	2557
平聲 / 下平 : (020	歌	가) : 倭(왜) : 왜나라 왜	4694	2128	111	2558
平聲 / 下平 : (017	蕭	소) : 陶*(요) : 화락할 요	1521	1839	2600	2559
平聲 / 下平 : (017	蕭	소) : 僥(요) : 요행 요	4712	1871	2631	2560
平聲 / 下平 : (018	肴	효) : 凹(요) : 오목할 요	4713	1966	7809	2561
平聲 / 下平 : (017	蕭	소) : 堯(요) : 요임금 요	4714	1872	2632	2562
平聲 / 下平 : (017	蕭	소) : 妖(요) : 요사할 요	4716	1873	2633	2563
平聲 / 下平 : (017	蕭	소) : 姚(요) : 예쁠 요	4717	1874	2634	2564
平聲 / 下平 : (017	蕭	소) : 窔(요) : 예쁠 요	4718	1875	2635	2565
平聲 / 下平 : (017	蕭	소) : 嶢(요) : 높을 요	4719	1876	2636	2566
平聲 / 下平 : (017	蕭	소) : 橈(요) : 굽을 요	4724	1877	2637	2567
平聲 / 下平 : (017	蕭	소) : 瑤(요) : 아름다운옥 요	4727	1878	2638	2568
平聲 / 下平 : (017	蕭	소) : 窯(요) : 가마 요	4729	1879	2639	2569
平聲 / 下平 : (017	蕭	소) : 繇(요) : 따를 요	4730	1880	2640	2570
平聲 / 下平 : (017	蕭	소) : 腰(요) : 허리 요	4734	1881	2641	2571
平聲 / 下平 : (017	蕭	소) : 蟯(요) : 요충 요	4735	1882	2642	2572
平聲 / 下平 : (017	蕭	소) : 謠(요) : 노래 요	4737	1883	2643	2573
平聲 / 下平 : (017	蕭	소) : 遙(요) : 멀 요	4738	1884	2644	2574
平聲 / 下平 : (017	蕭	소) : 邀(요) : 맞이할 요	4739	1885	2645	2575
平聲 / 下平 : (017	蕭	소) : 饒(요) : 넉넉할 요	4740	1886	2646	2576
平聲 / 下平 : (017	蕭	소) : 澆(요) : 물 댈 요	4741	1887	2647	2577
平聲 / 下平 : (017	蕭	소) : 么(요) : 접미사 요	4745	1888	2648	2578
平聲 / 下平 : (017	蕭	소) : 吆(요) : 뱉을 요	4746	1889	2649	2579
平聲 / 下平 : (017	蕭	소) : 愮(요) : 두려워할 요	4747	1890	2650	2580
平聲 / 下平 : (026	尤	우) : 區*(우) : 저울눈/숨길 우	824	2826	4337	2581
平聲 / 下平 : (026	尤	우) : 優(우) : 넉넉할 우	4797	2936	4444	2582
平聲 / 下平 : (026	尤	우) : 尤(우) : 더욱 우	4803	2937	4445	2583
平聲 / 下平 : (026	尤	우) : 憂(우) : 근심 우	4805	2938	4446	2584
平聲 / 下平 : (026	尤	우) : 牛(우) : 소 우	4807	2939	4447	2585
平聲 / 下平 : (026	尤	우) : 郵(우) : 우편 우	4821	2940	4448	2586
平聲 / 下平 : (026	尤	우) : 疣(우) : 사마귀 우	4828	2941	4449	2587
平聲 / 下平 : (026	尤	우) : 麀(우) : 암사슴 우	4832	2942	4450	2588
平聲 / 下平 : (026	尤	우) : 樞*(우) : 느릅나무 우	6677	2993	4500	2589

배열형식 D (四聲基準)			배열 A	배열 B	배열 C	배열 D
平仄 / 四聲 : (韻目No: 韻目)		韻族(독음): 字義	운족 가나순	운목 번호순	운목 가나순	사성순
平聲 / 下平 : (016	先	선) : 隕*(원) : 고를 운 원	4873	1745	2286	2590
平聲 / 下平 : (016	先	선) : 員(원) : 관원/둥글 원	4876	1746	2287	2591
平聲 / 下平 : (016	先	선) : 圓(원) : 둥글 원	4878	1747	2288	2592
平聲 / 下平 : (016	先	선) : 湲(원) : 물흐를 원	4889	1748	2289	2593
平聲 / 下平 : (016	先	선) : 圜(원) : 둥글/옥담 원	4904	1749	2290	2594
平聲 / 下平 : (016	先	선) : 蜎(위) : 고습도치 위	4943	1750	2291	2595
平聲 / 下平 : (026	尤	우) : 繇*(유) : 부드러울 유	4731	2934	4442	2596
平聲 / 下平 : (026	尤	우) : 舀*(유) : 절구확긁어낼 유	4749	2935	4443	2597
平聲 / 下平 : (026	尤	우) : 幽(유) : 그윽할 유	4984	2943	4451	2598
平聲 / 下平 : (026	尤	우) : 悠(유) : 멀 유	4986	2944	4452	2599
平聲 / 下平 : (026	尤	우) : 攸(유) : 바 유	4992	2946	4454	2600
平聲 / 下平 : (026	尤	우) : 柔(유) : 부드러울 유	4994	2947	4455	2601
平聲 / 下平 : (026	尤	우) : 楢(유) : 졸참나무 유	4998	2948	4456	2602
平聲 / 下平 : (026	尤	우) : 油(유) : 기름 유	4999	2949	4457	2603
平聲 / 下平 : (026	尤	우) : 游(유) : 헤엄칠 유	5001	2950	4458	2604
平聲 / 下平 : (026	尤	우) : 猶(유) : 오히려 유	5003	2951	4459	2605
平聲 / 下平 : (026	尤	우) : 猷(유) : 꾀할 유	5004	2952	4460	2606
平聲 / 下平 : (026	尤	우) : 由(유) : 말미암을 유	5006	2953	4461	2607
平聲 / 下平 : (026	尤	우) : 蹂(유) : 밟을 유	5015	2954	4462	2608
平聲 / 下平 : (026	尤	우) : 遊(유) : 놀 유	5016	2955	4463	2609
平聲 / 下平 : (026	尤	우) : 鍮(유) : 자연동/놋쇠 유	5021	2956	4464	2610
平聲 / 下平 : (026	尤	우) : 呦(유) : 울 유	5022	2957	4465	2611
平聲 / 下平 : (026	尤	우) : 揉(유) : 주무를 유	5028	2958	4466	2612
平聲 / 下平 : (026	尤	우) : 斿(유) : 깃발 유	5029	2959	4467	2613
平聲 / 下平 : (026	尤	우) : 蚰(유) : 땅지네/노래기 유	5037	2960	4468	2614
平聲 / 下平 : (026	尤	우) : 蝤(유) : 큰게 유	5038	2961	4469	2615
平聲 / 下平 : (026	尤	우) : 槱(유) : 태울 유	5051	2964	4472	2616
平聲 / 下平 : (026	尤	우) : 蝚(유) : 땅강아지 유	5059	2965	4473	2617
平聲 / 下平 : (026	尤	우) : 輶(유) : 미끄러질 유	5063	2966	4474	2618
平聲 / 下平 : (027	侵	침) : 玪*(음) : 옥돌 음	147	3021	7002	2619
平聲 / 下平 : (027	侵	침) : 蟫*(음) : 좀 음	1419	3035	7016	2620
平聲 / 下平 : (027	侵	침) : 淫(음) : 음란할 음	5114	3050	7030	2621
平聲 / 下平 : (027	侵	침) : 陰(음) : 그늘 음	5116	3051	7031	2622
平聲 / 下平 : (027	侵	침) : 音(음) : 소리 음	5117	3052	7032	2623
平聲 / 下平 : (027	侵	침) : 瘖(음) : 벙어리 음	5119	3053	7033	2624
平聲 / 下平 : (027	侵	침) : 岑*(음) : 기슭/언덕 음	5404	3058	7038	2625

배열형식 D (四聲基準)				배열 A	배열 B	배열 C	배열 D
平仄 / 四聲 : (韻目No: 韻目) 韻族(독음): 字義				운족 가나순	운목 번호순	운목 가나순	사성순
平聲 / 下平 : (025	蒸	증): 凝(응)	: 엉길 응	5130	2794	5639	2626
平聲 / 下平 : (025	蒸	증): 膺(응)	: 가슴 응	5132	2795	5640	2627
平聲 / 下平 : (025	蒸	증): 鷹(응)	: 매 응	5133	2796	5641	2628
平聲 / 下平 : (025	蒸	증): 疑*(응)	: 정할 응	5150	2797	5642	2629
平聲 / 下平 : (022	陽	양): 薏(의)	: 연밥 의	5154	2416	3177	2630
平聲 / 下平 : (016	先	선): 咽(인)	: 목구멍 인	5246	1751	2292	2631
平聲 / 下平 : (027	侵	침): 壬(임)	: 맡길 임	5285	3054	7034	2632
平聲 / 下平 : (027	侵	침): 妊(임)	: 아이밸 임	5286	3055	7035	2633
平聲 / 下平 : (027	侵	침): 姙(임)	: 아이밸 임	5287	3056	7036	2634
平聲 / 下平 : (025	蒸	증): 仍(잉)	: 인할 잉	5300	2798	5643	2635
平聲 / 下平 : (025	蒸	증): 芿(잉)	: 새풀싹 잉	5303	2799	5644	2636
平聲 / 下平 : (025	蒸	증): 扔(잉)	: 당길 잉	5305	2800	5645	2637
平聲 / 下平 : (016	先	선): 孱(잔)	: 약할/높이솟은모양 잔	5395	1753	2294	2638
平聲 / 下平 : (028	覃	담): 湛*(잠)	: 편안할/맑을 잠	1397	3090	926	2639
平聲 / 下平 : (027	侵	침): 岑(잠)	: 봉우리 잠	5403	3057	7037	2640
平聲 / 下平 : (029	鹽	염): 潛(잠)	: 잠길 잠	5406	3175	3647	2641
平聲 / 下平 : (027	侵	침): 箴(잠)	: 바늘/침 잠	5407	3059	7039	2642
平聲 / 下平 : (027	侵	침): 簪(잠)	: 비녀 잠	5408	3060	7040	2643
平聲 / 下平 : (028	覃	담): 蠶(잠)	: 누에/누에칠 잠	5409	3119	953	2644
平聲 / 下平 : (027	侵	침): 涔(잠)	: 괸물 잠	5410	3061	7041	2645
平聲 / 下平 : (022	陽	양): 場(장)	: 마당 장	5422	2417	3178	2646
平聲 / 下平 : (022	陽	양): 墻(장)	: 담(牆)/사모할 장	5423	2418	3179	2647
平聲 / 下平 : (022	陽	양): 將(장)	: 장수 장	5425	2419	3180	2648
平聲 / 下平 : (022	陽	양): 庄(장)	: 전장 장	5427	2420	3181	2649
平聲 / 下平 : (022	陽	양): 張(장)	: 베풀 장	5428	2421	3182	2650
平聲 / 下平 : (022	陽	양): 暲(장)	: 밝을 장	5430	2422	3183	2651
平聲 / 下平 : (022	陽	양): 樟(장)	: 녹나무 장	5432	2423	3184	2652
平聲 / 下平 : (022	陽	양): 檣(장)	: 돛대 장	5433	2424	3185	2653
平聲 / 下平 : (022	陽	양): 欌(장)	: 장롱 장	5434	2425	3186	2654
平聲 / 下平 : (022	陽	양): 漿(장)	: 미음 장	5435	2426	3187	2655
平聲 / 下平 : (022	陽	양): 牆(장)	: 담/사모할 장	5436	2427	3188	2656
平聲 / 下平 : (022	陽	양): 獐(장)	: 노루 장	5437	2428	3189	2657
平聲 / 下平 : (022	陽	양): 璋(장)	: 홀 장	5438	2429	3190	2658
平聲 / 下平 : (022	陽	양): 章(장)	: 글 장	5439	2430	3191	2659
平聲 / 下平 : (022	陽	양): 粧(장)	: 단장할 장	5440	2431	3192	2660
平聲 / 下平 : (022	陽	양): 腸(장)	: 창자 장	5441	2432	3193	2661

배열형식 D (四聲基準)			배열 A	배열 B	배열 C	배열 D
平仄 / 四聲 : (韻目No:	韻目)	韻族(독음): 字義	운족 가나순	운목 번호순	운목 가나순	사성순
平聲 / 下平 : (022	陽	양) : 臧(장) : 착할 장	5443	2433	3194	2662
平聲 / 下平 : (022	陽	양) : 莊(장) : 씩씩할 장	5444	2434	3195	2663
平聲 / 下平 : (022	陽	양) : 蔣(장) : 성 장	5446	2435	3196	2664
平聲 / 下平 : (022	陽	양) : 薔(장) : 장미 장	5447	2436	3197	2665
平聲 / 下平 : (022	陽	양) : 藏(장) : 감출 장	5448	2437	3198	2666
平聲 / 下平 : (022	陽	양) : 裝(장) : 꾸밀 장	5449	2438	3199	2667
平聲 / 下平 : (022	陽	양) : 贓(장) : 장물 장	5450	2439	3200	2668
平聲 / 下平 : (022	陽	양) : 長(장) : 긴/어른 장	5452	2440	3201	2669
平聲 / 下平 : (022	陽	양) : 障(장) : 막을 장	5453	2441	3202	2670
平聲 / 下平 : (022	陽	양) : 妝(장) : 꾸밀 장	5455	2442	3203	2671
平聲 / 下平 : (022	陽	양) : 戕(장) : 죽일 장	5456	2443	3204	2672
平聲 / 下平 : (022	陽	양) : 漳(장) : 강이름 장	5457	2444	3205	2673
平聲 / 下平 : (022	陽	양) : 牂(장) : 배를 매는 말뚝 장	5458	2445	3206	2674
平聲 / 下平 : (022	陽	양) : 萇(장) : 나무이름 장	5460	2446	3207	2675
平聲 / 下平 : (022	陽	양) : 鄣(장) : 막을 장	5462	2447	3208	2676
平聲 / 下平 : (022	陽	양) : 鏘(장) : 금옥 소리 장	5463	2448	3209	2677
平聲 / 下平 : (022	陽	양) : 斨(장) : 도끼 장	5464	2449	3210	2678
平聲 / 下平 : (023	庚	경) : 瞠*(쟁) : 똑바로볼 쟁	1446	2537	538	2679
平聲 / 下平 : (023	庚	경) : 鏳*(쟁) : 북소리 쟁	1450	2538	540	2680
平聲 / 下平 : (023	庚	경) : 爭(쟁) : 다툴 쟁	5490	2605	610	2681
平聲 / 下平 : (023	庚	경) : 箏(쟁) : 쟁 쟁	5491	2606	611	2682
平聲 / 下平 : (023	庚	경) : 錚(쟁) : 쇳소리 쟁	5493	2607	612	2683
平聲 / 下平 : (023	庚	경) : 崢(쟁) : 가파를 쟁	5494	2608	613	2684
平聲 / 下平 : (023	庚	경) : 猙(쟁) : 개털 쟁	5495	2609	614	2685
平聲 / 下平 : (023	庚	경) : 琤(쟁) : 옥소리 쟁	5496	2610	615	2686
平聲 / 下平 : (023	庚	경) : 鎗(쟁) : 쇳소리 쟁	5497	2611	616	2687
平聲 / 下平 : (023	庚	경) : 丁*(쟁) : 나무베는소리 쟁	5708	2612	617	2688
平聲 / 下平 : (024	靑	청) : 玎(쟁) : 옥소리 쟁	5499	2722	6789	2689
平聲 / 下平 : (023	庚	경) : 槍*(쟁) : 혜성 쟁	6384	2647	647	2690
平聲 / 下平 : (023	庚	경) : 綪*(쟁) : 고낼 쟁	6496	2648	648	2691
平聲 / 下平 : (021	痲	마) : 罝(저) : 짐승 저	5541	2234	1358	2692
平聲 / 下平 : (016	先	선) : 纏(전) : 홑옷 전	5590	1754	2220	2693
平聲 / 下平 : (016	先	선) : 佺(전) : 신선이름 전	5593	1755	2295	2694
平聲 / 下平 : (016	先	선) : 全(전) : 온전 전	5595	1756	2296	2695
平聲 / 下平 : (016	先	선) : 前(전) : 앞 전	5597	1757	2297	2696
平聲 / 下平 : (016	先	선) : 剪(전) : 가위 전	5598	1758	2298	2697

배열형식 D (四聲基準)			배열 A	배열 B	배열 C	배열 D
平仄 / 四聲 : (韻目No:	韻目)	韻族(독음): 字義	운족 가나순	운목 번호순	운목 가나순	사성순
平聲 / 下平 : (016	先	선) : 塼(전) : 벽돌 전	5599	1759	2299	2698
平聲 / 下平 : (016	先	선) : 專(전) : 오로지 전	5601	1760	2300	2699
平聲 / 下平 : (016	先	선) : 廛(전) : 터 전	5603	1761	2301	2700
平聲 / 下平 : (016	先	선) : 悛(전) : 고칠 전	5604	1762	2302	2701
平聲 / 下平 : (016	先	선) : 栓(전) : 나무못 전	5606	1763	2303	2702
平聲 / 下平 : (016	先	선) : 氈(전) : 모전 전	5608	1764	2304	2703
平聲 / 下平 : (016	先	선) : 田(전) : 밭 전	5611	1765	2305	2704
平聲 / 下平 : (016	先	선) : 癲(전) : 미칠 전	5614	1766	2306	2705
平聲 / 下平 : (016	先	선) : 筌(전) : 통발 전	5615	1767	2307	2706
平聲 / 下平 : (016	先	선) : 箋(전) : 찌 전	5616	1768	2308	2707
平聲 / 下平 : (016	先	선) : 詮(전) : 설명할 전	5620	1769	2309	2708
平聲 / 下平 : (016	先	선) : 銓(전) : 저울 전	5625	1770	2310	2709
平聲 / 下平 : (016	先	선) : 錢(전) : 돈 전	5626	1771	2311	2710
平聲 / 下平 : (016	先	선) : 鐫(전) : 새길/송곳 전	5627	1772	2312	2711
平聲 / 下平 : (016	先	선) : 巓(전) : 산꼭대기 전	5635	1773	2313	2712
平聲 / 下平 : (016	先	선) : 旃(전) : 기/깃발 전	5636	1774	2314	2713
平聲 / 下平 : (016	先	선) : 湔(전) : 씻을 전	5637	1775	2315	2714
平聲 / 下平 : (016	先	선) : 畋(전) : 밭갈/사냥할 전	5640	1776	2316	2715
平聲 / 下平 : (016	先	선) : 痊(전) : 병나을 전	5641	1777	2317	2716
平聲 / 下平 : (016	先	선) : 磚(전) : 벽돌 전	5642	1778	2318	2717
平聲 / 下平 : (016	先	선) : 羶(전) : 누린내 전	5643	1779	2319	2718
平聲 / 下平 : (016	先	선) : 荃(전) : 두터울 전	5646	1780	2320	2719
平聲 / 下平 : (016	先	선) : 躔(전) : 궤도 전	5647	1781	2321	2720
平聲 / 下平 : (016	先	선) : 顓(전) : 어리석을/오로지 전	5650	1782	2322	2721
平聲 / 下平 : (016	先	선) : 鱣(전) : 철갑상어 전	5652	1783	2323	2722
平聲 / 下平 : (016	先	선) : 鸇(전) : 새매 전	5653	1784	2324	2723
平聲 / 下平 : (016	先	선) : 巔(전) : 산꼭대기 전	5654	1785	2325	2724
平聲 / 下平 : (016	先	선) : 拴(전) : 묶을 전	5655	1786	2326	2725
平聲 / 下平 : (016	先	선) : 旜(전) : 기 전	5656	1787	2327	2726
平聲 / 下平 : (016	先	선) : 瀍(전) : 강이름 전	5657	1788	2328	2727
平聲 / 下平 : (016	先	선) : 牷(전) : 희생할 전	5658	1789	2329	2728
平聲 / 下平 : (016	先	선) : 縓(전) : 붉은빛/비단 전	5660	1790	2330	2729
平聲 / 下平 : (016	先	선) : 葥(전) : 질경이 전	5661	1791	2331	2730
平聲 / 下平 : (016	先	선) : 闐(전) : 찰/성할 전	5662	1792	2333	2731
平聲 / 下平 : (016	先	선) : 顚(전) : 머리 전	5664	1794	2334	2732
平聲 / 下平 : (016	先	선) : 饘(전) : 죽 전	5665	1795	2335	2733

배열형식 D (四聲基準)			배열 A	배열 B	배열 C	배열 D
平仄 / 四聲 : (韻目No:	韻目)	韻族(독음): 字義	운족 가나순	운목 번호순	운목 가나순	사성순
平聲 / 下平 : (016	先	선) : 鱄(전) : 정어/숭어 전	5666	1796	2336	2734
平聲 / 下平 : (016	先	선) : 竣*(전) : 마칠/물러설 전	6068	1797	2337	2735
平聲 / 下平 : (029	鹽	염) : 占(점) : 점령할/점칠 점	5683	3176	3648	2736
平聲 / 下平 : (029	鹽	염) : 粘(점) : 끈끈할 점	5687	3177	3649	2737
平聲 / 下平 : (029	鹽	염) : 霑(점) : 젖을 점	5688	3178	3650	2738
平聲 / 下平 : (029	鹽	염) : 鮎(점) : 메기 점	5689	3179	3651	2739
平聲 / 下平 : (029	鹽	염) : 佔(점) : 볼 점	5691	3180	3652	2740
平聲 / 下平 : (029	鹽	염) : 黏(점) : 붙일/풀/차질 점	5696	3181	3654	2741
平聲 / 下平 : (029	鹽	염) : 炶*(점) : 태울 점	3351	3155	3655	2742
平聲 / 下平 : (024	靑	청) : 丁(정) : 사나이 정	5707	2724	6784	2743
平聲 / 下平 : (024	靑	청) : 亭(정) : 정자 정	5710	2725	6785	2744
平聲 / 下平 : (024	靑	청) : 停(정) : 머무를 정	5711	2726	6786	2745
平聲 / 下平 : (023	庚	경) : 偵(정) : 염탐할 정	5712	2613	618	2746
平聲 / 下平 : (023	庚	경) : 呈(정) : 드릴 정	5713	2614	619	2747
平聲 / 下平 : (023	庚	경) : 征(정) : 칠/갈 정	5718	2615	620	2748
平聲 / 下平 : (023	庚	경) : 情(정) : 뜻 정	5719	2616	621	2749
平聲 / 下平 : (023	庚	경) : 旌(정) : 기 정	5723	2617	622	2750
平聲 / 下平 : (023	庚	경) : 晶(정) : 맑을 정	5724	2618	623	2751
平聲 / 下平 : (023	庚	경) : 楨(정) : 광나무 정	5726	2619	624	2752
平聲 / 下平 : (023	庚	경) : 檉(정) : 위성류 정	5727	2620	625	2753
平聲 / 下平 : (023	庚	경) : 正(정) : 바를 정	5728	2621	626	2754
平聲 / 下平 : (024	靑	청) : 汀(정) : 물가 정	5729	2727	6787	2755
平聲 / 下平 : (024	靑	청) : 渟(정) : 물괼 정	5732	2728	6788	2756
平聲 / 下平 : (023	庚	경) : 湞(정) : 강이름 정	5733	2622	627	2757
平聲 / 下平 : (023	庚	경) : 烝(정) : 빛날 정	5735	2623	628	2758
平聲 / 下平 : (024	靑	청) : 玎*(정) : 옥소리 정	5500	2723	6790	2759
平聲 / 下平 : (023	庚	경) : 珽(정) : 옥이름 정	5736	2624	629	2760
平聲 / 下平 : (024	靑	청) : 町(정) : 밭두둑 정	5737	2729	6791	2761
平聲 / 下平 : (023	庚	경) : 睛(정) : 눈알 정	5738	2625	630	2762
平聲 / 下平 : (023	庚	경) : 禎(정) : 상서로울 정	5740	2626	631	2763
平聲 / 下平 : (023	庚	경) : 程(정) : 길 정	5741	2627	632	2764
平聲 / 下平 : (023	庚	경) : 精(정) : 정할/자세할 정	5743	2628	633	2765
平聲 / 下平 : (024	靑	청) : 綎(정) : 띠술 정	5744	2730	6792	2766
平聲 / 下平 : (023	庚	경) : 貞(정) : 곧을 정	5747	2629	634	2767
平聲 / 下平 : (023	庚	경) : 鉦(정) : 징 정	5751	2630	635	2768
平聲 / 下平 : (024	靑	청) : 霆(정) : 천둥소리 정	5754	2731	6793	2769

배열형식 D (四聲基準)			배열 A	배열 B	배열 C	배열 D
平仄 / 四聲 : (韻目No: 韻目) 韻族(독음): 字義			운족 가나순	운목 번호순	운목 가나순	사성순
平聲 / 下平 : (024	靑	청) : 叮(정) : 정성스러울 정	5759	2732	6794	2770
平聲 / 下平 : (024	靑	청) : 婷(정) : 예쁠 정	5760	2733	6795	2771
平聲 / 下平 : (023	庚	경) : 怔(정) : 두려워할 정	5761	2631	636	2772
平聲 / 下平 : (024	靑	청) : 桯(정) : 솥 정	5762	2734	6796	2773
平聲 / 下平 : (023	庚	경) : 棖(정) : 문설주 정	5763	2632	637	2774
平聲 / 下平 : (023	庚	경) : 珵(정) : 솥 정	5764	2633	638	2775
平聲 / 下平 : (024	靑	청) : 筳(정) : 줄기 정	5765	2735	6797	2776
平聲 / 下平 : (024	靑	청) : 伃(정) : 외로울 정	5768	2736	6798	2777
平聲 / 下平 : (023	庚	경) : 盯(정) : 바로볼 정	5772	2634	639	2778
平聲 / 下平 : (023	庚	경) : 睜(정) : 싫어하는눈빛 정	5773	2635	640	2779
平聲 / 下平 : (023	庚	경) : 箐(정) : 바구니 정	5774	2636	641	2780
平聲 / 下平 : (024	靑	청) : 虰(정) : 잠자리 정	5778	2737	6799	2781
平聲 / 下平 : (024	靑	청) : 蜓(정) : 잠자리 정	5780	2738	6800	2782
平聲 / 下平 : (023	庚	경) : 裎(정) : 벌거숭이 정	5782	2638	643	2783
平聲 / 下平 : (023	庚	경) : 赬(정) : 붉을 정	5783	2639	644	2784
平聲 / 下平 : (024	靑	청) : 鞓(정) : 가죽띠 정	5785	2739	6801	2785
平聲 / 下平 : (024	靑	청) : 鼮(정) : 쥐 정	5788	2740	6802	2786
平聲 / 下平 : (023	庚	경) : 菁(정) : 부추꽃 정	5789	2640	651	2787
平聲 / 下平 : (023	庚	경) : 鯖(정) : 열구자 정	5791	2641	652	2788
平聲 / 下平 : (024	靑	청) : 凊(정) : 서늘할 정	5793	2742	6806	2789
平聲 / 下平 : (019	豪	호) : 跳*(조) : 뛸/끌어낼 조	1513	2012	7482	2790
平聲 / 下平 : (017	蕭	소) : 敦*(조) : 아로새길 조	1572	1840	2601	2791
平聲 / 下平 : (026	尤	우) : 蓧*(조) : 싹 조	3843	2932	4440	2792
平聲 / 下平 : (017	蕭	소) : 凋(조) : 시들 조	5843	1891	2652	2793
平聲 / 下平 : (018	肴	효) : 嘲(조) : 비웃을 조	5845	1967	7810	2794
平聲 / 下平 : (017	蕭	소) : 彫(조) : 새길 조	5848	1892	2653	2795
平聲 / 下平 : (017	蕭	소) : 晁(조) : 아침 조	5853	1893	2654	2796
平聲 / 下平 : (019	豪	호) : 曹(조) : 성 조	5854	2047	7516	2797
平聲 / 下平 : (017	蕭	소) : 朝(조) : 아침 조	5855	1894	2655	2798
平聲 / 下平 : (017	蕭	소) : 條(조) : 가지 조	5856	1895	2656	2799
平聲 / 下平 : (019	豪	호) : 槽(조) : 구유 조	5858	2048	7517	2800
平聲 / 下平 : (017	蕭	소) : 潮(조) : 조수 조	5860	1896	2657	2801
平聲 / 下平 : (021	痲	마) : 祖(조) : 할아비 조	5866	2236	1360	2802
平聲 / 下平 : (026	尤	우) : 稠(조) : 빽빽할 조	5869	2967	4475	2803
平聲 / 下平 : (019	豪	호) : 糟(조) : 지게미 조	5873	2049	7518	2804
平聲 / 下平 : (019	豪	호) : 遭(조) : 만날 조	5885	2051	7520	2805

배열형식 D (四聲基準)			배열 A	배열 B	배열 C	배열 D
平仄 / 四聲 : (韻目No: 韻目) 韻族(독음): 字義			운족 가나순	운목 번호순	운목 가나순	사성순
平聲 / 下平 : (017	蕭	소) : 雕(조) : 독수리 조	5888	1897	2658	2806
平聲 / 下平 : (017	蕭	소) : 刁(조) : 바라 조	5891	1898	2659	2807
平聲 / 下平 : (017	蕭	소) : 祧(조) : 조묘 조	5901	1899	2660	2808
平聲 / 下平 : (019	豪	호) : 絛(조) : 끈 조	5906	2052	7521	2809
平聲 / 下平 : (019	豪	호) : 臊(조) : 누린내 조	5908	2053	7522	2810
平聲 / 下平 : (017	蕭	소) : 蜩(조) : 매미 조	5909	1900	2661	2811
平聲 / 下平 : (017	蕭	소) : 銚(조) : 가래/쟁기 조	5910	1901	2662	2812
平聲 / 下平 : (018	肴	효) : 啁(조) : 지꺼릴 조	5911	1968	7811	2813
平聲 / 下平 : (018	肴	효) : 罩(조) : 산대그물 조	5912	1969	7812	2814
平聲 / 下平 : (026	尤	우) : 鯈(조) : 피리/피라미 조	5921	2968	4477	2815
平聲 / 下平 : (019	豪	호) : 悰*(종) : 꾀할/생각할 종	5925	2054	7523	2816
平聲 / 下平 : (026	尤	우) : 篵(종) : 공후(악기명) 종	5974	2970	4526	2817
平聲 / 下平 : (021	麻	마) : 髽(좌) : 북상투 좌	5980	2238	1362	2818
平聲 / 下平 : (020	歌	가) : 銼(좌) : 술고리 좌	5981	2129	112	2819
平聲 / 下平 : (026	尤	우) : 啁*(주) : 새소리 주	5984	2971	4476	2820
平聲 / 下平 : (026	尤	우) : 鯈*(주) : 송사리 주	5922	2969	4478	2821
平聲 / 下平 : (026	尤	우) : 周(주) : 두루 주	5993	2972	4479	2822
平聲 / 下平 : (026	尤	우) : 州(주) : 고을 주	5996	2973	4480	2823
平聲 / 下平 : (026	尤	우) : 洲(주) : 물가 주	6003	2974	4481	2824
平聲 / 下平 : (026	尤	우) : 疇(주) : 이랑 주	6008	2975	4482	2825
平聲 / 下平 : (026	尤	우) : 籌(주) : 투호살 주	6009	2976	4483	2826
平聲 / 下平 : (026	尤	우) : 紬(주) : 명주 주	6011	2977	4484	2827
平聲 / 下平 : (026	尤	우) : 綢*(주) : 얽을 주	1547	2860	4485	2828
平聲 / 下平 : (026	尤	우) : 舟(주) : 배 주	6012	2978	4486	2829
平聲 / 下平 : (026	尤	우) : 躊(주) : 머뭇거릴 주	6017	2979	4487	2830
平聲 / 下平 : (026	尤	우) : 週(주) : 주일 주	6019	2980	4488	2831
平聲 / 下平 : (026	尤	우) : 丟(주) : 가버릴/잃어버릴 주	6024	2981	4489	2832
平聲 / 下平 : (026	尤	우) : 侜(주) : 속일 주	6025	2982	4490	2833
平聲 / 下平 : (026	尤	우) : 幬(주) : 수레휘장 주	6026	2983	4491	2834
平聲 / 下平 : (026	尤	우) : 賙(주) : 진휼할 주	6034	2984	4492	2835
平聲 / 下平 : (026	尤	우) : 輈(주) : 끌채 주	6035	2985	4493	2836
平聲 / 下平 : (026	尤	우) : 遒(주) : 머무를 주	6036	2986	4494	2837
平聲 / 下平 : (026	尤	우) : 譸(주) : 속일/저주할 주	6041	2987	4496	2838
平聲 / 下平 : (026	尤	우) : 鵃(주) : 산비둘기 주	6043	2988	4497	2839
平聲 / 下平 : (023	庚	경) : 橙(증) : 귤 증	6107	2643	542	2840
平聲 / 下平 : (025	蒸	증) : 脀*(증) : 희생잡을 증	3947	2792	5637	2841

배열형식 D (四聲基準)				배열 A	배열 B	배열 C	배열 D
平仄 / 四聲 : (韻目No: 韻目)		韻族(독음): 字義		운족 가나순	운목 번호순	운목 가나순	사성순
平聲 / 下平 : (023	庚	경) : 虰*(증)	: 개미 증	5779	2637	642	2842
平聲 / 下平 : (025	蒸	증) : 增(증)	: 더할 증	6109	2801	5646	2843
平聲 / 下平 : (025	蒸	증) : 憎(증)	: 미울 증	6110	2802	5647	2844
平聲 / 下平 : (025	蒸	증) : 曾(증)	: 일찍이 증	6111	2803	5648	2845
平聲 / 下平 : (025	蒸	증) : 繒(증)	: 비단 증	6116	2804	5649	2846
平聲 / 下平 : (025	蒸	증) : 蒸(증)	: 찔 증	6117	2805	5650	2847
平聲 / 下平 : (025	蒸	증) : 矰(증)	: 주살 증	6120	2806	5651	2848
平聲 / 下平 : (025	蒸	증) : 鄫(증)	: 나라이름 증	6121	2807	5652	2849
平聲 / 下平 : (025	蒸	증) : 驓(증)	: 말이름 증	6122	2808	5653	2850
平聲 / 下平 : (023	庚	경) : 禛(진)	: 복받을 진	6232	2645	645	2851
平聲 / 下平 : (027	侵	침) : 斟(짐)	: 짐작할 짐	6263	3062	7042	2852
平聲 / 下平 : (025	蒸	증) : 徵(징)	: 부를 징	6274	2809	5654	2853
平聲 / 下平 : (025	蒸	증) : 懲(징)	: 징계할 징	6275	2810	5655	2854
平聲 / 下平 : (025	蒸	증) : 澄(징)	: 맑을 징	6276	2811	5656	2855
平聲 / 下平 : (025	蒸	증) : 癥(징)	: 적취 징	6277	2812	5657	2856
平聲 / 下平 : (023	庚	경) : 瞪(징)	: 바로볼 징	6278	2646	646	2857
平聲 / 下平 : (021	麻	마) : 茶*(차)	: 차 차	1329	2183	1306	2858
平聲 / 下平 : (021	麻	마) : 涂*(차)	: 물에젖을/맥질할 차	1529	2189	1311	2859
平聲 / 下平 : (021	麻	마) : 苴*(차)	: 마름풀 차	5543	2235	1359	2860
平聲 / 下平 : (021	麻	마) : 叉(차)	: 깍지낄 차	6284	2239	1363	2861
平聲 / 下平 : (021	麻	마) : 嗟(차)	: 탄식할 차	6285	2240	1364	2862
平聲 / 下平 : (020	歌	가) : 嵯(차)	: 산높을 차	6286	2131	114	2863
平聲 / 下平 : (020	歌	가) : 磋(차)	: 갈 차	6293	2132	115	2864
平聲 / 下平 : (021	麻	마) : 茶*(차)	: 다/차 차	1332	2186	1366	2865
平聲 / 下平 : (020	歌	가) : 蹉(차)	: 넘어질 차	6295	2133	116	2866
平聲 / 下平 : (021	麻	마) : 車*(차)	: 수레/차 차	268	2172	1367	2867
平聲 / 下平 : (021	麻	마) : 遮(차)	: 가릴 차	6296	2241	1368	2868
平聲 / 下平 : (021	麻	마) : 搽(차)	: 칠할 차	6298	2242	1369	2869
平聲 / 下平 : (021	麻	마) : 蒫(차)	: 냉이씨 차	6299	2243	1370	2870
平聲 / 下平 : (020	歌	가) : 鹺(차)	: 짤 차	6300	2134	118	2871
平聲 / 下平 : (020	歌	가) : 酇*(차)	: 나라이름 차	6338	2135	119	2872
平聲 / 下平 : (021	麻	마) : 咱*(차)	: 나 차	6348	2246	1371	2873
平聲 / 下平 : (021	麻	마) : 秅(차)	: 나라이름 차	6301	2244	1372	2874
平聲 / 下平 : (028	覃	담) : 參*(참)	: 참여할/보일 참	3327	3112	946	2875
平聲 / 下平 : (028	覃	담) : 慙(참)	: 부끄러울 참	6354	3120	954	2876
平聲 / 下平 : (030	咸	함) : 讒(참)	: 헐뜯을 참	6358	3223	7382	2877

배열형식 D (四聲基準)			배열 A	배열 B	배열 C	배열 D
平仄 / 四聲 : (韻目No: 韻目) 韻族(독음): 字義			운족 가나순	운목 번호순	운목 가나순	사성순
平聲 / 下平 : (030	咸	함) : 儳(참) : 어긋날 참	6360	3224	7383	2878
平聲 / 下平 : (030	咸	함) : 嶄(참) : 높을 참	6361	3225	7384	2879
平聲 / 下平 : (030	咸	함) : 巉(참) : 깍아지른듯높은산 참	6362	3226	7385	2880
平聲 / 下平 : (028	覃	담) : 慚(참) : 부끄러워할 참	6363	3121	955	2881
平聲 / 下平 : (030	咸	함) : 攙(참) : 찌를 참	6365	3227	7386	2882
平聲 / 下平 : (030	咸	함) : 欃(참) : 박달나무 참	6366	3228	7387	2883
平聲 / 下平 : (030	咸	함) : 饞(참) : 탐할 참	6368	3229	7388	2884
平聲 / 下平 : (028	覃	담) : 驂(참) : 결마/말네필 참	6369	3122	956	2885
平聲 / 下平 : (022	陽	양) : 倉(창) : 곳집/갑자기 창	6371	2450	3211	2886
平聲 / 下平 : (022	陽	양) : 倡(창) : 여광대 창	6372	2451	3212	2887
平聲 / 下平 : (022	陽	양) : 創(창) : 비롯할 창	6373	2452	3213	2888
平聲 / 下平 : (022	陽	양) : 娼(창) : 창녀/노는계집 창	6375	2453	3214	2889
平聲 / 下平 : (022	陽	양) : 彰(창) : 드러날 창	6377	2454	3215	2890
平聲 / 下平 : (022	陽	양) : 昌(창) : 창성할 창	6380	2455	3216	2891
平聲 / 下平 : (022	陽	양) : 槍(창) : 나무창/막을 창	6383	2456	3217	2892
平聲 / 下平 : (022	陽	양) : 滄(창) : 큰바다 창	6385	2457	3218	2893
平聲 / 下平 : (022	陽	양) : 猖(창) : 미칠 창	6387	2458	3219	2894
平聲 / 下平 : (022	陽	양) : 瘡(창) : 부스럼 창	6388	2459	3220	2895
平聲 / 下平 : (022	陽	양) : 艙(창) : 선창 창	6391	2460	3221	2896
平聲 / 下平 : (022	陽	양) : 菖(창) : 창포 창	6392	2461	3222	2897
平聲 / 下平 : (022	陽	양) : 蒼(창) : 푸를 창	6393	2462	3223	2898
平聲 / 下平 : (022	陽	양) : 搶(창) : 닿을/이를 창	6396	2463	3224	2899
平聲 / 下平 : (022	陽	양) : 蹌(창) : 추창할 창	6399	2464	3225	2900
平聲 / 下平 : (022	陽	양) : 閶(창) : 하늘문 창	6400	2465	3226	2901
平聲 / 下平 : (022	陽	양) : 鶬(창) : 왜가리 창	6402	2466	3227	2902
平聲 / 下平 : (022	陽	양) : 嗆(창) : 쪼을 창	6403	2467	3228	2903
平聲 / 下平 : (022	陽	양) : 鯧(창) : 병어 창	6406	2468	3229	2904
平聲 / 下平 : (020	歌	가) : 瘥(채) : 앓을 채	6420	2136	120	2905
平聲 / 下平 : (016	先	선) : 耑*(천) : 구멍/오로지 천	1363	1677	2219	2906
平聲 / 下平 : (016	先	선) : 仟(천) : 천사람어른/일천 천	6467	1798	2338	2907
平聲 / 下平 : (016	先	선) : 千(천) : 일천 천	6468	1799	2339	2908
平聲 / 下平 : (016	先	선) : 天(천) : 하늘 천	6470	1800	2340	2909
平聲 / 下平 : (016	先	선) : 川(천) : 내 천	6471	1801	2341	2910
平聲 / 下平 : (016	先	선) : 泉(천) : 샘 천	6473	1802	2342	2911
平聲 / 下平 : (016	先	선) : 遷(천) : 옮길 천	6481	1803	2343	2912
平聲 / 下平 : (016	先	선) : 阡(천) : 두렁 천	6484	1804	2344	2913

배열형식 D (四聲基準)			배열 A	배열 B	배열 C	배열 D
平仄 / 四聲 : (韻目No: 韻目)		韻族(독음): 字義	운족 가나순	운목 번호순	운목 가나순	사성순
平聲 / 下平 : (016	先	선) : 韆(천) : 그네 천	6485	1805	2345	2914
平聲 / 下平 : (016	先	선) : 遄(천) : 빠를 천	6497	1806	2346	2915
平聲 / 下平 : (029	鹽	염) : 覘(첨) : 엿볼 첨	6513	3182	3653	2916
平聲 / 下平 : (029	鹽	염) : 僉(첨) : 모두/여러 첨	6514	3183	3656	2917
平聲 / 下平 : (029	鹽	염) : 尖(첨) : 뾰족할 첨	6515	3184	3657	2918
平聲 / 下平 : (029	鹽	염) : 沾(첨) : 젖을/절일 첨	6516	3185	3658	2919
平聲 / 下平 : (029	鹽	염) : 添(첨) : 더할 첨	6518	3186	3659	2920
平聲 / 下平 : (029	鹽	염) : 甛(첨) : 달 첨	6519	3187	3660	2921
平聲 / 下平 : (029	鹽	염) : 瞻(첨) : 볼 첨	6520	3188	3661	2922
平聲 / 下平 : (029	鹽	염) : 簽(첨) : 제목/편지 첨	6521	3189	3662	2923
平聲 / 下平 : (029	鹽	염) : 籤(첨) : 제비 첨	6522	3190	3663	2924
平聲 / 下平 : (029	鹽	염) : 詹(첨) : 소곤거릴 첨	6523	3191	3664	2925
平聲 / 下平 : (029	鹽	염) : 幨(첨) : 휘장 첨	6525	3192	3665	2926
平聲 / 下平 : (029	鹽	염) : 檐(첨) : 추녀 첨	6527	3193	3666	2927
平聲 / 下平 : (029	鹽	염) : 瀸(첨) : 적실 첨	6528	3194	3667	2928
平聲 / 下平 : (029	鹽	염) : 簷(첨) : 처마 첨	6529	3195	3668	2929
平聲 / 下平 : (024	靑	청) : 廳(청) : 관청 청	6544	2744	6803	2930
平聲 / 下平 : (023	庚	경) : 晴(청) : 갤 청	6545	2649	649	2931
平聲 / 下平 : (023	庚	경) : 淸(청) : 맑을 청	6546	2650	650	2932
平聲 / 下平 : (024	靑	청) : 菁*(청) : 무성한모양 청	5790	2741	6804	2933
平聲 / 下平 : (024	靑	청) : 靑(청) : 푸를 청	6549	2745	6805	2934
平聲 / 下平 : (023	庚	경) : 鯖*(청) : 청어 청	5792	2642	653	2935
平聲 / 下平 : (024	靑	청) : 凊*(청) : 서늘할 청	5794	2743	6807	2936
平聲 / 下平 : (024	靑	청) : 蜻(청) : 귀뜨라미 청	6550	2746	6808	2937
平聲 / 下平 : (023	庚	경) : 鶄(청) : 해오라기 청	6551	2651	654	2938
平聲 / 下平 : (017	蕭	소) : 憔(초) : 파리할 초	6579	1903	2664	2939
平聲 / 下平 : (017	蕭	소) : 抄(초) : 가릴/베낄/번역할 초	6580	1904	2665	2940
平聲 / 下平 : (017	蕭	소) : 招(초) : 손짓할/부를 초	6581	1905	2667	2941
平聲 / 下平 : (018	肴	효) : 梢(초) : 나무끝 초	6583	1970	7813	2942
平聲 / 下平 : (017	蕭	소) : 椒(초) : 산초나무 초	6584	1907	2668	2943
平聲 / 下平 : (017	蕭	소) : 樵(초) : 땔나무 초	6586	1908	2669	2944
平聲 / 下平 : (017	蕭	소) : 焦(초) : 탈 초	6588	1909	2670	2945
平聲 / 下平 : (017	蕭	소) : 硝(초) : 초석 초	6589	1910	2671	2946
平聲 / 下平 : (017	蕭	소) : 礁(초) : 물속돌/암초 초	6590	1911	2672	2947
平聲 / 下平 : (017	蕭	소) : 苕(초) : 능소화 초	6595	1912	2673	2948
平聲 / 下平 : (017	蕭	소) : 蕉(초) : 파초 초	6597	1913	2674	2949

배열형식 D (四聲基準)			배열 A	배열 B	배열 C	배열 D
平仄 / 四聲 : (韻目No: 韻目) 韻族(독음): 字義			운족 가나순	운목 번호순	운목 가나순	사성순
平聲 / 下平 : (017	蕭	소) : 貂(초) : 담비 초	6598	1914	2675	2950
平聲 / 下平 : (017	蕭	소) : 超(초) : 뛰어넘을 초	6599	1915	2676	2951
平聲 / 下平 : (018	肴	효) : 勦(초) : 노곤할 초	6604	1971	7814	2952
平聲 / 下平 : (017	蕭	소) : 岧(초) : 우뚝한산 초	6605	1916	2677	2953
平聲 / 下平 : (017	蕭	소) : 燋(초) : 홰 초	6610	1917	2678	2954
平聲 / 下平 : (017	蕭	소) : 綃(초) : 생사(生絲) 초	6611	1918	2679	2955
平聲 / 下平 : (017	蕭	소) : 軺(초) : 수레/영구차 초	6613	1919	2680	2956
平聲 / 下平 : (017	蕭	소) : 迢(초) : 멀 초	6614	1920	2681	2957
平聲 / 下平 : (018	肴	효) : 鞘(초) : 칼집 초	6616	1972	7815	2958
平聲 / 下平 : (017	蕭	소) : 顦(초) : 파리할 초	6617	1921	2682	2959
平聲 / 下平 : (017	蕭	소) : 髫(초) : 다박머리 초	6618	1922	2683	2960
平聲 / 下平 : (017	蕭	소) : 鷦(초) : 뱁새 초	6619	1923	2684	2961
平聲 / 下平 : (017	蕭	소) : 瞧(초) : 곁눈질/엳볼 초	6621	1924	2685	2962
平聲 / 下平 : (026	尤	우) : 蝤*(추) : 나무좀 추	5039	2962	4470	2963
平聲 / 下平 : (026	尤	우) : 抽(추) : 뽑을 추	6671	2991	4498	2964
平聲 / 下平 : (026	尤	우) : 楸(추) : 가래나무 추	6675	2992	4499	2965
平聲 / 下平 : (026	尤	우) : 湫(추) : 늪/폭포 추	6678	2994	4501	2966
平聲 / 下平 : (026	尤	우) : 秋(추) : 가을 추	6681	2995	4502	2967
平聲 / 下平 : (026	尤	우) : 萩(추) : 가래나무 추	6683	2996	4503	2968
平聲 / 下平 : (026	尤	우) : 諏(추) : 꾀할 추	6684	2997	4504	2969
平聲 / 下平 : (026	尤	우) : 鄒(추) : 추나라 추	6688	2998	4505	2970
平聲 / 下平 : (026	尤	우) : 酋(추) : 괴수/술익을 추	6689	2999	4506	2971
平聲 / 下平 : (026	尤	우) : 騶(추) : 말먹이는사람 추	6696	3000	4507	2972
平聲 / 下平 : (026	尤	우) : 鰍(추) : 미꾸라지 추	6697	3001	4508	2973
平聲 / 下平 : (026	尤	우) : 啾(추) : 소리 추	6699	3002	4509	2974
平聲 / 下平 : (026	尤	우) : 惆(추) : 실심할/슬퍼할 추	6702	3003	4510	2975
平聲 / 下平 : (026	尤	우) : 瘳*(추) : 병나을/덜 추	2030	2864	4511	2976
平聲 / 下平 : (026	尤	우) : 陬(추) : 모퉁이 추	6705	3004	4512	2977
平聲 / 下平 : (026	尤	우) : 鞦(추) : 그네 추	6707	3005	4513	2978
平聲 / 下平 : (026	尤	우) : 鰌(추) : 미꾸라지 추	6711	3006	4514	2979
平聲 / 下平 : (026	尤	우) : 緅(추) : 보라빛 추	6713	3007	4515	2980
平聲 / 下平 : (026	尤	우) : 菆*(추) : 좋은화살 추	6340	2990	4516	2981
平聲 / 下平 : (026	尤	우) : 鄹(추) : 추나라(鄒) 추	6717	3008	4517	2982
平聲 / 下平 : (026	尤	우) : 齺*(추) : 이부러질 추	6316	2989	4518	2983
平聲 / 下平 : (017	蕭	소) : 飆(축) : 찡그릴 축	6719	1925	2651	2984
平聲 / 下平 : (026	尤	우) : 妯(축) : 동서 축	6733	3009	4519	2985

배열형식 D (四聲基準)			배열 A	배열 B	배열 C	배열 D
平仄 / 四聲 : (韻目No:	韻目)	韻族(독음): 字義	운족 가나순	운목 번호순	운목 가나순	사성순
平聲 / 下平 : (025	蒸	증) : 層(층) : 층 층	6796	2813	5658	2986
平聲 / 下平 : (027	侵	침) : 侵(침) : 침노할 침	6851	3063	7043	2987
平聲 / 下平 : (027	侵	침) : 琛(침) : 보배 침	6857	3065	7045	2988
平聲 / 下平 : (027	侵	침) : 砧(침) : 다듬잇돌 침	6858	3066	7046	2989
平聲 / 下平 : (027	侵	침) : 針(침) : 바늘 침	6859	3067	7047	2990
平聲 / 下平 : (029	鹽	염) : 鍼(침) : 바늘 침	6860	3196	3669	2991
平聲 / 下平 : (027	侵	침) : 忱(침) : 정성 침	6862	3068	7048	2992
平聲 / 下平 : (027	侵	침) : 椹*(침) : 다디미돌 침	4062	3049	7049	2993
平聲 / 下平 : (027	侵	침) : 綝(침) : 사람이름 침	6864	3069	7050	2994
平聲 / 下平 : (025	蒸	증) : 偁(칭) : 이를 칭	6868	2814	5659	2995
平聲 / 下平 : (020	歌	가) : 蛇*(타) : 이무기 타	3249	2110	94	2996
平聲 / 下平 : (020	歌	가) : 鼉*(타) : 자라 타	3530	2114	97	2997
平聲 / 下平 : (020	歌	가) : 池*(타) : 물이름 타	6143	2130	113	2998
平聲 / 下平 : (020	歌	가) : 他(타) : 다를/남/저 타	6871	2137	121	2999
平聲 / 下平 : (020	歌	가) : 拖(타) : 끌 타	6880	2138	122	3000
平聲 / 下平 : (020	歌	가) : 陀(타) : 비탈질 타	6884	2139	123	3001
平聲 / 下平 : (020	歌	가) : 駝(타) : 곱사등이 타	6886	2140	124	3002
平聲 / 下平 : (020	歌	가) : 佗(타) : 저[三人稱] 타	6887	2141	125	3003
平聲 / 下平 : (020	歌	가) : 沱(타) : 물길가라질 타	6889	2142	126	3004
平聲 / 下平 : (020	歌	가) : 跎(타) : 미끄러질 타	6891	2143	127	3005
平聲 / 下平 : (020	歌	가) : 鮀(타) : 모래무지 타	6892	2144	128	3006
平聲 / 下平 : (020	歌	가) : 鴕(타) : 타조 타	6893	2145	129	3007
平聲 / 下平 : (020	歌	가) : 它(타) : 뱀 타	6894	2146	130	3008
平聲 / 下平 : (020	歌	가) : 牠(타) : 뿔없는소 타	6896	2147	131	3009
平聲 / 下平 : (021	麻	마) : 秅*(타) : 볏단사백뭇 타	6302	2245	1373	3010
平聲 / 下平 : (019	豪	호) : 橐(탁) : 전대 탁	6912	2055	7524	3011
平聲 / 下平 : (028	覃	담) : 探(탐) : 찾을 탐	6941	3123	957	3012
平聲 / 下平 : (028	覃	담) : 眈(탐) : 노려볼 탐	6942	3124	958	3013
平聲 / 下平 : (028	覃	담) : 貪(탐) : 탐낼 탐	6944	3125	959	3014
平聲 / 下平 : (022	陽	양) : 湯(탕) : 끓을 탕	6955	2469	3230	3015
平聲 / 下平 : (022	陽	양) : 蝪(탕) : 땅거미 탕	6962	2471	3233	3016
平聲 / 下平 : (023	庚	경) : 撐(탱) : 버틸(撑의俗字) 탱	6986	2652	655	3017
平聲 / 下平 : (023	庚	경) : 撑(탱) : 버틸/취할/헤칠 탱	6987	2653	656	3018
平聲 / 下平 : (026	尤	우) : 愉*(투) : 구차할 투	4990	2945	4453	3019
平聲 / 下平 : (026	尤	우) : 婾*(투) : 간교할 투	5048	2963	4471	3020
平聲 / 下平 : (026	尤	우) : 偸(투) : 훔칠 투	7012	3010	4520	3021

[배열형식 D]

배열형식 D (四聲基準)				배열 A	배열 B	배열 C	배열 D
平仄 / 四聲 : (韻目No: 韻目)　韻族(독음): 字義				운족 가나순	운목 번호순	운목 가나순	사성순
平聲 / 下平 : (026	尤	우) : 投(투)	: 던질 투	7014	3011	4521	3022
平聲 / 下平 : (026	尤	우) : 骰(투)	: 주사위 투	7019	3012	4522	3023
平聲 / 下平 : (025	蒸	증) : 螣*(특)	: 황충/벼메뚜기 특	1669	2770	5615	3024
平聲 / 下平 : (020	歌	가) : 磻*(파)	: 돌살촉 파	2628	2103	87	3025
平聲 / 下平 : (020	歌	가) : 番*(파)	: 날랠/늙을 파	2755	2104	88	3026
平聲 / 下平 : (020	歌	가) : 坡(파)	: 언덕 파	7024	2148	132	3027
平聲 / 下平 : (020	歌	가) : 婆(파)	: 할미 파	7025	2149	133	3028
平聲 / 下平 : (021	麻	마) : 巴(파)	: 땅이름 파	7026	2247	1374	3029
平聲 / 下平 : (021	麻	마) : 杷(파)	: 비파나무 파	7030	2248	1375	3030
平聲 / 下平 : (020	歌	가) : 波(파)	: 물결 파	7031	2150	134	3031
平聲 / 下平 : (021	麻	마) : 爬(파)	: 긁을 파	7033	2249	1376	3032
平聲 / 下平 : (021	麻	마) : 琶(파)	: 비파 파	7034	2250	1377	3033
平聲 / 下平 : (021	麻	마) : 芭(파)	: 풀이름 파	7036	2251	1378	3034
平聲 / 下平 : (020	歌	가) : 頗(파)	: 자못 파	7039	2151	135	3035
平聲 / 下平 : (020	歌	가) : 皤(파)	: 머리센모양 파	7044	2152	136	3036
平聲 / 下平 : (021	麻	마) : 葩(파)	: 꽃 파	7045	2252	1379	3037
平聲 / 下平 : (020	歌	가) : 嶓(파)	: 산이름 파	7047	2153	137	3038
平聲 / 下平 : (021	麻	마) : 疤(파)	: 흉터 파	7048	2253	1380	3039
平聲 / 下平 : (023	庚	경) : 傍*(팽)	: 마지못할 팽	2663	2551	555	3040
平聲 / 下平 : (023	庚	경) : 旁*(팽)	: 휘몰아갈 팽	2674	2553	557	3041
平聲 / 下平 : (023	庚	경) : 磅*(팽)	: 땅우툴두툴할 팽	2682	2555	559	3042
平聲 / 下平 : (023	庚	경) : 彭(팽)	: 성/땅이름/방패 팽	7081	2654	657	3043
平聲 / 下平 : (023	庚	경) : 澎(팽)	: 물부딪치는소리 팽	7083	2655	658	3044
平聲 / 下平 : (023	庚	경) : 烹(팽)	: 삶을 팽	7084	2656	659	3045
平聲 / 下平 : (023	庚	경) : 伻(팽)	: 심부름꾼 팽	7086	2657	660	3046
平聲 / 下平 : (023	庚	경) : 亨*(팽)	: 삶을 팽	7487	2669	670	3047
平聲 / 下平 : (016	先	선) : 偏(편)	: 치우칠 편	7090	1808	2348	3048
平聲 / 下平 : (016	先	선) : 扁(편)	: 특별할/작을/거룻배 편	7091	1809	2349	3049
平聲 / 下平 : (016	先	선) : 篇(편)	: 책 편	7094	1810	2350	3050
平聲 / 下平 : (016	先	선) : 編(편)	: 책편/엮을/기록할 편	7095	1811	2351	3051
平聲 / 下平 : (016	先	선) : 翩(편)	: 빨리날 편	7097	1812	2352	3052
平聲 / 下平 : (016	先	선) : 鞭(편)	: 채찍 편	7099	1813	2353	3053
平聲 / 下平 : (016	先	선) : 蝙(편)	: 박쥐 편	7101	1814	2354	3054
平聲 / 下平 : (016	先	선) : 褊*(편)	: 좁을/급할 편	2814	1692	2355	3055
平聲 / 下平 : (016	先	선) : 平*(편)	: 편편할 편	7109	1815	2356	3056
平聲 / 下平 : (029	鹽	염) : 砭(폄)	: 돌침 폄	7103	3198	3671	3057

D : (85 / 221)　　　　777 / 950

배열형식 D (四聲基準)			배열 A	배열 B	배열 C	배열 D
平仄 / 四聲 : (韻目No:	韻目)	韻族(독음): 字義	운족 가나순	운목 번호순	운목 가나순	사성순
平聲 / 下平 : (023	庚	경) : 硼(평) : 평돌 평	7105	2658	564	3058
平聲 / 下平 : (023	庚	경) : 坪(평) : 들 평	7107	2660	661	3059
平聲 / 下平 : (023	庚	경) : 平(평) : 평탄할 평	7108	2661	662	3060
平聲 / 下平 : (023	庚	경) : 枰(평) : 바둑판 평	7110	2662	663	3061
平聲 / 下平 : (024	青	청) : 萍(평) : 개구리밥 평	7111	2747	6809	3062
平聲 / 下平 : (023	庚	경) : 評(평) : 평할 평	7112	2663	664	3063
平聲 / 下平 : (023	庚	경) : 抨(평) : 탄핵할 평	7113	2664	665	3064
平聲 / 下平 : (023	庚	경) : 泙(평) : 물소리 평	7114	2665	666	3065
平聲 / 下平 : (018	肴	효) : 包(포) : 쌀 포	7129	1973	7816	3066
平聲 / 下平 : (018	肴	효) : 匏(포) : 박 포	7131	1974	7817	3067
平聲 / 下平 : (018	肴	효) : 咆(포) : 으르렁거릴 포	7132	1975	7818	3068
平聲 / 下平 : (018	肴	효) : 抛(포) : 버릴 포	7137	1976	7819	3069
平聲 / 下平 : (018	肴	효) : 泡(포) : 거품 포	7142	1977	7820	3070
平聲 / 下平 : (018	肴	효) : 胞(포) : 세포 포	7146	1978	7821	3071
平聲 / 下平 : (018	肴	효) : 苞(포) : 나무밑동 포	7148	1979	7822	3072
平聲 / 下平 : (019	豪	호) : 袍(포) : 솜옷 포	7151	2056	7525	3073
平聲 / 下平 : (019	豪	호) : 褒(포) : 기릴 포	7152	2057	7526	3074
平聲 / 下平 : (018	肴	효) : 庖(포) : 부엌 포	7157	1980	7823	3075
平聲 / 下平 : (018	肴	효) : 炮(포) : 통째로구울 포	7159	1981	7824	3076
平聲 / 下平 : (018	肴	효) : 抛(포) : 던질 포	7162	1982	7825	3077
平聲 / 下平 : (018	肴	효) : 枹*(포) : 굴싸리 포	3008	1961	7826	3078
平聲 / 下平 : (018	肴	효) : 麃*(포) : 노루 포	7178	1983	7827	3079
平聲 / 下平 : (017	蕭	소) : 麃(표) : 위험스러울 표	7177	1926	2687	3080
平聲 / 下平 : (017	蕭	소) : 剽(표) : 표독할 표	7180	1927	2688	3081
平聲 / 下平 : (026	尤	우) : 彪(표) : 빠를 표	7181	3013	4523	3082
平聲 / 下平 : (017	蕭	소) : 杓(표) : 북두자루 표	7183	1928	2689	3083
平聲 / 下平 : (017	蕭	소) : 標(표) : 표할 표	7185	1929	2690	3084
平聲 / 下平 : (017	蕭	소) : 瓢(표) : 박 표	7187	1930	2691	3085
平聲 / 下平 : (017	蕭	소) : 票(표) : 문서/표/쪽지 표	7188	1931	2692	3086
平聲 / 下平 : (017	蕭	소) : 飈(표) : 회호리바람 표	7191	1932	2693	3087
平聲 / 下平 : (017	蕭	소) : 飄(표) : 회오리바람 표	7192	1933	2694	3088
平聲 / 下平 : (017	蕭	소) : 鏢(표) : 칼끝 표	7197	1934	2695	3089
平聲 / 下平 : (017	蕭	소) : 鑣(표) : 재갈 표	7198	1935	2696	3090
平聲 / 下平 : (017	蕭	소) : 猋(표) : 개달아날/회오리바람 표	7200	1936	2697	3091
平聲 / 下平 : (017	蕭	소) : 穮(표) : 김맬 표	7201	1937	2698	3092
平聲 / 下平 : (017	蕭	소) : 藨(표) : 쥐눈이콩 표	7203	1938	2699	3093

배열형식 D (四聲基準)			배열 A	배열 B	배열 C	배열 D
平仄 / 四聲 : (韻目No: 韻目)		韻族(독음): 字義	운족 가나순	운목 번호순	운목 가나순	사성순
平聲 / 下平 : (017	蕭	소) : 臕(표) : 뭍에사는조개 표	7204	1939	2700	3094
平聲 / 下平 : (017	蕭	소) : 飆(표) : 회호리바람 표	7205	1940	2701	3095
平聲 / 下平 : (021	麻	마) : 假*(하) : 아득할 하	4	2161	1288	3096
平聲 / 下平 : (020	歌	가) : 何(하) : 어찌 하	7250	2154	138	3097
平聲 / 下平 : (020	歌	가) : 河(하) : 물 하	7254	2155	139	3098
平聲 / 下平 : (021	麻	마) : 瑕(하) : 티/허물 하	7255	2254	1381	3099
平聲 / 下平 : (020	歌	가) : 荷(하) : 멜 하	7256	2156	140	3100
平聲 / 下平 : (021	麻	마) : 蝦(하) : 새우/두꺼비 하	7257	2255	1382	3101
平聲 / 下平 : (021	麻	마) : 遐(하) : 멀 하	7259	2256	1383	3102
平聲 / 下平 : (021	麻	마) : 霞(하) : 노을 하	7260	2257	1384	3103
平聲 / 下平 : (021	麻	마) : 鰕(하) : 새우 하	7261	2258	1385	3104
平聲 / 下平 : (021	麻	마) : 呀(하) : 입 벌릴 하	7262	2259	1386	3105
平聲 / 下平 : (021	麻	마) : 蕸(하) : 연잎 하	7266	2260	1387	3106
平聲 / 下平 : (028	覃	담) : 邯*(함) : 조나라서울 함	7275	3126	911	3107
平聲 / 下平 : (030	咸	함) : 嗛*(함) : 머금을 함	384	3205	7364	3108
平聲 / 下平 : (029	鹽	염) : 函(함) : 휩쌀/넣을 함	7298	3199	3672	3109
平聲 / 下平 : (028	覃	담) : 含(함) : 머금을 함	7299	3127	960	3110
平聲 / 下平 : (030	咸	함) : 咸(함) : 다 함	7300	3230	7389	3111
平聲 / 下平 : (030	咸	함) : 啣(함) : 재갈(銜과같음) 함	7301	3231	7390	3112
平聲 / 下平 : (028	覃	담) : 涵(함) : 담글/적실 함	7304	3128	961	3113
平聲 / 下平 : (030	咸	함) : 緘(함) : 봉할 함	7305	3232	7391	3114
平聲 / 下平 : (030	咸	함) : 銜(함) : 재갈/직함 함	7307	3233	7392	3115
平聲 / 下平 : (030	咸	함) : 鹹(함) : 소금기/짤 함	7309	3234	7393	3116
平聲 / 下平 : (030	咸	함) : 諴(함) : 화할 함	7311	3235	7394	3117
平聲 / 下平 : (028	覃	담) : 蜬(함) : 소라 함	7314	3129	962	3118
平聲 / 下平 : (022	陽	양) : 亢(항) : 높을 항	7330	2473	3235	3119
平聲 / 下平 : (025	蒸	증) : 姮(항) : 달에사는미인 항	7332	2815	5661	3120
平聲 / 下平 : (025	蒸	증) : 恒(항) : 항상 항	7334	2816	5662	3121
平聲 / 下平 : (022	陽	양) : 杭(항) : 건널 항	7337	2474	3237	3122
平聲 / 下平 : (022	陽	양) : 桁(항) : 수갑/배다리 항	7338	2475	3238	3123
平聲 / 下平 : (022	陽	양) : 航(항) : 배 항	7344	2476	3239	3124
平聲 / 下平 : (022	陽	양) : 吭(항) : 목구멍 항	7346	2477	3240	3125
平聲 / 下平 : (022	陽	양) : 苀(항) : 풀이름 항	7347	2478	3241	3126
平聲 / 下平 : (022	陽	양) : 行*(항) : 항오/항렬/굳셀 항	7390	2480	3243	3127
平聲 / 下平 : (023	庚	경) : 行(행) : 다닐 행	7389	2667	668	3128
平聲 / 下平 : (022	陽	양) : 鄕(향) : 시골/고향 향	7395	2481	3244	3129

배열형식 D (四聲基準)			배열 A	배열 B	배열 C	배열 D
平仄 / 四聲 : (韻目No: 韻目) 韻族(독음): 字義			운족 가나순	운목 번호순	운목 가나순	사성순
平聲 / 下平 : (022	陽	양) : 香(향) : 향기 향	7399	2482	3245	3130
平聲 / 下平 : (022	陽	양) : 薌(향) : 곡식 향	7400	2483	3246	3131
平聲 / 下平 : (022	陽	양) : 鄕(향) : 시골 향	7403	2484	3247	3132
平聲 / 下平 : (016	先	선) : 嫣*(현) : 예쁠 현	4338	1718	2258	3133
平聲 / 下平 : (016	先	선) : 玆*(현) : 검을 현	5325	1752	2293	3134
平聲 / 下平 : (016	先	선) : 弦(현) : 시위 현	7435	1816	2357	3135
平聲 / 下平 : (016	先	선) : 玄(현) : 검을 현	7440	1817	2358	3136
平聲 / 下平 : (016	先	선) : 玹(현) : 옥돌/옥빛 현	7441	1818	2359	3137
平聲 / 下平 : (016	先	선) : 絃(현) : 줄 현	7446	1819	2360	3138
平聲 / 下平 : (016	先	선) : 舷(현) : 뱃전 현	7449	1820	2361	3139
平聲 / 下平 : (016	先	선) : 賢(현) : 어질 현	7451	1821	2362	3140
平聲 / 下平 : (016	先	선) : 駽(현) : 철총이 현	7455	1822	2363	3141
平聲 / 下平 : (016	先	선) : 蠉(현) : 장구벌레 현	7458	1823	2364	3142
平聲 / 下平 : (030	咸	함) : 嫌(혐) : 싫어할 혐	7465	3236	7396	3143
平聲 / 下平 : (024	青	청) : 熒*(형) : 별이름 형	4495	2721	6783	3144
平聲 / 下平 : (023	庚	경) : 桁*(형) : 도리 형	7339	2666	667	3145
平聲 / 下平 : (023	庚	경) : 亨(형) : 형통할 형	7486	2668	669	3146
平聲 / 下平 : (023	庚	경) : 兄(형) : 맏/어른 형	7489	2670	671	3147
平聲 / 下平 : (024	青	청) : 刑(형) : 형벌 형	7491	2748	6810	3148
平聲 / 下平 : (024	青	청) : 型(형) : 모형 형	7492	2749	6811	3149
平聲 / 下平 : (024	青	청) : 形(형) : 모양 형	7493	2750	6812	3150
平聲 / 下平 : (025	蒸	증) : 滎(형) : 실개천/물이름 형	7495	2817	5663	3151
平聲 / 下平 : (024	青	청) : 熒(형) : 등불 형	7498	2751	6813	3152
平聲 / 下平 : (023	庚	경) : 珩(형) : 노리개 형	7499	2671	672	3153
平聲 / 下平 : (023	庚	경) : 荊(형) : 가시/가시나무 형	7500	2672	675	3154
平聲 / 下平 : (024	青	청) : 螢(형) : 반딧불 형	7501	2752	6814	3155
平聲 / 下平 : (023	庚	경) : 衡(형) : 저울대 형	7502	2673	676	3156
平聲 / 下平 : (024	青	청) : 邢(형) : 성 형	7505	2753	6815	3157
平聲 / 下平 : (024	青	청) : 馨(형) : 꽃다울 형	7507	2754	6816	3158
平聲 / 下平 : (024	青	청) : 陘(형) : 지레목 형	7509	2755	6817	3159
平聲 / 下平 : (024	青	청) : 侀(형) : 형벌 형	7510	2756	6818	3160
平聲 / 下平 : (023	庚	경) : 哼(형) : 겁낼 형	7511	2675	678	3161
平聲 / 下平 : (024	青	청) : 鉶(형) : 국그릇 형	7512	2757	6819	3162
平聲 / 下平 : (022	陽	양) : 偕*(혜) : 화할/같을 혜	7352	2479	3242	3163
平聲 / 下平 : (019	豪	호) : 皐*(호) : 부를 호	512	1997	7465	3164
平聲 / 下平 : (019	豪	호) : 壕(호) : 해자 호	7539	2058	7527	3165

배열형식 D (四聲基準)				배열 A	배열 B	배열 C	배열 D
平仄 / 四聲 : (韻目No: 韻目) 韻族(독음): 字義				운족 가나순	운목 번호순	운목 가나순	사성순
平聲 / 下平 :	(019	豪	호): 毫(호) : 털/터럭 호	7548	2059	7528	3166
平聲 / 下平 :	(019	豪	호): 濠(호) : 호수/해자 호	7553	2060	7529	3167
平聲 / 下平 :	(019	豪	호): 蒿(호) : 쑥 호	7568	2061	7530	3168
平聲 / 下平 :	(019	豪	호): 豪(호) : 호걸 호	7573	2062	7531	3169
平聲 / 下平 :	(019	豪	호): 嚎(호) : 울부짖을 호	7584	2063	7532	3170
平聲 / 下平 :	(025	蒸	증): 弘(홍) : 클 홍	7614	2818	5664	3171
平聲 / 下平 :	(023	庚	경): 泓(홍) : 물깊을 홍	7616	2676	679	3172
平聲 / 下平 :	(023	庚	경): 宏(홍) : 클 홍	7762	2678	681	3173
平聲 / 下平 :	(021	麻	마): 找*(화) : 상앗대 화	5898	2237	1361	3174
平聲 / 下平 :	(021	麻	마): 樺(화) : 자작나무/벗나무 화	7631	2261	1388	3175
平聲 / 下平 :	(020	歌	가): 禾(화) : 벼 화	7635	2158	142	3176
平聲 / 下平 :	(021	麻	마): 花(화) : 꽃 화	7636	2262	1389	3177
平聲 / 下平 :	(022	陽	양): 譁(화) : 시끄러울 화	7639	2485	3248	3178
平聲 / 下平 :	(020	歌	가): 靴(화) : 신 화	7641	2159	143	3179
平聲 / 下平 :	(022	陽	양): 嘩(화) : 시끄러울 화	7642	2486	3249	3180
平聲 / 下平 :	(021	麻	마): 驊(화) : 준마이름 화	7649	2263	1390	3181
平聲 / 下平 :	(016	先	선): 鐶(환) : 쇠고리 환	7683	1825	2366	3182
平聲 / 下平 :	(022	陽	양): 磺*(황) : 쇳돌 황	722	2293	3056	3183
平聲 / 下平 :	(022	陽	양): 凰(황) : 봉새 황	7697	2487	3250	3184
平聲 / 下平 :	(022	陽	양): 徨(황) : 배회할 황	7699	2488	3251	3185
平聲 / 下平 :	(022	陽	양): 惶(황) : 두려워할 황	7701	2489	3252	3186
平聲 / 下平 :	(023	庚	경): 慌(황) : 황홀할 황	7703	2677	680	3187
平聲 / 下平 :	(022	陽	양): 湟(황) : 해자 황	7707	2490	3253	3188
平聲 / 下平 :	(022	陽	양): 潢(황) : 웅덩이 황	7709	2491	3254	3189
平聲 / 下平 :	(022	陽	양): 煌(황) : 빛날 황	7710	2492	3255	3190
平聲 / 下平 :	(022	陽	양): 璜(황) : 패옥 황	7711	2493	3256	3191
平聲 / 下平 :	(022	陽	양): 皇(황) : 임금 황	7712	2494	3257	3192
平聲 / 下平 :	(022	陽	양): 篁(황) : 대숲 황	7713	2495	3258	3193
平聲 / 下平 :	(022	陽	양): 簧(황) : 생황 황	7714	2496	3259	3194
平聲 / 下平 :	(022	陽	양): 荒(황) : 거칠 황	7715	2497	3260	3195
平聲 / 下平 :	(022	陽	양): 蝗(황) : 누리 황	7716	2498	3261	3196
平聲 / 下平 :	(022	陽	양): 遑(황) : 허둥가랄 황	7717	2499	3262	3197
平聲 / 下平 :	(022	陽	양): 隍(황) : 해자 황	7718	2500	3263	3198
平聲 / 下平 :	(022	陽	양): 黃(황) : 누를 황	7719	2501	3264	3199
平聲 / 下平 :	(022	陽	양): 肓(황) : 명치끝 황	7721	2502	3265	3200
平聲 / 下平 :	(022	陽	양): 謊(황) : 잠꼬대할 황	7724	2503	3266	3201

배열형식 D (四聲基準)			배열 A	배열 B	배열 C	배열 D
平仄 / 四聲 : (韻目No:	韻目)	韻族(독음): 字義	운족 가나순	운목 번호순	운목 가나순	사성순
平聲 / 下平 : (022	陽	양) : 廻(회) : 돌/파할 회	7729	2504	3267	3202
平聲 / 下平 : (023	庚	경) : 衡*(횡) : 가로 횡	7503	2674	677	3203
平聲 / 下平 : (023	庚	경) : 鐄(횡) : 큰쇠북/낫 횡	7764	2679	682	3204
平聲 / 下平 : (023	庚	경) : 薨*(횡) : 많이모일/빠를 횡	7822	2680	683	3205
平聲 / 下平 : (017	蕭	소) : 驕*(효) : 사냥개 효	784	1833	2594	3206
平聲 / 下平 : (018	肴	효) : 謼*(효) : 부르짖을 효	7587	1984	7828	3207
平聲 / 下平 : (019	豪	호) : 哮(효) : 성낼/③울부짖을 효	7765	2064	7533	3208
平聲 / 下平 : (019	豪	호) : 嗃(효) : 부르짖을 효	7766	2065	7534	3209
平聲 / 下平 : (017	蕭	소) : 梟(효) : 올빼미 효	7771	1941	2702	3210
平聲 / 下平 : (018	肴	효) : 涍(효) : 강이름 효	7772	1986	7830	3211
平聲 / 下平 : (018	肴	효) : 淆(효) : 뒤섞일 효	7773	1987	7831	3212
平聲 / 下平 : (018	肴	효) : 爻(효) : 사귈 효	7774	1988	7832	3213
平聲 / 下平 : (018	肴	효) : 肴(효) : 안주 효	7775	1989	7833	3214
平聲 / 下平 : (017	蕭	소) : 驍(효) : 날랠 효	7777	1942	2703	3215
平聲 / 下平 : (017	蕭	소) : 囂(효) : 시끄러울 효	7778	1943	2704	3216
平聲 / 下平 : (018	肴	효) : 崤(효) : 산이름 효	7779	1990	7834	3217
平聲 / 下平 : (017	蕭	소) : 熇(효) : 불김[炎氣] 효	7780	1944	2705	3218
平聲 / 下平 : (017	蕭	소) : 枵(효) : 비울 효	7785	1945	2706	3219
平聲 / 下平 : (018	肴	효) : 髇(효) : 큰경쇠 효	7786	1992	7836	3220
平聲 / 下平 : (018	肴	효) : 筊(효) : 단소 효	7787	1993	7837	3221
平聲 / 下平 : (017	蕭	소) : 鴞(효) : 부엉이 효	7789	1946	2707	3222
平聲 / 下平 : (018	肴	효) : 烋(효) : 기운건장할/뽐낼 효	7790	1994	7838	3223
平聲 / 下平 : (026	尤	우) : 侯(후) : 제후 후	7793	3015	4524	3224
平聲 / 下平 : (026	尤	우) : 喉(후) : 목구멍 후	7798	3016	4525	3225
平聲 / 下平 : (026	尤	우) : 餱(후) : 건량 후	7807	3017	4527	3226
平聲 / 下平 : (025	蒸	증) : 薨(훙) : 죽을 훙	7821	2819	5665	3227
平聲 / 下平 : (027	侵	침) : 休(휴) : 쉴 휴	7855	3070	7051	3228
平聲 / 下平 : (026	尤	우) : 烋*(휴) : 아름다울 휴	7791	3014	4528	3229
平聲 / 下平 : (026	尤	우) : 庥(휴) : 나무그늘 휴	7860	3018	4529	3230
平聲 / 下平 : (026	尤	우) : 貅(휴) : 맹수이름 휴	7863	3019	4530	3231
平聲 / 下平 : (027	侵	침) : 欽(흠) : 공경할 흠	7898	3071	7052	3232
平聲 / 下平 : (028	覃	담) : 歆(흠) : 흠향할 흠	7899	3130	963	3233
平聲 / 下平 : (027	侵	침) : 廞(흠) : 포진할/일 흠	7900	3072	7053	3234
平聲 / 下平 : (026	尤	우) : 興(흥) : 일 흥	7906	3020	4531	3235
仄聲 / 上聲 : (051	馬	마) : 假(가) : 거짓/빌릴 가	3	4262	1391	3236
仄聲 / 上聲 : (050	哿	가) : 可(가) : 옳을 가	8	4222	145	3237

배열형식 D (四聲基準)			배열 A	배열 B	배열 C	배열 D
平仄 / 四聲 : (韻目No: 韻目) 韻族(독음): 字義			운족 가나순	운목 번호순	운목 가나순	사성순
仄聲 / 上聲 : (050	哿	가) : 哿(가) : 옳을 가	34	4224	146	3238
仄聲 / 上聲 : (050	哿	가) : 坷(가) : 평탄하지 않을 가	35	4225	147	3239
仄聲 / 上聲 : (051	馬	마) : 檟(가) : 개오동나무 가	36	4263	1392	3240
仄聲 / 上聲 : (044	旱	한) : 笳(가) : 갈잎 피리 가	37	3923	7241	3241
仄聲 / 上聲 : (050	哿	가) : 笴(가) : 화살대 가	39	4226	148	3242
仄聲 / 上聲 : (044	旱	한) : 侃(간) : 굳셀 간	65	3924	7242	3243
仄聲 / 上聲 : (043	阮	완) : 墾(간) : 개간할 간	67	3864	4044	3244
仄聲 / 上聲 : (043	阮	완) : 懇(간) : 간절할 간	72	3865	4045	3245
仄聲 / 上聲 : (045	潸	산) : 揀(간) : 가릴 간	73	3975	1975	3246
仄聲 / 上聲 : (045	潸	산) : 柬(간) : 가릴 간	76	3976	1976	3247
仄聲 / 上聲 : (044	旱	한) : 桿(간) : 박달 간	77	3925	7243	3248
仄聲 / 上聲 : (044	旱	한) : 稈(간) : 짚 간	82	3926	7244	3249
仄聲 / 上聲 : (045	潸	산) : 簡(간) : 간력할/대쪽 간	84	3977	1977	3250
仄聲 / 上聲 : (057	感	감) : 坎(감) : 구덩이 감	122	4573	378	3251
仄聲 / 上聲 : (057	感	감) : 嵌(감) : 산깊을 감	124	4574	379	3252
仄聲 / 上聲 : (057	感	감) : 感(감) : 느낄 감	125	4575	380	3253
仄聲 / 上聲 : (057	感	감) : 敢(감) : 감히/구태여 감	128	4576	381	3254
仄聲 / 上聲 : (057	感	감) : 橄(감) : 감람나무 감	131	4577	382	3255
仄聲 / 上聲 : (059	豏	함) : 減(감) : 덜 감	132	4654	1275	3256
仄聲 / 上聲 : (057	感	감) : 撼(감) : 흔들 감	144	4578	383	3257
仄聲 / 上聲 : (057	感	감) : 砍(감) : 벨 감	149	4579	384	3258
仄聲 / 上聲 : (059	豏	함) : 鹼*(감) : 소금기 감	294	4655	1276	3259
仄聲 / 上聲 : (052	養	양) : 彊(강) : 굳셀 강	169	4299	3268	3260
仄聲 / 上聲 : (052	養	양) : 慷(강) : 강개할 강	170	4300	3269	3261
仄聲 / 上聲 : (052	養	양) : 襁(강) : 포대기 강	181	4301	3270	3262
仄聲 / 上聲 : (033	講	강) : 講(강) : 욀 강	182	3295	463	3263
仄聲 / 上聲 : (033	講	강) : 控*(강) : 칠 강	608	3296	464	3264
仄聲 / 上聲 : (040	賄	회) : 凱(개) : 즐길 개	194	3757	7753	3265
仄聲 / 上聲 : (040	賄	회) : 塏(개) : 높은땅 개	195	3758	7754	3266
仄聲 / 上聲 : (040	賄	회) : 愷(개) : 즐거울 개	196	3759	7755	3267
仄聲 / 上聲 : (040	賄	회) : 改(개) : 고칠 개	198	3760	7756	3268
仄聲 / 上聲 : (040	賄	회) : 豈*(개) : 승전가 개	1145	3762	7758	3269
仄聲 / 上聲 : (036	語	어) : 巨(거) : 클 거	237	3519	3486	3270
仄聲 / 上聲 : (036	語	어) : 拒(거) : 막을 거	238	3520	3487	3271
仄聲 / 上聲 : (036	語	어) : 擧(거) : 들 거	242	3521	3488	3272
仄聲 / 上聲 : (036	語	어) : 炬(거) : 횃불 거	244	3522	3489	3273

배열형식 D (四聲基準)				배열 A	배열 B	배열 C	배열 D
平仄 / 四聲 : (韻目No: 韻目) 韻族(독음): 字義				운족 가나순	운목 번호순	운목 가나순	사성순
仄聲 / 上聲 : (036	語	어) : 距(거)	: 상거할 거	246	3523	3490	3274
仄聲 / 上聲 : (036	語	어) : 鉅(거)	: 클 거	249	3524	3491	3275
仄聲 / 上聲 : (036	語	어) : 秬(거)	: 검은기장 거	251	3525	3492	3276
仄聲 / 上聲 : (036	語	어) : 筥(거)	: 광주리 거	252	3526	3493	3277
仄聲 / 上聲 : (036	語	어) : 苣(거)	: 상추 거	255	3527	3494	3278
仄聲 / 上聲 : (036	語	어) : 莒(거)	: 감자 거	256	3528	3495	3279
仄聲 / 上聲 : (036	語	어) : 岠(거)	: 큰산 거	260	3529	3496	3280
仄聲 / 上聲 : (036	語	어) : 舉(거)	: 들/울직일 거	262	3530	3497	3281
仄聲 / 上聲 : (036	語	어) : 虡(거)	: 책상 거	263	3531	3498	3282
仄聲 / 上聲 : (036	語	어) : 詎(거)	: 어찌/모를 거	264	3532	3499	3283
仄聲 / 上聲 : (036	語	어) : 鼀(거)	: 두꺼비 거	266	3533	3500	3284
仄聲 / 上聲 : (046	銑	선) : 件(건)	: 물건 건	271	3997	2367	3285
仄聲 / 上聲 : (046	銑	선) : 蹇(건)	: 절 건	279	3998	2368	3286
仄聲 / 上聲 : (046	銑	선) : 謇(건)	: 말 더듬거릴 건	283	3999	2369	3287
仄聲 / 上聲 : (058	琰	염) : 儉(검)	: 검소할 검	295	4608	3674	3288
仄聲 / 上聲 : (058	琰	염) : 檢(검)	: 검사할 검	298	4609	3675	3289
仄聲 / 上聲 : (058	琰	염) : 瞼(검)	: 눈꺼풀 검	299	4610	3676	3290
仄聲 / 上聲 : (058	琰	염) : 撿(검)	: 단속할 검	303	4611	3677	3291
仄聲 / 上聲 : (058	琰	염) : 芡(검)	: 가시연 검	304	4612	3678	3292
仄聲 / 上聲 : (058	琰	염) : 臉(검)	: 뺨 검	305	4613	3679	3293
仄聲 / 上聲 : (046	銑	선) : 犬(견)	: 개 견	339	4000	2370	3294
仄聲 / 上聲 : (046	銑	선) : 繭(견)	: 고치 견	343	4001	2371	3295
仄聲 / 上聲 : (046	銑	선) : 畎(견)	: 밭도랑 견	351	4002	2372	3296
仄聲 / 上聲 : (046	銑	선) : 縳(견)	: 올 견	352	4003	2373	3297
仄聲 / 上聲 : (046	銑	선) : 豜(견)	: 큰돼지 견	357	4004	2374	3298
仄聲 / 上聲 : (046	銑	선) : 盷(견)	: 지성스러울 견	361	4005	2378	3299
仄聲 / 上聲 : (046	銑	선) : 蜎*(견)	: 장구벌레 견	4438	4043	2411	3300
仄聲 / 上聲 : (056	寢	침) : 斡*(결)	: 쪼갤대 결	1074	4550	7055	3301
仄聲 / 上聲 : (058	琰	염) : 慊(겸)	: 앙심먹을 겸	377	4614	3680	3302
仄聲 / 上聲 : (058	琰	염) : 歉(겸)	: 흉년들/부족할 겸	386	4615	3681	3303
仄聲 / 上聲 : (058	琰	염) : 鼸(겸)	: 두더지 겸	390	4616	3682	3304
仄聲 / 上聲 : (054	梗	경) : 境(경)	: 지경 경	402	4380	684	3305
仄聲 / 上聲 : (054	梗	경) : 憬(경)	: 멀 경	407	4381	685	3306
仄聲 / 上聲 : (054	梗	경) : 景(경)	: 볕 경	410	4382	686	3307
仄聲 / 上聲 : (054	梗	경) : 暻(경)	: 밝을 경	411	4383	687	3308
仄聲 / 上聲 : (054	梗	경) : 梗(경)	: 가시나무 경	414	4384	688	3309

배열형식 D (四聲基準)			배열 A	배열 B	배열 C	배열 D
平仄 / 四聲 : (韻目No:	韻目)	韻族(독음): 字義	운족 가나순	운목 번호순	운목 가나순	사성순
仄聲 / 上聲 : (054	梗	경) : 炅(경) : 빛날 경	416	4385	689	3310
仄聲 / 上聲 : (054	梗	경) : 烱(경) : 뜨거운김 경	417	4386	690	3311
仄聲 / 上聲 : (054	梗	경) : 璟(경) : 옥빛 경	418	4387	691	3312
仄聲 / 上聲 : (054	梗	경) : 痙(경) : 힘줄땅길 경	420	4388	692	3313
仄聲 / 上聲 : (054	梗	경) : 耿(경) : 빛날 경	428	4389	693	3314
仄聲 / 上聲 : (054	梗	경) : 警(경) : 깨우칠 경	431	4390	694	3315
仄聲 / 上聲 : (054	梗	경) : 頃(경) : 백이랑/잠깐 경	435	4391	695	3316
仄聲 / 上聲 : (054	梗	경) : 頸(경) : 목 경	437	4392	696	3317
仄聲 / 上聲 : (049	皓	호) : 熲(경) : 빛날/불빛 경	443	4156	7535	3318
仄聲 / 上聲 : (054	梗	경) : 綆(경) : 두레박 줄 경	444	4393	697	3319
仄聲 / 上聲 : (054	梗	경) : 埂(경) : 구덩이 경	447	4394	698	3320
仄聲 / 上聲 : (038	薺	제) : 啓(계) : 열 계	449	3706	5370	3321
仄聲 / 上聲 : (038	薺	제) : 棨(계) : 창(儀仗用) 계	460	3707	5371	3322
仄聲 / 上聲 : (034	紙	지) : 癸(계) : 북방/천간 계	463	3302	6008	3323
仄聲 / 上聲 : (037	麌	우) : 古(고) : 예 고	491	3588	4532	3324
仄聲 / 上聲 : (049	皓	호) : 拷(고) : 칠 고	501	4157	7536	3325
仄聲 / 上聲 : (049	皓	호) : 攷(고) : 상고할 고	502	4158	7537	3326
仄聲 / 上聲 : (049	皓	호) : 暠(고) : 깨끗할 고	505	4159	7539	3327
仄聲 / 上聲 : (049	皓	호) : 槁(고) : 마를 고	508	4161	7540	3328
仄聲 / 上聲 : (049	皓	호) : 稿(고) : 원고/볏집 고	514	4162	7541	3329
仄聲 / 上聲 : (049	皓	호) : 考(고) : 생각할 고	516	4163	7542	3330
仄聲 / 上聲 : (037	麌	우) : 股(고) : 넓적다리 고	517	3589	4533	3331
仄聲 / 上聲 : (049	皓	호) : 藁(고) : 마른나무 고	522	4164	7543	3332
仄聲 / 上聲 : (037	麌	우) : 蠱(고) : 독 고	523	3590	4534	3333
仄聲 / 上聲 : (037	麌	우) : 鼓(고) : 북 고	533	3592	4536	3334
仄聲 / 上聲 : (037	麌	우) : 估(고) : 값 고	534	3593	4537	3335
仄聲 / 上聲 : (049	皓	호) : 杲(고) : 밝을 고	536	4165	7544	3336
仄聲 / 上聲 : (049	皓	호) : 栲(고) : 북나무 고	538	4167	7546	3337
仄聲 / 上聲 : (037	麌	우) : 牯(고) : 암소 고	540	3594	4538	3338
仄聲 / 上聲 : (037	麌	우) : 瞽(고) : 북나무 고	541	3595	4539	3339
仄聲 / 上聲 : (037	麌	우) : 罟(고) : 그물 고	544	3596	4540	3340
仄聲 / 上聲 : (037	麌	우) : 羖(고) : 검은암양 고	545	3597	4541	3341
仄聲 / 上聲 : (037	麌	우) : 詁(고) : 주(註)낼 고	547	3598	4542	3342
仄聲 / 上聲 : (049	皓	호) : 郜(고) : 나라이름 고	548	4168	7547	3343
仄聲 / 上聲 : (037	麌	우) : 鈷(고) : 다리미 고	549	3599	4543	3344
仄聲 / 上聲 : (037	麌	우) : 咕(고) : 말더듬거릴 고	551	3600	4544	3345

배열형식 D (四聲基準)			배열 A	배열 B	배열 C	배열 D
平仄 / 四聲 : (韻目No:	韻目)	韻族(독음): 字義	운족 가나순	운목 번호순	운목 가나순	사성순
仄聲 / 上聲 : (037	麌	우) : 楛(고) : 거칠/추잡할 고	552	3601	4546	3346
仄聲 / 上聲 : (049	皓	호) : 藁(고) : 마름 고	557	4169	7548	3347
仄聲 / 上聲 : (037	麌	우) : 骷(고) : 해골 고	558	3603	4547	3348
仄聲 / 上聲 : (043	阮	완) : 梱(곤) : 맏 곤	577	3867	4047	3349
仄聲 / 上聲 : (043	阮	완) : 滾(곤) : 흐를 곤	580	3869	4049	3350
仄聲 / 上聲 : (043	阮	완) : 袞(곤) : 곤룡포 곤	582	3870	4050	3351
仄聲 / 上聲 : (043	阮	완) : 閫(곤) : 문지방 곤	586	3871	4051	3352
仄聲 / 上聲 : (043	阮	완) : 壼(곤) : 대궐안길 곤	589	3872	4052	3353
仄聲 / 上聲 : (043	阮	완) : 鯀(곤) : 큰물고기 곤	590	3873	4053	3354
仄聲 / 上聲 : (031	董	동) : 孔(공) : 구멍 공	602	3237	1255	3355
仄聲 / 上聲 : (032	腫	종) : 拱(공) : 두손마주잡을 공	606	3257	5567	3356
仄聲 / 上聲 : (032	腫	종) : 珙(공) : 큰옥 공	610	3258	5568	3357
仄聲 / 上聲 : (032	腫	종) : 鞏(공) : 묶을 공	615	3259	5569	3358
仄聲 / 上聲 : (032	腫	종) : 栱(공) : 큰말뚝/두공 공	618	3260	5570	3359
仄聲 / 上聲 : (032	腫	종) : 拲(공) : 수갑 공	624	3261	5571	3360
仄聲 / 上聲 : (032	腫	종) : 輁(공) : 관굉차 공	625	3262	5572	3361
仄聲 / 上聲 : (051	馬	마) : 寡(과) : 적을/과부 과	628	4264	1393	3362
仄聲 / 上聲 : (050	哿	가) : 果(과) : 실과 과	630	4227	149	3363
仄聲 / 上聲 : (050	哿	가) : 菓(과) : 과자/실과 과	633	4228	150	3364
仄聲 / 上聲 : (050	哿	가) : 顆(과) : 낟알 과	639	4229	151	3365
仄聲 / 上聲 : (050	哿	가) : 夥(과) : 많을 과	641	4230	152	3366
仄聲 / 上聲 : (050	哿	가) : 裹(과) : 쌀 과	646	4231	153	3367
仄聲 / 上聲 : (051	馬	마) : 踝(과) : 복사뼈 과	647	4265	1394	3368
仄聲 / 上聲 : (041	軫	진) : 蠼(곽) : 큰원숭이 곽	661	3795	6445	3369
仄聲 / 上聲 : (044	旱	한) : 款(관) : 항목 관	673	3927	7246	3370
仄聲 / 上聲 : (044	旱	한) : 琯(관) : 피리 관	675	3928	7247	3371
仄聲 / 上聲 : (044	旱	한) : 管(관) : 대롱/주관할 관	677	3929	7248	3372
仄聲 / 上聲 : (044	旱	한) : 館(관) : 객사 관	683	3930	7249	3373
仄聲 / 上聲 : (044	旱	한) : 盥(관) : 씻을/대야 관	685	3931	7250	3374
仄聲 / 上聲 : (044	旱	한) : 錧(관) : 쟁기/비녀장 관	688	3932	7251	3375
仄聲 / 上聲 : (044	旱	한) : 痯(관) : 병에지친 관	695	3933	7252	3376
仄聲 / 上聲 : (052	養	양) : 廣(광) : 넓을 광	711	4302	3271	3377
仄聲 / 上聲 : (054	梗	경) : 鑛(광) : 쇳돌 광	718	4397	701	3378
仄聲 / 上聲 : (054	梗	경) : 獷(광) : 사나울 광	720	4398	702	3379
仄聲 / 上聲 : (054	梗	경) : 磺(광) : 쇳돌 광	721	4399	703	3380
仄聲 / 上聲 : (039	蟹	해) : 枴(괘) : 지팡이 괘	732	3745	7452	3381

배열형식 D (四聲基準)			배열 A	배열 B	배열 C	배열 D
平仄 / 四聲 : (韻目No: 韻目) 韻族(독음): 字義			운족 가나순	운목 번호순	운목 가나순	사성순
仄聲 / 上聲 : (034	紙	지) : 傀(괴) : 허수아비 괴	734	3303	6009	3382
仄聲 / 上聲 : (039	蟹	해) : 拐(괴) : 속일 괴	740	3746	7453	3383
仄聲 / 上聲 : (054	梗	경) : 卝*(굉) : 쇠뭉치 굉	693	4395	699	3384
仄聲 / 上聲 : (048	巧	교) : 巧(교) : 공교할 교	764	4131	881	3385
仄聲 / 上聲 : (048	巧	교) : 攪(교) : 어지러울 교	765	4132	882	3386
仄聲 / 上聲 : (048	巧	교) : 狡(교) : 간교할 교	770	4133	883	3387
仄聲 / 上聲 : (047	篠	소) : 皎(교) : 흴 교	771	4080	2708	3388
仄聲 / 上聲 : (047	篠	소) : 矯(교) : 바로잡을 교	772	4081	2709	3389
仄聲 / 上聲 : (048	巧	교) : 絞(교) : 목맬 교	773	4134	884	3390
仄聲 / 上聲 : (048	巧	교) : 佼(교) : 예쁠 교	786	4135	885	3391
仄聲 / 上聲 : (048	巧	교) : 姣(교) : 예쁠 교	788	4136	887	3392
仄聲 / 上聲 : (048	巧	교) : 鉸(교) : 가위 교	794	4137	888	3393
仄聲 / 上聲 : (047	篠	소) : 糾(교) : 맺힐/얽힐 교	808	4082	2710	3394
仄聲 / 上聲 : (038	薺	제) : 劭(교) : 권면할 교	810	3708	5404	3395
仄聲 / 上聲 : (048	巧	교) : 筊*(교) : 단소 교	7788	4155	905	3396
仄聲 / 上聲 : (055	有	유) : 久(구) : 오랠 구	815	4464	5016	3397
仄聲 / 上聲 : (055	有	유) : 口(구) : 입 구	825	4466	5018	3398
仄聲 / 上聲 : (055	有	유) : 咎(구) : 허물 구	828	4467	5019	3399
仄聲 / 上聲 : (055	有	유) : 垢(구) : 때 구	832	4468	5020	3400
仄聲 / 上聲 : (055	有	유) : 毆(구) : 칠 구	842	4469	5021	3401
仄聲 / 上聲 : (055	有	유) : 狗(구) : 개 구	847	4470	5022	3402
仄聲 / 上聲 : (055	有	유) : 玖(구) : 옥돌 구	848	4471	5023	3403
仄聲 / 上聲 : (037	麌	우) : 矩(구) : 곱자 구	851	3604	4548	3404
仄聲 / 上聲 : (055	有	유) : 耇(구) : 늙은이 구	854	4472	5024	3405
仄聲 / 上聲 : (055	有	유) : 臼(구) : 절구 구	855	4473	5025	3406
仄聲 / 上聲 : (055	有	유) : 舅(구) : 외숙/시아비 구	856	4474	5026	3407
仄聲 / 上聲 : (055	有	유) : 苟(구) : 구차할/진실로 구	858	4475	5027	3408
仄聲 / 上聲 : (055	有	유) : 糗(구) : 볶은쌀 구	886	4476	5028	3409
仄聲 / 上聲 : (055	有	유) : 釦(구) : 금테두를 구	893	4478	5030	3410
仄聲 / 上聲 : (055	有	유) : 韭(구) : 부추 구	894	4479	5031	3411
仄聲 / 上聲 : (055	有	유) : 笱(구) : 통발 구	902	4480	5032	3412
仄聲 / 上聲 : (055	有	유) : 莒(구) : 초결명자 구	905	4481	5033	3413
仄聲 / 上聲 : (034	紙	지) : 晷(구) : 그림자 구	908	3304	6019	3414
仄聲 / 上聲 : (041	軫	진) : 窘(군) : 떼지어살 군	921	3796	6446	3415
仄聲 / 上聲 : (043	阮	완) : 圈(권) : 우리 권	945	3874	4054	3416
仄聲 / 上聲 : (034	紙	지) : 机(궤) : 책상 궤	963	3305	6010	3417

배열형식 D (四聲基準)			배열 A	배열 B	배열 C	배열 D
平仄 / 四聲 : (韻目No: 韻目) 韻族(독음): 字義			운족 가나순	운목 번호순	운목 가나순	사성순
仄聲 / 上聲 : (034	紙	지) : 詭(궤) : 속일 궤	966	3306	6011	3418
仄聲 / 上聲 : (034	紙	지) : 軌(궤) : 바퀴자국 궤	967	3307	6012	3419
仄聲 / 上聲 : (034	紙	지) : 几(궤) : 안석/책상 궤	969	3308	6013	3420
仄聲 / 上聲 : (034	紙	지) : 氿(궤) : 샘 궤	971	3309	6014	3421
仄聲 / 上聲 : (034	紙	지) : 簋(궤) : 제기이름 궤	972	3310	6015	3422
仄聲 / 上聲 : (034	紙	지) : 跪(궤) : 꿇어앉을 궤	975	3311	6016	3423
仄聲 / 上聲 : (034	紙	지) : 匭(궤) : 상자 궤	977	3312	6017	3424
仄聲 / 上聲 : (034	紙	지) : 垝(궤) : 허물어질 궤	978	3313	6018	3425
仄聲 / 上聲 : (035	尾	미) : 鬼(귀) : 귀신 귀	986	3490	1872	3426
仄聲 / 上聲 : (034	紙	지) : 宄(귀) : 도둑 귀	987	3314	6020	3427
仄聲 / 上聲 : (035	尾	미) : 蘬(귀) : 냉이씨 귀	989	3491	1873	3428
仄聲 / 上聲 : (034	紙	지) : 頃*(규) : 반걸음 규	436	3301	6007	3429
仄聲 / 上聲 : (055	有	유) : 九*(규) : 모을 규	817	4465	5017	3430
仄聲 / 上聲 : (034	紙	지) : 揆(규) : 헤아릴 규	993	3315	6021	3431
仄聲 / 上聲 : (055	有	유) : 糾*(규) : 모둘/살필/탄핵할 규	809	4463	5034	3432
仄聲 / 上聲 : (055	有	유) : 赳(규) : 헌걸찰/용맹 규	1001	4482	5035	3433
仄聲 / 上聲 : (034	紙	지) : 巋(규) : 험준할 규	1005	3316	6022	3434
仄聲 / 上聲 : (041	軫	진) : 菌(균) : 버섯 균	1017	3797	6447	3435
仄聲 / 上聲 : (041	軫	진) : 囷*(균) : 서릴 균	1020	3798	6448	3436
仄聲 / 上聲 : (041	軫	진) : 麕(균) : 노루 균	1022	3799	6449	3437
仄聲 / 上聲 : (050	哿	가) : 可*(극) : 오랑캐/아내 극	9	4223	144	3438
仄聲 / 上聲 : (042	吻	문) : 槿(근) : 무궁화 근	1040	3849	1746	3439
仄聲 / 上聲 : (042	吻	문) : 謹(근) : 삼갈 근	1046	3850	1747	3440
仄聲 / 上聲 : (042	吻	문) : 近(근) : 가까울 근	1047	3851	1748	3441
仄聲 / 上聲 : (056	寢	침) : 錦(금) : 비단 금	1070	4548	7054	3442
仄聲 / 上聲 : (056	寢	침) : 靲(금) : 갖신 금	1073	4549	7056	3443
仄聲 / 上聲 : (054	迥	형) : 肯(긍) : 즐길 긍	1085	4438	705	3444
仄聲 / 上聲 : (034	紙	지) : 企(기) : 꾀할 기	1088	3317	6023	3445
仄聲 / 上聲 : (034	紙	지) : 伎(기) : 재주 기	1089	3318	6024	3446
仄聲 / 上聲 : (034	紙	지) : 妓(기) : 기생 기	1099	3319	6025	3447
仄聲 / 上聲 : (034	紙	지) : 己(기) : 몸 기	1103	3320	6026	3448
仄聲 / 上聲 : (035	尾	미) : 幾(기) : 몇 기	1104	3492	1874	3449
仄聲 / 上聲 : (034	紙	지) : 技(기) : 재주 기	1106	3321	6027	3450
仄聲 / 上聲 : (034	紙	지) : 杞(기) : 구기자 기	1111	3322	6028	3451
仄聲 / 上聲 : (034	紙	지) : 玘(기) : 패옥 기	1121	3323	6029	3452
仄聲 / 上聲 : (034	紙	지) : 紀(기) : 벼리 기	1136	3324	6030	3453

배열형식 D (四聲基準)				배열 A	배열 B	배열 C	배열 D
平仄 / 四聲 : (韻目No: 韻目) 韻族(독음): 字義				운족 가나순	운목 번호순	운목 가나순	사성순
仄聲 / 上聲 : (034	紙	지) :	綺(기) : 비단 기	1137	3325	6031	3454
仄聲 / 上聲 : (035	尾	미) :	豈(기) : 어찌/일찍 기	1144	3493	1875	3455
仄聲 / 上聲 : (034	紙	지) :	起(기) : 일어날 기	1146	3327	6033	3456
仄聲 / 上聲 : (034	紙	지) :	掎(기) : 끌 기	1156	3329	6035	3457
仄聲 / 上聲 : (035	尾	미) :	蟣(기) : 서캐 기	1166	3494	1876	3458
仄聲 / 上聲 : (034	紙	지) :	跂(기) : 육발/기어갈 기	1168	3330	6036	3459
仄聲 / 上聲 : (034	紙	지) :	枳*(기) : 해할/사타구니 기	6140	3451	6157	3460
仄聲 / 上聲 : (041	軫	진) :	緊(긴) : 긴할 긴	1179	3800	6450	3461
仄聲 / 上聲 : (050	哿	가) :	娜(나) : 아리따울 나	1187	4232	154	3462
仄聲 / 上聲 : (044	旱	한) :	暖(난) : 더울 난	1197	3934	7254	3463
仄聲 / 上聲 : (044	旱	한) :	煖(난) : 따뜻할 난	1199	3935	7255	3464
仄聲 / 上聲 : (045	潸	산) :	赧(난) : 얼굴붉힐 난	1200	3979	1978	3465
仄聲 / 上聲 : (045	潸	산) :	戁(난) : 두려울 난	1201	3980	1979	3466
仄聲 / 上聲 : (057	感	감) :	湳(남) : 강이름 남	1210	4580	385	3467
仄聲 / 上聲 : (052	養	양) :	曩(낭) : 접때/앞서 낭	1220	4303	3272	3468
仄聲 / 上聲 : (040	賄	회) :	乃(내) : 이에 내	1223	3763	7759	3469
仄聲 / 上聲 : (039	蟹	해) :	奶(내) : 젖 내	1231	3747	7454	3470
仄聲 / 上聲 : (040	賄	회) :	迺(내) : 이에/너 내	1232	3764	7760	3471
仄聲 / 上聲 : (036	語	어) :	女(녀) : 계집 녀	1235	3534	3501	3472
仄聲 / 上聲 : (046	銑	선) :	撚(년) : 꼴 년	1239	4006	2376	3473
仄聲 / 上聲 : (046	銑	선) :	碾(년) : 맷돌 년	1241	4007	2377	3474
仄聲 / 上聲 : (046	銑	선) :	撚(년) : 꼴/잡을/밟을 년	1242	4008	2404	3475
仄聲 / 上聲 : (046	銑	선) :	輾*(년) : 연자방아 년	5622	4049	2415	3476
仄聲 / 上聲 : (054	梗	경) :	檸(녕) : 레몬(과일) 녕	1256	4400	706	3477
仄聲 / 上聲 : (037	麌	우) :	努(노) : 힘쓸 노	1261	3605	4549	3478
仄聲 / 上聲 : (037	麌	우) :	弩(노) : 쇠뇌 노	1263	3606	4550	3479
仄聲 / 上聲 : (037	麌	우) :	怒*(노) : 뽑낼 노	1265	3607	4551	3480
仄聲 / 上聲 : (049	皓	호) :	瑙(노) : 마노 노	1266	4170	7549	3481
仄聲 / 上聲 : (049	皓	호) :	惱(뇌) : 번뇌할 뇌	1279	4171	7550	3482
仄聲 / 上聲 : (049	皓	호) :	腦(뇌) : 골/뇌수 뇌	1280	4172	7551	3483
仄聲 / 上聲 : (040	賄	회) :	餒(뇌) : 굶주림 뇌	1281	3765	7761	3484
仄聲 / 上聲 : (040	賄	회) :	餧*(뇌) : 주릴 뇌	4963	3776	7772	3485
仄聲 / 上聲 : (047	篠	소) :	嫋(뇨) : 예쁠/간들거릴 뇨	1283	4083	2711	3486
仄聲 / 上聲 : (047	篠	소) :	裊(뇨) : 간드러질 뇨	1286	4084	2712	3487
仄聲 / 上聲 : (047	篠	소) :	褭(뇨) : 낭창거릴 뇨	1288	4085	2713	3488
仄聲 / 上聲 : (048	巧	교) :	撓(뇨) : 긁을 뇨	1293	4138	894	3489

배열형식 D (四聲基準)			배열 A	배열 B	배열 C	배열 D
平仄 / 四聲 : (韻目No:	韻目)	韻族(독음): 字義	운족 가나순	운목 번호순	운목 가나순	사성순
仄聲 / 上聲 : (048	巧	교) : 橈*(뇨) : 흔들릴 뇨	4725	4146	895	3490
仄聲 / 上聲 : (055	有	유) : 杻*(뉴) : 싸리 뉴	6669	4541	5036	3491
仄聲 / 上聲 : (055	有	유) : 紐(뉴) : 끈 뉴	1298	4483	5038	3492
仄聲 / 上聲 : (055	有	유) : 忸(뉴) : 길들 뉴	1299	4484	5040	3493
仄聲 / 上聲 : (055	有	유) : 妞(뉴) : 아가씨 뉴	1301	4486	5041	3494
仄聲 / 上聲 : (055	有	유) : 狃(뉴) : 길들 뉴	1303	4487	5042	3495
仄聲 / 上聲 : (055	有	유) : 鈕(뉴) : 인꼭지 뉴	1304	4488	5043	3496
仄聲 / 上聲 : (055	有	유) : 杻(뉴) : 싸리 뉴	1305	4489	5078	3497
仄聲 / 上聲 : (055	有	유) : 紐(뉴) : 단추/맺을/맬 뉴	1306	4490	5079	3498
仄聲 / 上聲 : (055	有	유) : 忸*(뉵) : 길들 뉵	1300	4485	5039	3499
仄聲 / 上聲 : (038	薺	제) : 禰(니) : 사당에모신아버지 니	1316	3709	5372	3500
仄聲 / 上聲 : (034	紙	지) : 你(니) : 너 니	1318	3331	6037	3501
仄聲 / 上聲 : (034	紙	지) : 旎(니) : 성할 니	1320	3332	6038	3502
仄聲 / 上聲 : (056	寢	침) : 恁*(님) : 이러할[如此] 님	5289	4562	7067	3503
仄聲 / 上聲 : (044	旱	한) : 亶(단) : 믿음 단	1335	3936	7256	3504
仄聲 / 上聲 : (044	旱	한) : 但(단) : 다만 단	1336	3937	7257	3505
仄聲 / 上聲 : (044	旱	한) : 斷(단) : 끊을 단	1342	3938	7258	3506
仄聲 / 上聲 : (044	旱	한) : 短(단) : 짧을 단	1347	3939	7259	3507
仄聲 / 上聲 : (058	琰	염) : 簞(단) : 밥그릇/상자 단	1349	4618	3684	3508
仄聲 / 上聲 : (044	旱	한) : 袒(단) : 옷통벗을 단	1352	3940	7260	3509
仄聲 / 上聲 : (044	旱	한) : 担(단) : 떨칠 단	1357	3941	7261	3510
仄聲 / 上聲 : (050	哿	가) : 癉(단) : 앓을 단	1361	4233	155	3511
仄聲 / 上聲 : (044	旱	한) : 潬(단) : 모래섬 단	1368	3942	7262	3512
仄聲 / 上聲 : (044	旱	한) : 靼(달) : 다룬가죽 달	1386	3943	7263	3513
仄聲 / 上聲 : (044	旱	한) : 笪(달) : 뜸 달	1388	3944	7264	3514
仄聲 / 上聲 : (057	感	감) : 膽(담) : 쓸개 담	1403	4581	386	3515
仄聲 / 上聲 : (057	感	감) : 毯(담) : 담요 담	1410	4582	387	3516
仄聲 / 上聲 : (057	感	감) : 禫(담) : 담제 담	1411	4583	388	3517
仄聲 / 上聲 : (057	感	감) : 紞(담) : 귀막이끈 담	1413	4584	389	3518
仄聲 / 上聲 : (057	感	감) : 菼(담) : 물억새 담	1414	4585	390	3519
仄聲 / 上聲 : (057	感	감) : 萏(담) : 연꽃봉오리 담	1415	4586	391	3520
仄聲 / 上聲 : (052	養	양) : 黨(당) : 무리 당	1437	4305	3273	3521
仄聲 / 上聲 : (052	養	양) : 倘(당) : 아마/갑자기 당	1438	4306	3274	3522
仄聲 / 上聲 : (052	養	양) : 儻(당) : 빼어날/갑자기 당	1440	4307	3275	3523
仄聲 / 上聲 : (052	養	양) : 党(당) : 성 당	1441	4308	3276	3524
仄聲 / 上聲 : (052	養	양) : 讜(당) : 곧은말할 당	1447	4309	3277	3525

배열형식 D (四聲基準)				배열 A	배열 B	배열 C	배열 D
平仄 / 四聲 : (韻目No: 韻目) 韻族(독음) : 字義				운족 가나순	운목 번호순	운목 가나순	사성순
仄聲 / 上聲 : (040	賄	회) : 待(대)	: 기다릴 대	1463	3766	7762	3526
仄聲 / 上聲 : (040	賄	회) : 歹*(대)	: 몹쓸/거스릴 대	4154	3773	7769	3527
仄聲 / 上聲 : (049	皓	호) : 倒(도)	: 넘어질 도	1478	4173	7552	3528
仄聲 / 上聲 : (037	麌	우) : 堵(도)	: 담 도	1482	3608	4555	3529
仄聲 / 上聲 : (049	皓	호) : 島(도)	: 섬 도	1487	4174	7553	3530
仄聲 / 上聲 : (049	皓	호) : 嶋(도)	: 섬 도	1488	4175	7554	3531
仄聲 / 上聲 : (047	篠	소) : 挑(도)	: 돋울 도	1493	4086	2714	3532
仄聲 / 上聲 : (049	皓	호) : 搗(도)	: 찧을 도	1496	4176	7555	3533
仄聲 / 上聲 : (037	麌	우) : 睹(도)	: 볼 도	1506	3609	4556	3534
仄聲 / 上聲 : (049	皓	호) : 禱(도)	: 빌 도	1507	4177	7556	3535
仄聲 / 上聲 : (049	皓	호) : 稻(도)	: 벼 도	1508	4178	7557	3536
仄聲 / 上聲 : (037	麌	우) : 賭(도)	: 도박 도	1511	3610	4557	3537
仄聲 / 上聲 : (049	皓	호) : 道(도)	: 길 도	1517	4179	7558	3538
仄聲 / 上聲 : (043	阮	완) : 沌(돈)	: 기운덩어리 돈	1577	3875	4055	3539
仄聲 / 上聲 : (043	阮	완) : 盫(돈)	: 거룻배 돈	1585	3876	4056	3540
仄聲 / 上聲 : (043	阮	완) : 庉(돈)	: 담장 돈	1586	3877	4057	3541
仄聲 / 上聲 : (043	阮	완) : 遁(돈)	: 달아날 돈	1587	3878	4058	3542
仄聲 / 上聲 : (043	阮	완) : 盾*(돈)	: 사람이름 돈	3888	3897	4077	3543
仄聲 / 上聲 : (031	董	동) : 動(동)	: 움직일 동	1600	3238	1256	3544
仄聲 / 上聲 : (031	董	동) : 洞(동)	: 골 동	1606	3239	1258	3545
仄聲 / 上聲 : (031	董	동) : 胴(동)	: 큰창자 동	1612	3241	1259	3546
仄聲 / 上聲 : (031	董	동) : 董(동)	: 바를 동	1613	3242	1260	3547
仄聲 / 上聲 : (031	董	동) : 働(동)	: 힘쓸 동	1623	3243	1261	3548
仄聲 / 上聲 : (031	董	동) : 懂(동)	: 심란할 동	1624	3244	1262	3549
仄聲 / 上聲 : (031	董	동) : 洞(동)	: 골/깊을 동	1630	3245	1273	3550
仄聲 / 上聲 : (055	有	유) : 斗(두)	: 말 두	1632	4491	5044	3551
仄聲 / 上聲 : (037	麌	우) : 杜(두)	: 막을 두	1633	3611	4558	3552
仄聲 / 上聲 : (055	有	유) : 抖(두)	: 흔들 두	1642	4493	5046	3553
仄聲 / 上聲 : (037	麌	우) : 肚(두)	: 배 두	1643	3612	4559	3554
仄聲 / 上聲 : (055	有	유) : 蚪(두)	: 올챙이 두	1645	4494	5047	3555
仄聲 / 上聲 : (055	有	유) : 陡(두)	: 험할 두	1647	4495	5048	3556
仄聲 / 上聲 : (055	有	유) : 斜(두)	: 노랑실 두	1648	4496	5049	3557
仄聲 / 上聲 : (055	有	유) : 姁(두)	: 이름/예쁠 두	1650	4497	5092	3558
仄聲 / 上聲 : (055	有	유) : 吋*(두)	: 꾸짖을 두	6641	4539	5094	3559
仄聲 / 上聲 : (043	阮	완) : 遯*(둔)	: 달아날 둔	1590	3879	4059	3560
仄聲 / 上聲 : (054	迥	형) : 等(등)	: 무리 등	1660	4439	707	3561

배열형식 D (四聲基準)			배열 A	배열 B	배열 C	배열 D
平仄 / 四聲 : (韻目No: 韻目) 韻族(독음): 字義			운족 가나순	운목 번호순	운목 가나순	사성순
仄聲 / 上聲 : (044	旱	한) : 懶(라) : 게으를 라	1671	3945	7253	3562
仄聲 / 上聲 : (050	哿	가) : 裸(라) : 벗을 라	1682	4234	156	3563
仄聲 / 上聲 : (050	哿	가) : 蓏(라) : 풀 라	1688	4235	157	3564
仄聲 / 上聲 : (050	哿	가) : 蠃(라) : 달팽이 라	1689	4236	158	3565
仄聲 / 上聲 : (044	旱	한) : 懶*(란) : 게으를/미워할 란	1676	3946	7265	3566
仄聲 / 上聲 : (050	哿	가) : 卵(란) : 알 란	1706	4237	159	3567
仄聲 / 上聲 : (057	感	감) : 擥(람) : 모을(=擥) 람	1727	4587	392	3568
仄聲 / 上聲 : (057	感	감) : 攬(람) : 잡을 람	1728	4588	393	3569
仄聲 / 上聲 : (057	感	감) : 欖(람) : 감람나무 람	1729	4589	394	3570
仄聲 / 上聲 : (057	感	감) : 覽(람) : 볼 람	1736	4590	395	3571
仄聲 / 上聲 : (057	感	감) : 壈(람) : 실의한모습 람	1738	4591	396	3572
仄聲 / 上聲 : (057	感	감) : 覽(람) : 두루볼 람	1740	4592	397	3573
仄聲 / 上聲 : (052	養	양) : 朗(랑) : 밝을 랑	1748	4310	3278	3574
仄聲 / 上聲 : (054	梗	경) : 冷(랭) : 찰/맑을 랭	1773	4401	708	3575
仄聲 / 上聲 : (052	養	양) : 倆(량) : 재주 량	1778	4311	3279	3576
仄聲 / 上聲 : (052	養	양) : 輛(량) : 수레 량	1787	4312	3281	3577
仄聲 / 上聲 : (052	養	양) : 兩(량) : 둘/짝/수레 량	1792	4313	3280	3578
仄聲 / 上聲 : (036	語	어) : 侶(려) : 짝 려	1794	5134	3502	3579
仄聲 / 上聲 : (036	語	어) : 呂(려) : 법칙 려	1796	3536	3503	3580
仄聲 / 上聲 : (036	語	어) : 旅(려) : 나그네 려	1800	3537	3504	3581
仄聲 / 上聲 : (036	語	어) : 膂(려) : 등골뼈 려	1816	3538	3505	3582
仄聲 / 上聲 : (038	薺	제) : 蠡(려) : 표주박/좀먹을 려	1818	3710	5373	3583
仄聲 / 上聲 : (046	銑	선) : 璉(련) : 호련 련	1850	4009	2379	3584
仄聲 / 上聲 : (046	銑	선) : 輦(련) : 손수레 련	1854	4010	2380	3585
仄聲 / 上聲 : (058	琰	염) : 斂(렴) : 거둘 렴	1871	4620	3686	3586
仄聲 / 上聲 : (054	梗	경) : 嶺(령) : 고개/산봉우리 령	1884	4402	709	3587
仄聲 / 上聲 : (054	梗	경) : 逞(령) : 왕성할 령	1890	4403	710	3588
仄聲 / 上聲 : (054	梗	경) : 領(령) : 거느릴 령	1895	4404	711	3589
仄聲 / 上聲 : (038	薺	제) : 澧(례) : 강이름 례	1909	3711	5374	3590
仄聲 / 上聲 : (038	薺	제) : 禮(례) : 예도 례	1910	3712	5375	3591
仄聲 / 上聲 : (038	薺	제) : 醴(례) : 단술 례	1911	3713	5376	3592
仄聲 / 上聲 : (038	薺	자) : 醴(례) : 단술 례	1915	3714	5383	3593
仄聲 / 上聲 : (037	麌	우) : 擄(로) : 노략질할/사로잡을 로	1918	3613	4552	3594
仄聲 / 上聲 : (037	麌	우) : 櫓(로) : 큰방패/망루 로	1919	3614	4553	3595
仄聲 / 上聲 : (037	麌	우) : 虜(로) : 사로잡을/종 로	1923	3615	4554	3596
仄聲 / 上聲 : (037	麌	우) : 擄(로) : 노략질할 로	1927	3616	4560	3597

배열형식 D (四聲基準)			배열 A	배열 B	배열 C	배열 D
平仄 / 四聲 : (韻目No:	韻目)	韻族(독음): 字義	운족 가나순	운목 번호순	운목 가나순	사성순
仄聲 / 上聲 : (037	麌	우) : 櫓(로) : 방패 로	1928	3617	4561	3598
仄聲 / 上聲 : (049	皓	호) : 老(로) : 늙을/어른/익숙할 로	1934	4181	7559	3599
仄聲 / 上聲 : (049	皓	호) : 老(로) : 늙을 로	1933	4180	7560	3600
仄聲 / 上聲 : (037	麌	우) : 虜(로) : 사로잡을/포로 로	1935	3618	4562	3601
仄聲 / 上聲 : (037	麌	우) : 魯(로) : 노둔할/노나라 로	1939	3619	4563	3602
仄聲 / 上聲 : (037	麌	우) : 鹵(로) : 소금/염전 로	1941	3620	4564	3603
仄聲 / 上聲 : (037	麌	우) : 滷(로) : 소금밭 로	1943	3621	4565	3604
仄聲 / 上聲 : (043	阮	완) : 淪*(론) : 기운덩어리질 론	2092	3880	4060	3605
仄聲 / 上聲 : (032	腫	종) : 壟(롱) : 밭두둑/무덤 롱	1973	3263	5573	3606
仄聲 / 上聲 : (031	董	동) : 攏(롱) : 누를 롱	1979	3247	1263	3607
仄聲 / 上聲 : (032	腫	종) : 隴(롱) : 고개이름 롱	1984	3264	5574	3608
仄聲 / 上聲 : (040	賄	회) : 磊(뢰) : 돌쌓일 뢰	1992	3767	7763	3609
仄聲 / 上聲 : (040	賄	회) : 蕾(뢰) : 꽃봉오리 뢰	1999	3768	7764	3610
仄聲 / 上聲 : (034	紙	지) : 誄(뢰) : 뇌사/조문 뢰	2000	3333	6039	3611
仄聲 / 上聲 : (034	紙	지) : 壘*(뢰) : 끌밋할(壯貌) 뢰	2034	3335	6041	3612
仄聲 / 上聲 : (047	篠	소) : 了(료) : 마칠 료	2007	4088	2716	3613
仄聲 / 上聲 : (047	篠	소) : 僚(료) : 동료 료	2008	4089	2717	3614
仄聲 / 上聲 : (047	篠	소) : 瞭(료) : 밝을 료	2014	4090	2718	3615
仄聲 / 上聲 : (047	篠	소) : 蓼(료) : 여뀌 료	2016	4091	2719	3616
仄聲 / 上聲 : (049	皓	호) : 潦(료) : 큰비 료	2020	4182	7561	3617
仄聲 / 上聲 : (047	篠	소) : 繚(료) : 감길 료	2023	4093	2721	3618
仄聲 / 上聲 : (032	腫	종) : 龍(룡) : 용/임금 룡	2031	3265	5575	3619
仄聲 / 上聲 : (034	紙	지) : 壘(루) : 진/포갤 루	2033	3334	6040	3620
仄聲 / 上聲 : (037	麌	우) : 縷(루) : 실/곡진할/남루할 루	2042	3622	4566	3621
仄聲 / 上聲 : (037	麌	우) : 縷(루) : 실 루	2043	3623	4567	3622
仄聲 / 上聲 : (037	麌	우) : 褸(루) : 남루할 루	2045	3624	4568	3623
仄聲 / 上聲 : (055	有	유) : 塿(루) : 언덕 루	2053	4499	5051	3624
仄聲 / 上聲 : (034	紙	지) : 櫐(루) : 등나무 루	2055	3336	6042	3625
仄聲 / 上聲 : (055	有	유) : 蟉*(류) : 용굼틀거릴 류	2026	4498	5050	3626
仄聲 / 上聲 : (055	有	유) : 柳(류) : 버들 류	2062	4500	5052	3627
仄聲 / 上聲 : (055	有	유) : 罶(류) : 통발 류	2077	4501	5053	3628
仄聲 / 上聲 : (047	篠	소) : 蓼*(륙) : 풀앞긴모양 륙	2017	4092	2720	3629
仄聲 / 上聲 : (056	寑	침) : 凜(름) : 찰 름	2111	4551	7057	3630
仄聲 / 上聲 : (056	寑	침) : 懍(름) : 삼가할 름	2112	4552	7058	3631
仄聲 / 上聲 : (034	紙	지) : 俚(리) : 속될 리	2121	3337	6043	3632
仄聲 / 上聲 : (034	紙	지) : 履(리) : 밟을 리	2125	3338	6044	3633

배열형식 D (四聲基準)			배열 A	배열 B	배열 C	배열 D
平仄 / 四聲 : (韻目No: 韻目) 韻族(독음): 字義			운족 가나순	운목 번호순	운목 가나순	사성순
仄聲 / 上聲 : (034	紙	지) : 李(리) : 오얏/성/역말/행장 리	2126	3339	6045	3634
仄聲 / 上聲 : (034	紙	지) : 理(리) : 다스릴 리	2131	3340	6046	3635
仄聲 / 上聲 : (034	紙	지) : 裡(리) : 안/속 리	2139	3341	6047	3636
仄聲 / 上聲 : (034	紙	지) : 里(리) : 마을 리	2140	3342	6048	3637
仄聲 / 上聲 : (034	紙	지) : 鯉(리) : 잉어 리	2143	3343	6049	3638
仄聲 / 上聲 : (034	紙	지) : 邐(리) : 이어질 리	2154	3344	6050	3639
仄聲 / 上聲 : (034	紙	지) : 悝(리) : 근심할/미워할 리	2157	3345	6051	3640
仄聲 / 上聲 : (051	馬	마) : 瑪(마) : 마노(碼) 마	2200	4266	1395	3641
仄聲 / 上聲 : (051	馬	마) : 碼(마) : 저릴/홍역 마	2202	4267	1396	3642
仄聲 / 上聲 : (051	馬	마) : 馬(마) : 말 마	2204	4268	1397	3643
仄聲 / 上聲 : (037	麌	우) : 媽(마) : 암말 마	2207	3625	4569	3644
仄聲 / 上聲 : (051	馬	마) : 螞(마) : 말거머리 마	2208	4269	1398	3645
仄聲 / 上聲 : (050	哿	가) : 麼(마) : 잘/어찌 마	2210	4238	160	3646
仄聲 / 上聲 : (050	哿	가) : 嬤(마) : 엄마 마	2212	4239	161	3647
仄聲 / 上聲 : (043	阮	완) : 娩(만) : 해산할 만	2225	3881	4061	3648
仄聲 / 上聲 : (043	阮	완) : 挽(만) : 당길 만	2230	3882	4062	3649
仄聲 / 上聲 : (043	阮	완) : 晩(만) : 늦을 만	2231	3883	4063	3650
仄聲 / 上聲 : (044	旱	한) : 滿(만) : 찰 만	2233	3947	7266	3651
仄聲 / 上聲 : (044	旱	한) : 鏋(만) : 금 만	2248	3948	7267	3652
仄聲 / 上聲 : (043	阮	완) : 晚(만) : 저물/늦을 만	2250	3884	4064	3653
仄聲 / 上聲 : (044	旱	한) : 懣*(만) : 속답답할 만	2501	3949	7268	3654
仄聲 / 上聲 : (052	養	양) : 網(망) : 그물 망	2266	4314	3282	3655
仄聲 / 上聲 : (052	養	양) : 罔(망) : 없을 망	2267	4315	3283	3656
仄聲 / 上聲 : (052	養	양) : 莽(망) : 우거질 망	2270	4316	3284	3657
仄聲 / 上聲 : (052	養	양) : 輞(망) : 바퀴테 망	2271	4317	3285	3658
仄聲 / 上聲 : (052	養	양) : 惘(망) : 멍할 망	2273	4318	3286	3659
仄聲 / 上聲 : (052	養	양) : 蟒(망) : 이무기 망	2277	4319	3287	3660
仄聲 / 上聲 : (040	賄	회) : 每(매) : 매양 매	2288	3769	7765	3661
仄聲 / 上聲 : (039	蟹	해) : 買(매) : 살 매	2291	3748	7455	3662
仄聲 / 上聲 : (054	梗	경) : 猛(맹) : 사나울 맹	2314	4405	712	3663
仄聲 / 上聲 : (054	梗	경) : 黽*(맹) : 맹꽁이 맹	2573	4407	716	3664
仄聲 / 上聲 : (046	銑	선) : 娩*(면) : 유순할 면	2226	4011	2381	3665
仄聲 / 上聲 : (046	銑	선) : 免(면) : 벗을/면할피할 면	2327	4012	2382	3666
仄聲 / 上聲 : (046	銑	선) : 冕(면) : 면류관 면	2329	4014	2384	3667
仄聲 / 上聲 : (046	銑	선) : 勉(면) : 면할 면	2330	4015	2385	3668
仄聲 / 上聲 : (046	銑	선) : 沔(면) : 빠질 면	2332	4016	2386	3669

배열형식 D (四聲基準)			배열 A	배열 B	배열 C	배열 D
平仄 / 四聲 : (韻目No:	韻目)	韻族(독음): 字義	운족 가나순	운목 번호순	운목 가나순	사성순
仄聲 / 上聲 : (046	銑	선) : 緬(면) : 가는실 면	2336	4017	2387	3670
仄聲 / 上聲 : (046	銑	선) : 俛(면) : 구부릴 면	2339	4018	2388	3671
仄聲 / 上聲 : (046	銑	선) : 湎(면) : 빠질 면	2340	4019	2389	3672
仄聲 / 上聲 : (054	梗	경) : 皿(명) : 그릇 명	2352	4406	713	3673
仄聲 / 上聲 : (054	迥	형) : 茗(명) : 차싹 명	2353	4440	714	3674
仄聲 / 上聲 : (054	迥	형) : 酩(명) : 술취할 명	2357	4441	715	3675
仄聲 / 上聲 : (037	麌	우) : 侮(모) : 업신여길 모	2363	3627	4571	3676
仄聲 / 上聲 : (055	有	유) : 某(모) : 아무 모	2373	4502	5054	3677
仄聲 / 上聲 : (055	有	유) : 母(모) : 어미 모	2376	4503	5055	3678
仄聲 / 上聲 : (055	有	유) : 牡(모) : 수컷 모	2379	4504	5056	3679
仄聲 / 上聲 : (037	麌	우) : 姥(모) : 할미 모	2392	3628	4572	3680
仄聲 / 上聲 : (031	董	동) : 蠓(몽) : 누에놀이 몽	2426	3248	1264	3681
仄聲 / 上聲 : (048	巧	교) : 卯(묘) : 토끼 묘	2427	4140	890	3682
仄聲 / 上聲 : (048	巧	교) : 昴(묘) : 별이름 묘	2432	4141	891	3683
仄聲 / 上聲 : (047	篠	소) : 杳(묘) : 어두울 묘	2433	4094	2722	3684
仄聲 / 上聲 : (047	篠	소) : 渺(묘) : 아득할 묘	2434	4095	2723	3685
仄聲 / 上聲 : (047	篠	소) : 眇(묘) : 애꾸눈 묘	2438	4096	2724	3686
仄聲 / 上聲 : (047	篠	소) : 藐(묘) : 멀/작을/약할 묘	2439	4097	2725	3687
仄聲 / 上聲 : (047	篠	소) : 緲(묘) : 아득할 묘	2443	4098	2726	3688
仄聲 / 上聲 : (048	巧	교) : 茆(묘) : 순채 묘	2444	4142	892	3689
仄聲 / 上聲 : (047	篠	소) : 秒(묘) : 벼까락/세미할 묘	2445	4099	2748	3690
仄聲 / 上聲 : (047	篠	소) : 吵(묘) : 지저귈/울 묘	2447	4101	2752	3691
仄聲 / 上聲 : (037	麌	우) : 莽*(무) : 추솔할 무	2276	3626	4570	3692
仄聲 / 上聲 : (055	有	유) : 拇(무) : 엄지손가락 무	2454	4505	5057	3693
仄聲 / 上聲 : (037	麌	우) : 撫(무) : 어루만질 무	2455	3629	4573	3694
仄聲 / 上聲 : (037	麌	우) : 武(무) : 호반 무	2458	3630	4574	3695
仄聲 / 上聲 : (037	麌	우) : 珷(무) : 옥돌 무	2461	3631	4575	3696
仄聲 / 上聲 : (055	有	유) : 畝(무) : 밭이랑 무	2462	4506	5058	3697
仄聲 / 上聲 : (037	麌	우) : 舞(무) : 춤출 무	2467	3632	4576	3698
仄聲 / 上聲 : (037	麌	우) : 鵡(무) : 앵무새 무	2473	3633	4577	3699
仄聲 / 上聲 : (037	麌	우) : 廡(무) : 집/처마 무	2474	3634	4578	3700
仄聲 / 上聲 : (037	麌	우) : 嫵(무) : 아리따울 무	2478	3635	4579	3701
仄聲 / 上聲 : (037	麌	우) : 甒(무) : 술단지 무	2480	3636	4580	3702
仄聲 / 上聲 : (046	銑	선) : 免*(문) : 해산할/상건쓸 문	2328	4013	2383	3703
仄聲 / 上聲 : (042	吻	문) : 刎(문) : 목벨 문	2487	3852	1749	3704
仄聲 / 上聲 : (042	吻	문) : 吻(문) : 입술 문	2488	3853	1750	3705

배열형식 D (四聲基準)			배열 A	배열 B	배열 C	배열 D
平仄 / 四聲 : (韻目No:	韻目)	韻族(독음): 字義	운족 가나순	운목 번호순	운목 가나순	사성순
仄聲 / 上聲 : (043	阮	완) : 悗(문) : 잊어버릴 문	2498	3885	4065	3706
仄聲 / 上聲 : (043	阮	완) : 㵍(문) : 번민할 문	2500	3886	4066	3707
仄聲 / 上聲 : (042	吻	문) : 脗(문) : 합할 문	2503	3854	1751	3708
仄聲 / 上聲 : (042	吻	문) : 忞*(문) : 어수선할 문	2568	3855	1752	3709
仄聲 / 上聲 : (035	尾	미) : 尾(미) : 꼬리 미	2516	3495	1877	3710
仄聲 / 上聲 : (038	薺	제) : 彌(미) : 미륵/오랠 미	2518	3715	5377	3711
仄聲 / 上聲 : (035	尾	미) : 梶(미) : 나무끝 미	2521	3496	1878	3712
仄聲 / 上聲 : (034	紙	지) : 渼(미) : 물놀이 미	2523	3347	6053	3713
仄聲 / 上聲 : (038	薺	제) : 米(미) : 쌀 미	2526	3716	5378	3714
仄聲 / 上聲 : (034	紙	지) : 美(미) : 아름다울 미	2527	3348	6054	3715
仄聲 / 上聲 : (034	紙	지) : 靡(미) : 쓰러질 미	2531	3349	6055	3716
仄聲 / 上聲 : (035	尾	미) : 亹(미) : 부지런할/아름다울 미	2533	3497	1879	3717
仄聲 / 上聲 : (035	尾	미) : 娓(미) : 장황할 미	2535	3498	1880	3718
仄聲 / 上聲 : (034	紙	지) : 媺(미) : 착하고아름다울 미	2536	3350	6056	3719
仄聲 / 上聲 : (034	紙	지) : 弭(미) : 활고자 미	2538	3351	6057	3720
仄聲 / 上聲 : (034	紙	지) : 敉(미) : 어루만질 미	2539	3352	6058	3721
仄聲 / 上聲 : (034	紙	지) : 獼(미) : 원숭이 미	2541	3353	6059	3722
仄聲 / 上聲 : (034	紙	지) : 咪(미) : 양이울 미	2546	3354	6060	3723
仄聲 / 上聲 : (034	紙	지) : 渳(미) : 송장씻을 미	2547	3355	6061	3724
仄聲 / 上聲 : (034	紙	지) : 瞇(미) : 애꾸눈 미	2549	3356	6062	3725
仄聲 / 上聲 : (034	紙	지) : 葞(미) : 붓순나무 미	2551	3357	6063	3726
仄聲 / 上聲 : (041	軫	진) : 脗*(민) : 합할 민	2504	3801	6451	3727
仄聲 / 上聲 : (041	軫	진) : 愍(민) : 근심할 민	2556	3802	6452	3728
仄聲 / 上聲 : (041	軫	진) : 憫(민) : 민망할 민	2557	3803	6453	3729
仄聲 / 上聲 : (041	軫	진) : 敏(민) : 민첩할 민	2558	3804	6454	3730
仄聲 / 上聲 : (041	軫	진) : 泯(민) : 망할 민	2562	3805	6455	3731
仄聲 / 上聲 : (041	軫	진) : 閔(민) : 성 민	2566	3806	6456	3732
仄聲 / 上聲 : (041	軫	진) : 黽(민) : 힘쓸 민	2572	3807	6457	3733
仄聲 / 上聲 : (041	軫	진) : 敃(민) : 힘쓸 민	2575	3808	6458	3734
仄聲 / 上聲 : (041	軫	진) : 簢(민) : 대속빌 민	2577	3809	6459	3735
仄聲 / 上聲 : (037	麌	우) : 溥*(박) : 물이름 박	2955	3649	4593	3736
仄聲 / 上聲 : (044	旱	한) : 伴(반) : 짝 반	2610	3950	7269	3737
仄聲 / 上聲 : (043	阮	완) : 反(반) : 엎을/돌이킬 반	2612	3887	4067	3738
仄聲 / 上聲 : (043	阮	완) : 返(반) : 돌이킬 반	2633	3888	4068	3739
仄聲 / 上聲 : (043	阮	완) : 飯(반) : 밥 반	2636	3889	4069	3740
仄聲 / 上聲 : (044	旱	한) : 竝*(반) : 짝할 반	2837	3951	7270	3741

배열형식 D (四聲基準)			배열 A	배열 B	배열 C	배열 D
平仄 / 四聲 : (韻目No: 韻目)		韻族(독음): 字義	운족 가나순	운목 번호순	운목 가나순	사성순
仄聲 / 上聲 : (052	養	양) : 倣(방) : 본뜰 방	2661	4320	3288	3742
仄聲 / 上聲 : (052	養	양) : 放(방) : 놓을 방	2671	4321	3289	3743
仄聲 / 上聲 : (052	養	양) : 昉(방) : 밝을/마침 방	2675	4322	3290	3744
仄聲 / 上聲 : (052	養	양) : 紡(방) : 길쌈 방	2683	4323	3291	3745
仄聲 / 上聲 : (052	養	양) : 蒡(방) : 인동덩굴 방	2688	4324	3292	3746
仄聲 / 上聲 : (033	講	강) : 蚌(방) : 방합 방	2689	3297	465	3747
仄聲 / 上聲 : (052	養	양) : 仿(방) : 헤맬 방	2694	4325	3293	3748
仄聲 / 上聲 : (055	有	유) : 培(배) : 북돋을 배	2708	4507	5059	3749
仄聲 / 上聲 : (040	賄	회) : 蓓(배) : 꽃봉오리 배	2729	3770	7766	3750
仄聲 / 上聲 : (059	豏	함) : 犯(범) : 범할 범	2781	4657	1278	3751
仄聲 / 上聲 : (059	豏	함) : 範(범) : 법 범	2782	4658	1279	3752
仄聲 / 上聲 : (059	豏	함) : 范(범) : 성 범	2783	4659	1280	3753
仄聲 / 上聲 : (059	豏	함) : 笵(범) : 법/틀 범	2784	4660	1281	3754
仄聲 / 上聲 : (059	豏	함) : 軓(범) : 수레둘레나무 범	2785	4661	1282	3755
仄聲 / 上聲 : (046	銑	선) : 辨(변) : 분별할 변	2806	4020	2390	3756
仄聲 / 上聲 : (046	銑	선) : 辯(변) : 말씀 변	2807	4021	2391	3757
仄聲 / 上聲 : (046	銑	선) : 辮(변) : 땋을 변	2811	4022	2392	3758
仄聲 / 上聲 : (046	銑	선) : 扁*(변) : 현판/낮을 변	7092	4073	2440	3759
仄聲 / 上聲 : (046	銑	선) : 編*(변) : 땋을 변	7096	4074	2441	3760
仄聲 / 上聲 : (046	銑	선) : 褊(변) : 옷너풀거릴 변	2813	4023	2442	3761
仄聲 / 上聲 : (046	銑	선) : 諞(변) : 말교묘히할 변	2815	4024	2444	3762
仄聲 / 上聲 : (036	語	어) : 鼈(별) : 자라 별	2820	3539	3506	3763
仄聲 / 上聲 : (054	梗	경) : 丙(병) : 남녘 병	2823	4408	717	3764
仄聲 / 上聲 : (054	迥	형) : 併(병) : 아우를 병	2824	4442	718	3765
仄聲 / 上聲 : (054	梗	경) : 屛(병) : 병풍 병	2826	4409	719	3766
仄聲 / 上聲 : (054	梗	경) : 昞(병) : 밝을 병	2828	4410	720	3767
仄聲 / 上聲 : (054	梗	경) : 昺(병) : 밝을 병	2829	4411	721	3768
仄聲 / 上聲 : (054	梗	경) : 炳(병) : 불꽃 병	2832	4412	722	3769
仄聲 / 上聲 : (054	梗	경) : 秉(병) : 잡을 병	2835	4413	723	3770
仄聲 / 上聲 : (054	迥	형) : 竝(병) : 견줄/나란히 병	2836	4443	724	3771
仄聲 / 上聲 : (054	梗	경) : 餠(병) : 떡 병	2840	4414	725	3772
仄聲 / 上聲 : (054	迥	형) : 並(병) : 아우를 병	2842	4444	726	3773
仄聲 / 上聲 : (054	梗	경) : 寎(병) : 놀랄 병	2845	4415	727	3774
仄聲 / 上聲 : (054	梗	경) : 餅(병) : 떡 병	2854	4416	728	3775
仄聲 / 上聲 : (034	紙	지) : 鞞(병) : 칼집 병	2855	3358	6079	3776
仄聲 / 上聲 : (049	皓	호) : 保(보) : 지킬 보	2858	4183	7562	3777

배열형식 D (四聲基準)				배열 A	배열 B	배열 C	배열 D
平仄 / 四聲 : (韻目No: 韻目)　韻族(독음): 字義				운족 가나순	운목 번호순	운목 가나순	사성순
仄聲 / 上聲 : (049	皓	호) : 堡(보)	: 작은성 보	2859	4184	7563	3778
仄聲 / 上聲 : (049	皓	호) : 寶(보)	: 보배 보	2862	4185	7564	3779
仄聲 / 上聲 : (037	麌	우) : 普(보)	: 넓을 보	2863	3637	4581	3780
仄聲 / 上聲 : (037	麌	우) : 潽(보)	: 물/강이름 보	2865	3638	4582	3781
仄聲 / 上聲 : (049	皓	호) : 珤(보)	: 보배 보	2866	4186	7565	3782
仄聲 / 上聲 : (037	麌	우) : 甫(보)	: 클 보	2867	3639	4583	3783
仄聲 / 上聲 : (037	麌	우) : 補(보)	: 기울 보	2869	3640	4584	3784
仄聲 / 上聲 : (049	皓	호) : 褓(보)	: 포대기 보	2870	4187	7566	3785
仄聲 / 上聲 : (037	麌	우) : 譜(보)	: 족보 보	2871	3641	4585	3786
仄聲 / 上聲 : (037	麌	우) : 簠(보)	: 제기이름 보	2873	3642	4586	3787
仄聲 / 上聲 : (037	麌	우) : 黼(보)	: 무늬/수놓은옷 보	2874	3643	4587	3788
仄聲 / 上聲 : (037	麌	우) : 父*(보)	: 남자의미칭 보	2957	3651	4595	3789
仄聲 / 上聲 : (043	阮	완) : 本(본)	: 근본 본	2913	3890	4070	3790
仄聲 / 上聲 : (032	腫	종) : 泛*(봉)	: 엎칠/덮을 봉	2779	3266	5576	3791
仄聲 / 上聲 : (032	腫	종) : 奉(봉)	: 받들 봉	2915	3267	5577	3792
仄聲 / 上聲 : (032	腫	종) : 捧(봉)	: 받들 봉	2919	3268	5578	3793
仄聲 / 上聲 : (033	講	강) : 棒(봉)	: 몽둥이 봉	2920	3298	466	3794
仄聲 / 上聲 : (031	董	동) : 熢(봉)	: 연기자욱할 봉	2922	3249	1265	3795
仄聲 / 上聲 : (031	董	동) : 琫(봉)	: 칼집장식 봉	2923	3250	1266	3796
仄聲 / 上聲 : (037	麌	우) : 俯(부)	: 숙일/구부릴 부	2934	3644	4588	3797
仄聲 / 上聲 : (037	麌	우) : 剖(부)	: 가를 부	2936	3645	4589	3798
仄聲 / 上聲 : (055	有	유) : 否(부)	: 아닐 부	2940	4508	5060	3799
仄聲 / 上聲 : (055	有	유) : 婦(부)	: 며느리 부	2945	4509	5061	3800
仄聲 / 上聲 : (037	麌	우) : 府(부)	: 관청 부	2949	3646	4590	3801
仄聲 / 上聲 : (037	麌	우) : 斧(부)	: 도끼 부	2952	3647	4591	3802
仄聲 / 上聲 : (037	麌	우) : 溥(부)	: 펼/클/두루 부	2954	3648	4592	3803
仄聲 / 上聲 : (037	麌	우) : 父(부)	: 아비 부	2956	3650	4594	3804
仄聲 / 上聲 : (037	麌	우) : 簿(부)	: 문서/치부 부	2959	3652	4596	3805
仄聲 / 上聲 : (055	有	유) : 缶(부)	: 장군 부	2961	4510	5062	3806
仄聲 / 上聲 : (037	麌	우) : 腐(부)	: 썩을 부	2962	3653	4597	3807
仄聲 / 上聲 : (037	麌	우) : 腑(부)	: 장부 부	2963	3654	4598	3808
仄聲 / 上聲 : (055	有	유) : 負(부)	: 질 부	2969	4511	5063	3809
仄聲 / 上聲 : (037	麌	우) : 部(부)	: 떼 부	2974	3655	4599	3810
仄聲 / 上聲 : (037	麌	우) : 釜(부)	: 가마 부	2975	3656	4600	3811
仄聲 / 上聲 : (055	有	유) : 阜(부)	: 언덕 부	2976	4512	5064	3812
仄聲 / 上聲 : (037	麌	우) : 拊(부)	: 어루만질 부	2982	3657	4601	3813

배열형식 D (四聲基準)			배열 A	배열 B	배열 C	배열 D
平仄 / 四聲 : (韻目No: 韻目) 韻族(독음): 字義			운족 가나순	운목 번호순	운목 가나순	사성순
仄聲 / 上聲 : (037	麌	우) : 弣(부) : 줌통 부	2995	3658	4602	3814
仄聲 / 上聲 : (055	有	유) : 鴀(부) : 오디새 부	3004	4513	5065	3815
仄聲 / 上聲 : (042	吻	문) : 墳(분) : 무덤 분	3016	3856	1753	3816
仄聲 / 上聲 : (042	吻	문) : 忿(분) : 성낼 분	3019	3857	1754	3817
仄聲 / 上聲 : (042	吻	문) : 憤(분) : 분할 분	3020	3858	1755	3818
仄聲 / 上聲 : (042	吻	문) : 粉(분) : 가루 분	3026	3859	1756	3819
仄聲 / 上聲 : (043	阮	완) : 体(분) : 용렬할 분	3032	3891	4071	3820
仄聲 / 上聲 : (043	阮	완) : 畚(분) : 삼태기 분	3038	3892	4072	3821
仄聲 / 上聲 : (043	阮	완) : 笨(분) : 거칠/투박할 분	3039	3893	4073	3822
仄聲 / 上聲 : (035	尾	미) : 朏(비) : 초사흘달빛 비	3072	3499	1871	3823
仄聲 / 上聲 : (034	紙	지) : 否*(비) : 막힐/더러울/악할 비	2941	3359	6064	3824
仄聲 / 上聲 : (034	紙	지) : 匕(비) : 순가락 비	3078	3360	6065	3825
仄聲 / 上聲 : (035	尾	미) : 匪(비) : 비적/도적 비	3079	3500	1881	3826
仄聲 / 上聲 : (034	紙	지) : 婢(비) : 계집종 비	3083	3361	6066	3827
仄聲 / 上聲 : (034	紙	지) : 批(비) : 밀칠/깎을/비평할 비	3088	3362	6067	3828
仄聲 / 上聲 : (035	尾	미) : 斐(비) : 오락가락할 비	3090	3501	1882	3829
仄聲 / 上聲 : (035	尾	미) : 榧(비) : 비자나무 비	3092	3502	1883	3830
仄聲 / 上聲 : (034	紙	지) : 秕(비) : 쭉정이 비	3104	3363	6068	3831
仄聲 / 上聲 : (034	紙	지) : 粃(비) : 쭉정이 비	3106	3364	6069	3832
仄聲 / 上聲 : (035	尾	미) : 菲(비) : 엷을/무성할 비	3112	3503	1884	3833
仄聲 / 上聲 : (035	尾	미) : 蜚(비) : 바퀴 비	3113	3504	1885	3834
仄聲 / 上聲 : (035	尾	미) : 誹(비) : 헐뜯을 비	3115	3505	1886	3835
仄聲 / 上聲 : (034	紙	지) : 鄙(비) : 마을 비	3118	3365	6070	3836
仄聲 / 上聲 : (034	紙	지) : 仳(비) : 떠날 비	3122	3366	6071	3837
仄聲 / 上聲 : (034	紙	지) : 俾(비) : 더할 비	3123	3367	6072	3838
仄聲 / 上聲 : (034	紙	지) : 圮(비) : 무너질 비	3125	3368	6073	3839
仄聲 / 上聲 : (034	紙	지) : 妣(비) : 죽은어미 비	3127	3369	6074	3840
仄聲 / 上聲 : (035	尾	미) : 棐(비) : 비자나무 비	3129	3506	1887	3841
仄聲 / 上聲 : (034	紙	지) : 痞(비) : 뱃속결릴 비	3132	3370	6075	3842
仄聲 / 上聲 : (034	紙	지) : 髀(비) : 넓적다리 비	3146	3372	6077	3843
仄聲 / 上聲 : (034	紙	지) : 嚭(비) : 클 비	3150	3373	6078	3844
仄聲 / 上聲 : (040	賄	회) : 痱*(비) : 풍병 비	2735	3771	7767	3845
仄聲 / 上聲 : (035	尾	미) : 篚(비) : 대광주리 비	3155	3507	1888	3846
仄聲 / 上聲 : (041	軫	진) : 牝(빈) : 암컷 빈	3173	3810	6460	3847
仄聲 / 上聲 : (054	梗	경) : 騁(빙) : 달릴 빙	3190	4417	729	3848
仄聲 / 上聲 : (034	紙	지) : 纚*(사) : 치포건/연이을 사	2167	3346	6052	3849

배열형식 D (四聲基準)			배열 A	배열 B	배열 C	배열 D
平仄 / 四聲 : (韻目No:	韻目)	韻族(독음): 字義	운족 가나순	운목 번호순	운목 가나순	사성순
仄聲 / 上聲 : (034	紙	지) : 仕(사) : 섬길 사	3199	3374	6080	3850
仄聲 / 上聲 : (034	紙	지) : 似(사) : 닮을 사	3201	3375	6081	3851
仄聲 / 上聲 : (034	紙	지) : 使(사) : 하여금/부릴 사	3202	3376	6082	3852
仄聲 / 上聲 : (034	紙	지) : 俟(사) : 기다릴 사	3203	3377	6083	3853
仄聲 / 上聲 : (034	紙	지) : 史(사) : 사기 사	3205	3378	6084	3854
仄聲 / 上聲 : (034	紙	지) : 士(사) : 선비 사	3210	3379	6085	3855
仄聲 / 上聲 : (051	馬	마) : 寫(사) : 베낄 사	3213	4270	1399	3856
仄聲 / 上聲 : (034	紙	지) : 巳(사) : 뱀 사	3218	3380	6086	3857
仄聲 / 上聲 : (034	紙	지) : 徙(사) : 옮길 사	3220	3381	6087	3858
仄聲 / 上聲 : (051	馬	마) : 捨(사) : 버릴 사	3222	4271	1400	3859
仄聲 / 上聲 : (034	紙	지) : 死(사) : 죽을 사	3229	3382	6088	3860
仄聲 / 上聲 : (051	馬	마) : 瀉(사) : 쏟을 사	3233	4272	1401	3861
仄聲 / 上聲 : (051	馬	마) : 社(사) : 모일 사	3236	4273	1402	3862
仄聲 / 上聲 : (034	紙	지) : 祀(사) : 제사 사	3237	3383	6089	3863
仄聲 / 上聲 : (051	馬	마) : 舍(사) : 놓을 사	3244	4274	1403	3864
仄聲 / 上聲 : (034	紙	지) : 姒(사) : 동서 사	3266	3384	6090	3865
仄聲 / 上聲 : (034	紙	지) : 汜(사) : 웅덩이 사	3269	3385	6091	3866
仄聲 / 上聲 : (034	紙	지) : 駛(사) : 달릴 사	3273	3386	6092	3867
仄聲 / 上聲 : (034	紙	지) : 戺(사) : 문지도리 사	3276	3387	6093	3868
仄聲 / 上聲 : (034	紙	지) : 涘(사) : 깊을 사	3280	3388	6094	3869
仄聲 / 上聲 : (034	紙	지) : 耜(사) : 보습 사	3281	3389	6095	3870
仄聲 / 上聲 : (051	馬	마) : 洒*(사) : 물뿌릴 사	3618	4275	1405	3871
仄聲 / 上聲 : (051	馬	마) : 灑*(사) : 깨끗할 사	3742	4277	1406	3872
仄聲 / 上聲 : (044	旱	한) : 傘(산) : 우산 산	3293	3952	7271	3873
仄聲 / 上聲 : (044	旱	한) : 散(산) : 흩을 산	3296	3953	7272	3874
仄聲 / 上聲 : (045	潸	산) : 産(산) : 낳을 산	3299	3981	1980	3875
仄聲 / 上聲 : (044	旱	한) : 算(산) : 셈 산	3301	3954	7273	3876
仄聲 / 上聲 : (045	潸	산) : 剷(산) : 깎을 산	3305	3982	1981	3877
仄聲 / 上聲 : (045	潸	산) : 潸(산) : 눈물흘릴 산	3310	3983	1982	3878
仄聲 / 上聲 : (044	旱	한) : 繖(산) : 일산 산	3312	3955	7274	3879
仄聲 / 上聲 : (045	潸	산) : 産(산) : 대패 산	3315	3984	1983	3880
仄聲 / 上聲 : (059	豏	함) : 摻*(삼) : 잡을 삼	3570	4662	1283	3881
仄聲 / 上聲 : (052	養	양) : 上(상) : 위 상	3353	4326	3294	3882
仄聲 / 上聲 : (052	養	양) : 像(상) : 모양 상	3355	4327	3295	3883
仄聲 / 上聲 : (052	養	양) : 想(상) : 생각 상	3367	4328	3296	3884
仄聲 / 上聲 : (052	養	양) : 橡(상) : 상수리나무 상	3369	4329	3297	3885

배열형식 D (四聲基準)			배열 A	배열 B	배열 C	배열 D
平仄 / 四聲 : (韻目No:	韻目)	韻族(독음): 字義	운족 가나순	운목 번호순	운목 가나순	사성순
仄聲 / 上聲 : (052	養	양) : 爽(상) : 시원할 상	3371	4330	3298	3886
仄聲 / 上聲 : (052	養	양) : 象(상) : 코끼리 상	3381	4331	3299	3887
仄聲 / 上聲 : (052	養	양) : 賞(상) : 상줄 상	3382	4332	3300	3888
仄聲 / 上聲 : (052	養	양) : 塽(상) : 땅높고밝은곳 상	3384	4333	3301	3889
仄聲 / 上聲 : (052	養	양) : 晌(상) : 정오/대낮 상	3385	4334	3302	3890
仄聲 / 上聲 : (052	養	양) : 顙(상) : 이마 상	3387	4335	3303	3891
仄聲 / 上聲 : (052	養	양) : 橡*(상) : 도토리 상	4282	4341	3309	3892
仄聲 / 上聲 : (034	紙	지) : 璽(새) : 옥새 새	3392	3390	6096	3893
仄聲 / 上聲 : (039	蟹	해) : 洒*(새) : 뿌릴 새	3621	3749	7456	3894
仄聲 / 上聲 : (039	蟹	해) : 灑*(새) : 뿌릴/깜짝놀랄 새	3741	3750	7457	3895
仄聲 / 上聲 : (054	梗	경) : 眚(생) : 눈에 백태 낄 생	3407	4418	731	3896
仄聲 / 上聲 : (054	梗	경) : 省*(생) : 덜/생략할 생	3593	4421	733	3897
仄聲 / 上聲 : (036	語	어) : 墅(서) : 농막 서	3408	3540	3508	3898
仄聲 / 上聲 : (036	語	어) : 嶼(서) : 섬 서	3410	3541	3509	3899
仄聲 / 上聲 : (036	語	어) : 序(서) : 차례 서	3411	3542	3510	3900
仄聲 / 上聲 : (036	語	어) : 抒(서) : 당길/쏟을/덜 서	3415	3543	3512	3901
仄聲 / 上聲 : (036	語	어) : 敍(서) : 베풀/지을/쓸/차례 서	3418	3545	3513	3902
仄聲 / 上聲 : (036	語	어) : 暑(서) : 더울 서	3419	3546	3514	3903
仄聲 / 上聲 : (038	薺	제) : 棲(서) : 깃들일 서	3423	3718	5380	3904
仄聲 / 上聲 : (036	語	어) : 緖(서) : 실마리 서	3430	3547	3515	3905
仄聲 / 上聲 : (036	語	어) : 黍(서) : 기장 서	3439	3548	3516	3906
仄聲 / 上聲 : (036	語	어) : 鼠(서) : 쥐 서	3440	3549	3517	3907
仄聲 / 上聲 : (036	語	어) : 湑(서) : 술거를 서	3444	3550	3518	3908
仄聲 / 上聲 : (036	語	어) : 叙(서) : 베풀/지을/차례 서	3452	3554	3522	3909
仄聲 / 上聲 : (036	語	어) : 敘(서) : 베풀/지을/차례 서	3453	3555	3523	3910
仄聲 / 上聲 : (036	語	어) : 癙(서) : 병들 서	3454	3556	3524	3911
仄聲 / 上聲 : (036	語	어) : 緒(서) : 실마리 서	3455	3557	3525	3912
仄聲 / 上聲 : (046	銑	선) : 癬(선) : 옴 선	3508	4026	2393	3913
仄聲 / 上聲 : (046	銑	선) : 蘚(선) : 이끼 선	3517	4027	2394	3914
仄聲 / 上聲 : (046	銑	선) : 跣(선) : 맨발 선	3520	4028	2395	3915
仄聲 / 上聲 : (046	銑	선) : 銑(선) : 끌 선	3522	4029	2396	3916
仄聲 / 上聲 : (046	銑	선) : 鮮*(선) : 적을/드물 선	3525	4030	2397	3917
仄聲 / 上聲 : (046	銑	선) : 墡(선) : 백토 선	3526	4031	2398	3918
仄聲 / 上聲 : (046	銑	선) : 鱓(선) : 두렁허리 선	3529	4032	2399	3919
仄聲 / 上聲 : (046	銑	선) : 墠(선) : 제사터 선	3531	4033	2400	3920
仄聲 / 上聲 : (046	銑	선) : 獮(선) : 가을사냥 선	3534	4034	2401	3921

배열형식 D (四聲基準)			배열 A	배열 B	배열 C	배열 D
平仄 / 四聲 : (韻目No: 韻目)		韻族(독음): 字義	운족 가나순	운목 번호순	운목 가나순	사성순
仄聲 / 上聲 : (046	銑	선) : 洗*(선) : 조출할/율이름 선	3607	4035	2402	3922
仄聲 / 上聲 : (046	銑	선) : 洒*(선) : 엄숙할 선	3620	4036	2403	3923
仄聲 / 上聲 : (058	琰	염) : 剡*(섬) : 고을이름 섬	4447	4631	3687	3924
仄聲 / 上聲 : (058	琰	염) : 閃(섬) : 엿볼 섬	3565	4621	3689	3925
仄聲 / 上聲 : (058	琰	염) : 陝(섬) : 고을이름 섬	3566	4622	3690	3926
仄聲 / 上聲 : (054	梗	경) : 省(성) : 살필 성	3581	4419	730	3927
仄聲 / 上聲 : (054	梗	경) : 省(성) : 볼/살필 성	3592	4420	732	3928
仄聲 / 上聲 : (054	梗	경) : 渻(성) : 덜/물이줄어들 성	3601	4422	734	3929
仄聲 / 上聲 : (038	薺	제) : 洗(세) : 씻을 세	3606	3719	5381	3930
仄聲 / 上聲 : (038	薺	제) : 洒(세) : 씻을 세	3616	3720	5382	3931
仄聲 / 上聲 : (047	篠	소) : 小(소) : 작을 소	3632	4102	2727	3932
仄聲 / 上聲 : (036	語	어) : 所(소) : 바 소	3635	3558	3526	3933
仄聲 / 上聲 : (049	皓	호) : 掃(소) : 쓸 소	3636	4188	7567	3934
仄聲 / 上聲 : (047	篠	소) : 沼(소) : 못/늪 소	3641	4104	2729	3935
仄聲 / 上聲 : (047	篠	소) : 篠(소) : 가는대 소	3655	4105	2730	3936
仄聲 / 上聲 : (047	篠	소) : 紹(소) : 이을 소	3658	4106	2731	3937
仄聲 / 上聲 : (049	皓	호) : 埽(소) : 쓸 소	3670	4189	7568	3938
仄聲 / 上聲 : (055	有	유) : 樕(속) : 떡갈나무 속	3704	4514	5066	3939
仄聲 / 上聲 : (043	阮	완) : 損(손) : 덜 손	3709	3896	4076	3940
仄聲 / 上聲 : (032	腫	종) : 悚(송) : 두려워할 송	3724	3269	5579	3941
仄聲 / 上聲 : (032	腫	종) : 竦(송) : 삼갈 송	3732	3270	5580	3942
仄聲 / 上聲 : (051	馬	마) : 耍(솨) : 희롱할 솨	3734	4276	1404	3943
仄聲 / 上聲 : (043	阮	완) : 洒*(쇄) : 닦을 쇄	3619	3895	4075	3944
仄聲 / 上聲 : (050	哿	가) : 鎖(쇄) : 쇠사슬 쇄	3744	4240	162	3945
仄聲 / 上聲 : (050	哿	가) : 瑣(쇄) : 자질구레할 쇄	3745	4241	163	3946
仄聲 / 上聲 : (050	哿	가) : 鏁(쇄) : 쇠사슬 쇄	3746	4242	164	3947
仄聲 / 上聲 : (037	麌	우) : 數(수) : 헤아릴/셈 수	3749	3659	4603	3948
仄聲 / 上聲 : (055	有	유) : 蔌(수) : 나물 수	3755	4515	5067	3949
仄聲 / 上聲 : (049	皓	호) : 嫂(수) : 형수 수	3764	4192	7571	3950
仄聲 / 上聲 : (055	有	유) : 手(수) : 손 수	3769	4516	5068	3951
仄聲 / 上聲 : (037	麌	우) : 數(수) : 셈/헤아릴 수	3773	3660	4604	3952
仄聲 / 上聲 : (034	紙	지) : 水(수) : 물 수	3778	3391	6097	3953
仄聲 / 上聲 : (037	麌	우) : 竪(수) : 설/세울 수	3790	3661	4605	3954
仄聲 / 上聲 : (055	有	유) : 藪(수) : 늪 수	3799	4517	5069	3955
仄聲 / 上聲 : (034	紙	지) : 髓(수) : 골 수	3816	3392	6098	3956
仄聲 / 上聲 : (055	有	유) : 瞍(수) : 소경 수	3828	4518	5070	3957

배열형식 D (四聲基準)			배열 A	배열 B	배열 C	배열 D
平仄 / 四聲 : (韻目No: 韻目)		韻族(독음): 字義	운족 가나순	운목 번호순	운목 가나순	사성순
仄聲 / 上聲 : (037	麌	우) : 籔(수) : 조리 수	3830	3662	4606	3958
仄聲 / 上聲 : (037	麌	우) : 竪(수) : 세울 수	3832	3663	4607	3959
仄聲 / 上聲 : (055	有	유) : 擻(수) : 털어버릴 수	3836	4519	5071	3960
仄聲 / 上聲 : (055	有	유) : 嗾(수) : 부추길 수	3847	4520	5088	3961
仄聲 / 上聲 : (034	紙	지) : 嶲*(수) : 나라이름 수	7868	3489	6195	3962
仄聲 / 上聲 : (041	軫	진) : 栒(순) : 가름대나무 순	3879	3811	6461	3963
仄聲 / 上聲 : (041	軫	진) : 楯(순) : 난간 순	3880	3812	6462	3964
仄聲 / 上聲 : (041	軫	진) : 盾(순) : 방패 순	3887	3813	6463	3965
仄聲 / 上聲 : (041	軫	진) : 筍(순) : 댓순 순	3890	3814	6464	3966
仄聲 / 上聲 : (041	軫	진) : 簨(순) : 대그릇 순	3909	3816	6466	3967
仄聲 / 上聲 : (034	紙	지) : 始(시) : 비로소 시	3952	3393	6099	3968
仄聲 / 上聲 : (034	紙	지) : 屎(시) : 똥 시	3955	3394	6100	3969
仄聲 / 上聲 : (034	紙	지) : 市(시) : 저자 시	3958	3395	6101	3970
仄聲 / 上聲 : (034	紙	지) : 恃(시) : 믿을 시	3960	3396	6102	3971
仄聲 / 上聲 : (034	紙	지) : 是(시) : 이 시	3963	3397	6103	3972
仄聲 / 上聲 : (034	紙	지) : 柹(시) : 감(柹과 동자) 시	3965	3398	6104	3973
仄聲 / 上聲 : (034	紙	지) : 矢(시) : 화살 시	3969	3399	6105	3974
仄聲 / 上聲 : (034	紙	지) : 視(시) : 볼 시	3975	3400	6106	3975
仄聲 / 上聲 : (034	紙	지) : 豕(시) : 돼지 시	3979	3401	6107	3976
仄聲 / 上聲 : (034	紙	지) : 兕(시) : 외뿔들소 시	3982	3402	6108	3977
仄聲 / 上聲 : (034	紙	지) : 枲(시) : 모시풀/삼 시	3986	3403	6109	3978
仄聲 / 上聲 : (034	紙	지) : 柹(시) : 감나무 시	3987	3404	6110	3979
仄聲 / 上聲 : (034	紙	지) : 諟(시) : 이 시	3989	3405	6111	3980
仄聲 / 上聲 : (034	紙	지) : 柿(시) : 감 시	3992	3406	6112	3981
仄聲 / 上聲 : (041	軫	진) : 腎(신) : 콩팥 신	4027	3817	6467	3982
仄聲 / 上聲 : (041	軫	진) : 蜃(신) : 대합조개 신	4032	3818	6468	3983
仄聲 / 上聲 : (041	軫	진) : 頣(신) : 눈크게뜨고볼 신	4040	3819	6469	3984
仄聲 / 上聲 : (056	寢	침) : 審(심) : 살필 심	4047	4553	7059	3985
仄聲 / 上聲 : (056	寢	침) : 深(심) : 깊을 심	4051	4554	7060	3986
仄聲 / 上聲 : (056	寢	침) : 瀋(심) : 즙낼/물이름 심	4052	4555	7061	3987
仄聲 / 上聲 : (056	寢	침) : 葚(심) : 오디 심	4056	4556	7062	3988
仄聲 / 上聲 : (056	寢	침) : 嬸(심) : 숙모 심	4057	4557	7063	3989
仄聲 / 上聲 : (056	寢	침) : 諗(심) : 고할 심	4059	4558	7064	3990
仄聲 / 上聲 : (056	寢	침) : 椹(심) : 오디 심	4061	4559	7076	3991
仄聲 / 上聲 : (051	馬	마) : 啞(아) : 벙어리 아	4077	4278	1407	3992
仄聲 / 上聲 : (050	哿	가) : 我(아) : 나 아	4081	4243	165	3993

배열형식 D (四聲基準)			배열 A	배열 B	배열 C	배열 D
平仄 / 四聲 : (韻目No:	韻目)	韻族(독음): 字義	운족 가나순	운목 번호순	운목 가나순	사성순
仄聲 / 上聲 : (051	馬	마) : 雅(아) : 맑을 아	4090	4279	1408	3994
仄聲 / 上聲 : (045	潸	산) : 眼(안) : 눈 안	4131	3985	1984	3995
仄聲 / 上聲 : (057	感	감) : 唵(암) : 움켜먹을 암	4156	4593	398	3996
仄聲 / 上聲 : (057	感	감) : 闇(암) : 어두울/어둡게할 암	4165	4595	400	3997
仄聲 / 上聲 : (057	感	감) : 頷(암) : 끄덕일 암	4168	4596	402	3998
仄聲 / 上聲 : (057	感	감) : 揜(암) : 손으로가릴 암	4176	4598	403	3999
仄聲 / 上聲 : (057	感	감) : 厭*(암) : 빠질/막힐 암	4449	4599	404	4000
仄聲 / 上聲 : (052	養	양) : 仰(앙) : 우러를 앙	4185	4336	3304	4001
仄聲 / 上聲 : (052	養	양) : 怏(앙) : 원망할 앙	4187	4337	3305	4002
仄聲 / 上聲 : (052	養	양) : 盎(앙) : 동이 앙	4193	4338	3306	4003
仄聲 / 上聲 : (052	養	양) : 鞅(앙) : 가슴걸이 앙	4194	4339	3307	4004
仄聲 / 上聲 : (051	馬	마) : 也(야) : 이끼/어조사 야	4245	4280	1409	4005
仄聲 / 上聲 : (051	馬	마) : 冶(야) : 대장간 야	4246	4281	1410	4006
仄聲 / 上聲 : (051	馬	마) : 惹(야) : 이끌 야	4249	4282	1411	4007
仄聲 / 上聲 : (051	馬	마) : 野(야) : 들[坪] 야	4254	4283	1412	4008
仄聲 / 上聲 : (051	馬	마) : 若(야) : 반야/절 야	4255	4284	1413	4009
仄聲 / 上聲 : (051	馬	마) : 若(약) : 같을/만약 약	4259	4285	1414	4010
仄聲 / 上聲 : (052	養	양) : 壤(양) : 흙덩이 양	4274	4340	3308	4011
仄聲 / 上聲 : (052	養	양) : 瀁(양) : 강이름 양	4284	4342	3310	4012
仄聲 / 上聲 : (052	養	양) : 痒(양) : 앓을 양	4286	4343	3311	4013
仄聲 / 上聲 : (052	養	양) : 養(양) : 기를 양	4295	4344	3312	4014
仄聲 / 上聲 : (036	語	어) : 圄(어) : 옥/가둘 어	4304	3559	3527	4015
仄聲 / 上聲 : (036	語	어) : 禦(어) : 막을 어	4311	3560	3528	4016
仄聲 / 上聲 : (036	語	어) : 齬(어) : 어긋날 어	4315	3561	3529	4017
仄聲 / 上聲 : (036	語	어) : 圉(어) : 마부 어	4316	3562	3530	4018
仄聲 / 上聲 : (036	語	어) : 敔(어) : 막을 어	4317	3563	3531	4019
仄聲 / 上聲 : (043	阮	완) : 偃(언) : 쓰러질 언	4331	3898	4078	4020
仄聲 / 上聲 : (043	阮	완) : 鰋(언) : 메기 언	4341	3899	4079	4021
仄聲 / 上聲 : (058	琰	염) : 弇*(엄) : 덮을 엄	143	4607	3673	4022
仄聲 / 上聲 : (058	琰	염) : 儼(엄) : 공경할 엄	4349	4625	3692	4023
仄聲 / 上聲 : (058	琰	염) : 奄(엄) : 가릴 엄	4351	4626	3693	4024
仄聲 / 上聲 : (058	琰	염) : 掩(엄) : 가릴 엄	4352	4627	3694	4025
仄聲 / 上聲 : (058	琰	염) : 广(엄) : 집 엄	4355	4628	3695	4026
仄聲 / 上聲 : (058	琰	염) : 揜*(엄) : 찾아가질 엄	4177	4624	3696	4027
仄聲 / 上聲 : (058	琰	염) : 隒(엄) : 낭떠러지 엄	4358	4629	3697	4028
仄聲 / 上聲 : (036	語	어) : 予(여) : 나 여	4363	3564	3532	4029

배열형식 D (四聲基準)			배열 A	배열 B	배열 C	배열 D
平仄 / 四聲 : (韻目No: 韻目) 韻族(독음): 字義			운족 가나순	운목 번호순	운목 가나순	사성순
仄聲 / 上聲 : (036	語	어) : 汝(여) : 너 여	4367	3565	3533	4030
仄聲 / 上聲 : (046	銑	선) : 懦*(연) : 잔악할 연	4971	4044	2375	4031
仄聲 / 上聲 : (046	銑	선) : 沇(연) : 졸졸흐르는 연	4405	4037	2405	4032
仄聲 / 上聲 : (046	銑	선) : 演(연) : 펼 연	4410	4038	2406	4033
仄聲 / 上聲 : (046	銑	선) : 縯(연) : 길(長也) 연	4423	4039	2407	4034
仄聲 / 上聲 : (046	銑	선) : 軟(연) : 연할/부드러울 연	4426	4040	2408	4035
仄聲 / 上聲 : (046	銑	선) : 兖(연) : 바를 연	4429	4041	2409	4036
仄聲 / 上聲 : (046	銑	선) : 耎(연) : 가냘플 연	4436	4042	2410	4037
仄聲 / 上聲 : (046	銑	선) : 吮*(연) : 기침할/핥을 연	5633	4052	2418	4038
仄聲 / 上聲 : (058	琰	염) : 錟*(염) : 서슬 염	1409	4619	3685	4039
仄聲 / 上聲 : (058	琰	염) : 剡(염) : 날카로울 염	4446	4630	3688	4040
仄聲 / 上聲 : (058	琰	염) : 染(염) : 물들 염	4451	4632	3698	4041
仄聲 / 上聲 : (058	琰	염) : 焰(염) : 불꽃 염	4453	4633	3699	4042
仄聲 / 上聲 : (058	琰	염) : 琰(염) : 옥갈 염	4454	4634	3700	4043
仄聲 / 上聲 : (058	琰	염) : 苒(염) : 풀우거질 염	4456	4635	3701	4044
仄聲 / 上聲 : (058	琰	염) : 冉(염) : 나아갈 염	4460	4636	3702	4045
仄聲 / 上聲 : (058	琰	염) : 檿(염) : 산뽕나무 염	4462	4637	3703	4046
仄聲 / 上聲 : (058	琰	염) : 魘*(염) : 가위눌릴 염	4466	4639	3704	4047
仄聲 / 上聲 : (058	琰	염) : 魘(염) : 가위눌릴 염	4465	4638	3705	4048
仄聲 / 上聲 : (058	琰	염) : 黶(염) : 기미낄 염	4467	4640	3706	4049
仄聲 / 上聲 : (058	琰	염) : 棪(염) : 재염나무 염	4468	4641	3707	4050
仄聲 / 上聲 : (058	琰	염) : 燄(염) : 불당길 염	4469	4642	3708	4051
仄聲 / 上聲 : (056	寑	침) : 稔*(염) : 풍년들/해 염	5291	4564	7069	4052
仄聲 / 上聲 : (054	梗	경) : 影(영) : 그림자 영	4482	4423	736	4053
仄聲 / 上聲 : (054	梗	경) : 永(영) : 길 영	4487	4424	737	4054
仄聲 / 上聲 : (054	梗	경) : 潁(영) : 강이름 영	4489	4425	738	4055
仄聲 / 上聲 : (054	梗	경) : 穎(영) : 이삭 영	4499	4426	739	4056
仄聲 / 上聲 : (034	紙	지) : 蘂(예) : 꽃술 예	4530	3407	6113	4057
仄聲 / 上聲 : (034	紙	지) : 蕊(예) : 꽃술 예	4545	3408	6114	4058
仄聲 / 上聲 : (037	麌	우) : 五(오) : 다섯 오	4555	3664	4608	4059
仄聲 / 上聲 : (037	麌	우) : 伍(오) : 다섯사람/항오 오	4556	3665	4609	4060
仄聲 / 上聲 : (037	麌	우) : 午(오) : 낮 오	4559	3666	4610	4061
仄聲 / 上聲 : (037	麌	우) : 塢(오) : 둑/언덕 오	4564	3667	4611	4062
仄聲 / 上聲 : (037	麌	우) : 旿(오) : 밝을 오	4574	3668	4612	4063
仄聲 / 上聲 : (049	皓	호) : 襖(오) : 도포/웃옷 오	4593	4193	7572	4064
仄聲 / 上聲 : (037	麌	우) : 麌*(오) : 사슴떼 오	4834	3675	4619	4065

배열형식 D (四聲基準)			배열 A	배열 B	배열 C	배열 D
平仄 / 四聲 : (韻目No:	韻目)	韻族(독음): 字義	운족 가나순	운목 번호순	운목 가나순	사성순
仄聲 / 上聲 : (043	阮	완) : 穩(온) : 편안할 온	4618	3900	4080	4066
仄聲 / 上聲 : (042	吻	문) : 蘊(온) : 마름 온	4620	3860	1757	4067
仄聲 / 上聲 : (049	皓	호) : 媪(온) : 할미 온	4622	4194	7573	4068
仄聲 / 上聲 : (057	感	감) : 唵*(옴) : 진언 옴	4157	4594	399	4069
仄聲 / 上聲 : (032	腫	종) : 擁(옹) : 낄 옹	4629	3271	5581	4070
仄聲 / 上聲 : (051	馬	마) : 瓦(와) : 기와 와	4647	4286	1415	4071
仄聲 / 上聲 : (043	阮	완) : 婉(완) : 순할/아름다울/젊을 완	4661	3901	4081	4072
仄聲 / 上聲 : (043	阮	완) : 宛(완) : 어슴푸레할 완	4663	3902	4082	4073
仄聲 / 上聲 : (044	旱	한) : 梡(완) : 도마 완	4666	3956	7275	4074
仄聲 / 上聲 : (044	旱	한) : 椀(완) : 도마/주발 완	4667	3957	7276	4075
仄聲 / 上聲 : (043	阮	완) : 琬(완) : 홀 완	4671	3903	4083	4076
仄聲 / 上聲 : (044	旱	한) : 碗(완) : 그릇 완	4672	3958	7277	4077
仄聲 / 上聲 : (044	旱	한) : 緩(완) : 느릴 완	4673	3959	7278	4078
仄聲 / 上聲 : (044	旱	한) : 脘(완) : 밥통 완	4675	3960	7279	4079
仄聲 / 上聲 : (043	阮	완) : 腕(완) : 팔목/팔뚝 완	4676	3904	4084	4080
仄聲 / 上聲 : (045	潸	산) : 莞*(완) : 빙그레할 완	697	3978	1985	4081
仄聲 / 上聲 : (043	阮	완) : 阮(완) : 나라이름/성 완	4678	3905	4085	4082
仄聲 / 上聲 : (043	阮	완) : 蜿*(완) : 굼틀거릴 완	4908	3910	4090	4083
仄聲 / 上聲 : (052	養	양) : 往(왕) : 갈/옛 왕	4688	4345	3313	4084
仄聲 / 上聲 : (052	養	양) : 枉(왕) : 굽을/굽힐 왕	4690	4346	3314	4085
仄聲 / 上聲 : (052	養	양) : 暀(왕) : 성할 왕	4693	4347	3315	4086
仄聲 / 上聲 : (039	蟹	해) : 矮(왜) : 작을 왜	4698	3751	7458	4087
仄聲 / 上聲 : (040	賄	회) : 猥(외) : 뒤섞일 외	4703	3774	7770	4088
仄聲 / 上聲 : (040	賄	회) : 瘣(외) : 앓을 외	4709	3775	7771	4089
仄聲 / 上聲 : (040	賄	회) : 頠*(외) : 고요할 외	4969	3777	7773	4090
仄聲 / 上聲 : (048	巧	교) : 嚙(요) : 씹을 요	4711	4144	886	4091
仄聲 / 上聲 : (047	篠	소) : 夭(요) : 일찍죽을 요	4715	4108	2733	4092
仄聲 / 上聲 : (048	巧	교) : 拗(요) : 꺾을 요	4720	4145	893	4093
仄聲 / 上聲 : (047	篠	소) : 擾(요) : 길들일 요	4722	4109	2734	4094
仄聲 / 上聲 : (047	篠	소) : 窈(요) : 그윽할 요	4728	4110	2735	4095
仄聲 / 上聲 : (047	篠	소) : 窅(요) : 움평눈 요	4742	4111	2736	4096
仄聲 / 上聲 : (047	篠	소) : 遶(요) : 둘를/포위할 요	4743	4112	2737	4097
仄聲 / 上聲 : (047	篠	소) : 舀(요) : 절구확긁어낼 요	4748	4113	2738	4098
仄聲 / 上聲 : (032	腫	종) : 俑(용) : 허수아비 용	4759	3272	5582	4099
仄聲 / 上聲 : (032	腫	종) : 冗(용) : 번잡할 용	4762	3273	5583	4100
仄聲 / 上聲 : (032	腫	종) : 勇(용) : 날랠 용	4763	3274	5584	4101

배열형식 D (四聲基準)			배열 A	배열 B	배열 C	배열 D
平仄 / 四聲 : (韻目No: 韻目)		韻族(독음): 字義	운족 가나순	운목 번호순	운목 가나순	사성순
仄聲 / 上聲 : (032	腫	종) : 埇(용) : 길돋울 용	4764	3275	5585	4102
仄聲 / 上聲 : (032	腫	종) : 慂(용) : 권할 용	4768	3276	5586	4103
仄聲 / 上聲 : (032	腫	종) : 涌(용) : 솟아날 용	4770	3277	5587	4104
仄聲 / 上聲 : (032	腫	종) : 湧(용) : 샘솟을 용	4771	3278	5588	4105
仄聲 / 上聲 : (032	腫	종) : 甬(용) : 휘 용	4776	3279	5589	4106
仄聲 / 上聲 : (032	腫	종) : 聳(용) : 솟을 용	4777	3280	5590	4107
仄聲 / 上聲 : (032	腫	종) : 踊(용) : 뛸 용	4780	3281	5591	4108
仄聲 / 上聲 : (032	腫	종) : 蛹(용) : 번데기 용	4785	3282	5592	4109
仄聲 / 上聲 : (032	腫	종) : 踴(용) : 뛸 용	4786	3283	5593	4110
仄聲 / 上聲 : (032	腫	종) : 恿(용) : 날쌜 용	4787	3284	5594	4111
仄聲 / 上聲 : (032	腫	종) : 氄(용) : 솜털 용	4788	3285	5595	4112
仄聲 / 上聲 : (032	腫	종) : 臾(용) : 꾀일 용	4789	3286	5596	4113
仄聲 / 上聲 : (032	腫	종) : 桶(용) : 휘(斛也) 용	4792	3287	5603	4114
仄聲 / 上聲 : (055	有	유) : 偶(우) : 짝 우	4796	4522	5073	4115
仄聲 / 上聲 : (055	有	유) : 友(우) : 벗 우	4799	4523	5074	4116
仄聲 / 上聲 : (037	麌	우) : 宇(우) : 집 우	4801	3670	4614	4117
仄聲 / 上聲 : (037	麌	우) : 瑀(우) : 패옥 우	4809	3671	4615	4118
仄聲 / 上聲 : (037	麌	우) : 禹(우) : 성 우	4812	3672	4616	4119
仄聲 / 上聲 : (037	麌	우) : 羽(우) : 깃 우	4814	3673	4617	4120
仄聲 / 上聲 : (055	有	유) : 藕(우) : 연뿌리 우	4817	4524	5075	4121
仄聲 / 上聲 : (055	有	유) : 耦(우) : 쟁기 우	4831	4525	5076	4122
仄聲 / 上聲 : (037	麌	우) : 麌(우) : 수사슴 우	4833	3674	4618	4123
仄聲 / 上聲 : (037	麌	우) : 鄅(우) : 나라이름 우	4838	3676	4620	4124
仄聲 / 上聲 : (041	軫	진) : 殞(운) : 죽을 운	4851	3821	6471	4125
仄聲 / 上聲 : (041	軫	진) : 霣(운) : 떨어질 운	4863	3822	6472	4126
仄聲 / 上聲 : (043	阮	완) : 菀(울) : 우거질 울	4869	3906	4086	4127
仄聲 / 上聲 : (043	阮	완) : 苑(원) : 나라동산 원	4895	3907	4087	4128
仄聲 / 上聲 : (043	阮	완) : 遠(원) : 멀 원	4898	3908	4088	4129
仄聲 / 上聲 : (043	阮	완) : 阮(원) : 원나라 원	4899	3909	4089	4130
仄聲 / 上聲 : (043	阮	완) : 薳*(원) : 원지[약초] 원	4922	3911	4091	4131
仄聲 / 上聲 : (034	紙	지) : 薳(위) : 애기풀 위	4921	3409	6115	4132
仄聲 / 上聲 : (035	尾	미) : 偉(위) : 클 위	4924	3508	1889	4133
仄聲 / 上聲 : (035	尾	미) : 暐(위) : 햇빛 위	4933	3509	1890	4134
仄聲 / 上聲 : (035	尾	미) : 瑋(위) : 옥이름 위	4936	3510	1891	4135
仄聲 / 上聲 : (035	尾	미) : 葦(위) : 갈대 위	4940	3511	1892	4136
仄聲 / 上聲 : (034	紙	지) : 蔿(위) : 새/풀/아기풀 위	4941	3410	6116	4137

배열형식 D (四聲基準)			배열 A	배열 B	배열 C	배열 D
平仄 / 四聲 : (韻目No: 韻目) 韻族(독음): 字義			운족 가나순	운목 번호순	운목 가나순	사성순
仄聲 / 上聲 : (035	尾	미) : 煒(위) : 성/나라 위	4953	3512	1893	4138
仄聲 / 上聲 : (034	紙	지) : 頠(위) : 가위질 위	4968	3412	6118	4139
仄聲 / 上聲 : (055	有	유) : 茜*(유) : 물풀 유	3870	4521	5072	4140
仄聲 / 上聲 : (037	麌	우) : 乳(유) : 젖 유	4975	3677	4621	4141
仄聲 / 上聲 : (037	麌	우) : 兪(유) : 점점 유	4978	3678	4622	4142
仄聲 / 上聲 : (034	紙	지) : 唯(유) : 오직 유	4979	3413	6119	4143
仄聲 / 上聲 : (037	麌	우) : 庾(유) : 곳집노적가리 유	4985	3679	4623	4144
仄聲 / 上聲 : (037	麌	우) : 愈(유) : 대답할/더욱 유	4988	3680	4624	4145
仄聲 / 上聲 : (055	有	유) : 有(유) : 있을 유	4993	4526	5077	4146
仄聲 / 上聲 : (034	紙	지) : 洧(유) : 강이름 유	5000	3414	6120	4147
仄聲 / 上聲 : (037	麌	우) : 瘉(유) : 병나을 유	5007	3681	4625	4148
仄聲 / 上聲 : (055	有	유) : 誘(유) : 꾈 유	5011	4527	5080	4149
仄聲 / 上聲 : (055	有	유) : 酉(유) : 닭 유	5019	4528	5081	4150
仄聲 / 上聲 : (055	有	유) : 牖(유) : 남쪽으로난창 유	5030	4529	5082	4151
仄聲 / 上聲 : (037	麌	우) : 瘐(유) : 근심하여앓을 유	5032	3682	4626	4152
仄聲 / 上聲 : (055	有	유) : 莠(유) : 강아지풀 유	5036	4530	5083	4153
仄聲 / 上聲 : (034	紙	지) : 鮪(유) : 다랑어 유	5040	3415	6121	4154
仄聲 / 上聲 : (055	有	유) : 黝(유) : 검푸를 유	5041	4531	5084	4155
仄聲 / 上聲 : (055	有	유) : 卣(유) : 술통 유	5044	4532	5085	4156
仄聲 / 上聲 : (055	有	유) : 禸(유) : 짐승발자국 유	5053	4533	5086	4157
仄聲 / 上聲 : (055	有	유) : 羑(유) : 권할 유	5054	4534	5087	4158
仄聲 / 上聲 : (037	麌	우) : 貐(유) : 짐승이름 유	5062	3683	4627	4159
仄聲 / 上聲 : (041	軫	진) : 允(윤) : 맏 윤	5070	3823	6473	4160
仄聲 / 上聲 : (041	軫	진) : 尹(윤) : 성 윤	5072	3824	6474	4161
仄聲 / 上聲 : (041	軫	진) : 玧(윤) : 귀막이옥 윤	5075	3825	6475	4162
仄聲 / 上聲 : (041	軫	진) : 鈗(윤) : 창(槍) 윤	5078	3826	6476	4163
仄聲 / 上聲 : (041	軫	진) : 狁(윤) : 오랑캐 윤	5081	3827	6477	4164
仄聲 / 上聲 : (042	吻	문) : 听(은) : 웃을 은	5104	3861	1758	4165
仄聲 / 上聲 : (042	吻	문) : 癮(은) : 두드러기 은	5108	3862	1759	4166
仄聲 / 上聲 : (056	寑	침) : 飮(음) : 마실 음	5118	4560	7065	4167
仄聲 / 上聲 : (034	紙	지) : 錡*(의) : 끌 의	1148	3328	6034	4168
仄聲 / 上聲 : (034	紙	지) : 倚(의) : 기댈/의지할 의	5138	3416	6122	4169
仄聲 / 上聲 : (034	紙	지) : 擬(의) : 헤아릴 의	5144	3417	6123	4170
仄聲 / 上聲 : (034	紙	지) : 矣(의) : 어조사 의	5151	3418	6124	4171
仄聲 / 上聲 : (034	紙	지) : 艤(의) : 배댈 의	5153	3419	6125	4172
仄聲 / 上聲 : (034	紙	지) : 蟻(의) : 개미 의	5156	3420	6126	4173

배열형식 D (四聲基準)			배열 A	배열 B	배열 C	배열 D
平仄 / 四聲 : (韻目No: 韻目) 韻族(독음): 字義			운족 가나순	운목 번호순	운목 가나순	사성순
仄聲 / 上聲 : (035	尾	미) : 螘(의) : 개미 의	5166	3513	1894	4174
仄聲 / 上聲 : (035	尾	미) : 偯(의) : 훌적거릴 의	5169	3514	1895	4175
仄聲 / 上聲 : (035	尾	미) : 扆(의) : 천자용병풍 의	5170	3515	1896	4176
仄聲 / 上聲 : (035	尾	미) : 顗(의) : 근엄할 의	5173	3516	1897	4177
仄聲 / 上聲 : (034	紙	지) : 以(이) : 써 이	5179	3421	6127	4178
仄聲 / 上聲 : (034	紙	지) : 已(이) : 이미 이	5183	3422	6128	4179
仄聲 / 上聲 : (034	紙	지) : 弛(이) : 활부릴 이	5184	3423	6129	4180
仄聲 / 上聲 : (034	紙	지) : 爾(이) : 너 이	5187	3424	6130	4181
仄聲 / 上聲 : (034	紙	지) : 珥(이) : 귀고리 이	5188	3425	6131	4182
仄聲 / 上聲 : (034	紙	지) : 耳(이) : 귀 이	5193	3426	6132	4183
仄聲 / 上聲 : (034	紙	지) : 苡(이) : 질경이 이	5195	3427	6133	4184
仄聲 / 上聲 : (034	紙	지) : 邇(이) : 가까울 이	5200	3428	6134	4185
仄聲 / 上聲 : (034	紙	지) : 栮(이) : 버섯 이	5205	3429	6135	4186
仄聲 / 上聲 : (034	紙	지) : 迤(이) : 가만가만걸을 이	5207	3430	6136	4187
仄聲 / 上聲 : (040	賄	회) : 詒(이) : 줄 이	5222	3778	7774	4188
仄聲 / 上聲 : (034	紙	지) : 迆(이) : 가만가만걸을/잇닿을 이	5224	3431	6137	4189
仄聲 / 上聲 : (041	軫	진) : 縯*(인) : 당길 인	4424	3820	6470	4190
仄聲 / 上聲 : (041	軫	진) : 引(인) : 끌 인	5253	3828	6478	4191
仄聲 / 上聲 : (041	軫	진) : 忍(인) : 참을 인	5254	3829	6479	4192
仄聲 / 上聲 : (041	軫	진) : 蚓(인) : 지렁이 인	5258	3830	6480	4193
仄聲 / 上聲 : (041	軫	진) : 靷(인) : 가슴걸이 인	5261	3831	6481	4194
仄聲 / 上聲 : (056	寑	침) : 恁(임) : 생각할 임	5288	4561	7066	4195
仄聲 / 上聲 : (056	寑	침) : 稔(임) : 풍년들/해 임	5290	4563	7068	4196
仄聲 / 上聲 : (056	寑	침) : 荏(임) : 들깨 임	5292	4565	7070	4197
仄聲 / 上聲 : (056	寑	침) : 飪(임) : 익힐 임	5295	4566	7071	4198
仄聲 / 上聲 : (034	紙	지) : 姊(자) : 손위누이 자	5313	3432	6138	4199
仄聲 / 上聲 : (034	紙	지) : 子(자) : 아들 자	5315	3433	6139	4200
仄聲 / 上聲 : (036	語	어) : 煮(자) : 삶을 자	5323	3566	3534	4201
仄聲 / 上聲 : (034	紙	지) : 紫(자) : 자주빛 자	5329	3434	6140	4202
仄聲 / 上聲 : (051	馬	마) : 者(자) : 놈 자	5330	4287	1416	4203
仄聲 / 上聲 : (034	紙	지) : 呰(자) : 꾸짖을 자	5339	3435	6141	4204
仄聲 / 上聲 : (034	紙	지) : 泚(자) : 물/땀축축히날 자	5342	3436	6142	4205
仄聲 / 上聲 : (051	馬	마) : 赭(자) : 붉은흙 자	5354	4288	1417	4206
仄聲 / 上聲 : (034	紙	지) : 姉(자) : 손위누이 자	5357	3437	6143	4207
仄聲 / 上聲 : (050	哿	가) : 玼(자) : 옥티 자	5358	4244	166	4208
仄聲 / 上聲 : (034	紙	지) : 秭(자) : 단위(벼200뭇) 자	5361	3439	6145	4209

배열형식 D (四聲基準)			배열 A	배열 B	배열 C	배열 D
平仄 / 四聲 : (韻目No:	韻目)	韻族(독음): 字義	운족 가나순	운목 번호순	운목 가나순	사성순
仄聲 / 上聲 : (034	紙	지) : 笫(자) : 평상 자	5362	3440	6146	4210
仄聲 / 上聲 : (045	潸	산) : 盞(잔) : 잔 잔	5399	3986	1986	4211
仄聲 / 上聲 : (045	潸	산) : 孱(잔) : 보일 잔	5400	3987	1987	4212
仄聲 / 上聲 : (052	養	양) : 丈(장) : 어른 장	5419	4348	3316	4213
仄聲 / 上聲 : (052	養	양) : 仗(장) : 병장기 장	5420	4349	3317	4214
仄聲 / 上聲 : (052	養	양) : 掌(장) : 손바닥 장	5429	4350	3318	4215
仄聲 / 上聲 : (052	養	양) : 杖(장) : 지팡이 장	5431	4351	3319	4216
仄聲 / 上聲 : (052	養	양) : 奘(장) : 클 장	5454	4352	3320	4217
仄聲 / 上聲 : (052	養	양) : 槳(장) : 상앗대 장	5465	4353	3321	4218
仄聲 / 上聲 : (052	養	양) : 獎(장) : 권면할 장	5468	4354	3322	4219
仄聲 / 上聲 : (052	養	양) : 髒(장) : 살찔 장	5469	4355	3323	4220
仄聲 / 上聲 : (040	賄	회) : 宰(재) : 주관할/재상 재	5473	3780	7776	4221
仄聲 / 上聲 : (034	紙	지) : 梓(재) : 가래나무 재	5477	3441	6147	4222
仄聲 / 上聲 : (034	紙	지) : 滓(재) : 찌끼 재	5479	3442	6148	4223
仄聲 / 上聲 : (036	語	어) : 齟(저) : 이어긋날 저	5501	3567	3507	4224
仄聲 / 上聲 : (036	語	어) : 抒*(저) : 당길/북 저	3416	3544	3511	4225
仄聲 / 上聲 : (036	語	어) : 耡*(저) : 함께갈 저	3447	3551	3519	4226
仄聲 / 上聲 : (036	語	어) : 芧*(저) : 도토리나무 저	3450	3553	3521	4227
仄聲 / 上聲 : (036	語	어) : 佇(저) : 우두커니 저	5502	3568	3535	4228
仄聲 / 上聲 : (036	語	어) : 咀(저) : 씹을 저	5505	3569	3536	4229
仄聲 / 上聲 : (051	馬	마) : 姐(저) : 맏누이 저	5506	4289	1418	4230
仄聲 / 上聲 : (034	紙	지) : 底(저) : 밑/그칠/무슨/어쩐 저	5507	3443	6149	4231
仄聲 / 上聲 : (038	薺	제) : 抵(저) : 밀칠/막을 저	5509	3725	5387	4232
仄聲 / 上聲 : (036	語	어) : 杵(저) : 방망이 저	5511	3570	3537	4233
仄聲 / 上聲 : (036	語	어) : 楮(저) : 닥나무 저	5512	3571	3538	4234
仄聲 / 上聲 : (036	語	어) : 渚(저) : 물가 저	5516	3572	3539	4235
仄聲 / 上聲 : (036	語	어) : 紵(저) : 젓가락 저	5522	3573	3540	4236
仄聲 / 上聲 : (036	語	어) : 苧(저) : 모시[=紵] 저	5523	3574	3541	4237
仄聲 / 上聲 : (036	語	어) : 詛(저) : 저주할/맹세할 저	5528	3575	3542	4238
仄聲 / 上聲 : (036	語	어) : 貯(저) : 쌓을 저	5529	3576	3543	4239
仄聲 / 上聲 : (051	馬	마) : 這(저) : 이것/여기 저	5531	4290	1419	4240
仄聲 / 上聲 : (038	薺	제) : 邸(저) : 큰집 저	5533	3726	5388	4241
仄聲 / 上聲 : (036	語	어) : 齟(저) : 어긋날 저	5535	3577	3544	4242
仄聲 / 上聲 : (036	語	어) : 宁(저) : 쌓을 저	5536	3578	3545	4243
仄聲 / 上聲 : (036	語	어) : 杼(저) : 북/베틀북 저	5537	3579	3546	4244
仄聲 / 上聲 : (038	薺	제) : 柢(저) : 뿌리 저	5538	3727	5389	4245

배열형식 D (四聲基準)			배열 A	배열 B	배열 C	배열 D
平仄 / 四聲 : (韻目No:	韻目)	韻族(독음): 字義	운족 가나순	운목 번호순	운목 가나순	사성순
仄聲 / 上聲 : (038	薺	제) : 牴(저) : 닿을 저	5540	3728	5390	4246
仄聲 / 上聲 : (036	語	어) : 褚(저) : 솜옷 저	5545	3580	3547	4247
仄聲 / 上聲 : (038	薺	제) : 觝(저) : 찌를 저	5546	3729	5391	4248
仄聲 / 上聲 : (038	薺	제) : 詆(저) : 꾸짖을 저	5547	3730	5392	4249
仄聲 / 上聲 : (051	馬	마) : 她(저) : 맏딸/아가씨 저	5549	4291	1420	4250
仄聲 / 上聲 : (036	語	어) : 羜(저) : 새끼양 저	5552	3581	3548	4251
仄聲 / 上聲 : (038	薺	제) : 坻*(저) : 언덕 저	6162	3737	5400	4252
仄聲 / 上聲 : (046	銑	선) : 典(전) : 법 전	5596	4045	2412	4253
仄聲 / 上聲 : (046	銑	선) : 展(전) : 펼 전	5602	4046	2413	4254
仄聲 / 上聲 : (046	銑	선) : 篆(전) : 전자 전	5618	4047	2414	4255
仄聲 / 上聲 : (046	銑	선) : 輾(전) : 돌 전	5621	4048	2416	4256
仄聲 / 上聲 : (046	銑	선) : 顚(전) : 이마/엎드러질 전	5629	4050	2417	4257
仄聲 / 上聲 : (046	銑	선) : 吮(전) : 빨 전	5632	4051	2419	4258
仄聲 / 上聲 : (046	銑	선) : 翦(전) : 자를 전	5644	4053	2420	4259
仄聲 / 上聲 : (046	銑	선) : 腆(전) : 두터울 전	5645	4054	2421	4260
仄聲 / 上聲 : (046	銑	선) : 靦(전) : 부끄러워할 전	5649	4055	2422	4261
仄聲 / 上聲 : (046	銑	선) : 瑑(전) : 새길 전	5659	4056	2423	4262
仄聲 / 上聲 : (054	迥	형) : 娗*(전) : 속일 전	5770	4453	750	4263
仄聲 / 上聲 : (046	銑	선) : 蜓*(전) : 도마뱀 전	5781	4059	2424	4264
仄聲 / 上聲 : (046	銑	선) : 雋(전) : 새살찔 전	5668	4057	2425	4265
仄聲 / 上聲 : (046	銑	선) : 趁*(전) : 밟을 전	6229	4061	2428	4266
仄聲 / 上聲 : (058	琰	염) : 拈*(점) : 집을/딸 점	1247	4617	3683	4267
仄聲 / 上聲 : (058	琰	염) : 漸(점) : 점점 점	5685	4643	3709	4268
仄聲 / 上聲 : (058	琰	염) : 点(점) : 점 점	5686	4644	3710	4269
仄聲 / 上聲 : (058	琰	염) : 點(점) : 점/더러울 점	5690	4645	3711	4270
仄聲 / 上聲 : (058	琰	염) : 玷(점) : 이지러질 점	5693	4646	3712	4271
仄聲 / 上聲 : (058	琰	염) : 簟(점) : 삿자리 점	5694	4647	3713	4272
仄聲 / 上聲 : (054	迥	형) : 鋌(정) : 쇳덩이 정	5706	4445	735	4273
仄聲 / 上聲 : (054	梗	경) : 井(정) : 우물 정	5709	4427	740	4274
仄聲 / 上聲 : (054	迥	형) : 挺(정) : 뺄 정	5720	4446	741	4275
仄聲 / 上聲 : (054	梗	경) : 整(정) : 가지런할 정	5722	4428	742	4276
仄聲 / 上聲 : (054	迥	형) : 艇(정) : 큰배 정	5745	4447	743	4277
仄聲 / 上聲 : (054	迥	형) : 酊(정) : 술취할 정	5749	4448	744	4278
仄聲 / 上聲 : (054	迥	형) : 鋌(정) : 쇳덩이 정	5752	4449	745	4279
仄聲 / 上聲 : (054	梗	경) : 婧(정) : 편안할 정	5755	4429	746	4280
仄聲 / 上聲 : (054	梗	경) : 靜(정) : 고요할 정	5756	4430	747	4281

배열형식 D (四聲基準)			배열 A	배열 B	배열 C	배열 D
平仄 / 四聲 : (韻目No: 韻目) 韻族(독음): 字義			운족 가나순	운목 번호순	운목 가나순	사성순
仄聲 / 上聲 : (054	迥	형) : 頂(정) : 정수리 정	5757	4450	748	4282
仄聲 / 上聲 : (054	迥	형) : 鼎(정) : 솥 정	5758	4451	749	4283
仄聲 / 上聲 : (054	迥	형) : 娗*(정) : 모양낼 정	5771	4454	751	4284
仄聲 / 上聲 : (054	迥	형) : 娗(정) : 매욱할 정	5769	4452	752	4285
仄聲 / 上聲 : (054	迥	형) : 脡(정) : 곧을 정	5776	4455	753	4286
仄聲 / 上聲 : (054	迥	형) : 艼(정) : 곤드레만드레할 정	5777	4456	754	4287
仄聲 / 上聲 : (054	梗	경) : 阱(정) : 함정 정	5784	4431	755	4288
仄聲 / 上聲 : (054	迥	형) : 頲(정) : 곧을 정	5786	4457	756	4289
仄聲 / 上聲 : (038	薺	제) : 弟(제) : 아우 제	5803	3731	5393	4290
仄聲 / 上聲 : (038	薺	제) : 悌(제) : 공손할 제	5804	3732	5394	4291
仄聲 / 上聲 : (038	薺	제) : 濟(제) : 건널 제	5809	3733	5395	4292
仄聲 / 上聲 : (038	薺	제) : 薺*(제) : 냉이 제	5367	3723	5396	4293
仄聲 / 上聲 : (038	薺	제) : 醍(제) : 맑은술 제	5816	3734	5397	4294
仄聲 / 上聲 : (038	薺	제) : 緹(제) : 붉은 비단 제	5826	3735	5398	4295
仄聲 / 上聲 : (047	篠	소) : 挑*(조) : 돋울 조	1494	4087	2715	4296
仄聲 / 上聲 : (048	巧	교) : 獠*(조) : 서남오랑캐 조	2022	4139	889	4297
仄聲 / 上聲 : (036	語	어) : 耡*(조) : 도울 조	3448	3552	3520	4298
仄聲 / 上聲 : (047	篠	소) : 昭*(조) : 나타날/빛날/밝을 조	3639	4103	2728	4299
仄聲 / 上聲 : (049	皓	호) : 繅*(조) : 옥받침 조	3676	4190	7569	4300
仄聲 / 上聲 : (036	語	어) : 俎(조) : 도마 조	5841	3582	3549	4301
仄聲 / 上聲 : (047	篠	소) : 兆(조) : 억조 조	5842	4114	2739	4302
仄聲 / 上聲 : (049	皓	호) : 早(조) : 이를 조	5852	4195	7574	4303
仄聲 / 上聲 : (049	皓	호) : 棗(조) : 대추나무 조	5857	4196	7575	4304
仄聲 / 上聲 : (049	皓	호) : 燥(조) : 마를 조	5862	4197	7576	4305
仄聲 / 上聲 : (048	巧	교) : 爪(조) : 손톱 조	5863	4147	896	4306
仄聲 / 上聲 : (049	皓	호) : 璪(조) : 면류관드림옥 조	5864	4198	7577	4307
仄聲 / 上聲 : (047	篠	소) : 窕(조) : 정숙할 조	5870	4115	2740	4308
仄聲 / 上聲 : (037	麌	우) : 粗(조) : 간략할 조	5871	3684	4628	4309
仄聲 / 上聲 : (037	麌	우) : 組(조) : 짤 조	5874	3686	4630	4310
仄聲 / 上聲 : (049	皓	호) : 繰(조) : 아청통견 조	5875	4199	7578	4311
仄聲 / 上聲 : (047	篠	소) : 肇(조) : 비롯할 조	5877	4116	2741	4312
仄聲 / 上聲 : (049	皓	호) : 藻(조) : 조류 조	5878	4200	7579	4313
仄聲 / 上聲 : (049	皓	호) : 蚤(조) : 벼룩 조	5879	4201	7580	4314
仄聲 / 上聲 : (047	篠	소) : 趙(조) : 나라 조	5882	4117	2742	4315
仄聲 / 上聲 : (049	皓	호) : 造(조) : 지을 조	5884	4202	7581	4316
仄聲 / 上聲 : (036	語	어) : 阻(조) : 험할 조	5887	3583	3550	4317

배열형식 D (四聲基準)			배열 A	배열 B	배열 C	배열 D
平仄 / 四聲 : (韻目No: 韻目) 韻族(독음): 字義			운족 가나순	운목 번호순	운목 가나순	사성순
仄聲 / 上聲 : (047	篠	소) : 鳥(조) : 새 조	5889	4118	2743	4318
仄聲 / 上聲 : (047	篠	소) : 佻(조) : 방정맞을 조	5890	4119	2744	4319
仄聲 / 上聲 : (048	巧	교) : 找(조) : 채울/보충할 조	5897	4148	897	4320
仄聲 / 上聲 : (049	皓	호) : 澡(조) : 씻을 조	5899	4203	7582	4321
仄聲 / 上聲 : (049	皓	호) : 皁(조) : 하인/마굿간 조	5900	4204	7583	4322
仄聲 / 上聲 : (047	篠	소) : 駣(조) : 네살말 조	5919	4120	2745	4323
仄聲 / 上聲 : (047	篠	소) : 鮡(조) : 물고기이름 조	5920	4121	2746	4324
仄聲 / 上聲 : (049	皓	호) : 慘*(조) : 근심할 조	6353	4205	7584	4325
仄聲 / 上聲 : (037	麌	우) : 犓(조) : 간략할/대략 조	5929	3687	4634	4326
仄聲 / 上聲 : (032	腫	종) : 慫(종) : 놀랄/권할 종	5947	3288	5597	4327
仄聲 / 上聲 : (032	腫	종) : 腫(종) : 부스럼 종	5957	3289	5598	4328
仄聲 / 上聲 : (032	腫	종) : 踵(종) : 발꿈치 종	5959	3290	5599	4329
仄聲 / 上聲 : (032	腫	종) : 尰(종) : 수종다리 종	5967	3291	5600	4330
仄聲 / 上聲 : (031	董	동) : 蓯*(종) : 약이름 종	6655	3256	1271	4331
仄聲 / 上聲 : (050	哿	가) : 坐(좌) : 앉을 좌	5976	4245	167	4332
仄聲 / 上聲 : (050	哿	가) : 左(좌) : 왼 좌	5977	4246	168	4333
仄聲 / 上聲 : (040	賄	회) : 罪(죄) : 허물 죄	5983	3781	7777	4334
仄聲 / 上聲 : (055	有	유) : 枓*(주) : 두공 주	1635	4492	5045	4335
仄聲 / 上聲 : (037	麌	우) : 主(주) : 임금/주인 주	5985	3688	4631	4336
仄聲 / 上聲 : (037	麌	우) : 柱(주) : 기둥 주	6000	3689	4632	4337
仄聲 / 上聲 : (055	有	유) : 紂(주) : 껑거리끈/주임금 주	6010	4535	5089	4338
仄聲 / 上聲 : (055	有	유) : 酒(주) : 술 주	6021	4536	5090	4339
仄聲 / 上聲 : (037	麌	우) : 拄(주) : 떠받칠 주	6028	3690	4633	4340
仄聲 / 上聲 : (055	有	유) : 肘(주) : 팔꿈치 주	6030	4537	5091	4341
仄聲 / 上聲 : (055	有	유) : 黈(주) : 수른빛 주	6044	4538	5093	4342
仄聲 / 上聲 : (041	軫	진) : 純*(준) : 선두를 준	3893	3815	6465	4343
仄聲 / 上聲 : (041	軫	진) : 准(준) : 비준 준	6055	3832	6482	4344
仄聲 / 上聲 : (041	軫	진) : 準(준) : 평평할고를법도 준	6062	3833	6483	4345
仄聲 / 上聲 : (041	軫	진) : 蠢(준) : 꿈틀거릴/어리석을 준	6069	3834	6484	4346
仄聲 / 上聲 : (046	銑	선) : 雋*(준) : 영특할/준걸 준	5669	4058	2426	4347
仄聲 / 上聲 : (043	阮	완) : 撙(준) : 누를 준	6075	3912	4092	4348
仄聲 / 上聲 : (041	軫	진) : 隼(준) : 웅크릴 준	6079	3835	6485	4349
仄聲 / 上聲 : (043	阮	완) : 鱒(준) : 송어 준	6082	3913	4093	4350
仄聲 / 上聲 : (056	寑	침) : 怎(즘) : 어찌 즘	6101	4567	7072	4351
仄聲 / 上聲 : (054	迥	형) : 拯(증) : 건질 증	6112	4458	757	4352
仄聲 / 上聲 : (034	紙	지) : 者*(지) : 이를 지	1140	3326	6032	4353

배열형식 D (四聲基準)			배열 A	배열 B	배열 C	배열 D
平仄 / 四聲 : (韻目No:	韻目)	韻族(독음): 字義	운족 가나순	운목 번호순	운목 가나순	사성순
仄聲 / 上聲 : (038	薺	제) : 底*(지) : 이룰/정할/이를 지	5508	3724	5386	4354
仄聲 / 上聲 : (034	紙	지) : 抵*(지) : 칠 지	5510	3444	6150	4355
仄聲 / 上聲 : (034	紙	지) : 只(지) : 다만 지	6127	3445	6151	4356
仄聲 / 上聲 : (034	紙	지) : 咫(지) : 여덟치 지	6128	3446	6152	4357
仄聲 / 上聲 : (034	紙	지) : 址(지) : 터 지	6130	3447	6153	4358
仄聲 / 上聲 : (034	紙	지) : 指(지) : 가리킬 지	6133	3448	6154	4359
仄聲 / 上聲 : (034	紙	지) : 旨(지) : 맛 지	6136	3449	6155	4360
仄聲 / 上聲 : (034	紙	지) : 枳(지) : 탱자나무 지	6139	3450	6156	4361
仄聲 / 上聲 : (034	紙	지) : 止(지) : 그칠 지	6141	3452	6158	4362
仄聲 / 上聲 : (034	紙	지) : 沚(지) : 물가 지	6144	3453	6159	4363
仄聲 / 上聲 : (034	紙	지) : 砥(지) : 숫돌 지	6147	3454	6160	4364
仄聲 / 上聲 : (034	紙	지) : 祉(지) : 복 지	6148	3455	6161	4365
仄聲 / 上聲 : (034	紙	지) : 紙(지) : 종이 지	6150	3456	6162	4366
仄聲 / 上聲 : (034	紙	지) : 芷(지) : 구리때 지	6155	3457	6163	4367
仄聲 / 上聲 : (034	紙	지) : 趾(지) : 발가락 지	6159	3458	6164	4368
仄聲 / 上聲 : (038	薺	제) : 坻(지) : 모래섬 지	6161	3736	5399	4369
仄聲 / 上聲 : (034	紙	지) : 舐(지) : 핥을 지	6166	3459	6165	4370
仄聲 / 上聲 : (034	紙	지) : 軹(지) : 굴대머리 지	6167	3460	6166	4371
仄聲 / 上聲 : (034	紙	지) : 阯(지) : 터 지	6168	3461	6167	4372
仄聲 / 上聲 : (034	紙	지) : 厎(지) : 이룰/숫돌 지	6171	3462	6168	4373
仄聲 / 上聲 : (034	紙	지) : 恀(지) : 믿을 지	6179	3463	6184	4374
仄聲 / 上聲 : (046	銑	선) : 殄(진) : 다할/죽을 진	6201	4060	2427	4375
仄聲 / 上聲 : (041	軫	진) : 畛(진) : 두렁길 진	6206	3836	6486	4376
仄聲 / 上聲 : (041	軫	진) : 疹(진) : 홍역 진	6207	3837	6487	4377
仄聲 / 上聲 : (041	軫	진) : 盡(진) : 다할 진	6208	3838	6488	4378
仄聲 / 上聲 : (041	軫	진) : 縝(진) : 삼실 진	6212	3839	6489	4379
仄聲 / 上聲 : (042	吻	문) : 袗(진) : 홑옷 진	6214	3863	1760	4380
仄聲 / 上聲 : (041	軫	진) : 診(진) : 진찰할 진	6215	3840	6490	4381
仄聲 / 上聲 : (041	軫	진) : 賑(진) : 구휼할 진	6216	3841	6491	4382
仄聲 / 上聲 : (041	軫	진) : 軫(진) : 수레뒤턱나무 진	6217	3842	6492	4383
仄聲 / 上聲 : (041	軫	진) : 儘(진) : 다할 진	6225	3843	6493	4384
仄聲 / 上聲 : (041	軫	진) : 稹(진) : 떨기로날 진	6226	3844	6494	4385
仄聲 / 上聲 : (041	軫	진) : 趁(진) : 좇을 진	6228	3845	6495	4386
仄聲 / 上聲 : (041	軫	진) : 紾(진) : 비틀 진	6233	3846	6496	4387
仄聲 / 上聲 : (056	寢	침) : 朕(짐) : 나/조짐 짐	6264	4568	7073	4388
仄聲 / 上聲 : (034	紙	지) : 玼*(차) : 옥빛 차	5359	3438	6144	4389

배열형식 D (四聲基準)			배열 A	배열 B	배열 C	배열 D
平仄 / 四聲 : (韻目No: 韻目) 韻族(독음): 字義			운족 가나순	운목 번호순	운목 가나순	사성순
仄聲 / 上聲 : (051	馬	마) : 且(차) : 또/바야흐로/거의 차	6279	4292	1421	4390
仄聲 / 上聲 : (034	紙	지) : 此(차) : 이 차	6292	3465	6169	4391
仄聲 / 上聲 : (034	紙	지) : 佌(차) : 작은모양 차	6297	3466	6170	4392
仄聲 / 上聲 : (045	潸	산) : 撰(찬) : 지을 찬	6317	3988	1988	4393
仄聲 / 上聲 : (044	旱	한) : 瓚(찬) : 옥잔 찬	6322	3961	7280	4394
仄聲 / 上聲 : (044	旱	한) : 纂(찬) : 모을 찬	6325	3962	7281	4395
仄聲 / 上聲 : (044	旱	한) : 纘(찬) : 이을 찬	6327	3963	7282	4396
仄聲 / 上聲 : (045	潸	산) : 饌(찬) : 반찬 찬	6332	3989	1989	4397
仄聲 / 上聲 : (044	旱	한) : 攢(찬) : 옹기종기모일 찬	6333	3964	7283	4398
仄聲 / 上聲 : (044	旱	한) : 酇(찬) : 마을이름 찬	6337	3965	7284	4399
仄聲 / 上聲 : (057	感	감) : 慘(참) : 슬플/근심할 참	6352	4600	405	4400
仄聲 / 上聲 : (059	豏	함) : 斬(참) : 벨 참	6356	4663	1284	4401
仄聲 / 上聲 : (057	感	감) : 憯(참) : 슬퍼할 참	6364	4601	406	4402
仄聲 / 上聲 : (057	感	감) : 黲(참) : 퇴색할 참	6370	4602	407	4403
仄聲 / 上聲 : (052	養	양) : 廠(창) : 헛간 창	6376	4356	3324	4404
仄聲 / 上聲 : (052	養	양) : 敞(창) : 시원할 창	6379	4357	3325	4405
仄聲 / 上聲 : (052	養	양) : 昶(창) : 해길 창	6381	4358	3326	4406
仄聲 / 上聲 : (052	養	양) : 氅(창) : 새털 창	6397	4359	3327	4407
仄聲 / 上聲 : (040	賄	회) : 寀(채) : 녹봉 채	6409	3782	7778	4408
仄聲 / 上聲 : (040	賄	회) : 彩(채) : 채색 채	6411	3783	7779	4409
仄聲 / 上聲 : (040	賄	회) : 採(채) : 캘 채	6412	3784	7780	4410
仄聲 / 上聲 : (040	賄	회) : 綵(채) : 비단 채	6414	3785	7781	4411
仄聲 / 上聲 : (034	紙	지) : 豸*(채) : 발없는벌레 채	6832	3479	6182	4412
仄聲 / 上聲 : (036	語	어) : 處(처) : 살/처자 처	6436	3584	3551	4413
仄聲 / 上聲 : (046	銑	선) : 撰*(천) : 일(事也) 천	6318	4062	2429	4414
仄聲 / 上聲 : (046	銑	선) : 喘(천) : 헐떡일 천	6469	4063	2430	4415
仄聲 / 上聲 : (046	銑	선) : 淺(천) : 얕을 천	6474	4064	2431	4416
仄聲 / 上聲 : (046	銑	선) : 舛(천) : 어그러질 천	6477	4065	2432	4417
仄聲 / 上聲 : (046	銑	선) : 踐(천) : 밟을 천	6480	4066	2433	4418
仄聲 / 上聲 : (046	銑	선) : 闡(천) : 열 천	6483	4067	2434	4419
仄聲 / 上聲 : (046	銑	선) : 俴(천) : 엷을 천	6486	4068	2435	4420
仄聲 / 上聲 : (046	銑	선) : 蕆(천) : 경계할 천	6491	4069	2436	4421
仄聲 / 上聲 : (046	銑	선) : 蚕(천) : 지렁이 천	6492	4070	2437	4422
仄聲 / 上聲 : (046	銑	선) : 灛(천) : 강이름 천	6494	4071	2438	4423
仄聲 / 上聲 : (058	琰	염) : 諂(첨) : 아첨할 첨	6524	4648	3714	4424
仄聲 / 上聲 : (058	琰	염) : 忝(첨) : 더럽힐/욕될 첨	6526	4649	3715	4425

배열형식 D (四聲基準)			배열 A	배열 B	배열 C	배열 D
平仄 / 四聲 : (韻目No:	韻目)	韻族(독음): 字義	운족 가나순	운목 번호순	운목 가나순	사성순
仄聲 / 上聲 : (058	琰	염) : 舔(첨) : 핥을 첨	6530	4650	3716	4426
仄聲 / 上聲 : (038	薺	제) : 泚*(체) : 물/땀축축히날 체	5343	3721	5384	4427
仄聲 / 上聲 : (038	薺	제) : 玼*(체) : 옥빛고울 체	5360	3722	5385	4428
仄聲 / 上聲 : (038	薺	제) : 涕(체) : 눈물 체	6555	3738	5401	4429
仄聲 / 上聲 : (038	薺	제) : 遞(체) : 갈릴 체	6561	3739	5402	4430
仄聲 / 上聲 : (038	薺	제) : 體(체) : 몸 체	6562	3740	5403	4431
仄聲 / 上聲 : (049	皓	호) : 慅*(초) : 수고로울 초	3683	4191	7570	4432
仄聲 / 上聲 : (047	篠	소) : 柖*(초) : 목욕상 초	3685	4107	2732	4433
仄聲 / 上聲 : (047	篠	소) : 剿(초) : 끊을/죽일 초	6576	4122	2747	4434
仄聲 / 上聲 : (048	巧	교) : 炒(초) : 볶을 초	6587	4149	898	4435
仄聲 / 上聲 : (036	語	어) : 礎(초) : 주춧돌 초	6591	3585	3552	4436
仄聲 / 上聲 : (047	篠	소) : 秒*(초) : 초침 초	2446	4100	2749	4437
仄聲 / 上聲 : (048	巧	교) : 稍(초) : 점점/작을 초	6592	4150	899	4438
仄聲 / 上聲 : (049	皓	호) : 艸(초) : 풀 초	6593	4206	7585	4439
仄聲 / 上聲 : (049	皓	호) : 草(초) : 풀 초	6596	4207	7586	4440
仄聲 / 上聲 : (047	篠	소) : 悄(초) : 근심할 초	6607	4123	2750	4441
仄聲 / 上聲 : (047	篠	소) : 愀(초) : 해쓱할/풀죽을 초	6608	4124	2751	4442
仄聲 / 上聲 : (048	巧	교) : 吵*(초) : 떠들/지저귈 초	2448	4143	900	4443
仄聲 / 上聲 : (036	語	어) : 濋(초) : 강이름 초	6620	3586	3553	4444
仄聲 / 上聲 : (047	篠	소) : 湫*(초) : 웅덩이 초	6679	4125	2753	4445
仄聲 / 上聲 : (043	阮	완) : 忖(촌) : 헤아릴/짐작할 촌	6637	3914	4094	4446
仄聲 / 上聲 : (043	阮	완) : 刌(촌) : 저밀 촌	6642	3915	4095	4447
仄聲 / 上聲 : (031	董	동) : 縱*(총) : 바쁠 총	5956	3252	1267	4448
仄聲 / 上聲 : (032	腫	종) : 塚(총) : 클/무덤 총	6644	3292	5601	4449
仄聲 / 上聲 : (032	腫	종) : 寵(총) : 사랑할 총	6645	3293	5602	4450
仄聲 / 上聲 : (031	董	동) : 憁(총) : 실심할/뜻같지않을 총	6647	3253	1268	4451
仄聲 / 上聲 : (031	董	동) : 摠(총) : 거느릴/모을/모두 총	6648	3254	1269	4452
仄聲 / 上聲 : (031	董	동) : 總(총) : 다 총	6649	3255	1270	4453
仄聲 / 上聲 : (040	賄	회) : 洒*(최) : 우뚝할 최	3617	3772	7768	4454
仄聲 / 上聲 : (055	有	유) : 杻(추) : 수갑 추	6668	4540	5037	4455
仄聲 / 上聲 : (037	麌	우) : 粗*(추) : 클/거칠을 추	5872	3685	4629	4456
仄聲 / 上聲 : (055	有	유) : 醜(추) : 추할 추	6690	4542	5095	4457
仄聲 / 上聲 : (055	有	유) : 帚(추) : 비자루/털 추	6701	4543	5096	4458
仄聲 / 上聲 : (034	紙	지) : 捶(추) : 종아리칠 추	6703	3467	6171	4459
仄聲 / 上聲 : (055	有	유) : 趣*(추) : 벼슬이름 추	6776	4545	5098	4460
仄聲 / 上聲 : (055	有	유) : 丑(축) : 소 축	6720	4544	5097	4461

배열형식 D (四聲基準)			배열 A	배열 B	배열 C	배열 D
平仄 / 四聲 : (韻目No: 韻目) 韻族(독음): 字義			운족 가나순	운목 번호순	운목 가나순	사성순
仄聲 / 上聲 : (041	軫	진) : 賰(춘) : 넉넉할/부유할 춘	6740	3847	6497	4462
仄聲 / 上聲 : (034	紙	지) : 揣(취) : 잴/시험할 취	6763	3468	6172	4463
仄聲 / 上聲 : (037	麌	우) : 取(취) : 가질 취	6765	3691	4635	4464
仄聲 / 上聲 : (034	紙	지) : 嘴(취) : 부리 취	6767	3469	6173	4465
仄聲 / 上聲 : (037	麌	우) : 聚(취) : 모을 취	6772	3692	4636	4466
仄聲 / 上聲 : (034	紙	지) : 紕*(치) : 길쌈모시 치	3137	3371	6076	4467
仄聲 / 上聲 : (034	紙	지) : 侈(치) : 사치할 치	6799	3470	6174	4468
仄聲 / 上聲 : (034	紙	지) : 峙(치) : 언덕 치	6802	3471	6175	4469
仄聲 / 上聲 : (034	紙	지) : 耻(치) : 부끄러울 치	6804	3472	6176	4470
仄聲 / 上聲 : (034	紙	지) : 痔(치) : 치질 치	6809	3473	6177	4471
仄聲 / 上聲 : (034	紙	지) : 雉(치) : 꿩 치	6820	3474	6178	4472
仄聲 / 上聲 : (034	紙	지) : 齒(치) : 이 치	6822	3475	6179	4473
仄聲 / 上聲 : (050	哿	가) : 哆(치) : 클 치	6823	4249	171	4474
仄聲 / 上聲 : (034	紙	지) : 畤(치) : 제[祭]터 치	6825	3476	6180	4475
仄聲 / 上聲 : (034	紙	지) : 薙(치) : 풀깎을 치	6829	3477	6181	4476
仄聲 / 上聲 : (034	紙	지) : 豸(치) : 발없는벌레 치	6831	3478	6183	4477
仄聲 / 上聲 : (034	紙	지) : 恀*(치) : 믿을 치	6180	3464	6185	4478
仄聲 / 上聲 : (034	紙	지) : 黹(치) : 바느질할 치	6839	3480	6186	4479
仄聲 / 上聲 : (056	寢	침) : 寢(침) : 잘 침	6852	4569	7074	4480
仄聲 / 上聲 : (056	寢	침) : 沈(침) : 잠길/고요할/빠질 침	6854	4570	7075	4481
仄聲 / 上聲 : (050	哿	가) : 捶*(타) : 헤아릴 타	6704	4247	169	4482
仄聲 / 上聲 : (050	哿	가) : 揣*(타) : 헤아릴 타	6764	4248	170	4483
仄聲 / 上聲 : (050	哿	가) : 墮(타) : 떨어질 타	6875	4250	172	4484
仄聲 / 上聲 : (050	哿	가) : 妥(타) : 온당할 타	6877	4251	173	4485
仄聲 / 上聲 : (050	哿	가) : 惰(타) : 게으를 타	6878	4252	174	4486
仄聲 / 上聲 : (054	梗	경) : 打(타) : 칠[打] 타	6879	4432	758	4487
仄聲 / 上聲 : (050	哿	가) : 朶(타) : 늘어질 타	6881	4253	175	4488
仄聲 / 上聲 : (050	哿	가) : 楕(타) : 타원형(橢의동자) 타	6882	4254	176	4489
仄聲 / 上聲 : (050	哿	가) : 舵(타) : 키 타	6883	4255	177	4490
仄聲 / 上聲 : (050	哿	가) : 橢(타) : 타원형 타	6888	4256	178	4491
仄聲 / 上聲 : (050	哿	가) : 朵(타) : 떨기(叢) 타	6895	4257	179	4492
仄聲 / 上聲 : (044	旱	한) : 坦(탄) : 평평할 탄	6922	3966	7285	4493
仄聲 / 上聲 : (044	旱	한) : 憚(탄) : 꺼릴 탄	6924	3967	7286	4494
仄聲 / 上聲 : (044	旱	한) : 誕(탄) : 낳을/거짓 탄	6929	3968	7287	4495
仄聲 / 上聲 : (046	銑	선) : 僤(탄) : 재빠를 탄	6934	4072	2439	4496
仄聲 / 上聲 : (057	感	감) : 耽(탐) : 즐길 탐	6943	4603	408	4497

배열형식 D (四聲基準)			배열 A	배열 B	배열 C	배열 D
平仄 / 四聲 : (韻目No:	韻目)	韻族(독음): 字義	운족 가나순	운목 번호순	운목 가나순	사성순
仄聲 / 上聲 : (057	感	감) : 醓(탐) : 장 탐	6946	4604	409	4498
仄聲 / 上聲 : (052	養	양) : 帑*(탕) : 나라곳집 탕	1274	4304	3328	4499
仄聲 / 上聲 : (052	養	양) : 蕩(탕) : 클/방탕할 탕	6957	4360	3329	4500
仄聲 / 上聲 : (052	養	양) : 盪(탕) : 씻을 탕	6959	4361	3330	4501
仄聲 / 上聲 : (052	養	양) : 璗(탕) : 황금 탕	6960	4362	3331	4502
仄聲 / 上聲 : (052	養	양) : 簜(탕) : 피리 탕	6961	4363	3332	4503
仄聲 / 上聲 : (040	賄	회) : 詒*(태) : 속일 태	5223	3779	7775	4504
仄聲 / 上聲 : (040	賄	회) : 逮*(태) : 미칠/좇을 태	6560	3786	7782	4505
仄聲 / 上聲 : (040	賄	회) : 怠(태) : 게으를 태	6967	3787	7783	4506
仄聲 / 上聲 : (040	賄	회) : 殆(태) : 위태할 태	6969	3788	7784	4507
仄聲 / 上聲 : (040	賄	회) : 迨(태) : 미칠(及) 태	6978	3789	7785	4508
仄聲 / 上聲 : (037	麌	우) : 土(토) : 흙 토	6992	3693	4637	4509
仄聲 / 上聲 : (049	皓	호) : 討(토) : 칠 토	6994	4208	7587	4510
仄聲 / 上聲 : (031	董	동) : 洞*(통) : 공손할/덩어리질 통	1607	3240	1257	4511
仄聲 / 上聲 : (031	董	동) : 桶*(통) : 통 통	4793	3251	1272	4512
仄聲 / 上聲 : (031	董	동) : 洞*(통) : 공손할/조심할 통	1631	3246	1274	4513
仄聲 / 上聲 : (040	賄	회) : 腿(퇴) : 다리살 퇴	7006	3790	7786	4514
仄聲 / 上聲 : (049	皓	호) : 套*(투) : 전례(前例也) 투	6996	4209	7588	4515
仄聲 / 上聲 : (051	馬	마) : 把(파) : 잡을 파	7027	4293	1422	4516
仄聲 / 上聲 : (039	蟹	해) : 擺(파) : 열릴 파	7029	3752	7459	4517
仄聲 / 上聲 : (050	哿	가) : 跛(파) : 절뚝발이 파	7037	4258	180	4518
仄聲 / 上聲 : (050	哿	가) : 叵(파) : 어려울 파	7040	4259	181	4519
仄聲 / 上聲 : (051	馬	마) : 爸(파) : 아비/아버지 파	7043	4294	1423	4520
仄聲 / 上聲 : (043	阮	완) : 坂(판) : 언덕/산비탈 판	7050	3916	4096	4521
仄聲 / 上聲 : (045	潸	산) : 板(판) : 널 판	7051	3990	1990	4522
仄聲 / 上聲 : (045	潸	산) : 版(판) : 조각 판	7052	3991	1991	4523
仄聲 / 上聲 : (045	潸	산) : 鈑(판) : 금박 판	7056	3992	1992	4524
仄聲 / 上聲 : (043	阮	완) : 阪(판) : 언덕 판	7057	3917	4097	4525
仄聲 / 上聲 : (039	蟹	해) : 罷*(패) : 그칠/귀양보낼 패	7217	3753	7460	4526
仄聲 / 上聲 : (046	銑	선) : 諞*(편) : 말교묘히할 편	2816	4025	2443	4527
仄聲 / 上聲 : (058	琰	염) : 貶(폄) : 깎아내릴/낮출 폄	7102	4651	3717	4528
仄聲 / 上聲 : (038	薺	제) : 髀*(폐) : 볼기짝 폐	3147	3717	5379	4529
仄聲 / 上聲 : (038	薺	제) : 陛(폐) : 섬돌 폐	7126	3741	5405	4530
仄聲 / 上聲 : (049	皓	호) : 抱(포) : 안을 포	7138	4210	7589	4531
仄聲 / 上聲 : (037	麌	우) : 浦(포) : 개 포	7143	3694	4638	4532
仄聲 / 上聲 : (037	麌	우) : 脯(포) : 재물서로보낼 포	7147	3695	4639	4533

배열형식 D (四聲基準)			배열 A	배열 B	배열 C	배열 D
平仄 / 四聲 : (韻目No: 韻目) 韻族(독음): 字義			운족 가나순	운목 번호순	운목 가나순	사성순
仄聲 / 上聲 : (048	巧	교) : 飽(포) : 배부를 포	7155	4151	901	4534
仄聲 / 上聲 : (048	巧	교) : 鮑(포) : 절인물고기 포	7156	4152	902	4535
仄聲 / 上聲 : (047	篠	소) : 表(표) : 겉 표	7189	4126	2754	4536
仄聲 / 上聲 : (047	篠	소) : 縹(표) : 옥색빛 표	7196	4127	2755	4537
仄聲 / 上聲 : (047	篠	소) : 婊(표) : 창녀 표	7199	4128	2756	4538
仄聲 / 上聲 : (047	篠	소) : 蔈(표) : 떨어질 표	7202	4129	2757	4539
仄聲 / 上聲 : (057	感	감) : 品(품) : 물건 품	7206	4605	410	4540
仄聲 / 上聲 : (056	寑	침) : 稟(품) : 받을 품	7207	4571	7077	4541
仄聲 / 上聲 : (034	紙	지) : 彼(피) : 저/저것 피	7219	3481	6187	4542
仄聲 / 上聲 : (034	紙	지) : 被(피) : 입을 피	7223	3482	6188	4543
仄聲 / 上聲 : (034	紙	지) : 辟(피) : 피할 피	7226	3483	6189	4544
仄聲 / 上聲 : (051	馬	마) : 下(하) : 아래 하	7249	4295	1424	4545
仄聲 / 上聲 : (051	馬	마) : 厦(하) : 큰집 하	7251	4296	1425	4546
仄聲 / 上聲 : (051	馬	마) : 廈(하) : 큰집 하	7253	4297	1426	4547
仄聲 / 上聲 : (045	潸	산) : 悍(한) : 사나울 한	7278	3993	1993	4548
仄聲 / 上聲 : (044	旱	한) : 旱(한) : 가물 한	7279	3969	7288	4549
仄聲 / 上聲 : (044	旱	한) : 澣(한) : 빨/씻을 한	7282	3970	7289	4550
仄聲 / 上聲 : (044	旱	한) : 罕(한) : 드물 한	7284	3971	7290	4551
仄聲 / 上聲 : (045	潸	산) : 限(한) : 한할 한	7288	3994	1994	4552
仄聲 / 上聲 : (045	潸	산) : 僩(한) : 노할 한	7290	3995	1995	4553
仄聲 / 上聲 : (043	阮	완) : 狠(한) : 개싸우는소리 한	7293	3918	4098	4554
仄聲 / 上聲 : (059	豏	함) : 濫*(함) : 목욕통/용솟을 함	1731	4656	1277	4555
仄聲 / 上聲 : (057	感	감) : 頷*(함) : 턱 함	4169	4597	401	4556
仄聲 / 上聲 : (057	感	감) : 喊(함) : 소리칠 함	7302	4606	411	4557
仄聲 / 上聲 : (059	豏	함) : 艦(함) : 큰배 함	7306	4664	1285	4558
仄聲 / 上聲 : (058	琰	염) : 菡(함) : 연봉오리 함	7310	4652	3718	4559
仄聲 / 上聲 : (059	豏	함) : 豏(함) : 덜삶은콩 함	7315	4665	1286	4560
仄聲 / 上聲 : (052	養	양) : 沆(항) : 넓을 항	7340	4364	3333	4561
仄聲 / 上聲 : (033	講	강) : 港(항) : 항구 항	7341	3299	467	4562
仄聲 / 上聲 : (034	紙	지) : 項(항) : 항목 항	7345	3484	6190	4563
仄聲 / 上聲 : (052	養	양) : 蚢(항) : 쑥누에 항	7348	4365	3334	4564
仄聲 / 上聲 : (052	養	양) : 骯(항) : 살찔 항	7349	4366	3335	4565
仄聲 / 上聲 : (039	蟹	해) : 夥*(해) : 동무 해	642	3744	7451	4566
仄聲 / 上聲 : (040	賄	회) : 亥(해) : 돼지 해	7350	3791	7787	4567
仄聲 / 上聲 : (040	賄	회) : 海(해) : 바다 해	7361	3792	7788	4568
仄聲 / 上聲 : (039	蟹	해) : 蟹(해) : 게 해	7363	3754	7461	4569

배열형식 D (四聲基準)					배열 A	배열 B	배열 C	배열 D
平仄 / 四聲 : (韻目No: 韻目) 韻族(독음): 字義					운족 가나순	운목 번호순	운목 가나순	사성순
仄聲 / 上聲 :	(039	蟹	해) : 解(해)	: 쪼갤/풀/깨우쳐줄 해	7364	3755	7462	4570
仄聲 / 上聲 :	(039	蟹	해) : 駭(해)	: 놀랄 해	7369	3756	7463	4571
仄聲 / 上聲 :	(040	賄	회) : 醢(해)	: 젓갈 해	7374	3793	7789	4572
仄聲 / 上聲 :	(054	梗	경) : 倖(행)	: 아첨할/친할/요행 행	7385	4433	759	4573
仄聲 / 上聲 :	(054	梗	경) : 幸(행)	: 다행 행	7386	4434	760	4574
仄聲 / 上聲 :	(054	迥	형) : 杏(행)	: 살구 행	7387	4459	761	4575
仄聲 / 上聲 :	(054	梗	경) : 荇(행)	: 마름 행	7388	4435	762	4576
仄聲 / 上聲 :	(052	養	양) : 享(향)	: 누릴 향	7391	4367	3336	4577
仄聲 / 上聲 :	(052	養	양) : 嚮(향)	: 바라볼 향	7394	4368	3337	4578
仄聲 / 上聲 :	(052	養	양) : 響(향)	: 울릴 향	7396	4369	3338	4579
仄聲 / 上聲 :	(052	養	양) : 饗(향)	: 잔치할/흠향할 향	7398	4370	3339	4580
仄聲 / 上聲 :	(052	養	양) : 蠁(향)	: 번데기 향	7402	4371	3340	4581
仄聲 / 上聲 :	(052	養	양) : 亯*(향)	: 드릴 향	7488	4372	3341	4582
仄聲 / 上聲 :	(036	語	어) : 許(허)	: 허락할 허	7408	3587	3554	4583
仄聲 / 上聲 :	(058	琰	염) : 憸*(험)	: 간사할 험	3568	4623	3691	4584
仄聲 / 上聲 :	(059	豏	함) : 險(험)	: 험할 험	7419	4666	1287	4585
仄聲 / 上聲 :	(058	琰	염) : 玁(험)	: 오랑캐이름 험	7421	4653	3719	4586
仄聲 / 上聲 :	(046	銑	선) : 峴(현)	: 고개 현	7434	4075	2445	4587
仄聲 / 上聲 :	(046	銑	선) : 泫(현)	: 빛날 현	7438	4076	2446	4588
仄聲 / 上聲 :	(046	銑	선) : 睍(현)	: 불거질눈 현	7445	4077	2447	4589
仄聲 / 上聲 :	(047	篠	소) : 鉉(현)	: 솥귀 현	7452	4130	2758	4590
仄聲 / 上聲 :	(046	銑	선) : 顯(현)	: 나타날/알려질 현	7453	4078	2448	4591
仄聲 / 上聲 :	(055	有	유) : 泂(형)	: 멀 형	7494	4546	5099	4592
仄聲 / 上聲 :	(054	迥	형) : 炯(형)	: 빛날 형	7497	4460	763	4593
仄聲 / 上聲 :	(054	迥	형) : 逈(형)	: 멀/빛날 형	7504	4461	764	4594
仄聲 / 上聲 :	(054	迥	형) : 迥(형)	: 멀 형	7508	4462	765	4595
仄聲 / 上聲 :	(038	薺	제) : 憓(혜)	: 밝힐 혜	7524	3742	5406	4596
仄聲 / 上聲 :	(049	皓	호) : 暠*(호)	: 흴 호	506	4160	7538	4597
仄聲 / 上聲 :	(037	麌	우) : 雇*(호)	: 뻐꾹새 호	530	3591	4535	4598
仄聲 / 上聲 :	(049	皓	호) : 杲*(호)	: 높을 호	537	4166	7545	4599
仄聲 / 上聲 :	(037	麌	우) : 楛*(호)	: 싸리나무 호	553	3602	4545	4600
仄聲 / 上聲 :	(037	麌	우) : 浒*(호)	: 더러울/물들일 호	4601	3669	4613	4601
仄聲 / 上聲 :	(037	麌	우) : 許*(호)	: 여럿이힘쓰는소리 호	7409	3696	4640	4602
仄聲 / 上聲 :	(049	皓	호) : 好(호)	: 좋을 호	7541	4211	7590	4603
仄聲 / 上聲 :	(037	麌	우) : 岵(호)	: 산 호	7542	3697	4641	4604
仄聲 / 上聲 :	(037	麌	우) : 扈(호)	: 따를 호	7545	3698	4642	4605

배열형식 D (四聲基準)			배열 A	배열 B	배열 C	배열 D
平仄 / 四聲 : (韻目No:	韻目)	韻族(독음): 字義	운족 가나순	운목 번호순	운목 가나순	사성순
仄聲 / 上聲 : (049	皓	호) : 昊(호) : 하늘 호	7546	4212	7591	4606
仄聲 / 上聲 : (049	皓	호) : 晧(호) : 밝을 호	7547	4213	7592	4607
仄聲 / 上聲 : (049	皓	호) : 浩(호) : 넓을 호	7549	4214	7593	4608
仄聲 / 上聲 : (037	麌	우) : 滸(호) : 물가 호	7551	3699	4643	4609
仄聲 / 上聲 : (049	皓	호) : 澔(호) : 믈질편할 호	7552	4215	7594	4610
仄聲 / 上聲 : (049	皓	호) : 灝(호) : 넓을 호	7556	4216	7595	4611
仄聲 / 上聲 : (037	麌	우) : 琥(호) : 호박 호	7558	3700	4644	4612
仄聲 / 上聲 : (050	哿	가) : 皓(호) : 흴 호	7561	4260	182	4613
仄聲 / 上聲 : (037	麌	우) : 祜(호) : 복 호	7562	3701	4645	4614
仄聲 / 上聲 : (049	皓	호) : 縞(호) : 명주 호	7564	4217	7596	4615
仄聲 / 上聲 : (037	麌	우) : 芦(호) : 지황 호	7566	3702	4646	4616
仄聲 / 上聲 : (037	麌	우) : 虎(호) : 범 호	7569	3703	4647	4617
仄聲 / 上聲 : (049	皓	호) : 鎬(호) : 호경 호	7574	4218	7597	4618
仄聲 / 上聲 : (049	皓	호) : 顥(호) : 클 호	7576	4219	7598	4619
仄聲 / 上聲 : (037	麌	우) : 怙(호) : 믿을 호	7577	3704	4648	4620
仄聲 / 上聲 : (037	麌	우) : 滬(호) : 강이름 호	7578	3705	4649	4621
仄聲 / 上聲 : (049	皓	호) : 唬(호) : 어귀 호	7583	4220	7599	4622
仄聲 / 上聲 : (049	皓	호) : 鄗(호) : 고을이름 호	7588	4221	7600	4623
仄聲 / 上聲 : (043	阮	완) : 昆*(혼) : 동어리/오랑캐 혼	576	3866	4046	4624
仄聲 / 上聲 : (043	阮	완) : 棍*(혼) : 나무묶을 혼	579	3868	4048	4625
仄聲 / 上聲 : (043	阮	완) : 混(혼) : 섞을 혼	7600	3919	4099	4626
仄聲 / 上聲 : (043	阮	완) : 鯇(혼) : 잉어 혼	7608	3920	4100	4627
仄聲 / 上聲 : (043	阮	완) : 煇*(혼) : 벌걸/불빛 혼	7846	3922	4102	4628
仄聲 / 上聲 : (032	腫	종) : 汞(홍) : 수은 홍	7615	3294	5604	4629
仄聲 / 上聲 : (034	紙	지) : 蔿*(화) : 떠들 화	4942	3411	6117	4630
仄聲 / 上聲 : (050	哿	가) : 火(화) : 불 화	7632	4261	183	4631
仄聲 / 上聲 : (051	馬	마) : 禍(화) : 재앙 화	7634	4298	1427	4632
仄聲 / 上聲 : (044	旱	한) : 梡(환) : 남무토막 환	7660	3973	7245	4633
仄聲 / 上聲 : (045	潸	산) : 睆(환) : 환할/깨끗할 환	7669	3996	1996	4634
仄聲 / 上聲 : (046	銑	선) : 睆(환) : 가득 차 있는 모양 환	7680	4079	2449	4635
仄聲 / 上聲 : (044	旱	한) : 鯇*(환) : 산천어 환	7609	3972	7291	4636
仄聲 / 上聲 : (054	梗	경) : 礦(황) : 쇳돌 황	7696	4436	704	4637
仄聲 / 上聲 : (054	梗	경) : 幌(황) : 휘장 황	7698	4437	766	4638
仄聲 / 上聲 : (052	養	양) : 恍(황) : 황홀할 황	7700	4373	3342	4639
仄聲 / 上聲 : (052	養	양) : 愰(황) : 밝을 황	7702	4374	3343	4640
仄聲 / 上聲 : (052	養	양) : 晃(황) : 밝을 황	7704	4375	3344	4641

배열형식 D (四聲基準)			배열 A	배열 B	배열 C	배열 D
平仄 / 四聲 : (韻目No: 韻目)　韻族(독음): 字義			운족 가나순	운목 번호순	운목 가나순	사성순
仄聲 / 上聲 : (052	養	양): 榥(황)　: 책상 황	7705	4376	3345	4642
仄聲 / 上聲 : (052	養	양): 滉(황)　: 깊을 황	7708	4377	3346	4643
仄聲 / 上聲 : (052	養	양): 怳(황)　: 멍할 황	7720	4378	3347	4644
仄聲 / 上聲 : (052	養	양): 謊*(황)　: 속일 황	7725	4379	3348	4645
仄聲 / 上聲 : (040	賄	회): 壞*(회)　: 무너질 회	737	3761	7757	4646
仄聲 / 上聲 : (040	賄	회): 匯(회)　: 물돌 회	7727	3794	7790	4647
仄聲 / 上聲 : (041	軫	진): 賄(회)　: 재물/뇌물 회	7750	3848	6498	4648
仄聲 / 上聲 : (054	梗	경): 卝*(횡)　: 금옥덩어리 횡	694	4396	700	4649
仄聲 / 上聲 : (048	巧	교): 曉(효)　: 새벽 효	7770	4153	903	4650
仄聲 / 上聲 : (048	巧	교): 効(효)　: 효험 효	7784	4154	904	4651
仄聲 / 上聲 : (055	有	유): 詬*(후)　: 꾸짖을 후	891	4477	5029	4652
仄聲 / 上聲 : (056	寢	침): 朽(후)　: 썩을 후	7801	4572	7078	4653
仄聲 / 上聲 : (038	薺	제): 詡(후)　: 자랑할 후	7805	3743	5407	4654
仄聲 / 上聲 : (055	有	유): 郈(후)　: 고을이름 후	7808	4547	5100	4655
仄聲 / 上聲 : (043	阮	완): 愃*(훤)　: 너그럽고아담할 훤	3528	3894	4074	4656
仄聲 / 上聲 : (043	阮	완): 咺(훤)　: 의젓할 훤	7829	3921	4101	4657
仄聲 / 上聲 : (034	紙	지): 毁(훼)　: 험담할/헐 훼	7832	3485	6191	4658
仄聲 / 上聲 : (034	紙	지): 燬(훼)　: 불 훼	7833	3486	6192	4659
仄聲 / 上聲 : (035	尾	미): 虫(훼)　: 벌레 훼	7834	3517	1898	4660
仄聲 / 上聲 : (035	尾	미): 虺(훼)　: 이무기 훼	7836	3518	1899	4661
仄聲 / 上聲 : (034	紙	지): 檓(훼)　: 산초나무 훼	7838	3487	6193	4662
仄聲 / 上聲 : (034	紙	지): 毀(훼)　: 헐 훼	7839	3488	6194	4663
仄聲 / 上聲 : (033	講	강): 洶(흉)　: 용솟음할 흉	7876	3300	468	4664
仄聲 / 上聲 : (044	旱	한): 很(흔)　: 어길 흔	7884	3974	7292	4665
仄聲 / 去聲 : (074	翰	한): 杆(간)　: 몽둥이 간	75	5621	7293	4666
仄聲 / 去聲 : (075	諫	간): 澗(간)　: 산골물 간	78	5688	253	4667
仄聲 / 去聲 : (075	諫	간): 磵(간)　: 석간수 간	81	5689	254	4668
仄聲 / 去聲 : (073	願	원): 艮(간)　: 괘이름 간	86	5582	4904	4669
仄聲 / 去聲 : (075	諫	간): 諫(간)　: 간할 간	88	5690	255	4670
仄聲 / 去聲 : (075	諫	간): 間(간)　: 사이 간	89	5691	256	4671
仄聲 / 去聲 : (074	翰	한): 榦(간)　: 줄기 간	90	5622	7294	4672
仄聲 / 去聲 : (074	翰	한): 衎(간)　: 즐길 간	93	5624	7296	4673
仄聲 / 去聲 : (074	翰	한): 旰(간)　: 해질 간	95	5625	7297	4674
仄聲 / 去聲 : (075	諫	간): 瞷(간)　: 엿볼 간	96	5692	257	4675
仄聲 / 去聲 : (068	泰	태): 匄*(갈)　: 줄 갈	211	5271	7082	4676
仄聲 / 去聲 : (062	絳	강): 絳(강)　: 진홍색 강	175	4705	469	4677

배열형식 D (四聲基準)			배열 A	배열 B	배열 C	배열 D
平仄 / 四聲 : (韻目No: 韻目) 韻族(독음): 字義			운족 가나순	운목 번호순	운목 가나순	사성순
仄聲 / 去聲 : (062	絳	강) : 降*(강) : 내릴 강	7329	4710	470	4678
仄聲 / 去聲 : (062	絳	강) : 虹*(강) : 골이름 강	7623	4712	476	4679
仄聲 / 去聲 : (069	卦	괘) : 介(개) : 낄 개	191	5320	817	4680
仄聲 / 去聲 : (069	卦	괘) : 价(개) : 클 개	192	5321	818	4681
仄聲 / 去聲 : (070	隊	대) : 愾*(개) : 성낼 개	7908	5478	964	4682
仄聲 / 去聲 : (070	隊	대) : 慨(개) : 슬퍼할 개	197	5384	965	4683
仄聲 / 去聲 : (070	隊	대) : 槪(개) : 대개 개	199	5385	966	4684
仄聲 / 去聲 : (070	隊	대) : 漑(개) : 물댈 개	200	5386	967	4685
仄聲 / 去聲 : (069	卦	괘) : 疥(개) : 옴 개	201	5322	819	4686
仄聲 / 去聲 : (068	泰	태) : 盖(개) : 덮을 개	203	5268	7079	4687
仄聲 / 去聲 : (069	卦	괘) : 芥(개) : 겨자 개	205	5323	820	4688
仄聲 / 去聲 : (068	泰	태) : 蓋(개) : 덮을 개	206	5269	7080	4689
仄聲 / 去聲 : (070	隊	대) : 鎧(개) : 갑옷 개	208	5387	968	4690
仄聲 / 去聲 : (068	泰	태) : 匄(개) : 줄 개	210	5270	7081	4691
仄聲 / 去聲 : (069	卦	괘) : 玠(개) : 큰옥 개	213	5324	821	4692
仄聲 / 去聲 : (068	泰	태) : 磕(개) : 돌부딪는 소리 개	214	5272	7083	4693
仄聲 / 去聲 : (068	泰	태) : 丐*(개) : 빌아먹을 개	120	5267	7084	4694
仄聲 / 去聲 : (069	卦	괘) : 尬(개) : 절뚝거릴 개	219	5325	822	4695
仄聲 / 去聲 : (070	隊	대) : 摡*(개) : 씻을 개	7910	5479	969	4696
仄聲 / 去聲 : (070	隊	대) : 概(개) : 대개 개	220	5388	970	4697
仄聲 / 去聲 : (068	泰	태) : 愒*(개) : 탐할 개	315	5273	7085	4698
仄聲 / 去聲 : (069	卦	괘) : 解*(개) : 벗을/헤칠 개	7365	5373	870	4699
仄聲 / 去聲 : (065	御	어) : 醵(거) : 술추렴 거	231	4931	3555	4700
仄聲 / 去聲 : (065	御	어) : 倨(거) : 거만할 거	233	4932	3556	4701
仄聲 / 去聲 : (065	御	어) : 去(거) : 갈 거	234	4933	3557	4702
仄聲 / 去聲 : (065	御	어) : 據(거) : 의지할/근거 거	241	4934	3558	4703
仄聲 / 去聲 : (065	御	어) : 踞(거) : 웅크릴 거	247	4935	3559	4704
仄聲 / 去聲 : (065	御	어) : 遽(거) : 갑자기 거	248	4936	3560	4705
仄聲 / 去聲 : (065	御	어) : 鋸(거) : 톱 거	250	4937	3561	4706
仄聲 / 去聲 : (065	御	어) : 椐(거) : 느티나무 거	261	4938	3562	4707
仄聲 / 去聲 : (073	願	원) : 健(건) : 굳셀 건	272	5583	4905	4708
仄聲 / 去聲 : (073	願	원) : 建(건) : 세울 건	274	5584	4906	4709
仄聲 / 去聲 : (073	願	원) : 楗(건) : 문지방 건	276	5585	4907	4710
仄聲 / 去聲 : (073	願	원) : 腱(건) : 힘줄 건	277	5586	4908	4711
仄聲 / 去聲 : (067	霽	제) : 偈*(게) : 쉴 게	292	5109	5409	4712
仄聲 / 去聲 : (067	霽	제) : 憩(게) : 쉴 게	310	5110	5410	4713

배열형식 D (四聲基準)			배열 A	배열 B	배열 C	배열 D
平仄 / 四聲 : (韻目No:	韻目)	韻族(독음): 字義	운족 가나순	운목 번호순	운목 가나순	사성순
仄聲 / 去聲 : (067	霽	제) : 揭(게) : 높들일/걸 게	311	5111	5411	4714
仄聲 / 去聲 : (067	霽	제) : 愒(게) : 쉴 게	314	5112	5412	4715
仄聲 / 去聲 : (076	霰	산) : 牽(견) : 이끌/끌 견	338	5731	1998	4716
仄聲 / 去聲 : (076	霰	산) : 甄(견) : 질그릇 견	340	5732	1999	4717
仄聲 / 去聲 : (076	霰	산) : 絹(견) : 비단 견	342	5733	2000	4718
仄聲 / 去聲 : (076	霰	산) : 見(견) : 볼 견	345	5734	2002	4719
仄聲 / 去聲 : (076	霰	산) : 譴(견) : 꾸짖을 견	347	5736	2003	4720
仄聲 / 去聲 : (076	霰	산) : 遣(견) : 보낼 견	348	5737	2004	4721
仄聲 / 去聲 : (076	霰	산) : 狷(견) : 성급할 견	350	5738	2005	4722
仄聲 / 去聲 : (076	霰	산) : 趼(견) : 못(군살) 견	359	5740	2007	4723
仄聲 / 去聲 : (076	霰	산) : 鄄(견) : 땅이름 견	360	5741	2008	4724
仄聲 / 去聲 : (076	霰	산) : 悁*(견) : 조급할 견	4431	5789	2056	4725
仄聲 / 去聲 : (067	霽	제) : 碣*(계) : 비갈 계	108	5108	5408	4726
仄聲 / 去聲 : (067	霽	제) : 鶪*(계) : 접동새 계	373	5113	5413	4727
仄聲 / 去聲 : (067	霽	제) : 係(계) : 맬 계	448	5114	5414	4728
仄聲 / 去聲 : (067	霽	제) : 契(계) : 맺을 계	450	5115	5415	4729
仄聲 / 去聲 : (063	寘	치) : 季(계) : 계절 계	454	4714	6821	4730
仄聲 / 去聲 : (069	卦	괘) : 屆(계) : 이를/극진할 계	455	5326	823	4731
仄聲 / 去聲 : (063	寘	치) : 悸(계) : 두근거릴 계	456	4715	6822	4732
仄聲 / 去聲 : (069	卦	괘) : 戒(계) : 경계할 계	457	5327	824	4733
仄聲 / 去聲 : (067	霽	제) : 桂(계) : 계수나무 계	458	5116	5416	4734
仄聲 / 去聲 : (069	卦	괘) : 械(계) : 기계 계	459	5328	825	4735
仄聲 / 去聲 : (069	卦	괘) : 界(계) : 지경 계	462	5329	826	4736
仄聲 / 去聲 : (067	霽	제) : 系(계) : 이어맬 계	466	5117	5417	4737
仄聲 / 去聲 : (067	霽	제) : 繫(계) : 맬 계	467	5118	5418	4738
仄聲 / 去聲 : (067	霽	제) : 繼(계) : 이을 계	468	5119	5419	4739
仄聲 / 去聲 : (067	霽	제) : 計(계) : 셀 계	469	5120	5420	4740
仄聲 / 去聲 : (069	卦	괘) : 誡(계) : 경계할 계	470	5330	827	4741
仄聲 / 去聲 : (067	霽	제) : 薊(계) : 엉겅퀴 계	475	5121	5421	4742
仄聲 / 去聲 : (067	霽	제) : 髻(계) : 상투/부엌귀신 계	477	5122	5422	4743
仄聲 / 去聲 : (069	卦	괘) : 届(계) : 이를 계	478	5331	828	4744
仄聲 / 去聲 : (067	霽	제) : 檕(계) : 두레박틀 계	479	5123	5423	4745
仄聲 / 去聲 : (067	霽	제) : 檵(계) : 구기자나무 계	480	5124	5424	4746
仄聲 / 去聲 : (067	霽	제) : 瓶(계) : 항아리 계	481	5125	5425	4747
仄聲 / 去聲 : (067	霽	제) : 紒(계) : 상투틀 계	483	5126	5426	4748
仄聲 / 去聲 : (067	霽	제) : 檕(계) : 마전나무 계	484	5127	5427	4749

배열형식 D (四聲基準)			배열 A	배열 B	배열 C	배열 D
平仄 / 四聲 : (韻目No:	韻目)	韻族(독음): 字義	운족 가나순	운목 번호순	운목 가나순	사성순
仄聲 / 去聲 : (067	霽	제) : 鍥(계) : 새길 계	485	5128	5428	4750
仄聲 / 去聲 : (067	霽	제) : 挈(계) : 이지러질 계	487	5129	5464	4751
仄聲 / 去聲 : (067	霽	제) : 楑*(계) : 묶을 계	7530	5264	5564	4752
仄聲 / 去聲 : (066	遇	우) : 固(고) : 굳을 고	496	4980	4650	4753
仄聲 / 去聲 : (066	遇	우) : 庫(고) : 곳집 고	500	4981	4651	4754
仄聲 / 去聲 : (066	遇	우) : 故(고) : 연고 고	503	4982	4652	4755
仄聲 / 去聲 : (078	效	효) : 敲(고) : 두두릴 고	504	5912	7839	4756
仄聲 / 去聲 : (066	遇	우) : 痼(고) : 고질 고	510	4983	4653	4757
仄聲 / 去聲 : (066	遇	우) : 苦(고) : 쓸 고	519	4984	4654	4758
仄聲 / 去聲 : (066	遇	우) : 袴(고) : 바지 고	524	4985	4655	4759
仄聲 / 去聲 : (066	遇	우) : 錮(고) : 막을 고	528	4986	4656	4760
仄聲 / 去聲 : (066	遇	우) : 雇(고) : 품팔/머슴 고	529	4987	4657	4761
仄聲 / 去聲 : (066	遇	우) : 顧(고) : 돌아볼 고	531	4988	4658	4762
仄聲 / 去聲 : (073	願	원) : 困(곤) : 곤할 곤	572	5587	4909	4763
仄聲 / 去聲 : (073	願	원) : 棍(곤) : 곤장/몽둥이 곤	578	5588	4910	4764
仄聲 / 去聲 : (061	宋	송) : 恐(공) : 두려울 공	604	4693	2848	4765
仄聲 / 去聲 : (060	送	송) : 控(공) : 당길 공	607	4667	2822	4766
仄聲 / 去聲 : (060	送	송) : 貢(공) : 바칠 공	614	4668	2823	4767
仄聲 / 去聲 : (061	宋	송) : 鞚(공) : 말굴레 공	627	4694	2849	4768
仄聲 / 去聲 : (060	送	송) : 虹*(공) : 무지개/골이름 공	7622	4691	2846	4769
仄聲 / 去聲 : (075	諫	간) : 串*(곶) : 땅이름/꼬챙이 곶	665	5695	260	4770
仄聲 / 去聲 : (075	諫	간) : 串(관) : 익숙해질 관	664	5694	259	4771
仄聲 / 去聲 : (074	翰	한) : 爟(관) : 봉화/불켜들 관	667	5626	7298	4772
仄聲 / 去聲 : (075	諫	간) : 慣(관) : 익숙할 관	671	5696	261	4773
仄聲 / 去聲 : (074	翰	한) : 灌(관) : 물댈 관	674	5627	7299	4774
仄聲 / 去聲 : (074	翰	한) : 瓘(관) : 옥이름 관	676	5628	7300	4775
仄聲 / 去聲 : (074	翰	한) : 罐(관) : 물동이 관	678	5629	7301	4776
仄聲 / 去聲 : (074	翰	한) : 貫(관) : 꿸 관	680	5630	7302	4777
仄聲 / 去聲 : (074	翰	한) : 爟(관) : 횃불 관	684	5631	7303	4778
仄聲 / 去聲 : (074	翰	한) : 祼(관) : 강신제 관	686	5632	7304	4779
仄聲 / 去聲 : (075	諫	간) : 綰(관) : 얽을 관	687	5697	262	4780
仄聲 / 去聲 : (074	翰	한) : 雚(관) : 황새 관	689	5633	7305	4781
仄聲 / 去聲 : (075	諫	간) : 卝(관) : 쌍상투 관	692	5698	263	4782
仄聲 / 去聲 : (069	卦	괘) : 恝(괄) : 걱정없을 괄	699	5332	829	4783
仄聲 / 去聲 : (069	卦	괘) : 卦(괘) : 점괘 괘	728	5333	830	4784
仄聲 / 去聲 : (069	卦	괘) : 掛(괘) : 걸 괘	729	5334	831	4785

배열형식 D (四聲基準)			배열 A	배열 B	배열 C	배열 D
平仄 / 四聲 : (韻目No: 韻目)		韻族(독음): 字義	운족 가나순	운목 번호순	운목 가나순	사성순
仄聲 / 去聲 : (069	卦	괘) : 罫(괘) : 줄 괘	730	5335	832	4786
仄聲 / 去聲 : (069	卦	괘) : 挂(괘) : 걸 괘	731	5336	833	4787
仄聲 / 去聲 : (070	隊	대) : 塊(괴) : 흙덩이 괴	735	5389	971	4788
仄聲 / 去聲 : (069	卦	괘) : 壞(괴) : 무너뜨릴 괴	736	5337	834	4789
仄聲 / 去聲 : (069	卦	괘) : 怪(괴) : 괴이할 괴	738	5338	835	4790
仄聲 / 去聲 : (063	寘	치) : 愧(괴) : 부끄러울 괴	739	4716	6823	4791
仄聲 / 去聲 : (069	卦	괘) : 蒯(괴) : 황모 괴	744	5339	836	4792
仄聲 / 去聲 : (063	寘	치) : 蕢(괴) : 삼태기 괴	745	4717	6824	4793
仄聲 / 去聲 : (068	泰	태) : 會*(괴) : 그릴[畫也] 괴	7736	5312	7124	4794
仄聲 / 去聲 : (077	嘯	소) : 嶠(교) : 산길 교	763	5849	2759	4795
仄聲 / 去聲 : (078	效	효) : 校(교) : 학교/교정할 교	767	5913	7840	4796
仄聲 / 去聲 : (078	效	효) : 膠(교) : 아교 교	775	5915	7842	4797
仄聲 / 去聲 : (078	效	효) : 較(교) : 비교할/견줄 교	778	5916	7843	4798
仄聲 / 去聲 : (077	嘯	소) : 轎(교) : 가마 교	780	5850	2760	4799
仄聲 / 去聲 : (078	效	효) : 餃(교) : 경단 교	782	5917	7844	4800
仄聲 / 去聲 : (077	嘯	소) : 噭(교) : 주둥이 교	787	5851	2761	4801
仄聲 / 去聲 : (078	效	효) : 窖(교) : 움집 교	791	5918	7845	4802
仄聲 / 去聲 : (077	嘯	소) : 訆(교) : 크게부르짖을 교	797	5852	2762	4803
仄聲 / 去聲 : (078	效	효) : 恔(교) : 유쾌할 교	798	5919	7846	4804
仄聲 / 去聲 : (078	效	효) : 教*(교) : 가르칠/교서 교	800	5920	7847	4805
仄聲 / 去聲 : (078	效	효) : 珓(교) : 산통 교	801	5921	7848	4806
仄聲 / 去聲 : (078	效	효) : 窌(교) : 움막 교	802	5922	7849	4807
仄聲 / 去聲 : (078	效	효) : 恔(교) : 놀랄 교	812	5923	7864	4808
仄聲 / 去聲 : (066	遇	우) : 具(구) : 갖출 구	820	4989	4659	4809
仄聲 / 去聲 : (068	泰	태) : 勾(구) : 청구할/줄 구	821	5274	7086	4810
仄聲 / 去聲 : (066	遇	우) : 句(구) : 글귀 구	826	4990	4660	4811
仄聲 / 去聲 : (066	遇	우) : 懼(구) : 두려워할 구	835	4991	4661	4812
仄聲 / 去聲 : (066	遇	우) : 嫗(구) : 수고로울 구	875	4992	4662	4813
仄聲 / 去聲 : (066	遇	우) : 屨(구) : 신/신을 구	876	4993	4663	4814
仄聲 / 去聲 : (066	遇	우) : 颶(구) : 맹렬한폭풍 구	895	4994	4664	4815
仄聲 / 去聲 : (066	遇	우) : 呴(구) : 숨내쉴 구	897	4995	4665	4816
仄聲 / 去聲 : (072	問	문) : 郡(군) : 고을 군	925	5556	1761	4817
仄聲 / 去聲 : (076	霰	산) : 倦(권) : 게으를 권	941	5743	2010	4818
仄聲 / 去聲 : (073	願	원) : 券(권) : 문서 권	942	5589	4911	4819
仄聲 / 去聲 : (073	願	원) : 勸(권) : 권할 권	943	5590	4912	4820
仄聲 / 去聲 : (076	霰	산) : 眷(권) : 돌아볼 권	949	5744	2011	4821

배열형식 D (四聲基準)				배열 A	배열 B	배열 C	배열 D
平仄 / 四聲 : (韻目No: 韻目) 韻族(독음): 字義				운족 가나순	운목 번호순	운목 가나순	사성순
仄聲 / 去聲 : (067	霽	제): 鱖(궐)	: 쏘가리 궐	960	5132	5430	4822
仄聲 / 去聲 : (069	卦	괘): 蕢*(궤)	: 당비름 궤	746	5340	837	4823
仄聲 / 去聲 : (067	霽	제): 蹶*(궤)	: 급히걸을 궤	957	5131	5429	4824
仄聲 / 去聲 : (063	寘	치): 櫃(궤)	: 함 궤	964	4718	6825	4825
仄聲 / 去聲 : (070	隊	대): 潰(궤)	: 무너질 궤	965	5390	972	4826
仄聲 / 去聲 : (070	隊	대): 饋(궤)	: 먹일 궤	968	5391	973	4827
仄聲 / 去聲 : (063	寘	치): 樻(궤)	: 영수목(靈壽木) 궤	970	4719	6826	4828
仄聲 / 去聲 : (070	隊	대): 繢(궤)	: 톱끝/수놓을 궤	973	5392	974	4829
仄聲 / 去聲 : (063	寘	치): 餽(궤)	: 보낼 궤	976	4721	6828	4830
仄聲 / 去聲 : (069	卦	괘): 簣(궤)	: 삼태기 궤	979	5341	838	4831
仄聲 / 去聲 : (063	寘	치): 臾*(궤)	: 삼태기 궤	4791	4819	6931	4832
仄聲 / 去聲 : (063	寘	치): 繢*(귀)	: 톱끝/수놓을 귀	974	4720	6827	4833
仄聲 / 去聲 : (063	寘	치): 歸(귀)	: 돌아올/돌아갈 귀	983	4722	6829	4834
仄聲 / 去聲 : (064	未	미): 貴(귀)	: 귀할 귀	985	4896	1903	4835
仄聲 / 去聲 : (063	寘	치): 皈(귀)	: 돌아갈 귀	988	4723	6830	4836
仄聲 / 去聲 : (077	嘯	소): 竅(규)	: 구멍 규	998	5854	2763	4837
仄聲 / 去聲 : (071	震	진): 僅(근)	: 겨우 근	1034	5480	6499	4838
仄聲 / 去聲 : (072	問	문): 劤(근)	: 힘셀 근	1035	5557	1762	4839
仄聲 / 去聲 : (072	問	문): 斤(근)	: 근/도끼 근	1038	5558	1763	4840
仄聲 / 去聲 : (071	震	진): 瑾(근)	: 아름다운옥 근	1041	5481	6500	4841
仄聲 / 去聲 : (071	震	진): 菫(근)	: 제비꽃 근	1044	5482	6501	4842
仄聲 / 去聲 : (071	震	진): 覲(근)	: 뵐 근	1045	5483	6502	4843
仄聲 / 去聲 : (071	震	진): 饉(근)	: 흉년들 근	1048	5484	6503	4844
仄聲 / 去聲 : (071	震	진): 墐(근)	: 흉년들 근	1049	5485	6504	4845
仄聲 / 去聲 : (071	震	진): 堇(근)	: 진흙 근	1052	5486	6505	4846
仄聲 / 去聲 : (072	問	문): 靳*(근)	: 공경할 근	1163	5559	1764	4847
仄聲 / 去聲 : (064	未	미): 乞*(기)	: 빌려줄/줄 기	287	4895	1902	4848
仄聲 / 去聲 : (063	寘	치): 冀(기)	: 바랄 기	1091	4724	6831	4849
仄聲 / 去聲 : (063	寘	치): 嗜(기)	: 즐길 기	1092	4725	6832	4850
仄聲 / 去聲 : (063	寘	치): 器(기)	: 그릇 기	1093	4726	6833	4851
仄聲 / 去聲 : (063	寘	치): 寄(기)	: 부칠 기	1100	4727	6834	4852
仄聲 / 去聲 : (063	寘	치): 忌(기)	: 꺼릴 기	1105	4728	6835	4853
仄聲 / 去聲 : (064	未	미): 旣(기)	: 이미 기	1108	4897	1904	4854
仄聲 / 去聲 : (063	寘	치): 棄(기)	: 버릴 기	1113	4729	6836	4855
仄聲 / 去聲 : (064	未	미): 氣(기)	: 기운 기	1116	4898	1905	4856
仄聲 / 去聲 : (064	未	미): 汽(기)	: 물끓는김 기	1117	4899	1906	4857

배열형식 D (四聲基準)			배열 A	배열 B	배열 C	배열 D
平仄 / 四聲 : (韻目No:	韻目)	韻族(독음): 字義	운족 가나순	운목 번호순	운목 가나순	사성순
仄聲 / 去聲 : (063	寘	치) : 記(기) : 기록할 기	1142	4730	6837	4858
仄聲 / 去聲 : (063	寘	치) : 驥(기) : 천리마 기	1154	4731	6838	4859
仄聲 / 去聲 : (063	寘	치) : 覬(기) : 바랄 기	1167	4732	6839	4860
仄聲 / 去聲 : (064	未	미) : 既(기) : 이미 기	1172	4900	1907	4861
仄聲 / 去聲 : (071	震	진) : 菣(긴) : 제비쑥 긴	1180	5487	6506	4862
仄聲 / 去聲 : (068	泰	태) : 奈*(나) : 어찌 나	1222	5276	7088	4863
仄聲 / 去聲 : (070	隊	대) : 內*(나) : 여관리 나	1225	5394	976	4864
仄聲 / 去聲 : (074	翰	한) : 攤*(난) : 누를 난	6931	5676	7348	4865
仄聲 / 去聲 : (070	隊	대) : 內*(납) : 받을/들일 납	1226	5395	977	4866
仄聲 / 去聲 : (068	泰	태) : 奈(내) : 어찌 내	1221	5275	7087	4867
仄聲 / 去聲 : (070	隊	대) : 內(내) : 안/속/방/마음 내	1224	5393	975	4868
仄聲 / 去聲 : (068	泰	태) : 奈(내) : 어찌 내	1227	5277	7089	4869
仄聲 / 去聲 : (068	泰	태) : 柰(내) : 능금나무 내	1229	5278	7090	4870
仄聲 / 去聲 : (070	隊	대) : 耐(내) : 견딜 내	1230	5396	978	4871
仄聲 / 去聲 : (070	隊	대) : 鼐(내) : 가마솥 내	1233	5397	979	4872
仄聲 / 去聲 : (070	隊	대) : 耏*(내) : 수염깎을 내	5175	5451	980	4873
仄聲 / 去聲 : (068	泰	태) : 能*(내) : 세발자라 내	1309	5279	7091	4874
仄聲 / 去聲 : (065	御	어) : 女*(녀) : 시집보낼 녀	1236	4939	3563	4875
仄聲 / 去聲 : (065	御	어) : 茹*(녀) : 먹을/기를 녀	4372	4963	3587	4876
仄聲 / 去聲 : (066	遇	우) : 怒(노) : 성낼 노	1264	4996	4666	4877
仄聲 / 去聲 : (066	遇	우) : 怒(노) : 성낼/뽐낼 노	1272	4997	4674	4878
仄聲 / 去聲 : (077	嘯	소) : 尿(뇨) : 오줌 뇨	1282	5855	2764	4879
仄聲 / 去聲 : (078	效	효) : 淖(뇨) : 진흙 뇨	1285	5924	7850	4880
仄聲 / 去聲 : (077	嘯	소) : 溺(뇨) : 오줌 뇨	1289	5856	2765	4881
仄聲 / 去聲 : (078	效	효) : 鬧(뇨) : 시끄러울 뇨	1291	5925	7852	4882
仄聲 / 去聲 : (077	嘯	소) : 尿(뇨) : 오줌 뇨	1292	5857	2785	4883
仄聲 / 去聲 : (073	願	원) : 嫩(눈) : 어릴/예쁠 눈	1294	5591	4913	4884
仄聲 / 去聲 : (067	霽	제) : 泥*(니) : 막힐 니	1312	5133	5431	4885
仄聲 / 去聲 : (063	寘	치) : 膩(니) : 기름 니	1317	4733	6840	4886
仄聲 / 去聲 : (074	翰	한) : 彖(단) : 단 단	1341	5634	7306	4887
仄聲 / 去聲 : (074	翰	한) : 旦(단) : 아침 단	1343	5635	7307	4888
仄聲 / 去聲 : (074	翰	한) : 段(단) : 층계 단	1345	5636	7308	4889
仄聲 / 去聲 : (074	翰	한) : 鍛(단) : 쇠불릴 단	1355	5637	7309	4890
仄聲 / 去聲 : (074	翰	한) : 椴(단) : 자작나무 단	1360	5638	7310	4891
仄聲 / 去聲 : (074	翰	한) : 褖(단) : 단옷 단	1369	5639	7311	4892
仄聲 / 去聲 : (074	翰	한) : 踹(단) : 발굼치 단	1371	5640	7312	4893

배열형식 D (四聲基準)			배열 A	배열 B	배열 C	배열 D
平仄 / 四聲 : (韻目No:	韻目)	韻族(독음): 字義	운족 가나순	운목 번호순	운목 가나순	사성순
仄聲 / 去聲 : (074	翰	한) : 鷒(단) : 새이름 단	1372	5641	7313	4894
仄聲 / 去聲 : (076	霰	산) : 褖*(단) : 단옷[后服] 단	4422	5787	2054	4895
仄聲 / 去聲 : (074	翰	한) : 疸(달) : 황달병 달	1382	5642	7314	4896
仄聲 / 去聲 : (062	絳	강) : 戇(당) : 어리석을 당	1431	4706	471	4897
仄聲 / 去聲 : (070	隊	대) : 代(대) : 대신 대	1455	5398	981	4898
仄聲 / 去聲 : (070	隊	대) : 垈(대) : 집터 대	1456	5399	982	4899
仄聲 / 去聲 : (068	泰	태) : 大(대) : 큰/길/지날 대	1457	5280	7092	4900
仄聲 / 去聲 : (070	隊	대) : 對(대) : 대할 대	1460	5400	983	4901
仄聲 / 去聲 : (070	隊	대) : 岱(대) : 대산 대	1461	5401	984	4902
仄聲 / 去聲 : (068	泰	태) : 帶(대) : 띠 대	1462	5282	7094	4903
仄聲 / 去聲 : (070	隊	대) : 戴(대) : 일 대	1464	5402	985	4904
仄聲 / 去聲 : (070	隊	대) : 玳(대) : 대모 대	1466	5403	986	4905
仄聲 / 去聲 : (070	隊	대) : 袋(대) : 자루 대	1468	5404	987	4906
仄聲 / 去聲 : (070	隊	대) : 貸(대) : 빌려줄 대	1469	5405	988	4907
仄聲 / 去聲 : (070	隊	대) : 隊(대) : 무리 대	1471	5406	989	4908
仄聲 / 去聲 : (070	隊	대) : 黛(대) : 눈썹먹 대	1472	5407	990	4909
仄聲 / 去聲 : (063	寘	치) : 懟(대) : 원망할 대	1473	4734	6841	4910
仄聲 / 去聲 : (070	隊	대) : 鐓(대) : 철퇴 대	1474	5408	991	4911
仄聲 / 去聲 : (070	隊	대) : 憝(대) : 원망할 대	1475	5409	992	4912
仄聲 / 去聲 : (070	隊	대) : 蝳*(대) : 거북이 대	1563	5410	993	4913
仄聲 / 去聲 : (070	隊	대) : 敦*(대) : 옥쟁반 대	1575	5411	994	4914
仄聲 / 去聲 : (066	遇	우) : 度(도) : 법도/국량 도	1489	4998	4668	4915
仄聲 / 去聲 : (077	嘯	소) : 掉(도) : 흔들 도	1495	5858	2766	4916
仄聲 / 去聲 : (078	效	효) : 棹(도) : 노 도	1498	5926	7851	4917
仄聲 / 去聲 : (066	遇	우) : 渡(도) : 건널 도	1501	4999	4669	4918
仄聲 / 去聲 : (077	嘯	소) : 覩(도) : 볼(=睹) 도	1510	5859	2767	4919
仄聲 / 去聲 : (066	遇	우) : 鍍(도) : 올릴 도	1519	5000	4670	4920
仄聲 / 去聲 : (066	遇	우) : 斁(도) : 패할 도	1544	5002	4672	4921
仄聲 / 去聲 : (077	嘯	소) : 綢(도) : 얽을 도	1546	5860	2805	4922
仄聲 / 去聲 : (066	遇	우) : 度(도) : 법도/잴/국량 도	1548	5003	4755	4923
仄聲 / 去聲 : (073	願	원) : 頓(돈) : 졸/조아릴 돈	1583	5592	4914	4924
仄聲 / 去聲 : (073	願	원) : 遯(돈) : 숨을 돈	1589	5594	4916	4925
仄聲 / 去聲 : (073	願	원) : 噸(돈) : 톤(英國의量目) 돈	1591	5595	4937	4926
仄聲 / 去聲 : (060	送	송) : 凍(동) : 얼 동	1599	4669	2825	4927
仄聲 / 去聲 : (062	絳	강) : 憧(동) : 뜻정치못할/그리워할 동	1602	4707	472	4928
仄聲 / 去聲 : (060	送	송) : 棟(동) : 마룻대 동	1605	4670	2826	4929

배열형식 D (四聲基準)			배열 A	배열 B	배열 C	배열 D
平仄 / 四聲 : (韻目No: 韻目) 韻族(독음): 字義			운족 가나순	운목 번호순	운목 가나순	사성순
仄聲 / 去聲 : (066	遇	우) : 蠹(두) : 좀 두	1646	5004	4673	4930
仄聲 / 去聲 : (073	願	원) : 頓*(둔) : 둔무딜 둔	1584	5593	4915	4931
仄聲 / 去聲 : (073	願	원) : 鈍(둔) : 둔할 둔	1655	5596	4917	4932
仄聲 / 去聲 : (068	泰	태) : 懶(라) : 게으를/미워할 라	1675	5283	7095	4933
仄聲 / 去聲 : (068	泰	태) : 癩(라) : 문둥병 라	1678	5285	7097	4934
仄聲 / 去聲 : (074	翰	한) : 亂(란) : 어지러울 란	1705	5643	7315	4935
仄聲 / 去聲 : (074	翰	한) : 爛(란) : 빛날 란	1710	5644	7316	4936
仄聲 / 去聲 : (076	霰	산) : 嵐(람) : 아지랑이/폭풍 람	1724	5745	2012	4937
仄聲 / 去聲 : (070	隊	대) : 徠(래) : 올/위로할 래	1764	5412	995	4938
仄聲 / 去聲 : (070	隊	대) : 秾(래) : 밀 래	1767	5413	996	4939
仄聲 / 去聲 : (070	隊	대) : 睞(래) : 한눈팔 래	1770	5414	997	4940
仄聲 / 去聲 : (067	霽	제) : 儷(려) : 짝/아우를 려	1793	3535	5432	4941
仄聲 / 去聲 : (067	霽	제) : 勵(려) : 힘쓸 려	1795	5135	5433	4942
仄聲 / 去聲 : (065	御	어) : 慮(려) : 생각할 려	1798	4940	3564	4943
仄聲 / 去聲 : (067	霽	제) : 戾(려) : 어그러질 려	1799	5136	5434	4944
仄聲 / 去聲 : (065	御	어) : 濾(려) : 거를 려	1802	4941	3565	4945
仄聲 / 去聲 : (067	霽	제) : 礪(려) : 숫돌 려	1803	5137	5435	4946
仄聲 / 去聲 : (067	霽	제) : 蠣(려) : 굴 려	1805	5138	5436	4947
仄聲 / 去聲 : (067	霽	제) : 麗(려) : 고울 려	1809	5139	5437	4948
仄聲 / 去聲 : (067	霽	제) : 厲(려) : 갈 려	1812	5140	5438	4949
仄聲 / 去聲 : (067	霽	제) : 唳(려) : 울 려	1813	5141	5439	4950
仄聲 / 去聲 : (067	霽	제) : 癘(려) : 염병 려	1814	5142	5440	4951
仄聲 / 去聲 : (067	霽	제) : 糲(려) : 현미 려	1815	5143	5441	4952
仄聲 / 去聲 : (067	霽	제) : 勴(려) : 힘쓸/권할 려	1821	5144	5442	4953
仄聲 / 去聲 : (067	霽	제) : 茘(려) : 타래붓꽃 려	1822	5145	5443	4954
仄聲 / 去聲 : (065	御	어) : 鋁(려) : 줄 려	1824	4942	3566	4955
仄聲 / 去聲 : (065	御	어) : 錄(려) : 사실할 려	1831	4943	3567	4956
仄聲 / 去聲 : (076	霰	산) : 揀*(련) : 뺄 련	74	5730	1997	4957
仄聲 / 去聲 : (076	霰	산) : 戀(련) : 사모할 련	1846	5746	2013	4958
仄聲 / 去聲 : (076	霰	산) : 煉(련) : 달굴 련	1849	5747	2014	4959
仄聲 / 去聲 : (076	霰	산) : 練(련) : 익힐 련	1851	5748	2015	4960
仄聲 / 去聲 : (076	霰	산) : 鍊(련) : 쇠불릴/단련할 련	1856	5749	2016	4961
仄聲 / 去聲 : (076	霰	산) : 僆(련) : 쌍둥이 련	1859	5750	2017	4962
仄聲 / 去聲 : (067	霽	제) : 栵(례) : 나무가줄로 날 례	1907	5146	5444	4963
仄聲 / 去聲 : (067	霽	제) : 隷(례) : 종/죄인 례	1912	5147	5445	4964
仄聲 / 去聲 : (067	霽	제) : 隸(례) : 붙을 례	1913	5148	5446	4965

배열형식 D (四聲基準)			배열 A	배열 B	배열 C	배열 D
平仄 / 四聲 : (韻目No: 韻目) 韻族(독음): 字義			운족 가나순	운목 번호순	운목 가나순	사성순
仄聲 / 去聲 : (067	霽	제) : 例(례) : 법식/견줄 례	1914	5149	5479	4966
仄聲 / 去聲 : (067	霽	제) : 隷(례) : 종 례	1916	5150	5490	4967
仄聲 / 去聲 : (066	遇	우) : 露(로) : 이슬/드러날 로	1925	5005	4667	4968
仄聲 / 去聲 : (066	遇	우) : 潞(로) : 강이름 로	1929	5006	4675	4969
仄聲 / 去聲 : (066	遇	우) : 路(로) : 길 로	1936	5007	4676	4970
仄聲 / 去聲 : (066	遇	우) : 輅(로) : 수레 로	1937	5008	4677	4971
仄聲 / 去聲 : (066	遇	우) : 露(로) : 이슬 로	1938	5009	4678	4972
仄聲 / 去聲 : (066	遇	우) : 鷺(로) : 백로/해오라기 로	1940	5010	4679	4973
仄聲 / 去聲 : (073	願	원) : 論*(론) : 말할/생각/글뜻풀 론	1968	5597	4918	4974
仄聲 / 去聲 : (060	送	송) : 弄(롱) : 구경할/희롱할 롱	1972	4671	2824	4975
仄聲 / 去聲 : (060	送	송) : 弄(롱) : 희롱할 롱	1974	4672	2827	4976
仄聲 / 去聲 : (068	泰	태) : 懶*(뢰) : 게으를/미워할 뢰	1677	5284	7096	4977
仄聲 / 去聲 : (068	泰	태) : 瀨(뢰) : 여울 뢰	1990	5287	7098	4978
仄聲 / 去聲 : (066	遇	우) : 賂(뢰) : 줄/뇌물 뢰	1993	5011	4680	4979
仄聲 / 去聲 : (070	隊	대) : 賚(뢰) : 줄/하사품 뢰	1994	5415	998	4980
仄聲 / 去聲 : (068	泰	태) : 頼*(뢰) : 의뢰할 뢰	1690	5286	7099	4981
仄聲 / 去聲 : (068	泰	태) : 籟(뢰) : 세 구멍 퉁소 뢰	1996	5288	7100	4982
仄聲 / 去聲 : (070	隊	대) : 耒(뢰) : 쟁기 뢰	1998	5416	999	4983
仄聲 / 去聲 : (068	泰	태) : 藾(뢰) : 덮을 뢰	2002	5289	7101	4984
仄聲 / 去聲 : (068	泰	태) : 賴(뢰) : 믿을/힘입을 뢰	2006	5290	7102	4985
仄聲 / 去聲 : (077	嘯	소) : 料(료) : 헤아릴 료	2011	5861	2768	4986
仄聲 / 去聲 : (077	嘯	소) : 燎(료) : 화톳불 료	2012	5862	2769	4987
仄聲 / 去聲 : (077	嘯	소) : 療(료) : 병고칠 료	2013	5863	2770	4988
仄聲 / 去聲 : (077	嘯	소) : 蟉*(료) : 용머리꿈틀거릴 료	2027	5864	2771	4989
仄聲 / 去聲 : (077	嘯	소) : 鷯(료) : 굴뚝새 료	2028	5865	2772	4990
仄聲 / 去聲 : (066	遇	우) : 屢(루) : 여러 루	2036	5012	4681	4991
仄聲 / 去聲 : (063	寘	치) : 淚(루) : 눈물 루	2038	4735	6842	4992
仄聲 / 去聲 : (063	寘	치) : 累(루) : 여러/자주 루	2041	4736	6843	4993
仄聲 / 去聲 : (063	寘	치) : 淚(루) : 눈물 루	2056	4737	6844	4994
仄聲 / 去聲 : (063	寘	치) : 類(류) : 무리 류	2073	4738	6845	4995
仄聲 / 去聲 : (063	寘	치) : 利(리) : 이할 리	2122	4740	6847	4996
仄聲 / 去聲 : (063	寘	치) : 厘(리) : 티끌 리	2123	4741	6848	4997
仄聲 / 去聲 : (063	寘	치) : 吏(리) : 관리/벼슬아치 리	2124	4742	6849	4998
仄聲 / 去聲 : (063	寘	치) : 痢(리) : 설사 리	2133	4743	6850	4999
仄聲 / 去聲 : (063	寘	치) : 莉(리) : 여윌 리	2137	4744	6851	5000
仄聲 / 去聲 : (063	寘	치) : 裏(리) : 속 리	2138	4745	6852	5001

배열형식 D (四聲基準)			배열 A	배열 B	배열 C	배열 D
平仄 / 四聲 : (韻目No:	韻目)	韻族(독음): 字義	운족 가나순	운목 번호순	운목 가나순	사성순
仄聲 / 去聲 : (067	霽	제) : 離(리) : 떠날 리	2142	5151	5447	5002
仄聲 / 去聲 : (063	寘	치) : 俐(리) : 똑똑할 리	2144	4746	6853	5003
仄聲 / 去聲 : (063	寘	치) : 哩(리) : 마일[mile] 리	2146	4747	6854	5004
仄聲 / 去聲 : (063	寘	치) : 涖(리) : 다다를/물소리 리	2148	4748	6855	5005
仄聲 / 去聲 : (063	寘	치) : 莅(리) : 다다를 리	2151	4749	6856	5006
仄聲 / 去聲 : (063	寘	치) : 蒞(리) : 다달을 리	2168	4750	6857	5007
仄聲 / 去聲 : (063	寘	치) : 詈(리) : 꾸짖을 리	2172	4751	6858	5008
仄聲 / 去聲 : (071	震	진) : 吝(린) : 아낄/인색할 린	2177	5488	6507	5009
仄聲 / 去聲 : (071	震	진) : 藺(린) : 골풀/성 린	2181	5489	6508	5010
仄聲 / 去聲 : (071	震	진) : 躪(린) : 짓밟을 린	2182	5490	6509	5011
仄聲 / 去聲 : (071	震	진) : 磷(린) : 돌틈물흐르는모양 린	2186	5491	6510	5012
仄聲 / 去聲 : (071	震	진) : 轔(린) : 문지방 린	2188	5492	6511	5013
仄聲 / 去聲 : (071	震	진) : 遴(린) : 어려워할 린	2190	5493	6512	5014
仄聲 / 去聲 : (073	願	원) : 卍(만) : 만 만	2224	5598	4919	5015
仄聲 / 去聲 : (075	諫	간) : 慢(만) : 게으를 만	2229	5700	265	5016
仄聲 / 去聲 : (073	願	원) : 曼(만) : 끌 만	2232	5599	4920	5017
仄聲 / 去聲 : (073	願	원) : 萬(만) : 일만 만	2237	5600	4921	5018
仄聲 / 去聲 : (073	願	원) : 蔓(만) : 덩굴 만	2238	5601	4922	5019
仄聲 / 去聲 : (073	願	원) : 輓(만) : 끌 만	2240	5602	4923	5020
仄聲 / 去聲 : (074	翰	한) : 幔(만) : 막 만	2243	5645	7317	5021
仄聲 / 去聲 : (075	諫	간) : 縵(만) : 무늬없는 비단 만	2244	5701	266	5022
仄聲 / 去聲 : (075	諫	간) : 謾(만) : 속일 만	2245	5702	267	5023
仄聲 / 去聲 : (070	隊	대) : 妹(매) : 누이 매	2282	5417	1000	5024
仄聲 / 去聲 : (063	寘	치) : 寐(매) : 잘 매	2284	4752	6859	5025
仄聲 / 去聲 : (070	隊	대) : 昧(매) : 어두울/어둑새벽 매	2285	5418	1001	5026
仄聲 / 去聲 : (069	卦	괘) : 賣(매) : 팔 매	2292	5342	839	5027
仄聲 / 去聲 : (069	卦	괘) : 邁(매) : 갈/돌 매	2293	5343	840	5028
仄聲 / 去聲 : (063	寘	치) : 魅(매) : 매혹할 매	2294	4753	6860	5029
仄聲 / 去聲 : (070	隊	대) : 眛(매) : 어두울 매	2296	5419	1002	5030
仄聲 / 去聲 : (069	卦	괘) : 勱(매) : 힘쓸 매	2299	5344	841	5031
仄聲 / 去聲 : (070	隊	대) : 痗(매) : 병 매	2300	5420	1003	5032
仄聲 / 去聲 : (070	隊	대) : 嚜*(매) : 거짓말할 매	2485	5422	1005	5033
仄聲 / 去聲 : (070	隊	대) : 沕*(매) : 잠길/오묘할 매	2510	5424	1007	5034
仄聲 / 去聲 : (063	寘	치) : 莔(맹) : 패모 맹	2322	4754	6861	5035
仄聲 / 去聲 : (060	送	송) : 瞢*(맹) : 답답할/캄캄할 맹	2422	4673	2828	5036
仄聲 / 去聲 : (076	霰	산) : 眄(면) : 곁눈질할 면	2333	5751	2018	5037

배열형식 D (四聲基準)			배열 A	배열 B	배열 C	배열 D
平仄 / 四聲 : (韻目No: 韻目) 韻族(독음): 字義			운족 가나순	운목 번호순	운목 가나순	사성순
仄聲 / 去聲 : (076	霰	산) : 面(면) : 낯 면	2337	5752	2019	5038
仄聲 / 去聲 : (076	霰	산) : 麵(면) : 밀가루 면	2338	5753	2020	5039
仄聲 / 去聲 : (076	霰	산) : 瞑(면) : 아찔할/심할 면	2341	5754	2021	5040
仄聲 / 去聲 : (067	霽	제) : 袂(메) : 소매 메	2361	5152	5448	5041
仄聲 / 去聲 : (066	遇	우) : 募(모) : 모을/뽑을 모	2365	5013	4682	5042
仄聲 / 去聲 : (066	遇	우) : 慕(모) : 그릴 모	2368	5014	4683	5043
仄聲 / 去聲 : (066	遇	우) : 暮(모) : 저물 모	2372	5015	4684	5044
仄聲 / 去聲 : (070	隊	대) : 瑁(모) : 서옥 모	2380	5421	1004	5045
仄聲 / 去聲 : (078	效	효) : 貌(모) : 모양 모	2389	5927	7853	5046
仄聲 / 去聲 : (066	遇	우) : 慔(모) : 힘쓸 모	2398	5016	4685	5047
仄聲 / 去聲 : (066	遇	우) : 墓(묘) : 무덤 묘	2428	5017	4686	5048
仄聲 / 去聲 : (077	嘯	소) : 妙(묘) : 묘할 묘	2429	5866	2773	5049
仄聲 / 去聲 : (077	嘯	소) : 廟(묘) : 사당 묘	2430	5867	2774	5050
仄聲 / 去聲 : (077	嘯	소) : 篎(묘) : 작은피리 묘	2442	5868	2775	5051
仄聲 / 去聲 : (066	遇	우) : 務(무) : 힘쓸 무	2449	5018	4687	5052
仄聲 / 去聲 : (066	遇	우) : 霧(무) : 안개 무	2472	5019	4688	5053
仄聲 / 去聲 : (066	遇	우) : 婺(무) : 별이름 무	2477	5020	4689	5054
仄聲 / 去聲 : (072	問	문) : 問(문) : 물을 문	2489	5560	1765	5055
仄聲 / 去聲 : (072	問	문) : 汶(문) : 강이름 문	2491	5561	1766	5056
仄聲 / 去聲 : (072	問	문) : 紊(문) : 문란할/어지러울 문	2492	5562	1767	5057
仄聲 / 去聲 : (072	問	문) : 聞(문) : 들을 문	2494	5563	1768	5058
仄聲 / 去聲 : (070	隊	대) : 沕(물) : 잠길/오묘할 물	2509	5423	1006	5059
仄聲 / 去聲 : (064	未	미) : 味(미) : 맛 미	2514	4901	1908	5060
仄聲 / 去聲 : (063	寘	치) : 媚(미) : 아첨할 미	2515	4755	6862	5061
仄聲 / 去聲 : (064	未	미) : 未(미) : 아닐 미	2520	4902	1909	5062
仄聲 / 去聲 : (067	霽	제) : 謎(미) : 수수께끼 미	2529	5153	5449	5063
仄聲 / 去聲 : (064	未	미) : 菋(미) : 모미자 미	2550	4903	1910	5064
仄聲 / 去聲 : (073	願	원) : 悶(민) : 번민할 민	2555	5603	4924	5065
仄聲 / 去聲 : (074	翰	한) : 半(반) : 반 반	2611	5646	7318	5066
仄聲 / 去聲 : (074	翰	한) : 叛(반) : 배반할 반	2614	5647	7319	5067
仄聲 / 去聲 : (074	翰	한) : 泮(반) : 학교 반	2620	5648	7320	5068
仄聲 / 去聲 : (074	翰	한) : 畔(반) : 두둑 반	2622	5649	7321	5069
仄聲 / 去聲 : (075	諫	간) : 盼(반) : 눈예쁠 반	2625	5703	268	5070
仄聲 / 去聲 : (074	翰	한) : 絆(반) : 줄 반	2630	5650	7322	5071
仄聲 / 去聲 : (075	諫	간) : 扮*(반) : 꾸밀 반	3022	5704	269	5072
仄聲 / 去聲 : (070	隊	대) : 倍(배) : 곱 배	2704	5425	1008	5073

배열형식 D (四聲基準)			배열 A	배열 B	배열 C	배열 D
平仄 / 四聲 : (韻目No: 韻目)　韻族(독음): 字義			운족 가나순	운목 번호순	운목 가나순	사성순
仄聲 / 去聲 : (066	遇	우) : 北(배)　: 달아날 배	2707	5021	4690	5074
仄聲 / 去聲 : (069	卦	괘) : 拜(배)　: 절 배	2710	5345	842	5075
仄聲 / 去聲 : (069	卦	괘) : 湃(배)　: 물결소리 배	2713	5346	843	5076
仄聲 / 去聲 : (070	隊	대) : 焙(배)　: 불에쬘 배	2714	5426	1009	5077
仄聲 / 去聲 : (070	隊	대) : 背(배)　: 등 배	2716	5427	1011	5078
仄聲 / 去聲 : (070	隊	대) : 褙(배)　: 속적삼 배	2721	5429	1012	5079
仄聲 / 去聲 : (070	隊	대) : 輩(배)　: 무리 배	2723	5430	1013	5080
仄聲 / 去聲 : (070	隊	대) : 配(배)　: 나눌/짝 배	2724	5431	1014	5081
仄聲 / 去聲 : (069	卦	괘) : 扒(배)　: 뺄 배	2728	5347	844	5082
仄聲 / 去聲 : (070	隊	대) : 北*(배)　: 패할/배반할/나눌 배	3010	5432	1015	5083
仄聲 / 去聲 : (064	未	미) : 痱(배)　: 풍병 배	2734	4904	1918	5084
仄聲 / 去聲 : (073	願	원) : 反*(번)　: 뒤칠 번	2613	5604	4925	5085
仄聲 / 去聲 : (076	霰	산) : 便(변)　: 편할 변	2803	5756	2022	5086
仄聲 / 去聲 : (076	霰	산) : 卞(변)　: 성 변	2804	5757	2023	5087
仄聲 / 去聲 : (076	霰	산) : 弁*(변)　: 고깔/떨/손바닥칠 변	2641	5755	2024	5088
仄聲 / 去聲 : (076	霰	산) : 變(변)　: 변할 변	2805	5758	2025	5089
仄聲 / 去聲 : (076	霰	산) : 忭(변)　: 기뻐할 변	2809	5759	2026	5090
仄聲 / 去聲 : (076	霰	산) : 閞(변)　: 문기둥접시받침 변	2812	5760	2027	5091
仄聲 / 去聲 : (066	遇	우) : 步(보)　: 걸음 보	2864	5023	4692	5092
仄聲 / 去聲 : (066	遇	우) : 菩(보)　: 보리 보	2868	5024	4693	5093
仄聲 / 去聲 : (061	宋	송) : 俸(봉)　: 녹 봉	2914	4695	2850	5094
仄聲 / 去聲 : (060	送	송) : 鳳(봉)　: 새 봉	2929	4674	2829	5095
仄聲 / 去聲 : (060	送	송) : 賵(봉)　: 보낼 봉	2932	4675	2830	5096
仄聲 / 去聲 : (066	遇	우) : 報*(부)　: 빠를 부	2861	5022	4691	5097
仄聲 / 去聲 : (066	遇	우) : 付(부)　: 부칠 부	2933	5025	4694	5098
仄聲 / 去聲 : (066	遇	우) : 傅(부)　: 스승 부	2935	5026	4695	5099
仄聲 / 去聲 : (066	遇	우) : 埠(부)　: 부두 부	2943	5027	4696	5100
仄聲 / 去聲 : (066	遇	우) : 訃(부)　: 통부할/부고 부	2968	5028	4697	5101
仄聲 / 去聲 : (066	遇	우) : 賦(부)　: 부세 부	2970	5029	4698	5102
仄聲 / 去聲 : (066	遇	우) : 賻(부)　: 부의 부	2971	5030	4699	5103
仄聲 / 去聲 : (066	遇	우) : 赴(부)　: 갈 부	2972	5031	4700	5104
仄聲 / 去聲 : (066	遇	우) : 附(부)　: 붙을 부	2977	5032	4701	5105
仄聲 / 去聲 : (066	遇	우) : 駙(부)　: 곁마 부	2978	5033	4702	5106
仄聲 / 去聲 : (066	遇	우) : 仆(부)　: 엎드릴 부	2980	5034	4703	5107
仄聲 / 去聲 : (066	遇	우) : 祔(부)　: 합사(合祀)할 부	2984	5035	4704	5108
仄聲 / 去聲 : (066	遇	우) : 跗(부)　: 발등 부	2991	5036	4705	5109

배열형식 D (四聲基準)			배열 A	배열 B	배열 C	배열 D
平仄 / 四聲 : (韻目No:	韻目)	韻族(독음): 字義	운족 가나순	운목 번호순	운목 가나순	사성순
仄聲 / 去聲 : (066	遇	우) : 鮒(부) : 붕어 부	2993	5037	4706	5110
仄聲 / 去聲 : (066	遇	우) : 蚹(부) : 비늘 부	3000	5038	4707	5111
仄聲 / 去聲 : (072	問	문) : 拚*(분) : 버릴 분	2768	5564	1769	5112
仄聲 / 去聲 : (072	問	문) : 分(분) : 나눌 분	3013	5565	1770	5113
仄聲 / 去聲 : (072	問	문) : 奮(분) : 떨칠 분	3018	5566	1771	5114
仄聲 / 去聲 : (072	問	문) : 糞(분) : 똥 분	3027	5567	1772	5115
仄聲 / 去聲 : (072	問	문) : 僨(분) : 넘어질 분	3044	5568	1773	5116
仄聲 / 去聲 : (070	隊	대) : 帗(불) : 춤수건 불	3061	5433	1016	5117
仄聲 / 去聲 : (064	未	미) : 芾(불) : 작은모양 불	3064	4905	1916	5118
仄聲 / 去聲 : (063	寘	치) : 賁(비) : 꾸밀/괘이름 비	3074	4756	6863	5119
仄聲 / 去聲 : (063	寘	치) : 備(비) : 갖출 비	3077	4757	6864	5120
仄聲 / 去聲 : (063	寘	치) : 庇(비) : 덮을 비	3084	4758	6865	5121
仄聲 / 去聲 : (069	卦	괘) : 憊(비) : 고달플 비	3086	5348	845	5122
仄聲 / 去聲 : (063	寘	치) : 紕(비) : 삼갈 비	3095	4759	6866	5123
仄聲 / 去聲 : (064	未	미) : 沸(비) : 끓을 비	3098	4907	1911	5124
仄聲 / 去聲 : (063	寘	치) : 泌(비) : 샘물졸졸흐를 비	3099	4760	6867	5125
仄聲 / 去聲 : (063	寘	치) : 秘(비) : 쭉정이 비	3105	4761	6868	5126
仄聲 / 去聲 : (064	未	미) : 翡(비) : 물총새 비	3108	4908	1912	5127
仄聲 / 去聲 : (063	寘	치) : 臂(비) : 팔 비	3111	4762	6869	5128
仄聲 / 去聲 : (063	寘	치) : 譬(비) : 비유할 비	3116	4763	6870	5129
仄聲 / 去聲 : (064	未	미) : 費(비) : 쓸 비	3117	4909	1913	5130
仄聲 / 去聲 : (063	寘	치) : 鼻(비) : 코 비	3121	4764	6871	5131
仄聲 / 去聲 : (064	未	미) : 剕(비) : 발벨 비	3124	4910	1914	5132
仄聲 / 去聲 : (063	寘	치) : 屁(비) : 방귀 비	3128	4765	6872	5133
仄聲 / 去聲 : (064	未	미) : 狒(비) : 비비 비	3131	4911	1915	5134
仄聲 / 去聲 : (063	寘	치) : 痹(비) : 저릴 비	3133	4766	6873	5135
仄聲 / 去聲 : (067	霽	제) : 睥(비) : 흘겨볼 비	3134	5154	5451	5136
仄聲 / 去聲 : (063	寘	치) : 祕(비) : 숨길 비	3135	4767	6874	5137
仄聲 / 去聲 : (064	未	미) : 芾*(비) : 나무더부룩할 비	3065	4906	1917	5138
仄聲 / 去聲 : (063	寘	치) : 轡(비) : 고삐 비	3143	4768	6875	5139
仄聲 / 去聲 : (063	寘	치) : 閟(비) : 닫을 비	3144	4769	6876	5140
仄聲 / 去聲 : (067	霽	제) : 媲(비) : 짝 비	3151	5155	5452	5141
仄聲 / 去聲 : (063	寘	치) : 柲(비) : 창자루 비	3152	4770	6877	5142
仄聲 / 去聲 : (063	寘	치) : 畀(비) : 줄 비	3154	4771	6878	5143
仄聲 / 去聲 : (063	寘	치) : 淧(비) : 스며흐를 비	3163	4772	6995	5144
仄聲 / 去聲 : (071	震	진) : 殯(빈) : 염할 빈	3170	5494	6513	5145

배열형식 D (四聲基準)			배열 A	배열 B	배열 C	배열 D
平仄 / 四聲 : (韻目No: 韻目) 韻族(독음): 字義			운족 가나순	운목 번호순	운목 가나순	사성순
仄聲 / 去聲 : (071	震	진) : 儐(빈) : 인도할 빈	3179	5495	6514	5146
仄聲 / 去聲 : (071	震	진) : 擯(빈) : 물리칠 빈	3180	5496	6515	5147
仄聲 / 去聲 : (071	震	진) : 鬢(빈) : 살쩍/귀밑털 빈	3185	5497	6516	5148
仄聲 / 去聲 : (063	寘	치) : 事(사) : 일 사	3197	4773	6879	5149
仄聲 / 去聲 : (063	寘	치) : 伺(사) : 엿볼 사	3200	4774	6880	5150
仄聲 / 去聲 : (063	寘	치) : 傞(사) : 잘게부술 사	3204	4775	6881	5151
仄聲 / 去聲 : (063	寘	치) : 嗣(사) : 이을 사	3208	4776	6882	5152
仄聲 / 去聲 : (063	寘	치) : 四(사) : 넉 사	3209	4777	6883	5153
仄聲 / 去聲 : (063	寘	치) : 寺(사) : 절 사	3214	4778	6884	5154
仄聲 / 去聲 : (063	寘	치) : 柶(사) : 수저 사	3226	4780	6886	5155
仄聲 / 去聲 : (063	寘	치) : 泗(사) : 강이름 사	3231	4781	6887	5156
仄聲 / 去聲 : (063	寘	치) : 肆(사) : 방자할 사	3243	4782	6888	5157
仄聲 / 去聲 : (063	寘	치) : 賜(사) : 줄 사	3255	4783	6889	5158
仄聲 / 去聲 : (063	寘	치) : 飼(사) : 기를 사	3260	4784	6890	5159
仄聲 / 去聲 : (063	寘	치) : 駟(사) : 사마 사	3261	4785	6891	5160
仄聲 / 去聲 : (063	寘	치) : 笥(사) : 상자 사	3270	4786	6892	5161
仄聲 / 去聲 : (071	震	진) : 索(삭) : 동앗줄 삭	3288	5498	6517	5162
仄聲 / 去聲 : (075	諫	간) : 汕(산) : 오구 산	3297	5705	270	5163
仄聲 / 去聲 : (075	諫	간) : 疝(산) : 산증 산	3300	5706	271	5164
仄聲 / 去聲 : (074	翰	한) : 蒜(산) : 달래 산	3302	5651	7323	5165
仄聲 / 去聲 : (076	霰	산) : 霰(산) : 싸라기눈 산	3304	5761	2028	5166
仄聲 / 去聲 : (075	諫	간) : 孿(산) : 쌍둥이 산	3308	5707	272	5167
仄聲 / 去聲 : (075	諫	간) : 訕(산) : 헐뜯을 산	3313	5708	273	5168
仄聲 / 去聲 : (075	諫	간) : 鏟(산) : 대패 산	3314	5709	274	5169
仄聲 / 去聲 : (074	翰	한) : 筭(산) : 셈놓을/셈대 산	3316	5652	7324	5170
仄聲 / 去聲 : (076	霰	산) : 餕*(산) : 떡소 산	6081	5819	2086	5171
仄聲 / 去聲 : (069	卦	괘) : 殺(살) : 죽일 살	3319	5349	846	5172
仄聲 / 去聲 : (070	隊	대) : 塞(새) : 변방 새	3390	5434	1017	5173
仄聲 / 去聲 : (070	隊	대) : 賽(새) : 굿할 새	3393	5435	1018	5174
仄聲 / 去聲 : (067	霽	제) : 壻(서) : 사위/남자 서	3409	5156	5453	5175
仄聲 / 去聲 : (065	御	어) : 庶(서) : 여러 서	3412	4945	3569	5176
仄聲 / 去聲 : (065	御	어) : 恕(서) : 용서할 서	3414	4946	3570	5177
仄聲 / 去聲 : (065	御	어) : 曙(서) : 새벽 서	3420	4947	3571	5178
仄聲 / 去聲 : (063	寘	치) : 瑞(서) : 상서 서	3425	4787	6893	5179
仄聲 / 去聲 : (067	霽	제) : 筮(서) : 점대 서	3426	5157	5454	5180
仄聲 / 去聲 : (065	御	어) : 絮(서) : 솜 서	3427	4948	3572	5181

배열형식 D (四聲基準)			배열 A	배열 B	배열 C	배열 D
平仄 / 四聲 : (韻目No: 韻目) 韻族(독음): 字義			운족 가나순	운목 번호순	운목 가나순	사성순
仄聲 / 去聲 : (065	御	어) : 署(서) : 관청 서	3431	4950	3574	5182
仄聲 / 去聲 : (065	御	어) : 薯(서) : 마 서	3434	4951	3575	5183
仄聲 / 去聲 : (067	霽	제) : 誓(서) : 맹세할 서	3436	5158	5455	5184
仄聲 / 去聲 : (067	霽	제) : 逝(서) : 갈 서	3437	5159	5456	5185
仄聲 / 去聲 : (067	霽	제) : 噬(서) : 씹을 서	3441	5160	5457	5186
仄聲 / 去聲 : (067	霽	제) : 婿(서) : 사위/남자 서	3442	5161	5458	5187
仄聲 / 去聲 : (067	霽	제) : 澨(서) : 물가 서	3445	5162	5459	5188
仄聲 / 去聲 : (067	霽	제) : 翥(서) : 꼿꼿할 서	3457	5163	5460	5189
仄聲 / 去聲 : (067	霽	제) : 遾(서) : 미칠/이를 서	3458	5164	5461	5190
仄聲 / 去聲 : (076	霰	산) : 先(선) : 먼저 선	3495	5762	2029	5191
仄聲 / 去聲 : (076	霰	산) : 善(선) : 착할 선	3496	5763	2030	5192
仄聲 / 去聲 : (076	霰	산) : 扇(선) : 부채 선	3499	5764	2031	5193
仄聲 / 去聲 : (076	霰	산) : 敾(선) : 다스릴 선	3500	5765	2032	5194
仄聲 / 去聲 : (076	霰	산) : 旋(선) : 돌 선	3501	5766	2033	5195
仄聲 / 去聲 : (076	霰	산) : 渲(선) : 바림 선	3502	5767	2034	5196
仄聲 / 去聲 : (076	霰	산) : 煽(선) : 일 선	3503	5768	2035	5197
仄聲 / 去聲 : (076	霰	산) : 禪(선) : 선 선	3509	5769	2036	5198
仄聲 / 去聲 : (076	霰	산) : 線(선) : 줄 선	3510	5770	2037	5199
仄聲 / 去聲 : (076	霰	산) : 繕(선) : 기울 선	3511	5771	2038	5200
仄聲 / 去聲 : (076	霰	산) : 羨(선) : 부러워할 선	3512	5772	2039	5201
仄聲 / 去聲 : (076	霰	산) : 腺(선) : 샘 선	3514	5773	2040	5202
仄聲 / 去聲 : (076	霰	산) : 膳(선) : 찬 선	3515	5774	2041	5203
仄聲 / 去聲 : (076	霰	산) : 選(선) : 가릴 선	3521	5775	2042	5204
仄聲 / 去聲 : (076	霰	산) : 饍(선) : 반찬 선	3523	5776	2043	5205
仄聲 / 去聲 : (067	霽	제) : 洩(설) : 샐/발설할 설	3541	5166	5462	5206
仄聲 / 去聲 : (067	霽	제) : 挈*(설) : 끌 설	488	5130	5465	5207
仄聲 / 去聲 : (067	霽	제) : 世(세) : 인간 세	3603	5168	5466	5208
仄聲 / 去聲 : (067	霽	제) : 勢(세) : 형세 세	3604	5169	5467	5209
仄聲 / 去聲 : (067	霽	제) : 歲(세) : 해 세	3605	5170	5468	5210
仄聲 / 去聲 : (067	霽	제) : 稅(세) : 세금/거둘/쉴 세	3608	5171	5469	5211
仄聲 / 去聲 : (063	寘	치) : 篩(세) : 가는대 세	3611	4788	6894	5212
仄聲 / 去聲 : (067	霽	제) : 細(세) : 가늘 세	3612	5172	5470	5213
仄聲 / 去聲 : (067	霽	제) : 貰(세) : 빌릴/세낼 세	3613	5173	5471	5214
仄聲 / 去聲 : (067	霽	제) : 繐(세) : 성긴베 세	3622	5174	5472	5215
仄聲 / 去聲 : (067	霽	제) : 蛻(세) : 매미허물/허물벗을 세	3623	5175	5473	5216
仄聲 / 去聲 : (067	霽	제) : 涚(세) : 잿물 세	3625	5176	5474	5217

배열형식 D (四聲基準)			배열 A	배열 B	배열 C	배열 D
平仄 / 四聲 : (韻目No: 韻目)		韻族(독음): 字義	운족 가나순	운목 번호순	운목 가나순	사성순
仄聲 / 去聲 : (063	寘	치) : 彗(세) : 대싸리 세	3626	4789	6895	5218
仄聲 / 去聲 : (063	寘	치) : 篲*(세) : 혜성 세	3840	4804	6910	5219
仄聲 / 去聲 : (077	嘯	소) : 召(소) : 부를 소	3627	5869	2776	5220
仄聲 / 去聲 : (077	嘯	소) : 嘯(소) : 휘파람 소	3629	5871	2778	5221
仄聲 / 去聲 : (066	遇	우) : 塑(소) : 토우 소	3630	5039	4709	5222
仄聲 / 去聲 : (077	嘯	소) : 少(소) : 적을 소	3633	5872	2779	5223
仄聲 / 去聲 : (066	遇	우) : 泝(소) : 거슬러오를 소	3643	5040	4710	5224
仄聲 / 去聲 : (077	嘯	소) : 炤(소) : 밝을 소	3646	5873	2781	5225
仄聲 / 去聲 : (077	嘯	소) : 燒(소) : 사를 소	3649	5875	2782	5226
仄聲 / 去聲 : (065	御	어) : 疏(소) : 트일 소	3651	4952	3576	5227
仄聲 / 去聲 : (077	嘯	소) : 笑(소) : 웃음 소	3654	5876	2783	5228
仄聲 / 去聲 : (066	遇	우) : 素(소) : 본디/흴 소	3657	5041	4711	5229
仄聲 / 去聲 : (066	遇	우) : 訴(소) : 호소할 소	3662	5042	4712	5230
仄聲 / 去聲 : (066	遇	우) : 遡(소) : 거슬러올라갈 소	3664	5043	4713	5231
仄聲 / 去聲 : (077	嘯	소) : 邵(소) : 땅이름/성 소	3665	5877	2784	5232
仄聲 / 去聲 : (066	遇	우) : 嗉(소) : 모이주머니 소	3669	5044	4714	5233
仄聲 / 去聲 : (066	遇	우) : 愬(소) : 고할/참소할 소	3671	5045	4715	5234
仄聲 / 去聲 : (066	遇	우) : 泝(소) : 높을 소	3674	5046	4716	5235
仄聲 / 去聲 : (077	嘯	소) : 肖(소) : 쇠약할/흩어질 소	3692	5878	2808	5236
仄聲 / 去聲 : (077	嘯	소) : 劭*(소) : 아름다울/높을 소	811	5853	2812	5237
仄聲 / 去聲 : (073	願	원) : 巽(손) : 괘이름 손	3708	5605	4926	5238
仄聲 / 去聲 : (073	願	원) : 遜(손) : 겸손할 손	3711	5606	4927	5239
仄聲 / 去聲 : (073	願	원) : 噀(손) : 물뿜을 손	3715	5607	4928	5240
仄聲 / 去聲 : (061	宋	송) : 宋(송) : 성/나라 송	3723	4696	2851	5241
仄聲 / 去聲 : (061	宋	송) : 訟(송) : 송사할 송	3727	4697	2852	5242
仄聲 / 去聲 : (061	宋	송) : 誦(송) : 욀 송	3728	4698	2853	5243
仄聲 / 去聲 : (060	送	송) : 送(송) : 보낼 송	3729	4676	2831	5244
仄聲 / 去聲 : (061	宋	송) : 頌(송) : 칭송할/기릴 송	3730	4699	2854	5245
仄聲 / 去聲 : (069	卦	괘) : 殺*(쇄) : 내릴/감할 쇄	3320	5350	848	5246
仄聲 / 去聲 : (069	卦	괘) : 煞(쇄) : 감할 쇄	3735	5352	849	5247
仄聲 / 去聲 : (069	卦	괘) : 繝(쇄) : 활뱃바닥 쇄	3737	5353	850	5248
仄聲 / 去聲 : (069	卦	괘) : 灑(쇄) : 뿌릴/깜짝놀랄 쇄	3740	5354	851	5249
仄聲 / 去聲 : (070	隊	대) : 碎(쇄) : 부술 쇄	3743	5436	1019	5250
仄聲 / 去聲 : (063	寘	치) : 率(수) : 새그물/장수 수	2099	6746	6846	5251
仄聲 / 去聲 : (066	遇	우) : 數*(수) : 이치/팔자 수	3752	5047	4708	5252
仄聲 / 去聲 : (063	寘	치) : 率*(수) : 새그물 수	3718	4790	6896	5253

배열형식 D (四聲基準)			배열 A	배열 B	배열 C	배열 D
平仄 / 四聲 : (韻目No: 韻目)		韻族(독음): 字義	운족 가나순	운목 번호순	운목 가나순	사성순
仄聲 / 去聲 : (066	遇	우) : 戍(수) : 지킬/수자리 수	3768	5048	4717	5254
仄聲 / 去聲 : (066	遇	우) : 樹(수) : 나무 수	3776	5049	4718	5255
仄聲 / 去聲 : (063	寘	치) : 燧(수) : 부싯돌/횃불 수	3781	4791	6897	5256
仄聲 / 去聲 : (063	寘	치) : 璲(수) : 패옥 수	3785	4792	6898	5257
仄聲 / 去聲 : (063	寘	치) : 睡(수) : 졸음 수	3787	4793	6899	5258
仄聲 / 去聲 : (063	寘	치) : 穗(수) : 이삭 수	3789	4794	6900	5259
仄聲 / 去聲 : (063	寘	치) : 粹(수) : 순수할 수	3791	4795	6901	5260
仄聲 / 去聲 : (063	寘	치) : 遂(수) : 드디어 수	3804	4796	6902	5261
仄聲 / 去聲 : (063	寘	치) : 邃(수) : 깊을 수	3805	4797	6903	5262
仄聲 / 去聲 : (063	寘	치) : 隧(수) : 따를/길 수	3810	4798	6904	5263
仄聲 / 去聲 : (070	隊	대) : 晬(수) : 돐 수	3821	5437	1020	5264
仄聲 / 去聲 : (063	寘	치) : 睟(수) : 바로볼 수	3825	4799	6905	5265
仄聲 / 去聲 : (063	寘	치) : 祟(수) : 빌미 수	3829	4801	6907	5266
仄聲 / 去聲 : (063	寘	치) : 檖(수) : 돌배나무 수	3837	4802	6908	5267
仄聲 / 去聲 : (063	寘	치) : 襚(수) : 수의 수	3838	4803	6909	5268
仄聲 / 去聲 : (067	霽	제) : 篲(수) : 대비 수	3839	5177	5475	5269
仄聲 / 去聲 : (063	寘	치) : 繸(수) : 패물차는끈 수	3841	4805	6911	5270
仄聲 / 去聲 : (071	震	진) : 徇(순) : 주창할 순	3874	5499	6518	5271
仄聲 / 去聲 : (071	震	진) : 橓(순) : 무궁화(=蕣) 순	3881	5501	6520	5272
仄聲 / 去聲 : (071	震	진) : 殉(순) : 따라죽을 순	3882	5502	6521	5273
仄聲 / 去聲 : (076	霰	산) : 洵(순) : 웅덩이물/믿을 순	3883	5777	2044	5274
仄聲 / 去聲 : (071	震	진) : 瞬(순) : 눈깜작할 순	3889	5503	6522	5275
仄聲 / 去聲 : (071	震	진) : 舜(순) : 순임금 순	3895	5504	6523	5276
仄聲 / 去聲 : (071	震	진) : 蕣(순) : 무궁화 순	3898	5505	6524	5277
仄聲 / 去聲 : (071	震	진) : 諄(순) : 타이를 순	3900	5506	6525	5278
仄聲 / 去聲 : (071	震	진) : 順(순) : 순할 순	3903	5507	6526	5279
仄聲 / 去聲 : (071	震	진) : 駿*(순) : 준마/클/빠를 순	6073	5537	6556	5280
仄聲 / 去聲 : (070	隊	대) : 倅(쉬) : 버금 쉬	3919	5438	1021	5281
仄聲 / 去聲 : (063	寘	치) : 寺*(시) : 내관 시	3215	4779	6885	5282
仄聲 / 去聲 : (069	卦	괘) : 殺*(시) : 죽일 시	3321	5351	847	5283
仄聲 / 去聲 : (063	寘	치) : 侍(시) : 모실 시	3949	4806	6912	5284
仄聲 / 去聲 : (067	霽	제) : 媤(시) : 시집 시	3953	5178	5476	5285
仄聲 / 去聲 : (063	寘	치) : 弑(시) : 죽일 시	3959	4807	6913	5286
仄聲 / 去聲 : (063	寘	치) : 示(시) : 보일/가르칠 시	3970	4808	6914	5287
仄聲 / 去聲 : (063	寘	치) : 翅(시) : 날개 시	3972	4809	6915	5288
仄聲 / 去聲 : (063	寘	치) : 蒔(시) : 모종낼 시	3973	4810	6916	5289

배열형식 D (四聲基準)			배열 A	배열 B	배열 C	배열 D
平仄 / 四聲 : (韻目No: 韻目)		韻族(독음): 字義	운족 가나순	운목 번호순	운목 가나순	사성순
仄聲 / 去聲 : (063	寘	치) : 試(시) : 시험 시	3976	4811	6917	5290
仄聲 / 去聲 : (063	寘	치) : 謚(시) : 시호 시	3978	4812	6918	5291
仄聲 / 去聲 : (063	寘	치) : 啻(시) : 다만 시	3984	4813	6919	5292
仄聲 / 去聲 : (063	寘	치) : 飴*(시) : 기를 시	5202	4837	6943	5293
仄聲 / 去聲 : (071	震	진) : 信(신) : 믿을 신	4016	5508	6527	5294
仄聲 / 去聲 : (071	震	진) : 愼(신) : 삼갈/고요할 신	4020	5509	6528	5295
仄聲 / 去聲 : (071	震	진) : 燼(신) : 탄나머지 신	4023	5510	6529	5296
仄聲 / 去聲 : (071	震	진) : 藎(신) : 조개풀 신	4031	5511	6530	5297
仄聲 / 去聲 : (071	震	진) : 訊(신) : 물을 신	4033	5512	6531	5298
仄聲 / 去聲 : (071	震	진) : 迅(신) : 빠를 신	4038	5513	6532	5299
仄聲 / 去聲 : (071	震	진) : 贐(신) : 전별할 신	4039	5514	6533	5300
仄聲 / 去聲 : (075	諫	간) : 鴈*(안) : 기러기 안	99	5693	258	5301
仄聲 / 去聲 : (074	翰	한) : 岸(안) : 언덕 안	4126	5653	7325	5302
仄聲 / 去聲 : (074	翰	한) : 按(안) : 누를/어루만질 안	4127	5654	7326	5303
仄聲 / 去聲 : (075	諫	간) : 晏(안) : 맑을/저물 안	4129	5710	275	5304
仄聲 / 去聲 : (074	翰	한) : 案(안) : 책상 안	4130	5655	7327	5305
仄聲 / 去聲 : (075	諫	간) : 雁(안) : 기러기 안	4132	5711	276	5306
仄聲 / 去聲 : (074	翰	한) : 鮟(안) : 아귀 안	4135	5656	7328	5307
仄聲 / 去聲 : (075	諫	간) : 鴈(안) : 기러기 안	4136	5712	277	5308
仄聲 / 去聲 : (074	翰	한) : 洝(안) : 끓인물 안	4137	5657	7329	5309
仄聲 / 去聲 : (075	諫	간) : 贋(안) : 거짓/위조할 안	4139	5713	278	5310
仄聲 / 去聲 : (074	翰	한) : 諺(안) : 용맹스러울 안	4142	5658	7330	5311
仄聲 / 去聲 : (069	卦	괘) : 喝*(애) : 목쉴 애	103	5319	816	5312
仄聲 / 去聲 : (070	隊	대) : 愛(애) : 사랑 애	4200	5439	1022	5313
仄聲 / 去聲 : (070	隊	대) : 曖(애) : 희미할 애	4201	5440	1023	5314
仄聲 / 去聲 : (068	泰	태) : 艾*(애) : 쑥 애	4208	5295	7107	5315
仄聲 / 去聲 : (068	泰	태) : 艾(애) : 쑥/그칠/늙은이 애	4206	5294	7106	5316
仄聲 / 去聲 : (069	卦	괘) : 隘(애) : 좁을/더러울 애	4209	5355	852	5317
仄聲 / 去聲 : (068	泰	태) : 靄(애) : 놀/아지랑이 애	4211	5296	7108	5318
仄聲 / 去聲 : (070	隊	대) : 磑(애) : 맷돌/단단할 애	4218	5441	1024	5319
仄聲 / 去聲 : (070	隊	대) : 礙(애) : 그칠 애	4220	5442	1025	5320
仄聲 / 去聲 : (070	隊	대) : 薆(애) : 숨길 애	4221	5443	1026	5321
仄聲 / 去聲 : (068	泰	태) : 藹(애) : 열매 많이달림 애	4222	5297	7109	5322
仄聲 / 去聲 : (070	隊	대) : 哎(애) : 놀랄 애	4223	5444	1027	5323
仄聲 / 去聲 : (070	隊	대) : 閡(애) : 닫힐 애	4224	5445	1028	5324
仄聲 / 去聲 : (069	卦	괘) : 餲(애) : 밥쉴 애	4225	5356	853	5325

배열형식 D (四聲基準)			배열 A	배열 B	배열 C	배열 D
平仄 / 四聲 : (韻目No:	韻目)	韻族(독음): 字義	운족 가나순	운목 번호순	운목 가나순	사성순
仄聲 / 去聲 : (069	卦	괘) : 阨*(애) : 좁은목 애	4236	5357	854	5326
仄聲 / 去聲 : (063	寘	치) : 饐*(애) : 쉴/밥썩을 애	5168	4832	6938	5327
仄聲 / 去聲 : (069	卦	괘) : 欬*(애) : 배불러숨찰 애	7373	5376	873	5328
仄聲 / 去聲 : (069	卦	괘) : 噫*(애) : 씨근거릴 애	7915	5383	880	5329
仄聲 / 去聲 : (063	寘	치) : 縊(액) : 목맬 액	4231	4816	6922	5330
仄聲 / 去聲 : (078	效	효) : 約(약) : 검소할/맺을 약	4257	5929	7855	5331
仄聲 / 去聲 : (066	遇	우) : 籥*(약) : 부르짖을/화할 약	5034	5068	4737	5332
仄聲 / 去聲 : (065	御	어) : 御(어) : 거느릴 어	4305	4953	3577	5333
仄聲 / 去聲 : (065	御	어) : 瘀(어) : 병 어	4310	4954	3578	5334
仄聲 / 去聲 : (065	御	어) : 語(어) : 말씀 어	4312	4955	3579	5335
仄聲 / 去聲 : (065	御	어) : 馭(어) : 부릴 어	4313	4956	3580	5336
仄聲 / 去聲 : (065	御	어) : 淤(어) : 진흙 어	4318	4957	3581	5337
仄聲 / 去聲 : (065	御	어) : 飫(어) : 포식할/물릴 어	4319	4958	3582	5338
仄聲 / 去聲 : (065	御	어) : 棜(어) : 겨자 어	4320	4959	3583	5339
仄聲 / 去聲 : (076	霰	산) : 堰(언) : 보/방죽 언	4332	5779	2045	5340
仄聲 / 去聲 : (076	霰	산) : 彦(언) : 선비 언	4333	5780	2046	5341
仄聲 / 去聲 : (076	霰	산) : 諺*(언) : 좀말/상말 언	4143	5778	2047	5342
仄聲 / 去聲 : (076	霰	산) : 彥(언) : 선비 언	4340	5781	2048	5343
仄聲 / 去聲 : (073	願	원) : 這*(언) : 맞이할 언	5532	5612	4933	5344
仄聲 / 去聲 : (067	霽	제) : 殪(에) : 쓰러질 에	4362	5180	5478	5345
仄聲 / 去聲 : (065	御	어) : 如(여) : 같을 여	4365	4960	3584	5346
仄聲 / 去聲 : (065	御	어) : 歟(여) : 어조사 여	4366	4961	3585	5347
仄聲 / 去聲 : (065	御	어) : 與(여) : 더불/줄 여	4369	4962	3586	5348
仄聲 / 去聲 : (065	御	어) : 鸒(여) : 떼까마귀 여	4380	4964	3588	5349
仄聲 / 去聲 : (076	霰	산) : 嚥(연) : 삼킬 연	4396	5782	2049	5350
仄聲 / 去聲 : (076	霰	산) : 宴(연) : 잔치 연	4400	5783	2050	5351
仄聲 / 去聲 : (076	霰	산) : 燕(연) : 제비 연	4416	5784	2051	5352
仄聲 / 去聲 : (076	霰	산) : 硯(연) : 벼루 연	4419	5785	2052	5353
仄聲 / 去聲 : (076	霰	산) : 緣(연) : 인연 연	4421	5786	2053	5354
仄聲 / 去聲 : (076	霰	산) : 衍(연) : 넓을 연	4425	5788	2055	5355
仄聲 / 去聲 : (076	霰	산) : 掾(연) : 아전/인할 연	4432	5790	2057	5356
仄聲 / 去聲 : (076	霰	산) : 臙(연) : 연지 연	4433	5791	2058	5357
仄聲 / 去聲 : (076	霰	산) : 咽*(연) : 삼킬 연	5247	5796	2063	5358
仄聲 / 去聲 : (067	霽	제) : 洩*(예) : 퍼질/날개칠 예	3542	5167	5463	5359
仄聲 / 去聲 : (067	霽	제) : 艾*(예) : 다스릴/낫 예	4207	5179	5477	5360
仄聲 / 去聲 : (070	隊	대) : 乂(예) : 풀벨 예	4518	5446	1029	5361

배열형식 D (四聲基準)			배열 A	배열 B	배열 C	배열 D
平仄 / 四聲 : (韻目No: 韻目) 韻族(독음): 字義			운족 가나순	운목 번호순	운목 가나순	사성순
仄聲 / 去聲 : (070	隊	대) : 刈(예) : 벨 예	4520	5447	1030	5362
仄聲 / 去聲 : (067	霽	제) : 叡(예) : 밝을(睿) 예	4521	5181	5480	5363
仄聲 / 去聲 : (067	霽	제) : 曳(예) : 끌 예	4522	5182	5481	5364
仄聲 / 去聲 : (067	霽	제) : 汭(예) : 물구비 예	4523	5183	5482	5365
仄聲 / 去聲 : (067	霽	제) : 睿(예) : 슬기 예	4526	5184	5483	5366
仄聲 / 去聲 : (070	隊	대) : 穢(예) : 거칠 예	4527	5448	1031	5367
仄聲 / 去聲 : (067	霽	제) : 芮(예) : 성 예	4528	5185	5484	5368
仄聲 / 去聲 : (067	霽	제) : 藝(예) : 재주 예	4529	5186	5485	5369
仄聲 / 去聲 : (067	霽	제) : 裔(예) : 옷자락/후손 예	4531	5187	5486	5370
仄聲 / 去聲 : (067	霽	제) : 詣(예) : 이를 예	4532	5188	5487	5371
仄聲 / 去聲 : (065	御	어) : 譽(예) : 기릴/명예 예	4533	4965	3589	5372
仄聲 / 去聲 : (065	御	어) : 豫(예) : 미리 예	4534	4966	3590	5373
仄聲 / 去聲 : (067	霽	제) : 銳(예) : 날카로울 예	4535	5189	5489	5374
仄聲 / 去聲 : (067	霽	제) : 霓(예) : 암무지개 예	4537	5191	5491	5375
仄聲 / 去聲 : (065	御	어) : 預(예) : 맡길/미리 예	4539	4967	3591	5376
仄聲 / 去聲 : (067	霽	제) : 囈(예) : 잠꼬대 예	4540	5192	5492	5377
仄聲 / 去聲 : (067	霽	제) : 拽(예) : 당길 예	4541	5193	5493	5378
仄聲 / 去聲 : (067	霽	제) : 睨(예) : 흘겨볼 예	4543	5194	5494	5379
仄聲 / 去聲 : (067	霽	제) : 翳(예) : 일산/가릴 예	4544	5195	5495	5380
仄聲 / 去聲 : (063	寘	치) : 勩(예) : 수고로울 예	4549	4818	6925	5381
仄聲 / 去聲 : (067	霽	제) : 槸(예) : 스칠 예	4550	5196	5496	5382
仄聲 / 去聲 : (067	霽	제) : 瘞(예) : 묻을/산소 예	4551	5197	5497	5383
仄聲 / 去聲 : (067	霽	제) : 羿(예) : 후예 예	4552	5198	5498	5384
仄聲 / 去聲 : (067	霽	제) : 蓺(예) : 심을 예	4553	5199	5499	5385
仄聲 / 去聲 : (067	霽	제) : 靾(예) : 말안장 예	4554	5200	5500	5386
仄聲 / 去聲 : (067	霽	제) : 鈗*(예) : 창 예	5079	5203	5503	5387
仄聲 / 去聲 : (067	霽	제) : 兌*(예) : 날카로울 예	6965	5249	5549	5388
仄聲 / 去聲 : (066	遇	우) : 惡*(오) : 미워할 오	4107	5050	4719	5389
仄聲 / 去聲 : (066	遇	우) : 俉(오) : 맞이할 오	4557	5051	4720	5390
仄聲 / 去聲 : (066	遇	우) : 寤(오) : 깰 오	4570	5052	4721	5391
仄聲 / 去聲 : (066	遇	우) : 悟(오) : 깨달을 오	4571	5053	4722	5392
仄聲 / 去聲 : (066	遇	우) : 晤(오) : 밝을 오	4575	5054	4723	5393
仄聲 / 去聲 : (066	遇	우) : 汚*(오) : 술구덩이/더럽힐 오	4579	5055	4724	5394
仄聲 / 去聲 : (066	遇	우) : 誤(오) : 그르칠 오	4586	5056	4725	5395
仄聲 / 去聲 : (066	遇	우) : 忤(오) : 거스를 오	4590	5057	4726	5396
仄聲 / 去聲 : (066	遇	우) : 捂(오) : 닿을 오	4591	5058	4727	5397

배열형식 D (四聲基準)			배열 A	배열 B	배열 C	배열 D
平仄 / 四聲 : (韻目No: 韻目)		韻族(독음): 字義	운족 가나순	운목 번호순	운목 가나순	사성순
仄聲 / 去聲 : (066	遇	우) : 迕(오) : 깨우칠 오	4604	5059	4728	5398
仄聲 / 去聲 : (072	問	문) : 縕(온) : 헌솜 온	4619	5569	1774	5399
仄聲 / 去聲 : (072	問	문) : 慍(온) : 성낼 온	4623	5570	1775	5400
仄聲 / 去聲 : (072	問	문) : 醞(온) : 빚을 온	4625	5571	1776	5401
仄聲 / 去聲 : (060	送	송) : 瓮(옹) : 독 옹	4630	4677	2832	5402
仄聲 / 去聲 : (060	送	송) : 甕(옹) : 독 옹	4631	4678	2833	5403
仄聲 / 去聲 : (060	送	송) : 罋(옹) : 두레박 옹	4640	4679	2834	5404
仄聲 / 去聲 : (074	翰	한) : 浣(완) : 빨 완	4668	5659	7331	5405
仄聲 / 去聲 : (074	翰	한) : 玩(완) : 희롱할 완	4669	5660	7332	5406
仄聲 / 去聲 : (074	翰	한) : 琓(완) : 희롱할 완	4670	5661	7333	5407
仄聲 / 去聲 : (074	翰	한) : 翫(완) : 가지고놀 완	4674	5662	7334	5408
仄聲 / 去聲 : (074	翰	한) : 惋(완) : 한탄할 완	4681	5663	7335	5409
仄聲 / 去聲 : (074	翰	한) : 腕(완) : 눈물흘릴 완	4683	5664	7336	5410
仄聲 / 去聲 : (075	諫	간) : 莞(완) : 달래뿌리 완	4685	5714	279	5411
仄聲 / 去聲 : (074	翰	한) : 杬*(완) : 안마/남무이름 완	4906	5665	7337	5412
仄聲 / 去聲 : (068	泰	태) : 外(외) : 바깥 외	4700	5298	7110	5413
仄聲 / 去聲 : (064	未	미) : 畏(외) : 두려워할 외	4704	4912	1919	5414
仄聲 / 去聲 : (069	卦	괘) : 聵(외) : 배냇귀머거리 외	4706	5358	855	5415
仄聲 / 去聲 : (078	效	효) : 樂*(요) : 즐길 요	4111	5928	7854	5416
仄聲 / 去聲 : (077	嘯	소) : 搖(요) : 흔들 요	4721	5880	2786	5417
仄聲 / 去聲 : (077	嘯	소) : 曜(요) : 빛날 요	4723	5881	2787	5418
仄聲 / 去聲 : (077	嘯	소) : 燿(요) : 빛날 요	4726	5882	2788	5419
仄聲 / 去聲 : (077	嘯	소) : 繞(요) : 두를 요	4732	5883	2789	5420
仄聲 / 去聲 : (077	嘯	소) : 耀(요) : 빛날 요	4733	5884	2790	5421
仄聲 / 去聲 : (077	嘯	소) : 要(요) : 요긴할 요	4736	5885	2791	5422
仄聲 / 去聲 : (077	嘯	소) : 鷂(요) : 익더귀 요	4744	5886	2792	5423
仄聲 / 去聲 : (077	嘯	소) : 葽(요) : 강아지풀 요	4750	5887	2793	5424
仄聲 / 去聲 : (061	宋	송) : 用(용) : 쓸 용	4775	4700	2855	5425
仄聲 / 去聲 : (070	隊	대) : 又(우) : 또 우	4798	5449	1032	5426
仄聲 / 去聲 : (066	遇	우) : 寓(우) : 붙이어살/굽힐 우	4802	5060	4729	5427
仄聲 / 去聲 : (066	遇	우) : 遇(우) : 만날 우	4820	5061	4730	5428
仄聲 / 去聲 : (066	遇	우) : 雨(우) : 비 우	4824	5062	4731	5429
仄聲 / 去聲 : (072	問	문) : 運(운) : 옮길 운	4857	5572	1777	5430
仄聲 / 去聲 : (072	問	문) : 隕(운) : 떨어질 운	4858	5573	1778	5431
仄聲 / 去聲 : (072	問	문) : 韻(운) : 운 운	4860	5574	1779	5432
仄聲 / 去聲 : (072	問	문) : 鄆(운) : 땅이름 운	4864	5575	1780	5433

배열형식 D (四聲基準)			배열 A	배열 B	배열 C	배열 D
平仄 / 四聲 : (韻目No: 韻目) 韻族(독음): 字義			운족 가나순	운목 번호순	운목 가나순	사성순
仄聲 / 去聲 : (072	問	문) : 韗(운) : 가죽다루는장인 운	4865	5576	1781	5434
仄聲 / 去聲 : (072	問	문) : 暈(운) : 달무리/어지러울 운	4867	5577	1785	5435
仄聲 / 去聲 : (076	霰	산) : 媛(원) : 계집 원	4881	5792	2059	5436
仄聲 / 去聲 : (073	願	원) : 愿(원) : 삼갈 원	4885	5610	4931	5437
仄聲 / 去聲 : (076	霰	산) : 援(원) : 도울 원	4886	5793	2060	5438
仄聲 / 去聲 : (076	霰	산) : 瑗(원) : 구슬 원	4894	5794	2061	5439
仄聲 / 去聲 : (076	霰	산) : 院(원) : 집 원	4900	5795	2062	5440
仄聲 / 去聲 : (073	願	원) : 願(원) : 원할 원	4901	5611	4932	5441
仄聲 / 去聲 : (064	未	미) : 蔚(위) : 초목우거진모양 위	4919	4913	1920	5442
仄聲 / 去聲 : (063	寘	치) : 位(위) : 자리 위	4923	4820	6926	5443
仄聲 / 去聲 : (063	寘	치) : 僞(위) : 거짓 위	4925	4821	6927	5444
仄聲 / 去聲 : (064	未	미) : 尉(위) : 벼슬 위	4930	4914	1921	5445
仄聲 / 去聲 : (064	未	미) : 慰(위) : 위로할 위	4932	4915	1922	5446
仄聲 / 去聲 : (064	未	미) : 渭(위) : 강이름 위	4934	4916	1923	5447
仄聲 / 去聲 : (064	未	미) : 緯(위) : 씨 위	4937	4917	1924	5448
仄聲 / 去聲 : (064	未	미) : 胃(위) : 밥통 위	4938	4918	1925	5449
仄聲 / 去聲 : (067	霽	제) : 衛(위) : 지킬 위	4944	5201	5501	5450
仄聲 / 去聲 : (064	未	미) : 謂(위) : 이를 위	4947	4919	1926	5451
仄聲 / 去聲 : (064	未	미) : 魏(위) : 성 위	4950	4920	1927	5452
仄聲 / 去聲 : (069	卦	괘) : 喟(위) : 한숨 위	4951	5359	856	5453
仄聲 / 去聲 : (064	未	미) : 熨(위) : 다리미/고약붙일 위	4954	4921	1928	5454
仄聲 / 去聲 : (067	霽	제) : 衞(위) : 지킬 위	4958	5202	5502	5455
仄聲 / 去聲 : (063	寘	치) : 諉(위) : 번거롭게할 위	4959	4822	6928	5456
仄聲 / 去聲 : (063	寘	치) : 餧(위) : 먹일 위	4962	4823	6929	5457
仄聲 / 去聲 : (063	寘	치) : 偽(위) : 거짓 위	4964	4824	6930	5458
仄聲 / 去聲 : (064	未	미) : 罻(위) : 새그물 위	4967	4922	1929	5459
仄聲 / 去聲 : (066	遇	우) : 喩(유) : 깨우쳐줄/비유할 유	4980	5063	4732	5460
仄聲 / 去聲 : (066	遇	우) : 孺(유) : 젖먹이 유	4981	5064	4733	5461
仄聲 / 去聲 : (066	遇	우) : 裕(유) : 넉넉할 유	5010	5065	4734	5462
仄聲 / 去聲 : (066	遇	우) : 諭(유) : 깨우칠 유	5013	5066	4735	5463
仄聲 / 去聲 : (066	遇	우) : 籲(유) : 부르짖을/화할 유	5033	5067	4736	5464
仄聲 / 去聲 : (071	震	진) : 潤(윤) : 불을 윤	5074	5515	6534	5465
仄聲 / 去聲 : (071	震	진) : 胤(윤) : 자손 윤	5076	5516	6535	5466
仄聲 / 去聲 : (071	震	진) : 閏(윤) : 윤달 윤	5080	5517	6536	5467
仄聲 / 去聲 : (073	願	원) : 言*(은) : 심사화평할 은	4336	5608	4929	5468
仄聲 / 去聲 : (072	問	문) : 隱(은) : 숨을 은	5103	5578	1782	5469

배열형식 D (四聲基準)			배열 A	배열 B	배열 C	배열 D
平仄 / 四聲 : (韻目No:	韻目)	韻族(독음): 字義	운족 가나순	운목 번호순	운목 가나순	사성순
仄聲 / 去聲 : (071	震	진) : 垽(은) : 해감/찌끼 은	5106	5518	6537	5470
仄聲 / 去聲 : (072	問	문) : 訔(은) : 논쟁할 은	5109	5579	1783	5471
仄聲 / 去聲 : (063	寘	치) : 縊*(의) : 목맬 의	4232	4817	6923	5472
仄聲 / 去聲 : (063	寘	치) : 縊*(의) : 목맬 의	5134	4825	6924	5473
仄聲 / 去聲 : (063	寘	치) : 意(의) : 뜻 의	5142	4826	6932	5474
仄聲 / 去聲 : (063	寘	치) : 懿(의) : 아름다울 의	5143	4827	6933	5475
仄聲 / 去聲 : (064	未	미) : 毅(의) : 굳셀 의	5146	4923	1930	5476
仄聲 / 去聲 : (063	寘	치) : 義(의) : 옳을 의	5152	4828	6934	5477
仄聲 / 去聲 : (063	寘	치) : 誼(의) : 옳을 의	5158	4829	6935	5478
仄聲 / 去聲 : (063	寘	치) : 議(의) : 의논할 의	5159	4830	6936	5479
仄聲 / 去聲 : (070	隊	대) : 儗(의) : 의심할 의	5161	5450	1033	5480
仄聲 / 去聲 : (063	寘	치) : 劓(의) : 코 벨 의	5162	4831	6937	5481
仄聲 / 去聲 : (067	霽	제) : 饐(의) : 쉴/밥썩을 의	5167	5204	5504	5482
仄聲 / 去聲 : (063	寘	치) : 二(이) : 두 이	5178	4833	6939	5483
仄聲 / 去聲 : (063	寘	치) : 異(이) : 다를/괴이할/나눌 이	5189	4834	6940	5484
仄聲 / 去聲 : (063	寘	치) : 肄(이) : 익힐 이	5194	4835	6941	5485
仄聲 / 去聲 : (063	寘	치) : 貳(이) : 두/갖은두 이	5199	4836	6942	5486
仄聲 / 去聲 : (063	寘	치) : 餌(이) : 먹이 이	5203	4838	6944	5487
仄聲 / 去聲 : (063	寘	치) : 刵(이) : 귀벨 이	5208	4839	6945	5488
仄聲 / 去聲 : (063	寘	치) : 咡(이) : 입 이	5209	4840	6946	5489
仄聲 / 去聲 : (063	寘	치) : 异(이) : 그칠 이	5213	4841	6947	5490
仄聲 / 去聲 : (063	寘	치) : 樲(이) : 멧대추나무 이	5219	4842	6948	5491
仄聲 / 去聲 : (071	震	진) : 刃(인) : 칼날 인	5244	5519	6538	5492
仄聲 / 去聲 : (071	震	진) : 印(인) : 도장 인	5245	5520	6539	5493
仄聲 / 去聲 : (071	震	진) : 認(인) : 알 인	5259	5521	6540	5494
仄聲 / 去聲 : (071	震	진) : 靭(인) : 질길 인	5260	5522	6541	5495
仄聲 / 去聲 : (071	震	진) : 仞(인) : 길(물깊이) 인	5262	5523	6542	5496
仄聲 / 去聲 : (071	震	진) : 軔(인) : 쐐기 인	5267	5524	6543	5497
仄聲 / 去聲 : (071	震	진) : 韌(인) : 질길 인	5269	5525	6544	5498
仄聲 / 去聲 : (063	寘	치) : 字(자) : 글자 자	5316	4843	6949	5499
仄聲 / 去聲 : (063	寘	치) : 恣(자) : 방자할 자	5318	4844	6950	5500
仄聲 / 去聲 : (063	寘	치) : 自(자) : 스스로 자	5331	4845	6951	5501
仄聲 / 去聲 : (063	寘	치) : 孳(자) : 우거질 자	5340	4846	6952	5502
仄聲 / 去聲 : (067	霽	제) : 眥(자) : 흘겨볼 자	5344	5205	5505	5503
仄聲 / 去聲 : (063	寘	치) : 胾(자) : 고깃점 자	5347	4848	6954	5504
仄聲 / 去聲 : (075	諫	간) : 棧(잔) : 잔교 잔	5396	5715	280	5505

배열형식 D (四聲基準)			배열 A	배열 B	배열 C	배열 D
平仄 / 四聲 : (韻目No:	韻目)	韻族(독음): 字義	운족 가나순	운목 번호순	운목 가나순	사성순
仄聲 / 去聲 : (075	諫	간) : 虥(잔) : 범 잔	5401	5716	281	5506
仄聲 / 去聲 : (075	諫	간) : 輚(잔) : 수레 잔	5402	5717	282	5507
仄聲 / 去聲 : (070	隊	대) : 再(재) : 거듭/다시 재	5470	5452	1034	5508
仄聲 / 去聲 : (070	隊	대) : 在(재) : 있을 재	5472	5453	1035	5509
仄聲 / 去聲 : (070	隊	대) : 栽(재) : 심을 재	5476	5454	1036	5510
仄聲 / 去聲 : (070	隊	대) : 縡(재) : 일 재	5481	5455	1037	5511
仄聲 / 去聲 : (070	隊	대) : 裁(재) : 옷마를 재	5482	5456	1038	5512
仄聲 / 去聲 : (070	隊	대) : 載(재) : 실을 재	5484	5457	1039	5513
仄聲 / 去聲 : (065	御	어) : 沮(저) : 막을 저	5515	4969	3593	5514
仄聲 / 去聲 : (065	御	어) : 箸(저) : 젓가락 저	5521	4971	3595	5515
仄聲 / 去聲 : (065	御	어) : 翥(저) : 날아오를 저	5553	4972	3596	5516
仄聲 / 去聲 : (076	霰	산) : 縳*(전) : 곱고선명할 전	353	5739	2006	5517
仄聲 / 去聲 : (076	霰	산) : 佃(전) : 밭갈 전	5592	5797	2064	5518
仄聲 / 去聲 : (076	霰	산) : 傳(전) : 전할 전	5594	5798	2065	5519
仄聲 / 去聲 : (076	霰	산) : 奠(전) : 정할/제수 전	5600	5799	2066	5520
仄聲 / 去聲 : (076	霰	산) : 戰(전) : 싸울 전	5605	5800	2067	5521
仄聲 / 去聲 : (076	霰	산) : 殿(전) : 전각 전	5607	5801	2068	5522
仄聲 / 去聲 : (076	霰	산) : 澱(전) : 찌끼 전	5609	5802	2069	5523
仄聲 / 去聲 : (076	霰	산) : 煎(전) : 달일 전	5610	5803	2070	5524
仄聲 / 去聲 : (076	霰	산) : 甸(전) : 경기(畿內區域) 전	5612	5804	2071	5525
仄聲 / 去聲 : (076	霰	산) : 箭(전) : 살 전	5617	5805	2072	5526
仄聲 / 去聲 : (076	霰	산) : 纏(전) : 얽을 전	5619	5806	2073	5527
仄聲 / 去聲 : (076	霰	산) : 轉(전) : 구를 전	5623	5807	2074	5528
仄聲 / 去聲 : (076	霰	산) : 鈿(전) : 비녀 전	5624	5808	2075	5529
仄聲 / 去聲 : (076	霰	산) : 電(전) : 번개 전	5628	5809	2076	5530
仄聲 / 去聲 : (076	霰	산) : 顫(전) : 떨릴 전	5630	5810	2077	5531
仄聲 / 去聲 : (076	霰	산) : 餞(전) : 전송할 전	5631	5811	2078	5532
仄聲 / 去聲 : (076	霰	산) : 囀(전) : 지저귈 전	5634	5812	2079	5533
仄聲 / 去聲 : (076	霰	산) : 瑱(전) : 옥이름 전	5638	5813	2080	5534
仄聲 / 去聲 : (076	霰	산) : 靛(전) : 푸른색대 전	5648	5814	2081	5535
仄聲 / 去聲 : (076	霰	산) : 鬋(전) : 귀밑털드리울 전	5651	5815	2082	5536
仄聲 / 去聲 : (076	霰	산) : 唸*(전) : 음할 전	5698	5816	2083	5537
仄聲 / 去聲 : (076	霰	산) : 淀(정) : 얕은물 정	5730	5817	2084	5538
仄聲 / 去聲 : (063	寘	치) : 眥*(제) : 눈초리 제	5345	4847	6953	5539
仄聲 / 去聲 : (067	霽	제) : 晢(제) : 별반짝반짝할 제	5795	5208	5507	5540
仄聲 / 去聲 : (067	霽	제) : 制(제) : 절제할 제	5797	5209	5508	5541

배열형식 D (四聲基準)			배열 A	배열 B	배열 C	배열 D
平仄 / 四聲 : (韻目No: 韻目)		韻族(독음): 字義	운족 가나순	운목 번호순	운목 가나순	사성순
仄聲 / 去聲 : (067	霽	제) : 劑(제) : 나눌/약재료 제	5798	5210	5509	5542
仄聲 / 去聲 : (067	霽	제) : 帝(제) : 임금 제	5802	5211	5510	5543
仄聲 / 去聲 : (067	霽	제) : 提(제) : 들/끌/당길 제	5805	5212	5511	5544
仄聲 / 去聲 : (069	卦	괘) : 祭(제) : 제사 제	5810	5360	857	5545
仄聲 / 去聲 : (067	霽	제) : 第(제) : 차례 제	5811	5213	5512	5546
仄聲 / 去聲 : (067	霽	제) : 製(제) : 지을 제	5813	5214	5513	5547
仄聲 / 去聲 : (065	御	어) : 除(제) : 덜 제	5817	4973	3597	5548
仄聲 / 去聲 : (067	霽	제) : 際(제) : 즈음/가 제	5818	5215	5514	5549
仄聲 / 去聲 : (067	霽	제) : 霽(제) : 갤 제	5819	5216	5515	5550
仄聲 / 去聲 : (067	霽	제) : 題(제) : 제목 제	5820	5217	5516	5551
仄聲 / 去聲 : (067	霽	제) : 齊(제) : 가지런할 제	5821	5218	5517	5552
仄聲 / 去聲 : (067	霽	제) : 娣(제) : 여동생 제	5824	5219	5518	5553
仄聲 / 去聲 : (067	霽	제) : 擠(제) : 밀 제	5825	5220	5519	5554
仄聲 / 去聲 : (067	霽	제) : 鯷(제) : 붕어 제	5829	5221	5521	5555
仄聲 / 去聲 : (067	霽	제) : 嚌(제) : 맛볼 제	5830	5222	5522	5556
仄聲 / 去聲 : (067	霽	제) : 懠(제) : 성낼 제	5831	5223	5523	5557
仄聲 / 去聲 : (067	霽	제) : 櫅*(제) : 나무토막 제	5369	5206	5524	5558
仄聲 / 去聲 : (067	霽	제) : 穧(제) : 볏단 제	5833	5224	5525	5559
仄聲 / 去聲 : (067	霽	제) : 屜(제) : 신발안창 제	6566	5237	5537	5560
仄聲 / 去聲 : (077	嘯	소) : 召*(조) : 대추 조	3628	5870	2777	5561
仄聲 / 去聲 : (077	嘯	소) : 炤*(조) : 비칠/반딧불 조	3647	5874	2780	5562
仄聲 / 去聲 : (077	嘯	소) : 吊(조) : 조상할(弔) 조	5840	5888	2794	5563
仄聲 / 去聲 : (065	御	어) : 助(조) : 도울 조	5844	4974	3598	5564
仄聲 / 去聲 : (077	嘯	소) : 弔(조) : 조상할 조	5846	5889	2795	5565
仄聲 / 去聲 : (066	遇	우) : 措(조) : 둘 조	5849	5070	4738	5566
仄聲 / 去聲 : (077	嘯	소) : 照(조) : 비칠 조	5861	5890	2796	5567
仄聲 / 去聲 : (077	嘯	소) : 眺(조) : 바라볼 조	5865	5891	2797	5568
仄聲 / 去聲 : (066	遇	우) : 祚(조) : 복 조	5867	5071	4739	5569
仄聲 / 去聲 : (077	嘯	소) : 詔(조) : 조서/가르칠 조	5880	5892	2798	5570
仄聲 / 去聲 : (077	嘯	소) : 調(조) : 고를 조	5881	5893	2799	5571
仄聲 / 去聲 : (077	嘯	소) : 釣(조) : 낚을/낚시 조	5886	5894	2800	5572
仄聲 / 去聲 : (066	遇	우) : 厝(조) : 둘(置也) 조	5892	5072	4740	5573
仄聲 / 去聲 : (078	效	효) : 笊(조) : 조리 조	5903	5930	7856	5574
仄聲 / 去聲 : (077	嘯	소) : 糶(조) : 쌀내어팔 조	5905	5895	2801	5575
仄聲 / 去聲 : (066	遇	우) : 胙(조) : 제지낸고기/복 조	5907	5073	4741	5576
仄聲 / 去聲 : (077	嘯	소) : 藋(조) : 명아주 조	5914	5896	2802	5577

배열형식 D (四聲基準)			배열 A	배열 B	배열 C	배열 D
平仄 / 四聲 : (韻目No:	韻目)	韻族(독음): 字義	운족 가나순	운목 번호순	운목 가나순	사성순
仄聲 / 去聲 : (077	嘯	소) : 覜(조) : 뵐 조	5915	5897	2803	5578
仄聲 / 去聲 : (077	嘯	소) : 釂(조) : 마실 조	5917	5898	2804	5579
仄聲 / 去聲 : (066	遇	우) : 阼(조) : 섬돌 조	5918	5074	4742	5580
仄聲 / 去聲 : (065	御	어) : 麆(조) : 노루새끼/어린아이 조	5923	4975	3599	5581
仄聲 / 去聲 : (077	嘯	소) : 灂(조) : 수레채에옻칠할 조	5926	5899	2806	5582
仄聲 / 去聲 : (061	宋	송) : 種(종) : 씨 종	5952	4701	2856	5583
仄聲 / 去聲 : (061	宋	송) : 綜(종) : 모을 종	5954	4702	2857	5584
仄聲 / 去聲 : (060	送	송) : 粽(종) : 주악 종	5964	4680	2835	5585
仄聲 / 去聲 : (060	送	송) : 總*(종) : 혼솔 종	6660	4685	2840	5586
仄聲 / 去聲 : (065	御	어) : 作*(주) : 만들 주	5371	4968	3592	5587
仄聲 / 去聲 : (066	遇	우) : 住(주) : 살 주	5986	5075	4743	5588
仄聲 / 去聲 : (066	遇	우) : 注(주) : 부을 주	6002	5076	4744	5589
仄聲 / 去聲 : (066	遇	우) : 澍(주) : 단비 주	6005	5077	4745	5590
仄聲 / 去聲 : (066	遇	우) : 炷(주) : 심지 주	6006	5078	4746	5591
仄聲 / 去聲 : (066	遇	우) : 註(주) : 주낼 주	6014	5079	4747	5592
仄聲 / 去聲 : (066	遇	우) : 鑄(주) : 쇠불릴 주	6022	5080	4748	5593
仄聲 / 去聲 : (066	遇	우) : 駐(주) : 머무를 주	6023	5081	4749	5594
仄聲 / 去聲 : (066	遇	우) : 蛀(주) : 나무좀 주	6033	5082	4750	5595
仄聲 / 去聲 : (071	震	진) : 恂*(준) : 무서울 준	3877	5500	6519	5596
仄聲 / 去聲 : (071	震	진) : 俊(준) : 준걸 준	6053	5527	6546	5597
仄聲 / 去聲 : (071	震	진) : 儁(준) : 영특할/훌륭할 준	6054	5528	6547	5598
仄聲 / 去聲 : (071	震	진) : 埈(준) : 높을 준	6056	5529	6548	5599
仄聲 / 去聲 : (071	震	진) : 寯(준) : 모일 준	6057	5530	6549	5600
仄聲 / 去聲 : (071	震	진) : 峻(준) : 높을/준엄할 준	6058	5531	6550	5601
仄聲 / 去聲 : (071	震	진) : 晙(준) : 밝을 준	6059	5532	6551	5602
仄聲 / 去聲 : (071	震	진) : 浚(준) : 깊게할 준	6061	5533	6552	5603
仄聲 / 去聲 : (071	震	진) : 濬(준) : 깊을 준	6064	5534	6553	5604
仄聲 / 去聲 : (073	願	원) : 焌(준) : 태울 준	6065	5613	4934	5605
仄聲 / 去聲 : (071	震	진) : 畯(준) : 농부 준	6066	5535	6554	5606
仄聲 / 去聲 : (071	震	진) : 駿(준) : 준마/클/빠를 준	6072	5536	6555	5607
仄聲 / 去聲 : (062	絳	강) : 惷(준) : 어수선할 준	6074	4708	473	5608
仄聲 / 去聲 : (073	願	원) : 鐏(준) : 창고달 준	6078	5614	4935	5609
仄聲 / 去聲 : (071	震	진) : 餕(준) : 먹다남은밥 준	6080	5538	6557	5610
仄聲 / 去聲 : (071	震	진) : 訰(준) : 어지러울 준	6083	5539	6558	5611
仄聲 / 去聲 : (060	送	송) : 仲(중) : 버금 중	6089	4681	2836	5612
仄聲 / 去聲 : (060	送	송) : 衆(중) : 무리 중	6090	4682	2837	5613

배열형식 D (四聲基準)			배열 A	배열 B	배열 C	배열 D
平仄 / 四聲 : (韻目No:	韻目)	韻族(독음): 字義	운족 가나순	운목 번호순	운목 가나순	사성순
仄聲 / 去聲 : (060	送	송) : 衆(중) : 무리 중	6092	4683	2838	5614
仄聲 / 去聲 : (063	寘	치) : 識*(지) : 기록할 지	4008	4815	6921	5615
仄聲 / 去聲 : (063	寘	치) : 地(지) : 땅 지	6129	4849	6955	5616
仄聲 / 去聲 : (063	寘	치) : 志(지) : 뜻 지	6131	4850	6956	5617
仄聲 / 去聲 : (063	寘	치) : 摯(지) : 잡을 지	6134	4851	6957	5618
仄聲 / 去聲 : (063	寘	치) : 智(지) : 지혜/슬기 지	6137	4852	6958	5619
仄聲 / 去聲 : (063	寘	치) : 漬(지) : 담글 지	6145	4853	6959	5620
仄聲 / 去聲 : (063	寘	치) : 至(지) : 이를 지	6153	4854	6960	5621
仄聲 / 去聲 : (063	寘	치) : 誌(지) : 기록할 지	6157	4855	6961	5622
仄聲 / 去聲 : (063	寘	치) : 贄(지) : 폐백 지	6158	4856	6962	5623
仄聲 / 去聲 : (063	寘	치) : 鷙(지) : 맹금 지	6170	4857	6963	5624
仄聲 / 去聲 : (063	寘	치) : 輊(지) : 수레앞이무거워숙인 지	6177	4858	6964	5625
仄聲 / 去聲 : (063	寘	치) : 鋕(지) : 새길 지	6178	4859	6965	5626
仄聲 / 去聲 : (063	寘	치) : 職(직) : 맡을/벼슬 직	6187	4861	6967	5627
仄聲 / 去聲 : (071	震	진) : 瑱*(진) : 옥이름 진	5639	5526	6545	5628
仄聲 / 去聲 : (071	震	진) : 振(진) : 떨칠 진	6195	5540	6559	5629
仄聲 / 去聲 : (071	震	진) : 搢(진) : 꽂을 진	6196	5541	6560	5630
仄聲 / 去聲 : (071	震	진) : 晉(진) : 나아갈 진	6197	5542	6561	5631
仄聲 / 去聲 : (071	震	진) : 晋(진) : 나아갈 진	6198	5543	6562	5632
仄聲 / 去聲 : (071	震	진) : 璡(진) : 옥돌 진	6205	5544	6563	5633
仄聲 / 去聲 : (071	震	진) : 縉(진) : 붉은비단/꽂을 진	6211	5545	6564	5634
仄聲 / 去聲 : (071	震	진) : 進(진) : 나아갈 진	6220	5546	6565	5635
仄聲 / 去聲 : (071	震	진) : 陣(진) : 진칠 진	6222	5547	6566	5636
仄聲 / 去聲 : (071	震	진) : 震(진) : 우레 진	6224	5548	6567	5637
仄聲 / 去聲 : (071	震	진) : 疢(진) : 열병 진	6230	5549	6568	5638
仄聲 / 去聲 : (071	震	진) : 鎭(진) : 진압할진 진	6235	5550	6569	5639
仄聲 / 去聲 : (063	寘	치) : 次(차) : 버금 차	6291	4862	6968	5640
仄聲 / 去聲 : (074	翰	한) : 澯(찬) : 물맑을 찬	6319	5666	7338	5641
仄聲 / 去聲 : (074	翰	한) : 燦(찬) : 빛날 찬	6320	5667	7339	5642
仄聲 / 去聲 : (074	翰	한) : 璨(찬) : 옥잔 찬	6321	5668	7340	5643
仄聲 / 去聲 : (074	翰	한) : 竄(찬) : 숨을 찬	6323	5669	7341	5644
仄聲 / 去聲 : (075	諫	간) : 簒(찬) : 빼앗을 찬	6324	5718	283	5645
仄聲 / 去聲 : (074	翰	한) : 粲(찬) : 정미 찬	6326	5670	7342	5646
仄聲 / 去聲 : (074	翰	한) : 讚(찬) : 기릴 찬	6328	5671	7343	5647
仄聲 / 去聲 : (074	翰	한) : 贊(찬) : 도울 찬	6329	5672	7344	5648
仄聲 / 去聲 : (074	翰	한) : 爨(찬) : 불땔 찬	6335	5673	7345	5649

배열형식 D (四聲基準)			배열 A	배열 B	배열 C	배열 D
平仄 / 四聲 : (韻目No: 韻目) 韻族(독음): 字義			운족 가나순	운목 번호순	운목 가나순	사성순
仄聲 / 去聲 : (075	諫	간) : 篡(찬) : 빼앗을 찬	6336	5719	284	5650
仄聲 / 去聲 : (069	卦	괘) : 債(채) : 빚 채	6407	5361	858	5651
仄聲 / 去聲 : (070	隊	대) : 埰(채) : 나라에서준당 채	6408	5459	1040	5652
仄聲 / 去聲 : (069	卦	괘) : 寨(채) : 나무우리 채	6410	5362	859	5653
仄聲 / 去聲 : (069	卦	괘) : 砦(채) : 울타리 채	6413	5363	860	5654
仄聲 / 去聲 : (070	隊	대) : 菜(채) : 나물 채	6415	5460	1041	5655
仄聲 / 去聲 : (068	泰	태) : 蔡(채) : 본받을/거북 채	6416	5299	7111	5656
仄聲 / 去聲 : (070	隊	대) : 采(채) : 풍채 채	6418	5461	1042	5657
仄聲 / 去聲 : (075	諫	간) : 柵(책) : 우리/목책/사닥다리 책	6424	5720	285	5658
仄聲 / 去聲 : (065	御	어) : 蜡*(처) : 쉬 처	3272	4944	3568	5659
仄聲 / 去聲 : (065	御	어) : 絮*(처) : 간맞출 처	3429	4949	3573	5660
仄聲 / 去聲 : (065	御	어) : 狙*(처) : 간사할/견줄 처	5518	4970	3594	5661
仄聲 / 去聲 : (067	霽	제) : 妻(처) : 아내 처	6434	5225	5526	5662
仄聲 / 去聲 : (065	御	어) : 處*(처) : 곳 처	6437	4976	3600	5663
仄聲 / 去聲 : (076	霰	산) : 串*(천) : 꿰미 천	666	5742	2009	5664
仄聲 / 去聲 : (076	霰	산) : 箐*(천) : 대활 천	5775	5818	2085	5665
仄聲 / 去聲 : (076	霰	산) : 淒*(천) : 빠를 천	6439	5820	2087	5666
仄聲 / 去聲 : (076	霰	산) : 擅(천) : 천단 천	6472	5821	2088	5667
仄聲 / 去聲 : (076	霰	산) : 玔(천) : 옥고리 천	6475	5822	2089	5668
仄聲 / 去聲 : (076	霰	산) : 穿(천) : 뚫을 천	6476	5823	2090	5669
仄聲 / 去聲 : (076	霰	산) : 薦(천) : 천거할 천	6478	5824	2091	5670
仄聲 / 去聲 : (076	霰	산) : 賤(천) : 천할 천	6479	5825	2092	5671
仄聲 / 去聲 : (076	霰	산) : 釧(천) : 팔찌 천	6482	5826	2093	5672
仄聲 / 去聲 : (076	霰	산) : 倩(천) : 엄전할 천	6487	5827	2094	5673
仄聲 / 去聲 : (076	霰	산) : 濺(천) : 흩뿌릴 천	6489	5828	2095	5674
仄聲 / 去聲 : (076	霰	산) : 荐(천) : 거듭할 천	6490	5829	2096	5675
仄聲 / 去聲 : (076	霰	산) : 刋(천) : 끊을 천	6493	5830	2097	5676
仄聲 / 去聲 : (076	霰	산) : 綪(천) : 붉은비단 천	6495	5831	2098	5677
仄聲 / 去聲 : (076	霰	산) : 竁*(천) : 광중팔/쥐구멍팔 천	6783	5832	2099	5678
仄聲 / 去聲 : (067	霽	제) : 綴(철) : 잇댈/맺을 철	6505	5226	5527	5679
仄聲 / 去聲 : (067	霽	제) : 切*(체) : 온통/대강 체	5671	5207	5506	5680
仄聲 / 去聲 : (067	霽	제) : 睇(체) : 볼/흘깃볼 체	6552	5227	5520	5681
仄聲 / 去聲 : (067	霽	제) : 剃(체) : 머리깎을 체	6553	5228	5528	5682
仄聲 / 去聲 : (067	霽	제) : 替(체) : 바꿀 체	6554	5229	5529	5683
仄聲 / 去聲 : (067	霽	제) : 滯(체) : 막힐 체	6556	5230	5530	5684
仄聲 / 去聲 : (067	霽	제) : 締(체) : 맺을 체	6557	5231	5531	5685

배열형식 D (四聲基準)			배열 A	배열 B	배열 C	배열 D
平仄 / 四聲 : (韻目No: 韻目)		韻族(독음): 字義	운족 가나순	운목 번호순	운목 가나순	사성순
仄聲 / 去聲 : (067	霽	제) : 諦(체) : 살필 체	6558	5232	5532	5686
仄聲 / 去聲 : (067	霽	제) : 逮(체) : 잡아가둘/단아할 체	6559	5233	5533	5687
仄聲 / 去聲 : (067	霽	제) : 嚏(체) : 재채기 체	6563	5234	5534	5688
仄聲 / 去聲 : (067	霽	제) : 彘(체) : 돼지 체	6564	5235	5535	5689
仄聲 / 去聲 : (067	霽	제) : 蒂(체) : 가시 체	6565	5236	5536	5690
仄聲 / 去聲 : (067	霽	제) : 掣(체) : 끌/거리낄 체	6567	5238	5538	5691
仄聲 / 去聲 : (067	霽	제) : 疐*(체) : 꼭지딸 체	6798	5247	5539	5692
仄聲 / 去聲 : (067	霽	제) : 禘(체) : 종묘제사이름 체	6570	5239	5540	5693
仄聲 / 去聲 : (067	霽	제) : 螮(체) : 무지개 체	6571	5240	5541	5694
仄聲 / 去聲 : (067	霽	제) : 髢(체) : 다리 체	6572	5241	5542	5695
仄聲 / 去聲 : (067	霽	제) : 鬀(체) : 머리깎을/땋은머리 체	6573	5242	5543	5696
仄聲 / 去聲 : (067	霽	제) : 薙*(체) : 풀깎을 체	6830	5248	5548	5697
仄聲 / 去聲 : (077	嘯	소) : 哨(초) : 방수꾼/피리 초	6577	5900	2807	5698
仄聲 / 去聲 : (065	御	어) : 楚(초) : 초나라 초	6585	4977	3601	5699
仄聲 / 去聲 : (077	嘯	소) : 肖*(초) : 닮을/작을 초	3693	5879	2809	5700
仄聲 / 去聲 : (066	遇	우) : 酢(초) : 초/단것 초	6600	5083	4751	5701
仄聲 / 去聲 : (066	遇	우) : 醋*(초) : 초 초	5394	5069	4752	5702
仄聲 / 去聲 : (077	嘯	소) : 醮(초) : 초례 초	6602	5901	2810	5703
仄聲 / 去聲 : (077	嘯	소) : 僬(초) : 명찰할 초	6603	5902	2811	5704
仄聲 / 去聲 : (077	嘯	소) : 峭(초) : 높고험악할/급할 초	6606	5903	2813	5705
仄聲 / 去聲 : (078	效	효) : 杪(초) : 회초리/끝 초	6609	5931	7857	5706
仄聲 / 去聲 : (077	嘯	소) : 誚(초) : 꾸짖을 초	6612	5904	2814	5707
仄聲 / 去聲 : (078	效	효) : 鈔(초) : 노략질할/베낄 초	6615	5932	7858	5708
仄聲 / 去聲 : (073	願	원) : 寸(촌) : 마디 촌	6636	5615	4936	5709
仄聲 / 去聲 : (060	送	송) : 銃(총) : 총 총	6652	4684	2839	5710
仄聲 / 去聲 : (070	隊	대) : 啐*(쵀) : 부를/놀랄 쵀	6087	5458	1043	5711
仄聲 / 去聲 : (068	泰	태) : 最(최) : 가장 최	6664	5300	7112	5712
仄聲 / 去聲 : (069	卦	괘) : 嘬(최) : 물 최	6665	5364	861	5713
仄聲 / 去聲 : (063	寘	치) : 墜(추) : 떨어질 추	6670	4863	6970	5714
仄聲 / 去聲 : (063	寘	치) : 錘(추) : 중량저울 추	6692	4864	6971	5715
仄聲 / 去聲 : (063	寘	치) : 槌(추) : 칠 추	6718	4865	6992	5716
仄聲 / 去聲 : (063	寘	치) : 悴(췌) : 근심할/파리할 췌	6756	4866	6972	5717
仄聲 / 去聲 : (063	寘	치) : 膵(췌) : 췌장 췌	6757	4867	6973	5718
仄聲 / 去聲 : (063	寘	치) : 萃(췌) : 모을 췌	6758	4868	6974	5719
仄聲 / 去聲 : (067	霽	제) : 贅(췌) : 군더더기 췌	6759	5243	5544	5720
仄聲 / 去聲 : (063	寘	치) : 惴(췌) : 두려워할 췌	6760	4869	6975	5721

배열형식 D (四聲基準)			배열 A	배열 B	배열 C	배열 D
平仄 / 四聲 : (韻目No: 韻目) 韻族(독음): 字義			운족 가나순	운목 번호순	운목 가나순	사성순
仄聲 / 去聲 : (063	寘	치) : 瘵(췌) : 병들 췌	6761	4870	6976	5722
仄聲 / 去聲 : (063	寘	치) : 顇(췌) : 파리할 췌	6762	4871	6977	5723
仄聲 / 去聲 : (066	遇	우) : 娶(취) : 장가들 취	6768	5084	4753	5724
仄聲 / 去聲 : (063	寘	치) : 翠(취) : 물총새 취	6771	4872	6978	5725
仄聲 / 去聲 : (067	霽	제) : 脆(취) : 무를 취	6773	5244	5545	5726
仄聲 / 去聲 : (066	遇	우) : 趣(취) : 추창할/뜻 취	6775	5085	4754	5727
仄聲 / 去聲 : (063	寘	치) : 醉(취) : 취할 취	6778	4873	6979	5728
仄聲 / 去聲 : (067	霽	제) : 毳(취) : 솜털 취	6781	5245	5546	5729
仄聲 / 去聲 : (067	霽	제) : 竁(취) : 광중팔/쥐구멍팔 취	6782	5246	5547	5730
仄聲 / 去聲 : (063	寘	치) : 臎(취) : 살찔 취	6784	4874	6980	5731
仄聲 / 去聲 : (063	寘	치) : 廁(측) : 뒷간 측	6787	4875	6981	5732
仄聲 / 去聲 : (071	震	진) : 儭(츤) : 속옷 츤	6794	5551	6570	5733
仄聲 / 去聲 : (063	寘	치) : 植*(치) : 방망이/기댈/두목 치	4002	4814	6920	5734
仄聲 / 去聲 : (063	寘	치) : 直*(치) : 값 치	6182	4860	6966	5735
仄聲 / 去聲 : (063	寘	치) : 疐(치) : 미끄러질 치	6797	4877	6969	5736
仄聲 / 去聲 : (063	寘	치) : 廁*(치) : 뒷간/버금 치	6790	4876	6982	5737
仄聲 / 去聲 : (063	寘	치) : 値(치) : 값 치	6800	4878	6983	5738
仄聲 / 去聲 : (063	寘	치) : 幟(치) : 깃대/표기/기 치	6803	4879	6984	5739
仄聲 / 去聲 : (063	寘	치) : 熾(치) : 성할 치	6808	4880	6985	5740
仄聲 / 去聲 : (063	寘	치) : 稚(치) : 어릴 치	6812	4881	6986	5741
仄聲 / 去聲 : (063	寘	치) : 穉(치) : 어린벼/어린 치	6813	4882	6987	5742
仄聲 / 去聲 : (063	寘	치) : 緻(치) : 고울 치	6815	4883	6988	5743
仄聲 / 去聲 : (063	寘	치) : 置(치) : 둘 치	6816	4884	6989	5744
仄聲 / 去聲 : (063	寘	치) : 致(치) : 이를 치	6817	4885	6990	5745
仄聲 / 去聲 : (063	寘	치) : 寘(치) : 둘/받아들일 치	6824	4886	6991	5746
仄聲 / 去聲 : (071	震	진) : 櫬(친) : 무 친	6846	5552	6571	5747
仄聲 / 去聲 : (071	震	진) : 襯(친) : 속옷 친	6847	5553	6572	5748
仄聲 / 去聲 : (071	震	진) : 齔(친) : 이갈 친	6848	5554	6573	5749
仄聲 / 去聲 : (069	卦	괘) : 快(쾌) : 쾌할 쾌	6869	5365	862	5750
仄聲 / 去聲 : (069	卦	괘) : 夬(쾌) : 나눌 쾌	6870	5366	863	5751
仄聲 / 去聲 : (069	卦	괘) : 澮*(쾌) : 물졸졸흐를 쾌	7740	5380	877	5752
仄聲 / 去聲 : (069	卦	괘) : 獪*(쾌) : 간교할/교활할 쾌	7744	5381	878	5753
仄聲 / 去聲 : (075	諫	간) : 袒*(탄) : 옷터질 탄	1353	5699	264	5754
仄聲 / 去聲 : (074	翰	한) : 嘆(탄) : 탄식할 탄	6921	5674	7346	5755
仄聲 / 去聲 : (074	翰	한) : 炭(탄) : 숯 탄	6927	5675	7347	5756
仄聲 / 去聲 : (075	諫	간) : 綻(탄) : 솔기터질 탄	6928	5721	286	5757

배열형식 D (四聲基準)			배열 A	배열 B	배열 C	배열 D
平仄 / 四聲 : (韻目No: 韻目) 韻族(독음): 字義			운족 가나순	운목 번호순	운목 가나순	사성순
仄聲 / 去聲 : (068	泰	태) : 大*(태) : 클/굵을/처음 태	1458	5281	7093	5758
仄聲 / 去聲 : (068	泰	태) : 稅*(태) : 추복입을 태	3609	5292	7104	5759
仄聲 / 去聲 : (068	泰	태) : 蛻*(태) : 허물벗을 태	3624	5293	7105	5760
仄聲 / 去聲 : (067	霽	제) : 銳*(태) : 창 태	4536	5190	5488	5761
仄聲 / 去聲 : (068	泰	태) : 兌(태) : 기쁠/곧을 태	6964	5301	7113	5762
仄聲 / 去聲 : (068	泰	태) : 太(태) : 클 태	6966	5302	7114	5763
仄聲 / 去聲 : (070	隊	대) : 態(태) : 모습 태	6968	5462	1044	5764
仄聲 / 去聲 : (068	泰	태) : 泰(태) : 클 태	6971	5303	7115	5765
仄聲 / 去聲 : (066	遇	우) : 菟*(토) : 토끼 토	1531	5001	4671	5766
仄聲 / 去聲 : (066	遇	우) : 兎(토) : 토끼 토	6989	5086	4756	5767
仄聲 / 去聲 : (066	遇	우) : 兔(토) : 토끼 토	6990	5087	4758	5768
仄聲 / 去聲 : (066	遇	우) : 吐(토) : 토할 토	6991	5088	4757	5769
仄聲 / 去聲 : (060	送	송) : 慟(통) : 서러워할 통	6998	4686	2841	5770
仄聲 / 去聲 : (060	送	송) : 痛(통) : 아플 통	6999	4687	2842	5771
仄聲 / 去聲 : (061	宋	송) : 統(통) : 거느릴 통	7001	4703	2858	5772
仄聲 / 去聲 : (073	願	원) : 褪(퇴) : 벗을 퇴	7007	5616	4938	5773
仄聲 / 去聲 : (070	隊	대) : 退(퇴) : 물러날 퇴	7008	5463	1045	5774
仄聲 / 去聲 : (066	遇	우) : 妬(투) : 시새울/겹칠 투	7013	5089	4759	5775
仄聲 / 去聲 : (066	遇	우) : 妒(투) : 투기할 투	7017	5090	4760	5776
仄聲 / 去聲 : (069	卦	괘) : 派(파) : 갈래 파	7032	5367	864	5777
仄聲 / 去聲 : (074	翰	한) : 判(판) : 판단할 판	7049	5677	7349	5778
仄聲 / 去聲 : (075	諫	간) : 瓣(판) : 외씨 판	7053	5722	287	5779
仄聲 / 去聲 : (073	願	원) : 販(판) : 팔 판	7054	5617	4939	5780
仄聲 / 去聲 : (075	諫	간) : 辦(판) : 힘쓸 판	7055	5723	288	5781
仄聲 / 去聲 : (070	隊	대) : 背*(패) : 버릴/배반할 패	2717	5428	1010	5782
仄聲 / 去聲 : (068	泰	태) : 芾*(패) : 나무더부룩할 패	3066	5291	7103	5783
仄聲 / 去聲 : (070	隊	대) : 佩(패) : 노리개/찰 패	7061	5464	1046	5784
仄聲 / 去聲 : (069	卦	괘) : 唄(패) : 인도노래 패	7062	5368	865	5785
仄聲 / 去聲 : (070	隊	대) : 悖(패) : 어그러질 패	7063	5465	1047	5786
仄聲 / 去聲 : (069	卦	괘) : 敗(패) : 패할 패	7065	5369	866	5787
仄聲 / 去聲 : (068	泰	태) : 沛(패) : 늪 패	7066	5304	7116	5788
仄聲 / 去聲 : (068	泰	태) : 浿(패) : 강이름 패	7067	5305	7117	5789
仄聲 / 去聲 : (068	泰	태) : 狽(패) : 이리 패	7070	5306	7118	5790
仄聲 / 去聲 : (069	卦	괘) : 稗(패) : 피 패	7071	5370	867	5791
仄聲 / 去聲 : (068	泰	태) : 貝(패) : 조개 패	7074	5307	7119	5792
仄聲 / 去聲 : (064	未	미) : 孛(패) : 혜성 패	7075	4924	1931	5793

배열형식 D (四聲基準)			배열 A	배열 B	배열 C	배열 D
平仄 / 四聲 : (韻目No: 韻目) 韻族(독음): 字義			운족 가나순	운목 번호순	운목 가나순	사성순
仄聲 / 去聲 : (068	泰	태) : 旆(패) : 기/깃발날릴 패	7077	5308	7120	5794
仄聲 / 去聲 : (070	隊	대) : 珮(패) : 찰 패	7078	5466	1048	5795
仄聲 / 去聲 : (070	隊	대) : 肺*(패) : 성할 패	7122	5470	1052	5796
仄聲 / 去聲 : (076	霰	산) : 便(편) : 편할 편	7088	5833	2100	5797
仄聲 / 去聲 : (076	霰	산) : 片(편) : 조각 편	7093	5834	2101	5798
仄聲 / 去聲 : (076	霰	산) : 遍(편) : 두루 편	7098	5835	2102	5799
仄聲 / 去聲 : (076	霰	산) : 騙(편) : 뛰어오를/속일 편	7100	5836	2103	5800
仄聲 / 去聲 : (067	霽	제) : 薜*(폐) : 승검초/돌삼 폐	3536	5165	5450	5801
仄聲 / 去聲 : (070	隊	대) : 吠(폐) : 짖을 폐	7115	5467	1049	5802
仄聲 / 去聲 : (067	霽	제) : 嬖(폐) : 사랑할 폐	7116	5250	5550	5803
仄聲 / 去聲 : (067	霽	제) : 幣(폐) : 화폐 폐	7117	5251	5551	5804
仄聲 / 去聲 : (070	隊	대) : 廢(폐) : 폐할/버릴 폐	7118	5468	1050	5805
仄聲 / 去聲 : (067	霽	제) : 弊(폐) : 폐단/해칠 폐	7119	5252	5552	5806
仄聲 / 去聲 : (067	霽	제) : 斃(폐) : 넘어질 폐	7120	5253	5553	5807
仄聲 / 去聲 : (070	隊	대) : 肺(폐) : 허파/마음속 폐	7121	5469	1051	5808
仄聲 / 去聲 : (067	霽	제) : 蔽(폐) : 덮을 폐	7123	5254	5554	5809
仄聲 / 去聲 : (067	霽	제) : 閉(폐) : 닫을/마칠//가릴 폐	7124	5255	5555	5810
仄聲 / 去聲 : (067	霽	제) : 敝(폐) : 해질 폐	7127	5256	5556	5811
仄聲 / 去聲 : (066	遇	우) : 佈(포) : 펼 포	7128	5091	4761	5812
仄聲 / 去聲 : (066	遇	우) : 哺(포) : 맘먹을/먹일 포	7133	5092	4762	5813
仄聲 / 去聲 : (066	遇	우) : 圃(포) : 남새밭 포	7134	5093	4763	5814
仄聲 / 去聲 : (066	遇	우) : 布(포) : 베 포	7135	5094	4764	5815
仄聲 / 去聲 : (066	遇	우) : 怖(포) : 두려워할 포	7136	5095	4765	5816
仄聲 / 去聲 : (066	遇	우) : 捕(포) : 잡을 포	7139	5096	4766	5817
仄聲 / 去聲 : (078	效	효) : 疱(포) : 마마 포	7144	5933	7859	5818
仄聲 / 去聲 : (078	效	효) : 砲(포) : 대포 포	7145	5934	7860	5819
仄聲 / 去聲 : (078	效	효) : 皰(포) : 여드름/부풀 포	7164	5935	7861	5820
仄聲 / 去聲 : (078	效	효) : 爆(폭) : 폭발할 폭	7175	5936	7862	5821
仄聲 / 去聲 : (077	嘯	소) : 俵(표) : 나누어줄 표	7179	5905	2815	5822
仄聲 / 去聲 : (077	嘯	소) : 慓(표) : 날랠 표	7182	5906	2816	5823
仄聲 / 去聲 : (077	嘯	소) : 漂(표) : 떠다닐 표	7186	5907	2817	5824
仄聲 / 去聲 : (078	效	효) : 豹(표) : 표범 표	7190	5937	7863	5825
仄聲 / 去聲 : (077	嘯	소) : 驃(표) : 날랠 표	7193	5908	2818	5826
仄聲 / 去聲 : (077	嘯	소) : 嫖(표) : 날랠 표	7194	5909	2819	5827
仄聲 / 去聲 : (077	嘯	소) : 摽(표) : 칠 표	7195	5910	2820	5828
仄聲 / 去聲 : (060	送	송) : 諷(풍) : 욀 풍	7209	4688	2843	5829

배열형식 D (四聲基準)			배열 A	배열 B	배열 C	배열 D
平仄 / 四聲 : (韻目No: 韻目)		韻族(독음): 字義	운족 가나순	운목 번호순	운목 가나순	사성순
仄聲 / 去聲 : (062	絳	강) : 葑(풍) : 무 풍	7213	4709	474	5830
仄聲 / 去聲 : (063	寘	치) : 跛*(피) : 기울어지게설 피	7038	4887	6993	5831
仄聲 / 去聲 : (063	寘	치) : 避(피) : 피할 피	7224	4888	6994	5832
仄聲 / 去聲 : (063	寘	치) : 邲(필) : 땅이름 필	7244	4889	6996	5833
仄聲 / 去聲 : (074	翰	한) : 幹*(한) : 줄기 한	91	5623	7295	5834
仄聲 / 去聲 : (073	願	원) : 恨(한) : 한 한	7277	5618	4940	5835
仄聲 / 去聲 : (074	翰	한) : 漢(한) : 한수/한나라 한	7281	5678	7350	5836
仄聲 / 去聲 : (074	翰	한) : 瀚(한) : 빨래 한	7283	5679	7351	5837
仄聲 / 去聲 : (074	翰	한) : 鼾(한) : 코골 한	7291	5680	7352	5838
仄聲 / 去聲 : (074	翰	한) : 扞(한) : 막을 한	7292	5681	7353	5839
仄聲 / 去聲 : (075	諫	간) : 骭(한) : 정강이뼈 한	7294	5724	289	5840
仄聲 / 去聲 : (075	諫	간) : 莧*(한) : 패모(莔也) 한	7457	5725	290	5841
仄聲 / 去聲 : (060	送	송) : 檻(함) : 우리 함	7303	4689	2844	5842
仄聲 / 去聲 : (062	絳	강) : 巷(항) : 거리 항	7333	4711	475	5843
仄聲 / 去聲 : (062	絳	강) : 鬨*(항) : 싸움소리 항	7628	4713	477	5844
仄聲 / 去聲 : (068	泰	태) : 害(해) : 해할/해칠 해	7357	5309	7121	5845
仄聲 / 去聲 : (069	卦	괘) : 懈(해) : 게으를 해	7359	5371	868	5846
仄聲 / 去聲 : (069	卦	괘) : 瀣(해) : 이슬기운 해	7362	5372	869	5847
仄聲 / 去聲 : (069	卦	괘) : 邂(해) : 우연히만날 해	7368	5374	871	5848
仄聲 / 去聲 : (069	卦	괘) : 廨(해) : 관아 해	7371	5375	872	5849
仄聲 / 去聲 : (070	隊	대) : 欬(해) : 기침 해	7372	5471	1053	5850
仄聲 / 去聲 : (070	隊	대) : 劾(핵) : 캐물을 핵	7379	5472	1054	5851
仄聲 / 去聲 : (065	御	어) : 噓(허) : 내불 허	7404	4978	3602	5852
仄聲 / 去聲 : (074	翰	한) : 憲(헌) : 법 헌	7411	5682	7354	5853
仄聲 / 去聲 : (073	願	원) : 獻(헌) : 바칠/드릴 헌	7412	5619	4941	5854
仄聲 / 去聲 : (076	霰	산) : 見*(현) : 드러날 현	346	5735	2001	5855
仄聲 / 去聲 : (076	霰	산) : 俔(현) : 염탐할 현	7433	5837	2104	5856
仄聲 / 去聲 : (076	霰	산) : 晛(현) : 햇살 현	7437	5838	2105	5857
仄聲 / 去聲 : (076	霰	산) : 炫(현) : 밝을 현	7439	5839	2106	5858
仄聲 / 去聲 : (076	霰	산) : 現(현) : 나타날 현	7442	5840	2107	5859
仄聲 / 去聲 : (076	霰	산) : 眩(현) : 아찔할/어지럼 현	7443	5841	2108	5860
仄聲 / 去聲 : (076	霰	산) : 絢(현) : 무늬 현	7447	5843	2110	5861
仄聲 / 去聲 : (076	霰	산) : 縣(현) : 고을 현	7448	5844	2111	5862
仄聲 / 去聲 : (077	嘯	소) : 衒(현) : 자랑할 현	7450	5911	2821	5863
仄聲 / 去聲 : (076	霰	산) : 蜆(현) : 가막조개 현	7454	5845	2112	5864
仄聲 / 去聲 : (076	霰	산) : 莧(현) : 비름 현	7456	5846	2113	5865

배열형식 D (四聲基準)			배열 A	배열 B	배열 C	배열 D
平仄 / 四聲 : (韻目No:	韻目)	韻族(독음): 字義	운족 가나순	운목 번호순	운목 가나순	사성순
仄聲 / 去聲 : (076	霰	산) : 贙(현) : 나눌 현	7459	5847	2114	5866
仄聲 / 去聲 : (067	霽	제) : 彗(혜) : 비/살별 혜	7514	5257	5557	5867
仄聲 / 去聲 : (068	泰	태) : 惠(혜) : 은혜 혜	7515	5310	7122	5868
仄聲 / 去聲 : (067	霽	제) : 慧(혜) : 슬기로울 혜	7516	5258	5558	5869
仄聲 / 去聲 : (067	霽	제) : 嘒(혜) : 별반짝일 혜	7517	5259	5559	5870
仄聲 / 去聲 : (067	霽	제) : 蕙(혜) : 난초 혜	7518	5260	5560	5871
仄聲 / 去聲 : (067	霽	제) : 嚖(혜) : 가냘플 혜	7523	5261	5561	5872
仄聲 / 去聲 : (067	霽	제) : 譓(혜) : 살필 혜	7526	5262	5562	5873
仄聲 / 去聲 : (067	霽	제) : 憓(혜) : 사랑할 혜	7528	5263	5563	5874
仄聲 / 去聲 : (066	遇	우) : 互(호) : 서로 호	7537	5097	4767	5875
仄聲 / 去聲 : (066	遇	우) : 戶(호) : 집 호	7544	5098	4768	5876
仄聲 / 去聲 : (066	遇	우) : 濩(호) : 퍼질 호	7554	5099	4769	5877
仄聲 / 去聲 : (066	遇	우) : 護(호) : 도울 호	7572	5101	4771	5878
仄聲 / 去聲 : (066	遇	우) : 頀(호) : 구할 호	7575	5102	4772	5879
仄聲 / 去聲 : (066	遇	우) : 枑(호) : 가로막을 호	7585	5103	4773	5880
仄聲 / 去聲 : (066	遇	우) : 穫*(호) : 땅이름 호	7654	5104	4774	5881
仄聲 / 去聲 : (066	遇	우) : 臒*(호) : 곱게붉을/붉은칠할 호	7659	5105	4775	5882
仄聲 / 去聲 : (060	送	송) : 哄(홍) : 떠들썩할 홍	7613	4690	2845	5883
仄聲 / 去聲 : (060	送	송) : 澒(홍) : 수은 홍	7626	4692	2847	5884
仄聲 / 去聲 : (061	宋	송) : 鬨(홍) : 싸움소리 홍	7627	4704	2859	5885
仄聲 / 去聲 : (069	卦	괘) : 話(화) : 말씀 화	7638	5377	875	5886
仄聲 / 去聲 : (069	卦	괘) : 畫(화) : 그림 화	7646	5378	874	5887
仄聲 / 去聲 : (069	卦	괘) : 畵(화) : 그림 화	7647	5379	876	5888
仄聲 / 去聲 : (066	遇	우) : 濩*(확) : 끓을/더러울 확	7555	5100	4770	5889
仄聲 / 去聲 : (076	霰	산) : 眩*(환) : 요술/미혹할 환	7444	5842	2109	5890
仄聲 / 去聲 : (074	翰	한) : 喚(환) : 부를 환	7662	5683	7355	5891
仄聲 / 去聲 : (074	翰	한) : 奐(환) : 빛날 환	7663	5684	7356	5892
仄聲 / 去聲 : (075	諫	간) : 宦(환) : 벼슬 환	7664	5726	291	5893
仄聲 / 去聲 : (076	霰	산) : 幻(환) : 헛보일 환	7665	5848	2115	5894
仄聲 / 去聲 : (075	諫	간) : 患(환) : 근심 환	7666	5727	292	5895
仄聲 / 去聲 : (074	翰	한) : 換(환) : 바꿀 환	7667	5685	7357	5896
仄聲 / 去聲 : (075	諫	간) : 渙(환) : 흩어질 환	7671	5728	293	5897
仄聲 / 去聲 : (074	翰	한) : 煥(환) : 빛날 환	7672	5686	7358	5898
仄聲 / 去聲 : (075	諫	간) : 豢(환) : 기를 환	7681	5729	294	5899
仄聲 / 去聲 : (074	翰	한) : 逭(환) : 피할 환	7687	5687	7359	5900
仄聲 / 去聲 : (070	隊	대) : 回(회) : 돌아올 회	7728	5473	1055	5901

배열형식 D (四聲基準)			배열 A	배열 B	배열 C	배열 D
平仄 / 四聲 : (韻目No:	韻目)	韻族(독음): 字義	운족 가나순	운목 번호순	운목 가나순	사성순
仄聲 / 去聲 : (070	隊	대) : 悔(회) : 뉘우칠 회	7732	5474	1056	5902
仄聲 / 去聲 : (070	隊	대) : 晦(회) : 그믐 회	7734	5475	1057	5903
仄聲 / 去聲 : (068	泰	태) : 會(회) : 모일 회	7735	5311	7123	5904
仄聲 / 去聲 : (068	泰	태) : 檜(회) : 전나무 회	7737	5313	7125	5905
仄聲 / 去聲 : (068	泰	태) : 澮(회) : 밭고랑 회	7739	5314	7126	5906
仄聲 / 去聲 : (068	泰	태) : 獪(회) : 간교할/교활할 회	7743	5315	7127	5907
仄聲 / 去聲 : (068	泰	태) : 繪(회) : 그림 회	7745	5316	7128	5908
仄聲 / 去聲 : (069	卦	괘) : 膾(회) : 회 회	7746	5382	879	5909
仄聲 / 去聲 : (070	隊	대) : 誨(회) : 가르칠 회	7749	5476	1058	5910
仄聲 / 去聲 : (070	隊	대) : 頮(회) : 세수할 회	7755	5477	1059	5911
仄聲 / 去聲 : (068	泰	태) : 薈(회) : 우거진모양 회	7757	5317	7129	5912
仄聲 / 去聲 : (068	泰	태) : 鄶(회) : 나라이름 회	7758	5318	7130	5913
仄聲 / 去聲 : (078	效	효) : 校*(효) : 학궁 효	768	5914	7841	5914
仄聲 / 去聲 : (078	效	효) : 效(효) : 본받을 효	7768	5938	7865	5915
仄聲 / 去聲 : (078	效	효) : 斅(효) : 가르칠 효	7769	5939	7866	5916
仄聲 / 去聲 : (078	效	효) : 酵(효) : 술밑 효	7776	5940	7867	5917
仄聲 / 去聲 : (066	遇	우) : 煦(후) : 따뜻하게할 후	7802	5106	4776	5918
仄聲 / 去聲 : (066	遇	우) : 涸(후) : 마를/막을 후	7804	5107	4777	5919
仄聲 / 去聲 : (067	霽	제) : 酗(후) : 주정할 후	7806	5265	5565	5920
仄聲 / 去聲 : (072	問	문) : 訓(훈) : 가르칠 훈	7817	5580	1784	5921
仄聲 / 去聲 : (073	願	원) : 韗*(훤) : 가죽다루는장인 훤	4866	5609	4930	5922
仄聲 / 去聲 : (064	未	미) : 卉(훼) : 풀 훼	7830	4925	1932	5923
仄聲 / 去聲 : (071	震	진) : 喙(훼) : 부리 훼	7831	5555	6574	5924
仄聲 / 去聲 : (064	未	미) : 彙(휘) : 모을/고슴도치 휘	7840	4926	1933	5925
仄聲 / 去聲 : (064	未	미) : 諱(휘) : 꺼릴 휘	7847	4927	1934	5926
仄聲 / 去聲 : (063	寘	치) : 睢*(휴) : 눈부릅뜨며볼 휴	3827	4800	6906	5927
仄聲 / 去聲 : (067	霽	제) : 巂(휴) : 접동새 휴	7866	5266	5566	5928
仄聲 / 去聲 : (072	問	문) : 釁(흔) : 기뻐할 흔	7887	5581	1786	5929
仄聲 / 去聲 : (073	願	원) : 俒(흔) : 완전할 흔	7888	5620	4942	5930
仄聲 / 去聲 : (064	未	미) : 愾(희) : 한숨쉴 희	7907	4928	1900	5931
仄聲 / 去聲 : (064	未	미) : 摡(희) : 갖을/닦을 희	7909	4929	1901	5932
仄聲 / 去聲 : (064	未	미) : 憙(희) : 기뻐할 희	7920	4930	1935	5933
仄聲 / 去聲 : (063	寘	치) : 戱(희) : 놀이 희	7921	4890	6997	5934
仄聲 / 去聲 : (063	寘	치) : 戲(희) : 희롱할 희	7933	4891	6998	5935
仄聲 / 去聲 : (065	御	어) : 餼(희) : 보낼 희	7936	4979	3603	5936
仄聲 / 去聲 : (063	寘	치) : 饎(희) : 주식 희	7938	4892	7000	5937

배열형식 D (四聲基準)			배열 A	배열 B	배열 C	배열 D
平仄 / 四聲 : (韻目No: 韻目)		韻族(독음): 字義	운족 가나순	운목 번호순	운목 가나순	사성순
仄聲 / 去聲 : (063	寘	치) : 齂(희) : 코고는소리 희	7939	4893	7001	5938
仄聲 / 去聲 : (063	寘	치) : 呬(히) : 숨쉴 히	7940	4894	6999	5939
仄聲 / 去聲 : (081	禡	마) : 價(가) : 값 가	6	6018	1428	5940
仄聲 / 去聲 : (081	禡	마) : 嫁(가) : 시집갈 가	13	6019	1429	5941
仄聲 / 去聲 : (081	禡	마) : 暇(가) : 틈/겨를 가	15	6020	1430	5942
仄聲 / 去聲 : (081	禡	마) : 架(가) : 시렁 가	16	6021	1431	5943
仄聲 / 去聲 : (081	禡	마) : 稼(가) : 심을 가	22	6022	1432	5944
仄聲 / 去聲 : (081	禡	마) : 賈*(가) : 값 가	490	6025	1433	5945
仄聲 / 去聲 : (081	禡	마) : 駕(가) : 탈것/탈 가	31	6023	1434	5946
仄聲 / 去聲 : (081	禡	마) : 咖(가) : 커피 가	33	6024	1435	5947
仄聲 / 去聲 : (080	箇	개) : 个*(가) : 명당곁방 가	217	5991	481	5948
仄聲 / 入聲 : (102	職	직) : 刻(각) : 새길 각	42	7625	6196	5949
仄聲 / 入聲 : (099	藥	약) : 却(각) : 물리칠 각	43	7213	2883	5950
仄聲 / 入聲 : (099	藥	약) : 各(각) : 각각 각	44	7214	2884	5951
仄聲 / 入聲 : (099	藥	약) : 恪(각) : 삼갈 각	45	7215	2885	5952
仄聲 / 入聲 : (099	藥	약) : 愨(각) : 성실할 각	46	7216	2886	5953
仄聲 / 入聲 : (092	覺	각) : 殼(각) : 껍질 각	47	6666	184	5954
仄聲 / 入聲 : (092	覺	각) : 珏(각) : 쌍옥 각	48	6667	185	5955
仄聲 / 入聲 : (099	藥	약) : 脚(각) : 다리 각	50	7217	2887	5956
仄聲 / 入聲 : (092	覺	각) : 覺(각) : 깨달을 각	51	6668	187	5957
仄聲 / 入聲 : (092	覺	각) : 角(각) : 뿔/술잔 각	53	6670	188	5958
仄聲 / 入聲 : (099	藥	약) : 閣(각) : 집 각	56	7218	2888	5959
仄聲 / 入聲 : (100	陌	맥) : 卻(각) : 물리칠 각	57	7358	1485	5960
仄聲 / 入聲 : (099	藥	약) : 咯(각) : 꿩소리/토할 각	58	7219	2889	5961
仄聲 / 入聲 : (099	藥	약) : 擱(각) : 놓을 각	60	7221	2891	5962
仄聲 / 入聲 : (092	覺	각) : 桷(각) : 서까래 각	61	6671	189	5963
仄聲 / 入聲 : (099	藥	약) : 腳(각) : 다리 각	62	7222	2892	5964
仄聲 / 入聲 : (100	陌	맥) : 茖*(각) : 풀 각	318	7362	1487	5965
仄聲 / 入聲 : (099	藥	약) : 格*(각) : 그칠/막을 각	321	7225	2895	5966
仄聲 / 入聲 : (092	覺	각) : 觳*(각) : 팔리할/비교할 각	569	6673	190	5967
仄聲 / 入聲 : (090	屋	옥) : 瑴(각) : 쌍옥 각	63	6440	3824	5968
仄聲 / 入聲 : (092	覺	각) : 較*(각) : 밝을 각	779	6674	192	5969
仄聲 / 入聲 : (092	覺	각) : 榷*(각) : 세 각	790	6676	194	5970
仄聲 / 入聲 : (096	曷	갈) : 喝(갈) : 꾸짖을 갈	102	6960	295	5971
仄聲 / 入聲 : (096	曷	갈) : 曷(갈) : 어찌 갈	104	6961	296	5972
仄聲 / 入聲 : (096	曷	갈) : 渴(갈) : 목마를 갈	105	6962	297	5973

배열형식 D (四聲基準)			배열 A	배열 B	배열 C	배열 D
平仄 / 四聲 : (韻目No: 韻目) 韻族(독음): 字義			운족 가나순	운목 번호순	운목 가나순	사성순
仄聲 / 入聲 : (098	屑	설) : 碣(갈) : 비갈 갈	107	7077	2451	5974
仄聲 / 入聲 : (098	屑	설) : 竭(갈) : 다할 갈	109	7078	2453	5975
仄聲 / 入聲 : (096	曷	갈) : 葛(갈) : 칡 갈	111	6963	298	5976
仄聲 / 入聲 : (096	曷	갈) : 褐(갈) : 털옷 갈	112	6964	299	5977
仄聲 / 入聲 : (096	曷	갈) : 蝎(갈) : 전갈 갈	113	6965	301	5978
仄聲 / 入聲 : (096	曷	갈) : 鞨(갈) : 오랑캐이름 갈	115	6967	302	5979
仄聲 / 入聲 : (097	黠	힐) : 秸(갈) : 볏짚 갈	116	7043	7913	5980
仄聲 / 入聲 : (095	月	월) : 羯(갈) : 오랑캐 갈	117	6887	4943	5981
仄聲 / 入聲 : (095	月	월) : 蠍(갈) : 전갈 갈	118	6888	4944	5982
仄聲 / 入聲 : (096	曷	갈) : 丐(갈) : 거지/구걸할 갈	119	6968	303	5983
仄聲 / 入聲 : (095	月	월) : 揭*(갈) : 높들일/걸 갈	312	6889	4945	5984
仄聲 / 入聲 : (096	曷	갈) : 匃*(갈) : 굽을 갈	822	6974	309	5985
仄聲 / 入聲 : (096	曷	갈) : 猲*(갈) : 사냥개 갈	7417	7038	373	5986
仄聲 / 入聲 : (097	黠	힐) : 頡*(갈) : 긁을/밝을 갈	7944	7075	7945	5987
仄聲 / 去聲 : (087	勘	감) : 勘(감) : 살필 감	121	6382	412	5988
仄聲 / 去聲 : (087	勘	감) : 憾(감) : 섭섭할 감	126	6383	413	5989
仄聲 / 去聲 : (087	勘	감) : 瞰(감) : 볼 감	136	6384	414	5990
仄聲 / 去聲 : (087	勘	감) : 紺(감) : 감색 감	137	6385	415	5991
仄聲 / 去聲 : (089	陷	함) : 鑑(감) : 거울 감	138	6425	7397	5992
仄聲 / 去聲 : (089	陷	함) : 歁*(감) : 탐할/부리 감	387	6426	7398	5993
仄聲 / 去聲 : (087	勘	감) : 闞*(감) : 바랄 감	7313	6402	432	5994
仄聲 / 入聲 : (106	洽	흡) : 匣(갑) : 갑 갑	152	7902	7869	5995
仄聲 / 入聲 : (106	洽	흡) : 岬(갑) : 곶 갑	153	7903	7870	5996
仄聲 / 入聲 : (106	洽	흡) : 甲(갑) : 갑옷 갑	154	7904	7871	5997
仄聲 / 入聲 : (106	洽	흡) : 胛(갑) : 어깨 갑	155	7905	7872	5998
仄聲 / 入聲 : (106	洽	흡) : 鉀(갑) : 갑옷 갑	156	7906	7873	5999
仄聲 / 入聲 : (106	洽	흡) : 閘(갑) : 물문 갑	157	7907	7874	6000
仄聲 / 入聲 : (104	合	합) : 韐(갑) : 가죽바지 갑	158	7786	7409	6001
仄聲 / 入聲 : (104	合	합) : 敆(갑) : 만날 갑	160	7787	7410	6002
仄聲 / 入聲 : (104	合	합) : 瞌(갑) : 졸릴 갑	161	7788	7411	6003
仄聲 / 入聲 : (104	合	합) : 磕*(갑) : 돌소리 갑	215	7790	7413	6004
仄聲 / 入聲 : (106	洽	흡) : 押*(갑) : 도울/잡아들일 갑	4180	7923	7890	6005
仄聲 / 入聲 : (104	合	합) : 合*(갑) : 부를/화할 갑	7318	7819	7440	6006
仄聲 / 入聲 : (106	洽	흡) : 猲*(갑) : 으를/핍박할 갑	7418	7936	7910	6007
仄聲 / 去聲 : (080	箇	개) : 個(개) : 낱 개	193	5988	478	6008
仄聲 / 去聲 : (080	箇	개) : 箇(개) : 낱 개	204	5989	479	6009

배열형식 D (四聲基準)				배열 A	배열 B	배열 C	배열 D
平仄 / 四聲 : (韻目No: 韻目)　韻族(독음): 字義				운족 가나순	운목 번호순	운목 가나순	사성순
仄聲 / 去聲 : (080	箇	개) : 个(개)	: 낱 개	216	5990	480	6010
仄聲 / 入聲 : (100	陌	맥) : 喀(객)	: 토할 객	222	7359	1488	6011
仄聲 / 入聲 : (100	陌	맥) : 客(객)	: 손 객	223	7360	1489	6012
仄聲 / 去聲 : (084	敬	경) : 更*(갱)	: 다시 갱	413	6141	771	6013
仄聲 / 入聲 : (099	藥	약) : 釀*(갹)	: 술추렴 갹	232	7224	2893	6014
仄聲 / 入聲 : (099	藥	약) : 噱(갹)	: 껄껄웃는소리 갹	230	7223	2894	6015
仄聲 / 入聲 : (099	藥	약) : 蹻*(갹)	: 교만할 갹	793	7235	2903	6016
仄聲 / 入聲 : (098	屑	설) : 渴*(걸)	: 목마를 걸	106	7076	2450	6017
仄聲 / 入聲 : (098	屑	설) : 竭*(걸)	: 다할 걸	110	7079	2452	6018
仄聲 / 入聲 : (094	物	물) : 乞(걸)	: 구걸/요구할 걸	286	6853	1787	6019
仄聲 / 入聲 : (098	屑	설) : 傑(걸)	: 뛰어날 걸	288	7080	2454	6020
仄聲 / 入聲 : (098	屑	설) : 杰(걸)	: 뛰어날(傑과동자) 걸	289	7081	2455	6021
仄聲 / 入聲 : (098	屑	설) : 桀(걸)	: 하왕(夏王)이름 걸	290	7082	2456	6022
仄聲 / 入聲 : (098	屑	설) : 偈(걸)	: 헌철할/힘찰 걸	291	7083	2457	6023
仄聲 / 入聲 : (098	屑	설) : 揭*(걸)	: 들/세울 걸	313	7084	2458	6024
仄聲 / 入聲 : (095	月	월) : 担*(걸)	: 번쩍들 걸	1359	6910	4966	6025
仄聲 / 去聲 : (088	豔	염) : 劍(검)	: 칼 검	296	6403	3720	6026
仄聲 / 去聲 : (088	豔	염) : 劒(검)	: 칼 검	297	6404	3721	6027
仄聲 / 入聲 : (106	洽	흡) : 劫(겁)	: 겁탈할 겁	306	7909	7876	6028
仄聲 / 入聲 : (106	洽	흡) : 怯(겁)	: 겁낼 겁	307	7910	7877	6029
仄聲 / 入聲 : (105	葉	엽) : 袷(겁)	: 옷자락 겁	308	7828	3742	6030
仄聲 / 入聲 : (106	洽	흡) : 跲(겁)	: 넘어질 겁	309	7911	7879	6031
仄聲 / 入聲 : (105	葉	엽) : 拾*(겁)	: 다시 겁	4067	7850	3764	6032
仄聲 / 入聲 : (100	陌	맥) : 假*(격)	: 이르를 격	5	7357	1484	6033
仄聲 / 入聲 : (100	陌	맥) : 茖(격)	: 달래/산파 격	317	7361	1486	6034
仄聲 / 入聲 : (101	錫	석) : 擊(격)	: 칠 격	319	7549	2116	6035
仄聲 / 入聲 : (100	陌	맥) : 格(격)	: 이를/올/발를 격	320	7363	1490	6036
仄聲 / 入聲 : (101	錫	석) : 檄(격)	: 격서 격	323	7550	2117	6037
仄聲 / 入聲 : (101	錫	석) : 激(격)	: 격할 격	324	7551	2118	6038
仄聲 / 入聲 : (100	陌	맥) : 膈(격)	: 간막이 격	325	7364	1491	6039
仄聲 / 入聲 : (101	錫	석) : 覡(격)	: 박수 격	326	7552	2119	6040
仄聲 / 入聲 : (100	陌	맥) : 隔(격)	: 사이뜰 격	327	7365	1492	6041
仄聲 / 入聲 : (101	錫	석) : 轂(격)	: 부딪칠 격	328	7553	2120	6042
仄聲 / 入聲 : (101	錫	석) : 闃(격)	: 고요할 격	329	7554	2121	6043
仄聲 / 入聲 : (100	陌	맥) : 骼(격)	: 뼈 격	330	7366	1493	6044
仄聲 / 入聲 : (100	陌	맥) : 鬲(격)	: 손잡이 격	331	7367	1494	6045

배열형식 D (四聲基準)			배열 A	배열 B	배열 C	배열 D
平仄 / 四聲 : (韻目No: 韻目) 韻族(독음): 字義			운족 가나순	운목 번호순	운목 가나순	사성순
仄聲 / 入聲 : (101	錫	석) : 湨(격) : 강이름 격	332	7555	2122	6046
仄聲 / 入聲 : (101	錫	석) : 狊(격) : 날개펼 격	333	7556	2123	6047
仄聲 / 入聲 : (101	錫	석) : 獥(격) : 이리새끼 격	334	7557	2124	6048
仄聲 / 入聲 : (100	陌	맥) : 綌(격) : 칡베 격	335	7368	1495	6049
仄聲 / 入聲 : (101	錫	석) : 菂(격) : 연밥 격	336	7558	2125	6050
仄聲 / 入聲 : (098	屑	설) : 抉(결) : 도려낼 결	363	7085	2459	6051
仄聲 / 入聲 : (098	屑	설) : 決(결) : 결단할 결	364	7086	2460	6052
仄聲 / 入聲 : (098	屑	설) : 潔(결) : 깨끗할 결	365	7087	2461	6053
仄聲 / 入聲 : (098	屑	설) : 結(결) : 맺을 결	366	7088	2462	6054
仄聲 / 入聲 : (098	屑	설) : 缺(결) : 이지러질 결	367	7089	2463	6055
仄聲 / 入聲 : (098	屑	설) : 訣(결) : 에어질 결	368	7090	2464	6056
仄聲 / 入聲 : (098	屑	설) : 玦(결) : 패옥 결	369	7091	2465	6057
仄聲 / 入聲 : (098	屑	설) : 闋(결) : 문닫을 결	370	7092	2466	6058
仄聲 / 入聲 : (098	屑	설) : 芺(결) : 초결명자 결	371	7093	2467	6059
仄聲 / 入聲 : (098	屑	설) : 鴂(결) : 뱁새 결	372	7094	2468	6060
仄聲 / 入聲 : (098	屑	설) : 契*(결) : 견고할 결	452	7096	2470	6061
仄聲 / 入聲 : (093	質	질) : 拮(결) : 열심히일할 결	374	6735	6578	6062
仄聲 / 入聲 : (106	洽	흡) : 韐*(겹) : 슬갑 겹	159	7908	7875	6063
仄聲 / 入聲 : (106	洽	흡) : 袷(겹) : 겹옷 겹	392	7912	7878	6064
仄聲 / 入聲 : (107	洽	흡) : 齾*(겹) : 씹은모양 겹	151	7901	7868	6065
仄聲 / 入聲 : (106	洽	흡) : 俠*(겹) : 아우를 겹	7469	7939	7904	6066
仄聲 / 去聲 : (085	徑	경) : 俓(경) : 지름길 경	394	6186	5101	6067
仄聲 / 去聲 : (082	漾	양) : 倞(경) : 굳셀 경	395	6074	3349	6068
仄聲 / 去聲 : (084	敬	경) : 儆(경) : 경계할 경	397	6137	767	6069
仄聲 / 去聲 : (084	敬	경) : 勁(경) : 셀 경	398	6138	768	6070
仄聲 / 去聲 : (085	徑	경) : 徑(경) : 지름길/길 경	404	6187	5102	6071
仄聲 / 去聲 : (084	敬	경) : 慶(경) : 경사 경	405	6139	769	6072
仄聲 / 去聲 : (084	敬	경) : 敬(경) : 공경 경	409	6140	770	6073
仄聲 / 去聲 : (084	敬	경) : 硬(경) : 굳을 경	421	6142	772	6074
仄聲 / 去聲 : (085	徑	경) : 磬(경) : 경쇠 경	422	6188	5103	6075
仄聲 / 去聲 : (084	敬	경) : 竟(경) : 마침내/만억 경	423	6143	773	6076
仄聲 / 去聲 : (084	敬	경) : 競(경) : 다툴 경	424	6144	774	6077
仄聲 / 去聲 : (085	徑	경) : 經(경) : 지날/글 경	426	6189	5104	6078
仄聲 / 去聲 : (085	徑	경) : 脛(경) : 정강이 경	429	6190	5105	6079
仄聲 / 去聲 : (085	徑	경) : 逕(경) : 소로 경	433	6191	5106	6080
仄聲 / 去聲 : (084	敬	경) : 鏡(경) : 거울 경	434	6145	775	6081

배열형식 D (四聲基準)			배열 A	배열 B	배열 C	배열 D
平仄 / 四聲 : (韻目No: 韻目) 韻族(독음): 字義			운족 가나순	운목 번호순	운목 가나순	사성순
仄聲 / 去聲 : (085	徑	경) : 罄(경) : 다할 경	445	6192	5107	6082
仄聲 / 去聲 : (085	宥	유) : 叩(고) : 두드릴 고	492	6241	5108	6083
仄聲 / 去聲 : (079	號	호) : 告(고) : 알릴/여쭐 고	493	5941	7601	6084
仄聲 / 去聲 : (079	號	호) : 膏(고) : 기름 고	518	5942	7603	6085
仄聲 / 去聲 : (079	號	호) : 誥(고) : 고할/경계 고	526	5943	7604	6086
仄聲 / 去聲 : (079	號	호) : 靠(고) : 기댈 고	550	5944	7605	6087
仄聲 / 入聲 : (090	屋	옥) : 珏*(곡) : 쌍옥 곡	49	6437	3815	6088
仄聲 / 入聲 : (090	屋	옥) : 角*(곡) : 꿩우는소리 곡	54	6438	3817	6089
仄聲 / 入聲 : (091	沃	옥) : 告*(곡) : 청할/보일/찾을 곡	494	6601	3979	6090
仄聲 / 入聲 : (090	屋	옥) : 哭(곡) : 울 곡	559	6441	3818	6091
仄聲 / 入聲 : (090	屋	옥) : 斛(곡) : 열(十)말 곡	560	6442	3819	6092
仄聲 / 入聲 : (091	沃	옥) : 曲(곡) : 굽을 곡	561	6602	3980	6093
仄聲 / 入聲 : (091	沃	옥) : 梏(곡) : 수갑 곡	562	6603	3981	6094
仄聲 / 入聲 : (090	屋	옥) : 穀(곡) : 곡식 곡	563	6443	3820	6095
仄聲 / 入聲 : (090	屋	옥) : 谷(곡) : 골 곡	565	6444	3821	6096
仄聲 / 入聲 : (091	沃	옥) : 鵠(곡) : 고니 곡	566	6604	3982	6097
仄聲 / 入聲 : (091	沃	옥) : 嚳(곡) : 고할 곡	567	6605	3983	6098
仄聲 / 入聲 : (090	屋	옥) : 觳(곡) : 다할/엷을 곡	568	6445	3822	6099
仄聲 / 入聲 : (090	屋	옥) : 轂(곡) : 고할 곡	570	6446	3823	6100
仄聲 / 入聲 : (091	沃	옥) : 牿(곡) : 외양간 곡	571	6606	3984	6101
仄聲 / 入聲 : (092	覺	각) : 瑴*(곡) : 쌍옥 곡	64	6672	191	6102
仄聲 / 入聲 : (091	沃	옥) : 悎*(곡) : 두려워할 곡	813	6607	4043	6103
仄聲 / 入聲 : (095	月	월) : 汩(골) : 다스릴 골	591	6890	4946	6104
仄聲 / 入聲 : (095	月	월) : 滑(골) : 어지러울 골	593	6891	4947	6105
仄聲 / 入聲 : (095	月	월) : 骨(골) : 뼈 골	594	6892	4948	6106
仄聲 / 入聲 : (095	月	월) : 鶻(골) : 송골매 골	595	6893	4949	6107
仄聲 / 入聲 : (095	月	월) : 滑(골) : 어지러울 골	596	6894	5011	6108
仄聲 / 去聲 : (081	禡	마) : 袴*(과) : 사타구니 과	525	6026	1436	6109
仄聲 / 去聲 : (080	箇	개) : 課(과) : 공부할/과정 과	635	5992	482	6110
仄聲 / 去聲 : (081	禡	마) : 跨(과) : 타넘을 과	636	6027	1437	6111
仄聲 / 去聲 : (080	箇	개) : 过(과) : (過의약자)지날 과	650	5993	483	6112
仄聲 / 入聲 : (099	藥	약) : 廓(곽) : 둘레 곽	654	7227	2897	6113
仄聲 / 入聲 : (099	藥	약) : 槨(곽) : 덧널 곽	655	7228	2898	6114
仄聲 / 入聲 : (099	藥	약) : 藿(곽) : 콩잎 곽	656	7229	2899	6115
仄聲 / 入聲 : (099	藥	약) : 郭(곽) : 둘레/외성 곽	657	7230	2900	6116
仄聲 / 入聲 : (099	藥	약) : 霍(곽) : 빠를/갑자기 곽	658	7231	2901	6117

배열형식 D (四聲基準)			배열 A	배열 B	배열 C	배열 D
平仄 / 四聲 : (韻目No: 韻目) 韻族(독음): 字義			운족 가나순	운목 번호순	운목 가나순	사성순
仄聲 / 入聲 : (099	藥	약) : 漷(곽) : 물이름 곽	659	7232	2902	6118
仄聲 / 入聲 : (097	黠	힐) : 刮(괄) : 깎을 괄	698	7045	7914	6119
仄聲 / 入聲 : (096	曷	갈) : 括(괄) : 묶을 괄	700	6970	305	6120
仄聲 / 入聲 : (096	曷	갈) : 适(괄) : 빠를 괄	701	6971	306	6121
仄聲 / 入聲 : (096	曷	갈) : 栝(괄) : 노송나무 괄	702	6972	307	6122
仄聲 / 入聲 : (096	曷	갈) : 聒(괄) : 떠들썩할 괄	703	6973	308	6123
仄聲 / 入聲 : (097	黠	힐) : 鴰(괄) : 재두루미 괄	704	7046	7915	6124
仄聲 / 入聲 : (097	黠	힐) : 劀(괄) : 고름짤 괄	705	7047	7916	6125
仄聲 / 入聲 : (097	黠	힐) : 颳(괄) : 모진바람 괄	706	7048	7917	6126
仄聲 / 入聲 : (096	曷	갈) : 活*(괄) : 콸콸흐를 괄	7691	7040	375	6127
仄聲 / 去聲 : (082	漾	양) : 壙(광) : 뫼구덩이 광	710	6075	3350	6128
仄聲 / 去聲 : (082	漾	양) : 曠(광) : 빌 광	712	6076	3351	6129
仄聲 / 去聲 : (082	漾	양) : 纊(광) : 솜 광	723	6077	3352	6130
仄聲 / 去聲 : (082	漾	양) : 誑(광) : 속일 광	724	6078	3353	6131
仄聲 / 去聲 : (082	漾	양) : 擴(광) : 채울 광	726	6079	3408	6132
仄聲 / 入聲 : (100	陌	맥) : 馘(괵) : 벨 괵	747	7370	1497	6133
仄聲 / 入聲 : (100	陌	맥) : 幗(괵) : 머리장식 괵	748	7371	1498	6134
仄聲 / 入聲 : (100	陌	맥) : 蟈(괵) : 청개구리 괵	749	7372	1500	6135
仄聲 / 入聲 : (092	覺	각) : 覺*(교) : 꿈깰 교	52	6669	186	6136
仄聲 / 入聲 : (092	覺	각) : 榷(교) : 외나무다리 교	789	6675	193	6137
仄聲 / 去聲 : (085	宥	유) : 穀*(구) : 녹[祿] 구	564	6242	5109	6138
仄聲 / 去聲 : (085	宥	유) : 寇(구) : 도둑 구	833	6243	5110	6139
仄聲 / 去聲 : (085	宥	유) : 救(구) : 구원할 구	837	6244	5111	6140
仄聲 / 去聲 : (085	宥	유) : 柩(구) : 널 구	839	6245	5112	6141
仄聲 / 去聲 : (085	宥	유) : 構(구) : 얽을 구	840	6246	5113	6142
仄聲 / 去聲 : (085	宥	유) : 灸(구) : 뜸 구	846	6247	5114	6143
仄聲 / 去聲 : (085	宥	유) : 究(구) : 다할/궁구할 구	852	6248	5115	6144
仄聲 / 去聲 : (085	宥	유) : 舊(구) : 예 구	857	6249	5116	6145
仄聲 / 去聲 : (085	宥	유) : 購(구) : 살 구	861	6250	5117	6146
仄聲 / 去聲 : (085	宥	유) : 媾(구) : 화친할 구	874	6251	5119	6147
仄聲 / 去聲 : (085	宥	유) : 扣(구) : 두드릴/뺄 구	877	6252	5120	6148
仄聲 / 去聲 : (085	宥	유) : 搆(구) : 이해못할/이끌 구	878	6253	5121	6149
仄聲 / 去聲 : (085	宥	유) : 疚(구) : 오랜병 구	883	6254	5122	6150
仄聲 / 去聲 : (085	宥	유) : 詬(구) : 꾸짖을 구	890	6255	5123	6151
仄聲 / 去聲 : (085	宥	유) : 遘(구) : 만날 구	892	6256	5124	6152
仄聲 / 去聲 : (085	宥	유) : 鷇(구) : 새새끼/기를 구	896	6257	5125	6153

배열형식 D (四聲基準)			배열 A	배열 B	배열 C	배열 D
平仄 / 四聲 : (韻目No: 韻目)		韻族(독음): 字義	운족 가나순	운목 번호순	운목 가나순	사성순
仄聲 / 去聲 : (085	宥	유) : 夠(구) : 모을 구	898	6258	5126	6154
仄聲 / 去聲 : (085	宥	유) : 廏(구) : 마구간 구	899	6259	5127	6155
仄聲 / 入聲 : (099	藥	약) : 玃*(구) : 큰원숭이 구	662	7233	2904	6156
仄聲 / 去聲 : (085	宥	유) : 雊(구) : 장끼울음 구	906	6260	5128	6157
仄聲 / 去聲 : (085	宥	유) : 寗(구) : 침실 구	909	6261	5133	6158
仄聲 / 入聲 : (102	職	직) : 國(국) : 나라 국	910	7626	6197	6159
仄聲 / 入聲 : (091	沃	옥) : 局(국) : 판 국	911	6608	3985	6160
仄聲 / 入聲 : (090	屋	옥) : 菊(국) : 국화 국	912	6447	3825	6161
仄聲 / 入聲 : (090	屋	옥) : 鞠(국) : 성 국	913	6448	3826	6162
仄聲 / 入聲 : (090	屋	옥) : 鞫(국) : 국문할 국	914	6449	3827	6163
仄聲 / 入聲 : (090	屋	옥) : 麴(국) : 누룩 국	915	6450	3828	6164
仄聲 / 入聲 : (090	屋	옥) : 掬(국) : 움킬 국	916	6451	3829	6165
仄聲 / 入聲 : (090	屋	옥) : 椈(국) : 측백나무 국	917	6452	3830	6166
仄聲 / 入聲 : (091	沃	옥) : 輂(국) : 수레 국	918	6609	3986	6167
仄聲 / 入聲 : (090	屋	옥) : 鵴(국) : 뻐꾸기 국	919	6453	3831	6168
仄聲 / 入聲 : (090	屋	옥) : 鬻*(국) : 기를/어릴 국	6051	6575	3951	6169
仄聲 / 入聲 : (095	月	월) : 堀(굴) : 팔 굴	926	6895	4950	6170
仄聲 / 入聲 : (094	物	물) : 屈(굴) : 굽힐 굴	927	6855	1789	6171
仄聲 / 入聲 : (094	物	물) : 掘(굴) : 팔 굴	928	6856	1790	6172
仄聲 / 入聲 : (095	月	월) : 窟(굴) : 굴 굴	930	6897	4952	6173
仄聲 / 入聲 : (094	物	물) : 倔(굴) : 고집셀 굴	931	6857	1791	6174
仄聲 / 入聲 : (094	物	물) : 崛(굴) : 우뚝 솟을 굴	932	6858	1792	6175
仄聲 / 入聲 : (095	月	월) : 淈(굴) : 흐릴 굴	933	6898	4953	6176
仄聲 / 入聲 : (094	物	물) : 厥*(굴) : 나라이름 굴	953	6859	1793	6177
仄聲 / 入聲 : (093	質	질) : 絀*(굴) : 굽힐 굴	6747	6831	6666	6178
仄聲 / 入聲 : (095	月	월) : 掘*(궐) : 뚫을 궐	929	6896	4951	6179
仄聲 / 入聲 : (095	月	월) : 厥(궐) : 그/그것/짧을 궐	952	6900	4956	6180
仄聲 / 入聲 : (095	月	월) : 獗(궐) : 날뛸 궐	954	6901	4957	6181
仄聲 / 入聲 : (095	月	월) : 蕨(궐) : 고사리 궐	955	6902	4958	6182
仄聲 / 入聲 : (095	月	월) : 蹶(궐) : 넘어질 궐	956	6903	4959	6183
仄聲 / 入聲 : (095	月	월) : 闕(궐) : 대궐 궐	958	6904	4960	6184
仄聲 / 入聲 : (095	月	월) : 橛(궐) : 말뚝 궐	959	6905	4961	6185
仄聲 / 入聲 : (095	月	월) : 鷢(궐) : 물수리 궐	962	6907	4963	6186
仄聲 / 入聲 : (095	月	월) : 鱖*(궤) : 쏘가리 궤	961	6906	4962	6187
仄聲 / 去聲 : (085	宥	유) : 叫(규) : 부르짖을 규	990	6262	5129	6188
仄聲 / 入聲 : (093	質	질) : 橘(귤) : 귤나무 귤	1023	6736	6575	6189

배열형식 D (四聲基準)			배열 A	배열 B	배열 C	배열 D
平仄 / 四聲 : (韻目No:	韻目)	韻族(독음): 字義	운족 가나순	운목 번호순	운목 가나순	사성순
仄聲 / 入聲 : (102	職	직) : 克(극) : 이길 극	1024	7627	6198	6190
仄聲 / 入聲 : (102	職	직) : 剋(극) : 이길 극	1025	7628	6199	6191
仄聲 / 入聲 : (100	陌	맥) : 劇(극) : 심할 극	1026	7373	1501	6192
仄聲 / 入聲 : (100	陌	맥) : 戟(극) : 찌를 극	1027	7374	1502	6193
仄聲 / 入聲 : (102	職	직) : 棘(극) : 가시나무 극	1028	7629	6200	6194
仄聲 / 入聲 : (102	職	직) : 極(극) : 극진할/다할 극	1029	7630	6201	6195
仄聲 / 入聲 : (100	陌	맥) : 隙(극) : 틈 극	1030	7375	1503	6196
仄聲 / 入聲 : (102	職	직) : 亟(극) : 빠를 극	1031	7631	6202	6197
仄聲 / 入聲 : (100	陌	맥) : 屐(극) : 나막신 극	1032	7376	1504	6198
仄聲 / 入聲 : (102	職	직) : 殛(극) : 죽일 극	1033	7632	6204	6199
仄聲 / 入聲 : (102	職	직) : 革*(극) : 급할 극	7427	7728	6298	6200
仄聲 / 入聲 : (094	物	물) : 契*(글) : 나라이름 글	451	6854	1788	6201
仄聲 / 入聲 : (094	物	물) : 訖*(글) : 마칠/끝낼 글	7894	6885	1818	6202
仄聲 / 去聲 : (086	沁	심) : 妗(금) : 외숙모 금	1058	6360	2860	6203
仄聲 / 去聲 : (086	沁	심) : 禁(금) : 금할 금	1062	6361	2861	6204
仄聲 / 去聲 : (086	沁	심) : 噤(금) : 입다물 금	1071	6362	2862	6205
仄聲 / 去聲 : (086	沁	심) : 紟(금) : 옷고름 금	1072	6363	2863	6206
仄聲 / 入聲 : (103	緝	집) : 伋(급) : 속일 급	1075	7736	6693	6207
仄聲 / 入聲 : (103	緝	집) : 及(급) : 미칠 급	1076	7737	6694	6208
仄聲 / 入聲 : (103	緝	집) : 急(급) : 급할 급	1077	7738	6695	6209
仄聲 / 入聲 : (106	洽	흡) : 扱(급) : 취할 급	1078	7913	7880	6210
仄聲 / 入聲 : (103	緝	집) : 汲(급) : 길을 급	1079	7739	6696	6211
仄聲 / 入聲 : (103	緝	집) : 級(급) : 등급 급	1080	7740	6697	6212
仄聲 / 入聲 : (103	緝	집) : 給(급) : 줄 급	1081	7741	6698	6213
仄聲 / 入聲 : (103	緝	집) : 圾(급) : 위태할 급	1082	7742	6699	6214
仄聲 / 入聲 : (103	緝	집) : 岌(급) : 높을 급	1083	7743	6700	6215
仄聲 / 去聲 : (085	徑	경) : 亘*(긍) : 통할/뻗칠 긍	3492	6208	5130	6216
仄聲 / 去聲 : (085	徑	경) : 亙(긍) : 걸칠 긍	1086	6193	5131	6217
仄聲 / 去聲 : (085	徑	경) : 恒*(긍) : 시위/두루 긍	7335	6237	5263	6218
仄聲 / 入聲 : (102	職	직) : 亟*(기) : 자주 기	1087	7633	6203	6219
仄聲 / 入聲 : (098	屑	설) : 鵋(기) : 작은기러기 기	1176	7099	2472	6220
仄聲 / 入聲 : (101	錫	석) : 喫(긱) : 먹을/마실 긱	1177	7560	2127	6221
仄聲 / 入聲 : (093	質	질) : 佶(길) : 건장할 길	1181	6737	6576	6222
仄聲 / 入聲 : (093	質	질) : 吉(길) : 길할 길	1182	6738	6577	6223
仄聲 / 入聲 : (098	屑	설) : 拮*(길) : 일할 길	375	7095	2473	6224
仄聲 / 入聲 : (093	質	질) : 姞(길) : 성 길	1184	6739	6579	6225

배열형식 D (四聲基準)	배열 A	배열 B	배열 C	배열 D
平仄 / 四聲 : (韻目No: 韻目) 韻族(독음): 字義	운족 가나순	운목 번호순	운목 가나순	사성순
仄聲 / 入聲 : (098 屑 설) : 蛣(길) : 장구벌레 길	1185	7100	2474	6226
仄聲 / 入聲 : (101 錫 석) : 喫*(끽) : 먹을/미실 끽	1178	7561	2128	6227
仄聲 / 去聲 : (080 箇 개) : 懦*(나) : 부드러울 나	4972	6002	484	6228
仄聲 / 去聲 : (080 箇 개) : 糯(나) : 찰벼 나	1194	5994	485	6229
仄聲 / 去聲 : (080 箇 개) : 奈*(나) : 어찌 나	1228	5995	486	6230
仄聲 / 入聲 : (099 藥 약) : 諾(낙) : 허락할/대답할 낙	1196	7236	2905	6231
仄聲 / 入聲 : (098 屑 설) : 捏(날) : 이길 날	1202	7101	2475	6232
仄聲 / 入聲 : (096 曷 갈) : 捺(날) : 누를 날	1203	6975	312	6233
仄聲 / 入聲 : (098 屑 설) : 涅(날) : 개흙 날	1204	7102	2529	6234
仄聲 / 入聲 : (104 合 합) : 納(납) : 들일/받을/바칠 납	1215	7791	7415	6235
仄聲 / 入聲 : (104 合 합) : 衲(납) : 기울 납	1216	7792	7416	6236
仄聲 / 入聲 : (104 合 합) : 鈉(납) : 쇠달굴 납	1217	7793	7417	6237
仄聲 / 入聲 : (101 錫 석) : 惄(녁) : 근심할 녁	1237	7562	2129	6238
仄聲 / 入聲 : (098 屑 설) : 篞(녈) : 파리 녈	1243	7103	2476	6239
仄聲 / 去聲 : (088 豔 염) : 念(념) : 생각할/읽을 념	1244	6405	3722	6240
仄聲 / 入聲 : (105 葉 엽) : 捻(념) : 찍을/염출할 념	1248	7831	3745	6241
仄聲 / 去聲 : (088 豔 염) : 念(념) : 생각할/생각할 념	1249	6406	3726	6242
仄聲 / 入聲 : (105 葉 엽) : 捻(념) : 손가락으로찍을 념	1250	7832	3768	6243
仄聲 / 入聲 : (105 葉 엽) : 攝*(녑) : 가질/고요할 녑	3574	7841	3751	6244
仄聲 / 去聲 : (085 徑 경) : 佞(녕) : 아첨할 녕	1253	6195	5134	6245
仄聲 / 去聲 : (085 徑 경) : 濘(녕) : 진흙 녕	1254	6196	5135	6246
仄聲 / 去聲 : (085 徑 경) : 甯(녕) : 차라리 녕	1257	6197	5136	6247
仄聲 / 入聲 : (102 職 직) : 溺*(뇨) : 오줌/오줌눌 뇨	1325	7636	6259	6248
仄聲 / 入聲 : (095 月 월) : 訥(눌) : 말더듬을 눌	1295	6908	4964	6249
仄聲 / 入聲 : (095 月 월) : 呐(눌) : 말더듬거릴 눌	1296	6909	4965	6250
仄聲 / 去聲 : (085 宥 유) : 狃(뉴) : 탐낼 뉴	1302	6263	5137	6251
仄聲 / 入聲 : (102 職 직) : 匿(닉) : 숨을 닉	1323	7634	6206	6252
仄聲 / 入聲 : (101 錫 석) : 溺*(닉) : 빠질/약할 닉	1290	7563	2130	6253
仄聲 / 入聲 : (102 職 직) : 溺(닉) : 빠질 닉	1324	7635	6258	6254
仄聲 / 入聲 : (093 質 질) : 怩*(닐) : 부끄러워할 닐	1315	6740	6580	6255
仄聲 / 入聲 : (093 質 질) : 暱(닐) : 친할 닐	1326	6741	6581	6256
仄聲 / 去聲 : (080 箇 개) : 大*(다) : 심할 다	1459	5996	487	6257
仄聲 / 入聲 : (096 曷 갈) : 笪*(단) : 고리짝 단	1389	6984	321	6258
仄聲 / 入聲 : (096 曷 갈) : 胆*(달) : 살찔 달	1365	6976	313	6259
仄聲 / 入聲 : (096 曷 갈) : 撻(달) : 매질할 달	1378	6977	314	6260
仄聲 / 入聲 : (096 曷 갈) : 澾(달) : 미끄러울 달	1379	6978	315	6261

배열형식 D (四聲基準)			배열 A	배열 B	배열 C	배열 D
平仄 / 四聲 : (韻目No: 韻目)		韻族(독음): 字義	운족 가나순	운목 번호순	운목 가나순	사성순
仄聲 / 入聲 : (097	黠	힐) : 獺(달) : 수달 달	1380	7049	7918	6262
仄聲 / 入聲 : (096	曷	갈) : 達(달) : 통달할 달	1383	6980	317	6263
仄聲 / 入聲 : (096	曷	갈) : 怛(달) : 슬플 달	1384	6981	318	6264
仄聲 / 入聲 : (096	曷	갈) : 闥(달) : 문 달	1385	6982	319	6265
仄聲 / 入聲 : (096	曷	갈) : 韃(달) : 매질할 달	1387	6983	320	6266
仄聲 / 入聲 : (096	曷	갈) : 躂(달) : 미끄러질 달	1390	6985	322	6267
仄聲 / 去聲 : (087	勘	감) : 啖(담) : 먹을 담	1391	6386	416	6268
仄聲 / 去聲 : (087	勘	감) : 憺(담) : 편안할 담	1392	6387	417	6269
仄聲 / 去聲 : (087	勘	감) : 擔(담) : 멜 담	1393	6388	418	6270
仄聲 / 去聲 : (087	勘	감) : 淡(담) : 맑을 담	1395	6389	419	6271
仄聲 / 去聲 : (087	勘	감) : 澹(담) : 깊을 담	1400	6390	420	6272
仄聲 / 入聲 : (104	合	합) : 沓(답) : 유창할 답	1421	7794	7418	6273
仄聲 / 入聲 : (104	合	합) : 畓(답) : 논 답	1422	7795	7419	6274
仄聲 / 入聲 : (104	合	합) : 答(답) : 대답 답	1423	7796	7420	6275
仄聲 / 入聲 : (104	合	합) : 踏(답) : 밟을 답	1424	7797	7421	6276
仄聲 / 入聲 : (104	合	합) : 遝(답) : 몰릴 답	1425	7798	7422	6277
仄聲 / 入聲 : (104	合	합) : 蹋(답) : 밟을 답	1426	7799	7423	6278
仄聲 / 入聲 : (104	合	합) : 搭*(답) : 붙을/얹을/태울 답	6949	7813	7435	6279
仄聲 / 去聲 : (082	漾	양) : 擋(당) : 제거할 당	1451	6081	3354	6280
仄聲 / 入聲 : (100	陌	맥) : 宅*(댁) : 집안 댁	6982	7526	1506	6281
仄聲 / 入聲 : (100	陌	맥) : 宅*(댁) : (존칭)남의아내 댁	6984	7528	1651	6282
仄聲 / 入聲 : (102	職	직) : 德(덕) : 큰/품행/은혜 덕	1476	7638	6208	6283
仄聲 / 入聲 : (102	職	직) : 悳(덕) : 큰/품행/은혜 덕	1477	7639	6209	6284
仄聲 / 去聲 : (079	號	호) : 到(도) : 이를 도	1480	5945	7606	6285
仄聲 / 去聲 : (079	號	호) : 導(도) : 인도할 도	1484	5946	7607	6286
仄聲 / 去聲 : (079	號	호) : 悼(도) : 슬퍼할 도	1492	5947	7608	6287
仄聲 / 入聲 : (092	覺	각) : 櫂(도) : 노 도	1499	6677	195	6288
仄聲 / 去聲 : (079	號	호) : 纛(도) : 비칠 도	1504	5948	7609	6289
仄聲 / 去聲 : (079	號	호) : 盜(도) : 도둑 도	1505	5949	7610	6290
仄聲 / 去聲 : (079	號	호) : 蹈(도) : 밟을 도	1514	5950	7611	6291
仄聲 / 去聲 : (079	號	호) : 幬*(도) : 덮을 도	6027	5977	7638	6292
仄聲 / 入聲 : (091	沃	옥) : 毒(독) : 독 독	1550	6610	3989	6293
仄聲 / 入聲 : (090	屋	옥) : 瀆(독) : 도랑 독	1551	6454	3832	6294
仄聲 / 入聲 : (090	屋	옥) : 牘(독) : 편지 독	1552	6455	3833	6295
仄聲 / 入聲 : (090	屋	옥) : 犢(독) : 송아지 독	1553	6456	3834	6296
仄聲 / 入聲 : (090	屋	옥) : 獨(독) : 홀로 독	1554	6457	3835	6297

배열형식 D (四聲基準)			배열 A	배열 B	배열 C	배열 D
平仄 / 四聲 : (韻目No: 韻目) 韻族(독음): 字義			운족 가나순	운목 번호순	운목 가나순	사성순
仄聲 / 入聲 : (091	沃	옥) : 督(독) : 감독할 독	1555	6611	3990	6298
仄聲 / 入聲 : (090	屋	옥) : 禿(독) : 대머리 독	1556	6458	3836	6299
仄聲 / 入聲 : (091	沃	옥) : 篤(독) : 도타울 독	1557	6612	3991	6300
仄聲 / 入聲 : (090	屋	옥) : 讀(독) : 읽을/풍류 독	1558	6459	3837	6301
仄聲 / 入聲 : (090	屋	옥) : 櫝(독) : 함/관 독	1560	6460	3838	6302
仄聲 / 入聲 : (090	屋	옥) : 黷(독) : 더럽힐 독	1561	6461	3839	6303
仄聲 / 入聲 : (091	沃	옥) : 蝳(독) : 거미 독	1562	6613	3992	6304
仄聲 / 入聲 : (090	屋	옥) : 韇(독) : 전동 독	1564	6462	3840	6305
仄聲 / 入聲 : (090	屋	옥) : 韣(독) : 활집 독	1565	6463	3841	6306
仄聲 / 入聲 : (090	屋	옥) : 竺(독) : 두터울 독	1567	6464	3957	6307
仄聲 / 入聲 : (095	月	월) : 突(돌) : 갑자기 돌	1592	6911	4967	6308
仄聲 / 入聲 : (096	曷	갈) : 咄(돌) : 꾸짖을 돌	1593	6986	323	6309
仄聲 / 入聲 : (095	月	월) : 堗(돌) : 굴뚝 돌	1595	6912	4968	6310
仄聲 / 入聲 : (095	月	월) : 腯(돌) : 쌀찐 돌	1596	6913	4969	6311
仄聲 / 入聲 : (095	月	월) : 葖(돌) : 무우 돌	1597	6914	4970	6312
仄聲 / 入聲 : (095	月	월) : 凸*(돌) : 뾰족할/내밀 돌	6499	6947	5001	6313
仄聲 / 去聲 : (085	宥	유) : 讀*(두) : 구절/토 두	1559	6264	5138	6314
仄聲 / 去聲 : (085	宥	유) : 痘(두) : 마마 두	1636	6265	5139	6315
仄聲 / 去聲 : (085	宥	유) : 竇(두) : 구멍 두	1637	6266	5140	6316
仄聲 / 去聲 : (085	宥	유) : 荳(두) : 콩 두	1638	6267	5141	6317
仄聲 / 去聲 : (085	宥	유) : 豆(두) : 콩 두	1639	6268	5142	6318
仄聲 / 去聲 : (085	宥	유) : 逗(두) : 머무를 두	1640	6269	5143	6319
仄聲 / 去聲 : (085	宥	유) : 脰(두) : 목 두	1644	6270	5144	6320
仄聲 / 去聲 : (085	宥	유) : 鬥(두) : 싸울 두	1649	6271	5145	6321
仄聲 / 入聲 : (102	職	직) : 得(득) : 얻을 득	1656	7640	6210	6322
仄聲 / 去聲 : (085	徑	경) : 嶝(등) : 고개 등	1657	6199	5146	6323
仄聲 / 去聲 : (085	徑	경) : 鄧(등) : 나라이름 등	1663	6200	5147	6324
仄聲 / 去聲 : (085	徑	경) : 凳(등) : 걸상 등	1665	6201	5148	6325
仄聲 / 去聲 : (085	徑	경) : 磴(등) : 돌 비탈길 등	1666	6202	5149	6326
仄聲 / 去聲 : (085	徑	경) : 鐙(등) : 등잔 등	1670	6203	5150	6327
仄聲 / 入聲 : (096	曷	갈) : 喇*(라) : 나팔 라	1718	6991	310	6328
仄聲 / 入聲 : (096	曷	갈) : 喇(라) : 나팔 라	1673	6988	325	6329
仄聲 / 去聲 : (080	箇	개) : 邏(라) : 돌 라	1683	5997	488	6330
仄聲 / 入聲 : (096	曷	갈) : 剌*(라) : 수라 라	1720	6993	328	6331
仄聲 / 入聲 : (100	陌	맥) : 剌*(라) : 수라 라	5310	7474	1599	6332
仄聲 / 入聲 : (099	藥	약) : 咯*(락) : 송사말 락	59	7220	2890	6333

배열형식 D (四聲基準)			배열 A	배열 B	배열 C	배열 D
平仄 / 四聲 : (韻目No: 韻目) 韻族(독음): 字義			운족 가나순	운목 번호순	운목 가나순	사성순
仄聲 / 入聲 : (099	藥	약) : 格*(락) : 막힐 락	322	7226	2896	6334
仄聲 / 入聲 : (099	藥	약) : 洛(락) : 강이름 락	1691	7240	2908	6335
仄聲 / 入聲 : (099	藥	약) : 烙(락) : 지질 락	1692	7241	2909	6336
仄聲 / 入聲 : (099	藥	약) : 珞(락) : 구슬목걸이 락	1693	7242	2910	6337
仄聲 / 入聲 : (099	藥	약) : 絡(락) : 얽힐/이을 락	1694	7243	2911	6338
仄聲 / 入聲 : (099	藥	약) : 落(락) : 떨어질 락	1695	7244	2912	6339
仄聲 / 入聲 : (099	藥	약) : 酪(락) : 유즙 락	1696	7245	2913	6340
仄聲 / 入聲 : (099	藥	약) : 駱(락) : 약대 락	1697	7246	2914	6341
仄聲 / 入聲 : (092	覺	각) : 犖(락) : 뛰어날/얼룩소 락	1698	6678	196	6342
仄聲 / 入聲 : (099	藥	약) : 濼(락) : 강이름 락	1699	7247	2915	6343
仄聲 / 入聲 : (099	藥	약) : 鉻(락) : 털깎을 락	1702	7249	2917	6344
仄聲 / 入聲 : (099	藥	약) : 鮥(락) : 다랑어 락	1703	7250	2918	6345
仄聲 / 入聲 : (099	藥	약) : 樂*(락) : 즐거울 락	4112	7285	2953	6346
仄聲 / 入聲 : (096	曷	갈) : 喇(랄) : 말급히 할 랄	1717	6990	311	6347
仄聲 / 入聲 : (096	曷	갈) : 喇*(랄) : 말급히할 랄	1674	6989	326	6348
仄聲 / 入聲 : (096	曷	갈) : 剌(랄) : 어그러질 랄	1719	6992	327	6349
仄聲 / 入聲 : (096	曷	갈) : 辣(랄) : 매울 랄	1721	6994	329	6350
仄聲 / 入聲 : (098	屑	설) : 埒(랄) : 담 랄	1722	7105	2478	6351
仄聲 / 入聲 : (096	曷	갈) : 捋(랄) : 쓰다듬을 랄	1723	6995	330	6352
仄聲 / 去聲 : (087	勘	감) : 濫(람) : 넘칠 람	1730	6391	421	6353
仄聲 / 去聲 : (087	勘	감) : 纜(람) : 닻줄 람	1733	6392	422	6354
仄聲 / 入聲 : (104	合	합) : 拉(랍) : 잡아갈 랍	1741	7800	7414	6355
仄聲 / 入聲 : (104	合	합) : 臘(랍) : 납향 랍	1742	7801	7424	6356
仄聲 / 入聲 : (104	合	합) : 蠟(랍) : 밀 랍	1743	7802	7425	6357
仄聲 / 入聲 : (105	葉	엽) : 摺(랍) : 꺾을 랍	1744	7833	3778	6358
仄聲 / 入聲 : (091	沃	옥) : 勑(래) : 위로할 래	1768	6617	3995	6359
仄聲 / 入聲 : (099	藥	약) : 掠(략) : 노략질할 략	1774	7251	2919	6360
仄聲 / 入聲 : (099	藥	약) : 略(략) : 간략할/약할 략	1776	7252	2920	6361
仄聲 / 去聲 : (082	漾	양) : 掠*(량) : 빼앗을 량	1775	6082	3355	6362
仄聲 / 去聲 : (082	漾	양) : 亮(량) : 밝을 량	1777	6083	3356	6363
仄聲 / 去聲 : (082	漾	양) : 諒(량) : 살펴알/믿을 량	1786	6084	3357	6364
仄聲 / 去聲 : (082	漾	양) : 喨(량) : 소리맑을 량	1789	6085	3358	6365
仄聲 / 去聲 : (082	漾	양) : 悢(량) : 슬플/섭섭할 량	1790	6086	3359	6366
仄聲 / 入聲 : (101	錫	석) : 曆(력) : 책력/셀 력	1834	7565	2132	6367
仄聲 / 入聲 : (101	錫	석) : 歷(력) : 겪을/지낼 력	1833	7564	2131	6368
仄聲 / 入聲 : (101	錫	석) : 瀝(력) : 물방울 력	1835	7566	2133	6369

배열형식 D (四聲基準)			배열 A	배열 B	배열 C	배열 D
平仄 / 四聲 : (韻目No:	韻目)	韻族(독음): 字義	운족 가나순	운목 번호순	운목 가나순	사성순
仄聲 / 入聲 : (101	錫	석) : 礫(력) : 자갈 력	1836	7567	2134	6370
仄聲 / 入聲 : (101	錫	석) : 轢(력) : 삐걱거릴 력	1837	7568	2135	6371
仄聲 / 入聲 : (101	錫	석) : 轢(력) : 치일/부닥칠 력	1838	7569	2136	6372
仄聲 / 入聲 : (101	錫	석) : 靂(력) : 벼락 력	1839	7570	2137	6373
仄聲 / 入聲 : (101	錫	석) : 櫟(력) : 상수리나무 력	1840	7571	2138	6374
仄聲 / 入聲 : (101	錫	석) : 櫪(력) : 가죽나무 력	1841	7572	2139	6375
仄聲 / 入聲 : (101	錫	석) : 藶(력) : 산마늘 력	1842	7573	2140	6376
仄聲 / 入聲 : (102	職	직) : 力(력) : 힘/부지런할 력	1844	7642	6251	6377
仄聲 / 入聲 : (101	錫	석) : 翮*(력) : 다리굽은솥 력	7383	7624	2191	6378
仄聲 / 入聲 : (098	屑	설) : 冽(렬) : 찰 렬	1860	7106	2479	6379
仄聲 / 入聲 : (098	屑	설) : 列(렬) : 벌/벌릴 렬	1861	7107	2480	6380
仄聲 / 入聲 : (098	屑	설) : 劣(렬) : 못할 렬	1862	7108	2481	6381
仄聲 / 入聲 : (098	屑	설) : 洌(렬) : 맑을 렬	1863	7109	2482	6382
仄聲 / 入聲 : (098	屑	설) : 烈(렬) : 매울 렬	1864	7110	2483	6383
仄聲 / 入聲 : (098	屑	설) : 裂(렬) : 찢어질 렬	1865	7111	2484	6384
仄聲 / 入聲 : (098	屑	설) : 捩(렬) : 활대 렬	1866	7112	2485	6385
仄聲 / 入聲 : (098	屑	설) : 栵*(렬) : 작은도토리/돌밤 렬	1908	7116	2486	6386
仄聲 / 入聲 : (098	屑	설) : 茢(렬) : 갈대꽃 렬	1867	7113	2487	6387
仄聲 / 入聲 : (098	屑	설) : 鮤(렬) : 웅어 렬	1868	7114	2488	6388
仄聲 / 入聲 : (098	屑	설) : 鴷(렬) : 딱따구리 렬	1869	7115	2489	6389
仄聲 / 去聲 : (088	豔	염) : 殮(렴) : 염할 렴	1872	6407	3723	6390
仄聲 / 去聲 : (088	豔	염) : 獫*(렴) : 부리긴개 렴	7422	6423	3740	6391
仄聲 / 入聲 : (105	葉	엽) : 獵(렵) : 사냥 렵	1877	7835	3746	6392
仄聲 / 入聲 : (105	葉	엽) : 躐(렵) : 밟을 렵	1878	7836	3747	6393
仄聲 / 入聲 : (105	葉	엽) : 鬣(렵) : 말갈기 렵	1879	7837	3748	6394
仄聲 / 去聲 : (085	徑	경) : 寧*(령) : 이름/땅이름 령	1252	6194	5132	6395
仄聲 / 去聲 : (085	徑	경) : 零(령) : 부서질/떨어질 령	1892	6204	5151	6396
仄聲 / 去聲 : (085	徑	경) : 另(령) : 헤어질 령	1897	6205	5152	6397
仄聲 / 去聲 : (085	徑	경) : 寗*(령) : 땅이름 령	1259	6198	5200	6398
仄聲 / 去聲 : (079	號	호) : 癆(로) : 중독 로	1944	5951	7612	6399
仄聲 / 入聲 : (090	屋	옥) : 角*(록) : 신선/사람이름 록	55	6439	3816	6400
仄聲 / 入聲 : (091	沃	옥) : 綠(록) : 청록빛/옥이름 록	1953	6619	3987	6401
仄聲 / 入聲 : (091	沃	옥) : 菉(록) : 녹두 록	1954	6620	3988	6402
仄聲 / 入聲 : (091	沃	옥) : 濼*(록) : 강이름 록	1700	6616	3994	6403
仄聲 / 入聲 : (090	屋	옥) : 碌(록) : 푸른빛 록	1955	6465	3842	6404
仄聲 / 入聲 : (090	屋	옥) : 祿(록) : 녹 록	1956	6466	3843	6405

배열형식 D (四聲基準)			배열 A	배열 B	배열 C	배열 D
平仄 / 四聲 : (韻目No:	韻目)	韻族(독음): 字義	운족 가나순	운목 번호순	운목 가나순	사성순
仄聲 / 入聲 : (091	沃	옥) : 綠(록) : 푸를 록	1957	6621	3996	6406
仄聲 / 入聲 : (091	沃	옥) : 菉(록) : 녹두 록	1958	6622	3997	6407
仄聲 / 入聲 : (091	沃	옥) : 錄*(록) : 문서/기록할 록	1832	6618	3998	6408
仄聲 / 入聲 : (091	沃	옥) : 錄(록) : 청록빛/옥이름 록	1959	6623	3999	6409
仄聲 / 入聲 : (090	屋	옥) : 鹿(록) : 사슴 록	1960	6467	3844	6410
仄聲 / 入聲 : (090	屋	옥) : 麓(록) : 산기슭 록	1961	6468	3845	6411
仄聲 / 入聲 : (090	屋	옥) : 淥(록) : 샘/물맑을 록	1962	6469	3846	6412
仄聲 / 入聲 : (090	屋	옥) : 漉(록) : 거를 록	1963	6470	3847	6413
仄聲 / 入聲 : (090	屋	옥) : 盝(록) : 다할 록	1964	6471	3848	6414
仄聲 / 入聲 : (091	沃	옥) : 籙(록) : 책상자 록	1965	6624	4000	6415
仄聲 / 去聲 : (085	宥	유) : 廖(료) : 사람이름 료	2010	6272	5153	6416
仄聲 / 去聲 : (085	宥	유) : 漏(루) : 샐 루	2039	6273	5154	6417
仄聲 / 去聲 : (085	宥	유) : 瘻(루) : 부스럼 루	2040	6274	5155	6418
仄聲 / 去聲 : (085	宥	유) : 陋(루) : 좁을 루	2047	6275	5156	6419
仄聲 / 去聲 : (085	宥	유) : 溜(류) : 떨어질 류	2065	6276	5157	6420
仄聲 / 去聲 : (085	宥	유) : 謬(류) : 그르칠 류	2072	6277	5158	6421
仄聲 / 去聲 : (085	宥	유) : 廇(류) : 가운데뚫을 류	2076	6278	5159	6422
仄聲 / 去聲 : (085	宥	유) : 霤(류) : 낙수물 류	2079	6279	5160	6423
仄聲 / 去聲 : (085	宥	유) : 餾(류) : 뜸들 류	2081	6280	5161	6424
仄聲 / 去聲 : (085	宥	유) : 鷚(류) : 종다리 류	2083	6281	5162	6425
仄聲 / 入聲 : (090	屋	옥) : 六(륙) : 여섯 륙	2084	6472	3849	6426
仄聲 / 入聲 : (090	屋	옥) : 戮(륙) : 죽일 륙	2085	6473	3850	6427
仄聲 / 入聲 : (090	屋	옥) : 陸(륙) : 뭍/두터울 륙	2086	6474	3851	6428
仄聲 / 入聲 : (090	屋	옥) : 稑(륙) : 올벼 륙	2087	6475	3852	6429
仄聲 / 入聲 : (093	質	질) : 律(률) : 법/풍류/지을 률	2095	6742	6582	6430
仄聲 / 入聲 : (093	質	질) : 慄(률) : 두려워할 률	2096	6743	6583	6431
仄聲 / 入聲 : (093	質	질) : 栗(률) : 밤 률	2097	6744	6584	6432
仄聲 / 入聲 : (093	質	질) : 率(률) : 헤아릴/비례 률	2098	6745	6585	6433
仄聲 / 入聲 : (093	質	질) : 篥(률) : 풍류이름 률	2101	6747	6587	6434
仄聲 / 入聲 : (093	質	질) : 鷅(률) : 올빼미 률	2102	6748	6588	6435
仄聲 / 入聲 : (093	質	질) : 麜(률) : 암노루 률	2103	6749	6589	6436
仄聲 / 入聲 : (093	質	질) : 率*(률) : 비률/과녁/헤아릴 률	3719	6762	6599	6437
仄聲 / 入聲 : (102	職	직) : 肋(륵) : 갈비 륵	2106	7643	6205	6438
仄聲 / 入聲 : (102	職	직) : 勒(륵) : 굴레/억지 륵	2107	7644	6212	6439
仄聲 / 入聲 : (102	職	직) : 肋(륵) : 갈빗대 륵	2108	7645	6213	6440
仄聲 / 入聲 : (102	職	직) : 仂(륵) : 나머지수 륵	2109	7646	6214	6441

배열형식 D (四聲基準)			배열 A	배열 B	배열 C	배열 D
平仄 / 四聲 : (韻目No: 韻目) 韻族(독음): 字義			운족 가나순	운목 번호순	운목 가나순	사성순
仄聲 / 入聲 : (102	職	직) : 防(륵) : 지맥 륵	2110	7647	6215	6442
仄聲 / 入聲 : (103	緝	집) : 立(립) : 설/세울/이룰/굳을 립	2196	7744	6701	6443
仄聲 / 入聲 : (103	緝	집) : 笠(립) : 삿갓 립	2197	7745	6702	6444
仄聲 / 入聲 : (103	緝	집) : 粒(립) : 쌀알/알갱이 립	2198	7746	6703	6445
仄聲 / 去聲 : (081	禡	마) : 嗎(마) : 아편 마	2211	6028	1438	6446
仄聲 / 去聲 : (081	禡	마) : 禡(마) : 마제(馬祭) 마	2213	6029	1439	6447
仄聲 / 入聲 : (099	藥	약) : 寞(막) : 쓸쓸할 막	2215	7253	2921	6448
仄聲 / 入聲 : (101	錫	석) : 幕(막) : 장막 막	2216	7574	2141	6449
仄聲 / 入聲 : (099	藥	약) : 漠(막) : 넓을 막	2217	7254	2922	6450
仄聲 / 入聲 : (099	藥	약) : 膜(막) : 막/꺼풀 막	2218	7255	2923	6451
仄聲 / 入聲 : (099	藥	약) : 莫(막) : 없을/무성할/클 막	2219	7256	2924	6452
仄聲 / 入聲 : (092	覺	각) : 邈(막) : 멀 막	2222	6679	197	6453
仄聲 / 入聲 : (099	藥	약) : 瘼(막) : 병들 막	2223	7258	2926	6454
仄聲 / 入聲 : (099	藥	약) : 摸*(막) : 더듬을 막	2370	7259	2927	6455
仄聲 / 入聲 : (092	覺	각) : 貌*(막) : 모뜰/멀 막	2390	6680	198	6456
仄聲 / 入聲 : (092	覺	각) : 藐*(막) : 아름다울/약간 막	2440	6681	199	6457
仄聲 / 入聲 : (096	曷	갈) : 抹(말) : 바를 말	2252	6996	331	6458
仄聲 / 入聲 : (096	曷	갈) : 末(말) : 끝 말	2253	6997	332	6459
仄聲 / 入聲 : (096	曷	갈) : 沫(말) : 거품 말	2254	6998	333	6460
仄聲 / 入聲 : (096	曷	갈) : 茉(말) : 말리 말	2255	6999	334	6461
仄聲 / 入聲 : (095	月	월) : 襪(말) : 버선 말	2256	6915	4971	6462
仄聲 / 入聲 : (096	曷	갈) : 靺(말) : 말갈 말	2257	7000	335	6463
仄聲 / 入聲 : (097	黠	힐) : 帕(말) : 머리띠 말	2258	7050	7919	6464
仄聲 / 入聲 : (096	曷	갈) : 秣(말) : 말먹이 말	2259	7001	336	6465
仄聲 / 去聲 : (082	漾	양) : 妄(망) : 망령될 망	2262	6087	3360	6466
仄聲 / 去聲 : (082	漾	양) : 孟*(망) : 맹랑할 망	2312	6088	3361	6467
仄聲 / 去聲 : (081	禡	마) : 罵(매) : 욕할 매	2290	6030	1441	6468
仄聲 / 入聲 : (100	陌	맥) : 莫*(맥) : 고요할 맥	2221	7379	1509	6469
仄聲 / 入聲 : (100	陌	맥) : 脈(맥) : 줄기 맥	2303	7380	1510	6470
仄聲 / 入聲 : (100	陌	맥) : 貊(맥) : 맥국 맥	2304	7381	1511	6471
仄聲 / 入聲 : (100	陌	맥) : 陌(맥) : 두렁 맥	2305	7382	1512	6472
仄聲 / 入聲 : (100	陌	맥) : 驀(맥) : 말탈 맥	2306	7383	1513	6473
仄聲 / 入聲 : (100	陌	맥) : 麥(맥) : 보리 맥	2307	7384	1514	6474
仄聲 / 入聲 : (100	陌	맥) : 貘(맥) : 표범 맥	2308	7385	1515	6475
仄聲 / 入聲 : (100	陌	맥) : 覛(맥) : 흘깃볼 맥	2309	7386	1516	6476
仄聲 / 入聲 : (100	陌	맥) : 霢(맥) : 가랑비 맥	2310	7387	1517	6477

배열형식 D (四聲基準)			배열 A	배열 B	배열 C	배열 D
平仄 / 四聲 : (韻目No: 韻目) 韻族(독음): 字義			운족 가나순	운목 번호순	운목 가나순	사성순
仄聲 / 入聲 : (100	陌	맥) : 百*(맥) : 힘쓸/길잡이 맥	2745	7400	1530	6478
仄聲 / 去聲 : (084	敬	경) : 孟(맹) : 만/힘쓸 맹	2311	6146	776	6479
仄聲 / 入聲 : (101	錫	석) : 汨*(멱) : 물이름 멱	592	7559	2126	6480
仄聲 / 入聲 : (101	錫	석) : 冪(멱) : 덮을/수(自乘) 멱	2323	7575	2142	6481
仄聲 / 入聲 : (101	錫	석) : 覓(멱) : 구할/찾을 멱	2324	7576	2143	6482
仄聲 / 入聲 : (101	錫	석) : 糸(멱) : 가는실 멱	2325	7577	2144	6483
仄聲 / 入聲 : (101	錫	석) : 蓂*(멱) : 두루미냉이 멱	2355	7578	2145	6484
仄聲 / 入聲 : (098	屑	설) : 滅(멸) : 멸할/꺼질 멸	2343	7117	2490	6485
仄聲 / 入聲 : (098	屑	설) : 蔑(멸) : 업신여길 멸	2344	7118	2491	6486
仄聲 / 入聲 : (098	屑	설) : 蠛(멸) : 눈에놀이 멸	2345	7119	2492	6487
仄聲 / 去聲 : (084	敬	경) : 命(명) : 목숨 명	2348	6147	777	6488
仄聲 / 去聲 : (085	徑	경) : 暝(명) : 어두울 명	2350	6206	5163	6489
仄聲 / 入聲 : (099	藥	약) : 莫*(모) : 푸성귀/저물 모	2220	7257	2925	6490
仄聲 / 入聲 : (102	職	직) : 冒(모) : 가릴 모	2364	7648	6216	6491
仄聲 / 去聲 : (085	宥	유) : 姆(모) : 여스승 모	2366	6282	5164	6492
仄聲 / 去聲 : (079	號	호) : 帽(모) : 모자 모	2367	5952	7613	6493
仄聲 / 去聲 : (079	號	호) : 耗(모) : 빌(虛也)/어지러울 모	2383	5953	7614	6494
仄聲 / 去聲 : (079	號	호) : 芼(모) : 풀우거질 모	2385	5955	7616	6495
仄聲 / 去聲 : (079	號	호) : 旄(모) : 기 모	2393	5956	7617	6496
仄聲 / 去聲 : (079	號	호) : 耄(모) : 늙은이 모	2394	5957	7618	6497
仄聲 / 去聲 : (079	號	호) : 秏(모) : 벼 모	2399	5958	7619	6498
仄聲 / 入聲 : (090	屋	옥) : 木*(모) : 모과 모	2405	6477	3854	6499
仄聲 / 入聲 : (090	屋	옥) : 木(목) : 나무 목	2404	6476	3853	6500
仄聲 / 入聲 : (090	屋	옥) : 沐(목) : 머리감을 목	2406	6478	3855	6501
仄聲 / 入聲 : (090	屋	옥) : 牧(목) : 칠 목	2407	6479	3856	6502
仄聲 / 入聲 : (090	屋	옥) : 目(목) : 눈 목	2408	6480	3857	6503
仄聲 / 入聲 : (090	屋	옥) : 睦(목) : 화목할 목	2409	6481	3858	6504
仄聲 / 入聲 : (090	屋	옥) : 穆(목) : 화목할 목	2410	6482	3859	6505
仄聲 / 入聲 : (090	屋	옥) : 鶩(목) : 집오리 목	2411	6483	3860	6506
仄聲 / 入聲 : (090	屋	옥) : 苜(목) : 거여목 목	2412	6484	3861	6507
仄聲 / 入聲 : (090	屋	옥) : 霂(목) : 가랑비 목	2413	6485	3862	6508
仄聲 / 入聲 : (090	屋	옥) : 繆*(목) : 몹쓸시호 목	2466	6486	3863	6509
仄聲 / 入聲 : (090	屋	옥) : 匹*(목) : 집오리 목	7230	6599	3977	6510
仄聲 / 入聲 : (095	月	월) : 歿(몰) : 죽을 몰	2414	6916	4972	6511
仄聲 / 入聲 : (095	月	월) : 沒(몰) : 빠질 몰	2415	6917	4973	6512
仄聲 / 入聲 : (094	物	물) : 勿*(몰) : 먼지채 몰	2508	6862	1796	6513

배열형식 D (四聲基準)			배열 A	배열 B	배열 C	배열 D
平仄 / 四聲 : (韻目No:	韻目)	韻族(독음): 字義	운족 가나순	운목 번호순	운목 가나순	사성순
仄聲 / 去聲 : (085	宥	유) : 懋(무) : 힘쓸 무	2452	6283	5165	6514
仄聲 / 去聲 : (085	宥	유) : 戊(무) : 천간 무	2453	6284	5166	6515
仄聲 / 去聲 : (085	宥	유) : 楙(무) : 무성할/모과나무 무	2457	6285	5167	6516
仄聲 / 去聲 : (085	宥	유) : 繆(무) : 실천오리/얽을 무	2463	6286	5168	6517
仄聲 / 去聲 : (085	宥	유) : 茂(무) : 무성할 무	2468	6287	5169	6518
仄聲 / 去聲 : (085	宥	유) : 貿(무) : 무역할 무	2471	6288	5170	6519
仄聲 / 入聲 : (090	屋	옥) : 騖(무) : 달릴 무	2476	6487	3864	6520
仄聲 / 入聲 : (102	職	직) : 墨(묵) : 먹 묵	2482	7649	6217	6521
仄聲 / 入聲 : (102	職	직) : 默(묵) : 잠잠할 묵	2483	7650	6218	6522
仄聲 / 入聲 : (102	職	직) : 嚜(묵) : 잠잠할 묵	2484	7651	6219	6523
仄聲 / 入聲 : (094	物	물) : 勿(물) : 없을/말 물	2507	6861	1795	6524
仄聲 / 入聲 : (094	物	물) : 物(물) : 물건 물	2511	6863	1797	6525
仄聲 / 入聲 : (094	物	물) : 芴(물) : 순무 물	2512	6864	1815	6526
仄聲 / 入聲 : (093	質	질) : 密(밀) : 빽빽할 밀	2578	6750	6590	6527
仄聲 / 入聲 : (093	質	질) : 蜜(밀) : 꿀 밀	2579	6751	6591	6528
仄聲 / 入聲 : (093	質	질) : 謐(밀) : 조용할 밀	2580	6752	6592	6529
仄聲 / 入聲 : (093	質	질) : 蔤(밀) : 연뿌리 밀	2582	6753	6593	6530
仄聲 / 入聲 : (093	質	질) : 宓*(밀) : 잠잠할 밀	2883	6754	6594	6531
仄聲 / 入聲 : (099	藥	약) : 濼*(박) : 늪/방죽 박	1701	7248	2916	6532
仄聲 / 入聲 : (092	覺	각) : 剝(박) : 벗길 박	2583	6682	200	6533
仄聲 / 入聲 : (099	藥	약) : 博(박) : 넓을 박	2584	7260	2928	6534
仄聲 / 入聲 : (100	陌	맥) : 拍(박) : 칠 박	2585	7388	1518	6535
仄聲 / 入聲 : (099	藥	약) : 搏(박) : 칠/잡을 박	2586	7261	2929	6536
仄聲 / 入聲 : (092	覺	각) : 撲(박) : 맞부딪칠/칠 박	2587	6683	201	6537
仄聲 / 入聲 : (092	覺	각) : 朴(박) : 성 박	2589	6684	202	6538
仄聲 / 入聲 : (092	覺	각) : 樸(박) : 바탕/순박할 박	2590	6685	203	6539
仄聲 / 入聲 : (099	藥	약) : 泊(박) : 머무를/배댈 박	2592	7262	2930	6540
仄聲 / 入聲 : (100	陌	맥) : 珀(박) : 호박 박	2593	7389	1519	6541
仄聲 / 入聲 : (092	覺	각) : 璞(박) : 옥돌 박	2594	6686	204	6542
仄聲 / 入聲 : (099	藥	약) : 箔(박) : 발 박	2595	7263	2931	6543
仄聲 / 入聲 : (099	藥	약) : 粕(박) : 지게미 박	2596	7264	2932	6544
仄聲 / 入聲 : (099	藥	약) : 縛(박) : 묶을 박	2597	7265	2933	6545
仄聲 / 入聲 : (099	藥	약) : 膊(박) : 포 박	2598	7266	2934	6546
仄聲 / 入聲 : (100	陌	맥) : 舶(박) : 선박 박	2599	7390	1520	6547
仄聲 / 入聲 : (099	藥	약) : 薄(박) : 엷을 박	2600	7267	2935	6548
仄聲 / 入聲 : (100	陌	맥) : 迫(박) : 핍박할 박	2601	7391	1521	6549

배열형식 D (四聲基準)			배열 A	배열 B	배열 C	배열 D
平仄 / 四聲 : (韻目No:	韻目)	韻族(독음): 字義	운족 가나순	운목 번호순	운목 가나순	사성순
仄聲 / 入聲 : (092	覺	각) : 雹(박) : 우박 박	2602	6687	205	6550
仄聲 / 入聲 : (092	覺	각) : 駁(박) : 얼룩얼룩할 박	2603	6688	206	6551
仄聲 / 入聲 : (099	藥	약) : 鎛(박) : 종 박	2604	7268	2936	6552
仄聲 / 入聲 : (092	覺	각) : 駮(박) : 짐승이름 박	2605	6689	207	6553
仄聲 / 入聲 : (099	藥	약) : 彴(박) : 별똥 박	2606	7269	2937	6554
仄聲 / 入聲 : (092	覺	각) : 懪(박) : 번민할 박	2607	6690	208	6555
仄聲 / 入聲 : (099	藥	약) : 襮(박) : 수놓은깃 박	2608	7270	2938	6556
仄聲 / 入聲 : (099	藥	약) : 鑮(박) : 호미 박	2609	7271	2939	6557
仄聲 / 入聲 : (099	藥	약) : 魄*(박) : 넋잃을 박	2747	7272	2940	6558
仄聲 / 入聲 : (099	藥	약) : 簿*(박) : 누에발 박	2960	7273	2941	6559
仄聲 / 入聲 : (092	覺	각) : 爆*(박) : 지질/태울 박	7176	6729	247	6560
仄聲 / 入聲 : (095	月	월) : 勃(발) : 우쩍일어날 발	2644	6919	4974	6561
仄聲 / 入聲 : (096	曷	갈) : 拔(발) : 뺄/뽑을/빠를 발	2645	7002	337	6562
仄聲 / 入聲 : (096	曷	갈) : 撥(발) : 다스릴 발	2647	7004	339	6563
仄聲 / 入聲 : (095	月	월) : 渤(발) : 바다이름 발	2648	6920	4975	6564
仄聲 / 入聲 : (096	曷	갈) : 潑(발) : 뿌릴 발	2649	7005	340	6565
仄聲 / 入聲 : (095	月	월) : 發(발) : 필 발	2650	6921	4976	6566
仄聲 / 入聲 : (096	曷	갈) : 跋(발) : 밟을 발	2651	7006	341	6567
仄聲 / 入聲 : (096	曷	갈) : 醱(발) : 빚을 발	2652	7007	342	6568
仄聲 / 入聲 : (096	曷	갈) : 鉢(발) : 바리때 발	2653	7008	343	6569
仄聲 / 入聲 : (095	月	월) : 髮(발) : 터럭 발	2654	6922	4977	6570
仄聲 / 入聲 : (096	曷	갈) : 魃(발) : 가물귀신 발	2655	7009	344	6571
仄聲 / 入聲 : (095	月	월) : 浡(발) : 일어날 발	2656	6923	4978	6572
仄聲 / 入聲 : (095	月	월) : 脖(발) : 배꼽 발	2657	6924	4979	6573
仄聲 / 入聲 : (096	曷	갈) : 犮(발) : 벗/사귈 발	2658	7010	345	6574
仄聲 / 入聲 : (096	曷	갈) : 茇(발) : 풀 발	2659	7011	346	6575
仄聲 / 入聲 : (096	曷	갈) : 軷(발) : 발제 발	2660	7012	347	6576
仄聲 / 入聲 : (095	月	월) : 悖*(발) : 거스를 발	7064	6948	5002	6577
仄聲 / 入聲 : (095	月	월) : 孛*(발) : 살별/요기[妖氣] 발	7076	6949	5003	6578
仄聲 / 去聲 : (082	漾	양) : 傍(방) : 의지할/가까이할 방	2662	6089	3362	6579
仄聲 / 去聲 : (082	漾	양) : 榜(방) : 게시판/방써붙일 방	2678	6090	3363	6580
仄聲 / 去聲 : (082	漾	양) : 舫(방) : 배 방	2686	6091	3364	6581
仄聲 / 去聲 : (082	漾	양) : 訪(방) : 찾을 방	2690	6092	3365	6582
仄聲 / 去聲 : (082	漾	양) : 謗(방) : 헐뜯을 방	2691	6093	3366	6583
仄聲 / 去聲 : (082	漾	양) : 徬(방) : 시중들 방	2697	6094	3367	6584
仄聲 / 去聲 : (082	漾	양) : 竝*(방) : 연할 방	2838	6095	3368	6585

배열형식 D (四聲基準)			배열 A	배열 B	배열 C	배열 D
平仄 / 四聲 : (韻目No: 韻目) 韻族(독음): 字義			운족 가나순	운목 번호순	운목 가나순	사성순
仄聲 / 去聲 : (081	禡	마) : 白*(배) : 땅이름 배	2743	6031	1442	6586
仄聲 / 入聲 : (100	陌	맥) : 伯(백) : 맏 백	2736	7392	1522	6587
仄聲 / 入聲 : (100	陌	맥) : 佰(백) : 일백 백	2738	7394	1524	6588
仄聲 / 入聲 : (100	陌	맥) : 帛(백) : 비단 백	2739	7395	1525	6589
仄聲 / 入聲 : (100	陌	맥) : 柏(백) : 측백나무 백	2740	7396	1526	6590
仄聲 / 入聲 : (100	陌	맥) : 栢(백) : 측백나무 백	2741	7397	1527	6591
仄聲 / 入聲 : (100	陌	맥) : 白(백) : 흰 백	2742	7398	1528	6592
仄聲 / 入聲 : (100	陌	맥) : 百(백) : 일백 백	2744	7399	1529	6593
仄聲 / 入聲 : (100	陌	맥) : 魄(백) : 넋 백	2746	7401	1531	6594
仄聲 / 入聲 : (100	陌	맥) : 覇*(백) : 달력 백	7073	7530	1656	6595
仄聲 / 入聲 : (100	陌	맥) : 霸*(백) : 달력 백	7080	7531	1657	6596
仄聲 / 入聲 : (095	月	월) : 伐(벌) : 칠 벌	2769	6925	4980	6597
仄聲 / 入聲 : (095	月	월) : 筏(벌) : 뗏목 벌	2770	6926	4981	6598
仄聲 / 入聲 : (095	月	월) : 罰(벌) : 벌할 벌	2771	6927	4982	6599
仄聲 / 入聲 : (095	月	월) : 閥(벌) : 문벌 벌	2772	6928	4983	6600
仄聲 / 去聲 : (089	陷	함) : 梵(범) : 깨끗할/바라문 범	2775	6427	7399	6601
仄聲 / 去聲 : (089	陷	함) : 氾(범) : 넘칠 범	2776	6428	7400	6602
仄聲 / 去聲 : (089	陷	함) : 泛(범) : 뜰/넓을 범	2778	6429	7401	6603
仄聲 / 入聲 : (106	洽	흡) : 法(법) : 법 법	2786	7915	7882	6604
仄聲 / 入聲 : (106	洽	흡) : 琺(법) : 법랑 법	2787	7916	7883	6605
仄聲 / 入聲 : (100	陌	맥) : 僻(벽) : 궁벽할 벽	2788	7403	1533	6606
仄聲 / 入聲 : (101	錫	석) : 劈(벽) : 빠갤 벽	2789	7579	2146	6607
仄聲 / 入聲 : (101	錫	석) : 壁(벽) : 벽 벽	2790	7580	2147	6608
仄聲 / 入聲 : (100	陌	맥) : 擘(벽) : 쪼갤/당길 벽	2791	7404	1534	6609
仄聲 / 入聲 : (100	陌	맥) : 檗(벽) : 황벽나무 벽	2792	7405	1535	6610
仄聲 / 入聲 : (100	陌	맥) : 璧(벽) : 옥 벽	2793	7406	1536	6611
仄聲 / 入聲 : (100	陌	맥) : 癖(벽) : 적취 벽	2794	7407	1537	6612
仄聲 / 入聲 : (100	陌	맥) : 碧(벽) : 푸를 벽	2795	7408	1538	6613
仄聲 / 入聲 : (100	陌	맥) : 蘗(벽) : 황경나무[승검초폐] 벽	2796	7409	1539	6614
仄聲 / 入聲 : (100	陌	맥) : 闢(벽) : 열 벽	2797	7410	1540	6615
仄聲 / 入聲 : (100	陌	맥) : 霹(벽) : 벼락 벽	2798	7411	1541	6616
仄聲 / 入聲 : (100	陌	맥) : 擗(벽) : 가슴칠 벽	2799	7412	1542	6617
仄聲 / 入聲 : (101	錫	석) : 甓(벽) : 벽돌 벽	2800	7581	2148	6618
仄聲 / 入聲 : (100	陌	맥) : 糪(벽) : 선밥 벽	2801	7413	1543	6619
仄聲 / 入聲 : (090	屋	옥) : 楅*(벽) : 쇠뿔가로대 벽	2906	6516	3893	6620
仄聲 / 入聲 : (102	職	직) : 副*(벽) : 순산될 벽	2939	7656	6222	6621

배열형식 D (四聲基準)			배열 A	배열 B	배열 C	배열 D
平仄 / 四聲 : (韻目No:	韻目)	韻族(독음): 字義	운족 가나순	운목 번호순	운목 가나순	사성순
仄聲 / 入聲 : (101	錫	석) : 辟*(벽) : 법/부를/편벽될 벽	7227	7623	2190	6622
仄聲 / 入聲 : (098	屑	설) : 別(별) : 다를/나눌 별	2817	7120	2494	6623
仄聲 / 入聲 : (098	屑	설) : 瞥(별) : 언뜻볼 별	2818	7121	2495	6624
仄聲 / 入聲 : (098	屑	설) : 鱉(별) : 금계 별	2819	7122	2496	6625
仄聲 / 入聲 : (098	屑	설) : 彆(별) : 활 뒤틀릴 별	2821	7123	2497	6626
仄聲 / 入聲 : (098	屑	설) : 鷩(별) : 금계 별	2822	7124	2498	6627
仄聲 / 入聲 : (098	屑	설) : 批*(별) : 찔러밀칠 별	3089	7125	2499	6628
仄聲 / 入聲 : (098	屑	설) : 閉*(별) : 막을/감출 별	7125	7204	2578	6629
仄聲 / 去聲 : (084	敬	경) : 枋*(병) : 자루 병	2677	6148	778	6630
仄聲 / 去聲 : (084	敬	경) : 柄(병) : 자루 병	2830	6149	779	6631
仄聲 / 去聲 : (084	敬	경) : 棅(병) : 자루 병	2831	6150	780	6632
仄聲 / 去聲 : (084	敬	경) : 病(병) : 병 병	2834	6151	781	6633
仄聲 / 去聲 : (084	敬	경) : 迸(병) : 흩어저달아날 병	2843	6152	782	6634
仄聲 / 去聲 : (084	敬	경) : 倂(병) : 아우를 병	2844	6153	783	6635
仄聲 / 去聲 : (084	敬	경) : 屛*(병) : 물리칠 병	2847	6154	784	6636
仄聲 / 去聲 : (084	敬	경) : 怲(병) : 근심 병	2848	6155	785	6637
仄聲 / 去聲 : (084	敬	경) : 摒(병) : 제할/치울 병	2849	6156	786	6638
仄聲 / 去聲 : (084	敬	경) : 邴*(병) : 땅이름 병	2853	6158	787	6639
仄聲 / 去聲 : (084	敬	경) : 邴(병) : 땅이름 병	2852	6157	788	6640
仄聲 / 去聲 : (079	號	호) : 報(보) : 대답할/고할 보	2860	5959	7620	6641
仄聲 / 入聲 : (090	屋	옥) : 洑*(보) : 돌아흐를/보 보	2876	6491	3868	6642
仄聲 / 入聲 : (090	屋	옥) : 撲*(복) : 두드릴/씨름할 복	2588	6488	3865	6643
仄聲 / 入聲 : (090	屋	옥) : 樸*(복) : 떡갈나무 복	2591	6489	3866	6644
仄聲 / 入聲 : (090	屋	옥) : 洑(복) : 돌아흐를/보 복	2875	6490	3867	6645
仄聲 / 入聲 : (090	屋	옥) : 伏(복) : 엎드릴 복	2877	6492	3869	6646
仄聲 / 入聲 : (090	屋	옥) : 僕(복) : 종 복	2878	6493	3870	6647
仄聲 / 入聲 : (090	屋	옥) : 匐(복) : 엎드릴 복	2879	6494	3872	6648
仄聲 / 入聲 : (090	屋	옥) : 卜(복) : 점 복	2881	6496	3873	6649
仄聲 / 入聲 : (090	屋	옥) : 宓(복) : 편안할/업드릴 복	2882	6497	3874	6650
仄聲 / 入聲 : (090	屋	옥) : 復(복) : 돌아올 복	2884	6498	3876	6651
仄聲 / 入聲 : (090	屋	옥) : 服(복) : 옷 복	2886	6500	3877	6652
仄聲 / 入聲 : (090	屋	옥) : 福(복) : 복 복	2887	6501	3878	6653
仄聲 / 入聲 : (090	屋	옥) : 腹(복) : 배 복	2888	6502	3879	6654
仄聲 / 入聲 : (090	屋	옥) : 茯(복) : 복령 복	2889	6503	3880	6655
仄聲 / 入聲 : (102	職	직) : 葍(복) : 무 복	2890	7652	6220	6656
仄聲 / 入聲 : (090	屋	옥) : 複(복) : 겹옷/복도 복	2891	6504	3881	6657

배열형식 D (四聲基準)			배열 A	배열 B	배열 C	배열 D
平仄 / 四聲 : (韻目No:	韻目)	韻族(독음): 字義	운족 가나순	운목 번호순	운목 가나순	사성순
仄聲 / 入聲 : (090	屋	옥) : 覆(복) : 덮을/엎어질 복	2893	6505	3882	6658
仄聲 / 入聲 : (090	屋	옥) : 輹(복) : 복토 복	2894	6506	3883	6659
仄聲 / 入聲 : (090	屋	옥) : 輻(복) : 바퀴살 복	2895	6507	3884	6660
仄聲 / 入聲 : (090	屋	옥) : 馥(복) : 향기 복	2897	6508	3885	6661
仄聲 / 入聲 : (090	屋	옥) : 鰒(복) : 전복 복	2898	6509	3886	6662
仄聲 / 入聲 : (091	沃	옥) : 幞(복) : 두건 복	2899	6625	4001	6663
仄聲 / 入聲 : (090	屋	옥) : 扑(복) : 칠 복	2900	6510	3887	6664
仄聲 / 入聲 : (090	屋	옥) : 濮(복) : 강이름 복	2901	6511	3888	6665
仄聲 / 入聲 : (090	屋	옥) : 箙(복) : 화살통 복	2902	6512	3889	6666
仄聲 / 入聲 : (090	屋	옥) : 蝠(복) : 박쥐 복	2903	6513	3890	6667
仄聲 / 入聲 : (090	屋	옥) : 蝮(복) : 살무사 복	2904	6514	3891	6668
仄聲 / 入聲 : (090	屋	옥) : 楅(복) : 쇠뿔가로대 복	2905	6515	3892	6669
仄聲 / 入聲 : (090	屋	옥) : 蕧(복) : 금불초 복	2907	6517	3894	6670
仄聲 / 去聲 : (085	宥	유) : 鍑(복) : 아가리큰솥 복	2908	6290	5172	6671
仄聲 / 入聲 : (090	屋	옥) : 副*(복) : 쪼갤 복	2938	6518	3895	6672
仄聲 / 去聲 : (085	宥	유) : 踣(복) : 엎드러질/쓰러질 복	2909	6291	5175	6673
仄聲 / 入聲 : (102	職	직) : 葡(복) : 무 복	3157	7658	6225	6674
仄聲 / 入聲 : (091	沃	옥) : 輻(복) : 바퀴살 복	2911	6626	4041	6675
仄聲 / 入聲 : (090	屋	옥) : 復*(부) : 다시/또 부	2885	6499	3875	6676
仄聲 / 去聲 : (085	宥	유) : 複*(부) : 거듭 부	2892	6289	5171	6677
仄聲 / 去聲 : (085	宥	유) : 副(부) : 버금 부	2937	6292	5173	6678
仄聲 / 去聲 : (085	宥	유) : 富(부) : 부자 부	2948	6293	5174	6679
仄聲 / 入聲 : (102	職	직) : 踣*(부) : 엎드러질/쓰러질 부	2910	7654	6224	6680
仄聲 / 入聲 : (090	屋	옥) : 匐*(북) : 엎드릴 북	2880	6495	3871	6681
仄聲 / 入聲 : (102	職	직) : 北(북) : 북녘 북	3009	7657	6223	6682
仄聲 / 入聲 : (095	月	월) : 朏*(불) : 먼동틀 불	3073	6930	4955	6683
仄聲 / 入聲 : (095	月	월) : 不(불) : 아니 불	3005	6929	4984	6684
仄聲 / 入聲 : (094	物	물) : 佛(불) : 부처/도울/깨달을 불	3050	6865	1798	6685
仄聲 / 入聲 : (094	物	물) : 弗(불) : 아닐/말 불	3052	6866	1799	6686
仄聲 / 入聲 : (094	物	물) : 彿(불) : 비슷할 불	3053	6867	1800	6687
仄聲 / 入聲 : (094	物	물) : 拂(불) : 떨칠 불	3054	6868	1801	6688
仄聲 / 入聲 : (094	物	물) : 祓(불) : 푸닥거리할 불	3056	6869	1802	6689
仄聲 / 入聲 : (094	物	물) : 茀(불) : 우거질 불	3057	6870	1803	6690
仄聲 / 入聲 : (094	物	물) : 髴(불) : 비슷할 불	3058	6871	1804	6691
仄聲 / 入聲 : (094	物	물) : 黻(불) : 수 불	3059	6872	1805	6692
仄聲 / 入聲 : (094	物	물) : 咈(불) : 어길 불	3060	6873	1806	6693

배열형식 D (四聲基準)			배열 A	배열 B	배열 C	배열 D
平仄 / 四聲 : (韻目No: 韻目)		韻族(독음): 字義	운족 가나순	운목 번호순	운목 가나순	사성순
仄聲 / 入聲 : (094	物	물) : 箻(불) : 수레뒷창문 불	3062	6874	1807	6694
仄聲 / 入聲 : (094	物	물) : 紼(불) : 얽힌삼가락 불	3063	6875	1808	6695
仄聲 / 去聲 : (085	徑	경) : 憑(빙) : 기댈 빙	3187	6207	5176	6696
仄聲 / 去聲 : (084	敬	경) : 聘(빙) : 부를 빙	3189	6159	789	6697
仄聲 / 去聲 : (084	敬	경) : 娉(빙) : 장가들 빙	3192	6160	790	6698
仄聲 / 去聲 : (081	禡	마) : 乍(사) : 잠깐 사	3196	6032	1443	6699
仄聲 / 去聲 : (080	箇	개) : 些(사) : 적을 사	3198	5998	489	6700
仄聲 / 去聲 : (081	禡	마) : 射(사) : 쏠/화살같이빠를 사	3216	6033	1444	6701
仄聲 / 去聲 : (081	禡	마) : 舍*(사) : 집 사	3245	6034	1445	6702
仄聲 / 去聲 : (081	禡	마) : 詐(사) : 속일 사	3252	6035	1446	6703
仄聲 / 去聲 : (081	禡	마) : 謝(사) : 사례할 사	3254	6036	1447	6704
仄聲 / 去聲 : (081	禡	마) : 赦(사) : 용서할 사	3256	6037	1448	6705
仄聲 / 去聲 : (081	禡	마) : 麝(사) : 사향노루 사	3262	6038	1449	6706
仄聲 / 去聲 : (081	禡	마) : 卸(사) : 풀 사	3263	6039	1450	6707
仄聲 / 去聲 : (081	禡	마) : 咋(사) : 잠깐 사	3264	6040	1451	6708
仄聲 / 去聲 : (081	禡	마) : 榭(사) : 정자 사	3268	6041	1452	6709
仄聲 / 去聲 : (081	禡	마) : 蜡(사) : 납향제사 사	3271	6042	1453	6710
仄聲 / 入聲 : (100	陌	맥) : 夕*(사) : 한웅큼 사	3460	7420	1550	6711
仄聲 / 去聲 : (081	禡	마) : 貰*(사) : 죄사할 사	3614	6043	1454	6712
仄聲 / 入聲 : (099	藥	약) : 削(삭) : 깎을 삭	3286	7274	2942	6713
仄聲 / 入聲 : (092	覺	각) : 數*(삭) : 자주/여러번 삭	3751	6695	209	6714
仄聲 / 入聲 : (092	覺	각) : 朔(삭) : 초하루 삭	3287	6691	210	6715
仄聲 / 入聲 : (092	覺	각) : 槊(삭) : 창/쌍륙 삭	3289	6692	212	6716
仄聲 / 入聲 : (099	藥	약) : 爍(삭) : 빛날 삭	3291	7275	2943	6717
仄聲 / 入聲 : (099	藥	약) : 鑠(삭) : 녹일/빛날 삭	3292	7276	2944	6718
仄聲 / 入聲 : (092	覺	각) : 溯*(삭) : 빨래한물 삭	3644	6694	213	6719
仄聲 / 入聲 : (092	覺	각) : 嗽*(삭) : 마실/빨 삭	3760	6696	214	6720
仄聲 / 入聲 : (092	覺	각) : 數*(삭) : 자/빠를 삭	3774	6697	215	6721
仄聲 / 入聲 : (096	曷	갈) : 撒(살) : 뿌릴 살	3318	7013	348	6722
仄聲 / 入聲 : (097	黠	힐) : 煞*(살) : 죽일 살	3736	7054	7921	6723
仄聲 / 入聲 : (096	曷	갈) : 薩(살) : 보살 살	3322	7014	349	6724
仄聲 / 入聲 : (097	黠	힐) : 榝(살) : 산복숭아 살	3323	7052	7922	6725
仄聲 / 入聲 : (097	黠	힐) : 蔱(살) : 산수유 살	3324	7053	7923	6726
仄聲 / 入聲 : (097	黠	힐) : 閷*(살) : 죽일 살	3738	7055	7924	6727
仄聲 / 入聲 : (096	曷	갈) : 蔡*(살) : 내칠/귀양보낼 살	6417	7028	363	6728
仄聲 / 去聲 : (087	勘	감) : 三(삼) : 석 삼	3325	6393	423	6729

배열형식 D (四聲基準)			배열 A	배열 B	배열 C	배열 D
平仄 / 四聲 : (韻目No: 韻目)		韻族(독음): 字義	운족 가나순	운목 번호순	운목 가나순	사성순
仄聲 / 去聲 : (086	沁	심) : 滲(삼) : 스밀 삼	3334	6365	2865	6730
仄聲 / 去聲 : (087	勘	감) : 參(삼) : 셋/삭 삼	3337	6394	427	6731
仄聲 / 入聲 : (103	緝	집) : 澁*(삽) : 껄끄러울/막힐 삽	3336	7747	6704	6732
仄聲 / 入聲 : (104	合	합) : 鈒(삽) : 창 삽	3340	7803	7426	6733
仄聲 / 入聲 : (104	合	합) : 颯(삽) : 바람소리 삽	3341	7804	7427	6734
仄聲 / 入聲 : (104	合	합) : 卅(삽) : 서른 삽	3342	7805	7428	6735
仄聲 / 入聲 : (106	洽	흡) : 翣(삽) : 부채 삽	3343	7917	7885	6736
仄聲 / 入聲 : (106	洽	흡) : 鍤(삽) : 가래 삽	3344	7918	7886	6737
仄聲 / 入聲 : (104	合	합) : 霅(삽) : 빗소리 삽	3345	7806	7429	6738
仄聲 / 入聲 : (105	葉	엽) : 霎(삽) : 가랑비 삽	3347	7838	3749	6739
仄聲 / 入聲 : (106	洽	흡) : 插(삽) : 꽂을 삽	3348	7920	7884	6740
仄聲 / 入聲 : (103	緝	집) : 唼(삽) : 입다시는소리 삽	3349	7748	6712	6741
仄聲 / 去聲 : (082	漾	양) : 尙(상) : 오히려 상	3361	6096	3369	6742
仄聲 / 去聲 : (082	漾	양) : 狀*(상) : 형상 상	5418	6106	3370	6743
仄聲 / 去聲 : (082	漾	양) : 蠰(상) : 사마귀알 상	3388	6097	3372	6744
仄聲 / 去聲 : (082	漾	양) : 向*(상) : 성 상	7393	6130	3404	6745
仄聲 / 入聲 : (102	職	직) : 塞*(색) : 막을/채울 색	3391	7659	6226	6746
仄聲 / 入聲 : (102	職	직) : 嗇(색) : 아낄/인색할 색	3395	7660	6227	6747
仄聲 / 入聲 : (102	職	직) : 穡(색) : 거둘 색	3396	7661	6228	6748
仄聲 / 入聲 : (100	陌	맥) : 索(색) : 찾을 색	3397	7416	1546	6749
仄聲 / 入聲 : (102	職	직) : 色(색) : 빛 색	3398	7662	6229	6750
仄聲 / 入聲 : (100	陌	맥) : 槭(색) : 앙상할 색	3399	7417	1547	6751
仄聲 / 入聲 : (100	陌	맥) : 摵(색) : 추릴/떨어질 색	3401	7418	1548	6752
仄聲 / 入聲 : (090	屋	옥) : 梀(색) : 가시목 색	3402	6520	3897	6753
仄聲 / 入聲 : (100	陌	맥) : 霡*(색) : 가랑비/싸락눈 색	3483	7436	1566	6754
仄聲 / 入聲 : (100	陌	맥) : 愬*(색) : 두려워할 색	3672	7440	1568	6755
仄聲 / 入聲 : (100	陌	맥) : 瀒*(색) : 물떨어지는소리 색	5928	7494	1626	6756
仄聲 / 入聲 : (100	陌	맥) : 射*(석) : 목표를잡을 석	3217	7414	1544	6757
仄聲 / 入聲 : (100	陌	맥) : 夕(석) : 저녁/저물 석	3459	7419	1549	6758
仄聲 / 入聲 : (100	陌	맥) : 奭(석) : 클/성할 석	3461	7421	1551	6759
仄聲 / 入聲 : (100	陌	맥) : 席(석) : 자리 석	3463	7422	1552	6760
仄聲 / 入聲 : (100	陌	맥) : 惜(석) : 아낄 석	3464	7423	1553	6761
仄聲 / 入聲 : (100	陌	맥) : 昔(석) : 옛/어제 석	3465	7424	1554	6762
仄聲 / 入聲 : (100	陌	맥) : 晳(석) : 분석할 석	3467	7425	1555	6763
仄聲 / 入聲 : (101	錫	석) : 析(석) : 쪼갤 석	3468	7582	2149	6764
仄聲 / 入聲 : (100	陌	맥) : 汐(석) : 조수 석	3469	7426	1556	6765

배열형식 D (四聲基準)			배열 A	배열 B	배열 C	배열 D
平仄 / 四聲 : (韻目No:	韻目)	韻族(독음): 字義	운족 가나순	운목 번호순	운목 가나순	사성순
仄聲 / 入聲 : (101	錫	석) : 淅(석) : 쌀일 석	3470	7583	2150	6766
仄聲 / 入聲 : (100	陌	맥) : 潟(석) : 개펄 석	3471	7427	1557	6767
仄聲 / 入聲 : (100	陌	맥) : 石(석) : 돌 석	3472	7428	1558	6768
仄聲 / 入聲 : (100	陌	맥) : 碩(석) : 클 석	3473	7429	1559	6769
仄聲 / 入聲 : (100	陌	맥) : 蓆(석) : 자리 석	3474	7430	1560	6770
仄聲 / 入聲 : (100	陌	맥) : 釋(석) : 풀 석	3475	7431	1561	6771
仄聲 / 入聲 : (101	錫	석) : 錫(석) : 주석 석	3476	7584	2151	6772
仄聲 / 入聲 : (100	陌	맥) : 矽(석) : 규소 석	3477	7432	1562	6773
仄聲 / 入聲 : (100	陌	맥) : 腊(석) : 포/건어 석	3478	7433	1563	6774
仄聲 / 入聲 : (100	陌	맥) : 舄(석) : 빛날 석	3479	7434	1564	6775
仄聲 / 入聲 : (101	錫	석) : 蜥(석) : 도마뱀 석	3480	7585	2152	6776
仄聲 / 入聲 : (100	陌	맥) : 鼫(석) : 날다람쥐 석	3481	7435	1565	6777
仄聲 / 入聲 : (101	錫	석) : 䨏(석) : 가랑비/싸락눈 석	3482	7586	2153	6778
仄聲 / 入聲 : (101	錫	석) : 菥(석) : 큰냉이 석	3484	7587	2154	6779
仄聲 / 入聲 : (100	陌	맥) : 螫(석) : 벌레쏘일 석	3485	7437	1567	6780
仄聲 / 入聲 : (101	錫	석) : 裼(석) : 벗어멜 석	3486	7588	2155	6781
仄聲 / 入聲 : (100	陌	맥) : 澤(석) : 풀(解也) 석	3488	7438	1655	6782
仄聲 / 入聲 : (098	屑	설) : 契*(설) : 사람이름 설	453	7097	2469	6783
仄聲 / 入聲 : (098	屑	설) : 鍥*(설) : 낫 설	486	7098	2471	6784
仄聲 / 入聲 : (098	屑	설) : 薛(설) : 설풀/설나라/성 설	3535	7126	2493	6785
仄聲 / 入聲 : (098	屑	설) : 卨(설) : 은나라시조이름 설	3537	7127	2500	6786
仄聲 / 入聲 : (098	屑	설) : 屑(설) : 가루 설	3538	7128	2501	6787
仄聲 / 入聲 : (098	屑	설) : 楔(설) : 쐐기 설	3539	7129	2502	6788
仄聲 / 入聲 : (098	屑	설) : 泄(설) : 샐 설	3540	7130	2503	6789
仄聲 / 入聲 : (098	屑	설) : 渫(설) : 칠 설	3543	7131	2504	6790
仄聲 / 入聲 : (098	屑	설) : 舌(설) : 혀 설	3545	7132	2505	6791
仄聲 / 入聲 : (098	屑	설) : 薛(설) : 맑은대쑥 설	3546	7133	2506	6792
仄聲 / 入聲 : (098	屑	설) : 褻(설) : 더러울 설	3547	7134	2507	6793
仄聲 / 入聲 : (098	屑	설) : 設(설) : 베풀 설	3548	7135	2508	6794
仄聲 / 入聲 : (098	屑	설) : 說(설) : 말씀 설	3549	7136	2511	6795
仄聲 / 入聲 : (098	屑	설) : 雪(설) : 눈 설	3552	7139	2512	6796
仄聲 / 入聲 : (098	屑	설) : 齧(설) : 물 설	3553	7140	2513	6797
仄聲 / 入聲 : (098	屑	설) : 偰(설) : 맑을 설	3554	7141	2514	6798
仄聲 / 入聲 : (098	屑	설) : 媟(설) : 깔볼/친압할 설	3555	7142	2515	6799
仄聲 / 入聲 : (098	屑	설) : 碟(설) : 가죽다룰 설	3556	7143	2516	6800
仄聲 / 入聲 : (098	屑	설) : 紲(설) : 고삐 설	3557	7144	2517	6801

배열형식 D (四聲基準)			배열 A	배열 B	배열 C	배열 D
平仄 / 四聲 : (韻目No: 韻目) 韻族(독음): 字義			운족 가나순	운목 번호순	운목 가나순	사성순
仄聲 / 入聲 : (098	屑	설) : 僁(설) : 소곤거릴 설	3558	7145	2518	6802
仄聲 / 入聲 : (098	屑	설) : 挈(설) : 손에들 설	3559	7146	2519	6803
仄聲 / 入聲 : (098	屑	설) : 折*(설) : 부러질 설	5675	7167	2541	6804
仄聲 / 去聲 : (088	豔	염) : 贍(섬) : 넉넉할 섬	3564	6409	3724	6805
仄聲 / 入聲 : (105	葉	엽) : 攝(섭) : 끌/이을/겸할 섭	3573	7840	3752	6806
仄聲 / 入聲 : (105	葉	엽) : 涉(섭) : 건널 섭	3575	7842	3753	6807
仄聲 / 入聲 : (105	葉	엽) : 燮(섭) : 불꽃 섭	3576	7843	3754	6808
仄聲 / 入聲 : (105	葉	엽) : 葉*(섭) : 성/고을이름 섭	4473	7857	3755	6809
仄聲 / 入聲 : (105	葉	엽) : 懾(섭) : 두려워할 섭	3577	7844	3757	6810
仄聲 / 入聲 : (105	葉	엽) : 聶(섭) : 소근거릴 섭	3578	7845	3758	6811
仄聲 / 入聲 : (105	葉	엽) : 躡(섭) : 밟을/이를 섭	3580	7847	3760	6812
仄聲 / 入聲 : (105	葉	엽) : 拾*(섭) : 건늘 섭	4068	7851	3763	6813
仄聲 / 入聲 : (105	葉	엽) : 葉*(섭) : 성/고을이름 섭	4477	7861	3771	6814
仄聲 / 去聲 : (084	敬	경) : 姓(성) : 성 성	3583	6161	791	6815
仄聲 / 去聲 : (084	敬	경) : 性(성) : 성품 성	3585	6162	792	6816
仄聲 / 去聲 : (084	敬	경) : 晟(성) : 밝을 성	3589	6163	793	6817
仄聲 / 去聲 : (084	敬	경) : 聖(성) : 성인 성	3595	6164	794	6818
仄聲 / 去聲 : (085	徑	경) : 醒(성) : 깰 성	3599	6209	5177	6819
仄聲 / 入聲 : (098	屑	설) : 說*(세) : 달랠/설득할 세	3550	7137	2509	6820
仄聲 / 入聲 : (098	屑	설) : 帨(세) : 수건 세	3615	7147	2520	6821
仄聲 / 入聲 : (092	覺	각) : 槊*(소) : 요소 소	3290	6693	211	6822
仄聲 / 去聲 : (079	號	호) : 瘙(소) : 가려울 소	3653	5960	7621	6823
仄聲 / 入聲 : (091	沃	옥) : 俗(속) : 풍속/세상/평범할 속	3696	6627	4003	6824
仄聲 / 入聲 : (091	沃	옥) : 屬(속) : 붙일 속	3697	6628	4004	6825
仄聲 / 入聲 : (091	沃	옥) : 束(속) : 묶을 속	3698	6629	4005	6826
仄聲 / 入聲 : (090	屋	옥) : 涑*(속) : 물이름/빨 속	3754	6524	3898	6827
仄聲 / 入聲 : (091	沃	옥) : 粟(속) : 조 속	3699	6630	4006	6828
仄聲 / 入聲 : (091	沃	옥) : 續(속) : 이을 속	3700	6631	4007	6829
仄聲 / 入聲 : (090	屋	옥) : 謖(속) : 일어날 속	3701	6521	3899	6830
仄聲 / 入聲 : (091	沃	옥) : 贖(속) : 바꿀 속	3702	6632	4008	6831
仄聲 / 入聲 : (090	屋	옥) : 速(속) : 빠를 속	3703	6522	3900	6832
仄聲 / 入聲 : (090	屋	옥) : 蔌*(속) : 더러울 속	3756	6525	3901	6833
仄聲 / 入聲 : (090	屋	옥) : 藗(속) : 흰띠 속	3705	6523	3902	6834
仄聲 / 入聲 : (091	沃	옥) : 藚(속) : 쇠기나물 속	3706	6633	4009	6835
仄聲 / 入聲 : (093	質	질) : 率(솔) : 거느릴/행할 솔	2100	4739	6586	6836
仄聲 / 入聲 : (093	質	질) : 率(솔) : 거느릴/좇을 솔	3717	6761	6600	6837

배열형식 D (四聲基準)			배열 A	배열 B	배열 C	배열 D
平仄 / 四聲 : (韻目No: 韻目)		韻族(독음): 字義	운족 가나순	운목 번호순	운목 가나순	사성순
仄聲 / 入聲 : (093	質	질) : 蟀(솔) : 귀뚜라미 솔	3720	6763	6601	6838
仄聲 / 入聲 : (093	質	질) : 帥(솔) : 거느릴/좇을 솔	3721	6764	6602	6839
仄聲 / 入聲 : (093	質	질) : 衄*(솔) : 먼지떨이 솔	3915	6771	6691	6840
仄聲 / 入聲 : (098	屑	설) : 刷(쇄) : 인쇄할 쇄	3739	7148	2521	6841
仄聲 / 去聲 : (085	宥	유) : 受(수) : 받을 수	3758	6294	5178	6842
仄聲 / 去聲 : (085	宥	유) : 嗽(수) : 기침할 수	3759	6295	5179	6843
仄聲 / 去聲 : (085	宥	유) : 壽(수) : 목숨 수	3763	6296	5180	6844
仄聲 / 去聲 : (085	宥	유) : 守(수) : 지킬 수	3765	6297	5181	6845
仄聲 / 去聲 : (085	宥	유) : 岫(수) : 산굴(=峀) 수	3766	6298	5182	6846
仄聲 / 入聲 : (093	質	질) : 帥*(수) : 장수 수	3722	6765	6603	6847
仄聲 / 去聲 : (085	宥	유) : 授(수) : 줄 수	3770	6299	5183	6848
仄聲 / 去聲 : (085	宥	유) : 漱(수) : 양치질할 수	3780	6300	5184	6849
仄聲 / 去聲 : (085	宥	유) : 狩(수) : 사냥 수	3782	6301	5185	6850
仄聲 / 去聲 : (085	宥	유) : 獸(수) : 짐승 수	3783	6302	5186	6851
仄聲 / 去聲 : (085	宥	유) : 琇(수) : 옥돌 수	3784	6303	5187	6852
仄聲 / 去聲 : (085	宥	유) : 瘦(수) : 파리할 수	3786	6304	5188	6853
仄聲 / 去聲 : (085	宥	유) : 秀(수) : 빼어날 수	3788	6305	5189	6854
仄聲 / 去聲 : (085	宥	유) : 綬(수) : 인끈 수	3793	6306	5190	6855
仄聲 / 去聲 : (085	宥	유) : 繡(수) : 수 수	3794	6307	5191	6856
仄聲 / 去聲 : (085	宥	유) : 袖(수) : 소매 수	3800	6308	5192	6857
仄聲 / 去聲 : (085	宥	유) : 銹(수) : 녹쓸 수	3808	6309	5193	6858
仄聲 / 去聲 : (085	宥	유) : 首(수) : 머리 수	3815	6310	5194	6859
仄聲 / 入聲 : (090	屋	옥) : 宿*(수) : 성좌 수	3856	6531	3907	6860
仄聲 / 去聲 : (085	宥	유) : 褎(수) : 소매 수	3845	6311	5212	6861
仄聲 / 入聲 : (090	屋	옥) : 菽(수) : 얻을 수	3849	6526	3966	6862
仄聲 / 入聲 : (090	屋	옥) : 叔(숙) : 아재비 숙	3851	6527	3903	6863
仄聲 / 入聲 : (090	屋	옥) : 塾(숙) : 문옆방/글방 숙	3852	6528	3904	6864
仄聲 / 入聲 : (090	屋	옥) : 夙(숙) : 일찍 숙	3853	6529	3905	6865
仄聲 / 入聲 : (090	屋	옥) : 孰(숙) : 누구 숙	3854	6530	3906	6866
仄聲 / 去聲 : (085	宥	유) : 宿(숙) : 잘 숙	3855	6315	5195	6867
仄聲 / 入聲 : (090	屋	옥) : 淑(숙) : 맑을 숙	3857	6532	3908	6868
仄聲 / 入聲 : (090	屋	옥) : 潚(숙) : 성 숙	3858	6533	3909	6869
仄聲 / 入聲 : (090	屋	옥) : 熟(숙) : 익을 숙	3860	6535	3911	6870
仄聲 / 入聲 : (090	屋	옥) : 琡(숙) : 옥이름 숙	3861	6536	3912	6871
仄聲 / 入聲 : (090	屋	옥) : 璹(숙) : 옥그릇 숙	3862	6537	3913	6872
仄聲 / 入聲 : (090	屋	옥) : 肅(숙) : 엄숙할 숙	3864	6538	3914	6873

배열형식 D (四聲基準)			배열 A	배열 B	배열 C	배열 D
平仄 / 四聲 : (韻目No: 韻目) 韻族(독음): 字義			운족 가나순	운목 번호순	운목 가나순	사성순
仄聲 / 入聲 : (090	屋	옥) : 菽(숙) : 콩 숙	3865	6539	3915	6874
仄聲 / 入聲 : (090	屋	옥) : 俶(숙) : 비롯할 숙	3866	6540	3916	6875
仄聲 / 入聲 : (090	屋	옥) : 倏(숙) : 갑자기/빛날 숙	3867	6541	3917	6876
仄聲 / 入聲 : (090	屋	옥) : 儵(숙) : 빠를 숙	3868	6542	3918	6877
仄聲 / 入聲 : (090	屋	옥) : 莤(숙) : 술거를 숙	3869	6543	3919	6878
仄聲 / 入聲 : (090	屋	옥) : 驌(숙) : 검은범 숙	3871	6544	3920	6879
仄聲 / 入聲 : (090	屋	옥) : 鮛(숙) : 작은다랑어 숙	3872	6545	3921	6880
仄聲 / 入聲 : (093	質	질) : 戌(술) : 개 술	3910	6766	6604	6881
仄聲 / 入聲 : (093	質	질) : 術(술) : 재주 술	3911	6767	6605	6882
仄聲 / 入聲 : (093	質	질) : 述(술) : 펼 술	3912	6768	6606	6883
仄聲 / 入聲 : (093	質	질) : 鉥(술) : 돗바늘/인도할 술	3913	6769	6607	6884
仄聲 / 入聲 : (093	質	질) : 潏*(술) : 모래톱 술	5084	6785	6621	6885
仄聲 / 入聲 : (093	質	질) : 噊*(술) : 위태할 술	5087	6787	6623	6886
仄聲 / 入聲 : (093	質	질) : 卹(술) : 걱정할 술	3914	6770	6690	6887
仄聲 / 入聲 : (093	質	질) : 瑟(슬) : 큰거문고 슬	3921	6772	6608	6888
仄聲 / 入聲 : (093	質	질) : 膝(슬) : 무릎 슬	3922	6773	6609	6889
仄聲 / 入聲 : (093	質	질) : 蝨(슬) : 이 슬	3923	6774	6610	6890
仄聲 / 入聲 : (093	質	질) : 虱(슬) : 이 슬	3924	6775	6611	6891
仄聲 / 入聲 : (093	質	질) : 璱(슬) : 푸른진주 슬	3925	6776	6612	6892
仄聲 / 入聲 : (103	緝	집) : 濕(습) : 젖을 습	3926	7749	6705	6893
仄聲 / 入聲 : (103	緝	집) : 拾(습) : 주울 습	3927	7750	6707	6894
仄聲 / 入聲 : (103	緝	집) : 習(습) : 익힐 습	3929	7752	6708	6895
仄聲 / 入聲 : (103	緝	집) : 褶(습) : 슬갑 습	3930	7753	6709	6896
仄聲 / 入聲 : (103	緝	집) : 襲(습) : 엄습할 습	3932	7754	6710	6897
仄聲 / 入聲 : (105	葉	엽) : 慴(습) : 두려워할 습	3933	7849	3762	6898
仄聲 / 入聲 : (103	緝	집) : 隰(습) : 진펄 습	3934	7755	6711	6899
仄聲 / 入聲 : (103	緝	집) : 溼(습) : 젖을 습	3935	7756	6713	6900
仄聲 / 去聲 : (085	徑	경) : 乘(승) : 탈 승	3937	6210	5196	6901
仄聲 / 去聲 : (085	徑	경) : 勝(승) : 이길 승	3939	6211	5197	6902
仄聲 / 去聲 : (085	徑	경) : 陞(승) : 오를 승	3945	6212	5198	6903
仄聲 / 去聲 : (085	徑	경) : 脅(승) : 어리석을 승	3946	6213	5199	6904
仄聲 / 去聲 : (085	徑	경) : 賸*(승) : 더할/남을 승	5307	6220	5219	6905
仄聲 / 去聲 : (085	徑	경) : 甸*(승) : 다스릴/수레 승	5613	6221	5220	6906
仄聲 / 入聲 : (102	職	직) : 埴(식) : 찰흙 식	3996	7663	6230	6907
仄聲 / 入聲 : (102	職	직) : 寔(식) : 이 식	3997	7664	6231	6908
仄聲 / 入聲 : (102	職	직) : 式(식) : 법 식	3998	7665	6232	6909

배열형식 D (四聲基準)				배열 A	배열 B	배열 C	배열 D
平仄 / 四聲 : (韻目No: 韻目)		韻族(독음): 字義		운족 가나순	운목 번호순	운목 가나순	사성순
仄聲 / 入聲 : (102	職	직) : 息(식)	: 쉴 식	3999	7666	6233	6910
仄聲 / 入聲 : (102	職	직) : 拭(식)	: 닦을 식	4000	7667	6234	6911
仄聲 / 入聲 : (102	職	직) : 植(식)	: 심을/세울/둘 식	4001	7668	6235	6912
仄聲 / 入聲 : (102	職	직) : 殖(식)	: 불릴 식	4003	7669	6236	6913
仄聲 / 入聲 : (102	職	직) : 湜(식)	: 물맑을 식	4004	7670	6237	6914
仄聲 / 入聲 : (102	職	직) : 熄(식)	: 꺼질 식	4005	7671	6238	6915
仄聲 / 入聲 : (102	職	직) : 蝕(식)	: 좀먹을 식	4006	7672	6239	6916
仄聲 / 入聲 : (102	職	직) : 識(식)	: 알 식	4007	7673	6240	6917
仄聲 / 入聲 : (102	職	직) : 軾(식)	: 수레가로나무 식	4009	7674	6241	6918
仄聲 / 入聲 : (102	職	직) : 食(식)	: 밥/먹을 식	4010	7675	6242	6919
仄聲 / 入聲 : (102	職	직) : 飾(식)	: 꾸밀 식	4011	7676	6243	6920
仄聲 / 入聲 : (100	陌	맥) : 媳(식)	: 며느리 식	4012	7441	1569	6921
仄聲 / 入聲 : (102	職	직) : 栻(식)	: 점판 식	4013	7677	6244	6922
仄聲 / 入聲 : (093	質	질) : 失(실)	: 잃을 실	4042	6777	6613	6923
仄聲 / 入聲 : (093	質	질) : 室(실)	: 집 실	4043	6778	6614	6924
仄聲 / 入聲 : (093	質	질) : 實(실)	: 열매 실	4044	6779	6615	6925
仄聲 / 入聲 : (093	質	질) : 悉(실)	: 갖출/다알 실	4045	6780	6616	6926
仄聲 / 入聲 : (093	質	질) : 蟋(실)	: 귀뚜라미 실	4046	6781	6617	6927
仄聲 / 去聲 : (086	沁	심) : 沁(심)	: 스며들 심	4050	6366	2866	6928
仄聲 / 去聲 : (086	沁	심) : 甚(심)	: 심할 심	4053	6367	2867	6929
仄聲 / 去聲 : (087	勘	감) : 參*(심)	: 별이름 심	3338	6395	429	6930
仄聲 / 入聲 : (103	緝	집) : 拾*(십)	: 열 십	3928	7751	6706	6931
仄聲 / 入聲 : (103	緝	집) : 什(십)	: 열사람/열 십	4063	7757	6716	6932
仄聲 / 入聲 : (103	緝	집) : 十(십)	: 열 십	4066	7760	6717	6933
仄聲 / 去聲 : (081	禡	마) : 亞(아)	: 버금 아	4071	6044	1455	6934
仄聲 / 去聲 : (081	禡	마) : 訝(아)	: 맞을 아	4087	6045	1456	6935
仄聲 / 去聲 : (080	箇	개) : 餓(아)	: 주릴 아	4091	5999	490	6936
仄聲 / 去聲 : (081	禡	마) : 迓(아)	: 마중할 아	4098	6046	1457	6937
仄聲 / 去聲 : (080	箇	개) : 啊(아)	: 사랑할 아	4099	6000	491	6938
仄聲 / 去聲 : (081	禡	마) : 御*(아)	: 맞을 아	4306	6048	1459	6939
仄聲 / 入聲 : (099	藥	약) : 亞*(악)	: 칠장식 악	4072	7280	2949	6940
仄聲 / 入聲 : (099	藥	약) : 堊(악)	: 백토 악	4101	7282	2950	6941
仄聲 / 入聲 : (092	覺	각) : 岳(악)	: 큰산 악	4102	6699	217	6942
仄聲 / 入聲 : (092	覺	각) : 嶽(악)	: 큰산 악	4103	6700	218	6943
仄聲 / 入聲 : (092	覺	각) : 幄(악)	: 휘장 악	4104	6701	219	6944
仄聲 / 入聲 : (099	藥	약) : 惡(악)	: 악할/나쁠 악	4105	7283	2951	6945

배열형식 D (四聲基準)			배열 A	배열 B	배열 C	배열 D
平仄 / 四聲 : (韻目No: 韻目) 韻族(독음): 字義			운족 가나순	운목 번호순	운목 가나순	사성순
仄聲 / 入聲 : (099	藥	약) : 愕(악) : 놀랄 악	4108	7284	2952	6946
仄聲 / 入聲 : (092	覺	각) : 握(악) : 쥘 악	4109	6702	220	6947
仄聲 / 入聲 : (092	覺	각) : 樂(악) : 노래 악	4110	6703	221	6948
仄聲 / 入聲 : (092	覺	각) : 渥(악) : 두터울 악	4113	6704	222	6949
仄聲 / 入聲 : (099	藥	약) : 鄂(악) : 땅이름 악	4114	7286	2954	6950
仄聲 / 入聲 : (099	藥	약) : 鍔(악) : 칼날 악	4115	7287	2955	6951
仄聲 / 入聲 : (099	藥	약) : 顎(악) : 턱 악	4116	7288	2956	6952
仄聲 / 入聲 : (099	藥	약) : 鰐(악) : 악어 악	4117	7289	2957	6953
仄聲 / 入聲 : (099	藥	약) : 齷(악) : 악착스럴/속좁을 악	4118	7290	2958	6954
仄聲 / 入聲 : (099	藥	약) : 咢(악) : 놀랄 악	4119	7291	2959	6955
仄聲 / 入聲 : (092	覺	각) : 喔(악) : 닭소리 악	4120	6705	223	6956
仄聲 / 入聲 : (099	藥	약) : 噩(악) : 놀랄 악	4121	7292	2960	6957
仄聲 / 入聲 : (099	藥	약) : 萼(악) : 꽃받침 악	4122	7293	2961	6958
仄聲 / 入聲 : (099	藥	약) : 諤(악) : 곧은말할 악	4123	7294	2962	6959
仄聲 / 入聲 : (099	藥	약) : 鱷(악) : 악어 악	4124	7295	2963	6960
仄聲 / 入聲 : (096	曷	갈) : 鴳(안) : 메추리 안	4141	7018	353	6961
仄聲 / 入聲 : (096	曷	갈) : 按*(알) : 막을 알	4128	7016	351	6962
仄聲 / 入聲 : (096	曷	갈) : 洝*(알) : 구슬플 알	4138	7017	352	6963
仄聲 / 入聲 : (096	曷	갈) : 斡(알) : 주장할 간/돌 알	4144	7019	354	6964
仄聲 / 入聲 : (095	月	월) : 謁(알) : 뵐 알	4145	6932	4986	6965
仄聲 / 入聲 : (097	黠	힐) : 軋(알) : 삐걱거릴 알	4146	7056	7925	6966
仄聲 / 入聲 : (096	曷	갈) : 閼(알) : 막을/일찍죽을/그칠 알	4147	7020	355	6967
仄聲 / 入聲 : (097	黠	힐) : 嘎(알) : 새소리 알	4149	7057	7926	6968
仄聲 / 入聲 : (098	屑	설) : 訐(알) : 들추어 낼 알	4150	7149	2522	6969
仄聲 / 入聲 : (096	曷	갈) : 遏(알) : 막을 알	4151	7021	356	6970
仄聲 / 入聲 : (097	黠	힐) : 戛(알) : 창 알	4152	7058	7927	6971
仄聲 / 入聲 : (096	曷	갈) : 歹(알) : 뼈 앙상할 알	4153	7022	357	6972
仄聲 / 入聲 : (095	月	월) : 钀(알) : 말재갈 알	4155	6933	4987	6973
仄聲 / 入聲 : (096	曷	갈) : 靄*(알) : 놀/아지랑이 알	4212	7023	358	6974
仄聲 / 入聲 : (096	曷	갈) : 餲*(알) : 밥쉴 알	4226	7024	359	6975
仄聲 / 入聲 : (097	黠	힐) : 鳦*(알) : 제비 알	5112	7059	7928	6976
仄聲 / 去聲 : (087	勘	감) : 暗(암) : 어두울 암	4162	6398	425	6977
仄聲 / 入聲 : (099	藥	약) : 亞*(압) : 누를 압	4073	7281	2948	6978
仄聲 / 入聲 : (106	洽	흡) : 壓(압) : 누를/억누를 압	4178	7921	7888	6979
仄聲 / 入聲 : (106	洽	흡) : 押(압) : 수결/서명/누를 압	4179	7922	7889	6980
仄聲 / 入聲 : (106	洽	흡) : 狎(압) : 친압할/소홀할/다시 압	4181	7924	7891	6981

배열형식 D (四聲基準)			배열 A	배열 B	배열 C	배열 D
平仄 / 四聲 : (韻目No:	韻目)	韻族(독음): 字義	운족 가나순	운목 번호순	운목 가나순	사성순
仄聲 / 入聲 : (106	洽	흡) : 鴨(압) : 오리 압	4182	7925	7892	6982
仄聲 / 入聲 : (106	洽	흡) : 浥*(압) : 물흐를 압	5127	7929	7895	6983
仄聲 / 入聲 : (103	緝	집) : 唈*(압) : 숨쉴 압	5129	7767	6723	6984
仄聲 / 入聲 : (104	合	합) : 哈(압) : 물고기많은모양 압	4183	7807	7442	6985
仄聲 / 入聲 : (100	陌	맥) : 啞*(액) : 깔깔웃을 액	4078	7442	1570	6986
仄聲 / 入聲 : (100	陌	맥) : 隘*(액) : 막힐 액	4210	7443	1571	6987
仄聲 / 入聲 : (100	陌	맥) : 厄(액) : 액 액	4227	7444	1572	6988
仄聲 / 去聲 : (089	陷	함) : 扼(액) : 움킬/잡을 액	4228	6430	7402	6989
仄聲 / 入聲 : (100	陌	맥) : 掖(액) : 부축할 액	4229	7445	1573	6990
仄聲 / 入聲 : (100	陌	맥) : 液(액) : 진 액	4230	7446	1574	6991
仄聲 / 入聲 : (100	陌	맥) : 腋(액) : 겨드랑이 액	4233	7447	1575	6992
仄聲 / 入聲 : (100	陌	맥) : 額(액) : 이마 액	4234	7448	1576	6993
仄聲 / 入聲 : (100	陌	맥) : 阨(액) : 막힐/거리낄 액	4235	7449	1577	6994
仄聲 / 入聲 : (100	陌	맥) : 軛(액) : 멍에 액	4237	7450	1578	6995
仄聲 / 入聲 : (100	陌	맥) : 頟(액) : 이마 액	4238	7451	1579	6996
仄聲 / 入聲 : (100	陌	맥) : 夜*(액) : 고을이름 액	4248	7453	1581	6997
仄聲 / 入聲 : (100	陌	맥) : 罌(앵) : 양귀비/주전자 앵	4240	7452	1580	6998
仄聲 / 去聲 : (081	禡	마) : 夜(야) : 밤/해질/어두울 야	4247	6047	1458	6999
仄聲 / 入聲 : (099	藥	약) : 若*(야) : 반야 야	4260	7298	2966	7000
仄聲 / 入聲 : (099	藥	약) : 嫋*(약) : 가냘플 약	1284	7237	2906	7001
仄聲 / 入聲 : (099	藥	약) : 弱(약) : 약할 약	4256	7296	2964	7002
仄聲 / 入聲 : (092	覺	각) : 葯(약) : 구리때잎 약	4261	6706	224	7003
仄聲 / 入聲 : (099	藥	약) : 蒻(약) : 부들 약	4262	7299	2967	7004
仄聲 / 入聲 : (099	藥	약) : 藥(약) : 약 약	4263	7300	2968	7005
仄聲 / 入聲 : (099	藥	약) : 躍(약) : 뛸 약	4264	7301	2969	7006
仄聲 / 入聲 : (099	藥	약) : 籥(약) : 피리 약	4266	7302	2970	7007
仄聲 / 入聲 : (099	藥	약) : 鑰(약) : 자물쇠 약	4267	7303	2971	7008
仄聲 / 入聲 : (020	藥	약) : 龠 (약) : 피리/흡사 약	4268	2160	2882	7009
仄聲 / 入聲 : (099	藥	약) : 龠(약) : 피리 약	4271	7306	2972	7010
仄聲 / 入聲 : (099	藥	약) : 礿(약) : 봄제사 약	4269	7304	2973	7011
仄聲 / 入聲 : (099	藥	약) : 鄀(약) : 나라이름 약	4270	7305	2974	7012
仄聲 / 入聲 : (099	藥	약) : 鸙(약) : 종다리 약	4272	7307	2975	7013
仄聲 / 去聲 : (082	漾	양) : 恙(양) : 병 양	4275	6098	3373	7014
仄聲 / 去聲 : (082	漾	양) : 樣(양) : 모양 양	4281	6099	3374	7015
仄聲 / 去聲 : (082	漾	양) : 讓(양) : 사양할 양	4292	6100	3375	7016
仄聲 / 去聲 : (082	漾	양) : 釀(양) : 빚을 양	4293	6101	3376	7017

배열형식 D (四聲基準)				배열 A	배열 B	배열 C	배열 D
平仄 / 四聲：(韻目No: 韻目) 　韻族(독음): 字義				운족 가나순	운목 번호순	운목 가나순	사성순
仄聲 / 去聲：(082	漾	양)：漾(양)	：출렁거릴 양	4296	6102	3377	7018
仄聲 / 去聲：(082	漾	양)：羕(양)	：긴내 양	4303	6103	3378	7019
仄聲 / 入聲：(102	職	직)：億(억)	：억 억	4323	7678	6245	7020
仄聲 / 入聲：(102	職	직)：憶(억)	：생각할 억	4324	7679	6246	7021
仄聲 / 入聲：(102	職	직)：抑(억)	：누를 억	4325	7680	6247	7022
仄聲 / 入聲：(102	職	직)：檍(억)	：감탕나무 억	4326	7681	6248	7023
仄聲 / 入聲：(102	職	직)：臆(억)	：가슴 억	4327	7682	6249	7024
仄聲 / 入聲：(102	職	직)：繶(억)	：묶을 억	4328	7683	6250	7025
仄聲 / 入聲：(102	職	직)：薏*(억)	：연밥알 억	5155	7690	6257	7026
仄聲 / 入聲：(102	職	직)：肊(억)	：가슴뼈/길비뼈 억	4329	7684	6305	7027
仄聲 / 入聲：(102	職	직)：噫*(억)	：누를 억	7916	7735	6306	7028
仄聲 / 入聲：(098	屑	설)：孼(얼)	：서자 얼	4342	7150	2523	7029
仄聲 / 入聲：(100	陌	맥)：蘖(얼)	：싹/싹날 얼	4343	7454	1582	7030
仄聲 / 入聲：(098	屑	설)：臬(얼)	：말뚝 얼	4344	7151	2524	7031
仄聲 / 入聲：(098	屑	설)：孽(얼)	：서자 얼	4345	7152	2525	7032
仄聲 / 入聲：(098	屑	설)：闑(얼)	：문에세운말뚝 얼	4346	7153	2526	7033
仄聲 / 入聲：(098	屑	설)：蜺*(얼)	：암무지개 얼	4547	7160	2534	7034
仄聲 / 去聲：(088	豔	염)：俺(엄)	：나/클 엄	4347	6410	3725	7035
仄聲 / 入聲：(105	葉	엽)：俺*(업)	：나/클 업	4348	7852	3765	7036
仄聲 / 入聲：(106	洽	흡)：嶪(업)	：높고험할 업	4359	7927	7893	7037
仄聲 / 入聲：(106	洽	흡)：業(업)	：업 업	4360	7928	7894	7038
仄聲 / 入聲：(105	葉	엽)：鄴(업)	：땅/사람이름 업	4361	7853	3766	7039
仄聲 / 入聲：(100	陌	맥)：斁*(역)	：풀/싫을/마칠 역	1545	7377	1507	7040
仄聲 / 入聲：(100	陌	맥)：亦(역)	：또 역	4381	7455	1583	7041
仄聲 / 入聲：(102	職	직)：域(역)	：지경 역	4382	7685	6252	7042
仄聲 / 入聲：(100	陌	맥)：役(역)	：부릴 역	4383	7456	1584	7043
仄聲 / 入聲：(100	陌	맥)：易*(역)	：변할/바꿀 역	5177	7467	1585	7044
仄聲 / 入聲：(100	陌	맥)：疫(역)	：전염병 역	4384	7457	1587	7045
仄聲 / 入聲：(100	陌	맥)：繹(역)	：당길/찾을 역	4385	7458	1588	7046
仄聲 / 入聲：(100	陌	맥)：譯(역)	：번역할 역	4386	7459	1589	7047
仄聲 / 入聲：(100	陌	맥)：逆(역)	：거스릴 역	4387	7460	1590	7048
仄聲 / 入聲：(100	陌	맥)：驛(역)	：역 역	4388	7461	1591	7049
仄聲 / 入聲：(100	陌	맥)：嶧(역)	：산이름 역	4389	7462	1592	7050
仄聲 / 入聲：(100	陌	맥)：懌(역)	：기뻐할 역	4390	7463	1593	7051
仄聲 / 入聲：(102	職	직)：閾(역)	：문지방 역	4391	7686	6253	7052
仄聲 / 入聲：(100	陌	맥)：帟(역)	：장막 역	4392	7464	1594	7053

배열형식 D (四聲基準)			배열 A	배열 B	배열 C	배열 D
平仄 / 四聲 : (韻目No: 韻目) 韻族(독음): 字義			운족 가나순	운목 번호순	운목 가나순	사성순
仄聲 / 入聲 : (102	職	직) : 棫(역) : 두릅나무 역	4393	7687	6254	7054
仄聲 / 入聲 : (102	職	직) : 緎(역) : 솔기 역	4394	7688	6255	7055
仄聲 / 入聲 : (102	職	직) : 罭(역) : 어망 역	4395	7689	6256	7056
仄聲 / 入聲 : (101	錫	석) : 霓*(역) : 암무지개 역	4538	7591	2158	7057
仄聲 / 入聲 : (100	陌	맥) : 馹*(역) : 잇댈/역말 역	5280	7471	1598	7058
仄聲 / 入聲 : (100	陌	맥) : 駔*(역) : 역말/정거장 역	5283	7472	1605	7059
仄聲 / 入聲 : (098	屑	설) : 吶*(열) : 말느리게할 열	1297	7104	2477	7060
仄聲 / 入聲 : (098	屑	설) : 說*(열) : 기꺼울 열	3551	7138	2510	7061
仄聲 / 入聲 : (098	屑	설) : 咽(열) : 목멜 열	4440	7154	2527	7062
仄聲 / 入聲 : (098	屑	설) : 悅(열) : 기쁠 열	4441	7155	2528	7063
仄聲 / 入聲 : (098	屑	설) : 熱(열) : 더울 열	4442	7156	2530	7064
仄聲 / 入聲 : (098	屑	설) : 閱(열) : 볼 열	4443	7157	2531	7065
仄聲 / 入聲 : (098	屑	설) : 噎(열) : 목멜 열	4444	7158	2532	7066
仄聲 / 入聲 : (098	屑	설) : 拽*(열) : 끌 열	4542	7159	2533	7067
仄聲 / 入聲 : (098	屑	설) : 咽*(열) : 목멜/막힐 열	5248	7162	2536	7068
仄聲 / 去聲 : (088	豔	염) : 艶(염) : 고울 염	4455	6411	3727	7069
仄聲 / 去聲 : (088	豔	염) : 饜(염) : 물릴 염	4464	6412	3728	7070
仄聲 / 去聲 : (088	豔	염) : 豔(염) : 고울/탐스러울 염	4470	6413	3729	7071
仄聲 / 入聲 : (105	葉	엽) : 靨*(염) : 보조개 염	4471	7855	3773	7072
仄聲 / 入聲 : (105	葉	엽) : 葉(엽) : 잎/세대 엽	4472	7856	3756	7073
仄聲 / 入聲 : (105	葉	엽) : 厭*(엽) : 괴로울/끊을 엽	4450	7854	3767	7074
仄聲 / 入聲 : (105	葉	엽) : 曄(엽) : 빛날 엽	4474	7858	3769	7075
仄聲 / 入聲 : (105	葉	엽) : 燁(엽) : 빛날 엽	4475	7859	3770	7076
仄聲 / 入聲 : (105	葉	엽) : 葉(엽) : 잎 엽	4476	7860	3772	7077
仄聲 / 入聲 : (105	葉	엽) : 靨(엽) : 보조개 엽	4478	7862	3774	7078
仄聲 / 入聲 : (105	葉	엽) : 饁(엽) : 들밥 엽	4479	7863	3775	7079
仄聲 / 去聲 : (084	敬	경) : 映(영) : 비칠/빛날 영	4483	6165	795	7080
仄聲 / 去聲 : (084	敬	경) : 暎(영) : 비칠/빛날 영	4484	6166	796	7081
仄聲 / 去聲 : (084	敬	경) : 泳(영) : 헤엄칠 영	4488	6167	797	7082
仄聲 / 去聲 : (084	敬	경) : 詠(영) : 읊을 영	4502	6168	798	7083
仄聲 / 去聲 : (084	敬	경) : 郢(영) : 땅/나라이름 영	4511	6169	799	7084
仄聲 / 去聲 : (084	敬	경) : 禜(영) : 영제사 영	4512	6170	800	7085
仄聲 / 入聲 : (100	陌	맥) : 虩(예) : 범발톱자국 예	4517	7465	1499	7086
仄聲 / 入聲 : (096	曷	갈) : 濊(예) : 종족이름 예	4524	7025	360	7087
仄聲 / 去聲 : (079	號	호) : 傲(오) : 거만할 오	4558	5961	7622	7088
仄聲 / 去聲 : (079	號	호) : 墺(오) : 방구들/물가 오	4565	5962	7623	7089

배열형식 D (四聲基準)			배열 A	배열 B	배열 C	배열 D
平仄 / 四聲 : (韻目No:	韻目)	韻族(독음): 字義	운족 가나순	운목 번호순	운목 가나순	사성순
仄聲 / 去聲 : (079	號	호) : 奧(오) : 속/아랫목 오	4567	5964	7625	7090
仄聲 / 去聲 : (079	號	호) : 懊(오) : 한할 오	4572	5965	7626	7091
仄聲 / 去聲 : (079	號	호) : 澳(오) : 깊을 오	4580	5966	7627	7092
仄聲 / 去聲 : (079	號	호) : 隩(오) : 굽이 오	4596	5967	7628	7093
仄聲 / 去聲 : (079	號	호) : 驁(오) : 준마 오	4597	5968	7629	7094
仄聲 / 入聲 : (099	藥	약) : 遻(오) : 만날 오	4605	7308	2976	7095
仄聲 / 入聲 : (090	屋	옥) : 燠(오) : 따뜻할 오	4609	6549	3932	7096
仄聲 / 入聲 : (090	屋	옥) : 阿*(옥) : 누구 옥	4089	6546	3922	7097
仄聲 / 去聲 : (079	號	호) : 墺*(옥) : 방구들/물가 옥	4566	5963	7624	7098
仄聲 / 入聲 : (090	屋	옥) : 屋(옥) : 집 옥	4611	6551	3925	7099
仄聲 / 入聲 : (091	沃	옥) : 沃(옥) : 기름질 옥	4612	6635	4010	7100
仄聲 / 入聲 : (091	沃	옥) : 獄(옥) : 감옥 옥	4613	6636	4011	7101
仄聲 / 入聲 : (091	沃	옥) : 玉(옥) : 구슬 옥	4614	6637	4012	7102
仄聲 / 入聲 : (091	沃	옥) : 鈺(옥) : 보배 옥	4615	6638	4013	7103
仄聲 / 入聲 : (095	月	월) : 兀(올) : 우뚝할 올	4626	6934	4988	7104
仄聲 / 入聲 : (095	月	월) : 杌(올) : 위태로울 올	4627	6935	4989	7105
仄聲 / 去聲 : (080	箇	개) : 臥(와) : 누울 와	4650	6001	492	7106
仄聲 / 入聲 : (095	月	월) : 曰(왈) : 가로대/말하대 왈	4686	6936	4990	7107
仄聲 / 入聲 : (095	月	월) : 刖(왈) : 벨 왈	4687	6937	4994	7108
仄聲 / 去聲 : (082	漾	양) : 旺(왕) : 왕성할 왕	4689	6104	3380	7109
仄聲 / 入聲 : (099	藥	약) : 約*(요) : 약속/믿을 요	4258	7297	2965	7110
仄聲 / 入聲 : (091	沃	옥) : 慾(욕) : 욕심 욕	4751	6639	4014	7111
仄聲 / 入聲 : (091	沃	옥) : 欲(욕) : 하고자할 욕	4752	6640	4015	7112
仄聲 / 入聲 : (091	沃	옥) : 浴(욕) : 목욕할 욕	4753	6641	4016	7113
仄聲 / 入聲 : (091	沃	옥) : 縟(욕) : 화문놓을 욕	4754	6642	4017	7114
仄聲 / 入聲 : (091	沃	옥) : 褥(욕) : 요 욕	4755	6643	4018	7115
仄聲 / 入聲 : (091	沃	옥) : 辱(욕) : 욕될 욕	4756	6644	4019	7116
仄聲 / 入聲 : (091	沃	옥) : 溽(욕) : 무더울 욕	4757	6645	4020	7117
仄聲 / 入聲 : (091	沃	옥) : 蓐(욕) : 요 욕	4758	6646	4021	7118
仄聲 / 去聲 : (085	宥	유) : 佑(우) : 도울 우	4795	6316	5201	7119
仄聲 / 去聲 : (085	宥	유) : 右(우) : 오른(쪽) 우	4800	6317	5202	7120
仄聲 / 去聲 : (085	宥	유) : 祐(우) : 복 우	4811	6318	5203	7121
仄聲 / 入聲 : (090	屋	옥) : 奧*(욱) : 따스할/모퉁이 욱	4568	6547	3923	7122
仄聲 / 入聲 : (090	屋	옥) : 澳*(욱) : 벼랑 욱	4581	6548	3924	7123
仄聲 / 入聲 : (091	沃	옥) : 勖(욱) : 힘쓸 욱	4839	6647	4022	7124
仄聲 / 入聲 : (090	屋	옥) : 彧(욱) : 문채 욱	4840	6552	3926	7125

배열형식 D (四聲基準)	배열 A	배열 B	배열 C	배열 D
平仄 / 四聲 : (韻目No: 韻目) 韻族(독음): 字義	운족 가나순	운목 번호순	운목 가나순	사성순
仄聲 / 入聲 : (091 沃 옥) : 旭(욱) : 아침채 욱	4841	6648	4023	7126
仄聲 / 入聲 : (090 屋 옥) : 昱(욱) : 빛날 욱	4842	6553	3927	7127
仄聲 / 入聲 : (090 屋 옥) : 栯(욱) : 산앵두 욱	4843	6554	3928	7128
仄聲 / 入聲 : (090 屋 옥) : 煜(욱) : 빛날 욱	4844	6555	3930	7129
仄聲 / 入聲 : (090 屋 옥) : 郁(욱) : 성할 욱	4846	6557	3931	7130
仄聲 / 入聲 : (091 沃 옥) : 頊(욱) : 삼갈 욱	4847	6649	4024	7131
仄聲 / 入聲 : (090 屋 옥) : 燠*(욱) : 따뜻할 욱	4610	6550	3933	7132
仄聲 / 入聲 : (091 沃 옥) : 勖(욱) : 힘쓸 욱	4848	6650	4025	7133
仄聲 / 入聲 : (094 物 물) : 宛*(울) : 쌓일 울	4665	6877	1809	7134
仄聲 / 入聲 : (094 物 물) : 蔚*(울) : 고을이름 울	4920	6879	1810	7135
仄聲 / 入聲 : (094 物 물) : 鬱(울) : 막힐/답답할 울	4868	6878	1811	7136
仄聲 / 入聲 : (094 物 물) : 尉*(울) : 성 울	4931	6880	1812	7137
仄聲 / 入聲 : (094 物 물) : 熨*(울) : 다리미질할 울	4955	6881	1813	7138
仄聲 / 入聲 : (095 月 월) : 月(월) : 달 월	4913	6938	4991	7139
仄聲 / 入聲 : (095 月 월) : 越(월) : 넘을 월	4914	6939	4992	7140
仄聲 / 入聲 : (095 月 월) : 鉞(월) : 도끼 월	4916	6940	4993	7141
仄聲 / 入聲 : (095 月 월) : 刖*(월) : 벨 월	4917	6941	4995	7142
仄聲 / 入聲 : (095 月 월) : 粤(월) : 어조사 월	4918	6942	4996	7143
仄聲 / 去聲 : (085 宥 유) : 侑(유) : 권할 유	4976	6319	5204	7144
仄聲 / 去聲 : (085 宥 유) : 宥(유) : 용서할 유	4982	6320	5205	7145
仄聲 / 去聲 : (085 宥 유) : 幼(유) : 어릴 유	4983	6321	5206	7146
仄聲 / 入聲 : (090 屋 옥) : 柚(유) : 유자나무 유	4995	6558	3934	7147
仄聲 / 去聲 : (085 宥 유) : 釉(유) : 윤 유	5020	6322	5207	7148
仄聲 / 入聲 : (090 屋 옥) : 囿*(유) : 동산 유	5024	6561	3936	7149
仄聲 / 入聲 : (090 屋 옥) : 囿(유) : 동산 유	5023	6560	3937	7150
仄聲 / 去聲 : (085 宥 유) : 鼬(유) : 족제비 유	5042	6323	5208	7151
仄聲 / 去聲 : (085 宥 유) : 擩(유) : 담글 유	5049	6324	5209	7152
仄聲 / 去聲 : (085 宥 유) : 蜼*(유) : 거미원숭이 유	5057	6326	5210	7153
仄聲 / 去聲 : (085 宥 유) : 蜼(유) : 거미원숭이 유	5056	6325	5211	7154
仄聲 / 去聲 : (085 宥 유) : 褎*(유) : 나아갈 유	3846	6312	5213	7155
仄聲 / 入聲 : (090 屋 옥) : 堉(육) : 기름진땅 육	5065	6562	3938	7156
仄聲 / 入聲 : (090 屋 옥) : 毓(육) : 기를 육	5066	6563	3939	7157
仄聲 / 入聲 : (090 屋 옥) : 肉(육) : 고기 육	5067	6564	3940	7158
仄聲 / 入聲 : (090 屋 옥) : 育(육) : 기를 육	5068	6565	3941	7159
仄聲 / 入聲 : (090 屋 옥) : 唷(육) : 소리지를 육	5069	6566	3942	7160
仄聲 / 入聲 : (090 屋 옥) : 粥*(육) : 팔육(賣也 육	6049	6573	3949	7161

배열형식 D (四聲基準)			배열 A	배열 B	배열 C	배열 D
平仄 / 四聲 : (韻目No:	韻目)	韻族(독음): 字義	운족 가나순	운목 번호순	운목 가나순	사성순
仄聲 / 入聲 : (090	屋	옥) : 鬻*(육) : 팔(賣也) 육	6052	6576	3950	7162
仄聲 / 入聲 : (093	質	질) : 聿(율) : 붓 율	5082	6783	6619	7163
仄聲 / 入聲 : (093	質	질) : 潏(율) : 물흐르는 모양 율	5083	6784	6620	7164
仄聲 / 入聲 : (093	質	질) : 噊(율) : 위태할 율	5086	6786	6622	7165
仄聲 / 入聲 : (093	質	질) : 繘(율) : 두레박줄 율	5088	6788	6624	7166
仄聲 / 入聲 : (093	質	질) : 驈(율) : 말이름 율	5089	6789	6625	7167
仄聲 / 入聲 : (093	質	질) : 乙(을) : 새 을	5110	6790	6626	7168
仄聲 / 入聲 : (093	質	질) : 鳦(을) : 제비 을	5111	6791	6627	7169
仄聲 / 入聲 : (094	物	물) : 疑*(을) : 바로설 을	5149	6882	1814	7170
仄聲 / 去聲 : (086	沁	심) : 吟(음) : 읊을 음	5113	6368	2868	7171
仄聲 / 去聲 : (086	沁	심) : 蔭(음) : 그늘해그림자 음	5115	6369	2869	7172
仄聲 / 去聲 : (086	沁	심) : 飮*(음) : 마실개할 음	5120	6370	2870	7173
仄聲 / 入聲 : (090	屋	옥) : 煜*(읍) : 불빛환할 읍	4845	6556	3929	7174
仄聲 / 入聲 : (103	緝	집) : 揖(읍) : 읍할 읍	5121	7761	6719	7175
仄聲 / 入聲 : (103	緝	집) : 泣(읍) : 울(哭) 읍	5123	7763	6720	7176
仄聲 / 入聲 : (103	緝	집) : 邑(읍) : 고을 읍	5124	7764	6721	7177
仄聲 / 入聲 : (103	緝	집) : 挹(읍) : 뜰 읍	5125	7765	6722	7178
仄聲 / 入聲 : (105	葉	엽) : 浥(읍) : 젖을 읍	5126	7864	3776	7179
仄聲 / 入聲 : (103	緝	집) : 唈(읍) : 숨쉴 읍	5128	7766	6724	7180
仄聲 / 去聲 : (085	徑	경) : 應(응) : 응할 응	5131	6215	5214	7181
仄聲 / 入聲 : (100	陌	맥) : 易(이) : 쉬울 이	5176	7466	1586	7182
仄聲 / 入聲 : (102	職	직) : 瀷(익) : 스며흐를 익	5231	7691	6260	7183
仄聲 / 入聲 : (100	陌	맥) : 益(익) : 더할 익	5232	7468	1595	7184
仄聲 / 入聲 : (102	職	직) : 翊(익) : 도울 익	5233	7692	6261	7185
仄聲 / 入聲 : (102	職	직) : 翌(익) : 이튿날 익	5234	7693	6262	7186
仄聲 / 入聲 : (102	職	직) : 翼(익) : 날개 익	5235	7694	6263	7187
仄聲 / 入聲 : (100	陌	맥) : 謚(익) : 빙그레웃을 익	5236	7469	1596	7188
仄聲 / 入聲 : (102	職	직) : 弋(익) : 주살 익	5237	7695	6264	7189
仄聲 / 入聲 : (101	錫	석) : 鷁(익) : 물새 익	5238	7592	2159	7190
仄聲 / 入聲 : (102	職	직) : 杙(익) : 말뚝 익	5239	7696	6265	7191
仄聲 / 入聲 : (100	陌	맥) : 膉(익) : 목살 익	5240	7470	1597	7192
仄聲 / 入聲 : (093	質	질) : 噎*(일) : 목멜 일	4445	6782	6618	7193
仄聲 / 入聲 : (093	質	질) : 一(일) : 한 일	5270	6792	6628	7194
仄聲 / 入聲 : (093	質	질) : 佚(일) : 편할 일	5271	6793	6629	7195
仄聲 / 入聲 : (093	質	질) : 佾(일) : 줄춤 일	5273	6794	6630	7196
仄聲 / 入聲 : (093	質	질) : 壹(일) : 한/갖은한 일	5274	6795	6631	7197

배열형식 D (四聲基準)			배열 A	배열 B	배열 C	배열 D
平仄 / 四聲 : (韻目No:	韻目)	韻族(독음): 字義	운족 가나순	운목 번호순	운목 가나순	사성순
仄聲 / 入聲 : (093	質	질) : 日(일) : 날 일	5275	6796	6632	7198
仄聲 / 入聲 : (093	質	질) : 溢(일) : 찰/넘칠 일	5276	6797	6633	7199
仄聲 / 入聲 : (093	質	질) : 逸(일) : 편안할 일	5277	6798	6634	7200
仄聲 / 入聲 : (093	質	질) : 鎰(일) : 무게이름 일	5278	6799	6635	7201
仄聲 / 入聲 : (093	質	질) : 馹(일) : 역말 일	5279	6800	6636	7202
仄聲 / 入聲 : (093	質	질) : 泆(일) : 끓을 일	5281	6801	6637	7203
仄聲 / 入聲 : (093	質	질) : 駬(일) : 역말 일	5282	6802	6639	7204
仄聲 / 去聲 : (086	沁	심) : 任(임) : 맡길 임	5284	6371	2871	7205
仄聲 / 去聲 : (086	沁	심) : 賃(임) : 품삯 임	5293	6372	2872	7206
仄聲 / 去聲 : (086	沁	심) : 衽(임) : 옷깃 임	5294	6373	2873	7207
仄聲 / 去聲 : (086	沁	심) : 鵀(임) : 오디새 임	5296	6374	2874	7208
仄聲 / 入聲 : (103	緝	집) : 入(입) : 들 입	5297	7768	6725	7209
仄聲 / 入聲 : (103	緝	집) : 卄(입) : 스물(廿의속자) 입	5298	7769	6726	7210
仄聲 / 入聲 : (103	緝	집) : 廿(입) : 스물 입	5299	7770	6727	7211
仄聲 / 去聲 : (085	徑	경) : 剩(잉) : 남을 잉	5301	6216	5215	7212
仄聲 / 去聲 : (085	徑	경) : 孕(잉) : 애밸 잉	5302	6217	5216	7213
仄聲 / 去聲 : (085	徑	경) : 媵(잉) : 계집 잉	5304	6218	5217	7214
仄聲 / 去聲 : (085	徑	경) : 賸(잉) : 보낼/버금/더할 잉	5306	6219	5218	7215
仄聲 / 入聲 : (100	陌	맥) : 刺(자) : 찌를/벨 자	5309	7473	1600	7216
仄聲 / 去聲 : (081	禡	마) : 炙(자) : 고기구이/친근할 자	5321	6049	1460	7217
仄聲 / 去聲 : (081	禡	마) : 蔗(자) : 사탕수수 자	5333	6050	1461	7218
仄聲 / 去聲 : (081	禡	마) : 藉(자) : 깔/도울/위로할 자	5334	6051	1462	7219
仄聲 / 去聲 : (081	禡	마) : 柘(자) : 산뽕나무 자	5341	6052	1463	7220
仄聲 / 去聲 : (080	箇	개) : 作*(자) : 할/지을 자	5372	6003	493	7221
仄聲 / 入聲 : (100	陌	맥) : 積*(자) : 쌓을/저축할 자	5565	7481	1607	7222
仄聲 / 去聲 : (080	箇	개) : 做*(자) : 지을 자	5989	6009	499	7223
仄聲 / 入聲 : (099	藥	약) : 炤*(작) : 밝을 작	3648	7279	2947	7224
仄聲 / 入聲 : (099	藥	약) : 作(작) : 지을/일할/일어날 작	5370	7309	2977	7225
仄聲 / 入聲 : (099	藥	약) : 勺(작) : 1/100승 작	5373	7310	2978	7226
仄聲 / 入聲 : (099	藥	약) : 嚼(작) : 씹을 작	5374	7311	2979	7227
仄聲 / 入聲 : (099	藥	약) : 斫(작) : 벨/쪼갤 작	5375	7312	2980	7228
仄聲 / 入聲 : (099	藥	약) : 昨(작) : 어제 작	5376	7313	2981	7229
仄聲 / 入聲 : (099	藥	약) : 灼(작) : 사를 작	5377	7314	2982	7230
仄聲 / 去聲 : (081	禡	마) : 炸(작) : 터질 작	5378	6053	1464	7231
仄聲 / 入聲 : (099	藥	약) : 爵(작) : 벼슬 작	5379	7315	2983	7232
仄聲 / 入聲 : (099	藥	약) : 綽(작) : 너그러울 작	5380	7316	2984	7233

배열형식 D (四聲基準)			배열 A	배열 B	배열 C	배열 D
平仄 / 四聲 : (韻目No:	韻目	) 韻族(독음): 字義	운족 가나순	운목 번호순	운목 가나순	사성순
仄聲 / 入聲 : (099	藥	약) : 芍(작) : 함박꽃 작	5381	7317	2985	7234
仄聲 / 入聲 : (099	藥	약) : 酌(작) : 술부을/잔질할 작	5383	7318	2986	7235
仄聲 / 入聲 : (099	藥	약) : 雀(작) : 참새 작	5384	7319	2987	7236
仄聲 / 入聲 : (099	藥	약) : 鵲(작) : 까치 작	5385	7320	2988	7237
仄聲 / 入聲 : (099	藥	약) : 怍(작) : 부끄러워할 작	5386	7321	2989	7238
仄聲 / 入聲 : (099	藥	약) : 柞(작) : 떡갈나무 작	5387	7322	2990	7239
仄聲 / 入聲 : (092	覺	각) : 汋(작) : 삶을 작	5389	6707	225	7240
仄聲 / 入聲 : (099	藥	약) : 皵(작) : 주름 작	5390	7323	2991	7241
仄聲 / 入聲 : (099	藥	약) : 斮*(작) : 쪼갈 작	6314	7332	2997	7242
仄聲 / 入聲 : (092	覺	각) : 灂*(작) : 물결치는소리 작	5927	6709	232	7243
仄聲 / 入聲 : (099	藥	약) : 窄(작) : 좁을 작	5391	7324	2998	7244
仄聲 / 入聲 : (099	藥	약) : 酢*(작) : 술권할 작	6601	7336	3001	7245
仄聲 / 入聲 : (099	藥	약) : 醋(작) : 술권할 작	5393	7326	3002	7246
仄聲 / 入聲 : (099	藥	약) : 杓*(작) : 당길/묶일 작	7184	7343	3012	7247
仄聲 / 去聲 : (087	勘	감) : 暫(잠) : 잠깐 잠	5405	6399	426	7248
仄聲 / 去聲 : (089	陷	함) : 賺(잠) : 거듭팔릴 잠	5411	6431	7403	7249
仄聲 / 入聲 : (106	洽	흡) : 霅*(잡) : 천둥번개칠/떠들 잡	3346	7919	7887	7250
仄聲 / 入聲 : (104	合	합) : 雜(잡) : 섞일 잡	5412	7808	7430	7251
仄聲 / 入聲 : (104	合	합) : 卡(잡) : 지킬 잡	5413	7809	7431	7252
仄聲 / 入聲 : (106	洽	흡) : 眨(잡) : 눈 깜작일 잡	5414	7930	7896	7253
仄聲 / 入聲 : (106	洽	흡) : 喋(잡) : 먹는소리 잡	5415	7931	7898	7254
仄聲 / 去聲 : (082	漾	양) : 狀(장) : 모양/형상 장	5417	6105	3371	7255
仄聲 / 去聲 : (082	漾	양) : 匠(장) : 장인 장	5421	6107	3381	7256
仄聲 / 去聲 : (082	漾	양) : 壯(장) : 군셀/젊을 장	5424	6108	3382	7257
仄聲 / 去聲 : (082	漾	양) : 帳(장) : 장막 장	5426	6109	3383	7258
仄聲 / 去聲 : (082	漾	양) : 臟(장) : 오장 장	5442	6110	3384	7259
仄聲 / 去聲 : (082	漾	양) : 葬(장) : 장사지낼 장	5445	6111	3385	7260
仄聲 / 去聲 : (082	漾	양) : 醬(장) : 장 장	5451	6112	3386	7261
仄聲 / 去聲 : (082	漾	양) : 瘴(장) : 장기 장	5459	6113	3387	7262
仄聲 / 去聲 : (082	漾	양) : 賬(장) : 치부책/장부 장	5461	6114	3388	7263
仄聲 / 去聲 : (084	敬	경) : 諍(쟁) : 간할 쟁	5492	6171	801	7264
仄聲 / 去聲 : (084	敬	경) : 掙(쟁) : 찌를 쟁	5498	6172	802	7265
仄聲 / 入聲 : (099	藥	약) : 躇(저) : 머뭇거릴 저	5530	7328	2993	7266
仄聲 / 入聲 : (101	錫	석) : 躍*(적) : 뛸 적	4265	7590	2157	7267
仄聲 / 入聲 : (100	陌	맥) : 炙*(적) : 고기구이/친근할 적	5322	7476	1602	7268
仄聲 / 入聲 : (100	陌	맥) : 藉*(적) : 성할/드릴 적	5335	7477	1603	7269

배열형식 D (四聲基準)		배열 A	배열 B	배열 C	배열 D
平仄 / 四聲 : (韻目No: 韻目)　韻族(독음): 字義		운족 가나순	운목 번호순	운목 가나순	사성순
仄聲 / 入聲 : (101 錫 석): 芍*(적) : 연밥 적		5382	7593	2160	7270
仄聲 / 入聲 : (101 錫 석): 勣(적) : 공적/사업 적		5556	7594	2161	7271
仄聲 / 入聲 : (101 錫 석): 嫡(적) : 아내/맏아들 적		5557	7595	2162	7272
仄聲 / 入聲 : (101 錫 석): 寂(적) : 고요할 적		5558	7596	2163	7273
仄聲 / 入聲 : (100 陌 맥): 摘(적) : 딸 적		5559	7479	1606	7274
仄聲 / 入聲 : (101 錫 석): 敵(적) : 대적할 적		5560	7597	2164	7275
仄聲 / 入聲 : (101 錫 석): 滴(적) : 물방울 적		5561	7598	2165	7276
仄聲 / 入聲 : (101 錫 석): 狄(적) : 오랑캐 적		5562	7599	2166	7277
仄聲 / 入聲 : (101 錫 석): 的(적) : 과녁 적		5563	7600	2167	7278
仄聲 / 入聲 : (100 陌 맥): 積(적) : 포갤/모을 적		5564	7480	1608	7279
仄聲 / 入聲 : (101 錫 석): 笛(적) : 피리 적		5566	7601	2168	7280
仄聲 / 入聲 : (100 陌 맥): 籍(적) : 문서 적		5567	7482	1609	7281
仄聲 / 入聲 : (101 錫 석): 績(적) : 길쌈 적		5568	7602	2169	7282
仄聲 / 入聲 : (101 錫 석): 翟(적) : 꿩깃 적		5569	7603	2170	7283
仄聲 / 入聲 : (101 錫 석): 荻(적) : 물억새 적		5571	7604	2171	7284
仄聲 / 入聲 : (100 陌 맥): 謫(적) : 꾸짖을 적		5572	7484	1611	7285
仄聲 / 入聲 : (102 職 직): 賊(적) : 도둑 적		5573	7697	6266	7286
仄聲 / 入聲 : (100 陌 맥): 赤(적) : 붉을 적		5574	7485	1612	7287
仄聲 / 入聲 : (100 陌 맥): 跡(적) : 자취 적		5575	7486	1613	7288
仄聲 / 入聲 : (100 陌 맥): 蹟(적) : 자취 적		5576	7487	1614	7289
仄聲 / 入聲 : (101 錫 석): 迪(적) : 나아갈 적		5577	7605	2172	7290
仄聲 / 入聲 : (100 陌 맥): 迹(적) : 자취 적		5578	7488	1615	7291
仄聲 / 入聲 : (100 陌 맥): 適(적) : 맞을 적		5579	7489	1616	7292
仄聲 / 入聲 : (101 錫 석): 鏑(적) : 살촉 적		5580	7606	2173	7293
仄聲 / 入聲 : (101 錫 석): 糴(적) : 쌀사들일 적		5581	7607	2174	7294
仄聲 / 入聲 : (101 錫 석): 覿(적) : 볼 적		5582	7608	2175	7295
仄聲 / 入聲 : (101 錫 석): 逖(적) : 멀 적		5583	7609	2176	7296
仄聲 / 入聲 : (101 錫 석): 商(적) : 나무뿌리 적		5584	7610	2177	7297
仄聲 / 入聲 : (101 錫 석): 篴(적) : 피리 적		5585	7611	2178	7298
仄聲 / 入聲 : (100 陌 맥): 踖(적) : 밟을 적		5586	7490	1617	7299
仄聲 / 入聲 : (101 錫 석): 頔(적) : 아름다울 적		5587	7612	2179	7300
仄聲 / 入聲 : (100 陌 맥): 鰿(적) : 붕어 적		5588	7491	1618	7301
仄聲 / 入聲 : (092 覺 각): 鸐(적) : 꿩 적		5589	6708	226	7302
仄聲 / 入聲 : (101 錫 석): 弔*(적) : 이를 적		5847	7613	2180	7303
仄聲 / 入聲 : (100 陌 맥): 借*(적) : 빌릴/빚 적		6283	7496	1622	7304
仄聲 / 入聲 : (101 錫 석): 蹢*(적) : 굽 적		6463	7621	2188	7305

배열형식 D (四聲基準)			배열 A	배열 B	배열 C	배열 D
平仄 / 四聲 : (韻目No: 韻目)		韻族(독음): 字義	운족 가나순	운목 번호순	운목 가나순	사성순
仄聲 / 入聲 : (101	錫	석) : 逐*(적) : 날리는모양 적	6732	7622	2189	7306
仄聲 / 入聲 : (098	屑	설) : 軼*(절) : 마주칠/서로/바퀴 절	6237	7179	2538	7307
仄聲 / 入聲 : (098	屑	설) : 切(절) : 끊을 절	5670	7164	2539	7308
仄聲 / 入聲 : (098	屑	설) : 截(절) : 끊을 절	5672	7165	2540	7309
仄聲 / 入聲 : (098	屑	설) : 折(절) : 꺽을 절	5673	7166	2542	7310
仄聲 / 入聲 : (098	屑	설) : 浙(절) : 강이름 절	5676	7168	2543	7311
仄聲 / 入聲 : (098	屑	설) : 癤(절) : 부스럼 절	5677	7169	2544	7312
仄聲 / 入聲 : (098	屑	설) : 竊(절) : 훔칠 절	5678	7170	2545	7313
仄聲 / 入聲 : (098	屑	설) : 節(절) : 마디 절	5679	7171	2546	7314
仄聲 / 入聲 : (098	屑	설) : 絶(절) : 끊을 절	5680	7172	2547	7315
仄聲 / 入聲 : (098	屑	설) : 晢*(절) : 밝을/비칠 절	5796	7175	2548	7316
仄聲 / 入聲 : (098	屑	설) : 楶(절) : 동자기둥 절	5681	7173	2549	7317
仄聲 / 入聲 : (098	屑	설) : 絕(절) : 끊을 절	5682	7174	2550	7318
仄聲 / 入聲 : (098	屑	설) : 準*(절) : 코마루 절	6063	7177	2552	7319
仄聲 / 入聲 : (098	屑	설) : 姪*(절) : 조카 절	6242	7180	2554	7320
仄聲 / 入聲 : (098	屑	설) : 窒*(절) : 막을/가득할 절	6249	7181	2555	7321
仄聲 / 去聲 : (088	豔	염) : 店(점) : 가게 점	5684	6414	3730	7322
仄聲 / 去聲 : (088	豔	염) : 墊(점) : 빠질 점	5692	6415	3731	7323
仄聲 / 去聲 : (088	豔	염) : 苫(점) : 이엉 점	5695	6416	3732	7324
仄聲 / 去聲 : (088	豔	염) : 唸(점) : 음할 점	5697	6417	3733	7325
仄聲 / 去聲 : (088	豔	염) : 坫(점) : 경계 점	5699	6418	3734	7326
仄聲 / 入聲 : (105	葉	엽) : 渫*(접) : 물결출렁출렁할 접	3544	7839	3750	7327
仄聲 / 入聲 : (105	葉	엽) : 聶*(접) : 회칠 접	3579	7846	3759	7328
仄聲 / 入聲 : (105	葉	엽) : 接(접) : 이을 접	5700	7866	3777	7329
仄聲 / 入聲 : (105	葉	엽) : 摺*(접) : 접을 접	1745	7834	3779	7330
仄聲 / 入聲 : (105	葉	엽) : 蝶(접) : 나비 접	5701	7867	3780	7331
仄聲 / 入聲 : (105	葉	엽) : 椄(접) : 접붙일 접	5702	7868	3781	7332
仄聲 / 入聲 : (105	葉	엽) : 楪(접) : 평상 접	5703	7869	3782	7333
仄聲 / 入聲 : (105	葉	엽) : 鰈(접) : 가재미 접	5704	7870	3783	7334
仄聲 / 入聲 : (105	葉	엽) : 沾*(접) : 경박할 접	6517	7873	3786	7335
仄聲 / 去聲 : (085	徑	경) : 定(정) : 정할 정	5714	6222	5221	7336
仄聲 / 去聲 : (084	敬	경) : 幀(정) : 그림족자 정	5715	6173	803	7337
仄聲 / 去聲 : (085	徑	경) : 庭(정) : 뜰 정	5716	6223	5222	7338
仄聲 / 去聲 : (085	徑	경) : 廷(정) : 조정 정	5717	6224	5223	7339
仄聲 / 去聲 : (084	敬	경) : 政(정) : 정사 정	5721	6174	804	7340
仄聲 / 去聲 : (085	宥	유) : 柾(정) : 바른나무 정	5725	6327	5224	7341

배열형식 D (四聲基準)			배열 A	배열 B	배열 C	배열 D
平仄 / 四聲 : (韻目No:	韻目)	韻族(독음): 字義	운족 가나순	운목 번호순	운목 가나순	사성순
仄聲 / 去聲 : (084	敬	경) : 淨(정) : 깨끗할 정	5731	6175	805	7342
仄聲 / 去聲 : (084	敬	경) : 瀞(정) : 맑을 정	5734	6176	806	7343
仄聲 / 去聲 : (085	徑	경) : 碇(정) : 닻돌/배멈출 정	5739	6225	5225	7344
仄聲 / 去聲 : (084	敬	경) : 穽(정) : 함정 정	5742	6177	807	7345
仄聲 / 去聲 : (085	徑	경) : 訂(정) : 바로잡을 정	5746	6226	5226	7346
仄聲 / 去聲 : (084	敬	경) : 鄭(정) : 나라 정	5748	6178	808	7347
仄聲 / 去聲 : (085	徑	경) : 釘(정) : 못 정	5750	6227	5227	7348
仄聲 / 去聲 : (085	徑	경) : 錠(정) : 제기이름 정	5753	6228	5228	7349
仄聲 / 去聲 : (084	敬	경) : 証(정) : 간할 정	5766	6179	809	7350
仄聲 / 去聲 : (084	敬	경) : 靚(정) : 솥 정	5767	6180	810	7351
仄聲 / 去聲 : (085	徑	경) : 頲(정) : 이마 정	5787	6229	5229	7352
仄聲 / 去聲 : (079	號	호) : 操(조) : 잡을 조	5851	5969	7630	7353
仄聲 / 去聲 : (079	號	호) : 漕(조) : 배저을 조	5859	5970	7631	7354
仄聲 / 去聲 : (079	號	호) : 躁(조) : 떠들 조	5883	5971	7632	7355
仄聲 / 去聲 : (079	號	호) : 嘈(조) : 시끄러울 조	5894	5972	7633	7356
仄聲 / 去聲 : (079	號	호) : 噪(조) : 뭇새지저귈 조	5895	5973	7634	7357
仄聲 / 去聲 : (079	號	호) : 竈(조) : 부엌 조	5902	5974	7635	7358
仄聲 / 去聲 : (079	號	호) : 糙(조) : 매조미쌀 조	5904	5975	7636	7359
仄聲 / 去聲 : (079	號	호) : 趮(조) : 조급할 조	5916	5976	7637	7360
仄聲 / 入聲 : (099	藥	약) : 錯*(조) : 그만둘/둘 조	6308	7330	2994	7361
仄聲 / 去聲 : (079	號	호) : 鑿*(조) : 구멍 조	6310	5978	7639	7362
仄聲 / 入聲 : (090	屋	옥) : 族(족) : 무리/일가/겨레 족	5931	6567	3943	7363
仄聲 / 入聲 : (090	屋	옥) : 簇(족) : 가는대 족	5933	6568	3944	7364
仄聲 / 入聲 : (091	沃	옥) : 足(족) : 발 족	5935	6651	4026	7365
仄聲 / 入聲 : (090	屋	옥) : 蔟*(족) : 모을/누에발 족	6032	6569	3946	7366
仄聲 / 入聲 : (095	月	월) : 倅*(졸) : 백사람 졸	3920	6931	4985	7367
仄聲 / 入聲 : (095	月	월) : 卒(졸) : 마칠 졸	5939	6943	4997	7368
仄聲 / 入聲 : (098	屑	설) : 拙(졸) : 못날/무딜/나 졸	5941	7176	2551	7369
仄聲 / 入聲 : (095	月	월) : 猝(졸) : 갑자기 졸	5942	6945	4999	7370
仄聲 / 去聲 : (080	箇	개) : 佐(좌) : 도울 좌	5975	6004	494	7371
仄聲 / 去聲 : (080	箇	개) : 座(좌) : 자리 좌	5978	6005	495	7372
仄聲 / 去聲 : (080	箇	개) : 挫(좌) : 꺾을 좌	5979	6006	496	7373
仄聲 / 去聲 : (085	宥	유) : 族*(주) : 풍류가락 주	5932	6328	5230	7374
仄聲 / 去聲 : (080	箇	개) : 做(주) : 지을 주	5988	6008	498	7375
仄聲 / 去聲 : (085	宥	유) : 冑(주) : 자손/맏아들/혈통 주	5991	6330	5232	7376
仄聲 / 去聲 : (085	宥	유) : 呪(주) : 빌 주	5992	6331	5233	7377

배열형식 D (四聲基準)			배열 A	배열 B	배열 C	배열 D
平仄 / 四聲 : (韻目No: 韻目) 韻族(독음): 字義			운족 가나순	운목 번호순	운목 가나순	사성순
仄聲 / 去聲 : (085	宥	유) : 噈*(주) : 부추길 주	3848	6313	5234	7378
仄聲 / 去聲 : (085	宥	유) : 奏(주) : 아뢸 주	5994	6332	5235	7379
仄聲 / 去聲 : (085	宥	유) : 宙(주) : 집 주	5995	6333	5236	7380
仄聲 / 去聲 : (085	宥	유) : 晝(주) : 낮 주	5998	6334	5237	7381
仄聲 / 去聲 : (085	宥	유) : 湊(주) : 모일 주	6004	6335	5238	7382
仄聲 / 去聲 : (085	宥	유) : 走(주) : 달릴 주	6016	6336	5239	7383
仄聲 / 去聲 : (085	宥	유) : 輳(주) : 모일 주	6018	6337	5240	7384
仄聲 / 去聲 : (085	宥	유) : 酎(주) : 진한술 주	6020	6338	5241	7385
仄聲 / 去聲 : (085	宥	유) : 蔟(주) : 정월음률/정월 주	6031	6339	5242	7386
仄聲 / 去聲 : (085	宥	유) : 胄(주) : 투구 주	6037	6340	5243	7387
仄聲 / 去聲 : (085	宥	유) : 噣(주) : 부리 주	6039	6341	5244	7388
仄聲 / 去聲 : (085	宥	유) : 祝(주) : 축문 주	6045	6342	5253	7389
仄聲 / 入聲 : (090	屋	옥) : 竹(죽) : 대 죽	6047	6571	3947	7390
仄聲 / 入聲 : (090	屋	옥) : 粥(죽) : 죽/어리석은체할 죽	6048	6572	3948	7391
仄聲 / 入聲 : (090	屋	옥) : 鬻(죽) : 미음/죽 죽	6050	6574	3952	7392
仄聲 / 入聲 : (095	月	월) : 卒*(줄) : 죽을/마침내/이미 줄	5940	6944	4998	7393
仄聲 / 入聲 : (098	屑	설) : 茁(줄) : 싹틀 줄	6084	7178	2553	7394
仄聲 / 入聲 : (095	月	월) : 崒(줄) : 험할 줄	6085	6946	5000	7395
仄聲 / 入聲 : (093	質	질) : 啐(줄) : 지껄일/쭉쭉빨 줄	6086	6803	6660	7396
仄聲 / 入聲 : (102	職	직) : 卽(즉) : 이제/곧/다만/만일 즉	6093	7698	6267	7397
仄聲 / 入聲 : (102	職	직) : 即(즉) : 곧 즉	6094	7699	6268	7398
仄聲 / 入聲 : (102	職	직) : 蝍(즉) : 지네 즉	6095	7700	6271	7399
仄聲 / 入聲 : (100	陌	맥) : 鯽(즉) : 붕어 즉	6097	7495	1621	7400
仄聲 / 入聲 : (102	職	직) : 蝍*(즐) : 잠자리 즐	6096	7701	6270	7401
仄聲 / 入聲 : (093	質	질) : 櫛(즐) : 빗 즐	6098	6804	6640	7402
仄聲 / 入聲 : (093	質	질) : 騭(즐) : 숫말 즐	6099	6805	6641	7403
仄聲 / 入聲 : (093	質	질) : 瀄(즐) : 물흐를 즐	6100	6806	6642	7404
仄聲 / 入聲 : (103	緝	집) : 揖*(즙) : 모을 즙	5122	7762	6718	7405
仄聲 / 入聲 : (105	葉	엽) : 楫(즙) : 돛대/노 즙	6102	7871	3785	7406
仄聲 / 入聲 : (103	緝	집) : 汁(즙) : 진액 즙	6104	7771	6729	7407
仄聲 / 入聲 : (103	緝	집) : 葺(즙) : 기울/지붕이을 즙	6106	7773	6730	7408
仄聲 / 去聲 : (085	徑	경) : 烝(증) : 김오를 증	6113	6230	5245	7409
仄聲 / 去聲 : (085	徑	경) : 甑(증) : 시루 증	6114	6231	5246	7410
仄聲 / 去聲 : (084	敬	경) : 症(증) : 증세 증	6115	6181	811	7411
仄聲 / 去聲 : (085	徑	경) : 證(증) : 증거 증	6118	6232	5247	7412
仄聲 / 去聲 : (085	徑	경) : 贈(증) : 줄 증	6119	6233	5248	7413

배열형식 D (四聲基準)			배열 A	배열 B	배열 C	배열 D
平仄 / 四聲 : (韻目No: 韻目) 韻族(독음): 字義			운족 가나순	운목 번호순	운목 가나순	사성순
仄聲 / 入聲 : (093	質	질) : 質*(지) : 폐백/전당잡는집 지	6253	6819	6653	7414
仄聲 / 入聲 : (102	職	직) : 直(직) : 바를/곧을 직	6181	7702	6272	7415
仄聲 / 入聲 : (102	職	직) : 稙(직) : 올벼 직	6183	7703	6273	7416
仄聲 / 入聲 : (102	職	직) : 稷(직) : 사직(社稷)/흙귀신 직	6184	7704	6274	7417
仄聲 / 入聲 : (102	職	직) : 織(직) : 짤/만들 직	6185	7705	6276	7418
仄聲 / 入聲 : (102	職	직) : 犆(직) : 소/선두를 직	6188	7707	6277	7419
仄聲 / 入聲 : (098	屑	설) : 佚*(질) : 방탕할 질	5272	7163	2537	7420
仄聲 / 入聲 : (093	質	질) : 軼(질) : 지나칠/빠질 질	6236	6807	6638	7421
仄聲 / 入聲 : (102	職	직) : 喞(질) : 두런거릴 질	6238	7709	6269	7422
仄聲 / 入聲 : (093	質	질) : 侄(질) : 굳을/어리석을 질	6239	6808	6643	7423
仄聲 / 入聲 : (093	質	질) : 叱(질) : 꾸짖을 질	6240	6809	6644	7424
仄聲 / 入聲 : (093	質	질) : 姪(질) : 조카 질	6241	6810	6645	7425
仄聲 / 入聲 : (093	質	질) : 嫉(질) : 시새움할 질	6243	6811	6646	7426
仄聲 / 入聲 : (093	質	질) : 帙(질) : 책갑 질	6244	6812	6647	7427
仄聲 / 入聲 : (093	質	질) : 桎(질) : 차꼬 질	6245	6813	6648	7428
仄聲 / 入聲 : (093	質	질) : 疾(질) : 병 질	6246	6814	6649	7429
仄聲 / 入聲 : (093	質	질) : 秩(질) : 차례 질	6247	6815	6650	7430
仄聲 / 入聲 : (093	質	질) : 窒(질) : 막을/가득할 질	6248	6816	6651	7431
仄聲 / 入聲 : (093	質	질) : 膣(질) : 새살날/보지 질	6250	6817	6652	7432
仄聲 / 入聲 : (098	屑	설) : 蛭(질) : 거머리 질	6251	7182	2556	7433
仄聲 / 入聲 : (093	質	질) : 質(질) : 문서/바를/바탕 질	6252	6818	6654	7434
仄聲 / 入聲 : (098	屑	설) : 跌(질) : 넘어질 질	6254	7183	2557	7435
仄聲 / 入聲 : (098	屑	설) : 迭(질) : 갈마들 질	6255	7184	2558	7436
仄聲 / 入聲 : (098	屑	설) : 絰(질) : 질 질	6256	7185	2559	7437
仄聲 / 入聲 : (093	質	질) : 挃(질) : 찌를 질	6257	6820	6655	7438
仄聲 / 入聲 : (093	質	질) : 柣(질) : 문지방 질	6258	6821	6656	7439
仄聲 / 入聲 : (093	質	질) : 礩(질) : 주춧돌/맷돌 질	6259	6822	6657	7440
仄聲 / 入聲 : (093	質	질) : 紩(질) : 꿰맬 질	6260	6823	6658	7441
仄聲 / 入聲 : (098	屑	설) : 苵(질) : 돌피 질	6261	7186	2560	7442
仄聲 / 入聲 : (093	質	질) : 銍(질) : 낫 질	6262	6824	6659	7443
仄聲 / 去聲 : (086	沁	심) : 鴆(짐) : 짐새 짐	6265	6375	2875	7444
仄聲 / 入聲 : (103	緝	집) : 什*(집) : 세간 집	4065	7759	6714	7445
仄聲 / 入聲 : (103	緝	집) : 什*(집) : 세간 집	4064	7758	6715	7446
仄聲 / 入聲 : (105	葉	엽) : 楫*(집) : 노 집	6103	7872	3784	7447
仄聲 / 入聲 : (103	緝	집) : 執(집) : 잡을 집	6266	7774	6731	7448
仄聲 / 入聲 : (103	緝	집) : 潗(집) : 샘솟을 집	6267	7775	6732	7449

배열형식 D (四聲基準)			배열 A	배열 B	배열 C	배열 D
平仄 / 四聲 : (韻目No:	韻目)	韻族(독음): 字義	운족 가나순	운목 번호순	운목 가나순	사성순
仄聲 / 入聲 : (103	緝	집) : 緝(집) : 낳을 집	6268	7776	6733	7450
仄聲 / 入聲 : (103	緝	집) : 輯(집) : 모을 집	6269	7777	6734	7451
仄聲 / 入聲 : (103	緝	집) : 鏶(집) : 판금/쇳조각 집	6270	7778	6735	7452
仄聲 / 入聲 : (103	緝	집) : 集(집) : 모을 집	6271	7779	6736	7453
仄聲 / 入聲 : (103	緝	집) : 戢(집) : 그칠 집	6272	7780	6737	7454
仄聲 / 入聲 : (103	緝	집) : 縶(집) : 맬 집	6273	7781	6738	7455
仄聲 / 去聲 : (081	禡	마) : 侘(차) : 실의할 차	6281	6055	1466	7456
仄聲 / 去聲 : (081	禡	마) : 借(차) : 빌릴/빚 차	6282	6056	1467	7457
仄聲 / 入聲 : (106	洽	흡) : 箚(차) : 전갈할/기록할 차	6294	7932	7897	7458
仄聲 / 入聲 : (099	藥	약) : 昔*(착) : 쇠뿔비틀릴 착	3466	7278	2946	7459
仄聲 / 入聲 : (099	藥	약) : 著*(착) : 둘/입을 착	5526	7327	2992	7460
仄聲 / 入聲 : (100	陌	맥) : 厝*(착) : 숫돌 착	5893	7493	1620	7461
仄聲 / 入聲 : (092	覺	각) : 捉(착) : 잡을/낄 착	6303	6711	228	7462
仄聲 / 入聲 : (100	陌	맥) : 搾(착) : 짤/압박할 착	6304	7497	1623	7463
仄聲 / 入聲 : (100	陌	맥) : 着(착) : 붙을 착	6305	7498	1624	7464
仄聲 / 入聲 : (100	陌	맥) : 窄(착) : 좁을 착	6306	7499	1625	7465
仄聲 / 入聲 : (099	藥	약) : 錯(착) : 섞일/그르칠 착	6307	7329	2995	7466
仄聲 / 入聲 : (099	藥	약) : 鑿(착) : 뚫을/끌 착	6309	7331	2996	7467
仄聲 / 入聲 : (092	覺	각) : 齪(착) : 악착할/이마치는소리 착	6311	6712	229	7468
仄聲 / 入聲 : (092	覺	각) : 斲(착) : 깎을 착	6312	6713	230	7469
仄聲 / 入聲 : (092	覺	각) : 斮(착) : 자를/벨 착	6313	6714	231	7470
仄聲 / 入聲 : (099	藥	약) : 笮*(착) : 좁을 착	5392	7325	2999	7471
仄聲 / 入聲 : (091	沃	옥) : 斸*(착) : 쪼갤/찍을 착	6632	6660	4035	7472
仄聲 / 入聲 : (092	覺	각) : 齺(착) : 이촘촘할 착	6315	6715	233	7473
仄聲 / 入聲 : (096	曷	갈) : 獺*(찰) : 수달 찰	1381	6979	316	7474
仄聲 / 入聲 : (097	黠	힐) : 刹(찰) : 절/탑 찰	6341	7060	7929	7475
仄聲 / 入聲 : (097	黠	힐) : 察(찰) : 살필 찰	6342	7061	7930	7476
仄聲 / 入聲 : (097	黠	힐) : 擦(찰) : 비빌 찰	6343	7062	7931	7477
仄聲 / 入聲 : (097	黠	힐) : 札(찰) : 편지 찰	6344	7063	7932	7478
仄聲 / 入聲 : (097	黠	힐) : 紮(찰) : 감을 찰	6345	7064	7933	7479
仄聲 / 入聲 : (097	黠	힐) : 剎(찰) : 절 찰	6346	7065	7934	7480
仄聲 / 入聲 : (096	曷	갈) : 咱(찰) : 나 찰	6347	7027	362	7481
仄聲 / 入聲 : (097	黠	힐) : 蚻(찰) : 씽씽매미 찰	6349	7066	7935	7482
仄聲 / 去聲 : (087	勘	감) : 摻*(참) : 북장단 참	3571	6397	424	7483
仄聲 / 去聲 : (088	豔	염) : 僭(참) : 참람할 참	6350	6419	3736	7484
仄聲 / 去聲 : (087	勘	감) : 參*(참) : 참여할 참	3339	6396	428	7485

배열형식 D (四聲基準)			배열 A	배열 B	배열 C	배열 D
平仄 / 四聲 : (韻目No:	韻目)	韻族(독음): 字義	운족 가나순	운목 번호순	운목 가나순	사성순
仄聲 / 去聲 : (088	豔	염) : 塹(참) : 구덩이/해자/땅팔 참	6351	6420	3737	7486
仄聲 / 去聲 : (089	陷	함) : 儳(참) : 뉘우칠 참	6355	6432	7404	7487
仄聲 / 去聲 : (089	陷	함) : 站(참) : 우두커니설 참	6357	6433	7405	7488
仄聲 / 去聲 : (086	沁	심) : 讖(참) : 조짐/참서 참	6359	6376	2876	7489
仄聲 / 去聲 : (086	沁	심) : 譖(참) : 하소연할 참	6367	6377	2877	7490
仄聲 / 去聲 : (082	漾	양) : 唱(창) : 부를 창	6374	6115	3389	7491
仄聲 / 去聲 : (082	漾	양) : 愴(창) : 슬퍼할 창	6378	6116	3390	7492
仄聲 / 去聲 : (082	漾	양) : 暢(창) : 화창할 창	6382	6117	3391	7493
仄聲 / 去聲 : (082	漾	양) : 漲(창) : 불을 창	6386	6118	3392	7494
仄聲 / 去聲 : (082	漾	양) : 脹(창) : 부를 창	6390	6119	3393	7495
仄聲 / 去聲 : (082	漾	양) : 刱(창) : 비롯할 창	6394	6120	3394	7496
仄聲 / 去聲 : (082	漾	양) : 悵(창) : 한스러워할 창	6395	6121	3395	7497
仄聲 / 去聲 : (082	漾	양) : 鬯(창) : 울창주/방향주 창	6401	6122	3396	7498
仄聲 / 去聲 : (082	漾	양) : 淌(창) : 큰물결 창	6405	6123	3397	7499
仄聲 / 入聲 : (100	陌	맥) : 咋*(책) : 소리꽥지를 책	3265	7415	1545	7500
仄聲 / 入聲 : (100	陌	맥) : 柞*(책) : 벌목할 책	5388	7478	1604	7501
仄聲 / 入聲 : (100	陌	맥) : 翟*(책) : 고을이름/성 책	5570	7483	1610	7502
仄聲 / 入聲 : (100	陌	맥) : 措*(책) : 좇아잡을 책	5850	7492	1619	7503
仄聲 / 入聲 : (100	陌	맥) : 冊(책) : 책 책	6423	7501	1627	7504
仄聲 / 入聲 : (100	陌	맥) : 策(책) : 꾀 책	6425	7502	1628	7505
仄聲 / 入聲 : (100	陌	맥) : 責*(책) : 꾸짖을/맡을 책	6422	7500	1629	7506
仄聲 / 入聲 : (100	陌	맥) : 嘖(책) : 외칠 책	6426	7503	1630	7507
仄聲 / 入聲 : (100	陌	맥) : 幘(책) : 머리수건 책	6427	7504	1631	7508
仄聲 / 入聲 : (100	陌	맥) : 磔(책) : 찢을 책	6428	7505	1632	7509
仄聲 / 入聲 : (100	陌	맥) : 簀(책) : 대자리 책	6429	7506	1633	7510
仄聲 / 入聲 : (100	陌	맥) : 茦(책) : 풀가시 책	6430	7507	1634	7511
仄聲 / 入聲 : (100	陌	맥) : 馲*(책) : 트기 책	6918	7524	1650	7512
仄聲 / 入聲 : (100	陌	맥) : 筴(책) : 계교 책	6431	7508	1669	7513
仄聲 / 入聲 : (100	陌	맥) : 刺*(척) : 찌를/정탐할 척	5311	7475	1601	7514
仄聲 / 入聲 : (101	錫	석) : 倜(척) : 고상할/번쩍들 척	6441	7614	2181	7515
仄聲 / 入聲 : (101	錫	석) : 剔(척) : 뼈바를 척	6442	7615	2182	7516
仄聲 / 入聲 : (100	陌	맥) : 尺(척) : 자 척	6443	7509	1635	7517
仄聲 / 入聲 : (101	錫	석) : 戚(척) : 친척 척	6444	7616	2183	7518
仄聲 / 入聲 : (100	陌	맥) : 拓(척) : 주울 척	6445	7510	1636	7519
仄聲 / 入聲 : (100	陌	맥) : 擲(척) : 던질 척	6447	7511	1637	7520
仄聲 / 入聲 : (100	陌	맥) : 斥(척) : 물리칠 척	6448	7512	1638	7521

배열형식 D (四聲基準)			배열 A	배열 B	배열 C	배열 D
平仄 / 四聲 : (韻目No:	韻目)	韻族(독음): 字義	운족 가나순	운목 번호순	운목 가나순	사성순
仄聲 / 入聲 : (101	錫	석) : 滌(척) : 닦을 척	6449	7617	2184	7522
仄聲 / 入聲 : (100	陌	맥) : 瘠(척) : 파리할 척	6450	7513	1639	7523
仄聲 / 入聲 : (100	陌	맥) : 脊(척) : 등골뼈 척	6451	7514	1640	7524
仄聲 / 入聲 : (100	陌	맥) : 蹠(척) : 밟을 척	6452	7515	1641	7525
仄聲 / 入聲 : (102	職	직) : 陟(척) : 오를 척	6453	7710	6279	7526
仄聲 / 入聲 : (100	陌	맥) : 隻(척) : 외짝 척	6454	7516	1642	7527
仄聲 / 入聲 : (100	陌	맥) : 呎(척) : 피이트 척	6455	7517	1643	7528
仄聲 / 入聲 : (101	錫	석) : 惕(척) : 두려워할 척	6456	7618	2185	7529
仄聲 / 入聲 : (100	陌	맥) : 摭(척) : 주울 척	6457	7518	1644	7530
仄聲 / 入聲 : (100	陌	맥) : 蜴(척) : 도마뱀 척	6458	7519	1645	7531
仄聲 / 入聲 : (101	錫	석) : 慼(척) : 근심 척	6459	7619	2186	7532
仄聲 / 入聲 : (101	錫	석) : 碆(척) : 던질/팔매질 척	6460	7620	2187	7533
仄聲 / 入聲 : (100	陌	맥) : 蹢(척) : 깡충깡충뛸 척	6462	7520	1646	7534
仄聲 / 入聲 : (100	陌	맥) : 齣(척) : 한단락 척	6464	7521	1647	7535
仄聲 / 入聲 : (099	藥	약) : 拓(척) : 주울 척	6465	7334	3006	7536
仄聲 / 入聲 : (098	屑	설) : 碆*(철) : 던질/팔매질 철	6461	7187	2561	7537
仄聲 / 入聲 : (098	屑	설) : 凸(철) : 뾰족할/내밀 철	6498	7188	2562	7538
仄聲 / 入聲 : (098	屑	설) : 哲(철) : 밝을 철	6500	7189	2563	7539
仄聲 / 入聲 : (098	屑	설) : 喆(철) : 밝을/쌍길 철	6501	7190	2564	7540
仄聲 / 入聲 : (098	屑	설) : 徹(철) : 바퀴자국 철	6502	7191	2565	7541
仄聲 / 入聲 : (098	屑	설) : 撤(철) : 거둘 철	6503	7192	2566	7542
仄聲 / 入聲 : (098	屑	설) : 澈(철) : 맑을 철	6504	7193	2567	7543
仄聲 / 入聲 : (098	屑	설) : 輟(철) : 그칠 철	6507	7195	2569	7544
仄聲 / 入聲 : (098	屑	설) : 轍(철) : 비귀자욱 철	6508	7196	2570	7545
仄聲 / 入聲 : (098	屑	설) : 鐵(철) : 쇠 철	6509	7197	2571	7546
仄聲 / 入聲 : (098	屑	설) : 啜(철) : 마실 철	6510	7198	2572	7547
仄聲 / 入聲 : (098	屑	설) : 惙(철) : 근심할 철	6511	7199	2573	7548
仄聲 / 入聲 : (098	屑	설) : 歠(철) : 마실/먹을 철	6512	7200	2574	7549
仄聲 / 入聲 : (098	屑	설) : 掣*(철) : 당길들 철	6568	7201	2575	7550
仄聲 / 入聲 : (098	屑	설) : 艸*(철) : 풀파릇파릇날 철	6594	7202	2576	7551
仄聲 / 去聲 : (088	豔	염) : 覘*(첨) : 불빛 첨	3352	6408	3735	7552
仄聲 / 入聲 : (105	葉	엽) : 褶*(첩) : 겹옷 첩	3931	7848	3761	7553
仄聲 / 入聲 : (105	葉	엽) : 堞(첩) : 성위담 첩	6531	7874	3787	7554
仄聲 / 入聲 : (105	葉	엽) : 妾(첩) : 첩 첩	6532	7875	3788	7555
仄聲 / 入聲 : (105	葉	엽) : 帖(첩) : 문서/휘장 첩	6533	7876	3789	7556
仄聲 / 入聲 : (105	葉	엽) : 捷(첩) : 이길 첩	6535	7878	3791	7557

배열형식 D (四聲基準)			배열 A	배열 B	배열 C	배열 D
平仄 / 四聲 : (韻目No:	韻目)	韻族(독음): 字義	운족 가나순	운목 번호순	운목 가나순	사성순
仄聲 / 入聲 : (105	葉	엽) : 牒(첩) : 서찰 첩	6536	7879	3792	7558
仄聲 / 入聲 : (105	葉	엽) : 疊(첩) : 겹쳐질 첩	6537	7880	3793	7559
仄聲 / 入聲 : (105	葉	엽) : 睫(첩) : 속눈썹 첩	6538	7881	3794	7560
仄聲 / 入聲 : (105	葉	엽) : 諜(첩) : 염탐할 첩	6539	7882	3795	7561
仄聲 / 入聲 : (105	葉	엽) : 貼(첩) : 붙을 첩	6540	7883	3796	7562
仄聲 / 入聲 : (105	葉	엽) : 輒(첩) : 문득 첩	6541	7884	3797	7563
仄聲 / 入聲 : (105	葉	엽) : 喋*(첩) : 말잘할 첩	5416	7865	3798	7564
仄聲 / 入聲 : (105	葉	엽) : 婕(첩) : 예쁠 첩	6542	7885	3799	7565
仄聲 / 入聲 : (105	葉	엽) : 鮿(첩) : 건어 첩	6543	7886	3800	7566
仄聲 / 去聲 : (084	敬	경) : 倩*(청) : 사위/고용할/빌릴 청	6488	6182	812	7567
仄聲 / 去聲 : (085	徑	경) : 聽(청) : 들을 청	6547	6234	5249	7568
仄聲 / 去聲 : (084	敬	경) : 請(청) : 청할 청	6548	6183	813	7569
仄聲 / 入聲 : (101	錫	석) : 裼*(체) : 포대기 체	3487	7589	2156	7570
仄聲 / 入聲 : (098	屑	설) : 綴*(체) : 연결할 체	6506	7194	2568	7571
仄聲 / 入聲 : (105	葉	엽) : 帖*(체) : 첩지 체	6534	7877	3790	7572
仄聲 / 入聲 : (091	沃	옥) : 韣*(촉) : 칼집 촉	1566	6614	3993	7573
仄聲 / 入聲 : (091	沃	옥) : 數*(촉) : 빽빽할 촉	3750	6634	4002	7574
仄聲 / 入聲 : (092	覺	각) : 數*(촉) : 빽빽할 촉	3775	6698	216	7575
仄聲 / 入聲 : (090	屋	옥) : 鏃(촉) : 살촉 촉	6622	6577	3945	7576
仄聲 / 入聲 : (091	沃	옥) : 促(촉) : 재촉할 촉	6623	6652	4027	7577
仄聲 / 入聲 : (091	沃	옥) : 囑(촉) : 부탁할 촉	6624	6653	4028	7578
仄聲 / 入聲 : (091	沃	옥) : 燭(촉) : 촛불 촉	6625	6654	4029	7579
仄聲 / 入聲 : (090	屋	옥) : 矗(촉) : 우거질 촉	6626	6578	3953	7580
仄聲 / 入聲 : (091	沃	옥) : 蜀(촉) : 나라이름 촉	6627	6655	4030	7581
仄聲 / 入聲 : (091	沃	옥) : 觸(촉) : 닿을 촉	6628	6656	4031	7582
仄聲 / 入聲 : (091	沃	옥) : 矚(촉) : 볼 촉	6629	6657	4032	7583
仄聲 / 入聲 : (091	沃	옥) : 躅(촉) : 자취/철축꽃 촉	6630	6658	4033	7584
仄聲 / 入聲 : (091	沃	옥) : 斸(촉) : 쪼갤/찍을 촉	6631	6659	4034	7585
仄聲 / 入聲 : (091	沃	옥) : 欘(촉) : 도끼 촉	6633	6661	4036	7586
仄聲 / 入聲 : (091	沃	옥) : 蠋(촉) : 나비애벌레 촉	6634	6662	4037	7587
仄聲 / 入聲 : (091	沃	옥) : 鸀(촉) : 뻐꾸기 촉	6635	6663	4038	7588
仄聲 / 入聲 : (091	沃	옥) : 趣*(촉) : 재촉할 촉	6777	6664	4040	7589
仄聲 / 去聲 : (080	箇	개) : 銼*(좌) : 가마솥 좌	5982	6007	497	7590
仄聲 / 入聲 : (096	曷	갈) : 撮(촬) : 집을 촬	6661	7029	364	7591
仄聲 / 去聲 : (085	宥	유) : 簇*(추) : 모일/떼 추	5934	6329	5231	7592
仄聲 / 去聲 : (085	宥	유) : 皺(추) : 주름살 추	6680	6343	5250	7593

배열형식 D (四聲基準)			배열 A	배열 B	배열 C	배열 D
平仄 / 四聲 : (韻目No: 韻目) 韻族(독음): 字義			운족 가나순	운목 번호순	운목 가나순	사성순
仄聲 / 去聲 : (085	宥	유) : 僦(추) : 빌릴 추	6698	6344	5251	7594
仄聲 / 入聲 : (090	屋	옥) : 畜*(추) : 집짐승 추	6723	6580	3955	7595
仄聲 / 入聲 : (090	屋	옥) : 槭*(축) : 단풍나무 축	3400	6519	3896	7596
仄聲 / 入聲 : (090	屋	옥) : 潚*(축) : 깊고맑을 축	3859	6534	3910	7597
仄聲 / 入聲 : (090	屋	옥) : 柚*(축) : 북 축	4996	6559	3935	7598
仄聲 / 入聲 : (090	屋	옥) : 畜(축) : 가축/쌓을 축	6721	6579	3954	7599
仄聲 / 入聲 : (090	屋	옥) : 祝*(축) : 빌/짤/비로소 축	6046	6570	3956	7600
仄聲 / 入聲 : (091	沃	옥) : 竺*(축) : 나라이름(天竺) 축	1568	6615	4039	7601
仄聲 / 入聲 : (090	屋	옥) : 筑(축) : 악기이름 축	6724	6581	3958	7602
仄聲 / 入聲 : (090	屋	옥) : 築(축) : 쌓을 축	6725	6582	3959	7603
仄聲 / 入聲 : (090	屋	옥) : 縮(축) : 줄일 축	6726	6583	3960	7604
仄聲 / 入聲 : (090	屋	옥) : 蓄(축) : 모을 축	6727	6584	3961	7605
仄聲 / 入聲 : (090	屋	옥) : 蹙(축) : 대지를 축	6728	6585	3962	7606
仄聲 / 入聲 : (090	屋	옥) : 蹴(축) : 찰 축	6729	6586	3963	7607
仄聲 / 入聲 : (090	屋	옥) : 軸(축) : 굴대 축	6730	6587	3964	7608
仄聲 / 入聲 : (090	屋	옥) : 逐(축) : 쫓을 축	6731	6588	3965	7609
仄聲 / 去聲 : (085	宥	유) : 柭*(축) : 몹시앓을 축	3850	6314	5254	7610
仄聲 / 入聲 : (090	屋	옥) : 柷(축) : 악기이름 축	6734	6589	3967	7611
仄聲 / 入聲 : (090	屋	옥) : 蓫(축) : 참소리쟁이 축	6735	6590	3968	7612
仄聲 / 入聲 : (090	屋	옥) : 顣(축) : 찡그릴 축	6736	6591	3969	7613
仄聲 / 入聲 : (090	屋	옥) : 鱁(축) : 부레/창란젓/아감젓 축	6737	6592	3970	7614
仄聲 / 入聲 : (093	質	질) : 出(출) : 날 출	6741	6825	6661	7615
仄聲 / 入聲 : (093	質	질) : 朮(출) : 차조 출	6742	6826	6662	7616
仄聲 / 入聲 : (093	質	질) : 黜(출) : 떨어뜨릴 출	6743	6827	6663	7617
仄聲 / 入聲 : (093	質	질) : 秫(출) : 차조 출	6744	6828	6664	7618
仄聲 / 入聲 : (093	質	질) : 怵(출) : 두려워할 출	6745	6829	6665	7619
仄聲 / 入聲 : (093	質	질) : 絀(출) : 꿰멜 출	6746	6830	6667	7620
仄聲 / 去聲 : (085	宥	유) : 就(취) : 나아갈 취	6769	6346	5255	7621
仄聲 / 去聲 : (085	宥	유) : 臭(취) : 냄새 취	6774	6347	5256	7622
仄聲 / 去聲 : (085	宥	유) : 驟(취) : 달릴 취	6779	6348	5257	7623
仄聲 / 去聲 : (085	宥	유) : 鷲(취) : 수리 취	6780	6349	5258	7624
仄聲 / 入聲 : (102	職	직) : 側(측) : 곁 측	6785	7711	6280	7625
仄聲 / 入聲 : (102	職	직) : 仄(측) : 기울 측	6786	7712	6281	7626
仄聲 / 入聲 : (102	職	직) : 惻(측) : 슬퍼할 측	6788	7713	6282	7627
仄聲 / 入聲 : (102	職	직) : 測(측) : 헤아릴 측	6789	7714	6283	7628
仄聲 / 入聲 : (102	職	직) : 昃(측) : 기울 측	6792	7716	6285	7629

배열형식 D (四聲基準)			배열 A	배열 B	배열 C	배열 D
平仄 / 四聲 : (韻目No: 韻目) 韻族(독음): 字義			운족 가나순	운목 번호순	운목 가나순	사성순
仄聲 / 入聲 : (102	職	직) : 畟(측) : 밭갈 측	6793	7717	6286	7630
仄聲 / 去聲 : (086	沁	심) : 闖(츰) : 엿볼 츰	6795	6378	2880	7631
仄聲 / 入聲 : (102	職	직) : 織*(치) : 기[旗也] 치	6186	7706	6275	7632
仄聲 / 入聲 : (102	職	직) : 勑*(칙) : 바를/다스릴 칙	1769	7641	6211	7633
仄聲 / 入聲 : (102	職	직) : 廁*(칙) : 기울 칙	6791	7715	6284	7634
仄聲 / 入聲 : (102	職	직) : 則(칙) : 법칙 칙	6841	7718	6287	7635
仄聲 / 入聲 : (102	職	직) : 勅(칙) : 조서 칙	6842	7719	6288	7636
仄聲 / 入聲 : (102	職	직) : 飭(칙) : 신칙할 칙	6843	7720	6289	7637
仄聲 / 入聲 : (102	職	직) : 敕(칙) : 조서 칙	6844	7721	6290	7638
仄聲 / 入聲 : (093	質	질) : 七(칠) : 일곱 칠	6849	6832	6668	7639
仄聲 / 入聲 : (093	質	질) : 漆(칠) : 옻 칠	6850	6833	6669	7640
仄聲 / 去聲 : (086	沁	심) : 湛*(침) : 잠길 침	1398	6364	2864	7641
仄聲 / 去聲 : (087	勘	감) : 枕(침) : 베개 침	6853	6400	430	7642
仄聲 / 去聲 : (086	沁	심) : 浸(침) : 잠길 침	6856	6379	2878	7643
仄聲 / 去聲 : (086	沁	심) : 祲(침) : 햇무리 침	6863	6380	2879	7644
仄聲 / 入聲 : (103	緝	집) : 蟄(칩) : 숨을 칩	6865	7782	6739	7645
仄聲 / 去聲 : (085	徑	경) : 秤(칭) : 저울 칭	6866	6235	5259	7646
仄聲 / 去聲 : (085	徑	경) : 稱(칭) : 일컬을 칭	6867	6236	5260	7647
仄聲 / 去聲 : (080	箇	개) : 他*(타) : 간사할 타	6872	6010	500	7648
仄聲 / 去聲 : (081	禡	마) : 咤(타) : 꾸짖을 타	6873	6057	1468	7649
仄聲 / 去聲 : (080	箇	개) : 唾(타) : 침 타	6874	6011	501	7650
仄聲 / 去聲 : (080	箇	개) : 馱(타) : 탈 타	6885	6012	502	7651
仄聲 / 去聲 : (081	禡	마) : 詫(타) : 자랑할 타	6890	6058	1469	7652
仄聲 / 入聲 : (099	藥	약) : 度*(탁) : 꾀할/헤아릴 탁	1490	7238	2907	7653
仄聲 / 入聲 : (100	陌	맥) : 魄*(탁) : 넋잃을 탁	2748	7402	1532	7654
仄聲 / 入聲 : (092	覺	각) : 噣*(탁) : 쪼을 탁	6040	6710	227	7655
仄聲 / 入聲 : (099	藥	약) : 拓*(탁) : 물리칠/밀칠 탁	6446	7333	3000	7656
仄聲 / 入聲 : (092	覺	각) : 倬(탁) : 클 탁	6897	6716	234	7657
仄聲 / 入聲 : (092	覺	각) : 卓(탁) : 높을/책상 탁	6898	6717	235	7658
仄聲 / 入聲 : (090	屋	옥) : 啄(탁) : 쫄(부리) 탁	6899	6593	3971	7659
仄聲 / 入聲 : (100	陌	맥) : 坼(탁) : 터질 탁	6900	7522	1648	7660
仄聲 / 入聲 : (099	藥	약) : 度*(탁) : 꾀할/헤아릴 탁	1549	7239	3003	7661
仄聲 / 入聲 : (099	藥	약) : 托(탁) : 맡길/밀칠 탁	6901	7337	3004	7662
仄聲 / 入聲 : (099	藥	약) : 拓*(탁) : 물리칠/밀칠 탁	6466	7335	3005	7663
仄聲 / 入聲 : (092	覺	각) : 擢(탁) : 뽑을 탁	6902	6718	236	7664
仄聲 / 入聲 : (092	覺	각) : 晫(탁) : 밝을 탁	6903	6719	237	7665

배열형식 D (四聲基準)			배열 A	배열 B	배열 C	배열 D
平仄 / 四聲 : (韻目No: 韻目) 韻族(독음): 字義			운족 가나순	운목 번호순	운목 가나순	사성순
仄聲 / 入聲 : (099	藥	약) : 柝(탁) : 열 탁	6904	7338	3007	7666
仄聲 / 入聲 : (092	覺	각) : 濁(탁) : 흐릴 탁	6905	6720	238	7667
仄聲 / 入聲 : (092	覺	각) : 濯(탁) : 씻을 탁	6906	6721	239	7668
仄聲 / 入聲 : (092	覺	각) : 琢(탁) : 다듬을 탁	6907	6722	240	7669
仄聲 / 入聲 : (092	覺	각) : 琸(탁) : 사람이름 탁	6908	6723	241	7670
仄聲 / 入聲 : (099	藥	약) : 託(탁) : 부탁할 탁	6909	7339	3008	7671
仄聲 / 入聲 : (099	藥	약) : 鐸(탁) : 방울 탁	6910	7340	3009	7672
仄聲 / 入聲 : (100	陌	맥) : 拆(탁) : 터질 탁	6911	7523	1649	7673
仄聲 / 入聲 : (092	覺	각) : 涿(탁) : 들을 탁	6913	6724	242	7674
仄聲 / 入聲 : (092	覺	각) : 椓(탁) : 칠 탁	6914	6725	243	7675
仄聲 / 入聲 : (099	藥	약) : 踱(탁) : 맨발 탁	6915	7341	3010	7676
仄聲 / 入聲 : (092	覺	각) : 鐲(탁) : 징 탁	6916	6726	244	7677
仄聲 / 入聲 : (099	藥	약) : 馲(탁) : 약대 탁	6917	7342	3011	7678
仄聲 / 入聲 : (092	覺	각) : 鵫(탁) : 흰꿩 탁	6919	6727	245	7679
仄聲 / 入聲 : (096	曷	갈) : 咄*(탈) : 꾸짖을 탈	1594	6987	324	7680
仄聲 / 入聲 : (096	曷	갈) : 稅*(탈) : 풀 탈	3610	7015	350	7681
仄聲 / 入聲 : (096	曷	갈) : 奪(탈) : 빼앗을 탈	6936	7030	365	7682
仄聲 / 入聲 : (096	曷	갈) : 脫(탈) : 벗을 탈	6937	7031	367	7683
仄聲 / 入聲 : (098	屑	설) : 棁(탈) : 지팡이 탈	6939	7203	2577	7684
仄聲 / 入聲 : (096	曷	갈) : 鵽(탈) : 사막꿩 탈	6940	7033	368	7685
仄聲 / 去聲 : (087	勘	감) : 撢(탐) : 더듬을 탐	6945	6401	431	7686
仄聲 / 入聲 : (104	合	합) : 鰈*(탑) : 가재미 탑	5705	7810	7432	7687
仄聲 / 入聲 : (104	合	합) : 塔(탑) : 탑 탑	6947	7811	7433	7688
仄聲 / 入聲 : (104	合	합) : 搭(탑) : 모뜰(模也)/박을 탑	6948	7812	7434	7689
仄聲 / 入聲 : (104	合	합) : 榻(탑) : 걸상 탑	6950	7814	7436	7690
仄聲 / 入聲 : (104	合	합) : 搨(탑) : 베낄 탑	6951	7815	7437	7691
仄聲 / 入聲 : (104	合	합) : 嚃(탑) : 들이마실 탑	6952	7816	7438	7692
仄聲 / 入聲 : (104	合	합) : 漯(탑) : 강이름 탑	6953	7817	7439	7693
仄聲 / 去聲 : (082	漾	양) : 宕(탕) : 방탕할 탕	6954	6124	3398	7694
仄聲 / 去聲 : (082	漾	양) : 燙(탕) : 데울/씻을 탕	6958	6125	3399	7695
仄聲 / 去聲 : (082	漾	양) : 踼(탕) : 미끄러질 탕	6963	6126	3400	7696
仄聲 / 入聲 : (096	曷	갈) : 脫*(태) : 더딜 태	6938	7032	366	7697
仄聲 / 入聲 : (096	曷	갈) : 汰(태) : 지날 태	6970	7034	369	7698
仄聲 / 入聲 : (100	陌	맥) : 宅(택) : 집/살/자리/정할 택	6981	7525	1505	7699
仄聲 / 入聲 : (100	陌	맥) : 宅(택) : 집 택	6983	7527	1652	7700
仄聲 / 入聲 : (100	陌	맥) : 擇(택) : 가릴 택	6985	7529	1653	7701

배열형식 D (四聲基準)		배열 A	배열 B	배열 C	배열 D
平仄 / 四聲 : (韻目No: 韻目)　韻族(독음): 字義		운족 가나순	운목 번호순	운목 가나순	사성순
仄聲 / 入聲 : (100 陌 맥): 澤*(택) : 못 택		3489	7439	1654	7702
仄聲 / 去聲 : (079 號 호): 套(토) : 씌울/껍질 토		6995	5979	7640	7703
仄聲 / 去聲 : (085 宥 유): 透(투) : 사무칠 투		7015	6350	5261	7704
仄聲 / 去聲 : (085 宥 유): 鬪(투) : 싸움 투		7016	6351	5262	7705
仄聲 / 入聲 : (102 職 직): 貸*(특) : 빌릴 특		1470	7637	6207	7706
仄聲 / 入聲 : (102 職 직): 犆*(특) : 하나 특		6189	7708	6278	7707
仄聲 / 入聲 : (102 職 직): 慝(특) : 악할 특		7020	7722	6291	7708
仄聲 / 入聲 : (102 職 직): 特(특) : 특별할 특		7021	7723	6292	7709
仄聲 / 入聲 : (102 職 직): 忒(특) : 변할 특		7022	7724	6293	7710
仄聲 / 去聲 : (081 禡 마): 帕(파) : 머리동이수건 파		7023	6059	1440	7711
仄聲 / 去聲 : (080 箇 개): 播(파) : 뿌릴 파		7028	6013	503	7712
仄聲 / 去聲 : (080 箇 개): 破(파) : 깨뜨릴 파		7035	6014	504	7713
仄聲 / 去聲 : (081 禡 마): 罷*(파) : 파할/내칠 파		7218	6065	1470	7714
仄聲 / 去聲 : (081 禡 마): 怕(파) : 두려울/아마 파		7041	6060	1471	7715
仄聲 / 去聲 : (081 禡 마): 灞(파) : 물이름(패는俗音) 파		7042	6061	1472	7716
仄聲 / 去聲 : (081 禡 마): 壩(파) : 방죽 파		7046	6062	1473	7717
仄聲 / 入聲 : (097 黠 힐): 檗*(팔) : 선떡 팔		2802	7051	7920	7718
仄聲 / 入聲 : (097 黠 힐): 八(팔) : 여덟 팔		7058	7067	7936	7719
仄聲 / 入聲 : (096 曷 갈): 叭(팔) : 입벌릴/나팔 팔		7059	7035	370	7720
仄聲 / 入聲 : (097 黠 힐): 捌(팔) : 깨뜨릴 팔		7060	7068	7937	7721
仄聲 / 入聲 : (096 曷 갈): 拔*(패) : 밋밋할/휘어꺾을 패		2646	7003	338	7722
仄聲 / 入聲 : (100 陌 맥): 伯*(패) : 우두머리/맹주 패		2737	7393	1523	7723
仄聲 / 去聲 : (081 禡 마): 覇(패) : 으뜸/패왕 패		7072	6063	1474	7724
仄聲 / 去聲 : (081 禡 마): 霸(패) : 으뜸/패왕 패		7079	6064	1475	7725
仄聲 / 去聲 : (084 敬 경): 膨(팽) : 배불룩할 팽		7085	6184	814	7726
仄聲 / 入聲 : (102 職 직): 愎(퍅) : 괴팍할 퍅		7087	7725	6294	7727
仄聲 / 去聲 : (088 豔 염): 窆(폄) : 하관할 폄		7104	6421	3738	7728
仄聲 / 去聲 : (079 號 호): 暴(포) : 사나울 포		7140	5980	7641	7729
仄聲 / 入聲 : (092 覺 각): 䏲(포) : 오리 포		7163	6728	246	7730
仄聲 / 去聲 : (079 號 호): 虣(포) : 사나울 포		7165	5981	7642	7731
仄聲 / 去聲 : (079 號 호): 暴*(포) : 볕/볕쏘일 포		7174	5984	7643	7732
仄聲 / 去聲 : (079 號 호): 曝(포) : 볕/볕쏘일 포		7167	5982	7644	7733
仄聲 / 去聲 : (079 號 호): 瀑(포) : 소나기/물거품 포		7169	5983	7645	7734
仄聲 / 入聲 : (102 職 직): 輻*(폭) : 바퀴살통 폭		2896	7653	6221	7735
仄聲 / 入聲 : (090 屋 옥): 暴*(폭) : 햇빛쪼일 폭		7141	6594	3972	7736
仄聲 / 入聲 : (090 屋 옥): 幅(폭) : 폭/가득찰 폭		7171	6597	3973	7737

배열형식 D (四聲基準)				배열 A	배열 B	배열 C	배열 D
平仄 / 四聲 : (韻目No: 韻目)		韻族(독음):	字義	운족 가나순	운목 번호순	운목 가나순	사성순
仄聲 / 入聲 : (090	屋	옥): 暴(폭)	: 사나울 폭	7173	6598	3974	7738
仄聲 / 入聲 : (090	屋	옥): 曝*(폭)	: 햇볕에말릴 폭	7168	6595	3975	7739
仄聲 / 入聲 : (090	屋	옥): 瀑*(폭)	: 폭포수 폭	7170	6596	3976	7740
仄聲 / 入聲 : (102	職	직): 輻(폭)	: 바퀴살통 폭	2912	7655	6296	7741
仄聲 / 入聲 : (093	質	질): 佛*(필)	: 흥할/도울 필	3051	6755	6595	7742
仄聲 / 入聲 : (093	質	질): 拂*(필)	: 도울 필	3055	6756	6596	7743
仄聲 / 入聲 : (093	質	질): 比*(필)	: 차례 필	3094	6757	6597	7744
仄聲 / 入聲 : (093	質	질): 柲*(필)	: 창자루 필	3153	6758	6598	7745
仄聲 / 入聲 : (093	質	질): 匹(필)	: 짝 필	7229	6834	6670	7746
仄聲 / 入聲 : (093	質	질): 弼(필)	: 도울 필	7231	6835	6671	7747
仄聲 / 入聲 : (093	質	질): 必(필)	: 반드시 필	7232	6836	6672	7748
仄聲 / 入聲 : (093	質	질): 泌*(필)	: 개천물 필	3164	6759	6673	7749
仄聲 / 入聲 : (093	質	질): 珌(필)	: 칼장식옥 필	7233	6837	6674	7750
仄聲 / 入聲 : (093	質	질): 畢(필)	: 마칠 필	7234	6838	6675	7751
仄聲 / 入聲 : (093	質	질): 疋*(필)	: 짝 필	3695	6760	6676	7752
仄聲 / 入聲 : (093	質	질): 筆(필)	: 붓 필	7235	6839	6677	7753
仄聲 / 入聲 : (093	質	질): 苾(필)	: 향기날 필	7236	6840	6678	7754
仄聲 / 入聲 : (093	質	질): 馝(필)	: 향기로울 필	7237	6841	6679	7755
仄聲 / 入聲 : (093	質	질): 佖(필)	: 점잖을 필	7238	6842	6680	7756
仄聲 / 入聲 : (093	質	질): 篳(필)	: 대사립문 필	7239	6843	6681	7757
仄聲 / 入聲 : (093	質	질): 蹕(필)	: 길치울 필	7240	6844	6682	7758
仄聲 / 入聲 : (093	質	질): 韠(필)	: 무릎보호대(蔽膝) 필	7241	6845	6683	7759
仄聲 / 入聲 : (093	質	질): 鵯(필)	: 갈가마귀 필	7242	6846	6684	7760
仄聲 / 入聲 : (093	質	질): 縪(필)	: 그칠/관솔기 필	7243	6847	6685	7761
仄聲 / 入聲 : (093	質	질): 鉍(필)	: 창자루 필	7245	6848	6686	7762
仄聲 / 入聲 : (106	洽	흡): 泛*(핍)	: 물소리 핍	2780	7914	7881	7763
仄聲 / 入聲 : (102	職	직): 幅*(핍)	: 행전 핍	7172	7726	6295	7764
仄聲 / 入聲 : (106	洽	흡): 乏(핍)	: 떨어질 핍	7246	7934	7899	7765
仄聲 / 入聲 : (102	職	직): 逼(핍)	: 닥칠 핍	7247	7727	6297	7766
仄聲 / 入聲 : (103	緝	집): 鵖(핍)	: 오디새 핍	7248	7783	6740	7767
仄聲 / 去聲 : (081	禡	마): 夏(하)	: 여름 하	7252	6066	1476	7768
仄聲 / 去聲 : (080	箇	개): 賀(하)	: 하례할 하	7258	6015	505	7769
仄聲 / 入聲 : (100	陌	맥): 嚇(하)	: 웃을 하	7263	7532	1658	7770
仄聲 / 去聲 : (081	禡	마): 罅(하)	: 틈 하	7264	6067	1477	7771
仄聲 / 去聲 : (081	禡	마): 芐(하)	: 지황[地黃] 하	7265	6068	1478	7772
仄聲 / 入聲 : (099	藥	약): 奭*(학)	: 붉은모양 학	3462	7277	2945	7773

배열형식 D (四聲基準)				배열 A	배열 B	배열 C	배열 D
平仄 / 四聲 : (韻目No: 韻目) 韻族(독음): 字義				운족 가나순	운목 번호순	운목 가나순	사성순
仄聲 / 入聲 : (099	藥	약): 壑(학)	: 골/구렁 학	7267	7344	3013	7774
仄聲 / 入聲 : (092	覺	각): 學(학)	: 배울 학	7268	6730	248	7775
仄聲 / 入聲 : (099	藥	약): 虐(학)	: 모질 학	7269	7345	3014	7776
仄聲 / 入聲 : (099	藥	약): 謔(학)	: 농할 학	7270	7346	3015	7777
仄聲 / 入聲 : (099	藥	약): 鶴(학)	: 학 학	7271	7347	3016	7778
仄聲 / 入聲 : (099	藥	약): 瘧(학)	: 학질 학	7272	7348	3017	7779
仄聲 / 入聲 : (092	覺	각): 鷽(학)	: 메까치 학	7273	6731	249	7780
仄聲 / 入聲 : (092	覺	각): 翯*(학)	: 깃윤택할 학	7593	6732	250	7781
仄聲 / 入聲 : (099	藥	약): 鄗*(학)	: 땅이름 학	7590	7349	3018	7782
仄聲 / 入聲 : (096	曷	갈): 蝎*(할)	: 뽕나무좀 할	114	6966	300	7783
仄聲 / 入聲 : (096	曷	갈): 愒*(할)	: 을를/공갈 할	316	6969	304	7784
仄聲 / 入聲 : (096	曷	갈): 割(할)	: 벨 할	7295	7036	371	7785
仄聲 / 入聲 : (097	黠	힐): 轄(할)	: 비녀장 할	7296	7069	7938	7786
仄聲 / 入聲 : (097	黠	힐): 劼(할)	: 삼가할 할	7297	7070	7939	7787
仄聲 / 入聲 : (096	曷	갈): 害*(할)	: 어찌(何也) 할	7358	7037	372	7788
仄聲 / 去聲 : (089	陷	함): 陷(함)	: 빠질 함	7308	6434	7406	7789
仄聲 / 去聲 : (089	陷	함): 闞(함)	: 범의포효소리 함	7312	6435	7407	7790
仄聲 / 去聲 : (089	陷	함): 餡(함)	: 떡속 함	7316	6436	7408	7791
仄聲 / 入聲 : (104	合	합): 蓋*(합)	: 덮을 합	207	7789	7412	7792
仄聲 / 入聲 : (104	合	합): 合(합)	: 합할 합	7317	7818	7441	7793
仄聲 / 入聲 : (106	洽	흡): 哈*(합)	: 한모금 합	4184	7926	7900	7794
仄聲 / 入聲 : (104	合	합): 盒(합)	: 소반뚜껑/합 합	7319	7820	7443	7795
仄聲 / 入聲 : (104	合	합): 蛤(합)	: 대합조개 합	7320	7821	7444	7796
仄聲 / 入聲 : (104	合	합): 閤(합)	: 쪽문 합	7321	7822	7445	7797
仄聲 / 入聲 : (104	合	합): 闔(합)	: 문짝 합	7322	7823	7446	7798
仄聲 / 入聲 : (106	洽	흡): 陜*(합)	: 고을이름 합	7467	7938	7901	7799
仄聲 / 入聲 : (104	合	합): 嗑(합)	: 말 많을 합	7323	7824	7447	7800
仄聲 / 入聲 : (105	葉	엽): 榼(합)	: 통 합	7324	7887	3801	7801
仄聲 / 入聲 : (104	合	합): 盍(합)	: 어찌아니할 합	7325	7825	7448	7802
仄聲 / 入聲 : (106	洽	흡): 呷(합)	: 마실 합	7326	7935	7903	7803
仄聲 / 入聲 : (104	合	합): 鴿(합)	: 집비둘기 합	7327	7826	7449	7804
仄聲 / 去聲 : (082	漾	양): 伉(항)	: 짝/굳셀 항	7331	6127	3401	7805
仄聲 / 去聲 : (082	漾	양): 抗(항)	: 겨룰 항	7336	6128	3402	7806
仄聲 / 入聲 : (100	陌	맥): 蒻*(핵)	: 부들꽃 핵	1843	7378	1508	7807
仄聲 / 入聲 : (100	陌	맥): 核(핵)	: 실과/자세할 핵	7380	7533	1659	7808
仄聲 / 入聲 : (100	陌	맥): 翮(핵)	: 깃축/쭉지 핵	7382	7534	1660	7809

배열형식 D (四聲基準)			배열 A	배열 B	배열 C	배열 D
平仄 / 四聲 : (韻目No: 韻目) 韻族(독음): 字義			운족 가나순	운목 번호순	운목 가나순	사성순
仄聲 / 入聲 : (100	陌	맥) : 覈(핵) : 핵실할/엄할 핵	7384	7535	1661	7810
仄聲 / 去聲 : (082	漾	양) : 向(향) : 향할/나아갈/앞설 향	7392	6129	3403	7811
仄聲 / 去聲 : (082	漾	양) : 餉(향) : 건량 향	7397	6131	3405	7812
仄聲 / 去聲 : (082	漾	양) : 鄕(향) : 앞서 향	7401	6132	3406	7813
仄聲 / 入聲 : (095	月	월) : 歇(헐) : 쉴 헐	7415	6951	5005	7814
仄聲 / 入聲 : (095	月	월) : 猲(헐) : 사냥개 헐	7416	6952	5006	7815
仄聲 / 去聲 : (088	豔	염) : 驗(험) : 시험할 험	7420	6422	3739	7816
仄聲 / 入聲 : (100	陌	맥) : 奕(혁) : 클 혁	7423	7536	1662	7817
仄聲 / 入聲 : (100	陌	맥) : 爀(혁) : 불빛 혁	7424	7537	1663	7818
仄聲 / 入聲 : (100	陌	맥) : 赫(혁) : 빛날 혁	7425	7538	1664	7819
仄聲 / 入聲 : (100	陌	맥) : 革(혁) : 가죽/고칠 혁	7426	7539	1665	7820
仄聲 / 入聲 : (100	陌	맥) : 弈(혁) : 클 혁	7428	7540	1666	7821
仄聲 / 入聲 : (102	職	직) : 洫(혁) : 봇도랑 혁	7429	7729	6299	7822
仄聲 / 入聲 : (102	職	직) : 鬩(혁) : 다툴 혁	7430	7730	6300	7823
仄聲 / 入聲 : (100	陌	맥) : 焃(혁) : 붉을/밝을 혁	7431	7541	1667	7824
仄聲 / 入聲 : (102	職	직) : 衋(혁) : 애통할 혁	7432	7731	6301	7825
仄聲 / 入聲 : (100	陌	맥) : 懸(현) : 매달/멀 현	7436	7542	1668	7826
仄聲 / 入聲 : (098	屑	설) : 孑(혈) : 외로울 혈	7460	7205	2579	7827
仄聲 / 入聲 : (098	屑	설) : 穴(혈) : 굴 혈	7461	7206	2580	7828
仄聲 / 入聲 : (098	屑	설) : 血(혈) : 피 혈	7462	7207	2581	7829
仄聲 / 入聲 : (098	屑	설) : 頁(혈) : 머리 혈	7463	7208	2582	7830
仄聲 / 入聲 : (098	屑	설) : 絜(혈) : 헤아릴 혈	7464	7209	2583	7831
仄聲 / 入聲 : (105	葉	엽) : 慊*(협) : 족할 협	378	7829	3743	7832
仄聲 / 入聲 : (105	葉	엽) : 嗛*(협) : 넉넉할 협	385	7830	3744	7833
仄聲 / 入聲 : (103	緝	집) : 汁*(협) : 맞을/화합할 협	6105	7772	6728	7834
仄聲 / 入聲 : (106	洽	흡) : 陜(협) : 좁을 협	7466	7937	7902	7835
仄聲 / 入聲 : (105	葉	엽) : 俠(협) : 의기/사이에낄 협	7468	7888	3802	7836
仄聲 / 入聲 : (105	葉	엽) : 協(협) : 화할 협	7470	7889	3803	7837
仄聲 / 入聲 : (106	洽	흡) : 夾(협) : 낄/부축할 협	7471	7940	7905	7838
仄聲 / 入聲 : (106	洽	흡) : 峽(협) : 골짜기 협	7472	7941	7906	7839
仄聲 / 入聲 : (105	葉	엽) : 挾(협) : 낄 협	7473	7890	3804	7840
仄聲 / 入聲 : (105	葉	엽) : 浹(협) : 두루미칠 협	7474	7891	3805	7841
仄聲 / 入聲 : (106	洽	흡) : 狹(협) : 좁을 협	7475	7942	7907	7842
仄聲 / 入聲 : (105	葉	엽) : 脅(협) : 갈비/위협할 협	7476	7892	3806	7843
仄聲 / 入聲 : (105	葉	엽) : 脇(협) : 갈비/위협할 협	7477	7893	3807	7844
仄聲 / 入聲 : (105	葉	엽) : 莢(협) : 풀열매 협	7478	7894	3808	7845

배열형식 D (四聲基準)			배열 A	배열 B	배열 C	배열 D
平仄 / 四聲 : (韻目No: 韻目)　韻族(독음): 字義			운족 가나순	운목 번호순	운목 가나순	사성순
仄聲 / 入聲 : (105	葉	엽) : 鋏(협)　: 집게 협	7479	7895	3809	7846
仄聲 / 入聲 : (105	葉	엽) : 頰(협)　: 뺨 협	7480	7896	3810	7847
仄聲 / 入聲 : (105	葉	엽) : 愜(협)　: 쾌할 협	7481	7897	3811	7848
仄聲 / 入聲 : (105	葉	엽) : 篋(협)　: 상자 협	7482	7898	3812	7849
仄聲 / 入聲 : (105	葉	엽) : 勰(협)　: 뜻이맞을 협	7483	7899	3813	7850
仄聲 / 入聲 : (105	葉	엽) : 梜(협)　: 젓가락 협	7484	7900	3814	7851
仄聲 / 入聲 : (106	洽	흡) : 祫(협)　: 합사 협	7485	7943	7908	7852
仄聲 / 入聲 : (106	洽	흡) : 筴*(협)　: 젓가락 협	6432	7933	7909	7853
仄聲 / 去聲 : (085	徑	경) : 瀅(형)　: 물맑을 형	7496	6238	5264	7854
仄聲 / 去聲 : (085	徑	경) : 瑩*(형)　: 맑을 형	4516	6214	5265	7855
仄聲 / 去聲 : (085	徑	경) : 鎣(형)　: 줄 형	7506	6239	5266	7856
仄聲 / 去聲 : (079	號	호) : 皋*(호)　: 부를 호	7535	5985	7602	7857
仄聲 / 去聲 : (079	號	호) : 耗*(호)　: 빈/어지러울 호	2384	5954	7615	7858
仄聲 / 去聲 : (079	號	호) : 號(호)　: 이름 호	7570	5986	7646	7859
仄聲 / 去聲 : (080	箇	개) : 犒(호)　: 호궤할 호	7579	6016	506	7860
仄聲 / 入聲 : (091	沃	옥) : 翯(혹)　: 깃윤택할 혹	7592	6665	4042	7861
仄聲 / 入聲 : (102	職	직) : 惑(혹)　: 미혹할 혹	7594	7732	6302	7862
仄聲 / 入聲 : (102	職	직) : 或(혹)　: 혹 혹	7595	7733	6303	7863
仄聲 / 入聲 : (092	覺	각) : 酷(혹)　: 심할 혹	7596	6733	251	7864
仄聲 / 入聲 : (092	覺	각) : 穀(혹)　: 짐승이름 혹	7597	6734	252	7865
仄聲 / 入聲 : (090	屋	옥) : 熇*(혹)　: 불꽃 혹	7782	6600	3978	7866
仄聲 / 入聲 : (095	月	월) : 淈*(홀)　: 다스릴 홀	934	6899	4954	7867
仄聲 / 入聲 : (095	月	월) : 核*(홀)　: 씨 홀	7381	6950	5004	7868
仄聲 / 入聲 : (095	月	월) : 忽(홀)　: 갑자기 홀	7610	6953	5007	7869
仄聲 / 入聲 : (095	月	월) : 惚(홀)　: 황홀할 홀	7611	6954	5008	7870
仄聲 / 入聲 : (095	月	월) : 笏(홀)　: 홀 홀	7612	6955	5009	7871
仄聲 / 入聲 : (095	月	월) : 芴*(홀)　: 황홀할 홀	2513	6918	5010	7872
仄聲 / 去聲 : (081	禡	마) : 樗*(화)　: 벚나무 화	5514	6054	1465	7873
仄聲 / 去聲 : (081	禡	마) : 化(화)　: 될 화	7629	6069	1479	7874
仄聲 / 去聲 : (080	箇	개) : 和(화)　: 화할 화	7630	6017	507	7875
仄聲 / 去聲 : (081	禡	마) : 貨(화)　: 재물 화	7640	6070	1480	7876
仄聲 / 去聲 : (081	禡	마) : 擭(화)　: 덫 화	7643	6071	1482	7877
仄聲 / 去聲 : (081	禡	마) : 鱯(화)　: 큰메기 화	7650	6073	1483	7878
仄聲 / 去聲 : (081	禡	마) : 擭*(확)　: 함정 확	7644	6072	1481	7879
仄聲 / 入聲 : (099	藥	약) : 廓*(확)　: 클 확	663	7234	3019	7880
仄聲 / 去聲 : (082	漾	양) : 擴*(확)　: 늘일/넓힐 확	727	6080	3409	7881

배열형식 D (四聲基準)			배열 A	배열 B	배열 C	배열 D
平仄 / 四聲 : (韻目No:	韻目)	韻族(독음): 字義	운족 가나순	운목 번호순	운목 가나순	사성순
仄聲 / 入聲 : (099	藥	약) : 攫(확) : 붙잡을 확	7651	7350	3020	7882
仄聲 / 入聲 : (093	質	질) : 確(확) : 굳을 확	7652	6849	6687	7883
仄聲 / 入聲 : (099	藥	약) : 穫(확) : 거둘 확	7653	7351	3021	7884
仄聲 / 入聲 : (099	藥	약) : 鑊(확) : 가마솥 확	7655	7352	3022	7885
仄聲 / 入聲 : (099	藥	약) : 檴(확) : 나무이름 확	7656	7353	3023	7886
仄聲 / 入聲 : (100	陌	맥) : 玃(확) : 큰원숭이 확	7657	7546	1673	7887
仄聲 / 入聲 : (099	藥	약) : 臒(확) : 곱게붉을/붉은칠할 확	7658	7354	3024	7888
仄聲 / 入聲 : (099	藥	약) : 獲*(확) : 더럽힐 확	7761	7355	3025	7889
仄聲 / 入聲 : (099	藥	약) : 熇*(확) : 불꽃성할 확	7783	7356	3026	7890
仄聲 / 入聲 : (096	曷	갈) : 越*(활) : 부들자리 활	4915	7026	361	7891
仄聲 / 入聲 : (096	曷	갈) : 活(활) : 살 활	7690	7039	374	7892
仄聲 / 入聲 : (097	黠	힐) : 滑*(활) : 미끄러울 활	597	7044	7940	7893
仄聲 / 入聲 : (097	黠	힐) : 猾(활) : 교활할 활	7692	7071	7941	7894
仄聲 / 入聲 : (096	曷	갈) : 豁(활) : 소통할 활	7693	7041	376	7895
仄聲 / 入聲 : (097	黠	힐) : 闊(활) : 트일 활	7694	7072	7942	7896
仄聲 / 入聲 : (097	黠	힐) : 蛸(활) : 올챙이 활	7695	7073	7943	7897
仄聲 / 入聲 : (097	黠	힐) : 澮*(활) : 물합쳐흐를 활	7741	7074	7944	7898
仄聲 / 去聲 : (082	漾	양) : 兄*(황) : 클/하물며 황	7490	6133	3407	7899
仄聲 / 去聲 : (082	漾	양) : 況(황) : 상황 황	7706	6134	3410	7900
仄聲 / 去聲 : (084	敬	경) : 貺(황) : 줄/하사할 황	7722	6185	815	7901
仄聲 / 去聲 : (082	漾	양) : 况(황) : 모양(況의속자) 황	7723	6135	3411	7902
仄聲 / 去聲 : (082	漾	양) : 饋(회) : 밥팔/식당 회	7726	6136	3379	7903
仄聲 / 入聲 : (100	陌	맥) : 澼*(획) : 물이부딛혀흐를 획	660	7369	1496	7904
仄聲 / 入聲 : (100	陌	맥) : 畫*(획) : 그을/나눌/꾀할 획	7633	7543	1670	7905
仄聲 / 入聲 : (100	陌	맥) : 擭*(획) : 잡을 획	7645	7544	1671	7906
仄聲 / 入聲 : (100	陌	맥) : 畵*(획) : 그을/나눌/꾀할 획	7648	7545	1672	7907
仄聲 / 入聲 : (100	陌	맥) : 劃(획) : 그을 획	7759	7547	1674	7908
仄聲 / 入聲 : (100	陌	맥) : 獲(획) : 얻을 획	7760	7548	1675	7909
仄聲 / 去聲 : (085	徑	경) : 橫(횡) : 가로 횡	7763	6240	5267	7910
仄聲 / 去聲 : (079	號	호) : 孝(효) : 효도 효	7767	5987	7647	7911
仄聲 / 去聲 : (085	宥	유) : 佝(후) : 꼽추/거리낄 후	7792	6352	5118	7912
仄聲 / 去聲 : (085	宥	유) : 候(후) : 기후 후	7794	6353	5268	7913
仄聲 / 去聲 : (085	宥	유) : 厚(후) : 두터울 후	7795	6354	5269	7914
仄聲 / 去聲 : (085	宥	유) : 后(후) : 임금/왕후 후	7796	6355	5270	7915
仄聲 / 去聲 : (085	宥	유) : 吼(후) : 울 후	7797	6356	5271	7916
仄聲 / 去聲 : (085	宥	유) : 嗅(후) : 맡을 후	7799	6357	5272	7917

배열형식 D (四聲基準)				배열 A	배열 B	배열 C	배열 D
平仄 / 四聲 : (韻目No: 韻目) 韻族(독음): 字義				운족 가나순	운목 번호순	운목 가나순	사성순
仄聲 / 去聲 : (085	宥	유) : 後(후)	: 뒤 후	7800	6358	5273	7918
仄聲 / 去聲 : (085	宥	유) : 逅(후)	: 만날 후	7803	6359	5274	7919
仄聲 / 去聲 : (086	沁	심) : 鍭(후)	: 화살 후	7809	6381	2881	7920
仄聲 / 去聲 : (085	宥	유) : 畜*(휵)	: 기를 휵	6722	6345	5252	7921
仄聲 / 入聲 : (098	屑	설) : 潏*(휼)	: 샘솟을 휼	5085	7161	2535	7922
仄聲 / 入聲 : (093	質	질) : 恤(휼)	: 불쌍히여길 휼	7869	6850	6688	7923
仄聲 / 入聲 : (098	屑	설) : 譎(휼)	: 속일 휼	7870	7210	2584	7924
仄聲 / 入聲 : (093	質	질) : 鷸(휼)	: 도요새 휼	7871	6851	6689	7925
仄聲 / 入聲 : (095	月	월) : 遹(휼)	: 좇을 휼	7872	6956	5012	7926
仄聲 / 入聲 : (095	月	월) : 匈(흉)	: 가슴/오랑캐 흉	7875	6957	5013	7927
仄聲 / 入聲 : (102	職	직) : 黑(흑)	: 검을 흑	7879	7734	6304	7928
仄聲 / 入聲 : (094	物	물) : 汔*(흘)	: 거의 흘	1118	6860	1794	7929
仄聲 / 入聲 : (094	物	물) : 吃(흘)	: 말더듬을 흘	7890	6883	1816	7930
仄聲 / 入聲 : (095	月	월) : 屹(흘)	: 산우뚝솟을 흘	7891	6958	5014	7931
仄聲 / 入聲 : (095	月	월) : 紇(흘)	: 질낮은명주실 흘	7892	6959	5015	7932
仄聲 / 入聲 : (094	物	물) : 訖(흘)	: 이를(至也) 흘	7893	6884	1817	7933
仄聲 / 入聲 : (094	物	물) : 迄(흘)	: 이를 흘	7895	6886	1819	7934
仄聲 / 入聲 : (096	曷	갈) : 齕(흘)	: 깨물 흘	7896	7042	377	7935
仄聲 / 入聲 : (094	物	물) : 肐*(흘)	: 몸흔들릴 흘	4330	6876	1820	7936
仄聲 / 去聲 : (088	豔	염) : 欠(흠)	: 하품 흠	7897	6424	3741	7937
仄聲 / 入聲 : (103	緝	집) : 吸(흡)	: 마실 흡	7901	7784	6741	7938
仄聲 / 入聲 : (106	洽	흡) : 恰(흡)	: 흡사할 흡	7902	7944	7911	7939
仄聲 / 入聲 : (106	洽	흡) : 洽(흡)	: 두루미칠/화목할 흡	7903	7945	7912	7940
仄聲 / 入聲 : (104	合	합) : 翕(흡)	: 합할 흡	7904	7827	7450	7941
仄聲 / 入聲 : (103	緝	집) : 歙(흡)	: 줄일 흡	7905	7785	6742	7942
仄聲 / 入聲 : (093	質	질) : 詰(힐)	: 꾸짖을/밝는아침 힐	7942	6852	6692	7943
仄聲 / 入聲 : (098	屑	설) : 頡(힐)	: 오르내리락할/목 힐	7943	7211	2585	7944
仄聲 / 入聲 : (098	屑	설) : 黠(힐)	: 약을 힐	7945	7212	2586	7945

▌맺음말 ▌

한자는 표의문자로 생성·발전된 언어이기에 우리 한글이나 알파벳의 표음문자와 같이 규칙적이고 조리 있게 자전을 편찬하기가 어려웠습니다. 자전이란 그 소리 값에 따라 찾을 수 있는 것이 정도이지 생성원리를 기초한 부수를 찾은 후 부수 외의 획수를 헤아려 찾거나 총획으로 찾는다는 것이 한자의 크나큰 단점이었습니다. 하물며 〈설문해자(說文解字)〉 이전에는 540부수(部首)로 분류되었으니 그 난감함이란 가히 짐작할 만합니다.

우리나라는 한문교육정책이 갈팡질팡하기를 거듭하면서 반세기를 넘긴지 오래라 한시는 일부 전문분야이거나 대학의 한문학과에서 명맥이 유지되는 지경에 이르러서 어느 누구도 돈이 안 되는 운자자전을 기획하거나 출판하려는 출판사가 있을 수 있는 풍토가 되지 못하였습니다.

이렇듯 이 작업은 수익 목적이나 연구를 위하여 출판사나 학계에서는 도저히 할 수 없는 사업이기에 남는 것이 시간밖에 없는 나 같은 사람에게 딱 맞는 소일거리였습니다. 원고의 독촉을 받을 이유도 없고 그렇다고 경비가 많이 드는 일도 아니었습니다. 그러기에 일상화된 매주의 월요산행, 향교 및 노인회관에 나가 친구들과의 교분도 이어가며 건강한 생활을 병행해 가면서 이 작업을 할 수 있었습니다.

아무튼 여러 우여 곡절 끝에 출간을 했으니 이 책을 계기로 하여 뜻있는 전문가에 의해 완전한 책으로 성장되는 밑거름이 되길 바라며, "사전은 나라의 보배"라는 일념으로 출판해주신 이종춘 회장님의 큰 뜻에 다시 한번 감사한 마음을 전합니다.

2020. 가을
편자 씀

漢詩韻字便覽
부록

<부록 1>

표제자의 한글(가나다순)색인

(註) 異音 다음 별표(*)에 딸린 자는 표제자임.

한글	배열A 번호
ㄱ	
가	1
가*개	217
가*고	490
각	42
각*격	318
각*곡	569
각*교	779
간	65
간*건	270
갈	102
갈*개	211
갈*게	312
갈*구	822
갈*헐	7417
갈*힐	7944
감	121
감*감	139
감*검	294
감*겸	387
감*함	7313
갑	152
갑*개	215
갑*압	4180
갑*합	7318
갑*헐	7418
강	162
강*경	406
강*공	608
강*항	7329
강*홍	7621
개	191
개*갈	120
개*게	315
개*기	1145
개*해	7365
개*희	7908
객	222
갱	224
갱*경	413
갹	230
갹*거	232
갹*교	793
거	231
건	269
걸	286
걸*갈	106
걸*게	313
걸*단	1358
검	293
겁	306
겁*십	4067
게	310
게*걸	292
격	317
격*가	4
견	337
견*연	4431
결	363
결*계	451
결*금	1074
겸	376
겸*감	130
겸*침	6861
겹	392
겹*감	151
겹*갑	159
겹*협	7469
경	393
계	448
계*갈	108
계*결	373
계*혜	7530
고	489
고*효	7781
곡	559
곡*각	49
곡*고	494
곡*교	813
곤	572
곤*혼	7601
골	591
공	598
공*홍	7622
곶*관	665
과	628
과*고	525
곽	654
관	664
관*간	101
괄	698
괄*활	7691
광	707
괘	728
괴	733
괴*회	7736
괵	747
굉	750
굉*관	693
교	758
교*각	52
교*교	800
교*소	3691
교*초	6582
교*호	7589
교*효	7788
구	814
구*거	239
구*곡	564
구*곽	662
구*귀	981
구*규	1009
국	910
국*죽	6051
군	920
굴	926
굴*궐	953
굴*출	6747
궁	935
권	941
궐	952
궐*굴	929
궤	963
궤*괴	746
궤*궐	957
궤*귀	984
궤*용	4790
귀	980
귀*구	827
귀*궤	974
규	990
규*경	436
규*교	809
규*구	817
규*료	2025
규*무	2464
규*휴	7867
균	1011
균*귀	982
균*균	1020
귤	1023
극	1024
극*가	9
극*혁	7427
근	1034
근*기	1163
글*계	452
글*흘	7894
금	1057
금*검	302
급	1075
긍	1084
긍*근	1055
긍*선	3491
긍*항	7335
기	1088
기*거	236
기*걸	287
기*기	1087
기*시	3971
기*의	5139
기*전	5663
기*지	6140
긱	1177
긴	1179
길	1181
길*결	375
김*금	1069
끽*긱	1178
ㄴ	
나	1186
나*내	1222
나*유	4971
낙	1196
난	1197
난*탄	6931
날	1202
남	1206
납	1215
납*내	1226
낭	1218
내	1221
내*능	1308
내*이	5175
냥	1234
녀	1235
녀*나	1192
녀*녀	1236
녀*여	4372
녁	1237
년	1238
년*전	5622
녈	1243
녈*날	1205
념	1244
녑*섭	3574
녕	1251
노	1261
노*노	1265
노*우	4836
농	1275
뇌	1279
뇌*위	4963
뇨	1282
뇨*닉	1325
뇨*요	4725
눈	1294
눌	1295
뉴	1298
뉴*추	6669
뉵*뉴	1300
능	1307
니	1310
니*니	1312
닉	1323
닉*뇨	1290
닐	1326
닐*니	1315
님*임	5289
ㄷ	
다	1327
다*대	1458
단	1333
단*달	1389
단*돈	1572
단*순	3907
단*연	4422
단*전	5591
달	1378
달*단	1365
담	1391
담*단	1359
답	1421
답*탑	6949
당	1427
당*당	1453
대	1455
대*독	1563
대*돈	1573
대*알	4154

한글	배열A 번호	한글	배열A 번호	한글	배열A 번호	한글	배열A 번호	한글	배열A 번호	한글	배열A 번호
댁*택	6982	량*략	1775	륙	2084	명	2346	발*패	7064	부*보	2861
덕	1476	려	1793	륙*료	2017	명*면	2342	방	2661	부*복	2885
도	1478	려*리	2161	륜	2088	명*명	2360	방*롱	1988	북	3009
도*숙	3863	력	1833	륜*론	1968	몌	2361	방*룡	2032	북*복	2880
도*주	6027	력*핵	7383	률	2095	모	2363	방*병	2838	분	3011
독	1550	련	1845	률*솔	3718	모*막	2221	방*팽	7082	분*반	2635
돈	1569	련*간	74	륭	2104	모*망	2275	배	2704	분*번	2768
돈*견	362	련*령	1893	륵	2106	모*모	2362	배*백	2743	분*비	3075
돈*순	3888	련*산	3309	름	2111	모*목	2405	배*북	3010	불	3050
돌	1592	렬	1860	릉	2113	목	2404	배*패	7069	불*부	3006
돌*철	6499	렬*례	1908	리	2121	목*무	2466	백	2736	불*비	3073
동	1598	렴	1870	리*려	1811	목*필	7230	백*패	7073	붕	3067
두	1632	렴*험	7422	리*리	2163	몰	2414	번	2749	붕*평	7106
두*도	1543	렵	1877	리*제	5806	몰*물	2508	번*반	2613	비	3072
두*독	1559	령	1880	린	2177	몽	2416	벌	2769	비*배	2731
두*촌	6641	령*녕	1252	림	2191	몽*모	2401	범	2773	비*병	2856
두*토	6993	령*히	7941	립	2196	묘	2427	법	2786	비*부	2941
둔	1651	례	1907	ㅁ		무	2449	벽	2788	비*불	3065
둔*돈	1584	로	1917	마	2199	무*망	2261	벽*복	2906	빈	3165
득	1656	로*려	1830	막	2215	묵	2482	벽*부	2938	빙	3187
등	1657	록	1953	막*모	2370	문	2486	벽*피	7227	ㅅ	
등*증	6108	록*각	55	막*묘	2440	문*면	2328	변	2803	사	3196
ㄹ		록*락	1700	만	2224	문*미	2534	변*과	651	사*도	1533
라	1671	록*려	1832	만*문	2499	문*민	2568	변*반	2641	사*리	2167
라*랄	1718	론	1966	말	2252	물	2507	변*빈	3175	사*멱	2326
라*려	1819	론*론	1967	망	2260	미	2514	변*편	7089	사*사	3245
라*리	2166	론*륜	2092	망*맹	2312	미*미	2540	별	2817	사*석	3460
라*자	5310	롱	1972	매	2281	미*시	3995	별*비	3089	사*세	3614
락	1691	롱*랑	1760	매*모	2374	민	2554	별*폐	7125	사*쇄	3741
락*각	59	롱*롱	1980	매*묵	2485	민*문	2504	병	2823	사*여	4379
락*격	322	뢰	1989	매*물	2510	밀	2578	병*방	2677	사*헌	7413
락*악	4111	뢰*라	1677	맥	2303	밀*복	2883	병*병	2847	사*희	7927
란	1704	뢰*로	1946	맥*막	2220	ㅂ		보	2858	삭	3286
란*단	1334	뢰*루	2034	맥*백	2745	박	2583	보*복	2876	삭*소	3644
란*라	1676	료	2007	맹	2311	박*락	1701	보*부	2957	삭*수	3750
랄	1717	료*교	803	맹*망	2279	박*백	2747	복	2875	산	3293
랄*라	1674	료*료	2026	맹*몽	2422	박*부	2955	복*박	2588	산*준	6081
람	1724	룡	2031	맹*민	2573	박*폭	7176	복*부	2939	살	3318
랍	1741	룡*롱	1983	멱	2323	반	2610	복*비	3157	살*쇄	3736
랑	1746	루	2033	멱*골	592	반*만	2247	본	2913	살*채	6417
래	1762	류	2060	멱*명	2355	반*번	2755	봉	2914	삼	3325
랭	1773	류*료	2027	면	2327	반*병	2837	봉*방	2667	삼*섬	3570
략	1774	류*리	2162	면*만	2226	반*분	3012	봉*범	2779	삼*재	5489
량	1777	류*무	2465	멸	2343	발	2644	부	2933	삽	3340

한글	배열A 번호	한글	배열A 번호	한글	배열A 번호	한글	배열A 번호	한글	배열A 번호	한글	배열A 번호
삽*삼	3336	소*초	6578	심*담	1418	약*뇨	1284	엽	4472	용*장	5467
상	3353	속	3696	심*삼	3338	약*유	5034	엽*염	4450	우	4794
상*당	1439	속*수	3754	심*침	6855	양	4273	영	4480	우*구	824
상*랑	1761	손	3707	십	4063	양*상	3380	예	4517	우*오	4562
상*양	4282	솔	3717	십*습	3928	어	4304	예*설	3542	우*추	6677
상*장	5418	솔*률	2100	쌍	4069	억	4323	예*아	4076	욱	4839
상*탕	6956	솔*술	3915	씨	4070	억*의	5155	예*애	4208	욱*오	4568
상*향	7393	송	3723	ㅇ		억*희	7916	예*윤	5079	운	4849
새	3390	송*공	613	아	4071	언	4331	예*태	6965	운*온	4621
새*세	3618	솨	3734	아*애	4203	언*안	4143	오	4555	운*원	4877
새*쇄	3742	쇄	3735	아*어	4306	언*저	5532	오*악	4106	울	4868
색	3395	쇄*살	3320	아*의	5165	얼	4342	오*어	4308	울*완	4664
색*새	3391	쇄*세	3620	악	4101	얼*예	4547	오*오	4578	울*위	4920
색*석	3483	쇠	3747	악*아	4072	엄	4347	오*우	4834	웅	4870
색*소	3672	수	3749	안	4125	엄*감	143	옥	4611	원	4872
색*조	5927	수*률	2099	안*간	99	엄*암	4160	옥*아	4089	원*완	4665
생	3403	수*솔	3719	안*은	5100	업	4359	옥*오	4566	원*원	4873
생*성	3593	수*수	3751	알	4144	업*엄	4348	온	4616	원*위	4922
서	3408	수*숙	3856	알*안	4128	에	4362	올	4626	월	4913
서*도	1536	수*휴	7868	알*애	4212	여	4363	옴*암	4157	월*월	4917
석	3459	숙	3851	알*을	5112	여*서	3428	옹	4628	위	4919
석*사	3217	순	3873	암	4156	역	4381	와	4646	위*왜	4695
선	3490	순*돈	1579	암*암	4172	역*도	1545	와*과	649	위*휘	7851
선*단	1338	순*준	6073	암*염	4449	역*예	4538	와*오	4579	유	4970
선*산	3307	술	3910	압	4178	역*이	5177	와*왜	4697	유*수	3846
선*선	3525	술*율	5084	압*아	4073	역*일	5280	완	4661	유*숙	3870
선*세	3607	숭	3916	압*읍	5127	연	4396	완*관	682	유*요	4731
선*환	7676	쉬	3919	앙	4185	연*견	358	완*원	4906	유*용	4791
설	3535	슬	3921	애	4196	연*선	3513	왈	4686	유*유	5024
설*계	453	습	3926	애*갈	103	연*알	4148	왕	4688	육	5065
설*절	5674	승	3936	애*애	4207	연*어	4322	왜	4694	육*죽	6049
섬	3560	승*잉	5307	애*액	4236	연*유	4972	왜*과	653	윤	5070
섬*염	4447	승*전	5613	애*의	5168	연*인	5247	왜*와	4652	윤*균	1012
섭	3573	시	3949	애*해	7373	연*전	5633	왜*의	5136	율	5082
섭*십	4068	시*사	3215	애*희	7915	열	4440	외	4700	융	5090
섭*엽	4473	시*살	3321	액	4227	열*눌	1297	외*애	4219	은	5096
성	3581	시*이	5202	액*아	4078	열*설	3551	외*위	4969	은*언	4336
세	3603	시*제	5807	액*애	4210	열*예	4542	요	4711	을	5110
세*설	3550	시*지	6124	액*야	4248	열*인	5248	요*도	1521	을*의	5148
세*수	3840	식	3996	앵	4239	염	4446	요*악	4112	음	5113
소	3627	신	4014	야	4245	염*남	1208	요*약	4258	음*감	147
소*교	811	신*진	6219	야*사	3224	염*담	1409	욕	4751	음*담	1419
소*삭	3290	실	4042	야*약	4260	염*염	4466	용	4759	음*음	5120
소*조	5876	심	4047	약	4256	염*임	5291	용*송	3731	음*잠	5404

한글	배열A 번호	한글	배열A 번호	한글	배열A 번호	한글	배열A 번호	한글	배열A 번호	한글	배열A 번호
읍	5121	쟁	5490	제*재	5487	즙	6102	창	6371	체*치	6798
읍*욱	4845	쟁*당	1446	제*절	5675	즙*읍	5122	채	6407	초	6575
응	5130	쟁*정	5708	제*지	6125	증	6107	채*시	3967	초*묘	2446
응*의	5149	쟁*창	6384	조	5840	증*승	3947	채*차	6289	초*소	3683
의	5135	쟁*천	6496	조*도	1494	증*정	5779	채*치	6832	초*작	5394
의*기	1148	저	5501	조*돈	1574	지	6123	책	6423	초*추	6679
의*애	4204	저*도	1486	조*료	2022	지*기	1132	책*사	3265	촉	6622
의*액	4232	저*서	3416	조*서	3448	지*식	4008	책*작	5388	촉*독	1566
의*의	5134	저*시	3991	조*소	3628	지*저	5508	책*적	5570	촉*수	3752
이	5174	저*지	6162	조*수	3843	지*질	6253	책*조	5850	촉*취	6776
이*사	3249	저*차	6280	조*착	6308	직	6181	책*채	6422	촌	6636
이*시	3962	적	5556	조*참	6353	진	6190	책*탁	6918	총	6643
이*인	5252	적*약	4265	족	5931	진*견	341	처	6433	총*종	5956
익	5231	적*자	5322	족*주	6032	진*신	4037	처*사	3272	좌*좌	5982
익*의	5150	적*작	5382	존	5936	진*전	5639	처*서	3429	촬	6661
인	5242	적*조	5847	졸	5939	질	6236	처*저	5518	쵀*줄	6087
인*연	4414	적*차	6283	졸*쉬	3920	질*일	5272	처*처	6437	최	6662
일	5270	적*척	6463	종	5943	짐	6263	척	6441	최*세	3621
일*열	4445	적*축	6732	종*조	5925	집	6266	척*자	5311	최*쇠	3748
임	5284	전	5590	종*총	6655	집*십	4064	천	6467	추	6668
입	5297	전*견	353	좌	5975	집*즙	6103	천*관	666	추*료	2030
잉	5300	전*점	5698	죄	5983	징	6274	천*단	1363	추*유	5039
ㅈ		전*정	5770	주	5985	ㅊ		천*정	5775	추*조	5872
자	5308	전*준	6068	주*도	1547	차	6279	천*찬	6318	추*족	5934
자*작	5371	전*진	6191	주*두	1635	차*거	268	천*처	6439	추*착	6316
자*적	5565	절	5670	주*반	2643	차*다	1329	천*취	6783	추*찬	6340
자*제	5799	절*제	5796	주*수	3848	차*도	1529	철	6498	추*축	6722
자*주	5989	절*준	6063	주*작	5372	차*자	5359	철*척	6461	추*취	6777
작	5370	절*질	6237	주*조	5922	차*저	5543	철*체	6568	축	6719
작*소	3647	점	5683	주*족	5932	차*찬	6338	철*초	6594	축*독	1568
작*조	5928	점*념	1247	주*주	5984	차*찰	6348	첨	6513	축*색	3400
작*착	6314	점*삽	3351	죽	6047	착	6303	첨*삽	3352	축*수	3850
작*초	6601	접	5700	준	6053	착*석	3466	첩	6531	축*숙	3859
작*표	7184	접*랍	1745	준*둔	1652	착*작	5392	첩*습	3931	축*유	4996
잔	5395	접*설	3544	준*순	3877	착*저	5526	첩*잡	5416	축*주	6046
잠	5403	접*섭	3579	준*전	5669	착*조	5893	청	6544	춘	6738
잠*담	1397	접*첨	6517	준*존	5938	착*촉	6632	청*정	5790	출	6741
잡	5412	정	5706	줄	6084	찬	6317	청*천	6488	충	6748
잡*삽	3346	정*쟁	5500	줄*졸	5940	찬*손	3713	체	6552	충*동	1628
장	5417	정*정	5771	중	6088	찰	6341	체*석	3487	충*용	4761
장*종	5950	제	5795	즉	6093	찰*달	1381	체*자	5343	충*훼	7835
재	5470	제*단	1375	즐	6098	참	6350	체*절	5671	췌	6756
재*제	5823	제*이	5197	즐*즉	6096	참*삼	3327	체*철	6506	취	6763
재*치	6828	제*자	5345	즘	6101	참*섬	3571	체*첩	6534	취*자	5351

한글	배열A 번호	한글	배열A 번호	한글	배열A 번호	한글	배열A 번호	한글	배열A 번호	한글	배열A 번호
측	6785	탐	6941	패*백	2737	한	7274	형	7486	활*월	4915
츤	6794	탑	6947	패*불	3066	한*간	91	형*영	4495	활*회	7741
츰	6795	탑*접	5705	패*비	3161	한*현	7457	형*항	7339	황	7696
층	6796	탕	6954	패*폐	7122	할	7295	혜	7513	황*광	722
치	6797	탕*노	1274	패*피	7218	할*갈	114	혜*해	7352	황*형	7490
치*비	3137	태	6964	팽	7081	할*게	316	호	7536	황*황	7725
치*식	4002	태*능	1309	팽*방	2663	할*해	7358	호*고	506	회	7726
치*이	5215	태*대	1459	팽*형	7487	함	7298	호*모	2384	회*괴	737
치*지	6180	태*세	3610	퍅	7087	함*겸	384	호*오	4601	회*리	2158
치*직	6182	태*예	4536	편	7088	함*람	1731	호*허	7409	회*훼	7837
치*차	6287	태*이	5223	편*변	2814	함*암	4169	호*호	7535	획	7759
치*측	6790	태*체	6560	편*평	7109	함*한	7275	호*확	7654	획*곽	660
칙	6841	태*탈	6938	폄	7102	합	7317	호*희	7934	획*화	7633
칙*래	1769	택	6981	평	7105	합*개	207	혹	7592	횡	7762
칙*측	6791	택*석	3489	폐	7115	합*압	4184	혹*효	7782	횡*관	694
친	6845	탱	6986	폐*비	3147	합*협	7467	혼	7598	횡*형	7503
칠	6849	터	6988	폐*설	3536	항	7328	혼*곤	576	횡*홍	7822
침	6851	토	6989	포	7128	항*행	7390	혼*민	2571	효	7765
침*담	1398	토*도	1531	포*부	3008	항*홍	7623	혼*휘	7845	효*교	768
침*심	4062	톤	6997	포*폭	7174	해	7350	홀	7610	효*호	7587
칩	6865	통	6998	포*표	7178	해*과	642	홀*굴	934	후	7792
칭	6866	통*동	1607	폭	7171	핵	7379	홀*물	2513	후*구	830
ㅋ		통*용	4793	폭*복	2896	핵*력	1843	홀*핵	7381	후*우	4816
쾌	6869	퇴	7005	폭*포	7141	행	7385	홍	7613	훈	7810
쾌*회	7740	퇴*돈	1575	표	7177	향	7391	화	7629	훈*휘	7846
ㅌ		퇴*추	6673	품	7206	향*형	7488	화*위	4942	훙	7821
타	6871	투	7012	풍	7208	허	7404	화*저	5514	훤	7823
타*사	3250	투*유	4990	풍*빙	3195	허*허	7405	화*조	5898	훤*난	1198
타*선	3530	투*토	6996	피	7216	헌	7411	확	7651	훤*선	3528
타*지	6143	특	7020	피*파	7038	헐	7415	확*곽	663	훤*운	4866
타*차	6302	특*대	1470	필	7229	험	7419	확*광	727	훤*환	7689
타*추	6704	특*등	1669	필*불	3051	험*섬	3568	확*호	7555	훼	7830
타*취	6764	특*직	6189	필*비	3094	혁	7423	확*화	7644	휘	7840
타*타	6872	ㅍ		필*소	3695	현	7433	확*획	7761	휘*위	4946
탁	6897	파	7023	핍	7246	현*견	346	확*효	7783	휘*희	7935
탁*도	1490	파*반	2628	핍*범	2780	현*순	3884	환	7660	휴	7855
탁*백	2748	파*번	2756	핍*폭	7172	현*언	4338	환*근	1056	휴*수	3827
탁*주	6040	파*피	7217	ㅎ		현*자	5325	환*선	3492	휴*타	6876
탁*척	6446	판	7049	하	7249	혈	7460	환*원	4890	휴*효	7791
탄	6920	팔	7058	하*가	5	혐	7465	환*추	6715	휵*축	6723
탄*단	1353	팔*벽	2802	학	7267	협	7466	환*현	7444	휼	7869
탈	6936	패	7061	학*석	3462	협*겸	378	환*혼	7609	휼*율	5085
탈*돌	1594	패*발	2646	학*호	7590	협*즙	6105	활	7690	흉	7873
탈*세	3609	패*배	2705	학*혹	7593	협*책	6432	활*골	597	흑	7879

한글	배열A 번호	한글	배열A 번호	한글	배열A 번호	한글	배열A 번호	한글	배열A 번호	한글	배열A 번호
흔	7880	흘*기	1118	흠	7897	흥	7906	히	7940	힐	7942
흘	7890	흘*억	4330	흡	7901	희	7907	히*시	3956		

<부록1> (6/6)

<부록 2>

漢詩의 形式別 配韻表

凡例		
凡例	◎	平聲韻字로 押韻(압운)함
	○	平聲(평성)
	●	仄聲(측성)
	☆	平聲(평성)이 원칙이나 仄聲도 허용
	★	仄聲(측성)이 원칙이나 平聲도 허용

별표는 평성 또는 측성을 모두 사용할 수 있으나 흰별(☆)은 평성을 원칙으로 하되 불가피할 경우에는 측성도 용인되는 것이고, 검은별(★)은 측성을 원칙으로 하되 불가피할 경우에는 평성도 용인되는 것이다.

1.絶句

1-1 五言絶句(오언절구)

구분			제1자	제2자	제3자	제4자	제5자	비고
五言絶句(仄起式)	正格(정격)	起句(기구)	★	●	○	○	●	起句의 제2字는 반드시 仄聲(●)
		承句(승구)	○	○	★	●	◎	
		轉句(전구)	☆	○	○	●	●	
		結句(결구)	★	●	●	○	◎	
五言絶句(平起式)	偏格(편격)	起句(기구)	☆	○	○	●	●	起句의 제2字는 반드시 平聲(○)
		承句(승구)	★	●	●	○	◎	
		轉句(전구)	★	●	○	○	●	
		結句(결구)	○	○	★	●	◎	

* 五言絶句에서 韻字는 제2句인 承句와 4句인 結句의 제5字에 押韻(압운)함.

1-2 七言絶句(칠언절구)

구분			제1자	제2자	제3자	제4자	제5자	제6자	제7자	비고
七言絶句(平起式)	正格(정격)	起句	☆	○	★	●	●	○	◎	起句의 제2字는 반드시 平聲(○)
		承句	★	●	○	○	★	●	◎	
		轉句	★	●	☆	○	○	●	●	
		結句	☆	○	★	●	●	○	◎	
七言絶句(仄起式)	偏格(편격)	起句	★	●	○	○	★	●	◎	起句의 제2字는 반드시 仄聲(●)
		承句	☆	○	★	●	●	○	◎	
		轉句	☆	○	★	●	○	○	●	
		結句	★	●	○	○	★	●	◎	

* 七言絶句에서 韻字는 제1구인 起句, 제2句인 承句와 제4句인 結句의 제7字에 押韻(압운)함.

2. 律詩

2-1 五言律詩(오언율시)

구분			구순	내외	제1자	제2자	제3자	제4자	제5자	비고
五言律詩(仄起式 측기식)	正格(정격)	破題(파제)	1구	내	★	●	○	○	●	起句의 제2字는 반드시 仄聲(●)
			2구	외	○	○	★	●	◎	
		頷聯(함련)	3구	내	☆	○	○	●	●	
			4구	외	★	●	●	○	◎	
		頸聯(경련)	5구	내	★	●	○	○	●	
			6구	외	○	○	★	●	◎	
		尾聯(미련)	7구	내	☆	○	○	●	●	
			8구	외	★	●	●	○	◎	
五言律詩(平起式 평기식)	偏格(편격)	破題(파제)	1구	내	☆	○	○	●	●	起句의 제2字는 반드시 平聲(○)
			2구	외	★	●	●	○	◎	
		頷聯(함련)	3구	내	★	●	○	○	●	
			4구	외	☆	○	★	●	◎	
		頸聯(경련)	5구	내	☆	○	○	●	●	
			6구	외	★	●	●	○	◎	
		尾聯(미련)	7구	내	★	●	○	○	●	
			8구	외	○	○	★	●	◎	
* 五言律詩에서 韻字는 各聯의 外句인 제2, 4, 6, 8句의 제5字에 押韻(압운)함.										

2-2 七言律詩(칠언율시)

구분			구순	내외	제1자	제2자	제3자	제4자	제5자	제6자	제7자	비고
七言律詩(平起式 평기식)	正格(정격)	破題(파제)	1구	내	☆	○	★	●	●	○	◎	起句의 제2字는 반드시 平聲(○)
			2구	외	★	●	○	○	★	●	◎	
		頷聯(함련)	3구	내	★	●	☆	○	○	●	●	
			4구	외	☆	○	★	●	●	○	◎	
		頸聯(경련)	5구	내	☆	○	★	●	○	○	●	
			6구	외	★	●	☆	○	★	●	◎	
		尾聯(미련)	7구	내	★	●	☆	○	○	●	●	
			8구	외	☆	○	★	●	●	○	◎	
七言律詩(仄起式 측기식)	偏格(편격)	破題(파제)	1구	내	★	●	○	○	★	●	◎	起句의 제2字는 반드시 仄聲(●)
			2구	외	☆	○	★	●	●	○	◎	
		頷聯(함련)	3구	내	☆	○	★	●	○	○	●	
			4구	외	★	●	○	○	★	●	◎	
		頸聯(경련)	5구	내	★	●	☆	○	○	●	●	
			6구	외	☆	○	★	●	●	○	◎	
		尾聯(미련)	7구	내	☆	○	★	●	○	○	●	
			8구	외	★	●	○	○	★	●	◎	
* 七言律詩에서 韻字는 제1聯의 內, 外句와 各聯의 外句인 제4, 6, 8句의 제7字에 押韻(압운)함.												

千字文의 1000字 조견표

<보기>1 佳의 CODE 117-B3는 125절로 구성된 천자문의 제117절이며 1절이 4자 2구로 이루어진 후반 B구의 제3번째 자임을 표시함.

독음순	千字	原文	字義	CODE	독음순	千字	原文	字義	CODE
1	佳(가)	釋紛利俗 竝皆佳妙	아름다울 가	117-B3	28	蓋(개)	蓋此身髮 四大五常	덮을 개	019-A1
2	假(가)	假途滅虢 踐土會盟	거짓 가	073-A1	29	更(갱)	晉楚更覇 趙魏困橫	다시 갱	072-A3
3	可(가)	信使可覆 器欲難量	옳을 가	024-A3	30	去(거)	存以甘棠 去而益詠	갈 거	040-B1
4	嘉(가)	貽厥嘉猷 勉其祗植	아름다울 가	088-A3	31	居(거)	索居閑處 沈默寂寥	살 거	092-A2
5	家(가)	戶封八縣 家給千兵	집 가	063-B1	32	巨(거)	劍號巨闕 珠稱夜光	클 거	007-A3
6	歌(가)	絃歌酒讌 接杯擧觴	노래 가	107-A2	33	據(거)	背邙面洛 浮渭據涇	근거 거	053-B3
7	稼(가)	治本於農 務玆稼穡	심을 가	082-B3	34	擧(거)	絃歌酒讌 接杯擧觴	들 거	107-B3
8	軻(가)	孟軻敦素 史魚秉直	수레 가	085-A2	35	渠(거)	渠荷的歷 園莽抽條	도랑 거	095-A1
9	駕(가)	世祿侈富 車駕肥輕	탈것 가	065-B2	36	車(거)	世祿侈富 車駕肥輕	수레 거	065-B1
10	刻(각)	策功茂實 勒碑刻銘	새길 각	066-B3	37	鉅(거)	昆池碣石 鉅野洞庭	클 거	080-B1
11	簡(간)	牋牒簡要 顧答審詳	간략할 간	111-A3	38	巾(건)	妾御績紡 侍巾帷房	수건 건	104-B2
12	碣(갈)	昆池碣石 鉅野洞庭	비갈 갈	080-A3	39	建(건)	德建名立 形端表正	세울 건	027-A2
13	竭(갈)	孝當竭力 忠則盡命	다할 갈	032-A3	40	劍(검)	劍號巨闕 珠稱夜光	칼 검	007-A1
14	感(감)	綺回漢惠 說感武丁	느낄 감	070-B2	41	堅(견)	堅持雅操 好爵自縻	굳을 견	051-A1
15	敢(감)	恭惟鞠養 豈敢毁傷	감히 감	020-B2	42	見(견)	兩疏見機 解組誰逼	볼 견	091-A3
16	甘(감)	存以甘棠 去而益詠	달 감	040-A3	43	遣(견)	欣奏累遣 戚謝歡招	보낼 견	094-A4
17	鑑(감)	聆音察理 鑑貌辨色	거울 감	087-B1	44	潔(결)	紈扇圓潔 銀燭煒煌	깨끗할 결	105-A4
18	甲(갑)	丙舍傍啓 甲帳對楹	갑옷 갑	056-B1	45	結(결)	雲騰致雨 露結爲霜	맺을 결	005-B2
19	岡(강)	金生麗水 玉出崑岡	산등성이 강	006-B4	46	謙(겸)	庶幾中庸 勞謙謹勅	겸손할 겸	086-B2
20	薑(강)	果珍李柰 菜重芥岡	산등성이 강	008-B4	47	京(경)	都邑華夏 東西二京	서울 경	052-B4
21	康(강)	矯手頓足 悅豫且康	편안할 강	108-B4	48	傾(경)	桓公匡合 濟弱扶傾	기울 경	069-B4
22	糠(강)	飽厭烹宰 飢厭糟糠	겨 강	102-B4	49	卿(경)	府羅將相 路俠槐卿	벼슬 경	062-B4
23	絳(강)	游鵾獨運 凌摩絳霄	진홍색 강	098-B3	50	慶(경)	禍因惡積 福緣善慶	경사 경	029-B4
24	羌(강)	愛育黎首 臣伏戎羌	오랑캐 강	015-B4	51	敬(경)	資父事君 日嚴與敬	공경 경	031-B4
25	改(개)	知過必改 得能莫忘	고칠 개	022-A3	52	景(경)	景行維賢 克念作聖	볕 경	026-A1
26	皆(개)	釋紛利俗 竝皆佳妙	다 개	117-B2	53	涇(경)	背邙面洛 浮渭據涇	통할 경	053-B4
27	芥(개)	果珍李柰 菜重芥岡	겨자 개	008-B3	54	竟(경)	榮業所基 籍甚無竟	마침내 경	038-B4

독음순	千字	原文	字義	CODE
55	競(경)	尺璧非寶 寸陰是競	다툴 경	030-B4
56	經(경)	杜藁鍾隸 漆書壁經	지날 경	061-B4
57	輕(경)	世祿侈富 車駕肥輕	가벼울 경	065-B4
58	驚(경)	宮殿盤鬱 樓觀飛驚	놀랄 경	054-B4
59	啓(계)	丙舍傍啓 甲帳對楹	열 계	056-A4
60	溪(계)	磻溪伊尹 佐時阿衡	시내 계	067-A2
61	稽(계)	稽顙再拜 悚懼恐惶	상고할 계	110-A1
62	誡(계)	省躬譏誡 寵增抗極	경계할 계	089-A4
63	階(계)	陞階納陛 弁轉疑星	섬돌 계	058-A2
64	鷄(계)	雁門紫塞 鷄田赤城	닭 계	079-B1
65	古(고)	求古尋論 散慮逍遙	예 고	093-A2
66	固(고)	固陋寡聞 愚蒙等誚	굳을 고	124-A1
67	姑(고)	諸姑伯叔 猶子比兒	시어미 고	044-A2
68	故(고)	親戚故舊 老少異糧	연고 고	103-A3
69	敲(고)	肆筵設席 敲瑟吹笙	북 고	057-B1
70	皐(고)	殆辱近恥 林皐幸卽	언덕 고	090-B2
71	羔(고)	墨悲絲染 詩讚羔羊	새끼양 고	025-B3
72	藁(고)	杜藁鍾隸 漆書壁經	마른나무 고	061-A2
73	顧(고)	牋牒簡要 顧答審詳	돌아볼 고	111-B1
74	高(고)	高冠陪輦 驅轂振纓	높을 고	064-A1
75	曲(곡)	奄宅曲阜 未旦孰營	굽을 곡	068-A3
76	谷(곡)	空谷傳聲 虛堂習聽	골 곡	028-A2
77	轂(곡)	高冠陪輦 驅轂振纓	속바퀴	064-B2
78	困(곤)	晋楚更霸 趙魏困橫	곤할 곤	072-B3
79	崑(곤)	金生麗水 玉出崑岡	산이름 곤	006-B3
80	昆(곤)	昆池碣石 鉅野洞庭	형 곤	080-A1
81	鵾(곤)	游鵾獨運 凌摩絳霄	댓닭 곤	098-A2
82	公(공)	桓公匡合 濟弱扶傾	공평할 공	069-A2
83	功(공)	策功茂實 勒碑刻銘	공 공	066-A2
84	孔(공)	孔懷兄弟 同氣連枝	구멍 공	045-A1
85	工(공)	毛施淑姿 工嚬姸笑	장인 공	118-B1
86	恐(공)	稽顙再拜 悚懼恐惶	두려울 공	110-B3
87	恭(공)	恭惟鞠養 豈敢毁傷	공손할 공	020-A1
88	拱(공)	坐朝問道 垂拱平章	두손잡을 공	014-B2
89	空(공)	空谷傳聲 虛堂習聽	빌 공	028-A1
90	貢(공)	稅熟貢新 勸賞黜陟	바칠 공	084-A3
91	寡(과)	固陋寡聞 愚蒙等誚	적을 과	124-A3
92	果(과)	果珍李柰 菜重芥薑	실과 과	008-A1
93	過(과)	知過必改 得能莫忘	지날 과	022-A2
94	冠(관)	高冠陪輦 驅轂振纓	갓 관	064-A2
95	官(관)	龍師火帝 鳥官人皇	벼슬 관	010-B2
96	觀(관)	宮殿盤鬱 樓觀飛驚	볼 관	054-B2
97	光(광)	劍號巨闕 珠稱夜光	빛 광	007-B4
98	匡(광)	桓公匡合 濟弱扶傾	바를 광	069-A3
99	廣(광)	右通廣內 左達承明	넓을 광	059-A3
100	曠(광)	曠遠綿邈 巖岫杳冥	빌 광	081-A1
101	槐(괴)	府羅將相 路俠槐卿	회화나무 괴	062-B3
102	虢(괵)	假途滅虢 踐土會盟	범발자국 예	073-A4
103	交(교)	交友投分 切磨箴規	사귈 교	046-A1
104	巧(교)	恬筆倫紙 鈞巧任釣	공교할 교	116-B2
105	矯(교)	矯手頓足 悅豫且康	바로잡을 교	108-A1
106	九(구)	九州禹跡 百郡秦幷	아홉 구	077-A1
107	具(구)	具膳飡飯 適口充腸	갖출 구	101-A1
108	口(구)	具膳飡飯 適口充腸	입 구	101-B2
109	垢(구)	骸垢想浴 執熱願凉	때 구	112-A2
110	懼(구)	稽顙再拜 悚懼恐惶	두려워할 구	110-B2
111	求(구)	求古尋論 散慮逍遙	구원할 구	093-A1
112	矩(구)	矩步引領 俯仰廊廟	곱자 구	122-A1
113	舊(구)	親戚故舊 老少異糧	예 구	103-A4
114	駒(구)	鳴鳳在樹 白駒食場	망아지 구	017-B2
115	驅(구)	高冠陪輦 驅轂振纓	몰 구	064-B1
116	國(국)	推位讓國 有虞陶唐	나라 국	012-A4

<부록3> (2/17)

독음순	千字	原文	字義	CODE
117	鞠(국)	恭惟鞠養 豈敢毁傷	성 국	020-A3
118	君(군)	資父事君 曰嚴與敬	임금 군	031-A4
119	群(군)	旣集墳典 亦聚群英	무리 군	060-B3
120	軍(군)	起전頗牧 用軍最精	군사 군	075-B2
121	郡(군)	九州禹跡 百郡秦幷	고을 군	077-B2
122	宮(궁)	宮殿盤鬱 樓觀飛驚	집 궁	054-A1
123	躬(궁)	省躬譏誡 寵增抗極	몸 궁	089-A2
124	勸(권)	稅熟貢新 勸賞黜陟	권할 권	084-B1
125	厥(궐)	貽厥嘉猷 勉其祗植	그 궐	088-A2
126	闕(궐)	劍號巨闕 珠稱夜光	대궐 궐	007-A4
127	歸(귀)	遐邇壹體 率賓歸王	돌아갈 귀	016-B3
128	貴(귀)	樂殊貴賤 禮別尊卑	귀할 귀	041-A3
129	規(규)	交友投分 切磨箴規	법 규	046-B4
130	鈞(균)	恬筆倫紙 鈞巧任釣	서른근 균	116-B1
131	克(극)	景行維賢 克念作聖	이길 극	026-B1
132	極(극)	省躬譏誡 寵增抗極	극진할 극	089-B4
133	根(근)	陳根委翳 落葉飄颻	뿌리 근	097-A2
134	謹(근)	庶幾中庸 勞謙謹勅	삼갈 근	086-B3
135	近(근)	殆辱近恥 林皐幸卽	가까울 근	090-A3
136	琴(금)	布射遼丸 嵇琴阮嘯	거문고 금	115-B2
137	禽(금)	圖寫禽獸 畵綵仙靈	새 금	055-A3
138	及(급)	化被草木 賴及萬方	미칠 급	018-B2
139	給(급)	戶封八縣 家給千兵	줄 급	063-B2
140	矜(긍)	束帶矜莊 徘徊瞻眺	불쌍해 긍	123-A3
141	其(기)	貽厥嘉猷 勉其祗植	그 기	088-B2
142	器(기)	信使可覆 器欲難量	그릇 기	024-B1
143	基(기)	榮業所基 籍甚無竟	터 기	038-A4
144	己(기)	罔談彼短 靡恃己張	몸 기	023-B3
145	幾(기)	庶幾中庸 勞謙謹勅	몇 기	086-A2
146	旣(기)	旣集墳典 亦聚群英	이미 기	060-A1
147	機(기)	兩疏見機 解組誰逼	틀 기	091-A4
148	氣(기)	孔懷兄弟 同氣連枝	기운 기	045-B2
149	璣(기)	琁璣懸斡 晦魄環照	별이름 기	120-A2
150	綺(기)	綺回漢惠 說感武丁	비단 기	070-A1
151	譏(기)	省躬譏誡 寵增抗極	나무랄 기	089-A3
152	豈(기)	恭惟鞠養 豈敢毁傷	어찌 기	020-B1
153	起(기)	起전頗牧 用軍最精	일어날 기	075-A1
154	飢(기)	飽飫烹宰 飢厭糟糠	주릴 기	102-B1
155	吉(길)	指薪修祐 永綏吉劭	길할 길	121-B3
156	金(김)	金生麗水 玉出崑岡	쇠 금	006-A1
157	落(낙)	陳根委翳 落葉飄颻	떨어질 락/낙	097-B1
158	蘭(난)	似蘭斯馨 如松之盛	난초 란/난	034-A2
159	難(난)	信使可覆 器欲難量	어려울 난	024-B3
160	南(남)	俶載南畝 我藝黍稷	남녘 남	083-A3
161	男(남)	女慕貞烈 男效才良	사내 남	021-B1
162	藍(남)	晝眠夕寐 藍筍象牀	쪽 람/남	106-B1
163	納(납)	陞階納陛 弁轉疑星	들일 납	058-A3
164	囊(낭)	耽讀翫市 寓目囊箱	주머니 낭	099-B3
165	乃(내)	始制文字 乃服衣裳	이에 내	011-B1
166	內(내)	右通廣內 左達承明	안 내	059-A4
167	柰(내)	果珍李柰 菜重芥岡	능금나무 내	008-A4
168	年(년)	年矢每催 曦暉朗曜	해 년	119-A1
169	念(념)	景行維賢 克念作聖	생각 념	026-B2
170	恬(념)	恬筆倫紙 鈞巧任釣	편안할 념	116-A1
171	勞(노)	庶幾中庸 勞謙謹勅	일할 로/노	086-B1
172	農(농)	治本於農 務玆稼穡	농사 농	082-A4
173	凌(능)	游鵾獨運 凌摩絳霄	능가할 능	098-B1
174	能(능)	知過改必 得能莫忘	능할 능	022-B2
175	多(다)	俊乂密勿 多士寔寧	많을 다	071-B1
176	丹(단)	宣威沙漠 馳譽丹靑	붉을 단	076-B3
177	旦(단)	奄宅曲阜 未旦孰營	아침 단	068-B2
178	短(단)	罔談彼短 靡恃己張	짧을 단	023-A4

독음순	千字	原文	字義	CODE
179	端(단)	德建名立 形端表正	끝 단	027-B2
180	達(달)	右通廣內 左達承明	통달할 달	059-B2
181	淡(담)	海鹹河淡 鱗潛羽翔	맑을 담	009-A4
182	談(담)	罔談彼短 靡恃己張	말씀 담	023-A2
183	答(답)	牋牒簡要 顧答審詳	대답 답	111-B2
184	唐(당)	推位讓國 有虞陶唐	당나라 당	012-B4
185	堂(당)	空谷傳聲 虛堂習聽	집 당	028-B2
186	棠(당)	存以甘棠 去而益詠	아가위 당	040-A4
187	當(당)	孝當竭力 忠則盡命	마땅 당	032-A2
188	大(대)	蓋此身髮 四大五常	큰 대	019-B2
189	對(대)	丙舍傍啓 甲帳對楹	대할 대	056-B3
190	岱(대)	嶽宗恒岱 禪主云亭	대산 대	078-A4
191	帶(대)	束帶矜莊 徘徊瞻眺	띠 대	123-A2
192	德(덕)	德建名立 形端表正	큰 덕	027-A1
193	圖(도)	圖寫禽獸 畫綵仙靈	그림 도	055-A1
194	盜(도)	誅斬賊盜 捕獲叛亡	도둑 도	114-A4
195	途(도)	假途滅虢 踐土會盟	길 도	073-A2
196	道(도)	坐朝問道 垂拱平章	길 도	014-A4
197	都(도)	都邑華夏 東西二京	도읍 도	052-A1
198	陶(도)	推位讓國 有虞陶唐	질그릇 도	012-B3
199	犢(독)	驢騾犢特 駭躍超驤	송아지 독	113-A3
200	獨(독)	游鵾獨運 凌摩絳霄	홀로 독	098-A3
201	篤(독)	篤初誠美 愼終宜令	도타울 독	037-A1
202	讀(독)	耽讀翫市 寓目囊箱	읽을 독	099-A2
203	敦(돈)	孟軻敦素 史魚秉直	도타울 돈	085-A3
204	頓(돈)	矯手頓足 悅豫且康	조아릴 돈	108-A3
205	冬(동)	寒來暑往 秋收冬藏	겨울 동	003-B3
206	動(동)	性靜情逸 心動神疲	움직일 동	049-B2
207	同(동)	孔懷兄弟 同氣連枝	한가지 동	045-B1
208	東(동)	都邑華夏 東西二京	동녘 동	052-B1
209	桐(동)	枇杷晩翠 梧桐早凋	오동 동	062-A2
210	洞(동)	昆池碣石 鉅野洞庭	골 동	113-A2
211	杜(두)	杜藁鍾隸 漆書壁經	막을 두	053-A4
212	得(득)	知過改必 得能莫忘	얻을 득	122-B3
213	登(등)	學優登仕 攝職從政	오를 등	119-B3
214	等(등)	固陋寡聞 愚蒙等誚	무리 등	003-A2
215	騰(등)	雲騰致雨 露結爲霜	오를 등	112-B4
216	羅(라)	府羅將相 路俠槐卿	벌릴 라	103-B4
217	騾(라)	驢騾犢特 駭躍超驤	순행할 라	021-B4
218	洛(락)	背邙面洛 浮渭據涇	물이름 락	024-B4
219	廊(랑)	矩步引領 俯仰廊廟	사랑채 랑	004-B2
220	朗(랑)	年矢每催 曦暉朗曜	밝을 랑	093-B2
221	來(래)	寒來暑往 秋收冬藏	올 래	113-A1
222	凉(량)	骸垢想浴 執熱願凉	서늘할 량	006-A3
223	糧(량)	親戚故舊 老少異糧	양식 량	032-A4
224	良(량)	女慕貞烈 男效才良	어질 량	095-A4
225	量(량)	信使可覆 器欲難量	헤아릴 량	064-A4
226	呂(려)	閏餘成歲 律呂調陽	성 여	002-B3
227	慮(려)	求古尋論 散慮逍遙	생각할 려	037-B4
228	驢(려)	驢騾犢特 駭躍超驤	나귀 려	087-A1
229	麗(려)	金生麗水 玉出崑岡	고울 려	055-B4
230	力(력)	孝當竭力 忠則盡命	힘 력	122-A4
231	歷(력)	渠荷的歷 園莽抽條	지날 력	103-B1
232	輦(련)	高冠陪輦 驅轂振纓	손수레 련	062-B1
233	列(렬)	日月盈昃 辰宿列張	벌릴 렬/열	005-B1
234	令(령)	篤初誠美 愼終宜令	하여금 령	065-A2
235	聆(령)	聆音察理 鑑貌辨色	들을 령	093-A4
236	靈(령)	圖寫禽獸 畫綵仙靈	신령 령	018-B1
237	領(령)	矩步引領 俯仰廊廟	거느릴 령	027-A3
238	老(로)	親戚故舊 老少異糧	늙을 로	032-B4
239	路(로)	府羅將相 路俠槐卿	길 로	059-B4
240	露(로)	雲騰致雨 露結爲霜	이슬 로	066-B4

독음순	千字	原文	字義	CODE	독음순	千字	原文	字義	CODE
241	祿(록)	世祿侈富 車駕肥輕	녹 록	017-A1	272	盟(맹)	假途滅虢 踐土會盟	맹세 맹	073-B4
242	論(론)	求古尋論 散慮逍遙	논할 론	021-A2	273	勉(면)	貽厥嘉猷 勉其祗植	면할 면	088-B1
243	賴(뢰)	化被草木 賴及萬方	의뢰할 뢰	043-B3	274	綿(면)	曠遠綿邈 巖岫杳冥	솜 면	081-A3
244	遼(료)	布射遼丸 嵇琴阮嘯	멀 료	115-A3	275	面(면)	背邙面洛 浮渭據涇	낯 면	053-A3
245	樓(루)	宮殿盤鬱 樓觀飛驚	다락 루	054-B1	276	眠(면)	晝眠夕寐 藍筍象牀	쉴 면	106-A2
246	累(루)	欣奏累遣 戚謝歡招	여러 루	094-A3	277	滅(멸)	假途滅虢 踐土會盟	멸할 멸	073-A3
247	陋(루)	固陋寡聞 愚蒙等誚	좁을 루	124-A2	278	冥(명)	曠遠綿邈 巖岫杳冥	어두울 명	081-B4
248	流(류)	川流不息 淵澄取映	흐를 류	035-A2	279	名(명)	德建名立 形端表正	이름 명	118-A1
249	勒(륵)	策功茂實 勒碑刻銘	굴레 륵	066-B1	280	命(명)	孝當竭力 忠則盡命	목숨 명	087-B2
250	履(리)	臨深履薄 夙興溫凊	밟을 리	033-A3	281	明(명)	右通廣內 左達承明	밝을 명	018-A4
251	李(리)	果珍李柰 菜重芥岡	성 이	008-A3	282	銘(명)	策功茂實 勒碑刻銘	새길 명	075-A4
252	理(리)	聆音察理 鑑貌辨色	다스릴 리	087-A4	283	鳴(명)	鳴鳳在樹 白駒食場	울 명	099-B2
253	鱗(린)	海鹹河淡 鱗潛羽翔	비늘 린	009-B1	284	慕(모)	女慕貞烈 男效才良	그릴 모	042-A4
254	林(림)	殆辱近恥 林皐幸卽	수풀 림	090-B1	285	母(모)	外受傅訓 入奉母儀	어미 모	124-B2
255	立(립)	德建名立 形端表正	설 립	027-A4	286	毛(모)	毛施淑姿 工嚬妍笑	터럭 모	117-B4
256	摩(마)	游鵾獨運 凌摩絳霄	문지를 마	098-B2	287	貌(모)	聆音察理 鑑貌辨色	모양 모	122-B4
257	磨(마)	交友投分 切磨箴規	갈 마	046-B2	288	木(목)	化被草木 賴及萬方	나무 목	081-B3
258	漠(막)	宣威沙漠 馳譽丹靑	넓을 막	076-A4	289	牧(목)	起전頗牧 用軍最精	칠 목	082-B1
259	莫(막)	知過改必 得能莫忘	없을 막	022-B3	290	目(목)	耽讀翫市 寓目囊箱	눈 목	070-B3
260	邈(막)	曠遠綿邈 巖岫杳冥	멀 막	081-A4	291	睦(목)	上和下睦 夫唱婦隨	화목할 목	038-B3
261	晩(만)	枇杷晩翠 梧桐早凋	늦을 만	096-A3	292	蒙(몽)	固陋寡聞 愚蒙等誚	어두울 몽	083-A4
262	滿(만)	守眞志滿 逐物意移	찰 만	050-A4	293	妙(묘)	釋紛利俗 竝皆佳妙	묘할 묘	066-A3
263	萬(만)	化被草木 賴及萬方	일만 만	018-B3	294	廟(묘)	矩步引領 俯仰廊廟	사당 묘	025-A1
264	亡(망)	誅斬賊盜 捕獲叛亡	망할 망	114-B4	295	杳(묘)	曠遠綿邈 巖岫杳冥	어두울 묘	092-B2
265	忘(망)	知過改必 得能莫忘	잊을 망	022-B4	296	務(무)	治本於農 務玆稼穡	힘쓸 무	014-A3
266	罔(망)	罔談彼短 靡恃己長	없을 망	023-A1	297	武(무)	綺回漢惠 說感武丁	호반 무	011-A3
267	莽(망)	渠荷的歷 園莽抽條	우거질 망	095-B2	298	無(무)	榮業所基 籍甚無竟	없을 무	124-A4
268	邙(망)	背邙面洛 浮渭據涇	산이름 망	053-A2	299	畝(무)	俶載南畝 我藝黍稷	이랑 묘	079-A2
269	寐(매)	晝眠夕寐 藍筍象牀	잘 매	106-A4	300	茂(무)	策功茂實 勒碑刻銘	무성할 무	071-A4
270	每(매)	年矢每催 曦暉朗曜	매양 매	119-A3	301	墨(묵)	墨悲絲染 詩讚羔羊	먹 묵	050-B2
271	孟(맹)	孟軻敦素 史魚秉直	맏 맹	085-A1	302	默(묵)	索居閑處 沈默寂寥	잠잠할 묵	068-B1

독음순	千字	原文	字義	CODE	독음순	千字	原文	字義	CODE
303	問(문)	坐朝問道 垂拱平章	물을 문	037-A4	334	魄(백)	璇璣懸斡 晦魄環照	넋 백	120-B2
304	文(문)	始制文字 乃服衣裳	글월 문	023-B1	335	煩(번)	何遵約法 韓弊煩刑	번거로울 번	074-B3
305	聞(문)	固陋寡聞 愚蒙等誚	들을 문	051-B4	336	伐(벌)	弔民伐罪 周發殷湯	칠 벌	013-A3
306	門(문)	雁門紫塞 鷄田赤城	문 문	013-A2	337	法(법)	何遵約法 韓弊煩刑	법 법	074-A4
307	勿(물)	俊乂密勿 多士寔寧	말 물	122-A2	338	壁(벽)	杜藁鍾隸 漆書壁經	벽 벽	061-B3
308	物(물)	守眞志滿 逐物意移	물건 물	015-B2	339	璧(벽)	尺璧非寶 寸陰是競	옥 벽	030-A2
309	未(미)	奄宅曲阜 未旦孰營	아닐 미	011-B2	340	弁(변)	陞階納陛 弁轉疑星	고깔 변	058-B1
310	美(미)	篤初誠美 愼終宜令	아름다울 미	029-B1	341	辨(변)	聆音察理 鑑貌辨色	분별할 변	087-B3
311	靡(미)	罔談彼短 靡恃己張	쓰러질 미	024-A4	342	別(별)	樂殊貴賤 禮別尊卑	나눌 별	041-B2
312	縻(미)	堅持雅操 好爵自縻	고삐 미	082-A2	343	丙(병)	丙舍傍啓 甲帳對楹	남녘 병	056-A1
313	民(민)	弔民伐罪 周發殷湯	백성 민	043-B2	344	兵(병)	戶封八縣 家給千兵	병사 병	063-B4
314	密(밀)	俊乂密勿 多士寔寧	빽빽할 밀	071-A3	345	幷(병)	九州禹跡 百郡秦幷	아우를 병	077-B4
315	薄(박)	臨深履薄 夙興溫凊	엷을 박	033-A4	346	秉(병)	孟軻敦素 史魚秉直	잡을 병	085-B3
316	叛(반)	誅斬賊盜 捕獲叛亡	배반할 반	114-B3	347	竝(병)	釋紛利俗 竝皆佳妙	나란히 병	117-B1
317	盤(반)	宮殿盤鬱 樓觀飛驚	소반 반	054-A3	348	寶(보)	尺璧非寶 寸陰是競	보배 보	030-A4
318	磻(반)	磻溪伊尹 佐時阿衡	반계 반	067-A1	349	步(보)	矩步引領 俯仰廊廟	걸음 보	063-A2
319	飯(반)	具膳飡飯 適口充腸	밥 반	101-A4	350	伏(복)	愛育黎首 臣伏戎羌	엎드릴 복	017-A2
320	發(발)	弔民伐罪 周發殷湯	필 발	013-B2	351	服(복)	始制文字 乃服衣裳	옷 복	035-A3
321	髮(발)	蓋此身髮 四大五常	터럭 발	019-A4	352	福(복)	禍因惡積 福緣善慶	복 복	122-B1
322	傍(방)	丙舍傍啓 甲帳對楹	곁 방	056-A3	353	覆(복)	信使可覆 器欲難量	엎어질 복	043-A3
323	房(방)	妾御績紡 侍巾帷房	방 방	104-B4	354	本(본)	治本於農 務玆稼穡	근본 본	042-B1
324	方(방)	化被草木 賴及萬方	모 방	018-B4	355	奉(봉)	外受傅訓 入奉母儀	받들 봉	042-B3
325	紡(방)	妾御績紡 侍巾帷房	길쌈 방	104-A4	356	封(봉)	戶封八縣 家給千兵	봉할 봉	065-A4
326	徘(배)	束帶矜莊 徘徊瞻眺	노닐 배	123-B1	357	鳳(봉)	鳴鳳在樹 白駒食場	새 봉	062-A1
327	拜(배)	稽顙再拜 悚懼恐惶	절 배	110-A4	358	不(부)	川流不息 淵澄取映	아닐 부	069-B3
328	杯(배)	絃歌酒讌 接杯擧觴	잔 배	107-B2	359	俯(부)	矩步引領 俯仰廊廟	숙일 부	053-B1
329	背(배)	背邙面洛 浮渭據涇	등 배	053-A1	360	傅(부)	外受傅訓 入奉母儀	스승 부	031-A2
330	陪(배)	高冠陪輦 驅轂振纓	모실 배	064-A3	361	夫(부)	上和下睦 夫唱婦隨	지아비 부	068-A4
331	伯(백)	諸姑伯叔 猶子比兒	맏 백	044-A3	362	婦(부)	上和下睦 夫唱婦隨	며느리 부	046-A4
332	白(백)	鳴鳳在樹 白駒食場	흰 백	017-B1	363	富(부)	世祿侈富 車駕肥輕	부자 부	060-A3
333	百(백)	九州禹跡 百郡秦幷	일백 백	077-B1	364	府(부)	府羅將相 路俠槐卿	관청 부	117-A2

독음순	千字	原文	字義	CODE	독음순	千字	原文	字義	CODE
365	扶(부)	桓公匡合 濟弱扶傾	도울 부	047-B3	396	斯(사)	似蘭斯馨 如松之盛	이 사	034-A3
366	浮(부)	背邙面洛 浮渭據涇	뜰 부	048-B3	397	沙(사)	宣威沙漠 馳譽丹靑	모래 사	076-A3
367	父(부)	資父事君 曰嚴與敬	아비 부	041-B4	398	祀(사)	嫡後嗣續 祭祀蒸嘗	제사 사	109-B2
368	阜(부)	奄宅曲阜 未旦孰營	언덕 부	025-A2	399	絲(사)	墨悲絲染 詩讚羔羊	실 사	025-A3
369	分(분)	交友投分 切磨箴規	나눌 분	096-A1	400	肆(사)	肆筵設席 鼓瑟吹笙	방자할 사	057-A1
370	墳(분)	旣集墳典 亦聚群英	무덤 분	044-B3	401	舍(사)	丙舍傍啓 甲帳對楹	집 사	056-A2
371	紛(분)	釋紛利俗 竝皆佳妙	어지러울 분	066-B2	402	謝(사)	欣奏累遣 戚謝歡招	사례할 사	094-B2
372	弗(불)	仁慈隱惻 造次弗離	아닐 불	065-B3	403	辭(사)	容止若思 言辭安定	말씀 사	036-B2
373	匪(비)	節義廉退 顚沛匪虧	아닐 비	030-A3	404	散(산)	求古尋論 散慮逍遙	흩을 산	093-B1
374	卑(비)	樂殊貴賤 禮別尊卑	낮을 비	054-B3	405	上(상)	上和下睦 夫唱婦隨	위 상	042-A1
375	悲(비)	墨悲絲染 詩讚羔羊	슬플 비	118-B2	406	傷(상)	恭惟鞠養 豈敢毁傷	다칠 상	020-B4
376	枇(비)	枇杷晩翠 梧桐早凋	비파나무 비	016-B2	407	嘗(상)	嫡後嗣續 祭祀蒸嘗	맛볼 상	109-B4
377	比(비)	諸姑伯叔 猶子比兒	견줄 비	005-B4	408	常(상)	蓋此身髮 四大五常	떳떳할 상	019-B4
378	碑(비)	策功茂實 勒碑刻銘	비석 비	110-A2	409	想(상)	骸垢想浴 執熱願凉	생각 상	112-A3
379	肥(비)	世祿侈富 車駕肥輕	살찔 비	079-A4	410	牀(상)	晝眠夕寐 藍筍象牀	평상 상	106-B4
380	非(비)	尺璧非寶 寸陰是競	아닐 비	082-B4	411	相(상)	府羅將相 路俠槐卿	서로 상	062-A4
381	飛(비)	宮殿盤鬱 樓觀飛驚	날 비	092-A1	412	箱(상)	耽讀翫市 寓目囊箱	상자 상	099-B4
382	嚬(빈)	毛施淑姿 工嚬姸笑	찡그릴 빈	087-B4	413	翔(상)	海鹹河淡 鱗潛羽翔	날 상	009-B4
383	賓(빈)	遐邇壹體 率賓歸王	손 빈	006-A2	414	裳(상)	始制文字 乃服衣裳	치마 상	011-B4
384	事(사)	資父事君 曰嚴與敬	일 사	031-A3	415	觴(상)	絃歌酒讌 接杯擧觴	잔 상	107-B4
385	仕(사)	學優登仕 攝職從政	섬길 사	039-A4	416	詳(상)	牋牒簡要 顧答審詳	자세할 상	111-B4
386	似(사)	似蘭斯馨 如松之盛	닮을 사	034-A1	417	象(상)	晝眠夕寐 藍筍象牀	코끼리 상	106-B3
387	使(사)	信使可覆 器欲難量	하여금 사	024-A2	418	賞(상)	稅熟貢新 勸賞黜陟	상줄 상	084-B2
388	史(사)	孟軻敦素 史魚秉直	사기 사	085-B1	419	霜(상)	雲騰致雨 露結爲霜	서리 상	057-B4
389	嗣(사)	嫡後嗣續 祭祀蒸嘗	이을 사	109-A3	420	顙(상)	稽顙再拜 悚懼恐惶	이마 상	086-A1
390	四(사)	蓋此身髮 四大五常	넉 사	019-B1	421	塞(새)	雁門紫塞 鷄田赤城	변방 새	003-A3
391	士(사)	俊乂密勿 多士寔寧	선비 사	071-B2	422	穡(색)	治本於農 務玆稼穡	거둘 색	061-B2
392	寫(사)	圖寫禽獸 畵綵仙靈	베낄 사	055-A2	423	索(색)	索居閑處 沈默寂寥	찾을 색	052-B2
393	射(사)	布射遼丸 嵇琴阮嘯	쏠 사	115-A2	424	色(색)	聆音察理 鑑貌辨色	빛 색	083-B3
394	師(사)	龍師火帝 鳥官人皇	스승 사	010-A2	425	生(생)	金生麗水 玉出崑岡	날 생	106-A3
395	思(사)	容止若思 言辭安定	생각 사	036-A4	426	笙(생)	肆筵設席 鼓瑟吹笙	생황 생	057-A4

독음순	千字	原文	字義	CODE	독음순	千字	原文	字義	CODE
427	庶(서)	庶幾中庸 勞謙謹勅	여러 서	080-A4	458	嘯(소)	布射遼丸 嵇琴阮嘯	휘파람 소	115-B4
428	暑(서)	寒來暑往 秋收冬藏	더울 서	117-A1	459	少(소)	親戚故舊 老少異糧	적을 소	103-B2
429	書(서)	杜藁鍾隷 漆書壁經	글 서	055-B3	460	所(소)	榮業所基 籍甚無竟	바 소	038-A3
430	西(서)	都邑華夏 東西二京	서녘 서	029-B3	461	疏(소)	兩疏見機 解組誰逼	트일 소	091-A2
431	黍(서)	俶載南畝 我藝黍稷	기장 서	076-A1	462	笑(소)	毛施淑姿 工顰姸笑	웃음 소	118-B4
432	夕(석)	晝眠夕寐 藍筍象牀	저녁 석	105-A2	463	素(소)	孟軻敦素 史魚秉直	본디 소	085-A4
433	席(석)	肆筵設席 鼓瑟吹笙	자리 석	120-A1	464	逍(소)	求古尋論 散慮逍遙	거닐 소	093-B3
434	石(석)	昆池碣石 鉅野洞庭	돌 석	078-B1	465	霄(소)	游鵾獨運 凌摩絳霄	하늘 소	098-B4
435	釋(석)	釋紛利俗 竝皆佳妙	풀 석	101-A2	466	俗(속)	釋紛利俗 竝皆佳妙	풍속 속	117-A4
436	仙(선)	圖寫禽獸 畫綵仙靈	신선 선	057-A3	467	屬(속)	易輶攸畏 屬耳垣墻	붙일 속	100-B1
437	善(선)	禍因惡積 福緣善慶	착할 선	070-B1	468	束(속)	束帶矜莊 徘徊瞻眺	묶을 속	123-A1
438	宣(선)	宣威沙漠 馳譽丹靑	베풀 선	039-B1	469	續(속)	嫡後嗣續 祭祀蒸嘗	이을 속	109-A4
439	扇(선)	紈扇圓潔 銀燭煒煌	부채 선	079-B4	470	飡(손)	具膳飡飯 適口充腸	밥 손	101-A3
440	琁(선)	琁璣懸斡 晦魄環照	옥 선	049-A1	471	率(솔)	遐邇壹體 率賓歸王	거느릴 솔	016-B1
441	禪(선)	嶽宗恒岱 禪主云亭	선 선	004-A3	472	悚(송)	稽顙再拜 悚懼恐惶	두려워할 송	110-B1
442	膳(선)	具膳飡飯 適口充腸	찬 선	058-B4	473	松(송)	似蘭斯馨 如松之盛	소나무 송	034-B2
443	設(설)	肆筵設席 鼓瑟吹笙	베풀 설	034-B4	474	修(수)	指薪修祐 永綏吉劭	닦을 수	121-A3
444	說(설)	綺回漢惠 說感武丁	말씀 설	089-A1	475	受(수)	外受傅訓 入奉母儀	받을 수	043-A2
445	攝(섭)	學優登仕 攝職從政	다스릴 섭	026-B4	476	垂(수)	坐朝問道 垂拱平章	드리울 수	014-B1
446	城(성)	雁門紫塞 鷄田赤城	재 성	028-A4	477	守(수)	守眞志滿 逐物意移	지킬 수	050-A1
447	性(성)	性靜情逸 心動神疲	성품 성	033-B1	478	岫(수)	曠遠綿邈 巖岫杳冥	산굴(=峀) 수	081-B2
448	成(성)	閏餘成歲 律呂調陽	이룰 성	068-B3	479	手(수)	矯手頓足 悅豫且康	손 수	108-A2
449	星(성)	陞階納陛 弁轉疑星	별 성	002-B2	480	收(수)	寒來暑往 秋收冬藏	거둘 수	003-B2
450	盛(성)	似蘭斯馨 如松之盛	성할 성	118-A3	481	樹(수)	鳴鳳在樹 白駒食場	나무 수	017-A4
451	省(성)	省躬譏誡 寵增抗極	살필 성	084-A2	482	殊(수)	樂殊貴賤 禮別尊卑	다를 수	041-A2
452	聖(성)	景行維賢 克念作聖	성인 성	083-A1	483	水(수)	金生麗水 玉出崑岡	물 수	006-A4
453	聲(성)	空谷傳聲 虛堂習聽	소리 성	106-B2	484	獸(수)	圖寫禽獸 畫綵仙靈	짐승 수	055-A4
454	誠(성)	篤初誠美 愼終宜令	정성 성	037-A3	485	誰(수)	兩疏見機 解組誰逼	누구 수	091-B3
455	世(세)	世祿侈富 車駕肥輕	인간 세	065-A1	486	隨(수)	上和下睦 夫唱婦隨	따를 수	042-B4
456	歲(세)	閏餘成歲 律呂調陽	해 세	004-A4	487	首(수)	愛育黎首 臣伏戎羌	머리 수	015-A4
457	稅(세)	稅熟貢新 勸賞黜陟	세금 세	084-A1	488	叔(숙)	諸姑伯叔 猶子比兒	아재비 숙	044-A4

독음순	千字	原文	字義	CODE	독음순	千字	原文	字義	CODE
489	夙(숙)	臨深履薄 夙興溫淸	일찍 숙	057-B2	520	實(실)	策功茂實 勒碑刻銘	열매 실	021-A1
490	孰(숙)	奄宅曲阜 未旦孰營	누구 숙	028-B3	521	審(심)	牋牒簡要 顧答審詳	살필 심	034-B1
491	宿(숙)	日月盈昃 辰宿列張	잘 숙	059-B3	522	尋(심)	求古尋論 散慮逍遙	찾을 심	031-B3
492	淑(숙)	毛施淑姿 工顰姸笑	맑을 숙	058-A1	523	心(심)	性靜情逸 心動神疲	마음 심	004-A2
493	熟(숙)	稅熟貢新 勸賞黜陟	익을 숙	104-B1	524	深(심)	臨深履薄 夙興溫淸	깊을 심	033-A2
494	俶(숙)	俶載南畝 我藝黍稷	비롯할 숙	011-A1	525	甚(심)	榮業所基 籍甚無竟	심할 심	038-B2
495	筍(순)	晝眠夕寐 藍筍象牀	댓순 순	099-A4	526	兒(아)	諸姑伯叔 猶子比兒	아이 아	044-B4
496	瑟(슬)	肆筵設席 鼓瑟吹笙	큰거문고 슬	023-B2	527	我(아)	俶載南畝 我藝黍稷	나 아	083-B1
497	習(습)	空谷傳聲 虛堂習聽	익힐 습	118-A2	528	阿(아)	磻溪伊尹 佐時阿衡	언덕 아	067-B3
498	承(승)	右通廣內 左達承明	이을 승	030-B3	529	雅(아)	堅持雅操 好爵自縻	맑을 아	051-A3
499	陞(승)	陞階納陛 弁轉疑星	오를 승	067-B2	530	嶽(악)	嶽宗恒岱 禪主云亭	큰산 악	078-A1
500	侍(시)	妾御績紡 侍巾帷房	모실 시	119-A2	531	惡(악)	禍因惡積 福緣善慶	악할 악	029-A3
501	始(시)	始制文字 乃服衣裳	비로소 시	025-B1	532	樂(악)	樂殊貴賤 禮別尊卑	노래 악	041-A1
502	市(시)	耽讀翫市 寓目囊箱	저자 시	071-B3	533	安(안)	容止若思 言辭安定	편안 안	036-B3
503	恃(시)	罔談彼短 靡恃己長	믿을 시	035-A4	534	雁(안)	雁門紫塞 鷄田赤城	기러기 안	079-A1
504	施(시)	毛施淑姿 工顰姸笑	베풀 시	088-B4	535	斡(알)	璇璣懸斡 晦魄環照	돌 알	120-A4
505	是(시)	尺璧非寶 寸陰是競	이 시	017-B3	536	巖(암)	曠遠綿邈 巖岫杳冥	바위 암	081-B1
506	時(시)	磻溪伊尹 佐時阿衡	때 시	024-A1	537	仰(앙)	矩步引領 俯仰廊廟	우러를 앙	122-B2
507	矢(시)	年矢每催 曦暉朗曜	화살 시	037-B1	538	愛(애)	愛育黎首 臣伏戎羌	사랑 애	015-A1
508	詩(시)	墨悲絲染 詩讚羔羊	시 시	084-A4	539	也(야)	謂語助者 焉哉乎也	어조사 야	125-B4
509	寔(식)	俊乂密勿 多士寔寧	이 식	049-B3	540	夜(야)	劍號巨闕 珠稱夜光	밤 야	007-B3
510	息(식)	川流不息 淵澄取映	쉴 식	015-B1	541	野(야)	昆池碣石 鉅野洞庭	들[坪] 야	080-B2
511	植(식)	貽厥嘉猷 勉其祗植	심을 식	121-A2	542	弱(약)	桓公匡合 濟弱扶傾	약할 약	069-B2
512	食(식)	鳴鳳在樹 白駒食場	밥 식	019-A3	543	約(약)	何遵約法 韓弊煩刑	맺을 약	074-A3
513	信(신)	信使可覆 器欲難量	믿을 신	066-A4	544	若(약)	容止若思 言辭安定	같을 약	036-A3
514	愼(신)	篤初誠美 愼終宜令	삼갈 신	111-B3	545	躍(약)	驢騾犢特 駭躍超驤	뛸 약	113-B2
515	新(신)	稅熟貢新 勸賞黜陟	새 신	093-A3	546	兩(양)	兩疏見機 解組誰逼	두 량/양	091-A1
516	神(신)	性靜情逸 心動神疲	귀신 신	049-B1	547	羊(양)	墨悲絲染 詩讚羔羊	양 양	025-B4
517	臣(신)	愛育黎首 臣伏戎羌	신하 신	031-B2	548	讓(양)	推位讓國 有虞陶唐	사양할 양	012-A3
518	薪(신)	指薪修祐 永綏吉劭	땔나무 신	068-A1	549	陽(양)	閏餘成歲 律呂調陽	볕 양	004-B4
519	身(신)	蓋此身髮 四大五常	몸 신	038-A2	550	養(양)	恭惟鞠養 豈敢毁傷	기를 양	020-A4

독음순	千字	原文	字義	CODE
551	驤(양)	驢騾犢特 駭躍超驤	머리들 양	113-B4
552	御(어)	妾御績紡 侍巾帷房	거느릴 어	104-A2
553	於(어)	治本於農 務玆稼穡	어조사어	082-A3
554	語(어)	謂語助者 焉哉乎也	말씀 어	125-A2
555	魚(어)	孟軻敦素 史魚秉直	고기 어	085-B2
556	飫(어)	飽厭烹宰 飢飫糟糠	포식할 어	102-B2
557	焉(언)	謂語助者 焉哉乎也	어찌 언	125-B1
558	言(언)	容止若思 言辭安定	말씀 언	036-B1
559	嚴(엄)	資父事君 曰嚴與敬	엄할 엄	015-A3
560	奄(엄)	奄宅曲阜 未且孰營	가릴 엄	060-B1
561	業(업)	榮業所基 籍甚無竟	업 업	118-B3
562	女(여)	女慕貞烈 男效才良	계집 녀/여	035-B1
563	如(여)	似蘭斯馨 如松之盛	같을 여	057-A2
564	與(여)	資父事君 曰嚴與敬	더불 여	029-B2
565	餘(여)	閏餘成歲 律呂調陽	남을 여	045-B3
566	黎(여)	愛育黎首 臣伏戎羌	검을 려/여	107-A4
567	亦(역)	旣集墳典 亦聚群英	또 역	108-B1
568	姸(연)	毛施淑姿 工嚬姸笑	고울 연	021-A4
569	淵(연)	川流不息 淵澄取映	못 연	112-B2
570	筵(연)	肆筵設席 鼓瑟吹笙	자리 연	102-A2
571	緣(연)	禍因惡積 福緣善慶	인연 연	048-A3
572	連(연)	孔懷兄弟 同氣連枝	이을 련/연	025-A4
573	讌(연)	絃歌酒讌 接杯擧觴	모여즐길 연	097-B2
574	悅(열)	矯手頓足 悅豫且康	기쁠 열	071-B4
575	烈(열)	女慕貞烈 男效才良	매울 렬/열	035-B4
576	熱(열)	骸垢想浴 執熱願涼	더울 열	056-B4
577	厭(염)	飽厭烹宰 飢飫糟糠	싫어할 염	038-A1
578	廉(염)	節義廉退 顚沛匪虧	청렴할 렴/염	121-B1
579	染(염)	墨悲絲染 詩讚羔羊	물들 염	068-B4
580	葉(엽)	陳根委翳 落葉飄颻	잎 엽	002-A3
581	寧(영)	俊乂密勿 多士寔寧	편안 녕/령	064-B4
582	映(영)	川流不息 淵澄取映	비칠 영	060-B4
583	楹(영)	丙舍傍啓 甲帳對楹	기둥 영	040-B4
584	榮(영)	榮業所基 籍甚無竟	영화 영	071-A2
585	永(영)	指薪修祐 永綏吉劭	길 영	083-B2
586	營(영)	奄宅曲阜 未且孰營	경영할 영	041-B1
587	盈(영)	日月盈昃 辰宿列張	찰 영	009-B3
588	纓(영)	高冠陪輦 驅轂振纓	갓끈 영	012-B2
589	英(영)	旣集墳典 亦聚群英	꽃부리 영	005-A4
590	詠(영)	存以甘棠 去而益詠	읊을 영	078-B3
591	乂(예)	俊乂密勿 多士寔寧	풀벨 예	098-A4
592	藝(예)	俶載南畝 我藝黍稷	재주 예	005-A1
593	禮(예)	樂殊貴賤 禮別尊卑	예도 례/예	054-A4
594	譽(예)	宣威沙漠 馳譽丹靑	기릴 예	076-B2
595	豫(예)	矯手頓足 悅豫且康	미리 예	108-B2
596	隸(예)	杜藁鍾隸 漆書壁經	종 예	061-A4
597	翳(예)	陳根委翳 落葉飄颻	일산 예	097-A4
598	五(오)	蓋此身髮 四大五常	다섯 오	019-B3
599	梧(오)	枇杷晩翠 梧桐早凋	오동 오	096-B1
600	玉(옥)	金生麗水 玉出崑岡	구슬 옥	006-B1
601	溫(온)	臨深履薄 夙興溫凊	따뜻할 온	033-B3
602	翫(완)	耽讀翫市 寓目囊箱	가지고놀 완	099-A3
603	阮(완)	布射遼丸 嵇琴阮嘯	나라이름 완	115-B3
604	曰(왈)	資父事君 曰嚴與敬	가로 왈	031-B1
605	往(왕)	寒來暑往 秋收冬藏	갈 왕	003-A4
606	王(왕)	遐邇壹體 率賓歸王	임금 왕	016-B4
607	外(외)	外受傅訓 入奉母儀	바깥 외	043-A1
608	畏(외)	易輶攸畏 屬耳垣牆	두려워할 외	100-A4
609	曜(요)	年矢每催 曦暉朗曜	빛날 요	119-B4
610	蓼(요)	索居閑處 沈默寂蓼	여뀌 여	092-B4
611	要(요)	牋牒簡要 顧答審詳	요긴할 요	111-A4
612	遙(요)	求古尋論 散慮逍遙	멀 요	093-B4

독음순	千字	原文	字義	CODE
613	颻(요)	陳根委翳 落葉飄颻	찡그릴 축	097-B4
614	欲(욕)	信使可覆 器欲難量	하고자할 욕	024-B2
615	浴(욕)	骸垢想浴 執熱願凉	목욕할 욕	112-A4
616	辱(욕)	殆辱近恥 林皐幸卽	욕될 욕	090-A2
617	容(용)	容止若思 言辭安定	얼굴 용	036-A1
618	庸(용)	庶幾中庸 勞謙謹勅	떳떳할 용	086-A4
619	用(용)	起전頗牧 用軍最精	쓸 용	075-B1
620	龍(용)	龍師火帝 鳥官人皇	용 룡/용	010-A1
621	優(우)	學優登仕 攝職從政	넉넉할 우	039-A2
622	友(우)	交友投分 切磨箴規	벗 우	046-A2
623	右(우)	右通廣內 左達承明	오른(쪽) 우	059-A1
624	宇(우)	天地玄黃 宇宙洪荒	집 우	001-B1
625	寓(우)	耽讀翫市 寓目囊箱	붙이어살 우	099-B1
626	愚(우)	固陋寡聞 愚蒙等誚	어리석을 우	124-B1
627	祐(우)	指薪修祐 永綏吉劭	복 우	121-A4
628	禹(우)	九州禹跡 百郡秦幷	성 우	077-A3
629	羽(우)	海鹹河淡 鱗潛羽翔	깃 우	105-A3
630	虞(우)	推位讓國 有虞陶唐	생각할 우	095-B1
631	雨(우)	雲騰致雨 露結爲霜	비 우	100-B3
632	云(운)	嶽宗恒岱 禪主云亭	이를 운	081-A2
633	運(운)	游鵾獨運 凌摩絳霄	옮길 운	112-B3
634	雲(운)	雲騰致雨 露結爲霜	구름 운	002-A2
635	鬱(울)	宮殿盤鬱 樓觀飛驚	답답할 울	012-A2
636	圓(원)	紈扇圓潔 銀燭煒煌	둥글 원	097-A3
637	園(원)	渠荷的歷 園莽抽條	동산 원	076-A2
638	垣(원)	易輶攸畏 屬耳垣牆	담 원	053-B2
639	遠(원)	曠遠綿邈 巖岫杳冥	멀 원	005-B3
640	願(원)	骸垢想浴 執熱願凉	원할 원	125-A1
641	月(월)	日月盈昃 辰宿列張	달 월	072-B2
642	位(위)	推位讓國 有虞陶唐	자리 위	105-B3
643	委(위)	陳根委翳 落葉飄颻	맡길 위	020-A2
644	威(위)	宣威沙漠 馳譽丹靑	위엄 위	100-A3
645	渭(위)	背邙面洛 浮渭據涇	물이름 위	012-B1
646	爲(위)	雲騰致雨 露結爲霜	할 위	098-A1
647	謂(위)	謂語助者 焉哉乎也	이를 위	044-B1
648	魏(위)	晋楚更覇 趙魏困橫	성 위	088-A4
649	煒(위)	紈扇圓潔 銀燭煒煌	나라 위	026-A3
650	惟(유)	恭惟鞠養 豈敢毁傷	생각할 유	104-B3
651	攸(유)	易輶攸畏 屬耳垣牆	바 유	121-B2
652	有(유)	推位讓國 有虞陶唐	있을 유	100-A2
653	游(유)	游鵾獨運 凌摩絳霄	헤엄칠 유	015-A2
654	猶(유)	諸姑伯叔 猶子比兒	오히려 유	116-A3
655	猷(유)	貽厥嘉猷 勉其祗植	꾀할 유	067-A4
656	維(유)	景行維賢 克念作聖	벼리 유	004-A1
657	帷(유)	妾御績紡 侍巾帷房	장막 유	033-A1
658	綏(유)	指薪修祐 永綏吉劭	갓끈 유	043-B1
659	輶(유)	易輶攸畏 屬耳垣牆	가벼운수레 유	118-A4
660	育(육)	愛育黎首 臣伏戎羌	기를 육	044-B2
661	倫(윤)	恬筆倫紙 鈞巧任釣	인륜 륜/윤	011-A4
662	尹(윤)	磻溪伊尹 佐時阿衡	성 윤	047-A2
663	閏(윤)	閏餘成歲 律呂調陽	윤달 윤	082-B2
664	律(율)	閏餘成歲 律呂調陽	법칙 률/율	004-B1
665	戎(융)	愛育黎首 臣伏戎羌	병장기 융	015-B3
666	殷(은)	弔民伐罪 周發殷湯	은나라 은	013-B3
667	銀(은)	紈扇圓潔 銀燭煒煌	은 은	105-B1
668	隱(은)	仁慈隱惻 造次弗離	숨을 은	047-A3
669	陰(음)	尺璧非寶 寸陰是競	그늘 음	030-B2
670	音(음)	聆音察理 鑑貌辨色	소리 음	087-A2
671	邑(읍)	都邑華夏 東西二京	고을 읍	052-A2
672	儀(의)	外受傅訓 入奉母儀	거동 의	043-B4
673	宜(의)	篤初誠美 愼終宜令	마땅 의	037-B3
674	意(의)	守眞志滿 逐物意移	뜻 의	050-B3

독음순	千字	原文	字義	CODE	독음순	千字	原文	字義	CODE
675	疑(의)	陞階納陛 弁轉疑星	의심할 의	058-B3	706	紫(자)	雁門紫塞 鷄田赤城	자주빛 자	046-B3
676	義(의)	節義廉退 顚沛匪虧	옳을 의	048-A2	707	者(자)	謂語助者 焉哉乎也	놈 자	017-B4
677	衣(의)	始制文字 乃服衣裳	옷 의	011-B3	708	自(자)	堅持雅操 好爵自縻	스스로 자	062-A3
678	二(이)	都邑華夏 東西二京	두 이	052-B3	709	資(자)	資父事君 曰嚴與敬	재물 자	056-B2
679	以(이)	存以甘棠 去而益詠	써 이	040-A2	710	作(작)	景行維賢 克念作聖	지을 작	002-B4
680	伊(이)	磻溪伊尹 佐時阿衡	저 이	067-A3	711	爵(작)	堅持雅操 好爵自縻	벼슬 작	023-B4
681	利(이)	釋紛利俗 竝皆佳妙	이할 리/이	117-A3	712	潛(잠)	海鹹河淡 鱗潛羽翔	잠길 잠	100-B4
682	易(이)	易輶攸畏 屬耳垣牆	쉬울 이	100-A1	713	箴(잠)	交友投分 切磨箴規	바늘 잠	014-B4
683	異(이)	親戚故舊 老少異糧	다를 이	103-B3	714	場(장)	鳴鳳在樹 白駒食場	마당 장	101-B4
684	移(이)	守眞志滿 逐物意移	옮길 이	050-B4	715	將(장)	府羅將相 路俠槐卿	장수 장	123-A4
685	而(이)	存以甘棠 去而益詠	말이을 이	040-B2	716	帳(장)	丙舍傍啓 甲帳對楹	장막 장	003-B4
686	耳(이)	易輶攸畏 屬耳垣牆	귀 이	100-B2	717	張(장)	日月盈昃 辰宿列張	베풀 장	110-A3
687	貽(이)	貽厥嘉猷 勉其祗植	끼칠 이	088-A1	718	長(장)	罔談彼短 靡恃己長	베풀 장	125-B2
688	邇(이)	遐邇壹體 率賓歸王	가까울 이	016-A2	719	牆(장)	易輶攸畏 屬耳垣牆	담 장	017-A3
689	離(이)	仁慈隱惻 造次弗離	떠날 리/이	047-B4	720	章(장)	坐朝問道 垂拱平章	글 장	102-A4
690	益(익)	存以甘棠 去而益詠	더할 익	040-B3	721	腸(장)	具膳飡飯 適口充腸	창자 장	021-B3
691	人(인)	龍師火帝 鳥官人皇	사람 인	010-B3	722	莊(장)	束帶矜莊 徘徊瞻眺	씩씩할 장	083-A2
692	仁(인)	仁慈隱惻 造次弗離	어질 인	047-A1	723	藏(장)	寒來暑往 秋收冬藏	감출 장	109-A1
693	因(인)	禍因惡積 福緣善慶	인할 인	029-A2	724	再(재)	稽顙再拜 悚懼恐惶	두 재	092-B3
694	引(인)	矩步引領 俯仰廊廟	끌 인	122-A3	725	哉(재)	謂語助者 焉哉乎也	어조사 재	095-A3
695	壹(일)	遐邇壹體 率賓歸王	한 일	016-A3	726	在(재)	鳴鳳在樹 白駒食場	있을 재	038-B1
696	日(일)	日月盈昃 辰宿列張	날 일	002-A1	727	宰(재)	飽厭烹宰 飢飫糟糠	재상 재	013-A1
697	逸(일)	性靜情逸 心動神疲	편안할 일	049-A4	728	才(재)	女慕貞烈 男效才良	재주 재	051-A4
698	任(임)	恬筆倫紙 鈞巧任釣	맡길 임	116-B3	729	載(재)	俶載南畝 我藝黍稷	실을 재	096-B3
699	臨(임)	臨深履薄 夙興溫凊	임할 림/임	079-A3	730	嫡(적)	嫡後嗣續 祭祀蒸嘗	맏아들 적	014-A2
700	入(입)	外受傅訓 入奉母儀	들 입	125-A4	731	寂(적)	索居閑處 沈默寂寥	고요할 적	095-B4
701	姿(자)	毛施淑姿 工顰姸笑	모양 자	051-B3	732	的(적)	渠荷的歷 園莽抽條	과녁 적	120-B4
702	子(자)	諸姑伯叔 猶子比兒	아들 자	031-A1	733	籍(적)	榮業所基 籍甚無竟	문서 적	123-B4
703	字(자)	始制文字 乃服衣裳	글자 자	026-B3	734	積(적)	禍因惡積 福緣善慶	쌓을 적	029-A4
704	慈(자)	仁慈隱惻 造次弗離	사랑 자	051-B2	735	績(적)	妾御績紡 侍巾帷房	길쌈 적	104-A3
705	玆(자)	治本於農 務玆稼穡	이 자	009-B2	736	賊(적)	誅斬賊盜 捕獲叛亡	도둑 적	114-A3

독음순	千字	原文	字義	CODE
737	赤(적)	雁門紫塞 鷄田赤城	붉을 적	079-B3
738	跡(적)	九州禹跡 百郡秦幷	자취 적	077-A4
739	適(적)	具膳飡飯 適口充腸	맞을 적	101-B1
740	傳(전)	空谷傳聲 虛堂習聽	전할 전	028-A3
741	典(전)	旣集墳典 亦聚群英	법 전	060-A4
742	殿(전)	宮殿盤鬱 樓觀飛驚	전각 전	054-A2
743	田(전)	雁門紫塞 鷄田赤城	밭 전	079-B2
744	轉(전)	陞階納陛 弁轉疑星	구를 전	058-B2
745	顚(전)	節義廉退 顚沛匪虧	머리 전	048-B1
746	牋(전)	牋牒簡要 顧答審詳	글 전	111-A1
747	翦(전)	起전頗牧 用軍最精	자를 전	075-A2
748	切(절)	交友投分 切磨箴規	끊을 절	046-B1
749	節(절)	節義廉退 顚沛匪虧	마디 절	048-A1
750	接(접)	絃歌酒讌 接杯擧觴	이을 접	107-B1
751	丁(정)	綺回漢惠 說感武丁	장정 정	070-B4
752	亭(정)	嶽宗恒岱 禪主云亭	정자 정	078-B4
753	定(정)	容止若思 言辭安定	정할 정	036-B4
754	庭(정)	昆池碣石 鉅野洞庭	뜰 정	080-B4
755	情(정)	性靜情逸 心動神疲	뜻 정	049-A3
756	政(정)	學優登仕 攝職從政	정사 정	039-B4
757	正(정)	德建名立 形端表正	바를 정	027-B4
758	精(정)	起전頗牧 用軍最精	정할 정	075-B4
759	貞(정)	女慕貞烈 男效才良	곧을 정	021-A3
760	靜(정)	性靜情逸 心動神疲	고요할 정	049-A2
761	制(제)	始制文字 乃服衣裳	절제할 제	011-A2
762	帝(제)	龍師火帝 鳥官人皇	임금 제	010-A4
763	弟(제)	孔懷兄弟 同氣連枝	아우 제	045-A4
764	濟(제)	桓公匡合 濟弱扶傾	건널 제	069-B1
765	祭(제)	嫡後嗣續 祭祀蒸嘗	제사 제	109-B1
766	諸(제)	諸姑伯叔 猶子比兒	모두 제	044-A1
767	凋(조)	枇杷晩翠 梧桐早凋	시들 조	096-B4
768	助(조)	謂語助者 焉哉乎也	도울 조	125-A3
769	弔(조)	弔民伐罪 周發殷湯	조상할 조	102-B3
770	操(조)	堅持雅操 好爵自縻	잡을 조	091-B2
771	早(조)	枇杷晩翠 梧桐早凋	이를 조	004-B3
772	朝(조)	坐朝問道 垂拱平章	아침 조	072-B1
773	條(조)	渠荷的歷 園莽抽條	가지 조	047-B1
774	照(조)	琁璣懸斡 晦魄環照	비칠 조	116-B4
775	眺(조)	束帶矜莊 徘徊瞻眺	바라볼 조	010-B1
776	糟(조)	飽飫烹宰 飢厭糟糠	지게미 조	108-A4
777	組(조)	兩疏見機 解組誰逼	짤 조	040-A1
778	調(조)	閏餘成歲 律呂調陽	고를 조	041-B3
779	趙(조)	晋楚更霸 趙魏困橫	나라 조	078-A2
780	造(조)	仁慈隱惻 造次弗離	지을 조	039-B3
781	釣(조)	恬筆倫紙 鈞巧任釣	낚을 조	037-B2
782	鳥(조)	龍師火帝 鳥官人皇	새 조	061-A3
783	足(족)	矯手頓足 悅豫且康	발 족	067-B1
784	存(존)	存以甘棠 去而益詠	있을 존	014-A1
785	尊(존)	樂殊貴賤 禮別尊卑	높을 존	059-B1
786	宗(종)	嶽宗恒岱 禪主云亭	마루 종	013-A4
787	從(종)	學優登仕 攝職從政	좇을 종	078-B2
788	終(종)	篤初誠美 愼終宜令	마칠 종	013-B1
789	鍾(종)	杜藁鍾隸 漆書壁經	쇠북 종	094-A2
790	佐(좌)	磻溪伊尹 佐時阿衡	도울 좌	001-B2
791	坐(좌)	坐朝問道 垂拱平章	앉을 좌	077-A2
792	左(좌)	右通廣內 左達承明	왼 좌	106-A1
793	罪(죄)	弔民伐罪 周發殷湯	허물 죄	007-B1
794	主(주)	嶽宗恒岱 禪主云亭	주인 주	114-A1
795	周(주)	弔民伐罪 周發殷湯	두루 주	107-A3
796	奏(주)	欣奏累遣 戚謝歡招	아뢸 주	071-A1
797	宙(주)	天地玄黃 宇宙洪荒	집 주	087-A3
798	州(주)	九州禹跡 百郡秦幷	고을 주	114-A2

독음순	千字	原文	字義	CODE	독음순	千字	原文	字義	CODE
799	晝(주)	晝眠夕寐 藍筍象牀	낮 주	042-B2	830	辰(진)	日月盈昃 辰宿列張	별 진	002-B1
800	珠(주)	劍號巨闕 珠稱夜光	구슬 주	055-B2	831	陳(진)	陳根委翳 落葉飄颻	베풀 진	097-A1
801	誅(주)	誅斬賊盜 捕獲叛亡	벨 주	008-B1	832	執(집)	骸垢想浴 執熱願凉	잡을 집	112-B1
802	酒(주)	絃歌酒讌 接杯擧觴	술 주	066-A1	833	集(집)	旣集墳典 亦聚群英	모을 집	060-A2
803	俊(준)	俊乂密勿 多士寔寧	준걸 준	092-A4	834	澄(징)	川流不息 淵澄取映	맑을 징	035-B2
804	遵(준)	何遵約法 韓弊煩刑	좇을 준	074-A2	835	且(차)	矯手頓足 悅豫且康	또 차	108-B3
805	中(중)	庶幾中庸 勞謙謹勅	가운데 중	086-A3	836	次(차)	仁慈隱惻 造次弗離	버금 차	047-B2
806	重(중)	果珍李柰 菜重芥薑	무거울 중	008-B2	837	此(차)	蓋此身髮 四大五常	이 차	019-A2
807	卽(즉)	殆辱近恥 林皐幸卽	곧 즉	090-B4	838	讚(찬)	墨悲絲染 詩讚羔羊	기릴 찬	025-B2
808	增(증)	省躬譏誡 寵增抗極	더할 증	089-B2	839	察(찰)	聆音察理 鑑貌辨色	살필 찰	030-A1
809	蒸(증)	嫡後嗣續 祭祀蒸嘗	찔 증	109-B3	840	斬(참)	誅斬賊盜 捕獲叛亡	벨 참	094-B1
810	之(지)	似蘭斯馨 如松之盛	갈지	034-B3	841	唱(창)	上和下睦 夫唱婦隨	부를 창	103-A2
811	地(지)	天地玄黃 宇宙洪荒	땅 지	001-A2	842	綵(채)	圖寫禽獸 畵綵仙靈	비단 채	084-B4
812	志(지)	守眞志滿 逐物意移	뜻 지	050-A3	843	菜(채)	果珍李柰 菜重芥薑	나물 채	063-B3
813	持(지)	堅持雅操 好爵自縻	가질 지	051-A2	844	策(책)	策功茂實 勒碑刻銘	꾀 책	001-A1
814	指(지)	指薪修祐 永綏吉劭	가리킬 지	121-A1	845	處(처)	索居閑處 沈默寂寥	곳 처	035-A1
815	枝(지)	孔懷兄弟 同氣連枝	가지 지	045-B4	846	尺(척)	尺璧非寶 寸陰是競	자 척	041-A4
816	止(지)	容止若思 言辭安定	그칠 지	036-A2	847	慼(척)	欣奏累遣 慼謝歡招	슬플 척	073-B1
817	池(지)	昆池碣石 鉅野洞庭	못 지	080-A2	848	戚(척)	親戚故舊 老少異糧	친척 척	123-B3
818	知(지)	知過必改 得能莫忘	알 지	022-A1	849	陟(척)	稅熟貢新 勸賞黜陟	오를 척	104-A1
819	祗(지)	貽厥嘉猷 勉其祗植	공경할 지	088-B3	850	千(천)	戶封八縣 家給千兵	일천 천	111-A2
820	紙(지)	恬筆倫紙 鈞巧任釣	종이 지	116-A4	851	天(천)	天地玄黃 宇宙洪荒	하늘 천	033-B4
821	直(직)	孟軻敦素 史魚秉直	곧을 직	085-B4	852	川(천)	川流不息 淵澄取映	내 천	028-B4
822	稷(직)	俶載南畝 我藝黍稷	피 직	083-B4	853	賤(천)	樂殊貴賤 禮別尊卑	천할 천	076-B4
823	職(직)	學優登仕 攝職從政	직분 직	039-B2	854	踐(천)	假途滅虢 踐土會盟	밟을 천	016-A4
824	振(진)	高冠陪輦 驅轂振纓	떨칠 진	064-B3	855	瞻(첨)	束帶矜莊 徘徊瞻眺	볼 첨	037-A2
825	晋(진)	晋楚更覇 趙魏困橫	나아갈 진	072-A1	856	妾(첩)	妾御績紡 侍巾帷房	첩 첩	094-B4
826	珍(진)	果珍李柰 菜重芥薑	보배 진	008-A2	857	牒(첩)	牋牒簡要 顧答審詳	서찰 첩	072-A2
827	盡(진)	孝當竭力 忠則盡命	다할 진	032-B3	858	凊(청)	臨深履薄 夙興溫凊	맑을 청	018-A3
828	眞(진)	守眞志滿 逐物意移	참 진	050-A2	859	聽(청)	空谷傳聲 虛堂習聽	들을 청	113-B3
829	秦(진)	九州禹跡 百郡秦幷	성 진	077-B3	860	靑(청)	宣威沙漠 馳譽丹靑	푸를 청	121-B4

독음순	千字	原文	字義	CODE
861	體(체)	遐邇壹體 率賓歸王	몸 체	124-B4
862	初(초)	篤初誠美 愼終宜令	처음 초	105-B2
863	招(초)	欣奏累遣 慼謝歡招	부를 초	030-B1
864	楚(초)	晋楚更覇 趙魏困橫	초나라 초	089-B1
865	草(초)	化被草木 賴及萬方	풀 초	119-A4
866	超(초)	驢騾犢特 駭躍超驤	뛰어넘을 초	075-B3
867	劭(초)	指薪修祐 永綏吉劭	힘쓸 초	075-A3
868	誚(초)	固陋寡聞 愚蒙等誚	꾸짖을 초	063-A3
869	燭(촉)	紈扇圓潔 銀燭煒煌	촛불 촉	048-B2
870	寸(촌)	尺璧非寶 寸陰是競	마디 촌	072-A4
871	寵(총)	省躬譏誡 寵增抗極	사랑할 총	102-A3
872	催(최)	年矢每催 曦暉朗曜	재촉할 최	014-B3
873	最(최)	起전頗牧 用軍最精	가장 최	074-B2
874	抽(추)	渠荷的歷 園莽抽條	뽑을 추	095-B3
875	推(추)	推位讓國 有虞陶唐	밀 추	012-A1
876	秋(추)	寒來暑往 秋收冬藏	가을 추	003-B1
877	逐(축)	守眞志滿 逐物意移	쫓을 축	050-B1
878	出(출)	金生麗水 玉出崑岡	날 출	006-B2
879	黜(출)	稅熟貢新 勸賞黜陟	떨어뜨릴 출	084-B3
880	充(충)	具膳飡飯 適口充腸	채울 충	101-B3
881	忠(충)	孝當竭力 忠則盡命	충성 충	032-B1
882	取(취)	川流不息 淵澄取映	가질 취	035-B3
883	吹(취)	肆筵設席 鼓瑟吹笙	불 취	057-B3
884	翠(취)	枇杷晩翠 梧桐早凋	물총새 취	096-A4
885	聚(취)	旣集墳典 亦聚群英	모을 취	060-B2
886	惻(측)	仁慈隱惻 造次弗離	슬퍼할 측	047-A4
887	昃(측)	日月盈昃 辰宿列張	기울 측	002-A4
888	侈(치)	世祿侈富 車駕肥輕	사치할 치	065-A3
889	恥(치)	殆辱近恥 林皐幸卽	부끄러울 치	090-A4
890	治(치)	治本於農 務玆稼穡	다스릴 치	082-A1
891	致(치)	雲騰致雨 露結爲霜	이를 치	005-A3
892	馳(치)	宣威沙漠 馳譽丹靑	달릴 치	076-B1
893	則(칙)	孝當竭力 忠則盡命	법칙 칙	032-B2
894	勅(칙)	庶幾中庸 勞謙謹勅	조서 칙	086-B4
895	親(친)	親戚故舊 老少異糧	친할 친	103-A1
896	漆(칠)	杜藁鍾隷 漆書壁經	옻 칠	061-B1
897	沈(침)	索居閑處 沈默寂寥	잠길 침	092-B1
898	稱(칭)	劍號巨闕 珠稱夜光	일컬을 칭	007-B2
899	耽(탐)	耽讀翫市 寓目囊箱	노려볼 탐	099-A1
900	湯(탕)	弔民伐罪 周發殷湯	끓을 탕	013-B4
901	殆(태)	殆辱近恥 林皐幸卽	위태할 태	090-A1
902	宅(택)	奄宅曲阜 未旦孰營	집 택	068-A2
903	土(토)	假途滅虢 踐土會盟	흙 토	073-B2
904	通(통)	右通廣內 左達承明	통할 통	059-A2
905	退(퇴)	節義廉退 顚沛匪虧	물러날 퇴	048-A4
906	投(투)	交友投分 切磨箴規	던질 투	046-A3
907	特(특)	驢騾犢特 駭躍超驤	특별할 특	113-A4
908	杷(파)	枇杷晩翠 梧桐早凋	비파나무 파	096-A2
909	頗(파)	起전頗牧 用軍最精	자못 파	058-A4
910	八(팔)	戶封八縣 家給千兵	여덟 팔	115-A1
911	沛(패)	節義廉退 顚沛匪虧	늪 패	114-B1
912	覇(패)	晋楚更覇 趙魏困橫	으뜸 패	102-A1
913	烹(팽)	飽厭烹宰 飢飫糟糠	삶을 팽	027-B3
914	平(평)	坐朝問道 垂拱平章	평평할 평	097-B3
915	弊(폐)	何遵約法 韓弊煩刑	폐단 폐	023-A3
916	陛(폐)	陞階納陛 弁轉疑星	섬돌 폐	049-B4
917	布(포)	布射遼丸 嵇琴阮嘯	베 포	018-A2
918	捕(포)	誅斬賊盜 捕獲叛亡	잡을 포	022-A4
919	飽(포)	飽厭烹宰 飢飫糟糠	배부를 포	116-A2
920	表(표)	德建名立 形端表正	겉 표	091-B4
921	飄(표)	陳根委翳 落葉飄颻	회오리 표	042-A3
922	彼(피)	罔談彼短 靡恃己長	저 피	074-A1

독음순	千字	原文	字義	CODE
923	疲(피)	性靜情逸 心動神疲	피곤할 피	052-A4
924	被(피)	化被草木 賴及萬方	입을 피	009-A3
925	必(필)	知過必改 得能莫忘	반드시 필	095-A2
926	筆(필)	恬筆倫紙 鈞巧任釣	붓 필	016-A1
927	逼(핍)	兩疏見機 解組誰逼	닥칠 핍	039-A1
928	下(하)	上和下睦 夫唱婦隨	아래 하	003-A1
929	何(하)	何遵約法 韓弊煩刑	어찌 하	070-A3
930	夏(하)	都邑華夏 東西二京	여름 하	092-A3
931	河(하)	海鹹河淡 鱗潛羽翔	물 하	074-B1
932	荷(하)	渠荷的歷 園莽抽條	멜 하	009-A2
933	遐(하)	遐邇壹體 率賓歸王	멀 하	069-A4
934	學(학)	學優登仕 攝職從政	배울 학	078-A3
935	寒(한)	寒來暑往 秋收冬藏	찰 한	003-A1
936	漢(한)	綺回漢惠 說感武丁	한수 한	070-A3
937	閑(한)	索居閑處 沈默寂寥	한가할 한	092-A3
938	韓(한)	何遵約法 韓弊煩刑	나라 한	074-B1
939	鹹(함)	海鹹河淡 鱗潛羽翔	소금기 함	009-A2
940	合(합)	桓公匡合 濟弱扶傾	합할 합	069-A4
941	恒(항)	嶽宗恒岱 禪主云亭	항상 항	078-A3
942	抗(항)	省躬譏誡 寵增抗極	겨룰 항	089-B3
943	海(해)	海鹹河淡 鱗潛羽翔	바다 해	009-A1
944	解(해)	兩疏見機 解組誰逼	풀 해	091-B1
945	駭(해)	驢騾犢特 駭躍超驤	놀랄 해	113-B1
946	骸(해)	骸垢想浴 執熱願涼	뼈 해	112-A1
947	幸(행)	殆辱近恥 林皐幸卽	다행 행	090-B3
948	行(행)	景行維賢 克念作聖	다닐 행	026-A2
949	虛(허)	空谷傳聲 虛堂習聽	빌 허	028-B1
950	玄(현)	天地玄黃 宇宙洪荒	검을 현	001-A3
951	絃(현)	絃歌酒讌 接杯擧觴	줄 현	107-A1
952	縣(현)	戶封八縣 家給千兵	고을 현	063-A4
953	懸(현)	璇璣懸斡 晦魄環照	매달 현	120-A3
954	賢(현)	景行維賢 克念作聖	어질 현	026-A4
955	俠(협)	府羅將相 路俠槐卿	호협할 협	062-B2
956	兄(형)	孔懷兄弟 同氣連枝	맏 형	045-A3
957	刑(형)	何遵約法 韓弊煩刑	형벌 형	074-B4
958	形(형)	德建名立 形端表正	모양 형	027-B1
959	衡(형)	磻溪伊尹 佐時阿衡	저울대 형	067-B4
960	馨(형)	似蘭斯馨 如松之盛	꽃다울 형	034-A4
961	惠(혜)	綺回漢惠 說感武丁	은혜 혜	070-A4
962	嵇(혜)	布射遼丸 嵇琴阮嘯	산이름 혜	115-B1
963	乎(호)	謂語助者 焉哉乎也	어조사 호	125-B3
964	好(호)	堅持雅操 好爵自縻	좋을 호	051-B1
965	戶(호)	戶封八縣 家給千兵	집 호	063-A1
966	號(호)	劍號巨闕 珠稱夜光	이름 호	007-A2
967	洪(홍)	天地玄黃 宇宙洪荒	넓을 홍	001-B3
968	化(화)	化被草木 賴及萬方	될 화	018-A1
969	和(화)	上和下睦 夫唱婦隨	화할 화	042-A2
970	火(화)	龍師火帝 鳥官人皇	불 화	010-A3
971	畫(화)	圖寫禽獸 畫綵仙靈	그림 화	055-B1
972	禍(화)	禍因惡積 福緣善慶	재앙 화	029-A1
973	華(화)	都邑華夏 東西二京	빛날 화	052-A3
974	丸(환)	布射遼丸 嵇琴阮嘯	둥글 환	115-A4
975	歡(환)	欣奏累遣 戚謝歡招	기쁠 환	094-B3
976	桓(환)	桓公匡合 濟弱扶傾	굳셀 환	069-A1
977	環(환)	璇璣懸斡 晦魄環照	고리 환	120-B3
978	紈(환)	紈扇圓潔 銀燭煒煌	흰비단 환	105-A1
979	惶(황)	稽顙再拜 悚懼恐惶	두려워할 황	110-B4
980	煌(황)	紈扇圓潔 銀燭煒煌	빛날 황	105-B4
981	皇(황)	龍師火帝 鳥官人皇	임금 황	010-B4
982	荒(황)	天地玄黃 宇宙洪荒	거칠 황	001-B4
983	黃(황)	天地玄黃 宇宙洪荒	누를 황	001-A4
984	回(회)	綺回漢惠 說感武丁	돌아올 회	070-A2

<부록3> (16/17)

독음순	千字	原文	字義	CODE	독음순	千字	原文	字義	CODE
985	徊(회)	束帶矜莊 徘徊瞻眺	노닐 회	123-B2	993	後(후)	嫡後嗣續 祭祀蒸嘗	뒤 후	109-A2
986	懷(회)	孔懷兄弟 同氣連枝	품을 회	045-A2	994	訓(훈)	外受傅訓 入奉母儀	가르칠 훈	043-A4
987	晦(회)	璇璣縣斡 晦魄環照	그믐 회	120-B1	995	毁(훼)	恭惟鞠養 豈敢毁傷	헐 훼	020-B3
988	會(회)	假途滅虢 踐土會盟	모일 회	073-B3	996	暉(휘)	年矢每催 曦暉朗曜	빛 휘	119-B2
989	獲(획)	誅斬賊盜 捕獲叛亡	얻을 획	114-B2	997	虧(휴)	節義廉退 顚沛匪虧	이그러질 휴	048-B4
990	橫(횡)	晋楚更覇 趙魏困橫	가로 횡	072-B4	998	欣(흔)	欣奏累遣 慽謝歡招	기뻐할 흔	094-A1
991	孝(효)	孝當竭力 忠則盡命	효도 효	032-A1	999	興(흥)	臨深履薄 夙興溫凊	일 흥	033-B2
992	效(효)	女慕貞烈 男效才良	본받을 효	021-B2	1000	曦(희)	年矢每催 曦暉朗曜	햇빛 희	119-B1

〈부록 4〉

한글 맞춤법 발췌(두음법칙)

[시행 2017. 3. 28.] 문화체육관광부 고시 제2017-12호(2017. 3. 28.)

제1장 총칙

제3장 소리에 관한 것

제5절 두음 법칙

제10항

한자음 '녀, 뇨, 뉴, 니'가 단어 첫머리에 올 적에는, 두음 법칙에 따라 '여, 요, 유, 이'로 적는다(ㄱ을 취하고, ㄴ을 버림).

ㄱ	ㄴ	ㄱ	ㄴ
여자(女子)	녀자	유대(紐帶)	뉴대
연세(年歲)	년세	이토(泥土)	니토
요소(尿素)	뇨소	익명(匿名)	닉명

다만, 다음과 같은 의존 명사에서는 '냐, 녀' 음을 인정한다.

- 냥(兩)
- 냥쭝(兩-)
- 년(年)(몇 년)

[붙임 2] 접두사처럼 쓰이는 한자가 붙어서 된 말이나 합성어에서, 뒷말의 첫소리가 'ㄴ' 소리로 나더라도 두음 법칙에 따라 적는다.

- 신여성(新女性)
- 공염불(空念佛)
- 남존여비(男尊女卑)

제11항

한자음 '랴, 려, 례, 료, 류, 리'가 단어의 첫머리에 올 적에는, 두음 법칙에 따라 '야, 여, 예, 요, 유, 이'로 적는다(ㄱ을 취하고, ㄴ을 버림).

ㄱ	ㄴ	ㄱ	ㄴ
양심(良心)	량심	용궁(龍宮)	룡궁
역사(歷史)	력사	유행(流行)	류행
예의(禮儀)	례의	이발(理髮)	리발

다만, 다음과 같은 의존 명사는 본음대로 적는다.
- 리(里): 몇 리냐?
- 리(理): 그럴 리가 없다.

[붙임 1] 단어의 첫머리 이외의 경우에는 본음대로 적는다.

개량(改良)	사례(謝禮)	사례(謝禮)	급류(急流)
선량(善良)	선량(善良)	혼례(婚禮)	도리(道理)
수력(水力)	수력(水力)	와룡(臥龍)	진리(眞理)
협력(協力)	협력(協力)	쌍룡(雙龍)	하류(下流)

다만, 모음이나 'ㄴ' 받침 뒤에 이어지는 '렬, 률'은 '열, 율'로 적는다(ㄱ을 취하고 ㄴ을 버림).

ㄱ	ㄴ	ㄱ	ㄴ
나열(羅列)	나렬	분열(分裂)	분렬
치열(齒列)	치렬	선열(先烈)	선렬
비열(卑劣)	비렬	진열(陳列)	진렬
규율(規律)	규률	선율(旋律)	선률
비율(比率)	비률	전율(戰慄)	전률
실패율(失敗率)	실패률	백분율(百分率)	백분률

[붙임 2] 외자로 된 이름을 성에 붙여 쓸 경우에도 본음대로 적을 수 있다.
- 신립(申砬)
- 최린(崔麟)
- 채륜(蔡倫)
- 하륜(河崙)

[붙임 3] 준말에서 본음으로 소리 나는 것은 본음대로 적는다.
- 국련(국제 연합)
- 한시련(한국 시각 장애인 연합회)

[붙임 4] 접두사처럼 쓰이는 한자가 붙어서 된 말이나 합성어에서, 뒷말의 첫소리가 'ㄴ' 또는 'ㄹ' 소리로 나더라도 두음 법칙에 따라 적는다.
- 역이용(逆利用)
- 연이율(年利率)
- 열역학(熱力學)
- 해외여행(海外旅行)

[붙임 5] 둘 이상의 단어로 이루어진 고유 명사를 붙여 쓰는 경우나 십진법에 따라 쓰는 수(數)도 붙임 4에 준하여 적는다.
- 서울여관
- 신흥이발관
- 육천육백육십육(六千六百六十六)

〈해설〉
이 조항에서도 두음 법칙이 적용되는 경우를 규정하고 있다. 한자어 '랴, 려, 례, 료, 류, 리'를 포함하는 음절은 단어 첫머리에 올 때 '야, 여, 예, 요, 유, 이'의 형태로 실현된다. 이 조항에서는 이처럼 단어 첫머리에서 두음 법칙이 적용될 때 '야, 여, 예, 요, 유, 이'로 적는다고 규정하였다.
- 양질(良質)
- 역량(力量)
- 예법(禮法)
- 용왕(龍王)

• 유랑(流浪)
• 이치(理致)

의존 명사 '량(輛), 리(理, 里, 厘)' 등은 앞말과 연결되어 하나의 단위를 구성하므로 두음 법칙의 적용을 받지 않는다.

• 객차(客車) 오십 량(輛)
• 2푼 5리(厘)

[붙임 1] 단어 첫머리가 아닌 경우에는 두음 법칙이 적용되지 않으므로 '랴, 려, 례, 료, 류, 리'로 적는다. '쌍룡(雙龍)'은 명사 '쌍(쌍가락지, 쌍가마)'과 '용'이 결합한 말로 보아 '쌍용'으로 적을 가능성이 있지만 '와룡(臥龍), 수룡(水龍), 잠룡(潛龍)'처럼 하나의 단어로 굳어졌다고 보아 '쌍룡'으로 적는다.

단어의 첫머리가 아닌 경우에는 두음 법칙이 적용되지 않는 것이 원칙이다. 다만, 모음이나 'ㄴ' 받침 뒤에 결합되는 '렬(列, 烈, 裂, 劣), 률(律, 率, 栗, 慄)'은 '나열[나열], 비율[비ː율], 선열[서녈], 운율[우ː뉼]' 등에서와 같이 [열], [율]로 소리 나므로 소리대로 '열, 율'로 적는다.

나열(羅列)	분열(分裂)	규율(規律)	운율(韻律)
비열(卑劣)	선열(先烈)	비율(比率)	전율(戰慄)
균열(龜裂)	의열(義烈)	백분율(百分率)	자율(自律)
분열(分列)	치열(熾烈)	선율(旋律)	조율(棗栗)
서열(序列)	전열(前列)	외율(煨栗)	환율(煥率)
우열(優劣)	천열(賤劣)	이율(利率)	

'率'은 모음이나 'ㄴ' 받침 뒤에서는 '이자율(利子率)[이ː자율], 회전율(回轉率)[회전뉼/훼전뉼]'처럼 '율'로 적고 그 외의 받침 뒤에서는 '능률(能率)[능뉼], 합격률(合格率)[합껵뉼]'처럼 '률'로 적는다. 외래어에서도 동일하게 모음이나 'ㄴ' 받침 뒤에서는 '율'로 적고 그 외의 받침 뒤에서는 '률'로 적는다.

• 서비스-율(service率)
• 시엔-율(CN率)
• 슛-률(shoot率)
• 영-률(Young率)

[붙임 2] 널리 알려진 역사적인 인물 성명의 발음이 '申砬[실립], 崔麟[최린]'
처럼 굳어져 있는 경우에는 '신립, 최린'과 같이 적을 수 있다. "표준국어대사전"
에는 이러한 점을 반영하여 '신입'과 '신립', '최인'과 '최린'을 동의어로 처리하였
다. 현재 "표준국어대사전"에서 이와 같이 처리한 역사적 인물은 다음과 같다.

- 신입/신립(申砬)
- 최인/최린(崔麟)
- 채윤/채륜(蔡倫)
- 하윤/하륜(河崙)
- 김입/김립(金笠)

[붙임 3] 둘 이상의 단어로 이루어진 말이 줄어들어 하나의 단위로 인식될
때에는 두음 법칙이 적용되지 않아서 소리 나는 대로 적는다. 이 경우 뒤의 한
자는 하나의 단어가 아니기 때문에 두음 법칙이 적용되지 않는다. 예를 들어
'국제 연합'은 '국련'으로 줄여서 쓸 수 있다. '국제'의 '국'과 '연합'의 '연'을 따서
만든 말인데, '연' 자체는 하나의 단어가 아니기 때문에 두음 법칙이 적용되지
않아서 '국련'으로 쓰는 것이다. '한국 시각 장애인 연합회'를 '한시련'으로 쓰는
것도 같은 이유에서이다.

[붙임 4] 한글 맞춤법 제10항의 규정과 마찬가지로, 독립성이 있는 단어에
'접두사처럼 쓰이는 한자'가 결합하여 된 단어에는 두음 법칙을 적용한다. 또한
두 단어가 결합하여 된 합성어나 이에 준하는 구조도 두음 법칙이 적용된 형태
로 적는다.

몰-이해(沒理解)	불-이행(不履行)	무실-역행(務實力行)
과-인산(過燐酸)	사-육신(死六臣)	청-요리(淸料理)
가-영수(假領收)	생-육신(生六臣)	수학-여행(修學旅行)
등-용문(登龍門)	선-이자(先利子)	낙화-유수(落花流水)

한편 고유어나 외래어 뒤에 결합한 한자어는 독립적인 한 단어로 인식이 되
기 때문에 두음 법칙이 적용된다.

- 가시 - 연(蓮)
- 구름 - 양(量)

- 허파숨 – 양(量)
- 먹이 – 양(量)
- 벡터(vector) – 양(量)
- 에너지(energy) – 양(量)

　'量'이 고유어 '구름'과 결합하면 '구름양'이 되는 것은 '양'이 하나의 독립적인 단어로 인식되기 때문이다. 한자와 결합하면 '운량(雲量)'처럼 '량'으로 적는다. '이슬양'과 '노량(露量)'도 마찬가지 이유로 각각 '양'과 '량'으로 적는다.

　[붙임 5] 수를 나타내는 '육'은 '십육(十六), 육육삼십육(6×6=36)'처럼 독립적으로 쓰이는 경우에는 두음 법칙에 따라 적는다. 그렇지만 '오륙도(五六島), 사륙판(四六判)' 등은 '오'와 '육', '사'와 '육'이 독립적인 단어로 나누어지는 구조가 아니므로 본음대로 적는다.
　둘 이상의 단어로 이루어진 고유 명사를 붙여 쓰는 경우에도, '서울여관(←서울 여관), 국제수영연맹(←국제 수영 연맹)'처럼 결합된 각 단어를 두음 법칙에 따라 적는다.

제12항
　한자음 '라, 래, 로, 뢰, 루, 르'가 단어의 첫머리에 올 적에는, 두음 법칙에 따라 '나, 내, 노, 뇌, 누, 느'로 적는다(ㄱ을 취하고, ㄴ을 버림).

ㄱ	ㄴ	ㄱ	ㄴ
낙원(樂園)	락원	뇌성(雷聲)	뢰성
내일(來日)	래일	누각(樓閣)	루각
노인(老人)	로인	능묘(陵墓)	릉묘

　[붙임 1] 단어의 첫머리 이외의 경우에는 본음대로 적는다.

쾌락(快樂)	부로(父老)	고루(高樓)
극락(極樂)	연로(年老)	광한루(廣寒樓)
거래(去來)	지뢰(地雷)	동구릉(東九陵)
왕래(往來)	낙뢰(落雷)	가정란(家庭欄)
부로(父老)		

[붙임 2] 접두사처럼 쓰이는 한자가 붙어서 된 단어는 뒷말을 두음 법칙에 따라 적는다.

- 내내월(來來月)
- 상노인(上老人)
- 중노동(重勞動)
- 비논리적(非論理的)

〈해설〉

'라, 래, 로, 뢰, 루, 르'를 포함하는 한자어 음절이 단어 첫머리에 올 때는 '나, 내, 노, 뇌, 누, 느'를 포함하는 형태로 실현된다. 이 조항에서는 이처럼 단어 첫머리에서 두음 법칙이 적용될 때 '나, 내, 노, 뇌, 누, 느'로 적는다고 규정하고 있다.

- 낙관(樂觀)
- 내년(來年)
- 노년(老年)
- 뇌우(雷雨)
- 누수(漏水)
- 능사(綾紗)

[붙임 1] 단어 첫머리 이외의 경우는 두음 법칙이 적용되지 않으므로 본음대로 적는다. '왕릉(王陵), 정릉(貞陵), 동구릉(東九陵)'에 쓰이는 '릉(陵)'이나 '독자란(讀者欄), 비고란(備考欄)'에 쓰이는 '란(欄)'은 한 음절 한자어 형태소가 한자어 뒤에 결합한 것으로 이런 경우에는 '릉'과 '란'이 하나의 단어로 인식되지 않는다.

- 강릉(江陵)
- 태릉(泰陵)
- 서오릉(西五陵)
- 공란(空欄)
- 소식란(消息欄)
- 투고란(投稿欄)

다만, '어린이 – 난, 어머니 – 난, 가십(gossip) – 난'과 같이 고유어나 외래어 뒤에 결합하는 경우에는 한자어 형태소가 하나의 단어로 인식되므로, 제11항 [붙임 4]에서 보인 '가시 – 연(蓮), 구름 – 양(量)'과 마찬가지로 두음 법칙이 적용된 형태로 적는다.

[붙임 2] '접두사처럼 쓰이는 한자'가 결합하여 된 단어나, 두 개 단어가 결합하여 된 합성어(또는 이에 준하는 구조)의 경우에는 두음 법칙이 적용된 형태로 적는다.

- 반 – 나체(半裸體)
- 사상 – 누각(沙上樓閣)
- 실 – 낙원(失樂園)
- 중 – 노인(中老人)
- 육체 – 노동(肉體勞動)
- 부화 – 뇌동(附和雷同)

한편 '표고(標高)가 높고 한랭한 곳'이란 뜻의 '高冷地'는 '고냉지'가 아닌 '고랭지'로 적는다. 발음이 [고랭지]이고 '고랭 – 지'로 분석되기 때문이다.

中國의 行政區域

地域	繁字	한글음	簡字	中國音	略稱	省都所在地
東北	黑龍江省	흑룡강성	黑龙江省	(헤이룽장성)	黑(Hēi)	(하얼빈시)
	吉林省	길림성	吉林省	(지린성)	吉(Jí)	(창춘시)
	遼寧省	료녕성	辽宁省	(랴오닝성)	辽(Liáo)	(선양시)
華北	河北省	하북성	河北省	(허베이성)	冀(Jì)	(스자좡시)
	山西省	산서성	山西省	(산시성)	晋(Jìn)	(타이위안시)
華東	安徽省	안휘성	安徽省	(안후이성)	皖(Wăn)	(허페이시)
	福建省	복건성	福建省	(푸젠성)	闽(Mĭn)	(푸저우시)
	江蘇省	강소성	江苏省	(장쑤성)	苏(Sū)	(난징시)
	江西省	강서성	江西省	(장시성)	赣(Gàn)	(난창시)
	山東省	산동성	山东省	(산둥성)	鲁(Lŭ)	(지난시)
	浙江省	절강성	浙江省	(저장성)	浙(Zhè)	(항저우시)
華中	河南省	하남성	河南省	(허난성)	豫(Yù)	(정저우시)
	湖北省	호북성	湖北省	(후베이성)	鄂(È)	(우한시)
	湖南省	호남성	湖南省	(후난성)	湘(Xiāng)	(창사시)
華南	廣東省	광동성	广东省	(광둥성)	粤(Yuè)	(광저우시)
	海南省	해남성	海南省	(하이난성)	琼(Qióng)	(하이커우시)
北西	甘肅省	감숙성	甘肃省	(간쑤성)	甘/陇(Gān/Lŏng)	(란저우시)
	青海省	청해성	青海省	(칭하이성)	青(Qīng)	(시닝시)
	陝西省	섬서성	陕西省	(산시성)	陕/秦(Shăn/Qín)	(시안시)
西南	貴州省	귀주성	贵州省	(구이저우성)	黔/贵(Qián/Guì)	(구이양시)
	四川省	사천성	四川省	(쓰촨성)	川/蜀(Chuān/Shŭ)	(청두시)
	雲南省	운남성	云南省	(윈난성)	滇/云(Diān/Yún)	(쿤밍시)

		直轄市				
華北	北京市	북경시	北京市	(베이징시)	京(Jīng)	(퉁저우구)
	天津市	천진시	天津市	(톈진시)	津(Jīn)	(허시구)
華東	上海市	상해시	上海市	(상하이시)	沪(Hù)	(황푸구)
西南	重慶市	중경시	重庆市	(충칭시)	渝(Yú)	(위중구)
		自治區				
華東	內蒙古	내몽고	内蒙古	(내몽골 자치구)	內蒙古(Nèi Mĕnggŭ)	(후허하오터시)
華中	廣西壯族	광서장족	广西壮族	(광시 좡족 자치구)	桂(Guì)	(난닝시)
北西	寧夏回族	녕하회족	宁夏回族	(닝샤 후이족 자치구)	宁(Níng)	(인촨시)
	新疆維吾爾	신강유오이	新疆维吾尔	(신장위구르 자치구)	新(Xīn)	(우루무치시)
西南	西藏	서장	西藏	(티베트 자치구)	藏(Zàng)	(라싸시)
		特別行政區				
華中	香港	향항(홍콩)	香港	(홍콩 특별행정구)	港(Găng)	
	澳門	오문(마카오)	澳门	(마카오 특별행정구)	澳(Aò)	
		特殊關係(紛爭中)				
華東	台灣	대만	台湾	(타이완)	台(Tái)	(타이베이시)

漢詩韻字便覽
한 시 운 자 편 람

2020. 10. 7. 초 판 1쇄 발행
2020. 10. 21. 초 판 1쇄 발행

지은이 │ 이재홍
펴낸이 │ 이종춘
펴낸곳 │ BM (주)도서출판 성안당

주소 │ 04032 서울시 마포구 양화로 127 첨단빌딩 3층(출판기획 R&D 센터)
│ 10881 경기도 파주시 문발로 112 출판문화정보산업단지(제작 및 물류)

전화 │ 02) 3142-0036
│ 031) 950-6300
팩스 │ 031) 955-0510
등록 │ 1973. 2. 1. 제406-2005-000046호
출판사 홈페이지 │ www.cyber.co.kr
ISBN │ 978-89-315-9008-1 (11710)
정가 │ 33,000원

이 책을 만든 사람들
책임 │ 최옥현
진행 │ 이다혜
교정·교열 │ 이재홍
본문 디자인 │ 이재홍, 이다혜
표지 디자인 │ 이주행, 박원석
홍보 │ 김계향, 유미나
국제부 │ 이선민, 조혜란, 김혜숙
마케팅 │ 구본철, 차정욱, 나진호, 이동후, 강호묵
마케팅 지원 │ 장상범, 조광환
제작 │ 김유석

www.cyber.co.kr ★★★
성안당 Web 사이트

■ **도서 A/S 안내**

성안당에서 발행하는 모든 도서는 저자와 출판사, 그리고 독자가 함께 만들어 나갑니다.
좋은 책을 펴내기 위해 많은 노력을 기울이고 있습니다. 혹시라도 내용상의 오류나 오탈자 등이 발견되면 **"좋은 책은 나라의 보배"**로서 우리 모두가 함께 만들어 간다는 마음으로 연락주시기 바랍니다. 수정 보완하여 더 나은 책이 되도록 최선을 다하겠습니다.
성안당은 늘 독자 여러분들의 소중한 의견을 기다리고 있습니다. 좋은 의견을 보내주시는 분께는 성안당 쇼핑몰의 포인트(3,000포인트)를 적립해 드립니다.
잘못 만들어진 책이나 부록 등이 파손된 경우에는 교환해 드립니다.